ENCYCLOPÉDIE

DU

DIX-NEUVIÈME SIÈCLE.

PARIS. — IMPRIMERIE MAULDE ET RENOU, RUE BAILLEUL, 9-11.

ENCYCLOPÉDIE

DU

DIX-NEUVIÈME SIÈCLE

RÉPERTOIRE UNIVERSEL

DES SCIENCES, DES LETTRES ET DES ARTS,

AVEC LA BIOGRAPHIE DE TOUS LES HOMMES CÉLÈBRES.

TOME SEIZIÈME

PARIS,

AU BUREAU DE L'ENCYCLOPÉDIE DU XIXe SIECLE,

RUE JACOB, 31.

1851

TABLE

DU TOME SEIZIÈME,

PAR ORDRE ALPHABÉTIQUE DE NOMS D'AUTEURS.

FIN DE LA TABLE.

10527   Paris. — Imp. Maulde et Renou, rue Bailleul, 9-11.

ENCYCLOPEDIE

DU XIXᵉ SIÈCLE

RÉPERTOIRE UNIVERSEL

DES SCIENCES, DES LETTRES ET DES ARTS.

M

MENZIKOFF ou MENTSCHIKOFF (ALEXANDRE-DANILOWITCH), prince d'Ingrélie, feld-maréchal et ministre d'état, naquit en 1674 d'un pauvre paysan des environs du monastère de Cosmopoli sur les bords du Volga. Pierre-le-Grand, frappé de sa bonne mine et de l'aisance de ses manières, le prit en amitié, confia son éducation à Lefort et l'éleva rapidement aux honneurs. Menzikoff sut même prendre un tel empire sur son esprit qu'il lui devint pour ainsi dire indispensable. La tzarine Federowna Lapuchin, irritée de l'éloignement que lui témoignait l'empereur, et dont elle attribuait le motif à l'influence de Menzikoff, fit à ce dernier de sanglants reproches. Le favori dissimula d'abord, et saisissant ensuite une occasion favorable, fit concevoir à Pierre des soupçons sur la conduite de la princesse qui fut répudiée et reléguée dans un monastère. Menzikoff devint ensuite chambellan, et en 1698, il fit partie de l'ambassade à la suite de laquelle Pierre parcourut une partie de l'Europe. L'année suivante, après la mort de Lefort, il fut nommé premier ministre et prince. En 1704, il reçut le gouvernement de l'Ingrie et de Narva, et en 1705, il commanda une division de l'armée russe en Lithuanie ; mais à l'approche de Charles XII, qui venait enlever le trône de Pologne à Auguste, allié de Pierre-le-Grand, Menzikoff se hâta de rejoindre le tzar dans le duché de Smolensk. Quelques mois après, il pénétra de nouveau en Lithuanie à la tête de 20,000 hommes, et battit un détachement suédois. Il se com-

porta avec courage et habileté dans la guerre mémorable que Pierre eut à soutenir contre Charles XII, mit l'Ukraine à feu et à sang pour punir Mazeppa de sa défection, et parvint, malgré le roi de Suède, à jeter des renforts dans Pultawa. Nul, si ce n'est l'empereur, ne contribua plus que lui au succès de la bataille de ce nom Il eut trois chevaux tués sous lui (1708). Sa belle conduite pendant toute la durée de la guerre lui valut en 1710, le titre de général en chef de toutes les troupes russes. Il était plus doué de courage et de talent que d'intégrité. En 1713, il fut accusé de péculat et condamné à une amende de 300,000 écus. Pierre toutefois lui remit l'amende et l'envoya en Ukraine en 1719, et en Pologne en 1722, avec le titre d'ambassadeur. Après la mort de Pierre-le-Grand, il fit reconnaître Catherine pour impératrice et conserva sur elle toute son influence. Lorsqu'elle choisit Pierre II pour son successeur, elle ordonna qu'il épouserait la fille de Menzikoff, et que son fils épouserait la fille du tzar. Les époux furent fiancés ; Menzikoff fut fait duc de Cozel et grand maître d'hôtel du palais. Sa faveur n'avait jamais été plus grande, et pourtant il touchait à sa perte. Au moment où il s'y attendait le moins, il fut exilé à Bérézof en Sibérie, sous l'un des climats les plus durs de ces contrées, avec toute sa famille. Il perdit sa femme pendant la route, une de ses filles dans la misérable cabane qui lui fut assignée, et mourut lui-même le 2 novembre 1729. Dolgorouki, sous-gouverneur de Pierre II, fut l'un des seigneurs qui contribuèrent le plus à sa disgrâce. Menzikoff était hautain, ambitieux et avide, et pendant sa longue faveur il s'était aliéné l'esprit de la noblesse. Il fut d'ailleurs l'un des hommes qui surent le mieux seconder les grands projets de Pierre Ier et servir le plus efficacement la cause de la civilisation en Russie. — Plus tard l'impératrice Anne fit revenir à Moscou le fils et la fille de Menzikoff, et donna au premier une compagnie dans ses gardes.

MÉON (DOMINIQUE-MARTIN) naquit à Saint-Nicolas (Meurthe) en 1748, devint conservateur de la Bibliothèque royale, et mourut à Paris en 1829. Il a fait d'intéressantes et consciencieuses recherches sur la littérature du moyen-âge. On a de lui : *Blasons et poésies anciennes des XVe et XVIe siècles*, 1807, in-8; *Fabliaux et Contes des poètes français du XIe au XVe siècle*, 1808, 4 vol. in-8; une édition du *Roman de la Rose*, 1815, 4 vol. in-8, qui lui coûta, dit-on, treize années de travail; *Nouveau recueil de fabliaux et contes inédits*, 1823, 2 vol. in-8; le *Roman du Renard*, collationné sur dix manuscrits, 1825, 4 vol. in-8o; à la fin de chacun des volumes, il a joint un glossaire de tous les mots inusités.

MÉONIE (Μαιονία, *Mæonia*) : nom que porta d'abord la Lydie, ancienne contrée de l'Asie-Mineure. Quelques auteurs supposent que cette dénomination vient d'un souverain appelé Méon, qui régna dans ce pays. Suivant d'autres elle dérive du fleuve Méandre, appelé d'abord Meon. Enfin plusieurs géographes distinguent la Méonie de la Lydie. Ils restreignent la première à l'intérieur du pays, et désignent par la seconde la partie plus voisine de la mer. D'Anville rejette ces divisions, et considère la Méonie et la Lydie comme une seule et même contrée.

MÉOTIDE (PALUS) (*voy.* AZOF (*mer d'*).

MÉPHITISME (*méd.*). Une odeur fétide suffit, dans le langage ordinaire, pour faire qualifier de *méphitique* l'air qui la présente, sans que celui-ci soit dangereux à respirer. Mais en médecine, on ne comprend sous le nom de *méphitisme* que les exhalaisons malfaisantes et les altérations de l'air, qui lui donnent des propriétés immédiatement délétères. On a au mot ASPHIXIE exposé l'histoire de l'asphyxie simple, de celle causée par la seule absence d'air respirable; aux articles AMMONIAQUE, CARBONIQUE (*acide*), CHLORE, etc., il a été question des effets toxiques de la plupart des gaz délétères considérés isolément et indépendamment des circonstances dans lesquelles ils peuvent se développer et devenir funestes pour les êtres vivants. Ici nous n'aurons donc à examiner que les principaux cas dans lesquels ces gaz se répandent dans l'atmosphère, l'altération qu'ils y produisent,

et leur effet sur l'organisme. Etendant même le sens du mot méphitisme au delà de sa portée ordinaire, nous parlerons des divers genres d'altération générale de l'air par les miasmes des marais et les émanations animales.

L'air d'un milieu circonscrit soumis à la respiration sans être renouvelé, contient moins d'oxygène que de coutume, plus d'azote et d'acide carbonique, ainsi qu'une matière animale particulière en quantité souvent assez considérable pour être sensible à l'odorat. La présence seule de ces divers agents peut déjà donner lieu, sans qu'il s'y joigne d'autres émanations, à des phénomènes particuliers, savoir : de la difficulté à respirer, une douleur vive de poitrine, de violentes palpitations, une soif dévorante que rien ne peut calmer, un délire furieux et la mort à la suite d'un anéantissement profond. Des fièvres graves ont presque constamment atteint les individus échappés à l'encombrement poussé aussi loin; quelques uns ont présenté une éruption pustuleuse générale, promptement suivie de suppuration. Si l'altération de l'air n'est pas suffisante pour occasionner d'aussi rapides accidents, elle pourra donner lieu à des fièvres typhoïdes et même au choléra spasmodique, suivant quelques auteurs, à la pourriture d'hôpital dans les salles de blessés, à la production et à l'aggravation des ophthalmies; enfin tout le monde connaît l'influence de l'encombrement dans les hôpitaux militaires pour la production du typhus des armées. Le seul moyen de remédier à ce méphitisme est le renouvellement de l'air et la cessation de l'encombrement.

Les corps en ignition produisent également une espèce de méphitisme, résultant de l'élévation de température qu'ils provoquent, de l'oxygène qu'ils absorbent et des produits nouveaux auxquels ils donnent lieu. La *chandelle*, par une combustion incomplète produit de l'hydrogène carboné, de l'oxyde de carbone, de l'acide carbonique, des acides stéarique, margarique, oléique et sébacique; de l'oléine, de la stéarine, de la margarine, de l'acide acétique, de l'eau, une huile volatile légèrement odorante, de l'huile empyreumatique et du charbon. Les gaz hydrogénés et carbonés peuvent être absorbés et modifier l'oxygénation du sang; les autres corps gazeux sont doués de propriétés âcres et vont irriter les muqueuses. La combustion complète produirait seulement de l'eau et de l'acide carbonique, en faisant disparaître une certaine quantité d'oxygène. Nous avons pris pour exemple l'éclairage à la chandelle comme celui dont les effets sont le plus compliqués. En résumé les principaux résultats de la combustion des diverses matières éclairantes sont l'absorption de l'oxygène et le dégagement de quantités variables d'acide carbonique, abstraction faite de quelques autres gaz peu importants. Nous n'avons plus à signaler aujourd'hui les inconvénients qui, à une certaine époque, résultaient de la présence de l'acide arsénieux dans les bougies d'acide stéarique et de blanc de baleine, puisque l'autorité a interdit l'emploi de ce corps dans leur préparation. — Les exemples d'accidents immédiats produits par l'éclairage seul sont assez rares. Ils sont à un degré moins prononcé les mêmes que ceux résultant de la combustion du charbon, dont nous allons parler.

Ce dernier corps, la braise, la houille, le coke et le bois lui-même lorsqu'il n'est pas parfaitement sec, laissent dégager un mélange d'hydrogène carboné, d'acide carbonique et d'azote dont les effets sur l'économie animale sont des plus délétères. Le danger n'est pas le même pendant toute la durée de la combustion, ce qui résulte de la différence des produits fournis aux diverses époques de ce phénomène. Lorsque le charbon commence à brûler, on trouve sur **128** parties en volume : 26 de gaz carbonique, 38 d'air atmosphérique, 38 de gaz azote et 26 de gaz hydrogène carboné. Ce dernier gaz ne se produit plus lorsque le charbon est parfaitement enflammé. Les personnes soumises à l'action de la vapeur du charbon tombent quelquefois tout à coup sans mouvement, dans les cas où les gaz agissent subitement. Le plus souvent au contraire l'action est lente et graduelle, et alors les malades ressentent d'abord une grande pesanteur de tête, puis une vive céphalalgie, un sentiment de compression à la région des tempes, une grande propension au sommeil, des vertiges, de l'anxiété, du trouble dans la vue, des bourdonnements d'oreilles, des palpitations, des nausées, des vomissements. Si le gaz délétère continue à s'accumuler, la somnolence devient plus forte, les forces diminuent, le malade éprouve des tremblements, des défaillances; il y a parfois perte involontaire des matières fécales et des urines; la respiration s'embarrasse et devient stertoreuse; bientôt le mouvement et le sentiment se suspendent; la respiration et la circulation cessent entièrement. Chez les sujets qui ont survécu à ce genre d'asphyxie, il est resté quelquefois, rapporte-t-on, quelques lésions des fonctions locomotrices, sensitives et de l'intelligence. Quelques personnes ont attribué ces accidents principalement à la chaleur très élevée qui, dans ce cas, tuméfie et ballonne tous les viscères, mais principalement le cerveau sur lequel agiraient également, il est vrai, mais d'une manière bien moins énergique, les gaz non respirables,

de telle sorte que la mort serait alors causée par une compression cérébrale. Cette opinion, pour ainsi dire exclusive, n'est pas la plus généralement admise et nous semble d'ailleurs infirmée par l'action bien manifestement délétère du gaz acide carbonique. Nous ne nions pas toutefois qu'il y ait en même temps concours de l'élévation de la température, surtout pour hâter le développement des accidents. Cette espèce d'asphyxie offre cela de particulier, que des sujets qui n'avaient rien éprouvé au milieu du foyer d'infection, sont pris de phénomènes nerveux, de céphalalgie et même quelquefois perdent complètement connaissance sous l'influence du grand air, analogie remarquable avec les effets de l'ivresse par les boissons alcooliques. — Nous n'indiquerons pas ici les moyens généraux propres à combattre toutes les asphyxies; on les trouvera exposés à ce dernier mot. Nous conseillerons plus particulièrement les aspersions d'eau froide longtemps continuées, en ayant soin d'éviter l'action d'un air trop vif et de trop multiplier ces aspersions aussitôt que les malades auront repris connaissance. Les lavements d'eau froide vinaigrée, ou avec une solution de sous-carbonate ou d'acétate d'ammoniaque, ont produit de bons effets, ainsi que l'aspiration des vapeurs chlorurées.

Le *gaz de l'éclairage* n'est pas toujours identique; cependant on peut le considérer après sa purification, et tel qu'on le livre à la consommation publique, comme formé d'hydrogène deuto et quadricarburé, de gaz hydrogène, d'oxyde de carbone, d'azote, de carbure de soufre, d'huile et d'une très faible quantité d'acides carbonique et sulfhydrique, libres ou combinés avec l'ammoniaque. On conçoit, d'après cette composition, que ce gaz puisse devenir par sa seule présence, même en petite quantité dans une atmosphère libre, la cause de méphitisme. Mêlé à cinquante fois son volume, il répand une odeur désagréable due à l'huile qu'il tient en suspension. Il détonne aussitôt qu'il se trouve dans la proportion de 1/11 d'une atmosphère dans laquelle est également un corps en combustion. — On connaît un seul fait bien constaté d'asphyxie par ce gaz. Cinq personnes furent atteintes et l'une d'elles succomba, encore bien qu'une lampe et plusieurs chandelles brûlassent dans la pièce où se trouvaient les victimes. Il paraîtrait que l'hydrogène carboné aurait seul agi dans ce cas, en raison des propriétés délétères dont il est doué.

Le méphitisme résulte dans les *celliers*, les *cuves en fermentation*, les *fours à chaux*, de la présence de l'acide carbonique mêlé en forte proportion à l'air qu'on y respire. Cette asphyxie ne diffère de celle produite par la vapeur de charbon qu'en ce qu'ici l'action est presque toujours subite et rapide, tandis qu'elle peut n'être que subite et lente dans l'autre circonstance. Les émanations alcooliques agissent encore d'une manière analogue. Le méphitisme des *grottes* est aussi presque exclusivement produit par l'acide carbonique. Nous en dirons autant de celui des *puits* et des *souterrains*. Ici toutefois certaines réactions géologiques ou provoquées par la décomposition de matières organiques peuvent, en outre, donner lieu à la production des gaz azote, oxyde de carbone et acide sulfhydrique. — Le méphitisme est particulièrement à craindre dans les puits fermés depuis longtemps, et surtout après les orages. La salubrité de l'eau n'est point une garantie de l'innocuité de l'air qui séjourne au dessus. Aussi doit-on, avant de s'y exposer, faire les esais suivants : descendre une lumière jusqu'à la surface de l'eau ; si elle ne s'éteint pas, c'est une preuve suffisante que l'air libre est respirable. Mais comme des gaz méphitiques pourraient ensuite se dégager, il faut, au moyen d'un poids attaché au bout d'une corde, agiter l'eau jusqu'à son fond, et recommencer la première épreuve à l'aide de la lumière. Si, en s'éteignant, celle-ci dénote l'état méphitique de l'air, le meilleur moyen d'y remédier est le renouvellement de celui-ci au moyen de la ventilation pratiquée par un fourneau d'appel allumé à l'orifice du puits, en même temps qu'un tuyau s'ouvrant à l'extérieur va plonger profondément dans l'atmosphère méphitique pour y établir un courant d'air pur. Au bout de deux à 3 heures, l'expérience de la lumière sera renouvelée ; si le méphitisme existait toujours, c'est qu'alors les gaz se renouvelleraient d'une manière continue, et dans ce cas il faudrait mettre le puits à sec pour en purifier l'air de nouveau. Dans les cas où l'on aurait acquis la certitude que le méphitisme est dû à l'acide carbonique, on devrait chercher à le neutraliser en versant plusieurs seaux de lait de chaux, et en agitant fortement ensuite, dans le but d'absorber le gaz par une combinaison chimique. Pour détruire les gaz sulfhydrique et hydrogène carboné, on dégagera du chlore par les moyens connus. — Les secours à donner aux personnes frappées par le méphitisme des puits sont les mêmes que pour l'asphyxie des fosses d'aisances dont nous allons bientôt parler.

Plusieurs sortes de gaz malfaisants se développent dans les *mines*. Leurs principales causes sont : la stagnation de l'air et la respiration des ouvriers, les émanations que produisent les eaux croupissantes et la décomposition des bois employés dans l'exploitation , la combustion des lumières et de la poudre mise en usage pour les travaux, mais surtout les gaz très-délétères qui se dégagent des pierres, des terres, des métaux qu'on extrait. On n'a pas toujours bien précisé la nature de ces derniers, qui doit d'ailleurs varier suivant les différentes circonstances géologiques ; on peut dire toutefois, d'une manière générale, que ce sont le plus souvent les gaz acide carbonique, oxyde de carbone, hydrogène, et ceux résultant de la combinaison de ce dernier avec les substances minérales : l'acide sulfhydrique se trouve dans les houillères ; le gaz hydrogène arsénié dans les mines d'étain, d'argent, et de tous les métaux auxquels l'arsenic se trouve associé. Nous avons parlé ailleurs des accidents produits par la détonnation du *feu terrou* (voy. CARBONE) et dit que le seul moyen d'éviter ce terrible accident était la lampe de sûreté. Les ouvriers mineurs appellent *ballon* une masse circonscrite de vapeurs se présentant sous forme d'une poche arrondie suspendue en l'air, et dont l'explosion frappe d'asphyxie subite les personnes qui se trouvent dans sa sphère d'action. On pense généralement que cette vapeur est de l'hydrogène. La *moffette* est une vapeur épaisse qui, principalement en été, se dégage des mines profondes, riches en minerai, et surtout de celles qui sont fermées depuis longtemps avec des déblais. On reconnaît sa présence par la diminution et l'extinction de la lumière des lampes. Cette vapeur peut asphyxier spontanément les personnes qui la respirent, et le moindre mal qu'elle occasionne est une toux convulsive qui dégénère le plus souvent en phthisie. On a prétendu que c'était encore le gaz azote qui la constituait, mais nous ne saurions adopter cette opinion en songeant que ce gaz est seulement impropre à la respiration et nullement délétère d'une manière active. Les dispositions réclamées pour assainir l'atmosphère des mines sont en première ligne un système de ventilation bien ordonné et la destruction des gaz dont on connaîtra la nature au moyen de réactions chimiques méthodiquement employées.

Les matières fécales en putréfaction dans une fosse d'aisance donnent surtout lieu à trois gaz capables d'amener l'asphyxie : le gaz sulfhydrique, le sulfhydrate d'ammoniaque et l'azote. Tous les trois peuvent exister ensemble ou séparément. — Les émanations ammoniacales qui semblent principalement résulter de la décomposition de la portion liquide dont l'urine forme la majeure partie, donnent souvent lieu à un genre d'ophthalmie désigné communément sous le nom de *mitte*. Le repos dans un lieu obscur et les applications froides la font rapidement disparaître.—On ne connaît aucun antidote pour l'asphyxie par l'azote, contre laquelle on n'a d'autres ressources que l'emploi des moyens généraux. Mais contre l'asphyxie par les gaz sulfhydrique et sulfhydrate d'ammoniaque, le chlore est d'un puissant secours, en décomposant les vapeurs dont il met le soufre à nu. Il faudra donc se hâter d'en faire pénétrer, avec modération toutefois, dans les voies respiratoires.

Le méphitisme des *égouts* est ordinairement produit par l'azote, l'acide carbonique et l'acide sulfhydrique. Le traitement à opposer à ce genre d'asphyxie est le même que celui qui convient à l'asphyxie provenant du gaz des fosses d'aisances.

Le méphitisme des cimetières, des tombeaux et des matières animales en putréfaction, est assez rare en France par suite de nos réglements de police ; le meilleur moyen d'y remédier est un dégagement de chlore par les divers procédés connus (*voy*. EXHUMATION). L'influence des clos d'équarrissage et des salles de dissection semble, d'après les expériences multipliées de Parent-Duchâtelet, ne pas être aussi nuisible qu'on l'avait cru pendant longtemps. Nous pensons néanmoins que la période plus ou moins avancée de la putréfaction, l'habitude et la constitution des personnes soumises à émanations qui en résultent doivent nécessairement exercer une grande action sur le développement des phénomènes nuisibles.

Nous ne savons encore presque rien sur la nature du méphitisme des *marais*. On l'attribue aux miasmes provenant de la décomposition des matières organiques. Les effets qu'il produit se développent quelquefois brusquement ; dans d'autres circonstances ce n'est que d'une façon beaucoup plus lente. C'est à son influence que l'on attribue les fièvres intermittentes ordinaires ou pernicieuses, le typhus, la peste, la fièvre jaune. Ce sont les marais d'eau douce qui en sont les foyers les plus énergiques. C'est à cette cause qu'il faut attribuer l'insalubrité, en *Afrique*, de toutes les portions de côtes situées entre la rivière du Sénégal et la Cafrerie, de la Basse-Égypte après le retrait du Nil, de Madagascar ; en *Amérique*, de Cayenne, des bords du Mississipi et de l'Orénoque, des savanes du Missouri, des llanos de Caracas, etc., etc. ; en *Asie*, des plaines du Bengale, des environs de l'Euphrate, du Gange, etc., etc. ; en *Europe*, des lieux voisins de Rome et de Mantoue, de la Sardaigne, de quelques points de la Corse ; et enfin en *France* de la plaine du Forez, de la Brume, de la Bresse, de la Sologne, etc. Les moyens d'échapper à cette funeste influence sont de ne jamais sortir à jeun ou après le coucher du soleil, d'éviter les émanations directes qui s'élèvent du sol humide, de suivre un régime tonique, et de faire surtout usage du café et des amers, parmi lesquels nous citerons en première ligne l'infusion de petite centaurée. **L. DE LA C.**

MEPPEN, cercle du royaume de Hanovre, dans la principauté et le gouvernemeut d'Osnabruck, ci-devant seigneurie appartenant à l'évêché de Munster ; sa superficie est de 33 m. c., la population de 50,000 âmes. C'est une vaste plaine, occupée en grande partie par des bruyères et des marais, au milieu desquels les endroits habités apparaissent comme des oasis. Les rivières qui arrosent cette contrée stérile, sont l'Ems, la Hase et la Rotte. Il ne s'y trouve ni bois ni arbres fruitiers, et on ne récolte qu'une petite quantité de seigle, de sarazin et de lin ; mais il y a abondance de bétail, de moutons et de miel. Le chef-lieu, qui porte le même nom, est une petite ville de 2,000 habitants, située au confluent de l'Ems et de la Hase, au 24° 56' de long. 52° 42' de latit. N. Elle est entourée de murs percés de trois portes, et possède deux églises, un gymnase et un hôpital. On y trouve quelques fabriques de peu d'importance.

MÉQUINEZ : grande ville du royaume de Fèz, et une des trois résidences de l'empereur de Maroc, située dans une plaine délicieuse, et jouissant d'un air très sain, au 33° 56' de latit. N., et 12° de long., à environ 16 lieues de Fèz. Ses maisons sont bien bâties, mais ses rues sont extrêmement étroites. Les Juifs occupent au centre de la ville un quartier séparé et fermé de portes. Au N.-O. de Méquinez se trouve une ville nègre qui occupe un plus grand espace que cette dernière, mais dont les édifices ne sont ni aussi hauts, ni aussi bien bâtis. Le palais, gardé par plusieurs centaines d'eunuques, a été ruiné en partie par un tremblement de terre. Plusieurs des nombreuses mosquées sont des monuments remarquables d'architecture arabe. On n'est pas d'accord sur la population de cette capitale qui, d'après les calculs les plus probables, paraît s'élever à 50 ou 60,000 habitants.

MER. Ce nom désigne en général la vaste étendue d'eau salée, c'est-à-dire l'Océan, qui couvre les deux tiers du globe terrestre, et qui le couvrit sans doute tout entier dans l'origine ; il s'applique en particulier aux plus grands avancements de l'Océan dans les terres, comme la mer Méditerranée, la mer Baltique, etc., ou aux lacs salés les plus considérables, comme la mer Caspienne, la mer d'Aral. La mer, considérée en général, se divise en cinq océans : l'océan Atlantique, le Grand Océan ou océan Pacifique, l'océan Indien, l'océan Glacial arctique, l'océan Glacial antarctique. C'est surtout dans l'hémisphère austral que cette grande étendue d'eau est répandue ; 375,000,000 de kilomètres carrés lui appartiennent, sur les 510,000,000 de kilomètres carrés dont se compose la surface du globe. Comparée à l'épaisseur de la Terre, elle ne forme cependant qu'une couche très mince, et n'occupe guère, probablement, . que les 4/1000 du volume de la planète. En pénétrant dans les continents ou entre les diverses terres, elle forme les *mers méditerranées*, les *mers ouvertes*, les *manches*, les *golfes*, les *baies*, les *anses*, les *rades*, les *ports*, les *détroits*. L'océan Atlantique, situé à l'O. de l'Europe et de l'Afrique, et à l'E. de l'Amérique, pénètre par le détroit de Gibraltar entre l'Europe, l'Afrique et l'Asie, et y forme la mer Méditerranée proprement dite, qui comprend elle-même les mers Tyrrhénéenne, Adriatique, Ionienne, l'Archipel, la mer de Marmara, la mer Noire et la mer d'Azow ; il s'avance entre la France et l'Espagne sous le nom de golfe de Gascogne, ou sous celui de mer de France ou de Biscaye ; entre la France et la Grande-Bretagne, sous celui de Manche ou de canal Britannique ; entre la Grande-Bretagne, la péninsule Scandinave, le Danemark, l'Allemagne et les Pays-Bas, pour former la mer du Nord ou d'Allemagne ; et, s'introduisant dans les terres du nord de l'Europe par le Skager-Rack et le Cattégat, il forme, entre la Suède, la Russie, la Prusse et le Danemark, la profonde méditerranée qu'on nomme mer Baltique. Il détermine une grande échancrure dans le nouveau continent, vis-à-vis de l'Amérique centrale, à côté des îles Antilles, et y prend les noms de mer des Antilles et de golfe ou mer du Mexique. Dans le N.-E. de l'Amérique septentrionale, il pénètre par le détroit de Davis jusqu'à l'O. du Labrador, pour former la mer d'Hudson. Il communique au N., entre l'Europe, le Groënland et le continent américain, avec l'océan Glacial arctique, encore peu connu à cause des glaces qui l'encombrent, et comprenant la mer Blanche, en Europe, la mer de Kara, entre l'Europe et l'Asie, la mer Polaire et la mer de Baffin en Amérique. — Le Grand Océan, désigné improprement par les noms d'océan Pacifique et de mer du Sud, s'étend entre l'Amérique à l'E., l'Asie et l'Australie à l'O., et renferme une grande partie de l'Océanie. Il forme, entre les îles les plus occidentales de cette dernière partie du monde, les mers des Moluques, de Mindoro, de Java, et, sur les côtes de l'Asie, la mer de Chine ou mer Méridionale, la mer Orientale, Bleue ou de Corée, la mer Jaune, la mer du Japon, la mer d'Okhotsk ; sur la côte américaine, il donne la longue mer Vermeille ou de Cortez, qu'on appelle aussi

golfe de Californie. Il prend enfin le nom de mer de Béring entre l'Amérique et l'Asie, et là, communique par le détroit de ce nom avec l'océan Glacial arctique. — L'océan Indien, qu'on appelle aussi mer des Indes, est comme la continuation S.-O. du Grand Océan ; il est situé entre l'Asie au N., l'Afrique à l'O., l'Océanie à l'E., et présente, sur les côtes méridionales de l'Asie, le golfe ou la mer du Bengale, et la mer d'Oman ou d'Arabie, qui, pénétrant fort avant dans les terres, forme le golfe Persique et la mer Rouge ou le golfe Arabique étroitement resserré entre l'Asie et l'Afrique. Les océans Atlantique, Pacifique et Indien, très larges et très ouverts au S., communiquent tous trois entre eux, en contournant les extrémités méridionales de l'Afrique, de l'Amérique et de l'Australie. On considère le cercle polaire austral comme leur limite du côté de l'océan Glacial antarctique, moins connu encore que l'océan Glacial du nord, parce qu'il est revêtu d'une masse de glaces plus considérable.

Les mers aux côtes les plus découpées présentent le plus d'abris aux navires, et sont les plus favorables au commerce et à la civilisation : telles sont celles de l'Europe. En général les mers sont le lien commercial des divers continents et de la plupart des contrées du globe ; c'est par la navigation maritime que se font les échanges de presque toutes les productions entre les pays lointains. La Méditerranée, centre des régions civilisées de l'ancien monde ; l'Atlantique, route la plus fréquentée de l'ancien continent au nouveau, et les mers de la Malaisie, où les marines chinoise et malaise rivalisent d'activité avec celles de l'Angleterre et de la Hollande, sont les parties de l'Océan les plus sillonnées par les navires.

La profondeur de la mer est très variable : il est beaucoup de points où l'on n'a pas pu en atteindre le fond ; le capitaine James Ross, naviguant par 15° 3′ de lat. S. et 25° 29′ de long. O. (de Paris), a descendu une sonde jusqu'à 8,412 mètres sans rencontrer le sol. M. de Humboldt admet que la profondeur moyenne de la mer est d'environ 300 mètres. Du reste, le sol de l'Océan offre des inégalités analogues à celles des continents : il y a des montagnes, des vallées, des plaines, des rochers. Quand les montagnes ou les hautes plaines sous-marines ne sont pas entièrement submergées, elles apparaissent à la surface de la mer sous la forme d'*îles* et de *récifs*. Si elles se trouvent à peu de profondeur au dessous de cette surface, elles forment des *bas-fonds* ou plutôt des *hauts-fonds*.

L'eau de la mer, transparente et incolore lorsqu'on n'en observe qu'une petite quantité, présente, vue en grande masse, une couleur d'un bleu verdâtre foncé, qui devient plus clair vers les côtes. Cette couleur provient sans doute de ce que les rayons bleus de la lumière étant les plus réfrangibles de tous, sont renvoyés en plus grande quantité par l'eau, qui leur fait subir une forte réfraction, en raison de sa densité et de sa profondeur. La teinte verte devient plus prononcée vers les régions équinoxiales, et le bleu est plus pur dans les mers froides ; ce qui tient probablement aux végétaux plus nombreux dont les mers chaudes sont remplies : il y a même de vastes espaces recouverts d'une végétation marine, comme la mer des Joncs ou de *Sargasso*, qui étonna tant Christophe Colomb dans son premier voyage à travers l'Atlantique. Des circonstances particulières peuvent donner diverses autres couleurs aux eaux marines : la mer Jaune tire son nom de la teinte qu'y répand le fleuve Jaune dans un certain espace ; la mer Rouge paraît devoir le sien aux zoophytes ou autres petits êtres organisés, nombreux et colorés, qui y forment des nappes très étendues ; la mer Erythrée (c'est-à-dire Rouge), qui est aujourd'hui l'océan Indien, devait sans doute son nom à la même cause. La mer Vermeille est peut-être appelée ainsi pour une raison semblable ; la mer Blanche est ainsi nommée de la couche de glace et de neige qui la couvre pendant une grande partie de l'année. Les Turcs donnent aussi ce nom de mer Blanche (Ac-Degniz) à l'Archipel, à cause sans doute de l'écume abondante que forment les vagues autour des îles et des îlots innombrables dont cette mer est semée. On trouvera à l'article Phosphorescence l'explication de ce phénomène, commun dans les mers équinoxiales.

L'eau est un peu moins salée à la surface qu'au fond ; elle paraît aussi l'être moins dans les régions polaires et dans la mer Noire que dans les autres parties. Cette salure rend les eaux marines plus pesantes que les eaux douces (dans le rapport d'environ 103 à 100), et par conséquent plus propres à porter les vaisseaux ; elle les empêche de se corrompre, et y prévient la congélation jusqu'à des latitudes assez élevées. Ces eaux ont en outre une mucosité particulière et une amertume très prononcée, qui semble diminuer en raison de la profondeur.

Les substances salines qui entrent dans sa composition sont : les chlorures de calcium et de magnésium, les sulfates de magnésie, de chaux et de soude, les carbonates de magnésie et de chaux, de la potasse et de l'iode probablement à l'état d'iodure de potassium. On y a encore signalé du brome, du chlore, de l'hydrochlorate de potasse, d'alumine et d'ammoniaque, ainsi que de l'acide chlorhydrique libre.

La surface de toutes les mers n'est pas exactement au même niveau, sans qu'on puisse en déterminer les causes d'une manière très satisfaisante ; ainsi la Méditerranée, à l'embouchure du Nil, est un peu inférieure aux basses eaux de la mer Rouge près de Suez ; la partie septentrionale de l'Adriatique est un peu plus élevée que le reste de la Méditerranée ; le niveau des eaux au milieu de l'Océan est surbaissé et se rapproche plus du centre du globe que dans le voisinage des grandes terres, où l'attraction générale des continents paraît causer une surélévation sensible ; le maximum de cette dépression se trouve vers l'équateur et par 64° de latitude boréale. La mer Caspienne, la mer Morte et beaucoup d'autres masses d'eau intérieures sont déprimées au dessous des mers qui tiennent à l'Océan, par suite sans doute des grandes dislocations qu'a éprouvées le globe à diverses époques.

La mer est sujette à plusieurs sortes de mouvements, dont les uns, produits par l'impulsion de l'atmosphère, constituent les *ondes*, les *vagues*, les *flots*, les *lames*, le *ressac*, le *clapotage*, les *raz-de-marée* ; d'autres, causés par l'attraction de la lune et du soleil, sont les *marées* (*voy.* ce mot) ; d'autres enfin, dus à l'influence réunie des vents et des marées, mais aussi à la différence de température et de salure, à l'inégalité de l'évaporation, au mouvement diurne de la Terre, composent les *courants* (*voy.* Courants).

Les mers ont l'avantage d'adoucir le climat des pays qu'elles baignent, parce qu'elles jouissent d'une température plus égale que celle du sol ; elles répandent une agréable fraîcheur sur les côtes des régions équinoxiales, et diminuent la rigueur du froid sur celles des zones éloignées de l'équateur.

La température de la surface de la mer offre entre les tropiques, une moyenne de 27 à 28°. Vers le 40e degré de latitude N., en hiver, on voit de rares glaçons flotter sur la mer ; à 50°, les rivages de l'Océan se couvrent ordinairement de glaces. Les mers intérieures éprouvent des froids plus vifs, et la mer Noire, vers 43°, s'est gelée souvent jusqu'à une assez grande distance des côtes ; à 60°, les golfes et les mers intérieures sont, pendant plusieurs mois, entièrement pris par les glaces, comme le golfe de Botnie en offre un exemple. A 70°, dans toutes les saisons, d'énormes îles de glace parsèment la pleine mer ; à 80°, on trouve des glaces fixes. Dans l'hémisphère austral, ces phénomènes offrent une progression plus rapide : ainsi les glaces fixes se trouvent déjà à 70°, et les îles de glaces flottantes se rencontrent en grand nombre dès le 60ᵉ degré. L'eau est plus froide sur les bas-fonds qu'en pleine mer, peut-être parce que le rayonnement y est plus considérable. Le fond de la mer est loin de partager la température de la surface : on remarque, en effet, qu'à de grandes profondeurs l'eau se refroidit d'une manière sensible, dans les zones équinoxiales et tempérées ; on l'a trouvée, sous l'équateur même, à $+1°,6$, dans le Grand-Océan, par 3,800 mètres de profondeur ; à $+2°,8$, dans l'océan Indien, par 1,600 mètres. Les courants sous-marins, joints à la profondeur qui entraîne au fond l'eau la plus dense, peuvent contribuer à ce refroidissement remarquable des couches inférieures des mers équinoxiales. Dans les régions polaires, le fond de l'océan est moins froid que la surface, car la glace est moins dense et par conséquent moins lourde que l'eau non congelée, sur laquelle elle forme d'énormes couches, et sous celles-ci vivent encore de nombreux animaux (harengs, baleines, narwhals, etc.), tandis que toute apparence de vie a disparu de l'air et du sol du voisinage. E. C.

L'eau de mer peut être administrée, comme agent médical, à l'intérieur et à l'extérieur. Dans le premier cas, c'est, à la dose de 2 à 4 verres par jour, un moyen purgatif d'une assez grande énergie, mais qui ne saurait convenir à tous les tempéraments. Les sujets mous et lymphatiques en retirent généralement de grands avantages, tandis que ceux d'une constitution irritable et bilieuse, de même que les phthisiques, en sont désavantageusement affectés. On l'emploie encore à titre de *fondant*, à la dose de un seul verre, et préférablement le soir, avant de se coucher. Rarement alors produit-elle des évacuations. Son action ne saurait donc s'expliquer par un effet révulsif. Il y a là une action spéciale et selon nous tonique, principalement avantageuse dans les scrofules et toutes leurs formes, contre les engorgements du mésentère, contre l'ictère, ou plutôt les affections chroniques du foie dont cet état n'est que l'effet ; contre la chlorose, etc., pourvu que ces diverses affections ne soient accompagnées d'aucun mouvement fébrile. Quant aux maladies cutanées contre lesquelles on avait, à une certaine époque, préconisé ce moyen, les seules qui aient bien évidemment éprouvé une modification avantageuse, sont quelques formes rebelles de lichen et de prurigo. — Mais c'est principalement comme moyen externe que l'eau de mer est employée. Elle agit alors et par sa température qui est froide comparativement à celle du corps, et par sa composition qui la rend extrêmement tonique, irritante même, pour les parties avec lesquelles elle se trouve en contact. L'immer-sion dans l'eau de mer aura donc pour effet : la soustraction brusque d'une certaine quantité de calorique, le ralentissement de la circulation qui en résulte à la périphérie, par suite de la constriction des vaisseaux ; un refoulement, vers l'intérieur, des divers fluides en circulation, et une augmentation notable dans l'activité des fonctions des organes profondément situés ; enfin un ébranlement rapide et violent du système nerveux. Ensuite viendront des différences d'action suivant la durée du séjour dans le bain. Si celui-ci n'est pas prolongé au delà de certaines limites, variables selon les individus et en rapport avec l'énergie de la force vitale dont ils sont doués, le bain de mer sera suivi d'une espèce d'effort général de l'économie pour rétablir l'équilibre momentanément interrompu entre les diverses fonctions, *réaction* spécialement caractérisée par une augmentation de la circulation et de la chaleur vers la périphérie, ainsi que par une plus grande activité nerveuse ; ces mouvements, s'ils sont fréquemment répétés, favorisent évidemment la nutrition. Si au contraire la durée du bain est plus grande, la perte constante du calorique nécessairement soustrait à l'économie, l'extension du froid à des organes de plus en plus profonds, la continuation des efforts inutiles du système nerveux pour rétablir l'équilibre dans la circulation et la calorification, amèneront un affaiblissement très marqué ; la concentration du sang et des propriétés vitales trop longtemps continuée sur les organes intérieurs pourra même finir par y développer un véritable mouvement inflammatoire au lieu d'une excitation salutaire et momentanée de leurs fonctions. — A ces effets dépendant tous du degré de la température du milieu dans lequel le corps est plongé, il faut joindre celui de l'action directe des nombreuses substances que renferme l'eau marine. Le premier est l'augmentation de densité du liquide, et partant la pression qu'il exerce sur les corps qui s'y trouvent plongés, circonstance qui agit évidemment dans le même sens que l'abaissement de température, en refoulant énergiquement les fluides. Mais d'un autre côté la présence de ces substances tend à favoriser le mouvement de réaction, résultat le plus important à obtenir, par l'irritation que leur contact développe sur la peau. Cette action des sels n'est pas fugace comme celle de la température, puisque la langue retrouve encore, au bout de quelques jours, un goût de sel très marqué sur la peau des personnes qui ont été plongées dans la mer.

Il est facile, d'après cette analyse physiologique de l'effet des bains de mer, de se faire une idée des cas dans lesquels ce moyen doit être avantageux ou nuisible. Il est indiqué, d'une part, lorsque l'économie tout entière se trouve frappée d'atonie, soit par défaut d'équilibre entre les systèmes artériel, veineux, lymphatique et nerveux, soit que cet état devienne manifeste par un malaise général ou seulement par certains accidents locaux caractéristiques, soit que la débilité générale dépende du défaut d'action d'un organe important. Ce même moyen peut en effet stimuler également et l'économie tout entière et l'organe qui, dans la seconde hypothèse, se trouve seul atteint. Cet organe est-il interne, l'activité circulaire et nerveuse, repoussée vers lui, devient avantageuse à la résolution de certains états chroniques qui l'affectent ; est-ce au contraire à l'extérieur que siège le mal, le mouvement excentrique et en même temps l'excitation directe produite sur la peau, le modifieront puissamment. — Il arrive quelquefois que le bain de mer est suivi de céphalalgie intense ou seulement de lassitude. C'est une indication que la durée de l'immersion doit être restreinte, et que l'intervalle entre chaque bain doit être augmenté, surtout s'il existe de l'agitation pendant la nuit, un sentiment de chaleur très vive et des rêves pénibles. Un léger œdème des malléoles, qui survient parfois chez les femmes, n'est pas une contre-indication. Il arrive fréquemment que l'usage des bains de mer, ou même la seule habitation sur la côte, donnent une apparence d'amaigrissement par suite de la disparition de la prédominence lymphatique. Les sujets impressionnables éprouvent assez souvent de la constipation, s'ils ne font pas usage d'eau de mer à l'intérieur. La transpiration est au contraire plus facile et plus abondante : il survient une démangeaison assez vive et la peau se couvre d'une éruption papuleuse, preuve de l'espèce de poussée excentrique que déterminent ces bains. — Les bains de mer à la lame ont l'avantage de joindre à l'immersion simple une action répercussive généralement avantageuse. Les affusions avant le bain sont parfois utiles, principalement dans les cas de névralgies. Les bains tièdes sont assez souvent les seuls que puissent supporter les sujets. L'action irritante de l'eau marine s'y trouve combattue par le relâchement que provoque la température. Enfin l'eau de mer est avantageusement employée en douches, en lavements, en un mot, sous toutes les formes possibles. **L. DE LA C.**

MER D'AIRAIN : nom donné, à cause de sa grandeur énorme, à un bassin d'airain que Salomon avait fait placer au S.-O. de l'autel des holocaustes. Voy. MESURES pour l'appréciation de sa capacité.

MER MAUVAISE (ARCHIPEL DE LA) : Vaste amas d'îles, situé à l'E. des îles de la Société, entre 14° et 23° lat. S. et 152° et 140° long. O. Il porte aussi les noms d'*Archipel des Iles-Basses, d'Archipel Méridional, Paumatou, Dangereux*, et se divise en plusieurs groupes, dont les principaux sont ceux du Roi-Georges ou Zunder-Grond, de Philipps, des Mouches, de Wittgenstein, de Lazaref, d'Osnabrück et du Désappointement.

MER MÉDITERRANÉE. C'est un profond épanchement de l'océan Atlantique dans la partie occidentale de l'ancien monde, entre l'Europe au N., l'Afrique au S., et l'Asie à l'E. La Méditerranée a reçu ce nom de sa position au *milieu des terres*; les anciens la nommaient *mer Intérieure, Notre mer (Internum mare, Nostrum mare)*. Elle fut pour ainsi dire le berceau de la civilisation antique, et le lien des premières nations commerçantes. La douceur du climat, la richesse du sol, l'agrément des sites, l'abondance de ports excellents, attirèrent de bonne heure sur ses rives de nombreuses populations. Les pays qu'elle baigne en Europe sont, en allant de l'O. à l'E., l'Espagne, la France, l'Italie, la Turquie, la Grèce; en Asie, encore la Turquie, et particulièrement l'Asie-Mineure et la Syrie; en Afrique, l'Égypte et la Barbarie, c'est-à-dire les territoires de Tripoli, de Tunis, l'Algérie et le Maroc. C'est entre le Maroc et l'Espagne qu'elle communique avec l'Atlantique par le détroit de Gibraltar, large seulement de 15 kilom., et où les anciens plaçaient les Colonnes d'Hercule. Des îles nombreuses et importantes y sont répandues : au centre même de la Méditerranée, se trouvent la Sicile et l'île de Malte, qui est entre les mains des Anglais une position si importante; dans la partie occidentale, on voit la Corse, la Sardaigne, les Baléares; dans la partie orientale, les îles Ioniennes, Candie (l'ancienne Crète), Chypre et les îles nombreuses de l'Archipel (Négrepont, les Cyclades, Rhodes, Samos, Khio, Mételin, etc.). Plusieurs parties de la Méditerranée s'enfoncent profondément dans les terres au N. et au N.-E., et forment autant de mers séparées : telles sont la mer Tyrrhénienne, la mer Ionienne, la mer Adriatique, qui pénètrent en Europe; l'Archipel, la mer de Marmara, et la mer Noire, qui s'avancent entre l'Europe et l'Asie; enfin la mer d'Azow, qui n'est qu'un golfe de la mer Noire. Ces cinq dernières divisions constituent des mers très distinctes, qui ne sont pas renfermées dans ce qu'on appelle ordinairement la Méditerranée, et nous renvoyons aux articles spéciaux ADRIATIQUE, ARCHIPEL, MARMARA, MER NOIRE, MER D'AZOW (Azof); mais on comprend fréquemment les mers Tyrrhénienne et Ionienne dans la *Méditerranée proprement dite*.

Celle-ci s'étend entre 30° 20′ et 44° 25′ de latit. N., et entre 7° 40′ de longit. O., et 34° de longit. E. Elle a environ 3,550 kilomèt. de longueur de l'orient à l'occident. Sa largeur varie beaucoup : elle est de 1,150 kilom. dans la partie la plus large, entre le fond du golfe de Tarente, en Italie, et le fond du golfe de la Sidre, en Afrique ; elle n'a que 140 kilom. dans la partie la plus étroite, entre la Sicile et le cap Bon ; ce rétrécissement remarquable sépare la Méditerranée en deux masses presque égales, qu'on peut appeler *Méditerranée orientale* et *Méditerranée occidentale*.

La côte septentrionale de cette mer est très irrégulière, à cause des deux grands avancements qui forment les péninsules Italique et Turco-Grecque ; elle figure depuis le détroit de Gibraltar jusqu'au phare de Messine, en courant d'abord au N.-E., puis au S.-E., un immense golfe dont la partie orientale est la mer Tyrrhénienne, et dont les extrémités septentrionales sont les golfes du Lion et de Gènes. Plus à l'E., deux directions semblables, mais moins étendues, forment entre l'extrémité méridionale de l'Italie et la Grèce l'enfoncement qui a reçu le nom de mer Ionienne, et qui produit lui-même le golfe de Tarente, en Italie, le golfe de Lépante, en Grèce. Le 24e méridien oriental passant par la pointe E. de Candie, détermine, avec les côtes de la Turquie d'Asie et de l'Égypte, un quadrilatère un peu allongé de l'E. à l'O., qui comprend la partie la plus orientale de la Méditerranée, et qui forme à son angle N.-E. le golfe assez profond d'Alexandrette. La côte méridionale est bien moins irrégulière que celle du nord ; elle se porte généralement de l'E. à l'O., échancrée toutefois par un large enfoncement qui fait face à la mer Ionienne, et qui, désigné par les anciens sous les noms de grande et de petite Syrte, s'appelle aujourd'hui à l'E. golfe de la Sidre, à l'O. golfe de Cabès. Nous ferons encore remarquer le golfe de Tunis, et les petits golfes de Bone, de Stora, de Bougie, d'Oran

Le bassin de la Méditerranée et de toutes les mers qu'elle forme, comprend sur le continent voisin un vaste espace surtout, en Europe, où il est limité par la longue ceinture que constituent les monts Ibériques, les Pyrénées centrales, les Cévennes, le Jura, les Alpes centrales, les monts de la Forêt-Noire, les monts Fichtel, les monts Sudètes, les Carpathes centrales, les monts Valdaï, les collines du Volga. Cette limite passe ensuite par une partie du Caucase, entre l'Europe et l'Asie ; elle suit dans cette dernière partie du monde une partie du Taurus et de l'Anti-Liban ; elle gagne l'isthme de Suez, entre en Afrique où elle prend la chaîne Arabique, et, con-

tournant les sources du Nil avec les montagnes du S. de l'Abyssinie, revient au N. à travers des régions peu connues, arrive enfin au mont Atlas, et aboutit au détroit de Gibraltar, en face des monts Ibériques. Des fleuves nombreux circulent dans ce riche bassin, et viennent apporter leur tribut à la Méditerranée. En partant de l'O., on trouve, en Espagne, le Jucar et l'Ebre ; en France, le Rhône ; en Italie, l'Arno, le Tibre, le Pô, l'Adige ; dans la Turquie d'Europe et la Russie, le Danube, le Dniestr, le Dniepr, le Don, le Kouban ; dans la Turquie d'Asie, le Kizil-Ermak, l'Oronte ; en Egypte, le Nil ; dans la Barbarie, la Medjerda, le Chéliff, le Malouïa.

Les ports principaux qui bordent la mer Méditerranée et ses subdivisions sont, en France, Marseille, Toulon, Cette, Agde, Narbonne ; en Espagne, Barcelone, Tarragone, Carthagène, Almeria, Malaga, Gibraltar, qui dépend de l'Angleterre, et commande l'entrée de la mer ; dans les îles Baléares, Palma, Port-Mahon ; sur la côte occidentale de l'Italie, Nice, Gènes, Livourne, Civita-Vecchia, Naples ; en Sicile, Palerme, Messine, Syracuse ; dans l'île de Malte, la Valette ; en Sardaigne, Cagliari ; en Corse, Ajaccio, Bastia ; autour de l'Adriatique, Ancône, Venise, Trieste, Fiume, Zara, Raguse ; dans les îles Ioniennes, Corfou ; en Grèce, Athènes, Hermopolis, Patras, Nauplie ; dans la Turquie d'Europe, Constantinople, Salonique, Gallipoli ; dans la Turquie d'Asie, Smyrne, Beyrouth, Tripoli, Acre, Trébizonde ; en Russie, Odessa, Sébastopol ; en Égypte, Alexandrie, Rosette ; dans la Barbarie, Tripoli, Tunis, Bone, Alger, Oran, Ceuta située vis-à-vis de Gibraltar et dépendante de l'Espagne. La navigation est plus dangereuse sur les côtes d'Afrique que sur celles d'Europe et d'Asie ; il y a moins de bons ports, et surtout des écueils nombreux rendent difficiles les abords des golfes de Cabès et de la Sidre ; des bancs de sable et de rochers se rencontrent entre la Sicile et la régence de Tunis.

Les vents sont très variables dans la Méditerranée, et les marins y trouvent, en général, la mer courte et dure. Il règne presque constamment en été des vents du nord, nommés *étésiens* ; en hiver, des vents du sud. Le Solano, sur la côte d'Espagne, et le Sirocco, sur celle d'Italie, sont des vents du midi qui soufflent une partie de l'année, et apportent d'Afrique une chaleur brûlante et funeste. Le Mistral, ou maestro est un vent impétueux et glacial qui vient du N.-O., et se fait sentir particulièrement dans les golfes du Lion et de Gènes. Le phénomène des marées, si remarquable dans l'Océan, est presque insensible dans la Méditerranée, et ne s'y présente qu'avec irrégularité : au fond du golfe de Cabès, où il est le plus apparent, l'oscillation des eaux est à peine de 2 mètres. Un courant qui règne au milieu du détroit de Gibraltar porte à cette mer les eaux de l'Atlantique, tandis que des deux côtés du passage il existe des courants dont la direction est opposée; il y a de plus dans ce détroit un contre-courant inférieur qui entraîne les eaux dans l'Atlantique. Des courants venant du détroit des Dardanelles et du canal de Constantinople apportent les eaux de la mer de Marmara et de la mer Noire dans la Méditerranée.

La pêche de cette mer offre d'immenses richesses : les thons, les sardines, les anchois, les mullets, les rascasses, les serrans, les espadons, les balistes, les labres, les trigles, les scares, les raies, les pleuronectes, les rémoras, s'y rencontrent en grande abondance. Parmi les mollusques on remarque les pholades, les vénus, les peignes, les pourpres, l'argonaute papyracé, la sèche ou sépia qui fournit une couleur si utile; la pinne marine dont le tissu sert en Sicile et en Calabre à fabriquer de très belles étoffes. Les éponges se pêchent surtout vers les côtes de Syrie, dans l'Archipel et dans le golfe de Cabès, le corail vers la Barbarie ; l'ambre gris se recueille sur la côte orientale de la Sicile. La température moyenne du milieu de la Méditerranée est d'environ + 15° : c'est la plus favorable qu'on puisse trouver pour la civilisation, l'industrie et la santé des peuples. Une belle végétation couvre en général les côtes de cette mer : les orangers, les limoniers, les citronniers, les cédratiers, les poncires, les oliviers, la vigne, les figuiers, les grenadiers, les pistachiers, les caroubiers, les cotonniers, les lauriers, les ornent presque partout; les térébinthes et les lentiques se présentent particulièrement sur la côte asiatique; les jujubiers, les dattiers, les palmiers chamœrops, les bananiers, sur la côte africaine. E. C.

MER NOIRE, anciennement *Pont-Euxin* (*voy.* ce mot), en turc *Cara-Degniz*, en russe *Tchernoé-Moré*. Cette partie la plus orientale de la Méditerranée, est située sur la limite de l'Europe et de l'Asie, entre la Turquie et la Russie, et s'étend de 40° 50' à 46° 40' de latitude N., et de 25° à 30° 50' de longitude E. Ne communiquant avec le reste de la Méditerranée qu'au S.-O. par le canal de Constantinople (Bosphore de Thrace), elle est comme un lac immense, allongé de l'E. à l'O., et dont la forme serait ovale, si la presqu'île de Crimée et le renflement septentrional de l'Asie-Mineure n'en rétrécissaient considérablement la largeur vers

le milieu : elle n'a dans cet endroit que 260 kilomètres du N. au S.; mais dans sa partie occidentale, la plus large, elle a 630 kilomètres. Sa longueur de l'E. et l'O. est de 1,100 kilomètres. Ses côtes occidentales dans les provinces turques européennes de Romélie et de Bulgarie, offrent le golfe de Bourgas, le cap Emineh et le golfe de Varna ; au N., dans la Russie européenne, elle forme, à l'O. de la Crimée, un avancement considérable qui se partage en deux golfes, ceux d'Odessa et de Pérékop; à l'E. de cette presqu'île s'enfonce la mer d'Azow (l'ancien *Palus Mæotis*), dont l'entrée est formée par le détroit d'Enikadé (Bosphore Cimmérien) et qui comprend à l'O. la partie marécageuse appelée mer Putride (*Sivack-Moré* en russe). Sur ses côtes orientales, la mer Noire baigne le pied occidental du Caucase, et les provinces russes asiatiques d'Abasie, de Mingrélie, d'Iméréthie, de Gourie ; les gouvernements turcs asiatiques de Trébizonde, de Sivas et d'Anatolie s'étendent sur ses côtes méridionales. Presque partout les bords de cette mer sont très élevés. Ils le sont moins au N.-N.-O., où on les voit entrecoupés de lagunes et d'estuaires ou *limans*; tels sont les limans du Dniepr, du Bourg et du Dniestr ; les bouches du Danube, qui s'y présentent aussi, sont moins larges. Outre les fleuves que nous venons de nommer, les principaux tributaires de la mer Noire, sont : à l'E. le Rioni (Phase), au N. le Don, qui tombe dans la mer d'Azow, et au S. le Thermeh, l'Iéchil-Ermak, le Kizil-Ermak, le Sakaria. Cette mer, généralement très profonde, ne renferme presque aucune île : à peine peut-on remarquer l'île des Serpents ou Ilan-Adassi, vers les bouches du Danube, et l'île Tendre, vers l'embouchure du Dniepr. L'influence de la marée y est à peu près nulle, mais il y a des courants rapides et irréguliers, surtout lorsque les fleuves ont été grossis par les pluies ou la fonte des neiges. Un courant porte particulièrement les eaux de la mer Noire dans celle de Marmara par le canal de Constantinople.—Le climat est plus froid dans ce grand bassin intérieur que dans les parties de l'Océan placées à la même latitude : il n'est pas rare d'y voir des bras de mer pris par les glaces. La mer Noire est un peu moins salée que le reste de la Méditerranée. Les principaux poissons qui la peuplent sont les esturgeons, les maquereaux, les ombres, les soles. —Les ports les plus importants qui se rencontrent autour de ses côtes, sont Odessa, Otchakov, Kherson, Nikolaev, Sébastopol, Kéfa, dans la Russie européenne; Varna, Bourgas, dans la Turquie d'Europe ; Sinope et Trébizonde dans la Turquie d'Asie. Enfin Constantinople est dans son voisinage immédiat.

Le niveau de la mer Noire est élevé, suivant M. Struve, de 30 mètres, et, suivant M. Hommaire de Hell, de 18 mètres au dessus de celui de la mer Caspienne, à laquelle il est probable qu'elle était jointe dans l'origine. Cette remarquable différence de niveau provient d'un affaissement du terrain sur lequel repose la mer Caspienne, ou d'une évaporation plus abondante des eaux versées dans cette mer par ses tributaires. Le Pont-Euxin paraît même avoir été plus haut jadis qu'il ne l'est aujourd'hui : des lagunes, des dépôts marins, témoignent de son ancienne présence jusqu'au 48e parallèle; d'anciennes relations représentent la Chersonèse Taurique (Crimée) comme une île beaucoup moins grande que la presqu'île actuelle. On prétend aussi que cette mer ne communiquait pas primitivement avec la Méditerranée, et que son niveau ne s'abaissa qu'après que le Bosphore de Thrace, ouvert par quelque violente dislocation, eut formé l'écoulement de ses eaux. Cette mer paraît être la mer d'Ascenez ou mer Ténébreuse de l'Ecriture-Sainte. Son nom de Mer Noire paraît venir des brouillards épais qui la couvrent en hiver, ou des forêts sombres qui couvrent les montagnes environnantes.   C.

MÉRAN ou MÉRANIE (Ducs de) : nom de princes allemands qui, à la fin du XIIe siècle, dominaient sur le Tyrol, l'Istrie et une partie de la Bohême. Le roi de France Philippe-Auguste, après avoir répudié, avec l'autorisation d'une assemblée de prélats réunie à Compiègne, sa seconde femme, Ingerberge, sœur du roi de Danemarck, épousa, au mois de juin 1196, la fille d'un de ces ducs, AGNÈS DE MÉRANIE. Le pape Célestin III, qui avait cassé la décision du concile de Compiègne, protesta contre ce mariage, mais il ne prit aucune mesure décisive. Il en fut autrement d'Innocent III (voy. PHILIPPE). Ce pontife mit la France en interdit. Le roi résista. Ingerberge, arrachée du couvent où elle s'était retirée, fut placée dans une prison à Etampes. Philippe, après plus de sept mois de lutte, renvoya Agnès de Méran et rendit à Ingerberge ses droits de reine, mais non pas ceux d'épouse. Agnès ne survécut que deux mois à cette séparation. Elle mourut en mettant au monde un fils qui fut appelé Tristan, à cause des tristes circonstances qui entouraient sa naissance. Elle était déjà mère d'un fils et d'une fille que le pape consentit à légitimer.

MÉRANIE (duché de), État de l'empire d'Allemagne qui devait son nom à la petite ville de Méran, ancienne capitale du Tyrol, à 20 kilomètres N.-O. de Botzen. La plus grande partie du Tyrol et de l'Istrie appartenait aux seigneurs de Méranie, branche principale de la maison d'Andechs ou Zœhringen, qui en jouissaient en qualité de vassaux du duc de Saxe et de Bavière. Lorsque Frédéric Ier eut enlevé ces deux derniers États à Henri-le-Lion (1180), les possessions du seigneur de Méranie devinrent fiefs immédiats de l'empire. Frédéric Ier confirma ensuite le titre de duc qu'avait légué à ces princes le dernier comte de Dachau, duc de Dalmatie. L'un d'eux, Othon Ier, acquit en 1208 le comté palatin de Bourgogne par son mariage avec Béatrix II, héritière de ce pays. Le duché de Méranie était devenu un des plus importants de l'empire; mais Othon mourut sans enfants mâles, et ses possessions furent divisées entre les maisons de Châlons, de Gœrz, la Bavière et Venise.

MÉRARI, troisième fils de Lévi, et chef de la famille des Mérarites. Ses deux fils Moholi et Musi donnèrent naissance aux Moholites et aux Musites.

MERCATOR (GÉRARD), né en 1512, à Rupelmonde, en Flandre, se mit, entraîné par sa vocation, à fabriquer des instruments de mathématiques, profita avec bonheur des conseils de G. Frisius, s'adonna à la géographie, et publia, en 1537, une carte de Palestine. Bientôt, sur la demande de quelques marchands, il dressa (1540) une carte de Flandre. La fabrication de quelques globes, en 1551, 1552, et une publication qui y avait rapport (de usu globi, de usu annuli astronomici), occupèrent les dernières années de son séjour à Louvain. En 1552, il s'établit à Duysburg, où il publia (1554), les quatre feuilles de l'Europe; ensuite (1564) il grava les cartes des îles britanniques, et élabora la topographie de la Lorraine, basée sur les plans qu'il avait levés à la demande du duc Charles III. — Dans ses dessins et dans ses gravures, il s'exerça en toutes sortes de projections. Examinant les cartes marines, il comprit le développement de la sphère sur le plan. Le Portugais Pedro Nunez ou Nonnius (né en 1492, mort en 1577), avait attiré l'attention des géomètres sur les problèmes nouveaux que lui suggéra l'usage de la boussole : il expliqua les rumbs des vaisseaux sur le globe. Mercator leur donna de justes directions et les proportions rectilignes sur le plan, inventant ainsi la projection réduite des latitudes croissantes, sur laquelle, en 1569, il publia une grande mappemonde, ad usum navigantium, gravée de sa propre main. Ces publications consécutives et surtout cette dernière lui ont mérité une immense considération : il était le coryphée des géographes.

Ce succès lui inspira de plus grands projets : il formait le plan d'éditer un grand Atlas : mais avant de pouvoir mettre ses préparatifs à exécution, il fut devancé par la publication analogue d'Ortelius, son ami ; qui devint cosmographe du roi d'Espagne. — Depuis la renaissance des lettres, Ptolémée était une autorité pour les géographes qui acceptaient ses cartes presque sans réserve, et jetaient la cartographie dans une perturbation extrême. Mercator étudia cet auteur, et édita, en 1578, les *Tabulæ geographicæ Ptolemæi :* mais il savait que les marins ne pouvaient s'incliner devant ces monstruosités géographiques, et s'il ne fut point assez hardi pour accepter toutes les justes proportions de leurs produits nautiques, il indiqua du moins celles des proportions de Ptolémée qui se rapprochaient de celles des marins. Aidé par ses fils et ses petits-fils instruits dans les mathématiques, dans la géographie et dans la gravure, il travaillait toujours au grand atlas qu'il avait entrepris. Il édita, en 1585, les cartes de France et d'Allemagne ; en 1589, les cartes d'Italie, pendant qu'il préparait celles de l'Europe septentrionale. Mais leur publication était réservée à son fils Rumold, qui, en 1595, donna l'édition complète de l'atlas de son père (mort 1594), dix fois reproduit dans la suite et augmenté par les Hondius. Terminons un rapide parallèle. Ortel étendit immensément les études géographiques, composa des cartes historiques, et expliqua la géographie ancienne par la moderne. Mercator levait les plans topographiques, pratiquait lui-même les opérations géographiques, approfondissait les projections, réglait l'ensemble, créait les atlas et fondait la véritable géographie moderne. Son nom même devint synonyme du mot atlas qu'il avait popularisé, et rien ne fait mieux sentir l'influence qu'il exerça sur la science. Les géographes postérieurs citaient d'Ortel sur certains points d'érudition, mais ils suivaient la méthode et les tracés de Mercator. Ortelius a commencé à faire revivre la curiosité, dit Guillaume Delisle, et Mercator a commencé à donner une suite à la géographie et la réduire en corps. LELEVEL.

MERCENAIRES (GUERRE DES). On désigne ainsi l'un des plus grands et des plus terribles épisodes de l'histoire des Carthaginois. Leur première guerre avec les Romains venait d'être terminée (242 avant J.-C.). Leurs finances étaient épuisées et ils avaient un arriéré considérable à payer aux troupes mercenaires. Pour gagner du temps, ils les firent venir en Afrique par petits détachements et les placèrent dans la ville de Sicca, leur promettant de s'acquitter envers elles lorsqu'elles seraient toutes réunies. Les Mercenaires finirent par se lasser d'attendre et se livrèrent aux plus grands désordres. Hannon et Amilcar, qui leur furent envoyés tour à tour,

ne purent les faire rentrer dans le devoir. Les Carthaginois imposèrent en même temps une contribution aux villes qui avaient ouvert leurs portes aux Romains. Celles-ci firent cause commune avec les étrangers, dont la plupart étaient Gaulois, Espagnols, Grecs et Liguriens. Carthage tremblait ; jamais elle n'avait été si faible et jamais danger pareil ne l'avait menacée. Giscon fut député aux rebelles qui le retinrent prisonnier. Le Campanien Spendius qui commandait les étrangers, se porta tout à coup avec 70,000 hommes sur Utique et Hippagréta ou Hippana, aux portes de Carthage, tandis que les Africains marchaient sur cette ville même. Hannon courut à Utique ; les Mercenaires furent repoussés ou plutôt ils se débandèrent à dessein. Hannon se croyant vainqueur ne prit aucune mesure de précaution. Les fugitifs tombèrent à l'improviste sur son camp et mirent son armée en déroute. La direction de la guerre fut alors confiée à Amilcar. Ce général parvint à réunir 10,000 soldats, courut à l'ennemi et lui tua 8,000 hommes. Mais cette victoire l'avait lui-même affaibli ; il se vit bientôt cerné dans son camp. Sa position était désespérée, lorsque 2,000 cavaliers numides passèrent sous ses drapeaux. Avec ce renfort, il attaqua Spendius, lui fit perdre 10,000 hommes, et laissa aux prisonniers le choix de servir dans son armée ou de quitter l'Afrique. Il espérait, en se montrant si généreux, affaiblir l'ennemi par la désertion. Spendius, Mathos et Autarite le chef des Gaulois, pour déjouer sa tactique, firent massacrer Giscon et 700 Carthaginois. Toute conciliation devint dès lors impossible ; on ne fit plus de quartier d'aucun côté, et chaque combat, chaque escarmouche, furent suivis, jusqu'à la fin de la guerre, d'actes d'atroce barbarie, qui firent donner à cette lutte affreuse le nom de *guerre inexpiable*. La division se mit ensuite dans l'armée d'Amilcar ; une tempête engloutit un convoi de vivres qui lui était destiné ; pour comble de malheur, une autre bande de Mercenaires s'empara de la Sardaigne, d'où Carthage tirait ses provisions de blé, et les villes d'Utique et d'Hippana se donnèrent à l'ennemi après avoir égorgé 500 citoyens de Carthage. Les rebelles croyaient leur triomphe assuré ; mais l'union se rétablit parmi les Carthaginois, et Hiéron, roi de Syracuse, qui craignait les Romains et savait que Carthage seule pouvait leur tenir tête, envoya de puissants secours à Amilcar. Spendius n'osa plus l'attaquer ; il se contentait de suivre tous ses mouvements du haut des montagnes. Amilcar parvint enfin à le renfermer dans les défilés de la Hache. Une famine affreuse se déclara bientôt dans le camp des révoltés ; ils dévorèrent les esclaves et les prisonniers, et, ne pouvant ni fuir ni combattre, ils se décidèrent à demander la paix. Ils l'obtinrent, à la condition de livrer à Amilcar, vainqueur, dix d'entre eux à son choix. Amilcar retint d'abord Spendius, Autarite et Zaxas qui s'étaient chargés de la négociation. Les Mercenaires, à cette nouvelle, crient à la trahison et courent aux armes; ils étaient 50,000; 40,000 furent massacrés. La guerre cependant n'était point terminée. Mathos, avec une autre division des Mercenaires et les guerriers africains, opérait sur un autre point; il se retira dans Tunis. Investi bientôt par l'armée carthaginoise, qui, pour l'effrayer, avait dressé devant les murailles de la ville la croix où était suspendu Spendius, il fait une sortie terrible, renverse les bataillons ennemis, s'empare d'Annibal, un de leurs généraux, de trente de leurs principaux officiers, et les fait tous crucifier. Carthage tente un suprême effort. Elle enrôle tous les jeunes gens qui pouvaient porter les armes. Une dernière bataille s'engage; Mathos se bat avec fureur; tous ses Africains se font tuer autour de lui; mais les Mercenaires prennent la fuite; il est lui-même fait prisonnier. Carthage est sauvée (238).

Au commencement de cette guerre, Rome, qui peut-être espérait voir succomber Carthage, affaiblie par les désastres qu'elle venait de lui faire éprouver, s'était drapée dans cette apparente dignité sous laquelle elle se plaisait à cacher sa perfidie et son ambition. Elle avait refusé ses secours aux rebelles; elle avait même repoussé les avances du corps de Mercenaires qui s'étaient emparés de la Sardaigne et qui lui en offraient la possession; elle avait fait plus, elle avait défendu aux négociants italiens de fournir des munitions et des vivres aux ennemis de Carthage, et abandonné aux croiseurs carthaginois les navires qui avaient transgressé ses ordres. Quand elle apprit le triomphe de la cité rivale, elle leva tout à coup le masque, envahit la Sardaigne, s'en empara, et en réponse aux Carthaginois qui protestaient contre cette déloyauté, se plaignit des violences exercées contre les négociants italiens, exigea la cession de la Sardaigne, une indemnité de 1,200 talents, et menaça de recommencer la guerre si on ne souscrivait pas à ces conditions. Carthage ruinée, dépeuplée, exténuée, ne pouvait que courber la tête et obéir. **AL. B.**

MERCERIE, MERCIERS. On désigne aujourd'hui sous le nom de mercerie, tiré du latin *merx, marchandise*, une branche de commerce qui s'occupe spécialement de la vente, soit en gros, soit en détail, des menus objets servant à la confection des vêtements d'hommes ou de femmes, ou même à la parure, comme fils, aiguilles, épingles, boutons, rubans, etc. Autrefois les merciers formaient un des six corps des marchands de Paris. Leur corporation fut établie sous le règne de Charles VI, qui en donna les premiers statuts en 1407 et 1412. Henri II, Charles IX, Louis XIII et Louis XIV confirmèrent tour à tour ces statuts et augmentèrent les priviléges de la corporation. Pour en faire partie, il fallait être Français, avoir fait trois ans d'apprentissage et avoir servi chez un maître mercier trois autres années comme garçon. Un maître ne pouvait avoir plus d'un apprenti, ni tenir plus d'une boutique, être courtier ou commissionnaire, avoir un associé non marchand, etc. Le brevet de maîtrise coûtait 1,000 livres. La corporation était régie par sept maîtres ou gardes électifs chargés de veiller à ses priviléges. Les fonctionnaires, dans les solennités, portaient la robe consulaire. L'écusson du corps consistait en trois vaisseaux mâtés d'or sur une mer de sinople et dominés par un soleil d'or avec cette devise : *Te toto orbe sequemur.* Un noble pouvait, sans déroger, entrer dans cette corporation privilégiée. — Avant d'être gouvernés par sept maîtres, les merciers n'avaient qu'un seul chef, appelé *roi des merciers*, et dont l'autorité s'étendait sur la France entière par le moyen de lieutenants qu'il avait dans les villes les plus importantes du royaume C'était lui qui délivrait le brevet de maître. François Ier supprima cette charge; Henri III la rétablit. Henri IV, qui conservait rancune aux merciers, zélés partisans de la ligue, ou qui peut-être comprenait les entraves qu'une pareille centralisation apportait au commerce, abolit définitivement, en 1597, cette royauté boutiquière. Ce que nous venons de dire de la corporation des merciers se comprendrait difficilement si les attributions de ce corps eussent été aussi restreintes qu'elles le sont aujourd'hui; mais la mercerie se divisait alors en vingt classes différentes, exploitant chacune une branche de commerce dont les réglements lui assuraient le privilége exclusif. Ainsi la mercerie comprenait : 1° les marchands en gros qui pouvaient vendre toute espèce de marchandise, excepté les étoffes de laine; 2° les marchands de draps, d'argent et de soie; 3° les marchands de dorures, qui ne tenaient que des galons, des franges, des tissus d'or ou d'argent sur soie, des dentelles; 4° les marchands de camelot, d'étamine, etc.; 5° les bijoutiers; 6° les marchands de toile et de linge de table; 7° les marchands de points en dentelles de fil, de mousseline, de linon, de batiste, de toile de Hollande; 8° les marchands de soie en bottes; 9° les marchands de pelleteries, de maroquin, etc.; 10° les marchands de tapis, tentures, courtepointes; 11° les marchands de fer, d'acier, d'étain, de plomb, de cuivre, etc.; 12° les quincailliers; 13° les marchands de tableaux, gravures, candelabres, curiosités pour orner les appartements; 14° les marchands de miroirs, de glaces, de coussins pour dames, de carreaux, etc.; 15° les marchands de gaze, de taffetas, de rubans; 16° les marchands de papier et de fournitures de bureaux; 17° les chaudronniers; 18° les marchands de parapluies; 19° lés débitants de menue mercerie; 20 les marchands de chapelets, de peignes, etc.   K.

MERCI (ORDRE DE LA). Ordre religieux fondé en 1223, à Barcelonne, par le gentilhomme languedocien Pierre Nolasque, dans le but de racheter les chrétiens faits prisonniers par les infidèles. On lui donna le nom de *merci* du mot latin *merces* (prix, rançon). Ce ne fut d'abord qu'une congrégation de gentilshommes, consacrant la plus grande partie de leurs biens à l'œuvre but de leurs vœux, et se faisant appeler confrères de Notre-Dame de la Miséricorde. Ils faisaient les trois vœux de religion, et de plus que les autres ordres, que celui même des trinitaires mathurins qui, avant eux, s'étaient voués au rachat des captifs, ils juraient d'aller, non seulement racheter les esclaves, mais même de demeurer en otages à leur place. Le pape Grégoire IX approuva cet ordre en 1230, et par sa bulle de 1234 le mit sous la règle de Saint-Augustin. En 1308, Clément V lui enleva tout ce qu'il avait conservé de son origine, mi-partie laïque et militaire, en ordonnant qu'il serait régi par un religieux prêtre, ce qui motiva la division des clercs et des laïques, et fit que les chevaliers se séparant peu à peu des ecclésiastiques, ceux-ci finirent par être seuls admis dans l'ordre. Le premier couvent de la Merci fut fondé par Nolasque lui-même, à Barcelonne, en 1232, sous les auspices de Jacques, roi d'Aragon; et les autres se succédèrent bientôt dans le Midi de la France, vers 1243, sous le patronage de saint Louis, et toujours par les soins de Nolasque, qui se démit en 1249 de l'office de général de l'ordre; il mourut en 1256. Au XVIIᵉ siècle, le P. Gonzalès introduisit dans cet ordre une réforme autorisée par le pape Clément VIII; et vers le même temps, en 1613, les religieux de la Merci obtinrent de la reine Marie de Médicis, le don des chapelles de Notre-Dame et de Saint-Claude de Braques, bâties rue du Chaume, en 1343, par Arnaud de Braques, et qui, réédifiées pour les nouveaux possesseurs sur les dessins de Boffrant, sont maintenant en ruines. ED. F.

MERCIE. Un des royaumes angles de l'Heptarchie. Il comprenait les territoires occupés au-jourd'hui par les comtés de Glocester, de Worcester, de Leicester, de Northampton, de Bedford, de Buckingham, de Derby, de Nothingham, de Hereford, de Warwick, de Chester, de Lincoln, etc. La Mercie était le seul des sept ou plutôt huit royaumes qui ne touchât pas à la mer. La rivière de Trent la divisait en Mercie septentrionale et Mercie méridionale. Lincoln en était la capitale. Son nom vient, selon quelques auteurs, de Mark *frontière*, ou plutôt, selon Lingard, de Marshy, *lieu marécageux*. Ce royaume fut fondé en 586 par Cridda. Le premier de ses princes qui se soit distingué est Penda, successeur de Ceorl. Penda était vieux déjà lorsqu'il arriva au pouvoir. De concert avec Céadwalla, roi de Gwynés ou de Nordwalles, il battit les Northumbriens, tourna ensuite ses armes contre les Est-Angles, et en 642 vainquit de nouveau, à la bataille de Maserfield, les troupes de la Northumbrie; le roi Oswald périt dans la mêlée. Il triompha encore des Est-Angles en 654, et mis lui-même en déroute par Oswio, successeur d'Oswald, périt dans sa fuite, à l'âge de 80 ans (654). Il avait commis dans le cours de son règne les plus horribles cruautés, et n'avait pas osé prendre le titre de roi. Le vainqueur s'empara du nord de la Mercie, et laissa le sud à Preada, fils de Penda et son gendre, qui fut assassiné quelques mois plus tard. La Mercie fut alors réunie à la Northumbrie. Quelque temps après les Merciens se révoltèrent, et élevèrent sur le trône Wulphère, le plus jeune des fils de Penda. Ce prince sut se maintenir malgré les efforts d'Oswio, combattit le roi de Wessex, fut fait prisonnier dans une bataille, recouvra sa liberté et vengea sa honte, en 661, par la victoire de Pontisbury. Il soumit ensuite l'île de Wight, et fit disparaître l'idolâtrie de son royaume. Vaincu enfin par Egfrid, fils d'Oswio, il termina bientôt sa carrière, et la Mercie perdit pour la seconde fois son indépendance, qu'elle recouvra en 676, à l'avènement d'Ethelred, gendre d'Egfrid et fils de Wulphère, qui abdiqua en 704 (*voy.* ETHELRED), en faveur de son neveu Cœnred, parce que ses enfants étaient trop jeunes encore pour prendre les rênes de l'État. Cœnred, pieux et pacifique, se fit moine à Rome, en 709, laissant le trône à Céolred, fils d'Ethelred, qui mourut en 716 des suites rapides d'un accès d'aliénation mentale. Il eut pour successeur Ethelbald (*voy.* ce mot), qui périt en 757 dans une bataille contre Béornred, noble mercien qui s'était révolté. Le règne de ce dernier ne fut que de quelques mois. Les seigneurs le chassèrent et proclamèrent Offa (*voy.* ce mot), qui mourut en 796. Son fils Egferth qu'il s'était associé 9 ans auparavant, mourut sans postérité après un règne de 141 jours. Le trône alors fut occupé par Cenulf, descendant d'un frère de Penda. Ce prince cessa de vivre en 819 après un règne prospère, qui n'offre de remarquable que des dissensions entre lui et une partie du clergé de son royaume. Son fils Kenelm, âgé de 7 ans, fut assassiné au bout de quelques mois, et eut pour successeur son oncle Céolwulf, qui, en 821, fut détrôné par Béornwulf. Celui-ci, vaincu en 823 à Ellendune par Egbert, roi de Wessex, fut tué en cherchant à réparer ses pertes. Il en fut de même de son fils Ludecan. Wiglaf, qui prit ensuite le sceptre, se vit forcé de s'enfuir à l'approche des West-Saxons, erra pendant 3 ans dans les bois et dans les marais, et fut enfin rétabli par Egbert lui-même. La Mercie depuis lors devint tributaire et vassale du royaume de Northumbrie. Elle fut désolée par les invasions des hommes du Nord sous le règne de Bertulf, qui périt en 853 en cherchant à les repousser. Son successeur Burrhed parvint quelque temps après à les éloigner avec l'aide de son suzerain le roi de Wessex, qui lui donna sa fille en mariage. La Mercie sous son gouvernement eut encore un moment d'éclat, mais les barbares accourent plus nombreux; Burrhed achète en vain la paix, ils dévastent ses États, et le malheureux roi dans son désespoir quitte son royaume, se rend à Rome en pèlerin et y meurt (874). Les Danois mettent sur le trône un des Thanes de la contrée, Céolwulf qui consent à leur fournir un tribut annuel; il écrase ses sujets pour tenir ses engagements, mais bientôt ses exactions échouent devant la misère publique, et les envahisseurs l'assassinent. Il fut le dernier qui porta le titre de roi; Édouard, père d'Althestan, réunit la Mercie à ses États en 920.   AL. B.

MERCIER (*biogr.*). Divers personnages ont porté ce nom; nous citerons :

MERCIER (*Barthélemy*), connu sous le nom d'Abbé de Saint-Léger, savant bibliographe, né à Lyon en 1734, mort à Paris en 1799. Il se fit génovéfain pour satisfaire plus aisément sa passion pour les livres, succéda à Pingré dans les fonctions de bibliothécaire de Sainte-Geneviève et donna en 1772 sa démission pour pouvoir parcourir à son aise les bibliothèques de la Belgique et de la Hollande. Outre un nombre considérable d'articles intéressants, publiés dans les mémoires et journaux du temps, Mercier de Saint-Léger a donné divers ouvrages : sur la *Bibliographie* de Debure, l'histoire de l'imprimerie, la Pucelle d'Orléans, l'auteur de l'*Imitation*, du *Testament de Richelieu*, des *Lettres du pape Ganganelli*, sur les éditions rares du XVe siècle, divers extraits des romans du moyen-âge dans la *Bibliothèque des Romans*, une Bibliothèque de romans grecs, des Notices et Discussions sur des Catalogues de livres, etc.

MERCIER (*Louis - Sébastien*), écrivain fécond, mais paradoxal qui, pendant un demi-siècle, n'a cessé de remuer des idées. Né à Paris en 1740, mort en 1814, il traversa, en s'y mêlant, la Révolution qu'il avait prédite; mais sans y jouer un grand rôle. Il rompit avec les Jacobins, dont il s'était rapproché d'abord, et pour rallier aux Girondins, et, dans la Convention, où le département de l'Oise l'avait envoyé, il siégea constamment avec les modérés. Lors du procès de Louis XVI, il vota pour la détention perpétuelle, et par là même, contre l'instruction du procès. Il fut appelé à l'Institut lors de la formation de ce corps. — Mercier voulut tout réformer. En littérature, bien qu'il eût débuté lui-même par quelques poésies, il voulait substituer la prose aux vers, le drame familier à la tragédie classique, et remplacer la langue austère du siècle de Louis XIV par une langue plus abondante et riche d'emprunts faits au vocabulaire de la science. Une partie de ces souhaits se sont accomplis. Malgré beaucoup de paradoxes, Mercier, n'en était pas moins un esprit de haute portée. Ses ouvrages se ressentent de la précipitation avec laquelle ils ont été écrits; mais à côté de quelques idées folles et bizarres, ils renferment une multitude d'observations et de vues excellentes. Ses drames sont oubliés, bien que souvent pathétiques; mais ils ont obtenu longtemps un grand succès, entre autres *Jenneval*, l'*Habitant de la Guadeloupe*, la *Brouette du Vinaigrier*. Son *An 2240* (5 vol. in-8°), son *Tableau de Paris* (12 vol. in-8°), qui reproduisait les mêmes idées émaillées d'une foule d'observations piquantes, où le vrai et le faux s'entremêlent capricieusement, ont obtenu un grand nombre d'éditions.

MERCIER, dit la *Vendée*, un des plus habiles chefs des royalistes sous la République, né à Château-Gontier en 1778, capitaine à 25 ans d'une compagnie de volontaires. Il fut mêlé à toutes les entreprises de Cadoudal et chef avec lui de l'insurrection de Bretagne. Nommé en 1797 maréchal de camp par le comte d'Artois, il accepta l'amnistie quelque temps après, mais il recommença les hostilités en 1799 par la prise de Saint-Brieuc. Il fut tué en 1800 près de Loudéac.

MERCOEUR (PHILIPPE-EMMANUEL de Lorraine, duc de) : l'un des plus vaillants capitaines de son siècle, né en 1558 à Noméni, mort en 1602 à Nuremberg. Gouverneur de la Bretagne, il se déclara chef du parti de la ligue dans cette province après l'assassinat du duc de Guise (1588), avec lequel il était très lié. Il traita directement avec les Espagnols, leur livra le port de Blavet, guerroya contre les partisans de Henri IV jusqu'en 1598 avec diverses chances de fortune, et fut le dernier à se soumettre. Le mariage de sa fille unique avec César de Vendôme, fut le prix de la réconciliation. L'empereur Rodolphe, attaqué par les Turcs, lui offrit de commander son armée en Hongrie. Le duc de Mercœur se distingua dans cette guerre, surtout par une retraite longtemps célèbre. Une fièvre pourprée l'emporta au moment où il revenait en France. Il n'avait que 44 ans. Son oraison funèbre fut prononcée à Notre Dame par saint François de Sales. Bruslé de Montpleinchamp a publié l'histoire du duc de Mercœur, 1 vol. in-12.

MERCREDI. Le troisième jour ouvrable de la semaine et celui qu'on appelle dans le bréviaire le *quatrième férié*. Il doit son nom à la coutume païenne qui en avait fait le jour consacré à Mercure (*mercurii dies*). Selon ceux qui croient aux heures planétaires, on l'appelait encore ainsi, parce que la planète de Mercure le domine dans sa première heure. Dans les premiers siècles du christianisme on observait l'abstinence de la viande le mercredi comme aux Quatre-Temps. Il en est resté l'usage de ne pas accorder dispense du gras pour ce jour-là pendant le carême. Ce qui avait fait donner ce caractère pieux au mercredi, c'est qu'il était destiné, ainsi que le vendredi, aux cérémonies appelées *stations*, consistant en jeûnes et en prières sur les tombeaux des martyrs ou dans les oratoires, le tout en souvenir de la résolution que les Juifs avaient prise ce jour-là de faire mourir le Sauveur, et qu'ils avaient exécutée le vendredi. Le *mercredi des cendres*, comme on sait, ferme le carnaval et ouvre le carême. C'est dans quelque pays l'occasion de rites plus ou moins bizarres. En France on enterre ou on brûle le mannequin de *mardi-gras*; en Bohême on enterre aussi, après l'avoir mise en pièces, une vieille contrebasse. Chez les Persans, le mercredi est compté parmi les jours blancs, toutefois le dernier *mercredi* du mois de sephar est un jour noir, et même le plus redouté de tous. Les Cingulais le consacrent aux cérémonies religieuses. Un fait très curieux, c'est que dans les croyances armoricaines, le mercredi est le jour de fête des nains ou korrigans dont M. de la Villemarqué a prouvé les rapports avec Mercure dans son intéressant recueil des chants de la Bretagne.

MERCURE (*min.*) : genre minéral composé de quatre espèces : le mercure *natif*, le mercure *sulfuré*, le mercure *muriaté* et le mercure *argental*.

Le MERCURE NATIF n'existe dans la nature qu'en petite quantité. Il ne fait jamais seul l'objet d'aucune exploitation, c'est presque toujours en compagnie du mercure sulfuré qu'on le rencontre. Il se présente en globules dans les fentes de ce minerai, et quelquefois encore disséminé dans toute sa masse.

Le MERCURE ARGENTAL, amalgame naturel d'argent, est sous forme d'une substance d'un blanc argentin, cristallisant en dédocaèdre rhomboïdal. Sa composition est de 2 atomes de mercure pour 1 d'argent, ou, en poids, de 65 parties de mercure pour 35 d'argent. Sa pesanteur spécifique est de 14,2. Il donne du mercure par la distillation et se décompose par l'action du feu, en laissant sur le charbon un globule d'argent. — On n'en connaît que deux variétés principales : le mercure argental *cristallisé*, toujours en dodécaèdre rhomboïdal ou simple, ou modifié sur ses angles ou sur ses arêtes, et le mercure argental, *lamelliforme*, en lames minces ou en dendrites superficielles étendues sous différentes gangues. — Le mercure argental ne se trouve qu'accidentellement çà et là dans quelques mines de mercure, surtout dans celle de Maschelandsberg, dans l'ancien duché de Deux-Ponts. Sa gangue est tantôt un grès, tantôt une argile lithomarge.

Le MERCURE MURIATÉ, ou mieux *chlorure de mercure*, est une substance d'un gris de perle, fragile et volatile par l'action du calorique. Il dépose du mercure lorsqu'on le presse avec frottement sur une lame de cuivre humectée, et cristallise en prismes à base carrée, terminés par des pyramides; les dimensions du prisme fondamental ne sont pas encore bien connues. C'est un bichlorure de mercure contenant 15 parties de chlore et 85 de métal. Il se rencontre, quelquefois sous la forme de concrétions mamelonnées ou fibreuses, dans les cavités d'un grès secondaire, à Almaden en Espagne et dans la mine du duché de Deux-Ponts.

Le MERCURE SULFURÉ, vulgairement *cinabre*, est un bi-sulfure de mercure, composé de 14 parties de soufre et de 86 de mercure. Il est d'un rouge foncé passant au rouge brun, et offre dans sa poussière une belle teinte de rouge écarlate, soluble seulement dans l'acide nitro-muriatique, complètement volatil au chalumeau en donnant une flamme bleue et une odeur sulfureuse; il laisse un enduit d'un blanc métallique lorsqu'on le passe avec frottement sur le cuivre. Ses cristaux se rapportent au système rhomboédrique. Sa pesanteur spécifique est d'environ 7; il est facile à rayer au couteau. Ses variétés dépendant de la structure sont : le mercure sulfuré *lamellaire*, le mercure *écailleux* ou *granu-*

leux, le mercure *pulvérulent* dit *vermillon natif* et le mercure *compacte;* quelquefois ce dernier est feuilleté ou testacé; mais alors il est mélangé de bitume, ce qui constitue le mercure sulfuré *bituminifère* ou mercure *hépatique*. — Le mercure sulfuré, mais surtout le mercure bituminifère, constitue la principale mine que l'on exploite. Il se trouve presque uniquement dans les terrains secondaires, mais principalement dans le grès rouge, dans le grès houiller et dans les argiles schisteuses et bitumineuses qui l'accompagnent. — Tous les minerais de mercure sulfuré sont très riches. Les principales mines sont celles d'Idria dans le Frioul, d'Almaden dans la Manche et du Palatinat sur la rive gauche du Rhin. Il en existe encore des exploitations en Hongrie, en Bohême, dans plusieurs autres parties de l'Allemagne et dans les deux Amériques. Celles que l'on a découvertes récemment dans ce dernier pays, et principalement en Californie, acquièrent une importance toute particulière de leur situation à la proximité des terrains aurifères.   L. DE LA C.

MERCURE (*chim.*). Le mercure est un des métaux dont la découverte remonte à la plus haute antiquité ; c'est le seul qui soit liquide à la température ordinaire. Il est très brillant, d'un blanc bleuâtre, et n'a ni odeur ni saveur sensibles. Sa densité à 0° est de 13,596. Il peut absorber une certaine quantité d'air et d'eau, dont on ne le débarrasse que par une ébullition soutenue. Dans son état de pureté il ne mouille presque aucun corps, tandis que lorsqu'il tient en dissolution des métaux, tels que le plomb, le cuivre et l'étain, il mouille les vases de verre : on dit alors qu'il fait la *queue*. Le mercure impur projeté sur une surface plane forme encore des globules allongés et non sphériques, comme cela se voit lorsqu'il est pur. Sa dilatation entre les termes de 0° à 100° est environ de 100/5550 de son volume à 0°, et cela d'une manière à peu près proportionnelle à la température. Il se volatilise sensiblement, même à la chaleur de 15 à 20°; mais il est facile de constater que sa vapeur n'obéit pas à la loi du mélange des gaz et des vapeurs, et qu'à une basse température l'étendue de l'atmosphère mercurielle est fort limitée, puisque si l'on suspend verticalement une feuille d'or au dessus du mercure contenu dans un flacon, la partie la plus rapprochée de la masse sera seule blanchie, tandis que la partie supérieure n'éprouvera aucune altération. Soumis à un froid de 30 à 40°, le mercure se solidifie et cristallise en octaèdres. La densité du métal solide est de 13,391. Dans cet état il prend place à côté du plomb et de l'étain sous le rapport de la malléabilité, de

la ductilité et de la ténacité; on a pu le laminer et même en faire des médailles frappées au balancier. Son contact avec nos organes produit la même sensation que la brûlure, et les désorganise presque instantanément par suite de la grande quantité de calorique qu'il leur soustrait. — Le mercure entre en ébullition à la température de 360°; la densité de sa vapeur est de 6,976. On a reconnu que la présence de plusieurs substances métalliques, telles que le plomb, l'étain, retardait beaucoup sa distillation, tandis que la présence de certaines autres, telles que le platine, paraissait l'accélérer. Le premier résultat dépend de la propension des corps étrangers à s'oxyder, ce qui leur fait produire à la surface du bain métallique une pellicule d'oxyde qui s'oppose à l'ébullition. Une couche d'huile ou de matière résineuse agit d'une manière analogue. — Le *mercure* ne décompose l'eau à aucun degré de chaleur. Exposé, à la température ordinaire, à l'action de l'oxygène ou de l'air secs ou humides, il n'est pas altéré par eux, ou du moins d'une manière bien sensible; ce n'est qu'à un degré voisin de celui auquel il entre en ébullition qu'il passe peu à peu à l'état de bioxyde.

Le mercure ne donne lieu, par sa combinaison avec le gaz oxygène, qu'à deux *oxydes*. Tous deux jouent le rôle de bases salifiables, mais le bioxyde est celui qui jouit de la plus grande affinité pour les acides. — Le *protoxyde* est très peu stable et fort difficile à obtenir pur. Ainsi lorsqu'on décompose par de la potasse un sel qui le contient, le précipité noir que l'on obtient est un mélange de deutoxyde et de mercure métallique que l'on y reconnaît facilement à la loupe. On peut obtenir le corps qui nous occupe en traitant à froid et à l'abri de la lumière solaire, par de la potasse concentrée, du protochlorure de mercure préparé par voie humide. On se le procure encore en versant lentement de l'azotate de protoxyde de mercure dans une dissolution alcoolique de potasse pure. Le protoxyde est sous forme d'une poudre noire, insoluble dans l'eau, décomposable en deutoxyde et en mercure métallique sous l'influence de la lumière ou d'une température de 100°. Il ne se combine ni avec l'or ni avec l'argent. Il est formé de deux atomes de mercure pour un atome d'oxygène (Hg^2O), ce qui donne 96,20 de métal sur 3,80 d'oxygène. — Le *deutoxyde* ou *bioxyde* peut être préparé par différentes méthodes : 1° en portant du mercure, placé dans un matras à cou long et effilé, à une température assez élevée pour maintenir une ébullition constante. La longueur du col du ballon s'oppose à l'évaporation du métal qui absorbe l'oxygène de l'air, et se transforme peu à peu en petites écailles cristallines, d'un beau rouge foncé que les anciens chimistes appelaient *précipité per se*. Il est alors parfaitement pur. 2° En soumettant à la calcination l'azotate de mercure. L'état du sel employé exerce une grande influence sur les propriétés physiques du produit. L'azotate en poudre donne un oxyde pulvérulent et jaune orangé; est-il en gros cristaux, le produit sera encore jaune orangé, mais cristallin. Pour l'obtenir rouge et cristallin comme l'exige le commerce qui lui donne le nom de *précipité rouge*, il faut calciner de l'azotate de deutoxyde cristallisé en petits cristaux. 3° On peut aussi former du deutoxyde de mercure rouge par voie humide, en décomposant par des lavages prolongés, de l'acétate de bioxyde ou de l'azotate de mercure tribasique, ou bien en traitant par les alcalis les oxychlorures qui ont pour formule : $HgCl,4HgO$ — $HgCl,2HgO$; l'oxyde ainsi préparé conserve la forme cristalline des oxychlorures dont il provient. 4° Enfin on peut l'obtenir anhydre par voie humide, en décomposant du bichlorure de mercure par un excès de potasse, de soude ou de chaux; le produit est alors toujours jaune mais amorphe. Le bioxyde offre quelques propriétés différentes suivant les moyens par lesquels il est obtenu. Ainsi, l'oxyde jaune non calciné est attaqué avec beaucoup plus de facilité par le chlore que l'oxyde rouge. Le premier se combine à froid avec l'acide azotique, tandis que l'autre n'est point alors attaqué. Une dissolution alcoolique de bichlorure convertit l'oxyde jaune en oxychlorure noir, tandis qu'elle n'agit pas sur l'oxyde rouge, différence dans les réactions qui dépend d'une plus grande division dans le premier que dans le second cas. Le bioxyde de mercure est légèrement soluble dans l'eau, et cette dissolution verdit le sirop de violette. Chauffé à une température peu élevée, il prend une teinte brune presque noire, mais recouvre sa couleur primitive par le refroidissement. Vers 400° il se décompose en oxygène et en mercure Il doit être considéré comme un oxydant assez énergique; il transforme le chlore en acide hypochloreux, et l'acide sulfureux en acide sulfurique. Il détonne quand il est chauffé avec du soufre. La lumière le décompose lentement en dégageant son oxygène, et il y a reproduction du métal. Le deutoxyde de mercure est composé de 1 atome de métal pour 1 d'oxygène, ce qui donne pour sa formule HgO, et pour sa composition 92,68 de mercure sur 7,32 d'oxygène.

Le deutoxyde de mercure peut se combiner directement avec l'ammoniaque et donner lieu à une véritable base double, susceptible de former avec tous les acides des sels bien définis. Ce produit, désigné par les noms d'*oxyde de mercure ammoniacal*, d'*oxyde ammonio-mercuorique*, a été découvert par MM. Thénard et Fourcroy; ses propriétés ont été déterminées récemment par M. Millon. On l'obtient en faisant réagir de l'ammoniaque sur l'oxyde; la réaction est rapide lorsque ce dernier est sous la modification jaune, mais assez lente au contraire lorsque l'on emploie l'oxyde sous la modification rouge. Le composé est jaunâtre, réductible à la lumière; il décrépite par le frottement dans un mortier, mais sans jamais produire une détonation violente. Le calorique à 130 degrés le déshydrate en lui faisant prendre une teinte brune. Il est du reste insoluble dans l'eau et dans l'alcool; une dissolution de potasse ne le décompose qu'à chaud, en lui faisant dégager son ammoniaque. Il possède des affinités chimiques énergiques et se combine avec les acides carbonique, sulfurique, oxalique. Il chasse l'ammoniaque de ses combinaisons salines. A l'état anhydre il résulte de la combinaison de 4 équivalents d'oxyde de mercure et de 1 équivalent d'ammoniaque $(HgO)^3$, $HgAz3H^2$, ou de 3 équivalents d'oxyde de mercure, de 1 équivalent d'amidure de mercure et de 1 équivalent d'eau : $(HgO)^3$, Hg Az H^2, $HO = (HgO)^4$ Az H^3, à l'état d'hydrate, sa composition est représentée par la formule : $(HgO)^4$, AzH^3, $2HO$. — Quand on le chauffe à 120°, il se forme un équivalent d'eau aux dépens de l'oxygène de l'oxyde et de l'hydrogène de l'ammoniaque.

Le mercure ne s'unit point à l'*hydrogène*, au *bore*, au *silicium*, et au *carbone*. Il a été combiné assez récemment avec l'*azote*. Cet *azoture* est obtenu en soumettant pendant plusieurs heures le bioxyde de mercure, préparé par voie humide, à l'influence du gaz ammoniacal. Lorsque l'oxyde est ainsi saturé d'ammoniaque à la température ordinaire, on le chauffe à 130°, dans un bain d'huile, en le soumettant en même temps à l'influence d'un courant rapide d'ammoniaque; cette opération doit être continuée jusqu'à ce qu'il ne se dégage plus d'eau. L'azoture ainsi préparé retient toujours une certaine quantité de mercure dont on le débarrasse par un lavage avec de l'acide azotique très-étendu qui ne dissout que l'oxyde. Ce produit est sous forme de poudre d'un brun foncé. Il fulmine avec une grande violence lorsqu'on le chauffe, et détonne également par le choc d'un corps ou par le contact de l'acide sulfurique concentré. Les acides azotique, chlorhydrique et sulfurique, très-étendus le dissolvent lentement en formant des sels de mercure et des sels ammoniacaux. Il est représenté dans sa composition par la formule Hg^3Az.

Le mercure ne s'unit que difficilement au *phos-phore*. Il donne néanmoins : 1° un *protophosphure* noir, tenace, facile à couper, très fusible, se ramollissant dans l'eau bouillante, se décomposant un peu au-dessous de 100°, répandant des vapeurs blanches dans l'air, même à la température ordinaire, et donnant lieu à de l'acide phosphorique et à du mercure par l'action du gaz oxygène ou de l'air, sous l'influence d'une légère chaleur. On l'obtient en chauffant dans l'eau parties égales de phosphore et de bioxyde de mercure; il se forme en outre de l'acide phosphorique. Mais il nous semble qu'il est permis d'élever des doutes sur la réalité de cette combinaison, admise cependant par la plupart des auteurs. La propriété dont jouit ce produit de répandre des vapeurs blanches dans l'air, et de laisser dégager le phosphore un peu au-dessous de 100°, ne permet-elle pas de regarder ici pour le moins comme problématique la réalité de la combinaison du phosphore? Il serait possible en effet que les deux corps ne fussent que mélangés. — Le *perphosphure* est le composé qui paraît se former en même temps que du protochlorure de phosphore quand on a fait passer du phosphore en vapeur sur du protochlorure de mercure; ou bien quand on décompose, à une légère chaleur, le bichlorure de mercure par le phosphore gazeux d'hydrogène. Dans ce dernier cas, il y a un grand dégagement de gaz chlorhydrique. L'un et l'autre de ces procédés donnent également un composé solide et rouge qui n'a encore été que fort imparfaitement étudié. On peut le conserver sans altération; il supporte même, sans être décomposé, une température de 360°.

Le *soufre* forme avec le mercure des composés correspondant aux oxydes, et qui ont pour formule Hg²S et Hg S. — Le *protosulfure* est, comme le protoxyde de mercure, fort peu stable, et se décompose, avec la plus grande facilité, en mercure et en bisulfure. L'examen à la loupe y fait souvent reconnaître des globules métalliques. Il est du reste noir, insoluble dans l'eau, soluble dans les sulfures alcalins, et joue le rôle d'une sulfo-base. On le prépare en versant, goutte à goutte, de l'azotate de protoxyde de mercure dans une dissolution de sulfure de potassium, ou bien en arrosant du protochlorure de mercure avec une dissolution de sulfure alcalin. Il peut encore être obtenu facilement en précipitant de l'acétate de protoxyde de mercure par l'acide sulfhydrique. Il faut le laver à l'eau froide et le dessécher dans le vide sans employer la chaleur. — Le *deutosulfure* de mercure est solide et ordinairement appelé *cinabre*. Quand il est en masses cristallines très-divisées, c'est le vermillon des peintres. Il existe sous deux états isomériques

différents : rouge (cinabre) ou noir ; dans les deux cas , il présente exactement la même composition. — Le sulfure de mercure *noir* s'obtient en faisant arriver un courant d'acide sulfhydrique en excès sur un sel de mercure au maximum. — Le cinabre est d'un rouge violacé quand il est en masse; d'un rouge clair très-vif quand il est en poudre impalpable ; insoluble dans l'eau, volatil sans entrer en fusion, à une température peu élevée, et ses vapeurs forment, en se condensant, des prismes hexaèdres. Lorsqu'on le chauffe au contact de l'air, il se grille très-facilement, s'enflamme, forme de l'acide sulfureux et dégage des vapeurs de mercure. L'hydrogène et le charbon le réduisent. Il est décomposé par un grand nombre de métaux, tels que le fer, le cuivre, l'antimoine, l'étain, le zinc, etc., auxquels il cède son soufre; aussi l'emploie-t-on souvent dans les laboratoires comme agent de sulfuration. Les acides l'attaquent difficilement ; son meilleur dissolvant est l'eau régale. Il est réduit par les alcalis et les carbonates alcalins, et dégage alors des vapeurs de mercure ; plusieurs oxydes le décomposent sous l'influence de la chaleur, en brûlant son soufre, et le mercure est régénéré. Le deutoxyde le décompose avec une grande facilité. — Le *cinabre* est préparé dans les arts par la combinaison directe, à l'aide d'une chaleur modérée, du soufre et du mercure, dans la proportion de 150 de soufre pour 950 de métal. Le premier produit que l'on obtient ainsi, appelé *éthiops minéral*, est noir et contient un excès de soufre, que l'on chasse en chauffant dans des vases appropriés; puis quand on s'aperçoit que le sulfure de mercure lui-même commence à se volatiser, on couvre les vases, et l'on recueille le cinabre, qui vient se condenser en pains cristallisés à la partie supérieure de l'appareil. A Idria, on fabrique en grand le cinabre en mettant 85 parties de mercure en contact avec 15 de soufre; le tout est mélangé dans de petits tonneaux en bois pendant trois heures et demie, temps au bout duquel on le trouve transformé en une masse noire que l'on sublime. — Le cinabre sublimé, broyé avec de l'eau, et réduit en poudre très-fine, donne le *vermillon*. Celui qui nous vient de la Chine est remarquable par sa belle teinte ; il ne paraît pas avoir été préparé par la pulvérisation du cinabre, mais bien par la voie humide, en faisant agir le soufre sur le mercure en présence d'une dissolution alcaline. Chez nous, on s'est efforcé d'obtenir le même résultat en triturant d'abord, à froid, pendant trois heures, 300 parties de mercure avec 114 parties de soufre; on ajoute ensuite à la masse 75 parties de potasse et 400 parties d'eau, en maintenant le mélange à une température de 50° environ ; le précipité, d'abord noir, prend au bout de quelques heures une belle teinte rouge. La théorie de cette opération n'est pas encore bien connue; on suppose qu'il se produit d'abord un sulfo-sel formé par la combinaison du sulfure de mercure avec le sulfure de potassium, lequel se décomposerait ensuite, par l'action de l'air, en hyposulfite alcalin et en sulfure de mercure très-divisé. On peut aussi admettre que le soufre forme avec la potasse un hyposulfite et un polysulfure qui, sous l'influence de la chaleur, cède au mercure une partie de son soufre pour former directement le vermillon. — On a aussi donné pour procédé la sublimation du cinabre ordinaire préalablement mélangé avec le centième de son poids de sulfure d'antimoine; on réduit le produit en une poudre fine que l'on fait bouillir à plusieurs reprises avec une dissolution de foie de soufre, on lave le précipité avec de l'eau ordinaire pour le mettre ensuite en digestion avec de l'acide chlorhydrique et le laver une dernière fois avec de l'eau. Lorsque le vermillon obtenu par la voie humide a été chauffé trop longtemps avec de la potasse et du soufre, il perd sa belle couleur rouge et devient brun ; mais il suffit de le faire bouillir dans l'eau pour la lui rendre. — Le vermillon constitue une matière colorante très-fine et très-fixe employée surtout en peinture. Il est souvent mélangé, par fraude, à du minium, à du colcothar, à de la brique pilée ou à du sulfure d'arsenic. La présence des trois premiers corps est dévoilée en chauffant le mélange au rouge, ce qui fait volatiliser le sulfure de mercure seulement. Quant au sulfure d'arsenic, on le reconnaît à l'odeur alliacée qu'il répand lorsqu'on le projette sur des charbons ardents.

Le *sélénium*, chauffé avec le mercure, s'unit promptement à lui. A une température plus élevée, l'excès de métal, s'il en existe, se dégage; puis au bout de quelque temps, le séléniure ainsi débarrassé se sublime sans se fondre et se condense en feuilles blanches qui offrent le brillant métallique. Si c'était au contraire le sélénium qui fût en excès, il se trouverait également dégagé avant la sublimation du séléniure; cependant, il y aurait alors cette différence que les cristaux feuilletés et blancs ne se formeraient qu'après un sublimé facile à distinguer d'eux. Ce premier sublimé ne serait-il donc qu'un protoséléniure? Quoi qu'il en soit, les cristaux qui se subliment en dernier lieu sont ici, comme dans le cas de l'excès de mercure, un biséléniure dont la composition est représentée par la formule Hg Se, c'est-à-dire, en proportions, 1 de métal et 2 de sélénium.

Le *chlore* attaque vivement le mercure, et le transforme, suivant les proportions, en *protochlorure* ou en *deutochlorure*. — Le premier, souvent appelé *calomel*, *calomelas*, *mercure doux*, est solide, blanc jaunâtre, inodore, insipide. Il cristallise en prismes à quatre pans, terminés par des sommets à quatre faces. Il est volatil, mais moins que le bichlorure; insoluble dans l'eau et l'alcool à froid; il ne faut pas moins de 12,000 parties d'eau bouillante pour en dissoudre une partie seulement. Il devient phosphorescent par le frottement. Sa densité est de 7,156. Les alcalis le colorent en noir; les chlorures alcalins, le sel ammoniac, surtout en présence des matières organiques, peuvent le transformer en mercure et en bichlorure, propriété très importante à connaître, principalement au point de vue médical. La lumière le décompose en lui faisant prendre une teinte grise résultat de sa transformation en un mélange de mercure et de bichlorure. Le chlore le dissout et le change en bichlorure. Il paraître être soluble dans le sulfate d'ammoniaque, tandis que l'azotate à même base n'en dissout que des traces. L'acide chlorhydrique concentré le transforme, par l'ébullition, en mercure et en bichlorure. L'acide azotique le dissout à chaud avec production de vapeurs rutilantes, et il se forme un mélange de bichlorure et d'azotate de bioxyde de mercure. Il a pour formule Hg^{2}Cl, et est composé de 85,12 de mercure et 14.88 de chlore. — On prépare, d'une manière générale, le protochlorure de mercure en ajoutant un équivalent de mercure à un équivalent de bichlorure. Le mode de procéder est le suivant : le sublimé corrosif et le mercure sont broyés avec de l'eau dans un mortier de bois. Lorsque le métal est éteint, on fait sécher le mélange à l'étuve, on l'introduit ensuite dans un ballon, et l'on chauffe modérément. Le protochlorure distille et vient se condenser dans la partie froide du ballon. Ce produit pourrait encore être obtenu en chauffant un mélange de sel marin et de sulfate de protoxyde de mercure : NaCl+Hg^{2}O,SO^3=NaO,SO^3+Hg^{2}Cl. Mais comme il est difficile d'obtenir du protosulfate de mercure pur en attaquant du mercure en excès par l'acide sulfurique, on remplace le protosulfate par un mélange de mercure métallique et de sulfate de deutoxyde. — Le protochlorure de mercure n'est plus employé en médecine que dans un grand état de division qui en facilite beaucoup l'effet. L'artifice dont on se sert pour l'obtenir dans cet état, consiste à faire arriver dans le récipient, en même temps que sa vapeur, de la vapeur d'eau qui, en s'interposant entre ses molécules, empêche celles-ci de se réunir, de sorte qu'elles se déposent en une poudre excessivement ténue et d'une entière blancheur. C'est là ce qui constitue le *calomel à la vapeur*. Enfin, comme il se sublime toujours, en même temps que le produit, une certaine quantité de deutochlorure de mercure, il est indispensable de s'en debarrasser par des lavages que l'on renouvelle successivement jusqu'à ce que l'eau ne précipite plus par l'acide sulfurique.

Le *bichlorure de mercure*, encore appelé *sublimé corrosif*, est représenté par la formule HgCl, et composé de 74,09 de mercure pour 25,91 de chlore. Il est solide, d'un blanc satiné, d'une saveur âcre et désagréable, soluble dans l'eau et plus encore dans l'alcool; l'éther sulfurique le dissout également et l'enlève même à l'eau. Sa forme cristalline primitive est le prisme droit rhomboïdal; mais les cristaux obtenus par sublimation sont des octaèdres rectangulaires; dans tous les cas ces cristaux sont anhydres.—Le calorique le fait entrer en fusion, et il se prend, par le refroidissement, en une masse demi-transparente. Les cristaux de bichlorure de mercure ne noircissent pas au soleil, mais lorsqu'on expose leur dissolution à la lumière elle devient acide, et laisse déposer du protochlorure. Les corps combustibles réduisent facilement le bichlorure de mercure sous l'influence de la lumière. Il est complétement précipité de ses dissolutions par l'albumine. La potasse et la soude décomposent le sublimé corrosif; il se forme un chlorure alcalin et il se dépose un précipité jaune ou rougeâtre suivant la proportion d'alcali; si cette dernière est en excès, le dépôt est jaune : c'est du deutoxyde de mercure; si l'alcali ne prédomine pas, le dépôt est rouge: c'est une combinaison de chlore et d'oxyde de mercure, un oxychlorure. — L'ammoniaque précipite les dissolutions de sublimé corrosif en blanc, produit connu sous le nom de *précipité blanc*, *sel Allembroth insoluble*, ayant pour formule HgCl, HgAzH², et que l'on considère généralement comme une combinaison de chlorure de mercure (HgCl), et d'amidure du même métal (HgAzH²); on lui a donné scientifiquement le nom de *chloramidure de mercure*. — On prépare le bichlorure de mercure en chauffant un mélange de sulfate de mercure, de chlorure de sodium et de peroxyde de manganèse : il y a échange entre l'oxyde de mercure et le chlorure de sodium, d'où résulte de l'oxyde de sodium, et, secondairement, du sulfate de soude fixe, et du chlorure de mercure volatil. Quant au peroxyde de manganèse il ne serait d'aucune utilité si tout le mercure du sulfate était à l'état de peroxyde; mais celui-ci est presque toujours mélangé de protoxyde, ce qui donnerait lieu à du protochlorure si l'oxygène fourni par

l'oxyde manganésique ne changeait le sulfate de protoxyde en sulfate de bioxyde.—Le protochlorure de mercure, indépendamment de son usage médical, sert à conserver les pièces anatomiques et à préserver les bois de la piqûre des insectes.

Le bichlorure de mercure se combine en plusieurs proportions avec l'oxyde du même métal, et donne ainsi naissance à plusieurs *oxychlorures*, qui affectent eux-mêmes des états isomériques différents. Ainsi l'oxychlorure bibasique (HgO)², HgCl peut être amorphe ou cristallisé, d'un rouge vif, d'un rouge briqueté et même pourpre, violet ou même noir; sous ce dernier état on en retire de l'oxyde de mercure sous la modification rouge; sous les autres états il donne de l'oxyde jaune. L'oxychlorure tribasique (HgO)³,HgCl, peut être également amorphe ou cristallisé. Il ressemble souvent à l'or mussif; sa couleur varie du jaune brun au brun très foncé; par sa décomposition il produit toujours de l'oxyde jaune amorphe. L'oxychlorure quadribasique (HgO)⁴, HgCl peut être brun et amorphe ou bien cristallisé et jaune comme l'or mussif; sous ces deux états il donne, en se décomposant, de l'oxyde jaune. — On l'obtient encore en lames rhomboïdales brunes qui, par leur décomposition, donnent de l'oxyde rouge.

Le *brome* se combine avec le mercure en deux proportions.— Le *protobromure* (Hg²Br) présente la plus grande analogie avec le protochlorure. Il est blanc, insoluble dans l'eau, volatil au dessous du rouge sombre. On le prépare en précipitant un sel de protoxyde de mercure par un bromure alcalin. — Le *bibromure* (HgBr) se produit lorsqu'on fait dissoudre le protobromure dans un mélange d'eau et de brome. Il est sous forme d'aiguilles blanches, soluble dans l'eau, l'alcool, l'éther, et volatil. Il peut donner naissance à un oxybromure analogue à l'oxychlorure correspondant.

L'*iode* se combine directement avec le mercure en donnant lieu à de la chaleur. On connaît trois composés de cette nature. — Le *protoiodure* dont la formule est Hg²I et la composition 61,58 de mercure sur 38,42 d'iode, est solide et jaune verdâtre. La chaleur le fait passer au rouge, mais il redevient jaune par le refroidissement. Il est volatil; cependant si on ne le chauffe pas brusquement, il y a toujours production de deutoiodure. Chauffé rapidement il entre en fusion sans s'altérer. Il est insoluble dans l'eau, mais soluble dans l'alcool. Il se prépare en triturant dans un mortier les proportions voulues des deux composants humectés d'un peu d'alcool qui sert à rendre le contact plus intime, et qui, lorsqu'on opère sur des masses, empêche que la température ne s'élève trop, ce qui pourrait donner lieu à une sorte d'explosion. On se débarrasse de l'alcool par la dessiccation à l'étuve. — Le *deutoiodure* est d'un rouge vif. Au feu il devient jaune, se volatilise et dépose des cristaux jaunes qui repassent au rouge par le refroidissement; il arrive quelquefois qu'ils restent jaunes, mais il suffit de les frotter en un seul endroit avec une pointe fine pour les faire aussitôt passer au rouge vif. Il est un peu soluble dans l'eau; l'alcool et les acides le dissolvent à l'aide de la chaleur. Le mercure le transforme en protoiodure. Il se combine avec les autres iodures en donnant ainsi un grand nombre d'iodures doubles. Il peut également jouer le rôle d'acide par rapport aux chlorures alcalins, en donnant lieu à des composés connus sous le nom d'*iodhydrargyrates*. Le deutoiodure de mercure a pour formule HgI, et pour composition 44,49 de mercure et 55,51 d'iode. Il se dépose sous forme d'une poudre écarlate lorsqu'on précipite un sel de deutoxyde de mercure par de l'iodure de potassium; on peut encore l'obtenir directement par la trituration des quantités voulues de ses éléments humectés d'alcool. — Le 3e *iodure*, intermédiaire aux deux premiers, est jaune. On l'obtient par la précipitation de l'azotate de mercure au moyen de l'iodure de potassium ioduré. Il contient souvent une certaine quantité de biiodure dont on le débarrasse par des lavages à l'alcool. Il a pour formule Hg²I,2HgI.

Le mercure a une telle affinité pour le *cyanogène* que son oxyde décompose rapidement tous les cyanures, même celui de potassium. Le *cyanure de mercure* est blanc, très pesant, inodore et d'une saveur métallique âcre, caustique. Il cristallise en prismes à base carrée, qui sont tantôt opaques, tantôt transparents, et sans eau de cristallisation. Une douce chaleur le décompose en isolant ses composants. Il est peu soluble dans l'alcool, mais très soluble dans l'eau, en donnant une liqueur neutre. La potasse bouillante a la curieuse propriété de le dissoudre sans le décomposer. Il est également dissous sans altération par l'acide azotique. L'acide sulfurique le dissout et le transforme en une masse blanche analogue à de la colle d'amidon. Les acides chlorhydrique, iodhydrique et sulfhydrique le décomposent. Le cyanure de mercure est représenté par la formule HgCy et résulte de la combinaison de 79,33 de mercure avec 20,67 de cyanogène. On le prépare en faisant bouillir 4 parties de bleu de Prusse avec 3 parties d'oxyde rouge, dans suffisante quantité d'eau distillée. Le liquide soumis à l'évaporation fournit des cristaux de cyanure. Dans cette

réaction, le mercure se combine aux deux cyanogènes des deux cyanures ferrugineux, et cède, en échange, de l'oxygène au fer avec lequel il était uni.

Les *alcalis* sont sans action sur le mercure. L'acide *sulfurique* concentré est sans effet, à froid; à chaud, sa décomposition a lieu avec dégagement de gaz sulfureux, formation d'un sulfate de protoxyde ou de bioxyde qui se dépose en poudre blanche. Le sulfate est bioxydé lorsque l'oxyde est en excès et que l'ébullition est soutenue pendant longtemps, protoxydé dans le cas contraire. — L'acide *sulfurique* est sans action, même à chaud, s'il contient 3 à 4 fois son poids d'eau. — L'acide *azotique*, à la température ordinaire, se décompose en partie; il oxyde le métal et le dissout en donnant lieu à un dégagement de chaleur et de bioxyde d'azote. La dissolution, après s'être colorée en vert par l'absorption de ce corps, devient incolore et laisse déposer des cristaux blancs d'azotates de protoxyde, et de byoxide mercure. — L'acide *chlorhydrique* est complètement sans action à chaud comme à froid. — L'*eau régale* exerce une action vive : dissolution du mercure, dégagement de bioxyde d'azote, formation de bichlorure soluble et incolore.

Les *sels* de mercure qui ont l'un de ses deux oxydes pour base, se reconnaissent aux caractères suivants : ils fournissent du mercure métallique quand on les chauffe au rouge après les avoir mélangés avec du carbonate de soude ou de potasse desséché; ils blanchissent une lame de cuivre sur laquelle on les frotte. L'hydrogène sulfuré et les sulfhydrates les précipitent en noir. — Les sels de *protoxyde* sont précipités en noir par les alcalis; l'acide chlorhydrique ou les chlorures solubles y forment un précipité blanc, insoluble dans le protochlorure de mercure. — Les sels de *deutoxyde* sont précipités en rouge brique (oxychlorure) par les alcalis, quand ceux-ci ne sont pas en excès; dans le cas contraire le précipité est jaune (hydrate de deutoxyde). L'acide chlorhydrique et les chlorhydrates ne les précipiteront qu'autant que la dissolution sera bien concentrée; alors le précipité est cristallin (deutochlorure de mercure), et soluble dans une grande quantité d'eau.

Le mercure ne s'allie point avec la plupart des *métaux* dont le degré de fusion est très élevé. Le platine est pour ainsi dire le seul qui fasse exception à cet égard, sous l'influence de la chaleur et lorsqu'il est très divisé ou en éponge; jusqu'à présent la combinaison n'a pu avoir lieu lorsque le platine était forgé. Les *alliages* de mercure appelées *amalgames* sont tantôt so

lides et tantôt liquides : liquides lorsque le mercure est très prédominant; solides lorsqu'il ne
l'est point suffisamment, et à plus forte raison,
quand il est en moins grande quantité que l'autre métal. On observe toutefois de très grandes
différences à cet égard ; ainsi l'alliage formé de
80 parties de mercure et de 1 de sodium est solide, tandis que celui résultant de 15 parties de
mercure et de 1 d'étain est liquide. A l'état
fluide, les amalgames ressemblent au mercure
excepté que la plupart coulent moins facilement.
A l'état solide ils sont cassants. Tous sont blancs,
en général, et peuvent cristalliser en formant
alors des alliages à proportions constantes : il
ne faut pour cela que dissoudre à chaud une
quantité convenable d'un métal dans le mercure
et laisser refroidir la combinaison ; celle-ci se
partage en deux parties : l'une solide, cristallisée, et l'autre liquide. C'est aussi ce qui a lieu
quand on met le mercure en contact, à froid,
avec un autre métal tel que l'argent, l'or, le bismuth. etc. ; d'abord celui-ci se dissout dans le
mercure, mais la quantité de l'amalgame augmentant, il arrive bientôt qu'une partie se précipite. — Tous les amalgames sont décomposables au moyen de la chaleur rouge. Presque
tous sont susceptibles, à l'état liquide, et à la température ordinaire de décomposition par l'air,
lorsque le métal allié appartient à l'une des
quatre premières sections : alors ce métal absorbe peu à peu l'oxygène et forme un oxyde
qui se rassemble à la surface du bain. — Il est
possible de préparer tous les amalgames en mettant, à la température ordinaire, le mercure
en contact avec les métaux très divisés. Cependant il est préférable d'opérer à l'aide de
la chaleur. Les amalgames de zinc et d'antimoine ne peuvent même bien s'obtenir qu'en
fondant ces métaux dans lesquels on verse
alors peu à peu le mercure chauffé lui-même
à l'avance.

Six amalgames seulement méritent une
mention. Ceux de *potassium* et de *sodium* décomposent l'eau. L'amalgame formé de 10 parties de mercure et de 1 d'*étain* est liquide et
ressemble assez au mercure lui-même, si ce
n'est qu'il est moins coulant. Il se décompose
par la chaleur et absorbe facilement le gaz oxygène de l'air. Celui qui résulte de l'union de
1 partie d'étain pour 3 de mercure est mou et cristallise facilement; celui qui provient de parties
égales des deux composants est très solide; on
se sert de ces combinaisons pour passer les glaces au tain. — Le *bismuth* s'amalgame très facilement. Quand le mercure est en excès, le composé est liquide et jouit de la propriété de dissoudre beaucoup de plomb sans se solidifier.

Aussi cette propriété est-elle souvent employée
pour sophistiquer le mercure, mais alors celui-
ci fait toujours la queue. Le composé résultant
de 1 partie de bismuth pour 4 de mercure jouit
de la propriété d'adhérer fortement aux corps
avec lesquels on le met en contact, ce qui le fait
employer dans les arts pour étamer intérieurement des globes de verres. Peut-être parvien-
drait-on même à étamer les glaces avec lui, ce
qui éviterait de se servir d'étain en feuilles
beaucoup plus cher que l'étain ordinaire qui
entrerait dans l'amalgame. — L'alliage résultant de 1 partie d'*argent* et de 8 de mercure, est mou, blanc, très fusible et facilement
cristallisable. Il se décompose par la chaleur,
mais n'éprouve aucune altération au contact de
l'air. Il ne se dissout que dans une grande quantité de mercure. On le rencontre dans la nature.
— L'*or* est un peu plus soluble dans le mercure
que l'argent. Son amalgame est mou et blanc
comme celui de ce dernier corps, avec lequel il
offre une grande analogie. Il est employé dans
les arts pour dorer le cuivre jaune ou le laiton.

Les minerais que l'on exploite pour en extraire
le mercure, le renferment uni au soufre sous
forme de cinabre. Souvent à la vérité celui-ci
est accompagné de mercure natif, d'amalgame
d'argent et de chlorure de ce même métal, mais
presque toujours en très petite quantité. — La
métallurgie du mercure est très simple et consiste à réduire le minerai par le fer ou la chaux;
ou bien à le soumettre à un grillage ; ces procédés ont pour premier point de départ la propriété qu'a le mercure de s'évaporer facilement.
Dans le premier procédé, mis en usage dans les
mines du Palatinat, on broie le minerai ou le
mélange avec de la chaux éteinte et l'on chauffe
le tout dans des cornues : la chaux s'empare du
soufre et forme du sulfure de calcium et du
sulfate de chaux qui restent au fond de l'appareil, tandis que le mercure se volatilise et vient
se condenser dans des récipients. Le second
procédé mis en usage à Almaden, en Espagne,
et à Idria, avec des perfectionnements dans les
appareils de condensation, consiste dans le grillage du minerai, ce qui procure l'isolement du
mercure par la transformation du soufre en acide
sulfureux.

Les usages du mercure sont très nombreux.
A l'état métallique, il est employé dans les laboratoires de chimie pour recueillir les gaz
solubles dans l'eau, ou les transvaser d'une cloche dans une autre. La propriété qu'il a de demeurer liquide beaucoup au dessous de la température de la glace fondante et jusqu'à 360° au-
dessus de ce point de départ, ainsi que celle
dont il jouit de se dilater à peu près uniformé-

ment pour chaque degré de l'échelle entre 0° et 100° le font employer dans la fabrication des thermomètres; c'est encore lui que l'on emploie pour la confection des baromètres. Nous avons également signalé l'utilité de plusieurs de ses composés pour diverses industries. C'est enfin au moyen du mercure que l'on exploite une grande partie des mines d'or et d'argent. L.

MERCURE (*méd.*). Ce corps était pour ainsi dire proscrit de la médecine des anciens. Les Grecs et les Latins n'en parlent que pour indiquer les moyens de remédier à ses funestes effets. Il faut arriver jusqu'aux Arabes pour le voir employer en thérapeutique, et encore s'en servaient-ils seulement dans les maladies graves de la peau. Ce ne fut que dans le courant du xvie siècle qu'on l'administra à l'intérieur. — Toutes les préparations mercurielles sont loin de jouir de propriétés semblables, néanmoins elles offrent un ensemble de faits généraux communs. Ainsi, toutes déterminent, à des degrés différents, une excitation spécifique que l'on ne saurait comparer aux effets provoqués par la plupart des excitants ordinaires. En effet, soit que l'on applique les mercuriaux directement sur la peau, soit qu'on les administre à l'intérieur, ils finiront toujours par agir sur les membranes muqueuses buccales et gastro-intestinales, en les irritant d'une façon toute particulière, caractérisée par un gonflement douloureux des gencives et une abondante excrétion de salive, accompagnés d'une saveur désagréable et de la fétidité de l'haleine. Quant aux organes gastro-intestinaux, ce sera tantôt de la dyspepsie, tantôt des nausées, des vomissements et même des évacuations alvines accompagnées de coliques violentes, suivant l'énergie ou l'abondance de la préparation. Dans un petit nombre de cas au contraire, les fonctions digestives, loin d'être troublées, acquerront plus d'énergie; mais quelle que soit la forme sous laquelle se traduise l'action excitante des préparations mercurielles sur la muqueuse du tube digestif, l'irritation de celle-ci se communique rapidement à tout le système lymphatique. Les engorgements ganglionnaires, s'il en existe, diminuent à l'exception de ceux des parties latérales du cou, s'il y a salivation, parce qu'un état fluxionnaire local résulte de cette disposition. La graisse est, de plus, résorbée et l'amaigrissement s'accompagne souvent d'un état fébrile auquel succède, d'ordinaire, une débilité générale avec douleur contusive dans les membres. Si même la médication mercurielle est poussée plus loin, il en résulte une atonie générale et une sorte de cachexie scorbutique. Mais il est d'observa-

tion, que lorsque les mercuriaux ont été administrés sans produire cette cachexie, ils finissent, le plus souvent, par faire tourner au profit de la nutrition, l'activité qu'ils communiquent au système. La plupart des sujets qui ont subi un traitement mercuriel conduit avec prudence, acquièrent de l'embonpoint après avoir maigri d'abord. — Depuis longtemps on avait remarqué, qu'en vertu de l'action irritante du mercure, il survenait souvent une éruption vésiculeuse plus ou moins aiguë, à laquelle on avait donné le nom d'*hydrargyrie*, dans la conviction qu'elle était tout-à-fait spéciale; mais il est aujourd'hui complètement démontré que ce n'est qu'une espèce d'eczema qui n'offre rien de particulier. Nous repoussons également l'opinion qui fait reprocher à l'usage du mercure le cortége si remarquable des symptômes consécutifs de la syphilis, et plus particulièrement les exostoses et les douleurs *ostéocopes* (*voy.* ce dernier mot). L'expérience a démontré que les personnes journellement exposées, par leur profession, à l'absorption du mercure en assez grande abondance pour provoquer tous les accidents spéciaux que nous avons signalés, ne présentent jamais de symptômes syphilitiques, à moins qu'ils n'aient été infectés du virus.

Les mercuriaux sont les agents de médications fort diverses qui peuvent toutefois se classer dans les trois catégories suivantes : médication *antiphlogistique*; médication *purgative*; médication *spéciale*. — Parmi les nombreuses préparations mercurielles, c'est plus particulièrement le protochlorure ou *calomélas* que l'on a fait l'agent de cette première médication. Son influence thérapeutique est ici tout-à-fait analogue à celle de l'émétique dans la méthode Rasorienne. Sa dose ne doit pas être de moins de 50 à 60 centigrammes; elle peut s'élever à un gramme et plus à la fois. Ce traitement ne demande pas à être continué pendant longtemps, et si l'effet désiré n'est pas obtenu au bout de quelques jours, il faut en cesser complètement l'usage. Bien que ce genre de médication ait été vanté par quelques auteurs dans toutes les inflammations, c'est plus particulièrement dans les phlegmasies des organes de la poitrine et de l'encéphale, dans certaines inflammations abdominales et le rhumatisme, que l'on peut en espérer de bons effets. Cette méthode est peu usitée en France comparativement à l'Allemagne et à l'Angleterre. — C'est encore plus particulièrement au calomélas que l'on a recours comme moyen *purgatif*, à la dose de 4, 6 et même 8 centigrammes. Ce résultat, pour lui comme pour tous ceux des mercuriaux qui le produisent, paraît provenir de leur action sur l'intestin grêle et plus particulièrement sur les portions où les cryptes sont plus développés, par exemple sur le duodénum et les cryptes gaufrés de Payer. Quant aux propriétés vermifuges des agents qui nous occupent, nous n'y voyons qu'une conséquence de leur énergie purgative. — Mais c'est plus spécialement comme moyen excitant spécifique de tout le système muqueux, que le mercure est employé en thérapeutique. Toutes ses préparations, convenablement dirigées, jouissent de cette propriété à un degré plus ou moins énergique. Nulle part toutefois cet effet n'est plus évident et plus sûr que dans le traitement de la syphilis. Le mercure n'est cependant pas à nos yeux un spécifique de cette affection, si, par ce mot, il faut entendre un remède toujours infaillible. C'est surtout contre les symptômes consécutifs que son action est le plus souvent manifeste.

Plusieurs préparations mercurielles sont énergiquement toxiques, même en quantité assez faible. Toutes celles qui ne le doivent qu'au mercure seul ont un mode d'action analogue, qui ne diffère que par l'intensité des effets. Le sublimé corrosif, développant ces derniers à leur plus haut degré, c'est lui qui nous servira d'exemple. C'est un des poisons du règne minéral les plus énergiques que l'on connaisse. Il détermine promptement la mort, soit qu'on l'injecte dans les veines, qu'on l'introduise dans l'estomac ou qu'on le mette en contact avec le tissu cellulaire. Dans le premier cas, il paraît plus spécialement agir sur les poumons. Appliqué à l'extérieur, il est rapidement absorbé et transporté dans le torrent de la circulation, ce qui lui fait exercer directement son action sur le cœur, et seulement ensuite sur le tube digestif. Si on l'introduit dans l'estomac, son action est tout à fait analogue, mais en suivant une marche inverse, c'est-à-dire que ses premiers effets frappent directement le viscère avec lequel il se trouve en contact et dont l'inflammation peut déterminer la mort qui survient alors au milieu de lésions purement sympathiques du cerveau et de tout le système nerveux. — Le traitement de l'empoisonnement par le sublimé corrosif consiste à faire prendre de l'albumine sous forme de plusieurs blancs d'œufs dissous dans de l'eau, en ayant soin toutefois d'éviter un excès dans le remède lui-même, car l'albumine finirait par dissoudre le précipité qu'elle a commencé par produire, et qui alors deviendrait lui-même vénéneux. C'est cette considération qui a fait recourir au gluten, sous forme d'émulsion; mais l'albumine, qui réussit presque toujours lorsqu'on l'emploie à temps, a de plus l'immense avantage de se trouver communément sous la main. A défaut de ces contrepoisons, il faudrait gorger les sujets d'une décoction de guimauve ou de graine de lin, ou même d'eau tiède, dans le but d'affaiblir l'action directe du poison en le divisant, et de provoquer des vomissements qui détermineraient son rejet. Si l'on parvient à calmer ainsi les accidents, il suffira de tenir le malade à l'usage des boissons mucilagineuses et de lui faire prendre quelques bains généraux. Si, au contraire, il survenait des symptômes d'inflammation gastro-intestinale, il faudrait, dès leur début, pourvu que les forces du malade le permissent, avoir recours aux saignées générales et locales, aux applications émollientes et narcotiques, etc. — Le cyanure est aussi un poison violent, mais dont l'action tient à la fois de celle de ses deux composants. Les symptômes qu'il détermine consistent en des efforts de vomissement avec des secousses convulsives générales, en des alternatives d'irritation et d'affaissement extrême. L'accélération du pouls est bientôt remplacée par son affaiblissement et par un ralentissement toujours croissant de la respiration. On ne lui connaît aucun contrepoison. Tout le traitement consistera donc à provoquer des vomissements en gorgeant le sujet d'eau tiède ou en titillant la luette; on aura ensuite recours aux antiphlogistiques. — Enfin, les sujets exposés à l'action des vapeurs mercurielles éprouvent des phénomènes toxiques spéciaux, qui, le plus souvent, se bornent à des coliques, à de la salivation et des vertiges, à la perte de la mémoire, à un tremblement prononcé et à des paralysies partielles. On connaît toutefois quelques exemples de mort par suite de cette influence. Les bains de vapeur et les bains sulfureux sont jusque ici les seuls moyens employés avec succès contre ce genre d'intoxication.

Le mercure et un grand nombre de ses préparations sont d'un usage assez fréquent en médecine pour que nous fassions connaître les principaux médicaments qu'on en tire. — Quelques praticiens font prendre comme vermifuge, sous le nom d'*eau mercurielle simple*, une liqueur obtenue en tenant le mercure en ébullition avec son poids d'eau. — Quand le mercure est employé à l'état métallique, son action a besoin d'être facilitée par une division extrême de ses molécules, que l'on obtient soit en le triturant avec quelque matière pulvérulente, comme le sucre, ce qui, dans la proportion de 1 partie de métal, en poids, pour 2 de sucre, donne le *mercure saccharin*; ou bien, avec quelque substance visqueuse, comme dans le *mucilage mercuriel de Plenck*, résultant de 1 partie de métal pour 3 de gomme et 4 de sirop de pavots; ou enfin, avec un corps gras, jusqu'à ce qu'il soit suffisamment divisé pour que le mélange, vu à la loupe, ne laisse plus apercevoir aucun globule métallique ; on obtient, avec parties égales de mercure et d'axonge, l'*onguent mercuriel double*, encore appelé *pommade mercurielle double* et *onguent napolitain*. 1 partie de métal pour 7 d'axonge donne l'*onguent mercuriel simple* ou *onguent gris* ; 1 partie de mercure et 7 de cérat simple sans eau, constituent le *cérat mercuriel*. Les *pilules mercurielles du Codex* ou de *Belloste* résultent de 4 parties de mercure pour 2 de miel, 6 d'aloës, 3 de rhubarbe, 2 de scammonée et 1 de poivre. Les *pilules mercurielles simples* dites *pilules bleues*, résultent de deux parties de mercure métallique, 3 de conserve de roses et 1 de poudre de réglisse. Le *digestif mercuriel* est un mélange à parties égales d'onguent napolitain et de digestif simple. L'*emplâtre mercuriel* est connu sous le nom d'*emplâtre de Vigo cum mercurio* (voy. EMPLATRE). Le mercure y entre pour à peu près 1/6 de la masse. — Le *deutoxyde* de mercure, encore appelé *précipité rouge*, n'est plus guère employé en médecine qu'à l'extérieur. Il forme la base de l'*eau phagédénique* et entre dans une foule de pommades dites ophthalmiques, telles que celles de *Lyon*, de *Régent*, de *Saint-Yves*, etc. — Le *deutosulfure* ou *cinabre* formait autrefois la base des *bols rouges* ; il entrait aussi dans la poudre tempérante de Stahl. Il est de nos jours l'un des composants de quelques pommades antiherpétiques ; mais c'est le plus généralement en fumigation qu'on l'emploie. — Le *bichlorure* fournit la *liqueur de Van Swiéten*, composée dans la proportion de 40 centigrammes pour 400 grammes d'eau et 45 d'alcool rectifié. — Les *iodures* sont fort énergiques et ne s'emploient à l'intérieur qu'à doses excessivement fractionnées, et encore divisés soigneusement dans une masse pilulaire : 1/2 centigr. à 1 centigr. pour chaque pilule. — Le *cyanure* de mercure s'administre en dissolution dans l'eau, ou sous forme de pilule, ou bien en pommade. Son action paraît plus douce que celle du sublimé corrosif, et il a surtout sur celui-ci l'avantage de ne pas être décomposé par les substances organiques. — On a prescrit le *protosulfate* de mercure dissous dans l'eau. Il est la base du sirop dit de Bellet, pour ainsi dire abandonné de nos jours comme un médicament infidèle. — Le *deutonitrate* n'est jamais employé qu'en dissolution dans l'acide nitrique, ce qui constitue le *nitrate acide de mercure*, et comme caustique. La formule prescrite par le Codex pour sa préparation donne pour résultat 71 p. 100 de sel. — L'*onguent citrin* ou *pommade citrine* est préparé avec une liqueur fournie par une dissolution de protonitrate et de deutonitrate dans

un excès d'acide. — L'*acétate de protoxyde de mercure* est ordinairement employé en pilules ; il forme la base des *dragées de Keyser*, qui ont la manne pour excipient ; elles renferment chacune 1 centigr. de sel. **L. DE LA C.**

MERCURE (*ast.*) : nom d'une des planètes de notre système solaire, la première dans l'ordre des distances au soleil, et désignée par les astronomes par le signe ☿. Mercure est au nombre des planètes *inférieures*, ainsi nommées, parce qu'elles sont situées entre la Terre et le Soleil ; toutes les autres planètes étant plus éloignées du soleil que la Terre sont nommées planètes *supérieures*. A certaines époques annuelles, on aperçoit Mercure se coucher peu après le Soleil ; le jour suivant, il se dégage peu à peu, et s'éloigne de plus en plus au dessus de cet astre ; il revient ensuite vers lui et semble s'arrêter, pour se plonger le soir dans la lumière crépusculaire. Mercure ne peut s'apercevoir, à l'œil nu, qu'à sa plus longue élongation. Delambre dit ne l'avoir aperçu, à la vue simple, que deux fois, l'une à Paris et l'autre à Narbonne, et il ajoute que Copernic, qui en a dressé des tables, n'avait jamais pu le voir. La difficulté d'observer Mercure, jointe à la complication de la marche de cette planète, a exigé, sans doute, un bien long espace de temps pour reconnaître l'identité des deux astres qu'on voyait alternativement suivre ou précéder le lever du soleil.

Vu au moyen du télescope, Mercure présente un diamètre apparent très variable dont la valeur moyenne paraît être de près de 6″,3. Cette planète présente, comme la lune, des phases qui sont d'une grande utilité pour reconnaître sa forme ainsi que ses positions par rapport au soleil. On a reconnu de cette manière que sa forme est sphérique, sa lumière, empruntée au Soleil et que l'astre lui-même tourne autour de ce dernier. La révolution sidérale de Mercure s'accomplit dans l'espace de 87ʲ·969, et surpasse de près d'une minute la révolution tropique ; mais observée de la surface de la terre, cette planète emploie de 106 jusqu'à 130 jours à prendre la même position relativement au Soleil. On dit ordinairement : le mouvement *géocentrique* ou *héliocentrique* de Mercure, selon qu'il est vu du centre de la Terre ou du centre du Soleil.

Quand on connaît le temps que Mercure emploie à décrire son orbite elliptique autour du soleil, ainsi que les éléments elliptiques de l'orbite de la terre, il est facile, par la troisième loi de Kepler, de déterminer la distance moyenne de cette planète. On trouve, en prenant pour unité la distance moyenne de la terre, le nombre 0,387. Ainsi la Terre est donc à peu près trois fois plus éloignée du Soleil que Mercure. — La plus grande élongation de Mercure a pour valeur 29° et pour valeur moyenne 28° 1/2. Dans cette position, l'astre offre à l'observation un croissant dont les cornes sont opposées au Soleil. Il paraît assez longtemps stationnaire, parce que l'arc qu'il décrit est à peu près perpendiculaire à celui que parcourt notre Terre. Mercure se rapproche du soleil et parcourt alors la partie de son orbite la plus rapprochée de nous; aussi son diamètre apparent augmente-t-il pendant ce temps. Comme alors la Terre et Mercure marchent dans des directions à peu près parallèles, et que ce dernier avance beaucoup plus rapidement que la Terre, son mouvement devient très sensible, et nous voyons l'astre disparaître bientôt dans les rayons du Soleil couchant, pour reparaître le matin avant le jour. Pendant qu'il décrit ce dernier arc, on dit que son mouvement est *rétrograde*, c'est-à-dire opposé à la direction du mouvement apparent du soleil. Au bout de quelques jours, Mercure atteint encore sa plus grande élongation et redevient stationnaire comme la première fois; son diamètre apparent diminue, et bientôt l'astre, se rapproche du Soleil; par ce mouvement, il se replonge le matin dans les rayons de l'aurore et reparaît encore le soir pour reproduire les mêmes phénomènes. Ainsi l'orbite elliptique de Mercure, comprise dans celle de notre Terre, nous paraît partagée en quatre arcs remarquables; deux à peu près perpendiculaires à la direction de la Terre et deux à peu près parallèles. Pendant que la planète parcourt les deux premières, elle semble stationnaire; pendant qu'elle parcourt les deux autres, elle paraît avoir un mouvement direct ou rétrograde, selon qu'elle est à son *passage supérieur* ou *inférieur*. L'arc moyen de sa rétrogradation est d'environ 13° 1/2, et sa durée moyenne de 23 jours. Mais il y a dans les diverses rétrogradations de grandes différences entre ces quantités.

La lumière que nous envoie Mercure dépend en partie de ses phases et en partie de son éloignement; car dans les conjonctions supérieures et inférieures, elle vient de distances à peu près doubles l'une de l'autre. L'éclat le plus vif ne provient donc point du disque quand il est parfaitement rond, comme cela se voit pour la Lune, aux époques de sa plus grande dimension apparente, à cause du trop grand éloignement de l'astre; son éclat n'est pas non plus le plus vif vers la conjonction inférieure, la partie éclairée étant alors presque entièrement tournée vers le Soleil : c'est donc en un point intermédiaire vers les rétrogradations.

On conçoit que Mercure doit présenter de temps en temps des éclipses dans ses différents passages. Mais ces éclipses sont assez rares; l'on ne peut, d'ailleurs, observer que celles qui ont lieu dans les conjonctions inférieures à cause du trop grand éclat du Soleil. On voit alors la planète se projeter sur le disque solaire, sous la forme d'une tache noire qui décrit une corde de ce disque. Les périodes qui ramènent les passages sont de 6, de 7, de 8, de 13, de 46 et de 263 ans.

L'ellipse que décrit Mercure est la plus excentrique de toutes les orbites des planètes anciennement connues. L'excentricité vaut 0,2055141 de sa distance moyenne au Soleil, et l'inclinaison de l'orbite sur l'écliptique est de 7°. Le diamètre de Mercure est de 0,39 du rayon de la Terre; conséquemment son volume est de 0,05 de celui de notre globe et la surface environ le sixième. Mercure est le plus dense de tous les corps planétaires; sa densité est à celle de la Terre : : 2,78 : 1. La ligne de ses nœuds a, comme celle de la lune, un petit mouvement annuel d'Orient en Occident. Schröter, qui a fait de Mercure une étude particulière, a remarqué que l'hémisphère austral de cette planète, semblait offrir, de même que celui de la Terre, de la Lune et de Vénus, des montagnes beaucoup plus escarpées que l'hémisphère boréal. On reconnaît à Mercure un mouvement de rotation en 24ʰ· 5′ 30″ autour d'un axe fortement incliné sur le plan de son orbite; ce qui doit y rendre fort sensible l'inégalité des jours et des saisons. Pendant le passage de Mercure sur le Soleil, le 9 novembre 1802, Herschell observa particulièrement la forme noire selon laquelle cette planète se dessinait. Cette forme lui parut parfaitement circulaire. Aussi, dit M. Arago, à moins d'admettre, dans l'hypothèse d'une figure ellipsoïdale de la planète, que l'axe polaire était assez exactement dirigé vers la Terre, l'astronome se trouvait conduit inévitablement à cette conséquence que Mercure n'a pas d'aplatissement appréciable. Herschell remarqua également que le contour de la planète resta parfaitement terminé pendant toute la durée du passage, ce qui ne paraît pas moins en contradiction avec l'existence admise d'une atmosphère autour de cet astre; la lumière s'affaiblit et se colore effectivement en traversant une atmosphère, et cependant l'attention la plus soutenue ne fit apercevoir, tout autour de la tache, aucun anneau qui fût différent, par l'intensité ou par la teinte, du reste du disque solaire. Ces considérations sur la constitution physique de Mercure avaient déjà été données avant Herschell. Nous devons faire remarquer cependant que ces considérations n'ont rien d'absolu, et qu'on peut échapper aux conséquences qui semblent découler des observations en atténuant suffisamment, par la pensée, la densité, la réfrangibilité ou la hauteur de l'atmosphère. Si Mercure était entouré d'une atmosphère, les rayons lumineux éprouveraient une déviation en la traversant. Cette déviation semblerait devoir se manifester par une *déformation* du limbe du Soleil, au moment où le prolongement de la ligne menée réellement de l'œil de l'observateur au bord de la petite planète, serait à peu près tangent au contour du grand astre. Aucune déformation de ce genre ne se fit remarquer à l'instant précis où le bord de Mercure allait cesser de se projeter sur le Soleil, dans la matinée du 9 novembre 1809. Les *rides* du soleil (*corrugations*) auraient été aussi un moyen très délicat pour juger de l'existence et même de la déformation engendrées par l'atmosphère de Mercure. Les rides conduisirent Herschell à un résultat négatif, comme celui fourni par le contour du disque. Pendant toute la durée du passage, Mercure parut considérablement plus noir et d'un noir plus uniforme que les noyaux de deux grandes taches, auxquels il fut possible de le comparer. Nous avons donné les divers éléments de Mercure au mot PLANÈTE. A. DE P.

MERCURE (en grec Hermès) : fils de Jupiter et de Maïa, qui le mit au monde sur le mont Cyllène, dans l'Arcadie. Mercure est le dieu du commerce, des voleurs et de l'éloquence, titres auxquels on joint ceux de Messager de l'Olympe et de Psychopompe ou conducteur des âmes aux enfers. C'est lui qui garda la belle génisse Io ; c'est lui qui tua Argus ; qui crucifia Prométhée sur les cimes du Caucase ; qui enchaîna Ixion sur sa roue ; qui rendit à Jupiter, mutilé par Typhon, la liberté et la vie ; qui brisa les fers de Mars garrotté par les deux Aloïdes. Il combattit vaillamment dans la Gigantomachie, et lors de la retraite des dieux, se changea en Ibis. Mercure, dans le principe, joua dans la théogonie un rôle très élevé : c'est ce que prouvent quelques-uns de ses noms, tels que Tricéphale (aux trois têtes), Paramon (le grand Amon) etc. Ce dieu représentait l'intelligence divine se manifestant dans l'univers et descendant du ciel sur la terre ; c'est pourquoi il est regardé comme l'inventeur de l'écriture, comme la colonne antique sur laquelle on traça les premiers caractères, et à ce point de vue il se confond avec le Thoth égyptien, le Taaut de la Phénicie, et le Cadmus ou Cadmille de la Tétrade cabirique, époux d'Harmonie. Mercure passait pour l'inventeur de la lyre et même de tout le système musical. Il présidait en outre à la trans-

mission de la vie par la jonction des sexes, et le caducée qu'il porte à la main n'a point d'autre signification. Les Grecs le plaçaient au nombre de leurs douze dieux principaux, et il faisait partie des *Dii selecti* des Romains. En Étrurie, on lui donnait le nom de Turms, mais on ne sait absolument rien de son culte dans cette contrée. Les auteurs s'accordent à le regarder comme la divinité suprême des Gaulois. Thoth, appelé aussi Theuth, est en effet le même nom que Teutath, et lorsque les Romains eurent fait pénétrer leur culte chez les Gaulois, c'est à Mercure que le peuple vaincu rendit surtout des hommages, comme le prouvent une foule de monuments. Hermès était en outre le dieu pilier ; l'Attique était hérissée de colonnes érigées en son honneur, et la Gaule est encore couverte de menhirs et de pierres fichées. Les pierres fichées se trouvent même presque invariablement placées auprès de ces énormes tumulus, si connus dans la période romaine sous le nom de Collines de Thoth ou Theuth, ou Collines de Mercure. Dans la Grèce, Amphion, dit-on, lui éleva le premier un autel. Cyllène, sur les confins de l'Arcadie et de l'Épire, se vantait pourtant d'avoir été le berceau de son culte. On le représente ordinairement avec des ailes aux pieds et aux talons, coiffé d'un pétase ailé et portant à la main le caducée. Quelquefois il est nu. Ses attributs, du reste, varient suivant le point de vue auquel on le considère. Comme présidant aux exercices gymnastiques, il s'appuie sur un palmier, symbole des victoires remportées par les athlètes ; comme dieu du commerce, il a une bourse ou une balance ; comme dieu pacifique, il porte des pavots. Mercure est aussi guerrier : alors il est armé de la massue, du trident, ou il tient, en guise de trophée, la tête d'Argus. Quand il est identifié au soleil, il a la tête radiée ; s'il est confondu avec le ciel, son corps est parsemé d'étoiles. Mercure, comme on le voit, avait des rapports avec une foule de divinités que nous n'avons pu faire connaître toutes, et c'est pour exprimer ces rapports qu'on avait formé les noms divers de Herméracle, Hermathéné, Herméros, Hermanubis, Hermarpokrat, Hermaphrodite, Hermammon. On offrait à Mercure du lait, du miel, les premières figues, et on lui immolait des veaux et des coqs ; il aimait surtout les langues des victimes. Les voyageurs à leur retour lui offraient, en ex-voto, des pieds ailés. AL. B.

MERCURE, nom qui, depuis le XVIᵉ siècle, fut successivement donné à plusieurs journaux ou recueils périodiques. Le premier parut à Londres, en 1587, avec le patronage de la reine Élisabeth, sous le titre de *Mercure anglais*. Il paraissait deux fois par semaine, et donnait, comme nos journaux, toutes les nouvelles du jour, météorologiques, littéraires ou politiques, notamment, pour cette première année, celles de l'*Armada espagnole* qui menaçait alors l'Angleterre. Les premiers numéros de ce curieux journal sont perdus. La collection du *Muséum britannique* commence au 50e qui est daté du 23 juillet 1588. — D'autres recueils ne tardèrent pas à paraître en Angleterre sous un titre à peu près pareil; ce fut d'abord le *Mercurius aulicus* (Mercure de la cour) qui se publia à Oxford dès le 1er janvier 1642; l'année suivante on eut encore le *Mercurius rusticus* et le *Mercurius civicus*. Mais alors la France avait aussi son *Mercure* depuis près de trente ans. En 1605 avait commencé la publication du *Mercure français*, par les soins de l'imprimeur Jean Richc, « qui, dit C. Sorel, y employait d'assez bonnes instructions pour les affaires de paix et de guerre. » Il mena le *Mercure* jusqu'à son vingtième tome qui correspond aux années 1634 et 1635. Malingre le reprit alors, mais, dénué de renseignements précis, il dut l'abandonner en 1644. Pendant près de vingt ans, le *Mercure* cessa de paraître. Enfin, en 1672, Danneau de Visé le remit à flot sous le titre de *Mercure galant*. Alors tout s'y trouva, nouvelles de la politique et des lettres, nominations et promotions, spectacles, plaidoyers, sermons, poésies, énigmes, histoires galantes, chansons avec musique, etc. De Visé était seul pour suffire à cette tâche multiple, aussi le *Mercure galant* parut-il d'abord sans beaucoup de régularité. Ce ne fut qu'à partir de 1678 qu'il parvint à sa périodicité régulière d'un volume in-12 à la fin de chaque mois, moyennant 3 livres. En 1710, le *Mercure* fut dirigé par Dufresny, qui agrandit et perfectionna son cadre; jusqu'en avril 1714, publia 44 volumes, les meilleurs de la collection. Lefebvre de Fontenay le prit alors et le dirigea jusqu'en octobre 1716, sous le titre de *Mercure de France*, qu'il quitta un instant, de 1717 à 1721, sous la direction de l'abbé Buchet, pour prendre celui de *Nouveau Mercure*, mais, à partir de 1721, il le reprit et lui resta fidèle jusqu'au mois de janvier 1815 qu'il cessa tout-à-fait de paraître. Durant cette existence d'un siècle, existence inouïe pour un journal littéraire et qui fournit la carrière de 1,767 volumes environ, 1,100 jusqu'à 1789, et 667 de 1789 à 1815, le *Mercure de France* passa d'abord des mains de Fuselier, qui le prit de l'abbé Buchet et qui le dirigea trois ans, en celles des deux frères Jean et Antoine La Roque, qui lui donnèrent un nouvel essor et une extension littéraire qu'il n'avait jamais eue. Après les La Roque, qui cessèrent en 1744, on y vit reparaît Fuselier avec

Leclerc de la Bruyère. La direction du *Mercure* était alors une grande puissance littéraire et une excellente affaire commerciale. Le gouvernement l'avait compris, aussi s'était-il réservé le droit d'en accorder le privilège à qui bon lui semblait. Le directeur du *Mercure* n'était que le fonctionnaire d'un emploi littéraire appointé à émoluments fixes, et ayant à rendre à l'État des comptes sur les bénéfices de la publication. Ces bénéfices n'entraient pas au Trésor, ils servaient à couvrir des pensions accordées aux gens de lettres. En 1758, le *Mercure*, qui allait mal depuis quelques années, se releva grâce à Marmontel et à ses *Contes moraux* dont il eut la primeur. Après Marmontel, La Harpe, La Place, de La Garde, y parurent tour à tour pour lui faire subir des vicissitudes diverses, plutôt mauvaises que favorables. Sous la Révolution, il fut révolutionnaire mitigé, comme on peut le voir par le nom seul de ses rédacteurs, Champfort, Morellet, Lacretelle, Ginguené, etc. Sous l'Empire, il ne resta politique que par les nouvelles qu'il donna, toute autre manière de s'immiscer dans les affaires étant interdite. Châteaubriand qui voulut, en 1807, revenir à l'appréciation raisonnée des événements, se vit confisquer son droit de propriété sur le journal. Esménard, Fontane, Fiévée, furent plus dociles, et jusqu'en 1815, le *Mercure* n'eut plus à récolter que des faveurs. Il tomba avec l'Empire. Roquefort essaya de le faire revivre en 1819, mais il ne put fournir que dix-neuf numéros. En 1823, il tenta de ressusciter encore sous le titre de *Mercure du XIXe siècle*. M. Tissot en était le directeur, et les écrivains libéraux du temps en signaient les articles; il ne put vivre toutefois que jusqu'en 1825. — Plusieurs recueils du XVIIe et du XVIIIe siècle avaient, à son exemple, pris le titre de *Mercure*. En 1704, on avait déjà vu paraître successivement le *Mercure hollandais*, le *Mercure historique*, le *Mercure suisse*, puis un autre publié en Belgique et rédigé en latin sous le titre de *Mercurius Gallo-Belgicus*; enfin on avait vu jusqu'à des livres paraître sous ce titre.

Ed. Fournier.

MERCURIALE. On nommait ainsi les assemblées solennelles du Parlement qui se tenaient deux fois par an, un mercredi (jour de Mercure); la première, le mercredi qui suivait l'ouverture des audiences de la Saint-Martin; la seconde, le mercredi qui suivait la semaine de Pâques. Dans ces réunions instituées par édits de Charles VIII, de Louis XII et de Henri III, afin qu'il fût examiné si les lois et ordonnances avaient été bien observées, le premier président, ou, à son défaut, le procureur-général exhortait les conseillers à rendre exacte justice, à bien suivre lés réglements, et parfois même auressait des remòntrances et infligeait des peines disciplinaires à ceux qui avaient mal fait leur devoir. De là vint l'expression *mercuriale* pour synonyme de remontrance, et dans le même sens, le verbe *mercurialiser* qu'on trouve dans Montaigne (*Essais*, liv. 1, ch. 2), et celui moins heureux de *mercurier* que voulut créer Estienne Pasquier dans une de ses lettres (liv. xi, let. 1). — On a aussi appelé *mercuriale*, d'après la même étymologie, les assemblées savantes qui se tenaient tous les mercredis dans l'appartement de Gilles Ménage, au cloître Notre-Dame.

MERCURIALE. Constatation authentique, faite par l'autorité administrative, du prix de certaines marchandises, et particulièrement des céréales et des bestiaux. Les mercuriales ont principalement pour but : 1° de fournir les éléments de la taxe du pain et de la viande, lorsque l'administration municipale juge à propos de faire cette taxe ; 2° de déterminer le prix auquel doit être calculée la valeur des redevances stipulées en nature lorsqu'il y a lieu de les évaluer en argent ; 3° et de servir à l'établissement des statistiques dans lesquelles la science, l'administration et le commerce puisent les éléments de leurs combinaisons. L'intérêt à la sincérité des mercuriales est tellement évident, il paraît si facile à satisfaire que l'on n'a pas eu l'idée de contrôler les moyens employés pour l'établissement du chiffre officiel. Mais il est avéré que ces moyens sont insuffisants pour arriver à la vérité. On se borne, en effet, à recueillir les prix des différents lots de marchandises vendues, mais sans avoir égard à la quantité qui fait l'objet du marché ; on fait le total des prix de chaque lot, puis on divise ce total par le nombre de lots, et l'on prend le quotient pour prix moyen de la qualité sur laquelle on opère. Lorsqu'il s'agit du prix moyen général, on additionne les prix des différentes qualités, et l'on divise par le nombre des qualités. Il est évident que l'opération est incomplète ; la raison et l'arithmétique voudraient que la base du calcul fût, pour chaque qualité, non pas le prix auquel est vendu chaque lot, mais sa valeur entière, c'est-à-dire le prix multiplié par le nombre de mesures ; il faudrait également pour le prix moyen général, que l'on ne prît les totaux des sommes représentant la valeur entière de toutes les marchandises vendues dans chaque qualité, qu'après avoir additionné ces totaux ; on diviserait le total général par le nombre de mesures vendues. Ce système n'est pas plus difficile à exécuter que celui suivi actuellement, car l'autorité a les mêmes moyens pour connaître et constater l'importance des quantités vendues que pour savoir le prix des ventes. L'administration municipale de Provins a mis cette méthode à exécution depuis quelques années, et le congrès central d'agriculture, dans sa session de 1851, vient d'émettre le vœu que cette méthode soit appliquée dans toute la France. Em. Lefèvre.

MERCURIALE *Mercurialis* (*bot.*). Genre de la famille des euphorbiacées, rangé par Linné dans la diœcie-ennéandrie de son système. Les plantes qui le composent sont des herbes annuelles ou vivaces, à feuilles généralement opposées, stipulées ; à fleurs dioïques, plus rarement monoïques, présentant toutes un calice à trois divisions profondes, et, en outre, les mâles, de neuf à douze étamines, les femelles, un ovaire à deux sillons séparant deux moitiés renflées, et surmonté de deux styles bifurqués ; le fruit est une capsule qui se divise, à sa maturité, en deux coques. — On trouve dans toutes nos terres cultivées la Mercuriale annuelle, *Mercurialis annua* Lin., espèce à tige rameuse, haute d'environ 3 décimètres, à feuilles glabres, lancéolées, dentées en scie ; à fruits hérissés de pointes et de poils rudes. Cette plante a été employée de diverses manières en médecine ; les uns l'administrent comme émolliente, d'autres, au contraire, comme purgative. Aujourd'hui elle est à peu près inusitée. — On trouve abondamment dans la plupart de nos bois la Mercuriale vivace, *Mercurialis perennis* Lin., qui se distingue de la précédente par sa tige simple ; par ses feuilles plus grandes, ovales-lancéolées, rudes et pubescentes ; par ses fruits pubescents. C'est une plante dangereuse pour les bestiaux et pour l'homme, dont le principe nuisible doit cependant disparaître par la cuisson, puisque les anciens la mangeaient, et que, de nos jours, elle a été souvent employée en cataplasmes émollients. Son rhizome est remarquable par la matière colorante qu'il renferme, et qu'on voit bleuir assez promptement à l'air dans la plante arrachée. P. D.

MERCURIALIS (Jérôme) : célèbre médecin, né à Forli en 1530, et mort dans la même ville en 1606. Il enseigna avec éclat à Padoue, à Bologne et à Pise, opéra une foule de cures remarquables, et acquit une fortune considérable dont il fit le plus noble usage. Il fut surnommé l'Esculape de son siècle, et ses compatriotes reconnaissants lui érigèrent une statue. Il a laissé un grand nombre d'ouvrages parmi lesquels on doit citer : *De arte gymnastica*, Venise, 1587, in-4°, et. Amsterdam, 1672, in-4° on trouve dans ce travail les notions les plus curieuses sur l'art gymnastique dans l'antiquité, et de savantes observations ; *De morbis mulierum*, 1601, in-4° ; *Notes sur Hippocrate*, et une édition très estimée de cet auteur, Venise, 1588; *De morbis puerorum; Consultationes et responsa medicinalia*, Venise, 1625, in-fol., avec les notes du savant Mundinus; *Medicina practica*, Venise, 1627, in-fol. Bœrner a publié à Brunswick, 1751, in-4° : *De vita, moribus, merito et scriptis Mercurialis.*

MERCY. Deux généraux ont porté ce nom. Le premier, François de MERCY, l'un des plus habiles capitaines du XVIIᵉ siècle, naquit à Longwy, en Lorraine, prit du service dans l'armée bavaroise, et fut l'un des plus redoutables antagonistes de la France. Il s'empara de Rothweil en 1643 et de Fribourg en 1644. Condé lui enleva cette dernière place après un combat opiniâtre qui dura trois jours. Mais la défaite de Mercy fut encore un triomphe : il opéra devant l'armée de Turenne une habile retraite qui mit le comble à sa réputation. Il ne se faisait pas dans l'armée française un mouvement sans que ce grand général en comprît le but et la portée, et sa perspicacité était telle, qu'on a pu dire de lui qu'Enghien, Turenne et Grammont n'avaient rien projeté dans leur conseil de guerre, sans qu'il n'en fût informé comme s'il eût été dans la confidence. En présence d'un tel ennemi, une faute était une défaite. Turenne en commit une, la seule qu'on puisse, dit-on, lui reprocher dans sa carrière militaire, et il fut battu à Marienthal (1645). Le 5 août de la même année, les Français prirent leur revanche. Condé remporta la victoire de Nordlingue, et Mercy, mortellement blessé, mourut le lendemain. On l'enterra près du champ de bataille, et, sur sa tombe, on grava ces mots : *Sta, viator, heroem calcas.* — MERCY (Florimond), petit-fils du précédent, naquit en Lorraine en 1666, offrit son épée à l'empereur Léopold, se signala dans un grand nombre d'occasions par sa valeur et son habileté, et fut élevé, en 1704, au grade de feld-maréchal. Il força, en 1705, les lignes de Pfaffenhoven, mais il fut vaincu, en Alsace en 1709, par le comte du Bourg. Il se signala ensuite dans la guerre contre les Turcs, et rendit à l'Autriche les plus éminents services. Il fut tué, le 29 juin 1734, à la bataille de Parme. **K.**

MÉRÉ (GEORGES BROSSIN, chevalier de), gentilhomme, né dans le Poitou au commencement du XVIIᵉ siècle. Il s'adonna avec ardeur à l'étude et avec tant de succès qu'il possédait les auteurs latins et grecs comme ceux de sa langue maternelle. Après avoir fait quelques campagnes sur mer, en qualité de volontaire, il parut à la cour où son instruction et ses manières aimables le firent rechercher à la fois par les savants et par les gens du monde. Pascal le consultait sur les questions relatives aux sciences exactes; Mé-

nage et Balzac avaient souvent recours à son goût et à ses lumières, et Mˡˡᵉ d'Aubigné qui, depuis, fut Mᵐᵉ de Maintenon, enfant du Poitou comme le chevalier, trouva en lui un protecteur bienveillant et un guide précieux lorsqu'elle fit ses premiers pas dans le monde. Sur la fin de sa vie, de Méré se retira dans son pays natal où il mourut vers 1690, dans un âge avancé. On a de lui : *Conversations de M. de Clérambault et du chevalier de Méré*, in-12; un discours *de l'esprit* et un autre *de la conversation; les agréments du discours*, des *lettres*. L'abbé Nadal publia, après sa mort, ses *Traités de la vraie honnêteté, de l'éloquence et de l'entretien*, et quelques œuvres posthumes, 1 vol. in-12. Ces différents ouvrages sont sagement écrits et sagement pensés. Le style cependant manque parfois de naturel, parce qu'il est trop étudié. **K.**

MÉRÉ (POLTROT de), *voy.* POLTROT.

MÉRENDÈRE, *Merendera* (bot). Genre de la famille des colchicacées ou mélanthacées, de l'hexandrie-trigynie dans le système de Linné, établi par Ramond pour une très jolie plante qui abonde dans les prairies alpines et sous-alpines des Pyrénées centrales. Les principaux caractères de ce genre consistent dans un périanthe divisé profondément en six segments rétrécis en long onglet à leur base, et staminifères; dans un ovaire surmonté de trois styles allongés et dressés au sommet; dans une capsule à trois loges peu renflées, ressemblant chacune à un follicule. L'espèce unique de ce genre est la MÉRENDÈRE BULBOCODE, *Merendera bulbocodium* Ram., petite plante dont la longueur totale ne dépasse guère un décimètre. Son bulbe est petit, ovoïde, à tuniques extérieures brunes; à la fin de l'été, il sort de ce bulbe une grande fleur purpurine, un peu violacée, à peu près sessile, à laquelle succède un fruit qui ne mûrit qu'au printemps suivant, et qui se trouve alors porté par un pédoncule de près d'un décimètre de longueur. **P. D.**

MERGANETTE (ornit.). Genre de l'ordre des palmipèdes, famille des canards, créé, en 1841, par M. Gould, et ayant pour caractères : bec de la longueur de la tête, droit, presque cylindrique, terminé par un onglet courbé à son extrémité, mais moins brusquement que dans les harles, à mandibule supérieure pourvue de dents lamelleuses; narines linéaires situées presque sur le milieu du bec; tarses assez longs, couverts, sur les côtés, d'écailles hexagones; doigt du milieu un peu plus long que le tarse; pouce libre, élevé, un peu lobé; ailes médiocres, armées d'un fort éperon; queue à pennes raides. — Ces oiseaux sont tous solitaires, et habitent les plus hauts sommets des Cordillères; ce n'est que lorsque le froid devient très intense qu'ils descendent vers les plaines. Ils fréquentent exclusivement les torrents qu'ils parcourent avec une facilité surprenante ; au moindre signe de danger ils plongent immédiatement. Leurs mœurs paraissent avoir une grande analogie avec celles des harles. — On n'en a encore décrit que deux espèces dont le type est le MERGANETTE DE COLOMBIE (*Merganetta Columbiana*, O. Desmur.), dont la tête est ornée de trois bandes noires ; les plumes du dos sont effilées, brunes, avec une tache longitudinale noire dans le milieu ; tout le dessous du corps est d'un gris blanc flammé de noirâtre. Cet oiseau habite les environs de Santa-Fé de Bogota.   E. D.

MERGENTHEIM, MERGENTHAL ou **MARIENTHAL** : ville du royaume de Wurtemberg, dans le cercle de l'Iaxt, à 90 kilomètres N.-N.-E. de Stuttgart, sur la rive gauche du Tauber, avec 2,600 habitants. Il y a des sources minérales assez fréquentées et un vaste et beau château royal, ancienne résidence des grands maîtres de l'ordre Teutonique, qui en avaient fait leur chef-lieu en 1527. Mercy y remporta une victoire sur Turenne, en 1645.

MERGUI ou **BRIECK** (*géogr.*) : ville de l'Inde anglaise, et chef-lieu de la province de Tenassérim, à 400 kil. S.-O. de Siam, par 12° 12′ latit. N., et 96° 2′ long. E. Elle a un port sûr et commode, et fait un grand commerce de perles, d'ivoire, de riz, etc., quoique sa population ne soit que 8,000 habitants. Elle faisait jadis partie du royaume de Siam. Prise par les Birmans, elle fut cédée aux Anglais. Les Français y ont eu un comptoir. — MERGUI est aussi le nom d'un archipel situé dans la partie orientale du golfe de Bengale. Les îles principales de ce groupe sont : Muscos, Tavaï, Tenassérim, l'île du Roi, Domel et Saint-Matthieu. Elles appartenaient à l'empire de Birman ; mais elles ont été cédées aux Anglais il y a quelques années.

MÉRIAN (MARIE SIBYLLE), naquit à Francfort en 1647. Elle s'adonna avec passion à l'étude de l'histoire naturelle, peignit à la détrempe, avec une délicatesse extrême et une admirable précision, des fleurs, des papillons, des chenilles et d'autres insectes. On a d'elle : 1° *Origine des chenilles, leur nourriture et leurs changements*, Nuremberg, 1678-1688, 2 vol. in-4°, avec figures, en allemand. Ce livre fut traduit en latin sous ce titre : *Erucarum ortus*, Amsterdam, 1705 : sa fille l'augmenta d'un troisième volume qui était resté manuscrit, et Jean Marret mit en français les trois volumes, qu'il intitula : *Histoire des insectes de l'Europe*, Amsterdam, 1730, in-fol. avec 36 planches de plus et des notes ; 2° *Dissertation sur la génération et les transfor-*

mations des insectes de Surinam, en flamand, Amsterdam, 1705, in-8°, ouvrage qui parut en latin la même année, et en français et en latin en 1726. Mᵐᵉ de Mérian avait étudié pendant deux ans sur les lieux mêmes l'histoire naturelle de Surinam. Ses œuvres ont été réunies à Amsterdam, en 1730, et réimprimées en français et en latin, à Paris, en 1768. Elle mourut à Amsterdam en 1717.

MÉRIAN (JEAN-BERNARD) : philosophe du XVIIIᵉ siècle, né à Leichstall (canton de Bâle), en 1725. Après avoir été tour à tour ecclésiastique et instituteur particulier, il obtint en 1750 une place à l'académie de Berlin, par la protection de Maupertuis qu'il eut bientôt après occasion de défendre contre Kœnig dans cette querelle devenue célèbre par les plaisanteries de Voltaire. Mérian fit de la Prusse sa patrie adoptive, et enrichit les *Mémoires* de l'académie de Berlin d'une suite de dissertations sur la philosophie de Wolff, dont il fit ressortir le caractère un peu vulgaire. Il traduisit et commenta les *Essais* de Hume. — Lorsque la philosophie de Kant s'annonça si bruyamment, le spirituel dissertateur publia un parallèle moitié-sérieux, moitié plaisant de cette doctrine avec celle de Wolf, qui est regardé comme un chef-d'œuvre d'esprit et de bon sens. Il refondit ensuite le remarquable ouvrage de Lambert sur le *Système du monde*, auquel il donna plus d'ordre et de précision, et traduisit le poème de Claudien sur l'enlèvement de Proserpine. Mérian mourut en 1807. Ancillon a lu, en 1810, à l'académie de Berlin un éloge de Mérian, qui est une appréciation exacte et judicieuse du caractère et des écrits de ce philosophe.

MERIDA, nom de plusieurs villes, dont les principales sont : 1° une ville d'Espagne, de 5,000 habitants, dans l'Estrémadure, province est à 44 kilomètres E. de Badajoz, sur la rive droite de la Guadiana, au confluent de l'Albarregas, avec des ruines de l'ancienne et grande ville d'*Emerita Augusta*, capitale de la Lusitanie sous les empereurs romains, un pont magnifique sur la Guadiana, et d'importants souvenirs historiques, entre autres son ancien archevêché, ses conciles, la prise et la destruction qu'en firent les Maures au commencement du VIIIᵉ siècle, les exploits d'Alphonse IX, roi de Léon, qui l'enleva aux Maures en 1230, et l'occupation des Français en 1811. — 2° Une ville de Venezuela, dans le département de Julia, à 530 kilomètres S.-O. de Caracas, sur la Chama, avec un évêché et 6,000 habitants. Elle fut fondée en 1558 par Juan Rodriguez Suarez, sous le nom de *Santiago de los caballeros*, détruite presque entièrement par le tremblement de terre de 1812. Elle est re-

3

nommée pour ses fabriques de hamacs et ses confitures.—3° Une ville du Mexique, capitale du Yucatan, près de la côte N. de cette presqu'île, et siége d'un évêché : elle est peuplée de 10,000 habitants et intéressante par les belles ruines américaines qu'on y a trouvées. E. C.

MÉRIDIEN. On appelle *méridiens*, dans le sens le plus général, tous les grands cercles qui divisent en deux parties égales une sphère quelconque en passant par deux points opposés qu'on appelle les *pôles*. Les plans de tous ces cercles se coupent mutuellement suivant une ligne commune qui s'appelle l'*axe* de la sphère, et leurs circonférences se croisent toutes entre elles aux pôles. On aura des *méridiens terrestres* ou *célestes*, suivant que l'on appliquera cette définition au globe terrestre ou à la voûte apparente du ciel, et comme l'axe prolongé est commun aux deux sphères, on voit qu'à chaque méridien terrestre il y a un méridien *céleste* correspondant. Parmi tous les méridiens terrestres, on désigne d'une manière plus particulière par *méridien d'un lieu* celui qui passe par ce lieu, et comme ce plan passe aussi par le centre de la terre, il s'ensuit qu'il contient la verticale de ce lieu, et qu'en le prolongeant jusqu'à la sphère céleste, il passera par le *zénith*. On peut donc définir plus simplement le *méridien d'un lieu*, un cercle vertical passant par les pôles.

Le mot *méridien* vient de *meridies* (medius dies), parce que quand le soleil atteint le méridien d'un lieu quelconque, il marque midi ou le milieu du jour : en effet, le méridien étant un cercle vertical, il coupe l'horizon, l'équateur et tous les cercles parallèles en deux parties égales; chacun de ses points est également distant de chaque côté de l'horizon; ainsi le soleil doit mettre le même temps à s'élever le matin de l'horizon jusqu'au méridien, qu'à descendre le soir de ce même méridien jusqu'à l'horizon, à son coucher : de là l'étymologie du mot *méridien*. Il en serait de même pour tous les autres astres; la portion de cercle qu'ils décrivent au dessus de l'horizon est toujours coupée en deux parties égales par le méridien, et le point le plus élevé qu'ils atteignent est toujours situé dans ce même méridien. Cependant pour les astres qui ne sont pas fixes sur la sphère céleste, il faudrait en toute rigueur tenir compte de la petite variation de leur mouvement dans l'intervalle du lever au coucher.

Si l'on suit un même méridien *terrestre* depuis le pôle jusqu'à l'équateur et jusqu'à l'autre pôle, on voit que tous les lieux situés sur ce méridien commun ont aussi le même méridien *céleste* correspondant : ainsi, quand le soleil

arrive à ce méridien céleste, il est midi au même instant pour tous les lieux situés sur le méridien terrestre. Mais, pour des méridiens voisins, le soleil n'y arrive que successivement. Il marque donc midi successivement de plus en plus tard, à mesure qu'il s'avance en apparence vers l'ouest, en faisant le tour de la terre pour venir, au bout de 24 heures, marquer de nouveau le midi du lendemain au méridien que nous avons considéré comme point de départ. Ces intervalles de temps que le soleil met à passer d'un méridien à un autre sont la mesure de ce qu'on appelle la différence des longitudes, ou simplement la *longitude* (*voy.* ce mot).

Le *premier méridien* est donc celui à partir duquel on compte les longitudes. Le choix de ce premier méridien est par lui-même entièrement arbitraire. On a depuis longtemps discuté sans résultat sur la convenance de choisir le méridien de tel ou tel lieu pour point de départ. Les anciens avaient cru devoir prendre pour premier méridien celui qui passait par le lieu le plus occidental du monde connu, afin de compter toutes les longitudes dans le même sens, à l'E. de ce premier méridien. On choisit d'abord la plus occidentale des îles Fortunées (ou actuellement des Canaries). Mais plus tard on découvrit des îles plus occidentales; on transporta donc le premier méridien à l'une des îles du Cap-Vert. D'autres géographes choisirent l'une des Açores, d'autres le pic de Ténériffe; enfin Louis XIII fixa pour quelque temps le premier méridien à l'Ile-de-Fer, l'une des Canaries, à 20 degrés à l'O. du méridien de Paris. Toutes nos anciennes cartes comptent les longitudes à partir du méridien de l'Ile-de-Fer. On les ramenait facilement au méridien de Paris en retranchant 20 degrés de chaque longitude *orientale*, puis en comptant comme longitudes *occidentales* toutes celles au dessous de 20° (leur valeur numérique se déterminera en prenant le complément à 20°), et enfin en ajoutant 20 degrés à toutes les longitudes *occidentales*.

On conçoit que, pour un lieu situé ainsi au milieu des mers, il était bien difficile d'en fixer exactement soit la position absolue sur le globe, soit la position relative à l'égard des observatoires d'Europe, où se font tant d'observations importantes qui servent de base à toutes les déterminations géographiques. Aussi y a-t-on renoncé, mais peut-être pour tomber dans la confusion opposée, car maintenant chaque nation paraît vouloir compter les longitudes de tout le globe à partir du méridien de son principal observatoire. Il est vrai qu'on peut toujours assez facilement passer d'un système à l'autre, il suffit d'ajouter ou de retrancher une quantité constante, qui est la distance en longitude entre les deux observatoires qui servent de point de départ aux deux systèmes, de manière que les longitudes occidentales soient les plus fortes pour l'observatoire situé le plus à l'Orient.

Il y a deux manières de compter les longitudes à partir d'un *premier méridien* : la première, la plus ancienne, consiste à compter des longitudes *orientales* et *occidentales* de chaque côté de ce méridien, depuis 0 jusqu'à 180° ; la seconde, plus commode peut-être et moins sujette à confusion, consiste à ne compter que des longitudes *occidentales* à partir du premier méridien, depuis 0 jusqu'à 360°, sans interruption, tout autour de la terre ; ou bien, en temps, depuis 0 heure jusqu'à 24 heures, c'est-à-dire à raison de 15° pour 1 heure.

Les difficultés relatives à la fixation du premier méridien n'ont pas été seulement relatives à la géographie, mais encore à la détermination du jour de la semaine et du quantième qui convient à un jour donné. Ce second point de vue aurait pu donner lieu à des discussions aussi épineuses que le premier, quant à la détermination du point de la terre où l'on doit changer le quantième d'une unité ; heureusement ce second point est à peu près résolu tacitement par l'usage. Voici en quoi consiste la difficulté. Partons de Paris, par exemple, *un dimanche à midi ;* le soleil, en continuant sa course apparente vers l'Ouest, portera le midi du dimanche successivement à tous les lieux situés de plus en plus à l'O. de Paris : d'abord jusqu'à Brest, puis sur l'Océan Atlantique, ensuite à travers l'Amérique, puis sur l'Océan Pacifique, de là sur la Chine et l'Inde à travers l'Asie ; enfin ce même midi du dimanche atteindra la Russie, l'Autriche et l'Allemagne et reviendra en France sans interruption, portant toujours la dénomination de dimanche ; de sorte qu'en suivant ce raisonnement, on arriverait à ce résultat paradoxal que ce même midi de dimanche arriverait enfin de proche en proche jusque près de Paris, à Meaux par exemple ; ce serait toujours dimanche, et cependant un instant après le soleil arrivant au méridien de Paris, y marquerait midi du lundi (puisque la veille, au point de départ, c'était dimanche). Ainsi, dans la même journée, celui qui se rendrait de Paris à Meaux entendrait nommer ce même jour lundi à Paris et dimanche à Meaux.

La force des choses a empêché cette confusion de se réaliser, car le monde civilisé, en étendant ses relations de proche en proche autour de lui, apporte invinciblement les dénominations et les quantièmes des jours tels qu'ils sont à son point de départ, ce qui revient à dire que l'on compte implicitement les longitudes à l'*Est* et à l'*Ouest*. Seulement à mesure que l'on avance vers l'O., le jour est moins avancé, tandis qu'il l'est davantage en s'avançant vers l'E. Le vrai point de séparation est à 180° de longitude, aussi les navigateurs de chaque nation ne manquent pas de changer d'une unité, en plus ou en moins, la date du jour quand ils traversent le 180e degré de longitude, comptée de leur observatoire : ainsi ils ajoutent 1 jour quand ils passent, en venant de l'Est vers l'Ouest ; ils en retranchent au contraire 1 quand ils viennent de l'Ouest vers l'Est. Il est, pensons-nous, inutile de faire remarquer que l'axe de rotation de la terre passant toujours par les mêmes points matériels du globe, les pôles et tous les méridiens conservent une rigoureuse fixité ; jamais les observations les plus délicates n'ont pu faire remarquer la moindre variation. Mauvais.

MÉRIDIENNE ou LIGNE MÉRIDIENNE.

On appelle, en général, *ligne méridienne* ou simplement *méridienne* une ligne quelconque droite ou courbe, mais dont tous les points sont contenus dans le plan méridien d'un lieu donné. Si sur un des points de cette ligne on élève, sous un angle quelconque, une autre ligne appelée *style*, qui soit aussi contenue entièrement dans le même plan méridien, ces deux lignes auront cette propriété que, quand le soleil arrivera dans le méridien de ce lieu l'ombre du *style* coïncidera exactement sur la *ligne méridienne*, et indiquera l'instant de *midi vrai*. On comprend que le problème, pris ainsi dans toute sa généralité, doit donner lieu à des applications et à des formes extrêmement variées. L'étude théorique de toutes ces formes diverses et l'ensemble des procédés pratiques que l'on doit employer dans chaque cas pour en tracer le plus facilement toutes les parties, constituent la science de la *gnomonique* (*voy.* ce mot).

Dans l'usage ordinaire et dans un sens beaucoup plus restreint, on entend par *méridienne* la ligne d'intersection du plan méridien d'un lieu sur le *plan horizontal* de ce même lieu ; cette ligne est donc une droite horizontale et exactement dirigée du N. au S. Le style est aussi ordinairement une tige droite fixée *verticalement* sur un des points de la ligne méridienne. Ce cas particulier est un des plus simples et des plus faciles à construire lorsqu'on veut seulement connaître exactement l'instant du midi vrai pendant toute l'année. Nous allons indiquer la manière de le tracer. On commence par établir une surface bien plane et bien horizontale dont on a vérifié avec soin le nivellement au moyen d'une équerre et d'un fil à plomb. Autour d'un point choisi sur cette surface, décrivez avec un compas une suite de circonférences concentriques. En ce même point, centre commun de toutes les circonférences, plantez *verticalement* une tige bien droite; on vérifiera, et au besoin on rectifiera, à l'aide du fil à plomb, la verticalité de cette tige. Cela fait, à l'époque du solstice d'été, vers la fin de juin, suivez dans la matinée l'*extrémité* de l'ombre projetée par cette tige sur la surface horizontale, et marquez les points où cette extrémité traversera successivement chaque circonférence. Suivez de nouveau dans l'après-midi cette même extrémité de l'ombre, et marquez encore les points des intersections successives de cette extrémité sur chaque circonférence. Joignez ensuite deux à deux, par des droites, les points d'intersection du matin et du soir sur chaque circonférence, déterminez enfin le milieu de chacune de ces droites, et alors la *ligne méridienne* cherchée sera facile à trouver : il suffira de tirer une ligne droite du pied du style par le milieu de toutes les droites dont nous venons de parler. Tous les points milieux doivent se trouver sur cette même ligne droite, autrement on aurait commis quelque erreur, et il vaudrait mieux tout effacer et recommencer l'opération le lendemain. L'instant de midi vrai sera marqué exactement pendant toute l'année au moment où l'ombre du *style* vertical couvrira exactement la *ligne méridienne* ainsi tracée. Cette disposition ne pourrait pas servir pour indiquer les autres heures de la journée; il faudrait pour cela donner au style une inclinaison telle qu'il fût parallèle à l'axe du monde (*voy.* aux mots GNOMON, GNOMONIQUE, etc., les détails nécessaires à la construction des CADRANS SOLAIRES).

Les anciens se servaient souvent des colonnes, des obélisques élevés sur les places publiques, comme de styles ou gnomons : ils observaient le point où l'extrémité de l'ombre de ces monuments arrivait sur une ligne méridienne tracée sur le pavé. On comprend que ces observations étaient sujettes à une assez grande incertitude, parce que les ombres sont toujours mal terminées à cause de la pénombre dont elles sont entourées et qui provient de la dimension sensible du diamètre du soleil. On obtient un meilleur résultat en pratiquant, dans un mur exposé au midi, un trou circulaire de quelques centimètres de diamètre, à travers lequel passe l'image du soleil qui va se peindre sur le plan horizontal où est tracée la méridienne. La hauteur du style est mesurée par la perpendiculaire abaissée du centre du trou sur le pavé. Le point où arrive cette perpendiculaire est le *pied* du style, et c'est à partir de là que se mesurent toutes les distances sur la méridienne. Si l'on prend cette hauteur du style pour unité et qu'on la divise exactement en un grand nombre de parties égales, en millièmes par exemple, et si, à partir du pied du style, on trace les mêmes divisions le long de la ligne méridienne, on aura construit ainsi un véritable instrument d'observations astronomiques.

Nous allons indiquer quelques-uns des résultats que l'on peut obtenir avec un pareil instrument, qui sera d'autant plus précis que ses dimensions seront plus grandes. Quelle que soit la hauteur du soleil à midi, ses rayons viennent toujours se croiser au centre du trou; on peut donc considérer ce point comme le centre d'un cercle dont la hauteur du style serait le rayon. Il s'ensuit que les distances mesurées à partir du pied du style jusqu'au centre de l'image du soleil, au moment où elle traverse la ligne méridienne, sont précisément les tangentes de la distance angulaire du soleil au zénith. On peut donc, au moyen d'une table des tangentes, connaître chaque jour à midi l'angle qui mesure la distance apparente du soleil au zénith (ou sa hauteur qui en est le complément à 90 degrés). On mesurera ainsi aux solstices d'hiver et d'été la plus grande et la plus petite distance du soleil au zénith. La moitié de leur différence donnera la valeur de l'obliquité de l'écliptique, et la moitié de leur somme indiquera la distance de l'équateur au zénith ; de plus, cette *demi-somme* des distances zénithales extrêmes sera précisément égale à la latitude géographique du lieu où se fait l'observation. Il est presque superflu de faire remarquer que, pour obtenir toute la précision désirable, il faudrait corriger par le calcul chaque distance au zénith de l'effet de la réfraction.

Voilà donc déjà trois points importants que l'on peut déterminer avec cet instrument. Mais une fois que l'on connaît la distance angulaire de l'équateur au zénith, on peut, par sa tangente, déterminer son point correspondant sur la méridienne, et toutes les fois que l'image du soleil passera par ce point, ce sera l'instant de l'équinoxe. Il est vrai que cet instant n'arrivera pas toujours exactement à midi, mais on remarquera, par exemple, qu'à un certain jour le soleil a passé au dessous et très près du point correspondant à l'équinoxe, et que le lendemain il passe au dessus; si l'on a eu soin de marquer ces deux points, on pourra par une partie proportionnelle déterminer à quel moment intermédiaire de la journée a eu lieu l'équinoxe.

On comprend maintenant que, si on répète cette observation d'année en année, on ne tardera pas à connaître le nombre de jours et la fraction de jour qui s'écoulent entre deux retours consécutifs du soleil à l'équateur, c'est-à-dire la véritable longueur de l'année.

Le gnomon paraît être un des premiers instruments dont les anciens se soient servis pour mesurer, par la variation de la longueur des ombres, les variations correspondantes de la hauteur du soleil, et par conséquent pour déterminer l'époque du retour des saisons. Ainsi l'horloge d'Achaz, dont parle la Bible (Reg. IV, cap. 20), était évidemment une méridienne ou cadran solaire. Les Chinois en ont fait usage plus de 1000 ans avant notre ère ; Pythéas, contemporain d'Alexandre le Grand, à Marseille, et un demi-siècle plus tard Ptolémée, en Égypte (280 ans avant notre ère), observèrent avec le gnomon la hauteur du soleil aux deux solstices pour en déduire l'obliquité de l'écliptique. Leurs observations, comparées à celles du même genre faites par les astronomes arabes du moyen âge et aux siennes propres, firent connaître à Tycho-Brahé, en 1587, que l'obliquité diminue graduellement de siècle en siècle. Les observations modernes ont confirmé cette découverte et ont déterminé avec exactitude la valeur de la diminution. Et enfin Laplace lui a assigné sa véritable cause. A une époque plus rapprochée de nous, plusieurs *méridiennes* célèbres ont été construites avec un si grand soin qu'elles pourraient encore servir aux observations si on ne possédait pas, depuis l'application des lunettes aux instruments divisés, des moyens beaucoup plus précis et d'un emploi plus facile.

La méridienne pratiquée dans la coupole de la cathédrale de Florence par Toscanelli, en 1467, et rétablie par Ximénès, en 1757, avait 277 pieds et demi de hauteur ; c'est la plus grande que l'on connaisse. Celle de Sainte-Pétronne à Bologne, établie d'abord par Danti en 1575 et refaite par Cassini en 1655, avait 83 pieds de hauteur ; on y a fait beaucoup d'observations. Celle de la grande salle méridienne de l'Observatoire de Paris fut établie d'abord par Picard en 1669 et réparée en 1730 : elle a 30 pieds et demi de hauteur. Les divisions de la ligne méridienne sont tracées sur une lame de cuivre enchassée dans des tables de marbre, et le trou du gnomon est garni d'une lentille qui sert à donner plus de netteté à l'image du soleil. Enfin celle de Saint-Sulpice, qui avait été tracée d'abord par Henry Sully, horloger, en 1727, fut reconstruite avec les plus grands soins par Lemonnier, en 1743 ; elle a 80 pieds de hauteur, l'ouverture est aussi garnie d'un objectif (*voyez* Mémoires de l'Académie des Sciences de 1743). Nous mentionnerons encore la fameuse méri-

dienne de la colonne de Médicis, près la halle au blé, tracée par l'astronome Pingré, en 1764. Le célèbre chanoine ne se contenta pas d'y construire une simple méridienne, il y ajouta différents systèmes de courbes destinées à indiquer les diverses heures de la journée, et de plus l'entrée successive du soleil dans les douze signes du zodiaque pendant le cours de l'année. On peut lire pour plus de détails le Mémoire spécial que Pingré a publié sur ce cadran solaire (Mémoire sur la colonne de la halle aux blés. Paris, 1764). **Mauvais.**

MÉRINGUE : pâtisserie fort délicate, faite avec une pâte d'œufs, dont on a séparé les blancs, et avec des rapures de citron et de sucre très fin. On donne à la méringue une forme conique, et on ne la sert jamais sans l'entourer de crême fouettée ou de confiture. Il y a encore diverses espèces de méringues, à l'*italienne*, aux *pistaches*, farcies, etc.

MÉRINDOL, bourg de France, département de Vaucluse, arrondissement, à 20 kilomètres, S.-O. d'Apt, près de la rive droite de la Durance. Cet endroit a acquis une triste célébrité par le massacre que le gouvernement de François Ier fit faire, en 1545, de presque tous les habitants, qui étaient de la secte des Vaudois. **E. C.**

MÉRINITES. C'est le nom d'une dynastie arabe qui régna dans le royaume de Maroc, depuis la chute des Almohades (1270), jusqu'à l'avènement des chérifs (1516). Elle eut pour chef Abdallah, chef de la tribu guerrière des Ebn-Mériniz.

MÉRINOS (*voy.* Mouton).

MÉRINOS. Tissu croisé de laine pure, qui ressemble à l'escot en ce qu'il n'est ni foulé ni feutré, et que sa chaine et sa trame sont en laines peignées avant la filature. Mais il y a entre ces deux étoffes cette différence que la première est confectionnée avec une laine dure et commune, tandis que le mérinos, formé de laines d'une qualité supérieure, est doux, moelleux et souple. La fabrication du mérinos fut inaugurée en France vers 1803. Ce tissu, employé pour châles et pour robes soit en blanc, soit en couleurs unies, obtint une grande vogue. Reims, qui l'avait créé, en conserva d'abord le monopole ; mais lorsque la filature à la main perdit de son importance, et qu'on put partout ailleurs, à l'aide des mécaniques, confectionner pour trame un fil régulier et peu tordu, Rhetel, Le Cateau, Cambrai, Amiens, Beauvais, livrèrent au commerce de grandes quantités de mérinos. Reims est pourtant resté le plus grand centre de cette fabrication. Les mérinos diffèrent de largeurs, de destinations et de genres. Les largeurs sont 4/4, 5/4, 6/4, 7/4. La première et les deux dernières de ces largeurs ne sont employées que pour les châles unis et imprimés; la seconde sert aussi pour châles, mais surtout pour robes et manteaux. Les genres les plus convenables pour châles et pour impressions sont en général plus légers et plus étroits. Les plus forts et ceux dont le tissu est le plus régulier alimentent le commerce d'exportation. On fabrique en 5/4 et 6/4 un autre genre de mérinos plus corsé, plus serré de tissu, et dont la chaîne est ordinairement doublée et retordue. Ce genre sert à confectionner des habillements d'été pour hommes. Les procédés de fabrication ont reçu de grands perfectionnements, et les qualités réputées les plus belles en 1805 sont aujourd'hui regardées comme fort ordinaires; les prix ont en même temps baissé, car ces qualités, qui à la même époque se vendaient 60 ou 70 francs, n'en valent plus aujourd'hui que 6 ou 7. — Il existe plusieurs fabriques de mérinos en Prusse et en Autriche. L'Angleterre, depuis 1830, en a établi un assez grand nombre, en faisant venir des contre-maîtres et des machines françaises. Mais la concurrence la plus redoutable pour la France est celle de la Saxe, qui, favorisée par le système douanier, produit des qualités communes aussi belles que les nôtres, et les livre à un prix inférieur. Nos qualités fines n'ont pu toutefois être égalées. L'exportation des mérinos français est très considérable. Nos fabricants en alimentent surtout les États-Unis, l'Angleterre et la Belgique. **X.**

MÉRION, *Malurus* (*ornit.*). Genre de l'ordre des passereaux, famille des becs-fins, créé par Viellot, adopté par M. Temminck, et réuni par G. Cuvier à celui des traquets, dont il se distingue par l'ensemble des caractères suivants : bec plus haut que large, comprimé dans toute sa longueur, fléchi, légèrement courbé et échancré vers sa pointe, à arête distincte, se prolongeant jusque entre les plumes du front; narines situées sur les côtés de la base du bec, à moitié recouvertes par une membrane; pieds longs et grêles : le doigt extérieur uni à celui du milieu jusqu'à la première articulation; ailes courtes, arrondies : rectrices étroites, souvent à barbules rares, décomposées; queue très longue et conique. — On ne connaît qu'un nombre assez restreint d'espèces, particulières à l'Afrique, à l'Archipel des Indes et à l'Océanie. Les mœurs des mérions sont peu connues. Le *M. copocieus* se trouve en grand nombre dans les régions méridionales de l'Afrique; il est familier, et construit son nid avec le duvet qui entoure la graine de l'asclépiade *Copoc* : ce nid, assez volumineux, a une entrée à la partie supérieure, et est souvent établi dans les bifurca-

tions de cet arbrisseau même. Une autre espèce, le *M. textilis* de la Nouvelle-Hollande, se tient presque constamment sur les buissons, court très vite lorsqu'on le trouble et se nourrit d'insectes. — Nous indiquerons seulement le MÉRION A TÊTE BLEUE (*M. cyaneus* Viell.), dont le front est bleu, la tête et la nuque d'un beau noir de velours, le dessus du corps et la gorge noirs et les parties inférieures du corps blanches. Il habite l'Océanie. — Plusieurs espèces de ce genre ont, dans ces derniers temps, servi de types à divers groupes particuliers, tels que ceux des *Chætops*, *Drymoica*, *Sphenura*, *Amytis*, *Stipiturus*, *Sphœnœacus*, *Megalurus*, etc. **E. D.**

MÉRION : fils de Môle et de Melphis, et neveu de Deucalion. Il fut un des prétendants à la main d'Hélène, et assista au siège de Troie, où il commandait la seconde colonne des Crétois. Il tua Harpalion, Morys, Hippotion, Acamas, Laogone, remporta les prix de l'arc et du javelot dans les jeux donnés à la mort de Patrocle, et après la prise de Troie passa, dit-on, de Crète en Italie. Une autre tradition le fait mourir en Crète; les habitants de Gnosse prétendaient avoir son tombeau. — Un autre MÉRION, célèbre par son avarice, était fils de Jason.

MÉRIONETH ou **MÉRIONYDD** : comté maritime du pays de Galles, borné au N. par les comtés de Buernarvon et de Denbigh, à l'E. et au S. par ceux de Montgomery et de Bandigan, et à l'O. par le canal de Saint-Georges. Le sol de cette province est montagneux et coupé de vallées charmantes, parmi lesquelles on remarque celle de Festiniog connue par ses sites pittoresques. Le terrain est en général peu fertile, mais abondant en pâturages, aussi l'élève du bétail; bœuf, moutons et chevaux forme-t-il la principale richesse des propriétaires. Les petits chevaux du pays de Galles appelés *merlins* se trouvent plus que dans les comtés de Mérioneth et le Montgomery. Les fermes ont peu d'étendue dans le Mérionethshire, et les chaumières des paysans y présentent l'aspect d'une misère extrême. On y trouve peu de minéraux, excepté la chaux et l'ardoise. La seule fabrication importante du pays est celle de la grosse flanelle. Plusieurs cours d'eau arrosent le Mérionethshire, et l'on y remarque le lac de Bala, le plus étendu de la principauté de Galles. Le Mérionethshire a pour chef-lieu Harlech; il nomme un député à la chambre des communes. Population : 35,315 habitants.

MÉRISIER (*bot.*). Nom vulgaire d'une espèce de cerisier, le *Cerasus avium* Mœnch, arbre commun en Europe dans les grandes forêts, dans les pays montagneux. — On nomme vulgairement *merisier à grappes* le *Cerasus padus* DC., espèce également indigène, fréquemment cultivée dans les jardins et les parcs.

MÉRITE. Réunion de qualités ou de vertus par où un homme se recommande à l'estime. Le mérite peut ne point appeler l'admiration ; il appelle toujours le respect : il excite plutôt l'approbation que l'enthousiasme. Un homme de mérite n'est ni un savant, ni un orateur, ni un poète, ni un artiste, ni un politique, ni un capitaine de premier ordre ; il n'a aucune perfection déterminée, soit de vertu, soit de génie ; mais sa nature tout entière présente un ensemble de distinction, qui fait qu'on l'honore, qu'on l'aime et qu'on le loue. Il en est ainsi des œuvres d'art ; le mot mérite exclut à la fois l'idée de génie et l'idée de médiocrité. Un poème, un livre, un tableau a du mérite sans être un chef-d'œuvre ; mais un chef-d'œuvre peut avoir des inégalités, une œuvre de mérite n'en a pas.

Les moralistes aiment à parler du mérite ; rendre hommage au mérite est une partie de la vertu. « Tout ce qui est mérite, dit La Bruyère, se sent, se discerne, se devine réciproquement ; si l'on voulait être estimé, il faudrait vivre avec des personnes estimables. » Rien n'est plus délicat, et rien n'est plus vrai. « Une personne de mérite, dit encore le même philosophe, est une fleur qu'on ne désigne pas par sa couleur, mais que l'on nomme par son nom, que l'on cultive pour sa beauté ou pour son odeur ; l'une des grâces de la nature, l'une de ces choses qui embellissent le monde, qui est de tous les temps et d'une vogue ancienne et populaire, que nos pères ont estimée et que nous estimons après nos pères, à qui le dégoût ou l'antipathie de quelques uns ne saurait nuire, un lis, une rose. » Jamais on ne parla du mérite avec plus de grâce.

De tout temps on a vu dans le mérite un prétexte de faire la guerre à la société, comme si la société n'existait que pour faire la guerre au mérite. « Le monde, dit la Rochefoucault, récompense plus souvent les apparences du mérite que le mérite même. » De nos jours on est allé plus loin ; on a supposé que le mérite était toujours sacrifié à l'imbécillité ou à l'intrigue, et on en a conclu qu'il fallait créer un état nouveau, où le mérite fût toujours assuré de ses honneurs. De là ces grandes maximes : *A chacun selon sa capacité, à chaque capacité selon ses œuvres.* Mais ici le problème ne reparaît-il pas encore, puisqu'il faudrait des juges du mérite, et on suppose que le mérite des juges devrait d'abord être connu. Dans toutes ces théories ce qui prédomine, c'est l'orgueil. Il n'est pas d'homme qui ne se croie supérieur à ceux qui commandent ou qui gouvernent ; de là un besoin naturel de tout niveler ; chacun pense que son mérite serait

infailliblement reconnu dans une distribution nouvelle des positions. — Le mérite ne nourrit pas de ces chimères. Le mérite est modeste. Le mérite croit à une justice qui n'est pas celle des hommes, et quand les hommes le méconnaissent, il ne se venge pas par la révolte ; son propre témoignage est toute sa gloire. Après cela, ne pensez pas que le mérite soit toujours condamné à l'injustice. « Ni le bonheur, ni le mérite seul, dit Vauvenargues, ne font l'élévation des hommes. La fortune suit l'occasion qu'ils ont d'employer leurs talents. Mais il n'y a peut-être point d'exemple d'un homme à qui le mérite n'ait servi pour sa fortune ou contre l'adversité ; cependant la chose à laquelle un homme ambitieux pense le moins, c'est à mériter sa fortune. » En toute organisation de société, c'est plus qu'un devoir, c'est un instinct et un besoin de rechercher le mérite et de l'honorer : élever la sottise, glorifier le vice passe toutes les extrémités connues de l'arbitraire. Il arrive pourtant, et cela dans toutes les sortes de gouvernement, que la faveur supplante le mérite, ou que le mérite même soit maladroitement ou ridiculement employé : c'est une double manière de perdre l'État. L'habileté comme l'équité consiste à mettre chaque mérite à sa place, c'est-à-dire à demander aux hommes les services qui répondent à leurs aptitudes ; c'est par là que grandissent les mérites, et que se font les renommées. « Nous pouvons paraître grands, dit la Rochefoucault, dans un emploi au dessous de notre mérite, mais nous paraissons souvent petits dans un emploi plus grand que nous. » La question est toujours de savoir à qui revient l'office de distinguer et de classer le mérite. Le système électif peut y faillir comme l'arbitraire royal. Mais il y a un sens public qu'on ne trompe point : c'est lui qui répare les torts faits au mérite. — On a comparé le mérite des hommes et le mérite des femmes ; pour les femmes comme pour les hommes, le mérite, c'est la vertu. Mais le mérite des femmes n'aime pas le bruit ; le mérite des hommes s'en accommode. Dans les temps de poésie et d'héroïsme la gloire des hommes est l'applaudissement des femmes ; dans les temps de décadence les femmes aspirent à l'imitation des hommes : il n'y a plus de mérite, il n'y a que des succès.　　　LAURENTIE.

MÉRITE (*Ordre du*). Nous trouvons dans plusieurs royaumes des ordres portant ce nom. En France, d'abord, où Louis XV fonda, le 21 juillet 1756, l'*Ordre du mérite militaire* en faveur des officiers de ses troupes qui, nés en pays protestants, ne pouvaient, à cause de leur religion, être admis dans l'Ordre de Saint-Louis. Le ruban était semblable à celui de ce dernier Ordre (*voy.* DÉCORATION). Le nombre des grands'croix était borné à 4, celui des commandeurs à 8, mais celui des chevaliers et officiers était indéterminé. Aboli en 1791, il fut rétabli par l'ordonnance de Louis XVIII du 25 novembre 1815, pour être encore une fois supprimé par la révolution de Juillet. Il était depuis longtemps déjà tombé en discrédit et complétement oublié. — En Bavière existe l'*Ordre du mérite militaire de Maximilien-Joseph*, institué par ce prince, le 1ᵉʳ mars 1806, en souvenir de l'érection de son électorat en royaume. Le nombre des membres est illimité, mais le chapitre de l'Ordre juge du mérite des candidats, et a seul le droit de les présenter au roi qui décide. Il n'y a que trois classes de membres : les chevaliers, les commandeurs et les grand'-croix ; les généraux peuvent seuls obtenir ce dernier grade. Des pensions et des priviléges sont attachés à cet Ordre. Nous trouvons dans le même royaume l'*Ordre du mérite civil de la couronne de Bavière*, institué par le même roi, le 1ᵉʳ mai 1808, afin de récompenser les vertus civiles dans ses États, comme déjà l'était le mérite militaire. Cet Ordre se divise en quatre classes ; il suffit d'arriver successivement à la troisième pour obtenir un titre de noblesse reversible sur son fils aîné, et sur les descendants mâles par droit de primogéniture. Un droit de pension porté de 250 à 300 florins, par décret royal du 12 octobre 1834, est accordé aux enfants des chevaliers morts. — La Saxe possède aussi son Ordre du mérite civil, créé le 7 juin 1815, par le roi Frédéric-Auguste, en souvenir de son retour dans ses États. Les statuts sont du 12 août, et la première création des membres eut lieu le 23 décembre de la même année. Il se donne aux Saxons et aux étrangers ; mais pour ces derniers il modifie sa devise : au lieu de « *pour le mérite et la fidélité* » on lit seulement sur le revers « *pour le mérite.* » Outre les trois classes, grands'croix, commandeurs, chevaliers, il en est une quatrième pour ceux qui sont décorés d'une simple médaille du mérite civil. — Dans le Wurtemberg, enfin, nous retrouvons les deux Ordres du *mérite militaire et du mérite civil*. Le premier fut créé le 11 février 1759, à l'imitation, sans doute, de celui que venait de créer Louis XV. Le duc Charles-Eugène, en l'établissant, avait pour but de récompenser les officiers qui s'étaient distingués dans la guerre de Sept ans. L'électeur Frédéric Iᵉʳ le renouvela en novembre 1799, puis lorsqu'il fut devenu roi il le réforma totalement par de nouveaux statuts datés du 6 novembre 1806. Ce qui n'empêcha pas que le roi Guillaume ne le soumit encore à une réforme fondamentale le 25 septembre 1818. De quatre classes

qu'il avait il n'en a plus que trois, les grands'-croix, les commandeurs et les chevaliers. Il faut être au moins major-général pour obtenir le premier grade, officier d'état-major pour le second, et officier pour le troisième. L'*Ordre du mérite civil* qui a été réuni, le 23 septembre 1818, à celui de l'Aigle-Noir, sous le nom collectif d'*Ordre de la Couronne de Wurtemberg*, avait été fondé le 6 novembre 1806 par le roi Frédéric. Il était composé de trois classes, celles des grands'croix et des commandeurs au nombre limité de 6 chacune, celle des chevaliers au nombre de 37. Tout conseiller qui avait servi avec zèle pendant 24 ans pouvait y prétendre. Il entraînait avec lui la noblesse personnelle.

MERLAN. Genre de poissons de l'ordre des malacoptérygiens-subrachiens, famille des gadoïdes, créé par G. Cuvier aux dépens des morues, dont il se distingue principalement par l'absence du barbillon sous-maxillaire. — L'espèce type est le MERLAN COMMUN (*Gadus merlangus* Lin.). C'est un poisson d'environ 30 centimètres de longueur, à corps allongé, couvert de petites écailles, ayant trois nageoires dorsales, et deux anales, des pectorales petites, des ventrales jugulaires étroites, et dont le premier rayon s'allonge en un petit filet. La gueule est très fendue ; les mâchoires, les palatins et les pharyngiens sont armés de dents coniques, crochues ; la mâchoire inférieure s'avance au delà de la supérieure. Le système de coloration est, en dessus, d'un gris tirant un peu au verdâtre, le reste du corps est entièrement brillant et argenté. Cette espèce habite en abondance les mers septentrionales de l'Europe, et est, principalement dans la Manche, l'objet d'une pêche active et lucrative. On mange ce poisson généralement frais, sa chair est assez légère ; mais on le fait aussi quelquefois sécher pour pouvoir le conserver. — Trois autres espèces sont placées dans le même genre. Le MERLAN NOIR ou Colin (*G. Carbonarius* Lin.), qui devient au moins du double plus grand que le précédent, est d'une couleur brun foncé, légèrement verdâtre, et se trouve particulièrement dans les mers septentrionales ; on le sale à la manière de la morue. Le MERLAN JAUNE ou LIEU (*G. pollachius* Lin.), qui est grand, jaunâtre et propre aux mers du Nord ; et le MERLAN VERT ou SEY (*G. virens* Ascanius), de la taille du merlan commun, entièrement verdâtre, particulier aux côtes de la Norwége. E. D.

MERLE (*Turdus*) : famille d'oiseaux de l'ordre des passereaux, comprenant les *merles* proprement dits, les *grives* et les *moqueurs*. Les espèces très nombreuses qu'elle comprend ont été rapprochées autant par la conformité de leurs habitudes que par leurs rapports organiques; mais tous les ornithologistes s'accordent à dire qu'elle n'est pas susceptible d'être bien définie. Les individus qui s'y rattachent, en France, sont :

Le MERLE NOIR (*T. merula*), qui a le plumage entièrement noir et le bec jaune à l'état adulte. Sa femelle est brunâtre, variée de roussâtre, et n'a jamais le bec complètement jaune. Les jeunes conservent un plumage à peu près analogue à celui de la femelle jusqu'à la mue. Ces oiseaux aiment la solitude, où ils vivent seuls ou par couples. Quoique sauvages, ils s'accoutument aisément à la servitude que leur attire leur talent musical, et leur facilité d'imitation. Ils sont fins, défiants, toujours inquiets et remuants, et se laissent approcher assez difficilement. Ils se nourrissent d'insectes, de baies, de raisins, de vers et même quelquefois de viandes corrompues. Ils nichent de très bonne heure, et il n'est pas rare d'en trouver de jeunes dès les premiers jours du mois de mai. Ils font deux ou trois pontes par an, de quatre ou cinq œufs chacune, et placent leur nid dans des buissons fourrés, à une moyenne hauteur ou sur de vieux troncs d'arbres étêtés. Quoique rusé, le merle donne aisément dans les pièges qu'on lui tend, pourvu qu'il n'aperçoive pas le chasseur. Il n'est pas rare d'en rencontrer des variétés albines.

Le MERLE A PLASTRON BLANC (*T. torquatus*) ; tout son plumage est noirâtre avec du gris sur le bord de chaque plume. Entre la gorge et la poitrine du mâle seulement, on voit une large plaque blanche disposée en demi-cercle; dans la femelle cette plaque est d'un blanc terne mêlé de roux; dans les deux sexes le bec et les pieds sont noirâtres. Cette espèce est un peu plus grande que la précédente; elle habite les contrées boisées de l'Europe; mais on a remarqué qu'elle se complaît sur les plus hautes montagnes. Le merle à plastron voyage par petites bandes. Il est de passage en automne dans plusieurs départements de la France.

Le MERLE DE ROCHE (*T. saxatilis*). Il est plus petit que le merle noir. La couleur de son plumage, sur le cou et la gorge, est d'un gris d'ardoise, variée de petites taches roussâtres; celle du dessus et du dessous du corps est orangée : chacune des plumes de ces deux parties est mouchetée de brun et de blanc et terminée de roussâtre; les rectrices latérales et les rectrices anales supérieures et inférieures sont rousses, terminées de blanc; le bec et les pieds noirs. La femelle a les parties supérieures d'un brun terne avec quelques taches blanchâtres; la gorge et les côtés du cou blancs; les parties inférieures d'un blanc roussâtre rayé de brun.

Le MERLE BLEU OU MERLE SOLITAIRE (*T. solitarius*). Il est ordinairement d'un bleu plus ou moins foncé, avec les rectrices et les rémiges d'un noir profond; des cercles noirâtres et blanchâtres se dessinent sur les plumes du ventre; le bec et les pieds sont noirs. La femelle est brune-cendrée; les jeunes sont parsemés de petites taches blanchâtres, et les vieux, au printemps, sont d'un bleu pur. Cet oiseau est très remarquable par la douceur et l'harmonie de son chant.

La GRIVE COMMUNE (*T. musicus*). Elle a le dessus de la tête et du corps, les plumes scapulaires, les pennes des ailes et de la queue d'un gris brun; quelques taches roussâtres à l'extrémité des couvertures, celles du dessous des ailes de la même teinte; les joues, la gorge, le devant du cou et la poitrine blanchâtres, avec des taches brunes longitudinales plus petites et moins nombreuses sur le fond blanc du ventre; les jambes d'un gris tirant sur le roux; le bec et les pattes d'un gris-brun. Cette espèce est quelquefois sédentaire; mais le plus ordinairement elle arrive en assez grande quantité dans les pays vignobles, dès que le raisin commence à mûrir et en part après les vendanges. Au printemps on la trouve dans les bois où elle niche, soit dans un buisson, soit sur une grosse branche d'arbre. Elle pond de quatre à six œufs d'un bleu pâle glacé de vert, avec quelques taches rougeâtres et noires. On prend les grives à la pipée et aux lacets principalement.

La DRAINE OU GRIVE DE GUI (*T. viscivorus*). C'est la plus grande des espèces d'Europe. Elle a le dessus de la tête, du cou et de tout le corps d'un gris-brun, un peu mêlé de roux sur le croupion, la gorge et le dessous du corps d'un blanc, tirant un peu sur le jaunâtre et parsemé de petites taches brunes; les pennes des ailes d'un brun qui s'éclaircit sur leur bord extérieur; les trois premières pennes de la queue blanches à leur extrémité; le bec jaune à sa base et à ses angles, brun dans le reste; les pieds jaunâtres et les ongles noirs. Elle est en partie voyageuse et en partie sédentaire; son caractère est plus farouche et plus rusé. Aussi est-elle fort difficile à approcher à portée du fusil, et donne-t-elle dans très peu de pièges; elle ne se prend pas même à la pipée, quoiqu'elle poursuive la chouette comme les autres oiseaux. Cependant on la prend l'hiver au lacet, et pendant les neiges on peut la tuer en l'attendant à l'affût dans une cabane, à portée des arbres couverts de gui; elle s'accouple dès le mois de janvier. La femelle fait son nid sur les arbres, dans la bifurcation des grosses branches; sa ponte est de quatre œufs, rarement plus, d'un blanc sombre tacheté de brun.

La LITORNE (*T. pilaris*). Un peu moins grosse que la précédente, elle a la tête, le dessus du cou, le bas du dos, le croupion et les couvertures supérieures de la queue d'un cendré varié de quelques taches noirâtres sur la tête; le haut du dos et les couvertures des ailes d'un brun roussâtre; le devant du cou, la gorge, la poitrine et les flancs roussâtres, avec une tache noirâtre sur le milieu de chaque plume; le ventre et les couvertures inférieures de la queue blancs, avec quelques marques d'un cendré brun sur ces dernières; les pennes des ailes brunes en dessus, cendrées en dessous; les primaires bordées de gris-blanc à l'extérieur, et les secondaires de brun roussâtre; le bec est noir au bout et jaunâtre dans le reste; les pieds et les ongles sont bruns. Ces oiseaux sont voyageurs; ils arrivent dans notre pays en novembre et en décembre, et disparaissent au printemps; ils se plaisent dans les friches et particulièrement dans celles où se trouvent des buissons de genévrier. Ils ne se retirent dans les bois que pour y passer la nuit. Ces grives voyagent en troupes quelquefois très nombreuses; elles se nourrissent de baies, surtout de celles de l'alisier, de limaces et de vers; elles nichent sur les grands arbres, et pondent quatre ou six œufs d'un vert de mer pointillé de roux brun.

Le MAUVIS (*T. iliacus*), est une espèce de grive que l'on a souvent confondue avec la litorne. Cependant il en diffère par sa taille un peu plus petite, par son plumage un peu plus lustré, plus poli, son bec plus noir, par un plus petit nombre de mouchetures sur la poitrine, et surtout par la couleur orange du dessous des ailes et des flancs. Il arrive en France au moment de la maturité du raisin, et en part vers les premiers froids. Il se nourrit de vers et de baies molles, niche sur les arbres et dans les buissons, et pond de quatre à six œufs d'un bleu verdâtre tacheté de noirâtre; beaucoup moins farouche que les autres espèces de grives, on l'approche très aisément à la portée du fusil, surtout dans les vignes, avant et après les vendanges. Il donne assez volontiers dans tous les pièges qu'on lui tend.

Parmi les espèces étrangères nous citerons : Le MERLE A GORGE NOIRE, *T. atrogularis*, qui habite le nord de l'Europe et ne paraît pas s'avancer au delà des frontières boréales de l'Allemagne. — Le MERLE DE NAUMAN, *T. Naumanii.* Il a le sommet de la tête et le méat auditif d'un brun foncé; les couvertures inférieures de la queue rousses. L'adulte diffère très peu des jeunes; la femelle a des teintes plus pâles que le mâle. Il habite la Silésie,

l'Autriche, la Dalmatie, la Hongrie et le midi de l'Italie. — Le MERLE A SOURCILS BLANCS, *T. sibericus*, que l'on trouve sur les montagnes boisées de la Sibérie. — Le MERLE BLAFARD, *T. pallidus*, dont un individu a été pris en septembre 1823, en Saxe, près de Hertzberg. — Le MERLE TRICOLORE A LONGUE QUEUE, qui a toutes les parties supérieures du corps d'un noir bleuâtre; le croupion et l'extrémité des rectrices latérales d'un blanc pur; la gorge, le cou et la poitrine noirs; le reste des parties inférieures roux; la queue très élargie; le bec brun et les pieds roux. Il habite l'Afrique. — Le MERLE VERT DE L'ILE-DE-FRANCE, *T. mauritianus.* — Le MERLE DE PARADIS, *T. paradiseus niger*, qui, ainsi que son nom l'indique, a d'abord été placé parmi les paradisiers. — Le MERLE D'ANGOLA, *T. nitens.* — Le MERLE A CRINIÈRE, *T. criniger barbattus*, chez lequel les poils du bec sont très forts, et les plumes de la nuque terminées en soie. — Le MERLE AZURIN, *T. azureus*, généralement bleu varié de brunâtre. La femelle a les couleurs moins vives et tout le dessous du corps d'un noir bleuâtre. On le trouve aux Moluques. — Le MERLE DE MASCARAIGNE, *T. barbaricus*, d'un cendré olivâtre en dessus, avec le sommet de la tête noir; la poitrine d'un cendré verdâtre, et le reste des parties inférieures jaunâtres avec le milieu du ventre blanc; bec et pieds jaunes. — Le MOQUEUR, *T. orpheus.* Il a tout le dessous du corps d'un gris brunâtre; une grande tache blanche, oblique, sur les rectrices alaires, accompagnée ordinairement de petites mouchetures; les parties inférieures blanchâtres, tachetées de blanc; les sourcils de cette couleur; le bec, les pieds et les rectrices noirâtres; ces dernières bordées de blanc. Le moqueur est extrêmement remarquable par son chant et le talent singulier qu'il possède de contrefaire toutes sortes de cris et de ramages.   SÉNÉCHAL.

MERLIN : en gallois Merddyn (prononcez Merzlin), et en armoricain Marzin ou Merzin. Dans les listes poétiques de la Cambrie, ce nom rayonne à côté de ceux de Taliésin, d'Anéurin et de Liwah-Heen, les grands Kenverz ou Bardes du pays de Galles. Merlin pourtant est plus qu'un nom de poète, c'est une appellation divine. Dans le chant si curieux des *Séries* (Ar-Rannou), le druide qui instruit son élève lui apprend qu'il y a trois royaumes de Merzin : fruits d'or, fleurs brillantes, petits enfants qui rient, correspondant, selon M. de la Villemarqué, à la troisième sphère mystique du paradis des Celtes, et dans la géographie positive à l'Angleterre divisée en trois royaumes : Loégrie, Cambrie et Alban. L'Angleterre, en effet, était encore regardée, au vi^e siècle, comme le séjour dès âmes bienheureuses, et d'anciens bardes l'appellent *Tombeau de Merzin*. D'autres la désignent sous le nom de *Pays de Mercure*, dieu qui, d'après le témoignage presque unanime des écrivains grecs et latins, était particulièrement adoré par les Celtes et par les Bretons. Mercure et Merzin seraient donc identiques. Le nom gaulois même, comme le nom latin, signifie *homme de négoce*.

Les Annales celto-bretonnes nous ont transmis le souvenir de deux Merlin, tous deux devins, tous deux poètes, tous deux également célèbres. L'un est Merlin-Emrys ou Ambroise, et l'autre Merlin-le-Sauvage qu'on a presque toujours confondu avec le premier.

MERLIN-EMRYS naquit en Cambrie, au v⁰ siècle. Il eut, dit-on, pour père un Incube et pour mère une Vestale, ce qui l'a fait souvent appeler *Ann-ap-ban* (le fils de la Vestale). Cette origine, conforme aux croyances superstitieuses des Gaulois (Saint Augustin, *Cité de Dieu*), parut trop mystérieuse à Nennius, historien du x⁰ siècle, et à Gildas, qui disent Merlin fils d'un consul romain. La Grande-Bretagne abandonnée par les troupes impériales était gouvernée par Vortigern. Ce roi, malgré tous ses efforts, ne pouvait parvenir à asseoir les fondements de la citadelle de Cabri. Ses devins ou les douze princes des Bardes de l'Angleterre, suivant les Triades, lui conseillèrent d'immoler Merlin à peine sorti de l'enfance pour faire cesser l'enchantement. Merlin est amené; il confond les devins et leur prouve qu'ils ne connaissent pas la cause du charme qu'ils cherchent à détruire. Ce sont, leur dit-il, deux dragons, l'un rouge, image des Bretons, et l'autre blanc, symbole des Saxons, qui minent les fondements de la citadelle. S'adressant ensuite à Vortigern, qui avait cru établir solidement sa puissance en appelant les Saxons, il lui annonce des désastres terribles et prédit le triomphe de la nation bretonne. Sa prédiction reçut bientôt un commencement de réalisation. Vortigern fut brûlé vif dans la forteresse, et un libérateur fut donné aux Bretons dans la personne d'Arthur. Merlin eut une grande part non seulement aux succès, mais encore à la naissance de ce héros, car ce fut grâce à lui qu'Uter se vit transformé en Gorloes (nuage, pour donner naissance à Arthur. Merlin mit ensuite sa puissance au service d'Ambrosius-Aurelianus, oncle prétendu d'Arthur, qui, après avoir délivré la Bretagne de la tyrannie de Vortigern et des Saxons, avait été proclamé roi de l'île tout entière. Merlin guide ses armées en Irlande, et le fait triompher de ses ennemis. Ambrosius, après une bataille sanglante où il est demeuré vainqueur, veut ériger un trophée

aux guerriers tombés sur le champ de bataille, Merlin ordonne et à sa voix des pierres gigantesques viennent s'entasser dans la plaine de Salisbury, où elles forment ce prodigieux et magnifique monument de Stone-Henge qui a tant fait rêver les savants, et dont les pierres, dit-on, guérissent toutes les blessures. Ambrosius périt enfin dans une bataille livrée aux Saxons, commandés par Cerdic. Arthur lui succède. Merlin déploie, pour le seconder, toutes les ressources de son art. Il prend tour à tour la harpe du jongleur, le froc de l'ermite, la barbe du vieillard, la taille et la tournure d'un nain et la forme d'un cerf. Arthur, malheureusement, fut bientôt privé d'un tel protecteur. Merlin, séduit par une fée des bois nommée Viviane, s'enfuit avec elle au fond des forêts, et y vécut en sauvage. Arthur envoya à sa recherche. Un chevalier le trouva chantant au bord d'une fontaine, et parvint à le ramener à la cour; mais bientôt Merlin retourna dans ses bois, où Viviane le renferma dans une prison magique sous un buisson d'aubépine. Arthur qui ne pouvait se passer de ses conseils, le fit encore chercher; le sage Gauvain parvint même à découvrir sa retraite; il l'entendit parler, il reconnut sa voix, mais il ne parvint point à rompre le charme qui le tenait captif. Les Triades qui parlent aussi de la disparition de Merlin, disent que par suite de son amour pour Viviane, il quitta subitement la cour, s'embarqua dans une maison de verre, et que depuis lors on n'entendit jamais parler de lui. Or, dans le langage mystique des anciens Bardes, la maison de verre, c'est la tombe. Merlin, dit-on, avait emporté avec lui les treize choses merveilleuses du royaume de Bretagne, le bassin magique, la pierre à aiguiser, etc., et neuf autres bardes l'avaient suivi. — L'histoire de Merlin, telle que nous venons de la raconter, forme le thème d'un ouvrage composé par un poète français anonyme de la fin du xii⁰ siècle, et qui se trouve inédit à la bibliothèque de la Société royale de Londres, où M. de la Villemarqué l'a consulté. C'est ce même récit qui a été développé dans le fameux roman en prose de Robert de Borron. On trouve aussi tous ces faits disséminés dans les poésies bardiques du vi⁰ siècle, dans les Triades du moine de Lancarvan, dans les Chroniques galloises. Geoffroy de Monmouth, au xii⁰ siècle, a réuni la plupart de ces traditions. Alain de Lisle les a commentées. On peut enfin consulter sur ce personnage célèbre le *Roman de Brut*, l'*Imaige du monde* de Gautier de Metz, le *Programma de Merlino Britannico*, Nuremberg, 1737, in-fol.; tous les romans de la *Table ronde*, etc., etc.

MERLIN LE SAUVAGE, né vers 530, et mort

vers 600, est celui de tous les poètes gallois qui, avec Taliésin, nous a laissé le plus de détails sur les croyances druidiques. Il portait le collier d'or, insigne des chefs Bretons, à la bataille d'Arderiz, une des trois grandes batailles que les Triades appellent *frivoles*, et où 80,000 hommes périrent à propos d'un nid d'alouette. Merlin avait occasionné ce sanglant conflit. Il en fut doublement puni. Il y tua involontairement son neveu, et dans son désespoir il se retira, vers 577, dans la forêt de Kelidon, où il fut captivé par une fille des bois qui jouissait du privilége de se rendre visible ou invisible, et qu'il appelle Vivlian (Viviane). Merlin Émerys avait été séduit par cette même fée qui, sans doute, est un symbole du génie bardique et de l'esprit de méditation. Une autre perte qui ne paraît pas lui avoir été moins sensible que la mort de son neveu, fut la destruction de 49 des pommiers de son jardin qui en contenait en tout 147. Mais tout cela est allégorique comme le prouve la simple lecture du fameux poème de la *Pommeraie* que Merlin composa à ce sujet, et que Golizan citait déjà au VIII⁰ siècle. Dans cette œuvre si remarquable, il se plaint amèrement de la destruction de ses pommiers, dont il fait la plus gracieuse description. « Les princes et les chefs, dit-il, trouvent mille prétextes pour venir profaner mon jardin solitaire, ainsi font les moines fourbes, gloutons, profanateurs et méchants. » Ne sent-on pas à cette explosion de colère, le vieux druide pleurant la chute de ses bois sacrés de pommiers? Les moines dont il parle ne seraient-ils point les membres de ce synode de Vannes, où l'on ordonna, du temps de Merlin, la destruction des bois sacrés? A cette époque le druidisme s'éclipsait devant la religion chrétienne. Dans le beau chant de *Merlin devin*, traduit par M: de la Villemarqué, on voit Merlin sortant de sa demeure avec son chien noir; il cherche l'œuf rouge du serpent marin, le cresson vert, l'herbe d'or et le gui pour dévoiler l'avenir; une voix mystérieuse s'élève tout à coup, et lui dit : « Merlin! Merlin! revenez sur vos pas, il n'y a de devin que Dieu! » On a pensé que l'auteur de ce chant avait fait allusion à la conversion, vraie ou fausse, de Merlin par saint Colomban. Merlin le Sauvage est l'auteur d'un autre poème non moins précieux intitulé les *Marcassins*. Les Marcassins dans le langage mystique des Druides sont les élèves initiés à la science; la leçon a lieu sous l'arbre sacré, le pommier; l'instituteur lui-même prend le titre de sanglier, dont s'honorent les Bardes cambriens jusqu'au XII⁰ siècle. On trouvera dans le chant armoricain des *Séries*, et dans les notes qu'y a ajoutées M. de la Villemarqué, d'intéressants détails sur le rôle

du sanglier chez les Druides. — Geoffroy de Monmouth a composé en vers la vie de Merlin le Sauvage. AL. BONNEAU.

MERLIN (PHILIPPE-ANTOINE). Merlin appartient au barreau, à la magistrature, à la science. Il naquit le 30 octobre 1754, à Arleux, petite ville de l'ancien Cambrésis. Son père était un cultivateur aisé. Il fit ses études au collège de Douai; c'est de là qu'il reçut plus tard le nom de *Merlin de Douai*, pour le distinguer de *Merlin de Thionville*. Reçu avocat au parlement de Flandre, il ne tarda pas à se placer à la tête du barreau de sa province. Mais sa clientèle, quelque nombreuse qu'elle fût, ne suffisait pas pour absorber toute l'activité de son esprit. Un dictionnaire de droit, qui se publiait alors sous le titre de *Répertoire universel et raisonné de jurisprudence en matière civile, criminelle, canonique et bénéficiale*, reçut de nombreux articles de lui; et l'exactitude autant que la profondeur qui s'y faisait remarquer, contribuèrent également à la réputation de l'auteur et au succès du livre, qui obtint en peu de temps deux éditions, et qui fut bientôt cité avec autorité dans tous les parlements du royaume. La réputation de Merlin, avocat, s'étendit ainsi dans toute la France. Il eut pour clients, dans les deux procès les plus célèbres de cette période, le fameux Beaumarchais et le président Dupaty; plus tard, le duc d'Orléans le nomma membre de son conseil d'apanage. La révolution vint déranger le cours paisible de ses premiers travaux; il fut élu député à l'Assemblée constituante. La destinée de Merlin n'était pas de briller à la tribune : il fut toute sa vie dans l'impossibilité de rien improviser; mais il ne se fit pas moins remarquer dans cette grande et mémorable assemblée par son fameux rapport du 3 février 1790, sur les résultats et les effets du décret du 4 août 1789, qui avait aboli le régime féodal. Il ne suffisait pas d'avoir décrété cette abolition en termes généraux : le principe était proclamé, mais il restait à poursuivre et à régler ses conséquences. C'est la tâche que remplit Merlin avec une supériorité qui lui valut les suffrages de tous ses collègues. Ce qu'on louait dans ce rapport ce n'était pas l'élégance de la diction, mais l'excellence du travail; on prisait l'œuvre solide d'un jurisconsulte consommé, et en effet, dans cet *érasement* du système féodal, on remarquait la fermeté et la profondeur de l'homme qui en possédait toute l'économie : jamais un plus habile architecte n'avait été employé pour une simple démolition. Merlin fut successivement député à plusieurs des assemblées qui succédèrent à la *Constituante*, et membre du Directoire exécutif.

Comme jurisconsulte et magistrat, Merlin fut le rédacteur et le rapporteur du *Code des délits et des peines*, du 3 brumaire an IV. Ce Code, au moment où il parut, peu de temps après la suppression des tribunaux révolutionnaires, et au milieu de l'incohérence des lois de circonstance et des décrets d'urgence rendus pendant les premiers temps de la Révolution, apporta de grandes améliorations dans la législation criminelle. Les 646 articles dont il se compose furent adoptés, pour ainsi dire, de confiance, en deux jours (celui du rapport et le lendemain), sur la seule lecture qu'il en fit dans l'assemblée, lecture qui ne fut interrompue que par la proposition improvisée de quelques amendements irréfléchis, adoptés sans discussion, qui gâtèrent plusieurs parties de son ouvrage en y ajoutant, sans avantage réel pour les accusés, une multitude de peines de nullité, dont l'expérience fit bientôt reconnaître l'inconvénient. Mais on sortait des terribles réactions de 1793, et le souvenir d'odieux décrets appliqués par des juridictions plus odieuses encore, explique le désir louable de protéger la sécurité des citoyens contre l'arbitraire dans l'application des formes et des lois. Merlin fut *ministre de la justice* sous le Directoire. Jamais ministre ne fut aussi laborieux et ne mit autant de précision et de célérité dans sa correspondance. Au milieu des difficultés que suscitait de toutes parts l'application d'un si grand nombre de lois nouvelles, tous les tribunaux, tous les directeurs du jury, les officiers du ministère public, les juges de paix mêmes, s'adressaient au ministre de la justice pour le consulter, réclamer ses avis et prendre sa direction; et toutes les dépêches recevaient ponctuellement réponse dans la huitaine. Quelque confiance qu'il eût d'ailleurs dans les habiles collaborateurs dont il s'était entouré, non seulement il ne signait rien dont il n'eût préalablement révisé, corrigé et paraphé la minute, mais il se réservait et expédiait lui seul les affaires les plus importantes et les plus épineuses. Mais à notre avis, la vraie, la solide gloire de Merlin, le fondement le plus durable et le plus pur de sa réputation, commence à l'époque où il devint procureur général à la Cour de cassation, en l'an X. Tout était nouveau, le gouvernement, les lois, l'organisation judiciaire; de nouveaux Codes allaient paraître. Dans de telles circonstances, il fallait que le magistrat qui représentait la loi dans son expression la plus nette et la plus élevée, surveillât les ressorts de la hiérarchie judiciaire dans toutes les parties de sa nouvelle organisation, eût l'œil sur ces Cours si récemment instituées, dont les divergences pouvaient rom-

pre, par la variété de leurs arrêts, l'accord qu'on s'était efforcé d'établir dans la législation. Pour les contenir, il fallait traduire hardiment leurs écarts devant un tribunal suprême, et pousser celui-ci d'une main ferme dans la mission d'*unité* qu'il avait reçue par la loi de son institution. Merlin remplit admirablement tous ces devoirs de sa charge. C'est aussi là qu'on retrouve en lui le jurisconsulte tout entier. Riche de la longue étude qu'il avait faite des diverses parties de l'ancien droit, initié à toutes les pensées qui avaient présidé à la confection des lois nouvelles, ayant retenu de toutes les impressions intermédiaires une connaissance exacte des incidents qui avaient successivement amené les actes législatifs dont il se trouvait chargé de surveiller et de diriger l'application, on le vit pendant treize ans, à la tête de la science par son érudition, servir de régulateur à la Cour suprême, préparer par ses réquisitoires des arrêts qui n'étaient ordinairement que la sanction de ses opinions, et cela dans les questions les plus difficiles et les plus variées : car il se montrait également fort, également instruit, soit qu'il s'agît d'appliquer encore l'ancien droit français, ou le droit des contrées si diverses réunies à l'Empire, soit qu'il s'agît du droit institué par les nouveaux Codes, dans l'intelligence desquels personne ne l'a surpassé soit enfin qu'il se rencontrât de ces questions qu'on a nommées *transitoires*, parce qu'elles étaient nées du passage toujours difficile d'une législation à une autre.

En ne considérant que le savoir de Merlin, on doit être surpris que Napoléon ne l'ait pas choisi pour l'un des rédacteurs de ses Codes. Mais si l'on ne juge que son talent pour la discussion, l'application des principes aux affaires et l'alliance du droit au fait, on conviendra que jamais homme ne fut mieux à sa place que le procureur général Merlin. La considération dont il a joui dans cette grande et difficile fonction est immense. On en avait la même opinion en pays étranger. En 1813, le Conseil d'État, qui était en même temps Cour de cassation du royaume de Westphalie, se trouvant *partagé d'opinion* sur une question de droit très difficile, le choisit unanimement pour départiteur, et régla son arrêt sur son avis.

Merlin n'a point dû ses succès et sa réputation à l'éclat de sa parole : tous ses plaidoyers étaient écrits; il les lisait même assez mal et avec une prononciation saccadée et tout-à-fait dépourvue d'accent. On ne trouve dans ses compositions ni mouvement ni chaleur; on y chercherait en vain quelque impression venue de l'âme : chez lui, tout partait de la tête; la logique seule, mais une logique puissante, une dialectique quelquefois un peu subtile, mais toujours ménagée avec art et conduite avec une dextérité infinie à travers toutes les diverses branches d'une question, tel est le caractère distinctif de son talent. Il parcourait dans un ordre parfait le cercle des objections présentées par les parties, ou même celles qu'il s'adressait *d'office* avec un luxe qu'on croirait souvent inutile, si tout ce qu'il rattache ainsi accessoirement à sa discussion ne finissait pas par se lier avec force au sujet de cette discussion. Merlin ne recherchait pas la raison philosophique ou la raison morale des lois : cette manière ne lui eût point paru assez positive, assez nerveuse; il eût craint que le débat ne s'égarât dans le vague des théories et qu'on ne le taxât d'idéologie. Mais lorsqu'il tenait en main un texte de loi, rien de ce qui avait concouru à la confection et à la marche de cette loi ne lui échappait : projet, rapports, discussion, circulaires ministérielles, incidents d'exécution, tout était rappelé avec une recherche presque anecdotique et une scrupuleuse fidélité. Les termes mêmes du texte étaient expliqués et retournés en tous sens. Dans les pures questions de droit, si le procureur général se montre érudit, il ne citera pas de faits historiques, il ne mettra point à contribution ce qu'on a nommé la littérature du droit, mais il appellera à son aide le ban et l'arrière-ban des docteurs qui ont traité la matière; c'est du droit, du pur droit, des auteurs souvent inconnus ou vulgaires, mais dans lesquels il a su rencontrer un passage ou emprunter une citation qui sied à merveille à son sujet.

Le genre de Merlin est celui de la dissertation appliquée aux affaires. Il a peu de souplesse, mais il n'en a pas besoin : la chaîne de ses raisonnements est forte; il travaille à ce qu'on ne puisse la rompre, et cela lui suffit. Plus on ira, moins peut-être on citera ses plaidoyers, parce que la plupart des questions qu'il a traitées perdent chaque jour de leur intérêt; mais on devra toujours les lire, toujours étudier leur facture, pour apprendre à parler nettement le langage des lois, à discuter fortement et à bien résoudre les difficultés qui naissent de leur application. Si parmi tant d'orateurs célèbres qui ont été les contemporains de Merlin, un seul eût eu sa science; ou si lui-même à la science qu'il possédait eût joint les qualités oratoires de l'un d'eux, on ne pourrait rien concevoir de comparable à la force et à l'entraînement d'une telle réunion de talents. Dans le conseil d'État, dont Merlin fut aussi membre, il eut occasion de montrer une indépendance assez rare pour qu'elle ait mérité d'être remarquée. On discutait

le projet de sénatusconsulte destiné à fonder le domaine extraordinaire. La question s'étant élevée de savoir si l'empereur pouvait disposer à son gré et comme de choses à lui appartenantes, des biens acquis *par voie de conquête*, Merlin, à qui l'on demanda son avis, exposa et défendit le principe de l'ancien droit public français : « Que les biens acquis par l'or et le sang des citoyens ne peuvent appartenir qu'à la nation; qu'ils se réunissent de plein droit au domaine de l'État, et que la loi seule peut en régler la disposition. » L'empereur ne répondit rien, et Merlin n'eut d'autre succès que d'avoir dit la vérité et professé les vrais principes. Merlin avait été membre du Corps législatif à plusieurs reprises; il avait été ministre, membre de l'Institut, directeur de la République, substitut, procureur général, conseiller et ministre d'État, comte de l'Empire, et grand officier de la Légion d'honneur. La Restauration le dépouilla de tous ceux de ces titres qu'elle put lui ravir, et après les Cent jours, il ne lui resta plus que celui d'*exilé*. Retiré en Belgique, il y vivait concentré dans ses études; mais il ne tarda pas à être relancé par la diplomatie de la Sainte-Alliance; et sur la notification d'un décret du 17 décembre 1815, par lequel le roi des Pays-Bas, *sur les instances des puissances alliées de la France*, lui intimait l'ordre de sortir de ses États, il se vit contraint d'aller chercher un refuge hors du continent. Il venait de s'embarquer pour l'Amérique, lorsqu'une tempête furieuse assaillit le navire qu'il montait. Il fut recueilli par une chaloupe, qui l'arracha à une mort certaine, et le débarqua dans le port de Flessingue. Il demanda alors à être considéré comme ayant satisfait au décret du 17 décembre, et à être traité, en conséquence, comme un étranger ordinaire qui, par la puissance des éléments, appartenait au pays à qui la mer l'avait rendu; il obtint du roi des Pays-Bas la permission de résider librement à Harlem, puis à Bruxelles. C'est de là qu'il est revenu, en 1832, lorsque la révolution accomplie en 1830 eut permis à toutes les victimes des réactions politiques de rentrer sur le sol français. Bientôt les portes de l'Institut lui furent ouvertes, et il revint prendre place dans l'Académie des sciences morales et politiques, douce retraite où il trouvait le repos après tant d'agitations et de travaux. Il est mort à Paris le 26 décembre 1838, à l'âge de de quatre-vingt-quatre ans.   DUPIN.

MERLIN (*de Thionville*) (ANTOINE-CHRISTOPHE), député à l'Assemblée législative, à la Convention et au conseil des Cinq-Cents. Né à Thionville, vers 1765, il exerçait dans cette ville la profession d'huissier au moment de la Révolution. Le département de la Moselle l'envoya à l'Assemblée législative où il prit rang parmi les républicains les plus avancés. Il provoqua le décret d'accusation contre les princes français, et fut un de ceux qui au 10 août entraînèrent Louis XVI à l'Assemblée d'où il ne devait plus sortir libre. Cependant lors de la discussion du décret de Buzot, portant la peine de mort contre quiconque demanderait le rétablissement de la royauté, il proposa d'ajouter : à moins que ce ne soit dans les assemblées primaires, et il fut à cette occasion accusé de s'être fait payer par la cour, malgré les imprécations dont il couvrait la royauté. Dans la Convention, il défendit Robespierre contre les accusations de Louvet, et s'opposa à ce qu'on donnât un défenseur à Louis XVI. A l'époque de la condamnation de ce prince, il se trouvait devant Mayence où il se battit avec le plus grand courage. Mais l'accroissement rapide de sa fortune ne l'en fit pas moins accuser d'avoir reçu de l'argent de la Prusse. Il se trouvait à la Convention au 9 thermidor; il attendit la victoire pour se prononcer, et montra dès lors autant d'ardeur à faire rapporter les décrets révolutionnaires qu'il en avait mis à les faire rendre. Il fut un des soutiens du gouvernement directorial dans le conseil des Cinq-Cents, et, à la fin de sa mission législative, en 1798, il fut nommé administrateur général des postes. Lors de l'établissement du consulat à vie contre lequel il avait voté, il donna sa démission, et rentra dans la vie privée. Il tenta d'en sortir en levant, en 1814, un corps franc que la rapidité des événements ne lui permit pas d'organiser. Une lettre d'excuses qu'il adressa au gouvernement de la Restauration, lui valut de n'être pas compris sur les listes d'exil. Il est mort à Paris, en 1833. — Merlin de Thionville a été très diversement jugé. M. Thiers le qualifie d'héroïque. Au milieu des troubles révolutionnaires, beaucoup de personnages illustres lui durent la vie, et M. le duc de Choiseul en suivant son cercueil disait tout haut l'attachement et la reconnaissance qu'il lui avait voués.   J. F.

MERLUS (*ichthyol.*) : Genre de poissons de l'ordre des malacoptérygiens subbrachiens créé par G. Cuvier aux dépens des gades. Les merlus se distinguent principalement des morues et des merlans, en ce qu'ils n'ont que deux nageoires dorsales et une seule anale. On en connaît plusieurs espèces particulières aux mers d'Europe, à celles qui baignent le cap Horn, et aux mers australes; mais la seule qui doive nous occuper est celle de l'Océan d'Europe et de la Méditerranée, le MERLUS ORDINAIRE (*Gadus merluccius*, Linné). Il a le corps très allongé, comprimé vers la queue, arrondi en avant. Tête large et déprimée; gueule bien fendue et mâchoires hérissées de longues dents pointues et en crochets. Sa coloration est le gris plus ou moins blanchâtre sur le dos, et le blanc mat sur le ventre. Le merlus est un poisson vorace qui vit en troupes et que l'on recherche avec soin. Il donne lieu à de bonnes et abondantes salaisons qui rendent sa chair plus ou moins sèche, suivant le procédé qui a été suivi pour le saler. Ainsi préparé, il porte dans le commerce le nom de *merluche* quand il n'est pas très dur, et celui de *stock-fish* lorsqu'il est devenu tout à fait raide et sec. C'est principalement en Flandre et dans le nord de la basse Allemagne qu'on pêche le plus grand nombre de merlus et qu'on se livre à leur préparation, pour servir d'aliment.   D.

MERLUT. Les peaux en merlut sont celles que l'on a fait sécher à l'air, pour les conserver jusqu'au moment où elles seront travaillées.

MERMNADES, Μερμναδαι : dynastie royale qui succéda en Lydie à celle des Héraclides, et dont Gygès (*voy.* ce mot) passe pour le fondateur, 718 ans avant J.-C. Gygès laissa sa couronne à Gygès, son fils. — Le fameux Crésus, fils d'Alyatte, fut le dernier des Mermnades.

MÉRODACH. Divinité célèbre des Assyriens et des Babyloniens, dans laquelle Gesenius a cru reconnaître la planète de Mars. Les anciens Sémites lui offraient des victimes humaines. Le nom de Mérodach entre dans la composition des noms propres de plusieurs souverains de l'Assyrie et de Babylone, et notamment dans celui de Mérodach-Baladan, qui signifie, suivant Gesenius, *Mars est le Dieu seigneur*. Bohlen le dérive du persan *merdek-baladan*, littéralement : *Homuncio laudatus*; mais comment supposer que le diminutif *merdek* (petit homme), expression méprisante, a pu entrer dans la composition du nom d'un roi? Au reste, à quelque point de vue qu'on l'envisage, cette étymologie ne soutient pas l'examen. — Mérodach-Baladan, roi de Babylone, est cité dans l'Écriture. Le prophète Isaïe (XXXIX, 1), l'appelle Mérodach-Baladan, fils de Baladan. Suivant un fragment de l'historien Chaldéen Bérose, conservé dans la version arménienne de la Chronique d'Eusèbe, ce prince se fraya le chemin du trône par le meurtre d'Acises, lieutenant ou vice-roi de Sennachérib, souverain d'Assyrie, duquel dépendait alors le royaume de Babylone. Mérodach envoya vers Ézéchias, roi de Juda, des ambassadeurs chargés de lettres et de présents pour le féliciter de sa guérison extraordinaire, et aussi, comme nous l'enseigne l'Écriture (II Paralip., cap. XXXII, 31), pour s'enquérir des causes du miracle que Dieu avait opéré en sa faveur par la rétrogradation du soleil. Mérodach-Baladan est nommé *Mardocempadus* dans le canon de Ptolémée, qui lui accorde un règne de 12 ans. Il monta sur le trône l'an 717 avant J.-C.

MÉROÉ, contrée d'Éthiopie entre le Nil et l'*Astaboras* (Atbarah) s'étendait indéfiniment au S., et paraît avoir occupé l'emplacement de la grande île *Aloa* des chrétiens jacobites et le Sennâr d'aujourd'hui. Les anciens, qui ne connaissaient que le nord de cet empire, en faisaient une île d'une étendue considérable, dont le sol montagneux et couvert de forêts présentait en abondance des mines de cuivre, de fer, d'or, diverses espèces de pierres précieuses, de l'ébène et d'autres bois estimés. — La reine que la réputation de Salomon attira à Jérusalem était probablement maîtresse de cette partie de l'Éthiopie, dont le nom primitif *Soba* ou *Saba* semble indiquer une origine sabéenne. La capitale d'Aloa, qui succéda à Méroé, s'appelait ainsi, et l'on retrouve encore ce nom dans celui d'un petit village entouré de ruines. Les monuments égyptiens, qui citent fréquemment diverses contrées de *Kousch* (l'Éthiopie), ne nomment point Méroé, qu'ils ont peut-être connue sous une autre dénomination, mais on trouve Soba parmi les provinces conquises par le pharaon Osortasen. *Assour* est le nom actuel du lieu qu'occupa la métropole de Méroé ou *Merawe*, comme disent les Sennariens, qui appellent ainsi aujourd'hui deux petites localités qui sont situées plus au nord.

On ignore l'époque précise où commença à fleurir le royaume de Méroé. Ce pays fut, dit-on, dès la plus haute antiquité, un état puissant et célèbre, et longtemps on a pensé que la religion et les sciences de l'Égypte y étaient nées : mais, à part le témoignage de quelques écrivains grecs, dont les récits ne supportent pas toujours l'épreuve de la critique, rien ne prouve qu'il ait précédé l'Égypte dans la civilisation. Si Thèbes fut fondée par une de ses colonies, jamais elle n'y fit fleurir les sciences et les arts. La population primitive des basses terres du Nil est vraisemblablement descendue en grande partie de la haute terrasse du Sennâr ou de Méroé, mais la civilisation a suivi une route opposée; elle est venue par l'Orient dans la Basse-Égypte, s'y est développée, puis elle a remonté le fleuve jusqu'en Éthiopie. L'échelle chronologique des monuments prouve cette assertion; les plus anciens se voient à la hauteur du Delta près de Memphis, les plus récents à Méroé, dont l'antique civilisation, accréditée sans examen, tombe à mesure que les hiéroglyphes sont mieux compris. Les monuments de Méroé qui restent encore sont assez nombreux et assez bien conservés : ce sont des temples, des pyramides et des tombeaux ornés de sculptures et de hiéroglyphes. En les étudiant, on s'aperçoit qu'ils ne sont pas appropriés aux conditions du climat, si différent de celui de l'Égypte, et que cette architecture a dû être importée d'un pays moins pluvieux. En outre, ils n'offrent pas un caractère aussi colossal, ni un goût aussi pur que ceux des pharaons; enfin leur style, évidemment d'une époque de décadence, n'annonce pas une haute antiquité. On trouva dans une des grandes pyramides d'Assour, démolie en 1834, un vase de bronze avec deux têtes de Bacchus entourées de pampres, un camée représentant une tête de Minerve, et d'autres objets qui prouvent que ces monuments datent des derniers temps de l'époque grecque ou peut-être même du commencement de l'ère romaine.

L'histoire égyptienne écrite sur la pierre atteste que, dès les temps les plus reculés, l'Éthiopie fut soumise par les pharaons et contrainte à leur payer tribut. Les plus anciens édifices qu'on admire dans le Haut-Nil appartiennent aux pharaons de la dix-huitième dynastie, en particulier à Amounôph III, qui fit ériger le magnifique temple de Soleb. Six siècles après, l'Éthiopie envahit à son tour l'Égypte (*voy.* SABACO et ÉTHIOPIE). Le troisième successeur de Sabaco, Tirhaka, contemporain de Sennachérib, fit élever le grand temple de Gebel-Barkal, probablement l'ancienne Napata, où son nom se voit encore aujourd'hui. Les rois Amounasro et Pioukheï, dont on retrouve les cartouches sur les mêmes monuments, paraissent avoir succédé à ces pharaons. Sous le règne de Psammétique, 40,000 Égyptiens transfuges, qui vinrent s'établir en Éthiopie, adoucirent les mœurs de ses habitants en y portant les institutions de leur patrie. C'est vraisemblablement à partir de cette époque que l'Éthiopie supérieure cultiva les arts, se couvrit de monuments, et que la puissance de Méroé commença à s'établir. Jusqu'à l'invasion de Sabacou, et malgré les conquêtes des pharaons, l'Éthiopie est toujours désignée dans les légendes égyptiennes comme une terre *barbare*. Les mœurs, dont les anciens nous ont fait le tableau, justifient assez cette épithète. Les Éthiopiens avaient à peine les premiers éléments de toute civilisation, un culte, des lois, une écriture et des arts; leurs usages étaient grossiers; les vêtements des principaux personnages étaient une dépouille de léopard ou de lion, et celui des autres une simple peau de chèvre ou de brebis. — Les habitants de Méroé adoraient Hercule, Pan, Isis, Bacchus et principalement Jupiter-Ammon, auquel ils rendaient un culte solennel. L'oracle établi chez eux était très renommé. Ils ne faisaient la guerre que d'après ses avis, et seulement là où il leur ordonnait de la porter. Les monuments figurés de Méroé, témoignent qu'on y adorait aussi les principales divinités égyptiennes, et un dieu léontocéphale représenté avec deux têtes et quatre bras, comme plusieurs divinités hindoues.

La puissance de Méroé reposait sur la célébrité de l'oracle de Jupiter-Ammon et sur le commerce des caravanes : ce commerce, introduit et protégé par les prêtres, se faisait par le moyen des peuples nomades qui se chargeaient de transporter les marchandises. Par les caravanes de Méroé, l'Éthiopie, l'Égypte, Carthage même, étaient en communication avec l'Arabie heureuse et l'Inde au moyen du port d'Axum. La capitale, nommée aussi Méroé, et située près du village actuel d'Assour, au N.-E. de Chendy, était remarquable par ses monuments, son oracle d'Ammon et son collège de prêtres. Ses maisons, bâties en briques, ont disparu, mais il reste encore de belles ruines de ses édifices, notamment un grand nombre de pyramides qui diffèrent de celles d'Égypte en ce qu'elles sont précédées d'un portique et d'un petit sanctuaire voûté à plein cintre ou en ogive. Le gouvernement de Méroé fut longtemps entièrement théocratique. Il y avait un roi que le dieu Ammon choisissait lui-même dans la caste sacerdotale, et qu'il intronisait solennellement; mais l'autorité principale appartenait aux prêtres jusqu'à l'époque où Erkamen où Ergamènes (voy. ÉTHIOPIE) établit une monarchie militaire, et institua un nouveau culte. Ce roi, qui s'occupait de littérature et de philosophie grecques, au dire de Diodore, ne négligea aucun moyen d'établir solidement sa domination, qu'il étendit jusqu'aux frontières de l'Égypte. On a retrouvé son nom écrit en caractères hiéroglyphiques et son portrait sur le temple de Thoth à Dakké en Nubie. Un autre souverain éthiopien, nommé Atharramoun, paraît lui avoir succédé. Le trône fut souvent occupé par des femmes. On ignore entièrement à quelle occasion et à quelle époque le système électif fut modifié; aucun écrivain ne donne des renseignements sur la succession des rois, et les monuments n'ont conservé que des noms isolés et pour nous sans grande valeur historique.

Le nouvel État fondé par Ergamènes ne subsista pas longtemps. Ératosthène, son contemporain, en parle encore beaucoup, mais au temps de Strabon, il était déjà tombé. Sous le règne de Néron, tout était détruit et il ne restait plus de traces de son ancienne splendeur que les ruines de ses monuments. **P.**

MÉROPE (*ast.*). Nom donné à l'une des sept pléiades, et dont la lumière est moins vive que celle des autres.

MÉROPE Neuf femmes, ou nymphes sont connues sous ce nom dans la mythologie. La plus célèbre était fille de Cypselus, roi d'Arcadie, et femme de Cresphonte, roi de Messénie, un des Héraclides. Cresphonte favorisait les intérêts du peuple; les grands irrités le massacrèrent avec une partie de sa famille, et mirent sur le trône Polyphonte, un de ses enfants. Mérope eut besoin de toute son énergie pour résister aux sollicitations et aux menaces du nouveau roi, qui voulait l'épouser pour légitimer son usurpation. Elle avait sauvé du massacre un autre de ses fils nommé Téléphon, qu'elle avait envoyé secrètement en Étolie, espérant trouver un jour en lui un libérateur, car le tyran la tenait enfermée dans le palais. Le jeune homme étant devenu grand, vint à la cour de Messénie, et se vanta d'avoir mis à mort le jeune Téléphon, dont Cresphonte avait cherché à se défaire. Mérope était persuadée que cet étranger était le meurtrier de son fils, et un jour l'ayant trouvé endormi dans le palais, elle allait le tuer d'un coup de hache lorsque le vieillard auquel elle l'avait confié dans sa jeunesse le reconnut. Il apprit à Téléphon son origine, et bientôt une conspiration fut organisée pour se défaire de Polyphonte. Mérope feignit de vouloir l'épouser; le cortège nuptial se rendit en pompe au pied des autels; Téléphon, armé d'une hache, la leva comme pour immoler une victime, en frappa l'usurpateur et fut proclamé roi. Cette histoire, probablement fabuleuse, inspira à Euripide une tragédie qui ne nous est point parvenue, mais qu'Aristote regardait comme son chef-d'œuvre. Maffei et Voltaire ont mis avec succès le même sujet sur la scène.

MÉROPS (*ornith.*) : nom scientifique du GUÊPIER.

MÉROU ou **MAHAMÉROU** (le grand Mérou). C'est dans la mythologie indienne la chaîne immense de l'Himalaya, idéalisée et divinisée. Le Mérou, demeure ordinaire de Siva, est regardé comme la colonne du monde qui soutient le ciel, la terre et l'enfer. Le Mérou même est le monde tout entier. Autour de sa pyramide gigantesque s'étendent sept zônes concentriques ou Douipas (îles), séparées par autant de mers, et bornées par sept enceintes de montagnes inférieures. La plus remarquable de ces zônes est celle de Dyambou, qui tire son nom du magnifique arbre de vie, des racines duquel s'échappent les quatre grands fleuves, dont le Gange est le plus sacré et renferme la terre sacrée de Bharata (l'Inde). Une autre classification compte

4

neuf grands zônes ou Khandas (contrées), et une troisième en admet quatre seulement, appelées Mahadouipas (grandes îles), placées aux quatre points cardinaux, contenant chacune un arbre de vie et arrosées chacune par un des quatre grands fleuves qui, d'une source commune, s'élancent du haut du Mérou par la gueule de quatre animaux : la vache, l'éléphant, le lion et le cheval. Ces quatre grandes îles forment les quatre flancs de la montagne universelle. Celle du nord, Outtarakourou, est rouge; celle de l'est, Bhadrasva, est blanche; celle de l'ouest, Kotoumala, est brune ou noire; celle du sud, Dyambou, est jaune; ce qui les met en rapport et dans le même ordre avec les quatre castes indiennes Kchatias ou guerriers, Brahmes ou prêtres, Soudras ou esclaves, et Vaïcias ou artisans, distinguées par les mêmes couleurs.—C'est le mont Mérou qui a donné lieu à la fable grecque de Bacchus renfermé dans la cuisse (μηρός) de Jupiter. Bacchus, en effet, ne diffère point de Siva, et son nom grec de Dionysios est une épithète même de dieu Hindou, souvent appelé Deva-Nicha ou Déonach.   AL. B.

MÉROUAN (ABOU-ABD-EL-MÉLIK). (*Hist. ar.*) : 14e et dernier calife des Ommiades, successeur d'Ibrahim-Ibn-El-Walîd. Mérouân commandait depuis quelque temps en Arménie, et s'était rendu célèbre par ses victoires contre les chrétiens, lorsqu'en 126 de l'Hég. (de J.-C., 744), il prit les armes pour venger la mort de Walid II, assassiné par Yezyd III. Ce dernier mourut avant l'arrivée de Mérouân, qui, toutefois, sous prétexte de délivrer les deux fils de Walid, retenus prisonniers à Damas, refusa de reconnaître Ibrahim comme successeur de Yezyd. Il marcha sur Damas à la tête de 80,000 hommes et battit Soleyman, général d'Ibrahim. Ibrahim alors fit massacrer les deux princes qui donnaient prétexte à la guerre. Mérouân irrité le déclara déchu du califat, se proclama lui-même le successeur des deux victimes, au mois de sefer, 127 de l'Hég. (nov. 744), et quelques jours après fit son entrée à Damas. Son autorité fut reconnue partout, même par Ibrahim qui ne dut la conservation de ses jours qu'à cet acte de soumission. — Une fois investi du califat, Mérouân travailla à rétablir le calme et l'harmonie dans ses États. Il eut d'abord à étouffer un grand nombre d'insurrections et de révoltes; la ville de Hemesse surtout était devenue un foyer de discordes et d'agitations sans cesse renaissantes; il en fit raser les murailles. Cet acte de sévérité causa de nouvelles séditions. Soleyman, fils du calife Hichâm, se fit proclamer calife à Basrah; Mérouân marcha contre lui et le battit près de Kinnisseryn. Il remporta encore plusieurs victoires sur ses compétiteurs. Mais un ennemi puissant minait la dynastie des Ommiades, cet ennemi était Aboul-Abbas El-Saffah, ou le Sanguinaire; il descendait de Hâchem, bisaïeul de Mahomet. Il souleva contre Mérouân presque toutes les provinces orientales de l'empire musulman. Déjà le Khoraçân avait déféré le califat à Aboul-Abbas, grâce aux menées habiles d'Abd-El-Rahmàn-Abou-Mouslim, qui, malgré sa grande jeunesse (il avait 19 ans) déploya une activité, une adresse et une énergie incroyables. Il réunit des troupes nombreuses et mit en déroute une armée de Mérouân. Ensuite ce jeune général dirige sa marche sur Mérou, s'en empare, s'avance sur Nichâpour qui subit le même sort, passe en Géorgie et se porte jusqu'à Koufah, en faisant reconnaître partout Aboul-Abbas comme calife. Alors ce dernier s'élance de sa retraite avec tous les siens vêtus de noir, en opposition aux Ommiades dont la couleur était le blanc. Mérouân, afin de conjurer le danger qui le menace, rassemble une armée de 120,000 hommes et vient camper sur les bords du grand Zab, près de Moussoul. Ce fut là que se livra, au mois de redjeb 132 (juillet 749 de J.-C.), la célèbre bataille qui décida du sort de l'empire des Ommiades, presque sur le même terrain où, 1080 ans auparavant, Alexandre-le-Grand avait gagné la bataille d'Arbelles. L'armée de Mérouân fut taillée en pièces, et lui-même s'enfuit jusqu'en Égypte. Saleh, neveu d'Aboul-Abbas, l'y poursuivit et l'atteignit à Bourcyr, dans la Haute-Égypte, et le tua, le 27 zil-hedjeb 132 (8 février 750). Mérouân était alors âgé de 59 ans, et selon d'autres 56 seulement. Son califat, jusqu'à l'avènement de Saffah qui eut lieu le 23 rebi Ier 132 (nov. 749), avait duré cinq ans et un mois. — Mérouân laissa deux fils, Obeydallah et Abd-Allah; le premier fut tué par les Abyssiniens, et le second fut pris et mis en prison, d'où il ne sortit que sous le règne de Hâroun-El-Rachyd.   CLERC.

MÉROVÉE (*Merovechus* ou *Meroveus*). Les écrivains qui posent Pharamond comme fondateur de la monarchie française, font de Mérovée le 3e roi de la première dynastie. Selon eux, il était fils de Clodion et petit-fils de Pharamond. On sait aujourd'hui qu'il y a là autant d'erreurs que d'affirmations. Le premier qui eut réellement droit, non pas seulement au titre de roi des Francs, mais encore de roi de France fut Clovis, parce qu'il fut le premier qui mit sous son commandement toutes les tribus franques, et la plus grande partie du territoire qui est devenu la France. Clovis descendait directement de Mérovée par Childéric. Mérovée fut donc le vrai chef et le vrai père de la première dynastie de nos rois, et ce n'est pas sans raison qu'ils se sont appelés Mérovingiens. D'ailleurs Mérovée n'était nullement fils de Clodion, il est même douteux que Clodion ait eu des enfants. Il y a un chroniqueur (*voy.* D. Bouquet, t. II, p. 697), qui affirme positivement que Clodion mourut sans laisser de postérité. Grégoire de Tours se borne à dire qu'il y a des gens qui assurent que Mérovée était de la race (*de stirpe*) de Clodion. Selon Aimoin, il n'était que son parent (*affinis*); selon d'autres, il était son neveu. La chronique de Saint-Denis affirme qu'il n'était pas son fils, mais de son lignage. D'autres enfin lui donnent pour père un certain Théodomère, qui fut aussi roi chez les Francs. C'est en interprétant une fable rapportée par Frédégaire, que l'on a fini par faire de Mérovée le fils de Clodion. Voici cette fable : que le lecteur juge! La femme de Clodion, quittant son mari, alla se laver dans la mer, un monstre en sortit qui était semblable au Minotaure; la femme conçut, soit de Clodion, soit du monstre, et engendra Mérovée.

Mérovée fut déclaré roi *sublimatus in regno* en 447; il laissa le trône à son fils Childéric en 456. On n'en sait pas davantage sur son histoire. On est réduit à des conjectures. Il était probablement chef d'une tribu de Saliens, quelque part dans la Belgique seconde. On a dit qu'il commandait les Francs, qui combattirent dans l'armée d'Aétius contre Attila dans les plaines de Châlons. Rien ne le prouve. On a cru pouvoir le supposer, parce que les monuments contemporains constatent qu'il y avait des Francs dans l'armée d'Aétius; et que sous Childéric on trouve les Francs de Mérovée dévoués au service de l'empire. De là, on a conclu qu'ils avaient combattu pour les Romains sous le père, comme ils combattirent sous le fils.

On a dit aussi que Mérovée avait été en Italie. On s'est fondé sur une narration de Priscus, qui rapporte avoir vu à Rome un jeune franc, encore imberbe, remarquable par la longue chevelure qui tombait sur ses épaules; il venait solliciter l'appui de l'empereur pour obtenir le trône des Francs laissé vacant par la mort de son père. Il avait un frère aîné qu'Attila avait pris sous sa protection. Quant à lui, il fut adopté par Aétius. Comme cet événement se passa vers 450, on a supposé qu'il s'agissait de notre Mérovée. D. Bouquet et l'abbé Dubos ont très bien prouvé que cela était impossible, et qu'il s'agit ici de quelque roi d'une des tribus franques campées sur la rive du Rhin. BUCHEZ.

MÉROVINGIENS. Nom de la première dynastie des rois de France. On a donné dans cette *Encyclopédie* la biographie de chacun de ces rois dans des articles à part. Il reste maintenant à montrer quelle fut l'influence des Mérovingiens sur le développement de notre nationalité, ou, en d'autres termes, à indiquer quelle fut la tendance générale de leur politique. Il paraît, en outre, conforme à l'esprit dans lequel a été conçue l'Encyclopédie, de donner une idée des principaux problèmes qui ont été agités dans ces derniers temps sur cette période de notre histoire. C'est ce que nous allons tâcher de faire de la manière la plus abrégée possible.

Le fondateur du système de politique générale suivi par les Mérovingiens fut Clovis. Comme nous l'avons dit ailleurs, il prit en main la défense du catholicisme qui était alors partout attaqué ou partout menacé; il en fit son but d'activité, et ce fut sa fortune. Par là, il rattacha à lui la population gallo-romaine et les évêques qui la dirigeaient; il donna à l'esprit des Francs un principe de discipline et de direction. Ses descendants furent fidèles à sa conviction et à sa pensée. Malgré leurs divisions, malgré la multiplicité des partages à travers même les troubles et les crimes des guerres civiles, il y a quelque chose de commun, quelque chose que ces désordres n'affaiblissent pas, c'est un respect évident pour l'Église. Ils l'enrichissent par leurs dons; ils honorent ses ministres; ils les font asseoir à leurs conseils-généraux; ils s'abaissent et ils reculent même devant leurs anathèmes. En obéissant ainsi à une conviction héréditaire instituée par le fondateur de la dynastie, ils conservèrent en fait le même but général d'activité, et travaillèrent, quoique sans aucune vue de prévoyance, à l'établissement de la nationalité française. Cependant leur persistance fut-elle toujours dépourvue de calcul ? On s'est demandé souvent comment les Francs étaient restés si longtemps attachés à une famille dont il est sorti tant de princes indignes ou incapables, et dont le sang parut si vite épuisé? Cela nous semble tenir à deux causes; il est probable d'abord que leur dévouement constant à la religion, avait revêtu cette race de cette espèce de respect que l'on recherchait plus tard par le sacre de ces rois. Il est certain que leur autorité déclina du jour où ils permirent qu'on persécutât les ministres de l'Église. En outre, les Mérovingiens étaient le lien entre la population franque et la population gallo-romaine. Ils appartenaient à la première par le sang; ils appartenaient à la seconde par les croyances. Les Mérovingiens étaient autant les rois des gallo-Romains que des Francs. Tout donc se réunissait en faveur de leur autorité : le sentiment religieux et l'intérêt politique. Grâce à cette double influence on put dire pendant longtemps des Francs, ce que Tacite disait des Germains :

Reges ex nobilitate, duces ex virtute sumunt.

Dans l'administration, les Mérovingiens suivirent les traditions impériales ou plutôt romaines. Ils obéirent encore en cela à l'exemple du fondateur de la dynastie. Les lois nouvelles, salique ou ripuaire, n'étaient appliquées qu'à ceux qui vivaient ou se plaçaient sous leur régime, quelle que fut d'ailleurs leur origine barbare, gauloise ou franque, c'est-à-dire à quelques centaines de mille hommes. Tout le reste de la population, et c'était l'immense majorité, plusieurs millions d'hommes, obéissaient, comme sous l'empire, au Code théodosien. Les tributs, les impôts, étaient de même nature; la hiérarchie administrative et judiciaire semblable, etc. Sous Clovis les circonstances avaient cependant apporté quelques modifications, ou plutôt quelques améliorations, dont plusieurs disparurent, dans la suite, lorsque les Mérovingiens eurent saisi l'esprit des institutions romaines, mais dont quelques unes aussi se maintinrent. Nous citerons particulièrement l'impôt qui, partout, devint moins onéreux, et dont quelques cités même s'étaient affranchies. Plusieurs de ces franchises persistèrent jusque sous la seconde génération après Clovis, comme on peut le voir dans Grégoire de Tours, à l'égard de la cité dont il était évêque. Parmi les améliorations qui restèrent définitivement acquises, nous citerons les suivantes : d'abord la curie cessa d'être responsable du cens. Ce fut le comte qui succéda à cette responsabilité. Les évêques qui, auparavant, n'étaient que par accident défenseurs des cités, furent acceptés à ce titre d'une manière constante par les rois et les citoyens; et la puissance de cette utile fonction fut agrandie de tous les priviléges, de toute l'autorité morale qui entourait l'épiscopat. Enfin l'ancien patronage gaulois, ce *Patrocinium* que condamnait le code de Théodose, se rétablit par imitation du *trust* que les Francs avaient apporté.

Il paraît que l'adoucissement des impôts dura sous les rois de la première génération après Clovis. Le principal revenu des princes était celui des terres fiscales, ou des anciennes *villa* impériales. Il n'en fut plus ainsi après les guerres civiles qui occupèrent presque toute la période de la 2e et de la 3e génération. Les princes mérovingiens, tantôt pour conserver leurs partisans ou en acquérir, tantôt croyant racheter leurs fautes et leurs crimes par des dons aux églises, distribuèrent, en générosités particulières, les manses et les *villa* de leur fisc. Ils dissipèrent à tel point cet immense domaine, que Dagobert, le chef de la 4e génération, disait que toutes les richesses de ses ancêtres étaient passées aux Leudes et aux Églises. De

là, pour remplir le trésor, la nécessité d'accroître le revenu de l'impôt, et de recourir aux anciennes et odieuses habiletés du fisc. Chilpéric, dès la seconde génération, est cité dans les Chroniqueurs, comme le premier qui revint aux dénombrements en usage sous l'empire. Plus tard, soit pour rétablir le domaine royal, soit pour avoir le moyen de faire des largesses, il fallut recourir aux confiscations. De là des insurrections, tantôt dans les cités, tantôt de la part des Leudes, tantôt dans les camps bénéficiaires. Ce fut en partie ce qui attira une haine si profonde contre les deux maires du palais, Protade et Ebroin. Les preuves, à cet égard, abondent dans Grégoire de Tours et dans nos chroniqueurs.

Deux périodes de la dynastie mérovingienne ont principalement occupé les historiens; l'une est celle qui est signalée par les noms de Frédégonde et de Brunehaud; l'autre est celle d'Ebroin, et qui se termine par la prédominance, dans la mairie du palais, de cette famille des Pépins, d'où devait sortir la seconde dynastie. On a eu de la peine à ne voir dans la lutte acharnée de Frédégonde et de Brunehaud rien de plus qu'un combat d'ambitions, et de haines personnelles. On a voulu y voir une lutte entre les Francs d'Austrasie et ceux de Neustrie. Mais, s'il en eût été ainsi, la lutte ne se serait jamais déplacée, elle n'eût pas passé d'Austrasie en Bourgogne, et réciproquement. Ce qui est certain, c'est que l'abandon de Brunehaud par les Austrasiens et les barons de Bourgogne eut lieu sans combat, et qu'il eut, en outre, pour résultat l'unité de l'empire qui se perpétua de Clotaire à Dagobert, c'est-à-dire pendant un temps assez long. Ce qui semble surtout caractériser cette réunion des grandes fractions de la France, divisées auparavant par la guerre civile pendant deux générations de rois, et prouver plus que tout raisonnement qu'il n'y eut là ni triomphe d'une province sur l'autre, ni vainqueurs ni vaincus, mais seulement fatigue et ennui de ces longues et ruineuses dissensions; c'est la manière dont débuta ce retour à l'unité (614 ou 615). Ce fut par une assemblée générale de tous les évêques, et de tous les principaux chefs de l'État, où fut rendu un édit qui est un monument important de cette époque. Le but en est évident : c'est de réparer les maux de la guerre civile, de ramener la discipline dans l'église et l'administration, et de mettre fin aux impôts contre lesquels le peuple réclame, etc. Cet édit inaugure en quelque sorte les longs règnes de Clotaire et de Dagobert, qui furent l'époque la plus heureuse et la plus glorieuse de la dynastie mérovingienne.

Des écrivains modernes ont cru voir dans ce réglement non pas un édit, mais une capitulation du roi avec les grands. Nous l'avons lu et relu avec attention, nous avons comparé les prescriptions qui y sont contenues avec les usages des premiers temps de la domination franque, nous n'y avons rien aperçu de pareil. Nous n'avons pas vu davantage que ce fût de cette époque qu'on dût faire dater la *fainéantise* des Mérovingiens. Car Clotaire et Dagobert furent, au dire des chroniqueurs, de grands et redoutés justiciers. L'auteur des Gestes dit de ce dernier, qu'il fut *rex fortissimus in bellis, enutritor francorum, severissimus in judiciis, ecclesiarum largitor, qui timorem et metum in universis regnis per circuitum incussit.* Cela ne ressemble guère à un roi fainéant.

L'opinion s'éloigna de la race mérovingienne, et avec elle l'autorité morale, au fur et à mesure que s'accrut la puissance des maires du palais. Ce changement fut successif et assez lent; mais on peut en fixer le point de départ précisément sous la régence de Nautechild, qui succéda à Dagobert. C'est, en effet, sous l'administration de cette reine que l'on voit pour la première fois un maire du palais élu par une assemblée des évêques et des chefs, *pontificum et cunctorum ducum*, comme s'exprime Frédégaire à l'occasion de l'élection de Flaochat en Bourgogne; ou, au moins, c'est la première fois que les chroniqueurs le disent positivement. Le même usage s'établit en Austrasie, et eut pour conséquence l'illustration héréditaire de la famille de Pépin d'Héristal, devant laquelle s'éteignit successivement la gloire et l'autorité de la race de Clovis. Mais arrivons à Ebroin qui contribua pour une grande part à cet événement.

C'est là, comme nous l'avons dit, une seconde période de la dynastie mérovingienne sur laquelle les interprétations diffèrent. Notons d'abord que l'auteur des Gestes dit qu'Ébroin fut élu par les Francs. Selon quelques écrivains, ce maire du palais ne voulait rien moins que délivrer le pouvoir de l'oppression des intérêts aristocratiques. Selon la majorité des écrivains, au contraire, Ébroin était mu seulement par des vues personnelles. Il n'est pas possible de discuter ici ces deux opinions avec une étendue suffisante, mais il suffit de dire que l'homme qui s'opposa avec le plus d'énergie à Ébroin, fut l'évêque Saint-Léger, qui exerça aussi la fonction de maire du palais. Tout le monde sait que son opposition au farouche soldat, lui valut le martyre. Que faisait l'un, que faisait l'autre? On le sait positivement. Le premier éteignait dans le sang toute résistance, qu'elle vînt d'un simple leude ou d'un évêque.

Le martyre de Saint-Léger en a fait oublier un grand nombre. Ébroin ne se bornait pas à ôter aux Francs leurs bénéfices, il leur enlevait leurs aleuds *proprias facultates*. Il transportait les magistrats d'une province dans une autre, afin d'en changer les usages et les lois; il refusait aux chefs l'abord de leur roi. Saint-Léger, au contraire, pendant sa mairie, dit le chronqueur, s'appliquait à réformer tout ce qu'il trouvait d'*inepte* contre les lois des anciens rois, et les décisions des assemblées *magnorum procerum*. Ensuite il fut le protecteur de sa cité. Enfin il fut chassé de son siége pour avoir voulu garder sa foi au roi élu par la nation. En d'autres termes, il maintenait à chacun son droit, aux uns le droit salique, aux autres le droit romain; il leur assurait, en un mot, leurs garanties politiques. Était-ce détruire l'autorité que de la vouloir conserver dans les limites qui faisaient en même temps sa force et son utilité? Voyez, au contraire, la conduite d'Ébroin lorsqu'il sort du couvent où il avait été enfermé et tonsuré, par suite d'une de ces insurrections instantanées et irrésistibles que les Francs de ce temps faisaient comme les Français d'aujourd'hui; il se met à la tête d'une bande armée qu'il recrute à l'aide de mensonges, et enfin s'impose comme maire du palais. Était-ce là respecter l'autorité? Le soulèvement général qui amena la domination définitive de la famille de Pépin, fut la suite de l'administration violente d'Ébroin. Nous n'avons pas à en parler ici. (*voy.* ÉBROIN, THIERRY).

Nous ne devons pas oublier, avant de terminer cet article, de parler des efforts des rois mérovingiens pour développer la culture des lettres et des sciences, et pour répandre quelques germes de vie intellectuelle au sein de la barbarie qui les entourait. Les recherches d'un bénédictin moderne, D. Pitra, ont prouvé qu'il exista sous les Mérovingiens une école du palais, dont Saint-Léger fut peut être le dernier directeur. Là on enseignait les lettres, les sciences, la jurisprudence. C'était une faveur d'en faire partie; mais c'était aussi un calcul de la part des rois d'y appeler les fils de cette classe aristocratique qu'avait formée la richesse ou la possession des hautes dignités, c'était un moyen de se former des fidèles et des administrateurs dévoués et capables. L'école palatine était comme une attenance de la chapelle qui suivait la cour. Les maîtres étaient donc des abbés, des chapelains, des membres du clergé, en un mot. Cette importante institution qui paraît avoir été fondée par Clovis lui-même, et dont il faut lire l'histoire dans D. Pitra (*Vie de Saint-Léger*), doit être considérée sous un autre rapport que celui seulement de la conservation des lettres. L'enseignement religieux y était cultivé avec un soin particulier. Aussi elle était plus qu'une pépinière d'où l'on tirait des chefs militaires et des magistrats civils, des ducs et des comtes ; elle était aussi une sorte de séminaire supérieur d'où sortirent un grand nombre d'évêques. Il y a donc lieu de croire qu'elle eut une grande influence sur la conservation de ce but d'activité religieux légué par Clovis à ses successeurs, et que nous avons dit constituer la tendance de la politique générale sous les Mérovingiens. BUCHEZ.

MERRAIN : Planches de chênes produites par la fente, et non par le sciage. Le merrain s'emploie dans la menuiserie pour faire des parquets et des panneaux de lambris, mais son plus grand usage est pour la construction des tonneaux et autres vaisseaux de même espèce. Le bois scié a nécessairement une partie de ses fibres tranchée, tandis que par la fente la séparation se fait exactement suivant le fil du bois ; le merrain est donc plus résistant. On fait généralement le merrain avec des bois durs, et particulièrement avec le chêne et le châtaigner ; cependant en Languedoc on fait avec le saule et le mûrier blanc du merrain qui fait de fort bons tonneaux. Celui qu'on peut faire en sapin et autres bois tendres ne s'emploie que pour faire des futailles doubles ou destinées à contenir des marchandises sèches.

MERRIMACK : rivière des États-Unis, dans le New-Hampshire et le Massachusetts. Elle a sa source dans le White-Mountains, coule au S., passe à Concord, et se jette dans l'Atlantique, à Newburyport, après un cours de 260 kilomètres. Elle est navigable jusqu'à Haverhill, pour des navires de 200 tonneaux. — On donne aussi le nom de *Merrimack* ou celui de *Maramec* à une autre rivière des États-Unis, qui coule dans l'État de Missouri, et se jette dans le Mississipi, un peu au dessous de Saint-Louis, après un cours de 180 kilomètres. E. C.

MERS-EL-KEBIR, qu'on a écrit aussi *Marsalquivir :* port de l'Algérie, à 8 kil. E. d'Oran. C'est le *Portus magnus* des Romains, dont le nom moderne est la traduction exacte de la dénomination latine. La population de cette ville est de 4,000 habitants environ. Elle fut prise en 1506 par les Espagnols, auxquels les Algériens l'enlevèrent en 1732.

MERSEBOURG : gouvernement du royaume de Prusse, province de Saxe, formé d'une grande partie du duché de Saxe ou cercle électoral, des parties prussiennes de Mersebourg, Nattembourg, Zeits, etc., du cercle de la Saal, des comtés de Mansfeld et de Stolberg, avec Heiningen et Kelbra. Sa superficie est de 187 m. g., et sa population de 55,000 habitants. Son

chef-lieu, du même nom, situé sur la Saal, au 29° 39' de long., 51° 22' de latit. N., est une ville de 9,000 habitants, bâtie irrégulièrement, entourée de murs et précédée de trois faubourgs. Le dôme, ou ancienne cathédrale, est un très beau monument de style ogival, qui contient le tombeau de Rodolphe de Souabe, et une des plus grandes orgues de l'Allemagne. On remarque encore l'ancien palais épiscopal avec un beau jardin, la bibliothèque du dôme, l'hôtel-de-ville, le pont sur la Saal, et la nouvelle promenade. La ville possède un gymnase, un institut d'orphelins militaires, et plusieurs autres établissements de charité. Ses principales branches d'industrie sont les fabriques de draps, de colle, de poudre, de coton, les tanneries, mais surtout les célèbres brasseries, qui livraient jadis annuellement 27,000 tonneaux de bière, de la valeur de 60,000 thalers. Près de Mersebourg se voit le champ de bataille de Rosbach, dont la colonne commémorative, érigée par les Prussiens en 1766, et enlevée par les Français au commencement de ce siècle, a été remplacée, en 1814, par un monument en fer coulé.

MERSENNE (MARIN) : géomètre et érudit célèbre du XVIIe siècle. Né en 1588 au bourg d'Oyse dans le Maine, le P. Mersenne étudia à La Flèche avec Descartes et se lia avec lui d'une amitié qui ne finit qu'avec sa vie. Il entra ensuite dans l'ordre des Minimes, professa la théologie et la philosophie de 1615 à 1619, voyagea en Allemagne, en Italie et dans les Pays-Bas, pour visiter les savants, auxquels il servit de centre et d'intermédiaire quand il fut rentré dans sa patrie. Qu'un mathématicien, un philosophe, un érudit se trouvât en face d'une difficulté, il en informait le P. Mersenne, qui obtenait la solution de ses correspondants quand il ne pouvait la fournir lui-même. Les ouvrages du savant minime manquent de méthode, mais ils annoncent des connaissances extrêmement variées. C'est à lui que l'on doit l'invention de la *cycloïde*, courbe décrite par un point de la circonférence d'un cercle que l'on fait rouler sur un plan. Tous les géomètres de l'Europe se prirent à calculer les propriétés de cette courbe, qu'on nomma aussi la roulette. On doit encore au P. Mersenne deux ouvrages curieux et profonds sur la musique, l'un en latin : *De sonorum natura, causis et effectu*, in-folio, et l'autre en français : *l'Harmonie universelle, contenant la théorie et la pratique de la musique*, 2 vol. in-fol., 1636-1637, qui est devenu fort rare. Le P. Mersenne avait déjà inséré une longue dissertation sur la musique dans ses *Questiones celebres in Genesim*, 1623, in-folio. Il donnait dans cet ouvrage une liste des athées de son temps, qu'il supprima plus tard, parce qu'on lui en fit sentir le danger. Parmi ses ouvrages mathématiques, on distingue les *Cogitata physico-mathematica*, in-4; la *Vérité des sciences*, in-12; les *Questions inouies ou récréations des savants*, in-4°; une édition des *Sphériques de Menelaüs*; enfin nous ne devons pas oublier un autre ouvrage curieux, dont nous copions le titre : « *L'impiété des déistes et des plus subtils libertins*, découverte et réfutée par des raisons de théologie et de philosophie ; ensemble la réfutation du dialogue de Jordan Brun (*Giordano Bruno*), dans lequel il a voulu établir l'âme universelle de l'univers ; avec plusieurs difficultés mathématiques expliquées, » 1624, in-8°, 2 vol. Le P. Mersenne possédait à un haut degré l'art de tirer parti des pensées d'autrui. Aussi La Mothe Le Vayer l'appelait-il le *bon larron*. Il mourut à Paris en 1648.

MERSEY : fleuve d'Angleterre, qui a sa source dans la chaîne de montagnes et s'étend sur les limites de l'Yorkshire, du Theshire et du Derbyshire. Il est grossi par le Goyt, l'Iruell et le Boden, baigne Stochport et Karrington, et se jette dans la mer d'Irlande, près de Liverpool, où il forme un port magnifique. Le Mersey acquiert une grande importance des districts manufacturiers qu'il traverse.

MERTENSIA (*zooph.*) : Genre d'acalèphes, de la famille des béraides, tribu des cydippes, créé par Lesson et ayant pour caractères : corps oblong, vertical, échancré en bas, comprimé sur les côtés, formé de huit côtés portant chacune sur leur arête une rangée de cils. Près de l'ouverture supérieure se trouvent deux longs cirrhes contenus dans deux tubes latéraux. — Le type de ce genre est le *Beroe ovum*, Fabricius (*Mertensia Scoresbyi*, Lesson), qui est bleuâtre, presque diaphane, de la grosseur d'un œuf de poule, et que l'on trouve au Spitzberg, dans la baie de Baffin.   E. D.

MERTHYR-TIDVIL : ville d'Angleterre, dans le pays de Galles, à 37 kil. N.-O. de Cardiff. Sa population est de plus de 24,000 habitants. On exploite aux environs des mines de fer et de houille, et l'on y voit de magnifiques usines.

MERULA, c'est-à-dire *Merle*, ou qui *s'entend à prendre les merles* : surnom d'une branche de la famille Cornélia. Les plus distingués de ses membres sont : —Mérula (*L. Cornélius*), qui élevé au consulat en 193 avant J.-C., remporta une grande victoire sur les Boïens, près de Mutine (Modène). — Merula (*L. Cornelius*), qui fut nommé consul à la place de Cinna, en 87 avant J.-C., et obligé de se donner la mort après s'être démis de ses fonctions en faveur de son rival.

MERULA. Nous citerons deux savants de ce nom : — 1° Mérula (*Georges*), né à Alexandrie-la-Paille, et mort à Milan en 1494, à l'âge de 70 ans. Il enseigna le latin et le grec à Venise et à Milan, et publia plusieurs ouvrages dont le plus important et le plus utile est celui qui a pour titre : *Antiquitatis Vicecomitum mediolanensium* libri X, Milan, 1625, in-fol. Il avait aussi fait d'excellents commentaires sur Stace, Martial, Juvénal, Varron et Columelle. — 2° Merula ou Van Merle (*Paul*), jurisconsulte, historien, antiquaire, etc., né en 1558 à Dordrecht et mort à Rostock en 1607. Après avoir voyagé pour son instruction dans la plus grande partie de l'Europe, il vint occuper à Leyde la chaire de Juste-Lipse. On a de lui un assez grand nombre d'ouvrages dont les plus estimés sont : *Commentaires sur les fragments d'Ennius* ; *Cosmographiæ generalis libri III*, et *Geographiæ particularis libri IV*, Leyde, 1605, in-4° ; Amsterdam, 1635, 6 vol. in-12, ouvrage utile pour la géographie comparée, mais dont l'auteur n'avait achevé que la partie relative à l'Espagne, à la France et à l'Italie; *Manière de procéder en Hollande*, en flamand; une *Histoire universelle* depuis J.-C. jusqu'à l'an 1200, continuée par son fils jusqu'en 1614, mais dont cette dernière partie est faible et injurieuse pour le catholicisme. Dans ses œuvres posthumes, 1684, on trouve, entre autres choses, d'excellents traités sur les mœurs civiles et religieuses des Romains.

MÉRULAXE (*ornith.*). Genre d'oiseau de l'ordre des passereaux, famille des fourmiliers, créé par Lesson, et ayant pour caractères : bec médiocre, à mandibule supérieure convexe, presque droite, à arête très marquée entre les narines et à pointe recourbée, un peu échancrée; narines partiellement recouvertes en avant par une écaille bombée; ailes obtuses, très courtes, concaves, arrondies; queue longue, étagée, à rectrices peu fournies, acuminées et molles; tarses forts, robustes; quatre doigts armés d'ongles minces, comprimés, peu vigoureux. — On en connaît six espèces. Toutes présentent de grands rapports avec les fourmiliers et proviennent de l'Amérique méridionale. Le type est le Mérulaxe noir (*Merulaxis ater* Lesson). Il est noir ardoisé, uniforme en dessus, et ses tarses sont d'un jaune clair. Il habite le Mexique.   E. D.

MERVEILLES DU MONDE. C'est le nom que l'on donne à quelques monuments célèbres de l'antiquité. On en compte ordinairement sept. Les jardins suspendus et les murailles de Babylone; les pyramides d'Égypte; la statue de Jupiter Olympien; le colosse de Rhodes; le temple de Diane à Éphèse; le tombeau de Mausole en Carie, et le phare d'Alexandrie. Quelques écrivains ont ajouté à cette nomenclature la statue d'Esculape à Épidaure, celle de Minerve à Athènes, celle d'Apollon à Délos, le Capitole, le temple d'Adrien à Cyzique, etc. Les modernes qui auraient pu accorder à un grand nombre de monuments l'honneur qu'on a fait à ceux de l'antiquité, n'ont appliqué le nom de *Sept merveilles* qu'à sept objets remarquables de la province du Dauphiné : 1° la *fontaine ardente* qui se trouve au haut d'une montagne à trois lieues de Grenoble, et à laquelle on attribuait la vertu d'éteindre un flambeau allumé, et d'allumer un flambeau éteint (cité de Dieu, liv. XXI, ch. 7). Il est probable que cette fontaine jetait autrefois des flammes : aujourd'hui on ne voit plus sur la montagne qu'un ruisseau dont les eaux n'ont rien de remarquable ; 2° la *tour sans venin*, située dans une lieue de Grenoble, sur le bord du Drac ; on prétendait que les animaux venimeux n'y pouvaient vivre : cette superstition venait d'une chapelle dédiée à saint Verain, dont le nom corrompu était prononcé sans venin ; 3° la *montagne inaccessible* (aujourd'hui mont de l'Aiguille), rocher escarpé situé à 2 lieues environ de Die, sur lequel on peut grimper sans trop d'efforts ; 4° les *cuves de Sassenage* à une lieue de Grenoble, qui, par la quantité d'eau qui s'y ramasse le 6 janvier, présagent, dit-on, l'abondance des récoltes (*voy.* MÉLUSINE) ; 5° la *manne de Briançon*, gomme qui se détache des mélèzes sur les montagnes voisines ; 6° le *pré qui tremble*, petite île du lac Pelhotier, qui remue sous les pieds, comme il arrive aux terrains placés sur la tourbe ; 7° la *grotte de Notre-Dame de la Balme*, dont on admire encore les stalactites, mais dans laquelle on chercherait vainement l'abîme au fond duquel venait, dit-on, se jeter une rivière avec un bruit terrible. AL. B.

MERVEILLEUX (*litt.*). Le merveilleux, qu'il faut se garder de confondre avec l'extraordinaire, est cette influence surhumaine que le poète fait planer sur les événements qu'il raconte. On a écrit de gros volumes pour savoir si le merveilleux est essentiel à la poésie. Les uns n'y ont voulu voir qu'une fantasmagorie, bonne tout au plus pour des peuples enfants, mais que les progrès de la raison devaient faire abandonner ; les autres, au contraire, frappés des admirables effets qu'en ont tirés les poètes des divers âges, ont conclu qu'il fallait reproduire sans cesse les mêmes formes de merveilleux. Ces dissertateurs n'ont prouvé qu'une chose, c'est qu'ils manquaient les uns et les autres du sentiment de la poésie. Le merveilleux, dans une œuvre poétique ne se choisit pas, il s'impose, il est l'essence du sujet ou il n'est rien.

Homère ne s'est pas dit qu'il imprimerait un plus haut caractère de grandeur à ses récits, en y faisant figurer les dieux. Il a placé les dieux grecs dans ses poèmes, parce qu'ils figuraient dans la légende troyenne, parce que ce mode d'intervention de la divinité était dans les croyances populaires au moment où il écrivait. Voltaire au contraire s'est imposé de faire du merveilleux dans la *Henriade* ; après avoir disposé son sujet, il y a plaqué çà et là quelques abstractions personnifiées ; il en est résulté une œuvre froide et morte, tandis que celle d'Homère est resplendissante de vie. — On a voulu distinguer trois sortes de merveilleux : celui qui résulte des croyances religieuses, le merveilleux allégorique et le merveilleux fantastique. Le merveilleux allégorique consiste dans la personnification des êtres moraux, des phénomènes physiques, etc. Les Prières dans Homère, le Géant des Tempêtes dans Camoens, appartiennent au merveilleux allégorique. C'est le moins poétique des trois et celui dont il est imposé au poète d'user avec le plus de discrétion. Le merveilleux fantastique repose sur ces idées superstitieuses qui se sont greffées à toutes les religions, sans procéder directement d'aucune : les évocations funèbres, la magie, les génies. Ces trois genres de merveilleux sont combinés chez les poètes des époques primitives ; mais chacun des trois prédomine tour à tour dans les époques postérieures. Après l'époque religieuse d'Homère, on voit apparaître la Théogonie d'Hésiode, qui prête un corps à tous les phénomènes physiques, et, dans le monde chrétien, après le poème du Dante, le *Roman de la Rose*, qui repose tout entier sur la personnification des abstractions les moins susceptibles d'être personnifiées. Le tour des idées superstitieuses vient en dernier lieu : Lucain ne parvient pas à intéresser à ses dieux Rome devenue incrédule ; les êtres métaphysiques qu'il tente d'animer restent dans le vague et l'indécision ; mais ses forêts mystérieuses saisissent l'imagination, ses évocations funèbres font frissonner. Il en est de même dans la littérature moderne. La terrible histoire du *Moine*, de Lewis, a fait frémir les incrédules enfants du XVIIIe et du XIXe siècle, pour qui l'intervention personnelle dans la vie humaine d'êtres supérieurs à l'humanité, était passée depuis longtemps à l'état de machine poétique sans intérêt.

Chateaubriand n'a pas eu de peine à démontrer que, de même que la religion chrétienne est la seule vraie, elle l'emporte infiniment sur les autres pour la grandeur que son merveilleux peut imprimer à la poésie. Il n'a pas eu de peine à prouver, malgré le préjugé contraire versifié par Boileau, que Dante, avec sa concision terrible, est plus profond qu'Homère, et que Milton, s'il est moins pur que Virgile, lui est de beaucoup supérieur par le grandiose de sa conception toute chrétienne. Cependant il n'est pas de croyance religieuse qui n'ait donné naissance à des beautés poétiques du premier ordre. Les poèmes scandinaves, indiens, gaëliques, arabes, ont des pages magnifiques, et si l'ensemble de ces œuvres n'est pas plus parfait, c'est la faute des poètes et non celle de leur culte. Mais de quelque religion qu'il relève, le merveilleux, pour atteindre à ces hauteurs, doit être mis en œuvre par la foi et pour la foi ; il ne se transplante pas. Malgré le charme qui s'attache à la lecture du *Télémaque*, Fénelon nous semble faux, quand nous venons de lire Homère ; et Chateaubriand, qui avait si bien démontré les beautés poétiques du christianisme, Chateaubriand, qui était lui-même un poète, n'a pu faire que des pastiches d'Homère, de Dante, du Tasse et de Fénelon dans ses *Martyrs*, parce qu'il ne s'est pas senti soutenu par la foi des lecteurs de son temps, élevés pour la plupart à l'école de Voltaire.

Notre époque, blasée par le scepticisme et par la science, refuse de se prêter aux genres de merveilleux qui ont captivé nos pères. Il n'y a plus guère d'exception que pour les pastiches du merveilleux fantastique : les fées, les génies, les enchantements nous amusent encore quand ils nous sont présentés comme pure fantaisie et pour amuser doucement nos yeux sans fatiguer notre esprit. Le merveilleux, cependant, qu'on ne s'y trompe pas, répond à un besoin constant de notre nature ; c'est la traduction artistique d'un des sentiments les plus élevés de l'âme humaine, de ce sentiment qui nous dit que nous ne sommes pas attachés à la terre, et qui nous porte à lever les yeux, vers une existence meilleure, vers un être supérieur dont nous reconnaissons l'action dans les actes de notre vie particulière, dans les actes collectifs de l'humanité. La traduction de ce sentiment a varié avec les siècles, mais le sentiment est indestructible. J. F.

MÉSA (Julie) : femme de Julien Avitus qui fut nommé consul en 209 après J.-C., et sœur de Julie Domna, femme de l'empereur Septime Sévère. Elle était mère de Julie Soœmis, qui donna le jour à Héliogabale et à Julie Mammée. Ce fut par son influence qu'Héliogabale parvint à l'empire. Elle gouverna d'abord sous le nom de ce prince, et retarda pendant quelque temps sa chute en lui faisant adopter son cousin Alexien, qui depuis devint lui-même empereur sous le nom d'Alexandre Sévère. Cette princesse ambitieuse fut massacrée par les soldats en même temps qu'Héliogabale.

MÉSAH, roi de Moab. Après la mort d'Achab, roi d'Israël, il refusa de payer à Joram, son successeur, le tribut de 100,000 agneaux et 100,000 moutons qui lui avait été imposé. Joram marcha contre lui avec Josaphat, roi de Juda. Il vint attaquer les Israélites et fut mis en déroute. Les vainqueurs exercèrent dans son royaume des ravages horribles, détruisirent les villes et coupèrent jusqu'aux arbres fruitiers (IV Rois, ch. iii). Mésah, assiégé et se voyant hors d'état de résister, voulut faire une trouée dans l'armée ennemie pour se retirer chez les Iduméens. Repoussé dans sa tentative, il prit son fils aîné qui devait lui succéder, et l'offrit en holocauste sur la muraille de la ville en présence des Israélites. Ceux-ci, indignés et effrayés, levèrent le siége et se retirèrent.

MÉSANGE, *Parus*. Genre d'oiseaux de la famille des passereaux. Les espèces qu'il comprend ont pour caractères : un bec court, légèrement conique, presque droit, sans échancrure, et entouré de très petits poils ; des narines petites et arrondies ; situées à la base de la mandibule supérieure et masquées par de petites plumes dirigées en avant ; le tarse est court. Il serait difficile de citer un groupe ornithologique dont les espèces offrissent à un plus haut degré la conformité de physionomie, de mœurs et d'allures que l'on observe entre celles-ci, qui tiennent rang, à juste titre, parmi les plus jolis et les plus gracieux oiseaux de notre pays. Elles sont remarquables par leur pétulance, et surtout par leur audace et leur méchanceté, si grande, qu'il est presque impossible d'en réunir plusieurs dans une cage sans les voir bientôt s'attaquer avec fureur et quelquefois même se tuer : il est surtout très imprudent de les introduire dans les volières, car elles y harcellent sans relâche et parviennent à tuer les autres oiseaux, en leur trouant le crâne à coups de bec ; souvent même elles leur dévorent la cervelle. La vue ou le cri des oiseaux de proie nocturnes manque rarement de les attirer et d'exciter leur fureur ; aussi sont-elles ordinairement les premières dupes de la pipée. Elles sont en général très fécondes, et devraient être excessivement multipliées si leurs pontes, leurs nichées et elles-mêmes ne devenaient très souvent la proie des oiseaux carnivores et de plusieurs espèces de rongeurs. Les mésanges vivent en troupes plus ou moins nombreuses. Elles sont omnivores, mais elles se nourrissent principalement d'insectes. En captivité on les nourrit avec du chénevis à demi écrasé, des noix et des pommes ; on y ajoute quelquefois du suif de chandelle, dont elles sont très friandes. Ces substances sont l'appât avec lequel on amorce le trébuchet, leur piége le plus usité, et dans lequel on les prend très aisément, surtout quand on peut disposer d'un appelant. Le meilleur est la mésange bleue, qui attire presque toutes les autres espèces.

Le genre Mésange, établi par Linnée, a été divisé en *Mésanges* proprement dites, en *Moustaches* et en *Rémis*. Toutes ces espèces sont répandues dans les diverses parties du monde, mais surtout en Europe. Nous citerons : *Pour la France :* la MÉSANGE CHARBONNIÈRE, *Parus major*. Tête d'un noir profond; collerette et gorge noires, se confondant sur la ligne médiane antérieure avec une bande de même couleur, qui s'étend jusqu'à la queue. Dessus du corps vertolivâtre, dessous jaune; ailes et queue gris ardoise. Elle niche dans les trous des arbres et des murailles; sa ponte est de huit à quinze œufs blancs, avec des taches roses et brun rosé, uniformément répandues. — La MÉSANGE PETITE CHARBONNIÈRE, *P. ater*. Parties supérieures cendrées; dessous du corps blanc; deux bandes blanches sur l'aile; le reste du plumage à peu près comme chez l'espèce précédente. Elle n'est que de passage, en France. — La MÉSANGE NONETTE, *P. palustris*. Dessus de la tête et nuque d'un noir très vif; dessous du bec noir; ailes, queue et dos gris; reste du corps cendré très clair. Elle pond de neuf à dix œufs, blancs tachetés de rose sale et de brun clair. — La MÉSANGE BLEUE, *P. cœruleus*. Calotte azurée, bordée de blanc; nuque, côtés du cou et dessous du bec d'un bleu très foncé; joues blanches; dos verdâtre; ventre jaune citron, avec une raie bleuâtre longitudinale; ailes et queue bleues. Cette espèce, la plus commune de toutes, pond quelquefois jusqu'à vingt œufs blancs avec de petites taches d'un rose salé. — La MÉSANGE HUPPÉE, *P. cristatus*. Plumes de la huppe variées de blanc et de noir; gorge et dessous du bec noirs; une raie noire étendue de la nuque à la gorge; joues cendrées clair, limitées par un trait noir; dos, ailes et queue brun clair; ventre chamois très clair. — La MÉSANGE A LONGUE QUEUE, *P. caudatus*. Calotte blanche entourée de noir; nuque et dos noirs mélangés de roux, principalement sur les côtés; queue étagée et longue, surtout chez les jeunes; plumes de la queue noires, à part les deux externes, qui sont blanches en dehors; dessous du bec, gorge et ventre blancs plus ou moins mélangés de brun et de roux; ailes noirâtres. — La MÉSANGE MOUSTACHE, *P. biarmicus*. Deux bandes d'un noir de velours situées de chaque côté et le long de la partie inférieure de son bec; dessus du corps roux; tête et occiput d'un gris bleuâtre; gorge et devant du cou d'un blanc qui prend une teinte

rosée sur la poitrine; queue étagée roussâtre, ainsi que les ailes et les flancs. — La MÉSANGE RÉMIZ, *P. pendulinus*. Sommet de la tête et nuque d'un cendré pur; front et côtés de la tête d'un noir profond; gorge blanche; croupion cendré.

Parmi les espèces étrangères nous citerons : — La MÉSANGE LUGUBRE, *P. lugubris*, qui a de grands rapports avec la mésange nonette. Elle habite la Dalmatie et la Hongrie. — La MÉSANGE A CEINTURE BLANCHE, *P. sibericus*. — La MÉSANGE AZURÉE, *P. cyanus*. — La MÉSANGE A QUEUE FOURCHUE, *P. furcatus*. — La MÉSANGE DE NORWÉGE, *P. Stromei*, qui a le bec noir en dessus, jaune en dessous; les pieds noirs; le dessus du corps d'un vert jaune; la gorge et la poitrine tachetées de marron sur un fond de cette dernière couleur, et le ventre bleu. — La MÉSANGE A JOUES BLANCHES, *P. cinereus*. Elle a le dessus de la tête, la gorge, le devant du cou et la poitrine noirs; les joues et les oreilles recouvertes d'une plaque blanche; les parties supérieures du corps d'un gris bleuâtre qui borde les pennes noires des ailes, dont les grandes couvertures sont terminées de blanc; les pennes latérales de la queue blanches et étagées; le dessous du corps d'un blanc rosé. — La MÉSANGE NOIRE D'AFRIQUE, *P. niger*. Elle ressemble à notre mésange charbonnière, dont elle a le ramage. — La MÉSANGE GRISETTE, *P. cinerescens*. Cet oiseau ressemble également à la mésange charbonnière, mais elle est plus petite; elle se trouve en Afrique. — La MÉSANGE BRUNE A POITRINE NOIRE, *P. fuscus*. Tête, cou et gorge noirs. Cette couleur forme sur la poitrine un large plastron qui s'étend, en se rétrécissant, jusqu'au milieu du ventre; une bande blanche, partant du bec, sépare le noir de la gorge et du derrière de la tête; le dessus du corps est d'un brun terreux, et le dessous d'un gris roussâtre; elle habite l'Afrique. — La MÉSANGE KISKIS, *P. atricapillus*, a du rapport avec la nonette, dont elle ne diffère qu'en ce que le noir de la gorge descend plus bas, que les couleurs sont plus nettes, que sa taille et sa queue sont plus longues. Elle habite l'Amérique. — La MÉSANGE ROUGE CENDRÉE DE LA NOUVELLE-ZÉLANDE, *P. Novæ-Seelandiæ*. Bec roux à sa base, noirâtre à son extrémité; front roux; sourcils blancs; dessous des yeux et des côtés de la tête cendrés; parties supérieures du corps mélangées de cendré, de brun et de rouge; une tache carrée, brune, au milieu des pennes latérales de la queue; le dessous du corps d'un gris roux; les pieds noirâtres. SÉNÉCHAL.

MESCHED (*géog.*) Ce nom, qui signifie *tombeau*, est commun à plusieurs villes de l'Orient.

1° *Meschcd*, *Méchehed* ou *Meched*, capitale de la province persane du Khoraçan, par 55° 40′ long. E., et 37° 35′ lat. N. Elle possède environ 50,000 habitants, un grand nombre de mosquées, de bazars, etc., le beau mausolée de l'imam Réza, et celui d'Aroun-al-Raschid. Elle est le centre d'un grand commerce, dont les caravanes entretiennent l'activité. Le poète Firdousi et l'astronome Nassir-Eddyn y sont nés. Cette ville paraît aujourd'hui décliner. On voit dans ses environs les ruines de Thous. — 2° MESCHED-ALI, appelée aussi *Imam-Ali*, *Alexandria* ou *Hira*, chef-lieu de livah dans le pachalik de Bagdad, et à 133 kilomètres S. de cette ville. Elle compte 6,000 habitants, a des murs flanqués de tours, et possède le tombeau d'Ali, gendre de Mahomet, qui y attire un grand nombre de pèlerins. On y voit un monument qui passe pour le tombeau d'Ézéchiel. Près de là se trouve un lac salé de 180 kilomètres de tour. Cette ville, bâtie par Alexandre, dont elle porta longtemps le nom, devint ensuite, sous celui d'Hira, la capitale d'une principauté arabe. Elle tomba ensuite tour à tour entre les mains des chrétiens et des sarrasins, et fut prise en 1806 par les Wahabites. Depuis cette dernière époque, les richesses qui ornaient le tombeau d'Ali ont été transportées à Imam-Mouça. — 3° MESCHED-HOSSEIN, nommée aussi *Imam-Hossein*, *Kerbela*, *Vologesia*, *Bogalasus*, chef-lieu d'un livah du pachalik de Bagdad, à 90 kilomètres S.-O. de cette ville, sur un bras de l'Euphrate. Elle possède 8,100 habitants, et le tombeau de l'imam Hossein, fils d'Ali, qui y fut tué, et dont les restes attirent de nombreux pèlerins.   AL. B.

MÉSCHI, MESCHANEH : noms par lesquels les sectateurs de la doctrine de Zoroastre désignent le premier couple humain qui exista sur la terre. Ormouzd, suivant les livres des Parses, créa d'abord un homme et un taureau ; l'homme, appelé Caïoumors, étant venu à mourir, la semence qu'il renfermait en lui-même fut reçue par la terre qui la conserva dans son sein pendant quarante ans, puis elle produisit une plante à double tige, ou, suivant d'autres, un arbre qui avait la forme de deux corps humains étroitement unis. Ces deux troncs s'étant animés devinrent les pères du genre humain. Tabari, ou plutôt son traducteur Bélami, nous apprend que Méschi et Méschaneh sont les mêmes qu'Adam et Ève. Cette assertion de l'historien persan devient évidente pour quiconque prendra la peine de comparer le récit des livres des Parses avec le texte de la Bible. Le paradis était destiné à Méschi et à Méschaneh, pourvu qu'ils fussent humbles de cœur, qu'ils se soumissent à tous les préceptes de la loi, et

qu'ils n'invoquassent pas les mauvais génies. Ils vécurent d'abord heureux, rendant à Ormouzd le culte qui lui était dû ; mais ensuite Ahrimane les séduisit et leur fit croire que c'était lui qu'ils devaient adorer. Ils ajoutèrent foi à ses paroles ; et se rendirent ainsi coupables d'un très grand péché. Ahrimane leur apporta ensuite des fruits qu'ils mangèrent, et par cette action ils perdirent tous les avantages dont Ormouzd les avait dotés. Ils eurent après cela un grand nombre de fils et de filles. En punition de leur crime, les âmes de Méschi et de Méschaneh resteront en enfer jusqu'à l'époque de la réhabilitation universelle.   L. D.

MÉSEMBRYANTHÉMÉES, *mesembryanthemeæ* (bot.) : Famille de plantes dicotylédones dont la circonscription est tracée de manières diverses par les auteurs, mais que nous considérerons ici, avec MM. Fenzl et Endlicher, comme réduite au grand genre *mesembryanthemum*, qui lui donne son nom. Elle est composée de sous-arbrisseaux et d'herbes à feuilles charnues, sans stipules, de formes très variées et parfois presque géométriques ; à fleurs parfaites, régulières, jaunes, orangées, rouges, violacées, roses ou blanches, ne s'épanouissant généralement qu'au soleil. Ces fleurs ont : un calice à tube charnu, adhérent, à limbe divisé profondément en 2-8 lobes le plus souvent inégaux et de consistance variable ; de nombreux pétales sur plusieurs rangs, linéaires, marcescents ou se résolvant en bouillie après la floraison ; des étamines nombreuses, sur plusieurs rangs, insérées au haut du tube calicinal comme les pétales ; un ovaire adhérent, présentant de 4 à 20 loges, dans lesquelles de nombreux ovules, portés sur de longs funicules, s'attachent sur des placentaires situés sur la ligne médiane de chaque carpelle ; les stigmates sont en nombre égal à celui des loges. Le fruit est une capsule d'abord charnue, ensuite presque ligneuse, tronquée au sommet qui présente de 4 à 20 côtes dans le sens desquelles s'ouvrent ses loges ; il renferme un grand nombre de graines portées sur des funicules recourbés, à tégument crustacé, à albumen farineux, plus ou moins abondant et à gros embryon périphérique, dorsal, recourbé. — La très grande majorité des mésembryanthémées habitent le cap de Bonne-Espérance ; les autres, en très petit nombre, se trouvent dans la région méditerranéenne et à la Nouvelle-Hollande extra-tropicale. Beaucoup de ces plantes sont cultivées comme espèces d'ornement.   P. D.

MÉSENGUY (FRANÇOIS-PHILIPPE) naquit à Beauvais en 1677, reçut les ordres mineurs, exerça plusieurs emplois au collège dit de Beauvais à Paris, sous Rollin et Coffin, fut obligé de quitter cet établissement en 1728, à cause de son opposition à la bulle *Unigenitus*, et mourut en 1763. Mésenguy composa plusieurs ouvrages qui lui firent une grande réputation. Les principaux sont : *Abrégé de l'histoire et de la morale de l'Ancien Testament*, 1 vol. in-12, Paris, 1728 ; *Abrégé de l'histoire de l'Ancien Testament avec des éclaircissements et des réflexions*, Paris, 1737, 10 vol. in-12 ; *Exposition de la doctrine chrétienne ou instruction sur les principales vérités de la religion*, 6 vol. in-12. Cet ouvrage fut condamné par un bref de Clément XIII, en 1761. Le style de ces différents écrits est correct et coulant ; l'érudition n'y manque pas, mais la pureté du dogme y est souvent altérée. Mésenguy a beaucoup travaillé aux vies des saints de l'abbé Goujet. M. Lequeux publia en 1763 un mémoire sur sa vie et sur ses ouvrages.

MÉSENTÈRE, MÉSENTÉRITE (*anat. et méd.*), du grec μέσος, *au milieu* et εντερον, *intestin*. Le *mésentère* est ce repli du péritoine qui suspend et retient en position l'intestin grêle. L'un de ses feuillets se continue, en haut, avec le mésocolon transverse, l'autre se fixe, en bas, à la colonne vertébrale, dans le trajet d'une ligne qui descend, de gauche à droite, depuis le côté gauche de la seconde vertèbre lombaire jusqu'à la fosse iliaque droite. Étroit postérieurement et dans la plus grande partie de son étendue, il est, au contraire, large antérieurement, près de l'intestin, inégalité de dimension qui donne évidemment lieu aux circonvolutions de l'intestin grêle. On ne saurait mieux comparer cette disposition qu'à celle d'un morceau de peau demi-circulaire, dont le grand bord aurait, en outre, été tiraillé en sens contraire et fort allongé, pour correspondre à toute la longueur de l'intestin grêle, tandis que la portion postérieure n'a que l'étendue de la partie lombaire de la colonne vertébrale à laquelle elle est fixée. Le mésentère contient entre les deux lames séreuses qui le forment une grande quantité de ganglions lymphatiques dits généralement *glandes* ou *ganglions mésentériques*, fort irrégulièrement disposés dans une couche épaisse de tissu cellulaire chargé de graisse. On y rencontre en outre un grand nombre de vaisseaux chilifères et lymphatiques qui ne méritent pas une description particulière, et des vaisseaux sanguins classés de la manière suivante : — 1° L'*artère mésentérique supérieure*, qui naît de la partie antérieure et droite de l'aorte pour aller gagner aussitôt la partie supérieure du mésentère, où elle décrit une courbe fort allongée ; après être devenue fort grêle vers la fin de l'iléon, elle s'anastomose avec la branche inférieure de l'artère colique droite inférieure. Elle donne naissance aux artères coliques droites *supérieure*, *majeure* et *inférieure*. — 2° L'*artère mésentérique inférieure*, qui naît de la partie antérieure et gauche de l'aorte, beaucoup plus bas que la précédente, pour descendre et se recourber à droite en s'engageant dans l'épaisseur du mésocolon iliaque, et se prolonger jusque auprès du rectum, où elle fournit les artères hémorrhoïdales supérieures ; mais auparavant elle a donné naissance aux artères coliques gauches *supérieure*, *majeure* et *inférieure*. Des veines sans importance accompagnent ces diverses artères. Les mots *mésocolon*, *mésorectum*, etc., ont une étymologie analogue à celle du mot mésentère. Leur composition est identique à celle de ce dernier, et leurs fonctions analogues à celles de cet organe, qui est de maintenir et de fixer en place les autres qui s'y attachent.

La MÉSENTÉRITE est l'inflammation particulière du mésentère. Il se peut qu'en raison de la présence de tous les organes que nous avons signalés, la péritonite prenne ici des caractères un peu différents de ceux qu'elle revêt lorsqu'elle occupe le feuillet intestinal ou le feuillet abdominal du péritoine ; mais ces caractères particuliers sont-ils toujours suffisants pour la faire distinguer pendant la vie ? Nous pensons qu'il n'en est pas toujours ainsi. Mais nous croyons pouvoir dire avec raison que lorsqu'ils existent ils consistent en des douleurs plus profondes et plus pongitives, accompagnés d'une sensibilité moins grande et même souvent nulle à la pression superficielle, tandis que la sensibilité est toujours alors plus vive dans l'inflammation des autres parties du péritoine. Les douleurs prendront plus particulièrement la forme de coliques rémittentes ou même revenant par accès et n'occasionnant pas généralement une grande altération dans les battements du pouls. — On s'est encore servi de l'expression de *mésentérite* pour désigner l'engorgement des ganglions du mésentère ; mais lorsque cet engorgement est inflammatoire, seul cas dans lequel il serait permis de le dénommer ainsi, il est un effet de l'inflammation intestinale, dont il n'est que la conséquence, et s'il arrive fréquemment que l'inflammation persiste dans ces organes après sa disparition complète des intestins, elle s'y éteint bientôt, parce que les ganglions ont peu de vitalité par eux-mêmes, et que ne recevant plus de stimulation anormale par l'intermédiaire de la muqueuse intestinale, ils doivent rentrer promptement dans un état d'indolence habituelle. Enfin, quelques auteurs modernes, dans la croyance que les tubercules naissent toujours sous l'influence nécessaire de l'inflammation, ont donné le nom de mésentérite à la dégénérescence tuberculeuse des ganglions du mésentère, vulgairement nommée CARREAU (voy. ce mot). L.

MESGRIN (PAUL DE STUERT DE CAUSSADE, COMTE DE SAINT), l'un des favoris de Henri III, et celui même qu'il semblait préférer, fut assassiné, le 21 juillet 1578, par ordre du duc de Guise, qui vengeait ainsi l'honneur de sa femme, dont Saint-Mesgrin avait osé se dire l'amant. Henri III lui fit élever un tombeau de marbre dans l'église Saint-Paul, ainsi qu'à ses deux autres favoris Maugiron et Caylus. Ces mausolées furent détruits peu de temps après, en représailles de l'assassinat du duc de Guise à Blois. Un neveu de Saint-Mesgrin, JACQUES DE STUERT DE CAUSSADE, se distingua, sous Louis XIII, dans nos guerres de Catalogne. Il fut même quelque temps vice-roi de cette province, qu'il ne quitta que pour être fait lieutenant-général, en 1650, puis capitaine des chevau-légers. C'est avec ce grade qu'il prit part, dans les rangs de l'armée royale, au combat de la porte Saint-Antoine, le 2 juillet 1652. Il y fut tué, et Louis XIV le fit enterrer à Saint-Denis.   ED. F.

MÉSIE, *Mœsia*, c'est-à-dire *pays des marais* : vaste contrée de l'Europe ancienne, bornée au S. par la Macédoine et la Thrace, au N. par le Danube, à l'E. par le pont Euxin, et à l'O. par l'Illyrie. Elle comprenait par conséquent les contrées connues aujourd'hui sous les noms de Servie et de Bulgarie. Elle était divisée en Mésie supérieure à l'O., et en Mésie inférieure à l'E. Le petit fleuve Ciabros (aujourd'hui Zebritz), séparait ces deux contrées. La Mésie supérieure avait pour habitants les *Mœsii* sur les bords du Ciabros, les *Tricornesii* près de la Dalmatie, les *Picensii* entre les précédents, les *Dardani* vers la Macédoine, et les *Scordisques* qui se fixèrent tour à tour dans la Pannonie, la Mésie, la Thrace et la Dacie. Ses villes principales étaient : *Singidunum* (Belgrade), au confluent de la Save et du Danube; *Viminacium* (Widdin), sur le Danube; *Naïssus* (Nizza), patrie de Constantin, dans l'intérieur; *Sardica* (Triaditza), où naquit Maximilien; *Tricornia-Castra* (Colombaz), *Mons Aureus* à l'O. de Passarowitz, que Probus fit entourer de vignobles magnifiques; *Margum* (Passarowitz), *Caput Bovis* à l'endroit où Trajan jeta un pont sur le Danube, et les places fortes de *Zanes* à l'E. de la précédente; de *Bononia* (Bonus), *ad Malum* (Widin). — La Mésie inférieure était habitée à l'O. par les *Triballi*; à l'E. par les *Peucini*; au S.-E. par les *Chrobyci*, et dans sa partie orientale appelée Petite Scythie par les *Scythes* et les *Gètes*. Les villes et les lieux les plus importants étaient : *Oiscos Triballon*

(Oreszovitz) sur le Danube, qui paraît avoir été la capitale des Triballes; *Odessus* (Varna), colonie Milésienne sur le Pont-Euxin; *Tomi* (Tomisvar), où Ovide fut exilé; *Augusta* (Katoszlin); *Variana* (Oreaja); *Nicopolis ad Istrum* (Nikopoli), bâtie sur le Danube, par Trajan, pour perpétuer le souvenir de ses victoires sur les Daces; *Prista*, près de Lipnitk, où stationnait une partie de la flotte romaine sur le Danube; *Durostolum*, où campait la XIe légion; *Axiopolis* (Rassova), etc. La Mésie, comme les autres provinces Cis-Danubiennes, était très florissante sous l'empire. B.

MÉSITE (*ornith.*). Genre d'oiseaux de l'ordre des gallinacées créé en 1838 par M. Isidore Geoffroy-St-Hilaire, et dont la place dans la série des animaux n'est pas bien déterminée. Ses caractères sont : bec presque aussi long que le reste de la tête, à peu près droit, comprimé, à mandibule supérieure entière, mousse à son extrémité, à mandibule inférieure offrant un angle vers le milieu; narines linéaires, ouvertes dans un espace membraneux qui se prolonge jusque vers le milieu du bec; tarses médiocres, écussonnés; quatre doigts libres et bordés seulement près de leur orifice : celui du milieu le plus long de tous, et l'interne dépassant un peu l'externe; ongles petits, comprimés, légèrement recourbés; queue à pennes larges; ailes courtes dépassant à peine l'origine de la queue. Ces oiseaux se rapprochent des héliornes par leur tête, des pénélopes et des catracas par la forme du corps et surtout des ailes, et des pigeons par la disposition de leurs pieds; ils ont, en outre, quelque analogie avec le *Megapodius*. —On n'en connaît que deux espèces qui proviennent de Madagascar : 1° la MÉSITE VARIÉE (*Mesites variegata* Is.-Geoffroy), dont la tête, le dessus du corps, les ailes et la queue sont d'un roux feuille morte; le ventre est roux avec des raies irrégulières noires, le plastron jaune clair avec des taches noires, la gorge blanche; les sourcils sont jaune clair; 2° la M. UNICOLORE (*M. unicolor* Desmur.), qui est presque uniformément coloré en brun.   E. D.

MESLIER, fils d'un ouvrier en serge, naquit en 1678, à Mazerni, dans le pays de Rhétel. Il entra dans les ordres et devint curé d'Estrepigny en Champagne. Il eut le malheur de perdre la foi et de propager des doctrines anti-religieuses. Un énorme manuscrit trouvé chez lui après sa mort témoigne sa profonde impiété. La première partie de cet ouvrage, qui n'est qu'une déclamation grossière contre tous les dogmes du christianisme, a été publiée par Voltaire, sous le titre de *Testament de Jean Meslier*. De là la triste célébrité attachée au nom de cet apostat. Malheureux par son **désolant**

système d'impiété, plus malheureux encore pour avoir travaillé si cruellement à l'accréditer dans les esprits, il mit fin à sa déplorable existence à l'âge de 55 ans. On croit qu'il se laissa mourir de faim.
F.

MESMER (FRÉDÉRIC-ANTOINE), le premier théoricien du magnétisme animal, était médecin. Il naquit, en 1734, à Mersbourg en Souabe, et se révéla d'abord au monde savant par une thèse latine, dans laquelle il soutenait que les astres exercent une action sur l'homme au moyen d'un fluide particulier destiné à faire communiquer les mondes. Il y avait déjà dans cette hypothèse le germe de sa théorie magnétique. Mesmer se trouvait à Vienne en 1773, à l'époque où le P. Hell, jésuite, faisait des expériences sur l'influence des courants aimantés mis en contact avec le système nerveux. Mesmer annonça qu'il produirait des effets semblables sans l'emploi de l'aimant. Il informa de ses expériences les académies de Vienne, de Berlin, de Paris et de Londres; les unes ne lui répondirent pas, les autres le traitèrent de visionnaire, mais il n'en poursuivit pas moins ses essais; il annonça même la guérison complète d'une demoiselle aveugle depuis l'âge de quatre ans. Par malheur la guérison ne fut que momentanée, et les corps savants continuèrent à se tenir en garde contre cet agent nouveau. Mais les gens du monde en jugèrent tout autrement, et à peine Mesmer fut-il arrivé à Paris, en 1778, qu'il vit son baquet magnétique entouré d'une foule curieuse, dans laquelle figuraient les hommes et les femmes les plus distingués et les plus hauts personnages de la cour. Malgré les protestations de l'Académie de médecine, qui était allée jusqu'à exclure Deslon de son sein, parce qu'il avait publié un opuscule favorable à la doctrine de Mesmer, le baron de Breteuil avait offert à Mesmer, au nom de l'État, une rente viagère de 20,000 livres et 10,000 livres par an pour le loyer d'une maison dans laquelle il établirait une clinique magnétique; Maurepas, avait même fini, à ce qu'il paraît, par lui offrir une terre et un château appartenant au roi, s'il voulait livrer son secret. Soit que Mesmer ne fût pas bien sûr de lui-même, soit qu'il attendît mieux encore, ces conditions ne furent pas acceptées. Il annonça qu'il quitterait la France en 1781, et ce fut avec grand'peine que la reine obtint qu'il retarderait son départ de six mois. Une souscription fut ouverte alors pour acheter la découverte de Mesmer; elle produisit 340,000 fr., mais elle ne lui fut pas payée et une partie des souscripteurs retirèrent leurs soumissions. Mesmer ouvrit alors une école d'expériences, où il admit près de 400 élèves, et organisa pour tout le royaume un vaste système de propagande et d'expériences, sous le nom de Société de l'harmonie universelle. Mais il quitta la France avant d'avoir livré ce qu'il appelait son secret, vécut quelque temps en Angleterre sous un nom supposé, et retourna dans sa ville natale, où il est mort obscurément en 1815. On a de Mesmer un très grand nombre de brochures sur sa découverte et un traité complet, en allemand, intitulé *Mesmerismus*, etc., ou *Système du magnétisme animal*, Berlin, 1815, 2 vol. in-8°.— Pour ses doctrines, dans l'examen desquelles nous n'avons pas à entrer ici, *voy.* MAGNÉTISME ANIMAL.
F.

MESMES. Cette famille illustre, originaire du Béarn, donna à la France plusieurs hommes remarquables. Nous citerons : MESMES (*Jean-Jacques de*), seigneur de Roissy. Il naquit en 1490 et fut chargé par Catherine de Foix, reine de Navarre, de se rendre à l'assemblée de Noyon pour réclamer auprès des ministres de Charles-Quint la partie de la Navarre dont s'était emparé Ferdinand-le-Catholique. François Ier, qui eut occasion de le connaître à cette époque, le nomma lieutenant-civil au Châtelet, maître des requêtes en 1544, et ensuite premier président de Normandie. Henri II le retint dans son conseil. Il mourut en 1559. — MESMES (*Henri de*), fils aîné du précédent, mort en 1596, se fit avantageusement connaître par les cours de jurisprudence qu'il fit à Toulouse. Il fut nommé successivement membre du grand conseil, maître des requêtes, conseiller d'État, chancelier du royaume de Navarre, garde du trésor des Chartes, et chancelier de la reine Louise, veuve de Henri III. Capitaine aussi habile qu'il était magistrat savant et intègre, il enleva plusieurs places fortes aux Espagnols. En 1570, il négocia avec le maréchal de Biron, entre les catholiques et les Huguenots, cette paix qui fut appelée *boiteuse et malassise*, parce que Biron était boiteux et Mesmes seigneur de Malassise. Érudit distingué, il fut le protecteur et l'ami de Turnèbe, de Lambin, de Pibrac, etc. Il a laissé des *Mémoires*. — MESMES (*Claude de*), connu sous le nom de Comte d'AVAUX, était frère puîné du précédent. Après s'être illustré dans la magistrature comme conseiller au grand conseil, maître des requêtes et enfin conseiller d'État (1623), il fut envoyé en ambassade à Venise (1627), puis à Rome, à Mantoue, à Florence, à Turin, en Allemagne, en Danemarck, en Suède, en Pologne. Il assista enfin en qualité de plénipotentiaire aux traités de Munster et d'Osnabruck (1648). Dans toutes ces négociations, de Mesmes sut concilier avec la politique la probité la plus sévère. Il joignait à ses talents une inépuisable charité; il mourut à Paris en

1650. — MESMES (*Jean-Antoine de*), comte d'Avaux et marquis de Givry, neveu du précédent, se distingua dans les mêmes charges de magistrature, fut aussi envoyé plusieurs fois en ambassade et négocia la paix de Nimègue. Il mourut à Paris en 1709. On a recueilli en 6 vol. in-12, 1752, ses *Lettres* et ses *Négociations*. — MESMES (*Jean-Antoine de*), premier président du parlement de Paris, soutint les droits à la régence du duc du Maine, fils naturel de Louis XIV. Il se mit bientôt après dans le parti du duc d'Orléans, ce qui donna lieu de suspecter son intégrité. Cependant il ne craignit pas d'adresser plus tard au régent de sages remontrances au nom du Parlement, et principalement à l'occasion du système de Law et de la nomination de Dubois à l'archevêché de Cambrai. L'exil fut le prix de sa courageuse franchise. Il était membre de l'Académie Française. Né à Paris en 1661, il mourut en 1723.

MESNA ou BAGHERMÉ, un des royaumes de la Négritie centrale, dans le bassin du grand lac Tchad, entre le Darfour, le Darkoulla, le Bournou, l'Ouadi-el-Ghazel et le Berghon. L'état de Mesna est très vaste, et l'on évalue sa longueur à 660 kilom. et sa largeur moyenne à 140. Il a pour capitale une ville du même nom.

MÉSOCHORE (*arch.*). Le mésochore, chez les Grecs et les Romains, correspondait à ce qu'est chez nous le chef d'orchestre : il se tenait au milieu du chœur et marquait la mesure en frappant le pavé avec son *scabillum* où sandale formée de deux semelles réunies au talon par une charnière.

MÉSODESME (*voy.* MASTRE).

MÉSOPORPHYRE : vêtement grec, comme son nom l'annonce (μεσος milieu, et πορφυρα pourpre). C'était une robe blanche, ornée à son milieu de nœuds de pourpre, et bordée de bandes de même couleur. De la Grèce, ce vêtement passa à Rome. Les robes sénatoriales et consulaires furent de même ornées de bandes de pourpre, plus ou moins larges, suivant la dignité de celui qui les portait. On les appelait *laticlaves* ou *angusticlaves*, du latin *clavus*, clou, parce qu'en effet les bandes de pourpre remplaçaient les clous ou boutons de métal qui les ornaient auparavant.

MÉSOPOTAMIE. Expression grecque qui signifie *entre les fleuves*, et par laquelle on désignait le pays situé entre l'Euphrate et le Tigre. Cette contrée, très célèbre dans l'Écriture, y est désignée sous les noms de *Paddam-Aram*, ou plaine d'Aram, et *Aram-Naharaïm*, ou Aram des deux fleuves. Aujourd'hui elle est appelée *Djéziré*, expression arabe qui signifie *île* ou *pres-* qu'île. La Mésopotamie, située à l'orient de la Syrie, était couverte au nord par le mont Masius, qui porte aujourd'hui le nom turc de *Karadjah-Dag*, montagne noirâtre, ou, au pluriel, *Karadjah Daglar*. Cette chaîne la séparait de l'Arménie. Vers le sud, la Mésopotamie s'étendait jusqu'à la Babylonie. La partie méridionale de cette contrée avait pour habitants des Arabes Scénites. La province qui était séparée de la Syrie par l'Euphrate prit, vers la fin du IIe siècle avant notre ère, le nom d'Osroène. Sa ville capitale était Édesse (*voy.* ces mots). La partie du nord, plus fertile, était habitée par les Mygdoniens, qui donnèrent leur nom à la contrée. La Mésopotamie renfermait un nombre considérable de villes florissantes ; sans parler d'Edesse, on y trouvait Apaméa et Birtha, aujourd'hui Bir sur l'Euphrate. Dans l'intérieur étaient Carræ ou Charræ ou Carrhæ, le Harran de l'Écriture ; Nicephorium, aujourd'hui Racca, en face de l'ancienne Thapsaque ; Circesium (aujourd'hui Karkisia), à l'embouchure du Chaboras dans l'Euphrate. On suppose que cette ville est la Carchemis de l'Écriture. En remontant le Chaboras, se trouvait Resaïna, qui reçut une colonie romaine, aujourd'hui Rassaïn. Néharda et Pombeditha devinrent fort célèbres par les académies que les Juifs y établirent. On les désigne maintenant sous les noms de Hadith-Unnour et de Juba. Dans l'intérieur, sur le fleuve Mygdonius, qui se jetait dans le Chaboras, se trouvait Nisibis ou Nisibe, ville grande et célèbre, appelée par les Grecs *Antiochia Mygdoniæ*, aujourd'hui presqu'en ruines. Sous le haut empire perse, la Mésopotamie put jouir d'une grande tranquillité. Elle fut encore heureuse sous les rois syro-macédoniens, qui y élevèrent même plusieurs villes. Mais plus tard, à l'époque des rois parthes et des sassanides, elle devint le théâtre des guerres souvent renouvelées entre les Romains et les Perses.　L. DUBEUX.

MÉSOPRION (*ichth.*). Genre de poissons de l'ordre des acanthoptérygiens, famille des percoïdes, créé par G. Cuvier, ayant pour caractère principal de présenter une dentelure en forme de scie sur le milieu de chaque côté de leur tête. Les mésoprions se rapprochent des perches par leurs dents vomériennes et palatines, et ont aussi de nombreux rapports avec les serrans, dont ils sont démembrés, par leurs canines qui se mêlent à leurs dents en velours, et qui arment le devant ou les côtés de leurs mâchoires. Ils habitent les eaux des deux Océans, et l'on en connaît une quarantaine d'espèces remarquables par l'éclat de leurs couleurs, et par leur taille qui quelquefois atteint plus d'un mètre. La principale est le MÉSOPRION DORÉ

(*Mesoprion uninotatus* Cuv. et Val.), qui se trouve communément à Saint-Domingue, et dont la taille est de 40 centimèt. environ. Chez ce poisson, le dos, le dessus de la tête et le haut des joues, ainsi que les flancs, sont d'un bleu d'acier bruni, le bas des joues et les flancs d'un rose vif, avec des reflets métalliques; le ventre est argenté et présente sur tout le corps sept ou huit bandes longitudinales d'une belle couleur d'or; les nageoires sont tantôt roses, tantôt jaune jonquille et tantôt aurore. E. D.

MÉSOTYPE (*min.*), *zeolithe fibreuse*. Espèce du genre silicate double alumineux, offrant suivant Haüy. les caractères suivants : cristallisation en prismes droits rhomboïdaux de 93° 1/3; fusion avec bouillonnement en émail spongieux; résolution en gelée dans les acides, et production d'eau par la calcination. — En étudiant avec soin les variétés de ce minéral, on y a reconnu deux espèces distinctes quoique très rapprochées, tantôt isolées, tantôt mélangées ensemble, et qui donnent lieu à des différences de composition et de mesures d'angles très manifestes dans les produits de localités différentes. L'une de ces espèces a pour type la mésotype de l'île de Staffa, aussi nommée *scolézite*. Elle est blanche et cristallisée en prismes droits rhomboïdaux de 91° 20, selon Brooke, et en prismes droits à base carrée selon Beudant, prismes ordinairement terminés par des sommets tétraèdres. Sa composition est : silice; 46,75; alumine, 24,82; soude, 0,39; chaux, 14,20; eau, 13,64. — La mésotype d'Auvergne est le type de la seconde espèce, qui, pure, se présente en prismes droits rhomboïdaux de 91° 40. Sa pesanteur spécifique est de 2, 6. Klaproth y a trouvé : silice, 49; alumine, 26; soude, 16; eau, 9. Elle possède deux axes de double réfraction, et s'électrise souvent par la chaleur. Sa variété de forme la plus remarquable est celle dite *pyramidée*, résultant d'une loi de décroissement par une simple rangée sur les arêtes des bases; celles-ci étant à la hauteur dans le rapport de 89 à 45.

Les variétés principales de mésotype, sont : 1° la *fibreuse* ou circulaire, en fibres ou aiguilles quelquefois libres, mais le plus ordinairement divergentes; telle est celle du Puy de Marmant, en Auvergne, et de Fossa, en Tyrol; 2° la *globuliforme radiée* de Montechio-Maggiore et de Fossa; 3° la *concrétionnée mamelonnée*, d'un jaune-bleuâtre, dite *natrolithe*, de Hohentwiel, en Souabe, et de Bilin, en Bohême; 4° la *floconneuse* de Norwége; 5° la *compacte* dite *crocalite*, de Fossa; 6° enfin, la *terreuse*, plus ou moins altérée, de Dalécarlie et de l'île Disko, en Groenland.

La mésotype est presque toujours d'un blanc mat; mais par suite de mélanges étrangers, elle se trouve parfois colorée en vert et en rouge, telle est la variété désignée sous le nom d'*édélite*. — Cette espèce minérale se rencontre en noyaux dans les cavités des roches celluleuses et amygdalaires des dépôts basaltiques. Ses gangues les plus ordinaires, sont : le basalte, dans le département du Puy-de-Dôme, le phonolite porphyrique, en Souabe, et le wacke amygdaloïde aux îles de Féroë, dans le Tyrol et au Groenland.

MESRAIM, suivant la Vulgate, et *Misraïm* ou *Mitsraïm*, suivant la prononciation hébraïque, nom d'un fils de Cham, dont il est parlé au X° chapitre de la Genèse (v. 6). Il eut plusieurs fils qui sont nommés dans le texte de l'Écriture. Mesraïm signifie encore en hébreu *Égypte* et *Égyptiens*.

MESSAGER (*ornit.*). (*Voy.* SECRÉTAIRE). Willugby nomme aussi de la sorte une espèce de pigeon.

MESSAGERIE. Voici un mot qui a pris un sens tellement restreint et précis, qu'on ne saurait le comprendre exactement en l'expliquant d'après son étymologie. Le *messager* est un voiturier qui transporte à époques fixes, et avec des voitures non suspendues et marchant au pas, des marchandises généralement d'un grand poids ou d'un grand volume; il est une variété du roulier. L'*entreprise de messagerie* fait aussi des transports à époques fixes, mais elle emploie des voitures suspendues, spécialement disposées pour des voyageurs, et conduites au trot, et avec des relais. Ce qu'elle transporte en sus du bagage des voyageurs, se compose particulièrement de marchandises précieuses, et dont l'ensemble porte aussi le nom de messagerie. Le nom de *messagiste* remplace, dans ce sens particulier, celui de messager.

Les entreprises de messageries paraissent avoir été inconnues aux civilisations antiques. La régularité des heures de départ et d'arrivée, la célérité du transport, exigent un ordre parfait dans la société, une liberté, une facilité de circulation, et une intelligence de direction qui ne paraissent avoir existé simultanément avec le désir général de relations régulières, que dans ces derniers siècles. Dès que l'on aperçoit l'existence des messageries, le droit de les établir est rangé parmi les attributs de la souveraineté. Il paraît que d'abord ce furent des particuliers qui, par suite de concessions royales, montèrent des services de cette espèce : plus tard elles furent affermées sur différentes routes; mais un arrêt du conseil, du 7 août 1775, réunit au domaine, pour être exploités au profit du roi, tous les priviléges accordés précédemment. L'établissement de voitures suspendues, à huit, six ou quatre places, fut ordonné sur toutes les routes du royaume pour partir à jours et heures fixés : les réglements à observer, ainsi que le tarif du prix des places et paquets, furent décrétés. En conséquence, il fut fait défense aux courriers des malles de transporter des voyageurs, paquets et marchandises, etc. Mêmes défenses furent faites aux rouliers, coquetiers et autres, de transporter sur les routes où le service des messageries serait établi, aucune personne, aucune matière d'or et d'argent, ni des paquets au dessous du poids de cinquante livres, sans permission des préposés de l'administration. Antérieurement, un arrêt de réglement, rendu en 1622, avait accordé aux rouliers le droit de conduire jusqu'à trois personnes dans leurs voitures, pourvu que celles-ci ne fussent point couvertes. Nous remarquons dans le réglement différentes dispositions : La distance des lieues devait être comptée suivant le livre des postes partout où il y en avait d'établies, et ailleurs, par lieues communes de 2,200 toises (4,288 mètres); le prix des places avec dix livres de hardes gratis, était de 13 sols par lieue, et pour les places en dehors, de 7 sols 6 deniers. Mais ces prix furent bientôt portés à 16 sols 6 deniers et à 10 sols. Le système comportait des voitures marchant à journées réglées de huit à dix lieues, et non conduites par des chevaux de poste; dont les places étaient de 10 sols et 6 sols, et des berlines ou chaises marchant extraordinairement à 20 sols par lieue et par place. Cette régie dura peu : le roi mit son droit à ferme, moyennant une somme de 1,800,000 livres, qui ne pouvait être diminuée pour quelque cause que ce fût, et avec réserve de la moitié des bénéfices. Le fermier avait à payer sur cette somme, à l'Université, 140,528 livres 18 sols 4 deniers, chiffre auquel avaient été liquidés, par arrêt du conseil, les droits de ce corps. Des réglements de 1776 et 1777, permirent à la ferme d'employer les chevaux de poste, à charge de payer 25 sous par poste et par cheval, avec obligation de mettre six chevaux pendant les six mois d'été, et huit pendant les six mois d'hiver, pour les voitures à huit places, et quatre chevaux sur celles à quatre places. Les voitures devaient faire deux lieues à l'heure, ou vingt à vingt-cinq lieues par jour, et les places étaient de 16 sols et 10 sols. Le chargement était fixé, savoir : pour les diligences desservies par six chevaux de poste en été, et huit en hiver, à 1,500 livres pesant; pour celles à six places, à 1,200 livres, et pour celles à quatre places, à 750 livres, le tout non compris les voyageurs. Un arrêt du conseil

dn 17 août 1776, permit aux fermiers des messageries de faire exploiter à leur profit le courtage *non exclusif* du roulage dans toute l'étendue du royaume; le droit de commission était fixé à deux sous par livre du prix de la voiture, et ce prix lui-même, y compris le droit, était borné à 1 sou 6 deniers du quintal, par lieue, pour toutes les marchandises sortant de Paris, pour quelques villes du royaume qu'elles fussent destinées, et à deux sous pour toutes celles à destination de Paris. Ces mêmes fermiers avaient, en outre, le droit d'exiger une rétribution pour l'expédition du permis de messageries sur les différentes routes où ils avaient des établissements formés.

La loi du 26-29 août 1790 changea cet état de choses : elle abolit le droit dit de permis et celui du transport exclusif des voyageurs, matières ou espèces d'or et d'argent, paquets de quelque poids qu'ils fussent, etc. Elle donna à tout particulier la faculté de voyager, conduire et faire conduire librement les voyageurs, ballots, paquets et marchandises de telle façon qu'il leur conviendrait, à charge d'en faire la déclaration chaque année au greffier de la municipalité; mais elle réserva pour l'Etat, le *droit exclusif d'annoncer des départs à jours et heures fixes,* d'établir des relais, et de reprendre et conduire les voyageurs qui arriveraient en voitures suspendues, et repartiraient dans l'intervalle d'un jour. Cette même loi ordonna l'établissement d'une ferme générale des messageries, coches et voitures d'eau, qui devait jouir du droit réservé à l'État. Ce bail, adjugé le 16 mars 1791, fut résilié par la loi du 9 avril 1793, et dès le 1er mai suivant, l'entreprise des messageries fut remise en régie et devint une division du ministère de l'intérieur. Cet état de choses dura jusqu'à la loi du 9 vendémiaire an VI, qui ordonna que la régie des messageries nationales cesserait toutes fonctions à compter du 1er nivose suivant, et qu'il serait perçu au profit du trésor public, un dixième du prix des places dans les messageries exploitées par des entrepreneurs particuliers, *sans qu'il pût être rien perçu sur les effets et marchandises.* Un décret impérial du 30 floréal an XIII défendit l'établissement d'aucune nouvelle entreprise de diligences ou de messageries sans l'autorisation du gouvernement. Enfin une loi de 1817, supprima la nécessité de l'autorisation, et décréta que le droit qui ne portait que sur le prix des places, *atteindrait aussi le prix du transport des marchandises.* On pense bien que les points de vue si différents sous lesquels furent considérés les établissements de messageries, furent l'occasion d'une certaine diversité dans la législation. En effet, le jugement des procès les concernant, devait être porté à Paris, devant le lieutenant-général de police, et dans les provinces, devant les intendants et commissaires départis dans les provinces, sauf appel au conseil. Un arrêt de réglement de 1676, les renvoya au Chatelet, et depuis la loi du 26-29 août 1790, ce sont les tribunaux ordinaires qui en connaissent. Ces différences de régime influèrent moins sur la commodité, la vitesse, le prix et l'importance du service, que le bon état de viabilité des routes et les mœurs : l'un rendait les moyens de transport plus faciles et moins coûteux, les autres augmentaient le nombre et la régularité des besoins à satisfaire, autre cause de bon marché, puisque les diligences étaient plus régulièrement et plus complétement remplies. Les voitures devinrent plus légères et plus commodes sans perdre leur solidité. Les plus grandes, composées de trois caisses, le coupé, l'intérieur et la rotonde, reçurent quinze voyageurs, indépendamment de trois ou quatre qui trouvèrent place sur la banquette, tous étant à couvert. La vitesse de deux lieues à l'heure, qui n'était que nominale, fut réellement atteinte, et devint encore beaucoup plus grande en fait, à mesure que l'on s'habitua à coucher à des distances plus éloignées; enfin, les diligences furent autorisées à élever leur poids jusqu'à cinq mille kilogrammes au lieu de quinze cents livres, tout en n'employant que cinq chevaux, tandis qu'elles avaient dû, en 1776, en employer au moins six pour huit voyageurs. Toutes ces circonstances, jointes à l'augmentation du poids utile, avaient abaissé le prix des places à un taux moyen de 11 centimes par kilomètres. Sous ces influences combinées, l'importance des messageries augmentait chaque jour lorsque l'établissement des voies de fer amena une rénovation complète, et changea toutes les conditions de viabilité, et, par suite, de vitesse, de régularité et de limitation du nombre des places. Cet établissement, quoique relativement nouveau, permet de considérer, sous un point de vue différent, le rapport qui doit exister entre l'institution des messageries et l'Etat.

Le droit d'établir des messageries fut d'abord, nous l'avons dit, considéré comme un attribut du souverain. Les droits de cette espèce furent, il y a déjà longtemps, considérés avec une défaveur jalouse. L'abus qu'on avait fait de cette qualification, lorsqu'on avait été jusqu'à y ranger tout métier quelconque, dont le roi seul pouvait autoriser l'exercice, les concessions funestes, accordées à des courtisans, de plusieurs droits royaux qui étaient ainsi devenus comme une sorte nouvelle et peu justifiable de propriété privée, la confusion que des esprits peu éclairés faisaient de la personne du roi avec le principe même de la souveraineté, avaient été un des éléments de cette nouvelle doctrine qui, prenant pour drapeau la liberté de l'industrie, a trop souvent poussé à l'abolition de toute organisation industrielle et commerciale. Cependant les messageries ont résisté à l'application de ces doctrines jusqu'à l'an VI, ou plutôt jusqu'en 1817, et le régime de la liberté illimitée n'a pas encore duré vingt-cinq ans, que l'opinion publique, reprenant la question par une face nouvelle à propos des voies de fer, a commencé, en faveur des droits de l'Etat, un mouvement de retour qui rallie de jour en jour un plus grand nombre de partisans. En effet, la question de construction et d'exploitation des voies de fer par l'Etat, n'est autre que celle de la régie des messageries. L'expérience du régime de prétendue libre concurrence a démontré qu'il avait pour effet infaillible de faire écraser les plus faibles en capitaux par les plus forts, et par suite de mettre tous les citoyens ayant besoin de recourir aux voies de transport, à la discrétion du vainqueur. Une cause célèbre, et qu'il est utile de rappeler ici, en est la preuve. Une compagnie formée sous le régime de l'autorisation préalable, était puissante en 1817, lorsque des messageries s'élevèrent à côté d'elles en 1826; il fallait choisir entre la guerre ou la bonne intelligence; on s'entendit. Plus tard, une troisième compagnie s'éleva encore : les deux premières, sentant leur force, engagèrent une lutte à mort contre elle. On déploya de part et d'autre toute son habileté pour attirer le public; mais les coalisées ne se bornèrent pas à offrir des avantages possibles, elles travaillèrent à perte; dès lors, le succès ne pouvait être douteux, la nouvelle venue vit ses capitaux absorbés entièrement, tandis que ceux de ses rivales n'étaient pas épuisés; elle succomba, et celles-ci relevant leurs prix, cicatrisèrent leurs blessures par une suite non interrompue de bénéfices. Cet abus de la force des capitaux fut déféré à la justice. La coalition fut reconnue, mais comme elle n'avait pas eu pour objet de faire baisser le prix des salaires, ni d'opérer la hausse ou la baisse frauduleuse du prix de denrées ou marchandises, seuls cas prévus par la loi, les battus ne purent obtenir le redressement du tort qu'ils avaient éprouvé. Cette décision, toute légale qu'elle fut, éveilla dans le public des idées d'équité naturelle, qui firent apercevoir que la véritable liberté était sérieusement compromise. Depuis lors, la concession d'importantes voies de fer à une même société, ou bien à des sociétés différentes, que leur intérêt véritable ou prétendu pouvait faire se coaliser et rendre maîtresses exclusives et sans contre-poids possible, de toute l'industrie et de tout le commerce de France, achève de dessiller les yeux: Le jour approche, nous en sommes convaincus, où tout le monde reconnaîtra que l'industrie des messageries ayant de sa nature une tendance irrésistible à se concentrer dans un très petit nombre d'administrations, ou plutôt dans une seule, l'intérêt public exige que cette immense puissance soit confiée à l'Etat, de préférence à tout intermédiaire privé. E. L.

MESSALA (*famille*). Branche de la famille *Valeria*. Elle commença avec M. Valerius, qui était consul en 491 av. J.-C., et qui s'empara de la ville de Messana (Messine), d'où il fut appelé Messala. L'impudique Messaline descendait de cette famille, qui d'ailleurs fournit à la république plusieurs personnages éminents. Nous citerons : MESSALA (*Marcus Valerius Corvinus*), orateur romain, qui embrassa d'abord le parti de Brutus, et qui fut proscrit par les triumvirs, l'an 43 av. J.-C. Après la bataille de Philippes, la cause de la république aristocratique était tout à fait perdue, et Messala se rapprocha d'Octave, qui fit pleuvoir sur lui les faveurs et le fit nommer consul, l'an 31 av. J.-C. Messala mourut à l'âge de soixante-seize ans, l'an 9 de J.-C. Il était ami de Tibulle, et avait protégé les lettres. Il avait perdu la mémoire à la fin de sa vie.

MESSALIENS (voy. MASSALIENS).

MESSALINE (VALÉRIE), impératrice romaine, dont le nom seul est devenu un stigmate. Arrière-petite-fille d'Octavie, sœur d'Auguste, et fille de Valérius-Messalinus-Barbatus, elle épousa l'empereur Claude, et donna le jour à Octavie et à Britannicus, dont les vertus font un si grand contraste avec les vices de sa mère. Tacite, qui consacre une partie de son XIe livre à retracer les crimes de Messaline, avoue qu'il ne croirait pas lui-même à tant de perversité si le récit ne lui en avait été fait par ses aïeux mêmes. Sa passion pour l'affranchi Narcisse la poussa au crime, et depuis lors elle ne connut plus de bornes dans ses déportements. Les officiers du palais se partagèrent ses faveurs; les soldats ensuite eurent leur tour, et bientôt on la vit, désertant la couche conjugale, consacrer ses nuits aux comédiens, aux esclaves et aux portefaix de Rome. La présence même de Claude ne lui imposait aucune contrainte. De l'adultère elle passa à l'inceste. Appius-Silanus, son beau-père, osa résister à sa passion; dans son dépit elle l'accusa de conspiration, et Silanus fut sacrifié. Le poison la vengea ensuite des rigueurs du consul Vicinius, et deux Julie, l'une fille de Germanicus, l'autre de Drusus, et toutes deux nièces de Claude, payèrent de leur vie le mépris qu'elles avaient témoigné à l'impudique

impératrice. Les jardins magnifiques de Lucullus, qui appartenaient alors à Valérius-Asiaticus, tentèrent ensuite Messaline; Asiaticus, victime de la plus noire accusation, fut condamné à mort et se fit ouvrir les veines. Les deux Pétra furent ensuite immolés à sa vengeance. Une passion nouvelle vint bientôt l'agiter. Éprise du jeune et beau Silius, elle le força de répudier sa femme à l'heure même, le combla publiquement d'honneurs et de richesses, et, à son instigation, résolut de se défaire de l'empereur pour mettre sur le trône le complice de ses désordres. L'imbécille Claude était alors à Ostie, et dans l'Italie entière lui seul ignorait les débordements de Messaline. Deux courtisanes lui apprirent tout à coup qu'elle venait d'épouser publiquement Silius, que le mariage avait été consigné dans des actes authentiques, consacré par les prières des augures et par toutes les cérémonies religieuses. Claude excité par Narcisse marche sur Rome; Messaline se réfugie dans les jardins d'Asiaticus; mais comprenant que la hardiesse seule pouvait la sauver, elle se décide à paraître devant Claude, envoie en avant ses enfants et Validie la plus ancienne des vestales pour le fléchir, et court elle-même à sa rencontre. Narcisse empêche aux émissaires de l'impératrice de parvenir jusqu'à Claude; Messaline elle-même ne peut arriver à lui. Se voyant perdue elle revient à Rome, se renferme dans ses jardins, essaie deux fois de se poignarder sans y réussir, et tombe enfin sous le glaive d'un centurion envoyé par Narcisse, l'an 47 de notre ère. — Une autre MESSALINE (*Statilie*), fut la troisième femme de Néron, qui, pour l'épouser, avait fait assassiner le consul Atticus-Vestinus, son troisième mari. Elle remplit aussi Rome de ses scandales, et après la mort de Néron partagea son temps entre la débauche et la littérature. Othon était sur le point de l'épouser lorsqu'il se poignarda. Avant de mourir il lui adressa de touchants adieux. AL. B.

MESSAPIE : contrée de l'Italie ancienne qui correspond à la terre d'Otrante. Elle était aussi appelée Calabre par les Latins et Iapygie par les Grecs. Elle occupait toute la péninsule comprise entre la mer Adriatique et le golfe de Tarente, et avait pour habitants les *Calabri* le long de la mer Adriatique, et les *Salentini* autour du golfe de Tarente. Ses villes principales étaient : *Brundusium* (Brindes), *Hydruntum* (Otrante), et *Tarentum* (Tarente).

MESSE. On appelle ainsi la suite des prières et des cérémonies que l'Église emploie pour la célébration de l'eucharistie. On les a aussi nommées *liturgie*, parce que c'est la partie la plus auguste du service divin; *synaxe* ou assemblée, comme étant le principal objet de la réunion des fidèles, office divin, oblation, sacrifice, divins mystères, etc. Mais depuis le ive siècle, le nom de *messe* a été le plus usité dans l'église latine. Quelques auteurs ont voulu faire dériver ce mot de l'hébreu *missach*, qui signifie offrande volontaire; et ils ont cru que c'était l'ancien terme ou le nom primitif dont s'étaient servis les premiers chrétiens. L'analogie de forme et de sens entre les deux mots, peut donner quelque vraisemblance à cette opinion; toutefois, comme on ne voit pas ce nom de messe dans les écrits qui restent des trois premiers siècles, qu'il n'est pas en usage chez les Grecs, qui ont conservé tant de mots hébreux, ni chez les Syriens, dont la langue a tant de rapports avec la langue hébraïque, on ne peut guère, avec quelque fondement, lui assigner une telle origine, ni le regarder comme le mot primitivement employé par les chrétiens. Il est probable qu'il vient du latin *missa*, employé dans la basse latinité pour *missio*, renvoi, parce qu'après les prières et les instructions qui précédaient l'offrande ou l'offertoire, on renvoyait les catéchumènes et les pénitents, qui ne devaient pas assister au saint sacrifice. C'est l'étymologie qu'en donne saint Isidore de Séville, et après lui la plupart des auteurs qui ont écrit sur la liturgie. Saint Augustin indique clairement cette origine, lorsqu'il dit qu'on renvoie les catéchumènes, *fit missa catechumenis*, et que les fidèles doivent demeurer (*serm.* 40). De là vint que les prières qui précédaient l'offrande étaient nommées la messe des catéchumènes, comme on le voit dès le ive siècle dans un canon du concile de Valence, parce que l'usage étendit l'acception de ce mot à ce qui précédait le renvoi; le reste était appelé la messe des fidèles. C'est ce qui fit naître, dès le ve siècle, l'usage d'employer au pluriel le le mot *missæ* ou *missarum solemnia*, pour exprimer la célébration des saints mystères. Enfin on étendit aussi quelquefois par analogie le mot *missa* à tous les offices du jour ou de la nuit. Saint Avit, archevêque de Vienne, en fait voir la raison; car il dit que dans les églises, dans les prétoires et dans les palais, lorsqu'on renvoie le peuple, on proclame que le renvoi a lieu, *missa fieri pronunciatur* (epist. 1). C'est une nouvelle preuve bien positive de l'étymologie donnée par saint Isidore.

La messe comprend d'abord une partie essentielle, qui en forme le fond et la substance, et qui est d'institution divine; ensuite une partie accessoire qui dépend de la première, à certains égards, mais qui n'a pas la même origine et les mêmes caractères. L'une est invariable et tient aux dogmes fondamentaux du christianisme,

l'autre tient seulement à la discipline et peut varier selon les temps et selon les lieux. La messe, considérée dans son essence et d'après l'institution divine, est le sacrifice de la loi nouvelle par lequel l'Eglise offre à Dieu le corps et le sang de J.-C. sous les espèces du pain et du vin, par le ministère des prêtres. J.-C. a institué cet auguste sacrifice lorsqu'après avoir donné à ses apôtres son corps et son sang sous les espèces du pain et du vin, il leur dit : « Faites ceci en mémoire de moi. » Il a ainsi déterminé la partie essentielle de la messe; il en a établi les cérémonies nécessaires et fixé la matière et la forme du sacrifice, en prescrivant de faire ce qu'il avait fait lui-même. La messe, par son caractère essentiel, suppose donc la présence réelle et la transsubstantiation, c'est-à-dire le changement du pain et du vin au corps et au sang de J.-C. C'est là ce qui lui donne le caractère d'un véritable sacrifice, et ce qui en détermine la nature et les effets. Aussi les protestants, dont les uns rejettent la présence réelle et les autres la transsubstantiation, s'accordent tous à rejeter le sacrifice de la messe et à ne voir dans la célébration de l'eucharistie qu'une cérémonie instituée seulement pour être un signe d'union entre les chrétiens. Ils prétendent qu'on ne peut lui attribuer le caractère et les effets d'un véritable sacrifice, sans déroger à la valeur et au mérite du sacrifice de la croix; que le prix de ce sacrifice étant infini, il est par là même d'une valeur surabondante pour satisfaire à Dieu, ou nous mériter toutes les grâces nécessaires, et que par conséquent tout autre sacrifice devient inutile et sans objet; qu'on ne peut donc offrir la messe ni pour l'expiation des péchés, ni pour les besoins des vivants ou des morts, ni en l'honneur des saints; enfin que dans la loi nouvelle, il n'y a point pour les chrétiens d'autre sacrifice agréable à Dieu que les prières, les louanges et les actions de grâces.

Le concile de Trente a condamné ces erreurs et en a fait voir en même temps l'opposition manifeste à l'Écriture-Sainte et avec la tradition (Sess. 22). L'Écriture-Sainte, en effet, nous montre J.-C. comme un pontife, selon l'ordre de Melchisedech, et dont le sacerdoce, établi pour l'éternité, doit par conséquent s'exercer perpétuellement dans l'Église, par un sacrifice qui rappelle celui de Melchisedech. J.-C. a offert ce sacrifice dans l'institution de l'eucharistie, symbole et figure de sa mort, et il continue de l'offrir par le ministère des prêtres à qui il a donné l'ordre et le pouvoir de l'offrir en son nom. C'est saint Paul lui-même qui applique à J.-C. les paroles de David sur un sacerdoce éternel, selon l'ordre de Melchisedech,

(*Hœbr.* 3), et c'est pour cela que tous les pères ont vu dans le sacrifice offert par ce dernier, la figure du sacrifice éucharistique. Le prophète Malachie annonce qu'un sacrifice nouveau doit être substitué aux sacrifices des juifs, et qu'on doit offrir à Dieu partout une victime sans tache (cap. 1). Ces paroles ne souffrent pas de doute. Elles ne peuvent s'entendre du sacrifice de la croix, qui ne s'est pas offert en tout lieu, ni des prières et des louanges, qui ne sont pas un sacrifice proprement dit, ni surtout un sacrifice nouveau substitué à ceux des juifs, puisque l'usage des prières et des louanges a été prescrit de tout temps dans la religion. Aussi tous les pères, dès l'origine du christianisme, ont-ils entendu cette prophétie du sacrifice de la messe. Saint Paul, en plusieurs endroits, s'exprime clairement sur la réalité de ce sacrifice. Il compare la communion des fidèles à la manducation des victimes immolées par les juifs ou par les païens ; et après avoir dit que c'est aux démons que les païens immolent leurs victimes, il ajoute que les fidèles ne peuvent participer tout à la fois à la table du Seigneur et à la table des démons (1 *Corinth.*, cap. 10). N'est-ce pas marquer bien clairement que par la communion les chrétiens participent à un véritable sacrifice. Il dit ailleurs : « Nous avons un autel auquel n'ont pas le droit de participer ceux qui servent au tabernacle (*Hœbr.*, cap. 13), c'est-à-dire les prêtres et les lévites qui demeurent attachés à l'ancienne loi. Or, il n'y a point d'autel où il n'y a point de sacrifices. Quant aux preuves de la tradition sur ce point fondamental, elles sont si nombreuses et si incontestables que les protestants eux-mêmes sont obligés de les reconnaître et d'avouer à cet égard la perpétuité de l'enseignement catholique. Luther, dans son livre contre Henri VIII et dans son *Traité de la messe privée*, reconnaît que son opinion est contraire aux sentiments des anciens pères. Calvin fait le même aveu (*Inst.*, lib. 4, cap. 18); Grabe, dans ses notes sur saint Irénée (lib. 4, cap. 17), non seulement convient que tous les pères, dès les premiers siècles, ont regardé l'eucharistie comme le sacrifice de la loi nouvelle, mais il cite les témoignages formels de saint Clément, pape, de saint Ignace, de saint Justin, de Tertullien, de saint Cyprien et l'accord unanime de toutes les anciennes liturgies. En effet, tous les pères comme toutes les liturgies, en parlant de la célébration de l'eucharistie, emploient les mots de sacrifice, d'immolation, d'oblation, de victime et d'hostie. Tous enseignent formellement que l'Église renouvelle le sacrifice offert par J.-C. lui-même, et qu'elle en célèbre la mémoire par l'oblation et la participation du corps

et du sang de J.-C. (Iren., lib. 4, cap. 32; Cypr., *Epist.* 63, *ad concil.*; Aug., *Contr. Faust.*, lib. 20, cap. 18 et 21). Toutes les liturgies contiennent une offrande du pain et du vin, une invocation au Saint-Esprit pour demander à Dieu que ces dons soient changés et deviennent le corps et le sang de J.-C., enfin une formule de consécration qui exprime ce changement.

C'est en vain qu'on objecte contre cette doctrine la valeur et le mérite infini du sacrifice de la croix. Une pareille objection n'offre pas la moindre difficulté. Le sacrifice de la messe ne diffère pas en réalité du sacrifice de la croix. C'est toujours J.-C. qui s'offre lui-même à Dieu son père par le ministère des prêtres ; c'est lui qui est en même temps la victime et le pontife principal ; c'est en ce sens que son sacerdoce est éternel, et qu'il est toujours vivant, selon les expressions de saint Paul, pour intercéder pour nous. On ne saurait donc prétendre que le sacrifice eucharistique déroge à la dignité et au mérite du sacrifice de la croix, puisqu'il n'a d'autre objet que de le perpétuer, d'en rappeler le souvenir et d'en appliquer la vertu; il n'y déroge pas plus que les sacrements, les prières et toutes les bonnes œuvres. Bossuet explique admirablement la nature et les effets de ce sacrifice. Dans la consécration, dit-il, le corps et le sang sont mystiquement séparés, parce que J.-C. a dit séparément, ceci est mon corps, ceci est mon sang. Ce qui enferme une vive et efficace représentation de la mort violente qu'il a soufferte. Ainsi le fils de Dieu est mis sur la sainte table en vertu de ces paroles, revêtu des signes qui représentent sa mort. C'est ce qu'opère la consécration, et cette action religieuse porte avec soi la reconnaissance de la souveraineté de Dieu, en tant que J.-C. présent y renouvelle et perpétue en quelque sorte la mémoire de son obéissance jusqu'à la mort de la croix ; si bien que rien ne lui manque pour être un véritable sacrifice... Tous les chrétiens confesseront que la seule présence de J.-C. est une manière d'intercession très puissante devant Dieu pour tout le genre humain, selon ce que dit l'apôtre, que J.-C. se présente et paraît pour nous devant la face de Dieu (*Hœbr.*, cap. 9). Ainsi nous croyons que J.-C. présent sur la sainte table en cette figure de mort, intercède pour nous et présente continuellement à son père la mort qu'il a soufferte pour son Église. Tel est le sacrifice des chrétiens, infiniment différent de celui qui se pratiquait dans la loi ; sacrifice spirituel et digne de la nouvelle alliance, où la victime présente n'est aperçue que par la foi ; où le glaive est la parole qui sépare mystiquement le corps et le sang ; où ce sang par conséquent n'est répandu qu'en mystère et où la mort n'intervient que par représentation; sacrifice néanmoins très véritable, en ce que J.-C. y est véritablement contenu et présenté à Dieu sous cette figure de mort; mais sacrifice de commémoration qui, bien loin de nous détacher, comme on nous l'objecte, du sacrifice de la croix, nous y attache par toutes ses circonstances, puisque non seulement il s'y rapporte tout entier, mais qu'en effet il n'est et ne subsiste que par ce rapport et qu'il en tire toute sa vertu (*Exposit. de la foi cath.*).

Dès qu'il est prouvé que la messe est un véritable sacrifice où l'on offre à Dieu le corps et le sang de J.-C. réellement présent sous les espèces du pain et du vin, il est facile de comprendre les caractères et les effets que l'Église lui attribue. Ils sont une suite nécessaire de la doctrine qu'on vient d'exposer. On conçoit d'abord que la messe est un sacrifice de propitiation, qui a pour effet d'attirer la miséricorde divine et d'expier les péchés; car J.-C. présent sur l'autel, dans cet état de victime, intercède et demande grâce pour les pécheurs, comme il l'a fait sur la croix; il s'offre à Dieu dans cet état mystique pour rappeler le souvenir de sa mort et nous en appliquer les mérites; cette oblation qui est une suite du sacrifice de la croix et qui le renouvelle en quelque sorte, a nécessairement la même vertu, puisque c'est toujours la même victime, qui offre les mérites de sa mort pour les mêmes fins; il est donc évident qu'elle doit apaiser la justice divine, et détourner les châtiments mérités par les crimes des hommes. Il est évident, par les mêmes raisons, que le sacrifice de la messe est aussi un moyen d'obtenir les grâces dont nous avons besoin; car rien n'est plus propre à nous rendre Dieu favorable, que cette oblation par laquelle se perpétue dans l'Église la représentation et la mémoire de la mort de Jésus-Christ dont les mérites sont la source de toutes les grâces. Enfin la messe est également un sacrifice d'adoration et d'action de grâces; car nous ne pouvons mieux adorer Dieu, ni mieux lui témoigner notre reconnaissance, qu'en lui offrant son fils unique, qui s'est donné à nous et qui s'est livré lui-même pour victime de notre rédemption. Toutes ces fins de la messe sont exprimées dans les prières et les cérémonies de toutes les liturgies. Elles contiennent toutes des témoignages d'adoration et des demandes pour tous les besoins de l'Église. On voit dans toutes particulièrement des prières contenant une offrande pour les morts, et l'on sait d'ailleurs par une foule de témoignages positifs, que cet usage, attaqué avec tant de violence par les protestants, est aussi ancien

que le christianisme. Tertullien nous apprend qu'on offrait chaque année le saint sacrifice pour l'anniversaire des défunts, et il compte cette pieuse coutume au nombre des traditions perpétuées par l'enseignement et confirmées par la pratique générale de l'Église. Il ajoute ailleurs qu'une femme chrétienne ne manque pas à ce devoir de charité envers son mari défunt (*De Coron.* cap. 3 et 4, *de Monog.* cap. 10; *de exh. Castel.*, cap 11.) Saint Cyrille, en exposant les cérémonies de la messe, dit expressément qu'on prie pour tous les fidèles défunts, parce que l'Église regarde le saint sacrifice comme le moyen le plus efficace de les soulager (*Catéch. myst.*, 5). Les témoignages de saint Ambroise, de saint Augustin et des autres pères du ive siècle, sont trop connus pour qu'on ait besoin de les citer. On trouve également dans toutes les liturgies, des prières en l'honneur des bienheureux, et saint Cyrille dit en propres termes, qu'au saint sacrifice on fait mémoire des patriarches, des prophètes, des apôtres et des martyrs, pour obtenir par leur intercession que Dieu exauce nos prières (*Catéch.*, 5). Rien de mieux constaté que l'usage où l'on était, dès les premiers siècles, de se réunir tous les ans sur les tombeaux des martyrs pour y célébrer leur fête par l'oblation du saint sacrifice, et de là vint qu'après la fin des persécutions, on eut soin de choisir partout, pour y bâtir des églises, les lieux consacrés par la sépulture des martyrs. On prétend que les messes en l'honneur des saints dérogent à l'honneur suprême qui est dû à la majesté divine. Cette objection serait fondée si le sacrifice était offert aux saints; mais quand l'Église célèbre la messe en leur honneur, elle n'a d'autre intention que de remercier Dieu des grâces dont il les a comblés, surtout du bonheur éternel dont il les a mis en possession, et d'obtenir leur intercession auprès de lui. Comment des messes et des prières dont le seul objet est de reconnaître Dieu comme la source de tous les biens, pourraient-elles faire injure à sa majesté suprême. Jamais l'Église n'a offert le sacrifice qu'à Dieu seul; c'est à lui seul qu'elle rapporte la gloire de tout ce qu'elle demande et de tout ce qu'elle obtient, et elle ne demande rien sans ajouter : par Jésus-Christ notre Seigneur.

On a aussi fait des objections contre les messes *privées*, c'est-à-dire les messes où le prêtre communie seul, et célèbre sans solennité et sans autre assistant que celui qui répond. Les protestants soutiennent que c'est une invention moderne, imaginée par les moines. Mais on voit dès le ive siècle saint Ambroise célébrer la messe à Rome dans une maison particulière, et saint Grégoire de Nazianze, le père, la célébrer dans sa chambre (Paul, *vit. Ambr.*, cap. 10, et Grég. Naz., orat. 19). Saint Augustin nous apprend que les prêtres d'Hippone allaient dire quelquefois la messe dans des maisons particulières, et Théodoret rapporte également qu'on la célébrait dans la cellule des moines (Aug. *de Civ.*, lib. 22, cap. 8. Theod., *Hist. rel.*, cap. 20). Saint Chrysostome exhortait les chrétiens riches à bâtir des oratoires dans leurs terres ou leurs châteaux pour y faire célébrer la messe le dimanche par un prêtre (Homil. 18, in act.). Le concile d'Agde, en 506, permettait de dire la messe dans les lieux de la campagne éloignés de la paroisse ; celui de Vaison, en 529, ordonne de dire aux messes de morts, le *Sanctus* comme aux messes publiques. Voilà bien évidemment l'usage des messes privées ou particulières, établi dès les premiers siècles. Il est vrai que ordinairement les jours de fêtes et de stations, c'est-à-dire quand les fidèles devaient assister à l'office, il n'y avait point d'autre messe que la messe solennelle célébrée par l'évêque ou par un prêtre ; on comprend sans peine les motifs de cet usage ; ce sont les mêmes qui ont fait maintenir plus tard l'obligation d'assister à la messe de paroisse. Mais on ne saurait conclure de là que les messes particulières ou privées n'étaient pas en usage. Saint Cyprien dit positivement qu'il célébrait la messe tous les jours, et saint Augustin témoigne que cette coutume existait en plusieurs endroits ; il dit ailleurs que sa mère sainte Monique assistait tous les jours au saint sacrifice (Cypr., *epist.* 104 ; August., *epist.* 118 ; *confess.* lib. 9, cap. 1). Saint Ambroise nous apprend de son côté qu'il célébrait aussi la messe tous les jours (lib. *epist.* 14). Enfin on voit dans le premier concile de Tolède, qu'à la fin du ive siècle, le même usage existait en Espagne, puisqu'il ordonne aux clercs d'assister tous les jours à la messe célébrée par les prêtres de la campagne. Tout cela prouve clairement qu'on célébrait dès les premiers siècles d'autres messes que celles des jours consacrés aux assemblées des fidèles. C'étaient bien évidemment des messes particulières, sans solennité, et qui n'étaient pas dites en vue des assistants ; puisque les fidèles n'étaient pas obligés d'y assister. Il serait à souhaiter sans doute, comme l'observe le concile de Trente, que tous les fidèles qui assistent au saint sacrifice de la messe, eussent toujours la conscience assez pure pour y communier ; mais parce que la piété et la ferveur des chrétiens sont refroidies, il ne s'ensuit pas que les prêtres doivent s'abstenir de célébrer. Le sacrifice de la messe est institué non seulement pour la communion des fidèles, mais pour rendre à Dieu le culte suprême, pour le remercier de ses bienfaits, pour en obtenir de nouveaux, et lorsque les fidèles négligent d'y assister ou d'y prendre part, il n'est pas moins nécessaire de l'offrir pour eux.

Il y avait quelque diversité dans les usages des différentes Églises sur la célébration plus ou moins fréquente des messes publiques ou solennelles. On voit dans la lettre de Pline à Trajan au sujet des chrétiens, et dans la grande apologie de saint Justin, que dans le second siècle la célébration solennelle des saints mystères n'avait guère lieu que le dimanche. Plus tard, au moins en beaucoup d'endroits on y ajoutait le mercredi et le vendredi. Saint Épiphane dans son exposition de la foi, témoigne que de son temps c'était l'usage le plus ordinaire. Mais, pendant le carême, les Églises de l'Orient ne célébraient la messe que le dimanche et le samedi. Cet usage qu'on trouve déjà prescrit vers la fin du ive siècle, dans le concile de Laodicée, fut confirmé par le concile Quini-Sexte, et il s'est perpétué dans l'Église grecque. Les autres jours de la semaine on dit seulement un office qui est appelé la messe des *présanctifiés*, parce qu'on n'y communie, comme on le fait dans l'Église latine, le vendredi saint, qu'avec l'Eucharistie consacrée à la messe du dimanche. On ne célébrait ordinairement dans les premiers siècles qu'une messe par jour dans la même église ; mais les jours de fêtes on pouvait en célébrer plusieurs de suite, tant qu'il venait des fidèles pour y assister. C'était l'évêque ou le même prêtre qui les disait toutes, et les autres prêtres s'unissaient au célébrant pour offrir et célébrer la messe conjointement avec lui, comme cela se fait à la messe célébrée par l'évêque à la cérémonie de l'ordination.

Les protestants et quelques critiques téméraires ont condamné l'usage de réciter le canon de la messe à voix basse et de manière que les assistants ne peuvent l'entendre. Mais le P. Lebrun, dans une dissertation sur cette matière, a fait voir que cet usage n'est pas particulier à l'Eglise romaine, qu'il a lieu chez les sectes orientales, séparées depuis treize cents ans, et que c'est l'ancienne pratique de l'Eglise universelle. En effet, les anciens pères s'accordent à désigner cette partie de la messe, comme une prière secrète, et saint Grégoire la nomma le secret du sacrifice (Grég., Dial. 4, cap. 4 ; Basil. *de Spir. S .* cap. 7 ; Aug. *de Trin.*, lib. 3, cap. 4). On doit en dire autant de la prière faite par le prêtre pour l'oblation, et qu'on voit positivement désignée par le nom de *secrète* dans le sacramentaire du pape Gelase, et dans les auteurs qui ont écrit sur les offices ecclésiastiques. Origène, en plusieurs endroits, parle du secret des mystères comme réservé aux prêtres seuls (*Homil.* 4, *in Numer.*; *hom.* 13 *in Levit.*), d'où il suit bien clairement qu'on récitait certaines prières, et surtout les formules des sacrements et de la consécration, de manière à n'être pas entendu des fidèles. Saint Chrysostôme nous apprend qu'on tirait des rideaux pour fermer l'autel ou le sanctuaire aux yeux des fidèles pendant la consécration, et le même usage s'est conservé dans la plupart des églises orientales. On ferme le sanctuaire avant la préface, et on ne l'ouvre qu'au moment de la communion des fidèles. Justinien voulut réformer cette discipline, et obliger de réciter les prières de la messe à haute voix; mais cette ordonnance ne fut pas suivie, même en Orient; et l'on continua de réciter en secret une partie des prières de la messe, comme on le voit par un écrit de Germain, patriarche de Constantinople (*Théor. myst.*), et par les rubriques des liturgies orientales. De là vient qu'on avait soin de tenir les liturgies sous clef, et de n'en donner communication qu'aux prêtres. L'auteur des constitutions apostoliques recommande expressément de ne point les divulguer à cause des mystères qu'elles contiennent, et l'on voit dans les réponses du pape Nicolas 1er aux Bulgares, que cette discipline existait encore au IXe siècle. C'est ainsi que l'Église, afin d'inspirer un plus profond respect pour les saints mystères, jugea convenable de les couvrir sous le voile du secret ou du silence, et l'on peut juger par là combien sont opposés à l'esprit des premiers siècles, les usages et les opinions des novateurs sur la célébration de la liturgie en langue vulgaire.

Du reste, comme la liturgie comprend aussi un grand nombre de prières récitées à haute voix, et pour être entendues des fidèles, l'Église n'a jamais prétendu qu'il fallût célébrer la liturgie dans une langue inconnue au peuple; mais elle a seulement enseigné qu'il n'est pas nécessaire de la célébrer en langue vulgaire, et de même qu'elle n'a donné, en thèse générale, l'exclusion à aucune langue, elle n'a pas voulu non plus, dans sa discipline, s'assujetir à toutes les variations du langage. Ainsi, dès les premiers siècles, on a célébré la messe en grec, en latin, en syriaque, en arménien, en copte, en égyptien, et les liturgies furent écrites au IVe ou Ve siècle en toutes ces langues. Plus tard, la liturgie fut aussi écrite en langue slavonne. Mais quand ces langues ont changé ou cessé d'être vulgaires, l'Église n'a pas jugé à propos de suivre tous ces changements; elle n'a point permis de retoucher sa liturgie, dont la langue est restée fixe et invariable. Cette règle a été suivie

partout, même dans les anciennes Églises, séparées de l'Église romaine; elles ont conservé pour la liturgie le grec, le syriaque, le copte, l'arménien, le sclavon, quoique ces langues ne soient pas plus comprises du peuple que ne l'est parmi nous le latin. On peut consulter à ce sujet une dissertation du P. Lebrun, à la suite de son *Explication des cérémonies de la messe.*

On trouve dans les liturgies des différences plus ou moins grandes, selon les temps et selon les lieux, dans les parties accessoires du saint sacrifice; mais le fond, qui est d'institution divine, et même les parties principales, qui sont purement de discipline, ont été constamment et partout les mêmes. Les formules de prières ont varié; mais toujours elles ont eu le même objet et présenté au fond le même sens. Toutes les liturgies contiennent les mêmes parties et les mêmes cérémonies fondamentales; la lecture des livres de l'ancien et du nouveau Testament; l'offrande des fidèles, l'oblation du pain et du calice faite par le prêtre, la préface, le *sanctus*, la prière pour les vivants et pour les morts, la consécration faite par les paroles de J.-C.; l'invocation sur les dons sacrés, l'adoration et la fraction de l'hostie, le baiser de paix, l'oraison dominicale, la communion et l'action de grâces. On voit par les détails qui se trouvent dans les écrits des plus anciens Pères, que toutes ces parties et ces prières ont fait constamment le fond de la liturgie, et que dès la naissance du christianisme, elles se sont perpétuées par la tradition dans toutes les Églises. On peut donc les regarder comme étant d'institution apostolique, et comme l'expression et la preuve éclatante de la foi perpétuelle du christianisme sur la présence réelle et sur d'autres points importants de la doctrine catholique.   RECEVEUR.

MESSE (*mus.*) Les augustes mystères que représente la messe, les paroles dont l'Église a composé cette cérémonie forment un admirable texte de composition musicale. L'invocation du début peut être tour à tour grave et suppliante, pleine d'amour, d'angoisse et d'espérance. Le *Gloria in excelsis*, qui commence par un chant d'allégresse et d'adoration, se termine par une humble et tendre prière. Le *Credo* est à lui seul un poème magnifique. Après le grandiose du début, il fait passer l'auditeur de l'admiration et de l'étonnement au pathétique le plus profond; puis, le relevant tout à coup, il lui montre en passant les agitations de la vie militante, et s'achève en déroulant devant lui les perspectives immenses de la résurrection des morts, la pompe du jugement final et l'éternité des siècles survivant à la destruction de notre monde. Le *Sanctus*, l'*O salutaris*, l'*Agnus Dei*, offrent de-

tableaux non moins saisissants, et tout aussi variés, enfin l'invocation finale en faveur de la patrie termine dignement ce sublime poème du catholicisme. Les compositeurs qui ont entrepris de le traduire en langue musicale forment deux catégories bien distinctes. Les uns se sont préoccupés uniquement de la pensée religieuse; ils ont fait de la musique pieuse et recueillie; une tonalité vague, beaucoup d'accords consonnants, une mélodie qui se rapproche du plain-chant, et ne recevant guère d'accompagnements que ceux de l'orgue et de la basse, tel est le système de Palestrina et de ses contemporains. Tel est aussi, avec une plus grande perfection des moyens d'exécution, le système des maîtres napolitains du xviiie siècle, Pergolese, Leo, Durante, Jomelli. Mozart, au contraire, et les compositeurs qui ont écrit des messes en musique après lui, ont transporté la forme dramatique dans la musique religieuse; ils ont voulu peindre tous les faits, tous les sentiments exprimés par les paroles; ils ont été amenés ainsi à couper chacun des chants de l'Église en diverses parties. Le *Credo* par exemple a eu son introduction, son *Incarnatus*, son *Crucifixus*, son *Resurrexit*, son *Qui venturus est*, et chacun de ces morceaux a reçu des développements proportionnés à l'importance du mystère qu'il rappelle. Ainsi des autres parties de l'office, de sorte que l'exécution d'une messe solennelle ne dure pas moins de deux ou trois heures. Beethoven, en Allemagne; en France, Gossec, Lesueur, et surtout Cherubini sont les compositeurs les plus distingués de l'école moderne. Parmi les messes les plus remarquables nous citerons le *Requiem* de Mozart, la messe en *ut* de Beethoven, la messe de Noël de Lesueur, la messe en *fa* à trois voix de Chérubini, sa messe de *Requiem*, etc. L'Église possède aussi quelques messes en plainchant à une ou plusieurs voix d'une renommée séculaire. Nous n'en indiquerons qu'une, la messe de Dumont, musicien de la chapelle de Louis XIII, mise depuis en quatre parties, et qui se chante encore dans la plupart des églises.

MESSÈNE : ville qui fut, après l'antique Andanie, la capitale de la Messénie. Elle avait pour citadelle Ithôme, bâtie sur la montagne du même nom; et s'élevait, selon Pausanias, à gauche et à 40 stades de la source du fleuve Pamisos. Elle s'étendait jusque sous le mont Evan. On voyait dans son agora une belle statue de Jupiter sauveur, la fontaine d'Arsinoé, et une statue magnifique de la mère des Dieux, œuvre du célèbre Damophon, le restaurateur du Jupiter olympien de Phidias. Messène possédait en outre, un temple de Junon Ilithie, un temple d'Esculape rempli de statues de marbres faites par Damophon, et parmi lesquelles figurait celle d'Epaminondas qui était en fer et d'ailleurs peu remarquable. Un de ses temples renfermait les images de tous les dieux adorés dans la Grèce, et celle du fils de Polymnis, fondateur de la ville. Les étrangers visitaient dans le Gymnase le tombeau d'Aristomène, et sur la pente du mont Ithôme la fameuse fontaine Clepsydre, où les nymphes avaient baigné Jupiter dérobé à la voracité de Chronos, et dont les eaux étaient seules employées dans le temple de Jupiter Ithômate, bâti sur l'emplacement consacré par Polychaon, et placé au milieu de la citadelle, grand édifice quadrangulaire et de construction cyclopéenne qui couvrait tout le sommet de l'Ithôme. Messène, détruite par les Lacédémoniens, fut rebâtie par Epaminondas (*voy.* l'art. suivant), et les fortifications dont il l'avait entourée faisaient l'admiration de Pausanias, qui les comparait à celles de Byzance et de Rhodes. Il en restait encore 88 tours en 1730. Cette ville aujourd'hui n'est plus qu'un pauvre village appelé Mavro-Mathi.

MESSÉNIE : contrée de l'ancienne Grèce, qui comprenait la partie S.-O. du Péloponèse, sur une longueur de 17 lieues, depuis les frontières de l'Élide jusqu'à l'extrémité de la Péninsule. Elle avait pour bornes au N. l'Élide et l'Arcadie, à l'E. la Laconie, au S. et à l'O. la mer. Ses principales villes étaient : Messène, Coron et Pylos. Elle reçut son nom de Messine, fille de Triopas, roi d'Argos, et femme de Polychaon. Ce dernier ayant été forcé de céder la Laconie à son père Mylès, vint s'établir dans la Messénie par les conseils de sa femme, et y introduisit le culte de Cérès et de Proserpine. On fait remonter cet événement au commencement du xviiie siècle avant J.-C. Andanie, ville située au N. de l'Ithôme, fut la première capitale de la Messénie. Après l'extinction de la race de Polychaon, le royaume fut gouverné par Périétès, fils d'Eolus, qui eut pour successeur Apharéus. Nestor et Ménélas se partagèrent ensuite la Messénie, et les descendants du premier la possédèrent tout entière jusqu'au retour des Héraclides. Elle échut alors à Cresphonte, l'un de ces princes. Ces documents touchent de près à la fable, et il serait difficile d'en dégager la vérité. La Messénie paraît avoir joui ensuite d'un long repos. Mais nous entrons enfin dans le domaine de l'histoire positive, et les trois guerres de Messénie vont dérouler devant nous un des plus sanglants épisodes de l'histoire de la Grèce. Vers l'an 743 avant J.-C., le fils d'un Messénien fut assassiné par un Spartiate. Polycharis, père de la victime, se plaignit aux magistrats de Lacédémone, qui reçurent avec mépris sa réclamation. Les Lacédémoniens se prétendirent eux-mêmes insultés, et envahirent la Messénie sous la conduite d'Alcamène. Ils s'emparèrent d'abord, à la faveur de la nuit, de la ville frontière d'Amphée, dont ils massacrèrent les habitants. Euphaès, roi de Messénie, courut aux armes; la guerre traîna en longueur, mais, au bout de quatre ans, une bataille sanglante s'engagea, et les Spartiates furent rejetés dans la Laconie. L'année suivante, ils franchissent de nouveau les frontières, commandés par leurs rois Théopompe et Polydore. Les deux armées en vinrent aux mains avec un succès à peu près égal. Mais la désertion et l'épidémie affaiblirent bientôt les forces des Messéniens. Ils se retirèrent sur le mont Ithôme, et firent consulter l'oracle de Delphes qui promit la victoire si on immolait une jeune fille de sang royal. Aristodème sacrifie sa fille. Peu de temps après Euphaès est tué dans un combat, et Aristodème, nommé roi à sa place, écrase l'armée des Spartiates (725) avec le secours des Arcadiens et des Argiens. Les Spartiates essayèrent alors de séduire les alliés des Messéniens; ils n'y peuvent réussir; Aristodème déjoue toutes leurs intrigues. Vers la fin de son règne qui dura sept ans, il s'empare de Théopompe et l'offre en sacrifice à Jupiter. La longueur de la guerre avait affaibli pourtant les Messéniens et Aristodème, troublé par un songe, se perça de son épée. Les généraux qui lui succédèrent soutinrent avec courage les efforts des Spartiates. Pendant cinq mois ils se défendirent dans Ithôme, mais à bout de ressources ils se retirèrent à Sicyone, à Argos et en Arcadie. Ithôme fut rasée, et les Messéniens se virent assujettis aux conditions les plus dures et les plus humiliantes. — Malgré le serment qu'ils avaient prêté aux vainqueurs, ils se soulevèrent en 685 ou 684. Un membre de la famille royale, Aristomène, l'un des généraux les plus remarquable de la Grèce, comptant sur l'appui des Argiens et des Arcadiens, leve l'étendard de l'indépendance, bat l'ennemi à Derès, et remporte quelques autres avantages. Lacédémone tremble. Elle consulte l'oracle qui répond qu'elle ne triomphera qu'avec un Athénien. Elle demande un général à la capitale de l'Attique, qui, par dérision, lui envoie un poète, le boiteux Tyrtée. Trois fois le nouveau chef se fait battre par Aristomène. La défaite de Stényclaros, surtout, jeta le plus grand découragement parmi les Spartiates. Les magistrats voulaient déjà renoncer à la guerre; le décret était rendu; mais Tyrtée résiste, et l'armée électrisée par ses chants reste enfin maîtresse du champ de bataille de la Grande Fosse. Il est vrai que dès le commencement de l'action, les Arcadiens, corrompus par l'or lacédémonien, avaient tout à

coup abandonné les Messéniens. Aristomène était vaincu mais non découragé. Il se retira dans la forteresse d'Ira, et tint l'ennemi en échec pendant 11 ans. Ira succomba enfin. Avertis par un traître du moment le plus favorable à l'attaque, les Lacédémoniens l'assaillirent et l'emportèrent au bout de trois jours. Aristomène étant parvenu à s'échapper avec une partie de ses compagnons, les conduisit en Arcadie. Le peuple les reçut à bras ouverts; le roi Aristocrate qui, par sa défection, avait causé la perte de la bataille de la Grande Fosse, voulut encore le trahir, et fut massacré par les Arcadiens qui, dans leur indignation, abolirent la royauté parmi eux. Aristomène n'avait pas encore perdu l'espoir de rendre la liberté à sa patrie. Il se retira dans l'île de Rhodes, et mourut à Sardes au milieu des négociations qu'il avait entamées pour intéresser à sa cause les Lydiens et les Mèdes. Sparte ne se contenta pas de profiter de la victoire; elle en abusa, et tous les Messéniens qui n'avaient pas cherché leur salut dans la fuite, furent réduits (668) à la condition d'Hilotes (voy. ce mot et ESCLAVAGE). Une partie de ce peuple infortuné s'était réfugié, sous la conduite d'Aristomène, à Zancle en Sicile, qui prit depuis le nom de Messane (Messine). Deux siècles plus tard, les débris de cette énergique population se soulevèrent encore. Sparte venait d'être renversée par un tremblement de terre; les Hilotes crurent l'occasion favorable; ils voulurent s'emparer de Lacédémone, mais ils durent renoncer à leur projet en voyant les dispositions prises par le roi Archidamus. Ils parvinrent à se rendre maîtres de la forteresse d'Ithôme, d'où ils faisaient des incursions terribles dans la Laconie. Au bout de trois ans les Spartiates se décidèrent à implorer le secours d'Athènes pour faire le siége de la citadelle, car les Athéniens étaient le plus habile des peuples de la Grèce pour l'attaque des places. Athènes accorda le secours demandé; mais les auxiliaires favorisaient ceux qu'ils étaient appelés à combattre, et les Spartiates se décidèrent à continuer le siége par eux-mêmes. Les opérations durèrent près de 10 ans. Les Messéniens capitulèrent enfin; mais les Lacédémoniens avaient éprouvé tant de revers, et se trouvaient tellement affaiblis qu'ils leur permirent de quitter le Péloponèse avec leurs femmes, leurs enfants et leurs bagages. Les Hilotes se retirèrent auprès des Athéniens qui les accueillirent noblement, et leur cédèrent la ville de Naupacte. Mais les Lacédémoniens, ayant vaincu plus tard les Athéniens dans un combat naval, chassèrent les Messéniens qui se dispersèrent en Italie, en Sicile et jusque dans la Cyrénaïque. Le grand Epaminondas, après avoir abaissé la puissance de Sparte, voulut lui attacher au flanc un ennemi qui l'empêchât de jamais réconquérir sa prédominance. Il fit rebâtir la forteresse du mont Ithôme et la ville de Messéne, et invita à revenir dans leur patrie, tous les Messéniens dispersés qui accoururent de toutes parts. Ce peuple joua ensuite un rôle important dans la ligue achéenne opposée à la ligue étolienne dont Lacédémone faisait partie. — La Messénie forme aujourd'hui un des vingt-quatre gouvernements de la Grèce. Elle a pour chef-lieu Kalamata.

MESSENIUS (JEAN), historiographe de Suède au XIIIᵉ siècle, nacquit à Valdestana en 1584. Il se livra d'abord exclusivement à l'étude des sciences historiques, professa le droit et la politique à l'université d'Upsal, et publia, entre autres, un excellent ouvrage, le *Théâtre de la noblesse de Suède*, en latin, 1616, in-fol., et la *Scandinavia illustrata*, 14 vol. in-fol. Il se fit plus tard pamphlétaire, et ses libelles le firent mettre en prison, où il mourut en 1636.

MESSIDOR (*chronol.*). Ce mot, formé du latin *messis*, moisson, désignait le dixième mois du calendrier républicain, commençant le 16 juin et finissant le 18 juillet. Dans les beaux-arts, messidor signifie une imitation lourde de l'antique, adoptée en architecture dans les derniers temps de la République française.

MESSIE, en hébreu MASCHIAH, signifie proprement *qui a reçu l'onction, oint;* en grec, *Christ.* Ce dernier mot, remarquons-le en passant, joint à celui de *Jésus,* c'est-à-dire, *Sauveur,* forme le nom du divin fondateur du christianisme. Nous examinerons ailleurs en quel sens il mérite cette qualification.

Tout le monde convient que le mot Messie se trouve appliqué, dans l'Ancien-Testament, tantôt aux patriarches et aux prophètes, tantôt aux rois et aux grands-prêtres. Mais doit-on en borner là la signification et l'emploi? C'est ce que prétendent les rationalistes et en particulier les exégètes modernes d'Allemagne. Pour nous catholiques, unis sur ce point aux petits-fils d'Israël qui sont restés fidèles aux croyances de leurs pères; unis de plus aux protestants qui n'ont pas abjuré tout principe de surnaturalisme, nous soutenons au contraire que les écrivains sacrés de la Bible l'ont aussi employé pour désigner le souverain libérateur promis à l'homme dès l'origine du monde, l'auteur d'une nouvelle loi et d'une nouvelle révélation plus claire et plus abondante, qui devait être publiée dans tout l'univers; le médiateur enfin d'une alliance qui embrasserait toutes les nations, et qui durerait jusqu'à la fin des siècles. Nous soutenons encore que quiconque parcourt, sans idées

préconçues, les pages de nos divines Écritures, y découvre de la manière la plus sensible et la plus frappante, que l'unique dessein de Dieu, lorsqu'il s'attacha spécialement le peuple juif, fut de conserver chez ce peuple la révélation du Messie faite à nos premiers parents après leur chute. On y voit avec la même évidence que la destinée des Juifs était d'annoncer ce Messie aux nations avant qu'il parût, de le leur montrer quand il paraîtrait, et de s'unir ensuite à elles pour ne former toutes ensemble qu'un seul peuple de Dieu et une même Église. Tout en effet leur parlait du Messie; leur culte le figurait; leurs prophètes le prédisaient; leurs saints et leurs héros le représentaient. Ainsi ils voyaient le Messie partout; ils avaient sans cesse entre les mains et sous les yeux, le signalement complet de ce libérateur promis à leur nation et à tous les hommes, afin que, quand il paraîtrait, ils pussent le reconnaître eux-mêmes et le montrer aux autres peuples.

Voilà, nous le répétons, ce que dit pour le chrétien et le véritable israélite, le mot Messie; voilà tout ce qu'il renferme. Nous espérons en fournir les preuves les plus convaincantes; mais pour être bien comprises et bien saisies, ces preuves ont besoin d'être précédées de quelques observations sur le langage prophétique de l'Écriture. Remarquons donc que parmi les prophéties, les unes sont claires, même avant l'événement qu'elles annoncent distinctement et avec ses principales circonstances, et les autres environnées d'une certaine obscurité jusqu'après leur accomplissement. Ces dernières ressemblent au signalement d'un homme; ceux qui ont ce signalement entre les mains ne peuvent connaître cet homme avant de l'avoir vu; mais dès que cet homme paraît, le signalement le fait connaître, et l'homme, à son tour, fait connaître, en se montrant, la vérité et l'exactitude du signalement. Ainsi mille hommes passent l'un après l'autre devant eux, et en voyant chacun de ces passants, ils disent : *ce n'est pas lui;* vient celui qui répond au signalement, et tous s'écrient sur-le-champ : *le voilà.* Telles sont les prophéties dont nous parlons; avant l'événement, on ne sait ce qu'elles signifient, ou du moins on ne le sait que confusément, ou n'en sait qu'autant qu'il en faut pour ne pas prendre le change; après le fait qu'elles annoncent, on sait, à n'en pouvoir pas douter, que c'est-là l'événement qui a été prédit. Remarquons encore que les oracles prophétiques qui concernent le Messie ne s'expriment pas tous de la même manière. Les uns parlent de lui en termes clairs et exprès; les autres le montrent sous le voile des emblèmes et des figures, et le caractérisent d'une manière énigmatique ; d'autres enfin offrent un sens qui convient en partie au Messie et en partie au héros qui le représente. De là trois règles de critique que le bon sens même suggère. La première, c'est qu'on doit prendre à la lettre toutes les prophéties qui parlent du Messie en termes clairs et exprès. La seconde veut que toutes les fois qu'une prédiction énigmatique prise à la lettre n'offre à l'esprit aucune signification raisonnable, ou n'en offre point du tout, mais qu'elle présente au contraire un sens beau et convenable quand on l'applique au Messie, c'est nécessairement du Messie que nous devons l'entendre ; autrement, il faudrait de toute nécessité taxer de folie et d'extravagance des écrivains qui, à part l'inspiration divine dont ils furent favorisés, commandent d'ailleurs le respect et l'admiration autant par les lumières de leur esprit que par la noblesse de leurs sentiments. La troisième règle, c'est que lorsque l'Écriture parle d'un de ces héros qui représentent le Messie d'une manière trop magnifique pour que ce qu'elle en dit puisse lui convenir, il faut attribuer au Messie ce qui ne convient pas à ce héros.

Montrons maintenant que Dieu a réellement promis à l'homme un Messie libérateur, dès l'origine du monde. Nous lisons en effet au ch. 3 de la Genèse, qu'à la persuasion du serpent, nos premiers parents ayant violé la défense que le Créateur leur avait faite de manger du fruit de l'arbre de la science du bien et du mal, Dieu prononça la peine due à leur prévarication ; mais qu'auparavant s'adressant au serpent, il lui dit : « *J'établirai une inimitié entre toi et la femme, entre ta postérité et la sienne ; elle* (c'est-à-dire, suivant la leçon la mieux autorisée par la critique, *sa postérité*) *te brisera la tête.* » Il est évident que le serpent, animal privé de raison, n'est ici que l'instrument du démon, qui en a pris la forme, et que par conséquent le vrai coupable étant le démon, c'est aussi le démon que Dieu maudit surtout par ces paroles : *sa postérité te brisera la tête.* Car vouloir avec les juifs modernes, prendre ce passage au pied de la lettre, et l'entendre uniquement de la haine des hommes contre les serpents, n'est-ce pas donner au texte sacré un sens ridicule, et faire intervenir un oracle divin pour un objet qui en paraît bien peu digne ? Aussi les paraphrases chaldaïques, interprètes fidèles des croyances juives, présentent-elles l'anathème lancé contre le serpent comme une sorte de consolation et de dédommagement que la bonté du Créateur avait ménagés à nos premiers parents ; de manière à ce que, dans la suite des siècles, un descendant d'Ève, *le roi Messie*, destiné à réparer

son péché, écraserait la tête de Satan, représenté par le serpent ; c'est-à-dire qu'il briserait son sceptre, anéantirait sa domination tyrannique, et en délivrerait le genre humain.

Après le déluge, ces hommes qui repeuplèrent la terre commencèrent bientôt à se pervertir comme ceux qui venaient d'être exterminés. Les mœurs se corrompirent, et la religion s'altéra insensiblement, à ce point que dès le temps d'Abraham la superstition et l'idolâtrie menaçaient d'effacer entièrement de la mémoire des hommes les premières traditions déjà obscurcies. Dieu, qui voulait prévenir ce malheur, fit alliance avec ce grand patriarche, et lui promit que *toutes les nations de la terre seraient bénies dans sa postérité* (*Gen.* xxii, 18). Dieu fit la même promesse à Isaac et à Jacob, et toujours dans les mêmes termes. Remarquons d'abord que le mot *postérité* (*semen*) est le même que celui qu'on lit dans la malédiction que Dieu prononça contre le serpent séducteur deux mille ans auparavant. Remarquons ensuite qu'on ne saurait entendre ce mot de tous les descendants d'Abraham ; car nous aurions le droit de demander quel genre de bénédictions les Juifs ont répandues par eux-mêmes sur les peuples du monde ? C'est donc d'un individu descendant de ce patriarche qu'il s'agit dans cet oracle, c'est-à-dire d'un envoyé de Dieu ; car il n'y a que Dieu ou un envoyé de Dieu qui puisse répandre des bénédictions, et les répandre sur tout le genre humain. De là le consentement des anciens juifs à ne voir dans cet oracle que le Messie lui-même ; consentement que supposent d'ailleurs évidemment saint Pierre et saint Paul en rappelant les termes de cette même prophétie, le premier dans un discours aux Juifs de Jérusalem, le second dans son Épître aux Galates (*Act.* iii, 25, *Gal.* iii, 16).

Jacob, petit-fils d'Abraham, sentant sa mort prochaine, assemble ses enfants autour de lui, et annonce à chacun les destinées de ses descendants. Quand il en vient à Juda, il lui prédit une grande prospérité, et il ajoute : « Le sceptre ne sera point ôté de « Juda, ni le prince de sa postérité, jusqu'à la « venue de celui qui doit être envoyé, et c'est « lui qui sera l'attente des nations (*Gen.*, xlix, « 10) ; » paroles qui désignent visiblement le Messie, et qui, de plus, marquent, quoique d'une manière générale, le temps auquel il paraîtra dans le monde. Il est vrai qu'aucune des anciennes versions n'a traduit le mot hébreu Scilio par *celui qui doit être envoyé*, comme l'a fait l'auteur de notre Vulgate, mais il est vrai aussi que toutes ces versions s'accordent à le rendre d'une manière qui ne peut convenir qu'au Messie, qui d'ailleurs se trouve expressément nommé dans les trois paragraphes chaldaïques; circonstance qui suffirait seule pour anéantir les fausses interprétations données à ce passage par les juifs modernes.

N'est-ce pas encore le Messie que Moïse annonce de la part de Dieu, aux Israélites, lorsqu'il leur dit : « Le Seigneur votre Dieu vous suscitera un prophète comme moi (c'est-à-dire législateur) de votre nation et d'entre vos frères; c'est lui que vous écouterez (*Deut.*, XVIII, 15). » Il est certain du moins que les Juifs contemporains de Jésus-Christ étaient dans cette croyance (Jean, I, 45) et que saint Pierre lui-même a ainsi expliqué cet oracle dans le premier discours qu'il fit dans le temple de Jérusalem (*Act.* III, 22).

Quatre siècles environ après Moïse, et à une époque où il n'y avait pas encore de rois en Israël, Anne, mère de Samuel, s'exprime ainsi dans un cantique d'action de grâces : « Le Seigneur jugera toute la terre; il donnera l'empire à celui qu'il a établi roi, et il relèvera la gloire et la puissance de son Christ (I, Rois, II, 10). » Si nous pouvions avoir quelque doute sur le vrai sens de ces paroles, tous les anciens rabbins en général, et le paraphraste Jonathan en particulier, le dissiperaient à l'instant, en nous disant que le Christ dont parle la prophétesse n'est autre que le Messie qui doit briser un jour la tête de Satan et répandre des bénédictions sur tous les peuples de la terre.

Il est facile de voir par ce que nous avons dit jusqu'ici qu'à mesure que le temps marqué dans les conseils de Dieu pour la venue du Messie approche, les prophéties sont plus claires et plus circonstanciées; plus le Rédempteur promis dès l'origine du monde s'avance vers son peuple, plus aussi ce peuple démêle ses traits qu'il n'avait vus d'abord que de loin et confusément. Mais cette vérité deviendra plus frappante encore par l'exposé suivant. En effet David, Isaïe, Jérémie, Ézéchiel, Daniel, qui, depuis la fondation de la monarchie des Juifs, se succédèrent jusque vers la fin de la captivité de Babylone, parlent si distinctement et dans un si grand détail de tout ce qui regarde le Messie, qu'on peut dire qu'ils ont écrit son histoire par anticipation. Depuis Daniel, jusqu'au dernier des prophètes, les lumières vont toujours croissant.

Nous avons déjà vu que le patriarche Jacob avait marqué d'une manière générale le temps auquel le Messie devait paraître dans le monde; mais Daniel, Aggée et Malachie fixent l'époque précise de sa venue. En effet, le premier de ces prophètes nous apprend que « depuis l'ordre qui sera donné pour rebâtir Jérusalem jusqu'au Christ chef, il y aura sept semaines et

soixante-deux semaines (d'années); qu'après soixante-deux semaines, le Christ sera mis à mort, et que le peuple qui doit le renoncer ne sera plus son peuple; qu'un peuple étranger, avec son chef, détruira la ville et le sanctuaire; qu'elle finira par une ruine totale; que le Christ confirmera son alliance avec plusieurs dans une semaine, et qu'à la moitié de la semaine les hosties et les sacrifices seront abolis (Dan. IX, 25 et suiv.). » Sans nous arrêter aux vaines difficultés qu'on a soulevées contre le sens si clair et si précis de cette prédiction, nous dirons seulement que les soixante-dix semaines d'années dont parle le prophète font 490 ans qui, comptés de l'ordre donné par Artaxerxe-Longue-main pour la reconstruction de Jérusalem, nous reportent vers l'époque où Tite, à la tête d'une armée romaine, réduisit en cendres Jérusalem, son temple, ses autels; et força ainsi les tristes restes du peuple juif à se disperser parmi les nations.

Après la captivité de Babylone, les Juifs ayant construit un nouveau temple sur les fondements de l'ancien qui avait été élevé par Salomon, et ruiné plus tard par Nabuchodonosor, la vue de ce second temple remplit de joie ceux qui n'avaient pas vu le premier, et fit pleurer de douleur tous les vieillards qui avaient pu en contempler la magnificence. Témoin de ce spectacle, le prophète Aggée, parlant au nom de Dieu, s'écrie : « Qui est celui d'entre vous qui a vu cette maison dans sa première gloire? Et en quel état la voyez-vous maintenant? Ne paraît-elle pas à vos yeux, comme n'étant point, au prix de ce qu'elle a été?.... Mais ne craignez point; voici ce que dit le Seigneur des armées : Encore un peu de temps, et j'ébranlerai le ciel et la terre, la mer et tout l'univers; j'ébranlerai les peuples, et le DÉSIRÉ DE TOUTES LES NATIONS viendra, et je remplirai de gloire cette maison, dit le Seigneur des armées. La gloire de cette dernière maison sera encore plus grande que la gloire de la première, dit le Seigneur des armées, et je donnerai la paix en ce lieu (Agg. II, 7, 8). » De quel personnage autre que le Messie est-il possible d'entendre un tel oracle? A qui peuvent convenir des expressions aussi pompeuses et aussi magnifiques? Ajoutons que si c'est en paraissant dans le second temple que le Désiré des nations devait rehausser son éclat et sa gloire (ce qui ressort clairement des paroles du prophète), il a dû venir dans le monde avant que ce temple fût détruit.

Dieu parlant par la bouche de Malachie, le dernier des prophètes, s'exprime ainsi : « Voici que j'envoie mon ange, et il préparera

« la voie devant moi ; et aussitôt le domina-
« teur des nations que vous cherchez et l'Ange
« du Testament que vous désirez viendra
« dans son temple. Le voilà qui vient, dit le
« Seigneur (Mal. III, 1). » Cet oracle de Malachie fut la dernière voix des prophètes, et
comme la dernière annonce du Messie. Dès ce
moment, toute la nation des Juifs resta dans
l'attente de l'avénement prochain de son Sauveur. On fut attentif à tous les changements
qui arrivèrent dans la constitution de l'État, et
qui devaient précéder cet événement si désiré. On
eut toujours les yeux tournés sur le lieu où le
Messie devait naître, et l'on confronta tous les
hommes extraordinaires qui parurent avec le
portrait que l'Écriture avait fait de lui ; car il
faut bien le remarquer, les prophètes n'ont pas
seulement déterminé l'époque de l'avénement
du grand libérateur, ils en ont tracé un portrait
si frappant qu'il était impossible de le méconnaître et de le confondre avec ses contemporains. Ainsi ils ont prédit qu'il naîtrait d'une
vierge, ou plutôt de la Vierge par excellence,
comme porte le texte original (Isaïe, VII, 14) ;
que ce serait à Bethléem-Ephrata, bourgade jusque-là obscure et inconnue (Mich. v, 2) ; qu'il
appartiendrait à la tribu de Juda, et serait de la
race de David (Isaïe II, 1 ; Jér. XXIII, 5) ; qu'il
serait Dieu, mais Dieu habitant avec les hommes, *Emmanuël* (Isaïe VII, 14 ; IX, 6). Les prophètes ont prédit encore que ce même libérateur
serait pauvre, qu'il annoncerait l'Évangile aux
pauvres ; mais qu'il verrait pourtant un jour les
rois et les grands de la terre venir se proster-
ner à ses pieds ; qu'il aurait même un précurseur qui ferait entendre sa voix dans le désert
(Isaïe, XL, 53 ; Zach., IX ; Mal., III, 1). Mais ce
n'est là qu'une faible partie des traits que les
prophètes ont tracés de la personne du Messie
rédempteur ; nous trouvons dans leurs écrits le
tableau le plus riche et le plus varié des dons admirables dont ils le voyaient comblé, des vertus
sublimes qu'il devait pratiquer, des hommages
et des triomphes qui lui étaient réservés ; mais en
même temps des humiliations, des persécutions
et des outrages qu'il aurait à éprouver, enfin du
genre du mort que ses ennemis lui préparaient.
C'est ainsi qu'ils le représentent signalant ses
pas par les miracles qu'il opère, par les bienfaits qu'il répand ; doué de l'esprit de sagesse
et d'intelligence, de l'esprit de conseil et de
force ; brillant de tout l'éclat de la justice, mais
en même temps plein de douceur et d'humilité ;
livré au mépris et aux contradictions, rejeté et
persécuté par son peuple ; trahi par un des
siens ; vendu trente pièces d'argent ; soufflété,
couvert de crachats, insulté par les branlements

de tête, signe de la dérision la plus amère ; mis
au rang des scélérats et condamné comme eux ;
dépouillé de ses vêtements que l'on partage et
que l'on jette au sort ; environné de bourreaux
qui lui percent les pieds et les mains ; abreuvé
de fiel et de vinaigre qu'on lui présente au milieu des tourments pour étancher sa soif ; mais
se livrant volontairement et se laissant conduire
à la mort comme une brebis sans défense, comme
l'agneau muet pendant qu'on lui enlève sa toison
(Isaïe VI, XI, XXXV, XL, XLII, L, LIII ; Dan. IX ; Zach.
IX, XI, XII ; *Ps.* XI, XXI). Ce n'est pas tout, les prophètes nous dépeignent encore le Messie comme
un roi glorieux, entrant dans Jérusalem au milieu des acclamations de son peuple, et monté
sur une ânesse accompagnée de son ânon ;
comme le prêtre éternel selon l'ordre de Melchisé-
dech, substituant aux anciens sacrifices un sacrifice nouveau plus pur, plus durable, et qui doit
être offert dans tous les lieux du monde (Zach. IX ;
Mal. I ; *Ps.* CIX). Ajoutons que, si le Messie devait subir la mort, il devait aussi en triompher
à son tour ; car, selon l'expression même de
David, *Dieu ne permettra pas que son saint éprouve
les atteintes de la corruption* (*Ps.* XV, 9) ; et son
âme descend dans les enfers, c'est pour en retirer
celles des patriarches et des justes qui attendaient sa venue, et les conduire avec lui dans
le ciel après sa résurrection (Isaïe XV, LXVII ;
Zach. IX). Enfin répandant son esprit sur toute
chair (Joël II), le Messie devait fonder une religion qui embrasserait tous les peuples du
monde ; car c'est le Seigneur même qui lui a
dit : « C'est peu que vous me serviez pour réparer les tribus de Jacob et convertir à moi les
restes d'Israël, je vous ai établi pour être la lumière des nations et le saint que j'envoie jusqu'aux extrémités de la terre (Isaïe, XLIX, 6). »
Tel est le langage des prophètes depuis Moïse
jusqu'à Malachie, le dernier de tous ; langage
non seulement incompréhensible, mais tout-à-
fait insensé, s'il ne désignait celui des descendants de la première femme qui devait briser
un jour la tête du serpent et bénir toutes les nations de la terre, le Messie, en un mot, tel que
l'ont toujours compris les juifs et les chrétiens.
Mais si c'est là le portrait que ces hommes inspirés ont reçu de Dieu la mission de nous transmettre, si c'est le signalement qu'ils ont donné
de ce Sauveur promis, nous ne saurions ne pas
reconnaître pour le vrai Messie le personnage
qui réunirait tous les traits de ce portrait, toutes
les marques indiquées dans ce signalement.
Les ennemis de la révélation se sont inscrits
en faux contre l'autorité des prophéties que nous
venons de rapporter, et qu'ils prétendent avoir
été fabriquées après coup. Mais cette prétention

n'a pas même en sa faveur le mérite de la vraisemblance. Car ce n'est pas un simple particulier, mais une nation tout entière qui nous présente ces prophéties, et qui nous les présente comme les ayant reçues des mains mêmes de leurs auteurs, et non comme les ayant trouvées chez elles longtemps après leur mort. Aussi voyons-nous cette nation les conserver soigneusement comme le dépôt le plus sacré, et se les transmettre successivement d'une génération à l'autre comme l'héritage le plus précieux qu'elles pouvaient recevoir de leurs pères. D'ailleurs qui ne sait que deux cent cinquante ans avant notre ère une partie de ces divins oracles, ceux que renferment les livres de Moïse, se lisait dans la traduction grecque des Septante, faite par l'ordre de Ptolémée-Philadelphe, et répandue bientôt après dans tout l'empire romain? Ajoutons que, si on examine sans prévention les écrits des prophètes, au point de vue des temps, des lieux, des faits, des mœurs et du langage, on y reconnaîtra facilement tous les caractères d'authenticité et de vérité que la critique la plus sévère a le droit d'exiger.

Mais si l'autorité de ces oracles ne peut être mise en doute, le Messie est venu depuis plusieurs siècles; car c'est ce qu'ils prouvent de la manière la plus évidente. Il suffit d'en rappeler quelques uns seulement. Jacob annonce que le Messie viendra quand la tribu de Juda aura perdu la souveraineté. Or, la tribu de Juda cessa de se gouverner souverainement, lorsque Hérode, prince iduméen fut établi roi de Judée par les Romains, il y a près de dix-neuf cents ans. Daniel nous apprend que le Messie sera mis à mort dans soixante-dix semaines d'années à partir du jour où l'édit pour la reconstruction de Jérusalem sera donné, c'est-à-dire dans quatre cent quatre-vingt-dix ans, à compter de cette époque; mais quelque système de calcul chronologique que l'on adopte, depuis cette époque, il s'en est écoulé au moins quatre fois autant. Aggée prédit que la gloire du second temple l'emportera sur celle du premier, et que ce sera dans le second que Dieu donnera la paix au monde. Malachie déclare que l'Ange du Testament, c'est-à-dire le Messie, viendra dans le temple. Or, ce temple fut ruiné par les Romains, il y a près de dix-sept cents ans. Au reste, il suffit de lire l'Évangile et les Actes des apôtres pour se convaincre que les Juifs eux-mêmes qui vivaient au temps de Jésus-Christ connaissaient parfaitement et admettaient comme vrais tous les caractères du Messie, tracés par les prophètes. Nous ajouterons qu'il paraît certain qu'à cette époque, l'opinion de la venue d'un Messie était répandue dans tout l'Orient (Tacite, *Hist.*,

l. v, c. 13; Suétone, *in Vespas*; Josèphe, *De Bello jud.*, l. vii, c. 13). Mais le sentiment des Juifs a bien changé, depuis surtout qu'ils ont vu tout l'avantage que les chrétiens tiraient contre eux de l'accomplissement des temps où le Messie devait paraître. On nous pardonnera sans doute, si nous passons sous silence et leurs conjectures bizarres et leurs contradictions frappantes sur cette question, et si nous ne disons rien, soit des idées ridicules et chimériques qu'ils se forment du règne du Messie et des circonstances de sa venue, soit des doutes frivoles et des vaines objections qu'ils élèvent contre la divinité du Messie, soit enfin des faux messies qui se sont élevés parmi eux et qu'ils ont plus ou moins reconnus, tandis qu'ils ont constamment rejeté le seul véritable, le seul qui ait réuni tous les caractères tracés par leurs prophètes et réalisé d'ailleurs en sa personne tous les types, toutes les figures de l'ancienne alliance (*voy.* Jésus-Christ). — L'abbé Glaire.

MESSIER. Nom donné anciennement au garde des moissons, aujourd'hui appelé garde champêtre (*voy.* ce mot). La dernière de nos lois qui ait employé cette dénomination est celle du 22 avril 1790. Depuis cette loi le nom de messier est conservé dans quelques localités à des surveillants désignés par les cultivateurs pour assurer davantage la conservation des produits agricoles aux approches de la récolte. Pendant la féodalité la nomination des messiers appartenait au seigneur, s'il n'y avait usage ou convention contraire; une charte du comte Thibaud de Champagne, datée de 1229, contient un passage relatif à ce fait. « Le seigneur posera gardes des bleds dans ladite ville (le village de Vulaines, près Provins), excepté trois que les hommes de la ville nommeront, et le seigneur les souffrira. »

MESSIER (*astr.*). Le Messier est une constellation de notre hémisphère, toujours visible au dessus de notre horizon. Elle fut imaginée par Lalande et composée de sept étoiles, qui lui donna le nom de Messier en l'honneur de cet astronome. Le Messier se trouve situé vers le pôle arctique entre la Girafe et Céphée, au dessus de Cassiopée et au dessous de la Baleine.

MESSIN (PAYS), ou gouvernement de Metz : un des huit petits gouvernements qui, avant la révolution de 1789, formait, avec les trente-deux grands gouvernements, la division administrative de la France. Il se trouvait entre les gouvernements de Sedan, de Champagne, de Lorraine, d'Alsace, le duché de Luxembourg et l'électorat de Trèves. Il se composait : 1º de la ville et de l'évêché de Metz, et des prévôtés de Longwy, de Jametz, de Dun et de Stenay; 2° du Luxembourg français, chef-lieu Thionville; 3° du duché de Carignan; 4° de Sarrelouis et de son territoire. On y joignit, vers le dernier temps de la monarchie du xviiie siècle, le petit gouvernement de Verdun, et l'on appela alors cet ensemble *gouvernement général de Metz et Verdun*. C'est dans les départements de la Moselle et de la Meuse, et dans une petite partie de la province prussienne du Rhin, que se trouve aujourd'hui cet ancien territoire. E. C.

MESSINE, en italien *Messina*, l'ancienne *Messana*, ville de Sicile, chef-lieu d'une province de même nom, sur la côte orientale, et non loin de l'extrémité N.-E. de l'île, à 210 kilomètres E. de Palerme, sur le détroit qui prend le nom de *Phare de Messine*, et qui sépare la Sicile de l'Italie; latitude N. 38° 11′ 27″, longitude E. 13° 14′ 27″; population 70,000 habitants. C'est le siége d'un archevêché et d'un archimandrite. Messine a la forme d'un parallélogramme, et s'élève en amphithéâtre, sur une longueur d'environ 4 kilomètres; l'aspect en est fort beau, et la blancheur des maisons contraste agréablement avec la teinte foncée des forêts et des montagnes voisines. Elle est entourée d'une muraille et défendue par une citadelle. Le port, qui est le plus beau peut-être de la Méditerranée, est formé par une langue de terre demi-circulaire, dont l'extrémité se rapproche, au N., à 700 mètres de la côte, et rend très étroite l'entrée de ce magnifique bassin, qui a 6,400 mètres de circonférence et peut recevoir les plus gros vaisseaux. C'est vers l'extrémité de cette langue de terre que s'élève le fameux phare de Messine, qui donne son nom au détroit. La plupart des monuments de cette ville ont beaucoup souffert de l'affreux tremblement de terre de 1783 : on remarque cependant la cathédrale gothique, bel ouvrage des conquérants normands; le palais archiépiscopal, le palais royal, le *Senatorio* ou hôtel de ville, diverses places et les quais. Il y a une université, qui est l'ancienne *Academia Carolina*. Messine a des fabriques d'essences de citron et de bergamote, d'étoffes de soie et de coton; son port, qui est franc., est le centre du commerce de la soie en Sicile. Elle exporte annuellement pour environ 10,000,000 de fr. de marchandises, principalement de la crème de tartre, de la soude, du soufre, des cantharides, des grains, des essences, du poisson salé, des fruits secs et confits, des oranges et des limons, de la graine de lin, de la réglisse, de l'huile d'olive, de la manne, de la soie, des vins et des esprits. Les importations, qui s'élèvent à 6 ou 7 millions de fr., se composent surtout de denrées coloniales, et de produits manufacturés de France et d'Angleterre. Messine, fondée vers l'année 1,000 avant J.-C.,

par les Sicules, fut d'abord nommée *Zancle*, d'un mot de la langue de ce peuple, qui signifie *faux* et qui vient de la forme du port. Des Messéniens fugitifs, après la deuxième guerre de Messénie, vinrent s'y établir, l'augmentèrent et la nommèrent *Messana*. Anaxilas, tyran de Rhégium, la prit en 495. Deux siècles après, elle devint l'asile principal des Mamertins. Hiéron II et les Carthaginois résolurent d'en expulser ces brigands, qui appelèrent le secours des Romains, ce qui amena la première guerre Punique. Elle soutint, en 1282, après le massacre des Vêpres siciliennes, un long siége contre Charles d'Anjou, qui fut obligé de se retirer. En 1674, les Messéniens s'insurgèrent contre l'Espagne; une flotte de cette puissance bloqua le port, et la ville allait succomber lorsqu'une flotte française, commandée par le duc de Vivonne et Duquesne, vint la délivrer en 1675. Elle a éprouvé, depuis, divers fléaux : la peste de 1743, le tremblement de terre de 1783, celui de 1839, le bombardement de 1848 par les troupes royales napolitaines, après l'insurrection d'une partie de la Sicile contre le roi de Naples. — La province de Messine, *Valle di Messina*, a 3,822 kilom. carrés, et 338,000 habitants.

Le détroit connu sous le nom de PHARE DE MESSINE, en italien *Faro di Messina*, l'ancien *Fretum Siculum*, unit la mer Tyrrhénienne à la mer Ionienne; il a 3,000 mètres dans sa moindre largeur, et 7,000 mètres en face de Messine. On y observe une marée très irrégulière; quatre fois en vingt-quatre heures, un double courant le parcourt du S. au N. et du N. au S.; mais ce dernier est toujours le plus violent. Les navigateurs ont à éviter, à l'E. de l'entrée septentrionale, les rochers de Scylla, et, en face de Messine, le gouffre de Charybde; on les redoutait beaucoup dans l'antiquité; aujourd'hui on les affronte sans grand péril. E. C.

MESSIRE, c'est-à-dire *mon sire*, *mon seigneur :* titre honorifique usité en France, au moyen-âge et jusqu'à la Révolution de 1789. On ne le donna d'abord qu'aux nobles, mais ensuite il passa aux bourgeois revêtus de quelque charge. Il remplaça le titre de maître pour les magistrats. Sous la forme *monsieur*, qui en est l'équivalent exact, il est aujourd'hui donné à tous les citoyens indistinctement, depuis l'humble boutiquier jusqu'aux dignitaires les plus élevés. En Italie, le mot *messer*, qui a le même sens, n'est appliqué de nos jours qu'aux personnes de la classe la plus basse.

MESSIS (QUENTIN) : peintre flamand, surnommé le *Maréchal d'Anvers* parce qu'il exerça ce métier jusqu'à 20 ans, naquit à Anvers en 1450. L'amour fut son premier maître suivant le vers de Lampsonius, gravé en lettres d'or sur son tombeau :

Connubialis amor de mulcibre fecit Appellem.

Ce fut, en effet, pour obtenir la main de la fille d'un peintre d'Anvers qui ne voulait la donner qu'à un peintre, que Messis, poussé aussi par ses amis qui lui connaissaient de grandes dispositions, s'adonna à la peinture. Ses progrès furent rapides ; il chercha à imiter Van Dyck, et ses ouvrages se ressentent de la manière dure et découpée de celui-ci ; ils présentent une imitation servile de la nature ; sa couleur est tranchante, son dessin rempli de sécheresse. Aussi ses tableaux dont on faisait autrefois le plus grand cas, sont-ils aujourd'hui conservés plutôt comme objets de curiosité que d'étude. Sa meilleure production est un *Christ entouré de saintes femmes.* Sur un des volets qui couvraient ce tableau on voyait le *martyre de saint Jean l'évangéliste,* et sur l'autre *Hérodias recevant la tête de saint Jean-Baptiste.* Le Louvre a de lui un *Joaillier qui pèse des pièces d'or.* Il a fait aussi une foule de portraits. Il mourut en 1529 à l'âge de 79 ans. **J. VALLENT.**

MESTA (LA). Ce mot désignait tout à la fois, en Espagne, la corporation des propriétaires de troupeaux transhumants, et les priviléges dont jouissait cette corporation. Les pâtres confédérés avaient le droit : 1° de disposer comme d'une propriété de toutes les prairies naturelles du royaume ; 2° de fixer eux-mêmes le prix des herbages qu'ils achetaient ; 3° de faire pacager leurs troupeaux sur toute l'étendue du domaine agricole, immédiatement après la levée de la moisson, et d'interdire en conséquence les cultures alternées ; 4° d'interdire aux particuliers et aux communes la clôture de leurs propriétés, afin que les troupeaux pussent pacager librement partout. L'origine de ces priviléges est fort incertaine, et remonte probablement vers les premiers temps du moyen-âge. Au fort de la guerre des Maures, alors que les cultures osaient à peine dépasser d'une portée de flèche l'enceinte des villes et des bourgs fortifiés, dans la crainte des cavalgadas (razzias) de l'ennemi, il était assez naturel qu'une production aussi essentiellement mobile que celle du bétail fût encouragée de préférence à toute autre. Les troupeaux sont une moisson qui marche. Une loi d'Alphonse-le-Sage défend d'inquiéter les pasteurs. Henri IV déclare dans une loi que tous les troupeaux du royaume sont sous la sauvegarde, et doivent être respectés comme s'ils appartenaient à la bergerie royale. Ces deux dispositions furent le point de départ d'une série d'empiétements qui ne furent, du reste, légalisés que sous Philippe III et Philippe IV. De là la mesta

devint une sorte d'État dans l'État ; elle eut des assemblées générales, une législation et des tribunaux spéciaux. Les propriétaires de troupeaux stationnaires admis primitivement dans la corporation, en furent exclus en 1604 sur la demande des cortès elles-mêmes.

C'est aux monstrueux priviléges de la *mesta* qu'il faut surtout attribuer le long anéantissement de l'agriculture espagnole. L'interdiction des cultures alternées tarissait une partie du revenu du sol ; la suppression des clôtures anéantissait avec le sentiment de la propriété le germe de tout progrès agricole. L'Espagne en était venue à considérer l'élève des troupeaux comme l'unique branche de sa richesse agricole, et les éleveurs de la *mesta* entretenaient ce préjugé en faisant croire que la supériorité des laines de la Péninsule était uniquement due à l'influence hygiénique du libre parcours.

Charles III osa le premier attaquer de front cette corporation redoutable. Il déclara clôturables pendant 20 ans les terrains convertis en bois, et, pendant toute la durée de la culture, les vignes, les champs d'oliviers, les vergers et les jardins. Les cortès de Cadix allèrent plus loin, et consacrèrent définitivement le principe de la liberté agricole ; mais il a fallu, de 1833 à 1847, toute une série de lois et d'ordonnances pour faire passer ce principe dans l'application. La juridiction exceptionnelle de la *mesta* fut établie en 1835, et l'année suivante cette corporation fut transformée en association libre, dont peut faire partie quiconque possède au moins 150 têtes de bêtes à laine. La faculté du libre parcours n'existe plus aujourd'hui que de fait, et les progrès rapides que fait l'agriculture espagnole tendent de plus en plus à le restreindre. Les seules servitudes qui pèsent encore sur la propriété se réduisent au libre usage des abreuvoirs, et au droit de faire stationner les troupeaux transhumants sur certains points déterminés. **D'ALAUX.**

MÉSUÉ, nom sous lequel est vulgairement connu Jean ou Jahia Ben-Masouiah, médecin arabe, né dans le bourg de Khouz, près de l'emplacement de l'ancienne Ninive, et mort vers 855, à l'âge d'environ quatre-vingts ans. Il fut honoré de la faveur d'Haroun-al-Raschid et d'Al-Mamoun, et publia un assez grand nombre d'ouvrages de médecine fort estimés en Orient. On cite entre autres une *Pharmacopée,* un livre d'*anatomie* et des *traités* sur les fièvres, les bains, les aliments, etc. Il existe plusieurs éditions latines de ses œuvres. Les meilleures sont celles de Venise, 1471, 3 part. in-fol., et de Lyon, 1478, in-fol.

MESURE (*métrol.*). Quantité fixe, à laquelle

on compare la dimension, la durée, la valeur que l'on veut connaître. On arriva promptement à comparer les dimensions des différents objets à celles du corps humain : les noms des mesures les plus antiques, le doigt, le pouce, le palme, l'empan, le pied, la coudée, le pas, la brasse, font foi de ce premier moyen. Mais les proportions physiques du corps diffèrent d'individu à individu ; tout était donc confusion avec de pareilles mesures. Il fallut adopter une longueur fixe et un rapport certain. L'antiquité, pourtant, ne nous a transmis aucun système présentant les caractères d'une conception originale et tout d'une pièce. Cependant il y a toujours eu des rapports plus ou moins approximatifs entre les mesures de tous les temps et de tous les pays.

§ I. — MESURES DE L'ANTIQUITÉ.

Égyptiens et Hébreux. Le nilomètre d'Éléphantine, retrouvé lors de l'expédition d'Egypte, et plusieurs coudées en bois ou en marbre, découvertes depuis, démontrent complétement l'imperfection du tracé des mesures dans l'antiquité. Le nilomètre indique une longueur de 24 coudées ; celles de 18 à 24 seulement sont tracées et portent depuis 509 jusqu'à 543 millimètres. Prises ensemble, elles portent 3 mètres 689 qui, divisés par 7, donnent 527 millimètres pour une coudée. Chacune de ces divisions est sous-divisée en deux. — Les coudées en bois ou en marbre sont très grossièrement faites ; elles portent l'inscription *coudée royale*, et 28 divisions, dont la première est subdivisée en 2, la seconde en 3, la troisième en 4, et les suivantes en 5, 6, 7, 8, 9, 10, 11, 12, 13, 14, 15, jusqu'à la quinzième, qui l'est en 16 parties. Le *palme* de 4 doigts, un *empan* de trois palmes, un autre de 14 doigts qui fait la demi-coudée, et enfin une coudée de 24 doigts, y sont indiqués ainsi que les deux tiers de la coudée. Au seizième doigt, elles portent depuis 523 millim. 5, jusqu'à 526,5. On peut donc en conclure que la coudée royale valait un peu plus de 52 centimètres, et la petite coudée ou coudée naturelle, un peu moins de 45 centimètres. L'ensemble des *mesures linéaires* se trouve donc être :

Coudée royale.	28 dgts. ;	environ	52 cent.
Coudée naturelle.	24	—	45
Empan.	12	—	22,5
Palme.	4	—	7,5
Doigt.	Moins de		2

se divisant suivant le besoin en 2, 3, 4, 5, 16 parties.

On ne connaît pas de mesures plus grandes, sauf la double coudée, que Moïse nomme *pas*, et le chemin sabbatique, fixé à 2,000 coudées. Cette distance a varié suivant la coudée en usage,

de 950 à 11500 mètres ; elle fut même portée au moyen de la coudée philétérienne, à 7200. Les commentateurs de la bible estiment que 3 milles romains faisaient 5 de ces mesures ; ce serait seulement alors 823 mètres. — Les mesures itinéraires sont inconnues. On évaluait les distances en journées de marche.

Les *mesures de capacité* égyptiennes manquent complétement, car on ne saurait reconnaître pour mesures les vases à bords renversés et à col resserré qui sont dans les musées. — Il ne reste, pour connaître ces mesures chez les Hébreux, que la capacité de la *mer d'airain* que fit faire Salomon. Ce vase contenait 3,000 *bath* (*Paral.*, cap. 4) ; il était hémisphérique, et portait 10 coudées de diamètre et 5 de profondeur ; son cube était donc, en coudées cubes, de 261,7. Or, s'il était question de la petite coudée de 45 centimètres, dont le cube donne 91,125 décimètres ou litres, on trouverait que le vase contenait 23 847 litres 45 ; et si, comme cela est plus probable, il s'agit de la grande coudée royale ou sacrée de 524 à 526 millimètres (soit 525) donnant pour cube 1441,7 décimètres ou litres, la contenance se trouvera être de 37 768 litres. Ces mesures donnent, dans la dernière hypothèse, 12 litres 59 pour la valeur du bath, et dans la première, 7 litres 949 exactement. — Un autre texte (3 *Reg.* 7, 26) donne à la mer d'airain une contenance de 2,000 bath seulement ; dans ce cas, les 23 847 l. 45 obtenus par la mesure rapportée à la petite coudée, donnent 11 l. 092 pour le bath, et les 37 768 obtenus en prenant la grande coudée donnent 18 l. 088. M. Saigey, qui a fait sur la métrologie un excellent travail, veut qu'il y ait eu deux baths : le plus ancien, dont la cubature aurait été en rapport avec la coudée sacrée, et le plus récent, postérieur à la captivité de Babylone, en rapport avec la petite coudée. Il veut aussi que le cube de la demi-coudée ait été l'unité des mesures de capacité. Pour arriver à établir cette opinion, il fait le cube de la mer d'airain ; mais dans son calcul, il ne compte pour la circonférence que 30 coudées, quoique le diamètre de 10 coudées donne 31,416 pour cette valeur. Il arrive ainsi à une capacité de 250 coudées cubiques au lieu de 261, 7 ; puis en prenant pour unité la demi-coudée, dont le cube est 8 fois plus petit que celui de la coudée, il trouve 2,000 unités ou bath. Enfin, considérant que la petite coudée est de 24 doigts et la grande de 28, ce qui les met dans le rapport de 6 à 7, et leurs cubes dans celui de 216 à 343 ou à peu près de 2 à 3, il conclut que 2,000 bath, dérivés de la grande coudée, équivalent à 3,000 dérivés de la petite. Ces calculs le conduisent à trouver pour le grand bath **18** litres, **088** au lieu de **888**, et pour le petit, 14,39 au lieu de 11,92.—Les anciens commentateurs estimaient que l'eau contenue dans le bath était de **27** kil. 035, en litr. 25 90; d'autres voulaient que le *log* contînt 1 liv. 3 onces ou en kil. 0,58 d'eau pure, ce qui porterait le poids du bath à 41,85. — Il y avait les mesures pour les matières sèches et celles pour les liquides. Le bath employé pour ces derniers était de la même capacité que l'*éphi* ou *épha*, employé pour les grains; ils devaient l'un et l'autre, suivant Ézéchiel, tenir le dixième du *Chomer*. Le *coron, chomer, ou cor*, était commun aux deux systèmes.

Mesures pour les matières sèches.

Cor . . . . . . valant 10 éphi, 180 à 190				lit.
Lethech ou demi-cor . . .	5	90	95	
Nebel	3	54	57	
Epha	1	18	18,88	

L'épha vaut :

2 siphel. . chacun	9	
3 seha ou sat	6	
10 gomer ou assaron	1,8	
18 cab	1	
72 log, que saint Jérôme appelle setier	0.25 à 0,26	
360 gachal 5	à 5,2 centilitres.	

Mesures pour les liquides.

Bath, ou 1/10 du cor, 18,888.

val. 3 sat ou setch, de 6	à 6,29 lit. chacun.	
6 hin	3	3,15
18 cab	1	
72 log	0,25	0,26
96 caph	0,19	
288 rebiite ou quarts . . .	0,063	
432 Cos. . . .	0,042	

Une seule MESURE AGRAIRE des Égyptiens nous a été conservée par Hérodote, c'est l'*aroure*, carré de 100 coudées. Sous la domination romaine, on employa le *socarion*, de 40 coudées philétériennes. — Les Hébreux estimaient les terrains suivant le nombre de mesures de grain nécessaire pour les ensemencer. Elles correspondaient, savoir :

	Semence.		Litres.
Beth roba,	à 1 log,	ou 0,25	
Beth cabum,	1 cab,	1	
Beth seah,	1 seah	6	
Beth lethech,	1 lethech	90	à 95
Beth coron,	1 cor	180	à 190

Cette dernière mesure pouvait correspondre, suivant que la terre demandait plus ou moins de semence, à environ 1 hectare, le beth cabum

à la moitié d'un are, et le beth roba à 1/10 ou 10 mètres carrés (centiare).

Les *poids* et les *monnaies* portaient les mêmes noms chez les Hébreux. L'unité citée la première est le *sicle* d'argent ayant cours, employé par Abraham. Les Septante donnent au sicle le nom de drachme ou double drachme. Ce rapport est confirmé par Suidas et Pollux. On trouve aussi dans l'Exode et dans Ezéchiel que le *sicle* vaut 20 oboles, la *mine* 60 *sicles* et le *talent* 20 *mines* ou 3,000 sicles. Si l'on admet que la quantité d'eau contenue dans le bath ait formé le poids du talent, on aura pour celui-ci 12-19 kilogr., pour le sicle 6 gram. (ce qui suppose la millième partie du seah), pour l'*obole*, 18 gram., et pour la mine 360 à 380 gram. Le sicle d'argent aurait eu le même poids que chez nous 1 f. 20. Nous renvoyons, pour de plus grands détails, au mot MONNAIE.

Mesures d'ALEXANDRIE OU PHILÉTÉRIENNES. — L'ensemble des mesures égyptiennes éprouva de grandes modifications : les divisions devinrent plus nombreuses, surtout pour les mesures de longueur, et leur dimension fut changée. Jusqu'à présent, on n'est pas arrivé à faire concorder les témoignages des auteurs anciens qui nous ont transmis les rapports de plusieurs mesures philétériennes avec les mesures grecques ou romaines. Héron, dans lequel on trouve toutes les mesures linéaires du système, dit que 5 pieds philétériens valent 6 pieds italiques. S'il a voulu parler du pied romain, cela donne 33,54 centimètres, et 36 s'il a voulu parler du pied des colonies grecques en Italie. Ce dernier nombre est adopté par M. Saigey; M. Girard donnait les 2/3 de la coudée royale ou 35 centimètres. On peut trouver beaucoup d'autres valeurs en partant des renseignements fournis par les différents auteurs. Nous nous bornerons à donner le rapport de ces mesures entre elles.

Mesures de longueur.

Doigt.	Brasse ou orgyie de 6 pieds.
Palme de 14 doigts.	Perche ou acène de 10
Pied de 16 doigts	Chaîne ou amma de 60
Coudée de 24 dgts.	» ou plèthre de 100
Coudée de 32 dgts.	Stade de 600

On voit que cette nomenclature appartient à deux systèmes : la première partie procède par multiples de 4, et la seconde par multiples de 10.

Mesures de capacité. Héron donne au métrète d'Alexandrie ou grand artaba, le rapport de 3 à 2 avec celui d'Athènes, ce qui vient en litres 43,14, volume qu'on obtient aussi en cubant 35 centimètres, longueur attribuée par M. Girard au pied philétérien. M. Saigey adopte 46,65. Voici les rapports de capacité pour les LIQUIDES.

Cor valant 10 bath ou artaba.

Métrétès ou grand artaba, valant.
$\begin{cases} 4 \text{ sath.} \\ 8 \text{ vœba ou hin.} \\ 128 \text{ cadaa} \\ 6 \text{ hin ou vœba.} \end{cases}$

Petit artaba, bath des Juifs, égalant 3/4 du métrétès, et valant
$\begin{cases} 3 \text{ sat.} \\ 72 \text{ log.} \\ 96 \text{ cadaa} \\ 288 \text{ rebiites.} \\ 432 \text{ cos.} \end{cases}$

Pour les matières sèches :

Cor valant   10 épha.
Id.   5 léthech.
Gomor valant 0,1 de l'épha.
Epha étant   1/3 du nébel.
Et valant   2 séphel ou modius.
   Id.   3 sat.
   Id.   18 cab.
   Id.   72 log.

La division par 4 ne se reproduit plus, mais il y a toujours deux systèmes en regard, celui qui procède par 10 et un autre procédant par tiers et par moitié.

Les mesures agraires, les *poids* et les *monnaies*, dérivent des mesures de capacité et de longueur. Suivant Héron, l'unité des mesures agraires était le *socarion*, qui avait 10 orgyies de côté; soit 35 centimètres pour le pied, 2,10 mètres pour l'orgyie, 4 ares 41 ou, suivant M. Saigey, 4,67 pour le socarion. Le socarion exigeait 20 livres de semence, et le modius suffisait pour semer 2 socarions.

Poids et monnaies d'argent. — Le grand talent égal au poids de l'eau contenue dans le grand artaba, soit 43 kilogrammes,
    valait   100 mines ptolémaïques,
    et   100,000 drachmes.

Sous la domination romaine, le système décimal disparut et le talent fut divisé en 50 mines et 125 livres.
    La livre en 12 onces.
           24 sicles.
           48 didrachmes.
           96 drachmes.
           480 oboles.

Le talent correspondant au petit artaba de 32 ou 35 litres, soit 32 ou 35 kilog., fut divisé suivant le mode grec en 60 mines, 20 ares, 3,000 sicles et 6,000 drachmes.

MESURES GRECQUES. — 24 pieds olympiques ou attiques faisaient 25 pieds romains, et le temple de Minerve avait 100 pieds de long sur 50 de large. La mesure du temple donne 309 millim. pour le pied, et le rapport au pied romain donne 307. Si l'on adopte 308, on aura, pour la coudée d'un pied et demi, 462 mètres, et pour

le stade de 100 brasses ou orgyies, 184 mètres 8.

Les mesures *linéaires* étaient dans les rapports suivants :
    Le doigt.
    Le palme de 4 doigts.
    Le pied de 4 palmes.
    La coudée de 6 palmes.
    La brasse de 6 pieds.
    La perche de 10 pieds.
    Sa moitié, ou double pas, de 5 pieds.
    Son quart, ou pas simple, de 2 1/2 pieds.
    La petite chaîne de 10 brasses.
    La grande chaîne de 10 perches.
    Le stade de 10 petites chaînes ou 100 brasses.

Les mesures *agraires* étaient la perche carrée, dont 100 formaient le plèthre qui contenait ainsi 10,000 pieds carrés ou 9 ares 49 centiares.

Poids. — On peut déduire les poids des monnaies. Romé de l'Isle a trouvé que la drachme du Péloponèse pesait 3,19 grammes, ce qui donne 319 grammes pour la mine et 19140 pour le talent. La série des poids était celle-ci :
    Le talent de 60 mines.
    La mine de 100 drachmes.
    Le drachme de 6 oboles.
    L'obole de 8 chalques.
    Le chalque de 1 1/2 sitaire.

Mesures de capacité. — On peut, sans erreur sensible, prendre la valeur des mesures hébraïques liquides pour celles des mesures grecques; les noms seuls sont différents. Voici leur correspondance : le bath des Juifs est l'*amphore* grecque, le hin est le *conge*, la rébiite l'*oxybaphe* et le cos la *cyathe*. Les Grecs ont placé entre leur conge et leur oxybaphe, le *setier* ou sixième du conge, et au dessus de l'amphore, le *métretès* ou pied cube.

Pour les matières sèches, la nomenclature était différente : la *chénice* valait 4 *cotyles*, l'*hecte* 32, la *médimne* 192. Le *trite* ou tiers de médimne et l'*hémihecte* ou demi-hecte complètent cette nomenclature. Cependant il ne faudrait pas prendre cette égalité dans la rigueur géométrique et en faire la base des calculs pour les correspondances des différentes mesures entre elles, car le poids direct obtenu pour la mine, qui est 1/10 du poids de l'eau contenue dans le conge, donne pour celui-ci 3 litres, 19 centilitres, tandis que le hin, qui lui correspond, n'est donné que pour 3 litres à 3,15; et si on prenait pour base le cube du pied grec de 0,308, qui équivaut au métretès, on aurait 29 lit. 218; puis pour l'amphore, qui en est le 0,72, 21 litres, 04; pour le conge, qui est 1/6 de l'amphore, 3,5 et successivement; pour le setier ou 1 6 de conge 0 litre, 58, et pour la cotyle ou 1/2 du setier 0,292.

La *monnaie* était désignée par son poids. Les pesées directes de drachmes grecques faites par Romé de l'Isle, donnent seulement 319 milligrammes, au lieu de 350 résultat de la cubature du pied. Si le rapport des mesures antiques était aussi certain que celui des nôtres, et si leurs moyens d'exécution avaient pu approcher de l'exactitude actuelle, ce poids indiquerait que le pied grec aurait eu moins de trois décimètres. Mais on ne peut supposer que cette exactitude ait existé, surtout dans la pratique, le patriotisme étroit et jaloux des Grecs ayant toujours maintenu le plus grand désordre, sous prétexte de l'autonomie, comme ils disaient, de chaque peuple. Ainsi chez les Athéniens, Solon voulut que le talent, au lieu d'être le poids de l'amphore, fût celui du pied cube, c'est-à-dire qu'il augmenta tous les poids et toutes les mesures de capacité dans la proportion de 97 à 100, ou de 75 à 100, suivant d'autres, sans rien changer à leurs rapports. Ce système prit le nom de grand système attique. A Égine, on changea le poids et ses rapports en faisant le talent de 100 grandes mines attiques divisées toujours en 60 mines et la mine en 100 drachmes. Leur talent devenait ainsi plus grand que le talent attique, dans le rapport de 60 à 100. Dans la grande Grèce, on avait fait un talent de dix mille drachmes grecques qu'on appela *myriade*, et qui se divisait aussi en 60 mines. Cette myriade fut appelée par les Latins *centum-pondium*, parce qu'elle valait 100 livres romaines. Ces modifications dans les mesures primitives réagissaient successivement et insensiblement sur tous les autres systèmes qui, peu à peu et par une tendance naturelle, mais dont l'effet était inaperçu pour les savants, se modifiaient de manière à se mettre, les uns à l'égard des autres, dans des rapports simples. Voici la nomenclature générale de ces poids, mesures de capacité et monnaies :

	Volumes en drachmes.
Le médimne	11 520
100 grandes mines attiques ou talent d'Égine	10 000
Le métrétès, pied cube ou grand talent attique	6 000
Petit talent attique ou 0,75 du grand	4 500
L'amphore ou talent grec ancien	4 320
Le trite	3 840
L'hecte	1 920
Myriade de la grande Grèce	1 000
Le conge	720
La chénice	240
La mine d'Égine	166,66
Le setier	120
1/60 de métrétès ou grande mine attique	100
1/10 de conge ou mine grecque	72
La cotyle	60
L'oxybaphe	15
La cyathe	10
La conque	5
La grande chême	4
Le mystre	3
La petite chême	2
La cuillerée ou drachme, 1/1000 de conge valant 319 milligrammes	1
Le gramme	1/3
L'obole ou 1/1000 de setier	1/6
Le lupin	1/9
La silique	1/18
Le chalque ou 1/1000 d'oxybaphe	1/48
La sitaire ou 1/1000 de cyathe	1/72

MESURES ROMAINES. — Leur système est remarquable par sa tendance à diviser toute unité en douze parties portant le nom d'*onces*, et chaque once en moitiés, tiers, quarts, sixièmes et vingt-quatrièmes, portant les noms de *semonce*, *duelle*, *sicilique*, *sextule* et *scrupule*, ce dernier étant la 288e partie de l'entier appelé *as*.

Mesures de longueur. — Un grand nombre de pieds bien conservés ont été mesurés et ont donné en millimètres 29,459 pour moyenne : une distance de quatre milles, marquée par des bornes antiques encore en place sur la voie appienne, a donné 1491 mètres 23 pour le mille et 29 centimètres 425 pour le pied. La moyenne entre ces deux résultats est 29,44, mesure qui doit être bien près de celle que les pesées de monnaie donneraient au pied grec. On aurait alors le tableau suivant :

	en mètres.
Pouce	0,02454
Pied de 12 pouces	0,2944
Coudée de 1 1/2 pied	0,4416
Pas de 5 pieds	1,472
Perche de 10 pieds	2,944
Chaîne (actus) de 12 perches	35,328
Mille	1472,000

Les pieds romains étaient divisés en 4 parties sous-divisées chacune en 4 autres ou *doigts*, un seul s'est trouvé divisé en 12 parties sur une face et en 16 sur l'autre.

Mesures agraires :

	en ares.
Perche carrée	0,08667
Chaîne carrée	12,48
Jugère, double de la chaîne	24,96
Hérédie, ou double jugère	49,92
Centurie de 100 hérédies	4992,00
Saltus de 4 centuries	19968,00

La perche est le 288e du jugère, comme le scrupule est le 288e de l'as.

Mesures de capacité. — Elles sont les mêmes que celles des Grecs. En voici la nomenclature, les rapports et la valeur en litres. L'amphore contenait 80 livres d'eau.

1 Ligule.............	val.1/24 de l'hémine.	0,0125 ou 0,0125		
Cyathe val. 4 ligules et	1/6	—	0,05	0,05
Acétabule val. 6 lig. et	1/4	—	0,07	0,0625
1 Quart val. 12 lig. et	1/2	—	0,14	0,125
Hémine val. 24 lig. et	1	—	0,29	0,25
4 Sextiers............		2 hémines.	0,583	0,503
Conge val. 288 lig. et	12	—	3,5	3,622
Modius..............,	24	—	7,0	6,044
Urne................	48	—	14,0	12,087
Quadrantal amphore ou pied cube........	96	—	28,0	25,174
Calcus..............	1920	—	560,0	503,476

La 2e colonne indique l'équivalant en litres résultant de la cubature du pied romain trouvé de 0,2941.

Poids. — L'unité, ou as, s'appelait *livre ;* son poids en eau était égal à 1/10 du conge. Les pesées directes de monnaies ont donné depuis 321,24 jusqu'à 326,86; le conge donnerait 302 à 350. Des évaluations contenues dans les Mémoires de l'Académie des inscriptions pour l'année 1757, l'estimaient à 334,62.

	grammes
Scrupule, 1/10 du poids d'eau de la ligule......	1,125
Sextule, 1/10 — du cyathe........	5
Sicilique, 1/10 — de l'acétabule....	6,25 à 7
Duelle..................................	9 à 10,5
Semonce, 1/10 — du quart.......	12,5 à 14
Once, 1/10 — de l'hémine......	25 à 29
As ou livre, 1/10 — du conge........	302 à 350
Quadrussis, 1/10 — de l'urne........	1208 à 1400
Octussis, 1/10 — du quadrantal....	2416 à 2800
Décassis, poids de l'eau du conge..............	3020 à 3500

La livre s'indiquait par le chiffre I, et l'once par O.

Monnaie, (voy. ce mot).

MESURES ASIATIQUES. — *Mesures de longueur :* La *parasange* valait, suivant Xénophon, 29 à 30 stades grecs, c'est-à-dire 5359 à 5544 mètres, ou en moyenne 5450 mètres. Le *schœne* étant de 2 parasanges valait 10900 mètres, et le *stathme* ou *mansion* étant un double schœne, était égal à 21800 mètres. La *coudée babylonienne* était, suivant Romé de l'Isle, la coudée noire des Arabes qui vaut en mètres 0,5412, nombre qui, multiplié par 10,000, présente une concordance suffisante avec la parasange. Mais le témoignage d'Hérodote, qui donne à cette coudée trois doigts de plus qu'à la coudée ordinaire, détruirait cette concordance, soit que l'on entendît par coudée ordinaire celle d'Égypte, de 45 centimètres, ou celle des Grecs, de 46,2. Le *chébel* était de 40 coudées ou 21 mètres 65. Romé de l'Isle appelle *mille persien* ou *asiatique* le tiers de la parasange.

Mesures de capacité. — L'*artaba* des Mèdes et des Perses valait, suivant Hérodote, 1 médimne et 3 chénices ou 59,268 litres; la *capita* valant, d'après Xénophon, 2 chénices, égalait **1,168** litres

Poids : Les poids asiatiques étaient les mêmes que ceux des Hébreux, c'est-à-dire que le talent pesait 18 à 19 kilog.; la mine ou cinquantième partie, 360 à 380 grammes, et la drachme ou centième de la mine, 3,6 à 3,8 grammes. Le poids direct de beaucoup de monnaies a donné à Romé de l'Isle depuis 3,51 jusqu'à 3,67. Le talent babylonnien étant, suivant les Grecs, de 60 mines, pesait de 21,6 à 22,8 kilogrammes.

Monnaies. Les dariques, ou pièces de Darius, étaient d'or et valaient 20 drachmes d'argent.

§ II. MESURES FRANÇAISES DU MOYEN-AGE ET DES TEMPS MODERNES.

L'administration romaine apporta dans les Gaules et y fit adopter son système de mesures qui s'y maintint en entier jusque vers 864, époque à laquelle Charles-le-Chauve lui porta une première atteinte tout en voulant en maintenir l'uniformité, car en ordonnant que toutes les mesures fussent égales à celles dont les étalons étaient conservés au palais, il défendit par exception de percevoir le cens avec des mesures plus grandes que celles dont on avait coutume de se servir. Dès lors, la variété des mesures fut légalement autorisée, et chaque ville eut bientôt la sienne propre. Philippe Ier substitua à la fin du XIe siècle, le poids de marc comprenant 16 onces dans la livre, au poids de 12 onces dont on s'était servi jusqu'à lui. On a dit que ce poids avait été établi par Charlemagne en 779, mais aucun texte ne justifie cette opinion : la vérité est que la loi des ripuaires veut que les paiements, lorsqu'ils ont lieu en argent, se fassent à raison de 1 denier pour un sol comme antérieurement. Pepin, en 755 et 756, décida que la livre n'aurait pas plus de 22 sols; et Charlemagne voulut qu'il n'y eût plus que 20 sols à la livre, mais il ne paraît pas qu'il ait changé le rapport de la livre à l'once. On voit, au contraire, par un règlement de 882, que 5 sols font 3 onces, partagées chacune en 20 deniers, conséquemment 20 sols ou la livre faisaient encore 12 onces. Il y avait donc alors deux façons d'employer l'once : dans la première, 12 onces formaient une livre, c'était la manière romaine; dans l'autre, l'once était divisée en 20 parties ou deniers, 12 deniers faisaient 1 sol et 20 sols faisaient la livre. C'était toujours 240 deniers ou 12 onces pour la livre qui n'avait pas changé de valeur. Le denier s'appela aussi du nom de sterling, stelling ou esterling, et la livre, lorsqu'elle était considérée comme divisée en deniers, s'appela livre sterling. Ce nom resta propre à la livre-monnaie. Le roi Jean fit régler le marc sur un poids qui portait le nom de *pile de*

Charlemagne, et dont il fit prendre le cinquantième. Cette pile était-elle, comme le veut M. Saigey, un cadeau envoyé par Haroun-al-Raschid comme type des poids arabes et représentant 10 oka? Gruter pense que la livre de Charlemagne est la même que celle de Cologne qui pèse 467,66 grammes. Les pesées directes de monnaies ont prouvé que la livre carlovingienne ne pouvait être au dessous de 11 onces 2/3, poids de marc, et si on tient compte du frai, on reconnaît que l'once n'a pas varié; sa valeur sera donc la base de nos calculs.

Livre *carlovingienne* de 12 onces valant en grammes. 367,128
Once égale à 1/12 de livre. 30,594
Sou égal à 1/20 de livre. 18,356
Denier ou sterling égal à 1/20 d'once. 1,530

Un réglement du concile d'Aix-la-Chapelle, en 817, dit que la livre de pain est de 30 sous divisés en 12 deniers, cette livre aurait donc pesé. . . 550,68
La *grande* livre, souvent citée dans les anciens titres comme pesant 3 livres, aurait été le double de la livre de pain.

Le *poids de marc* appelé dans les anciens titres *libra octonaria*, *livre huitaine* (de 8 onces), ou *libra subtilis*, *livre soutive*, c'est-à-dire petite livre. La chambre des comptes de Paris en reconnaissait de quatre espèces dans le royaume: le marc de *Troyes* pesant 14 sols 2 deniers esterlins de poids ou en grammes 260,049; celui de *Limoges* pesant 13 sols 3 deniers esterlins ou 243,2223; celui de *Tours* pesant 12 sols 11 deniers obole esterlins ou 237,869, et celui de *La Rochelle*, dit d'Angleterre, pesant 13 sols 4 deniers esterlins ou 244,752. On employait, en outre, la marcha ponderosa ou germanica sous le nom de *marc pesé;* elle était de 26 sols. L'usage de la livre soutive fut interdit par une ordonnance de 1312, excepté aux médecins pour composer les médicaments dont les recettes étaient d'ancienneté, calculées à cette livre. Nous expliquons les divisions du marc à l'article de la LIVRE.

La *livre* poids de marc fut composée de deux marcs; elle se divisait suivant la chambre des comptes en 16 onces, l'once en 8 drachmes, celle-ci en 3 scrupules ou denier, le denier en 24 grains et le grain en 512 parties. Le marc s'est divisé en 24 karats. Les monnayeurs divisaient le karat en 32 parties.

Livre poids de marc ou commerciale valant. . . . . grammes. 489,1058
Marc de 2 à la livre. 244,7529
Once de 16 à la livre; 8 au marc. 30,5941
Karat ou duelle de 48 à la livre, 24 au marc. 10,1980

Sicilique de 64 à la livre et 4 à l'once. 7,6485
Sextule de 108 à la livre et 6 à l'once. 5,0990
Gros ou drachme de 128 à la livre et 8 à l'once. 3,8282
Esterlin de 320 à la livre et 20 à l'once. 1,5297
Denier ou scrupule de 384 à la livre et 3 au gros. 1,2760
Obole, maille de 640 à la livre et 2 à l'esterlin. 0,7648
Grain médical de 20 au scrupule. 0,6380
Felin de 1280 à la livre et 2 à la maille. 0,3824
Trente-deuxième de karat. . . . 0,3187
Grain de 9216 à la livre et 24 au denier. 0,0532
Carobe de 24 au grain. 0,0022
Cinq cent soixante-seizième partie du grain ou à peine un dix millième de gramme. 0,0000924

Nous ne nous arrêterons pas à toutes les espèces de livres et de poids employés dans le moyen-âge: on cite, en 1402, un poids mineur de 13 onces, et on comptait souvent par pesons ou doubles livres. Nous renvoyons aux mots LIVRE, ONCE et PIERRE DE POIDS.

Mesures de longueur. — Les mesures françaises ne paraissent pas avoir été modifiées, dans leur base au moins légalement, depuis l'origine de la monarchie jusqu'à l'année 1668. A cette époque, on vérifia la toise sur l'arcade du grand pavillon du vieux Louvre. Cette arcade devait avoir, suivant les plans, une largeur de 12 pieds, et pour y conformer l'étalon, on dut le diminuer de 7 lignes. Le nouvel étalon fut placé au bas de l'escalier du grand Châtelet, et l'Académie des sciences l'adopta pour la mesure de l'arc du méridien au Pérou. Une déclaration du roi, datée du 6 mars 1766, adopta la toise dite du Pérou pour étalon des mesures françaises et fit rectifier, d'après elle, l'étalon du grand Châtelet qui, exposé à l'air, s'était déformé. Enfin ce fut sur cette toise que fut calculé le rapport des mesures métriques aux anciennes mesures. Les divisions de la toise formaient par leur combinaison d'autres mesures dont voici le tableau avec leur valeur en mètres.

Toise appelée aussi grande brasse, composée de 6 pieds valant . . . . . en mètres. 1,94904
Pied composé de 3 poignées ou de 12 pouces. 0,32484
Poignée composée de 4 pouces ou inchs. 0,10828
Pouce ou inch composé de 3 grains ou de 12 lignes. 0,02707

Grain composé de 12 lignes. . 0,009027
Ligne ou grain d'orge composée de 12 points. 0,002256
Point ou douzième de ligne. 0,000188
Coudée ou cubit composée de 1 1/2 pied ou quart de toise. . . 9,48726
Yard composé de 2 coudées ou demi-toise. 0,97452
Aune composée de 1 1/4 yard. . 1,21837
Aune de Paris fixée par Henri II à 3 p. 7 p⁰ 10 l. et conservée pour la toile. 1,18286
Aune commune de 3 p. 7 p⁰ 10 l. 5/6. 1,18924
Aune de 526 lignes et 2/5 ou 3 p. 7 p⁰ 10 l. 2/5 pour les draps. 1,18749
Aune de 527 lignes 1/2 ou 3 p. 7 p⁰ 11 l. 1/2 pour la soie. 1,18995
Pas géométrique ou brasse ordinaire de 5 pieds. 1,62419
Brasse moyenne de 5 pieds 1/2. 1,78661
Mesures géométriques et itinéraires :

mèt.

Perche de Paris ayant 3 toises de long. 5,84711
Perche commune de 20 pieds. . 6,49679
Perche royale des eaux et forêts de 22 pieds. 7,14639
Encâblure de marine, 120 brasses de 5 pieds. 194,9036
Lieue gauloise dont 14 valaient 2,100 ans romains. 2207,00000
Mille marin, minute sexagésimale, tiers de la lieue marine. . . 1852,00000
Mille de 1,000 toises. 1949,036591
Lieue de poste de deux milles. . 3798,073182
Poste deux lieues. 7796,146364
Lieue commune fixée par arrêt du conseil de 1775 à 2,200 toises. . 4287,88050
Lieue de 25 au degré (les 9 valent 4 myriamètres). 4444,45200
Lieue de 20 au degré ou lieue marine (les 9 font 5 myriamètres). 5556,00000

Ces mesures n'étaient pas les seules qui fussent en usage en France, et les différentes provinces donnaient souvent le même nom à des mesures différentes par leur longueur et leurs multiples et sous-multiples. Ainsi il y avait des pieds de 10, de 10 1/3, et de 11 pouces. Nous nous bornerons à citer les suivants : Alsace, 290 et 295 millimètres ; Besançon, 309 ; Bordeaux, 357 ; Dijon, 314 ; Grenoble et Lyon, 341,725 ; Lorraine, 292 ; Mâcon, 335 ; Normandie, 298 ; Perche, 352 ; Picardie, 270 ; 279,723 ; 288,045 et 297,77 ; Vienne en Dauphiné, 323 ; Villefranche, 332. Le palme était à Bruges de 228,5 millimètres et à Dole de 257. La canne divisée en 8 pans ou palmes était à Toulouse de 5 pieds 6 pouces 6 lignes ou 1,773 en mètres, à Montpellier, Avignon et dans le Dauphiné de 6 pieds 9 lignes ou 1,969. Les mesures intermédiaires à la toise étaient nombreuses ; nous citerons les principales aux mesures agraires. La coutume de Bourgogne fixe la perche à 9 1/2 pieds : la lieue à 50 portées, celle-ci à 12 cordes, la corde à 12 aunes de Provins, celle-ci à 2 1/2 pieds, le pied à 12 pouces et la toise à 7 1/2 pieds. Le pied étant de 314 millimètres, on a le pouce de 0,026166 ; l'aune 1 mètre 772 ; la perche, 2,98 ; la corde, 21,260 ; la portée, 255,120, et la lieue, 12756 mètres. La toise de Lyon était la même. Les perches de 20 et 22 pieds sont fréquemment citées dans les actes des comtes de Champagne dès le xii⁰ siècle.

Mesures agraires. — L'arpent des Gaulois était, suivant Columelle, égal au semi-jugère ou actus carré : c'était donc 12 ares, 48. Les arpents étaient de 100 perches ; les perches les plus répandues étaient celles de 18, de 20 et de 22 pieds. Cette dernière fut déclarée obligatoire pour les forêts domaniales ou appartenant à des établissements publics, par l'ordonnance des eaux et forêts ; mais, pendant fort longtemps, les terres étant appréciées suivant l'importance de leur revenu plutôt que suivant leur étendue, les stipulations se firent en *livrées* et *soldées*, ou *soudées* de terre, c'est-à-dire en quantités représentant une livre ou un sol de revenu. D'un autre côté, on a souvent calculé sur la quantité qui pouvait être cultivée par une charrue, c'est-à-dire qui pouvait être façonnée en un jour, ou fauchée en une fois ; la quantité appelée *charruée* était environ de 110 arpents dont 30 arpents de pré, ou 63 hectares, dans les comtés de Champagne et de Brie. La quantité de semence que pouvait recevoir le sol servait souvent aussi de base à son appréciation. On reconnaîtra facilement ces différentes origines dans les noms des mesures que nous allons rapporter.— *Acre.* Il se divise toujours en 160 perches de longueurs très variables ; il est surtout employé en Normandie ; le plus commun vaut 68 ares, 66. — *Arpent* de 100 perches ou cordes de longueur variable ; les plus usités étaient : l'arpent des eaux et forêts, de 22 pieds pour perche, valant 51 ares 07 ; celui de 20 pieds pour perche, valant 42,21, et celui de 18 pieds pour perche, ou de Paris, valant 34,19.— *Bicherée.* Dans la Bresse, on la partage en 2 coupées, et elle vaut 13 ares 19 ; dans le Lyonnais, 13,29, et dans le Beaujolais, 13,67.—*Boisseau.* C'est, dans la Sologne, la 12⁰ partie de la septérée, ou 7 ares, 60 ; et, dans le Dunois, le huitième du septier, ou 5,28.—*Boisselée.* Dans le Périgord et dans le Berry, elle vaut 6 ares,

78; à Nantes, 3 ares, 56, et dans le Poitou, 15,19. — *Donnier*. A Lille, 60 ares, 78. — *Brasse*. La vingt-quatrième partie du journal dans la Bresse. — *Carteyrade*. Deux setérées dans le Languedoc. — *Cartelade*. En Gascogne et Guyenne, 36 ares 90 centiares. — *Cartérée*. Dans l'Agenois, 72 ares 90 centiares. — *Charge* Usitée en Provence, 13 ares, 19. — *Concade*. Elle vaut en Auvergne 103 ares, 56; en Guyenne, 122 ares, 57. — *Corde*. Centième partie du journal dans la Normandie, et quatre-vingtième partie dans la Bretagne. — *Hommée*. A Nantes, 45 centiares. — *Jallois*. A Laon, le petit vaut 30 ares, 64; et le grand double. — *Journal*. Il valait, dans l'Angoumois, 34 ares, 42; dans l'Anjou, 65,95; dans le Bassigny, 13,67; dans le Bordelais, de 31,53 à 31,76; en Bourgogne, 34 ares 28 ou à peu près l'arpent de Paris : il y en avait un autre de 26,74. En Bretagne, il était de 75 ares 97; en Guyenne comme en Bourgogne; à Libourne, 36 ares, 47; dans le Lyonnais, 34,28. Dans le Maine, le journal de jardin vaut 32 ares 82; celui de pré, 39,57, et celui de terre, 52,76; à Nantes, le petit journal vaut 26 ares, 61; dans le Périgord, 33 ares, 20 centiares; il y avait aussi un journal de 43,76. — *Journée* de Sologne, 30,39. — *Minc*. En Picardie, 23 ares, 67. — *Muid*, dans le Beauvoisis, 370 ares, 79; un autre était de 50,06. — *Perche*. Sa longueur variait de 9 pieds à 28. — *Pied carré*. Il vaut en mètres carrés 0,1055. — *Salmée*. Dans le comtat Venaissin, celle qui se compose de 8 éminées; fait 60 ares, 78; celle de 32,400 pans vaut 39,31. — *Septérée* ou *Setérée*. Agenois, 171 ares, 61. Berry, 60 ares, 78. Bourbonnais, 36 ares, 08; autre de 37,98; autre de 45,58. Castelnau, 20 ares, 31. Comminges, 22 ares, 68. Dauphiné, 28 ares, 49. Languedoc, 60 ares, 78; autre de 86, 10. Limousin : première espèce, 2 ares, 11; seconde espèce, 40,85. Montpellier, 14 ares, 40. Rodez, 24 ares, 31. Sologne, 92 ares, 17. Vivarais, 26 ares, 41. Viviers, 22 ares, 79. — *Septier* ou arpent dans le Dunois, 42 ares, 21. — *Somée*, en Languedoc ; la moyenne vaut 56 ares, 42 centiares; une autre, 49,02. — *Toise carrée* en mètres carrés : 3,798 743 633 8.

Mesures de solidité. Tous les calculs de solidité ou cubiques se rapportaient à la toise cube et à ses divisions. La *toise cube* vaut en mètres cubes 7,403 890 343 0, et le *pied cube* 0,034 28. Le bois de charpente se vendait soit au pied cube soit à des mesures qui s'y rapportaient, mais qui avaient des noms spéciaux. Les principales étaient la solive ou pièce; son type était un morceau de bois de 12 pieds de long, dont la base était un carré de 6 pouces de côté. Cent pièces formaient le grand cent. La solive se divisait ordinairement en 72 pouces. Les valeurs de ces mesures sont en stères ou mètres cubes. *Grand cent* : 10,028 32; *solive* : 0,10283 ; *pied* ou sixième de solive : 0,017137; *pouce* ou *échalat* : 0,001428. A Rouen, on se servait de la marque ayant pour type un morceau de 10 pieds de long, dont la base avait 5 pouces sur 6 de côté; elle se divisait en quatre quarts, et le quart en 75 chevilles. Elle valait 3,600 pouces cubes ou 2 pieds et 1/12 cubes, et il fallait 36 marques pour faire 25 pièces ou solives. La réduction en stères donne, pour la *marque*, 0,0714066 ; pour le *quart*, 0,0178516, et pour la *cheville*, 0,000238. La cheville est donc le sixième du pouce de solive ou la 432e partie de la solive. — Le bois à brûler, lorsqu'il a acquis assez de valeur pour être mesuré, a été coupé par longueurs égales pour chaque espèce de bois, mais variables suivant les pays et les époques. Les brins ou bûches se sont vendus à la pièce ou au compte lorsqu'ils étaient d'une certaine grosseur, et à la mesure lorsqu'ils étaient moins gros. L'ordonnance de 1663 avait fixé le pourtour du bois de corde à 6 pouces au moins; les brins moins gros constituaient le bois brigot et le bois à charbon. Le bois de moule avait plus de 18 pouces de tour; il se mesurait à Paris dans un anneau de fer de 2 pieds 1 pouce de diamètre ; 3 anneaux et 12 morceaux en sus faisaient une voie si le bois avait 3 pieds 1/2 de long, et s'il avait 2 pieds 4 pouces seulement (bois d'andelle), il fallait 4 anneaux et 16 bûches. La corde d'ordonnance avait 8 pieds de long ou de couche sur 4 pieds de haut, et la bûche 3 pieds 1/2, ce qui produisait 128 pieds cubes ou 3 stères, 84. La moitié de cette corde était la voie de Paris. La corde dite de grand bois avait les mêmes dimensions, mais la bûche était de 4 pieds de long; elle valait 40 stères, 80. Celle de port avait 8 pieds de couche, 5 de hauteur, et la bûche 3 pieds 1/2; elle valait 4,39.

Mesures de capacité. — Ces mesures étaient différentes suivant qu'elles devaient s'appliquer à des matières sèches ou à des liquides. Leur construction étant beaucoup plus difficile que celle des mesures de longueur, a été cause de variations plus considérables dans leur capacité, et ces mesures imparfaites sont devenues dans chaque localité des types particuliers qui ont produit cette variété de boisseaux que le litre et ses multiples ont remplacé. D'un autre part, la variété des dénominations et l'incertitude des objets auxquels on devait les appliquer a augmenté la confusion. Les noms les plus communément employés sous la seconde race sont ceux de sextarius ou *setier*. émine ou *mine*, quartarius ou *quartel*, et modius ou *muid*. La contenance de ces mesures est incertaine : Isidore de

Séville, peu éloigné de Louis le Débonnaire, dit que le muid de blé était pour les ecclésiastiques de 44 livres, ou de 2 sextiers de 22 livres chaque : c'était 33 livres poids de marc, ou plus de 1 1/2 boisseau de Paris. Cette évaluation, comparée avec le capitulaire qui ordonne que celui qui payait 3 muids, n'en donne plus que 2, ferait croire que le modius avait été d'abord égal au boisseau de Paris ou bien au double modius romain. Mais un capitulaire de 794 fixant le prix des grains et celui du pain, conduit à une conséquence différente : il règle que le boisseau (modius) public et nouvellement établi ne pourra être vendu en froment plus de 4 deniers, et en pain, plus d'un denier les 12 pains de chacun 2 livres. Le boisseau ou muid devait donc faire 99 livres de pain ou 72 livres poids de marc, et cette quantité est le produit de 4 boisseaux de Paris. Beaucoup plus tard, en 1648, le prévôt des marchands de Paris vérifia les étalons des mesures, et constata leurs rapports, et une ordonnance de 1669, en confirmant ces étalons, qui étaient de plusieurs pièces que l'on superposait successivement pour constituer les plus grandes mesures, simplifia leur système en décidant qu'il serait fondu des étalons d'une seule pièce qui contiendraient raz ce que les autres contenaient combles. Cependant la mesure de Paris resta encore incertaine au point qu'un règlement du prévôt de Paris de 1670 fixa la dimension à 10 pouces de diamètre sur 8 pouces 2 1/2 lignes de haut, ce qui fait un peu plus de 645 pouces cubes. Une ordonnance de 1727 sur les subsistances militaires fixe le boisseau à 8 pouces carrés sur 10 pouces de haut, ce qui fait seulement 640 pouces cubes ou 12 litres 69. L'Académie des sciences avait adopté, pour représenter ce boisseau, un cube ayant 6 pouces, 7 lignes et 23|10 de côté. C'est la base du tableau suivant, qui se trouve d'accord avec les résultats publiés par le Bureau des longitudes.

	litres.
Litron	0,8125
Picotin d'avoine ou 1/16 du double boisseau, ou qui fait 2 litrons.	1,625
Boisseau de Paris de 16 litrons pesant 20 livres de blé.	13,008
Minot de Paris de 3 boisseaux. . . .	39,024
Mine id. de 6 id.	78,048
Septier id. de 2 mines	156,096
Muid . id. de 12 sept	183,152

Ces mesures servaient pour le blé, pour tous tous les grains qui se mesuraient, grain sur bord, et pour la chaux. La plupart des villes avaient leurs mesures propres; voici les plus connues : Abbeville, 1 setier valant 156 litres. Agen, 1 sac, 88 lit. 14. Aix, la charge, 208 lit. Alby, 1 se-

tier, 117 lit. Amiens, 1 setier. 39 lit. Audierne, 1 tonneau, 1560 lit. Auray, 100 boisseaux, 3,900 lit. Auxonne, 1 émine, 390 lit. Avignon, 1 émine, 29,9 litres. Barbezieux, 5 boisseaux, 156 litres. Bayonne, 1 conque, 62,4 lit. Beaucaire, 1 setier, 43,33 lit. Beaugency, 1 mine, 496 lit. Beauvais, 1 tonneau, 1950 lit. Besançon, 1 mesure, 140,4 lit. Bordeaux, 1 boisseau, 78 lit. Boulogne, 1 setier, 175,5 litres. Bourg-en-Bresse, 1 quartal, 234 lit. Cahors, 1 carte, 29,64 lit. Calais. 1 setier, 169 lit. Castel-Sarrazin, 1 sac, 104,52 lit. Castres, 1 setier, 117 lit. Chalon-sur-Saône, 1 bichet, 187,25. Dieppe, 1 mine, 164,66 lit. Dijon : l'esmine vaut 2 bichots, le bichot se divise en quartaux, celui-ci en 4 quarteranches de chacune 42 livres, soit 27 lit. ; 6 1/2 quarteranches font le setier de Paris. Cette dernière évaluation n'arrive qu'à 24 litres; elle est donnée par la coutume de Bourgogne. Elle donnerait à la grande pinte de Dijon, dont 13 1/2 font la quarteranche, la contenance de 1,78 lit. La pinte ordinaire de Dijon est, d'après l'évaluation des futailles, de 1 1/2 pintes de Paris. Dunkerque, 1 razière, 159,12 lit. Franche-Comté, 1 penat, 39 litres. Le Hàvre, 1 boisseau, 28,36 lit. Lannion, 1 tonneau, 1560 lit. Lectoure, 1 sac, 88,92 lit. Lille, 1 razière, 72,20 lit. Lyon, 1 anée, 161,66 lit. Macon, 1 anée, 260 lit. Le Mans, 1 charge de 12 boisseaux de 33 litres chaque, 244,4 lit. Marseille, 1 charge, 163,8 lit. Metz, 1 quart pèse 100 livres, soit 374,4 lit. Montereau, 1 sac de 8 bichets de 40 livres chaque, 208 lit Montpellier, 1 setier, 54,6 lit. Morlaix et Nantes, 1 tonneau, 1404 lit. Narbonne, 1 sac, 148,2 lit. Orléans, 1 muid, 2964 lit. Paris, 1 setier, 156 lit Périgueux, 1 boisseau, 31,25 lit. Provins, 1 setier, 8 boisseaux, 133,33 lit. Quiberon, Quimper et Rennes, 1 tonneau, 1482 lit. Roanne, 1 boisseau, 19,5 lit. La Rochelle, 1 boisseau, 70,57 lit. Rouen, 1 setier, 182 lit., et 1 muid, 2223. Royan, 1 quartière, 105,31 litres. Saumur et Saint-Valéry, 1 setier, 156 lit. Saint-Omer, 1 razière, 131,73 lit. Sédan, 1 quartel, 26 litres. Toulouse, 1 setier, 92,04 lit. Tours, 1 boisseau, 11,14 lit. Troyes, 1 boisseau pesant 40 livres, soit 26 lit. Le minot de 4 boisseaux s'appelait quarteron. Vannes, 1 tonneau, 1560 lit. Verdun, 1 sac, 114,52 lit.

Les mesures pour l'*avoine* portaient le même nom que celles employées pour le blé, mais elles étaient de grandeur double ; ainsi, 1 setier d'avoine équivalait au volume des deux setiers de blé. — Le muid de *charbon de bois* était de 20 mines ou sacs, ou 320 boisseaux. La voie de *charbon de terre* avait 15 minots, 90 boisseaux ou 360 quartes. — Le muid de *sel* était composé de 12 setiers, 48 minots, 192 boisseaux, 3072 litrons ou 49152 mesurettes; il pesait environ

4,800 livres, et jaugeait 123,774 pouces cubes.

Mesures de capacité pour les liquides : le muid, principale mesure pour le vin, varie suivant la volonté des princes et des juges, depuis 16 jusqu'à 24 sextiers. Les statuts d'Adalard, abbé de Corbie, en 822, fixent le muid à 16 setiers, dont 4 valaient 6 pintes de Paris. Au mont Cassin, le setier contenait 32 onces pesant. Une ordonnance de François Ier, en date de 1527, ordonna que tout vin entrant à Paris fut mesuré à la mesure. de Paris, qui fut fixée, savoir : le *muid*, y compris le marc et la lie, à 37 1/2 septiers et sans lie à 38, le setier étant de 8 pintes ; les *queues* d'Orléans, de Blois, Nuits, Dijon, Macon et la *pipe* d'Anjou, à 1 1/2 muid. La coutume générale du duché de Bourgogne déclare que la queue se compose de 2 muids ou poissons, celui-ci de 2 fillettes, lesquelles ont chacune 9 setiers de 8 pintes l'un, ou 288 pintes pour la queue. La pinte de Dijon se trouve donc valoir 1 1/2 de Paris ou 1,40 lit., la valeur tirée du minot de sel, la portait de 1,78 à 1,485. La *queue* de Champagne a 1 1/3 muid ; la *pipe* de Bordeaux, 1000 pintes ; l'*anée* du Lyonnais, 40 pintes ; la *millerolle* de Marseille a 66 pintes, et celle de Toulon en était les 35/28 ; la *charge* d'huile de Montpellier, composée de 4 barrals, pesait 280 livres, c'était le double de la millevolle de Marseille. Beaucoup de pays avaient d'autres mesures qui leur étaient propres, et même des pintes différentes. Nous donnons le tableau des mesures usitées à Paris avec leur évaluation en litres :

Roquille ou quart de posson. . . .	0,029
Posson, pouceon ou poisson valant 1 2 du petit demi-setier	0,116
Demi-setier de Paris (petit) ou 1/2 de chopine	0,233
Chopine de Paris, 1/2 de la pinte.	0,4655
Pinte, 1/2 de la quarte. Elle devait contenir 48 pouces cubes, mais en fait elle a été trouvée de 46,95 seulement.	0,931
Quarte, quarteau ou pot, valant 2 pintes . . . . , ...	1,862
Velte ou 3 pots.	5,586
Setier de 8 pintes de Paris, ou velte du commerce.	7,448
Feuillette ou demi-muid, valant 18 septiers ou 144 pintes.	134,064
Muid de 36 septiers ou 288 pintes sans lie	268,128

§ III. MESURES ÉTRANGÈRES MODERNES.

ALGER. —Longueur : pic turc valant 0^m,636, et pic arabe de 0^m,50. Le rob est 1/8 du pic. Poids : pour l'épicerie et les menues denrées, le rotl altavi valant en grammes 530 ; pour la viande, les légumes, le pain, el rotl kheddavie 1510 grammes ; pour l'or, l'argent et les monnaies, el rotl saari de 500 grammes. Le rottolo contient 16 onces ; il y a des cantari de 100, 110, 150, 166 et 200 rotl.—Capacité : saâ de blé, 106 kilogrammes, environ 60 litres : saâ d'orge, 80 kilogrammes : saâ de sel, 135 kilogrammes. — Pour l'huile, le rolla vaut 12 litres.

ANGLETERRE. — Les poids et mesures légaux ont été fixés d'après l'avis d'une commission composée de membres de la Société royale de Londres par un bill du 17 juin 1824. Les commissaires avaient pour mission de vérifier et de déterminer la longueur du pendule battant les secondes à la latitude de Londres, ainsi que le rapport des mesures de longueur adoptées en France et en Angleterre. Ils proposèrent de prendre pour base de tous les poids et mesures légaux, la livre dite parlementaire exécutée en 1760, et ils déclarèrent que la longueur du pendule à secondes, dans le vide, au niveau de la mer, à Londres, était de 39,1393 pouces, et celle du mètre, de 39,37079 pouces. Les étalons anglais étant à 62° Farenheit (+ 16,67 centigr.), ils fixèrent la livre avoir du poids à 7,000 grains troy.—L'étalon primitif de longueur passe pour avoir été fixé, en 1101, par Henri Ier, qui fit ajuster l'ancienne *ulna* ou brasse, dont la longueur correspond à celle du yard actuelle, à celle de son bras. Cet étalon passe pour être arrivé jusqu'à nos jours sans modification sensible. — Quant au poids, il fut ordonné, en 1266, que le penny, dit sterling, rond et sans rognure, pèserait 32 grains de froment pris dans le milieu de l'épi ; que 20 pences feraient 1 once ; 12 onces, 1 livre ; 8 livres, 1 gallon de vin, et 8 gallons de vin, 1 boisseau de Londres ou un huitième de quarter. Par la suite, on substitua aux grains de froment des poids qu'on suppose être les grains troys actuels. L'étalon actuel de la livre troy pèse un quart de moins que ne le prescrit cette loi, le poids du penny ayant été réduit à 24 grains au lieu de 32. — En 1526, la livre troy fut adoptée pour l'hôtel des Monnaies, en remplacement de la livre des monnayeurs, dite livre de la Tour, qui pesait 1/16 de moins, c'est-à-dire 5,400 grains. On se sert en Angleterre de plusieurs espèces de livres, mais toutes se rapportent à la livre troy, dite parlementaire. Voici les rapports de toutes les mesures anglaises entre elles, et avec les mesures françaises.

Mesures de longueur.

Ligne ou 1/12 de pouce, elle est divisible en 12 secondes, et celles-ci en 12 tiers.	0,0027
Grain d'orge.	0,0085

Pouce ou 1/12 de pied, divisé en 3 grains d'orge. 0,0254
Dixième du pied . . . . , . . . 0,0305
Palm valant 3 pouces. 0,7620
Hand ou empan de 4 pouces. . . 0,1016
Span ou empan de 9 pouces. . . 0,2285
Cubite ou coudée de 18 pouces. . 0,4572
Pied. 0,3048
Yard de 3 pieds (0,914,38348). . 0,9144
Pace ou pas de 5 pieds. 1,5239
Fathom ou toise de 6 pieds. . . 1,8288
Aunes : dite de Flandre ou 3/4 de yard. 0,6858
Aunes d'Angleterre ou 5/4 de yard. 1,1480
— de France ou 6/4 de yard. 1,3716
Le quart se divise en 4 nails de 2 1/4 pouces chaque. Pole ou perche appelé aussi rod, reed ou lug, de 5 1/2 yards, ou 16 1/2 pieds, mesure légale. 5,0291
Rupe de 20 pieds. 6,0959
Pole cheschire de 24 pieds. . . . 7,3151
Pole shorwood de 25 pieds. . . . 7,6199
Furloug valant 40 poles mesure légale. 201,1643
Mille valant 8 furlougs. 1,609,3149
Mille géographique ou marin valant 1/3 de lieue marine ou de 20 au degré, cette lieue a été trouvée à la latitude d'Angleterre, égale à 3,4536 milles anglais, ou. 5,557,9299

Mesures de superficie.

Les terres se mesurent ordinairement avec une chaîne de 4 poles, 22 yards ou 792 pouces, qui se divisent en 100 links ; le link vaut donc 7,92 pouces ; le carré de 10 chaînes de long sur 1 de large, est 1 acre ; 30 acres forment 1 yard ; 100 acres 1 hide, et 640 acrés 1 mille de terrain.

	hect.	ares.	cent.
Mille de terrain.	258,	98,	94,40
Hide	40,	46,	71,00
Yard	12,	14,	01,30
Acre.		40,	46,71
Rood 1/4 d'acre.		10,	11,6775
Perche 1/160 d'acre.			25,2919

Yard 1/4840 d'acre ou 9 pieds carré. 0,8361
Pied carré. 0,0929
Pouce carré. 0,0007

Mesures cubiques.

Yard cube, en mètres cubes. . 0,7645011
Pied cube. 0,2831377
Pouce cube. 0,0001638

stères.

Load de bois brut valant 40 pieds cubes. 11,3255

Stères.

Load de bois de travail, valant 50 pieds cubes. 14,1569

Mesures de capacité

Le gallon impérial est devenu, depuis 1817, la seule mesure légale de capacité pour les matières sèches, aussi bien que pour les liquides. Ses multiples et sous-multiples sont :

	litre.
Gille (1/32 de gallon).	0,141983
Pinte (1/8 gallon).	0,567932
Quart (1/4 gallon).	1,135864
Gallon impérial.	4,54345797
Peck (2 gallons).	9,0869159
Bushel (8 gallons).	36,347664
Sac (3 bushels).	109,043
Quarter (8 bushels).	290,7813
Chaldron (12 sacs).	1308,516

Poids : La base des mesures de pesanteurs est la livre troy, dite impériale, elle vaut en kilogrammes 0,373096. Voici le tableau de ses divisions et de leur valeur en grammes : .

Once (1/12 de livre) en grammes. 31,091
Penny-weight (1/20 d'once) 1,555
Grain (1/24 de penny-weight). . . 0,065

Mais cette livre n'est employée que pour le poids des matières d'or et d'argent, et la livre légale du commerce est la livre pound ou avoir du poids, composée de 7,000 grains troy, dont 5760 seulement composent la livre troy. Le rapport des deux livres est donc de 700 à 576. Voici le tableau des multiples et sous-multiples de la livre avoir du poids impérial :

Dram (1/16 d'once) en grammes. . 1,771
Once (1/16 de la livre), id 28,338
Liv. avoir du poids impériale, en kil. 0,4534
Quintal (112 livres), id 55,78
Tonne (20 quintaux ou 2240 liv.). . 1015,65

ASSOCIATION ALLEMANDE. — Capacité : scheffels de houille en hectolitres, 0,5494. Poids : le quintal est de 50 kilogrammes ; le stein de laine de 10,50.

AUTRICHE. — Longueur : valeurs en mètres, pied, 0,3161 ; clafter ou toise de 6 pieds. Aune de Vienne 0,7792 ; aune de la Haute-Autriche 0,7997. Le pied de Paris de 0m,32484 est la mesure officielle pour le jaugeage des bateaux. Mille d'Allemagne en kilomètres, 7,407. Mesures agraires : joch ou journée en ares, 57,58. — Poids : pour l'or et l'argent ; le marc divisé en 8 onces, 16 loths, 64 quintins, 256 phenings ou 65,536 richtphenings, vaut, en grammes, 180,7. Les diamants se pèsent au carat, valant 48 1/8 richtphenings ou en décigrammes 2,06. Le pfund, poids de commerce, se divise en 4 quarters, 16 onces, 32 loths, 128 quintins ou 512 phenings, il pèse en kilogrammes 0,56001. Un

ione vaut 20 pfund, un centner 100, un karch 400, un saum 275, ou lorsqu'il s'agit d'acier 250.
— *Capacité :* le muth de blé divisé en 30 metzen, celui-ci en 4 viertels ou 8 achtels, vaut en hectolitres 0,6148; l'achtel se divise en 2 muhlmassels, 4 fudermassels, ou 16 bechers. Le fuder de vin contient 32 eimers, chacun d'eux se divise en 4 viertels, 40 maassis, 70 ropfen ou 168 seidels, et vaut en litres 56,56. Le dreyling vaut 30 eimers.

BRÉSIL. — Longueur : pied divisé de 12 pouces et 144 lignes, en mètres 0,30; Covado de 3 palmes 0,652 à 0,670; Vare de 5 palmes 1,87; palme 0;222. — Capacité : Alquière en litres 37,38; Canada, 2,666; quartillo, 0,665; Pipe, 479 1,6. — Pesanteur : livre de 16 onces en kilogr. 0,45867; arrobe de 32 livres 14,677; quintal 60,56; tonneau (13 1/2 quintaux) 817,56.

CANADA. — Les poids et mesures anglais y sont établis depuis 1808, cependant on y vend le blé à l'ancien minot français dont 90 sont estimés 10 boisseaux anglais ou en litres 363,47.

CANARIES. — Longueur : pied castillan en mètres 0,2826. Le vara est de 3 pieds, le brassada 6 1/2 pieds ou 1,837. — *Mesures agraires :* fanegada de 12 almudes ou celemines et 600 brassadas carrés valant en ares 20,23. — *Poids* comme en Espagne.

CHILI. — Longueur : on emploie concurremment les mesures espagnoles et anglaises; l'arrobe est en litres de 28,719, et la fanègue de blé de 69 kilogr. et le baril de farine de 87,40 à 92 kilogr.

CHINE. — Longueur : les seules mesures usitées dans le commerce sont le tsun dont les 10 composent le chich ou covid, les 100 font le chang et les 1,000 font le yin. Le tsun vaut en mètres 0,371 et le chang un peu plus de 3,658. Les tissus de coton et de laine se mesurent au chang. — La principale mesure itinéraire est le lé composé de 360 pas de 10 covid chacun; elle équivaut à 134 mètres. — Les poids sont le tang, le king et le leang, mieux connus sous les noms de picul, catty et taël. Le picul se divise en 100 cattys et celui-ci en 16 taëls; le marc ou tchen, le candarin ou fwen et le cash ou lis sont des subdivisions décimales en ordre décroissant qui servent exclusivement à la pesée des pierres ou des drogues précieuses. Le picul vaut 1 kilogr. 625. — Capacité : il n'y a pas de mesures de cette espèce, toutes les denrées sèches ou liquides, même les substances volatiles, se vendent au poids. Une caisse d'opium est de 605 kilogrammes environ.

DANEMARK. — Longueur : pied en mètre 0,314; aune 0,6277, pouce, 0,026; toise de 6 pieds 1,884; palme ou 1/3 de pied d'Altona, 0,095;

mille, 7538,3. — Poids : la livre du commerce de cette contrée est égale en kilogrammes à 0,4995, soit 0,5 : pour le commerce des métaux précieux 0,470778 ou 16/17 du poids commercial. Centner, 100 livres; vog, 36; lispond, 16; bismerpond, 12; skipond, 320. Le tarif du Sund évalue le skipond suivant les provenances : pour la Prusse et les pays non dénommés à 300 livres ou 150 kilogr., et pour la Russie et la Suède à 400 livres ou 200 kilogr. Le tarif du Sund compte la tonne de gruau pour 128 kilogr.; celle de hareng pour 131 et celle de pommes de terre pour 75. Livre des apothicaires 0,3581. — Capacité : pour le blé, toende ou baril divisé en 8 skieps et 144 pots, en litres 139,08, il passe pour 140 litres. Pour le vin : oxhord de 225 litres : pour l'eau-de-vie, tonneau de 131 litres, velte de 7,5.

ÉGYPTE. — Longueur : pic valant en mètres 0,6804. — Poids : cantaro divisé en 100 rottoli valant en kilogrammes 45. Le rottolo se divise en 144 drams. L'occa pèse 400 drams et vaut en kilogr. 1,25. 36 occas font 1 cantaro. Les différentes denrées se vendent à un poids qui est d'un tant pour 100 en plus que le poids ordinaire. La balle de coton en kilogr. de 108,168. — Capacité : ardeb valant en hectol. 1,72.

ESPAGNE. — Longueur : pied étalon dit de Burgos divisé en 12 pulgadas et 144 lig. en mèt. 0,2826. Le palme de 9 pulgadas ou 12 dedos. La vare ou aune de Castille 0,848. La braza ou toasa vaut 2 vares ou 6 pieds : le pas 5 pieds : l'estadal, 2 toises; le cuerda 8 1/4 vares. Lieue légale de 5,000 vares ou 4,238 mètres. Lieue de 1766, 8,000 vares ou 6,780 mètres; elle se divise en 3 milles et le mille en 8 estadios de 125 pas chacun. — Superficie : fanegada (*voy.* ce mot) la plus commune est de 6,000 vares carrées ou en ares 45,97. Les vignobles se mesurent à l'aranzada de 38,69 ares. — Poids : de Castille, marc divisé savoir : pour l'or, en 50 castellanos, 400 tomines, 4,800 grains; pour l'argent, en 8 onces, 64 ochavos, 128 adarmes, 384 tomines, 4,608 grains; pour les apothicaires, l'once se divise en 8 drachmes, 24 scrupules, 48 oboles, 144 caractères, 576 grains; pour les diamants, l'once se partage en 140 carats; pour le commerce, la livre est de 2 marcs, et l'once se divise en 8 drachmes, 16 adarmes ou 576 grains. L'arrobe est de 25 livres et le quintal de 4 arrobes vaut 46 kilogr. Le tonneau de mer ou 20 quintaux pèse 920 kilogr. Il est évalué en mètres cubes à 0,86. — Capacité : pour les matières sèches, le cahez contient 12 fanegas et 144 celemines. Le fanega vaut en litres 56,3. Pour les liquides, le moyo contient 16 arrobes ou cantaras, 1 arrobe contient 8 azumbras ou 32 quartillos.

Le grand arrobe dit de Tolède vaut en litres 16,073; le petit arrobe auquel on mesure l'huile est de 12,63.

ÉTATS-UNIS. — Les étalons des poids et mesures s'accordent parfaitement avec ceux d'Angleterre; une vérification faite en 1818 l'a constaté.

GRÈCE. — Poids : chilo valant 28 kilogr.

HANOVRE. — Longueur : pied divisé en 12 pouces, le pouce en 8 parties et quelquefois en 12 lignes; l'aune de 2 pieds vaut en mètres 0,584; le clafter est de 3 aunes, le ruthe de 16 pieds et le mille 2,274 ruthes. Surfaces : morgen de 120 ruthen carrés valant en ares 26,014. — Capacité : la base est le himtem de Brunswick valant en litres 31,1. Le last est fixé à 2 wispels, 16 malters ou 96 himtems. Pour le vin, le fuder se divise en 4 oxhofts, 6 ahms ou 15 eimers et vaut en litres 933,24. L'ahm contient 4 aukers, 40 stubgens, 80 kannen, 160 quartiers, 320 nossels. Le quartier doit contenir 2 livres (0,973 en kilogr.). L'ahm contient en litres 155,54. Le brew à bière contient 43 fasses et le fasse 104 stubgens ou 208 kannen. — Poids : pour les matières précieuses, on emploie la livre de Cologne; pour le commerce, la livre divisée en 2 marcs 16 onces, 32 loths, 128 quintins, 512 ortym, vaut en kilogr. 0,4866. Le lispond est de 14 livres; le centener de 112 et vaut en kilogr. 54,50; le schipfund, 280 livres; le last est de 12 schipfunds. Le stom de chanvre de 20 livres et celui de laine de 10. La livre des apothicaires est les 3/4 de celle du commerce ou en kilogr. 0,365.

HOLLANDE. — Le système métrique est adopté depuis 1816, les noms seuls sont différents.

HONGRIE. — Mêmes poids et mesures qu'en Autriche. Le vieux poids appelé occa vaut en kilog. 1,0842.

INDES-ORIENTALES. — *Possessions anglaises.*

BENGALE. — Longueur : 3 jowns ou barlycorns font 1 finger (doigt), 4 fingers 1 hand (main), 3 hands 1 impan, 2 impans, 1 awen (brasse) ou coudée, valant en mètres 0,4572; 4 coudées font 1 fathom, 1,000 fathoms 1 coss ou mille. Les étoffes se mesurent au haut ou coudée divisé en 8 ghevia, 24 angulas ou 72 joab. — Superficie : 5 coudées en longueur et 4 en largeur font 1 chattack, 16 chattacks, 1 cottah, et 20 cottahs, 1 biczgah. — Capacité : pour les grains : khahoonde 16 soalles et 320 pallies. Le pallic se divise en 4 vaiks, 16 kononks, 80 chattacks. Pour les liquides le chattack est 1/4 du pouah ou piu; 4 pouahs font 1 seer, 40 seers 1 maund. 1 passaree ou se compose de 5 seers. — Poids : les métaux précieux se pèsent au dhan ou grain de 4 punkhos : 25 grains font 1 ama,

22 grains 1 massa, 10 massas 1 sicca, valent un grammes 11,667. Les autres marchandises se pèsent au mund de 40 seers, le seer se divise en 16 chattatks, 80 siccas ou en 4 seer et 64 khanchaas. Le mund de la factorerie pèse en kilogr. 33,864, et celui du bazar 37,247. — MALABAR. — Longueur : ady ou pied malabar valant en mètre 0,2656. 24 et quelquefois 26 ady font 1 culy, et 100 culys carrés 1 cancey, valant en ares 40 66,79. — Capacité : le gares de blé contient 80 parahs ou 400 marcels, et le marcel 8 puddis ou 64 allocks. Le gares vaut 49,328 litres. — Poids : pour les perles, le mangelin vaut en gramme 0,39. Le chow est un poids nominal. Le poids de commerce est le candy valant en kilog. 226,772; il se divise en 20 maunds, celui-ci en 8 wis, 320 pollanes ou 3,200 pagodes. Cette dernière vaut en grammes 62,39. — BOMBAY. — Longueur : haut ou corid valant en mètre 0,4472. — Poids : pour l'or et l'argent, le tola de 40 vals, 100 gonzes ou grains ou 600 chows : 24 tolas font 1 seer et 32 plus 13 valls, représentant 373,202 grammes. — Poids de commerce : le candy valant en kilog. 253,984; il se divise en 20 maunds, le maund en 40 seers, et le seer en 30 pieds.

JAPON. — Longueur : inc ou tattami valant en mètres 1,9 environ. — Poids : picul divisé en 100 cattys, le catty en 16 tales, et le tale en 10 mas ou 100 conderines. Le picul vaut en kilog. 58,96 environ. — Capacité : pour le vin, la managaga contient 10,000 ickmagogs, l'ickmagog 1,000 icgogas, et celle-ci 100 gantas ou 300 cocas.

LEIPSICK. — Longueur : pied divisé en 12 pouces ou en 10 pouces décimaux; et valant en mètres 0,28265. Aune de 2 pieds 0,5653; stab de 4 pieds et clafter de 6. Pied des constructeurs 0,2825. Ruthe de 15 1/6 pieds de Leipsick. — Capacité : le wispel de blé divisé en 2 malters, 24 shiffels, 96 vurtels, 384 metzen, 1536 masgins. Le schiffel vaut en litres 1389,18 (*voy.* SAXE). Le fuder de vin contient 12 eimers, le fass 5, l'ahm 2. L'eimer se divise en 63 kamies, 126 nossels, 504 quartiers; il contient en litres 76,09.

MAROC. — Longueur : cubit ou canne en mètres 0,5334; pic de 0,6604. — Poids : grand quintal employé dans les relations particulières, composé de 150 livres, et en kilog. 80,727; petit quintal employé par la douane 100 livres ou 53,818. A Mogador, Suffi, Mazagan, Casablanca, le quintal est de 100 livres ou 53,50 à 53,70; à Raba, Lavache, Tanger, Tétuan, il est de 94 livres ou 50 kilog. Cette dernière évaluation était employée partout avant 1840.

MILAN. — Le gouvernement actuel emploie

le système français décrété en 1803 pour le royaume d'Italie. Le mètre est divisé en 10 palmi, 100 diti, 1,000 atomi; 10 ares constituent la pertica censuarina : le kilogr. appelé libra nuova italiana se divise en 10 onci, 100 grossi, 1,000 denari, 10,000 grani; l'hectolitre est nommé soma et se divise en 10 mine, 100 pinti, 1,000 coppi. Leur rapport avec les anciennes mesures est comme il suit :

Metro valant . 1 braccio, 8 once, 2 punti.
Pertica censuarina : 1,52784 pertica di Milano.
Libra italiana 3 libre 17 denari 7 grani.
Soma - 5 staja 1 quartaro 3 1/2 mita.

Quant aux mesures anciennes, le braccio divisé en 12 onces, 144 punti, 1728 atomi correspond à 0,5949 mètr. Le mille carré vaut en ares 3,4484. — Le moggio divisé en 8 staja, 32 quartari, 128 meta, 512 quatini, vaut en hectolitre 1,4624. La brenta se divise en 3 staja, 6 mine, 12 quartari, 48 pinte , 96 boccali. et vaut en litres 75,55. — La livre est de trois espèces : pour l'or et l'argent elle se divise en 8 onces, 192 denari, 4,608 grani, et vaut en grammes 235,033. La livre commerciale dite peso sottile a 12 onces, 288 deniers, 6912 grains; elle vaut en grammes 32,679. La livre peso grosso a 28 onces et vaut 76,25.

MUNICH ET DANS TOUTE LA BAVIÈRE. — Longueur : pied en mètres 0,289; aune 0,835. — Poids : pour l'or on emploie le marc de Cologne, mais il est en fait un peu plus pesant et vaut en grammes 233,891. La livre commerciale est en kilogr. de 0,56 et le quintal de 56. — Capacité : schiffel ou schaff de blé divisé en 6 metzens, 12 viertels, 48 maessels, contient en hectolitre 3,626. La mesure d'avoine est de moitié en sus. Pour le vin l'eimer est de 60 maas, 240 quartels; pour la bière le fass est de 25 eimers de 64 maas chaque. Le maas vaut en litres 0,617.

NAPLES. — Longueur : canna divisée en 8 palmes et 96 onces; le palmo en mètres 0,2096. — Superficie : moggia en ares 33,431. Dans la Pouille, le cavo composé de 20 versure, 120 catane, 1200 passi est de 8400 palmes carrées. — Capacité : pour le blé, carro divisé en 36 tomoli ou 864 mesures; le tomolo vaut en hectolitre 0,5115. Pour le vin, le carro se divise en 2 bottes, 24 barili, 1440 caraffis; le baril vaut en litres 41,67 ; la pipe est de 14 barils. Pour l'huile, salma de 16 staja, 256 quanti, 320 pignate, 1536 misurelle valant 162 litres et pesant en kilogr. 147,2. — Poids : pour l'or et l'argent : livre de 12 onces, 360 trapisi, 7200 acini, valant en grammes 320,761. Le commerce a deux poids : le cantaro grosso de 100 rottoli dont chacun équivaut à 33 1/2 onces poids d'or ou en kilog.

89,1; et le cantaro piccolo pesant 150 livres poids d'or ou 48 kilogr,

NORWÉGE. — Longueur : aune en mètres 0,5936, pouce 0,02473. Il y a aussi une aune de 2 pieds du Rhin valant 0,62789. — Poids : last du commerce en kilogr. 2449. Last de bois 4000 livres; tonne de harengs 102 kilog. Schippond divisé en 20 lisponds ou 320 livres. Bismerpond valent 12 livres; waag de 3 bismerponds. Livre divisée en 2 marcs, 16 onces, 32 loths, 128 quintins, valant en kilogr. 0,49961. — Capacité : blé : last divisé en 12 tonnes ou 144 kruggs. La tonne vaut en hectolitres 1,814. Tonneau de houille 1,172; de sel 1,714; de goudron 1,332.

PARME. — Longueur : braccio en mètres, savoir : pour la soie 0,5865 ; pour la toile 0,6377; géométrique 0,542. — Capacité : stajo de blé divisé en 16 quartarole valant en hectolitres 0,514. — Poids : pour l'or et l'argent comme à Milan. Pour le commerce : livre divisée en 12 onces, 288 dinari, 6912 grani pesant en kilogr. 0,3264.

PERSE. — Longueur : guerze royal ou monkelser valant en mètres 0,9456 : guerze commun : 2/3 du précédent : Avish valant 0,9716 : parasang valant en kilom. 5,564. — Capacité : artaba de blé contenant 25 capichas, 50 chenicas , 200 sextarios et valant en hectol. 0,657. — Poids : or et argent : derham valant en gram. 9,79; pour les perles : abas en décigr. 0148. Pour marchandises : batman de Cherray en gr. 5751,692. Le batman de Tauris en est la moitié.

PIÉMONT (voy. SARDAIGNE).

POLOGNE. — Longueur : pied de Cracovie en mètres 0,3564. Aune adoptée en 1765, 0,6169.— Capacité : le korzec de blé contient, à Cracovie, 16 garniecs ou pots, à Sandomir 24, à Lublin 28, à Varsovie 32. Le last composé de 60 korzecs vaut en hectolitres 30,67. — Poids : en 1766 on ordonna l'usage général de la livre pesant 8408 asen ou en kilogr. 0,404; le poids commun est de 8426 asen, c'est celui de Cracovie. Les 100 livres pèsent en kilogr. 40,49; et les 100 livres de Varsovie 37,78. Pour l'or et l'argent, le marc de Cracovie pèse en grammes 198,846; celui de Varsovie 201,697, et celui de Wilna 194,764. Le poids des monnaies est celui de Cologne.

PORTUGAL. Longueur : 4 granos (d'orge) font 1 dido ou doigt. 1 1/2 dido, 1 pollegada ou pouce. 8 pollègadas, 1 palmo. 1 1/2 palmo ou 12 pouces, 1 pe ou pied. 2 pes ou 3 palmos, 1 covado ou cubit. 1 2/3 covado 5 palmos ou 40 pouces, 1 vara. 1 1/2 vara ou 60 pouces, 1 pas géométrique. 1 1/2 pas ou 90 pouces, 1 braça ou brasse. 117 11/30 braças, 1 estadio ou stade. 8 estadios, 1 mille. 3 milles ou 28 168 palmes,

1 lieue. 18 lieues, 1 degré du méridien. Le pied égale en mètres 0,3285. Le palmo de Craveira est l'étalon légal, il se compose de 8 pouces, le pouce de 12 lignes et celle-ci de 10 points. Le mille vaut en kilom. 1,8512. — Superficie : la terre se mesure à la vara ou à la braça carrée, 4840 varas carrées valant en ares 58,17 s'appellent geira. — Capacité : mesures sèches : moyo divisé en 15 fangas, 60 alequieres, 240 quartos, 480 oitavas, 1920 salemines; il vaut en hectol. 8,301. Pour les liquides : almude divisé en 2 potes, 12 canadas, 48 quartilhos, valant en litres 16,541. 18 almudes font 1 barril, 26 font 1 pipe et 52 font 1 tonelada. La pipe de vin d'Oporto est en litres de 522,445. — Poids : pour l'or et l'argent : marc divisé en 8 onces, 64 outavas, 192 scrupules, 4608 grains et valant en gramm. 229,460. Les apothicaires ont le même poids, et leur livre est de 1 1/2 marc. Les diamants et gemmes se pèsent aux quilates ou carats de 4 grains chaque, ce grain valant 1,033 du poids d'or. Le carat vaut donc en décigr. 205,75. Le poids de commerce est le même avec d'autres divisions : arratel ou livre divisé en 12 marcs, 4 quartos, 16 onces, 120 outavas, 9216 grains. 32 livres font 1 arrobe, 4 arrobes, 1 quintal ou 128 livres, 13 1/2 quintaux ou 54 arrobes, 1 tonelada.

PRUSSE. — Un nouveau système a été décrété en 1816 pour tous les États prussiens; longueur : l'unité est le pied du Rhin ou de Prusse divisé en 12 pouces valant en mètres 0,3138216. L'aune est de 25 1/2 pouces ou 0,6669. Le fathom de 6 pieds, le ruth de 12 se divisent en parties décimales. Le mille est de 2000 ruthes ou en kilo. 7,532. — Surfaces : morgen de 180 ruthes carrés et en ares 25,526. — Capacité : pour le blé : schiffel de 16 metzen ou 48 quarts en hectolit. 0,54943. Le tonneau pour sel, chaux, charbon, est de 4 schiffels. Pour le vin : eimer de 2 ankers ou 60 quarts en litres 68,67 : 4 eimers font 1 schiffel. Pour la bière : tonneau de 100 quarts. — Poids : le marc de Cologne en est la base, il vaut en gram. 233,824. Pour l'or et l'argent il se divise en 288 grains. La livre commerciale est le poids de 1/66 d'un pied cube du Rhin d'eau distillée, à la température de 16° Réaumur, et correspond à 2 marcs de Cologne ou en kilogr. 46,77. Elle se divise en 32 loths et 128 quintins. Le quintal est en Prusse, Saxe, Anhalt, de 110 livres ou en kilogr. 51,45. La livre des apothicaires est les 2/3 de la précédente, elle se divise en 12 onces, 96 drams, 288 scrupules, 5760 grains. La joaillerie emploie le carat, dont 100 font 9 quintins ou en décigr. 3,288.

ROME. — Longueur : pied romain en mètres 0,297895. Canna du commerce 1,992. Elle se di-

vise en 8 palmi et 24 porti. Brasse du commerce divisé en 4 palmes 0,8482. Brasse des tisserands divisé en 3 palmes 0,6361. Canne des constructeurs 2,234 divisée en 10 palmi, et chaque palmo en 12 oncie, 60 minuti 120 decimi. Mille 1489,4. — Capacité : pour les grains : rubbio de 4 quarts, 22 scorzi, 88 quarticci divisé quelquefois en 12 ou en 16 stari. Il vaut en hectolitres 2,9446. Pour le vin : barril de 32 boccali, 128 fogliette valant en litres 58,3416. La botte vaut 16 barrils. Pour l'huile : le barril divisé en 28 boccali, 112 fogliette, 448 quarticis vaut 57,4806 litres. La soma composée de 80 boccali vaut 2 pelli ou mastelli, ou 20 engatelle de 4 boccali chaque. Elle correspond à litres 164,23. — Poids : pour l'or et l'argent, la libra se divise en 12 onces, 288 denari, 6912 grani et vaut en grammes 339,07 ; 10 libre font une decima. La livre médicinale a le même poids, mais l'once est divisée en 8 drachmes, 24 scrupules, 576 grains. Ces grains sont les mêmes que ceux du poids d'or, et se divisent en 24 parties. La livre du poids d'or est aussi celle du commerce, les cantari ou quintaux sont de 100, 160 et 250 livres, celui de 100 livres s'appelle migliajo. Le fret des vaisseaux se calcule au poids du rubbio de blé évalué à 640 livres.

RUSSIE. — Longueur : pied de Russie en mètres 0,3491. Il se divise en 12 pouces. Le pied de Moscou est de 0,3343. Le commerce se sert plus ordinairement du pied anglais de 0,3048, ou pour les bois du pied de Hollande qui se divise en 11 pouces et vaut 0,283133, ou du pied du Rhin divisé en 12 pouces et valant 0,3138. Le palme est de 0,0685208. L'archine se divise en 16 verchoks et vaut 0,7109. Le sachine ou toise est de 3 archines faisant 7 pieds anglais et en mèt. 2,1327. Le werst de 500 sachines ou 1500 archines et vaut 1066 mètres. — Superficie : dessetine de 2400 sachines carrées ou en ares 109,26. — Capacité : le tchetver de blé se divise en 2 osmins, 4 pajaks, 8 chetvevics, 32 tchetverkas et 64 garnets, il vaut en litres 209,72. Pour les liquides : l'oxhoft se divise en 6 ankers, 12 stekars, 18 vedros, 240 bouteilles : le vedro vaut en litres 12,289; il se divisait en 7 kruskas ou osmins, et le kruska en 11 charkeys ou coupes; mais un ukase de 1819 a ordonné la division du vedro en 100 charkeys. — Poids : la livre russe est la même pour les métaux précieux et les marchandises, elle vaut en kilogr. 0,4093. 40 livres font un poids valant 16,372, le quintal est en kilogr. de 51,90. Les hôpitaux du gouvernement et les pharmacies se servent de la livre de Nuremberg et de ses divisions : le commerce des pierres précieuses fait usage du carat de Hollande, dont il faut

1200 pour un marc qui, lui-même, pèse en grammes 246,084.

SARDAIGNE. — Longueur : pied de Turin en mètres 0,323; raso divisé en 14 onces 0,5994. Le raso de Sardaigne est de 0,5488 et le palme de 0,2483. — Capacité : le sac de blé divisé en 3 staje, 6 mine, 12 quartieri, 48 capelli, vaut en hectol. 1,149. Pour les liquides, la brenta divisée en 6 rubbi, 36 pinte, 72 boccoli, vaut en litres 9,39. Le rubbo d'huile est de 25 livres de Turin ; le carro contient 10 brente. — Poids : le marc poids d'or divisé en 8 onces, 192 deniers, 4 ,608 grains, vaut en grammes 245,935. La livre de commerce contient 1 1/2 marc ou 12 onces, et vaut en grammes 0,3688. La livre de Sardaigne, qui est aussi de 12 onces, vaut 0,398125. Aujourd'hui le quintal est de 100 kilogr.

SUÈDE. — Longueur : le pied se divise en 12 pouces et en 144 lignes ou en parties décimales ; il vaut en mètres 0,2968. L'aune est de 2 pieds, la toise de 3, le rod de 8, le mille de 6,000 toises ; ce dernier vaut en kilom. 10,698. — Superficie : le tunneland de 56,000 pieds carrés vaut en ares 49,31. — Capacité : pour les matières sèches, le baril ou quart de tonne équivaut en hectolitres à 1,464; il se divise en 2 spann, 8 fierdingar, 32 kappar, 56 kanne, 112 stops, 448 quarter, 1,792 ort ou jungkfra. La kanne vaut en litres 2,616. Pour les liquides, l'oxhufvud contient 1 1/2 am, 3 eimer, 6 ankave, 90 kannor, 180 stop, 720 quarter, 2,880 jungfrar, et vaut en litres 235,58; 2 oxhufvud font une pipe et 2 pipes, 1 fudder. La kanne est commune aux deux sortes de mesures. La tonne de farine, viande, poissons, est de 48 kannes — Poids : le tableau suivant les comprend tous avec leur valeur en grammes.

Marc de la monnaie 210,703
Poids d'or 445,768
Poids d'argent dit victualie 425,229
Skippund, poids de métal 340,196
Id.   poids médicinal 356,420
Id.   de fer brut 488,661
Id.   de cuivre brut 377,413
Id.   poids de mineurs 375,868
Id.   poids de ville intérieur . 358,040

Le marc d'or se divise en 16 lods et 64 quintins; la livre d'apothicaire en 12 onces de chacun 8 drams, 24 scrupules, 240 grains; le victualie ou poids de commerce a sa livre divisée en 32 lods et 128 quintins; le poids de métal, d'exportation ou d'étape, est les 4/5 du victualie; il se divise en quarts, etc. 20 skippunds font le lispund valant en kilogr. 8,504, et 20 lispunds, le kippund ou en kilogr. 136,065.

SUISSE. — Bâle. — Longueur : pied en mètres 0,298; le ruthe est de 16 pieds. La grande aune

1,178 et la petite ou brasse 0,544. — Superficie : le juchart contient 140 ruthes carrés et vaut en ares 31,867. — Capacité : matières sèches, sac de 8 muddes ou cheffels, 32 kupfleins, 64 bechers ou goblets ; il contient en hectolitres 1,29. Pour les liquides : le saum contient 3 ohms et 96 pots, ancienne mesure, ou 120, nouvelle mesure; il vaut en litres 49,56. — Poids : la livre de 16 onces, 128 gros et 9,216 grains, vaut en kilogr. 0,4895. C'est l'ancien poids de France. — Berne. — Longueur : pied divisé en 12 pouces de 12 lignes, valant en mètres 0,29325. Le pied de carrières est de 13 des mêmes pouces. L'aune de 22 pouces 2 lignes de Berne vaut en mètres 0,5425. Le ruthe est de 10 pieds. — Superficie : le juchart de bois est de 45,000 pieds carrés, celui de terre arable de 40,000, celui de prairie de 35,000. — Capacité : pour les matières sèches, le mutt se divise en 12 masses, 48 immis, 96 achteslis, 192 sechzeneslis; il vaut en hectol. 1,681. Pour les liquides : le landfass contient 6 saums, 24 brents, 600 maas ; le fass commun contient 4 saums, 16 brents et 400 maas ou pintes. Le maas vaut en litres 1,671. — Poids : le marc poids d'or se divise en 16 loths, 64 quintlins, 256 deniers, 4,608 grains, et vaut en grammes 246,877. La livre de commerce, divisée en 16 onces, 32 lothes et 128 quintlins, vaut 522,33. Le quintal est à Lausanne et à Morges de 97 1/4 livres, à Granson de 96 3/4, à Nyon de 109 1/2, à Iverdun de 103 1/4, à Arau de 93 1/2, à Thun de 102 7/8. — Genève. — Longueur : pied en mètres 0,4879; aune 0,11437. — Superficie : l'acre est de 40 toises françaises de long et 34 de large, ce qui fait en ares 51,63. — Capacité : coupe de blé en hectolitres 7,764. Pour le vin, char divisé en 12 setiers, 488 quarterons et 576 pots Le setier vaut en litres 45,22. L'eau-de-vie et l'huile se vendent à la livre. — Poids : marc d'or divisé en 8 onces, 64 gros, 192 deniers, 4,608 grains, valant en grammes 245,231. Il y a deux poids de commerce, le poids fort et le poids faible : le premier de 18 onces valant 530 grammes, et le second de 15 onces pareilles. L'once se divise en 24 deniers et 576 grains. — Neufchâtel. — Longueur : pied en mètres 0,30; aune 1,111. Il y a deux sortes de poids, l'ancien poids de marc français et le poids de fer pour les marchandises pesantes; il est de 17 onces de France, et vaut en kilogr. 0,5204 — Saint-Gall. — Longueur : aune de toile en mèt. 0,6158; aune des tissus de laine 0,8017. — Capacité : le blé se mesure à la charge valant en hectolitres 0,7279. — Poids : il y a deux sortes de poids, le plus fort en est en kilogr. 0,5845 et le plus faible 0,4649. — Zurich. — Longueur : pied en mètres 0,30; aune 0,6001. Le ruthe est de 10 pieds, le clafter de 6. — Capacité : mult de blé divisé en 4 viertels, 16 vierlings, 64 masslings ; il vaut en hectolitres 0,827. L'immi est le neuvième du viertel. Le maas de sel est de 4 viertels valant chacun en hectol. 0,2303. Le vin se mesure au kopf de 2 maas. Le maas vaut en litres 1,82.

TRIPOLI. — Longueur : pic en mètres 0,5536. — Capacité : pour le blé : cafiso composé de 20 tiberi et valant en litres, 40,6 ; pour l'huile, le mataro pèse 42 rottoli et vaut en kilogr. 21,31. — Poids : pour l'or, le métical, dont 50 font un marc de Venise, pèse en grammes 4,77. Pour le commerce, le cantaro de 100 rottoli de 6 onces ou 128 termini chaque, vaut en kilogr. 50,79.

TUNIS. — Longueur : il y a trois sortes de pic ; voici leur valeur en mètres : pic pour laine, 0,673 ; pour soie, 0,6298 ; pour toile, 0,4724. — Capacité : pour le blé, le caffice vaut en hectol. 5,28 ; il se divise en 16 whibas dont chacun est de 12 zahs. Pour le vin, c'est l'ancienne mille-rolle de Marseille, valant en litres 64,33 ; elle se divise en 6 1/2 mètres. Pour l'huile, le métal ou mettar correspond à litres 19,39. — Poids : pour les matières précieuses, il y a l'once de 8 méticals valant en grammes 31,475. La livre est de 16 de ces onces ; le cantaro de 100 rottoli, ou livres, vaut en kilogr. 50,36.

TURQUIE. — Longueur : grand pic, dit halebi ou archim, pour la soie et la laine, valant en mètres 0,6691 ; petit pic 0,6479. — Capacité : pour le blé : le kilow vaut en litres 33,148 ; 4 kilows font un fortin. Pour les liquides : le meter ou almud vaut en litres 5,227. — Poids : la base est le chequice ou livre. Pour l'or, elle se divise en 100 drames, le drame en 16 killós ou 64 grains ; pour les marchandises pesantes, 176 chequees font un cantaro ou 44 okes. Le quintal de coton filé est de 45 okes ; celui des soies de Perse est de 6 okes, qui font un batman ; les soies de Brussa se pèsent au tapis de 610 drames. Le chequee d'opium vaut 250 drames ; celui de poils de chèvre est de 800. L'ocque vaut en kilogr. 1,39 ; le cantaro ou quintal 56,452, et 180 ocques, 250 kilogr.

VENISE. — Longueur ; pied en mètres, 0,347 ; brasse de laine, 0,6834 ; de soie, 0,6387. — Capacité : pour le blé, le moggio divisé en 4 staja, 16 quarts, 64 quarteroles. Le stajo vaut en hectolitre 0,83317 ; pour le vin, l'anfora se divise en 4 bigonzi, 8 mastelli, 48 secchj, 192 bozze, 768 quartuzzi et correspond à litres 518,4. La barrillade de 24 bozze vaut 0,643859. La botte d'huile pèse 25 livres grosses et se divise en 80 miri ; elle vaut 15,23 litres. — Poids : Le kilogramme porte le nom de livre italienne ; la livre gros poids se divise en 12 onces, 72 sazi,

2304 carati, 9216 grani, et vaut en kilogr. 0,4769 ; la livre faible est de 12 onces, 72 sazi, 1728 carati, et vaut 0,30129,

WURTEMBERG. — Longueur en mètres : pied, 0,286. Petit ruthe de 12 pieds du Rhin, grand ruthe de 15 pieds. Aune de Stuttgard, 0,6143. — Superficie en ares : grand morgen de 400 petits ruthes carrés, 56,74 ; petit morgen de 150 grands ruthes carrés, 32,24 ; le juchart ou journée est 1 1/2 petit morgen. — Capacité : scheffel de blé, divisé en 8 simris, 32 vierlings ou unzens, 128 achtels, 256 mussleins, en hectolitres 1,783. — Poids : la livre commerciale est le double du poids employé pour l'or, et vaut en kilogr. 0,4678.   EMILE LEFÈVRE.

MESURE (*mus.*). On donne ce nom à une subdivision de la durée, assez longue pour pouvoir être saisie par l'oreille, assez courte pour pouvoir être isolée et comparée à une subdivision semblable qui a précédé ou qui va suivre. C'est le balancier de la pendule frappant des sons égaux, séparés par des intervalles réguliers. La mesure se subdivise en un certain nombre de fractions nommées *temps*. Ces fractions sont égales en durée, mais non en force ; la première est plus accentuée que la seconde, et la troisième que la quatrième. La mesure ne doit donc pas être confondue avec le rhythme. Il est la cause, elle est l'effet, elle ne le crée pas, elle se borne à le constater. — Il n'y a en réalité que deux classes de mesure, la mesure à *deux temps*, donnée par le mouvement de la marche, et la mesure à *trois temps*, dont le modèle est fourni par les contractions du cœur. On en admet cependant une troisième, mesure à *quatre temps*, qui se compose d'une double mesure à deux, mais qui en diffère en ce que la note accentuée, qui revient tous les deux temps dans la mesure de ce nom, ne revient ici que tous les quatre temps, ce qui lui donne un caractère plus grave et plus majestueux : les prières, les marches, etc., sont ordinairement à quatre temps. On a essayé de créer une mesure à cinq temps, mais on a toujours trouvé l'oreille rétive à cette coupe. Boïeldieu l'a cependant fait accepter dans un passage de la *Dame blanche*, mais il a eu soin de subdiviser cette mesure en deux demi-mesures bien marquées, l'une à deux, l'autre à trois temps.

Chacun des temps de la mesure peut se diviser en *deux*, quatre, huit, seize, ou bien en *trois*, six, neuf parties. De là deux genres de subdivision dans chaque espèce de mesure : —

mesure à deux temps à subdivision binaire, $\dfrac{2}{2}$,

$\dfrac{2}{4}$, $\dfrac{2}{8}$; mesure à deux temps à divisions ternaire, $\frac{6}{8}$; mesure à trois temps à division bi-

naires, $\frac{3}{2}$, $\frac{3}{4}$, $\frac{3}{8}$; mesure à trois temps à

subdivision ternaire 3, $\frac{9}{8}$; mesure à quatre temps

à division binaire $\frac{4}{2}$ ou 4; mesure à quatre

temps à division ternaire, $\frac{12}{8}$. Les dénomina-

teurs employés dans ces désignations de la mesure désignent des fractions de la *ronde* prise pour unité. Par conséquent, une mesure composée de blanches emploie les demies; une mesure composée de noires emploie les quarts; les croches sont des huitièmes, etc. Dans l'origine, cette notation indiquait aussi le mouvement. La ronde désignait une durée fixe, quatre secondes par exemple; chaque noire alors représentait une seconde, et chaque croche une demi-seconde. Mais les musiciens ont bien vite oublié cette règle; il est des mouvements à deux temps beaucoup plus rapides que des

mouvements à $\frac{2}{4}$, et le *tempo di minuetto* de

Beethoven, écrit à $\frac{3}{4}$, s'exécute plus rapide-

ment que bon nombre de morceaux notés à $\frac{3}{8}$.

La mesure s'indique par des mouvements du pied et de la main. La mesure à deux temps se marque en abaissant et en relevant successivement le pied ou la main; en France, la mesure à trois temps s'indique en portant la main ou le pied à droite pour le second temps et en haut pour le troisième. Dans la mesure à quatre temps, le second s'indique par un mouvement à gauche, le troisième par un mouvement à droite, et le quatrième par un mouvement de bas en haut. Le premier temps de toutes les mesures est toujours frappé, et porte ordinairement sur une note forte. Quand le morceau ne commence pas par un temps fort, la musique se met en mouvement avant le frappé de la mesure, de même que dans la marche le pied se lève avant qu'on puisse marquer le pas.

Chaque temps de la mesure peut être composé de notes très diverses, à la seule condition que ces notes, ajoutées ensemble ou jointes à des silences également mesurés, formeront un temps ou une partie aliquote de temps. —Bien que le temps fort soit généralement le premier de la mesure, il arrive quelquefois cependant que le musicien, pour varier son expression, intervertit cet ordre et fait du pre-

mier temps de la mesure le temps faible, et le temps fort du second ; c'est ce qu'on appelle une *syncope*. Cette interversion s'emploie surtout dans les endroits pathétiques.

La mesure est d'une telle importance en musique, qu'en changeant la mesure d'un air, on le dénature complètement. Parmi nos airs populaires, il en est deux, *Aussitôt que la lumière* et la *Musette de Nina*, qui sont composés à peu près identiquement des mêmes notes. Ils ne diffèrent que par la mesure. Rien de plus différent cependant que le caractère de ces mélodies.

Quelques musiciens se sont amusés à faire jouer à la fois par plusieurs orchestres des morceaux de mesures différentes. Mozart nous fournit un exemple fameux de ces mesures complexes. Dans la fête du troisième acte de *Don Juan*, trois orchestres jouent à la fois, l'un un

menuet à $\frac{3}{4}$, le second une contredanse à $\frac{2}{4}$,

et le troisième une valse à $\frac{3}{8}$. La valse fait six

temps pendant que le menuet en fait deux et la contredanse trois. Ce tour de force curieux sert en même temps à constater ce fait que les notes avaient dès l'époque de Mozart perdu toute valeur absolue, puisque les six mesures qui va-

lent $\frac{18}{8}$, ne durent pas plus longtemps que les

$\frac{12}{8}$ composant les deux mesures du menuet,

les trois mesures de la contredanse.

La mesure de chaque morceau s'indique au commencement par des chiffres placés auprès de la clef. Cependant la musique à quatre temps est ordinairement désignée par un C, et celle à deux temps par un C barré verticalement. C'est là un reste de la notation du moyen âge. Les indications de la mesure portaient alors le nom de *modes*. On usait du mode majeur quand on employait la *maxime* (voy. NOTATION), et du mode mineur quand on employait la *longue*. Dans le mode majeur *parfait*, la maxime valait trois longues ; elle n'en valait que deux dans le mode majeur *imparfait*. Ce mode se marquait au XVIe siècle par trois barres verticales, dans le mode parfait, remplissant chacune trois espaces de la portée, et par trois barres qui n'en remplissaient que deux. Ces six barres se réduisaient à quatre dans le mode majeur imparfait. Dans le mode mineur *parfait*, la longue valait trois brèves ; elle n'en valait que deux dans le mode mineur *imparfait*. Dans ce mode il n'y avait plus qu'une ligne traversant trois espaces pour le mode parfait, et deux seulement pour le mode imparfait. Avant cette notation on avait employé dans le même but des cercles et des demi-cercles ponctués ou sans points, et accompagnés ou non des chiffres 2 et 3, diversement combinés.

Dans les réunions musicales modernes, le chef d'orchestre marque la mesure avec un bâton de mesure ou un archet. En Italie, on se sert ordinairement d'un rouleau de papier. Dans l'ancienne Grèce, cette fonction était confiée à des exécutants spéciaux ; ils marquaient la mesure du pied et de la main à la fois. Les sandales ajustées au pied étaient disposées de manière à faire beaucoup de bruit; les coups de la main droite dans la main gauche arrondie n'étaient pas moins sonores, et cependant on ne tarda pas à trouver ces moyens insuffisants. On employa, pour augmenter le bruit, des coquilles, des écailles d'huitre, des ossements d'animaux, etc. Les Grecs du reste avaient un bien plus grand besoin que nous de bien indiquer la mesure. Chez nous, elle est uniforme dans un morceau ; chez eux, elle changeait soûvent plusieurs fois dans une ligne. La mesure disparut du plain-chant au moyen âge; on ne la conserva que dans les proses et dans un petit nombre d'hymnes (voy. MOUVEMENT (mus.) et RHYTHME. J. F.

MÉTACARPE : partie comprise entre les doigts et le carpe ou poignet. Le métacarpe est formé par cinq os longs, disposés parallèlement et correspondant par leur extrémité inférieure avec les doigts. On les désigne par les épithètes de premier, deuxième, troisième, quatrième et cinquième métacarpiens, en procédant du pouce au petit doigt. La disposition des os du métacarpe contribue à donner à la main sa forme générale. En effet, ces os forment un ensemble convexe à la face postérieure ou dorsale, concave à la face antérieure ou palmaire. Solidement fixés au carpe par des ligaments nombreux, les os métacarpiens conservent cependant une certaine mobilité qui facilite l'action des doigts. Le premier métacarpien destiné plus spécialement à favoriser l'acte de préhension et par conséquent à être opposé aux quatre autres doigts, est admirablement disposé pour cet usage; d'une part, il s'articule avec le trapèze de manière à faire un double mouvement; il peut se fléchir et s'étendre, s'éloigner du doigt indicateur et s'en rapprocher; enfin il peut un peu tourner sur lui-même et fournir un mouvement de rotation sur pivot ayant son centre dans l'articulation carpo-métacarpienne; d'autre part, l'intervalle qui le sépare du second métacarpien, sa position hors rang, et en avant des autres

os analogues, sa grosseur, sa résistance, concourent à favoriser le mouvement d'opposition, signe caractéristique de la main, et semblent comme à priori indiquer sa prédestination fonctionnelle, favorisant singulièrement le mouvement. Les autres métacarpiens ne méritent pas une mention spéciale. Comme tous les os longs ils présentent trois points d'ossification. La diaphyse ou portion centrale offre déjà des traces d'ossification dès le troisième mois de la vie intra-utérine; tandis que le même phénomène se produit plus tard dans les deux têtes; enfin, la soudure définitive de ces trois points entre eux ne se fait guère qu'à l'époque de la puberté. B.

MÉTACENTRE (de μέτα, près, κεντρόν, centre). On appelle ainsi le centre de pression d'un fluide sur un corps flottant; c'est le point d'application de la poussée du fluide, c'est-à-dire la résultante de toutes les pressions parallèles qu'exercent verticalement de bas en haut les particules d'un fluide sur les corps qui flottent à sa surface. Il s'agit de prouver qu'il y aura équilibre stable toutes les fois que le métacentre sera situé au dessus du centre de gravité du corps, et que l'équilibre sera instable dans le cas contraire. En effet, soit un corps ABC (fig. 1) flottant sur un liquide dont le niveau

FIG. 1.

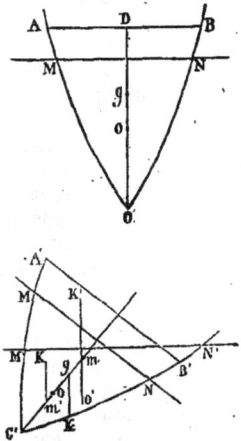

est MN ; soit g le centre de gravité du corps, et o celui de la masse fluide déplacée. Nous ferons remarquer d'abord que les particules de la partie inférieure du liquide étant plus pesantes que celles de la partie supérieure, le dernier centre devra en général se trouver placé au dessous du premier. De plus, tout étant symétrique des deux côtés de la verticale CD dans le plan ABC, le métacentre, ainsi que les deux centres G et O, devront se trouver sur cette verticale.

Cela posé, supposons qu'on incline un peu le corps en A′ B′ C′, le centre de gravité de la masse fluide viendra en O′, et la poussée du fluide agira suivant la verticale passant par ce point, Or, dans la première position du corps, le métacentre se trouvait sur la droite OG; il se trouve maintenant sur la verticale passant par O′. Donc il doit être au point d'intersection de ces deux lignes, c'est-à-dire en m. On voit que le corps sera mu par deux forces parallèles et contraires, l'une, qui est le poids du corps, agissant suivant gK′, l'autre, la poussée du fluide, agissant de bas en haut suivant mK′. Ces forces produiront d'abord un mouvement d'oscillation du point g dû à l'excès de la plus grande sur la plus petite des deux forces. Si donc le poids du corps l'emporte sur la poussée du fluide, g descendra par un mouvement d'abord accéléré; mais à mesure que le corps s'enfoncera dans le fluide, il en déplacera un plus grand volume, et, la poussée augmentant, elle finira par être égale au poids du corps. Le point g continuera alors à se mouvoir dans le même sens en vertu de sa vitesse acquise. Mais la poussée du fluide l'emportant alors sur le poids du corps, son mouvement sera retardé. Le point g s'arrêtera quand il aura perdu toute sa vitesse, puis il reviendra comme précédemment, et continuera à osciller jusqu'à ce que la résistance du fluide ait détruit tout son mouvement. Donc l'équilibre sera stable toutes les fois que le métacentre ou le point m sera au dessus du point g. Au contraire, si le métacentre était au dessous du point g, par exemple en m′, la poussée du fluide qui agirait suivant m′ K′ écarterait le levier gm′ de la verticale, et le point g n'étant plus soutenu, tomberait au dessous de m′ et ferait *chavirer* le corps ; donc l'équilibre alors serait instable. Faisons observer que, si le métacentre coïncidait avec le centre de gravité, la verticale go conserverait la position qu'on lui aurait donnée, c'est-à-dire que l'équilibre serait indifférent.

Il est important dans une foule de circonstances, par exemple dans le chargement des vaisseaux, de savoir déterminer le métacentre, ou plutôt reconnaître s'il est au dessus ou au dessous du centre de gravité. Pour plus de commodité, supposons une section verticale MANB (*fig.* 2) d'un cylindre horizontal à base elliptique, et de densité moitié moindre que celle du fluide. Dans l'équilibre, l'un des deux axes, AB par exemple, sera vertical, et comme la moitié du cylindre plonge dans le fluide, l'autre axe sera à fleur d'eau, suivant MN. Donc

déjà le métacentre se trouvera sur la verticale AB. Maintenant inclinons l'axe AB de manière à ce que l'axe A′ B′ devienne vertical, et abaissons ou élevons un peu le centre de gravité g de manière à ce que le niveau du fluide soit en M′ N′,

FIG. 2.

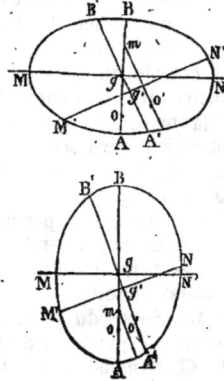

la partie M′ A′ N′ g′ plongeant dans le liquide sera partagée en deux parties inégales par la droite g′ A′ ; le centre de gravité de la masse fluide se portera dans la plus grande partie, par exemple en o′, et la droite o′ m que l'on mènera parallèlement à g′ A′ sera une verticale passant par le centre de gravité de la masse fluide. Donc le métacentre devra aussi se trouver sur cette ligne; donc il sera au point de concours des deux droites AB, o′ m, en m, c'est-à-dire au dessous de g dans la figure 2 d'en haut et au dessus de g dans celle d'en bas.

Le métacentre est donc la limite au dessus de laquelle ne peut être placé le centre de gravité d'un vaisseau, et la stabilité du navire exige que son métacentre soit toujours plus haut que son centre de gravité. La détermination exacte de sa hauteur, telle que nous venons de la donner, est d'une application difficile, et ce problème est un de ceux qui ont toujours occupé et occupent encore les plus habiles géomètres.

MÉTACÉTONE, MÉTACÉTONIQUE (*acide*). Lorsqu'on distille dans une cornue de grès un mélange formé de 1 p. de sucre, et 8 p. de chaux vive, il passe à la distillation de l'acétone et une substance huileuse, insoluble dans l'eau, désignée sous le nom de *métacétone*. Sa production dans la réaction de la chaux sur le sucre est représentée par la formule suivante: $(C^{12}H^{11}O^{11})^2 + 6CaO = 6 (CaOCo^2, +(HO)7+ 3(C^6H^5O)$. La métacétone est incolore, d'une odeur aromatique et comme éthérée, à peine soluble dans l'eau et soluble dans l'alcool et.

l'éther. Son point d'ébullition est à 80 degrés.

Sous les influences oxydantes et principalement par l'action d'un mélange d'acide sulfurique et de bichromate de potasse, la métacétone se change en *acide métacétonique*; cette réaction est représentée par la formule : $C^6H^5O + O^2 = C^6H^5O^3 =$ acide métacétonique anhydre. Le même acide se forme encore en diverses circonstances, par exemple en soumettant la glycérine à l'action des ferments, par la fermentation de l'acide tartarique, par l'action de la potasse sur l'éther cyanhydrique. Enfin on le retrouve parmi les produits de l'oxydation de l'albumine, de la fibrine et de la caséine, et parmi les produits de l'action de l'acide azotique sur l'acide oléique. — L'acide métacétonique est franchement acide, d'une odeur piquante et caractéristique, liquide. X.

MÉTAGITNION, un des mois de l'année athénienne, qui d'abord était le septième, et qui, après la réforme du calendrier (430 av. J.-C.), devint le second. Ce mois doit son nom à la fête des *Métagitnies* (de μετα près, et de γειτνια voisinage), établie par les habitants du bourg de Mélite, dans l'Attique, en l'honneur d'Apollon, qu'ils surnommèrent Métagitnios, parce que, sous ses auspices, ils s'étaient heureusement établis dans un bourg voisin.

MÉTALEPSE (*rhét.*). Genre de trope qui n'est qu'un démembrement, un cas particulier de la métonymie. On fait une métalepse quand on prend l'antécédent pour le conséquent, et le conséquent pour l'antécédent, quand on dit par exemple : Il était ici pendant la moisson, c'est-à-dire pendant le temps que se faisait la moisson. Horace fait une métalepse lorsqu'il s'écrie : *Sextilem totum mendax desideror*, je me fais désirer, au lieu de : Je tarde trop longtemps. C'est encore par métalepse qu'on dit : Elle avait seize printemps, pour : seize années, parce qu'un printemps suppose les autres saisons. Enfin on rapporte à la métalepse ces vers de Virgile : Si nous vous perdions, Ménalque ,

Quis caneret nymphas ? quis humum florentibus herbis
Spargeret, aut viridi frondes adduceret umbrā ;

parce que *spargere flores* ne s'entend pas du sens propre, et s'applique uniquement aux peintures que Ménalque faisait de la campagne. Au reste, la plupart des exemples de métalepse cités par les écrivains peuvent à peu près tous être rapportés à une autre figure, surtout à la synecdoche et à la métonymie. J. F.

MÉTALLURGIE. On comprend sous ce nom l'ensemble des procédés suivis pour retirer les métaux de leurs minerais. Parmi ces procédés les uns, mécaniques, comme le cassage, le triage, le lavage, etc., constituent la prépara-

tion mécanique des minerais, les autres, chimiques, tels que le grillage, la fonte, la distillation, etc., opèrent par l'action d'agents réductifs ou désulfurants, du calorique ou des réactifs chimiques, la séparation des matières étrangères volatiles ou fixes que l'on n'avait pu enlever par la préparation mécanique.

La préparation mécanique des minerais a pour but de séparer, par procédés convenables, la plus grande partie possible des gangues, ou matières stériles qui se trouvent mélangées avec eux. Les minerais deviennent gangues par rapport à d'autres minerais plus précieux. Les gangues métalliques les plus communes sont les pyrites de fer, le fer oxydé anhydre et hydraté, le fer carbonaté et la blende ou zinc sulfuré. Les gangues pierreuses ordinaires sont le quarz, le feldspath, le carbonate de chaux pur, magnésien ou ferrifère, l'arragonite, le carbonate de baryte, les sulfates de chaux et de baryte, la chaux fluatée et l'argile. On fait habituellement dans la mine même un premier triage à la main, et on se sert des matières stériles ainsi séparées pour remblayer sur place les excavations résultant de l'exploitation. Le minerai amené au jour est cassé avec des battes ou marteaux à main, et trié également à la main. Cette opération produit, en général, du minerai *massif*, ou assez riche pour être immédiatement livré à l'usine, soit en cet état, soit après un concassage à sec, entre des cylindres ou sous les pilons d'un bocard, du minerai à trier, et du minerai de bocard. — Le *minerai à trier* est un mélange de minerai en fragments d'un certain volume, de menus de mines et de boues. On le soumet à deux opérations souvent réunies dans le même appareil, et qui ont pour but d'en séparer les boues ou *schlamms*, d'une part, et, d'autre part, de classer les matières débourbées en un certain nombre de séries d'après la grosseur des fragments, ce qui facilite beaucoup la séparation subséquente des gangues. Les minerais de fer n'ont souvent besoin d'aucune préparation mécanique; dans le cas contraire celle-ci se borne à un débourbage, précédé, dans certains cas, par un bocardage lorsqu'il s'agit de minerai en roche. Ce débourbage se fait dans des lavoirs à bras, dans des patouillets, à l'égrappoir ou dans des trommels.— Les *lavoirs à bras* sont des couloirs en planches sur lesquels on lave le minerai, en le remuant à la pelle, au milieu d'un courant d'eau, de manière à délayer et à faciliter l'entraînement des terres et des argiles qui le souillent.—Le *patouillet* est une cuve demi-cylindrique, fixe, ayant un arbre horizontal mobile, armé de trois à quatre bras disposés en croisillons. La cuve d'un patouillet présenté trois orifices, savoir : un orifice supérieur par lequel arrive de l'eau propre, un orifice latéral placé un peu au-dessous du précédent, et par lequel s'écoule constamment l'eau bourbeuse, et enfin un orifice inférieur par lequel le minerai débourbé se rend dans un bassin où on achève de le laver. Lorsqu'il s'agit de minerai de fer en grains, on le charge peu à peu à la pelle dans la cuve du patouillet, pendant que l'on fait tourner l'arbre et les croisillons en fer qui y sont fixés, et dont le mouvement, joint à celui de l'eau qui se renouvelle sans cesse, sépare et entraîne les matières argileuses. On ouvre ensuite l'orifice inférieur et l'eau entraîne le minerai débourbé dans le bassin, où l'on achève de le laver à la pelle. Lorsqu'il s'agit de minerai en roche, ou plutôt de minerai en rognons caverneux, imprégnés d'argile, on se sert, en général, d'un patouillet à deux cuves auquel est annexé un *bocard à grille*. Tandis que l'une des cuves reçoit les produits du bocardage, on fait écouler les produits de l'autre cuve dans le bassin inférieur, où ils sont soumis à un dernier lavage à bras. Au lieu de charger directement, comme dans le cas précédent, le minerai dans les cuves, on le fait arriver sous les pilons du bocard, d'où il est entraîné par l'eau, au fur et à mesure, à travers la grille, dans les cuves du patouillet. Dans le Berry, où le minerai de fer en grains forme des espèces de poches situées à une faible profondeur au-dessous de la surface du sol, on les exploite généralement à ciel ouvert pendant l'été, et on les accumule sur le bord des trous où l'action des agents atmosphériques tend à déliter l'argile; puis, au printemps suivant, lorsque les trous sont remplis d'eau, on y lave le minerai en le mettant dans un panier en osier à claire-voie, dit *égrappoir*, suspendu à l'extrémité d'un levier à contrepoids, et que l'on fait osciller de haut en bas dans l'eau; les boues qui se séparent se déposent dans l'excavation produite par l'extraction du minerai, et servent à la remblayer. Enfin le *trommel* est un tambour à claire-voie, à axe horizontal ou incliné, ayant dans le premier cas une cloison hélicoïdale intérieure, et tournant dans une cuve pleine d'eau; on charge le minerai brut à une extrémité, et il sort débourbé à l'autre bout. — Pour les minerais autres que ceux de fer, le débourbage est quelquefois une opération distincte, et se fait alors à l'aide de trommels ou dans des *caisses à tombeau*, mais le plus souvent il s'opère naturellement dans les appareils de classification ou dans ceux de criblage.

Les *appareils de classification* sont assez variés; ce sont en général des laveries à gradins, des

rætter ou des trommels. — Les *laveries à gradins* consistent en une série de grilles fixes, dont les ouvertures sont de plus en plus petites, disposées en cascade les unes au dessous des autres, de manière à ce que ce qui traverse l'une de ces grilles tombe sur la suivante, et ainsi de suite; les boues ou *schlamms* qui traversent la dernière grille, celle dont les mailles sont les plus fines, sont entraînées par l'eau dans un labyrinthe, ou série de canaux dans lesquels elles se déposent par ordre de grosseur. — Les *rætter* consistent en deux ou plusieurs tamis superposés en gradins et fortement inclinés, auxquels on imprime des secousses continuelles en les suspendant par l'une de leurs extrémités à des chaînes attachées à des leviers à contrepoids sur lesquels agissent des cames. Le minerai tombe avec de l'eau sur le tamis supérieur, le menu et les boues traversent ce tamis pour tomber sur celui placé au-dessous et à mailles plus serrées, et ainsi de suite; les boues se rendent dans un labyrinthe, et ce qui est resté sur chaque tamis se rend par l'effet des secousses, sur une table séparée. — Les *trommels* à claire-voie sont horizontaux ou inclinés; dans le premier cas, ils renferment une cloison hélicoïdale destinée à faire marcher les minerais dans l'intérieur du trommel; celui-ci est divisé en plusieurs anneaux, dont les toiles ou les barreaux présentent des mailles de plus en plus grandes, ou un espacement de plus en plus considérable. Le minerai doit dans ce cas avoir été préalablement débourbé; il arrive ensuite sans eau dans le trommel classificateur par l'extrémité garnie de la toile la plus fine, ou des barreaux les plus rapprochés; les plus gros morceaux sortent par l'extrémité opposée, tandis que les fragments plus petits ont passé à travers les diverses toiles ou grilles du trommel et sont tombés en autant de compartiments séparés. — On obtient ainsi par l'emploi des appareils de classification diverses classes de minerais; celles qui sont composées des plus gros morceaux sont soumises à un nouveau triage à la main, et donnent du minerai bon à fondre, du minerai de bocard et des matières stériles à rejeter; les classes formées de minerais en fragments plus petits sont soumises au criblage, ou quelquefois lavées dans des *caisses à tombeau*. — Le *criblage à la cuve* s'exécute dans un crible, ordinairement circulaire, suspendu, soit à une perche élastique, soit à un levier à contre-poids que l'on fait osciller verticalement dans une cuve pleine d'eau. A chaque secousse le minerai étant mis en suspension dans l'eau, les parties métalliques plus lourdes tendent à s'accumuler au fond, tandis que les parties pierreuses plus légères tendent à se rassembler à la surface. Au bout d'un certain temps, on arrête le mouvement et on enlève par couches horizontales ce qui est resté sur le crible; on obtient ainsi, en allant de haut en bas : 1° de la gangue stérile à rejeter; 2° du minerai à bocarder; 3° du minerai à repasser sur le même crible; 4° du minerai lavé ou *schlich*, bon à fondre. Le menu qui a passé à travers le crible et qui s'est ramassé au fond de la cuve, est lavé de la même manière sur un crible plus fin; il en résulte une sorte de classification qui permet de se passer d'appareils de classification spéciaux, ce qui a effectivement lieu sur beaucoup d'exploitations; mais il est évident que l'emploi de ces derniers appareils facilite et active considérablement l'opération du criblage; en un mot, on peut soumettre au criblage à la cuve toutes sortes de minerais, pourvu qu'ils aient été préalablement débourbés. Les cribles à secousses se manœuvrent, soit à bras, soit à l'aide de machines. Depuis quelque temps on se sert avec avantage de cribles fixes, à travers lesquels on communique à l'eau un mouvement de va-et-vient vertical, en la refoulant dans un corps de pompe latéral au moyen d'un piston : dans ce cas le crible remplit toute l'ouverture de la cuve.

Les minerais disséminés dans une gangue pierreuse ne peuvent en être séparés par procédés mécaniques qu'autant que le tout sera réduit en particules plus fines que les grains des minerais, ce que l'on fait au moyen de cylindres-broyeurs ou de bocards. On se sert également des cylindres et des bocards pour concasser à sec et réduire à l'état de schlichs les minerais bons à fondre. Les cylindres-broyeurs se font en fonte blanche, et sont tantôt cannelés, tantôt unis, et animés de mouvements en sens contraire afin d'attirer et de broyer le minerai qui tombe entre eux. Le minerai est jeté dans une trémie placée au-dessus des cylindres; au-dessous se trouve ordinairement une petite auge dans laquelle il descend de lui-même, et qui le verse sans cesse entre les cylindres, par l'effet des secousses continuelles qu'elle reçoit du mécanisme moteur, et dont on règle l'intensité de manière à ce qu'il ne tombe jamais entre les cylindres assez de minerai pour les engorger. L'un de ces derniers est fixe, l'autre mobile et serré contre le premier, ou offre un écartement déterminé de celui-ci par un système de leviers et de poids, de telle sorte que s'il arrive qu'un fragment très gros et très dur vienne à se présenter entre les cylindres, le cylindre mobile s'écarte, et le laisse passer sans que la machine éprouve aucun dommage. Les matières qui ont passé entre les cy-

lindres tombent ordinairement sur un tamis à secousses, ou dans tout autre appareil classificateur, et les gros morceaux qui en sortent, sans avoir passé à travers les toiles ou grilles, sont remontés à bras, ou au moyen de chaînes à godets, dans la trémie qui alimente les cylindres. — Les *bocards* sont des appareils de broyage habituellement composés de plusieurs compartiments ou *batteries*, renfermant chacun un nombre impair de pilons. Ces pilons se composent d'une *flèche* ou manche ordinairement en bois, à la partie inférieure de laquelle est fixé un sabot en fonte du poids de 25 à 100 kilogrammes; leur *levée*, c'est-à-dire la hauteur à laquelle on les soulève pour les laisser ensuite retomber brusquement sur les minerais placés dans l'*auge* du bocard, est également très variable. Les flèches sont écartées de telle sorte que la distance entre leurs sabots soit au plus de 2 à 3 centimètres. Elles sont guidées dans leur mouvement vertical de va-et-vient par deux systèmes de moises rectangulaires placées dans une direction horizontale. Enfin elles sont munies de *mentonnets* ou appendices saillants et horizontaux, à l'aide desquels elles sont soulevées par des *cames* ou développantes de cercle placées sur un arbre transversal, dit arbre du bocard, de manière à ce que dans chaque auge les coups soient également espacés. Quelquefois pour diminuer les frottements, on évide les flèches, et on y fixe une tige transversale en fer sur laquelle les cames viennent agir. Lorsque l'on bocarde à sec du minerai bon à fondre pour le concasser, ou du minerai disséminé en gros grains, on enlève les parois antérieure et postérieure de l'auge du bocard, pour les remplacer par des grilles horizontales dont l'écartement des barreaux mesure la dimension *maximum* des fragments que l'on veut obtenir. Lorsque l'on bocarde à l'eau des minerais disséminés en grains assez gros, on remplace la paroi antérieure de l'auge par une grille qui règne sur toute sa hauteur; on nettoie souvent la grille, et on fait arriver beaucoup d'eau dans les auges, afin d'obtenir le moins de *schlamms* possible. M. Juncker a reconnu, à Poullaouen, qu'il était préférable de supprimer même la grille, de bocarder à grande eau et de repasser sous les pilons le minerai non bocardé qui s'est déposé à la tête des canaux du bocard. — Lorsqu'enfin le minerai est disséminé en particules très ténues, et que par suite il devient nécessaire de bocarder très fin, on incline légèrement l'auge du bocard, et on fait arriver l'eau et le minerai à la partie supérieure, de manière à ce que ce dernier passe successivement sous tous les pilons de la batterie; à l'autre extrémité de l'auge se trouve une ouverture par laquelle l'eau s'échappe en déversoir, en entraînant les particules de minerai assez ténues pour y rester momentanément en suspension. — Les bocards sont ordinairement alimentés par des caisses mobiles à fond incliné dans lesquelles on charge le minerai, et qui reçoivent de légères secousses chaque fois que l'une des flèches de la batterie du bocard retombe, au moyen d'un appendice placé sur cette flèche. Les matières, surtout des bocards à eau, se rendent dans une série de canaux formant labyrinthe, et enfin dans des bassins de dépôt où elles se déposent successivement à l'état de sables et de boues ou schlamms de diverses grosseurs. Enfin lorsqu'il s'agit de réduire les minerais en farine pour ainsi dire impalpable, comme pour ceux destinés à l'amalgamation, on emploie des meules verticales tournant sur un plan horizontal, ou le plus souvent des meules horizontales, en pierre dure, montées absolument comme celles des moulins à farine. Les sables et schlamms de bocard se lavent sur des caisses à tombeau, des tables dormantes ou des tables à secousses.

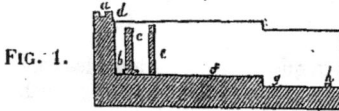

Fig. 1.

La fig. 1 montre la construction des *caisses à tombeau*, connues aussi sous le nom de *caisses allemandes*. L'eau arrivant par le canal *a* tombe par le trou *d* dans la caisse *b*, où un bloc ou arrêt en bois *c* tend à régulariser le mouvement du liquide qui déborde ensuite en nappe très mince par dessus le rebord *e*. Un enfant, prenant le minerai avec une pelle, l'applique sur la paroi *e*, contre laquelle il le promène de telle sorte qu'il est entraîné par l'eau et se répand uniformément sur toute la largeur de la table *f*, tandis qu'un autre ouvrier l'y lave en le ramenant contre le courant, avec un râteau en bois sans dents; on obtient ainsi : 1° un schlich bon à fondre qui reste à la tête de la table *f*; 2° un schlich plus fin sur la table *g*, à relaver sur les tables dormantes; 3° des boues qui s'échappent par dessus le ressort *h*, et sont rejetées ou lavées sur des tables à secousses.—Les *tables dormantes*, dites aussi *tables jumelles*, parce qu'elles sont généralement accouplées par deux, consistent en une caisse en planches à rebords très peu élevés dont le fond est incliné de 1/15e environ. Les schlamms placés dans une caisse sont entraînés par un filet d'eau dans un canal incliné sur une grille qui les distribue sur la *tête* de la table; cette tête est une plate-forme inclinée, ayant une forme trapézoïdale, sur laquelle sont fixés de petits prismes rectangulaires qui servent à diviser l'eau chargée de schlamms, et à la répandre uniformément sur toute la largeur de la table. Un ouvrier lave les matières sur la table en les remontant avec une planchette en bois ou un balai. Dans quelques exploitations, et notamment pour des lavages d'or, on se sert de *tables à toiles*, qui sont des espèces de tables dormantes, recouvertes de toiles grossières dont l'adhérence sert à retenir les particules métalliques; à la fin de chaque opération on enlève les toiles pour les secouer dans des baquets pleins d'eau, puis on les remet en place; le schlich qui se dépose sur les toiles placées à la tête de la table est envoyé aux fonderies; celui qui reste sur les dernières est relavé à part sur la table. Dans la plupart des exploitations on lave les résidus du lavage aux tables fixes qui viennent d'être décrites, et même entièrement les sables et schlamms, sur des *tables à secousses*. La table à secousses *a*, fig. 2,

Fig. 2.

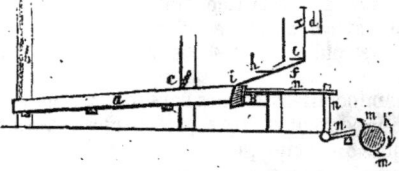

est suspendue à quatre chaînes, deux plus longues *b*, placées à la partie antérieure, et deux autres plus courtes *c*, placées près de la tête, et assez fortement inclinées, ce qui détermine une certaine pression de la table sur un bloc de bois *n* placé à la tête. La table est alimentée d'eau et de minerai de la même manière que dans les tables dormantes, c'est-à-dire que l'eau placée dans une auge *d* en sort par un robinet régulateur pour tomber dans une caisse *e* remplie de schlamms qu'elle délaie et entraîne par le canal *f*, sur une grille *h*, et de là sur la *tête i* de la table représentée en plan, fig. 3, qui la distribue sur la

Fig. 3.

table. Un arbre tournant *k*, muni de cames *m*, pousse celle-ci en avant par l'intermédiaire d'un système de leviers coudés et articulés *n*, *n*, *n*, sur lequel agissent les cames; lorsqu'une came vient à échapper, la table retombe par son propre poids, et vient choquer contre le bloc **B**, ce qui lui communique une vibration plus ou moins forte. Lorsque la table est poussée en avant, son centre de gravité se soulève, son inclinaison augmente, et cela d'autant plus que les chaînes de la tête sont plus courtes et plus inclinées; le courant d'eau augmente de vitesse, et cette vitesse croît encore par l'effet du recul. Lors du choc, le minerai est mis en suspension dans l'eau, de sorte que dans la plupart des cas le lavage se fait tout seul, et l'ouvrier n'a qu'à régler convenablement, et selon la nature des minerais à laver, l'inclinaison de la table, l'intensité des secousses, leur fréquence, la pression de la table sur le bloc, l'avancement de la première, et la quantité d'eau et de minerai qui doivent arriver sur cette table en un temps donné.

Depuis quelques années on soumet aussi à la préparation mécanique le menu charbon destiné, soit à la forge, soit à la fabrication du coke, afin d'en séparer les schistes et les matières terreuses; on obtient ainsi des produits en tout points comparables aux gaillettes ou gros charbon des mêmes mines. Cette opération mécanique consiste en un lavage qui s'effectue, soit dans des caisses à tombeau, soit le plus souvent dans des cribles à pistons. Lorsqu'on se sert de caisses à tombeau, on les divise par des cloisons en plusieurs compartiments. Les schistes restent à la tête de la caisse, et la houille purifiée se dépose dans les derniers compartiments. — Les caisses à piston a, fig. 4, sont divisées par une

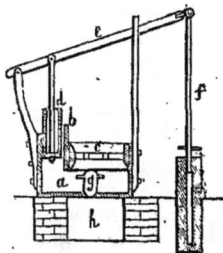

FIG. 4.

cloison b, en deux compartiments qui communiquent par leur partie inférieure; le plus grand renferme un crible c, dont le fond est une toile métallique, une tôle piquée, ou une claie d'osier, sur laquelle on place la houille menue à laver; dans l'autre compartiment se meut un piston flotteur d, auquel on imprime à bras un mouvement vertical alternatif, par l'intermédiaire de la bielle f et du levier e. Par suite de ce mouvement de va-et-vient du piston, l'eau renfermée dans la caisse a éprouve une oscillation correspondante; lorsqu'elle est refoulée, elle pénètre à travers les mailles du crible c, et sou-

lève les matières placées au-dessus; lorsqu'elle se retire, ces matières retombent sur le fond du crible avec une vitesse d'autant plus grande, que leur pesanteur spécifique est plus considérable. Après quelques oscillations du piston les terres et les schistes, plus denses que la houille, forment au fond du crible une couche au-dessus de laquelle se trouve la houille purifiée; g est un bondon pour vider et nettoyer de temps à autre la caisse, et h un aqueduc pour enlever par un courant d'eau les vases qui se sont réunies au fond de celle-ci.

On calcine les minerais de fer pour en chasser l'eau (fer oxydé hydraté) ou l'acide carbonique (fer carbonaté), ainsi que la calamine (hydrocarbonate de zinc), pour en expulser l'eau et l'acide carbonique. La calcination des minerais de fer et de la calamine se fait ordinairement dans des fours analogues à ceux employés pour la cuisson de la chaux (fig. 5). On charge le mi-

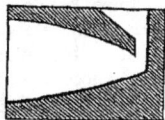

FIG. 5.

nerai, mélangé de menu charbon, par la partie supérieure du four, et on le retire calciné par une ou plusieurs bouches ménagées à la partie inférieure.

On grille les minerais de cuivre, et les mattes cuivreuses que l'on obtient de la fonte des minerais grillés, pour en chasser une partie du soufre et pouvoir subséquemment concentrer le cuivre, qui a une plus grande affinité pour le soufre que le fer, dans une nouvelle matte que l'on obtient par la fusion des matières grillées, tandis que les gangues pierreuses et l'oxyde de fer produit par le grillage passent dans les scories. On grille, pour les ramener à l'état d'oxydes réductibles par le charbon, le sulfure de plomb ou galène, le sulfure de zinc ou blende, et le sulfure d'antimoine. Enfin, on grille les minerais d'étain pour transformer les pyrites, que l'on n'a pas pu en séparer par la préparation mécanique, en oxydes légers et pulvérulents qu'il devient alors facile de séparer par le lavage. Les minerais de cuivre et ceux de plomb se grillent souvent, sur le continent, en *tas*. A cet effet, on établit, sur une aire battue, en terre ordinairement mélangée de poussier de charbon ou *fraisil*, un lit de fagots, de bûches ou de houille, en y ménageant des canaux ou évents d'aérage à la base, et au milieu une cheminée centrale; puis on dispose le minerai par dessus, le plus gros au centre, et le plus fin à la surface du tas, puis on en recouvre la surface extérieure avec une couche battue de terre et de fraisil. Assez ordinairement on pratique à la partie supérieure du tas, dont la forme affecte, en général, celle d'un tronc de pyramide à base rectangle ou carrée, un certain nombre de cavités hémisphériques, dans lesquelles se rassemble une partie du soufre chassé du minerai par l'action de la chaleur ; une autre partie de ce soufre est brûlée par l'air affluant dans l'intérieur des tas, de sorte que la combustion commencée par l'allumage du combustible placé à la base du tas, se continue ensuite aux dépens d'une portion du soufre renfermé dans le minerai. Les mattes de cuivre et de plomb et les schlichs plombeux se grillent souvent en *cases*. — Les cases sont des aires dont le sol est légèrement incliné et comprises entre trois murs ; on y stratifie le minerai avec du bois ou de la houille. Le grillage en tas et en cases est toujours très imparfait ; aussi arrive-t-il souvent que l'on grille les minerais et les mattes à plusieurs feux, c'est-à-dire qu'on les soumet à plusieurs grillages successifs. Pendant ces grillages, il se forme une certaine quantité de sulfates, que l'on en sépare quelquefois par lessivage, lorsqu'il s'agit de sulfate de cuivre, puis on précipite le cuivre des eaux de lessivage, à l'état de *cuivre de cément* par de la vieille ferraille. Nous avons également vu griller du cuivre pyriteux et du zinc sulfuré, dans un fourneau à courant d'air forcé, en les mélangeant avec un peu de nitre, et en utilisant les produits de la combustion pour fabriquer de l'acide sulfurique, en les faisant arriver, avec un courant de vapeur, dans des chambres de plomb ou tout autre récipient. Enfin, on grille aussi les minerais et les mattes dans des fours à réverbère (fig. 6 et 7), chauffés au bois ou à la houille. Lorsqu'il se produit par le grillage des fumées métalliques ou arsénicales, on les recueille dans des chambres de condensation, placées à la suite des fourneaux à réverbère. — Le four à réverbère est l'appareil de grillage le plus parfait et celui qui marche le plus rapidement. Sauf le sulfure de zinc, tous les autres sulfures ou arséniures sont plus ou moins fusibles. Il en résulte que, pour prévenir l'agglomération des matières chargées dans le four, à l'état pulvérulent, il est nécessaire de maintenir d'abord le four à une très basse température, en renouvelant fréquemment les surfaces par le brassage, au moyen de râbles en fer. En général, les oxydes formés sont moins fusibles que les sulfures ou arséniures, et dans ce cas on peut élever la température à la fin du grillage, pour décomposer les sulfates formés. Lorsque les matières renferment de l'arsenic,

une partie est chassée par le grillage, l'autre passe à l'état d'arséniate indécomposable par la

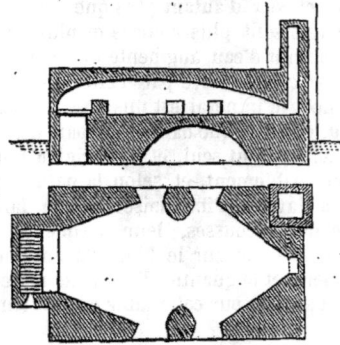

FIG. 6 et 7.

chaleur ; dans ce cas, on donne un coup de feu, après addition de charbon, pour ramener l'arséniate à l'état d'arséniure, que l'on soumet ensuite à un nouveau grillage, etc.

La fusion des minerais et mattes, crus ou grillés, se fait, après addition de fondants convenables, dans les fourneaux à tuyères ou dans des fours à réverbère. Les minerais de fer se fondent dans des *hauts-fourneaux* (fig. 8), dont la

FIG. 8.

hauteur varie de 7 à 16 mètres, et qui reçoivent le vent par une, deux ou trois tuyères t. On distingue dans un haut-fourneau : le gueulard a, par lequel on charge, par lits ou strates, le charbon, le minerai et le fondant ; la cuve b ; le ventre c, qui sépare la cuve des étalages d ; l'ouvrage e ; la portion de l'ouvrage située au-dessous des tuyères porte le nom de creu-

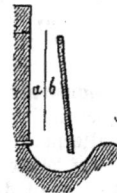

FIG. 9.

set ; par sa partie antérieure f, ou avant-creuset, l'on retire les gangues pierreuses vitrifiées à l'état de *laitiers*, et la fonte de fer. Dans quelques localités, on fond les minerais de cuivre, d'étain, de plomb et d'argent, dans des demi-hauts-fourneaux de 4 à 6 mètres de hauteur, et ayant une ou deux tuyères placées sur la même paroi. Les mêmes minerais se fondent aussi dans des bas-fourneaux à tuyères, dits *fourneaux à manche* (fig. 9 et 10). Dans ce cas, il

Fig. 10.

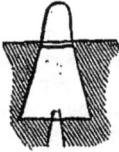

est nécessaire de charger toujours le minerai et le fondant sur le côté des tuyères en *a*, et le charbon en *b*, sur le côté opposé ou poitrine du fourneau. Dans beaucoup d'usines, les fontes des mattes grillées, des scories de plomb et d'étain, et la revivification des litharges, se font au fourneau à manche. Dans les pays où le combustible végétal est rare, et où l'on peut se procurer du combustible minéral à des prix modérés, la fonte des minerais et des mattes grillées de cuivre, des minerais de plomb et d'étain, et la revivification des litharges, s'effectuent dans des fours à réverbère de formes variées, suivant la température qu'il est nécessaire de développer. Dans les fourneaux à tuyères, les oxydes métalliques sont réduits tant par le charbon que par les gaz combustibles avec lesquels ils sont en contact; lorsqu'il y a un mélange de sulfures et d'oxydes, les sulfures se séparent à l'état de *mattes* ou sous-sulfures fondus, et les oxydes passent dans les scories, ou sont séparés à l'état métallique, suivant la température développée dans le fourneau. Dans les fours à réverbère, pour qu'il y ait réduction des oxydes, il faut charger beaucoup de combustible sur la grille, et en outre mélanger la matière avec du poussier de houille, ou couvrir la sole d'une certaine quantité de charbon, comme, par exemple, pour la fonte des minerais d'étain et la revivification des litharges. Dans la fonte des minerais de plomb au four à réverbère, on commence par griller en partie le minerai sulfuré, puis on donne un coup de feu et on brasse, pour faire réagir le sulfure restant sur l'oxyde et le sulfate, formés par le grillage; il se forme, dans cette réaction, du plomb métallique qui se rend dans le bassin de coulée, et du gaz acide sulfureux qui se dégage. On emploie souvent le fer ou la fonte, qui ont plus d'affinité que le plomb pour le soufre, pour réduire, au four à réverbère ou au fourneau à manche, le sulfure de plomb cru ou incomplétement grillé; dans ce cas, l'on obtient comme produits, du plomb métallique, une

matte ferreuse et en outre des scories à rejeter.

On sépare de leurs gangues, par liquation, certains métaux ou composés métalliques très fusibles, comme le bismuth et le sulfure d'antimoine. Cette opération s'effectue en plaçant le minerai dans des pots, des tubes droits ou inclinés, chauffés extérieurement ou sur la sole d'un four à réverbère. On traitait autrefois, et on traite encore dans quelques usines, par liquation, le cuivre noir argentifère pour en retirer l'argent; à cet effet, on le fond avec une certaine quantité de plomb pauvre; on coule en pains l'alliage obtenu, et on soumet ces pains à la liquation en les exposant à une chaleur graduée; le plomb, en se séparant, entraîne avec lui la presque totalité de l'argent, qui a plus d'affinité pour ce métal que pour le cuivre. On obtient ainsi du plomb argentifère à coupeller et des *carcas* ou résidus cuivreux à affiner. Lorsqu'on traite les minerais de plomb au fourneau écossais, c'est encore une véritable liquation que l'on opère, puisque la gangue reste à l'état pâteux sans se fondre. Il en est de même pour le traitement direct de certains minerais de fer dans des foyers à tuyères, par la *méthode catalane*; mais ici, c'est au contraire la gangue pierreuse qui se sépare, en se combinant avec une portion de l'oxyde de fer, pour former une scorie fusible, tandis que l'autre portion de l'oxyde de fer est réduite et forme une éponge de fer doux ou aciéreux, infusible, qui vient former un massiau ou loupe à la partie inférieure du foyer.

Le plomb argentifère ou *plomb d'œuvre* est soumis à la *coupellation* pour en retirer l'argent qu'il renferme. On a donné la description de cette opération en petit, à ce mot auquel nous renvoyons. C'est à l'article *Argent* que l'on trouvera les détails du procédé en grand employé dans les établissements métallurgiques. On emploie aussi le procédé de l'*affinage*, à l'article spécial duquel nous renvoyons.

On obtient par sublimation ou distillation l'acide arsénieux, le mercure et le zinc. L'acide arsénieux se présente comme produit accessoire du grillage des minerais d'étain, et se dépose dans les chambres de condensation placées à la suite des fours de grillage; on le fabrique aussi directement par le grillage de l'arséniure de fer ou pyrite arsénicale. Dans tous les cas, il est trop impur pour être livré en cet état au commerce, et on le purifie par une sublimation faite dans des cornues en fonte, placées verticalement. En distillant dans des cornues en fonte la pyrite arsénicale, au lieu de la griller dans des fours, on obtient de l'arsenic métallique en poudre noire. Pour le mercure, après avoir mélangé au besoin le minerai avec de la chaux, du calcaire, ou toute autre matière susceptible de décomposer le sulfure métallique, on le chauffe dans des cornues ou des fourneaux de formes très variables, suivant chaque localité ; le mercure se sépare par distillation, et on le condense soit dans des récipients pleins d'eau, soit dans des appareils d'un grand développement, refroidis par le contact extérieur de l'air. Pour le zinc, on ramène le minerai à l'état d'oxyde par la calcination, si c'est de la calamine, ou par un grillage soigné, s'il s'agit de blende, puis on le mélange avec une quantité de menu charbon ou d'escarbilles plus que suffisante pour en opérer la réduction, et on le charge dans des pots, des cornues ou des moufles, placés dans un four et chauffés extérieurement. Le zinc réduit distille et se condense dans les allonges des cornues ou moufles. On le purifie en le refondant à une très basse température dans des pots couverts ou sur la sole d'un four à réverbère.

L'amalgamation des minerais aurifères consiste à les tourner, après pulvérisation préalable s'il est nécessaire, avec du mercure qui forme avec l'or un alliage ou *amalgame* soluble dans un excès de mercure ; en filtrant ce dernier par pression à travers une peau ou une plaque de bois, on en sépare l'amalgame solide, qui, soumis à la distillation, laisse l'or en résidu. L'amalgamation, ou traitement par le mercure, s'emploie pour les minerais aurifères (voy. *Amalgamation*), ainsi que ceux d'argent non plombeux, les mattes de cuivre et les cuivres noirs argentifères. Dans quelques usines, après avoir ramené l'argent à l'état de chlorure par le grillage avec du sel marin, on l'enlève par un lessivage méthodique fait, ordinairement à chaud, avec une dissolution saturée de sel marin, puis on précipite par du cuivre l'argent contenu dans les eaux de lessivage, et ensuite on précipite de ces eaux désargentées le cuivre par de la ferraille. DEBETTE.

MÉTAMORPHOSE (*zool.*). Quand les poètes de l'antiquité créèrent ce mot pour exprimer les merveilleuses transformations de leurs dieux et de leurs héros, leur pensée était bien loin encore de ces réalités de la nature auxquelles nous avons transporté, à notre tour, cette expression. Tout le monde sait aujourd'hui l'histoire du papillon, chenille humble et rampante, qui s'enferme et s'endort dans un tombeau pour ressusciter insecte ailé, brillant de vie et d'éclat, s'élever dans les airs, se nourrir du nectar des fleurs, jusqu'au moment où il accomplit une fonction qui est à la fois le moyen de perpétuer son espèce et le signal de sa mort individuelle.

Dans le cours de l'évolution qui conduit un être vivant, un animal en particulier, de ses premières ébauches à son état définitif et adulte, on observe deux ordres de faits : le premier nous offre une simple détermination de parties qui, d'abord confuses, se dessinent de mieux en mieux et se complètent; ce sont là des faits de pure évolution; dans le second ordre, nous voyons des formes déjà dessinées faire place à d'autres, disparaître des organes qui sont bientôt remplacés avec d'importantes modifications; en un mot, nous voyons des métamorphoses. Celles-ci peuvent n'être que partielles; d'autres fois elles sont générales, et dans ce cas, l'animal, tout en conservant les caractères généraux des types dont il relève, semble changer de classe ; le ver devient insecte, le polype méduse. Quand nous aurons parcouru les principaux exemples de métamorphisme que nous offre le règne animal, nous verrons ce que signifie en définitive ce genre de mouvements évolutionnaires, et nous pourrons apprécier l'intérêt qui s'y rattache.

Quelques anatomistes ont prétendu que les principales phases du développement embryogénique de l'animal supérieur correspondaient à l'état permanent d'une série d'organismes en progrès les uns sur les autres. Or rien dans l'évolution proprement dite ne justifie cette opinion; elle ne peut offrir un moment quelque apparence de vérité qu'en faisant valoir et ressortir quelques faits de métamorphoses partielles ou générales. Ainsi, quand on a dit que tous les animaux vertébrés, l'homme lui-même, traversaient les degrés de développement auxquels s'arrête le poisson, on s'est principalement fondé sur le fait que voici : dans les premiers âges de l'embryon humain, de celui des mammifères, de celui des oiseaux et de celui des reptiles, le cœur fournit une aorte qui se divise en plusieurs arcs successifs, comme elle le fait dans les poissons, et ces divisions sont les analogues des artères branchiales de ces derniers. Il y a plus : sur les côtés de la face se voient en même temps des fentes qui rappellent celles qu'on trouve sur la région du cou dans les vertébrés à respiration aquatique, notamment chez les poissons cartilagineux. Plus tard, toutes ces dispositions font place à celles bien différentes que nous connaissons chez tous les vertébrés à respiration aérienne. Cela signifie que chez tous les animaux vertébrés l'évolution revêt d'abord une tendance commune, et se signale par des résultats généraux qui plus tard se modifient et se spécialisent, toutefois dans les limites du type dont ils dérivent.

Les animaux articulés, les mollusques, les zoophytes, nous offriraient à leur tour de nombreux exemples de ces transformations partiel-les, et tous les jours les observateurs en recueillent de nouveaux dans chacun de ces embranchements. Mais ce qui doit nous occuper surtout ici, ce sont les métamorphoses générales, celles qui portent à la fois sur plusieurs appareils et sur l'ensemble de l'organisation. Nous en avons déjà d'importants exemples dans le type des vertébrés. Une des cinq classes dont il se compose, celle des amphibiens ou reptiles nus, dont on ne faisait naguère qu'un ordre sous le nom de batraciens, nous conduit, par une suite de transitions nuancées, des reptiles proprement dits aux poissons, c'est-à-dire, des vertébrés à poumons aux vertébrés à branchies. Or, cette transition a lieu de deux manières : 1° en considérant les individus adultes, nous voyons la respiration, exclusivement pulmonaire dans les premiers groupes, devenir à la fois pulmonaire et branchiale chez les suivants, et revêtir de plus en plus ce dernier caractère : 2° puis en suivant dans leur développement ces mêmes amphibiens, nous les voyons s'élever, au moyen d'une véritable métamorphose, de la respiration aquatique à la respiration aérienne, en changeant de mode de locomotion et de régime. Les crapauds, les rainettes, les grenouilles et les salamandres résumant ainsi, dans le cours de leur vie, le développement ascensionnel que représente toute la classe dont ces genres sont les échelons supérieurs, se présentent à nous sous deux états successifs très-différents. Le premier, désigné d'une manière générale dans l'histoire des métamorphoses sous le nom d'état de *larve* (*larva*, masque), se caractérise par des formes assez voisines de celles des poissons, par l'absence des membres, par une queue comprimée, des branchies externes ou rentrées avec la fente latérale qui leur correspond; une bouche médiocre, revêtue d'une matière presque cornée; des mâchoires privées de dents, un cœur à une seule oreillette et des vaisseaux appropriés aux branchies, un canal alimentaire très-long, indiquant un régime végétal, l'absence des organes reproducteurs; enfin par plusieurs détails trop longs à exposer. Tel est le têtard des batraciens : il se développe, il atteint un certain volume sous cette première forme, toujours plongé dans l'eau qui l'a vu éclore. Après un temps de croissance qui varie selon les genres et les espèces, on le voit échanger sa queue ou la perdre; des membres apparaissent, la fente branchiale se ferme, la peau se dépouille, celle de la face découvre en tombant une bouche grande, un œil volumineux, et pendant ce temps, l'intestin s'est raccourci, l'oreillette du cœur s'est divisée, les

sacs pulmonaires ont pris la place des branchies; enfin les organes de la conservation de l'espèce se sont dessinés ; c'est que l'âge de la croissance, qui, toutefois, ne se termine pas ici pour le batracien, a conduit celui-ci à l'âge de la reproduction, à l'âge adulte, lequel s'annonce tout au moins par ses organes, en attendant qu'il se manifeste par sa fonction. Faisons remarquer que les animaux dont il s'agit passent par transitions graduées de leur premier à leur second état, qu'ils continuent à grandir quand ils ont revêtu leur forme définitive, qu'ils vivent longtemps sous cette forme, et enfin qu'ils se reproduisent plusieurs années de suite.

Chez les insectes avec lesquels s'ouvre la série des animaux articulés, les métamorphoses atteignent d'une manière bien plus absolue le caractère d'un passage de l'âge de croissance à l'âge de génération. La plupart de ces invertébrés se montrent sous trois états successifs : l'état de larve, l'état de nymphe et l'état d'insecte parfait. Or c'est seulement sous l'état de larve qu'ils prennent de l'accroissement, et le plus souvent la nymphe concentre toute sa vie dans l'activité organisatrice qui la transforme; ce qui la fait alors regarder comme inactive et endormie. L'insecte parfait se reproduit une fois et meurt; quelquefois son existence sous sa forme définitive est à peine de quelques heures. Les coléoptères, les hyménoptères, les lépidoptères, les diptères, nous offrent ce genre de métamorphoses; plusieurs groupes de névroptères passent par les trois états; mais chez eux, la nymphe ne cesse pas d'agir. Quant aux autres névroptères, aux orthoptères et aux hémiptères, les changements qu'ils éprouvent depuis leur éclosion se bornent à l'apparition et au développement des ailes, ce qu'on appelle à tort une demi-métamorphose, car il y a bien loin de là aux vraies métamorphoses. Qu'on en juge par un exemple de celles-ci que nous empruntons à l'un des nombreux travaux de M. Léon Dufour. Dans un mémoire publié il y a peu d'années, parmi ceux de l'Académie des sciences, M. Léon Dufour a décrit avec soin les métamorphoses d'une grosse mouche, la *sarcophage hémorrhoïdale*. Résumons ici les principaux traits de cette transformation et de cette réorganisation, si complète, qu'on croit assister à la création d'un animal aux dépens d'un autre. La larve de cette mouche représente, comme celles de tous les insectes métamorphiques, un animal des derniers degrés du type articulé, un ver, et ce ver, composé de douze anneaux similaires, est entièrement mou, sans tête distincte; la bouche seule indique celle-ci; une bouche munie d'un petit palpe et de deux crochets qui servent à labourer et à déchirer les ehairs dont l'animal se nourrit. En arrière on voit une large excavation bordée de dentelures pour la fermer au besoin, et dans cet enfoncement se montrent les orifices de deux gros vaisseaux aériens. Deux autres orifices analogues se voient vers l'extrémité antérieure du corps. Le canal alimentaire se fait remarquer par un gésier volumineux, par une panse assez développée, par un intestin d'une longueur médiocre et néanmoins replié sur lui-même. Le système nerveux se compose de deux masses principales, si rapprochées qu'elles sont presque continues, et dont l'antérieure représente un cerveau bilobé qui n'émet aucun nerf spécial, tandis que la seconde, placée sous l'œsophage, donne huit paires à peu près égales de cordons nerveux. D'autres renflements ajoutés à ces masses principales se terminent par des prolongements qui se rendent aux mandibules, etc. Quand la larve de la sarcophage hémorrhoïdale a pris tout son accroissement aux dépens des chairs infectes qu'elle habite, sa peau se contracte, se durcit, se dessèche et se convertit en une coque ovoïde. Cette coque, ou cette *pulpe*, comme on l'a nommée, renferme dès ce moment une nymphe, un être immobile, emmaillotté dans une pellicule de nouvelle formation, dont la transparence permet bientôt de distinguer des formes très-différentes de celles de la larve. La rapide période de transition qui conduit de celle-ci à la nymphe confirmée, suffit pour faire apparaître un corps divisé en tête, thorax et abdomen; des pattes ébauchées; des ailes en forme de raquettes informes. Aucun mouvement ne se laisse surprendre dans cet être nouveau, dans cette momie plastique, pas même des mouvements de liquides. Une paire de stigmates et des trachées nouvelles existent cependant et fonctionnent peut-être, mais si faiblement qu'on ne peut s'en assurer. La tête est un renflement vésiculaire, encore incolore, où commence à se dessiner la place des yeux latéraux; mais le ganglion nerveux cérébral n'occupe pas encore cette région; encore placé près de la seconde masse, il ne s'avance qu'avec lenteur, et c'est seulement lorsqu'il a pris possession de la boîte qui lui était préparée, que l'extérieur de la tête s'organise en région des sens spéciaux. Quant au canal alimentaire, il perd son gésier, s'atténue momentanément; sa panse disparaît presque, et, du reste, les plus grands ménagements sont nécessaires pour que la diffluence de cet appareil ne le fasse pas se dissoudre au moindre contact. Pendant toute cette période, il y a eu d'une part décomposition partielle, et de l'autre recomposition correspondante des organes sur un nouveau type; de là leur faible

consistance. En même temps une matière granuleuse ou non, répandue dans tout le corps de la larve et de la nymphe, fournit tout le supplément nécessaire à l'acte métamorphique qui s'opère. Cette matière ne saurait être de la graisse, comme le dit M. Dufour, car la graisse, comme principe ternaire ou non azoté, n'est pas nutritive, et d'ailleurs, la matière dont il s'agit est plus pesante que l'eau.

Après une nouvelle période de transition marquée par le perfectionnement du dessin extérieur du corps et des membres, par l'apparition des stigmates abdominaux, par celle des yeux simples sur la tête, par des changements considérables dans la position du ganglion nerveux qui fournit les nerfs du tronc, dans le développement et la distribution de ces nerfs, notamment de la dernière paire destinée aux organes conservateurs de l'espèce, etc., la nymphe rompt sa pellicule superficielle et sort de sa coque. Alors paraît à nos yeux une mouche colorée et velue, dont la tête, munie d'antennes, d'yeux simples et composés, d'une bouche suceuse, ne tient au tronc que par un col étroit, et dont le thorax est lui-même bien distinct d'un abdomen sur lequel on compte des segments parfaitement dessinés. Cette mouche, munie de six pattes articulées, agiles, étend peu à peu deux ailes membraneuses et veinées, d'abord molles et gorgées d'un liquide qui sert à les distendre, mais qui bientôt se dessèchent, s'affermissent, et enlèvent l'insecte dans les airs. Intérieurement, deux sortes de trachées partent d'une double série de stigmates latéraux, un canal alimentaire renouvelé à plus d'un égard, enfin des organes génitaux prêts à remplir leurs fonctions caractérisent cette dernière phase de transformation.

Dans les autres classes du type des articulés, les changements qui surviennent après l'éclosion ne sont jamais aussi considérables que ceux dont nous venons de donner un exemple. Ils se bornent en général à des additions complémentaires et constituent plus rarement des transformations. Cependant la classe des crustacés décapodes nous offre en ce genre des faits qu'on était loin de soupçonner avant les travaux assez récents de MM. Thompson, Joly, Ducasse, etc., et l'on sait depuis longtemps que beaucoup de crustacés inférieurs subissent de grands changements dans les premières périodes de leur vie. Pour ce qui concerne les décapodes, bien loin de n'avoir, comme on le croyait, qu'à déposer annuellement leur test pour grandir sous une peau nouvelle, molle, mais qui s'encroûtera à son tour, on les voit, quand on les observe au sortir de l'œuf, se modifier dans leurs formes générales, dans la constitution et le nombre de leurs appendices, jusque dans l'organisation de l'estomac. Le jeune crabe commence par se rapprocher des formes plus allongées des écrevisses. Son abdomen caudiforme se termine alors en éventail comme celui de ces dernières et des autres macroures, et la larve de notre crabe commun ne paraît autre que le petit crustacé à long abdomen pour lequel on avait créé le genre Zoé; les branchies, avant de se développer à la racine des pates, seraient suppléées par des pinceaux de cirrhes placés à l'extrémité de celles-ci comme chez les entomostracés. Ainsi nous retrouverions chez les crustacés, mais nécessairement sur une moins grande échelle que chez les insectes, le passage d'une forme inférieure à une forme plus élevée. Mais d'autres animaux du même groupe général ou sous-type, les cirrhipèdes, les lernées, etc., nous offriraient des transformations qui, tout en se rattachant de très-près à la génération, ressembleraient plutôt à une dégradation qu'à un progrès. Les travaux de MM. Burmeister, Martin Saint-Ange, Thompson et Souleyet nous ont appris que les prétendus mollusques multivalves de Cuvier qui couvrent les rochers de nos côtes, savoir les balanes, puis les anatifes, qui se distinguent de ceux-ci par un pédoncule, vivent libres ou sous des formes voisines de celles des cyclopes. Pourvus alors d'yeux et d'antennes, ils perdent ces organes, qui leur deviennent inutiles à l'époque où ils se fixent, et ne conservent de leur première forme que six pieds articulés qu'ils font sortir par l'écartement des valves qui forment le manteau plus ou moins coquiller dans lequel ces crustacés s'enferment. M. Goodsir nous a appris récemment que cette métamorphose n'appartient qu'aux femelles, et que les mâles conservent leur liberté et leurs organes des sens; ils sont très-petits, et se rencontrent sur les femelles fixées qu'ils vont féconder.

Le type des mollusques laisse encore un vaste champ aux études sur la question qui nous occupe. Nous devons à MM. Vogt et Nordmann d'intéressantes observations sur la larve des actéons et des tergipèdes, qui est munie sur les côtés de la tête de deux organes transitoires, en forme de palettes ovales garnies de cils vibratiles. M. Kronh nous a donné, sur la génération des *biphores*, mollusques inférieurs qui se rapprochent déjà du type des zoophytes, des détails d'où ressort une nouvelle preuve de ce rapprochement. Nous voyons, en effet, apparaître ici ce qu'on a nommé la génération alternante, nouveau mode de métamorphose que nous retrouverons tout à l'heure chez les animaux rayonnés de l'ordre des acalèphes. M. Krohn a vu les bi-

phores se partager en individus isolés et en individus agrégés, les premiers produisant les seconds par une sorte de bourgeonnement, et chacun de ceux-ci produisant à son tour un sujet isolé par le mode ordinaire de la génération, l'oviparité après fécondation. Ici donc les métamorphoses ont lieu, non plus dans le cours d'une vie individuelle, mais dans une succession de deux générations; les individus isolés et gemmipares représentent les larves, les individus agrégés et ovipares l'animal parfait : des différences organiques importantes existent en effet entre ces deux sortes de sujets.

Les premiers groupes du type des rayonnés, les échinodermes, nous ramènent, comme nous l'ont appris les récentes études de M. J. Muller, de Berlin, à des métamorphoses aussi complètes que celles des insectes. Ce qu'il y aurait d'abord à remarquer ici, c'est que la larve revêtirait une forme typique bilatérale, par conséquent supérieure à celle de l'animal parfait. L'extrême petitesse de ces larves, leurs habitudes, qui les portent à voguer en pleine mer, le peu de volume de l'animal aussitôt après sa transformation, expliquent comment il se fait qu'on ait méconnu jusqu'à ces dernières années les premières phases du développement des échinodermes; il est arrivé ici, comme souvent ailleurs, qu'on a pris la larve pour un animal, et le résultat de sa transformation pour un autre. Sous leur premier état, les holothuries, les oursins, les astéries, en un mot les échinodermes, sont de petits êtres symétriques, à formes un peu déprimées, ayant bouche et anus, ce dernier terminal, la première au fond d'un sillon qui partage transversalement la face ventrale, enfin munis de séries de cils vibratiles. Dans les holothuries, tout le corps de la larve se transforme; dans les autres groupes, l'animal nouveau se forme aux dépens d'une partie seulement de celui qui est sorti de l'œuf.

Enfin, nous retrouvons chez les acalèphes les métamorphoses par voie de génération alternante; c'est ce qui a été constaté pour un certain nombre de méduses. Les larves de celles-ci sont des polypes qui figuraient comme genres dans les catalogues de la zoologie, et nous citerons comme tels les corynes, les campanulaires, etc., dont les transformations ont été étudiés par MM. Van Beneden, Dujardin, Sars, Lœven, etc. Peut-être toute la classe des polypes hydraires est-elle dans ce cas. Sous la forme de polype, l'animal ne produit que des gemmes; sous celle de méduse, il donne des œufs fécondés. Ici l'espèce a une phase végétative et une phase de fructification, selon la formule de M. Dujardin. Pendant la première, les individus croissent et bourgeonnent; de leurs bourgeons naissent de nouveaux individus qui, continuant à vivre sur les premiers, forment souvent une agrégation nombreuse de plusieurs générations, une sorte d'arbre où les formes de la végétation composée se retrouvent dans toute leur élégance. Mais indépendamment des gemmes qui bourgeonnent, il en est d'autres qui se séparent et prennent un développement différent, une individualité plus prononcée, et deviennent animaux ovipares sous la forme de méduses. Les œufs de celles-ci donnent à leur tour des polypes avec lesquels recommence la période végétative.

Nous sommes loin encore de connaître tous les faits de développement plus ou moins métamorphiques qui existent dans le règne animal, et nous sommes loin aussi d'avoir observé toute la série des changements dont se compose chacun de ces faits. M. le professeur Duvernoy fait depuis quelque temps, au collège de France, un cours important sur les métamorphoses, et ces études, suivies dans les diverses classes du règne, ont été, pour ce savant naturaliste, l'occasion d'observations nouvelles qui ne manqueront pas de remplir plus d'une lacune. Mais ce que nous savons jusqu'à ce jour sur ce sujet nous permet de conclure du fait général des métamorphoses, soit qu'elles aient lieu dans le cours du développement de l'individu issu d'un œuf, comme chez les animaux vertébrés et articulés, chez les échinodermes eux-mêmes, soit qu'elles se produisent par une alternance de génération, comme chez les ascidiés et les méduses ; de conclure, disons-nous, 1° que l'âge génital chez les animaux est une période distincte, qui réclame de l'organisme son développement le plus caractéristique ; 2° qu'avant cette époque, l'animal peut vivre plus ou moins longtemps sous les formes inférieures auxquelles s'arrêtent d'autres espèces du même type général, et l'exception apparente que font à cet égard les échinodermes nous avertit que cette classe est sur la limite un peu indécise de deux types, savoir, de la forme bilatérale et de la forme rayonnée.   HOLLARD.

MÉTAMORPHOSE (*myth.*). Ce mot composé de la préposition grecque μετα qui indique le changement, et de μορφη forme, désigne l'acte par lequel les dieux étaient censés revêtir une forme humaine ou animale, ou changer celle des hommes, des animaux, etc. Les mythologies abondent en métamorphoses. Dans l'Inde celles de Vichnou sont particulièrement célèbres, et elles ont cela de remarquable, que, conformément au principe énoncé dans le livre de Manou, le dernier venu dans la série résume toutes

les qualités de ceux qui l'ont précédé. Vichnou revêt des formes de plus en plus élevées dans ses incarnations. Ainsi il est successivement tortue, poisson, corbeau, sanglier, nain, Brahme, Rama, Krichna et enfin Bouddha. Dans la mythologie égyptienne il n'y a pas de métamorphose à proprement parler. Amon pourtant est bélier ; Cneph, serpent (agathodémon) ; Mandou, bouc ; Osiris, taureau ; Isis, génisse ; Typhon, hippopotame ou crocodile, etc. Mais ces dieux conservent toujours la forme des animaux sacrés qui, en réalité, ne sont que leurs symboles perpétuellement identiques, ce qui diffère essentiellement de la métamorphose et se rapproche davantage du fétichisme. — Les métamorphoses n'étaient point inconnues chez les peuples du nord. Odin prend la forme d'un géant pour s'emparer de l'ambroisie, et celle d'un aigle pour emporter la précieuse liqueur. Loke se change en saumon, et la déesse Freya accorde aux hommes qui lui adressent leurs prières, la faculté de se métamorphoser quand bon leur semble, et leur donne, dans ce but, des masques d'oiseaux dont elle est toujours munie. Le nord est, d'ailleurs, la patrie des loups garous (*voy.* ce mot). — Les Grecs qui abusèrent de tout, abusèrent surtout de la métamorphose, et Ovide a pu composer sur les fables qui avaient cours en Grèce à ce sujet, un long et magnifique poème qui ne contient pas moins de 246 histoires différentes. Il n'a pourtant pas tout pris et s'est contenté de faire un choix. Les dieux hellènes, avec une étonnante facilité, revêtent les formes les plus diverses. Jupiter est tour à tour aigle, taureau, pluie d'or, homme, cygne, satyre, serpent, coucou, etc. Les autres olympiens suivent l'exemple de leur auguste monarque. Ces métamorphoses sont trop connues pour qu'il soit besoin de les rappeler. Beaucoup d'entre elles renferment un sens souvent profond : les anciens cachaient volontiers leurs idées sous une enveloppe mythique ; mais il faut avouer que la plupart sont tout à fait impénétrables, et il est permis de les regarder comme des tableaux poétiques, riants, gracieux ou bizarres, mais vides de sens. Les changements d'hommes en animaux, en oiseaux, en plantes, en ruisseaux, en rivières, en rochers, ne sont pas moins fréquents dans la Grèce. On découvre facilement sous quelques unes de ces fables des faits géologiques ou astronomiques ; mais la majeure partie ne doit point sortir du domaine de la poésie. « Les hommes, dit Rabaud de Saint-Étienne, qui dépeignirent sous des figures animées les astres et les constellations, durent, puisqu'ils parlaient d'eux comme de personnages réels, parler de leurs rapports comme d'aventures véritables. Leur lever était annoncé comme une naissance, leur disparition sous l'hémisphère comme une mort. L'astre qui, en se levant, en faisait disparaître un autre était censé le tuer. Celui-ci descendait dans les enfers (région inférieure), et ceux qui régnaient en son absence sur l'hémisphère, y éprouvaient autant d'aventures qu'il leur arrivait de changements. » Tout n'est pas faux dans ce système. Mais il ne peut s'appliquer qu'à un petit nombre de cas. La théorie des métamorphoses existait, selon toute apparence, avant les déductions astronomiques sur lesquelles raisonne Rabaud Saint-Étienne, et le dogme de la transmigration a pu seul donner naissance à ces croyances superstitieuses. AL B.

MÉTAPHORE (rhét.) : la plus importante et la plus usitée des figures de rhétorique désignées sous le nom de tropes. La métaphore transporte la signification propre d'un mot à un autre auquel cette signification ne convient qu'en vertu d'une comparaison. C'est elle qui donne un corps aux pensées, qui les anime et les fait vivre sous des couleurs sensibles. C'est ainsi qu'on dit : La fleur de la jeunesse, la lumière de l'esprit, le fil d'un discours, la clef des sciences, le règne animal.

Il est des cœurs de bronze et des âmes de boue.
... Les rides du front passent jusqu'à l'esprit.

La métaphore est proprement la vie et la poésie du discours; mais il y a plusieurs observations à faire sur l'emploi de cette figure. Les métaphores trop multipliées obscurcissent la pensée au lieu de l'éclaircir ; entassées l'une sur l'autre elles fatiguent au lieu de récréer. Les métaphores doivent être tirées d'objets nobles, et appropriées au ton général du discours. Tertullien a péché contre cette loi quand il a représenté sérieusement le déluge comme la lessive du genre humain. —Elles ne doivent pas être forcées et prises de trop loin, comme dans cette phrase de Théophile Viaud : Je baignerai mes mains dans les ondes de ta chevelure. — On doit en les employant avoir égard à la différence des styles : telle métaphore bien placée dans le style poétique devient ridicule dans le familier, et réciproquement. — Quand une métaphore est trop forte pour la phrase où elle se trouve employée, on peut en corriger l'éclat au moyen d'une restriction : pour ainsi dire, si l'on peut parler ainsi. Ces correctifs ne sont admis que dans la prose. Il ne faut pas non plus oublier, dans les traductions, que chaque langue a ses métaphores, qui ne sont pas toujours traduisibles. L'anglais dit : Vous êtes droit. (you are right) pour : Vous avez raison. Le latin dit : La corne gauche (sinistrum cornu) d'une armée,

tandis que nous disons l'aile gauche, par une autre métaphore. Notre comment vous portez-vous? n'offre aucun sens transporté dans une autre langue, etc. Enfin, et ceci est la règle la plus importante, il ne faut pas que les métaphores qui se succèdent soient en désaccord, comme dans ce vers de Racine :

Le Dieu des armées
Va de son bras paissant faire éclater l'appui.

Les meilleures métaphores sont celles qui contiennent une image entière et qui se développe, celles qui sont sorties armées de pied en cape de la tête de l'écrivain. Presque toujours celles que l'on compose successivement de divers traits sont mauvaises et ne satisfont pas l'esprit. Les poètes de l'école moderne, Lamartine, Victor Hugo surtout, sont riches de ces métaphores tout d'une venue, et qui pourraient être peintes. Mais Voltaire va trop loin en demandant que toute métaphore puisse faire un tableau. Pourvu qu'il n'y ait pas contradiction frappante entre les mots, l'esprit tolère volontiers la métaphore un peu incomplète, qui ne manque, d'ailleurs, ni de vie ni d'élégance, comme il tolère une mise en scène imparfaite dans la représentation d'un drame qui l'émeut. Il est même telle de ces métaphores où l'idée perce à travers l'image sans s'identifier avec elle, qui tire de ce défaut un charme tout particulier. C'est souvent le cas de ces tropes de Corneille si maltraités par son commentateur. La métaphore continuée devient une allégorie (voy. ALLÉGORIE et FIGURES (rhét.). J. F.

MÉTAPHRASTE, c'est-à-dire celui qui paraphrase (SIMÉON le), naquit au xe siècle, fut successivement protosecrétaire de l'empereur de Constantinople, grand logothète et maître du palais. Il rassembla les vies des saints disséminées dans les archives des monastères et des églises, et tomba dans deux écueils également dangereux : il admit les faits les plus invraisemblables et les plus ridicules, et omit des documents importants rapportés par les contemporains. Le moine Agapius fit de son livre un extrait, publié à Venise, en 1541, in-4°, sous ce titre : Liber dictus Paradisus, seu illustrium sanctorum vitæ desumptæ ex Simeone Metaphraste, grœce. On trouve en grec et en latin dans le recueil des Bollandistes les principales vies des saints par Métaphraste.

MÉTAPHYSIQUE. On a fait dériver ce mot des termes grecs, τὰ μετὰ τὰ φυσικά, ce qui doit être lu après les livres de physique. On a cru qu'Aristote ou son successeur Théophraste avait désigné par cette inscription ses traités sur les objets les plus abstraits de la pensée humaine, parce qu'ils étaient placés dans l'ordre de ses œuvres après les livres de physique. Quoi qu'il en soit, le mot *métaphysique* a servi à désigner une science qu'Aristote appelait *philosophie première*, et qui a été regardée comme le couronnement de toutes nos connaissances. L'objet et les limites de la métaphysique n'ont pas été déterminés avec précision : aussi a-t-elle été définie de différentes manières. Wolff a donné le nom de métaphysique à l'*ontologie*. On a appelé *métaphysique spéciale* la science qui traite de Dieu et de l'âme humaine. L'école écossaise veut que la métaphysique se borne à rechercher l'origine de nos idées. Nous entendons ici par *métaphysique* la science qui a pour objet l'existence et la connaissance, c'est-à-dire les premiers principes de la pensée, et la cause suprême de tous les êtres. La métaphysique doit donc répondre à ces questions : Y a-t-il des existences réelles ? Quelle est la première existence qui se manifeste à nous ? Comment se manifeste-t-elle ? Comment se manifeste l'existence de l'univers et celle de l'Être éternel ? La métaphysique se propose donc de nous faire franchir l'abîme qui existe entre l'être et la pensée, et remonte à l'origine de nos idées. La métaphysique se propose de rechercher les existences. Son point de départ doit donc être une existence incontestable. Si la métaphysique était privée de ce point d'appui, la chaîne de nos idées flotterait dans les airs et se perdrait dans le vide. Cette existence incontestable nous est révélée par la conscience. En effet, la conscience nous donne la réalité de notre propre existence. Mais notre existence personnelle ne nous est pas révélée toute seule. Deux genres de réalité nous sont révélés en même temps : ces réalités s'appuient et se limitent réciproquement. Ce sont la réalité de notre *moi*, et la réalité d'un monde extérieur, différent de nous. La conviction intime de ces deux réalités nous est donnée dans la conscience et par la conscience. Elles sont inséparables, et l'une ne peut exister sans l'autre. On peut nier de bouche cette dualité primitive ; mais la conduite du sceptique atteste que la croyance à cette dualité a de profondes racines dans notre nature, et qu'elle est invincible.

Le philosophe qui soumet à la réflexion cette dualité primitive que la conscience lui a révélée se forme une idée de deux mondes, le monde intérieur, le monde de ses idées, de ses sentiments, de ses actions, de ses facultés, et le monde extérieur, le monde des autres êtres qui ont agi sur lui, sur lesquels il a agi à son tour, et dont l'existence est distincte et indépendante de la sienne. Le *moi*, miroir de tout ce qui n'est pas lui, a été l'objet de son activité. Le *moi* sent son activité propre qui lui permet de commencer à volonté une série d'effets, et il a le sentiment et l'idée de sa liberté. Les objets qui composent le monde extérieur ont une existence différente du *moi*, ils ont des caractères et des formes qu'il ne dépend pas de lui de changer, qu'ils ne peuvent changer eux-mêmes : ces objets font sur lui des impressions qui ne sont pas de son choix, et il a l'idée et le sentiment de la nécessité. Tous les objets du monde extérieur offrent pluralité de parties ; ils sont figurés, divisibles, mobiles : c'est la *matière*. Le *moi* présente toujours la même unité : cette unité, incompatible avec les caractères distinctifs de la matière, c'est l'*esprit*. L'intelligence du *moi* a des idées, sa volonté produit des actes : le *moi* sait qu'il a ces idées, et qu'il produit ces actes. Cette conscience est accompagnée d'une croyance invincible qui lui fait sentir qu'il est une *substance*, une *cause* : cette croyance invincible opère le passage de l'idée à l'être, de la pensée à la réalité. Le *moi* rencontre de la résistance de la part du monde extérieur. Il sait qu'il éprouve cette résistance, et cette conscience est accompagnée de la croyance invincible à l'existence de ce monde extérieur. Cette croyance opère le passage de l'idée à l'être, de la pensée à la réalité. L'existence de Dieu est donnée à l'homme dans la conscience. La conviction de l'existence d'une raison première et d'une liberté souveraine est inséparable de la conviction que nous avons de notre propre intelligence et de notre propre liberté. L'âme ne peut se défendre de croire à une existence absolue : cette foi a sa racine dans les profondeurs de notre être. Les idées universelles, nécessaires, c'est-à-dire, la substance, la cause, la durée, etc., qui constituent l'être, se présentent à la pensée avec la condition d'exister dans la réalité. C'est cette croyance qui opère le passage de l'idée à l'être, de la pensée à la réalité.

Le principe de la personnalité de l'homme consiste dans le sentiment de son intelligence et de sa liberté. Mais cette intelligence et cette liberté rencontrent de la résistance et ont des bornes. Le principe de la personnalité divine réside aussi dans la conscience de son intelligence et de sa liberté. Mais cette intelligence embrasse tout ; mais cette liberté peut tout ce qui est possible, ou plutôt elle n'a d'autres limites que le possible. L'existence de la cause suprême nous est donc révélée dans la conscience et par la conscience. Cette cause suprême a donné le fond de l'être à tout ce qui existe. Le théisme, qui proclame cette vérité, est le seul système métaphysique qui rend raison de l'existence des êtres, ou plutôt il fait disparaître la contradiction qu'il y aurait à vouloir expliquer la nature par elle-même. Un acte d'une intelligence et d'une liberté souveraine doit avoir précédé l'existence e la nature. Un pareil acte est un fait que la raison nous force d'admettre ; il est incompréhensible, mais il doit nécessairement avoir eu lieu. Dans le théisme, on a les deux pôles de la science humaine, la liberté et l'intelligence de Dieu, la liberté et l'intelligence de l'homme, la personnalité de l'Être incréé et celle de l'homme ; l'une comme principe, et l'autre comme effet ; l'une comme source de toutes les existences, l'autre comme la base de la conviction que nous avons des existences ; l'une comme le point où tout aboutit dans les recherches de l'esprit humain, l'autre comme le point d'où tout part. Dans le théisme, il y a obscurité sur le *comment* des existences ; mais il n'y a point de contradiction entre le fait des existences et le fait de la création, et l'on n'a pas besoin d'anéantir un des pôles de la science humaine, c'est-à-dire, de nier la réalité de Dieu pour sauver celle de l'homme, ou de refuser à l'homme sa réalité pour conserver celle de Dieu.

L'existence de la cause suprême a été l'objet de graves erreurs ; elles ont été la conséquence de l'altération de la notion de la cause et de la substance. L'idée de cause est l'idée-mère de la métaphysique. C'est de cette idée bien ou mal entendue que dépend la vérité ou la fausseté des systèmes métaphysiques, et c'est en elle comme en un centre commun que se réunissent à la fois et se distinguent les trois objets de la connaissance humaine, l'homme, le monde, Dieu. Une cause qui n'est pas substance conduit invinciblement au phénoménisme d'Héraclite, de Hume, ou d'Hégel, c'est-à-dire à la négation de la réalité. Une substance qui ne serait pas cause n'existe pas dans la nature. La cause et la substance sont donc inséparablement unies. L'homme, le monde et Dieu sont causes, parce qu'ils sont substances et leur substantialité même se manifeste par leur causalité. Altérez l'idée de cause, et Dieu, le monde et l'homme deviennent tour à tour la seule substance et la seule cause. Descartes altère l'idée de substance en affirmant que l'essence de la matière consiste dans l'étendue, et l'essence de l'esprit dans la pensée ; et cette altération favorise le spinosisme.

Il est important de constater qu'il y a deux sortes de causes, celles qui agissent avec connaissance et dessein, et celles qui exercent une action aveugle. Dans le théisme, où Dieu et la liberté sont les points de départ, les causes qui agissent sans connaissance et sans liberté n'ont pas la raison de leur action en elles-mêmes, mais la trouvent en Dieu, et l'activité des forces qui agissent avec dessein a son principe dans la liberté. Il faut distinguer la raison de faire une chose et la cause qui la produit. La raison de faire une chose est son principe idéal, la cause en est le principe réel. La cause consiste dans une force et suppose une existence ; la raison ne peut exister que dans une intelligence ; mais elle n'a rien de substantiel en elle-même. Un pareil principe n'est pas un principe actif. Quand on confond la raison avec la cause, on confond l'idéal avec le réel.

Les systèmes erronés sur l'existence de la cause suprême peuvent être ramenés à quatre : le dualisme, le matérialisme, l'idéalisme et le panthéisme. L'erreur de ces systèmes a été signalée dans des articles spéciaux. On a comparé l'esprit humain à l'Anthée de la fable : «Ce géant avait des forces tant qu'il avait les pieds sur la terre ; il les perdait dès qu'on le soulevait en l'air et qu'on lui ôtait son point d'appui. Le point d'appui pour nous, c'est la conscience. Au delà de notre sphère, nous ne pouvons plus respirer et nous étouffons dans le vide. » En effet, nous ne concevons les existences que par la conscience de notre existence personnelle. Si l'on ne tient pas compte des existences personnelles, on tombe dans le panthéisme matérialiste ou idéaliste, et c'est parce qu'il absorbe le *moi* que le mysticisme nous précipite dans un abîme où il est impossible de discerner le bien du mal et l'existence du néant.

Dans l'ontologie, on définit le possible, le nécessaire, le contingent, la qualité, la quantité, l'accident, la substance, la cause, etc., sans rechercher s'il existe hors de l'esprit quelque chose de semblable, et sans examiner en vertu de quelles lois nous donnons notre assentiment à ces définitions. De pareilles abstractions ne peuvent point servir de base à la science, qui ne s'appuie que sur les premiers principes, lesquels sont des vérités de fait ou des vérités de sentiment. Les vérités nécessaires ne sont la base de la science que parce qu'elles sont identifiées avec l'Être éternel. Considérées d'une manière abstraite, elles ne sont que des constructions de l'esprit humain. Les vérités nécessaires prouvent évidemment la fausseté de l'hypothèse sur l'origine des idées avancée par l'école de Locke et de Condillac. Des vérités nécessaires ne peuvent être le produit direct ou indirect de la sensation. L'expérience atteste le fait et nullement la nécessité du fait. La nécessité est une conclusion qui n'est point fournie par l'expérience. L'idée de cause et d'effet n'en dérive pas non plus. L'expérience atteste la succession et non point la connexion des faits. Les idées de cause, de substance, de durée, nous sont données en nous-mêmes. Nous les avons parce que nous existons, parce que nous durons, parce que nous sommes une cause : elles vont du dedans au dehors, et lorsque nous les appliquons aux objets extérieurs, c'est par une sorte d'*induction* dont la nature seule a le secret et qu'elle seule légitime.

Les spéculations nuageuses de l'ontologie, en interdisant à l'esprit tout commerce avec le monde *externe*, posent le fondement de l'idéalisme, et peuvent, à la suite de Kant, nous conduire au scepticisme. La métaphysique doit être renfermée dans certaines limites, sous peine de se livrer à des recherches inutiles, ou d'imaginer des hypothèses absurdes et contradictoires. Les existences nous sont données : on ne peut ni les révoquer en doute, ni les prouver : *on les voit, on les sent.* La nature des êtres est un mystère que l'esprit humain ne percera jamais. Si l'on savait ce que c'est que l'existence, on saurait tout. On a dit que l'existence est, en général, ce qu'il y a de plus effrayant. C'est un abîme : l'esprit humain n'essaie jamais de le sonder sans être frappé de vertige.

Indépendamment des spéculations générales de la métaphysique, chaque science a sa métaphysique particulière. Cette métaphysique n'est qu'une application des vérités générales aux différentes branches des connaissances humaines. Ainsi, en physique, on recherche ce que c'est que l'électricité ; en physiologie, ce que c'est que la vie et la mort. Il est à craindre que de semblables recherches ne soient au dessus de l'intelligence humaine.

La métaphysique a donné lieu à des erreurs absurdes ; mais elle a aussi rendu des services signalés : témoin la métaphysique de Bossuet et de Fénelon. Nous terminerons en rappelant les paroles par lesquelles l'archevêque de Cambrai exprimait son jugement sur la science métaphysique : « Tous les chrétiens ne peuvent pas être métaphysiciens ; mais les principaux théologiens ont grand besoin de l'être. C'est par une sublime métaphysique que saint Augustin est remonté aux premiers principes des vérités de la religion, contre les païens et contre les hérétiques. C'est par la sublimité de cette science qu'il s'est élevé au dessus de la plupart des autres Pères, qui étaient d'ailleurs parfaitement instruits de l'Écriture et de la tradition. C'est par une haute métaphysique que saint Grégoire de Nazianze a mérité par excellence le nom de *théologien*. C'est par la métaphysique que saint Anselme et saint Thomas ont été, dans les derniers siècles, de si grandes lumières. » (*Voy.* les articles DIEU, ESPACE, ÊTRE, etc.) L'abbé FLOTTES.

MÉTAPONTE, en latin *Metapontum* ou *Metapontium*, *Metapus* ou *Metabus*, ancienne ville d'Italie, en Lucanie, près de l'embouchure du Casuentus et du Bradanus dans le golfe de Tarente. Elle fut fondée, les uns disent par Nes-

tor, les autres par Épéus. Sybaris y envoya une colonie, et elle devint puissante et riche. Pythagore y fixa longtemps son séjour et y mourut. Prise par les Romains pendant la guerre de Pyrrhus, elle se déclara pour Annibal en 215 avant J.-C.; mais elle fut reconquise et punie vers 207. Près de cette ville, Marc-Antoine et Octave eurent une célèbre entrevue par la médiation d'Octavie. Aujourd'hui on voit quelques ruines de Métaponte près de *Torre di Mare.*

MÉTASTASE (*méd.*), du grec μετασταω, *je transporte.* Ce mot désigne le phénomène dans lequel une maladie, arrêtée dans sa marche ordinaire, est remplacée par une affection survenant dans une autre partie du corps, quel que soit le caractère de ce nouvel état morbide ; mais plus souvent encore le transport d'une maladie humorale d'un point de l'économie en un autre, comme lorsque le pus disparaît du foyer d'un abcès ou d'une surface suppurante, en donnant lieu à la formation d'une nouvelle collection de même nature ; ou bien, lorsque la sécrétion laiteuse venant à cesser, il survient, comme on l'a prétendu, un épanchement de véritable lait dans un organe autre que le sein. Ces deux acceptions du mot *métastase* se confondaient nécessairement dans l'esprit des anciens pour lesquels toutes les maladies étaient le résultat d'une matière morbifique humorale. Mais dans l'état actuel de la science, il est évident qu'il ne saurait en être ainsi, et que tous les phénomènes compris par habitude sous cette dénomination commune ne sauraient être expliqués par une même théorie. Ceux du premier ordre, en effet, comme lorsqu'un rhumatisme articulaire abandonne les articulations qu'il enflammait, tandis qu'on voit des symptômes alarmants se déclarer vers l'estomac, le cerveau, etc., peuvent s'expliquer par le déplacement d'un des éléments de la maladie, c'est-à-dire de l'irritation, et rien ne prouve qu'il y ait transport d'une matière morbifique d'un organe sur un autre. C'est encore ainsi que nous concevons l'inflammation de l'arachnoïde, succédant à la brusque disparition d'un érysipèle de la face. Mais dans les abcès métastatiques, il y a transport matériel du pus tout formé, d'un point dans un autre, et cela au moyen des voies circulatoires, ainsi que nous l'avons expliqué au mot SUPPURATION. Quant aux métastases laiteuses, leur existence ne nous paraît pas suffisamment démontrée ; dans le cas où, contrairement à notre conviction actuelle, elles viendraient à être mises hors de doute, ce serait encore par le même mécanisme qu'il faudrait s'en rendre compte. Mais dans le cas assez fréquent de la disparition d'une collection séreuse sous l'influence d'une augmentation abondante de la sécrétion urinaire ou de la transpiration, il nous semble que l'on doit au contraire se rendre compte du phénomène par une résorption du liquide, accompagnée ou suivie d'un surcroît de vitalité sur un appareil sécréteur quelconque, état nouveau donnant physiologiquement lieu à une augmentation de la sécrétion normale de cet appareil, sans qu'il soit besoin de supposer, comme pour le pus, un transport matériel du liquide existant tout formé dans un autre point, puisque la nature des deux fluides n'est pas le plus souvent identique, et que celui qui se trouve éliminé présente toujours les caractères d'une sécrétion normale.

Il est un dernier ordre de métastases que l'on a cité, jusque dans ces derniers temps, à l'appui du transport d'un agent morbifique et matériel ; nous voulons parler des maladies spécifiques, telles que la syphilis, la variole, la rougeole, la scarlatine, etc. Pour nous les faits se conçoivent fort bien sans cela. Personne ne pense plus aujourd'hui que les symptômes locaux constituent à eux seuls toutes les affections de cette nature, ou même en soient l'élément principal, et pour l'universalité des médecins, les ulcères, dans la première de ces maladies, l'éruption cutanée dans les autres, ne sont que les manifestations les plus ordinaires d'une infection générale. On voit, en effet, des rougeoles, des scarlatines sans éruption cutanée. Qu'est-il besoin, dès lors, de faire voyager l'élément morbifique d'un point de l'économie dans un autre, pour expliquer le développement d'une phlegmasie sur un viscère quelconque, à la suite de la disparition des symptômes cutanés? Ne peut-on pas dire, avec tout autant de fondement, que les premiers efforts de l'économie ayant été insuffisants pour se débarrasser de l'intoxication générale à laquelle elle se trouve actuellement en proie, manière d'envisager l'éruption qui nous semble la plus rationnelle, la nature choisit une autre voie pour arriver au même résultat. Ce n'est plus dès lors qu'une irritation locale qui en remplace une autre. Plus la phlegmasie nouvelle offrira une physionomie spécifique, plus nous croirons notre manière de voir fondée. Nous ne faisons, nous dira-t-on, que substituer une théorie à une autre. Mais cette explication nous semble avoir l'avantage d'être la plus simple, et de se rattacher à un ordre de faits généralement admis. Un fait pratique qui est loin d'infirmer cette manière de voir, c'est que toute maladie résultant d'une métastase, réclame des moyens de traitement semblables ou analogues à ceux qu'eût exigés la maladie dans son siége primitif; ainsi la gale veut des sulfureux, la syphilis des mercuriaux, l'inflamma-

tion des antiphlogistiques, quels que soient les organes qu'elles aient envahis. Lorsqu'une métastase s'est opérée d'un organe peu important, comme la peau, sur un autre qui l'est beaucoup plus, tous les efforts devront tendre à rappeler l'affection dans son siége primitif. L. DE LA C.

MÉTASTASE (PIERRE-TRAPASSI, dit), l'un des plus célèbres poètes de l'Italie. Né à Rome en 1698, mort à Vienne en 1782. Enfant du peuple, il chantait dans les rues de Rome des vers qu'il improvisait, lorsque le savant Gravina, qui avait eu occasion de l'entendre, le prit chez lui, le fit instruire, et à sa mort, qui arriva peu de temps après, lui légua une fortune assez considérable. Métastase ne sut pas l'administrer, et deux ou trois années plus tard, il s'enfuyait de Rome à Naples pour échapper à ses créanciers. Mais il possédait dans son talent les moyens d'en acquérir une plus belle. Il avait 11 ans lorsque Gravina le recueillit, à 14 il avait déjà composé sa tragédie de *Giustino*, œuvre médiocre et d'imitation servile, mais supérieure à la plupart des tragédies italiennes. A Naples il écrivit son opéra de la *Didone abandonnata* qui eut un rétentissement immense dans toute l'Italie, et le lia avec la Romanina, chanteuse célèbre près de laquelle il alla demeurer, et qui plus tard lui légua sa fortune. On vit se succéder alors ces œuvres charmantes qui éclipsèrent toutes les autres productions de la Muse italienne au XVIIIe siècle. L'empereur Charles VI invita Métastase à venir à sa cour en lui offrant le titre de *poeta cesareo* et une pension de 3,000 florins. Le poète y consentit, et dès lors les fêtes de Vienne ne se firent plus que sous son inspiration et avec sa collaboration. Lorsque la guerre interrompit les divertissements de la cour, Métastase écrivit ces gracieuses cantates et canzonnettes qui auraient suffi à sa renommée. Ses dernières années furent employées à des travaux sur la poétique d'Aristote, le théâtre grec, les œuvres d'Horace, etc. Ses œuvres se composent de 63 opéras, 12 oratorios, 48 cantates ou scènes lyriques. Apostolo Zeno et la tragédie française furent les modèles de Métastase. Son opéra n'a rien de la tragédie grecque, quoi qu'en ait dit Voltaire ; c'est quelque chose de charmant et de faux, de ravissant et d'invraisemblable ; un style d'une mollesse enchanteresse, des couleurs merveilleuses, du pathétique même en certaines occasions, mais du pathétique comme on en peut mettre dans une image, un pathétique auquel le spectateur s'intéresse un moment, pendant que les acteurs aimés le déclament ou le chantent au son d'une douce musique, mais qui n'empêche pas de reprendre ensuite la conversation commencée. Le style de Métastase a quelque chose de féerique dans l'harmonie des sons, de la couleur et de l'idée ; il n'y a dans aucune langue rien de comparable à ce charme efféminé, produit à la fois de l'imitation de Pétrarque continuée pendant une si longue suite de siècles parmi les muses italiques, de la douceur du climat, et de la servitude où l'Italie était tombée. Alfieri raconte quelque part dans ses *Mémoires* l'indignation qui le saisit en voyant Métastase s'incliner avec satisfaction devant la reine Marie-Thérèse. Le doux poète de cour n'eût rien compris à cette indignation du rude piémontais qui entreprit de rendre à la langue de sa patrie un peu de cette vigueur qu'elle achevait de perdre. Ses drames lyriques les plus remarquables : *Demofoonte*, la *Clemenza di Tito, Olympiade, Attilio Regolo*, ont été transportés de nouveau sur notre scène tragique d'où l'auteur les en avait tirés. Les œuvres de Métastase ont été souvent reproduites en divers formats. Aucune édition ne mérite le nom de complète. Les plus estimées sont celles de Paris, 12 vol. in-8°, 1755 , Turin, 14 vol. in-4°, 1757. — Trois volumes d'œuvres posthumes ont été publiés après la mort du poète. Richelet a donné une traduction française d'un choix de ces œuvres.—Métastase avait pris les ordres mineurs à son entrée dans le monde. Son véritable nom était Trapassi, dont celui de Métastase qui lui fut donné par Gravina, n'est que la traduction grecque.   J.-F.

MÉTATARSE, μετα après, et ταρσος le tarse. Partie du pied comprise entre le coude-pied et les orteils. Le métatarse est au pied ce que le métacarpe est à la main. Il est composé de cinq os disposés parallèlement, séparés par des intervalles étroits désignés sous le nom d'*espaces interosseux*. L'ensemble de ces os occupe une sorte de quadrilatère irrégulier en rapport, par l'extrémité postérieure, avec les quatre os antérieurs du tarse, en avant, avec les orteils. La face inférieure ou plantaire est concave principalement vers la partie interne. L'absence de cette concavité constitue une infirmité grave, due à une sorte d'écrasement rachitique des os, désignée sous le nom de *pied-plat*. Les métatarsiens sont rangés sur un plan horizontal, de telle façon que l'un d'eux ne peut s'opposer aux autres comme le métacarpien qui porte le pouce peut s'opposer aux autres métacarpiens. Cette différence constitue le signe véritablement distinctif entre la main et le pied.   Dr B.

MÉTAURO, l'ancien *Metaurus :* rivière des États de l'Église, qui prend sa source à Lemole, passe à Fossombrone, et se jette dans l'Adriatique, à 2 kil. S.-O. de Fano, après un cours de 70 kil. dans une direction N.-E. Elle est célèbre par la victoire que les Romains remportè-

rent vers ses bords sur Asdrubal. Lorsque Napoléon eut érigé le royaume d'Italie, on y créa le département du *Metauro*, dont le chef-lieu était Ancône.   E. C.

MÉTAUX (*chim.*). Les métaux sont des corps simples, bons conducteurs de la chaleur et de l'électricité, et jouissant de la propriété de former avec l'oxygène, des *oxydes basiques*, c'est-à-dire capables de s'unir aux acides pour former des sels. Lorsqu'ils ne sont pas réduits en feuilles très minces, ils sont opaques et toujours doués d'un éclat particulier, que l'on peut observer sur le cuivre, l'or, ou l'argent récemment polis, et que l'on désigne sous le nom d'*éclat métallique*.

Quelques uns des métaux sont connus de toute antiquité ; d'autres, au contraire, n'ont été isolés que depuis peu de temps. Le tableau suivant les représente avec le nom de l'auteur et la date de leur découverte :

MÉTAUX.	AUTEURS.	DATES.
Or		
Argent		
Fer		
Cuivre	Connus de toute antiquité.	
Mercure		
Plomb		
Etain		
Zinc	Paracelse	1541
Bismuth	Agricola	1520
Antimoine	Basile Valentin	XVᵉ siècle.
Cobalt	Brandt	1733
Platine	Wood	1741
Nickel	Cronstedt	1751
Manganèse	Galm et Scheele	1774
Tungstène	MM. Delhuyart	1781
Tellure	Muller de Reichenstein	1782
Molybdène	Scheele, Bergmann, Hielm	1782
Titane	Gregor	1781
Chrôme	Vauquelin	1797
Columbium	Hatchett	1802
Palladium		
Rhodium	Wollaston	1803
Iridium	Descotils	1803
Osmium	Tennant	1803
Cérium	Hisinger et Berzelius	1804
Potassium	Davy	1807
Sodium		
Baryum		
Strontium	Indiqués par Davy	1807
Calcium		
Cadmium	Hermann, Stromeyer	1818
Lithium	Arfwedson	1818
Aluminium		
Yttrium	M. Wœhler	1827
Glucinium		
Magnesium	M. Bussy	1828
Vanadium	Del Rio	1801
	Sefstrom	1830
Lanthane	M. Mosander	1839
Dydyme		
Uranium	M. Péligot	1840
Yttrium		
Erbium	M. Mosander	1841
Terbium		
Niobium	M. H. Rose	1845
Pélopium		
Ilménium	M. Hermann	1845
Ruthénium	M. Claus	1845

Les métaux se trouvent dans la nature : soit à l'état de pureté, comme le cuivre, l'argent, l'or, le platine et en général tous les métaux difficilement oxydables ; soit au contraire à celui de combinaisons, avec l'oxygène, le soufre, l'arsenic, avec l'oxygène et un acide, pour former des sels, etc. On ne trouve point de bromes, d'azotures, d'hydrines naturels, mais on rencontre quelquefois des chlorures, des iodures et des bromures. Les sels métalliques qu'on trouve en plus grande abondance sont les phosphates, les sulfates et les carbonates.

Les principales propriétés qu'il est nécessaire de constater, pour distinguer les métaux entre eux, sont : 1º Pour les caractères physiques : l'éclat, la couleur, l'odeur et la saveur, la cristallisation et la texture, la densité, la dureté, la malléabilité et la ductilité, la fusibilité, la chaleur spécifique ;. — 2º Pour les propriétés chimiques : l'action de l'eau, de l'air sec ou humide, et des acides.

Tous les métaux sont solides à la température ordinaire, à l'exception du mercure qui est liquide. La plupart, vus en assez grande masse, possèdent un éclat qu'ils perdent lorsqu'on les amène à un certain degré de division ; on obtient alors des poudres noires ou grises qui redeviennent brillantes par le frottement sur un corps dur. Comme nous l'avons déjà dit, ils sont opaques ; mais, quand on les réduit en feuilles d'une extrême minceur, ils deviennent susceptibles de se laisser traverser par la lumière : une feuille d'or très mince paraît verte, lorsqu'on l'interpose entre la lumière et l'œil ; on observe du reste la même teinte, quand on met de l'or très divisé en suspension dans un liquide et qu'on place ce liquide entre la lumière et l'œil. Presque tous les métaux sont d'un blanc grisâtre. Le tantale, le cuivre et l'or sont d'un jaune rougeâtre. On peut exalter l'intensité de la couleur des métaux en employant un procédé indiqué par M. Bénédict Prévost, consistant à faire réfléchir, plusieurs fois consécutives, le même rayon lumineux sur des surfaces métalliques polies. Lorsqu'on opère sur l'or, et qu'on arrive à la douzième ou treizième réflexion, ce corps paraît d'un rouge orangé très foncé. Cet artifice a pour objet d'éteindre successivement toutes les portions de lumière blanche, en évitant d'introduire dans le rayon réfléchi aucune coloration étrangère à celle du métal. En opérant de la même manière sur le cuivre, la teinte devient très rapprochée de l'écarlate.

Les métaux sont en général inodores. L'étain, le cuivre, le fer, le plomb, exhalent une odeur désagréable, surtout lorsqu'on les frotte avec la main. Quelques uns d'entre eux ont une saveur particulière et désagréable. — Tous peuvent être obtenus sous forme cristalline, quelques uns

même se trouvent à cet état dans la nature ; par exemple, l'or, l'argent, le cuivre. Celui des métaux qu'on peut obtenir le plus facilement cristallisé est le bismuth. Pour cela, il suffit de le fondre, de le laisser refroidir, jusqu'à ce qu'il se forme une couche solide à la surface ; on écoule alors promptement ce qui reste encore liquide, et on obtient au fond du têt des cristaux cubiques présentant les plus belles couleurs du spectre. La méthode la plus générale pour obtenir les métaux cristallisés consiste à décomposer des sels, par exemple, au moyen d'une pile très faible, en prolongeant l'expérience pendant un temps suffisant. Ces corps, précipités à l'un des pôles, finissent par y former des cristaux d'un volume considérable. M. Becquerel est parvenu à s'en procurer de la sorte un certain nombre en cristaux déterminables.

Les métaux sont plus lourds que l'eau, à l'exception toutefois du potassium et du sodium : l'écrouissage augmente ordinairement leur densité. Le tableau suivant représente du reste la densité des principaux d'entre eux :

Platine	laminé	22.069
	passé à la filière	21.041
	forgé	20.336
Or	forgé	19.361
	fondu	19.258
Iridium		18.680
Tungstène		17.600
Mercure		13.548
Palladium		11.300
Rhodium		10.649
Plomb fondu		11.352
Argent fondu		10.474
Osmium		10.000
Bismuth fondu		9.822
Cuivre	en fil	8.878
	fondu	8.788
Molybdène		8.611
Cadmium		8.604
Nickel fondu		8.279
Cobalt fondu		7.811
Fer	en barre	7.788
	fondu	7.207
Etain fondu		7.291
Zinc fondu		7.500
Manganèse		6.861
Antimoine fondu		6.712
Chrôme		5.900
Titane		5.300
Sodium		0.972
Potassium		0.865

La dureté des métaux est très variable ; quelques uns, comme le plomb, l'étain, sont excessivement mous ; d'autres, au contraire, comme le fer, l'antimoine, sont fort durs. Il suffit d'une petite quantité d'un corps étranger, de carbonate, d'arsenic, de phosphore ou de soufre, pour augmenter leur dureté. — Lorsqu'on soumet certains d'entre eux au choc du marteau, ils s'étendent, se réduisent en lames ; d'autres au contraire, tombent en poussière ; enfin il en existe qui s'aplatissent imparfaitement, se fendillent, se gercent. Les premiers sont les métaux malléables ; les autres sont considérés comme plus ou moins cassants. Les métaux malléables sont les suivants :

Argent.	Or.
Cadmium.	Palladium.
Cuivre.	Platine.
Etain.	Plomb.
Fer.	Potassium.
Mercure.	Sodium.
Nickel.	Zinc.

Les métaux cassants sont les suivants :

Antimoine.	Molybdène.
Bismuth.	Manganèse.
Cérium.	Rhodium.
Chrôme.	Tellure.
Cobalt.	Tungstène.
Colombium.	Urane.

Lorsqu'on veut réduire un métal en lames minces, on ne se sert pas ordinairement du marteau, mais on fait passer le corps entre les deux cylindres métalliques d'un laminoir. Pendant le laminage, le métal devient plus dur et plus cassant. Si l'on voulait continuer l'opération, les lames se gerceraient surtout sur les bords. Pour rendre au métal sa mollesse et sa malléabilité première, il suffit de le chauffer au rouge et de le laisser refroidir lentement : c'est ce qu'on appelle *recuire*.

La *ductilité* est la propriété que possèdent les métaux de s'allonger en fils lorsqu'on les étire en les passant à travers la filière ; ils sont différemment ductiles et malléables. Nous les classerons ici d'après l'ordre de leur ductilité et de leur malléabilité :

DUCTILITÉ.	MALLÉABILITÉ.
Or.	Or.
Argent.	Argent.
Platine.	Cuivre.
Fer.	Etain.
Cuivre.	Platine.
Zinc.	Plomb.
Etain.	Zinc.
Plomb.	Fer.

La malléabilité et la ductilité sont en général augmentées par la chaleur.

La *ténacité* est la force qui s'oppose à la rupture ; cette propriété est très variable pour les différents métaux. On compare la ténacité des métaux entre eux en recherchant les poids qui déterminent la rupture de fils de même diamètre. Des fils métalliques de deux millimètres de diamètre rompent sous les poids suivants :

	k.
Fer.	249.159
Cuivre.	137.399
Platine.	124.000
Argent.	85.062
Or.	68.216
Etain.	24.200
Zinc.	12.710

Les métaux sont d'autant plus élastiques et sonores qu'ils sont plus durs ; certains alliages de cuivre et d'étain sont plus sonores que ces métaux purs.

La *structure* des métaux est tantôt lamelleuse, tantôt grenue. Cette propriété est importante à considérer dans les métaux, parce qu'elle permet souvent de les distinguer les uns des autres. La texture est grenue dans le fer ; lamelleuse dans le zinc, le bismuth et l'antimoine.

Les métaux sont de tous les corps ceux qui conduisent le mieux la chaleur et l'électricité. D'après M. Despretz, voici l'ordre des métaux par rapport à la conductibilité pour la chaleur :

Or.	10000
Argent.	9730
Platine.	9810
Cuivre.	8932
Fer.	374C
Zinc.	3638
Etain.	3039
Plomb.	1796

MM. Becquerel et Pouillet ont classé de la manière suivante les différents métaux d'après leur conductibilité électrique :

Cuivre.	10000
Or.	9360
Argent.	7360
Zinc.	2850
Platine.	1880
Fer.	1580
Etain.	1550
Plomb.	830
Mercure.	345
Potassium.	133

La *fusibilité* des métaux est très variable. Les uns, comme le plomb, l'étain, fondent bien au dessous du rouge ; d'autres, comme le platine, le rhodium, l'iridium, ne fondent qu'à l'aide de fortes lentilles ou du chalumeau à gaz oxygène et hydrogène. Le tableau suivant donne l'ordre de fusibilité des principaux :

Mercure	— 39º
Potassium	+ 58
Sodium	90
Etain	230
Bismuth	246
Plomb	312
Cadmium	360
Zinc	370

Antimoine............................	432
Argent...............................	1022
Cuivre...............................	1092
Or..................................	1102
Fonte grise..........................	1587

Acier, entre la fonte et le fer.

Manganèse,	id.
Nickel,	id.
Fer forgé............................	2118

Palladium.. ⎫
Molybdène. ⎪
Uranium... ⎬ Presque infusibles, s'agglomérant
Tungstène. ⎪ seulement à un feu de forge violent,
Chrôme.... ⎭

Cérium.... ⎫
Osmium ... ⎪ Infusibles au feu de forge le plus
Iridium.... ⎬ violent ; fusibles au chalumeau à
Rhodium .. ⎪ gaz oxygène et hydrogène.
Platine.... ⎭

Quelques métaux, comme le potassium, le sodium, absorbent l'*oxygène* à la température ordinaire ; mais la plupart d'entre eux ne sont oxydés par ce corps qu'à l'aide d'une température plus ou moins élevée. Quélques autres, tels que l'or, le platine, le rhodium, l'iridium, ne l'absorbent à aucune température. — L'*air sec* agit sur les métaux comme l'oxygène, mais avec moins d'énergie ; l'air humide les oxyde plus rapidement qu'à l'état sec ; il se forme alors des oxydes qui sont ordinairement hydratés et carbonatés. — Plusieurs métaux peuvent décomposer l'*eau* à la température ordinaire, comme le potassium et le sodium ; d'autres, comme le fer, le zinc, l'étain, n'agissent sur elle qu'a une température voisine du rouge. Certains autres, tels que l'or, le platine, n'exercent aucune action, même sous l'influence d'une température rouge. — Les *acides* déterminent quelquefois l'action de l'eau sur les métaux ; l'oxygène de l'eau s'unit dans ce cas au métal pour former un oxyde qui se combine à l'acide, tandis que l'hydrogène se dégage. Certains acides, comme l'acide azotique, l'acide sulfurique concentré, peuvent même leur céder une partie de leur oxygène.

La meilleure classification des métaux a été proposée par M. Thénard ; nous l'adopterons, sauf les modifications introduites par M. Regnault, qui du reste laissent subsister entièrement les bases de la classification de M. Thénard. Les métaux y sont rangés d'après leur degré d'affinité pour l'oxygène et se trouvent divisés en six sections. Cette affinité est constatée : 1° par l'action que l'oxygène exerce sur les métaux ; 2° par l'action de la chaleur sur les oxydes, et par la réduction plus ou moins facile de ces derniers ; 3° par la décomposition que les métaux font éprouver à l'eau directement ou en présence des acides. — Les métaux de la

première section absorbent l'oxygène à la température la plus élevée, décomposent l'eau à froid, en dégageant de l'hydrogène, et produisent des oxydes alcalins énergiques. Ils manifestent une grande affinité pour l'oxygène. Les métaux de cette section sont : le *potassium*, le *sodium*, le *lithium*, le *barium*, le *strontium* et le *calcium*. — Ceux de la *seconde section* absorbent l'oxygène à une température très élevée et ne décomposent l'eau qu'entre 100 et 200°, quelquefois seulement au rouge sombre ; ce sont : le *glucinium*, l'*aluminium*, le *magnésium*, le *zirconium*, le *thorium*, l'*yttrium*, le *cérium*, le *lanthane*, le *dydyme*, le *manganèse*, le *niobium*, le *pélopium*, l'*erbium* et le *terbium*. — Les métaux de la *troisième section* absorbent l'oxygène à une température élevée, ne décomposent l'eau qu'au rouge ou à la température ordinaire en présence des acides ; ce sont : le *fer*, le *nickel*, le *cobalt*, le *zinc*, le *cadmium*, le *chrôme*, le *vanadium*. — Les métaux de la *quatrième section* absorbent l'oxygène à une température élevée, décomposent l'eau au rouge, mais ne la décomposent pas en présence des acides ; ce sont : le *tungstène*, le *molybdène*, l'*osmium*, le *tantale*, le *titane*, l'*étain* et l'*antimoine*. — Les métaux de la *cinquième section* ne décomposent la vapeur aqueuse que lentement et à une température très élevée ; leurs oxydes ne sont pas réduits par la chaleur ; ce sont : le *bismuth*, le *plomb*, le *cuivre*. — La *sixième section* enfin comprend les métaux appelés *nobles*, qui ne décomposent pas l'eau, et dont les oxydes sont réduits par la chaleur ; ce sont : le *mercure*, l'*argent*, le *rhodium*, l'*iridium*, le *palladium*, le *ruthénium*, le *platine* et l'*or*. PELOUZE.

MÉTAUX (ESSAI DES). Les procédés généralement employés pour déterminer quantitativement les métaux, consistent à faire entrer le métal à doser dans une combinaison insoluble et très stable, à recueillir cette combinaison, à la peser, à calculer son poids et celui du corps contenu, au moyen des tables d'équivalents. D'autres fois on emploie une liqueur normale au moyen de laquelle on fait subir à la dissolution métallique une métamorphose bien caractéristique, et, d'après la quantité de liqueur normale qu'il a fallu employer pour produire le phénomène, on calcule la quantité du métal. C'est ainsi, par exemple, qu'on dose l'argent, le cuivre, le fer. C'est sur ces procédés que nous insisterons, surtout à cause des grands avantages qu'ils présentent par l'exactitude des résultats et la promptitude de l'exécution. Pour les autres métaux, nous nous bornerons à dire à quel état on doit les faire passer pour les peser, renvoyant, pour plus de détails, aux traités spéciaux.

Platine. Le platine est d'abord dissous dans

l'eau régale; cette dissolution, après avoir été concentrée est précipitée par une dissolution de chlorhydrate d'ammoniaque. Il se forme un précipité cristallin de chlorure double de platine, et d'ammonium qu'on laisse quelques heures en repos, puis, on recueille sur un filtre, on lave avec un mélange d'éther et d'alcool, et on brûle. Le résidu est du platine qu'il faut peser.

Mercure. Pour doser le mercure, il suffit de mêler le composé avec de la chaux éteinte ou de la chaux sodée, de calciner le mélange, de recueillir et de peser le mercure qui est ainsi mis en liberté.

Plomb. Le plomb est ordinairement dosé à l'état de sulfate qui est insoluble dans l'eau et dans les acides étendus. Toutefois, il faut dans ce procédé éviter la présence de l'acide chlorhydrique ou des chlorures qui altéreraient les résultats en dissolvant une petite quantité de sulfate de plomb.

Etain. L'étain est toujours dosé à l'état d'acide stannique. Lorsqu'on a, en effet, un alliage contenant ce métal, on l'attaque par l'acide nitrique, qui transforme la plupart des métaux en nitrates solubles, et laisse l'étain à l'état d'acide stannique insoluble, on le recueille, on le lave, et on le pèse; de son poids il est facile de passer à celui de l'étain.

Zinc. Le zinc est un des métaux dont le dosage par voie humide est le plus difficile; aussi, lorsqu'on a affaire à un alliage dans lequel il entre, on soumet cet alliage à la cémentation. Dans cette opération on profite de la propriété du zinc d'être volatil à une haute température, tandis que les métaux auxquels il est allié sont fixes. Dans un petit creuset à recuire, rempli de charbon, on introduit une certaine quantité de l'alliage à examiner, on recouvre le creuset avec un tampon d'argile, et on chauffe dans le moufle d'un fourneau de coupelle. Le zinc s'en va, les métaux étrangers fondent et se réunissent en culot, qu'on retire après refroidissement. On pèse ce culot; la perte de poids indique le zinc.

Argent. Le procédé de dosage de l'argent, par voie humide, a été imaginé par Gay-Lussac, et s'applique surtout à l'analyse des alliages monétaires. Il est fondé sur la propriété que possède ce métal de former avec le chlore un composé insoluble dans les acides, et se déposant très facilement, surtout par l'agitation, au sein des liqueurs où il a été précipité. Cette propriété permet de constater si une liqueur, dans laquelle il y avait de l'argent, a été complétement précipitée par un chlorure soluble, ou si, au contraire, il reste encore du métal en dissolution. Dans cette méthode, on détermine le volume qu'il faut employer d'une dissolution connue de sel, pour précipiter l'argent. — Pour doser l'ar-

gent par voie humide, il est nécessaire d'avoir, 1° une dissolution normale de sel marin, préparée de telle façon, que, sous le volume d'un décilitre, elle précipite complétement la dissolution nitrique d'un gramme d'argent pur; 2° une dissolution décime de sel marin, dont un centimètre cube précipite un milligramme d'argent; 3° une dissolution décime de nitrate d'argent contenant un milligramme d'argent par centim. cube; 4° enfin, de l'argent à 1000/1000.

Le moyen le plus expéditif de préparer la dissolution de sel marin, consiste, lorsqu'on peut se procurer du sel chimiquement pur, à peser 5 gr. 414 de chlorure de sodium à le faire dissoudre complétement dans de l'eau distillée, et à ajouter ensuite assez de ce liquide pour que le volume total soit de 1 litre à 15°. Toutefois, il est rare qu'on puisse employer ce procédé; ordinairement on se sert du sel marin ordinaire. Voici, du reste, comment on opère. On dissout 2 à 300 gr. de sel marin ordinaire dans deux litres environ d'eau commune, et on filtre la dissolution; on en évapore quelques grammes pour apprécier la quantité de sel qu'elle contient : on étend cette liqueur de la quantité d'eau qu'indiquerait le calcul en supposant que le sel fût pur; on précipite un gramme d'argent pur, dissous dans l'acide azotique, par un décilitre de la liqueur salée. Comme cette dissolution est trop faible, puisque le sel marin n'est pas pur, on achève la précipitation avec un certain nombre de centimètres cubes de liqueur décime. On note le volume de cette dissolution qui a été employé pour terminer la précipitation de l'argent, et on calcule combien on doit ajouter de liqueur salée à la première dissolution, pour la transformer en liqueur normale. Un second essai, avec un nouveau gramme d'argent, donne une approximation déjà très grande, et un troisième permet d'amener la dissolution salée au titre normal. Il suffit pour préparer la liqueur décime salée d'introduire dans un vase de litre 100cc de la dissolution normale précédente, et d'achever de remplir la capacité avec de l'eau distillée. Les 100cc de dissolution normale pouvant précipiter un gramme d'argent, il est évident que chaque centimètre cube de liqueur décime contiendra la quantité de sel susceptible de précipiter un milligramme du même métal. Pour la préparation de la liqueur décime de nitrate d'argent, on dissout 1 gramme d'argent pur dans le moins possible d'acide nitrique ne contenant pas de chlore; la dissolution étant complète, on l'étend d'eau jusqu'à ce que le tout occupe un litre.

Le meilleur moyen d'obtenir l'argent chimiquement pur, consiste à réduire l'argent du chlorure pur. Pour cela, on dissout un alliage monétaire, ou tout autre dans de l'acide nitrique et on précipite la dissolution claire par un excès de sel marin ; on agite le mélange afin d'accélérer la précipitation de l'argent, on lave le précipité par décantation, jusqu'à ce que les eaux de lavage ne précipitent plus en marron par le cyanoferrure de potassium, c'est-à-dire, jusqu'à ce qu'il n'y ait plus de cuivre dans la liqueur. Le précipité ainsi lavé est recueilli sur un filtre, séché, puis on fait le mélange avec de la craie et du charbon dans les proportions suivantes :

100 — chlorure d'argent.
66 — craie.
3 — charbon.

Le mélange fondu au fourneau à reverbère donne un culot métallique d'argent presque pur; pour l'avoir à 1000/1000, il faut encore le redissoudre dans l'acide nitrique, précipiter de nouveau la liqueur par le sel marin, etc., repasser en un mot par toute la série des opérations décrites ci-dessus.

Pour l'essai d'un alliage d'argent et de cuivre, on opère toujours sur une quantité d'alliage contenant approximativement un gramme d'argent pur. Cette condition nécessite un premier essai destiné à fournir ce titre approximatif; on le fait ordinairement par la coupellation. Lorsqu'on opère sur un alliage monétaire, ce premier essai est inutile, puisqu'on connaît le titre de l'alliage, à quelques millièmes près. L'alliage étant pesé, on l'introduit dans un flacon de 200cc pouvant être bouché à l'émeri, et on le dissout dans 5 à 6 centimètres cubes d'acide nitrique pur, cette dissolution est opérée au bain-marie; lorsqu'elle est complète, on verse au moyen d'une pipette 100cc de dissolution normale, on bouche le flacon, et on agite quelques instants; l'argent se précipite à l'état de chlorure, se rassemble, et un repos de quelques secondes, on a dans le flacon une couche de liquide parfaitement claire. Dans ce liquide, on verse, au moyen d'une pipette, 1cc de liqueur décime salée, si cette addition produit un louche, c'est qu'il restait de l'argent non précipité, et que, par conséquent, la quantité pesée contenait plus d'un gramme de ce métal. Dans ce cas, on agite de nouveau pour éclaircir et on verse une nouvelle quantité de liqueur décime. Cette opération est répétée tant qu'une nouvelle addition produit un trouble, et on a soin de noter exactement la quantité employée. Lorsqu'on est arrivé à avoir une liqueur qui ne se trouble plus, on compte la quantité de cent. cubes de liqueur décime qu'il a fallu ajouter pour compléter la précipitation, seulement, on suppose que la dernière qui a produit une réaction

n'a agi que pour 1/2 milligramme, de manière que l'erreur commise est nécessairement moindre que cette quantité. Ainsi, par exemple, si la quatrième addition de solution décime n'a donné lieu à aucune précipitation, on doit d'abord retrancher cette dernière comme employée inutilement, puis retirer encore la moitié de la troisième, de sorte que la quantité pesée de l'alliage renfermerait 1 gr. d'argent précipité par la solution normale, plus 0 gr. 0025 par la liqueur décime, en tout 1 gram. 0025.

De ces résultats il est facile de passer au titre de l'alliage au moyen d'une proportion. Lorsque la première addition de liqueur décime n'a pas donné de précipité, on se sert de la dissolution argentique de la même manière que de la dissolution salée, seulement il est bien entendu qu'au lieu d'ajouter, on retranche autant de milligr. d'argent qu'on en a employé de centimèt. cubes. On a encore ici la précaution de ne compter la dernière addition que pour 0 gr. 0005.

Dans tout ce qui précède, nous avons supposé que 100cc de dissolution normale précipitent exactement 1 gr. d'argent; cela n'a pas toujours lieu; le titre de la dissolution varie avec la température, et il faut chaque fois qu'on s'en sert titrer la liqueur normale. Cette opération ne diffère en rien de celle que nous avons pratiquée sur l'alliage, c'est-à-dire qu'on cherche encore la quantité d'une des deux liqueurs décimes qu'il faut employer pour amener la précipitation complète. Supposons, par exemple, qu'un gramme d'argent exige pour sa précipitation, outre les 100cc de dissolution normale, une addition de 1cc, 5 de liqueur décime; cela nous indiquera que 1 gr. 000 — 0 gr. 0015 = 0,9985 d'argent sont précipités par le décilitre de dissolution normale. D'un autre côté si on a vu que 1 gr. 253 d'alliage ont employé les 100cc +4cc, 5 de dissolution décime, nous dirons que la quantité 1 gr. 253 renferme :

0 gr., 9985 d'arg. précip. par les 100cc, et
0 gr., 0045 » par 4cc de liq. décime,
————— c'est-à-dire
1 gr., 0030 d'argent.

Lorsqu'un alliage d'argent contient du mercure, l'essai peut devenir erroné, le mercure absorbant une certaine quantité du chlore, et fournissant alors un résultat trop élevé. Lorsque le mercure se rencontre dans un alliage qu'on analyse, il est facile de s'apercevoir de sa présence; il empêche, en effet, le chlorure d'argent de noircir à la lumière, et l'éclaircissement des liqueurs ne se fait plus qu'avec difficulté. Dans ces derniers temps M. Levol a trouvé le moyen de parer à ces inconvénients, il suffit pour cela d'ajouter à la dissolution de la prise d'essai 25cc environ d'ammoniaque, puis de saturer l'excès de cette ammoniaque par 20cc d'acide acétique, et enfin de continuer l'essai comme de coutume. D'après Gay-Lussac on peut, dans cette opération, remplacer l'ammoniaque et l'acide acétique par de l'acétate de soude. Quand l'argent se trouve mêlé à du sulfure d'argent, celui-ci ne se dissout pas dans l'acide nitrique, et il se distingue de l'or en ce qu'au lieu d'être en flocons noirs comme lui, il se présente sous forme d'un précipité grisâtre difficile à rassembler. Pour amener la dissolution de ce sulfure, il faut ajouter à la dissolution azotique de l'alliage 8 à 10cc d'acide sulfurique concentré, et tenir ce mélange pendant 1/4 d'heure à 100°. Le reste de l'analyse se fait comme à l'ordinaire.

Cuivre. — Son procédé de dosage par voie humide est fondé sur la propriété que présente ce métal d'être précipité de ses dissolutions ammoniacales par le sulfure de sodium, avant la plupart des métaux, et principalement avant le plomb, l'étain, le zinc, le cadmium, le fer, l'antimoine, le bismuth et l'arsenic. Comme aucun de ces métaux ne donne des dissolutions colorées, il en résulte que le terme de la précipitation du cuivre est facile à saisir, puisqu'il est indiqué par la décoloration même des liqueurs où il se trouve. Lorsqu'on effectue cette précipitation à la température ordinaire, l'analyse devient très difficile et de plus elle est inexacte. En effet, le sulfure de cuivre ne se rassemble pas bien, se sulfatise très vite, et d'un autre côté les autres métaux se précipitent en petites quantités en même temps que le cuivre. Lorsqu'au contraire on porte les liqueurs à l'ébullition, le sulfure de cuivre se rassemble facilement, et on peut se convaincre qu'il faut la même quantité de sulfure de sodium pour décolorer la dissolution d'un gramme de cuivre que pour celle d'un gramme de cuivre auquel on a ajouté du plomb, du zinc, etc.

Les considérations qui précèdent permettent d'entrer maintenant dans les détails du procédé.

Pour la préparation du sulfure de sodium, le moyen le plus simple consiste à faire passer un courant de gaz hydrogène sulfuré dans une dissolution de soude caustique marquant 36° à l'aréomètre (c'est la lessive des savonniers). Le gaz qui doit se dégager en abondance est amené par un tube d'un large diamètre. Au bout de quelques heures on trouve dans le flacon où le gaz a été absorbé une abondante cristallisation de sulfure de sodium. On jette le tout dans un entonnoir au fond duquel on a mis de l'amiante, et on laisse égoutter. On s'en sert pour la préparation de la liqueur normale. A cet effet on en pèse approximativement 135 à 150 grammes qu'on dissout dans un litre d'eau. La dissolution, d'abord colorée et trouble, est abandonnée à elle-même; elle laisse déposer au bout de quelque temps (2 jours), une petite quantité de sulfure de plomb. Elle est devenue incolore, et on la sépare facilement du précipité au moyen d'un siphon. On la titre alors. Le cuivre ne doit être considéré comme pur que quand il a été soumis aux épreuves suivantes : Il doit se dissoudre dans l'acide nitrique sans y laisser de résidu, et sa dissolution ne doit pas être troublée par l'ammoniaque en excès. De plus, l'oxysulfure 5CuS,CuO fait avec ce métal, doit être sans action à 75° sur une petite quantité de nitrate de cuivre ammoniacale. La dissolution de nitrate de cuivre ne doit pas être troublée par l'acide chlorhydrique. Quand le cuivre présente ces propriétés, on peut le regarder comme propre à servir de type de comparaison pour les essais des composés qui contiennent ce métal. Dans tous les cas, avant de considérer comme pur du cuivre obtenu par voie de fusion, il est bon de le comparer au cuivre galvanoplastique, et de s'assurer qu'ils exigent l'un et l'autre la même quantité de sulfure pour être précipités.

Pour la détermination du titre de la liqueur, on pèse 1 gramme de cuivre pur qu'on introduit dans un ballon de la capacité de 200 gr., on y verse à l'aide d'une pissette 5 à 6cc d'acide nitrique, le métal se dissout rapidement même à froid; lorsque la dissolution est complète on ajoute 50 gr. d'ammoniaque du commerce. Le ballon est ensuite placé sur un support métallique, on porte la liqueur bleue qu'il renferme à une douce ébullition en le chauffant avec une lampe à alcool dont la mèche doit être mince et courte. Dès que l'ébullition s'est manifestée (vers 50°), on verse goutte à goutte la liqueur sulfureuse placée dans la burette en maintenant l'ébullition. Pendant une grande partie de l'expérience on reconnaît facilement à la couleur bleue du liquide qu'on peut encore ajouter du sulfure de sodium; lorsque cette teinte a cessé de se montrer pendant l'ébullition, on lave les bords du matras avec une pissette remplie d'ammoniaque. Au bout d'une demi-minute tout au plus le liquide s'éclaircit assez pour laisser voir sa couleur : on le reporte à l'ébullition en y ajoutant goutte à goutte une quantité de sulfure d'autant plus grande qu'on a jugé la teinte plus foncée. Après cette nouvelle ébullition on lave encore avec la pissette, on attend, comme la première fois, l'éclaircissement, on continue l'addition du sulfure avec d'autant plus de circonspection qu'on approche davantage du terme de la décoloration. Il faut déterminer avec soin l'expérience en ajoutant une goutte, ou tout au plus deux gouttes de sulfure à la fois. La température à la fin de l'expérience ne doit pas être supérieure à 80°. Il est très facile de ne pas dépasser ce terme, en prenant, comme nous l'avons indiqué, une lampe dont la mèche soit courte et mince, car alors on peut faire durer l'ébullition au delà de 20 minutes, sans que la température surpasse les limites indiquées par une bonne expérience.

Essai d'un alliage. — Deux cas peuvent se présenter dans l'analyse d'un alliage : on connaît le titre approximatif, ou ce titre est inconnu. Dans le premier cas, on prend une quantité d'alliage contenant environ 1 gr. de cuivre ; si c'est une médaille, par exemple, son titre étant d'environ 950/1000, on en prendra 1,050 ; si c'est le bronze des canons, qui est à un titre très voisin de 900/1000, on en pèsera 1,100. Dans le second cas, un premier essai fait sur 1 gr. d'alliage donnera le titre approximatif. Il sera donc toujours facile de procéder à l'analyse avec une quantité d'alliage représentant à peu près 1 gr. de cuivre. Après avoir titré la liqueur avec le plus grand soin, de la manière qui a été indiquée précédemment, on pèse l'alliage et on l'attaque par l'acide nitrique dans un matras de la capacité de 200°°. Le résidu insoluble, s'il existe, indique la présence de l'étain ou de l'antimoine ; quand ce résidu est considérable, il est utile d'introduire dans le ballon quelques gouttes d'acide chlorhydrique, afin de faire rentrer l'étain ou l'antimoine en dissolution, et s'assurer par là que l'alliage est entièrement attaqué. De plus, lorsque cette circonstance se présente, il faut ajouter du plomb à la dissolution de l'alliage. Cette addition de plomb a pour but de faire précipiter plus vite l'acide stannique, qui, en se tenant très longtemps en suspension, rendrait incertaine la fin de l'analyse. Au lieu de peser le plomb à l'état métallique et de le dissoudre, il est préférable d'en avoir une dissolution toute faite, et dont on connaît le titre. On dissout 10 gr. de plomb dans 30 à 40°° d'acide nitrique du commerce, et l'on ajoute à cette dissolution une quantité d'eau telle que le mélange occupe 1 décilitre ; 1 centimètre cube d'une dissolution ainsi faite, contient 1 décigramme de plomb. Dans des cas très rares, lorsque l'alliage est très chargé d'étain, 1 décigramme de plomb pourrait ne pas suffire, ce qu'on reconnaît bien vite dans un premier essai, on augmenterait alors un peu la quantité du nitrate de plomb. Après avoir attaqué l'alliage, on attend le refroidissement de la liqueur, et on y ajoute 50°° d'ammoniaque, puis on continue l'essai comme pour le titre de la liqueur. Quand on juge que

la décoloration est complète, lorsque d'ailleurs elle a été amenée en dernier résultat par une ou deux gouttes de sulfure, on lit sur la burette le nombre de centimètres cubes employés (après avoir eu le soin d'attendre quelques instants, afin que la liqueur de sulfure qui est attachée aux parois soit tombée). Supposons qu'il ait fallu 29°°,5, et que l'essai de la liqueur ait demandé 300°° pour un gramme ; on dirait : si 30°° représentent 1 gr. 0000 de cuivre combien 29,5 en représenteront-ils ? On a ainsi 0 gr. 983. La quantité d'alliage soumise à l'expérience contiendrait donc 0 gr. 983 de cuivre. Supposons que cette quantité soit 1 gr. 100, nous dirons : si 1 gr. 100 contient 0 gr. 983, combien 1 gr. 00 ? Or, 983/1,100 = 0,893. Un pareil alliage serait donc au titre de 893/1000. Lorsqu'un alliage contient de l'argent, il faut, avant de faire l'essai, se débarrasser de ce métal par un chlorure. L'essai devient impossible quand au nombre des métaux étrangers, se trouve le mercure ; en effet, ce métal se précipite avant le cuivre.

Fer. — Le procédé imaginé par M. Margueritte, pour le dosage de ce métal repose : 1° sur la propriété extrêmement colorante du caméléon ; 2° sur l'action que le caméléon exerce sur les sels de protoxide de fer, qu'il fait passer à l'état de sels de peroxyde, en se décolorant ; 3° enfin sur ce qu'une quantité quelconque d'un sel de protoxyde de fer détruit une quantité de caméléon qui lui est exactement correspondante. Ainsi étant donnée la dissolution de fer au maximum, telle qu'on l'obtient le plus souvent en traitant les minerais naturels par un acide, il suffit de la ramener au minimum et d'ajouter ensuite peu à peu une liqueur titrée de permanganate de potasse. Tant qu'il reste une trace de protoxyde de fer à peroxyder, la couleur du caméléon disparaît instantanément ; mais, il arrive un moment où la dernière goutte que l'on a versée n'est pas détruite, et où tout le liquide prend une teinte rosée très marquée. Ce caractère indique que l'opération est terminée, et à la quantité de permanganate qu'il a fallu employer, correspond la quantité de fer contenue dans la dissolution. Pour ramener le sel de fer au minimum, on peut employer, soit une lame de zinc pur, soit une dissolution de sulfite de soude ; dans ce dernier cas, il faut faire bouillir après l'action, afin de chasser l'excès d'acide sulfureux.

1° Pour la préparation du permanganate de potasse normal, on fond dans un creuset de Hesse 3 parties de potasse à la chaux, et l'on incorpore à cette potasse, peu à peu, avec beaucoup de soin, un mélange de 1 partie de chlorate de potasse et 2 de bioxyde de manganèse en poudre fine. On chauffe ensuite jusqu'au rouge dans un fourneau à réverbère sans dôme : lorsque la masse est bien verte, on retire le creuset du feu. On le laisse refroidir, on pulvérise finement la masse qu'il contient. On traite la poudre par l'eau chaude. On a ainsi une dissolution de permanganate de potasse. Cette dissolution, non filtrée est traitée par quelques gouttes d'acide nitrique. La dissolution prend alors une teinte rouge violacée très intense. On filtre sur l'amiante la liqueur qu'on conserve dans des flacons bouchés en verre.

2° Pour déterminer le titre de la liqueur normale, on pèse exactement 1 gr. de fer pur (fil de clavecin), on le dissout dans 20ᶜᶜ d'acide chlorhydrique exempt de fer; après que tout est dissous, on étend la liqueur d'un litre d'eau environ. D'un autre côté on introduit par la burette divisée en 1/10 de cent. cubes, la dissolution de caméléon (permanganate de potasse), jusqu'au trait 0. On verse ensuite cette liqueur dans la dissolution de fer, à laquelle on imprime un mouvement giratoire pour faciliter la réaction. Pendant un certain temps le caméléon est détruit; mais, lorsque la coloration caractéristique se manifeste on lit sur la burette le nombre de divisions. Il faut, autant que possible, que ce nombre soit voisin de 30ᶜᶜ; si on avait obtenu beaucoup moins, il faudrait ajouter de l'eau à la dissolution et la titrer de nouveau.

3° Pour l'analyse d'une fonte ou d'un minerai de fer, on introduit 1 gr. du corps à doser dans un ballon de 1 litre, et on attaque par 20ᶜᶜ d'acide chlorhydrique, auquel on ajoute quelques grains de chlorate de potasse. Quand l'attaque est complète, on ajoute de l'eau commune jusqu'au 1/3 de la capacité du ballon, et on réduit par 6 gr. de zinc ou 4 gr. de sulfite de soude. La liqueur doit devenir incolore. On fait bouillir pour chasser l'acide sulfureux, puis on laisse refroidir, et on étend d'eau jusqu'aux trois quarts du ballon. Il ne reste plus alors qu'à verser goutte à goutte la liqueur normale, jusqu'à ce que la coloration rose se manifeste. On lit sur la burette les divisions employées, et le rapport de ce nombre à celui trouvé pour le titre, indique la quantité de fer pur contenu dans la matière analysée. PELOUZE.

MÉTAXYTHERIUM (zool.). Genre fossile de mammifères aquatiques de l'ordre des cétacés herbivores, établi par M. de Christol pour des animaux, dont la structure semble être un composé de celle des lamantins et des dugongs, et dont on trouve les débris dans les terrains tertiaires en plusieurs contrées de l'Europe. Les métaxythériums portaient une paire d'incisives permanentes à la mâchoire supérieure qui n'avait pas de canines, et dont les molaires, au nombre de six à huit de chaque côté des deux mâchoires, se succédaient d'arrière en avant et tombaient en sens contraire; la couronne des supérieures est à deux collines tranverses mamélonnées, avec un pli en avant et un petit talon en arrière : le collet est prononcé et les racines sont au nombre de trois, deux externes et une interne plus grande; la couronne des inférieures est à deux collines et un fort talon en arrière, le collet est marqué et les racines au nombre de deux : l'usure déterminée sur la couronne des isles transversales est un peu arquée et jointe vers leur milieu par un feston de l'émail. Ces fossiles, avec la forme maxillaire des dugongs, ont celle du crâne des lamantins; ils ont de plus de larges et épaisses côtes comme ces derniers, mais leurs bras sont très semblables à ceux des premiers.—Parmi les quatre ou cinq espèces que l'on place dans ce genre, la plus connue est le *Metaxytherium Cuvieri* de Christol (*Monatus fossilis* de Blainville), dont les débris se rencontrent dans les terrains tertiaires du bassin de la Loire. Cette espèce, de la taille du lamantin du Sénégal, a le crâne allongé, étroit, et les crêtes temporales, saillantes et rapprochées, laissant entre elles une gouttière profonde : G. Cuvier la désignait sous le nom de *Lamantin fossile*, et M. Christol y rapporte avec raison un fragment de mâchoire inférieure que G. Cuvier avait attribué avec doute à une espèce moyenne d'hippopotame, et un humérus qu'il avait cru d'une espèce de phoque. — Un squelette presque complet du *Metaxytherium Guettardi* de Blainville, a été trouvé à Etrichy, auprès d'Etampes, et des côtes d'une espèce particulière ont été rencontrées à Belleville, près Paris. E. D.

MÉTÉCIE, du grec μητοικειν, passer d'un lieu dans un autre pour l'habiter : tribut que les étrangers payaient pour la faculté qui leur était concédée d'habiter dans Athènes. Ce tribut était de 10 ou 12 drachmes pour un homme, et de 6 pour une femme. Bien qu'on lui donnât quelquefois le nom d'énorchion, ce tribut payable à l'État était différent de l'énorchion payable à un propriétaire pour l'habitation de sa maison. On donnait le nom de méticiens aux étrangers soumis à ce tribut; ils étaient sous le patronage et la surveillance du métoikophylax. Dans les commencements d'Athènes le droit de métécie était facilement accordé, et on ne faisait guère de différence entre un athénien et un étranger. Tous les Platéens, selon la remarque de Thucydide, furent naturalisés en un seul jour, et ce fut le fondement de la grandeur d'Athènes, l'élément le plus important de sa population. Mais dans la suite il fallut avoir rendu des services à la république pour obtenir cette faveur.' — On donnait le nom de Métœcies à des fêtes avec sacrifice qui se célébraient au mois d'août ; elles furent établies par Thésée en l'honneur des métœciens ancêtres de ces premiers habitants que Thésée décida à quitter les bourgs et les villes de l'Attique pour venir tenir leurs assemblées dans Athènes.

MÉTELIN, l'ancienne *Lesbos*, île de la Turquie d'Asie, dans l'Archipel, sur la côte occidentale de l'Anatolie, par 39° de lat. N. et 24° de long. E. Elle a une étendue de 690 kil. carrés et 25,000 habitants. Les ports Jéro et Caloni dont l'entrée est sur la côte méridionale, forment deux vastes bassins dans l'intérieur des terres de Mételin. L'île est très montagneuse, et l'on y remarque au S. le mont Olympe, à l'O. le mont Ordymnus, et au N. le mont Lepethymnus. On en exporte beaucoup d'huile d'olive, des fruits secs, du vin renommé, du coton et du mastic ; les figues en sont excellentes. Le chef-lieu est *Castro* ou *Mételin*, sur la côte orientale, ville de cinq à six mille habitants, siège d'un archevêché grec, et remplaçant l'ancienne *Mitylène*, dont le nom a formé le nom moderne de l'île. — L'ancienne Lesbos fut une des plus florissantes îles grecques ; elle vit naître Arion, Terpandre, Sapho, Erinne, Alcée, Pittacus ; c'est cette île aussi qui a produit les Barberousse au XVIe siècle. E. C.

MÉTELLUS. C'est le nom de plusieurs Romains illustres, dont la famille était une branche de la famille plébéienne Cécilia. Dans l'espace de deux siècles et demi, à partir de l'an 283 avant J.-C., dix-neuf Métellus furent revêtus vingt-neuf fois du consulat, dix-sept fois de la censure, quatre fois du grand pontificat, deux fois de la dictature, et douze fois du grade de maître de la cavalerie. Les plus remarquables sont : —Métellus (*Q. Cæcilius*), surnommé *Macedonicus*. L'an 148 avant J.-C., il fut chargé, n'étant encore que simple préteur, de la guerre contre Andriscus, Mysien de basse extraction, qui se faisait passer pour Philippe, fils de Persée, roi de Macédoine. C'était un adversaire peu redoutable. Métellus mit en déroute l'armée de cet imposteur, qui lui fut bientôt livré par un prince thrace, vainquit l'aventurier Alexandre, et réduisit la Macédoine en province romaine (147). Il passa ensuite dans le Péloponèse, où la Ligue achéenne, commençant à voir clair dans la politique romaine, venait de lever l'étendard de l'indépendance. Métellus fit tous ses efforts pour détourner les chefs de la confédération de cette imprudente levée de boucliers. Il marcha enfin contre eux, les rencontra à Scarphée en Locride, battit Critolaüs,

qui disparut dans la déroute (146), et s'empara de Mégare et de Thèbes. La Grèce était domptée ; Corinthe seule restait encore à soumettre ; mais Corinthe ne pouvait résister. C'est alors que Mummius (*voy.* ce mot) se hâta de prendre le commandement de l'armée et d'enlever à Métellus le titre d'*Achaïcus*. Métellus alla recevoir à Rome les honneurs du triomphe, fut élevé au consulat en 143, et envoyé en Espagne, où les Celtibères tenaient en échec les armées romaines. En moins de deux ans, il reconquit presque toute la Celtibérie, à force d'habileté, de fermeté, de patience et de bienveillance. Au lieu de faire craindre Rome, Métellus voulut la faire aimer, et sa douceur lui valut plus de succès que son génie militaire et la bravoure des légions. On racontait avec admiration qu'au siège de Nertobrige, il avait mieux aimé se retirer que de sacrifier la famille de Rhéthogène, un des alliés des Romains que les assiégés avaient placé sur la brèche. Un de ses ennemis personnels, le consul Pompéius, voulut, comme Mummius, lui enlever le fruit de ses victoires. Métellus, indigné en apprenant qu'on lui retirait le commandement ; affaiblit l'armée par des congés, épuisa les approvisionnements, laissa mourir de faim les éléphants. Rome lui refusa le triomphe ; mais Pompéius, malgré les troupes fraîches qu'il avait amenées en Espagne, ne tarda pas à rehausser par sa honte la gloire de son rival. Métellus mourut quelque temps après, avec le titre de prince du sénat.— Métellus (*Quintus-Cæcilius*), surnommé *Numidicus*, fils du précédent, suivit à Athènes les leçons du philosophe Carnéade, parvint au consulat en 110, après avoir été tour à tour questeur, tribun, édile, préteur et gouverneur de la Sicile, et fut chargé de la guerre contre Jugurtha. Métellus était actif et intègre, qualités précieuses dans un général qui avait pour adversaire le roi des Numides. Il commença par rétablir la discipline, reprit l'offensive sur Jugurtha, et le battit, en 109, près du fleuve Muthal. Jugurtha, changeant de tactique, évita les batailles rangées et concentra ses forces dans les montagnes, tombant à l'improviste sur les Romains chaque fois que l'occasion lui paraissait favorable. Métellus à ce système en opposa un autre ; il se mit à dévaster les campagnes, à ruiner les villes, à passer les habitants au fil de l'épée. Jugurtha le laissa faire. Le général romain se porta sur Zama, espérant forcer l'ennemi à engager une bataille décisive. Le chef numide tomba deux fois sur le camp, et faillit s'en emparer. Métellus finit par se retirer, et chercha dans la trahison un moyen de hâter à son avantage l'issue de la guerre. Quelque temps après, il fut prolongé dans son commandement. Il avait pour lieutenant Marius, qui déjà aspirait au premier rang, et dont il blessa maladroitement l'amour-propre en lui refusant la permission de se rendre en Italie pour briguer le consulat. Il n'eut pas dès lors d'ennemi plus acharné; Marius détachait de lui les soldats et faisait décrier son administration par les Romains établis en Afrique. Le général se décida enfin à le laisser partir, et, voulant mettre à profit son absence, pressa Jugurtha plus vivement qu'il ne l'avait fait jusque-là, le battit, le poursuivit à travers une solitude de cinquante milles jusqu'à Thala, dont il s'empara, le tout dans l'espace de quarante jours. Jugurtha parvint à détacher Bocchus, son beau-père, de l'alliance romaine, et vint chercher Métellus devant Cirtha. Marius, pendant ce temps, s'était fait nommer consul, et fort de la faveur populaire, avait su se faire donner le commandement de l'armée romaine en Numidie. Métellus, à cette nouvelle, pleura de rage, et, dans sa haine contre Marius, arrêta court ses opérations, afin de laisser à l'ennemi le temps de réparer ses pertes. Chez ces fiers Romains, l'amour de la patrie n'était plus qu'un vain mot. Métellus revint à Rome, se fit décerner les honneurs du triomphe et le titre de *Numidicus*. Sa rivalité avec Marius fit de lui le plus ardent adversaire du parti plébeien et le héros de l'aristocratie. La querelle s'envenima après le retour de Marius, qui, à la suite d'intrigues habiles, fit bannir son rival. Métellus, retiré à Rhodes, se livra exclusivement à la philosophie. Mais l'aristocratie reprit bientôt le dessus, et il fut rappelé en 99. On ignore l'époque de sa mort. Il avait composé des harangues et des lettres dont on admirait la noblesse et la pureté du style. — MÉTELLUS (*Q. Cecilius Pius Scipio*), petit-fils de Scipion Nasica, fut adopté par Q. Cécilius Métellus Pius, dont il prit le nom. Consul en 52 av. J.-C., il embrassa le parti de Pompée, qui avait épousé sa fille Cornélie. Après la bataille de Pharsale, il passa en Afrique, et, de concert avec Caton et Juba, leva une armée et fut battu par César à Thapsus (46 av. J.-C.). Il se perça de son épée pour ne pas tomber entre les mains du vainqueur. AL. B.

MÉTEMPSYCHOSE. — C'est la doctrine philosophique qui enseigne la transmigration de l'âme dans différents corps d'hommes, d'animaux ou de plantes, idée assez exactement rendue par le mot lui-même composé de la préposition μετα, indiquant le changement, et de εμψυχοω, j'introduis l'âme, je vivifie. — La métempsychose est très ancienne dans l'Inde. La doctrine orthodoxe ou des Brahmes reconnaît dans l'âme trois *goun* ou qualités : *satoua* ou vérité et propension au bien, *raga* ou passion et

penchant au mal, et *tama* ou ténèbres, propension à toutes les folies. Iama, le dieu de la mort, examine les âmes qui lui arrivent, voit lequel des trois goun elles ont laissé dominer, et les envoie selon leurs mérites animer des corps plus ou moins élevés dans la série des êtres. Celles qui n'ont obéi qu'à satoua se confondent dans la divinité; celles qui ont laissé triompher raga sans trop s'éloigner de satoua, deviennent Apsaras (fées célestes), Gandharvas (musiciens des cieux), etc. etc.; celles qui viennent au dessous revivent sous la forme d'un Brahme, d'un roi, etc.; et le système s'abaisse par degrés jusqu'aux plus vils insectes, et même jusqu'aux plantes et aux minéraux. La fin du monde même n'interrompra que pour un certain temps les transmigrations; elles recommenceront dans le monde nouveau qui apparaîtra dans l'espace, et ainsi dans les siècles des siècles.

Des bords du Gange, cette doctrine envahit, avec le bouddhisme, le Thibet, la Tartarie, la Chine et le Japon. Bien des siècles auparavant elle avait jeté des racines profondes en Egypte. L'âme, dit Hérodote d'après les prêtres égyptiens, passe successivement après la dissolution du corps dans des corps nouveaux par des naissances nouvelles. Pendant une révolution de 3,000 ans, elle anime tous les animaux de la terre, tous ceux de la mer, tous ceux qui volent dans les airs, et rentre ensuite dans un corps humain qui naît à point nommé pour la recevoir. L'Égypte redoutait, comme l'Inde, ce changement de forme, et Servius, dans ses Commentaires sur l'Énéide, nous apprend que les Égyptiens avaient adopté l'usage de momifier les cadavres pour soustraire l'âme à la nécessité de la transmigration, parce que, dans leurs croyances, elle restait attachée au corps jusqu'à son entière dissolution. — La métempsychose, selon César, était admise par les Druides. Il est à croire qu'elle existait aussi chez les Thraces longtemps avant son introduction en Grèce; c'est du moins en ce sens qu'on a souvent interprété le passage d'Hérodote où il dit que les Thraces pleuraient à la naissance d'un enfant. Elle était connue en Grèce à une époque bien antérieure à Hérodote; mais elle ne paraît pas s'y être jamais répandue parmi le peuple et avoir franchi le cercle étroit de certaines écoles de philosophie. Pythagore l'avait empruntée à l'Inde ou à l'Égypte. Cette vie, selon lui, est la punition d'une vie antérieure. L'âme humaine, séparée par ses désirs immodérés de l'âme du monde à laquelle elle était unie par sa nature, doit, avant de retourner à son premier état, animer un certain nombre de corps pour se purifier de ses anciennes fautes. Ses disciples modifièrent en plusieurs points sa doctrine. Empédocle professait également le dogme de la transmigration. Platon lui-même y croyait, bien que, dans certains passages, il semble admettre l'immortalité de l'âme dans l'acception la plus noble et la plus élevée de ce mot. D'après ce philosophe, l'homme qui vit sagement passe dans son étoile; celui qui n'a obéi qu'à ses passions devient femme; s'il continue à s'adonner au mal, son âme va animer le corps de l'animal dont il s'est le plus rapproché par ses goûts et ses penchants, et il reste dans cet état de dégradation jusqu'à ce qu'il ait appris à dégager son esprit de la matière. On verra à l'article AME comment les anciens combinaient le dogme de la métempsychose avec celui des peines et des récompenses futures. AL. B.

MÉTÉOROLOGIE (voy. au Supplément.).

MÉTÉOROMANCIE : Divination par les météores. Cette superstition avait acquis chez les Étrusques une très grande importance, et formait la branche principale de la discipline étrusque. La partie la plus curieuse de ce bizarre rituel était celle qui avait pour objet l'interprétation des phénomènes fulguraux si fréquents et si remarquables sous le ciel de la Toscane. Les Étrusques avaient pour principe, en matière de divination, que tout augure pouvait être démenti par la foudre, tandis que la foudre ne pouvait être démentie que par elle-même. Les règles à suivre pour pronostiquer d'après les foudres étaient consignées dans les libri fulgurales et dans les libri fulguritorum, dont on attribuait la rédaction à la sibylle Bygoïs. Les foudres se divisaient en claires (clara), fumeuses (fumida ou fuscantia) et sèches (sicca), ce qui avait également lieu parmi les Grecs, qui même y ajoutaient l'ἐλικίας ou foudre serpentante. Les Étrusques reconnaissaient en outre les foudres souterraines (atterranea, obruta, infernalia), qui s'échappent du sein de la terre. Par rapport à la divination, les foudres étaient considérées comme se détruisant elles-mêmes (peremptalia), ou comme se confirmant (attestata). Les livres sacrés contenaient en conséquence des règles pour fixer la prééminence de telle ou telle espèce de foudre. On distinguait aussi les foudres publiques qui pronostiquaient des événements relatifs à l'état tout entier; les foudres particulières, qui se divisaient, ainsi que les foudres familières, en hospitalières, auxiliaires, pestilentielles, etc. Les pronostics étaient perpétuels, c'est-à-dire que la chose annoncée durait autant que la nation, la ville ou les individus auxquels elle avait rapport, ou finiti, c'est-à-dire que leur influence ne s'étendait pas au delà d'une certaine période. En général,

toute foudre publique avait trente ans d'effet, excepté celles qui retentissaient à la fondation d'une ville, à l'inauguration d'un temple, etc.; les foudres privées agissaient pendant dix ans, à moins qu'elles n'eussent éclaté à la naissance, au mariage, etc. des personnes intéressées. Les effets de la foudre différaient d'ailleurs d'intensité, selon le Dieu qui l'avait lancée, car les Étrusques comptaient neuf, dix, onze ou même douze dieux fulgurateurs. Chacun d'eux avait une foudre; Jupiter seul en avait trois. De ces trois foudres, la première était propice ou funeste, mais ce dernier cas était exceptionnel; la seconde était fatale aux masses et aux personnages élevés; la troisième bouleversait les empires, anéantissait ou renouvelait les mondes. Les prêtres d'ailleurs combinaient de mille manières les influences fulgurales. Ils prétendaient pouvoir à leur gré faire descendre la foudre sur la terre, et l'examen attentif des phénomènes qui accompagnaient la descente du fluide électrique donnait lieu à une foule d'interprétations divinatoires. Il n'y avait qu'une voix dans l'antiquité sur la réalité de ce pouvoir des prêtres étrusques. « Jupiter subitement tiré de la nue par le prêtre, dit un auteur ancien, suit paisiblement et inoffensif la route que lui tracent les conjurations. » Souvent de hauts personnages voulurent, dans leur intérêt particulier, imiter le corps sacerdotal; on cite, entre autres, Tullus Hostilius, qui, par son imprudence, fut tué par la foudre qu'il avait attirée (Pline, Hist. nat., liv. XVIII. — Tite Live, I, 31). AL. B.

MÉTHODE (philos.). La méthode est l'art d'établir un ordre régulier, soit dans la suite de nos idées, soit dans les objets même de nos connaissances. Elle a pour but de découvrir plus facilement les vérités inconnues, ou de les exposer et de les démontrer plus clairement quand on est parvenu à les connaître, ou enfin, d'en établir les rapports, et de pouvoir ainsi les mieux comprendre et les retenir plus aisément. On sait que toutes les vérités se tiennent, et sont comme enchaînées par des liens qui les unissent plus ou moins étroitement, et qui servent à conduire des unes aux autres. Il y a entre elles des rapports de dépendance qui résultent, soit de la nature même des choses, soit des lois immuables de la création. C'est en suivant cet ordre que l'esprit humain procède méthodiquement, et ce n'est que par ce moyen qu'il peut espérer de ses études, tous les résultats possibles; car autrement l'intelligence s'égare et se perd dans la multitude et la confusion des détails, ou se fatigue et s'épuise en recherches infructueuses. Qu'elle soit parvenue, au contraire, à classer les objets, à mettre de l'ordre dans ses idées, à suivre l'enchaînement des vérités nécessaires ou des lois de la nature, elle trouve dans ce travail un moyen de concevoir chaque vérité plus distinctement, d'en rendre la démonstration plus claire, et d'étendre plus facilement ses connaissances par de nouvelles découvertes. On ne saurait donc méconnaître les avantages ou plutôt la nécessité de la méthode. Elle n'est pas seulement un besoin, mais une loi de l'esprit humain ; car il procède naturellement suivant des règles qui président au développement de la raison, et quand il s'en écarte, c'est qu'alors il cesse d'être dirigé par l'action spontanée de la nature ; c'est qu'il reste abandonné à son activité propre, et qu'il ne sait pas toujours diriger sa marche et reconnaître la route qu'il doit suivre.

La méthode consiste à marcher du connu à l'inconnu, à suivre la voie la plus directe ou la plus courte, et à n'omettre aucune des idées intermédiaires. Elle a deux procédés qui se distinguent par leur point de départ, mais qui concourent au même but, qui peuvent être employés quelquefois indifféremment, et doivent s'unir pour se contrôler réciproquement. Tantôt l'esprit humain part des faits particuliers, et les examine successivement dans tous leurs rapports, pour arriver aux lois générales qui les expliquent, ou bien il décompose une question, pour en saisir distinctement toutes les conditions, tous les éléments, en expliquer toutes les parties, et arriver ainsi par degrés à une solution complète ; tantôt il part des principes ou des lois générales pour descendre aux conséquences ou aux faits particuliers. L'un de ces procédés est l'analyse, l'autre la synthèse. Nous ne nous arrêterons pas sur les règles particulières à chacun d'eux, sur leurs avantages réciproques, sur les inconvénients qu'ils peuvent offrir lorsqu'on les sépare, ni sur le rôle principal ou secondaire qui doit appartenir à l'un ou à l'autre suivant les circonstances. On peut voir à ce sujet l'art. ANALYSE. Nous rappellerons seulement quelques principes généraux qui s'appliquent à tous les procédés de la méthode, qui en résument les conditions fondamentales, et qui doivent nécessairement régler la marche de l'esprit humain, dans la recherche comme dans l'exposition de la vérité, et le diriger dans toutes ses opérations.

On doit comprendre d'abord qu'il faut avant tout, poser d'une manière précise l'état de la question, en démêler toutes les conditions et tous les éléments, n'en omettre aucun de ceux qu'elle renferme nécessairement, et n'en point ajouter qui ne s'y rapportent pas ; en un mot déterminer rigoureusement le point d'où l'on

part et le but où l'on tend. C'est la première loi de toute marche régulière et la condition indispensable pour ne point s'égarer. Toute question suppose nécessairement quelque chose d'inconnu ou d'obscur, car autrement elle n'aurait point d'objet ; il n'y aurait rien à chercher ni à démontrer ; mais elle offre aussi quelques éléments connus qui doivent servir de point de départ ; elle explique ou suppose certaines conditions à remplir pour la résoudre ; car sans cela toute recherche comme toute solution deviendrait impossible. C'est en s'appuyant sur ces premières données pour reconnaître et constater, au moyen de l'induction et du raisonnement, les rapports entre le connu et l'inconnu, qu'on peut parvenir à la découverte ou à la démonstration qu'on se propose. Si l'on n'a pas déterminé d'une manière nette et précise, les éléments contenus, soit en termes exprès, soit implicitement dans l'énoncé de la question il ne reste plus aucun moyen d'arriver à un résultat ; on ne peut que s'égarer et se perdre dans une voie sans issue. Il suit de là qu'on doit avoir soin d'analyser exactement les idées, et de bien définir celles qui ne sont pas claires par elles-mêmes, de bien expliquer la valeur des termes, de leur donner toujours un sens précis, et d'écarter toute expression vague, obscure, ou qui, par son ambiguïté, pourrait donner lieu à des équivoques ; car si l'on ne s'est pas rendu compte par une sévère analyse des éléments que renferment les idées complexes, si l'on emploie des termes vagues ou dont l'acception mal définie se prête à des sens divers, on risque, dans la suite des opérations, de confondre sous les mêmes mots des notions différentes, et d'établir de faux rapports entre des idées que l'on ne conçoit pas nettement. C'est là sans contredit la principale source des erreurs et des interminables disputes qui règnent parmi les hommes. Il y a dans toutes les langues une multitude de mots qui présentent des idées tellement vagues ou tellement complexes, que peu de gens s'en rendent compte et que chacun les entend à sa manière, de sorte que le plus souvent, en raisonnant sur des matières ainsi mal conçues et mal expliquées, on ne se comprend pas soi-même, et il devient à plus forte raison impossible de se faire entendre aux autres.

Un autre point important, après la rigoureuse définition des idées, c'est de les classer dans un ordre naturel, de diviser la question quand elle offre des éléments trop complexes, d'établir entre eux les rapports qui sont indiqués par la nature des choses ou par l'énoncé de la question elle-même, et de marquer enfin bien nettement la séparation entre les éléments connus et ceux qui ne le sont pas, entre les points qui sont clairs par eux-mêmes et ceux qui ont besoin d'explication. La question peut avoir pour objet de rechercher la cause ou l'explication des phénomènes connus, de remonter des effets particuliers aux lois générales, de former un tout au moyen de ses parties, ou bien de chercher les effets d'une cause bien connue, d'étendre les lois générales à tous les faits qui en dépendent, de déterminer les parties d'un tout, ou les propriétés d'un objet, au moyen de quelques-unes que l'on connaît, enfin d'expliquer des principes, d'en montrer l'étendue et de développer les idées qu'ils contiennent et les conséquences qui en découlent. On comprend que cette diversité de circonstances ou d'objets doit exiger des opérations diverses et amener aussi des différences dans les procédés particuliers de la méthode; mais elle doit être dans tous les cas nécessairement soumise aux règles et aux conditions qu'on vient de voir.

Enfin une dernière condition, c'est de s'appuyer sur des principes clairs, et d'établir par des déductions rigoureuses, les rapports entre les principes et les conclusions ; par conséquent de n'admettre aucune proposition douteuse ou équivoque, de prouver ou d'expliquer toutes celles qui ont besoin de preuves ou d'éclaircissements, et de marcher toujours par degrés des idées les plus simples, les plus connues à celles qui en découlent immédiatement ou qui s'y rattachent sans intermédiaire. Si l'on remonte des faits aux lois générales, il faut que tous les faits soient connus et bien constatés, que l'on tienne compte de toutes les circonstances, et que si l'on admet des hypothèses, on se garde bien de leur donner une valeur absolue. Il faut s'attacher surtout à découvrir et à suivre l'ordre de la nature, et classer les objets d'après des propriétés bien déterminées, qui permettent de les distinguer aisément et de les rattacher toujours aux divisions établies. C'est la condition indispensable du progrès des sciences. (Voy. CLASSIFICATION, ORDRE, etc.) RECEVEUR.

MÉTHODISTES. Quelques écrivains protestants, et entre autres Mosheim, ont imaginé de donner ce nom à des théologiens catholiques dont ils voulaient, par cette expression, désigner le système d'argumentation contre les hérétiques. Mais le nom de *Méthodistes* est spécialement affecté aux membres d'une secte religieuse fondée à Oxford, en 1729, au sein de l'anglicanisme, par John Wesley, qui prétendait avoir trouvé une *méthode* plus sûre pour arriver à la perfection chrétienne. La secte fit des progrès rapides. En 1735, Wesley passa dans l'Amérique du Nord avec ses trois frères, pour catéchiser les tribus sauvages, et laissa la direction de la nouvelle Église à son ami Georges Whitefield. Celui-ci, moins habile que Wesley comme organisateur, le surpassait par la fougue de son éloquence. Il s'adressait surtout au peuple et prêchait dans les prisons, dans les rues, en plein champ. Ses sermons produisaient un effet immense, et dans celui qu'il prononça en 1736, dans l'église de Glocester, treize personnes tombèrent en démence. Wesley revint bientôt en Angleterre, et donna à ses disciples une partie de l'organisation des frères Moraves (voy. ce mot). Whitefield partit lui-même pour l'Amérique en 1748. Sectaire infatigable, il traversa six fois coup sur coup l'Océan dans l'espace de quelques années, catéchisant à la fois la Grande-Bretagne et la Nouvelle-Angleterre. En 1739, il se trouvait auprès de Wesley. Le méthodisme avait pris une telle extension, qu'il fallut lui donner une constitution régulière. Mais les discussions qui s'engagèrent à ce sujet sur la grâce firent une scission dans la secte. Whitefield admettait, d'après Calvin, le dogme de la prédestination dans le sens le plus absolu, et ne trouvait aux bonnes œuvres d'autre utilité que celle de servir de thermomètre de la foi. Wesley, au contraire, comme les Arméniens, poussait jusqu'à une exagération pélagienne le principe du libre arbitre, et reconnaissait la nécessité des bonnes œuvres. Le parti de Wesley demeura du reste le plus nombreux. Whitefield, dans son ardeur inconsidérée, aurait peut-être été porté à se détacher complétement de l'anglicanisme ; mais Wesley, plus prudent, fit adopter les règles et la liturgie de l'église nationale. Les priviléges et les bénéfices du clergé anglican n'étaient pas à dédaigner, et on s'y rattacha par intérêt. Une rupture aurait en outre compromis gravement l'avenir de la nouvelle Église, et en aurait exclu toute la haute classe de la société britannique, dans laquelle on avait déjà trouvé de puissants protecteurs. Wesley et Whitefield trouvaient d'ailleurs dans les trente-neuf articles de foi de l'Église anglicane leurs doctrines favorites formulées d'une manière plus ou moins explicite. Malgré leurs dissentiments, et même le refroidissement de leur amitié, ils restèrent unis pour la propagation de la secte. Le premier travailla surtout à la répandre en Angleterre, et le second en Amérique, où il obtint d'autant plus de succès qu'il avait prêché pour l'indépendance, tandis que Wesley soutenait les droits de la métropole. Le méthodisme, véritable piétisme de l'Angleterre, des États-Unis et même de la France, proscrit toute joie, toute expansion du cœur. Il défend, dans son rigorisme, le bal, le jeu, les spectacles, la parure, les liqueurs et jusqu'à l'usage du tabac;

il porte le désordre dans les idées, et ébranle l'esprit à tel point, qu'il pousse parfois l'homme à la démence. Pour lui, la perfection, c'est l'illuminisme, par lequel seul se révèle la foi, et chez Whitefield, la croyance à la prédestination était si forte, qu'il l'étendit à tous les détails de la vie et de la religion. C'est ainsi qu'il introduisit dans sa secte la *stichomantie*, c'est-à-dire la coutume de consulter la Bible en l'ouvrant au hasard, pour tirer du premier verset qui se présente à la vue, des inductions sur la réussite d'une entreprise. Cette extravagante doctrine n'en a pas moins fait des progrès immenses, grâce à son ardent esprit de prosélytisme. L'Angleterre, en 1840, comptait 630,000 méthodistes, 1,800 prédicateurs ambulants et 300 missionnaires répandus sur tous les points du globe. A la même époque, le nombre des méthodistes aux États-Unis s'élevait à près de 3,000,000, et chaque jour la secte gagne du terrain.

Les méthodistes se réunissent matin et soir dans leurs tabernacles. Ils sont partagés en communautés, divisées en *classes* de 10 à 20 membres, réparties elles-mêmes en *groupes*. Chaque groupe a son directeur et se réunit une fois par semaine. Quatre fois par année ont lieu des banquets fraternels, auxquels assistent tous les membres de la secte. Au point de vue de la perfection religieuse, les méthodistes sont ou *persévérants* ou *déchus*. Les premiers sont ceux dont la foi et la résurrection sont confirmées par la persévérance dans les bonnes œuvres. Ils obtiennent de leurs supérieurs un certificat de piété qu'ils sont tenus de faire renouveler quatre fois l'an. Les *déchus* sont ceux qui, après la résurrection, seront condamnés à travailler, à prier et à mourir de nouveau. La direction des communautés est ordinairement confiée aux évêques et aux pasteurs. Mais souvent elle est commise à des prédicateurs laïques. Sept des directeurs des classes et des groupes se partagent, sous le nom d'*anciens*, l'administration de la communauté avec le prédicateur. Toutes les nominations des pasteurs se faisaient d'abord par la voie du sort; mais après la mort de Wesley (1791), une partie des méthodistes adopta l'élection, et cette scission prit le nom de *nouveaux méthodistes*. Ceux-ci sont aujourd'hui les plus nombreux. — Le méthodisme de l'Amérique du Nord, qui n'avait aucun ménagement à garder, a plus complétement réalisé les projets de ses fondateurs. Tout individu qui se sent inspiré s'adresse au prédicateur qui peut l'autoriser à prêcher; s'il le fait avec succès, il est nommé prédicateur ambulant; après deux ans de mission, il est promu aux fonctions de diacre; au bout de deux autres années, il devient ancien. Tous les quatre ans, des ministres élus dans les assemblées annuelles, se réunissent en une conférence générale, et choisissent six surveillants ou évêques, sorte d'inspecteurs généraux nomades, qui confèrent les ordres, assignent à chaque prédicateur la localité dans laquelle il doit exercer, pendant trois ans, ses fonctions, mais qu'il est obligé de quitter à leur premier signal. Ils veillent a l'application rigoureuse du code, appelé *discipline*, distribuent les dons, règlent les honoraires des prédicateurs, etc. Les méthodistes américains, comme ceux d'Angleterre, sont divisés en communautés, en classes et en groupes. Chaque groupe est composé de trois ou quatre membres qui doivent être tous mariés, ou tous célibataires et du même sexe. AL. BONNEAU.

MÉTHODIUS (SAINT), surnommé Eubulius. Il fut évêque de Tyr vers 311, et subit le martyre peu de temps après. Il avait composé un grand nombre d'ouvrages estimés dont Photius, saint Épiphane, saint Jérôme et Théodoret nous ont conservé des fragments considérables, et en particulier du livre du *Libre arbitre*, dirigé contre les Valentiniens et de celui de la *Résurrection des corps*, contre Origène. Celui qui a pour titre *le Festin des Vierges* nous est parvenu tout entier. Il a été publié à Rome par Allatius, 1656, à Paris par le P. Poussines, 1647, et par le P. Combéfis, 1672, avec des notes. Fabricius l'a joint à son édition des œuvres de saint Hippolyte, Hambourg, 1718. Cet ouvrage est un éloge de la chasteté sous forme de dialogue. On y rencontre quelques expressions peu orthodoxes, qui proviennent sans doute des idées d'Origène que Méthodius avait suivies pendant quelque temps. — Un patriarche de Constantinople, né à Syracuse et mort en 846, a aussi illustré par sa vertu le nom de Méthodius.

MÉTHONIQUE, *Methonica* (bot.). Genre de la famille des liliacées, de l'hexandrie-monogynie dans le système de Linné. Il ne renfermo que trois espèces d'une rare beauté, indigènes des parties tropicales de l'Asie et de l'Afrique. Ces plantes sont bulbeuses, à tige grimpante et rameuse, à feuilles fort remarquables par leur prolongement au sommet en un filet qui s'enroule autour des corps comme une véritable vrille. Leurs fleurs présentent un périanthe à six folioles ondulées sur leurs bords, égales entre elles et réfléchies; six étamines à longs filets déjetés fortement et presque perpendiculairement à l'axe de la fleur; un pistil dont le style droit se déjete brusquement de côté dès sa base, et se termine par un stigmate trifide. — L'espèce de ce genre la plus anciennement connue est la MÉTHONIQUE SUPERBE, *Methonica* *superba*, Lam., plus connue des horticulteurs sous son nom vulgaire de *superbe du Malabar*. Elle croît naturellement dans le Malabar, à Ceylan et dans le Népaul. Sa tige grêle s'élève jusqu'à 2 mètres, et donne dans le haut quelques rameaux étalés ou pendants ; ses feuilles sont sessiles, lancéolées, et s'élargissent sensiblement du bas vers le haut de la plante. Ses grandes et magnifiques fleurs sont pendantes, et ont les folioles de leur périanthe relevées jusqu'à se toucher en dessus par leur sommet ; chacune de ces folioles est d'abord jaune dans le bas, et, vers son extrémité, d'un beau rouge qui finit par s'étendre sur presque toute sa surface. Cette belle plante demande la serre chaude l'hiver. On doit même au printemps enterrer son pot dans la tannée pour obtenir ses fleurs en été. Dès qu'elle a fleuri, on retire de terre ses bulbes, dont les caïeux servent à la multiplier, et qu'on replante l'année suivante. **P. D.**

MÉTHYLAL (*chim.*) : corps solide qui se produit en distillant de l'esprit de bois avec un mélange d'acide sulfurique et de peroxyde de manganèse. Il a pour formule $C^6H^8O^4$. On peut le considérer comme formé de 3 équivalents d'éther méthylique : un équivalent d'éther aurait changé un équivalent d'hydrogène contre un équivalent d'oxygène. On peut aussi l'assimiler à l'acétal, et le regarder comme formé de deux équivalents d'éther méthylique et d'un équivalent d'aldéhyde méthylique. La densité du méthyle est de 1,8551. Ce corps bout à 42°. Il est soluble dans l'eau, l'alcool, l'éther et l'esprit de bois.

MÉTHYLE (*chim.*): radical hypothétique servant à certains chimistes pour expliquer la formation de l'esprit de bois qu'ils regardent comme un *hydrate de méthyle*, au lieu de le considérer comme un *hydrate de méthylène* ainsi que nous l'avons fait (*voy.* MÉTHYLÈNE). Ils lui supposent pour formule C H³, ce qui donnerait pour celle de l'esprit de bois C^2H^3O,HO.

MÉTHYLÈNE (*chim.*) Corps gazeux, découvert par MM. Dumas et Peligot dans l'esprit de bois, et dont le nom vient de *meth*, liqueur spiritueuse, et *yle*, bois. C'est un bicarbure d'hydrogène ayant pour formule C^2H^2. On l'obtient en décomposant son chlorhydrate dans un tube de porcelaine chauffé au rouge. Ce composé se résout alors en méthylène et en acide chlorhydrique, faciles à séparer l'un de l'autre par la potasse. Cependant, même en ménageant le feu, il y a toujours un peu de charbon qui se dépose et une quantité proportionnelle d'hydrogène qui devient libre.

Le méthylène forme un *bihydrate*, appelé *esprit de bois*, à cause de son analogie avec l'alcool ou esprit de vin. C'est un liquide particulier, très

volatil, et découvert, en 1812, par M. Philipps Taylor, dans les produits de la distillation du bois. Il est formé de carbone, d'hydrogène et d'oxygène dans les proportions représentées par la formule $C^2H^4O^2$. On l'obtient en soumettant à plusieurs distillations successives la partie aqueuse de ces produits, c'est-à-dire l'acide pyroligneux, pour ne recueillir que la liqueur qui passe la première, et que l'on rectifie en dernier lieu sur de la chaux au bain marie. Le produit ainsi purifié est liquide, non seulement à la température ordinaire, mais beaucoup au dessous de zéro ; incolore et sans action sur les papiers réactifs, d'une fluidité très grande, d'une odeur tout à la fois alcoolique et empyreumatique, d'une saveur piquante et comme poivrée, d'une densité de 0,798 à 20° ; celle de sa vapeur est de 1,620. Il entre en ébullition à 65,50 sous la pression de $C^m,761$. Une chaleur rouge le décompose. Il prend feu à l'approche d'un corps en combustion, et brûle avec une flamme d'un blanc bleuâtre. Si on le met en contact avec l'air et le noir de platine, il se fait une oxydation rapide, ce qui donne lieu à de la chaleur et à de l'acide formique, ainsi que l'indique l'équation suivante : $C^2H^4O^2+O^4=C^2HO^3+^3(HO)$, c'est-à-dire qu'un atome d'esprit de bois, plus 4 atomes d'oxygène égalent 1 atome d'acide formique, plus 3 atomes d'eau. Le *chlore* attaque lentement l'esprit de bois et donne des produits chlorés encore peu connus, mais qui correspondent probablement au *chloral*. — Le *chlorure de chaux* le transforme en un composé chloré fort intéressant, le *chloroforme* : C^2HCl^3 (*voy.* CHLOROFORME au supplément). L'esprit de bois se mêle à l'eau et à l'alcool en toutes proportions ; il dissout les résines et en général tous les corps que l'alcool dissout lui-même. Il est employé dans la fabrication des vernis. On doit en outre le considérer comme un nouveau dissolvant qui peut devenir fort utile dans l'analyse immédiate. Ses réactions seront analogues à celles de l'alcool dans les mêmes circonstances, avec cette différence que partout où l'alcool produira un bicarbure C^4H^4, l'esprit de bois produira un bicarbure C^2H^2.

L'esprit de bois, semblable à l'alcool, peut, lorsqu'on le traite par les acides, donner naissance à quatre classes de composés différents : 1° L'*éther d'esprit de bois*, qui a pour formule C^2H^3O, et que l'on appelle souvent éther méthylique. Cet éther correspond à l'éther sulfurique C^4H^5O. — 2° Des *acides méthyliques*, qui correspondent aux acides viniques. L'un d'eux, l'acide sulfométhylique, que nous prendrons pour exemple, a pour formule $C^2H^3O,(SO^3)^2,HO$, et correspond par conséquent à l'acide sulfovinique $C^4H^5O,(SO^3)^2,HO$. — 3° Les hydracides donnent une série d'éthers dans lesquels l'équivalent d'oxygène de l'éther méthylique est remplacé par un équivalent de métalloïde; ainsi l'éther chlorhydrique de méthylène, qui a pour formule C^2H^3Cl, correspond à l'éther chlorhydrique de l'alcool C^4H^5Cl. — 4° Enfin, une classe de produits comprenant tous les éthers formés par la combinaison des oxacides et des acides organiques avec l'éther méthylique. Ces éthers peuvent être représentés par la formule C^2H^3O,A, et correspondent alors aux éthers neutres de l'alcool, qui ont pour composition C^4H^5O,A.

Nous parlerons ici de l'*éther méthylique*, parce qu'il peut être considéré comme un *monohydrate de méthylène*. Il se prépare en distillant un mélange de volumes égaux d'acide sulfurique et d'esprit de bois. Il se présente sous forme d'un gaz toujours mélangé d'acide carbonique et d'acide sulfureux, dont on le sépare par la potasse. Il est incolore, d'une odeur éthérée agréable, très inflammable, et brûle avec une flamme éclatante. Il ne se liquéfie pas à la température de —19° degrés; l'eau en dissout environ 37 fois son volume. Il est très soluble dans l'alcool et l'acide sulfurique concentré. X.

MÉTIER. Ce mot, que l'on écrivait autrefois *mestier*, s'applique à des objets matériels et à des objets métaphysiques. Dans le premier sens, il dénomme les instruments très variés qui facilitent différentes opérations de l'industrie humaine. Tels sont le métier à broder ou à tapisser, le métier à tisser, le métier à bas, etc. Nous ne savons à quoi rattacher l'emploi que faisait l'ancienne langue française du mot mestier pour signifier besoin ou convenance. « Il peut faire son mestier de jour et de nuit, si *mestier* lui est, » dit le statut de Cervoisiers, recueilli par Étienne Boileau, c'est-à-dire « s'il en a besoin, si cela lui convient, s'il le juge à propos. » Métier signifie l'ensemble des procédés employés pour confectionner un produit spécial. C'est ainsi que le métier de tailleur est une expression comprenant l'idée générale de la connaissance des étoffes et des objets accessoires nécessaires à la confection des vêtements, réunie à l'adresse de prendre les mesures, de couper l'étoffe, de l'ajuster et de la coudre, de manière à en faire un vêtement solide et convenable, suivant l'usage du temps.

Le métier est un des résultats d'un ordre social déjà avancé. Le sauvage ne connaît pas de métier proprement dit, il doit suffire par lui-même à tous ses besoins, et son industrie s'appliquant à tout, il ne distingue pas entre ses différents travaux; il n'est pas exclusivement maçon, charpentier, boucher, ou tailleur, il est tout cela confusément. Le pasteur nomade, confiné dans sa famille, y réunit aussi tous les genres d'industrie qui lui sont indispensables. Le métier n'existe que dans des sociétés plus compliquées, et comme l'origine de ces sociétés a presque toujours été la conquête, c'est-à-dire l'oppression du faible par le fort, les métiers ont pour cause ou pour origine l'esclavage. Le vainqueur, en s'appropriant la personne et le travail du vaincu, fut obligé de mettre un certain ordre dans l'emploi qu'il fit de ses esclaves : il affecta ceux-ci à la culture de la terre, ceux-là au service de la personne et à différents offices, et par là même il donna à chacun un état; de là résultèrent une certaine quantité de métiers. Nul ne pouvait exercer d'autre métier que celui qu'il plaisait au maître de lui donner, et aux conditions qu'il voulait fixer. Cette usurpation de la liberté humaine fut élevée au rang d'un principe social, et resta dans nos lois bien longtemps après que l'esclavage eut été aboli. Nul ne peut exercer un métier, s'il ne l'achète du roi, disait notre droit public. Louis XVI est le premier qui ait répudié cette doctrine : il dit dans son édit de février 1776 : « Nous devons à tous nos sujets de leur assurer la jouissance pleine et entière de leurs droits. Nous devons surtout cette protection à cette classe d'hommes qui, n'ayant en propriété que leur travail et leur industrie, ont d'autant plus le besoin et le droit d'employer dans toute leur étendue les seules ressources qu'ils aient pour subsister. Nous avons vu avec peine les atteintes multipliées qu'ont données à ce droit naturel et commun, des institutions, anciennes à la vérité, mais que ni le temps, ni l'opinion, ni les actes mêmes émanés de l'autorité qui semble les avoir consacrés, n'ont pu légitimer... Cette illusion a été portée, chez quelques personnes, jusqu'au point d'avancer que le droit de travailler était un droit royal que le prince pouvait vendre, et que les sujets devaient acheter. Nous nous hâtons de rejeter une pareille maxime. Dieu, en donnant à l'homme des besoins, en lui rendant nécessaire la ressource du travail, a fait du droit de travailler la propriété de tout homme, et cette propriété est la première, la plus sacrée et la plus imprescriptible de toutes. »

Mais il ne suffit pas à l'homme de nier la loi divine, ou d'instituer des lois qui lui soient contraires : la société est attirée par une force invincible à rentrer dans ses voies, et quelque bien combinées que paraissent les institutions qui l'en éloignent, elles portent toujours en elles-mêmes le germe destiné à les détruire. Le métier, garanti à celui auquel il était concédé contre la concurrence qui aurait pu en diminuer les bénéfices, devint plus que suffisant pour faire vivre celui qui l'exerçait et lui donner une certaine indépendance : d'un autre côté, les conditions de la concession étant pareilles pour tous les individus de chaque métier, amenèrent naturellement. et pour son propre intérêt, le pouvoir à constituer tous ces individus en un seul corps, ce qui en fit une force. Ces deux leviers, employés avec persistance, firent de l'esclave isolé et sans aucun droit, un homme soumis à des obligations, qui, par suite de la puissance d'association, devinrent de jour en jour plus avantageuses et le rendirent enfin l'égal de ceux qui avaient usurpé violemment sur lui une autorité illégitime.

Ici le mot métier prend une autre acception : il comprend l'ensemble des individus qui exerçaient le même métier, et les règlements ou usages qui régissaient cette espèce de société particulière. Plus tard, la même idée fut exprimée par le mot corporation. C'est dans ce sens que l'on disait : le roi, ou le seigneur a vendu, a donné tels et tels métiers à telle personne ou à tel couvent, c'est-à-dire il a vendu ou donné la surveillance et les droits à percevoir ou à exercer sur les gens exerçant ce métier. Dans ce sens, le mot métier s'étendait à des états ou professions qui ne fabriquaient aucun produit ou même qui ne travaillaient pas manuellement. Les marchands, revendeurs, crieurs, constituaient, à ce titre, des métiers. La plupart de ces professions ne pouvaient s'exercer qu'après en avoir acheté le droit du roi ou du seigneur, ou de ceux auxquels avait été concédé le métier : quelquefois, l'autorisation du seigneur, l'obligation de se conformer aux règles qu'il avait établies suffisait à elle seule, mais le plus souvent il fallait encore être accepté par le corps de métier lui-même, et l'on n'obtenait son assentiment qu'au prix de sacrifices très considérables, de temps pour l'apprentissage, et d'argent pour les frais de réception. Ces sacrifices étaient toujours allégés pour les enfants, parents ou alliés des maîtres, de sorte que les autres citoyens en étaient presque forcement écartés. C'était là un des plus graves inconvénients de la constitution des métiers dans l'ancien état de société, et c'est la cause principale qui a déterminé à abolir les corporations.

Nous avons dit que le droit de réglementer les métiers faisait partie du droit souverain ou seigneurial. Ce droit avait souvent été transféré aux communes soit par des titres positifs . soit par des coutumes ayant acquis force de loi. Il ne paraît pas que le nombre des communes investies de ce pouvoir ait été bien considérable dans le centre de la France. mais il existe plusieurs actes de la commune de Provins, qui, à la fin du XIIIᵉ siècle, réglementent quelques métiers.

Ces ordonnances, dont les originaux existent, sont d'autant plus remarquables, que. dans aucune des chartes municipales de cette ville. on ne trouve la concession de ce droit. La plupart des villes de Flandre et d'Artois avaient reçu de leurs anciens souverains le droit de créer des corps d'arts et métiers, et de leur donner des statuts. Cette prérogative fut conservée à la ville d'Arras par un arrêt du conseil de 1673 ; à celle de Saint-Omer, par arrêt du conseil de 1746; à Dunkerque, en 1747 et 1772; à Berghes-Saint-Winock, par arrêt du parlement de Flandres de 1779. Un titre nouvel passé devant notaire, en 1765, reconnut aussi à l'abbaye du Paraclet le droit de pouvoir seule accorder la permission d'ouvrir boutique de boulanger et de patissier à Provins. Les individus qui voulaient exercer un métier, restèrent, jusqu'en 1790, assujettis à ne pouvoir le faire qu'après en avoir obtenu l'autorisation, soit du seigneur ou de son ayant droit, soit d'une corporation. Alors intervint, le 2 mars, une loi qui porte, art. 7 : « Il sera libre à toute personne... d'exercer telle profession, art ou métier qu'elle trouvera bon; mais elle sera tenue de se pourvoir auparavant d'une patente, d'en acquitter le prix, et de se conformer aux règlements de police, qui sont ou pourront être faits. »

Aujourd'hui le mot métier s'entend particulièrement de l'exercice d'un art ou profession, au point de vue des avantages exclusivement pécuniaires que l'on en peut retirer, et des parties matérielles et manuelles de l'art. On dit dans ce sens qu'un avocat fait de sa profession un métier; qu'un artiste, peintre ou sculpteur, possède parfaitement ce qui est du métier dans son art. Par la nature même du sens qu'on y attache, le mot métier n'indique rien de noble et de relevé, il n'y a peut-être que le métier des armes duquel on ait dit que c'était un noble métier.

L'influence des métiers sur l'industrie, le commerce, et même sur l'ensemble de l'état social, résultant particulièrement de l'organisation corporative, a été exposée aux mots CONFRÉRIES, CORPORATIONS et MAITRISES.   EM. LEFÈVRE.

MÉTIS (*zool.*). On donne ce nom, ou celui de MULET (*voy.* ce mot), aux individus qui naissent de l'union de deux espèces différentes.

METIUS. Deux personnages de ce nom méritent d'être cités. — METIUS (JACQUES) naquit à Alcmaër en Hollande, et inventa les lunettes d'approche, c'est-à-dire qu'il imagina le premier d'ajouter des verres aux tubes vides, dont on se servait pour mieux distinguer les objets éloignés. Si l'on en croit certains auteurs, Metius fut mis sur la voie de cette découverte par des enfants qui, en jouant avec de la glace, s'avisèrent d'en placer des lames transparentes au bout des tuyaux de leurs encriers, et s'aperçurent avec étonnement, en regardant à travers, que les objets étaient considérablement grossis. D'autres prétendent qu'il fut redevable de cette invention aux enfants d'un lunetier qui s'amusaient avec des verres de besicles. Quoi qu'il en soit, il présenta une lunette d'approche aux États généraux de 1609. Dès l'année suivante, Galilée construisit une lunette d'après ses procédés. Quelques écrivains ont attribué à Drebel l'honneur de cette découverte. Mais il paraît que cette opinion n'est fondée sur rien de sérieux, comme on le voit dans l'Histoire des mathématiques de Montucla (liv. IV). — METIUS (*Adrien*), frère du précédent, né à Alcmaër, en 1571, professa les mathématiques avec distinction en Allemagne. Il se retira ensuite à Franeker, en Hollande, où il enseigna la médecine et la géométrie, et où il mourut en 1635. Il a laissé des ouvrages estimables qui contribuèrent aux progrès des sciences mathématiques, et il est un de ceux qui ont déterminé avec le plus d'exactitude le rapport du diamètre à la circonférence. Ce rapport, selon lui, serait de 113 à 355. Ses ouvrages sont: *Doctrinæ sphericæ*, lib. V, Francfort, 1591; *Astronomiæ universæ institutio*, Franeker, 1605, in-8°; *Arithmeticæ et geometriæ practica*; *De gemino usu utriusque globi*, Amsterdam, 1611; *Geometrices per usum circini nova praxis*, 1623, in-8°.

MÉTIUS SUFFÉTIUS (*hist. rom.*), était dictateur d'Albe à l'époque du combat des Horaces et des Curiaces. Il n'accepta qu'à regret sa défaite, et engagea secrètement les Véiens et les Fidénates à faire la guerre aux Romains, leur promettant de se joindre à eux pendant le combat. Mais Tullus-Hostilius, alors roi de Rome, devina son projet et le dejoua. Le lendemain il l'accusa de trahison, et le fit écarteler (663 ans avant J.-C.).

MÉTOCHITE (THÉODORE) : logothète de Constantinople qui, sous Andronic l'Ancien, fut revêtu de hautes dignités. Il mourut en 1332. Sa mémoire prodigieuse lui avait valu le surnom de *Bibliothèque vivante*. Nous avons de lui une *Histoire romaine depuis J. César jusqu'à Constantin*, traduite en latin et annotée par Meursius; une *Histoire sacrée* en deux livres, traduite par Hervé, Paris, 1555, in-8°, et une *Histoire de Constantinople*, fort détaillée, mais qui manque quelquefois d'exactitude. Le style de Metochite est embarrassé, ou plutôt contourné et souvent obscur.

MÉTON : astronome et mathématicien d'Athènes, qui fit adopter, le 16 juillet de l'an 432 avant J.-C., l'Enneadecateride ou cycle de 19 ans destiné à faire concorder les années lunaires et solaires. Il s'en fallait de 7 heures que le rappel de Meton fût exact. Pour corriger cette erreur, Calippus composa un nouveau cycle de 4 périodes métonniennes; mais cette rectification ne fut adoptée que par les astronomes. Le cycle de Méton est connu sous le nom de *cycle lunaire* (*voy.* CALENDRIER, CYCLE).

MÉTONYMIE (*rhétorique*). Figure de langage qui, ainsi que son nom l'indique, transpose la signification des mots. Cette appellation manque de précision, car elle pourrait être appliquée à toutes les figures connues sous le nom de tropes. Mais les rhéteurs restreignent la métonymie à neuf cas principaux. Elle prend : 1° la cause pour l'effet, l'inventeur pour la chose inventée, l'auteur pour le livre. Nous disons : J'ai lu Virgile et le Dante, pour les poèmes de Virgile et du Dante; — 2° Réciproquement la métonymie prend l'effet pour la cause. C'est ainsi qu'on dit : *La pâle mort* pour : *La mort qui rend pâle* : *Nec habet Pelion umbras*, pour signifier que cette montagne est privée d'arbres; — 3° la métonymie prend le contenant par le contenu : c'est ainsi qu'on dit : La bouteille pour la liqueur :

J'ai vu mon *verre* plein et je n'ai pu le boire.

On dit de même : *Toute la ville s'est émue*, au lieu de : *Tous les habitants de la ville*; — 4° le lieu d'origine d'une chose pour la chose même. Un cachemire pour un châle tissé à Cachemire, etc. On dit de même : le Lycée, le Portique, l'Académie pour les écoles philosophiques fondées dans ces divers lieux par Aristote, Zénon et Platon; — 5° le signe pour la chose signifiée, le sceptre pour la royauté, l'autel pour la religion, le symbole pour la chose qu'il représente; — 6° le nom abstrait pour le concret, etc. Phèdre nous raconte que la cigogne confia à la gueule du loup *colli longitudinem*. Phèdre est le premier chez les Latins qui ait introduit ces expressions abstraites dans le vocabulaire poétique. Il n'a été que trop imité par ceux de nos poetes qui se disaient de l'école de Racine. L'emploi de ce trope est plus souvent un défaut qu'une beauté; — 7° la partie du corps que l'on suppose le siége d'une passion, d'une activité, pour cette passion même : Rodrigue, as-tu du cœur? c'est-à-dire du courage : c'est une forte tête, c'est-à-dire un homme d'une intelligence vigoureuse. — 8° C'est encore par métonymie qu'on dit : Un louis, un napoléon, un souverain pour désigner les pièces d'or qui portent l'empreinte de ces personnages. C'est par une figure semblable que Virgile a dit : qu'*Ucalégon brûle*, au lieu de dire : *la maison d'Ucalégon*. — 9° Il y a enfin la métonymie du conséquent pour l'antécédent, et de l'antécédent pour le conséquent. Les rhéteurs en ont fait un trope à part sous le nom de *métalepse* (*voy.* ce mot). La métonymie est une des figures dont les versificateurs de l'empire et de la fin du XVIIIᵉ siècle ont le plus abusé (*voy.* FIGURES).   J. FL.

MÉTOPE (*architect.*), de μετά, *entre*, et ὀπή, *trou*, intervalle carré qui sépare les triglyphes de la frise dorique. Les métopes sont en effet censées tenir la place de l'espace vide existant entre les solives du plafond, dont l'extrémité est représentée par le triglyphe. On croit généralement que cette partie demeurait vide dans les temps primitifs de l'art. Lorsqu'on imagina de la fermer, on décora la face de la pierre qui la fermait, de boucliers votifs, d'instruments de sacrifices, ou de têtes de victimes (*voy.* ENTABLEMENT, FRISE, ORNEMENT). Ni l'ordre toscan, qui n'est cependant qu'une variété du dorique, ni les ordres ionique ou corinthien, n'ont adopté les triglyphes et par conséquent les *métopes* sur la frise. Quand le dorique s'est altéré par l'écartement des entrecolonnements, cette altération a été quelquefois, non contente de les multiplier, jusqu'à faire varier les metopes du carré au parallélogramme. — On donne encore le nom de métope à l'espacement qui se trouve entre les consoles d'une corniche composée; on a de même orné celle-ci de sculptures. Les belles métopes du Parthénon, qui se distinguaient entre toutes, étaient de simples plaques de marbre que le savant constructeur avait fait glisser à leur place par des coulisses et des voies ménagées dans l'épaisseur des triglyphes. Le dévastateur féroce des monuments de la Grèce antique, lord Elgin, pouvait user du même procédé pour les enlever; mais au lieu de cela, ses ouvriers turcs ont d'abord brisé l'architrave, jeté à bas des chapiteaux et rompu la corniche, ainsi que le raconte assez froidement en quelques lignes M. de Châteaubriand dans son itinéraire. Lord Bÿron n'a pas été aussi impassible (*voy.* ELGIN). De beaux moulages des métopes du Parthénon et de celles du temple de Sélinonte sont exposés dans une des nouvelles salles du musée du Louvre. Quelques édifices de l'époque romaine offrent des souvenirs imparfaits de la métope. L'architecture ogivale ne lui a laissé aucune place dans ses ordonnances pourtant si variées.   J.-P. S.

MÉTOPOCÉRAS (*zool.*). Le lézard cornu de Lacépède (*Iguana cornuta* Dandin), forme le type d'un genre de sauriens, créé par M. Wagler, et se distinguant des iguanes par l'absence de fanon, par ses dents semblables à celles des cyclures, et par les deux rangées de poils que l'on remarque au dessous des cuisses. Ce reptile est particulièrement caractérisé par un gros tubercule en forme de corne qui surmonte son front : il se trouve à Saint-Domingue.   E. D.

MÉTOPOSCOPIE, du grec μετωπον visage, et σκέπτομαι je regarde. C'est le nom que les anciens donnaient à une espèce de divination consistant à examiner avec attention le visage d'une personne pour connaître ses inclinations, ses mœurs et par suite même son avenir. On voit que le système de Lavater n'est pas nouveau.

MÉTRA (*myth.*). (*Voy.* ÉRISICHTON).

MÈTRE, MÉTRIQUE (*système*). Le *mètre* est une mesure de longueur servant de base au système métrique français. C'est la dix-millionième partie du quart du méridien terrestre. — Chez presque tous les peuples civilisés, les mesures de longueur, de superficie, de capacité et de poids, ont été liées entre elles par des rapports plus ou moins directs, et leur ensemble a formé ainsi un *système métrique* plus ou moins complet. Le système primitif des mesures égyptiennes était aussi simple que logique : l'unité *linéaire* était la coudée royale, longueur empruntée aux dimensions du corps humain; le cube construit sur la demi-coudée, donnait l'unité de *volume ;* ce cube rempli d'eau, l'unité de *poids ;* enfin, ce poids en argent, l'unité monétaire. Paucton (*Métrologie*, p. 102) prétend même que les anciens Egyptiens possédaient un système métrique plus parfait encore, en ce que sa base était une partie aliquote de la circonférence de la terre; mais il n'appuie cette assertion d'aucune preuve convaincante, et Bailly, malgré sa prédilection pour les anciens, ne reproduit l'idée de Paucton que comme une simple conjecture (*Hist. de l'Astron.*, tom. I, pag. 156). Les Hébreux, après leur sortie de l'Egypte, conservèrent dans toute sa pureté le système métrique égyptien. Il passa ensuite chez les Grecs, les Romains, les Arabes et les Persans, en subissant des modifications successives plus ou moins prononcées. Les pays de l'Europe où s'établit la domination romaine, adoptèrent en tout ou en partie le système métrique de leurs vainqueurs. Ce système régna en France jusqu'à l'époque de Charlemagne. Aussi grand comme législateur que comme guerrier, ce prince substitua aux mesures romaines, dans toute l'étendue de son empire, un système nouveau emprunté en grande partie aux Arabes. Malheureusement cette œuvre si utile ne tarda pas à subir de notables altérations; et dès le milieu du IXᵉ siècle, on voit déjà les grands feudataires augmenter ou diminuer, dans leurs domaines, la longueur des mesures, la nature des poids et des monnaies, suivant leur caprice ou leur intérêt particulier. Ce fut en vain que les rois de France essayèrent, par des édits successifs (*voy*

Poids et Mesures), de réformer ce scandaleux abus; leurs efforts échouèrent contre l'inertie des uns et la cupidité des autres. Cependant, vers la seconde moitié du XVIIe siècle, commence à se faire jour l'idée grande et simple d'une mesure universelle, invariable, prise dans la nature, et propre à servir d'unité fondamentale, non seulement pour les grandeurs, mais encore pour les poids et les monnaies. Huygens (1664), et Gabriel Mouton (1670), proposèrent presque en même temps l'adoption d'un pareil module; seulement, le savant hollandais tirait son unité fondamentale de la longueur du pendule qui bat les secondes, tandis que l'astronome français la prenait sur la circonférence de la terre. Le tiers de la longueur du pendule à secondes devait, suivant le premier, former le *pied type* (pes horarius); le second prenait pour unité la minute du degré, qu'il appelait *mille*, et, chose digne de remarque, il subdivisait son unité en parties *décimales*. La longueur du pendule, ou celle d'une partie aliquote de la circonférence du globe, sont en effet les seules grandeurs que l'on puisse adopter comme bases d'un système de mesures, à cause de leur invariabilité absolue, qui permet de les retrouver dans tous les temps. Il n'y a matière à discussion que pour décider laquelle des deux mérite la préférence.

En général, les Anglais et les Allemands préfèrent le pendule; et leurs savants ont successivement perfectionné les méthodes expérimentales propres à en faire trouver rigoureusement la longueur exacte. Mais l'emploi du pendule introduit un élément *hétérogène* qui est le temps, et un élément *arbitraire*, savoir la division du jour moyen en 86400 secondes. De plus, la détermination de sa longueur, quelque précise qu'elle soit, est toujours exposée à une erreur qui se rejette tout entière sur l'unité fondamentale; tandis que, pour une unité de même longueur, prise sur la surface de la terre, l'erreur sera d'autant plus faible que l'arc mesuré sera plus considérable. Aussi les Français s'accordent-ils à donner la préférence à ce dernier moyen, comme étant plus direct et susceptible d'une plus grande précision. En outre, si l'on admet la division de la circonférence en 400 grades, les mesures itinéraires et les mesures de longueur, se déduiront l'une de l'autre avec la plus grande simplicité. Il est vrai de dire que la mesure d'un arc terrestre de plusieurs degrés est une entreprise singulièrement pénible, longue et coûteuse, en comparaison de l'opération si simple et si courte de la mesure du pendule.

On peut faire une objection commune aux deux méthodes. La longueur du pendule à secondes varie avec la latitude géographique; et, bien qu'on puisse facilement la calculer pour un lieu quelconque, lorsqu'elle est connue pour un autre lieu, il est toujours à craindre que des circonstances locales, provenant de la constitution géologique du globe, n'influent sur le résultat. D'un autre côté, les parallèles terrestres ne sont pas des cercles parfaits; les méridiens sont des courbes à double courbure, de forme irrégulière, et les mesures géodésiques, prises dans différentes contrées, peuvent conduire à des longueurs inégales pour l'unité fondamentale.

Malgré les vœux hautement exprimés en France, dans le XVIIIe siècle, par les autorités scientifiques les plus distinguées; malgré les projets de réforme les mieux élaborés, l'adoption d'un système métrique complètement nouveau y aurait probablement rencontré un adversaire redoutable dans cet esprit de routine et d'inertie, qui arrête souvent l'exécution des entreprises les plus utiles. « Les hommes, a dit avec raison J.-J. Rousseau, préféreront toujours une mauvaise manière de *savoir* à une meilleure manière d'*apprendre*. » Mais la révolution vint tout à coup donner aux esprits une impulsion jusqu'alors inconnue, et l'on peut dire que c'est grâce aux idées d'innovation qui surgirent à cette époque, que la France se trouve aujourd'hui dotée du système métrique le plus complet, le mieux lié et le plus simple qui ait jamais été inventé. Ce système est tellement supérieur à ceux des autres nations, que toutes se verront successivement forcées de l'adopter, et de suivre ainsi la voie où plusieurs d'entre elles sont déjà entrées. C'est que la force de la raison, par son action lente mais irrésistible, finit par renverser la barrière des préjugés nationaux, et par surmonter tous les obstacles qui arrêtent le bien général.

En 1788, le vœu d'introduire en France un système métrique uniforme et régulier, fut consigné dans les cahiers de quelques bailliages. Les esprits étaient alors disposés à recevoir avec enthousiasme toutes les réformes utiles; d'ailleurs le système incohérent des poids et mesures, outre ses abus réels, était entaché d'un vice originel qui en hâta l'abolition. La confusion qui y régnait était en partie l'ouvrage de cette féodalité que personne n'osait plus défendre, et dont on travaillait à faire disparaître jusqu'aux moindres vestiges. Ce concours unique de circonstances amena l'Assemblée constituante à rendre, sur la proposition de Talleyrand, un décret par lequel « le roi était supplié d'écrire à S. M. Britannique, et de là prier d'engager le parlement d'Angleterre à concourir avec l'Assemblée nationale à la fixation de l'unité naturelle des mesures et des poids, afin que, sous les auspices des deux nations, des commissaires de l'Académie des sciences pussent se réunir en nombre égal avec des membres choisis de la société royale de Londres, dan le lieu qui serait jugé respectivement le plus convenable, pour déterminer, à la latitude de 45 degrés, ou toute autre latitude qui pourrait être préférée, la longueur du pendule, et en déduire un module invariable pour toutes les mesures et pour tous les poids. » Ce décret, rendu par l'Assemblée le 8 mai 1790, sur le rapport de de Bonnai, fut sanctionné le 22 août de la même année. Les dissentiments politiques qui éclatèrent bientôt entre les deux nations, empêchèrent la réalisation de ce projet. L'Académie nomma, pour l'examiner, une commission composée de Borda, Lagrange, Laplace, Monge et Condorcet. Sans se renfermer strictement dans les limites du décret, ces savants discutèrent les raisons qui pouvaient être alléguées en faveur des trois différentes unités fondamentales entre lesquelles les choix semblaient se partager, savoir : le pendule à secondes, un arc de l'équateur et un arc de méridien. Leur rapport, daté du 19 mars 1791, se prononça pour l'arc de méridien, et ils proposèrent, comme unité fondamentale, la dix–millionième partie de la distance du pôle boréal à l'équateur. Pour unité de poids, la commission proposa la millième partie d'un mètre cube d'eau distillée, pesée dans le vide, et prise au degré de température qui correspond à son maximum de densité. Enfin, elle demanda que la division décimale, qui répond à notre système arithmétique de numération, fût exclusivement adoptée dans le nouveau système de poids et mesures.

Tel était le but à atteindre. Comme moyens d'exécution, la commission proposait : 1° de mesurer immédiatement l'arc de méridien compris entre Dunkerque et Barcelonne, et de déterminer rigoureusement les latitudes de ces deux villes; 2° d'observer, au 45° degré, le nombre d'oscillations que ferait en un jour moyen, dans le vide, au niveau de la mer, et à la température de la glace fondante, un pendule simple égal à la dix–millionième partie du quart du méridien. En terminant ce rapport, les commissaires expliquaient pourquoi ils n'avaient pas cru nécessaire d'attendre le concours des autres nations pour se prononcer sur le choix de l'unité de mesure. « Nous avons exclu de ce choix toute détermination arbitraire; nous n'avons admis que des éléments qui appartiennent également à toutes les nations. Il ne se présente donc rien ici qui puisse donner le plus léger prétexte au reproche d'avoir voulu affecter une sorte de prééminence; et si la mémoire de ces travaux venait à s'effacer, si les résultats seuls

étaient conservés, ils n'offriraient rien qui pû servir à faire connaître quelle nation en a conçu l'idée, en a suivi l'exécution. »

Le plan de la commission fut présenté par l'Académie à l'Assemblée nationale, qui l'adopta le 26 mars 1791. Le décret d'adoption fut converti en loi, par la sanction royale, le 31 du même mois. Il chargeait l'Académie des sciences de choisir des commissaires qui s'occuperaient sans délai des diverses opérations proposées. Ces commissaires furent, en effet, nommés, et les artistes Fortin et Lenoir furent chargés de la confection des instruments qui leur étaient nécessaires. Borda et Cassini s'occupèrent, dans les années 1792 et 1793, des expériences relatives à la longueur du pendule, et à la dilatation du cuivre et du platine. Les astronomes Méchain et Delambre, chargés de mesurer l'arc de méridien compris entre Dunkerque et Barcelonne, se mirent en campagne à la fin de juin 1792. Le premier avait dans son lot les 170000 toises qui séparent Barcelonne de Rodez ; le second, les 380000 que l'on compte de Rodez à Dunkerque. Cette inégalité dans la répartition provenait de ce que la partie espagnole était absolument neuve, tandis que le reste avait déjà été mesuré deux fois, par Picard d'abord, ensuite par Cassini de Thury et Lacaille.

Au milieu des troubles qui signalèrent cette époque, il fallait des hommes dévoués à la science, tels que Méchain et Delambre, pour exécuter, comme ils le firent, un travail plein de dégoûts et de périls. Leurs signaux, qui excitaient la défiance des populations, furent plusieurs fois abattus, et leurs opérations entravées ; eux-mêmes furent arrêtés et emprisonnés, mais pendant deux ans rien ne put lasser leur constance. Au bout de ce temps, la commission des poids et mesures fut entièrement désorganisée (pendant la terreur) par la destitution de ses membres les plus distingués, Borda, Lavoisier, Laplace, Coulomb, Brisson et Delambre. L'entreprise, interrompue pendant un an et demi, ne fut reprise que vers le milieu de l'année 1795, grâce à la loi du 18 germinal an III (7 avril 1795), rendue sur le rapport de C.-A. Prieur. Cette loi apporta quelques modifications au plan de l'Académie des sciences, ainsi qu'à la loi du 31 mars 1791; c'est elle qui fixa la nomenclature du système métrique, telle qu'elle est adoptée aujourd'hui (voy. pour cette nomenclature l'art. POIDS ET MESURES). Son art. 10 portait, en outre, que les opérations commencées seraient continuées jusqu'à leur entier achèvement, par des commissaires particuliers, choisis principalement parmi les savants qui y avaient déjà concouru. En exécution de cet article, le comité d'instruction publique, par un arrêté du 28 germinal, nomma les douze commissaires suivants : Berthollet, Borda, Brisson, Coulomb, Delambre, Haüy, Lagrange, Laplace, Méchain, Monge, Prony, Vandermonde.

Cette nouvelle commission décida qu'elle procéderait, sans délai, à la fabrication d'un mètre en cuivre, aussi exact que possible, et qui, en attendant la détermination du mètre définitif, servirait d'étalon provisoire et légal. Borda et Brisson furent nommés commissaires particuliers pour diriger et surveiller ce travail. Delambre et Méchain furent invités à continuer les observations astronomiques et géodésiques relatives à la mesure de la méridienne ; enfin, Borda, Haüy et Prony furent chargés de fixer l'étalon des poids, destiné à servir de kilogramme provisoire. La longueur du mètre provisoire fut établie d'après les travaux géodésiques exécutés en France par Lacaille et Cassini (méridienne vérifiée en 1744) ; il fut exécuté en laiton, et sa longueur fut fixée à 443 lig., 443 pour la température de 10° centésimaux. Le poids du kilogramme provisoire fut porté à 18841 grains, un peu supérieur, comme nous le verrons bientôt, à celui du kilogramme définitif.

Les travaux relatifs à la mesure de la méridienne ne furent terminés qu'à la fin de novembre 1798. D'après le vœu de l'Institut national, le gouvernement français avait invité les puissances alliées ou neutres, à envoyer à Paris des savants qui, réunis aux commissaires de l'Institut, donneraient au système métrique une constitution définitive, et une sanction, pour ainsi dire, européenne. Les députés étrangers arrivèrent à Paris vers le mois d'octobre 1798; c'étaient Æneœ et Vanswinden pour la république Batave; Balbo, remplacé plus tard par Vassalli-Eandi, pour la Sardaigne; Bugge pour le Danemarck; Ciscar et Pedrayès pour l'Espagne; Fabbroni pour la Toscane; Franchini pour la république romaine; Mascheroni pour la république Cisalpine; Multedo pour la république Ligurienne; et enfin Trallès pour la république Helvétique. La commission française avait éprouvé quelques changements depuis l'arrêté du 28 germinal, an III; Vandermonde était mort; Berthollet et Monge se trouvaient en Egypte, et avaient été remplacés par Darcet et Lefèvre-Gineau.

Une sous-commission, composée de Trallès, Vanswinden, Laplace et Legendre, fut chargée d'examiner les opérations astronomiques et géodésiques, et d'établir la longueur définitive du mètre. Elle commença par refaire les calculs de tous les triangles ; puis, pour déduire de l'arc partiel la longueur du quart du méridien, elle adopta l'hypothèse de la terre elliptique, et cal-

cula la valeur de l'aplatissement en comparant le degré de France à celui qui avait été mesuré au Pérou par Bouguer, La Condamine et Godin. Elle trouva ainsi 1/334 pour valeur de l'aplatissement, et en conclut que le quart du méridien vaut 5,130,740 toises. Cette toise est celle que l'on désigne ordinairement sous le nom de *toise du Pérou* ou de l'*Académie*; elle est supposée en fer, et étalonnée à 16° 1/4 du thermomètre centigrade ; le mètre *légal* vaut donc 0^T,513074 ou 3 pieds 11 lig., 296 ; il est en platine et étalonné à 0°. On voit qu'il est un peu plus court que le mètre provisoire. (Si les deux étalons étaient ramenés à zéro degré de température, le rapport du mètre à la toise serait 0,543170, et le mètre vaudrait 443 lig. 379. La sous-commission avait dû recourir à l'arc du Pérou parce que, en calculant séparément les différentes parties de l'arc compris entre Dunkerque et Barcelonne, elle trouvait pour l'aplatissement terrestre des valeurs très différentes. Du reste, comme ce dernier arc est coupé en deux parties à peu près égales par le parallèle de 45 degrés, la valeur de l'aplatissement doit avoir peu d'influence sur la longueur qu'on en déduit pour le quart du méridien. Afin de s'affranchir entièrement de cette cause d'incertitude, et d'augmenter encore la précision du résultat, on a prolongé plus tard l'arc de France jusqu'à Greenwich d'un côté, au moyen de la triangulation du major-général Roy ; jusqu'à Formentera de l'autre côté, par les opérations de Biot et d'Arago. Le nouvel arc ainsi obtenu, dont l'amplitude est de 12° 48' 43", a l'avantage d'être coupé en deux parties égales par le parallèle moyen, et de fournir ainsi un mètre tout à fait indépendant de l'ellipticité du méridien. La longueur de ce mètre, calculée d'après les formules de Delambre, ne diffère que de un centième de ligne de celle qui avait été adoptée par la commission spéciale.

Malgré cet accord, il est aujourd'hui malheureusement prouvé qu'une erreur de 69 toises a été commise dans le calcul de l'arc de méridien compris entre les parallèles de Barcelonne et de Formentera. Méchain avait, en outre, reconnu, mais sans l'avouer à la commission, que la latitude qu'il avait trouvée pour Barcelonne n'était pas très sûre. Il en résulte que le mètre adopté n'est pas rigoureusement la dix-millionième partie du quart du méridien. Suivant les derniers travaux de Bessel (*Astr. nachr.* 1842), la distance du pôle à l'équateur contient 10,000,855 mètres; par conséquent, le mètre *légal* est plus court que le mètre *réel* de 8 à 9 centièmes de millimètre. Il est clair néanmoins que la longueur du mètre légal ne doit pas être modifiée pour cela ; car la figure de la terre étant irrégulière, la dix-millionième partie du quart du méridien sera toujours, quoi qu'on fasse, une longueur plus ou moins incertaine. Il faut donc l'admettre telle qu'elle a été fixée définitivement par la commission spéciale. Le rapport de cette commission, rédigé avec autant de clarté que d'élégance, par Vanswinden, fut lu à la commission générale, et adopté par elle, le 11 floréal an VII (30 avril 1799).

Une autre sous-commission avait été chargée de vérifier les règles de platine qui avaient servi à la mesure des bases géodésiques, et d'en établir le rapport avec la toise. Elle était composée de Multedo, Vassalli, Mascheroni, Coulomb et Méchain. Ses expériences furent faites au moyen du *comparateur*, instrument ingénieux inventé par Lenoir.

Nous avons dit déjà que Borda et Cassini avaient fait à Paris les observations relatives à la longueur du pendule qui bat les secondes; ils trouvèrent cette longueur égale à 440 lig., 5593 ou 0^m, 993855. C'est donc une unité *secondaire* très précieuse, au moyen de laquelle on pourrait, plus tard, retrouver facilement le mètre, si l'étalon de celui-ci venait à se perdre ou à s'altérer. La longueur du pendule, sous le parallèle de 45 degrés a été depuis déterminée avec beaucoup de soins par Biot, Arago et Mathieu; elle est de 0^m 993977.

La longueur du mètre, base de tout le système, étant fixée, rien n'était plus simple que d'en déduire les unités de surface et de capacité; mais il n'en était pas de même de l'unité de poids. Sa détermination rigoureuse réclamait les opérations les plus délicates de la physique expérimentale. Aussi, Lefèvre-Gineau, à qui l'Institut avait confié ce travail difficile, demanda-t-il que la commission lui adjoignît un de ses membres pour vérifier les expériences qu'il avait déjà faites, et pour assister à celles qu'il se proposait de faire encore. La commission désigna Fabbroni, de Florence.—Fixer l'unité de poids, c'est assigner la quantité de matière qu'un certain corps, tel que l'eau, par exemple, contient sous un volume déterminé, afin de comparer à cette quantité, et de mesurer par elle la quantité de matière que contient un autre corps quelconque. Or, comme la détermination de ce volume dépend de certaines mesures linéaires, on voit comment l'unité de poids se rattache à l'unité linéaire. Pour résoudre complétement la question, il faut : 1° évaluer le volume que l'on emploie pour terme de comparaison ; 2° faire choix d'un corps propre à occuper ce volume; 3° enfin, assigner le poids de ce corps.

Il avait été décidé, avons-nous dit, que l'u-nité de poids ou le kilogramme représenterait le poids d'un décimètre cube d'eau distillée, pesée dans le vide, et prise à la température qui correspond à sa plus grande densité ($4°$ audessus de zéro). Le procédé qui se présente le premier à l'esprit, celui de remplir d'eau distillée un cube d'un décimètre de côté, et d'en peser le contenu, est évidemment trop inexact dans l'application. Lefèvre-Gineau eut donc recours à un autre moyen. On sait que, si l'on pèse un corps successivement dans l'air et dans l'eau, la perte de poids occasionnée par son immersion dans le liquide est précisément égale au poids d'un volume d'eau égal à celui du corps immergé. Appliquant ce principe d'hydrostatique, le physicien français fit construire par Fortin un cylindre creux en laiton, dont le volume était d'environ onze décimètres cubes. L'épaisseur des parois était calculée de telle manière que son poids excédât de très peu celui d'un égal volume d'eau. Après en avoir mesuré les dimensions avec les soins les plus scrupuleux, il le pesa dans l'air, en l'équilibrant par des poids en laiton. Le contrepoids employé étant de la même matière que le cylindre, il est clair que l'équilibre se serait maintenu dans le vide. Puis, il détermina le poids du cylindre plongé dans l'eau ; et la différence entre les deux pesées lui donna, toutes corrections faites, le poids d'un nombre de kilogrammes égal au nombre de décimètres cubes compris dans le volume d'eau déplacé par le cylindre. En le comparant à la pile de Charlemagne, il trouva que le kilogramme vaut 18827 grains, ou 2 livres 5 gros 35 grains.

Le rapport sur l'unité de poids fut rédigé par Trallès, et lu à la commission des poids et mesures, le 11 prairial an VII (30 mai 1799). Conformément à l'art. 2 de la loi du 18 germinal an III, un mètre et un kilogramme en platine (étalons prototypes) furent présentés par l'Institut au corps législatif, et déposés aux archives pour y être religieusement conservés. Ce dépôt fut fait le 4 messidor an VII (22 juin 1799); mais ce n'est qu'à dater du 19 frimaire an VIII (10 décembre 1799) que le système métrique devint légal et exclusif.

On a reproché aux auteurs de ce système d'avoir été trop timides, et de n'avoir pas profité de l'esprit novateur de leur époque, pour substituer l'échelle duodécimale à l'échelle décimale (*Edinburg Review for october 1806*). Il est vrai que la base 12 renferme quatre diviseurs, au lieu de deux seulement que présente la base 10; il est vrai aussi que les subdivisions du jour et de la circonférence se rapportent au système duodécimal; mais que d'inconvénients pour racheter ces avantages ! Il eût fallu réformer la numération *parlée* en même temps que la numération *écrite*; et si les pieds, les sous, etc., n'ont pas encore entièrement disparu du langage, que de répugnances n'eût-il pas fallu vaincre, rien que pour accoutumer les calculateurs à voir dans les caractères 10, 20, 30, etc. l'expression des nombres douze, vingt-quatre, trente-six, etc. ! Quant à nous, nous croyons que la commission des poids et mesures, en bannissant toutes les subdivisions aliquotes, et en exigeant la subdivion décimale, a été aussi loin qu'elle pouvait aller. En voulant donner trop d'extension à la réforme, elle eût risqué de compromettre le succès d'une entreprise aussi utile que glorieuse.   **J. LIAGRE.**

MÉTRONOME (*mus.*). Instrument destiné à mesurer le temps musical. Les mots employés par les musiciens pour indiquer le degré de lenteur ou de rapidité dans l'exécution de leur musique sont forcément très vagues, et de plus ont été souvent fort mal employés. Aussi dès la fin du XVIIe siècle s'était-on occupé d'inventer une machine qui indiquât nettement, et invariablement, le degré de lenteur ou de rapidité suivant lequel un morceau devait être exécuté. Dès 1698, un professeur, nommé Loubié, inventa dans ce but un mécanisme qu'il nomma *chronomètre*. Laffilard, musicien de la chapelle du roi, en combina un autre vers le même temps. Le mécanicien anglais Harrison, célèbre par sa montre marine, construisit une machine qui semble avoir été parfaite, mais dont le prix était fort élevé. Vinrent ensuite le *rhythmomètre* de l'horloger Duclos (1782), le *chronomètre* du mécanicien Pelletier, la pendule de l'horloger Renaudot (1784), enfin le *chronomètre* de Despréaux, professeur au Conservatoire (1812). Celui-ci se composait d'un tableau indicateur du mouvement d'un pendule en cordonnet de soie terminé par un poids, dont la longueur pouvait varier à volonté de manière à produire toutes les variétés de mouvement. Cet instrument était d'une construction simple et peu coûteuse, mais il avait le grand défaut d'être silencieux, et de ne pas *frapper* les temps. Il a été détrôné par une invention que deux mécaniciens d'Amsterdam, Winckel et Maetzel, se sont disputée. Approuvé par l'Institut, en 1816, le métronome est généralement adopté maintenant, bien que le prix s'en maintienne assez haut. Il consiste en une échelle graduée au moyen de laquelle on peut exprimer toutes les nuances possibles du mouvement, depuis le plus lent jusqu'au plus rapide. Le balancier se compose d'une verge de fer graduée sur laquelle glisse un levier mobile. Quand le levier est placé à l'extrémité

de la verge, le mouvement est très lent; il devient de plus en plus rapide à mesure qu'il se rapproche de l'axe. Ce balancier est mu par un mécanisme d'horloge, et chaque temps se trouve représenté à l'oreille par un frappé énergique. Les inventeurs ont pris la *minute* pour unité. Le métronome dans son mouvement le plus lent frappe 40 temps à la minute, et 208 dans son mouvement le plus accéléré; mais on peut mesurer des mouvements beaucoup plus rapide ou beaucoup plus lents, en comptant, par exemple, un temps pour deux ou trois battements, ou deux ou trois battements pour un temps. Il y a des métronomes qui marquent en plus le temps fort de la mesure par un son de cloches. Dans tous les ouvrages de musique moderne, le mouvement est indiqué en temps du métronome. Il serait grandement à désirer que des musiciens instruits des traditions prissent la peine de faire ce travail pour les nouvelles éditions des œuvres des grands maîtres privées de cette indication. — Le no 40 du métronome correspond à peu près au *largo*, 60 à l'*adagio* (un temps par seconde), 84 à l'*andante*, 120 à l'*allégro*, 184 au *presto*. — Le métronome a quelque chose de sec, de compacte, d'anguleux, que le sentiment général de la phrase musicale doit quelquefois modifier. Certains passages demandent à être pressés ou ralentis; mais il ne faut pas abuser de cette licence, surtout lorsque le compositeur ne l'a pas indiqué, car on risque alors d'enlever à la musique l'un de ses caractères les plus essentiels, la symétrie du rhythme.

MÉTROPOLE, du grec μητηρ πολις, mère-ville. Μητροπολις fut autrefois un nom propre d'un certain nombre de villes : on en comptait treize dans l'ancienne Grèce. Strabon (liv. IX, chap. 9) dit, à propos de l'une d'entre elles, qu'il place dans la haute Thessalie : « Elle fut d'abord formée par la réunion de trois petites cités peu remarquables. Elle s'accrut ensuite de quelques autres, du nombre desquelles est Ithomé..., et dont elle devint comme le chef-lieu ou la mère adoptive. » Ce texte nous semblerait assez justifier un nom que les anciens rendirent commun, et que les modernes donnent encore à toute ville-mère, spécialement par rapport aux colonies qui, comme autant de filles émanées de son sein, vont fonder ailleurs des villes secondaires.

Dans les beaux temps de la Grèce, les liens qui unissaient les métropoles à leurs colonies étaient partout de la même nature, sans que les droits qui en résultaient fussent uniformément ou invariablement les mêmes. Quelques uns de ces droits étaient simplement *honorifiques*. Ainsi, se trouvait-il dans les sacrifices publics quelque citoyen de la métropole, la distribution des victimes commençait par lui; et dans les grandes solennités des jeux, des assemblées publiques, les premières places appartenaient aussi aux citoyens de la métropole, etc., etc. Parmi les droits *utiles* le plus important était, sans contredit, de pouvoir exiger que les colonies secourussent la mère-patrie en temps de guerre, soit en lui envoyant des troupes ou même des vaisseaux, soit en recevant dans leur sein les citoyens de la métropole assiégée, que l'âge, le sexe ou les infirmités mettaient hors d'état de la défendre. — Outre les prérogatives communes à toutes les métropoles, quelques unes jouissaient de certains droits particuliers qui rendaient encore plus intimes les rapports des colonies. C'est ainsi que Lacédémone administrait elle-même, tant pour le civil que pour le militaire, ses colonies d'Héraclée et de l'île de Cythère, et que Corinthe envoyait tous les ans à Potidée des magistrats, nommés épidémiurges, qui la gouvernaient au nom de la ville-mère. Mais il est évident que ce droit d'envoyer annuellement des magistrats aux colonies, impliquait l'obligation de veiller à tous leurs intérêts en temps de paix, de les défendre et de leur donner toutes sortes de secours en temps de guerre. Ce n'est même qu'à ce prix que les villes secondaires devaient à leur métropole l'hommage et l'obéissance qu'elles n'ont jamais manqué de refuser quand on les avait délaissées dans leurs disgrâces.

En adoptant le titre de métropole, dans les divisions politiques et administratives des provinces conquises, les Romains se gardèrent bien de laisser jouir de tous les avantages qui s'y rattachaient, les villes ainsi honorées dans les époques antérieures, et quoiqu'ils multipliassent eux-mêmes les colonies dans l'étendue de leur vaste empire, Rome se réserva toujours les droits utiles, et ne voulut voir que des sujets dans les habitants des autres villes. Sous les empereurs on continua généralement de traiter de métropoles toutes les cités plus importantes, qui, dans les divisions postérieures de l'empire, furent regardées comme capitales de province. C'est dans leur sein que se tinrent encore les grandes assemblées générales. Du temps d'Honorius, par exemple, la Gaule, distinguée de ce qu'on appelait les sept provinces, comprenait huit métropoles, savoir : Lyon, Rouen, Sens, Trèves, Reims, Mayence, Cologne, Besançon. Les métropoles des sept provinces étaient : Vienne, Bourges, Bordeaux, Eause, Narbonne, Aix ; la province spéciale des Alpes maritimes avait pour métropole Embrun.

Quand le christianisme vint, à son tour, faire la conquête de l'empire, il est bien vraisemblable que les évêques régionnaires, à l'exemple des Apôtres, allèrent d'abord annoncer l'Évangile dans ces villes, plus célèbres, plus influentes que les autres. « C'était la gloire et l'avantage de l'Église, dit, à ce sujet, le P. Thomassin (vol. I, col. 16) d'attaquer et de renverser l'idolâtrie dans les lieux mêmes où elle régnait insolemment; il n'était pas difficile de l'abattre ensuite dans les moindres places. » D'ailleurs, les nombreuses voies romaines qui sillonnaient le sol des provinces, à partir de chaque métropole comme centre, devaient favoriser la rapide diffusion du nouveau culte, jusque dans les dernières villes de l'empire. Aussi les métropoles civiles sont-elles devenues métropoles ecclésiastiques dès les premiers siècles de notre ère ; l'Église des villes capitales étant effectivement la mère, la fondatrice des autres Églises dans les diverses provinces, de même que l'Église cathédrale de chaque cité du deuxième ordre a donné naissance à toutes les Églises moins importantes des contrées circonvoisines. C'est ainsi que le christianisme régla, tout naturellement, sa hiérarchie administrative, sur celle que les empereurs semblaient lui avoir préparée dans le vaste plan qui reliait déjà à la ville de Rome toutes les nations civilisées. L'abbé CANÉTO.

MÉTROPOLITAIN (*voy.* ARCHEVÊQUE).

METROSIDEROS, *Metrosideros* (bot.). Genre de la famille des myrtacées, de l'icosandrie-monogynie dans le système de Linné. Dans le groupe générique formé d'abord sous ce nom sont venus successivement se ranger beaucoup de végétaux ligneux, généralement indigènes de l'Australie, et dont la plupart ont été détachés ensuite pour former les genres *Angophora* Cav., *Callistemon* R. Br., *Eremœa* Lindl. Ces suppressions n'ont laissé dans le genre *Metrosideros* qu'environ vingt-cinq espèces, dont certaines sont aujourd'hui cultivées dans nos jardins, mais sans y être encore très répandues. Elles ont transporté dans le nouveau genre *Callistemon* plusieurs arbrisseaux fort remarquables par leur beauté, et très recherchés dans les jardins. Ces arbustes se font, du reste, distinguer par leurs nombreuses fleurs groupées en grand nombre autour des branches, en épis dans lesquels de longues étamines colorées généralement de teintes vives, et disposées en une sorte de goupillon tout autour du rameau florifère, produisent un très bel effet. Les plus remarquables de ces espèces cultivées sont : l'ancien métrosideros à panaches, *Metrosideros lophanta* Vent., aujourd'hui *Callistemon lanceolatum* DC., bel arbuste de 3 mètres en moyenne, à étamines d'un rouge vif; l'ancien métrosideros élégant, *Metrosideros speciosa* Sims, aujourd'hui *Callistemon* *spectosum* DC., plus beau encore que le précédent, et dont les étamines sont également rouges, mais dont les épis de fleurs sont encore plus serrés et plus longs. **P. D.**

METZ : ville de France, chef-lieu du département de la Moselle, à 308 kil. E.-N.-E. de Paris, au confluent de la Moselle et de la Seille, qui s'y divisent en plusieurs bras ; latitude N. 49° 7′ 14″ ; longitude E. 3° 50′ 23″ ; altitude, 148 mètres : population, 43,000 habitants. C'est le siége d'un évêché suffragant de Besançon, d'une église consistoriale calviniste, d'une synagogue consistoriale, d'une cour d'appel pour les départements de la Moselle et des Ardennes, et le chef-lieu de la 3° division militaire qui comprend les départements de la Moselle, de la Meurthe et des Vosges. C'est une place de guerre de première classe, et un grand centre des armes de l'artillerie et du génie. Ses fortifications actuelles ont été exécutées par les maréchaux de Vauban et de Belle-Isle. Parmi ses principaux ouvrages, on remarque le fort de la Double-Couronne, ou de la Couronne de la Moselle, au N. ; la Couronne de Belle-Croix, à l'E. ; le Pâté, au S., sur l'emplacement d'une naumachie romaine. L'ancienne citadelle, à l'O., était très vaste et très forte, mais elle a été en partie démantelée pendant la Révolution, et ses fossés ont fait place à un beau jardin public. Enfin, parmi ses établissements militaires, Metz offre au premier rang son école nationale d'application d'artillerie et du génie ; ensuite une école régimentaire des mêmes armes, des arsenaux du génie et de construction d'artillerie, un gymnase militaire normal, une magnifique poudrerie. Cette ville est bâtie en grande partie sur un tertre qui vient se terminer à l'angle formé par le confluent de la Seille et de la Moselle ; elle est généralement belle, et a des rues larges et droites, plusieurs places remarquables, entre autres celle du quartier Coislin et l'Esplanade, enfin un grand nombre d'édifices publics intéressants. Le principal est la cathédrale, vaste basilique gothique dont on admire la hardiesse et la légèreté, et surmontée d'une tour taillée à jour de 110 mètres d'élévation. On peut citer aussi le Palais du gouvernement, l'Hôpital militaire, l'Hôtel-de-Ville, l'église Saint-Vincent, les casernes, la salle de spectacle. La Bibliothèque de la ville a 30,000 vol. et 800 manuscrits.

L'industrie de Metz est depuis longtemps fort active : on y fabrique principalement la grosse draperie, des flanelles, des molletons, des étoffes de laine, des broderies sur mousseline et tulle, des toiles pour les troupes, de la bonneterie, de la mercerie, des toiles cirées, des cannes et des garnitures de parapluies, des brosses et des pinceaux renommés, des peignes imitant l'écaille, des tissus de crin, des toiles métalliques, et de la chapellerie. Il y a des teintureries, d'importantes tanneries, des fabriques de toiles et de briques réfractaires, de pipes, de chaux hydraulique très estimée, de machines diverses, des fonderies de cuivre et des usines de fer, des brasseries, etc. C'est un entrepôt important de vins, d'eau-de-vie, de liqueurs, de drogueries, de bois de construction et de charronnage.

Metz était une ville gauloise nommée *Divodurum*, et capitale des *Mediomatrici*, dont elle finit par prendre le nom sous la domination des Romains. Ce nom, en se corrompant, est devenu, au moyen-âge, *Mettis, Meti, Metæ*, avant d'avoir sa forme actuelle. Quelques belles ruines et antiquités rappellent encore l'époque romaine. Cette ville fut longtemps comprise dans la première Belgique, et devint, sous les Francs, la capitale du royaume d'Austrasie qu'on a désigné aussi par le nom de royaume de Metz, et qui prit, vers 855, celui de Lorraine. En 923, Henri l'Oiseleur, empereur d'Allemagne, s'en empara. Elle appartint aux successeurs de ce monarque ; mais, dans le siècle suivant, elle parvint à se gouverner seule, sous la protection de l'Empire, avec le titre de ville libre impériale, et sous la souveraineté effective d'évêques puissants et riches. Elle parvint, sous cette forme de gouvernement, à un état très florissant. En 1552, elle reçut les troupes de Henri II, roi de France ; la même année, Charles-Quint tenta de la reprendre avec une armée de 100,000 hommes, mais après soixante-cinq jours d'efforts inutiles, il fut contraint à la retraite par François de Guise qui défendait la place. Quoique la ville fût désormais soumise à la France, les évêques de Metz continuèrent à se reconnaître vassaux des empereurs jusqu'en 1633. Alors Louis XIII se déclara seigneur souverain de l'évêché de Metz comme des deux autres évêchés de Toul et de Verdun conquis par Henri II. Le traité de Westphalie, en 1648, confirma cette disposition. — Metz a vu naître un grand nombre de personnages remarquables. Nous signalerons : le maréchal Fabert, Charles Ancillon, Le Duchat, Pilastre de Rozier, les généraux Custine et Lasalle, Barbé-Marbois, les deux Lacretelle. Il s'y est tenu sept conciles : dans celui de 888 on s'occupa de la condition des Juifs, qui ont toujours peuplé un quartier considérable de la ville. — L'arrondissement de Metz contient 160,673 hectares et 164,378 habitants (recensement de 1846). **E. C.**

METZ (CLAUDE BARBIER DU) : général français, né en 1638 à Rosny, en Champagne, et mort en 1690 à la bataille de Fleurus. Il était entré de bonne heure au service, et jusqu'à sa mort il ne manqua qu'une seule campagne, celle de 1658, à cause d'une blessure qu'il avait reçue l'année précédente. Il est regardé comme le plus habile ingénieur que la France ait produit avant Vauban. L'artillerie lui doit de grands perfectionnements, et il la mit dans un état où elle n'avait jamais été avant lui.

METZU (GABRIEL), peintre hollandais, né à Leyde en 1615, mort à Amsterdam en 1658, prit pour modèles Gérard Dow, Miéris et Terburg. Aussi ses ouvrages ne sont-ils qu'une sorte d'agrégation des diverses manières de ces trois artistes. Comme eux il cherche à imiter la nature, mais son choix est plus heureux; malgré le soin avec lequel il rend tous les détails, sa touche conserve toute sa liberté; elle est large et gracieuse; son coloris est plein de fraîcheur; la dégradation des tons et des lumières est chez lui une science d'opposition et de contrastes qui achève l'illusion de ses meilleurs tableaux; personne mieux que lui ne sait sur un fond clair détacher une figure de la même couleur, et faire circuler l'air autour d'elle. Quoique mort très jeune, Metzu a laissé un grand nombre de productions. Le Louvre possède les plus remarquables, parmi lesquelles nous citerons : *Le marché aux herbes d'Amsterdam; Un cavalier offrant des rafraîchissements à une dame; Une cuisinière pelant des pommes*, etc.

MEUBLES. C'est le nom qu'on donne aux objets d'utilité ou d'agrément, destinés à garnir ou à orner les appartements. La forme des meubles a varié suivant les climats, les mœurs et le degré de civilisation des peuples. Chacun peut se représenter l'ameublement du sauvage sous sa hutte. Un hamac dans les pays chauds et des mousses recouvertes de peaux, sous un ciel plus rigoureux, forment, avec quelque tronc d'arbre à peine dégrossi, le lit, la table et le siège de la misérable famille.—Passons aux peuples civilisés. Les heureuses investigations des savants de ce siècle nous ont fait connaître l'intérieur des maisons égyptiennes. Le jour n'y pénétrait que par d'étroites ouvertures, car les habitants de la vallée Niliaque ont à se défendre à la fois et des chaleurs brûlantes et du souffle pernicieux du khamsin. Elles étaient ornées de somptueux tapis, de fauteuils incrustés d'ivoire et d'ébène, d'une foule de meubles élégants et bizarres. Des fontaines jaillissantes y entretenaient une humidité délicieuse, et conservaient la verdure et les fleurs placées dans les appartements.—Du temps des juges et de Samuël, nous ne voyons encore dans les maisons des Hébreux

que le moulin à moudre le blé, le lit, la table, la chaise ou kissé, et le haut chandelier, à une ou à plusieurs branches, sur lequel fumait la mèche huileuse de la lampe primitive. L'*alyya* même, la chambre haute, la chambre de parade dans laquelle on recevait les étrangers, n'était ornée que d'une simple couchette, d'une petite table de bois et de deux ou trois chaises. Salomon s'assied enfin sur le trône de Jérusalem; le commerce fait abonder dans la Judée l'or, l'argent et les objets précieux, que les conquêtes de David avaient déjà commencé à y introduire. Le luxe des peuples environnants gagne les descendants du patriarche. Plus tard, lorsque leurs relations se seront étendues vers l'orient, ils auront des appartements d'été et d'hiver; leurs lits seront recouverts de tapis teints en pourpre dans les fabriques de Tyr, ou brodés d'or et d'argent par les ouvriers babyloniens; la chaise de bois fera place aux divans moelleux rangés autour des appartements avec leurs housses étincelantes; les riches mêmes ne se mettront à table qu'assis sur le sopha oriental; les appartements seront lambrissés de cèdre avec des incrustations d'ivoire, et peut-être des peintures (Ezech. XXIII, 14). Ce luxe, c'est surtout à la Babylonie et à l'Assyrie que les Juifs l'avaient emprunté, et ils étaient loin, sans doute, d'avoir égalé leurs modèles. Le livre d'Esther nous apprend que la salle du festin d'Assuérus, dans la ville de Suse, était environnée de colonnes de marbre et de tentures magnifiques, nuancées de blanc, de vert et de pourpre. Le pavé était de porphyre, de marbre, d'albâtre, et les lits d'or et d'argent. Le palais assyrien, découvert par M. Botta, était entièrement revêtu de plaques de marbre, ornées d'une quantité innombrable de sculptures et de peintures. Nous savons, en outre, que les salles des palais assyriens étaient décorées de grands vases d'or, d'ivoire, d'argent, etc. Que l'on ajoute à ce cadre magnifique les tapis si renommés de la Babylonie, les divans, les sophas, les jets d'eau, sans doute comme en Egypte, et on connaîtra l'ameublement à peu près complet des monarques de l'Assyrie et de la Babylonie. — Rome, si grave, si sévère, si simple et si rustique dans les premiers siècles, finit par s'abandonner au luxe avec cette passion qu'elle porta dans toutes choses. Les maisons des patriciens et des riches affranchis, se transformèrent en musées véritables; les lits de table et à coucher étaient couverts des tapis les plus somptueux; les pavés devinrent des mosaïques; les appartements étaient entourés de statues de marbre d'un travail précieux; des pièces entières étaient garnies de tableaux des meilleurs maîtres. Le luxe avait aussi pénétré dans la Grèce; mais à Athènes même ou à Corinthe, il ne paraît pas avoir jamais approché de celui des Romains sous les empereurs. Les Gaulois recouvraient, dit-on, les murs des appartements de peaux de bêtes, auxquelles on substitua plus tard des nattes de jonc qui devinrent avec le temps des tableaux véritables. Nous connaissons peu les usages des Francs. Le moyen-âge emprunte à l'Asie des formes de vêtements plutôt que des meubles. Les anciens manoirs féodaux offraient à l'intérieur moins d'élégance encore qu'à l'extérieur. Les hautes et étroites fenêtres percées dans leurs murs épais, formaient souvent, dans leur embrâsure, deux longs siéges de pierre sur lesquels venaient s'asseoir les châtelaines pour égayer leurs yeux du spectacle de la campagne, ou pour exécuter leurs élégants ouvrages de broderie. Au fond de la pièce obscure, pavée de dalles mal jointes, s'élevait un lit immense entouré de rideaux de serge, et portant sur quatre colonnes ou quenouilles, un large ciel en planches que la varlope avait à peine blanchies; au pied du lit s'allongeait un bahut ou coffre long et étroit; au milieu de la pièce, enfin, se dressait une table énorme, trois ou quatre fois plus large que longue, souvent flanquée de deux bancs qui servaient de siége à la noble famille et à ses convives. Les hobereaux vulgaires s'en tinrent là pendant longtemps. Peu à peu, cependant, le bahut acquit une certaine élégance; le pavé se recouvrit de planches; les boiseries vinrent intercepter l'humidité qui s'échappait des murailles massives; le lit prit une forme moins grossière; des glaces furent incrustées dans les lambris recouverts de tapisseries représentant des chasses et des batailles. Il serait inutile de faire connaître les modifications qui, jusqu'à notre époque, se sont opérées successivement dans les ameublements. Chacun les connaît, et l'on trouvera, d'ailleurs, aux articles consacrés à chaque espèce de meubles en particulier, l'histoire de leurs transformations successives. AL. BONNEAU.

MEUBLES (jurisp.) (voy. MOBILIER).

MEUDON, bourg de France, département de Seine-et-Oise, arrondissement et à 10 kil. E.-N.-E de Versailles, canton et à 2 kil. S. de Sèvres, près de la rive gauche de la Seine, avec 2,000 habitants. Il y a un château appartenant à l'État, placé pittoresquement sur une hauteur d'où la vue est magnifique, et accompagné d'une belle et grande terrasse, d'un petit parc dessiné par Le Nôtre, d'un grand parc qui est d'une étendue immense, et de bois qui offrent les plus jolies promenades. Meudon a une importante exploitation de blanc, et, dans la partie appelée Bas-Meudon, une verrerie de bouteilles dites de Sèvres. Ce lieu paraît avoir une origine très ancienne, si l'on en juge par un monument druidique considérable, avec squelettes gaulois, découvert dans la grande avenue du château en 1845. Son nom vient vraisemblablement des deux mots celtiques mo-el (pelée) et dun (montagne), dont on a fait le nom latin Moldunum, Modunum, Medo. Le château actuel a été bâti par Louis XIV; l'ancien château, construit au XVIe siècle par le cardinal de Lorraine fut démoli en 1804. Le fameux Rabelais a été curé de Meudon. E. C.

MEULE (techn.). Masse de pierre, de métal ou de bois en forme de disque. Les meules peuvent agir par leur surface cylindrique, où par leur surface plane. Le premier mode est, en général, employé lorsqu'il s'agit d'écraser, émoudre, aiguiser, user ou polir; le second est plus souvent usité pour moudre les grains. Nous nous occuperons successivement de ces deux cas. — Les meules des moulins à farine sont quelquefois en fonte, mais le plus souvent en pierre dite meulière, ou bien en toute autre pierre dure. La première qualité des meules est d'être parfaitement égales de grain: on les choisit plus ou moins dures, plus ou moins compactes ou caverneuses suivant la qualité des grains qu'elles doivent réduire en farine, et le système de mouture qu'on adopte. En général, la meule courante ou supérieure et mobile doit être plus ardente que la meule gisante, inférieure et immobile. On fait les meules d'un seul morceau, ou de plusieurs-carreaux réunis avec du plâtre, et maintenus par des cercles de fer. On a même proposé récemment d'assembler les carreaux dans une carcasse en fonte. Les deux meules qui constituent un moulage sont percées chacune d'un œil à leur centre: celui du gite ou meule inférieure est rempli par une boîte à étoupe au travers de laquelle passe le gros fer du moulin qui porte et met en mouvement la meule courante. Les différents systèmes d'ajustement du fer avec la meule supérieure sont exposés au mot NILLE: ils ont pour but, non seulement de faire tourner la meule supérieure, mais encore de la maintenir tout à fait parallèle à celle de dessous, et de permettre de l'approcher ou de l'éloigner facilement suivant les besoins de la mouture, tout en permettant de l'enlever avec facilité lorsque cela est nécessaire. — C'est par les aspérités de leur surface que les meules déchirent le grain, et séparent la farine: ces aspérités s'effacent par le travail, et il devient nécessaire de les rétablir à l'aide du marteau. Cette opération se nomme rhabillage. Elle se fait en plein, c'est-à-dire également, ou bien en forme de rayons. Ce dernier mode est toujours employé pour la mouture dite anglaise. Les rayons ne tendent pas au centre : les quatre principaux sont la prolongation des côtés d'un carré circonscrit à l'œil, et partagent la surface en quatre parties égales. Dans chacune de ces parties trois rayons seulement arrivent jusqu'au carré et sont également espacés, les intervalles sont occupés par des rayons plus courts, obliques à ceux sur lesquels ils s'appuient, et n'atteignant pas le rayon voisin. La meule supérieure dans le système français porte 2 mètres de diamètre, on la met de champ au moyen d'une chèvre pour la rhabiller; dans le système anglais, où la meule n'a que 13 décimètres, on la saisit dans un demi-cercle en fer, au moyen de deux vis de pression qui la serrent aux deux extrémités opposées d'un diamètre : ce demi-cercle est fixé dans son milieu sur une puissante vis qui traverse le bras horizontal d'une potence, et c'est en agissant sur cette vis, à l'aide d'un écrou, que l'on enlève la meule. Aussitôt qu'elle est suffisamment soulevée, on peut, en la faisant tourner sur les deux vis de pression, la dresser verticalement ou la mettre dans toute autre position plus convenable pour le rhabillage.

On fait des meules de moulin avec toutes les pierres qui ont un grain suffisamment égal et une dureté suffisante; le grès, le granit et les pierres siliceuses de différentes qualités sont employées à cet usage. En France, la minoterie de Moissac tire du département de la Dordogne ses meules qui sont de silex très dur et assez compacte, les unes blanches et les autres blondes : elle les regarde comme plus actives, et faisant une farine plus blanche que celles de la Ferté-sous-Jouarre. Ces dernières sont connues et recherchées dans toute l'Europe et en Amérique : elles sont de pierre meulière (*voy.* SILEX) : on les tire du département de Seine-et-Marne, et particulièrement du pays dont elles portent le nom. Le commerce des meules qui est libre en France, est monopolisé par l'État dans quelques pays allemands.   EM. LEFÈVRE.

MEULE (*agric.*). Masse régulière de foin ou de paille, édifiée en dehors des habitations pour assurer la conservation de ces matières. Les meules peuvent être cylindriques ou quadrangulaires, elles sont toujours recouvertes d'un toit de chaume. L'entassement des récoltes que l'on veut ainsi conserver exige une certaine habitude : la meule doit être disposée sur un point culminant du sol pour que l'eau de pluie s'écoule facilement, son pied doit être garanti de l'humidité par une couche de bourrées ou de paille, ou par un plancher : on peut en outre y ménager des courants d'air, continués dans toute

la hauteur par des espèces de conduits en planches, mais cette précaution est rarement employée. Les couches successives doivent être également tassées et bien horizontales, sans quoi la meule s'inclinerait et pourrait même s'écrouler. Si la récolte est en gerbe, leur pied est toujours tourné en dehors; il y a pour cette disposition une raison de solidité, et une de conservation, puisque la pluie et les oiseaux sont moins à redouter pour cette partie de la gerbe qui contient peu de grain. La forme cylindrique est par la même raison préférable, puisqu'à volume égal elle a moins de pourtour ; cependant la forme quadrangulaire offre l'avantage que plusieurs petites meules adossées les unes aux autres, peuvent être rentrées plus facilement, et sans avoir autant que les grosses meules à craindre que de mauvais temps surviennent pendant l'opération. Pour les foins et les fourrages cette forme offre même un plus grand avantage, car elle permet de couper du haut en bas une épaisseur aussi petite qu'on le désire, de sorte que la meule se défait ainsi peu à peu suivant le besoin, et sans jamais exiger l'opération spéciale du rentrage. On coupe ainsi les meules à l'aide de grands couteaux à tranchant denté comme celui des faucilles. EM. LEFÈVRE.

MEULES A AIGUISER. Sous ce nom sont comprises toutes les espèces de meules qui servent à user toute espèce de matière, soit pour aiguiser, soit pour user, soit pour polir. Elles sont en général montées sur un axe horizontal. Celles de grès sont de duretés différentes, suivant l'usage auquel on les destine, mais la même meule doit être de la dureté et de la densité la plus égale possible. Les départements de la Charente, de la Haute-Loire et de la Haute-Saône nous fournissent la plus grande partie de nos meules de grès; mais les carrières les plus vastes se trouvent en Angleterre. On emploie beaucoup de meules en acier, dont la surface est taillée en lime. C'est avec des meules de tôle de fer ou de bois tendre, saupoudrées de pierre ponce, d'émeri, de rouge d'Angleterre, etc., qu'on taille et qu'on polit les cristaux, et toutes les matières dures. La vitesse de la meule influe puissamment sur son action, car un disque de tôle de fer peut couper la fonte la plus dure, si on lui imprime une vitesse suffisante.

MEULEN (ANTOINE-FRANÇOIS VAN DER) naquit à Bruxelles en 1634. Ses dispositions précoces engagèrent son père à l'envoyer étudier chez Pierre Snayers, qui jouissait d'une certaine vogue comme peintre de paysages et de batailles. En peu d'années l'élève fit des progrès si rapides qu'avant d'avoir quitté son maître, il l'égalait en réputation et en talent.

Quelques-uns de ses tableaux envoyés à Paris furent admirés de Colbert, qui l'attira en France, lui fit une pension de 2000 livres et l'installa aux Gobelins. Là, il composa un grand nombre de tableaux qui ont été plusieurs fois reproduits en tapisserie. Louis XIV les vit et l'attacha à sa personne. Dès lors Meulen le suivit dans ses campagnes, peignant les batailles en même temps qu'on les gagnait, et les villes fortifiées pendant qu'on les soumettait. De retour à Paris, il obtint une pension de 6000 livres et fut employé aux embellissements des châteaux de Versailles et du Louvre. Reçu à l'Académie en 1673, et nommé conseiller en 1681, il mourut à Paris en 1699, à l'âge de 56 ans. — Les tableaux de Meulen se recommandent par un dessin facile, une touche spirituelle, une exécution large, ainsi que par l'étonnante multiplicité des plans et l'habile dégradation des teintes. Sans avoir une très grande vigueur, sa couleur est belle et flatte le regard. Il entendait admirablement les effets du clair obscur, et savait créer de larges masses d'ombres et de lumières qui faisaient valoir les unes par les autres toutes les parties de ses vastes toiles. Lors même qu'il ne pouvait à sa guise arranger le site ou disposer les personnages, il plaisait par de beaux détails. Ses paysages ont une fraîcheur exquise ; ses ciels et ses lointains sont suaves ; ses feuillages, légers et transparents. Les trois réfectoires des Invalides sont ornés de ses tableaux représentant les conquêtes de Louis XIV. Le Musée de Versailles en possède un grand nombre. On remarque surtout : l'*Entrée de Louis XIV dans une ville conquise* ; l'*Entrée de Louis XIV à Arras* ; et le *Siège de Maëstricht*. L'œuvre gravé de Van der Meulen se compose de 152 planches. **BELLENET.**

MEULIÈRE (PIERRE) (*voy.* MEULE et SILEX PYROMAQUE).

MEUNG (JEHAN de), surnommé *Clopinel* ou le *Boiteux*, poète français du XIIIe siècle. On ne sait à peu près rien de sa vie. On suppose seulement qu'il a dû naître vers 1250, et mourir de 1310 à 1322 au plus tard. Il avait étudié toutes les sciences alors en honneur, l'astrologie, la géométrie, l'alchimie, la scholastique surtout, et il venait d'écrire une traduction de l'*Art militaire* de Végèce, lorsque Philippe-le-Bel l'engagea à composer une suite au célèbre *Roman de la Rose*, de Guillaume de Lorris. Il se mit à l'œuvre, et sa continuation ne contient pas moins de 18,000 vers. Rien de plus opposé que le faire des deux poètes. Autant Lorris est mignard et doucereux, autant Jehan de Meung est frondeur, sarcastique, railleur audacieux. L'allégorie de la Rose n'est guère pour lui qu'un

prétexte pour entasser des dissertations scientifiques, des tirades philosophiques et surtout des satires contres les femmes, les moines, l'aristocratie, la royauté, les croyances religieuses. En fait de philosophie l'auteur est panthéiste ; en fait de morale, épicurien ; en fait de science sociale, communiste. Son personnage de Faux-Semblant est une ébauche crue mais vigoureuse de Tartuffe. Jehan de Meung est plus spirituel que son devancier, mais il est encore moins poète. Quand il n'a pas de trait, son style est pédantesque, sa forme monotone. Il se perd en d'interminables et prosaïques longueurs. L'ouvrage souleva de bruyantes réclamations ; le chancelier Gerson l'attaqua dans un réquisitoire en forme, le clergé se plaignit, les femmes mêmes, si l'on en croit la chronique, voulurent se venger sur l'auteur des insultes qu'il avait faites à la vertu de leur sexe ; mais il les aurait désarmées en demandant à la moins sage de frapper la première. Au reste, ces attaques ne servirent qu'à rendre le livre plus célèbre, et pendant deux siècles il fut regardé comme le chef-d'œuvre de la poésie française. Clément Marot, qui en donna une édition, appelait l'auteur l'*Ennius français* ; Pasquier le plaçait au même rang que le Dante, et au dernier siècle encore Lenglet-Dufresnoy en faisait un Homère. La meilleure édition de cette ouvrage est celle de Méon, 1814, 4 vol. in-8°. Jean Molinet, chanoine de Valenciennes ; a *translaté de rime en prose* et *moralisé cler et net* le *Roman de la Rose*. Cette paraphrase, malgré ses nombreuses inexactitudes, a été plusieurs fois réimprimée au XVIe siècle. Jehan de Meung a composé encore quelques autres ouvrages en vers et en prose peu connus, et peu dignes de l'être (*voy.* ROSE (Roman de la).

MEUNIER (techn.). Cette dénomination s'applique à tous ceux qui concourent à exploiter un moulin, et particulièrement un moulin à farine, depuis le négociant qui s'occupe principalement de combiner les opérations commerciales, commençant par l'achat des grains et se terminant par la vente des farines, jusqu'au dernier agent attaché aux opérations de la mouture. On peut diviser la meunerie en deux grandes classes : celle qui achète des grains qu'elle fait manutentionner et moudre pour en vendre la farine et les issues, et celle qui se borne à réduire en farine pour le compte des particuliers, les grains que ceux-ci lui apportent. Autrefois plusieurs de nos coutumes fixaient la portion due au meunier, et le mode de mesurage de cette redevance ; plusieurs arrêts du parlement ont réglé ou modifié ces coutumes. Aujourd'hui les marchés à ce sujet sont réglés par des usages ou prix courants qu'il est toujours loisible à chacun de débattre comme toutes les conventions. Le paiement à prix d'argent, avec la condition que le poids de la farine et des issues sera dans une proportion déterminée et égal au poids du grain, sous la déduction d'une quotité fixe pour le déchet, est le mode qui laisse le moins de sujet aux contestations. L'état de meunier ayant été exercé dans l'antiquité par les esclaves qui y étaient condamnés, et dans le moyen-âge par des serfs qui faisaient marcher les moulins au profit du seigneur auquel ils appartenaient, a longtemps été considéré comme peu honorable; mais aujourd'hui cette profession exige de la part du chef de l'entreprise, et de celui qui dirige la marche de l'usine, des connaissances très variées. E. LEFÈVRE.

MEÛNIER (*zool.*). En ornithologie un perroquet et le corbeau mantelé portent ce nom; en ichthyologie on l'applique vulgairement à une espèce d'ABLE, le *Cyprinus dobula* Linné, désigné par G. Cuvier et M. Valenciennes, sous la dénomination de *Leuciscus dobula*; c'est encore une espèce du genre *Cottus*, le chabon commun; enfin en entomologie on l'emploie comme nom vulgaire du mâle des hannetons, du foulon, et principalement du TÉNÉBRION (*Tenebrio molitor* Fabricius), dont la larve se nourrit de farine. E. D.

MEURSIUS. — Érudit célèbre né en 1579 à Losdün, près de La Haye, et mort le 20 septembre 1639. Après avoir voyagé dans différentes contrées de l'Europe avec les fils de Barneveldt qu'il avait eus pour condisciples, il professa l'histoire à Leyde en 1610, et obtint ensuite la chaire de langue grecque qu'il abandonna, en 1625, à la sollicitation de Christiern IV, roi de Danemarck, pour enseigner l'histoire et la politique à l'université de Sora. Nous avons de ce savant un grand nombre d'ouvrages gros de faits et d'érudition, et que l'on consultera toujours avec fruit. Nous citerons : *De populis Atticæ ; Atticarum lectionum libri IV; Archontes athenienses; Fortuna attica; De Athenarum origine*, etc.; *De festis Græcorum; Creta, Cyprus, Rhodus*, livre dans lequel Meursius décrit ces îles et en fait connaître les antiquités. L'histoire moderne occupa aussi ses veilles, et on lui doit : *Historia danica*, 1630, in-4°, ouvrage qui contient l'histoire danoise sous Christiern I, Jean et Christiern II ; *Athenæ Bataviæ*, ou histoire de l'Université de Leyde, et une histoire de ce qui s'est passé dans les Pays-Bas sous le gouvernement du duc d'Albe, sous ce titre : *Rerum belgicarum* libri IV, 1612-1614. Ce livre choqua profondément ses concitoyens; dans une seconde édition, il adoucit ses appréciations pour calmer leur colère et n'y parvint

point. On lui doit en outre un grand nombre de traductions d'auteurs grecs avec des notes remarquables. Nous signalerons celle des *Harangues des Pères grecs*, qui n'avaient pas encore été publiées ; celle de l'*Histoire romaine* de Théodore Métochite; celle de l'*Origine de Constantinople* de Georges Codinus, et enfin celle de la *Tactique* de Constantin Porphyrogénète. Tous les ouvrages de Meursius ont été réunis à Florence, 1741, 12 vol. in-fol. Guillaume Moller a écrit sa Vie, et J.V. Schramm a publié à Leipsick en 1815, *Dissertatio de vita et scriptis J. Meursii patris*. — Son fils, Jean Meursius, né à Leyde en 1613, et mort en Danemarck vers 1653, a aussi composé plusieurs ouvrages parmi lesquels on distingue : *Arboretum sacrum, sive de Arborum consecratione*, Leyde, 1642, in-8°; *De Tibiis veterum*, savant traité qui fait partie du Recueil de Gronovius. AL. B.

MEURTHE : ce nom est celui d'une rivière et d'un département de France. — La RIVIÈRE est formée sur le versant occidental des Vosges, dans le département de ce nom, à 4 kil. S.-E. de St-Dié, par la réunion de deux petites rivières, dont l'une descend du Montaben, l'autre de la montagne du Bonhomme; elle coule au N.-O., entre dans le département auquel elle donne son nom, et se jette dans la Moselle, par la rive droite, près de Frouard, après un cours d'environ 136 kilom., dont 129 de flottage et 11 de navigation. Elle reçoit à droite la Vezouze et le Sanon, et à gauche la Mortagne. Elle baigne Saint-Dié, Raon l'Étape, Bacarat, et passe très près de Lunéville et de Nancy. La Meurthe est sujette à d'assez grands débordements par suite des pluies abondantes dans les Vosges, et de la fonte subite des neiges dans ces montagnes.

Le DÉPARTEMENT DE LA MEURTHE, formé d'une partie de l'ancienne Lorraine, entouré par les départements de la Moselle, du Bas-Rhin, des Vosges et de la Meuse, est situé entre 48° 22' et 49° 2' de latit. N., et entre 3° 22' et 4° 56' de longit. E. Il s'allonge de l'E. à l'O., l'espace de 120 kilom., et comprend 602,799 hectares, avec une population de 445,991 habitants (recensement de 1846). Plusieurs ramifications des Vosges couvrent l'E. de ce département; d'autres hauteurs, qui appartiennent aux Ardennes, se montrent à l'O. Presque tout le pays appartient au bassin de la Moselle. Cette rivière parcourt le département du S. au N.; parmi les affluents de sa rive droite, on distingue la Meurthe, la Seille, la Sarre; parmi ceux de sa rive gauche, le Madon. Quelques tributaires de la Meuse se montrent vers les limites occidentales; à l'E., on voit quelques tributaires du Rhin, entre autres la Zorn. Il y a plusieurs grands étangs dans la partie orientale : on remarque surtout ceux de Lindre, de Stock, de Gondrexange. En général, le pays a beaucoup d'eau, et le climat est frais et humide. Le sol se compose en très grande partie de calcaire, de gypse et de craie : il est bien cultivé et donne des récoltes surabondantes de grains, des vins généralement faibles et froids, parmi lesquels cependant on estime ceux de Thiaucourt, de Pagny, d'Arnaville, de Bruley, de Salival ; beaucoup de pommes de terre, de légumes secs, de betteraves, de houblon, de chanvre, de fruits, dont les plus renommés sont la prune coëtche et l'abricot de Nancy. Les forêts sont considérables (187,367 hectares). On élève une grande quantité de chevaux, de porcs et de volailles ; il y a de beaux troupeaux de mérinos. L'industrie agricole a dû un précieux développement à la belle ferme-modele de Roville, fondée par Mathieu de Dombasle. Le principal produit minéral est le sel ; pour la richesse de ses sources salines et de ses bancs de sel gemme, le département de la Meurthe est le premier de la France : Dieuze et le voisinage de Vic, de Moyenvic et de Château-Salins, sont les principaux siéges de ces mines importantes. On trouve aussi du fer sur quelques points, et l'on exploite d'excellentes pierres de taille, de la pierre à chaux, de beau marbre, de bel albâtre. On remarque les sources minérales de Mousson et de Saint-Thiébault. Les principaux établissements de l'industrie fort active de ce département sont : la célèbre cristallerie de Baccarat, la manufacture de glaces de Saint-Quirin et Cirey, la fabrique de soude et de produits chimiques de la saline de Dieuze, des manufactures de porcelaine, de faïence et de poterie, des filatures de coton, des fabriques de draps de coton, des papeteries, des tanneries, des fabriques de sucre de betterave, des brûleries d'eau-de-vie, des brasseries, des distilleries de liqueurs dites de Lorraine, dont le siege principal est à Phalsbourg. Ajoutons les broderies renommées sur batiste et sur toile, dont Nancy est le centre, les confitures et conserves de fruits, la fabrication de boules d'acier vulnéraire dites boules de Nancy, et la préparation des salaisons de porc. Le commerce de ce département est fort considérable, et sera favorisé encore par le chemin de fer de Paris à Strasbourg, qui parcourra le département de l'O. à l'E., et dont un embranchement unit déjà Nancy à Metz. Le canal de la Marne au Rhin le traversera aussi ; le canal des Salines fait depuis longtemps communiquer la Seille à la Sarre.

La Meurthe a pour chef-lieu Nancy, et forme le diocèse de l'évêché de Nancy ; elle fait partie du ressort de la cour d'appel de la même ville,

et se divise en 5 arrondissements : Château-Salins, Lunéville, Nancy, Sarrebourg et Toul. Après le chef-lieu, qui a 38,500 habitants, les plus grandes villes sont : Lunéville, peuplée de 12,000 âmes ; Toul et Pont-à-Mousson, qui ont 7,000 habitants.

Habité anciennement par les *Leuci* et les *Mediomatrici*, ce pays fut compris dans la première Belgique ; conquis par les Francs, il fut incorporé au royaume d'Ostrasie ; lors du démembrement de l'empire de Charlemagne, il fit partie du royaume de Lorraine ; il revint un moment à la France après la mort de Louis, dernier roi de Lorraine ; mais Henri l'Oiseleur le réunit à l'empire Germanique. En 1552, Henri II, roi de France, en replaça une portion sous la domination française par la conquête des Trois-Évêchés, dont Toul faisait partie. Le reste demeura sous la suzeraineté de l'Allemagne jusqu'en 1738, époque à laquelle il fut cédé à la France, sous la réserve que Stanislas Leczinski, roi de Pologne détrôné, en aurait la souveraineté ; en 1766, la mort de cet excellent prince, qui avait fixé son séjour à Lunéville, fit réunir définitivement à la France le territoire que nous venons de décrire. E. C.

MEURTRE (*législ.*). Est qualifié meurtre, par la loi française, l'homicide commis volontairement, mais sans préméditation ou guet-apens ; il n'emporte la même peine que l'assassinat que dans des cas particuliers où l'assimilation est nécessitée par l'atrocité du crime, résultant, soit de la qualité de la personne homicidée, soit d'autres circonstances aggravantes ; ainsi la peine du meurtre sera celle de mort s'il a été précédé, accompagné ou suivi de quelque crime ou délit, ou s'il a été commis sur la personne des père ou mère ou de tout autre ascendant ; mais si le meurtre est dénué de toute espèce de circonstances aggravantes, il n'est puni que de la peine des travaux forcés à perpétuité. La plupart des législations ont confondu le meurtre avec l'assassinat, et appliqué à ces deux crimes une peine semblable, la peine du talion. Chez quelques peuples de l'antiquité, il en fut cependant autrement : ainsi, les Athéniens se contentaient de bannir les meurtriers du milieu de la société, de leur interdire l'entrée des temples, des bains publics, des assemblées, de leur refuser l'eau et le feu et de confisquer leurs biens. Les nations moins civilisées ou chez lesquelles domine le génie de la guerre, permettent au parent le plus proche de *venger son sang*, et d'égorger le meurtrier alors même que l'homicide a été involontaire ; telle est encore aujourd'hui la loi de presque toutes les peuplades demeurées à l'état sauvage. Dans les pays où l'autorité est puissante, · la répression du meurtre est exercée au nom seul de la société ; ce crime est alors considéré moins comme un attentat contre l'individu que comme une entreprise contre l'autorité du souverain ; c'est ainsi qu'autrefois en Angleterre la commune ou même le canton où le meurtre avait été commis était passible d'une amende ; on condamnait, en outre, le meurtrier à être bouilli, puis son cadavre restait exposé à un gibet ; en Danemarck, en Turquie les habitants les plus rapprochés du lieu où le meurtre avait été commis, devaient également payer le prix du sang de la personne tuée. Chez les Germains, chez les Francs saliens et ripuaires, peuples qui ne pratiquaient qu'un médiocre respect pour la vie humaine, le meurtre se rachetait par l'abandon d'une partie de son bien : chez les Germains on donnait une certaine quantité de bétail à tous les membres de la famille de la victime. Les Francs expiaient le meurtre par une composition en argent qu'on appelait le *fredinn;* la vie d'un franc était taxée à 200 sols d'or, celle d'un romain à 100.

En France on trouve les premières traces de lois contre le meurtre dans les capitulaires de Charlemagne ; mais il se passa de longs siècles avant que la société fût assez forte pour revendiquer seule le droit de punir, et pour soustraire le meurtrier à la vengeance individuelle. Du temps même de Philippe-Auguste on voit encore une ordonnance qui permet à l'offensé de surprendre de nuit les parents de l'offenseur et de les occir. Louis XI rendit une ordonnance qui condamnait à être pendu comme meurtrier celui qui avait recélé des objets volés à la victime. La confiscation des biens du meurtrier était toujours de droit. L'ordonnance criminelle de 1670 réglementa, pour la première fois, d'une manière un peu régulière la répression des crimes contre la sûreté des personnes ; le meurtrier était puni de mort. Notre Code pénal actuel s'est donc montré plus clément que toutes les législations antérieures, et même que toutes les législations étrangères ; il a surtout eu pour but d'observer une juste proportion dans la gradation des châtiments édictés pour chaque crime. Le législateur a eu soin, en outre, de préciser les provocations qui rendent en certains cas le meurtre excusable. La provocation ne fait pas disparaître le crime, elle l'atténue seulement et permet de réduire considérablement la peine : il est même un cas où l'excuse emporte remise de toute peine, celui où le mari surprend sa femme en flagrant délit d'adultère ; le meurtre commis alors sur l'épouse et sur l'amant de celle-ci, peut être déclaré excusable par le jury (*voy.* ASSASSINAT, EXCUSE, PRÉMÉDITATION). ROCHER.

MEURTRIÈRE (*arch.*) : sorte de fenêtre longue et étroite, avec embrasement extérieur, ouverte dans une muraille, par laquelle l'archer ou le fusilier peut tirer à couvert sur l'ennemi. Les meurtrières étaient fort en usage dans l'ancien système de fortifications à tours et à murailles élevées, et l'on en voyait alors quelquefois à plusieurs étages. Elles servent encore dans les fortifications rasées pour défendre la place contre une irruption de l'ennemi dans le fossé. On donne également le nom de meurtrières aux fenêtres de pareille forme qui servent à éclairer les escaliers en hélices des tours des anciennes églises, peut être parce que, dans les temps reculés, les églises elles-mêmes étaient le plus souvent fortifiées.

MEUSE, nom d'un fleuve et d'un département.— Le FLEUVE, en latin *Mosa*, en allemand et en hollandais *Maas*, en flamand *Maes*, prend sa source en France, dans le S. du département de la Haute-Marne, à 17 kilomètres N.-E. de Langres, parcourt le N.-O. du département des Vosges, où il disparaît l'espace de 6 kilomètres, entre Bazoilles et Noncourt, traverse ensuite le département de la Meuse et des Ardennes, puis le S. et l'E. de la Belgique. enfin le S. des Pays-Bas. Parvenu un peu au-dessous de Gorcum, la Meuse se divise en deux bras : le plus septentrional prend d'abord le nom de Merwede, et se divise lui-même, près de Dordrecht, en deux branches, dont l'une, au N., conserve le nom de Meuse, et l'autre, au S., prend celui de Vieille-Meuse (*Oude-Maas*) : ces deux branches se réunissent ensuite, pour tomber en un seul courant dans la mer, entre l'extrémité N.-O. de l'île de Voorne et la langue de terre de Hoek-van-Holland : c'est là ce qu'on appelle proprement l'embouchure de la Meuse. Le bras méridional qui se forme près de Gorcum, se précipite, par des courants nombreux, dans le lac marécageux de Bieshosch, qui fut produit dans le xve siècle par un effroyable débordement du fleuve ; il en sort sous le nom de Hollands-diep ; ensuite, à Willemstad, deux nouvelles branches sont formées : l'une se dirige entre l'île d'Over-Flakkee et le Beyerland, et entre l'île de Voorne et celle de Goeree, sous le nom de Haringvliet, puis sous celui de Flakkee ; l'autre est appelée successivement Volke-Rak, Krammer et Grevelingen, et a son embouchure entre Goeree et l'île de Schouwen. Ainsi la Meuse a trois embouchures, dont les deux plus méridionales sont les plus larges, et elle arrive à la mer entre le Rhin au N. et l'Escaut au S. Elle coule généralement dans une direction N.-N.-O. Elle arrose les provinces belges de Namur, de Liége, de Limbourg, et les provinces néerlandaises du Brabant septentrional, de Gueldre, de Hollande et de Zélande. Les villes principales qu'elle baigne sont; en France, Verdun, Sedan, Mézières, Charleville, Givet; en Belgique, Namur et Liége; dans les Pays-Bas, Maëstricht, Dordrecht et Rotterdam. Ses affluents principaux sont, à droite, le Mouzon, le Vair, le Chiers, la Semoy, la Lesse, l'Ourthe, le Roer, le Niers, la Linge, et trois bras du Rhin : le Whaal, le Leck et l'Yssel inférieur; à gauche, le Bar, la Sambre, la Mehaigne, le Dommel, le Merk; elle communique, de ce dernier côté, avec l'Escaut, par divers bras, à travers les îles de la Zélande. Aucun de ces affluents n'est fort considérable. Le bassin de la Meuse est généralement très resserré; les chaînes des Ardennes orientales et des Ardennes occidentales accompagnent ce fleuve sur une grande étendue. La longueur de son parcours est de 900 kilomètres, dont 700 de navigation, à partir de Verdun. Le canal des Ardennes unit la Meuse à l'Aisne, par l'intermédiaire du Bar; le grand canal du Nord la joint d'un côté à l'Escaut, et de l'autre au Rhin.

Le DÉPARTEMENT DE LA MEUSE a été formé à peu près des pays de la Lorraine qu'on appelait Barrois, Verdunois et Clermontois; il est situé entre 48° 25′ et 49° 35′ de latitude N., et entre 2° 34′ et 3° 27′ de longitude, et se trouve entre la province belge du Luxembourg et les départements français des Ardennes, de la Moselle, de la Meurthe, des Vosges, de la Haute-Marne et de la Marne; il s'allonge, du N. au S., sur un espace de 130 kilomètres, et à une superficie de 620,555 hectares, avec une population de 325,710 habitants (recensement de 1846). Il appartient presque entièrement au versant de la mer du Nord, et il y envoie ses eaux par le fleuve auquel il doit son nom, et qui le parcourt du S. au N.; les Ardennes orientales et les Ardennes occidentales (qui prennent sur une assez grande étendue, dans ce département, le nom de montagnes d'Argonne), resserrent la vallée de la Meuse; à l'O. de cette dernière chaîne, les eaux appartiennent au bassin de la Seine, par l'Aisne, l'Aire, l'Ornain et la Saux; à l'E. des Ardennes orientales, elles se rendent dans la Moselle par l'Orne et d'autres petites rivières. Le sol des plaines est pierreux et peu fertile; celui des vallées et des coteaux est fort riche. L'agriculture est avancée; on récolte une quantité surabondante de grains et de vins : les vins sont de qualité estimée, surtout ceux de la vallée de l'Ornain et ceux de Creue dans la vallée de la Meuse. Il y a 172,000 hectares de bois; les prairies abondent, surtout le long de la Meuse; on élève beaucoup de chevaux, de moutons, de porcs, de bêtes à cornes, dont le laitage sert à la fabrication d'excellent beurre et de fromage façon de Gruyère. Le gibier est très commun. Les montagnes de ce département ont de riches mines de fer, et le travail de ce métal est la branche principale de l'industrie : on compte environ 40 usines à fer, produisant pour une valeur annuelle de 3,600,000 fr. de fonte, et de 3,300,000 fr. de gros fer; des manufactures considérables d'articles de taillanderie et de ferronnerie consomment une partie de ces produits. Ce pays possède aussi des papeteries, des verreries, des faïenceries, des tuileries, des filatures de coton, des fabriques d'étoffes de coton et de laine, des tanneries, des mégisseries; le travail de la vannerie et de la boissellerie livre à l'exportation des produits considérables. Enfin, on peut encore signaler la fabrication de bas de fil tricotés, de la dentelle, des confitures de groseilles et de framboises de Bar et de Ligny, des dragées et des liqueurs de Verdun, du sucre de betterave, des jambons et autres salaisons de porc. Un certain nombre d'habitants de la Meuse émigrent temporairement, et exercent les métiers de remouleurs, d'étameurs, de marchands de paniers, etc.— Ce département se divise en quatre arrondissements : Bar-le-Duc, Commercy, Montmédy et Verdun; il forme le diocèse de l'évêché de Verdun, et se trouve dans le ressort de la cour d'appel de Nancy. Le chef-lieu est Bar-le-Duc, ville de 13,000 habitants; la ville la plus importante ensuite est Verdun, de 10,000 habitants. Habité anciennement par les Verodunenses, ce pays fut compris, sous les Romains, dans la première Belgique; sous les Francs, il appartint au royaume d'Ostrasie; après le démembrement de l'empire de Charlemagne, il fit partie de la Lorraine; c'était un des Trois-Évêchés (l'évêché de Verdun), conquis par Henri II sur l'Allemagne, en 1552, et définitivement cédés à la France par la paix de 1648. Parmi les lieux les plus intéressants pour l'histoire que renferme ce département, nous signalerons Vaucouleurs, qui rappelle le souvenir de Jeanne d'Arc; Varennes en Argonne, devenu fameux par l'arrestation de Louis XVI; Verdun, qui se rendit aux Prussiens en 1792, et fut repris par les Français, la même année; Ligny, où des conscrits français combattirent vaillamment contre un corps d'armée russe, en 1814.   E. CORTEMBERT.

MEUSEL (JEAN-GEORGES) : bibliographe et savant allemand, né en 1743 à Éryrichshof, et mort en 1820. Il enseigna l'histoire aux Universités d'Erfurth et d'Erlang, et devint conseiller aulique du roi de Prusse. On lui doit une foule d'excellentes éditions et de traductions estimées, et un grand nombre d'ouvrages. Nous citerons parmi ces derniers; *De præcipuis com-*

merciorum in Germania epochis, Erlang, 1780, in-4°; *Bibliotheca historica*, Leipzig, 1782-1804, 22 vol. in-8°; *L'Allemagne littéraire*, 16 vol. in-8° en allemand; *Introduction à la connaissance de l'histoire des États de l'Europe; Dictionnaire des artistes vivants de l'Allemagne; Littérature de la statistique; Dictionnaire des écrivains allemands morts de 1750 à 1800*, 15 vol. in-8°.

MEXICO : capitale de la république du Mexique, est une ville fort ancienne. Avant la découverte et la conquête du Mexique, c'était, sous le nom de Tenochtitlan, la capitale où siégeaient les souverains aztèques ou tenochques, et elle était fort populeuse. Selon le récit de Fernand Cortez, le marché était deux fois grand comme celui de Séville. Les ruines dont on aperçoit encore les vestiges autorisent à penser que Tenochtitlan était bien plus spacieuse que Mexico. C'était une ville bien bâtie, grâce aux matériaux consistants et légers en même temps qu'offre le pays. Les *téocallis* (temples) étaient des pyramides tronquées d'une grande élévation, orientées comme les pyramides égyptiennes et sur lesquelles reposaient des coupoles en bois. Le grand Téocalli consacré à Vitzlipultzi était environné d'une vaste enceinte carrée dans laquelle selon Fernand Cortès, aurait pu tenir à l'aise une ville de 500 maisons. Cette enceinte était fermée d'un mur de huit pieds de hauteur, couronné de serpents sculptés, ce qui lui avait fait donner le nom de *Coatipantli* (muraille des serpents). On y pénétrait par quatre portes correspondant aux quatre points cardinaux et on y voyait une multitude de temples dans lesquels on entretenait plus de 600 feux sacrés ; des maisons de retraite où l'empereur et les grands venaient prier et jeuner à certaines époques de l'année ; un grand et bel édifice où l'on hébergeait les étrangers de condition, attirés par les solennités religieuses ; des étangs où les prêtres se baignaient ; des fontaines sacrées ; des volières pour les oiseaux destinés aux sacrifices ; des jardins pleins de fleurs pour la décoration des autels ; un bois avec des collines, des cascades, des rochers, des ravins artificiels ; une maison en forme de cage où les Mexicains retenaient prisonnières les idoles des peuples vaincus ; des édifices considérables où étaient rangées symétriquement autour des parois, les têtes innombrables des victimes humaines sacrifiées à Vitzlipultzi. Le plus vaste de ces édifices appelé Huitzompan était un énorme môle de terre de forme carrée surmontée de 70 poteaux reliés par des perches couvertes de têtes; aux quatre coins de cette pyramide s'élevait une tour construite

d'ossements assujettis avec de la chaux. C'est ce monument qui, suivant l'évaluation d'ailleurs exagérée de certains auteurs, renfermait à lui seul plus de 136,000 têtes de victimes humaines. — Le nombre des téocallis de Mexico s'élevait, dit-on, à 360, et celui des temples à 2,000, ce qui est une exagération évidente. Située au milieu du lac de Tezcuco avec des canaux navigables dans les principales rues, Tenochtitlan ressemblait à une ville de la Hollande. L'eau du lac n'est pas potable, elle est saumâtre ; mais des aqueducs y amenaient des eaux douces. Trois larges chaussées reliaient la ville à la terre ferme.

La ville moderne, quoique occupant le même emplacement, n'est plus dans le lac. C'est que celui-ci s'est retiré, ou, pour mieux dire, on l'a forcé à reculer. Dans les îlots qu'elle occupait, Mexico était exposée à l'inondation. On y a remédié par le *Desague de Huehuetoca*, canal qui détourne les eaux des lacs de Zumpango et de San-Christobal, et les dérobe au lac de Tezcuco pour les jeter dans la rivière de Panuco qui les porte à l'Océan Atlantique. La destruction des arbres autour de la ville et dans les montagnes environnantes a aussi contribué à abaisser le niveau du lac. Le paysage autour de Mexico, fort gracieux du temps de Montézuma, s'est fort enlaidi. Les mêmes endroits où l'on admirait la verdure de beaux jardins n'offrent plus que des sables recouverts d'une croûte de sels efflorescents.

Mexico en elle-même a un aspect majestueux. Peu de villes peuvent lui être comparées pour la largeur et la régularité des rues, la grandeur des places publiques. L'architecture y est grandiose. Le nombre des couvents et des églises y est considérable, et ce sont toujours des monuments. La cathédrale est extrêmement spacieuse. Les églises s'y font presque toutes remarquer par un dôme, souvent recouvert en tuiles richement peintes qui resplendissent au soleil sous ce ciel si pur. Les maisons ont des terrasses au lieu de toits, comme celles d'Italie et de tous les pays méridionaux. La grande place (*Plaza Major*), sur laquelle sont la cathédrale et le palais du gouvernement, est imposante.

Mexico tire une partie de sa beauté de son site au cœur d'une vallée spacieuse qu'entourent des montagnes. A quelque coin de rue qu'on s'y place, grâce à un parfait alignement, on aperçoit les montagnes aux quatre points cardinaux. Les cimes du Popocatepetl et de l'Iztaccihualt, recouvertes de neiges éternelles, dominent le paysage et y ajoutent une nouvelle grandeur.

Dans les environs, la colline de Chapoltepec,

sur le sommet de laquelle le vice-roi Galvez fit bâtir un beau château dont on n'a pas pris assez de soin, est un charmant but de promenade. On y voit des cèdres dont le tronc a jusqu'à 16 mèt. de tour, et qui sont les restes d'un des jardins de Montézuma. Le magnifique couvent de Notre-Dame de Guadalupe, situé de même à une lieue de la ville, est curieux à voir.

Les principaux monuments de Mexico sont, avec la cathédrale et le palais du gouvernement, la *Mineria* ou École des mines, édifice trop élégant, car les petits tremblements de terre, très fréquents à Mexico, l'ont ébranlé; et plusieurs couvents parmi lesquels on doit citer ceux de la Conception et de l'Incarnation. L'hôtel des Monnaies, qui était le seul du Mexique avant l'indépendance, est un des établissements du monde où le monnayage a été le plus considérable. On cite à Mexico plusieurs belles promenades publiques plantées (*paseos* ou *alamedas*). — Deux aqueducs, en partie sur arcades, venant l'un de Chapoltepec, l'autre de Santa-Fé, amènent en abondance de l'eau à la ville pour les usages domestiques et le nétoyage des rues. — La population de Mexico est d'environ 150,000 âmes; pendant longtemps ce fut la ville la plus populeuse de Nouveau-Monde; mais aujourd'hui New-York, et même Philadelphie, la laissent bien en arrière. **M. Ch.**

MEXIQUE. Le Mexique est borné à l'est par l'Océan Atlantique, à l'ouest par l'Océan Pacifique, au midi par l'Etat de Guatimala, au nord par les États-Unis. Il est compris entre 15° et 34° de latitude septentrionale, 89° et 121° de longitude à l'Occident du méridien de Paris.

La configuration du pays a un caractère qui le rend commodément habitable par la race blanche dans la presque totalité de son étendue, malgré la proximité de l'équateur : il forme un plateau exhaussé au dessus de la mer. La chaîne des Andes, après avoir traversé l'isthme de Panama, s'élève subitement à partir de la ligne qui unit la rivière de Goazacoalco, tributaire de l'Atlantique, au port de Tehuantepec, situé sur l'Océan Pacifique, et s'élargit en même temps de manière à occuper la majeure partie de l'espace compris entre les deux mers. Le plateau ainsi suspendu au-dessus de l'Océan parvient, à Mexico, à 2,300 mètres. La plaine de Mixtecapan, située plus au midi, est à 1,500 mètres. La plaine de Toluca, située à l'ouest, est à 2,700 mètres. Mais un peu plus au nord que Mexico le terrain se rabaisse en restant toujours à une remarquable élévation. C'est ainsi que la large et fertile vallée de Chihuahua, et même ces prairies plus septentrionales doivent être considérées comme le prolongement du plateau

mexicain. Grâce à cette élévation, quoique l'on soit dans ce qu'il est convenu d'appeler la zône *torride*, on n'est pas incommodé par la chaleur. A Mexico, malgré la latitude de 19°, il est commun de porter du drap, et les Européens y font volontiers du feu pendant quelques jours, en janvier et février.

Sur ce plateau élevé, l'on trouve des montagnes d'une très grande hauteur. Tels sont surtout deux grands volcans : le pic d'Orizaba (5,295 mètres au dessus de la mer), et le Popocatepetl (5,400 mètres); telle encore l'Iztaccihuatl, montagne attenante au Popocatepetl (4,786 mètres); tels le coffre de Perote (4,088 mètres), et le Nevado de Toluca (4,621 mètres). Mais ce sont des cîmes isolées qui ne continuent pas la crête des Andes. Si quelque chose pouvait être regardé comme le prolongement de la Cordillère centrale, ce serait le bourrelet formé par la Sierra Madre qui passe à l'Occident de Mexico. On rencontre bien sur le plateau des vallées qui courent vers la mer, mais c'est seulement vers les bords du plateau que les creux qu'elles offrent sont séparés par de grands reliefs.

A part quelques accidents, le plateau mexicain, dit M. de Humboldt, est si peu interrompu par les vallées, et il a une pente si uniforme et si douce que jusqu'à la ville de Durango, située à 625 kilomètres de Mexico, le sol reste constamment élevé de 1,700 à 2,700 mètres au dessus de l'Océan voisin. C'est la hauteur des passages du Mont-Cénis, du Saint-Gothard et du grand St-Bernard. Le plateau mexicain conserve ainsi sa hauteur extraordinaire, même en s'étendant vers le nord bien au delà du tropique du Cancer. On peut estimer qu'il va de 18° à 40° de latitude. C'est une distance égale à celle qu'il faudrait parcourir pour aller de Lyon jusqu'au tropique en traversant et la Méditerrannée et le grand désert africain. Sur le plateau du Mexique, sans que les hommes se soient mis en frais pour faire des chemins, les voitures roulent depuis Mexico jusqu'à Santa-Fé, capitale de la province du Nouveau-Mexique, qui est détaché aujourd'hui de la République; c'est une longueur de 2,200 kilomètres.

Le Mexique offre ainsi cette particularité que, dans la région équinoxiale, les trois cinquièmes de sa superficie ont un climat tempéré ou même froid. Une haute température ne s'y rencontre que sur la pente par laquelle le plateau se rattache au rivage de la mer. Sur ces terrains ainsi adossés au plateau, à mesure que l'on descend vers la mer, la température moyenne s'élève et les cultures se rapprochent de ce qui caractérise communément la zone torride. C'est le bananier, c'est le coton, le sucre, le café, le cacao, c'est cet ensemble de fruits à haute saveur, et de plantes embaumées qui ne viennent qu'avec un soleil ardent. Sur le plateau, le blé et le maïs sont les cultures dominantes. Toutes les productions de l'Espagne, de l'Italie, de la France y réussiraient parfaitement si l'on prenait la peine de les cultiver.

La pente qui rattache le plateau à la mer étant rapide, la succession des végétaux naturels et des cultures l'est aussi. Les villes du plateau, là où il a peu de largeur ou, lorsqu'il est large, celles qui sont situées près des bords, ont ainsi la faculté de se pourvoir aisément, malgré des communications très défectueuses, d'une immense variété de fruits et de tous autres produits végétaux. La ville de Mexico, sous ce rapport, est admirablement située. Appuyée aux montagnes neigeuses du Popocatepetl et de l'Iztaccihuatl, et très peu éloignée, par l'ouest, de la rampe qui descend vers l'Océan Pacifique, elle a, ou pourrait avoir, tous les fruits, tous les légumes, toutes les plantes possibles, depuis le lichen d'Islande jusqu'à l'oranger, la banane, l'ananas, depuis le pin de Norwége jusqu'au palmier.

Sous le rapport du climat, de la température et de la culture, le sol mexicain, entre les tropiques, se partage nettement en trois parties. L'étage inférieur que baigne la mer est ce qu'on nomme la terre chaude (*tierra caliente*). Il a la température et la végétation de la zône torride. Au dessus s'étend la région tempérée (*tierra templada*) qui se distingue par une température moyenne de 18 à 20°; et où les variations du thermomètre n'ont que 4 à 5° d'amplitude. Cette région qu'on admire à Xalapa, par exemple, possède la végétation active et vigoureuse, riche et variée de la côte, sans en avoir l'atmosphère embrasée, les myriades d'insectes et les miasmes empestés qui donnent naissance à la fièvre jaune. On y respire l'air pur du plateau sans trouver les passagères fraîcheurs, la sécheresse, la végétation parfois rabougrie, et l'air vif dangereux aux poitrines délicates. C'est, quand il y a de l'eau, un paradis terrestre où les saisons se confondent dans un printemps perpétuel. Par dessus la terre tempérée se déploie la terre froide (*tierra fria*), ainsi nommée par l'analogie que, sur plusieurs points, des hommes venus de l'Andalousie durent trouver qu'elle offrait avec le climat assez cru des Castilles; mais les expressions de froid et de chaud n'ont pas de valeur absolue. Les Français, les Anglais et les Allemands transportés au Mexique dans la terre froide, s'y jugent dans un climat très doux. La température moyenne de Mexico, et de la majeure partie du plateau d'Anahuac

(c'est le nom que portait autrefois l'espace qui est borné au nord par le tropique), est de 17°. C'est seulement un peu moins que celle de Naples et de la Sicile; et les variations y sont, comme partout entre les tropiques, bien moindres que dans notre zône. Dans la saison la plus froide la chaleur moyenne du jour est encore de 13 à 14°, et en été le thermomètre, à l'ombre, ne monte pas au dessus de 26°.

Il n'existe peut être pas sur le globe un autre pays dont la configuration soit aussi particulière que celle que nous venons d'esquisser. En Europe, les terrains élevés qui se développent en grandes plaines n'ont guère plus de 400 à 800 mètres au dessus de l'Océan. Le plateau des Castilles est à 600 mètres environ; en France, le plateau des départements du centre d'où surgissent le Mont-Dore, le Puy-de-Dôme et le Cantal, est à 720 mètres. De plus, ni la Castille, ni le plateau central de la France n'ont la mer tout près, à leurs pieds. Dans les parties de l'Amérique méridionale qui sont les moins éloignées de l'isthme de Panama, le terrain est relevé aussi à une grande hauteur au dessus des mers. L'élévation non seulement des pics mais des plaines y est plus grande encore qu'au Mexique. La ville de Santa-Fé-de-Bogota est assise sur un plateau de 2,658 mètres de hauteur. Caxamarca, l'ancienne résidence de l'inca Atahualpa, est de 2,860 mètres. Les plaines d'Antisana sont à 4,100 mètres; c'est 389 mètres de plus que le sommet du pic de Ténériffe. Mais cette élévation extraordinaire, si c'est une singularité plus grande, est aussi un désavantage; car il en résulte que le climat est plus rigoureux, et surtout la végétation bien moins active. Au Mexique même, tout ce qui est au dessus de 2,500 mètres manque pendant l'été de cette chaleur passagère que nous avons en Europe dans nos régions plus septentrionales et qui mûrit nos fruits. A égalité de température moyenne, un pays situé loin des tropiques a pour la culture une grande supériorité sur les régions tropicales. Entre le plateau mexicain et les contrées élevées de l'Amérique méridionale, il y a cette autre différence désavantageusé à celle-ci, que les plaines de l'hémisphère austral sont plutôt des vallées longitudinales enfermées entre deux branches de la Cordillère, tandis qu'au Mexique c'est la croupe même de la chaîne qui forme le plateau. D'où il suit que dans le sens de la largeur, c'est-à-dire perpendiculairement à l'équateur, les plaines de l'Amérique du sud sont bornées en étendue. Elles le sont dans l'autre sens par une autre cause : le pays est déchiré par d'immenses crevasses ou vallées transversales dont la profondeur va quelquefois jusqu'à 1,400 mètres, et qui opposent aux communications des obstacles presque insurmontables. En résumé, selon M. de Humboldt, chacun des plateaux de l'Amérique du sud n'a pas au delà de 40 lieues carrées (75,000 hectares). Ils forment, pour ainsi dire, des îlots isolés au milieu de l'Océan aérien. Le commerce et les relations sont très difficiles de l'un à l'autre.

Le côté faible du Mexique, ce sont les cours d'eau. Il n'y en a pas, ou il y en a à peine. Ceux qui existent sont des torrents dont, pendant la belle saison (qui, comme aux Antilles, répond à notre hiver), il n'y a aucun parti à tirer pour la navigation, ni même pour l'arrosage des terres; ils sont alors presque tous à sec. Le cours d'eau le plus remarquable du Mexique, le Rio-Bravo del Norte, autrefois en plein dans le pays, actuellement frontière des États-Unis, est loin de la partie habitée du pays. Au midi, le Guazacoalco, qui est un beau fleuve, n'est pas davantage à la portée des districts populeux. Il paraît cependant certain qu'autrefois, avant la conquête, ses bords étaient couverts d'habitants. Le fleuve de Santiago, qui va déboucher dans l'Océan Pacifique, près du port de San-Blas, est moins séparé des villes et des lieux cultivés. Heureusement, pendant la saison des pluies, qui dure tout notre été, chaque jour la terre mexicaine est abondamment arrosée dans l'après-midi. Les réservoirs naturels qui alimentent les sources s'emplissent alors de même que les bassins disposés par les hommes pour assurer un approvisionnement d'eau à l'agriculture. Plusieurs lacs sont épars çà et là dans le pays. Le plus remarquable est celui de Chapala qui a plus de 300,000 hectares. C'est le double du lac de Constance. Il est situé dans la partie peuplée du plateau, médiocrement loin de Guadalaxara. Il faut signaler aussi ceux qui forment un réseau auprès de la ville de Mexico. Ce sont les cinq lacs de Tezcuco, de Xochimilco, de Chalco, de San-Christoval et de Zumpango; ils occupent ensemble une superficie de 44,000 hectares.

Du côté de l'Océan Atlantique, le Mexique est très mal pourvu de ports. La Vera-Cruz, qui est le port le plus fréquenté du pays, est un mouillage peu sûr. Des navires y ont péri à l'ancre : tel fut, à la fin du siècle dernier, le sort du vaisseau de ligne *La Castilla*, qui était cependant attaché par neuf câbles au château de Saint-Jean d'Ulua. Le port de Tampico est très médiocre, il manque de fond. Il n'y a sur cette côte que l'embouchure du Guazacoalco où il serait possible d'avoir un bon abri avec un assez grand tirant d'eau. Mais c'est trop loin du plateau. Sur l'autre versant, au contraire, on compte plusieurs bons ports. San-Blas et Acapulco sont des ports magnifiques. Le denier est un des plus admirables bassins que le navigateur puisse trouver dans le monde entier.

Le Mexique n'a, à vol d'oiseau d'une mer à l'autre, que 220 kilom. à l'isthme de Tehuantepec. A Mexico la largeur est de 550 kilomètres (toujours à vol d'oiseau). Entre les ports de San-Blas et celui de Tampico, elle est de 625 kilom. A la hauteur de Durango, elle est de 1,000 kilom. Au midi de l'isthme de Tehuantepec, le continent s'élargit de manière à former la péninsule du Yucatan, pour se rétrécir ensuite.

Ainsi à cheval sur les deux Océans, avec sa capitale médiocrement éloignée de l'un et de l'autre, le Mexique est à portée des deux extrémités de l'ancien continent, très favorablement placé par rapport à l'Europe et par rapport au Japon ou à la Chine. De tous les passages possibles pour une communication entre les deux Océans, au travers de la chaussée de 2,300 kil. de long et plus ou moins hérissée de cîmes montagneuses qui, sous le nom d'isthme de Panama, relie l'un à l'autre les deux massifs du nouveau continent, le passage du Guazacoalco à Tehuantepec est le plus septentrional, le plus à portée de l'Europe et des États-Unis. Pour les Américains du nord surtout, c'est incomparablement celui qui abrégerait le plus le voyage. Il ne faut pas s'étonner si en ce moment il excite un si vif intérêt parmi les populations entreprenantes de l'Union américaine. L'étude d'un canal maritime suivant cette direction a été faite en 1843, à la diligence de M. Garay, qui en avait obtenu la concession, par M. Moro, ingénieur italien. La publication du rapport de M. Moro annonce un travail soigné. Il en résulterait que le canal proprement dit, entre Tehuantepec et les eaux navigables du Guazacoalco, n'aurait que 80 kilom. On améliorerait le Guazacoalco, de son embouchure jusqu'au confluent du Malatengo, de manière à le rendre praticable pour des bâtiments de mer. On assure que ce serait facile. La distance est de 258 kilom. avec les détours. Le bief de partage, situé sur le plateau de Tarifa, serait à 200 mètres seulement au dessus de l'Océan. Provisoirement il est vraisemblable qu'aujourd'hui on substituera au canal un chemin de fer, si l'on exécute par là quelque chose.

Ce pays du Mexique, admirablement pourvu d'avantages naturels, formait, avant la découverte de l'Amérique, un empire où la race dominante était celle des Aztèques ou Aztecs (*voy.* ce mot). Ce peuple possédait à quelques égards les éléments d'une civilisation remarquable. La population était adonnée à l'agriculture et aux arts manufacturiers. La base principale de son alimentation était le maïs. Le chocolat était un des breuvages favoris des Mexicains (le mot de chocolat est mexicain). Ils usaient d'une boisson fermentée, faite, non avec le jus du raisin (ils n'avaient pas la vigne), mais avec le suc du maguey (*agave mexicana*), espèce d'aloès qui était cultivée sur la plus grande échelle, et l'est encore aujourd'hui pour la même destination. Ils s'habillaient d'étoffes de coton qu'ils savaient fort bien tisser et teindre de belles couleurs ; ils avaient l'éclatante cochenille que le Mexique fournit aujourd'hui encore au monde civilisé. Ils sculptaient les pierres les plus dures, fondaient et modelaient l'or et l'argent. Dans sa correspondance avec l'empereur Charles-Quint, Cortez s'extasie sur la beauté des ouvrages qu'ils préparaient avec ces deux métaux. Ils possédaient des outils en bronze écroui qui remplaçaient passablement l'acier; cependant la plupart de leurs instruments tranchants étaient en obsidienne, pierre d'origine volcanique. On voit par les lettres de Cortez et par les récits de ses compagnons, qu'ils avaient de grandes villes bien bâties, contenant de vastes palais, de magnifiques jardins et des temples ériges au sommet de pyramides massives. Ils cultivaient les lettres et comptaient des poètes parmi lesquels on peut signaler le roi Nezahuacoyotl, qui offre plus d'une ressemblance avec le roi David; comme ce dernier il enleva une Bethsabé par les mêmes moyens. Leurs annales étaient régulièrement conservées par le moyen d'une écriture hiéroglyphique; il paraît même qu'ils avaient des caractères *phonétiques*, mais ils en usaient peu. Ils faisaient des observations astronomiques, et ils connaissaient la longueur de l'année mieux que ne l'avaient jamais connue les Romains et les Grecs. L'empereur mexicain avait ses courriers, sa police, ses diplomates insinuants. Teutlile, envoyé par Montezuma, est assurément un personnage remarquable par sa courtoisie et sa finesse. Les Toltèques, sortis du nord, avaient les premiers, au milieu du VIIIe siècle, installé sur le plateau d'Anahuac les sciences et les arts utiles. D'autres migrations y avaient successivement conduit d'autres peuplades septentrionales. Enfin, au commencement du XIIIe siècle, étaient apparus les Aztèques, nation brave et fière qui, après avoir été momentanément réduite en servitude, subjugua toutes les tribus environnantes, et recula jusqu'aux deux mers et jusqu'à l'Amérique centrale les limites de sa domination. La civilisation telle que l'avaient organisée les Toltèques était douce. Leurs idées générales, dont l'ensemble avait survécu à leur domination, étaient bienveillantes et pures. Ils croyaient à un Dieu

incorporel, à l'immortalité de l'âme. Ils avaient le dogme du péché originel. Ils pratiquaient la confession. Les règles établies pour les mœurs étaient très recommandables. Le mémoire de Zurita, qu'a publié M. Ternaux dans sa belle collection de documents américains, en fait concevoir une idée avantageuse. Qu'on lise, par exemple, les *Conseils d'un père à son fils et d'une mère à sa fille* (page 132 du mémoire); c'est curieux et édifiant. La condition sociale des femmes était relevée; et en cela c'était bien mieux que la civilisation asiatique. Mais à ces excellents principes et à ces pratiques charitables, à cette bienveillante équité des hommes les uns pour les autres, à ces ménagements et à ces honneurs pour le sexe le plus faible, et qui sont regardés comme la preuve la plus concluante de la culture sociale, les Aztèques, par une incroyable inspiration, avaient mêlé après coup des coutumes horribles, les sacrifices humains et les festins de cannibales. Plus l'empire avançait en puissance, plus ils s'adonnaient à ces usages féroces. Ils s'y livraient dans les derniers temps sur une échelle immense. Témoignage singulier de la faiblesse de notre nature. Ce n'était point par l'effet d'un instinct bestial que cette épouvantable mode se soutenait chez eux. Il semble qu'ils crussent appliquer par là une doctrine dont le principe se retrouve dans toutes les religions, celle de l'expiation. On assure que c'était pour se concilier les Dieux ou en adoucir la colère qu'ils leur offraient des victimes, et l'homme leur paraissait, de toutes celles qu'on pouvait immoler, la plus précieuse, celle que les Dieux devaient le plus agréer. Logique abominable, exemple des excès auxquels le raisonnement peut conduire l'homme, lorsque nous n'y superposons pas comme une autorité absolue la sympathie pour nos semblables qui est notre plus bel attribut. Et ne vîmes-nous pas chez nous, il y a 60 ans, en 1793, les hommes investis de l'autorité, pour s'être laissé conduire par une inflexible logique comme par une règle de fer, sans écouter les plus vulgaires sentiments d'humanité, aboutir, en partant d'une aveugle admiration pour l'antiquité, à un système de terreur et de sang aussi terrible que le culte des Aztèques? L'auteur de la *conquête du Mexique*, Solis, place textuellement l'explication que nous venons de donner des sacrifices humains du Mexique dans la bouche de Magiscatzin, le plus vénéré des caciques de Tlascala. Dans un entretien avec Cortez, ce chef lui dit que ses compatriotes *ne pouvaient se former l'idée d'un véritable sacrifice, à moins qu'un homme ne mourût pour le salut des autres.*

Sous le rapport matériel, la civilisation mexicaine offrait une grande lacune que seules les communications avec d'autres peuples pouvaient réparer. Ils n'avaient aucune bête de somme, aucun quadrupède domestique grand ni moyen. Le bœuf, le cheval, l'âne, le chameau, leur manquaient complétement ; de même le mouton et la chèvre. Les Péruviens au moins avaient l'alpaca et le llama, dont ils tiraient parti pour porter des fardeaux. Quand on manque de bêtes de somme, il faut que l'homme en prenne la place. De là nécessairement, pour une partie des populations, l'existence servile. C'était une des raisons pour lesquelles la condition des basses classes du Mexique était alors misérable.

Politiquement, le pays était soumis à un souverain investi d'un très grand pouvoir. Sous l'empereur il y avait une double aristocratie, l'une de prêtres, l'autre de nobles ; l'influence des premiers était prépondérante.

Nous n'avons pas à dire ici à travers quelles péripéties l'empire mexicain fut renversé par Fernand-Cortez (*voy.* CORTEZ). C'est un événement palpitant d'intérêt. On croit lire une œuvre de fantaisie, tant les proportions ordinaires de l'histoire y sont dépassées. Récemment M. Prescott, de Boston, en a donné le récit dans un ouvrage qui place haut son auteur (*Conquest of Mexico*), et qui vient d'être traduit dans notre langue par M. Amédée Pichot. Le sujet avait déjà été mis sur la scène, car rien n'est plus dramatique, et il y a quelques années, M. Roux de Rochelle, en a fait un poème épique. Qu'il nous suffise de dire ici que l'entreprise de Cortez eut les caractères d'une croisade, et que c'est à cet esprit religieux non moins qu'au génie du chef qu'elle doit son succès. Débarqué en 1519, le soir du jeudi saint, Cortez était irrévocablement le maître de l'empire le 13 août 1521. Ce fut désormais le royaume de la Nouvelle-Espagne, gouverné par un vice-roi. Mexico démolie pendant le siége, fut rebâtie au même lieu avec magnificence. C'est peut-être encore aujourd'hui la plus belle ville du Nouveau-Monde, mais ce n'est plus à beaucoup près la plus populeuse.

D'effroyables barbaries avaient eu lieu à Cuba et surtout à Haïti, dès que des aventuriers espagnols s'étaient trouvés en contact avec la race rouge. Quand les frères Pizarre et Almagro envahirent l'empire des Incas, ils se déshonorèrent par des actes odieux et par une insigne mauvaise foi. Et puis eux et leurs soldats s'entr'égorgèrent ; on sait que tous les chefs de la conquête du Pérou périrent par le fer des assassins ou par la main du bourreau. Mais au Mexique, le génie et l'inflexible volonté de Cortez maintinrent dès l'abord un certain ordre et une parfaite fidélité au souverain. Nous ne dissimulerons pas qu'au Mexique des violences

aient été commises après la conquête. L'histoire est en droit certes de reprocher des cruautés à Cortez lui-même. Mais pour juger ce grand homme, il faut se reporter à cette époque ; il faut tenir compte des difficultés de la position du conquérant ; il faut voir à quelles gens il eut affaire, ce que c'étaient que ses compagnons et les colons qui vinrent aussitôt se joindre à eux. Seul avec une poignée d'hommes au milieu d'une nation belliqueuse, dont les notables au moins supportaient impatiemment la conquête et avaient leurs défaites à venger, Cortez fut forcé d'être terrible, quelquefois impitoyable. C'est la loi de la guerre, et c'est pour cela que la guerre est exécrable, quand elle est injuste. Sur des soupçons sans fondement, à ce qu'on dit, il fit périr l'héroïque Quauhtemoctzin (Guatimozin).

A l'honneur de l'Espagne dans ses rapports avec le Mexique, il faut reconnaître que, auprès des rudes et avides soldats qui entouraient Cortez, il y eut dès l'abord, dans la personne du vénérable père Olmedo, l'intervention constante d'une religion qui recommandait la modération et la clémence. Parmi les colons qui accoururent ensuite, et au dessus d'eux, il y eut un clergé dont les chefs, vigilants et charitables, interposaient sans cesse la croix entre les oppresseurs et les opprimés. Les détracteurs du catholicisme ont indignement travesti la conduite de la cour d'Espagne et du clergé espagnol au Mexique, envers les Indiens. Fidèle au dernier vœu d'Isabelle, le cabinet de Madrid fut infatigable dans ses efforts pour soustraire la majeure partie des Indiens à la servitude qui avait pesé sur eux du temps des Aztèques, servitude que les *conquistadores* et les colons eussent volontiers perpétuée, et qu'ils rétablissaient tantôt par la violence, tantôt par la ruse. Pour les chefs et les nobles, envers lesquels il était naturel qu'on fût méfiant, l'ordre était de se montrer bienveillant toutes les fois que l'on croirait leur soumission sincère et qu'ils se seraient publiquement convertis. On devait leur conserver leurs fortunes et leurs propriétés. Au Mexique, comme dans toutes les autres les colonies espagnoles, la noblesse indienne fut assimilée à la noblesse de Castille. Sous l'influence de cet esprit de fusion qu'aucune autre nation n'a montré dans le Nouveau-Monde, plusieurs des plus intrépides lieutenants de Cortez ne dédaignèrent pas de prendre pour épouses des mexicaines. Déjà à Tlascala, avant que l'expédition fût arrivée à Mexico, après que l'alliance eut été contractée avec les gens de cette ville, Alvarado avait épousé la fille d'un cacique devenue chrétienne. Quelques unes des femmes auxquelles plus tard s'unirent les plus vaillants *conquistadores* étaient les veuves des chefs mexicains tués pendant la guerre. Elles apportaient à leurs nouveaux maris des dots considérables, ce qui montre qu'il n'y avait pas eu de confiscation systématique, même à l'égard des familles de ceux qui avaient combattu contre Cortez. On ne fut inexorable qu'envers les prêtres (*Teopixqui*). Tous ceux qu'on put prendre furent égorgés sur les plateformes de leurs temples sanglants. Pour les Espagnols, c'était faire subir à des assassins la peine du talion, car ces prêtres avaient pompeusement égorgé tous les prisonniers espagnols que les Mexicains avaient pu faire, devant les statues de leurs dieux; à leurs yeux, c'était aussi purger la terre des plus sanguinaires suppôts de Satan, car jamais culte n'offrit un pareil nombre de victimes humaines. Quant à Cortez, il voyait dans ces prêtres les instigateurs de l'effroyable guerre par laquelle la conquête s'accomplit. Cortez était établi à Mexico comme un ami, et Montézuma s'était reconnu le vassal du roi d'Espagne, lorsque les prêtres mexicains, irrités de ce que Cortez entendait mettre fin aux sacrifices humains, avaient amené la rupture qui fut le signal des plus terribles hostilités.

Le premier essai d'organisation régulière qui fut légalement tenté après la conquête du Mexique fut une sorte de féodalité agricole qui déjà était pour les populations soumises une garantie. Après la conquête, au mépris des ordres de la cour, on s'arrachait les indigènes, et chaque Indien avait mille maîtres. On pensa qu'il valait mieux qu'il n'en eût plus qu'un nominativement désigné de Madrid. Les Indiens furent partagés entre des domaines territoriaux appelés *encomiendas*. C'étaient des espèces de fiefs où ils étaient dans une position analogue à celle des vassaux attachés à la glèbe. Les feudataires (*encomenderos*) se bâtirent, non des nids de vautour comme nos seigneurs du moyen-âge, pour y vivre bardés de fer, mais de belles *haciendas*. Chaque *hacienda* comprend une spacieuse maison d'habitation, une église et tous les édifices que comporte une exploitation agricole. Elle est entourée d'un mur d'enceinte garni de meurtrières, et quelquefois de créneaux, comme les couvents de la Syrie. Les *haciendas* sont ainsi à l'abri d'un coup de main. Mais ce ne sont pas des châteaux forts; ce qu'elles ont de militaire est purement défensif. Ce fut une sage précaution de les construire ainsi après la conquête, et l'usage s'en est conservé. Les Indiens habitent en dehors du mur d'enceinte, et, sous la protection de la *hacienda*, des maisonnettes en briques cuites au soleil.

Cette organisation féodale ne subsista pas long-temps. La plupart des familles des *conquistadores* s'éteignirent. A chaque extinction, c'était un fief qui n'était pas renouvelé. Préparés par l'éducation chrétienne aux conditions d'une vie moins dépendante, les Indiens furent ainsi appelés peu à peu à une existence où ils s'appartinrent à eux-mêmes. Ils cessèrent, par exemple, d'être astreints au travail des mines. Au moins depuis le milieu du xviiie siècle, le travail des mines était complétement libre au Mexique. Rien n'y rappelait la *mita* (travail forcé), qui, jusqu'à la fin, a été en vigueur au Pérou. Enfin, le roi Charles III abolit formellement ce qui restait des *encomiendas*. Si, à quelques égards, la loi persista à placer les Indiens en état de minorité, s'ils restèrent, par exemple, inhabiles à contracter autrement qu'avec l'assentiment d'un tuteur, pour des sommes de plus de 5 piastres (27 fr.), c'était qu'on voulait les empêcher de tomber dans les piéges que les blancs leur tendaient souvent, afin d'avoir un motif pour les réduire en servitude. C'était une fraude pratiquée constamment par les blancs, que de s'arranger de manière à devenir les créanciers des Indiens. Par là, on acquérait un droit absolu sur leur travail, et à titre de débiteurs insolvables, on les tenait désormais en servage comme c'était la loi autrefois à Rome. La cupidité de quelques corrégidors avait perfectionné cette espèce de traite. Ils faisaient d'autorité des ventes aux Indiens, et les pourvoyaient à des prix abusifs de chevaux, de mulets, de vêtements; ils les constituaient ainsi de force leurs débiteurs. Comme expédient provisoire, la tutelle qu'on imposait aux Indiens avait donc primitivement son utilité; mais ce fut un tort de la perpétuer.

Les Indiens du Mexique restèrent de même toujours astreints à payer un tribut annuel; dans les derniers temps, ce n'était plus que de 3 piastres (16 fr.), dans quelques provinces d'une seule, et en moyenne de 2. En retour, ils étaient affranchis de l'*alcavala*, impôt sur les consommations qui était bien plus lourd. Ils avaient, en outre, à payer diverses taxes à l'autorité ecclésiastique. C'était, pour toute la vie d'un homme, 18 piastres environ ; pour l'enterrement seul, c'était de 6 piastres.

Pendant la dernière moitié du xviiie siècle, les vice-rois, les cours supérieures de justice (*audiencias*), les intendants, magistrats institués à cette époque, qui au nombre de douze, se partageaient l'administration du pays, surveillaient efficacement les intérêts des Indiens. Le clergé n'avait jamais cessé de consacrer à cette cause des efforts intelligents. Par le concours de toutes ces forces, des sentiments équitables avaient pris le dessus. La condition des Indiens s'améliorait visiblement. Un très grand nombre arrivaient à la propriété. Il y en avait même de riches. M. de Humboldt cite une vieille femme qui mourut à Cholula, pendant qu'il visitait cette ville à souvenirs, laissant à ses enfants des champs de maguey pour plus de 360,000 fr., et diverses familles d'Indiens tributaires qui possédaient des fortunes de 800,000 fr. à un million; circonstance qui atteste dans quel esprit de bienveillance et de progrès les Indiens étaient gouvernés; ils étaient admis dans les rangs du clergé; beaucoup de curés étaient Indiens.

La population se développait très rapidement au Mexique à la fin du XVIIIe siècle, et au commencement de celui-ci, avant les guerres de l'indépendance. M. de Humboldt estimait qu'en 1810, elle se répartissait ainsi entre les différentes races.

Blancs	1,097,928
Indiens	3,676,281
Métis	1,338,706
Total	**6,112,915**

En 1824, il calculait qu'elle devait être de 7 millions. C'est encore l'estimation qu'adoptent divers auteurs; en gros ils répartissent ainsi le total : blancs, 1 million; indiens, 4 millions; métis, 3 millions.

Les relevés que M. de Humboldt a pu faire au moyen des registres des naissances et des décès, qui étaient régulièrement tenus par le clergé, et dont l'archevêque de Mexico lui fit donner communication, montrent que la population indienne était celle qui se multipliait le plus.

De grandes cités, fort bien bâties, étaient, dès le XVIIIe siècle, éparses sur le territoire de la Nouvelle-Espagne. Mexico avait, en 1810, et a encore, 150,000 âmes; Guanaxuato en avait 75,000; la Puebla de los Angeles, à peu près autant. La guerre civile avait diminué ces deux dernières villes, Guanaxuato surtout. Guadalaxaca en a aujourd'hui 70,000.

Les deux grandes industries du Mexique, les deux seules sous le régime colonial, furent l'agriculture et les mines. Elles n'étaient pas sans entraves. L'Espagne pratiquait envers ses colonies, dans toute sa rigueur, la politique restrictive qui était alors en honneur parmi tous les cabinets européens. La métropole se réservait de fournir les habitants des colonies d'articles manufacturés. La seule concession qu'on leur fit, consistait à permettre aux chefs de famille de produire, par le travail domestique, chacun pour soi, certains objets usuels. L'Angleterre, au XVIIIe siècle, prétendait réglementer de la manière la plus sévèrement restrictive l'industrie de ses colo-

nies continentales; on proposait au parlement d'empêcher les habitants de la Pensylvanie, province très riche en minerai de fer, de produire ce métal. Dans les provinces espagnoles, on allait plus loin. Il était défendu de se livrer à certaines cultures dont le bénéfice était réservé à la métropole. Rien de plus aisé que de cultiver la vigne et l'olivier sur le plateau mexicain; mais il était posé en principe que la Péninsule devait fournir au Mexique le vin et l'huile. L'accès du pays était hermétiquement fermé aux étrangers, quels qu'ils fussent. Il fallut une autorisation spéciale pour que M. de Humboldt pût faire dans les colonies espagnoles le grand voyage qui a été si profitable à la science. Le commerce même avec la métropole et les possessions espagnoles n'était permis que par deux ports, celui de Vera-Cruz pour l'Espagne; celui d'Acapulco pour les Philippines, par où l'on était en rapport avec la Chine; et de toute l'Espagne, deux villes seules, Cadix et Séville, avaient le monopole du commerce avec le Mexique. Les commerçants de ces deux cités prenaient leurs aises à l'égard de cette belle colonie. Tous les trois ou quatre ans seulement, les navires chargés de marchandises partaient de Cadix en *flotte*. L'achat de tout ce qu'ils apportaient était entre les mains de huit ou dix maisons de Mexico, qui exerçaient aussi le monopole. Il se tenait alors une foire à Xalapa, et l'approvisionnement d'un vaste empire se traitait, dit M. de Humboldt, comme celui d'une place bloquée. Ce fut seulement en 1778, que l'on mit fin à ce régime abusif. L'honneur de cette réforme, qui changea la face du commerce mexicain, est dû au roi Charles III. Quant au commerce avec l'Asie, par Acapulco et les Philippines, il s'est borné jusqu'à la fin à un seul navire par an, le *galion*, bâtiment de 1,500 tonneaux, commandé par un officier de la marine royale.

Le Mexique produisait du blé, dont il exportait un peu; du coton et du sucre, qu'il aurait pu exporter en plus grande quantité, car le sol de la *tierra caliente* mexicaine convient parfaitement à ces deux productions; de la cochenille, de la vanille, quelques drogues, telles que la salsepareille et le jalap qu'on récolte aux environs de Xalapa ou Jalapa. Mais l'exportation principale était l'argent, avec un certain appoint en or.

Les mines d'argent du Mexique, faiblement exploitées sous les Aztèques, qui étaient peu avancés en métallurgie, avaient pris un grand développement après que le mineur mexicain Medina eût découvert le procédé de l'amalgamation à froid, qui permet de retirer, sans feu, le métal des minerais les plus pauvres; découverte précieuse en un pays où le bois est rare. Les mines d'argent du Mexique sont très nombreuses; elles le deviennent de plus en plus à partir du Guanaxuato, à mesure qu'on s'éloigne vers le Nord. C'est ce qu'a exposé M. Saint-Clair Duport, dans un ouvrage important (*Production des métaux précieux au Mexique*). Inférieures d'abord à celles du Pérou, parmi lesquelles, à la fin du XVIᵉ siècle, et au commencement du XVIIIᵉ, on distinguait surtout le Potosi, les mines du Mexique les égalèrent d'abord, et les surpassèrent ensuite. A la fin du XVIIᵉ siècle, l'extraction du Potosi était tombé à 17,000,000 de francs, soit le tiers de ce qu'il avait donné au temps de sa splendeur. Les mines du Mexique, au contraire, ont suivi une proportion constamment ascendante, jusqu'à ce que la guerre civile y entravât ou y suspendit les travaux. Au commencement du XVIIIᵉ siècle, elles rendaient 27 millions de francs (le mot franc doit se traduire par 4 grammes et demi d'argent fin ou 29 centigrammes d'or, selon qu'il s'agit de l'un. ou de l'autre métal). Cinquante ans plus tard, elles étaient à 65 millions : c'était plus que le Pérou. En 1775, elles atteignirent 85 millions; en 1788, 107; en 1795, elles furent à leur apogée; elles fournirent 130 millions et restèrent à peu près à ce point jusqu'en 1810. Dans cette extraction, l'argent dominait au point d'en former les 9/10 en valeur, ou en poids 140 kilogram. contre 1. A l'ouverture du XIXᵉ siècle, on peut calculer que le Mexique donnait constamment 538,000 kilog. d'argent, et 1,600 kilog. d'or, ce qui faisait en tout, 125 millions. Le Pérou, y compris le Potosi (qui en était détaché depuis 1778), ne rendait alors que 60 millions; l'Amérique entière, que 225. Actuellement le Mexique rend 460,000 kilog. d'argent et 3,700 kilog. d'or, faisant ensemble 115 millions; le Pérou et le Haut-Pérou, ou Bolivie, donnent ensemble 50 millions; l'Amérique tout entière 208 millions.

La supériorité acquise aux exploitations du Mexique, a tenu moins à la richesse intrinsèque des mines, qu'à la configuration du pays. La plupart des mines sont dans des contrées fertiles où la vie est facile, ou du moins elles ont auprès d'elles des centres de culture. Celles de Guanaxuato sont dans un délicieux climat. Au Pérou, au contraire, les mines occupent des lieux glacés à cause de leur élévation extrême, où les arbres refusent de croître. Les abondantes mines de Pasco sont dans les régions ardues où le fleuve des Amazones prend sa source, à plus de 4,000 mètres de hauteur. La mine de Gualgayoc est à 4,080 mètres. La mine du Potosi a été exploitée

à une hauteur supérieure au sommet du Mont-Blanc, et le pays qui l'entoure est froid, aride, affreux, inaccessible. C'est la Sibérie sous l'équateur; la Sibérie sans ses forêts, qui offrent à la métallurgie un combustible inépuisable; la Sibérie sans ses plaines aisées à parcourir; la Sibérie sans ses fleuves qui donnent pendant l'été un mode de communication fort économique; la Sibérie sans ses étés, où la longueur extrême des jours peut mûrir aisément d'abondantes moissons.

Quant au gouvernement du pays, on suivait un système politique très restrictif. Toute l'autorité était entre les mains de personnes nées dans la métropole. A cet égard, les fils des Espagnols, du moment qu'ils étaient nés au Mexique, étaient en suspicion. De là une rivalité et une hostilité sourde entre les Espagnols d'Europe, qu'on nommait les *gachupines*, et les Espagnols américains, qu'on appelait *criollos* (créoles). Le succès de l'insurrection des Etats-Unis contre leur métropole, succès dû en grande partie à l'habitude qu'ils avaient apportée de la mère-patrie de se gouverner eux-mêmes, n'avait pas encouragé la cour de Madrid à se départir de sa politique ombrageuse. Il l'avait rendue plus sobre encore de toute attribution de pouvoir à des blancs Mexicains.

En somme, le Mexique prospérait sous le régime colonial; particulièrement durant les trente ou quarante dernières années, le progrès avait été rapide. L'instruction s'y répandait, de même que les arts et le luxe. Comment donc fut-il amené à rompre les liens qui l'attachaient à la métropole? Les idées de la révolution française y avaient très médiocrement pénétré. Si elles s'y étaient frayé quelque passage, elles y paraissaient sommeiller. L'exemple des Etats-Unis, le spectacle de la prospérité et de l'importance qu'ils avaient acquises à la faveur de l'indépendance, excitait, par le voisinage, l'attention des hommes, en petit nombre, qui réfléchissaient. Les monopoles excessifs que s'était réservés la mère-patrie, causaient du déplaisir; son système restrictif en matière de commerce, malgré les satisfactions accordées en 1778, entretenait, par comparaison, un certain mécontentement. La préférence exclusive qui était systématiquement accordée aux natifs d'Espagne nourrissait au fond des cœurs des sentiments de jalousie qui devaient éclater quelque jour. Tout, pourtant, était paisible et soumis à la surface, lorsque l'entreprise de Napoléon sur l'Espagne, en 1808, ouvrit au Mexique, comme dans les autres colonies espagnoles, un champ indéfini aux aventures.

Sur la nouvelle du détrônement de Charles IV et de sa famille par l'empereur des Français, il n'y eut pas d'hésitation. Ce fut partout, et dans toutes les classes, une explosion d'enthousiasme en faveur de l'antique dynastie. D'après tous les témoignages, rien n'était plus sincère. C'était pourtant de là qu'allait sortir la révolte et la guerre civile. Quelle fut la cause du changement? Ce fut un sentiment misérable, qui a mêlé de bien des douleurs et de bien des désastres l'évolution qu'accomplit notre civilisation depuis soixante ans; ce fut la vanité de caste, une peste qui n'est pas encore au terme de ses ravages. Dans l'organisation du mouvement en faveur des princes de la maison de Bourbon, les Espagnols de la Péninsule, aveugles et égoïstes comme le sont presque partout, de nos jours, les classes privilégiées, du moment que leur privilége est mis en question, s'opposèrent à ce que les Mexicains exerçassent de l'autorité et fussent par eux-mêmes quelque chose. Il était clair cependant qu'on ne pouvait se laisser gouverner par la Péninsule, dont le gouvernement était on ne savait où. L'éclipse des princes de la maison de Bourbon était totale, elle était complétement acceptée par eux-mêmes. En cet état des choses, n'était-il pas naturel que le Mexique se gouvernât, au lieu d'être aux ordres d'une junte péninsulaire qui tirait d'elle-même son mandat?

La municipalité de Mexico, composée principalement de créoles, proposa donc de former une junte mexicaine; on parla même d'une assemblée nationale. L'*audiencia* de Mexico, qui était exclusivement formée de péninsulaires très jaloux de leur prérogative, accueillit le projet avec hauteur. Le vice-roi Itarrigaray, au contraire, s'y montrait favorable. L'*audiencia* le fit saisir la nuit, dans son lit, le 15 septembre 1808, par une troupe de péninsulaires, et enfermer dans les prisons de l'inquisition. Tout ce qui était natif d'Espagne applaudit à cet acte téméraire. Le reste de la population, tous ceux du moins qui osaient avoir un avis, le regardèrent comme une insulte. Comme pour augmenter l'irritation des esprits, ce fut l'*audiencia* qui reçut, quelques mois après, de la junte d'Espagne, les rênes du gouvernement. Le Mexique, jusque-là si calme, fut désormais agité jusque dans ses fondements. Des idées qui, depuis la fin du dernier siècle, sont dans l'air que respirent tous les peuples de notre civilisation, mais dont on ne soupçonnait pas l'existence au Mexique, germèrent dans les intelligences, et les passions se mirent à bouillonner. Une explosion était inévitable. Ce fut un prêtre, le curé Hidalgo, qui en donna le signal.

Don Miguel Hidalgo y Costilla était curé de la petite ville de Dolores, dans l'intendance de Guanaxuato, dont les mines étaient alors si florissantes. C'était un homme capable, doué d'une grande activité et d'une volonté forte. Il avait cherché à répandre le bien-être parmi ses ouailles en leur enseignant quelques arts nouveaux, quelques cultures nouvelles. Il leur avait appris à élever des vers à soie, et ils y avaient réussi. Il leur avait fait planter des vignes qui promettaient beaucoup. Un ordre vint de Mexico qu'on eût à s'abstenir d'en faire du vin. C'était conforme au système de restriction et de monopole dont l'Espagne n'avait pas voulu se départir envers les colonies. On dut obéir à cette injonction vexatoire, mais Hidalgo en resta exaspéré, et il n'avait pas cessé de couver des idées de vengeance, lorsqu'il apprit les événements de Mexico. Il complota dès lors un soulèvement avec trois officiers créoles de la garnison de Guanaxuato. Le 16 septembre 1810, sur l'avis que le complot était éventé, il prit son parti. Avec l'aide de dix de ses paroissiens, il arrêta sept Espagnols qui habitaient la ville de Dolores. Vingt-quatre heures après, il avait autour de lui une multitude de partisans. Le 17, il occupa San-Felipe, ville de 16,000 âmes; le 18, San-Miguel, ville de la même importance. Le 28, il se présentait, avec le titre de capitaine-général de l'Amérique, devant la ville de Guanaxuato, capitale de la province, et la sommait de se rendre, en déclarant qu'il fallait que les Espagnols vidassent le pays et y laissassent tous leurs biens. Le lendemain, la ville était en son pouvoir. Tous les Espagnols qu'on put découvrir furent égorgés, leurs maisons furent pillées et démolies. Après ces cruautés, Hidalgo se remit en marche avec une armée de 50,000 hommes, presque tous mal armés et mal exercés. Cependant des régiments entiers d'infanterie et de cavalerie créole passaient à lui. Il s'avança ainsi jusqu'aux portes de la capitale, et remporta une victoire à Las Cruces; mais ensuite, n'osant pas attaquer la place, que défendait une formidable artillerie, il s'en écarta, et le 10 novembre, il fut mis en déroute dans la plaine d'Aculco par l'armée régulière que commandait un bon officier, Calleja. Le 17 janvier suivant, il fut battu de nouveau au pont de Calderon, et la trahison d'un des siens, Elizondo, le livra, ainsi que la plupart de ses lieutenants, le 21 mars. Il fut fusillé à la fin de juillet. Mais l'insurrection n'en fut pas abattue. Les épouvantables exécutions autorisées ou ordonnées par Hidalgo à Guanaxuato, à Valladolid, à Guadalaxara, avaient excité l'horreur de la majeure partie des créoles. Des créoles avaient été immolés en assez grand nombre à Guanaxuato avec les Espagnols. L'armée créole, d'abord indécise, et dont plusieurs régiments avaient même pris parti pour Hidalgo, avait été ainsi amenée à combattre pour la métropole. Tant il est vrai qu'en politique comme partout les crimes sont des fautes. La cause de l'indépendance était ainsi gravement compromise; cependant l'esprit d'indépendance avait pris pied dans le pays. Une junte élective, organisée par les soins de Rayon, un des chefs qui échappèrent à la trahison d'Elizondo, donnait de la consistance à l'insurrection et une apparence de régularité à ses efforts. Épars d'abord, ces efforts se concentrèrent bientôt sous la direction d'un autre curé, Morelos, qui avait des talents supérieurs à ceux d'Hidalgo, et qui sut rester pur de violences. Morelos était un grand homme; Calleja, dans un de ses rapports, l'appelle un second Mahomet.

Nous n'essaierons pas d'exposer ici même en raccourci la suite de la guerre de l'indépendance. Après de brillants succès, Morelos est défait et pris. On le fusille le 22 décembre 1815. De ce moment, jusqu'en 1820, la cause de l'insurrection semble perdue. Le congrès que Morelos avait fait reconstituer fut dispersé par un des chefs de l'indépendance, le général Teran. Les généraux qui avaient échappé au fer de l'ennemi et au supplice, Victoria, Guerrero, Bravo, Rayon et Teran lui-même, agissant isolément, furent, malgré leur vigueur, débusqués ou réduits au rôle de chefs de bandes dans les montagnes. Le jeune Mina, qui d'Europe vint par les États-Unis pour aider les insurgés avec quelques centaines d'hommes, échoua misérablement. Débarqué le 15 avril 1817, il fut pris et périt fusillé, le 11 novembre, car, dans cette horrible guerre, presque jusqu'à la fin, on fusille toujours les prisonniers. Les hommes qui jugent les choses par la surface purent croire alors que l'autorité de la métropole était définitivement rétablie. Le vice-roi Apodaca l'annonça à la cour de Madrid. Apparence trompeuse. Le pays s'était habitué à l'idée de l'indépendance. Il fallait qu'il l'eût. Quand l'Espagne, en 1820, eut repris la constitution de 1812, un officier créole, qui avait jusque-là rendu les plus grands services au drapeau de la métropole, qui, dans son dévouement à la cause de l'Espagne, avait souillé ses lauriers par d'inexcusables cruautés, le général Iturbide arracha sa patrie à la domination de la Péninsule. Soit qu'il vît que le gouvernement métropolitain était désormais impossible, soit ambition personnelle, il résolut d'employer les moyens que lui avait confiés le vice-roi pour la suppression de la constitution au Mexique, à assurer le triomphe de la cause qu'il avait combattue jusque-là. Le 24 février 1821, il proclama son programme dans la petite ville d'Iguala; c'est ce qu'on nomme le *Plan d'Iguala*. Peu à peu, il rallia à lui tout le Mexique, à l'exception

de la capitale où le vice-roi se tenait enfermé avec ses troupes. Un nouveau vice-roi, envoyé par les constitutionnels, O'Donoju, débarquant à ce moment, sanctionna le plan d'Iguala par le traité de Cordova, le 27 septembre 1821. Il pensa que c'était le seul moyen de conserver les droits des princes espagnols sur le Mexique. Il avait raison, c'était tout ce que l'Espagne pouvait obtenir.

Le plan d'Iguala était en effet une transaction bien conçue entre les indépendants et les partisans de la métropole. Il établissait l'indépendance et faisait du Mexique une monarchie constitutionnelle dont le souverain devait nécessairement résider dans le pays. Ferdinand VII était appelé à porter la couronne, expressément à charge de résidence : à son défaut, on devait l'offrir aux infants don Carlos et don François de Paule, et, sur le refus de ceux-ci, à quelque membre d'une des maisons régnantes de l'Europe. La religion catholique devait être la seule religion reconnue : de cette manière Iturbide s'assurait le concours du clergé, et il ne heurtait les idées de personne. Toutes les distinctions de race et de caste devaient être abolies. C'était rendre hommage au principe de l'égalité devant la loi, qui est le cachet distinctif de la civilisation moderne, et par là on s'assurait le concours de la foule.

Bien inspirée, l'Espagne aurait ratifié le traité signé par O'Donoju, et à cette heure il y aurait vraisemblablement au Mexique une monarchie constitutionnelle du genre de celle qui subsiste au Brésil et qui y fait convenablement les affaires du pays. Mais les Cortès d'Espagne, par leur décret du 13 février 1822, déclarèrent le traité de Cordova nul et non avenu. En cette circonstance l'Espagne ne fut pas la seule à se tromper. La France elle-même manqua à sa mission. Il n'y a pour la France qu'une politique : elle est le coryphée, l'imitateur, le protecteur naturel des États catholiques, des peuples latins; c'est là qu'est son rôle et qu'elle doit chercher sa grandeur. Telle fut la politique de Richelieu et de Louis XIV, et si l'empereur Napoléon eût voulu s'y contenir, il se serait épargné ainsi qu'à nous-mêmes de grands désastres. La France, dont les rois étaient les chefs de la maison de Bourbon, avait à intervenir dans le débat entre l'Espagne et le Mexique afin de le terminer, à l'avantage des deux parties, et si même l'Espagne se fût obstinée dans le refus, la France était autorisée par ses traditions à prendre la haute main dans l'affaire; mais il n'y avait plus de politique française alors; il n'y avait que des tâtonnements pitoyables au dehors et des velléités contre-révolutionnaires au dedans. Le cabinet des Tuileries laissa échapper cette belle occasion, et le Mexique se détacha du giron de la civilisation latine, pour se lancer dans des régions inconnues où il devait recueillir des désappointements et des malheurs.

Hors du plan d'Iguala, de longtemps rien n'était possible que des essais éphémères. Iturbide, que cette conception avait rendu le plus populaire des chefs mexicains, se fit proclamer empereur, le 18 mai 1822. Il n'avait ni la force ni le prestige qu'il faut pour fonder une dynastie, et le 11 mai 1823, il s'embarquait, condamné à l'exil, pour Livourne avec une pension de 25,000 piastres que lui faisait le Congrès en souvenir de ses services. Le 4 octobre 1824 fut proclamée une constitution délibérée en congrès, par laquelle les Mexicains, repoussés de ceux dont l'intérêt et le devoir eussent été de leur ouvrir les bras, copiaient servilement, presque de tout point, le système démocratique et fédératif des États-Unis. On se croyait dans une position parfaitement semblable; on venait de secouer par une guerre glorieuse le joug de l'Espagne, tout comme les Américains du Nord s'étaient soustraits, un demi-siècle auparavant, à la domination britannique. On en concluait, par un raisonnement fort téméraire, qu'on arriverait à la même prospérité en suivant d'une manière absolue les mêmes errements. N'avonsnous pas, nous, cru en 1793 que les lois de Lycurgue et de Minos, faites pour des peuplades grossières et féroces, devaient servir de type à notre législation? — Le sol mexicain fut ainsi découpé en États qui furent investis des prérogatives de la souveraineté comme le sont ceux de l'Union américaine, qui avant l'indépendance étaient gouvernés séparément. Un gouvernement central fut institué à Mexico, sur le modèle de celui de Washington. Cette importation de toutes pièces d'une constitution étrangère qui n'avait au Mexique aucun appui dans le génie national ni dans les traditions, ne pouvait qu'engendrer la confusion et l'anarchie. Telle fut en effet la vie du Mexique pendant plusieurs années. L'Espagne, par ses prétentions affichées de reconquérir le pays, comme si dans l'épuisement où elle se trouvait alors aucun effort lui était possible, y entretenait les passions publiques, et occasionnait de nouveaux malheurs.

A la fin de 1828, à la suite de tiraillements entre le parti qui représentait avec emportement l'indépendance avec les passions (les *Yorkinos*) et celui dans les rangs duquel se faisaient trop remarquer les partisans de l'Espagne (les *Écossais*), une émeute, dont l'objet avoué est l'expulsion des péninsulaires, éclate dans la capi-

tale. On se bat à outrance, on pille, on saccage les maisons. L'insurrection remporte enfin la victoire, et un décret proscrit tous les natifs de la péninsule. Du même coup le président de la république mexicaine est dépossédé, et le général Gueirero, patriote exalté, est mis à sa place. Comme si l'Espagne avait eu à cœur de justifier ce fatal décret de proscription, quelques mois après, une expédition préparée de longue main met à la voile de Cuba et débarque, à Tampico, une armée espagnole qui est complétement battue par le général Santa-Anna. Ce fut la dernière tentative de l'Espagne.

L'expulsion des Espagnols priva le Mexique de ce qu'il avait de plus entendu dans les affaires commerciales et dans l'administration. Elle lui enleva aussi beaucoup de capitaux, car c'étaient assurément les habitants les plus riches. A cette époque le désordre fut à son comble. Le travail languissait dans les mines et dans l'agriculture. Il n'y avait plus aucune sécurité. Les routes étaient infestées de voleurs et de brigands. On n'était pas en sûreté, même chez soi à Mexico. Le trésor public épuisé ne faisait pas honneur à ses engagements. Le budget était en déficit, l'armée en désorganisation. Dans le commerce, on empruntait sur le pied de 1 1/2 à 2 p. 0/0 par mois. Les monuments tombaient en ruines. Le port de Vera-Cruz faisait pitié à voir, avec son môle à demi emporté par la vague, avec les carcasses des navires de guerre de la flotte mexicaine, qui, échoués, y apparaissaient comme des récifs.

La constitution démocratique et fédérative de 1824 avait contre elle les classes riches, le clergé, et, ce qui est plus fort qu'aucune catégorie de personnes, le bon sens. Le général Santa-Anna, devenu le maître, en 1833, fit proclamer, en 1835, par l'intermédiaire d'une révolte (*pronunciamento*), le *Plan de Toluca*, qui devint la base de la constitution centraliste de 1836, par laquelle on a aboli les gouvernements des États, et on a fait de ceux-ci de simples départements. En 1842, à la suite d'un de ces *pronunciamentos* qui désolaient périodiquement la république, le *Plan de Tacubaya* triomphe, et Santa-Anna rentre au pouvoir investi d'une dictature de fait. Un congrès se réunit pour refaire la constitution, mais sans résultat. Santa-Anna le dissout et convoque une junte de notables, qui, le 13 juin 1843, proclama une constitution nouvelle sous le titre de : *Bases de l'organisation politique de la république mexicaine*. Par cet instrument, l'élection directe a été remplacée par l'élection à deux degrés, et des conditions de propriété passablement rigoureuses sont attachées à l'exercice du droit de suffrage. C'est, comme on le voit, l'abolition du régime démocratique. Santa-Anna, depuis lors, a été exilé. Il est retourné dans sa patrie pendant la grande guerre des États-Unis, dont nous allons dire un mot, et il a bravement combattu pour repousser l'invasion ; mais il a dû, à la paix, quitter le pays. Le président actuel, légalement élu, est le général Arista, qui, lui aussi, a connu l'exil, et qui en a rapporté, à ce qu'on assure, une appréciation saine des avantages de la civilisation et des améliorations que sa patrie réclame.

Les révolutions du Mexique ont été accompagnées de démêlés avec l'étranger, qu'il n'est pas possible de passer sous silence, car on peut y trouver des présages pour l'avenir de ce beau pays. Nous ne nous arrêterons pas à la guerre avec la France, qui, en 1838, fut l'occasion d'un brillant fait d'armes, le bombardement et la prise de la citadelle de St-Jean-d'Ullua par l'escadre française que commandait l'amiral Baudin. Les deux guerres que le Mexique a eues avec les États-Unis ont été plus sérieuses, moins encore par leurs conséquences directes que parce qu'elles ouvrent, pour une époque prochaine peut-être, une perspective menaçante pour le Mexique. La première de ces guerres fût celle du Texas. Le cabinet de Washington n'y prit point de part ostensible : mais il favorisa les Texiens insurgés de tout son pouvoir. Il laissa les citoyens des États de l'Ouest se porter en masse à leur secours, et la ville de la Nouvelle-Orléans leur servir de magasin, d'arsenal et de point de recrutement.

Sous le régime colonial, en 1821, des Américains du Nord avaient été autorisés à s'établir dans la province du Texas, alors déserte. On pouvait prévoir que des citoyens des États-Unis ne se prêteraient pas longtemps à subir des lois faites dans un esprit tout différent du leur, et que, dès qu'ils se sentiraient forts, ils se déclareraient indépendants. Pendant l'anarchie qui suivit le renversement de la domination espagnole au Mexique, les changements successifs de gouvernement, les injonctions contradictoires et les procédés sommaires d'autorités improvisées, devaient extrêmement déplaire à ces gens d'origine anglo-américaine, qui, aux États-Unis, n'avaient connu rien de semblable. Il y eut donc une vive mésintelligence entre eux et le gouvernement de Mexico ou ses agents. L'imminence d'une constitution centraliste, qui eût entièrement fait d'eux des administrés directs de Mexico, acheva de les décider. Les hostilités éclatèrent à la fin de 1835. Le 21 avril 1836, Santa-Anna, qui était venu en personne commander l'armée, fut mis en pleine déroute sur les bords du San-Jacinto, et resta prisonnier entre les mains des Américains. Il s'en est suivi l'indépendance du Texas, qui, depuis, est entré, avec un très vaste territoire ravi aux Mexicains, dans l'union américaine.

Ce premier démembrement devait bientôt être suivi d'un autre. La démocratie des États-Unis, sentant ses forces, était devenue ambitieuse de s'agrandir. Ce n'était pourtant pas le territoire qui lui manquait. Le sol qui lui appartient est si vaste, qu'elle eût pu décupler en nombre sans y être à l'étroit. Mais elle a voulu avoir un large accès vers l'Océan Pacifique. Il semble qu'un vague pressentiment l'avertisse qu'il doit s'accomplir dans cet immense bassin, justement nommé par excellence le Grand-Océan, des évènements inouïs. La Californie excitait son appétit, moins à cause de l'or, qu'on n'y soupçonnait pas encore, qu'à cause de l'admirable port de San-Francisco, qui est admirablement situé sur l'Océan Pacifique, et dont l'apathie des Mexicains ne tirait aucune utilité pour le monde civilisé, ni pour eux-mêmes. Après qu'on eut réclamé avec hauteur et obtenu la part qui pouvait revenir à l'Union américaine d'un territoire spacieux, l'Orégon, qu'on possédait sur cette mer, indivis avec la Grande-Bretagne, l'opinion populaire se montra préoccupée de la Californie. Les meneurs du Sud, qui étaient charmés que l'Union américaine débordât sur les régions méridionales pour y multiplier les États à esclaves, non contents d'avoir favorisé et provoqué la conquête du Texas, encourageaient vivement la démocratie dans ses desseins sur la Californie. Déjà le commodore Jones avait pris sur lui de planter le drapeau de l'Union à Monterey, capitale de la province ; mais, désavoué par son gouvernement, il avait dû se retirer. Enfin, en 1846, sur un vain prétexte, au mépris du texte de la constitution américaine, et contre l'avis des citoyens les plus éminents de l'Union, qu'effrayait, pour les libertés mêmes de la patrie, l'ascendant de plus en plus marqué des idées d'entreprises militaires, on commença les hostilités contre le Mexique. L'armée américaine s'y couvre de gloire sous la conduite du général Taylor au nord, du général Scott au midi. Mexico est occupé, et le Mexique s'estime trop heureux d'obtenir une indemnité de quinze millions de piastres (80 millions de francs) pour la Californie et le Nouveau-Mexique, que les Anglo-Américains annexent à leur empire.

Voilà donc la situation actuelle du Mexique. Dans l'intervalle de dix ans à peu près, il a été démembré deux fois par ses formidables voisins du Nord. Quel est l'avenir qui l'attend ? Sera-t-il dévoré par l'envahissante démocratie de l'Union américaine, *pièce par pièce*, selon la prédiction de Jefferson? C'est dans l'ordre des évènements possibles, et à moins que les Mexicains n'aient redoublé d'efforts pour mieux exploiter leur territoire si riche et si admirablement situé et pour en faire tourner les avantages au profit du genre humain, leur asservissement par les Américains du Nord n'excitera que médiocrement, s'il arrive, le regret des autres nations. Ils auront mérité leur triste destin. Ou bien le Mexique serait-il réservé à subir le sort qu'ont éprouvé déjà quelques autres parties de l'Amérique, où les Indiens, les classes de sang mêlé, ou les rudes habitants de la campagne, se sont saisis de la domination que les blancs des villes ne savaient pas exercer? Deviendrait-il ainsi quelque chose comme un Haïti de Peaux-Rouges? C'est encore une des funestes issues qui sont ouvertes devant lui. Il est donc bien permis de s'alarmer sur l'avenir du peuple mexicain. Il n'a pas seulement contre lui certaines chances particulières du genre de celles que nous venons d'indiquer, il a de plus à redouter cette mauvaise chance générale que semblent avoir aujourd'hui contre eux tous les peuples d'origine latine, les peuples essentiellement catholiques. L'étoile de ce groupe de peuples pâlit visiblement de nos jours devant celle de la civilisation d'origine germanique et de religion protestante, et même devant celle de la race slave. Ceux des Français qui ne se paient pas de mots s'en aperçoivent avec effroi pour le compte de leur propre patrie ; d'un regard inquiet ils cherchent à l'horizon des signes qui les autorisent à penser que la Providence n'a point définitivement décrété notre décadence, qu'elle a seulement voulu nous administrer un avertissement. Mais s'il y a lieu de craindre, nous ne disons pas pour l'existence, mais pour l'autorité, parmi l'aréopage que composent les peuples civilisés en général, d'une nation telle que la nôtre, qui a fourni tant de preuves éclatantes de sa vitalité, de sa force et de son ascendant, et dont la puissance est un des éléments indispensables de l'équilibre du monde, qu'est-ce donc pour un peuple qui n'a de vie propre que d'hier, et envers lequel un redoutable voisin a déjà contracté l'habitude de s'attribuer celles de ses provinces qu'il trouve à sa convenance, sans que dans le voisinage il existe des tiers qui puissent réclamer de manière à être écoutés? MICHEL CHEVALIER.

MEXIQUE (*antiquités*) : De tous les peuples du Nouveau-Monde le Mexicain a conservé les annales les plus complètes, et les vestiges historiques les plus précieux. Ses antiquités décèlent non seulement une civilisation antérieure à celle des autres indigènes de ce même hémisphère, mais présentent encore des analogies remarquables avec les monuments, les mœurs et les progrès de plusieurs peuples de l'antiquité. A l'importance individuelle qu'elles possèdent se rattache encore l'intérêt qu'excitent de nos jours la question de l'origine des races et celle du développement de toute civilisation. — Les antiquités mexicaines, riches en souvenirs de l'art plastique et architectural, sont surtout remarquables pour leurs trésors graphiques, les seuls qui existent sur tout ce continent. Il s'agit de ces tableaux si célèbres, exécutés au trait ou en couleurs, sur peaux, étoffes de coton ou de fibres de *maguai* (aloès) et même sur lames de métal. Destinés à la reproduction d'événements historiques, comme de faits particuliers, les manuscrits mexicains renferment les sujets les plus variés, tels qu'annales, notions astronomiques, dates chronologiques, migrations de peuples, généalogies de souverains, tributs de villes, puis scènes de la vie religieuse, politique et privée, comme sacrifices, combats, procès, jugements, etc. Le Mexicain employait pour ces tableaux des signes hiéroglyphiques figuratifs et symboliques; mais il ignorait le principe phonétique dans le sens que la science créée par Champollion le Jeune a rattaché à ce mot. M. Prescott, en adoptant l'existence de l'élément phonétique, a méconnu la portée de ce fait. Les exemples fournis comme preuve par le savant historien (*voy.* Histoire de la conquête du Mexique, dans l'excellente traduction dirigée par M. Amédée Pichot, vol. 1, pag. 76), démontrent seulement l'existence de ces emblèmes, désignés en termes de blason « armes parlantes », qui consistent dans la reproduction figurative d'un nom quelconque par l'objet homonyme qui avait donné lieu à son appellation. Tous les manuscrits mexicains connus datent de l'époque des Aztèques. Ils sont d'une valeur incontestable pour l'histoire de ce peuple, qui paraît sur la scène au xiie siècle; mais ils ne sauraient inspirer la même confiance pour les époques antérieures. Or, ces documents relatifs aux Fultèques et autres peuples du Nord qui avaient précédé les Aztèques, ne reposent que sur des traditions orales. Le P. Sahagun se montre donc bon critique, en ne mentionnant que d'une manière sommaire ces mêmes traditions, auxquelles Clavigero et M. de Humboldt paraissent accorder une importance historique et chronologique exagérée. La collection la plus considérable de manuscrits mexicains, celle de Boturini, ne contenait pas un seul document exécuté par les Fultèques, dont l'existence même chez ce peuple paraît problématique.

Les monuments de l'art plastique s'appliuent au panthéon mexicain et à d'autres sujets variés. Les plus connus sont la pierre dite *de sacrificios*, la statue colossale attribuée au dieu de la guerre, et le célèbre calendrier atzèque. M. Lama, dans son savant traité sur ce dernier monument, fait ressortir toute l'étendue des connaissances astronomiques des Mexicains, dont la perfection et notamment le système d'intercalation ont dû servir de preuve principale pour l'opinion si accréditée d'une influence étrangère dans le développement intellectuel de ce peuple. Cet argument perd néanmoins de sa force, quand on considère la disposition tout exceptionnelle de l'année solaire mexicaine en dix-huit mois de vingt jours chacun, division qui ne se retrouve chez aucun peuple de l'antiquité. Malgré la quantité d'idoles ou plutôt de pénates de petite dimension qui se rencontrent parmi les ruines des foyers de l'ancienne population, le nombre de statues et de bas-reliefs de quelque importance est très restreint. En comparant, dans le recueil si riche et si complet des monuments du Nouveau-Monde, publié par M. de Saint-Priest, les *Antiquités mexicaines*, la rareté des souvenirs historiques du Mexique proprement dit, avec leur profusion dans l'Amérique centrale, on est frappé de l'étendue de la perte occasionnée par le zèle destructeur des conquérants espagnols partout où il pouvait atteindre. Enfouis dans le sol, on rencontre fréquemment ces masques en pierre, telle que basalte, lave, et même obsidienne, que les anciens Mexicains déposaient dans les tombeaux; on trouve surtout, près des ruines de San Juan de Teotihuacan, nombre de ces petites têtes en terre cuite, sorte d'*ex-voto* que les prêtres mexicains distribuaient aux pèlerins qui visitaient ces lieux de dévotion. Le type de l'Indien sur ces masques et têtes, qui la plupart sont d'un travail achevé, est identique avec celui particulier aux bas-reliefs de Palenque, sur lesquels les traits sémitiques de l'Indien du Nord se trouvent reproduits dans un style bien prononcé quoique exagéré. Les indications ethnologiques, que fournissent ces petites figures, doivent être d'autant plus appréciées que la plupart des anciens monuments de la capitale sont exécutés dans un style trop vague pour permettre d'établir, à leur aide, des comparaisons précises. Parmi les antiquités les plus renommées du Mexique, on compte les pyramides. Ces édifices diffèrent de ceux de l'Égypte, consacrés à la sépulture des rois, par leur destination religieuse. Ils servaient uniquement de base aux temples. Les pyramides mexicaines se distinguent encore de celles de l'Égypte (en exceptant celle de Saccarah) par leur forme, vu

qu'elles se montrent divisées par des degrés ou terrasses, puis par le matériel employé à leur construction. Les merveilleux mausolées près du Nil sont entièrement construits en pierre de taille; les monuments plus modestes du Mexique (à l'exception de celui de Papantla) sont composés de briques séchées au soleil, puis de gravier et de terre glaise, ou taillées dans le sol de la montagne et seulement recouvertes de pierres sur la surface. On classe dans la première catégorie celle de Cholula, et le reste dans l'autre. Les pyramides les plus remarquables (le grand *Téocalli* de Mexico ayant entièrement disparu, et celui en briques de Tacuba ne montrant plus que quelques débris) sont celles de Cholula, de San Juan de Teotihuacan, de Papantla, de Hochicalco, puis celles de Tepatitlan et de Remedios, découvertes en 1838 par l'auteur du présent article (voy. *Le Mexique*, chap. xviii et xix). Les pyramides mexicaines ont été fréquemment reproduites et décrites; mais les dessins que l'on en a publiés présentent en général des contours trop réguliers pour qu'il soit possible de se former là-dessus une idée exacte de leur état actuel. Celle de Cholula ne présente aujourd'hui qu'une masse informe; quant au temple fortifié de Hochicalco placé sur la cime d'une montagne recouverte de nombreuses terrasses qui lui prêtent l'aspect d'une pomme de pin, les bas-reliefs, sur le peu qui reste des ruines, se distinguent par une perfection artistique incontestable; mais ils ne contiennent aucunement (si on ne classe comme telles les Indiens aux jambes croisées à l'orientale) ces créatures d'origine exotique que le crayon d'Alzate avait fait concevoir à l'illustre auteur des *Vues des Cordilières* (voy. *Antiquités mexicaines*, Notes et Documents, pag. 16, note 2). Des deux pyramides découvertes en 1838, celle de Tepatitlan, d'environ 40 mètres de hauteur, se distingue par son sommet arrondi en dôme, et celle de Remedios, de 80 à 100 mètres d'élévation, recouverte sur toute sa superficie de marches hautes de 1 mètre, prouve par sa position dans le voisinage immédiat de la capitale, fondée en 1325 par les Aztèques, l'exagération de vouloir assigner à ces monuments un âge fabuleux.

A côté de ces monuments, les plus imposants de la civilisation mexicaine, d'autres souvenirs moins frappants méritent encore de fixer l'attention : tels sont ces *tortas* ou fondements en plâtre des anciennes habitations, qui, par leur nombre et l'étendue du sol qu'ils occupent, témoignent du chiffre élevé de la population indigène avant la conquête; des vases en terre cuite, surtout ceux pour le *pulque*, liqueur du *maguai*, qui présentent la forme singulière qu'offriraient deux verres à champagne rattachés par le bout, dont l'un servirait de support à l'autre ; des armes, comme flèches en pointe d'obsidienne, piques montées en cuivre; instruments de musique à vent, tambourins ; enfin nombre d'outils en pierre et en cuivre.

Il résulte de l'examen des monuments mexicains et de leur étude comparative avec ceux des peuples de l'antiquité, les faits suivants : l'art graphique chez les Mexicains ne décèle nullement un progrès supérieur à celui auquel toute nation sortie de l'état sauvage peut atteindre, sans qu'il y ait lieu de l'attribuer à une influence étrangère. Les notions historiques renfermées dans ces documents ne possèdent de valeur sous ce rapport que depuis le XIIe siècle; tous les faits, toutes les dates recueillis, avant cette époque, sont purement traditionnels. Les autres connaissances des Mexicains, telles que l'astronomie, ont sinon pris naissance, du moins suivi leur développement progressif sur les lieux mêmes où on les a vues appliquées. Leurs arts portent un cachet original qui ne se retrouve chez aucun peuple de l'antiquité. En général il ne se rencontre pas de fait analogue quelconque entre la civilisation des deux mondes, qu'il ne se présente accompagné de quelque cas hétérogène : à ne citer que les pyramides, dont la destination au Mexique est si différente de celle qui leur était affectée en Égypte. — L'importance des antiquités mexicaines se montre principalement concentrée dans le jour inattendu qu'elles jettent sur l'origine primitive des races de l'Amérique. L'ethnologie, revenue de nos jours de l'idée bizarre de voir dans les Américains, pour des marques d'espèce aussi peu caractéristiques que la couleur de la peau et la rareté de la barbe, des autochtones, ne saurait méconnaître sur ce continent l'existence de deux races principales, tout à fait distinctes, mais se rattachant à celles de l'ancien monde. L'une, la plus nombreuse, représentée par l'Indien du Sud, au crâne de forme arrondie, aux yeux penchés obliquement, aux pommettes saillantes, aux membres carrés, mais aux extrémités grêles, figure ce type, rapproché du Chamite, que partagent les populations immenses de l'Asie orientale, séparées de l'Amérique par un simple détroit. L'autre race, limitée aujourd'hui aux régions du N.-O. de l'Union américaine, rappelle le type au crâne allongée, à la stature élancée, aux traits du visage saillants, particulier aux nations sémitiques dominantes dans l'antiquité au-delà des Colonnes d'Hercule. C'est ce même type sémitique qui ne reparaît qu'imparfaitement chez le descendant abâtardi de l'ancien Mexicain, qui se trouve figuré de la manière la plus précise et dans le style le plus prononcé sur les monuments antiques de ce peuple, notamment sur ceux érigés dans l'Amérique centrale, près de l'Atlantique, sous les parallèles soumis aux vents alisés, dans dans les contrées enfin que leur position indique comme présentant, à l'aide de la navigation, un passage tout aussi naturel pour les peuples sémitiques de l'Orient, que l'est à l'Ouest la route de terre depuis l'Asie pour les nations de race chamitique.

Dans l'obscurité qui entoure les traditions; dans l'incertitude qui règne sur les rapports de civilisation ; dans le manque presque absolu d'affinités exactes reconnues entre les langues de l'Amérique et celles des autres continents, il est tout aussi naturel d'adopter les traditions des Mexicains sur les Olmèques, peuple navigateur venu de l'Est, que celles sur les Fultèques établies sur des notions aussi vagues que leur point de départ, *Huehuetlapallan*. Il est, en un mot, tout aussi simple de voir dans le Mexicain et l'Indien du Nord le descendant d'une souche sémitique quelconque, transportée des bords de la Méditerranée à ceux de l'Atlantique dans une antiquité assez reculée pour que le temps ait pu effacer tout autre souvenir moins apparent, invétéré et distinct, que de le regarder comme un type primitif, propagé dans une même race. I. LOWENSTERN.

MEYER (JACQUES) : historien, né en 1491 à Vleteren, en Flandre, près de Bailleul, ce qui le fit surnommer *Balionanus*. Il mourut en 1552 curé de Blanckenberg. Il a laissé deux ouvrages estimés : 1° *Annales rerum flandricarum*, Anvers, 1561, in-fol., réimprimé dans la collection des Histoires de Belgique, Francfort, 1580 ; 2° *Flandricarum rerum decas*, Bruges, 1531; in-4°.

MÉZENCE : roi d'Agylle ou de Cère, en Étrurie. Il n'avait point de plus doux passetemps que d'attacher des hommes à des cadavres, et de les laisser mourir de faim. Ses sujets, mis à bout par sa tyrannie, le chassèrent et mirent le feu à son palais. Mézence alors, selon Virgile, s'enfuit chez Turnus, le soutint dans sa lutte contre les Troyens, et fut enfin tué par Énée. D'autres traditions nous le montrent attaquant Énée après la mort de Turnus, ou après celle d'Énée assiégeant Ascagne dans Lavinium. Son fils Lausus que Virgile fait périr avant Turnus même, fut tué dans cette expédition. Mézence alors se retira imposant ou recevant la paix, dont une des conditions était, en sa faveur, un tribut consistant en vins ou en une guirlande de feuilles de vigne en or. Si Énée était véritablement un personnage historique, on pourrait admettre l'existence de Mézence. Mais l'opinion contraire compte aujourd'hui beaucoup de partisans, et Mézence a été pris tour à tour pour Jupiter, pour Bacchus, etc.

MÉZERAY (*biog.*). C'est sous ce nom, qui est celui d'un village de la paroisse de Rye, près d'Argentan, que *François* EUDES a publié ses ouvrages historiques. Ses ouvrages satiriques étaient signés du nom de *Saudricourt*. EUDES naquit à Rye en 1610. Son père était chirurgien; un de ses frères suivit la carrière de leur père; l'aîné, prédicateur renommé, fonda la congrégation des Eudistes ; quant à Mézeray, qui était le cadet, il rima d'abord des vers, mais voyant qu'il y réussissait médiocrement, il se fit commissaire des guerres. Il ne tarda pas à se dégoûter de cet emploi, vint se fixer à Paris, et se mit à composer une série de pamphlets politiques. C'est ainsi qu'il prit goût à l'histoire de France et qu'il fut amené à lire, non pas nos chroniqueurs originaux, mais Dupleix, du Haillan et autres compilateurs. L'excès du travail l'avait rendu malade; Richelieu l'apprit et lui envoya une petite gratification, qui l'encouragea et le guérit. Le premier volume de son *Histoire de France* parut en 1643. Mézeray n'avait pas puisé aux sources, mais il avait creusé et analysé les faits qui lui arrivaient de seconde main. Un sentiment démocratique profond, une extrême franchise, une haine vigoureuse des iniquités, et surtout des exactions, même quand elles se déguisaient sous le nom d'impôt, des allures de pamphlets appliquées à des évènements qui avaient mille ou douze cents ans de date, voilà ce qui caractérisait cet ouvrage; ce n'étaient plus ces tableaux vigoureux et vrais des grands chroniqueurs et historiens du xvie siècle. Mézeray préludait à ces récits épigrammatiques que le xviiie siècle devait décorer du nom d'histoires. Le livre eut un retentissement immense, et fit oublier tout ce qu'on avait écrit jusque là sur notre histoire. Le second et le troisième volume, qui parurent en 1646 et 1651, n'eurent pas moins de succès, et ne soulevèrent pas moins de réclamations. La franchise de l'historien, à l'égard de quelques rois, parut un outrage à la royauté, et Colbert l'avertit que s'il ne rétractait pas ce qu'il avait dit de l'origine des impôts, il lui ôterait tout à fait sa pension de 4,000 livres, qu'il se contentait de réduire à la moitié. Mézeray fit, en effet, quelques modifications à son récit dans la seconde édition, mais il eut soin d'avertir qu'il avait eu la main forcée, et s'était vu obligé de voiler sa pensée, au lieu de l'exprimer nettement. Sa pension lui fut supprimée, mais le produit de ses ouvrages 'en dédommagea. Outre un grand nombre de

pamphlets contre Mazarin, il avait publié (1668) un *Abrégé chronologique* (3 vol. in-4o ou 6 vol. in-12), fort supérieur à sa grande histoire et qui obtint plus de succès encore ; plusieurs princes étrangers faisaient des pensions à Mézeray, et le cabaretier de La Chapelle-Saint-Denis, Lefaucheur, en faveur de qui il fit son testament, eut une assez ample succession à recueillir. Mézeray ne travaillait jamais sans avoir une bouteille de vin à côté de lui, et il avouait que la goutte qui le faisait souffrir lui venait de *la feuillette ;* il ajoutait même que son penchant à la volupté y avait également contribué. Appelé à l'Académie française, il y remplaça Conrad comme secrétaire perpétuel, et insista beaucoup pour qu'au mot Comptable du Dictionnaire, on plaçât cet exemple : *Tout comptable est pendable.* Son style est inégal et négligé, mais piquant, semé de traits de vigueur et de peintures d'une grande énergie. Outre ses deux *Histoires*, on a de lui un *Traité de l'origine des Français*, 1688, in-12. On lui attribue l'*Histoire de la Mère et du Fils*, 1 vol. in-4o ou 2 vol. in-12, 1730, que d'autres donnent à Richelieu. L'ouvrage est peu digne de ces illustres noms. Mézeray mourut en 1683. J. FLEURY.

MÉZIÈRES : ville de France, chef-lieu du département des Ardennes, sur la rive droite et dans une presqu'île de la Meuse, à 232 kilm. E. N.-E. de Paris, latit. N, 49o 45' 43", longit. E. 2o 22' 46", population 3,847 habitants (recensement de 1846). C'est la préfecture la moins peuplée de France, mais c'est une assez importante place forte entourée de bons ouvrages à cornes, et défendue par une redoutable citadelle. Son seul édifice remarquable est une église du xve siècle, dont on admire les voûtes élevées. Mézières fabrique des canons de fusil doublés et damasquinés, et a des brasseries, des tanneries renommées, des taillanderies. Son origine remonte au ixe siècle, époque où un château fut construit par le seigneur Hellebarde, sous le nom latin de *Maceriæ*, parce qu'on trouva, dit-on, en creusant les fondations une statue du dieu *Macer*. Les seigneurs de ce lieu furent souvent en guerre avec les archevêques de Reims, et les comtes de Rethel; des réfugiés rethélois et liégeois vinrent bâtir de nombreuses habitations au pied de la colline où s'élevait le château. De là naquit la ville de Mézières, qui reçut définitivement le titre de cité, en 1233, par une charte de Hugues III, comte de Rethel. Elle devint célèbre par le siége qu'elle soutint pendant six semaines, en 1521, avec une garnison de 2,000 hommes commandés par Bayard, contre une armée de Charles-Quint forte de 40,000 hommes qui fut obligée de se retirer.

Le mariage de Charles IX avec Élisabeth d'Autriche y fut célébré en 1570. Ce fut en 1590 qu'on érigea la citadelle sur son emplacement actuel. En 1815, cette place résista brillamment aux Prussiens pendant 42 jours ; elle fut remise, après un affreux bombardement, aux mains de l'ennemi ; mais le gouvernement, pour honorer cette belle défense à laquelle la population avait puissamment contribué, donna pour drapeau à la garde nationale de Mézières l'étendard de Bayard. Très près et au N. de Mézières, sur l'autre rive de la Meuse, est Charleville, qui surpasse de beaucoup en population le chef-lieu du département, et où se trouvent le tribunal de première instance et la cour d'assises.

MÉZIÈRES-EN-BRENNE : petite ville de France, département de l'Indre, arrondissement et à 34 kilom. N. du Blanc, sur la Claise, avec 1,500 habitants. On y remarque les forges de Corbançon.

MEZUZOTH. — C'est un des noms que les Hébreux donnaient à leurs philactères (voy. ce mot.).

MEZZO-TINTO, mot italien, adopté par la langue française, qui signifie littéralement demi-teinte, et se dit de certaines estampes aussi appelées *estampes à la manière noire*, ainsi que de la gravure qui les produit. La manière en mezzo-tinto diffère entièrement de celles au burin ou à l'eau forte, autant par ses procédés que par ses effets. Tandis que dans ces deux dernières on se sert du burin pour former les ombres en ménageant les clairs, dans la manière noire on se sert du *râcloir* pour former les objets sur un fond totalement obscur, en leur distribuant peu à peu les lumières qui leur conviennent. Dans ce genre de gravure, le cuivre est préparé par une infinité de points extrêmement petits, formés par une roulette, et qui rendent le fond très noir et recouvert d'un grain velouté, partout égal. Le graveur trace son sujet sur ce fond, et, pour opérer, il se sert d'un outil appelé *berceau* avec lequel il forme de petits carrés qu'il traverse ensuite en divers sens par des lignes diagonales, renouvelant plusieurs fois cette opération et ayant toujours soin de procéder d'abord par une première couche largement posée, pour finir ensuite délicatement son ouvrage ; il enlève ainsi peu à peu le fond en proportion de la lumière qu'il veut répandre sur telles ou telles parties. Cette manière de graver qui n'exige pas autant de travail que les autres, donne ordinairement de cent cinquante à deux cents épreuves ; les plus belles sont celles depuis cinquante jusqu'à cent. C'est de tous les genres celui qui colore le plus et fait le plus grand effet par l'union et l'obscu-

rité qu'il laisse dans les masses ; il convient surtout pour rendre les chairs, les draperies, les fleurs et les effets de nuit. C'est à l'Angleterre, où elle a du reste atteint son plus haut degré de perfection, que cette manière de faire doit son origine. Quelques auteurs ont voulu en attribuer l'invention au prince palatin Robert de Bavière ; mais l'opinion la plus généralement reçue est que ce fut un certain Sieghen ou Sichem, lieutenant-colonel du prince de Hesse-Cassel, qui, se trouvant en Angleterre en même temps que le Palatin, lui enseigna son secret. Le Palatin le communiqua à un peintre flamand, Walcrand Vaillant, et il fut divulgué par l'indiscrétion de quelques ouvriers. J. VALLENT.

MI (*mus.*) : troisième note de la gamme ascendante, médiante de la gamme naturelle majeure d'*ut* dominante de la gamme naturelle mineure de *la*. Le ton de *mi* majeur s'annonce par quatre dièses, le ton de *mi* mineur par un dièse ; le ton de *mi* bémol majeur est annoncé par trois bémols, le ton de *mi* bémol mineur en porte six (voy. GAMME).

MIAMI : nom de plusieurs rivières aux États-Unis. L'une, appelée aussi *Maumie* ou *Miami des Lacs*, arrose les États d'Indiana, d'Ohio de Michigan, et se jette dans la baie de Miami ou Maumie, extrémité occidentale du lac Érié, vers Perrysburg ; son cours est d'environ 160 kilom., généralement à l'E.-N.-E.—La seconde est le *Grand Miami*, qui coule entièrement dans l'État d'Ohio, dans une direction S.-S.-O., et, après un cours de 270 kilom., afflue à la rive droite de l'Ohio, à 30 kilom. au dessous de Cincinnati, près de ruines curieuses de monuments élevés par d'anciennes populations américaines. — La troisième est le *Petit Miami*, qui coule aussi dans l'État d'Ohio, et se jette dans l'Ohio, à Columbia, à 9 kilom. au dessous de Cincinnati ; son cours de 135 kilom. ; on a trouvé aussi sur ses bords des antiquités fort intéressantes. — Les deux premières de ces rivières sont navigables et unies par un canal, nommé également *Miami*, qui a une longueur de 245 kilom., et offre, entre le lac Érié et l'Ohio, entre Perrysburg et Cincinnati, la plus utile communication. — Une petite peuplade d'Indiens, répandue dans les États d'Ohio et de Michigan, s'appelle *Miamis* ou *Maumées*.

MIAO-TSÉ ou **MIAO-TSEU** : peuple montagnard et demi-sauvage du S.-O. de la Chine, dans les provinces de Koueï-Tcheou, de Hou-nan et de Kouang-si. Il est belliqueux et pillard. Indépendant avant 1777, il reconnaît depuis cette époque la suzeraineté impériale, et ses chefs sont investis de leur autorité par l'empereur.   E. C.

MIASMES (voy. Méphitisme).

MICA (*min.*). Substance minérale fort abondamment répandue dans la nature, très facile à reconnaître si l'on se borne aux caractères extérieurs, mais presque impossible à déterminer comme espèce, parce que ses nombreuses variétés cachent, sous une analogie d'aspect, des différences essentielles de composition et de structure. — Les micas se présentent presque toujours en lames ou en feuilles minces, divisibles en lamelles d'une grande ténuité, brillantes, flexibles et élastiques; fusibles en émail au chalumeau, et quelquefois même à la simple flamme d'une bougie. Leur composition est encore incertaine; probablement est-elle variable comme leur structure cristalline; mais elle se rapporte, en général, à l'ordre des doubles silicates. Les bases qui s'y trouvent combinées avec la silice sont : l'alumine, la potasse, la magnésie et le peroxyde de fer. On y a encore reconnu, dit-on; la présence de l'acide fluorique et de l'oxyde de titane. D'après les caractères tirés de la cristallisation et de la double réfraction, les micas peuvent être divisés en trois groupes, qui, eux-mêmes, nous semblent susceptibles de nouvelles subdivisions.

Micas à un axe. Ils laissent voir une croix noire lorsqu'on les regarde à travers deux lames croisées de tourmaline. Ils ont donc un seul axe de double réfraction; aussi leurs formes secondaires paraissent-elles indiquer pour forme primitive le prisme hexaèdre régulier; mais l'intensité de la double réfraction varie suivant les échantillons pris en diverses localités, ainsi que sa nature attractive dans les uns et répulsive dans les autres. Tous les micas à un axe contiennent de la magnésie. Klaproth a trouvé dans le mica noir de Sibérie : silice, 42,50 ; alumine, 11,50; oxyde de fer, 22,00; magnésie, 9,00; potasse, 10,00. Rose y a trouvé de plus, de l'acide fluorique, et Peschier de l'oxyde de titane. Les variétés principales de forme et de structure sont : le mica *prismatique* en prismes hexaèdres réguliers, ordinairement lamelliformes et groupés les uns sur les autres; le mica *foliacé*, en grandes feuilles et auquel on a donné les noms de verre ou de talc de Moscovie; le mica *écailleux* composé de lamelles ou d'écailles qui se détachent aisément par l'action du doigt,

2o *Micas à deux axes.* Ils ont pour forme primitive un prisme droit rhomboïdal. Le plan des deux axes est perpendiculaire à la base du prisme et passe par sa grande diagonale. Tels sont les micas du Saint-Gothard, d'Altemberg en Saxe, de Zinnwald en Bohême.

3o *Micas à deux axes* ayant pour forme primitive un prisme *rhomboïdal oblique.* Ici le plan des axes passe par les petites diagonales des bases. Tels sont les micas enfumés de Sibérie, ceux de Brodko et de Kinisto en Finlande, le mica jaune de Binn, etc. C'est à ce groupe que se rapportent le plus grand nombre des espèces. Ici ne se trouve plus de magnésie. Les principales variétés de forme et de structure sont : le mica *rhomboïdal* en prismes rhomboïdaux droits ou obliques; le mica *rectangulaire* en prismes rectangles à base droite ou oblique; le mica *hexagonal* à base droite, régulière ou simplement symétrique; le mica *testacé* ou hémisphérique; le mica *lamellaire* ou écailleux; enfin, le mica *pailleté* en parcelles libres, disséminées dans les sables ou les roches solides, et en petites masses saccharoïdes engagées dans le granite.

Le mica est très abondant dans le sol primordial. Il fait partie essentielle du granite, du gneiss et du micaschiste; c'est à sa disposition en feuillets que ces deux dernières roches doivent leur structure schisteuse. Les schistes talqueux, les roches phylladiformes qui terminent la série primitive sont encore, en grande partie, formés de lamelles de mica implantées les unes sur les autres. On le retrouve aussi dans les dépôts schisteux du sol intermédiaire connus sous les noms de phyllades et de grauwackes; on le rencontre aussi disséminé sous forme de pailletes dans les grès secondaires, et jusques dans les sables mouvants des terrains tertiaires. On trouve enfin le mica abondamment disséminé en lamelles d'une teinte ordinairement noirâtre dans les différents dépôts d'origine ignée, tels que les trachytes, les basaltes et les laves.—Le mica est employé à différents usages. En Sibérie on le substitue au verre pour garnir les fenêtres, on s'en sert principalement pour le vitrage des vaisseaux, et on en fait des lanternes. La poudre d'or pour l'écriture n'est qu'un sable micacé.   X.

MICASCHISTE (*min.*) : roche composée comme le greisen, de mica et de quartz, mais dans laquelle ces deux principes composants ont une disposition différente. Le quartz est ici beaucoup plus rare, et les lamelles de mica forment les feuillets sont très étendues et presque sur le même plan. On distingue deux variétés principales de micaschiste : le *micaschiste ordinaire* composé de couches successives de mica et de quartz grisâtre; le *micaschiste phylladiforme* ou à grain fin que l'on peut confondre avec la phyllade proprement dit, et souvent coloré en noir par le carbure de fer. Les minéraux que l'on rencontre accidentellement dans cette roche sont : le grenat quelquefois très abondant et formant souvent des espèces de nœuds enveloppés de mica; la tourmaline, la staurotide, la macle, le fer carburé et le fer oxydulé. Le micaschiste appartient aux terrains anciens, et il est peu de contrées du sol primordial où on ne le rencontre superposé au granite et au gneiss. Il renferme un assez grand nombre de couches subordonnées et de filons métallifères. X.

MICHAÉLIS. Plusieurs savants de l'Allemagne ont illustré ce nom. Nous citerons :

MICHAÉLIS (*Jean-Henri*) : orientaliste, né en 1668 à Klettenberg, dans le comté de Hohenstein. Il professa le grec, le chaldaïque et l'hébreu à l'université de Halle, et, agrandissant ensuite le cadre de son enseignement il y joignit le syriaque, le samaritain, l'arabe et le rabbinique. En 1708, il se rendit à Francfort pour étudier la langue éthiopienne sous la direction de Ludolf, son ami, et l'année suivante, il succéda à Franke dans la chaire de grec. En 1735, il devint *Senior* de la Faculté de théologie de Halle, et mourut dans cette ville, le 18 mars 1738. Il a laissé un grand nombre d'ouvrages dont les principaux sont : *Conamina brevioris manuductionis ad doctrinam de accentibus hebræorum prosaicis*, Halle, 1695, in-8°. Il eut dans ce travail Franke pour collaborateur; *Dissertationes de accentibus seu interstinctionibus hebræorum metricis*, Halle, 1700; *Dissertationes de angelo Deo*, Halle, 1701; *Nova versio latina Psalterii Ethiopici cum notis philologicis*, Halle, 1701 ; *De historia linguæ arabicæ*; Halle, 1706; *Dissertationes de textu novi testamenti græco*, Halle, 1707, in-12; *Biblia hebraïca*, Halle, 1720; c'est une excellente édition du texte hébreu de la Bible, enrichie d'une longue et savante préface et de notes précieuses. Michaélis avait fait les plus pénibles et les plus consciencieuses investigations pour arriver au beau résultat qu'il a atteint; une foule de notes n'ayant pu trouver place dans ce travail, il les réunit et en forma l'ouvrage suivant: *Uberiorum annotationum in hagiographos volumina tria*, Halle, 1720.

MICHAÉLIS (*Jean-David*), petit neveu du précédent, et l'un des plus savants orientalistes de l'Allemagne et de l'Europe, naquit à Halle, en 1717, d'un hébraïsant distingué, et mourut dans la même ville, le 22 août 1771. L'histoire, la philosophie, la théologie, les langues, les mathématiques, la médecine, les sciences naturelles, le droit civil, il avait tout embrassé. Son père, professeur de théologie, aurait voulu lui voir adopter la même carrière d'enseignement ; mais Michaélis, quelque zélé qu'il fût pour la cause du christianisme, ne voulait s'imposer aucune gêne de conscience, et il refusa toute sa vie de se faire agréger à une Faculté de théologie. Il se destinait d'abord à l'enseignement de l'histoire. Le savant Münchausen, le principal fondateur de l'université de Gottingue, l'engagea à porter dans l'exégèse biblique ses connaissances encyclopédiques, et lui promit un succès éclatant. Michaélis suivit son conseil, et surpassa ses espérances. Au lieu de s'appuyer, comme Buxtorf et les hébraïsants de son école, sur l'hébreu rabbinique, pour l'interprétation de l'écriture, il chercha la véritable signification des expressions bibliques dans les langues congénères, et dans les versions orientales. C'est à cette méthode surtout qu'il doit la gloire d'avoir réformé l'exégèse, mais il poussa son système jusqu'à l'exagération. Le tact et la sagacité qu'il portait dans ses études l'empêchèrent néanmoins de trop s'égarer ; mais entre les mains de ses disciples son système d'exclusion produisit des résultats déplorables. On lui reproche, en outre, d'être superficiel dans les études grammaticales, et son penchant pour les explications imprévues et les aperçus nouveaux qui plus d'une fois l'ont mis à côté du vrai. Mais ce goût pour les sentiers non frayés, qui a entraîné si loin les Bohlen, les de Wette, les Hartmann, etc., ne fit jamais écarter Michaélis des vérités fondamentales de la religion chrétienne. — Il a composé une multitude d'ouvrages dont nous ne pouvons citer que les principaux. *Jugement sur les moyens dont on se sert pour entendre la langue morte des Hébreux*, Gottingue, 1757, in-8°. Ce livre peut être considéré comme le premier signal de la réforme exégétique; *De l'antiquité des voyelles et des autres points des Hébreux*, où l'on trouve les arguments les plus forts en faveur de l'antiquité du Pentateuque; *Bibliothèque orientale et exégétique*, 1771-1785, 30 vol., journal qui, avec les *Supplementa ad Lexica hebraïca*, présente, selon S. de Sacy, un résumé plus savant qu'utile de toutes ses recherches sur le matériel de la langue, et, en général, sur les mots obscurs de la Bible; *De sacra Hebræorum poesi*, où l'on trouve les meilleures observations grammaticales, et en particulier sa remarquable théorie du verbe hébreu; *Grammatica syriaca*, la meilleure de ses grammaires qui doit surtout son mérite aux notes de son père dont il l'a enrichie; *Chrestomatie syriaque* avec un traité intéressant de cette langue; *Grammaire arabe avec une chrestomatie* dont la préface seule offre de l'intérêt; *De l'influence des opinions sur le langage et du langage sur les opinions*, un de ses plus remarquables écrits dont Merreau et Premontval ont donné une traduction française; *Morale philosophique*, ouvrage exalté par Kant, et digne, en effet, de Michaélis, par la lucidité, la finesse des aperçus, l'originalité des vues, mais qui pourtant offre de grands défauts, entre autres celui de négliger les hautes questions pour des questions secondaires; *Considérations sur la doctrine de l'Écriture sainte au sujet du péché et de la satisfaction;* c'est la défense de ces deux points fondamentaux de la religion; *Spicilegium geographiæ Hebræorum exteræ post Bochartum;* savant commentaire sur le chapitre X de la Genèse. Michaélis voit dans tous les noms de ce chapitre des peuples et non point des hommes; *De exilio decem tributum; De l'antiquité de la production du feu au moyen des lentilles en verre et en cristal; De l'effet des pointes placées sur le temple de Salomon,* où il soutient, en donnant une foule de preuves, que ces pointes étaient des paratonnerres; *Droit mosaïque,* 6 vol.; c'est un beau commentaire philosophique sur la législation hebraïque; dans aucun autre ouvrage le génie perspicace de Michaélis ne brille avec autant d'éclat; il est à regretter que nous n'en ayons pas de traduction, et que M. de Pastoret n'en ait pas fait usage dans son excellent travail sur le même sujet; Eichhorn, qui a eu Michaélis pour prédécesseur, lui doit beaucoup, et lui paie un juste tribut d'hommages; *Introduction à la lecture des livres du Nouveau-Testament;* cet ouvrage augmenté considérablement par le docteur anglais Marsh, est un véritable trésor de matériaux et de discussions; *Introduction à la lecture de l'Ancien-Testament,* qui ne comprend que Job et le Pentateuque. AL.B.

MICHALLON. Deux artistes ont porté ce nom.—Le premier, MICHALLON (*Claude*), né à Lyon en 1751, étudia la sculpture sous Coustou, remporta le prix de Rome, et partit pour cette ville où il se lia d'amitié avec Drouais, le peintre d'histoire, dont il devait plus tard exécuter le tombeau, une des meilleures productions modernes de ce genre, et qui fonda sa réputation. De retour à Paris, en 1793, il fut chargé de l'exécution des statues qui servaient d'ornement aux fêtes nationales, ou aux places publiques. Ses œuvres sont empreintes d'un cachet de grandeur et de régularité antique; malheureusement les besoins de la vie enlevaient à l'art presque tous ses instants. Il mourut en 1799 d'une chute qu'il fit en travaillant aux bas-reliefs du Théâtre-Français. — Le second , MICHALLON (*Achille-Etna*), peintre paysagiste, fils du précédent, naquit à Paris en 1796. Élève de David, il fut de très bonne heure un artiste remarquable. Il obtint , en 1811, la médaille de l'Académie; en 1812, celle du second prix de l'exposition; enfin, en 1817, le grand prix de Rome. Les tableaux qu'il envoya d'Italie confirmèrent les heureuses espérances qu'avaient fait

naître ses premiers essais. Sa *Mort de Roland à Roncevaux,* qui brilla à l'exposition de 1819, et son *Combat des Lapithes et des Centaures* lui valurent une place au rang des maîtres. Le premier tableau rappelle, par la fraîcheur des tons et la richesse des contrastes, la manière de Salvator Rosa; le second, supérieur par la science des figures et la disposition des groupes, se rapproche plutôt de celle du Poussin. De retour à Paris, en 1822, il peignit, durant cette année qui fut la dernière de sa vie, plusieurs paysages remarquables; dont les plus célèbres sont : *Les ruines du Cirque* et les *Environs de Naples.* Il peignit aussi pour le duc d'Orléans (Louis-Philippe), plusieurs vues du parc de Neuilly. Une mort prématurée l'enleva à 26 ans; au bel avenir qui lui paraissait réservé. Son œuvre se compose de 463 morceaux. J V.

MICHAS ou **MICHA**, dont il est question dans la Bible, au livre des Juges (cap. XVII, XVIII), vivait à l'époque qui suivit la mort de Josué, et habitait la montagne d'Ephraïm. Il éleva dans sa maison, à deux images que sa mère avait fait faire, un temple desservi par un de ses fils, revêtu de l'ephod, qui fut ensuite remplacé par un jeune lévite de Bethléem appelé Jonathan. Des hommes de la tribu de Dan, partant pour la montagne d'Ephraïm pour aller visiter le nord de la Palestine où une partie de la tribu voulait s'établir, conçurent une vénération superstitieuse pour les idoles et le lévite. Ils continuèrent ensuite leur route jusqu'à Laïs, ville des Phéniciens, et après avoir reconnu que le territoire en était vaste et fertile et qu'il leur serait aisé de s'en rendre maîtres, ils s'en retournèrent vers leurs frères de Dan, et les engagèrent à s'y aller établir. Ceux-ci les suivirent au nombre de 600 hommes armés et enlevèrent en passant les images de Michas. Le lévite même les suivit. L'Écriture ajoute que l'idole fut élevée dans la ville de Laïs appelée ensuite Dan, et que le lévite Jonathan y établit un sacerdoce héréditaire. L. DUBEUX.

MICHAUX (ANDRÉ), voyageur et naturaliste, naquit, en 1746, à Satory, près de Versailles; il commença ses voyages scientifiques par l'Angleterre, d'où il rapporta de curieuses collections, parcourut ensuite l'Auvergne avec Lamark et Thouin, fit une excursion de deux ans en Perse, et, en 1784, fut envoyé dans l'Amérique du Nord dont il explora toute la partie méridionale, aussi bien que les îles Lucayes, la baie d'Hudson et le Canada. Revenu en France en 1796, il s'occupa de la rédaction de ses nombreuses notes, fit une tournée en Espagne, et, en 1800, s'embarqua pour les îles d'Afrique. Il avait déjà exploré l'île de France et les côtes de

Madagascar, quand la mort le surprit dans cette dernière île, en 1802. Il était membre associé de l'Institut et des Sociétés d'agriculture de Paris, de Charlestown, etc. On a de lui : *Histoire des Chênes de l'Amérique septentrionale* (Paris, in-fol.), dont Redouté fit les dessins (36 planches); *Flora Boreali-Americana*, 2 vol. in-8°. Avec 52 dessins de Redouté.   ED. F.

MICHÉE. Ce nom qui signifie en hébreu, *Qui est semblable au Seigneur*, appartient à deux prophètes. Le premier dont il est question au IIIe livre des Rois (cap. XXII, *v*. 8, *seqq.*), était fils de Jemla. Il prédit la mort d'Achab, qui fut tué dans l'expédition contre la ville de Ramoth, en Galaad. Le second, naturel du bourg de Morasthi ou Moréseth, près de Gath, est le sixième des douze petits prophètes. Il prophétisa sous les rois de Juda, Joathan, Achaz et Ézéchias, près de 150 ans après le premier Michée. Sa prophétie se compose de sept chapitres. Il s'élève avec force contre l'idolâtrie de Juda et d'Israël, et annonce la ruine et la captivité des habitants de ces deux royaumes, leur délivrance par Cyrus et l'avénement du Messie.— L'Écriture ne nous apprend rien de particulier sur la vie.

MICHEL (SAINT), *archange*, est un des principaux esprits célestes; il en est même le chef, non par l'excellence de sa nature puisqu'il appartient à la dernière hiérarchie et presque au dernier ordre, ni par un pur effet de la grâce, mais par la vertu de ses mérites; car ces sublimes intelligences n'ont pas toujours été impeccables. Il fut pour elles un temps d'épreuve, par conséquent un temps de mérite et de démérite. Saint Michel s'y signala par son zèle pour la gloire de Dieu. Le plus beau, le plus parfait des anges, Lucifer, ébloui de l'éclat de ses splendeurs, voulut s'égaler à Dieu; il entraîna dans sa révolte une multitude innombrable d'autres esprits qui applaudirent à son orgueil. Saint Michel, à la tête de ses anges, combattit les rebelles et les confondit par ces trois mots qui renferment toute la signification de son nom : *Quis ut Deus! Qui est semblable à Dieu!* — En créant Lucifer le plus parfait des anges, Dieu le leur avait donné pour chef et pour modèle : ainsi il dépendait de lui non seulement par nature et par grâce, mais encore par le titre même de son office qui l'obligeait à lui soumettre tous les anges inférieurs Cependant Lucifer se révolte et tombe dans l'abîme. Dieu répare cette grande ruine en élevant à sa dignité l'archange qui a si courageusement combattu pour lui. Ainsi la sagesse profonde dont le premier ange avait été rempli, fut divinement réparée et même augmentée dans saint Michel : car ce

fut par la pénétration de la grandeur infinie de Dieu, et de la bassesse de la créature qu'il confondit son ennemi, et qu'en le confondant il le chassa du ciel. Cette vertu, qui a élevé saint Michel à la dignité de prince des anges, est particulièrement remarquable en ce que Dieu lui a confié deux choses qui lui sont infiniment chères, sa gloire et son Église. De là le culte particulier qu'on lui rend. Il est, en outre, le protecteur de la France qui a été mise spécialement sous son patronage.—Saint Michel est représenté une balance à la main gauche, un glaive à la main droite et un dragon sous ses pieds. La balance signifie la justesse du jugement qu'il prononça sur l'être infini de Dieu et le néant de ses créatures; le glaive signifie la justice qu'il exerça contre les anges rebelles; le dragon terrassé sous ses pieds rappelle son éclatante victoire.— Saint Grégoire dit que quand Dieu veut faire quelque chose de grand et d'extraordinaire, il emploie le ministère de saint Michel. L'Écriture nous apprend qu'il était l'ange tutélaire de la Synagogue comme il l'est aujourd'hui de l'Église. — La fête de Saint-Michel, depuis le ve siècle, s'est constamment célébrée le 29 septembre. Elle prit naissance dans l'Occident lors de la dédicace de la fameuse église de Saint-Michel, sur le mont Gargan, laquelle fut bâtie en mémoire d'une apparition de cet archange dans ce même lieu. Son culte ne fut pas moins célèbre en Orient après la conversion de Constantin. Il y eut à Constantinople jusqu'à quinze églises dédiées à saint Michel. La première, appelée Michaëlon, devint très célèbre par les miracles qui s'y opérèrent. L'ABBÉ FOURNIER.

MICHEL (*Ordre de* SAINT-). Il fut fondé à Amboise le 1er août 1469 par Louis XI, qui le mit sous l'invocation de saint Michel, parce que, selon les uns, cet archange avait un jour tiré le roi d'un grand danger; selon d'autres, parce qu'il avait empêché que le mont qui porte son nom, et qui était alors le but d'un célèbre pèlerinage, ne tombât entre les mains des Anglais avec le reste de la Normandie. « Cet ordre est établi, dit Louis XI dans le préambule des premiers statuts, pour la très parfaite et singulière amour que nous avons au noble état de chevalerie, à la gloire de Dieu et de la vierge Marie, et à l'honneur de monseigneur saint Michel-Archange, premier chevalier, qui, pour la querelle de Dieu, batailla contre le dragon, ancien ennemi de la nature humaine, et le trébucha du ciel.... » Le nouvel ordre ne dut d'abord avoir que 36 chevaliers, nombre bientôt porté à 100, et pour l'obtenir il fallait être gentilhomme de cœur et de nom. Il resta quelque temps honorable et recherché; mais il finit par devenir vénal et à tomber dans le discrédit. Henri III voulut le réhabiliter en stipulant dans les statuts de l'Ordre du Saint-Esprit que pour obtenir l'un il faudrait d'abord avoir obtenu l'autre; précaution à peu près illusoire, car afin d'être fait chevalier du Saint-Esprit, on se faisait décorer la veille de l'Ordre de saint Michel, qui, ainsi, ne regagna pas de valeur propre. Louis XIV essaya, en 1665, une réforme nouvelle en sa faveur. On n'eut le droit de prendre le titre de *Chevalier des ordres du roi* qu'en portant la double croix du Saint-Esprit et de Saint-Michel. Aboli, comme tous les autres par la révolution, l'Ordre de Saint-Michel fut rétabli le 16 novembre 1816 par une ordonnance de Louis XVIII, qui voulait en faire la récompense de tout artiste, de tout savant recommandable par une entreprise ou une invention utile. La révolution de juillet l'abolit de nouveau (*voy.* DÉCORATION).

Un autre Ordre sous l'invocation de l'archange Michel fut créé, en 1171, par Alphonse Henriquez, roi de Portugal, sous le nom d'*Ordre militaire de l'aile de Saint-Michel*, en mémoire d'une victoire qu'il avait remportée sur les Sarrasins, et dans laquelle l'archange avait, dit-on, apparu aux Portugais avec lesquels il avait combattu. Les chevaliers portaient un manteau blanc orné d'une croix rouge en forme d'épée. Une aile déployée couleur de pourpre et bordée de rayons d'or leur servait d'enseigne. Leur devise était la même que celle de l'Ordre de Saint-Jacques : *Quis ut Deus?*

MICHEL (SAINT), en portugais SAN MIGUEL, colonie portugaise et la plus grande des îles Açores, entre 37° 48′ et 37° 55′ de latit. N., et entre 27° 53′ et 28° 16′ de longit. O., à 112 kilom. S.-E. de l'île Tercère. Elle a 70 kilom. de longueur du N.-O. au S.-E. et 20 de largeur moyenne. Le point culminant de ses montagnes est le pic de Vara, de 2,320 mètres d'altitude; on y remarque le pic de Fogo, volcan éteint. De fréquents tremblements de terre s'y font sentir. Le sol, formé de pierre-ponce et de lave sur le flanc des montagnes, y est aride; mais il est très fertile dans le fond des vallées et dans les plaines (*voy.* AÇORES). Saint-Michel est la seule des Açores qui produise des pêches et des prunes. Le bétail y abonde; l'âne est le principal animal domestique. On prétend que l'hydrophobie et les animaux venimeux sont inconnus dans cette île. Il y a beaucoup de sources thermales. Presque tout le commerce se fait à Ponta-Delgada, chef-lieu de l'île, et a surtout lieu avec le Portugal et la Grande-Bretagne. La population s'élève à environ 80,000 habitants, qui se distinguent, en général, par leur humanité et leur hospitalité. — L'île Saint-Michel fut dé-

couverte, en 1444, par un esclave nègre, du haut d'une montagne de l'île Sainte-Marie, autre île du groupe des Açores; Cabral en prit peu après possession au nom du Portugal. — Plusieurs lieux de France portent le nom de *Saint-Michel;* un des plus importants est la petite ville de *Saint-Michel en l'Herm*, dans le département de la Vendée, arrondissement et à 40 kilom. O.-S.-O. de Fontenay-le-Comte, avec un petit port.   E. C.

MICHEL. Huit empereurs d'Orient ont porté ce nom. — MICHEL Ier, surnommé *Rangad* ou *Rhangalé*, du nom de son aïeul, et *Curopalate*, c'est-à-dire maître du palais, parce qu'il avait rempli cette importante fonction, était gendre de l'empereur Nicéphore. A la mort de ce prince (26 juillet 811), la couronne lui fut offerte au préjudice de Staurace, fils de Nicéphore. Il refusa d'abord, mais ayant appris que Staurace se proposait de lui faire crever les yeux pour rendre son élection impossible, il accepta le souverain pouvoir et renferma son beau-frère dans un cloître, où il mourut peu de temps après, des suites des blessures qu'il avait reçues en combattant les Bulgares. Michel diminua ensuite les impôts dont le peuple avait été surchargé par son prédécesseur, porta de bonnes lois, se montra sévère envers les hérétiques, et rétablit dans les églises les images que les iconoclastes en avaient enlevées. Léon l'Arménien, un de ses généraux, vainquit les Sarrasins. Mais les Bulgares s'emparèrent ensuite de la ville forte de Mésembrie, la clef de l'empire du côté du Pont-Euxin. Léon qui, par une adroite trahison, avait causé la déroute de l'armée commandée par l'empereur lui-même, profita du désastre qu'il avait préparé, et se fit lui-même proclamer empereur. Michel pouvait résister; mais il recula devant la perspective terrible d'une guerre civile, abdiqua en 813 (11 juillet), et prit l'habit monastique. Il mourut en 845 dans l'île de Proté dans la Propontide, où Léon l'avait exilé. Ses deux fils, Théophilacte et Nicolas, furent mutilés par l'usurpateur. Le second devint patriarche de Constantinople. — MICHEL II, le *Bègue*, naquit à Amorium dans la Haute-Phrygie, d'une famille obscure qui ne lui fit pas même apprendre à lire et à écrire. Il se distingua par sa bravoure et ses talents militaires, et obtint de Léon l'Arménien, qu'il avait contribué à porter au trône, le titre de patricien. Convaincu d'avoir conspiré contre son bienfaiteur, il fut condamné à être brûlé vif dans la fournaise des bains du palais, la veille du jour de Noël. Tout était déjà préparé, et Léon lui-même s'était rendu au lieu du supplice pour se repaître des tortures de son ennemi, lorsque l'impératrice Théodosie accourut tout en larmes, et le conjura de surseoir à l'exécution pour ne pas irriter le Dieu dont il allait le lendemain recevoir le corps et le sang. Léon crut en effet devoir différer sa vengeance. Mais le lendemain matin il fut assassiné dans la chapelle du palais par les amis de Michel, qui fut immédiatement proclamé empereur (820). Il se montra d'abord zélé pour la religion. Mais bientôt les doctrines de la secte des Attingants, dans laquelle il avait été élevé, vinrent troubler sa raison ; il voulut forcer les catholiques à célébrer, comme les juifs, le Sabbat et la Pâque ; il fit aux moines et aux savants une guerre d'extermination, mit la virginité à l'index, épousa solennellement une religieuse, et se livra aux plus honteuses débauches. Un tel règne fut doublement fatal à l'empire. Un de ses généraux, Euphémius, qui commandait les troupes impériales en Sicile, et qui avait, comme lui, épousé une religieuse, se crut digne de remplacer un maître dont il suivait si bien les principes, se fit proclamer empereur et appela les Sarrasins à son secours. Euphémius fut tué devant Syracuse qu'il assiégeait, mais la Sicile fut perdue pour l'empire, ainsi que la Pouille et la Calabre. Michel, en apprenant cette nouvelle, dit à Irénée, un de ses ministres : Je vous fais mes compliments, vous voilà débarrassé d'un grand fardeau. Prince, lui répliqua Irénée, il ne faudrait que deux ou trois soulagements pareils pour être débarrassé de tout l'empire. Le stupide empereur mourut à la suite de ses excès, le 1er octobre 829. Il eut pour successeur son fils Théophile. — MICHEL III, *Porphyrogénète*, surnommé aussi le *buveur* et l'*ivrogne*, petit-fils de Michel II, succéda, en 842, à son père Théophile. Il était âgé de 3 ans seulement, et la régence fut confiée à Théodora, sa mère. Cette princesse fit tous ses efforts pour réparer les désordres des règnes précédents. Elle mit fin à l'hérésie des iconoclastes, éleva au patriarchat le vertueux Méthodius, fit respecter les lois, et apporta des améliorations notables dans toutes les branches de l'administration. Michel, au lieu de suivre ses exemples, s'abandonnait aveuglément aux conseils de ses courtisans et à sa mauvaise nature. Parodiant toutes les cérémonies de la religion, il donnait à chacun de ses favoris le titre d'un métropolitain, et se disait lui-même archevêque de Colonée. Quand le patriarche Ignace faisait des processions dans la ville, il s'avançait à sa rencontre avec les compagnons de ses débauches montés sur des ânes, et chantant des chansons obscènes. Passionné pour les jeux du cirque, il voulait être parrain de tous les enfants des cochers. Bardas, son oncle, qui, en favorisant ses penchants, avait pris sur lui un grand ascendant,

l'engagea enfin à se débarrasser de la tutelle de sa mère, et Théodora, après 15 ans de régence, fut renvoyée du palais. Michel voulut forcer Ignace à lui faire prendre le voile. Le patriarche refusa de prêter la main à cette violence injuste, fut chassé de son siége et remplacé par Photius (857), qui bientôt après se vit excommunié par le pape. Telle est l'origine du schisme de l'église grecque. Bardas, avec le titre de César, régna sous le nom de Michel, qui, s'abandonnant à toute la fougue de ses passions, n'avait d'autre ambition que d'égaler Néron dans ses plus coupables excès. Les jeux du cirque occupaient toutes ses journées, et il voyait sans s'émouvoir les feux allumés au delà du Bosphore pour annoncer les incursions des Sarrasins. Il poussa même la folie jusqu'à supprimer ces signaux pour que les spectateurs n'en fussent pas distraits lorsqu'il courait dans l'arène. Michel subit ensuite l'influence de Basile le macédonien, fit mourir, à sa sollicitude, Bardas qui lui était devenu suspect (866), et associa à l'empire le nouveau favori. Basile, parvenu à ce faîte des honneurs, changea tout à coup de conduite, et entreprit de ramener Michel à des sentiments plus dignes du trône qu'il occupait. Celui-ci irrité voulut se débarrasser de ce censeur importun, mais Basile instruit à temps le fit assassiner, le 24 septembre 867.— Le règne de Michel fut troublé à l'extérieur par deux invasions des Moscovites, qui ravagèrent le littoral du Pont-Euxin et les environs même de Constantinople, et par les Sarrasins qui battirent d'abord l'armée impériale, et furent enfin vaincus eux-mêmes par le général Pétronas.

MICHEL IV, le *Paphlagonien*, naquit en Paphlagonie de parents obscurs, et fut élevé au trône, en 1034, par l'impératrice Zoé qui, éprise pour lui d'une passion violente, fit assassiner Romain Argyre, son mari, pour donner à son amant le trône impérial et sa main. Michel était épileptique, et craignant que Zoé, dans sa déception, ne se prît à ourdir quelque nouvelle intrigue, il la fit garder à vue dans son palais. Se sentant incapable de gouverner par lui-même, il partagea le pouvoir entre ses deux frères, Jean l'Eunuque, qui avait déjà été ministre de Romain, et Constantin. Ce dernier reçut le commandement des armées, et s'en montra digne par l'habileté qu'il déploya dans les guerres contre les Sarrasins et les Bulgares. Michel voyant ses forces décroître de jour en jour, choisit pour successeur son neveu Michel Calafate, et se retira dans un monastère, où il mourut, le 10 septembre 1041.

MICHEL V, dit *Calafate*, ainsi nommé parce que son père avait été calfateur de vaisseaux, succéda, en 1042, à Michel le Paphlagonien et inaugura son règne en exilant Jean, son oncle, le bienfaiteur de sa famille, et en faisant jeter dans un couvent Zoé qui venait de l'adopter. Le peuple irrité se souleva contre lui, lui creva les yeux, et le renferma (1042) dans un monastère. Il n'avait régné que 4 mois et 5 jours.

MICHEL VI, surnommé *Stratiotique*, c'est-à-dire le *Guerrier*, épithète qu'il avait méritée par ses exploits, succéda, en 1056, à l'impératrice Théodora qui l'avait adopté. Mais il était vieux et incapable de gouverner. Il ne trouvait rien à faire sur le trône du grand Constantin, si ce n'est de publier des réglements sur les coiffures. Isaac Comnène se fit proclamer empereur, et marcha sur Constantinople. Michel reçut ordre de quitter le palais le dernier jour de l'année 1057, et finit ses jours dans l'obscurité.

MICHEL VII, DUCAS, surnommé *Parapinace* , c'est-à-dire *qui a trop faim*, parce qu'il laissait un de ses ministres avide et concussionnaire accaparer les blés qu'il vendait à fausse mesure. Michel était fils aîné de Constantin Ducas et d'Eudoxie. Après la mort de son père, il gouverna conjointement avec Eudoxie et ses deux frères, Andronic et Constantin. Sept mois après il dut abandonner le pouvoir à Romain Diogène, que sa mère venait d'épouser. Il le fit sans regret, et revint au pouvoir, en 1071, après la prise de Romain Diogène par les Turcs. Une incroyable faiblesse, une puérilité qui touchait à l'idiotisme, malgré ses prétentions littéraires, firent des quelques années qu'il passa sur le trône un véritable interrègne, dont les Turcs profitèrent pour s'emparer de la plus grande partie de l'Asie-Mineure. Nicéphore Botoniate le détrôna, en 1078, avec le secours des Turcs. Relegué dans le monastère de Stude, il en sortit dans la suite pour occuper le siége épiscopal d'Éphèse.

MICHEL VIII, PALÉOLOGUE, arrière-petit-fils d'Alexis l'Ange, par sa mère Irène, fut tour à tour recherché et persécuté par Vatace et Lascaris, empereurs d'Orient, qui depuis la prise de Constantinople par les Croisés résidaient à Nicée. Il parvint, après la mort de ce dernier, à se faire nommer tuteur de Jean Lascaris, auquel il fit bientôt brûler les yeux pour monter sur le trône à sa place (1260). Baudoin II régnait alors à Constantinople. Michel, enhardi par la faiblesse des Francs, résolut de faire une tentative sur la ville. Un détachement de 800 hommes qu'il avait envoyés en observation, y pénétra à la faveur d'une nuit obscure. Baudoin effrayé se sauva à la hâte, et Michel fait bientôt son entrée dans la capitale de l'empire (1261). Le crime qui lui avait frayé le chemin du trône ne lui laissait

aucun repos. En vain cherchait-il à obtenir l'absolution du patriarche Arsène. Le vénérable prélat s'y refusa constamment. Michel irrité finit par l'exiler dans l'île de Proconèse, se fit enfin expier par le nouveau patriarche (1268), et assigna au malheureux Lascaris un revenu considérable dans le château où il le tenait enfermé. —Redoutant les flots de barbares qui avaient envahi presque tout l'empire, Michel Paléologue contracta avec eux des alliances, et donna à quelques uns de ces grossiers monarques ses filles en mariage. Une autre crainte le poursuivait. Il tremblait de voir une nouvelle croisade se diriger sur Constantinople. Politique habile, il pensa pouvoir détourner l'orage, et enlever tout prétexte aux chrétiens de l'Occident en les tenant en suspens par une tentative réelle ou feinte de réunion entre les églises latine et grecque. En 1277, il adressa à Martin IV l'acte de réunion signé de sa propre main, et accompagné de sa profession de foi et du serment d'obéissance. Le pape, qui avait des raisons de douter de sa sincérité, l'excommunia, en 1281, comme fauteur du schisme et de l'hérésie, et les Grecs, que cette démarche avait profondément irrités, quoique le patriache même y eût souscrit, murmurèrent hautement. Constantinople fut troublée, et l'empereur qui, en vieillissant devenait cruel, fit périr ou torturer une foule de récalcitrants. Il mourut le 11 décembre 1282. Son corps fut privé de la sépulture ecclésiastique. Quelques écrivains, persuadés de sa bonne foi contre laquelle les actes de sa politique auraient dû cependant les mettre en garde, l'ont regardé comme un martyr de l'unité catholique. AL. BONNEAU.

MICHEL FEDEROWITZ, de l'illustre famille des Romanow, était fils de Fédor Nikititz, archevêque de Rostow, et d'une fille de Jean Basilowitz. Le sénat et les Boïards lui décernèrent la couronne, après la victoire de Lippanow sur les Polonais qui, introduits par les Russes même dans Moscou, venaient, au mépris de tous les droits, de mettre cette ville à feu et à sang. Michel, retiré avec sa mère dans un monastère d'Uglitz, n'avait alors que 17 ans. Il refusa d'abord le périlleux honneur qu'on lui offrait, et n'accepta qu'à la prière des membres de la famille Romanow, qui, pour le décider, firent même parler des oracles. La Russie avait alors pour ennemis les Suédois et les Polonais. Michel sentant l'impossibilité de résister aux premiers, leur abandonna quelques places importantes, et plusieurs provinces de la Carélie et de l'Ingrie, qu'ils lui auraient infailliblement enlevées. La guerre continua avec les Polonais. Ils s'avancèrent jusqu'aux portes de Moscou, sous les ordres de Wladislas, fils de Sigismond, roi de Pologne, auquel les Boiards avaient précédemment offert le trône. Mais ils furent repoussés, et de toutes les conquêtes qu'ils avaient faites sur la Russie, ils ne conservèrent que le duché de Séverie et Nowgorod. Profitant de la mort de Sigismond (1630) et des troubles qui agitaient la Pologne, Michel fit envahir ce pays, tandis que les Turcs, à son instigation, se portaient sur la Moldavie. Cette entreprise ne fut pas heureuse. Les Russes, cernés dans des gorges profondes, furent obligés de se rendre sans coup férir, et les Polonais pénétrèrent dans la Russie, portant partout la dévastation et la mort. Michel, effrayé, désavoua ses généraux, et leur fit trancher la tête à Moscou, espérant ainsi désarmer la colère de Wladislas. Mais le vainqueur ne se contenta pas de si peu. Il se fit céder les duchés de Smolensk et de Czernikow. Michel mourut en 1645, et mérita les regrets de ses sujets qu'il avait gouvernés avec douceur et équité.   A. B.

MICHEL. Nous citerons parmi les autres personnages de ce nom : — 1° MICHEL, patriarche syrien qui vivait vers la fin du XIIᵉ siècle. On a de lui un précieux *Abrégé de l'histoire universelle*, depuis Adam jusqu'en 1193, ouvrage dont la Bibliothèque nationale possède sous le n° 90 une traduction arménienne. — 2° MICHEL (*Jean*), médecin de Charles VIII et conseiller au parlement. Son nom se rattache aux origines de notre théâtre. Il composa les *Mystères de la Nativité*, de la *Passion* et de la *Résurrection*. Les éditions les plus rares des deux premières de ces pièces sont celles de 1486, 1490, 1499, in-fol. Celles du XVIᵉ siècle, in-4°, sont plus communes. Celle de Lyon, in-4° sans date, diffère notablement des autres. L'édition de la *Résurrection* donnée à Paris, in-fol. et sans date, par Vérard, est extrêmement rare. Celle de 1507, in-fol., est plus complète. Michel mourut dans les sept dernières années du XVᵉ siècle. Le fameux capucin Joseph fut un de ses descendants.

MICHEL-ANGE BONAROTTI (en italien Michel' Agnolo Buonarroti) : architecte, sculpteur, peintre et poète, l'un des plus grands artistes des temps modernes, naquit en 1474 au château de Caprese, dans le Casentin, en Toscane. Son père, Louis Bonarroti, était, dit-on, de l'ancienne famille des Conti de Canosse. A peine le jeune Michel-Ange eut-il terminé ses études grammaticales à Florence, où son père était venu s'établir, qu'il se lia d'amitié avec Granacci, élève de Ghirlandaio, et âgé comme lui de 14 ou 15 ans. Ces deux jeunes gens furent admis dans les jardins de la place Saint-Marc, où Laurent de Médicis, dit le Magnifique, avait rassemblé tout ce qu'il possédait d'ouvrages de l'antiquité. Ce fut là que le jeune Michel-Ange fit ses premiers essais dans l'art de la statuaire. Ses succès lui valurent la faveur particulière de Laurent, qui l'encouragea en lui donnant l'hospitalité dans son palais, et en le confiant à Ange Politien qu'il chargea de veiller à l'instruction du jeune artiste. Cette éducation eut des résultats très caractéristiques sur le talent de Michel-Ange. Elevé dès son adolescence d'après les principes des artistes de l'antiquité, ses ouvrages ne se ressentirent jamais du goût gothique qui régnait encore en ce temps, et, dès ses débuts dans la carrière, il adopta franchement celui de la Renaissance. Mais bientôt le caractère et le talent de Buonarroti éprouvèrent quelques modifications par l'effet des prédications du moine G. Savonarola, dont le jeune artiste devint admirateur et l'un des plus chauds partisans. Imbu, comme artiste, des doctrines de l'antiquité, et, d'autre part, ramené aux principes du catholicisme le plus austère par la parole du Prieur de Saint-Marc, ayant manié le pinceau sous Ghirlandaio et Masaccio, n'étant pas étranger aux études de l'architecture, et employant ses loisirs à la lecture passionnée de Dante, de Pétrarque et de Boccace ; tels étaient les éléments très divers qui s'agitaient tumultueusement dans l'intelligence de Michel-Ange, lorsqu'il avait atteint sa vingtième année. — Laurent venait de mourir, et la conduite de son successeur, Pierre, faisait prévoir l'expulsion prochaine de la famille des Médicis de Florence. Michel-Ange quitta donc cette ville en 1494, et après quelques excursions faites dans la Toscane, il vint se fixer à Rome, où il ne tarda pas à acquérir de la célébrité en sculptant des statues de divinités païennes, dont quelques unes mirent même les connaissances des antiquaires de ce temps en défaut. Enfin, en 1500, à l'âge de 26 ans il acheva son fameux groupe la *Piété*, dont le style savant et large, si différent du style réservé et même un peu sec des statuaires précédents, partagea les artistes italiens en deux camps opposés ; les uns défendaient la manière simple et naïve de l'ancienne école, les autres le style animé et les formes exubérantes que Michel-Ange avait employées dans sa *Piété*. A la suite de ce grand succès, le jeune sculpteur rentra à Florence, où, après avoir exécuté les deux statues colossales placées à l'entrée du vieux palais, il fut admis à concourir avec Léonard de Vinci, son aîné de 20 ans, pour la composition d'un tableau destiné à la décoration de la salle du grand conseil. Dans cette lutte, le jeune athlète, s'il ne fut pas ouvertement reconnu pour vainqueur, recueillit les éloges de toute la jeunesse déjà passionnée pour la manière nouvelle; et son vieux et noble rival quitta Florence. C'en était fait, l'art simple tel que l'avaient cultivé Giotto, Fra-Angelico de Fiesole, Masaccio Pérugin et Raphaël, était détrôné, et la *manière michelangesque*, qui devait entraîner si rapidement l'architecture, la statuaire et la peinture vers la décadence, était près de régner souverainement. La grande réputation dont jouissait alors Michel-Ange détermina le pape Jules II à l'appeler à Rome, dans l'idée de lui faire exécuter d'avance son tombeau. Ce monument devait être orné de quarante grandes statues en marbre, dont trois seulement ont été exécutées, le *Moïse* qui est à Rome et deux *figures cariatides*, l'un des riches ornements du musée de Paris, qui aurait suffi à immortaliser celui qui les a faites. Jules II eut encore une autre fantaisie, celle de faire peindre par Michel-Ange, qui ne se donnait que pour sculpteur, la voûte de la chapelle Sixtine; et c'est à la volonté opiniâtre de ce pontife qu'est dû ce chef-d'œuvre de peinture, supérieur au *Jugement dernier* resté plus célèbre. Cependant la construction de la basilique de Saint-Pierre se poursuivait avec ardeur depuis 40 ans, lorsque les architectes employés à ce travail étant morts, le pape régnant alors, Paul III, chargea Buonarroti d'en prendre la direction, vers 1535. Le grand artiste rectifia le plan de l'église, et commença à en élever la célèbre coupole. Mais peu de temps après le même pontife ordonna à Michel-Ange, déjà âgé de 62 ans, de peindre le *Jugement dernier* dans cette même chapelle Sixtine dont il avait déjà orné la voûte, travail colossal qui fut achevé par le grand artiste dans l'espace de 8 ans. Malgré les faveurs que Michel-Ange avait reçues de la famille des Médicis, ce grand homme était toujours resté fidèle au gouvernement républicain de Florence; et en 1529, lorsque Charles-Quint et le pape Clément VII firent faire le siège de cette ville pour y rétablir les Médicis, Michel-Ange s'y enferma avec ses concitoyens, fortifia Saint-Miniato avec un art remarquable, y établit des batteries de canon et s'y distingua par son courage, et son habileté comme ingénieur et bombardier. Par une de ces bizarreries que la passion de cet homme pour son art peut seule expliquer, tandis que durant le jour il dirigeait la défense de la forteresse de Saint-Miniato, la nuit, profitant du repos des combattans, il descendait dans la ville de Florence pour mettre la dernière main aux deux statues de Laurent et de Julien des Médicis, qui ornent encore la sacristie de l'église de Saint-Laurent.

Dans les derniers temps de sa vie, Michel-Ange, dont la vue s'était affaiblie, présidait cependant toujours à la construction de la coupole de Saint-Pierre, et adoucissait la tristesse de ses derniers jours en palpant des formes du torse antique, et en composant des poésies pleines d'élévation et d'onction religieuse. Michel-Ange mourut à Rome, en 1564, à l'âge de 80 ans. Depuis le siège et la prise de Florence, il avait quitté cette dernière ville dans laquelle il ne rentra plus, malgré les offres séduisantes et honorables qui lui furent faites par les Médicis devenus souverains de la Toscane. Toutefois, il avait constamment manifesté le désir d'être enterré dans son pays. Il s'éleva donc au sujet de la conservation de ses restes une rivalité très vive entre Rome et Florence. Les deux villes se disputèrent avec acharnement sa dépouille mortelle que les Médicis et les Florentins ne purent obtenir que par ruse, et en la faisant sortir de Rome la nuit et confondue avec des ballots de marchandise. Rien ne prouve mieux que le génie et les œuvres de Michel-Ange, combien l'homme, si haut que l'ait placé la Providence relativement à ses semblables, est imparfait de sa nature. Cet artiste incomparable, cet homme dont les facultés intellectuelles étaient si énergiques, et chez qui les idées prenaient des formes si belles, si grandes et d'une originalité si imposante, n'a fondé qu'une école faible, s'appuyant sur des principes faux et préparant la décadence des arts. DELÉCLUZE.

MICHELI (Pierre-Antoine), botaniste né à Florence en 1680, et mort en 1737. Il apprit seul le latin et la botanique, fit ensuite les plus grands progrès dans cette science, sous la direction de Bovone, botaniste du grand-duc de Toscane, place qu'il occupa lui-même dans la suite. On a de lui : *Nova plantarum genera;* Florence, 1719, in-folio : ouvrage excellent pour le temps, et dont Boerhaave faisait le plus grand cas; *Catalogus plantarum horti Cæsarei Florentini;* Florence, 1748, in-folio; et plusieurs manuscrits.

MICHIGAN. État de la confédération américaine, qui se compose de deux péninsules séparées par le lac du même nom. Sa superficie est d'environ 60,500 milles anglais carrés, dont 39,850 appartiennent à la péninsule supérieure. Le Michigan supérieur est habité principalement par des Indiens. Le sol varie beaucoup suivant les localités; on remarque tantôt des collines de sable, tantôt de vastes marais, et ailleurs des montagnes couvertes de superbes forêts de pins. L'agriculture est fort négligée dans le pays, et la rigueur du climat contrarie parfois la végétation. Les pêcheries et le commerce des fourrures forment les seules richesses des habitants. — Le Michigan inférieur se divise en 39 comtés; il est arrosé par un grand nombre de rivières dont plusieurs portent bateau dans la majeure partie de leur cours. Les plus importantes sont : la Grande-Rivière, le Saint-Joseph et le Saginan. On voit aussi dans cette péninsule une quantité considérable de petits lacs et d'étangs. Le terrain est en général uni ; la région centrale se compose d'une plaine peu élevée au dessus du niveau des lacs environnants, et, vers le nord, on remarque de belles forêts de pins. — Les prairies y sont en petit nombre, et la plus étendue a seulement quelques milles de superficie. On y cultive avec succès des céréales et des légumes de toutes espèces; les fruits des pays tempérés y viennent bien, mais leur culture exige des soins constants, à cause de la longueur des hivers. Les animaux domestiques, à l'exception des porcs, ne sont ni nombreux ni d'une belle race. Les produits minéraux consistent en cuivre, fer, plomb, gypse et charbon de terre. Les salines sont en grand nombre. — Cette province a pour capitale la ville de Détroit. La puissance législative est exercée par un sénat et par une chambre de représentants. Le pouvoir exécutif se trouve entre les mains d'un gouverneur et d'un lieutenant-gouverneur élus par le peuple pour deux ans. L'administration de la justice est confiée à une cour suprême et à différents tribunaux inférieurs. En 1837 on établit une université dans la province, et il existe près de Détroit plusieurs colléges. On a entrepris d'importants travaux d'utilité publique qui annoncent pour le Michigan un bel avenir. Le pays se couvre de canaux et de chemins de fer, et la navigation des rivières s'améliore. Pendant l'été le Michigan fait le commerce avec les états de l'Ohio, de la Pensylvanie et de New-York ; mais, durant quatre ou cinq mois de l'année, les glaces arrêtent le courant des eaux et empêchent le transport des marchandises. On fabrique une grande quantité de draps épais. Le Michigan fut exploré et colonisé par les Français qui fondèrent Détroit en 1670. En 1763 il passa sous la domination anglaise. En 1805 la péninsule inférieure fut séparée du territoire nord-ouest et érigée en gouvernement distinct. En 1836 le Michigan, avec ses limites actuelles, devint état fédéral de l'union américaine ; il nomme un représentant au Congrès. La population est d'environ 180,000 âmes.

Le lac de Michigan, situé entre 41°, 3° et 46° de latitude nord, et 87° 30', et 89° 50' de longitude ouest est long d'environ 120 lieues ; sa largeur varie de 12 à 30 lieues ; sa superficie est estimée à 2,000 lieues. Il baigne plusieurs états de l'Union, excepté vers le nord-nord-est

où il communique au lac Huron par le détroit de Michilimackinac. E. CORTEMBERT.

MICHILIMACKINAC ou MACKINAW, îles des États-Unis, dans le détroit qui unit le lac Michigan au lac Érié, et qui se nomme aussi Michilimackinac. Son nom, qui serait plus exactement *Michimackinaw* (grande Tortue), vient de sa forme; elle a environ 7 kilom. de longueur, et offre des côtes taillées à pic, un intérieur montagneux, et, dans la partie S.-E., un village du même nom. Ce village est le chef-lieu d'un des comtés de l'état de Michigan, et est le centre d'un grand commerce de pelleteries. — On donne le nom de *Little Michilimackinac*, c'est-à-dire *Petit Michilimackinac*, à une rivière qui coule dans l'État d'Illinois, et est un affluent de gauche de la rivière Illinois. E. C.

MICHOL ou MICHAL et MICAL, c'est-à-dire, en hébreu, *Petit ruisseau :* nom de la fille cadette de Saül. Ce prince ayant découvert que Michol aimait David, promit de la lui donner s'il réussissait à tuer 100 Philistins (I *Reg.*, XVIII, 20 *seqq.*). Saül espérait se débarrasser ainsi de David, pour lequel il ressentait une profonde animosité. Peu de jours après, David marcha contre les Philistins, et leur tua 200 hommes. Saül lui donna alors en mariage Michol, qui eut pour lui une vive affection. Saül cherchant ensuite David pour le faire périr, Michol le descendit par une fenêtre, plaça dans son lit une statue et fit dire aux gardes qu'il était malade. Son père ayant découvert l'artifice, lui adressa des reproches; elle s'excusa en disant que David l'avait menacée de la tuer si elle ne lui donnait pas les moyens de fuir. Saül, irrité de plus en plus contre David, donna Michol en mariage à Phalti ou Phaltiel, fils de Laïs (I *Reg.* XXV, 44). Lorsqu'il fut devenu roi, David exigea qu'on lui rendît Michol (II *Reg.* III, 13 *seqq.*), et l'Écriture rapporte que Phaltiel la suivit en pleurant jusqu'à Baharim. David ayant dansé devant l'arche du Seigneur, Michol qui l'aperçut d'une fenêtre du palais, conçut pour lui un mépris secret, et lui reprocha de s'être montré comme un bouffon devant les servantes de ses sujets. Ces paroles déplurent au Seigneur, et ce fut pour cette raison, dit l'Écriture (II *Reg.* VI, 23), que Michol, fille de Saül, n'eut point d'enfants de David. L. DUBEUX.

MICIPSA : roi des Numides, fils de Massinissa. A la mort de son père, il reçut le tiers de ses états, et se vit bientôt en possession du reste, par la mort prématurée de ses frères Gulussa et Manestabal. Sa plus grande préoccupation fut de se mettre bien avec les Romains, afin de pouvoir laisser son royaume à ses deux fils Adherbal et Hiempsal, auxquels il adjoignit ensuite Jugurtha, son neveu (*voy.* ces mots). Micipsa régna de 149 à 119 avant J.-C.

MICOCOULIER, *celtis* (*bot.*) : Genre de la famille des celtidées, à laquelle il donne son nom, de la polygamie-monœcie dans le système de Linné. Il est formé d'arbres généralement de moyenne taille, propres aux parties chaudes de l'hémisphère septentrional, à feuilles alternes, dentées en scie, généralement obliques à leur base, à fleurs polygames hermaphrodites, ou monoïques. Ces fleurs ont un périanthe libre, à 5-6 folioles un peu soudées entre elles à leur base; cinq ou six étamines opposées au périanthe; un ovaire uniloculaire et uniovulé, surmonté de deux stigmates et qui devient une drupe globuleuse. — L'espèce la plus connue de ce genre est le MICOCOULIER AUSTRAL, *celtis australis*, Lin., vulgairement *bois de Perpignan*, *Fabreguier*. Il croît naturellement dans le Languedoc et la Provence. C'est un bel arbre de 15 mètres environ de hauteur, à feuilles ovales-lancéolées, acuminées et revêtues de poils assez raides. Son fruit est noir, du volume d'un gros pois; le peu de chair qu'il présente a une saveur douce et agréable. Son bois se distingue principalement par sa flexibilité, son élasticité et sa ténacité. Aussi est-il employé à peu près seul pour faire des manches de fouet. Il peut en outre recevoir un beau poli, ce qui le fait employer à la confection de divers objets d'ébénisterie et de marqueterie, etc. On plante assez souvent cet arbre dans les grands jardins et les parcs; pour cet objet, on le multiplie par semis de graines qu'on met en terre, à une exposition abritée, immédiatement après leur maturité. — On cultive aussi quelques autres espèces : le MICOCOULIER DE VIRGINIE, *C. occidentalis*, Duh., bel arbre qui s'élève plus haut que le précédent, duquel il se distingue surtout par ses feuilles plus grandes, plus minces, moins velues, et par ses fruits, plus gros, ovoïdes. — Le MICOCOULIER A FEUILLES EN CŒUR, *C. cordata*, Desf., originaire de l'Amérique septentrionale, à grandes et belles feuilles en cœur, acuminées, d'un vert tendre. — Le MICOCOULIER DU LEVANT, *C. orientalis*, Tourn., de taille inférieure à celle des précédents. P. D.

MICROBASE, *microbasis* (*bot.*). — De Candolle a désigné sous ce nom une sorte de fruit sec dans lequel quatre graines sont logées dans autant de loges, distinctes en apparence sur toute leur surface externe, mais venant se rattacher à une base commune. C'est ce que Linné regardait comme quatre graines nues. Cette sorte de fruit caractérise spécialement les labiées et la plus grande partie des borraginées.

L'observation organogénique démontre que c'est un fruit à deux carpelles, dans lequel chaque carpelle renferme deux graines.

MICROCÈBE (*mamm.*) : Genre de quadrumanes créé par Et. Geoffroy Saint-Hilaire, pour un animal connu sous le nom de RAT DE MADAGASCAR (*lemur pusillus*, Et. Geoffr.), et qui était précédemment placé dans le genre maki (*voy.* ce mot), dont il ne diffère que par ses jambes postérieures plus longues, son museau plus court, ses yeux plus gros et plus saillants et ses dents plus fines et plus serrées. E. D.

MICROLOGUE. Ce mot dérive du grec μικρος, *petit*, et λογος, *discours*, et qui signifie, par conséquent, *traité abrégé*, *résumé*, servit à désigner au moyen-âge plus d'un petit manuel didactique. Ainsi, par exemple, l'ouvrage de musique théorique dans lequel Guy d'Arrezzo réunit les sons musicaux en gamme et arrêta là dénomination des six notes principales; et l'ouvrage très curieux attribué à Jean, moine italien du XIIᵉ siècle, qui traite des rites et des cérémonies de l'Église de Rome. On donne aussi le nom de micrologue au savant qui fait des recherches sur de petites choses, et l'on appelle *micrologie* ce genre d'érudition. Enfin, *micrologue* se prend souvent pour discours laconique. ED. F.

MICROMÈTRE. De μικρό:, *petit*, et μετρω, je mesure. On donne ce nom à tout appareil destiné à mesurer, soit les petites distances ou les dimensions de très-petits objets, soit le grossissement dans les instruments d'optique. Le nombre des micromètres est très-grand, leur forme variant suivant les circonstances dans lesquelles on les emploie. Ceux que nous allons mentionner sont plus que suffisants pour faire comprendre ou imaginer tous ceux dont on pourrait avoir besoin. Le micromètre le plus simple consiste en une lame de verre divisée, par des lignes parallèles, en très-petites parties, par exemple en 100ᵉˢ de millim., presque invisibles à l'œil nu. Pour mesurer à l'aide de ce micromètre les dimensions absolues d'un objet, il suffit de placer le corps sur la lame, de mettre le tout sur le porte-objet d'un microscope, et de voir au travers de cet instrument combien l'objet recouvre de divisions. Si celui-ci avait trop d'épaisseur pour qu'on pût le voir en même temps que la lame, il faudrait placer le micromètre dans le microscope, sur un diaphragme correspondant à l'image donnée par l'objectif, et observer le nombre de divisions de ce micromètre qui seraient recouvertes par l'image. Dans ce cas, le nombre des divisions recouvertes, divisé par le grossissement de l'objectif, donnerait la grandeur absolue de l'objet. Quant à ce grossissement de l'objectif, on l'obtient par la même lame de verre divisée, en la plaçant sur le porte-objet, l'éclairant obliquement par un miroir ou une lentille, et comptant le nombre des divisions que l'on peut apercevoir au travers du diaphragme. Soit m la largeur réelle du diaphragme, et n le nombre des divisions que l'on aperçoit, le grossissement de l'objectif sera $\frac{m}{n}$. Le grossissement d'un microscope se trouve en multipliant le grossissement de l'objectif par celui de l'oculaire. — Nous venons de voir comment on prend le grossissement de l'objectif. Comme d'un autre côté, on peut avoir celui de l'oculaire en divisant la distance de la vue distincte, qui est de 22 centimètres, par la distance du diaphragme où se forme l'image, on voit que le même instrument qui nous a servi à mesurer les dimensions des corps peut servir aussi à mesurer le grossissement des microscopes.

Micromètre astronomique. — Ce micromètre nous fournit un modèle de tous ceux que l'on emploie communément à la mesure des petits angles ou des petites distances. Il sert par exemple à mesurer le diamètre des planètes, le chemin décrit par un astre en un certain temps, sa distance à un autre, etc. Il se compose d'une caisse oblongue en cuivre, percée, en son milieu, d'une fenêtre au-devant de laquelle sont placés verticalement plusieurs fils d'araignée, de soie, de platine ou d'argent, coupés au milieu par un fil horizontal. L'un des fils verticaux est fixe; l'autre, mobile, est porté sur une plaque mue par un curseur qui marche au moyen d'une vis d'appel. L'espace parcouru par le curseur est mesuré par les tours de la vis. Quelquefois l'appareil porte un autre fil qui se meut parallèlement au fil horizontal. Lorsque l'on veut mesurer le diamètre d'une planète, on place l'instrument dans la lunette au foyer de l'objectif, et l'on dirige celle-ci de manière à faire coïncider l'axe optique avec l'un des bords de l'astre; on fait mouvoir ensuite le fil mobile de manière à atteindre l'autre bord, et l'on observe l'espace parcouru sur un cadran dont l'aiguille suit tous les mouvements du curseur.

Micromètre d'Amici. — Ce micromètre réunit la plus grande simplicité à l'exactitude la plus parfaite. Il consiste en une lame de verre, divisée en centièmes de millimètre, que l'on place sur le porte-objet, et dont l'image, regardée au travers d'une chambre claire posée sur l'oculaire, est reportée sur une mire verticale que l'on forme ordinairement d'une bande de papier divisée en millimètres. Il est évident, d'après cette disposition, que pour avoir le grossissement du microscope, il suffira de multiplier par 100 le nombre de millimètres de la mire recouverts par une des divisions de l'image.

Micromètre à double image. — Cet instrument, imaginé par Rochon, en 1777, sert à évaluer les petits angles sous lesquels les petits objets nous sont visibles, et par suite leur diamètre apparent. Il s'emploie aussi pour mesurer le grossissement dans les instruments d'optique. Il consiste en un double prisme formé par la réunion de deux prismes égaux de spath d'Islande, de quartz ou de toute autre substance à double réfraction et à un seul axe. On le dispose de manière que chaque rayon qui y pénètre se divise en deux à la surface de jonction des deux prismes, l'un ordinaire qui se continue en ligne droite, l'autre extraordinaire plus ou moins dévié. L'œil placé du côté de la surface de sortie des rayons reçoit en même temps un rayon ordinaire et le rayon extraordinaire d'un autre faisceau, et aperçoit conséquemment deux images, l'une directe due aux rayons ordinaires, l'autre plus ou moins déviée, mais toujours sous un angle constant, et due aux rayons extraordinaires. Si donc on place ce prisme dans une lunette entre l'objectif et le foyer où se forme l'image, on pourra varier sa distance entre ces deux limites, de manière que les deux images soient tangentes. Alors, connaissant l'angle de déviation, et la distance du prisme au foyer, on pourra en déduire la grandeur de l'image, et par suite celle de l'objet, ou l'angle sous lequel on l'aperçoit. Pour obtenir le grossissement des diamètres apparents dans les instruments d'optique, on place le double prisme derrière l'oculaire, et l'on regarde dans l'instrument une mire d'un diamètre connu, en disposant le prisme convenablement pour que les images soient tangentes; alors l'image est vue sous l'angle de déviation du prisme. Donc en divisant cet angle par le diamètre apparent de l'objet vu à l'œil nu, on aura le grossissement de la lunette. M. Arago évite les teintes irisées en plaçant le prisme hors de la lunette, contre l'oculaire, et en employant un oculaire à verres mobiles, pour changer à volonté le grossissement.

D. Jacquet.

MICROPÈPLE (*ins.*) : Genre de coléoptères de la famille des brachélytres, créé par Latreille et ne comprenant que de très petites espèces à corps aplati, en carré long et recouvert de nervures carénées en dessus, à antennes en massue, et à tarses ne présentant que quatre articles. Les micropèples se trouvent dans la terre, attachés aux racines des arbres, ou bien se rencontrent sous les feuilles tombées sur le sol, principalement au commencement de l'automne. On n'en connaît qu'un petit nombre d'espèces, toutes propres à l'Europe, et dont quelquesuneshabitentlesenvirons de Paris. E.D.

MICROPOGON (*poiss.*) : Genre de l'ordre des acanthoptérigiens, famille des sciénoïdes, établi par MM. G. Cuvier et Valenciennes, remarquable par l'exiguité de ses barbillons, se rapprochant des johnies par la disposition de son épine anale, et ayant aussi quelque ressemblance avec les corbs par la forme bombée de sa nuque. Trois espèces, provenant toutes de l'Amérique méridionale, ont été rangées dans ce groupe; le type est le *micropogon lineatus.* E. D.

MICROPTÈRE (*zool.*) : Nom appliqué à plusieurs groupes d'animaux : 1º en ornithologie, il désigne une section du genre canard, créée par Lesson, et ayant pour types les *anas brachyptera* et *cinerea*, des îles Malouines ; 2º en ichthyologie, Lacépède l'a donné à un genre d'acanthoptérygiens, famille des sciénoïdes, qui ne comprend qu'une seule espèce, le *Micrptère de Dolomieu*; 3º en entomologie, Gravenhorst s'en sert pour une famille de coléoptères, qui a reçu plus généralement les noms de brachélytes et de staphyliniens. E. D.

MICROPYLE, *micropyla* (*bot.*). Turpin a donné ce nom à une marque particulière qui se trouve sur le tégument des graines, et dont il expliquait la nature d'une manière fort inexacte. Il croyait en effet que c'était le point par lequel arrivaient d'abord à l'ovule les vaisseaux chargés de lui transmettre l'action fécondante du pollen. En réalité, le micropyle n'est que le reste plus ou moins apparent de l'ouverture que présentait le tégument externe de l'ovule ou la primine. Dès lors la situation de ce point sur la graine relativement au hile ou ombilic, doit varier d'après les divers modes de développement par lesquels l'ovule a passé. Dans les graines provenant d'ovules droits ou orthotropes, le micropyle est à l'extrémité de la graine opposée au hile; dans les graines provenant d'ovules réfléchis ou anatropes, le micropyle est tout contre le hile; enfin, dans les graines provenant d'ovules courbes, le micropyle est plus ou moins rapproché du hile. Il est bon de faire remarquer que dans beaucoup de graines le micropyle est si peu apparent qu'il faut beaucoup d'attention pour le découvrir. P. D.

MICROSCOPE. Cet instrument est destiné à augmenter à nos yeux les dimensions apparentes des objets très petits. Il produit cet effet en augmentant l'*angle optique* ou l'angle des rayons que ces objets nous envoient, et grossit ainsi l'image qu'ils forment sur la rétine. A la vérité, on obtiendrait le même résultat en rapprochant de l'œil le petit objet. Les rayons déjà très divergents qui en partent, le seraient

encore plus, et l'image sur la rétine, serait plus grande. Mais la majeure partie des rayons qui pénétreraientalors dans l'œil auraient leur foyer au delà de la rétine, et ceux en petit nombre qui y convergeraient, n'y produiraient qu'une image confuse. L'objet du microscope est donc à la fois, 1º d'augmenter l'angle optique, et par suite l'image au fond de l'œil ; 2º d'augmenter la netteté de l'image en faisant pénétrer dans l'œil un plus grand nombre de rayons, et en les faisant converger tous sur la rétine. On en distingue de deux sortes : le microscope simple et le microscope composé.

Le *microscope simple* est formé d'une seule *loupe* ou lentille, enchassée dans un anneau que supporte un montant de cuivre. Au-dessous de la loupe est un *porte-objet* sur lequel on place le petit corps, à une distance de la lentille un peu plus petite que sa distance focale principale. En négligeant la distance de l'œil à la lentille, ainsi que la distance de l'objet au foyer principal, on a cette loi : la grandeur de l'objet est à celle de l'image, comme la distance focale principale est à la distance de la vue distincte (0 mèt. 22). En effet, soit *ab* un très petit objet dont les rayons entreraient dans l'œil trop divergents (fig. 1).

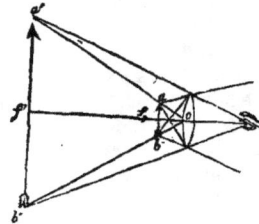

La lentille diminuera leur divergence, et l'observateur recevra la lumière sous la même inclinaison que si elle lui venait d'un objet *a' b'* placé à la distance ordinaire de la vision. Donc on aura : *ab* : *a'b'* :: *of* : *of''*. — Les objets transparents se placent dans une goutte d'eau entre deux lames de verre, et sont éclairés en dessous par un miroir. Les objets opaques se mettent sur une petite lame de verre noir, collée sur une lame de verre transparent, et sont éclairés en dessus par une lentille. Les meilleures loupes se font avec le diamant ou le grenat, qui sont plus réfringents que le verre. Mais on peut en obtenir de bonnes d'une manière bien simple. Il suffit de mettre une goutte d'eau sur une lame de verre, ou mieux, dans un petit trou pratiqué dans une lame de métal ; ou bien encore, de faire fondre au chalumeau un petit fragment de verre sur un très petit trou pratiqué dans une lame mince de platine. Observons que si, dans le microscope simple, on tenait la lentille éloignée de l'œil, on verrait l'objet plus petit et renversé, parce qu'au lieu de l'image grossie, on verrait l'image formée par la lentille, image renversée et plus petite, qui se trouverait située entre la lentille et l'œil.

Le *microscope composé* est formé de deux lentilles : l'une (fig. 2) d'un foyer très court, appelée *objectif*, reçoit les rayons d'un objet *ab* situé un peu au delà de son foyer principal, et forme au foyer conjugué l'image renversée et amplifiée *a'b'* ; l'autre, appelée *oculaire*, au travers de laquelle on regarde cette dernière image, l'amplifie encore, et nous la montre en *a"b"*. Cette dernière lentille et placé de manière que l'image *a'b'* soit un peu en deçà de son foyer principal.

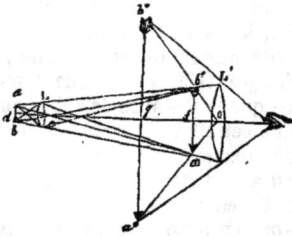

Il est aisé de voir que le grossissement total dans cet instrument est égal au produit du grossissement de l'objectif par celui de l'oculaire. Les deux lentilles dont se forme le microscope composé, se placent aux extrémités d'un tuyau qu'on peut étendre ou raccourcir à volonté, suivant la distance de la vue distincte de chacun; ce tuyau est noirci intérieurement pour empêcher les réflexions latérales. Mais le peu de dimension et la grande courbure de l'objectif, rendant son achromatisme impraticable, les images se présentent toujours plus ou moins bordées de franges irisées qui nuisent à leur netteté. Ces franges sont dues à l'inégale réfrangibilité des rayons de couleur différente. Ces rayons donnent lieu à diverses images qui ne se superposent qu'en partie. C'est pour opérer leur superposition que dans le microscope le plus communément employé on a ajouté la lentille intermédiaire L" (fig. 3).

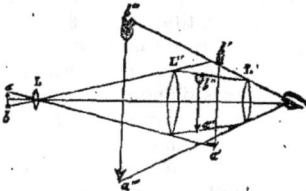

Cette troisième lentille fait converger en *a"b"*

l'image qui se formerait en *a'b'*. On voit donc que cette lentille, en outre qu'elle produit l'achromatisme, a encore pour objet de rassembler les rayons trop obliques qui sans elle ne tomberaient pas sur l'oculaire. Pour le grossissement (*voy.* MICROMÈTRE).

On appelle *microscopes achromatiques* ceux dans lesquels l'achromatisme est produit, plus parfaitement, que dans le précédent, par plusieurs lentilles achromatiques superposées, qui remplacent l'objectif. Les microscopes de *Selligue* et d'*Amici* sont des microscopes achromatiques. Dans le dernier, surtout, les images sont nettes avec un grossissement de cinq cents à six cents fois l'objet.

Le *microscope solaire* n'est qu'une espèce de lanterne magique. Il est formé d'un tube muni, à chaque extrémité, d'une lentille. L'une des deux lentilles reçoit les rayons solaires d'un miroir extérieur, et les envoie sur l'objet placé dans le tube. L'autre, de foyer très court, reçoit les rayons de l'objet, et en porte l'image sur un mur blanc placé à quelque distance. Tout l'appareil est établi dans une chambre obscure, de manière que le miroir reste en dehors, et qu'aucun rayon lumineux, autre que ceux qui traversent le tube, ne puisse y pénétrer.

Le *microscope à gaz* n'est qu'un microscope solaire éclairé par la flamme qui se dégage d'un mélange d'oxygène et d'hydrogène dans les proportions de l'eau, lorsqu'on y plonge un morceau de craie. La chaux réduite par la chaleur produit un vif éclat. Le microscope à gaz est très propre à la démonstration. On peut en varier le grossissement à volonté. Un grossissement de cinquante à soixante mille fois donne des images assez nettes ; ce qui rend l'instrument très précieux pour l'observation des animaux invisibles à l'œil nu.　　　　D. JACQUET.

MICROSCOPIQUES (*hist. nat.*) Ce mot est un adjectif fréquemment employé en histoire naturelle, et c'est à tort qu'on s'en sert quelquefois substantivement pour indiquer les infusoires qui sont pour la plupart excessivement petits et ne peuvent être étudiés qu'au moyen d'instruments grossissants. Il existe en effet, parmi les animaux, d'autres espèces microscopiques. Beaucoup de plantes, et même des productions minérales le sont également, et pourraient dès lors recevoir la même dénomination. D'ailleurs le groupe des animaux microscopiques, tel que l'ont admis certains naturalistes, ne forme pas une division naturelle qui puisse être reçue dans la classification, car les espèces qu'on y distingue trouvent parfaitement leur place dans diverses classes d'invertébrés.　　　　E. D.

MICROSTOME (*zool.*). G. Cuvier désigne sous ce nom un genre de poissons de l'ordre des malacoptérygiens abdominaux, famille des ésoces, et lui assigne pour caractères : museau très court; mâchoire inférieure avancée, garnie de dents très fines; corps allongé, avec la ligne latérale garnie d'une rangée de fortes écailles; trois rayons larges et plats aux ouïes; œil grand; une seule nageoire dorsale un peu en arrière des nageoires ventrales. Une seule espèce, la *serpe microstome*, Risso, qui habite la Méditerranée, entre dans ce genre. — La même dénomination a été appliquée par Lesson à un genre d'acalèphes, de la famille des méduses; mais ce groupe, qui ne comprend également qu'une espèce, la *microptera ambigua*, observée sur les côtes de l'île de Waigiou, est encore douteux et pourrait bien rentrer dans la division des *bougainvillia*. E. D.

MICROZOAIRES (*zool.*). Nom proposé par de Blainville pour désigner un groupe considérable d'animaux aquatiques qui n'ont d'autre caractère commun que leur petitesse, et qu'on avait, à tort, rapportés aux zoophytes. Cette division est partagée en quatre sections : les *rotifères*, comprenant les systolides et les vorticelles; les *ciliés* et les *apodes planaires*, qui sont de vrais infusoires; les *apodes vermiculaires*.

MICTIS (*ins.*). Genre d'hémiptères hétéroptèresde la famille des coréites. Ce sont des insectes de taille assez grande, propres aux contrées centrales et orientales de l'ancien continent. Leur corps est épais, allongé; la tête carrée; les antennes sont longues, cylindriques; le corselet est triangulaire, incliné en avant; l'abdomen relevé sur les côtés et dépassant un peu les élytres, dont la membrane est ordinairement de couleur métallique; les pattes sont assez longues et fortes; les cuisses postérieures épaisses; leurs couleurs sont ternes et peu variées. — L'espèce la plus commune est le *M. valgus*, Linné, du Cap de Bonne-Espérance, entièrement brun : les angles postérieurs du corselet se dilatent de chaque côté en une pointe comprimée et aiguë; le dernier article des antennes, la base et le sommet des deuxième et troisième articles sont roux; les cuisses postérieures sont fortement arquées. L. F.

MICTYRE, *Mictyris* (*crust*). Latreille donne ce nom à un crustacé qui appartient à l'ordre des décapodes brachyures et rangé par M. Milne-Edwards dans la famille des catométopers, et dans la tribu des pinnothériens. Leur carapace, extrêmement mince, est presque circulaire et très bombée en dessus. Le front est beaucoup plus large que long; les yeux sont courts, gros, sans cavité orbitaire pour se cacher et restent toujours saillants. Les antennes internes sont très petites; quant aux externes, elles sont très allongées. La disposition de la bouche est assez remarquable. Les pattes mâchoires externes, au lieu de s'appliquer horizontalement dans le cadre buccal, restent presque verticales et forment par leur réunion un cône renversé, court et large, dont le sommet, dirigé en bas, est ouvert et garni de poils; leur portion lamelleuse (formée par les deuxième et troisième articles) est très large, et porte l'article suivant à son extrémité antérieure. Au devant de l'apophyse située à la base de ces pattes mâchoires, et dirigée en dessous pour supporter le fouet, la carapace présente une grande échancrure, de manière que l'ouverture afférente de l'appareil respiratoire est toujours béante. Les pattes de la première paire sont très longues et se replient longitudinalement sur la bouche; les pattes suivantes sont longues grêles et aplaties, Quant à l'abdomen, il a la même forme dans les deux sexes et s'élargit vers le bout. — On ne connaît qu'une seule espèce dans ce genre; c'est le *mictyre longicarpe*, *mictyris longicarpis*, Latr. qui a été rencontrée dans les mers de l'Australie. H. L.

MIDAS (*mam.*) — Et. Geoffroy-Saint-Hilaire indique sous ce nom un genre de quadrumanes dans lequel il ne place que le *Tamarin*, espèce que Linné désignait sous la dénomination de *Midas*. (Voy. OUISTITI.) E. D.

MIDAS : fils de Gorgias et de Cybèle. Il était roi de Phrygie, et célèbre dans la fable par sa richesse, son avarice et sa sottise. Bacchus étant venu en Phrygie, Silène, qui avait été trouvé ivre au bord d'une fontaine remplie de vin par Midas, fut si bien traité par ce prince, que Bacchus, pour l'en récompenser, lui promit de lui accorder tout ce qu'il pourrait désirer. Midas demanda que tout objet qu'il toucherait se changeât en or à l'instant même. Le souhait fut exaucé; Midas fit presque toute une journée de l'or par attouchement; mais le soir venu, il se sentit faim, et quand il voulut manger, tout devenait métal avant d'arriver à sa bouche. Bacchus, à sa prière, le délivra du don funeste; Midas n'eut, pour cela, qu'à s'aller laver dans le Pactole, qui depuis roule des sables d'or. Pris ensuite pour juge dans la querelle musicale de Pan et d'Apollon, Midas adjugea le prix au chalumeau grossier; Apollon le récompensa en lui donnant des oreilles d'âne. Midas, au désespoir, cacha sa difformité sous une vaste tiare; son barbier, mis seul dans la confidence, promit de se taire; mais bientôt, ne pouvant garder le secret, il fit un trou dans la terre, et se croyant sûr de sa discrétion, lui raconta l'aventure. Il boucha même le trou par excès de précaution ; peine inutile : des roseaux poussent dans le trou, et chaque fois que le vent les agite, ils répètent à qui veut les entendre : « le roi Midas a des oreilles d'âne. » — Midas, selon Hérodote, s'empoisonna en buvant du sang de taureau pour ne pas tomber entre les mains des Cumméens, qui avaient envahi la Phrygie. **AL. B.**

MIDDELBOURG : ville des Pays-Bas, chef-lieu de la province de Zélande, à 50 kilom. N. de Gand et à 125 kilom. S.-O. d'Amsterdam, au centre de l'île de Walcheren, située entre les bouches de l'Escaut. Lat. N. 51° 30' 6''. Long. E. 1° 17' 15''. Popul. 13,000 hab. Elle est sur un large canal de 7 kilom. de longueur, qui, dirigé au N.-E., la fait communiquer avec la mer et remplace l'ancien port, entièrement comblé. Cette ville est grande, de forme circulaire, généralement belle ; elle a conservé, de ses anciennes fortifications, des remparts bastionnés entourés d'un fossé profond. Plusieurs canaux, coupés par des ponts-levis, la traversent. On remarque la Grand'-Place, sur laquelle est un bel hôtel-de-ville, et la Place-Ronde, ornée de promenades et des bâtiments de l'Abbaye et de l'Amirauté. L'église de Saint-Pierre, ancienne cathédrale, est un monument remarquable. Il y a des fabriques d'amidon, des verreries, des papeteries, des raffineries de sel, une fonderie de canons. Le commerce, autrefois considérable, surtout avec les Indes-Orientales, est aujourd'hui bien déchu ; il offre une assez forte importation de vin de Bordeaux, et une exportation de grains. C'est la patrie du poète Adrien Beverland et du théologien Melchior Leydeker. Ses environs sont marécageux, et il y règne des fièvres intermittentes. — Le nom de Middelbourg, qui signifie *place du milieu*, vient de la situation de cette ville au milieu de l'île de Walcheren. Ce n'était qu'un petit village au XIIe siècle, lorsque les seigneurs de Borssèle l'agrandirent et l'entourèrent de murailles. Les Provinces-Unies l'enlevèrent à l'Espagne en 1574, après un siége de vingt-deux mois. La France acquit Milddelbourg en 1795 ; elle fut d'abord comprise dans le département de l'Escaut ; on en fit en 1810 le chef-lieu du département des Bouches de l'Escaut. Les Anglais s'en étaient emparés en 1809, mais ne l'avaient conservée qu'un instant. **CORTEMBERT.**

MIDDLESEX : comté d'Angleterre, borné au nord par le comté de Hertford, à l'est par la rivière de Lea, à l'ouest par le comté de Buckingham, et au sud par la Tamise, qui le sépare des comtés de Surrey et de Kent. Il renferme la ville de Westminster avec une grande partie de Londres, et c'est là ce qui lui donne de l'importance malgré le peu d'étendue de sa superficie. Le sol n'en est pas très fertile, si l'on excepte quelques terrains situés sur les bords de la Tamise. L'agriculture a fait peu de progrès dans ce comté dont la meilleure partie est en pâturages. On remarque cependant, sur la route allant de Kennington à Isleworth, des jardins qui approvisionnent Londres de fruits et de légumes. Les propriétés ont peu d'étendue dans le Middlesex, et l'on voit dans ce comté un nombre considérable de maisons de plaisance. La population est d'environ 1,358,230 habitants.

MIDDLETON (*géog.*) : Ville d'Angleterre dans le comté de Lancastre, à 7 kilomètres N. N.-O., de Manchester. Ce n'était qu'un village avant 1791. Les filatures, les imprimeries sur coton, les blanchisseries, qui s'y établirent et y prospérèrent, lui donnèrent bientôt les proportions d'une ville importante. On y compte aujourd'hui 15,000 âmes environ. **ED. F.**

MIDDLETON C'est le nom de plusieurs personnages ; les plus importants sont : — MIDDLETON (*Richard* de) cordelier anglais, l'un des plus fameux théologiens scolastiques du XIIIe siècle. Il est nommé *Ricardus de Media Villa* dans les *sommes* et autres traités théologiques de son temps. Ses leçons, à Paris et à Oxford, mais surtout ses commentaires sur le maître des sentences lui firent donner les surnoms de *docteur solide et abondant, de docteur très-fondé et tri-autorité.* Il mourut en 1304. — MIDDLETON (*Conyen*), autre théologien anglais né en 1663, se distingua par la variété de ses travaux. En même temps qu'il occupait avec éclat la chaire de physique fondée par Woodwards, à Cambridge, il écrivait une *Histoire de la vie de Cicéron, tirée de ses écrits et des monuments de son siècle*, etc., 2 vol. in-4° (traduite en français par l'abbé Prévost) ; un traité sur le sénat romain (1647, in-8°) ; un autre sur l'*Origine de l'imprimerie en Angleterre* (Cambridge, 1735, in-4°), etc... Il fut plus tard nommé bibliothécaire à Cambridge, et soutint avec Beritlen une longue polémique dans laquelle son ingratitude mit tous les torts de son côté ; il fit ensuite un pamphlet anti-papiste, où les plus beaux passages des Pères sont parodiés à chaque page, et intitulé : *Lettre sur la conformité de la religion romaine et du paganisme.* Il mourut le 28 juillet 1750. On a aussi de lui : *Germana quædam antiquitatis erudita monumenta*, 1747, in-4° ; *De latinarum litterarum pronunciatione*, et une *réfutation de Tindal.* Le tout, sauf la vie de Cicéron, publiée à part, a été recueilli sous le titre collectif d'Œuvres mêlées, 1752, 4 vol. in-4°. — MIDDLETON (*Sir Hugh*), orfèvre de Londres, né à Denbigh, se rendit moins célèbre par les œuvres de son art que par les essais qu'il tenta dans la mécanique hydraulique. C'est lui qui entreprit le premier d'amener de l'eau de source à Londres. Il y conduisit les eaux de deux fontaines, l'une située dans le voisinage d'Hartford, l'autre dans celui de Waa, à dix lieues de la ville. Jacques Ier le nomma, en 1613, Chevalier baronnet; mais l'habile ingénieur mourut en 1631, sans avoir vu son œuvre complètement terminée. — MIDDLETON (*Christophe*) : navigateur anglais, qui fut l'un des premiers à tenter la découverte du passage du Nord-Ouest. Il partit d'Angleterre en 1741, passa l'hiver dans la baie d'Hudson, et, en poussant plus au nord qu'aucun des navigateurs qui l'avaient précédé, parvint tout près du 67e degré N., dans une baie qu'il appela *Aupulx-Bay*, à cause des obstacles qui l'avaient repoussé et empêché d'aller plus avant. Il était de retour à Londres en 1742, où il fut admis dans la Société royale de Londres. Il mourut en 1770. — MIDDLETON (*Th. Faushaw*), né en 1769, fut le premier évêque anglais de Calcutta. On lui doit plus qu'à toute autre personne l'établissement du collège des missions protestantes dans la capitale des Indes. Il mourut en 1823. Helléniste distingué, il a publié un traité théorique de l'art grec. J. FLEURY.

MIDI. Le milieu du jour, le moment où le centre du soleil est au méridien. Ce point partage le jour également, ou à peu près, en deux parties égales; car il faut bien remarquer que le *midi* ne partage exactement le jour entre le soleil levant et le soleil couchant, que dans le temps où le moment du midi est le même que celui du solstice. — *Midi* signifie également l'élévation même du soleil, et de tout autre astre quand ils passent dans le méridien. C'est ce qu'on nomme en astronomie l'ascension d'un astre; c'est le point de son plus grand éclat, et de sa plus grande force. — *Midi* signifie aussi le pôle austral et les parties du monde qui sont de ce côté là, c'est-à-dire, par rapport à nous, au-delà de l'équateur. Le midi, dans ce sens, s'appelle aussi en marine *sud* (*voy.* ce mot).

MIDOUZE : rivière de France, département des Landes. Elle se forme à Mont-de-Marsan par la réunion du Midou et de la Douze, coule à l'O., ensuite au S.-O, et se jette dans l'Adour, à 7 kilom. au-dessous de Tartas. Son cours, de 43 kilom., est entièrement navigable. E. C.

MIECIZLAS. Deux rois de Pologne ont porté ce nom. — MIECIZLAS Ier, de la maison de Piast, embrassa la foi chrétienne en 965, à l'instigation de sa femme Dombrowska, fille du roi de Bohême, Boleslas Ier; il fit tous ses efforts pour abolir le culte des idoles, et mourut en 992. Il était monté sur le trône en 962. — MIECIZLAS II, petit-fils du précédent, succéda

en 1025 à son père Boleslas-Chrobry, et se laissa enlever une partie des conquêtes faites par ce dernier. C'est du démembrement de ses États que se formèrent les principautés de Holstein, de Lubeck, de Mecklembourg, de Brandebourg, etc. Miecizlas II était un prince mou et efféminé. Les excès auxquels il se livra altérèrent sa raison; il mourut en 1037, laissant le royaume dans l'anarchie.

MIEL : substance sucrée, de consistance sirupeuse produite par les abeilles qui la déposent par dégorgement dans les rayons de leurs gâteaux. Elle est préparée, par ces insectes, au moyen des sucs visqueux et sucrés qu'elles recueillent dans les nectaires et sur les feuilles de certaines plantes. On ne sait si le miel est tout formé dans ces dernières ou s'il résulte d'une élaboration effectuée dans l'estomac des abeilles ; mais ce qu'il y a de certain, c'est que sa composition varie suivant les sources végétales où il est puisé. Les labiées, mais surtout les labiées les plus aromatiques, fournissent le meilleur miel ; le sarrasin lui donne de mauvaises qualités; on dit aussi que celui puisé sur des plantes narcotiques, telles que le *rhododendrum ponticum* et l'*exalea pontica*, retient des principes narcotiques qui ont donné lieu à du vertige, à des nausées et à du délire. On connaît, indépendamment des variétés particulières, trois espèces de miel : 1o celui de Mahon, du Mont-Hymette, du Mont-Hybla et de Cuba, liquide blanc, transparent et entièrement formé de sucre liquide incristallisable, analogue à celui de la canne, de sucre cristallisable, semblable à celui du raisin, et d'un principe aromatique : c'est le miel de première qualité; 2o celui de Narbonne et du Gâtinais, qui contient en outre de la cire et un acide : il est blanc et grenu; 3o le miel de qualité inférieure, tel que celui de Bretagne, qui contient, de plus que le précédent, une substance granuleuse, fusible, soluble dans l'eau et dans l'alcool : sa couleur est rouge-brun, sa saveur âcre, son odeur désagréable. — Étendu d'eau et soumis à une température de 15 à 18 degrés centigrades, le miel est susceptible d'éprouver la fermentation spiritueuse, ce qui donne une boisson alcoolique sucrée, connue sous le nom d'*hydromel*. Le miel de bonne qualité perd quelquefois sa saveur douce et agréable en vieillissant, par suite de la fermentation, qui lui communique une saveur piquante. On rencontre souvent, dans le commerce, des miels ainsi gâtés, auxquels on a rendu de la consistance et de la blancheur, en y incorporant de l'amidon ; mais la fraude est facile à reconnaître, en ce que la teinture d'iode le colore en bleu, et que, délayé dans l'eau froide, il donne un dépôt insoluble d'amidon.

C'est à la fin du printemps que l'on récolte le miel : si on le recueillait plus tôt, on n'aurait qu'un faible produit, puisque les abeilles n'auraient pas encore abondamment butiné; plus tard, on s'exposerait à faire périr la famille, qui ne pourrait plus recueillir de provisions suffisantes pour l'hiver. On enlève avec un couteau les lames de cire qui forment les alvéoles des gâteaux. Ceux-ci sont placés sur des claies d'osier et soumis à une douce chaleur, qui fait couler goutte à goutte le miel le plus pur : c'est celui connu sous le nom de *miel vierge*. Lorsque les gâteaux n'en fournissent plus, on les brise, pour les faire égoutter de nouveau, en élevant un peu la température, puis on les soumet à une pression graduée, qui donne tout le miel restant. Si le produit est trouble, on le laisse reposer pendant quelque temps, on l'écume et on le décante.

Le miel de bonne qualité, étendu d'eau, est émollient et légèrement laxatif; il convient dans les maladies aiguës, et l'on s'en sert principalement dans les phlegmasies de poitrine. Celui de qualité inférieure est âcre, irritant, et détermine des flatuosités, même un effet purgatif. On se sert quelquefois encore du miel fin à l'extérieur, sur les plaies et les ulcères très enflammés, dont il diminue l'irritation. Le miel inférieur, au contraire, excite les surfaces dénudées qui ne marchent pas vers la cicatrisation, par défaut d'inflammation. On forme avec le miel, traité par l'eau, un sirop employé comme celui de sucre, et désigné sous le nom de *mellite*. On lui associe encore, sous cette forme, différents principes qui lui communiquent leur action spéciale; les principaux sont : le *miel rosat*, préparé avec l'infusion concentrée de roses rouges et de miel, amenée en consistance de sirop ; le *miel de mercuriale*, le *miel scillitique*, qui tous doivent leur action sur l'économie, non au miel, mais aux substances auxquelles celui-ci sert d'excipient. Le miel joue encore un rôle analogue, pour former, avec les poudres, des bols et des électuaires; enfin, uni au vinaigre, le miel forme l'*oxymel* (*voy.* ce mot).
L. DE LA C.

MIEL (JEAN): peintre flamand, né en 1599 à Anvers. Il étudia en Italie sous André Sacchi, qu'il quitta pour éviter sa colère, après avoir peint d'une manière grotesque un grand tableau d'histoire que ce maître lui avait confié; car Miel avait un goût prononcé pour les bambochades. L'étude consciencieuse qu'il fit en Lombardie des ouvrages du Carrache et du Corrège, perfectionna cependant son talent. Il composa plusieurs tableaux de grande dimension, remarquables par la vigueur du coloris, la correction du dessin, et l'onction de ses teintes; mais c'est avec justice qu'on lui reproche le peu de noblesse de ses têtes. Le Musée du Louvre possède quatre de ses toiles. Charles-Emmanuel, duc de Savoie, l'attira à sa cour et le combla de faveurs. Miel mourut à Turin en 1664.

MIELLAT (*bot.*). On donne ce nom à un état anormal des plantes dans lequel les feuilles se montrent revêtues, principalement ou uniquement à leur surface supérieure, d'une sorte de vernis formé d'un suc sucré que l'on a comparé à du miel, ce qui a fait donner à cet état particulier considéré comme maladie le nom qu'il porte. — La présence de ce vernis sur les feuilles peut amener une maladie des plantes, parce qu'il contrarie ou empêche l'accomplissement des fonctions les plus importantes de ces organes, la transpiration et la respiration; cette matière sucrée peut en outre provenir elle-même d'une sécrétion morbide, et dès lors elle n'est que la manifestation extérieure d'une maladie interne de la plante. — On a émis diverses opinions relativement aux causes qui produisent le miellat. Les plus anciennes, consistant à faire tomber de l'atmosphère le vernis sucré des feuilles attaquées, sont entièrement abandonnées. Elles ont cependant donné naissance au nom allemand du miellat (*honigthan*), encore employé de nos jours, qui signifie rosée de miel. Les auteurs qui se sont occupés des maladies des plantes, sont assez d'accord pour admettre deux origines, et deux causes différentes au miellat. Le vernis sucré qui caractérise cet état anormal n'est souvent autre chose que la matière sucrée sécrétée par les pucerons. Dans ce cas, on s'explique la présence de cette matière sur la face supérieure des feuilles, par ce fait que les pucerons se tiennent presque constamment à la face inférieure de ces organes, et que dès lors le liquide émis par eux doit tomber sur le dessus des feuilles placées plus bas. Or, on sait que les fumigations de tabac ont pour effet assuré la destruction des pucerons, et l'on peut recourir sans grands frais à ce moyen curatif, soit pour les plantes en serres ou en orangeries, en brûlant du tabac dans ces lieux où les plantes sont enfermées, soit pour les plantes de pleine terre, en projetant sur les feuilles et les jeunes branches de la fumée de tabac au moyen d'un soufflet, au tuyau duquel on adapte un réservoir métallique que termine un tube de projection. Les pucerons détruits, des lavages ou l'action des pluies enlèvent sans difficulté le miellat des feuilles. Dans d'autres cas, le vernis sucré paraît avoir pour cause un état maladif des plantes. On a constaté en effet dans plusieurs circonstances l'existence de matières sucrées sur les feuilles du tilleul, du peuplier blanc et de plusieurs autres arbres. On pense qu'ici la cause de cet état maladif réside principalement dans le passage trop brusqué du froid au chaud, dans l'action directe d'un soleil très ardent. Mais à cet égard, on ne peut guère former que des conjectures, et d'un autre côté on conçoit sans peine que le miellat qui résulte d'une pareille cause, doit échapper aux divers moyens curatifs par lesquels on peut essayer de le faire disparaître. **P. DUCHARTRE.**

MIÉRIS (FRANÇOIS): peintre de genre célèbre, né à Deft, ville de la Hollande méridionale, en avril 1633. Son père, riche orfèvre, le laissa suivre le goût qu'il avait pour la peinture, et le confia comme élève au fameux Gérard Dow. Mieris ne tarda pas à se faire connaître avantageusement dans le genre où se distinguait son maître, et à vendre ses ouvrages à si haut prix, qu'il acquit une grande fortune dont malheureusement il ne fit pas toujours un usage honorable. Lié avec Jean Steen, autre peintre de genre très-habile, ces deux artistes se livrèrent aux habitudes les plus crapuleuses. Miéris mourut en 1681, laissant deux fils, Jean et Guillaume, qui se sont aussi distingués dans la peinture de genre, quoiqu'ils soient bien loin d'avoir égalé leur père. Les peintures de F. Mieris ont des qualités solides; le dessin en est correct, le coloris vrai, et il y a de l'esprit dans la composition. Mais ce qui leur donne un caractère particulier, c'est le fini précieux des détails et une suavité de pinceau qui n'ôte rien à la vérité de l'imitation. Le *Jeune Trompette* et le *Garçon faisant des bulles de savon*, sont deux petits chefs-d'œuvre qui caractérisent son talent.

MIGNARD. Deux peintres ont porté ce nom; le premier : MIGNARD (*Nicolas*), dit d'Avignon, à cause du séjour qu'il fit dans cette ville, naquit à Troyes en 1608, peignit à Avignon l'histoire de Théagène et Chariclée, une de ses meilleures productions, et alla se perfectionner en Italie, où il passa deux ans. Appelé plus tard à Paris, par Mazarin qui avait su l'apprécier dans un voyage à Saint-Jean-de-Luz, il fut chargé de décorer aux Tuileries l'appartement du rez-de-chaussée de Louis XIV, et représenta ce monarque sous l'emblème du Soleil conduisant son char. L'ardeur qu'il mit à décorer la salle de parade du même roi le conduisit au tombeau; il mourut en 1668. Le style de Mignard manque complétement de vie et de chaleur; ses poses et ses airs de tête sont gracieux, son dessin est correct, mais on cherche vainement sur ses toiles la trace d'une passion. Il brilla surtout dans le portrait.—Le second, MIGNARD (*Pierre*),

dit *le Romain*, pour le distinguer de son frère, le précédent, naquit à Troyes en 1610, étudia sous Vouet, qu'il égala bientôt, et partit pour l'Italie en 1636. Il la parcourut dans tous les sens, étudiant tous les genres, toutes les écoles : le coloris à Venise, avec Paul Véronèse et Le Titien; l'expression à Florence, avec Léonard de Vinci; la forme et le dessin à Rome, avec Raphael et ses illustres élèves. Il passa vingt-deux ans en Italie, et c'est durant ce long séjour qu'il peignit son tableau de *Saint Charles donnant la communion à des mourants*, tableau que nous ne connaissons malheureusement que par la gravure de Bailly, mais qui passe pour son chef-d'œuvre. Rappelé en France par Mazarin, en 1658, il fut chargé de décorer à fresque le château de Saint-Cloud et la coupole du Val-de-Grâce. Cette dernière œuvre, d'un incontestable mérite, lui valut l'épitre de Molière, son ami, *La Gloire du Val-de-Grâce*. En 1690, après la mort de Lebrun, Mignard qui, pour ne pas céder à l'influence despotique de ce dernier, avait refusé d'entrer à l'école de peinture dont il était président, fut nommé, le même jour, membre, professeur, recteur, directeur, chancelier de cette académie, et premier peintre du roi. Il mourut en 1695, à l'âge de 85 ans. L'œuvre de Mignard se compose de 147 morceaux; le Musée du Louvre en possède plusieurs. Les plus célèbres sont : *La Vierge à la grappe* et *Sainte Cécile*. Comblé des faveurs de Louis XIV, et jouissant de l'amitié des hommes les plus influents et les plus illustres du grand siècle, parmi lesquels La Fontaine, Racine, Molière et Boileau, Mignard eut le malheur de ne rencontrer durant sa vie que de complaisants appréciateurs qui, lui assignant le premier rang parmi les peintres de son siècle, l'empêchèrent de sortir de la fausse voie où il s'était engagé, et où il entraînait avec lui toute l'école du XVIIIᵉ siècle. Comme celui de son frère, son style manque en général de mouvement et d'animation. Si la riche et savante disposition de ses couleurs donne à ses tons un éclat inimitable; si sa touche, à la fois molle et légère, imprime à ses vierges un cachet de douceur et de grâce, qui leur a parfois valu l'honneur d'être comparées à celles d'Annibal Carrache, le soin exagéré qu'il apporte à les finir leur enlève trop souvent l'expression et le feu d'un premier jet. De là aussi le nom de *mignardes*, qu'on leur a donné d'abord comme un éloge, mais qui depuis est devenu un blâme pour tout ce qui s'est approché plus ou moins de ce genre froid et travaillé. Ses portraits ont un mérite plus réel, et eurent un succès immense. A Rome, Urbain VII et Alexandre VII avaient voulu être peints de sa main ; en France, Louis XIV et la cour réclamèrent le même honneur. **J. VALLENT.**

MIGNARDISE (*bot.*) : nom sous lequel est connue dans les jardins une très jolie espèce d'œillet, l'*œillet musqué, dianthus moschatus*. On nomme particulièrement *mignardise couronnée* une variété de cette plante, dont la fleur est plus grande que dans la plupart des autres variétés, et se distingue par ses pétales colorés, dans leur partie supérieure, en pourpre foncé.

MIGRAINE (*méd.*). Cette affection, encore appelée *hémicranie*, a été considérée comme une douleur rhumatismale, une espèce de névralgie. Elle se distingue du mal de tête ordinaire par son siége, la nature de la douleur, la périodicité des accès, la ressemblance qu'ils offrent entre eux, et l'ensemble des symptômes généraux qui la compliquent. La migraine n'est pas toutefois sans varier beaucoup dans son mode d'expression. En général, les douleurs sont ici locales, limitées à la partie frontale du crâne, occupant à droite ou à gauche la région du sourcil, la fosse temporale, la cavité orbitaire, rarement le front tout entier. Elles se manifestent par accès dont le nombre varie. Ces douleurs sont vives, poignantes, et faciles à reconnaître lorsqu'on les a une fois ressenties. La migraine éclate presque constamment en plein jour, parfois subitement, mais le plus souvent elle est annoncée par des signes précurseurs. Ainsi, quelques malades ressentent à l'avance du frisson, de la tristesse, du malaise, des envies de vomir ou de bâiller, du dégoût pour les aliments ; d'autres accusent de la surdité, des illusions visuelles qui prêtent aux objets des formes bizarres, des teintes et des effets lumineux extraordinaires. Peu à peu une inquiétude mêlée d'impatience et d'anxiété agite l'esprit ; le besoin d'isolement se fait sentir, le moindre bruit augmente la douleur et le malaise. Il semble alors que la masse encéphalique, flottant dans la boîte osseuse, vienne heurter la face interne du crâne, que les artères vont s'ouvrir, que la tête va se fendre. Au fort de l'accès le pouls est concentré, dur et vibrant. La sensibilité générale est exaltée, l'exercice de la pensée presque nul. Enfin des envies de vomir, suivies d'évacuations bilieuses, procurent, pour l'ordinaire, quelque soulagement, et bientôt le sommeil achève de dissiper les principaux accidents nerveux. Mais il s'en faut de beaucoup que tous les accès présentent cette violence : quelques personnes, par exemple, ne vomissent jamais et peuvent même continuer leurs occupations habituelles, se contentant tout au plus de demeurer tranquilles à la même place pendant le paroxysme. L'on cite au

contraire des cas où, la douleur partant du fond de l'orbite, les muscles de l'œil, la paupière inférieure, les muscles de la face étaient agités de spasmes convulsifs ; où la peau du front était violacée et la conjonctive couverte d'ecchymoses ; où des picottements et des fourmillements se faisaient ressentir dans tout le côté du corps opposé à l'hémicranie. — La durée moyenne des accès est de huit à dix heures. La plupart des sujets ne se ressentent pas le lendemain des souffrances de la veille ; quelques-uns conservent pendant plus ou moins longtemps de la tristesse et de l'abattement.

La migraine se manifeste quelquefois dès l'âge de huit à dix ans ; mais il est plus commun de ne la voir éclater que vers celui de la puberté. En général, les accès sont plus fréquents, plus longs et plus intenses de trente à cinquante ans, tandis qu'ils s'affaiblissent ou disparaissent complétement dans la vieillesse. Ils affectent quelquefois une certaine régularité périodique. Il suffit presque constamment d'éprouver une première atteinte du mal pour s'y voir soumis pendant presque toute l'existence. On a aussi observé que la migraine était beaucoup plus fréquente chez la femme que chez l'homme ; elle est assez communément héréditaire.

Il serait assez souvent difficile d'apprécier les causes qui provoquent chaque accès. L'influence des saisons est peu marquée ; mais un excès d'électricité dans l'atmosphère ramène presque toujours le retour des accès chez quelques personnes ; pour d'autres, c'est de rester trop longtemps sans prendre de nourriture, l'usage de certains vins, l'ingestion de certains aliments indigestes pour leur estomac, un sommeil trop prolongé, l'application de l'esprit aussitôt après le repas, la constipation habituelle. Les ouvriers qui travaillent les métaux y sont fort sujets. On a vu la migraine se déclarer par suite du développement d'un abcès, d'un ulcère dans le sinus frontal ou maxillaire, de l'introduction d'une larve d'œstre dans le sinus ethmoïdal, etc.

On est loin d'être d'accord sur le siége de l'altération nerveuse qui constitue la migraine. Quelques auteurs y voient une lésion partielle et intermittente de la substance cérébrale ; d'autres, une lésion locale des méninges, du périoste ou du cuir chevelu ; le plus grand nombre des médecins est porté à croire que son véritable siége est dans l'œil, dans les nerfs qui traversent le sourcil, les paupières et la peau du front. Pour nous, la migraine se rattache à une lésion simultanée du système nerveux central et périphérique avec prédominance, tantôt à l'intérieur, tantôt à l'extérieur de la cavité cranienne; et s'il est vrai, comme tout porte à l'établir, que le muscle facial préside seul aux mouvements des principaux muscles du visage, lorsqu'il survient des convulsions locales, la portion dure de la septième paire doit être lésée de ce côté. — La migraine est le plus souvent exempte de tout danger; mais lorsque la douleur occupe la cavité de l'œil, lorsque la face est gonflée, la paupière comme paralysée, la fibre musculaire dans un état spasmodique, lorsque les vomissements sont suivis de défaillances, lorsqu'enfin l'accès se prolonge au-delà d'un jour, il faut recourir à des moyens actifs, car l'expérience prouve qu'à la longue, la fréquence et la violence des accidents de cette nature peuvent entraîner la cécité, la perte de l'odorat et de l'ouïe, l'épilepsie, l'affaiblissement de l'intelligence. — Beaucoup de personnes calment la migraine en mangeant modérément et à propos, en buvant, au début ou dans le cours de l'accès, quelques tasses d'une infusion chaude de thé, de café, de feuilles d'oranger, de fleurs de tilleul ou de camomille; d'autres font usage de lotions froides, d'application d'eau de Cologne, d'éther, dont l'évaporation est rapide. Quelques personnes n'éprouvent de soulagement que par le repos au lit; d'autres se trouvent bien de l'opium administré par quart de grain. Les émissions sanguines locales et générales sont indiquées, dans les violentes atteintes, lorsque la congestion du cerveau devient alarmante. Mais c'est surtout pendant l'intervalle des attaques qu'il est important de modifier l'innervation par un régime alimentaire convenable et un exercice physique modéré. L'application d'exutoires a parfois été fort avantageuse. Dans les cas de périodicité manifeste, le quinquina se montre généralement héroïque. Les toniques ferrugineux et amers, ainsi qu'un régime fortifiant, sont indiqués chez les sujets lymphatiques.   L. DE LA C.

MIGRATION (*hist. nat.*). Les animaux, sous le rapport de leurs habitudes d'habitation, doivent être divisés en deux classes : les uns restent, pendant toute la durée de leur existence, dans les régions où ils sont nés, ou du moins ne s'en éloignent que fort peu, et uniquement par des causes particulières et individuelles: d'autres, au contraire, entreprennent, soit périodiquement dans certaines saisons de l'année, soit à des époques variables, des voyages de long cours pour se rendre à des distances quelquefois considérables, le plus ordinairement pour n'y passer qu'un certain temps, d'autres fois pour s'y établir tout à fait. Ce sont ces voyages périodiques ou irréguliers, ces excursions temporaires que l'on a coutume de dési-

gner sous le nom de *migration* ou *émigration*.— Il est évident que toutes les espèces chez lesquelles les mouvements ne s'exécutent qu'avec lenteur et difficulté, tels que les reptiles et certains mammifères ne peuvent généralement émigrer, tandis que les animaux voyageurs devront surtout se trouver parmi les oiseaux pourvus d'ailes, que leur forme et leur dimension rendent propres à un vol soutenu, et parmi les poissons auxquels les modifications de la queue et des membres, la configuration générale du corps et principalement la nature du milieu dans lequel ils vivent plongés rendent les mouvements d'une locomotion soutenue si faciles.

On a observé un assez grand nombre d'exemples de migrations opérées par divers *mammifères*, mais plus particulièrement par plusieurs espèces de carnassiers et de rongeurs. Nous citerons les excursions régulières du *isatis* ou renard bleu (*canis lagopus* Gmel.), motivées par l'épuisement du gibier et réglées sur celles des lemmings et du lepus Tolaï. Ces migrations se font en général au solstice d'été; les animaux sont de retour au bout de trois ou quatre ans. Chaque contrée n'en est cependant jamais absolument abandonnée. Les plus jeunes et les plus alertes, pressés par la faim, vont ailleurs établir leur colonie nomade, tandis que les autres vivent sédentaires dans une contrée qui, déchargée de ce surcroît de population, peut amplement fournir à leurs besoins.—Les voyages des lemmings (*Mus lemmus* L.) sont fort célèbres dans le nord de l'Europe. Originaires des Alpes de la Laponie, ces animaux émigrent à des époques irrégulières, au plus une fois en dix ans, vers l'Océan et le golfe de Bothnie. Ces excursions précèdent les hivers rigoureux dont cette espèce de rat semble avoir le pressentiment, car à l'approche de l'hiver de 1742, qui fut extrêmement rigoureux dans le cercle d'Uméa, et beaucoup plus doux dans le cercle de Lula, pourtant plus boréal, on la vit quitter le premier et non le second. Quelle que soit, toutefois, la cause de ces expéditions, elles se font par un merveilleux accord de toute la population d'une contrée. Ces animaux rangés en colonnes parallèles, s'avancent sans qu'aucun obstacle puisse suspendre ou détourner leur marche toujours rectiligne. La halte dure tout le jour, et l'endroit où elle a lieu se trouve rasé comme si le feu y eût passé. Le plus grand nombre de ces animaux ont péri avant d'avoir vu la mer vers laquelle ils se dirigent avec une précision remarquable, et il n'en reste pas la centième partie pour retourner au pays d'où ils sont originaires. L'objet du voyage n'est pas d'aller s'établir ailleurs, car on ne trouve nulle trace d'établissement de l'espèce dans les pays qu'ils ont parcourus.—Les lemmings des régions voisines de la mer Blanche et de la mer Glaciale, variété de l'espèce précédente , nombreux surtout dans l'extrémité des monts Ourals, émigrent aussi tantôt vers la Petzora, tantôt vers l'Obi toujours escortés par une foule de carnassiers. Les *campagnols économes* (mus œconomicus), autre espèce du genre rat, nous offrent aussi des excursions non périodiques dans le nord de l'Asie. Au Kamtschatka, quand ils doivent émigrer, ils se rassemblent de toutes parts en grands groupes, au printemps ; à l'exception de ceux qui trouvent à vivre auprès des Ostrogs. Ils se dirigent sur le couchant d'hiver sans que rien puisse les arrêter, ni lacs, ni rivières, ni bras de mer. Beaucoup se noient, d'autres deviennent la proie des plongeons et des grandes espèces de salmones. Quand la troupe a passé le Penshina qui se jette à l'extrémité nord du golfe d'Ochatsk, elle cotoie la mer vers le sud, et arrive vers le milieu de juillet sur les bords de ce lac et du Jaudoma, après une route de plus de 25° de longitude. Au mois d'octobre de la même année, ces animaux reviennent au Kamtschatka, où leur retour est une fête pour le pays, car, outre l'escorte des carnassiers à fourrure qui les accompagne, et qui fournit une chasse abondante, ils présagent une année de prospérité pour la pêche et les récoltes. On sait, au contraire, par expérience, que la prolongation de leur absence est un indice de pluies et de tempêtes.

Les migrations sont fort communes dans la classe des *oiseaux :* ainsi, les merles, les grives, les fauvettes, les rossignols, les hirondelles, les coucous, les colombes, les pluviers, les grues, les cigognes, les canards, les oies, les harles et beaucoup d'autres encore vont, dans certaines saisons de l'année, chercher en d'autres climats la température qui leur convient. Dans plusieurs espèces les individus qui doivent faire partie de la même troupe se rendent tous, à une époque précise, sur un même point, d'où ils partent ensemble rangés dans un ordre régulier, ordonné de la manière la plus propre à leur permettre de vaincre, avec le moins d'effort possible, la résistance de l'air. Il parait encore démontré que chez le plus grand nombre d'espèces les jeunes ne voyagent pas avec les vieux, ou que si le départ se fait d'abord en famille, on voit bientôt se former des troupes d'individus du même âge. Les jeunes reviennent rarement aux lieux qui les ont vus naître, ce qu'il est facile de reconnaître chez toutes les espèces où ceux-ci ont besoin de plusieurs mois, ou même de quelques années pour revêtir leur livrée définitive. Mais si les jeunes semblent

abandonner les lieux où ils sont nés, les vieux reviennent, au contraire, avec une constance remarquable aux endroits qu'ils ont quittés l'année précédente, comme on l'a plusieurs fois vérifié sur les hirondelles, les cigognes, les grues, les hochequeues et plusieurs autres espèces. Quelques unes poussent même cette constance jusqu'à revenir pondre dans leur ancien nid, et si par hasard il a été détruit, elles montrent une ardeur que rien ne peut rebuter à en construire un nouveau dans le même emplacement.

Les migrations de certaines espèces de *poissons* sont aussi fort remarquables. Ainsi, les saumons qui prennent naissance dans l'eau douce viennent se développer dans la mer, au sein de laquelle ils trouvent un refuge contre les rigueurs de la mauvaise saison, et dès la fin de l'hiver, pour les pays tempérés, aussitôt la fonte des glaces, pour les régions boréales, ils s'élancent dans les fleuves qu'ils remontent avec facilité jusqu'à leurs sources, en surmontant des obstacles que l'on croirait insurmontables pour ces animaux, si l'observation n'avait fait reconnaître avec quelle adresse ils 'élancent à des hauteurs prodigieuses. C'est ainsi que par l'Elbe ils parviennent jusqu'en Bohême, par le Rhin en Suisse, que par le Maragnon, qui a près de 800 lieues de cours, ils atteignent les Hautes-Cordillères de l'Amérique méridionale, par la Loire les environs du Puy dans l'ancien Velay. On assure même qu'ils ne sont ni effrayés ni rebutés par une longue étendue de trajet souterrain, et l'on prétend avoir retrouvé dans la mer Caspienne des saumons que l'on a reconnu venir du golfe Persique, aux anneaux d'or que des habitants des rives de ce golfe leur avaient attachés. Parmi les clapées nous citerons les harengs. Chaque année, en été et en automne, ces poissons partent du nord et arrivent sur les côtes occidentales de l'Europe en légions innombrables, ou plutôt en bancs serrés d'une immense étendue ; il s'en répand également sur certains rivages de l'Amérique, et sur les côtes septentrionales de l'Asie. Quelques naturalistes divisent l'émigration générale de cette espèce en deux troupes distinctes. L'une se presserait autour des côtes de l'Islande, et se répandrait au dessus du banc de Terre-Neuve pour aller remplir les golfes et les baies du continent américain ; l'autre descendrait le long de la Nowége et pénétrerait dans la Baltique, ou, faisant le tour des Orcades, s'avancerait entre l'Écosse et l'Irlande, pour se diriger ensuite vers le midi de cette dernière île, s'étendre à l'orient de la Grande-Bretagne et parvenir jusque vers l'Espagne, en parcourant les côtes d'Allemagne, de Hollande et de France. On ne sait ce que ces poissons deviennent ; jamais onn'a vu leurs bancs suivre la direction du retour aux lieux d'où on les croit partis. Tout le monde connaît encore les voyages de plusieurs espèces du genre gade, parmi lesquelles nous citerons la morue; ceux du thon et du maquereau parmi les scombres, des dorades parmi les spares, etc.

Les *reptiles* n'exécutent point, à proprement parler, de véritables migrations. Leurs déplacements qui se bornent à de courtes excursions d'un canton dans un autre, ne méritent pas cette qualification.

Parmi les *invertébrés* un petit nombre d'espèces nous offrent des migrations dignes de quelqu'intérêt. Tels sont quelques crustacés et plusieurs insectes : parmi ces derniers nous citerons principalement les *sauterelles de passage* ou *criquets émigrants*, dont les migrations sont une désolation et une ruine pour les pays qu'ils traversent. Les voyageurs parlent souvent de leurs dévastations dans le Levant et en Afrique. Le midi de l'Europe a plus d'une fois éprouvé de semblables dégâts; la France même en fut témoin à plusieurs reprises ; la Provence fut ravagée par ces insectes dans les années 1615, 1720, 1721 et 1819. Au reste, ces migrations des sauterelles et de quelques autres insectes, ne sont nullement comparables à celles des oiseaux et des poissons ; elles sont irrégulières comme celles des lemmings, et heureusement plus rares encore.

Quelles causes peut-on assigner aux diverses migrations? Pour toutes celles qui sont non-périodiques et dans lesquelles nous voyons constamment une multitude d'animaux sortir des lieux qu'ils habitent ordinairement, et dévorer tout ce qu'ils rencontrent sur leur passage, comme pour les lemmings et les insectes entre autres , il nous paraît démontré que c'est à une multiplication considérable des individus amenant nécessairement la consommation des substances formant la nourriture habituelle de l'espèce, et, par suite, à une sage prévoyance ou même aux souffrances présentes de la faim qu'il faut les attribuer. La cause des migrations périodiques des poissons est, suivant la plupart des naturalistes, le besoin de rechercher, pour la saison des amours, les lieux favorables pour déposer leur frai. On sait, en effet, qu'à la même époque un grand nombre d'espèces parmi celles qui n'émigrent pas, remontent les fleuves dans le même but. Quant aux causes des migrations périodiques des oiseaux, il en est deux dont il est facile de se rendre compte. Ainsi l'on conçoit que les espèces essentiellement insectivores qui habitent les climats tempérés, ne puissent y rester pendant la saison froide, puisqu'elles

périraient nécessairement si elles n'allaient dans d'autres régions plus tempérées chercher la nourriture qui leur manque dans leur patrie. Une autre cause non moins puissante est le besoin d'échapper aux variations de la température; c'est ainsi qu'une multitude d'espèces, après avoir passé le printemps et l'été dans nos climats, les abandonnent vers la fin de l'automne pour aller dans les régions plus méridionales chercher la douce température que nous n'avons plus. Pour la même raison, mais dans des conditions opposées, beaucoup d'autres espèces ne fréquentent nos côtes que pendant la saison froide, et les quittent à la fin de l'hiver pour se rapprocher des régions polaires. Tels sont plus particulièrement un grand nombre de palmipèdes, et parmi les passereaux, les becs-croisés. Il est remarquable que ces espèces nichent et se reproduisent chez nous pendant la saison rigoureuse. Mais il s'en faut beaucoup que ces deux causes expliquent d'une manière satisfaisante les voyages de tous les genres d'oiseaux. Ainsi, un oiseau de passage que l'on prend soin de tenir dans une température constante, et auquel on donne en abondance une nourriture convenable, éprouve, comme dans l'état de nature, le besoin d'émigrer lorsque l'époque du départ de son espèce est venue. Il annonce ce besoin inexpliqué pour nous par des battements d'ailes, par de l'agitation, par des élancements vains dans l'espace, et si l'on continue à le retenir, il ne tarde pas à succomber, sans que l'on puisse, par l'examen de ses organes, se rendre compte des raisons physiologiques de sa mort.   X.

MIL ou **MILLET** (*bot.*). On donne vulgairement ce nom à diverses plantes cultivées de la famille des graminées, mais plus particulièrement au mil des petits oiseaux, *millet commun*, *millet à panicule* ou *panicum miliaceum*, Linné, dont le grain est la principale nourriture des oiseaux élevés en cage. Le MILLET A GRAPPES est le *panicum italicum*, Lin. (*vetaria italica*, Kunth); le MILLET A CHANDELLES, le *penicillaria spicata*, Willd.; le MILLET LONG, le *phalaris canariensis*, Lin,; enfin le GROS MIL ou MILLET D'AFRIQUE est le *sorgho* ou l'*holcus sorghum*, Lin. — Dans la plupart de nos départements méridionaux on donne bien à tort le nom de millet au maïs.

MILAN, *Milvus*. Genre d'oiseaux de proie, de la famille des falconidés, créé par Linné, et qui, dans l'état actuel de la science, forme une tribu distincte ayant pour caractères : bec assez robuste, incliné à la base; narines elliptiques, obliques, percées dans une cire nue; ailes très longues et atteignant l'extrémité de la queue; celle-ci est fortement allongée, fourchue; tarses courts, terminés par des ongles robustes. — Les milans sont d'habiles voliers, et il est peu d'oiseaux de proie dont le vol soit aussi souple et aussi élégant; ils ne font guère leur proie que de petits mammifères et d'oiseaux, s'adressant principalement aux animaux faibles et maladifs; car ils ne semblent pas avoir une grande puissance dans le bec et dans les serres. Ils ont, en outre, un goût très prononcé pour les matières animales en putréfaction, surtout pour les cadavres des grands mammifères. C'est probablement à ses mœurs que cet oiseau doit la réputation de lâcheté que la plupart des naturalistes, Buffon à leur tête, lui ont attribuée, quoique, cependant, il ne la mérite pas complètement. On a représenté le milan comme dépourvu de tout courage, et se laissant honteusement battre par des espèces beaucoup plus faibles que lui, et parce que, dans le programme des plaisirs princiers, figurait la chasse au vol du milan royal, et qu'on employait autrefois à cette chasse l'épervier, oiseau faible en apparence, on a cru pouvoir en conclure que le milan le cédait à ce dernier en force et en courage, et on l'a même considéré comme incapable de résister aux attaques des corbeaux, des pies et des geais. Mais tout cela est très exagéré. Le milan, sans être aussi courageux que certaines espèces de l'ordre auquel il appartient, a cependant le courage qui convient à sa nature et à l'industrie qu'il exerce. On a vu le milan parasite disputer avec ardeur et succès des morceaux de chair dont des corbeaux voulaient s'emparer; on l'a également vu se battre avec énergie contre des buses et d'autres oiseaux de proie qui lui disputaient sa pâture; enfin Levaillant cite cet oiseau comme venant s'emparer des cadavres d'animaux sous les yeux mêmes de l'homme. Le milan, que l'on a mis au nombre des animaux malfaisants, parce qu'il contribue à la destruction du gibier et des jeunes oiseaux de basse-cour, devrait cependant être considéré comme un oiseau plus utile que nuisible; en effet, il rend des services incontestables à l'agriculture par la chasse continuelle qu'il fait, non seulement aux petites espèces de rongeurs et d'insectivores, mais encore aux lézards, aux serpents et surtout aux grandes espèces de diptères. Il habite les rochers escarpés, et c'est principalement sur les grands arbres des forêts qu'il établit son nid, construit avec beaucoup d'art. La ponte est de trois à cinq œufs blancs tachés de roux; les jeunes naissent couverts d'un duvet grisâtre très long à l'occiput, ce qui leur donne une physionomie particulière.

Les milans, dont on ne connaît pas un grand nombre d'espèces, sont répandus dans toutes les parties du monde; on les partage aujourd'hui en quatre genres particuliers : — 1º Les MILANS PROPREMENT DITS, milvus, Bechsten, chez lesquels les tarses sont écussonnés et forts; leur queue est deltoïdale et médiocrement fourchue. Parmi les espèces de ce groupe nous indiquerons : le milan royal (M. regalis, Brisson), dont le plumage est d'un roux vif ardent, flammé de noir; la tête et le cou sont gris blanchâtre; les ailes noirâtres; la queue est rousse et la cire grise; il habite presque toute l'Europe centrale; le milan noir (M. œtolius, Viellot), chez lequel tout le plumage est d'un beau roux fuligineux, la tête et le cou gris, la cire jaune, et la queue d'un gris brun; il se trouve en Europe, en Afrique et en Asie; le milan parasite, M. parasiticus, Lesson, qui a le plumage d'un brun fuligineux roussâtre, plus clair sous le ventre, la cire jaunâtre, les grandes couvertures des ailes cendrées et la queue grise, faiblement rayée de brun; il se rencontre particulièrement au cap de Bonne-Espérance, pays qui semble être sa patrie, quoiqu'on l'ait aussi pris en Grèce et en Dalmatie. — 2º Les ICTINIES, ictinia, Viellot, caractérisées par leur bec court, droit, étroit en dessus, comprimé sur les côtés; par leurs narines lunulées, obliques; par leurs tarses courts, grêles, nus, réticulés, et par leurs ongles courts, peu aigus. Deux espèces propres à l'Amérique septentrionale entrent dans ce genre; là principale est l'ICTINIE OPHIOPHAGE, I. ophiophaga, Viellot, chez laquelle le dos, le ventre, les flancs et les couvertures des ailes sont d'un gris bleuâtre, et le reste du plumage brunâtre. — 3º Les ELANIOUS, elanus, Savigny, dont les tarses sont très courts, réticulés et à demi revêtus de plumes par le haut; ils comprennent plusieurs espèces dont le type est l'élaniou blanc, E. cœsius, Savigny, qui habite l'Afrique, et dont un individu a été tué en Andalousie; il est cendré sur toutes les parties inférieures, et d'un blanc pur en dessous. — 4º Les NAUCLERS, nauclerus, Vigors, qui ont le bec court, la queue très longue, très fourchue, et les tarses courts, faibles, réticulés, garnis de plumes. L'espèce-type est le milan de la Caroline, M. furcatus, Gould, qui habite l'Amérique septentrionale, d'où il se répand jusqu'au Brésil et très accidentellement dans le nord de l'Europe. Sa tête, son cou et généralement toutes ses parties inférieures sont d'un blanc très pur; le dessus du corps, les ailes et la queue sont d'un beau noir bronzé à reflet.

E. DESMAREST.

MILAN : une des plus belles villes de l'Europe et la troisième de l'Italie en population; siège d'un archevêque et, avant les derniers événements, du vice-roi du royaume lombard-vénitien, dont elle est une des deux capitales (*voy.* VENISE); du tribunal d'appel pour les provinces lombardes, et chef-lieu du gouvernement et de la légation de son nom. Elle est située sous le 26° 51' long. orient. et le 45° 27' 51'' lat. sept. dans une vaste et magnifique plaine, sur la petite rivière l'Olona et sur deux grands canaux, creusés en 1177 et 1457, par lesquels elle communique avec l'Adda et le Tessin. Son périmètre intérieur, est de 11,388 mètres, et sa population d'environ 160,000 habitants. Milan fut fondéé par les Gaulois Cénomans, l'an 584 ou 590 avant J.-C., mais ce n'était qu'une bourgade agreste et barbare avant sa conquête par les Romains, vers l'an 222 avant l'ère vulgaire. Devenue capitale de la Gaule Cisalpine, elle s'accrut ensuite tellement, que, sous l'empire, elle passait pour la seconde ville de l'Italie, bien que son étendue fût loin d'égaler alors celle de la ville actuelle. Plusieurs empereurs y firent leur résidence au ivᵉ et au vᵉ siècle. C'est de Milan qu'est daté le célèbre édit de l'an 303, par lequel Constantin accorda aux chrétiens le libre exercice de leur culte. Cependant le seul monument qu'elle présente de l'époque romaine est les seize magnifiques colonnes en marbre blanc et d'ordre corinthien, que l'on voit près de l'église de Saint-Laurent, et que l'on croit avoir fait partie des Thermes d'Hercule, bâtis par l'empereur Maximien. Prise et dévastée par Attila, roi des Huns, au vᵉ siècle; par les Ostrogoths, au viᵉ, et par les Lombards au viiᵉ; puis détruite de fond en comble par l'empereur Frédéric Barberousse en 1162, Milan se releva de ce dernier désastre plus puissante et plus populeuse qu'elle ne l'avait été antérieurement. Deux familles puissantes y dominèrent aux xiiiᵉ et xivᵉ siècles, d'abord les Torriani, ensuite les Visconti, qui prirent le titre de ducs en 1395, et la gouvernèrent jusqu'en 1447. Le duché de Milan passa, après l'extinction de cette famille, dans celle des Sforza, puis aux rois de France, à divers intervalles, et successivement aux maisons d'Espagne et d'Autriche, dont la dernière, expulsée en 1796, n'y rentra définitivement qu'en 1814. Alors Milan perdit son titre de capitale du royaume d'Italie, qu'elle avait reçu en 1805, après avoir porté depuis 1796 celui de capitale de la république cisalpine.

Tous les voyageurs qui ont visité Milan, à commencer par le Tasse et Montaigne, ont été frappés de sa grande ressemblance avec Paris, sous le rapport du luxe, du commerce et de l'industrie. Elle s'est considérablement embellie depuis le commencement de ce siècle, sous le gouvernement franco-italien et, après, sous celui de l'Autriche. Plusieurs de ses rues sont d'un as-

pect très imposant par la beauté des constructions qui les bordent et peu de villes en Europe possèdent un aussi grand nombre de monuments remarquables. Le principal est sa superbe cathédrale, une des plus vastes et des plus belles basiliques de l'Europe : commencée en 1386 et achevée seulement dans ces dernières années, elle est construite en marbre blanc et présente une croix latine, partagée, par 52 colonnes, en cinq nefs; elle est longue de 454 pieds 8 pouces, large, aux transepts, de 267 pieds 8 pouces, dans les nefs, de 176 pieds , et haute, dans la nef centrale, de 143 pieds. L'aiguille en marbre qui surgit du centre de la croisée atteint, avec la statue colossale et en bronze de la Vierge qui la couronne, une élévation de 335 pieds. Près de 5000 statues en marbre décorent l'extérieur et l'intérieur. Chose assez rare en Italie, cette église appartient tout entière, à l'exception de quelques portions de la façade, au style ogival; aussi en attribue-t-on le plan à un architecte allemand nommé Gamodia ou Zamodia. La richesse de la décoration intérieure répond à la beauté de l'architecture. On y admire particulièrement les nombreux mausolées en marbre et en bronze des archevêques, les magnifiques stalles, la chaire, le pavé en marbre de rapport, mais surtout la crypte, dont les murs sont garnis de lames d'argent, et qui contient la châsse de saint Charles Borromée, en or et en cristal de roche. —Après la cathédrale, l'église la plus intéressante de Milan est celle de Saint-Ambroise, dont l'*atrium* ou avant-cour, les portes en bronze, les mosaïques de l'abside et le maître-autel, datent du ixᵉ siècle. Parmi les autres églises si nombreuses de Milan (on compte 63 paroisses et beaucoup d'oratoires); plusieurs sont aussi fort remarquables, les unes par leur haute antiquité, les autres par leurs vastes dimensions, la splendeur de leur architecture, et les trésors d'art de toute nature qui y sont prodigués. — Les monuments civils de Milan ne le cèdent ni en nombre ni en magnificence aux précédents. Des onze portes de la ville les deux plus belles sont la Porte-Orientale, bâtie en 1814 et ornée de quatre colonnes en granit rouge, de 44 pieds de hauteur, et l'admirable arc de la Paix ou du Simplon, commencé en 1805 et terminé en 1845. Élevé primitivement en l'honneur de Napoléon, il est orné de superbes colonnes et de bas-reliefs en marbre, et couronné d'un char traîné par six chevaux et portant la statue de la paix; quatre autres chevaux sont placés aux angles de la plate-forme. L'arc de la Paix ouvre la grande route du Simplon, qui débouche au centre d'un des quatre côtés de la vaste place d'armes : un des côtés latéraux de cette place est bordé par l'Arène, magnifique cirque construit par les Français, à l'instar des cirques romains : long de 800 pieds et large de 100, il est entouré de dix rangs de gradins qui peuvent contenir 30,000 spectateurs. Le grand théâtre de la Scala, construit en 1778, passe pour le plus vaste et le plus beau de tous les monuments analogues de l'Italie : l'intérieur, à 6 rangs de loges au nombre de 195, est de l'aspect le plus frappant et le plus grandiose. Des 7 ou 8 autres théâtres les plus beaux sont ceux de la Canobio, Carcano, et le théâtre Filo-Dramatique. Le palais de la Cour, résidence du vice-roi, se distingue moins par son architecture extérieure que par la rare magnificence de ses grands appartements, dont les belles peintures d'Appiani font l'ornement capital. Un second palais de la cour, la *Villa impériale*, jadis palais Belgiojoso, construit en 1790, déploie un plus grand luxe d'architecture extérieure, et est entouré d'un magnifique jardin anglais. Nous citerons encore parmi les autres édifices publics de Milan : le palais épiscopal, dont on admire la cour entourée d'un double rang de portiques et les superbes écuries ; le Séminaire et l'ancien Séminaire des Suisses, aujourd'hui palais de la Comptabilité, splendides monuments dus à la générosité de saint Charles Borromée ; le second, dont les deux cours présentent chacune un double rang de portiques à colonnes de granit rouge, passe pour un des plus beaux palais de l'Italie, et pour le plus parfait de Milan, sous le rapport de l'art ; la Brera ou palais des Beaux-Arts, ancien couvent des jésuites, dont la grande cour offre la même ordonnance ; le palais du Tribunal criminel, le palais du Gouvernement, orné d'une superbe cour et d'une belle façade moderne ; le bâtiment de la bibliothèque ambroisienne ; la magnifique caserne de Saint-François, le palais du commandement militaire, le Mont-de-Piété, le Casino des nobles, celui des négociants (ancien palais Cusani), construit dans le plus beau style de la Renaissance ; le Ministère des finances, un des monuments les plus imposants de la ville, bâti en 1525 ; le Dépôt général des archives, l'Hôtel de la Monnaie, l'Hôtel de l'administration générale des tabacs, édifice aussi vaste que majestueux, et de construction récente ; le Grand-Hôpital, commencé en 1456 et terminé depuis peu d'années ; le *Foppone*, ancien cimetière de cet hôpital, construit en 1731; le Lazaret, élevé en 1489 ; la Maison de correction, bâtie sur les plans de l'architecte Fr. Croce ; enfin, la Galerie ou Passage de Christoforis, longue de 1,200 pieds et élevée en 1832. — Des colonnes monumentales s'élèvent dans plusieurs rues de Milan, mais on n'y voit qu'une seule statue, celle de saint Charles Borromée, en bronze. Quant aux places publiques, on ne peut guère citer que celle située devant le palais archiépiscopal, la pour beauté de sa fontaine, et pour sa régularité ; celle des marchands n'est en quelque sorte qu'une grande cour carrée, fermée de portes et entourée de plusieurs édifices publics, tels que le dépôt des archives des notaires, bâti en 1233 ; la Bourse, la Chambre de commerce, et un très beau corps-de-garde orné d'un péristyle. Les promenades publiques sont : le *Foro*, belle plantation établie sur la partie antérieure de la citadelle, les boulevarts qui entourent la moitié de la ville, et le Jardin public du *Corso* de la Porte-Orientale, au centre duquel a été élevée une magnifique salle de concerts et de bal. — Milan possède une foule d'établissements scientifiques, littéraires et artistiques de premier ordre : deux bibliothèques publiques, celle de la Brera, renfermant plus de 100,000 volumes, et la célèbre bibliothèque ambroisienne, fondée par le cardinal Borromée, en 1609, et dont les 15,030 manuscrits ont fourni à Angelo Maïo plusieurs de ses découvertes les plus importantes ; un des plus riches musées de tableaux de l'Europe, à la Brera ; deux cabinets d'antiquités, un de médailles, un de modèles pour la marine, un de minéralogie, un de paléontologie, un d'histoire naturelle, etc.; une académie des beaux arts ; l'institut géographique, militaire, etc., etc. — Comme place de commerce, Milan doit être considérée comme l'entrepôt général de toute la haute Italie. Sch.

MILANAIS. Gouvernement du royaume Lombard-Vénitien, dont il comprend la partie occidentale. Borné par la Suisse, la Vénétie, les duchés de Modène et de Parme, et le royaume de Sardaigne, il a une superficie de 390 m. c., une population de 2,500,000 âmes, et se divise administrativement en neuf délégations dont la principale est celle de Milan, avec une superficie de 45 m. c., et 600,000 habitants. Le Milanais se compose presque tout entier d'une immense et superbe plaine, d'une extrême fertilité, et qui, par la richesse et la variété de ses cultures, ressemble à un jardin entrecoupé d'un nombre considérable de canaux. On y récolte toutes les espèces de céréales, y compris le maïs et le riz. Il y a beaucoup de vignobles, de muriers et d'arbres fruitiers ; mais les bois de construction et à brûler sont rares. Les prés, qui se fauchent jusqu'à quatre fois l'an lorsqu'ils peuvent être arrosés, nourrissent de nombreux troupeaux de bétail qui fournissent le stracchino, un des meilleurs fromages d'Italie. Il y a des manufactures de toute espèce à Milan, à Monza et dans quelques autres villes ; mais dans les campagnes on ne s'occupe guère que de la fabrication de la soie. Les vins y sont d'une très bonne qualité. Le gibier et la volaille y abondent. Les eaux sont aussi très poissonneuses. Le Milanais possède des mines de fer et de cuivre, et des carrières d'un très beau marbre. Ses lacs, le lac Majeur, ceux de Lugano, de Come, d'Iseo et de Garda, sont les plus grands de l'Italie. Les principaux fleuves et rivières qui l'arrosent sont le Pô, le Tessin, l'Adda, l'Oglio et le Mincio. — Le Milanais formait, depuis le xv° siècle, un duché; mais en 1736, on en a détaché, pour la réunir au Piémont, une étendue de 154 m. c., qui compose aujourd'hui les provinces piémontaises d'Alexandrie, de Lumellina, de Tortone, de Voghera, de Bobbio, de Sioccomario, de Vigevanasco, de Novare et de Sesia. SCHAGÈS.

MILANDRE (poiss.) : Genre de l'ordre des chondroptérygiens à branchies fixes, famille des sélaciens, établi par G. Cuvier aux dépens des requins, dont il diffère principalement par la présence d'évents. — La seule espèce qui entre dans ce groupe est le *squalus galeus*, remarquable par ses dents, dentelées seulement à leur côté extérieur; sa taille varie entre un mètre 50 cent. et 2 mètres. Ce poisson vit dans les mers d'Europe; il est très vorace, se nourrit de poissons, et l'on assure qu'on l'a vu quelquefois s'élancer sur le rivage pour se jeter sur les hommes eux-mêmes (voy. REQUIN). E. D.

MILET (géogr. anc.) : ville ancienne et célèbre de l'Asie-Mineure et la plus florissante des colonies Ioniennes. Elle était située sur les côtes de la Carie, près du golfe Latmique, à l'extrémité S. de l'Ionie, non loin des frontières septentrionales de la Doride. Fondée, dit-on, par les Crétois, à une époque très reculée, elle porta successivement les noms de *Lelecis*, à cause des Leleges qui l'habitèrent; de *Pythiusa*, parce que son territoire était couvert de pins; et d'*Anactoria*. Elle dut son éclat et sa prospérité aux émigrations ioniennes qui, du iv° au vi° siècle avant J.-C., la firent, après Tyr et Carthage, la première puissance commerciale de la Méditerranée. La mer était couverte de ses navires, et elle entretenait jusqu'à 100 vaisseaux de guerre. Pline porte à 80 le nombre des colonies qu'elle fonda sur les bords de la Méditerranée ou du Pont-Euxin. On cite surtout : en Colchide, Phasis et Dioscurias; en Scythie, Tomes, Olbia ou Borysthénaïs; Salamis, en Chypre; Ampé, sur les bords du Tigre; Clauda, sur l'Euphrate : ce qui prouve ses relations commerciales avec le golfe Persique; Miletopolis, en Mysie; Phanagone, Hernionasse et Cepi, sur le Bosphore cimmérien; Héraclie, Sinope, Cérapinte, Trapésunte, sur le Pont-Euxin;

Parnim et Lampsaque, près de l'Hellespont; et auprès de Milet même, Latmos, Héraclée, Icarie, Leros, etc. Elle avait quatre ports, dont un seul pouvait contenir une flotte entière. Parmi les produits de son industrie, ses laines et sa pourpre jouissaient surtout d'une grande renommée : d'où l'on peut conclure que ses navigateurs connaissaient, comme les Phéniciens, les îles Fortunées (voy. ÉLISA, (îles). Tant de prospérité avait amené parmi les habitants de Milet une grande dissolution de mœurs, et des habitudes de luxe poussées jusqu'à l'extrême. Les magistrats, nommés *Enantes*, délibéraient en mer dans certaines affaires d'une haute importance. Le goût des lettres était aussi vif à Milet que dans les cités les plus célèbres de la Grèce. Thalès, Anaximandre, Anaximène, l'orateur Eschine, Aspasie, y virent le jour, ainsi qu'Aristide, le plus ancien des romanciers célèbres. Il paraît même que c'est aux habitants de Milet qu'on doit ce genre de littérature brillant et frivole, qui, pour cette raison, recevait des Grecs le nom de *milésiaque*. Milet, aujourd'hui *Palasha*, n'est plus qu'un monceau de ruines méconnaissables. Elle possédait cependant de nombreux et magnifiques monuments, tels que les temples de Cérès et de Vénus; le théâtre, tout revêtu de marbre, dont Chandler a retrouvé quelques restes; le tombeau de Nélée, qui passait pour le fondateur de la ville; la citadelle, construite par Tissapherne, etc. D'Anville ne croyait pas que Palasha occupât l'emplacement de Milet. Palasha, en effet, est assez éloigné de la mer; mais D'Anville ne tenait pas compte des atterrissements du Méandre, qui a comblé le golfe dès détritus qu'il roule à la mer. AL. B.

MILHAU ou MILLAU : ville de France, département de l'Aveyron, chef-lieu d'arrondissement, à 48 kil. S.-E. de Rodez, sur la rive droite du Tarn, avec une population de 9,400 habitants, dont un assez grand nombre de calvinistes. Elle est dans une vallée agréable, entourée de coteaux couverts de pêchers et d'amandiers. On y voit un pont dont on attribue la construction à César. On y fait beaucoup de fromages dits de *Roquefort*, qui se préparent dans de vastes caves taillées dans le roc. Milhau a aussi des fabriques de gants de peau et de draperie, des tanneries, des chamoiseries renommées, des mégisseries, des teintureries. Elle fait commerce de laine, de cuirs, de bois de construction, de merrain, d'amandes douces et amères. Les environs possèdent des mines de lignite.

Cette ville est très ancienne, et les Romains l'appelaient *Æmilianum*, d'où est dérivé son nom actuel. Autrefois fortifiée, elle fut un des principaux remparts des calvinistes pendant les guerres de religion, et elle a conservé un consistoire protestant. Louis XIII la prit en 1629 et en détruisit les fortifications. — L'arrondissement de Milhau renferme 66,000 habitants. E. C.

MILIOLE (*zool.*). On indique sous ce nom et sous celui de *Miliolite*, un genre comprenant de très petites coquilles fossiles, excessivement communes dans les terrains tertiaires, que de Lamarck croyait provenir des mollusques céphalopodes, et que M. Alcide d'Orbigny range dans un ordre des foraminifères (*voy.* ce mot).

MILIAIRE (*méd.*) (*voy.* SUETTE).

MILICE (*art mil.*). Ce mot, du latin *militia*, qui, lui-même, dérive de *miles*, soldat, a différentes acceptions. Il exprime d'abord les forces militaires d'un État en général, et ce ne fut qu'après les guerres d'Italie sous Charles VIII et Louis XII que le mot armée lui fut substitué. Le mot *milice* ne désigna plus ensuite que des réunions de bourgeois qui, pendant la féodalité, étaient appelés pour une foule de villes jouissant du privilège de s'organiser militairement, pour veiller à la sûreté publique, ou ces levées de paysans faites par la voie du sort pour recruter l'armée et former des régiments provinciaux qu'on ne réunissait que dans certaines occasions. La première levée des milices que l'on enrégimenta se fit par une ordonnance du 20 novembre 1688; elle fut de 25,050 hommes dont on fit trente régiments, qui furent congédiés à la paix de Riswick. On leva encore des milices sous le même règne, pendant la guerre qu'occasionna la succession d'Espagne; mais on ne les enrégimenta pas; elles servirent à recruter les régiments réguliers. Les milices commencèrent à avoir lieu sous le règne de Louis XV, après la la mort du Régent, sous le ministère du duc de Bourbon, et dès lors il fut décidé d'en faire un corps toujours subsistant. Ainsi par ordonnance du 25 février 1726, il fut levé 93 bataillons de milice; par celle du 12 novembre 1733, on augmenta de 30 le nombre de ces bataillons, qui furent tous composés de 12 compagnies de 57 hommes, officiers non compris, et prirent le nom de *troupes provinciales*. En ce sens le mot milice était opposé à l'expression de troupes régulières. Cette institution a reparu dans les temps modernes sous différents noms, et avec des modifications légères suivant les pays (*voir* pour la France GARDES NATIONALES, et pour la Prusse LANDWEHR. — L'origine de la milice remonte, en Angleterre, à Alfred-le-Grand. Cette institution a subi dans la suite des temps diverses modifications. Actuellement les miliciens anglais sont recrutés par le sort; la durée de leur service est de cinq ans; mais ce terme peut être prolongé au besoin; les Lords-Lieutenants et les autres grands propriétaires fonciers désignés par la couronne en ont le commandement. En aucun cas, ils ne peuvent être envoyés hors du royaume. Mais lorsque l'État est en danger, par suite d'une invasion étrangère ou d'une révolte intérieure, ils sont tenus de se porter, sur l'ordre du gouvernement, partout où leur présence est jugée nécessaire. Sous les armes, les milices sont soumises à la loi militaire. — Aux États-Unis, la milice est constituée par un acte du congrès de 1792, en vertu duquel tout individu de 18 à 45 ans, jouissant des droits de citoyen, et en état de porter les armes, est inscrit sur les contrôles de la milice. L'armée permanente ne comptant que quelques mille hommes, la milice constitue la principale force des États-Unis. Les milices doivent se pourvoir à leurs frais des armes ordinaires de l'infanterie et de cartouches à balle. L'artillerie est fournie par le gouvernement. Dans tous les États le gouverneur est chargé, avec plus ou moins de restriction, du commandement en chef de la milice; mais en vertu des constitutions de plusieurs États, surtout d'origine récente, cela n'a pas lieu lorsque la milice est au service effectif de l'Union, dans la crainte d'une collision entre le gouvernement central et les États. Il y a, selon les États, quatre modes différents de nomination des officiers. Ils sont choisis ou par la milice elle-même, ou par le gouverneur, ou par la législation, ou par les officiers supérieurs déjà nommés; mais dans ce dernier cas comme dans celui de l'élection par la milice, le choix doit être ratifié par le gouvernement. — Nous ne parlerons pas de la milice des autres puissances, qui toutes ont puisé leurs différents systèmes dans les lois françaises, anglaises ou américaines. DOULCET de PONTÉCOULANT.

MILIEU (*accep. div.*). On appelle ainsi, en géométrie, le point qui sépare une ligne en deux parties d'égale longueur. On applique vulgairement le même nom à tout point également éloigné des limites d'un corps. En physique, le mot *milieu* signifie l'espace matériel dans lequel un corps existe ou se meut, dans lequel s'accomplit un phénomène; l'eau est le milieu dans lequel vivent les poissons; l'air est celui dans lequel nous vivons. C'est à la différence de densité des milieux que la lumière traverse qu'est due sa réfraction.

MILIUM, *Milium* (*bot.*): Genre de plantes de la famille des graminées, dont on connaît plusieurs espèces voisines du genre mil ou millet. Le type du genre est le *milium effusum* assez commun en Europe, dans les lieux ombragés;

on le distingue à ses fleurs pendantes, disposées en panicule étalée et peu fournie. Son fourrage est odorant, fort nourrissant et très recherché des bestiaux.

MILLE : Nombre cardinal exprimant un assemblage de dix centaines. Lès mille forment la seconde classe des unités ternaires, partagée en trois ordres : les unités de mille, les dixaines de mille et les centaines de mille. Dans le système décimal, ce nombre s'écrit 1000. C'est la troisième puissance ou le cube de 10. On l'écrit 1111101000 dans le système binaire, et 6β4 dans le système duodécimal. En chiffres romains, on le représente par M. Chez les Grecs, on le représentait par χ, par $\bar{α}$, par $\dot{α}$, ou par α,. Une, deux, trois dixaines de mille, ou une, deux, trois myriades s'écrivaient $\overset{α}{M}$, $\overset{β}{M}$, etc., ou bien α.Μυ, β.Μυ, etc. Dans le système métrique, les mille unités sont exprimés par le mot *kilo*, et les dixaines de mille par celui de *myria*. On dit un *mille* ou un *millier*, pour exprimer un poids de 1000 kilogrammes : c'est le *tonneau* de mer. Les Latins disaient de même *mille hominum*. Le mille, *mille passuum*, était chez eux la mesure itinéraire la plus commune. De là est venu notre *mille*, mesure également itinéraire.

MILLE (*métrol.*). Sous ce même nom, commun à différents siècles, à différentes langues, à différents pays, on réunit plusieurs mesures itinéraires de longueurs différentes. La circonstance unique qui leur a valu ce nom commun, celle d'être les multiples d'une unité mille fois répétée, se trouve quelquefois si effacée, qu'il est impossible de retrouver l'existence de l'unité primitive ; quelquefois même les voyageurs ou les géographes donnent le nom de mille à des mesures qui portent légitimement une autre dénomination. Nous réunissons ici celles de ces mesures dont la citation est la plus fréquente, et les différentes évaluations qui en ont été données par les meilleurs auteurs, le tout réduit en mètres.

ANTIQUITÉ. — Mille *asiatique* : Suivant Romé de l'Isle, 856 toises ou 1668 mètres 405 c.; et suivant M. Saigey, 1620 m.— Mille des *Hébreux* (Romé) : 570 t. 4 p., ou 1112 m. 25 c. — Mille *romain* : évalué par Romé de l'Isle à 755 t. 4 p. 8 p. 8 lig., ou 1473 m. 056 c.; par d'Anville, à 756 toises, ou 1473 m. 471 c.; et par Casimir, à 5,000 pieds du Rhin valant 1569 m. 280 c.; il se trouve, d'après une mesure directe ordonnée par Pie VI, être de 1471 m. 23 c. — TEMPS MODERNES. — En *Allemagne*, on distingue trois sortes de milles, évalués par Casimir à 20,000, 22,500 et 25,000 pieds du Rhin, ce qui donne 6277 mètres 12 c., 7061 m. 76 c. et 7846 m. 40 c.,—

L'*Angleterre*, suivant le même auteur, a le sien de 5454 pieds du Rhin, soit 1711m. 77 c. Ce mille, qui se divise en 8 furlong de 40 pole ou perches chacun, dont une vaut 5 1/2 yards, équivaut réellement à 1609 m. 315 c. Son unité fondamentale, aujourd'hui perdue, devait être tout près du tiers de la perche. — *Arabie* : Les mille pas de 3 coudées chacun, faisant le tiers de la parasange, valent 1920 mètres. Le mille d'Almamoud ou 1000 pas de 4 coudées noires chacun, vaut 2160 mètres. — *Autriche* : Le mille comprend 4000 toises ou 7586 m. 4 c. — *Bade* : Mille de 12 1/2 au degré : 8888 m. 88 c. — *Bourgogne* : Suivant Casimir, 1800 pieds du Rhin, ou 5649 m. 408 c. — *Écosse* : Suivant le même auteur, 6000 pieds du Rhin : 1882 m. 336 c. — *Egypte* : Suivant le même, 25000 pieds du Rhin, ou 7846 m. 4 c., comme le grand mille d'Allemagne. — *Espagne* : Tiers de lieue ; il valait, avant 1766, 1410 mètres ; mais depuis, la lieue ayant été portée de 5000 à 8000 vares, il vaut 2261 mètres. Casimir donnant à la lieue le nom de mille, le porte à 21270 pieds du Rhin ou 6675 m. 717 c. — *Flandre* : 20000 pieds du Rhin, ou 6277 m. 12 c., comme le petit mille d'Allemagne. — *France* : Suivant Casimir, qui prend encore ici la lieue de 2500 toises pour un mille, 15750 pieds du Rhin, ou 4493 m. 232 (Ce devrait être 4872 m. 585 c.); mais réellement on appelait mille la demi-lieue de poste, ou 1000 toises valant 1949 m. 03659. — *Hambourg et Hollande* : Mille de 2000 perches ou 24000 pieds du Rhin : 7532 m. 486 c. — *Hanovre* : Mille de 2274 ruthes ou 10588 mètres.— *Italie* : mille de 1490 mètres dans les États romains, de 1629 mètres en Toscane. — *Lithuanie* : 18500 pieds du Rhin : 5806 m. 336 c. —*Moscovie* : 3750 pieds du Rhin : 1176 m. 96 c. —*Pays-Bas* : Le mille est le kilomètre. — *Pologne* : Mille de 19850 pieds du Rhin : 6230 m. 042 c.— *Prusse* : Mille de 2000 ruthes ou perches : 7532 m. 86 c. — *Saxe* : Mille de 2000 perches : 9064 mètres. — *Portugal* : Mille ou tiers de la lieue de 18 au degré : 2057 m. 426 c. — *Suède* : Mille de 3000 pieds du Rhin, équivalant à 9415 m. 68 c.   ÉMILE LEFÈVRE.

MILLEFEUILLE (*bot.*). Nom vulgaire de l'*achillea millefolium*, Linné, plante commune le long des chemins et dans les champs de toute la France.

MILLEPERTUIS, *Hypericum* (*bot.*) : Grand et beau genre de la famille des Hypéricinées, à laquelle il donne son nom, de la polyadelphiepolyandrie, dans le système de Linné. Les nombreuses espèces qui le composent sont des plantes herbacées ou sous-frutescentes, dont les feuilles opposées, généralement entières, sont presque toujours marquées de points translucides, formés par des réservoirs d'huile essentielle qui ressemblent à des trous, lorsqu'on les regarde contre le jour, ce qui leur a valu le nom de *Millepertuis*. Leurs fleurs sont jaunes, pourvues d'un calice à cinq sépales, dont les deux extérieurs parfois plus grands; de cinq pétales; de nombreuses étamines soudées par les filets en trois ou cinq faisceaux; d'un pistil à trois ou cinq styles.

L'espèce de ce genre la plus connue est le MILLEPERTUIS COMMUN, *Hypericum perforatum* Linn., qui croît communément dans les bois, le long des haies, dans les terres incultes de nos pays. Sa tige herbacée est ponctuée de noir et relevée de deux lignes saillantes opposées; ses feuilles sont ovales, obtuses, sessiles; ses fleurs de grandeur moyenne, groupées en panicules, ponctuées de noir au bord du calice, des pétales et sur les étamines. Cette plante a joui autrefois d'une grande réputation comme espèce médicinale; on lui a même attribué des vertus surnaturelles, et la puissance de chasser les esprits malins, ce qui lui avait valu le nom de *chasse-diable*. Elle est aujourd'hui peu employée en médecine.

Le MILLEPERTUIS ANDROSÈME, *H. androsæmum* Linn., vulgairement nommé *toute-saine*, croît assez fréquemment dans les lieux couverts et humides de nos départements de l'ouest et du sud. Sa tige s'élève jusqu'à un mètre, et porte de grandes feuilles sessiles, ovales, arrondies au sommet. Ses fleurs sont de moyenne grandeur, à grands sépales obtus, à peu près de même longueur que les pétales. La consistance succulente que prend son fruit a été le motif principal pour lequel certains auteurs en ont fait le type d'un genre particulier, l'androsème. Toutes les parties de la plante sont fortement odorantes. Bien qu'elle ait eu autrefois beaucoup de vogue en médecine, particulièrement comme vulnéraire, elle est aujourd'hui à peu près inusitée. On la cultive assez souvent dans les jardins.

Le MILLEPERTUIS FÉTIDE, *H. hircinum* Lin., est un sous-arbrisseau touffu, originaire du Levant et des parties les plus méridionales de l'Europe, mais à peu près naturalisé dans quelques uns de nos départements du midi. Il exhale une forte odeur de bouc qui lui a valu son nom spécifique, et s'élève à un mètre environ de hauteur. Ses feuilles sont assez grandes, sessiles, ovales-lancéolées, plus ou moins aiguës au sommet; ses fleurs larges d'environ trois centimètres, à très longues étamines, se succèdent pendant tout l'été.

Le MILLEPERTUIS A GRANDS CALICES, *H. calycinum* Lin., est spontané dans l'Asie-Mi-

neure et en Grèce; on le cultive très fréquemment dans les jardins. Sa tige ligneuse, à nombreux rameaux simples, ne s'élève guère au-dessus de trois ou quatre décimètres de hauteur; ses grandes feuilles sessiles et ovales sont glauques en dessous. Ses fleurs sont très grandes, larges de sept ou huit centimètres, et se succèdent pendant tout l'été; leurs étamines sont plus courtes de moitié que les pétales. Ce bel arbuste trace beaucoup. On le multiplie facilement par graines, par boutures, par marcottes, par division des pieds et par rejets. P.D.

MILLEPIEDS (*voy.* MYRIAPODES).

MILLÉNAIRES. Les millénaires sont les partisans de l'erreur qui suppose que J.-C. régnera visiblement sur la terre avec les saints, dans une Jérusalem nouvelle, pendant mille ans, avant la résurrection générale. Cette erreur est fondée sur une fausse interprétation de ces paroles de l'Apocalypse : « Les âmes de ceux qui ont eu la tête coupée pour avoir rendu témoignage à Jésus et pour la parole de Dieu, et qui n'ont point adoré la bête ni son image, ni reçu son caractère sur leurs fronts ou dans leurs mains, ont vécu et régné mille ans avec J.-C. Les autres morts ne sont pas revenus en vie jusqu'à ce que mille ans soient accomplis. C'est ici la première résurrection. » (Chap. 20, v. 4, 5).

Les millénaires ont voulu décrire le bonheur que J.-C. réservait à ses saints dans ce règne visible de mille ans. Les traits dont ils ont composé leur tableau ont été empruntés aux prophètes. Ils ont pris à la lettre les allégories par lesquelles Isaïe et Ézéchiel promettaient aux Juifs que Dieu les rassemblerait d'entre toutes les nations, et que, lorsqu'il aurait exercé ses jugements sur tous leurs ennemis, il les ferait jouir sur la terre d'un bonheur parfait. Les millénaires admettaient deux résurrections. La première n'était que pour les justes déjà morts. Les hommes bons ou méchants qui vivraient à l'avènement du règne de mille ans conserveraient la vie; les bons pour obéir aux justes ressuscités, les méchants pour leur être assujettis. J.-C. devait alors descendre du ciel dans sa gloire. Jérusalem et le temple devaient être rebâtis avec une nouvelle splendeur. Les millénaires appliquaient à la nouvelle Jérusalem tout ce qui est dit dans le 21e chapitre de l'Apocalypse, et au temple tout ce qui est dit dans Ézéchiel. La terre où le temple de Jérusalem serait rebâti, aurait une fertilité merveilleuse; c'était là que J.-C. devait régner mille ans sur la terre avec les saints, les patriarches, les prophètes; c'était là que J.-C. devait rendre à ses saints le centuple de ce qu'ils auraient quitté pour lui. Quelques millénaires prétendaient que le bonheur des saints consisterait dans l'excès même des plaisirs des sens. Les cérémonies de la loi deviendraient encore obligatoires. Aussi saint Jérôme appelle-t-il souvent l'erreur des millénaires une tradition judaïque, et les chrétiens qui l'admettaient, des chrétiens judaïsants. Quand le règne de mille ans serait passé, le démon viendrait attaquer les saints dans la Judée, entraînant après lui les peuples de Scythie désignés dans l'Ecriture sous les noms de Gog et de Magog. Mais Dieu ferait périr ces infidèles par une pluie de feu. Alors s'opérerait la résurrection générale.

L'opinion des millénaires touche au berceau de l'Église. On croit que Cerinthe fut millénaire. L'opinion des millénaires flattait l'imagination et les sens. Elle devait plaire à ces juifs qui, devenus chrétiens, n'avaient pu entièrement se débarrasser des idées terrestres et charnelles qu'ils s'étaient faites du règne du Messie. Cependant l'opinion des millénaires trouva des partisans même parmi les Pères de l'Église. Mais jamais cette opinion n'a eu pour elle l'assentiment unanime des saints docteurs. Il faut soigneusement observer que les Pères qui ont été millénaires retranchaient les plaisirs grossiers du bonheur que les saints devaient goûter dans le règne de mille ans. Papias, très ancien auteur, mais d'un très petit esprit, ayant pris trop grossièrement certains discours des apôtres que leurs disciples lui avaient rapportés, aurait introduit dans l'Église, d'après Bossuet, le règne de mille ans dans une terrestre Jérusalem magnifiquement rebâtie, où la gloire de Dieu éclaterait d'une manière admirable, et où J.-C. régnerait visiblement avec ses martyrs ressuscités. Saint Justin fut millénaire; mais il fait observer qu'il y en avait plusieurs de la pure et religieuse doctrine des chrétiens qui n'étaient pas de ce sentiment. Quand saint Justin s'élève dans ce passage contre des hérétiques impies dont la doctrine est pleine de blasphèmes et d'absurdités, il a en vue, non pas ceux qui nient le règne de mille ans, mais ceux qui n'admettaient point la résurrection des corps. Saint Irénée fut millénaire ; mais, dit Fleury, « il était frappé de l'autorité de quelques anciens qui avaient laissé cette tradition, entre autres de Papias ; et, voulant s'éloigner le plus qu'il était possible des explications allégoriques sur lesquelles se fondaient les hérétiques qu'il combattait, il donnait dans l'excès contraire, et prenait trop à la lettre les passages de l'ancien et du nouveau Testament qui décrivent la gloire de l'Église, ou la félicité éternelle sous diverses figures sensibles. »

L'opinion des millénaires disparut dans la grande lumière du IVᵉ siècle. Népos, Victorin, Lactance, Tertullien, Sulpice-Sévère, etc., ont embrassé l'erreur des millénaires. Origène, Denis d'Alexandrie, saint Jérôme, etc., l'ont combattue. Bossuet réfute cette erreur dans son commentaire sur l'Apocalypse. Il rappelle, après saint Augustin, que les mille ans de saint Jean ne sont pas un nombre préfix, mais un nombre où il faut entendre tout le temps qui s'écoulera jusqu'à la fin des siècles, conformément à cette parole du psalmiste: *La parole qu'il a commandée jusqu'à mille générations;* ce qui ne veut dire autre chose que toutes les générations qui seront jamais. Il fait remarquer que dans le 4ᵉ verset de l'Apocalypse, sur lequel s'appuient les millénaires, l'on ne voit sur le trône pour vivre, et pour juger avec J.-C., que des âmes seulement, et qu'ainsi il n'est pas question pour les martyrs d'une résurrection anticipée avant la résurrection générale. Enfin, il établit que ce règne des martyrs avec J.-C., consiste en deux choses : premièrement, dans la gloire qu'ils ont au ciel avec J.-C. qui les y fait ses assesseurs, et, secondement, dans la manifestation de cette gloire sur la terre par les grands et justes honneurs qu'on leur a rendus dans l'Église, et par les miracles infinis dont Dieu les a honorés, même à la vue de leurs ennemis, c'est-à-dire, des infidèles qui les avaient méprisés.

L'erreur des millénaires a été renouvelée par les piétistes d'Allemagne. De nos jours elle se reproduit en Amérique chez les partisans de Joseph Smith, appelés Mormons.   FLOTTES.

MILLÉPORE (*zooph.*). Genre établi par Linné pour des polypiers pierreux, non tubuleux, n'offrant pour cellules des polypes que des pores simples non lamelleux, et qui, selon Lamouroux, doivent être considérés comme formant un ordre particulier, celui des *milléporées*, partagé lui-même en une vingtaine de groupes génériques. Les millépores proprement dits, ont pour caractères : polypier pierreux, solide intérieurement, polymorphe, rameux ou frutescent, muni de pores cylindriques en général très petits, quelquefois non apparents et perpendiculaires à l'axe ou aux expansions du polypier. L'animal a une forme ovoïde, et présente antérieurement une trompe que termine une bouche contractile placée au milieu d'une espèce d'entonnoir formé par plusieurs tentacules. — Les espèces assez nombreuses de ce genre habitent les mers de presque toutes les régions du globe. Celle que l'on peut prendre pour type est le MILLÉPORE CORNE D'ÉLAN (*millepora alcicornis*, Linné), qui à la surface de son polypier garnie de pores tellement fins, qu'elle paraît presque entièrement lisse. Elle se trouve dans l'Océan des Antilles, et forme des touffes sèches, à foliations palmées, multifides, écartées, quelquefois divergentes, un peu piquantes aux deux extrémités. E. D.

MILLÉSIME : Chiffre qui, sur les monnaies, les médailles, etc., indique l'année de la fabrication. Dans l'antiquité on se contentait d'une légende ou d'une effigie, ou de certains chiffres indiquant le règne du magistrat ou du prince. Les Ptolémées même exprimèrent la date en lettres numériques grecques. La médaille de l'an 19 du règne de Ptolémée Soter est la plus ancienne de toutes celles de ce genre, car celles d'Alexandre-le-Grand qui offrent le même caractère sont postérieures à sa mort. Le moyen-âge négligea tout à fait cet usage si précieux pour la chronologie. Mais vers le xvᵉ siècle on commença à inscrire sur les monnaies la date de leur émission rapportée à l'ère chrétienne, d'abord en caractères romains. L'Allemagne et les Pays-Bas paraissent avoir pris l'initiative de cette utile innovation. La première des monnaies françaises qui porte le millésime est un écu frappé en 1498, par Anne de Bretagne. Mais ce fait paraît chez nous avoir été isolé, quoiqu'il se reproduise sur un écu de François Iᵉʳ (1532). L'usage du millésime ne devint général et obligatoire que sous Henri II qui, par ordonnance de 1549, établit qu'à l'avenir le millésime, écrit en chiffres arabes, figurera du côté de l'écusson, à la suite de la légende.

MILLESIMO : bourg du Piémont, dans le Montferrat, à 3 lieues E. de Mondovi. Il est célèbre par la bataille gagnée par l'armée française sur les Autrichiens, le 14 avril 1796 ; l'ennemi y perdit 2,500 hommes tués, 8,000 prisonniers, 22 bouches à feu, et 15 drapeaux. Le fruit de cette victoire fut la jonction de Bonaparte avec le général Serrurier, en observation sur le Tanaro.

MILLET (*méd.*) (*voy.* MUGUET).

MILLET (*bot.*) (*voy.* MIL).

MILLEVOYE (CHARLES-HUBERT), né à Abbeville en 1782, mort à Paris le 12 août 1816. La vie de l'auteur de la *Chute des Feuilles*, du poète élégiaque qui charmait de son chant plaintif et doux les premières années du xixᵉ siècle n'offre aucun événement saillant. A treize ans il publia dans les recueils du temps ; à seize ans il remporta le prix de poésie à l'Académie française, et depuis lors les prix de toutes les académies poétiques ne cessèrent de pleuvoir sur lui. Placé chez un procureur, il le quitta bientôt pour se faire commis dans une maison de librairie ; mais il lisait les livres qu'il mettait en vente, et son patron lui prédit qu'il ne serait jamais libraire. En effet,

il ne tarda pas à abandonner le commerce pour se livrer uniquement aux douceurs de l'existence de poète lauréat. Il fit deux parts de sa vie, l'une qu'il consacra à de graves poèmes, à des épopées, à des traductions, à des dialogues, à des dissertations en vers que l'on prisait fort et que l'on récompensait de son temps, mais que personne ne lirait aujourd'hui ; l'autre qu'il donna aux plaisirs et à ces douces et faciles élégies, « dont le baiser, dont la rose, étaient le sujet et le prix, et qui n'avaient que la durée de la rose et du baiser. » Ce menu bagage poétique, dont ses contemporains, les femmes exceptées, faisaient peu de cas, est le seul dont la postérité ait daigné s'enquérir. Ces plaintes de poètes mourants qui çà et là apparaissent dans son livre ; ce récit de joyeux déjeuners à deux qui s'y épanouit ; ces chants d'amour ou de famille, sans passion vive, mais sensés et respirant un mol abandon ; ces élégies païennes encore, moins artistiques que celles d'André Chénier, mais qui annonçaient déjà Lamartine ; ces ballades qui faisaient pressentir un côté de Victor Hugo ; ces huitains et ces dixains qui reproduisaient Parny épuré et purifié ; ces quelques romances un peu pâles, mais qui, interprétées par le chant, faisaient rêver nos mères : telle est la gerbe poétique de Millevoye, la partie de ses œuvres qui ne vieillira pas. Privé de son père à treize ans, il en garda toute sa vie un tendre souvenir qui apparaît en plus d'une page de ses écrits ; quant à sa mère, pour dîner avec elle il refusait les dîners de l'archichancelier Cambacérès, qui s'en choquait. Millevoye ne put résister ni aux conseils critiques de ses amis, qui amoindrirent son talent, ni à des séductions plus douces qui abrégèrent sa vie. Il se reposa trop souvent sous cet abri, où, comme il le dit, le plaisir habite avec la mort, et en sentant sa fin prématurée approcher, il n'eut que trop sujet de s'écrier :

O vous par qui je meurs, vous à qui je pardonne,
Femmes !

Une chute de cheval qu'il fit en 1815 détermina la maladie de poitrine qui l'emporta à l'âge de 34 ans. Ses *œuvres complètes* ont été publiées en 1822, 4 vol. in-8°, avec une notice de M. Dumas. L'édition de 1827, également en 4 tomes, comprend un grand nombre d'œuvres inédites ; cependant les deux volumes des œuvres choisies, publiés en 1832, avec une notice de M. de Pongerville, contiennent des pièces qui ne figurent pas dans les précédentes éditions. J. FLEURY.

MILLIAIRE, en latin *Milliarium*. C'est le nom que portaient les colonnes ou bornes en pierre par lesquelles les Romains marquaient, de mille pas en mille pas, les distances sur toutes les routes de leur empire, excepté dans les Gaules où l'on comptait les mesures itinéraires par lieues de 1,500 pas. Sur ces colonnes, de forme ronde ou carrée, et hautes ordinairement de huit pieds, était inscrit un chiffre qui indiquait les distances, à partir d'une colonne centrale ou milliaire doré, posée dans le *forum* ou aux abords de la ville principale de la province. En Italie, toutes les grandes voies romaines aboutissaient à la colonne du *forum* romain. La plus curieuse des colonnes milliaires centrales que l'on ait trouvée jusqu'ici, est celle qui fut découverte près de Tongres (Belgique), en 1815; elle était octogone, et sur ses huit faces était tracé un itinéraire complet de toutes les grandes voies de la Belgique romaine. Il est à regretter que les fouilles n'aient mis au jour qu'un fragment de ce monument si précieux pour la géographie ancienne de cette partie des Gaules. Ce débris se trouve aujourd'hui au musée royal d'antiquités de Bruxelles. Une autre colonne de forme heptagone était placée autrefois au centre de Bavai (*Bavacum Nerviorum*), et indiquait les sept voies romaines qui partaient de cette ville comme d'un centre commun. Outre les colonnes qui servaient à marquer les distances, il y en avait d'autres sur lesquelles étaient gravées des inscriptions dédicatoires en l'honneur des empereurs qui avaient fait construire ou réparer les routes.

MILLIARIA : nom que les Romains donnaient aux vases destinés à faire chauffer les liquides, et en particulier à trois grands vaisseaux d'airain placés dans la salle des Thermes, contenant de l'eau froide, de l'eau tiède et de l'eau chaude; ils étaient disposés de telle sorte, que l'eau circulant de l'un dans l'autre, à l'aide de siphons, en sortait avec le degré de chaleur désiré par les baigneurs.

MILLIN (AUBIN-LOUIS), connu aussi sous les noms de MILLIN de GRANDMAISON et *Eleuthé-rophile* Millin, naquit à Paris, en 1759. Sa mère le destinait à l'état ecclésiastique, et il commença même sa théologie; mais, reconnaissant ensuite qu'il n'avait aucune vocation pour le sacerdoce, il se livra à l'étude des langues modernes. Plus tard, s'étant lié avec le fils du célèbre botaniste Willemèt, il s'adonna aux sciences naturelles, et contribua à la création de la Société Linnéenne. Homme de bien, incapable de prévoir les crimes de 93, il ne vit d'abord dans la Révolution que la réforme des abus, et il en partagea les principes. Mais plus tard, ayant reconnu le but que se proposaient les novateurs, il s'opposa à eux avec courage, et mérita leur haine. Obligé de quitter Paris pour éviter l'échafaud, il fit des excursions en province, et s'occupa de dessiner et de décrire plusieurs monuments remarquables. Arrêté et envoyé en prison à Paris, il eut assez de force pour composer sous les verrous les *Éléments d'histoire naturelle*, ouvrage qui reçut du public un accueil favorable. Il était enfermé depuis un an, lorsque le 9 thermidor le fit sortir de prison. Millin avait perdu la plus grande partie de son patrimoine par la réduction des rentes, il sollicita un emploi et fut nommé d'abord chef de division dans les bureaux du comité d'instruction publique, puis professeur d'histoire à l'École centrale du département de la Seine, et, en 1794, conservateur du Cabinet des médailles et antiques de la Bibliothèque nationale, en remplacement de l'abbé Barthélemy, place qu'il remplit avec distinction, et qu'il conserva jusqu'à sa mort, le 14 août 1818. Millin avait un esprit fin, délicat, et qui se pliait avec une facilité merveilleuse aux travaux les plus différents et les plus ardus. C'est ainsi que nous le voyons tour à tour philologue, botaniste, administrateur, professeur d'histoire, et enfin archéologue et antiquaire. La liste de ses productions contient environ 80 articles, dont Krafft a publié le catalogue. Nous citerons entre nombre les *Antiquités nationales*, 1791-98, 5 vol. in-4. On a reproché à Millin quelques erreurs; mais si une chose doit étonner, c'est qu'il en ait commis aussi peu, ayant tant écrit et sur des sujets si variés. Millin ne se contentait pas de faire des ouvrages; il fonda ou encouragea plusieurs entreprises utiles aux lettres et aux sciences. C'est à lui que l'on doit l'idée première de la création du *Magasin encyclopédique*, recueil excellent dans lequel on trouve des articles des hommes les plus distingués de cette époque.   L. DUBEUX.

MILLION. On désigne, par la terminaison *lion*, les différents ordres d'unités ternaires, à partir du troisième ordre formé par les *millions*. Ces différents ordres sont de mille en mille fois plus grands. Ainsi, un million est égal à mille mille ou à 10 centaines de mille. C'est la sixième puissance de 10, et, dans l'écriture des nombres, il occupe le septième rang à gauche. — Le mot million s'emploie souvent seul, en termes de finance, en sous-entendant francs. Les Romains disaient *mille mille* ou *dix fois cent mille* pour un million, et l'écrivaient м. Les Grecs disaient *cent fois dix mille* ou 100 *myriades*, et l'écrivaient ϱ. ou ϱ.ᴍᵘ ou ϱ̶ᴍ. Un million s'écrit 11110100000011100100 dans le système binaire, et 402854 dans le système duodécimal (*voy.* NUMÉRATION.)   D. JACQUET.

MILLOT (CLAUDE-FRANÇOIS-XAVIER), auteur de l'*Histoire du duc de Noailles*, des *Éléments de l'histoire ancienne*, des *Éléments de l'histoire* moderne, des *Éléments de l'histoire de France*, des *Éléments de l'histoire d'Angleterre*, traducteur de l'*Essai sur l'homme* de Pope, etc., naquit à Besançon en 1726. D'abord jésuite il obtint, lors de la suppression de son ordre, une chaire d'histoire à Parme. Rentré en France, il fut nommé précepteur de l'infortuné duc d'Enghien. En 1771 il remplaça Gresset à l'Académie française, honneur dû autant à sa double qualité d'ex-jésuite et de *philosophe* qu'à son talent. Il mourut en 1785. — Les ouvrages historiques de l'abbé Millot sont d'une assez grande médiocrité ; son style est généralement clair, mais souvent lourd et monotone, et l'on chercherait vainement dans ses livres autre chose que les faits qui se trouvent dans toutes les compilations. Il paraît, il est vrai, avoir écrit pour la jeunesse ; mais ses sarcasmes contre les papes, ses railleries contre les prêtres et les moines, n'auraient pour résultat que d'affaiblir le sentiment religieux chez les jeunes gens, de telle sorte que ses ouvrages sont à la fois insuffisants pour ceux qui veulent approfondir l'histoire et dangereux pour la jeunesse. Cependant les *Mémoires politiques et militaires du duc de Noailles* ont été composés sur des lettres originales et inédites de Louis XIV, de Mme de Maintenon, du duc d'Orléans régent, de Louis XV, de Philippe V, roi d'Espagne, de la princesse des Ursins et de plusieurs de nos généraux. La guerre de 1741 y est écrite avec assez de talent. Vers 1807 on a attribué à l'abbé Millot des *Éléments de l'histoire d'Allemagne*, mais sa famille en a démenti l'authenticité.

MILNÉSIE (*zool.*). Genre de tardigrades créé par M. Doyère, et ayant pour caractères : tête munie de deux appendices palpiformes très courts ; bouche terminée par une ventouse ; peau molle, coupée transversalement par des sillons en anneaux ; quatre paires de pattes munies chacune de quatre ongles, dont deux terminaux simples, en forme de filaments allongés, crochus, portés sur un mamelon distinct, et les deux autres situés en dessous et en dedans. — La seule espèce connue est le TARDIGRADE, *milnesium tardigradum*, qui se trouve communément dans la mousse des toits : il est long de 5/10es de millimètre ; sa peau est un peu colorée en brunâtre ; ses œufs sont lisses, opaques, presque globuleux, larges de 8/100es de millimètre, et souvent colorés en brun-rougeâtre. On remarque à la tête deux points oculiformes assez grands, granuleux ; les stylets sont très petits ; le bulbe pharyngien est allongé, pyriforme, sans charpente intérieure.   E. DESMAREST.

MILO : l'ancienne *Melos*, une des Cyclades et la plus voisine de la Morée. Cette île qui ne renferme aujourd'hui que 6,000 habitants en-

viron, était autrefois beaucoup plus peuplée. Elle était riche, prospère et libre. Lors de la guerre du Péloponèse, elle voulut garder la neutralité, mais les Athéniens qui l'avaient attaquée deux fois sans succès, l'envahirent enfin en 416 av. J.-C. Alcibiade fit massacrer tous ceux de ses habitants qui pouvaient porter les armes. Les autres transportés sur le continent, furent rétablis dans leur patrie après le triomphe des Lacédémoniens. Les Turcs, commandés par Barberousse, s'emparèrent plus tard de Milo qui aujourd'hui fait partie du royaume de Grèce. — Cette île, hérissée de montagnes nues et blanchâtres, est fortement travaillée par le feu souterrain. Son sol desséché est cependant d'une étonnante fertilité pour peu qu'il soit cultivé. Quelques unes de ses vallées produisent des vins délicieux, des fruits excellents, les meilleurs melons de l'Archipel, et du-coto d'une qualité supérieure. On y élève aussi de beaux bestiaux, et l'on y exploite des mines d'alun fort estimé dans l'antiquité. Milo fournit en outre une terre qui remplace le savon, et des pierres meulières dont on exploite une grande quantité. Les exhalaisons du sol et des eaux croupissantes sont fatales à sa population qui a besoin d'être sans cesse renouvelée. Dans la partie orientale est la bourgade de Milo, composée d'une quarantaine de familles. C'est dans cette île que Dumont-d'Urville découvrit en 1820 la fameuse *Vénus* dite de *Milo*, l'un des plus précieux morceaux du musée du Louvre.   A. B.

MILON : l'un des plus célèbres athlètes de la Grèce, était Crotoniate et fils de Diotime. Il remporta six fois le prix de la lutte aux jeux olympiques, au rapport de Pausanias, et ne trouva personne qui osât se mesurer avec lui, lorsqu'il s'y présenta une septième fois. Sa force, qu'il avait acquise en s'habituant progressivement à porter les fardeaux les plus lourds, a été exagérée par les Grecs. On rapporte que lorsqu'il ceignait sa tête d'une corde fortement attachée, il la brisait en retenant sa respiration par le seul gonflement de ses veines. Sa voracité ne le cédait point à sa vigueur, et sa ration journalière était de 18 livres de pain, de 18 livres de viande et 15 litres de vin. Athénée rapporte qu'après avoir parcouru tout le stade avec un taureau de 4 ans sur les épaules, il le tua d'un coup de poing et le mangea tout entier dans la journée, fait plus invraisemblable encore que les précédents. Il était un des plus assidus disciples de Pythagore. On dit que, dans sa vieillesse, ayant trouvé un vieux chêne dans lequel on avait enfoncé des coins pour le fendre sans y réussir, il voulut finir l'ouvrage avec ses propres mains, mais que les coins s'étant échappés les deux parties de l'arbre se rejoignirent, et que l'athlète ne pouvant dégager ses mains, fut dévoré par les loups ou par un lion. La mort de Milon fait le sujet d'un beau groupe en marbre de Pujet qui orne les jardins de Versailles.

MILON (*Titus Annius*) : Romain qui, pour se faire nommer consul, fomenta des troubles dans lesquels fut tué, l'an 52 avant J.-C., Clodius, tribun du peuple. Une accusation fut portée contre lui. Cicéron se chargea de sa défense, mais l'orateur, intimidé par les soldats placés au pied de la tribune et les cris que poussaient les partisans de Clodius, oublia une partie de son discours et ne sut pas faire valoir ses arguments. Milon fut exilé à Marseille, où Cicéron lui envoya le plaidoyer tel qu'il avait dû le prononcer. Milon le lut. « O Cicéron, s'écria-t-il, si tu avais ainsi parlé, Milon ne mangerait pas du barbeau à Marseille. »

MILOUINS (*voy.* CANARD).

MILTIADE, fils de Cimon, célèbre général athénien, fut d'abord, si nous en croyons Cornelius Nepos, envoyé dans la Chersonèse de Thrace (aujourd'hui presqu'île de Gallipoli), pour y fonder une colonie athénienne. Hérodote attribue cette expédition à un autre Miltiade, plus ancien, et fils de Cypselus. Quoi qu'il en soit, il est toutefois certain que Miltiade avait fait longtemps la guerre en Thrace, qu'il avait exercé l'autorité souveraine dans ce pays, et qu'il s'était fait, auprès des Athéniens et des Thraces, une grande réputation de courage et de talent. Après avoir établi ou consolidé la colonie athénienne fondée dans la Chersonèse, il soumit au pouvoir d'Athènes l'île de Lemnos et quelques-unes des Cyclades. Darius, roi de Perse, ayant passé l'Ister (le Danube), pour faire la guerre aux Scythes, Miltiade, chargé, avec plusieurs autres chefs de colonies grecques, de garder le passage du fleuve, proposa de couper le pont et d'affranchir la Grèce du danger qui la menaçait, en perdant Darius. Son opinion ne prévalut point. Craignant alors d'être dénoncé à Darius, il se réfugia à Athènes. Les Perses ayant ensuite attaqué la Grèce, Miltiade, qui commandait l'armée d'Athènes, rangea ses troupes en bataille dans la plaine de Marathon. Il fut blessé, mais il remporta une victoire complète, qui obligea les Perses à se rembarquer, l'an 490 avant J.-C. Cette bataille est une des plus célèbres dont l'antiquité nous ait conservé le souvenir. L'armée des Perses était forte de 100,000 hommes d'infanterie et de 10,000 de cavalerie, tandis que les Athéniens ne formaient en tout que 10,000 hommes, y compris les Platéens, qui s'étaient joints à eux. Miltiade retourna aussitôt à Athènes, que les Perses voulaient surprendre sans défenseurs, et, par sa présence, déconcerta leurs projets. Pour témoigner leur gratitude au vainqueur qui venait de rendre libre Athènes et la Grèce entière, les Athéniens firent représenter Miltiade à la tête des généraux sur un tableau de la bataille de Marathon, exposé dans un portail que l'on appelait le *Pœcile*, à cause des peintures qui le décoraient. Miltiade fut chargé ensuite de réduire les îles grecques qui avaient embrassé le parti des Perses. Quelques-unes rentrèrent volontairement dans le devoir, les autres furent soumises par la force. Plusieurs circonstances malheureuses firent échouer une expédition dirigée contre l'île de Paros. De retour à Athènes, Miltiade fut accusé de trahison. Il souffrait alors des blessures reçues au siége de Paros, et, ne pouvant se défendre lui-même, son frère Tisagoras parla à sa place. Les accusations que l'on avait élevées contre lui s'évanouirent bientôt, et il fut absous de la peine de mort; mais sa gloire et son génie avaient excité l'envie ombrageuse de la démocratie athénienne ; Miltiade fut condamné à payer une amende de cinquante talents (environ 275,000 francs), somme à laquelle on estima l'équipement de la flotte dont il avait eu le commandement. Ne pouvant acquitter cette somme, il fut jeté dans une prison, où il mourut. L. DUBEUX.

MILTON (JOHN), fils d'un attorney de Londres, naquit dans cette ville, le 9 décembre 1608, et fit ses études classiques à Cambridge. A 24 ans, il se retira dans le comté de Buckingham, chez son père, et se livra entièrement à l'étude, à la littérature et à la poésie. Ce fut là qu'il composa *Comus*, l'*Allegro*, le *Penseroso:* *Lycidas*. En 1638, il visita l'Italie, d'où il revint à Londres en 1640. Son mariage avec Maria Powel, fille d'un royaliste, et qui ne tarda pas à le quitter pour revenir à lui peu de temps après, suivit son arrivée à Londres. Les opinions religieuses et politiques des calvinistes austères, qu'il avait embrassées, furent soutenues par lui dans plusieurs pamphlets remarquables : l'*Areopagitica*, en faveur de la liberté de la presse; et le *Tenure of King's and magistratas*, justification de la sentence qui venait de frapper de mort Charles 1er. Devenu secrétaire du Conseil d'État pour les dépêches en langue latine, puis secrétaire de Cromwel lui-même, il écrivit l'*Iconoclaste*, en réponse à l'*Eikon basiliké*, œuvre, à ce que l'on croit du moins, du docteur Gauden, composée sur les notes de Charles 1er. Ensuite parurent successivement les deux *Défenses du peuple anglais*, c'est-à-dire de la révolution anglaise, puis la *Défense* de l'auteur, dans lesquelles Milton expose avec force et éloquence les motifs de la révolution récente, les aventures de sa propre vie et les motifs qui l'ont porté à embrasser le parti des puritains. Après la mort de Cromwel, Milton publia encore quatre pamphlets politiques dans le même sens, et Charles II étant monté sur le trône, le secrétaire du conseil d'État donna sa démission. Arrêté le 27 juin 1660 par ordre du parlement, il dut sa libération au poète royaliste sir William Davenant, que Milton avait sauvé d'un danger semblable pendant la guerre civile. Le *Paradis perdu*, poème épique, dont l'idée et le plan datent des dernières années du Protectorat, et auquel Milton travailla constamment dans la solitude, parut en 1667 ; le poète avait 56 ans. Personne n'acheta cet ouvrage que l'éditeur avait payé cinq livres sterling, et Milton, qui vécut encore sept années, tomba dans une situation voisine de l'indigence. Il s'était remarié une seconde, puis une troisième fois ; sa troisième femme se montra envers lui affectueuse et attentive. Il composa encore dans sa solitude le *Paradis reconquis*, poème qui sert de pendant au Paradis perdu ; *Samson agonistes*, ou Samson dans la lutte, le commencement d'une Histoire d'Angleterre s'étendant jusqu'à la bataille de Hastings, un ouvrage historique intitulé *Moscovia*, et recueillit les matériaux d'un *Trésor de la langue latine*. Enfin un ouvrage de controverse *sur la vraie religion et les moyens de détruire le papisme*, parut en 1674. Milton mourut le 10 novembre de la même année. Après sa mort, le *Paradis perdu* trouva des lecteurs plus nombreux ; on fit une seconde édition de ce poème, puis une troisième qui parut en 1678, et une quatrième en 1688. Ce poème épique, auquel Addisson consacra dans le Spectateur une série d'articles destinés à en faire apprécier les beautés, devint populaire en Angleterre, et fut traduit en français par Racine le fils, Dupré de Saint-Maur, et Delille. La vie de Milton a été écrite par son neveu Philips, par Samuel Johnson, par Hayley, et par Irincey en 1833. Le docteur Channing, en Amérique, et M. Villemain, en France, ont fait du génie de Milton et de ses œuvres l'objet de savantes critiques. PH. CHASLES.

Milton est après Shakespeare le plus grand poète de l'Angleterre. Inférieur à l'auteur d'*Hamlet* pour la fécondité et pour ce sentiment de la vie positive qui fait l'auteur dramatique, il le surpasse par l'élévation philosophique et l'ampleur de ses conceptions. Ses premières poésies, latines et anglaises, appartenaient toutes au genre gracieux : *Lycidas* est une eglogue de Virgile ; *Comus*, avec ses douces peintures des champs encadrées dans une action de peu d'in-

térêt, semble un écho affaibli de l'*Aminta* du Tasse ; l'*Allegro* et le *Penseroso* ne sont que de légers caprices. Le poète de l'*Allegro* va, le matin, écouter l'alouette ; celui du *Penseroso* va, le soir, entendre le rossignol ; l'un se promène au milieu des jeux champêtres, et l'autre au milieu des ruines ; mais c'est au fond le même homme, la mélancolie le domine toujours, même dans ses accès de gaité, et l'on sent que la nature l'a préparé d'avance aux douleurs et aux mécomptes qui l'attendent dans la vie. — Châteaubriand a réclamé contre l'oubli dans lequel la restauration des Stuarts avait enseveli les productions politiques de Milton. Il a montré que la plupart de ces ouvrages étaient puissamment conçus et écrits avec vigueur, malgré des passages de mauvais goût qui étaient un sacrifice à la mode du jour. Il y a retrouvé, traitées avec talent et avec une ampleur de vues qui contraste avec le positivisme ordinaire de nos voisins d'Outre-Manche, toutes ces grandes questions qui nous occupent depuis soixante ans, la liberté de la presse, les droits de l'autorité royale, le système électoral, l'émancipation des nations opprimées. L'ardeur révolutionnaire qu'il apportait dans cette polémique, Milton ne la perdit pas dans la retraite où, pauvre et aveugle, il alla s'abriter contre la persécution ; mais ne pouvant plus la placer sur la terre, il la transporta dans les espaces inconnus, dans les temps antérieurs à l'humanité.

La plupart des écrivains regardent comme perdue pour la gloire du poète toute cette époque de sa vie qui se passa au milieu des agitations de la politique. Nous ne saurions être de cet avis. Sans cette épreuve de la vie active, Milton aurait probablement échoué dans son œuvre, comme les dix poètes qui avaient effleuré le même sujet avant lui. C'est au spectacle des révolutions qu'il a trouvé ces couleurs vigoureuses dont il a peint l'assemblée des démons, et crayonné tous ces caractères qui s'agitent dans son épopée. Addisson a publié dix-neuf dissertations pour prouver que Milton s'était conformé aux principes d'Aristote ; mais Aristote n'avait rien à faire ici. Que l'auteur du *Paradis perdu* se soit inspiré de la Bible, d'Homère, de Virgile et d'Ovide ; qu'il ait transporté dans l'Éden la vallée d'Enna, témoin des larmes de Proserpine ; qu'il ait semé son style d'hébraïsmes, d'hellénismes, de latinismes, de manière à en former une sorte de langage *babylonien*, suivant l'expression de Johnson ; qu'enfin, il ait répandu dans son livre des traits d'érudition plus ou moins habilement placés, le mérite du poète n'est pas dans ces emprunts plus ou moins habilement fondus dans le texte, dans ces imitations de formes convenues ; il est dans ce que ce poème grandiose a d'immense et d'original, dans cette conception sublime dont le poète n'a trouvé le modèle nulle part ; dans ce caractère de Satan, l'archange foudroyé qui relève la tête et, au milieu du lac de feu, convie à la vengeance ceux que son ambition a entraînés dans sa chute ; il est dans ce voyage audacieux à travers le chaos, dans cette course au milieu des ténèbres visibles, à la recherche du soleil et de la terre ; dans ces scènes délicieuses de l'Éden, dans la peinture de ce bonheur du premier couple, rendu plus doux encore par la présence d'un témoin jaloux ; il est dans ce type du premier homme, si religieux et si dévoué, et de la première femme, si belle, si naïve, si gracieusement coquette ; dans la peinture de ce Verbe divin, dieu par la puissance, homme par l'indulgence et la miséricorde, qui étend sa main sur le monde ; il est enfin dans les deux tiers du poème qui ne doivent rien à personne. L'œuvre est inégale sans doute, mais non pas autant qu'on l'a prétendu. A côté de peintures sublimes, il se trouve çà et là des inventions bizarres, des dissertations déplacées, des jeux de mots, des plaisanteries hors de saison ; à côté de passages où s'épanouissent toutes les richesses du style, il se rencontre des vers embarrassés, fatigués ; le poète, en retombant sur notre terre de misères, y sent faiblir le feu qui l'animait. Au sortir de ces admirables digressions où, se mêlant à l'action du poème, il nous entretient de son aveuglement ou de ses ennemis, on tombe sur des pages où l'inspiration s'endort ; mais ces imperfections de détail n'empêchent pas le *Paradis perdu* d'être une des plus hautes créations de la poésie. Dans les œuvres d'imagination, ce ne sont pas les défauts qu'il faut compter, mais les beautés ; et celles du *Paradis* sont innombrables.

Quelques années plus tard, Milton entreprit de compléter son œuvre en chantant Jésus triomphant des piéges de Satan. Le *Paradis reconquis* n'est pas sans charmes, mais on y sent la fatigue et l'approche de la vieillesse. Cette fatigue est beaucoup moins sensible dans le *Samson*, mais on aurait tort d'y chercher un drame, ce n'est qu'un tableau développé, à la façon d'Eschyle, dans lequel le poète aveugle s'est peint sous les traits du héros aveugle, qui, par un sublime effort, écrase ses ennemis en s'écrasant lui-même. Milton avait noté 48 tragédies à prendre dans la Bible, et 36 dans l'histoire d'Angleterre. — La traduction que Châteaubriant a faite du *Paradise lost*, tout étrange et sauvage qu'elle paraisse au premier abord, est cependant la seule qui puisse donner une idée de l'original à ceux qui ne peuvent le lire en anglais. — On a remarqué que Milton avait annoncé l'attraction planétaire un siècle avant que Newton l'eût démontrée. La conclusion de son poème est la même que celle de Spinosa : A la consommation des siècles, le Fils s'absorbera dans le sein du Père avec les autres créatures, et Dieu sera tout dans tous.   J. FLEURY.

MIMES. Farces dramatiques qu'on a coutume de ranger dans la quatrième espèce des pièces de théâtre en usage à Rome. Nées en même temps que les Atellanes, imparfaites de composition comme elles (CIC. *pro Cælio*, cap. 27), et non moins licencieuses (OVID. *Trist.* II, v. 497), elles leur survécurent pourtant. Quand le genre plus noble de la tragédie et de la comédie eut été importé à Rome, on joua les *Mimes* dans les entr'actes de ces grandes pièces. Ce n'était souvent qu'un monologue en style bas, où l'acteur qui se nommait *Mime*, comme ce trivial intermède, improvisait les paroles à la manière italienne. Quelquefois ces farces étaient jouées par des femmes (CIC. *ad Attic.* II, 15 ; Hor. I, sat. II, v. 55, etc.). Le genre des *Mimes* finit pourtant par s'ennoblir un peu vers l'époque de César et d'Auguste, grâce au talent plus sérieux des auteurs-acteurs Decimus Laberius, Cneius-Mattius et Publius-Syrus dont on a conservé un millier de vers-sentences extraits de ses *Mimes*. Toutefois ce ne furent jamais que des pièces farces très plaisantes, faisant de la morale en riant. Philistion qui vivait sous Auguste, et dont on se souvenait encore sous Domitien, comme nous l'apprend Martial (libre II, épig. 41), mourut même à force de rire en jouant une de ses pièces.   ED. F.

MIMEUSE, *Mimosa* (*bot.*). Grand genre de la famille des Mimosées rapporté par Linné à la polyandrie-monogynie de son système sexuel, et par les auteurs postérieurs, tantôt à la monadelphie-polyandrie, tantôt à la polygamie-monœcie du même système. Lorsque Linné forma ce genre en y réunissant les *Mimosa* et *Acacia* de Tournefort avec les *Inga* de Plumier, il en décrivit environ cinquante espèces. Mais dans ces derniers temps leur nombre est devenu si grand et leur organisation si diverse, qu'on y a trouvé la matière de plusieurs genres nouveaux. Néanmoins, malgré les nombreux retranchements qu'il a subis, le genre mimeuse renferme encore plus de deux cents espèces. Ce sont des plantes herbacées ou frutescentes, plus rarement arborescentes ; à feuilles composées-bipennées, quelquefois réduites par l'avortement de leurs pinnules, à un pétiole foliacé ou phyllode ; à petites fleurs sessiles, ramassées en petites têtes ou en épis que le grand nombre de leurs étamines longuement saillantes fait ressembler à des houppes soyeuses, blanches ou rosées. Les fleurs supérieures de chaque inflorescence sont hermaphrodites, tandis que les inférieures sont souvent mâles ; leur corolle est plus ou moins gamopétale ; leurs étamines sont en nombre égal ou double de celui des pétales. Le fruit des mimeuses est un légume qui se divise ordinairement à la maturité en autant d'articles qu'il renferme de graines.

La plus célèbre des espèces de ce genre est la Mimeuse pudique, *Mimosa pudica* Linn., si connue sous son nom vulgaire de Sensitive qui rappelle les phénomènes remarquables dont ses feuilles sont le siége. C'est une plante annuelle, mais devenant bisannuelle dans nos serres, et qui croît en grande abondance dans l'Amérique intertropicale. Elle est aujourd'hui à peu près naturalisée dans les Indes-Orientales et aux Philippines. Elle s'élève à cinq ou six décimètres, et est armée de nombreux aiguillons droits ou courbes ; ses feuilles bipennées sont formées de deux paires de pinnules, dont chacune porte de quinze à vingt-cinq paires de folioles obliques, étroites et ciliées, tantôt glabres, tantôt chargées de poils couchés à leur face inférieure. Ses capitules de fleurs sont purpurins et ovoïdes. Ses feuilles sont douées d'une irritabilité très vive qui les ferait croire sensibles à tous les chocs, à toutes les excitations. Cette irritabilité se manifeste par des mouvements rapides exécutés sur des renflements assez marqués, situés à l'insertion des folioles sur les pétioles secondaires, de ceux-ci sur le pétiole commun, enfin du pétiole commun sur la tige ; ces renflements ont été nommés *renflements moteurs ;* M. Fée les nomme *pulvinules.* Dès qu'une cause irritante, telle qu'un choc, une vapeur caustique, etc., agit sur une feuille de sensitive, les folioles de celle-ci se relèvent pour venir s'appliquer l'une contre l'autre par leur face supérieure, tout en se couchant assez fortement vers le sommet de leur pinnule ; de leur côté les quatre pinnules se rapprochent l'une de l'autre dans la direction du pétiole commun ; enfin celui-ci au lieu de se relever s'abaisse jusqu'à venir même s'appliquer contre la tige, de manière à faire croire que la feuille, ainsi pliée et rabattue, est flétrie ou vient de mourir. Lorsque l'irritation a été très forte, elle peut se transmettre aux feuilles voisines, et la plante paraît alors toute flétrie. Mais après quelques instants la vie semble renaître en elle ; le pétiole commun des feuilles se relève, leurs pinnules et leurs folioles s'abaissent, s'étalent, et la plante reprend son apparence habituelle. La transmission de l'irritation s'opère selon un ordre dé-

terminé ; si c est au sommet de la feuille qu'elle agit, elle se propage de là vers sa base, et, si elle passe ensuite à la feuille voisine, on l'y voit marcher en sens inverse, c'est-à-dire de la base vers le sommet. Cette irritabilité se manifeste aussi, mais beaucoup plus obscurément, dans les autres parties de la plante, dans ses pédoncules, même dans ses branches. Pour que cette propriété se manifeste avec toute son énergie, il faut que la plante soit vigoureuse et soumise à une chaleur humide de vingt-quatre ou 25 degrés centigrades. C'est ainsi que dans les savanes de l'Amérique, où la sensitive couvre de larges surfaces, l'ébranlement produit par les pas d'un homme, surtout par la course d'un cheval, détermine le ploiement des feuilles, même assez loin du lieu où le pied s'est posé. Des actions très diverses mettent en jeu l'irritabilité de la sensitive, comme des brûlures, des changements brusques de température, des agents chimiques, par exemple les acides concentrés ou les solutions alcalines caustiques. On voit également ses feuilles se reployer lorsqu'on enlève une portion de pinnule, sans ébranlement, à l'aide de ciseaux très fins et bien tranchants. Si c'est à la tige même de la plante qu'on fait des blessures avec un instrument bien affilé, et assez légèrement pour ne pas produire la moindre agitation, l'irritation ne tarde pas à se manifester sur les feuilles voisines, et si l'instrument a pénétré profondément, l'action s'étend même sur les feuilles éloignées, et dans une étendue de trois ou quatre décimètres. Les feuilles se relèvent encore quelque temps après, mais leur sensibilité s'émousse peu à peu, et ne tarde pas à disparaître à la suite de nouvelles blessures. En faisant cette dernière expérience avec précaution on voit que l'écorce est entièrement étrangère à la production du phénomène, et que l'irritabilité de la plante n'est mise en jeu que lorsque l'instrument atteint le corps ligneux. Une étincelle électrique, un coup de tonnerre, déterminent aussi le reploiement des feuilles de la sensitive ; mais la plante paraît être insensible à l'action de l'électricité de la pile. — L'une des particularités les plus curieuses dans l'histoire de cette plante consiste dans la faculté qu'elle possède de s'habituer en quelque sorte à des irritations longtemps continuées. Desfontaines mit un jour une sensitive dans une voiture ; le roulement sur le pavé en fit brusquement fermer toutes les feuilles ; mais après quelque temps de marche la plante releva et rouvrit ses feuilles pour ne plus les refermer quoique la voiture continuât à rouler. La voiture s'étant arrêtée pendant quelque temps, la plante ferma ses feuilles, et aussitôt qu'on se remit en marche, elle présenta la même série de phénomènes que précédemment.—On a cherché à découvrir la cause de ces phénomènes. Mais la science ne possède encore à cet égard que des hypothèses dont aucune ne paraît satisfaisante. — C'est chez la sensitive que l'irritabilité est la plus prononcée ; mais quelques autres espèces de Mimeuses s'en rapprochent plus ou moins à cet égard. Ce sont le *Mimosa albida* Kunth, *M. floribunda* Willd., *M. viva* Lin., *M. casta* Lin., *M. asperata* Lin., *M. quadrivalvis* Lin., etc. Il existe même d'autres plantes douées d'irritabilité dans plusieurs autres genres du groupe naturel des légumineuses, et dans la famille des oxalidées. P. DUCHARTRE.

MIMIR ou **MIMIS**, géant qui occupe une grande place dans la mythologie scandinave et dans la poésie épique du nord de l'Europe. Il passait pour présider aux forges et à toutes les merveilles de l'industrie. Mimir est le modèle idéal de l'artiste métallurgiste. Dans un sens plus élevé, ce géant symbolise l'état de la matière primitive au moment où elle va être organisée ; il correspond, dans la cosmogonie scandinave, à l'eau répandue dans la terre avant le débrouillement du chaos ; c'est pourquoi on lit dans l'Edda (Volupsa) que Mimir occupe un puits aux ondes claires, où Odin, le monocle suprême (le dieu créateur) cache tous les soirs son œil. Chaque matin, Mimir s'abreuve d'une boisson immortelle, puisée dans ce gage que le père des batailles lui a abandonné dans l'abîme. Ce puits est évidemment l'Océan.

MIMNERME : poète et musicien qui vivait du temps de Solon. Il composa des élégies célèbres dans l'antiquité, et dont il ne nous reste plus que des fragments. On trouve dans Stobée, l'un des plus considérables. Properce a dit de lui :

Plus in amore valet Mimnermi versus Homero,

ce qui prouve en effet qu'il excellait dans son genre. Quelques savants croient qu'il inventa l'élégie, ou qu'il la modifia seulement en l'appliquant aux sujets qu'elle traite aujourd'hui, tandis qu'auparavant on ne l'employait que dans les funérailles.

MIMOSÉES, *mimoseæ* (bot.): famille de plantes dicotylédones, formée par démembrement du grand groupe naturel des légumineuses, et dont le nom est emprunté au genre *mimosa*, le plus important de ceux qu'elle comprend. Les végétaux qui la composent sont des arbres ou des arbrisseaux, tantôt armés, tantôt dépourvus d'épines ; à feuilles alternes, composées, généralement bi ou tripennées, mais, dans un assez grand nombre de cas, réduites à l'apparence de feuilles simples par l'avortement des folioles et

le développement du pétiole commun ou phyllode. Les fleurs sont régulières, réunies en épis ou en têtes, plus rarement en panicules ou en corymbes, et se distinguent par un calice libre, à quatre ou cinq divisions plus ou moins profondes et en préfloraison valvaire ; par des pétales en nombre égal à celui des lobes du calice, libres ou plus ou moins soudés en tube à leur base ; par des étamines saillantes, en nombre généralement double ou multiple des pétales, périgynes ou hypogynes, libres ou monadelphes ; par un pistil à ovaire uniloculaire, pluriovulé, qui devient plus tard une gousse à plusieurs graines presque toujours sans albumen, mais à grands cotylédons charnus, et à radicule droite. — Les mimosées habitent en grand nombre la zone intertropicale, au delà du tropique du capricorne, dans l'hémisphère austral, dans la Nouvelle-Hollande où à peu près toutes leurs espèces sont des acacias à phyllodes. Un très grand nombre de ces acacias phyllodinés sont aujourd'hui cultivés dans nos jardins. Plusieurs mimosées méritent d'être signalées, soit à cause de leurs propriétés et des produits qu'elles fournissent, soit à cause de particularités curieuses par lesquelles elles se distinguent. L'ACACIA CATECHU, Wild., arbre de l'Inde, fournit le *cachou*. Plusieurs autres espèces d'acacias exsudent à leur surface la *gomme arabique* et la *gomme du Sénégal*, que distingue seulement leur différence d'origine. L'INGA VERA, Wild., qui croît sur les bords des grands fleuves de l'Amérique intertropicale, renferme dans ses gousses une pulpe douceâtre qui agit à peu près comme la manne. Les gousses d'une autre espèce du même genre, de l'INGA MARTHA, Spr., nous sont apportées d'Amérique, et servent dans la teinture en noir à cause de l'abondance du tannin que renferme leur tissu. Le VACHELIA FARNESIANA, Wight et Arn., originaire des Indes, est aujourd'hui cultivé dans tous les pays chauds et jusque dans nos départements méditerranéens où on le nomme *cassier;* l'écorce de sa racine a une forte odeur d'ail, tandis que ses fleurs exhalent une odeur délicieuse ; son écorce est employée soit comme médicament tonique-astringent, soit pour la teinture et pour le tannage des peaux. — La famille des mimosées est divisée en deux tribus. Celle des *parkiées*, à deux genres seulement, et qui emprunte son nom au genre *parkia*, R. Br.; celle des *acaciées*, beaucoup plus nombreuse, dont les principaux genres sont : *desmanthus*, Wild., *mimosa*, Adans., *entada*, Adans., *acacia*, Neck., *vachelia*, Wight et Arn., *inga*, Plum., *affonsea*, Aug. Saint-Hil., si remarquable par ses cinq pistils. P. DUCHARTRE.

MIMULE, *Mimulus* (bot.). Genre de la famille des scrophulariacées et de la didynamie-angiospermie dans le système de Linné. Les espèces qui le composent sont des plantes herbacées qui croissent pour la plupart en Amérique, et auxquelles leurs grandes et belles fleurs donnent une place distinguée dans les jardins. Leurs principaux caractères consistent dans : un calice tubuleux à cinq angles et à cinq dents; une corolle à lèvre supérieure bilobée, dressée ou réfléchie, à lèvre inférieure étalée et divisée en trois lobes plans et arrondis; un style divisé au sommet en deux grandes lames stigmatiques ovales qui se rapprochent l'une de l'autre lorsqu'on les irrite. Le fruit de ces plantes est une capsule qui s'ouvre à sa maturité en deux valves par déhiscence loculicide, laissant libre au centre un placentaire chargé de graines. — On cultive communément dans nos jardins plusieurs mimules, surtout les suivants : Le MIMULE DE VIRGINIE, *Mimulus ringens* Linn., espèce vivace et spontanée dans presque toute l'Amérique septentrionale. Sa tige tétragone s'élève à quatre ou cinq décimètres, et porte des feuilles oblongues ou lancéolées, élargies et embrassantes à leur base. Ses fleurs sont de moyenne grandeur, violacées ou d'un bleu pâle. On le cultive en terre légère et fraîche, ou mieux en terre de bruyère, à une exposition fraîche. Il supporte très bien le froid de nos hivers. On le multiplie sans difficulté par semis ou par division des pieds. — Le MIMULE CARDINAL, *M. cardinalis* Dougl., magnifique plante originaire de la Californie, d'où elle a été rapportée par le voyageur anglais Douglas. Sa tige rameuse et velue atteint jusqu'à un mètre de hauteur; ses feuilles sont ovales, rétrécies à leur base qui embrasse la tige, dentées et comme un peu rongées à leurs bords; ses grandes et belles fleurs d'un rouge de minium se succèdent en nombre considérable pendant l'été et une grande partie de l'automne. C'est en 1835 qu'elle a été introduite dans nos jardins, où elle est déjà très répandue. Sa culture et sa multiplication sont tout aussi faciles que pour l'espèce précédente et pour la suivante. — Le MIMULE JAUNE, *M. luteus* Linn., croît naturellement en Amérique, dans le Chili d'un côté, de l'autre dans l'Amérique du Nord depuis Unalaschka jusqu'en Californie. Sa tige ascendante ou dressée s'élève à trois ou quatre décimètres, et porte des feuilles arrondies, ovales ou oblongues, dentées, dont les inférieures sont longuement pétiolées, tandis que les supérieures sont sessiles et embrassantes. Ses fleurs sont grandes, tantôt d'un jaune uniforme, tantôt marquées, sur leur fond jaune, de nombreuses ponctuations rouges à la gorge, et d'une grande tache de même couleur sur cha-

que lobe. Les variétés nombreuses de cette plante dans les jardins et dans la nature, ont donné lieu à l'établissement de plusieurs espèces que la plupart des horticulteurs et botanistes admettent comme distinctes, tandis que M. Bentham, dans son travail monographique sur les scrophulariacées, les réunit toutes sous la dénomination unique de *Mimulus luteus*. Ce sont les *M. guttatus* DC., *M. variegatus* Lodd., *M. rivularis* Nutt., et *M. lyratus* Benth. P. D.

MINA (FRANCISCO ESPOZ Y). L'un des plus célèbres guérillas espagnols. Né en 1784 dans un petit village près de Pampelune, il passa dans les montagnes le vingt-cinq premières années de sa vie. Son neveu MINA (*Xavier*), étudiant en théologie à Saragosse, avait jeté de côté ses livres pour marcher contre les Français envahisseurs de son pays. A la tête d'une bande redoutable il avait fait preuve d'une énergie extrême, d'une audace incroyable et d'une habilité peu commune. Mais en 1811 il était tombé entre les mains des Français, qui l'avaient envoyé au donjon de Vincennes. Il fallait un chef à ses guérillas. Son oncle Francisco Espoz sortit de sa retraite, en prit le commandement et ajouta à son nom celui de son neveu, sous lequel il ne tarda pas à s'illustrer. Retranché dans les montagnes de l'Alava, de la Navarre et de l'Aragon, il ne perdait pas un mouvement de l'armée ennemie, la suivait dans toutes ses évolutions, et, saisissant le moment opportun, il tombait sur elle, détruisait ses ailes ou son arrière-garde, et entravait toutes ses opérations. C'était le courage bouillant de son neveu uni à une présence d'esprit merveilleuse et à une prudence consommée. Les Français n'eurent point d'ennemi plus redoutable, et Mina l'était d'autant plus qu'il était insaisissable. Se trouvait-il serré de trop près? ses soldats se débandaient de toutes parts; on les croyait dispersés, et quelques heures plus tard ils se trouvaient encore réunis pour arrêter nos troupes au passage de quelque gorge, ou de quelque torrent. La même année (1811) Mina fut élevé par la régence au grade de colonel. En 1813, il était général de brigade. Son armée se composait alors de 11,000 hommes de pied et de 2,500 cavaliers; il contribua puissamment à l'investissement de Pampelune, prit lui-même Saragosse et Monzon, et arrivait à Saint-Jean-de-Port, au moment où la paix fut signée. — En prenant la défense de son pays, c'était pour son pays même et non pour des intérêts purement dynastiques que Mina avait combattu. Il fut un des plus ardents partisans des Cortès, et ne craignit pas d'engager Ferdinand VII à les réunir. Le roi, dès lors, ne vit plus en lui qu'un ennemi, et lo disgracia. La chute de Napoléon avait rendu la liberté à son neveu, et de concert avec lui il rassembla ses bandes dispersées pour rétablir la Constitution de 1812, et en septembre 1814 marcha sur Pampelune, où des amis l'attendaient. Le succès paraissait certain, mais mal secondé par ses troupes il dut chercher un refuge en France, où il resta jusqu'en 1820. De nouveaux événements viennent agiter la Péninsule; Mina se rend en Navarre dont il est fait capitaine-général (1821). Mais bientôt les rigueurs qu'il y déploie soulèvent contre lui une haine générale; il est envoyé en Galice, et banni enfin à Siguenza. L'armée de la Foi avait établi une régence à la Seu-d'Urgel; Mina, chargé d'agir contre elle, est nommé capitaine-général de la Catalogne (1822); il pénètre le 23 septembre à Castel-Follit, où il commet des actes de barbarie atroces, et le 29 novembre heurte l'armée de la Foi avec tant de violence qu'il la rejette au delà des Pyrénées. Le grade de lieutenant-général fut le prix de ce triomphe. Au mois de février suivant il s'empara de la Seu-d'Urgel. Mais l'armée française arrêta bientôt le cours de ses triomphes. Trop faible pour se mesurer avec elle, il se retira dans les montagnes avec 5,000 hommes déterminés, et recommença la guerre d'escarmouches. Il ne tarda pas à voir l'inutilité de ses efforts; le 2 novembre il rendit Barcelone au général Moncey, et passa en Angleterre (1823). La révolution de juillet 1830 vint ranimer ses espérances. A la tête d'un corps de réfugiés, il pénétra en Espagne; mais la mésintelligence vint paralyser les forces du parti constitutionnel; il échoua dans sa tentative et revint à Londres. L'insurrection carliste des provinces basques le ramena en Espagne. — Le 23 septembre 1834, il fut nommé général en chef de l'armée du Nord, et capitaine-général de la Navarre. La proclamation qu'il lança à Pampelune (30 octobre) demeura sans résultat; ses cruautés ne firent qu'envenimer la résistance, et le 8 avril 1835, le lendemain de la nomination du général Valdez au ministère de la guerre, il donna sa démission. Il accepta ensuite les fonctions de capitaine-général de la Catalogne, et mourut à Barcelone le 24 décembre 1836. — Son neveu qui, après leur tentative en faveur de la Constitution, s'était retiré en France, puis en Angleterre, passa ensuite au Mexique (1816) afin d'y combattre le gouvernement royal, remporta quelques avantages, et fut enfin fusillé en 1817 par les Espagnols qui l'avaient fait prisonnier.

MINA : c'est le nom d'une hauteur célèbre parmi les musulmans, à cause des cérémonies religieuses que tout pèlerin est tenu d'y accom-plir. Le mont Mina est le lieu d'une des trois grandes stations (Arafah, Mouzdalifeh, Mina) dans le pèlerinage musulman. La partie inférieure de Mina est appelée *Akaba*, et c'est là que se doit faire la première lapidation du diable, en jetant sept cailloux. Pendant trois jours ensuite, chaque pèlerin doit exécuter dans chaque journée, trois autres lapidations de chacune sept cailloux. — C'est encore à Mina que l'on doit faire les sacrifices sanglants, ou obligatoires ou expiatoires, relatifs au pèlerinage. Selon l'expression de Mahomet, Mina tout entier est un lieu de sacrifices.

MINARET (*voy.* MOSQUÉE).

MINAS-GERAES (c'est-à-dire *mines générales*): province de la région centrale du Brésil, entre 14° et 23° de latit. S. et entre 43° et 50° de longit. O. Elle est bornée au N. et au N.-E. par les provinces de Pernambouc et de Bahia, à l'E. par celle d'Espirito-Santo, au S. et au S.-O. par celles de Rio-de-Janeiro et de St-Paul; à l'O. par celle de Goyaz. Sa superficie est d'environ 300,000 kil. carrés, et sa population de 7 à 800,000 habitants. La Serra do Espinhaço la traverse du N. au S., et la couvre presque tout entière de ses rameaux. La province envoie ses eaux dans trois directions : au N, coulent le San-Francisco et ses affluents; au S., le Parana et les siens; à l'E., le Rio-Doce, le Belmonte, tributaires directs de l'Atlantique. L'élévation du sol rend le climat assez doux et salubre. Il y a de vastes forêts, peuplées de palmiers, de cèdres, de pins du Brésil, d'arbres résineux, tels que ceux qui donnent la gomme copal, le benjoin, l'huile de cupahyba, le storax. On y récolte du blé, du seigle, du millet blanc, du manioc, des patates douces, des ignames, du sucre, du coton, du tabac, une grande quantité de pêches et de coings, des ananas, des pastèques, des bananes, des oranges, etc. On y élève un grand nombre de bêtes à cornes, de porcs et de moutons à laine estimée. Mais ce qui rend surtout cette province célèbre, ce sont ses richesses minérales, qui consistent en or, argent, platine, cuivre, fer, mercure, étain, plomb, diamants, rubis, émeraudes, topazes, améthystes, aigues-marines, etc. (*voy.* BRÉSIL). Les lavages d'or sont moins abondants qu'autrefois. C'est dans le district nommé *Cerro-do-Frio* qu'on rencontre les diamants : personne n'y passe sans subir un examen rigoureux. Le chef-lieu est *Ouro-Preto*, appelé auparavant *Villa-Rica*. — Le pays fut découvert, en 1573, par Sébastien Fernandez Tourinho. Il fut d'abord compris dans la province de Saint-Paul, et n'en fut séparé qu'en 1720. Un savant voyageur français, M. Auguste de Saint-Hilaire, a beaucoup contribué à faire connaître l'aspect et les productions de cette intéressante province. E. C.

MINCH : détroit qui sépare la côte occidentale d'Écosse de l'île de Lewis, la plus septentrionale des Hébrides. En se prolongeant vers le S., sous le nom de Little-Minch, il sépare l'île de Skye des îles North-Uist, Benbecula et South-Uist. E. C.

MINCIO, l'ancien *Mincius :* rivière du royaume lombard-vénitien qui sort par l'extrémité S.-E. du lac de Garda, à Peschiera, et va former, à l'E. et au N. de Mantoue, deux lacs qui prennent les noms de *Lac supérieur* et de *Lac inférieur*. Le Mincio avait donné son nom à un département du royaume d'Italie, dont Mantoue était le chef-lieu. — Les rives de ce cours d'eau, déjà célèbres par la victoire que les Romains y remportèrent sur les Insubres, l'an 197 avant Jésus-Christ, devaient, dix-neuf siècles après, être témoins des derniers succès des armées françaises en Italie. Le prince Eugène Beauharnais y battit complétement le général autrichien Bellegarde, le 8 février 1814. L'ennemi perdit dans cette journée environ 8,000 hommes, dont 3,000 prisonniers. SICARD.

MIND (GEOFFROI) : peintre suisse, né à Berne en 1768. Il fut élève de Fraedenberger, et dessina avec le plus grand soin deux espèces d'animaux, les ours et les chats; son grand talent pour représenter ces derniers animaux, lui valut le surnom de Raphaël des chats. Il mourut en 1814.

MINDANAO, MAINDANAO ou MAGINDANAO : grande île de l'Océanie, faisant partie de l'archipel des Philippines (*voy.* PHILIPPINES), située entre le 137° 16' et le 142° 46' de lat., et entre le 5° 40' et le 55° de lat. sept.; elle a environ 300 lieues de tour, une superficie de 1174 milles géogr. carrés, et plus d'un million d'habitants. Sa forme est très irrégulière et ses côtes sont découpées par un grand nombre de baies, d'embouchures de rivières et de caps. L'intérieur de l'île est traversé par une grande chaîne de montagnes qui se bifurque en plusieurs branches et contient quelques volcans dont celui de la côte sud-est jette de la lave et de la pierre ponce. Le sol, d'une extrême fertilité, est arrosé par les lacs Pangel, Lano et Mindanao, et par plus de vingt rivières navigables dont les principales sont le Petschanli, le Butuan et le Sibuguey. Toutes ces eaux sont fort poissonneuses. On a décrit au mot PHILIPPINES les productions naturelles de ces contrées. L'intérieur de l'île et ses habitants sont encore peu connus. Ceux qui vivent sur la côte se livrent à l'agriculture, ont quelque industrie, et habitent des villes et des villages. Ils construisent des

pirogues de 40 à 50 pieds de longueur avec lesquelles ils exercent la piraterie, surtout sur les côtes des Philippines dont ils enlèvent les habitants pour les vendre à Corneo, Celèbes et Sooloo. Les montagnes et les forêts inaccessibles de l'île sont habitées par des sauvages nègres. La population du reste de l'île appartient à la race malaie et se partage en diverses tribus. Les Espagnols ne possèdent qu'une très petite partie de l'île de Mindanao, divisée en trois districts régis par trois alcades et par un gouverneur qui réside à Zamboangan, petite ville de 1200 âmes, et défendue par un fort en pierre. Les parties méridionale et orientale de l'île forment un puissant état indépendant, dont le sultan peut mettre sur pied 100,000 hommes, et qui a pour capitale Selangan, sur le Pelandschi, ville de 10 à 12,000 âmes, bâtie sur pilotis et renfermant trois palais fortifiés. La garde du sultan est habillée et exercée à l'espagnole; celui-ci ne jouit que d'une autorité fort limitée et subordonnée à 6 samba-rajas, dont la dignité est héréditaire. A l'ouest de ce royaume s'étend la confédération des Illanos, composée de seize sultans et de dix-sept autres petits princes ou chefs. Enfin, la partie indépendante de la côte occidentale est occupée par plusieurs tribus sauvages. SCHAYÈS.

MINDEN : régence ou gouvernement de la province de Westphalie, en Prusse, formé des anciennes principautés de Minden, Paderborn et Corvey, du comté de Ravensberg, etc. Sa superficie est de 94 3/4 de milles géogr. carrés, et sa population d'environ 500,000 âmes. Il est divisé en 13 cercles, dont la capitale est Minden, ville très forte sur le Weser, que l'on y passe sur un beau pont en pierre de 600 pieds de longueur. Des six églises de la ville, deux sont remarquables par leurs dimensions et la beauté de leur architecture en style ogival, le dôme catholique et l'église luthérienne de Saint-Martin. On remarque aussi l'église réformée, jolie rotonde du XVIIIe siècle; l'hôtel-de-ville avec une belle façade, l'hôtel de la députation provinciale, etc. Minden possède des établissements de charité très bien organisés. C'est une des villes les plus anciennes de l'Allemagne. Au VIIIe siècle elle était déjà une place fortifiée où séjourna fréquemment le fameux roi des Saxons Witikind. Les empereurs Conrad II et Henri IV y tinrent aussi leur résidence au XIe siècle. L'évêché, fondé par Charlemagne, en 780, a été supprimé à la réforme du XVIe siècle. La population monte à 9,000 âmes. Les autres villes principales de ce gouvernement sont Herford, Bielefeld et Paderborn. Non loin de Minden on voit le célèbre défilé appelé Porte-Westphalienne, par lequel on descend de la Haute dans la Basse-Westphalie. La majeure partie du sol de ce gouvernement est fertile et produit du blé, de l'orge, du houblon, du sarrazin, du lin et un peu de tabac. Dans les prairies, on élève une forte race de chevaux de labour et beaucoup de bétail. Il y a des mines de houille, de sel et de chaux. Les principales branches d'industrie sont la fabrication du drap, des bas et d'étoffes de laine, des gants, des toiles, du savon, du tabac, des cuirs, du vinaigre; il y a des moulins à huile et à orge mondé, des scieries, etc. La ville de Minden fait un commerce fort actif sur le Weser, où elle possédait naguère le droit d'étape (*voy.* WESTPHALIE). SCHAYÈS.

MINDORO : une des îles Philippines, au S.-O. de l'île Luçon, dont elle est séparée par un détroit de 13 kil. de large; sous 12° 40′ de lat. N. et 118° 40′ de long. E. Elle a 180 kilom. de longueur, du N.-E. au S.-O., et 90 dans sa plus grande largeur. Des montagnes élevées la couvrent presque entièrement. Les Espagnols y ont des établissements, dont le chef-lieu est Calapan, sur la côte N.-E. L'intérieur est habité par des populations presque entièrement sauvages et indépendantes. — On donne le nom de *mer de Mindoro* à la mer renfermée entre l'île Bornéo et l'archipel Soulou, au S., et les îles Philippines, à l'E., au N. et au N.-O.; on l'appelle quelquefois aussi *mer des Philippines*. E. C.

MINÉENS : une des quatre grandes nations, dit Strabon d'après Eratosthène, qui se trouvaient dans le sud de l'Arabie, et qui obéissaient toutes à un seul roi; les trois autres étaient les Sabéens, les Cattabanes et les Chatramotites ou population du Hadramaût. Strabon dit textuellement que les Minéens habitaient vers la mer Erythrée. « Et Pline, chap. XXVIII : *Atramitis in Mediterranea junguntur Minæi... Minæis quorum charmæi oppidum XIIII mille pass.* » Ainsi, les Minéens s'étendaient dans l'intérieur de l'Arabie jusque vers les Atramites (ou peuples du Hadramaût), et avaient dans leur territoire une ville de 14,000 pas. Il n'existe plus de trace de ce peuple. Mais son nom reste attaché à une vallée (Ouâdy-Mina) située du côté méridional de la Mekke. PERRON.

MINERAI. On donne ce nom aux composés métalliques que l'on rencontre en assez grande abondance dans le sein de la terre, pour les traiter en grand et en extraire les métaux qu'ils renferment, ou pour les employer d'une manière quelconque dans les arts. La nature des combinaisons qui constituent les divers minerais est très variable, toutefois le nombre des minerais proprement dits d'un même métal, est toujours peu considérable. On trouve à l'*état*

natif les métaux platinifères, l'or, l'argent, le mercure et le cuivre. On rencontre à l'*état d'oxydes*, le fer, le manganèse, le cuivre et l'étain. Les oxydes anhydres ou hydratés de fer et de manganèse, le protoxyde de cuivre et le deutoxyde d'étain, donnent lieu à des exploitations très importantes. Le cuivre, le plomb, le zinc, le mercure, l'argent, l'antimoine, l'arsenic, le cobalt, le nickel, le fer, et plusieurs autre métaux se présentent fréquemment à l'état de *sulfures*. Ces divers sulfures combinés entre eux ou avec des arséniures et des antimoniures métalliques dans des proportions variées, forment un grand nombre de minerais importants dont les principaux sont : le cuivre pyriteux, le cuivre panaché, les cuivres gris, l'argent gris, le cobalt gris, l'argent rouge, etc. Dans les mines de Transylvanie on trouve l'or, l'argent et le bismuth à l'état de *tellures*. Le fer, le nickel et le cobalt se rencontrent à l'état d'*arséniures;* l'argent, le mercure et le plomb, se présentent quelquefois à l'état de *chlorures*, de *bromures* et d'*iodures*. Le cérium se trouve à l'état de *fluorure*. Le fer, le cuivre, le zinc et le plomb se rencontrent parfois en gisements considérables, à l'état de *carbonates anhydres* ou *hydratés*. Le cuivre et le zinc se présentent à l'état de *silicates* et d'*hydrosilicates*. Les autres composés ou minéraux métalliques ne se trouvent pas réunis en assez grande abondance dans l'écorce du globe pour constituer des minerais.

Les minerais métalliques se rencontrent rarement dans un état de pureté suffisant lorsqu'on les extrait de la mine ; ils sont ordinairement mélangés de *gangues*, c'est-à-dire de matières stériles et pierreuses ou de minerais métalliques moins précieux, que l'on en sépare par une *préparation mécanique* plus ou moins soignée (*voy.* MÉTALLURGIE).

MINÉRAL. Le premier pas à faire dans l'étude des minéraux est de déterminer en quoi ces corps diffèrent des autres productions naturelles, et quels sont les caractères qui les distinguent des êtres vivants ou organiques. Ces derniers se composent de parties dissemblables qui concourent par leurs actions réciproques à l'existence du tout; le minéral a une forme déterminée et constante, plus essentielle à son existence que sa composition chimique interne, laquelle varie continuellement, et dont dérivent les caractères propres à la détermination de l'espèce. Rarement il peut être divisé sans être détruit. Il constitue, en général, ce que l'on appelle un *individu;* il naît d'un autre individu préexistant et semblable à lui; il s'accroît par intussusception, et seulement jusqu'à un certain terme après lequel sa destruction s'opère d'elle-même. Le corps *inorganique*, au contraire, est une masse homogène, une simple agrégation de particules semblables que l'on peut, à volonté, séparer les unes des autres ou réunir en nombre plus ou moins considérable; il est susceptible de division et de subdivision sans changer de nature, car il existe tout entier dans la moindre de ses particules, et quelque loin que l'on pousse ces divisions successives, on n'obtient jamais que des masses plus petites et non des individus isolés, qui ne pourraient être ici que les particules composantes elles-mêmes. Le corps inorganique se forme par la juxta-position de ses particules, en vertu des forces d'attraction qui leur sont propres, et suivant les lois générales de la matière. Enfin le corps inorganique, une fois formé, peut durer indéfiniment si nulle action du dehors ne tend à le détruire.—Mais il existe des différences assez grandes entre les corps inorganiques eux-mêmes sous le rapport de leur mode de formation. Les uns ne peuvent être produits que sous l'influence des forces vitales qui aident ou modifient l'action des forces d'affinité; tels sont les sucres, les gommes, les résines et la plupart des matières qui prennent naissance dans les êtres vivants; d'autres, au contraire, se sont formés sans aucune participation des forces vitales, comme les sels, les pierres et les métaux; d'autres, enfin, sont d'origine mixte, et proviennent de matières organiques, qui, enfouies depuis longtemps dans le sol, y ont changé de nature par suite des décompositions qu'elles y ont éprouvées; tels sont les combustibles charboneux et bitumineux. La première division des corps inorganiques est tout à fait étrangère aux minéraux. Il faut encore exclure des deux autres, sous ce rapport, tous les corps formés artificiellement dans nos laboratoires. On doit donc entendre par *minéral* les corps bruts ou inorganiques, de formation naturelle, et faisant partie de l'enveloppe extérieure du globe. Tels sont ceux désignés vulgairement par les noms de pierres, de sels, de bitume, de métaux. Leur ensemble constitue ce que l'on appelle le *règne minéral*, et la science qui en traite est la MINÉRALOGIE. Le mot *fossile* est dans plusieurs langues substitué à celui de *minéral*, mais dans la nôtre il a une acception toute différente (*voy.* FOSSILE).

Les chimistes, en examinant tous les minéraux connus, en ont retiré 62 substances différentes, que, dans l'état actuel de la science, ils considèrent comme autant de corps simples, et qui, pour le minéralogiste, constituent les éléments du règne dont il s'occupe. Ces éléments sont dans la nature presque toujours combinés entre eux; mais ce qu'il importe de remarquer, c'est qu'ils ne le sont pas indifféremment les uns avec les autres. Il en est beaucoup que l'on ne trouve presque jamais combinés ensemble; il en est un petit nombre, au contraire, que l'on rencontre dans presque toutes les combinaisons connues, comme si les premiers avaient peu de tendance à former des composés, et les seconds une grande énergie de combinaison. Ceux-là sont des êtres en quelque sorte passifs, ayant besoin pour se réunir entre eux de l'action médiate des autres corps; on peut donc leur donner le nom de *bases* ou de corps *minéralisables*, et désigner, avec Beudant, par celui de corps *minéralisateurs* les principes actifs sans lesquels les combinaisons naturelles ne pourraient exister. Ces derniers sont en petit nombre; nous citerons en première ligne : l'oxygène, le soufre, le fluor, le chlore, le carbone, l'arsenic, le sélénium, etc. Parmi les combinaisons *binaires*, formées par l'oxygène avec les corps minéralisables, les plus nombreuses sont les *oxydes;* les combinaisons du soufre ou les *sulfures*, sont ensuite les plus abondantes; les *chlorures*, les *arséniures*, les *séléniures* le sont beaucoup moins. Après les combinaisons binaires, les corps que l'on rencontre le plus fréquemment dans la nature, sont ceux appelés *ternaires*, et qui résultent, en général, de l'union de deux composés binaires ayant un principe commun, comme de deux oxydes, de deux sulfures, de deux arséniures, etc.; les premiers sont les plus abondants. Ici se présente, à l'égard des corps oxygénés, la même remarque que nous avons faite sur les corps simples; c'est-à-dire qu'on ne les trouve pas indifféremment combinés entre eux, et qu'ils peuvent également être partagés en deux séries; l'une composée de ceux ayant une grande tendance à se combiner avec la plupart des autres (union d'où résultent les *sels*), et qui s'unissent rarement entre eux : ce sont les acides proprement dits, et quelques oxydes capables de jouer le même rôle; l'autre composée des oxydes et des alcalis, qui se comportent de la même manière, et auxquels on peut donner le nom commun de *bases salifiables*. Les combinaisons ternaires les plus abondantes en minéralogie sont les silicates simples, les carbonates, les sulfates, les phosphates et les arséniates. Il existe encore des combinaisons d'ordres plus élevés, mais elles deviennent de plus en plus rares à mesure qu'elles se compliquent davantage. Parmi celles du degré *quaternaire*, les plus remarquables sont les sels doubles et les sels aqueux, qui résultent de l'union de deux composés ternaires entre eux, tels sont les doubles silicates, les doubles carbonates; ou d'un composé ternaire avec l'eau, tels que les sels simples avec leur eau de cristallisation. — Quant à la composition quantitative des minéraux, bornons-nous à rappeler que les combinaisons des éléments se font toujours, dans la nature comme dans nos laboratoires, en proportions *définies*, c'est-à-dire constantes et déterminées, ainsi que la théorie et le mécanisme en seront expliqués aux articles *synthèse* et *proportions chimiques*.

Lorsque dans l'examen d'une substance que l'on rencontre pour la première fois, on veut arriver à la connaissance précise de sa composition chimique, c'est-à-dire de la nature diverse et des proportions de ses éléments, on ne peut atteindre ce but que par une analyse exacte, faite avec tous le soin convenable sur un poids déterminé de cette substance. Mais en minéralogie, il ne s'agit, le plus souvent, que de reconnaître un corps appartenant à une espèce déjà connue, et pour cela il n'est besoin que d'un examen beaucoup plus simple, pratiqué sur une parcelle infiniment petite, et dans lequel on a uniquement pour but de distinguer les éléments qui la composent, en les forçant à manifester successivement leurs caractères, sans vouloir tenir aucun compte de leur quantité relative. C'est à cet examen sommaire que l'on a donné le nom d'*essai des minéraux*. Ces essais sont de deux sortes : les uns se font par ce que l'on appelle la *voie sèche*, à l'aide du chalumeau, et avec ou sans le concours de réactifs solides; les autres par la *voie humide*, à l'aide des réactifs liquides.

Dans le premier mode, le chalumeau dont on fait usage pour soumettre un minéral à l'action du feu est un instrument emprunté de l'art du metteur en œuvre. Il se compose essentiellement d'un tube métallique recourbé vers l'une de ses extrémités, où il se termine par une ouverture très déliée; on souffle par l'autre extrémité, et le courant d'air qui en sort est dirigé sur la flamme d'une bougie ou d'une lampe à mèche plate, qui s'allonge horizontalement en forme de dard dont la pointe possède une chaleur très intense. On place le corps que l'on veut exposer à l'action de cette flamme, à l'extrémité d'une pince de platine, ou sur un charbon dans lequel on a creusé une petite cavité qui fait en quelque sorte office de creuset. On doit toujours choisir un très petit fragment de la substance, et souvent il est bon qu'il ait une arête vive ou une pointe déliée. Si l'on veut opérer avec le contact de l'air, on chauffe le corps en le plaçant au sommet du petit cône lumineux, et alors il s'oxyde s'il est combustible : c'est ce que l'on appelle le présenter *au feu d'oxydation*. Si l'on veut, au contraire, chauffer le corps sans le con-

tact de l'air, il faut le plonger tout entier dans la partie brillante de la flamme, et alors il se désoxyde s'il contient de l'oxygène : c'est ce que l'on nomme le traitement *au feu de réduction*. On a pour but, dans ces opérations, de reconnaître si la substance est fusible ou infusible, réductile ou non en un globule métallique, si la chaleur en dégage un principe volatil qui s'y trouvait tout formé ou qui s'y forme pendant le grillage même. Dans le cas de fusion, on examine si le morceau d'essai se fond en un globule parfait, ou s'il s'arrondit seulement sur ses bords; ou s'il se couvre à sa surface d'un simple vernis vitreux; si le résultat de la fusion est une *scorie*, c'est-à-dire une matière boursouflée et irréductible en globule, une *fritte*, c'est-à-dire un corps dont une partie composante, non fondue, est disséminée au milieu de l'autre partie fondue; un *émail*, ou corps vitreux opaque, blanc ou coloré; enfin, un *verre* proprement dit, ou globule vitreux transparent, également blanc ou coloré, et dont l'intérieur peut être compacte ou bulleux. On examine encore si la forme du globule est sphérique ou polyédrique, si sa surface est lisse ou *recouverte* d'aspérités, etc. — Dans le cas de non fusion, il faut observer si la matière d'essai éprouve quelque altération ou un changement d'aspect; si elle durcit ou devient plus tendre; si elle acquiert des propriétés alcalines que l'on reconnaîtra facilement au moyen des papiers à réaction; si elle prend de la saveur, si elle décrépite, c'est-à-dire si elle se disperse en une multitude de parcelles; si elle s'exfolie par la séparation des lames dont elle est composée, si elle se boursoufle et s'épanouit seulement; enfin, si elle bouillonne par le dégagement de quelque matière gazeuse. Plusieurs de ces effets peuvent précéder celui de la fusion et le modifier. — Dans le cas de volatilisation, il faut examiner si celle-ci est partielle ou complète. Pour sublimer les matières toutes formées dans le minéral, on le met dans un petit matras de verre à long col, ou simplement dans un tube de verre fermé par un bout : par l'action du feu les matières volatiles se déposent ordinairement à sa partie supérieure. La présence de l'acide fluorique s'annonce par la formation, un peu au dessus de la matière d'essai, d'un anneau blanc siliceux; celle de l'arsenic se manifeste par un sublimé métallique, etc. Pour reconnaître les matières volatiles qui se forment pendant le grillage on met encore la substance minérale dans un tube de verre ouvert par les deux bouts, et recourbé vers sa partie moyenne, puis on la chauffe au travers du tube, pour recueillir le sublimé dans sa partie supérieure; il suffit que les vapeurs se répandent dans l'atmosphère, on place la substance sur un charbon ardent, mais alors elle n'offre pour caractère que son odeur, la couleur de sa vapeur et la teinte qu'elle communique à la flamme du chalumeau ; une odeur d'acide sulfureux dénote la présence du soufre, celle de l'ail la présence de l'arsenic, une odeur de raves celle du sélénium, etc.

Mais le calorique ne suffit pas toujours dans ces essais, et il faut ajouter à la substance différents flux ou réactifs, soit pour aider sa fusion ou sa décomposition, soit pour découvrir les acides qu'elle renferme, et quelquefois même amener leur décomposition. Les principaux réactifs solides sont : le carbonate et le borate de soude, le phosphate double de soude et d'ammoniaque. Le premier s'emploie pour reconnaître la présence de la silice en quantité considérable dans un minéral pierreux infusible sans addition ; celui-ci fond alors avec effervescence en donnant un verre transparent qui a la faculté de dissoudre la base enlevée à la silice, et conserve sa transparence après le refroidissement. Mais son principal usage est de servir à la réduction des oxydes métalliques, et de faire découvrir des quantités de métaux réductibles, assez faibles pour échapper dans l'essai par la voie humide. On pétrit dans le creux de la main, avec de la soude humectée, la matière d'essai, puis on chauffe le tout sur un charbon. Si le métal est en grande quantité, il se réduit en petits globules distincts que l'on peut recueillir et examiner ; si, au contraire, il ne se trouve que disséminé en quantité fort minime, il est absorbé avec la soude par le charbon. — Le *borax* est employé pour opérer la fusion et la dissolution d'un grand nombre de substances minérales, et l'on obtient par lui un verre ordinairement transparent après le refroidissement, et qui reçoit du corps dissous des propriétés et des couleurs spécifiques. — Le *sel de phosphore* agit au moyen de l'acide phosphorique rendu libre qui s'empare de toutes les bases, et forme avec elles des verres dont la couleur et le degré de transparence sont caractéristiques. Il fait mieux ressortir que le borax les teintes propres aux différents oxydes métalliques. Ce même réactif exerce sur les acides une action répulsive : ceux qui sont volatils, comme l'acide fluorique, se volatilisent sous son influence, ceux de nature fixe restent en suspension dans le verre sans s'y dissoudre ; la silice des silicates est mise en liberté et se montre dans le sel liquifié sous l'apparence d'une masse gélatineuse. C'est encore par l'action du même réactif que l'on découvre la présence du chlore dans les minéraux. On fond, pour cela, le sel de phosphore avec de l'oxyde de cuivre, puis

on ajoute la matière d'essai et l'on chauffe de nouveau ; si elle renferme du chlore, le globule vitreux s'environne d'une flamme bleue tirant sur le pourpre. — On emploie encore pour les essais au chalumeau quelques autres réactifs, mais seulement dans des cas particuliers, et pour découvrir la présence de certaines substances ; par exemple, le nitre quand les quantités de manganèse sont trop faibles pour colorer le verre sans cette addition ; l'acide borique vitrifié pour la manifestation de l'acide phosphorique ; le nitrate de cobalt pour reconnaître la présence de l'alumine et de la magnésie, qui donnent avec l'oxyde de cobalt, après une forte ignition, la première une belle couleur bleue, la seconde une couleur rose pâle. Enfin, on se sert quelquefois de l'étain et de la poudre de charbon pour désoxyder le plus possible les oxydes métalliques, afin de rendre plus décisif le résultat de leur réaction ; le fer pour précipiter différents métaux, et les séparer du soufre ou des acides fixes avec lesquels ils se trouvent combinés.

L'essai des minéraux par la voie humide, consiste à mettre le corps que l'on veut examiner, en solution dans un liquide, et à faire agir sur lui différents réactifs également en solution, de manière à ce que l'on parvienne à isoler, par les précipitations successives, les éléments qui les composent, et à ce qu'on puisse les reconnaître aisément à la nature des précipités qu'ils produisent. Comme on n'a pour but que de désigner la nature de ces éléments, sans vouloir apprécier avec exactitude leur quantité, on n'opère jamais qu'en petit, sur une simple parcelle du minéral, et par quelques gouttes de solution, sans faire aucune pesée.—Tous les essais par la voie humide exigent une solution préalable. Or, la plus grande partie des minéraux sont solubles immédiatement, à chaud ou à froid, dans l'eau ou dans les acides, et le petit nombre de ceux qui ne le sont pas le deviennent, lorsqu'on les fond préalablement avec la soude ou la potasse. — Les substances solubles dans l'eau seule sont en très petit nombre, et leur solution est colorée ou incolore. Dans le premier cas, la couleur suffit pour faire reconnaître le sel : ainsi, le bleu annonce le sulfate de cuivre, le vert clair le sulfate de fer, le vert d'émeraude le sulfate de nickel, et le rose le sulfate de cobalt. Si la solution est incolore, on la traite par le nitrate de baryte. Se fait-il alors un précipité ? on peut en conclure que la substance examinée est un borate, un carbonate ou un sulfate : un borate, si, en ajoutant de l'acide sulfurique à la solution, on obtient un nouveau précipité formé de paillettes cristallines ; un carbonate, si, dans le même cas, il se produit une effervescence due à un dégagement rapide de gaz; un sulfate, enfin, s'il ne se fait ni précipité ni effervescence. S'il n'y a point de précipité par le nitrate de baryte, on essaie alors s'il n'y en aurait point par le nitrate d'argent : un précipité indique, dans ce cas, un hydrochlorate. Enfin, s'il ne se fait de précipité par aucun de ces deux nitrates, on en conclut que la substance en solution est elle-même un nitrate.

On est donc parvenu, de la sorte, à reconnaître l'acide. Pour déterminer la base, on cherche à précipiter la solution par l'ammoniaque : un précipité gélatineux, flottant dans la liqueur, indique l'alumine; un précipité pulvérulent, la magnésie; un précipité qui se redissout aussitôt, l'oxyde de zinc. Si aucun de ces effets n'a lieu, on traite par l'oxalate de potasse ; un précipité blanc, produit par ce réactif, annonce la présence de la chaux. Si l'ammoniaque et l'oxalate de potasse ne donnent point de précipité, on examine si la solution traitée par la potasse caustique dégage de l'ammoniaque qui alors en forme la base, ou si elle précipite en jaune, par le chlorhydrate de platine, ce qui est l'indice de la potasse. Si elle ne produit aucune de ces réactions, c'est la soude qui en est la base.

Si le corps que l'on veut essayer n'est point soluble dans l'eau, on cherche s'il ne le serait point par un acide, et l'on choisit de préférence l'acide nitrique. On observe si le corps se dissout avec effervescence, en dégageant un gaz incolore, ou une vapeur qui devient rouge par son contact avec l'air, s'il se dissout lentement, sans aucun dégagement de gaz, et sans production de gelée. Les substances qui sont solubles à chaud ou à froid dans l'acide, avec dégagement de gaz incolore, sont des carbonates. On examine ensuite si leurs solutions précipitent ou non par l'acide sulfurique. Dans le premier cas, si la base est simple, elle ne peut être que l'oxyde de plomb, la strontiane ou la baryte, et il est facile de la déterminer d'après les caractères connus dans ces trois oxydes. Dans le second cas, où il ne se fait point de précipité par l'acide sulfurique, il faut essayer d'autres réactifs, tels que l'acide chlorhydrique, l'ammoniaque et l'oxalate d'ammoniaque ; la nature du précipité que l'on obtient alors, détermine celle de la base. Les substances qui se dissolvent dans l'acide nitrique, en donnant lieu à un dégagement de gaz coloré, c'est-à-dire de gaz nitreux, sont les sulfures, les arséniures et les métaux négatifs, etc. Les substances dont les solutions se prennent en gelée, sont des silichydrates ou des silicates : cette apparence gélatineuse est due à la silice, qui a com-

mencé à se précipiter, et dont on débarrasse la solution en évaporant à siccité, et en jetant de l'eau sur le résidu pour filtrer ensuite ; la substance blanche qui reste sur le filtre est la silice pure. On procède ensuite à la recherche des bases en traitant la liqueur par l'acide sulfurique ou l'ammoniaque : les substances qui se dissolvent lentement, sans dégagement de gaz, et sans production de gelée sont des phosphates, des sulfates, des arséniates, des chlorures, etc., ou de simples oxydes. Si ce sont de simples oxydes ou des combinaisons d'oxydes, on les reconnaît en évaporant la liqueur jusqu'à siccité, et en jetant de l'eau sur le résidu qui se redissout encore tout entier. Dans le cas où une partie du résidu serait insoluble, la substance appartiendrait à l'un des autres composés, et il faudrait alors reprendre la solution et la traiter par un carbonate alcalin pour séparer les bases de l'acide, et reconnaître celles-ci plus aisément. — Si le corps qu'on examine n'est soluble immédiatement ni dans l'eau ni dans les acides, on le traite au feu par le carbonate de soude. Alors si le corps renferme un acide, celui-ci est enlevé par la soude, et il se forme d'une part un sel de soude, le plus souvent soluble dans l'eau en un acide, et, d'autre part, un carbonate que l'on peut toujours attaquer par l'acide nitrique. Si c'est la silice qui tient lieu d'acide, on fond la substance avec une grande quantité de soude, ou bien avec la potasse caustique, et l'on obtient une matière soluble dans les acides. — Ainsi donc la substance peut dans tous ces cas être mise en solution, et sa nature se conclut de l'examen de la liqueur par les réactifs.

La structure d'un minéral dépend du mode d'agrégation de ses particules; elle est régulière ou irrégulière. La première constitue la cristallisation qui, de nos jours, a pris l'importance d'une science spéciale pour laquelle nous renvoyons à l'article CRISTALLISATION. Bornonsnous à dire que l'arrangement des molécules qui constitue cette agrégation régulière se manifeste à nos sens par différents caractères tranchés qui ne permettent pas de la confondre avec l'agrégation confuse ou structure irrégulière; ce sont le clivage, la forme cristalline, les axes de réfraction et le polychroïsme qui ne doivent pas nous occuper ici (voy. CLIVAGE et DICHROÏSME). — La structure irrégulière des minéraux non cristallisés provient de la réunion confuse de leurs molécules : elle est simple ou composée. Dans le premier cas, les corps ne présentent qu'une masse homogène dans laquelle l'œil ne discerne aucune partie, aucune surface de séparation ; tels sont les corps auxquels on donne le nom de *compactes* : cette structure est analogue à celle du verre. Les structures composées ou d'agrégation résultent de la réunion en une seule masse, d'un très grand nombre de parties discernables qui prises isolément possèdent une structure simple, soit cristalline, soit irrégulière. On distingue plusieurs sortes de structures composées. Celle dite *lamellaire* provient d'une accumulation confuse d'un très grand nombre de petits cristaux ou de lames qui présentent leur clivage dans tous les sens, et se distinguent par le miroitement que chacune d'elles produit en réfléchissant la lumière. Si les cristaux sont fort petits la masse offre alors une structure plus ou moins analogue à celle du sucre, ce qui lui a valu l'épithète de *saccharoïde*. L'agrégation d'une multitude de petits cristaux ou grains cristallins arrondis, entassés les uns sur les autres, et réunis entre eux par une force moindre que celle qui attire leurs particules, constitue la structure *granulaire*. La structure *fibreuse* provient de cristaux allongés, circulaires ou cylindroïdes, groupés entre eux dans le sens de leur longueur ou réunis, par leurs extrémités, en rayons divergents. La structure *schisteuse* ou *feuilletée* est celle des masses composées d'un très grand nombre de feuillets séparables comme l'ardoise. La structure *stratiforme* provient de l'accroissement du corps par couches ou enveloppes successives, qui se manifestent à la surface extérieure ou dans les fractures par des ondulations de diverses couleurs. La structure *compacte terreuse* est produite par un tassement confus de très petits cristaux ou grains tellement serrés qu'ils sont indiscernables, et ne présentent que des masses d'un aspect terne, sans aucun indice de tissu. — D'autres modes de contexture dans les minéraux résultent de causes accidentelles dont l'action a eu lieu pendant ou après leur formation. Tels sont ceux résultant des diverses solutions de continuité qu'ont pu produire le retrait produit par le refroidissement ou le dessèchement des masses minérales, par le dégagement des gaz, etc.; on leur donne les noms de structure *carrée*, *cellulaire*, *poreuse*, *ponceuse*, etc., suivant la forme et la disposition des cavités qui divisent la masse. Enfin il est une dernière espèce de structure tout à fait d'emprunt que l'on peut appeler *organique*, parce que le minéral la doit à des corps organisés dont il a pris la place en imitant fidèlement leur tissu. Telle est la structure des productions auxquelles on donne le nom de *fossile* et de pétrification.

Les minéraux de nature différente présentent en général des différences de poids appréciables lorsqu'on les compare entre eux sous un même volume, et ce rapport réciproque d'un poids pouvant être dressé avec beaucoup de précision, pourvu qu'on le détermine toujours d'après des variétés ayant une structure simple et régulière, il en résulte un caractère spécifique précieux. C'est l'importance de ce caractère qui a fait dresser une table des *pesanteurs spécifiques* de tous les minéraux.

La dureté des minéraux est encore d'une grande importance, mais on ne doit pas confondre sous cette dénomination, un peu vague dans le langage ordinaire, les diverses sortes de résistance qu'un corps oppose aux différentes forces agissant du dehors pour désunir ses particules. Il ne faut entendre par ce mot, en minéralogie, que la résistance opposée par un corps à se laisser entamer par un autre, au moyen du frottement; ainsi le diamant est le plus dur de tous les minéraux, parce qu'il les raye tous et n'est rayé par aucun. On a dressé sous ce rapport une échelle comprenant dix termes de comparaison, depuis le talc, le plus tendre de tous les minéraux, jusqu'au diamant; ces termes ont été représentés par des substances bien connues et choisies de manière à ce que les degrés de dureté croissent par des différences à peu près égales, exprimées par les dix premiers nombres : 1, *talc laminaire*; 2, *gypse*; 3, *calcaire rhomboïdal*; 4, *spath fluor*; 5, *apatite*; 6, *feldspath adulaire*; 7, *quartz hyalin*; 8, *topaze*; 9, *corindon*; 10, *diamant*. — Tout minéral autre que ceux contenus dans cette échelle aura nécessairement un degré de dureté intermédiaire entre ceux des deux termes consécutifs, c'est-à-dire qu'il rayera l'un et sera rayé par l'autre. Cette dureté intermédiaire est alors représentée par une fraction formée par les deux nombres appliqués ci-dessus aux termes de comparaison.

Les minéraux diffèrent encore par le degré de force avec lequel ils résistent au choc qui tend à les briser : on nomme *tenaces* ceux qui se brisent très difficilement, et *fragiles* ceux qui se font remarquer par une disposition opposée. Ces propriétés paraissent être indépendantes de ce que nous avons appelé la dureté, car parmi les substances tenaces il en est de très tendres comme le talc, le graphite, la magnésite, et d'autres, au contraire, très durs comme le jade et l'émeril. En général, les minéraux à structure celluleuse ou fibreuse, compactes et à cassure fibreuse, sont difficiles à briser; ceux, au contraire, dont la cassure présente l'éclat de la résine, ou qui sont solubles dans l'eau, ceux dont la structure est lamelleuse sont généralement très fragiles.

La forme du fragment détaché d'un minéral par le choc, et l'aspect de la surface de cassure, sont souvent en rapport avec la structure du corps, et peuvent dès lors fournir des caractères propres à les faire reconnaître. La cassure compacte et terreuse présente en outre des modifications particulières de forme et d'aspect : ainsi, par rapport à la forme, elle peut être : 1° *conique*, c'est ce qui a lieu lorsque le corps est homogène, terminé par une surface à peu près plane, et qu'on applique le coup presque perpendiculairement à cette dernière ; 2° *conchoïde* : simple modification de la cassure précédente, consistant en une surface arrondie, concave sur l'un des fragments, convexe sur l'autre, et sillonnée par des stries concentriques comme les valves de certaines coquilles ; 3° *raboteuse*, ou n'offrant que des inégalités irrégulières ; 4° *esquilleuse*, lorsqu'il se détache en partie de la surface du fragment de petites écailles ou *esquilles* semblables à celles que présente un morceau de bois ou un os fracturé ; 5° enfin tout à fait *plate*, comme celle des pierres lithographiques et du silex meulier. — Relativement à l'aspect de la surface de cassure, on examine si celle-ci est *vitreuse, résineuse, cireuse, terreuse*, etc. — La propriété dont jouissent les minéraux de se casser de telle ou telle manière n'est pas sans intérêt pour les arts ; c'est sur elle que, dans les pierres à fusil et les pierres meulières, est fondé l'art de tailler les premières, et d'exploiter les secondes avec facilité.

Parmi les propriétés optiques des minéraux, les unes se rapportent à la transmission de la lumière au travers du corps, les autres à sa réflexion sur leur surface. Les premières sont la transparence, l'opacité, et les diverses sortes de réfraction ; aux secondes appartiennent la couleur, l'éclat, le chatoiement, etc. Il importe beaucoup en outre de distinguer parmi ces propriétés celles qui sont constantes et spécifiques, parce qu'elles tiennent à la nature intime du corps, de celles qui ne sont que variables et accidentelles, et qui dès lors dépendent uniquement du mode d'agrégation des particules ou de la présence d'une matière étrangère, interposée entre elles et comme dissoute dans la substance. — Il est peu de substances minérales qui ne soient transparentes lorsqu'elles sont cristallisées et sans mélanges ; mais cette propriété peut être masquée par diverses causes, la vivacité de l'éclat rehaussé par le poli de la surface, l'intensité des couleurs, etc. Tous les minéraux transparents ont la propriété de réfracter les rayons lumineux qui les pénètrent, mais avec des différences remarquables dépendant de la nature et du mode d'arrangement de leurs

particules. Les substances non cristallisées et celles qui se rapportent au système du cube ne possèdent que la réfraction simple ; toutes les substances cristallisées appartenant aux autres systèmes sont douées de la double réfraction, et se distinguent entre elles par la quantité dont les deux rayons, ordinaire et extraordinaire, s'écartent l'un de l'autre pour une même incidence. Il y a encore entre elles des différences importantes, consistant dans le nombre et la position relative des axes de double réfraction (*voy.* DICHROÏSME).

Les minéraux ne manifestent pas moins de diversité relativement à la manière dont les rayons lumineux se réfléchissent à leur surface. On distingue, dans l'impression que font ces rayons sur l'organe de la vue, deux effets différents susceptibles chacun de modifications particulières : la *couleur* et l'*éclat* qui dépendent, la première de la nature des rayons réfléchis, le second de leur intensité, des qualités particulières de leur teinte, et du plus ou moins de poli des surfaces. L'éclat peut être métallique, résineux, céroïde, gras, soyeux, nacré. Quelques substances pierreuses ont une certaine apparence de l'éclat propre aux métaux, mais qui disparaît lorsqu'on vient à rayer leur surface ; c'est ce faux éclat métallique que l'on désigne par l'expression de *métalloïde*. — Les couleurs des minéraux se distinguent en couleurs *propres* et en couleurs *artificielles*. Les premières tiennent à la nature même des molécules ; elles sont uniformes et constantes tant que la substance conserve son état de pureté. Aussi fournissent-elles des caractères d'une grande valeur pour la distinction des espèces. Les substances naturelles qui les possèdent sont les métaux, le soufre, les oxydes métalliques, les sulfures, etc. Les couleurs accidentelles sont dues à la présence de molécules étrangères mélangées soit chimiquement, soit d'une manière purement mécanique, avec les particules constituantes du minéral. Elles peuvent varier à l'infini ; aussi ne présentent-elles que des caractères propres, tout au plus, à la distinction des simples variétés. Il y a encore cette différence entre elles que les mélanges chimiques, si communs dans les pierres fines, n'altèrent en rien leur transparence ou leur éclat, tandis qu'il n'en est pas de même des mélanges mécaniques. — Mais indépendamment de ces couleurs propres ou accidentelles des minéraux, et qui sont toujours fixes dans les substances qui les présentent, il en existe encore d'autres, que l'on peut appeler *mobiles*, parce qu'elles semblent se mouvoir à mesure que l'on fait varier l'aspect du corps. Tels sont ces reflets que l'on voit flotter dans l'intérieur de certaines pierres, et auxquels on a donné le nom de *chatoiement* par allusion aux yeux du chat, qui brillent dans l'obscurité. Cet accident de lumière paraît être dû soit au tissu fibreux de la substance elle-même, soit à une interposition de matières étrangères disposées régulièrement dans le sens de certains joints naturels. D'autres reflets diversement colorés, auxquels on a donné le nom d'*iris*, sont produits par des vacuoles existant naturellement dans la pierre, ou par une matière très atténuée et souvent fluide, interposée dans la matière propr du corps, ou enfin par un commencement d'altération que celui-ci éprouve à sa surface.

Les espèces minérales ne sont pas également distribuées à la surface et dans l'intérieur du globe; elles correspondent à diverses époques et à divers modes de formation. Ainsi les unes ont été formées par voie de dissolution préalable et de cristallisation, d'autres par voie de fusion ignée; d'autres enfin par voie de sédiment ou de dépôt dans des eaux qui tenaient leurs particules en suspension. Les unes se présentent, mais de différentes manières, dans les terrains de toutes les époques, tandis que d'autres appartiennent plus particulièrement à telle ou telle classe de terrains. Les unes entrent dans la composition de grandes masses, ou forment même à elles seules des montagnes, des couches, des amas en dépôts limité, des veines ou des filons; les autres sont répandues en noyaux, en rognons, en petits nids ou vésicules dans les grandes masses. Elles se présentent, en général, de deux manières bien distinctes : ou disséminées en cristaux et en grains dans l'intérieur des roches, ou implantées sur les parois des cavités souterraines. Enfin, il en est qui ne se montrent qu'en enduit ou efflorescence à la surface de certaines pierres, et d'autres qu'on ne trouve ordinairement qu'en solution dans les eaux minérales. Cette manière d'être des minéraux constitue le *gisement*.

Pour ce qui concerne l'application des différents caractères minéralogiques à la classification des substances du règne qui nous occupe, *voyez* MINÉRALOGIE. L. DE LA C.

MINÉRALOGIE. C'est la partie de l'histoire naturelle qui a trait à l'étude des corps inorganiques, mais seulement de ceux qui ont été formés naturellement, sans le concours des forces vitales ni des opérations de l'art, et que l'on trouve abondamment répandus partout, à la surface et dans l'intérieur de la terre. Cette science embrasse dans son objet la connaissance des propriétés générales de ces corps; celle des caractères particuliers qui distinguent leurs différentes espèces les unes des autres, et les va-

riétés de chaque espèce entre elles; celle de leurs gisements ou manières d'être dans la nature, comme aussi de leur emploi dans les arts et les usages ordinaires de la vie; enfin, celle de leur classification, ou de leur arrangement dans un ordre méthodique et rationnel, propre à faciliter leur étude et à faire ressortir leurs analogies et leurs dissemblances.

La science des minéraux doit exciter un vif intérêt, soit que l'on considère l'utilité directe qui résulte des applications de cette science à l'industrie et des services qu'elle rend à la géologie et à l'art des mines, soit que, l'envisageant d'un point de vue plus élevé, on tienne compte de son importance philosophique et du rang qu'elle occupe dans l'ordre de nos connaissances positives. Il est vrai que, de toutes les productions de la nature, les minéraux sont celles qui offrent le moins d'attrait au premier abord; la plupart ne nous apparaissent que comme des masses brutes qui, pour mériter notre attention, ont besoin que la main de l'art les façonne et les mette en œuvre. A en juger donc sur les seules apparences, il semblerait que l'on dût borner leur étude à la connaissance empirique de leurs principales espèces, et même renvoyer cette étude superficielle au petit nombre de professions où elle est strictement nécessaire. Mais quand on examine les minéraux de plus près, on ne tarde pas à voir combien ils gagnent à être mieux connus. Une observation attentive y découvre en effet une multitude de propriétés bien dignes d'exercer les facultés de notre esprit et de servir d'objet à nos méditations.

Et d'abord, si on les étudie sous le rapport de la forme, on remarque qu'ils s'offrent fréquemment sous des configurations régulières, polyédriques, qui ne sont point du tout, comme on le croyait jadis, un effet du hasard, mais que déterminent des lois d'une grande simplicité; et, chose étonnante, ces formes peuvent néanmoins varier à l'infini dans la même espèce minérale. Au premier coup d'œil, cette multiplicité de formes pour la même substance semble être une preuve du peu d'importance qu'on doit y attacher, et de l'inutilité de leur étude, par suite de l'impossibilité d'en saisir l'ensemble. Mais vient-on à les comparer entre elles, on s'aperçoit bientôt qu'elles dépendent les unes des autres, à tel point qu'il suffit d'en connaitre une seule pour pouvoir les connaitre toutes. Il suit de là que, malgré ses métamorphoses sans nombre, beaucoup plus apparentes que réelles, la forme régulière des minéraux ou la forme cristalline est au fond toujours la même, et l'on retrouve ici le cachet ordinaire des œuvres de la nature, l'unité dans la variété. — Que si, à l'exemple du célèbre abbé Haüy, on cherche à étudier la structure interne des cristaux, à l'aide de cette espèce d'anatomie ou de dissection qu'il nous a si bien fait connaître, et qu'on nomme le *clivage* (*voy.* CRISTALLISATION), on découvre dans ces corps un genre de structure, d'une uniformité et d'une symétrie remarquables, laquelle ne varie pas comme la forme extérieure, mais qui est dans les minéraux cristallisés comme une sorte d'organisation constante pour tous les individus de la même espèce. Poussée aussi loin que possible, cette division mécanique conduit à déterminer l'élément de cette structure cristalline, ce qu'on nomme la molécule ou plutôt la particule intégrante du cristal. Cet élément important, qui joue un grand rôle dans la théorie du cristallographe français, n'est peut-être pas la représentation rigoureuse de la vraie molécule physique du corps, mais il a avec elle des rapports intimes et nécessaires ; il en est en quelque sorte l'équivalent pour nous, et l'opération qui le donne est encore le moyen le plus certain et le plus direct que nous ayons, sinon pour atteindre à la véritable molécule, du moins pour en approcher le plus possible.

Sans parler ici des phénomènes curieux que présentent les minéraux, quand on vient à les étudier sous le rapport de la dureté, de l'élasticité, de l'électricité polaire, etc., nous nous bornerons à signaler parmi leurs propriétés physiques, un ordre de faits des plus intéressants ; nous verrons (art. LUMIÈRE) les singulières modifications qu'offre la lumière polarisée dans son passage à travers les cristaux transparents. Ces phénomènes n'ont pas, pour le naturaliste, un simple attrait de curiosité : ils ont à ses yeux une grande importance, puisqu'ils accroissent ses moyens d'investigation d'une façon véritablement surprenante. Un rayon de lumière polarisée est pour le minéralogiste comme une sorte de sonde éminemment déliée, avec laquelle il fouille et interroge dans tous les sens la structure moléculaire des cristaux. Ce rayon, dans chacune des positions qu'il prend successivement, reçoit l'empreinte des modifications les plus légères de la structure interne, et la rapporte fidèlement à l'œil de l'observateur. Aucune partie de la physique minérale n'est plus féconde en importants résultats que l'optique des cristaux ; aucune n'est plus propre à enrichir la science de phénomènes curieux et inattendus. Nous en donnerons pour preuve les résultats mêmes des travaux exécutés en ce genre par M. Biot ; les substances les plus communes et les plus vulgaires, celles sur lesquelles l'attention des savants semblait s'être épuisée, sont devenues entre ses mains une source de brillantes découvertes.

Est-ce la nature chimique des minéraux que nous nous proposons d'explorer ; et, d'abord, voulons-nous borner notre recherche à connaître leur composition qualitative ? L'esprit ingénieux des Wollaston, la science profonde des Berzélius nous fournissent une multitude de petits essais, d'opérations délicates, qui s'exécutent facilement dans le cabinet et partout, presque sans aucun appareil, et au moyen desquelles nous pouvons, dans chaque cas particulier, parvenir sûrement et promptement à notre but. Voulons-nous aller plus loin et connaître la composition complète et absolue des corps ? alors nous empruntons à la chimie des laboratoires les résultats d'analyse qu'elle seule peut donner et qu'elle n'obtient qu'au prix d'opérations longues et difficiles. Cela fait, nous avons, comme minéralogiste, à discuter ces résultats, à les interpréter théoriquement, à essayer de les mettre d'accord avec les indications de la physique et de la géométrie des cristaux. Ce travail nous offre à chaque pas l'application et la confirmation des grandes lois de la chimie moderne, la loi des proportions définies, l'isomérie, le polymorphisme et l'isomorphisme. Après s'être ainsi transformé tour à tour en géomètre, en physicien et en chimiste, pour établir, à l'aide du calcul, de l'expérience ou de la simple observation, l'ensemble des caractères de chaque substance, ce que les auteurs allemands appellent sa Caractéristique, il reste encore au minéralogiste à remplir un dernier rôle, un rôle plus spécial, celui de naturaliste descripteur et classificateur. Pour cela, il lui faut comparer avec soin les diverses sortes de caractères, reconnaître leurs lois et leur subordination, chercher à apprécier leur valeur relative, et poser enfin les principes qui doivent le diriger, tant dans la spécification que dans la classification des espèces.

On voit par ce qui précède que, d'une part, la minéralogie tient à l'histoire naturelle proprement dite, et que d'un autre côté elle se rattache à la géométrie, à la physique et à la chimie. Ce n'est qu'après avoir été éclairée par la vive lumière que ces sciences ont répandue sur elle, qu'elle a pris rang elle-même parmi les sciences positives ; et ce rang, on ne saurait le lui contester maintenant, puisqu'elle offre un ensemble de faits parfaitement liés entre eux, et qu'on peut ramener à un petit nombre de lois générales. Aujourd'hui seulement les minéralogistes, en partant de principes certains, peuvent arriver à des résultats comparables ; ils marchent vers leur but, tenant d'une main le flambeau de la théorie, et de l'autre celui de l'observation ou de l'expérience. Cette ère nouvelle de la minéralogie ne date que du commencement de ce siècle; c'est en effet Haüy qui a eu le mérite de poser le premier les véritables bases de la science, ce qu'il a fait avec tant de bonheur, qu'aujourd'hui encore on ne trouve presque rien à changer, ni à ajouter, aux principes établis par lui pour la formation des espèces. Si l'on remonte au-delà de l'époque d'Haüy, on voit la minéralogie essayer de se former en corps de doctrine tout au plus dans la première moitié du siècle précédent. Elle est donc sous tous les rapports une science moderne. Cependant, comme dans un si court intervalle de temps elle a changé plusieurs fois de face, il ne sera pas inutile de faire ici, en peu de mots, l'histoire de sa marche et de ses progrès depuis un siècle.

Les divergences d'opinion qui ont divisé et qui divisent encore les minéralogistes en plusieurs écoles distinctes et profondément séparées, tiennent à la diversité des points de vue sous lesquels ils ont envisagé les minéraux, et au choix qu'ils ont cru pouvoir faire de telle ou telle classe de propriétés, pour établir leurs principes de spécification et de classification, en excluant toutes les autres, ou du moins en ne leur accordant qu'une place insignifiante. Aussi peut-on distinguer autant d'écoles de minéralogistes, dont chacune a eu son temps de vogue, qu'il y a de classes ou de divisions importantes parmi les caractères. Or, les caractères des minéraux se partagent assez naturellement en caractères *extérieurs*, caractères *chimiques* et caractères *physiques*. Ces derniers ont été subdivisés en caractères *géométriques* ou *cristallographiques*, et en caractères *physiques proprement dits*, ce qui fait en tout quatre classes principales. Eh bien! il se trouve précisément qu'à chacune de ces quatre divisions correspond une école particulière de minéralogistes, dans laquelle, toutefois, il faut comprendre, non pas seulement ceux qui n'ont eu égard qu'à une seule classe de caractères, mais encore tous ceux qui ont assigné à cette classe le plus haut degré d'importance, qui lui ont attribué une prépondérance marquée sur toutes les autres, sans exclure celles-ci d'une manière absolue.—C'est dans le nord de l'Europe, en Suède et dans la Saxe, que s'est développée la première école, qu'on peut appeler l'*école empirique*, parce qu'elle s'appuyait uniquement sur le témoignage des sens, n'accordant son attention qu'aux caractères extérieurs, à ceux que nous constatons à l'aide de nos seuls organes, sans le secours d'aucun instrument. Ses représentants les plus illustres

ont été, en Suède, Bromel et Wallérius, et en Saxe, Werner. Ce dernier peut en être considéré, sinon comme le fondateur, du moins comme le véritable chef; il s'est efforcé de ramener la détermination empirique des minéraux à des procédés méthodiques, et il est parvenu à définir tous leurs caractères extérieurs avec une précision inconnue avant lui. On n'a pas tardé à reconnaître l'insuffisance de pareilles méthodes, et l'école empirique a fini par se transformer et par se fondre dans les écoles géométrique et chimique. Aujourd'hui elle n'est plus, et peut-être méconnaît-on un peu trop les services qu'elle a rendus à la science; il semble qu'on ait complétement perdu de vue l'utilité que peuvent offrir des caractères extérieurs, définis avec tout le soin qu'y mettait l'école de Freyberg. Ils ont une véritable importance, lorsqu'il s'agit, non pas de déterminer une espèce, mais d'en décrire les variétés de telle sorte que la description les fasse aisément reconnaître.—La seconde école, que nous appellerons l'*école chimique*, comprend les minéralogistes qui ont fondé principalement, ou même uniquement, leurs principes de classification sur la composition chimique, telle que la donne l'analyse. Ce sont, entre autres, parmi ceux du siècle dernier, Cronstedt, Bergmann et Kirwan, et, de nos jours, l'illustre Berzélius. Certes, nous sommes loin de vouloir contester l'importance des caractères chimiques pour la détermination des espèces; nous pensons, bien au contraire, qu'ils sont, en minéralogie, des caractères de première valeur. Cependant il est facile de se convaincre de leur insuffisance dans beaucoup de cas, et de la nécessité de les combiner, soit avec le caractère de la forme, soit avec les indications des propriétés physiques. C'est donc à tort que plusieurs chimistes, méconnaissant la véritable nature et l'importance du rôle du naturaliste, ont cru pouvoir, dans la formation et le classement des espèces minérales, se borner aux seuls résultats de l'analyse, réduisant la minéralogie à n'être plus qu'un appendice de la chimie minérale, et, par là, l'annulant ou l'absorbant tout entière au profit de leur science. — En même temps que se développait l'école dont nous venons de parler, d'autres savants, de leur côté, cherchaient à faire prévaloir les diverses catégories de caractères physiques, et l'on a vu surgir une école nouvelle, l'*école physique*, qui, en se fractionnant successivement, a produit l'école géométrique ou des cristallographes, celle des naturalistes purs, et enfin celle des minéralogistes opticiens. Linné, qui porta son remarquable esprit d'investigation sur toutes les parties de l'histoire naturelle, est le premier qui introduisit dans la science des minéraux l'importante considération de la forme cristalline. Mais tout préoccupé qu'il était de certaines idées cristallogéniques complétement erronées, il ne sut pas en tirer un parti convenable. L'école géométrique fut surtout représentée par Romé de l'Isle et Haüy en France, et par Weiss et Mohs en Allemagne. Observons, toutefois, qu'Haüy, bien qu'il ait eu une sorte de prédilection pour le caractère de la forme, a toujours attaché une grande importance aux autres caractères physiques, aussi bien qu'à la composition chimique; et pour cela il mérite qu'on lui donne un rang à part, comme nous le ferons tout à l'heure. Quant à Mohs, il est aussi devenu le chef d'une école particulière, dans laquelle il a été précédé par Daubenton et suivi par Breithaupt; c'est celle des *Naturalistes purs* qui, voulant en quelque sorte prendre leur revanche du dédain que les chimistes ont montré pour les caractères physiques, repoussent à leur tour toutes les données de la chimie, prétendant qu'elle ne saurait fournir de caractères inhérents aux espèces et propres à l'histoire naturelle, parce qu'elle dénature les minéraux, et que la cristallographie et la physique peuvent seules nous les dépeindre et nous les représenter tels qu'il sont réellement. Sans vouloir nous livrer à une discussion approfondie sur la valeur de cette opinion, nous nous bornerons à une seule observation, qui nous paraît suffisante pour montrer que l'école de Mohs a poussé jusqu'à l'exagération la rigueur de ses principes. Si nous avions des organes assez délicats ou des microscopes assez puissants pour nous permettre de voir et de toucher les molécules physiques des minéraux, nous reconnaîtrions alors que ces molécules sont des groupes d'atômes, parfaitement déterminés dans leur forme et leur structure; et, la constitution moléculaire tombant immédiatement sous nos sens, rentrerait alors dans la classe des caractères que Mohs regarde comme naturels. Ne pouvant la connaître ainsi par l'observation immédiate, nous tâchons d'y parvenir par des voies moins directes, en suppléant au témoignage des sens par les déductions tirées des résultats de l'analyse chimique et de l'ensemble des faits cristallographiques. Enfin, comme dernière fraction de l'école physique, nous devons mentionner celle des physiciens qui ont fait une étude spéciale de l'optique minéralogique, et à laquelle appartiennent M. Brewster en Angleterre, MM. Biot et Babinet en France. — Comme on le voit, la minéralogie dans chacune de ses phases successives s'est signalée par le caractère éminemment exclusif de son point de vue et de ses moyens de recherche. Dans son état actuel elle nous offre un caractère tout opposé, une sorte de tendance à l'éclectisme. Empruntant à chaque école ce qui lui est propre, ne négligeant aucun moyen d'investigation, lorsqu'il peut être utile, elle multiplie le plus possible ses procédés, au lieu de chercher à les restreindre; elle fait appel à tous les savants qui peuvent lui ouvrir de nouvelles voies de recherches. C'est ainsi qu'elle tire des secours, non seulement de la chimie, mais de toutes les parties de la physique et de la géométrie elle-même, persuadée que les diverses sciences, en s'associant, se prêtent un appui mutuel, et que leurs résultats ne peuvent que gagner à se contrôler les uns par les autres. Ce contrôle, si précieux, a lieu en vertu du principe de la corrélation des caractères, qui correspond dans les minéraux à celui de l'harmonie des organes chez les êtres vivants. On reconnaît, en effet, entre les différents caractères du minéral, lorsqu'on le prend dans son plus grand état de perfection qui est l'état cristallin, des lois de coexistence qui, bien qu'établies par l'observation seule et par la répétition constante du rapport observé, ont en histoire naturelle la même valeur scientifique que les lois du physicien ou les formules du géomètre; car, elles permettent de conclure du connu à l'inconnu, des propriétés extérieures et visibles à celles qui sont intérieures et cachées.

L'ère nouvelle de la minéralogie date de l'apparition du grand ouvrage, dans lequel Haüy posa les bases de la spécification du règne minéral. Jusque-là la science n'avait eu pour diriger sa marche aucun principe certain, aucune règle fixe. Haüy est le premier qui ait cherché à donner une définition rigoureuse de l'espèce, et à déterminer les caractères propres à établir l'identité du minéral. Selon lui, l'espèce est la collection de tous les individus dont les molécules physiques sont semblables en tout point, c'est-à-dire de même forme et de même composition atomique. Elle a donc deux caractères fondamentaux d'une égale importance, dont l'un est la composition atomique, telle qu'on la déduit des analyses, et le second la forme de la molécule physique, ou, ce qui revient au même, la forme cristalline, car l'une se conclut de l'autre. Cette définition, claire et précise, est fondée sur les raisons les plus évidentes : tout nous porte à croire, en effet, qu'un minéral pur n'est qu'une masse formée par l'agglomération de molécules identiques. L'essence de l'espèce minérale réside donc dans l'unité de la molécule physique, de cet élément infiniment petit et invisible pour nous, mais qui, en se multipliant à l'infini, engendre les masses minérales sensibles. Autant il existe de corps dont les molécules diffèrent, autant il y a d'espèces à distinguer.

Mais on a reconnu en chimie que le dernier terme de la division moléculaire opérée par la chaleur n'était pas toujours le même que le dernier terme de la division opérée par l'action chimique, et on en a conclu que les minéraux, considérés d'une manière générale, sont constitués de manière que leurs atomes élémentaires sont d'abord combinés entre eux en une *molécule chimique*, de type et de forme bien définis, et qu'ensuite ces molécules se groupent de nouveau par petits nombres pour former une seconde espèce de molécules, tout aussi bien déterminée de forme que la première, et qui est la *molécule physique*, due à l'action de la chaleur, tandis que l'autre est produite par l'action chimique. Ceci étant admis, on voit qu'il y a dans les minéraux deux points également fixes, mais différents, auxquels on peut s'arrêter pour en faire la base de l'espèce; et, par conséquent, on conçoit comme possibles deux sortes d'espèces : une espèce purement chimique, fondée uniquement sur l'identité de la molécule chimique, et une espèce physico-chimique ou minéralogique, fondée sur l'identité de la molécule physique, et portant sur l'identité de la composition chimique et de la constitution physique tout ensemble. Or, c'est, en effet, ce que nous apprend l'histoire de la science; l'espèce minérale a été établie tantôt d'une manière et tantôt de l'autre. Les chimistes, se préoccupant avant tout de la composition chimique, ont considéré comme étant de même espèce tous les corps dont la molécule chimique était la même, faisant bon marché de toutes les modifications qui pouvaient avoir lieu en dehors de cette molécule. Les minéralogistes, au contraire, en leur qualité de physiciens et de naturalistes, ont attaché, avec raison, une grande importance aux différentes constitutions physiques, et pour eux le caractère de l'espèce réside dans la molécule physique, ou, ce qui revient au même, dans l'identité de constitution physique, laquelle présuppose nécessairement l'identité de composition chimique. Dans cette divergence d'opinions entre les chimistes et les minéralogistes, il n'y a rien qui doive surprendre : on conçoit très bien que les deux sciences aient chacune leur point de vue particulier, ce qui n'empêche pas qu'elles ne puissent s'entendre parfaitement, en tenant compte de la différence des points de départ.

Quelques naturalistes, parmi ceux qui s'adonnent à l'étude de l'organisation, ayant voulu établir une comparaison entre la minéralogie et les sciences organiques, ont prétendu que, dans le règne minéral, il n'y a, à proprement parler, ni espèces, ni individus, et cela pour avoir perdu de vue la véritable notion de l'espèce, et s'être trop préoccupés de celle par laquelle on la remplace ordinairement : ils n'ont pas séparé dans leur esprit deux faits très distincts, savoir le fait de l'existence actuelle de certains types d'organisation, soit végétaux, soit animaux, et celui de leur multiplication dans le temps et l'espace, ou de leur propagation par voie de génération successive. Ces deux faits, à la vérité, semblent toujours concomitants, mais il n'y a point entre eux de rapport tellement nécessaire que l'un ne puisse absolument être conçu sans l'autre.

C'est un fait constant que, dans les règnes organiques, les individus d'une même espèce naissent les uns des autres : mais ce n'est pas ce mode de propagation des individus qui constitue la véritable essence des espèces : elle consiste, selon nous, dans un type d'organisation fixe et bien défini, qui se répète le même dans un grand nombre d'individus; peu importe la manière dont s'est opérée cette multiplication d'individus semblables. Que l'on fasse pour un moment abstraction du fait de la reproduction, en supposant permanente la création actuelle, les espèces n'en seront pas moins bien limitées que dans l'état réel des choses; elles pourront toujours se distinguer entre elles par les caractères qui leur sont inhérents, par les différences qui ressortent de leur organisation présente. Il y a des espèces en minéralogie, par cette raison seule que les molécules physiques des minéraux ont des types de composition aussi fixes, et aussi bien déterminés que les types des espèces organiques. Nous le répétons, c'est l'existence et la fixité des types rigoureusement déterminables qui constituent l'essence des espèces, et c'est la répétition exacte du même type dans plusieurs corps, ayant chacun une existence à part, qui fait les individus. De la définition de l'espèce donnée par Haüy, il suit évidemment que l'analyse chimique est impuissante pour caractériser seule la nature d'un minéral; qu'elle ne nous fait connaître que la composition apparente ou relative, et non la composition réelle ou absolue, et que, par conséquent, il y a quelque chose à voir au delà de son résultat. D'un autre côté, la forme cristalline peut bien nous représenter la disposition relative des atomes, elle peut même dépendre en partie de leur nombre; mais elle ne nous apprend rien de leur nature, et, par conséquent, l'intervention de a chimie est nécessaire pour compléter la connaissance de l'espèce. Il faut donc faire concourir à sa détermination ces deux caractères; il est impossible de ne pas admettre cette conséquence logique. Le principe posé par Haüy est donc acquis définitivement à la science, et il sera désormais le point de départ de toute classification qui aura des prétentions au titre de méthode naturelle.

Les nouveaux principes, introduits dans la science depuis l'époque d'Haüy, ne sont aucunement contraires à la règle de spécification qu'il a établie. Celui de l'isomérie lui est tout-à-fait favorable; car c'est précisément en s'appuyant sur des modifications du genre de celles qu'on a depuis appelées *isomériques*, sur des changements intra-moléculaires, sur les différences de rôle que les mêmes atomes lui paraissaient pouvoir jouer dans des corps de même composition, qu'il fondait la nécessité d'adjoindre la forme à la composition comme caractère spécifique. L'isomérie étant favorable au principe d'Haüy, le *dimorphisme* ne saurait lui être contraire, si, comme nous le pensons, et comme le croient plusieurs minéralogistes et chimistes, les faits, peu nombreux d'ailleurs, qu'on a désignés par ce nom, ne sont que des cas particuliers d'isomérie, et ne constituent, par conséquent, qu'un faux dimorphisme. Il n'y aurait qu'un dimorphisme réel qui pourrait faire difficulté, et nécessiter peut-être quelque modification au principe d'Haüy, et par dimorphisme réel, nous entendons le cas de deux minéraux qui, ayant les mêmes molécules *physiques*, cristalliseraient dans deux systèmes différents. Mais rien ne prouve encore qu'il en soit ainsi; c'est, jusqu'à présent, un cas purement hypothétique, et, en attendant qu'on fournisse la preuve de sa réalité, il n'y a rien à changer à la définition d'Haüy, et la preuve la plus manifeste de la solidité de ce principe, c'est que les minéralogistes (même ceux qui semblent portés à admettre le dimorphisme comme réel) n'en continuent pas moins d'établir la distinction des espèces d'après l'ancienne règle.—Quant à l'*isomorphisme*, cet autre principe qui est aussi venu enrichir nouvellement la science, il est évident qu'il n'a rien de contraire à cette règle, puisqu'il ne suffit pas que deux minéraux aient la même forme pour être de la même espèce, mais qu'il faut, en outre, que ces minéraux s'accordent sous le rapport de la composition.

Les espèces étant formées, il reste à voir d'après quels principes on établira leur classification, comment on formera les genres et autres divisions supérieures de la méthode. De ce que les espèces ont deux caractères fondamentaux, l'un chimique, l'autre cristallographique, il résulte d'abord qu'il y a deux sortes de degrés par lesquels on peut se rapprocher des espèces, ou deux genres possibles, l'un purement chimique, l'autre purement cristallographique. Celui-ci se forme par le rapprochement des espèces qui cristallisent dans le même système (genre *Rhomboédrique*), le premier par le rapprochement des espèces qui ont un principe commun (genre *Carbonates*). Ces deux genres peuvent exister tous les deux, à la condition qu'ils se subordonnent l'un à l'autre, et nous pensons que cette subordination doit être telle que le caractère chimique domine le caractère cristallographique. Ce sera donc le groupe Carbonates qui se subdivisera d'après les différences de systèmes en Cubiques, Rhomboédriques, Rhombiques, etc., et non pas le groupe Rhomboédrique qui se subdivisera en Carbonates, Phosphates, Sulfates, etc. Maintenant il est clair qu'on peut encore former un troisième genre, en réunissant les espèces isomorphes, c'est-à-dire celles qui ont entre elles une double analogie de composition et de forme. Ce sera le genre physico-chimique, ou le genre minéralogique proprement dit, le moins éloigné de l'espèce et par conséquent le plus naturel.

Les genres chimiques peuvent être établis de deux manières, selon que le principe commun qui sert de lien aux espèces, est le principe minéralisé ou la base, ou bien le principe minéralisateur, celui qui fait fonction d'acide. De là plusieurs sortes de classifications possibles au point de vue chimique : les classifications par les bases, comme celle d'Haüy, les classifications par les acides, comme celle de M. Beudant, et les classifications mixtes, dans lesquelles les espèces sont groupées tantôt par les acides et tantôt par les bases, comme celle de Brongniart et de Kobell. Chacune de ces méthodes présente des avantages; mais dans l'état actuel, le groupement par les acides paraît préférable, parce qu'il laisse subsister presque toutes les réunions indiquées par l'isomorphisme, et que ces réunions sont ce qu'il y a de plus naturel en minéralogie. Les groupes d'isomorphes sont la pierre de touche des classifications modernes; celles-ci sont d'autant plus artificielles qu'elles rompent plus fréquemment et plus fortement les rapports de ce genre. Nous croyons donc qu'il faut adopter les genres chimiques de M. Beudant, qui ne sont rien autre chose que les genres de la chimie minérale; seulement il sera bon de se servir du mot d'*ordres* pour les désigner, afin de pouvoir les subdiviser en *tribus* d'après les systèmes cristallins, et en *genres* proprement dits, d'après les groupes d'isomorphes. Le groupement par les bases a bien aussi des avantages qu'on ne saurait nier, surtout lorsqu'on l'applique aux substances métalliques, et c'est surtout pour profiter de ces avantages, et en même temps de ceux qui résultent de l'autre mode de groupement, que Brongniart et quelques autres minéralogistes ont cru devoir scinder la classification en deux parts, et donner à chacune un caractère différent. Mais on peut, dans les cours aussi bien que dans les livres de minéralogie, demeurer conséquent au principe que l'on a une fois posé, et cependant ne laisser perdre aucun des avantages réels qui sont attachés aux deux méthodes; car rien n'empêche, par exemple, après avoir placé sous leurs différents acides et décrit séparément les espèces qui ont une même base, de les récapituler toutes lorsqu'on a fait l'histoire de la dernière, et de recomposer ainsi le genre de la méthode inverse. Quelle que soit la méthode que l'on suive, il y a de l'avantage à former ainsi de nouveaux rapprochements entre les espèces, et à multiplier les comparaisons de toutes les manières possibles. C'est le seul moyen de suppléer à l'insuffisance de nos méthodes, et de remédier à ce qu'elles ont d'artificiel. — En continuant de prendre pour guide l'isomorphisme, on peut établir entre les ordres chimiques eux-mêmes une disposition en série fort rationnelle, et à l'aide de laquelle on passe successivement et par degrés, des corps les plus combustibles aux corps non combustibles, et des substances les moins composées à celles qui le sont le plus. Il est facile ensuite de partager cette série en trois grandes sections, qui correspondent assez bien aux anciennes classes des Combustibles, des Métaux et des Pierres, en quelque sorte consacrées par l'usage dans tous les temps et chez tous les peuples. DELAFOSSE.

MINERVALES, fêtes que l'on célébrait à Rome en l'honneur de Minerve, le 3 janvier et le 19 mars. Elles duraient cinq jours et étaient terminées par des combats de gladiateurs. On y représentait des pièces de théâtre, et Domitien y fonda des prix destinés aux meilleurs ouvrages de littérature. Les écoliers payaient alors à leurs maîtres le Minerval, qui, selon Macrobe, formait leurs honoraires. Horace dit, au contraire, que les maîtres recevaient chaque mois le prix de leurs soins, ce qui prouverait que le minerval n'était qu'un simple cadeau.

MINERVE ou **PALLAS**. D'après quelques légendes, elle est fille de Jupiter et de Métis, la *Méditation*; mais les poètes la font ordinairement sortir, par l'intermédiaire de Vulcain (le feu), de la tête de Jupiter, qui avait avalé Métis. Minerve, comme l'indique assez cette généalogie,

est la personnification de la sagesse divine : aussi les anciens la plaçaient-ils immédiatement au-dessous de Jupiter.

Proximos illi tamen occupavit
Pallas honores

dit Horace. Une autre tradition, appartenant à un système théogonique et cosmogonique tout à fait différent, lui donne pour père Neptune, c'est-à-dire l'élément humide, qui renfermait tous les germes. Minerve est alors la sagesse se manifestant dans la création. D'autres la disent fille d'Ogygès (la masse des eaux terrestres) et de la nymphe Tritonide. — Dans la Gigantomachie, c'est Minerve qui, parmi les Dieux, joue le rôle le plus important. L'épisode le plus célèbre de la légende de Minerve, après celui dont nous venons de parler, est sa fameuse contestation avec Neptune, qui lui disputait l'honneur de donner son nom à la ville d'Athènes. On sait que la déesse obtint gain de cause, en faisant sortir de la terre l'olivier, symbole de l'agriculture et de la paix, tandis que Neptune n'avait produit que le cheval, image de la guerre. Minerve présidait aux sciences; elle passait même pour avoir enseigné la musique à Apollon, le chef des chœurs célestes. Il y a plus : quelques mythographes regardent Apollon comme le fils de Minerve et de Vulcain. La sagesse, en effet, a tout produit. C'est elle qui facilite à Prométhée les moyens de ravir le feu céleste pour l'apporter aux hommes (SERVIUS *ad Eglog. IV Virgil.*); c'est elle qui, la première, chante les actions éclatantes des héros et des sages pour les transmettre à la postérité. L'éloquence était un de ses attributs; on la regardait comme l'inventrice de tous les arts, et en particulier du tissage, de l'architecture et de la navigation.

Nous retrouvons dans l'Inde la déesse de la sagesse sortant, sous le nom de Bhavani (Bhadrakali), tout armée de l'œil du dieu Siva, comme Minerve du front de Jupiter, et Bhavani, comme Minerve, combat à outrance les Géants. La Neith égyptienne offre aussi les rapports les plus frappants avec la déesse athénienne. Les Grecs eux-mêmes l'avouaient. L'Attique d'ailleurs passait pour avoir été civilisée par une colonie égyptienne originaire de Saïs, ville consacrée à Neith, dont l'olivier et le tissage du lin formaient la plus grande richesse. Neith est en rapport avec Fta, comme Minerve avec Vulcain; leurs attributions enfin sont les mêmes. — Le mot Minerve (en étrusque Mnerv ou Menerf) vient peut-être du vieux latin *menervare, instruire, donner des lois*. Quant au nom de *Pallas*, le même sans doute que Palès, quelques auteurs le tirent à tort ou à raison de l'hébreu *palal, régler, organiser*; d'autres disent que la déesse le prit après avoir tué un géant de ce nom, ce qui nous reporte encore à la Bhavani hindoue. En Grèce, Minerve recevait le nom d'Athenâ (d'où Athènes), qu'on a voulu faire venir de *aten*, fil en hébreu, parce que Minerve présidait au tissage et surtout à celui du lin, et que les Athéniens, selon Thucydide, ne portèrent que des habits de lin jusqu'à la guerre du Péloponèse. Athenâ, selon d'autres, veut dire l'*intelligence divine* (θεον νοος) ou *celle qui connaît les choses divines* (ἡ θεονοη). — On offrait à Minerve les prémices des moissons et des vendanges ; on lui posait sur la tête des couronnes de fleurs et des fruits. Ses attributs varient souvent : elle est ordinairement représentée avec un air majestueux, vêtue d'une longue tunique, le casque en tête, une lance à la main, et armée de la redoutable égide. La chouette et le serpent lui étaient consacrés. Son culte était fort répandu. Athènes, qui en était le foyer principal, célébrait en son honneur les Panathénéés (*voy.* ce mot). AL. B.

MINE (*métrol.* et *monn.*) La mine (*Mané*) était à la fois un poids et une monnaie chez les Hébreux. Mais on ignore absolument quelle en était la valeur. Les savants n'ont, pour étayer leurs raisonnements à ce sujet, que trois passages de la Bible. Dans le premier (I Rois, x, 17), il est dit que chacun des boucliers d'or de Salomon pesait 3 mines ; dans le second (II Chron., IX, 16), nous voyons que le poids de chacun de ces boucliers était de 300.... d'or. Mais il a été impossible de rien établir de positif sur ces données. Le troisième passage, plus obscur encore, se trouve dans Ezéchiel (XLV, 12), qui semble dire que la mine égale en sicles 20+25+15 ou 60. Quelques auteurs, s'appuyant sur saint Jérôme et les rabbins, en ont conclu que la mine valait 60 sicles. La version grecque, d'un autre côté, fixe à 50 sicles la valeur de la mine hébraïque. Bœkh et Bertheau ont adopté cette opinion. Mais le texte des Septante, en cet endroit, est lui-même fort incorrect et incertain. Joseph nous donnera-t-il des renseignements moins douteux ? La mine, suivant lui, valait 2 livres 1/2 de Rome. Mais à Rome la livre était un poids variable comme la nôtre avant l'établissement du système métrique. On comprend donc parfaitement que les savants n'aient pu s'entendre sur la valeur de la mine hébraïque. Donnons cependant quelques résultats. Elle valait, selon

Paucton, 60 sicles ou 1 livre de France et $\frac{415}{10000}$

— selon Bœkh, 13,700 grains ; — selon Munck, 16,440 grains ; — selon Letronne, 123 francs 46 centimes, ou 50 sicles hébreux. — Les Grecs comptèrent aussi par mines ; mais la valeur de la mine suivit, chez eux, les variations de la

drachme, unité monétaire. Elle en valait 100, selon Pline (liv. XXI), Paucton, Letronne, etc. Ce dernier lui donne pour valeur en notre monnaie 92 francs 68 centimes 16 dixièmes. Il y avait une petite mine qui ne contenait que 75 drachmes.

Longtemps en France on eut une mine employée comme mesure pour les grains, les légumes secs, les graines, etc. A Paris, elle était composée de six boisseaux ou de deux *minots*, dont le contenu ne dépassait pas les bords. Il en fallait deux pour le setier, et vingt-quatre pour le muid. A Rouen, elle était de quatre boisseaux ; à Dieppe, il en fallait dix-huit pour faire le muid. Dans certaines parties de la France, et notamment en Poitou, on compte encore par mines pour l'achat du sel. AL. B.

MINES. Les masses de substances minérales ou fossiles renfermées dans le sein de la terre, ou existant à sa surface, sont classées relativement aux règles de l'exploitation de chacune d'elles, sous les trois qualifications de *mines*, *minières* et *carrières*.

D'après la loi du 21 avril 1810, qui régit en France les exploitations minérales, sont considérées comme *mines* les exploitations contenant en filons, en couches ou en amas, de l'or, de l'argent, du platine, du mercure, du plomb, du fer, du cuivre, de l'étain, du zinc, du bismuth, du cobalt, de l'arsenic, du manganèse, de l'antimoine, du molybdène ou autres substances métalliques; du soufre, du graphite, du charbon de terre, du bois fossile, des bitumes, de l'alun et des sulfates à base métallique. Les *minières* comprennent les minerais de fer dits d'alluvion, les terres pyriteuses propres à être converties en sulfate de fer, les terres alumineuses et les tourbes. Les *carrières* renferment les ardoises, les grès, les pierres à bâtir et autres, les marbres, les granites, les pierres à chaux et à plâtre, les pouzzolanes, les trass, les basaltes et les laves, les marnes, les craies, les sables, les pierres à fusil, les argiles, les kaolins et les terres à foulon, les substances terreuses et les cailloux de toute nature, ainsi que les terres pyriteuses employées comme engrais.

Les mines ne peuvent être exploitées qu'en vertu d'actes de concession, délibérés en conseil d'État, qui accordent au titulaire la jouissance perpétuelle de la mine, et créent ainsi en sa faveur une propriété essentiellement distincte de celle de la surface du sol. L'acte de concession règle les droits des propriétaires de la surface sur le produit des mines concédés, ainsi que l'indemnité à laquelle l'inventeur a droit lorsqu'il ne reçoit pas la concession. Suivant une disposition de la loi de 1791 sur les mines, qui ne paraît pas avoir été abrogée par la loi du 21 avril 1810, l'étendue superficielle d'une concession ne peut dépasser 120 kilomètres carrés; le plus habituellement, elle est beaucoup plus faible. Le concessionnaire est assujetti, envers l'État, à deux sortes de redevances : l'une fixe, de 10 fr. par kilomètre carré, l'autre proportionnelle aux bénéfices de l'exploitation, et égale au 20e du produit net. L'exploitation des minières de fer n'exige qu'une simple déclaration, si elle est faite par le propriétaire du sol ou ses ayant-droit. Si le propriétaire n'exploite pas, les maîtres de forges ont là faculté d'exploiter à sa place, à la charge de le prévenir un mois à l'avance, et d'obtenir une permission délivrée par le préfet. En cas de concurrence entre plusieurs maîtres de forges, le préfet détermine les proportions dans lesquelles chacun d'eux peut exploiter ou a droit à l'achat du minerai quand il est exploité par le propriétaire. Les carrières et tourbières ne peuvent être exploitées que par le propriétaire du sol, ou de son consentement, et après déclaration, en se conformant aux règlements d'administration publique.

Les combustibles minéraux, les minerais métalliques et autres matières minérales se trouvent dans le sein de la terre, en couches, en veines, en filons, en amas, etc. Les minerais métalliques sont ordinairement associés avec des matières pierreuses qui portent le nom de *gangues*. Les *couches* sont des assises parallèles aux plans de stratification des terrains dans lesquels elles se trouvent; on donne le nom de *bancs* aux couches épaisses de pierre de taille, d'ardoises ou autres matériaux employés dans les constructions. La *direction* d'une couche est celle d'une ligne horizontale qui serait tracée dans cette couche : elle est déterminée par l'angle que cette ligne fait avec le plan méridien du lieu; son inclinaison se mesure par l'angle que fait avec le plan horizontal une ligne tracée dans la couche, perpendiculairement à sa direction. La puissance d'une couche est son épaisseur mesurée par la plus courte distance entre les faces supérieure et inférieure, ou entre son *toit* et son *mur*; enfin, les parties où cette couche se montre à découvert à la surface du sol, en sont dites les *affleurements*. Les *filons* n'ont pas la régularité des couches, et en diffèrent en ce qu'ils coupent généralement les plans de stratification des terrains qu'ils traversent, et en ce que leur composition, loin d'offrir un ensemble assez homogène, présente un mélange de matières très diverses, souvent disposées symétriquement par zône de part et d'autre d'un plan parallèle aux deux parois encaissantes. Quelquefois cependant

les filons sont parallèles aux plans de stratification, et prennent le nom de *filons-couches* ou de *veines*. On distingue dans un filon, comme dans une couche, la direction, l'inclinaison, la puissance, le toit, le mur et l'affleurement; le toit et le mur sont aussi appelés les *épontes* du filon. Très fréquemment les filons sont séparés de leurs épontes par des lits d'argile ou *salbandes* qui facilitent l'abattage de la roche. Les filons sont sujets, comme les couches, et même davantage, à des inflexions, à des étranglements et à des brouillages. On observe généralement que le terrain qui encaisse un filon a subi une dislocation, surtout très apparente dans les terrains stratifiés; on ne retrouve plus les couches au même niveau de ses deux côtés; c'est ce qu'on exprime en disant que les couches ont été rejetées par le filon. Les filons eux-mêmes sont également traversés, interrompus et rejetés par d'autres filons qu'on appelle, à cause de cela, *filons croiseurs;* ceux-ci sont dits *failles* ou *dykes*, lorsqu'ils sont remplis de matières stériles. Le rejet des couches ou des filons a lieu, le plus souvent, comme s'il était le résultat du glissement en masse de la région du toit sur la région du mur du filon ou de la faille qui le coupe. Il est rare qu'il n'existe qu'un seul filon métallique dans un même pays; ordinairement on y en rencontre plusieurs autres contenant des minerais de même nature; et, dans ce cas, les directions et souvent même les inclinaisons de tous ces filons, sont à peu près parallèles, de sorte que l'on est conduit à les regarder comme formant un ensemble ou *système de filons.* Certaines contrées sont ainsi sillonnées par deux ou plusieurs systèmes de filons. Les *amas* sont des masses minérales de forme irrégulière qui se rencontrent, soit dans les terrains en couches, soit dans les terrains non stratifiés. On donne le nom de *mines en sac* à des amas de minerais remplissant des cavités superficielles ou des crevasses; ils se trouvent principalement dans les terrains calcaires.

On rencontre en couches les différents matériaux de construction, le gypse, le sel gemme, les combustibles minéraux, le fer carbonaté lithoïde, les fers oxydé rouge et oxydé hydraté, surtout à l'état oolitique ou en grains; les schistes cuivreux du Mansfeld, quelquefois le plomb sulfuré et le minerai de mercure. La plupart des minerais métalliques se trouvent sous la forme de filons ou d'amas; les minerais d'argent de cuivre et de plomb sont surtout en filons; les minerais de fer et de zinc, le sel gemme et la pierre à plâtre, se rencontrent souvent en filons-couches ou en amas, intercalés dans les terrains stratifiés; l'oxyde d'étain est fréquemment en amas entrelacés, c'est-à-dire pénétrés d'un grand nombre de veinules métalliques qui se croisent en tous sens ; la plupart des minerais de fer en grains du centre de la France, forment des mines en sac ; enfin, on trouve de l'or, des minerais de platine et de l'oxyde d'étain disséminés dans des sables superficiels ou dans des couches de sable et de gravier, situées à une faible profondeur, et dont on les sépare par le lavage. Les diamants et la plupart des pierres précieuses se trouvent également disséminés dans des sables superficiels.

Les outils dont se sert le mineur varient suivant la nature des roches qu'il s'agit d'entailler. Dans les alluvions aurifères et stannifères, les mines de fer en grains, les tourbières, les couches de combustibles minéraux et les terrains tendres, on emploie la pelle, le pic et la pioche. Avant le xviie siècle on se servait presque exclusivement, pour l'abattage des roches dures, de la *pointerolle*, sorte de coin guidé par un manche très court, et sur la tête duquel on frappait avec un marteau ; actuellement on ne s'en sert guère que comme outil accessoire, et pour abattre les parties déjà fendillées par l'action de la poudre. Pour faire sauter les roches à la poudre, on perce dans la roche un trou cylindrique à l'aide d'un ciseau en fer aciéré dit *fleuret*, que l'on fait tourner chaque fois que l'on frappe sur la tête avec un marteau ; lorsque la roche est sèche, et que l'inclinaison du trou le permet, on y verse de temps à autre un peu d'eau, pour empêcher l'outil de se détremper, et on enlève, avec une curette en fer, les boues formées par le broiement de la roche. Lorsque le trou a atteint une profondeur suffisante, déterminée par l'effet à produire, on le nettoie et on l'assèche avec soin, puis on le remplit au tiers environ, de poudre que l'on enveloppe préalablement dans du papier, quand la roche est sèche, ou dans une enveloppe goudronnée quand elle est humide ; on pousse cette cartouche au fond avec le *bourroir*, tige ronde en cuivre ou en fer, portant sur le côté une cannelure qui sert au passage de l'*épinglette*, aiguille en métal que l'on enfonce jusqu'au milieu de la cartouche, et qui sert à réserver le canal pour l'amorce. On tasse ensuite avec le bourroir, sur la cartouche, et jusqu'à l'orifice du trou, de l'argile lavée, en ayant soin de faire tourner de temps à autre l'épinglette sur elle-même afin de pouvoir ensuite l'arracher plus facilement. L'amorçage se fait ordinairement au moyen d'un tuyau de paille coupé par un bout au dessous d'un nœud, fendu dans sa longueur, et rempli de poudre fine, que l'on introduit dans le canal laissé par l'épinglette, et auquel on attache une

mèche soufrée, ce qui permet de se retirer et de se mettre à l'abri des effets de l'explosion, pendant le temps que le feu met à se propager d'une extrémité à l'autre de cette mèche. Depuis quelques années on se sert pour amorcer, dans beaucoup d'exploitations, d'*étoupilles de Bickford*, qui consistent en une corde goudronnée dans l'axe de laquelle on introduit, lors de la fabrication, du pulverin ou poudre finement broyée. Après avoir coupé l'étoupille à la longueur voulue, on en enfonce une extrémité dans la charge de poudre.

L'étoupille étant ainsi enfoncée de quelques centimètres dans la poudre, est attachée à la cartouche par une petite ficelle, ou de toute autre manière ; on l'applique ensuite sur les bords du trou où elle tient la place de l'épinglette qui devient inutile ; l'étoupille brûle avec une grande lenteur, un centimètre environ par seconde, ce qui laisse à l'ouvrier le temps voulu pour se retirer et se mettre à l'abri. L'usage de ces étoupilles prévient les explosions accidentelles ou prématurées qui résultent fréquemment, dans la méthode ordinaire, du choc de l'épinglette en fer contre la roche, ou d'une mauvaise disposition de la mèche, et sont une cause de dangers très graves pour les ouvriers mineurs ; il diminue considérablement le nombre des coups *ratés*, et fait disparaître toutes les difficultés que présentait autrefois le tirage à la poudre des roches aquifères, et, à plus forte raison, celui des rochers sous l'eau.

Certaines roches compactes, telles que le quartz et les pyrites de fer, même cuivreuses, en masse, sont tellement tenaces et difficiles à percer au fleuret, que le tirage à la poudre y est extrêmement coûteux, pour ne pas dire pratiquement inapplicable. Dans ce cas, que présentent quelques mines de la Hongrie et du Hartz, on désagrège d'abord la roche par l'action du feu, en plaçant contre le fond de la galerie, ou de la taille à attaquer, un bûcher disposé de telle sorte que la flamme vienne lécher la masse de roche ou de minerai à torréfier, et on la détache ensuite à l'aide du pic quand elle ne tombe pas par son propre poids. Lorsque les gîtes à exploiter sont superficiels ou situés à une faible profondeur, on les exploite à ciel ouvert en déblayant les terrains supérieurs au gîte. Les tourbières, beaucoup d'ardoisières, de carrières et de minières, les alluvions aurifères et stannifères, et même quelques couches puissantes de houille, dans la partie voisine des affleurements, sont exploitées à ciel ouvert. Lorsque les terres de recouvrement ont une certaine épaisseur, on donne aux parois de l'excavation la forme de banquettes ou gradins pour prévenir les éboulements ; on agit de même au besoin pour le gîte à exploiter suivant le plus ou moins de solidité de la roche, et le sens selon lequel les bancs ou couches se trouvent recoupés.

L'exploitation des tourbières offre quelques particularités qu'il convient d'indiquer, et s'opère, soit au louchet, soit à la drague, suivant qu'il est possible ou non d'assécher le banc tourbeux. Le *louchet* est une sorte de bêche en fer, de 0 m. 32 de long sur 0 m. 08 de large, armée à sa partie inférieure d'un aileron de même largeur et formant avec lui un angle légèrement obtus. Avec cet outil on enlève facilement la tourbe, en *pointes* de la dimension du louchet. On exploite ainsi par gradins le banc de tourbe jusqu'à ce que l'on soit parvenu au sous-sol. Quelquefois, quand l'affluence des eaux est trop grande dans la profondeur des entailles tourbeuses, on achève l'exploitation sous l'eau au moyen d'un grand louchet, dont la longueur permet d'extraire à la fois un prisme de tourbe ayant trois ou quatre hauteurs de pointe. Lorsque l'on ne peut économiquement assécher le banc de tourbe, et lorsque celle-ci est tout à fait nulle, on en fait encore l'extraction sous l'eau au moyen d'une drague; instrument tout à fait semblable à la drague employée pour le curage des rivières; lorsqu'elle offre plus de consistance, on se sert d'une drague à filet, qui consiste en un anneau circulaire ou elliptique en tôle, à bord tranchant, fixé à l'extrémité d'un manche en bois, et au contour duquel est suspendu un filet à mailles plus ou moins serrées, suivant la nature de la tourbe.

A l'exception des cas que nous venons d'énumérer les gîtes minéraux sont exploités souterrainement; on donne le nom de *puits* ou *galeries*, suivant que leur axe se rapproche davantage de la ligne verticale ou horizontale, aux excavations souterraines ayant pour but de rejoindre un gîte et de le mettre en communication, soit avec le jour, soit avec des travaux préexistants. Les excavations qui ont pour but l'exploitation même du gîte, portent les noms de *tailles*, de *chantiers* ou de *chambres* d'exploitation, suivant leurs dimensions.

Les galeries de mines ont ordinairement de 1 à 2 mèt. de largeur sur 1 mèt. 50 à 2 mèt. de hauteur. Lorsque leurs parois ont besoin d'être soutenues, on les maintient par un boisage ou par un muraillement, suivant la durée pendant laquelle elles doivent rester ouvertes, et les prix relatifs des bois et des matériaux de maçonnerie dans la contrée. Les puits doivent fréquemment aussi être boisés ou muraillés pour soutenir la pression du terrain. Leur foncement devient surtout coûteux lorsqu'ils traversent des bancs très aquifères ou *niveaux*, ce qui est le cas de la plupart des mines de houille de la

Belgique et du Nord de la France. On est alors obligé d'extraire les eaux à l'aide de machines à vapeur et de pompes d'épuisement très puissantes, jusqu'à ce que l'on soit arrivé à des couches imperméables dans lesquels on établit une base consistant en cadres de bois serrés contre le terrain à l'aide de coins, et sur lesquels on élève un revêtement imperméable au *cuvelage*, en bois, en maçonnerie hydraulique ou en fonte, jusqu'au dessus du niveau des eaux affluentes dans le puits ou jusqu'à un banc supérieur également imperméable aux eaux, et dans lequel on fixe les assises supérieures du cuvelage de la même manière qu'on a fixé la base. Dans ces dernières années, on a fait quelquefois usage d'un procédé ingénieux imaginé par M. Triger, pour se dispenser d'épuiser les eaux lorsqu'elles affluent avec une abondance extrême. Ce procédé consiste à comprimer l'air dans le puits travaillent les ouvriers, de manière à tenir les eaux refoulées, et comme suspendues dans les terrains adjacents. Le puits doit être alors fermé, à sa partie supérieure, par un caisson à double porte, appelé *sac à air*, que l'on peut mettre à volonté en communication avec l'atmosphère extérieure ou avec l'intérieur du puits, pour le passage des ouvriers et des matériaux, sans que néanmoins l'intérieur du puits rempli d'air comprimé, communique jamais directement avec l'atmosphère. Enfin tout récemment, M. Kind vient de forer, près de Stiring en Lorraine, avec des *sondes* de dimensions inusitées jusqu'à ce jour, un puits de 4 mètres 50 centimètres de diamètre, qui, en ce moment, a déjà atteint une profondeur de 100 mètres. Ordinairement les puits boisés ont une section carrée, rectangulaire ou polygonale, tandis que les puits muraillés sont circulaires ou elliptiques: dans l'un et l'autre cas, ils sont presque toujours divisés, par des cloisons, en plusieurs compartiments, servant, les uns pour l'extraction, les autres pour l'épuisement des eaux, le passage des ouvriers, des échelles et pour l'aérage.

Les diverses méthodes que l'on suit pour l'exploitation des gîtes minéraux dépendent surtout de la nature de ces derniers. A cet égard, les gîtes se divisent en deux grandes classes: la première, qui renferme la plupart des filons métalliques, comprend ceux où les minerais utiles sont associés à des matières stériles ou gangues, que l'on peut séparer en partie par un premier triage fait dans la mine même, afin de s'en servir ensuite à effectuer un remblayage assez complet pour soutenir les parois et prévenir les éboulements; la seconde, qui renferme surtout des couches ou amas de combustibles minéraux, de sel gemme ou de matières pier-

reuses, comprend les gîtes où les matières stériles ne suffisent pas pour opérer un semblable
remblai. Dans ces deux classes les méthodes
d'exploitation varient encore suivant la puissance des gîtes, la solidité des épontes et du gîte
lui-même, et suivant que l'allure et la richesse
des gîtes sont régulières ou non. Dans ce dernier cas, on fait précéder l'exploitation proprement dite, par des travaux d'exploitation que
l'on dirige de manière à ce qu'ils servent en même
temps à l'aménagement du gîte. Lorsque celui-
ci est peu puissant, on l'exploite par grandes
tailles couchées dans le plan du gîte, et remblayées au fur et à mesure. Dans les filons qui
sont presque toujours fortement inclinés, les
fronts de taille sont découpés en forme de gradins renversés ou de gradins droits. Dans tous
les cas, on commence par diviser la partie du
gîte à exploiter, en massifs longs ou carrés, par
des galeries horizontales tracées sur le mur
suivant la direction, et dites *galeries d'allongement*, distantes entre elles de 20 à 40 mèt., et
par des *cheminées*, tracées suivant la plus grande
pente, et dont l'espacement varie avec les besoins
de l'aérage. On exploite généralement ces massifs par étages successifs en allant de haut en
bas ; mais les massifs considérés en eux-mêmes
sont tantôt exploités de bas en haut, comme
dans la méthode des gradins renversés, tantôt
de haut en bas, comme dans la méthode des
gradins droits.

Dans la méthode des *gradins renversés*, chaque
gradin a de 1 mèt. 50 à 2 mèt. de hauteur sur
3 mèt. environ de longueur, et n'occupe généralement qu'un ouvrier ; chaque ouvrier remblaie derrière lui avec les débris stériles de l'exploitation, et c'est sur ces remblais que s'élèvent les ouvriers qui le suivent. On ménage de
distance en distance, au milieu des déblais, et
suivant l'inclinaison, des cheminées pour jeter
les minerais dans la galerie inférieure de roulage.

Dans la méthode par *gradins droits*, le massif
est attaqué, en descendant, de telle sorte que le
front de la taille présente la forme d'un escalier droit. Les ouvriers remblaient derrière eux
sur des planchers établis à cet effet, et ménagent,
au milieu des remblais, des voies de roulage
horizontales pour le transport des minerais.
Ce mode d'exploitation exige une dépense en
boisages beaucoup plus grande que celui par
gradins renversés ; aussi ce dernier est-il géné-
lement préféré, comme plus économique, dans
l'exploitation des filons métalliques inclinés de
45 à 90 degrés sur l'horizon. On exploite souvent,
au contraire, par grandes tailles à gradins droits,
les roches dont la solidité permet de se passer

de remblais : c'est le cas de beaucoup de mines
de sel gemme, de carrières de pierres et d'ardoises.

Quand les filons, ou couches, sont peu inclinés, on les divise encore, comme il a été dit
plus haut, en massifs rectangulaires ou rhomboïdaux que l'on exploite par une série d'ouvriers placés en retraite les uns au dessus des
autres, de façon que si on relevait le front de la
taille dans un plan vertical, il présentât la forme
de gradins renversés.

Les couches de houille peu puissantes des bassins de Mons et de Valenciennes, sont exploitées
par la même méthode. On ouvre successivement
dans la partie de la couche à abattre, une série
de tailles ou gradins de 2 à 4 mèt. de largeur à
côté les uns des autres, et on place un ou deux
ouvriers devant chaque gradin. Tantôt on ménage des galeries de roulage à travers les remblais, tantôt on remblaie entièrement l'espace
excavé, sauf la partie où se tiennent les ouvriers et la galerie principale d'allongement, et
le charbon abattu suit le front des tailles pour
arriver à cette galerie. Pour consolider les voies
de roulage, on ménage à droite et à gauche des
galeries de roulage principales, des massifs intacts, et percés seulement des ouvertures nécessaires pour la communication avec les tailles. La plupart des grandes mines de houille
exploitées dans les environs de Newcastle en
Angleterre, sont divisées en plusieurs vastes
champs d'exploitation, séparés les uns des autres par des massifs intacts, dont les dimensions
sont assez considérables pour qu'on puisse y
établir de nouveaux champs d'exploitation, quand
les premiers sont épuisés. Cette méthode offre
le précieux avantage de permettre, en cas d'incendie ou même d'inondation de l'un des *compartiments* ou champs d'exploitation, de l'isoler
du reste de la mine par des serrements ou di-
gues en bois ou en maçonnerie, tandis que,
sans cette précaution, la mine *entière* devrait
être abandonnée pour un temps plus ou moins
considérable. Dans la méthode d'exploitation
par grandes tailles remblayées à mesure, que
nous venons de décrire, il n'est pas nécessaire
que les matières stériles soient en quantité suffisante pour opérer un remblai complet ; il suffit
qu'à l'aide de quelques étais en bois, de tas de
déblais ou de murs en pierres sèches dont les
intervalles ne sont qu'incomplètement remplis
par des menus déblais, on puisse prévenir les
éboulements partiels et immédiats devant le
front de la taille, de façon à ce que les mouvements de terrain se fassent en arrière des ouvriers, dans les parties déjà exploitées. C'est
ainsi, par exemple, que s'exploite la pierre a

bâtir dans les carrières souterraines des environs de Paris.

Quelques filons ou amas métallifiés sont trop puissants pour qu'il soit possible de les exploiter par les méthodes précédentes. On leur applique alors la méthode *en travers*, qui consiste à pousser les tailles transversalement au gîte du mur ou toit, à en soutenir provisoirement les parois par des boisages, et plus tard, à les remblayer avec les débris stériles provenant de l'ouverture des tailles voisines. Il est certain qu'il y aurait avantage dans beaucoup de cas à remplacer les petites tailles, ordinairement employées, par de larges tailles horizontales, en remblayant en arrière au fur et à mesure, et ménageant dans les remblais les voies de roulage et d'aérage nécessaires. On réduirait ainsi de beaucoup les frais de boisage provisoire et de transport des remblais. Lorsque les tailles ne fournissent pas une quantité de déblais suffisante pour un remblai complet, on peut encore appliquer cette méthode, seulement il faut exploiter les massifs par étages allant de haut en bas. Les tailles terminées, on les remblaie en retirant successivement les boisages provisoires en revenant du toît vers le mur du gîte, et provoquant ainsi l'éboulement du plafond de la taille ; on empêche les déblais de couler dans la galerie d'allongement principale en les maintenant par un mur ou un boisage convenable. C'est ainsi que l'on exploite quelques couches d'anthracite puissantes et inclinées, dans les environs de La Mure (Isère).

Il nous reste à dire quelques mots sur l'exploitation des gîtes dans lesquels les matières stériles ne sont pas en quantité suffisante pour opérer un remblai capable de soutenir les excavations, ce qui est le cas de la plupart des couches de houille. Lorsque les couches ont de 2 à 4 m. de puissance, on divise ordinairement le champ d'exploitation en massifs ou piliers longs, rectangulaires ou rhomboïdaux, au moyen de galeries plus ou moins larges, puis on procède au *dépilage*, c'est-à-dire que l'on enlève les piliers, en revenant sur ses pas, à partir des limites du champ d'exploitation, et laissant ébouler derrière soi. Dans le cas de couches parallèles superposées, on commence l'exploitation par les couches supérieures. Souvent, pour une couche puissante, on exploite de la même manière par étages successifs en allant de haut en bas. On exploite par piliers carrés, abandonnés en grande partie dans l'excavation, les substances en couches puissantes, quand elles ont peu de valeur et une grande solidité comme la pierre à bâtir, l'ardoise, le sel gemme et le gypse. Trop souvent on exploite à tort de la même manière des couches de houille d'une grande puissance, mais ce n'est jamais qu'avec beaucoup de danger pour les ouvriers et une grande perte de produit. Lorsqu'il s'agit de pareilles couches, on ne doit les exploiter que par étages successifs en descendant, ou mieux encore au moyen de remblais rapportés. L'exploitation des couches de houille avec remblais rapportés, quoique paraissant plus couteuse au premier abord, est cependant presque toujours la plus avantageuse, en ce que d'une part elle permet d'enlever la totalité de la houille, et que d'autre part elle prévient les mouvements de terrain qui se produisent dans les autres méthodes, et par suite diminue les chances d'incendie ou d'inondation, la quantité d'eau à épuiser et la proportion de houille menue qui a toujours une valeur bien inférieure à la *gaillette* ou charbon en gros morceaux.

La combustion des lumières, la respiration des ouvriers, les gaz produits par la combustion de la poudre, dans certains cas, le dégagement de gaz acide carbonique abondent surtout dans quelques terrains traversés par des roches ignées, comme dans les mines de Pontgibaud (Puy-de-Dôme), ou d'hydrogène carboné, dit *grisou*, dans beaucoup de mines de houille, exigent que l'on détermine dans l'intérieur de l'exploitation un courant d'air suffisant pour délayer et entraîner ces gaz délétères au dehors, au fur et à mesure qu'ils se dégagent. Dans les mines métalliques convenablement exploitées, l'aérage naturel qui s'établit par les puits et galeries débouchant au jour est presque toujours suffisant, mais il en est rarement de même dans les mines de houille, surtout dans celles où il se dégage du grisou ; ce dernier, mélangé en certaines proportions avec l'air, donne naissance à des mélanges explosifs dont l'inflammation produit trop fréquemment encore des accidents terribles ; on prévient l'inflammation de ces mélanges détonnants par l'emploi des *lampes de sûreté*, dont la flamme est enfermée dans un cylindre en toile métallique à mailles assez fines, qui jouit de la propriété découverte par Davy, qu'un mélange d'air et de gaz inflammable peut brûler à l'intérieur de ce cylindre sans que l'inflammation se propage au dehors. L'usage des lampes de sûreté ne dispense pas de la nécessité de prévenir la formation de mélanges explosibles par une ventilation suffisamment énergique que l'on obtient, soit en établissant sur l'un des puits une machine aspirante ou soufflante, soit au moyen d'un foyer d'aérage placé ordinairement au fond de l'un des puits, et qui y raréfie l'air en en élevant la température de quelques degrés. Dans l'un et l'autre cas, on force le courant d'air à pénétrer dans toutes les parties de la mine que l'on veut ventiler, au moyen de portes battantes ou de cloisons qui l'empêchent de suivre le chemin direct de l'orifice d'entrée à l'orifice de sortie. Lorsque ces cloisons sont établies dans des galeries de roulage, on emploie des doubles portes battantes que l'on ouvre successivement, et qui permettent de circuler, sans apporter de perturbation dans le sens du courant d'aérage. Dans les mines à grisou, les ordonnances prescrivent l'emploi exclusif des lampes de sûreté, dont nous venons de parler; dans les autres mines on se sert pour l'éclairage de chandelles et de lampes à huile ou à graisse.

Le transport des matières abattues dans les chantiers d'exploitation se fait quelquefois à dos ou dans des brouettes. Dans les galeries étroites et tortueuses on se sert ordinairement du *chien de mine*, caisse prismatique longue, haute et étroite, portée sur quatre roulettes placées sous le fond, et circulant sur deux lignes de solives en bois qui laissent entre elles un intervalle d'environ trois centimètres, dans lequel s'engage une cheville directrice en fer, fixée verticalement au milieu de l'essieu antérieur du chien. Celui-ci est poussé par derrière et non traîné. Dans les galeries longues et suffisamment régulières, horizontales ou inclinées, le transport s'effectue au moyen de chariots ou wagons, traînés par des hommes ou des chevaux, et roulant sur des bandes de bois, de fonte ou de fer forgé. Lorsque les galeries sont assez inclinées, on utilise la force descensionnelle des wagons pleins pour remonter les wagons vides, en la modérant au moyen de freins établis à la tête de ces plans inclinés qui portent le nom de *plans automoteurs*.

Dans quelques cas l'extraction peut se faire entièrement par des galeries débouchant au jour; mais, le plus souvent, il faut extraire par les puits les matières abattues. Dans les puits verticaux et peu profonds, l'extraction se fait au moyen d'un treuil à manivelles ou d'une roue à chevilles, manœuvrés à bras d'hommes. Lorsque les quantités de matières à extraire sont plus considérables ou les puits plus profonds, on a recours à des *barytels* mus par des chevaux, des roues hydrauliques ou des machines à vapeur. Le barytel ou manège à chevaux consiste toujours en un cabestan vertical, dont l'arbre porte un tambour d'un assez grand diamètre; deux cables l'enveloppent en sens inverse l'un de l'autre sur ce tambour, vont passer sur de grandes poulies ou *molettes*, supportées par une charpente établie au dessus du puits dans lequel se meuvent les tonnes atta-

chées à l'extrémité des cables, l'une d'elles monte et son cable s'enroule autour du tambour, tandis que l'autre descend et que son cable se déroule. Lorsque les puits sont inclinés, on remplace les tonnes d'extraction par des caisses prismatiques pourvues de roues qui circulent sur des rails ou des lignes de solives, posés sur le mur. Dans les barytels à eau et à vapeur, les cables d'extraction s'enroulent autour de tambours presque toujours horizontaux. Le plus souvent les roues hydrauliques sont placées sur l'axe même des tambours, et construites avec deux rangs d'augets tournés en sens inverse les uns des autres, afin de pouvoir changer à volonté le sens de la rotation. Quant aux machines à vapeur servant à l'extraction, elles sont toujours munies d'un mécanisme analogue à celui des locomotives ou des machines de bateaux, qui permet d'arrêter ainsi que de renverser instantanément le sens du mouvement. Les cables qui servent à l'extraction sont ronds ou plats, en chanvre ou en fil de fer, et ordinairement goudronnés. Lorsque les puits ont une grande profondeur, on prévient les variations de force motrice qui pourraient résulter du poids des câbles, en enroulant les câbles ronds sur des tambours coniques, et en disposant les tambours pour câbles plats de manière à ce que ceux-ci s'enroulent sur eux-mêmes en spires successives. Dans quelques mines on se sert pour l'extraction, au lieu de tonnes, de plates-formes carrées portant une ligne de rails sur lesquels arrivent les chariots qui ont servi au transport dans les galeries souterraines, et qu'on y fixe par des traverses. Ces plates-formes sont suspendues au câble par quatre chaînes et guidées, dans leur mouvement ascensionnel, par deux ou quatre lignes de longuerines en bois ou en fer. Dans les mines en partie asséchées par une galerie d'écoulement, on utilise quelquefois pour l'extraction, les cours d'eau qui coulent à la surface, en profitant de la chute de la surface au niveau de cette galerie, au moyen de *balances d'eau*. Dans les puits inclinés l'ensemble de l'appareil offre les mêmes dispositions qu'un plan automoteur; les chariots se composent de deux parties, dont l'une renferme de l'eau pendant la descente, et l'autre, des minerais pendant l'ascension. On utilise également, dans quelques cas particuliers, pour l'extraction du minerai, la descente des remblais rapportés.

Les ouvriers descendent ordinairement dans les mines et en sortent par des échelles verticales ou inclinées, ce qui, dans les puits très profonds, dépense une très grande partie du travail qu'ils sont susceptibles de fournir. Dans beaucoup de mines de houille, ils montent et descendent habituellement par les tonnes, ce qui donne quelquefois lieu à de graves accidents. En 1833, M. Dœrell, du Hartz, proposa, pour faire monter et descendre les ouvriers dans les mines, une machine très ingénieuse actuellement employée sur les mines les plus profondes du Hartz. Cette machine se compose de deux tirants en bois ou composés d'échelles en fil de fer, établis dans le puits de descente, parallèlement et à une petite distance l'un de l'autre, depuis la surface jusqu'au fond, et qui reçoivent un mouvement rectiligne alternatif de la roue hydraulique ou de la machine servant à l'extraction. Chaque tirant porte des marches dont l'équidistance est égale au double de l'amplitude du mouvement alternatif, et des poignées en fer sont établies à la hauteur convenable, au dessus des marches, pour que l'ouvrier puisse les saisir avec la main. Les tirants sont guidés par des rouleaux et munis de patins de sûreté disposés de manière à ce que, en cas de rupture, la partie détachée ne puisse jamais tomber que d'une hauteur tout au plus égale à l'amplitude d'une excursion. L'ouvrier passe successivement d'un tirant sur l'autre en se tenant toujours sur les marches de celui qui monte s'il veut monter, et de celui qui descend s'il veut descendre. Des échelles fixes sont placées entre les deux tirants, en cas d'accident. Enfin, de distance en distance, il y a des planchers horizontaux, comme dans le cas d'échelles fixes. Cette machine, telle que nous venons de la décrire, réduit le mouvement de montée ou de descente de l'ouvrier à un simple transport horizontal d'un tirant sur l'autre, et supprime ainsi presque toute fatigue. Vers la même époque on a établi sur quelques mines du Cornouailles des machines analogues. M. Warocqué en a installé une sur le charbonnage de Mariemont (Belgique), dans laquelle un seul des tirants reçoit le mouvement de va-et-vient d'une machine à vapeur, et le transmet à l'autre au moyen d'un balancier hydraulique. Les marches des machines du Hartz y sont remplacées par des plates-formes avec balustrades d'un usage beaucoup plus commode. Enfin, tout récemment, M. Méhu a appliqué sur les bassins houillers de Valenciennes et Anzin, le mouvement de va-et-vient de tirants placés dans le puits pour élever les plates-formes elles-mêmes, et pour opérer ainsi à volonté l'extraction des tonnes de charbon ou l'élévation des ouvriers du fond de la mine.

Il est assez rare que les travaux à ciel ouvert, et surtout les exploitations souterraines, soient exempts d'eau ; il devient alors nécessaire de les assécher, soit au moyen de galeries souterraines dites *galeries d'écoulement*, qui débouchent dans les vallées voisines, soit en réunissant les eaux dans des réservoirs ou *puisards* d'où on les extrait à l'aide de machines. Lorsque la disposition des lieux permet d'assécher tout ou partie des mines au moyen de galeries d'écoulement, on a presque toujours recours à ce moyen. En général on exécute ces galeries, autant que possible, à travers bancs et normalement à la direction des gîtes exploités, avec des embranchements exécutés dans chaque gîte suivant sa direction ; on leur donne une pente très faible et seulement suffisante pour l'écoulement des eaux, et leur orifice doit être situé à un niveau supérieur à celui des plus hautes eaux dans la vallée où elles débouchent. Lorsqu'on a recours à des machines pour l'épuisement des eaux, on se sert des seaux ou des tonnes de l'appareil d'extraction, lorsque les eaux sont peu abondantes, et dans le cas contraire, lorsque leur abondance exige un épuisement continu, de pompes mises en mouvement par des roues hydrauliques, des machines à colonnes d'eau, ou des machines à vapeur.

Nous terminerons cet article par quelques mots sur les principaux gîtes minéraux actuellement exploités, et sur la production minérale de la France. Sous le rapport des mines métalliques, et surtout des mines de métaux précieux, le Nouveau-Monde est spécialement favorisé. En allant du sud au nord, sur l'un et l'autre versant des Andes ou Cordilières, on trouve d'abord dans le Chili quelques mines d'or, de nombreuses mines d'argent, et surtout d'abondantes mines de cuivre, dont le minerai très riche est en grande partie exporté et acheté par les Anglais qui le traitent dans les usines établies dans le pays de Galles. Plus au nord, on rencontre les fameuses mines du *Potosi* qui, découvertes en 1845, ont donné depuis cette époque pour plus de six milliards d'argent, et à l'est, les alluvions d'où l'on retire les diamants du Brésil. Viennent ensuite, dans le Pérou, de nombreuses mines d'or, de cuivre, d'argent dont nous ne citerons que celles de *Pasco* qui, au commencement de ce siècle produisaient encore pour plus de vingt millions d'argent par an, et la mine de mercure de *Huanca-Velica*, qui a alimenté pendant longtemps toutes les usines d'amalgamation de l'Amérique. Viennent ensuite les mines de platine de la Colombie, les mines d'or de la nouvelle Grenade, les mines de cuivre des Antilles. Le Mexique qui renferme plus de trois mille mines d'or, et surtout d'argent parmi lesquelles nous citerons celles de *Veta grande* et de *Valenciana*, près de Guanaxuato. Dans les Montagnes Rocheuses et leurs branches, sont les fameuses mines d'or de la Californie, la mine de mercure de New-Almaden. Le Missouri a des mines de plomb, celles du lac Supérieur où l'on trouve le cuivre à l'état natif en masses métalliques, parfois tellement volumineuses qu'il est impossible de les extraire du sein de la terre autrement qu'en les fondant sur place; citons enfin les puissantes mines d'anthracite de la Pensylvanie. L'Océanie offre également dans la Nouvelle-Zélande et sur plusieurs autres points, de riches mines de charbon et de cuivre, exploitées par les Anglais. L'Asie nous fournit les pierres précieuses de Ceylan, l'étain de Banca et Malacca, supérieur à tous les étains connus, le cuivre du Japon, et dans la Russie les alluvions aurifères de l'Oural et de l'Altaï, non moins riches que celles de la Californie. L'Afrique nous est encore peu connue, nous en retirons toutefois de la poudre d'or. L'Algérie, notre nouvelle conquête, renferme d'abondantes mines de sel gemme, dans la province de Constantine et à Arzew, près Oran, de riches mines de cuivre gris au col de *Mouzaïa*, des mines de plomb au cap Tenez, et d'admirables gîtes de fer oligiste près de Bône.

La Russie d'Europe renferme, dans le district de Katherinenbourg, la célèbre mine d'or de Bérésof, et de nombreuses mines de cuivre dont les produits constituent la majeure partie de la fortune de la famille *Demidoff*. Elle contient aussi de riches mines de fers oxydulé et oligiste, qui fournissent, après la Suède, les meilleurs fers pour la fabrication de l'acier. La Suède, comme nous venons de le dire, renferme d'abondantes mines de fer renommées par l'excellente qualité des fers qu'elles produisent, et parmi lesquelles nous citerons celles de *Danemora*, en Upland. Elle renferme aussi une mine de plomb et argent bien connue, celle de *Sahla*, plusieurs mines de cuivre dont celle de *Fahlun* ou *Kopparberg* était déjà exploitée avant l'ère chrétienne, et des mines de cobalt très importantes, dont la plus connue est celle de *Tunaberg*. La Norvége possède également des mines de fer, de cuivre et de cobalt, et en outre, la célèbre mine d'argent de *Kongsberg*. En Prusse, outre les bassins houillers de la Silésie, de la Sarre et de la Ruhr, nous avons à citer les mines de plomb de *Tarnowitz* (Silésie), et des environs d'Aix-le-Chapelle, et les mines de zinc de la *Haute-Silésie* qui, avec celles moins importantes de la Pologne frontière, produisent annuellement deux cent cinquante mille quintaux métriques de zinc. La Belgique et les bords du Rhin en produisent environ cent mille quintaux métriques, fournis presque entièrement par la *Vieille-Montagne*. Les autres parties de l'Europe en produisent au plus dix mille quintaux

métriques. Le Hartz renferme les mines classiques de plomb et argent d'*Andréasberg*, qui ont déjà atteint une profondeur d'environ 800 mèt., et de *Clausthal*; les mines de cuivre du *Rammelsberg*, et, non loin de là, celles du *Mansfeld*. La Saxe possède les mines de plomb, cuivre et argent de *Freiberg*, non moins célèbres que celles du Hartz, les mines d'étain d'Altenberg, et quelque peu de cobalt. La Bohême, outre des mines de lignite très importantes près de Carlsbad et de Tœplitz, et trois petits bassins houillers, renferme la mine de plomb argentifère la plus belle d'Europe, celle de *Przibram* qui produit annuellement dix mille quintaux métriques de plomb en litharge, et sept mille kilogrammes d'argent. La Gallicie est célèbre par les mines de sel gemme de *Wieczliecz* et de Bocknia; la Hongrie et la Transylvanie, par les mines de plomb et argent de *Schemnitz* et Kremnitz, les mines de cuivre argentifère des environs de Neusohl, de Schmœllnitz et du Banat, les mines d'or du groupe de *Nagyac*. La Souabe et le Salzbourg renferment de puissants gisements de sel gemme, la Styrie et la Carinthie, de nombreuses mines de fer produisant de très bon acier, à Vordernberg, Eisenerz, etc., des mines de plomb à Bleiberg; la Carniole, les mines de mercure d'*Idria*. En Italie nous trouvons les mines de cuivre de *Monte-Catini* en Toscane; les mines de fer de l'île d'*Elbe* et celles de soufre de la Sicile; en Espagne, les riches mines d'argent récemment découvertes près de *Carthagène*, et les mines de plomb de la *Sierra de Gador*, qui produisent annuellement plus de trois cent mille quintaux métriques de plomb; dans les îles britanniques, les mines de plomb du Derbyshire, du Flintshire et des environs d'Alston-Moor, de Leadhills et de Strontian en Ecosse, qui, réunies, produisent environ quatre cent mille quintaux métriques de plomb; les fameuses mines d'étain, cuivre et plomb du Cornouailles, qui fournissent annuellement trente mille quintaux métriques d'étain, quatre-vingt-treize mille quintaux métriques de cuivre, et neuf mille quintaux métriques de plomb; la mine de graphite de *Borrowdale*, en Westmoreland, celle de sel gemme de *Norwich*; enfin les bassins houillers de Newcastle, du Yorkshire, du Staffordshire, du pays de Galles, des environs de Glascow et d'Edimbourg et autres, dont la production annuelle d'environ trois cent millions de quintaux métriques, représente une valeur d'à peu près 400,000,000 de francs. Bon nombre de ces bassins houillers renferment des couches subordonnées de fer carbonaté lithoïde, à la présence desquelles certaines parties de l'Angleterre sont redevables de l'immense développement qui y a pris l'industrie du fer. La Belgique, indépendamment des mines de zinc de la Vieille-Montagne dont nous avons déjà parlé, possède des charbonnages considérables dont le tiers environ des produits est consommé dans les usines françaises. La France, outre les mines de sel gemme de *Vic* et *Dieuze* (Meurthe), les bassins houillers de Saint-Etienne et Rive-de-Gier (Loire), d'Alais (Gard), d'Aubin (Aveyron), du Creuzot et de Blanzy (Saône-et-Loire), de Valenciennes (Nord), et de quelques autres moins importants, et de nombreuses mines de fer, ne renferme, en fait de mines métalliques de quelque importance, actuellement exploitées, que celles de plomb et argent de *Poullaouen* et *Huelgoat* (Finistère), remarquables par les belles machines à colonnes d'eau qui y ont été établies par M. Juncker, de *Pontgibaud* (Puy-de-Dôme), de *Villefort* et *Vialas* (Lozère). Il existe cependant aux environs de Villefranche (Aveyron), à la Croix aux Mines (Vosges), et dans les Pyrénées, de nombreuses mines de plomb, cuivre et argent, dont l'exploitation paraît pouvoir être entreprise avec succès. Le tableau suivant, extrait du compte-rendu de 1847, le dernier publié par l'Administration des mines, donnera une idée de l'importance de l'industrie minérale et métallurgique de notre pays.

NATURE DE L'INDUSTRIE.	NOMBRE DES MINES, ETC., EXPLOITÉES.	NOMBRE DES USINES EN ACTIVITÉ.	NOMBRE DES OUVRIERS EMPLOYÉS DANS LES MINES ET USINES.	PRODUITS.	
				POIDS en quintaux métriques.	VALEUR créée en francs.
Exploitation des combustibles minéraux	268	»	31,752	44,693,420	43,997,140
Extraction de la tourbe	2,999	»	42,969	5,106,017	5,094,334
Mines et usines à fer et forges de grosses œuvres	1,571	1,051	54,113	»	194,898,624
Mines et usines à cuivre	2	3	175	»	550,540
Mines et usines à plomb et argent	7	4	4,089	»	1,051,646
Id. à antimoine	9	5	138	»	32,783
Id. à manganèse	4	3	154	»	236,720
Exploitation de bitumes minéraux	11	»	477	»	732,166
d° de terres pyriteuses et alumineuses	15	19	851	»	1,707,975
d° sel marin et sel gemme	334	»	15,716	3,509,402	13,645,252
d° carrières, ardoises, etc.	21,794	»	75,596	»	41,047,519
Élaborations principales des substances d'origine minérale.	»	15,525	83,657	»	165,436,510
	27,014	16,610	306,487	»	468,211,209

COMBES et DEBETTE.

MINES (*administration des*). Depuis la suppression de la direction générale des ponts-et-chaussées et des mines, l'administration des mines est placée sous la direction immédiate du ministre des travaux publics. Tout le travail qui concerne cet important service est centralisé dans la 5e division composée de deux bureaux. Toutes les décisions du ministre sont préalablement discutées dans le sein d'un conseil général qui se réunit sous sa présidence, et se compose de trois inspecteurs-généraux de 1re classe, et de cinq inspecteurs-généraux de 2e classe. Les inspecteurs-généraux de 1re et de 2e classe résident à Paris ; ils peuvent cependant être chargés d'inspections extraordinaires sur les points qui leur sont désignés par le ministre. —Les inspecteurs-généraux de 2e classe sont plus spécialement employés aux tournées ou missions que le ministre juge nécessaire. Le conseil général donne son avis sur le perfectionnement des procédés de l'art, et sur tous les objets pour lesquels le ministre juge utile de connaître son opinion. Il est nécessairement consulté sur toutes les questions contentieuses qui doivent être portées au conseil d'État. — Le service des mines dans les départements se divise entre 8 inspections générales et 17 arrondissements minéralogiques. Les 8 inspections générales sont désignées par les subdivisions suivantes : nord, nord-est, est, centre, sud-ouest, sud-est, ouest, nord-ouest. Elles comprennent chacune de 7 à 12 départements. Les chefs-lieux des arrondissements ayant chacun à leur tête un ingénieur en chef sont : Paris, Valenciennes ; Troyes, Strasbourg, Chaumont, Châlon-sur-Saône, Saint-Etienne, Clermont, Grenoble, Alais, Périgueux, Villefranche, Toulouse, Poitiers, Nantes, Rouen, le Mans. — Les ingénieurs en chef sont secondés par des ingénieurs ordinaires, et quelquefois par des élèves-ingénieurs détachés momentanément auprès d'eux. Jusqu'à leur nomination ceux-ci suivent les cours de l'École d'application, ou voyagent aux frais de l'État pour leur instruction. Il y a auprès du ministre des travaux publics une commission de statistique de l'industrie minérale composée de 7 membres, et présidée par un inspecteur-général. Enfin un ingénieur ordinaire des mines est attaché à la manufacture nationale de Sèvres, pour diriger et perfectionner les procédés de la fabrication.

Le corps des mines se recrute exclusivement parmi les élèves sortant de l'École polytechnique, et comme il n'y a chaque année que deux ou trois promotions dans ce corps savant, ce sont habituellement les deux ou trois premiers élèves qui le choisissent.   A. BORT.

MINES (*École d'application des*). L'école nationale des Mines dont le siége est à Paris, a été créée par un arrêté du conseil d'État du 19 mars de l'année 1783. Successivement développée par les lois du 25 février de l'année 1791 et 30 vendémiaire de l'an IV, elle a reçu son organisation actuelle d'une ordonnance du 5 décembre 1816. Cette école est placée sous la surveillance du ministre des travaux publics, assisté du conseil de l'école. — L'école reçoit trois catégories d'élèves : 1° les élèves-ingénieurs destinés au recrutement du corps des mines, et choisis exclusivement parmi les élèves de l'École polytechnique; 2° les élèves externes admis par voie de concours, et qui, après avoir justifié à leur sortie de connaissances suffisantes, sont déclarés aptes à diriger, soit des exploitations de mines, soit des usines minéralurgiques, et reçoivent à cet effet un brevet qui leur confère le titre d'*élève breveté*; 3° enfin des élèves étrangers admis sur la demande des ambassadeurs et chargés d'affaires, par décision spéciale du ministre des travaux publics. — L'école se compose d'un directeur, d'un inspecteur des études, de dix professeurs titulaires et d'un professeur-adjoint. Les professeurs et l'inspecteur sont nécessairement choisis parmi les ingénieurs des mines. — Le conseil de l'école se réunit au moins une fois par mois. Il délibère sur toutes les affaires relatives à la discipline, et à l'administration de l'école, à l'instruction et au personnel des élèves, et sur toutes les mesures propres à coordonner toutes les parties de l'enseignement théorique et pratique. — Les cours oraux de minéralogie, de géologie et de paléontologie sont ouverts au public du 15 novembre au 15 avril. La bibliothèque de l'école est ouverte au public tous les jours. Toute personne qui désire faire exécuter l'essai d'une substance minérale, est admise à en faire le dépôt au secrétariat. Tous les services de l'école, enseignement, musée, bibliothèque et bureau d'essai sont gratuits.

Écoles de Saint-Etienne et d'Alais. — Le gouvernement a fondé à Saint-Etienne (Loire), une *École des mineurs.* Les élèves qui en sortent après avoir fait preuve de la capacité requise, obtiennent des brevets et peuvent être placés, soit par l'administration, en qualité de *gardes-mines*, sur les points où elle juge leur surveillance nécessaire, soit, en qualité de directeurs ou d'agents, auprès d'exploitations particulières. — Il y a aussi à Alais (Gard), une *École des maîtres-ouvriers-mineurs*, dont les professeurs sont nommés par le ministre des travaux publics, et destinée à former des contre-maîtres pour les travaux d'exploitation minière.   A. B.

MINES (*art. mil.*). On donne ce nom à un travail souterrain, à une excavation qu'on pratique sous des ouvrages en terre ou en maçonnerie que l'on veut faire sauter, et celui de *fourneau* ou *puits de mine* à la capacité qui contient la poudre. Dans l'attaque des places fortes, les assiégeants se servent de la mine pour s'ouvrir un passage souterrain jusqu'à la contre-escarpe; lorsqu'ils y sont parvenus, ils chargent la mine, la recouvrent hermétiquement, en ne laissant de passage que pour la mèche, et y mettent le feu. Les ingénieurs sont quelquefois obligés d'employer plusieurs fourneaux, afin d'abréger les travaux de siége. — De son côté, la défense emploie des moyens aussi énergiques pour préserver ses remparts de la destruction qui les menace : elle fait jouer la *contremine* construite sous le chemin couvert, au pied de la contrescarpe, projetant en avant, jusque sous les glacis, des rameaux, au moyen desquels le mineur de l'assiégé va au devant de son ennemi, l'observe, entend le bruit de son travail, et lorsqu'il en est rapproché, fait jouer un petit fourneau ou *fougasse*, dont l'effet est d'enterrer le mineur par suite de l'éboulement produit par cette opération. On donne à ces différents moyens de destruction le nom de *guerre souterraine.*   SICARD.

MINETTE, MINETTE DORÉE (*bot.*), noms vulgaires de la luzerne lupuline, *medicago lupulina*, Lin.

MINEUR (*musiq.*). On divise les intervalles musicaux en *majeurs* et *mineurs*, augmentés et minués (*voy.* INTERVALLE et MAJEUR). — On est dans le *mode mineur*, quand la première tierce et la première sixte de la gamme dans laquelle on chante sont mineures; on est en majeur quand ces intervalles sont majeurs. Cependant quelques musiciens font majeure la première sixte, en montant la gamme, et ne la font mineure qu'en descendant (*voy.* MODE). Le mode mineur procède évidemment de la musique grecque ou du plain-chant. Il n'y a de différence que sur un point; notre gamme mineure manque parfois de sensible en descendant, la gamme grecque en manque toujours en montant et en descendant, ce qui rend la tonalité flottante et dispense de finir sur ce que nous appelons la tonique. — La gamme mineure contient un intervalle qui n'existe pas dans la gamme majeure, c'est la seconde augmentée *la* bémol *si*, et un accord de quinte très dur et peu usité *mi* bémol, *sol si*, composé de deux tierces majeures superposées. C'est le seul accord de la gamme diatonique qui soit dans ce cas. Deux tierces *mineures* superposées forment au contraire un accord très doux; il n'en existe qu'un seul dans la gamme diatonique, c'est *si ré fa*. Il est commun aux deux modes. — Les airs nationaux de l'Espagne, un grand nombre d'airs populaires de tous les pays sont en mineur (*voy.* MODULATION).

MINEURS (ORDRES) (*voy.* ORDRE).

MINEURS (CLERCS). Ordre de clercs réguliers institué à Naples, en 1588, par Jean-Augustin Adorne, gentilhomme génois, mort en 1590, en odeur de sainteté. Leurs constitutions reçurent, en 1605, l'approbation de Paul V.

MINEURS (FRÈRES). C'est le nom que prennent par humilité les religieux Cordeliers (*voy.* ce mot), car ce nom signifie les *moindres frères* (minores fratres). C'est pour la même raison qu'on les appelait aussi *Minoritæ*.

MINEURS. On appelle ainsi, dans l'armée, les soldats du génie, chargés, dans l'attaque ou dans la défense des places, des travaux de mine et de contre-mine. Chaque bataillon du génie comprend une compagnie de mineurs placée à la tête du bataillon, et qui fait peu de service armé : elle travaille ordinairement à détruire ou à édifier. S.

MINGRÉLIE. District de la région caucasienne de la Russie asiatique, et la plus étendue des cinq provinces qui formaient le royaume de Georgie. Elle comprend la majeure partie de l'ancienne Colchide et s'étend sur plus de 200 werstes (50 lieues) de distance le long de la côte orientale de la mer Noire; mais elle n'a que 65 à 70 werstes de profondeur. Le Phase et la Tsh'hani la séparent de l'Imérétie, dans le gouvernement de laquelle est comprise la Mingrélie. Les habitants actuels l'appellent Odisguie. Les Mingréliens vivent dispersés dans des hameaux au milieu des montagnes. On n'y trouve aucune ville, mais seulement quelques endroits fortifiés, tels que Kong, Isagour, Savasse, Redout-Kaleh et Mavlia. Le pays est couvert de forêts dans lesquelles on recueille une grande quantité de miel (voir aussi GÉORGIE).

MINHO, en portugais, MINO, en espagnol, l'ancien *Minius*, fleuve de la péninsule Hispanique. Il prend sa source dans la sierra de Mondoñedo, en Galice, passe à Lugo et à Orense, sépare, dans la partie inférieure de son cours, le Portugal de l'Espagne, et se jette dans l'Atlantique, à la Guardia, à 75 kilom. N. de l'embouchure du Douro. Il a un cours de 260 kilom., généralement dirigé du N.-E. au S.-O. Ses affluents principaux sont le Sil, à gauche, l'Avia et la Tea, à droite. Il arrose, dans la province d'Orense, un pays délicieux que l'on considère comme le fond d'un ancien lac; son cours est alors assez lent; mais, au dessous de Ribadavia, il est resserré entre des montagnes élevées, et devient très impétueux; des bancs de sable l'embarrassent vers son embouchure, qui se divise en deux bras, et il n'est navigable que pour des barques. — On donne aussi le nom de *Minho* à une province de Portugal, dont le chef-lieu est Braga, et qui a une superficie de 5390 kilom. carrés, avec une population d'environ 465,000 habitants : c'est le N. de l'ancienne province d'Entre-Douro-et-Minho. E.C.

MINIATURE, MINIATURISTES. Le mot miniature, que quelques auteurs font dériver de *minium* (vermillon), soit parce que ce genre de peinture ne consistait d'abord qu'en traits marqués au minium sur la marge des manuscrits, soit parce qu'ils supposent que le peintre en miniature emploie beaucoup de minium, dérive, selon nous, du vieux mot français *mignard*, qui veut dire mignon, délicat. La miniature, en effet, réduit du grand au petit, et se distingue par le fini des objets qu'elle représente. Dans la miniature les chairs sont toujours au pointillé, les vêtements et les fonds sont d'ordinaire à la gouache. On ne se servit d'abord pour peindre la miniature que d'une très petite quantité de couleurs, parce qu'on ne savait pas encore employer ces couleurs en teintes légères; mais depuis lors des artistes intelligents ont perfectionné cet art, en admettant le mélange du blanc dans toutes les couleurs, excepté dans celles des chairs et autres parties délicates, auxquelles ce mélange enlèverait la touche caractéristique. On peint la miniature sur vélin, sur émail, sur bois, sur ivoire, sur un papier dont le grain est extrêmement blanc, fin et encolé, enfin quelquefois aussi sur des fonds en couleur, et alors on se sert de l'eau gommée; mais la miniature sur vélin et ivoire est celle qui est le plus en usage. Il y a quelques années déjà M. Vincent de Montpetit a inventé une nouvelle manière de peindre la miniature, à laquelle il a donné le nom de peinture *éludorique*, et dans laquelle il emploie un mélange d'huile et d'eau. Avant cette découverte on ne peignait qu'en détrempe. Après diverses expériences M. de Montpetit est parvenu à peindre à l'huile les sujets les plus petits avec la finesse et le moelleux de la peinture en détrempe. La miniature qui ne fut d'abord qu'un luxe bibliographique était déjà connue au siècle d'Auguste. Les armoires des palais, les diptyques, les volets de cette époque sont ornés de peintures fort délicates, auxquelles on peut certainement, donner le nom de miniatures. La biographie des 700 illustres romains, écrite par Varron, était ornée de leurs portraits. Pomponius-Atticus illustra de la même manière son manuscrit sur les actions des grands hommes de la République romaine. Et ces portraits étaient même souvent accompagnés d'un encadrement enluminé de plantes et d'animaux. Nous ne suivrons pas les diverses phases de la miniature depuis cette époque jusqu'au xve siècle, moment de sa splendeur; nous dirons seulement que du ve au xe le goût fut assez pur, mais tout ce qui se fit depuis cette époque jusqu'au milieu du xive siècle porte l'empreinte du plus mauvais goût. Vers la fin du xive siècle ce mauvais goût commence à se dissiper; on voit encore à la Bibliothèque nationale un manuscrit de Salmon, qui fut probablement présenté par l'auteur à Charles VI; les miniatures en sont très soignées, les têtes du roi et du duc de Bourgogne paraissent être des portraits, et ce sont, du reste, les seuls que nous ayons de ces princes. Au xve siècle la miniature fait de véritables progrés, les filigranes et les échappements de lettres historiées donnent lieu à des vignettes et à des rinceaux, où l'on voit naître des fleurs et des fruits peints avec une grande perfection. Peu à peu les miniatures deviennent plus douces, plus naturelles, les vignettes et les peintures se détachent des lettres; les portraits qui, d'abord, étaient raides et sans vie prennent de la grâce et de l'animation, et deviennent des ornements isolés; les vignettes servent de cadre et de bordure, les rinceaux de feuillage y paraissent sur un fond d'argent, les fleurs sur un fond d'or; des oiseaux, des reptiles, se montrent gracieusement dans ces rinceaux; les lettres initiales elles-mêmes sont décorées. Il nous reste de cette époque un manuscrit fort curieux pour l'histoire de l'art, c'est le livre d'Heures d'Anne de Bretagne, sur la marge duquel on voit à chaque page une plante différente avec l'insecte qui s'en nourrit, et, outre cela, plusieurs peintures isolées qui représentent les Mystères de la Passion, la vie de sainte Anne et les travaux des douze mois de l'année. Depuis cette époque la miniature a marché de progrés en progrés jusqu'à aujourd'hui, où la photographie menace de la détrôner. La comparaison de nos vieux manuscrits avec ceux que les autres nations remplissaient à la même époque d'ornements semblables, établit d'une manière évidente notre supériorité dans ce genre; ces manuscrits sont enrichis de miniatures qui, par l'éclat de leurs cou-

leurs, effacent tout ce qui a été fait depuis. On ne trouve point, il est vrai, dans ces compositions le degré de la science du nu, et de la perfection dans l'art de la draperie auquel nous sommes arrivés aujourd'hui; mais on voit déjà des têtes qui ont un commencement de naturel et de vérité.

L'Italie, l'Allemagne, la Hollande, la France, ont eu d'habiles miniaturistes avant et après le xve siècle, mais un des plus célèbres naquit à Grisone, en Esclavonie, en 1498; c'est Giulio Clovio, surnommé *Macedo*, dont le chef-d'œuvre est un Bréviaire qu'il exécuta, en 1586, pour le cardinal Alexandre Farnèse, et dont Vasari fait le plus grand cas. Parmi les autres miniaturistes célèbres on peut citer encore, au xive siècle, Oderico da Gobbio; au xve, Lorenzo, Attavante Gherardo; au xvie, Girol. Ficino, Anne Segers et Jean Mielich; au xviie, André di Vito, Isaac et Pierre Oliver, Laire, Bisi, surnommé *Padre-Pittorino*, Samuel Cooper et Jacques Bailly; au xviiie, Joseph Werner, Élisabeth-Sophie Chéron, J.-P. Ferrand, Manzoni, J.-C. Leblond, Ismaël Mengs, Liotard et Kœnig. Depuis la révolution qu'a subie la peinture vers la fin du siècle dernier, on a vu à Paris et à Londres de très habiles miniaturistes. Nous ne pouvons oublier de citer ici les gracieux portraits de Mme de Mirbel, dont les arts déplorent la perte récente, et les belles productions de M. Isabey, de l'école de David, qui réunissent à l'énergie et à la facilité de la manière anglaise, la finesse et le charme qui distinguèrent toujours les miniaturistes français.　　　　J. VALLENT.

MINIMES (ORDRE DES). Cet ordre fut fondé par saint François de Paule, en 1437. Deux personnes pieuses s'associèrent d'abord à sa vie pénitente. Les habitants les plus voisins de leur solitude les aidèrent à construire une cellule pour chacun d'eux, et une chapelle où un prêtre de la paroisse la plus rapprochée venait dire la messe. Leur nourriture ne se composait que d'herbes et de racines. En 1454, l'archevêque de Consenza voyant s'augmenter considérablement le nombre de ces cénobites, leur permit de se bâtir une église et un monastère. Le saint fondateur obligea ceux qui venaient se ranger sous sa conduite, à se soumettre à un carême perpétuel, c'est-à-dire à se priver en tout temps, conformément aux anciens canons, de l'usage de la viande, des œufs, du lait, du fromage, du beurre : la fidélité à ces observances devint même l'objet d'un quatrième vœu. Outre ces austérités corporelles, la charité fut prise pour devise de l'ordre, et l'humilité dut en être la base, le nom seul de *Minimes* signifiant que ceux qui le portaient devaient se regarder comme les plus petits entre tous. Approuvé en 1471 par l'archevêque de Cosenza, le nouvel ordre fut confirmé par une bulle du pape Sixte IV, en date du 23 mai 1474. Institué, par la même bulle, supérieur général, François fonda, en quelques années, plusieurs monastères en Italie; Charles VIII, fils et successeur de Louis XI, dont la confiance en François de Paule avait été sans bornes, lui fit bâtir un couvent dans le parc du Plessis et un autre à Amboise; il fonda aussi un monastère du même ordre sur le Mont-Pincio, pendant son séjour à Rome, où Alexandre VI le proclama empereur de Constantinople. Ce pape donna aussi son approbation à la règle de Saint-François, et Jules II confirma, depuis, cette approbation. Plusieurs états chrétiens, notamment l'Italie, possèdent encore plusieurs couvents de l'ordre des Minimes.

MINIMUM (*math.*) (*voy.* MAXIMUM).

MINISTÈRE PUBLIC (*législ.*). — C'est une magistrature particulière établie pour veiller au maintien de l'ordre social, et à la bonne administration de la justice. Cette institution ne se rencontre que chez les peuples arrivés à un haut degré de civilisation; on n'en trouve pas trace chez les peuples anciens. Les Romains, qui s'étaient donné un censeur, ne conçurent pas l'idée d'un magistrat spécialement chargé de la recherche et de la poursuite des crimes; ils préférèrent autoriser et même récompenser la délation : « C'était, dit Montesquieu, le résultat de cette fiction que chaque citoyen, étant censé tenir tous les droits de la patrie entre ses mains, pouvait se porter accusateur du premier venu; en sorte que l'intervention d'un ministère public se trouvait nécessairement exclue par les formes populaires et rapides de la justice du Forum. » Les lois de Platon admettaient aussi la délation, au lieu de confier à un magistrat spécial le soin de la vindicte sociale. Dans les premiers temps de la monarchie française, il n'y avait pas de partie publique qui fût chargée de la poursuite des crimes; les peines n'étant que pécuniaires d'après les lois saliques et ripuaires, toute poursuite était en quelque sorte civile et abandonnée à la volonté de l'offensé. Sous la seconde race existaient quelques officiers qui avaient des rapports éloignés avec nos procureurs généraux; on les appelait *avoués de la partie publique*. Leur fonction était surtout de maintenir l'autorité du comte ou du seigneur, et de représenter le fisc dans les procès; mais ils ne s'occupaient ni de la poursuite des crimes, ni des affaires qui concernaient les mineurs, les églises et l'état des personnes. Sous la troisième

race, l'usage des combats, devenu plus fréquent, ne permit pas d'établir une partie publique. On ne connaissait, parmi les officiers de justice, que les baillis et les sergents. Cependant à l'époque où Philippe-le-Bel rendit le Parlement sédentaire à Paris, on y vit figurer un magistrat ayant les attributions du ministère public; mais alors cette institution ne s'appliquait guère qu'aux intérêts particuliers du prince, et était loin d'atteindre cette extension qu'elle reçut ensuite et qui plaça à la tête du Parlement de Paris, comme procureurs généraux, des hommes tels que Pierre Pithou (1596), Matthieu Molé (1614), de Harlay (1667), d'Aguesseau (1700). Aussi Montesquieu n'hésite-t-il pas à dire que la loi qui institua le ministère public fut une « loi admirable (*Esprit des Lois*, l. VI, c. 8). » L'Assemblée constituante, puis les décrets impériaux de 1808 et 1810 régularisèrent l'organisation de cette magistrature amovible (désignée en termes de Palais sous le nom de *magistrature debout*), et étendirent son action à tout ce qui peut intéresser l'ordre public, les devoirs et les droits du citoyen.

Nous ne traiterons dans cet article que des fonctions attribuées par la loi à cette magistrature spéciale exerçant son action devant les juridictions criminelle ou civile, et nous renvoyons aux mots *Procureur général* et *Procureur du roi*, en ce qui touche les devoirs particuliers à chacun de ces officiers, eu égard au grade qui leur est conféré. Il nous suffit de dire ici que tous les magistrats du ministère public sont soumis entre eux à une hiérarchie et à une discipline fortement organisées, qui centralisent l'impulsion et permettent une surveillance incessante sur tous ceux qui la composent, depuis le substitut d'un tribunal d'arrondissement jusqu'au procureur général près la cour de cassation, qui, chef suprême de l'institution, a sous sa surveillance tous les parquets de France, et ne relève, quant à lui, que du garde des sceaux ministre de la justice (Sénat.consult. du 16 thermidor an X). En outre, chaque parquet comprenant le ressort d'une des 27 cours d'appel se compose d'un procureur général qui, à son tour, a sous sa surveillance et sa direction spéciale non seulement tous les officiers qui l'assistent dans son service près de la cour, mais encore tous les procureurs particuliers et leurs substituts près les tribunaux de première instance placés dans le ressort.

L'institution du ministère public n'existe pas auprès de toutes les juridictions; les tribunaux de commerce, les justices de paix, les conseils de *prudhommes*, et, dans l'ordre administratif, les conseils de préfecture, jugent sans l'assistance de la partie publique; toutes les autres juridictions, les cours et les tribunaux ordinaires, la cour des Pairs autrefois, et aujourd'hui la Haute-Cour de justice, les conseils de guerre, le conseil d'État, les conseils de discipline et de révision de la garde nationale, la cour des comptes, ont des officiers, dits du parquet, chargés des fonctions du ministère public. Près les tribunaux de simple police, ces fonctions sont exercées soit par des commissaires de police, soit par les maires, soit par un membre du conseil municipal désigné à cet effet. Agissant dans un intérêt social, le ministère public ne peut jamais être condamné aux dépens; les membres du ministère public sont entièrement libres de leur action; les tribunaux ne peuvent ni leur donner des avertissements, ni les censurer (Cas. 7 août 1818); ce droit de censure n'appartenant qu'au procureur général. A l'audience, et parlant de son siége, ce magistrat doit être aussi indépendant que le juge et ne relever que de sa conscience; mais en dehors de l'audience et comme officier du parquet, il n'est plus que le fonctionnaire, en quelque sorte l'avoué du gouvernement, faisant les actes, les procédures, et obligé en cela d'agir selon les ordres qu'il reçoit de ses supérieurs hiérarchiques: c'est ce qu'on nommait autrefois la *plume* et la *parole*, l'une libre et consciencieuse, l'autre instrument passif.

I. *Fonctions civiles.* — Dans toute société bien organisée, la loi doit veiller d'une manière spéciale aux intérêts de ceux qui, à raison de leur âge, de leur faiblesse d'esprit ou d'une incapacité quelconque, ne sont pas en état d'exercer eux-mêmes leurs droits: tel est le but de l'intervention du ministère public dans les affaires civiles; cette intervention s'exerce par voie de réquisition ou par voie d'action directe. Dans toutes les causes qui concernent l'état des personnes, c'est-à-dire celles où l'une des parties se trouve dans les liens de la tutelle, de la curatelle, de la puissance maritale, ou encore dans celles où il s'agit de statuer sur des exceptions intéressant l'ordre des juridictions, comme dans les déclinatoires, les réglements de juges, les prises à partie, les récusations, il y a nécessairement lieu à communication des pièces au ministère public, et à réquisition de sa part (Code proc. 83). Il en est de même en matière d'expropriation forcée, de séparation de biens, de cession de biens, et dans les causes qui intéressent l'état, les administrations publiques et les communes. Dans d'autres cas au contraire, le ministère public, au lieu d'intervenir simple-

ment dans le débat, doit provoquer la poursuite, par exemple lorsqu'il s'agit des intérêts de personnes présumées absentes (C. civ. 114), ou de contraventions relatives à l'inscription des actes de l'état civil.

II. *Fonctions en matière criminelle.* — C'est en matière criminelle surtout que les fonctions du ministère public prennent une grande importance; c'est au nom de la société tout entière qu'il dirige son action qui prend alors le nom d'action publique. Mais avant d'arriver à la punition d'un crime ou d'un délit, il faut en constater les circonstances; de là la nécessité de la police judiciaire, qui agit sous l'impulsion du ministère public. Les officiers du parquet sont chargés de la direction de toute procédure criminelle; ils portent la parole d'abord devant la chambre du conseil, et concluent soit à une ordonnance de non-lieu, soit au renvoi de l'inculpé devant le tribunal correctionnel, ou, s'il s'agit d'un crime, devant la cour d'appel, chambre des mises en accusation, et devant cette juridiction supérieure, l'un des magistrats du parquet rédige un nouveau réquisitoire sur lequel intervient un arrêt dit de *non-lieu* ou de renvoi devant le jury. Enfin la cause arrivant devant le jury, l'accusation est, s'il y a lieu et suivant la conviction qui résulte pour eux du débat oral, énergiquement soutenue ou consciencieusement abandonnée par ceux des magistrats appelés à porter la parole, ils n'ont d'autre mission alors que de mettre en évidence les preuves de l'innocence ou de la culpabilité de l'individu traduit devant la justice. Ces officiers sont en outre chargés de faire exécuter les jugements quant aux peines afflictives et infamantes et à celle de l'emprisonnement. Le recouvrement des amendes et des frais de justice se poursuit en leur nom par l'administration générale des domaines.

III. *Action disciplinaire.* — Les officiers du ministère public sont enfin investis d'une surveillance spéciale sur les magistrats et sur tous les officiers ministériels, notaires, avoués, huissiers, commissaires-priseurs, etc. Ils ont droit par conséquent d'assister à toutes les délibérations qui intéressent l'ordre et le service intérieur des tribunaux (L. 20 avril 1810), et de faire sur les registres toutes les réquisitions qu'ils jugent utiles. Ils ont également le droit et le devoir de requérir contre les officiers ministériels *toutes les mesures de discipline*, de statuer sur toutes les plaintes portées contre ces derniers par les justiciables, et doivent enfin, aux termes du décret de 1808, rendre compte aux procureurs généraux de toutes les décisions prises en matière de discipline par les tribunaux auxquels ils sont attachés, et transmettre les pièces à l'appui, avec leurs observations. La même obligation est imposée aux procureurs généraux envers le ministre de la justice, afin de mettre ce dernier en état de statuer définitivement et en connaissance de cause. AD. ROCHER.

MINISTÈRE, MINISTRE. Ce mot, qui, par son étymologie latine (*minister*, serviteur), semblerait devoir exprimer un sens assez humble, est particulièrement employé pour désigner les dépositaires les plus élevés du pouvoir, ceux qui, sans posséder la souveraineté, ont reçu du souverain ou de son représentant immédiat la direction du service public dans les diverses branches de l'administration.

La qualification de ministre a été longtemps plutôt historique qu'officielle. C'était un terme général par lequel on indiquait, dans le langage habituel, les premiers fonctionnaires de l'État, appelés chacun d'un nom particulier qui avait rapport à ses attributions. En France, par exemple, sans remonter jusqu'au moyen-âge, on voit que dans les deux ou trois siècles qui ont précédé la révolution de 1789, le département de la justice était géré par le chancelier, ou, à son défaut, lorsque le roi, sans lui ôter son titre inamovible, jugeait à propos de l'éloigner des affaires, par un garde des sceaux; les finances, depuis la suppression du *surintendant*, par un *contrôleur-général;* les départements des affaires étrangères, de la guerre, de la marine et de la maison du roi par quatre secrétaires d'État entre lesquels un arrangement assez bizarre partageait, de plus, l'administration des provinces du royaume. Quelquefois, un grand personnage, un prince, un cardinal, pourvu d'un traitement énorme, d'une grande représentation, travaillant seul avec le roi, choisissant les chefs des divers départements et leur donnant des ordres, prenait le titre de premier ministre ou quelque autre titre équivalent, quoique moins pompeux.

Il est à remarquer que les secrétaires d'État, non plus que le contrôleur-général, ne faisaient pas nécessairement partie du conseil. Lorsqu'ils étaient admis à y siéger, ce qui, dans les derniers temps, avait presque toujours lieu, ils joignaient à leur titre celui de ministre d'État, mais on pouvait être, et, sous Louis XIV, on était assez souvent secrétaire d'État sans être ministre, de même qu'on pouvait être ministre, c'est-à-dire membre du conseil, sans avoir de département. Les uns étaient censés délibérer, les autres exécuter.

L'établissement du régime constitutionnel devait nécessairement modifier cet état de cho-

ses. La responsabilité attachée aux fonctions ministérielles ne permettait plus de séparer ainsi la délibération de l'exécution. A partir de 1814 les *ministres secrétaires d'État*, qualification devenue commune à tous les chefs de départements ministériels, ont été les seuls véritables ministres : les *ministres d'État* institués sous la Restauration et supprimés en 1830, n'avaient en réalité qu'un vain titre, sorte de décoration conférée à d'anciens membres du cabinet ou à d'autres grands personnages, et ce n'était qu'assez rarement qu'on appelait quelques uns d'entre eux à figurer dans des conseils extraordinaires convoqués pour quelque objet spécial ; le *conseil privé*, qu'ils étaient censés composer en masse, n'a jamais été réuni.

Sous le régime de la Restauration comme sous celui de 1830, le cabinet avait ordinairement un chef qu'on appelait le *président du conseil*, qui en représentait ou devait en représenter la pensée principale. Presque toujours, le président du conseil était en même temps chargé d'un département particulier. Cependant le duc de Richelieu, pendant son second ministère, n'avait pas de portefeuille.

Le nombre des départements ministériels a souvent varié en France. Il y en a neuf aujourd'hui : la justice, les affaires étrangères, la guerre, la marine et les colonies, l'intérieur, les travaux publics, l'agriculture et le commerce, l'instruction publique et les cultes.

Depuis 1814 les ministres français ont habituellement fait partie des assemblées législatives. La Constitution de 1848, conforme en cela à la Charte de 1814 et à celle de 1830, leur permet d'ailleurs, lors même qu'ils sont étrangers à ces assemblées, d'y entrer et d'y prendre la parole. La Constitution de 1791 et les Constitutions républicaines qui l'ont suivie établissaient au contraire une absolue incompatibilité entre le mandat législatif et les fonctions ministérielles.

Le traitement des ministres, très élevé sous l'ancien régime, sous l'Empire et même sous la Restauration qui leur allouait encore 150,000 fr. avec une maison montée, s'est abaissé à mesure que nos institutions sont devenues plus démocratiques; il est aujourd'hui fixé à 48,000 fr.

Le ministère est, comme on le voit, devenu en France un établissement régulier dont les diverses parties sont coordonnées sur un plan uniforme. En Angleterre, pays de tradition, il a conservé une organisation et des dénominations qui rappellent d'autres temps et d'autres mœurs politiques.

Il faut d'abord remarquer que, par une singulière anomalie, le cabinet proprement dit, c'est-à-dire la réunion des chefs de départements qui, depuis le xviie siècle, composent le conseil du souverain, n'a pas, chez nos voisins, d'existence légale, par la raison qu'il n'en est fait mention, ni directement, ni indirectement dans aucun statut du parlement. La loi ne connaît que le *conseil privé*, autrefois le véritable conseil d'État, qui exerce encore certaines attributions au moyen de comités pris dans son sein, mais qui, dans son ensemble, est devenu une institution presque aussi fictive que l'était parmi nous, sous la Restauration, celle des ministres d'État.

Quant au cabinet, le nombre des membres qui le composent n'est pas exactement déterminé. Si les titulaires de certains emplois en font toujours partie, il est d'autres hauts fonctionnaires qu'on y admet ou qu'on n'y admet pas, suivant le degré de leur importance personnelle ; ou suivant les convenances de la combinaison du moment.

Ceux qui font nécessairement partie du cabinet sont le premier lord de la trésorerie qui en est le chef, comme l'était le grand trésorier lorsque cette charge existait encore ; le président du *conseil privé*, qui, malgré le peu d'importance de ses fonctions, y tient le premier rang honorifique ; le lord chancelier, tout à la fois président de la chambre des lords et de la première juridiction du pays, et investi en partie des attributions de ministre de la justice et des cultes ; le lord garde du sceau privé, qui n'a qu'une sinécure ; le chancelier de l'échiquier, ministre des finances, dont les fonctions sont assez souvent réunies à celles du premier lord de la trésorerie, les trois secrétaires d'État, de l'intérieur, des affaires étrangères et des colonies ; le premier lord de l'amirauté, chef d'un conseil qui dirige la marine depuis qu'il n'y a plus de grand amiral ; le président du bureau de commerce et le président du bureau de contrôle des affaires de l'Inde.

Les hauts fonctionnaires qui, comme nous l'avons dit, tantôt siégent dans le cabinet, tantôt restent en dehors, sont le chancelier du duché de Lancastre, le payeur général de l'armée, le grand-maître des postes, le lord lieutenant de l'Irlande, le secrétaire de la guerre, le commandant en chef de l'armée, le grand-maître de l'artillerie, etc.

On voit qu'aucun de ces conseillers de la couronne ne porte le titre de ministre qui, en Angleterre, est resté étranger au style officiel.

Les membres du cabinet britannique n'ont pas, comme tels, l'entrée du parlement ; pour y être admis il faut qu'ils appartiennent à une des deux chambres, et encore ne peuvent-ils entrer que dans cette seule chambre : d'où résulte l'absolue nécessité de choisir les ministres parmi les hommes parlementaires. La chambre des communes ayant dans ses attributions le réglement à peu près exclusif des matières financières, il est indispensable de prendre dans cette chambre le chancelier de l'échiquier. Le lord chancelier, au contraire, appartient, par la force des choses, à la haute chambre dont il est le président. Un usage invariablement suivi, mais dont il est moins facile d'indiquer la raison, veut que le président du conseil privé et le garde du sceau privé fassent également partie de cette première branche de la législature. Les autres ministres peuvent être choisis indifféremment dans l'une ou dans l'autre.

Eu égard à la valeur de l'argent en Angleterre, les traitements ministériels n'y sont pas généralement fort élevés, sauf quelques exceptions qui s'expliquent plutôt par d'anciens usages que par l'importance actuelle des fonctions.

Dans la plupart des autres États européens, les cabinets sont organisés sur des bases et avec des dénominations à peu près analogues à ce qui existe en France. Cette organisation logique et régulière a dû naturellement prévaloir partout où ont pénétré les institutions constitutionnelles, partout même où l'administration, récemment créée ou réformée, n'a pas conservé, comme en Angleterre, l'empreinte extérieure du moyen-âge. Il serait trop long et sans intérêt d'entrer à ce sujet dans de minutieux détails : à Madrid, à Lisbonne, à Rome, à Naples, à Turin, à Athènes, comme à Berlin, à Vienne, à Munich, à Saint-Pétersbourg, comme à Copenhague, à Stockholm, à La Haye, à Bruxelles, nous trouvons partout quelque chose d'analogue. Les différences plus ou moins sensibles qui existaient naguère sur quelques uns de ces points ont presque complétement disparu par l'effet des révolutions de 1848 qui, là même où elles n'ont pas été maintenues dans leur portée politique, ont généralement marqué leur passage par des réformes administratives plus durables.

Le ministère ottoman lui-même s'est rapproché du type européen : le grand visir, ce véritable vice-roi, dont la puisssance avait encore, il y a quarante ans, des formes et une étendue si imposantes, n'est plus guère qu'un président du conseil à la façon des monarchies de l'Occident.

En Amérique, où tout s'est modelé sur l'Europe, l'empire du Brésil et les républiques fondées dans les anciennes colonies espagnoles n'offrent non plus rien de particulier au point de vue de l'organisation ministérielle.

Aux États-Unis du nord, le cabinet se compose d'un secrétaire d'État (c'est ainsi qu'on appelle le ministre des affaires étrangères), d'un secrétaire des finances, d'un secrétaire de la guerre, d'un secrétaire de la marine, d'un secrétaire de l'intérieur, du directeur des postes et du procureur-général. Ces ministres ne sont pas constitutionnellement responsables : ils ne peuvent être pris dans les chambres, et n'ont pas le droit d'y entrer; ils n'ont, par suite de l'indépendance fédérale des divers États, que des attributions peu étendues; leurs appointements sont fort peu considérables : c'est assez dire que leur importance est loin d'égaler celle des ministres européens.

On a quelquefois opposé à la forme ministérielle qui, aujourd'hui, est établie à peu près partout, celle de l'administration collégiale, suivant laquelle les affaires de chaque département sont dirigées par des conseils. La première est mieux appropriée aux pays libres, où la responsabilité, pour être effective, doit être individuelle, et aussi aux gouvernements tout à fait absolus, surtout lorsqu'ils veulent opérer des réformes qui exigent de la rapidité et de l'énergie; la seconde semble mieux convenir aux gouvernements de pure aristocratie ou de tradition. Sous la *régence du duc d'Orléans*, on tenta de remplacer, en France, les ministères par des conseils; mais ce changement, qui allait peu au caractère national, ne se soutint pas. En Angleterre, deux départements ministériels, la trésorerie et la marine, sont régis collégialement. Celui de la guerre l'était en Autriche avant 1848. — On sait qu'à la Chine, ce pays des traditions éternelles, d'innombrables conseils ou tribunaux président à toutes les branches du gouvernement.   L. DE V.-C.

MINISTRE, MINISTRE DU SAINT-ÉVANGILE. C'est le nom que les Protestants donnent à ceux qui, parmi eux, remplissent les fonctions relatives au culte. On les appelle aussi pasteurs. Ils sont nommés par le consistoire. (*voy.* ce mot.)

MINIUM. C'est le nom du deutoxyde de *plomb* (*voy.* ce mot).

MINNESÄNGER. Tel est le nom donné à des poètes qui jouent un rôle important dans la littérature allemande du moyen-âge. Il signifie *chantres d'amour;* le mot *minne* n'est pas demeuré absolument étranger à la langue française; il lui a fourni *mignon* et *mignard.* Les *minnesänger* florissaient au XIIe et au XIIIe siècle; ils appartiennent presque tous à la Souabe, province dont le dialecte devint, sous la dynastie des Hohenstaufen, la langue parlée à la cour. L'influence des troubadours de la France méridionale se fait sentir d'une manière frappante chez ces vieux auteurs germaniques; plusieurs d'entre eux ont imité scrupuleusement, et ont parfois traduit des compositions provençales. Les *Minne-Lieder* sont presque toujours consacrés à l'expression des douleurs et des joies amenées par l'amour; les reproches, les prières, les regrets, les querelles, les réconciliations, tous les sujets traités à satiété par les imitateurs de Properce et de Tibulle, tel est le fond que développent ces chants. Plusieurs d'entre eux se montrent sous la forme d'un dialogue entre l'amant et l'amante; il en est qui portent un caractère dramatique; ils représentent les scènes qui peuvent arriver entre des amants dont l'union est rompue. Ces compositions eurent pour effet de polir le langage et d'inspirer pour le beau sexe un sentiment délicat et respectueux; les femmes se montrèrent reconnaissantes de ces hommages, et leurs suffrages propagèrent le goût de la poésie dont les palmes excitaient une noble émulation. Le caractère calme des Allemands mit toutefois obstacle à l'institution de ces *Cours d'amour* que fonda, sous des cieux plus ardents, un enthousiasme étrange. On a reproché, non sans motif, aux *Minne-Lieder* une grande uniformité et une monotonie souvent fatigante. Les imitateurs et les copistes ont fourni trop de matériaux à de pareilles collections. Du reste, l'amour n'a pas été le seul thème sur lequel les poètes de la Souabe se sont exercés; on trouve dans leurs œuvres des chansons destinées à accompagner les danses, des rondes, des chants funèbres, des morceaux à la louange des femmes, des satires, des joyeusetés. Quelques *sänger* ont célébré l'amour divin par opposition à l'amour temporel; on reconnait dans leurs vers cette tendance à tout ramener à ce point de vue allégorique et mystique qui, surtout depuis le milieu du XIIIe siècle, préoccupe une portion notable des auteurs d'outre-Rhin. — Les règles de la prosodie adoptée par les *Minnesänger* sont compliquées; les contractions, les élisions, les abréviations sont fréquentes et recherchées pour la cadence. Il n'est pas rare de trouver des vers d'une longueur démesurée; un repos, au milieu, tient lieu de la césure et donne le temps de respirer; le mot qui doit terminer le sens d'une strophe est quelquefois placé à la tête de la suivante. — Il s'engageait parfois, entre les chantres d'amour, des luttes poétiques qui rappellent, à certains égards, celles qu'ont décrites Théocrite et Virgile. Les plus célèbres de ces troubadours germaniques se disputèrent, en présence des monarques et des plus grands seigneurs, la palme du talent. On cite, comme tenant le premier rang dans ces combats pacifiques, la *guerre de Wart-*

burg, bataille que se livrèrent, sous les yeux du margrave Herman de Thuringe, et de sa femme Sophie, Henri d'Osterdingen, Walther van der Vogelweide et quelques autres rimeurs très en renom dans ces temps reculés. Les *Minnesänger* appartenaient pour la plupart aux classes élevées de la société; on voit figurer parmi eux des monarques, des chefs des plus anciennes familles de l'Allemagne, tels que l'empereur Henri VI, le roi Conrad le jeune, Venceslas, roi de Bohême, Henri, duc de Breslau, Othon, margrave de Brandenburg, le duc d'Anhalt, le duc Jean de Brabant, le comte Rodolphe de Neuenbourg, le margrave d'Hohenbourg. En s'efforçant de raffiner leurs idées, d'épurer leurs sentiments, ces aristocratiques chanteurs devinrent froids, et n'évitèrent pas toujours le fastidieux. Il faut du moins les louer d'avoir su se préserver des licences que se permettent certains troubadours, et dont bien peu de trouvères sont exempts; il y a du mérite à ne point être tombé dans un tort si commun à une époque où il y avait autant de franchise dans les mœurs que de naïveté dans le langage.

La majeure partie des *Minne-Lieder* reste encore inédite; on en connaît trois ou quatre manuscrits fort précieux; la Bibliothèque nationale de Paris en possède un qui porte le nom de manuscrit de Manesse; il fut transcrit par un patricien de Zurich, à la fin du XIIIe siècle. Les bibliothèques de Würzburg, de Weimar, de Iéna, renferment d'autres copies d'un haut intérêt; il s'en trouve une au Vatican; elle provient des collections de l'électeur palatin transportées à Rome durant le XVIIe siècle. Une édition complète de ces poésies, faite avec goût, et éclairée par une érudition intelligente et discrète, formerait un digne pendant aux beaux travaux de M. Raynouard sur les troubadours. La publication la plus étendue qu'on possède encore à cet égard, est celle que Bodmer et Breitinger firent paraître à Zurich en 1758, 2 vol. in-8°; elle contient des morceaux empruntés à 140 poètes divers. Un littérateur célèbre, L. Fieck, a remanié et mis en vers modernes ce que les *Minnesänger* lui ont paru offrir de plus attrayant. Quel que soit le mérite de ce travail, il ne donne qu'une idée fort imparfaite des vieux *chantres d'amour* dont la naïveté et le caractère primitif disparaissent sous la plume trop habile de leur élégant interprète. G. BRUNET.

MINORITÉ, MINEUR (*jurisp.*). La *minorité* est l'état des individus de l'un et de l'autre sexe qui n'ont point encore atteint leur *majorité* fixée, quant à l'exercice des actes de la vie civile, à vingt-un ans accomplis. Son effet essentiel est l'incapacité de contracter, et l'obligation d'être représenté par un tuteur dans les actes de la vie civile, quand la mort, l'absence ou l'incapacité légale du père a fait cesser l'exercice de la puissance paternelle. Si la puissance paternelle vient à cesser, il est nommé un tuteur au mineur (*voy.* TUTELLE). Si le mineur est émancipé, il devient capable d'un certain nombre d'actes, mais il ne peut faire les autres qu'avec l'assistance d'un curateur (*voy.* CURATELLE, ÉMANCIPATION).

Chez les Romains, la minorité durait jusqu'à vingt-cinq ans; elle était divisée en deux époques principales : la *pupillarité* et la *puberté*. La pupillarité était divisée en deux périodes : l'*enfance* qui finissait à sept ans accomplis et pendant laquelle l'individu était complètement incapable de contracter, la volonté étant nulle : toutes conventions passées avec un enfant, sans l'assistance de son tuteur, ne produisaient aucun effet, étant censées faites *jocandi causâ*. La *puérilité* commençait à sept ans et finissait à la puberté, c'est-à-dire à quatorze ans, pour les garçons, et douze ans pour les filles. Les pupilles, au moins dans le dernier état du droit romain, étaient tous incapables de contracter, avec cette modification toutefois que le contrat, s'il avait été fait sans l'autorité du tuteur, avait toute sa force contre ceux qui s'étaient engagés envers le pupille, tandis que celui-ci n'était nullement obligé, et pouvait changer de volonté sans alléguer aucune raison; ce n'était de sa part qu'un engagement conditionnel et subordonné à l'autorisation de son tuteur. Il y a plus : c'est que, bien que le contrat eût été passé sous l'autorité du tuteur, il pouvait être rescindé lorsqu'il était prouvé que le mineur était lésé. — La *puberté* faisait sortir les mineurs de la puissance de leurs tuteurs. Ils pouvaient contracter, et les engagements souscrits par eux avaient la même validité que ceux de pupilles autorisés par leurs tuteurs. Ces distinctions étaient suivies en France, en pays de droit écrit; elles n'ont pas été renouvelées par le Code civil qui veut que les mineurs restent en tutelle jusqu'à vingt-un ans, et n'établit jusqu'à cet âge d'autre distinction que celle des mineurs émancipés et des mineurs non émancipés. — Le Code prussien établit la distinction des Romains, déclare nulle toute démonstration de volonté au dessous de sept ans, et n'accorde de valeur à celle des impubères, au dessous de quatorze ans, qu'autant qu'il en résulte pour eux un avantage. — Notre législation, en déclarant tous les mineurs incapables, décide néanmoins que, s'ils ne peuvent s'obliger, ils obligent constamment ceux avec lesquels ils contractent et qui ne peuvent leur opposer leur minorité. De plus, l'incapacité des mineurs, et l'incapacité où ils se trouvent de veiller à la gestion de leurs biens, a dû entraîner en leur faveur certains priviléges : ainsi la contrainte par corps ne peut pas être prononcée contre eux (C. civ. 2064); la prescription est interrompue (2252); ils ont, comme les femmes, hypothèque d'office, sans qu'il soit besoin de prendre inscription sur les biens de leur tuteur, à raison de la gestion de celui-ci (2121, 2135). — Le mineur non émancipé a de droit son domicile chez son père ou chez son tuteur, selon qu'il est soumis à la puissance paternelle ou à l'autorité de la tutelle, laquelle, dans certains cas, concourt avec la puissance paternelle. — Pendant le mariage, il n'y a pas, à proprement parler, de tutelle, il n'y a qu'une administration résultant de la *puissance paternelle* (*voy.* ce mot). En cas de disparition du père, la surveillance des enfants mineurs est remise à la mère qui exerce tous les droits du mari, quant à leur éducation et à l'administration des biens (141), seulement quand cette disparition se prolonge au delà de six mois, ou quand l'époux qui a disparu laisse des enfants mineurs issus d'un précédent mariage, la surveillance des mineurs est alors déférée par le conseil de famille aux ascendants les plus proches ou à un tuteur provisoire. Le tuteur a certains priviléges de la puissance paternelle : ainsi il peut, s'il a des sujets graves de mécontentement contre les mineurs, et s'il y est autorisé par le conseil de famille, requérir la réclusion du mineur (468). — Devant les tribunaux et dans tous les actes civils, le mineur est représenté par son tuteur : seulement il est des actes où celui-ci agit seul, comme les actes de simple gestion; il en est d'autres où il a besoin d'être autorisé par délibération du conseil de famille, par exemple, quand il s'agit d'accepter ou de répudier une succession échue au mineur ou même une donation qui lui a été faite, quand il s'agit d'aliéner ou de vendre les biens de son pupille. Il en est d'autres enfin qui lui sont complétement interdits comme de consentir la cession d'un droit contre le mineur (*voy.* TUTELLE). La présence de mineurs parmi les héritiers d'une succession rend obligatoire l'apposition des scellés et le partage en justice. Le mineur âgé de seize ans peut néanmoins faire son testament sans le concours d'aucune autre volonté, mais la loi ne lui accorde que la disposition de la moitié des biens dont le majeur pourrait disposer (904). Lorsqu'un acte frauduleux a été fait en faveur du mineur, l'action révocatoire ne peut s'exercer contre lui que jusqu'à concurrence de ce dont il a profité. L'incapacité du mineur cesse par l'effet de l'autorisation donnée par son tuteur

ou par la justice; elle cesse aussi par l'émancipation ou par l'avénement de sa majorité; toutefois le mineur, devenu majeur, ne cesse pas d'être réputé mineur par rapport à son tuteur jusqu'au compte de tutelle. Le Code civil accorde enfin d'une manière expresse aux mineurs l'action en *nullité* ou en *rescision*, qui court pendant dix ans à partir du jour de la majorité : ainsi l'obligation est *nulle*, si elle pèche par la forme, si elle a été contractée sans l'autorisation du tuteur; elle est valide, mais seulement susceptible de *rescision*, si le mineur a été légalement autorisé. La première condition pour exercer cette action est de prouver que l'acte dont le mineur demande la *nullité* ou la *rescision* lui a causé un préjudice : *minor non restituitur, tanquam minor, sed tanquam læsus.*

L'émancipation ne relève pas le mineur de toute incapacité; elle ne fait que le placer dans un état mixte entre la majorité et la minorité en tutelle : il reprend cependant l'exercice de ses actions, l'administration, agit par lui-même et en son nom; mais s'il y a des actes qu'il peut faire seul, il en est d'autres qu'il ne peut faire sans l'assistance d'un curateur, d'autres pour lesquels l'autorisation du conseil de famille est nécessaire. Ainsi il peut passer des baux dont la durée n'excède pas neuf ans (481); il peut recevoir les fermages, loyers, arrérages de rente et en donner décharge; il peut faire tous les actes qui ne sont que de pure administration : traiter pour les réparations et l'amélioration de ses biens, vendre l'excédant des cheptels, les coupes de bois ordinaires, tout ce qui, en un mot, est réputé fruits; intenter à tous ces égards une action mobilière, contracter même des obligations pour l'entretien de sa maison et de ses biens; mais en cas d'excès, ces obligations peuvent être réduites. Le mineur émancipé ne peut au contraire, sans assistance de curateur, apurer son compte de tutelle, recevoir le prix de ses capitaux, en donner décharge, en faire emploi, transférer des inscriptions de rente, et encore, si ces rentes dépassent un capital de 1,000 fr. Il lui faut l'autorisation du conseil de famille pour accepter une donation; il ne peut enfin, bien qu'assisté et autorisé par un curateur, accepter ou répudier une succession, emprunter, aliéner ses immeubles, consentir une hypothèque, transférer des inscriptions sur le Grand-Livre au delà de 50 fr. de rente sans être de plus autorisé par le conseil de famille régulièrement convoqué. Cependant le mineur qui a été régulièrement émancipé pour faire le commerce ou exercer un art, est capable de tous les engagements qui y sont relatifs, sans pouvoir toutefois aliéner ses immeubles si ce n'est en suivant les formes prescrites pour les biens des mineurs.— L'émancipation s'opère par la seule déclaration du père ou de la mère reçue par le juge de paix assisté de son greffier ; elle est de droit en cas de mariage ; elle peut avoir lieu lorsque l'enfant a quinze ans révolus ; la mère, en cas d'interdiction du mari, ne pourrait prononcer l'émancipation qu'à dix-huit ans et avec assistance du conseil de famille (*voy.* ÉMANCIPATION). AD. R.

MINORQUE (*Minorica*) : la seconde des îles Baléares, située dans la Méditerranée, à l'Est de la côte d'Espagne, par 40° de latid. N. et 1° 50' de longit. E. Sa plus grande longueur du N.-O. au S.-E. est d'environ 12 lieues, et sa plus grande largeur d'environ 5 ; elle en a 40 de superficie. La population, suivant Miñano, s'élève à 44,147 habitants. La côte est dentelée et on y voit des petites baies et des criques. Il y a dans l'île des collines et une montagne appelée *El-Toro*, haute d'environ 1500 mètres. Il existe à Minorque des mines de fer, de plomb et de cuivre, dont l'exploitation est négligée, à cause de la rareté du combustible, car il n'existe dans l'île d'autres arbres qu'un petit nombre de chênes verts. Les carrières de marbre et de pierres de taille y sont nombreuses ; l'eau est généralement saumâtre et peu abondante : on boit surtout celle des citernes. Le climat est moins doux et moins agréable que celui de Majorque. Le sol, de mauvaise qualité dans la plaine, est fertile sur le penchant des collines. Les habitants cultivent le blé et l'orge ; cependant la récolte est loin de suffire à leur consommation. On fait à Minorque une grande quantité de vin rouge et de vin blanc, destinés en partie à l'exportation. Les fruits et les légumes sont abondants et de bonne qualité. L'île renferme des pâturages et on y élève des moutons, des chèvres et des mules. La laine, les fromages, le miel et la cire forment d'importants articles d'exportation. On pêche sur la côte des anchois et des huîtres d'excellente qualité. Le commerce de l'île est presque entièrement concentré au Port-Mahon (*Portus Magonis*), qui en est la capitale. Les négociants de cette ville font des affaires avec l'Espagne, Gênes, Livourne et la France. Les habitants de Minorque passent pour être courageux, entreprenants, et surtout bons matelots. L'île est partagée en quatre districts ou *terminos*, appelés le Port-Mahon, Alayor, Mercadel et Ciudadela, du nom des villes qui en sont le chef-lieu. Le Port-Mahon renferme environ 19,000 habitants ; cette ville, en général bien bâtie, possède un port grand et sûr.— Minorque appartint successivement aux Romains, aux Vandales et aux Arabes. Ceux-ci en furent chassés en 1285, et la même année l'île fut an-

nexée à la couronne d'Aragon. En 1708, pendant la guerre de la Succession, les Anglais s'en emparèrent et la conservèrent jusqu'en 1756, où elle fut reprise par les forces françaises. On la rendit à l'Angleterre en 1763 ; elle fut reprise par les Espagnols en 1782. Les Anglais la prirent de nouveau en 1798, et elle fut définitivement rendue à l'Espagne à la paix d'Amiens, en 1802. L. DUBEUX.

MINOS : roi de Crète, fils de Jupiter ou d'Astérion, qu'on peut ramener encore à Jupiter, et de la belle Europe. La mythologie nous représente Minos comme le modèle des rois et des législateurs. Il recevait, dit-on, ses inspirations de Jupiter même, dans une grotte où il se retirait tous les neuf ans. Son amour pour la justice lui valut, après sa mort, l'honneur de siéger parmi les juges infernaux. Les marbres de Paros lui attribuent la fondation de la ville de Cydonia, et fixent son règne à l'an 1432 avant J.-C., 23 ans avant l'arrivée de Cérès en Attique, 214 ans avant le siége de Troie. Beaucoup d'auteurs, d'après le même monument, reconnaissent un second Minos, qui gouverna la Crète plus d'un siècle après le premier, et même un troisième Minos appelé Minos Idéen, ou autrement Idoménée. Le second, fils et successeur de Lycaste, eut, dit-on, pour compétiteurs ses deux frères Sarpédon et Rhadamante. Les dieux, pris pour arbitres dans leur querelle, se prononcèrent pour Minos, et Neptune, pour manifester leur volonté, jeta sur le rivage un magnifique taureau blanc. Minos, au lieu de l'immoler au dieu de la mer, le joignit à ses troupeaux, et Neptune, irrité, inspira à Pasiphaé, femme de ce prince, une passion coupable pour ce taureau, qui la rendit mère du Minotaure (*voy.* ce mot et PASIPHAÉ). Minos ne régnait alors que sur une partie de l'île ; le reste était occupé par des peuplades achéennes et pelasges. Aidé par les Doriens, il triompha de ses ennemis, et s'appliqua à faire fleurir dans ses États l'agriculture et le commerce. Il équipa des flottes nombreuses, fit une guerre acharnée aux pirates, dont il parvint à purger les mers environnantes, et envoya des colonies dans les Cyclades, à Délos, dans la Carie, la Méonie, la Troade, etc. Les Athéniens, qui l'avaient cruellement outragé, éprouvèrent eux-mêmes le poids de sa colère (*voy.* MINOTAURE). Le roi de Crète dirigea ensuite contre la Sicile une expédition dans laquelle il échoua. Il y mourut même, selon quelques auteurs.

MINOTAURE : monstre qui sur un corps humain portait une tête de taureau. La fable le représente comme fruit de la passion de Pasiphaé, reine de Crète, pour un taureau. On ajoute que Minos, pour dérober à tous les yeux la honte de sa femme, renferma le Minotaure dans un labyrinthe. Le monstre se nourrissait, dit-on, de chair humaine, et Minos, après avoir vaincu les Athéniens, les condamna à envoyer en Crète, tous les sept ans ou, selon d'autres, tous les neuf ans, sept jeunes gens et autant de jeunes filles, pour lui servir de pâture. On verra au mot THÉSÉE comment ce héros délivra les Athéniens de ce tribut de sang. — La fable du Minotaure offre tous les caractères d'un mythe sidéral. — Le taureau représente le soleil, d'où il suit que le Minotaure correspond à toutes les personnifications solaires de l'antiquité, et s'identifie en particulier avec le Moloch des Phéniciens, des Carthaginois et des Hammonites. Les points de rapport sont frappants : Moloch était représenté, comme le monstre crétois, avec une tête de taureau sur un corps humain ; on lui sacrifiait des garçons et des filles, et sa statue d'airain renfermait sept fours ou tiroirs superposés, par allusion aux sept planètes dont le soleil avait le titre de recteur et de conducteur. Thésée allant tuer le Minotaure ne sera donc pour nous que l'Attique s'affranchissant du culte homicide de Moloch (voy. PASIPHAÉ).

MINOUS (poiss.) : genre de l'ordre des acanthaptérygiens, famille des joues-cuiracées, établi par MM. G. (Cuvier et Valenciennes. — Il a beaucoup de rapports avec les apistes, dont il ne diffère principalement que par l'absence de dents aux palatins. On en connaît deux espèces qui habitent l'île de France, ce sont les *M. voora* et *monodactylus*. **E. D.**

MINSK : ville de la Russie d'Europe, chef-lieu d'un gouvernement du même nom, à 911 kilomètres S.-S.-O. de Saint-Pétersbourg, sur le Svislotch, avec une population de 15,000 habitants. C'est le siège d'un archevêché grec, qui porte le nom de Minsk et Lithuanie ; il y a aussi un évêché catholique et une synagogue juive. L'industrie de Minsk consiste en fabriques de cuirs, de lainages et de chapeaux. C'est une ville ancienne : elle était importante déjà en 1066, lorsque les Russes la prirent aux Polonais et en massacrèrent ou emmenèrent captifs les habitants. Soumise de nouveau à la Pologne, elle devint le chef-lieu d'un palatinat. Les Russes s'en emparèrent encore en 1656. Rendue plus tard à la Pologne, elle fut définitivement incorporée à l'empire Russe par le partage de 1772. — Le gouvernement de Minsk, compris dans cette ancienne partie de la Lithuanie qu'on appelait Russie-Noire, a 109,000 kilomètres carrés, et 1,000,000 d'habitants, dont 100,000 Juifs. Le territoire en est plat et marécageux, surtout au S., où se trouvent les immenses ma-

rais de Pinsk. Le N. du pays envoie ses eaux à la mer Baltique par la Dvina méridionale et le Niémen, et le S. à la mer Noire par la Bérézina et le Pripet, affluents du Dniepr. **E. C.**

MINTURNES : ville du Latium, à 30 lieues S.-E. de Rome, vers l'embouchure du Liris qui la traversait ainsi que la voie appienne. Elle appartenait aux Aurunces. En 315 av. J.-C. elle fut occupée par une colonie romaine. Dans les environs se trouvaient les célèbres marais où Marius s'était caché et qui forment aujourd'hui, avec ceux de Marica, la Maremme de Garigliano. Minturnes porte aujourd'hui le nom de Trajetto.

MINUIT, *Media nox*, le milieu de la nuit. Il est minuit pour nous lorsque le soleil paraît dans la partie de notre méridien qui passe par notre *nadir*. — Le mot minuit était anciennement des deux genres, mais le masculin a prévalu dans l'usage. Il y a des grammairiens qui prétendent que c'est à tort, et qu'il devrait conserver le genre féminin, parce que, disent-ils, *nuit* étant féminin, l'article qui précède doit être aussi féminin. Mais Vaugelas allègue, au contraire, que le mot qui suit *mi* doit si peu régler le genre du mot composé que l'on dit la *mi-juin*, la *mi-mai*, quoique juin et mai soient masculins.

MINUTE. On appelle ainsi une des subdivisions du temps ou de la circonférence. Comme subdivision du temps, elle est la 60e partie de l'heure, et se divise elle-même en 60 secondes. On la représente par un accent, et les secondes par deux accents, placés à la droite du nombre ; par exemple, 10′ 13″. Comme subdivision de la circonférence, la minute se distingue en minute *sexagésimale* ou minute *centésimale*, suivant qu'elle appartient à l'ancienne ou à la nouvelle subdivision. Dans l'ancienne, qui est encore fort usitée, elle est la 60e partie du degré, et se subdivise elle-même en *secondes, tierces, quartes, quintes sexagésimales*, c'est-à-dire de 60 en 60 fois plus petites. On la représente ainsi que ses divisions, comme plus haut, par un ou plusieurs accents, jusqu'aux tierces, après lesquelles on se sert de chiffres romains. Ainsi l'on écrit un arc ou un angle de 12′ 5″ 16‴ 24IV, 11V, etc., que l'on énonce 12 minutes, 5 secondes, etc. Dans la nouvelle division de la circonférence, la minute est la centième partie du degré, et se divise en *secondes, tierces, quartes, quintes*, etc., *centésimales*, qui sont de 100 en 100 fois plus petites. On les exprime en fractions décimales du degré, et on les énonce en prenant les chiffres de 2 en 2. Ainsi, un angle ou un arc de 12 minutes 5 secondes 16 tierces, etc., s'écrit 0ᵈ, 120516. . . . . Pour la transformation des minutes anciennes en nouvelles, et réciproquement, on a les rapports :

$$1' \overset{\text{sexag.}}{=} 1 \overset{\text{centés.}}{\ } 85, \text{ et } 1' \overset{\text{centés.}}{=} 32'', \overset{\text{sexag.}}{4.}$$

Dans le commerce et en jurisprudence on appelle *minute* l'original d'une lettre ou d'un acte dont on a délivré une ou plusieurs copies. Les minutes des actes et des jugements restent en dépôt chez les notaires, les juges de paix, les greffiers des tribunaux, etc., qui ne doivent jamais s'en dessaisir, et lorsqu'il a été prononcé par jugement qu'ils les communiqueront hors de leurs études, ils doivent les porter eux-mêmes. JACQUET.

MINUTIUS (FÉLIX) : orateur romain du commencement du III⁰ siècle, qu'on suppose originaire d'Afrique. Il nous est parvenu de lui un dialogue intitulé *Octavius*, dont les interlocuteurs sont un chrétien et un païen. Dans cet ouvrage, écrit avec élégance, l'auteur a pour but de tourner en ridicule les fables des païens. Rigault l'a publié en 1643 ; les éditions les plus estimées sont celles de Hollande, 1672, in-8°, *cum notis variorum* de Jean Dovis-Cambridge, 1777, in-8°, et de Leyde, 1709, in-8°. D'Ablancourt en a donné une traduction en 1660.

MINUTUM : petite pièce de monnaie qui était la 192⁰ partie de la drachme judaïque. Elle portait aussi les noms de *Semina, Lepton, Perutah* suivant les contrées où elle avait cours, mais avec une valeur qui différait souvent.

MINYADES ou **MINÉIDES** : filles de Minyas, héros éponyme des Minyens. Elles étaient trois, Alcathoé, ou Alcithoé, Climène et Iris ; d'autres n'en comptent que deux, Leucippe et Leuconoé. Elles furent mariées à des princes de peuplades voisines, cherchèrent à empêcher l'établissement du culte de Bacchus, travaillèrent le jour des orgies, et furent changées en chauvesouris par le dieu irrité. Une autre légende les représente affamées de chair humaine, et dévorant Hippase. C'est pourquoi le grand-prêtre d'Orchomène, à l'époque d'un sacrifice solennel, poursuivait l'épée à la main les femmes qui se trouvaient dans le temple, et ne s'arrêtait qu'après en avoir blessé une.

MINYENS. Peuple qui, vers le XVI⁰ siècle avant notre ère, se trouvait répandu dans la Thessalie, la Béotie, les îles de Lemnos et de Téos. Il joue un grand rôle dans l'expédition des Argonautes ; aussi les héros qui marchaient à la suite de Jason sont-ils souvent appelés Minyens. Ceux des Minyens qui habitaient la Béotie, et qui avaient pour capitale Orchomène, firent souvent la guerre aux Thébains, qu'ils soumirent même à un tribut. Hercule les battit dans la suite, et plus tard, ils passèrent dans l'Asie

mineure avec les Ioniens. Ceux de Lemnos furent dépossédés par les Pélasges, et allèrent avec ceux d'Iolchos s'établir à Amycles, en Laconie, où ils se dirent descendants des Dioscures, obtinrent de grands priviléges, aspirèrent même à la royauté, et repoussés dans leurs prétentions, se soulevèrent et furent jetés dans les prisons, d'où leurs femmes parvinrent à les faire évader. Ils passèrent alors en Triphylie, à Théra, à Mélos et en Crète. — Minyas, le plus célèbre des rois des Minyens d'Orchomène, passait pour avoir des richesses immenses. Fils de Chrysès, il eut pour fils Orchomène.

MIPHIBOSETH, suivant la Vulgate, et *Méphiboschet* ou *Méphivoschet* suivant la prononciation hébraïque, c'est-à-dire en hébreu *celui qui extermine l'idole.* Nom de deux personnages de la famille de Saül. — MIPHIBOSETH Iᵉʳ, fils de Saül et de sa concubine Respha, fut livré par David aux Gabaonites d'après l'ordre de Dieu. Il expia ainsi la cruauté dont avait usé Saül, son père, contre les Gabaonites, et le Seigneur n'étant plus irrité contre Israël, fit cesser la famine qui désolait le pays depuis trois ans. David fit recueillir les os de Miphiboseth et des autres princes crucifiés avec lui, pour les déposer avec ceux de Saül et de Jonathas dans le sépulcre de Cès, père de Saül, à Sela, au pays de Benjamin (*voy.* II Rois, XXI). — MIPHIBOSETH II, appelé aussi *Méribaal* et *Méribbaal,* c'est-à-dire *celui qui repousse Baal, ennemi de Baal,* était fils de Jonathas, fils de Saül et ami de David. Lorsque David fut établi sur le trône, il fit rechercher les membres de la famille de Saül pour leur faire du bien à cause de Jonathas. Ayant donc appris l'existence de Miphiboseth, il l'appela près de lui à Jérusalem, lui rendit ses biens, et le fit manger à sa table. Quelques années plus tard, Absalom s'étant révolté contre David, et celui-ci ayant été contraint de quitter Jérusalem, Miphiboseth dit à Siba, son serviteur, de lui préparer un âne pour suivre David, car étant boiteux il ne pouvait marcher. Siba n'obéit point à son maître ; il alla même trouver David avec deux ânes chargés de provisions, et lui dit que Miphiboseth était resté à Jérusalem dans l'espoir de recouvrer la royauté. David, trompé par ce calomniateur, lui donna les biens de Miphiboseth. Lorsqu'il retourna à Jérusalem, après la défaite d'Absalom, Miphiboseth alla au devant de lui avec tous les signes de la douleur la plus vive. David lui demandant pourquoi il ne l'avait pas suivi, il raconta la perfidie de Siba, et s'excusa. David lui rendit une partie de ses biens. L'Écriture ne nous apprend plus rien touchant Miphiboseth, si ce n'est qu'il laissa un fils nommé *Micha.* L. DUBEUX.

MIQUELETS : corps de troupes espagnols, sans discipline régulière qui, tour à tour soldats et brigands, apparaissent dans toutes les guerres intérieures de l'Espagne, et n'utilisent la paix qu'en rançonnant les voyageurs. Recrutés parmi les habitants de la Catalogne et de l'Aragon, ils s'échelonnent ordinairement sur les frontières du nord de la Péninsule, d'où ils font de fréquentes excursions en France. Ils sont armés de pistolets, d'une courte dague et d'une carabine. Lorsque Louis XIV se prépara à la guerre contre l'Espagne (1659), il opposa aux Miquelets des soldats spéciaux qui rendirent de grands services. En 1789, les Français créèrent dans le même but un autre corps semblable appelé *chasseurs des montagnes*, exemple qui fut depuis suivi par Napoléon.

MIQUELON : île de l'océan Atlantique, près de la côte méridionale de Terre-Neuve, au S.-O. de la baie Fortunée ; lat. N. 47° 4', long. O. 58° 40'. Elle est au N.-O. de l'île de Saint-Pierre, et dépend, comme celle-ci, de la France ; elles forment ensemble un petit gouvernement colonial qu'on nomme *Saint-Pierre et Miquelon*. On remarque sur la côte N. la vaste rade de Miquelon, et sur la côte S.-E. le havre de Dunne. L'île a une assez grande abondance de bois et de pâturages ; l'industrie principale est la pêche. Au S. de Miquelon est la *Petite Miquelon* ou l'île *Langlade*, jointe à la première, depuis 1783, par une chaussée de sable amoncelée par la mer. Les deux îles ont une population de 5 à 600 habitants.
E. C.

MIRABAUD (JEAN-BAPTISTE de), secrétaire perpétuel de l'Académie française, né à Paris en 1675, et mort en 1760. On a de lui des traductions plusieurs fois réimprimées de la *Jérusalem délivrée* et du poème de l'Arioste, ouvrages médiocres où l'on ne retrouve ni les défauts de l'original qu'il avait volontairement supprimés, ni les beautés qu'il était impuissant à reproduire. Mirabaud était un homme simple, modeste et d'une grande moralité. Il n'en fut pas moins accusé d'être l'auteur du livre extravagant et impie intitulé : *Système de la nature* dû à la plume de d'Holbach et de Diderot.

MIRABEAU (VICTOR-RIQUETTI, marquis de), naquit à Perthuis en 1715, d'une famille originaire de Florence, et mourut à Argenteuil en 1789. De bonne heure il s'était fixé à Paris, où il se lia avec le docteur Quesnay, chef de la secte des Économistes, dont il embrassa lui-même les doctrines. Il publia un grand nombre d'écrits où il prêchait la philanthropie et la liberté, et n'en fut pas moins un vrai tyran domestique, toujours en guerre avec les siens. On rapporte qu'il obtint contre ses parents cinquante-quatre lettres de cachet. Nous citeron¹ parmi ses ouvrages : l'*Ami des Hommes*, 1755, livre dans lequel il s'occupe des théories agricoles, des questions de voirie, etc. ; *Théorie de l'Impôt*, 1760, écrit qui le fit mettre à la Bastille et n'en eut que plus de vogue ; *Philosophie rurale*, où il eut Quesnay pour collaborateur, 1764; les *Économiques*, 1769; *Lettres économiques*, 1770; les *Droits et les Devoirs de l'Homme*, 1774. — Il eut deux fils : MIRABEAU l'orateur, et MIRABEAU (*Boniface-Riquetti*), colonel du régiment de Touraine, qui servit en Amérique, fut nommé député aux états-généraux par la noblesse du Limousin, s'opposa avec chaleur à la révision des ordres et à la confiscation des biens du clergé, resta fidèle au parti de la cour, émigra, suivit en Pologne le prince de Condé, et mourut à Fribourg en 1792, à l'âge de 38 ans. Il avait été surnommé *Mirabeau-Tonneau*, à cause de sa grosseur et de sa passion pour le vin.

MIRABEAU. Il est difficile de bien faire l'histoire d'un homme comme Mirabeau. Nous ne sommes pas encore en effet au dénoûment de ce grand drame, commencé il y a plus de soixante ans, et dans lequel Mirabeau joua un rôle si magnifique. Jugé au point de vue exclusif des intérêts de coterie, Mirabeau apparaît aux uns comme le résumé sublime de la philosophie du dix-huitième siècle, comme l'incarnation la plus complète des besoins, des idées, des passions et des espérances d'une époque, comme le prophète éloquent d'un monde nouveau, comme la révélation des droits d'une nation, comme la raison d'un peuple. Aux autres, Mirabeau semble un monstrueux assemblage de tous les vices, de toutes les mauvaises passions, de toutes les débauches, de la laideur morale comme de la difformité physique. C'est l'ambitieux insatiable qui se vautre dans toutes les hontes pour assouvir tous les instincts d'une nature profondément dépravée ; c'est le politique sans honneur et sans foi qui vend tour à tour à tous les partis ses convictions, sa popularité, son éloquence ; qui trahit toutes les causes, et que son orgueil et son intérêt personnel promènent des bravos de la populace aux séductions du duc d'Orléans, du Palais-Royal aux Tuileries. C'est le sort de tous les hommes jetés fatalement au milieu des grandes crises révolutionnaires, pour les précipiter ou les dompter, d'être ainsi diversement jugés par leur époque. La postérité seule, dégagée de tous ces faux points de vue, prononce sur eux un jugement impartial.

Honoré-Gabriel RIQUETTI, comte de MIRABEAU, était le fils aîné du marquis de Mirabeau. Il naquit au Bignon, en Provence, le 9 mars

1749. Nature énergique, pleine d'élans et de passions, il dut courber dès son enfance sa volonté sous la tyrannie.de son père. Le marquis de Mirabeau, esprit étroit quoique assez lettré, fut toujours pour son fils d'une sévérité qui ne contribua pas peu à développer dans l'âme du grand tribun de la Révolution, cette haine du despotisme qui le lança au milieu du tourbillon révolutionnaire. Enfermé à l'île de Ré pour une aventure galante, il ne put jamais, malgré tous ses efforts, rentrer en grâce auprès de son père. Sorti de l'île de Ré, il avait obtenu en Corse le grade de capitaine de dragons, et sollicitait de la bienveillance paternelle l'achat d'un régiment ; il n'obtint qu'un refus, et fut envoyé en Limousin pour soigner des intérêts de famille. Son père, qui dépensait avec des maîtresses une fortune considérable, lui refusait même le nécessaire, et ce n'est qu'après son mariage avec Mlle de Marignan, qu'il put se livrer tout à son aise à ses goûts de luxe et de dépense. Ses prodigalités furent telles, que, sur la demande de son père, il fut interdit et exilé dans ses terres par le roi. C'est alors qu'il composa son *Essai sur le despotisme*, se vengeant par cet écrit plein de verve, mais aussi de désordre, de l'arbitraire qu'il lui fallait subir. Malgré l'ordre du roi qui lui interdisait de quitter ses terres, il s'en éloigna pour se battre en duel ; à la suite de cette rencontre, qui avait un motif fort honorable, le désir d'effacer une insulte faite à sa sœur, il fut enfermé d'abord au château d'If, et ensuite au fort de Joux. La bonne grâce du gouverneur lui fit échanger la prison contre le séjour de la ville de Pontarlier. C'est là qu'il connut la belle Sophie du Ruffey, femme du vieux marquis de Monnier, ancien président de la chambre des Comptes à Dôle. Les suites de sa liaison avec Mme de Monnier ont popularisé ses amours. Son père, qu'il trouvait toujours en face de lui, plutôt comme un ennemi que comme un soutien, s'associa à la colère de la famille de Mme de Monnier. Menacé de nouvelles rigueurs, Mirabeau se réfugia en Suisse où Mme de Monnier vint le rejoindre, et alla ensuite s'établir avec elle en Hollande. Sans ressource aucune, il vécut péniblement de son travail, et pensait à se rendre en Amérique pour éviter une extradition, quand il fut enlevé à Amsterdam par la police et conduit au donjon de Vincennes. Mme de Monnier fut enfermée dans un couvent.

Pendant sa captivité il travailla avec ardeur et compléta par l'étude les richesses de son intelligence, il écrivit sur plusieurs sujets, entre autres des aperçus pleins de vigueur sur *les Lettres de cachet* et *les Prisons d'état*. Ses let-

tres à Mme de Monnier sont pleines de passion et d'un style brûlant ; il composait en même temps des ouvrages graveleux, tels que l'*Erotica biblion* et *Ma conversion*, qui égalent presque, par le cynisme, les ignobles écrits de M. de Sade. Rendu à la liberté, il fait casser l'arrêt qui l'avait condamné par contumace à Pontarlier, et parvient également à délivrer Mme de Monnier. Ne pouvant obtenir de sa femme un rapprochement que son manque absolu de ressources lui avait fait tenter, il en appela à son talent pour braver la misère ; il publia à Londres, en anglais et en français, ses *Considérations sur l'ordre de Cincinnatus*. A Paris, il mit sa plume au service de ceux qui payaient son talent. Un pamphlet intitulé : *Dénonciation de l'agiotage au roi et aux notables*, l'exposa à de nouvelles poursuites. Il fut condamné par le roi à être enfermé au château de Saumur. Le plus sérieux de ses ouvrages, *la Monarchie prussienne*, parut en 1788. L'*Histoire secrète du cabinet de Berlin*, qu'il fit paraître la même année, causa un grand scandale dans le monde diplomatique qui obtint que ce pamphlet fût brûlé par la main du bourreau.

A cette époque commence, avec la Révolution, la fortune politique de Mirabeau. La convocation des états-généraux ouvrait la porte à son ambition et à son génie. Sa naissance le désignait au choix de la noblesse. Le scandale de sa vie passée le fit mal accueillir ; mais le tiers-état lui offrit ses suffrages, et une double élection à Aix et à Marseille le fit entrer à l'Assemblée Constituante. Il opta pour Aix. Dès les premières séances, Mirabeau fit preuve de talent et d'énergie. C'est lui qui propose d'adopter pour les députés le nom de *représentants du peuple*. Le 23 mai, lorsque M. De Brézé apporte, à l'Assemblée, au nom du roi, l'ordre de se séparer, Mirabeau, assumant sur sa tête la responsabilité de ce premier acte de résistance, fait cette fameuse réponse : « Allez dire à votre maître que nous sommes ici par la puissance du peuple, et qu'on ne nous en arrachera que par la puissance des baïonnettes. » Dans cette première phase de sa vie politique, Mirabeau est le tribun du peuple, le défenseur des droits des communes, l'adversaire le plus ardent du parti de la cour. Chaque fois qu'il y a une tendance royaliste à combattre, chaque fois qu'il y a une attaque à diriger contre l'omnipotence du trône, Mirabeau est à la tribune, encourageant de sa parole éloquente l'Assemblée dans la voie de la régénération politique, s'écriant, pour rassurer les consciences timides qui hésitaient parfois devant la hardiesse de certaines motions: « Vous vous rappelez le mot de ce grand homme de l'antiquité qui avait négligé les formes légales pour sauver la patrie. Sommé de dire s'il avait observé les lois, il répondit : Je jure que j'ai sauvé la patrie. Messieurs les députés des communes, je jure que vous avez sauvé la patrie. »

Les attaques de Mirabeau contre le parti de la cour n'avaient cependant point pour but de substituer la république à la vieille monarchie française. Suivant son expression, il avait voulu délivrer les Français de la superstition de la monarchie, pour y substituer le culte; aussi se mit-il bientôt en travers du torrent révolutionnaire qui commençait à déborder sur la France, et menaçait de tout engloutir. On a accusé Mirabeau de s'être vendu au roi; il est vrai, et c'est déjà une tache pour sa mémoire, qu'il accepta l'argent de la cour, mais il garda son indépendance. Je suis payé, disait-il lui-même, mais non pas vendu. Il avait adressé au roi un mémoire qui nous a été révélé avec les secrets de l'armoire de fer. Il s'engageait à soutenir les droits légitimes de la royauté, tout aussi bien que les droits de la nation; il se réservait une grande liberté d'action, demandant qu'on ne le jugeât jamais sur un acte isolé. De son vivant même, ses ennemis, et il en avait beaucoup, cherchèrent à l'écraser sous une accusation de trahison; c'est à cette pensée, dont Barnave s'était fait l'éditeur, qu'il répondait ces magnifiques paroles : « Moi aussi, on m'a porté en triomphe, et pourtant on crie aujourd'hui dans les rues *la grande trahison du comte de Mirabeau;* je n'avais pas besoin de cet exemple pour savoir qu'il n'y a qu'un pas du Capitole à la roche Tarpéienne.» Son courage et son éloquence triomphèrent souvent des orages soulevés dans l'Assemblée par les brûlantes discussions de la Constitution. En dehors de tous les partis, il les dominait tous au nom de son génie; il abordait avec la même élévation les questions les plus diverses : organisation intérieure, lois de finances, guerre, religion, diplomatie, pondération de pouvoirs, il éclairait tout par sa raison, sa netteté, la grandeur de ses idées. Il voulait l'union du peuple et de la royauté, la liberté pour tout le monde; il avait combattu les abus du despotisme, il luttait également contre les abus du pouvoir législatif. C'est ainsi qu'il s'opposa à la loi sur l'émigration, jurant qu'il désobéir si elle était votée. — Deux ans de luttes ardentes, continuelles, réunies aux fatigues d'une vie sensuelle et débauchée, usèrent bien vite cette puissante organisation. Il mourut avec courage, mais avec le froid matérialisme des philosophes de son siècle. « Enveloppez-moi de parfums, dit-il à son lit de mort, et couronnez-moi de fleurs pour

entrer dans le sommeil éternel. » Il expira le 2 avril 1791.

Sa mort fut un deuil général. Tous les partis qui espéraient en lui le pleurèrent. Le peuple, qui voyait encore en lui le tribun de la révolution, la royauté, qui perdait son dernier appui, furent également consternés. Ses restes furent transportés à l'église Ste-Geneviève, qu'on transforma en Panthéon, avec cette inscription : *Aux grands hommes la patrie reconnaissante.* DE LA G.

MIRABILIS (bot.). Nom botanique de la belle-de-nuit, *Mirabilis jalappa* Lin.

MIRACLE. La signification de ce mot est assez connue. On appelle miracles des faits extraordinaires, opposés aux lois de la nature, ou qui ne peuvent être l'effet d'une cause naturelle, et qui exigent, pour se produire, une intervention directe et particulière de la divinité, ou tout au moins l'intervention d'un agent supérieur à l'homme. Pour faire comprendre les termes de cette définition, il suffit de rappeler quelques principes incontestables, puisés dans les notions mêmes du sens commun. On sait que la matière étant inerte par elle-même, ne peut agir ou se mouvoir que par l'impulsion d'une cause étrangère; tous les mouvements naturels des corps et leur action réciproque sont donc le résultat de la volonté du Créateur. L'expérience a fait voir que ces mouvements et cette action réciproque avaient lieu suivant des règles constantes et déterminées, qui permettent d'en prévoir et d'en calculer les effets; ce sont ces règles fixées par le Créateur qu'on appelle les lois de la nature. Elles servent à maintenir l'ordre et l'harmonie dans l'univers; elles dominent tous les phénomènes qui se produisent dans la matière, soit par l'action propre ou immédiate de la nature, soit par l'effet de l'activité humaine; car si l'homme, par son activité personnelle, peut influer jusqu'à un certain point sur la production des phénomènes matériels, il ne le peut qu'en agissant dans la sphère des lois de la nature, par des moyens et dans des limites déterminées, au-delà desquelles toute l'énergie humaine devient impuissante. Tout est donc soumis, dans la nature, à des lois fixes, invariables et permanentes; tout ce qui se produit en opposition avec ces lois ne peut-être que l'effet d'une cause surnaturelle; et c'est là ce qui forme le caractère essentiel du miracle. Qu'une pierre jetée en l'air retombe en vertu de sa pesanteur, c'est l'effet naturel et constant des lois générales de l'attraction; qu'elle y demeure suspendue sans que rien la soutienne, ce ne peut être que l'effet extraordinaire et miraculeux d'une cause au dessus de la nature. Qu'un homme revienne d'une maladie grave par la vertu des remèdes qu'on lui applique, ce n'est encore qu'un effet ordinaire, quoique souvent inconnu, des lois de l'organisation, mais qu'un aveugle ou qu'un paralytique soient guéris d'une parole, ou qu'un cadavre déjà corrompu soit ramené à la vie, ce sont là des faits qui évidemment ne rentrent point dans l'ordre de la nature, et qui ne peuvent s'accomplir que par une intervention spéciale de la puissance divine.

Une première question soulevée par les rationalistes, et qui a donné lieu à des sophismes sans nombre, c'est de savoir si les miracles sont possibles, ou, en d'autres termes, si Dieu peut dans certains cas déroger aux lois qu'il a établies dans la nature. Nous ne nous arrêterons pas à la discuter longuement; car le sens commun ne permet pas d'élever à cet égard le moindre doute. « Cette question, sérieusement traitée, dit Rousseau lui-même, serait impie, si elle n'était pas absurde; ce serait faire trop d'honneur à celui qui la résoudrait négativement que de le punir; il suffirait de l'enfermer. » (IIIᵉ Lettre de la Mont.) En effet, puisque Dieu est l'auteur des lois de la nature, pourquoi ne lui serait-il pas possible d'y déroger? S'il a pu vouloir que les corps fussent soumis à des lois déterminées, n'a-t-il pas pu également vouloir les exceptions qui seraient conformes à ses desseins? Il n'y a en cela rien qui répugne à ses perfections; on ne saurait y voir ni contradiction, ni changement de volonté, puisqu'il a pu déterminer tout à la fois les lois et les exceptions. Ainsi, lorsqu'il a réglé par des lois constantes que tout corps organisé se dissoudrait après un temps plus ou moins long, et que l'homme une fois mort ne pourrait revenir en vie par aucun moyen naturel, il a pu résoudre en même temps, pour l'accomplissement des conseils de sa Providence, qu'il interviendrait par un acte particulier de sa puissance, pour rappeler à la vie quelques morts, afin d'imprimer par là le sceau de la divinité aux instructions qu'il lui plairait de donner aux hommes. Il est évident que cette exception à la loi générale est toujours, aussi bien que la loi elle-même, un effet de la volonté divine, et la suite d'un décret éternel qui embrasse tous les évènements dans leurs détails comme dans leur ensemble. Quand donc les rationalistes prétendent que Dieu ne peut pas changer l'ordre qu'il a établi, parce que ses volontés sont immuables, et que toute dérogation aux lois de la nature serait contraire à la sagesse divine, ils s'appuient sur une supposition évidemment chimérique. Car Dieu, en opérant un miracle, ne change point de volonté et ne détruit point l'ordre établi par sa sagesse; il ne fait toujours qu'exécuter ses décrets éternels.

C'est par une volonté parfaitement libre qu'il a établi les lois de la nature; il dépendait de lui de les régler autrement, et par conséquent de résoudre dans ses conseils éternels qu'il y apporterait des exceptions prévues et déterminées. Quand il ressuscite un homme, par exemple, il accomplit un acte éternel de sa volonté, aussi bien qu'en laissant les autres à la corruption du tombeau, et cette exception ne détruit point la loi qui continue de s'exécuter toujours à l'égard des autres hommes. Une résurrection ne porte donc aucune atteinte à l'ordre établi, ni à la sagesse éternelle dont cet ordre est l'objet. Elle n'est, au contraire, qu'un moyen de manifester davantage les perfections divines, et de rendre plus sensible, par un acte extraordinaire, la puissance infinie qui gouverne le monde. Il faudrait donc, évidemment, pour nier la possibilité des miracles, nier en même temps l'action permanente de la Providence, et regarder toutes les lois de la nature comme l'effet nécessaire d'une cause aveugle et d'une fatalité absolue, inhérente à la matière; c'est-à-dire qu'il faudrait se jeter dans l'athéisme ou le panthéisme, qui, au fond, est la même chose. En un mot, dès qu'on veut contester à Dieu le pouvoir de faire des miracles, on est conduit forcément à nier son existence ou à le confondre avec la matière.

Mais, tout en reconnaissant la possibilité des miracles, quelques rationalistes ont prétendu qu'il n'y avait aucun moyen d'en constater l'existence, parce qu'on ne peut jamais, disent-ils, s'assurer pleinement qu'un fait dont on est témoin, si extraordinaire qu'il paraisse, est véritablement un miracle, et non pas l'effet d'une cause naturelle qui nous serait inconnue. En d'autres termes, si l'homme peut bien constater l'existence d'un fait extraordinaire et se trouver dans l'impuissance de l'expliquer, il lui est impossible d'en constater le caractère miraculeux, et de prononcer avec certitude qu'il ne rentre pas dans la catégorie des phénomènes naturels. En effet, puisqu'un miracle est une exception aux lois de la nature, pour en juger, dit Rousseau, il faut connaître ces lois, et pour en juger sûrement, il faut les connaître toutes; car une seule qu'on ne connaîtrait pas pourrait, en certains cas, changer l'effet de celles qu'on connaîtrait. Cette objection n'est évidemment qu'un sophisme, dont la frivolité saute aux yeux, et qui tombe devant les notions les plus simples du sens commun. Faut-il connaître toutes les lois de la nature pour savoir qu'un mot ne suffit pas pour guérir subitement des sourds, des aveugles, des muets de naissance? Qu'on ne nourrit pas des milliers de personnes avec quelques petits pains; et qu'enfin des morts ne reviennent pas à la vie par l'effet d'opérations chimiques ? A quoi bon donc étaler avec tant d'emphase, comme l'a fait Rousseau, cette foule de choses extraordinaires que la chimie produit aujourd'hui si facilement, et que les ignorants, dit-on, ne manqueraient pas néanmoins de prendre pour des miracles? Tout cela prouve seulement qu'il est difficile de distinguer toujours avec certitude ce qui est miraculeux de ce qui ne l'est pas ; qu'il faut se défier de quelques évènements dont on n'aperçoit pas la cause, mais où, pourtant, l'industrie humaine paraît en se cachant ; et qu'enfin l'ignorance et la simplicité peuvent être souvent une source d'illusions, parce qu'elles ne se rendent pas toujours compte, dans plusieurs cas, de la différence ou de l'identité des moyens et des circonstances; c'est ce que personne assurément ne conteste. Mais, parce qu'on peut douter quelquefois, est-ce une raison pour ne pas se rendre à l'évidence? Faut-il donc porter partout le même scepticisme, et renoncer au bon sens qui, dans certains cas, parle si clairement? Ainsi qu'à la voix d'un homme le soleil s'arrête dans sa course ; que les eaux d'un fleuve ou de la mer se séparent ; ou qu'au bruit des trompettes les murs d'une ville tombent soudain; tout cela, pour quiconque a des yeux et de la raison, n'est-il pas évidemment l'œuvre du Tout-Puissant? Et faut-il de si grandes lumières pour s'en convaincre? Nul, il est vrai, ne peut se flatter de connaître toutes les lois de la nature; mais tout homme sait que la puissance humaine a des bornes ; et sans pouvoir dire jusqu'où elle s'étend, il peut aisément reconnaître des cas où elle ne s'étend pas. C'est une loi bien certaine qu'un mort ne peut être ressuscité par une simple parole ; le sens commun ne laisse à cet égard aucun doute à l'homme le plus borné ; qui donc l'empêchera de croire au miracle, s'il voit un cadavre déjà corrompu sortir du tombeau ? Les rationalistes font sur les miracles les mêmes sophismes que les sceptiques sur la vérité. Parce que l'homme risque de se tromper quelquefois, ils voudraient en conclure qu'on n'est jamais sûr de ne pas se méprendre. Il n'y a en cela ni logique ni vérité.

Mais, ajoutent les rationalistes, comment du moins serons-nous certains d'un miracle toutes les fois que nous ne l'aurons pas vu de nos propres yeux ? Quel moyen de compter sur les lumières ou la sincérité de ceux qui nous rapportent des faits contraires à l'ordre de la nature et par cela même invraisemblables et nécessairement suspects? Peut-on préférer un témoignage toujours incertain à l'autorité incontestable de l'expérience? Autre objection qui n'est pas mieux fondée que la première. Un miracle peut-être constaté par les mêmes moyens qu'un événement naturel ; il suffit que les témoins offrent toutes les garanties que peut exiger le sens commun. Un fait, pour être contraire aux lois de la nature, n'en est que plus frappant, plus remarquable et par conséquent plus sérieusement examiné. Qu'un homme soit mort en présence d'un certain nombre de témoins qui, sans avoir aucun intérêt à tromper, viennent raconter ce fait uniformément, on ne doutera pas un instant de leur rapport. La certitude est fondée alors sur la réunion de certaines circonstances dont le sens commun apprécie la valeur, et qui souvent sont telles qu'il est impossible de supposer que les témoins aient pu se tromper sur la réalité du fait, ou s'entendre pour tromper. Mais qu'un thaumaturge, au milieu de la pompe funèbre, ou quand le cadavre est déjà corrompu dans le tombeau, vienne rendre le mort à la vie, on comprend que les mêmes conditions de certitude se réunissent et deviennent plus frappantes. Car une telle merveille fixe davantage la curiosité et provoque un examen plus général et plus attentif. Pourquoi donc la résurrection de cet homme serait-elle moins incontestable que sa mort? Les témoins sont les mêmes et en plus grand nombre ; les mêmes raisons, et de plus fortes encore doivent faire juger nécessairement qu'ils ne peuvent pas plus se tromper eux-mêmes ni réussir à tromper sur ce fait que sur le premier, puisque, d'une part, l'examen a été plus sérieux, plus universel, et que, de l'autre, l'imposture étant plus hardie, devait être aussi plus facilement découverte. N'y aurait-il donc pas une inconséquence manifeste à contester ici la sincérité de leur témoignage, quand on a dû précédemment le croire au dessus de tout soupçon? La résurrection d'un mort est un fait qui, comme tout autre, peut tomber sous les sens ; car il est aussi aisé de voir un homme plein de vie qu'un cadavre inanimé. Si donc le sens commun fait une loi, dans certains cas, de croire à des témoignages sur le fait naturel de la mort, n'est-il pas évident que la même chose doit avoir lieu pour le fait surnaturel d'un retour à la vie. Qu'un fait soit miraculeux ou non, tout ce qu'il faut, pour en être assuré, c'est de trouver des témoins qu'on ne puisse aucunement soupçonner d'imposture. L'autorité de l'expérience ne fait rien à la question; car elle prouve seulement que le fait ne peut avoir lieu en vertu des lois de la nature. Mais dès qu'il est prouvé que la puissance divine peut y déroger par une intervention surnaturelle, il ne s'agit plus que de savoir s'il l'a fait réellement. En vain dirait-on que l'histoire de toutes les religions abonde en prodiges, et que si l'on tenait pour vrai tous ceux que le peuple et les simples disent avoir vus, il y aurait plus de prodiges que d'événements naturels. Ce n'est là qu'un sophisme. Les faux prodiges n'affaiblissent pas plus la certitude des vrais miracles, que les récits fabuleux celle des histoires fidèles; tout ce qu'on peut en conclure, c'est que la raison ne permet pas de les admettre tous indifféremment, et qu'avant d'y croire, il est nécessaire d'en examiner les preuves. Cela ne montre pas autre chose. Il en est de même pour les faits naturels. Quiconque voudrait croire tous ceux que renferment les histoires ou les traditions et s'en rapporter à tous les bruits populaires, serait nécessairement trompé dans une foule de cas ; mais s'ensuit-il qu'on ne doive pas admettre ceux qui reposent sur des témoignages authentiques ?

La certitude des miracles opérés en faveur du christianisme repose sur des preuves nombreuses, incontestables, dont le développement ne saurait entrer dans le cadre de cet article. Nous devons seulement présenter ici quelques observations générales, qui suffiront pour faire connaître la nature et la valeur de ces preuves diverses. Les apologistes de la religion démontrent la réalité de ces miracles par l'autorité des livres du Nouveau Testament, dont les auteurs n'ont pu ni se tromper eux-mêmes, ni tromper les autres, sur des faits si éclatants et si faciles à vérifier; par le témoignage d'une foule de martyrs qui ont versé leur sang pour les attester; par l'établissement du christianisme, malgré des obstacles innombrables ; enfin, par les circonstances de quelques-uns de ces miracles, et en particulier de la résurrection de Jésus-Christ, circonstances qui sont de telle nature, que toute erreur à cet égard devenait impossible, parce qu'il eût suffi d'une simple vérification matérielle pour la détruire. Toutes ces preuves, dont chacune porte avec elle la conviction, peuvent se résumer, dans un fait palpable et décisif, qui prévient tous les doutes et dispense de tout examen ; c'est la tradition constante et générale de tous les chrétiens ; car il est impossible d'exiger, ou de trouver, à l'appui des faits les plus incontestables de l'histoire, une preuve plus forte et plus frappante que ce témoignage universel perpétué jusqu'à nous dès l'origine, et mis constamment à la portée du plus ignorant par la foi publique de la société chrétienne.

On conçoit qu'une secte quelconque puisse adopter, après coup, des miracles supposés qui ne tiennent point à sa constitution, parce qu'une fois qu'on est imbu de certaines croyances, il est tout simple qu'on se montre peu difficile sur tout

ce qui peut servir à les confirmer. La conviction religieuse suffit alors pour faire admettre des miracles, par cela seul qu'ils étaient possibles, qu'ils s'accordent avec les préjugés, et qu'il n'y a plus moyen de les vérifier pour les contredire. C'est là ce qui explique toutes les croyances fabuleuses qu'on trouve dans les auteurs païens, ou dans l'histoire du mahométisme et des autres religions de l'Asie. Comme ces traditions n'ont point d'origine certaine et authentique, qu'elles sont même évidemment postérieures aux prétendus prodiges qui en sont l'objet, qu'elles ne se rapportent point à des faits publics, et qu'enfin elles ont pu s'introduire après coup, sans contrôle et sans examen, parce qu'elles ne tiennent pas au fond même et à l'essence de la religion, il résulte de là aussi qu'elles n'ont aucune valeur, et ne peuvent rien prouver, parce qu'elles manquent elles-mêmes d'une garantie suffisante.

Mais la tradition chrétienne a son origine certaine et aussi ancienne que le christianisme; elle a pour objet des faits nombreux et éclatants, qu'il était facile de vérifier et de contredire; un sérieux examen importait aux chrétiens comme à leurs ennemis; il est donc impossible d'exiger un témoignage plus authentique et plus irrécusable. Personne n'ignore que la résurrection de Jésus-Christ, et les autres miracles de l'Évangile ont été constamment l'objet de la foi; c'est un fait qu'on ne peut pas nier. Dès l'origine, ces miracles furent, comme aujourd'hui, reconnus, publiés et tenus pour incontestables; ils servaient de fondement au christianisme, et formaient une partie de ses dogmes; on ne pouvait être chrétien sans les admettre. Quand les juifs et les païens se convertissaient à l'évangile, n'était-ce pas un hommage qu'ils rendaient à la vérité de ces faits? La conversion du monde n'a pas eu d'autres principes, et les hommes devenus chrétiens ont toujours, et partout, motivé ce changement, et fondé leur croyance sur la certitude de ces miracles, opérés sous leurs yeux, ou attestés par des témoins oculaires. Qui ne sait que les apôtres et les écrivains des premiers siècles s'accordent tous à les rapporter comme des faits publics, avérés, et que personne ne songeait à contredire? Or, il est aisé de concevoir quelle vive opposition se fût manifestée de toutes parts, chez les chrétiens comme chez les juifs, quels démentis formels et quelles réclamations péremptoires seraient venus les confondre, s'ils avaient osé proclamer ainsi, comme le véritable fondement du christianisme, des faits que tout le monde eût ignorés. Jamais il ne fut donc une tradition plus authentique et plus constante, puisqu'elle a été dans tous les temps la base nécessaire du christianisme, et qu'elle a autant d'organes qu'il y a eu de chrétiens. En remontant d'âge en âge jusqu'aux apôtres, on la voit perpétuée dans tous les siècles par une chaîne immense de témoins qui se succèdent sans interruption et qui tous transmettent à leurs descendants cette croyance unanime et fondamentale Qu'on montre en effet une seule époque où l'on ait pu être chrétien sans croire aux miracles de Jésus-Christ et des apôtres? Si cette tradition n'eût pas toujours existé, conçoit-on qu'elle eût pu s'introduire chez toutes les nations chrétiennes et leur faire admettre comme la base nécessaire du christianisme des faits auparavant complètement inconnus. Comment pourrait-on, sans renverser tous les fondements de la certitude, révoquer en doute des miracles appuyés sur une tradition si authentique? Les premiers fidèles avaient à sacrifier, pour y croire, leurs préjugés, leurs penchants, leurs intérêts, leurs dieux, leur vie même. A quel sévère examen ne durent-ils pas se livrer avant de les admettre? Qu'on trouve, s'il est possible, des témoins plus dignes de foi. Quand de tels prodiges ont entraîné, changé le monde, de quel droit viendrait-on les contester maintenant? Ne fallait-il pas toute l'évidence de la vérité pour triompher ainsi des esprits et des cœurs?

Cette tradition générale des chrétiens, si frappante et si décisive par elle-même, est encore confirmée par l'aveu tacite ou formel des juifs, des païens et de cette foule de sectes qui parurent dans les premiers siècles. On sait que les miracles de l'évangile furent proclamés sur les lieux mêmes comme des faits publics et récents, devant la foule du peuple qui avait dû en être témoin; et à la face des ennemis de J.-C., qui avaient tant d'intérêt à les contredire. Comment les juifs, qui trouvaient dans toutes les circonstances de ces faits un moyen facile de les vérifier, n'ont-ils pas eu recours à des informations solennelles et authentiques qui devaient faire tomber l'imposture à l'instant même, si la prédication des apôtres n'était pas véritable? Ou plutôt comment les apôtres auraient-ils osé seulement proclamer ainsi des faits qu'il devait être si facile de démentir s'ils eussent été controuvés? On peut bien séduire le peuple par de fausses doctrines sur des questions qu'il n'est pas en état d'approfondir; mais quel moyen de le tromper sur des faits matériels et sensibles, qu'on lui présente comme ayant eu lieu publiquement et sous ses yeux? Si la croyance aux miracles de J.-C. et des apôtres s'est établie dès l'origine comme le fondement du christianisme, c'est qu'évidemment les juifs eux-mêmes étaient dans l'impuissance de les nier ou de les combattre, de sorte que leur silence forcé devient un aveu

positif et une preuve irréfragable. D'un autre côté, l'histoire des premiers siècles nous montre une foule de sectes qui, sous le nom général de gnostiques, s'élevèrent contre les dogmes fondamentaux du christianisme, et leur substituèrent un mélange de rêveries absurdes empruntées aux traditions orientales et aux différentes écoles de la philosophie païenne. Cependant toutes ces sectes, dont la plupart remontaient presqu'au temps des apôtres, avouèrent unanimement les miracles de J.-C., et quoiqu'elles ne reconnussent pas toujours l'autorité du Nouveau Testament, qu'elles n'eussent même que du mépris pour la doctrine des apôtres, elles ne songeaient pas à contester leur témoignage ni la tradition des chrétiens sur ce point capital. Enfin les philosophes de l'école éclectique d'Alexandrie, qui combattirent le christianisme avec tant d'acharnement, se virent également dans l'impuissance de contester les miracles de l'évangile; ils se bornaient à nier les conséquences toutes naturelles qu'en tiraient les chrétiens pour établir la divinité de J.-C. De là vint qu'ils s'attachèrent avec tant d'insistance à chercher partout des miracles pour les opposer à ceux des chrétiens. C'est dans ce but qu'ils composèrent des vies de Pythagore et de plusieurs autres philosophes, dont l'histoire, pleine de prodiges inconnus jusqu'alors, n'est pour ainsi dire qu'une imitation de l'évangile. Plusieurs même s'efforcent d'expliquer dans leurs ouvrages comment l'homme parvient à pouvoir opérer des prodiges; tant ils avaient à cœur d'affaiblir par tous les moyens imaginables l'autorité des miracles évangéliques dont ils ne pouvaient nier la réalité en présence des témoignages irrécusables qui servaient à la démontrer. Comment donc vouloir contester aujourd'hui des faits qui ont été reconnus par les plus grands ennemis du christianisme, quand la proximité des temps et des lieux leur donnait tant de moyens d'en apprécier l'authenticité? RECEVEUR.

MIRAGE. Lorsque les rayons de lumière passent d'un milieu plus dense dans un milieu moins dense, ils s'éloignent de la normale ou perpendiculaire à la surface commune des deux milieux. Donc, dans ce cas, ils se rapprochent de la surface, et si l'inclinaison est assez grande, la réfraction peut se changer en réflexion. C'est précisément ce qui a lieu dans le phénomène appelé *mirage*, très commun en Égypte et en Arabie, et que l'on a quelquefois occasion d'observer chez nous. Dans ces premières contrées, le sable brûlant des plaines échauffe et dilate la couche d'air la plus rapprochée de la terre. Il s'établit d'abord un double courant, l'un ascendant, d'air échauffé, l'autre descendant d'air froid qui vient remplacer le premier. Mais peu à peu les températures des deux couches se rapprochant, les courants deviennent moins rapides, et il arrive un moment où la couche d'air dilaté, moins agitée, plus mince, plus homogène, présente une différence de densité plus tranchée avec celle qui est au dessus et dans laquelle se trouve l'observateur. Alors, des rayons partis d'un objet *ab* situé dans cette dernière couche (fig. 1), et qui se présentent pour péné-

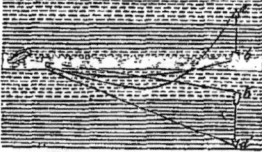

trer dans la couche inférieure, se relèveront dans cette couche à une profondeur d'autant moindre, qu'ils seront plus inclinés, et l'on apercevra avec l'objet *ab*, vu par les rayons directs, son image renversée *a'b'* due aux rayons réfléchis. L'impression sera la même que celle que l'on éprouve lorsque, des bords d'un étang, on aperçoit dans son eau tranquille l'image des arbres ou des autres objets situés à l'entour.

La Basse-Égypte est une immense plaine sablonneuse, interrompue çà et là par quelques éminences sur lesquelles s'élèvent les villages. C'est là que le mirage est le plus fréquent, et qu'il s'accompagne des circonstances les plus singulières. Vers le milieu du jour, les rayons venant des parties basses du ciel se réfléchissent à la surface de la couche dilatée, et présentent aux yeux du voyageur une image du ciel qui lui dérobe la vue du sol, et ne lui laisse voir qu'un lac immense. Les arbres, les villages, lui apparaissent doubles, opposés base à base à leurs images renversées. De plus, les légères agitations de la couche raréfiée font rider la surface du lac qui l'entoure et complètent l'illusion. Si, comme il arrive souvent dans ces contrées, la soif dévore le voyageur, son supplice devient celui de Tantale. Il a devant lui l'image du liquide qu'il convoite, et dont la réalité semble fuir à mesure qu'il avance. Peu à peu, en effet, l'inclinaison des rayons qui partent des objets diminue, et la réfraction cesse de se transformer en réflexion. Les rayons émanés du sol arrivent à son œil. Le bord de l'inondation recule, puis bientôt le phénomène cesse, pour recommencer dès qu'il se présentera une autre éminence à une distance convenable. Notre armée, dans l'expédition d'Égypte, a été souvent témoin de ce curieux spectacle. Le mirage cesse d'avoir lieu si l'horizon est terminé par des montagnes élevées, qui interceptent la lumière des parties basses du ciel. Quelquefois, pourtant, le phénomène n'est pas complétement détruit; les objets élevés, sans être entourés d'eau, paraissent doubles, et comme suspendus en l'air. C'est à ce phénomène que les physiciens ont donné le nom de *suspension*. Le mirage a aussi lieu fréquemment en mer; sans doute, dans ce cas, la diminution de densité de la couche d'air inférieure provient autant de son mélange avec la vapeur que de son échauffement par son contact avec la surface liquide. MM. Biot et Matthieu ont observé de ces mirages aux environs de Dunkerque. M. Provost a observé sur le lac de Genève une autre sorte de mirage connu sous le nom de *mirage latéral*. Au moyen d'un télescope, il apercevait deux fois l'image de la même barque sur le même plan horizontal. Le renversement avait lieu de gauche à droite, et les deux images semblaient s'écarter ou se rapprocher, suivant que la barque allait dans un sens ou dans l'autre. Ce phénomène s'explique par un changement de température survenu dans l'atmosphère en différents points d'une même couche horizontale. — Le mirage, quoique souvent observé, n'a été expliqué d'une manière satisfaisante que par Monge, dans un mémoire lu à l'Institut d'Égypte en 1797. On peut le produire artificiellement en faisant chauffer inférieurement une plaque de tôle horizontale, et en regardant ensuite d'un des bords de cette plaque les objets peu élevés au-dessus de l'autre extrémité.   D. JACQUET.

MIRAMOLIN (*voy.* EMIR).

MIRANDA (FRANCISCO) : Espagnol-Américain d'une famille distinguée, né au Pérou vers 1750. Il s'attacha d'abord au service de l'Espagne, ourdit une conspiration contre le vice-roi, et forcé de quitter le Pérou, vint en France en 1791, embrassa les opinions républicaines, prit du service dans l'armée de Dumouriez, et obtint le grade de général. Après la défection de Dumouriez, il fut traduit devant le tribunal révolutionnaire qui l'acquitta. Accusé ensuite, à cause de ses liaisons avec les Girondins, il fut condamné à la déportation, revint en Amérique, fit insurger le Vénézuéla et la Nouvelle-Grenade contre les Espagnols (1811), organisa un gouvernement républicain à Caracas, obtint d'abord quelques succès, éprouva ensuite des revers, fut fait prisonnier par les Espagnols, transporté en Espagne, il mourut en 1816 dans les prisons de Cadix. Son œuvre d'émancipation fut continuée par Bolivar.

MIRANDE : petite ville de France, chef-lieu d'arrondissement, dans le département du Gers, sur la Baïze, à 24 kilom. S.-O d'Auch. Bâtie en 1289 par Centule, troisième comte d'Astarac, Mirande compta au nombre des places fortes. Elle possède aujourd'hui plus de 2,000 habitants, et commerce en blé, vin, eau-de-vie, cuirs et laine. Son arrondissement comprend 229 communes, 86,000 habitants environ, et 8 cantons : Mirande, Massieube, Marciac, Miélan, Montesquiou, Aignan, Plaisance et Riscle.

MIRANDOLE ou LA MIRANDOLE, en italien *Mirondola* : ville du duché de Modène, à 28 kilom. N.-E. de la ville de ce nom ; avec une population de 4,600 habitants. C'était autrefois la capitale d'un duché auquel elle donnait son nom. Ses fortifications, jadis imposantes, sont à peu près ruinées aujourd'hui. Il s'y est passé un grand nombre d'événements militaires : les impériaux y vainquirent, en 1703, les Français et les Espagnols ; les Français la prirent en 1705, et l'évacuèrent en 1707 ; les Espagnols l'assiégèrent en 1735 ; le roi de Sardaigne s'en empara en 1742 ; elle fut enfin rendue, en 1748, aux ducs de Modène, auxquels elle appartenait depuis 1711, époque où l'empereur avait fait abolir le duché de Mirandole, pour la punir d'avoir pris le parti de la France dans la guerre de la succession d'Espagne. — La famille de la Mirandole, qui s'était rendue indépendante au commencement du xive siècle, possédait, outre la ville de ce nom, Concordia et Quarentola. Son membre le plus illustre fut Jean Pic. Le dernier duc fut François-Marie, qui vit ses possessions vendues à Renaud d'Este, duc de Modène. E. C.

MIRANDOLE (*biog.*) (*voy.* Pic de la Mirandole).

MIRE. Point ou marque sur la longueur d'une arme à feu, et qui sert à guider l'œil de celui qui tire. Il faut pour ajuster, indépendamment de l'objet que l'on veut atteindre, et sur lequel on vise, deux points fixes. Les armes anciennes portaient à l'extrémité du canon une petite éminence brillante appelée point de mire, et l'œil prenait pour autre point fixe l'extrémité inférieure du canon sur laquelle était parfois tracée en creux une légère ligne. C'était au tireur à calculer l'effet produit par le poids du projectile, suivant la distance à laquelle il voulait atteindre. Mais depuis peu les armes de guerre ont été fort perfectionnées sous ce rapport, et l'on a adapté sur celles des chasseurs de Vincennes, entre autres, une petite échelle de proportion, précisant davantage la direction du coup d'œil en forçant le rayon visuel à passer d'abord par une ouverture étroite, avant d'atteindre le point de mire de l'extrémité la plus éloignée du canon, et de plus offrant des points variables en hauteur, suivant la distance

du but que l'on veut atteindre, calculés d'après l'abaissement produit par le poids des projectiles (*voy.* Armes).

MIRE (Aubert le), dont le nom latinisé est *Miræus*, fut chanoine, puis doyen et grand vicaire de l'église d'Anvers, premier aumonier et bibliothécaire d'Albert, archiduc d'Autriche. Il s'occupa toute sa vie avec zèle des affaires de son église, commença la publication du recueil en 2 vol. in-fol. qui a pour titre : *Bibliothèque ecclésiastique*, mais fut principalement utile à l'histoire nationale des Pays-Bas, par le recueil de chartes flamandes qu'il publia en 1633, à Bruxelles, sous le titre de *Opera historica et diplomatica*. Cette collection excellente fut réimprimée en 1724 en 2 vol. in-fol. par Foppens, avec notes, corrections et augmentations. De 1734 à 1748 parurent 2 volumes de supplément. Le Mire, né à Bruxelles en 1573, mourut à Anvers, le 19 octobre 1640.

MIRECOURT : ville de France dans le département des Vosges, chef-lieu d'arrondissement, sur la rive gauche du Madon, à 28 kil. N.-O d'Épinal, avec une population de 5,200 habitants. Elle est renommée pour ses dentelles, ses blondes, ses tulles, ses broderies, pour sa boissellerie, et surtout pour ses fabriques d'instruments de musique, produisant annuellement pour plus d'un million de francs d'instruments : violons, violoncelles, basses, guitares, orgues pour églises, orgues portatives, serinettes, etc. La ville est mal bâtie, mais ses environs sont très riants. —Mercure était adoré par les anciens habitants de cette partie de la Gaule ; de là est dérivé le nom latin de Mirecourt, *Mercurii curtis*. Elle appartenait dans le xve siècle aux comtes de Vaudemont, lorsqu'elle fut prise d'assaut par La Hire, pour Charles VII. Le maréchal de Créqui en rasa les fortifications en 1670. E. C.

MIRKHOND ou plutôt Mir-Khavend (Mohammed, fils de Khavendschah, fils de Mahmoud, appelé vulgairement) : célèbre historien persan, naquit en 836 ou 837 de l'hégire (1432-34 de J.-C.). Il montra dès sa jeunesse un goût décidé pour l'étude de l'histoire. Sa capacité et son savoir lui concilièrent la bienveillance de l'émir Ali-Schir, protecteur éclairé des lettres et des sciences. Ali-Schir étant devenu vizir du sultan Abou-l-Gazi-Hoseïn-Bahadour, appela Mirkhond à Hérat, où ce prince tenait sa cour. Il le logea dans un monastère, séjour agréable, où, défrayé de toutes ses dépenses et entouré de livres, Mirkhond put se livrer uniquement à l'étude. Cet auteur s'occupa aussitôt de la rédaction de son grand ouvrage historique intitulé *Raouzat-al-Safa* (Jardin de la pureté), vaste composition qui contient une préface, une introduction, l'histoire de la création du monde, celle des patriarches, des prophètes, des anciens rois de Perse, des califes, et des principales dynasties musulmanes ayant régné en Asie. La septième et dernière partie de cette œuvre est consacrée à la biographie du sultan Abou-l-Gazi-Hoscïn-Bahadour; elle n'a point été écrite par Mirkhond; la mort l'empêcha de la commencer; quelques auteurs l'attribuent à son fils Khondémir. L'appendice qui termine l'ouvrage contient, entre autres sujets, une histoire de la ville de Hérat, et un éloge de l'émir Ali-Schir; on l'attribue généralement à Mirkhond lui-même. L'ouvrage de Mirkhond, regardé comme classique, par les Orientaux, mérite l'attention des Européens pour les détails intéressants et peu connus qu'il nous donne sur plusieurs princes, et même sur des dynasties dont l'histoire, avant lui, n'était connue que d'une manière incomplète. Mirkhond mourut à l'âge de 66 ans, l'an 903 de l'hégire (1498 de J.-C.). Le *Raouzat-al-Safa* a été abrégé par Khondémir, fils de l'auteur, et plusieurs savants européens ont publié en original, ou donné des traductions de quelques parties de ce grand ouvrage. On peut citer entre autres : L'*Histoire des rois de Perse de la dynastie des Sassanides*, traduite par M. de Sacy, et insérée dans les *Mémoires sur diverses antiquités de la Perse*, Paris, 1793, in-4°. L'*Histoire de la dynastie des Ismaéliens de Perse*, traduite par M. Jourdain, et insérée dans le tome IX des *Notices et extraits des manuscrits*. Cette traduction est suivie du texte persan, et accompagnée de notices excellentes sur la vie de l'auteur, sur ses ouvrages, sur les manuscrits que l'on en possède, etc.; enfin M. Fréd. Wilken a fait imprimer à Gottingue, en 1808, in-4°, le texte de l'*Histoire des Samanides*, accompagné d'une traduction latine; aussi il a donné en 1832, à Berlin, l'*Histoire des Gaznévides*, également accompagnée d'une traduction latine in-4°. Le portugais Pedro Teixeira a écrit en castillan un volume intitulé *Relaciones del origen, descendencia y succesion de los reyes de Persia, y de Harmuz ;* c'est un extrait inexact et tronqué de quelques parties du livre de Mirkhond.　　**L. DUBEUX.**

MIRIS (*ins.*). Genre d'hémiptères-hétéroptères de la famille des astemnistes. Ces insectes, peu nombreux en espèces, mais très multipliés en individus, sont faciles à reconnaître par leur corps allongé, presque linéaire, d'une consistance molle, de couleur verdâtre ou jaunâtre peu foncée : leur tête est triangulaire, les antennes sont longues et remarquables par le premier article qui est notablement plus grand que la tête et fortement épaissi : les pattes sont longues, surtout les postérieures. Les *miris* se tiennent sur les végétaux où ils font la chasse à d'autres insectes : ils sont très agiles à la course, et s'envolent assez facilement. Ces hémiptères vivent par familles nombreuses, et souvent les espèces sont mélangées les unes avec les autres. L'un des plus communs, le *M. virens* Fab., est verdâtre, quelquefois jaunâtre, avec quelques lignes plus foncées sur le corselet, l'extrémité des antennes et les pattes sont fauves. **L. FAIR.**

MIROIR (*archéol.*). Les premiers miroirs furent de métal poli ; les Grecs et les Romains ne connurent pas le verre étamé; du moins on n'en trouve aucun vestige avant saint Isidore, qui mourut en 636 ; leurs miroirs étaient d'airain. Plus tard on employa à cet usage l'étain et le fer bruni; on fit aussi des miroirs communs avec un mélange d'airain et d'étain. Selon Pline on employa la pierre obsidienne ou le verre noir des volcans; on l'incrustait même dans les murailles, après qu'Obsidius eut fait connaître cette substance rapportée de son voyage d'Égypte. C'est sans doute ce verre noir et scié en lames qui aura servi à faire ces miroirs de la grandeur d'un homme cités par Sénèque, et même ces miroirs convexes dont parle le même auteur. Plaute dit que de son temps, en Italie, on connaissait déjà les miroirs, mais Pline place leur introduction dans ce pays à une époque moins reculée. — Les miroirs étaient connus en Grèce depuis plusieurs siècles, lorsque le luxe vint les enrichir; on orna leur poignée d'or, d'argent et de pierreries : on en fit des bijoux d'un grand prix. Sénèque déclame contre ces excès, et prétend que les miroirs n'ont été inventés que comme moyen, pour l'homme, de se connaître. Phèdre avait exprimé déjà avant lui la même pensée dans une de ses fables. — Les Romains ornaient de miroirs les murs des appartements ; ils les incrustaient dans les plats et dans les bassines renfermant les viandes sur les tables, et nommés pour cette raison *specillatæ patinæ ;* on en ornait également les tasses et les gobelets afin de multiplier ainsi les images des convives, ce que Pline appelle *populus imaginum.* — La forme des miroirs, chez les anciens, était ronde ou ovale. Ce fut Pasitèles qui, du temps de Pompée, exécuta les premiers miroirs en argent. En Grèce, les miroirs les plus magnifiques se faisaient à Corinthe. En Italie, la manufacture la plus célèbre était celle de *Brundusium.* Comme les miroirs acquéraient souvent une grande valeur par les ornements dont ils étaient enrichis, les dames romaines avaient une esclave spécialement chargée du soin des meubles de ce genre ; l'étui dans lequel on les serrait portait le nom de *Lopheion.* Aujourd'hui on ne se sert guère de miroirs de métal que pour les télescopes, et pour quelques instruments de physique. Le mot miroir ne s'applique communément qu'aux glaces de petite dimension qui sont portatives. Ils se font tous en verre commun ou en glaces étamées (*voy.* GLACES). C'est à l'article *Réflection de la lumière* que nous renvoyons pour tout ce qui concerne les miroirs au point de vue physique. A. DE PONTÉCOULANT.

MIROIR DE VÉNUS (*bot.*), nom vulgaire de la campanule doucette, *prismatocarpus speculum*, L'Hérit. (*campanula speculum*, Lin.), très jolie plante commune dans les moissons et cultivée dans les jardins comme espèce d'ornement.

MIROIRS ARDENTS. On trouvera à l'article RÉFLECTION DE LA LUMIÈRE pour tout ce qui concerne la théorie de ces appareils. On attribue leur invention à Archimède, qui, au siège de Syracuse par Métellus (an 212 avant J.-C.), s'en servit avec succès pour brûler la flotte des Romains, au moment où elle s'approchait des murs de la ville. L'expérience a été renouvelée, depuis, un grand nombre de fois. L'an de J.-C. 515, le chimiste Proclus s'acquit une grande célébrité en incendiant, à l'exemple d'Archimède, la flotte de Vitalien, qui assiégeait Constantinople. Il lançait contre les vaisseaux des flèches enduites de soufre, auxquelles il mettait ensuite le feu au moyen de ses miroirs. De tout temps, les plus grands effets ont été obtenus au moyen des miroirs sphériques, malgré leur aberration de sphéricité (*voy.* ABERRATION DE LA SPHÉRICITÉ). Les miroirs paraboliques, qui théoriquement présentent plus d'avantages, sont d'une exécution si difficile, que ceux que l'on a construits jusqu'ici n'ont pu atteindre même les résultats de ces derniers. La difficulté même que présente la construction des miroirs sphériques de grande dimension engagea le P. Kircher, en 1644, à en composer un d'un grand nombre de petites glaces planes, ayant des inclinaisons convenables pour projeter chacune au même point les rayons du soleil. Mais le premier miroir qui eut une grande célébrité dans les temps modernes, est celui que fit construire, en 1666, François Villette, opticien de Lyon, et que Louis XIV acheta pour l'Observatoire de Paris. Le miroir le plus grand qu'on eût vu jusqu'alors, avait 47 pouces de diamètre et 38 pouces de distance focale. Par son action, Villette fit fondre au soleil, en 7 secondes et demie, une pièce de monnaie d'argent, et en 3 secondes, une pièce d'étain. Un diamant de 4 grains perdit en quelques instants les 7/8 de son poids. Mais Buffon, en 1746, obtint un succès plus grand encore, en répétant l'expérience du

P. Kircher. Son miroir, composé de 128 glaces planes, enflammait du bois à une distance de 200 pieds. Avec 221 glaces, il fondit des assiettes d'argent à 50 pieds de distance. On cite encore, comme remarquables par leurs effets, les miroirs de Manfrédus Septala, de Tchirnhausen et de Gartner. — On peut calculer l'intensité de la chaleur produite par ces miroirs. Cette intensité est, en effet, à celle que répand le soleil, comme la surface du miroir est à celle de la surface circulaire peinte à leur foyer. Ainsi, dans celui de Villette, l'image du soleil avait 0,358 de pouce de diamètre, et la largeur du miroir était de 47 pouces; donc, en appelant I l'intensité de la chaleur solaire, et I' la chaleur produite par le miroir, on avait : I : I' :: $(0,358)^2 : (47)^2$, ou :: 1 : 17257. — On a essayé de remplacer, dans les miroirs ardents, les petits miroirs plans par de petites lentilles ayant chacune l'inclinaison convenable. Cette modification n'eut aucun succès, à cause de la perte considérable de chaleur qu'éprouvaient les rayons en traversant les lentilles. Le docteur Brewster a obtenu de puissants effets, en combinant, avec des réflecteurs, les lentilles à échelons de Buffon. D. JACQUET.

MIROMÉNIL (ARMAND-THOMAS HUE de), naquit le 28 septembre 1723 au château de Latingy, situé entre Orléans et Jargeau. Il appartenait à une famille de haute magistrature, et parvint de bonne heure aux premières charges. A 23 ans il était déjà président du parlement de Rouen; mais ayant pris le parti du parlement de Paris contre le chancelier Maupeou, il fut envoyé en exil avec toute sa cour. Cette disgrâce honorable fit sa faveur auprès de Maurepas qui, devenu premier ministre après la mort de Louis XV, lui confia les sceaux dès l'année 1774. Miroménil était déjà conseiller au grand conseil depuis 1750. Il eut pour mission de réorganiser la magistrature, et par les choix honorables qu'il sut faire il se montra digne de cette tâche importante et difficile. Sa *déclaration* du 24 août 1780, portant abolition de la question préparatoire, est pour lui un plus beau titre encore, qui le place au premier rang des philanthropes pratiques si rares à cette époque. La mort de Maurepas avait un peu fait baisser son crédit, mais son honnêteté, son vrai mérite, que M. de Vergennes sut reconnaître et appuyer, lui conservèrent la confiance du roi et sa place. Il se maintint jusqu'en 1787. A cette époque ayant imprudemment approuvé au conseil, et soutenu dans l'assemblée des notables les plans spécieux de M. de Calonne en matière de finance; il fut entraîné dans la ruine du financier charlatan. M. de Brienne, qui le renversa, ne lui tint pas compte de l'opposition que, en dernier lieu, il avait faite à ces mêmes projets lorsqu'il en avait reconnu la folie. Lamoignon prit sa place, et M. de Miroménil, un peu plus pauvre que lorsqu'il était entré au ministère 14 ans auparavant, se retira dans sa terre de Miroménil en Normandie. C'est là que jusqu'à sa mort, arrivée le 5 juillet 1796, il vécut solitaire et oublié de tous, même des révolutionnaires qui avaient envoyé Louis XVI à l'échafaud sans songer à son ancien ministre. Ed. F.

MIRON : famille célèbre dans les fastes de la médecine, de la magistrature et du sacerdoce. — Miron (*Gabriel*), médecin, était né à Perpignan, et avait de bonne heure professé à la Faculté de Montpellier. Charles VIII, sur le bruit de sa réputation, le fit venir à Paris, et le nomma son premier médecin en 1489; il mourut à Nevers l'année suivante. — Miron (*François*), son frère, succéda à sa fortune. Il mourut à Nancy. — *Gabriel* Miron, fils du précédent, fut médecin de Louis XII, et chancelier de la reine Anne de Bretagne, et, après la mort de cette princesse, de la reine Claude, femme de François Ier. Il a laissé : *De regimine infantum*, lib. III, Tours, 1544, in-fol. — Son fils Miron (*Marc*), à peine reçu docteur, devint médecin de Charles IX. Henri III l'attacha à sa personne ; il écrivit sur l'assassinat du duc de Guise et du cardinal de Lorraine, à Blois, une curieuse relation recueillie dans le tome III du *Journal de Henri III*, et depuis par MM. Michaud et Poujoulat dans leur *Collection des mémoires*. Il mourut en 1608.—Miron (*François*), son fils, devint lieutenant civil, puis prévôt des marchands et contribua beaucoup à l'embellissement de Paris et à l'achèvement du Pont-Neuf. Lorsqu'on voulut réduire les rentes constituées sur la ville, et ruiner ainsi en partie un grand nombre de petits bourgeois, il adressa au roi de sages remontrances qui ont été recueillies dans les *Œuvres de F. Leschassier.* Il mourut en charge l'année 1609. — Miron (*Robert*), son frère, fut choisi pour président du *tiers* dans les États de 1614, et prit ainsi le rang de chef de la bourgeoisie. Il fut ensuite ambassadeur en Suisse, puis intendant de Languedoc. Il mourut en 1641. — Miron (*Charles*), le dernier des fils de Marc fut nommé évêque d'Angers en 1588. Il se démit de sa prélature en faveur de Fouquet de la Varenne, la reprit en 1621, puis passa en 1628 à l'archevêché de Lyon. Il mourut en 1628. Il avait joui d'une grande réputation, et s'était distingué comme dialecticien à propos de son démêlé avec le parlement sur les appels comme d'abus. Ed. F.

MIROWITCH (Wasili) : noble russe, qui n'ayant pu obtenir les biens de son père, confisqués parce qu'il avait suivi le parti de Mazeppa, chercha à faire sortir de sa prison le prince Ivan pour le mettre sur le trône. Ivan fut tué, et Mirowitch, arrêté, eut la tête tranchée en 1764.

MISAINE. On appelle ainsi, en marine, la vergue et la voile gréée sur celui des bas mâts placé le plus en avant entre le beaupré et le grand mât. Ce mât lui-même porte aussi le nom de *mât de misaine.*

MISANTHROPIE. « La misanthropie, dit Platon, vient de ce qu'un homme, après avoir ajouté foi à un autre homme sans aucun examen, et après l'avoir toujours pris pour un homme vrai, solide et fidèle, trouve enfin qu'il est faux, infidèle et trompeur, et après plusieurs épreuves semblables, voyant qu'il a été trompé par ceux qu'il croyait ses meilleurs amis, las enfin d'être si longtemps leur dupe, il hait tous les hommes également, et finit par se persuader qu'il n'y a rien d'honnête dans aucun d'eux. » (Le Phédon, *Bibliothèque des Philosophes.*) Tel est le vrai sens de la *misanthropie.* Cette *haine des hommes* n'est pas un sentiment d'aversion méchante, elle est plutôt un sentiment de colère vertueuse. Le misanthrope hait dans l'homme ce qui est vicieux ; mais il généralise les imperfections de l'humanité, et en cela il est injuste, et il s'expose à être ridicule. — Il est difficile de prononcer le mot *misanthropie,* sans laisser aller sa pensée vers le chef-d'œuvre de Molière. Le grand poète a trouvé le moyen de rendre comique une exagération sérieuse de la vertu, sans cesser de rendre la vertu digne d'hommage ; tel est l'admirable caractère d'Alceste. Il éclate contre les vices du genre humain, et sa colère est applaudie. Mais il enveloppe tous les hommes dans ses anathèmes, et sa colère fait rire. Jamais pareil mélange de plaisant et de vertueux, de comique et de moral ne s'était vu au théâtre. Aussi y eut-il des méprises à l'apparition du *Misanthrope.* L'austère duc de Montausier aimait cette vertu d'Alceste, qui *hait tous les hommes,*

Les uns, parce qu'ils sont méchants et malfaisants,
Et les autres pour être aux méchants complaisants.

Et peu s'en fallut, d'autre part, que la comédie ne jetât un mauvais reflet sur le caractère du grand seigneur honnête homme, aux yeux des courtisans, qui trouvaient plus commode de rire d'une faiblesse que d'imiter de bons exemples.

Chaque société a eu ses misanthropes ; Athènes avait les siens comme Paris. On demandait à Timon pourquoi il haïssait tous les hommes : « *Je hais les méchants,* répondit-il, *parce qu'ils sont méchants, et je hais les autres parce qu'ils ne haïssent pas les méchants.* » C'est tout le caractère d'Alceste. Toutefois, même envisagée comme une aversion des vices, la misanthropie répond mal à l'idée vraie de la vertu. Nous devons haïr les vices, nous ne devons pas haïr les hommes. Le Christianisme va plus loin : inexorable pour le mal, il est indulgent pour ceux qui le font. L'amour de l'humanité semble s'accroître à mesure qu'elle est plus pervertie, c'est-à-dire, à mesure qu'elle a plus besoin d'être sauvée. La vertu chrétienne se sacrifie pour les hommes ; la vertu humaine trouve plus commode de les maudire. Mais la misanthropie n'est pas toujours une disposition réfléchie, ce n'est, le plus souvent, qu'un travers de l'esprit, où la volonté n'est pour rien. Il y a peu de misanthropes sérieux, à savoir peu d'hommes qui se soient mis de propos délibéré à haïr l'humanité pour ses vices. Il y a des orgueilleux qui se croient meilleurs que les autres hommes ; il y a des jaloux qui ne supportent pas la vue des avantages d'autrui ; il y a des égoïstes qui voudraient tout ramener à leur profit. Il y a peut-être aussi des tempéraments hargneux, des natures mal faites, incommodes, ne soupçonnant pas la bienveillance, esprits grondeurs, cœurs glacés ou farouches. Tous ces caractères sont tristes ; ils sont le fléau de la société; mais rien en cela ne ressemble à la misanthropie, à cet amour de la vertu qui se fait sauvage, à cette haine des vices et des hommes tout à la fois, qui devient ridicule à force d'être honnête. Ajoutons qu'au temps où nous sommes, les vices sont trop à l'aise, pour que la vertu prenne la peine d'aller jusqu'à la misanthropie : on les fuit pour ne pas les voir. La misanthropie ne peut être aujourd'hui que de la tristesse ou de la pitié. LAURENTIE.

MISCHNA : c'est le nom qu'on donne à la seconde partie du Talmud qui contient la loi orale, les traditions et la morale des juifs modernes (*voy.* TALMUD).

MISÈNE : promontoire d'Italie, dans la Campanie, à l'extrémité N. du golfe de Naples. Si l'on en croit Virgile, il devait son nom à un des compagnons d'Enée, Misène, fils d'Eole, qui osa défier Triton dans l'art de sonner de la trompette. Le dieu jaloux de son talent le plongea dans les flots ; Enée lui éleva un beau monument sur le promontoire. Les Romains y avaient un port où ils entretenaient une flotte nombreuse, et Lucullus avait bâti sur la montagne une villa magnifique où mourut Tibère.

MISERERE. Le *Miserere*, un des psaumes les plus connus et les plus touchants du roi-prophète, fait partie, dans la liturgie sacrée, de toutes les prières destinées à implorer la miséricorde divine. Il a été, pour plusieurs ascétiques, une mine inépuisable de réflexions sublimes et salutaires, et les plus grands maîtres dans l'art musical y ont aussi trouvé matière à des chefs-d'œuvre. On compte parmi ces derniers Léonard Léo, napolitain, et Hasse, vénitien; l'un et l'autre illustrèrent le dix-huitième siècle. Voici, en peu de mots, quels furent les *Miserere* exécutés successivement à Rome dans la chapelle Sixtine, les mercredi, jeudi et vendredi de la semaine sainte. On les trouve dans deux volumes manuscrits, parmi les archives de ladite chapelle. Le premier, qui fut chanté en faux-bourdon en 1514, est le seul qui, à raison de son peu de mérite, n'a pas été conservé. L'auteur qui vint ensuite, en 1517, est Constant Fertu ; les suivants sont Louis Dentice, François Guerréro, Palestrina, Théophile Gargaro, Jean-François Cenerio, Felice Cenerio, un auteur anonyme peu goûté, Jean-Marie Nazioni, Sante Maldini et Roger Gravanelli. Le douzième *Miserere*, alternativement à quatre et à cinq voix, et écrit ainsi tout entier, contrairement à la plupart des *Miserere* précédents, qui n'étaient que de deux versets seulement, fut trouvé si beau, que l'usage d'écrire des *Miserere* pour la chapelle pontificale cessa dès son apparition; on ne crut pas pouvoir faire mieux. Cependant, en 1680, Alexandre Scarlatti en écrivit un; mais il n'eut pas de succès. Il n'en fut pas ainsi de celui de Thomas Boi, qu'on jugea digne d'être chanté alternativement avec celui d'Allegri, depuis 1714 jusqu'en 1767. Nous ne dirons rien de ceux de Joseph Tortini, en 1768, et de Pascale Pisani, en 1777. A la demande de Pie VII, l'abbé Baini a écrit un nouveau *Miserere* en 1821. Cette composition a été jugée digne d'être mise au même rang et de recevoir les mêmes honneurs que celle des deux plus célèbres compositeurs.

MISÉRICORDE. On donne ce nom, en parlant des hommes, à la vertu qui porte à avoir pitié des misères d'autrui, et à les soulager. En parlant de Dieu, la miséricorde est la bonté par laquelle il pardonne aux pécheurs repentants. C'est le plus consolant des attributs divins, le seul qui fonde notre espérance. Dieu fait principalement consister sa gloire à pardonner. Il dit lui-même qu'il fait justice jusqu'à la troisième et quatrième génération, et miséricorde jusqu'à la millième (Exod. c. 20, v. 6). Nous en voyons la preuve éclatante dans la conduite qu'il a constamment tenue envers les hommes depuis la création. Il l'a surtout manifestée dans le mystère de la rédemption où Jésus-Christ, qui est la miséricorde personnifiée, a prié et versé son sang pour ses bourreaux. Cette vertu est une des huit béatitudes préconisées dans l'Évangile. J.-C. nous en recommande tellement la pratique, qu'il nous assure que quiconque ne fait pas miséricorde sera jugé sans miséricorde. La justice et la miséricorde, qui semblent opposées se concilient admirablement dans le pardon des coupables repentants. La justice est en partie satisfaite par leur pénitence : la miséricorde, venant en aide à la faiblesse humaine, plaide leur cause et obtient la remise du restant de leur peine. Si grands, si nombreux que soient les péchés commis, la miséricorde se plaît à les pardonner sans acception de personnes, pourvu qu'on les déteste et qu'on lui demande grâce. Sans ce concours de la volonté de l'homme, le pardon devient impossible. Ainsi la miséricorde de Dieu et la fidélité de l'homme renferment toute l'économie du salut.   L'abbé FOURNIER.

MISÉRICORDE (RELIGIEUSES DE NOTRE-DAME DE LA) : ordre de la règle de Saint-Augustin, fondé en 1639, à Aix en Provence, par le P. Antoine Yoan, oratorien, et par Madeleine Martin, dite en religion Marie-Madeleine de la Trinité, pour recevoir les filles sans dot. Madeleine exerça les fonctions de supérieure, et la congrégation forma bientôt des établissements à Marseille et à Avignon. Sur la demande de Olier, curé de St-Sulpice, les religieuses de la Miséricorde furent appelées à Paris en 1651. La duchesse d'Aiguillon leur acheta une maison, et Anne d'Autriche les prit sous sa protection. Le décret du 24 août 1792, les força comme tant d'autres à quitter leurs couvents. Leur maison de Paris, rue Neuve-Sainte-Geneviève, est la seule qui existe aujourd'hui. Les religieuses de la Miséricorde sont peu nombreuses, et continuent à faire sur une échelle fort modeste l'éducation des jeunes personnes.

MISÉRICORDE (*art. mil.*). On appelait ainsi une espèce de poignard ou de coutelas, parce que les chevaliers qui le portaient à la ceinture le posaient sur la gorge ou sur le flanc droit de leurs ennemis terrassés, pour les obliger à demander merci ou miséricorde. Lambert, cité par Du Cange, parlant d'un homme assassiné avec cette arme, s'exprime ainsi : *Extractis misericordiis, immisericordissimi eum immisericorditer jugulaverunt.*   F. DE M.

MISITHÉE : beau-père de Gordien III. Préfet du prétoire pendant le règne de ce prince, il gouverna avec sagesse et habileté, repoussa les invasions des Parthes, et mourut en 243, empoisonné peut-être par Philippe-l'Arabe, qui le remplaça dans ses hautes fonctions.

MISNIE, en allemand *Meissen* : pays du royaume de Saxe, entre la Bohème, au S.-E., la

Lusace, au N.-E., et la province de Saxe, au N. Cette province n'est plus une division administrative, et se trouve aujourd'hui comprise dans le cercle de Dresde. Les montagnes de l'Erz-gebirge la couvrent au S. ; celles de la Lusace s'y avancent au S.-E. ; l'Elbe la parcourt du S.-E. au N.-O. C'est une des contrées les mieux cultivées de l'Allemagne : il y a abondance de blé, de fruits, de lin, de houblon, de pâturages, et l'on y récolte même un peu de vin. La Misnie doit son nom à la ville de *Meissen*, appelée aussi quelquefois *Misnie*, *Misnia*, située dans le nord de ce pays, à 21 kil. N.-O. de Dresde, sur la rive gauche de l'Elbe, et célèbre par sa manufacture royale de porcelaine, la plus ancienne de l'Europe, établie en 1710, sous la direction de l'alchimiste Bottger ; on y fait aussi de la faïence renommée. On y remarque les ruines d'un château-fort bâti par l'empereur Henri Ier, une très belle cathédrale gothique, et l'ancien monastère d'Afra. C'est la patrie d'Elie Schlegel et du docteur Hahnemann, fondateur de l'homœopathie.   E. C.

MISPIKEL, minerai de fer arsénical (*voy.* FER).

MISRAIM ou **MITSRAIM** (*voy.* MESRAÏM).

MISSEL, du latin *missale* : livre qui contient les prières de la messe, dont se sert le prêtre qui la célèbre et qu'on pose ordinairement sur un pupitre. On appelait missel plénier ou simplement plénier, celui qui contenait toutes les messes de l'année; tels sont les grands missels d'aujourd'hui. — On appelait aussi, et on appelle encore *misselli*, *missels* ou *heures de messe*, des volumes d'un format beaucoup plus petit, dont se servaient les seigneurs laïques pour assister au saint sacrifice, et qui, au moyen-âge, étaient écrits sur vélin et ornés de miniatures. — Les *missels*, pour les célébrants, furent les premiers livres imprimés au xve siècle. Ce ne fut qu'au xvie qu'on en imprima pour l'usage des laïques. Au xviie on en faisait encore qui sont des chefs-d'œuvre d'écriture et de miniature.

MISSILIA, présent que les empereurs romains faisaient au peuple lors de leur couronnement. Les missilia consistaient ordinairement en argent qu'on enveloppait dans des morceaux d'étoffe, afin qu'il ne blessât personne en tombant. Quelquefois aussi on distribuait des oiseaux, des noix, des dattes, des figues, et même des tessères désignant les objets qu'étaient en droit de réclamer les personnes qui les avaient saisis dans la foule. On alla jusqu'à construire des tours pour lancer les missilia à la populace rassemblée. Mais rarement les missilia se passaient sans graves accidents, ce qui les fit abolir par l'empereur Léon.

MISSIONS. L'explication de ce mot et l'origine des missions religieuses se trouve dans ces paroles de Jésus-Christ, adressées à ses apôtres : « Comme mon Père m'a envoyé, je vous envoie aussi (*Jean*, cap. xx, vers. 21); allez, enseignez toutes les nations et baptisez-les au nom du Père, du Fils et du Saint-Esprit; voilà que je suis avec vous jusqu'à la fin des siècles (*Math.*, 28. » De là résulte, en effet, le pouvoir donné aux apôtres et à leurs successeurs de prêcher l'évangile et d'administrer les sacrements, et de là viennent aussi les règles établies pour l'exercice légitime de ce pouvoir. On voit dans les paroles de J.-C. une mission divine qui doit se perpétuer dans tous les siècles, en sorte que, pour exercer le saint ministère, il faut nécessairement participer à cette mission et recevoir une communication des pouvoirs donnés aux apôtres, pour être transmis à leurs successeurs. Telle est la constitution invariable du christianisme, et la loi fondamentale de la discipline ecclésiastique. La mission des apôtres fut extraordinaire et immédiate; elle est transmise aux pasteurs de l'Eglise par des moyens déterminés qui constituent la mission ordinaire. En effet, comme J.-C. n'a pas fondé son Eglise pour un temps seulement, mais pour toujours, il fallait que leur mission pût se transmettre à d'autres et se perpétuer jusqu'à la fin du monde. Aussi ces premiers envoyés de J.-C. se donnèrent des coopérateurs et des successeurs par la communication de leurs pouvoirs divins; et cette nouvelle mission, quoique donnée par une autre voie et sous une autre forme, dérive toujours de la même source. Elle est toujours une mission divine qui remonte à J.-C. lui-même. Le moyen est différent; elle n'est plus donnée immédiatement par J.-C.; elle est transmise par ses ministres, mais les effets sont les mêmes. De là vient que l'Ecriture sainte nous représente constamment les ministres de la religion comme élevés à leurs fonctions en vertu d'une autorité divine et comme les délégués et les ministres de J.-C. Saint Paul déclare expressément que c'est J.-C. qui a établi le ministère des pasteurs et des docteurs, comme celui des apôtres et des évangélistes pour le gouvernement de son Eglise, et pour l'instruction des fidèles (*Ephes.*, cap. iv). Il dit aux pasteurs de l'Eglise d'Ephèse que le Saint-Esprit les a établis évêques et surveillants pour gouverner l'Eglise (*Act.*, 20). Saint Clément pape et saint Ignace d'Antioche, tous deux disciples des apôtres, développent la même doctrine et représentent le ministère des pasteurs comme une institution divine qui perpétue dans l'Eglise la mission des apôtres. Le premier dit en propres termes que .-C. a reçu de Dieu sa mission; que les apôtres

ont reçu leur mission de J.-C., et qu'après avoir prêché l'évangile, ils ont établi des pasteurs pour remplir les mêmes fonctions, et fixer les règles de succession pour l'avenir, afin qu'après leur mort, leur ministère fût transmis à d'autres également éprouvés (*Epist.*, 1). Tous les Pères, tous les conciles s'expriment sur ce point en termes analogues. Voilà donc, depuis la naissance de l'Eglise, un ministère perpétuel, une mission non interrompue qui se communique et se transmet par la succession légitime des pasteurs. Comme cette mission ordinaire vient de la même source que celle des apôtres, et qu'elle en est la continuation, elle repose sur les mêmes fondements, et présente les mêmes caractères; elle est divine pour toute la suite des siècles, comme elle l'a été dès l'origine, car J.-C. et les apôtres, par leurs miracles, ont prouvé leur propre mission et celle de leurs successeurs jusqu'à la fin des temps. De là on peut conclure qu'il n'y a pas de ministère légitime sans mission, qu'elle est la condition nécessaire de la hiérarchie, et qu'il ne peut y avoir par conséquent une véritable Eglise, hors de la succession légitime des pasteurs.

On voit aussi par là pourquoi on a donné le nom de missions aux établissements et aux délégations qui ont pour objet de porter l'Évangile chez les nations infidèles, ou de travailler, dans certains pays, à la conversion des hérétiques ou des schismatiques. Ce nom, comme les fonctions qu'il exprime, remonte à l'origine du Christianisme; il a commencé par les apôtres eux-mêmes, dont le titre en effet signifie envoyés. Leurs travaux apostoliques furent les premières missions et le modèle de toutes les autres. Les apôtres, suivant l'ordre de J.-C., commencèrent leurs prédications par la Judée où ils restèrent plusieurs années, et ensuite ils se dispersèrent pour continuer leur œuvre dans les provinces de l'orient. C'était là en effet que les esprits étaient le mieux préparés pour entendre et recevoir la doctrine évangélique. Il y avait des Juifs et des synagogues dans les principales villes de la Grèce et de l'Asie, et un grand nombre de gentils convertis au judaïsme, ou qui du moins avaient renoncé à l'idolâtrie. La connaissance du vrai Dieu et des dogmes fondamentaux de la religion s'y était répandue par le commerce des Juifs et par la lecture des livres saints. On connaissait dans tout l'Orient les prophéties qui annonçaient la venue prochaine du Messie, et l'on était persuadé que les temps étaient accomplis et qu'on le verrait bientôt paraître. C'est ce qu'attestent formellement Tacite, Suétone et l'historien Josèphe. Toutes ces circonstances facilitaient singulièrement la prédication de l'Évangile. Les synagogues où se réunissaient les Juifs tous les jours de sabbat, offraient des lieux et des occasions favorables; car d'après une coutume établie, on invitait souvent, après la lecture des livres saints, les apôtres à prêcher, et leurs discours soutenus par des miracles, produisaient ordinairement de nombreuses conversions. Ces assemblées donnaient à leur doctrine une si grande publicité, que souvent toute la ville se réunissait pour les entendre, et quand les Juifs commençaient à les contredire, ils s'adressaient aux Gentils déjà initiés à la connaissance du vrai Dieu, et qui, n'ayant pas les mêmes préventions que les Juifs, ou peut être aussi par l'effet de la rivalité entre les deux peuples, écoutaient avec empressement la prédication évangélique. On peut voir dans les actes des apôtres, en suivant les voyages de saint Paul dans l'Asie-Mineure et dans la Grèce, quelles étaient les dispositions des esprits et le succès qu'obtenaient ses prédications. Aussi dès l'origine il y eut en Orient un grand nombre d'églises florissantes, et l'on voit par la lettre de Pline à Trajan, combien le christianisme y était déjà répandu à la fin du premier siècle.

Quant à l'Occident, il ne paraît pas que les apôtres, si l'on excepte saint Pierre et saint Paul, y soient venus prêcher l'Évangile; car on n'en trouve aucun monument authentique, et il était naturel que leur zèle s'exerçât d'abord dans les lieux où toutes les circonstances leur faisaient espérer plus de succès. Il ne paraît pas même que saint Pierre et saint Paul aient prêché ailleurs qu'à Rome et en quelques autres endroits de l'Italie. Mais il est probable qu'ils prirent des mesures pour faire porter la foi dans les autres provinces. On sait en effet que saint Pierre envoya son disciple saint Marc en Égypte, où le christianisme fit bientôt d'immenses progrès. On sait également qu'il y avait, dès le second siècle, une multitude de chrétiens dans les provinces d'Afrique; le témoignage de Tertullien ne peut laisser aucun doute à cet égard, et c'était une ancienne tradition dans ces provinces, qu'elles avaient reçu de l'église romaine, et par conséquent des apôtres ou de leurs premiers disciples, les lumières de l'Évangile. Grégoire VII, dans une de ses lettres, avance comme un fait généralement reconnu que les apôtres saint Pierre et saint Paul envoyèrent de Rome sept évêques en Espagne pour y prêcher la foi. Il est probable qu'ils en envoyèrent aussi dans les Gaules ou du moins dans la partie méridionale, plus anciennement conquise, et où la langue latine était plus répandue; car on comprend que cette circonstance devait faciliter les progrès de l'Évangile. Une ancienne tradition, qui

paraît assez bien fondée, attribue en effet à des disciples de saint Pierre et de saint Paul, l'établissement des principales églises de la Gaule narbonnaise. D'un autre côté, les chrétiens orientaux apportèrent le christianisme dans quelques villes qui entretenaient des relations commerciales avec la Grèce et l'Asie. C'est ainsi que fut fondée l'église de Lyon, d'où la foi se répandit dans les lieux voisins. Une nouvelle mission qui eut lieu ensuite vers le milieu du IIIe siècle, par les soins du pape saint Fabien, et qui eut pour chefs sept évêques, entre autres saint Denis, premier évêque de Paris, servit à fonder ou à consolider une multitude d'églises dans les provinces des Gaules, où l'on voit le christianisme, depuis cette époque, prendre un prodigieux accroissement. Les lumières de l'Évangile avaient déjà pénétré vers la fin du IIe siècle, dans la Grande Bretagne, par les soins du pape saint Eleuthère, et dans les premières années du Ve siècle, le pape saint Célestin envoya saint Patrice prêcher la foi en Irlande, où il obtint les plus grands succès.

Les apôtres, pour continuer et étendre les travaux de leurs missions, conféraient l'ordination épiscopale à leurs principaux disciples, et les chargeaient d'établir d'autres évêques dans les lieux où ils les envoyaient prêcher l'Évangile. C'est ce qu'on voit en particulier pour les disciples de saint Paul dans ses épîtres à Tite et à Timothée. On présume bien que la même chose avait lieu pour les disciples des autres apôtres. La plupart, dit Eusèbe, ayant reçu l'ordination épiscopale, commençaient par distribuer leurs biens aux pauvres, après quoi ils allaient en divers pays faire la fonction d'évangélistes, annonçant J.-C. à ceux qui ne le connaissaient pas, et leur portant les livres sacrés de l'Évangile. Quand ils avaient ainsi posé les fondements de la religion dans une ville d'infidèles, ils y établissaient des pasteurs à qui ils confiaient le soin de la nouvelle église, et ils passaient ensuite en d'autres endroits. Dieu travaillait partout avec eux par la force de la grâce, et le Saint-Esprit opérait par leur moyen un grand nombre de prodiges (Eus. *Hist.*, lib. 3, cap. 37). Origène témoigne que de son temps l'on voyait encore de nombreux exemples de ce zèle apostolique, et que plusieurs chrétiens faisaient leur occupation d'aller dans les villes, dans les bourgs et les villages pour attirer les peuples au christianisme (Orig. *contr. Cels.*, lib. 3). Du reste le zèle des chrétiens profitait de toutes les circonstances pour étendre la foi, et travailler à la conversion des infidèles. C'est ainsi que des évêques et des prêtres emmenés captifs par les barbares vers le milieu du IIIe siècle, produisirent des conversions nombreuses chez les Scythes et les Goths, par l'éclat de leurs vertus et de leurs miracles, et fondèrent plusieurs églises dont ils devinrent les pasteurs. La foi se répandit également par les miracles d'une captive chez les Ibériens, qui s'adressèrent à l'empereur Constantin pour obtenir un évêque et des prêtres. La conversion des empereurs vint favoriser le succès des missions, non seulement dans l'empire, mais chez les nations voisines. Souvent ils envoyaient des ambassadeurs auprès des princes barbares pour les exhorter à embrasser le christianisme, et protéger les missionnaires. C'est ainsi que l'empereur Constance procura la conversion des Homérites ou anciens Sabéens qui occupaient l'extrémité de l'Arabie Heureuse vers l'Océan. L'empereur Arcade favorisa de même par une ambassade les travaux des missionnaires dans la Perse, où le christianisme établi par les apôtres se trouvait exposé fréquemment à de violentes persécutions.

Tous les évêques dans les premiers temps ou du moins les métropolitains et les patriarches pouvaient envoyer des missionnaires chez les infidèles voisins de leur province, et par ce fait même leur juridiction, soit diocésaine, soit métropolitaine, s'étendait sur les peuples convertis par leur soin. De là vint que la juridiction de l'église d'Alexandrie s'étendit sur l'Ethiopie où saint Frumence fut envoyé comme évêque par saint Athanase avec d'autres missionnaires. On peut remarquer aussi que saint Chrysostôme envoya des missionnaires chez les Scythes et autres barbares voisins du Pont-Euxin, et c'est là ce qui fit attribuer à l'évêque de Constantinople la juridiction sur ces peuples. La même discipline se perpétua, du moins en Orient, jusque dans le ixe ou xe siècle. On sait que les Russes vers cette époque s'adressèrent à l'évêque de Constantinople pour obtenir des évêques et des prêtres chargés de les instruire, et que par là ils demeurèrent soumis à sa juridiction patriarchale. Mais peu à peu le soin des missions étrangères chez les infidèles ou les hérétiques fut entièrement réservé au souverain pontife. Elles se multiplièrent prodigieusement depuis la fin du vie siècle dans les provinces du nord, et furent constamment dirigées par des légats du saint siége. C'était un moyen de donner plus de crédit aux missionnaires, de leur attirer une plus grande considération et de favoriser ainsi leurs succès. Ils étaient accueillis, non comme de simples prédicateurs de l'Évangile, mais comme les envoyés et en quelque sorte les représentants du chef de la chrétienté. Ils trouvaient aussi presque toujours un puissant appui dans la recommandation des rois de France ou des empereurs d'Occident, et souvent ils ne tardaient pas à obtenir la protection des rois du pays ; car on conçoit que ces princes barbares, naturellement frappés de la civilisation chrétienne, devaient facilement prendre le parti de l'introduire dans leurs états et se faire honneur d'appartenir à la grande famille européenne, par la profession du christianisme. Aussi plusieurs s'empressèrent de recevoir le baptême, et contribuèrent à la conversion de leurs sujets.

Le pape saint Grégoire, vers la fin du vie siècle, envoya dans la Grande-Bretagne le moine saint Augustin avec les titres d'évêque et de légat du saint siége, à la tête d'une mission destinée à convertir les Anglo-Saxons qui avaient envahi cette province. Les succès des missionnaires furent si rapides, que bientôt les Anglais se firent remarquer par leur attachement au christianisme et par leur zèle pour la propagation de la foi. L'Angleterre, par la ferveur de ses habitants, mérita d'être appelée l'île des Saints, et l'on en vit sortir pendant longtemps une foule de prédicateurs zélés qui s'avancèrent jusqu'au centre de l'Allemagne pour travailler à la conversion des Germains dont les Anglais tiraient leur origine. Dans les dernières années du viie siècle, saint Wilfrid, et ensuite saint Egbert et saint Villebrod prêchèrent l'Évangile dans la Frise, où leurs travaux furent secondés par quelques moines français qui avaient à leur tête saint Vulfrand, archevêque de Sens. Vers le même temps, saint Kilien, évêque irlandais, vint prêcher la foi avec quelques uns de ses prêtres dans la Bavière, où il obtint de grands succès, et un peu plus tard cette œuvre apostolique fut continuée par des missionnaires français sous la direction de saint Rupert et de saint Corbinien, dont l'un devint évêque de Salzbourg et l'autre de Frisingue.

Le christianisme fit surtout de grands progrès pendant la première moitié du viiie siècle, dans la Franconie, dans la Hesse et la Thuringe, par les prédications de saint Boniface, moine anglais et archevêque de Mayence, qui mérita, par ses longs travaux, d'être considéré comme l'apôtre de la Germanie. D'autres missionnaires continuèrent son œuvre, et Charlemagne contribua par ses victoires à établir la foi chez les Saxons ; mais il fut obligé, pour l'affermir chez ce peuple indomptable, de recourir à des moyens violents qui produisirent un grand nombre de conversions forcées ou du moins peu solides ; car elles n'étaient pas l'effet d'une persuasion éclairée. On s'était plus empressé de donner le baptême que d'instruire ceux qui se présentaient pour le recevoir, et ce ne fut qu'avec le temps et par des soins multipliés qu'on parvint à rendre ces nouveaux chrétiens sincèrement attachés à la religion qu'on leur avait imposée. Du reste il faut remarquer que les attaques des Saxons contre les missionnaires, leur mépris des traités et leurs continuelles révoltes furent la cause des guerres entreprises et des mesures ordonnées par Charlemagne contre ces barbares. On crut que le seul moyen de les contenir dans la soumission et de préserver les chrétiens de leurs attaques, c'était de les obliger eux-mêmes à embrasser le christianisme. Une telle condition de la paix, si elle était peu conforme à l'esprit de l'Évangile, semblait au moins commandée par la politique. La conduite de ces peuples et leurs continuels brigandages en avaient fait sentir la nécessité. C'était à eux à choisir entre le parti de ne pas l'accepter ou celui de tenir leur promesse, et s'ils venaient à la violer par des soulèvements contre les chrétiens, ils ne devaient pas être étonnés d'en subir la peine et de voir resserrer leurs chaînes. On peut faire les mêmes observations sur les missions dans la Prusse et les autres provinces du nord. Ce furent les attaques et les brigandages des païens qui donnèrent lieu aux guerres entreprises contre eux ; elles eurent pour objet la défense des fidèles, et si quelquefois il s'y mêla des abus, il faut s'en prendre à l'esprit du temps et aux passions des hommes qui trouvent moyen souvent de dénaturer jusqu'aux meilleures choses.

L'Allemagne, devenue chrétienne, fut, pendant plusieurs siècles, un centre de nouvelles missions pour toutes les contrées voisines. On avait fondé dans la Thuringe, dans la Saxe et dans les autres provinces un grand nombre de monastères dont les écoles étaient comme des séminaires où l'on élevait des jeunes gens pour les former à la science et aux fonctions ecclésiastiques, et bientôt ce furent des maisons centrales d'où l'on envoyait des missionnaires dans tous les lieux qui en avaient besoin. Le christianisme fut introduit un peu avant le milieu du IXe siècle dans le Danemark et dans la Suède, par les prédications d'Ebbon, archevêque de Rheims, et surtout du moine saint Auschaire, qui fut nommé ensuite évêque de Hambourg et de Breme, et légat du saint siége pour les missions du nord. Ses successeurs sur le siége de Hambourg obtinrent la même légation et travaillèrent également à la propagation de l'Évangile. Mais pendant longtemps leur zèle n'obtint que peu de succès. Enfin vers le milieu du Xe siècle, l'empereur Othon-le-Grand, après quelques victoires sur les Danois, obligea leur roi Harold, pour condition de la paix, de consentir à l'établissement de plusieurs évêchés dans ses états. Ce roi fut converti lui-même par les miracles des missionnaires, et depuis ce moment la religion chrétienne fit des progrès rapides dans le Danemark où elle fut définitivement affermie dans les premières années du siècle suivant par les soins de Canut-le-Grand. Elle s'étendit également vers la fin du Xe siècle et au commencement du XIe, dans la Suède et la Norvége, où les souverains devenus chrétiens attirèrent un grand nombre de missionnaires, dont le plus célèbre est saint Sigefroi, que ses travaux et ses succès ont fait regarder comme l'apôtre de la Suède. Il y fut envoyé par saint Olaf, roi de Norvége, qui se montrait plein de zèle pour la propagation du christianisme ; et sa mission fut secondée par les soins du roi de Suède Olaus le Tributaire. Ce fut aussi vers le même temps que la Pologne, la Bohême et la Hongrie, où des missions s'étaient établies depuis longtemps, commencèrent à prendre rang parmi les nations chrétiennes, par la conversion de leurs souverains. Les Bulgares avaient été convertis dès le milieu du IXe siècle par des missionnaires envoyés de Constantinople, et surtout par les soins du pape Nicolas Ier qui confia cette mission à des légats du saint siége. Des missionnaires grecs, ayant à leur tête saint Cyrille et saint Methodius, prêchèrent la foi vers la même époque, dans la Moravie et les provinces voisines. D'autres furent envoyés chez les Russes où le christianisme, après des progrès assez lents, fut enfin établi solidement vers la fin du Xe siècle, par les soins du duc saint Wladimir. Mais il fallut encore plusieurs siècles pour achever de convertir la Prusse, la Livonie, la Lithuanie et d'autres provinces du nord. On peut citer parmi les missions les plus remarquables entreprises dans ce but, celle de saint Adalbert de Prague, dans la Silésie et dans le nord de la Prusse, vers la fin du Xe siècle ; celle de saint Brunon, en Prusse et en Russie, à la même époque ; puis dans le XIIe siècle, celle de saint Othon de Bamberg, dans la Poméranie, et de saint Henri d'Upsal dans la Finlande, enfin dans les premières années du XIIIe siècle, celle de Guillaume de Modène, légat du saint siége, dans la Prusse, la Courlande, la Livonie et l'Estonie.

Depuis cette époque, comme presque toutes les provinces du nord étaient devenues chrétiennes, les missions, confiées principalement aux dominicains et aux frères mineurs, prirent une autre direction. Ces religieux, établis au commencement du XIIIe siècle, furent chargés de prêcher en France, en Allemagne et en Italie contre les erreurs des Vaudois, des Albigeois, des Stadings et autres sectaires du moyen-âge. Un grand nombre furent ensuite envoyés dans la Grèce, dans l'Asie-Mineure et dans les autres provinces de l'Orient, pour travailler à la conversion des Nestoriens, des Jacobites et des Grecs schismatiques. D'autres furent envoyés dans la Tartarie pour y prêcher la foi, et s'avancèrent dans le Thibet, dans les Indes et jusqu'à la Chine, où ils fondèrent des églises nombreuses. Les papes y érigèrent une métropole avec plusieurs évêchés, et d'autres dans la Tartarie. Ces missions, commencées au milieu du XIIIe siècle, se perpétuèrent dans le suivant ; mais les révolutions et les persécutions en amenèrent peu à peu la décadence.

La découverte du nouveau monde et les établissements des Portugais dans les Indes vinrent ouvrir aux missions une nouvelle carrière. On vit dès le commencement du XVIe siècle, une foule de missionnaires, particulièrement les dominicains et les frères mineurs porter les lumières de l'évangile, sur les côtes d'Afrique, dans les Indes, et d'un autre côté dans le Mexique, dans le Pérou, dans le Brésil, et répandre partout au prix des plus rudes travaux et malgré des obstacles de tout genre, les bienfaits de la civilisation chrétienne. Bientôt les jésuites et d'autres congrégations religieuses vinrent partager ces travaux apostoliques. On sait quels furent les prodigieux succès de saint François Xavier, si justement nommé l'apôtre des Indes. Le christianisme, qu'il avait introduit dans le Japon, y fit bientôt d'immenses progrès, mais vers la fin du XVIe siècle, le gouvernement japonais résolut de l'anéantir. Il fit périr dans les plus affreux supplices les missionnaires avec une multitude innombrable de chrétiens, et la persécution prolongée pendant plus de trente ans, ne cessa que par la ruine de cette Église florissante. Le P. Mathieu Ricci et quelques autres missionnaires jésuites, dans les dernières années du XVIe siècles, parvinrent à s'introduire dans les provinces méridionales de la Chine, et firent de nombreuses conversions. Ils se rendirent ensuite à Pékin, où par l'étendue de leurs connaissances surtout dans les sciences mathématiques et astronomiques, ils obtinrent la protection de l'empereur et formèrent un établissement qui devint dans la suite un soutien puissant pour les missions de cet empire. Des missionnaires dominicains en 1631, et successivement un grand nombre d'autres, soit séculiers, soit religieux de différents ordres, vinrent prendre part aux travaux de cette mission, et porter en même temps les lumières de la foi dans la Cochinchine, dans le Tonking et les contrées voisines. Malheureusement les jésuites avaient cru pouvoir tolérer dans les nouveaux chrétiens l'usage de quelques cérémonies chinoises, que les autres missionnaires crurent devoir proscrire comme des superstitions idolâtriques. Elles furent déférées au jugement du Saint-Siége, et condamnées, après un mûr examen, par plusieurs décisions solennelles. Mais une partie des missionnaires jésuites refusèrent, sous divers prétextes, de se soumettre à ce jugement, et de là naquirent des divisions qui troublèrent pendant près d'un siècle les missions de la Chine, et qui furent une des causes de leur décadence. Toutefois les progrès du christianisme, soit dans la capitale, soit dans les provinces, avaient été bientôt assez considérables pour déterminer la création de plusieurs évêchés. On vit la même décadence après les mêmes succès dans le Malabar, où il y eut aussi pendant longtemps des dissensions produites par des causes analogues.

Toutes les missions prirent, dans les premières années du XVIIe siècle, un développement considérable, qui s'accrut encore un peu plus tard par la création de la *Propagande* (*voy.* ce mot) et de plusieurs autres établissements. L'empereur Mathias et Henri IV, roi de France, obtinrent du sultan de Constantinople, pour les missionnaires, la permission de travailler, dans tout l'empire ottoman, à la conversion des hérétiques et des schismatiques. Le cardinal de Richelieu plaça bientôt après cette mission sous la protection spéciale de la France, et le fameux père Joseph, capucin, qui en fut nommé supérieur par Urbain VIII, profita de son crédit pour la soutenir et augmenter le nombre des ouvriers évangéliques dans la Turquie, dans la Perse et les provinces voisines. Les dominicains en Arménie convertirent le patriarche avec un grand nombre de moines et simples fidèles schismatiques ou Eutichiens. Les religieux franciscains, gardiens du saint sépulchre, exerçaient leur zèle dans la Palestine, dans la Syrie, dans l'Egypte et dans toutes les provinces du Levant. Les jésuites formèrent aussi dans ces provinces, notamment à Alep, à Sidon, à Damas et à Tripoli, des établissements qui obtinrent les plus grands succès. Louis XIV les favorisa de tout son pouvoir et étendit la protection de la France à toutes les missions du Levant. Mais c'est surtout dans le Nouveau Monde qu'on vit éclater à cette époque les prodiges opérés par le zèle des missionnaires. Les établissements fondés dans le Mexique, dans le Pérou, dans le Brésil, avaient répandu les lumières de la foi dans le voisinage des lieux occupés par les Européens ; mais il restait d'immenses contrées dans l'intérieur du continent où le christianisme était à peine connu. Les missionnaires jésuites entreprirent d'y pénétrer et de convertir les peuplades sauvages qui les habitaient. On sait quels furent les admirables succès de leur zèle et par quels efforts de dévouement et d'industrieuse charité, ils parvinrent à civiliser ces peuples dont il fallait, pour ainsi dire, faire des hommes avant d'en faire des chrétiens. Les bornes d'un article ne nous permettent pas d'entrer à cet égard dans des détails, que l'on peut trouver dans une notice du célèbre Muratori sur les missions du Paraguay. Nous dirons seulement que l'on comptait déjà vers la fin du xviie siècle, dans cette province, plus de trois cent mille Indiens chrétiens, dont la vie sainte et la ferveur rappelaient les beaux jours de la primitive Église. Il y en avait une multitude d'autres en divers endroits du Pérou, du Brésil et des contrées voisines. On voyait se reproduire les mêmes prodiges de civilisation chrétienne dans l'Amérique septentrionale. Les jésuites formèrent dans la Californie un grand nombre d'établissements semblables à ceux du Paraguay, et préchèrent la foi avec d'éclatants succès dans le Canada, chez les Hurons, chez les Iroquois, chez les Algonquins et autres tribus indiennes.

L'institution des Lazaristes et celle du séminaire des Missions étrangères, vers le milieu du xviie siècle, contribuèrent au développement des missions en Orient, principalement en Chine, au Tonquin, à la Cochinchine et à Siam; quelques ecclésiastiques de ce séminaire furent nommés vicaires apostoliques dans ces provinces, où leurs travaux et ceux de leurs coopérateurs augmentèrent bientôt considérablement le nombre des chrétiens. Mais des persécutions souvent renouvelées dans le cours du xviiie siècle, et dans le dix-neuvième, ont ralenti les progrès de la foi, sans diminuer le zèle ni le nombre des missionnaires. Voici du reste quel était encore, il y a peu d'années, l'état du christianisme dans quelques unes des provinces toujours confiées au séminaire des missions étrangères. On comptait dans le Tonquin occidental près de 200,000 chrétiens, et environ 100 prêtres du pays ; dans la Cochinchine 30 prêtres et 100,000 chrétiens, dans la province de Se-Tchuen, 50,000 chrétiens. Aujourd'hui les missions, toujours perpétuées dans les différentes parties de l'ancien continent et du Nouveau-Monde, s'étendent aussi à tous les points principaux de l'Océanie. On peut trouver à ce sujet dans les *Annales de la propagation de la foi*, les renseignements détaillés que le cadre de cet article ne comporte point. Nous n'avons pas besoin de faire l'apologie des missions contre les attaques téméraires dont elles ont été l'objet dans le dernier siècle de la part de quelques philosophes ou de quelques protestants. Qui oserait aujourd'hui reproduire ces déclamations contre une œuvre qui a pour objet de répandre partout les bienfaits de la civilisation chrétienne, et pour résultat de contribuer par tant de moyens divers, aux progrès de toutes les sciences ? R.

MISSINNIPPI : fleuve de la Nouvelle Bretagne, dans la partie la plus septentrionale de l'Amérique. Il coule à l'E., en formant beaucoup de lacs, et se jette dans la mer d'Hudson. On l'appelle aussi *Churchill* ou *English-river*.

MISSISSIPI, ou, suivant l'orthographe anglaise, **MISSISSIPPI**, le plus grand fleuve de l'Amérique septentrionale, compris tout entier dans les États-Unis, et appelé plus exactement, suivant quelques uns, *Namœsi-Sipu* (fleuve du poisson), et, suivant d'autres, *Méchacebé* (grand fleuve ou vieux père des eaux). Il prend sa source dans le nord de la république, par 47° 47' de latitude, au lac de la Biche ou Elk-Lake, que le voyageur Schoolcraft a appelé Itasca (abréviation de *veritas caput*, la vraie source), mais dont le vrai nom, dans la langue des Chipeouays, qui habitent le voisinage, est *Omochkos*. Il coule au sud en laissant à sa droite les Etats d'Iowa, de Missouri, d'Atkansas, à sa gauche ceux de Wisconsin, d'Illinois, de Kentucky, de Tennessee, de Mississipi, traverse l'État de Louisiane, et se rend dans le golfe du Mexique par plusieurs branches : la plus grande conserve le nom de Mississipi, court au S.-E. à travers une assez longue presqu'île formée par ses atterrissements, et se partage près de la mer en cinq canaux, dont le plus important est celui du S.-E., nommé la Balize et situé par 29° 12' de latitude N., et 91° 39' de longitude O. Parmi les autres branches qui, dans la Louisiane, se séparent du Mississipi, et sont généralement désignées sous le nom de *Bayous*, on remarque à droite l'Atchafalaya, la Fourche, le Dupont, et à gauche l'Iberville, qui se rend dans le lac Maurepas, uni lui-même au lac Pontchartrain : ce dernier communique au lac Borgne, qui se joint à son tour au golfe du Mexique. La Nouvelle-Orléans, vers le cours inférieur, et Saint-Louis, dans la partie moyenne, sont les deux principales villes qu'arrose ce magnifique fleuve ; on remarque encore sur ses bords Natchez et Bâton-Rouge. La longueur du cours d'eau, du lac Itasca à la mer est de 5,120 kilom. ; mais, si l'on remonte jusqu'à la source du Missouri, principal affluent du Mississipi, on trouve 7,000 kilom., c'est-à-dire une étendue de beaucoup supérieure à celle de tout autre fleuve du globe. Le Missouri vient des monts Rocheux, et afflue, vers St-Louis, à la droite du Mississipi, offrant un constraste frappant par ses'eaux boueuses et rapides avec les eaux limpides et moins torrentueuses de celui-ci : il se grossit, à travers les vastes savanes encore presque désertes qu'il parcourt, d'un grand nombre de rivières : la Plate , le Kansas , etc. D'après sa plus énorme masse d'eau, son nom aurait dû prévaloir jusqu'à la mer; mais on a conservé de préférence le nom au courant le plus directement dirigé du N. au S. Les autres affluents de droite du Mississipi sont la rivière des Moines , le Saint-Francis , le White-river, l'Arkansas, le Red-river ; ceux de gauche sont le Chipeouay, le Wiscossin , l'Illinois, l'Ohio, l'Yazoo ; le plus grand de ces derniers est l'O-hio, qui descend des monts Alléghany, et reçoit lui-même le Wabash, le Tennessee, etc. Ainsi l'immense bassin du Mississipi s'étend des monts Alléghany aux monts Rocheux, et comprend 1,800,000 kilom. carrés, c'est-à-dire environ un septième de toute l'Amérique septentrionale. — Le Mississipi forme dans la première partie de son cours quelques chutes, dont les principales sont les Big-Falls et le saut de Saint-Antoine : il a, jusqu'au confluent de l'Illinois, de 300 à 900 mètres de largeur ; il atteint 2,500 mètres à la jonction du Missouri; 900 seulement au fort Adams, et 1,500 mètres à la Nouvelle-Orléans. Sa profondeur est de 15 à 20 mètres vers le con-fluent de l'Ohio, de 30 à 40 mètres entre l'Ohio et l'Arkansas, et de 60 à 80 mètres entre la Nouvelle-Orléans et le golfe du Mexique. La ra-pidité du fleuve est très considérable entre le confluent du Missouri et l'Arkansas : la vitesse d'un bateau poussé par le courant y est de 70 à 80 kilom. par. jour dans les basses eaux, et du double dans les grandes. Au dessous, la disper-sion des eaux dans de vastes marécages, et leur division en plusieurs branches dans le delta, di-minuent considérablement la vitesse du cou-rant; cependant on distingue encore la couleur du fleuve en mer à 20 kilom. de son embou-chure. Les navires à voiles mettent plusieurs jours à remonter jusqu'à la Nouvelle-Orléans, espace d'environ 160 kilom; ils en descendent en douze heures lorsque le vent est favorable. Quant aux nombreux bâtiments à vapeur qui circulent sur les diverses parties du fleuve, leur marche ordinaire est, à l'heure, de 9 kilom. contre le courant, et de 19 kilom. avec le cou-rant; les bateaux de 40 tonneaux peuvent arri-ver jusqu'à la cataracte de Saint-Antoine, qui a 5 mètres d'élévation. Les *steamers* remontent en trois semaines ou un mois de la Nouvelle-Or-léans à Pittsbourg, par l'Ohio; et font le retour en 12 ou 14 jours; mais ils éprouvent de grands obstacles à l'époque des basses eaux dans le lit, trop large, trop peu profond et plein de bancs

de sable, de l'Ohio, et dans le Mississipi on a à craindre d'innombrables *snags* ou *chicots*, c'est-à-dire des troncs d'arbres embarrassés dans la vase, particulièrement entre le Missouri et l'Arkansas. Des glaçons que charrient les eaux dès le mois d'octobre interrompent en hi-ver les communications dans la partie supé-rieure du bassin du fleuve. Un canal qui unit l'Illinois à Chicago, fait communiquer le Mis-sissipi au lac Michigan, et par suite aux lacs Huron et Érié, d'où les bateaux arrivent par le Grand canal à l'Hudson, et enfin à New-York. La rivière et le canal Miami, et le canal Ohio, dans le voisinage de la grande ville de Cincin-nati, joignent l'Ohio au lac Érié; le canal Ca-rondelet unit le Mississipi au lac Pontchartrain; les canaux Verret et Barataria s'échappent de la rive gauche, et vont vers le lac Barataria. Ce fleuve et ses affluents offrent, sans contredit, la plus belle voie navigable du monde; c'est la plus animée de l'Amérique. Trois grandes crues périodiques viennent gonfler les eaux, et les font déborder souvent à de grandes distances : l'une au printemps, causée par les rivières des régions tempérées; une seconde en été, produite par la fonte des neiges et des glaces des ré-gions supérieures ; la troisième en automne, à l'époque des plus grandes pluies. La plus grande élévation des eaux moyennes est ordinairement de 1 mètre près de l'embouchure, de 4 mètres à la Nouvelle-Orléans , de 8 mètres à Bâton-Rouge, de 15 mètres entre le fort Adams et l'Ohio. Les dépôts abondants qui exhaussent continuellement le lit du fleuve favorisent de plus en plus ces débordements, qui fertilisent mais qui ravagent souvent aussi le voisinage : pour y mettre obstacle on a établi dans la Loui-siane de longues levées. Jusqu'à une centaine de kilomètres au dessus de l'embouchure, les rives du Mississipi ne présentent que des marécages impropres à la culture, et hérissés de grands roseaux : plus haut elles se couvrent de riches plantations, de prairies magnifiques jusque vers Bâton-Rouge et Pointe-Coupée; au-delà elles sont plus sauvages, mais offrent des aspects non moins admirables : d'un côté, à l'O., d'im-menses savanes, de l'autre, à l'E., une variété délicieuse de collines et d'épaisses forêts. — L'embouchure du Mississipi fut découverte par l'Espagnol Ferdinand de Soto, en 1541. En 1672, les Français du Canada apprirent des indigènes qu'au voisinage des grands lacs commençait un grand fleuve qui coulait vers le S. : alors Jolliet et Marquette, partis de Québec, s'y rendirent, et le descendirent, en 1673, jusqu'au confluent de l'Arkansas; en 1682, La Salle, autre Français, le parcourut jusqu'à son embouchure, et donna à toute la contrée baignée par le Mississipi le nom de Louisiane, qui depuis a été restreint à la partie voisine du delta. Enfin, ce sont des Français qui furent les premiers, colons établis sur ce fleuve qu'ils appelèrent d'abord fleuve de *Saint-Louis*.

L'État de MISSISSIPI est dans le S. de la confédération des États-Unis, entre l'État de Tennessee, au N., ceux d'Arkansas et de Louisiane, à l'O., celui d'Alabama, à l'E., et le golfe du Mexique, au S.; il s'étend entre 30° et 35° de latit. N., et entre 90° et 93° de longit. O.; sa superficie est de 118,952 kilom. carrés ; et sa population (recensement de 1840) de 375,650 habitants. Le fleuve auquel il doit son nom le limite à l'O. L'Yazoo, affluent du Mississipi, le Pearl-river et la Pascagoulaa, tributaires directs du golfe du Mexique, en sont les autres principaux cours d'eau. Le sol est en grande partie bas et marécageux ; cependant il s'élève un peu au N. et à l'E., où s'offrent les derniers rameaux des monts Alléghany. Les côtes sont plates et sablonneuses, et n'ont d'autre port que celui de Pascagoula. Elles présentent, vers la limite de la Louisiane, une espèce de golfe qui prend le nom de lac Borgne. Le climat est chaud, mais non malsain. Le pays est très fertile : le coton est la culture la plus florissante ; l'indigo et le tabac viennent ensuite. On récolte aussi du froment, de l'avoine, du seigle, du maïs, des pommes de terre, du riz, du sucre, des patates douces; on élève des chevaux, des bêtes à cornes, des moutons, des porcs. Les forêts sont peuplées de chênes, de sassafras, de magnolias, de noyers noirs, de cyprès, de pins, et nourrissent des ours, des loups, des couguars, des chats sauvages ; les caïmans ou crocodiles abondent dans les eaux de la partie méridionale.—L'industrie manufacturière est encore peu avancée : elle compte quelques filatures de coton, quelques tanneries, un assez grand nombre de fabriques d'étoffes de coton. On publie une quarantaine de journaux. Le commerce est centralisé à Natchez, ville principale du pays, et placée avantageusement sur le Mississipi ; mais le chef-lieu est la petite ville de Jackson. — La forme du gouvernement a été réglée par une constitution en 1817 : le pouvoir exécutif est confié à un gouverneur élu pour 2 ans par le peuple, et le pouvoir législatif à une Assemblée générale, composée d'une chambre de représentants de 91 membres élus pour 2 ans, et d'un sénat de 30 sénateurs élus pour 4 ans. L'État est représenté au congrès de Washington par 2 sénateurs et 2 représentants. L'esclavage y est admis, et, d'après le recensement de 1840, il y avait 195,000 esclaves. Les communions religieuses les plus nombreuses sont celles des méthodistes, des baptistes, des presbytériens, des épiscopaux, enfin des catholiques qui ont un évêque à Natchez. On divise l'État de Mississipi en districts du N. et du S., qui se subdivisent en 56 comtés. — Ce pays était habité par les Natchez quand les Français y fondèrent une colonie en 1716, et y construisirent le fort Rosalie. Après quelques temps d'un excellent accord entre les colons et les indigènes, il s'éleva des luttes sanglantes, qui se terminèrent par l'anéantissement des Indiens. Les Français cédèrent, en 1763, cette partie de la Louisiane à l'Angleterre. En 1783, la Grande-Bretagne abandonna aux États-Unis ce qui se trouve au N. du 31e parallèle; les Espagnols, auxquels elle cédait les Florides sans en déterminer les limites, gardèrent provisoirement le S., qu'ils laissèrent définitivement à l'Union en 1798. En 1800, on créa un *territoire* de Mississipi, qui, en 1817, forma les *États* de Mississipi et d'Alabama. E. C.

MISSOLONGHI, ville de la Grèce, dans l'Etolie, sur un promontoire qui s'avance dans le golfe de Patras. Son port n'est pas accessible aux vaisseaux qui ne peuvent en approcher qu'à 5 ou 6 lieues de distance. Missolonghi doit sa célébrité au rôle qu'elle a joué dans les guerres de l'indépendance. Au commencement de ce siècle elle comptait 4,000 habitants, parmi lesquels se trouvaient de riches négociants et des armateurs, et se gouvernait par elle-même en payant tribut au pacha de Négrepont. En 1804 elle tomba au pouvoir d'Ali-Pacha. En 1821 elle se prononça pour la cause de la liberté, et en 1822 Maurocordato et Marco Botzaris, s'y maintinrent pendant quinze jours, avec 400 hommes, contre une armée musulmane. L'année suivante les Turcs la bloquèrent à la fois par terre et par mer; Constantin Botzaris s'y défendit pendant 59 jours ; des renforts amenés par Maurocadato et la peste qui se déclara dans l'armée ennemie le dégagèrent enfin. En 1825 35,000 Turcs, commandés par Reschid-Pacha, et secondés par les troupes du vice-roi d'Égypte et par la flotte ottomane, vinrent encore l'assiéger ; le bombardement dura 40 jours, Noto Botzaris fit des prodiges de valeur; mais les Turcs pénétrèrent enfin dans la place dont toutes les fortifications avaient été démolies par le canon. Les patriotes ne pouvant plus combattre firent sauter un quartier de la ville et s'ensevelirent sous les ruines avec une partie de l'armée ennemie. Missolonghi fut rendue aux Grecs en 1829 par suite d'une capitulation. On y voit les tombeaux de Cyriaco Tatrani, de Marco Botzaris, du comte Normann, et le mausolée qui renferme le cœur de lord Byron. M. B.

MISSOURI, fleuve de l'Amérique septentrionale et le plus grand des affluents du Mississipi. Il prend sa source dans les montagnes Rocheuses au 44° de lat. N. et au 266° de long. où il est formé par plusieurs petites rivières, dont les principales sont le Jefferson, le Madisson et le Galatin. Après un cours de 375 lieues, pendant lequel il traverse les districts des Mandaves, des Siour, et l'État auquel il donne son nom, et reçoit un très grand nombre d'affluents, il se jette dans le Mississipi au dessus de la ville de Saint-Louis, au 38°55′ de lat. N.— *Le Missouri*, un des nouveaux États de la Confédération des États-Unis, reconnu en 1821, borné par les états de Jawa, de l'Illinois, du Kentucky, du Tennessée et de l'Arkausas, s'étend entre le 283° 24′ et le 288° 34′ de long., le 36° et le 40° 30′ de lat. septentrionale, et occupe une surface d'environ 3,000 m. c. Il est arrosé par le Mississipi, le Missouri, le Wahkoudah, le Ferbien, les deux rivières, le Salt, le Buffaloe, le Péraque, le Merrimack, le Washita, le Saint-François, l'Osage, le Grand-Charitan, le Gascouade, et beaucoup d'autres rivières moins considérables. Une partie du territoire est très fertile et produit en abondance du seigle, du froment, de l'avoine, du lin, du chanvre et du tabac. Les terres hautes, moins productives, sont riches en mines de fer, de plomb, de cuivre, de zinc, de soufre, d'alun, de salpêtre et de vitriol. Les plus remarquables de ces mines sont celles de plomb qui occupent une étendue de 17 milles angl. de longueur sur 45 de largeur ; il y a dans cet état beaucoup de bétail, de porcs et de volailles ; on y trouve aussi des buffles et des élans. Il est divisé en 33 comtés et envoie quatre députés au congrès. Ses villes principales sont Saint-Louis, Jefferson, Saint-Charles, Potosi, Franklin, Sainte-Geneviève, Herculanum, Jackson et Nouveau-Madrid. **SCHAYÈS.**

MISTIQUE : bâtiment d'Espagne et de Portugal, espèce de chasse-marée, mais portant des antennes ; il est du port de 80 tonneaux environ, et navigue à l'entrée de la Méditerranée et dans le Levant.

MISTRA ou **MISITRA** : ville de la Morée, à trois quarts de lieues E. de l'emplacement de l'ancienne Sparte, dont les ruines ont servi à la bâtir.

MISTRAL : vent du N.-O. qui correspond au corus des Latins. Les Provençaux le nomment *mistraou*, et les Italiens *maestro* (maître). Il souffle sur la Méditerranée et surtout pendant l'automne et l'hiver, et après les pluies orageuses. Un refroidissement très sensible dans l'atmosphère annonce ce vent impétueux et glacé qui cause chaque année de nombreux désastres.

MITAU, en lettonien *Jelgava*, chef-lieu du gouvernement de Courlande, ancienne capitale du duché et résidence des anciens ducs, située sur l'Aa, sous le 56° 39′ 10″ de lat. sept., et le 41° 23′ 30″ de long. orient. à 602 werstes de Pétersbourg, et à 1103 de Moscou. Sa population, composée de Russes, d'Allemands, de Lettoniens et de Juifs, s'élève à 15,000 âmes. Cette ville remplit un espace assez étendu, mais occupé en partie par des jardins et des places vides. Ses rues sont longues, larges, droites et bordées de maisons en partie de briques et en partie de bois, mais d'une construction assez régulière. Elle possède un observatoire et une assez belle bibliothèque. L'ancien château ducal, bâti au siècle dernier par le duc Ernest Jean (le fameux Biren), et presque entièrement reconstruit en 1843, est situé hors de la ville dans une position très agréable. Il présente un vaste quadrilatère d'une architecture imposante, et renferme les tombeaux des ducs. On sait que ce château servit d'asile à Louis XVIII et à la famille royale en 1796 et en 1805.

MITE (*arachn.*) : nom vulgaire des espèces du genre *acare, acarus* (*voy.* ACARIDES).

MITELLA ou **MITRELLA** (*antiq.*) : espèce de coiffure en forme de mitre qui enveloppait les cheveux, couvrait les joues et s'attachait sous le menton. Winkelmann, dans ses *monuments inédits*, en a publié une représentant Paris et parsemée d'étoiles. En Grèce les femmes, et surtout les femmes âgées, portaient la mitella, et à Rome elle ornait la tête même des hommes efféminés. On donnait aussi le nom de *mitellæ* à des couronnes parfumées d'odeurs précieuses et attachées avec des bandelettes de soie. Dans les festins somptueux on distribuait aux convives des couronnes de ce genre, et cette distribution s'appelait *mitellita*.

MITHRA : ized ou génie du second ordre qui, dans le système religieux de Zoroastre et des anciens Perses, est placé immédiatement après les Amschaspands. Les livres zends nous représentent Mithra comme créé par Ormouzd, et subordonné à ce principe secondaire du bien. Mithra est plus grand et plus illustre que les autres izeds ; on l'invoque avec le soleil, mais il est toujours distingué de cet astre. Cependant, même en Perse, à une époque qu'il nous est impossible de déterminer, ces deux divinités ont été prises l'une pour l'autre. La meilleure preuve que l'on puisse apporter de cette confusion est, comme l'observe M. de Sacy (Sainte-Croix, *Recherches sur les mystères du paganisme*, t. II, pag. 121 et 122, note), que le nom *Mihr, soleil*, en persan moderne, offre la modification régulière du zend *Mithra*. Les livres attribués à

Zoroastre assignent à cet ized un grand nombre de qualités et de fonctions, et le désignent en particulier comme le dieu qui multiplie les couples de bœufs, qui est le chef des provinces, et ils le représentent comme doué de mille oreilles et de dix mille yeux (Burnouf, *Commentaire sur le Yaçna*, pag. 222 et 375). Plusieurs faits attestent qu'on ne doit pas chercher trop de rapprochements entre le *Mithra* des Perses et le *Mitra* indien. Les attributs comme les noms de ces deux divinités, ainsi que le fait remarquer M. Burnouf (*ibid*, pag. 210), ne s'accordent pas complètement. Les sectateurs des mystères mithriaques reconnaissaient Mithra comme le soleil. Ce point est mis hors de doute par un assez grand nombre d'inscriptions dans lesquelles on lit les mots *Deo Soli, invicto Mithræ* (*Au Dieu soleil, à l'invincible Mithra*), quelquefois avec de légères variantes. L'identité de Mithra et du soleil a été admise par la majeure partie des auteurs grecs et latins. C'est pour cette raison que l'on a écrit quelquefois en grec Μείθρας, au lieu de Μίθρας; en effet la première orthographe donne la valeur numérique 365, égale au nombre de jours que le soleil emploie à faire sa révolution annuelle. Les monuments mithriaques représentent Mithra sous la forme d'un homme jeune, coiffé du bonnet phrygien, avec une espèce de manteau flottant jeté sur les épaules. De la main gauche il retient un taureau par les cornes, et la droite est armée d'un couteau avec lequel il s'apprête à l'immoler. On doit conclure de ce qui précède, que le nom de Mithra présente l'idée d'une divinité différente, suivant qu'on l'entend des anciens Perses, ou des sectateurs des mystères mithriaques. L. D.

MITHRAX (*crust.*). Leach donne ce nom à un genre de crustacés, de l'ordre des décapodes brachyures, que M. Milne Edwards range dans la famille des oxyrhinques, tribu des maïens. Cette coupe générique, adoptée par les caxcinologistes, établit quelques liaisons entre les oxyrhinques et certains crustacés de la famille des cyclométopes, car on y range des maïens dont la carapace est notablement plus large que longue, le rostre à peine distinct; les bords latéro-antérieurs arqués et les bords latéro-postérieurs obliques, disposition qui constitue un des traits caractéristiques de plusieurs cyclométopes; mais le plus ordinairement la forme générale des Mithrax s'éloigne moins de celles des autres genres de la même tribu. La carapace de ces crustacés est toujours très peu bombée en dessus et assez fortement rétrécie en avant; le rostre est bifide, très court, et séparé du canthus interne des yeux par un espace assez considérable; les orbites sont presque toujours armées de deux ou trois épines à leur bord supérieur, d'une à leur angle externe et d'une ou deux à leur bord inférieur; les bords latéro-antérieurs de la carapace sont épineux ou du moins dentés. Les antennes internes se reploient un peu obliquement en dehors, et la portion frontale de la cloison qui les sépare est armée d'une épine recourbée en avant; le plastron sternal est presque circulaire; les pattes antérieures sont en général, chez le mâle, beaucoup plus longues et plus grosses que celles de la seconde paire; elles ont quelquefois le double de la longueur de la portion postfrontale de la carapace, et la main qui les termine est toujours forte et renflée; enfin, les pinces sont écartées à leur base, élargies au bout, profondément creusées en cuillère et terminées par un bord tranchant semi-circulaire. Les pattes de la seconde paire ont environ une fois et quart la longueur de la portion postfrontale de la carapace, et les suivantes se raccourcissent graduellement; les tarses sont courts, crochus et souvent armés de quelques pointes à leur face inférieure; l'abdomen est formé de sept articles distincts dans les deux sexes; mais quelquefois on n'en voit chez les femelles, pendant le jeune âge, que quatre, les second, troisième, quatrième et cinquième segments étant soudés entre eux. — Les Mithrax appartiennent pour la plupart aux mers d'Amérique, et quelques-uns d'entre eux parviennent à une grosseur considérable. Comme espèce représentant ce genre nous citerons le *Mithrax très épineux*, Lamarck, qui a pour patrie la mer des Antilles. H. L.

MITHRIAQUES (*mystères*). La première mention de ces mystères est de Plutarque. Cet historien rapporte dans la Vie de Pompée, que les pirates de Cilicie étaient initiés aux mystères de Mithra; mais il nous laisse dans l'ignorance sur l'origine de ces mêmes mystères, et jusqu'ici personne n'a pu la découvrir. Il y a lieu de présumer que les initiations Mithriaques, peu communes avant le christianisme, prirent une grande extension dans les premiers siècles de notre ère. Le baron de Sainte-Croix pense que ces mystères subirent de grandes modifications suivant les époques. Cette supposition fort probable peut servir à expliquer les austérités ordonnées aux adeptes de la doctrine Mithriaque, austérités qui n'étaient ni dans l'esprit de la loi de Zoroastre, ni dans celui du paganisme en général, et qui paraissent avoir été empruntées au christianisme. Remarquons, avant d'aller plus loin, que bien que le nom de *Mithriaque* vienne de *Mithra*, divinité de l'ancienne Perse, ces mystères cependant n'ont rien de commun avec la religion de Zoroastre. Ainsi les Perses proscrivaient le jeûne et le célibat, ordonnés à ceux des adeptes des mystères qui aspiraient à la perfection. Les premiers admettaient la résurrection, tandis que les seconds croyaient à la métempsychose. L'exposition des rites d'initiation fera mieux connaître ces différences. Quiconque voulait être admis dans la secte devait traverser à la nage un grand espace d'eau, puis se jeter dans le feu, aller habiter un lieu désert pendant un certain temps, et souffrir la faim, la soif et le froid. Ces épreuves duraient, suivant quelques auteurs, cinquante jours, et suivant d'autres quatre-vingts; elles étaient si rudes que souvent les initiés étaient exposés à perdre la vie, et cependant des femmes mêmes faisaient partie de la secte. L'initié purifié par les épreuves était ensuite régénéré par une sorte de baptême accompagné de lustrations d'eau, puis on imprimait sur son front une marque particulière, ou peut-être y faisait-on une onction, car il y a doute à cet égard. Enfin il apportait une offrande de pain et d'eau; on prononçait sur lui des paroles mystérieuses en lui présentant une couronne et une épée, celle-ci comme pour le tuer s'il essayait d'enlever la couronne, et pour lui faire comprendre en même temps qu'il ne pourrait l'obtenir qu'en bravant la mort. On lui posait ensuite la couronne sur la tête, il devait la repousser aussitôt avec indignation en disant : C'est Mithra qui est ma couronne. Saint Justin, Tertullien, saint Jean-Chrysostôme et saint Grégoire de Nazianze regardent ces cérémonies comme empruntées à l'Église chrétienne. Il existait différents grades parmi les initiés : le premier était celui de soldat, le second celui de lion, et, pour les femmes, lionnes ou hyènes, car il y a incertitude sur la lecture du passage de Porphyre (De Abstin, IV, § 16); venaient ensuite celui de corbeau, puis ceux de Persès, de Bromius et d'Hélios. Ces trois derniers, ainsi que le conjecture M. de Sacy (Sainte-Croix, Recherches sur les mystères, t. II, pag. 131, note), étaient des noms de divinités ou de personnages mythologiques honorés dans la secte. L'Hélios ne reconnaissait au dessus de lui que les pères ou anciens, dirigés eux-mêmes par un ministre qui portait le titre de Pater patrum dei Solis invicti Mithræ, ou comme on lit dans d'autres inscriptions : Pater sacratus dei invicti Mithræ, et Pater sacrorum invicti Mithræ. Les grades étaient au nombre de sept ou huit : il y a encore doute sur ce point, comme sur l'ordre des grades. Les initiations étaient accompagnées de fêtes dans lesquelles le récipiendaire remplissait, suivant toute apparence, les fonctions du grade auquel il venait d'être promu. On employait pour les purifications, suivant les grades, l'eau, le miel et le feu. Il paraît que dans certaines fêtes d'initiation les récipiendaires se présentaient vêtus de robes mystiques, sur lesquelles étaient représentés des griffons. Quelques cérémonies mithriaques étaient souillées par l'immolation de victimes humaines, dans les entrailles desquelles les adeptes prétendaient lire les événements futurs. Ces horribles sacrifices avaient lieu entre autres dans un temple situé non loin d'Alexandrie; on prenait les victimes sans distinction de sexe ni d'âge. L'empereur Adrien défendit ces sacrifices; mais on les retrouve encore après lui. Commode immola de sa propre main un homme à Mithra. Cependant déjà à cette époque, comme le donne à entendre Lampride, ces sacrifices n'étaient plus qu'un simple simulacre sans effusion de sang humain (sacra Mithriaca homicidio vero polluit, Lamprid., Commod. 9). Après ces sacrifices réels ou symboliques, les ministres prononçaient un discours sur la justice, puis ils expliquaient aux initiés les symboles des mystères. Le plus grand et le plus secret de ces symboles était relatif au mouvement du ciel des étoiles, aux révolutions des planètes et au passage de l'âme humaine par ces astres. Ces migrations de l'âme prouvent que la métempsychose était un dogme mithriaque. C'est là, comme nous l'avons déjà observé, une différence bien tranchée entre la doctrine mithriaque et celle de Zoroastre. En effet, celle-ci admet la résurrection, incompatible, on le comprend assez, avec la transmigration des âmes. Enfin, et cette considération nous semble du plus grand poids, on n'a trouvé en Perse aucun monument figuré du culte mithriaque, quoique l'on voie encore dans ce pays une grande quantité de sculptures relatives à la religion de Zoroastre. Malgré les recherches de plusieurs savants, le fond de la doctrine mithriaque nous est toujours inconnu, et on ne peut guère se flatter de le découvrir jamais. On peut consulter sur ce sujet les Recherches historiques et critiques sur les mystères du paganisme, par le baron de Sainte-Croix, 2e édition, revue par M. Silvestre de Sacy. Paris, 1817, 2 vol. in-8°, et les différents travaux de M. Lajard. L. DUBEUX.

MITHRIDATE, c'est-à-dire, en ancienne langue perse, celui qui est donné ou créé par Mithra. Ce nom est celui de plusieurs personnages illustres. —MITHRIDATE Ier, 6e roi des Parthes, délivra la Perse de la domination des Séleucides, et mérita ainsi d'être considéré comme le véritable fondateur de l'empire des Parthes. Les détails de la vie de ce prince nous sont peu connus; nous savons seulement qu'il naquit vers l'an 232 avant

J.-C., et mourut l'an 139 à l'âge de 93 ans, après avoir porté l'empire parthe à un haut degré de gloire et de splendeur, par sa bonne administration et ses grandes conquêtes.

Sept rois de Pont ont porté le même nom; c'est à l'article de ce royaume que nous renvoyons pour les six premiers qui ne méritent pas une mention spéciale. — MITHRIDATE VII, surnommé *Eupator-le-Grand*, et *Dionysus* ou *Bacchus*, fut un prince célèbre par ses exploits, ses crimes, son génie puissant et sa haine contre les Romains. Il naquit vers l'an 135 avant J.-C. La mort de son père, Mithridate-Evergètes, le rendit héritier du royaume de Pont; il avait 12 ou 13 ans. Mithridate-Evergètes avait chargé sa femme de l'administration du royaume, et de la tutelle de son fils. Mithridate qui, malgré son extrême jeunesse, était dévoré d'ambition, fit périr sa mère pour jouir plus tôt du pouvoir souverain. Pendant les premières années de son règne il se livra à des exercices très violents qui lui donnèrent une force extraordinaire, et le rendirent capable de supporter les plus grandes fatigues. Les projets de conquêtes qu'il nourrissait déjà l'engagèrent à observer par lui-même les forces, les ressources et la situation des pays qui environnaient son royaume. Il partit déguisé et accompagné seulement de quelques serviteurs fidèles, et confia le gouvernement de ses États à Laodice, sa sœur et son épouse. Ses voyages avaient été enveloppés d'un tel mystère qu'on le crut mort. Laodice, qui avait conçu une violente passion pour un grand du royaume, ne cherchait plus à la dissimuler; tout à coup Mitrhidate reparut, et fit mettre à mort Laodice avec toutes les personnes qui avaient ajouté foi à la fausse nouvelle de sa mort. Après avoir éteint dans le sang les germes de révolte qui existaient dans son royaume, il attaqua les Scythes qui habitaient au nord du Pont-Euxin et les refoula jusqu'au Borysthène. Le roi du Bosphore intimidé par ses victoires, lui céda volontairement ses États. Cette possession importante augmenta les richesses et la puissance de Mithridate. Les meilleurs chronologistes placent ces événements vers l'an 118 avant J.-C. Mithridate avait alors 18 ans. Soutenu par le roi de Bithynie, il entra dans la Paphlagonie que le sénat romain venait de déclarer libre, la soumit et la partagea avec son allié. Le sénat lui envoya un ambassadeur pour l'engager à renoncer à sa nouvelle conquête. Mithridate le congédia sans réponse, et fit aussitôt occuper la Galatie. Il entra ensuite en Cappadoce sous le prétexte de soutenir Ariarathe VII, son beau-frère, roi de ce pays, contre les prétentions du souverain de la Bithynie. Mais

bientôt Ariarathe fut assassiné par son ordre. Mithridate avait d'abord paru étranger à ce crime; obligé de lever le masque, il attaqua la Cappadoce avec des forces imposantes; mais comme celles d'AriaratheVIII ne lui étaient point inférieures, et qu'il redoutait un échec, il eut recours à la perfidie; il engagea le jeune roi son neveu à une entrevue, le poignarda de sa propre main en présence des deux armées, l'an 107 avant J.-C., et se rendit maître de la Cappadoce. Les habitants de ce pays, incapables de supporter le gouvernement qu'il leur avait imposé, se révoltèrent et chassèrent ses troupes, mais il les soumit de nouveau. Cependant le sénat romain rendit un décret qui ordonnait au roi de Pont d'évacuer la Cappadoce ; hors d'état de résister aux Romains, il céda à leurs injonctions. Il contracta alors une alliance avec Tigrane, roi d'Arménie, son beau-père. Ces événements se passèrent vers l'an 97 avant J.-C. A la même époque, il acquit par cession les pays situés à l'orient de Trébizonde, et fit ensuite la conquête de la Colchide, des provinces du Phase, et soumit plusieurs nations scythiques. Ces grandes augmentations de territoire lui donnèrent l'espérance de pouvoir lutter avec succès contre Rome. Il réunit plus de 300,000 soldats, équipa une flotte de 400 vaisseaux, et les hostilités commencèrent l'an 88 avant J.-C. Il obtint plusieurs avantages, et pour montrer aux peuples de l'Asie que l'un des deux partis devait succomber dans cette guerre d'extermination, il fit mettre à mort tous les Romains qui se trouvaient dans ses États, sans distinction de sexe ni d'âge. 100,000 personnes furent massacrées en un même jour. Il envoya ensuite en Europe une armée considérable, et enleva aux Romains la Grèce et la Macédoine. Sylla parvint à reconquérir ces provinces, et passa en Asie. Mithridate, hors d'état de soutenir plus longtemps la lutte, demanda la paix et l'obtint. Cette guerre fut terminée l'an 85 avant J.-C. Les hostilités recommencèrent ensuite. Mithridate remporta plusieurs avantages. Cette seconde guerre contre les Romains finit l'an 82 avant J.-C. Dans l'année 75, Mithridate qui avait fait d'immenses préparatifs rompit la paix qu'il avait lui-même demandée. Le sort des armes parut d'abord devoir lui être favorable; mais ensuite attaqué et poursuivi sans relâche par Lucullus, il perdit son armée, ses trésors, et se trouva réduit à fuir en Arménie avec 2,000 cavaliers seulement. Désespérant alors de la fortune, il envoya l'ordre barbare de mettre à mort ses femmes et ses sœurs (voy. MONIME). Cet horrible massacre montre dans tout son jour le naturel féroce et sanguinaire de Mithridate. Soutenu par le roi d'Arménie, il lutta encore contre les Romains. Le consul Glabrion, général inhabile, ayant pris le commandement à la place de Lucullus, l'an 67 avant J.-C., Mithridate recouvra sans peine une grande partie de ses États. L'arrivée de Pompée mit fin à ses victoires. Il fut vaincu dans une bataille de nuit sur la frontière de l'Acilisène, province de la Grande-Arménie. Cependant il parvint à traverser l'armée romaine avec quelques centaines de cavaliers, et s'enfuit vers le roi d'Arménie qui, cette fois, refusa de lui donner asile. Il se retira alors chez les Scythes, et plus tard il recommença encore la guerre. Mais abandonné par ses soldats, trahi par son fils Pharnace, il essaya de s'empoisonner; ce fut en vain, parce que, prétend-on, il s'était depuis longtemps habitué à l'usage du poison, ainsi devenu impuissant sur lui. Il se frappa alors lui-même; mais comme le coup n'était pas mortel, il dit à un officier gaulois de l'achever; il mourut 64 ans. avant la naissance de J.-C. Telle fut la fin de ce prince que les historiens romains s'accordent à reconnaître comme le plus redoutable adversaire qu'ils eurent jamais à combattre. Mithridate n'était pas seulement un grand roi, un habile général et un intrépide guerrier; il aimait les arts et les sciences, et possédait une immense collection de pierres fines gravées. Il avait étudié la médecine et l'histoire naturelle ; il composa même un traité de botanique cité par les anciens. Sa mémoire était prodigieuse, et l'on rapporte qu'il parlait vingt-deux langues ou dialectes différents. Des facultés si prodigieuses, des qualités si extraordinaires étaient ternies par la cruauté, et la perfidie qui, a toutes les époques, ont formé le caractère distinctif des souverains de l'Orient. L. DUBEUX.

MITHRIDATE, nom d'un médicament très composé, dont la formule remonte, dit-on, au roi Mithridate-le-Grand, et employé surtout comme contrepoison. Il n'est plus en usage de nos jours; on lui a substitué la thériaque.

MITOYENNETÉ (*jurisp.*). La mitoyenneté s'entend de la propriété en commun d'un mur, d'une haie, d'un fossé, de toute clôture séparant deux héritages contigus. Bien qu'il soit de principe dans notre législation que nul ne doit rester dans l'indivision, les rapports de voisinage ont cependant fait ici admettre à cette règle une exception forcée, qui résulte de la nature des choses. Ainsi, l'utilité publique a fait décider qu'un propriétaire contigu pouvait contraindre son voisin à lui vendre la mitoyenneté du mur séparatif, ou encore à élever en commun avec lui ce mur, s'il n'existe pas. La loi a dû établir des règles différentes suivant la nature des clôtures, selon que les propriétés sont situées dans les campagnes ou dans les villes. Dans la mitoyenneté des murs, ceux-ci se trouvent assis moitié sur le terrain de l'un des propriétaires voisins, et moitié sur le terrain de l'autre, en sorte que la véritable ligne de séparation des deux héritages se trouve à la moitié du mur. Un tel mur n'est donc pas, à proprement parler, commun ; car chaque copropriétaire ne possède pas la chose dans sa totalité, comme dans chacune de ses parties. S'il n'y a titre ou marque du contraire, tout mur de séparation est présumé mitoyen jusqu'à l'*héberge*, c'est-à-dire jusqu'au point où deux bâtiments de hauteur inégale profitent l'un et l'autre du mur qui les sépare, la partie du mur qui excède le bâtiment le moins élevé appartenant en totalité au propriétaire du bâtiment le plus élevé. Il y a marque de non-mitoyenneté lorsque la sommité du mur est droite et à plomb de son parement d'un côté, tandis qu'elle présente de l'autre un plan incliné, ou encore lorsqu'il n'y a de *corbeaux* (pierres saillantes destinées à supporter une poutre), ou de *filets* (ligne en tuiles un peu saillante au bas du chaperon pour rejeter les eaux hors du parement du mur) que d'un côté; dans ces cas, le mur est censé appartenir au propriétaire du côté duquel sont l'égout ou les corbeaux. La réparation et la reconstruction du mur mitoyen sont à la charge de tous ceux qui y ont droit, et proportionnellement au droit de chacun; on peut toutefois se dispenser de contribuer à ces dépenses en renonçant à son droit, pourvu que le mur mitoyen ne soutienne pas un bâtiment qui vous appartienne, car il est de droit commun qu'on peut se dispenser de l'entretien d'une chose indivise en renonçant à sa copropriété. Tout copropriétaire peut faire bâtir contre un mur mitoyen, et y faire placer des poutres et solives dans toute l'épaisseur du mur, à 00 m 54 c. près, sans préjudice du droit qu'a le voisin de faire réduire la poutre jusqu'à la moitié du mur, dans le cas où il voudrait lui-même asseoir des poutres dans le même lieu, ou y adosser une cheminée. Celui qui fait exhausser le mur mitoyen doit payer seul la dépense de l'exhaussement, et, en outre, l'indemnité de la charge, à raison de cet exhaussement; et si le mur n'est pas en état de supporter le poids de ce dernier, il doit le faire reconstruire en entier à ses frais, et l'excédant d'épaisseur doit se prendre de son côté. Le voisin qui n'a pas contribué à l'exhaussement, peut plus tard en acquérir la mitoyenneté en payant la moitié de la dépense. L'un des voisins ne peut pratiquer, dans le corps d'un mur mitoyen, aucun enfoncement, ni y appliquer ou appuyer aucun ouvrage sans le consentement de l'autre ou sans avoir, à son refus, fait régler par experts les moyens nécessaires pour que le nouvel ouvrage ne soit pas nuisible aux droits de l'autre. — Chacun, dans les villes et faubourgs, peut contraindre son voisin à contribuer aux constructions et réparations de la clôture faisant séparation de leurs maisons, cours et jardins. La hauteur de cette clôture est fixée alors d'après les usages et réglements, et à défaut de réglements et d'usages, tout mur doit avoir 3 m. 02 dans les villes de 50,000 âmes et au dessus, et 2 m. 0,08 dans les autres villes. La loi va jusqu'à régler (art. 664) le mode de réparation et de reconstruction d'une maison dont les différents étages appartiennent à divers propriétaires.— La mitoyenneté de tous les fossés séparatifs d'héritages, est également présumée, à moins de marque du contraire, par exemple la levée ou le rejet de la terre d'un côté seulement, et alors le fossé est censé appartenir exclusivement à celui du côté duquel se trouve le rejet. Comme un fossé n'est pas toujours une clôture bien exacte, et peut n'avoir eu pour objet que la démarcation des héritages ou l'écoulement des eaux, la loi n'accorde pas le droit de contraindre son voisin à en vendre la mitoyenneté. Celui qui creuse un fossé doit en prendre toute la largeur sur son terrain. Il doit, en outre, laisser au delà de la berge un certain espace communément de 0 mèt. 33 à raison de l'éboulement possible des terres. On sait que ce genre de clôture est protégé, en outre, par la loi pénale, qui prononce la peine d'un mois à un an d'emprisonnement contre celui qui comble des fossés en tout ou en partie. — La HAIE est également une clôture dont la mitoyenneté est censée exister de plein droit, excepté lorsqu'il y a titre ou possession suffisante, ou lorsqu'un seul des deux héritages est en état de clôture.

La mitoyenneté cesse de trois manières : 1° lorsque l'un des voisins la cède à l'autre de gré à gré ; 2° lorsqu'il l'abandonne pour se dispenser des réparations ou de la reconstruction; 3° par la prescription, lorsqu'il a souffert que pendant trente ans son voisin en usât comme maître absolu. Si le voisin, devenu seul propriétaire du mur par l'abandon, le laisse tomber ou le démolit, le renonçant à le droit de redemander sa moitié du sol et des matériaux, parce que son but ne se trouve pas rempli, puisqu'il n'a renoncé que pour éviter les réparations. L'abandon n'empêche pas d'ailleurs de racheter dans la suite la mitoyenneté (voyez SERVITUDES). AD. ROCHUR.

MITRAILLE (art milit.). On donne ce nom à un mélange de vieux fers et de biscaïens dont on charge les canons et les pierriers. Cette ferraille, renfermée dans des sacs de toile ou de fort parchemin, est très meurtrière et fait de grands ravages dans les rangs ennemis. Quelquefois on tire à mitraille seulement; d'autres fois on tire simultanément à boulet et à mitraille, selon la disposition du terrain et la position des troupes que l'on combat. Lorsque deux armées sont en présence elles ne tirent à mitraille, l'une sur l'autre, que lorsqu'elles sont rapprochées à distance, environ, de la portée du fusil. Ces sortes de projectiles s'écartant comme le plomb, on ne s'en sert ordinairement que sur les masses. SICARD.

MITRE. Cette coiffure haute et conique qui portait en latin et en grec le même nom qu'en français, est aussi ancienne que le turban. C'est dans l'Orient qu'elle a pris naissance. Elle ornait presque exclusivement la tête des dieux identiques au soleil, et celles des prêtres représentants de cette divinité sur la terre. Pour comprendre cet usage, il suffit de se rappeler que la lumière était symbolisée dans les religions antiques par la forme conique et pyramidale représentant parfaitement les rayons du soleil qui forment en descendant sur la terre une pyramide immense, ayant pour base notre globe et pour sommet le soleil lui-même. Nous pouvons donc en archéologie proclamer hautement que toute figure représentée avec la mitre, a des rapports avec la lumière personnifiée, soit dans le soleil, soit dans les astres, ou considérée comme supérieure aux corps lumineux. Il est encore fort possible que le nom de mitre même signifie lumière ou soleil, comme le Mithra de la Perse. Chez les Phrygiens la mitre était remarquable par ses longs fanons, appelés par Virgile *redimicula*, destinés à être attachés sous le menton, mais qu'on laissait ordinairement retomber sur la poitrine, comme les fanons des figures égyptiennes. La mitre dont Pâris est coiffé sur une pierre gravée publiée par Winckelmann, a quatre fanons et est parsemée d'étoiles. Cette coiffure, du reste, a dû varier selon le pays, et il n'y a pas lieu d'être surpris qu'on l'ait fort souvent confondue avec la cidaris et la tiare, qui ont également affecté différentes formes. On donne aujourd'hui le nom de mitre à la coiffure, ou ornement de tête des archevêques, des évêques et de quelques abbés officiant solennellement. En Orient, les patriarches seuls en firent usage; mais leur mitre n'avait point de ressemblance avec celle des modernes, ni même avec celle des anciens prélats d'Occident, dont la plus reculée qu'on connaisse est du xe siècle. Quoique cet ornement ne leur fût pas commun à tous, on vit Alexandre II en accorder le privilége aux abbés de Saint-Augustin de Cantorbéry et de Cave, et Urbain II aux abbés du Mont-Cassin et de Cluny. D'autres abbés obtinrent au moyen-âge le même privilége, d'où on les appella abbés coiffés ou mitrés Les évêques s'y opposèrent, mais ce droit subsista pour quelques uns, et même pour les dignitaires de quelques chapitres qui portaient aussi la mitre en officiant. On prétend que le pape Sylvestre est le premier qui ait porté une mitre. Mais cette mitre devait être plutôt la thiare réservée aux papes. — La mitre moderne est composée d'un devant et d'un derrière de carton également pointus, surmontés de deux glands ou boutons, et ornés de deux fanons ou bandes qui pendent sur le dos du prélat. Ces deux moitiés assemblées d'une manière qui les rend flexibles sont doublées de satin, et recouvertes de toile ordinairement d'argent pour les évêques, et pour les archevêques de toile d'or richement brodée, et quelquefois ornée de pierreries. La mitre de l'abbé de la Trappe n'est recouverte que de soie blanche. — On appelait aussi mitre le grand bonnet de papier que l'Inquisition d'Espagne mettait sur la tête des hérétiques ou autres qu'elle faisait mourir, et sur lequel leur crime était retracé en caractères et en figures. A. DE M.

MITRE (moll.) : genre de gastéropodes créé par de Lamarck, aux dépens des volutes de Linné et comprenant des coquilles turriculées ou subfusiformes, à spire pointue au sommet, à base échancrée et sans canal, ayant la columelle chargée de plis parallèles entre eux, transverses, et dont les inférieurs sont les plus petits. Les volutes, au contraire, ont habituellement la coquille plus courte et plus ventrue, avec les plis de la columelle plus grands en bas, plus petits en haut; mais, cependant, depuis qu'un grand nombre d'espèces sont connues, et qu'elles ont établi des passages presque insensibles entre ces deux genres, on devrait peut-être les réunir en un seul. L'animal de ces mollusques est pourvu d'un pied petit et étroit, dilaté, seulement en avant chez quelques espèces : la tête est très petite, en forme de V, dont les deux branches sont formées par les tentacules ; ces derniers organes sont tantôt grêles, côniques, pointus au sommet, et portent les yeux à leur base ou à une certaine hauteur; tantôt ils sont courts, subcylindracés, et présentent à la base un pédicule soudé dans toute sa longueur, et terminé par un point oculaire; la trompe, cylindracée et offrant un renflement terminal, est excessivement allongée, car elle atteint souvent plus d'une fois et demie la longueur de l'animal;

le manteau revêt l'intérieur de la coquille, et se prolonge en un canal charnu, destiné à conduire l'eau dans la cavité branchiale. — Le nombre des mitres vivantes dépasse aujourd'hui 250, et celui des espèces fossiles, qui appartiennent toutes aux terrains tertiaires, est de 70 environ. Elles semblent exclusivement confinées dans les mers des pays chauds; les espèces peu nombreuses de la Méditerranée sont petites et sans éclat, tandis que celles des régions tropicales dépassent un décimètre de longueur, et sont ornées des plus vives couleurs. Ce genre est partagé en quatre groupes particuliers : — 1o Les MITRES PROPREMENT DITES, chez lesquelles la coquille est turriculée, et dont le type est la mitre papale, M. papalis, longue de 125 millimètres, blanche, avec des rangées élégantes de taches rouges, et dont les tours de spire sont plissés régulièrement et couronnés de dents ; elle habite les mers des Moluques. — 2o Les MINARETS se distinguent par leur coquille qui offre un sinus au bord droit de l'ouverture, et dont le mitra plicaria est le type. — 3o Des espèces courtes à bord droit de la coquille épaissi, renflé dans son milieu ; telle est le mitra bizonalis, dont de Lamarck avait fait une colombelle, en raison de ce renflement du bord, quoiqu'elle ait des plis à la columelle, comme les autres. — 4o Des espèces à coquille courte, en forme de cône ou d'olive, telles que les mitra dactylus et crenulata, dont les auteurs modernes ont fait les genres concelis et imbricaria. E. D.

MITYLÈNE (géog. anc.) : ville de l'île de Lesbos, sur la côte S.-E., avec un bon port. Mitylène, qui porte aujourd'hui le nom de Mytileni, Mételin ou Castro, était la capitale de l'île et des colonies Eoliennes. Son commerce était florissant et elle devint riche et puissante. Soumise par Athènes avec le reste de l'île, elle se révolta pendant la guerre du Péloponèse, et fût prise par les Athéniens qui lui enlevèrent ses vaisseaux, abattirent ses murailles et firent mourir mille de ses principaux citoyens (voy. MÉTELIN). En 86 elle se déclara pour Mithridate et fut ruinée par les Romains. Pompée la fit rebâtir et y éleva un théâtre magnifique. Elle avait des écoles d'éloquence renommées; elle donna le jour à Pittacus, Alcée et Sapho. Sa population est aujourd'hui de 7,000 habitants.

MIXTE. Dans l'ancienne chimie le mot mixte avait une importance particulière; il servait à désigner tous les corps de la nature à l'exception des quatre éléments simples, l'air, le feu, la terre et l'eau, admis par Aristote. Plus tard, sur la foi de Paracèlse, on admit un cinquième élément, l'esprit prédestiné, formé de ce qu'il y avait de plus pur dans les quatre autres, et qui, par son union avec une portion de chaque corps, composait la quintessence (*quinta essentia*) que Raymond Lulle obtenait de la purification des minéraux et de la distillation des substances organiques. C'était l'or et l'argent pour les métaux, l'alcool pour les vins, la substance appelée depuis *acétone* dans le vinaigre, et en général, la partie active à laquelle les mixtes devaient toutes leurs propriétés. Paracelse ajouta trois éléments aux cinq premiers, le sel, le soufre et le mercure, et ses succès prodigieux dans la recherche et dans l'emploi de la partie active des mixtes, ont fait croire à ses disciples qu'il avait trouvé la panacée universelle. Ils l'appelèrent le *roi des arcanes*, le *roi des chimistes*, et propagèrent partout sa doctrine. La science en était à ce point lorsque Nicolas Lefèvre, en 1666, fut chargé par Louis XIV de fonder au Jardin des Plantes le premier cours de chimie qui se fit en France. Lefèvre appela la chimie la science des mixtes et des éléments, et, suivant lui, ces derniers n'étaient qu'au nombre de cinq, qu'il obtenait par la distillation du bois à vase clos. L'air n'était pas un élément. Il était représenté par tous les gaz de nature diverse qui s'échappaient des mixtes par la distillation. Mais il prenait pour éléments le phlegme ou l'eau, l'esprit ou l'acide acétique, le soufre ou l'huile, enfin le sel et la terre qu'il trouvait dans le charbon. Il admit ensuite un *esprit universel*, qui émanait des astres sous forme de lumière, et se corporifiait dans les mixtes par la calcination. Cet esprit universel qui n'était autre que l'oxygène, fit faire un grand pas à la science. Lémery, qui vint ensuite, reconnut la matérialité de ce principe, et ajouta même que les corps auxquels on donnait le nom d'éléments, ne l'étaient qu'à notre égard, et parce que nous ne pouvions pénétrer plus avant dans leur nature intime. Bécher alla plus loin encore ; il établit, le premier, parmi les mixtes, l'existence de corps simples indécomposables, et de corps composés décomposables, et annonça même que les phénomènes chimiques se passent entre des principes matériels qu'une force propre réunit pour en former des composés. Il n'y avait plus qu'un pas à faire pour arriver à la vraie connaissance des mixtes. Stahl, qui adopta les idées de Bécher, se trompa de route. Il fit l'inverse de ce que nous faisons aujourd'hui, en prenant les oxydes pour des corps simples, et les métaux pour des corps composés. Mais Schéele reconnut que l'air était la cause des phénomènes que Stahl expliquait par son *phlogistique*. Cette considération l'amena à séparer des mixtes plusieurs corps simples, le manganèse, le chlore, etc. Il entrevit

même l'oxygène que Priestley isola complétement en 1774, et presque aussitôt, l'immortel Lavoisier, en expliquant l'action de ce gaz dans tous les phénomènes de la combustion et de la respiration, fit tomber pour toujours la théorie du phlogistique, ainsi que la dénomination de mixtes donnée à tous ces corps partagés définitivement depuis en corps simples et en corps composés.

D. JACQUET.

MIYAKO , *Myako, Miaco, Kiô, Rok'siô* ou *Rok-tsiou*, etc. — Capitale politique et religieuse du JAPON. Située dans l'île *Nippon*, entre le grand lac *Oïts* ou *Biwako* et la mer, sur la rivière *Yodo* (*Yodo-Gawa*), par environ 133° 19' de longitude orientale du méridien de Paris, et 34° 59' de latitude boréale, *Miyako* paraît être non seulement l'une des plus grandes villes du globe, mais aussi, l'une des plus remarquables. Ce que nous savons de cette capitale est dû principalement aux récits des Hollandais qui, admis, une fois en quatre ans, à visiter *Yédo*, capitale administrative de l'empire, s'y rendent presque entièrement par terre, de leur comptoir-prison de *Dezima*, près *Nangasaki* (*voy.* ce mot), et s'arrêtent à *Miyako*, surtout au retour. *Miyako* est la capitale réelle de l'empire japonais et la résidence du véritable empereur, du *Mikado*, autocrate nominal, chef de la religion et l'unique dispensateur, par droit divin, des titres, honneurs et prérogatives auxquels les Japonais attachent plus d'importance encore qu'au pouvoir et à la fortune. A *Yédo* trône le *Siogoun*, lieutenant du Mikado, souverain, non de droit, mais de fait. — La cour du *Mikado*, et sa résidence officielle, sont connus des Japonais sous le nom de *Daïri*. Le *Daïri*, bien que constituant à lui seul une sorte de ville intérieure, n'occupe pas, à beaucoup près, une surface aussi considérable que celle sur laquelle s'étend, à *Yédo*, le palais du *Siogoun*. *Miyako* n'est pas non plus une aussi vaste capitale que *Yédo*, mais elle est mieux bâtie et plus belle, non seulement en elle-même, mais par la richesse de son territoire et du magnifique paysage qui l'entoure : elle l'emporte, à cet égard et par la salubrité de son climat, sur toutes les villes du Japon. Elle en est considérée comme le paradis, et la cour du *Mikado*, siège de la religion (comme les Japonais la comprennent), est en même temps le siège de la haute littérature, le centre d'où émane toute poésie vraiment nationale, toute philosophie historique ou morale. L'académie de *Yédo* peut être plus scientifique, mais c'est parmi les habitants du *Daïri* que le Japon compte, non seulement ses théologiens, mais ses historiens, ses poètes, ses moralistes les plus célèbres, et les femmes, aussi bien que les hommes, s'y sont distingués, et s'y distinguent encore dans ces luttes et ces triomphes de l'intelligence. Comme témoignage de la supériorité incontestée de la Rome japonaise et des habitants du *Daïri* sur tout le reste de l'empire, les officiers de la cour du *Mikado*, et les personnes de sa famille, sont d'un rang supérieur à celui du premier des princes ou des grands de *Yédo*, et les plus hauts dignitaires ne sont considérés et traités, en cas de rencontre, que comme d'humbles serviteurs du dernier de ces officiers. Les temples de *Miyako* sont les monuments les plus merveilleux que le Japon puisse offrir à la curiosité des étrangers. Il faut en lire la description dans Kæmpfer, parmi les anciens voyageurs, et dans les relations modernes de Fisscher, Siebold, etc. Le pieux espagnol, don Rodrigo de Vivero y Velasco, en 1609, visitant et admirant à regret ces temples, s'écriait : « Le diable ne pouvait pas suggérer à l'empereur un meilleur moyen de dépenser ses immenses trésors! » La population de *Miyako* excède 600,000 âmes, sans y comprendre les habitants du *Daïri*, dont le rang est trop élevé pour qu'il soit *permis de les compter* dans un recensement.   JAUCIGNY.

MNASKIRÈS : dixième roi des Parthes. Il succéda, l'an 86 avant. J.-C., à son père Mithridate II, et après un règne de neuf ans, laissa la couronne à son frère Sinnathrocès.

MNÉMIIDES et **MNÉMIE** (*zooph.*). Eschscholtz désigne sous la dénomination de *mnémiides* une famille d'acalèphes qui a pour caractères : bouche présentant des prolongements ou grands lobes pourvus de lamelles vibratiles; cavité stomacale très restreinte et n'occupant qu'une petite partie du corps. Ces zoophytes se distinguent des calliamirides, dont ils sont très voisins, principalement par l'absence des cirrhes ou tentacules. — Le genre *mnémie*, le plus important de tous ceux de cette famille, est caractérisé par son corps ovale, allongé verticalement et très comprimé, et par le canal excréteur de son estomac s'ouvrant dans une excavation en entonnoir. Les deux principales espèces sont la *mnémia schweiggeri*, longue de 54 millim., qui vit près des côtes du Brésil, et la *M. kuhlii*, longue seulement de 18 millim., qui se trouve dans la mer du Sud, auprès de l'équateur.   E. D.

MNÉMOSYNE, du grec μνειμοσυνη, *mémoire*: déesse de la mémoire, fille d'Uranus et de Ghé, selon Diodore. Dans cette généalogie de la personnification d'une des facultés les plus précieuses de la nature humaine, les anciens ont voulu représenter la double connaissance qui unit l'homme au ciel et à la terre, au monde de l'intelligence et à celui de la matière. Ils attribuaient à cette déesse l'art du raisonnement qui ne peut opérer qu'à l'aide de la mémoire et l'imposition des noms convenables à tous les êtres, parce que ces noms doivent en faire connaître les caractères distinctifs. Ils lui donnèrent aussi pour filles les neuf Muses. Mnémosyne avait une statue célèbre à Athènes, la ville des artistes, des écrivains et des philosophes. On la représente debout dans l'attitude de la méditation, enveloppée d'un grand manteau et la main élevée vers le menton, ou assise, le front baissé, etc.

MNÉMOTECHNIE, de μνέμη, mémoire, et τέχνη, art : art de la mémoire, mémoire artificielle. De tout temps on s'est efforcé de trouver des moyens artificiels de fixer les faits dans la mémoire, et il n'est personne qui n'ait inventé à son usage certains procédés plus ou moins imparfaits pour se rappeler ce qu'il craignait d'oublier. Toutes les méthodes de mémoire artificielle sont basées sur l'association des idées ; elles consistent toutes à rappeler, à l'aide d'une combinaison simple et facile, à retenir des combinaisons compliquées et se logeant difficilement dans la mémoire; à lier des faits ou des noms qui se présentent isolés ; à fixer dans l'esprit des nomenclatures, des dates, etc.

Les anciens parlent souvent de procédés de mémoire artificielle dont Simonide passait pour l'inventeur. L'école de Pythagore s'en occupa beaucoup ; Cicéron, Quintilien, entrent dans quelques détails sur les procédés qu'employaient les orateurs pour bien fixer l'ordre de leurs idées. Il consistait à se représenter un vaste édifice bien connu d'eux, et à attacher à chaque pièce, à chaque ouverture, à chaque ornement important, un argument, une idée, une phrase. De cette façon, la topographie étant bien connue, il y avait des chances pour que l'on n'oubliât rien. A une suite de lieux on substituait quelquefois une suite d'images. Quintilien fait un cas médiocre de ce procédé, auquel Cicéron donnait toute son approbation. Il conseille à l'orateur de bien se pénétrer d'une suite d'images, et surtout d'enchaîner ses idées de telle sorte que chacune appelle nécessairement celle qui doit la suivre. Ce procédé topographique de mémoire artificielle a été en grande faveur pendant le moyen-âge, et même depuis la Renaissance. François Bacon, son homonyme Roger Bacon, Giordano Bruno, Leibnitz lui-même, n'ont pas dédaigné de commenter les passages de Cicéron et de Quintilien, et de disserter longuement sur les procédés de mémoire artificielle. Cependant, du XIIIᵉ au XVIIIᵉ siècle, cet art semble avoir fait peu de progrès. La topologie, employée pour aider la mémoire, était une idée bonne en soi, mais non pas unique, comme trop de ces savants l'ont pensé. Ce n'est guère que depuis le commencement du xix⁰ siècle qu'on a songé à se servir de certains mots, de certaines articulations pour lier les idées.

Jusque-là, à part les procédés de topologie, en fait de mémoire artificielle, on n'avait guère imaginé d'acceptable que des vers techniques dans lesquels une nomenclature, concentrée en quelques mots, se fixe dans l'esprit, à l'aide du rhythme.

Nous ne connaissons que trop bien le *Jardin des racines grecques* de ce bon Lancelot, qu'on peut regarder comme un chef-d'œuvre du genre et auquel on peut joindre la géographie en vers artificiels du père Buffier.

Ajoutez à cela quelques tableaux synoptiques, quelques tentatives imparfaites de deux Allemands, Feinaigle et le baron d'Arétin, quelques enseignements incomplets distribués en Allemagne, à grand prix et sous le sceau du secret, voilà où en était la science mnémonique lorsque M. Aimé Paris publia, en 1825, ses *Leçons de mnémotechnie*. L'auteur, dans ce livre substantiel, passe en revue tous les objets auxquels la mémoire peut s'appliquer, depuis la chronologie jusqu'aux combinaisons des jeux de cartes; il y traite tour à tour de l'art de retenir les chiffres, les faits, les dates, les nomenclatures scientifiques, etc., soit par l'association des idées, soit par le rapprochement des sons, par les couleurs, les consonnances finales.

La mnémotechnie appliquée aux dates représente les chiffres arabes par des lettres; elle néglige les voyelles et ne tient compte que des consonnes; puis, comme il y a dix-huit consonnes, sans l'*h*, et seulement dix chiffres, il a fallu procéder à une simplification, en réunissant les lettres dont le son se rapproche, le *b* au *p*, le *d* au *t*, etc. La suite naturelle des nombres s'est ainsi trouvée représentée dans la phrase suivante :

Satan n'aime en rien les gens qui font bien.
0 1 2 3 4 5 6 7 8 9

Ou par celle-ci :

Ton ami relâché qui va passer.
1 2 3 4 5 6 7 8 9 0

On conçoit, qu'avec ce système, il est possible de former pour chaque suite de chiffres un nombre considérable de phrases dans lesquelles le fait à rappeler et le chiffre pourront être réunis intimement. Ainsi, la phrase : « Le Mont-Blanc est un roc à pic » rappellera que cette montagne a 4,797 mètres d'élévation.

La formule mnémonique est toujours renfermée dans les derniers mots de la phrase. On combine quelquefois les formules phoniques rappelant les mots avec les formules qui rappellent les chiffres. Exemples : Bataille de Fontenay, 841 : *Fonte n'est* bonne à toucher que *froide.* —Journée des harengs, 1429 : *Hareng saur* n'est pas du *dernier beau.*

On se rappelle les nomenclatures au moyen de sons approximatifs, de séries de calembours par à peu près, qui associent une certaine série de faits. Ces phrases sont souvent baroques; mais les mnémoniseurs ne reculent pas devant le baroque, persuadés que les formules n'en seront que mieux retenues, si elles sont du reste convenablement liées. S'agit-il de retenir, par exemple, que le département de l'*Allier* a pour chef-lieu *Moulins*, et pour sous-préfectures *Lapalisse* , *Montluçon* et *Gannat?* voici la formule mnémonique : Envoyez vos ALLIÉS au *moulin* de *Lapalisse*, manger du *moulu son* avec les *canards*. Les mots soulignés rappellent les villes dans leur ordre. On suit pour la musique le même procédé.

Les procédés d'Aimé Paris pour retenir un morceau par cœur méritent aussi d'être mentionnés. Tant que les idées se suivent, la mémoire ne bronche pas. C'est au moment où l'on passe d'une ordre d'idées à un autre, qu'il est nécessaire de trouver un point de rappel. L'auteur y parvient en faisant entrer dans une même phrase la fin de la période qui finit et les premiers mots de celle qui commence. En voici un exemple :

> On lit peu ces auteurs faits pour nous ennuyer,
> Qui toujours sur un ton semblent psalmodier.
> Heureux qui dans ses vers sait d'une voix légère, etc.

Phrase de rappel : J'aime à entendre *psalmodier : Beati pauperes*, etc.

On voit que la mnémotechnie ainsi appliquée ne sert qu'à fixer certains détails précis. Elle ne dispense nullement d'étudier par les méthodes ordinaires; elle intervient seulement là où ces méthodes font défaut, là où il y a un point faible dans la mémoire. Tel, par exemple, retient merveilleusement les noms et les langues, qui ne sait pas se loger un chiffre dans la tête; tel autre, au contraire, retient fort bien les nombres et oublie les mots. L'un et l'autre prendront dans la mnémotechnie ce dont ils ont besoin.   J. FLEURY.

MNESTHÉE, l'un des secrétaires de l'empereur Aurélien, fut accusé de concussion et de rapines, et craignant les suites de cette accusation, il dressa une liste des noms des principaux officiers de l'armée comme destinés à la mort par Aurélien, mêlant aux noms de quelques-uns qui pouvaient avoir de légitimes raisons de craindre, ceux, au contraire, des sujets généralement recommandables. Sur cette liste, et afin de l'accréditer, se trouvait son propre nom. Ceux qui s'y virent désignés, n'ayant pas même le soupçon de la fraude, se concertèrent, et ayant épié le moment où l'empereur sortait sans être bien accompagné, ils se jetèrent sur lui et le tuèrent (*voy.* Aurélien). Is. J.

MNÉVIS. Un des dieux taureaux de l'Égypte, était la divinité tutélaire d'Héliopolis. Son culte, qui devint secondaire, paraîtrait avoir précédé celui d'Apis.

MNIOTILTE (*ornith.*) : genre de passereaux de la famille des becs-fins, créée par Vieillot, aux dépens des hochequeues, et ayant pour caractères : bec court, subulé, grêle, droit, comprimé latéralement, à mandibules égales et aiguës ; narines ovalaires ; tarses scutellés ; ailes médiocres.—Une seule espèce, la *mniotilla varia*, Vieillot, *sylvia varia*, Latham, entre dans ce genre. Cet oiseau, qui arrive dans le centre des États-Unis au mois d'avril, et quitte ce pays en septembre, pour passer l'hiver dans les Antilles, a la gorge et les joues noires, et tout le reste du plumage varié de blanc et de noir. Il se nourrit d'insectes, et vit dans les bois, où on le voit toujours grimper le long des troncs et des grosses branches, sans que sa queue lui serve de point d'appui. E. D.

MOAB, était fils de Loth et de sa fille aînée. On peut lire, dans la Genèse (xix , 30, seqq.), les circonstances extraordinaires qui précédèrent sa naissance. L'Écriture ne nous apprend rien touchant sa vie, si ce n'est qu'il fut le père des Moabites.

MOABITES. Les descendants de Moab s'établirent dans les contrées situées à l'est de la mer Morte et du Jourdain, après en avoir chassé les géants appelés *Emim* (Deut. ii, 9, seqq.). Plus tard les Amorrhéens reprirent sur eux une partie de cette contrée. Les Moabites furent épargnés par Moïse à qui Dieu défendit de les attaquer (Deut. ii, 9). Balac, leur roi, appela le devin Balaam pour maudire les Israélites qui se rendaient dans la Terre-Promise ; mais Dieu mit des paroles de bénédiction dans la bouche de Balaam, qui ne put les maudire. Cependant les filles de Moab séduisirent les enfants d'Israël et les firent tomber dans l'idolâtrie. Après la mort de Josué, Églon, roi des Moabites, subjugua les Hébreux et les opprima pendant dix-huit ans. Il fut tué par Aod, juge d'Israël, et les Moabites perdirent dix mille hommes dans la guerre contre les Hébreux. On peut croire que ce peuple vécut ensuite en paix avec les Israélites jusqu'à Saül qui leur fit la guerre (I Rois, xiv, 47) ; David les vainquit et les rendit tributaires (II Rois, viii, 2). Après le schisme, ils payèrent le tribut aux rois d'Israël jusqu'à la mort d'Achab. Ils se révoltèrent alors. Joram, fils d'Achab et roi d'Israël, soutenu par Josaphat, roi de Juda, remporta sur eux quelques avantages. Depuis cette époque on ne sait plus rien de bien certain sur les Moabites. Ils finirent par se confondre avec les Arabes. Leurs villes les plus importantes étaient *Ar-Moab* ou *Rabbath-Moab*, c'est-à-dire la *capitale de Moab*, et *Kir-Moab*. La divinité principale des Moabites était Chamos, dans lequel plusieurs graves auteurs ont cru reconnaître Béelphégor.

MOALLACA (*poésie arabe*). Ce mot signifie *suspendue*. Avant l'établissement de l'islamisme, il y avait, durant les vingt premiers jours du onzième mois de chaque année, une réunion immense à Okâz, lieu planté de palmiers, et situé entre Tâïf et Nakhla, à trois petites journées de la Mekke. Ce concours annuel, image frappante des jeux olympiques, appelait à sa solennité une foule considérable qui y accourait de tous les points de l'Arabie. C'était dans le mois qui précède celui du pèlerinage, et qui était un des quatre mois sacrés, c'est-à-dire pendant lesquels toute guerre était interdite, qu'avait lieu cette assemblée à laquelle on donnait le nom de *la foire d'Okâz*. Là, les poètes, et presque tous étaient de valeureux guerriers, venaient réciter leurs vers, vanter leur noblesse, leurs exploits ; la foule était le seul juge des mérites de ces vers, et prononçait par son admiration ou par son silence. C'étaient des pièces composées au moins de trente vers, appelées *cacydeh*. Au dessous de ce chiffre, ce n'était que des *abiât* (vers). Maintes fois les cacydeh qui avaient ému, enthousiasmé la multitude, furent écrites en lettres d'or sur un tissu précieux, *suspendues* à la porte de la Kaaba ou sanctuaire du temple de la Mekke, et exposées ainsi au jugement de la foule. Mais le nom de Moallaca par excellence est resté affecté uniquement à sept cacydeh, auxquelles la postérité l'a conservé, bien que Mahomet, dans son dédain pour les poètes (*voy.* le Koran , ch. 26, vers. 221 et suivants), ait aboli les solennités d'Okâz, et fait enlever du temple les *poèmes suspendus*.

Les sept moallaca sont toutes du vie siècle de l'ère chrétienne. Les poètes auxquels elles sont dues, ont, excepté deux, été contemporains de Mahomet. Les quatre ou cinq autres ont vu l'apparition de l'islamisme, et l'un de ces cinq, Lébîd, étant presque sexagénaire, embrassa la religion nouvelle, et ne mourut qu'en 42 de l'Hégire (662 de J.-C.). — Ces poètes sont : Imrou-l-Cays, qui mourut vers 540 ; Tarafah, mort vers 564 ; Antarah, appelé plus communément Antar, qui vécut jusqu'à l'époque de l'Hégire; Amr-Ibn-Koulthoûm (fils de Koulthoûm), mort vers l'époque de l'Hégire ; Hâreth-Ibn-Hillizah, contemporain et rival du fils de Koulthoûm ; Zoheïr, distingué plus spécialement par le nom de Zoheïr-Ibn-Abou-Solma ; il existait encore en 627 de J.-C., et était presque centenaire; enfin, Lébîd. — Les Moallaca sont encore désignées sous le nom de Mouzahhaba, *dorées*, poèmes *dorés*, dénomination qui rappelle les *vers dorés* de Pythagore. Elles portaient aussi le nom de *touâl*, *longs* poèmes, parce que jusqu'à l'époque de l'islamisme on ne connaissait pas de poèmes d'une aussi longue étendue; car, malgré leur goût et leur génie, les Arabes n'ont jamais eu de grandes conceptions poétiques ; ils n'ont produit et laissé, dans leur antiquité surtout, que des *carmina* qui souvent passaient, en partie, dans le domaine des chants publics. Des passages des Moallaca ont eu cette destinée, et étaient encore, longtemps après l'établissement de l'islamisme, chantés chez les califes mêmes, dans les réunions et fêtes particulières ou publiques. — Les deux plus longues moallaca sont celle d'Amr-Ibn-Koulthoûm, qui a cent sept vers, et celle de Tarafat, qui en a cent six. La plus courte est celle de Zoheïr; elle n'a que soixante-six rimes. Zoheïr, quand il la composa, touchait, comme il le dit par le quarante-septième vers de son poème, à sa 80e année.

La plus ancienne moallaca, et celle qui est regardée par les Arabes comme la plus poétique, est celle d'Imrou-l-Cays; elle ne fait allusion à aucun fait historique, de même que celle de Tarafah et celle de Lébîd. · PERRON.

MOAWIAH IBN ABI SOFIAN (*hist.*), sixième successeur de Mahomet, et premier calife de la dynastie des Ommiades, naquit à la Mekke vers 593 de J.-C. (29 ans avant l'Hégire), et fut proclamé calife en 41 de l'Hégire (de J.-C., 661). Moâwiah fut nommé gouverneur de la Syrie en 20 de l'Hégire (641). Huit ans plus tard, il fit la conquête de l'île de Chypre, qu'il ne posséda que pendant deux ans. En 30 (651), il s'empara de Rhodes, et fit briser le fameux colosse, dont les débris furent vendus à un Juif. Après la mort du calife Othmân, Moâwiah qui lui devait sa fortune, ne voulut point reconnaître l'autorité d'Aly, soupçonné d'avoir fait assassiner Othmân; de là une guerre acharnée qui dura cinq ans. En 40, Moâwiah soumit l'Yémen, la Mekke et Médine, et fit périr un grand nombre de partisans d'Aly. Ce fut vers la fin de la même année que trois khawârejd (dissidents) voulurent assassiner Aly, Moâwiah et Amr, pour rendre la tranquillité à leur pays; Aly seul succomba, et eut pour successeur son fils Haçan, prince faible et irrésolu,

que Moâwiah força à abdiquer. Malgré tous les efforts des khawâredj, il fit son entrée triomphale à Koûfa où il fut proclamé calife. Dès lors la forme de l'autorité changea, en ce sens qu'étant élective auparavant, elle devint ensuite héréditaire. Moâwiah voulut donc établir l'hérédité dans sa famille, et faire reconnaître son fils Yézyd, comme son successeur; il y parvint, mais il n'y réussit qu'avec peine; car il avait soulevé l'animadversion des Musulmans en dépouillant du califat la famille du Prophète. Le calife apaisa les mécontents à force d'argent. Une fois bien affermi sur le trône, il agrandit les bornes de son empire. Il mourut à Damas en 60 (681), âgé de 78 ans. ALFRED CLERC.

MOBILE (PREMIER) (*ast.*) : terme d'astronomie ancienne qui signifiait le ciel étoilé; ce mot est aujourd'hui entièrement hors d'usage.

MOBILIER, MEUBLES (*jurisp.*). Tout corps qui peut se mouvoir ou être transporté, est meuble par sa nature et reste tel aux yeux de la loi, sauf lorsqu'il s'agit d'animaux ou d'effets mobiliers que le propriétaire a attachés au fonds par l'effet d'une convention spéciale ou à perpétuelle demeure. Outre ces objets réputés *meubles par leur nature* et qui prennent la dénomination particulière de *meubles corporels*, la loi répute meubles une foule d'autres objets qui ne doivent cette qualité qu'à leur seule disposition ; ce sont les *meubles incorporels*, sortes d'êtres de raison qui ne consistent que dans un droit, tels qu'un usufruit, une créance. — Dans la première catégorie, celle des *meubles par nature*, figurent les grains coupés, les fruits détachés du sol quoique non enlevés, les arbres abattus, une glace non adhérente à la boiserie; et même les bateaux, bacs, navires, moulins, bains sur bateau, usines non fixées au sol; seulement l'importance de quelques-uns de ces objets leur a fait appliquer des règles particulières, notamment en ce qui concerne la forme de la saisie. Bien que la destination du propriétaire puisse, dans certains cas, faire réputer immeubles des biens meubles par leur nature, la loi n'en considère pas moins comme meubles des matériaux provenant de démolition ou assemblés pour une construction : les uns et les autres ne prennent le caractère immobilier que lorsqu'ils sont mis en œuvre. — Dans la seconde catégorie doivent être classées les obligations ou actions donnant droit à des intérêts ou dividendes dans une société industrielle ou autre, sauf à chaque associé, après la dissolution de la société, à poursuivre l'action en partage d'après les règles ordinaires. C'est aussi dans la classe des *meubles par la détermination de la loi* que doivent être rangées les rentes perpétuelles ou viagères constituées sur l'Etat ou sur particuliers, à titre gratuit ou à prix d'argent. Cette distinction des biens meubles est fondamentale dans notre législation qui contient une foule de dispositions différentes *pour les meubles et pour les immeubles*, différences qui se rattachent à ce principe commun : savoir que la propriété des immeubles, plus stable et sous ce rapport plus avantageuse que celle des meubles, doit être plus spécialement protégée.

En déterminant quels biens sont meubles ou réputés tels, le législateur n'a pas voulu enlever aux termes employés dans les dispositions de la loi ou de l'homme (*voy*. TESTAMENTS) leur signification ordinaire telle qu'elle se trouve consacrée par l'usage ; c'est au contraire à cet usage qu'il a entendu se référer en fixant le sens du mot *meuble* employé seul et celui des expressions *meubles meublants, effets mobiliers, maison meublée*. Ainsi, pour ce qui est de la signification pratique du mot *meuble*, la loi, énumérant les divers objets mobiliers corporels et incorporels qu'il ne comprend pas, semble, *à priori*, en réduire par ces exclusions, le sens rigoureux à celui plus restrictif de *meubles meublants*, c'est-à-dire à ce qui sert uniquement à l'usage et à l'ornement des appartements, désignation exclusive qui ne comprend en aucun cas l'argent comptant, les pierreries, les dettes actives, les livres, les médailles, les instruments et collections scientifiques, le linge, les chevaux, les équipages, les armes, les grains, etc., à moins que le testateur ou le donataire, en se servant du mot générique *meubles*, n'ait manifesté spécialement la volonté d'en étendre la portée à tout ce qui est mobilier. Quant aux mots *biens meubles, effets mobiliers*, la loi leur attribue la signification la plus étendue, ainsi qu'à cette autre expression usitée dans les contrats « maison avec tout ce qui s'y trouve ; » cela comprend tout ce qui n'est pas immeuble, à l'exception cependant de l'argent comptant que la loi ne considère pas en lui-même comme un bien, mais comme signe d'une valeur qui ne réside nulle part, ni *à fortiori*, le mobilier incorporel dont les titres se trouveraient dans la maison. Enfin la vente ou le don d'une *maison meublée* ne comprend en jurisprudence, comme en langage usuel, que la vente de la maison et des meubles meublants, mais non des autres valeurs mobilières qu'elle pourrait renfermer.

Parfois il devient fort difficile de classer certains droits dont l'objet n'est pas bien clairement déterminé et qui peuvent, suivant divers points de vue, s'appliquer à des meubles ou à des immeubles : la propriété des offices de notaires, avoués, huissiers, etc., est réputée mobilière ;

sont aussi réputés mobiliers les droits à la propriété littéraire et à celle des autres productions du talent ou de l'industrie. Dans certains cas au contraire les mines peuvent être considérées comme propriété mobilière, tandis que par une exception toute spéciale (décr. 16 janv. 1808), les actions de certaines compagnies, notamment celles de la Banque de France, peuvent être immobilisées, au gré de leurs propriétaires.

La propriété mobilière ne se comporte pas dans notre droit français comme la propriété immobilière. Le premier principe qui la régit est celui-ci : en fait de meubles, la possession vaut titre ; les meubles ne sont pas admis à jouir comme les immeubles de ce qu'on appelle en pratique *l'établissement de propriété* ; leur transmission n'a rien de solennel ; ils n'ont pas non plus de suite par hypothèque ; néanmoins, ils sont un gage, mais un gage d'une nature spéciale et affecté en première ligne à la garantie du propriétaire qui a le droit d'expulser le locataire qui ne lui donne pas, sous ce rapport, des sûretés suffisantes (C. civ., 1752) ; les meubles peuvent être l'objet d'un bail (1757) ou d'un prêt à intérêt, d'après l'art. 1905 reproduisant à cet égard la loi du 3 octobre 1789 qui reconnut la légitimité de cette stipulation, soit qu'elle s'appliquât à des objets mobiliers ou à l'argent qui n'est que leur signe représentatif (*voy*. INTÉRÊT, USURE).

La dépossession en matière de meubles n'est pas, comme *celle des immeubles*, assujettie aux formalités si longues et si minutieuses de l'expropriation et de la saisie immobilière ; le vendeur de meubles, le propriétaire des lieux où ils se trouvent, le créancier de celui qui les possède ont tous le même droit d'exécution, sauf la question de préférence ; ils procèdent par *revendication, par saisie-gagerie, saisie-exécution* et *vente à la criée*, d'après les dispositions légales énoncées à ces différents mots (*voy*. REVENDICATION, SAISIES, VENTE FORCÉE). AD. ROCHER.

MOBILISATION (*art. mil*.). L'origine de ce terme ne remonte qu'au commencement des guerres de la révolution de 1789. Il indique l'action de mettre en mouvement des corps armés, soit pour la défense des frontières et des places fortes, soit pour prévenir ou réprimer une insurrection dans les départements ou dans les pays ennemis occupés par des troupes agissantes. Lorsqu'en 1794, 1795 et 1796, l'armée française occupa militairement une partie de l'Italie septentrionale, on forma des colonnes mobiles, pour préserver les hommes isolés, et les convois de toutes natures, des attaques des *barbets*, espèce de guérillas qui inquiétaient les flancs et les derrières de l'armée. Des colonnes mobiles furent également établies, dans le même but, en Espagne et dans les Calabres, pendant les guerres de 1806 à 1812. Lors des deux invasions de 1814 et 1815, on mobilisa une partie de la garde nationale pour la répartir sur les frontières et dans les places fortes. Depuis, et notamment après la révolution de juillet 1830, on créa des corps de gendarmerie mobile, destinés à agir dans les départements de l'Ouest. La loi du 22 mars 1831 ayant prescrit la mobilisation d'une portion de la garde nationale, un tableau de recensement, publié par le ministre de l'intérieur, élève à 1,945,899 le chiffre des mobilisables (celui des gardes nationales du royaume était de 3,781,206). Enfin, peu de jours après la révolution de février 1848, on créa vingt-quatre bataillons de gardes nationales mobiles, pris dans la classe la plus nécessiteuse de la population parisienne (*voy.* GARDE NATIONALE). SICARD.

MOCATTAM (*géog.*), et non pas *Mocatam.* On désigne sous ce nom une longue série de montagnes dont le point de départ commence brusquement à la hauteur du Caire, qu'elles côtoient à l'E. depuis le N. de la ville. Le Mocattam présente, là, le renfort initial d'un débouché qui se prolonge à l'E., et conduit au *lac Temsâh* ou lac des Crocodiles, et aussi à Suez. Ce renfort, arrondi, est d'une roche rouge entourée de sable de la même couleur, ce qui a fait donner à ce premier mamelon le nom de *Djébel Yahmour* (montagne qui est *rouge*). De là, le Mocattam, marchant au S., domine, en passant, la citadelle du Caire, dont il est séparé par un vallon sablonneux et désert, sorte de coupure ou de large fossé entre le mont et la citadelle, qui, elle-même, est assise sur le fragment O. de cette coupure, et à portée de canon. Plus loin, le Mocattam fait quelques ondulations; il borde le désert arabique, dont il est la limite occidentale, à l'E. de laquelle est la *vallée de l'Égarement* ou *Tyh.* Sur toute sa longueur, le Mocattam fait face au Nil, et court parallèlement à la chaîne libyque qui est presque sur le bord du Grand-Désert. Ces deux sortes de basses sierras du désert forment les escarpements de la vallée irrégulière qu'occupent les terres cultivables ou l'Égypte habitable. Le Mocattam parcourt l'espace compris depuis le Caire, du côté nord de la ville, jusqu'à *Djebel Taïr*, le mont des Oiseaux, et même un peu plus haut, jusqu'à Minieh; sa longueur totale est de près de deux degrés, du N. au S., sur le côté de la rive droite du Nil. PERRON.

MOCENIGO, illustre famille patricienne de Venise, et l'une des douze appelées *apostoliques.* Elle a fourni à la république plusieurs doges et autres grands magistrats. Nous citerons : Mocenigo (*André*), qui se distingua dans les affaires les plus importantes au commencement du XVIe siècle, et qui écrivit un ouvrage *De bello Turcarum*, et un autre intitulé *La guerra di Cambrai*, Venise, 1544, in-8o, et dont l'abbé Dubos a tiré parti dans son histoire de la ligue de Cambrai. — Mocenigo (*Louis*), qui parvint, en 1570, à la dignité ducale. Il fit alliance avec le pape et le roi d'Espagne contre les Turcs qui s'étaient emparés de l'île de Chypre, et qui furent vaincus à la fameuse bataille de Lépante (1571). Louis Mocenigo mourut en 1576, il avait gouverné avec prudence et habileté.—Mocenigo (*Sébastien*), élu doge le 28 août 1722, après avoir été successivement provéditeur général de la mer, général de la Dalmatie, et plénipotentiaire pour la détermination des limites de la république avec la Turquie. Il mourut en 1732.

MOCOCO (*mamm.*), espèce du genre Maki.

MODE (*gramm.*). Le mode, en grammaire, désigne la *manière* dont l'action du verbe se présente. Elle peut s'offrir comme ayant, ayant eu, ou devant avoir une existence, soit *positive*, soit *conditionnelle*, soit *commandée*, soit *désirable*, ou *subordonnée* à une autre. Enfin elle peut être indiquée dans sa forme la plus générale, et abstraction faite de l'être agissant. De là un nombre de modes qui varie avec les idiomes. Plus une langue admet de nuances, plus elle a de modes ; les langues pauvres en ont peu. Dans les idiomes des Sauvages les verbes sont bornés à peu près uniquement à l'infinitif, et les nuances de l'action s'expriment partie par la pantomime, et partie par des mots, particules, prépositions, noms et adverbes qui s'adjoignent au verbe pour le *modifier*. L'hébreu est une des plus pauvres entre les langues savantes. Il a quatre modes en apparence, l'*indicatif*, l'*impératif*, le *conjonctif* et l'*infinitif*, mais l'indicatif n'a qu'un temps, le passé; le conjonctif n'a qu'un temps, le futur qui correspond à notre futur de l'indicatif, et le verbe hébreu ne possède en tout que trente-trois formes, tandis que le verbe français en emploie cent quatre, et le verbe grec cent trente-huit. L'anglais présente, à l'égard des modes, une particularité remarquable, tandis que les langues voisines fondent les lettres caractéristiques du mode dans la terminaison, l'anglais les conserve séparées, et les ajoute au besoin à la forme radicale du verbe, qui reste à peu près invariable. Le même fait existe en allemand, mais dans cette langue les modes et les temps qui prennent cette forme, font double emploi avec d'autres où le mode s'est fondu dans la terminaison.

Le français a cinq modes : l'*indicatif*, le *con-*

ditionnel, l'*impératif*, le *subjonctif* et l'*infinitif* (*voy.* VERBE). En latin, en grec, l'infinitif et le participe, ont aussi un futur. Le latin a de moins que le français le mode conditionnel ; il y supplée au moyen des temps du subjonctif ; c'est de là que le conditionnel français a pris sa seconde forme : *j'eusse aimé*. Le latin est également inférieur au français pour l'expression des diverses nuances du passé dans les verbes. Le grec manque aussi de conditionnel, mais il a en plus le mode *optatif*, qui, ainsi que son mot l'indique, exprime le désir de voir l'action s'accomplir. L'optatif a un présent, un futur et deux formes du passé. Le grec, beaucoup plus riche que le latin dans l'expression des temps passés, est aussi plus riche que le français par la variété des temps de l'impératif. L'allemand possède les mêmes modes que le français, mais son indicatif n'exprime que trois nuances du passé, son conditionnel est confondu avec le subjonctif, sous le nom commun de *conjonctif*, avec deux futurs composés qui ont passé dans l'anglais. Quant aux langues du Midi, l'italien, l'espagnol et le portugais, elles possèdent les mêmes modes que le français, mais elles usent beaucoup moins des temps composés du passé. L'emploi régulier des modes et des temps subordonnés du subjonctif ou conjonctif, est ce qu'il y a de plus difficile dans l'étude des langues.

MODE (*mus.*). Ce mot n'a pas toujours eu la même signification dans la langue musicale. Chez les Grecs il s'appliquait habituellement à l'intonation ; au moyen-âge il s'appliquait à la mesure ; maintenant il sert à distinguer certaines successions d'intervalles mélodiques, certaines natures d'accords qui ont pour effet de donner à la musique une expression particulière. La musique moderne admet deux modes diatoniques ; le mode majeur, dans lequel la gamme commence par une tierce majeure et finit par une tierce mineure ; et le mode mineur dans lequel la gamme commence par une tierce mineure et finit par une tierce majeure. Ces deux gammes ne diffèrent que par deux notes, la troisième et la sixième, qui, dans le mineur, forment des intervalles mineurs avec la tonique, et des intervalles majeurs dans le mode majeur. Les notes principales de ces deux gammes sont fournies directement par la nature. Presque tous les corps sonores, mis en vibration, font entendre, outre la tonique et son octave, la triple octave de sa tierce majeure, et la double octave de sa quinte, ce qui étant ramené dans une seule octave, donne l'accord *ut, mi, sol, ut*, accord parfait du mode majeur. Quelques autres corps sonores, entre autres certaines clo-

chés, au lieu de faire entendre la triple octave de la tierce majeure, font entendre celle de la tierce mineure, d'où l'on tire l'accord mineur *ut, mi^b, sol, ut*. — Mais ces notes ne sont pas les seules que donnent les cloches et les timbres. Quelques cloches sonnent avec la tonique, la quarte, et quelquefois la quarte augmentée, et la septième mineure *ut, fa*, ou *ut, fa, si^b*. Ce fait est d'autant plus curieux qu'il existe deux gammes, l'une chez les Chinois, l'autre chez les Ecossais, qui contiennent ces notes, étrangères à nos deux modes.

La création de nos deux modes ne remonte pas au delà du XVIᵉ siècle. Ils sont une conséquence du système de la tonalité découvert par Monteverde. Le mode mineur, plus doux, plus mélancolique, fut d'abord le mode favori. Les airs les plus vifs, les plus lestement rhythmés, étaient écrits dans le mode mineur, et ils en recevaient un caractère de gaîté rêveuse qui n'est pas sans charme. Depuis un siècle on est tombé dans l'excès contraire. Le mode majeur a pris une prédominance extrême, bien que le mode mineur soit plus riche en combinaisons harmoniques (*voy.* HARMONIE). Les Grecs partageaient les prédilections de nos pères pour ce mode, et ils rejetèrent, comme trop éclatante, une succession de sons qui n'était autre que notre gamme majeure, pour s'en tenir à une gamme qui ne diffère de notre mode mineur, que par l'absence de sensible.

Il n'y a qu'une manière d'écrire la gamme majeure ; mais la gamme mineure s'écrit sous trois formes, *ut, ré, mi^b, fa, sol, la^b, si ut*, ou bien, en évitant la seconde maxime, *ut, ré, mi^b, fa, sol, la, si, ut*, ou encore, en descendant, *ut, si^b, la^b, sol, fa, mi^b, re, ut*. Ces deux dernières formes sont de véritables modulations ; la première au majeur même base, *ut* majeur ; la seconde en majeur relatif, *mi* majeur (*voy.* MODULATION).

La gamme du mode majeur et celle du mode mineur, commençant sur la même tonique, diffèrent par deux notes, la troisième et la sixième, qui, par cette raison, sont appelées *modales*. Ainsi, la gamme d'*ut* mineur a le *mi* et le *la* bémols ; or, ces deux notes ne peuvent être bémolisées sans que le *si* l'ait été auparavant ; le ton d'*ut* mineur s'écrira donc sur une clé armée de trois bémols, comme le ton de *mi^b* majeur, qui commence une tierce mineure au dessus dans l'échelle musicale.

Le majeur et le mineur, qui s'annoncent de la même façon, s'appellent tons *relatifs*. Ainsi *la* mineur est le ton *relatif* d'*ut* majeur, *mi* mineur est relatif de *sol* majeur, etc. Il est du reste toujours facile de distinguer le mineur de son majeur relatif; 1° par le caractère de la musique ; 2° par les notes de l'accompagnement ; 3° par quelques signes matériels faciles à remarquer. Ainsi dans le majeur, la quinte ne peut jamais être haussée ni baissée, sans qu'il en résulte un accord faux. Or, cette quinte du majeur est précisément la septième du mode mineur, toujours affectée d'un bécarre dans les tons par bémols et d'un dièse dans les tons par dièses. L'erreur n'est donc pas possible, lors même que le compositeur n'a pas eu soin, comme dans quelques ouvrages élémentaires, de placer le dièse ou le bécarre derrière la clé, sur la sensible du mode mineur.

La relation des gammes permet d'effectuer facilement le passage d'un mode à l'autre, et de moduler d'un ton majeur ou mineur à son ton relatif, ou de même base dans l'autre mode.

Ce passage d'un mode à l'autre peut aussi s'effectuer au moyen de deux autres modes secondaires, fondés sur des successions d'intervalles plus petits que le ton, et qui ne s'emploient jamais que passagèrement, et pour moduler : le mode *chromatique* et le mode *enharmonique*. — La gamme chromatique comprend quinze sons, et se chante sous deux formes, par dièses ou par bémols, *ut*, *ut* dièse, *ré*, *ré* dièse, *mi*, *fa*, *fa* dièse, *sol*, *sol* dièse, *la*, *la* dièse, *si ut*, ou bien, *ut*, *si*, *si♭*, *la*, *la♭*, *sol*, *sol♭*, *fa*, *mi*, *mi♭*, *ré*, *ré♭*. *ut*. Cette gamme renferme un intervalle qui ne figure pas dans la gamme diatonique, l'intervalle *ut* dièse, *ut* dièse, ou *ré♭*, *ré* (second chromatique). Elle est composée de sept secondes mineures, plus cinq secondes chromatiques. La gamme chromatique par dièses emploie cinq dièses, et la gamme chromatique par bémols, cinq bémols; mais ces deux gammes ne produisent pas le même air, les intervalles chromatiques se trouvant distribués dans un autre ordre. Dans la gamme par dièses, l'intervalle chromatique surmonte la seconde mineure, tandis qu'il est au dessous de cette seconde dans la gamme par bémols.

Le mode chromatique ne s'emploie que par fragments. Tout ou partie d'une gamme chromatique orne souvent ces suspensions harmoniques nommées points d'orgue. On l'emploie aussi dans la mélodie et l'harmonie, soit pour effectuer une modulation par éclair, soit pour exécuter brusquement une modulation, à laquelle on n'arriverait que lentement en suivant le chemin diatonique. Les modulations chromatiques par dièses sont beaucoup plus usitées que les modulations par bémols. Elles donnent surtout des sensibles majeures ou mineures, que l'oreille accepte très bien, parce qu'elle trouve immédiatement la nouvelle tonique pour s'y re-

poser. Les modulations par bémols fournissent surtout des modales mineures. Les premières fournissent aussi, mais plus rarement, des modales majeures, et les dernières, des sous-dominantes majeures. Ainsi, à partir du ton d'*ut*, les notes *sol*, *ré*, *la*, diésées chromatiquement, conduisent en *la*, en *mi*, en *si*, mode mineur, *fa* dièse conduit en *sol* majeur, *ut* dièse au *ré* majeur ou mineur. Les notes diésées, prises chromatiquement comme modales, conduisent d'*ut* en *ré*, en *la*, en *mi*, et moins agréablement en *si*, en *fa* dièse et en *ut* dièse. *Mi♭* et *la♭*, pris comme modules, jettent en *ut* mineur, *si♭* en *sol*; comme sous-dominantes, *si♭* mène en *fa* majeur, et *mi♭* en *si♭* majeur, etc. Ces exemples peuvent donner une idée de la grande variété que l'emploi fragmentaire du mode chromatique jette dans le système musical.

Le *mode enharmonique* s'emploie par fragments plus courts encore que le mode chromatique, et uniquement pour effectuer des modulations compliquées (*voy.* ENHARMONIQUE).

Le mot *mode* n'avait pas dans la musique des Grecs un sens aussi précis que chez nous. Il s'employait tantôt pour désigner les divers genres de musique. Ainsi on trouve chez eux le *mode tragique* pour le théâtre, le *mode nomique*, pour les chants consacrés à Apollon, le *mode dithyrambique* pour les chants consacrés à Bacchus, etc. Dans le sens le plus ordinaire, ce mot sert à désigner à peu près ce que nous appelons aujourd'hui le ton, ou le point d'élévation de chaque gamme dans l'échelle musicale. Les Grecs n'eurent d'abord que trois modes, placés à un ton de distance l'un de l'autre dans l'échelle des sons. Le plus grave était le dorien, le lydien le plus aigu : le phrygien tenait le milieu. Plus tard, deux nouveaux modes l'ionien et l'éolien furent insérés, le premier au dessus du dorien, le second au dessus du phrygien. On se trouva ainsi en possession de cinq modes qui peuvent se traduire de la manière suivante :

MODE DORIEN. — *ré*, *mi*, *fa*, *sol*, *la*, *si♭*, *ut*, *ré* (c'est notre ton de *ré* mineur privé de sensible).

MODE IONIEN. — *mi♭*, *fa*, *sol♭*, *la♭*, *si♭*, *ut♭*, *ré♭*, *mi♭* (ton de *mi♭* en mineur, sans la sensible).

MODE PHRYGIEN.— *mi*, *fa* dièse, *sol*, *la*, *si*, *ut*, *ré*, *mi* (ton de *mi* mineur sans la sensible).

MODE EOLIEN. — *fa*, *sol*, *la♭*, *si♭*, *ut*, *ré♭*, *mi♭*, *fa* (ton de *fa* mineur sans la sensible).

MODE LYDIEN. — *fa* dièse, *sol* dièse, *la*, *si*, *ut*, *ré*, *mi*, *fa* dièse (ton de *fa* dièse mineur sans la sensible).

L'addition de deux nouveaux tétrachordes (*voy.* GAMME), l'un au dessus, l'autre au dessous de ce tétrachorde primitif, porta à *quinze* le nombre des modes de la musique grecque. On leur conserva les mêmes noms, qu'on fit précéder du mot *hyper* pour les tons aigus et du mot *hypo* pour les tons graves. Parmi ces modes nous trouvons un mode hypo-ionien *ut, ré, mi, fa, sol, la, si, ut,* qui n'est autre chose que notre gamme majeure ; mais il fut toujours très peu employé, et disparut de la musique vers le commencement de l'ère chrétienne. Les autres modes furent successivement réduits à dix, puis à six ; on finit enfin par en reconnaître huit, qui, légèrement simplifiés, forment les tons ou modes du plain-chant. Le 1er, le 3e, le 5e et le 7e sont dits *authentiques,* les quatre autres sont appelés *plagaux* ou dérivés ; en voici la liste :

Mode dorien (1er ton) *ré, mi, fa, sol, la, si♭, ut.* Dominante *la,* finale *ré.*

Mode hypo-dorien (2e ton) *la, si♭, ut, ré, mi, fa, sol, la.* Dominante *fa,* finale *ré.*

Mode phrygien (3e ton) *mi, fa, sol, la, si, ut, ré, mi.* Dominante *ut,* finale *mi.*

Mode hypo-phrygien (4e ton) *si♭, ut, ré, mi, fa, sol, la, si♭.* Dominante *la,* finale *mi.*

Mode lydien (5e ton) *fa, sol, la, si♭, ut, ré, mi, fa.* Dominante *la,* finale *fa.*

Mode hypo-lydien (6e ton) *ut, re, mi, fa, sol, la, si♭, ut.* Dominante *la,* finale *fa.*

Mode mixo-lydien (7e ton) *sol, la, si, ut, ré, mi, fa, sol.* Dominante *ré,* finale *sol.*

Mode hypo-mixo-lydien (8e ton) *ré, mi, fa, sol, la, si, ut, ré.* Dominante *ut,* finale *sol.*

La constitution de ces modes diffère profondément de nos deux modes diatoniques. La dominante dans le plain-chant n'est la 5e note de la gamme que dans les quatre tons authentiques, encore faut-il qu'elle ne soit pas un *si,* car alors cette propriété de dominante se trouve transportée à l'*ut.* Dans les modes plagaux, la dominante est à la tierce au dessous de la dominante du ton authentique relatif, et se trouve ainsi correspondre à notre médiante. — Il y a en outre six tons irréguliers, trois finissant sur le *la,* et ayant pour dominantes, tour à tour, *mi, ut, ré,* et trois finissant sur l'*ut,* avec *sol* et *mi* pour dominantes.

Tout cela forme une tonalité très complexe. La plupart des organistes tournent la difficulté en accompagnant le 1er mode dans le ton de *ré* mineur, le 2e dans le ton de *sol* mineur, le 3e en *la* mineur, le 4e en *la* mineur terminé sur la dominante, le 5e en *ut* majeur, le 6e en *fa* majeur, le 7e en *ré* majeur et le 8e en *sol* majeur avec l'*ut* pour dominante.

Le *mode,* dans notre ancienne notation musicale, n'avait rien de commun avec l'intona-tion ; il se divisait en mode *majeur* et *mineur, parfait* et *imparfait,* et correspondait à peu près à nos indications de mesure (*voy.* MESURE). J.F.

MODE : du latin *modus, manière, façon.* Cette étymologie explique au mieux le sens de ce mot dans l'histoire du costume. La mode, en effet, est la manière d'être de l'habillement ; celui-ci est le fonds, elle est la forme. Les Anglais, en gardant notre mot *façon,* qui, dénaturé par leur prononciation, est devenu *fashion,* d'où *fashionable,* ont désigné la mode par un terme plus propre et d'un sens plus direct encore. — Les peuples que nous trouvons les moins disposés à suivre ses caprices sont les Orientaux. Chez les Arabes, depuis le temps de la Bible jusqu'à nous, le costume ne semble pas avoir sensiblement varié. M. Horace Vernet a soutenu cette thèse par un curieux mémoire lu à l'Académie des beaux-arts, dans lequel il justifie pleinement le costume arabe, qu'il a donné dans ses tableaux à des personnages hébreux. La cause de ce peu de préoccupation des Orientaux pour la mode est dans la vie nomade du plus grand nombre, mais surtout dans la claustration où ils tiennent les femmes. La mode, qui ne vent que le grand jour, n'a que faire dans l'ombre des harems. La seule chose que les femmes de l'Orient se permettent de varier un peu dans leur toilette, c'est la coiffure. Pour le reste, elles s'en tiennent à l'éternel *feredje,* longue redingote avec collet carré, en soie piquée, verte chez les Turcs, brune chez les Grecs et chez les Arméniens, et un *marahmoth,* grand voile de mousseline divisé en deux parties, dont l'une enveloppe la tête et s'attache sous le menton, tandis que l'autre couvre la bouche et la moitié du nez, ne laissant que l'espace nécessaire pour les yeux. Il en est ainsi pour toute la Turquie : l'habillement des hommes s'y était aussi constamment maintenu invariable, lorsque Mahmoud le comprit dans ses réformes à l'européenne, et lui substitua cet uniforme bâtard qui n'a gardé du costume national que la haute toque rouge à longue houppe bleue. — Les femmes de l'ancienne Grèce, cloîtrées tout le jour dans le Gynécée, comme celles de l'Orient le sont encore dans le harem, ne durent pas connaître davantage les variations de la mode, et restèrent toujours fidèles au costume primitif. Ce qui s'opposait un peu à ce que les vêtements des femmes grecques variassent en rien par la forme et surtout par la couleur et les ornements, c'est qu'une loi singulière, en ordonnant aux courtisanes de porter seulement des robes bariolées ou couvertes de fleurs peintes, avait défendu implicitement ces mêmes parures aux femmes honnêtes. La coiffure seule se modifia chez les femmes grecques, comme chez celles de l'Orient; mais ces changements consistaient simplement dans l'arrangement des cheveux, tantôt réunis derrière la tête, au moyen d'un ruban, comme on le voit sur les statues de Minerve, tantôt relevés en touffes flottantes sur le sommet du front, ou retombant en boucles sur chaque côté du visage. Le voile fut aussi pour les femmes grecques d'un usage et d'une forme invariables. C'est le même que le *marahmoth*, ainsi que les monuments en font foi. Le voile thébain, tel que Dicœarque le décrit, ne-laissant voir que les yeux et cachant tout le reste du visage, est le voile turc, et l'on a retrouvé à Égine une figure en terre cuite de grandeur naturelle; représentant une femme dont la bouche et l'extrémité du nez sont voilés, comme l'est aujourd'hui une dame de Constantinople. Ces simples détails suffiront pour prouver combien la mode, si variable en Occident, était immuable, ou plutôt était loin d'exister en Orient telle que nous la concevons de nos jours. Mais à Rome, où pourtant les femmes ne sont guère, moins retenues que dans l'Orient ou en Grèce, la mode commence à devenir plus changeante et à se raffiner davantage. Elle n'attend pas pour cela l'époque somptueuse des empereurs; dès le temps de Plaute nous la trouvons brillante et inventive. Les courtisanes donnèrent l'élan, et bientôt les matrones les suivirent. Longtemps fidèles à l'austère *stola* et au long manteau (*palla*) qui leur servait comme de surtout, dans le même temps que les hommes abandonnaient la toge traditionnelle, elles recherchèrent pour leurs vêtements des formes nouvelles, des étoffes plus précieuses; il leur fallut des tissus orientaux. de soie et d'or, des voiles transparents (*textilis ventus*) venus de l'île de Cos. La coiffure eut aussi ses modes et ses raffinements. Les dames romaines eurent des perruques de mille formes. différentes, toutes à étages plus nombreux et plus élevés les uns que les autres, ce qui, joint à la hauteur des talons de leurs chaussures, les grandissait de moitié et leur donnait tout-à-fait l'air de ces femmes à patins et à hautes cornettes dont La Bruyère disait, au xvii siècle, que pour avoir leur taille exacte, il fallait les mesurer comme le poisson, entre tête et queue.

Dans les Gaules conquises par les Romains, nous retrouvons toutes leurs modes. Elles y ont même si profondément implanté leur luxe que les Barbares, nouveaux conquérants de ces contrées, se soumettent à leur joug, aussitôt qu'ils ont pris pied sur le sol gaulois. Le Franc Sigismer, tel que nous le représente Sidoine, n'est pas moins magnifique dans ses habits qu'un patrice romain. Les hommes qui suivent ce chef ont gardé au contraire le costume barbare, et chose singulière, on voit, d'après la description qu'en fait encore Sidoine, que c'est à peu près le même que celui des Écossais. Pendant toute l'époque mérovingienne, le costume se maintient ainsi; chez les grands, qui ne restent fidèles qu'à la longue chevelure, insigne de l'aristocratie franque, il suit toujours les modes romaines ou byzantines, tandis que chez le peuple il reste barbare et national. Sous Charlemagne, l'influence byzantine se fait encore mieux sentir par le luxe des étoffes et des teintures, et par le raffinement de la forme. Un poète de 760, décrivant une chasse royale, nous montre la reine Luitgarde portant une chlamyde attachée par des fils d'or, une tunique de pourpre, et sur ses cheveux, dans lesquels s'enlacent de riches bandelettes, un diadème d'or surmonté d'un béril. Auprès d'elle est Berthe, la chevelure retenue par un réseau d'or, les épaules couvertes de riches fourrures; puis Théodrade, en manteau de couleur d'hyacinthe, rehaussé par un mélange de peaux de taupes; les perles étrangères scintillent à son col, et elle est chaussée du cothurne de Sophocle. Bientôt vont venir les étoffes orientales, les soieries importées à grands frais de l'Inde, de l'Arabie et de l'Espagne. Elles arriveront toutes semées de fleurs ou d'étoiles d'or, et bordées de versets du Koran; mais on ne comprendra pas ces inscriptions brodées en caractères arabes; bien plus, on les prendra déjà pour ces ornements étranges que plus tard on nommera *arabesques*. L'influence de l'Orient sur le costume européen est complète après les Croisades. Tout alors se met à l'orientale, comme M. Léon Delaborde l'a démontré dans l'*Orient et le Moyen-âge*. C'est alors qu'on voit les femmes à la mode porter, à la façon de celles du Levant, des robes à manches larges, fendues et pendantes jusqu'à terre. Les souliers à *poulaine* ou *pigaches* ne sont aussi que la babouche des Levantins, défigurée, exagérée par suite d'un caprice intéressé de Foulque le Réchin, qui voulait dissimuler sous ces longues chaussures, les protubérances de ses pieds difformes. Quant à la coiffure des femmes des xive et xve siècles, elle est évidemment levantine Les *hennins* si élevés d'Isabeau de Bavière et de ses contemporaines sont évidemment la coiffure des Maronites. Cette mode s'est perpétuée chez nous par les hauts bonnets des paysannes cauchoises. Une foule d'usages concernant les vêtements rappellent encore, à cette époque, la mode et les coutumes orientales. Ainsi, nous devons à une imitation des costumes levantins une étoffe commune, toujours en usage. Les vêtements faits de poils de chameau (*cameli*), comme le

&tyon de saint Jean-Baptiste, que les croisés avaient vu porter par les Orientaux, leur donnèrent l'idée de ces étoffes en poil de chèvre auxquelles, par un dernier souvenir du vêtement oriental et de l'animal qui le fournissait, ils donnèrent le nom de *camelot* ou *camelin*, *camilin*, *camocas*. Tant que ces modes à l'orientale durèrent, les vêtements affectèrent des formes larges et aisées, manches pendantes, jupes démesurément traînantes. Quand on les abandonna, par un caprice naturel à la mode, on tomba dans le ridicule contraire. Il fut du bel air de ne plus porter que des vêtements étriqués jusqu'à l'indécence. Plus d'habit long, plus de robe longue, plus de manteau dépassant les hanches. C'est au point que les femmes, afin d'avoir des manches dessinant mieux la forme des bras, les laçaient étroitement. Il en fut ainsi durant presque tout le règne de Charles VI. Mais quand Charles VII devint roi, comme il avait les jambes mal faites et que, par conséquent, il s'accommodait peu de l'habit court, on en revint à l'habit long. Louis XI, roi peu mondain et des plus bourgeois, n'était pas fait pour donner le ton à la mode, qui resta stationnaire sous son règne. Sous celui de Charles VIII, au contraire, elle se modifie, et commence une transformation à l'italienne, qui se continuera sous Louis XII et trouvera sa perfection sous François Ier. L'Italie alors nous prête la forme de ses costumes et nous vend ses étoffes, mais en échange nous trouvons encore moyen de lui imposer nos modes. Il est vrai qu'elles ne furent jamais aussi activement en travail qu'au XVIe siècle : tous les mois, ce sont changements et raffinements nouveaux. François Ier et Henri II étaient princes assez magnifiques et assez damerets pour bien les mener. La mode suivit donc en tout leur goût, et se fit même une loi des accidents qui leur survinrent. Ainsi, après une blessure que François Ier reçut à la tête en faisant la petite guerre au château de Romorantin, comme il fut obligé de se faire couper les cheveux, il devint de mode de les porter très ras. Henri II avait au cou une cicatrice assez profonde; on imagina les hautes fraises pour la cacher. Sous Charles IX, il y eut une petite réaction vers les modes plus puritaines de l'Allemagne, par suite du mariage de ce roi avec Elisabeth d'Autriche, mais elle fut de courte durée, et l'Italie reprit bientôt sa prépondérance, grâce à l'élégance de l'*escadron volant des filles d'honneur* de Catherine de Médicis, grâce aussi à Henri III, qui, non content de régler la coupe des habillements, tantôt larges, tantôt étroits, travaillait lui-même à leur confection, en empesant de ses mains royales les hautes fraises

gaudronnées, ou en découpant les larges taillades des pourpoints. On en était revenu alors aux formes amples. Les femmes portaient d'énormes *vertugadins*, *vertugales* ou *vertugardiens*, comme on disait par allusion à leur origine assez scandaleuse; les hommes, après avoir quitté les haut-de-chausses étriqués qui avaient été longtemps à la mode, portaient des trousses amplement rembourrées et des pourpoints on ne peut plus étoffés. L'austérité des vêtements huguenots, sans forme maniérée, sans ornements parasites, tranchait fortement sur ces habits de riches étoffes et couleurs éclatantes.

Sous Henri IV, les modes se ressentirent longtemps des misères de la Ligue, et se firent plus modestes. Cependant quand Gabrielle d'Estrée entra à Paris, en 1594, elle avait une robe de satin noir toute brochée de blanc, et les perles et pierreries dont elle était couverte étaient si éblouissantes « qu'elles faisaient pâlir les torches. » Dans les grandes cérémonies, les hommes revenaient aussi, pour leurs habits, au luxe effréné du dernier règne. Bassompierre ne tarit pas sur la magnificence de son habillement au baptême du Dauphin, « pour faire lequel, dit-il, il ne fallut pas moins de cinquante livres de perles. Je voulois qu'il fût de toile d'or violette et de palmes qui s'entrelaceroient. » Le brodeur avait demandé six cents écus de la façon seulement. Henri IV, malgré ses goûts économes, Sully, en dépit de ses rigueurs somptuaires, signalées surtout par l'édit de 1604, qui défendaient de porter ni or ni argent sur les habits, servirent eux-mêmes le luxe des costumes par l'extension qu'ils donnèrent au commerce des soieries et par l'établissement des manufactures de Lyon et de Tours. Grâce à eux, la France put exporter à l'étranger non seulement ses modes, mais ses étoffes, ce qui valait mieux. Sous le règne suivant, l'habillement se transforma bien vite, au point que Sully, après quelques années de retraite dans son château, reparaissant à la cour vêtu comme au temps du feu roi, fut baffoué sans respect par les muguets à la mode. Tout alors s'était mis à l'espagnole, par flatterie pour la jeune reine Anne d'Autriche et pour la cour toute castillane qu'elle traînait après elle. Il n'était rien resté des dernières modes italiennes renouvelées un instant pour complaire à Marie de Médicis, pas même la *médicis*, collerette haute d'un pied, montée sur laiton, s'élevant derrière le cou, et qui fut quelque temps la rivale heureuse de la fraise. On s'était d'abord moqué en France du costume à l'espagnole, avec son haut feutre conique, ses prodigalités de rubans, sa longue brette à large poignée, ses *bottes à tiges éva-*

sées; on en avait fait même courir des caricatures comme Naudé nous le dit dans le *Mascurat*; mais ce n'était que pour mieux s'en accommoder ensuite et pour plus longtemps, en exagérant même ses ridicules de parade et d'ostentation. Les femmes ont fait de même; elles ont jeté au vent le lourd chaperon de velours qui avait trop longtemps emprisonné leur tête légère, et, à l'exemple de Marguerite de Valois, elles se coiffent alors tout en cheveux et se frisent en boucles de perles et de pierreries. Elles ont aussi déjà la poudre, mais en nuage léger, et les *mouches*, petite coquetterie raffinée dont les ..mes espagnoles devaient le secret aux femmes arabes et dont le règne se perpétuera en France jusqu'à la Révolution.

Les folies de la Fronde, qui inaugurent le règne pompeux de Louis XIV, n'étaient point faites pour tempérer les extravagances de la mode. C'est seulement après le mariage du roi, et la mort de Mazarin, qu'elle commence à s'amender. Prenant modèle sur le jeune roi qui recherche avant tout la magnificence et la majesté, elle se fait magnifique et majestueuse, et la perruque, vrai symbole de ce siècle tout d'apparat, prend des proportions gigantesques; celle que porte le roi en donne la mesure. Du nom de Binet qui les fabrique, on les appelle *binette*, mot conservé dans l'argot du peuple pour désigner une tête. L'usage des bottes se perd; on les remplace par des souliers larges à *dormir debout*, comme dit Scarron, à rosettes de satin blanc ou rose, et à hauts talons rouges que le roi a mis à la mode pour déguiser un peu sa petite taille. La couleur rouge, dont la vogue date de François I⁰ʳ, alors qu'il était de mode que tout fût en *cramoisi*, n'est plus exigée pour les habits d'apparat. On lui préfère les couleurs plus sombres et plus tendres, telles que le *céladon*, nuance indécise mêlée de blanc et de bleu, que le roman d'*Astrée* a mise en faveur. Les femmes ont un instant abdiqué la poudre. Elles portent de hautes cornettes à double ou triple étage qui, outre les larges *fontanges* créées par le caprice d'une maîtresse du roi, exigent, aussi bien que les mantes et les garnitures de robe, une profusion ruineuse de dentelles et de guipures. Comme ces frivolités, achetées le plus souvent en Angleterre et en Hollande, font sortir de France des sommes considérables, Louis XIV les défend par un édit de 1660, sévère, mais très mal exécuté. On n'en trouve même trace dans l'histoire de la mode que par quelques vers de l'*École des maris*, et par une facétie du temps publiée dans un recueil de Sercy sous le nom de *Révolte des passements*. L'Angleterre du reste nous rend avec

usure les sommes que nos femmes dépensent pour acheter ses dentelles. Les modes françaises font déjà fureur à Londres et sont les seules que portent les femmes du bel air. Tous les mois, même en temps de guerre, quand tous les ports anglais sont fermés à nos vaisseaux, une poupée, semblable à celle qu'on attiffa longtemps pour le même usage dans le salon de Mademoiselle de Scudéry, va porter au-delà de la Manche le modèle des robes et des coiffures les plus fraîchement inventées par les modistes parisiennes. Elle est munie de passeports délivrés par les deux gouvernements; Addisson nous l'assure ainsi que l'abbé Prévost (*Contes et Aventures*, t. ii).

Les sommes dépensées sous Charles II et sous la reine Anne, pour exporter en Angleterre les futilités de notre coquetterie, sont incalculables. Bolingbrook, qui s'en indigne, les évalue par an à 600,000 livres sterling, environ 11 millions. Colbert avait donc bien raison quand il disait que les modes étaient à la France ce que les mines du Pérou étaient à l'Espagne. L'Angleterre, ruinée par les modistes et les tailleurs de Paris, faillit se mettre hors d'état de nous faire la guerre, faute d'argent. Heureusement que, pour la soustraire à l'impôt onéreux de nos modes, un certain Doily inventa de petites étoffes de laine dont là vogue remplaça enfin celle des tissus français. « J'ai ouï dire, écrit Addisson, que s'il n'avait pas découvert cette heureuse économie pour satisfaire notre orgueil, à peine aurions-nous pu subvenir aux frais de la guerre précédente sous le roi Guillaume. » — L'Angleterre eut sa revanche au siècle suivant. En 1718, elle importa chez nous les *paniers*, vieux reste des *vertugadins*, dont la mode ne s'était jamais tout à fait perdue chez ses douairières et ses coquettes provinciales. On était alors en pleine Régence, et la mode, qui s'était un peu gourmée sous le regard revêche de Madame de Maintenon, commençait à reprendre ses aises. Plus de robes à forme *janséniste*, c'est-à-dire noires et montantes; il fut d'étiquette de n'aller à la cour du Palais-Royal qu'avec des corsages, extrêmement décolletées, si bien que la princesse palatine, mère du Régent, plus réservée que les autres femmes, crut devoir couvrir ses épaules de cette espèce de mante en fourrure qu'à cause d'elle on appela *palatine*. Les cheveux, étagés si haut sous Louis XIV, furent coupés court, bouclés autour du visage et poudrés à outrance. Les femmes n'allèrent plus que fardées. Les habits des hommes étaient extravagants de richesse. Ce n'étaient que galons, broderies, franges, crépines d'or, et comme le système de Law en rui nant les nobles avait jeté beaucoup d'argent dans les classes moyennes, le luxe des habits y était le même. L'égalité des vêtements commençait par la magnificence. Les étrangers renchérissaient encore sur cette richesse. En Hollande, par exemple, on portait des habits si massifs en broderies d'or, qu'un gazetier demandait à ses concitoyens si leurs vêtements sortaient de la forge ou des mains du tailleur. Le roi de Prusse eut peur que sa noblesse ne donnât aussi dans cette contagion et ne s'y ruinât. Pour y couper court, il fit paraître au milieu d'une revue, en présence même de M. de Rottembourg, notre ministre, les valets du bourreau avec le costume exact et splendide des courtisans français. Cependant l'Angleterre nous restait fidèle. Quand Dubois alla négocier à Londres la quadruple alliance, il n'emporta pour présents que des robes à l'*Andrienne*, dont tous les parements étaient des tissus d'or. Toute la cour de Georges Ier fut à lui.

Sous Louis XV, les habits des hommes subirent peu de changements dans la forme. La bourgeoisie, rendue plus modeste et plus économe, en était revenue à ses habits de drap galonné. Les femmes ne quittèrent pas les paniers dont elles exagérèrent encore les formes volumineuses. En 1722, leur mode avait déjà fait renchérir la baleine, et un peu plus tard, malgré les prédications des Capucins qui les représentaient comme un auxiliaire et un palliatif trop utile du libertinage, on était obligé, selon Lemontey, d'établir dans l'Ost-Frise, à nos dépens et pour la seule consommation des paniers, une compagnie nouvelle de baleiniers. C'est peut-être ce qui a fait dire à Montesquieu : « Les modes sont un objet important ; à force de se rendre l'esprit frivole, on augmente sans cesse les branches de son commerce (*Esprit des Lois*, l. XIX, c. 8) ; » pensée juste sans doute, mais dont la contre-partie, non moins juste, se trouve dans ce passage du *Traité d'Économie politique*, par Say (l. v, c. 2) : « La mode a le privilége d'user les choses avant qu'elles aient perdu leur utilité, souvent même avant qu'elles aient perdu leur fraîcheur ; elle multiplie les consommations, et condamne ce qui est encore excellent, commode et joli, à n'être plus bon à rien. Ainsi la rapide succession des modes appauvrit un État de ce qu'elle consomme et de ce qu'elle ne consomme pas. » La mode française, pendant tout le XVIIIe siècle, fut volontiers la tributaire des étrangers, d'abord pour les étoffes, telles que les indiennes, aujourd'hui tombées à si bas prix, mais si chères alors qu'on fut obligé d'en prohiber l'importation par une ordonnance de police du

19 avril 1737, et de frapper de 300 livres d'amende au profit de la Compagnie des Indes toute bourgeoise qu'on en trouverait vêtue ; puis ensuite pour la coupe des robes et des mantes.

Quand Louis XV eut épousé Marie Lecksinska, tout se mit à *la polonaise*. Les dames quittèrent le *négligé* si bien d'accord avec les nonchalances voluptueuses de la Régence, pour les robes fermées et les mantes garnies de fourrures. Hommes et femmes eurent ainsi pour l'hiver des modes toutes différentes de celles qu'ils portaient l'été, et, selon le *Dictionnaire de Trévoux*, on vit alors courir des gravures allégoriques des saisons, ne représentant autre chose que des dames et des cavaliers sous ces divers costumes. Ces gravures s'appelaient *modes* comme celles que donnent les gazettes spéciales de la toilette et de la coquetterie, dont la première fut créée par Lamesengère, il y a bientôt 50 ans, sous le titre de *Journal des Dames*. L'anglomanie, qui, depuis 1725, devenait chaque jour plus contagieuse en France, nous avait apporté, avec les courses de chevaux, l'habit que les *gentlemen* portent pour cet exercice, le *rading-coat*, casaque assez simple d'abord, puis serrée de plus en plus sur la taille comme le justaucorps, et devenue enfin notre *redingotte* à force de se franciser par la forme et par le nom. Les femmes donnèrent elles-mêmes dans cette mode, et revinrent ainsi à ces habits de coupe hermaphrodite qui déjà avaient eu un instant de faveur sous Louis XIII, lors du voyage de la reine Christine à Paris. Cette mode, loin de se perdre, était devenue générale aux approches de la Révolution. Les femmes portaient la canne, la redingotte et le chapeau noir. C'était une extravagance qui heureusement en faisait disparaître de plus grandes, les paniers d'abord qui, cette fois, furent abandonnés pour jamais, et les hautes coiffures.

La transformation commençait ; la mode cherchant à revenir à la simplicité, mais pour ne retrouver souvent que d'autres ridicules, allait enfin rompre avec toutes ces vieilles traditions des costumes aux formes étrangères, frivolités innombrables dont on peut résumer ainsi la liste pour le règne de Louis XV et de Louis XVI : « Robes *à la polonaise*, *à l'anglaise*, *à la circassienne*, *à l'insurgente*, *à la turque*, *à la musulmane*, *à la czarine*, *demi-négligente*, *lévite*, *fourreau à l'Agnès*, chemise *à la Jésus*, juste *à la Suzanne*, caraco zélandais ; bonnets *au pouf*, *à la belle poule*, *au quesaco*, *à l'hérisson*, *au becquot*, *à la fusée*, *au chien couchant*, *au mystère*, *au berceau d'amour*, *à la Jeannot*, *à la Trenck* ; chapeaux *à la Marlborough*, *à la jockey*, *à la Figaro*, *au globe*, *à l'ingénue*, *au traîneau*, etc.* » Pour qui sait son histoire anecdotique du xviiie siècle, chacun de ces noms est une date. Quant aux modes de la Révolution, si longtemps tenues en arrêt par des préoccupations plus graves, tout le monde sait ce qu'elles furent, aussi bien que celles du Directoire et de l'Empire, qui n'eussent été qu'une imitation gauche des costumes grecs, si les merveilleuses du temps ne leur eussent prêté leur grâce. Un ministre en renom de la mode, la couturière de l'impératrice, disait : « Il n'y a de nouveau que ce qui a vieilli. » Axiome vrai plus que jamais alors que tout était taillé à l'antique, et vrai encore de notre costume qui, après avoir abdiqué tous les ridicules de la Restauration, le *chapeau tromblon*, les *manches à gigot*, etc., en est revenu au moyen-âge par le *palletot*, l'ancien *palletocq* de Villon et de Rabelais, par les cheveux longs, la longue barbe, le chapeau pointu, etc., toutes modes du xve et du xvie siècles, que nous quitterons bientôt sans doute encore pour retourner aux costumes anglais. Nous leur devons déjà la *twine*, le *mackintosh*, dernier vestige de ce surtout à collet que, en souvenir du grand acteur anglais qui l'avait importé à Paris, nous avions appelé *garrick*, puis *carrick* ; et bientôt, cette anglomanie renaissante nous envahissant tout-à-fait, nos lions de Paris seront anglais par le vêtement, comme ils le sont par leur nom tout britannique de *fashionnable*. Qu'importe ! si, comme toujours, notre commerce gagne à cette transformation nouvelle, si, continuant ses envois d'habits, de rubans, de dentelles par toute l'Europe, même en Chine et dans les deux Amériques, il atteint pour cette branche d'exportation, le chiffre véritablement énorme de vingt-et-un millions de francs. ED. FOURNIER.

MODELAGE : c'est le nom qu'on donne à l'opération par laquelle les sculpteurs, quelquefois les peintres, font en argile, en cire ou en plâtre des figures d'après lesquelles ils exécutent leurs ouvrages. L'invention du modelage en argile était attribuée par les Grecs à Dibutade de Sicyone.

MODÈLE, MODELÉ (*beaux-arts*). Indépendamment de tout objet que l'on copie et qu'on appelle modèle, les artistes donnent encore ce nom aux personnes, hommes ou femmes, d'après lesquelles ils dessinent, peignent, sculptent, etc. — En terme de sculpture, on dit du statuaire ou du sculpteur qui imite un objet en relief ou en ronde-bosse, avec des matières ductiles, la terre ou la cire, qu'il modèle. — Depuis quelque temps, du participe *modelé*, on a fait un substantif qui désigne l'art avec lequel le dessinateur et le peintre, l'un avec son crayon, l'autre à l'aide du pinceau, expriment l'apparence des formes, étudiées et poursuivies jusque dans les modifications les plus délicates qu'elles présentent. On dit donc au propre qu'une statue est bien *modelée*, mais ce n'est que par analogie qu'en parlant d'une tête, d'une figure peinte, on ajoute que le *modelé* en est bon. L'excellence du *modelé*, en peinture, résulte tout à la fois de l'exactitude des contours dessinés, et de la justesse avec laquelle la lumière et l'ombre sont dispensées sur les formes. DELÉCLUZE.

MODÈNE : c'est le nom d'une ville et d'un duché d'Italie. — La ville, capitale du duché, est située par 28° 53′ de long. et par 44° 34′ de lat. septent., dans une position très agréable sur le canal qui réunit la Secchia au Panaro, à 12 lieues de Parme, 8 de Bologne et 10 de la mer. Sa population est de 30,000 âmes. — Modène, en latin *Mutina*, fut fondée par les Étrusques, et devint colonie romaine l'an 184 avant J.-C. Decimius-Brutus y soutint, l'an 47, un siège long et mémorable contre Marc-Antoine qui, deux ans après, défit dans ses environs les consuls Hirtius et Pansa. Ruinée sous le règne de Constantin qui la rétablit, et détruite de fond en comble par les Lombards au vie siècle, Modène ne se releva que sous Pépin, roi d'Italie et fils de Charlemagne. Elle appartint ensuite successivement aux papes, à la république de Venise, aux ducs de Milan, de Mantoue, de Ferrare, et à plusieurs petits princes particuliers jusqu'à ce qu'elle devint la capitale du duché de son nom, érigé par l'empereur Frédéric III, en 1452, en faveur de la maison d'Est. — Modène, successivement agrandie et embellie, notamment par les ducs Hercule II, au xvie siècle, François Ier, Alphonse IV et François II, au xviie, mais surtout par François III au xviiie siècle, compte aujourd'hui parmi les plus belles villes de l'Italie. Elle était autrefois défendue par une citadelle bâtie en 1636, et convertie, depuis peu d'années, en maison de force, et par des remparts. La plupart de ses rues, surtout dans le quartier neuf, sont larges, droites et bordées de beaux portiques. La principale est la *Strada maestra*, superbe avenue qui traverse toute la ville. Le monument le plus remarquable de Modène est le magnifique palais ducal, vaste quadrilatère d'une architecture aussi élégante que majestueuse et orné de superbes portiques. La cathédrale ou *duomo* est une curieuse basilique romane de la fin du xie siècle, revêtue extérieurement de marbre, ainsi que sa tour appelée *Guirlandina*, tour qui passe pour une des plus hautes et des plus belles de l'Italie, et où l'on conserve le fameux seau enlevé aux Bolonais, qui fait le sujet du poème du Tassoni, la *Secchia rapita*. Parmi les vingt-cinq autres églises de Modène, on distingue celle de Saint-Barthélemy ou des Jésuites pour sa coupole et sa voûte peintes par le Père Pozzi et par le Spagieri, l'église neuve ou du Voto, celle de la Vergine del Paradiso, etc., qui ainsi que beaucoup d'autres contiennent des tableaux et des statues de grands maîtres des XVIᵉ et XVIIᵉ siècles. Les principaux édifices civils sont le beau théâtre construit en 1840, et la nouvelle halle au blé; on trouve aussi deux belles promenades, le jardin de la cour et l'Esplanade. Modène possède de nombreux et importants établissements artistiques et littéraires, tels qu'une université, le collége des nobles renommé dans toute l'Italie, une école royale des beaux-arts, une académie royale des sciences, lettres et arts, un conservatoire de musique, une école des mines et du génie, une société italienne des sciences qui a publié un grand nombre de mémoires importants, une bibliothèque composée de plus de 100,000 volumes imprimés, et d'un grand nombre de manuscrits précieux, une riche collection d'antiquités, un musée de tableaux, mais inférieur de beaucoup à celui qui y existait au XVIIIᵉ siècle, et qui appartient aujourd'hui au roi de Bavière. Les principales branches d'industrie sont les filatures et les moulins à soie, les manufactures de toiles, la tannerie, la chapellerie et la verrerie.

Le DUCHÉ DE MODÈNE, dans la moyenne Italie, vallée du Pô, est borné par les États de l'Église, le royaume lombardo-vénitien, la Toscane et le duché de Parme. Il est situé entre le 28º 6′ et le 29º 2′ de long., et le 43º 56′ et le 44º 57′ de lat. sept. Sa superficie est de 94 1/4 lieues carrées, et sa population d'environ 400,000 âmes. Ses montagnes les plus hautes sont le Monte-Cimone de 6,548 pieds, et la Doccia de 4,138. Le sol, parfaitement cultivé, est très fertile, si ce n'est dans les montagnes dont le terrain fort pierreux est néanmoins favorable à la culture de la vigne. Les rivières qui l'arrosent sont la Lenza, le Tassobio, le Crostolo, la Tessone, la Secchia, le Dolo, la Fresnare, la Canone, la Tagliata, le Panaro et le Serchio. On y trouve aussi plusieurs lacs dont les principaux sont le Lago Santo et le Lago di Fraignano. Le climat est tempéré et sain. Les principales productions du pays sont le seigle, le riz, le maïs, la soie, le lin, le chanvre, les melons, les olives, le raisin et autres fruits, le bois, le bétail, le miel, la noix de galle, le fer, le marbre, l'albâtre, la chaux, le plâtre, l'huile de pétrole, l'ambre et le soufre. Le nombre des fabriques est peu considérable. L'exploitation des fameuses carrières de marbre de Carrare constitue la principale branche d'industrie du pays. Le duché de Mo-

dène, dont le souverain jouit d'un pouvoir absolu, se compose du duché de Modene proprement dit, de ceux de Reggio et de Mirandole, des principautés de Corregio, de Carpi et de Novellara, d'une partie de la seigneurie de Garfagnana, et depuis la mort de la duchesse Marie Béatrix, du duché de Massa et Carrara. Ses principales villes sont Modène, Reggio et Mirandola. SCHAYÈS.

MODESTIE, de *Modus*, modération, retenue. Pour le moraliste latin, la modestie est une conformité à certaines lois de convenance extérieure. *La plus excellente retenue (Modus)*, dit Cicéron, *est de se renfermer dans la décence et de ne point aller au-delà* (de Off., lib. I). C'était toute la modestie païenne; ce n'était pas une vertu, mais une convention. Toutes les lois du beau moral et du beau littéraire, dans Cicéron, se résument dans cette sorte de convenance; et c'était déjà beaucoup d'avoir imposé une telle règle, soit à la vie, soit à la pensée humaine. Mais le christianisme est entré plus avant dans l'homme, et les perfections qu'il lui a prescrites révèlent le sens nouveau du mot *modestie* dont le génie ancien n'avait point soupçonné les délicatesses.

La modestie n'est pas seulement une convenance, elle est un devoir; elle est plus qu'une forme, elle est un sentiment. La modestie chrétienne, avant d'être la *bienséance du maintien extérieur*, est d'abord la *bienséance extérieure de l'entendement et de la volonté;* c'est saint François de Sales qui fait cette distinction; il y ajoute la *bienséance* de la parole et la *bienséance* des vêtements. Mais c'est surtout dans la pensée intime et dans le secret des affections qu'il fait régner cette loi de la *bienséance*, qui passe facilement de l'intelligence dans les actes, et fait de la vie chrétienne une admirable harmonie de convenance.

La modestie humaine ou de convention n'a donc rien de commun avec la modestie chrétienne ou d'obligation. Mais le christianisme a donné de sa grâce à toutes les vertus, même à celles qui ne semblent être qu'une apparence. — La modestie chrétienne se confond aisément avec la pudeur; l'une et l'autre sont gardiennes de l'innocence; mais la pudeur est un sentiment du mal, la modestie un sentiment du bien; toutes les deux sont délicates, mais la pudeur peut n'être qu'un raffinement, la modestie est toujours une vertu. — Bien que la modestie soit surtout un sentiment de l'âme, et une *bienséance* de la volonté, elle se révèle aux regards par l'expression qu'elle donne aux actes humains. Ainsi la pureté de la vie se trahit par la modestie des habitudes, et aussi les mœurs d'un peuple se reconnaissent au caractère de sa littérature, de ses arts et de ses modes. Là où la langue a cessé d'être modeste, la vie a cessé d'être pure. Il n'y a pas jusqu'à la langue des moralistes qui ne suive cette altération. Parfois il leur arrive de parler de la vertu dans une langue sans modestie; c'est que le vice a affaibli le respect de l'innocence : il ne reste que le dégoût des dépravations.

La modestie n'est pas toujours cette *bienséance* intime de la volonté et des affections de l'âme; on l'entend aussi d'une disposition de la vertu à fuir le regard et le bruit. La modestie fait le bien et se cache, et pour cela même les hommes aiment à la louer et à l'applaudir : elle rehausse et fait bénir tous les mérites. On aime le talent modeste, la beauté modeste, la gloire modeste; c'est peut-être la raison pour laquelle la modestie réussit mal dans les entreprises d'affaires ou dans les poursuites d'emplois. On lui rend hommage par l'admiration; on se dispense de lui rendre hommage par la justice. En ce sens la modestie a nui parfois au mérite, ce qui prouve que le mérite doit chercher une récompense plus haute que celles des hommes. Un jeune poète s'en allait offrir un essai de tragédie à Chamfort; sa première parole fut une parole de timidité défiante; il rabaissait son œuvre pour appeler l'indulgence. « Jeune homme, dit le philosophe, est-ce que vous êtes modeste? prenez garde! on vous prendra au mot. » — Il en est ainsi des vertus humaines, qui ne sont qu'une convention ; dès qu'on les prend au mot, elles deviennent un péril. La modestie réelle ne craint pas d'être prise au mot; elle se console de l'injustice, parce qu'elle se suffit à elle-même. Cela n'empêche pas que le grand devoir de la vie sociale ne soit de rechercher et de découvrir dans sa modestie le talent et la vertu. C'est même toute l'habileté de la politique. Les États ne périssent point faute de mérites : ils périssent faute de les trouver, et de s'en servir.   LAURENTIE.

MODILLON (*archit.*) : petite console en forme de S, sous le plafond de la corniche de l'ordre corinthien. De ce mot, qui vient du latin *mutulus*, corbeau, on pense que les Italiens ont fait leur *modiglione*, d'où nous avons tiré modillon. Les petits *modillons* carrés sous lesquels sont distribuées les gouttes de la corniche dorique qui répondent à chaque triglyphe, s'appellent proprement mutules. — Les vrais modillons sont originairement les bouts apparents des solives du plancher, et de la cabane rustique qui est le type de l'architecture grecque. Dans l'ordre corinthien, les rosaces des soffites sont séparées par des *modillons* en forme de console renversée. La corniche de cet ordre est

également ornée de *modillons*, et l'on remarque dans les trois colonnes qui restent du temple de Jupiter Stator à Rome, que les *modillons* tombent d'aplomb sur l'axe de ces colonnes. La corniche de l'ordre composite n'a pas de *modillons*, non plus que celle de l'ionique. En Provence on trouve des corniches soutenues sur des consoles renversées, dont la partie inférieure est ornée d'une feuille d'acanthe. Dans l'architecture ogivale on rencontre d'abord des *modillons* à figure encore plus variée, jusqu'à représenter des objets vulgaires, tels qu'une bouteille, un tonneau, une main qui porte un verre, etc. Cependant les *modillons* finirent par disparaître, et ne furent remis en usage qu'à la renaissance des ordres grec et romain.   DE M.

MODIN, MODAIM ou MODEIN : bourg de la tribu de Dan, situé sur une montagne que l'on appelait également *Modin,* non loin de la ville de Lydda ou Diospolis, sur la route qui conduisait de Jérusalem à Joppé. Ce bourg est devenu célèbre comme patrie des Machabées. On y voyait un mausolée érigé en l'honneur de Matthathias, père de ces guerriers valeureux. Judas Machabée remporta, près de Modin, un avantage sur les troupes d'Antiochus Eupator.

MODIOLE (*moll.*). Genre de mollusques bivalves, de la famille des mytilacées, établi par de Lamarck aux dépens du groupe des moules, dont il se distingue particulièrement en ce que ses crochets ne sont pas pointus et terminaux ; d'où résulte que la coquille a une forme plutôt transversale que longitudinale. Cette coquille est équivalve, régulière, à côté postérieur très court, et présente une impression musculaire sublatérale, allongée et en hache : la charnière est sans dents, latérale et linéaire; le ligament est reçu dans une gouttière marginale. L'animal ne diffère pas notablement de celui des moules. — On connaît un assez grand nombre de modioles qui sont répandues dans presque toutes les mers : la principale est la M. LITHOPHAGE, type du genre *Lithodome* de G. Cuvier, qui est allongée, cylindrique, arrondie aux extrémités, longue de 70 à 100 millim., et dont la coquille est nacrée en dedans et revêtue d'un épiderme brun plus ou moins foncé, à travers lequel on aperçoit des stries transverses, un peu sinueuses. Ce mollusque, très recherché pour la délicatesse de son goût, se rencontre communément sur plusieurs côtes de l'Océan et de la Méditerranée. — Une vingtaine d'espèces fossiles, se rapportant presque toutes aux terrains tertiaires et quelques-unes aux terrains secondaires, ont été décrites.   E. DESMAREST.

MODON (*géog.*), la *Metona* de Pline : ville de Grèce, dans la Morée, sur un promontoire qui s'avance dans la mer. Cette ville fort ancienne fut prise par les Insubriens et ensuite par les Illyriens, qui réduisirent les habitants en esclavage. Trajan leur rendit la liberté, et leur accorda le droit de choisir un gouvernement, priviléges qui leur furent conservés par Constantin. Modon fut soumise, en 1125, par l'empereur de Constantinople; en 1204 les Vénitiens s'en emparèrent, et Bajazet la prit en 1498. Venise l'enleva aux Turcs en 1686, mais elle retomba sous la domination musulmane en 1699, et fut cédée de nouveau à Venise, en 1718, par le traité de Passarowitz. Sa population est aujourd'hui de 7,000 habitants environ. Elle est le chef-lieu de la Haute-Messénie.   AL. B.

MODULATION (*musique*). On donne quelquefois le nom de modulation à l'art de conduire les tons, quel que soit le mode auquel ils appartiennent, c'est-à-dire ce que les anciens appelaient mélopée, et nous, lois de la mélodie. Nous ne nous occuperons pas ici de cette sorte de modulation. (*Voy.* MÉLODIE et MÉLOPÉE.)

Dans le sens ordinaire du mot, la modulation est le passage 1° d'un ton à un autre ton du même mode, 2° d'un mode à un autre mode, 3° le changement simultané de ton et de mode. — Les modulations sont un des principaux moyens d'expression de la musique, le secret de sa variété infinie, et d'une grande partie de son charme. On modulait peu autrefois. On module trop aujourd'hui.

La modulation peut s'effectuer *diatoniquement*, *chromatiquement* ou *enharmoniquement*. — Parmi les modulations il en est sur lesquelles on peut s'arrêter longtemps, telle est l'excursion dans le ton de la dominante qui peut durer une grande partie du morceau, s'il est étendu. L'excursion dans le ton de la sous-dominante est dans le même cas. Le mineur relatif, le mineur de même base peuvent également être explorés pendant quelque temps et réciproquement, mais les modulations qui altèrent la tonique ou la font complétement perdre de vue, ne doivent être tentées que transitoirement. — Plus une nouvelle gamme a de notes et d'accords communs avec la gamme que l'on quitte, plus facile et plus douce est la modulation. Telle est en partant du ton d'*ut* la gamme de *sol*, qui a toutes les notes de la gamme d'*ut*, moins la sensible, et 15 accords communs. La dominante étant la note la plus souvent répétée d'une gamme, cette note est tout de suite acceptée comme tonique dès qu'on lui crée une sensible en diésant la sous-dominante. L'accord de cette sous-dominante est accepté avec une facilité presque égale dès qu'on prend la précaution d'enlever à l'*ut* sa sensible pour en faire une sous-dominante

en la bémolisant. L'*ut* dépossédé de son rôle en retrouve un qui n'est guère moins important; il devient dominante, et l'oreille accepte très bien ce changement. Après les modulations à la dominante et à la sous-dominante viennent les modulations au mineur. Le ton de *la* mineur ne porte à la clef ni dièses ni bémols, non plus que le ton d'*ut*. Toutes les notes des deux gammes sont les mêmes, excepté que le ton de *la*, dièse la dominante de l'*ut* pour s'en faire une sensible; il fait de la tonique *ut* une médiante et de la médiante *mi* une dominante; l'accord du morceau tourne à la mélancolie, mais l'oreille n'est pas choquée. Elle ne l'est pas davantage par le passage d'*ut* majeur en *ut* mineur, bien que ce dernier ton soit armé de trois bémols; mais la tonique et la dominante sont conservées, ainsi que l'accord de septième de dominante exclusif de toute autre tonique; le bémol qui porte sur le *si* est supprimé par un ♮, afin de laisser à l'*ut* mineur sa sensible, les deux modes ne différant que par les deux modales, la tierce et la sixte, mineures dans le ton d'*ut* mineur, tandis qu'elles sont majeures dans son homonyme. La transformation de la tierce majeure en tierce mineure est une des substitutions que l'oreille accepte de la meilleure grâce.

Ces quatre modulations, deux en majeur et deux en mineur, sont appelées modulations fondamentales ou primaires. L'harmonie, qui se règle surtout sur le nombre des accords communs à la gamme de départ et à la gamme d'arrivée, les accepte toutes quatre comme telles aussi bien que la mélodie. Les gammes de *sol*, de *fa* majeur et de *la* mineur, ont quinze accords communs avec la gamme d'*ut* (*voy.* HARMONIE). Le mineur même base n'en a que six, mais d'autres rapprochements établissent une compensation. Le fait d'accords communs permet d'effectuer facilement encore la modulation mineure à la médiante. Cette transition d'*ut* majeur en *mi* mineur est la modulation favorite de Rossini, qui en a fait jaillir de si beaux effets. Elle avait été, dit-on, inventée par un musicien milanais, Majo, qui n'avait su en tirer aucun parti. Les tons mineurs n'offrent pas les mêmes ressources que les tons majeurs. Une gamme mineure diffère par trois notes au moins de toute autre gamme mineure, et les modulations à la dominante et à la sous-dominante mineure sont d'une dureté qui les rend peu usitées; mais en revanche on passe avec la plus grande facilité du mineur au majeur relatif, et au majeur même base, en faisant l'inverse de ce qui a été fait; c'est-à-dire, dans le premier cas, en bémolisant la sensible pour en faire une dominante; dans le second, en rendant aux modales mineures eur caractère majeur par deux dièses ou deux bécarres.

Si l'on fait sur les toniques nouvelles la même opération que sur la tonique primitive *ut*, on arrive pour modulations secondaires aux tons majeurs de *ré*, de *la*, de *si♭* et de *mi♭*, et aux tons mineurs de *fa*, de *sol*, de *ré* et de *mi*. Ces tons sont en partie les relatifs mineurs ou majeurs des tons auxquels on était arrivé par modulation primaire. La mélodie les admet tous dans ce rang; l'harmonie y fait un choix. Elle place parmi la modulation de second degré en partant d'*ut* majeur les tons de *ré* majeur, de *si♭* majeur, et même le *si* mineur que la mélodie relègue au troisième rang, car ces tons ont six accords communs avec celui d'*ut*. Elle accepte également le ton de *ré* mineur qui a quatre accords communs, le *fa* mineur qui n'en a que trois, et même le *sol* mineur qui n'en compte qu'un, parce que ces tons sont les relatifs de tons majeurs placés au premier rang, et pouvant leur frayer le chemin. Quant aux tons de *la* et de *mi* bémol majeur, ils se trouvent rejetés au troisième rang des modulations directes ou majeures, mais en passant par les mineurs de même base qui figurent au premier rang, ils se trouvent replacés au nombre des modulations secondaires. Il en est de même pour les tons de *si♭* mineur et de *mi♭* mineur qui ont trois accords communs avec la gamme d'*ut*, et le ton de *fa♯* mineur qui n'en a qu'un. Ainsi, les combinaisons harmoniques permettent de moduler directement, aux deux modales, du majeur au mineur, et du mineur au majeur.

La troisième modulation mélodique conduit en majeur aux toniques *mi* et *la* bémol, et en mineur aux toniques *si si♭ mi♭, fa♯*; la quatrième jette en majeur dans les tons de *si, fa♯, ré♭, sol♭*, et en mineur dans ceux de *ut♯* et de *la♭*, etc., etc.

On a vu par les exemples que nous avons donnés qu'on arrive à la même modulation par un grand nombre de routes diverses, et que le retour au ton primitif peut aussi s'opérer par divers chemins. Ainsi, on peut aller d'*ut* majeur à *la♭* maj. par *ut* min., *mi♭* maj., *la♭* min., ou par *fa* maj., *fa* min., *la♭* maj.—d'*ut* maj. à *si* min., par *sol* maj., *ré* maj., *si* min.; ou par *fa* maj., *ré* min., *ré* maj. et *si* min., etc., etc.

Les modulations qui consistent à changer de tonique et non de mode s'opèrent sur la dominante et la sous-dominante; celles qui changent le mode seulement se font sur la tonique, et celles qui changent à la fois le mode et la tonique s'effectuent sur les modales.

Il n'est jamais difficile de sortir d'un ton, puisqu'en ajoutant çà et là un dièse ou un bé-

mol, et en accompagnant cette addition en mineur d'un accord de septième de sensible ou de septième de dominante, en majeur du septième de dominante seulement, suivis de l'accord parfait du ton dans lequel on module, tout en s'arrangeant de manière à faire disparaître les notes spéciales au ton qui s'en va, et à faire entendre celles qui caractérisent le nouveau ton, on peut toujours asseoir la tonalité dans une gamme différente. On peut ainsi se laisser entraîner fort loin du ton primitif : *facilis descensus Averni;* mais il est beaucoup moins facile de revenir sur ses pas pour finir, comme il y a obligation, dans le ton par où l'on a commencé ; car de parcourir la même route il n'y a pas même à y songer, les auditeurs seraient brisés d'ennui avant de voir la conclusion. Les compositeurs s'affranchissent souvent de ces lois étroites des modulations; ils franchissent ces deux degrés pour prendre directement des modulations de deuxième et même de troisième degré, qu'ils sauvent quelquefois à grands frais d'art et d'habileté. Mais ils ont inventé deux autres manières de moduler qui les mènent au but beaucoup plus vite, c'est la modulation chromatique et la modulation harmonique. La première consiste dans l'emploi d'un intervalle chromatique (*voyez* MODE), d'un *ré* dièse par exemple à la suite d'un *ré*, d'un *si* bémol à la suite d'un *si*, pour transformer cette nouvelle note soit en sensible d'une gamme majeure ou mineure, soit en modale d'une gamme mineure. Cette modulation est toujours un peu dure, mais elle l'est d'autant moins qu'elle se rapproche davantage de l'ordre régulier dans lequel se succèdent les modulations diatoniques. Elle se traite dans l'harmonie absolument comme les autres, par voie négative d'abord, en écartant ce qui rappelle l'ancien ton, puis par voie positive, en établissant énergiquement le nouveau (*voy.* MODE). La plus bizarre des modulations est la modulation *enharmonique* (*voy.* ce mot).—Les modulations prises de trop loin ne sont acceptables et acceptées que lorsqu'il s'agit de produire sur l'oreille une véritable surprise. Alors plus la modulation est inattendue, plus elle est agréable; mais ce sont là des cas qui ne doivent être qu'exceptionnels.　　　　　J. FLEURY.

MODULE (*archit.*), du mot latin *modulus*, dérivé lui-même de *modus*, mesure, proportion. C'est le nom qu'on donne à la moitié du diamètre inférieur d'une colonne, unité de mesure qui sert à déterminer les proportions des ordres d'architecture grecq e et romaine. Cependant comme les divers membres d'architecture sont loin d'avoir un *module* entier de dimension, il a fallu une autre unité de mesure plus petite pour noter la hauteur et la saillie des moulures. Aussi a-t-on divisé le *module* en douze parties égales, ou *minutes* pour le toscan et le dorique, et en dix-huit *minutes* pour l'ionique, le corinthien et le composite. **F. DE M.**

MODULE (*math.*). C'est le nom que l'on donne à une quantité constante par laquelle il suffit de multiplier tous les logarithmes d'une table déjà calculée, pour les obtenir dans une base nouvelle. En effet, désignons par b la base d'un système, par b' celle du second, par a le logarithme du nombre n dans le système dont la base est b; on a l'équation exponentielle : $b'^a = n$. Prenant les logarithmes des deux membres de cette équation dans le système déjà calculé, on aura

$$a \times \log. b' = \log. n, \text{ d'où } a = \log. n \times \frac{1}{\log. b'}.$$

Pour former une nouvelle table dont la base soit b', il suffit donc de multiplier les logarithmes de la première table par la quantité constante $\frac{1}{\log. b'}$. Cette quantité constante est le module de la nouvelle base b' par rapport à la première base b.

Le mot *module* s'emploie encore pour désigner la valeur absolue de la racine carrée du produit de deux expressions imaginaires conjuguées. Ainsi le module des expressions $(a + b \sqrt{-1})$, $(a - b \sqrt{-1})$, est $\sqrt{a^2 + b^2}$. Le module du produit de deux facteurs est égal au produit des modules des deux facteurs. En effet :

$$(a + b \sqrt{-1})(c + d \sqrt{-1}) = (ac - bd)$$
$$+ (ad + bc) \sqrt{-1}.$$

Or, le module de
$$(a + b \sqrt{-1}) \text{ est } \sqrt{a^2 + b^2},$$
Celui de
$$(c + d \sqrt{-1}) \text{ est } \sqrt{c^2 + d^2},$$
et celui de
$$\left[(ac - bd) + (ad + bc) \sqrt{-1} \right]$$
est
$$\sqrt{(ac - bd)^2 + (ad + bc)^2}.$$
Or,
$$\sqrt{(ac - bd)^2 + (ad + bc)^2} = (\sqrt{a^2 + b^2})$$
$$(\sqrt{c^2 + d^2}).$$

Donc, *c. q. f. d.*

Ce théorème s'étend à un nombre quelconque de facteurs.

De ce principe, on conclut immédiatement :

1° Le module du quotient de deux expressions imaginaires est le quotient de leurs modules.

2° Le module de la racine $n^{ième}$ d'une expression imaginaire est la racine $n^{ième}$ du module de cette même expression. **D. JACQUET.**

MOEDA ou **LISBONNINE** : monnaie d'or du Portugal, qui vaut 4,800 reys, ou 33 fr. 96 c. de notre monnaie.

MOELLE, MEDULLA (*zool. bot.*). On appelle ainsi en anatomie zoologique, une substance plus ou moins molle, douce et grasse, renfermée dans l'intérieur de certains os dont plusieurs, tels que le fémur et l'humérus sont percés d'un canal dit *médullaire*. Elle paraît formée de l'agglomération de petites vésicules nombreuses enveloppant un liquide huileux dont la consistance varie beaucoup dans les diverses espèces d'animaux ; elle est surtout considérable dans le mouton et le bœuf. On ignore les fonctions de la moelle. Il est évident, d'après des observations nombreuses, qu'elle ne jouit pas de sensibilité, puisque sur des animaux vivants, un fer rouge a pu être enfoncé dans sa substance, sans que le sujet en témoignât une impression pénible; il faut, dans ce cas, pour exciter de la douleur, que l'on touche la membrane médullaire. — La moelle est en botanique une masse de tissu cellulaire qui occupe le centre des tiges dans les végétaux dicotylédons. Dans les tiges des herbes, dans les parties les plus jeunes de celles des arbres, elle constitue un tissu essentiellement vivant, dont les cellules se montrent remplies de liquides et de matières divers. Mais peu d'années suffisent pour réduire la moelle à l'état de masse inerte, de tissu mort qui ne présente plus assez souvent que des gaz dans l'intérieur de ses cellules. Dans les vieux troncs elle est généralement si peu apparente que beaucoup d'auteurs ont pensé qu'elle disparaissait entièrement par l'effet de l'âge; des observations plus suivies ont prouvé l'inexactitude de cette opinion. Les proportions de la moelle par rapport aux autres parties des tiges varient beaucoup selon les espèces. Généralement elle est abondante dans les bois mous, peu volumineuse dans les troncs des arbres à bois dur. On la voit même en quantité variable dans les diverses branches d'un même végétal, par exemple chez le sureau. On observe aussi une grande variété dans les dimensions des cellules qui constituent la moelle de différentes espèces. Ses cellules sont, en général, grandes dans les moelles volumineuses; néanmoins on les trouve parfois notablement petites dans des espèces très riches en moelle, comme chez le sureau. — Par l'effet de l'accroissement des tiges, la masse de la moelle se rompt souvent de diverses manières. Ainsi, son cylindre se disloque dans les tiges fistuleuses, de telle sorte qu'on pourrait croire à sa disparition. Ainsi encore, dans le noyer, on la voit se couper en des sortes de rondelles horizontales, séparées par des vides plus ou moins étroits (*voy.* Végétal).

MOELLE ÉPINIÈRE. C'est une tige nerveuse, cylindroïde et symétrique qui occupe le canal rachidien, et sur laquelle s'implantent les nerfs des membres et ceux de la plupart des organes du tronc. Les vertébrés seuls en sont pourvus. Avant d'indiquer les particularités que présente cet organe chez les animaux, nous allons le décrire dans l'espèce humaine, comme type. — La moelle épinière n'a pas de limite précise supérieurement, mais on s'accorde à lui assigner pour commencement le niveau du trou occipital, et pour terminaison un point généralement situé entre la première et la seconde vertèbre lombaire. On retrouve autour d'elle les mêmes enveloppes membraneuses qu'au cerveau. Mais la pie-mère rachidienne est essentiellement fibreuse, plissée et criblée d'une infinité de trous pour le passage des artères et des veines médulli-spinales. Elle envoie de chaque côté, entre les racines des nerfs spinaux, des prolongements denticulés portés sur une bandelette à laquelle on donne le nom de *ligament dentelé*, et dont l'usage est d'assujettir la moelle au milieu du liquide céphalo-rachidien qui a son siége dans le tissu cellulaire intermédiaire, la pie-mère et l'arachnoïde. La moelle épinière offre deux renflements ou bulbes nommés l'un brachial et l'autre crural, en raison de ce que les nerfs des membres thoraciques s'implantent au premier, et ceux des membres abdominaux au second. Le bulbe crural, qui est le moins volumineux, devient brusquement très grêle et se continue au milieu des nerfs de la queue du cheval, où on peut le suivre jusqu'à la base du sacrum.

Dépouillée de ses membranes, la moelle épinière présente antérieurement, sur la ligne médiane, un sillon longitudinal, pénétrant environ jusqu'au tiers de son épaisseur, et au fond duquel on découvre une lame blanche, composée en apparence de fibres transversales, que l'on a nommées *commissure blanche*, et postérieurement un sillon correspondant, plus profond et plus étroit, limité par une couche de substance grise appelée *commissure grise*. Il résulte de la présence de ces sillons qu'il existe véritablement deux moelles épinières parfaitement distinctes, réunies par une languette extrêmement mince. On observe en outre sur chaque moitié de la tige médullaire : 1° un sillon dit *postérieur intermédiaire*, superficiel et linéaire, situé à peu près à un millimètre et demi du sillon médian postérieur; 2° un peu plus en dehors, le *sillon collatéral postérieur*, au fond duquel s'implan-

tent toutes les racines postérieures correspondantes des nerfs spinaux ; 3° près du sillon médian antérieur, le *sillon collatéral antérieur*, qui donne implantation aux racines antérieures des mêmes nerfs. Chaque moitié de la moelle se compose de deux faisceaux distincts, savoir : un postérieur, formé par la portion de moelle comprise entre le sillon médian postérieur et le sillon collatéral postérieur; un antero-latéral, qui comprend toute la portion de moelle située entre ce dernier sillon et le sillon médian antérieur. Quelques anatomistes admettent un troisième faisceau.

Quand on a coupé transversalement la moelle épinière, on voit qu'elle se compose de deux substances, dont l'une est grise et l'autre blanche. La première est renfermée dans l'intérieur de la seconde qui l'enveloppe presque de toutes parts. A l'aide d'une macération suffisante dans l'alcool, on peut décomposer la substance blanche en un très grand nombre de lamelles occupant toute la longueur du canal rachidien, et entre lesquelles la pie-mère envoie des prolongements cellulo-vasculaires. Ces lamelles sont elles-mêmes susceptibles de se décomposer en fibres, ou mieux en tubes déliés et indépendants comme ceux des nerfs. La texture de la substance grise est, au contraire, granuleuse. Suivant beaucoup d'embryologistes, la moelle épinière est la première partie qui apparaisse dans le fœtus; mais, pour tous, la substance blanche préexiste à la substance grise. Il paraît certain aujourd'hui que les faisceaux antérieurs sont affectés au mouvement, et les postérieurs aux sensations. Des faits multipliés, empruntés à l'expérimentation et à la pathologie, démontrent que la moelle exerce une influence sur les mouvements du cœur, sur les fonctions respiratrices et circulatoires, sur le canal intestinal et la vessie.

A mesure que l'on descend dans la série des vertèbres, on voit la matière grise diminuer et peut-être disparaître, et la matière blanche augmenter en proportion. On remarque aussi que la moelle épinière devient d'autant plus volumineuse, proportionnellement au cerveau, que l'on s'éloigne davantage de l'espèce humaine. Chez les mammifères cet organe, à part un petit nombre d'exceptions, est plus long que chez l'homme; mais l'une de ses différences essentielles consiste dans un canal intérieur qui a été constaté dans des espèces très différentes, et qui appartient vraisemblablement à la classe entière. Dans tous les mammifères vraiment quadrupèdes les doigts n'étant pas organes du toucher, la proportion des deux renflements de la moelle ne dépend que d'une proportion des deux paires de membres. Quand les membres antérieurs sont plus robustes, par exemple chez les *carnassiers fouisseurs*, tels que la taupe, etc., le renflement antérieur est le plus gros; c'est le contraire dans les *quadrupèdes coureurs*, tels que les chiens, les chevaux, les cerfs. Enfin, dans les *cétacés*, il n'y a qu'un renflement correspondant aux seuls membres restants, c'est à-dire aux nageoires qui représentent les membres antérieurs. Chez les *oiseaux*, la moelle épinière, d'un volume considérable relativement à l'encéphale, occupe toute la longueur de la colonne vertébrale et se prolonge même jusque dans le coccyx. Elle offre un canal qui la parcourt dans toute son étendue. Ce canal, à la hauteur du lieu où prennent naissance les nerfs qui se distribuent aux membres pelviens, se dilate au point d'écarter les sillons médullaires antérieurs et postérieurs; il en résulte une excavation remarquable, décrite sous le nom de *sinus rhomboïdal*, et au fond de laquelle on aperçoit la liqueur du canal médullaire, contenue par la pie-mère. La substance grise en occupe l'intérieur et n'est nulle part en aussi grande abondance qu'aux parois de ce sinus. Chez les *sauriens* et les *ophidiens*, la moelle épinière est très longue et s'étend d'un bout à l'autre de la colonne rachidienne. Elle est plus courte chez les *chéloniens* et surtout chez les *batraciens*. Dans ces quatre ordres elle est canaliculée. Chez les poissons, sauf quelques exceptions, elle occupe toute la longueur du canal rachidien. Elle constitue ordinairement un long cordon cylindroïque sur lequel on distingue surtout deux scissures très apparentes, l'une supérieure profonde, l'autre inférieure plus superficielle; si l'on écarte les bords de la première, on découvre un canal qui règne dans toute l'étendue de la moelle. — La forme spéciale de la moelle des lamproies mérite d'être signalée : elle est sur toute sa longueur demi-transparente, homogène comme une gelée et d'une couleur opaline, et forme un ruban horizontalement aplati, dont les bords, légèrement arrondis, sont parfaitement lisses. Vue à la loupe, sa substance n'offre aucune disposition globuleuse ou linéaire, et, quand on l'étend sur une lame de verre, elle s'évapore rapidement en ne laissant qu'une empreinte presque sans épaisseur. La configuration de la moelle de l'anguille diffère également de celle des autres poissons. Elle offre de distance en distance des renflements qui l'ont fait comparer à la chaîne ganglionaire des animaux articulés. Il y a dissidence sur la question de savoir si la moelle épinière des poissons renferme ou non de la substance grise.   SÉNÉCHAL.

La *moelle épinière* peut être le siége d'une foule d'affections. Son inflammation aiguë ou chronique a été décrite à l'article MYÉLITE. Un épanchement séreux en est quelquefois la conséquence, ou du moins celle de l'inflammation de ses enveloppes. Un épanchement sanguin peut encore se faire dans l'intérieur du canal osseux qui protége la moelle épinière, et dès lors troubler ses fonctions par suite de la compression qu'il exercera sur elle. Le même effet compressif est la conséquence des tumeurs qui se développent parfois dans l'intérieur du canal rachidien; la tige médullaire est assez fréquemment le siége de contusions, de commotion et de blessures. Les mêmes causes, mais plus particulièrement les fractures et les luxations des vertèbres peuvent déterminer des déchirures et des compressions funestes.

Les symptômes qui traduisent l'existence des affections de la moelle épinière consistent en des lésions de la sensibilité, des mouvements volontaires, des mouvements dus à l'irritabilité. Ils consistent encore en des modifications de la respiration, de la circulation, de la nutrition, de la calorification, etc. Ainsi la sensibilité peut disparaître totalement ou se trouver affaiblie dans toutes les parties du corps situées au dessous du foyer du désordre. La même fonction peut être exaltée sur le trajet même et dans la profondeur du cordon rachidien qui alors devient douloureux ; elle peut être exaltée dans les muscles qui recouvrent en arrière les régions cervicale, dorsale ou lombaire ; modifiée, pervertie dans les pieds, les jambes, les cuisses, les mains, les bras où le malade accuse des élancements, des fourmillements, un sentiment de pesanteur. Les mouvements volontaires sont souvent impossibles ou à peu près nuls ; les muscles mêmes de la vie organique, les sphyncters, subissent l'influence de la paralysie ; toutefois les bras, les jambes éprouvent malgré cet état des secousses convulsives et de la contracture. Les muscles qui avoisinent la colonne vertébrale entrent aussi en contraction, au point d'imprimer au corps des courbures, que ni la volonté du patient, ni un effort étranger, ne sauraient vaincre. La respiration est surtout troublée lorsque les muscles intercostaux, élévateurs du thorax, et le diaphragme subissent l'influence du désordre spinal, ce qui dénote une grande connexité entre cet état et l'ensemble de symptômes qui constitue le tétanos. Le tissu cellulaire des membres tend à s'infiltrer; les muscles s'atrophient, l'urine est rare, modifiée dans sa nature, et retenue involontairement ou perdue à l'insu du malade; la défécation est impossible ou involontaire. Ce qu'il y a de remarquable au milieu de cet ensemble de symptômes, c'est que l'exercice de l'intelligence n'est pas troublé, et que la vue, l'audition, en un mot toutes les fonctions de l'encéphale restent intactes.

Le siége des lésions spinales peut être établi, au moins d'une manière approximative, par suite des notions physiologiques, lorsque dans le principe de la maladie les symptômes directs ont été limités. C'est ainsi, par exemple, que la paralysie qui n'intéresse que les membres abdominaux indique que le désordre siége au-dessous de la région cervicale; que celle d'une seule jambe doit faire limiter la lésion organique dans la moitié correspondante du cordon rachidien; que la paralysie des deux bras et des deux jambes indique une lésion située au-dessus des plexus brachiaux. La manifestation de phénomènes convulsifs indique que la partie postérieure de l'organe est violemment irritée; une altération limitée à la sensibilité doit faire soupçonner que les faisceaux antérieurs sont épargnés. — Le mode de développement des troubles fonctionnels qui indique que le mal suit une marche ascendante le long de la tige médullaire, par exemple gagnant le thorax et les bras après avoir affecté les jambes et les parties inférieures du tronc, ne permet pas de confondre les affections qui nous occupent avec celles de l'encéphale; mais il n'en est pas ainsi lorsque l'exercice fonctionnel des quatre membres est subitement dérangé, lorsque l'action musculaire est partout impossible ou gênée, car les affections de ce dernier organe donnent souvent lieu aux mêmes symptômes. Il est vrai que dans les affections de l'encéphale on constate plus ou moins des douleurs de tête, des illusions des sens, des hallucinations, des symptômes de délire aigu; mais ces mêmes symptômes peuvent manquer alors même que le cerveau sera fortement entrepris, et d'un autre côté on les a vus survenir, sympathiquement sans doute, sur des sujets dont la moelle épinière était le principal siége du mal. Toutefois on doit incliner pour l'existence d'une maladie spinale lorsque la douleur est fixée sur un point du rachis, lorsque les muscles du cou et du dos sont violemment contractés, lorsque la respiration est très gênée, etc., tandis que l'exercice des fonctions intellectuelles demeure en même temps exempt de troubles. L.

MŒEN. Ile de Danemark, dans la mer Baltique, près et au sud de l'île Seeland, dont elle est séparée par l'étroit canal d'Uloe-Sund, et au nord-est de l'île Falster, dont le Grön-Sund la sépare. Elle a 27 kilomètres de longueur, du N.-E. au S.-O., et une superficie de 23,815 hectares, avec une population de 11,000 habitants. Le sol y est très fertile et donne des récoltes fort abondantes en blé. L'aspect agréable de cette île l'a fait nommer, en latin, *Amœna*. Le lieu principal est Slege, avec un port au N.-O.

MOERIS, roi d'Égypte, qui fit creuser le lac célèbre qui portait son nom (*Voy.* ÉGYPTE).

MŒURS. Le mot *mœurs*, dans l'acception la plus générale, désigne des habitudes naturelles ou acquises. Les mœurs, dans l'ordre physique, sont les habitudes naturelles ou acquises d'un peuple dans la manière de se nourrir, de se vêtir, de se loger, de pourvoir, en un mot, à tous les besoins de la vie. Les mœurs, dans l'ordre moral, sont les habitudes naturelles ou acquises pour le bien et pour le mal. Les mœurs sont bonnes ou mauvaises suivant qu'elles sont conformes ou contraires à la loi du devoir. Les mœurs diffèrent donc de la loi morale. Cette loi est la règle. Les mœurs ne s'en écartent que trop souvent. Le mot *mœurs*, lorsqu'il n'est point modifié par un autre mot, désigne toujours les bonnes mœurs. Les bonnes mœurs sont la morale pratique. D'après M. de Bonald, les mœurs, dans l'ordre moral, et dans leurs rapports avec le société, sont l'observation des lois constitutives de l'état social. Elles sont domestiques ou publiques. La fidélité conjugale, le respect filial, constituent de bonnes mœurs domestiques; la fidélité des agents de l'autorité envers le pouvoir public, et l'obéissance des sujets, constituent de bonnes mœurs publiques. Il est si vrai que la fidélité conjugale est le fondement des bonnes mœurs domestiques, que le mot de *mœurs* appliqué à l'individu, s'entend plutôt, dans l'acception commune, de la chasteté que de toute autre vertu. D'après Duclos, le mot *mœurs* appliqué à la vie privée d'un individu, ne signifie autre chose que la pratique des vertus morales ou le dérèglement de la conduite, suivant que ce terme est pris en bonne ou mauvaise part. Mais relativement à une nation, on entend par ses mœurs, ses coutumes, ses usages, non pas ceux qui, indifférents en eux-mêmes, sont du ressort d'une mode arbitraire, mais ceux qui influent sur la manière de penser et d'agir, ou qui en dépendent. Les mœurs d'un particulier peuvent donc être une suite de son caractère; mais elles ne le constituent pas nécessairement. Les mœurs d'un peuple, au contraire, forment précisément le caractère national.

Suivant Montesquieu, l'esprit général d'un peuple résulte du climat, de la religion, des lois, des maximes du gouvernement, de l'exemple des choses passées, des mœurs, des manières. « A mesure, dit-il, que dans chaque nation une de ces causes agit avec plus de force, les autres lui cèdent d'autant. La nature et le climat dominent presque seuls sur les sauvages ; les manières gouvernent les Chinois ; les lois tyrannisent le Japon ; les mœurs donnaient autrefois le ton dans Lacédémone ; les maximes du gouvernement et les mœurs anciennes le donnaient dans Rome. » Les mœurs sont un des principes distincts qui gouvernent les hommes, mais ces principes divers ont des rapports entre eux. Les mœurs dépendent du climat, des lois, du gouvernement, de la religion, des exemples, de l'éducation, des manières.

L'influence du climat sur nos organes est incontestable ; l'action du physique sur le moral est attestée par l'expérience des individus et par l'histoire des peuples. Des rapports intimes existent entre les lois et les mœurs. Les mœurs tiennent plus à l'esprit général ; les lois tiennent plus à une institution particulière. Les mœurs des peuples sont le principe actif de leur conduite, les lois en sont le frein. On suit les mœurs, on obéit aux lois. Les mœurs d'une nation lui sont plus chères et plus sacrées que ses lois. Duclos donne l'explication de ce fait. « Comme la nation, dit-il, ne connaît pas l'auteur de ses mœurs, elle les regarde comme son ouvrage et les prend toujours pour la raison. » Les lois suivent les mœurs. On connaît cette sage réponse de Solon : « J'ai donné aux Athéniers les meilleures lois qu'ils pouvaient souffrir. » Cependant les mœurs sont quelquefois meilleures, quelquefois plus mauvaises que les lois. Ainsi, à Rome, les lois permettaient le divorce, et les mœurs domestiques le repoussèrent longtemps ; les lois politiques favorisaient l'usurpation du pouvoir, et pendant longtemps l'autorité fut respectée, et le peuple soumis. Mais les lois à la longue prennent le dessus sur les mœurs pour les corrompre ou les améliorer. L'homme est entraîné par la société. Lorsque les mœurs sont meilleures que les lois, cet état est contre nature, car la nature veut que la règle soit toujours plus droite que l'objet à régler. Les anciens ont dit avec vérité : Que peuvent les lois sans les mœurs ? Ils auraient pu dire aussi : Que peuvent de bonnes mœurs sans les lois ? Les mœurs, même les meilleures, ne peuvent longtemps se conserver sans des lois qui préviennent ou punissent la violation du devoir. Aussi, les sages de l'antiquité sont-ils devenus les premiers législateurs des peuples ; et les premières lois civiles avaient-elles essentiellement pour objet de former les mœurs. Chez les barbares, les lois doivent former les mœurs ; chez les peuples policés, les mœurs servent au perfectionnement des lois. Les mœurs varient suivant les formes politiques qui régissent les peuples. Ainsi, dans une république qui ne peut

subsister que par l'économie et le dévouement à la chose publique, la simplicité des mœurs, l'amour de la frugalité, l'épargne, doivent dominer. Dans une monarchie limitée, où chaque citoyen prend part à l'administration de l'État, la liberté sera regardée comme le plus grand bien. Les peuples de cette monarchie seront fiers, généreux, versés dans la politique, jaloux de leurs priviléges. Dans une monarchie absolue où les femmes donnent le ton, l'honneur, l'ambition, le goût des plaisirs, la variété, la mollesse, seront le caractère distinctif des sujets.

Les lois civiles embrassent et régissent les actions de l'homme en société, et dans ses rapports avec ses semblables. Les institutions religieuses pénètrent dans le sanctuaire de la conscience et s'adressent à l'homme au sein même de la solitude. Le sentiment moral et le sentiment religieux, naturellement sympathiques, doivent se développer simultanément dans la religion. Alors, l'auteur de toutes choses se manifeste à la fois comme le législateur et le juge suprême qui récompense et punit dans une autre existence. La morale pratique reçoit donc de la religion une sanction intime et immense. Les institutions religieuses ne sont pas toujours en harmonie avec le sens moral. Dans le paganisme, il fallait souvent que la sainte voix de la conscience fût plus forte que celle des dieux. Il n'en est pas ainsi sous le christianisme. Cette religion divine commande toutes les vertus, *enveloppe toutes les passions, n'est pas plus jalouse des actions que des désirs et des pensées.* Un intervalle immense existera donc toujours entre la vertu acquise par les efforts de l'homme et le type parfait qu'elle offre à son imitation. L'histoire a constaté l'influence de la religion chrétienne sur les mœurs domestiques et publiques. La religion chrétienne est contraire au despotisme ; elle a proclamé l'égalité entre les membres de la grande famille humaine, et elle a donné ce droit des gens qui fait que, parmi nous, la victoire laisse aux peuples vaincus ces grandes choses, la vie, la liberté, les lois, les biens, et toujours la religion, lorsqu'on ne s'aveugle pas soi-même.

On est tombé dans une erreur grossière quand on a prétendu que la morale pratique est entièrement indépendante des croyances et des systèmes. Cicéron a combattu cette erreur. Il y a certains systèmes, dit-il, qui, par leurs termes du bien et du mal, dénaturent entièrement l'idée du devoir. Or, celui qui donne pour base au souverain bien l'intérêt et non la vertu, s'il est d'accord avec lui-même, si la bonté du caractère ne prévaut quelquefois, ne sera jamais ni juste ni généreux, et ne respectera jamais les droits de l'amitié. Être brave et croire que la douleur est le souverain mal, être tempérant et regarder la volupté comme le souverain bien, c'est une chimère qui ne se peut réaliser. » On a demandé si dans la vie réelle, les actions répondaient toujours aux croyances erronées et corruptrices. Les instincts conservateurs que la Providence a déposés dans l'humanité pour prévenir la ruine entière de l'ordre social, comme elle a mis dans chaque individu un instinct de conservation pour le préserver du désespoir, pourront pendant quelque temps lutter efficacement contre la funeste influence de ses croyances; mais cette résistance n'est que momentanée. Bientôt le poids des idées l'emporte, et une fatale harmonie s'établit entre les croyances et les mœurs.

L'éducation embrasse l'homme tout entier; elle s'empare de ses facultés dès l'enfance. La morale pratique variera donc suivant la direction que l'éducation aura reçue. Les législateurs et les philosophes ont reconnu cette vérité. Leibnitz a dit : « J'ai toujours pensé qu'on réformerait le genre humain si l'on réformait l'éducation de la jeunesse. » L'imitation est un principe actif dont l'énergie s'exerce même à notre insu sur nos facultés. Les exemples doivent donc contribuer puissamment à la formation des mœurs. Les mœurs anciennes, glorieux héritage dont une nation est fière, sont propres à exciter une généreuse émulation.

Les mœurs sont l'intérieur de l'homme; les manières en sont l'extérieur. Les manières qui doivent être un des objets de l'éducation, et qui peuvent être établies par les lois, contribuent souvent, autant que les exemples, à la formation des mœurs. Les manières contiennent les premiers mouvements, facilitent la possession de soi-même, permettent à la réflexion de se présenter. Elles imposent aux inférieurs des marques de soumission et de respect envers leurs supérieurs; aux supérieurs des témoignages d'humanité et de condescendance envers leurs inférieurs; aux égaux des démonstrations de bienveillance et d'estime mutuelles. Mais les manières affaiblissent l'essor naturel, et souvent elles ne sont qu'un art. Les manières varient suivant les formes de gouvernement. Sous le gouvernement despotique, les supérieurs sont hautains, les inférieurs s'abaissent devant leurs supérieurs, et les esclaves du maître commun n'ayant ni pour eux-mêmes, ni pour leurs semblables, aucun sentiment d'estime, ne s'en témoignent point par leurs manières. Les gouvernements démocratiques et aristocratiques ont des manières qui leur sont adaptées. Les manières changent souvent dans les pays libres; elles sont immuables, sous le despotisme, surtout, lorsqu'elles sont sanctionnées par les lois, et consacrées par la religion. Les manières sont corporelles, parlent aux sens, à l'imagination, sont d'un usage de tous les instants; on conçoit aisément qu'elles peuvent survivre aux mœurs; elles leur survivent dans les pays où elles sont un objet important. — Terminons par quelques considérations générales.

Chez les peuples enfants, les mœurs domestiques sont généralement bonnes; dans les sociétés les plus avancées, les mœurs domestiques sont le plus souvent meilleures dans les classes inférieures. Les crimes sont plus nombreux chez les peuples sauvages. Les peuples les plus polis sont loin d'être les plus vertueux. Les peuples policés valent mieux que les peuples polis. A mesure que les mœurs se perdent, les lois se multiplient, et alors on est obligé de tout écrire, même les mœurs. Quand la vertu se fait remarquer comme un mérite, les mœurs sont déjà altérées; et si la vertu devient ridicule, c'est le dernier degré de la corruption. Lorsqu'on s'aperçoit que les manières changent, les mœurs ont déjà subi une altération essentielle; car les hommes se montrent encore ce qu'ils doivent être lors même qu'ils ne le sont plus. Il y a deux genres de corruption, l'un, lorsque le peuple n'observe point les lois; l'autre, lorsqu'il est corrompu par les lois : mal incurable parce qu'il est dans le remède même. LAURENTIE.

MOEZZ-LE-DYN ALLAH (ABOU TEMÎM MAAD EL) (*hist. ar.*) : 4ᵉ calife fatimite, naquit à Mahadia le 15 ramadân 317 de l'hég. (de J.-C. 929). Ce prince, le plus brave, le plus puissant, le plus riche et le plus célèbre de sa dynastie, succéda à son père El-Mansour Billah en 341 (952); il était alors âgé de 24 ans. A peine monté sur le trône, il parcourut ses États, afin de calmer les mécontents. En 344 (955), il envoya une flotte contre Abd-Errahmân III, calife de Cordoue, qui s'était emparé d'un navire sur lequel était un envoyé de l'émir de Sicile à Moezz. Abd-Errahmân fut vaincu.

En 352 (963), Moezz fit la conquête de la Sicile, mais ayant eu plusieurs guerres à soutenir contre les Grecs, il ne fut assuré de la possession de cette île qu'en 356. Enfin, après avoir fait sentir sa puissance à tous ses voisins, il songea à conquérir l'Egypte, projet qu'il nourrissait depuis son avènement au trône. En 358 (969), Djauhar, général en chef de ses forces militaires, se mit en marche, arriva sur les limites de l'Egypte, où il trouva peu de résistance, et fit son entrée à Fostât, capitale du pays, au mois de ramadân 358 (juillet 969). Djauhar poussa ensuite ses conquêtes du côté de la Syrie, dont il soumit une grande partie, et après avoir pacifié presque tous les pays conquis, il s'occupa activement de l'organisation intérieure de l'Égypte. Il songea à fonder une ville capable non seulement de rivaliser avec Bagdad, mais encore de la surpasser. En 359 (970), il jeta les fondements du Caire (*El Kahira*, ou la Victorieuse), dont la construction fut presque achevée en trois ans. Vers la fin de 361 (972) Moezz se décida à quitter son ancienne résidence et en 362 (973), il fit son entrée solennelle dans le Caire, où il établit le siége du califat des fatimites ; il donna le titre de premier vizir à Djauhar, qui jeta les fondements de la fameuse mosquée *El-Azhar* ou mosquée des Fleurs, qui devint, et est encore, quoique déchue, l'université la plus célèbre de tous les États musulmans. — Les Abbassides disputaient à Moezz les droits de la légitimité, mais il fut reconnu comme calife par tout l'Orient, même à Médine ; la Mekke seule resta fidèle aux Abbassides. C'est alors qu'il adopta le blanc pour la couleur de ses étendards, par opposition aux Abbassides, qui avaient choisi le noir. Moezz vainquit ensuite les Karmates, et termina sa carrière le 14 rebi 1er 365 (décembre 975), trois ans après son entrée au Caire. Moezz était juste, généreux et savant, mais porté à la superstition. Les Chrétiens vécurent paisibles sous son règne. On lui contesta beaucoup sa généalogie, qui le rattachait à Aly et à Fàtimah, fille de Mahomet; les auteurs sont partagés à cet égard. ALFRED CLERC.

MOFETTE ou **MOUFETTE** : nom donné à l'azote et à d'autres gaz délétères qui se degagent des mines, par exemple, l'hydrogène carboné, l'hydrogène sulfuré, l'acide carbonique.

MOGADOR. Ville de l'empire de Maroc, située à 178 kil. S.-O. de Maroc par 11° 35' long. O. et 32° 32' lat. N. Mogador, qui porte aussi le nom de Soueirah, fut fondée, en 1760, par l'empereur Sidy-Mohammed, sur l'emplacement d'un ancien château fort, construit par les Portugais. Sa population est d'environ 16,000 habitants. Elle a sur l'océan Atlantique un port très sûr, formé par une petite île, mais dont les gros navires ne peuvent profiter, parce qu'à la marée descendante, il n'y reste que 10 ou 12 pieds d'eau. Mogador n'en est pas moins le port le plus important du Maroc, et le plus grand entrepôt marchand de l'empire. C'est à Mogador qu'arrivent les principaux produits européens qui alimentent la ville même de Maroc, tels que : tissus de laine et de coton, quincaillerie anglaise, toiles d'Allemagne, étain, cuivre, poterie, verrerie, miroirs, sucre, poivre, papier, etc. Le exportations de cette ville sont aussi fort con-

sidérables, et consistent principalement en amandes amères et douces, gommes, peaux, ivoire, ébène, plumes d'autruche, poudre d'or, huiles d'olive, dattes, etc. Marseille, Cadix, Londres, Amsterdam, Livourne, Lisbonne et Téneriffe sont les ports qui entretiennent avec Mogador les relations les plus actives. Mogador possède un palais impérial et une citadelle ; ses fortifications sont assez médiocres. Sa population serait sans doute plus considérable sans la difficulté de se procurer de l'eau. Il faut, en effet, s'en approvisionner à une rivière éloignée d'une demi-lieue, et recourir aux eaux pluviales, qu'on conserve dans des citernes. Une flotte française, commandée par le prince de Joinville, a bombardé Mogador il y a quelques années.

MOGOL (le), et plus communément le *Grand-Mogol* : nom par lequel on désignait les souverains mahométans les plus puissants des Indes-Orientales. La dénomination de *Mogols* donnée à ces princes par les naturels de l'Inde n'est point exacte, car ils appartenaient à la race turque et descendaient de *Timur* plus connu sous le nom de *Tamerlan*. Baber, fondateur de la dynastie des Grands-Mogols, était d'abord souverain du pays de Fergana. Il fit la conquête de plusieurs contrées de l'Inde et établit à Delhi le siége de son nouvel empire. Les Grands-Mogols ont joué un rôle assez important dans l'histoire. Ils soutinrent des guerres, conclurent des traités et établirent des relations politiques et commerciales d'abord avec les Portugais qui les avaient précédés dans les Indes, puis avec les Français et avec les Anglais. Plusieurs d'entre eux se montrèrent amis et protecteurs eclairés des lettres. Voici les noms de ces différents princes avec l'indication des années où ils montèrent sur le trône :

1525 Baber.
1530 Humayoun, fils de Baber.
1556 Acbar.
1605 Djihanguir.
1628 Schah-Djihan Ier.
1658 Aurengzeb ou Alemguir Ier.
1707 Schah-Alem Ier.
1712 Djihandar-Schah, détrôné et assassiné la même année.
1712 Ferrokhsar, assassiné en 1719.
1719 Rafiya-ul-Dirjat, enfant, mourut au bout de trois mois.
1720 Mahomed-Schah.
En 1735, les Mahrattes brûlèrent les faubourgs de Delhi; Nadir-Schah ou Thamas-Kouli-Khan y entra à la tête de l'armée persane, le 9 mars 1739, et en sortit le 14 avril, avec une immense butin.
1747 Ahmed-Schah, détrôné et aveuglé en 1753.

1753 Alemguir II, assassiné en 1756, année dans laquelle Ahmed-Schah, Abdali de Caboul, entra à Delhi.

1756 Schah-Djihan II, détrôné en 1760.

1761 Schah-Alem II.

Ce prince attaqua les Anglais dans le Bengale et le Bahar ; il fut battu, et se rendit en 1765. On lui fit une pension de 26 laks de roupies, et o..i lui donna un domaine fertile dans le Haut-Indoustan. Il s'enfuit de cette espèce de prison en 1771, et reparut à Delhi, dont les Mahrattes s'étaient rendus maîtres, et où il vécut comme un prisonnier et un instrument politique. En 1788, Golam-Kadir, le Rohilla, s'étant rendu maître de Delhi, exposa le malheureux empereur aux traitements les plus indignes, pour lui faire découvrir de prétendus trésors cachés. Enfin il lui creva les yeux. Les Mahrattes s'étant ensuite de nouveau emparés de Delhi, Schah-Alem redevint leur prisonnier. En 1803, les Anglais chassèrent les Mahrattes, et replacèrent en apparence sur le trône ce prince, qui ne conserva en réalité aucune espèce de pouvoir. Schah Alem mourut en décembre 1806 après un règne de 45 ans. Avec ce prince s'éteignirent le nom et la puissance des Grands-Mogols. Cependant les Anglais conservèrent, postérieurement à cette époque, le titre dérisoire d'empereur aux princes de la famille de Baber qui le portent encore aujourd'hui, et vivent à Delhi, dans le palais de leurs ancêtres, d'une pension que leur fait la compagnie des Indes. — On peut consulter, sur l'histoire des Grands-Mogols : l'*Histoire générale de l'empire du Mogol*, par le P. Catrou, Paris, 1715, 4 vol. in-12 ; la grande histoire universelle en anglais ; le *Voyage de Fr. Bernier, contenant la description des États du Grand-Mogol, de l'Hindoustan*, etc., dont il existe plusieurs éditions ; *Suite du Mémoire du sieur Bernier sur l'empire du Grand-Mogol*, Paris, Barbier, 1671, in-12. Enfin les Mémoires de Baber et ceux de quelques autres Grands-Mogols publiés en anglais par différents auteurs.   L. Dubeux.

MOGOLISTAN : expression persane qui signifie *lieu*, ou *pays des Mogols*. On lit ce nom dans les écrits de quelques voyageurs et historiens du XVIe et du XVIIe siècle. Il désigne l'empire et les Etats du Grand-Mogol (*voy.* ce mot).

MOGOLS (*voy.* Mongolie).

MOGORI (*mogorium*) (*bot.*). Jussieu admettait sous ce nom, et plusieurs auteurs admettent à son exemple, comme genre distinct et séparé, un petit groupe que d'autres, en plus grand nombre, laissent réuni aux jasmins. L'espèce pour laquelle ce genre a été proposé est e *mojori sambac*, plus connu dans les jardins sous le nom de *jasmin d'Arabie*. (*voy.* Jasmin). D.

MOHA, MOHA DE HONGRIE (*bot.*) : nom sous lequel est connu des cultivateurs le panis d'Allemagne, *setaria germanica*, plante fourragère dont l'introduction dans les cultures de la France date de 1815. Ce fourrage se recommande par une qualité précieuse, celle de supporter parfaitement la sécheresse. Les chevaux et le gros bétail le mangent très volontiers, tant en vert qu'en sec. Comparé au panis ou millet d'Italie, le moha présente des avantages marqués par la qualité et l'abondance de son herbe. Il réussit principalement sur les terres à la fois légères et substantielles. On l'a même vu prospérer dans un terrain sec et calcaire, pendant une sécheresse qui avait fatigué le panis d'Italie et d'autres plantes. On le cultive aussi pour sa graine. Cette plante se sème à la volée, au printemps, à diverses époques, et en proportion variable de 6 à 10 kilogrammes à l'hectare, selon qu'on veut obtenir ou sa graine ou son herbe.

MOHAMMED (Scheïkh), fils d'Abd-al-Wahhab, fondateur de la secte musulmane des Wahhabites ou Wahhabis, ainsi appelée du nom de son père, était un Arabe de la tribu de Tamim. On ignore la date exacte de sa naissance, mais on la place vers le commencement du XVIIIe siècle. Dans sa jeunesse, Scheïkh-Mohammed se livra avec ardeur à l'étude de la théologie et de la jurisprudence musulmanes. Bientôt, il conçut le projet de réformer l'islamisme. Audacieux et prudent tout à la fois, et doué d'une certaine éloquence persuasive, il réunissait dans sa personne plusieurs éléments de succès. Il admettait le Coran comme un livre divin ou tout au moins descendu du ciel, mais il l'interprétait suivant des règles particulières. Il rejetait toutes les traditions qui jouent un si grand rôle dans la religion musulmane, et attaquait, comme une idolâtrie, les honneurs rendus à Mahomet, à Ali et à quelques autres personnages vénérés par les Mahométans. Il ordonnait de croire à un Dieu unique, aux peines et aux récompenses de la vie future, et prescrivait la circoncision, les prières canoniques, les ablutions et les jeûnes. Il conservait le pèlerinage de la Caaba, et interdisait l'usage du café et du tabac. Malgré l'austérité de sa doctrine, il réussit d'abord à se faire quelques prosélytes assez zélés. Encouragé par ce premier succès, il se rendit à la Mecque, et y prêcha sa religion ; mais bientôt repoussé par les habitants de cette ville, il quitta l'Arabie et visita successivement Damas, Bagdad et Basra, où ses prédications ne convertirent personne. Après trois ans d'absence, il retourna en Arabie, et il eut l'adresse de gagner les bonnes grâces d'un chef de ce pays, qui soutint et propagea sa doctrine. Scheïkh-Mohammed vécut assez longtemps pour voir les progrès de sa nouvelle religion. Il mourut fort âgé dans les dernières années du xviiie siècle.

MOHATRA (*jurisp. anc.*). C'est le nom qu'on donnait autrefois à un contrat par lequel un homme pressé par le besoin d'argent, achetait fort cher, à un usurier, des marchandises qu'il lui revendait immédiatement à vil prix, mais argent comptant. L'usurier rentrait ainsi en possession de sa marchandise, et avait de plus sur son client une créance très forte. Ce genre de transaction, qui malheureusement s'opère encore de nos jours, était sévèrement puni, par l'art. 141 de l'ordonnance d'Orléans, qui prononçait contre le délinquant une punition corporelle et la confiscation.

MOHAWK : rivière des États-Unis qui prend sa source dans l'État de New-York et se jette dans l'Hudson, à 3 lieues au nord d'Albany, après 55 lieues de cours. Elle tire son nom de l'ancienne tribu des Mohawks qui habitait sur ses bords, aux environs du lac Érié.

MOHILEV : c'est le nom d'une ville et d'un gouvernement de Russie. La ville, bâtie sur la rive orientale du Dniéper, est située par 53° 54′ latit. N., et 48° 41′ long. E., à 846 w. de Pétersbourg et à 564 de Moscou. On ignore l'époque de sa fondation; on sait seulement qu'au xiiie siècle elle appartenait à des princes russes, et qu'en 1381 la princesse Ouliana l'apporta en mariage, avec tout le pays entre les rivières Bérezka et Ougra, au grand duc de Lithuanie. Sigismond III, roi de Pologne, en fit commencer, en 1609, les fortifications qui ne furent terminées qu'en 1633. Prise par le czar Alexis Mikhaïlovitch en 1654, Mohilev ne resta au pouvoir des Russes que jusqu'en 1661, lorsque les habitants se soulevèrent et massacrèrent toute la garnison russe, à l'exception des chefs qu'ils emmenèrent prisonniers au roi Jean Casimir. Elle continua alors à appartenir à la Pologne jusqu'au premier partage de 1772; alors elle retourna définitivement à la Russie. Depuis son érection en chef-lieu de la province par l'impératrice Catherine II, Mohilev s'est considérablement embellie et agrandie. On y compte aujourd'hui 22,000 habitants, parmi lesquels il y a un quart de Juifs. La ville se partage en quatre quartiers. Le plus beau est le quartier haut qui renferme le château. On trouve à Mohilev vingt églises russes et cinq églises catholiques. Les archevêques russe et catholique y ont leur résidence. Les églises les plus remarquables sont celle des Bernardins, et la cathé-

drale russe. Les tanneries, au nombre de vingt-deux, sont la principale branche d'industrie des habitants; tous les autres arts et métiers y sont professés par les Juifs. La ville fait un commerce assez considérable avec les ports de Riga, Mémel et Dantzig, dans lesquels elle envoie des cuirs de Russie, du suif, de la cire, du miel, de la potasse, du chanvre, du lin, de l'huile de chanvre et du blé; on y importe beaucoup de soie écrue. — Une petite ville du même nom est le chef-lieu d'un district.

L'ancienne province de Mohilev est, depuis 1778, un des quarante-neuf gouvernements de la Russie, situé entre le 51° 48′, et le 55° 17′ de latit. sept., et le 47° 50′ de long. orient. Sa plus grande longueur est de 350 werstes; sa plus grande largeur de 300 w., sa superficie de 370 milles géog. carrés; et sa population d'environ 1,1000,000 âmes. Arrosé par la Dvina occidentale, le Dniéper, la Drouitz, la Soja, le Besette, la Pronia, l'Ostre, la Vekhra, l'Ipout, la Loutchossa, l'Orchitsa et la Lassina, rivières toutes fort poissonneuses, son sol est assez fertile et produit en abondance du seigle, de l'orge, de l'avoine, du maïs, du chanvre et du lin. Il y a aussi d'excellents pâturages, de vastes marais renfermant beaucoup de minerai de fer très mal exploité jusqu'ici, et de superbes forêts remplies de gibier, et qui fournissent, pour la marine, ces beaux bois et ces mâts que l'on transporte à Riga par la Dvina, et dans les ports de la mer Noire par le Dniéper. Outre le bois on exporte du chanvre très beau, du lin, du suif, du miel, de la cire et de la potasse. Le gouvernement de Mohilev compte un assez grand nombre de fabriques de draps et de toiles. Le clergé se divise en trois classes, savoir : le clergé russe encore schismatique; le clergé grec catholique, et le clergé latin. L'archevêque catholique de Mohilev est métropolitain de toute la Russie. Ce gouvernement est divisé en douze districts. CORTEMBERT.

MOINE. Ce mot dérivé du grec Μονός, solitaire, servit à désigner dans l'origine, les chrétiens qui se retiraient dans le désert ou dans des lieux écartés, pour y vivre loin du commerce des hommes, dans le recueillement, dans la mortification, la prière et la pratique des conseils évangéliques. Quelques uns de ces solitaires, devenus bientôt célèbres par l'éclat de leurs miracles ou par la sainteté de leur vie, réunirent un grand nombre de disciples qui venaient se former sur leur conduite aux exercices de la piété chrétienne; ils leur firent construire des cellules séparées, mais assez rapprochées les unes des autres pour leur permettre de s'assembler à certaines heures; enfin ils rédigèrent des réglements pour déterminer les exercices de la communauté, et les obligations particulières de ses membres (*voy.* RÈGLES MONASTIQUES). De ce moment la vie commune remplaça peu à peu la vie solitaire; mais ceux qui entraient dans ces communautés ne laissèrent pas de conserver le nom de moines, à cause de leur séparation du monde, et parce qu'ils ne se voyaient entre eux que rarement et pour les exercices de la religion. Les moines d'Orient ont adopté généralement la règle de saint Basile; ceux d'Occident, vers la fin du VIIIe siècle, adoptèrent celle de saint Benoît. Plus tard, il se forma d'autres ordres religieux avec des règles particulières : tels furent les dominicains, les franciscains, etc. (*voy.* ORDRES RELIGIEUX). Mais comme leur institut les destinait plutôt à la prédication et aux fonctions du saint ministère qu'à la vie retirée et solitaire, ils furent désignés par le nom de religieux, et le nom de moine demeura spécialement affecté à ceux qui suivaient la règle de saint Benoît (*voy.* ABBAYE, BÉNÉDICTINS).   R.

MOINE (LE). Nous citerons deux personnages de ce nom :

1° MOINE (*Pierre* LE), de la Compagnie de Jésus, né en 1602, à Chaumont, en Bassigny. On le vit à la fois professer la philosophie à Dijon, prêcher dans la chaire, publier des livres ascétiques, soutenir la polémique en faveur des Jésuites attaqués dans les *Provinciales*, et enfin entreprendre de donner à la France un poème épique en 18 chants, sur la croisade de Saint-Louis. Tant que le poème resta manuscrit, et qu'on se borna à en citer des passages on le proclama un chef-œuvre; mais il en fut tout autrement quand l'ouvrage entier fut connu. Les approbateurs et les détracteurs avaient également raison. Le P. le Moine était doué d'une imagination prodigieuse; son style est hérissé d'images gigantesques parfois heureuses, souvent puériles ou de mauvais goût. Le vers est vigoureux, mais recherché; ingénieux, mais inégal; l'auteur appartient encore, en plein XVIIe siècle, à l'école de d'Aubigné, et le fond du poème, bien qu'assez varié, est peu attachant. On prétend que Boileau, interrogé pourquoi il avait voué Chapelain au ridicule, tandis qu'il gardait le silence sur le P. Le Moine, aurait répondu en parodiant deux vers de Corneille sur Richelieu :

> Il s'est trop élevé pour en dire du mal ;
> Il s'est trop égaré pour en dire du bien.

Un professeur de Besançon, en 1816, a abrégé et refait en partie le *Saint-Louis*, mais il n'a pas réussi à lui rendre des lecteurs. Les autres

poésies de Le Moine sont marquées des mêmes qualités énergiques et des mêmes défauts, la recherche et le gigantesque. Pascal a vivement critiqué un ouvrage en prose de cet écrivain : la *Dévotion aisée*, dont la morale est, en effet, fort relâchée. Son *Traité de l'histoire* est curieux au dire de Lenglet-Dufresnoy. L'édition, petit in-12, de la *Galerie des femmes fortes*, publiée par les Elzévir, 1660, est recherchée des amateurs.

2° MOINE (*François* LE), peintre d'histoire, né à Paris en 1688, de parents fort pauvres, étudia sous Robert Tournières et Galoches, obtint, à 23 ans, le grand prix d'histoire, fut reçu à l'Académie de peinture, en 1718, sur son tableau d'*Hercule et Cacus*, puis voyagea en Italie. A son retour, il termina les peintures du chœur de l'église des Jacobins de la rue du Bac, devint professeur de l'Académie, peignit une *Assomption* au plafond de la chapelle de la Vierge dans l'église de Saint-Sulpice, et le plafond du salon d'*Hercule* à Versailles. Le premier était, dit-on, remarquable par la couleur, mais les groupes étaient mal agencés, et les personnages avaient l'air de *tomber*. Quant au plafond de Versailles, c'est la plus vaste composition que l'on connaisse; 142 personnages s'y pressent dans une voûte de 21 mètres de long sur 18 de large, et 2 mètres 60 de renfoncement. Il était depuis dix mois peintre du roi lorsqu'il mourut, le 4 juin 1737. Le Moine distribuait ses groupes avec intelligence, et variait bien les attitudes de ses personnages ; mais ses femmes minaudent, ses hommes n'ont pas assez de caractère; son coloris sous une apparence de suavité et de fraîcheur manque souvent de vérité; son dessin est mou et incorrect; ses figures pèchent par défaut de noblesse, bien que ses groupes en aient suffisamment. Boucher fut un de ses élèves qui outra encore les défauts du maître. La plupart des tableaux de Le Moine ont été gravés par Thomassin, Sylvestre, L. Cars, Cochin et Larmessin.   J. FLEURY.

MOINEAU, FRINGILLA (*oiseaux*). Les moineaux forment dans la famille des fringilles, et dans le genre gros-bec, une section qui, quoique difficile à délimiter, offre cependant des caractères propres à la faire reconnaître. Ainsi, les moineaux proprement dits ont tous le bec parfaitement conique, un peu bombé vers la pointe, légèrement obtus, et la queue moyenne et échancrée; tandis que des oiseaux qui en sont très voisins, tels que les sénégalis, les paddas, les veuves, les chardonnerets, les pinsons, etc., offrent quelques caractères génériques particuliers. — Les moineaux ont, en général, des formes plutôt lourdes que sveltes. La plupart ne sont pas parés de couleurs agréables, et leur plumage est, en général, sombre. Répandus sur presque toute la surface du globe, mais surtout là où se trouvent des graines à leur convenance, ils forment des associations nombreuses, exploitent, habituellement en troupes, les contrées qu'ils habitent, et suivent l'homme dans tous les lieux où il vient se fixer, même dans les villes. Mais cela ne s'applique guère qu'à nos moineaux d'Europe, car, parmi les espèces étrangères du même groupe naturel, le plus grand nombre vit loin de toute demeure et fuit avec soin les lieux habités. — Pendant longtemps on a discuté la question de savoir si les moineaux qui vivent au milieu de nous étaient réellement aussi nuisibles à l'agriculture qu'on se plaît à le dire généralement : on a cherché à évaluer le nombre d'hectolitres de grains que chacun d'eux consomme dans une année, et d'un autre côté on a indiqué le bien qu'ils font à l'homme en détruisant une immense quantité d'insectes des plus nuisibles à ses cultures ; mais on peut dire, en résumé, que ces oiseaux détruisent le plus souvent pour le plaisir de détruire, et qu'ils occasionnent d'assez grands dégâts pour qu'on doive prendre des mesures qui opposent des limites à leur trop grande multiplication. Nos moineaux ne rachètent leurs défauts par aucune qualité utile : leur plumage n'a rien qui flatte l'œil, leur chair n'est pas très bonne, et leur voix est des plus désagréables. En été, vers le milieu du jour, lorsque la chaleur est très forte, on voit ces oiseaux rassemblées sur une haie, sur les arbres qui bordent les rivières, etc., exécuter un concert des plus discordans, ce qu'ils font également quand, le soir, ils se réunissent sur les arbres où ils passent la nuit. On les apprivoise facilement lorsqu'on les prend jeunes ; mais en vieillissant ils deviennent acariâtres. Quoique peu farouches, les moineaux donnent difficilement dans les piéges qu'on leur tend, parce qu'ils sont défiants et rusés. Leur vol est court mais assez rapide, et jamais très élevé : quand ils s'envolent, c'est toujours en troupe, toujours tous à la fois, brusquement et bruyamment. Nos espèces européennes n'émigrent pas très loin : on pourrait plutôt les considérer comme erratiques, car elles se bornent à passer d'une localité peu fertile en grains dans une autre qui leur offre une nourriture plus abondante et plus facile ; mais parmi les espèces étrangères il en est dont les émigrations sont complètes, et qui passent du nord au sud, ou du sud au nord suivant les saisons. — Ces oiseaux sont très féconds : ils font au moins deux pontes par an, très souvent trois, chacune de cinq à sept œufs. Les uns nichent in-

différemment sous les toits, dans les crevasses des murs, dans les trous des colombiers, entre les branches des arbres, etc. ; les autres choisissent les creux des arbres ; d'autres enfin les haies, les buissons, etc. Nos moineaux ne font pas leurs nids avec beaucoup de soin ; ils leur donnent une forme sphérique et y ménagent, vers le milieu, une ouverture qui communique avec la cavité intérieure : beaucoup de brins de paille et de foin très lâchement liés ensemble le composent à l'intérieur, et des substances molles, surtout un grand nombre de plumes, le garnissent à l'extérieur. Ces animaux entrent ordinairement de bonne heure en amour ; dans nos climats on voit les jeunes sortir du nid dès le mois de mai. Le plumage, surtout celui de nos espèces d'Europe, présente quelques variétés accidentelles : il n'est pas rare de rencontrer des individus en partie ou en totalité blancs, et il arrive souvent, quand cette coloration n'est pas un effet de la vieillesse, de la voir disparaître à la première mue. Quelques uns sont d'un gris sale au lieu d'être blancs, et d'autres, enfin, prennent un plumage noir ou noirâtre, jaune ou roux.

Les moineaux proprement dits, auxquels Linné appliquait le nom latin de *fringilla*, Brisson celui de *passer*, et que G. Cuvier nomme *pyrgita*, habitent tous l'ancien continent, à l'exception d'une seule espèce (le MOINEAU A TÊTE BLANCHE. *Fringilla albicilla*, Lesson), propre à la Nouvelle-Zélande. Les espèces particulières à l'Europe, au nombre de cinq, sont : — 1° le MOINEAU DOMESTIQUE (*fringilla domestica*, Linné), chez lequel le sommet de la tête et l'occiput sont d'un cendré bleuâtre, les sourcils marron, la gorge et le devant du col d'un noir profond, les joues d'un blanc cendré et les flancs cendrés, sans taches : il habite depuis les provinces méridionales de la France jusque dans les régions du cercle arctique ; — 2° le MOINEAU CISALPIN (*fringilla cisalpina*, Temminck), dont le sommet de la tête, la nuque et la partie postérieure du col sont d'un marron pur, les joues d'un blanc pur, et tout le reste du plumage comme dans l'espèce précédente : il se trouve dans les contrées méridionales de l'Europe, au delà de la grande chaîne des Alpes cottiennes et penniennes ; — 3° le MOINEAU ESPAGNOL (*fringilla hispanialensis*, Temminck), qui a le sommet de la tête et la nuque d'un marron vif, très foncé, le dos et le manteau noirs, la gorge d'un noir très intense, les flancs avec de très longues taches noires, et les sourcils blancs ; on l'observe dans toute l'Espagne, la Sardaigne, la Sicile et l'Egypte, et il n'est pas rare à Timor, à Java, ainsi qu'aux Moluques ; — 4° le

MOINEAU FRIQUET (*fringilla montana*, Linné), présentant le sommet de la tête et l'occiput d'un rouge bois, une bande d'un noir profond au dessus des yeux, un collier d'un blanc pur, interrompu sur la nuque, et deux bandes blanches sur les ailes : on le rencontre dans toute l'Europe, depuis l'Italie et l'Espagne, jusque dans les régions du cercle arctique ; — 5° le MOINEAU SOULCIE (*fringilla petronia*, Linné), type du genre *petronia* de M. Charles Bonaparte, dans lequel le plumage est d'un brun cendré mêlé de blanchâtre, les sourcils jaunes ; le col présente une tache de la même couleur, les rectrices des ailes ont une tache blanche ; il a plus particulièrement pour patrie les régions méridionales de l'Europe. **E. DESMAREST.**

MOIRE, MOIRÉ (*techn.*). Le moiré est un ensemble de dessins généralement onduleux. Il peut exister sur des tissus comme sur des bois ou des métaux ; il est toujours le résultat de différences dans la contexture de la surface, par suite desquelles la lumière est différemment réflétée. C'est ainsi que deux tissus clairs, posés l'un sur l'autre sans être tout à fait parallèles, produisent des effets très distincts de moire, dus évidemment aux inclinaisons infiniment variées que présentent à l'œil les fils de l'étoffe supérieure sur l'étoffe sous-jacente. L'industrie s'est occupée de produire à volonté ces effets sur des surfaces métalliques et sur des étoffes. Nous allons exposer successivement les procédés suivis pour chacune de ces opérations,

Moiré métallique : il s'applique surtout au ferblanc et à l'acier. Les dessins sont ici le résultat de l'étamage lui-même, et quoique en partie masqués par une légère épaisseur métallique, ils peuvent fort bien être reconnus sur toute feuille bien nettoyée. Ils résultent d'une cristallisation intérieure de l'étain qui recouvre la tôle, car ils se produisent également à la surface des plaques de ce métal lentement refroidi. On remarque au reste de pareils dessins sur l'eau congelée. Proust paraît être le premier qui ait signalé cet effet, mais on ne pensa pas à en tirer parti jusqu'à 1817; époque à laquelle M. Allard, étant arrivé à débarrasser le ferblanc de la pellicule d'étain qui recouvre et masque cette cristallisation, produisit dans le commerce le moiré métallique. Cette innovation eut une vogue immense, et aussi subite qu'elle fut peu durable. Tout le monde s'occupa de trouver ou de perfectionner les procédés de moirage, et l'on parvint à produire à volonté des figures très distinctes. Le point principal de l'opération consiste à enlever, par un acide faible, la partie la plus superficielle de l'étamage : on emploie, à cet effet, différents mélanges d'acide nitrique, d'acide chlorhydrique et d'eau, dans la proportion de 1 et 2 parties en poids d'acide azotique pour 2 d'acide chlorhydrique, et 3, 4 ou 8 parties d'eau distillée. Quelquefois on remplace 1 partie du dernier acide par 1 d'acide sulfurique, ou bien on met 4 parties de chlorhydrate de soude, et 1 d'acide azotique dans 8 d'eau. Quelle que soit la liqueur adoptée, on place horizontalement la feuille de ferblanc au dessus d'un fourneau, et lorsqu'elle commence à jaunir, on y passe rapidement une éponge ou une brosse fine humectée de cette liqueur. Lorsque les dessins sont bien apparents, on plonge la feuille dans l'eau sans la frotter, mais de manière à la débarrasser complétement de tout acide. Les cristallisations ainsi dénudées, étant fort délicates, on doit les garantir du contact de l'air, soit, provisoirement, par une simple solution de gomme, soit, définitivement, avec des vernis colorés et transparents, et, surtout, éviter de les frapper avec un marteau qui en effacerait le dessin.

Jusqu'ici on n'a fait que mettre à nu des figures préexistantes, entrevues et choisies un peu au hasard; mais pour en modifier à volonté l'aspect général, il suffit d'employer divers modes de refroidissement ou d'application partielle de la chaleur. Voici quelques exemples : si, après avoir fait chauffer suffisamment du ferblanc pour liquéfier l'étain, on plonge subitement et obliquement la feuille dans l'eau froide, on obtiendra une cristallisation confuse ou *sablée*. Il en sera à peu près de même, si, avant l'immersion, on saupoudre d'ammoniaque pour détruire l'oxyde qui aurait pu se former. Si l'immersion a lieu verticalement et par secousses successives, on obtiendra du *satiné*. Si au lieu de refroidir toute la feuille par immersion, on y projette seulement des gouttes d'eau, chaque point ainsi refroidi, deviendra un centre de cristallisation, et il se produira des *étoiles* ou des *nodules*. Si, au lieu de liquéfier l'étain sur la surface entière, on y promène seulement un jet de flamme, ou une pointe de fer chaud, on produira tous les *dessins* que l'on voudra, et ils apparaîtront par l'application de l'acide, sur le fond primitif. Le moiré sur l'acier se produit principalement en assemblant des feuilles, entremêlées de plusieurs sortes de fer ou d'acier, et même d'autres métaux. Cet effet est plus particulièrement connu sous le nom de *damassé* (*voy.* DAMAS).

Le moiré peut être obtenu sur des tissus de lin, de chanvre, de coton, de laine ou de soie, pourvu que la chaîne soit très tordue, et que la trame soit très ample et relève les fils de la chaîne assez haut pour former ce qu'on appelle un grain. Le moirage dépend du traitement qu'on fait subir à l'étoffe après sa confection. Il consiste, en général, dans une très forte pression opérée sur le tissu, préalablement replié sur lui-même, et d'une manière particulière. Voici comment a lieu le pliage : l'étoffe est d'abord pliée à plat, sur elle-même, dans toute sa longueur, lisière contre lisière, et de manière à ce que les deux bouts du même fil de trame soient posés l'un sur l'autre. On assure cette position par des piqûres, de décimètre en décimètre, puis l'étoffe ainsi doublée, est repliée sur elle-même, en long et par plis de six décimètres de profondeur, enfin, on la dépose, dans une sorte de fourreau, pour lui faire subir une très forte pression, produite aujourd'hui par deux cylindres horizontaux, placés l'un au dessus de l'autre. Le cylindre inférieur est en bois fort dur, les collets de métal dans lesquels il roule sont portés sur de puissants leviers placés près de terre et liés à d'autres leviers supérieurs qui permettent d'opérer une pression graduée qui n'est pas moindre de 6,000 kilogrammes, et s'élève autant qu'on le veut par l'addition de poids successifs. Le cylindre supérieur est en métal très dur, et ne peut être soulevé quelle que soit la pression. Au niveau du cylindre inférieur, et parallèlement à lui, sont placées devant et derrière, deux ensouples sur lesquelles on peut enrouler ou dérouler une pièce de coutil, tout en la tenant tendue. Ce coutil a une largeur plus que double de la longueur donnée aux plis de l'étoffe qu'on veut moirer. C'est sur cette espèce de plancher mobile que l'on dispose l'étoffe pli par pli et à plat. Les plis se placent en travers, et un peu inclinés sur la trame du coutil, de manière à ce que le deuxième, incliné en sens contraire du premier, fasse avec lui, en le recouvrant, un angle de 4 à 5 degrés. Le troisième pli est parallèle au premier, le quatrième au deuxième, et ainsi de suite. Lorsque toute la pièce est ainsi disposée, on recouvre l'ensemble avec la moitié de la largeur du coutil restée libre, et en agissant sur les ensouples, pendant que le mouvement de rotation est donné aux cylindres, on lamine pour ainsi dire l'étoffe dont le grain, superposé sous une multitude d'angles divers, s'écrase et se renverse en se contrariant. Après avoir fait aller et venir une douzaine de fois l'étoffe sous les cylindres, on soulève un coin de la toile pour voir l'effet produit ; on augmente la pression lorsque les ondes sont bien dessinées ; puis on change les plis de place pour que l'effet se répartisse également ; enfin on arrête l'opération lorsque les ondes sont bien terminées par des filets très déliés. La pression s'élève successivement jusqu'à 20,000 kilogrammes. Ce procédé ingénieux est dû à Vaucanson.　　　　　ÉMILE LEFÈVRE.

MOIS (ast.) : douzième partie de l'année. Comme il y a plusieurs espèces d'années, il y a aussi différentes espèces de mois, suivant l'astre par les révolutions duquel on les déterminé (voy. ANNÉE, CALENDRIER, CHRONOLOGIE).

MOISE, chef et législateur des Hébreux, était fils d'Amram, de la tribu de Lévi, et de Jocabed. Il naquit, vers l'an 1571 avant J.-C., en Égypte, où les enfants d'Israël étaient alors établis. Peu de temps avant sa naissance, le Pharaon qui gouvernait alors, effrayé de la grande multiplication des Hébreux, et craignant que ces étrangers ne devinssent maîtres de son royaume, ordonna que l'on mît à mort tous leurs enfants mâles. Jocabed cacha Moïse pendant trois mois, mais ensuite, ne pouvant le dérober plus longtemps aux regards des Égyptiens, elle le plaça dans une corbeille et l'exposa sur les bords du Nil, après avoir ordonné à Marie, sa fille, d'observer ce qui arriverait. La fille de Pharaon aperçut la corbeille et se la fit apporter. Alors Marie lui offrit d'aller chercher pour cet enfant une nourrice israélite. Moïse fut ainsi remis à Jocabed qui le nourrit et le rendit ensuite à la fille de Pharaon. Cette princesse l'adopta et lui donna le nom de Moïse, c'est-à-dire en égyptien, sauvé des eaux. L'Écriture ne nous apprend rien sur l'enfance et la jeunesse de Moïse. L'historien Josèphe a conservé, dans ses Antiquités judaïques (lib. II, cap. 9 et 10), la tradition qui, chez les Juifs, suppléait au silence du texte sacré. Il nous apprend que le petit Moïse était d'une beauté ravissante, et que la fille de Pharaon, appelée Thermutis, éprouvait pour lui une vive tendresse. Un jour, il jeta à terre la couronne de Pharaon et la foula aux pieds. Les devins virent un mauvais présage dans cette action et voulurent que l'enfant fût mis à mort. Thermuthis le protégea et lui sauva la vie une seconde fois. Lorsque Moïse eut atteint l'âge de raison, il fut instruit dans les sciences des Égyptiens. Ce dernier fait est attesté dans les Actes des Apôtres (cap. VII, v. 22). Josèphe rapporte encore que Moïse, devenu homme, commanda une expédition contre les Éthiopiens, remporta sur eux une grande victoire, et rentra en Égypte à la tête de son armée victorieuse. L'Écriture omet, comme nous l'avons dit, le récit de Josèphe ; peut-être cependant n'est-ce pas une raison suffisante pour le rejeter, car nous venons de voir qu'une partie de cette tradition se trouve confirmée par le récit authentique des Actes des Apôtres. Moïse n'a-t-il pas voulu par modestie, laisser ignorer des faits qui lui étaient personnels et n'avaient pas un rapport direct avec l'histoire du peuple de Dieu ? L'Exode passe sans transition de l'enfance de Moïse à l'époque où, âgé de 40 ans (vers l'an 1531 avant J.-C.), il alla visiter ses frères opprimés. Arrivé au milieu d'eux, il aperçut un Égyptien qui maltraitait un Hébreu et le tua. Pharaon, informé de ce meurtre, fit chercher Moïse pour le mettre à mort; mais celui-ci se retira chez les Madianites, où il épousa Séphora, fille de Jéthro, prêtre et prince du pays. Moïse vécut ainsi dans la solitude pendant 40 ans, faisant paître les troupeaux de son beau-père. Dieu, comme l'ont observé plusieurs interprètes, voulait qu'il se purifiât et s'humiliât pour mériter de devenir le chef des Hébreux. La seconde phase de la vie de Moïse, longue de 40 ans, comme la première, s'écoula donc dans la méditation et non dans l'étude. Avant de fuir chez les Madianites, ce législateur possédait déjà toute la science des Égyptiens. Son exil était une sorte de retraite spirituelle, destinée à le préparer à l'œuvre sainte et immense qu'il devait accomplir. Il vivait depuis près de 40 ans chez les Madianites, le Pharaon qui voulait le faire périr était mort, et les enfants d'Israël gémissaient toujours dans l'oppression. Un jour, il avait conduit son troupeau à la montagne d'Horeb. L'ange du Seigneur lui apparut dans une flamme, au milieu d'un buisson, une voix se fit entendre et lui dit : N'approchez point, ôtez les souliers de vos pieds, car le lieu où vous êtes est saint. Dieu chargea ensuite Moïse d'aller vers Pharaon et de tirer d'Égypte les enfants d'Israël. Moïse semblait craindre que ceux-ci ne voulussent pas reconnaître sa mission. Alors Dieu lui ordonna de jeter à terre la verge qu'il tenait à la main, et aussitôt elle fut changée en serpent. Dieu lui commanda alors de saisir le serpent, et la verge reprit sa première forme. Ce miracle et plusieurs autres que Moïse reçut la puissance de faire, étaient destinés à convaincre les Israélites, s'ils voulaient l'accuser d'imposture. Moïse et Aaron qui lui servait d'interprète allèrent vers Pharaon et lui demandèrent, au nom du Seigneur, de permettre aux Hébreux d'aller sacrifier dans le désert. Pharaon, loin de céder à leur demande, accabla les Israélites de travaux plus rudes encore. Alors Dieu frappa l'Égypte de plaies épouvantables ; puis il fit périr tous les premiers-nés, tant des hommes que des bêtes. Alors Pharaon appela Moïse et Aaron, et leur ordonna d'emmener les Hébreux hors de l'Égypte. Après quelques campements les Israélites arrivèrent sur les bords de la mer Rouge. Moïse ayant élevé sa verge au dessus des eaux, le Seigneur les entr'ouvrit et les Israélites passèrent à pied sec. Pharaon et les Égyp-

tiens qui s'étaient mis à leur poursuite furent engloutis dans les eaux. Les Israélites entrèrent alors dans un vaste désert, puis ils avancèrent jusqu'à un lieu dont les eaux étaient amères. Moïse invoqua Dieu qui lui indiqua un certain bois qu'il jeta dans les eaux, et aussitôt elles perdirent leur amertume. Dans une autre occasion, le peuple manquant d'eau, Moïse frappa de sa verge le rocher d'Horeb, et aussitôt l'eau jaillit en abondance. Vers cette époque, les Amalécites attaquèrent les enfants d'Israël. Moïse monta sur une montagne; il levait les mains et tenait la verge par laquelle Dieu avait opéré un si grand nombre de miracles. Tant que les mains de Moïse restaient élevées, les Israélites obtenaient l'avantage; mais aussitôt qu'elles s'abaissaient, les Amalécites devenaient victorieux. Ceux-ci furent complétement défaits. Jéthro conduisit ensuite à Moïse Séphora, sa femme, et ses deux fils. Le lendemain de leur arrivée Moïse s'assit pour juger le peuple, depuis le matin jusqu'au soir. Jéthro le voyant chargé de tant de soins et considérant que le peuple était obligé d'attendre toute la journée, l'engagea à choisir des hommes sages et intègres qui décideraient les affaires les moins importantes, tandis qu'il se réserverait les plus considérables. Moïse se conforma avec humilité au conseil de Jéthro. Les Israélites arrivèrent au pied du Sinaï. Là Dieu donna le Décalogue au milieu du tonnerre et des éclairs. Moïse monta ensuite sur la montagne où Dieu lui transmit plusieurs lois qui forment une sorte d'explication et de développement du Décalogue. Il consacra ensuite l'alliance entre Dieu et le peuple d'Israël. Le Seigneur lui ordonna encore de monter sur la montagne et lui donna le Décalogue écrit sur des tables de pierre. Lorsque Moïse retournait au camp, il trouva le peuple qui dansait autour du veau d'or. Plein d'indignation, il brisa les tables et fit passer au fil de l'épée environ 3,000 hommes qui s'étaient rendus coupables d'idolâtrie ; puis il monta de nouveau sur le Sinaï avec des tables de pierre sur lesquelles Dieu traça le Décalogue. Lorsqu'il en descendit sa face était rayonnante, et les Israélites n'osant en soutenir l'éclat, il se couvrit la tête d'un voile. Il fit alors élever le tabernacle, et consacra Aaron pour exercer le sacerdoce.

Cependant les Israélites s'étaient laissés aller au découragement et avaient regardé comme impossible la conquête du pays de Chanaan, peuplé d'habitants belliqueux et d'une stature gigantesque. Ils avaient douté de la toute-puissance de Dieu, et ils furent condamnés à errer pendant 38 ans encore dans le désert, sans pouvoir entrer en possession de la Terre-Promise.

Les événements qui s'accomplirent durant cette période sont fort peu nombreux et concernent plutôt le peuple juif que Moïse lui-même, aussi ne les rapporterons-nous point. L'absence de détails sur cette époque, a fait révoquer en doute par quelques auteurs, le long séjour des Hébreux dans le désert; mais c'est là un des points les mieux établis de l'Écriture, car on en trouve la mention expresse dans le livre de Josué (chap. v, v. 6), dans le prophète Amos (chap. ii, v. 10) et ailleurs. Au premier mois de la quarantième année après la sortie d'Égypte, le peuple qui n'avait point d'eau se mit à murmurer contre Moïse et Aaron. Moïse, par l'ordre de Dieu, prit la verge miraculeuse, frappa deux fois un rocher et les eaux commencèrent à couler en abondance; mais l'Écriture nous apprend que Moïse manqua alors de confiance en Dieu, et fut, pour cela, condamné à ne point entrer dans la Terre-Promise. Le grand législateur donna ensuite ses dernières instructions, désigna Josué pour son successeur et monta sur la montagne de Nébo, comme Dieu le lui avait ordonné. De là, il aperçut une partie de la terre de Chanaan, puis il expira l'an 1451 avant J.-C.

Nous devons maintenant essayer d'établir que Moïse a bien réellement composé les livres que lui attribuent la Synagogue et l'Église. Il serait trop long de relever toutes les attaques que l'on a dirigées contre l'antiquité du Pentateuque. Nous choisirons pour les examiner quelques objections acceptées par la majeure partie des rationalistes. Un des arguments les plus spécieux qu'apportent ces critiques pour démontrer que le Pentateuque n'est point de Moïse, c'est que le récit de la mort de ce législateur fait partie du Deutéronome. Plusieurs interprètes se sont aussi posé cette objection, et ils l'ont résolue en disant que Moïse avait pu être instruit de sa fin prochaine par Dieu lui-même. Cette réponse pourrait n'être point acceptée par les rationalistes; mais il est une autre explication que l'on ne peut refuser d'accueillir. Les livres de Moïse n'ont reçu des noms particuliers que dans la version grecque des Septante; en hébreu, ils portent la dénomination générale de *Thora*, c'est-à-dire *loi*, et lorsque les Juifs veulent désigner spécialement un de ces livres, ils le font en citant les premiers mots du texte. De pareils titres n'en sont point; dès-lors il devient facile de comprendre que les livres n'étant pas séparés les uns des autres par un titre, et formant un tout, la fin du dernier chapitre du Deutéronome qui précède immédiatement le livre de Josué, et n'en est séparée par aucune division, ait été attribuée à Moïse plutôt qu'à ce dernier. On s'explique très bien aussi qu'à l'époque où

s'établit la distinction par livres, on ait cru convenable de joindre au Pentateuque la relation de la mort de celui qui l'avait composé. Le passage du xxxvi° chap. de la Genèse (v. 31), où il est question des rois qui gouvernèrent le pays d'Edom avant que les enfants d'Israël eussent un roi, a été regardé par quelques auteurs comme une nouvelle preuve que la Genèse est d'une époque très postérieure à Moïse. Quelques interprètes pensent que ces paroles ont pu être ajoutées après coup; mais d'autres, et leur opinion paraît bien plus vraisemblable, entendent par le roi d'Israël Moïse lui-même. Le sens serait donc : avant que les Hébreux eussent un chef souverain, un chef de leur nation, avant qu'ils fussent une nation indépendante, c'est-à-dire avant leur sortie d'Égypte. On pourrait objecter, peut-être, que Moïse ne prend nulle part dans ses livres le titre de roi; mais on conçoit que dans un passage où il existe une comparaison entre les descendants de Jacob et ceux d'Ésaü, ce législateur ait cherché à représenter les Hébreux comme jouissant des mêmes avantages qu'une nation rivale, possédant comme celle-ci un gouvernement régulier représenté par des rois. Le mot *roi* devient ainsi synonyme de chef d'un peuple qui se gouverne par lui-même, et n'est point asservi à des étrangers. A cette époque les rois Iduméens ne se succédaient pas en vertu d'un principe héréditaire; c'est un point de ressemblance de plus avec l'autorité qu'exerçait Moïse. Si la Genèse avait été écrite sous les rois, ainsi que le veulent les rationalistes, comment l'auteur de ce livre aurait-il négligé de rappeler, en parlant des souverains de l'Idumée, que Saül avait remporté sur eux plusieurs victoires (I Rois, xiv, 47), que leur pays subjugué par David (II Rois, viii, 13-14) resta, en grande partie du moins, soumis aux rois de Juda jusqu'à l'époque de Joram (IV Rois viii, 20 seqq.), fils de Josaphat? Enfin, comment l'auteur prétendu aurait-il oublié de rappeler à cette occasion la bénédiction prophétique d'Isaac, qui assujettissait Esaü à Jacob? Ces faits notoires et glorieux n'auraient pas été oubliés par un auteur contemporain de leur accomplissement. On a encore objecté contre l'antiquité du Pentateuque, le nom de la ville de Dan, cité dans la Genèse (chap. xiv, 14) et dans le Deutéronome (chap. xxxiv, 1), quoique cette dénomination soit moins ancienne que Moïse. Pour répondre à cette objection, il suffit d'admettre que les copistes ont substitué un nom plus moderne et plus connu à un autre qui était hors d'usage. Plusieurs critiques ont observé aussi que le style du Pentateuque ne diffère que fort peu de celui des derniers prophètes; et que la langue hébraïque ne peut pas être restée presque invariable pendant un espace de mille ans. A cette objection il est facile d'opposer un fait; la langue arabe et la langue syriaque qui appartiennent l'une et l'autre, comme l'hébreu, à la famille sémitique, offrent un phénomène tout-à-fait semblable. Enfin, quelques auteurs supposent qu'à l'époque de Moïse l'art de l'écriture et les matériaux que l'on employait pour écrire opposaient des obstacles insurmontables à la rédaction d'un ouvrage aussi long que le Pentateuque. Cette assertion tombe devant les progrès de la critique; en effet, les savants reconnaissent aujourd'hui que la découverte de l'écriture chez les Égyptiens et les Phéniciens remonte à une époque bien antérieure à Moïse. Ce législateur a donc pu écrire ses livres avec l'alphabet phénicien. Quant aux matériaux sur lesquels il les a tracés, on reconnaît qu'il a pu se servir de toile, de peaux préparées ou de feuilles de palmier. Nous croyons inutile de prolonger cet examen, et nous terminerons en faisant observer que la meilleure preuve de l'authenticité du Pentateuque, comme œuvre de Moïse, se trouve dans les citations et les mentions fréquentes qu'en font les autres livres de la Bible, et notamment déjà celui de Josué (chap. I, 8). A toutes les époques de la société judaïque il est question de cette loi. Ce sont là des faits, et quelques hypothèses plus ou moins spécieuses ne sauraient les balancer.

Le Pentateuque ne forme point un Code, dans le sens où nous prenons ce mot; sans parler des parties historiques, il contient les lois qui fixent les rapports des hommes entre eux, les peines des délits et des crimes, ainsi que les préceptes qui doivent servir de règle dans les actes importants de la vie; les devoirs envers Dieu, envers les autres hommes et envers soi-même, les cérémonies du culte, les expiations, l'indication des aliments permis ou défendus, les purifications, etc. Ce système, si vaste et si complet, renferme toutes les vérités révélées jusqu'à Moïse. Le législateur hébreu parle au nom d'un Dieu unique et éternel, maître suprême de tous les êtres, créateur du ciel et de la terre, qui a fait l'homme à son image, en lui donnant un souffle de vie. On doit observer que rien dans le texte de la Genèse n'autorise le système de l'émanation admis plus tard par un grand nombre de Juifs. Moïse enseigne que les devoirs de l'homme envers Dieu ne se bornent pas à des observances extérieures, et consistent surtout dans un culte sincère d'amour et de reconnaissance (Deut. x, 12, seqq.). On voit combien cette loi est au dessus de toutes les religions de l'antiquité, par l'idée sublime qu'elle donne de la divinité et des devoirs de l'homme envers elle. On retrouve cette même supériorité dans les autres parties de la législation. L'homme a son libre arbitre (Deuter. xxx, 15-18); il peut choisir entre le bien et le mal, et il trouvera la peine ou la récompense de sa conduite. On a observé que les promesses et les menaces de Moïse se rapportent toutes au monde présent. On ne peut nier, toutefois, que l'idée d'une vie future ne soit indiquée clairement dans le Pentateuque. Comment expliquer d'une autre manière le livre de Dieu, dont il est parlé dans l'Exode (xxxii, 32-33), et duquel doit être effacé le nom de celui qui aura péché? Quelques autres passages prouvent encore le dogme d'une vie future. Moïse établit, par l'ordre de Dieu, un culte et des cérémonies particulières qui devaient empêcher toute alliance religieuse entre les Israélites et les peuples qui les environnaient. La défense d'élever des temples particuliers était aussi une barrière opposée à l'idolâtrie. Le sanctuaire était unique comme le Dieu qu'on y adorait. Parmi les vérités fondamentales que renferme la loi de Moïse, telles que l'existence et l'unité de Dieu, il en est plusieurs qui s'étaient conservées par tradition dans les familles des patriarches depuis Noë. Moïse leur donna une nouvelle consécration, mais elles étaient connues et admises avant lui. L'œuvre qui appartient en propre à ce législateur inspiré, c'est l'établissement de l'ordre civil, de la constitution de la société chez les Hébreux. Le gouvernement patriarchal était devenu insuffisant pour régir tout un peuple. Moïse créa des institutions en harmonie avec l'existence à laquelle les Hébreux étaient destinés après leur entrée dans la Terre Promise. Ces lois civiles, supérieures à ce que nous connaissons de semblable sur l'Égypte et l'Inde, excitent encore aujourd'hui notre admiration. Le mariage attira toute l'attention du législateur. Les alliances entre proches parents, permises par les lois de tant de peuples de l'Asie, étaient défendues par Moïse comme des abominations. La polygamie, tolérée seulement, ne constituait pas une règle générale. C'était une concession faite aux anciens usages des Hébreux, et à l'idée, universelle parmi eux, de considérer comme le plus grand de tous les malheurs de mourir sans postérité. Le divorce fut entouré de formalités destinées à en prévenir l'abus, et, dans certains cas même, on ne pouvait l'obtenir; ainsi, l'homme qui avait accusé injustement sa jeune épouse, et le séducteur contraint d'épouser la fille qu'il avait trompée, n'étaient point admis à divorcer. Moïse punissait le crime sans acception de personnes. D'après c'est principes, si la femme libre convaincue d'adultère était condamnée à mourir (Lévit. xx. 10), son complice eprouvait le même sort. Les dispositions sur les aliments et les purifications ont été souvent appréciées à un point de vue qui n'est pas complétement exact. On n'a voulu y voir que des préceptes d'hygiène, tandis qu'ils tendaient aussi à la sanctification et à la pureté de l'âme. Les paroles du Lévitique (cap. xi, v. 44) ne sauraient laisser aucun doute à cet égard. Quelque admirables que paraissent en elles-mêmes les institutions de Moïse, c'est surtout par la comparaison avec les lois de l'ancien et du moderne Orient, qu'on peut apprécier la distance infranchissable qui sépare le Code révélé et les lois humaines. LOUIS DUBEUX.

MOISES (*charp.*) : façon d'assemblage des bois entre eux, qui consiste à les entailler à moitié de leur épaisseur, de manière à ce qu'ils se pénètrent également l'un dans l'autre. On emploie les moises pour assembler des bois dans le sens de leur longueur ou dans des positions inclinées, et surtout pour les empêcher de se déjeter.

MOISISSURES (*bot.*). Dans le langage ordinaire on confond sous la dénomination commune de moisissures diverses espèces de petits champignons qui se développent sur presque tous les corps sous l'influence de l'humidité. Ces petits champignons appartiennent à l'ordre des hyphomycètes, et plus particulièrement à deux de ses divisions qui ont reçu les noms de mucédinées et mucorinées. Ils rentrent dans des genres très différents, dont les mycologistes de notre époque augmentent journellement le nombre.

MOISSAC (*géog.*) : chef-lieu d'arrondissement du département de Tarn-et-Garonne, dans l'ancien Quercy, sur le Tarn, au dessus de son confluent avec la Garonne. Moissac est une ville fort ancienne. Elle était déjà importante sous Clovis qui y avait fondé une abbaye subsistant encore en partie, et dont l'abbé, qui avait le titre de *chevalier*, était seigneur de Moissac, et relevait des comtes de Toulouse. Moissac eut beaucoup à souffrir dans les différentes guerres qui ont désolé le Midi de la France. Elle compte aujourd'hui 11,000 habitants environ, et possède une école secondaire ecclésiastique.

MOISSON (*agric.*). C'est l'ensemble des opérations spéciales qui constituent la RÉCOLTE (*voy.* ce mot) des céréales ou granifères, notamment des diverses sortes de blés. Quel est le degré de maturité le plus convenable pour moissonner? S'il est certain, d'un côté, qu'en coupant trop tôt, tous les grains peuvent ne pas avoir atteint leur complet développement; et que la récolte sèche plus difficilement et surtout peut fournir de mauvaises semences, de l'autre, on a l'avantage de ne pas laisser échapper les plus beaux grains, d'obtenir une paille meilleure, de courir moins de risque de voir les intempéries compromettre la récolte; il paraît, en outre, que le froment contient alors moins de son. Suivant les meilleurs agronomes, l'instant le plus propice est lorsque le grain n'est déjà plus assez tendre pour s'écraser sous les doigts. Quant aux plantes oléagineuses, notamment le colza, il faut saisir le moment où les graines ne tiennent plus au placenta : mais si l'on attendait que la plupart des siliques fussent dans ce cas, la déperdition serait très considérable ; c'est pour remédier à cet inconvénient , du reste très difficile à éviter parce que les siliques mûrissent successivement, qu'on est dans l'usage, aussitôt après la moisson, de battre ces graines, dans le champ lui-même, sur de grandes toiles. Indépendamment des divers instruments d'un usage fort répandu, tels que la faucille, la faux, la sape, diverses machines ont été inventées pour moissonner; elles ne sont encore que peu répandues, et presque exclusivement en Angleterre. Ce sont ou des tambours munis de disques tranchants et auxquels on imprime un mouvement de rotation très rapide, ou des sortes de peignes à dents aiguës et tranchantes qui cheminent devant l'attelage ; des pièces accessoires rejettent et rangent les blés coupés. — Après la coupe des céréales, on les laisse parées en javelles sur le terrain pendant quelque temps, pratique qui ne semble pas justifiée par une bien grande utilité ; puis on les met en gerbes. Si les pailles ne sont pas assez sèches pour être rentrées sans retard, on dispose généralement les gerbes par dixains ou dizeaux. L'arrangement des gerbes en meulons qu'on nomme aussi moyes, moyettes, ne saurait trop être recommandé ; il en est de plusieurs formes selon les pays ; celle qui paraît préférable consiste à dresser une gerbe contre laquelle on en adosse plusieurs autres, en couvrant ensuite le tout avec une gerbe renversée qui forme chapeau, et dont le lien est placé très près du pied des tiges. En Suède et en Norwége, pour paralyser l'influence fâcheuse des pluies, on a de forts piquets qu'on fiche en terre sur lesquels on enfile les gerbes. C'est surtout lorsque la paille des céréales est mélangée de plantes fourragères ou adventices, qu'il faut un plus long temps d'exposition à l'air pour obtenir une dessiccation convenable. Dans le midi de la France et dans la plupart des pays chauds, on ne rentre pas les moissons, mais, aussitôt après la coupe des blés, on procède sur-le-champ au dépicage ou *Battage*, etc. (*voy.* ces mots). B. DE M.

MOITTE (JEAN-GUILLAUME) : sculpteur, né à Paris en 1747, et mort en 1810. Elève de Pigale et de Lemoine, il obtint, en 1768, le grand prix de sculpture pour son *David portant en triomphe la tête de Goliath*. Il se rendit ensuite en Italie où il étudia les anciens modèles, et de retour à Paris, en 1773, il fut agrégé à l'Académie après l'exécution de sa statue du *Sacrificateur*. Nous citerons parmi ses autres ouvrages : une *Vestale*, une *Ariane*, le *fronton* du portail du Panthéon, le *tombeau* en marbre de Desaix, la *statue* en marbre de Cassini qui est une de ses plus belles productions, etc. Cet artiste se distingue par une grande élégance de formes et une grande entente des draperies.

MOIVRE (ABRAHAM) (*biog.*) : géomètre distingué qui naquit à Vitry, en Champagne, vers l'an 1667. Il étudia seul et secrètement les mathématiques, parce que son précepteur plaçait la connaissance du grec bien au-dessus de cette science. Après avoir fait sa philosophie à Saumur et à Paris, il devint un des disciples assidus d'Ozanam. La révocation de l'édit de Nantes força Moivre à chercher un refuge en Angleterre, où il vécut de l'enseignement des mathématiques. Il travailla beaucoup d'après le livre des principes de Newton, qui lui avait laissé entrevoir la science sous un nouveau jour, et il se fit connaître par de nombreux mémoires qui furent communiqués à la Société royale de Londres par Halley, qui lui avait offert son appui. Il devint l'ami de Newton et de Leibnitz, qui fit d'inutiles démarches pour lui faire obtenir une chaire en Allemagne ; il devint enfin membre de la Société royale en 1697, et quelques années après, quand s'éleva la fameuse contestation entre Leibnitz et Newton, au sujet du calcul intégral, il fut désigné parmi les commissaires choisis pour prononcer entre ces deux mathématiciens. Ce fut vers ce temps que Moivre publia son Traité du calcul des *probabilités* (*voy.* ce mot). Moivre mourut le 29 novembre 1754, après avoir été reçu membre de l'Académie des sciences de Paris. Outre de nombreux mémoires contenus dans les *Transactions philosophiques*, Moivre a publié : 1º *The doctrine of chances*, Londres, 1716, 1738, 1756 : cette dernière édition posthume du *Traité des probabilités* est la plus complète ; 2º *Miscellanea analytica de seriebus et quadraturis*, Londres, 1730, in-4º, ouvrage remarquable, dans lequel Moivre a déposé le recueil de ses découvertes et des méthodes qu'il avait employées pour y parvenir ; 3º *Amnisties ou livres* (des rentes à vie), ibid., 1724, 1742, 1750, in-8º ; 4º traduction latine de l'optique de Newton.   AD. DE PONTÉCOULANT.

MOKA : ville et port d'Arabie, dans la province d'Yémen, sur la mer Rouge, à 230 lieues S.-S.-E. de la Mecque, 55 lieues S.-S.-O. de Sanaa, latit. N. 13º 19′ 30″, longit. E. 40º 50′. Sa population est de 6 à 7,000 habitants, parmi lesquels on compte quelques Juifs. Cette ville entourée de murailles offre un aspect assez imposant du côté de la mer ; mais quand on en parcourt l'intérieur l'illusion cesse. Les rues et les places sont irrégulières et sales, les maisons, bâties la plupart en briques séchées au soleil, sont couvertes de chaume et blanchies à l'extérieur. On voit cependant à Moka quelques mosquées et des caravansérails d'une bonne construction ; le palais du gouverneur est vaste et d'une assez belle architecture. La ville s'élève sur le bord de la mer à l'extrémité d'une plaine de sable, entre deux langues de terre qui s'avancent dans les eaux en formant une baie. Les petits bâtiments qui tirent 10 à 12 pieds d'eau peuvent jeter l'ancre dans cette baie, mais les navires plus grands sont obligés de rester en dehors. — Le séjour de Moka n'est rien moins qu'agréable ; il règne dans cette ville, pendant huit mois de l'année, des chaleurs suffocantes ; l'eau y est rare et de mauvaise qualité. Aussi les habitants n'y sont-ils attirés que par le désir de faire du commerce. Le principal article d'exportation est le café, reconnu comme le meilleur qui existe ; il est apporté par des caravanes des vallées de l'intérieur de l'Arabie. On ne possède pas de renseignements exacts sur la quantité que l'on en exporte. Le géographe anglais Mac-Culloch l'estime à 10,000 tonneaux au moins. La plus grande partie de ce café est envoyé à Djidda et à Suez, d'où l'on en expédie de grandes quantités à Bombay, et dans quelques autres ports de l'Inde anglaise. C'est de là que pour l'ordinaire ces cafés sont envoyés en Europe. Quelquefois cependant on les expédie directement. On exporte encore de Moka des dattes, de la myrrhe, de la gomme arabique, du mastic, de l'encens, de l'indigo, du séné, des cornes de rhinocéros, du baume, de l'ivoire, de la poudre d'or, etc. Ces deux derniers articles sont apportés ici de la côte d'Abyssinie, d'où Moka tire aussi des esclaves. Les importations consistent principalement en riz, fer, quincaillerie, etc. Ces marchandises viennent de l'Inde anglaise. Si l'on excepte quelques jardins, aux portes de la ville, les environs de Moka sont sablonneux et d'une aridité affreuse. Moka ne compte guère plus de 400 ans d'existence. Le célèbre Alfonse d'Albuquerque, qui la visita en 1513, en parle comme d'une ville peu importante.   DUBEUX.

MOLA ou **MOLA SALSA** (*antiq. rom.*),

pâte consacrée, faite avec de la farine et du sel. et dont on frottait le front des victimes avant de les égorger, après avoir coupé quelques poils entre les deux cornes et les avoir jetés dans le feu. Cette cérémonie était appelée *immolatio*, comme si l'on eût dit *molæ illatio* (application de la pâte), et de là vient le verbe *immolare* qui signifie proprement, non égorger la victime, mais la préparer à être égorgée. Selon la loi de Numa, tout sacrifice devait être accompagnée de la Mola salsa.

MOLAIRES (*voy*. DENTS.).

MOLAY (JACQUES DE) : dernier grand maître de l'ordre des Templiers. Il était né vers 1240, de la noble famille de Longwy et de Raon, en Bourgogne. Il fut brûlé vif sur la place Dauphine, le 11 mars 1314, et ajourna, dit-on, le pape à comparaître devant Dieu dans quarante jours, et Philippe le-Bel dans l'année (*voyez* PHILIPPE et TEMPLIERS.

MOLDAU : rivière de la Bohème et un des affluents de l'Elbe. Elle prend sa source dans la forêt de Bohème, près de la seigneurie bavaroise de Wolsstein, coule d'abord au S.-O. parallèlement à la frontière, tourne ensuite au N., baigne les villes de Budweis et de Prague, puis après avoir reçu à gauche le Beraun, elle se jete dans l'Elbe près de Melnik. — Il y a une autre rivière du nom de Moldau ou Moldava, qui donne son nom à la Moldavie, et se décharge dans le Brinstra, près de Roma.

MOLDAVIE : principauté élective et tributaire de la Turquie, située entre le 42° 58' et le 46° 11' de long., et le 45° 24' et le 48° 17' de lat. sept. Elle est bornée au nord par la Bucovine et la Bessarabie; à l'est, par la Bessarabie; au sud, par le Danube qui la sépare de la Turquie, et par la Valachie; à l'ouest, par la Transylvanie et la Bucovine. La partie de la Moldavie qui s'étend au delà du Pruth, a été cédée à la Russie en 1812, et la Bucovine, qui en faisait également partie, à l'Autriche en 1776. Sa superficie actuelle est de 773 1/2 m. c., et sa population de 1,200,000 âmes (et non 450,000 comme l'avance Balbi). Elle est divisée en treize districts, et a pour capitale Jassy; les autres villes principales sont Galacz, port sur le Danube, et le grand centre du commerce de la Moldavie et de la Valachie, Fosschany et Borbuschani. La Moldavie composait dans l'antiquité, avec la Valachie et la Transylvanie, le royaume des Daces, qui fut conquis par Trajan et abandonné par Aurélien un siècle et demi après. Le savant Mannert a démontré jusqu'à l'évidence que les Romains n'établirent aucune de leurs colonies dans les deux principautés. Aux anciens habitants de la Moldavie se joignirent, au IVe

siècle et plus tard, des Huns et des Slaves. Alors la Moldavie prit le nom de Cumanie qu'elle garda jusqu'au XIIIe siècle. A cette époque les Tartares ayant envahi et dévasté la Valachie et la Moldavie réunies jusqu'alors, les habitants émigrèrent en masse et se retirèrent en Hongrie; mais pendant le règne de Béla, ils revinrent dans leur patrie sous la conduite de deux chefs: Rodolphe-le-Noir, qui occupa la Valachie, et Bogdan qui s'établit dans la Moldavie; celle-ci reçut alors son nom actuel de la petite rivière la Moldau. Plus tard, elle porta aussi celui de Bogdanie, sous lequel elle est encore connue des Turcs. Après la bataille de Mohacs, en 1526, et la conquête de la Hongrie par Soliman II, la Moldavie, comme la Valachie, se reconnut tributaire de l'empire Ottoman. Bien qu'elle conservât le droit de se gouverner d'après ses propres lois, et celui d'élire librement ses princes, la Moldavie fut pendant trois siècles une des contrées sur lesquelles pesa le plus rudement le joug barbare des Musulmans. La paix d'Andrinople, en 1827, a mis enfin un terme à cette oppression, et a rendu la Moldavie presque entièrement indépendante. Depuis lors, elle commence à se relever de l'état de décadence complète où elle était tombée. Toutes les garnisons et les habitants Turcs ont dû quitter son territoire, et le prince ou hospodar, élu à vie, ne peut plus être destitué que pour des motifs graves, et avec le consentement de la Russie. Un corps législatif composé de l'archevêque, de deux évêques, de seize boyards et de treize députés des districts, gouverne conjointement avec lui; des tribunaux de première instance ont été organisés dans tous les chefs-lieux de districts; deux cours d'appel, un tribunal criminel, une haute cour de justice, ont été créés à Jassy, et un système régulier d'impôts permet de subvenir aux besoins de tous les services publics. L'élève du bétail, l'agriculture, et surtout le commerce, ont pris en peu de temps une extension considérable. Enfin, il n'est pas une seule des branches de l'économie publique qui n'ait, depuis les vingt dernières années, progressé d'une manière inconnue auparavant. L'établissement des quarantaines est venu aussi mettre un terme à ces terribles épidémies qui décimaient régulièrement la Moldavie, comme les autres parties de la Turquie.

La Moldavie passe à bon droit pour un des pays les plus beaux et les plus fertiles de l'Europe. Les montagnes sont couvertes de superbes forêts de chênes dans les parties élevées, et, dans les parties inférieures, de vignobles dont le vin est excellent. Les plaines, quoique mal cultivées encore, produisent au delà des besoins des habitants. On y récolte principalement *du* blé, de l'orge, du maïs, du sarrasin, du millet, du lin, du chanvre, de la réglisse et une grande quantité de tabac, mais de mauvaise qualité. Les arbres fruitiers les plus communs sont le noisetier et le prunier. Dans les vastes pâturages de la plaine on élève une excellente race de chevaux, et de nombreux bestiaux. Les forêts sont remplies de gibier, principalement de lièvres, et de bêtes sauvages, telles que l'ours, le loup et le lynx. Le miel y est aussi fort abondant, et la cire la meilleure de l'Europe. Il y a, en Moldavie, des mines d'or, d'argent, de cuivre et de fer, mais qui ne sont point exploitées. Les hivers sont longs et rudes ; les étés très chauds, mais seulement pendant le jour. Quoique le climat soit fort sain, les habitants atteignent rarement un âge avancé. Les fleuves et les rivières de la Moldavie, sont : le Danube, le Séreth, la Sazawa, la Moldava, la Bistritza, la Totrûsch, le Siretzue ou petit Séreth, et la Burlad. Parmi les différents lacs on distingue ceux de Doroho et de Bratetsch. La montagne la plus élevée est le mont Tschaslow. Les objets d'exportation sont les grains, le vin, la cire, le miel, le sel, les fruits, principalement des prunes et des noix, les chevaux, les bœufs, les moutons, le tabac, la laine, du cuir, des peaux de lièvres, des tuyaux de pipes, et quelques objets travaillés en bois. Le commerce est presque tout entier entre les mains des Juifs, des Arméniens et des Grecs, qui y sont nombreux ainsi que les Transylvains, les Bohémiens et les Francs. Les Moldaves parlent la même langue que les Valaques (un mélange de slave et de latin) ; ils appartiennent comme eux à la religion grecque qui compte en Moldavie un archevêque, celui de Jassy, et quatre évêques avec un grand nombre de couvents dépendants du patriarche de Jérusalem, du couvent du mont Sinaï, et de ceux du mont Athos. Les Moldaves sont robustes, sobres, endurcis au travail. Leur habillement ordinaire est un large pantalon et une blouse de toile blanche ; ils ont sur la tête un long bonnet en peau d'agneau. En hiver, les habitants de la plaine s'enveloppent d'un manteau en peau de mouton, et ceux des montagnes, d'un manteau de grosse toile. Leur nourriture est très simple, et consiste presque uniquement en une bouillie de maïs cuite à l'eau, appelée *mamalinga*. Les villages dans les montagnes sont bien bâtis, et d'un aspect riant ; mais dans les plaines, ils ne présentent ordinairement que des chaumières souterraines, dont le toit seul s'élève au dessus du sol. Les femmes sont plus laborieuses que les hommes, et fabriquent la toile et la laine. Une chemise de grosse toile et un tablier, qu'elles s'attachent à la hauteur des han-

ches, sont leurs seuls vêtements. **Schayès.**

MÔLE. C'est le nom qu'on donne à un ouvrage avancé dans la mer et destiné à protéger contre les gros temps, un port ou un hâvre. Le môle est fait en pierres de taille dont la dureté est la qualité essentielle, et qui doivent être disposées, en général, de manière à laisser le moins de prise possible à la lame et à présenter à peu près son extrémité aux plus fortes vagues venant du large, ce qui le différencie tout à fait de la digue, qui les reçoit en travers. Quelquefois par extension, on donne le nom de môle au port lui-même : c'est ainsi qu'on dit le môle de Saint-Nicolas, etc.

MOLÉ (Mathieu), l'un des plus illustres magistrats dont s'honore la France, naquit en 1584. Son père, Édouard Molé, d'abord procureur-général, puis président à mortier, au Parlement de Paris, lui donna de bonne heure, au milieu des fureurs de la ligue, l'exemple du courage et du mépris de la vie. Ces souvenirs de famille, fortifiés par une éducation austère, donnèrent au caractère de Mathieu Molé cette empreinte grave et sévère qui le rendaient si remarquable au milieu d'une époque de licencieuse légèreté. On peut dire de lui que sa vie entière fut un éclatant hommage à l'amour du devoir. — Mathieu Molé avait à peine atteint sa majorité lorsqu'il entra dans le Parlement de Paris. Quatre ans après il était président d'une chambre des requêtes ; puis, son père s'étant démis de sa présidence à mortier, en faveur de M. de Bellièvre, procureur-général, il fut nommé à la place de ce dernier, en 1614, n'ayant pas encore trente ans. — Après la *journée des dupes*, Mathieu Molé, qui avait lancé quelques traits piquants contre le cardinal, fut interdit de ses fonctions et mandé au conseil du roi. Il y parut avec tant de noblesse et de fermeté qu'on n'osa maintenir la mesure, et qu'il fut invité à revenir à son poste. En 1641, le jour même où il fut nommé premier président, il perdit sa femme qui le laissa père de dix enfants. Les troubles de la fronde l'appelèrent deux ans après à jouer un rôle important. Quoique le Parlement de Paris eût cassé le testament de Louis XIII, qui imposait à la reine un conseil de régence, et qu'il eût ainsi préparé l'avénement du cardinal Mazarin à la toute puissance, ce corps de magistrature prêta, peu de temps après, un point d'appui aux intrigues que les principaux seigneurs de la cour ourdirent contre la régente et son premier ministre. Mathieu Molé se trouva dans la situation la plus difficile après l'arrestation du conseiller Broussel. Le peuple irrité courut aux armes. Des barricades s'élevèrent de tous côtés jusqu'à cent pas du Palais-Royal, demeure de la reine. A ces nouvelles, le parlement, ayant à sa tête Mathieu Molé, se décide à aller demander la liberté de Broussel; mais la reine repousse avec colère la demande des magistrats, et le parlement, à peine sorti du palais, se voit entouré d'une foule exaspérée. Un marchand de fer, nommé Raguenet, appuyant son pistolet sur le front de Mathieu Molé : « Tourne, traître, lui dit-il, et si tu ne veux être massacré toi-même, ramène-nous Broussel, ou le Mazarin et le chancelier en otages. » Ces menaces n'ébranlèrent pas un instant la fermeté du premier président. Il rallia ce qu'il put de sa compagnie et continua de marcher au petit pas sans rien perdre de son sang froid et de la fierté de sa contenance. Molé montra dans une autre occasion une intrépidité non moins admirable. Il s'était rendu à Ruel à la tête d'une députation du Parlement pour traiter de la paix, dont les plus exaltés frondeurs ne voulaient à aucun prix. Le peuple, ameuté par eux, se précipita vers la Grand'-Chambre au moment où il donnait lecture des conditions d'accommodement présentées par la Cour. On vint dire que les factieux menaçaient d'enfoncer les portes si on ne leur livrait sur l'heure le premier président. On chercha vainement à le faire sortir sans être vu. Quant il parut à la grande porte, l'exaspération de la foule était à son comble. Un homme du peuple le menace de son mousqueton. « Quand vous m'aurez tué, lui dit-il froidement, il ne me faudra que six pieds de terre. » Ses efforts pour la conciliation des partis parurent enfin devoir être couronnés de succès. Un événement terrible avait disposé les esprits à un accommodement. Charles Ier venait de mourir sur l'échafaud. Le parlement reconnaissant que le peuple était trompé par les seigneurs, chargea Molé d'entamer avec la cour des conférences qui, après des difficultés sans nombre et de nouveaux troubles où Mathieu Molé courut risque d'être massacré, se terminèrent par un traité de paix. Mais cette paix ne contenta personne, et Molé qui avait reçu les sceaux, en 1551, se vit forcé, par la faiblesse de la reine, de les résigner quelques jours après sa nomination. Il refusa noblement toutes les compensations qui lui furent offertes. L'année suivante il fut rappelé au ministère, sans cesser les fonctions de premier président. Jamais sa position n'avait été plus périlleuse. Le peuple s'en prenait à lui seul du maintien des impôts et de l'absence de la cour. Un jour qu'il travaillait avec le maréchal de Schombert, un attroupement tumultueux assiégea sa porte. Il parut ranquillement devant l'émeute, et ce courage

calme suffit pour l'apaiser. Mathieu Molé garda les sceaux jusqu'à sa mort, en 1556. Il avait alors 72 ans A. Bost.

MOLÉCULE (dimin. de *moles*, masse). On désigne sous ce nom les dernières divisions dont les corps sont susceptibles, *sans changer de nature*. Ces divisions extrêmes échappent à nos yeux et sont beaucoup plus petites que celles que l'on peut obtenir par la pulvérisation. Ce n'est que dans certains phénomènes physiques ou chimiques que nous pouvons produire leur séparation ou leur rapprochement, et nous faire une idée de leur nombre et de leur excessive ténuité. De leur nature, elles sont solides et plus ou moins éloignées les unes des autres, selon que le corps est solide, liquide ou gazeux. Elles sont, de plus, simples ou composées suivant que le corps lui-même est simple ou composé. Elles sont à facettes planes, symétriques dans les minéraux, et plus ou moins arrondies dans les substances organiques. Dans ces dernières, elles sont formées de trois substances au moins : oxygène, hydrogène et carbone pour les substances végétales; et le plus souvent de quatre : oxygène, hydrogène, carbone et azote, pour les substances animales. En général, on en distingue dans les corps de deux sortes : les unes, appelées *molécules intégrantes* sont de même nature que la masse entière. Elles sont réunies les unes aux autres par la cohésion, et sont susceptibles de céder plus ou moins facilement aux efforts qui tendent à les séparer. Les autres, appelées *molécules constituantes*, n'existent que dans les corps composés. Elles sont de nature différente entre elles, de nature différente de la masse, et réunies les unes aux autres par l'affinité. Elles forment, par leur réunion, la molécule intégrante du corps. Un morceau de cuivre, par exemple, n'est formé que de molécules intégrantes, parce qu'il ne contient qu'une seule espèce de matière; mais si nous prenons un morceau de laiton, qui est un alliage de cuivre et de zinc, il nous offrira les deux espèces de molécules : 1° des molécules intégrantes formées, comme toute la masse, de cuivre et de zinc; 2° des molécules constituantes, formées les unes de cuivre, les autres de zinc. Dans ce dernier exemple, les molécules constituantes sont simples; mais elles peuvent être composées comme les molécules intégrantes. En effet, prenons un morceau de craie; chaque molécule intégrante sera du carbonate de chaux; mais ses molécules constituantes seront, d'une part, de l'acide carbonique, formé de carbone et d'oxygène; d'autre part, de la chaux, formée de calcium et d'oxygène. En chimie, on appelle *atômes* (de ἀ, privat, et de τέμνω, je coupe) les particules matérielles indivisibles qui, réunies en nombre plus ou moins grand, donnent naissance aux molécules. On peut voir aux mots ATÔMES, ÉQUIVALENTS, PROPORTIONS CHIMIQUES, THÉORIE ATOMIQUE, les diverses hypothèses qui ont été émises sur la nature, la forme et le mode d'arrangement de ces particules. Quelques philosophes, s'appuyant sur certains mouvements que présentent au microscope les molécules des corps nageant dans un liquide, ont voulu admettre dans ces molécules des mouvements spontanés. Mais il est facile de voir que l'évaporation ou l'imbibition du liquide, l'affinité des substances en contact, leur solubilité, leur contractilité, etc., suffisent pour expliquer ces mouvements, sans qu'il soit nécessaire de recourir au merveilleux.   D. J.

MOLÈNE, *verbascum* (bot.). Grand genre classé pendant longtemps dans la famille des solanées et rangé aujourd'hui dans celle des scrophulariacées ; il appartient à la pentandrie-monogynie dans le système de Linné. L'étude des espèces qui le composent présente des difficultés à peu près insurmontables à cause de la facilité avec laquelle les fécondations croisées s'opèrent entre elles et du grand nombre de formes intermédiaires qui en résultent. Les molènes sont des herbes bisannuelles ou vivaces, ou des sous-arbrisseaux, généralement de haute taille, qui croissent pour la plupart dans l'Europe, dans le nord de l'Afrique et les parties centrales de l'Asie. Leurs feuilles inférieures ou radicales sont ordinairement fort grandes, les caulinaires souvent décurrentes, toutes généralement velues et cotonneuses ; leurs fleurs sont le plus souvent jaunes ou fauves, rarement rouges ou blanches, et se distinguent surtout par une corolle de tissu fort délicat, rotacée, un peu irrégulière, par cinq étamines inégales, toutes, ou trois au moins, chargées sur leur filet de poils colorés. Leur fruit est une capsule globuleuse, ou ovoïde, biloculaire. La MOLÈNE BOUILLON-BLANC, *verbascum thapsus*, Lin., vulgairement nommée *molène* ou *bonhomme*, est une grande et belle plante herbacée, haute d'un à deux mètres, toute couverte d'une grande quantité de poils blanchâtres ou jaunâtres, qui font paraître sa surface comme drapée. Ses grandes feuilles radicales sont oblongues, crénelées ; les caulinaires sont longuement décurrentes. Ses fleurs jaunes forment une longue grappe spiciforme généralement simple. Cette belle espèce croît communément sur les coteaux incultes, le long des chemins et des haies de toute l'Europe. On l'emploie en médecine comme adoucissante, émolliente et pectorale.

L'infusion de ses fleurs est d'un usage fréquent contre les rhumes et les catarrhes. — Plusieurs autres espèces de molènes croissent en France, surtout le long des chemins, sur le bord des champs, dans les lieux incultes, telles que les *verbascum lychnitis*, Lin., *blattaria*, Lin., etc. — Enfin on cultive dans les jardins, comme plante d'ornement, la MOLÈNE PURPURINE, *verbascum phœniceum*, Lin., espèce vivace, indigène de l'Europe méridionale, à fleurs purpurines, devenant rosées dans une variété. On multiplie cette espèce, de graines qu'on sème dès leur maturité.

MOLETTE (techn.), instrument ou élément de machines de différentes sortes. La molette la plus simple est celle qui sert à broyer et à porphyriser les substances : le peintre, le marchand de couleurs, le chimiste, en font surtout usage. Elle se compose d'un morceau de porphyre, de glace, ou de toute autre matière dure, façonné en cône et dont la base, légèrement convexe, est parfaitement polie. C'est en promenant la molette sur une table de matière également dure et bien dressée, chargée de la substance à pulvériser que l'on parvient à réduire cette dernière au plus grand degré de ténuité. — La molette employée pour dégrossir et doucir les glaces, et que l'on appelle quelquefois *moellon*, est une pierre pyramidale sous laquelle on fixe des morceaux de glace d'une surface moindre que celles posées sur les tables à polir. Cette molette est d'un poids proportionné à la surface sur laquelle elle doit agir, et porte, à chacun de ses angles, une poignée de bois en forme de cheville ou de boule ; quelquefois elle est ajustée dans un cadre de bois que l'on charge de plâtre. Lorsque la dimension est considérable, elle porte à sa partie supérieure un cercle léger de bois, qui peut avoir trois mètres au plus de diamètre, et dont le pourtour est arrondi. Les ouvriers, placés chacun à une extrémité de la table, se renvoient réciproquement la molette en la faisant tourner sur elle-même. Le dégrossissage se fait à l'aide de sable mouillé. — Les autres molettes sont des disques ou des cylindres tournant sur leur axe : telle est cette espèce d'étoile fixée aux éperons et qui sert à aiguillonner le cheval. — Le cordier et le passementier appellent molettes des poulies ou des pignons fixés sur le bâtis de leur rouet, et dont l'axe est terminé en un crochet auquel on attache le chanvre pour le filer, ou le fil pour le retordre. Plusieurs molettes, fixées sur le même bâtis, tournent au moyen d'une seule roue, soit dentée, soit enveloppée d'une corde ou d'une courroie serrée autour de chacune des poulies. Cette disposition du mécanisme se retrouve plus en grand dans les machines dites *à molettes*, qui servent à l'exploitation des *mines*. Le nom de molettes s'applique à de grandes poulies de renvoi qui supportent au-dessus des puits les cables enroulés en sens inverse sur un même treuil, et dont l'un monte pendant que l'autre descend. — On emploie, dans plusieurs professions, des molettes qui sont un petit cylindre ou un petit sphéroïde gravé en creux ou en relief et mobile sur son axe porté par un manche. Ces molettes, appliquées avec une force suffisante à la surface d'un objet monté sur un tour ou promenées avec régularité sur un objet immobile, y impriment les dessins dont elles sont chargées. C'est à l'aide d'une molette hérissée de pointes, qu'on recouvre d'une innombrable quantité de petits trous les dés à coudre et que l'on imprime les dessins sur les cylindres employés pour l'impression des indiennes. — Il y a des molettes dont la surface est recouverte de drap : elles servent aux fabricants de faïence et de porcelaine pour décalquer les dessins dont ils ornent leurs produits. Une épreuve de gravure étant appliquée fraîche sur le biscuit, on l'y presse à l'aide de la molette. Cette pression fait passer l'encre du papier sur la terre.

MOLIÈRE (Jean-Baptiste POQUELIN), naquit à Paris, en 1620. Son père, valet de chambre et tapissier chez le roi, s'était flatté que son fils le remplacerait dans ses droits, priviléges, spéculations et prérogatives. Le génie de Molière en décida autrement. Son père négligea d'abord de l'envoyer au collége ; mais son grand-père, l'ayant mené voir la comédie, à l'hôtel de Bourgogne, la comédie telle qu'on la jouait alors, fit sentir à cet enfant qu'il y avait autre chose à faire dans le monde que des fauteuils. Voici donc qu'il demanda à aller au collège, parce qu'il était allé à la comédie. On le mit chez les Jésuites, où il se lia d'esprit et de cœur avec Armand de Bourbon, prince de Conti, avec Chapelle, avec Bernier. Il eut pour maître un homme de génie qui s'appelait Gassendi, et qui n'eut rien de plus pressé que de lui enseigner la philosophie d'Epicure ; c'était à cette époque une philosophie à part, qu'on enseignait à tout le monde. Quand le jeune Poquelin sut de l'antiquité tout ce qu'il en devait savoir, quand il eut lu Aristophane, Plaute, Térence, tous ces maîtres de la comédie passée, qui furent ses maîtres pendant un jour et qu'il a laissés si loin, il se mit à demander où était la comédie. — En ce temps-là, la comédie n'était nulle part et l'étude des mœurs était tout-à-fait inusitée. Quant au théâtre proprement dit, il n'y avait

pas de théâtre. Il y avait quelques bateleurs courant les villes, tantôt à l'étranger, tantôt en France, et jouant tant bien que mal les pièces de Hardi, de Marie Chrétien et de Balthasar Baro. Du reste, ni esprit, ni style, ni observation, ni instruction, ni goût, ni décence, ni art, ni rien de ce qui fait la comédie, cet art le plus difficile de tous les arts ; mais de la verve, du gros sel, de la vieille gaîté qui datait de la reine de Navarre et du roi Louis XI, de bons gros mots, des intrigues sans fin, de longs *quiproquo* dans la nuit, infiniment de coups de bâton et de coups de pied au derrière, de commères égrillardes et une foule de maris trompés ; telle était la comédie de ce temps-là.

Eh bien, cette comédie, tout informe qu'elle était, ne fit pas peur au jeune Poquelin ! D'abord, il forma une compagnie de quelques jeunes gens d'esprit et d'humeur aventureuse, avec qui il jouait la comédie çà et là, où ils pouvaient, tantôt au faubourg Saint-Germain, tantôt dans le quartier Saint-Paul. Bientôt encouragé par quelques succès, il prit la chose au sérieux, si fort au sérieux, qu'il abandonna le nom de son père pour celui de Molière, qui est devenu le plus grand nom du monde littéraire et dramatique de tous les pays et de tous les temps. — Sur ces entrefaites arrivèrent les guerres civiles, les barricades, les luttes du Parlement contre la cour. Molière voyant la ville et la cour divisées, eut bientôt pris son parti ; il dit adieu à Paris et partit pour la province. A présent le voilà tout-à-fait comédien nomade ; tantôt haut, tantôt bas, vivant au jour le jour ; enthousiaste, observateur, amoureux, compositeur, riant, jouant, pauvre et riche, mais heureux, heureux par dessus tout ! Dans ces courses dramatiques, son génie s'éveilla comme s'éveille le génie de l'observation, peu à peu. Il écrivit, ou plutôt il improvisa d'abord quelques comédies auxquelles il attachait peu d'importance ; c'étaient plutôt des proverbes que des comédies, et, pourvu qu'il entendît son monde rire aux éclats, peu lui importait ce que deviendraient les premiers essais de son génie. Il a fait représenter un grand nombre de pièces dont il ne se souvenait pas lui-même : *le Docteur amoureux ; le Médecin galant ; la Jalousie de Barbouillé*. — Ce fut à Lyon, en 1553, qu'il fit jouer sa première comédie régulière, *l'Etourdi*. *L'Etourdi* eut un succès d'intérêt ; mais on n'osa pas y rire avant que Paris eût donné l'exemple. De Lyon, Molière et sa troupe se rendirent aux Etats de Languedoc où il gouvernait, ou plutôt où régnait son ancien condisciple, le prince de Conti. Le prince reconnut dans Molière son camarade ; il le protégea de toutes ses forces.

Molière joua devant lui *l'Etourdi*, *le Dépit amou-reux* et *les Précieuses ridicules* qui, à proprement dire, est la première comédie de Molière, puis-qu'il entrait pour la première fois dans l'étude des mœurs contemporaines. Il fallait bien du courage pour attaquer dans les précieuses cette toute hargneuse et toute puissante société de l'hôtel Rambouillet!

Quand il eut parcouru toute la province, Mo-lière revint à Paris, où il retrouva le prince de Conti, qui, par Monsieur, frère du roi, lui donna accès auprès de cette intelligence couronnée qui avait nom Louis XIV. Le roi, à la sollicitation de son frère, fit élever à Molière et à sa troupe un théâtre dans la salle des gardes, au vieux Louvre. Dès la première représentation, ac-teurs, pièce et discours, tout réussit à souhait, et, de ce jour, la troupe de Molière s'appela *Troupe de Monsieur*, du nom de son protecteur. Du temps que le cardinal de Richelieu était le maître, il avait eu la fantaisie d'être poète, et comme rien ne lui était impossible, il avait fait une tragédie, et, pour la faire jouer, il avait élevé au Palais-Royal une belle salle qui n'avait guère été employée. On donna cette salle à Mo-lière. C'est là qu'en moins de quinze ans, il a fait représenter trente comédies, dont la plupart sont des chefs-d'œuvre. C'est là que le public parisien apprit ce que c'est que le théâtre; là que furent vaincus et surpassés les plus grands écrivains et observateurs moralistes de l'an-tiquité et de tous les temps! Sganarelle se montre le premier : Sganarelle, l'homme du peuple, qui a lu les vieux fabliaux et les vieux contes, et qui a peur! Puis vinrent, et se mon-trèrent sur le théâtre, tant de chefs-d'œu-vre : l'*École des Maris*, qui a laissé si loin les *Adelphes*, le chef-d'œuvre de Térence. Là, vous voyez Agnès, Agnès si innocente, si jolie, si pure et si plaisante! Agnès qui peut aller de pair avec toutes les femmes de Shakspeare! Les *Fâcheux*, cet intermède si plein d'esprit auquel travailla Louis XIV; l'*École des Femmes*, où se trouve ce vieillard si aimable et si bon; la *Cri-tique de l'École des Femmes*, cette espèce de se-cond acte ajouté aux *Précieuses ridicules*; l'*Im-promptu de Versailles*, qui n'est autre chose que Molière défendu par Molière lui-même et devant le roi ; le *Mariage forcé*, qui n'est qu'un perpé-tuel éclat de rire; mais quel rire! l'*Amour méde-cin*, fait en cinq jours, le prélude de cette admirable guerre que Molière livra aux médecins de son époque; *Don Juan*, ce chef-d'œuvre qui, plus tard fit envie à Mozart et à lord Byron, et que ni Mozart ni Byron n'ont pu faire oublier; le *Misanthrope*, hommage d'un homme de génie rendu à la vertu la plus difficile et la plus rare,

la vertu des courtisans ; le *Médecin malgré lui*, qui a eu l'honneur et le bonheur de soutenir le Misanthrope; *Amphitryon*, qu'il a dérobé à Plaute et dont le vers souple et facile, sceptique et mo-queur, philosophique et fou, est tout-à-fait un style à part, même dans les différents styles de Molière. L'*Avare*, qui avait d'abord été l'*Avare* de Plaute, mais qui devint, et qui est resté, et qui restera toujours l'Avare de Molière : l'Avare dont la prose est aussi remarquable que sont re-marquables les vers d'Amphitryon; *Georges Dandin*, qui est devenu un proverbe en trois actes, qui a pris sa place, une place distinguée et méritée, dans la sagesse des nations. Arrêtez-vous; voyez-vous de loin venir cet homme au doux sourire, au vertueux maintien, au regard faux et louche, le ciel dans la bouche et l'enfer dans le cœur! C'est *Tartufe*! c'est l'œuvre la plus impérissable de Molière! le Tartufe est à la co-médie ce que le Cid fut à la tragédie. On reste confondu, quand on songe que le Tartufe a été joué au milieu du XVIIe siècle, sous le règne de Louis XIV et presque sous le regard de Bossuet!

Après l'*Imposteur*, qu'a fait Molière, ou plutôt que n'a-t-il pas fait? Il a fait *Monsieur de Pour-ceaugnac*, cette admirable plaisanterie où la pro-vince est abandonnée en pâture aux risées de la capitale; il a fait le *Bourgeois gentilhomme*, où le bourgeois a le plaisir de voir le gentilhomme jouer le rôle d'un escroc, pendant que le gentil-homme a le plaisir de voir le bourgeois si mal à l'aise dans l'habit de gentilhomme; il a fait les *Fourberies de Scapin* qui lui ont valu un vers injuste de Despréaux, et qui ont arraché à l'au-teur de l'*art poétique* le fatal *peut-être* qui est dans cet ouvrage presque parfait, une aussi grande faute que l'absence de La Fontaine :

C'est par là que Molière illustrant ses écrits,
Peut-être de son art eût remporté le prix......

Il a fait les *Femmes savantes*, ces pédantes odieuses et ridicules dont il a si habilement ra-cheté les méchancetés par cette charmante et simple Henriette, l'idéal d'une jeune personne bien élevée, naturelle et sensée; il a fait la *Comtesse d'Escarbagnas*, qui est une très bonne plaisanterie et le *Malade imaginaire*, qui est mieux qu'une plaisanterie et dans lequel vous trouvez beaucoup de scènes dignes de la haute comédie; sans compter les *Amants magnifiques*, la *Princesse d'Élide*, le *Sicilien*, *Don Garcie de Navarre*, etc. Voilà ce qu'il a fait jusqu'au jour où, victime de son dévouement et de sa pitié pour un confrère malheureux, il s'efforça de jouer le rôle du *Malade imaginaire*, tout malade qu'il était. Vous savez ce qui arriva. A ce mo-ment si comique où le malade dit : *Juro!* un vaisseau se rompit dans sa poitrine, et il mourut sur son théâtre, ce grand homme si grand par le cœur, si grand par le génie!

Molière est un des hommes si populaires que toutes les mémoires, même dans la foule, ont retenu, sans savoir comment, les moindres anecdotes de cette vie si glorieuse, si occupée et si remplie. Le premier venu vous dira comment Louis XIV l'aima, et le protégea, et le défendit et le fit souper un jour à sa table; comment il avait, le premier, encouragé Racine en lui avançant de l'argent sur une mauvaise tragédie, comme il était l'ami de Despréaux, de Chapelle, de Desbarreaux, du grand Condé! Comment il faisait la charité et l'aumône à tous venants, et si généreusement que le pauvre lui rapportait son louis d'or, croyant que son bienfaiteur s'était trompé; comment il fut malheureux en ménage; comment il sut être riche par lui-même et indépendant de toute faveur royale, au milieu de tous ces poètes, pauvres diables de génie qui, après avoir touché les pensions de Fouquet, tendaient la main avec non moins d'abandon aux magnifiques pensions du grand roi.

Ce grand nom de Molière n'a pas d'égal dans le monde littéraire, et si le XVIIe siècle est supérieur à ce que nous sommes convenus d'appeler les grands siècles, c'est surtout par Molière! Mais aussi quelle immense étude! quelle profonde observation et à quelle époque et dans quelles mœurs! ajoutez aussi: quelle philosophie! quel admirable style! souple, varié, moqueur, plein de verve, de bonhomie, de franchise, de grâce, et facile, facile comme une improvisation de génie! Voilà pour le poète. Si vous étudiez l'homme privé, quel noble cœur! quelle belle âme! quel admirable sang-froid! Molière, le meilleur, le plus affable, le plus charitable de tous les hommes, bon camarade, et amoureux de sa femme comme Racine était amoureux de sa maîtresse! — Comme observateur, comme historien de son époque, comme le plus grand divertisseur d'une nation éclairée, comme XVIIe siècle surtout, on ne saurait rien trouver d'égal à Molière! Molière, il est vrai, est un écrivain de l'école de Corneille, vif, hardi, énergique, acceptant toujours le mot propre, tel qu'il est; mais c'est là toute la ressemblance. Corneille est un vieux ligueur qui est peu influencé par la cour du grand roi; Racine est un élégant courtisan; Molière seul, sans rien conserver du levain de la ligue, s'est préservé en partie du musc de la cour. Molière sent autant le peuple que Corneille et moins le roi que Racine. Molière, c'est le peuple posé, honoré, riche, ricaneur; c'est le peuple qui bat des mains à la représentation de ses ridicules et de ses vices à condition qu'on n'y épargnera ni les vices, ni

les ridicules de la cour! — Molière, comme moraliste, a aussi de beaux, de sublimes élans! Malheureusement, il a plus souvent attaqué les ridicules de la nature humaine que ses vices. Pour égayer son parterre, il lui arrive plus d'une fois d'oublier les convenances, et la lecture de beaucoup de ses pièces laisse dans l'esprit une impression qui n'est pas favorable à la vertu. Molière n'est pas sans doute le seul auteur dramatique qui ait développé sur la scène cet épicurisme qui corrompt et énerve le peuple, mais nul ne l'a présenté avec plus de charme, de finesse et de raffinement, et c'est surtout envers les hommes qui, par l'élévation de leur génie auraient pu exercer sur la société la plus salutaire influence, qu'on a le droit de se montrer sévère? L'art du comédien, cette poésie du second ordre, avait merveilleusement servi les comédies naissantes de Molière, mais une fois directeur et poète, le comédien s'efface devant le flagelleur de son temps. Pour premier service, Molière le savant, le grammairien, le latiniste, le lecteur de Montaigne, de Froissard et d'Amyot, Molière venge la langue des perfections de l'hôtel de Rambouillet. Le parterre l'applaudit. De ce jour-là, Molière est un pouvoir; or, dans ce temps-là, il n'y avait que deux pouvoirs dans l'État : Molière et le roi. Comment Molière devint un pouvoir, nous le savons. Il servit au grand roi à achever l'œuvre de Richelieu, la soumission de la noblesse. Richelieu avait délivré la royauté des têtes les plus élevés; mais les pavots laissés par Tarquin offusquèrent encore Louis XIV. Il ne pouvait les frapper de la hache, et il l'aurait pu qu'il ne l'aurait pas fait; en revanche, il s'estima heureux de les atteindre par le ridicule. Molière devint l'exécuteur des petites œuvres du roi; il frappa impunément et au grand plaisir de Louis, sur les petits marquis, les petits barons, les chevaliers, les élus, les femmes d'élus; il frappa à droite et à gauche, il les fouetta jusqu'au sang, Louis l'encourageant et riant aux éclats, faisant semblant d'en être fâché quelquefois, et lui ordonnant tout bas de continuer.　　J. JANIN.

MOLINA, MOLINISME. Quoique le système de Molina sur la grâce ait occasionné pendant longtemps des controverses qui eurent un grand retentissement, son nom serait aujourd'hui oublié, ou du moins ne serait plus guère prononcé que dans les écoles, comme celui de tant d'autres qui ont fait des systèmes sur la même matière, s'il ne s'était pas trouvé mêlé à toutes les discussions soulevées en France par le jansénisme. Mais quelques hommes de génie trouvèrent le secret de fixer l'attention publique sur ces discussions par le mérite littéraire de leurs ouvrages, et de donner ainsi de la célébrité et de l'éclat aux noms plus ou moins obscurs qu'ils débarrassèrent de la poussière scolastique où ils semblaient devoir rester toujours enfouis. Ils mirent le molinisme en parallèle et en opposition avec le jansénisme; ils prétendirent que toute la discussion roulait entre ces deux systèmes, et représentèrent comme molinistes tous ceux qui ne partageaient pas leur doctrine. De là vint la célébrité encore attachée de nos jours au molinisme, dont le nom a survécu aux discussions dont il a été l'objet. L'auteur de ce système fut un jésuite espagnol, Louis Molina, qui était né à Cuenca, dans la Castille, d'une famille noble. Il entra chez les Jésuites en 1553, à l'âge de 18 ans, fit ses études à Coïmbre, enseigna la théologie pendant 20 ans dans l'université d'Evora, et mourut à Madrid en 1601. On a de lui 1° des *Commentaires* sur la première partie de la Somme de saint Thomas; 2° un Traité *De Justitia et Jure*, dont l'immense étendue prouve assez qu'il renferme une foule de questions ou de détails inutiles; 3° enfin, un ouvrage latin qui a pour titre *Accord de la grâce et du libre arbitre*. C'est dans cet ouvrage que se trouve exposé et développé le système qui a rendu son nom si fameux. Mais il en avait déjà posé les bases dans ses Commentaires sur saint Thomas.

Ce système peut se réduire à quelques principes fondamentaux sur la grâce et sur la prédestination. Molina enseigne sur le premier point que l'efficacité de la grâce ne dépend pas d'une action spéciale de Dieu qui aurait pour but et pour effet de déterminer infailliblement la volonté à consentir et à se porter vers le bien; mais qu'elle dépend du consentement de la volonté elle-même; en sorte que Dieu donnant à tous les hommes des grâces suffisantes, elles demeurent sans effet ou deviennent efficaces selon que la volonté y résiste ou y consent. Ce ne serait donc point dans la nature de la grâce que se trouverait la différence entre la grâce efficace et la grâce suffisante, mais seulement dans les suites de l'une ou de l'autre, et par conséquent l'efficacité de la grâce ne serait point la cause, mais l'effet du consentement de la volonté. Quant à la prédestination, Molina enseigne qu'elle est à l'égard des adultes une suite de la prévision de leurs mérites, ou en d'autres termes qu'elle n'est pas un effet gratuit et absolu de la volonté divine, mais qu'elle est subordonnée à la préscience; c'est-à-dire qu'au lieu d'avoir prédestiné à la gloire un certain nombre d'élus par un décret pur et simple indépendant de toute prévision, et de leur donner en conséquence des grâces efficaces qui doi-

vent assurer leur salut, Dieu les a prédestinés, parce qu'il prévoit qu'ils coopéreront aux grâces qu'il leur donnera; toutefois cette prévision n'est pas le motif qui le détermine à donner ses grâces; il les accorde gratuitement et ne les mesure pas au bon ou mauvais usage que les hommes en feront. La préscience par laquelle Dieu connaît cette coopération future du libre arbitre et qui précède les décrets de sa providence, est désignée par Molina sous le nom de *science moyenne* ou science des *conditionnels*, parce qu'elle tient comme le milieu entre la science des choses simplement possibles, et celle des choses futures non conditionnelles que Dieu voit comme une suite de ses décrets.

On ne saurait disconvenir que le système de Molina ne soit propre à lever quelques difficultés; mais on ne voit pas trop comment le concilier avec les passages de l'Écriture sainte où il est dit que Dieu opère en nous le vouloir et le faire, et qu'il détermine la volonté comme il lui plaît; ni surtout avec la doctrine de saint Augustin, qui ne cessa de soutenir contre les pélagiens la nécessité d'une grâce qui nous fasse vouloir; de sorte que l'efficacité de la grâce, selon la remarque de Bellarmin, semble dépendre de la volonté divine et non pas de la volonté humaine (*Voy.* GRACE). Aussi la plupart des jésuites modifièrent la doctrine de Molina par le congruisme qui admet la prédestination gratuite avec un choix de grâces auxquelles Dieu prévoit que la volonté consentira. Le livre de Molina, imprimé à Lisbonne en 1588, devint l'objet d'une vive polémique entre les jésuites et les dominicains. Ceux-ci déférèrent ce livre à l'inquisition d'Espagne, et la dispute s'échauffa tellement que le pape Clément VIII crut devoir se réserver la connaissance de cette affaire et défendre aux théologiens des deux partis de se condamner réciproquement jusqu'à ce que le Saint-Siége eût porté son jugement définitif. Il nomma pour examiner le livre et le système de Molina, une congrégation qui est devenue fameuse sous le nom de congrégation *De Auxiliis*. Elle tint un grand nombre de séances depuis le mois de janvier 1598 jusqu'à 1607, et la question fut discutée solennellement par les deux partis en présence des cardinaux et du pape lui-même; mais il n'y eut aucune décision. Le pape Paul V se contenta de donner un décret portant que la discussion était close et qu'il publierait sa décision quand il le jugerait à propos; mais qu'en attendant il défendait aux deux partis de censurer mutuellement leurs opinions sur ces matières. Depuis ce décret le molinisme a été enseigné dans les écoles comme une opinion libre.

Bossuet, dans le deuxième avertissement aux protestants, montre parfaitement l'injustice des accusations de Jurieu, qui accusait l'église romaine de tolérer dans le système de Molina les erreurs semi-pélagiennes. Il fait voir la profonde différence qui existe entre ces erreurs et la doctrine des molinistes; ce qui n'a pas empêché les jansénistes de reproduire la même accusation. **R.**

MOLINA. Nous citerons parmi les personnages de ce nom :

1° MOLINA (*Alphonse de*), missionnaire du XVIᵉ siècle. Il apprit la langue mexicaine dont il publia en 1571 une grammaire et un dictionnaire, traduisit aussi, dans cette langue, les Évangiles et quelques autres ouvrages ascétiques, et mourut en 1580, après avoir employé cinquante ans à la prédication du christianisme et à la conversion des Mexicains. Il appartenait à l'ordre des Cordeliers.

2° MOLINA (*Tirso de*), auteur peu connu de *Comedias famosas*. Tout ce qu'on sait de lui, c'est qu'en l'an 1620 il entra dans les Capucins déchaussés de Madrid, qu'il fut élu en 1645 supérieur du couvent de Soria, où l'on suppose qu'il mourut en 1648. Il avait cinquante ans quand il entra dans le cloître, ce qui place sa naissance vers 1570, sept à huit ans avant celle de Lope de Vega. Son véritable nom était Gabriel Tellez. Les drames qui nous restent de lui sont pour la plupart de joyeuses folies, d'extravagantes histoires d'intrigue et d'amour, ou de grands drames historiques, assez négligés pour le fond, mais fort soignés dans la forme et souvent pétillants d'esprit et de saillies. Outre ses comédies, Gabriel Tellez a laissé plusieurs recueils de nouvelles bouffonnes dont on fait grand cas par-delà les Pyrénées. Ses meilleurs drames figurent dans le *Tesoro del Teatro español.*

3° MOLINA (*Jean*), autre missionnaire, né au Chili en 1740, appartenait à l'institut des Jésuites. Bibliothécaire de San-Yago lors de la suppression de son ordre en 1767, il vint en Italie où il a publié divers ouvrages, entre autres un *Essai sur l'histoire naturelle du Chili.* Cet ouvrage a été traduit en français en 1778. **J. FLEURY.**

MOLINET. Nous citerons deux écrivains de ce nom : le premier, MOLINET (*Jean*), historien et poète, naquit à Désurennes, dans le diocèse de Boulogne, devint aumônier et bibliothécaire de Marguerite de Parme, historiographe de Maximilien Iᵉʳ, et chanoine de Valenciennes. Il mourut en 1507. Il a laissé des *poésies*, imprimées à Paris, 1723, in-12; *une chronique* contenant les faits les plus remarquables de 1474 à 1504, la continuation de la chronique en vers de Georges Chastelain; les *dicts et faicts contenant plusieurs beaux traités, oraisons et chants royaux,* Paris, 1737, in-f°, 1540, in-8°, etc. Ce dernier ouvrage est fort recherché des curieux.

—Le second, *Claude du* MOLINET, naquit à Châlons-sur-Marne en 1620, devint procureur-général de la congrégation de Sainte-Geneviève, et mourut en 1687. Il avait mis dans un excellent état la bibliothèque de Sainte-Geneviève. Versé dans les antiquités, il a laissé sur ces matières une foule d'ouvrages pleins de choses curieuses. Nous signalerons : *Edition* des Épîtres d'Étienne, évêque de Tournay, avec des notes savantes, 1682, in-8°; *Histoire des Papes au moyen des médailles,* depuis Martin V jusqu'à Innocent XI, 1679, in-f°, en latin ; *Réflexions sur l'origine et l'antiquité des chanoines réguliers et séculiers ; des habits des chanoines ; sur la mise des anciens; le cabinet de Sainte-Geneviève.* Paris, 1692, in-f°, peu commun, etc.

MOLINOS (MICHEL), prêtre et théologien, naquit, en 1627, dans le diocèse de Saragosse. Sa famille était considérable par son rang et sa fortune. Il se fixa à Rome, et s'y livra avec ardeur à la direction des consciences. Son air composé, les apparences d'une piété vive et profonde, sa prétention de porter les âmes à la plus haute perfection lui attirèrent un grand nombre de partisans de l'un et de l'autre sexe. En 1675, il publia, avec l'approbation de cinq docteurs, un ouvrage intitulé : la *Conduite spirituelle.* Cet ouvrage, composé en espagnol, fut traduit ensuite en italien, en latin, en français. L'archevêque de Palerme l'approuva. La *Conduite spirituelle* de Molinos, que l'on comparait aux *Stromates* de saint Clément d'Alexandrie, accrut sa réputation de grand directeur, lui donna du crédit auprès des plus illustres personnages, et trouva des défenseurs en Italie, en France, en Espagne et dans les Pays-Bas. Cependant ce mysticisme cachait, sous les apparences de la plus sublime perfection, des principes destructeurs de la piété et de la morale. Nous allons présenter les points fondamentaux de la doctrine de Molinos en nous servant de ses propres expressions.

Il faut que l'homme anéantisse ses puissances, c'est la voie intérieure. Vouloir faire une action, c'est offenser Dieu. Il faut s'abandonner totalement à lui et demeurer ensuite comme un corps sans âme. La voie intérieure est celle où l'on ne connaît ni lumière, ni amour, ni résignation; il ne faut pas même connaître Dieu. Toute réflexion même sur Dieu est nuisible. Il faut dans l'oraison demeurer dans la foi obscure et universelle, en quiétude, dans l'oubli de toute pensée particulière, même de la distinction des attributs de Dieu et de la Trinité. —

L'âme ne doit penser ni au paradis, ni à l'enfer, ni à la mort, ni à l'éternité. Elle ne doit faire à Dieu aucune demande, ne lui rendre grâces d'aucune chose, ne pas désirer de savoir si elle marche dans sa volonté, perdre jusqu'à l'espérance de son salut. Plus l'âme est résignée à Dieu, moins elle peut réciter l'oraison dominicale. Quand une âme intérieure a du dégoût des entretiens de Dieu et de la vertu, c'est un bon signe. Bannir les vertus est un signe de perfection. Lorsque l'âme a remis à Dieu, avec connaissance, son libre arbitre, elle ne doit plus avoir de peine des tentations, ni se soucier d'y faire aucune résistance positive. L'âme arrivée à la mort mystique ne peut plus vouloir autre chose que ce que Dieu veut. Elle peut alors éprouver, même dans la veille, des violences de Satan qui font commettre à ses membres des actions criminelles; elle doit laisser agir Satan sans opposer ni effort, ni adresse. Satan la trompe quand il veut lui faire accroire qu'elle a commis alors de grands péchés; il n'y a pas même de péché véniel. — Les violences de Satan propres à anéantir l'âme, à la conduire à la parfaite union et transformation, la rendent plus éclairée, plus fortifiée, plus pure, et lui procurent la sainte liberté. Le chrétien parfait doit surtout bien se garder de confesser ces prétendues fautes. — Les fautes véritables viennent de la réflexion. Point de théologie, point de philosophie. Une conviction intérieure supérieure à toute connaissance humaine, ou théologique, donne au chrétien parfait la certitude que les actions criminelles viennent en lui de la violence de Satan; dans la vie intérieure on n'obéit pas au supérieur, on obéit à Dieu seul.

Les conséquences monstrueuses de ce mysticisme qui renouvelait les excès des Gnostiques des premiers siècles et ceux des Béguards du xive, rendues plus sensibles par les lettres et les entretiens de Molinos, dessillèrent les yeux. Le P. Signeri le combattit. En 1685, l'inquisition espagnole condamna la *Conduite spirituelle*. Le 18 juillet de la même année, Molinos est arrêté et conduit dans les prisons du Saint-Office. Le 28 août 1687, l'inquisition romaine, après une longue instruction et malgré les efforts des amis puissants de Molinos, donna un décret qui censure 68 propositions extraites de ses écrits, le qualifie lui-même d'*enfant de perdition*, le condamne à une prison étroite et perpétuelle, et l'oblige à faire une abjuration publique qui eut lieu le 3 septembre suivant dans l'église de la Minerve. Innocent XI, dans une bulle du 20 novembre 1687, censura *in globo* les 68 propositions de Molinos qu'il frappa des qualifica-

tions les plus graves, et condamna tous ses ouvrages. Il paraît que Molinos donna des marques de repentir. Il mourut en prison le 29 décembre 1696, dans sa 70e année. Il avait publié, en 1675, outre la *Conduite spirituelle*, un petit traité de la *Communion quotidienne*. Mosheim prétend que Molinos n'a point aperçu ni approuvé les conséquences de ses principes, mais il avoue cependant que son livre *paraissait ouvrir la porte à la licence*. L'abbé Renaudot, qui avait lu les pièces du procès de Molinos, l'appelle *un des plus grands scélérats qu'on puisse imaginer, qui a commis des ordures exécrables pendant 22 ans*. Fénelon a réfuté les 68 propositions de Molinos (*Œuvres de Fénelon, t. IV, édit. de Lebel*). Bossuet a flétri sa personne et sa doctrine. M. Picot se trompe quand il affirme (*Biog. univ. de Michaud, art. Molinos*), que la doctrine de Molinos, d'après l'analyse que Dupin en donne dans son *histoire Ecclésiastique*, renferme seulement des idées de mysticité fort bizarres qui peuvent donner lieu à des conséquences fâcheuses.   L'abbé FLOTTES.

MOLISE (COMTÉ DE) : contrée d'Italie, dans le royaume de Naples, entre l'Abruzze intérieure, la Capitanate et la terre de Labour propre. Elle a environ 30 milles du N. au S.-S.-O., 36 milles de l'E. à l'O., et doit son nom au bourg de *Molise*. Elle produit en abondance du blé, du vin, du safran, des vers à soie, etc. Sa capitale est Campo-Basso.

MOLITOR (GABRIEL-JEAN-JOSEPH, comte), naquit à Hayange (Moselle), le 7 mars 1772. Entré au service au commencement de la révolution de 1789, il s'éleva rapidement, du grade de capitaine, qu'il occupait en 1791, à celui d'adjudant-général, qu'il obtint en 1793. Il fit en cette qualité toutes les campagnes des armées de la Moselle et du Rhin, et devint général de brigade en 1799. Il soutint avec succès, dans la vallée de Glaris, qu'il était chargé de défendre, un grand nombre de combats, et déploya une habileté et une bravoure au dessus de tout éloge. En 1800, il prit une part brillante à la bataille de Moëskirnh, et força les Autrichiens dans diverses rencontres, obtint le grade de général de division, et reçut, en 1805, le commandement d'une division de l'armée d'Italie, avec laquelle il battit les Russes et les Monténégrins, et s'empara des bouches du Cattaro. Il fit avec une égale distinction la campagne d'Allemagne de 1809 et contribua à la victoire de Wagram. Il fut appelé, en 1810, au commandement en chef des villes Anséatiques, et, l'année suivante, à celui des troupes d'occupation de la Hollande, qu'il conserva jusqu'en 1814. Il prit aussi part aux combats livrés aux alliés dans les plaines de la Champagne. Il fut nommé, sous la première Restauration, chevalier de Saint-Louis, inspecteur-général d'infanterie, et grand' croix de la Légion-d'Honneur ; mais comme il avait repris du service après le retour de l'île d'Elbe, il resta longtemps sans emploi sous la seconde Restauration ; il obtint, en 1823, le commandement du deuxième corps de l'armée française en Espagne. C'est au retour de cette expédition qu'il reçut le bâton de maréchal de France, et fut appelé à siéger à la Chambre des Pairs. Il fut nommé gouverneur des invalides le 6 octobre 1847, céda, en 1849, cette place d'honneur au frère de Napoléon, Jérôme Bonaparte, et obtint, en échange, les fonctions de grand chancelier de la Légion-d'Honneur. Il mourut dans ce poste le 28 juillet 1849.   S.

MOLLET (*voy.* JAMBE).

MOLLETON : étoffe épaisse et chaude qui doit son nom à sa qualité souple et moelleuse ; on en fait en laine et en coton. Le *molleton de laine* est légèrement foulé et tiré à poil d'un seul côté ; il y en a d'uni et de croisé. Quoique principalement employé en blanc, on le teint aussi en diverses couleurs. C'est un des principaux produits de l'industrie française, tant pour l'extérieur que pour l'intérieur. Il se faisait autrefois, en grand, à Sommières, département du Gard, où cette fabrication a été remplacée par celle des couvertures de laine qui en diffère peu. Il s'en fabrique à Castres, à Toulouse, à Turcoing, à la Châtaigneraie (Vendée), et surtout à Mazamet (Tarn), qui a donné son nom à certains molletons en grande largeur. Il se fait aussi des molletons de laine dans toute l'Allemagne ; mais les plus beaux viennent d'Angleterre. — Le molleton de coton se fait également lisse ou croisé ; mais il est tiré à poil des deux côtés. Beaucoup moins cher que le molleton de laine, il sert aux mêmes usages et le remplace dans la confection des jupes et des camisoles de femme, des gilets de nuit, des caleçons, des pantalons de chambre, des langes d'enfants et des doublures. D'un emploi général en blanc et en écru, on le teint en toutes couleurs pour une vingtaine de départements dans lesquels cette consommation est circonscrite. Le molleton de coton se fabrique à Troyes, à Villefranche, dans la Normandie, et surtout à Paris, et l'on n'évalue pas à moins de 100,000 le nombre des ouvriers employés à cette fabrication. Cependant l'exportation en est à peu près nulle en raison de la difficulté de lutter avec l'Angleterre, qui inonde tous les marchés de ce produit qu'elle fabrique sur une immense échelle.

MOLLUSQUES. Le nom de mollusques ou animaux *mous* correspond au mot μαλακια, employé par Aristote pour désigner parmi ces animaux ceux qui sont nus ou dépourvus de coquille. Mais aujourd'hui on comprend sous la même dénomination tous les animaux dont l'organisation interne est semblable, et qui n'en diffèrent que par la présence d'une coquille. Ce sont les *testacés* ou οστρακοδερματα du philosophe grec. Pline, qui ne fit que transcrire ou abréger les observations d'Aristote, a nommé *mollia* les mollusques sans coquille, en les comprenant tous dans les animaux aquatiques et dépourvus de sang. A l'époque de la Renaissance on étudia d'abord les mollusques dans les ouvrages des anciens, et on s'occupa surtout de collectionner des coquilles que leurs formes élégantes et variées, leurs brillantes et riches couleurs firent rechercher avec empressement dans les mers nouvellement découvertes. Des noms généraux furent donnés à ces coquilles d'après Aristote et Pline, et on y ajouta successivement des désignations particulières ou spécifiques, et bientôt dans les grands catalogues comme celui d'Aldrovande (1616), on vit quelques ébauches de classification de ces coquilles. D'un autre côté Lister, en Angleterre (1685-1693), et surtout Swammerdam, en Hollande, dans le XVIe et le XVIIe siècle, étudièrent la structure intérieure de ces animaux, et non plus seulement la forme des coquilles. Linné enfin dans les douze éditions de son *Systema naturæ*, à partir de 1737 à 1766, classa méthodiquement, quoique d'une manière très imparfaite encore, toutes les espèces de coquilles et de mollusques déjà connues à cette époque, et dont le nombre s'accroissait rapidement par suite du zèle que ce grand homme sut inspirer pour l'histoire naturelle. Linné, qui partageait tout le règne animal en six classes, rangeait les molluques parmi les vers ; mais sous ce nom de mollusques il ne comprenait que ceux qui sont dépourvus de coquille, en y adjoignant quelques autres animaux que depuis lors on a reporté dans les classes des zoophytes et des échinodermes ; c'était le second ordre de la classe des vers de Linné, et les mollusques à coquille ou revêtus d'un têt constituaient sous le nom de *testacés* le troisième ordre de la même classe, tout en renfermant aussi beaucoup d'animaux qui ont dû en être distraits. Brugnière, dans l'*Encyclopédie méthodique* (1792), modifia et améliora un peu la classification de Linné, en établissant d'abord l'ordre des échinodermes qui devaient être désormais toujours séparés des mollusques ; mais il conserva encore les deux ordres des mollusques et des testacés, laissant avec les premiers un certain nombre de zoophytes ou anthozoaires. Il conservait d'ailleurs l'ancienne division purement artificielle des testacés en univalves, bivalves et multivalves, suivant que la coquille est d'une seule ou de deux ou de plusieurs pièces. Dargenville avait publié dans sa *Conchyliologie* (1757, 2e édit.), un certain nombre de descriptions, et de figures très imparfaites de la structure des mollusques; mais ce fut Poli qui, le premier, publia un ouvrage spécial sur l'anatomie des mollusques, en n'y comprenant toutefois que les bivalves ou acéphales. Malgré quelques erreurs dans la détermination des parties, son ouvrage (*Testacea utriusque Siciliæ*, 2 vol. in-folio, 1791-93), est encore un ouvrage véritablement précieux; mais on ne peut trop s'étonner de ce que les planches très bien gravées sont faites d'après des figures en cire représentant plus en grand les préparations anatomiques de l'auteur. Adanson avait plus spécialement essayé de classer les coquilles, d'après leurs animaux, dans son *Histoire naturelle du Sénégal* (1757); malheureusement il prit plaisir à inventer ou à composer des noms qui n'ont pu rester dans la science.

Enfin Cuvier (1795), qui, lui-même, avait fait l'anatomie des principaux types de mollusques, proposa une classification vraiment méthodique de ces animaux, fondée sur leur structure interne. Cette classification exposée d'abord dans le *Tableau élémentaire* de l'auteur (1799), ne reçut sa forme définitive que dans la première édition de son *Règne animal* en 1817, en tenant compte de tous les travaux de Lamarck. Pour Cuvier, les mollusques sont des animaux sans squelette, et par conséquent sans vertèbres, dont les muscles au lieu d'être fixés à des os qu'ils font mouvoir, sont attachés seulement à la peau qui forme une enveloppe molle contractile en divers sens, dans laquelle se produit pour beaucoup d'espèces une coquille. Leur système nerveux se compose de plusieurs masses éparses (ganglions), dont les principales placées sur l'œsophage portent le nom de cerveau. Ils ont en outre un système complet de circulation, et un appareil digestif presque aussi compliqué que celui des animaux vertébrés, et toujours pourvu d'un double orifice. Cuvier divisait les mollusques ainsi définis en six classes : les céphalopodes, les ptéropodes, les gastéropodes, les acéphales, les brachiopodes et les cirrhopodes. Mais des observations plus précises sur la structure de ces derniers qu'on nomme aussi les *cirrhipèdes*, et particulièrement sur leurs métamorphoses, ont prouvé que ce sont des animaux articulés qu'on doit séparer des mollusques pour les reporter à la suite des crus-

tacés. Il est à remarquer d'ailleurs que l'on rangeait autrefois parmi les multivalves, les coquilles formées par ces cirrhipèdes, tels que les anatifes et les balanes quand, après avoir nagé librement pendant une première phase de leur existence, ils se sont fixés pour achever leur développement. On a dû aussi rapprocher des acéphales sous le nom de *bryozoaires* toute une classe de petits animaux agrégés que l'on confondait avec les polypes. — Lamarck s'occupa avec une ardeur extrême de la classification des mollusques, ou plutôt des coquilles, car les collections ne renfermaient guère que ces dépouilles des animaux; il le fit avec succès, et établit un grand nombre de genres nouveaux, rendus nécessaires par l'accroissement progressif des collections depuis l'époque de Linné. C'est en 1801 que, sous le titre de *Système des animaux sans vertèbres*, il publia en un seul volume son premier ouvrage sur ce sujet; il le développa plus tard (1815-1822) en sept volumes sous le titre d'*Histoire naturelle des animaux sans vertèbres*. Cet ouvrage a eu récemment une 2e édition dans laquelle M. Deshayes, par des notes précieuses, s'est chargé de mettre cette partie de la science au courant des nouvelles découvertes. Mais Lamarck avait été conduit à s'occuper davantage des coquilles par l'observation des fossiles si remarquables du terrain marin tertiaire des environs de Paris, et surtout des coquilles fossiles si bien conservées à Grignon, à Parnes, à Courtagnon, etc., il est donc concevable qu'il ait dû établir ses caractères génériques sur les coquilles seulement, et quoique ses groupes secondaires ainsi déterminés soient en général conformes aux règles de la classification naturelle, il n'en est pas de même de ses divisions primaires qu'on doit considérer souvent comme tout à fait artificielles. Ainsi, quoique précédé par les excellents travaux généraux de Cuvier, il persiste à séparer les mollusques gastéropodes en deux ordres, laissant ce dernier nom à ceux qui sont nus comme la limace, et comprenant sous la dénomination commune de *trachélipodes* tous ceux qui sont revêtus d'une coquille; en outre il forme un cinquième ordre, les hétéropodes, pour d'autres mollusques qu'on ne peut séparer ainsi des premiers, surtout comme le fait l'auteur en interposant les céphalopodes qui forment son quatrième ordre, et qui sont beaucoup plus élevés en organisation. Avec plus de raison peut être, Lamarck fait des acéphales à coquille bivalve qu'il nomme *conchifères*, une classe distincte des mollusques, et il forme encore une autre classe pour les *tuniciers* que Cuvier nommait des acéphales sans coquilles. C'est à la suite de cette division ou classe des tuniciers que doivent être placés les bryozoaires, comme l'a fait avec raison M. Milne-Edwards. M. de Blainville contribua puissamment aussi à établir la classification des mollusques qu'il nomme *Malacozoaires* sur la vraie structure des animaux, et non sur celle des coquilles. Il publia en 1825 sous le titre de *Manuel de Malacologie*, avec des additions, le recueil de tous les articles qu'il avait insérés dans le *Dictionnaire des sciences naturelles*. Beaucoup d'autres naturalistes, tant en France qu'à l'étranger, ont fait paraître depuis un grand nombre d'ouvrages importants sur le même sujet : nous citerons en première ligne M. Deshayes, qui, après avoir publié (1823-1836) en 3 volumes in-4° la *Description des coquilles fossiles des environs de Paris*, et, depuis 1839, son *Traité élementaire de conchyliologie*, a donné plus récemment des *Recherches anatomiques sur les mollusques*, dans le grand ouvrage sur l'exploration scientifique de l'Algérie. M. Milne-Edwards a publié aussi dans les *Annales des sciences naturelles* de beaux travaux sur l'anatomie des mollusques, et particulièrement sur le système circulatoire de ces animaux, chez lesquels le sang veineux se répand dans un système de lacunes. D'un autre côté nous avons eu les belles publications iconographiques et descriptives de M. Kiéner (*Species général et iconographique des coquilles vivantes*, in-4°); de M. Delessert (*Recueil des coquilles décrites par Lamarck*, in-folio, 1841); de M. Chenu (*Illustrations conchyliologiques*, in-folio); de Ferrussac (*Histoire naturelle des mollusques terrestres et fluviatiles*, in-folio). Ajoutons encore comme plus intéressants pour l'histoire naturelle locale les ouvrages de Draparnaud, de Michaud et de l'abbé Dupuis sur les coquilles terrestres et fluviales de la France. Pour les publications faites à l'étranger, nous mentionnons seulement Dellechiaie, continuateur de Poli à Naples, les Sowerby et Turton en Angleterre, Agassiz en Suisse, Martini et Chemnitz, Rossmähler et Philippi en Allemagne.

La forme des mollusques est nécessairement variable et indéterminée, à part le têt ou la coquille, puisque les muscles s'attachant à une peau molle, doivent, par leurs contractions, amener des modifications continuelles en raison des mouvements. La peau elle-même, comparable aux membranes muqueuses des animaux, n'est point revêtue d'un épiderme consistant, et sécrète par toute sa surface libre une mucosité qui la protège contre le contact des corps étrangers, et qui facilite la marche de l'animal en produisant cet enduit luisant sur lequel il glisse aisément, et qui nous indique si bien la

trace des limaçons et des limaces. Mais une certaine partie de la peau est susceptible de sécréter, soit à l'intérieur, soit extérieurement, une plaque de matière calcaire consolidée par un peu de substance animale, et se moulant exactement sur la partie qui sécrète et qui est restée immobile pendant cette opération. C'est la coquille si diversifiée quant à sa forme, quant à sa structure, quant à sa couleur, quant à son aspect opaque, luisant ou nacré; c'est aussi la matière des perles qui ne sont autre chose qu'une excroissance de la nacre interne de certaines coquilles. La partie qui sécrète la coquille a pris le nom de manteau, quelle que soit sa forme, parce qu'elle représente, ainsi que la coquille elle-même, un abri sous lequel l'animal peut cacher ou retracter les autres parties plus importantes de son organisation. Toutefois, il existe des manteaux qui ne sécrètent aucune coquille, par exemple chez le poulpe, chez les doris, et chez certaines limaces dont le manteau forme seulement un écusson à la partie antérieure du dos. Ailleurs le manteau sécrète seulement une très petite coquille interne, comme chez d'autres limaces (*limax agrestis*), ou bien la coquille interne, comme celle des bullées, est tellement mince et fragile qu'elle concourt beaucoup moins que le manteau lui-même à la protection des organes sous-jacents. Ce qu'on nomme *os de seiche* est aussi une coquille interne d'une structure très compliquée qui se forme dans l'épaisseur du manteau d'un mollusque céphalopode, la seiche. Quant aux coquilles externes elles ne sont jamais sécrétées par toute la surface du manteau dont le bord reste libre et mobile, saut à contribuer quelquefois, en se tenant immobile pendant un certain temps, à produire lui-même une lame externe qu'il abandonne, et sur laquelle le surplus du manteau vient se fixer ensuite pour lui donner l'épaisseur convenable, et la revêtir de la nacre interne. C'est ce que nous voyons sur certaines coquilles, comme les moules marines ou d'eau douce qui sont évidemment formées de deux substances, l'une externe plus rude, plus grossière, quelquefois fibreuse; l'autre interne, blanche ou nacrée formée de lames très minces juxtaposées. On donne le nom d'épiderme ou drap marin à une pellicule brunâtre, cornée plus ou moins épaisse, qui revêt extérieurement certaines coquilles, et qu'on doit enlever pour faire paraître ces coquilles avec leur éclat et leurs vives couleurs; mais ce n'est pas un épiderme comparable à celui des vertébrés, ce n'est pas une partie du tégument comme l'écaille de la tortue, c'est simplement une sécrétion muqueuse qui a précédé pour protéger la coquille naissante, et qui est analogue à la bave consolidée avec laquelle les limaces ferment leur coquille pendant l'hiver. Quelquefois aussi le bord libre du manteau est assez ample pour se replier au dessus de la coquille qui, alors, est dépourvue de drap marin. Une sorte de couvercle qu'on nomme l'opercule et qui est destiné à fermer la coquille, se remarque chez certains gastéropodes : sa nature est variable, tantôt cornée, tantôt pierreuse ou calcaire, on pourrait quelquefois le considérer comme une deuxième pièce de têt, mais au lieu d'être sécrété par le manteau, il est produit par l'extrémité dorsale du pied qui se replie la dernière à l'entrée de la coquille. Une autre sécrétion qui s'observe seulement chez certains mollusques acéphales à coquille bivalve, c'est le *byssus*, production filamenteuse de nature cornée comme le *drap marin* de la coquille, et qui sécrétée par un prolongement charnu qu'on nomme le *pied*, sert à fixer l'animal aux rochers comme nous le voyons pour les moules. La forme de la coquille est rarement symétrique, parce que un caractère général des mollusques qui en sont pourvus, c'est le défaut de symétrie des organes de la digestion et de la génération, et par suite aussi des appareils respiratoire et circulatoire qui sont destinés à la nutrition de ces organes. En effet, l'intestin se replie chez les gastéropodes pour venir aboutir à l'orifice anal, situé à droite en avant près de la tête, et le foie entouré par l'intestin forme une masse volumineuse déjetée du même côté, ainsi que l'appareil respiratoire et les organes de la reproduction, tandis que le cœur seul reste à gauche; il s'ensuit que le manteau enveloppant toutes ces parties comme un sac, au lieu de présenter la forme d'un cone droit se trouve plus renflé à droite, plus contracté et raccourci à gauche; conséquemment aussi la coquille sécrétée à la surface de ce cone oblique, conservera toujours la même forme; mais en continuant à s'accroître, il faudra bien que cette coquille, toujours de plus en plus dilatée à droite, plus raccourcie à gauche, revienne au contact ou au voisinage de la première partie produite qui forme alors ce qu'on nomme un premier tour de spire; comme nous voyons dans un escalier dit anglais, dont les marches sont plus larges en dehors, un premier tour ramener les marches au dessus des précédentes en tournant autour de l'axe ou noyau. Dans les coquilles en spirale qu'on nomme aussi coquilles turbinées, les tours de spire s'enroulent ainsi autour d'un axe ou noyau qu'on nomme la *columelle*, et qui, comme dans les escaliers, peut être plein ou creux; mais les tours de spire au lieu de conserver le même diamètre comme

ceux d'un escalier auquel nous les comparons, vont nécessairement en augmentant de volume à mesure que l'animal s'accroît; de là résulte cette forme des coquilles turbinées en cône plus ou moins allongé, et qui leur a fait donner des noms très significatifs, tels que turritelle, pyramidelle, vis, mitre, *scalaria, trochus* (toupie ou sabot), etc.

Le système nerveux, comme nous l'avons dit, se compose de plusieurs ganglions dispersés en différents points du corps, et dont les plus volumineux forment ce qu'on nomme le cerveau, au dessus de l'œsophage. Ces ganglions envoient aux différents organes des nerfs proportionnés à ces organes. On distingue très bien les nerfs optiques qui se rendent aux petits yeux situés à l'extrémité des tentacules retractiles comme chez le limaçon, ou à la base de ces mêmes organes chez d'autres gastéropodes; les nerfs optiques des céphalopodes beaucoup plus volumineux et proportionnellement beaucoup plus courts se rendent en se divisant d'une manière curieuse dans des yeux, comparables pour leur structure à ceux des poissons. On a voulu considérer comme des yeux certains petits corps d'une structure particulière qu'on rencontre entremêlés symétriquement dans les franges marginales du manteau des coquilles bivalves qu'on nomme peignes; mais en réalité le plus grand nombre des mollusques est privé du sens de la vue. Les céphalopodes si remarquables par la perfection de leurs yeux sont les seuls aussi qui aient un appareil bien distinct pour le sens de l'ouïe, quoiqu'on ait voulu aussi attribuer à cette fonction des petits sacs qu'on observe sur les ganglions cérébraux des gastéropodes, et même ailleurs, par ce seul motif que dans ces sacs on voit des corpuscules en mouvement, qu'on veut nommer des otolites, comme les corps pierreux de l'oreille des poissons. Le sens du goût existe manifestement au contraire chez tous les mollusques ainsi que le sens du toucher qui, s'exerçant par toute la surface libre du corps, doit y avoir son maximum de développement, et qui, d'ailleurs, paraît s'exercer d'une manière particulière sur les tentacules au nombre de deux, quatre ou six, qui accompagnent la bouche, et par ceux qu'on observe souvent aux bords du manteau.

L'appareil digestif, toujours accompagné d'un foie très développé, présente quelquefois des appendices ou prolongements qui s'étendent non seulement dans ce viscère, mais que l'on suit jusqu'à l'extrémité des appendices dorsaux des colides et des autres mollusques, mais que pour cette raison M. de Quatrefages a nommés des *phlébentérés*. La bouche qu'on observe toujours, même chez les mollusques dits *acéphales* ou sans tête, est armée de dents ou de mâchoires chez les céphalopodes qui ont un bec noir, fort et corné, comparable à un bec de perroquet, et chez plusieurs des gastéropodes, comme les limaçons qui ont une lame cornée tranchante tenant lieu de mâchoire supérieure. Les céphalopodes et la plupart des gastéropodes ont en outre une sorte de langue en forme de long ruban membraneux hérissé de petites dents très nombreuses et symétriques; cette langue, par ses bords membraneux, se continue avec le plancher de la bouche et du pharynx, et donne lieu à un repli interne en forme de sac, dans lequel elle se retracte pour s'avancer au gré de l'animal et lécher ou raper les objets dont il se nourrit. D'autres gastéropodes ont la bouche prolongée en une trompe exsertile à l'extrémité de laquelle s'observent seulement quelques petites dents, et néanmoins ce sont eux qui, doués d'instincts exclusivement carnassiers, dévorent les autres mollusques en perçant avec cette trompe les coquilles les plus dures. Ce fait doit être expliqué comme celui que nous présentent certains mollusques bivalves habitant l'intérieur des pierres calcaires où ils se creusent un gîte, et que pour cette raison on nomme *lithophages* ou mangeurs de pierre, tels sont les pétricoles, les saxicaves, les vénérupes, les lithodomes, les pholades, etc.; comme ce sont les pierres calcaires ou les coquilles également calcaires qui sont ainsi percées, et que les acides peuvent dissoudre cette substance, il faut en conclure que c'est par une sécrétion acide, bien plutôt que par une action mécanique que les divers mollusques ont pu les percer. Observons toutefois que, pour certains bivalves, on ne peut s'empêcher d'admettre que le courant d'eau chargée d'acide carbonique, après avoir servi à leur respiration, courant excité par les cils vibratiles des branchies, a dû contribuer aussi à la dissolution de la pierre calcaire. L'estomac de certains gastéropodes, tels que les aplysies et les bullées, est en outre garni de dents internes ou d'osselets pour achever de broyer les aliments, et c'est le cas de rappeler que cette armure interne de l'estomac des bullées a été décrite par un certain Gioeni comme une coquille particulière (*le char de Gioeni*). — La circulation des mollusques est toujours double, c'est-à-dire que leur circulation pulmonaire ou branchiale fait toujours un circuit à part et fermé; mais la circulation dans le reste du corps, quoique commençant par des artères bien distinctes, a lieu en partie au moins dans un système de lacunes tenant lieu de veines, comme l'a fait voir M. Milne-Edwards. Le cœur se compose d'un ventricule aortique destiné à chasser par les artères, le sang venant de l'appareil respiratoire. Les céphalopodes présentent en outre un double ventricule pulmonaire recevant le sang qui arrive des diverses parties du corps pour le chasser dans les branchies; on doit remarquer aussi que certains mollusques bivalves, tels que les arches et les lingules, ont leur ventricule aortique divisé en deux parties distinctes et assez éloignées l'une de l'autre en raison de la conformation du corps. D'autres bivalves, au contraire, ainsi que les gastéropodes scutibranches, ont leur ventricule traversé par l'intestin rectum. Ainsi, les mollusques qu'Aristote considérait comme dépourvus de sang, ont au contraire une circulation bien distincte, mais leur sang froid est incolore ou légèrement coloré en bleuâtre ou en violet, et ne contient pas de globules.

La respiration présente des différences simples, frappantes; en effet, tandis que quelques-uns terrestres ou vivant dans les eaux douces respirent l'air en nature au moyen d'une vaste cavité dorsale qu'on nomme cavité pulmonaire, et à la surface de laquelle rampent les vaisseaux; tous les autres au contraire respirent seulement à la manière des poissons, l'air dissous dans l'eau qu'ils savent en extraire au moyen de leurs branchies. Ces branchies, en forme de lames multiples, ou de filaments ramifiés en arbustes ou de peignes, etc., occupent chez les coquilles turbinées pectinibranches, la même cavité dorsale qu'on a nommée cavité pulmonaire chez les limaçons, et chez eux elles sont inégales ou dissymétriques; mais d'autres gastéropodes, dont la forme est plus symétrique, ont ou deux peignes égaux, ou des lamelles rangées sous le bord du manteau, et les gastéropodes nus les ont diversement placées, soit à découvert, soit sous un repli du manteau, et affectant les formes les plus variées. Chez les céphalopodes ce sont deux arbustes très complexes dont les ramifications resserrées forment deux masses symétriques dans la cavité du manteau; chez tous les bivalves, ce sont deux ou quatre feuillets parallèles entre les deux valves et les deux lames du manteau comme les feuillets d'un livre. Ces lames sont traversées par des canaux perpendiculaires à la ligne dorsale, et qui devenant quelquefois isolés ou distincts transforment la lame branchiale en une frange très déliée. Mais un caractère commun à toutes les branchies de mollusques, c'est qu'elles sont revêtues de cils vibratiles microscopiques comparables à ceux de certaines muqueuses chez les vertébrés ; et c'est l'agitation continuelle de ces cils vibratiles qui détermine le renouvellement de l'eau aérée à la surface des branchies, et conséquemment l'oxygénation du sang. C'est là ce mouvement que nous avons indiqué plus haut comme pouvant servir à amener au contact de la pierre calcaire, un courant d'eau chargée d'acide carbonique.

Les fonctions de la reproduction chez les mollusques présentent encore de plus grandes différences; et d'abord constatons que rien n'est moins prouvé que la reproduction spontanée de la tête coupée à un limaçon; ce qu'il y a de certain seulement, c'est la réparation des parties cassées de la coquille, pourvu que le manteau lui-même n'ait pas été déchiré pour donner lieu à une hernie que la contractilité des téguments rendrait mortelle. Mais quant à la génération nous voyons d'abord les céphalopodes et la plupart des gastéropodes pectinibranches avec les sexes séparés et distincts, de telle sorte qu'il ne peut y avoir production d'œufs féconds par la femelle, à moins qu'elle n'ait reçu l'action du mâle. Les mollusques pulmonés ou respirant l'air, tels que les limaçons terrestres et les planorbes et lymnées qui vivent dans les eaux douces, sont à la fois mâle et femelle, c'est-à-dire pourvus chacun des deux appareils sexuels, mais, incapables de se féconder eux-mêmes, ils ont besoin pour produire leurs œufs d'une fécondation réciproque. D'autres gastéropodes vivant fixés sur les rochers, tels sont les scutibranches et les cyclobranches, ont encore les deux sexes réunis, mais ils se fécondent eux-mêmes. Les acéphales paraissent tous être dans le cas aussi de se féconder eux-mêmes, quoique dans ces derniers temps on ait prétendu, d'une part, avoir observé des différences sexuelles chez les moules d'eau douce, et, d'autre part, qu'on ait voulu admettre que les bivalves marins répandent dans les eaux de la mer la substance fécondante destinée à donner l'excitation vitale aux œufs des autres individus de la même espèce.

Tous les mollusques naissent d'un œuf, mais pour quelques uns l'œuf éclot dans l'oviducte de la femelle, c'est ce qui a lieu pour une grosse coquille de nos rivières qu'on appelle Paludine vivipare; mais on comprend qu'ici, pas plus que pour les vipères et les salamandres, il ne s'agit d'une véritable viviparité comparable à celle des seuls mammifères. Les œufs des céphalopodes beaucoup plus volumineux proportionnellement présentent une certaine analogie avec ceux de quelques vertébrés. Dans les autres l'embryon qui résulte de l'organisation du vitellus tout entier présente des métamorphoses successives qui ont été observées récemment. Ainsi, pour les moules d'eau douce dont les œufs se développent à l'intérieur des branchies maternelles, on voit une petite coquille bivalve d'une forme totalement différente de ce qu'elle sera plus tard; pour la plupart des gastéropodes l'embryon encore contenu dans l'œuf se montre revêtu de cils vibratiles par le moyen desquels il exécute un mouvement de gyration continuel et fort curieux; d'autres embryons encore revêtus de cils vibratiles à leur sortie de l'œuf, et pourvus de deux larges lobes ciliés, nagent librement dans le liquide où ils se nourrissent seulement par absorption, et, ce qui n'est pas moins remarquable, ces embryons sont pourvus d'une petite coquille symétriquement enroulée lors même que l'animal adulte (*doris*) doit en être dépourvu.

Les mollusques, dans leur manière de vivre, offrent bien moins de sujets d'admiration que les insectes ou les vertébrés; tous ils paraissent dépourvus d'industrie et obéissent simplement à un instinct fort peu développé; attirées par la sensation d'une atmosphère plus humide nos espèces terrestres se portent naturellement vers les végétaux qui leur servent de pâture, mais quand cet aliment vient à leur manquer, ils se nourrissent volontiers de substances animales mortes, et attaquent même les espèces plus faibles qui sont à leur portée, mais de préférence les individus déjà blessés : le froid les avertit de chercher dans l'intérieur de la terre un asyle pendant la mauvaise saison; mais si par erreur ils se sont réfugiés dans un trou de muraille, une gelée plus forte ne manquera pas de les faire périr. Une petite coquille marine de l'océan Indien (*Lithiopa*) sécrète un mucus filant assez tenace pour pouvoir se suspendre aux algues par ce moyen, comme l'araignée ou la chenille par son fil de soie. Des peignes s'élancent par un effet de réaction en fermant leurs valves à plusieurs reprises pour éviter le danger, mais c'est là tout, et l'on doit reléguer parmi les fables ce que Pline nous rapporte de l'accord fraternel de la pinne et du pinnothère, petit crustacé qui vit dans l'intérieur de cette coquille, non pas pour l'avertir de l'instant où elle doit se fermer pour saisir sa proie, mais tout simplement pour y chercher un abri que la mollesse de son tégument lui rend indispensable; c'est encore une autre fable que de croire avec les pêcheurs de perles que le mollusque, dont la coquille a produit cette précieuse excroissance, saura l'expulser s'il se sent près d'être pris. Quant aux récits fabuleux de l'instinct navigateur des argonaute et des nautils, ou du nauplie navigateur de Pline, et à ces autres récits du même naturaliste sur les poulpes ou polypes, récits renouvelés au commencement du xixᵉ siècle pour le fameux *Kraken*, il suffit de les mentionner aujourd'hui pour en faire sentir toute l'absurdité.

Disons encore quelques mots des usages généraux ou de l'utilité des mollusques pour l'homme. Beaucoup de ces animaux, surtout au bord de la mer, sont recherchés comme aliments, et l'on est, comme on sait, parvenu à améliorer pour cet usage les huitres, en les conservant dans des parcs appropriés. Quelques uns ont une saveur piquante ou poivrée, ou alliacée particulière, qui n'empêche pas de les manger; mais dans l'antiquité on a attribué à l'aplysie, ou lièvre de mer, des propriétés vénéneuses que l'expérience n'a pas confirmées; il reste, toutefois, à l'une des espèces, le nom spécifique de *depilans*, parce qu'on a cru qu'elle jouit de propriétés épilatoires. Peut-être doit on encore ranger au nombre des fables l'opinion si générale de l'emploi de certaines coquilles univalves, les pourpres et les murex, pour produire cette fameuse teinture pourpre que les Tyriens faisaient payer si cher, et qu'aujourd'hui on ne peut faire qu'avec le concours d'une dissolution d'étain et d'un de ces insectes hémiptères, désignés sous le nom de kermès et de cochenille, et qu'on trouve soit sur les petits chênes du littoral de la Méditerranée, soit sur le scléranthe de Pologne, soit sur les nopals du Mexique. Il est à remarquer, en effet, que les Tyriens qui surent avant tous les autres peuples se procurer l'étain des îles Cassitérides, et qui avaient sous la main les kermès de leur propre pays, eurent tout intérêt à donner le change sur les secrets de leur industrie. Un usage plus réel, quoique bien moins important, c'est celui du byssus de la pinne marine qu'on pêche sur les côtes de la Sicile et dont on fait des bourses, des gants et d'autres petits objets d'un tricot ressemblant à de la soie brune ou mordorée. Les perles ont été de tout temps été recherchées comme un des objets de parure les plus précieux, et cela se conçoit mieux encore pour l'époque où on ne savait pas tailler et polir le diamant et les autres pierres fines qui ne pouvaient rivaliser alors avec la perle naturellement pourvue de ses reflets si suaves qu'on nomme eau d'orient. La nacre de diverses coquilles a été de plus en plus employée pour les ouvrages de marqueterie et de tabletterie, surtout depuis qu'on a eu abondamment la belle nacre de l'haliotide iris, dont les couleurs plus foncées sont si riches. Les coquilles, et particulièrement celles de l'huître, comme plus abondantes, sont employées quelquefois pour faire de la chaux; certaines grandes coquilles, les

mêmes dont on fait des bénitiers dans les églises, ont fourni aux habitants de la Polynésie des pièces assez fortes pour que, emmanchées à la manière d'une herminette de charpentier, ils s'en servent pour creuser leurs pirogues.

Comme objets de collections, les coquilles ont acquis aussi un prix commercial souvent très élevé, et l'on cite certaines coquilles, des cônes, des cyprées, la carinaire vitrée, etc., dont le prix dans les ventes publiques a dépassé 500 et 1000 fr. Les coquilles, enfin, conservées à l'état fossile dans le sein de la terre, sont restées là comme des hiéroglyphes dont la science a l'interprétation, et qui indiquent avec précision l'âge relatif des diverses couches qui les contiennent. F. DUJARDIN.

MOLOCH ou **MOLECH**, c'est-à-dire *roi* : nom d'une célèbre divinité des Ammonites dont les Hébreux adoptèrent le culte à une époque ancienne, car Moïse fait la défense expresse (Lévit., xviii, 21, et xx, 2 et 3) de consacrer ou de *donner* les enfants à ce faux dieu, et il exige que l'on punisse de mort quiconque se rendrait coupable d'un aussi grand crime. Quelques auteurs, parmi lesquels se trouve le savant Münter, croient que Moloch est le même que Baal (*Religion der Karthager*, p. 8 et suiv.). Gesenius reconnaît l'identité de Moloch avec le Saturne des Carthaginois, et suppose que les deux idoles n'étaient qu'une représentation de la planette de Saturne (*Lexicon manuale Hebr. et Chald.*). Suivant le témoignage des rabbins, la statue de Moloch était de bronze, se tenait assise sur un trône de même métal, avait une tête de taureau surmontée d'une couronne, et ses bras s'étendaient en avant comme pour embrasser quelqu'un. Cette statue était creuse, et, lorsqu'on voulait lui faire un sacrifice, on la chauffait et on plaçait entre ses bras la victime qui était bientôt réduite en cendres. Cette description se rapproche tout à fait de celle que Diodore de Sicile (lib. xx, cap. 14) donne de l'idole du Saturne des Carthaginois. Le culte de Moloch était plus cruel que celui des autres faux dieux qu'adoraient les Israëlites. Nous voyons par l'Écriture que les victimes offertes à cette idole étaient toujours des enfants et jamais des hommes ni des animaux. Quelquefois les Juifs idolâtres se contentaient d'une simple purification, et faisaient passer leurs enfants par dessus ou entre des feux consacrés à Moloch; mais, dans les grandes calamités publiques, ou lorsqu'ils supposaient que l'idole pouvait être irritée, ils lui offraient leurs enfants en holocauste. Le sacrifice était accompagné du son du tambour et d'une musique bruyante, afin que les parents ne pussent pas entendre les cris déchirants des victimes. C'était principalement dans une vallée voisine de Jérusalem, et appelée *Vallée des enfants de Hinnom*, que les Hébreux faisaient leurs sacrifices à Moloch. Nous voyons cependant par le IIIe livre des Rois (cap. XI, v. 7) que Salomon fit élever un temple à Moloch sur la montagne des Oliviers. Moloch ou Molech était encore appelé *Milcom*, *Malcam*, *Malcom* et *Molcom*. Son culte était répandu dans tout le pays de Chanaan, dans la Syrie et la Phénicie, comme l'établit très-bien Selden (*De diis Syris*). On conçoit que les Carthaginois, descendants des Tyriens, l'aient conservé. L. DUBEUX.

MOLORQUE (*ins.*). (*voy.* NÉCYDALIDE).

MOLOSSE (*mam.*) (*voy.* CHÉIROPTÈRES.

MOLOSSIDE, **MOLOSSES** (*géog. hist.*). La MOLOSSIDE était située dans l'Épire, à l'E. de la Thesprotie, et divisée en plusieurs cantons dont les villes principales étaient : *Passaro* (aujourd'hui Palœo-Castro, c'est-à-dire *vieux château*), au N. d'Ambracie, chef-lieu de la *Tymphéide*, et capitale des Æacides, successeurs de Pyrrhus Ier, qui transportèrent plus tard à Ambracie le siége de leur domination ; *Dodone* (aujourd'hui Proskynisis, près de Gardiki), au N.-E. de Passaro, dans la contrée appelée Hellopie, ville antique qui paraît avoir joui de la suprématie sur l'Epire entière. — Les MOLOSSES, amenés de Thessalie en Epire par Pyrrhus, fils d'Achille, ou peut-être par *Molosse*, fils de ce même Pyrrhus qui leur donna, dit-on, son nom, formaient une nation guerrière et puissante avec le titre de royaume. A l'époque de l'invasion de Xerxès, ils étaient gouvernés par Admète, le 13e descendant de Pyrrhus, qui donna asile à Thémistocle banni d'Athènes. L'Epire entière avait été soumise par les Molosses. Après la mort de Pyrrhus III, ils abolirent la royauté, et de concert avec les Chaniens et les Thesprotes, formèrent une confédération de 70 villes dont l'Assemblée générale se tenait à Phénice. Ils furent soumis par Paul Emile. — Les chiens de la Molosside jouissaient, en Grèce, d'une grande réputation, et à Rome même on donna le nom de Molosse à tout chien fort, courageux et de bonne garde. — On donnait aussi le nom de *molosse* à une mesure poétique composée de trois longues, soit qu'on chantât des vers où cette mesure dominait, dans le temple de Jupiter molossien, soit parce que en allant au combat les Molosses entonnaient une chanson guerrière composée en grande partie de syllabes longues. On donnait aussi à cette mesure les noms de *voluminus*, *extemipes*, *hippius* et *chanius*.

MOLOUAS, peuple de l'intérieur de l'Afrique, dans la Nigritie méridionale, à l'E. du Congo. On n'en connaît que le nom. E. C.

MOLUQUES ou **ILES AUX ÉPICES**, archipel de la partie orientale de la Malaisie, dans l'Océanie, entre les Philippines au N., Célèbes à l'O., la Nouvelle-Guinée à l'E., et l'Australie au S. Il s'étend depuis 30° de latit. N. jusqu'à 5° 30′ de latit. S., et depuis 122° jusqu'à 130° de longit. E. On divise ces îles en deux parties : les *Moluques proprement dites* ou *Petites Moluques*, qui sont Ternate, Makian, Motir, Batchian, Tidore ; et les *Grandes Moluques*, dont les principales sont : Gilolo, Céram, Amboine, Bouro, et les Banda, les plus méridionales de toutes. Leur superficie totale est évaluée à 11,000 kilom. carrés, et leur population à 300,000 habitants. Cet archipel montre presque partout des traces de l'action des feux souterrains et de grands bouleversements volcaniques : à Gounong-Apy, l'une des îles Banda, à Makian, à Ternate, on trouve des volcans en activité et ailleurs plusieurs volcans éteints. Des rochers nus, entassés à une grande hauteur, composent la plupart des montagnes dont les Moluques sont couvertes ; cependant il y a aussi des parties bien boisées. En général, l'aspect est pittoresque et agréable ; mais le sol, tantôt rocailleux, tantôt spongieux, exposé ou à de trop longues sécheresses ou à une trop grande humidité, ne donne pas de grains. Les principales productions sont le sagou et le tapioka, qui font la base de la nourriture des habitants ; les arbres à pain, les cocotiers, mais surtout les muscadiers et les girofliers, qui ont valu à cet archipel le nom d'*îles aux Epices*, et qu'on cultive spécialement à Amboine et aux Banda. On y trouve aussi le bois d'ébène, le bois de fer, le tek, le laurier culilaban, qui donne une huile aromatique renommée ; le sagouer, arbre dont on tire, par incision, le vin de même nom. Parmi les animaux on remarque le babiroussa, l'opossum, le phalanger, le tarsier ou petit chevrotain, des martins-pêcheurs, des oiseaux de paradis, des kakatoès, des casoars. L'air, brûlant une grande partie de l'année, est cependant rafraîchi par les pluies abondantes des mois de juin et de juillet, par celles qui tombent communément pendant un jour ou deux chaque mois, et par les brises de la mer. Le climat n'est pas aussi insalubre qu'on l'a prétendu : les Européens s'y habituent facilement. Les tremblements de terre sont fréquents, et non seulement causent des désordres dans les îles, mais rendent la navigation dangereuse autour des côtes, en déplaçant et en formant des bancs de sable. Les Hollandais sont maîtres des Moluques, soit directement, soit en exerçant une suzeraineté sur de petits sultans ; ils en ont formé un gouvernement partagé en trois résidences : Amboine, Banda, Ternate. Amboine est le siège de ce gouvernement, dont dépendent aussi, en dehors des Moluques, la résidence de Menado, dans l'île de Célèbes, la Papouasie ou la Nouvelle-Guinée, et l'archipel du prince d'Orange. Les indigènes des Moluques sont des Malais, sur les côtes, et des Alfourous ou Haraforas, dans l'intérieur, les uns et les autres guerriers et féroces, mais les premiers plus intelligents et livrés à la piraterie, les autres plus sauvages. Il y a environ 1,100 Européens, presque tous Hollandais. On y trouve aussi un assez grand nombre de Chinois. Ces derniers possédaient les Moluques quand les Arabes s'en emparèrent et y introduisirent le mahométisme, encore professé par la masse de la population, quoique le christianisme y ait déjà beaucoup d'adhérents. Les Portugais y abordèrent en 1511, sous la conduite de Francisco Serrano, et en chassèrent les Arabes ; mais cette possession leur fut disputée par les Espagnols, en conséquence de la fameuse ligne de démarcation du pape Alexandre VI ; cependant Charles-Quint abandonna ses prétentions moyennant 350,000 ducats d'or, par le traité de Saragosse, en 1529. Les Hollandais en devinrent les maîtres en 1607 ; ils concentrèrent la culture des girofliers et des muscadiers à Amboine et aux Banda, en exigeant la destruction de ces arbres dans les autres îles, et tirèrent un immense profit du commerce des épices. Les Anglais s'emparèrent de cette colonie en 1796, la rendirent quelque temps après, la reprirent en 1809, et la gardèrent jusqu'en 1814. — On appelle *mer des Moluques* la mer qui s'étend au S.-O. de cet archipel, et *détroit des Moluques*, le détroit qui le sépare de Célèbes. E. C.

MOLWITZ : village de Prusse, province de Silésie, à 36 kil. S.S.-E. de Breslau. Les Prussiens y remportèrent, en 1741, une victoire sur les Autrichiens. E. C.

MOLY. C'est le nom qu'Homère donne à une plante qui fut indiquée par Mercure à Ulysse pour se préserver des enchantements de Circé. Cette plante, selon l'auteur de l'Odyssée, avait la racine noire, la fleur blanche, et était extrêmement difficile à arracher. On ignore quelle peut être cette plante, réputée si merveilleuse dans les temps historiques ; peut être est-ce le *moly latifolium liliflorum* de Bauhin, qui a aussi les fleurs blanches et la racine noire.

MOLYBDATES : sels résultant de la combinaison des deux oxydes de molybdène avec les acides. Ceux *de protoxyde* ont une couleur noire ou pourpre, ceux *de bioxyde* sont rouges lorsqu'ils sont hydratés, et presque noirs lors-

qu'ils sont anhydres. Dans ces sels la quantité d'oxygène de l'oxyde est à celle de l'acide comme 1 : 3. Ceux de potasse, de soude et d'ammoniaque sont très solubles. Celui de magnésie se dissout dans quinze fois son poids d'eau. Quant aux autres, ils sont peu solubles ou insolubles ; mais ils se dissolvent très bien dans un excès d'acide azotique ou d'acide chlorhydrique, pourvu que l'oxyde puisse former avec ces acides des composés solubles. Ils sont précipités en blanc par les acides qui, en excès, redissolvent le précipité, à l'exception de l'acide azotique. Le charbon réduit à la fois l'acide et l'oxyde des quatre dernières sections. Les molybdates solubles peuvent se préparer directement en versant l'acide sur l'oxyde. Les autres s'obtiennent par doubles décompositions. — Le *molybdate de plomb* est le seul qu'on trouve dans la nature. On l'a rencontré en Saxe, en Hongrie, en Carinthie et au Mexique. Il est jaune de miel, cristallisé en tables à huit pans. Sa pesanteur spécifique est de 5,486. On le désigne encore sous les noms de *plomb molybdaté* ou de *plomb jaune*. D. JACQUET.

MOLYBDÈNE. Le molybdène est un métal d'un blanc mat, plus cassant que ductile : et susceptible d'être poli. Sa pesanteur spécifique est de 8,6. Il a été découvert par Hielm en 1782. C'est un métal très difficile à fondre, et que l'on ne peut obtenir qu'en petits culots arrondis. L'air froid ne lui fait subir aucune altération ; mais si on le chauffe il forme d'abord un oxyde brun, puis il passe au bleu, puis enfin, à la température rouge blanc, il donne lieu à l'acide molybdique (*voy.* ce mot). L'eau est sans action sur lui à froid comme à chaud. L'acide sulfurique, à chaud seulement, donne lieu à un dégagement d'acide sulfureux, et forme un sulfate. L'acide azotique agit sur lui à froid, mais surtout à chaud ; il se fait un dégagement de bioxyde d'azote, et de l'acide molybdique se dépose en grande partie sous forme de poudre blanchâtre. L'acide chlorhydrique pur n'a pas d'action sur le molybdène ; mais l'eau régale l'attaque vivement, et le transforme en chlorure. Le chlore produit le même effet, mais lentement. Enfin le soufre, fondu à parties égales avec le molybdène, s'unit à ce métal, et donne lieu à un sulfure en tout semblable au sulfure natif. Le molybdène est sans usage, ainsi que ses alliages qui ont été peu étudiés. Sa préparation se fait, comme celle du cobalt, dans un creuset tapissé intérieurement d'un mélange de charbon pulvérisé et d'argile détrempée. On place dans ce creuset une pâte faite avec de l'huile, de l'acide molybdique et du noir de fumée, et l'on chauffe au feu de forge. On connaît actuellement deux oxydes de molybdène : MoO et MoO², et un acide appelé molybdique : MoO³. On a également trois sulfures dont deux, MoS², MoS³, correspondent au bioxyde et à l'acide molybdique, et dont le troisième, MoS⁴, est un quadrisulfure admis par Berzélius, et encore peu étudié. On a enfin un phosphure, un chlorure et un fluorure dont les propriétés ont été peu examinées. L'acide molybdique et les molybdates devant être traités à part, nous n'avons à nous occuper ici que des deux oxydes salifiables et des sulfures.

Le *protoxyde* est une poudre d'un brun cuivreux lorsqu'il est anhydre, et noire s'il est hydraté. Si on le chauffe lentement dans le vide, il se dessèche d'abord s'il est hydraté, et ne tarde pas à brûler avec déflagration. Il s'enflamme de même lorsqu'on le chauffe à l'air libre, et se transforme partie en bioxyde, et partie en acide molybdique. L'oxyde anhydre est insoluble dans les acides, et dans le carbonate d'ammoniaque. L'oxyde hydraté s'y dissout au contraire très bien, et donne, avec les premiers, une liqueur d'un brun foncé. Pour le préparer on prend une dissolution de molybdate de potasse, on y ajoute un petit excès d'acide chlorhydrique, et l'on y met du mercure allié à un peu de potassium ; il se forme de l'eau, un protochlorure de potassium et un protochlorure de molybdène. Dès que la liqueur est devenue noire, on y verse de l'ammoniaque qui précipite le protoxyde hydraté. Enfin on jette le précipité sur un filtre, on le lave avec de l'eau privée d'air, et on le dessèche dans le vide, à côté d'un flacon d'acide sulfurifique qui absorbe les vapeurs.

Le *bioxyde*, MoO², est brun noir, sans action sur le tournesol, et insoluble dans l'eau, les acides et les alcalis. Traité par l'acide azotique, il se transforme en acide molybdique. Le bioxyde hydraté est couleur de rouille comme le peroxide de fer. Alors il rougit le tournesol, et est un peu soluble dans l'eau pure; mais il reste insoluble dans les alcalis, ainsi que dans l'eau chargée de sels.

Le *bisulfure* est le sulfure natif. On le trouve en petites paillettes insipides, inodores, d'un gris bleuâtre, et inaltérables à froid par l'air comme par l'eau. Ces paillettes, qui ressemblent à de la plombagine, sont flexibles et difficiles à réduire en poudre. Aussi est-on dans l'usage de les mêler avec des cristaux de sulfate de potasse pour les empêcher de glisser sous le pilon lorsqu'on les triture dans un mortier. Réduit en poudre fine, ce sulfure est verdâtre, et laisse sur la porcelaine une trace qui est également verdâtre, ce qui peut servir à le distinguer de la plombagine qui y laisse une tache grise. Sa trace sur le papier ne diffère pas de celle de la plombagine. Lorsqu'on le soumet au grillage à une haute température, il se décompose en acide sulfureux et en acide molybdique qui se sublime. L'acide azotique agit fortement sur ce sulfure qu'il transforme en acide sulfurique et en acide molybdique. On a trouvé ce sulfure dans les Alpes, les Pyrénées, en Suède et dans presque toutes les hautes montagnes de l'Europe, mais toujours en petite quantité. Il se présente tantôt en petites masses ou en filons dans les terrains primitifs, tantôt disséminé comme du mica dans le gneiss, le micaschiste et le granite, tantôt enfin en prismes hexagonaux. Sa pesanteur spécifique est de 4,738.

Le *trisulfure*, MoS³, est un produit artificiel. Il est brun-noirâtre. Lorsqu'on le calcine à vase clos, il passe à l'état de bisulfure. Il peut se combiner aux protosulfures alcalins avec lesquels il joue le rôle d'acide. On le prépare en faisant passer un courant de gaz acide sulfhydrique dans une dissolution concentrée de potasse ou de soude. Il se forme un sulfure double de molybdène et de potassium ou de sodium, d'où l'on précipite le trisulfure par un acide.   D. J.

MOLYBDIQUE (*acide*). C'est un acide formé d'un atome de molybdène et de trois atomes d'oxygène, et que Schéele sut obtenir du sulfure de molybdène, dès l'année 1770, c'est-à-dire quatre ans avant la réduction de ce métal par Hielm. On ne le trouve dans la nature qu'à l'état de combinaison avec l'oxyde de plomb. Il est solide, blanc, fusible et cristallisable par le refroidissement. Si on le chauffe à l'air, il se sublime en une fumée blanche qui cristallise en de brillantes écailles jaunes. Il pèse de 3,46 à 3,49, rougit faiblement le tournesol, et peut se dissoudre dans 570 fois son poids d'eau ; cette dissolution, évaporée, le dépose en poudre blanche. Le protosulfate de fer et le protochlorure d'étain l'en précipitent à l'état de molybdate de bioxyde bleu (*acide molybdeux* de Bucholz). L'acide chlorhydrique produit le même effet à chaud; mais avec l'acide sulfureux l'action est instantanée à froid. La même action a lieu encore par le zinc, l'étain et le fer, surtout avec l'aide d'un acide qui dégage de l'hydrogène avec ces métaux. L'acide molybdique est très soluble dans l'acide fluorhydrique. Le bitartrate de potasse, et, s'il n'a pas été calciné, tous les acides énergiques le dissolvent également. Pour le préparer, on transforme le sulfure de molybdène en acide sulfureux et acide molybdique au moyen du grillage. On traite le résidu par l'ammoniaque, et l'on filtre. On décompose ensuite le molybdate d'ammoniaque formé, par l'acide azotique, et l'on évapore à siccité. Enfin, l'on expose le résidu à une calcination lente qui décompose l'azotate d'ammoniaque, et laisse libre l'acide molybdique. JACQUET.

MOMENT (*mécan.*). On appelle ainsi le produit d'une force par une certaine droite qui varie, suivant que le moment est rapporté à un point, à une droite ou à un plan. Dans le premier cas, le moment est le produit de la force par la perpendiculaire abaissée d'un point, appelé *centre des moments*, sur la direction de cette force. Par exemple, soient deux forces convergentes P et Q (fig. 1), dont les directions prolongées se rencontrent en D. Si l'on prend DM, DN, proportionnelles à ces forces, et que l'on achève le parallélogramme, la diagonale DE prolongée coupera la ligne AB au point C qui sera le point d'application de la résultante, et si, de ce point, on mène C*a*, C*b*, perpendiculaires aux directions de P et de Q, les produits P $\times$ C*a*, Q $\times$ C*b*, seront respectivement les moments de ces forces. Ces produits peuvent servir à représenter les énergies des forces P et Q. En effet, menons CG, CF, respectivement parallèles aux droites DM, DN, on aura successivement P : Q :: DM : DN :: DF : DG :: CG : CF. Mais par la similitude des triangles C*a*F, C*b*G, on a aussi *c*G : CF :: C*b* : C*a*. Donc, à cause du rapport commun, il vient P : Q :: C*b* : C*a*, et, par conséquent, P $\times$ C*a* = Q $\times$ C*b*. Or, le point C étant le point d'application de la résultante, on voit que ces produits seront toujours égaux, lorsqu'il y aura équilibre, c'est-à-dire lorsque les énergies des forces seront égales. Donc on pourra prendre le moment d'une force pour mesurer l'effet qu'elle produit. Il est évident, d'ailleurs, que, plus une force, BQ par exemple, sera oblique par rapport à AB, plus C*b* sera petit, et, par conséquent, plus l'énergie de la force Q diminuera; et qu'elle deviendra nulle, lorsqu'elle arrivera dans la direction de AB, car alors elle aura pour moment Q $\times$ *o* ou O. Au contraire, le maximum de l'énergie de cette force aurait lieu, si l'on avait BQ perpendiculaire à AB; car, dans ce cas, le moment de cette force serait le plus grand possible. Le moment, rapporté à une droite ou à un plan, est le produit de la force par la perpendiculaire abaissée du point d'application de cette force sur la droite qui prend le nom d'axe des moments, ou sur le plan.

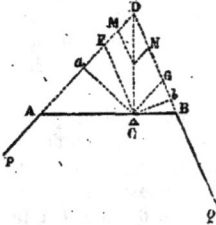

Lorsque l'on applique le principe des vitesses virtuelles aux machines en équilibre, on appelle encore *moment* le produit d'une force par l'espace qu'elle tend à faire décrire au point où elle est appliquée. En effet, imaginons la machine en mouvement, par exemple, le levier AB (fig. 2).

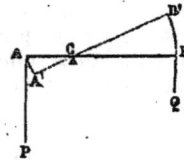

Le point B parcourra l'arc BB′ pendant que le point A décrira l'arc AA′, et l'équilibre aura lieu, lorsqu'il y aura de part et d'autre la même quantité de mouvement. Or, la quantité de mouvement d'un corps est égale à sa masse multipliée par sa vitesse. Donc, si l'on représente par P et Q les masses appliquées en A et B, l'on aura P $\times$ AA′ = Q $\times$ BB′. Donc ces produits pourront aussi exprimer les intensités des forces. Dans toute machine en équilibre, la somme des moments est nulle, en prenant pour positifs ceux des forces qui font tourner dans un sens, et négatifs ceux des forces qui agissent en sens contraires. — La théorie des moments est d'un fréquent emploi en mécanique (*voy.* MÉCANIQUE, MACHINE). Le nom de moment vient du latin *momentum*, poids, valeur, parce qu'en effet, les moments servent à mesurer ce que valent les forces dans les diverses manières dont elles peuvent être appliquées.

On nomme *moment d'inertie* d'un corps, la somme des produits des diverses parties de sa masse par le carré de sa distance à un axe quelconque. On en fait principalement usage dans la théorie des mouvements de rotation (*voy.* ROTATION, PENDULE). D. JACQUET.

MOMIE (*arch.*) On appelle ainsi les corps d'hommes et d'animaux préservés de la décomposition par l'embaumement et que l'on trouve surtout en Égypte. Ce mot, qui n'est ni d'origine grecque ni d'origine latine, ne paraît pas cependant provenir de la langue égyptienne, car, selon saint Augustin, les Égyptiens donnaient le nom de *gabbaras* à leurs corps embaumés ou desséchés. Cependant quelques écrivains dérivent *mumia* de l'expression arabe *mum* qui veut dire *cire*. — C'était un usage très commun chez les anciens de momifier les morts. Les Égyptiens étaient persuadés de l'immortalité de l'âme, vérité sublime qu'ils défiguraient néanmoins par la doctrine de la métempsychose; mais ils s'imaginaient, en même temps, que tant que le corps de l'homme subsistait sans corruption, l'âme y demeurait attachée. Cette opinion leur avait donc fait étudier soigneusement l'art de prévenir toutes les causes de destruction des cadavres (voy. EMBAUMEMENT). D'autres causes encore paraissent avoir donné naissance à l'art de momifier : la nécessité, par exemple, d'éviter les miasmes pestilentiels qui se seraient exhalés dans ces climats brûlants, le manque de bois qui ne leur permettait pas de brûler les corps, et les inondations du Nil qui les empêchaient de les enterrer. La plaine de Saccara, aux environs de l'ancienne Memphis, est le lieu qui jusqu'ici a fourni le plus de momies; mais très peu nous parviennent intactes et entières. La cause en est dans la cupidité des Arabes qui ne les livrent aux voyageurs qu'après les avoir dépouillées. La caisse où l'on enfermait les momies était d'un bois simple et commun, quelquefois c'était du cyprès d'Orient ou du sycomore. En haut, sur le couvercle, on voit ordinairement un masque avec le voile égyptien, taillé dans le bois; presque toujours on y remarque, au menton, une tresse en forme de tirebouchon. On n'est pas certain de la signification de cette tresse. Quelques auteurs l'ont prise pour la barbe, d'autres pour la feuille de *persea*, plante consacrée à Isis. Dans les momies de femmes et en général dans les figures de femme de travail égyptien, on ne rencontre jamais ce signe. Sur le couvercle des cercueils se trouvent encore des visages peints. On avait prétendu que c'étaient les portraits des défunts; mais comme ils ont entre eux une parfaite ressemblance, on peut en conclure que ce sont des emblèmes ou même la représentation d'une divinité, telle que Osiris ou Isis. Dans l'examen fait de la momie de l'université de Gœttingue, on a remarqué que le visage était peint sur les bandelettes qui enveloppaient le corps et que cette momie avait sous les pieds des semelles de toile. Dans l'intérieur de quelques momies on a trouvé de petites idoles, des amulettes, des nilomètres, etc. Une momie ouverte par M. Blumenbach avait des yeux postiches, faits de toile de coton enduits de poix résine. — La couleur des momies est d'un brun foncé, souvent noire et luisante. Le corps, aussi dur, aussi sec que du bois, répand une odeur aromatique particulière et a un goût amer. Il est, à l'exception de la face, entièrement enveloppé de bandelettes de lin de diverses couleurs, lesquelles sont si fortement agglutinées les unes aux autres et avec le corps par les résines et les baumes dont elles ont été imprégnées qu'elles ne semblent faire qu'un tout. On trouve les momies soit dans la moyenne Égypte, soit dans les Pyramides, soit dans les tombeaux souterrains. On en apporte un grand nombre en Europe. Outre une momie très dégradée et son cercueil de sycomore venant de Sainte-Geneviève, la Bibliothèque nationale possède un couvercle de caisse tumulaire très bien conservé; il est orné de peintures hiéroglyphiques que souvent on retrouve sur les bandelettes qui enveloppent le corps. Le Musée de Paris, dans les parties dite *Salles des Égyptiens,* possède aussi une belle collection de momies fort bien conservées et dont les coffres sont en très bon état. On voit encore à la Bibliothèque nationale un paquet de bandelettes, probablement enlevées d'une momie; sur lesquelles est représentée la cérémonie de l'embaumement. Dans la plaine de Saccara, où sont déposées les momies humaines, des réduits souterrains en contiennent aussi un grand nombre, d'animaux sacrés. M. Denon a visité des caveaux qui renfermaient plus de cinq cents momies d'Ibis. Le pot ou le vase qui leur servait de sarcophage était de terre rouge commune. En général, ces momies sont enveloppées de bandes de toile entrelacées avec beaucoup de soin, la tête et les pieds cachés sous les ailes, le tout présentant une forme conique. Toutes cependant ne sont pas renfermées dans des vases; il y en a d'emmaillotées avec le même soin que les momies humaines. AD. DE PONTÉC.

MOMORDIQUE, *momordica*, Lin. : genre de plantes de la famille des cucurbitacées, de la monœcie-monadelphie dans le système de Linné. Le groupe générique créé sous ce nom par Linné, a été restreint dans ces derniers temps par L.-C. Richard qui en a détaché, pour en former son genre *ecbalium*, une plante, commune dans les fossés, le long des chemins et des habitations, dans nos départements méridionaux, et curieuse par le mode de déhiscence de son fruit. Le genre momordique reste composé de plantes herbacées, grimpantes, propres à l'Asie et à l'Amérique tropicale, dont les feuilles sont palmées, à trois ou cinq lobes, dont les fleurs monoïques ont un calice court, campanulé, étalé à cinq lobes; une corolle à cinq divisions profondes, obtuses; cinq étamines à filets soudés en trois faisceaux, et dont le fruit charnu, portant à sa surface des tubercules ou des pointes, se rompt à l'époque de la maturité. — On cultive assez souvent dans les jardins la MOMORDIQUE BALSAMINE, *momordica balsamina*, Lin., plante annuelle, originaire des Indes-Orientales, dont le fruit oblong, du volume d'une grosse prune, a une belle couleur orangée ou rouge, qui lui fait donner dans les Indes le nom de *pomme de merveille.* Il s'ouvre, à sa maturité, en trois valves irrégulières. On le regarde comme vulnéraire. Dans les Philippines, on emploie comme vomitif la décoction des feuilles de la momordique balsamine.

MOMOT (*ornith.*) : genre de passereaux, de la division des syndactyles, créé par Brisson et renfermant des oiseaux ayant pour caractères : bec long, robuste, épais, un peu comprimé latéralement, infléchi vers la pointe, à bords mandibulaires crénelés; narines arrondies, légèrement obliques, en partie cachées par les plumes du front; tarses de moyenne longueur, écussonnés; ailes presque obtuses, ne dépassant pas la naissance de la queue : celle-ci longue, étagée.—Les momots, qu'on rencontre presque toujours seuls, habitent dans l'intérieur des grandes forêts du Brésil; ils ne se posent que sur les branches basses des arbres, et nichent dans des trous qu'ils trouvent tout formés. Ils sont sauvages et défiants; leur vol est difficile, peu soutenu; leur corps est couvert de plumes longues, faibles et décomposées. Ces oiseaux sont carnivores, quoique prenant aussi quelquefois une nourriture végétale. — On n'en connaît qu'un petit nombre d'espèces. Leur type est le HOUTOU (*momotus brasiliensis*, Latham) de la grosseur de la pie, et dont la couleur générale verte présente des taches bleues, violettes et marron sur diverses parties du plumage.

MOMUS (*myth.*), en grec μῶμος, *raillerie* : dieu de la raillerie et des bons mots. Il était fils du sommeil et de la mort; selon Hésiode, une épigramme de l'anthologie lui donne des ailes. Il raillait également les dieux et les hommes. On le représente levant, avec un rire fin et goguenard, un masque de dessus son visage et une marotte à la main. — En France, on a donné le nom de *soupers de Momus* à des réunions bacchiques établies en 1813 et supprimées en 1828.

MONACO : principauté d'Italie, enclavée dans la province sarde de Nice, et soumise à la protection du roi de Sardaigne, sur la côte occidentale du golfe de Gênes. Elle a 15 kilomètres du N.-E au S.-O., sur 9 kilomètres de largeur, et 130 kilomètres carrés, avec une population de 7,000 habitants. Le territoire est montagneux, et le climat délicieux, comme celui de Nice. Le sol est fertile, mais ne donne cependant qu'une récolte insuffisante en céréales. Il y a abondance d'olives, de vin, de chataîgnes, de concombres, d'oranges, de limons, et autres fruits du Midi. On y élève beaucoup de vers à soie et d'abeilles. On y exploite de la pierre à chaux. Il s'y fait de très beaux chapeaux de paille, dits de *Florence*. La pêche et le cabotage y sont assez actifs. Monaco est la capitale; mais Menton, ville de 3,000 habitants, est le lieu le

plus peuplé et le port principal. La principauté de Monaco date du xᵉ siècle. L'empereur Othon Iᵉʳ en investit, à cette époque, les Grimaldi, une des plus puissantes familles de Gênes. En 1605, le tuteur d'Honoré II mit la principauté sous la protection de l'Espagne; mais ce prince se plaça, en 1641, sous la protection de la France, ce qui lui fit perdre les fiefs qu'il avait en Espagne; la France l'indemnisa par la cession du Valentinois et de quelques autres fiefs. La maison des Grimaldi s'éteignit dans les mâles, en 1731. La fille du dernier prince porta alors la principauté, par mariage, dans la maison française de Matignon, qui prit dès lors le nom de Grimaldi. Le 14 février 1793, on réunit le territoire de Monaco à la République française, et il fit partie du département des Alpes-Maritimes jusqu'en 1814. Il fut alors rendu à ses princes, et mis sous la protection du roi de Sardaigne, à qui fut donné le droit d'y tenir garnison. Le prince Honoré V, mort à Paris en 1841, était pair de France. Les pièces de 10 centimes qu'il fit frapper à l'usage de sa principauté, et qui étaient d'un poids inférieur à celles de France, ont été quelque temps un objet de fraude dans les transactions. — Le gouvernement de Florestan Iᵉʳ, qui lui a succédé, a été agité par de violents troubles populaires en 1848. — La petite ville de Monaco, capitale de la principauté, est sur la plate-forme d'un rocher escarpé, qui s'avance dans la Méditerranée, à 14 kilomètres E.-N.-E. de Nice. Elle est ceinte de murs et défendue par un château fort. On y remarque une belle place d'armes. Les escarpements de la montagne sont parsemés des plantations les plus pittoresques. Il y a un petit port. Population 1,200 habitants. C'est l'ancien *Monœci Arx* ou *Herculis Monœci Portus*. E. CORTEMBERT.

MONADE, *Monas* (*infus.*) : Müller a fondé sous ce nom un genre d'infusoires qui a pour principaux caractères : corps gélatineux, de forme variable, susceptible de s'étirer plus ou moins quand il s'est agglutiné quelque part, et pourvu d'un long filament flagelliforme qui lui sert d'organe locomoteur; pas de bouche proprement dite. Les monades se montrent promptement dans les infusions animales ou végétales, sous la forme de petits corps globuleux, incolores, presque transparents, larges d'un demi-millimètre et reconnaissables à leur mouvement irrégulier et vacillant. — On a indiqué un assez grand nombre d'espèces de ce genre; mais la difficulté que l'on éprouve pour les étudier fait qu'on ne les a pas distinguées, jusqu'ici, d'une manière suffisante, et il semble qu'elles ne diffèrent guère entre elles que par leur grosseur et par le plus ou le moins de mollesse de leur corps. — La *monas lens*, Müller, peut être prise pour type : elle est de forme lenticulaire, irrégulièrement bosselée à sa surface, et sa largeur varie entre 5 et 11 dix-millièmes de millimètre. — Les noms de *monadiens* et de *monadines* ont été donnés à une famille d'infusoires fondée aux dépens du genre monade, des anciens naturalistes, et renfermant plusieurs genres assez mal caractérisés. · **E. D.**

MONAGHAN (*géog.*) : ville d'Irlande, chef-lieu du comté du même nom, à 20 kil. d'Armagh. — Le comté, situé dans la province d'Ulster, est borné au N. par celui de Tyrone, au S. par ceux de Cavan, d'East-Meath et de Louth, à l'O. par celui de Termanagh, et à l'E. par celui d'Armagh. Sa population est de 118,000 habitants. C'est un pays fertile, mais couvert de montagnes, de marais et de bois. On y fabrique beaucoup de toiles.

MONALDESCHI, famille noble d'Orviète, qui a fourni plusieurs personnages célèbres ; nous citerons :

MONALDESCHI (*Louis, Bonconte de*), chroniqueur italien du XIVᵉ siècle. Il raconte lui-même dans une notice placée en tête de sa Chronique que, né à Orviète en 1327, il fut élevé à Rome d'où il ne sortit plus que pour aller visiter ses parents. Il ajoute, toujours en parlant à la première personne, qu'arrivé à l'âge de 115 ans, il s'éteignit en 1442 comme une lampe privée d'aliment, sans avoir éprouvé aucune maladie. Ces particularités auront probablement été placées en marge de la chronique par un ami de l'auteur, d'où elles auront passé dans le texte. Cette chronique est écrite dans l'idiôme qui se parlait alors à Rome et qui se rapproche beaucoup du dialecte napolitain, et elle semble plus intéressante sous le rapport philologique que sous le rapport historique. Il n'en a été imprimé qu'un court fragment dans la collection des historiens d'Italie par Muratori.

Un autre MONALDESCHI (*Benoît*) parvint, avec l'aide de Jean Visconti, évêque de Milan, à se faire proclamer souverain de la cité libre d'Orviète en 1351. Cette usurpation ne dura que quatre années. Le légat Egidio Adornoz le déposséda en 1355, et comme récompense obtint des habitants la seigneurie d'Orviète.

MONALDESCHI (*Jean, marquis de*), grand écuyer et favori de la reine Christine de Suède, se brouilla avec cette princesse à l'époque où elle se trouvait en France après son abdication, et composa un libelle dans lequel il divulguait quelques-uns des secrets qu'elle lui avait confiés. Elle s'en vengea en le faisant assassiner sous ses yeux dans une galerie du château de Fontainebleau, le 10 octobre

1657 (*voy.* CHRISTINE DE SUÈDE). **J. FLEURY.**

MONARCHIE (du grec μονος seul, et αρχη gouvernement) veut dire, dans son sens absolu, *gouvernement d'un seul*. Hâtons-nous d'ajouter, pour être vrai, que l'on appelle également *monarchie* des gouvernements où le pouvoir d'un seul est limité soit par des constitutions, soit par d'autres pouvoirs.

Dans l'histoire de l'antiquité, la monarchie apparaît sous les formes les plus diverses. En Égypte elle se transmettait héréditairement dans la même famille, mais le pouvoir du monarque ou roi était assez limité : il était tenu dans une sorte de tutelle par la caste des prêtres. La même situation se retrouve dans presque tout l'Orient, notamment en Perse et en Assyrie : appuyé sur la caste des guerriers, le roi essayait assez souvent de secouer la prépondérance que les prêtres exerçaient sur lui ; et malgré l'obscurité qui entoure encore la partie de l'histoire dont nous parlons, on n'a pas de peine à démêler les luttes des rois perses et assyriens contre les mages. Ces luttes intérieures aboutissaient à des résultats très divers. En général, cependant, elles se terminaient par le triomphe complet du monarque. La monarchie prenait alors la forme militaire, et le roi, entouré d'une nombreuse armée et s'appuyant sur elle, gouvernait avec une autorité absolue. Tel était l'état de la Perse sous les successeurs de Cyrus, et telle a été la situation de toutes les monarchies qui, depuis cette époque jusqu'à l'empire romain, se sont succédé en Asie. Ces monarchies militaires s'établissaient presque toujours à la suite des guerres et des conquêtes. — Dans les différents Etats de la Grèce, les monarques n'étaient en général que les chefs, tantôt héréditaires, tantôt électifs, de l'armée et de l'administration de l'Etat auquel ils appartenaient. Ces États étaient d'ailleurs de véritables républiques, les unes aristocratiques, les autres se rapprochant davantage de la démocratie. — La monarchie apparaît à deux époques dans l'histoire romaine, au commencement et à la fin. Le pouvoir des premiers rois de Rome a varié ; tantôt semblable à celui des rois des républiques grecques, s'appuyant sur le peuple pour dominer l'aristocratie, tantôt absolu. Quand elle fut étendu sa domination ; quand elle fut forcée d'avoir sur pied des armées immenses pour achever et pour conserver ses conquêtes, les chefs de ces armées ne tardèrent pas à aspirer au gouvernement de toute la république. Ce fut d'abord Sylla, puis César, et Auguste, enfin, qui fonda l'empire. Mais, malgré les efforts tentés par Auguste et Tibère pour introduire l'hérédité dans l'empire, la couronne impériale appartenait au chef dont l'armée était la plus puissante et le plus près de Rome. Ce n'est que plus tard, lorsque l'empire se fut scindé en deux, et que les provinces les plus éloignées s'en furent détachées pour devenir indépendantes, que la monarchie impériale prit une fixité héréditaire et régulière, et si elle n'eût pas été encore sous la dépendance de l'armée dont les exigences et les séditions mutipliées troublaient l'empire, elle eût alors complétement réalisé l'idéal de la monarchie, c'est-à-dire le gouvernement de tout l'état par la volonté d'un seul.

Chez les peuplades à demi-sauvages qui entouraient l'empire romain, la monarchie n'existait véritablement pas. Ceux que l'on a appelés les rois de ces peuplades n'étaient guère que des chefs militaires, élus ordinairement dans une même famille, mais dont l'autorité, très restreinte, finissait presque toujours avec l'état de guerre. Telle était la situation des chefs germains qui envahirent la Gaule et les autres provinces de l'empire romain d'occident. Mais, ainsi transplanté dans un pays et au milieu d'une population où le souvenir de la toute-puissance impériale était partout vivant, le pouvoir des rois barbares ne pouvait manquer de se transformer et de grandir. La royauté devint peu à peu héréditaire, et en même temps, grâce à l'appui qu'elle trouva dans les populations conquises habituées à chercher défense et justice auprès de l'empereur, dont le roi était, à leurs yeux, le successeur, cette royauté, d'abord si faible, s'affermit et se fortifia. Dès que les rois barbares se furent convertis au christianisme, leur agrandissement trouva encore un puissant auxiliaire dans l'Église, à qui sa forte hiérarchie assurait, dans ces temps de trouble, une grande puissance.

Ce ne fut pas, du reste, sans éprouver une vive résistance et de fréquents revers que les rois barbares, traversés sans cesse par les hommes libres qui les avaient élevés sur le pavoi, parvinrent à constituer la monarchie. La dynastie mérovingienne finit même par succomber dans cette lutte. Les carlovingiens, que les conquérants Germains mirent à sa place, héritèrent de ses prétentions, et Charlemagne parvint à constituer l'empire d'occident; mais cette puissance dépérit promptement, et disparut tout à fait sous ses débiles successeurs. La féodalité s'établit alors dans toute sa force. La royauté ne fut plus qu'un vain titre; mais les communes aspiraient à l'émancipation, à la liberté, il s'agissait de terrasser la féodalité. La royauté tendit la main au peuple, et s'éleva enfin rayonnante sur la liberté dont elle avait jeté les fondements avec l'Église et les légistes ou gens de

justice. Il fallait, néanmoins, plus de six siècles, de Hugues Capet jusqu'à Henri IV et Richelieu, pour que la monarchie française fût complétement réalisée, et qu'une volonté souveraine régnât seule dans toute l'étendue de la France, désormais unie sous une même loi.

La monarchie française était absolue comme la monarchie impériale romaine; mais elle en différait sur plus d'un point. Celle-ci, en effet, était née par suite de la décadence de la nation; celle-là, au contraire, avait pris naissance au berceau même de la nation, avec laquelle elle avait grandi; et cependant, après avoir, durant environ un demi-siècle, atteint la plus haute splendeur, cette monarchie française, dont l'existence paraissait liée à l'existence même de la nation, est tombée dans une rapide décadence. C'est qu'après avoir combattu avec le peuple, elle se trouva, la lutte terminée, et par sa nature même, un obstacle pour le peuple. Ne vivant plus que pour elle, ne tirant, pour ainsi dire, l'épée que pour le triomphe de principes dynastiques qui n'intéressaient que médiocrement la nation, dépensant en prodigalités ruineuses l'argent de la France, abâtardie enfin et représentée par des princes malhabiles et corrompus, elle avait perdu toute sa popularité, sans pouvoir opposer au tiers-état la noblesse qu'elle avait épuisée et ruinée. Elle eût pu se sauver encore, ou du moins prolonger son existence, par de justes et nécessaires réformes; mais timide et faible, comme tout pouvoir qui tombe, elle n'osa toucher aux priviléges; elle fit cause commune avec les priviléges. Elle se trouvait donc en guerre ouverte avec la nation. Elle devait succomber; elle succomba!

Telles ont été en France, les causes de la force et de la décadence de la monarchie absolue. Cette forme de gouvernement a chance de s'établir dans les pays morcelés en petits États divers et séparés par des tyrannies locales, quoiqu'unis par une communauté d'origine, d'intérêts et de langage. La monarchie joue alors un rôle singulièrement utile et bienfaisant; elle prend le secours des faibles contre les tyrannies dont nous avons parlé, et, en supprimant ces tyrannies pour mettre à la place son autorité toute puissante, elle donne aux états l'unité et la centralisation, première condition de leur grandeur. C'est le rôle qu'elle a rempli dans presque tous les autres états de l'Europe, et que, dans ce moment même, elle poursuit en Russie. Mais quand un État vient d'arriver à l'unité, quand la nation, loin d'être en décadence, est au contraire pleine de force, et qu'elle se développe également sous le rapport matériel et intellectuel, la monarchie absolue doit nécessairement se modifier et faire place à une autre sorte de gouvernement ; car le peuple alors est jaloux de diriger soi-même ses affaires, et toute monarchie qui osera lui résister, il la jettera bientôt à bas,

En présence de ce principe politique nouveau : *la souveraineté populaire, le droit des nations à se gouverner elles-mêmes*, une nouvelle forme monarchique, complétement ignorée dans l'antiquité et dans le moyen âge, a pris presque partout naissance : c'est la monarchie *constitutionnelle*, où le roi a perdu le droit de faire des lois, de fixer les impôts, de faire la paix et la guerre ; forme nouvelle expérimentée en ce moment par une grande partie de l'Europe, et qui paraît offrir tous les caractères propres à une époque de transition. La monarchie constitutionnelle, appliquée pour la première fois en Angleterre, a donné depuis deux siècles, à ce pays, une tranquillité que les secousses par lesquelles ont été ébranlés les États du continent n'ont pu troubler encore. C'est que l'Angleterre réalise, plus qu'aucun autre État, une des conditions les plus importantes à la monarchie constitutionnelle. Seule de tous les États européens, elle a conservé une aristocratie puissante qui forme exclusivement l'une des assemblées législatives, et qui, placée entre la nation et la royauté, empêche tout choc dangereux.   **P. K.**

MONARCHIQUES : hérétiques du IIᵉ siècle, ainsi nommés parce qu'ils se faisaient honneur, disaient-ils, de ne faire rouler leur doctrine que sur un principe unique, et ce principe était Dieu en une seule personne, en sorte que, n'admettant pas la Trinité des personnes divines, c'était Dieu le Père qui, suivant eux, s'était incarné, avait souffert et était mort pour les péchés des hommes, etc. (*voy.* PRAXÉAS, PATROPASSIENS, SABELLIENS).

MONARDE, *Monarda* (*bot.*) : genre de la famille des labiées, de la diandrie-monogynie dans le système de Linné. Il est formé de plantes herbacées-vivaces, indigènes de l'Amérique septentrionale, dont les fleurs, grandes et brillantes, forment des verticilles très rapprochées et sont caractérisées : par un calice tubuleux à quinze nervures et à cinq dents, généralement velu à la gorge ; par une corolle à deux lèvres allongées, linéaires, dont la supérieure est dressée, entière ou échancrée, tandis que l'inférieure est étalée et divisée en trois lobes courts. — On cultive communément dans les jardins, comme plantes d'ornement, les deux espèces suivantes : La MONARDE DIDYME, *monarda didyma*, Lin., connue vulgairement des horticulteurs sous les noms de *thé d'Oswégo* ou de Pensylvanie, qui lui viennent de ce que ses feuilles sont usitées en guise de thé dans les pays où elle croît naturellement. C'est une plante de 6 ou 7 décimètres de hauteur. Ses belles fleurs, d'un rouge vif, longues de 4 ou 5 centimètres, sont accompagnées de bractées colorées. On la multiplie par la division des pieds, effectuée en automne.—La MONARDE FISTULEUSE, *monarda fistulosa*, Lin., s'élève plus haut que la précédente ; ses fleurs sont plus petites, de couleur plus pâle, en général purpurines ou violacées. Elle est très commune aux États-Unis, dans les lieux frais et montueux ; son amertume la fait employer dans ce pays pour le traitement des fièvres intermittentes.

MONASTÈRE : maison habitée par des moines ou par des religieuses. Les premiers monastères n'étaient que des *cases* ou habitations séparées, comme celles des camaldules, occupées isolément par un seul moine, quelquefois par deux ou trois. Les monastères peu considérables furent appelés *prieurés* ou *celles*, nom emprunté au latin *cellœ*, d'où est venu celui de *cellule*, synonyme de petite chambre (*voy.* COUVENT).

MONASTÉRIENS : nom donné aux anabaptistes (*voy.* ce mot) en souvenir des violences et des profanations qu'ils exercèrent dans les monastères de Munster, pendant leur occupation de cette ville dont ils furent expulsés en 1536, et aussi parce que Munster s'appelle *monasterium*, en latin.

MONBODDO (JACQUES BURNETT, lord) : écrivain philosophe, né, en 1767, dans le comté de Kinkardine, et mort, en 1799, à Édimbourg, où il occupait la place de juge à la cour de Session. Il a publié en anglais : *De l'origine et des progrès du langage*, ouvrage remarquable, mais souvent paradoxal ; la *Métaphysique des anciens*, ou la *Science des universaux*, 6 vol. in-4°, qui renferme également un grand nombre de paradoxes. Le savant Herder, malgré ces défauts, estimait beaucoup les travaux de Monboddo. Parmi les singulières assertions de cet écrivain, on cite surtout son opinion sur les orangs-outangs qu'il regardait, au rebours de certains autres philosophes, comme des hommes dégénérés.

MONCADE (HUGUES DE) : général espagnol d'une famille originaire de Catalogne, et qui avait été autrefois souveraine du Béarn. Il fit ses premières armes en Italie avec Charles VIII, roi de France, et, après la rupture de ce monarque avec l'Espagne, il passa au service de César Borgia. Mais ce prince ayant embrassé la cause des Français après la mort d'Alexandre VI, son oncle, Moncade se rattacha à l'armée espagnole, commandée par Gonzalve de Cordoue. Il réprima ensuite les pirates barbaresques, et, pour prix de ces services et de beaucoup d'autres, reçut de Charles-Quint le titre de vice-roi de la Sicile. Fait prisonnier, en 1524, par l'amiral André Doria, il recouvra sa liberté par le traité de Madrid. En 1526, il marcha sur Rome pour punir Clément VII de son alliance avec Venise et la France, pour le rétablissement de François Sforce dans le duché de Milan, s'empara de la ville sans coup férir, livra au pillage le Vatican et l'église Saint-Pierre, força Clément à signer une trêve avec Charles-Quint, et fut battu et tué, au combat naval de Capo d'Orso, par la flotte vénitienne commandée par Philippe Doria.

MONCEY (BON-ADRIEN-JEANNOT, *duc de* CONÉGLIANO) : pair et maréchal de France, né à Besançon le 31 juillet 1754. Après avoir servi en qualité de volontaire dans le régiment de Conti et dans celui de Champagne, qu'il avait quitté pour étudier le droit, il entra, en 1774, dans le corps de la gendarmerie, et prit rang de sous-lieutenant de dragons en 1778, dans les volontaires de Nassau-Siegen. Il devint général de brigade en avril 1794, général de division le 19 mai suivant, et concourut puissamment à la prise de la vallée de Bastan, du fort de Fontarabie, de Saint-Sébastien et de Tolosa. Ces différentes actions appelèrent sur lui l'attention du Directoire, qui lui confia le commandement en chef de l'armée des Pyrénées-Occidentales. Il fut chargé du commandement d'un corps de 20,000 hommes à l'armée d'Italie, et nommé maréchal de l'empire le 19 mai 1804, chef de la 11ᵉ cohorte de la Légion-d'Honneur, grand-officier de cet ordre et duc de Conégliano. Il fut employé en Espagne en 1808. Rappelé en France, il prit, dans le mois de septembre 1810, le commandement de l'armée de réserve du Nord, et fit, avec une grande distinction, les campagnes de 1812 et 1813 à la grande armée. Il fut nommé, le 8 janvier 1814, major-général commandant en second la garde nationale parisienne, et, le 31 mars, il se distingua à la défense de la barrière de Clichy. Sous la seconde Restauration, le maréchal Moncey fut nommé ministre d'État, chevalier de Saint-Louis et pair de France. Ayant refusé de présider le conseil de guerre chargé de juger le maréchal Ney, il fut envoyé pour trois mois au château de Ham. Le gouvernement lui confia, en mars 1823, le commandement du 4ᵉ corps de l'armée des Pyrénées. En 1834, il prit le gouvernement de l'hôtel des Invalides, où il mourut le 20 avril 1842.　　　SICARD.

MONCHY (CHARLES DE), marquis d'Hocquincourt, plus connu sous le nom de *maréchal d'Hocquincourt*, d'une très ancienne famille de Picardie. Il naquit en 1599 de Georges de Mon-

chy, grand prévôt de l'hôtel du roi, et se distingua dans les différentes campagnes du règne de Louis XIII contre les Espagnols, à la Marfée, à Villefranche, à Rhétel, où il commandait l'aile gauche et où il contribua à la défaite de Turenne, alors transfuge dans les rangs espagnols. Cette belle journée lui valut le bâton de maréchal. Il fut moins heureux à Blesnau, où Condé, qui tenait pour les Espagnols, le repoussa avec perte. Le malheur le suivit en Catalogne en 1653 : il fit inutilement le siége de Gironne; mais en Flandre, où il fut rappelé peu de temps après, il réussit à forcer les lignes ennemies devant Arras. Longtemps fidèle à la cause royale, il céda enfin aux conseils de madame de Montbazon et de madame de Châtillon, et se mit au service de la Fronde et de l'Espagne. Il se jeta dans Dunkerque pour la défendre contre les troupes du roi, et fut tué, en 1658, en venant reconnaître nos lignes. C'était un bon soldat, mais un homme politique sans valeur. Le spirituel pamphlet de Charleval, *Conversation du maréchal d'Hocquincourt et du P. Canage*, imprimé à tort dans les œuvres de Saint-Évremont, est une charmante satire de ses ridicules et de son intelligence épaisse.　　　E. F.

MONCONTOUR : petite ville du département de la Vienne, dans l'arrondissement de Loudun, sur la Dive. Elle est célèbre par la bataille que le duc d'Anjou, depuis Henri III, y remporta, en 1569, sur l'amiral de Coligny.

MONCONYS (BALTHAZAR) : célèbre voyageur, né à Lyon en 1611, et mort dans cette ville en 1665. Après avoir fait de bonnes études et appris à fond la philosophie et les mathématiques, il partit pour l'Orient dans le but d'y rechercher les traces de la philosophie d'Hermès et de Zoroastre. Il ne réussit pas dans cette entreprise, revint en Europe en 1665, et devint professeur du fils du duc de Luynes, avec lequel il parcourut toute l'Europe. Il écrivit la relation de ses *Voyages* qui eut une grande célébrité ; elle a été imprimée en 3 vol. in-4°, Paris, 1695, et en 5 vol. in-12. L'auteur s'arrête peu aux descriptions topographiques et s'attache surtout aux choses rares et curieuses. Son style est traînant et surtout d'une lourdeur extrême.

MONCRIF (FRANÇOIS-AUGUSTIN-PARADIS), qui francisa sous cette forme le nom anglais Montcrief, de son aïeul maternel, fut un des beaux esprits les plus spirituels et des plus aimables causeurs du XVIIIᵉ siècle. Fils d'un procureur, il parvint, grâce à ses talents de société, à se glisser à la cour, et à devenir, tout libertin qu'il était en paroles et en actions, lecteur de la pieuse reine Marie Lekzinska. Il composait et jouait des parades, il improvisait des chansons, air et paro-

lès, écrivait des contes de fées, un peu prétentieux, mais qui ne laissaient pas de plaire, grâce
aux allusions et aux gaudrioles entrevues. Il réduisait en préceptes cet *art de plaire* qu'il possédait mieux qu'il ne savait l'enseigner. Il faisait des petites comédies que l'on déclarait charmantes dans le demi-jour, mais qui n'osaient
pas affronter le public des Français. Il rimait
des poésies sacrées pour la reine, et des cou-
plets grivois pour le comte de Maurepas. Il se
plaisait surtout aux chansons dont il publia un
choix, et il en rimait lui-même de charmantes.
Ce fut lui qui, en empruntant au moyen âge la
romance de la *comtesse de Saulx*, en imitant des
troubadours les amours d'*Alix et d'Alexis* et
quelques autres, naturalisa le mot *romance*,
dont on a tant abusé. Moncrif avait aussi composé, sur les chats et les priviléges dont ces animaux ont été l'objet, une dissertation qui attira
sur lui un tel déluge de plaisanteries qu'il
supprima ce traité de l'édition de ses œuvres.
Né à Paris, en 1697, il mourut en 1780, à l'âge
de 83 ans, aux Tuileries, où il avait un appartement.

MONDE. Dans son acception la plus étendue, ce mot désigne l'ensemble immense de l'univers, dont notre planète n'est qu'une parcelle.
Dans une acception plus restreinte, le monde
est le globe terrestre lui-même, considéré par
rapport aux peuples qui en habitent la surface.
On a même divisé la terre en *monde ancien* et
monde nouveau. Par la première expression,
on entend l'Europe, l'Asie et l'Afrique, dont les
anciens connaissaient une partie, et par la seconde, l'Amérique et l'Océanie, dont l'existence
ne nous a été révélée que par les navigateurs
modernes. — Nous n'avons à nous occuper ici
ni des lois qui régissent le monde, ni de l'appréciation des nombreux systèmes émis sur sa
formation, questions qu'on trouvera traitées
aux mots CRÉATION, CORPS CÉLESTES, UNIVERS,
etc. Nous devons également renvoyer à DÉLUGE,
GÉOLOGIE, etc., pour tout ce qui a rapport aux
grands changements arrivés à la surface de
notre globe, et aux articles géographiques et
ethnographiques pour les questions relatives à
la géographie physique et politique. Nous n'a-
vons donc à nous occuper que de la *pluralité des
mondes* et de la *fin du monde*.

L'homme prend volontiers les astres pour des
ornements destinés à embellir la voûte des cieux.
On a vu des peuples les regarder comme des
clous dorés plantés par une main divine dans les
lambris du palais céleste; mais pour l'homme qui
réfléchit, l'univers n'est pas un vain spectacle,
et l'on a pu croire que les étoiles qui scintillent
sur nos têtes doivent jouer un rôle important dans

l'œuvre de la création. On dut nécessairement se
méprendre d'abord sur l'utilité de ces corps lumineux, et les anciens, rapportant tout à la terre,
firent des étoiles et des planètes les ministres
de la Divinité, chargés de déchaîner les pluies,
les vents, les éclairs et les orages ; d'autres
(*voy.* ASTROLOGIE, SABÉISME) leur attribuèrent
une action propice ou pernicieuse sur les destinées humaines. On voit pourtant, dans l'antiquité,
quelques philosophes, s'élevant au dessus de
ces ridicules croyances, déclarer que les planètes sont des mondes habités comme le
nôtre. L'astronomie, se perfectionnant sans
cesse, nous fit voir enfin dans la terre une humble satellite du soleil, et démontra qu'elle est
des milliers de fois plus petite qu'une foule
d'autres astres qui sont à peine visibles à nos
yeux. L'hypothèse de la pluralité des mondes
acquit alors un haut degré de probabilité. Huygens, dans son Cosmotheoros, prétendit prouver,
d'une manière irréfutable, l'existence des habitants des planètes. Fontenelle, dans un livre
étincelant de verve et d'esprit, soutint la même
opinion. Wolf alla plus loin : il hasarda des
conjectures sur la taille des hommes planétaires,
et fixa à 14 pieds 3/5 celle des habitants de Jupiter. C'était tomber dans des puérilités aussi
indignes de la science que contraires au simple
bon sens. Mais la théorie de la pluralité des
mondes, quelque impossible qu'il soit de l'étayer
de preuves positives, n'en est pas moins une
grande et splendide conception, digne, autant
que nous puissions en juger, de l'être tout
puissant qui répand la vie dans toutes les parties de la création, et qui abrite un monde entier sous le brin de mousse perdu dans les interstices des rochers.

Mais ces mondes, qui ont commencé, n'au-
ront-ils pas une fin, et une catastrophe plus
ou moins lointaine ne menace-t-elle pas le globe
que nous habitons? C'est à peine si l'intelligence humaine a pu entrevoir quelques-unes
des lois qui régissent le grand ensemble de l'u-
nivers, et cependant nous en avons assez compris pour savoir que, par suite de ces lois mêmes, la terre peut d'un moment à l'autre
être plongée dans le chaos ou même dans le
néant, d'où la volonté de Dieu l'a tirée. Les
savants même ont émis bien des opinions à ce
sujet. La grande catastrophe peut avoir lieu par
le choc d'une planète ou d'une comète (*voy.* ces
mots) contre la terre; par suite d'un cataclysme;
par l'éruption du feu central, phénomène qui
serait nécessairement accompagné d'un déplacement des eaux terrestres. Quelques-uns ont
pensé que, par l'action du feu souterrain, la
terre pouvait être transformée en soleil ou vi-

trifiée ; ils nous apprennent même en quelle espèce de verre elle sera transformée : ce sera du verre d'antimoine; d'autres, enfin, respectant la terre elle même, veulent que la race humaine s'éteigne par le refroidissement graduel du globe.

Des traditions superstitieuses annonçant ce grand désastre n'ont cessé de parcourir le monde depuis l'antiquité la plus reculée. Ouvrez le Zend-Avesta, et vous verrez qu'après les douze mille ans assignés à la durée du monde, l'étoile ou la comète Gourzcher, trompant la surveillance de la lune, doit venir heurter la terre, et la réduire en cendres. Un incendie immense la dévorera jusque dans ses fondements ; les montagnes se fondront ; mais alors apparaîtront un *nouveau ciel et une nouvelle terre.* L'Edda scandinave nous trace de ce grand phénomène un tableau analogue ; la même croyance est répandue dans le Pegu et dans l'Inde ; nous la retrouvons jusque dans l'Amérique et l'Océanie. Elle existait dans la Chaldée et dans la Syrie, à Rome et dans la Grèce. Cette unanimité des peuples sur un pareil sujet frappe l'esprit et l'étonne au premier abord. Mais remontons à l'origine, et nous cesserons d'être surpris. Les Anciens, qui avaient placé le soleil à la tête de leurs théogonies, célébraient, en son honneur, des fêtes où il était représenté rayonnant et vigoureux, et ensuite pâle, maladif et mourant. Dans le premier cas, on faisait allusion aux six mois pendant lesquels il domine sur notre hémisphère, et dans le second, à sa descente apparente dans l'hémisphère inférieur. Pendant la dernière partie de sa période de déclinaison, on supposait que le principe du mal, Ahriman, Loke, Typhon, etc., régnait sur la terre. Mais le soleil, Ormouzd, Osiris, Balder, Atys, Adonis, remontait enfin dans les cieux ; le démon des ténèbres était terrassé, avec ses noires phalanges : c'était la fin du monde, la fin de l'année ; un nouveau monde, une nouvelle année recommençait ! — Perdant de vue le mythe primitif, trompés par les douze périodes mensuelles qu'on y rattachait nécessairement, mais sous le nom de milles ou d'époques, les peuples finirent par croire réellement à une catastrophe qui devait un jour anéantir le monde. Mais il n'en est pas moins vrai, comme le dit Bergier, que ces idées effrayantes n'avaient chez eux d'autre fondement que la superstition. — La fin du monde, dont la science moderne a reconnu la possibilité, nous est positivement annoncée par les saintes Écritures ; mais la Bible, comme la science, ne nous dit pas un mot qui nous permette, même approximativement, d'en déterminer l'époque. Beaucoup d'interprètes regardent même comme

un pur orientalisme les paroles de Jésus-Christ, qui, après avoir parlé de la destruction du temple de Jérusalem, dit que les étoiles tomberont du ciel, etc. (Matth., 24.—Luc, 21.—Marc, 13). On ne peut non plus rien conclure de ces passages : « Notre salut est plus proche que quand nous avons cru (Rom., XIII, 11) ; l'avènement de J.-C. approche, ce jour viendra comme un voleur (Pierre, IV, 7) ; le juge est à la porte (Jacques V, 8 et 9) », qui font évidemment allusion à la proximité de la mort. Il est également certain que lorsque saint Paul dit : « Nous sommes arrivés à la fin des siècles (Cor., X, 11) », l'écrivain sacré n'a voulu parler que de la fin du judaïsme, comme le prouve d'ailleurs ce verset de l'épître aux Hébreux (IX, 26) : « J.-C. s'est donné pour victime à la consommation des siècles. » Jésus, d'ailleurs, a dit positivement (Jean, III, 17) qu'il était venu pour sauver le monde, et non pour le juger. Mais une multitude de personnes qui croient à peine aux vérités les plus clairement énoncées dans l'Évangile, prennent souvent feu pour d'absurdes chimères. Un mot sorti de la bouche d'un magicien ou d'un extatique suffit pour troubler leur entendement ; et l'on a vu, à différentes époques, un certain nombre de membres de la grande famille chrétienne, trembler à l'idée que la dernière heure du monde allait sonner ! C'est ainsi qu'à la fin du IXe siècle, un moine de Thuringe, nommé Bernard, prétendit avoir appris dans une révélation que le monde finirait l'an 1001. Une terreur indicible se répandit dans une grande partie de l'Europe ; une éclipse de soleil vint redoubler l'épouvante ; des villes entières se livraient au plus terrible désespoir ; les travaux étaient de toutes parts abandonnés. On ne songeait qu'à se préparer à la mort. L'année 1001 arriva enfin ; l'année 1001 s'écoula, et la terre continua de tourner paisiblement sur son axe. Le XIXe siècle, qui semble avoir pris à tâche de tout remuer dans la cendre du passé, en a, comme le IXe, retiré cette épouvantable prédiction de la fin prochaine ! M. de Maistre lui-même l'a proclamé : « Des oracles redoutables annoncent que la fin des temps est arrivée. » Félicitons M. de Maistre de sa pénétration, mais rappelons nous que, selon les promesses de l'Écriture, tous les peuples du monde seront un jour réunis dans la foi en J.-C. Or, il nous reste encore à convertir l'Asie et l'Afrique presque tout entières, sans compter les innombrables peuplades disséminées dans l'Océanie. Le jour fatal est donc loin encore ! AL. BONNEAU.

MONDE OUVERT, *mundus patens.* On donnait ce nom dans l'ancienne Rome, à une solennité qui se faisait dans une chapelle ronde comme le monde et consacrée aux dieux tristes et aux dieux infernaux. On ne l'ouvrait que trois fois dans l'année, le lendemain des volcanales, le 4 octobre et le 7 des ides de novembre. On croyait que l'enfer était ouvert ces jours-là (Macrobe, saturn. liv. I, ch. XVI), et on n'aurait osé rien faire d'important. — Les Romains appelèrent aussi *monde* une grande fosse située près des comices, sur une place, et dans laquelle Romulus ordonna de jeter les prémices de toutes les choses dont on pouvait se servir dans la vie; chaque particulier devait même y jeter une poignée de la terre où il était né ou du lieu d'où il était parti pour venir à Rome, ce qui était peut-être un symbole de l'union qui devait régner entre les habitants de Rome recrutés dans tant de pays différents.

MONDEGO (anciennement *Mondu*) : petit fleuve de Portugal, dans le Beira. Il prend sa source dans la Serra de Estrella, à 9 kil. S.-O. de Guarda, coule généralement à l'O. et se jette dans l'Atlantique, à 45 kil. N.-O. de Leiria, après un cours de 150 kil. Il est navigable l'espace de 100 kil., depuis Coïmbre jusqu'à la mer, où il forme les ports de Figueira et de Buarcos. Il roule des paillettes d'or, et ses bords sont renommés pour leur agréable aspect. Ils furent le théâtre de la guerre entre les Français et les Anglais, en septembre 1810 et en mars 1811.

MONDONEDO (l'ancienne *Mindonia*) : ville d'Espagne, en Galice, dans la province et à 40 kil. N.-E. de Lugo, au pied des montagnes auxquelles elle donne son nom, et à l'entrée de la belle vallée de Lorenzana. C'est le siége d'un évêché suffragant de Santiago. On y remarque la cathédrale et l'église de N. S. de los Remedios; il y a des fabriques de draps et de toiles, et des briqueteries importantes : population 6,000 habitants.

MONDONVILLE. Nous citerons deux personnages de ce nom : — 1° MONDONVILLE (*Jeanne de*), fille d'un conseiller au parlement de Toulouse, fut mariée jeune à M. de Tusles, seigneur de Mondonville, qui la laissa de bonne heure veuve sans enfants. Elle se voua alors aux œuvres de piété, tint d'abord chez elle des écoles gratuites, s'occupa de l'instruction des nouvelles converties, et fonda elle-même une congrégation qui prit le nom de *Congrégation des filles de l'Enfance* (*voy.* ENFANCE). Après la suppression de sa congrégation, pour cause de jansénisme, Mme de Mondonville fut reléguée dans le couvent des hospitalières de Coutances, où elle mourut en 1703. — 2° MONDONVILLE (*Jean-Joseph Cassanea de*), musicien distingué du XVIIIe siècle. Il était né à Narbonne en 1715. A Paris, où il se fixa en 1737, il réussit d'abord

par son talent sur le violon, par les nombreux *motets, sonates, trios, concertos* qu'il publia. Il eut aussi des succès dans la musique sacrée, et fut nommé maître de la chapelle du roi ; puis il fit des opéras, le *Carnaval du Parnasse*, *Titon et l'Aurore*, les *Fêtes de Paphos*, *Isbé*; quelquefois il faisait les paroles et la musique. Il mourut à Belleville, le 8 septembre 1772.

MONDOVI (*Mons-Vici*) : ville des États sardes, à 6 lieues E. de Coni et à 14 S.-E. de Turin, chef-lieu de la province du même nom, sur la rive droite de l'Elero, affluent de gauche du Tanaro ; sa population est de 22,000 habitants. Elle est le siége d'un évêché suffragant de l'archevêché de Turin. La ville proprement dite est sur le sommet d'une colline, à 283 toises audessus du niveau de la mer, et à 83 toises audessus de ses trois faubourgs, dont elle est séparée par une pente raide peu praticable pour les voitures. Elle est entourée de faibles murailles et défendue par une citadelle. On admire le maître-autel et la sacristie de sa cathédrale. Dans les faubourgs, on trouve des filatures de soie, des fabriques d'étoffes de laine et d'indiennes, des tanneries et des forges. Ses confitures et ses dragées sont estimées dans le Piémont. Le physicien Jean-Baptiste Beccaria y naquit. Lors de la réunion du Piémont à l'empire français, Mondovi devint le chef-lieu du département de la Stura. — La fondation de la ville remonte à 1032 (d'autres disent à 1232). Après avoir assez longtemps joui de sa liberté, elle se mit en 1396, moitié de gré, moitié de force, sous la souveraineté d'Amédée de Savoie. Elle est devenue célèbre par la victoire que le général Bonaparte remporta dans ses environs le 22 avril 1796, sur le général Colli commandant l'armée piémontaise. Cette bataille força la cour de Turin à abandonner, peu de temps après, le Piémont aux vainqueurs. Le général français Stengel fut tué pendant l'action. — En 1799, 40,000 paysans piémontais se rassemblèrent à Mondovi pour couper la retraite au général Soult, qui ramenait les débris de l'armée de Schœrer battue à Vérone ; mais les insurgés ayant été dispersés, la ville fut obligée de capituler et livrée au pillage pour avoir encouragé la révolte. — La province de Mondovi est bornée au N. par celle d'Alba, au N.-O. par celle de Saluces, à l'O. par celle de Coni, et à l'E. par celle de Gènes. Elle a 16 lieues de long du N. au S., 11 lieues de large et 95 lieues de circonférence. Elle est couverte, dans la partie méridionale, par la chaîne des Apennins, appartient au bassin du Pô, et est arrosée par la Bormida occidentale et le Tanaro, qui y reçoit l'Elero, le Pesio et la Stura.   SICARD.

MONE (*voy.* GUENON).

MONETA (*myth.*) : surnom donné par les Romains à Junon, soit parce qu'elle présidait à la monnaie, soit, comme le dit Cicéron (*de divin.*, lib. I), parce que cette déesse, lors d'un grand tremblement de terre, avait averti d'immoler une truie pleine ; dans ce cas, Junon Moneta équivaudrait à *Junon qui avertit*. Il est certain néanmoins que, dans le temple qui lui avait été élevé sous le nom de Moneta, elle était représentée avec le marteau, l'enclume, les tenailles et le coin des monnayeurs. On voit la tête de Moneta sur les médailles consulaires, et sur celles de l'empire la figure répétée jusqu'à trois fois pour indiquer sans doute les trois métaux employés aux monnaies. — La troisième région de Rome dans laquelle se trouvait le temple de Moneta en avait reçu le nom. On lui donnait aussi ceux d'Isis ou Sérapis, à cause de quelque temple qui y avait été consacré à ces divinités.

MONGAULT (l'abbé NICOLAS-HUBERT de), fils naturel de Colbert, entra à 16 ans dans la congrégation des Pères de l'Oratoire, et en sortit en 1699 pour prendre possession du prieuré de Saint-Florent, et se rendre ensuite à Toulouse où l'appelait l'archevêque. Il revint de là professer les humanités à Vendôme, et fut chargé ensuite, par le duc d'Orléans (1710), de l'éducation de son fils aîné le duc de Chartres. Il dut à la protection de son élève deux abbayes et des charges importantes, entre autres celles de secrétaire-général de l'infanterie française dont le duc de Chartres était colonel, et de secrétaire des commandements et du cabinet. Il était de l'Académie française en 1718 ; et plus tard il fut de celle des inscriptions. Il mourut à Paris, le 15 août 1746. On a de lui quelques traductions estimées : celles des *lettres de Cicéron à Atticus*, Paris 1714, 6 vol. in-12, ouvrage d'un bon humaniste, mais titre littéraire insuffisant pour un académicien. Les notes surtout sont excellentes. Sa traduction de l'*Histoire d'Hérodien*, que l'abbé fit paraître à la fin de sa vie (1745, in-12), a moins de réputation que l'ouvrage précédent, et ne manque pourtant pas d'un certain mérite.   E. F.

MONGE (*Gaspard*), naquit à Beaune en 1746. Son père, d'abord marchand forain, parvenu à une honnête aisance, et sentant le prix d'une bonne éducation, l'envoya au collège de cette ville, dirigé par les Oratoriens. Il se fit bientôt distinguer, et à 16 ans il fut envoyé à Lyon pour professer la physique. Ce fut une année après, pendant les vacances, qu'il était venu passer au sein de sa famille, que son avenir se décida. Quoique manquant des instru-

ments nécessaires, il exécuta, sur de larges dimensions, un plan de Beaune, dont il fit présent à l'administration municipale. L'élégante précision de ce travail attira sur son auteur l'attention d'un lieutenant général du génie qui le recommanda au directeur de l'école spéciale de Mézières. Mais pour être admis dans cette école, il fallait appartenir à la noblesse, et Monge fut relégué parmi les conducteurs de travaux. Il ne se rebuta point, et bientôt il trouva occasion de montrer qu'il n'était pas seulement un dessinateur exercé. Le commandant de l'école l'ayant chargé de faire les calculs d'une opération de défilement, Monge imagina une méthode générale plus expéditive que les longs tâtonnements jusqu'alors employés dans ces sortes de recherches. On lui reprocha de n'avoir pas pris le temps strictement nécessaire pour les calculs, et on refusa de croire à l'exactitude de sa solution. Il insista, et l'examen de son procédé révéla de nouveau sa supériorité. Un an après, en 1766, Monge était nommé répétiteur de mathématiques à l'école de Mézières, puis professeur, et, en 1771, il succédait à Nollet.

A la mort de Bezout, Monge fut appelé à remplir les fonctions d'examinateur pour les élèves de l'artillerie et les gardes du pavillon de la marine. Ce fut dans cette fonction que le trouva la révolution. Il salua avec enthousiasme l'avènement de la république, qu'il ne considérait pas comme une vaine modification politique, mais qu'il accueillait comme l'inauguration de l'égalité sociale. Après le 10 août 1792, il accepta le ministère de la marine. Ses aspirations, ses études, ne tardèrent pas à le détourner d'un poste auquel il ne se sentait pas appelé, et le comité de salut public, cédant à ses prières, consentit à le remplacer. C'est du passage de Monge au ministère que datent ses relations avec Napoléon. Ce dernier, alors capitaine d'artillerie, vint solliciter l'appui du ministre de la marine. L'accueil simple de Monge impressionna vivement Bonaparte, qui conserva toujours une haute estime pour le savant mathématicien. Peu de temps après que Monge se fut retiré du ministère, la France menacée de l'invasion, le vit établir partout des fonderies, des forceries de canons, des fabriques de poudre, etc. En même temps il contribuait à l'organisation de la première école normale ; enfin, il fut le principal fondateur de l'École polytechnique où il donna ses admirables leçons sur l'analyse appliquée et sur la géométrie descriptive ; cette dernière science fut pour lui le sujet d'un de ses ouvrages les plus remarquables. Mais, tout en rendant à Monge ce qui lui est dû, il est impossible de lui reconnaître le titre de *créateur* de la géométrie descriptive, que lui ont donné des biographes inattentifs. Il généralisa et coordonna seulement les méthodes de ses devanciers; il forma un corps de doctrine de tous ces lambeaux épars, et, le premier, il répandit dans l'enseignement cette branche de la science. Deux ans après, à la fondation de l'Ecole polytechnique, Monge accompagna Bonaparte à l'armée d'Italie, et fut chargé de ramener à Paris les chefs-d'œuvre que la conquête nous avait livrés. L'expédition d'Egypte fut encore pour lui une occasion de répandre les lumières en fondant au Caire un institut dont il fut, dès l'origine, le président. Ce fut aussi là que, pendant les marches fatigantes, il donna la première explication du phénomène connu sous le nom de *mirage*. Napoléon, devenu empereur, plaça dans le sénat Monge qui n'en reprit pas moins son professorat à l'Ecole polytechnique, consacrant son traitement à l'établissement de bourses pour les jeunes gens pauvres. A la restauration, Monge fut arraché de l'Académie. Il mourut dans l'exil, le 28 juillet 1818.

La vie de Monge fut tout entière consacrée à l'étude. Aussi a-t-il produit de nombreux travaux. M. Ch. Dupin a publié, en 1819, un *Essai historique sur les services et les travaux scientifiques rendus par lui* (in-4° et in-8°). On peut aussi consulter l'*Eloge de Monge*, prononcé devant l'Académie des sciences, par M. F. Arago, le 18 mai 1846; et la *Notice historique sur Monge*, par Brisson (Paris, 1818). Ses principaux ouvrages sont : 1° *Traité élémentaire de statistique*, 1786; 2° *Description de l'art de fabriquer les canons*, an III; 3° *Leçons de géométrie descriptive, données à l'Ecole normale*, Paris, an III, et an VII; 4° *Feuilles d'analyse appliquées à la géométrie*, 1 vol. in-folio, an III. La quatrième édition, in-4°, contient, de plus que la première, la construction de l'équation des cordes vibrantes, des développements sur l'intégration des équations aux différences partielles, par les caractéristiques, etc., 1 vol. in-4°, 1809. On a aussi plusieurs mémoires de lui sur la détermination et la construction des fonctions arbitraires dans les intégrales des équations aux différences partielles, publiés dans la *Collection des savants étrangers de l'Académie des sciences de Paris*, et dans les *Mémoires de l'Académie des sciences de Turin*. Les autres recueils où se trouvent des travaux de Monge, sont les *Mémoires de l'Académie des sciences de Paris*, le *Journal de l'Ecole polytechnique*, les *Annales de chimie*, la *Décade égyptienne*.　　　　　　　　E. MERLIEUX.

MONGOLIE : vaste contrée du N.-E. de l'Asie, bornée au Nord par le gouvernement d'Irkoutsk, en Sibérie, à l'Est par la Mand-chourie, au Sud par le Thibet et la grande Muraille de la Chine, à l'Ouest par le Turquestan oriental et la Dzoungarie, entre 33° et 53° de latitude Nord, et 72° et 122° de longitude Est. Le voyageur russe Timkowski estime la population de ce pays à 2,000,000 d'âmes. La Mongolie est un plateau élevé dont le centre est occupé par le grand désert connu sous le nom de *Gobi* ou *Cobi* (*voy.* ce mot), et dont la partie la plus désolée est appelée par les Chinois *schamo* ou *mer de sable*. Les chaînes de montagnes les plus importantes de la contrée sont l'Altaï et ses différentes branches, le Tchastaloula et l'Inchan. Les montagnes de l'intérieur sont peu connues. Les rivières, nombreuses particulièrement dans le N., appartiennent pour cette partie au bassin de l'Irtisch, ou de l'Amour. Les principales parmi celles-ci sont : la Selinga, l'Orkhon et la Tola, qui se jettent dans le lac Baïkal, le Kherouloun et l'Onon; ces deux dernières forment, par leur réunion, l'Argoun ou Amour. Dans le Sud, se trouve le Leaou-Ho. Il existe en Mongolie un grand nombre de lacs dont le plus important est le Khouloun-Noor, formé par les eaux du Kherouloun. L'air est très froid dans ce pays, circonstance qui tient à la grande élévation et aussi à la quantité de sulfate de natron qui couvre le sol dans beaucoup d'endroits. Les jésuites français ont observé que l'hiver est infiniment plus rigoureux dans les hautes contrées de la Mongolie, situées entre 43° et 45° de latitude Nord, que dans les parties de la France qui se trouvent sous la même latitude. M. Timkowski vit en Mongolie le thermomètre de Réaumur descendre, pendant les mois d'octobre et de novembre, à 10, 15 et même 18 degrés au-dessous du point de congélation. Il neige et pleut considérablement dans quelques parties de la contrée. Le vent souffle presque continuellement dans les steppes situées entre l'Ourga et le pays des Tsakhares. Le sol est presque partout sablonneux, couvert de pierres, et par conséquent stérile. Les bords des rivières et quelques vallées offrent de bons pâturages et des terres qui pourraient être propres à la culture. La partie nord du pays des Khalkhas est surtout bien boisée et renferme quelques terrains labourables; mais les habitants sont nomades et montrent une répugnance invincible pour les établissements stablés qu'exige l'agriculture. Les versants méridionaux de l'Altaï recèlent plusieurs mines d'or et d'argent dont les Mogols ne retirent aucun profit, parce qu'ils manquent des connaissances nécessaires pour les exploiter. Au sud de l'Ourga, par 47° de latitude Nord, commencent les steppes arides du Cobi. Le sol est sablonneux; les pâturages et l'eau deviennent rares; l'herbe est courte et peu fournie. Cependant, cette terre si peu favorisée par la nature, est couverte de troupeaux de chameaux, de chevaux, de bêtes à cornes, de brebis et de chèvres. Les animaux faibles succombent à la sécheresse de l'été et aux froids extrêmes de l'hiver; ceux qui résistent deviennent très forts. Les caravanes souffrent beaucoup en traversant le Cobi par le manque d'eau, de bois et de pâturages. Au S. du 39e parallèle, le sol cesse d'être aride et l'œil se repose sur des terres arrosées par de belles rivières et propres à l'agriculture. Les Mogols du Koukou-Noor et ceux des districts situées près de la grande Muraille récoltent du blé. Cependant on peut dire en général que ce peuple est trop indolent pour s'adonner avec succès à l'agriculture. Les hommes passent presque toute leur vie en plein air, dans les steppes. Leur paresse et leur imprévoyance sont telles que, dans les pays mêmes où l'on trouve du bois et des pâturages, ils ne font pas de provisions pour l'hiver, excepté toutefois quelque peu de foin. Aussi, lorsque le froid est plus rigoureux que de coutume, perdent-ils jusqu'aux neuf dixièmes de leur bétail. Les quadrupèdes de la Mongolie sont le cheval sauvage, le sanglier, le cerf, plusieurs espèces de chèvres, l'ours, le loup, le renard, le lièvre, la martre zibeline et l'écureuil. Les oiseaux les plus communs sont les grues; les oies et les canards sauvages, quelques oiseaux aquatiques, les cailles et les cygnes. Parmi les animaux domestiques, le cheval, quoique de petite taille et de chétive apparence, est robuste et plein de feu. Les chameaux sont forts et grands; les moutons, blancs, avec de longues oreilles noires, ont une chair extrêmement délicate. Les Mogols nourrissent un grand nombre de chiens, et quelques-uns d'entre eux élèvent des ânes et des mulets.

La Mongolie se divise en vingt-six *aïmaks* ou principautés qui toutes reconnaissent pour leur souverain l'empereur de la Chine. Ces provinces sont dirigées par des gouverneurs particuliers. Les hordes mogoles obéissent à une administration militaire dont les officiers règlent aussi les affaires civiles. D'après cette organisation introduite par les Mandchous, toute la nation est partagée en 135 bannières qui se subdivisent en régiments et en compagnies. Chaque homme est soumis au service, comme cavalier, depuis 18 jusqu'à 60 ans. La propriété du sol appartient aux princes, chefs militaires, auxquels leurs sujets paient un léger impôt en bétail et fournissent des domestiques et des bergers. Ces princes décident en première ins-

tance, et d'après les lois en vigueur, les procès et les discussions de tout genre qui s'élèvent entre leurs subordonnés. L'administration suprême est confiée au tribunal des affaires étrangères de Pékin, qui désigne des inspecteurs généraux pour toutes les principautés. Ces fonctionnaires appartiennent toujours à la nation mandchoue. On pourrait difficilement connaître les véritables sentiments des Mogols pour la dynastie mandchoue qui règne actuellement en Chine. Mais on sait qu'ils conservent toujours leur ancienne haine contre les Chinois, et bien que ceux-ci aient réussi à éteindre chez ces nomades l'esprit militaire et à les soumettre à un tribut, la cour de Pékin se croit obligée de renvoyer en Mongolie, sous forme de présents, dix fois la valeur des impôts qu'elle en reçoit, et cela pour récompenser le zèle et la fidélité des princes et des officiers qui commandent dans le pays. C'est de cette manière seulement que les Chinois parviennent à les retenir dans l'obéissance. Ces chefs mogols sont surveillés, jusque dans leurs moindres démarches, par les inspecteurs mandchous. Dès que leur conduite peut offrir le moindre sujet de mécontentement, le gouvernement chinois diminue la valeur des cadeaux qu'il leur destine, ou même les supprime entièrement.

La religion des Mogols est le bouddhisme, qui, à ce que l'on suppose, fut prêché parmi eux dans le XVIIe siècle. Les *lamas* ou prêtres ne se distinguent guère du reste de la nation ni par leur savoir ni par leur austérité. Ils apprennent à lire le thibétain, parce que leurs livres sacrés et la liturgie sont copiés ou imprimés avec ces caractères; mais il en est peu qui comprennent la langue et puissent se rendre compte de l'origine et du sens des cérémonies religieuses. Les lamas observent le célibat et vivent dans des monastères. Quelques femmes se consacrent aussi à la vie religieuse.

Les Mogols forment trois grandes tribus, savoir : les Khalkhas ou Mogols jaunes, vers le Nord, les Tsakhares près de la grande Muraille de la Chine, et les Sounites qui habitent le désert de Cobi. Quoique robustes, les hommes de cette nation sont de petite taille; ils ont les cheveux noirs et gros, le visage rond, le teint basané, le nez plat, les yeux enfoncés mais vifs, les oreilles grandes, les pommettes des joues saillantes et la barbe très peu fournie. Ils se rasent les cheveux sur le front et aux tempes et en conservent sur le sommet de la tête une touffe tressée qui forme une queue et retombe sur le dos. Les femmes ont le teint frais, le regard plein de vivacité et d'expression, et quelques-unes, si nous en croyons M. Timkowski, seraient trouvées belles, même en Europe. — Le costume des hommes est fort simple; ils portent en été une longue robe de nankin ou de soie, généralement bleu-foncé, attachée sur la poitrine et garnie de peluche noire. Une ceinture de cuir, arrêtée par des boucles d'argent ou de cuivre, sert à placer un couteau, un briquet et une pipe. Les bonnets sont ronds, d'une étoffe de soie, et garnis de peluche noire avec trois rubans rouges qui pendent sur le dos. Les chemises et autres vêtements de dessous sont de nankin de couleur. Ils portent des bottes de cuir avec des semelles très épaisses. En hiver, ils se couvrent de pelisses de peaux de mouton et de bonnets de fourrures. Au printemps, les gens riches se parent de vestes de peau de cerf, de daim ou de chèvre sauvage. Le jaune est la couleur distinctive des hautes classes; l'usage en est interdit au peuple. Les femmes s'habillent à peu près comme les hommes; mais elles laissent croître leurs cheveux et les partagent en deux tresses qui tombent sur la poitrine, et au bout desquelles on attache de petites pièces d'argent, du corail, des perles et des pierres précieuses de diverses couleurs. Les armes principales des Mogols sont la lance, l'arc et le sabre qu'ils remplacent quelquefois par un grand coutelas. Les chasseurs seuls recherchent les armes à feu. Le gouvernement chinois fournit aux soldats des fusils, de la poudre et des balles.

Les Mogols ne sont habiles ni dans les arts ni ni dans les sciences. Nos missionnaires assurent cependant qu'on voit dans quelques-uns de leurs temples des peintures assez bien exécutées. Les forgerons, les charpentiers, les charrons, les menuisiers travaillent fort mal, et les autres ouvriers sont à peine connus. Les villes, peu nombreuses, de la Mongolie offrent toujours des tentes parmi les maisons. Ces tentes, appelées iourtes, sont formées de claies d'osier attachées avec des courroies et soutenues par des perches qui se rapprochent vers le haut et laissent un passage à la fumée. La charpente est recouverte d'une ou de plusieurs pièces de feutre. Le froid est insupportable sous ces faibles abris qui cependant sont d'un usage général dans toute la contrée. — Le lait forme, avec la chair des bestiaux, la base de la nourriture de la nation. Les boissons les plus ordinaires sont l'eau, le thé et l'eau-de-vie. — Rien n'égale la malpropreté des Mogols; leurs vêtements sont toujours couverts d'une couche graisseuse, et ils vivent au milieu des ordures et des immondices. Ils exhalent une odeur insupportable, et les Chinois ne les dési-

gnent que sous le nom de *Tartares puants*. Ils sont passionnés pour le tabac qu'ils respirent en poudre; mais ils sont surtout grands fumeurs. La chasse, la course à cheval, la lutte et le tir de l'arc forment leurs principaux amusements. La danse n'est pas en usage parmi eux. — Malgré l'état d'abaissement où ils se trouvent aujourd'hui, les Mogols sont peut-être appelés encore à de hautes destinées. Sous Gengiskan et sous les princes ses successeurs, ils commandèrent à une grande partie de l'Asie et la Chine leur fut soumise. L'abaissement de la dynastie mandchoue et son impopularité en Chine pourront frayer la route du trône de Pékin à un rebelle audacieux. Or, le moment venu, l'organisation militaire des Mogols et leur amour naturel pour la guerre offriraient des chances de succès à un chef courageux et intelligent. L. DUBEUX.

MONIME : femme grecque née à Milet, selon les uns, selon d'autres à Stratonicée. Elle fut aimée de Mithridate, et dut à ses chastes refus l'honneur de devenir son épouse. Après sa défaite par Lucullus, le roi de Pont, se croyant sans ressources, et craignant de la voir tomber captive aux mains des Romains, lui envoya l'ordre de mourir. Elle tenta de s'étrangler avec le bandeau qui lui servait de diadème, mais il se rompit; alors elle le jeta par terre, le foula aux pieds, et tendit la gorge au glaive de l'eunuque Bacchides qui lui avait apporté l'ordre du roi. Il lui coupa la tête. Mithridate avait fait Philopœmeon, père de Monime, gouverneur d'Ephèse.

MONIMIACÉES, *Monimiaceæ* (*bot.*) : famille de plantes dicotylédones formée par A. L. de Jussieu, postérieurement à la publication de son *Genera plantarum*, pour des genres qu'il avait compris parmi les urticées. De nos jours, cette famille a été adoptée par la majorité des botanistes; cependant M. Robert Brown a proposé de la subdiviser en deux, celle des Monimiacées et celle des Athérospermées. Considérée dans son ensemble, la famille des monimiacées est formée d'arbres et d'arbrisseaux à feuilles simples, opposées, entières ou dentées, persistantes, sans stipules. Les fleurs de ces végétaux sont unisexuées. Leur périanthe est tubulé ou campaniforme. Chaque étamine et chaque pistil forme une fleur mâle ou femelle. Le fruit des monimiacées consiste en drupes entourées par le périanthe qui a persisté et s'est agrandi, parfois aussi enfoncés dans la substance de cette enveloppe qui est devenue épaisse et charnue. — Les monimiacées sont répandues en diverses parties de l'ancien et du nouveau continent, et ne sortent pas de l'hémisphère austral. — Les principaux genres de la famille des monimiacées sont : *Ambora*, Jus., *Monionna*, Pet. Tho., *Hedycaria*, Forst., *Boldoa*, Jus.

MONIQUE (Sainte) : mère de saint Augustin, dont la conversion fut le prix de ses prières et de ses larmes ; sainte Monique réussit également à faire embrasser le christianisme à Patrice, son époux, et à sa belle-mère. Elle fut aussi mère de Novigius, et d'une fille dont le nom n'est pas connu. L'étude et l'habitude de la méditation lui avaient rendu familières les matières religieuses et philosophiques, et saint Augustin nous apprend qu'elle prenait part aux savants entretiens qu'il avait avec ses amis, et qu'elle y laissait percer-parfois des traits d'esprit dignes de Cicéron et d'Hortensius. Née à Tagaste en 332, sainte Monique mourut à Ostie en 387. Son corps fut transporté à Rome en 1430, sous le pontificat de Martin V, qui a donné lui-même l'histoire de cette translation.

MONITEUR. Le journal *Le Moniteur* est à juste titre considéré comme l'un des documents historiques les plus importants des temps modernes. La méthode qui a présidé à la rédaction, le grand développement donné à la narration quotidienne des événements, et particulièrement aux débats des Assemblées législatives, semblent garantir à ces grandes annales, les mérites d'impartialité, de fidélité, d'exactitude, en un mot ce complet historique que l'on recherche dans les documents de ce genre. Il est certain que le public se plaît généralement à les lui attribuer. Cependant l'autorité du *Moniteur* a été souvent contestée, souvent même niée. Les contradicteurs avaient-ils tort? avaient-ils raison? C'est une question que l'*Encyclopédie du* XIXe *siècle* a cru devoir soumettre à ses lecteurs, et dont elle a jugé utile de dire au moins quelques mots. Occupons-nous d'abord de l'histoire du *Moniteur*; elle n'est pas sans rapport avec la question. — Le premier numéro du *Moniteur* ne parut que le 24 novembre 1789, plusieurs mois après l'ouverture des États-Généraux. Il portait le titre : de *Gazette nationale* ou le *Moniteur universel*. Ce journal, quoique déjà in-folio, était fort imparfait. Le compte rendu des séances de l'Assemblée nationale consistait en une notice sommaire et souvent incomplète. Les choses continuèrent ainsi jusqu'au 3 février 1790. Alors l'auteur du *Bulletin de l'Assemblée nationale* réunit son travail à celui du *Moniteur*, ou plutôt en devint collaborateur. Il donna au compte rendu des séances législatives l'extension nécessaire et cette forme dramatique qui en complète l'exactitude. On jugea alors utile de reprendre le travail antérieur. On le refit tout entier à partir du 5 mai 1789, jour de l'ouverture des États-Généraux, jusqu'au 3 février 1790. De

plus, on y ajouta une introduction qui contient l'histoire abrégée des anciens États-généraux, des Parlements, des Assemblées des notables de 1787 et 1788, et des événements précurseurs de la Révolution. On trouve dans cette introduction la reproduction de plusieurs écrits fameux du temps, et, entre autres, la brochure de l'abbé Sieyès. — Le *Moniteur* devint journal officiel en nivôse an VIII et garda ce caractère jusqu'au 14 juillet 1815. Il le reçut de nouveau à partir du 27 janvier 1816 (dans cet intervalle il fut remplacé par la *Gazette officielle* in-4°). Enfin dans la session de 1819, à la suite de quelques réclamations sur l'inexactitude des comptes rendus, la Chambre des députés lui accorda une indemnité pour l'insertion complète de ses séances ; elle fit ainsi de ce journal son annaliste officiel. Cette indemnité a été successivement augmentée, et le travail du *Moniteur* est en quelque sorte aujourd'hui l'un des services de l'Assemblée nationale.

En lisant cette courte notice, il est facile de deviner pourquoi le *Moniteur* constitue un document historique important, mais pourquoi aussi il n'est pas le seul document à consulter dans l'étude des événements des soixante dernières années de notre histoire. On remarquera d'abord que le *Moniteur*, lors même qu'il était sans rapport avec le gouvernement, fut toujours rédigé comme s'il eût été officiel, c'est-à-dire dans l'esprit du pouvoir régnant; ce fut même cette méthode qui lui mérita l'avantage de devenir l'organe avoué du gouvernement. En conséquence, on doit s'attendre à ne trouver dans le *Moniteur* que la mention des faits et des choses que le pouvoir juge à propos de communiquer au public. Les narrations sont étendues ou tronquées, ou arrangées, comme il convient à l'opinion qui domine dans les hautes régions. Rien qui apprenne quelle est l'opinion publique; rien sur la réalité des partis, sur leurs raisonnements, leur force ; rien que le sentiment du pouvoir ! Nous pourrions citer de nombreux exemples, mais à cet égard il suffit à chacun, pour en acquérir la preuve, d'ouvrir la feuille du jour le plus prochain. Il y a sous ce rapport dans le *Moniteur* d'étranges oublis. Ainsi, pour en citer un des plus notables, cherchez dans la période révolutionnaire la date des terribles massacres de septembre, vous trouverez cinq ou six lignes froides sous lesquelles se cache la gravité du fait, sous lesquelles il est impossible de deviner l'effrayante émotion qui agitait alors la cité. Il est vrai que plus tard ce fait est apporté à la tribune, et il en est mention dans le compte rendu des séances; mais le fait n'en reste pas moins inexpliqué; l'histoire en un mot, n'y trouve pas de documents suffisants, elle est obligée de les aller chercher ailleurs. Disons encore que dans cette période il y a eu des décrets qui ne sont pas mentionnés à leur date; des faits militaires dont il n'est pas parlé, et des combats assez importants dont on ne trouve pas la date. Il s'est rencontré un écrivain anglais qui voulait relever les inexactitudes du *Moniteur*, mais il s'est arrêté devant l'étendue de la tache. Parmi les personnes qui connaissent les difficultés d'une œuvre rapide, et toujours pressée comme celle d'un journal quotidien, il n'en sera aucune qui s'étonnera que de semblables inexactitudes existent; mais aussi il n'en sera pas une seule qui ne saura qu'une telle œuvre a toujours besoin d'être corrigée par la comparaison avec plusieurs autres. Cette méthode qui doit être suivie en toute circonstance lorsque l'on veut atteindre toute l'exactitude possible, est nécessaire encore, quoique à un moindre degré, lorsqu'il s'agit des débats législatifs, même depuis que le *Moniteur* en est en quelque sorte l'organe officiel. Il y a une cause d'inexactitude très commune, tout à fait indépendante de la rédaction du journal; la voici : Il est reçu que l'orateur peut corriger son discours, et beaucoup usent de cette faculté. De là des changements quelquefois fort importants. Des vérités échappées à la vivacité de l'improvisation sont effacées et disparaissent. D'autres fois l'orateur a écrit son discours. Le sténographe se repose; mais l'orateur a noté des interruptions, des *très bien* ou des *violents murmures*. Il n'y a eu rien de tout cela; cependant le *Moniteur* l'enregistre. Nous pourrions à cet égard raconter plus d'une anecdote, les unes fort graves, les autres approchant du grotesque. Mais ces observations suffisent, ce nous semble, pour montrer que le *Moniteur*, tout en constituant certainement l'un des documents les plus précieux de notre temps, ne suffit pas seul cependant à l'histoire. Il présente un côté des faits, une face des événements, le côté le plus important si l'on veut, la face la plus évidente; mais il a toujours besoin d'être complété au moins pour tout ce que son rôle officiel ne lui permet ni d'exprimer, ni d'exposer. Buchez.

MONITEURS, du latin *monere*, avertir (*accept. div.*). Chez les Romains, on nommait ainsi : 1° les citoyens chargés de surveiller les jeunes gens qui faisaient leurs exercices au Champ-de-Mars et sur lesquels ils avaient le droit de correction ; 2° les *nomenclateurs*. (*voy.* ce mot); 3° les souffleurs des théâtres; 4° les valets qui rappelaient à leurs maîtres ce qu'ils avaient à faire dans le courant de la journée. — Chez nous, dans le système d'enseignement mutuel, on nomme *moniteurs*, des instructeurs choisis parmi les enfants les plus capables de chaque classe pour surveiller et instruire les autres élèves. Les moniteurs forment deux classes; les moniteurs généraux dont l'autorité s'étend sur toute l'école, et les moniteurs particuliers qui n'ont à s'occuper que d'une section d'enseignement. Ces derniers se subdivisent eux-mêmes en moniteurs de classes et en moniteurs de groupes.

MONITION CANONIQUE. On appelle ainsi l'ordre, l'avertissement ou la citation qui, d'après les règles du droit canonique, doivent précéder le jugement par lequel un coupable est frappé d'une censure ecclésiastique. Cette monition est requise par le droit ou l'équité naturelle, comme par la nature même des censures, qui sont des peines purement médicinales, et qui, par conséquent, ne peuvent être prononcées que contre des pécheurs opiniâtres et rebelles aux avertissements. Il ne s'agit point des censures portées par le droit et encourues par le seul fait; car dans ce cas, la loi qui prononce, et qui avertit qu'on ne pourra la violer sans encourir par le fait l'excommunication ou une autre censure, devient un avertissement ou une monition permanente. Mais à l'égard des censures qui doivent être prononcées par un jugement, elles doivent être précédées, selon les cas, soit d'un ordre ou avertissement de cesser un acte coupable ou de satisfaire pour un crime commis; soit d'une simple citation à comparaître. Le droit canonique exige ordinairement trois monitions qui doivent être séparées par un intervalle de quelques jours; toutefois, dans le cas où il y aurait urgence de mettre fin au scandale, il est permis de se borner à une seule monition; mais alors on doit y exprimer qu'elle tiendra lieu des trois monitions requises. R.

MONITOIRE. On appelle ainsi des ordonnances de l'autorité ou d'un juge ecclésiastique portant injonction à toute personne qui connaîtrait les auteurs d'un crime ou les circonstances d'un fait mentionné, de venir le révéler avant un temps fixé, sous peine d'encourir l'excommunication. Comme c'était le seul moyen de trouver des preuves de certains faits secrets, on l'employait autrefois très-fréquemment, et les juges laïques, dans des causes purement de leur ressort, permettaient souvent de faire publier des monitoires, et prétendaient même avoir le droit d'y contraindre l'official. Le concile de Trente ordonne de n'en publier que pour des causes graves, et réserve expressément ce droit aux évêques; mais en France, il avait été maintenu, par l'usage, à l'official et aux vicaires-généraux, comme dépositaires de l'autorité épiscopale. Ces

monitoires devaient être publiés trois fois, c'est-
à dire à trois jours différents, au prône du dimanche ou d'un jour de fête. R.

MONITOR (*reptiles*) : division de l'ordre des
sauriens, famille des lézards indiquée par G.
Cuvier, et comprenant, outre le genre *Monitor*
proprement dit, ceux des *Dragonne, Sauvegarde*
et *Ameiva*. Ces reptiles ont des dents aux deux
mâchoires, et en manquent au palais ; presque
tous sont aquatiques et ont la queue comprimée latéralement, mais, toutefois, certaines
espèces présentent une queue arrondie comme
les véritables lézards, dont ils se distinguent
toujours par leur grande taille, souvent comparable à celle des crocodiles.

MONITORS PROPREMENT DITS, aussi nommés
Tupinambis et *Varans* (voy. TUPINAMBIS).

Les DRAGONNES que Spix désigne sous la dénomination de *Crocodilurus*, et Gray sous celle d'*Ada*,
ont pour caractères : crêtes caudales formées par
des écailles relevées d'arêtes ; queue toujours
comprimée. Ce sont des sauriens de grande taille
provenant de l'Amérique méridionale, et dont
le type est la GRANDE DRAGONNE (*Monitor croco-
dilinus* Merrem), espèce qui vit dans des terriers,
auprès des lieux marécageux, et qui n'est pas
rare dans la Guyane, où l'on se nourrit de sa
chair.

Les SAUVEGARDES, auxquels Fitzinger conserve le nom de *Monitor*, et qui se distinguent par l'absence de crêtes caudales, par leurs
dents qui sont dentelées et quelquefois rondes,
et par leur queue comprimée. Ces sauriens, tous
de grande taille, se rencontrent assez communément dans l'Amérique méridionale. La principale espèce est le GRAND SAUVEGARDE D'AMÉRI-
QUE (*Lacerta teguixin* Linné), dont la couleur
générale est noirâtre en dessus avec des lignes
transverses de petits points ou de taches jaunes, et qui, en dessous, est jaunâtre, avec la queue
annelée de bandes alternatives noires et jaunes.
On le trouve dans l'Amérique du sud, au Brésil
et à la Guyane, courant avec rapidité sur la terre
où il cherche sa nourriture, mais se réfugiant
assez promptement dans l'eau dès que le moindre danger le menace : il se nourrit de petits
animaux, et s'introduit souvent dans les
basses-cours où il fait de grands dégâts.

Les AMEIVAS (*Teyrus* Spix) ne diffèrent des
sauvegardes que par une queue ronde, non
comprimée, et garnie de rangées transversales
d'écailles carrées. Ce sont des lézards américains
assez semblables à ceux d'Europe ; mais, outre
le manque de dents molaires, la plupart n'ont
pas de collier, leur tête est pyraminale, et les
écailles de leur gorge sont assez petites. L'espèce
de ce genre la plus répandue dans l'Amérique

méridionale est le *Teïus ameiva* Spix, long de
35 centimètres, vert avec le dos plus ou moins
tacheté de noir, et qui présente, sur les flancs,
des rangées verticales d'ocelles blancs bordés
de noir. E. DESMAREST.

MONK (GEORGE), duc d'Albemarle, né le
6 décembre 1608 d'une famille ancienne et
saxonne du comté de Devon, et mort le 3 janvier 1670. Il maltraita un officier de justice dans
sa première jeunesse, s'engagea et porta les
armes en 1625 contre l'Espagne, en 1628 contre
l'Ile-de-Ré, et pendant les années suivantes
fit la guerre dans les Pays-Bas, puis en Ecosse
et en Irlande pour le roi Charles Ier. Soupçonné
de favoriser le parti des puritains ou parlementaires, il fut arrêté, mis en prison, se justifia et
reçut le brevet de major général des troupes
royales venues d'Irlande. Il se laissa surprendre par Fairfax qui, sur un ordre du Parlement,
le fit transférer à Londres et enfermer à la Tour
où il passa trois ans. Il ne sortit de cette prison qu'en jurant le *Covenant*, ou la formule de
contrat des puritains démocrates, et sur la sollicitation de lord Lisle, fils du comte de Leicester, qui l'emmena avec lui en Irlande et lui
donna le commandement de la partie Nord de
cette île. Après avoir forcé les royalistes à lever le siége de Londonderry, il prit Belfast et
Carrikfergus. Il échoua devant Anndalk que ses
soldats livrèrent à l'ennemi, et pour ce fait il
échappa difficilement à une accusation. Employé ensuite par Cromwell, en Ecosse, comme
lieutenant général de l'artillerie, il se rendit
utile à la bataille de Rumbar, contribua à la réduction d'Édimbourg, et resta en Écosse avec
les pouvoirs de commandant en chef. En 1653,
Cromwell l'adjoignit à Black et à Dean dans le
commandement de la flotte qui soutenait la
guerre contre les Hollandais. Ses succès dans
cette campagne et ceux qu'il obtint ensuite en
Écosse, où il fut envoyé de nouveau, le rendirent populaire. Cromwell étant mort, et Richard Cromwell, son fils, ayant succédé à son
père sous le titre de Protecteur, le général
Lambert, chef de l'armée anglaise, prit parti
contre le Parlement et marcha vers l'Écosse où
se trouvait Monk à la tête de ses troupes. Monk,
tout en se portant défenseur du pouvoir parlementaire, commença par négocier et gagna du
temps. Lambert ayant été arrêté par ordre des
Communes, Monk, resté seul maître des troupes, rentra à Londres à leur tête le 3 février
1660, et se donna pour le défenseur énergique
du Parlement. Mais bientôt après, Monk se rallia ouvertement aux royalistes et prépara le
retour de Charles II, qui fut proclamé dans
la capitale le 8 mai, et y fit son entrée le

29 mai, accompagné de Monk. Ce dernier reçut le titre de duc d'Albemarle, et fut nommé chevalier de la Jarretière, membre du conseil privé, grand écuyer, premier commissaire de la trésorerie. Il reparut de temps à autre à la tête des troupes, en 1661 contre les insurgés, en 1667 dans la guerre de Hollande, et ces occasions exceptées, il vécut dans une retraite absolue. Il fut enseveli à Westminster au milieu des tombeaux des rois d'Angleterre, et laissa une grande fortune à son fils unique. Ph. CHASLES.

Malgré les deux siècles qui se sont écoulés depuis que George Monk contribua si puissamment à rendre à Charles II la couronne que son malheureux père avait échangée contre l'échafaud, la conduite politique et le caractère du restaurateur des Stuarts sont restés comme une sorte de problème que l'histoire n'a pu parfaitement résoudre. Monk était une de ces natures énigmatiques comme en produisent souvent les grandes crises révolutionnaires. Il cacha constamment, sous un masque d'emprunt, sa pensée, ses instincts, ses tendances et ses affections. Il se fit du silence une règle absolue, et s'entoura toujours d'un voile impénétrable, qu'il souleva seulement quand il vit arriver le moment, et lorsque son ambition pouvait se révéler sans crainte de briser son avenir contre un écueil. La conduite de Monk a été diversement appréciée par les partis politiques. Les uns en ont fait un héros, un modèle de fidélité et de foi chevaleresque; les autres n'ont voulu voir en lui qu'un traître, un parjure, un ambitieux. Nous croyons être justes en disant que c'était un homme sans conviction arrêtée, qui avait au fond du cœur des tendances royalistes, mais qui sut fort bien les dissimuler, tant que son intérêt l'exigea. C'est assurément un beau rôle que ce dévouement absolu qui fait que l'on voue son intelligence, sa fortune et sa vie au triomphe d'une idée ou d'un principe dans lequel on a foi. Si cette gloire de la fidélité eût tenté Monk, il serait digne de rester à jamais comme un type, malheureusement trop rare, de la foi politique; mais, il faut bien le dire, sa vie n'a point ce côté grandiose que lui prête la reconnaissance de ceux dont il fit le succès. Tour à tour royaliste et républicain, défenseur et adversaire du Parlement, il eut l'habileté de laisser croire à chacun qu'il était avec lui; excellent général du reste, plein de courage et d'énergie quand il le fallait, aimé de ses soldats qui avaient en lui une confiance sans bornes, il sut se faire une grande position militaire en dehors des intrigues et des coteries. La faiblesse de l'Angleterre la mettait à la merci du premier homme d'audace qui voudrait lui imposer sa volonté; il sut

profiter de cette situation. Son habileté est son plus grand mérite. DE LA GUÉRONNIÈRE.

MONKIR et **NÉKIR** : noms de deux anges qui, suivant les croyances des musulmans, interrogent les hommes aussitôt qu'ils ont été déposés dans la tombe. Dieu, par un miracle, rend la vie au mort; les deux anges lui demandent quel est son seigneur, sa religion et son prophète. A ces questions les fidèles musulmans doivent répondre : Dieu est mon seigneur, l'islamisme est ma religion et Mahomet est mon prophète. Aussitôt après cette déclaration les anges annoncent au mort qu'il est destiné à un bonheur éternel, et, s'il n'est coupable d'aucun péché, il commence à jouir dans le tombeau même d'une félicité rendue très grande par la certitude de jouir du paradis après le jugement universel. Le musulman qui a quelques crimes à expier éprouve des douleurs et des angoisses épouvantables jusqu'à ce que son âme ait été purifiée de ses souillures. Quant à l'infidèle (les musulmans orthodoxes comprennent sous cette dénomination tous ceux qui sont en dehors de l'islamisme, ainsi que les musulmans sectateurs d'Ali, ou schiites), Monkir, armé d'une massue de fer rouge, le frappe sur la tête avec tant de violence qu'il l'enfonce à une profondeur d'environ 30 pieds dans la terre; alors Nékir, armé d'un long croc de cuivre incandescent, le saisit et le ramène en haut. Ces tortures appelées *supplice du tombeau* dureront jusqu'au jugement dernier. Suivant l'opinion des musulmans, Monkir et Nékir sont noirs et bleus, et on les appelle *mélékeïn esvédéïn* (*les deux anges noirs*). Cette croyance, comme tant d'autres qui se retrouvent dans l'islamisme, est d'origine juive, et Mahomet l'a empruntée aux rabbins (consulter Marraccius, *Refutatio Alcorani*, p. 300 ; *Tableau général de l'empire ottoman*, par M. de M ... d'Ohsson, t. I, pag. 94, 136 et suiv.; les *Mille et un Jours* de l'édition de M. Loiseleur-Deslongchamps, pag. 129 et 326; Buxtorf, *Lexicon Chaldaicum, talmudicum et rabbinicum*, colonne 698.)

MONMOUTH, nom d'une ville et d'un comté d'Angleterre. Le comté de Monmouth, situé entre 51°, 34' et 52° 2' de latit. N., 4°, 56', et 5° 32' de longit. O., est borné au nord par le comté de Hereford, à l'est par celui de Gloscester, au sud par le canal de Bristol, à l'ouest par les comtés gallois de Glamorgan et de Brechnoch. Il a environ 12 lieues de long, 7 dans sa largeur moyenne, et 57 lieues carrées de superficie. Le sol y est fertile et bien cultivé; on y trouve aussi du fer, de la houille et de la chaux. On voit dans ce comté un grand nombre de forges, de fonderies d'étain, des manufactures de porcelaine, et quelques fabriques de flanelle et de draps grossiers. La population s'élève à environ 72,000 âmes. La langue du pays est le gallois.— La ville de Monmouth, capitale du comté, est située sur le Wyac, à 25 milles de Bristol, et à 112 ou près de 40 lieues de Londres. Elle a environ 5,000 habitants, parmi lesquels on compte un assez grand nombre de rentiers et de pensionnaires de l'État, qui ont choisi cette retraite à cause de la beauté du pays. Quoiqu'assez petite, elle renferme quelques beaux édifices, entre autres l'église paroissiale. Son commerce est peu considérable.

MONMOUTH (Jacques, duc de) : fils illégitime de Charles II, roi d'Angleterre, et de Lucy Waltey. Né à Rotterdam en 1639, il passa en France à l'âge de 9 ans, et fut élevé dans la foi catholique. Charles II le fit venir en Angleterre lorsqu'il eut recouvré sa couronne, le nomma comte d'Orkney, et plus tard duc de Monmouth, pair d'Angleterre et capitaine des gardes. Il se fit remarquer par son courage dans les Pays-Bas, où il servit sous le prince d'Orange, et défit, en 1779, les rebelles d'Écosse ; mais, dévoré par la soif du pouvoir, il fit bientôt cause commune avec les factieux, et figura dans une conspiration dont le but était l'assassinat de son père et du duc d'York, son oncle : le roi lui pardonna, et il se retira en Hollande pour attendre une occasion favorable à l'exécution de ses projets ambitieux. Lorsque le duc d'York fut proclamé roi d'Angleterre, il crut le moment opportun, passa en Angleterre, rassembla une armée, se fit passer pour un fils légitime de Charles II, et livra aux troupes royales une bataille dans laquelle il fut vaincu. Il ne parvint qu'à grand'peine à se sauver et fut arrêté deux jours après. Il sollicita sa grâce, et vint se jeter aux pieds de Jacques II ; mais son caractère turbulent n'inspirait aucune confiance. Il fut renfermé dans la prison de Londres et périt sur l'échafaud le 25 juillet 1685. Sainte-Foix fait mourir à sa place un malfaiteur qui lui ressemblait beaucoup, et cherche à prouver que le duc de Monmouth, traîné depuis lors de prison en prison, était ce fameux masque de fer qui a donné lieu à tant de suppositions. Mais le P. Griffet a démontré la fausseté de cette opinion.

MONNAIE. La monnaie est un instrument qui dans les échanges sert de mesure, et par lui-même est un équivalent. Elle a pour origine et pour raison d'être la sociabilité de l'homme ; la société est un échange de services. A mesure que la civilisation se perfectionne, les hommes échangent entre eux les produits de plus en plus variés de leur activité de plus en plus diverse. Mais pour la commodité, sinon pour la possibilité des échanges, une condition fort avantageuse, sinon indispensable, est qu'entre tous les produits, toutes les marchandises, tous les services, tout ce qui s'achète et se vend, il y ait un objet qui soit accepté universellement en retour de tous les autres, qui devienne une commune mesure des valeurs et un équivalent universel, afin que chacun y rapporte sa demande ou son offre. Cet objet intermédiaire, c'est la monnaie. Pour qu'une chose puisse servir de monnaie, il faut donc que ce soit une marchandise ayant une valeur propre, de même que pour rapporter les longueurs au mètre, il a fallu que le mètre fût une certaine longueur. Deux choses, et deux seulement, ont été reconnues propres à faire de la monnaie ; ce sont les deux métaux dits *précieux* par excellence, l'or et l'argent. Ces deux objets avaient, depuis l'origine, frappé l'attention des hommes par leur beauté et leur inaltérabilité relative. On s'en servait pour orner la demeure des chefs et les temples des dieux, pour augmenter l'éclat des armures et des vêtements. Avant d'être la monnaie, c'étaient donc des marchandises, des objets qui répondaient à de certains besoins des hommes et qu'on n'obtenait qu'avec un certain labeur. Aujourd'hui à plus forte raison, indépendamment de la destination monétaire, ce sont des articles de commerce recherchés, enviés ; mais ils se distinguent des autres marchandises par un certain ensemble de qualités : ils sont très portatifs. Ils sont inaltérables et se conservent à peu près sans aucun soin. Ils sont parfaitement homogènes ; l'or de la Sibérie est le même que celui du Brésil ou de la Californie ; de même l'argent du Mexique est celui du Pérou, du Chili, de la Saxe. Ils sont divisibles presque indéfiniment sans que la division leur enlève rien de leurs avantages, parce qu'il est facile d'en réunir des fragments isolés, et, détachées, les parties valent le tout. Ils sont faciles à distinguer, aptes à recevoir et à garder une empreinte délicate qui y serve de certificat. Ils ne sont pas fragiles, ils sont durs et résistent à l'usage, surtout moyennant un peu d'alliage. Enfin pendant l'espace de temps qu'embrassent la plupart des transactions, ils ne varient pas de valeur ; une livre d'argent ou d'or commande, dans chaque localité, une quantité à peu près fixe de travail et de la plupart des services, lorsqu'on se renferme dans un espace de quelques mois et même de plusieurs années. Telles sont les qualités nécessaires de la monnaie ; l'or et l'argent sont les seuls qui les réunissent.

On est convenu, chez la plupart des peuples, de mettre les deux métaux, quand on veut en faire de la monnaie, sous la forme de disques d'un poids déterminé et d'une dimension connue; les deux côtés du disque reçoivent chacun une empreinte déterminée par la loi. Les pièces de monnaie ne sont donc que des lingots d'un poids certifié de l'un ou de l'autre des métaux précieux. Un franc est un poids de 4 grammes et demi d'argent fin. La livre sterling est un poids d'or fin de 7 grammes 318 milligrammes. Mais pour augmenter la solidité des pièces, on mêle à l'or ou à l'argent un autre métal dont la valeur n'est comptée pour rien. C'est principalement du cuivre. La proportion adoptée en France est d'un dixième du poids total de la pièce. Ainsi la pièce d'un franc pèse 5 grammes. En Angleterre, dans la livre sterling, l'alliage est d'un douzième. La livre sterling pèse ainsi 7 grammes 981 milligrammes. La proportion de *fin* ou de métal pur qui est dans la monnaie en est ce qu'on nomme le *titre*. Ainsi on dit que la monnaie française est au titre de 9/10 ou de 900 millièmes, la livre sterling anglaise au titre de 11/12.

Par l'emploi de la monnaie, les transactions acquièrent différents caractères. Et d'abord elles prennent un sens à l'abri de contestation. Celui qui achète donne ou s'engage à donner, et celui qui vend reçoit ou s'oblige à recevoir, en acquit de ce qu'il a livré, un poids parfaitement déterminé d'or ou d'argent. Toute opération de commerce se résout par la livraison ou la promesse d'une certaine quantité de métal. Du moment qu'on est d'accord, c'est de quantité de métal qu'il s'agit et non plus de valeur. Si bien que, si le métal or ou argent dont la monnaie est faite enchérit dans l'intervalle qui sépare le marché de la livraison, c'est tant mieux pour le vendeur, comme c'est tant pis pour lui si le métal se déprécie. Chacun en a couru la chance.

Le prix d'un article quelconque de commerce est le rapport entre la valeur de cet article et la valeur du métal dont la monnaie est faite. Si le prix du blé est de 20 fr. l'hectolitre, c'est qu'il y a équivalence reconnue sur le marché entre un hectolitre de blé et 90 grammes d'argent fin ou 100 grammes d'argent monnayé au titre de 9/10. Quand le prix d'une marchandise monte, cela signifie, en France où toute la monnaie est de fait en argent, que cette marchandise a acquis une valeur plus grande par rapport au métal argent; ce qui provient communément de ce que la valeur absolue de la marchandise en question a haussé, mais ce qui pourrait provenir aussi bien de ce que la valeur du métal argent aurait baissé.

Par cela même que toute transaction se résout en la livraison de quantités déterminées de monnaie, la fabrication des monnaies a une extrême importance. Il est indispensable que la monnaie soit fidèle, qu'elle ait le poids annoncé et qu'elle soit de bon aloi. Un gouvernement qui convertit en monnaie les matières d'or ou d'argent que lui apportent les particuliers ne peut, à moins de fausser les transactions, prendre pour la peine au delà de ce que lui coûte la fabrication même. C'est ce que, dans la vieille langue monétaire, on appelle le *brassage*. Cependant les princes du moyen-âge, aveuglés par la cupidité et par l'ignorance, avaient érigé en principe qu'il serait perçu à leur profit sur la fabrication des monnaies, qu'ils s'étaient réservé, un droit dit de *seigneuriage*, qui fut souvent considérable. Heureuses les nations s'ils s'en fussent tenus là! mais ils eurent la prétention qu'il leur appartenait de changer les monnaies, d'appeler une livre ce qui n'était qu'une demi-livre ou qu'un quart de livre. Ils s'imaginaient que c'était leur figure apposée sur les disques de métal qui en faisait la valeur, et ils voulaient que le public se conformât à cette doctrine présomptueuse. Comme les particuliers ne se soumettaient pas de bonne grâce à cette prétention déréglée, qui revenait quelquefois à des intervalles rapprochés, les souverains, dans mainte circonstance, firent le changement d'une manière clandestine. C'était commettre le crime que le Code qualifie de fausse monnaie. La France est un des pays où ces abus se sont répétés le plus. Le roi Philippe-le-Bel se fit remarquer comme faux monnayeur, et le peuple de son temps lui en donna le nom. Quant aux changements avoués des monnaies qui, pour être opérés à la face du soleil, n'en étaient pas moins des spoliations, il y en a eu jusque sous le règne de Louis XV, pendant la régence, à l'occasion du système de Law. Depuis cette époque, la monnaie dite *livre* ne pesa plus que la 87e partie de la livre de Charlemagne.

De nos jours, les gouvernements civilisés se montrent fort scrupuleux à l'égard des monnaies. Le gouvernement turc lui-même qui avait falsifié la piastre à ce point, qu'après avoir contenu la quantité d'argent fin qui est dans 5 francs et demi, elle n'en avait plus que pour 25 centimes environ, le gouvernement turc s'est mis à monnayer très loyalement. En France, le droit fixé par la loi, pour que les directions des monnaies recouvrent les frais de la fabrication, avait été mis lors de l'adoption du système décimal à 3 fr. par kilog. d'argent, soit 15 grammes sur 1,000 grammes. C'était d'un et demi pour cent; il fut rabaissé à 10 grammes en 1835, et, depuis le 22 mai 1849, il n'est plus que de 7 grammes et demi ou de 3/4 pour cent. Pour l'or, c'est de 6 fr. par kilog. ou un peu moins de

2 millièmes. En Angleterre, depuis Charles II, les particuliers peuvent faire frapper à la monnaie de Londres, *sans qu'on prélève rien sur le métal qu'ils livrent, on le leur rend poids pour poids, titre pour titre.* On a aussi pris plus de soin pour que le poids des pièces fût très correct. Ce qu'on nommait jadis le *remède de poids* ou le *fuiblage*, et qu'on nomme aujourd'hui la *tolérance de poids*, a été graduellement diminué. En France, depuis le système décimal, c'est de 3 millièmes pour la pièce de 5 fr., et de 2 millièmes pour l'or. Chaque pièce individuellement doit respecter cette limite. En Angleterre, la tolérance est rapportée non à chaque pièce, mais à une livre pesant de pièces ; elle est de 2 millièmes et 1/12. Mais nous voyons dans l'*enquête sur la monnaie* de 1848 (page 75, et témoignage de M. Miller) qu'on se tient bien en deçà de la limite légale ; on n'atteint même pas une différence de 2 millionièmes sur un bloc de 10,000 livres sterling faisant un poids de 79 kilog. 809 milligrammes. Aux États-Unis la loi de 1837 et la loi plus récente du 3 mars 1849 ont fixé la tolérance par deux formules différentes, rapportées l'une à la pièce isolée, l'autre au millier de pièces. — Il serait utile d'avoir un moyen de retirer successivement de la circulation les pièces qui, par l'usage ou pour parler la langue monétaire, par le *frai*, deviennent trop légères. L'Angleterre est le seul pays où l'on se soit mis en mesure de satisfaire à ce besoin public. Une très grande quantité d'espèces passent par la Banque d'Angleterre ; à chaque fois, on les pèse avec une machine très délicate qui, d'elle-même, fait le triage des pièces affaiblies, et celles-ci sont remises immédiatement au creuset. Cette machine fonctionne à six exemplaires qui, ensemble, n'ont coûté, avec les accessoires et la pose, que 37,000 fr.

C'est un soin auquel on revient maintenant d'avoir des pièces de monnaie dont le poids soit en rapport simple avec l'unité du poids. Il était naturel qu'il en fût ainsi au point de départ. L'as romain, la drachme grecque, de même que la *livre* française ou anglaise, portaient le nom de l'unité de poids, parce qu'elles pesaient primitivement tout juste cette unité. Dans nos monnaies françaises d'argent, le franc pèse 5 grammes et 200 francs font un kilogramme. On a même eu cette attention de faire en sorte qu'un nombre rond de chaque espèce de pièces, disposées en ligne droite, formât exactement le mètre.

Il n'est pas moins nécessaire que le *titre* des monnaies soit bien surveillé. La loi, ou des réglements tracés en vertu de la loi indiquent rigoureusement une tolérance de titre autrefois nommée *remède d'aloi*, que les directeurs des monnaies ne peuvent dépasser. Jusqu'en mai 1849, la limite était en France de 3 millièmes pour l'argent ; la méthode d'essai qu'a imaginée M. Pelouze a permis de la mettre à 2 millièmes. C'est de 2 millièmes qu'elle était déjà pour l'or. C'était pas sans beaucoup de peine qu'en fabriquant la monnaie, on rend toutes les pièces semblables sous ce rapport. D'après les travaux de MM. Dumas et de Colmont, il y a une dizaine d'année, cette condition n'était pas remplie suffisamment pour les pièces de 5 francs. Il y a cette observation à faire aussi sur nos monnaies d'argent que jusqu'en 1830, elles ont eu un titre *trop fort* de 4 millièmes ; elles étaient à 904 au lieu de 900. C'était l'effet du mode d'essai qui était en vigueur. L'essai des monnaies d'argent se faisait à la coupelle : un chimiste illustre que la France vient de prendre, M. Gay-Lussac, montra que, pour être correct, l'essai des matières d'argent devait être fait par la voie humide, ce qui a prévalu. Outre qu'une grande quantité de nos pièces d'argent sont sensiblement au delà du titre légal, parmi ces mêmes pièces toutes celles qui sont antérieures à 1825 contiennent un millième d'or, proportion que, jusque-là, on ne savait pas extraire avec profit. Il y a donc un bénéfice très appréciable, de 7,000 fr. environ par million, tous frais déduits, à remettre au creuset les pièces d'argent d'avant 1825, pourvu qu'elles soient droites de poids. Or, il en avait été frappé alors pour 1,600 millions. C'est une mine que nos affineurs, qui sont fort habiles, ont exploité avec avantage et grandement. — Les tolérances de titre chez les principaux peuples diffèrent peu de ce qu'elles sont chez nous.

C'est une question intéressante et opportune que de savoir si le système monétaire doit comprendre les deux métaux ou se borner à un seul. La plupart des personnes qui ont écrit sur la monnaie ont été d'avis de n'avoir de monnaie qu'en un seul métal. Cependant tous les peuples, dans la pratique, se sont servis plus ou moins des deux, même ceux qui avaient décrété qu'ils n'useraient que d'un seul. Cette dissonnance entre les théoriciens et les gouvernements peut s'expliquer, et les deux opinions peuvent se concilier. Les théoriciens ont raison quand ils disent que, pour être raisonnables, les réglements sur les monnaies doivent s'abstenir de statuer que tel poids d'argent étant un franc, tel poids fixe aussi d'or sera aussi le franc : c'est l'erreur qu'a commise chez nous le législateur de l'an XI quand il a statué que 29 centigrammes d'or fin *seraient* un franc. Tout ce qu'il eût pu dire, c'est que, à ce moment là, 29 centigrammes d'or *équivalaient* à 4 grammes et demi d'argent, quantité renfermée dans le franc. Il n'existe aucune relation nécessaire entre la valeur d'un gramme d'argent et celle d'un gramme d'or, pas plus qu'entre la valeur du blé et celle du vin, ou qu'entre celle de la houille et celle du coton. Avant la découverte de l'Amérique, un gramme d'or s'échangeait contre 10 à 11 grammes d'argent. Depuis trente ou quarante ans, il en a valu presque toujours plus de 15 et demi. Une révolution dans l'exploitation des mines d'argent ou la découverte de mines d'argent plus abondantes réduirait peut-être la valeur de l'argent, à ce point qu'un gramme d'or fût l'équivalent de 20 grammes d'argent, et, au contraire, les mines d'or de la Californie et de la Sibérie, abaissant la valeur de l'or par rapport à l'argent, pourront être la cause que, contre un gramme d'or, il ne faille plus donner que 10 ou 8, ou 5 grammes de l'autre métal. Il est donc juste de soutenir que tout système monétaire qui assimile absolument une certaine quantité d'argent à une quantité déterminée d'or est défectueux. Ainsi le législateur français a eu tort de dire et d'écrire sur les pièces de monnaie : ceci (4 grammes et demi) est un franc d'argent, cela (29 centigrammes) est un franc d'or. Le gouvernement russe est tombé dans la même erreur quand il a appelé du même nom de rouble deux poids fixes, l'un d'argent, l'autre d'or. — Ce n'est pourtant pas une raison pour écarter absolument du système monétaire l'un ou l'autre des deux métaux précieux. L'un et l'autre possédant les qualités voulues pour servir de monnaie, c'est s'insurger contre la nature des choses que de ne pas les leur reconnaître. Seulement il faut prévoir la tentation qu'auraient les débiteurs de s'acquitter avec celui des deux métaux qui serait déprécié accidentellement ou d'une manière permanente par rapport à l'autre. La loi doit être en des termes tels que le créancier puisse, s'il le juge à propos, écarter cette chance. Il faut pareillement que rien dans la loi ne s'oppose à ce que le détenteur de l'un ou de l'autre des métaux précieux en tire tout l'avantage légitime. En France, par exemple, aujourd'hui, le porteur de pièces d'or est opprimé. Le receveur des deniers publics, le marchand, ne lui prennent la pièce dite de 20 francs, que sur le pied de 20 pièces d'argent de 1 franc, soit 90 grammes d'argent fin, tandis qu'en lingots, l'or vaut à peu près 3 p. 100 de plus par rapport à l'argent. — La commodité même du public exige qu'on monnoye les deux métaux à la fois pour les usages courants. Le particulier qui veut porter sur lui une petite somme, 25 ou 30 fr., est gêné par le poids si c'est en monnaie d'argent; donc il faut

avoir aussi des espèces en or. D'un autre côté l'or ne peut suffire, il ne répondrait pas à tous les besoins, car il est difficile d'avoir des pièces d'or d'un volume de moins de 10 fr.; au dessous c'est trop menu. Les pièces d'une piastre (5 fr. 40 c.) qu'on a essayées en Espagne, et dont on recommencé l'expérience aux Etats-Unis, fuient entre les doigts. Pour être commode, le numéraire métallique d'un pays doit comprendre des pièces d'or et d'argent; pour être complet, le mécanisme des échanges doit même avoir au dessus de l'or et au dessous de l'argent d'autres objets que nous aurons à mentionner, les titres de crédit et les pièces de de billon ou autre. L'emploi simultané des deux métaux est si bien commandé, qu'on n'a pu l'éviter nulle part. Les Anglais ont décrété qu'ils n'auraient de monnaie qu'en or : leur loi de 1816 a fait descendre les pièces d'argent au rang de billon; au dessus de 2 livres sterling (50 fr.), on ne peut s'acquitter en pièces d'argent. Mais c'est déjà un bien grand nombre de paiements que celui qui s'étend à toutes les sommes de 50 fr. et au dessous, et par dérogation à leur système, les Anglais ont été forcés d'admettre que l'encaisse métallique de la Banque se composerait d'argent aussi bien que d'or; la proportion est d'un cinquième en valeur.

Dans quelques états, pour conserver les deux métaux dans la circulation, sans que les créanciers pussent être frustrés par les débiteurs, et sans que les détenteurs de l'or pussent avoir à se plaindre, le législateur a employé l'artifice suivant : on frappe des monnaies d'or aussi bien que d'argent; mais la monnaie d'or ne porte sur son empreinte rien qui indique, comme les mots de 20 fr., mis sur nos pièces d'or, un rapport déterminé avec l'argent. Il n'y a aucun tarif légal de l'or relativement à l'argent. On laisse à l'usage le soin d'établir le cours de l'or envers l'argent, et on suppose que, dans les petites transactions de la vie, chacun saura ce cours et s'y conformera. C'est ainsi que la compagnie anglaise des Indes, qui frappe en argent des pièces appelées *roupies de la compagnie* (pour les distinguer des *roupies sicca*), frappe des pièces d'or qui sont exactement du même poids (180 gr. poids de Troie ou 11 grammes 664 milligr. et au même titre (onze douzièmes), et qui portent le nom mogol de *mohur*. Pour entrer dans le même système, le gouvernement hollandais vient, par une loi de 1849, de prononcer contre la monnaie d'or, une démonétisation qui n'est qu'apparente, en ce sens que, si personne n'est forcé de la recevoir sur un pied fixe par rapport à la monnaie d'argent (le florin), elle ne continuera pas moins de circuler; seulement elle passera au cours réglé par les commerçants, conformément à la valeur en argent des lingots d'or ; le ducat d'or de Hollande est une monnaie fort estimée partout, qui ne peut tomber en désuétude. Il est permis de croire que le système adopté par la compagnie des Indes et par le gouvernement hollandais, n'aurait pas de succès chez nous. Au moins est-il certain qu'essayé, ou plutôt décrété, en thermidor an III, il ne put s'introduire dans la pratique. La loi disait qu'il serait frappé des pièces d'or de 10 grammes au titre de 9/10, sans détermination de la valeur légale, par rapport à l'argent ; c'est à peu près ce qu'avait recommandé Mirabeau dans un discours complet sur la matière, qu'il fit à la Constituante. Mais personne ne voulut faire frapper des pièces de ce genre, La loi de l'an XI, qui statue qu'une pièce d'or contenant un poids de fin de 5 grammes 806 milligrammes, serait une pièce de 20 fr., et devrait être admise à ce taux dans les paiements, occasionna un assez fort monnayage, parce que le rapport de 1 à 15 1/2, qu'elle suppose entre les deux métaux, était exact alors. Mais ce rapport n'existant plus aujourd'hui, la même loi est désormais un obstacle au monnayage de l'or. Personne n'apporte des matières d'or à la Monnaie : on y perdrait. L'or s'achète chez les changeurs en payant une prime.

Pour avoir égard aux habitudes et aux préjugés du public français, le mieux serait d'avoir deux unités monétaires distinctes. Pour l'argent, le franc, c'est-à-dire 4 grammes et demi de fin, avec l'alliage d'un dixième pour donner de la dureté au métal ; pour l'or, une pièce de 5 ou de 10 grammes, alliage compris, à laquelle on donnerait un autre nom, comme en Angleterre le *souverain;* en Amérique, l'*aigle;* en Russie, l'*impériale;* en Espagne, l'*once.* Les pièces d'or ne porteraient la désignation d'aucun nombre de francs; mais à des intervalles rapprochés, tous les cinq ans, tous les ans au besoin, le législateur déterminerait le rapport qui doit exister entre les deux unités, c'est-à-dire le nombre de francs et de centimes que vaudrait la pièce d'or dans les innombrables transactions de la vie courante et dans le paiement de l'impôt. Ce rapport se réglerait d'après la cote du marché des métaux à Paris, à Londres, à Amsterdam, à Hambourg, à New-York. C'est ce que fait le gouvernement *russe.* En vertu de l'édit du 1-13 juillet 1839, l'impériale circule avec une prime de 3 p. 0/0 par delà la valeur nominale qui est de 5 roubles. La pièce dite de 5 roubles est prise par les receveurs des deniers publics de l'Empire, en dépit du nom 5 roubles qu'on a eu le tort d'y graver, pour

5 roubles et 15 copecs. En vertu d'un édit nouveau, si la valeur de l'or baisse, comme il y a lieu de le prévoir, l'impériale, au lieu de gagner une prime subira un escompte. De cette manière il ne reste de bien fautif dans ce système russe, que le mot gravé sur la pièce d'or. A l'égard des transactions des commerçants, des ventes de propriétés, des fermages, de tout ce qui comporte un certain délai et se règle communément par un acte écrit, les particuliers devraient rester libres de stipuler que les paiements se feraient en tel des deux métaux qu'ils voudraient.

D'après ce qui précède, le lecteur admettra que c'est une grande dépense pour une nation de se procurer la monnaie nécessaire au service de ses échanges. On estime que la France a, en circulation, deux milliards et demi de francs, presque tout en argent. Pour se procurer la masse de 11,250,000 kilog. d'argent qui forme cette somme de monnaie, il a fallu donner aux pays producteurs d'argent, ou aux intermédiaires, une masse équivalente de marchandises, produit de notre travail. En mettant à 1 fr. 50 c. la journée d'un manœuvre, c'est 1,666,667,000 journées de travail que notre monnaie nous aurait coûté. Cet instrument, s'il est utile, s'il est indispensable, est donc très dispendieux de première acquisition. Il coûte aussi pour l'entretien, car ce qu'on nomme le *frai* ne laisse pas que d'être considérable à la longue. Si toutes les transactions se faisaient au comptant, c'est-à-dire si l'acheteur d'une marchandise ou d'un service quelconque, devait, quand il en prend livraison, s'acquitter en écus, la monnaie devrait être bien plus abondante encore. Pour la nation, ce serait une charge bien plus lourde. Les peuples civilisés ont donc cherché des expédients qui leur permissent d'accomplir leurs transactions avec une quantité de monnaie de moins en moins grande. Ils ont résolu ce problème difficile par le moyen du crédit.

A l'aide du crédit, des engagements de diverses formes, tracés sur un chiffon de papier, tiennent provisoirement lieu de monnaie. Ensuite des institutions, qui sont diverses selon la diversité des cas, opèrent la liquidation de ces engagements par la méthode des compensations, et il n'y a plus à payer que des balances, relativement faibles. Ces balances s'acquittent finalement en monnaie, c'est-à-dire en métaux précieux. Si elles s'acquittent autrement, on a toujours, du moins, la faculté de revenir à l'acquit en métaux, comme vérification de la sincérité des engagements qui tous ont porté l'indication d'une quantité de métal. Les instruments de crédit, et les mécanismes par lesquels les engagements portés par ces instruments se compensent et, sauf de faibles balances, se liquident, sont très variés. Parmi les instruments du crédit, il convient de signaler le billet de banque, la lettre de change, le billet à ordre, qui peut être considéré comme une variante de celle-ci, et la traite à vue sur le banquier, ce que les Anglais nomment un *check*. Parmi les mécanismes, au premier rang apparaissent les banques publiques, les maisons de banque, les établissements de centralisation, analogues à ce qu'on nomme à Londres la *maison de liquidation des banquiers (Clearing-House)*.

Il est aisé de se rendre compte de l'économie de monnaie que procurent ces instruments et ces institutions. — Primitivement chacun a une caisse à domicile et effectue lui-même ses paiements et ses recettes. De là une infinité de fonds de caisse individuels qui composent dans un État une grosse somme. A l'isolement et à la dispersion substituez la centralisation. Que quelques hommes soient les caissiers de tous et qu'ils fassent pour tous le service des paiements et des recettes; ils y subviendront facilement avec une fraction du numéraire qui auparavant restait épars dans les caisses particulières. Qu'on établisse ensuite parmi ces agents eux-mêmes un second degré de centralisation, et l'économie de monnaie s'en accroîtra considérablement. Ces deux degrés de centralisation se trouvent très manifestement à Londres. Les particuliers, commerçants ou non, s'abstiennent d'avoir du numéraire chez eux, sauf un peu d'argent de poche. On dépose tout ce qu'on en a chez un caissier qu'on nomme banquier (*banker*). Tous les paiements s'opèrent par le moyen d'un bon à vue, *check*, que le débiteur délivre sur son banquier. Le créancier remet le *check* que lui a remis son débiteur à son propre banquier. Chaque jour, les banquiers se rendent ou envoient un commis à un bureau central (le *clearing house*), où ils échangent les traites dont ils ont à recevoir le montant contre celles qu'ils ont à payer, et ainsi tout se réduit à verser de modiques balances. En moyenne, quotidiennement 200,000 liv. sterl. tiennent lieu de 3,000,000. C'est la proportion de 1 à 15. — Superposée aux banquiers, la Banque d'Angleterre forme le second degré de la centralisation. Elle est aux banquiers ou caissiers du public ce que sont ceux-ci aux particuliers. Ils lui confient leurs fonds en *compte-courant*, et ainsi toutes les espèces de cette ville immense se concentrent à peu près dans une seule caisse, ce qui économise extrêmement l'emploi des métaux précieux. Les paiements que les banquiers, qui sont en compte-courant avec la Banque, ont à se faire les uns aux autres s'effectuent par de simples virements sur les livres de l'institution, au lieu d'un transfert d'écus d'une maison à une autre. — A Paris, les particuliers n'ont pas de caissiers ou banquiers comme ceux de Londres, mais tous les banquiers, tous les commerçants de quelque importance ont un compte-courant à la Banque de France. — Aux États-Unis, les banques publiques, qui sont très nombreuses dans chaque ville, remplissent l'office des caissiers de Londres. En Angleterre, dans la plupart des villes, il en est de même.

Ce qui précède montre comment on parvient à économiser l'usage des métaux précieux dans une forte proportion par le moyen de deux instruments de crédit, le *check* ou bon à vue sur un caissier ou banquier, et le compte-courant avec une banque. Les institutions qui mettent en jeu ces instruments de crédit sont des bureaux de liquidation du genre du *clearing house*, et les banques considérées comme des établissements de *dépôt*; mais les banques ont presque toutes aujourd'hui deux autres attributions. Elles sont 1o banques d'*émission*, c'est-à-dire émettant des billets dits billets de banque, et 2o banques d'*escompte*, c'est-à-dire escomptant les lettres de change et autres effets de commerce non encore échus. A ces deux nouveaux titres, elles contribuent puissamment à diminuer la somme d'espèces métalliques qui, selon l'organisation primitive des transactions, serait nécessaire au service des échanges.

Par leur faculté d'*émission* ou de *circulation*, les banques substituent à une portion des espèces qui seraient nécessaires leurs billets au porteur et à vue, qui sont beaucoup plus commodes et qui se convertissent en écus à la volonté du porteur, sans délai ni formalité. On n'a qu'à les présenter à la banque, qui est tenue d'en donner immédiatement le montant en espèces. En raison de la commodité extrême de ces billets, le public, quand il a confiance dans la banque, les préfère aux écus. On ne va les troquer contre des écus que dans des cas très particuliers, lorsqu'on a, par exemple, un paiement à faire à l'étranger et qu'on ne peut l'acquitter autrement qu'avec de l'or et de l'argent. De là il résulte qu'une banque qui a su inspirer confiance au public n'a pas besoin d'avoir en caisse une masse d'écus égale au montant de ses billets en circulation, à beaucoup près. La proportion d'écus qu'il est prudent de garder en caisse dépend d'un assez grand nombre de circonstances. C'est une formule empirique assez en usage qu'une somme en espèces égale au tiers des billets en circulation suffit à mettre les banques à l'abri de toute mésaventure.

Nous sommes loin de recommander cette règle *comme absolue.* Elle donne pourtant une idée approximative de l'économie de métaux qu'à titre d'établissements d'émission les banques rendent possible.

Les lettres de change, dans lesquelles nous comprenons les billets à ordre, surtout avec des banques pour les contrôler, les centraliser et les escompter, ont sous ce rapport une action plus grande que les billets de banque. Les lettres de change circulent de quartier à quartier, de ville à ville, d'état à état, pour le service des paiements. Les banquiers aux mains desquels elles se concentrent, et les banques publiques qui les escomptent quand ceux-ci les leur apportent, les balancent les unes par les autres. Par le moyen de la lettre de change sur Paris, qui est fort en usage en France, Paris devient une *maison de liquidation* pour la France entière. C'est en effet là que les paiements ont à s'effectuer. La compensation des lettres de change des diverses villes, les unes par les autres, se fait à peu près comme celle des *cheques* ou bons à vue sur leurs banquiers, que les particuliers de Londres délivrent à leurs créanciers. Il y a bien, entre le *check* et la lettre de change, cette différence que le premier est payable le jour même, à vue, tandis que la lettre de change est à échéance fixe, à six mois, trois mois, quarante jours, plus ou moins; mais quand on apporte une lettre de change à la banque, celle-ci, en l'escomptant, en rapproche l'échéance, et la met au moment actuel. — Le mouvement des lettres de change, dans un état commerçant, dépasse ce qu'on pourrait croire au premier abord. Il résulte de supputations auxquelles s'est livré un banquier éclairé de la Grande-Bretagne, M. Leatham, supputations qu'a appuyées de son suffrage un économiste justement renommé, M. T. Tooke (*Inquiry into the currency principle*, pag. 26), qu'en 1839 la masse des lettres de change émises dans le royaume-uni de Grande-Bretagne et d'Irlande, fut de 13 milliards et demi de francs; l'accroissement moyen depuis 1832 était de 600 millions de francs par an. A un instant donné il y en a eu, moyennement, en circulation, dans le royaume-uni, en 1839, pour 3 milliards 300 millions; et à cet égard l'accroissement annuel moyen depuis 1832 était de plus de 150 millions. Or, la masse de billets de banque qui circule communément dans le royaume-uni, toutes banques comprises, n'excède pas 850 millions, et depuis un certain nombre d'années, elle ne s'accroît pas, elle diminue plutôt. Il est vrai que le billet de banque passe de main en main plus rapidement que la lettre de change. Cependant à certaines époques et dans certains districts, en Lancashire par exemple, avant qu'une loi sur le timbre eût frappé spécialement la lettre de change, celle-ci tenait lieu de billet de banque dans le plus grand nombre des cas. Pour terme de comparaison, ajoutons que le total de la monnaie qui circule dans le royaume-uni, ou qui est dans les caisses des banques, n'excède pas un milliard de francs. Si donc il est vrai de dire 1° qu'un peuple qui naît à la civilisation doit, pour faciliter et assurer le service de ses échanges, se procurer, par l'exploitation des mines ou par le commerce extérieur, une certaine quantité de métaux précieux qu'il convertit en monnaie, et 2° que pendant un certain temps il augmente son numéraire métallique, c'est une proposition non moins vraie que, arrivé à un certain point, ce peuple cesse d'augmenter sa masse de monnaie, et s'applique avec succès à la réduire en y substituant, dans une très forte proportion des instruments de crédit mis en œuvre par des institutions diverses.

Tous ces instruments, le bon à vue sur le banquier, le compte-courant à la banque, la lettre de change, ne doivent pas être considérés comme de la monnaie. Ils n'en sont que le signe, la représentation, la promesse. Ils impliquent tous de la manière la plus absolue l'obligation de se troquer à un certain moment contre de la monnaie, nous voulons dire contre du métal, si le détenteur du signe quel qu'il soit l'exige : autrement le signe est trompeur. Cette convertibilité est de rigueur, quelque sophisme qu'on ait mis en avant pour l'éluder. Et comment peut-on savoir qu'un engagement, billet de banque, assignat ou lettre de change qui est délivré, qui porte l'indication de 100 fr., qui a la prétention d'être 100 fr., est bien réellement 100 fr., autrement qu'en faisant donner en retour 100 fr., c'est-à-dire 100 pièces d'argent du poids de 5 grammes au titre de 9/10, ou 20 pièces de 5 fr. ? La monnaie est une marchandise fort substantielle, et non point le signe représentatif, comme on le dit à tort dans le langage vulgaire. Si la monnaie était un signe on pourrait battre monnaie avec du papier, car, signe pour signe, le plus économique et le plus portatif est le meilleur, et alors on vogue en plein sur l'océan redoutable du papier-monnaie. — Non seulement la monnaie est une marchandise, une substance, mais c'est une marchandise, une substance spécialement dénommée, l'or ou l'argent. On ne peut battre monnaie avec des champs ou des maisons, comme le tenta la Révolution française quand elle émit les assignats. Une terre ou une maison ne répondent à aucune des conditions exigées des objets qui prétendraient aux fonctions monétaires. Ainsi le système des assignats devait crouler du moment qu'on en eut émis une quantité supérieure à ce qui pouvait rentrer rapidement par l'impôt, ou se rembourser en très peu d'années par le moyen d'un emprunt. — Le système de Law, tel qu'il fut appliqué, reposait sur des erreurs qui semblent contradictoires, l'une qu'on peut faire de la monnaie avec une substance qui ne soit pas par elle-même une marchandise, l'autre que si la quantité de monnaie qui est dans un état augmente, la richesse de cet état augmente d'autant, de quelque matière que soit la monnaie, quand bien même ce serait du papier. Il s'en suivait qu'on devait rendre la France riche en l'inondant de petits carrés de papier sur lesquels étaient inscrits ces mots : *cent, cinq cents, mille livres ;* absurdité flagrante. Le problème de l'enrichissement des peuples est plus difficile et plus compliqué. — C'est même un fait positif que l'augmentation de la monnaie d'un état, cette monnaie étant d'or et d'argent, ne doit pas être regardée comme augmentant *par elle-même* la richesse de cet état, si cette augmentation n'est pas provoquée par l'extension de la production et des transactions. Nous disons *par elle-même,* car nous ne contestons pas que si la mer vomissait sur nos rivages des lingots d'or ou d'argent pour 100 millions, la richesse nationale en fût augmentée d'autant : en exportant ces lingots nous ferions venir de l'étranger un supplément de blé, de sucre, de fer, de tissus, qui ajouterait à notre bien-être, ou, sans les exporter, nous pourrions nous donner un peu plus de vaisselle ou orner nos demeures, ce qui serait autant d'ajouté à l'aisance de notre vie. Mais si, par un coup de magie, toutes autres choses restant les mêmes, dans chaque escarcelle où il y a une pièce de 5 fr. il s'en trouvait deux, et si l'exportation au dehors ou la conversion en ustensiles ou en ornements au dedans étaient absolument interdites et impraticables, si en un mot c'était une augmentation pure et simple de la monnaie proprement dite, aucune de nos jouissances n'en serait accrue, à moins que ce n'en soit une de compter le double de pièces dans chaque paiement. Dans toute transaction où figurait auparavant une pièce de 5 fr., il en figurerait désormais deux. Celui qui se présenterait sur le marché où nous supposons que l'hectolitre de blé valût auparavant 20 fr., et qui en voudrait avoir deux pour profiter de ce que la somme de 20 fr. qu'il comptait mettre en blé aurait été changée en 40 fr. par le sortilège que nous supposons, serait déçu dans son attente. L'hectolitre de blé monterait à 40 fr.; et tout en proportion. C'est ainsi que la conséquence de la découverte de l'Amérique qui augmenta considérablement la quantité de monnaie chez tous les peuples à la fois fut une forte hausse de tous les prix. On conçoit aisément pourquoi les choses prennent ce tour. Quand le nombre des pièces de 5 fr. a été doublé dans toutes les bourses sans qu'il y ait d'autre changement, si quelqu'un prétend avoir, moyennant la somme de 40 fr., deux hectolitres de blé au lieu d'un, son voisin fait de même, il en a le moyen tout comme lui, et la quantité de blé n'ayant pas augmenté cette concurrence le fait monter dans la même proportion que les espèces se sont accrues.

Les erreurs qui ont été tour à tour accréditées au sujet de la monnaie (nous voudrions pouvoir dire qu'elles ne le sont plus), sont nombreuses. Elles se sont réflétées sur l'administration des États d'une manière bien fâcheuse. Nous signalerons une autre qui n'est pas encore déracinée malheureusement, celle qui consiste à représenter la monnaie, ou pour mieux dire l'or et l'argent, comme la richesse par excellence, l'unique richesse, parce qu'ils peuvent être convertis en monnaie. Cette erreur provient de ce que, pour exprimer la valeur des divers objets qui se vendent et s'achètent, on la rapporte à la monnaie. Toute chose qui donne lieu à une opération d'achat et de vente s'énonce alors chez nous en francs, chez les Anglais en livres sterling ; c'est contre des francs ou des livres sterling qu'elle se troque ou semble se troquer. Le franc ou la livre sterling est l'objet qui sert ou semble servir à se procurer toute marchandise, d'où l'on a conclu, bien à tort, que ces disques d'argent ou d'or avaient et possédaient seuls la faculté de nous procurer la satisfaction de nos besoins, le bien-être, les plaisirs, les consommations, les services de toute sorte, tandis que ce n'est qu'une mesure des valeurs, et un équivalent généralement adopté. On vient de voir, à propos du crédit, comment chez les peuples d'une civilisation avancée la monnaie n'intervient que nominalement et fictivement dans la plupart des échanges. Certains peuples très riches comme l'Angleterre et les États-Unis en ont moins que d'autres qui sont beaucoup moins aisés, comme la France et l'Espagne.

La richesse d'un État se compose de l'ensemble des objets, en rapport avec leurs besoins, que possèdent les habitants de cet État, ou pour parler d'une manière plus générale, de l'ensemble des services qu'ils se rendent mutuellement. Du blé, de la toile, du drap, du fer, sont de la richesse, au même titre que l'or et l'argent. Les outils et machines qui servent à la production sont aussi bien de la richesse. De même les maisons, les fonds de terre ; de même les talents naturels ou acquis, et les produits matériels ou non de ces talents, du moment que ces produits s'achètent ou se vendent. L'or et l'argent ne sont dans la richesse d'un État que deux articles rangés parmi une multitude d'autres. Les divers objets qui composent la richesse des particuliers ou de la société ont des valeurs diverses, c'est-à-dire s'échangent dans des proportions très différentes. Ainsi, 100,000 grammes de houille ne s'échangeront, par exemple, que contre 1 gramme d'or, quelquefois un demi ou un quart de gramme ou moins encore. La cause de ces inégalités de valeur réside dans diverses dissimilitudes, et surtout dans la difficulté plus ou moins grande de se les procurer. Mais l'objet même qu'on se procure le plus aisément, l'eau par exemple, est une richesse. C'est même une richesse supérieure à l'or, en ce sens que le genre humain pourrait se passer d'or et ne saurait se passer d'eau. Voir toute la richesse dans l'or et l'argent, c'est comme si l'on prenait la charrette qui porte un trésor pour ce trésor lui-même, ou, selon l'expression de M. J.-S. Mill (*Principles of Political Economy*), c'est comme si l'on confondait le champ ou la maison que nous possédons, et où nous trouvons le bien-être, avec le chemin qui nous sert à y arriver.

Toute notion de la richesse qui heurtera celle qui précède, sera non seulement fausse mais dangereuse. On s'est fait cependant de la richesse pendant longtemps, on s'en fait aujourd'hui encore, dans les conseils de plus d'un gouvernement, une idée bien différente. Tous les gouvernements à peu près, il y a moins de deux siècles, étaient profondément convaincus que l'or et l'argent étaient la richesse fondamentale, sinon unique. On en a la preuve dans la correspondance du grand Colbert lui-même. Il est dans l'exultation quand il apprend qu'une somme de 1 million en or a été apportée de Cadix au Havre sur deux bâtiments! De cette erreur naquit le système dit *mercantile*, en vertu duquel chaque État cherchait à vendre aux autres sans leur rien acheter, afin d'être payé en métaux. Faut-il ajouter que ce système absurde, qui n'est bon qu'à isoler et à appauvrir les nations, est encore en vigueur chez bien des peuples, à commencer par la France; car qu'est-ce au fond que le système qualifié par ses partisans de *protection du travail national*, dont la France aujourd'hui est plus que jamais la dupe, sinon une édition quelque peu rajeunie extérieurement du système mercantile?

Nous avons dit que l'or et l'argent étaient deux marchandises qui avaient l'avantage de varier de valeur peu ou moins que les autres,

et c'est un des motifs qui les ont fait choisir pour servir de monnaie. La plupart des services personnels se rétribuent en monnaie dans des proportions qui ne changent pas d'une année à l'autre. La consultation d'un avocat ou d'un médecin, les appointements des fonctionnaires, les rétributions des employés, des domestiques, sont des sommes fixes d'argent. Le salaire des ouvriers est une quantité d'or ou d'argent qui oscille entre des limites peu éloignées pour chaque profession. Voilà ce qui a lieu communément; mais quelquefois il est arrivé dans l'histoire que des changements non seulement faibles ou accidentels, mais considérables et durables se révélassent dans la valeur de l'or ou de l'argent comparés à l'ensemble des autres articles de commerce proprement dits, et des services personnels. L'exemple le plus remarquable qu'on en ait est ce qui suivit l'exploitation des mines d'Amérique. — La valeur d'un article de commerce quelconque se détermine à chaque instant par le rapport entre l'offre et la demande, et, à moins d'un monopole, dans ses oscillations de hausse et de baisse, elle gravite vers un point plus ou moins fixe relativement qui est indiqué par le montant des frais de production. De là il résulte que si un article quelconque est produit tout à coup en quantité beaucoup plus grande, de sorte que la quantité offerte sur le marché soit beaucoup accrue, la valeur doit baisser, à moins que des causes quelconques n'en provoquent tout à coup une demande supplémentaire proportionnée à la grandeur nouvelle de l'offre; et puis quand la concurrence agit librement, la baisse doit se continuer sauf des interruptions momentanées, jusqu'à ce que la valeur soit tombée au niveau des frais de production, en comprenant dans ceux-ci un bénéfice raisonnable pour le producteur. Ces prémisses bien convenues, on conçoit que l'exploitation des mines d'or ou d'argent de l'Amérique a dû réduire considérablement la valeur de l'argent et de l'or. Ces mines donnèrent en effet subitement lieu à une production extrêmement abondante; et on les exploitait à meilleur marché que les mines alors en activité dans les États de l'Europe.

Quand l'Amérique fut découverte, l'Europe possédait très peu d'argent et d'or. M. Jacob, dans son livre sur les métaux précieux (*on Precious Metals*), exprime l'opinion que l'Europe en bloc n'en possédait pas pour un milliard de francs de notre monnaie. Le pillage de Mexico et de Cuzco et les lavages d'or de Haïti donnèrent tout à coup une certaine quantité d'or, beaucoup moins cependant qu'on ne l'imagine communément, et en 1545 la mine d'argent du Potosi commença à rendre des masses de métal tout-à-fait extraordinaires. Trente ans après qu'on l'eut découverte, cette mine fournissait annuellement 270,000 kil. d'argent fin ; il est douteux que la Péninsule espagnole, avant Christophe Colomb, en possédât une quantité bien supérieure. On peut estimer qu'à une époque, qui varie, selon les États, de l'an 1620 à l'an 1640, la valeur de l'argent avait baissé dans le rapport de 1 à 3, autant qu'on peut en juger par le prix moyen du blé pendant une série d'années. Ceci suppose, chose plausible, que, à l'égard du blé, les frais de production et le rapport entre l'offre et la demande, circonstances qui, comme on vient de le voir, déterminent la valeur, pris en moyenne pour d'assez longues séries d'années, n'aient pas sensiblement varié à cette époque. L'hectolitre de blé qui, vers 1540, se vendait anciennement à Paris 15 grammes d'argent fin, se vendait vers 1620 45 grammes. En d'autres termes, les prix en monnaie d'argent haussèrent dans le rapport de 1 à 3. Pour l'or ce fut un peu moins, parce que le Nouveau-Monde fournissait moins d'or que d'argent. A partir de 1620 ou 1640 la valeur de l'argent et de l'or semble rester stationnaire jusqu'au commencement du xviiie siècle. Un peu après, un mouvement en sens inverse se fait sentir. L'argent enchérit, les prix baissèrent : les mines s'étaient appauvries ; Adam Smith, dans sa *Richesse des nations*, liv. I, chap. XI, et Dupré de Saint-Maur, dans l'*Essai sur les monnaies*, pag. 68, en ont fait la remarque. Mais peu après le milieu du xviiie siècle le mouvement se prononça de nouveau avec vivacité dans le sens de la baisse des métaux précieux. C'est principalement à l'influence des mines de Guanaxuato (Mexique) pour l'argent, et à celle des mines du Brésil pour l'or que doit être attribuée cette nouvelle baisse. Pendant cette période l'abaissement rapporté à la valeur du blé serait, pour le métal argent, dans la proportion de 2 à 1. L'hectolitre de blé sur le marché de Paris valait de nouveau, en moyenne, vers le milieu du xviiie siècle, 45 grammes d'argent fin (10 fr.) ; au commencement du xixe siècle il était à 90 grammes (20 fr.). En résumé, depuis la découverte de l'Amérique la baisse paraît avoir été dans la proportion de 6 à 1 pour l'argent, de 4 à 1 pour l'or.

Lorsqu'a lieu une forte baisse de la valeur des métaux dont est faite la monnaie, quel est le changement apporté au bien-être de la société en général, et aux rapports d'individu à individu ? Quelles personnes en sont fâcheusement affectées, quelles autres en profitent ? Pour la société, en général, tout ce qu'on y gagne, c'est

qu'il devient plus facile à toutes les classes de se procurer des ustensiles et des ornements en or ou en argent, ou revêtus d'or ou d'argent. La société est même obligée de faire un sacrifice pour s'en procurer la quantité nécessaire à l'augmentation, inévitable alors, de la monnaie ; car si l'argent baisse de moitié, par exemple, la France qui a maintenant environ 11,250,000 kil. de ce métal à l'état de monnaie pour le service de ses échanges, devra, les affaires restant les mêmes, en avoir 22,500,000 kilog. Pour obtenir ce supplément il faudra livrer de son travail une grande quantité qu'on eût été dispensé de donner si le phénomène commercial dont il s'agit, l'abaissement de la valeur de l'argent, ne se fût pas déclaré. Mais l'événement, une fois surtout qu'il se serait produit en plein, modifierait profondément la position des débiteurs et des créanciers les uns par rapport aux autres. Qu'on se rappelle ce que nous avons dit plus haut, que l'intervention de la monnaie réduit toutes les transactions à la livraison ou à la promesse, destinée a être suivie d'effet, si le vendeur l'exige, d'une certaine quantité du métal dont la monnaie est faite, indépendamment de toute variation que le métal peut éprouver dans sa valeur. Dès lors la baisse de valeur retombe de tout son poids sur les créanciers. Ils s'étaient flattés que la livraison de telle quantité de métal leur procurerait telle dose de bien-être. Leur mauvaise étoile a voulu le contraire. Les transactions commerciales n'étant qu'à quelques mois d'échéance habituellement, et la baisse de valeur du métal dont la monnaie est faite ne s'opérant que très lentement, ce ne serait point les porteurs d'effets de commerce qui auraient à souffrir, ce serait la catégorie des créanciers dont les créances ne sont recouvrables qu'après beaucoup de temps : les propriétaires qui auraient passé de très longs baux, les capitalistes qui auraient prêté sur hypothèque pour un grand nombre d'années, et surtout les personnes vivant sur une rente perpétuelle, tels que sont la plupart des créanciers des États. Ils garderaient le même revenu en or ou en argent, mais ce revenu métallique ne leur vaudrait que le tiers ou le quart des jouissances ou des consommations qu'ils avaient auparavant, si la baisse de valeur du métal était des deux tiers ou des trois quarts. Si nous ne craignions d'allonger démesurément cet article et de sortir du sujet, nous montrerions comment un changement de ce genre dans la valeur des métaux monétaires, lorsqu'il est très prononcé, agit sur le régime même de la propriété, et par là, provoque des modifications profondes dans l'ordre social. C'est du moins ce qui eut lieu aux xvie et xviie siècles, après l'exploitation soutenue des mines de l'Amérique. C'est ce qui se manifesterait de nos jours si la Californie et la Sibérie tenaient leurs promesses de fournir beaucoup d'or à des conditions plus faciles que les mines jusqu'ici exploitées, ou si l'introduction dans l'Amérique émancipée des arts et des sciences de l'Europe occasionnait quelque jour la baisse de l'argent par l'amélioration des procédés d'extraction. Dans le premier cas, l'effet se ferait sentir exclusivement chez les peuples tels que les Anglais, dont la monnaie est d'or; dans le second cas, les phénomènes que nous venons de faire entrevoir se produiraient là où la monnaie fondamentale est d'argent, ainsi que cela existe en France.

Nous n'avons parlé jusqu'ici que de deux métaux, l'or et l'argent. Il circule cependant des pièces qui ne sont ni l'un ni l'autre. C'est du cuivre, c'est du bronze, ce sont des compositions dans lesquelles il entre un peu d'argent, comme les pièces à l'N. Tout cela n'est point de la monnaie, à proprement parler. Ces pièces ne servent que dans de très menus achats pour lesquels il n'y a pas de pièces d'argent assez petites, ou qu'à titre d'appoint. En général, elles n'ont pas, à beaucoup près, une valeur effective égale à leur valeur nominale; elles seraient d'un poids trop incommode si elles devaient avoir intrinsèquement toute la valeur qu'on leur attribue. On doit donc considérer ces pièces comme ayant un caractère mixte entre la monnaie et le signe. La recommandation la plus importante qu'il y ait à faire en ce qui les concerne, c'est que le législateur s'abstienne d'en rendre la circulation impérative, excepté dans les deux cas qui viennent d'être indiqués, celui des tout petits paiements et celui des appoints, Si l'on autorisait les débiteurs à solder en billon un quarantième, par exemple, de ce qu'ils doivent, ce serait presque comme si l'on viciait d'autant la monnaie. Michel Chevalier.

MONNAIE (*hist. et com.*). On appelle monnaie une espèce de mesure établie par les soins ou sous la surveillance et l'autorité des gouvernements, et à laquelle on compare et on rapporte la valeur de toutes les choses échangeables ou pouvant faire l'objet d'une convention. Cette mesure est ordinairement une pièce de métal dont la forme, les dimensions, les empreintes et l'ensemble, difficiles à contrefaire, garantissent le titre et le poids qui sont fixés par la loi. On a toujours employé l'or, l'argent et le cuivre pour faire des monnaies; Lacédémone a eu des monnaies de fer; le sel en Abyssinie, la morue à Terre-Neuve, des clous en Écosse, des coquilles dans l'Inde et dans l'A-

frique, les grains de cacao au Mexique, le cuir en Russie jusqu'à Pierre-le-Grand; une sorte de toile bleue sur les côtes de Guinée, ont été ou sont encore employés comme monnaie; mais souvent un simple rapport avec les métaux précieux est en usage dans les conventions et prend le nom de monnaie de compte. Il y a peu de mesures dont les indications puissent aussi facilement induire en erreur ou laisser dans l'incertitude que la monnaie : d'abord parce que sa substance même, c'est-à-dire le métal qui la compose, se trouve, suivant son abondance ou sa rareté, dans des rapports très variables avec les choses les plus nécessaires à la vie, telles que le blé, par exemple; et ensuite parce que la quotité de métal qui constitue la monnaie, change suivant les temps et les lieux, tout en portant ou en conservant des noms qui restent les mêmes. C'est ainsi, par exemple, que la monnaie qui se nomme livre, après avoir été réellement une livre d'argent de 12 onces, a pu tomber au dessous du douzième de son poids primitif sans avoir changé de nom. Cependant on a besoin tous les jours, soit qu'on étudie l'histoire ancienne ou contemporaine, soit que l'on ait des rapports, chose très fréquente aujourd'hui, avec les étrangers, de se faire une idée juste d'une mesure à laquelle on rapporte tant d'appréciations. C'est pour répondre à ce besoin que nous avons recueilli les notions suivantes sur les monnaies réelles et de compte des peuples anciens et modernes.

Toutes les monnaies sont évaluées au pair, c'est-à-dire suivant le poids de métal pur qu'elles contiennent, évalué au même prix que le métal pur contenu dans nos monnaies, c'est-à-dire que l'or pur est évalué à f. 3444,444 le kilogramme, et l'argent à f. 222,222 sans aucune déduction pour les frais de fabrication. Lorsque nous reconnaissons que la valeur de l'or et celle de l'argent avaient une autre proportion, nous le faisons remarquer, et lorsqu'il nous est impossible de réunir les éléments nécessaires pour calculer le pair, c'est-à-dire le titre ou la proportion de métal pur, et le poids exact, nous mentionnons la valeur historique ou commerciale. Ce travail comprend trois divisions principales : 1° celle des monnaies antiques; 2° celle des monnaies françaises de toutes les époques jusqu'à nos jours; 3° celle des monnaies étrangères modernes. Ces dernières sont classées par ordre alphabétique de pays, pour l'Afrique, l'Amérique, l'Asie et l'Europe.

I. — MONNAIES DES TEMPS ANTIQUES.

Égyptiens et Hébreux (*Voy.* Mesures, Sicle, Talent).

Grecs (*Voy.* Drachme, Mésures, Talent).

Romains. L'unité monétaire fut chez les Romains, aussi bien que chez tous les autres peuples de l'antiquité, la même que l'unité de poids. L'as monnaie fut le poids d'une livre de cuivre. Il paraît que jusqu'à Servius Tullius, les paiements se firent au poids du cuivre, plutôt qu'avec une véritable monnaie. On disait alors *œs rude*, *as grave*, cuivre brut, cuivre pesant; mais depuis que ce roi eut fait frapper une empreinte sur les pièces, on appela la pièce de cuivre d'une livre assipondium. Cet as avait les mêmes multiples et sous-multiples que la livre de poids. Ce fut 269 ans seulement avant J.-C. que l'on fabriqua des pièces d'argent valant 10 livres de cuivre; on les appela denarii, ce qui répond à notre mot dizaine. La moitié du denarius prit le nom de quinaire, et le quart celui de sesterce. Il y eut aussi des *libelles* dont chacune valait la dixième partie du denier, ou une livre de cuivre (libelle équivaut à petite livre), et des moitiés de libelle désignées par les noms de *semi libelles* ou *selibelles*, ou *singules*. 207 ans av. J.-C. on frappa la première monnaie d'or; elle fut du poids d'un scrupule (1/288 de la livre), et s'appela *aureus* ou denier d'or. Sa valeur fut égale à celle de 4 deniers d'argent. On n'est pas d'accord sur l'époque à laquelle le poids de l'aureus fut changé; Romé de l'Isle pense qu'il fut le 48e de la livre, dès l'an 220 av. J.-C.; mais, suivant M. Letronne, ce changement n'eut lieu qu'à l'époque de César (48 ou 49 ans av. J.-C.). Alors le denier fut de 40 à la livre, et ensuite de 45 jusqu'à Constantin, qui le remplaça par le sou d'or. Dans l'origine, le rapport de l'or à l'argent était de 1 à 20; dès l'an 220 av. J.-C. il n'était plus que de 1 à 14 2/7, et il balança jusqu'à Constantin autour de 1 à 12. Constantin établit le sou d'or pesant le 1/72 de la livre, ou 4 scrupules. Cette pièce subsista jusqu'à la fin de l'empire d'Orient.

L'as de cuivre ne resta pas longtemps égal à une livre réelle; dès l'an 198 av. J.-C., il fut réduit au douzième, c'est-à-dire à une once, et l'an 192 av. J.-C. il ne pesa plus que 1/24 ou 1/2 once, puis 1/40 et même 1/60 de livre. Le changement dans la valeur fut loin de correspondre à celui qui avait lieu dans le poids, car l'as fut estimé valoir 1/16 du denier d'argent et conserva cette valeur jusqu'à la fin de l'empire. Le poids moyen du denier d'argent est, suivant Savost, 321 gram. 24; suivant de la Nauze, 326,33; suivant Romé de l'Isle, 321,24, et suivant M. Letronne, 325,97. Le poids moyen se trouve donc être de 323,67. Or, 323 gram. 67 d'argent valent aujourd'hui 0 fr.719 et 0 fr. 689, si on admet qu'il y ait 1/24 d'alliage. L'aureus

de 1 scrupule ou 1 gram. 125, contiendrait, s'il était d'or pur, une quantité de métal valant aujourd'hui 3 fr. 8745, et 3 fr. 70 s'il y avait 1/24 d'alliage. A ce taux on a le tableau suivant des monnaies romaines :

Libelle, 0,689, ou plutôt 0,07 en nombre rond.		
Denier, 0,689	0,69	
Quinaire ou moitié	0,35	
Sesterce ou 1/4 de den.	0,18	
As ou 1/16, 0,043 ou	0,05	
Aureus de 4 deniers	2,76	
Id. de 25 id.	17,22	

Depuis Constantin, le sol d'or fut de 72 à la livre, ou de 4 gram. 5, dont la valeur en or pur est de 15 fr. 50 et de 14 fr. 83, avec 1/24 d'alliage. Sous Placide et Valentinien III, le tiers de sol d'or pèse 1 gram. 486, ce qui donne pour le sol 3 gram. 458; on connaît un sol d'or de Justinien qui pèse 4 gram. 462; plus tard, sous Nicéphore, il ne pesa plus que 4 gram. 33. Ces poids, obtenus directement, permettent de regarder le poids légal des sous d'or pendant tout le Bas-Empire, comme étant de 4,5 gram. Sous Nicéphore il y eut des quarts de sol d'or; ils n'excèdent pas le poids du scrupule ou 1,125 grammes. Quant à l'argent : le quinaire, sous Anastase, pesait 1 gram. 379, et le sesterce 0,6895; sous Héraclius le sesterce ne pèse plus que 0 gram. 372; enfin, sous Constantin Porphyrogénète, on trouve de petites pièces du poids de 0, gram. 266.

II. — MONNAIES FRANÇAISES.

Nous ignorons le système monétaire des Gaulois avant l'invasion romaine : le petit nombre de pièces frappées alors par eux et qui nous sont parvenues, n'ont d'intérêt que comme médailles (*voy.* ce mot). Il en est de même de celles bien plus nombreuses frappées à l'imitation, ou bien en contrefaçon des monnaies romaines, et de celles émises en commémoration de chaque évènement important, d'une victoire ou d'une proclamation d'empereur. Les monnaies mérovingiennes se divisent en trois classes : celles portant le nom du roi, celles qui portent le nom d'un monnayeur et celles émises par l'autorité ecclésiastique. Les monnaies royales sont rares, celles des monétaires sont communes. Les pièces d'argent et de cuivre sont presque introuvables, de sorte que les pièces d'or, qui sont généralement des *tiers de sol*, représentent presque seules, pour nous, toute la monnaie de cette époque. Les tiers de sol pèsent 1 gr. 275, le sol pèse 3,824. Le gramme d'or pur valant aujourd'hui 3,4444, les 3 gram. 824 du sou d'or vaudraient 13 fr. 17, et le tiers de sol 4 fr. 356 ou 12 fr. 62, et 4 fr. 21 si l'on suppose 1/24 d'alliage. La loi salique fixe la valeur du sou d'or à 40 deniers d'argent, et celle des ripuaires compte 12 deniers dans le sol d'argent. — Sous la seconde race la monnaie d'or fut abolie : la livre d'argent était la même que la livre de poids, on en faisait 22 sous du temps de Pépin ; Charlemagne ordonna d'en faire seulement 20 sols de chacun 12 deniers. Charles-le-Chauve, en 864, fixa la valeur de la livre d'or très pur à 12 livres d'argent de nouveaux et bons deniers. Le régime féodal usurpa sur la prérogative royale le droit de battre monnaie : les pièces royales devinrent rares, et celles des barons et des églises devinrent très nombreuses. Le titre et le poids varia à l'infini et suivant les besoins de ceux qui frappaient la monnaie. Au commencement de la troisième race on sait qu'il y avait des bezants et des oboles d'or, des sols et des francs d'or, mais on ignore quels étaient le titre et la valeur de ces pièces. Les premières stipulations en deniers parisis et en tournois datent de Philippe Ier ; les parisis valaient un quart de plus que les tournois. C'est à la même époque que le poids de marc fut substitué pour le calcul des monnaies au poids de 12 onces ou de Charlemagne. Le sol était devenu une monnaie fictive ; saint Louis fut le premier qui fit frapper une monnaie valant 12 deniers comme le sol, mais il lui donna le nom de gros tournois. Ce n'est que depuis ce prince que le titre et le poids de nos monnaies sont bien connus. Nous en donnons le tableau à la fin de ce paragraphe.

Les historiens et les anciens titres distinguent la monnaie le roi ou du roi, et la monnaie des barons : celle-ci est trop nombreuse et laisse trop d'incertitude pour qu'il soit possible de s'en occuper ici. Ils appellent monnaie *noire* ou *brune* (*moneta nigellorum* et sols *nérets*), les espèces de cuivre : ils distinguent la monnaie *forte* de la *faible* ou *frivole*, c'est-à-dire la monnaie d'un haut titre opposée à celle de bas titre. Une ordonnance de 1306 dit que les deniers forts seront taillés à 14 sols 6 deniers, et les faibles à 19 sols 6 deniers. Cette faible monnaie est devenue le billon : un auteur explique son émission par l'impossibilité où l'on était de manier l'imperceptible quantité d'argent qui représentait une livre de pain. Philippe de Commines raconte que sous le roi Jean, la pauvreté était si grande qu'il y avait « monnaie comme de cuir qui avait un petit clou d'argent. » Son témoignage est confirmé par une charte qui nous apprend que cette monnaie avait cours pour 100 florins, et n'en valait pas deux. Tous les auteurs se réunissent cependant pour traiter de fable cette histoire. Il est vrai qu'il n'en est parlé dans aucune ordonnance, mais est-ce une raison suffisante pour nier un fait aussi positivement affirmé.

La loi qui a établi les mesures décimales a compris les monnaies dans le même système : elle a décidé que l'unité monétaire serait une pièce d'argent à 900 millièmes de fin, et du poids de 5 grammes qui serait divisée en 10 dixièmes ou décimes, et 100 centièmes ou centimes. Cette pièce eut une valeur assez semblable à celle de la livre de compte, pour qu'il n'y eut pas d'inconvénient à les prendre l'une pour l'autre dans les usages ordinaires. La même raison a fait conserver le nom vulgaire de gros sol, et de pièce de deux sols au décime et celui de sol au demi-décime.

TABLEAU
DES MONNAIES D'OR FRANÇAISES

Avec leur titre et leur taille, c'est-à-dire la quantité de pièces tirée d'un marc pesant.

Année	Monnaie	Titre	Taille
1226	Agnel	fin	59 1/6 au marc.
1295	Gros royal	fin	29 7/12
1305	Petit royal	fin	70
1308	Chaise	—	140 environ.
1310	Masse	22 karats	34 1/2
	Agnelet	fin	59 1/6
1313	—	fin	valant 3/4
1314	—	fin	59 1/6
1325	Royal double	fin	58
	Demi-royal	fin	116
1329	Forte monnaie Parisis	fin	33 2/3
1336	Ecu	fin	54
	Lion	fin	50
1339	Pavillon	fin	48
	Couronne	fin	45
1340	Double	fin	36
	Simple	fin	72
	Double	23	50
	Ange	fin	33 2/3
	—	fin	58 1/3
1346	Chaises	fin	52
1351	Fleurs de lys	fin	50
1354	Moutons	fin	52
1357	Petits-Moutons	fin	104
	Royal	fin	66
1364	Franc	fin	63
	Royaux	fin	63
1365	Fleurs de lys	fin	64
1384	Ecus à la couronne	fin	60
1387	—	fin	61 1/2
1394	—	fin	62
1411	—	23 35/23	64
1417	Moutons	23	90
	—	22	89
	Ecus de heaume	22	43
1418	Ecus à la couronne	23	64
1419	Moutons	23	95
	Chaises ou doubles	fin	40
	Edus à la couronne	fin	67
1421	—	fin	68
	Saluts	fin	63
	Ecus à la couronne	fin	64
1423	—	fin	68
	Francs à cheval	fin	80
	Saluts	fin	70
1424	Ecus à la couronne	23	67
	—	23	70
	Moutons	22	96
1425	Ecus à la couronne	23	64
	—	23	70
1426	—	22	70
	—	22	72
1427	Moutons	20	96
	Angelots	fin	105
1428	Moutons	19	96

	Ecus à la couronne......	18	»	70
1429	—	16	»	72
	Royaux.............	fin	»	84
	Ecus à la couronne......	22	»	67 1/2
1430	Chaises...........	16	»	63
	Ecus à la couronne......	22	»	64
1431	Royaux............	fin	»	64
	—	fin	»	70
	—	fin	»	64
	Ecus à la couronne......	20	»	67 1/2
1435	—	fin	»	70
1437	—	21	»	70
1438	—	21	»	70
1444	—	23	»	70
1473	—	23 1/2	»	72
1475	Ecus au soleil.........	13 1/2	»	70
1559	Ecus à la Salamandre....	23	»	71 1/6
1549	Henris..................	23	»	67
1561	Ecus au soleil.........	23	»	72 1/2
1640	Louis d'or............	22	»	56 1/4
1655	Lis d'or...............	23 1/4	»	60 1/2
1689	Ecus d'or............	121 environ.		

Florin et denier étaient des noms généraux qui s'appliquaient à toutes les monnaies d'or. On dit indistinctement florin ou denier d'or à l'écu, à la masse, à l'aignel, etc.

Valeur des anciennes monnaies d'or au pair :

Agnelets de Louis IX à Jean II.............	13 f.	95 c.
— de Jean II........................	16	50
Franc à pied et à cheval...................		
Ducat de Strasbourg........................	11	89
Ecus d'or de Charles VI à Louis XIV........	11	14
Lys d'or de Louis XIV (1665)...............	13	50
Louis de Louis XIII (1640).................		
8, 6, 4, 2, 1 et 1/2 à proportion..........	21	35
Louis de Louis XIV (1683, 1689, 1693, 1701, 1704).		
Louis au soleil (1709) et de Louis XV (1715).....	23	87
— dits de Noailles (1716)...............	38	63
— à la croix de Malte (1718)...........	51	17
— dits Mirlitons (1725)................	23	25
— depuis 1726 (édit de refonte) et ceux de Louis XV et XVI dits à lunettes...............	23	77
— de Louis XVI à deux écussons carrés de 1785, au génie 1791, de la République.........	24	15
Valeur réduite par décret du 12 septembre 1810.......		
Louis de 48 livres........................	47	20
— de 24 livres.........................	21	35

TABLEAU

DES MONNAIES D'ARGENT FRANÇAISES.

avec leur titre et leur taille.

1226	Gros tournois............	11 den.	12 gr.	58 au marc.
1295	Petits tournois..........	11	11	116
1310	Bourgeois forts..........	6	»	189
1311	Bourgeois simpl..........	6	»	378
1313	Deniers tournois.........	3	10	220
	Deniers parisis..........	4	12	221
1317	Gros tournois............	11	12	59 1/3
	Deniers parisis..........	4	»	282
1322	Obole blanche............	10	»	113
1326	—	9	»	133
1330	Gros tournois............	11	12	60
	Gros parisis.............	11	12	43
1333	Deniers parisis..........	4	»	138 1/2
	Gros à la couronne.......	10	16	96 2 d.
1338	—	8	»	96
1339	—	7	»	105
	—	6	»	108
1340	Gros à la fleur de lis...	6	»	84
	—	6	»	95
1342	—	6	»	120
1346	Double parisis...........	5	18	180
	—	5	»	216
1347	Double tournois..........	5	»	185 1/3
1328	—	5	1 2/3	185 1/3
1350	Double parisis...........	5	12	200
	—	3	10	166
	—	2	8	168
1351	Blancs..................	4	12	144
	—	4	»	144

1351	Gros tournois blancs.....	4	8	87 1/4
1352	—	4	»	100
	—	4	»	120
1353	—	3	12	140
	—	3	8 1/3	65
1354	—	3	8 1/3	96
	—	3	»	120
	Blanc à la couronne......	5	8	80
	—	3	»	120
1355	—	3	9	72
	—	3	»	80
	—	3	»	100
	—	2	12	100
	—	8	»	93
1356	Blanc à la fleur de lis...	4	»	60
	—	3	»	90
	—	3	»	112 1/2
	Gros....................	6	»	80
	Gros blancs.............	5	»	80
	—	3	»	112 1/2
	Gros à la couronne.......	5	»	70
1358	Blanc à la couronne......	4	»	55 /3
	—	3	»	75
	—	3	»	75
	—	3	»	90
	—	3	»	100
	—	3	»	120
1359	—	2	12	150
	Gros blanc.............	3	»	72
	Blanc aux trois fleurs de lis...	3	12	70
	—	2	12	80
	—	2	G	90
	—	2	G	112
	—	2	»	120
	Blanc à l'étoile.........	4	»	48
1359	—	3	»	50
	—	2	12	60
	—	2	»	72, 80 et 100
	—	1	12	100 et 125
1360	Gros blanc..............	5	»	64
	Blanc à la fleur de lys..	2 d. et 1	12	de 80 à 120
	Blanc à la couronne......	4	12	66
	Blanc à fleur de lys.....	4	12	54
1361	Gros tournois...........	11	12	84
1364	Gros d'argent...........	11	12	84
	— blanc.............	4	»	96
	Gros d'argent de..... 11 d. 17 gr. à 11 d. 3 gr. 96			

Les noms des monnaies restent les mêmes au milieu d'une foule de variations de poids et de titres jusqu'à 1513 où Louis XII frappe le *Teston* de 11 den. 19 gr. de titre et de 25 1/2 au marc. En 1541 paraissent les douzains ou sous tournois au titre de 3 den. 16 gr. et de 91 1/2 au marc. En 1575, les *francs* à 10 den. 10 1/2 gr. et 17 1/4 au marc et les *doubles* de cuivre de 73 au marc, ainsi que le denier de cuivre de 159 au marc. C'est la première monnaie de cuivre frappée en France. En 1580, le quart d'écu à 11 den. de fin et 23 1/3 au marc. En 1641, le louis d'argent à 11 den. de fin et 8 11/12 au marc. En 1655, le lys d'argent à 11 den. 12 gr. de fin et 30 1/2 au marc, ce qui dure jusqu'en 1689.

Valeur des anciennes monnaies d'argent au pair :

Anciennes pièces de 20, 10 et 4 sols, lys d'argent de Louis XIV (1655)......................	1 fr.	71 c.
Ecu de Flandre, dit carambole, de 64 patards (1685, 1693, 1701, 1704)....................	7	18
Pièces de 34 sols 6 deniers de Strasbourg (1701, 1704).	2	79
— 53 — — (1701).....	1	73
— 40 — — (1715).....s.	2	29
Livre d'argent ou franc aux deux L (1710)......	0	83
De Henri III à Louis XIV, quart d'écu........	1	93
De Louis XIII et Louis XIV, louis d'argent ou écu blanc (1641, 1679, 1689, 1693, 1701 et 1704)..	3	59
De Louis XIV et Louis XV, écu aux 3 couronnes (1709 et 1715)..............................	0	85
De Louis XV, écu dit de Navarre (1718) et écu aux armes de France (1720)................	4	99
Louis d'argent de 1720..................	1	66
Ecu de 1721............................	4	81
Ecu, refonte générale de 1726.........		
— de Louis XVI, écu aux armes.......		
écu au génie (1791).........		01
— de la République (1793)...........		
Ecus de 5 livres, pièces de 24, 12 et 6 sols à proportion.		

Pièces de 30 sols (1791), au titre de 667............... 1 50
— 15 — — 0 75
Valeur réduite par décret du 18 août 1810 :
Pièce de 24 sols..................................... 1 »
P.èce de 12 et 6 sols, à proportion.
Par décret du 12 septembre 1810 :
Ecu de 6 livres...................................... 5 80
— 3 .... 2 85
Livre tournois, ancienne monnaie de compte (loi du
25 germinal an IV).................................. 0 99

TABLEAU
DES PIÈCES DE MONNAIES DÉCIMALES.

(Le poids est en grammes, et le diamètre en millimètres.)

40 fr.	» c.	12 gr. 90322	26 mil.
20	»	6 45161	31
5	»	25 »	37
2	»	10 »	27
1	»	5 »	23
0	50	2 50	18
0	25	1 25	15
0	10	20 »	31
0	05	10 »	27
0	03	6 »	23
0	02	4 »	22
0	01	2 »	.....

La loi du 10 juillet 1845 a fait cesser le cours légal des pièces de 1 fr. 50 c. et de 0,75 c., et de celles de 0,10 c. en billon qui avaient été créées par la loi du 15 septembre 1807. Les pièces de 0,05 c., créées par la loi du 7 germinal an XI, n'ont pas été émises. La pièce de 0,25 c. ou quart de franc ne rentrait pas dans le système décimal, qui n'admet que la moitié et le double de chaque unité, elle vient d'être remplacée par une pièce de 0,20 c., qui est le double décime. Cette pièce est aussi en argent.

La proportion de la valeur des métaux dans la monnaie est ainsi fixée :
De l'or à l'argent............................ 15,5 à 1
De l'or au cuivre............................ 620 à 1
De l'argent au cuivre........................ 40 à 1

III. — MONNAIES ÉTRANGÈRES MODERNES.
EUROPE.

AIX-LA-CHAPELLE. Monnaies de compte : *risdale courante* valant 54 *marcs* de chacun 6 *busches*, et la busche de 4 *hellers*. Elle vaut encore 1 1/2 *gulden* et 1/72 *risdale effective* d'empire.— Monnaies réelles. Or : *ducat* valant 3 1/2 risdales courantes. Argent : doubles, simples et demi *rathspraesentgers* ou *présences* de 32, 16 et 8 marcs. La risdale courante vaut 3 fr. 25 : la risdale d'espèce 4 fr. 33.

ALLEMAGNE. On emploie généralement deux monnaies de compte : la *risdale* de compte ou *courante* estimée 1 1/2 florin ; elle se divise quelquefois en tiers ou *kaysergroschen* de 30 kreutzers, et en quarts ou *batzen* de 22 1/2 kreutzers. C'est la méthode suivie en *Autriche*, *Bavière*, *Bohême*, *Franconie* et *Souabe*. Le *Brunswick* et *Lunébourg*, *Hanôvre*, *Prusse* et *Saxe*, divisent la risdale en 20 *goodgroschen* de 12 *pfennings* chaque, ou en 36 *mariengroschen* de 8 *pfennings*. *Altona*, *Hambourg*, *Holstein*, *Lubeck Mecklembourg*, tiennent leurs comptes en tiers de risdale appelés *marcs* de 16 sous ou *shillings-lubs*, divisés en 12 *pfennings* chaque. La *risdale effective* est évaluée à 2 *florins convention*, ou 2 fl. 24 *kreutzers müntze*. Le *gulden*, *guildir*, *gould* ou *florin* est de 60 kreutzers müntze, divisés cha-

cun en 4 pfennings. Monnaies réelles. Or : le *ducat* est le même pour toute l'Allemagne; il pèse 3 gr. 49 au titre de 986 et vaut 11 fr. 85. Le nom de *pistole* s'applique aux *auguste d'or* de Saxe, *charles d'or* de Brunswick, *chrétien d'or* de Holstein danois, *frédéric d'or* de Prusse, *george d'or* de Hanôvre, et aux *pistoles* de Hesse, de Hidelsheim, de Mecklembourg et du Palatinat, qui doivent toutes valoir 5 risdales convention. Les *passiers pistoles* sont les pièces qui ont un défaut de titre ou de poids. Argent : le titre le plus commun est celui dit *convention*, fixé en 1763 pour tout l'empire, excepté Hambourg, le Hanôvre, le Holstein, Liége, Lubeck, la Prusse et la Poméramie suédoise. Le marc de Cologne d'argent fin (233,87 gram.) est évalué à 13 1/2 risdales de compte ou 10 risdales effectives. Depuis 1690, une convention entre les électeurs de Brandebourg, de Saxe et de Brunswick-Lunébourg, adoptée pour tout l'empire en 1738, réglait la *taille de* Leipsick dans laquelle le même marc était évalué à 12 risdales de compte, ou 9 risdales effectives. 100 risdales à cette taille valent 111 1/2 risdales convention. — La *risdale* vaut 2 florins et 4 demi-florins. Le *copfslick* est de 20 kreutzers. Le *good-groschen* doit être à 5 loth (1 loth est le 1/16 du marc), et 16 grains (1 gr. est 1/18 loth) de fin : il en faut 117 7/9 au marc. Il y a 137 1/2 *kayser groschen* du même titre au marc. — Dans la monnaie de convention, le marc de Cologne d'argent fin est évalué à 20 florins, et dans le Müntze à 24 flor.

ANGLETERRE. La monnaie de compte est la *livre sterling* de 20 *shillings*, dont chacun est divisé en 12 *pences* ou *deniers* : le denier se subdivise en 4 *farthings*. Une pièce d'or appelée *guinée* représentait la livre sterling; mais une loi de 1728 ayant porté la valeur de la guinée à 21 shillings, la livre fut une monnaie fictive jusqu'à 1816, époque à laquelle il fut frappé des *souverains* d'or de 20 shillings, pesant 7,981 gram. et au titre de 917. La valeur de la guinée de 21 shillings, pesant 8,30 gram. au titre de 917 est de   26,47
celle du souverain est de   25,21

Les monnaies d'argent sont la *couronne* et le *shilling*. Avant 1816 le shilling pesait 6,015 gr. au titre de 925 et valait 1 fr. 24 ; la couronne, qui est de 5 shillings, pesait 30,074 et valait 6 fr. 16. Depuis 1818 le poids du shilling a été baissé à 5,65 gr. et sa valeur à 1 fr. 16. Bien que le shilling soit 1/20 de la livre ou souverain, sa valeur ne correspond pas à celle de cette pièce, mais seulement à 23 fr. 2. Mais comme les monnaies d'argent, ainsi que celles de billon, n'ont de cours légal que pour l'appoint des sommes au dessous de 2 livres et de 12 deniers, cette différence n'a pas l'importance qu'elle aurait en France. — La monnaie de cuivre se compose de 2 deniers (two pence), valant 0 f. 2c9 et 1 denier (penny)   0 f. 1045 divisés en demis et en quarts ou farthings.

On attribue aux Saxons l'établissement de l'étalon dit sterling qui est resté le même jusque vers 1820. Guillaume-le-Conquérant calqua son système sur le plan établi en France par Charlemagne, et qu'on suppose emprunté aux Romains quant à la division de la livre en vingt parties, et celle de ces parties en 12 plus petites. Il adopta la livre poids de Saxe dans laquelle on tailla 20 shillings qui en font 21 1/3 de la livre troy. Ce nombre s'accrut jusqu'en 1665, qu'elle fut fixée à 62 shillings où elle est restée jusqu'en 1816. Elle fut alors portée à 66, taux actuel. Les premiers penny d'argent ou sterling portaient profondément l'empreinte d'une croix, au moyen de laquelle il était facile de les rompre en 2 ou en 4. Il y avait cependant des pièces de 1/2 penny et de 1 4 de penny ou farthing. On frappait aussi de plus grandes pièces dites greats, grouts ou grosses. On ne connut les shillings qu'en 1504, et les monnaies de cuivre en 1665. En 1816 le titre fut fixé à 37/40, c'est-à-dire à 11 onces 2 deniers d'argent pur, et 18 d'alliage, faisant 1 livre troy. Les premières monnaies d'or furent frappées en 1257, elles pesaient 2 pences, en valaient 20, et s'appelaient gold-pennie. On frappa en 1257 des florins à 23 carats 3 deniers 1/2 de fin. Les principales pièces de cet étalon furent les nobles de 6 sols 8 d., les marcs de 13 sols 4 d., les anges de 10 shillings et des souverains de 20 sh. Le denier s'appelait farthing noble. Les souverains furent fixés, en 1604, à 22 carats, titre actuel. Les premières pièces de 20 sh. frappées à ce taux s'appelèrent unités, et furent taillées 33 1,2 par livre troy : en 1666 la taille fut portée à à 44 1/2, et les pièces s'appelèrent guinées. Son prix courant varia de 20 à 30 sh. jusqu'en 1717, époque à laquelle, d'après les conseils de Newton, on le fixa à 21 sh., taux actuel. En 1816, émission de nouvelles pièces de 20 sh. dites souverains, taillées à 46 29,40 par livre troy.

AUTRICHE. La monnaie de compte est le florin de convention, divisé en 60 kreutzer et 240 heller, et le thaler de convention de 1 1/2 florin; 20 de ces florins représentent un marc de Cologne (233,86 gr.) d'argent fin; il a été fixé, le 1er novembre 1822, à 2 fr. 61. Les monnaies réelles, sont, en or : le ducat ancien (ad legem imperii), pesant 3,49 gr. au titre de 986, et valant 11 fr. 85. Le ducat impérial, depuis Joseph II, du même poids, mais au titre de 984, et valant 11 fr. 80, et le souverain de 1749, pesant 11,112

gr. au titre de 919, et valant 35 fr. 17. Pour l'argent :

	poids.	tit.	valeur.
Risda'e (sspuica reichsthaler), poids..	28 gr. 755	878	5,61
Flor n d'Autriche (moitié de la risdale)			
Risdale de conv n io i depuis 1755..	28 064	833	5,10
Florin (Gulden) ou 1/2 risdale......	14 032	833	2,60
Pièces de 20 kreu zers ou 1/3 risdale de convention........	6 639	581	0,80
Le kreutzer est 1/30 de Gulden, il vaut....................			0,0433

et s'appelle carun ano dans le Lombard vénitien. Pièces de 10 kreutzer et de 12 kreutzers au titre de 800 et valant à proportion.

BADE (Grand duché de). Monnaie d'or : ducat ad legem imperii, valant 11 fr. 85; pièce de 10 florins depuis 1819, 21 fr. 37. Argent : florin ancien, 2 fr. 09 ; 3 florins nouveaux ou gulden 6 fr. 35.

BALE. On compte quelquefois en écus qui valent 3 livres suisses, en risdales ou thalers de 108 kreutzers, et en florins de 69 kreutzers. Le kreutzer se divise en 5 fenins. Monnaie d'or : ducat ancien, 10 fr. 74 ; pistole, 23 fr. 47 ; florin, 7 fr. 63. Argent : écu de 30 batzen ou 2 florins, 4 fr. 56 (voy. SUISSE).

BERNE. On compte en livres de 20 sous et 240 deniers, en livres suisses et en couronnes de 25 batz ou 100 kreutzers. Dans l'Argovie, c'est en florins de 60 kreutzers. Monnaie d'or : ducat de 11 fr. 64; pistole, 23 fr. 76. Argent : écu, 5 fr. 90, et 4 franken de 1799, 5 fr. 68. Patacons de 32 batz (voy. SUISSE).

BRÊME. On compte en thalers ou risdales de 72 grotes, divisées en 5 swares courants chaque, et plus ordinairement aujourd'hui en marc banco. Le marc vaut 8 flinrichs 32 grotes ou 160 swares. Un coprick égale 3 flinrichs, 12 grotes ou 8 schillings. Le duglen vaut 3 shillings. La monnaie réelle d'or est le ducat valant 2 3/4 risdales courantes; la risdale en or vaut 1 gram. 212 d'or fin; la risdale courante d'argent vaut 96 grotes courantes ou bien 3 fr. 91. Il y a aussi les pièces de 24, 6, 3, 2, 1 et 1 2 grotes; les copsticks, les flinrichs et les swares de cuivre.

BAVIÈRE. Monnaie de compte : risdale courante, 3 fr. 24, et florin ou gulden, 2 fr. 16. Or : ducat de Bavière de 1784 à 1800, du Danube, de l'Iser, de l'Inn, d'Augsbourg, de Nuremberg, de Ratisbonne, de Wurtzbourg, valant 11 fr. 85; carolin de 3 florins d'or et florin du Palatinat, 25 fr. 66; maximilien ou 2 florins de Bavière, 17 fr. 18. Argent : écu ou risdale de convention, 5 fr. 19; kopfstuck ou 24 kreutzer de 1800, 0 fr. 86; krontaler, écu ou couronne, 5 fr. 72; 6 kreutzer, 0,20.

BELGIQUE. Monnaie de compte ancienne : florin courant qui valait 1 fr. 81; nouvelle, le franc. Monnaies réelles, or : double souverain de Flandre et des Pays-Bas Autrichiens (1790), 35 fr. 26; lion d'or de 14 florins, 26 fr. 17. Argent : couronne de Brabant ou *croison*, 5 fr. 73 ; *lion* de Belgique, 6 fr. 38 ; pièce de 5 francs de 1 fr. ; de 50 c. et 25 c. comme en France. Depuis quatre à cinq ans la Belgique avait fait des pièces d'or valant 25 à 26 c. par pièce de moins que celles de France. Elle est obligée, dans ce moment, de les refondre malgré la perte que cette opération lui occasionne.

BRESLAU (Silésie). On compte en *thalers* ou *risdales* de 30 *groschen* d'argent de 12 *deniers* ou *pfenings* courants. La *livre banco* est de 24 *groschen* ou 288 *deniers banco*. 60 groschen s'appellent un *schock pesant*; et 32, 1 *marc pesant* ou un *marc de monnaie*. Le *groschen* ou *kaysergrosche* vaut 1 1/2 *grosche blanc*, et celui-ci vaut 2 *kreutzers*, 4 *dreyers* ou 8 *deniers*; 1 *dreyer* vaut 2 deniers ou 3 *hellers*, et 1 *groschel* vaut 2 deniers. La risdale d'espèce vaut 1 1/2 risdale courante (*voy.* ALLEMAGNE et PRUSSE).

BRUNSWICK (*voy.* ALLEMAGNE). Monnaies réelles ; or : *carolins* d'or depuis 1742, valant 5 risdales, et les *ducats* évalués à 2 3/4 risdales. Argent : *risdale d'espèce* de 48, et la courante de 36 *mariengroschen*; *guldens* ou *florins* de 24 ; les pièces de 1/3 et 1 6 risdale, celles de 12 et 6 mariengroschen, et celles de 3 et 1 1/2 mariengroschen ou 2 et 1 *goodgroschen*, ainsi que de 6 et 4 *pfennings*. Depuis 1764, ces monnaies sont au taux de la convention. Les ducats sont environ 3 p. 0/0 au dessous de la monnaie courante. La risdale de convention vaut 5 fr. 19.

CASSEL. Les comptes se tiennent en *risdales* de 32 *albns*, divisés chacune en 12 *pfennings* ou 12 *hellers* courants. Monnaies réelles ; or : double et simple pistole de 10 et 5 risdales. Argent : risdale d'espèce ; pièces de 6 à 1 *goodgroschen*, et de 8, 5 1/4, 4, 2 2/3, et 1 1 3 albus au titre de la convention (*voy.* ALLEMAGNE). En cuivre : 2 et 1 albus et 4 *hellers* ou 3 *pfennings*. La *risdale* espèce vaut 4 fr. 60.

COBLENTZ. La risdale de compte se divise en 54 *petermangens courants*. On compte 36 *petermangens communs* ou *reichs florin* ou *florin d'empire*. Monnaie réelle : *risdale d'espèce* tarifée à 2 florins monnaie de convention, ou 2 2/5 *muntze florin*. Des pièces de 20, 10 et 5 *kreutzers* ou 12, 6 et 3 *petermangens* de convention, ou 14, 7 1/2 et 3 3/5 petermangens muntze, et aussi de toutes petites pièces de 9 et 12 petermangens muntze, celles-ci appelées *copsticks* (*voy.* ALLEMAGNE).

COLOGNE. On compte en risdales de 80 *albus* ou en risdales courantes de 78, divisées chacune en 12 *hellers* Cette dernière vaut 3 fr. 17, et la risdale d'espèce 3 fr. 24. La risdale d'espèce se divise en 2 *herren florins*, 3 fr. 1/2 *florins de Cologne*, 4 *orts*, 8 *schillings*, 20 *blafforts*, 80 groschen, 60 *stivers*, 80 *albus* de Cologne, 90 *kreut-*

zers, 100 *albus* légers, 120 *fettmangens* ou 960 *hellers*. Monnaies réelles, or : le *ducat*. Argent : *risdales d'espèce*, *florins*, *blafforts*, *stivers*, *fettmangens* et *albus* (*voy.* ALLEMAGNE).

DANEMARK. Dans l'ancien système des comptes, la risdale était de 6 *marcs* ou 96 *skillings* valant moitié de ceux employés à Hambourg (*voy.* ALLEMAGNE). Il y avait 5 espèces de monnaies réelles ; 1° l'espèce de la banque d'Altona où la risdale effective était évaluée à 6 marcs danois ; 2° celle du *Sund* pour le péage des vaisseaux de 2 5/6 p. 0/0 au dessous de l'espèce ; 3° la *monnaie couronne* qui est de 15 35/52 p. 0/0 au dessous de l'espèce ; 4° monnaie *courante et légale* de 22 11/12 p. 0/0 au dessous de la première ; 5° monnaie *courante du Holstein*, de 25 p. 0/0 au dessous de l'espèce. Monnaie-vieille d'or : ducat d'espèce (species). de 1791 à 1802, 11 fr. 86 ; ducat courant à la couronne, depuis 1767, 9 fr. 47 ; chrétien d'or, 1773, 20 fr. 95. Argent : *risdale d'espèce* ou 6 marcs 96 shillings, depuis 1776, 5 fr. 66 ; *risdale courante*, 4 fr. 96 ; *risdales et couronnes*, de 1704 à 1765, 4 fr. 96 ; les doubles et simples pièces, appelées *ebræers* ou *justus judex* à 28 et 14 skillings, et les *riskorts* à 12 skillings. En cuivre : *skillings danois*; *fyrkes* ou demi-skillings et *dryelings* ou quarts. En outre, nouvelle monnaie du Holstein, depuis 1788, qui comprend les risdales d'espèce à 48 skillings ou 60 skillings du Holstein courant. Le marc d'argent fin de Cologne (233 gramm 87) donne en cette monnaie 9 1/4 risdales d'espèce ou 11 9/16 courantes. Celles frappées par le roi comme duc de Holstein, doivent être aux poids et titre de l'empire. En 1813, il fut établi un nouveau système suivant lequel le marc de Cologne d'argent fin, doit fournir 18 1/2 pièces appelées *dollar rigsbanck*, divisées en 8 *marcs* ou 96 *shillings*. Il vaut donc 2 fr. 80, c'est moitié de l'ancienne monnaie. La risdale vaut 2 fr. 84 ; la rigs bankdaler species de 48 *stivers* vaut 6 fr. (cours moyen de 1841), et le stiver, 0 fr. 125. La *rigsbankdale* de 96 skillings vaut 3 fr. au pair (2 fr. 84 au cours moyen), et le *skilling* 0 fr. 03125.

DANTZICK. On compte en *guldens* ou *florins* de 3 *groschen* qui se subdivisent en 3 *schillings* ou 18 pfennings monnaie courante, chaque. Monnaie d'or : *ducat* d'environ 12 florins. Argent : *florin* de 30 *groschen*, ou *timpfen* de 18 ; sechsers ou *schukack* de 6 ; dutgen de 3 et 2 groschen. Cuivre : le schilling. Le florin vaut 0 fr. 93.

ESPAGNE. Les principales monnaies de comptes, sont le *réal* de 34 maravedis, et la *livre* dont il y a quatre espèces, mais qui se divisent toujours en 20 sols et 240 *deniers*. Il y a quatre principales espèces de réaux. Le *réal* de *veillou*, se divise en 8 1/2 *quartos*, 17 *ochavos* et 34 maravedis vellon ; c'est le 1/20 de la *piastre forte* ou *d'Espagne*, et il vaut 0 fr. 27. C'est aussi le 1/20 de la piastre d'or ou *coronilla*, et il vaut alors 0 fr. 257. 60 reaux de vellon valent un *doublon de plata sencillo*, 15 valent le *peso sencillo*, et 11 le *ducat de vellon*, Il y a encore 5 réaux d'un usage local et de compte : celui d'*Alicante*, de 13 9/32 à la piastre forte ; celui de *Catalogne*, de 12 19|48 ; celui *ardite de Catalogne* de 18 19/32 ; celui *courant de Gibraltar*, de 12, et celui de Valence, de 17 17/24 à la piastre forte. Le *peso de plate* vaut 8 réaux ou 272 maravedis de plate, ou 15 réaux 2 maravedis de vellon. La double plate ou *pistole de change* en est le quadruple. Le *ducat de change* vaut 11 réaux 1 maravedi de plate, ou 20 réaux 25 15/17 maravedis vellondo. Le réal de *nouvelle plate* est le double du précédent ; il se divise aussi en 34 maravedis de nouvelle plate, ou 68 de vellon. C'est presque toujours une monnaie réelle, valant 0 fr. 54. Le réal de *vieille plate* est à celui de vellon, comme 32 est à 17, c'est-à-dire que 17 de ses maravedis en valent 32 de vellon. C'est la monnaie de change la plus employée : elle s'appelle simplement plate. 8 de ces réaux font un peso de plata ou *piastre de change*. Le réal de *plate du Mexique* est 1/8 de la *piastre forte* ; il vaut 2 1/2 réaux de vellon, 1 1/2 de nouvelle plate et 1 21/44 de vieille plate. Monnaies réelles, or : 4 pistoles ou *quadruple* antérieure à 1772, 85 fr. 42, jusqu'à 1786, 83 fr. 93, et depuis 1786, 81 fr. 50 ; double pistole, *pistole* et demi-pistole, à proportion ; *petit écu* d'or ou *veinten* avant 1772, 5 fr. 46. Argent : *piastre mexicaine* ou *sévillane* avant 1772, 5 fr. 49 ; depuis, 5 fr. 43 ; les 1/2, 1/4, 1/8 et 1/16 à proportion. Monnaie provinciale : 1/5, 1/10, 1/20 piastre avant 1772, 183 fr. 48 le kilog., et depuis, 178 fr. 64.

FLORENCE (*voy.* TOSCANE).

FRANCFORT-SUR-LE-MEIN. On compte en *risdales* de 90 kreutzers ou en *florins* de 4 *pfennings*. La risdale de compte vaut 1 1/2 *florin*, 4 1/2 *copsticks*, 22 1/2 *batzen*, 30 *kaysesgroschen*, 45 *albus*, 90 *kreutzers* ou 360 pfennings, La risdale d'espèce vaut 1 1/3 risdale de compte (qui vaut 3 fr. 91), ou 5 fr. 20 (*voy.* ALLEMAGNE), risdale ou *thaler* de 90 kreutzers (argent) valant 3 fr. 90 ; *florin* ou *gulden* de 60 kreutzers, 2 fr. 60.

FRANCFORT-SUR-LE-MEIN (*voy.* PRUSSE).

GENÈVE. On nompte en livres courantes de 20 sous et 240 deniers. Les monnaies réelles sont pour l'or : *pistole* ancienne de 1722, 21 fr. 13 ; 3 pistoles neuves, 53 fr. 84 ; *patagon* de 3 livres courantes (1721) 5 fr. 17 ; *genevoise* ou gros écu 5 fr. 86.

GÊNES (Sardaigne). Monnaies de compte. Livre

de *fuori* banco ; *scudo d'oro* valant 10 liv. 16 1/5 sous ; *scudo d'oro marcha*, dont 5875 valent 5814 du précédent ; *scudo d'argento*, valant 8 livres 14 sous 4/5 ; *scudo di cambio*, valant 4 livres banco ou 4 livres 12 sous de fuori banco ; la livre di permesso est de 15 pour cent au dessus du fuori banco. La piastre ou *pezza* vaut 5 livres 15 sous de fuori banco. Toutes ces monnaies se subdivisent en 20 sous de 240 deniers. — Les monnaies réelles sont : pour l'or, *genovine* de 100 livres, 88 fr. 39 ; de 96 livres, 79 fr. ; 48, 24 et 12 livres à proportion ; genovine de la république ligurienne, 12 fr. 01. Argent : *croizat* ou vieux écu, 8,15 ; écu de banque, 4 fr. 21 ; *double madonine*, 1 fr. 67 ; *écu* de Saint-Jean-Baptiste et *écu* de la république ligurienne, 6,57.

GIBRALTAR. On compte en *piastres* effectives ou fortes appelées *cobs*, valant 5 fr. 56. La *piastre courante* vaut 1 fr. 71. On y emploie la monnaie d'Espagne.

GRÈCE. Argent : *phénix*, 0 fr. 90 ; 5 *drachmes* d'Othon, 4 fr. 48.

HAMBOURG. (*Voy.* ALLEMAGNE pour la monnaie de compte. Monnaie réelle : Or : *ducat* ad legem imperii, 11 fr. 85 ; ducat nouveau de la ville, 11 fr. 76 ; argent : *risdale* ancienne de constitution, 5 fr. 78 ; *marc* ou 16 schillings de convention lub (Lubeck), 1 fr. 53 ; *marc banco* de compte, 1 fr. 88.

HANOVRE. Monnaie de compte (*voy.* ALLEMAGNE). Monnaie réelle : Or : *ducat* de Georges Ier (1724), 11 fr. 89 ; *ducat* ad legem imperii, 11 fr. 85 ; 4 *florins* de Georges II, 34 fr. 95 ; argent : *écu* ou *florin* de 24 mariengroschen, 2 fr. 90 ; *écu* de Hanovre ou *florin* de constitution, 5 fr. 70.

HOLLANDE. Les comptes se tiennent en *florins* ou *guilders* de 100 cents, qui valent 2 fr. 1164. Ils se divisaient autrefois en 20 *stivers*, et celui-ci en 16 *pennings* ou bien en 12 *deniers*. On comptait aussi en *livres flamandes* ou *pondt vlaams*, qui se divisaient en 20 *shillings* ou *sous de gros*, et le shilling en 12 *pence groots* ou *denirs de gros*. La livre flamande vaut 6 fr. 984. Le *guilder d'or* de compte vaut 28 stivers. Monnaie d'or : *ryder* de 14 florins ou 29 fr. 40 ; *ducat* de 5 florins 5 stivers, valant 11 fr. 025. Ces valeurs sont variables, et l'argent sert de régulateur. Argent : *ducaton* ou *ryder* d'argent, 3 fl. 3 stiv. ou 6 f. 80. Le florin passe pour 2 f. 10. — Depuis 1816, l'unité monétaire est le florin pesant 10 gram. 766 au titre de 893 et valant 1 fr. 9724. Les multiples et sous-multiples sont décimaux. Le cent est le centième du florin, et il y a des pièces de 1/2, 1, 5, 10 et 25 cents. Les pièces d'or sont de 10 fl. au titre de 900, et pèsent 6 gr. 729 ; elles valent 20 fr. 84.

HONGRIE. Les comptes se tiennent en *florins* impériaux ou *reichsgulden*, qui se divisent en 20 *groschen* ou 60 *creutzers*; la *risdale d'espèce* vaut 2 fl. impériaux. Monnaie réelle : Or : *ducat kremnitz*, valant 11 fr. 86; argent: *risdale* de convention, valant 5 fr. 15; on les appelle *egistaler.*

ILES IONNIENNES. Les comptes sont tenus en *dollars* de 100 *cents* ou *oboles*, rarement en *piastres* turques de 40 *paras* chaque, valant 76 centimes. Les principales monnaies sont, pour l'or : le *doublon* d'Espagne ; pour l'argent : le *pillar* d'Espagne évalué à 100 cents; les piastres d'empire à 98 cents, et celles de Venise à 96 cents. Le cent ou obole est une monnaie de cuivre valant environ 0,050225.

LEIPSIC. On compte en risdales de 24 good-groschen ; chaque grosche se divise en 12 pfennings courants (*voy.* SAXE).

LUBECK (*voy.* HAMBOURG). La monnaie de Lubeck s'apppelle monnaie lub.

NAPLES. Les comptes se tiennent en *ducati di regno*, divisé en 5 *tari* de 20 *grani* chacun, ou bien en 10 *carlini* de 10 *grani*. Le demi-ducat s'appelle *patacco*. Les anciennes monnaies réelles sont : En or : 6 ducats ou *doppia* de 60 *carlini* de don Carlos, valant 26 fr. 49 ; autre de Ferdinand IV, 25 fr. 61 ; pièce de Murat, 20 fr.; en argent : *ducat* de Charles VI, 10 carlins 4 fr. 38 ; *écu sicilien* de 12 carlins, *tari* de 2 carlins, et des pièces de 12, 13, 24 et 26 grains, le tout à proportion ; *écu* de 5 livres de Murat, 5 fr. Depuis 1818, le *ducat* d'argent, au titre de 833 valant 4 fr. 24, est l'unité monétaire ; il vaut 10 *carlins*. En or, l'*oncette* au titre de 996, passant pour 3 ducats, vaut 12 fr. 99 ; les pièces de 5 et 10 oncettes ou 15 et 30 ducats à proportion. Au dessous du carlin il y a les pièces de 5, 3, 2 *grani* et des 1/2 et quarts; elles sont toutes en cuivre. — En Sicile, les comptes se tiennent en *onzie* de 30 *tari*, 60 *carlini*, 450 *ponti*, 600 *grani* et 3,600 *piccio i*.

NORWÈGE (*voy.* SUÈDE et DANEMARCK).

PARME (*duché de*). Or : pistoles depuis 1785, 86 fr. 12. 40 et 20 fr. de Marie-Louise, 40 et 20 francs; argent : *ducat* de 1784 à 1796, 5 fr. 18; pièce de 5 livres depuis 1815, 5 fr. Monnaie de compte : lira, 1 fr.

POLOGNE. On compte en *guldens, florins* ou zloti de 30 *grossz*, dont chacun se divise en 18 *pfennings*; le florin contient 2 1/2 *shostacks*, 90 *shillings*, 540 *pfennings* ; le *shostack*, 12 *grossz*, 36 *shillings* et 216 *pfennings*. Les monnaies réelles d'or sont : le *ducat* de 18 *florins zlotes* ou polonais (1771 à 1791), valant 11 fr. 85. Le *ducat* de Pologne, très peu moins 975/980, et pour l'argent, la *risdale*, de 5 fr. 19.

PORTUGAL. On y compte en *reis* et en *milreis* valant 7 fr. 07, et *cruzade vieille*, 2 fr. 83. Monnaies réelles : Or : *dobrao*, de 20,000 reis jusqu'en 1832, 169 fr. 61 ; *portugaise, moeda douro* ou *lisbonine* de 4,000 reis, 33 fr. 96 ; 1/2 et 1/4 à proportion ; mais ces pièces ont été depuis augmentés de 1/8 et valent 48,000, 24,000, etc reis. *Milrée*, possessions d'Afrique, 4 fr. 03 ; argent : *cruzade neuve* de 480 reis, 2 fr. 94, de 1,000 réis, 6 fr. 12.

PRUSSE. Monnaie de compte. Une ordonnance exige l'emploi de la *livre* ou *thaler banco* de 24 *grooschen*, divisibles chacun en 12 *pfennings* banco. Il y a aussi le *thaler* ou *risdale* de 24 *goodgroschen* et 12 pfennings ceurants. Les monnaies réelles sont : le *ducat fin* de 11 fr. 85; *frédéric*, depuis 1752, 20 fr. 78, valant 5 risdales et pris à la banque pour 4 *liv. banco*. Argent : *écu, risdale* ou *thaler* de 30 silbergros, 3 fr. 71; *écu de convention* (30 juillet 1838), 7 fr. 39. Le thaler vaut 3 fr. 75, ainsi que dans les villes anséatiques.

RAGUSE. Les comptes se tiennent en *ducats* de 50 *grossetti*. C'était autrefois une monnaie réelle, qui équivaut aujourd'hui à la piastre turque et suit toutes ses variations. On n'y frappe pas de monnaie d'or. Pour l'argent, il y a le *talaro*, appelé communément *vislino* ou *ragusine*, valant 3 fr. 90 ; le *perpero*, de 12 grossetti, valant 41 c., et le ducat, de 1 fr. 37.

ROME. On compte en *couronnes* ou *scudi* de 10 *paoli* ou *giuli*, divisés chacun en 10 *bajocchi ;* le scudo se divise aussi en 3 1/3 *testoni* et 500 *quattrini ;* il vaut 5 fr. 36. Le *scudo d'or* de change est évalué à 1523 ou 1525 demi-quattrini ; il se divise en 20 sols et 240 deniers. Le *ducat d'or di camera* est fixé à 16 paoli. En 1809, le *scudo* fut tarifé à 5 fr. 35, et le franc à 18 bajoques 3,45 quattrini. Les principales monnaies courantes sont : En or : pistole, 17 fr. 28 ; *sequin*, 11 fr. 80 ; argent : *teston* de Rome, écu de 10 pauls ou 100 baïoques, 5 fr. 41; teston de 30 baïoques, 1/5 et 1/10 de teston, à proportion.

RUSSIE. Les comptes se tiennent en *roubles* de 100 copeks ; le rouble se divise aussi en 10 *grievens*, 33 1/3 *altins* ou 50 *groschen*, et le copeck en 2 *denushkas* ou 4 *polushkas*. Les monnaies réelles sont, pour l'or : *ducat* 1755 à 1763, valant 11 fr. 78, et depuis 1763, 11 fr. 59 ; pièces de 10 et de 5 roubles. *Impériale* de 10 roubles de 1755 à 1763, 52 fr. 38, et depuis 1763, 41 fr. 29. Le double ducat vaut 5 roubles et 60 copeks, et le simple, 2 roubles et 80 copeks; pour le *platine :* pièces de 12 roubles, 48 fr.; 6 et 3 roubles à proportion. Argent : *rouble* de 100 copeks de 1750 à 1763, 4 fr. 61, et depuis, 4 fr. Les *poltins* sont de 50 et de 25 copeks ; les grieven, de 10, et la pièce de 5 *altins* de 15. En cuivre, il y a les pièces de 10, 5, 2 et 1 copeks, les *denushkas* ou demi-copeks, et les *polushkas* ou quarts.

SARDAIGNE. Avant 1768, le Piémont et la Sardaigne avaient les mêmes monnaies; postérieurement il y en eut de spéciales à la Sardaigne. La livre de compte valait 1 fr. 17. Immédiatement avant 1816, le *carlin* d'or valait 49 fr. et l'écu d'argent 7 fr. 08; mais depuis 1816, les monnaies sont les mêmes que celles de France, si ce n'est que le franc s'appelle livre. Il y a en or des pièces de 80 livres ou *quadruples*, de 40 et de 20 livres.

SAXE. Or : *ducat* de 1763 valant 11 fr. 85; *Auguste* ou 5 thalers, 20 fr. 75; les pièces de 10, 5 et de 1/2 thalers, à proportion. Argent : *risdale* d'espèce ou écu de convention, 5, 19; la moitié ou *florin*, 2 fr. 59; le *thaler* monnaie de compte, de 24 bons gros, vaut 3 fr. 90 (*voy.* ALLEMAGNE ;

SICILE (*voy.* NAPLES).

SUÈDE. Depuis 1664, la monnaie générale de compte est la *risdale* ou *dollar* de Suède, valant 5 fr. 75. Elle se divise en 48 *skillings*, et celui-ci en 12 *rundstycken* ou *öre*. La monnaie réelle d'or est le ducat de 11 fr. 70. En argent, il y a le *species rikstaler* ou écu nouveau, de 5 fr. 66; les 1/2, 1/4, 1/8 et 1/6 à proportion. En Norwége, le *species* d'argent vaut 5 fr. 63 seulement; la pièce appelée *mark*, *ort* ou 24 skillings ou 1/3 species, vaut 1 fr. 12, et celle de 8 skillings; 0 fr. 37. En cuivre, il y a les *slants* valant 1 ort d'argent; et les *runds ycken*, qui en sont le tiers.

SUISSE. Lorsque, en 1798, elle fut réunie sous le nom de république helvétique, il fut établi un système monétaire unique. Le gouvernement de Berne a depuis conservé cette méthode pour sa comptabilité. L'unité était le franc de 10 *batz* divisés chacun en 10 *rappen*. Ce franc ou *livre suisse* vaut 1 fr. 50. Il y avait en or : la pièce de 32 franken valant 47 fr. 63, celle de 16 ou moitié; en argent : 4 et 2 franken valant 6 et 3 fr.; plus des pièces de 10 et 5 batz valant 75 cent. et 37 cent. 1/2. On appelait *écu* la pièce de 40 batzen, valant 6 fr. En 1804, la Confédération suisse compta le marc d'argent fin pour 36 fr. 20. — BERNE. Or : *ducat*, 11 fr. 64; *pistole*, 23 fr. 76. Argent : *écu*, 5 fr. 90; 4 *franken* de 1799, 5 fr. 88. — SOLEURE. *Ecu* de 40 batz, depuis 1798, 5 f. 90. — ZURICH. Or : *ducat*, 11 fr. 77; argent : *écu* de 1761, 5 fr. 08; *écu* de 1781, 4 fr. 76; *florin* ou demi-écu, 2 fr. 35.

TOSCANE. Il y a 7 espèces de monnaies de compte; elles ont pour base la *lira*, qui se divise en 20 *sous* de 12 *deniers* : 1° L'*écu* ou *scudo d'oro* valant 7 1/2 livres; 2° le *scudo corrente* ou *ducat* valant 7 livres; 3° la *pezza di ottoreali* ou *pezza della rosa* ou *livornina*, qui vaut 5 1/2 livres. Chacune de ces monnaies se divise en 20 sous et

240 deniers; 4° le *testone* ou double lira ; 5° le *paolo* de 1 1/2 lira ; 6° le *crazia* de 20 denari di lira; et 7° le *quattrino* de 4 denari di lira. La *lira* vaut 0 fr. 84, et le florin, 1 fr. 40. Monnaies réelles : Or : *triple sequin* ou *ruspone* au lys, 36 fr. 04; sequin à l'effigie, 12 fr. 01; *pistole* de Florence ou *doppia*, 21 fr. 09; *rosine*, 21 fr. 54; argent : *francescone* ou *livournine*, ou *piastre à la rose* ou *talaro*, ou *léopoldine* et écu de 10 pauls, 5 fr. 61; 8, 5, 2 et 1 *pauls* à proportion; *vieux ducaton* (Cosme III), 6 fr. 65; 10 livres ou *dena* du royaume d'Étrurie, 1803, 8 fr. 40.

TURQUIE (*Constantinople*). La *piastre*, comme monnaie de compte, se divise en 80 et 100 parties appelées *aspres* ou *minas*; comme monnaie réelle, elle se divise en 40 *paras* de 3 aspres chacun; elle vaut depuis 2 fr. 47 jusqu'à 0 fr. 93, taux actuel; elle valait en 1841, à Trébisonde, 22,82 centimes. Le *beslick* est 10 paras. La piastre est aussi nommée *grouch* et *dollar*. Les monnaies d'or sont : les *fondouklis* anciens, valant de 3331 francs 21 jusqu'à 3423 fr. 03 le kilogramme; les *sequins* valant, savoir le *zermahboub*, d'Abdel-Hamyd de 1774, 8 fr. 72. et son *roubyeh* ou quart; celui de Selim III valant 7 fr. 30, et d'autres, de titres variables, pouvant représenter 2815 fr. 54 au kilog. Celles d'argent sont : *almichlec* de 60 paras depuis 1771, valant 3 f. 53; *piastre* de 40 paras ou 120 *aspres*, de 1780, 2 fr.; *yaremlec* de 20 paras, 1757, 0 fr. 99; *roub* de 10 paras, 0 fr. 49; *para*, de 1773, 0 fr. 64. Pièce de 5 piastres, de 1811, 4 fr. 14; *piastres de Constantinople*, de titres et poids variables, 117 fr. 26 le kilog.; le *talaroc* (thaler) est de 5 fr. 25.

VENISE. Dans le nouveau système, les comptes se tiennent en *lire* italiennes qui ne diffèrent en rien du franc; mais la livre vénitienne de compte ne vaut que 0 f. 86. Depuis 1750 on se servait de la *moneta piccola*, dont 405 lires valent 207 f. 33. Antérieurement on employait la *valuta corrente*; la banque tient ses escomptes en *banco*, qui est de 20 p. 100 au-dessus de la valuta corrente, et de 54 5/6 au-dessus de la piccola moneta. En 1797, l'Autriche créa pour Venise la *moneta provinciale*, remplacée en 1802 par un autre système composé de 1 1/2, 1, et 1/2 lira valant en espèces autrichiennes 18, 12 et 6 creutzers, qui ne contiennent que 1/4 d'argent fin et qui s'appellent *moneta di nuovo stampo*. On y joignit des pièces de cuivre de 6 et de 3 creutzers valant 10 et 5 soldi et des soldi simples et doubles. La valeur des pièces circulant aujourd'hui est comme il suit. Pour l'or : *Ecu d'or*, valant 144 fr. 35 c.; *ozella d'oro*, 48 fr. 11 c.; *sequin*, 11 fr. 89; ducat d'or, 7 fr. 50; *pistole* de Milan ou *doppia*, 19 fr. 76; 40 fr. et 20 du royaume d'Italie; comme les pièces françaises. Souverain de 1823, 35 fr. 13. Argent : 1/2 *souverain* ou 20 livres d'Autriche, 17 f. 56; pièce de 10 livres, 5 f. 26; talaro de 1/2 et 1/4 livre, à proportion. *écu* de 6 liv. d'Autriche (1823), 5 f. 20.

WURTEMBERG. Les comptes se tiennent en *guldens* ou *florins* de 28 *shillings* et 168 *pfennings courants*. Le florin valant 2 f. 16. Monnaies d'or : *ducat* depuis 1744, 11 85; *florin* ou *carolin*, 25, 87. Argent : *risdale* ou *écu* de convention, 5 f. 19; *kronen thaler* ou gros écu, 5 f. 70; *écu* de convention (1838) de 3 1/2 gulden ou florins, ou de 2 thalers, 7 f. 39. Le kreutzer est une pièce de cuivre valant environ 0 f. 0315.

AFRIQUE.

ABYSSINIE. On y emploie surtout les piastres d'empire et d'Autriche sous le nom de *patakas*; les lingots d'or s'y pèsent en *wakea* où onces d'Abyssinie, valant 26 gr. ou 8 fr. 98 : des pains de sel dont 80 valent 1 vakea d'or, servent de monnaie courante, ainsi que des grains de verre, entiers ou brisés, qu'on appelle *borjoukes*. La *pataka* ou piastre, monnaie de compte variant de 10 à 12 pour 1 vakea d'or vaut de 75 à 89 c.

ALGER. Monnaie de compte : *saimes* ou *doubles* de 50 *aspres* et *patacas chicas* de 8 *tomins* ou 232 *aspres*; monnaie vieille : le pataca valant 1 f. 18. Une *piastre* ou *pataca gourda* vaut 3 patacas chicas ; un *tomin*, 2 carubes ou 29 aspres. Le *sequin soultany* d'or, 8 f. 71. Le *roudi-boudjou*, 3 f. 72. Sa moitié s'appelle *rial-boudjou*. Depuis que l'Algérie est française, la pièce de 5 fr. est la monnaie principale. La *sultani* d'or passe pour 8 fr. 40, la *piastre* pour 3 fr. 80, le *boudjou* de Tunis pour 90 c., le *rebiah* pour 50 c. le *vealdram* pour 70 c., le *tenimboudjou* pour 25 c. La *quadruple* d'Espagne vaut 84 fr., la *piastre* d'Espagne 5 fr. 45, et le *thaler* d'Autriche, 5 fr. 54.

CANARIES. On compte en réaux vellon, et *pesos* courants, divisés en 8 réaux de plata ; il faut 1 1/3 peso pour une piastre forte. Cette dernière avec le *quarto* sont les seules monnaies d'argent. La piastre étant 5 f. 35, le peso vaut 4 f. 01. Les demi-piastres fortes s'appellent *medio duro* ; les quarts, *toston*, et les seizièmes, *fisca*. En or, il y a le *doublon* ou *onza* de 16 piastres. En cuivre, l'*ochavo* de 8 maravédis, le quarto et le medio quarto, de 4 et de 2.

CAP DE BONNE-ESPÉRANCE. Les comptes se tiennent soit comme en Hollande, soit comme en Angleterre. La *risdale* est un papier-monnaie courant, valant ordinairement 4 f. 12. Le *penny* anglais et le *stiver* hollandais y ont la même valeur.

ÉGYPTE (*Alexandrie*). Monnaie de compte : *piastre courante* de 40 *medini*. Le medino se divise en 8 *borbi* ou 6 *forli* ou 3 *aspres*. Une *tourse* vaut 25,000 medini ou 75,000 aspres. Monnaies

réelles : le *sequin* ou *fundeclee* vaut 146 medini, et le *zumbabob*, 120. 1 *ducatello* vaut 10 medini, 1 *griscio* ou *abuquelp*, 30, et 1 *zenzerli*, 107. Le borbi et le forli sont des monnaies de cuivre.

— *Caire*. On y compte en *piastres* de 33 *medini* ou 80 aspres, et quelquefois en *piastres d'empire* appelées *palaccas* ou *talaris* qui ont valu 80 medini et aujourd'hui beaucoup plus. Chaque transaction stipule la valeur donnée à la piastre. On emploie quelquefois les *funducli* tarifés à 146 medini, et les *sequins mahubs* valant 4 pataccas et 120 medini (*voy*. TURQUIE).

Les monnaies réelles sont : en or ; *sequin*, valant 6 f. 71; karat ou 1/3 et 1/2 karat, à proportion. En argent : *grouch* ou *piastre* de 40 paras, 0 f. 30 ; 10 et 5 paras, à proportion.

MAROC. L'once vaut 0 f. 35. Son cours est variable ; le *ducat*, 3 f. 33.

Sierra-Leone : le *dollar* de 10 *macoutes* vaut 4 f. 81 ; les pièces de 5, 2 et 1 macoutes à proportion.

TUNIS. En or, les *sequins* anciens valent 2994 f. 30 le kilogramme. En argent, les *piastres* valent 117 f. 26. Le cours moyen de la piastre a été de 0 f. 79 en 1840. Boudaou, 0 fr. 75.

AMÉRIQUE.

BOLIVIE ET TOUTE L'AMÉRIQUE ESPAGNOLE : *piastre*, 5 f. 40 ; le réal fort est 1/8 de piastre et vaut 0 f. 675.

BRÉSIL. Les comptes se tiennent comme en Portugal. Les monnaies réelles d'or et d'argent sont les mêmes aussi ; le nom de *pataca* y indique la pièce de 320 reis. Les monnaies de cuivre sont les *vintems* de 29 reis, leurs 1/2 et 1/4 et les pièces de 2 vintems. 160 reis valent 1 franc au pair.

CANADA. Les monnaies de compte sont la *livre*, le *shilling* et le *penny* courants, qui valent 1/10 de moins que la livre sterling anglaise, et les livres, sous et deniers français appelés *vieux courant*. La monnaie réelle est de 1/27 plus forte que celle anglaise. En or, le *doublon* vaut 89 liv. 8 s ; la *guinée*, 28 liv ; le *johanèse*, 96 liv ; la *moidore*, 36; le *louis* d'avant 1793, 27 liv. 4 s.; la *pistole* id., 21 liv. 18 s.; l'*aigle*, 60 liv. En argent; la *couronne d'Angleterre*, 6 liv. 12 s ; le *shilling*, 1 liv. 6 s.; piastre d'Espagne et d'Amérique, 6 liv.; *pistarern*, 1 liv. 4 s.; *couronne de France* antérieure à 1793, 6 liv. 12 s.; *pièce française* de 4 l. 10 s; tournois, 5 liv. le tout en vieux courant.

CHILI. La *piastre* vaut 5 f. 40 et se divise en 100 *cents*.

ÉTATS-UNIS. Monnaie de compte : *dollar* divisé en 10 *dimes*, 100 *cents* ou 1000 *mille*; c'est la monnaie fédérale établie par acte du congrès en 1789, qui en fixe la valeur à 5 f. 56.

Les monnaies effectives sont :

Or : *Aigle* de 10 dollars depuis 1810 au titre de 917, pesant 17 gr., 48 et valant 55 fr., 21. *Double aigle* et *demi-aigle* à proportion. Argent : *Dollar* de 27 gr. au titre de 903 valant 5 fr., 42. Les moitiés et quarts à proprotion.

MEXIQUE (*voy.* ESPAGNE). La piastre est prise en douane pour 5 fr.

VENEZUELA. La *piastre* simple ou *gourde macuquina* (coupée) vaut 4/5 de la piastre forte d'Espagne, c'est au pair 4 fr., 32; elle passe pour 4 fr. Cette monnaie qui est seule employée dans les comptes s'appelle aussi *sencilla* (simple) et se divise en 8 réaux simples ou bien en 100 cents. On évalue la piastre d'Espagne à 10 réaux simples.

Asie.

ALEP. Monnaie de compte : *Piastre* de 80 *aspres* ou de 24 *siani*. Elle vaut 1/2 piastre d'Espagne dont 17 doivent peser 150 drames ou 472,25 gr. — Les monnaies réelles sont celles de Constantinople.

BASSORA (près le golfe Persique). On compte en *mammoodis* de 10 *danims* et 100 *flouches*. 100 mammoodis font un toman valant 15 roupies. Le toman réel est à celui de compte comme 4 est à 3.

CHINE. Les monnaies de compte sont le *leang*, le *tseen* et le *fun*, que les Européens nomment *taël*, *mace* et *candarin*. Mais tous les comptes sont tenus en *dollars* et centièmes et les paiements sont faits en cette monnaie. Le taël suivant les documents ministériels vaut 7 fr., 40. La compagnie anglaise des Indes-Orientales le compte pour 8 fr., 24. Il vaut 10 *maces*, 100 *candarins* et 1,000 *cache*. 1,000 dollars font 720 taëls. Les Chinois n'acceptaient que des dollars qui sont des piastres d'Espagne valant 5 fr., 33, mais depuis plusieurs années la pièce de 5 fr. y est en faveur. Chacun estampille ces monnaies de sa marque particulière. On paie aussi en lingots. La seule monnaie réelle est le *cache*, pièce ronde, contenant 6 parties de cuivre et 4 de plomb, marquée d'un côté, relevée sur les bords avec un trou carré au milieu, dans lequel on passe une corde ou un fil métallique pour réunir les pièces. Quoique le cache ne soit que le millième du taël fin d'argent (poids de 579 gr., 8), il est tellement recherché que quelquefois 750 seulement sont reçus pour un taël.

DAMAS (*voy.* ALEP).

DJEDDAH (côte arabique). Le thalari vaut 5 fr. 25.

INDES-OCCIDENTALES. La monnaie courante est imaginaire : elle varie, suivant les îles, de 40 à 100 pour cent. Dans les îles françaises, on compte en *livres*, *sous* et *deniers*, le *shilling* anglais passant pour une livre. La piastre espagnole ou *dollar*, qu'on appelle gourde, y est la monnaie courante et vaut 9 livres.

JAPON. On compte en *tayels* de 10 *mas* ou 100 *condorines*. Le tayel est évalué à 7 fr., 62. Les monnaies d'or sont plates et oblongues : la plus petite est l'*itchabo* valant environ 15 *mas*. Le *copang* vaut 64 mas environ. L'*oban* est la plus forte et vaut 3 copangs. En monnaies réelles, le *kobang* vieux de 100 mas vaut 51 fr., 24; le nouveau 36 fr., 69. En argent : le *tigo-gin* de 40 mas vaut 14 fr., 40, et les pièces de 20, 10 et 5 mas à proportion. Les *sennis* ou *cashs* sont en fer, en cuivre ou en airain, avec un trou carré au milieu. 600 des plus petites forment 1 tayel.

Indes-Orientales.

BENGALE. *Roupies sicca* de compte valant 2 fr., 87. Un *lac de roupies* est 100,000 et un *crore*, 100 lacs ou 10 millions de roupies. La roupie se divise en 16 *annas*, divisés chacun en 12 *pics*. Les monnaies courantes sont au titre d'Angleterre.

Le mohar d'or vaut 41 fr., 88.

La roupie sicca vaut 31 fr., 32.

Roupie de Benarès vaut 2 fr., 83.

Roupie de Furruckabad 2 fr. 77.

EMPIRE BIRMAN. Les comptes se tiennent suivant un système décimal. La pièce d'argent la plus répandue est le *tical* qui se divise en 4 *mattis*, 8 *moos* ou 16 *tubees*. 100 ticals font 1 *vis*. La quantité d'alliage qui entre dans l'argent est très variable, elle est de 1/4 à Raugon. Le tical pesant 10 den. 10 grains, vaut alors 0 fr., 39 au pair.

BOMBAY. Monnaie de compte : la *roupie* divisible en 4 *quarters* et chacun en 100 *reas*, ou bien en 16 *annas* ou 50 *pice*. 2 reas font 1 *urdée ;* 4 font 1 *dooganey* ou pice ; 6 font 1 *doreea ;* 1 *paunchea* vaut 5 roupies, et 1 *mohur d'or*, 15. L'*anna* et le *reas* sont seuls fictifs. Depuis 1800, la Compagnie anglaise compte la roupie de Bombay pour 4 fr., 01 et le mohur d'or pour 15 roupies.

CALCUTTA (*voy.* BENGALE).

CÔTES DE COROMANDEL. Ceylan. Monnaie de compte : la *risdale* de 40 *stivers* valant aujourd'hui 2 fr., 16. Monnaie réelle. *Stiver* ou *cash* de 80 au ducat de Hollande, et, par conséquent, de 14 à 15 centimes l'un. A Colombo, la *risdale*, ou roupie d'argent, vaut 2 fr., 16 et se divise en 12 *fanams*, le *fanam* en 4 *pice*, et celui-ci en 4 *chalis anglais* ou 3 *chalis hollandais*.

CÔTES DU MALABAR (*Anjinga*), On compte par *fanam*, valant 12 *pices* ou 16 *vis*, et une pice 4 *budgerooks*. Une *roupie* d'argent vaut 7 anciens *fanams* ou 6 nouveaux. Un fanam vaut 0 fr. 496.

GOA. On compte en *pardos* valant 4 *bons tangas*,

16 *bons vintins*, 300 *bons budgerooks*. Il faut 1 4 en plus de *mauvais tangas*, etc. Le *pardo* se divise aussi en 240 *bons reas*. Monnaies réelles : Or : *Saint-Thomas* pesant un ducat et passant pour 11 bons tangas; Argent : *pardo séraphin* de 5 bons tangas, et *pardo commun* de 4. Cuivre et étain : les *budgerooks*. Un *bon tanga* vaut 0 fr. 77 ; un *pardo* 3 fr. 09, et un *séraphin* 3 fr. 86.

Île-de-France. On compte en *piastres* de 100 cents et en *piastres* de 10 *livres* ou 200 *sous*. Ces livres, dites *livres coloniales*, valent 2 fr. La principale monnaie est le *sou marqué*, pièce de cuivre valant 3 sous coloniaux.

Java. Les comptes se tiennent à Bantam en système décimal ; 10 *peccoes* valent 1 *laxsans*; 10 laxsans, 1 *catty*; 10 cattys, 1 *uta*; 10 utas, 1 *bahar*; le peccoe devrait contenir 100 *cache*, son prix varie de 25 à 30 piastres d'Espagne. — A Batavia, on compte en *risdales* imaginaires de 48 *stivers*, évaluées 6 fr., 18. La principale monnaie est la *roupie* de 4 shillings, 12 *dubbeltjees*, 15 *cashes*, 30 *stivers* ou 120 *doits* valant 3 fr., 86. Il y a aussi les *patacks* et le *cash*; le patack vaut 6 *mace* ou 24 *cache*; et dès *pities* contenant 4 parties de plomb et 1 d'étain. Il en faut 24 pour 1 stiver.

Madras. Les anciens comptes se tiennent en *pagodes star* valant 42 *fanams* et le fanam, 80 *cash*. Les nouveaux, en *pagodes star* valant 3 1/2 *roupies* et la roupie 12 *fanams*. Monnaies réelles : Or : pagode star ou courante valant à peu près 10 fr. Argent : *roupie arcot*, de 2 fr., 39; elle se divise en 16 *annas* ou 192 *pice* comme les autres roupies. Cuivre : pièces de 20 *cashes* ou *pice*; de 10 *cashes* ou *doodee*. — Depuis 1818, la roupie d'argent est la monnaie étalon de la présidence de Madras; 350 roupies valent 100 pagodes ou 2 fr., 45. Le seizième est l'*anna* et le huitième le *double anna*. Pour l'or, c'est la roupie valant 36 fr., 79.

Moluques (Amboyne et Randa). On compte en *risdales* valant 4 fr. 12, divisées chacune en 8 *schillings*, 12 *dubbeltjees*, 48 *stivers*, 192 *doits*.

Moka. Les comptes se tiennent en *piastres* de 80 *caveers* courants. La piastre espagnole y passe pour 4 fr. 5 8. Les monnaies réelles sont les *commassces* d'argent à très-bas titre, dont il aut 40 à 80 pour une piastre; et le *carat* ou 1/7 de *commanec*.

Mogol. Monnaies d'or : *roupie* aux signes du zodiaque valant 37 fr. 51; roupie de Schah-Alem, 41 fr. 65; *pagode* au croissant, 9 fr. 46: id. à l'étoile, 9 fr. 35; *ducat* de la compagnie hollandaise, 11 fr, 62. Argent : *Roupie* de Mogol 2,42; id. de Pondichéry, 2 fr. 42; *roupie* de Madras et de la compagnie hollandaise, 2 fr. 40; id, d'Arcate, 2 fr. 36. *fanon* des Indes, 0 fr. 31.

Perse. Les comptes se tiennent en *tomans* de 50 *abassis*, 100 *mamoodis*, 200 *sathrées* ou *chayés*, 1000 *dinars-bisti*, 2,000 *hosbequis*, ou 10,000 *dinars* simples. Monnaies d'or : *roupie* d'or, 36 fr. 75, *double*, de 5 abassis, 4 fr. 90 c. Argent : *roupie*, 2 fr. 45 ; *abassi*, 0 fr. 98; *larin*, 1 fr. 03. Le toman de compte vaut 29,64 Bonneville évalue le chayé actuel a 4 sous 6 deniers de France.

Smyrne. On compte en *piastres* ou *goorosh* appelés aussi *dollars;* on divise quelquefois la *piastre* en 12 *temnins* ou bien en 40 *paras* ou *medini*. Les Anglais et Suédois la divisent en 80 *aspres*, les Hollandais, Français et Vénitiens, en 100, et les Arméniens, Grecs ou Persans, en 120. Les monnaies réelles sont celles de Constantinople.

Iles de Sumatra (*Achem*). Les comptes se tiennent en *tales*, dont chacun vaut 4 *pardowes*, 16 *maces* ou 64 *copangs*. Monnaies réelles. Le tale et le mace de poudre d'or valent 1/5 de moins que la monnaie de compte du même nom. Or : *mace* valant 1 fr. 47. La cache est en étain ou en plomb, de valeur variable, et souvent de 2500 pour un mace. Em. Lefèvre.

MONNAIE. La Monnaie de France, organisée aujourd'hui d'après le principe qui a centralisé toutes les administrations, est confiée à une Commission composée de trois membres, ressortissant au ministère des finances. Le siége de cette commission est à Paris, où se trouve concentrée la presque totalité de la fabrication des espèces et la fabrication exclusive des jetons et médailles. Mais si l'on remarque que le droit de battre monnaie a toujours été regardé comme un droit régalien, on comprendra combien, avant d'arriver à cette simplicité, l'organisation des Monnaies a dû subir de transformations pendant la conquête primitive de la Gaule romaine, les dissensions royales et les luttes contre la féodalité. Si le nombre des ateliers monétaires a souvent varié, le souverain a presque toujours cherché à monopoliser le droit de fabrication, ou du moins le droit de surveillance sur les ateliers. — Aux premiers temps de la monarchie, il y avait dans chaque Monnaie un officier nommé *monétaire*, qui, sous la direction des ducs et des comtes, veillait à l'observation des réglements et inscrivait son nom sur les monnaies. Tous ces officiers étaient placés sous la juridiction d'un des trois officiers généraux, commensaux de la maison du roi, et dépositaires des poids originaux conservés dans le Palais. Dans le Palais même, il y avait une Monnaie qui inscrivait sur ses pièces la légende *moneta palatina*. Mais cette Monnaie était ambulatoire et suivait le roi, avec des coins tout préparés, de telle sorte qu'il n'y avait plus à ajouter que la légende pour constater le lieu de la fabrication, soit par le nom des *villas* royales, soit par celui des villes où résidait le prince ; circonstance qui a dû augmenter, en apparence, le nombre des ateliers monétaires. — Après le désordre qui dut nécessairement s'introduire sous les derniers rois de la première race, Charlemagne voulut, en imposant sa domination souveraine, imposer aussi l'unité d'administration. Dans un capitulaire de 805 il dit : « Nous voulons qu'il ne soit frappé aucune monnaie ailleurs que dans notre palais, à moins que nous ne l'ordonnions autrement, » et, en 808, il décrète qu'il ne sera frappé de monnaie qu'à la cour (*ad curtem*), et que ces *deniers du palais* auront cours partout. Mais, sous ses successeurs, les luttes intestines et la faiblesse de l'autorité royale devaient rompre cette unité passagère. Le roi, qui allait bientôt constituer la féodalité par son capitulaire de Kiersy-sur-Oise, Charles-le-Chauve, ordonnait, en 864, par son célèbre édit de Piste, que la monnaie serait fabriquée dans son palais et dans les villes de Quentovic, Rouen, Reims, Sens, Paris, Orléans, Châlons, Melle et Narbonne. Il établit à la vérité, dans chaque fabrique, un Maître et des Officiers, pour prévenir les malversations et sauvegarder les règlements royaux ; mais, quoique le monogramme royal se continue assez longtemps sur les monnaies, l'invasion de la féodalité multiplia nécessairement le nombre des ateliers plus ou moins indépendants de la couronne. C'est sous l'autorité, despotique et sans contrôle, des grands vassaux que s'établit le droit de *seigneuriage* prélevé sur la fabrication des monnaies, qui avaient ainsi une valeur nominale, plus ou moins supérieure à leur valeur réelle, selon les temps et les localités. Ce droit, qui s'éleva, un instant, sous Charles VII, jusqu'aux trois quarts du marc, s'est perpétué jusqu'en 1679, où il fut aboli, pour reparaître en 1689. Les ducs et les comtes devaient donc défendre avec opiniâtreté un privilège qui constatait à la fois leur autorité et leur assurait un revenu. Aussi, avant saint Louis, les espèces royales n'étaient admises dans les grands fiefs que du consentement des barons. Mais ce prince revendiqua une partie des droits de la couronne, et décréta que ses espèces auraient cours dans tout le royaume. Philippe-le-Bel, quoiqu'il ne donnât pas lui-même l'exemple de la probité, prétendant porter remède aux fraudes qui abaissaient de plus en plus le titre des monnaies, ordonna que des Généraux-maîtres iraient par toutes les Monnaies du roi, des prélats et des barons, pour vérifier le poids et

l'aloi des monnaies. Louis X essaie, sans y réussir, de retirer aux vassaux le droit de seigneuriage. Philippe V, plus heureux, commence cette réforme, en 1319, par les monnaies de Chartres et d'Anjou, qui lui sont cédées par son oncle, au prix de cinquante mille livres. Dès lors les Généraux-maîtres étendirent peu à peu leur surveillance sur toutes les monnaies ; ils étaient, en 1315, au nombre de trois, secondés par trois Maîtres des comptes et par les Trésoriers de France. En 1358, pendant la captivité du roi Jean, les Généraux-maîtres, séparés des Maîtres des comptes et des Trésoriers des finances, furent constitués en *Chambre des Monnaies*. Ils avaient, dès leur institution, qui est antérieure au xiiie siècle, la juridiction privative et souveraine du fait des monnaies et de leur fabrication, bail à ferme et réception de caution pour les maîtres, officiers, ouvriers et monnayeurs ; ils fixaient le prix de l'or et de l'argent, veillaient à l'exécution des édits concernant toutes les personnes travaillant ou trafiquant les matières d'or et d'argent. Cette Chambre reçut, sous Charles V, des règlements plus complets, et fut établie dans le Palais où elle resta jusqu'à sa suppression. — Le nombre des Généraux-maîtres varia souvent ; ils furent tantôt quatre, tantôt six, huit, et même onze, sous François Ier. Quelle que fût dès lors l'importance de cette compagnie, dont la juridiction s'étendait sur tous les hôtels monétaires constitués par François Ier, elle devait néanmoins, en matière criminelle, s'adjoindre des conseillers du Châtelet pour juger souverainement et en dernier ressort. Elle fut, dans l'année 1551, érigée en Cour supérieure et souveraine. Les Généraux-maîtres, alors au nombre de quatre, prirent la qualité de Conseillers et Présidents ; leur nombre fut bientôt augmenté ; mais deux ans après, les présidents et les conseillers, accusés de malversations et de faux, furent les uns condamnés aux galères, les autres pendus ou brûlés ; le deuxième président fut seul déclaré innocent. Henri III rétablit les Généraux Provinciaux, qui avaient été supprimés pour malversations, et créa les Juges-gardes, les Contre-gardes ; les Généraux-maîtres des Monnaies ne prirent qu'en 1696 le titre de Directeurs et de Trésoriers. Les attributions de la Cour furent étendues sur tout ce qui pouvait se rapporter à la fabrication des monnaies dans tout le royaume, à la garantie des matières d'or et d'argent, à toute la législation, à toutes les affaires concernant les monnaies, aux jugements, tant en matière civile que criminelle, qui lui étaient déférés par les commissaires de la Cour, les généraux provinciaux, et enfin elle avait le droit de condamner à toutes les peines afflictives et infamantes, et même à la mort. A une époque où les charges étaient vénales et entourées de priviléges, elles devaient naturellement se multiplier. Aussi, lorsqu'on voulut réduire, en 1778, le nombre des offices, la Cour fut encore, après cette réforme, composée de 7 présidents à divers degrés, de 47 conseillers, 3 avocats-généraux, 1 procureur, 2 substituts, 1 greffier, 1 secrétaire du roi et 16 huissiers; une compagnie d'archers exécutait les ordres de la Cour.

Si l'on calcule que de cette Cour souveraine relevaient une vingtaine de juridictions provinciales, étendues sur toute la France, toutes pourvues de juges, gardes, officiers, monnayeurs, et que tous ces offices étaient héréditaires, que nul ne pouvait être monnayeur s'il n'était de ligne et d'estoc, que de nombreux priviléges, renouvelés et augmentés pendant plus de trois siècles, avaient établi une intime solidarité entre tous les membres privilégiés, on peut soupçonner quelle importance avait la Cour des monnaies. Et cependant toutes ces immenses ressources, fortifiées par l'extrême sévérité des lois, furent longtemps impuissantes pour établir l'ordre dans les espèces du royaume. Vers la fin du règne de Louis XIV, à l'apogée de la puissance royale, on voit le nombre des ateliers de fausse monnaie dépasser de beaucoup le nombre des ateliers de l'État. Un mémoire du président de Saint-Maurice, envoyé en Provence, vers 1710, pour faire une enquête contre les faux-monnayeurs, signale toutes les villes importantes du Midi comme le siége d'ateliers de fausse monnaie. Les personnes les plus distinguées de la Provence avaient la faiblesse de participer au crime en prêtant leurs châteaux aux ouvriers pour y établir leurs fausses monnaies; et, pour comble de désordre, les juges eux-mêmes, dans les juridictions particulières, étaient tous suspects d'indulgence ou de complicité.

La Cour des monnaies, réformée, comme nous l'avons vu, par l'édit de 1778, fut supprimée par un décret de l'Assemblée nationale du 21 mai 1791. Elle fut remplacée provisoirement par une commission composée du ministre de l'intérieur, de huit commissaires, d'un secrétaire général, un garde des dépôts chargé de surveiller la fabrication dans toute l'étendue du royaume. A cette commission succédèrent trois administrateurs-généraux qui furent conservés par l'arrêté du 30 mai, réglant l'organisation des Monnaies. Cette administration, relevant du ministère des finances, était chargée, en général, de maintenir les lois sur les monnaies et la garantie des matières d'or et

d'argent; ce fut sous cette administration qu'un décret du 30 mai 1805 réunit la Monnaie des médailles à celle des espèces, sans cependant la distraire de la Direction des Beaux-Arts.

Si, des attributions de cette administration, on retranche l'affinage des métaux précieux, la surveillance de l'argue (espèce de filière destinée à tirer les fils d'or et d'argent), et la Garantie, qui a été rattachée (excepté pour ce qui concerne la gravure des poinçons) aux Contributions Indirectes, on trouve à peu près, les attributions de la Commission des monnaies et médailles telle qu'elle est aujourd'hui constituée, en vertu de l'ordonnance du 26 décembre 1827. Près de cette Commission, composée d'un Président et de deux Commissaires Généraux, il y a un bureau composé d'un Directeur des Essais, d'un Vérificateur, de deux Essayeurs et d'un Graveur-Général. Dans chaque hôtel, il y a un Directeur, un Contrôleur au change et un Contrôleur au monnayage. Les attributions de la Commission sont : 1° de juger le titre et le poids des espèces ; 2° de délivrer aux essayeurs, soit du commerce, soit des bureaux de garantie, les certificats de capacité; 3° de statuer sur les difficultés relatives au titre et à la marque des lingots. Depuis que la monnaie des médailles a été ôtée, en 1830, à la Liste-civile, elle est confiée à la Commission qui exerce une surveillance aussi exacte, pour le titre des médailles d'or et d'argent, que pour celui des monnaies.

Le monnayage des espèces est confié à un directeur de la fabrication ; ce n'est plus un fermier qui s'engage, comme au temps des maîtres-généraux, à fournir, dans un temps donné, une somme d'espèces déterminée. Il ne reçoit pas non plus, comme sous la précédente administration, les métaux à monnayer des mains d'un caissier. C'est un entrepreneur, qui achète à ses risques et périls, ou par les versements au change, au prix du tarif, les métaux qu'il veut convertir en espèces, moyennant une prime de 3 fr. pour l'or, 1 fr. 50 c. pour l'argent, par chaque kilogramme monnayé. Les directeurs des différentes Monnaies frappent tous avec des coins exécutés par le graveur-général, et tous envoient les échantillons de leurs fabrications à la Commission des monnaies, de sorte que toutes les espèces se trouvent identiques par toute la France. Les Monnaies, qui subsistent en France, ne sont plus qu'au nombre de sept, savoir : Paris, Bordeaux, Strasbourg, Lyon, Lille, Rouen et Marseille. Celles de Bordeaux, Strasbourg et Lyon, les seules de la province qui fonctionnent, donnent des produits peu importants, et l'on peut regarder la fabrication des espèces comme concentrée à Paris. Nous allons cependant présenter le tableau des Monnaies, telles qu'elles étaient constituées, avant la réforme de 1772. François Iᵉʳ, avait, en 1539, fait ajouter au point qui indiquait le lieu de la fabrication, une lettre ou un signe particulier que l'on nomme *différent*.

Différent.	Monnaies.	Créés :	Supprimées :
A	Paris......	864..................................	»»
B	Rouen......	831..................................	»»
C	Caen......	1693..................................	1772
D	Lyon......	1415..................................	»»
E	Tours......	1585..................................	1772
F	Angers	Avant 1365...............	1738
G	Poitiers ...	Avant 1385...............	1772
H	La Rochelle	1360..................................	1838
I	Limoges ...	Avant 1360...............	1838
K	Bordeaux ..	864..................................	»»
L	Bayonne...	1488..................................	1838
M	Toulouse ..	1343..................................	1772
N	Montpellier.	1340..................................	1794
O	Riom	xvᵉ siècle....................	1772
P	Dijon	1361..................................	1772
Q	Perpignan..	1710..................................	1838
R	Orléans ...	834..................................	1794
S	Reims	864..................................	1772
T	Nantes.....	1574 ; mais sous saint Louis il y avait déjà des Nantois....	1838
V	Troyes	Avant 1327...............	1772
X	Amiens	1498..................................	1772
Y	Bourges....	Avant 1359...............	1772
Z	Grenoble...	1339..................................	1772
&	Aix	1542..................................	1786
9	Rennes	1371..................................	1772
W	Lille......	1685..................................	»»
AA	Metz......	Avait frappé à ses coins jusqu'en 1662, où elle frappa aux armes de France...	1794
BB	Strasbourg.	1696..................................	»»
CC	Besançon...	Rétabli en 1693.............	1772
A M	Marseille...	1786..................................	»»
Une vache.	Pau.......	1607 ?....................	1791

Toutes les Monnaies, excepté celle de Paris, furent supprimées par la loi du 4 février 1794, les assignats ayant remplacé les espèces monétaires. La loi du 14 octobre 1795 les rétablit, au nombre de huit, mais seulement pour la fabrication du cuivre. Par le décret du 30 mai 1803, elles furent réorganisées ainsi qu'il suit :

A	Paris.	Q	Perpignan.
B	Rouen.	T	Nantes.
D	Lyon.	N	Turin.
G	Genève.	BB	Strasbourg.
H	La Rochelle.	CC	Gênes.
J	Limoges.	A	
K	Bordeaux.	M	Marseille.
L	Bayonne.	W	Lille.
M	Toulouse.		

L'hôtel de Genève fut supprimé er 1805 :
Ceux de La Rochelle...

Limoges......
Bayonne......
Toulouse..... } au 1ᵉʳ janvier 1838.
Perpignan.....
Nantes.......

Après avoir vu tant d'éliminations successives, qui, toutes, ont profité au développement de la Monnaie de Paris, si l'on remarque en même temps que le magnifique hôtel du quai Conti a été fondé en 1771, et grand nombre d'hôtels supprimés en 1772, on pourra constater que la monnaie de France, après avoir péniblement progressé vers l'uniformité, est enfin arrivée

près des limites de la perfection. Les puissantes ressources de la mécanique, la merveilleuse précision des essais chimiques, le principe de l'unité des mesures, enfin la simplicité de l'organisation administrative, tout a concouru pour donner aux monnaies de France une exactitude invariable qui les fait rechercher dans toutes les parties du monde.   VOILLEMIER.

MONNAIE (*législat.*). Les lois du 14 août 1792, 16 vendémiaire an II et 28 thermidor an III, ont établi le nouveau système monétaire *décimal* en remplacement de la monnaie *duodécimale ;* néanmoins jusqu'au 1ᵉʳ octobre 1834, les écus de 6 livres, et de 3 livres, les pièces de 24 sous, de 12 sous tournois, ainsi que les pièces d'or de 48, 24 et 12 francs, ont continué à être reçus pour leur valeur nominale. Depuis lors, elles ont cessé d'avoir cours forcé. L'émission, le titre, le poids et le type de la monnaie sont fixés par les lois du 22 frimaire an VIII, 17 floréal an VII, 15 septembre 1807 ; l'exécution de ces lois et de celles relatives à la garantie des matières d'or et d'argent est confiée à l'administration des monnaies, dépendante du ministère des finances, et qui est autorisée à traduire devant les tribunaux, sans recourir au conseil d'État, les agents qui lui sont subordonnés (arrêt, 10 thermidor an XI). Voici les principales dispositions relatives à la circulation légale des monnaies : toute monnaie de cuivre ou de billon de fabrique française ne peut être donnée en paiement, si ce n'est de gré à gré, que pour l'appoint de la pièce de 5 francs (décret, 18 août 1810). Dans les paiements de 500 francs et au-dessus, en pièces d'argent, le payeur fournit le sac et la ficelle : la valeur du sac est payée par celui qui reçoit, ou le payeur fait la retenue à raison de 15 centimes par sac ; le paiement en sacs et au poids, ne prive pas celui qui reçoit de la faculté d'ouvrir les sacs, de compter les espèces et de vérifier si l'effigie et la légende sont apparentes (décret, 1ᵉʳ juillet 1809). Ceux qui refusent de recevoir les monnaies nationales non fausses ni altérées, selon la valeur pour laquelle elles ont cours, sont punis d'amendes, depuis 5 fr. jusqu'à 10 fr., et en cas de récidive, d'un emprisonnement de cinq jours au plus (Code pénal, 475-78). Ceux qui décrient les monnaies courantes de l'État sont condamnés à deux ans d'emprisonnement, et en cas de récidive, à 4 ans de travaux forcés (loi, 20 ventôse an IV). L'introduction en France de monnaie de cuivre et de billon de fabrique étrangère est prohibée, sous les peines concernant les marchandises prohibées (décret, 11 mai 1809).   AD. ROCHER.

MONNAIE (FAUSSE) *législ.*). La fabrication

de la fausse monnaie est un crime qui, intéressant l'ordre social, a toujours été, et chez tous les peuples, réprimé par les lois les plus sévères. Le Code pénal français le range parmi les crimes contre la paix publique. Les anciens Égyptiens coupaient les deux mains aux faux monnayeurs; au Japon, on leur injecte du métal fondu dans le gosier. A Athènes, il existait une dérogation formelle qui permettait l'emprisonnement d'un citoyen accusé de fabrication de fausse monnaie, bien qu'en général une caution suffit à sauvegarder la liberté individuelle. A Rome, l'empereur Tacite décréta la peine de mort contre les faux monnayeurs et la confiscation de leurs biens. Ceux qui raclaient ou rognaient la fausse monnaie étaient condamnés aux bêtes s'ils étaient libres, et à avoir la tête tranchée s'ils étaient esclaves. Il n'y a guère plus d'un demi-siècle qu'en Russie on punissait encore ces sortes de criminels en leur faisant avaler en fusion la matière dont ils s'étaient servis pour altérer la monnaie. En Angleterre, le crime de fausse monnaie était assimilé à celui de haute trahison; seulement le coupable était pardonné à la condition de faire découvrir deux autres coupables du même crime. En France, on considéra d'abord les faux monnayeurs, comme coupables du crime de lèse-majesté au second chef. Un des plus anciens édits royaux contre eux fut celui de Chilpéric III (744), qui porte que le coupable aura le poing coupé, que ses complices payeront 60 livres d'amende s'ils sont libres, ou recevront 60 coups de fouet s'ils sont esclaves. Dans ses *établissements*, saint Louis ordonne que les faux monnayeurs seront pendus comme voleurs publics et auront les yeux crevés. Certaines coutumes provinciales allaient beaucoup plus loin: on faisait bouillir les coupables dans l'huile ou dans l'eau. Louis XI crut ajouter à l'efficacité de ces supplices, en déclarant que le crime de fausse monnaie était rangé parmi ceux dont les rois juraient de ne jamais accorder le pardon. Cette déclaration, ainsi que la bulle d'excommunication de Clement V, furent impuissantes; des nobles eux-mêmes descendirent à cette honteuse industrie : de 1610 à 1633, plus de cinq cents faux monnayeurs, tant nobles que roturiers, furent mis à mort, constate un essayeur des monnaies sous Louis XIII, et ce nombre, ajoute-t-il, ne forme pas le quart de ceux qui se sont livrés à ce crime. — L'édit du 20 février 1735, qui resta en vigueur jusqu'à la révolution, sanctionna toutes les dispositions pénales relative à l'altération et à la fabrication de la monnaie. L'Assemblée constituante ne prononça que 15 ans de fers contre le faux, commis sur les monnaies, mais elle maintint la peine de mort contre ceux qui contrefaisaient les papiers nationaux. A ces peines, la loi du 1er brumaire an II ajouta la confiscation, et celle du 23 floréal an X la flétrissure. Le Code pénal de 1810 condamna l'essai philanthropique fait par la Constituante, et rétablit la peine de mort contre ceux qui auraient contrefait ou altéré les monnaies d'or ou d'argent; celle des travaux forcés à perpétuité fut réservée aux faux, commis sur les monnaies de billon et de cuivre ; enfin lors de la révision du Code pénal en 1832, la peine de mort fut remplacée par celle des travaux forcés à perpétuité. Des différences essentielles sont du reste établies dans la position des coupables; celui qui a contrefait ou émis en France des monnaies étrangères n'est condamné qu'aux travaux forcés à temps; le simple fait de l'usage d'une pièce fausse est réprimé par l'amende. La contrefaçon ou l'altération de la monnaie s'entend de toute opération qui marque l'intention de faire passer la pièce pour une valeur supérieure à sa valeur légale; ainsi, on contrefait la monnaie quand on la couvre d'un enduit qui lui donne la fausse apparence de l'argent ou de l'or, quand on la rogne ou même quand on la contrefait si grossièrement qu'il soit impossible de la prendre pour bonne. Tout Français qui se rend coupable hors du territoire, de contrefaçon de monnaies nationales, peut être poursuivi et jugé en France. Il en est de même des étrangers, qui, auteurs ou complices du même crime, seraient arrêtés en France, ou dont le gouvernement obtiendrait l'extradition.   AD. ROCHER.

MONNAIE DU PAPE, MONNAYÈRE (*bot.*). Noms vulgaires de la lunaire annuelle.

MONNIER (*biog.*). Parmi les personnages de ce nom nous citerons : — MONNIER (*Louis-Gabriel*), graveur, né à Besançon en 1753, mort en 1804 à Dijon, où il avait passé la plus grande partie de sa vie. Il ne quittait presque jamais son atelier, et ne faisait parler de lui que par les belles planches qui en sortaient. On cite, entre autres, une *carte topographique* de la Bourgogne; une carte des chaînes de montagnes et des canaux de France; les estampes de l'*Histoire de Bourgogne* de Plancher; du *Salluste* de Desbrosses; des *Antiquités de Dijon*, etc. Il a gravé en creux et en relief un grand nombre de sceaux, cachets, jetons et médailles, remarquables par la finesse de l'exécution ; — MONNIER (LE) *voy.* LEMONNIER.

MONNOYE (BERNARD DE LA) : poète et érudit du XVIIe siècle, né à Dijon en 1641. Il étudia les humanités chez les jésuites, et le droit à la Faculté d'Orléans, mais il ne vit guère dans là littérature latine que des épigrammes, et dans le Droit que les usages singuliers qui s'y rattachaient ; il se délectait surtout à la lecture de nos écrivains du xvie siècle et de ceux des époques antérieures, traduisant du latin en français et du latin en grec épigrammes, madrigaux, sonnets ou odes, recueillant les curiosités, les contes et les bons mots, alliant Martial à sainte Thérèse, et les contes grivois aux hymnes de Santeuil. De temps à autre il variait ses occupations par un petit poème dans le goût du siècle de Louis XIII, un peu prosaïque, mais élégant et passablement tourné, qu'il envoyait à l'Académie française, qui le plus souvent le couronnait. Un jour, Aimé Piron, père de l'auteur de la *Métromanie*, lui porta un défi poétique ; il s'agissait de cette dernière transformation des mystères du moyen-âge qu'on appelait des Noels. Aimé Piron en composait qui avaient grand succès ; il défia La Monnoye, qui l'en raillait, de faire mieux que lui. La Monnoye accepta et gagna le pari. Il a été parlé ailleurs de ces compositions naïves et bienveillamment railleuses, qui se permettaient bien un peu de jouer avec la religion, mais qui ne l'offensaient pas. Ces noëls furent reçus avec enthousiasme, et pénétrèrent jusqu'à la cour. Dans ce milieu nouveau, la raillerie innocente en Bourgogne prenait un caractère plus grave ; le livre fut dénoncé à la Sorbonne, mais il n'y eut pas d'arrêt rendu. — La Monnoye ne vint se fixer à Paris qu'à l'âge de 60 ans, en 1707. Ce fut alors qu'il publia son édition des *Menagiana*, qu'il augmenta du double, tout en élaguant une foule d'inutilités. Cette publication souleva un nouvel orage autour de La Monnoye ; il promit de rectifier certains passages jugés indiscrets, mais il prit son temps et laissa écouler l'édition. Il n'avait de passion que l'érudition ; il soumit à Bayle une multitude de renseignements curieux, publia des dissertations sur le livre prétendu des *Trois imposteurs*, sur le *Moyen de parvenir*, le *Cymbalum mundi*, le *Poggiana*, des recueils de curiosités littéraires, etc. Les éditions des œuvres de La Monnoye, même de ses œuvres choisies, ont été faites avec peu de soin, et toutes sont fort incomplètes. Les Noëls ont été publiés séparément plusieurs fois. M. Fertiault en a donné en 1846 une édition très correcte, avec la traduction littérale en regard et des notes nombreuses sur l'ouvrage et sur l'écrivain. Ruiné par le système de Law, La Monnoye trouva dans un acquéreur qui lui acheta sa bibliothèque en lui en laissant l'usage, et dans les libraires reconnaissants, les moyens d'échapper à l'indigence. Il mourut en 1728, âgé de plus de 86 ans. **J. F.**

MONOCHROME (*antiq. b.-arts*), de μόνος, seul, et χρῶμα, *couleur*, adjectif qu'on ajoute ordinairement au mot *peinture*, et auquel les développements de l'art ont donné une application beaucoup plus étendue. La peinture qui prend ce nom, comme étant réduite à l'emploi d'une seule couleur, est elle-même très variée dans ses moyens et dans ses effets. Quelques auteurs semblent croire qu'elle a dû être mise en usage par les premiers qui essayèrent de reproduire l'image des objets, qui inventèrent le dessin. Cette opinion n'a quelque apparence de vraisemblance que pour ceux qui admettent la fable de la fille de Dibutade, copiant la première tête en suivant les contours de l'ombre projetée par une lampe sur une muraille. A ce compte, le contrôleur-général Silhouette, inventeur des découpures qui ont conservé son nom, aurait ainsi inventé, sans s'en douter probablement, l'art primitif. Mais ce n'est pas ainsi que procède l'esprit humain. La couleur frappe aussi vivement l'œil que la forme, et comme il ne voit jamais l'une isolée de l'autre dans les objets, on peut croire que, dès le moment où l'homme essaya de les reproduire, il essaya d'imiter les couleurs aussi bien que la forme, au moyen des agents simples qui se trouvèrent d'abord sous sa main, tels que les terres, la poudre des pierres friables, le jus exprimé des feuilles ou de certains fruits. C'est encore ainsi que procèdent les sauvages, et si les découvertes faites dans les entrailles de la terre ont mis au jour une quantité de peintures monochromes, appartenant évidemment aux temps les plus reculés de l'art, l'intelligence des formes, des détails et des procédés, annonce suffisamment que ces temps reculés étaient déjà ceux d'un progrès considérable, et non d'une époque primitive. On n'en peut donc rien conclure pour ce qui a précédé, car le progrès ne se pique pas de suivre une marche logique et uniforme. Tout ce qu'on peut dire avec certitude, c'est qu'en effet les plus anciens monuments connus de l'art, en Grèce et en Italie, sont exécutés dans le genre monochrome ; mais cependant on en trouve dans les vieux tombeaux égyptiens, qui ne paraissent pas leur céder en antiquité, et qui sont polychromes. — Les vases grecs, plus connus sous la dénomination de vases étrusques, offrent un des plus riches exemples parvenus jusqu'à nous de ce qu'était la peinture monochrome, sous la première civilisation de l'Italie. Polygnote et Zeuxis, au dire de Quintilien et de Pline, firent aussi de la peinture à une seule couleur, et l'on en voit également sur les murs d'Herculanum ; mais ce n'étaient que des exceptions, car la peinture polychrome florissait en même temps; mais il existe trop peu de renseignements pour savoir si le choix de l'un ou de l'autre genre de peinture était dicté par quelques règles de symbolisme ou de convenance, ou dépendait du seul caprice de l'artiste. Le moyen-âge a eu aussi sa peinture monochrome, qui ne s'est manifestée d'une manière digne d'être remarquée que dans ses vitraux peints en grisaille. Cette peinture monochrome se distingue de la peinture étrusque en ce qu'au lieu de procéder par teintes plates couvrant l'objet entièrement, et sur lesquelles les détails étaient ensuite tracés par des lignes d'une autre couleur, elle cherche à donner un certain effet de relief, par la dégradation de la teinte obtenue au grattoir. La Renaissance en fit aussi un grand usage pour la décoration de la céramique et même pour celle des monuments. (*voy.* CAMAIEU , GRISAILLE).

La peinture monochrome à teinte plate, comme l'entendaient les Étrusques, est nulle d'effets; mais soumise à la dégradation des teintes, à l'intelligence du clair-obscur, et aux lois de la perspective linéaire et de la perspective aérienne, elle en peut produire de très puissants. Les dessins à l'encre de Chine, à la sépia, au crayon, à la plume ; la gravure, la lithographie, sont autant de peintures monochromes dégradées, et l'on sait avec quel bonheur les véritables artistes qui ont pratiqué ces genres différents, sont parvenus à représenter par des gammes de tons habilement combinées, la dégradation des plans, la circulation de l'air, la pénétration, la chaleur de la lumière, les oppositions des carnations, le contraste des couleurs, la transparence des eaux ou du ciel, à tel point que le noir ou le bistre disparaît en quelque sorte à la vue, pour ne lui laisser apercevoir que les couleurs mêmes de la nature. Aussi dit-on, en parlant de ces dessins, de ces estampes, absolument comme on dirait d'un tableau : Cela est d'une belle, d'une puissante, d'une gracieuse, d'une savante couleur. — Si la monochromie a pu arriver à de tels résultats, on comprend sans peine qu'elle a pu produire l'illusion complète, quand elle n'a eu qu'à imiter le simple bas-relief. Les œuvres numismatiques gravées par le procédé Collas dépassent toute croyance. L'article CAMAIEU fait mention de plusieurs peintures qui ne sont guère moins surprenantes d'effet; mais nous croyons que c'est à tort qu'on les rangerait dans la classe des monochromes, car si l'objet emprunte réellement le ton uniforme du fond dont il est censé tiré, la palette de l'artiste a dû néanmoins se charger de plus d'*une couleur* pour rendre les ombres et les reflets.   J.-P. SCHMIT.

MONOCLES (*crust.*). M. Milne Edwards designe sous ce nom une famille qui appartient à la légion des entomostracés et à l'ordre des copépoles. Cette famille est caractérisée principalement par l'existence d'un œil unique situé sur la ligne médiane, à la partie antérieure et extérieure de la tête. Les crustacés dont elle se compose sont tous d'une petitesse extrême, et remarquables par les métamorphoses qu'ils subissent dans le jeune âge. Les antennes du mâle diffèrent presque toujours de celles de la femelle en ce qu'elles sont souvent pourvues d'un renflement préhensile. La femelle pond un nombre assez considérable d'œufs qui, pendant toute la durée de l'incubation, restent suspendus sous son abdomen, dans une ou deux grosses poches ovoïdes. Les petits qui en éclosent sont de forme presque circulaire, et pourvus seulement d'une paire d'antennes et de deux paires de pattes natatoires ; ils ressemblent alors si peu à leurs parents, que Müller en a formé un genre distinct, sous le nom d'Amymone. Mais ils changent plusieurs fois de peau, et à chaque mue, leur thorax. puis leur abdomen, se développent de plus en plus, et on voit paraître en même temps les membres, qui d'abord manquaient complétement. Lorsqu'ils n'ont que six pattes, ils constituent le genre Nauplie de Müller. — Les Monocles présentent, dans la structure de leurs antennes inférieures et de leurs pattes-mâchoires, des différences qui ont semblé suffisantes à M. Milne Edwards pour motiver leur division en trois genres, désignés sous les noms de : *Cyclops*, *Cyclopsine* et *Arpacte*.   H. L.

MONOCLE (*optiq.*), (irrégulièrement dérivé de μόνος, un seul, et *oculus*, œil). On donne ce nom à toute espèce de lunette formée d'un seul verre ou d'un seul système de verres au travers desquels on ne peut voir que d'un seul œil. Telles sont les lunettes formées d'un seul verre concave pour les myopes, celles qui sont formées d'un verre convexe pour les presbytes, et la *lunette de spectacle* formée de deux verres enchâssés dans le même tuyau. Cette dernière lunette n'est autre que la lunette de Galilée (*voy.* LUNETTE), inventée d'abord pour observer les astres, mais transformée ensuite en un petit instrument de poche destiné à voir plus clairs et un peu grossis les objets placés à une distance médiocre. En effet, l'objectif est un verre convergent, et l'oculaire, qui est divergent, est placé un peu en deçà du foyer où se formerait renversée l'image de l'objet. Il en résulte que l'oculaire éloigne les rayons partis d'un même point, qui tendaient à se rapprocher, et les fait pénétrer dans l'œil avec un degré de divergence convenable, pour que l'image renversée ne se forme que sur la rétine. Le grossissement provient de ce que les axes optiques des faisceaux qui partent des extrémités de l'objet, pénètrent dans l'œil sous un angle plus ouvert qu'ils ne le feraient à la vue simple. De ce que l'on ne peut se servir que d'un seul œil pour voir dans ce monocle, il résulte une perte de lumière à laquelle on a rémédié en le formant de deux tuyaux (*Voy.* Binocle).   D. J.

MONOCLINE (*bot.*). Par opposition à la dénomination de diclines, appliquée par les botanistes aux plantes à fleurs unisexuées, on nomme monoclines celles dont chaque fleur réunit des organes mâles et femelles, ou, en d'autres termes, aux plantes à fleurs hermaphrodites.

MONOCORDE (*mus.*) : instrument dont se servent les physiciens pour découvrir la loi de production des sons dans les cordes sonores. Il consiste ordinairement en une caisse sur laquelle on place une corde de métal et une corde de boyau tendues à l'unisson, pour montrer que les effets sont les mêmes sur toutes deux. Les cordes, attachées à un crochet d'un côté, reposent de l'autre sur une poulie mobile, et sont tirées par des poids. Au dessous, et sans les toucher, est placé un chevalet également mobile, sur lequel on presse légèrement la corde du doigt pendant les expériences. On reconnaît ainsi que si le son *ut*, par exemple, est représenté par la corde vibrant à vide, la moitié de la corde rendra l'*ut* octave, et l'on aura les proportions suivantes pour les notes de la gamme :

Sons	ut	ré	mi	fa	sol	la	si	ut
Longueur des cordes . 1	$\frac{8}{9}$	$\frac{4}{5}$	$\frac{3}{4}$	$\frac{2}{3}$	$\frac{3}{5}$	$\frac{8}{15}$	$\frac{1}{2}$	

Mais le nombre des vibrations de la corde étant en raison inverse de sa longueur, on aura, en représentant par 1 le nombre de vibrations de l'*ut* grave :

Sons	ut	ré	mi	fa	sol	la	si	ut
Nombre des vibrations 1	$\frac{9}{8}$	$\frac{3}{4}$	$\frac{4}{3}$	$\frac{3}{2}$	$\frac{5}{3}$	$\frac{15}{8}$	2	

Ainsi, quand deux sons forment l'octave, le plus aigu fait moitié plus de vibrations que le plus grave ; pour la tierce, le plus grave fait 4 vibrations et le plus aigu 5 ; pour la quarte, le plus grave 3, et le plus aigu 4 ; pour la quinte, le plus grave 2, et le plus aigu 3, etc.

On a reconnu également, par ce moyen, que diézer un son, c'est multiplier le nombre de ses vibrations par 25/24, et que hémoliser un son, c'est multiplier le nombre de ses vibrations par 24/25. Ainsi, tandis que l'*ut* fait 24 vibrations, par exemple, l'*ut* dièze en fait 25 ; tandis que le *si* fait 25 vibrations, le *si* bémol en fait 24. Ces expériences datent d'un siècle et se trouvent consignées dans tous les livres de physique. Mais les musiciens protestent contre quelques uns de ces calculs, dont on a tiré des conséquences qui ne s'accordent pas avec les faits révélés par la pratique.

Quand on fait résonner le monocorde, on n'entend pas seulement le son exprimé par la longueur de la corde, on entend aussi son octave (vibration de la demi-corde), sa douzième ou quinte redoublée (vibration du tiers de la corde), sa double octave (vibration du quart de la corde), sa dix-septième ou tierce triplée (vibration du cinquième de la corde) ; il en est même qui prétendent démêler la dix-neuvième ou triple quinte (vibration du sixième de la corde). Ces sons, d'où l'on est parti pour tirer l'accord parfait, sont produits parce que la corde ne vibre pas seulement dans toute son étendue, mais parce qu'elle décompose encore son mouvement en un certain nombre de vibrations partielles de ses parties aliquotes ; parce que non seulement la corde vibre tout entière, mais sa moitié, son tiers, son quart, son cinquième et même son sixième, vibrent en même temps. Les sons ainsi produits s'appellent sons *harmoniques*. (*Voy* ce mot.) — On peut aussi à l'aide du monocorde déterminer le nombre absolu des vibrations d'un son. Il faut pour cela prendre une corde assez longue, pour que les vibrations en puissent être comptées. On place alors le chevalet dans une des parties aliquotes de la corde, et quand on est parvenu à un son musical connu, il ne reste plus qu'à multiplier le nombre des vibrations comptées par le rapport entre la longueur totale de la corde et la longueur mise en vibration. Si la corde, par exemple, pour une longueur de 4 mètres fait 8 vibrations par seconde, et que réduite à 25 centimètres, elle produise un *ut* grave, on aura la proportion $0,25 : 4 :: 8 : x$, d'où l'on tire $x = 128$; par conséquent, l'*ut* obtenu fera 128 vibrations ; au moyen de celui-là, il sera facile d'obtenir tous les sons de la gamme.   J. Fleury.

MONOCOTYLÉDONS (*bot.*). C'est le nom de l'un des trois grands embranchements du règne végétal, dans lequel sont comprises toutes les plantes dont l'embryon ne présente qu'un seul lobe ou cotylédon et dont la graine germe, par suite, avec une seule feuille séminale. Aujourd'hui quelques botanistes abrègent le mot de monocotylédons et le changent en celui de monocotylés.

Le fait de l'existence d'un seul cotylédon à l'embryon des graines se rattache à tout un ensemble de port et d'organisation, qui fait distinguer sans difficulté les végétaux monocotylédons d'avec les dicotylédons. La tige des premières est généralement simple et de grosseur uniforme dans toute sa longueur. C'est ce qu'on observe surtout nettement dans les arbres de cet embranchement, par exemple dans les palmiers chez lesquels elle a la forme d'une colonne grêle et très élancée, de diamètre à peu près uniforme de la base au sommet, entièrement dépourvue de branches et terminée par une touffe de grandes et belles feuilles. De là l'extrême légèreté de ces arbres dont quelques uns atteignent une hauteur de vingt et trente mètres, ou même davantage, avec un tronc épais de deux ou trois décimètres seulement. La structure anatomique de cette tige est totalement différente de celle qu'on observe chez les végétaux dicotylédons. Elle est formée d'une masse ligneuse recouverte extérieurement d'une couche corticale presque toujours peu développée. Cette masse ligneuse elle-même n'est pas constituée, comme le bois des dicotylédons, par des couches concentriques; son centre n'est pas occupé par un cylindre de moelle nettement circonscrit; elle n'est pas traversée par ces lignes rayonnantes qu'on a nommées rayons médullaires. Elle résulte uniquement de la réunion d'un nombre plus ou moins considérable de faisceaux fibro-vasculaires distincts, séparés les uns des autres par du tissu cellulaire. Ces faisceaux, examinés sur le coupe transversale d'une tige, semblent y être disposés sans ordre; ils sont espacés vers le centre, et de plus en plus rapprochés vers la circonférence qui acquiert parfois une dureté extrême. Considérés, au contraire, dans le sens longitudinal, ils se présentent, non pas simplement juxtaposés et parallèles, comme on l'a cru pendant longtemps, mais entrecroisés par suite du trajet que chacun d'eux décrit dans l'épaisseur de la tige. Ce trajet consiste en ce que, partant de la base d'une feuille, chaque faisceau se porte d'abord vers le centre de la tige en décrivant un arc à convexité supérieure, après quoi il descend en se portant graduellement vers la circonférence où il vient se placer en dehors des faisceaux formés antérieurement. Cette marche des faisceaux fibro-vasculaires montre combien étaient peu fondées les idées qui ont eu cours pendant longtemps dans la science relativement à un développement de la tige monocotylédone du centre vers la circonférence, idées sur lesquelles De Candolle s'était appuyé pour changer le nom de végétaux monocotylédons en celui d'*endogènes*. où se développant par-dedans. — Les racines des monocotylédons se distinguent par l'absence du pivot. En effet, celui-ci ne se développe pas ou s'oblitère peu après la germination, et la plante est nourrie par des racines nouvelles qui se sont développées à la base de la radicule et de la tige. Ces racines finissent quelquefois par former une masse volumineuse autour du bas de la tige; on les voit même, chez quelques palmiers, constituer une sorte de piédestal qui supporte le végétal élevé au-dessus du sol. Le développement premier de la racine des monocotylédons fournit une particularité distinctive de ces plantes; en effet, à la germination, elle semble sortir d'une sorte de petite gaine que M. de Mirbel a nommée *coléorhize.* — Les feuilles, dans le grand embranchement qui nous occupe, sont presque toujours alternes, simples, entières et sans stipules. En outre, et à part les exceptions fournies par un petit nombre familles, elles se distinguent par leurs nervures égales, s'étendant parallèlement entre elles et sans se ramifier, de leur base à leur sommet. — Les fleurs des monocotylédons ont une enveloppe florale ou un périanthe à six parties disposées sur deux rangs, tantôt semblables entre eux, tantôt dissemblables de dimensions, de forme, de couleur, et représentant parfaitement, dans ce dernier cas, un calice et une corolle. Leurs étamines sont au nombre de six ou plus rarement de trois, et opposées aux pièces du périanthe. Enfin leur pistil est formé de trois carpelles. — Une partie très importante à considérer dans les plantes dont il s'agit ici est l'embryon de leur graine. Sa forme la plus ordinaire est celle d'un petit cylindre arrondi à ses deux extrémités, ou d'un ovoïde plus ou moins allongé. L'une de ses extrémités, qui est ordinairement la plus dilatée, est formée par le cotylédon; l'autre est la radicule. La première se reconnaît à l'existence sur un de ses côtés et à sa base d'une petite fente qui correspond au premier bourgeon de l'embryon ou à la gemmule et qui a été nommée de la fente gemmulaire.

L'embranchement des monocotylédons est le moins nombreux des trois que comprend tout le règne végétal.   L. DUCHARTRE.

MONOCULE, du grec μόνος, seul, et du latin *oculus*, œil. C'est le nom qu'on donnait à un bénéfice, à la collation d'une personne qui n'avait qu'à pourvoir à ce seul et même bénéfice. — Les bénéfices monocules, en France, n'étaient pas sujets aux expectatives, à moins que le collateur n'eut aussi la collation d'autres bénéfices, situés en pays étrangers. Dans ce cas, la monocularité cessait par le fait même de cette cumulation de droits.

MONODELPHES (*mamm.*). De Blainville emploie ce nom, en opposition avec celui de *didelphes*, pour distinguer des marsupiaux les mammifères ordinaires, chez lesquels le fœtus prend son entier développement dans l'utérus.

MONOECIE, MONOÏQUE (*bot.*). Dans son système, Linné a établi sous le nom de Monœcie une classe particulière pour les plantes dont les fleurs sont unisexuées, mais disposées de telle sorte que le même individu en porte de mâles et de femelles. Le maïs, les carex ou laiches, les orties, la plupart des grands arbres de nos pays, tels que les chênes, les bouleaux, les mûriers, etc., appartiennent à cette classe. De ce nom, on a tiré l'adjectif monoïque qui s'applique aux plantes dans lesquelles on rencontre sur le même pied des fleurs mâles et des fleurs femelles, de telle sorte que chacun de leurs individus puisse produire des graines fertiles sans le secours d'un autre individu.

MONOÉMUGI : pays vaguement placé par d'anciennes relations au centre de l'Afrique, dans la Nigritie méridionale, vers la même situation, à peu près, que le Ninéanaï de relations différentes. Mais on ignore quelle est au juste cette contrée. Son vrai nom paraît être *Mono-Moézi*, ce qui signifierait dans la langue saouahili, *pays du roi de Moézi;* or, le mot Moézi signifie *Lune* dans cette langue : ne pourrait-on pas conclure que le nom de ces mystérieuses montagnes de la Lune, qui font l'objet de tant de recherches, est une traduction de l'expression saouahili, *montagnes du Moézi?* E. C.

MONOÉPIGYNIE (*bot.*) : nom donné par A.-L. de Jussieu à la quatrième classe de sa méthode naturelle, formée des familles de plantes monocotylédones à étamines épigynes. Ces familles sont, pour cet illustre botaniste, celles des bananiers ou musacées, des balisiers ou cannées, des orchidées et des morrènes ou hydrocharidées.

MONOGAMIE (*bot.*). Dans son système, Linné avait formé, sous ce nom, un ordre dans la grande classe des plantes à anthères soudées, ou dans la syngénésie. Mais cet ordre ne renfermant que des plantes à fleurs simples, au milieu de la classe spécialement formée de plantes à fleurs composées, n'a pas été conservé dans la plupart des ouvrages disposés d'après le système du botaniste suédois.

MONOGRAMME (*numism.*), du grec μόνος, seul, et γράμμα, lettre. Le monogramme est une réunion de plusieurs lettres entrelacées qu'on trouve sur les médailles, et qu'il ne faut pas confondre avec les lettres initiales et les abréviations ou sigles. Il diffère aussi des contremarques, parce que ces dernières sont toujours enfoncées, tandis que les monogrammes battus en même temps que la médaille forment un petit relief. Ceux que l'on rencontre sur les médailles antiques sont ordinairement formés de deux ou trois lettres liées ensemble, et quelquefois d'un nombre de lettres plus considérable. On pense que la plupart des monogrammes renferment les initiales des noms des villes où les médailles ont été frappées. Mais comme beaucoup de villes portaient le même nom ou que les noms de plusieurs commençaient par les mêmes lettres, il en résulte qu'on est souvent embarrassé pour tirer de ce caractère des indications précises. Il arrive même que les monogrammes sont si compliqués et si bizarrement construits qu'il est à peu près impossible d'y distinguer aucune lettre, de sorte qu'on est porté à le regarder comme de simples marques des monétaires. Le monogramme contient aussi quelquefois le nom d'un magistrat ou d'un prince; c'est ainsi que, sur les monnaies de Charlemagne et de ses descendants, on voit en monogramme le mot *Carlus*. Quelques autres reproduisent des noms de fleuves. Le monogramme est parfait quand il renferme toutes les lettres du mot. Sur les médailles du Bas-Empire, les monogrammes, selon Hardouin, indiquaient les différents tributs payés à l'empereur ; I ou X marquait la dîme, K ou XX le vingtième, M ou XXXX le quarantième, etc., mais ces lettres ne dénotaient peut-être autre chose que le prix de la monnaie (*voy.* MÉDAILLES). — Au VIIe et au VIIIe siècle, il était d'usage de signer avec un monogramme, et plusieurs titres prouvent que telle était l'habitude de Charlemagne. Eginhard rapporte que ce monarque avait adopté cette signature, parce qu'il n'avait jamais pu apprendre à écrire (*voy.* MANUSCRITS). — On donnait aussi, chez les anciens, le nom de monogramme à un ouvrage de peinture seulement ébauchée, ou plutôt aux simples délinéaments d'une figure. C'est ce qui fait dire par Cicéron que les dieux d'Épicure, comparés à ceux de Zénon, n'étaient que des dieux monogrammes et sans action, c'est-à-dire des ébauches de divinités.

MONOGRAPHIE. C'est le nom qu'on donne à la description d'objets particuliers, d'une seule espèce ou d'un seul genre d'animaux, de végétaux, etc.

MONOGYNIE (*bot.*). Linné a donné ce nom, dans la plupart des classes de son système, au premier ordre caractérisé par la présence d'un seul pistil dans la fleur. De ce nom, on tire l'épithète de *monogyne* qu'on emploie assez souvent pour désigner les fleurs à pistil unique.

MONOHYPOGYNIE (*bot.*). Postérieurement à la publication de son *Genera plantarum*, dans lequel il avait établi la méthode naturelle, Jussieu, se rendant aux observations qui lui avaient été faites, proposa des noms pour ses quinze classes qu'il s'était d'abord contenté de désigner par un numéro d'ordre. Ce fut alors qu'il nomma *monohypogynie* la classe formée par les plantes monocotylédones à étamines hypogynes, la seconde de sa méthode, dans laquelle il avait compris les familles des aroïdes, les massettes, des souchets ou cypéracia, et des graminées. Mais il est bon de faire remarquer que ce nom, comme celui des quatorze autres classes n'a guère été employé par les botanistes.

MONOLITHE. Mot composé de μονος seul, λιθος pierre, et qui signifie un objet, un édifice même, fait d'une seule pierre. Ce mot a été à peu près inconnu ou négligé des écrivains latins. Les anciens faisaient quelquefois le fût de leurs colonnes d'un seul morceau quand leurs proportions permettaient de trouver des blocs convenables. Le temple de Sélinonte, et un autre d'ordre corinthien, trouvé parmi les ruines d'Ephèse, offrent plusieurs fûts monolithes. A Paris, on en voit à l'arc de triomphe du carrousel, dans les parterres semi-circulaires du Luxembourg, dans la cour de l'école des Beaux-Arts, au Musée du Louvre, un certain nombre employés à divers usages, principalement pour servir de colonnes isolées. Parmi celles consacrées par l'antiquité, les plus remarquables pour leurs dimensions sont la colonne dite de Pompée, située près d'Alexandrie, construite en granit, et dont la hauteur est de 88 pieds 6 pouces; une autre, également en granit, qu'on a découverte à Rome, au mont Cittorio, malheureusement brisée en plusieurs morceaux, et dont la hauteur totale était de 45 pieds ; les deux colonnes rostrale et miliaire, conservées à Rome, toutes deux de marbre blanc, mais de dimensions moins considérables.—Les architraves sont dits monolithes, lorsque l'espace du milieu d'une colonne au milieu de l'autre colonne est occupé par une seule pierre ayant la hauteur de l'architrave. Ces longues pierres que la nature des matériaux de nos climats ne nous permettrait pas d'employer à cet usage, étaient préférées, chez les anciens, à la construction par claveaux que nous avons dû adopter (*voy.* ENTABLEMENT). Ils leur avaient donné le nom d'épistylions. De leur emploi commun est née la question de savoir si ce fut la proportion, naturellement restreinte de la longueur ou la plus ordinaire des blocs qui détermina chez les Grecs le faible espacement des entrecolonnements, ou si ce fut le système adopté de ce faible espacement qui favorisa et maintint l'usage des architraves monolithes. — Les Egyptiens se sont distingués entre les autres peuples de l'antiquité par l'emploi varié des monolithes. Leurs obélisques sont connus (*voy.* l'article spécial). Il est fait mention dans Hérodote d'une chambre taillée dans une

pierre, longue, à l'extérieur, de 21 coudées, large de 14, et haute de 8. Les dimensions de l'évidement étaient de 8 coudées en longueur, 12 en largeur, et 5 en hauteur. Cette masse énorme, qui devait peser aux environs de 850 milliers, fut, raconta-t-on à Hérodote, transportée de la ville d'Eléphantine à celle de Saïs, sous le règne d'Amasis, qui la fit placer devant le temple de Minerve. L'opération exigea le concours de 3,000 hommes pendant trois ans.

Le célèbre monolithe de Saint-Pétersbourg, sur lequel notre statuaire Falconnet a érigé la statue équestre de Pierre-le-Grand, dépasse de beaucoup ce colosse, malgré les réductions considérables qu'on lui a fait subir. Sa longueur primitive était de 45 pieds; sa largeur et sa hauteur de 20 environ. C'était donc plus que le triple du monolithe de Saïs. Sa pesanteur, dans son état actuel, est encore évaluée à 1,500,000 kilog. L'ingénieur Marin Caburi, qui l'amena à la place qu'il occupe, d'une lieue environ, où il gisait dans un marais, n'eut besoin, cependant, ni de trois ans, ni de 3,000 hommes. A force de bras et de machines, on le fit rouler sur des boulets de canon : il eût écrasé des cylindres. Un autre édifice monolithe semblable à celui de Saïs se voyait à Memphis. La pierre dans laquelle la Cella avait été taillée, portait 9 coudées de hauteur, sur 30 de développement extérieur. Les murs, le toit, le support de la chambre, avaient chacun deux coudées d'épaisseur. Nous ne rangeons point dans la classe des monolithes les excavations creusées dans des rochers ou des montagnes pour servir d'habitations, de chapelles, ou de loges funéraires, telles que les hypogées.

On voit au Musée égyptien du Louvre quelques monolithes de faibles dimensions, dans lesquels sont creusés des niches carrées, destinées probablement à recevoir les images de quelques dieux ou des objets consacrés.

Deux monolithes remarquables par l'énormité de leurs dimensions, et plus encore par la difficulté qu'il a fallu vaincre pour les mettre en place, existent à Paris, ce sont les deux cimaises rampantes du fronton central de la colonnade du Louvre, dont chacune est faite d'une seule pierre de 54 pieds de longueur, sur 8 de largeur, et 13 pouces d'épaisseur. Elles ont été tirées et amenées des carrières de Meudon, en un seul bloc, qui a eu ainsi près de deux lieues à parcourir. Un simple charpentier, nommé Ponce Cliquin, inventa les machines au moyen desquelles il en exécuta le guindage à 100 pieds de hauteur, manœuvre plus surprenante que celle de l'érection des obélisques, nonobstant la différence du poids. Les pierres debout, ou menhirs, constatent le goût qu'avaient aussi les Gaulois, nos ancêtres, pour les monolithes, et leur talent ou leur patience pour transporter, souvent à de grandes distances, et dresser ensuite des blocs quelquefois considérables (*voy.* Pierres celtiques.) J.-P. Schmit.

MONOLOGUE, MONODRAME (*art dr.*): scène à un seul personnage. On a beaucoup discuté pour et contre le monologue. On a dit qu'il est peu naturel de s'entretenir avec soi-même tout haut, et de se livrer ainsi à une suite de raisonnements et de récits. On n'a pas fait attention que si cette objection pouvait être accueillie contre le monologue, elle n'aurait pas moins de force contre le drame en vers, le drame en musique, etc., etc. Tout art est une convention; certaines concessions lui sont indispensables. Il faut tâcher seulement que ces concessions ne soient pas trop fortes et n'excluent pas la possibilité de l'illusion. Le monologue est dans ce cas. Il n'est pas d'homme qui, sous l'empire d'une vive émotion, ne se soit surpris raisonnant tout haut, et se faisant à lui-même des récits, des récapitulations de choses qu'il sait fort bien, mais qu'il a besoin de se rappeler ou de rapprocher pour en tirer des conséquences. Le monologue dramatique ne pèche donc pas contre le naturel, c'est de l'abus qu'on en a fait qu'il est permis d'être choqué. L'homme qui se parle à lui-même n'emploie pas ce luxe de poésie que les écrivains dramatiques prodiguent quelquefois dans leurs monologues. Il y a cependant des exceptions; s'il espère du plaisir, s'il médite une vengeance, s'il forme quelque grand dessein, il est naturel qu'il s'appesantisse sur les détails, qu'il savoure par avance et avec une certaine lenteur le bonheur qu'il se promet, et que dans ces élans, il atteigne quelquefois à des hauteurs de poésie qui pourraient sembler déplacées dans un dialogue. Mais pour cela il faut que le personnage soit ému; on doit sentir qu'il parle pour lui-même, et non pour instruire les spectateurs. Dans le cas contraire, et c'était souvent celui des anciens monologues, ces sortes de scènes sont d'une froideur et d'une fausseté insupportables. Les acteurs de l'époque de Corneille, et même de Racine, tenaient beaucoup aux monologues qui leur donnaient une occasion de briller seuls, et d'être applaudis à coup sûr. Corneille, à ses débuts, a écrit plus d'un monologue qui n'était pas autrement justifié; et les opéras italiens sont pleins de ces hors d'œuvre. Ce qu'on cherche dans le drame, c'est la lutte des passions; multiplier les monologues, c'est amoindrir cette lutte, c'est refroidir l'intérêt, c'est montrer son impuissance à faire agir ses personnages. Le mo-

nologue servant à exposer l'action, c'est l'enfance de l'art, et les monologues d'exposition, dans le genre d'Euripide, seraient aussi mal reçus aujourd'hui que les longues confidences de faits, qui n'intéressent pas le personnage, à un personnage qui ne s'y intéresse pas davantage, ainsi qu'on en voit des exemples dans Corneille. Il est vrai qu'Euripide possédait un pathétique, et Corneille une grandeur, qui leur font facilement pardonner ces maladresses du métier, tandis que les contemporains ne se feront pas pardonner aussi facilement, par leur adresse, l'absence de passion et d'élévation. Alfieri, qui avait horreur des confidents, et non sans raison, les a supprimés de ses pièces, mais il les a remplacés par des monologues multipliés; le défaut est moins choquant, mais il eût mieux valu supprimer à la fois les confidents et les monologues qui ne sont pas forcément amenés par la situation, c'est-à-dire tous les monologues d'exposition.

On a souvent composé des pièces quelquefois assez longues, qui ne sont qu'un monologue perpétuel. Nous citerons dans le genre sérieux, le *Pygmalion* de Rousseau, et divers drames sur le même sujet; la plupart de ces monodrames sont des farces à commencer par l'*Arlequin Deucalion* de Piron, jusqu'à cette foule de vaudevilles à un seul acteur, dont il est inutile de rappeler ici les titres. Des voix extérieures, des chants, des cris d'êtres surnaturels ou d'animaux, viennent ordinairement interrompre ces monologues, fort animés et fort gais pour la plupart, parce que l'auteur, ne pouvant compter sur le mouvement de la scène pour réchauffer son drame, a mis en œuvre toutes ses ressources. — Les chansonnettes qui sont devenues à la mode depuis quelques années ne sont que des monodrames en diminutif. J. Fleury.

MONOMANIE (*voy.* Aliénation mentale).

MONOME ou terme algébrique : quantité algébrique composée d'une seule lettre ou de plusieurs lettres qui ne sont séparées ni par le signe *plus*, ni par le signe *moins*, quels que soient d'ailleurs le coefficient du terme et les exposants dont les lettres puissent être affectées. Ainsi, ab, a^2, $3a^4b^2$, sont des monomes. Deux monomes sont dits *semblables*, lorsqu'ils sont composés des mêmes lettres affectées des mêmes exposants (*voy.* Addition).

MONOMOTAPA : pays de l'Afrique méridionale qui paraîtrait devoir s'appeler plus exactement *Motapa*, car *Mono-Motapa* signifie *souverain du Motapa*, et désigne plutôt le chef de la contrée que la contrée elle-même. Le Zambèze le limite au N., Manzora à l'E., les monts Foura et d'autres montagnes au S. et à l'O. Il est enveloppé des territoires de Mozambique, de Manica, de Chicova, des Botongas et des Changameros. Le Monomatapa abonde en riz, maïs, fruits et bestiaux. Ses vastes forêts sont peuplées d'éléphants, de rhinocéros, de buffles, de tigres énormes. Les rivières sont pleines de crocodiles, d'hippopotames, de tortues qui parviennent à une grosseur considérable ; elles roulent des sables aurifères. On exploite quelques mines de fer, et l'on rencontre sur divers points des masses d'argent natif. Le Monomotapa formait autrefois un puissant empire ; mais, par suite de guerres civiles, il est partagé depuis environ un siècle en plusieurs petits états rivaux. Le plus puissant est celui de Mocarangua, gouverné par un chef qui a le titre de *quitévo*, et qui réside à Zimbaoé, ancienne capitale de tout l'empire. Les habitants du Monomotapa sont des Cafres d'une belle constitution ; ils vont presque complétement nus, et ont une coiffure qui se recourbe en une sorte de corne très étrange. Les Portugais commencèrent à connaître ce pays dans le xvie siècle ; ils tentèrent de s'emparer de ses mines d'or, mais ils ne purent réussir complétement ; enfin ils conclurent, avec le quitévo, un traité en vertu duquel ils pourraient traverser librement ses états, en donnant annuellement 200 pièces de draps ; ils ont établi une ligne de stations sur le Zambèze, pour entretenir leurs communications avec les districts des mines. E. C.

MONOMYAIRES (*moll.*) : ordre d'acéphales, créé par de Lamarck pour les mollusques, qui, comme les peignes et les huîtres, ont la coquille bivalve ne présentant qu'un seul muscle adducteur.

MONOPERIGYNIE (*bot.*) : nom donné par A.-L. de Jussieu à la troisième classe de sa méthode naturelle, dans laquelle rentrent les familles de plantes monocotylédones à étamines périgynes. Ces familles sont, pour l'auteur du *Genera*, les palmiers, les asperges ou asparaginées, les joncs ou joncées, les lis ou liliacées, les ananas ou broméliacées, les asphodèles, les narcisses ou narcissées, les iris ou iridées.

MONOPÉTALE (*bot.*). Dénomination donnée par les botanistes aux corolles dont les pétales sont soudés en une pièce unique. Il ne faut pas confondre les corolles monopétales avec celles, en très petit nombre dans le règne végétal, qui n'ont qu'un pétale unique et qu'on appelle unipétales. Pour indiquer que les corolles monopétales résultent de la soudure en un seul corps de plusieurs pétales distincts et séparés, De Candolle a proposé de remplacer ce mot par celui de *gamopétales*, que beaucoup de botanistes emploient aujourd'hui.

MONOPHYSITES : nom donné aux sectateurs d'Eutychès, parcequ'ils n'admettent qu'une seule nature en J.-C. (*voy.* Eutychiens).

MONOPOLE. L'étymologie de ce mot en indique la signification. Il est formé des deux mots grecs μονος , seul , et πολιν, vendre ; on doit donc entendre par monopole tout commerce ou entreprise dont un seul profite, gouvernement, particulier ou compagnie. Ce mot soulève les plus hautes questions de l'économie politique. Le *monopole* et la *concurrence* sont, en quelque sorte, les deux pôles du monde commercial. Tous les gouvernements du globe gravitent plus ou moins vers l'un ou l'autre de ces deux systèmes, suivant qu'ils ont des tendances plus despotiques ou plus libérales. Quand le despotisme est absolu, tout devient matière à monopole. C'est ce qui s'est vu de nos jours en Égypte, sous le gouvernement de Méhémet-Ali et de son fils Ibrahim-Pacha, qui, possesseurs effectifs de toutes les terres de l'empire, les faisaient cultiver pour leur compte, s'en attribuaient exclusivement tous les produits, les vendaient à leurs sujets au prix qu'ils avaient eux-mêmes fixé. C'était le monopole élevé à sa plus haute puissance ; mais on n'en conçoit la possibilité qu'avec un pouvoir absolu, incontesté, qui s'est tout approprié, et qui dispose souverainement de tout. Telle était autrefois, en France, la puissance féodale qui avait fini par tout absorber. La puissance royale qui lui succéda avait à son tour tout monopolisé. En 1539, François Ier ayant besoin de fonds pour soutenir les dépenses de sa cour, déclara, par un édit, que le droit de travailler était *un droit royal que le prince pouvait vendre, et que les sujets devaient acheter*. L'autorité royale fut ainsi la source d'où dérivèrent toutes les concessions de maîtrises, moyennant les droits fixés par le souverain. Les successeurs de François Ier suivirent son exemple. L'organisation industrielle fut pour eux une propriété taillable et corvéable à volonté. Dans cet état de choses, comment les hommes de métiers, réunis en corporations, auraient-ils pu supporter toutes les charges qui pesaient sur eux, si, à leur tour, ils n'avaient pu exploiter exclusivement une industrie qui leur coûtait si cher. Ils s'efforçaient naturellement de ne la rendre accessible qu'aux plus dures conditions, afin de se délivrer de toute concurrence, et de pouvoir fixer arbitrairement le prix de tout ce qui sortait de leurs mains. Il en était de même du commerce extérieur. Une réunion de capitalistes connue sous le nom de *Compagnie des Indes*, avait chèrement acheté du roi le droit exclusif d'introduire dans le royaume les denrées d'outre-mer, et, par voie de conséquence, d'en fixer arbitrairement les prix. Louis XVI, par un édit du mois de février 1776, rendu sous l'inspiration du ministre Turgot, porta le premier coup à cet édifice d'abus qui devait bientôt crouler tout entier. Le préambule de cet édit contient ces mots remarquables : « Nous voulons abroger ces institutions arbitraires qui ne permettent pas à l'indigent de vivre de son travail ;..... surchargent l'industrie d'un impôt énorme, onéreux aux sujets sans aucun fruit pour l'État ; qui, enfin, par la facilité qu'elles donnent aux membres des communautés de se liguer entre eux, *pour forcer les pauvres à subir la loi des riches*, deviennent un instrument de monopole. » — La loi du 17 mars 1791 vint compléter l'affranchissement de l'industrie, par la suppression de toutes les communautés, de tous les offices et de tous les priviléges industriels, quelle que fût leur dénomination. La déclaration des droits qui précède la Constitution du 24 juin 1793, alla plus loin encore. Elle porta, art. 17 : « Nul genre de travail, de culture, de commerce, ne peut être interdit à l'industrie des citoyens. » De cette époque date l'ère de la libre concurrence. — Mais ce n'était point assez d'avoir proclamé le principe de la liberté des travailleurs, il fallait le garantir par une sanction ; c'est ce qu'a fait le Code pénal dans les art. 414, 415, 416, qui punissent les maîtres qui se coalisent pour faire baisser forcément les salaires des ouvriers, et les ouvriers qui se coalisent pour obliger, par des voies de fait, les maîtres à subir les conditions qu'ils prétendent leur imposer. Les articles 419 et 420 portent aussi des peines contre ceux qui, par des manœuvres frauduleuses, des réunions ou associations, ont cherché à faire donner aux denrées, marchandises ou effets publics, un autre prix que celui qui aurait été déterminé par la concurrence naturelle et libre du commerce. — La loi protège également d'une manière toute spéciale la libre circulation des grains, afin de rendre désormais impossibles ces funestes accaparements qui ont causé tant de troubles vers la fin du siècle dernier, sans, pour cela, que le commerce des blés et des farines ait cessé d'être réglé par des lois particulières, destinées principalement à maintenir la balance des exportations et des importations. Toutefois, en législation, il n'est pas de principe, si absolu qu'on le suppose, qui ne doive recevoir quelques exceptions. Quelque soin que le législateur eût pris pour interdire tout monopole, il a cependant été conduit, par de graves considérations d'intérêt public, à restreindre, dans certains cas, le principe de la libre concurrence. Ainsi, l'auteur d'une découverte pour laquelle un bre-

vet d'invention a été obtenu, en a pendant toute la durée de ce brevet, l'exploitation exclusive. Les notaires, avoués, agréés, huissiers, agents de change, courtiers de commerce, commissaires-priseurs, etc., etc., exercent des professions qui sont de véritables monopoles. Les maîtres de poste, commissionnés par le gouvernement, ont seuls le droit de relais sur les routes. Un privilége de théâtre, un brevet de libraire ou d'imprimeur, sont encore des titres qui assurent à ceux qui les ont obtenus l'exploitation exclusive de leur commerce ou de leur industrie. A ces monopoles, et à tant d'autres encore qu'il serait trop long d'énumérer, il faut joindre ceux que le gouvernement a jugé nécessaire d'établir à son profit, ou qu'il a concédés à des compagnies, soit pour augmenter les ressources du budget sans créer de nouveaux impôts, soit pour faire exécuter de grands travaux publics sans obérer les finances de l'État ; telles sont la fabrication et la vente des tabacs qui, en 1850, ont rapporté à l'État un bénéfice net de 120 millions ; celles des poudres et salpêtres dont le monopole intéresse à un très haut degré la sûreté publique et la défense du territoire ; celles du papier timbré dont le produit s'élève annuellement à plus de 40 millions ; des cartes à jouer qui rapportent de 7 à 800,000 fr. par an. L'exploitation exclusive des postes que l'État s'est aussi réservée, lui procure un revenu de 50 à 60 millions. Nous ne disons rien d'un autre monopole créé uniquement dans un intérêt de sûreté publique, celui des lignes télégraphiques, dont on pourrait tirer financièrement un si grand parti, si l'État consentait à en louer l'usage au commerce et aux relations privées. Quant aux lignes de chemins de fer, aux canaux de navigation et à d'autres travaux d'utilité publique, l'État en a concédé un grand nombre à des compagnies qui, pour se couvrir des dépenses laissées à leur charge, jouissent, pendant un certain nombre d'années, du monopole de leur exploitation. — Quoique ces divers monopoles s'appuient tous sur de graves considérations d'intérêt public, nous sommes loin de les classer tous au même degré d'utilité. Ceux qui s'exercent au profit de l'État, sur des objets de pur agrément, comme le tabac ou les cartes à jouer, sont sans contredit les plus justifiables. C'est une sorte d'impôt qui ne se prélève que sur un plaisir, et que tout le monde paie volontiers, dont on peut, dans tous les cas, s'exempter en se privant d'une chose qui n'est pas de première nécessité. On pourrait appliquer ces observations à la poudre de chasse dont le monopole appartient à l'État, et qu'on n'a besoin d'acheter que pour se procurer un plaisir. Il n'en est pas de même du papier timbré qui est obligatoire pour une foule de transactions d'intérêt privé dont il augmente considérablement les frais. Ce sont là sans doute des inconvénients sérieux ; mais si l'État renonçait à l'énorme bénéfice qu'il retire du timbre, il faudrait remplacer cette perception par de nouveaux impôts qui seraient peut-être plus onéreux. — De graves objections ont aussi été faites contre les compagnies qui ont obtenu, pour un certain temps, le bénéfice de l'exploitation exclusive des grands travaux publics dont elles ont fait la dépense en tout ou en partie ; mais si tous ces travaux étaient restés à la charge de l'État, le public en aurait été privé pour longtemps encore. Par un monopole temporaire accordé à des compagnies, et dont l'exercice, du reste, a été sagement réglé d'avance par des dispositions législatives, on a obtenu le double avantage de réduire les charges du trésor, et d'avancer de plusieurs années des travaux d'utilité nationale. Ce sont là de précieuses compensations d'inconvénients non moins incontestables. — Quant aux monopoles dont jouissent certaines professions, on invoque aussi, pour les défendre, des motifs d'intérêt général, de garantie publique ; on fait ressortir les dangers que présenterait la libre concurrence dans l'exercice de ces professions ; l'insuffisance des moyens qu'aurait alors le public de se préserver de la fraude ; la nécessité de faire intervenir l'autorité pour garantir le loyal accomplissement de certains services. Ces raisons ne s'appliquent qu'à l'un des côtés de la question. Sans doute, pour les professions dont il s'agit, il n'est guère possible de refuser à l'autorité publique un droit d'investiture, qui lui permette de s'assurer d'avance de la moralité des candidats ; mais le choix direct de l'autorité n'implique point la vénalité qui s'est peu à peu établie au profit de quelques unes des professions dont il s'agit. Le gouvernement délivre aux imprimeurs, aux libraires, aux entrepreneurs de théâtres, les commissions dont ils ont besoin pour exploiter leur industrie ; mais ces brevets sont intransmissibles et leur nombre n'est pas limité. Pourquoi les mêmes garanties ne suffiraient-elles pas aux charges de notaires, d'avoués, d'agents de change, de courtiers, etc.? La vénalité des offices n'ajoute rien à leur valeur morale, ni aux garanties qu'ils doivent offrir. Il ne peut, au contraire, en résulter, pour le gouvernement, que deux embarras très sérieux : le premier, de se voir contraint, par la crainte d'infliger un déshonneur public, à nommer un candidat qu'il n'aurait pas choisi s'il eût été tout à fait libre ; le

second de n'avoir à opter, le jour où il voudrait reconquérir sa liberté d'action, qu'entre deux inconvénients également redoutables : une sorte de spoliation révolutionnaire, ou bien un sacrifice énorme pour le trésor public. A. BOST.

MONOPTÈRE (*archit*.). On appelait ainsi dans l'architecture antique un temple circulaire, consistant en une enceinte de colonnes isolées, posées sur un stylobate continu, et muni d'un escalier (*Monopter*, n'ayant qu'une seule *aile*, ou plutôt qu'une seule *nef*). Il pouvait être ou n'être pas surmonté d'une coupole, et il différait en outre des autres temples en ce qu'il n'avait pas de cella. Il se trouvait éclairé naturellement. Le temple de Sérapis à Pouzzol est *monoptère*.

MONORIME. On désigne par ce mot dérivé du grec μονος seul, et ρυθμος rhythme ou rime, certaines pièces de poésie dont tous les vers roulent sur une même rime. On dit que le poète Léonin, à qui l'on doit aussi les vers à rimes léonines, fut le premier qui s'exerça en ce genre, dans une pièce de vers latins qu'il adressa au pape Alexandre III. Le *monorime* se retrouve de bonne heure dans la poésie des Arabes : c'est par eux, peut-être, qu'il passa dans nos poèmes du moyen-âge, où nous le trouvons fort en usage, à partir du *Roman de la Rose*. Le *Virelai* qui tourne sur deux rimes seulement fit de cette étrangeté sa principale grâce. Les poètes du XVIIe siècle ne dédaignèrent pas non plus ce genre ; leurs épitres badines, comme celle de Scarron à Sarrazin ; leurs poésies fugitives procèdent presque toujours par *monorimes*, ou, comme on disait et ce qui revient à peu près au même, par *rimes redoublées*. Chapelle excella, et parfois même abusa de sa facilité à se jouer de cette difficulté toute mécanique. Le *monorime* eut alors ses règles, et pour qu'une pièce en ce genre fût tout-à-fait plaisante et spirituelle, il fallut qu'on y épuisât la rime sans assembler le simple avec le figuré. Le modèle du genre, la description que Lefranc fit du château d'If en rimes en *if* dans son *Voyage de Languedoc et de Provence*, réunit tous les mérites bizarres du monorime parfait. Comme il n'est bon que pour les sujets badins qui excluent ordinairement l'*alexandrin*, ce vers s'est rarement plié sous ses lois fantasques. ED. F.

MONOSÉPALE, MONOPHYLLE (*bot*.). On désigne indifféremment par ces deux dénominations les calices formés de plusieurs folioles ou sépales soudés en un seul corps. De Candolle a proposé de substituer à ces deux mots ceux de *gamosépales*, *gamophylles* qui indiquent le mode de formation par soudure des sépales.

MONOSPERME : épithète que l'on donne au fruit, à ses loges, ou à celles de l'ovaire, pour exprimer que ces parties ne renferment qu'une seule graine. On nomme de même fruit *disperme*, *trisperme*, *polysperme*, celui qui renferme deux, trois ou un plus grand nombre de graines.

MONOSTOME (*helm.*). On indique sous ce nom un genre de vers intestinaux de la division des trématodes, distingué par Schranck, créé par Zeder. Les monostomes sont caractérisés par la présence d'une seule ventouse entourant la bouche en avant; ils n'ont ni ventouse ventrale comme les distomes, ni ventouse postérieure ainsi que les amphistomes, et n'offrent souvent qu'un seul orifice postérieur respiratoire ou excrétoire. — Les espèces de ce genre sont peu nombreuses. Le *Monostoma faba*, dont la forme est analogue à celle d'un grain de café, se trouve exclusivement par paire dans un kyste de la peau des passereaux; le *M. verrucosum*, qui a des papilles ou ventouses rondes en nombre invariable, est assez commun dans l'intestin et le cœcum des canards; enfin, le *M. mutabilis* se rencontre constamment dans la cellule infra-oculaire de certains oiseaux de marais. Cette espèce, variant en longueur de 5 à 20 millimètres, et quatre fois moins large que longue, est étroite en avant où elle se termine par un orifice très petit entouré d'un bord saillant; de cette bouche part un intestin blanchâtre, bifurqué, dont les deux branches parallèles paraissent se joindre à l'extrémité postérieure. D'après les observations de M. Siebold les œufs de cet helminthe sont longs de 1/6 de millimètres, et l'on peut y voir un embryon revêtu de cils vibratiles, ayant deux points noirs oculiformes sur le cou. Quand cet embryon est sorti de l'œuf il continue à se mouvoir avec rapidité; il est long de 1/4 de millimètre, et ne tarde pas à périr en laissant un corps plus petit, oblong, encore vivant, auquel il servait d'enveloppe, et qui paraît destiné lui-même à subir quelques autres métamorphoses avant de devenir un monostome proprement dit. E. DESMAREST.

MONOSYLLABE (*gramm.*), d'une syllabe. Quand on remonte à l'origine des mots, on reconnaît qu'au début, tous, ou à peu près, ont dû être des monosyllabes. C'est l'addition successive de diverses idées qui a fait les polysyllabes. Dans la plupart des langues, les syllabes exprimant les idées et les rapports additionnels se sont tellement combinées avec les mots racines qu'elles en sont difficilement séparables; mais cette combinaison ne s'est pas produite dans toutes. Ainsi le chinois a conservé ses monosyllabes superposés et dans la parole et dans l'écriture; l'anglais, langue d'isolement, en a aussi conservé un grand nombre, tandis

que les langues de caractère conciliant, le grec, l'allemand, les ont perdus en grande partie. — L'accumulation des monosyllabes donne beaucoup de dureté à une langue et à une phrase. On doit éviter ces successions, en vers surtout. On peut juger de l'effet qu'ils produisent par les vers suivants :

La main est le plus sûr et le plus prompt secours.
Un tiens vaut, ce dit-on, mieux que deux tu l'auras ?
O gens durs, vous n'ouvrez vos logis ni vos cœurs.

Il peut arriver cependant qu'un vers composé de monosyllabes soit très mélodieux, témoin celui-ci de Racine :

Le jour n'est pas plus pur que le fond de mon cœur.

Cela tient à la nature même des mots. Ce qui fait la dureté, c'est le nombre des consonnes et des syllabes accentuées. Or, les voyelles qui sont en minorité dans les premiers vers sont en majorité dans le dernier, et les syllabes accentuées n'y sont guère plus nombreuses que dans d'autres vers; il n'y a donc pas de raison pour qu'ils soient plus durs que ceux qui sont composés de mots plus étendus. Mais cette succession de sons doux dans une succession de monosyllabes est extrêmement rare.

MONOTHÉLITES. D'après la foi catholique, il y a en J.-C. deux natures et une seule personne. Les Nestoriens concluaient de l'existence des deux natures qu'il y a en J.-C. deux personnes distinctes, et les Eutychiens ou *monophysites* (en grec *unique nature*), concluaient de l'unité de personne qu'il y a en J.-C. une seule nature. Les Nestoriens et les Eutychiens furent condamnés, les premiers, par le concile d'Ephèse, les seconds, par le concile de Calcédoine. Mais ces condamnations qui sauvegardaient la foi ne les ramenèrent pas à l'unité. Ces divisions déchirèrent l'Église, et troublèrent la paix publique. L'autorité civile prêtait son concours aux décisions des Évêques. Les Nestoriens, pour échapper à l'action de la loi, émigrèrent en grand nombre : les Eutychiens menaçaient de suivre leur exemple. Ces émigrations affaiblissaient l'empire, et compromettaient son existence. Héraclius voulut mettre un terme à ces maux et prévenir ce danger. On lui suggéra un expédient que l'on disait propre à réunir dans le sein de l'Église, les Nestoriens et les Eutychiens. Cet expédient, c'était le monothélisme (en grec *unique volonté*), erreur qui consiste à n'admettre en J.-C. qu'une seule volonté et une seule opération. Les partisans de cette erreur appelés monothélites disaient aux Nestoriens : notre croyance est la même, nous admettons comme vous deux natures en J.-C. Ils disaient aux Eutychiens : Nous avons la même croyance, nous ne reconnaissons en J.-C. qu'une seule volonté et une seule opération.

Le monothélisme est aussi contraire à la raison qu'à la foi catholique. La raison voit clairement que reconnaître en J.-C. deux natures, et ne lui accorder qu'une seule volonté et une seule opération, c'est tomber dans une contradiction manifeste. En effet, si l'on enlève l'âme à J.-C., la nature humaine n'existe pas en lui. Or, l'âme ne peut pas être conçue sans volonté. Que l'âme, dit Bossuet, demeure sans son action, c'est une chose si absurde en elle-même qu'on ne la comprend pas. La coexistence en J.-C. de deux natures et de deux volontés, est donc un fait nécessaire. Les saintes Écritures attestent l'existence en J.-C. de deux volontés, et de deux opérations. L'existence de la volonté divine en J.-C. n'était pas contestée par les Monothélites; il suffisait donc de prouver par l'Écriture l'existence en J.-C. de la volonté et de l'opération humaines. Or, J.-C. a dit plusieurs fois en s'adressant à son père : *Que votre volonté s'accomplisse, et non pas la mienne (saint Matthieu, 26; saint Luc, 22).* J.-C. disait aux Juifs : *Je suis descendu du ciel non pas pour faire ma volonté, mais pour accomplir la volonté de celui qui m'a envoyé (saint Jean, 6).* J.-C., dit saint Paul, *s'est fait obéissant jusqu'à la mort (Eptt. aux Philippiens, 2).* Or, cette obéissance ne peut être que l'acte d'une volonté humaine. Les opérations humaines apparaissent dans toute la vie de J.-C. Il était revêtu d'un corps mortel, il souffrait la faim, la soif, la fatigue des voyages, il sentait la douleur quand on le flagellait, quand on lui perçait les pieds et les mains sur la croix. Supprimez ses souffrances réelles et volontaires, et l'incarnation n'est plus qu'une *imagination ou un vain spectacle.* Le sixième concile général a établi que l'Église a toujours cru à deux volontés en J.-C., même quant à l'acte. Le patriarche Sophronius avait réuni six cents textes contraires au Monothélisme, qu'il avait extraits des ouvrages des Pères.

La foi nous enseigne qu'il y a en J.-C. deux volontés, l'une divine et l'autre humaine. Mais la volonté humaine n'est jamais contraire à la volonté divine. Un accord parfait a toujours régné entre ces deux volontés. Les opérations produites par le concours des deux volontés sont appelées *théandriques*, c'est-à-dire divinement humaines. « Ainsi quand J.-C., dit Nicole, faisait des miracles par son attouchement, l'humanité avait son action propre, et la Divinité la sienne; l'humanité touchait le corps, la Divinité le guérissait. » Dans un sens plus général, toutes les actions de l'humanité de J.-C. étaient *théandriques*, tant parce que c'étaient des actions

d'un Dieu qui recevaient une dignité infinie de la personne du Verbe qui les opérait par son humanité, que parce que l'humanité de J.-C., instrument du Verbe, n'opérait rien seule et séparément.

Héraclius, trompé par les artifices des hérétiques, adopta le monothélisme. La politique, le zèle pour les intérêts de la religion, l'amour de la paix, l'avaient disposé à la séduction. En 630, il proclama le monothélisme dans un édit. Sergius, patriarche de Constantinople, avait composé un écrit favorable à cette hérésie, et avait faussement avancé qu'il avait été adressé par Menas au pape Vigile. Pour mieux tromper Héraclius, il s'était concerté avec des Monophysites et des Nestoriens. Il s'empressa d'adopter l'édit de l'empereur. Les patriarches d'Alexandrie et d'Antioche imitèrent son exemple. Cyrus, patriarche d'Alexandrie, fit recevoir l'édit d'Héraclius dans un concile qu'il tint en 633, et où il rédigea un acte de réunion qui contenait neuf articles sur la Trinité et l'Incarnation. Le septième article renfermait le monothélisme. Les autres étaient orthodoxes. L'acte de réunion fut accueilli par les partisans de Nestorius ou d'Eutychès. Les Théodosiens, les Jacobites, les Sévériens, etc., ne faisaient pas difficulté d'adhérer à une formule qui leur permettait de rentrer dans le sein de l'Eglise sans abjurer leurs erreurs. Ils triomphaient, et répétaient jusque dans les lieux publics que ce n'étaient pas eux qui avaient reçu le concile de Calcédoine, mais que c'était le concile qui était venu à eux; que par une seule opération on reconnaissait une seule nature en J.-C. Ces hérétiques avaient raison. Le monothélisme conduit logiquement à l'eutychianisme. Les monothélites posaient le principe, et refusaient d'admettre les conséquences.

La foi catholique trahie par les patriarches de Constantinople, d'Alexandrie, et d'Antioche, trouva un énergique défenseur dans le moine Sophronius, qui fit de vains efforts pour ramener Sergius et Cyrus à la vérité. Mais Sophronius, placé malgré lui, peu de temps après, sur le siége de Jérusalem, tint un concile en 634, où il fit condamner le monothélisme. Il adressa au pape Honorius et à Sergius une lettre synodale où le monothélisme est victorieusement réfuté. Mais Honorius avait été prévenu par Sergius qui lui avait écrit une lettre pleine d'*artifice et de déguisement.* Honorius adressa deux lettres au patriarche de Constantinople. Il y déclarait qu'il fallait rejeter les mots nouveaux et ridicules d'une ou de deux opérations, dans la crainte, dit-il, que les simples, choqués de l'expression de deux opérations, ne nous croyent nestoriens, ou ne nous croyent eutychiens, si nous ne reconnaissons en J.-C. qu'une seule opération. Cependant le pape ajoutait : Mais nous devons enseigner, quant au dogme de l'Église, que l'une et l'autre nature en J.-C. opère dans un accord parfait avec l'autre ; que la nature divine fait ce qui est divin, et la nature humaine ce qui appartient à l'humanité. Ces deux natures unies sans confusion, sans division et sans changement, ont chacune leur opération propre. Honorius, fait observer Bergier, n'est pas d'accord avec lui-même, en disant que les deux natures en J.-C. ont chacune leur opération propre, et que cependant il ne faut point parler de deux opérations ; mais il ne suit pas de là que le pape n'ait admis qu'une seule volonté en J.-C. Quoique ces expressions, dit Bossuet, paraissent très orthodoxes, il n'est pas facile de les distinguer de semblables déclarations faites par les monothélites. Quelques théologiens ont avancé que les lettres d'Honorius avaient été falsifiées. La réponse de ce pape à Cyrus, patriarche d'Alexandrie, était dans le même sens que ses lettres à Sergius.

Le cri de Sophronius pour la défense de la foi avait donné l'éveil aux catholiques. Les disputes continuaient. Pour les faire cesser, Héraclius publia, en 639, son *Ecthèse* ou exposition de la foi. L'empereur y défendait de rechercher s'il y a une ou deux volontés en J.-C., et néanmoins il s'y prononçait pour le monothélisme. L'*Ecthèse* fut reçue par Cyrus, patriarche d'Alexandrie, et par Pyrrhus, successeur de Sergius. En 640, le pape Jean IV assemble un concile à Rome, repousse l'*Ecthèse* et condamne les Monothélites. A cette nouvelle, l'Empereur se hâte de s'excuser auprès du pape, et rejette la faute sur Sergius. En 648, l'empereur Constant, conseillé par Paul, patriarche de Constantinople, monothélite comme ses prédécesseurs, donne son *type* ou formulaire qui supprimait l'*Ecthèse*, et ordonnait le silence. En 649, le pape saint Martin Ier assemble à Rome un concile de 105 évêques. L'*Ecthèse*, le *type* et le monothélisme y furent condamnés. L'Empereur irrité s'en vengea sur le pape. Il l'accabla d'outrages, fit attenter plusieurs fois à sa vie. Traîné en exil de province en province, l'intrépide pontife mourut de souffrance et de misère dans la Chersonèse taurique l'an 655.

L'empereur Constantin Pogonat voulut donner la paix à l'Église. Il céda aux conseils du pape Agathon, et fit assembler à Constantinople, en 680, le sixième concile œcuménique. Tous les chefs du monothélisme y furent nommément condamnés. Le concile n'épargna pas, dit Bossuet, le pape Honorius qui les avait ména-

gés. Ce pape, il est vrai, manqua de prudence ; mais sa bonne foi ne peut être suspectée. Macaire, patriarche d'Antioche, fut le seul qui défendit le monothélisme au concile de Constantinople. Il se faisait gloire de suivre Honorius, qu'il appelait *un homme instruit de Dieu*. Le monothélisme condamné par le concile, proscrit par les lois de Constantin Pogonat, vainement protégé par Philippicus Bardanes, trouva un asile chez les Mardaïtes, appelés plus tard Maronites, et s'y conserva jusqu'au XIIe siècle.   FLOTTES.

MONOTRÈMES : 3e famille de l'ordre des édentés de Cuvier. La structure singulière de ces animaux les fit considérer comme intermédiaires entre les mammifères et les oiseaux, par M. de Blainville, qui en fit sa sous-classe des *ornithodelphes* à la suite des mammifères. M. Lesson alla jusqu'à en faire, dans sa première classe des oiseaux, un ordre spécial sous le nom d'*oiseaux paradoxaux*. Cette diversité d'opinions tient surtout à l'incertitude où l'on est longtemps resté sur l'oviparité ou la non-oviparité de ces animaux tous originaires de la Nouvelle-Hollande, et connus seulement depuis 1792. On est à peu près d'accord aujourd'hui sur leur non-oviparité, bien qu'Etienne Geoffroy ait soutenu qu'ils pondent des œufs, et que plusieurs auteurs aient été jusqu'à dire que ces œufs sont blancs, et de la grosseur de ceux de la poule. Quoi qu'il en soit, ces animaux sont quadrupèdes et ont des mamelles comme les mammifères ; mais ils ont la tête osseuse des oiseaux, la fourchette des oiseaux, et, comme ces derniers, un seul cloaque où viennent aboutir à la fois les organes de la digestion et ceux de la propagation de l'espèce. De plus, ils sont sans dents, et ont cinq doigts aux pieds. On en distingue deux genres : les *échidnés* qui ont le corps couvert de piquants comme les hérissons, et les *ornithorynques* qui ressemblent aux canards (*voy.* ÉCHIDNÉ, ORNITHORYNQUE.)   JACQUET.

MONOTROPÉES et **MONOTROPE**, *Monotropeæ*, *Monotropa* (*bot.*) : petite famille de plantes dicotylédones formée par M. Nuttal, pour quelques genres dont la place dans la série des familles est très difficile à déterminer, et qu'on range assez généralement à la suite des éricacées. Les monotropées sont des plantes entièrement semblables aux orobanches pour la couleur, la consistance et le port. Toute leur partie aérienne est d'une couleur fauve un peu claire, et leurs feuilles sont réduites à l'état de petites écailles dépourvues de stomates. Leurs fleurs sont le plus souvent en épis ou en grappes, et présentent cette particularité que, parmi elles, celle du sommet est pentamère, les autres étant tétramères. Leur calice est à quatre ou cinq sépales situés un peu plus bas que le reste de la fleur ; leur corolle est à quatre ou cinq pétales ; leurs étamines sont en nombre double des pétales, et ont des anthères tantôt à une, tantôt à deux loges, s'ouvrant, longitudinalement dans les unes, transversalement dans d'autres, et dans d'autres enfin par des pores terminaux. Leur ovaire est à quatre ou cinq loges contenant un grand nombre d'ovules, et surmonté d'un style filiforme, que termine un stigmate discoïde et bordé. Le fruit des monotropées est une capsule à quatre ou cinq loges, s'ouvrant en autant de valves qui portent les cloisons sur leur ligne médiane, et qui laissent au centre une colonne à laquelle les graines sont fixées. Ces graines sont très petites, d'organisation fort singulière, formées uniquement d'un test lâche, sous lequel est logé un embryon ovoïde, sans cotylédons distincts. Le genre monotrope, qui donne son nom à cette petite famille, est représenté dans nos contrées par une espèce assez commune dans les forêts de l'Europe moyenne, le *Monotropa hypopitis* Lin. P. D.

MONRO : savant médecin de l'Université d'Edimbourg, où il professait l'anatomie. On a de lui plusieurs ouvrages fort estimés : l'*Anatomie*, Edimbourg 1726, ouvrage plusieurs fois réimprimé, et dont la partie relative aux nerfs a été publiée en latin sous le titre d'*Anatome nervorum contracta;* et Sue a donné à Paris, en 1759, 2 vol. in-f° avec planches, une traduction de son *Ostéologie; Essai sur les injections anatomiques*, traduit en latin, Leyde 1741, in-8°; *Examens des remarques de MM. Winslow, Ferrein et Walthers sur les muscles*, Edimbourg 1752; *Médecine d'armée*, traduite en français par Le Bègue de Presle. Monro vivait encore en 1765 et avait atteint dès lors un âge fort avancé.

MONROÉ (JAMES), naquit en 1757 dans la Virginie, suivit d'abord le barreau, fut nommé député au congrès à l'âge de 21 ans, et embrassa bientôt la carrière des armes. Il était parvenu au grade de major à l'époque où se livra la bataille de Brandywine, à laquelle il assista, et il fut promu au grade de colonel après avoir organisé un nouveau corps d'armée par les ordres de Washington. Il rentra ensuite au barreau qu'il quitta de nouveau pour siéger au congrès, et dix années plus tard, fut nommé ambassadeur auprès de la république française, dont il avait adopté les principes. Les relations amicales qui existaient entre la France et les États-Unis, ayant été interrompues sous la présidence de John Adam: Monroé revint en Amérique, critiqua la voie dans laquelle était entré le gouvernement, publia sa correspondance diplomatique, fut ensuite nommé gouverneur de l'état

de Virginie, et contribua, avec le chancelier Levingston au traité avec la France, dont le résultat fut l'adjonction de la Louisiane aux États-Unis. Il se rendit à Londres en 1806 dans le but de nouer avec l'Angleterre des relations amicales, mais il échoua dans cette négociation. En 1811, il devint secrétaire d'état des affaires étrangères, et fut investi, en 1814, du commandement général de l'armée, qu'il conserva jusqu'en 1817, époque à laquelle on l'éleva aux hautes fonctions de président de la république. Son administration fut sage et habile : il fut réélu en 1821 et quitta ensuite les affaires. Il mourut à New-York en 1831. AL. B.

MONS : ville très forte de la Belgique, située au 50° 27' de latit., et au 21° 37' de longit., ancienne capitale du comté de Hainaut, et aujourd'hui chef-lieu de la province du même nom, siége d'une des huit cours d'appel du royaume, d'un tribunal de première instance et d'un tribunal de commerce. Elle est située en partie sur une hauteur et sur la Trouille, petite rivière, à 10 lieues de Bruxelles, et à 48 lieues de Paris. Mons doit son origine à un célèbre monastère de femmes fondé au vii° siècle par sainte Wandrus, sur l'emplacement d'un ancien camp romain (*castri locus*). Cette ville qui compte une population d'environ 30,000 âmes, est très bien bâtie. Ses principaux édifices sont l'église de Sainte-Wandrus, superbe monument de style ogival construit au xv° siècle, l'église de la Madeleine, la Tour du béfroi rebâtie en 1662, l'hôtel-de-ville qui date de 1440, et dont la jolie façade fait un des principaux ornements de la grande et belle place publique que décore aussi le nouveau théâtre élevé en 1845, le nouveau palais de justice orné d'un beau péristyle et achevé en 1849, l'hôtel du gouvernement, les nouveaux bâtiments de l'Athénée, la magnifique caserne élevée en 1824, etc. Comme établissements scientifiques et littéraires, Mons compte une bibliothèque publique considérable, une société scientifique et littéraire qui a mis au jour un grand nombre de publications importantes sur l'histoire et l'ancienne littérature du Hainaut, une société d'encouragement pour l'agriculture et l'industrie. Les manufactures et les fabriques ne sont pas importantes, mais l'exploitation des mines de houille ou charbon de terre, l'extraction de la pierre de marbre, de la pierre bleue, des pierres meulières et autres qui se trouvent dans ses environs, sont la principale richesse de Mons. Il s'y fait aussi un trafic considérable de bestiaux. — Mons, qui est une ville de moins de 30,000 habitants, a souvent été pris et repris, notamment par les Français en 1691, 1760, 1792, 1794. Sous la République **t**

'Empire, Mons devint le chef-lieu du département de Jemmapes. SCHAYÈS.

MONS-EN-PÉVÈLE : village du département du Nord, à 17 kil. S. de Lille; il est fort ancien, puisqu'il fut donné, en 673, à l'abbaye de Saint-Vaast d'Arras, par le roi Thierry Ier; il renferme moins de 2,000 habitants. Il n'est célèbre que par la bataille que s'y livrèrent les armées française et flamande le 18 août 1304. Philippe-le-Bel y assistait en personne et brûlait de venger la honteuse défaite de Courtrai. Les arbalétriers commencèrent le combat. La mêlée devint bientôt si complète que l'on combattit corps à corps. Les Français, désespérant d'entamer l'ennemi, prirent la défensive dans l'espoir qu'en s'ébranlant, l'armée flamande se romprait d'elle-même par quelque attaque irréfléchie; de part et d'autre, on s'observa, et la bataille ne fut plus guère qu'une escarmouche. Rien ne faisait prévoir de quel côté serait la victoire. Philippe-le-Bel eut recours à la ruse : des chevaliers parcoururent le champ de bataille en s'écriant que le roi voulait traiter de la paix. Aussitôt les Flamands s'arrêtèrent; pendant ce temps, le roi voulut contourner et envelopper les Flamands. Ceux-ci s'étant aperçus de la trahison combattirent avec acharnement, et, tentant un suprême effort, mirent en déroute les chevaliers français, et pénétrèrent jusqu'à la tente royale; Philippe-le-Bel eut un cheval tué sous lui. Il s'était à peine remis en selle qu'une seconde colonne des Flamands se précipita avec la rage du désespoir; il allait infailliblement périr, lorsque son cheval, irrité par une blessure, l'entraîna et le sauva. L'irrésolution et la fatigue empêchèrent les Flamands de continuer leurs succès; ils se retirèrent sur Lille et laissèrent le champ de bataille aux Français qui purent ainsi revendiquer une victoire si chèrement achetée. 9,000 seigneurs restèrent sur le champ de bataille. AD. D'HÉRICOURT.

MONSIAU (NICOLAS-ANDRÉ): c'est le nom d'un peintre d'histoire, né à Paris et mort le 31 mai 1837. Il eut pour maître Peyron, dont il fut le meilleur élève. Son *Alexandre domptant Bucéphale* le fit agréer, en 1787, à l'Académie royale, dont son tableau représentant la *mort d'Agis* le fit recevoir membre titulaire. De 1820 à 1830, près de 40 de ses toiles ont figuré à l'exposition du Louvre. Nous citerons : *Le départ d'Adonis pour la chasse; Molière lisant son Tartuffe chez Ninon de Lenclos*, œuvre qui fit grand bruit, et où l'on voit figurer les personnages les plus célèbres de l'époque; la *mort de Raphaël*, remarquable par la noblesse et la majesté de l'expression; l'*Éducation de l'Amour; Eponine et Sabinus; Aspasie s'entretenant avec les hommes les plus illus-

tres d'Athènes; Philoctète dans l'île de Lemnos; Lavallière se retirant aux Carmélites; saint Denys prêchant la Foi dans les Gaules; le Couronnement de Marie de Médicis*, dont on admire la savante distribution. Monsiau manque en général de vigueur et d'énergie; il préférait la simplicité aux conceptions hardies, les expressions douces aux mouvements violents des passions.

MONSIEUR. Cette qualification, donnée, ainsi que celle de monseigneur, aux apôtres et aux saints prélats dans les anciennes légendes, vient comme celle de messire, restreinte d'abord aux chevaliers du moyen-âge, et conservée longtemps après aux curés, du bas latin *senior*, synonyme de presbyter, en grec πρεσβύτης. Comme les personnes âgées avaient, dans les anciens temps, les premières dignités, les écrivains de la basse latinité se servaient du mot *senior* au lieu de celui de *dominus (seigneur)*, et de *senior* on fit en français seigneur, en italien signore, en espagnol señor. Par contraction, on disait même siore, d'où le français *sieur* et sire, l'italien ser et sire. — Nos pères ne manquaient jamais de dire *Monsieur* saint Pierre, *Monsieur* saint Jacques; mais cet usage, blâmé par Balzac, dans son Socrate chrétien, finit par se perdre avec le grand respect que les catholiques portaient aux saints. — *Monsieur*, lorsqu'on se servait de ce mot dans le monde, sans y rien ajouter, signifiait le frère du roi, venant immédiatement après lui dans l'ordre de naissance.

MONSIEUR (CANAL DE). L'ouverture de ce canal fut ordonnée par Napoléon et commencée en 1804. Il fut achevé sous la Restauration, et reçut alors le nom du frère du roi; on ne le désigne plus guère aujourd'hui que par le nom de canal du *Rhône au Rhin*. E. C.

MONSIGNY (PIERRE-ALEXANDRE) : musicien compositeur, né en 1729 à Fauquemberg, en Artois. Il avait appris quelque peu à jouer du violon dans sa jeunesse, mais il avait négligé ce talent, et ne s'occupait qu'à remplir consciencieusement sa tâche d'employé à la comptabilité du clergé, lorsqu'une représentation de la *Servante maîtresse* de Pergolèse vint lui révéler sa vocation. Il était si peu savant dans l'art musical qu'il éprouvait une grande peine à écrire en mesure les mélodies qu'il s'amusait à composer; mais, dès ce jour, il prit un maître, et le voilà étudiant l'harmonie sous la direction de Gianotti, contrebassiste de l'Opéra. Il ne fut jamais très fort contrepointiste, mais quelques mois après, il en savait assez pour composer la musique d'un opéra-comique comme on les aimait alors. Les *Aveux indiscrets* qu'il risqua en 1759 obtinrent un demi-succès qui l'encouragea. Le *Maître en droit* (1760) et surtout le *Cadi* dupé (1761) furent salués comme productions d'une muse italienne, ce qui, par parenthèse, faisait peu d'honneur à la science du public. La verve comique du *Cadi* frappa tellement Sedaine, qu'il s'écria : « Voilà mon homme, » et il alla sur-le-champ lier connaissance avec lui. Il y avait, en effet, entre Sedaine et Monsigny cette ressemblance qu'une sensibilité exquise leur tenait lieu de science et leur faisait trouver d'instinct l'accent de la nature. La sensibilité de Monsigny était telle qu'à plus de 80 ans, il pleurait à chaudes larmes en racontant comment il avait peint la douleur et l'évanouissement de Louise dans le *Déserteur*. Cet ouvrage, joué en 1769, marque le point le plus élevé du talent de Monsigny ; on connaissait déjà de lui *On ne s'avise jamais de tout* (1761), joli ouvrage dans l'ancien style, dont les théâtres de vaudeville ontgardé plus d'un air; le *Roi et le Fermier*, dont le succès fut prodigieux; *Rose et Colas*, 1764; l'*Ile sonnante*, 1768; le *Rendez-vous*, 1774; la *Belle Arsène*, 1775. Il termina sa carrière en 1777 par un de ses meilleurs ouvrages, *Félix* ou l'*Enfant trouvé*. Bien qu'il ait survécu 40 ans à ce succès, il n'a pas, depuis cette époque, écrit une seule phrase musicale. Trois grands opéras qu'il avait composés n'ont jamais été représentés, mais son *Déserteur* a été transporté à l'Opéra, sous forme de ballet. – Ce qui distingue la musique de Monsigny, c'est une quantité de mélodies gracieuses ou touchantes. Quant à l'art de bien manier l'orchestre et d'en tirer un parti avantageux, il en avait le sentiment sinon la science, et ses opéras-comiques méritaient la vogue qu'ils ont obtenus. La révolution lui ayant fait perdre sa fortune, les artistes de Favart lui firent une pension. Nommé en 1800 inspecteur de l'enseignement au Conservatoire, il donna sa démission deux ans après, succéda à Grétry à l'Institut, et mourut, en 1817, à l'âge de 88 ans. La plupart de ses opéras ont été gravés. J. F.

MONSONIE, *monsonia* (*bot.*) : Genre de la famille des géraniacées, rangé dans la polyadelphie dodécandrie du système de Linné. Les végétaux qui le composent sont les uns des herbes sans épines, les autres des sous-arbrisseaux épineux, tous indigènes du cap de Bonne-Espérance. Leurs fleurs ont un calice profondément divisé en cinq lobes égaux et aristés ; cinq pétales obtus ; quinze étamines, dont dix extérieures plus courtes, toutes fertiles, soudées en un seul ou en cinq faisceaux ; cinq ovaires biovulés, surmontés d'autant de styles distincts seulement à la base et au sommet, lesquels deviennent des capsules surmontées des styles persistants qui se détachent et s'enroulent de la base au sommet. — On cultive dans les jardins la MONSONIE ÉLÉGANTE, *monsonia speciosa*, Lin., belle plante à racine charnue, dont la tige s'élève de deux à trois décimètres, porte des feuilles très divisées, et se termine par deux ou trois grandes fleurs, d'un blanc lavé de rouge, veinées de rouge plus intense, dont le diamètre atteint jusqu'à un décimètre. C'est une plante d'orangerie qu'on multiplie de diverses manières, par semis, par boutures de racines et par division des pieds. On cultive aussi la MONSONIE LOBÉE, *monsonia lobata*, Willd., qui est plus basse, à feuilles en cœur simplement lobées, à fleurs plus colorées et veinées de même que celles de la précédente.

MONSTRES, MONSTRUOSITÉS (*zool.*). Chez les animaux sauvages, et à bien plus forte raison chez les animaux domestiques et chez l'homme, soumis à une multitude de causes de variations auxquelles échappent ceux-ci, il arrive fréquemment qu'un ou plusieurs organes, quelquefois même que tous les organes, au lieu de présenter la conformation ordinaire à l'espèce que l'on observe, s'en écartent d'une manière plus ou moins marquée. On nomme en histoire naturelle ANOMALIES tous ces écarts de la conformation habituelle, ou pour les définir en termes plus scientifiques, toutes ces *déviations du type spécifique* que l'on observe chez l'homme et chez les animaux. La branche de la zoologie qui traite des anomalies a été désignée par nous, il y a 20 ans, sous le nom de *tératologie*, généralement adopté aujourd'hui. Par une extension fort légitime, on a appelé *tératologie végétale* la branche de l'histoire des végétaux qui traite de leurs anomalies (*voy.* MONSTRUOSITÉS VÉGÉTALES); et dans les derniers temps on a même compris, mais moins heureusement, sous le nom de *tératologie minérale*, l'étude des modifications exceptionnelles de certains cristaux. Nous ne traiterons dans cet article que de la *tératologie animale ;* encore ne pourrons-nous donner que quelques indications sur les parties les plus importantes d'une science aujourd'hui devenue immense.

Les mots *anomalie* et *monstruosité* ont été longtemps considérés comme synonymes par les anatomistes. Tout *être anomal* était pour eux un *monstre :* un individu généralement normal, mais à quatre ou à six doigts, un individu excédant les limites de la taille ordinaire ou ne l'atteignant pas, étaient confondus dans leurs ouvrages avec les sujets les plus profondément et les plus étrangement modifiés dans leur organisation.

La science distingue aujourd'hui avec soin divers groupes d'anomalies qui, ainsi qu'on l'a démontré, ne diffèrent pas seulement par le degré, mais aussi, à quelques égards, par la nature des déviations, et surtout par leur influence sur le sujet qui la présente. C'est ainsi que nous avons été conduit à partager les anomalies en quatre embranchements ainsi dénommés et classés :

ANOMALIES
{
  simples... HÉMITÉRIES. { Variétés.
  {   { Vices de conformation.
  complexes. { HÉTÉROTAXIES.
  {   { HERMAPHRODISMES.
  {   { MONSTRUOSITÉS.
}

Avant de passer aux monstruosités, sujet spécial de cet article, il est essentiel que nous disions quelques mots sur chacun des trois premiers embranchements tératologiques.

Nous appelons HÉMITÉRIES les anomalies *simples*, parce qu'elles ne portent que sur un ou quelques organes, ou sur un ordre de caractères. Parmi elles, les unes ne mettent obstacle à l'accomplissement d'aucune fonction et ne produisent point de difformité : les anatomistes donnent à celles-ci le nom de *variétés*, et aux autres celui de *vices de conformation*. La même hémitérie peut être, selon les espèces, et dans la même espèce, selon l'âge, une simple variété ou un vice de conformation ; d'où l'impossibilité de séparer, dans la méthode, l'étude des unes et des autres. L'embranchement des hémitéries comprend cinq groupes principaux ou classes, selon que l'anomalie porte sur le volume des organes, sur leur forme, leur structure, leur disposition, ou leur nombre. A la première classe appartiennent le nanisme et le géantisme, à la troisième l'albinisme et son inverse, le mélanisme, à la cinquième l'ectrodactylie et la polydactylie, c'est-à-dire la diminution ou l'augmentation du nombre des doigts, etc.

Dans le second embranchement, celui des HÉTÉROTAXIES sont des anomalies qui, très complexes, ne mettent pourtant obstacle à l'accomplissement d'aucune fonction. Ce groupe est caractérisé, comme on le voit, par la réunion de deux conditions que l'on pourrait croire, au premier abord, exclues l'une par l'autre, la complication et pourtant l'innocuité de l'anomalie. Aussi ne rencontre-t-on ici qu'un très petit nombre de genres, dont le plus connu est l'inversion ou transposition générale des viscères. Dans ce cas extrêmement remarquable, c'est précisément parce que l'anomalie est très complexe, qu'elle permet l'accomplissement régulier de toutes les fonctions. Il est tel organe, le cœur par exemple, dont l'inversion, si elle existait seule, serait mortelle ; mais, que tous les autres viscères soient semblablement transposés, les organes fonctionnent aussi bien que s'ils occupaient la position normale, et le sujet peut atteindre la vieillesse la plus avancée. C'est ce qui arriva à ce soldat invalide qui mourut,

vers 1660, à l'âge de 72 ans, et dont l'autopsie, faite par Morand, révéla une hétérotaxie jusqu'alors ignorée, au grand étonnement de tous les anatomistes, et non sans produire, dans le public, une vive sensation dont les recueils du temps et une scène du *Médecin malgré lui* sont restés les témoins.

Les HERMAPHRODISMES sont aussi des anomalies complexes, mais d'une nature toute spéciale : elles résultent de la réunion, chez le même individu, des deux sexes ou de quelques-uns de leurs caractères. Ces anomalies seront l'objet d'un article spécial auquel nous renvoyons (*voy.* HERMAPHRODISME).

Après les hermaphrodismes, viennent enfin les MONSTRUOSITÉS, anomalies très complexes, très graves, produisant chez les individus qui en sont affectés, une conformation très différente de celle que présente ordinairement leur espèce. Leur influence physiologique est proportionnelle à leur importance anatomique : tandis que, dans les hétérotaxies, la vie continuait à s'exercer normalement, tandis que dans les hermaphrodismes un seul ordre de fonctions était troublé ; les monstruosités, selon leur nature ou leur siége ne permettent plus à la vie que de s'accomplir dans des conditions très anormales, ou même ne lui permettent pas de se prolonger au-delà de la naissance. Ainsi, pour nous et pour tous les auteurs modernes bien au courant de la science, le mot *monstruosité* a un sens nettement défini, beaucoup plus restreint que celui d'*anomalie* ou de *déviation organique*, avec lequel les anatomistes l'avaient si généralement confondu. Il est à remarquer que nos définitions nouvelles rendent, scientifiquement, au mot monstruosité, le sens qu'il a toujours eu (moins nettement déterminé), sans doute, dans le langage ordinaire. Par suite, elles sont en rapport avec les données étymologiques. Le mot monstre, *monstrum*, vient du verbe *monstrare*, et, dans l'une comme dans l'autre des significations qui ont été attribuées à ce mot, il s'applique exclusivement à des êtres assez remarquables pour attirer aussitôt les regards, pour frapper vivement l'esprit des spectateurs. Pour les uns, en effet, les monstres sont des êtres qu'on se *montre* à cause des bizarreries de leur organisation, *monstrata* ou *monstranda;* pour les autres ce sont des êtres qui, par le prodige de leur naissance, annoncent, *montrent* l'avenir, *monstrantia;* étymologie bien moins naturelle que l'autre, et qui pourtant paraît être la véritable : MONSTRA, *ostenta, portenta, prodigia appellantur*, a dit Cicéron (*De divinatione, lib.* I), *quoniàm* MONSTRANT, *ostendunt, portendunt et prædicunt*. Le savant Isidore de Séville a dit aussi dans son livre des étymologies (*liv.* II) :

Moustra... quæ aliquid futurum monstrando, homines monent. Le mot τέρας qui, en grec, correspond à *monstrum*, dériverait de même, selon quelques auteurs, du verbe εἴρω, j'avertis.

Restreint dans les limites que nous venons de tracer, l'embranchement des monstruosités conserve encore une immense étendue. Les anomalies, assez complexes, assez graves pour être classées, à bon droit, dans ce groupe, sont encore très nombreuses et très variées. Nous en parcourrons rapidement la longue série, en suivant la classification exposée dans notre *Histoire générale des Anomalies*, et qui n'est qu'une réalisation des vues fécondes de Geoffroy Saint-Hilaire, sur l'application à l'étude des monstruosités, de la méthode naturelle si heureusement introduite en botanique par les Jussieu, et en zoologie par Linné et Cuvier.

Les monstres se partagent très naturellement en deux grandes classes, savoir : ceux dans lesquels on ne trouve que les éléments (complets ou incomplets) d'un seul individu ; et ceux qui réunissent les éléments complets ou incomplets de *plus d'un individu*. De-là deux groupes primaires ou classes que nous avons nommés et que l'on nomme généralement aujourd'hui MONSTRES UNITAIRES et MONSTRES COMPOSÉS ; ceux-ci sont divisés selon le nombre des individus composants en *doubles*, *triples*, etc. Ces deux grandes classes correspondent à peu près, l'une aux *monstres par défaut* et aux *monstres par fausse position des parties*, l'autre aux *monstres par excès* de Buffon, de Blumenbach et de plusieurs autres.

Les monstres unitaires comprennent trois ordres que l'on peut considérer comme étant à la fois très naturels et fondés sur un ensemble de caractères d'une haute importance. Ce sont les *autosites*, les *omphalosites*, les *parasites*.

Les AUTOSITES se rapprochent encore, à beaucoup d'égard, de l'état normal ; ils offrent dans plusieurs régions la conformation ordinaire ; ils peuvent vivre et se nourrir par le jeu de leurs propres organes. Ce dernier caractère, qui est la conséquence de tous les autres, et qui les résume en quelque sorte tous, est celui qu'exprime leur nom (de αὐτόσιτος, qui se procure lui-même sa nourriture). Cet ordre est de beaucoup le plus considérable : il ne comprend pas moins de huit familles. Nous citerons, comme exemples, quelques genres très connus et très remarquables, entre autres les monstres désignés sous le nom de *sirénomèles* ou *sirènes*, à cause de leur ressemblance avec les sirènes de la fable, résultant de la fusion en un appendice unique des deux membres inférieurs, toujours plus ou moins atrophiés ; es rhinocéphales et cyclocéphales, vulgairement

les *cyclopes*, ainsi nommés à cause de leur œil unique, que surmonte souvent une trompe formée par les rudiments cutanés du nez ; les anencéphales privés d'encéphale et de moelle épinière ; enfin, les thlipsencéphales et nosencéphales, où l'encéphale est remplacé par une tumeur vasculaire. Nous aurons à revenir plus bas sur ces derniers.

Les OMPHALOSITES sont, à double titre, beaucoup plus imparfaits que les autosites. Ils manquent d'un très grand nombre d'organes, et tous ceux qui existent sont très mal conformés ou même seulement ébauchés. Aussi ne vivent-ils que d'une vie très imparfaite, et pour ainsi dire passive, qui n'est entretenue que par la communication avec la mère, et cesse dès que le cordon est rompu ; d'où le nom sous lequel ils sont désignés (omphalosites, d'ὀμφαλὸς, *ombilic*, et de σῖτος, *nourriture*).

Les monstres, depuis longtemps connus sous le nom d'*acéphales*, à cause de l'absence de la tête, et qui forment aujourd'hui la grande famille des acéphaliens, composent la presque totalité de l'ordre des omphalosites. Toutefois, au dessus d'eux, se placent les *paracéphaliens*, un peu moins incomplets, puisqu'ils ont encore une tête, il est vrai très mal conformée. Au-dessous, viennent les *anidiens*, monstres extrêmement singuliers et d'une simplicité extrême, dans lesquels le corps se trouve presque réduit à une simple bourse cutanée.

Enfin les PARASITES, les derniers de tous les monstres unitaires, ne sont, et c'est pourquoi on les avait généralement confondus avec les môles, que des masses inertes, irrégulières, composées principalement d'os, de dents, de poils et de graisse, manquant même, et c'est leur caractère le plus essentiel, de cordon ombilical. Aussi sont-ils implantés directement sur les organes spéciaux de la mère, aux dépens de laquelle ils vivent d'une vie obscure, végétative et toute parasitaire.

Chacun de ces groupes tératologiques, comme il a son organisation propre, a son degré propre de viabilité, et il existe ici une concordance très remarquable entre l'état de l'organisation et la durée possible de la vie hors du sein de la mère. Ainsi, les parasites les plus imparfaits de tous, non seulement ne vivent pas un seul instant au dehors, mais ne naissent pas même au monde extérieur, si ce n'est dans quelques circonstances exceptionnelles. Les omphalosites naissent, mais leur vie s'éteint au moment même où ils quittent le sein maternel ; il est à remarquer que leur naissance, qui a lieu vers sept mois, est généralement précédée de la naissance d'un jumeau, de même sexe que le monstre.

Quant aux monstres du premier ordre, aux auto-sites, tous peuvent vivre hors du sein de la mère, mais durant des temps bien inégaux, dont la durée pour chaque groupe est, à une seule exception près, en raison de la place occupée par lui dans l'échelle tératologique. Ainsi, pour les monstres appelés cyclopes, ou plus généralement et plus exactement, pour les deux familles qui terminent la série, les oto-céphaliens et les cyclocéphaliens, la vie ne se compte que par minutes; dans deux cas seulement, on l'a vue dépasser la durée d'une heure. Les familles placées au-dessus, par exemple, les anencéphales, les nosencéphales, les thlipsencéphales, bien que privés de cerveau et de moelle épinière, vivent au contraire plusieurs heures, quelquefois plusieurs jours; et les ectroméliens qui composent la première famille, peuvent atteindre l'âge adulte.

Après les monstres unitaires, ou plutôt à côté d'eux et comme constituant parallèlement une seconde série, viennent les monstres composés; plus spécialement les monstres doubles, les seuls qui soient bien connus. Leur histoire peut se ramener en grande partie à celle des monstres précédents. En effet, tout monstre double résulte de l'union plus ou moins intime d'un individu *autosite*, soit avec un autre *autosite*, soit avec un *omphalosite*, soit avec un *parasite*; d'où la possibilité de diviser les monstres doubles en trois ordres, dont chacun représenterait un ordre de la classe précédente. Mais il est facile de voir qu'il suffit d'établir deux ordres, selon que deux autosites sont unis entre eux, ou qu'un autosite est uni à un être très imparfaitement développé et incapable de vivre par lui-même, soit que celui-ci représente un omphalosite, soit qu'il doive être assimilé à un parasite.

Dans le premier cas, nous avons un *monstre double autositaire*; dans le second, un *monstre double parasitaire :* tels sont les noms des deux ordres établis parmi les monstres doubles.

La distinction de ces ordres est aussi importante que facile. Chez les *autositaires*, les deux individus qui composent le monstre, soit que tous deux se trouvent presque complets, soit qu'ils n'existent que partiellement, offrent le même degré de développement, et contribuent l'un et l'autre à la vie commune. L'être est dès lors véritablement double au point de vue physiologique aussi bien qu'au point de vue anatomique. Chez les *parasitaires*, les deux individus composants sont très inégaux et très dissemblables; l'autosite est toujours complet ou presque complet; l'autre, qu'il soit analogue à un parasite ou à un omphalosite, est non seulement beaucoup plus petit, mais très imparfait,

incapable de vivre par lui-même, et se nourrissant aux dépens du premier, dont il n'est physiologiquement qu'un simple appendice.

Du reste, chez les uns et les autres, l'union, ainsi que Geoffroy Saint-Hilaire l'a le premier reconnu et démontré, se fait généralement par la même face du corps et par les mêmes organes; fait d'une très grande importance, et par les nombreuses applications qu'on en a faites à la tératologie, et comme point de départ de la découverte de la grande *loi de l'affinité des parties similaires ou de soi par soi*, dont elle n'est en réalité qu'un cas particulier, et sur laquelle nous aurons plus bas à revenir.

C'est d'après le mode d'union, et d'après l'état plus ou moins incomplet des individus composants, que se subdivise l'ordre des monstres doubles autositaires. Dans les deux premières familles, les deux autosites sont encore complets : il n'y a guère entre eux qu'une simple soudure bornée à quelques organes. Il y a donc ici plutôt deux vies associées qu'une vie commune, et ces deux vies peuvent se prolonger jusqu'à l'état adulte, et même jusqu'à la vieillesse. Plusieurs faits de ce genre, observés à diverses époques avec un égal intérêt par les psychologistes et les physiologistes, ont acquis une grande célébrité. Tout le monde a lu dans Buffon l'histoire des jumelles hongroises, nées en 1701 à Szony, baptisées sous le double nom d'Hélène et de Judith, offertes à sept ans en spectacle à la curiosité publique, promenées successivement en Allemagne, en Italie, en France, en Hollande, en Pologne, examinées pendant ces voyages par tous les physiologistes, philosophes et naturalistes de l'Europe, célébrées par plusieurs poètes, au premier rang desquels se place l'illustre Pope, et mortes à 22 ans dans un couvent de Presbourg. De nos jours les frères Siamois Chang Eng, que Boston et New-York ont vus en 1829, Londres en 1830, Paris en 1835, et le nord de l'Europe dans les années suivantes, n'ont pas moins fixé l'attention publique, et ont donné lieu à des observations d'un grand intérêt que nous regrettons de ne pouvoir exposer ici.

Dans les quatre familles suivantes, sont, d'une part, les monstres doubles supérieurement, simples inférieurement; de l'autre, les monstres simples supérieurement, doubles inférieurement. Dans l'une et l'autre de ces séries, on trouve d'abord des genres dont la duplicité est encore presque complète; mais on voit bientôt la fusion devenir de plus en plus intime, et par une atrophie de plus en plus prononcée de chacun des deux sujets composants, l'on arrive, dans les derniers genres, à des types à peine plus complexes que le type unitaire normal. Les exemples de vie prolongée pendant des mois, des années, ou même jusque dans l'état adulte, ne manquent pas parmi les monstres doubles supérieurement, simples inférieurement, c'est-à-dire à deux têtes portées sur un seul corps. Les jumelles sardes, Rita-Cristina, que l'on montrait à Paris en 1829, ont vécu huit mois et demi, et l'on a vu en Écosse, sous le règne de Jacques IV, un jeune homme double supérieurement, dont les deux moitiés, assure Buchanan, avaient souvent des volontés opposées, quelquefois même se querellaient, et parfois aussi semblaient délibérer entre elles. La science manque de faits analogues pour les monstres doubles inférieurement et simples supérieurement, c'est-à-dire à deux corps surmontés d'une seule tête. Ceux-ci, et surtout les janiceps ou monstres à têtes de Janus, à deux faces opposées au-dessous d'un crâne commun, survivent généralement de très peu à leur naissance. Si, contre nos prévisions, il ne devait pas en être toujours ainsi, quelle source de découvertes physiologiques et psychologiques, quel sujet d'études que le jeu de toutes ces fonctions mixtes, et les harmonies de tous ces doubles organes! Chacune des deux faces opposées appartient pour moitié, l'anatomie le démontre, à chacun des individus composants, et elle correspond à un encéphale différent : chaque moitié devrait donc exprimer des sensations propres, et l'on pourrait voir sur le même visage se peindre à la fois le désir et la crainte, la colère et la pitié, la douleur et la joie.

L'ordre des monstres parasitaires n'est pas moins digne d'intérêt que celui des autositaires. Dans une première famille, dont les hétéradelphes sont le genre le plus connu, les rapports de position de l'autosite et du parasite sont encore ceux que l'on trouve le plus ordinairement parmi les autositaires. Le plus petit des deux sujets, le plus souvent réduit à un abdomen et à deux membres, d'autres fois ayant de plus une tête imparfaite, parfois, au contraire, réduit à une tête et à un rudiment de tronc, est attaché à la face antérieure du corps de l'autosite, près de l'ombilic. Malgré la gêne que cause à celui-ci la présence du sujet qu'il porte et qu'il nourrit, les hétéradelphes et les autres genres voisins sont viables; l'un d'eux même s'est marié, et est devenu père de quatre enfants bien conformés. Dans les familles suivantes, dont les deux premières ne renferment que quelques cas, dont les autres sont très riches, les deux individus offrent des rapports très différents : le plus petit des

individus se réduit d'abord à une tête avec un rudiment de cou attaché par le sinciput au sinciput de l'autosite, puis à une tête rudimentaire greffée sur la mâchoire inférieure ou sous le cou de celui-ci, enfin à des membres surnuméraires insérés sur divers points, parfois avec quelques parties accessoires.

Dans la dernière et très remarquable famille, celle des monstres endocymiens ou par inclusion, les deux individus composants sont, l'un par rapport à l'autre, dans des conditions très différentes de celles que nous observions dans les cas précédents. Le plus petit est à l'intérieur du plus grand; il est comme *emboîté dans celui-ci*. La monstruosité consiste en une sorte de grossesse originaire, et cette grossesse, qui n'est au fond que l'union de deux fruits très inégaux et très différents par leur conformation, peut s'opérer aussi bien chez un sujet mâle que chez un sujet femelle. L'inclusion est tantôt superficielle et seulement sous-cutanée, tantôt à-fait intérieure. Si le parasite inclus est, comme il arrive le plus souvent, d'un très petit volume, le monstre double endocymien peut offrir une conformation extérieure presque entièrement normale.

Ce que nous venons de dire sur les monstres doubles, peut être étendu aux monstres triples, divisibles de même en *autositaires* et *parasitaires*, et subdivisibles en familles semblablement caractérisées. Toutefois une partie seulement des genres observés parmi les précédents, ont dès à présent leurs représentants connus parmi les monstres triples dont la rareté est extrême, et l'on conçoit qu'il en doit être ainsi. Pour qu'il y ait formation d'un monstre triple, il faut, en premier lieu, que trois embryons se trouvent coexister dans le même œuf; en second lieu, que tous trois soient réciproquement dans des conditions qui favorisent leur soudure en un seul être composé. Or de ces deux conditions, la première est déjà extrêmement rare. On en jugera par le relevé suivant que nous devons à Dugès : sur plus de 37,000 accouchements observés en vingt ans à la Maternité, on a constaté le résultat suivant :

Accouchements simples.	36,992
dcubles.	444
triples.	5
Total.	37,441

On voit combien sont déjà rares les accouchements triples. Quant à la naissance de quatre jumeaux, elle est d'une rareté bien plus grande encore. En ajoutant à ces 37,441 cas le relevé des accouchements à l'Hôtel-Dieu, Dugès est arrivé à un total de 108,000, sans rencontrer un seul exemple de naissances quadruples, quintuples, etc. C'est assez dire que, chez l'homme, du moins, et chez les autres espèces habituellement unipares, la naissance des monstres plus que triples est en dehors de toute probabilité. Aussi n'en connaît-on pas un seul exemple, un seul du moins auquel on puisse attribuer quelque authenticité. Nous n'en sommes plus au xviie siècle pour croire, avec Licetus, au fameux monstre à sept têtes et à sept bras humains, avec un corps, humain aussi, porté sur deux pieds de ruminant.

Les monstres composés sont le plus ordinairement viables, et ici se présente un fait remarquable qui, au premier aspect, semble contradictoire avec notre classification, si bien confirmée, en ce qui concerne les monstres unitaires, par sa concordance avec leur échelle de viabilité. Parmi les monstres doubles, dans les *premières* familles, et de même dans les *dernières*, la viabilité est entière, les chances de vie étant cependant moindres que dans l'état normal; au contraire, dans deux familles *intermédiairement placées*, la vie ne se prolonge que quelques moments ou quelques heures. L'étude de l'organisation donne immédiatement la clef de cette singularité. En haut de la série, *il y a deux vies* plus ou moins complètes, par exemple deux cœurs et deux circulations; l'existence peut donc se prolonger. En bas, soit que deux autositaires se trouvent très intimement confondus, soit que l'un des sujets composants soit réduit à l'état d'une masse parasitaire appendue au corps du sujet principal, *la vie redevient unitaire*, et par conséquent elle peut encore se prolonger. Mais intermédiairement, on trouverait un état moyen, trop complexe pour une seule vie, trop imparfait pour deux, par exemple un cœur à plusieurs cavités, deux circulations incomplétement associées; la mort suit alors de près la naissance. En un mot, si l'on peut s'exprimer ainsi, *une vie* est possible chez un être double; *deux vies* le sont aussi; *une vie et demie* ne l'est pas.

Nous ne saurions nous en tenir à ces simples énoncés, et abandonner ce sujet, sans résumer aussi succinctement que possible les phénomènes les plus curieux résultant du jeu de ces doubles organes. Nous considérerons trois cas, celui de l'union de deux individus autosites presque complets; celui de la fusion intime de deux individus autosites en un seul être complexe, double supérieurement, simple inférieurement; et celui de la greffe d'un omphalosite ou d'un parasite sur un autosite.

Soit un monstre composé de deux individus presque complets, unis seulement par une por-tion très restreinte de leur corps, comme Hélène-Judith, comme Chang-Eng, que nous avons mentionnés plus haut. Pour nous borner ici aux circonstances relatives à deux ordres de phénomènes intéressants entre tous, chaque individu sera double moralement comme physiquement; chacun aura sa sensibilité et sa volonté propre, dont les effets s'étendront sur son propre corps, mais *sur son corps seul*. Il pourra arriver que les deux jumeaux, très différents par les traits de leur visage, leur taille et leur caractère physique, le soient aussi pour leur caractère et le degré de leur intelligence. Dans le même être double, la physionomie de l'un des sujets composants pourra exprimer des passions gaies; celle de l'autre porter l'empreinte de la douleur, ou être animée par la colère. L'un dormira, l'autre veillera; l'un voudra marcher, l'autre garder le repos; et de ce conflit de deux volontés animant deux corps indissolublement unis, pourront naître des mouvements sans résultat qui ne seront ni le repos ni la marche. Ces deux moitiés d'un même être pourront se quereller, se porter des coups l'une à l'autre, comme à un être étranger et hostile. Ainsi leur dualité morale, concordant avec leur dualité physique, se montrera par cent et cent preuves. Mais en même temps, de même qu'il est un point du double corps, placé sur la limite des individus composants, et commun à tous deux, d'autres phénomènes, mais en plus petit nombre, montreront en eux un commencement d'unité. Les impressions faites sur la région d'union, à son centre principalement, seront perçues à la fois par les deux sujets; et tous deux pourront de même réagir sur cette région. Il y a plus: si l'un est malade, l'autre le devient bientôt, et la maladie prend un caractère, sinon aussi grave, du moins analogue. Enfin ajoutons que, si des discussions ou même des querelles s'élèvent quelquefois entre ces deux volontés enchaînées au même corps, et dont l'une semble ne pouvoir presque jamais se satisfaire que par le sacrifice de l'autre; si la paix est quelquefois troublée entre les deux jumeaux, il y a plus souvent entre eux un accord de sentiments et de désirs, une sympathie et un attachement réciproques, dont il faut lire tous les témoignages pour en comprendre la portée. Ces deux êtres, à nos yeux obstacles continuels l'un à l'autre, finissent par se devenir un besoin; chacun d'eux croirait n'être pas complet s'il était libre; et si le génie d'un grand chirurgien conçoit le projet de les rendre à l'état normal et à la vie des autres hommes, il leur arrivera de refuser une opération qui leur enlèverait le bonheur de se sentir sans cesse l'un près de l'autre, et de réaliser à la lettre cette belle image de l'amitié : *Tous deux ne sont qu'un, et chacun est deux.*

De semblables phénomènes et d'autres encore existent lorsque l'union devenant plus intime, il n'existe plus pour deux têtes qu'un seul corps, et que deux membres inférieurs. L'analyse anatomique démontre que, dans de tels êtres, chaque individu possède en propre un côté de l'unique corps et l'une des deux jambes ; et l'observation des phénomènes physiologiques et psychologiques confirme pleinement ce résultat singulier et pourtant incontestable. Les impressions faites sur toute l'étendue de l'axe d'union, seront perçues à la fois par les deux têtes ; hors et à quelque distance de l'axe, par une seule ; et il en sera de la volonté comme des sensations. La tête droite sentira seule pour la jambe droite, et agira seule sur elle ; la gauche sur la gauche ; en sorte que la marche résultera de mouvements exécutés par deux membres appartenant à des individus différents, et coordonnés par deux volontés distinctes.

Enfin dans les monstres parasitaires, en même temps que l'organisation devient presque unitaire, tous les actes vitaux, toutes les sensations, toutes les manifestations de la volonté s'accompliront presque exactement comme chez les êtres normaux. Le plus petit des individus, devenu comme une simple portion accessoire et inerte du plus grand, n'aura plus sur lui qu'une influence très faible et bornée à un petit nombre de fonctions.

Les phénomènes de la monstruosité ont fixé l'attention des savants et des philosophes de tous les siècles ; et pourtant il est vrai de dire que la tératologie est une science nouvelle. C'est Haller qui en a jeté les premiers fondements au xviiie siècle : c'est dans le nôtre, et surtout par les mains de Meckel, et de Geoffroy Saint-Hilaire que l'édifice a été construit.

Jusqu'au jour où Haller a écrit son célèbre traité *De Monstris*, la tératologie n'était qu'un tissu de fables et de contes populaires. Il semble que plus un fait fut absurde, et plus on dut s'empresser de l'accueillir. On eût dit que la science, s'il est permis de lui donner ce nom, avait alors pour but la recherche, non du vrai, mais de l'extraordinaire, et du merveilleux.

C'était l'inévitable conséquence des idées alors régnantes. L'antiquité avait dit par la bouche d'Aristote, que les anomalies sont *des erreurs de la nature* (ἁμάρτημα τῆς φύσεως) ; par celle de Pline, que ce sont ses *jeux*, ses *caprices : ludibria sibi*, ainsi s'exprime le naturaliste Latin, *nobis miracula ingeniosa fecit natura.* Et ce que l'antiquité avait dit, on le répétait au xvie, au xviie siècle. De plus, à cette époque, on voulait, comme du reste l'avait cru aussi l'antiquité, que ces jeux bizarres de la nature fussent des présages de malheurs publics ; et à ce titre, on croyait devoir les détruire aussi promptement que possible. L'illustre Ambroise Paré, le père de la chirurgie française, dit lui-même : « Les monstres sont choses qui apparaissent contre le cours de nature, et sont le plus souvent signes de quelques malheurs à advenir. » Et Jean Riolan, l'un des hommes les plus distingués du xviie siècle, croit soutenir une nouveauté hardie, lorsqu'il établit qu'on peut se dispenser de faire périr les sex-digitaires, les géants et les nains, pourvu qu'on les relègue hors de tous les regards.

Opposons à ces vieilles idées les résultats généraux aujourd'hui acquis à la tératologie, grâce à cette direction si heureusement progressive imprimée depuis un demi-siècle aux sciences de l'organisation.

Dès la première année de ce demi-siècle, Bichat avait créé une anatomie nouvelle ; et vers la même époque la zootomie, jusqu'alors simple collection de faits, avait reçu, des mains de Cuvier surtout, un caractère véritablement scientifique. Deux routes nouvelles venaient ainsi de s'ouvrir sous les pas des anatomistes. Bientôt, dans l'une et l'autre, de brillantes découvertes récompensent leurs efforts. Les grands succès en enfantent toujours d'autres. Encouragés par l'exemple, quelques hommes doués d'un génie vraiment créateur veulent sortir de ces voies si nouvelles encore, mais qui déjà ne leur suffisent plus. Ils comprennent que d'autres sciences, fondées sur l'étude de l'organisation, pouvaient encore accroître le domaine de l'esprit humain. Les faits sont déjà connus et coordonnés, leurs rapports commencent à être déduits ; mais ces faits et ces rapports dépendent de lois générales qu'un voile épais couvre encore. Bientôt des observations sont faites dans un nouvel esprit. L'homme adulte est comparé à l'embryon, puis les animaux sont comparés à l'homme adulte et à l'embryon, et de cette double comparaison naissent deux branches nouvelles qui aujourd'hui dominent la science anatomique tout entière. L'une nous révèle les véritables lois des formations organiques ; l'autre embrasse dans leur immense étendue les faits généraux de l'organisation animale, considérée dans toutes les espèces et dans tous les âges. Dès lors l'embryogénie est placée sur ses véritables bases, et l'anatomie philosophique est fondée. Ces deux progrès dont le premier fut surtout l'œuvre des Allemands, le second, celle de Geoffroy Saint-Hilaire, avaient pour conséquence naturelle la création de la véritable tératologie scientifique : cette création fut presque immédiate.

Geoffroy-Saint-Hilaire, démontrant l'*Unité de composition organique* (*voy.* ZOOLOGIE), avait établi que les animaux sont composés de matériaux toujours semblables, et toujours disposés suivant les mêmes lois ; il avait aussi fait apercevoir entre les êtres des degrés les plus éloignés de l'échelle, des rapports curieux et inattendus ; enfin il avait appris à ne voir pour ainsi dire dans tous les animaux d'un même embranchement qu'un seul et même animal, et à distinguer, au milieu des diversités infinies qu'y introduisaient le sexe, l'âge, l'espèce, ce fond commun dont la nature, fidèle à l'unité, *appetens unitatem*, comme dit saint Augustin, ne consent presque jamais à s'écarter. La possibilité de ramener les êtres anormaux, les monstres eux-mêmes au type commun, était un corollaire indispensable de la théorie de l'unité de composition. Lorsqu'on reconnaissait que des classes entières du règne animal étaient établies sur un seul et même plan, il devenait difficile et presque absurde d'admettre l'existence de plusieurs types dans une seule et même espèce. Cependant il ne suffisait pas d'admettre par voie de déduction théorique un résultat aussi important ; et d'ailleurs la doctrine naissante de l'unité de composition, bien loin de pouvoir servir de base à d'autres théories, réclamait elle-même alors de nouvelles preuves. L'anatomie philosophique ne pouvait donc que poser la question. Une solution fut demandée à l'embryogénie, et celle-ci répondit par la théorie de l'*arrêt* ou du *retardement* de développement, selon les noms qu'elle reçut de Meckel et de Geoffroy Saint-Hilaire, par la théorie des *inégalités* de développement, ainsi que nous l'avons depuis nommée d'une manière plus générale (*voy.* ZOOLOGIE).

La création de cette théorie signale une époque importante. Jusqu'alors on n'avait vu dans les phénomènes de la monstruosité que des arrangements irréguliers, des conformations désordonnées. A l'idée d'êtres bizarres, irréguliers, la théorie de Meckel et de Geoffroy Saint-Hilaire substitue celle, plus vraie et plus philosophique, d'êtres entravés dans leur évolution, et dans lesquels des organes de l'âge embryonnaire, *arrêtés ou retardés dans leur développement*, conservés jusqu'à la naissance dans des états qu'ils n'eussent sent dû présenter que passagèrement, sont venus s'associer aux organes de l'âge fœtal. La monstruosité dès lors n'est plus un désordre aveugle, mais un autre ordre également régulier, également soumis à des lois ; ou, si l'on veut, c'est le mélange d'un ordre ancien et d'un ordre nouveau, la présence simultanée de deux états qui, ordinairement, se succèdent l'un à l'autre.

Dès ce moment les faits de la monstruosité sont liés entre eux, et ils le sont avec les faits normaux. La tératologie s'associe intimement à l'anatomie, et surtout avec celle de ses branches qui s'occupe de déterminer les lois du développement, et l'ordre d'apparition de nos organes. Les monstres, d'après la nouvelle théorie, sont à quelques égards des embryons permanents ; ils nous montrent à leur naissance des organes simples comme aux premiers jours de formation, comme si la nature se fût arrêtée en chemin pour donner à notre observation trop lente le temps et les moyens de l'atteindre. De là entre l'embryogénie et la tératologie une liaison que le temps a rendue de plus en plus intime.

Toutefois, la théorie des inégalités du développement n'embrassait point dans son ensemble tous les phénomènes de la monstruosité : elle nous apprenait beaucoup sur les hémitéries, sur les hermaphrodismes, sur les monstres unitaires eux-mêmes, presque rien sur les monstres composés. L'embryogénie, consultée une première fois avec tant de bonheur, fut encore interrogée et de nouveau avec succès. La formation du système vasculaire, étudiée sous l'inspiration de la belle *Théorie du développement centripète*, révéla à l'auteur même de cette théorie une loi importante. Lorsqu'un organe est double, le tronc vasculaire qui le nourrit est double aussi, de même que l'absence d'une partie est liée nécessairement à celle de son action. Par cette loi très simple et même facile à prévoir, M. Serres pose à la monstruosité des bornes certaines et nécessaires, et nous explique pourquoi toutes ces créations bizarres que nos pères s'étaient plu à imaginer, ne se sont jamais réalisées.

Il était impossible que la philosophie naturelle et la zoologie ne vinssent pas à leur tour apporter et demander des lumières à la science des anomalies. Les monstres, d'après la théorie des inégalités de développement, pouvaient former une série comparable et parallèle à la série des âges de l'embryon et du fœtus. Celle-ci, à son tour, d'après de nouvelles et profondes recherches d'anatomie philosophique, était comparable à la grande série des espèces zoologiques. De là découlait, comme l'ont montré Meckel, Geoffroy-Saint-Hilaire, Tiedemann, Serres et tant d'autres, un rapprochement naturel entre les degrés divers de la monstruosité, et ceux de l'échelle animale. De là résultait encore par une autre voie la démonstration de cette proposition déjà énoncée, que la monstruosité est, non un désordre aveugle, mais un ordre particulier soumis à des règles constantes et précises. Enfin une troisième et non moins importante conséquence, c'est la possibilité d'appliquer à la classification des monstres les principes des méthodes linnécnnes, possibilité aussitôt déduite par Geoffroy Saint-Hilaire, auquel on dut à la fois et le précepte et les premiers exemples, et bientôt suivis par tous les tératologues. A lui encore appartient un autre fait général d'une haute importance, le dernier que nous puissions indiquer dans cet article déjà fort étendu. C'est en 1826 que Geoffroy Saint-Hilaire constata et publia la loi de l'*union similaire* chez les monstres composés; déjà mentionnée plus haut, et que nous ne pouvons omettre, puisqu'à elle se rattachent tous les faits de l'histoire de ces monstres.

Les conséquences de cette loi sont nombreuses, même considérées seulement à ce premier point de vue, fort restreint et fort incomplet, comme on va le voir. Ainsi, non seulement elle confirme de nouveau cette proposition que l'organisation des monstres est soumise à des lois très constantes et très précises ; mais elle nous montre la possibilité de ramener ces lois à celles qui régissent l'organisation des êtres humains eux-mêmes. Chaque organe commun aux deux sujets composant un monstre double, est formé de deux moitiés réunies absolument comme le sont sur la ligne médiane les deux moitiés d'un organe normal. Un monstre double n'est donc, si l'on peut s'exprimer ainsi, qu'un être composé de quatre moitiés plus ou moins incomplètes, mais d'une structure régulière, au lieu de deux. La possibilité de diviser les monstres doubles en un certain nombre de groupes naturels de diverses valeurs, de caractériser les groupes de la manière la plus précise, de créer pour eux, ainsi que nous l'avons essayé, une nomenclature rationnelle, régulière, significative et comparable à celle des chimistes, telle est encore l'une des conséquences de la loi de l'union similaire. Enfin par elle, mieux encore que par tout autre ordre de considérations, nous voyons pourquoi toutes les aberrations de la monstruosité ne franchissent jamais certaines limites; et désormais il nous devient possible, en parcourant les descriptions et les figures consignées dans les anciens ouvrages tératologiques, de distinguer immédiatement lesquelles de ces combinaisons monstrueuses ont dû réellement exister, quelles autres ne sont que les produits bizarres d'une supercherie, ou d'un jeu de l'imagination.

Nous venons d'indiquer les principales conséquences de la loi d'*union similaire*, mais seulement en ce qui concerne les monstres doubles. Or, Geoffroy Saint-Hilaire l'a bientôt démontré, elle peut recevoir une bien plus grande, une immense extension. La loi de l'*union similaire*, c'est-à-dire, de l'union par les éléments semblables de l'organisation, est, en tératologie, celle de l'union ou de la fusion de deux appareils organiques, de deux organes, même de deux portions d'organes, comme elle est celle de l'union ou de la fusion de deux individus entiers. En physiologie, elle est encore celle de la réunion normale des deux moitiés du corps, particulièrement des parties symétriques, dont se compose tout organe unique et médian. Enfin, c'est la même loi qui a conduit à examiner, à comprendre sous le point de vue le plus élevé les rapports physiologiques qui existent dans l'organisation entre les parties similaires, et qui a fait apercevoir entre celles-ci cette tendance au rapprochement et à l'union, cette sorte d'attraction intime dont la découverte proclamée sous le nom de *loi sur l'affinité de soi pour soi*, est aujourd'hui l'un des faits les plus importants et déjà les mieux constatés, quoique les plus nouveaux, dont les travaux de notre époque aient enrichi la physiologie. La loi de l'affinité de soi pour soi n'est même pas une loi spécialement zoologique ; elle est applicable au règne végétal aussi bien qu'au règne animal ; c'est, en un mot, un fait primordial, une des lois les plus universelles que nous révèle l'histoire des êtres vivants ; les applications en seront un jour innombrables.

Par cet exemple, l'un des plus remarquables que nous puissions citer, nous croyons mettre nos lecteurs, autant du moins qu'il est possible dans un travail aussi restreint, à même de saisir l'importance actuelle des études tératologiques, et l'intimité des liens qui les unissent à l'ensemble des études de l'organisation. Ce qui a lieu à l'égard de la loi d'*union similaire*, qui, à peine constatée à l'égard d'une classe de faits, s'est trouvée étendue à toute la tératologie, et presque aussitôt portée à toute sa généralité; ce que Geoffroy Saint-Hilaire a ici réalisé pour ainsi dire d'un seul coup, par une suite aussi hardie que rigoureuse de déductions, s'est presque partout ailleurs produit graduellement, par le concours des efforts des divers tératologues. C'était déjà un résultat considérable que d'avoir ramené les anomalies et jusqu'aux monstruosités elles-mêmes à des lois, soit à celles que nous avons indiquées, soit à une multitude d'autres lois secondaires. Mais on ne s'en est pas tenu là : le rapport des lois tératologiques avec les lois de la zoologie et de la physiologie normale, a été reconnu et démontré ; l'analogie entre les unes et les autres est réelle et frappante : elle va jusqu'à l'identité absolue toutes les fois qu'on sait se placer dans la comparaison à un point de vue suffisamment élevé. A vrai dire, et c'est surtout cette proposition que nous avons eu surtout à cœur d'achever de démontrer dans nos longs travaux sur les anomalies; à vrai dire, point de lois *spécialement zoologiques*, point de lois *spécialement tératologiques;* mais des *lois générales*, applicables à toutes les modifications de l'organisation animale, et embrassant comme autant de considérations secondaires toutes les généralités restreintes à un seul ordre de faits.

Résumons en quelques lignes tout cet article. Nous les emprunterons à l'analyse que nous avons donnée ailleurs de la *Philosophie anatomique* (voy. *Vie, travaux et doctrine scientifique de Geoffroy Saint - Hilaire*, 1847, chap. VIII) : — « Les monstres ne sont pas des jeux de la nature ; leur organisation est soumise à des règles, à des lois rigoureusement déterminées, et ces règles, ces lois sont identiques à celles qui régissent la série animale. En un mot, les monstres sont d'*autres êtres normaux;* ou plutôt il n'y a pas de monstres, et la nature est une. »

Quand ces vues, si vraiment philosophiques, sur la régularité des êtres anormaux, dernière expression de la science de nos jours, sont encore à peine comprises par plus d'un naturaliste, comment ne pas signaler, en terminant, un fait historique que Geoffroy Saint-Hilaire, le premier, s'est plu à mettre en lumière? Ce qu'il a démontré de 1820 à 1830, Montaigne, dès 1580, l'avait deviné, l'avait clairement énoncé dans un passage des *Essais* (liv. II, ch. 30), où lui-même paraît s'être inspiré d'une pensée de saint Augustin (*De civitate Dei*, lib. XVI, cap. 8). Voici les propres expressions de Montaigne : « *Ce que nous appelons monstres ne le sont pas à Dieu*, qui veoid en l'immensité de son ouvrage l'infinité des formes qu'il y a comprinses. » Et plus bas : « De sa toute sagesse, il ne part rien que de bon, *et commun et réglé*, mais nous n'en voyons pas l'assortiment et la relation. *Nous appelons contre nature ce qui advient contre la coustume: rien n'est que selon elle, quel qu'il soit.* Que cette raison universelle et naturelle chasse de nous l'erreur et l'estonnement que la nouvelleté nous apporte. »

En voyant des idées si vraies, si judicieuses, si philosophiques, exprimées dans la langue du temps de Charles IX, on se demande si l'on doit davantage admirer la puissance ou déplorer la faiblesse de l'esprit humain. Il est beau de voir un auteur du XVIe siècle, malgré son scepticisme trop souvent exagéré, s'élever seul, et par ses propres forces, à d'aussi hautes conceptions;

il est triste d'avoir à ajouter qu'il a fallu à la science deux siècles et demi pour parvenir pas à pas à la découverte et à la démonstration des mêmes idées.   Is. GEOFFROY SAINT-HILAIRE.

MONSTRELET (ENGUERRAND DE), chroniqueur du XVe siècle, a vécu à peu près complètement inconnu. Tout ce qu'on sait de lui, c'est qu'il fut prévôt de Cambray et bailli de Walincourt, et qu'il mourut en 1453. Quant à la date de sa naissance et à son origine, on les ignore complètement. Il semble cependant avoir été bâtard et de race noble. Sa *chronique* ne commence guère qu'où finit celle de Froissart, et comprend de l'an 1400 à l'an 1453; mais Monstrelet est bien loin de la touche pittoresque et du cachet de vérité de son devancier. Il est exact, mais diffus; les longues pièces qu'il cite sont intéressantes, mais sa narration eût beaucoup gagné s'il les eût rejetées en dehors et données comme pièces justificatives. Son style, du reste, est simple et sa phrase pittoresque. Sa partialité pour le duc de Bourgogne ne l'aveugle pas au point de dissimuler complètement la vérité sur son compte. Plusieurs *traités* ont été ajoutés, par divers éditeurs, à la chronique de Monstrelet qui se trouve atteindre l'année 1516. Elle a été imprimée deux fois avant l'époque où l'on a commencé à dater les livres, en 3 vol. in-folio. Il en a été fait depuis un grand nombre d'éditions; la meilleure est celle de M. Buchon, reproduite dans le *Panthéon littéraire*.

MONSTRUOSITÉS VÉGÉTALES. — Toute déviation du type habituel de l'organisation d'un être vivant constitue pour le naturaliste une monstruosité ; mais dans le règne végétal surtout, il faut que cette déviation porte sur les formes et la structure des organes pour qu'on lui applique le nom de monstruosité ; les changements de coloration ou de grandeur absolue, sans différence essentielle dans la structure, ne sont considérés que comme des variations ou des variétés, suivant qu'elles offrent plus ou moins de permanence, et qu'elles sont dues aux influences extérieures ou à la constitution individuelle : ainsi, les campanules ou le lilas, ayant naturellement des fleurs de couleur bleue ou violacées, les variétés à fleurs blanches sont sans doute des monstruosités analogues à l'albinisme des animaux, dues plutôt à un changement dans la nature chimique des liquides qui les constituent que dans la structure de leurs organes; mais cette déviation de leur état naturel est si faible, qu'on ne la considère pas comme une vraie monstruosité.

On sait que les organes des végétaux se rapportent à deux systèmes différents : 1° le sytème axile formant l'axe descendant ou la racine et ses subdivisions, et l'axe ascendant ou la tige et ses ramifications ; 2° le système appendiculaire, dont les diverses formes d'appendice s'insèrent sur la tige et ses dépendances, et constituent les feuilles séminales ou cotylédons, les feuilles proprement dites et les feuilles florales ou bractées, ainsi que les divers organes de la fleur : calice, corolle, étamines et pistils.

Chacun de ces organes ou leur ensemble peut être modifié de manières très diverses, et on peut considérer : 1° leur atrophie partielle ou complète, comprenant leur diminution sans altération, leur réduction avec altération, enfin, leur avortement complet ; — 2° leur hypertrophie, c'est-à-dire leur accroissement de taille, leur production anormale et leur multiplication ; — 3° leur modification de forme sans changement dans leur nature essentielle ; — 4° les modifications dans leur mode et leur degré d'union ; — 5° leurs transformations en d'autres organes ou leurs métamorphoses.

Ces modifications accidentelles des organes des végétaux les éloignent le plus souvent de l'état habituel des mêmes organes dans l'ensemble du règne végétal ; mais quelquefois, au contraire, elles semblent ramener à l'état normal des autres végétaux des plantes qui offrent une anomalie constante et habituelle. Ainsi, que la culture transforme la racine pivotante et naturellement sèche et ligneuse de la carotte en un organe plus volumineux, épais, charnu, ce sera une hypertrophie monstrueuse qui, en outre, donnera à ces racines un caractère qui n'appartient pas généralement à ces organes. Nous en dirons autant de la base de la tige du choux-rave, etc. Mais qu'au contraire la culture fasse disparaître les épines du prunellier sauvage, en développant ses rameaux avortés et épineux en vraies branches foliifères, ce sera une hypertrophie anormale relativement à l'état habituel et spontané de cet arbrisseau, mais qui le ramènera à la forme ordinaire et normale de la plupart des autres végétaux. Les monstruosités florales nous présentent de fréquents exemples de ces retours à un état que nous sommes portés à considérer comme plus normal.

L'atrophie d'un organe peut se présenter à divers degrés ; ce n'est quelquefois qu'une simple réduction dans ses dimensions, sans aucune altération dans sa forme, dans sa structure et dans ses fonctions : les variétés naines et celles à petites feuilles de certains végétaux sont dans ce cas ; dans d'autres cas, l'organe est altéré et devient souvent impropre à remplir ses fonctions habituelles. Dans la fleur, on observe souvent des altérations de ce genre portant surtout sur la corolle et les étamines. On voit souvent

dans les capitules radiés de certaines composées les fleurs ligulées de la circonférence s'atrophier de manière à ne pas dépasser ou à dépasser à peine les fleurons du disque ; dans d'autres cas, ce sont des fleurs à étamines naturellement longues et saillantes, dans lesquelles ces organes restent courts et inclus ; souvent aussi l'atrophie porte simultanément sur ces deux organes. Ainsi, en automne, on trouve sur les violettes cultivées (*Viola odorata*) des fleurs qui ne semblent offrir que le calice et le pistil ; les pétales et les étamines existent cependant, mais ces organes sont très petits, déformés et imparfaits. C'est déjà là un exemple de ces fleurs qu'on peut appeler clandestines qui, par leur singularité, méritent un instant notre attention. Déjà très anciennement on a cité une espèce de Ruellia (*R. clandestina L.*) qui fructifie sans montrer de fleurs apparentes ; la même chose se montre pour une partie des fleurs des *Specularia perfoliata* et *falcata*, sortes de campanulacées nommées vulgairement miroirs de Vénus, et dont la plus grande partie des fleurs donnent des fruits sans avoir offert de fleurs apparentes et complètes. On a cité des plantes comme des exemples de fleurs apétales ; mais un examen plus attentif montre dans ces fleurs une vraie corolle à peine visible, très petite, et qui reste close, recouvrant des étamines très petites aussi, mais contenant chacune quelques graines de pollen qui suffisent à la fécondation du stigmate renfermé aussi dans cette corolle en miniature. — Une petite espèce d'*échinocactus*, qui donnait des fruits parfaits sans épanouir ses fleurs, était dans le même cas, et on pourrait encore en citer quelques autres exemples. Il y a ici atrophie des organes les plus essentiels de la fleur, sans imperfection suffisante pour s'opposer à l'accomplissement de leurs fonctions, et c'est bien une vraie monstruosité, car dans les *Specularia* les premières fleurs qui se développent ne diffèrent en rien de celles qui appartiennent habituellement à ce genre. L'atrophie accidentelle des étamines ou du pistil amène souvent une imperfection de ces organes qui produit d'une manière anormale la diclinie, c'est-à-dire la séparation des organes sexuels dans des fleurs différentes, séparation qu'on observe comme état normal ou habituel dans beaucoup d'autres plantes. Enfin, il y a certaines variétés d'arbres cultivés pour leurs fruits dont l'imperfection du pistil amène l'avortement des graines sans empêcher le développement du péricarpe, et qui donne des fruits sans graines ou pepins. C'est ce qu'on voit dans certaines variétés de pommes, de poires, de raisin, d'épine vinette et dans les bananes et les arbres à pain cultivés. Il ne faut pas confondre ces variétés dans lesquelles l'avortement a lieu constamment, et peut être considéré comme le résultat d'une monstruosité propre à l'individu, avec les cas où les graines avortent accidentellement sur toutes ou partie des fleurs par des causes occasionnelles qui ont empêché la fécondation, ni avec les cas où l'atrophie d'une partie des graines est une conséquence de l'organisation essentielle et normale d'une plante, comme dans certaines caprifoliacées et amentacées. Ni l'un ni l'autre de ces cas n'est une vraie monstruosité. — Une stérilité qui rentre dans les cas de monstruosité, quoiqu'on n'en apprécie pas bien la cause, est celle qui appartient à presque tous les vrais hybrides végétaux obtenus entre espèces essentiellement différentes ; mais ici l'avortement des graines paraît résulter de l'imperfection du pollen, car le pistil de ces mêmes fleurs peut être fécondé par le pollen d'une espèce normale du même genre.

L'atrophie est quelquefois accompagnée d'une altération complète de l'organe : c'est ce qu'on observe souvent pour les étamines des fleurs monstrueuses à d'autres égards, où l'anthère n'est plus qu'un petit corps glanduliforme ne s'ouvrant pas, dépourvu de pollen et souvent porté sur un filet très court. C'est aussi une atrophie partielle des feuilles qui change celles de la sagittaire de nos rivières en de longues feuilles planes, étroites et rubanées par suite de l'avortement du limbe sagitté que porte leur pétiole, alors seul persistant.

Enfin, le dernier degré de l'atrophie, c'est l'avortement ou l'absence complète d'un organe; on l'observe souvent pour les pétales dans des fleurs de familles très diverses, mais surtout parmi les caryophyllées et les crucifères ; les étamines ou le pistil peuvent aussi disparaître entièrement dans certaines fleurs, quoique plus ordinairement ces organes soient seulement imparfaits ou modifiés.

L'accroissement de volume d'un organe consitue son *hypertrophie* simple ; souvent elle est la suite de la culture, qui, en augmentant la nourriture des plantes, dispose généralement leurs organes ou quelques-uns d'entre eux à ce genre de monstruosité, dans lequel l'accroissement, portant plus spécialement sur le tissu cellulaire, rend les organes plus charnus, plus tendres et meilleurs comme aliment : la carotte, la betterave cultivée, le navet, nous offrent des exemples de l'hypertrophie d'une racine pivotante. Le chou-rave, le céleri-rave, sont des monstruosités du même genre de la base de la tige ; les tubercules, souvent si volumineux, de certaines races de pommes de terre sont aussi une hypertrophie de ces tubercules, qui à l'état sauvage ne dépassent pas le volume d'une petite noix ; les feuilles des choux pommés, des laitues offrent le même phénomène relativement à ces plantes à l'état naturel ; enfin, la plupart de nos races de fruits cultivées sont choisies parmi des monstruosités dont l'hypertrophie du péricarpe est le caractère essentiel, et il ne faudrait pas croire que les soins donnés à un arbre sont la cause immédiate de ce volume supérieur de ses fruits ; ils y contribuent certainement dans une certaine limite, mais le caractère individuel de la variété obtenue par semis en est la cause première et la plus essentielle ; un poirier de bon-chrétien, abandonné à lui-même, donnera toujours des fruits bien supérieurs en volume à ceux du poirier sauvage ordinaire de nos bois ; de même que le sauvageon le mieux cultivé ne donnera que de petits fruits. L'hypertrophie, considérée comme monstruosité, doit donc être un caractère inhérent à l'individu et non pas le résultat de la nourriture donnée à cet indivi u. Les hypertrophies locales déterminées par e causes externes ou étrangères à l'essence même de l'individu sont plutôt des états maladifs que de vraies monstruosités ; telles sont les excroissances ou loupes se développant sur les tiges des arbres, et dues à une hypertrophie accidentelle du tissu ligneux, maladie qui devient cependant quelquefois l'état habituel de certains individus ou de certaines races, comme pour l'*orme tortillard* ou le *frêne verruqueux*. Les excroissances causées sur les rameaux ou les feuilles par les piqûres des insectes, ne peuvent être considérées comme des monstruosités par hypertrophie : ce sont réellement des tumeurs maladives.

Certaines variétés de fleurs nous offrent aussi des exemples frappants d'hypertrophie générale de la corolle, mais cette hypertrophie est surtout très marquée dans les variétés de composées à fleurons tubuleux allongés, comme dans certains chrysanthèmes et certains asters.

L'hypertrophie dans les organes appendiculaires peut aussi, dans les fleurs surtout, ne porter que sur quelques-uns d'entre eux, et tendre alors ou à rendre irrégulière une fleur naturellement régulière, ou, au contraire, ramener à la régularité une fleur ordinairement irrégulière. C'est ce qui a lieu dans les monstruosités si remarquables des linaires désignés par Linné sous le nom de Péloria, où la corolle devient symétrique, par le développement des quatre divisions latérales de cette corolle, qui deviennent égales à la plus grande ou division médiane, et qui sont alors toutes éperonnées, comme celle-ci.

L'hypertrophie telle que nous venons de la considérer ne consiste que dans l'accroissement total ou partiel d'un organe, mais il y a quelquefois aussi production d'organes nouveaux, soit que ceux-ci se développent dans des places où ils manquaient pour ainsi dire dans l'état naturel de la plante, soit qu'ils se produisent en nombre plus ou moins considérable dans la place qu'un seul occupait ordinairement. Dans le premier cas, ils semblent généralement suppléer à des avortements naturels et venir rétablir la symétrie complète du végétal ; c'est ce qu'on voit, par exemple, dans des fleurs dont la corolle à cinq parties ne renferme que quatre étamines, comme celle des labiées, des personées, des gesnériées, lorsque la cinquième étamine, qui manque dans l'état naturel, se développe et complète la fleur en la régularisant, comme cela a lieu dans les Peloria que nous citions précédemment ; c'est ce qui a lieu aussi lorsqu'un pistil présentant deux carpelles seulement, en offre, dans des cas de monstruosité, un nombre égal à celui des autres parties de la fleur, ou, du moins, se rapproche de ce nombre. Dans d'autres cas, le nombre des parties composant un verticille se trouve accru régulièrement ; des plantes à feuilles opposées les présentent verticillées par trois ou par quatre ; des fleurs dont tous les organes sont au nombre de quatre en offrent cinq ou celle à cinq en offre six. Mais la production de plusieurs organes à la place d'un seul est un phénomène plus remarquable, et qui, dans l'état naturel des végétaux, peut expliquer beaucoup de cas où la symétrie générale de la fleur paraît altérée : c'est ce que M. Duval a nommé le dédoublement ou, plus généralement, la *chorise* d'un organe. Ce phénomène, dans sa plus grande simplicité, s'observe sur les feuilles dont le limbe, ordinairement simple, se bifurque vers son extrémité, par la division de sa nervure médiane ; cette feuille est ainsi quelquefois à peine bilobée au sommet, quelquefois profondément bifurquée ; enfin, dans d'autres cas, deux feuilles complètes, accolées par la base, occupent la place d'une seule ; puis encore les deux bases se disjoignent, s'écartent, et les feuilles deviennent tout-à-fait indépendantes ; ces divers degrés de dédoublement s'observent souvent sur un même rameau d'une plante ou d'un arbre. Est-ce une altération de la feuille elle-même ou plutôt des faisceaux ligneux de la tige qui la produisent ? C'est ce qu'on ne saurait établir d'une manière certaine ; mais c'est évidemment un genre tout particulier d'hypertrophie, qui, dans ses cas les plus prononcés, paraît lié à une altération profonde et à une déformation de la tige que

nous signalerons dans le cours de cet article.

Cette multiplication des organes appendiculaires ne s'arrête pas à ce dédoublement ; quelquefois ce sont trois feuilles qui naissent du même point et dans les tiges fasciées, jusqu'à cinq ou six. Enfin, dans les fleurs, la bifurcation et le remplacement d'un pétale par deux autres, même sans autre altération de la fleur, ne sont pas des cas très rares dans diverses familles ; ils paraissent presque l'état normal des jasmins dont la corolle, régulièrement à quatre lobes, en offre souvent cinq, six ou même sept par le dédoublement de deux ou trois d'entre eux. Cette division ou transformation d'un organe en plusieurs, devient bien plus habituelle lorsqu'elle est combinée avec le changement de nature des organes dont nous parlerons plus loin, et devient alors une des causes les plus ordinaires des fleurs doubles.

Enfin, l'hypertrophie dans la fleur peut amener la production de verticilles nouveaux d'organes appendiculaires disposés régulièrement, et qu'on ne saurait attribuer ni à un dédoublement, comme dans les cas précédents, ni à une transformation ou métamorphose des organes voisins, car le nombre total des verticilles d'organes est augmenté. Ainsi dans les campanules doubles, le pistil et les étamines sont souvent maintenus dans leur position naturelle, ou leurs parties sont encore accrues en nombre, et en outre il y a deux, trois, quatre ou cinq corolles complètes, continues, qui s'enveloppent l'une l'autre ; il y a évidemment plusieurs verticilles corollaires développés à la place d'un seul ; c'est une sorte d'élongation de l'axe floral analogue à celui d'un rameau vigoureux qui au lieu de porter quatre ou cinq verticilles de feuilles, en produit dix ou douze.

Les modifications de formes sans changement dans la nature des organes sont moins fréquentes dans le système axile que dans le système appendiculaire ; cependant on peut en citer de deux natures diverses, qui toutes deux portent sur l'axe ascendant ou la tige et ses dépendances. Dans les premières, la tige conserve sa forme à peu près cylindroïde, mais elle se tord en spirale, ses fibres et les stries de sa surface étant contournées comme les filaments d'une corde ; cette altération plus ou moins marquée entraîne des changements dans la position apparente des feuilles et très souvent aussi dans leur position réelle, les feuilles opposées cessant de l'être exactement, et les verticilles devenant des parties de spires ; presque toujours en même temps la tige cesse de se développer en ligne droite et se recourbe diversement. Les principaux exemples de ces monstruosités se rapportent à des plantes herbacées à feuilles opposées ou verticillées telles que la valériane, le caille-lait, la prêle. Quelquefois les tiges ou les ra-meaux, sans être tordus en spirale, se contour-nent ou s'infléchissent en zig-zag ; on observe cette anomalie dans quelques variétés d'arbres ou d'arbustes cultivés comme ornement : telle est une variété de l'acacia commun, le *robinia pseudo-acacia tortuosa*. Ces altérations dans le développement des branches sont généralement accompagnées d'un certain degré d'atrophie, et ces arbres ne fleurissent pas.

Le changement d'origine des organes appen-diculaires doit aussi être considéré comme une monstruosité de la tige qui l'a produit plutôt que de ces organes eux-mêmes ; ce genre d'anomalie qu'on observe fréquemment sur les arbres à feuilles opposées, tels surtout que les frênes, les lilas, les érables, consiste dans le déplacement des deux feuilles qui composaient une paire de feuilles, et la désunion de cette paire de feuilles a été nommé généralement *dissociation*. Ces feuilles dissociées ne forment plus ainsi des pai-res régulières se croisant à angle droit, mais elles n'offrent pas cependant la disposition spirale régulière des vraies feuilles alternes. A ce genre de monstruosité, la dissociation des organes appendiculaires ou, plus généralement, le dé-placement de ces organes, se joint souvent un autre phénomène qu'on peut également rap-porter au système axile ou au système appendi-culaire, suivant le degré de développement qu'il atteint, mais dont l'origine nous paraît ap-partenir plutôt au système axile, comme organe producteur des appendices foliacés; c'est le *dédou-blement* de ces organes, ou plutôt le remplace-ment d'un organe par plusieurs organes similai-res dont nous avons déjà parlé précédemment. Si a ce dédoublement se joint une dissociation, c'est-à-dire un éloignement dans l'origine de ces deux feuilles, elles semblent simples, dis-tinctes, mais leur position n'est plus con-forme à l'ordre général des feuilles ordinaires dans la même plante. C'est ainsi que le phéno-mène de la dissociation, joint à celui du dédou-blement de certaines feuilles, peut faire passer les feuilles de la disposition opposée par paire à la disposition spirale quinconciale, et produire ce genre de monstruosité consistant dans le chan-gement du mode d'origine des feuilles sur la tige.

Ce même phénomène du dédoublement des feuilles, ou même du remplacement d'une feuille par un plus grand nombre de ces organes, nous paraît l'origine d'une des monstruosités les plus fréquentes et les plus remarquables des tiges, celle qu'on nomme la *fasciation*. Les tiges fas-ciées sont des tiges ou des rameaux aplatis, plus ou moins élargis, souvent comme spatulés, portant un grand nombre de feuilles rappro-chées et le plus souvent disposées avec beaucoup d'irrégularité apparente sur toute la surface de cette tige plane et quelquefois divisée, à son ex-trémité, en plusieurs rameaux également aplatis. On voit cependant que ces feuilles naissent par groupes transversaux composés de deux, trois ou même d'un plus grand nombre de feuilles juxtaposées dans les tiges fasciées très élargies. Ces groupes de feuilles paraissent presque tou-jours occuper la place qu'occuperait une seule feuille sur la tige ordinaire ; de sorte que cette déformation d'un rameau serait due à l'élargis-sement du cercle ligneux résultant de cette pro-duction multipliée des feuilles et des faisceaux ligneux qui leur correspondent. Cette fasciation des tiges ou des rameaux a été observée sur des végétaux herbacés ou ligneux, dicotylédons ou monocotylédons, des familles les plus diverses. Elle s'étend quelquefois à tous les rameaux d'une même plante, aux inflorescences et aux fleurs elles-mêmes, et se perpétue sur le même indi-vidu pendant toute sa vie, ainsi que sur les pieds qu'on peut obtenir par bouturage. Une variété de sureau commun présente presque tous ses ra-meaux fasciés ainsi, et les fleurs même, participant à ce phénomène ont pris une forme elliptique, et offrent un nombre de parties dépassant notable-ment celui qui constitue les fleurs ordinaires. Enfin, dans quelques cas, cette altération devient un caractère de race qui se reproduit dans les individus obtenus de graines. L'exemple le plus remarquable de ce genre se montre dans la belle variété de *Celosia*, connue dans les jardins sous le nom de crête-de-coq.

Les modifications de forme des feuilles se pré-sentant comme des anomalies ou monstruosités, sont fréquentes. Elles portent le plus souvent sur le degré de développement relatif du paren-chyme et des nervures. Ainsi, des feuilles ordi-nairement entières deviennent plus ou moins profondément découpées. La plupart des arbres cultivés dans les jardins d'ornement en offrent des exemples ; tels sont le bouleau, l'aulne, le noyer, la vigne, le sureau, l'érable, etc.; et le cy-tise faux ébénier en présente un plus remar-quable, en ce que ses feuilles offrent alors non seulement des folioles laciniées, mais sont au nom-bre de quatre ou cinq au lieu de trois. Ces laci-niures sont le résultat d'une sorte d'atrophie du parenchyme foliacé, et quelquefois cette atro-phie étant portée à un plus haut degré, la feuille est presque réduite à sa nervure médiane, com-me on l'observe dans une variété du sureau commun. La production des feuilles rubanées par l'atrophie du limbe est encore une monstruosité analogue dont nous avons parlé précédemment, et la production des phyllodes, par par suite de la transformation du pétiole et de l'avortement des folioles, serait encore une anomalie du même genre, si elle n'était l'état habituel et normal des végétaux qui nous la présentent. Quelquefois, au contraire, un excès de développement du parenchyme produit dans les feuilles ces ondulations ou plissements qui caractérisent des variétés cultivées dites crispées, sortes de monstruosités qu'on multiplie par la division des individus, ou qui constituent des races à peu près permanentes de graine. On voit aussi les feuilles, en se recourbant au sommet, former quelquefois une sorte de godet ou de cupule, rappelant les ascidies des *nepenthes* ou du *cephalotus*, ou se souder, par leurs bords, en forme de cornet.

Des modifications analogues à celles des feuilles s'offrent aussi dans les organes de la fleur, surtout dans la corolle, quoique elles y soient moins fréquentes ; tels sont les pétales laciniés de certaines variétés de l'œillet commun, qui rentrent dans les formes de plusieurs autres *dianthus* sauvages. La transformation des corolles régulières du disque des composées ou corolles ligulées, constituant ce qu'on appelle généralement des fleurs doubles dans cette famille, est encore un genre de déformation particulière de cet organe, accompagné toujours d'une véritable hypertrophie. Un changement de forme remarquable peut aussi ramener à son état le plus ordinaire dans les autres familles le calice à l'état d'aigrette de la plupart des composées. On en a vu des exemples dans quelques chicoracées, où les poils nombreux qui composent l'aigrette étaient remplacés par cinq sépales membraneux réguliers. Des changements de forme accompagnés de l'hypertrophie ou de l'atrophie d'une partie des organes de la fleur, en la ramenant de l'état irrégulier à une forme régulière, déterminent cette sorte de monstruosités que Linné a nommées *pelories*, qu'on a observées dans diverses linaires et antirrhinum, dans des calcéolaires, des labiées, etc., dont la corolle, devenue régulière, offre dans les linaires cinq éperons et un limbe régulier ou l'absence complète des éperons, dans les calcéolaires une corolle tubuleuse allongée et symétrique. Des phénomènes analogues ont été observés, quoique plus rarement, dans des fleurs polypétales et dans quelques monocotylédones, telles que des orchidées. L'inverse a lieu aussi quelquefois, quoique plus rarement, c'est-à-dire qu'une des parties d'une fleur régulière, en changeant de forme et ordinairement de grandeur, amène l'irrégularité de

l'ensemble. Dans beaucoup de cas de pelories, toutes les fleurs d'un même individu offrent, mais quelquefois à des degrés différents, l'altération qui les caractérise, et souvent même cet état monstrueux se répète pendant plusieurs années sur le même pied, si la plante est vivace. Quelquefois, au contraire, il n'y a qu'une fleur ou un petit nombre de fleurs qui offrent cette anomalie, et ce sont les fleurs terminales de l'inflorescence.

Souvent des tiges, des rameaux, des pédoncules paraissent soudés dans une étendue plus ou moins considérable, et dans le dernier cas produisent des fleurs accolées et plus ou moins unies entre elles, mais dans presque tous ces cas les deux axes réunis ne sont pas deux rameaux d'origine naturelle, mais le résultat du dédoublement d'un axe simple primitivement, car ils existent dans la place que devrait occuper un seul axe ; c'est donc un dédoublement incomplet de l'axe, un premier *degré* de fasciation, plutôt que la soudure de deux axes distincts. Ainsi dans la pervenche les fleurs naissent solitaires à l'aisselle des feuilles, et lorsqu'une fleur de pervenche nous offre une corolle à 6 ou 8 lobes, ce ne sont pas deux fleurs naturelles soudées, mais deux fleurs provenant du dédoublement d'un pédoncule, ou plutôt un pédoncule élargi et fascié par le dédoublement des organes qui le terminent. La vraie soudure de deux axes ou pédoncules distincts n'a lieu que lorsque les rameaux ou pédoncules sont naturellement géminés ou ternés.

La soudure anormale des organes appendiculaires, des feuilles ou des parties de la fleur, est moins fréquente qu'on n'aurait dû le supposer d'après les soudures normales dont elles sont si souvent l'objet. Ainsi les exemples de feuilles opposées ou verticillées devenues connées, de sépales, de pétales ou d'étamines, naturellement libres, réunies accidentellement, sont fort rares quoiqu'on en cite quelques exemples, surtout dans des calices (clématites), ou des corolles (roses). — Ce cas se présente plus fréquemment entre des pistils libres, et surtout pour les pistils dont le nombre se trouve augmenté par un premier genre de monstruosité ; ainsi quand dans une fleur de cerisier ou de prunier, il se développe deux pistils au lieu d'un, ils sont le plus souvent soudés plus ou moins complétement, et forment surtout les cerises doubles qu'on observe assez fréquemment.

La séparation d'organes naturellement soudés se présente plus souvent comme monstruosité. Les feuilles sont si rarement réunies entre elles, qu'elles ne peuvent présenter ce genre de monstruosité que dans des cas très rares. Le calice en a offert quelques exemples ; mais c'est dans les corolles gamopétales qu'on observe ce fait le plus fréquemment. Des campanules, des andromèdes, des primula, un mimulus, etc., ont offert leur corolle divisée en autant de pétales distincts, qu'elle offrait naturellement de lobes ; c'est une sorte de retour à cette indépendance de chacun des organes composant un verticille floral que nous considérons nécessairement comme leur état le plus naturel.

La séparation des pistils naturellement réunis se présente aussi quelquefois, mais elle est presque toujours incomplète ; les orangers offrent surtout ce genre d'anomalie qui produit des organes cornus ou digités, qui s'offrent comme monstruosité constante dans certaines variétés de ces arbres. Enfin l'isolément des organes d'un même verticille floral, ordinairement réunis, se montre très généralement lorsque par une autre anomalie ces organes sont profondément modifiés dans leur nature, lorsqu'ils sont transformés en organes plus ou moins complétement foliacés, par exemple ; mais cette transformation est alors la monstruosité principale.

Nous avons dit que la plante était formée de deux grands systèmes d'organes : les organes axiles, la tige et la racine, et les organes appendiculaires de diverses sortes. Jamais ces deux systèmes d'organes ne se transforment l'un dans l'autre ; jamais une feuille ne devient une tige ou une racine, et réciproquement. Il y a quelquefois similitude de forme, mais la structure essentielle reste toujours différente, les deux ordres d'organes axiles, l'axe ascendant ou la tige, et l'axe descendant ou la racine ne peuvent même pas se transformer l'un dans l'autre ; ils peuvent seulement se produire réciproquement, des rameaux se développant sur des racines exposées à l'air, et des racines naissant sur des rameaux enterrés ; mais l'origine de ces deux ordres d'organes est différente, et par conséquent ils ne sont pas le résultat de la transformation de l'un dans l'autre.

Les diverses sortes d'organes appendiculaires, les feuilles, les bractées, les sépales qui forment le calice, les pétales dont l'ensemble constitue la corolle, les étamines, les pistils, peuvent, dans beaucoup de cas de monstruosités, prendre tous les caractères, ou du moins se rapprocher beaucoup de la structure d'un autre de ces organes, en conservant sa position et son origine propre. Dès 1760, Linnée, dans une de ses plus spirituelles dissertations intitulée : *Prolepsis plantarum*, avait exposé ces idées ingénieuses sur l'identité de nature des feuilles, des bractées et des diverses parties de la fleur qu'il considérait

comme les éléments de bourgeons successifs développés simultanément ; ces idées appuyées de faits tirés aussi de cas de monstruosités remarquables avaient peu attiré l'attention, lorsque le célèbre poète Goethe, en 1790, développa de nouveau avec bonheur cette question des métamorphoses des organes des plantes. Il distingue dans ces transformations deux tendances différentes, l'une ascendante dans laquelle l'organe prend les formes d'un des organes qui devrait lui succéder dans l'ordre naturel de leur insertion sur l'axe de la plante ou de la fleur, l'autre descendante qui tend à donner à un organe les caractères d'un organe situé au-dessous de lui, sur l'axe de la plante.

Ainsi qu'une étamine se change en un pistil, c'est une transformation ascendante ; qu'elle se change en un pétale ou en une feuille, c'est une transformation descendante. Il est évident d'après cela que les feuilles, à moins de se transformer en cotylédons, ce dont on n'a pas d'exemples, ne peuvent offrir que la transformation ascendante ; que le pistil, dernier organe appendiculaire porté par l'axe floral, ne peut au contraire présenter que des tranformations descendantes. Mais ce n'est que vers 1815, que ces idées sur la métamorphose des organes des plantes, après avoir fixé de nouveau l'attention des botanistes les plus célèbres de cette époque, sont entrées dans le domaine non contesté de la science.

Nous allons signaler les plus remarquables et les plus fréquentes de ces métamorphoses. — Les *feuilles* proprement dites n'offrent presque jamais de vraies transformations ; elles présentent des dégénérescences ou atrophies qui peuvent les réduire à des écailles, quelquefois à des épines ou à des vrilles, mais on ne les voit pas se changer en pétales, en étamines ou en pistils. Quelquefois elles prennent la forme de sortes de bractées plus ou moins pétaloïdes ; ainsi dans les tulipes cultivées, la feuille supérieure déjà réduite naturellement dans ses dimensions prend quelquefois l'aspect et la couleur des enveloppes florales de cette plante sans en avoir cependant la forme. Elles n'ont donc qu'un premier degré de transformation ascendante, et même fort incomplet. — Les *bractées* reviennent quelquefois à la forme de vraies feuilles semblables à celles de la tige, souvent cependant moins développées. Les petites bractées des épis des plantains, celles qui composent l'involucre des composées ou la collerette des ombellifères, en ont offert des exemples assez fréquents ; c'est le seul cas de transformation descendante qu'elles puissent offrir. Elles ne présentent pas d'exemples de transformation ascendante réelle, quoiqu'elles prennent quelquefois une apparence plus ou moins pétaloïde. — Les *sépales* passent souvent d'une manière plus ou moins complète à l'état de bractées ou de vraies feuilles, ainsi on voit assez fréquemment des fleurs de rosiers, de crucifères, de renonculacées, de trèfles, dans lesquelles le calice au lieu de sépales ordinaires est formé de feuilles semblables à celles que portent les rameaux de la plante, mais souvent plus petites quoique de même forme. Ce genre de monstruosité est surtout très prononcé sur quelques variétés de rosiers cultivés. Ces exemples prouvent d'une manière indubitable que le calice est formé d'autant d'organes appendiculaires distincts qu'il y a de sépales, et non pas, comme quelques auteurs l'ont supposé, d'une seule feuille à plusieurs lobes. — Le calice présente aussi quelquefois une tendance à la transformation ascendante par le changement des sépales en organes pétaloïdes; mais ce sont plutôt des sépales pétaloïdes que de vrais pétales, le mode de nervation des sépales se maintenant le plus ordinairement; une variété de primevères des jardins et les fleurs de l'hortensia nous en offrent des exemples, et, dans ce dernier cas, l'hypertrophie et la transformation pétaloïde du calice sont accompagnées de l'avortement du pistil. Dans quelques cas aussi, les sépales les plus intérieurs dans la préfloraison quinconciale prennent en entier, ou seulement dans leur moitié recouverte, la texture et la couleur des pétales de la même fleur; il y a alors un passage graduel du calice à la corolle : les pivoines et d'autres renonculacées en offrent de fréquents exemples.— Les *pétales* sont au nombre des organes qui se transforment le plus rarement d'une manière indépendante des autres parties de la fleur. Leur métamorphose la plus habituelle est celle en organes foliacés, mais elle est presque toujours accompagnée d'une transformation analogue plus ou moins complète des autres organes de la fleur; très souvent c'est plutôt une simple virescence sans changement complet dans la forme et la texture. Ainsi la corolle peut devenir verte et foliacée en restant gamopétale; les pétales libres peuvent se changer en petites feuilles qui, cependant, n'ont pas la forme des feuilles de la même plante. Dans la fraise il y a une monstruosité cultivée depuis longtemps dans les jardins, où tous les organes de la fleur sont devenus foliacés, mais les pétales sont remplacés par de petites feuilles simples, ovales, dentées, n'ayant nullement les caractères des feuilles trifoliées de cette plante. Dans d'autres cas les pétales deviennent de petites feuilles, en tout semblables, sauf la taille, à celles de la plante qui les

produit; des trèfles monstrueux en ont offert des exemples. Ces transformations descendantes des pétales sont assez fréquentes, et caractérisent essentiellement les monstruosités qu'on a nommées des *chloranthies* ou fleurs vertes. Le changement des pétales en organes plus centraux de la fleur est beaucoup plus rare, on cite cependant quelques cas de pétales transformés en étamines. — Les *étamines* sont au contraire l'organe le plus sujet à des métamorphoses très fréquentes et très variées. Ces métamorphoses sont les plus connues parce qu'elles contribuent dans beaucoup de cas à embellir la fleur, et à la faire rechercher pour l'ornement des jardins; car presque toutes les fleurs doubles ou semi-doubles sont le résultat de la transformation des étamines en pétales. Cette transformation des étamines en pétales est en effet la plus fréquente de toutes, et il n'est presque pas de famille de végétaux cultivée depuis longtemps dans nos jardins qui n'en offre des exemples. Il serait trop long de les énumérer, disons seulement que les monocotylédones y sont sujettes comme les dicotylédones, que parmi ces dernières les gamopétales en offrent de nombreux exemples, quoiqu'ils soient encore plus fréquents parmi les dialypétales ou polypétales, et surtout chez celles à étamines nombreuses.

La transformation est quelquefois simple, sans multiplication des organes, et ne porte même souvent que sur une partie des étamines, et dans ce cas toujours sur les plus externes, c'est-à-dire les plus voisines des pétales normaux. C'est ce qu'on observe sur les roses semi-doubles, sur les renoncules, les althæa, les pavots, etc. Il reste alors presque toujours assez d'étamines non modifiées pour que la fécondation s'opère, et que la plante donne des fruits fertiles. Dans d'autres cas toutes les étamines sont transformées en pétales, et même le nombre de ces pétales dépasse souvent celui des étamines des fleurs ordinaires. Les roses très doubles, les renoncules boutons-d'or, la plupart des fleurs à étamines peu nombreuses, telles que les caryophyllées, les œillets, les lychnis, etc., les balsamines, les violettes, les capucines doubles et les fleurs gamopétales doubles, telles que les campanules, les liserons, les primevères, sont dans ce cas. Cette multiplicité d'organes transformés paraît résulter tantôt du remplacement d'une étamine unique par un faisceau de pétales naissants presque du même point, comme dans les cas de dédoublement, ou d'une prolongation de la partie de l'axe qui les produit, et de la formation de nouveaux verticilles d'organes, de même qu'un scion vigoureux porte plus de feuilles que la branche faible pro-

duite par le bourgeon des rameaux d'un arbre.
— Ainsi dans la production des pétales des fleurs
doubles, quand leur nombre est plus considérable
que celui des pétales et des étamines dans la fleur
normale, il y a deux phénomènes, transformation des étamines et multiplication d'organes à la place qu'elles occupaient. Le changement des étamines en pétales considéré en lui-
même a lieu de deux manières, tantôt le filet
s'élargit et l'anthère s'atrophie, c'est le cas le
plus ordinaire, il est analogue à ce qui a lieu
normalement dans les fleurs des nénuphars de
nos étangs, qui sont des fleurs doubles à l'état
naturel, tantôt c'est le connectif lui-même qui
paraît essentiellement former la lame du pétale
dont le filet formerait l'onglet.

Dans les roses doubles et surtout semi-
doubles, comme les roses du Bengale, on suit
facilement tous les degrés de cette métamorphose en examinant les étamines plus ou moins
intérieures : celles qui sont le plus près du
centre de la fleur n'ont rien perdu de leur
état ordinaire; puis plus en dehors on en voit
dont le filet présente au-dessous de l'anthère
une sorte d'oreillette, une petite expansion pétaloïde, d'autres offrent déjà un petit pétale irrégulier, avec une anthère imparfaite au sommet; puis, plus en dehors, on trouve de vrais
pétales semblables aux cinq pétales primitifs,
et sans aucune trace d'anthères. — Dans les
roses trémières de la famille des malvacées,
il est également facile de suivre toutes ces dé-
gradations.

La transformation des étamines en pétales est
la monstruosité la plus fréquente peut-être,
parce que c'est celle que les horticulteurs cherchent à produire et à conserver, puisqu'elle
embellit généralement la fleur chez laquelle elle
s'opère, et qu'elle présente aussi l'avantage d'accroître presque toujours le parfum des fleurs en
multipliant les organes qui en sont le siège principal, et de prolonger la durée de la fleur en
mettant obstacle à la fécondation qui est presque
toujours suivie de la chute ou de l'altération de
la corolle. Dans les fleurs apétales, où le calice
coloré remplace la corolle, comme cela a lieu chez
beaucoup de renonculacées, les étamines dans
les fleurs doubles se changent en organes assez
semblables à ces sépales pétaloïdes, mais souvent cependant un peu différents, et qu'on
peut considérer comme de vrais pétales.

Mais cette métamorphose n'est pas la seule
qu'on observe dans les étamines. Elle est seulement le premier degré des métamorphoses
descendantes. On observe aussi quelquefois la
transformation des étamines en organes foliacés plus ou moins développés, transformation

qui est cependant moins fréquente que celle
des autres organes de la fleur, car souvent
dans les chloranthies, où la corolle est en partie
foliacée, où les pistils ont subi la même mutation, les étamines conservent leur forme naturelle ou sont seulement en partie atrophiées.

La métamorphose ascendante des étamines,
c'est-à-dire leur changement dans l'organe
qui leur succède immédiatement sur l'axe
floral ou le pistil, est aussi assez fréquente.
La joubarbe des toits en offre un exemple
presque constant dans notre climat; on l'observe
aussi fort souvent sur la giroflée des jardins,
sur les pavots, etc., et plusieurs exemples plus
rares en ont été cités. On voit alors le plus souvent le filet de l'étamine élargi, creusé, transformé en un ovaire ouvert ou clos, portant des
ovules sur ses bords, tandis que l'anthère avor-
tée est remplacée par un stigmate. Quelquefois
aussi des ovules se développent sur les bords
des loges de l'anthère, dilatées et ouvertes; la
joubarbe présente ces deux modes d'altération. Quelquefois ces étamines changées en pistils s'unissent entre elles pour former un pistil
continu qui enveloppe le pistil primitif; la giroflée jaune, le *Polemonium cœruleum*, ont offert
cette disposition. Ces pistils accessoires sont
quelquefois assez bien organisés pour qu'il s'y
forme des ovules qui, s'ils sont fécondés, donnent
de bonnes graines. L'étamine est donc l'organe de la fleur qui offre le plus d'instabilité;
il peut plus facilement qu'aucun autre revêtir
les formes et toute la structure des pistils, des
pétales, des sépales et des feuilles. — Le *pistil*
est aussi sujet à des transformations très intéressantes, mais ici la plus fréquente est celle
en organe foliacé plus ou moins développé;
tantôt c'est seulement une petite feuille représentant presque l'ovaire aminci, membraneux
et ouvert, dont la nervure médiane prolongée
représente encore le style et le stigmate, et qui
porte sur ses bords des traces d'ovules: les mé-
risiers à fleurs doubles et d'autres rosacées, des
malvacées et des renonculacées en ont offert des
exemples. Tantôt c'est une vraie feuille large,
verte, lobée, qui remplace chacun des pistils,
et dans cette transformation on voit chacun des
lobes ou des dents correspondre à un des ovules,
comme le montrent les degrés plus ou moins
avancés de la monstruosité. D'autres fois l'o-
vaire est seulement enflé, dilaté, presque vési-
culeux et d'apparence foliacée; mais il reste
clos, et de petites folioles représentent à l'intérieur les ovules modifiés. Ces organes eux-
mêmes peuvent dans quelques cas être remplacés par de petites feuilles indépendantes des
feuilles carpellaires qui les renferment, et nais-

sant sur la prolongation de l'axe floral; mais c'est seulement dans les primulacés à placenta central indépendant de l'ovaire qu'on observe ce genre de monstruosité.

Le pistil peut aussi se métamorphoser en pétales, les fleurs très doubles en offrent de fréquents exemples, et la transformation des pistils fait alors suite à celle des étamines. Quelquefois cependant elle a lieu lors même que les étamines ne l'ont pas subie. Quant à la transformation du pistil en étamine, elle est très rare et presque toujours bornée à une partie du pistil.

Ajoutons que les organes que nous venons de voir se transformer souvent en feuilles, et qu'on est conduit à leur assimiler dans tous les cas, produisent souvent à leur aisselle, comme les vraies feuilles, des bourgeons se développant, soit en rameaux, soit en pédoncules floraux, et donnent ainsi naissance aux fleurs prolifères, chaque fleur devenant l'origine d'une petite inflorescence. De même l'axe floral peut aussi se prolonger après avoir produit les organes appendiculaires floraux, et former un rameau terminal garni de feuilles ou portant une nouvelle fleur.

Ces métamorphoses des divers organes de la fleur que nous venons de considérer séparément ont rarement lieu isolément; presque toujours une fleur monstrueuse présente simultanément plusieurs de ces changements, ou bien la métamorphose d'un système d'organes est accompagnée d'altérations différentes dans les autres organes de la fleur : ainsi de l'atrophie ou de l'avortement ou de la disjonction de ces organes.

La transformation des étamines en pétales, telle qu'on l'observe dans les fleurs semi-doubles, est le genre de monstruosité qui entraîne généralement le moins d'altération dans les autres organes.

Dans les métamorphoses partielles ou multiples des organes de la fleur dont nous venons de nous occuper, nous avons supposé que les organes transformés conservaient leur position relative, et que le plan général de la fleur n'était pas altéré, mais ces relations des organes sont quelquefois modifiées. Très souvent l'axe floral est allongé, et les verticilles que forme chaque système d'organes sont séparés par un intervalle plus ou moins grand.

D'autres fois tous les organes de la fleur sont ramenés à une même forme, et sont remplacés par de petites feuilles, par des écailles vertes ou scarieuses ou colorées, plus rapprochées que sur les rameaux ordinaires; la fleur tout entière ressemble alors à un petit rameau à feuilles petites et rapprochées, ou à une sorte d'épillet de cypéracées à écailles diversement imbriquées. — On cultive dans quelques jardins une monstruosité très curieuse de la bruyère commune, dans laquelle toutes les fleurs sont remplacées par de petits rameaux couverts d'écailles opposées et imbriquées, colorées comme la corolle de cet arbuste.

Cette étude des métamorphoses partielles ou générales des organes de la fleur, combinée dans quelques cas avec la disjonction de leurs points d'origine et l'allongement de l'axe floral, établit donc d'une manière indubitable que la fleur n'est autre chose qu'un rameau raccourci dans lequel tous les organes appendiculaires sont rapprochés comme dans le bourgeon avant le développement de la branche, et dont les organes se modifient de la base au sommet de cet axe surbaissé, comme les écailles d'un bourgeon se transforment successivement en vraies feuilles.

L'identité de nature de tous les organes appendiculaires : feuilles, bractées, sépales, pétales, étamines, pistils, qu'on pouvait déjà déduire de leur position, et de leur analogie de structure se trouve ainsi prouvée d'une manière évidente par ces phénomènes de métamorphoses.

D'un autre côté les phénomènes de monstruosité relatifs à la disjonction d'organes ordinairement réunis, à l'avortement et à l'atrophie ou à l'hypertrophie de ces mêmes organes, qui ramènent par anomalie la régularité et la symétrie dans les types floraux naturellement irréguliers, ou qui produisent accidentellement des changements analogues à ceux que la nature nous présente dans la série des formes végétales non altérées, nous indiquent l'existence de certains types primitifs d'organisation, dont les formes que nous voyons ne seraient que des modifications constantes dans la création actuelle, et autour desquels on pourrait arriver à les grouper. AD. BRONGNIART.

MONT-AFRIQUE : montagne de France, dép. de la Côte-d'Or, près de Dijon. Elle fait partie de la chaîne de la Côte-d'Or, et se trouve sur la direction du chemin de fer de Paris à Lyon. De grands travaux d'art ont été nécessaires pour la faire traverser par cette voie.

MONT-BLANC : le plus haut sommet des Alpes pennines, entre les vallées de Chamouni et d'Entrèves. On en trouvera la description et la hauteur au mot ALPES. Les neiges éternelles se rencontrent bien avant son sommet, au haut duquel il faut deux jours pour monter. Saussure le premier fit cette ascension en 1787. Il a été gravi depuis par Bourret (1788), et par un Lausannais et un Courlandais en 1802, et par mademoiselle Dangeville en 1838. De son sommet on embrasse un horizon de 68 lieues.

MONT-DAUPHIN : ville de France, département des Hautes-Alpes, arrondissement et à 22 kilom. N.-E. d'Embrun, au confluent du Guil et de la Durance; population 700 habitants. C'est une place forte, située sur un roc élevé, d'où elle commande quatre vallées. Il y a des sources thermales. La forteresse de Mont-Dauphin fut établie par les ordres de Louis XIV en 1693. Elle porta, pendant la première République, le nom de Mont-Lion. **E. C.**

MONT-DE-MARSAN : ville de France, chef-lieu du département des Landes, à 84 kilom. S. de Bordeaux, et à 355 kilom. S.-O. de Paris, au confluent du Midou et de la Douze, qui forment la Midouze; latitude N. 43° 53' 28"; longitude O. 2° 49' 50"; population 4,500 habitants. Elle est généralement bien bâtie; les rues sont larges, propres et ornées de belles fontaines. On y remarque l'hôtel de la préfecture, le palais de justice, les casernes, le pont sur la Midouze. Il y a de belles avenues, de jolies promenades, et en général ses abords semblent annoncer une ville d'un ordre bien plus élevé. On y trouve des distilleries de matières résineuses provenant des pins du département, et des fabriques de draps communs et de couvertures de laine. Le commerce, qui se fait surtout avec Bayonne et Bordeaux, consiste en vins et eaux-de-vie, laine, huile de térébenthine. Il y a un établissement d'eaux minérales pour bains et boisson, alimenté par deux sources ferrugineuses froides. — Cette ville fut fondée en 1140 par Pierre Labaner, vicomte de Marsan; elle fut assiégée, prise et pillée en 1560 par les protestants de Montgommery; elle fit partie, avec le petit pays de Marsan, dont elle était la capitale, du patrimoine de Henri IV, et fut réunie à la couronne à l'avènement de ce prince. **E. C.**

MONTS-DE-PIÉTÉ. On désigne sous ce nom des établissements de prêts sur gages institués dans un but philanthropique. Leur origine remonte à la fin du xv° siècle. Ils furent établis principalement pour faire concurrence aux Juifs qui pratiquaient seuls, à cette époque, le prêt sur gages. On croit que Bernardin de Feltre en fut le premier fondateur. Le mont-de-piété de la ville de Padoue est le premier dont il soit fait mention dans l'histoire (en 1491), et la première autorisation légale est celle du pape Léon X, en 1551. De l'Italie, ces institutions ne tardèrent pas à passer dans le reste de l'Europe. Elles furent introduites, dès le xvi° siècle, dans l'Artois, en Flandre et dans le comtat Venaissin. Le dictionnaire de Savary parle aussi d'un mont-de-piété autorisé sous Louis XIII, en février 1626, mais dont l'autorisation fut révoquée, l'année suivante, le 28 juin. Ce ne fut

que plus d'un siècle après, et sous Louis XVI, en 1777, que des lettres-patentes, enregistrées au parlement, donnèrent une existence légale au mont-de-piété de Paris. Le lieutenant de police et quatre administrateurs de l'hôpital-général de Paris, assistés d'un directeur général, furent chargés de son administration supérieure. Il obtint la faculté d'établir, dans les divers quartiers de Paris, des commissionnaires correspondant avec la maison centrale; et le prêt sur nantissement fut interdit à tous les particuliers, sous les peines les plus sévères. Le taux du prêt fut fixé à 10 °/₀ par an. — La révolution de 89 suspendit les opérations du mont-de-piété de Paris et de la plupart des autres monts-de-piété de France. Par un décret du 4 pluviôse an II, la Convention ordonna qu'il lui serait fait un rapport sur la question de savoir s'il est utile au bien général de conserver les établissements connus sous la dénomination de monts-de-piété. Ce décret ne reçut toutefois aucune exécution, et, dans l'an V, la commission des hospices fut chargée de présenter un plan pour la restauration du mont-de-piété de Paris. Un capital de 500,000 francs fut réuni; cinq administrateurs actionnaires furent nommés, et le mont-de-piété reprit ses opérations. En l'an XII son capital s'élevait à 2 millions. Il empruntait aussi sur billets à terme, d'abord à un taux excessivement élevé, à 18 p. °/₀ par an; ensuite, à mesure que la sécurité s'établit dans le pays, à des conditions beaucoup meilleures. Les placements sur obligation du mont-de-piété de Paris ont fini par être préférés même aux placements en rentes sur l'État. Le mont-de-piété emprunte ordinairement à 1/2 p. °/₀ de moins que l'État. Dans les commencements, le taux des prêts s'élevait jusqu'à 60 p. °/₀ par an. En l'an VIII, il fut réduit à 30 p. °/₀, et, en l'an XII, à 15 p. °/₀. Il est aujourd'hui de 9 1/2 p. °/₀. Une loi du 24 messidor an XII intervint pour réorganiser les monts-de-piété en France. Cette loi, qui est encore en vigueur, ne contenait guère que des dispositions restrictives. Le prêt sur gages fut défendu. Il fut aussi interdit d'établir des monts-de-piété par actions. Les communes et les hospices furent tenus de faire les fonds de ces établissements, à l'exclusion des particuliers.

C'est aux dispositions restrictives de cette loi qu'il faut attribuer le peu de développement que le prêt sur gages a pris en France. Tandis qu'en Hollande on compte plus de 74 monts-de-piété, la France n'en possède encore que 45. Sur 86 départements, 60 se trouvent privés de ces utiles établissements. A la vérité, le prêt sur gages interlope supplée à l'insuffisance des monts-de-piété. A Paris même, il existe un assez grand nombre de maisons de prêts clandestines qui font une concurrence active à l'établissement privilégié. — D'après les renseignements recueillis par M. de Watteville, les monts-de-piété actuellement en exercice peuvent disposer d'un fonds de roulement de 35,103,648 francs, ainsi composé : fonds appartenant aux monts-de-piété, 2,859,135 fr. ; aux hospices, 4,460,615 fr. ; emprunts à des particuliers, 22,641,356 fr. ; cautionnements, 4,120,554 fr. ; fonds pupillaires, bonis non réclamés, 1,075,987 francs. On voit que la loi de l'an XII a été éludée, car la plus grande partie des fonds, dont disposent les monts-de-piété, appartient à des particuliers. Cinq monts-de-piété prêtent gratuitement et ne font pas de bénéfices ; 24 capitalisent leurs bénéfices pour augmenter leurs fonds de roulement ou leur dotation ; 13 versent leurs bénéfices dans les caisses des hospices ou des bureaux de bienfaisance ; 3 partagent leurs bénéfices avec les administrations charitables. Les recettes de ces 45 monts-de-piété se sont élevées, en 1847, à 3,051,129 fr. Dans cette somme, les intérêts et les droits prélevés sur les emprunteurs sont compris pour 2,852,929 francs. Les dépenses totales ont été de 2,457,321 francs, ce qui donne un bénéfice de 665,808 fr. Sur cette somme, 274,246 fr. ont été versés aux hospices et aux administrations hospitalières dont les monts-de-piété dépendent. — Le nombre des engagements effectués dans le cours de l'année 1847, a été de 3,400,787, représentant une valeur de 48,922,251 fr. A lui seul le mont-de-piété de Paris a fait plus d'affaires que tous les autres réunis : il a eu 1,578,348 de nantissements, sur lesquels il a prêté 28,108,810 francs. On a fait cette remarque assez curieuse que les monts-de-piété qui prêtent gratuitement sont au nombre de ceux dont les opérations ont le moins d'importance. Cela tient à ce qu'ils sont obligés d'accorder moins de facilités que les autres aux emprunteurs. — Il y a une grande diversité dans le taux des prêts : à Grenoble, à Montpellier, à Paray-le-Monial, et à Toulouse, on prête pour rien ; à Avignon et à Brignolles, le taux est de 4 p. % ; à Toulon, de 7 p. % ; à Bordeaux et à Paris, de 9 1/2 p. % (non compris 3 p. % pour les engagements effectués par l'entremise des commissionnaires) ; à Besançon, Boulogne, Brest, etc., de 12 p. % ; enfin, à Cambrai et à Douai, le taux des prêts s'élève jusqu'à 15 p. %. — La moitié des prêts n'ont qu'une valeur de 1 à 5 fr. ; plus des deux tiers n'ont pas atteint celle de 10 fr. ; 748 seulement se sont élevés au dessus de 1000 francs, et 33 ont dépassé 5,000 fr. Il y en a eu

un de 60,000 fr. à Paris. Le prêt le plus élevé dont on ait mémoire a eu lieu en 1813 ; il était de 200,000 fr. La moyenne générale des prêts est de 16,80 fr. Mais cette moyenne varie beaucoup selon les localités ; à Cambrai elle n'est que de 4,22 fr., et à Valenciennes de 4,26 fr., tandis qu'elle s'élève à 46 fr. 39 à Toulouse, et à 59 fr. 18 à Montpellier. Le minimum des prêts varie aussi d'une manière notable ; il n'est que de 50 cent. à Bergues ; de 1 fr. à Angers, à Nancy, à Lunéville, etc. ; à Paris, à Marseille, au Hâvre, il est de 3 fr. ; à Grenoble et à Nîmes de 5 fr., et de 6 fr. à Nantes. — La durée des prêts varie beaucoup. Dans les villes de fabrique et dans les villes de passage elle est très courte. A Douai elle n'est que d'un mois ; à Lille de trois mois, au Hâvre de quatre. Elle dépend beaucoup aussi du taux de l'intérêt. Dans les villes où l'on prête gratuitement ou à petit intérêt, la durée des prêts est naturellement très longue ; à Apt elle est de trente mois, à Montpellier de dix-huit, à Toulouse de douze. Lorsque le nantissement n'est pas renouvelé ou retiré en temps utile, on le met en vente ; la proportion moyenne de ces ventes est de 5 p. %.

Il est assez difficile de savoir quelles classes recourent le plus souvent au mont-de-piété. Sur 45 établissements 24 n'ont pu donner de renseignements à cet égard. Voici le résultat des recherches partielles qui ont été faites par M. de Watteville : les commerçants, fabricants et marchands ont contracté 152,776 emprunts ; les rentiers et propriétaires 49,936 ; les personnes exerçant des professions libérales 40,248 ; les employés 23,134 ; les militaires 7,151 ; les ouvriers et les journaliers 909,993. A Avignon, les rentiers et les propriétaires forment la classe la plus nombreuse des engagistes ; à Lille, le nombre des négociants qui ont eu recours au mont-de-piété est aussi considérable qu'à Paris. Les localités dans lesquelles les monts-de-piété ont prêté les sommes les plus importantes aux ouvriers sont les villes de riches fabriques, comme Lyon, Avignon et Paris. — Il ne paraît pas que les monts-de-piété contribuent à favoriser la dissipation comme on les en a souvent accusés. Les engagements sont généralement moins nombreux la veille des jours fériés que les autres jours. Le nombre des engagements relevés le samedi n'a été que de 477,926, tandis que les dégagements s'élevaient au chiffre de 667,058. D'après tous les renseignements recueillis, l'immense majorité des engagements servent à soulager des misères ou des gênes réelles. — Pour compléter ces renseignements nous allons donner le détail des conditions du prêt au mont-de-piété de Paris. — Le prêt se fait sur l'engagement d'effets mobiliers estimés par des commissaires-priseurs attachés à l'établissement. Il se fait pour un an, avec faculté pour l'emprunteur de retirer ses effets avant ce terme ou de renouveler l'engagement à son échéance en payant le montant des frais échus. Tous les six mois, le montant des droits à payer, soit pour intérêt, soit pour frais d'estimation, de conservation et autres, est réglé par l'administration. Ces frais se calculent par demi-mois, et la quinzaine commencée est due en entier. Le prêt est de 4/5 sur la vaisselle et les bijoux d'or et d'argent et des 2/3 pour les autres effets. Si à l'échéance de l'engagement l'emprunteur veut le renouveler pour empêcher la vente, il paie les intérêts et droits du premier prêt. Les objets non dégagés à échéance sont vendus publiquement aux enchères, et la vente n'a lieu qu'après le treizième mois (mais les droits sont retenus pour quatorze). Le *boni*, c'est-à-dire l'excédant du prix, après tous frais et intérêts soldés, est remis à l'emprunteur sur la représentation de sa reconnaissance. Après trois ans de la date de la reconnaissance, il ne peut plus rien être réclamé. A l'égard des commissionnaires nommés par le mont-de-piété, et qui sont les intermédiaires entre les particuliers et l'entreprise, leurs droits sont 1° de 2 p. % sur la somme prêtée ; 2° de 2 p. % pour les renouvellements ; 3° de 1 p. % pour les dégagements ; 4° de 1 p. % du *boni*.

La Belgique possède 22 monts-de-piété, qui prêtent à des taux divers, de 6 à 24 p. %. Aucun ne prête gratuitement. Le plus important est celui de Bruxelles ; en 1843, ce mont-de-piété a reçu 96,033 nantissements, sur lesquels il a prêté 819,109 fr., à raison de 15 p. % jusqu'à 500 fr., et de 12 p. % au dessus de cette somme. Une loi du 30 avril 1848 a supprimé les commissionnaires auprès des monts-de-piété ; mais il ne paraît pas que cette loi ait donné jusqu'à présent de bons résultats. A Bruxelles le chiffre des opérations a baissé en une année de près de 20 p. %. — La Hollande compte 74 monts-de-piété affermés à des entrepreneurs ; 34 sont, en outre, dirigés par l'État, les communes ou les établissements de bienfaisance. Mais les monts-de-piété de la Hollande n'ont pour la plupart, aucun caractère de bienfaisance ; ce sont des banques de produit au profit des villes. Les uns sont dirigés par ceux qui les ont pris à ferme ; les autres sont régis par des commissions gratuites désignées par les conseils municipaux. La plus considérable de ces banques de prêt est celle d'Amsterdam, dite *groote banck van leening*, qui a été fondée en 1614. Elle possède le droit exclusif de prêter sur gages,

mais elle n'use pas elle-même de ce droit ; elle le délègue à des banques de petit prêt ou à des commissionnaires qui se chargent, moyennant rétribution, des engagements, des dégagements, et de la perception du boni. Les commissionnaires déposent leurs nantissements dans ses magasins. La grande banque est dirigée par cinq commissaires désignés par le conseil municipal, sous l'autorité de ce conseil et la surveillance de l'administration provinciale et du gouvernement. Les commissionnaires sont nommés par les commissaires de la banque et tenus de fournir un cautionnement. Les banques de petits prêts (*Kleine pandjesthuis*) sont au nombre de 60 à Amsterdam. Leurs titulaires sont nommés, comme les commissionnaires, par les commissaires de la grande banque. Avant 1840 les banques de petit prêt pouvaient avancer 10 et 20 cents. Depuis cette époque le minimum a été fixé à 30 cents, le maximum à 1 florin 40 cents, et toujours par progression de 10 cents. Les nantissements ne sont pas portés à la grande banque. C'est un curieux spectacle, dit M. A. Blaize, que le magasin d'un prêteur, à raison de la variété des nantissements. On y voit des souliers, des bibles, des chapeaux, des babouches, des marmites, des guenilles de toutes couleurs, des pipes, des vieilles ferrailles, etc. ; le tout méthodiquement rangé, aligné, étiqueté avec l'ordre et la propreté qui caractérisent le Hollandais ; c'est l'échoppe du marchand de bric-à-brac du Temple transformée en musée. Beaucoup de ces petits prêts sont hebdomadaires. Les Juifs principalement engagent des parties de leur habillement le samedi soir et les dégagent le vendredi avant le coucher du soleil pour célébrer le Sabbat. Le taux moyen de l'intérêt est de 56 p. %. Malgré l'élévation de ce taux, la moyenne des petits prêts pendant les années 1846, 1847 et 1848, a été de 889,142 articles. — En Saxe, à Weimar, le mont-de-piété est placé sous la direction du département des finances, et sous la surveillance spéciale de l'un des conseillers. Le mont-de-piété de Dresde est aussi administré par l'État ; son réglement et celui du mont-de-piété de Berlin ont été calqués sur celui de Weimar. Deux monts-de-piété ont été fondés en Russie, l'un à Saint-Pétersbourg, l'autre à Moscou, en 1791. Ces deux établissements prêtent actuellement à 5 p. %. A Saint-Pétersbourg, le nombre annuel des prêts est de 70,000 environ, représentant une valeur de 10 millions de fr. ; à Moscou, il n'est que de 3,000 équivalant à plus de 3 millions de fr. — A Rome, le mont-de-piété possède un capital évalué à 230,000 écus romains. Il prête gratuitement sur les nantissements d'une valeur inférieure à un écu, et perçoit 5 p. % sur les prêts qui dépassent cette somme. — L'Espagne possède plusieurs monts-de-piété. A Valence et à Malaga, il existait des établissements de ce genre, destinés à venir en aide aux agriculteurs qui étaient hors d'état d'acheter des semences. On n'y exigeait aucun intérêt; ils s'alimentaient au moyen des bénéfices vacants et des effets des chanoines décédés. Les deux principaux monts-de-piété de l'Espagne sont ceux de Madrid et de Barcelone. — L'Irlande possède, depuis peu de temps, des monts-de-piété. — L'Angleterre, seule, n'a point d'établissements publics de prêts sur nantissements. Le prêt sur gages y est autorisé, mais avec une réglementation rigoureuse. Une loi du 28 juillet 1800, désignée sous le titre de *Pawn-broker's act*, fixe le tarif de l'intérêt, impose des obligations aux prêteurs sur gages et détermine les pénalités en cas d'infraction. La profession ne peut s'exercer sans une patente spéciale; des écritures doivent être tenues régulièrement pour constater les prêts, et les registres doivent être présentés aux juges de paix à toute réquisition. Les prêteurs ne peuvent acheter le gage; et dans le cas où l'objet n'est pas retiré à l'expiration du délai fixé, il doit être vendu aux enchères publiques; la plus-value, s'il y en a, appartient au déposant, dont le droit se prescrit, au profit du prêteur, à l'expiration de la troisième année. Le maximum légal des intérêts doit être affiché ostensiblement dans le bureau; il est fixé par la loi, pour chaque mois de prêt, à 1 denier sterling pour 5 schellings, et proportionnellement jusqu'à 4 deniers pour une livre, ce qui fait environ 20 p. % par an. Au dessus de 10 livres, on ajoute 3 deniers par mois pour chaque livre en sus. — A New-York, dit Naville (*de la Charité légale*), il existe un mont-de-piété qui prête à 7 p. % sur les sommes inférieures à 25 dollards (133 fr.), et à 25 p. % sur les sommes qui dépassent cette limite.

Il est question, en France, d'apporter différents changements dans la législation qui régit les monts-de-piété. On voudrait : 1° séparer leurs intérêts de ceux des hospices, et les exonérer de l'obligation de partager avec eux les bénéfices; 2° supprimer les commissionnaires, et les remplacer par des bureaux auxiliaires; 3° empêcher le trafic des reconnaissances, en permettant de requérir à bref délai la vente des objets engagés. Mais le véritable moyen d'améliorer et de multiplier les services que rendent les monts-de-piété, serait de supprimer le monopole dont les commissionnaires jouissent, en les exposant à la concurrence des prêteurs libres. Les monts-de-piété, dit avec raison M. Horace

Say, sont des établissements publics qui sont utiles sans doute; ils rendent des services réels aux classes nécessiteuses en prêtant sur dépôt d'objets mobiliers, moyennant le remboursement des intérêts payés par l'établissement lui-même, et des frais de toute nature qui lui incombent à raison de la conservation des gages. L'administration supérieure intervient pour que les frais soient réduits le plus possible, et cela au profit des emprunteurs, comme aussi pour que le droit de propriété sur l'objet déposé ou sur le produit de la vente opérée faute de retrait dans le délai fixé, soit en tous cas respecté. Mais bien que l'utilité d'établissements publics de cette nature soit reconnue, la question de la liberté du prêt sur gages n'en reste pas moins entière, et l'on peut se demander pourquoi l'on accorde un monopole à ces institutions. Est-ce afin de leur faire arriver une plus grande masse d'affaires? Est-ce pour empêcher que les emprunteurs, ayant le choix entre un établissement public bien administré et des prêteurs oppresseurs et sans foi, n'aillent donner la préférence à ces derniers? Dans le premier cas, ce serait reconnaître que l'établissement privilégié, malgré son but philanthropique, fait payer ses services plus cher qu'ils ne valent. Dans le second cas, ce serait pousser bien loin la manie de mettre le public en tutelle. Il paraîtrait plus naturel de le laisser s'éclairer par l'expérience; la moyenne de l'intelligence dans le pays s'en relèverait d'autant.

De nombreux ouvrages ont été publiés sur les monts-de-piété. Nous citerons : Bernardi di Basto, *Defensorium montis pietatis*, Milan, 1482; Barianno, *De monte impietatis*, Cremone, 1496; Vio-Cajetan, *Opusculum de monte pietatis*, Venise, 1584; Scarini (Sylvestre), *Discours sur l'érection des monts-de-piété*, Douai, 1585; Lessius, *Dissertatio de montibus pietatis*, Anvers, 1626; Ceretti, *Histoire des monts-de-piété*, 1 vol. in-18, Padoue, 1752; Jovillanos (Gaspard-Melchior, de), *Memoria sobre el establecimiento del monte pio de Hidalgos de Madrid, leida en la real sociedad;* Melin, *Considérations sur les monts-de-piété, et sur les maisons dites auxiliaires, lombards et autres maisons de prêt sur nantissements*, germinal an X; Viville (Félix de), *Aperçu sur les banques d'épargnes, de prêts sur nantissements*, etc., Metz, 1824; Beugnot (Arthur), *Des banques publiques de prêts sur gages et de leurs inconvénients*, Paris, 1829; Arnould, *Avantages et inconvénients des banques de prêts connus sous le nom de mont-de-piété*, Namur, 1831; *Situation des monts-de-piété en Belgique;* Richelot (Henri), *Le mont-de-piété, ou des institutions de crédit à l'usage des pauvres*, Paris, 1840; *Crise du mont-de-*

piété de Paris ; Michel (Henri), *Coup d'œil sur les monts-de-piété* , Nismes , 1840 ; Blaise (A.), *Des monts-de-piété et des banques de prêts sur nantissements en France, en Angleterre, en Belgique et en Italie*, etc., Paris, 1843 ; *Des commissionnaires au mont-de-piété ; Manuel des emprunteurs* ; Lepasquier, *Essai sur les monts-de-piété* ; Cerfbeer, *Rapport sur les monts-de-piété en Italie* ; Ballin, *Essai historique sur les monts-de-piété* ; Decker, *Études historiques sur les monts-de-piété en Belgique* , Bruxelles, 1844 ; Horace Say, *Des monts-de-piété*, Paris , 1845 ; Leclerc (L.), *Notice sur les monts-de-piété* ; Chalais de Périgord , *Rapport à la société d'économie charitable sur l'organisation des monts-de-piété :* Montemart (de), *Rapport au conseil supérieur des établissements de bienfaisance sur le projet de loi relatif aux monts-de-piété* , Paris , 1848 ; Perrier, *Rapport au conseil municipal de Paris sur la construction d'un mont-de-piété dans cette ville* ; Paris, 1847 ; Wilbert , *Notice historique sur le mont-de-piété de Cambrai*, 1848 ; Poulain, *Du projet de décret sur les monts-de-piété* , Rouen , 1849 ; Vidal, *Les monts-de-piété*, Paris, 1849 ; Temper, *Considérations pratiques sur le projet de loi concernant les monts-de-piété* , Paris , 1849 ; Watteville (Ad. de), *Situation administrative et financière des monts-de-piété établis en France* , Paris , 1848 ; *Rapport à M. le ministre de l'intérieur sur l'administration des monts-de-piété* , Paris , 1850 , par le même; *Enquête sur les monts-de-piété dressée par une commission du conseil d'État, présidée par M.H. Say*, Paris, 1850 ; *Comptes annuels des monts-de-piété de Paris.* G. DE MOLINARI.

MONT-D'OR. C'est le nom de deux montagnes de France; la première, dans le département du Puy-de-Dôme, est célèbre par ses eaux minérales ; elle est plus connue sous le nom de Mont-Dore (*voy.* DORE (*Mont*); — la seconde est située dans le département du Rhône, près de la Saône, à une lieue et demie de Lyon. Elle produit du blé, du vin et d'excellents fromages de chèvre.

MONT-LOUIS : ville de France, dép. des Pyrénées-Orientales, arrond. et à 30 kilom. S.-O. de Prades, chef-lieu de canton, sur la rive droite de la Tet, à 1,588 m. au dessus de la mer; population, 1,100 habit. C'est une place forte, bâtie sur un roc escarpé. Louis XIV ordonna la construction de cette 'forteresse, et Vauban la fortifia. Pendant la première République, on lui a donné le nom de Mont-Libre. — Une autre petite ville porte le nom de *Mont-Louis*, dans le département d'Indre-et-Loire, à 12 kil. et demi de Tours, sur la rive gauche de la Loire.

MONT-SAINT-MICHEL : place forte et prison du département de la Manche, située dans la baie de Cancale, sur la limite des départements de la Manche et d'Ille-et-Vilaine, à trois lieues environ d'Avranches et à près de deux lieues de Pontorson. Le fond de cette baie n'est qu'une vaste plaine de sable occupant une étendue de dix lieues carrées où les phénomènes du flux et du reflux se manifestent avec une impétuosité terrible. A la marée montante la montagne devient une île. Ajoutez à cela les mirages, les sables mouvants, les nombreux ruisseaux qui la sillonnent, jalons trompeurs qui se déplacent fréquemment, les brouillards soudains qui, dérobant la montagne à vos yeux, vous laissent sans direction au milieu des fondrières de la grève, et vous comprendrez tous ces noms du vieux temps : *Mons in periculo maris : mons in tumbâ.* Au milieu de ces vastes solitudes s'élève le mont, rocher haut de 180 pieds, avec ses flancs raides, saccadés et désolés où apparaissent, par-ci par-là, sur le granit, quelques figuiers sauvages, des tiges de fenouil ou de ciguë et des œillets rouges. Puis, au dessus encore, comme un couronnement, des murailles crénelées, des tours, des maisons, des clochers; des masures de pêcheurs et des merveilles d'architecture.

Autrefois, il y eut là un collége de druidesses; on croit même retrouver un souvenir du culte de Bélénus dans le nom de Tombelène, conservé par un îlot à une demi-lieue au N.-E. Cet autre rocher se reliait en quelque sorte au premier par l'antique forêt de Sciscy, abondante en bois de construction ; mais au VIIIe siècle, la mer envahit ses bords avec une fureur inaccoutumée, entraîna en une nuit, dit-on, la forêt, et la vallée devint cette grève de sinistre réputation où le voyageur imprudent disparaît à jamais sans même laisser sa trace.

Pendant la conquête, les Romains bâtirent un temple à Jupiter sur le mont qui prit alors le nom de mont-*Jou.* Au Ve siècle, quelques solitaires y élevèrent leurs cabanes. Cent ans plus tard, saint Pair, évêque d'Avranches, donna une règle à ces solitaires, qui commencèrent à former un monastère, lequel s'étendait sur le Mont-Jou et sur Tombelène. Enfin, en 709, sous Childebert II, saint Aubert, par l'ordre exprès de saint Michel, fit construire des cellules, et au centre une église qu'il dédia à l'archange, ainsi que le mont entier. Richard Ier, duc de Normandie, fit tout abattre en 963, pour élever à la place une vaste église entourée de bâtiments spacieux destinés à des religieux de Saint-Benoît, par lesquels il remplaça les clercs d'Avranches. — Neuf fois la foudre renversa les bâtiments : puis la guerre y passa. En 1090,

Guillaume-le-Roux et Robert-Courtecuisse y assiégent leur frére Henri Ier. En 1203, Jourdain, dix-septième abbé de Saint-Michel et allié de Jean-sans-Terre, y fut attaqué par Guy de Thouars, pour le roi Philippe-Auguste : ne pouvant le réduire, on mit le feu au monastère ; Philippe envoya une somme considérable à Jourdain, qui fit les réparations avec une telle magnificence, qu'on lui attribua l'édifice entier. Ses successeurs, instruits par l'expérience, élevèrent des tours, des murailles, et entretinrent une garnison. L'un d'eux, Pierre Leroy, y établit des cours de droit civil et de droit canon, d'histoire profane et sacrée. On le voit servir d'arbitre dans toutes les querelles de ses voisins, et il commence le recueil des archives du monastère. Robert Jollivet, qui le remplaça, prit parti pour Bedford, lors de l'invasion anglaise ; mais ses moines restèrent fidèles au roi de France, et soutinrent vaillamment trois siéges. Dans le dernier (1423), le Mont-Saint-Michel, cerné par l'artillerie et la flottille ennemies, résista avec sa garnison de 119 gentilshommes commandés par Louis d'Estouteville, jusqu'à ce que le sieur de Beaufort, ayant rassemblé quelques forces à Saint-Malo et à Cancale, vint attaquer et détruire les navires anglais, déjà mis hors de combat par les sorties des assiégés. Ils se retirèrent en laissant leurs canons ; on en voit, devant la porte, deux dont l'un a encore son boulet de pierre à la gueule. — Les attaques recommencèrent au temps d'Henri III, quand les Montois entrèrent dans la Ligue. Six fois pendant l'espace de vingt ans, les Huguenots, avec leurs chefs Dutouchet, Montgommery et de Courtils, essayèrent de s'emparer du Mont-Saint-Michel ; six fois la forteresse leur résista, sauvée tour à tour par Louis de la Moricière, de Boissuzé et le duc de Mercœur. Enfin en 1598, le duc de Mercœur rendit la place à Henri IV.

L'invincible château avait subi bien des maux dans tous ces incendies, ces pillages, ces irruptions avortées d'Anglais et de Huguenots qui brisaient les sculptures, saccageaient le trésor, et foulaient aux pieds les richesses de la bibliothèque. Aussi les rois envoyaient-ils de l'argent pour réparer ses ruines, et les papes accordaient des indulgences aux pèlerins qui venaient y porter des offrandes. Ces pèlerins formèrent pendant plusieurs siècles une longue procession dans laquelle on remarque Ethelred, surtout Edouard-le-Confesseur, Saint-Thomas de Cantorbéry, Henri II d'Angleterre et Louis VII qui vinrent y faire la paix ; Philippe-le-Bel, Charles VI ; Charles VII, Louis XI, qui y créa l'ordre de Saint-Michel

avec la devise : *Immensi tremor Oceani ;* François Ier, Charles IX, et plus tard le comte d'Artois (depuis Charles X) et le duc de Chartres (depuis le roi Louis-Philippe). — A côté du sanctuaire qui vit toutes ces têtes couronnées, était la prison qui enferma tour à tour dans ses cages de bois le cardinal La Balue, Dubourg, ce gazetier de Francfort que Louis XIV y laissa mourir, dévoré par les rats, puis un rimeur coupable d'avoir chansonné Mme de Pompadour. Le jeune duc de Chartres, Louis-Philippe, en voyant cette cage, se fit apporter une hache, pour donner de sa main le signal de la briser, ce qui fut fait aussitôt. En 1792, le Mont servit de prison à 300 prêtres non assermentés. Maintenant il n'y a plus de sanctuaire, la prison a tout envahi, abbaye, église et château-fort, ce n'est plus qu'une maison de détention politique ; et de toute cette vieille splendeur, il ne reste rien qu'une histoire et des murs. — On voit encore dans le bâtiment du nord, appelé à juste titre la *Merveille*, l'ancien réfectoire des religieux, construction majestueuse dans le style roman-gothique ; la salle des chevaliers, travail grandiose du XIIe au XIIIe siècle, convertie maintenant en filature, et le cloître, l'une des plus belles œuvres de l'art de cette dernière époque, servant de préau pour la promenade des prisonniers. Après, vient l'église à nef romane et à chœur gothique du XIVe siècle, la chapelle souterraine des gros piliers, qui supporte sur ses voûtes la masse colossale du chœur ; puis les caveaux et les oubliettes. La nef de l'église, incendiée il y a plusieurs années et fortement dégradée, a été réparée et divisée en deux étages occupés par des métiers à filer ; le chœur est assez bien conservé ; mais les vitraux, les stalles, les statues, ont disparu en 1789, et l'on ne peut reconnaître qu'à grand'peine le peu qui reste encore des charmantes fresques dont la Renaissance avait orné ses parois, sous les restes de l'épais badigeon dont la barbarie moderne se plut à engluer aux XVIIe et XVIIIe siècles tous les monuments du moyen-âge. C'est là qu'est placé maintenant l'écusson, portant le nom des 119 chevaliers de 1423 et une statue en bois de saint Michel, tenant la place de l'ancienne statue d'or du glorieux archange, jetée du sommet aigu de la flèche du clocher dans le creuset révolutionnaire. P. SCHMIT.

MONTAGNE (*géologie*). La surface de la terre se partage en trois sortes de régions naturelles : les plaines, les plateaux et les montagnes. Ces dernières sont des parties du sol en général fort élevées, à surface extrêmement accidentée, qui dominent jusqu'à d'assez grandes distances les contrées où elles sont situées. Elles sont entourées, tantôt par des plaines, tantôt par des plateaux, et se divisent en deux catégories : les *monts* et les *chaînes de montagnes.*— Les *monts* sont des masses en général circulaires, dont la forme approche de celle d'un cône très surbaissé; ils sont isolés à la surface des plaines ou des plateaux. Les vallées qui sillonnent leur surface partent, le plus souvent, de la partie culminante, et vont, sous forme de rayons, aboutir à la circonférence. Le Vésuve, l'Etna, sont des monts situés dans les plaines de Naples ou de la Sicile; le mont Dore, le Cantal, sont des monts situés sur le plateau du centre de la France. — Les *chaînes de montagnes* sont des masses elliptiques, fort allongées, suivant une direction, présentant une *crête* plus ou moins ondulée et formée de *pics* séparés par des *cols.* Tantôt la chaîne est simple et les vallées, dites *transversales,* descendent de la crête perpendiculairement à la direction, comme dans la partie occidentale des Pyrénées; tantôt la chaîne est multiple et formée de *chaînons* parallèles séparés par des vallées appelées *longitudinales,* comme dans le Jura et la portion des Alpes située entre la Suisse et le Piémont.

Les roches stratifiées et les roches massives, entrent, soit séparément, soit le plus souvent réunies, dans la composition des plaines, des plateaux et des montagnes; mais les roches stratifiées y présentent de grandes différences dans leurs dispositions.—Les monts sont presque tous des massifs volcaniques formés par l'accumulation lente et successive, sous forme conique, des cendres, des scories et des laves, sorties de l'intérieur de la terre sur certains points de sa surface. Presque tous ont commencé à se former vers le milieu de la période tertiaire, et plusieurs, comme le Vésuve, l'Etna, le pic de Ténériffe, constituent des volcans brûlants, et continuent de s'accroître. Quant à leur structure interne, ils sont formés d'une série de couches de cendres et de scories, dont l'épaisseur, considérable au centre, va en diminuant à mesure qu'on approche de la circonférence, et de coulées de laves, dont la largueur et l'épaisseur vont, au contraire, en augmentant à mesure qu'on s'éloigne du centre ou point de départ. Dans l'ancien monde, les monts se trouvent dans les plaines et sur les plateaux, et ceux qui sont encore le siége d'éruptions sont placées au voisinage des côtes ou dans les îles. En Amérique, la plus grande partie se trouvent situés sur les Andes, et constituent de simples pics dans cette immense chaîne. Dans les chaînes de montagnes, les roches stratifiées sont toujours très fortement bouleversées; le plus souvent la direction des couches est parallèle à celle de la chaîne

elle-même. Sous le rapport de l'âge relatif des terrains qui entrent dans la composition des diverses chaînes, il y a de très grandes différences; certaines d'entre elles, comme les Alpes Scandinaves, sont exclusivement formées par les terrains primitifs stratifiés; certaines autres, comme l'Oural, admettent les terrains de transition dans leur composition; dans d'autres, comme les Vosges, les terrains secondaires moyens forment une partie des points culminants; d'autres, comme les Pyrénées, présentent les terrains secondaires supérieurs jusque dans leurs plus hautes sommités; dans d'autres enfin, comme les Alpes, les terrains tertiaires inférieurs entrent dans la composition des sommets de second ordre, et les terrains tertiaires moyens s'élèvent fort haut sur les flancs. Ces différences fournissent aux géologues de précieux renseignements pour déterminer l'époque à laquelle ont été élevées les diverses chaînes de montagnes.

Les géologues sont unanimes pour considérer la terre comme formée de deux parties : un noyau intérieur incandescent, liquide, au moins dans les parties extérieures, appelé *masse centrale,* et une enveloppe extérieure consolidée, désignée sous le nom d'*écorce terrestre.* Ils sont également d'accord pour admettre que chaque jour la terre perd, par le rayonnement, une partie de sa chaleur propre. Comme la surface, et par conséquent l'écorce, ne paraissent avoir éprouvé qu'un abaissement de température peu considérable, et excessivement lent depuis des temps très reculés, *géologiquement parlant,* il est évident que c'est surtout la masse centrale qui perd de sa chaleur et qui diminue seule de volume, tandis que l'écorce reste dans un état presque stationnaire, quant à sa température et à l'étendue de sa surface, formant ainsi un véritable écran interposé entre la masse centrale et les espaces célestes. L'écorce terrestre serait donc une enveloppe détachée du noyau central, si elle avait une solidité et une rigidité suffisantes; mais d'une part, son épaisseur est peu considérable, eu égard à sa surface, et elle est partagée par une multitude de fissures en un grand nombre de fragments, et d'autre part, en raison de ces deux circonstances, elle est douée d'une certaine flexibilité; aussi a-t-elle une tendance continuelle à venir s'appuyer sur la masse centrale. Dans un sphéroïde, doué d'un mouvement de rotation, comme la terre, l'écorce un peu plus flexible et un peu trop grande, peut venir s'appuyer à peu près exactement sur un noyau un peu plus petit, s'il se forme sur un demi-grand cercle un pli dont les dimensions iront en s'atténuant du milieu de sa longueur vers les deux extrémités; alors le sphéroïde est sensiblement allongé suivant l'axe qui passe par les deux extrémités du pli. Si le noyau central continue à diminuer de volume, l'écorce, au bout d'un certain temps, pourra s'y appliquer encore par la formation d'un pli nouveau; mais il existera une grande tendance à ce que celui-ci se produise perpendiculairement au premier, parce que le corps pourra alors reprendre la forme de sphéroïde de révolution qu'il possédait avant la formation du premier pli. Dans ces deux cas successifs, un pli unique pourrait être remplacé par une série de plis parallèles, soit continue, soit interrompue, et contenue dans un même fuseau; ces plis pourraient faire saillie à l'extérieur ou être rentrants vers l'intérieur. A part les irrégularités dues d'un côté au défaut d'homogénéité de la croûte terrestre, et de l'autre à l'influence que les fissures et les plis déjà formés ne peuvent manquer d'exercer sur ceux qui se produisent postérieurement, on trouve que les chaînes de montagnes sont entièrement comparables aux plis discontinus indiqués par la théorie. En effet, les chaînes de montagnes sont rectilignes ou susceptibles d'être décomposés en éléments rectilignes appelés *chaînons;* et les chaînes ou les chaînons sont alignés suivant diverses directions qui se croisent les unes les autres en certains points, surtout dans les pays dont le sol est extrêmement bouleversé.

On croyait autrefois que les chaînes de montagnes étaient aussi anciennes que le globe, et conséquemment formées par les roches primitives. Sténon, en 1667, avança qu'elles renferment des couches fossilifères redressées, même à plusieurs époques. A la fin du siècle dernier, de Saussure établit, par l'observation de couches de galets fortement inclinées, à Valorsine, que les Alpes s'étaient formées après le dépôt de certaines roches sédimentaires. Ramond, en découvrant quelques années après des coquilles dans les calcaires du sommet du Mont-Perdu, dans les Pyrénées, démontra que cette chaîne avait été élevée postérieurement à l'apparition des êtres organisés sur le globe. M. L. de Buch répartit plus tard les chaînes de montagnes de l'Allemagne, en quatre groupes formés successivement, et ayant chacun une direction particulière. Mais c'est à M. L. Elie de Beaumont que revient l'honneur d'avoir réuni, en 1829, en un corps de doctrine, tous les renseignements connus sur les chaînes de montagnes, dans ses recherches sur quelques unes des révolutions de la surface du globe. Depuis, des travaux partiels ont été publiés par MM. Boblaye et Virlet sur la Grèce; Pissis et Alcide d'Orbigny, sur l'Amérique du Sud; Tchihatcheff sur l'Altaï; Renou sur l'Algérie; les géologues Américains sur les Etats-Unis. Tout récemment, M. de Beaumont lui-même a publié un mémoire sur les bouleversements les plus anciens de l'Europe, et enfin, il a donné, en 1849, dans le tome XII du *Dictionnaire universel d'histoire naturelle*, un article intitulé *Systèmes des Montagnes*, dans lequel il a résumé tout ce qui est connu sur ce sujet.

Les différents chaînons d'une vaste contrée se rallient à un certain nombre d'orientations, dont chacune se répète dans un grand nombre de chaînons, et chaque ensemble de ceux-ci, caractérisé par une des orientations, constitue un groupe spécial. Les chaînes de montagnes qui accidentent la surface de la terre, n'y sont pas répandues et dirigées au hasard; dans la plupart des cas, au contraire, elles sont disposées plusieurs ensemble de manière à former un groupe composé de chaînes placées parallèlement ou dans le prolongement les unes des autres, suivant un même grand cercle de la sphère; c'est là ce qui constitue ce que M. Elie de Beaumont appelle un *système de montagnes*. Ces systèmes, dont le nombre, quoique encore indéterminé, même pour l'Europe occidentale, n'est pas à beaucoup près aussi considérable qu'on pourrait le supposer d'abord, affectent chacun une direction qui varie peu par rapport au méridien du lieu reconnu pour être le point central. Les chaînes d'un même âge sont généralement comprises dans un même fuseau de l'écorce terrestre. Un fuseau se terminant par deux pointes, situées l'une à l'antipode de l'autre, et près de chacune d'elles, la direction tendant à devenir incertaine, il y aurait quelque difficulté à concevoir que des chaînes parallèles à un même grand cercle fussent le résultat d'un même ridement; aussi M. de Beaumont regarde-t-il comme très probable que la plus grande partie des systèmes de montagnes de l'Amérique du Sud sont différents de ceux dont l'Europe est le centre. Les systèmes de montagnes, formés successivement dans une même contrée, ont des directions qui se croisent suivant des angles très ouverts, et le plus souvent même très rapprochés de l'angle droit; il résulte de là que les mêmes directions se reproduisent parfois presque exactement après une succession de plusieurs systèmes. Les systèmes de montagnes, d'une date ancienne, sont très morcelés, usés et très peu saillants; aussi, lorsque dans une contrée, inconnue géologiquement, il se trouve des chaînons ayant une direction commune à plusieurs systèmes, ne doit-on pas hésiter à les attribuer à celui de ces systèmes qui est le plus récent. La direction ne constitue donc pas à elle seule un caractère suffisant pour rapprocher une chaîne de montagnes d'un système bien connu ayant même direction; il faut en outre qu'elle ait été produite à la même époque, ce qui ne peut se décider que par la détermination de l'âge des couches *redressées* qui entrent dans la composition de la chaîne, et qui lui sont antérieures, et des couches *horizontales* qui ont été déposées postérieurement au pied.

Les chaînes de montagnes sont les traits les plus généraux du relief de la surface du globe, ainsi que les traces les plus caractéristiques des bouleversements arrivés dans l'écorce terrestre; mais elles ne sont que les accidents les plus saillants d'un système de montagnes. Les intervalles qui les séparent présentent une multitude d'autres particularités, telles que vallées, failles, élévations, abaissements et contournements des couches, qui, moins sensibles pour le géographe, n'en sont pas moins très appréciables pour le géologue. La formation de ces systèmes a déterminé les divisions que présente la série des terrains de sédiment en occasionnant des discordances de stratification, des changements dans la configuration des nappes d'eau, soit marine, soit douce, et aussi sur les mêmes points un renouvellement le plus souvent complet des espèces animales et végétales. Ce serait toutefois une grande erreur de croire qu'une chaîne de montagnes a été formée tout entière d'un seul coup à une époque déterminée. Une chaîne résulte, au contraire, le plus souvent de plusieurs dislocations et élévations successives; mais elle appartient au système qui a produit les accidents principaux et la plus grande somme d'élévation. Ainsi, dans la petite chaîne des Vosges, on a constaté l'existence d'accidents se rapportant à une douzaine de systèmes; mais il n'y en a que deux qui aient eu une influence marquée sur son relief, celui des *Ballons* et celui du *Rhin*. Les Alpes portent l'empreinte de plus de cinq systèmes, et cependant les grands traits ne dépendent que de trois, ceux du *Mont-Viso*, des *Alpes occidentales* et des *Alpes principales*. Dans les Pyrénées on a constaté l'existence de sept systèmes, mais c'est à un seul, celui des *Pyrénées*, qu'est attribuée l'élévation de la chaîne. La Bretagne porte l'empreinte d'une dizaine de révolutions, et pourtant elle n'est qu'un simple plateau dont le point culminant dépasse à peine 400 mètres.

M. Elie de Beaumont admet en Europe l'existence de vingt *systèmes de montagnes*, dont les plus anciens ne sont, à proprement parler, que des *systèmes de dislocation*, car ils n'ont donné lieu à la formation d'aucune véritable chaîne de montagnes. Chacun des différents systèmes les plus proéminents et les plus récents de l'Eu-

rope, comprend une série de chaînes parallèles qui s'étend bien au-delà des contrées dont on connaît la structure géologique. Comme on a reconnu, de proche en proche, que les chaînes parallèles sont en général contemporaines, on n'a aucune raison pour supposer que chacun de ces vastes systèmes ne doit pas son origine à une seule époque de dislocation. Voici l'énumération de ces divers systèmes, avec leur direction, leur âge, et l'indication des chaînes de montagnes qui sont rattachées à chacun d'eux.

A. SYSTÈMES CONTEMPORAINS DES TERRAINS DE TRANSITION.

Schistes verts satinés de Belle-Isle.

1° *Système de la Vendée* (Vannes : N. 22° 30' O.).

Schistes cambriens de Bretagne.

2° *Système du Finistère* (Brest : E. 21° 45' N.).

Ardoises vertes du pays de Galles.

3° *Système du Longmynd* (Binger-Loch : N. 31° 15' E.).

Série fossilifère du calcaire de Bala.

4° *Système du Morbihan* (Vannes : E. 38° 15' S.).

Terrain silurien à l'exception des Llandeiloflags.

5° *Système du Westmoreland et du Hunsdruck* (Binger-Loch, E. 31° 30' N.) Grampians, Westmoreland, Hundsruk et Taunus, Laponie norvégienne? crêtes montagneuses de la Chine? Nouvelle-Guinée? Nouvelle-Calédonie.

Terrain dévonien; calcaire carbonifère.

6° *Système des Ballons* (Vosges) *et des collines du Bocage* (Calvados) (ballon d'Alsace : E. 16° S.), parties méridionales des Vosges et de la Forêt-Noire, N. du pays de Galles, Hartz, collines de Sandomirz ; chaîne méridionale des Monts-Timan à l'O. de l'Oural ; partie septentrionale des Alleghanys.

Millstone gris.

7° *Système du Forez* (Pierre-sur-Haute : N. 15° O.) chaîne du Forez, monts Obdores au N. de l'Oural.

Terrain houiller.

8° *Système du nord de l'Angleterre* (Yoredale : N. 5° O.), Axe montueux de N. de l'Angleterre, chaîne de Tarare, îles de Gothland et d'Oland.

B. SYSTÈMES CONTEMPORAINS DES TERRAINS SECONDAIRES.

Grès rouge et Zechstein.

9° *Système des Pays-Bas et du sud du pays de Galles* (Mons : E. 5° N.).

Grès des Vosges.

10° *Système du Rhin* (Strasbourg : N. 21° E.) Vosges septentrionales et Hardt, Forêt-Noire septentrionale et Odenwald, îles Hébrides, Orcades Schetland et Feroë, chaîne du Kiol dans les Alpes Scandinaves.

Terrain triasique.

11° *Système du Thuringerwald, du Böhmerwald-Gebirge et du Morvan* (Greifenberg : E. 39° S.). En outre des chaînes énumérées, Attique, Eubée, îles Cyclades ; Nouvelle-Ecosse, chaînes voisines du Lac-Supérieur ? Monts Osark.

Terrain jurassique.

12° *Système du Mont-Pilas, de la Côte-d'Or et de l'Erzebirge* (Dijon : E. 40° N.). En outre des chaînes énumérées, Cévennes, Jura moyen ; divers chaînons de l'Oural ; Altaï occidental.

Terrain crétacé inférieur.

13° *Système du Mont-Viso et du Pinde* (Mont Viso : N. 22° 30' O.). Alpes du Dauphiné et de Nice, Jura S.-O., chaîne du Pinde.

Terrain crétacé supérieur.

14° *Système des Pyrénées* (Maladetta : E. 18° S.). Chaîne des Pyrénées du cap Ortegal à la Méditerranée, divers chaînons en Provence, Alpes maritimes, Apennin médian de Gênes à Ancône, chaînes Illyriennes, Achaïe, Carpathes, Caucase occidental, chaînes au N.-E. de la Mésopotamie et du Golfe Persique, de Guzerate, des Neilgherrys et du Mysore; chaînon de l'Edough et chaînes diverses d'Algérie, de Tunis et de Tripoli; la plus grande partie de la chaîne des Alleghanys.

C. SYSTÈMES CONTEMPORAINS DES TERRAINS TERTIAIRES.

Terrain éocène.

15° *Système des îles de Corse et de Sardaigne* (cap Corse N.). Jura méridional, chaînes entre l'Allier, la Loire et la Saône, Corse et Sardaigne; Liban.

Terrain miocène inférieur (grès de Fontainebleau).

16° *Système de l'île de Wight, de Tatra, du Rilo-Dagh et de l'Hémus* (Lommica : E. 4° 50' S.), en outre des chaînes énumérées, Jura de Porentruy, Alpes Styriennes; île d'Elbe, Crète, Sumatra.

Terrain miocène moyen (meulières de Montmorency).

17° *Système du Sancerrois et de l'Erymanthe* (Sancerre E. 26° N.). Crête à l'E. de Sancerre, Montagne-Noire (Hérault), chaînon de l'Erimanthe en Morée, îles Nicaria, Amorgos et Cos et quelques crêtes côtières de l'Asie Mineure.

Terrain miocène supérieur (faluns de la Touraine).

18° *Système des Alpes Occidentales* (Dauphiné : N. 26° E.). Chaînons alpins de Marseille à Zurich, Jura méridional, chaînons divers du Maroc et de Tunis, de Sicile, de Calabre, de Toscane, Alpes apuennes, chaîne du Kiolen dans les Alpes scandinaves; îles de Rhodes, chaînons divers de l'Asie Mineure, chaîne méridionale de la Crimée.

Terrain pliocène.

19° *Système de la chaîne principale des Alpes* (depuis le Valais jusqu'en Autriche) (au N. de Minorque : E. 16° 25' N.), en outre de la chaîne principale des Alpes, chaînons de la Provence, chaînes diverses de l'Espagne centrale, Sierra-Nevada de Grenade, îles Baléares, chaîne côtière septentrionale de la Sicile, principaux chaînons de l'Atlas entre la Méditerranée et le Sahara, crête orientale du Balkan, Taurus, Caucase central, Paropamissus, Indoukosch, Himalaya.

Diluvion et partie ancienne des alluvions.

D. SYSTÈME POSTÉRIEUR AUX TERRAINS TERTIAIRES.

20° *Système du Ténare, de l'Etna et du Vésuve* (Etna : N. 8° 21' O.).

Ainsi qu'on peut le voir, les chaînons qui se rattachent à un système sont d'autant plus nombreux et plus élevés, que celui-ci est plus récent. Il devait en être ainsi, car à mesure que l'écorce terrestre augmentait d'épaisseur, les cataclismes devaient devenir plus considérables et moins fréquents. Jusqu'au dixième système, les chaînons produits eurent si peu d'élévation qu'il n'a pas dû être ici fait mention de la plupart d'entre eux. Les Vosges méridionales qui dépendent du sixième système n'atteignirent pas 800 mètres au-dessus de la nappe d'eau dans laquelle se déposait le terrain houiller voisin de Ronchamp, et, dit M. de Beaumont, « cette faible hauteur suffisait probablement pour faire alors du *Ballon d'Alsace*, un des rois des montagnes de l'Europe. Parmi les inégalités de la surface du globe, dont on peut assurer que l'origine re-

monte à une époque aussi reculée, on en citerait difficilement de plus considérables. » Ces hauteurs ont été bien dépassées plus tard, puisque la plus haute cîme de l'Himalaya, le Kunchinga, qui appartient au 19° système, s'élève à 8588 mètres au-dessus du niveau de la mer. Le ballon d'Alsace, malgré les élévations subséquentes qu'il a éprouvées n'a pu atteindre que 1,426 mètres, et il est aujourd'hui un bien humble satellite du roi actuel de l'Europe, le Mont-Blanc (4,810 mètres), dont la dernière élévation se rapporte au 19° système.

Mais les systèmes de montagnes qui traversent l'Europe sont loin de comprendre toutes les chaînes des autres parties de la terre; celles-ci peuvent aussi être groupées en systèmes ayant une direction déterminée, et embrassant une zône plus ou moins large, et presque toujours d'une grande longueur. La partie de l'Afrique, située au S. du Sahara, est trop peu connue pour qu'on ait pu rien hasarder à son égard. Quoique l'Asie centrale le soit encore assez imparfaitement, on y entrevoit déjà les systèmes suivants, dont plusieurs peuvent être prolongés en dehors de cette partie du monde :

Système du Botor et des Ghauts (N.15° O); il comprend en outre la chaîne de Soliman et celle de Koutznetzk dans l'Altaï, ainsi qu'une portion de l'Oural; il est probablement antérieur au terrain permien.

Système de l'Oural (N.-S.) : il paraît être survenu vers le milieu de la période jurassique.

Système de Madagascar, comprenant la chaîne littorale opposée de l'Afrique et l'Altaï oriental.

Système du Thian-Chan (E.-O.).

Système du Vindhya (E. 5° N.), comprenant hors de l'Inde la côte méridionale de l'Arabie et les îles Sandwich.

Système (N.-S.) comprenant les îles Tarrakaï, Jeso, Mariannes, la Terride Carpentarie et la Tasmanie.

Les géologues américains ont reconnu aux États-Unis l'existence de six systèmes dont plusieurs ne sont que des prolongements de ceux de l'Europe. Parmi ceux qui sont spéciaux se distinguent les suivants :

Système méridien le plus ancien, comprenant plusieurs chaînons du Connecticut, Massachussets, N. Hampshire, Nouvelle Angleterre, Labrador oriental, et dans ses prolongements d'une part, la côte orientale du Groenland, et de l'autre les chaînes principales de la Nouvelle-Grenade.

Système du canal Erié (E.-O.).

On distingue encore les suivants :

Système de l'axe de la Floride (N.-N. O.)

Système de la côte N.-E. du Labrador comprenant la côte S.-E. du Groenland et le Kamtschatka.

Système des volcans mexicains (E.-O.).

La géologie de l'Amérique du Sud présente une série de systèmes de montagnes, de directions et d'âges différents, ayant entre eux des rapports analogues à ceux des systèmes européens, mais presque tous distincts de ces derniers par leurs directions et leurs âges. Voici, par ordre d'ancienneté, ceux qui ont été reconnus par MM. Pissis et Alcide d'Orbigny :

Système brésilien (E. 38° N.). Cordillère maritime du Brésil, de la Parahyba au Rio de-la-Plata, Serra de Mantiqueira ; Venezuela. Il paraît antérieur au système du Westmoreland.

Système Pampéen (E. 25 à 30° S). Chaînons de Montevideo et de Tapalquen au cap Corrientes. Il est très ancien.

Système Itacolumien (E. à O.). Brésil, Cochabamba, îles Malouines? Il est antérieur au dépôt du terrain carbonifère.

Système Chiquitéen (E. 22° S.). Chaînes des Chiquitos, de Parecis, Diamantino et Cuyaba.

Système Bolivien (N.-O.). Cordillères orientale et occidentale de la Bolivia. Il est postérieur au terrain triasique.

Système Colombien (N. 33° E.) Cordillères de Summa-Paz, Quindiu, Bogota. Il est contemporain des terrains crétacés ainsi que le suivant.

Système Fuégien (N. 30° O.). Chaînes de la partie occidentale de la Terre de Feu.

Système Chilien (N. 5° E.). Cordillères du détroit de Magellan en Bolivie et de la République de l'Equateur. Il est contemporain du terrain tertiaire.

Système des Alpes occidentales (N. 17° E.). Terrain tertiaire des environs de Bahia.

Système des Andes (Lima : N. 30° O.). Chaînes des Andes sur toute la côte occidentale de l'Amérique et chaînes de la côte orientale de l'Asie. Ce système est probablement, ainsi que celui du Ténare, postérieur à l'apparition de l'homme sur la terre.

Les observations qui conduisent à présumer que les deux systèmes (Ténare et Andes) pourraient être plus ou moins postérieurs à l'origine de l'homme, paraissent encore mériter confirmation. Jusqu'à présent les questions de ce genre ont été plus souvent éludées qu'abordées par la science, et ont été traitées comme sortant en quelque sorte du domaine de la géologie; mais on ne voit pas pourquoi la géologie s'arrêterait au point où commence l'histoire. Des crises violentes, accompagnées de l'élévation de chaînes de montagnes, et suivies de mouvements impétueux des mers, capables de désoler de vastes étendues de la surface du globe, paraissent avoir, pendant un laps de temps, probablement immense, fait partie du mécanisme de la nature ; il n'y a rien d'absurde à admettre que ce qui est arrivé à un grand nombre de reprises, depuis les plus anciennes jusqu'aux plus modernes périodes de l'histoire de la terre, soit arrivé une fois depuis que l'homme existe à sa surface. Par cela seul que la hauteur actuelle du Mont-Blanc et du Mont-Rose ne date que des dernières révolutions de la surface du globe, il est visible que, quelle que soit la place définitive que pourront occuper dans la même série d'autres montagnes plus hautes encore, cette série ne prendra jamais cette, forme longuement et régulièrement décroissante, qui conduirait directement à conclure que la limite est atteinte. Rien n'indiquera que des phénomènes, dont les derniers paroxysmes ont été si violents,

ne se renouvelleront plus. Quelque provisoire que soit la succession de termes qui résulte de l'état actuel des observations, il est difficile d'y prévoir une modification qui change son aspect au point de porter à supposer que l'écorce minérale du globe terrestre ait perdu la propriété de se rider successivement en différents sens; il est difficile d'y prévoir un changement qui permette d'assurer que la période de tranquillité dans laquelle nous vivons, ne sera pas troublée à son tour par l'apparition d'un nouveau système de montagnes, effet d'une nouvelle dislocation du sol que nous habitons et dont les tremblements de terre nous avertissent assez que les fondements ne sont pas inébranlables. Tout nous conduit donc à supposer que les causes qui ont produit les phénomènes géologiques subsistent encore, et que la tranquillité dont nous jouissons aujourd'hui est due à leur sommeil bien plutôt qu'à leur anéantissement. RAULIN.

MONTAGNE (*géog.*). On nomme ainsi les hauteurs les plus considérables qu'on rencontre à la surface du globe. Il est assez difficile de définir la limite précise qui distingue une montagne des autres élévations de terrain nommées *collines, monticules, buttes, tertres, côtes :* on doit dire seulement qu'une montagne est plus élevée. Toute hauteur qui atteint 500 mètres au dessus du sol environnant, paraît devoir mériter le nom de *montagne*; au-dessous, ce ne sont guère que des *collines*. Cependant, au milieu de vastes plaines, comme en Russie, des hauteurs beaucoup moindres peuvent paraître assez importantes pour être désignées comme des montagnes. Dans le département de la Seine, comme dans ceux qui l'environnent à 10 myriamètres à la ronde, il n'y a que de simples collines, bien qu'on y donne vulgairement aux moindres hauteurs le nom de montagnes. Pour trouver de vraies montagnes en quittant Paris, il faut s'avancer jusqu'aux Ardennes, assez sensibles à côté des plaines de la Champagne, mais réellement encore peu considérables; ensuite jusqu'à la Côte d'Or, aux montagnes du Morvan, surtout aux Vosges, déjà plus dignes que les précédentes d'être remarquées; puis viennent le Jura, les Cévennes, les montagnes d'Auvergne et du Limousin, qui forment un second plan plus élevé, enfin les majestueuses masses des Alpes et des Pyrénées.

On dirait que la main bienveillante du Créateur a répandu les montagnes sur la terre pour augmenter les charmes de ce séjour par la variété des aspects, pour arrêter et absorber les vapeurs qui flottent dans l'atmosphère, et pour servir de réservoir à des sources nombreuses qui, s'échappant de leur sein, vont porter partout l'abondance et la vie; leurs formes innombrables, leurs minéraux curieux, le mélange de leurs belles forêts, de leurs glaciers resplendissants, de leurs neiges, de leurs précipices et de leurs fraîches vallées, offrent des sujets inépuisables d'intérêt. Dans une montagne prise isolément, il faut considérer trois régions : la partie la plus haute, qui est le *sommet* ou la *cime;* la partie inclinée, qui est la *pente*, le *flanc*, le *revers* ou le *versant; et* la partie la plus basse, qui est le *pied* ou la *base.* Quand les cimes des montagnes sont anguleuses, élancées, elles forment des *aiguilles*, des *dents*, des *cornes*, comme on en voit de fréquents exemples dans les Alpes. Souvent elles sont coniques, et prennent alors le nom de *pics*, de *puys*, de *pitons;* comme dans les Pyrénées, les montagnes d'Auvergne, les îles volcaniques. Il en est d'arrondies, semblables à des *ballons*, comme les Vosges en offrent un exemple. On donne le nom de *tours* ou de *cylindres* aux sommets taillés à pic qui ressemblent de loin à d'anciennes fortifications : c'est ainsi que se présentent les Tours de Marboré, dans les Pyrénées. Quelquefois le sommet est couronné d'un petit *plateau.* Souvent aussi les montagnes sont caractérisées par des flancs taillés en *gradins* horizontaux.

Les montagnes sont généralement disposées par *chaînes*, qui ont aussi leur *base* ou *pied*, leurs *versants, pentes* ou *revers*, et dont la partie la plus élevée forme l'*arête*, la *crète* ou le *faîte;* A une chaîne principale se rattachent des *branches* et des *rameaux :* plusieurs chaînes liées entre elles et présentant du rapport dans leur constitution géologique forment des *groupes;* quand leur ensemble est très considérable, elles constituent un *système de montagnes.* Une remarque importante à faire pour la physique générale du globe, c'est que les systèmes de montagnes sont ordinairement allongés suivant la longueur même des terres où ils se trouvent, ou comme les côtes près desquelles ils sont placés. En effet, dans les divers soulèvements qui ont produit les grandes masses de terre sorties du sein des eaux, les montagnes n'étaient que la crête du terrain soulevé, et leurs flancs prolongés ont formé les contrées elles-mêmes. Ainsi, dans l'Europe, qui s'allonge de l'E. à l'O., on voit s'aligner aussi de l'E. à l'O. les grands systèmes des Alpes, des Carpathes (avec les Sudètes, auxquels se joignent le Riesen-gebirge, les monts Moraves, le Bœhmer-wald, le Fichtel-gebirge, l'Erz-gebirge, les Alpes de Souabe), et ceux des Pyrénées, du Balkan. Dans les presqu'îles de cette partie du monde, les chaînes suivent l'allongement péninsulaire : les Apennins s'étendent du N.-O. au S.-E. dans l'Italie;

les Alpes Scandinaves ou les monts Dofrines parcourent la Scandinavie du N.-E. au S.-O.; les monts Ibériques, dont la partie la plus haute est la Sierra Nevada, vont du N. au S. à travers la péninsule Hispanique, mais envoient de grandes branches dans le sens de la largeur de cette péninsule; la chaîne Hellénique (comprenant le Pinde,.etc.) s'étend du N. au S. à travers la péninsule Turco-Hellénique. Cependant les *monts* Grampiens, les *monts* Cheviot, sont dirigés transversalement dans la Grande-Bretagne ; le Jura, les Vosges, les Cévennes, courent du N. au S. dans l'O. de la partie continentale de l'Europe ; la grande chaîne de l'Oural, sur la limite de l'Europe et de l'Asie, va aussi du N. au S.

La direction générale de l'E. à l'O. se montre de nouveau sur une autre limite de l'Europe et de l'Asie, avec l'énorme chaîne du Caucase, entre la mer Noire et la mer Caspienne; et, à travers l'Asie elle-même, avec l'Himalaya, la plus haute chaîne de la Terre; avec l'Altaï, le Thianchan, le Thsoung-ling, le Kouen-lun, qui enveloppent le vaste plateau central; avec le Caucase Indien (Hindou-Khô), auquel font suite les monts du Khoraçan et les monts Elbrouz ; avec le Taurus et l'Anti-Taurus, qui couvrent l'Asie Mineure; enfin, avec la longue chaîne des monts Stanovoï ou Iablonoï, qui va se terminer à l'extrémité orientale de l'ancien continent.

Dans les deux péninsules du S. de l'Asie, le système des Ghattes s'étend du N. au S., à travers l'Hindoustan, sous la forme d'une double chaîne; et deux chaînes principales courent aussi du N. au S. dans l'Indo-Chine : la plus longue des deux parcourt l'étroite presqu'île de Malacca, et paraît se prolonger à travers l'Océanie, en formant les îles de la Sonde, intérieurement très montagneuses et alignées du N.-O. au S.-E. Le Liban et l'Anti-Liban, dans l'O. de l'Asie, forment, par exception, un système intérieur allongé du N. au S.

Dans le nord et le centre de l'Afrique les grandes chaînes de montagnes se dirigent de l'E. à l'O., comme dans les deux précédentes parties du monde : telles sont celle de l'Atlas qui présente près de la Méditerranée plusieurs chaînons parallèles, et celle des montagnes de Kong, au N. du golfe de Guinée. Telles sont peut-être aussi les montagnes de la Lune ; mais la position et même l'existence en sont fort douteuses. Dans le N.-E., cependant, courent du N. au S. les deux chaînes Libyque et Arabique, qui accompagnent le cours du Nil; et les monts de Sémen et de Dankali, qui, avec des rameaux nombreux, composent l'important système des montagnes de l'Abyssinie. — Dans l'Afrique méridionale, les chaînes se dirigent, comme le continent lui-même, du N. au S. On y remarque les monts Kilimandjaro, qui n'ont été que récemment découverts, les monts Lupata, et, plus au S., les monts Malontis, le Sneeuwberg et le Nieuwveld.

Les grandes chaînes de l'Amérique se dirigent du N. au S., comme le continent. La plus importante est celle qui parcourt cette partie du monde dans toute sa longueur, et en longeant la côte occidentale, sous les noms de monts Rocheux, Sierra Verde, Sierra Madre, Cordillère d'Anahuac et Cordillère des Andes. Parallèlement aux côtes orientales de chacune des deux Amériques, s'étendent aussi des chaînes importantes, quoique beaucoup moins élevées que celles de la côte opposée : ce sont les monts Apalaches ou Alleghany, dans l'Amérique du nord, et la Serra do Espinhaço, dans l'Amérique du sud. Ces deux chaînes se dirigent du N.-E. au S.-O., la première en formant plusieurs massifs parallèles très réguliers, et la seconde en se rattachant à la Serra do Mar et à la Serra dos Vertentes, avec lesquelles elle compose un système très étendu.

En résumé, c'est en Asie et en Amérique que se montrent les plus grandes et les plus imposantes chaînes de montagnes de la Terre; et les principales d'entre elles sont rangées en arc de cercle autour du Grand-Océan et de l'océan Indien : elles offrent le plus souvent des descentes rapides vers cet immense bassin qu'elles entourent, et de longues pentes sur les côtés opposés.

Pour évaluer la hauteur des montagnes, on est convenu de la rapporter au niveau de la mer : ce rapport s'appelle *altitude*. Les monts Himalaya sont, de toutes les chaînes, celle qui a la plus grande altitude connue. La chaîne qui occupe le second rang est celle des Andes, où les monts de Sorata et d'Illimani, dans la Bolivie, étaient considérés depuis quelques années comme les points culminants; mais des mesures récentes viennent de rendre au Chimborazo son antique honneur de dominer tout le continent américain.

Le tableau suivant offre la comparaison des altitudes des principales montagnes du monde :

Himalaya (monts Daoulâgiri et Djemnâtry, points culminants).	8,500 m.
Cordillère des Andes (Chimborazo).	6,530
Caucase indien.	6,200
Bolor.	5,800
Caucase (monts Elbrouz et Kazbek).	5,600
Mont Ararat ou Agri-dagh.	5,250
Cordillère d'Anahuac (mont Popocatépetl).	5,000
Kouen-lun.	5,000
Chaîne du Kamtchatka.	5,000
Alpes (mont Blanc et mont Rosa).	4,800
Mont Mouna-Roa (dans les îles Haouaii).	4,840
Monts de Sémen (mont Detjem).	4,500
Ghattes.	4,000
Chaîne des îles de la Sonde, dans Sumatra, Java (mont Ophir, Gounong-Gontour, Gedé).	4,000
Taurus et Anti-Taurus (mont Argée).	4,000
Pic de Ténériffe ou de Teyde.	3,800
Sierra Nevada (mont Mulahacen).	3,600
Pyrénées (mont Maladetta, mont Perdu).	3,500
Atlas (mont Miltsin).	3,500
Sneeuwberg.	3,500
Monts Rocheux (pic du Roi, pic de James).	3,500
Altaï.	3,400
Monts Dofrines (Nor-Ungerne).	3,400
Mont Etna.	3,240
Liban.	3,200
Monts Carpathes (Ruska-Poyana).	3,000
Apennins (mont Corno).	2,900
Balkan.	2,900
Chaîne Hellénique (mont Guiona).	2,400
Monts Alleghany (mont Washington).	2,100
Oural (mont Magdalinskoï).	2,000
Serra do Espinhaço.	1,900
Monts d'Auvergne (mont Dore, Cantal).	1,900
Cévennes (monts Mézin).	1,800
Jura (mont Reculet, Dôle).	1,600
Monts Grampiens (Ben-Nevis).	1,500
Vosges (Ballon d'Alsace).	1,400
Chaîne orientale de l'Australie (monts de la Nouvelle-Angleterre, monts de Liverpool, montagnes Bleues).	1,400

Beaucoup de ces montagnes sont couvertes de neiges perpétuelles. La chaîne où ces neiges descendent le moins bas, est celle des Andes de la Bolivie, vers 15° de latitude S., où on ne les trouve qu'à une altitude de 5,600 mètres, par suite peut-être de la sécheresse et de la diaphanéité de l'air, si remarquables dans cette contrée. La ligne des neiges éternelles se montre à 5,000 mètres sur le versant N. de l'Himalaya, tandis que, sur le versant S., elle descend à 3,900 mètres : cette différence, si étrange en apparence, est due aux étés très chauds de l'intérieur du continent, qui a cependant des hivers beaucoup plus froids que le voisinage des côtes. Sous l'équateur même, la limite des neiges perpétuelles varie de 4,500 à 4,800 mètres; vers 45° de latitude N., dans les Alpes, les Carpathes, etc., elle s'offre à 2,500 mètres ; vers 65°, dans les Dofrines, à 1,500 mètres; vers 71°, à 600 mètres. On rencontre souvent, au dessus de la limite des neiges perpétuelles, des pics dénués de neige ; ce sont les plus élancés et les plus perpendiculaires, car les vents et les dégels peuvent plus facilement y exercer leur action. Des amas de neige roulent souvent avec fracas du haut des montagnes, et forment ces redoutables *avalanches* qui portent le ravage et un affreux désordre dans les vallées d'alentour. Les *glaciers* couvrent de leurs masses épaisses le haut des vallées dans les montagnes revêtues de neiges éternelles : ils sont produits par les neiges fondues, puis gelées, affaissées et consolidées ; ils descendent sans cesse dans les vallées, de manière à s'abaisser fort au dessous de la limite des neiges, et leur marche est accompagnée de craquements énormes. Dans les Alpes, où il y en a beaucoup, ils se montrent à 1,230 mètres d'altitude ; dans les Dofrines, par 60° de latitude, ils descendent à 485 mètres. On n'a pas observé de glaciers proprement dits dans les Andes. — La plupart des grandes chaînes de montagnes ont une de leurs pentes très escarpée et l'autre douce. Ainsi, les Alpes descendent plus rapidement du côté de l'Italie que du côté de la Suisse ; les Dofrines ont une descente beaucoup plus raide au N.-O. et à l'O. que vers le S.-E. et l'E. ; les Pyrénées sont plus rapides sur leur versant méridional que sur leur versant septentrional.

La *ligne de partage des eaux* est cette partie de la chaîne qui sépare les eaux entraînées sur des revers opposés et dirigées vers des récipients différents ; elle est généralement formée par la suite des points culminants de la chaîne ; cependant elle les laisse quelquefois à une certaine distance, comme dans quelques parties des Pyrénées, où les plus hauts sommets sont au S. de cette ligne. Jetons un coup d'œil sur les grands partages des eaux du globe, et remarquons d'abord que chacun des deux continents est divisé en deux versants principaux, qui envoient le tribut de leurs fleuves, d'une part, dans le Grand Océan et l'océan Indien, de l'autre, dans l'océan Atlantique et l'océan Glacial arctique ; en sorte qu'un long dos, une seule et immense suite de hauteurs, qui est comme l'*épine dorsale* du monde entier, s'étend depuis le cap de Bonne-Espérance jusqu'au cap Horn, à peine interrompue un instant par le détroit de Bering, entre l'Amérique et l'Asie, et par le détroit de Magellan, vers l'extrémité méridionale de l'Amérique. Dans l'ancien continent, cette ligne de partage se dirige du N.-E. au S.-O. ; commençant au cap Oriental, elle parcourt le N.-E. de l'Asie avec les monts Stanovoï, elle se bifurque, et entoure au milieu de cette partie du monde

le vaste plateau central ; puis elle suit le Caucase indien, enveloppe le plateau de la Perse, touche le Taurus, l'Anti-Liban, passe par l'isthme de Suez, prend en Afrique la chaîne Arabique, les montagnes de l'Abyssinie, peut-être celles de la Lune et du Kilimandjaro ; enfin le Sneeuwberg et le Nieuwveld.

Dans le nouveau continent, cette ligne de partage court du N.-N.-O. au S.-S.-E. ; elle commence au cap occidental, forme la crête des monts Rocheux, des montagnes du Mexique et de l'Amérique centrale, de la Cordillère des Andes, et aboutit à la Terre de Feu. — Plusieurs lignes de partage du second ordre se rattachent comme des *côtes* à cette grande épine dorsale : il faut en distinguer quatre fort remarquables dans l'ancien continent : l'une se détache au N.-O., et va parcourir toute l'Europe jusqu'au détroit de Gibraltar, en prenant, à diverses distances, les crêtes des monts Ourals, des monts Valdaï, des monts Carpathes, des Alpes, des Cévennes, des Pyrénées, de la Sierra Nevada ; — la seconde se sépare de la chaîne principale vers le milieu de l'Afrique, et va au N.-O. aboutir aussi au détroit de Gibraltar : elle suit une grande partie du mont Atlas dans une portion considérable de son étendue. On voit que ces deux arêtes se touchent presque vers leurs extrémités : elles enveloppent *comme deux grands bras*, au N. et au S., le bassin de la Méditerranée. — La troisième ligne secondaire se détache du S.-E. du plateau central de l'Asie, se dirige vers la presqu'île de Malacca, se montre dans la longue chaîne des îles de la Sonde, et s'étend jusque dans la partie orientale de la Nouvelle-Hollande ; elle sépare les eaux qui se jettent dans le Grand Océan, de celles qui tombent dans l'océan Indien. — Enfin, la quatrième de ces lignes secondaires de partage part du même plateau central, au S., et se montre dans une partie de l'Himalaya et dans les Ghattes occidentales, à travers l'Hindoustan, en séparant le bassin du golfe du Bengale de celui de la mer d'Oman. — Dans le nouveau continent, les lignes secondaires de partage sont moins remarquables ; cependant on distingue, dans l'Amérique septentrionale, celle qui, passant entre le bassin du Mississipi, d'une part, et le bassin des grands lacs et du Saint-Laurent, de l'autre, va suivre quelque temps les monts Alleghany ; et, dans l'Amérique méridionale, la ligne qui sépare le bassin de l'Amazone de ceux du Parana et du Saint-François.

Telles sont les grandes limites physiques que les montagnes forment sur notre globe. Sous le rapport moral et politique, elles n'établissent pas des distinctions moins remarquables. L'illustre Humboldt dit avec raison que la distribution, la civilisation et la destinée des peuples semblent liées à la constitution des chaînes de montagnes. Ce sont ces chaînes qui déterminent les plus vraies limites naturelles entre les nations ; elles entraînent entre les climats, et par suite entre les mœurs, les caractères et les langues, les principales diversités que nous voyons. Mais les chaînes qui courent dans la direction des parallèles, comme on l'observe dans l'ancien monde, produisent une bien plus grande différence entre les populations et entre les faunes et les flores des pays, que celles qui s'étendent du N. au S., comme en Amérique. Aussi, dans un avenir prochain, verra-t-on peut-être fondues en une seule nation les populations de chacune des Amériques, comme déjà elles en marquent la tendance dans l'une de ces deux vastes contrées ; mais combien il serait difficile de réunir en un faisceau les états si divisés de notre petite Europe ! **E. CORTAMBERT.**

MONTAGNE (*hist.*). C'est le nom qu'on a donné à un parti de la Convention Nationale, le plus exalté de tous et qui siégeait sur les bancs les plus élevés de la salle (*Voy.* CONVENTION). Le nom de *Montagne*, longtemps banni de nos assemblées, a été adopté depuis la Révolution de 1848, pour désigner les nuances républicaines les plus fortement tranchées.

MONTAGNE BLANCHE (LONGUE) (*Golmin-Chan-Yan-Alin*) : chaîne de montagnes de l'empire Chinois ; elle se sépare de la chaîne de l'In-Chan, court à l'E. à travers la Mongolie, la Mandchourie, et s'élève sur la frontière septentrionale de la Corée. **E. C.**

MONTAGNE DES GÉANTS, en allemand *riesengebirge :* c'est le nom d'une chaîne des monts Sudètes qui s'étend depuis le cercle de Buntzlau, en Bohême, jusqu'à Glatz, en Silésie, sur une étendue d'environ 40 kil. On y trouve des plantes rares et des pierres précieuses. Son plus haut sommet, élevé de 4,950 pieds, est le Riesenkopf ou Schneekopf.

MONTAGNES NOIRES. On donne ce nom à deux chaînes de montagnes de France, toutes deux peu élevées, mais assez étendues en longueur : l'une est dans les départements des Côtes-du-Nord et du Finistère, et se sépare des montagnes d'Arrée pour courir au S.-O. se terminer, au bord de l'Océan, par les presqu'îles de Crozon et de Douarnenez ; elle sépare le bassin de l'Aulne de ceux de l'Ellé, de l'Aven et de l'Odet. — L'autre est le prolongement méridional des Cévennes, et s'étend de l'E.-N.-E. à l'O.-S.-O., entre les bassins du Tarn et de l'Aude et sur la limite des départements de mêmes noms. **E. C.**

MONTAGNES RUSSES. On nomme ainsi de petites montagnes ou simplement de petits monticules, naturels ou artificiels, où l'on a pratiqué un chemin incliné, droit ou tournant, et d'où l'on peut se procurer l'amusement de descendre avec rapidité, soit en traîneau, soit sur des chevaux de bois. La voie par laquelle on descend est d'ordinaire garnie de rails qui s'engagent dans les traverses du traîneau ou des chevaux, pour les empêcher de verser. Ce jeu tire son nom de la Russie où l'usage des traîneaux en a donné l'idée de temps immémorial. Plusieurs villes de France ont des établissements qui procurent cet agrément au public. A Paris, malgré quelques accidents arrivés à diverses époques, ceux du boulevard Montparnasse et de Belleville continuent à attirer la foule dans la belle saison. **D. J.**

MONTAGNES DE LA LUNE (*géog.*). On désigne sous ce nom composé une chaîne de montagnes située, selon les géographes, entre le 7° et le 8° de latitude septentrionale, au S. de l'Abyssinie et du Dàrfour. Cette dénomination de montagnes de la Lune est très ancienne. Ce sont les *montes Lunœ*, le Σελήνος ὄρος de Ptolémée. Σελήνος ὄρος, dans l'idée de Ptolémée, comprend un système ou groupe de montagnes, *pater est mons lunœ plurium* (Africa, tabl. IV.) — Rien n'est plus incertain que la disposition, le lieu, la configuration de ces montagnes dont, en orographie, on a donné des indications et des tracés si différents. Malte-Brun semble récuser la rationalité de la place qu'on assigne à ces monts, et annonce par des raisons logiques qu'ils ne doivent point se trouver au sud du Dàrfour. Toutes les informations que, pendant notre séjour en Egypte, nous avons pu prendre à ce sujet, ne nous ont rien fourni, de sorte que nous douterions presque qu'il y eût des montagnes de la Lune. Ce qui, au moins, nous paraît certain, c'est qu'elles ne se trouvent pas là où elles sont tracées et figurées sur nos cartes géographiques. Ptolémée les plaçait par delà le 11° de latitude S. Nous sommes portés à penser avec Sylvestre de Sacy, dans les notes de sa traduction d'Abd-El-Latyf, que le nom de monts de la Lune est une erreur de traduction de la dénomination *djébel coumr*, scripturalement le même que *djébel camar ;* le premier de ces noms est le terme réel, d'après les écrivains musulmans, mais il a été lu par les Européens, *djébel camar, monts de la Lune,* tandis que *djébel coumr* signifie monts de coumr. (*Coumr* et *camar* se prononcent encore, et même chez les Arabes de l'Hédjàz, *goumr* et *gamar ;* nous les avons toujours entendu prononcer ainsi par le grand chérif de la Mekke). — L'auteur arabe

Makrîzy, entre autres, (qui vivait au ixe siècle de l'hégire, xve siècle de l'ère chrét.), raconte qu'à une époque qu'il ne détermine pas, il se fit une émigration nombreuse de Coumr (ou Madagascar), et que les émigrants coumriens vinrent s'établir en face de l'extrémité S. de l'Abyssinie, presque à la même latitude que l'*Avalites sinus*. Un nom reste encore qui rappelle cette circonstance, c'est la dénomination du Gumar, situé au S. des Bartama-Gallas. — Makrîzy dit : « L'île de Coumr, nommée aussi île Malaie, dont la longueur est de quatre mois de route (à chameaux), et la largeur de vingt jours au plus, est presque parallèle à Sarandyb ou Ceylan. Elle renfermait une foule de localités populeuses, telle que Coumryeh, et était couverte de demeures jusque sur ses rivages. Une émigration considérable partit de l'île, passa sur le continent et vint s'établir près des monts africains, appelés aujourd'hui du nom que donnèrent les émigrés à leur nouvelle patrie, les monts de Coumr, d'où le Nil verse ses premières eaux. » Ce passage offre encore ceci de curieux en ethnographie, que les Madécasses étaient, bien avant Makrîzy, considérés comme étant d'origine malaie; leur type physionomique a depuis fait émettre cette opinion. PERRON.

MONTAGU ou MONTAGUE. La famille anglaise de ce nom qui habitait le Northamptonshire, tire son origine de Drogo de Monteacuto, un des compagnons de Guillaume-le-Conquérant. Elle a fourni plusieurs personnages célèbres parmi lesquels nous distinguerons : — 1º MONTAGU (*Edouard*), de Brigstock (Northamptonshire), qui était président (speaker) de la chambre des communes à l'époque où Henri VIII proposa un bill de subsides qui fut rejeté par l'Assemblée. Le roi irrité fit venir le *speaker*, et agit si bien sur lui que le bill fut voté le lendemain. Après avoir occupé diverses fonctions importantes, Montagu fut destitué et enfermé à la tour de Londres, pour avoir pris part au mouvement en faveur de Jane Grey. Remis en liberté, il alla mourir dans ses terres en 1556. — 2º MONTAGU (*Edouard*), comte de Sandwich, né en 1625, servit comme général dans l'armée du Parlement contre Charles Ier, siégea à la chambre des communes, obtint une place à la trésorerie sous Cromwell, puis fut chargé d'un commandement dans la Méditerranée. Il se rallia à Monck après la mort du Protecteur, et ramena en Angleterre Charles II, qui le combla de distinctions. Il fut ensuite chargé d'une ambassade à Madrid, puis envoyé comme amiral à la tête de l'escadre bleue dirigée contre la Hollande. Le *royal Jack* qu'il montait dans ce combat fut atteint par un boulet. Le comte de Sandwich, qui

refusa de se sauver, périt avec tous ses officiers (28 mai 1672). Son corps fut retrouvé quinze jours après sur la plage, et enterré avec grande pompe. Il avait publié quelques ouvrages de politique et de métallurgie. — 3º MONTAGU (*John*), 4e comte de Sandwich, né en 1728, mort en 1792, remplit des fonctions importantes dans la diplomatie. Son chapelain, John Coock, a publié les relations d'un voyage curieux qu'il fit avec lui dans la Méditerranée. — 4º MONTAGUE (*lady Mary* WORTLEY), fille d'Evelyn Pierrepont, duc de Kingston, du Nothingamshire, née en 1690, morte en 1761. Enfant, elle apprit en se jouant le grec, le latin, l'italien et le français. Mariée en 1716 à Edouard Wortley-Montague, elle le suivit dans son ambassade de Constantinople, et se mit à apprendre le turc qu'elle ne tarda pas à parler avec une grande pureté. Elle obtint du sultan Achmet III la permission de visiter le sérail, et se lia avec la sultane favorite Fatima, qui lui fit connaître en détail l'intérieur de cette prison féminine; mais il ne parait pas vrai, comme on l'a imprimé, qu'Achmet se soit épris de la spirituelle anglaise. Son mari ayant été rappelé au bout de trois ans, elle revint avec lui par la Méditerranée, Tunis, Carthage, Gênes et la France, après être allée par la Hollande, l'Allemagne et la Hongrie; elle rentra en Angleterre rapportant les matériaux de ce curieux et spirituel récit de ses voyages, qui fut publié après sa mort, sous forme de lettres, et les procédés de l'inoculation de la petite vérole qu'elle avait vu pratiquer à Belgrade, et qu'elle fit adopter en Angleterre. Sa maison de Twickenham, à 3 lieues de Londres, devint alors le rendez-vous des hommes les plus illustres de la littérature anglaise. Pope, Addisson, Steele, Young, etc., se pressaient dans ses salons; mais ses opinions énergiquement prononcées en faveur des wighs lui valurent la persécution des tories, au point qu'elle fut obligée de quitter l'Angleterre, et de se réfugier à Venise où elle vécut 22 ans. Elle ne retourna dans sa patrie que pour y mourir. Ses lettres furent publiées en 1763 par Cléland, 3 vol. in-12. L'édition de 1767 contient un volume de plus, mais il paraît apocryphe. Les lettres sont suivies de quelques poésies. Les unes et les autres ont été traduites deux fois en français 1804, 4 vol. in-12; 1805, 2 vol. même format. — 5º MONTAGUE (*Edouard* WORTLEY), fils aîné de la précédente, est moins connu pour son *Histoire des anciennes républiques* que par les aventures singulières de sa vie. Placé à l'école de Westminster, il en disparaît un beau jour, et après beaucoup de recherches on le trouve au service d'un marchand de poisson. Ramené à l'école, il s'échappe de nouveau, s'embarque comme mousse, puis arrivé en Portugal, déserte et se fait conducteur d'ânes. Ramené chez ses parents et placé sous la surveillance d'un homme instruit qui le guide dans ses voyages, il joue, s'endette, passe en France et sa première aventure le conduit dans les prisons du Châtelet. Il parvient à se tirer de ce mauvais pas, retourne en Angleterre, se fait élire membre du Parlement, et semble vouloir vivre avec sagesse en étudiant l'histoire. Mais après la mort de son père, son ardeur aventureuse reprend le dessus, et le voilà parcourant de nouveau l'Italie, la Syrie, l'Égypte, l'Arménie, l'Asie-Mineure, Musulman à Constantinople, et se conformant à tous les usages des Turcs. Il alla mourir à Venise en 1776. Une notice détaillée sur cette vie romanesque a été insérée dans l'Histoire du comté de Leicester, et réimprimée dans les Anecdotes littéraires du xviiie siècle par J. Nichols, Londres, 1812.

MONTAIGNE (Michel de), un des plus célèbres écrivains et philosophes français, naquit en 1533, au château de Montaigne, en Périgord. Sa première éducation, dirigée avec un soin extrême par la tendresse et le dévouement de son père, fut celle d'un lettré à venir, mais d'un lettré comme les concevais son siècle. Encore enfant, il s'exprimait en belles périodes latines, et l'étude du grec faisait un de ses jeux. Mis au collége dans sa septième année, il n'avait plus rien à y apprendre dès la treizième. Il s'adonna ensuite au droit, et fut pourvu à sa majorité d'une charge de conseiller au parlement de Bordeaux, compagnie savante où son érudition précoce ne devait point se trouver déplacée. Mais bientôt lassé des fatigues de cette magistrature, il ne la conserva que peu de temps, et après un mariage qui paraît avoir augmenté sa fortune, il se retira dans son château de Montaigne qu'il embellit à sa guise pour y passer le reste de sa vie dans un repos mêlé parfois d'étude et de méditation. — Le fruit de ces loisirs fut le livre des Essais, qui parut en 1580, dans la 47e année de l'auteur, et qui obtint presque aussitôt la célébrité qu'il a conservée.

Ce livre extraordinaire a la forme d'un recueil de pensées sur des sujets divers, si dépourvus d'ordre et de liaison, que l'auteur semble ne connaître d'autre guide que le caprice de sa fantaisie. Mais quelle que soit la question qu'il aborde, il cherche à l'approfondir et déploie en la traitant une richesse de connaissances littéraires égale à sa vigueur de pensée. Cependant cette pensée est presque toujours sceptique et porte ainsi le cachet de ce seizième siècle où toute doctrine semblait ébranlée. La génération à laquelle appartient Montaigne suit de près celle à laquelle ont appartenu Rabelais et Calvin. Il n'a ni les élans railleurs du premier ni la violence fougueuse du second. Son esprit est déjà calme, car il vient après la période d'effervescence où bouillonnaient les idées nouvelles ; il n'y a plus d'ardeur volcanique dans les têtes fortes, mais la pensée humaine reste troublée ; l'ordre ne s'est pas rétabli dans la science, et si la philosophie scolastique a perdu son empire, aucune lumière vive n'éclaire encore les intelligences incertaines. Montaigne est donc sceptique, car il n'a pas en lui cette énergie que demanderait la conquête des grandes vérités. Jamais l'égoïsme paresseux d'une nature molle et sensuelle ne captiva plus complètement un esprit supérieur. — Nous n'aurions pas le droit de juger sévèrement le scepticisme de l'auteur des Essais si, après s'être posé la question dont il fit sa devise : « Que sais-je ? » il prenait à cœur de sortir de cette incertitude et de cette confusion qui caractérisent son époque. Mais son tort est de s'y résigner et de se mettre pour ainsi dire à l'aise dans son hésitation comme dans un repos légitime de l'intelligence. Ce n'est pas qu'il n'ait bien reconnu comment l'homme pourrait atteindre à une connaissance plus positive de la vérité : rejeter tout système pour ne consulter que la raison, telle est la première loi qu'il s'impose ; la seconde est d'observer la nature et de s'appuyer sur elle. Mais quand la nature et la raison se trouvent en lutte, quand l'esprit devrait imposer un frein à la brutalité des sens, Montaigne hésite encore, et le plus souvent même il donne gain de cause au sensualisme le plus absolu en refusant à l'intelligence l'empire sur l'instinct. Prompt à se défier de ses lumières et presque de sa conscience, il brise dans les mains de l'homme les armes de la sagesse, sans trop s'effrayer de le livrer à tous ses penchants. Les erreurs de la raison lui inspirent une pitié dédaigneuse, tandis qu'il se réconcilie assez facilement avec les faiblesses de la nature, sur lesquelles il a si bien pris son parti, qu'il ne semble même plus les regretter. De là chez lui une double tendance : d'une part le doute philosophique avec tous ses avantages, de l'autre l'indifférentisme moral avec tous ses dangers. Mais comme il ne fait qu'indiquer en souriant cette molle indifférence, le relâchement de ses opinions paraît conserver une certaine mesure, et ce qui ressort dans son livre, c'est la hardiesse et la franchise de la pensée, la finesse et la profondeur de l'observation, la vigueur et la grâce d'un esprit que n'enchaîne nulle contrainte et qui trouve une source inépuisable de richesses dans l'instruction que l'étude lui a donnée et qu'il prodigue en se jouant. — Le livre de Montaigne offre donc un charme qu'on ne trouve point d'ordinaire aux écrits philosophiques, et qui suffirait pour expliquer son succès, quand même l'imperfection et le danger de ses doctrines éveilleraient la sévérité de la censure. Aussi les *Essais* eurent-ils plusieurs éditions du vivant même de leur auteur. Encouragé par la vogue de son ouvrage, il y fit chaque fois des changements notables, sans trop le grossir cependant, car il n'y ajouta qu'un petit nombre de chapitres. Comme il n'y a rien de régulier dans la forme de son livre et que le décousu de sa manière répond à ce vagabondage d'esprit qui est le propre du scepticisme, les morceaux dont il grossit son recueil n'ont pas même besoin de se rattacher directement aux autres. Leur lien général est dans la conformité d'objet, Montaigne peignant toujours la nature humaine d'après lui-même. Malheureusement ce portrait fidèle et minutieux semble nous le montrer un peu déchu dans sa vieillesse, comme s'il subissait l'empreinte fatale de ses propres doctrines. Il y avait de la tendresse et de la douceur dans son âme pendant la première moitié de sa vie : il s'était montré fils reconnaissant, ami pieux, père sensible. Dans son arrière-saison, le sensualisme qu'il professe dessèche son cœur et semble affranchir sa nature. L'honnêteté est même assez ouvertement bravée dans quelques uns de ses derniers chapitres ; on y trouve des obscénités grossières qui prouvent un profond mépris de toute pudeur, et il avoue sans balancer qu'il irait plus loin encore s'il n'était retenu par la crainte du blâme : « Je dis vray, s'écrie-t-il, non pas tout mon saoûl, mais autant que je l'ose. et je l'ose un peu davantage en vieillissant. » Il ne se fait pas plus scrupule d'afficher un système d'égoïsme qui bornerait ses sympathies aux intérêts de son bien-être, ses affections à lui-même, et sa patrie à sa maison. Mais ici les torts de son imagination téméraire semblent aller beaucoup plus loin que son indifférence réelle pour les devoirs de la famille et de la société, et la conduite de l'homme vint bientôt démentir les maximes du sceptique, car on le vit à cette époque remplir avec grand honneur pendant trois ans les fonctions assez difficiles de maire de Bordeaux.

Si Montaigne n'est pas exempt de reproche comme philosophe, on ne peut lui donner que des éloges comme écrivain. Il est le premier des prosateurs français qui travaille fortement son style et qui sache donner à sa pensée cette perfection de forme et d'expression si remarquable

chez les anciens. L'art chez lui est peut-être la préoccupation dominante : car il nous apprend lui-même qu'il revenait sur chaque morceau, sur chaque phrase, jusqu'à ce qu'il obtînt le degré de force et de vivacité que demandait l'idée, tandis qu'il se laissait aller aux caprices de son imagination dans l'examen des questions philosophiques, et qu'il lui arrivait souvent de passer du pour au contre, sans trop s'inquiéter des motifs de ce changement. Nous ne saurions mieux caractériser l'abandon avec lequel il se laissait ainsi entraîner d'opinion en opinion, qu'en répétant ce qu'il a la sincérité d'en dire lui-même : « En mes écrits, je ne trouve pas toujours l'air de ma première imagination : je ne sçay ce que j'ay voulu dire, et m'échaude souvent à corriger et y mettre un nouveau sens, pour avoir perdu le premier qui valait mieux. Maintes fois ayant pris exercice et ébat à maintenir une opinion contraire à la mienne, mon esprit tournant et s'appliquant de ce côté là m'y attache si bien que je ne trouve plus la raison de mon premier avis et m'en dépars..... Les écrits des anciens me tentent et me remuent quasi où ils veulent ; celui que j'oy me semble toujours le plus roide ; je les trouve avoir raison chacun à son tour, quoiqu'ils se contrarient. » Parmi les auteurs dont le talent lui inspire cette admiration si profonde, ceux qu'il préfère à tous, sans leur attribuer pourtant la supériorité du génie, sont Plutarque et Sénèque. Ce sont pour lui des compagnons de chaque jour, dont il avoue ne pouvoir se passer. Dans son enthousiasme pour eux, il désespère parfois de jamais égaler, dans l'art de l'expression, ces admirables modèles ; mais il ne se rend pas justice, car il parvient, à force de talent, à féconder le langage stérile de son époque, sans recourir, comme Rabelais, au néologisme, et sans se contenter de l'élégance douce et simple d'Amyot. Partout il offre une richesse d'images, une vivacité d'allures, une vérité d'expression, qui permettraient de lui appliquer l'éloge qu'il donne aux poètes latins : « Quand je voy ces braves formes de s'expliquer, si vives, si profondes, je ne dis pas que c'est bien dire, je dis que c'est bien penser. »

Outre les *Essais*, on a encore de Montaigne un *Voyage en Italie*, journal dicté à son valet de chambre, et qui n'offre d'intérêt que grâce à un petit nombre de morceaux où la verve de l'écrivain se fait jour au milieu des détails insipides d'un récit monotone. La santé de l'écrivain s'était altérée d'assez bonne heure, et malgré des ménagements excessifs, il la vit décliner avant l'âge ordinaire. Il mourut à cinquante-neuf ans, léguant ses armoiries à Charron qui était à quelques égards son disciple. MOKE.

MONTAIGU : noble famille de l'Auvergne, dont plusieurs membres se rendirent illustres tant dans l'église que dans l'armée. Nous citerons : — MONTAIGU (*Guérin* de), 14e grand-maître de l'ordre des hospitaliers de Saint-Jean de Jérusalem, qui résidait alors à Ptolémaïs, successeur de Geoffroy Le Rat (1208). Il amena des secours aux chrétiens d'Arménie attaqués par Soliman, sultan d'Iconium, remporta quelques avantages, prit Damiette en 1219, et connaissant la mauvaise foi des Sarrazins, engagea, en 1228, le pape à rompre la trève qu'il avait conclue avec eux. Il mourut 2 ans après. — MONTAIGU (*Gilles-Aycelin* de), archevêque de Narbonne en 1290, et plus tard élevé au siége de Rouen. Dans la querelle de Boniface VIII et de Philippe-le-Bel, il se mit du côté du roi, prit part à la condamnation des Templiers, et y gagna d'être nommé grand chancelier de France. C'est lui qui établit en 1314, dans la rue des Sept-Voies, à Paris, le collége qui porta son nom, et qui fut si célèbre par ses études et par la misère proverbiale des *Capettes* ou *Galoches*, ses écoliers. Il mourut en 1318. — MONTAIGU (*Gilles-Aycelin* de), arrière-neveu du précédent, fut évêque de Therouane, chancelier de France sous le roi Jean qu'il suivit en Angleterre, et proviseur de Sorbonne. Un instant disgracié par le roi dont il ne voulait pas servir les prodigalités envers les seigneurs anglais, il fut réintégré dans ses fonctions en 1360, et l'année suivante nommé cardinal par Innocent XI. Le pape Urbain VI le choisit pour travailler à la réforme de l'Université de Paris, entreprise importante et difficile qu'il commença avec succès, mais qu'il ne put achever. Il mourut à Avignon en 1378. — MONTAIGU (*Pierre-Aycelin* de), père du cardinal, et plus connu sous le nom de cardinal de Laon, fut après lui proviseur de Sorbonne. Il releva de ses ruines le collége de Montaigu, et mourut en 1389.

MONTAIGU (JEAN), d'une famille autre que la précédente, était fils d'un maître des comptes. Il eut longtemps, en qualité de surintendant des finances, la principale administration des affaires sous Charles V et sous Charles VI. Son orgueil le perdit. Il se fit investir en 1408 de la charge de grand-maître de France, et par ses violences dans cette haute fonction acheva d'irriter les esprits contre lui. Le roi de Bourgogne et le roi de Navarre qui lui avaient surtout voué une haine mortelle, profitèrent de la démence du roi qui laissait Montaigu sans protecteur. Sous l'accusation de divers crimes plus ou moins imaginaires, ils le firent arrêter le 7 octobre 1409, et exécuter dix jours après. Son corps fut attaché au gibet de Montfaucon qu'il avait fait réparer. Mais trois ans après son innocence fut reconnue, et sa mémoire réhabilitée. Son fils qui avait épousé la fille du connétable Charles-d'Albret, fut tué en 1415 à la bataille d'Azincourt, et ne laissa pas de postérité.

MONTALEMBERT (MARC-RÉNÉ, marquis de): général français, né à Angoulême en 1714, de la même famille que le maréchal d'Essé. Il entra au service à 18 ans, fit plusieurs campagnes en Allemagne, et fut attaché à l'état-major des armées de Suède et de Russie pendant la guerre de sept ans. Il combattit dans plusieurs publications les idées de Vauban, et lutta énergiquement pour faire substituer le système des casemates à celui des bastions. Son principal ouvrage : *Fortification perpendiculaire* ou *l'art défensif supérieur à l'offensif*, 1776-96, 11 vol. in-4o, souleva contre l'auteur de violentes attaques de la part des ingénieurs. Il fut chargé, en 1779, de la construction d'un fort dans l'île de Ré, réussit malgré les prédictions contraires, et économisa plusieurs millions. A la révolution, Montalembert se rallia au gouvernement républicain. Il mourut en 1800, doyen de l'Académie des sciences à laquelle il appartenait depuis 53 ans. On a de lui, outre l'ouvrage cité, divers écrits de polémique à ce sujet, et une *Correspondance pendant les guerres de 1757*. Il a encore laissé quelques opérascomiques et des poésies. Son Éloge a été publié par Delisle de Salec et de La Platière.

MONTAN et MONTANISTES. Montan naquit, vers le milieu du IIe siècle, dans un bourg de la Phrygie appelé par les uns Ardaban ou Ardabau, et par les autres Ardabad. Saint Jérôme croit qu'il était eunuque. On l'accusa d'avoir embrassé la religion chrétienne pour parvenir aux plus hautes dignités ecclésiastiques. Son ambition trompée ne fit que s'irriter et s'accroître, et il aspira à l'honneur de devenir le chef du christianisme. Il établit une distinction entre le Saint-Esprit et le Paraclet. Le Saint-Esprit, conformément à la promesse de Jésus-Christ, était descendu sur les apôtres le jour de la Pentecôte, et leur avait révélé les vérités que les hommes de cette époque pouvaient supporter. Le Paraclet devait enseigner des vérités plus parfaites. Montan se présentait comme l'interprète de ce Paraclet, ou bien comme ce Paraclet lui-même. — Cet hérésiarque ne touchait point au symbole, mais il exagérait la morale du christianisme et la discipline de l'Eglise. L'Eglise, exerçant les pouvoirs que J.-C. lui avait conférés, remettait même les plus grands crimes, lorsqu'ils avaient été expiés par la pénitence. Montan déclarait que l'idolâtrie, l'homicide et l'adultère étaient des péchés que Dieu seul pouvait remettre ; que ceux qui s'en étaient rendus coupables ne pouvaient être absous ni par les prêtres, ni par les évêques ; que les seuls péchés rémissibles étaient les péchés journaliers, tels que les injures en paroles ; le jurement vain, le mensonge par honte ou par nécessité. L'Eglise, docile aux conseils de saint Paul, autorisait les secondes noces : Montan les condamnait comme des adultères. Pour échapper à la persécution, les chrétiens avaient recours quelquefois à la fuite, que J.-C. avait permise ; aux yeux de Montan, cette fuite ne différait guère de l'apostasie : le chrétien devait braver la mort et se présenter au martyre. L'Eglise n'avait établi qu'un seul carême ; Montan en imposa trois fort rigoureux : les jeûnes qu'il prescrivait étaient extraordinaires ; pendant deux semaines la xérophagie était obligatoire, c'est-à-dire qu'il fallait s'abstenir non seulement de la chair et du vin, mais encore des fruits vineux et succulents. Montan institua une hiérarchie qui différait essentiellement de celle de l'Eglise. Elle renfermait trois degrés : les patriarches occupaient le premier rang, les *cénones* étaient au second, les évêques au troisième. Pépuze, dans la Phrygie, petite ville suivant les uns, maison de campagne suivant d'autres, était sa capitale qu'il nommait Jérusalem. C'est là qu'il demeurait avec Prisce ou Priscille et Maximille. Maximille y avait reçu les premières inspirations du Paraclet. Ces deux dames, nobles et riches, s'étant attachées à Montan, se constituèrent prophétesses, et abandonnèrent leurs maris.

Plusieurs causes contribuèrent au succès des prédications de Montan. Saint Paul avait dit : « Nous connaissons en partie et nous prophétisons en partie. » Montan abusait de ce passage pour soutenir que la prophétie devait être dans l'Eglise une source de nouvelles vérités. « Il passait pour constant, dit Fleury, que le don de prophétie n'avait point cessé dans l'Eglise, et devait y durer jusqu'à la fin. Quadrat et Ammie de Philadelphie, qui avaient été de vrais prophètes catholiques, venaient de mourir. Montan et ses deux compagnes se présentaient à propos pour recueillir leur succession. Dieu, en se révélant aux hommes, a proportionné ses révélations à leurs dispositions et à leur état. Il leur a donc dispensé par degrés, avec une sorte d'économie, les vérités qui doivent les élever à la perfection. Les vérités enseignées aux Juifs par Moïse étaient moins parfaites que celles qui plus tard furent annoncées par les prophètes. La révélation de J.-C. l'emporte sur les enseignements de ces derniers. De plus, le Sauveur avait dit souvent à ses disciples qu'il avait encore des choses importantes à leur dire, mais qu'ils n'étaient pas encore en état de les entendre. Montan se prévalait de cette sage économie de la Providence pour conclure que le Saint-Esprit, répandu sur les apôtres le jour de la Pentecôte, avait, par de sages raisons, dévoilé imparfaitement certaines vérités, et qu'il était réservé au Paraclet de perfectionner l'Evangile.

La rigidité de sa morale dut lui attirer des prosélytes : une morale sévère a la puissance d'éveiller dans les âmes de vives sympathies ; les hommes qui la professent inspirent de la confiance et commandent le respect. Les persécutions rendaient odieux aux chrétiens l'empire romain. Montan prédisait la ruine prochaine de cet empire. Priscille et Maximille étaient riches, Montan se servit de leur fortune pour corrompre la foi des églises. L'habile hérésiarque faisait tourner au profit de ses erreurs son ignorance et ses infirmités : son esprit n'avait pas été cultivé ; il proscrivit la philosophie, les lettres, les arts. Il était sujet à des attaques d'épilepsie ; il donna ses convulsions pour des signes de l'action surnaturelle du Paraclet. Montan se faisait gloire de compter des martyrs parmi ses disciples.

L'hérésie de Montan fit de grands ravages dans l'Eglise : elle gagna presque toute la Phrygie, se répandit dans la Lydie, dans la Cilicie, dans la Galatie, pénétra dans l'Afrique, où elle séduisit Tertullien, qui publia pour la défendre ses livres *Du Jeûne, De la Chasteté, De la Monogamie, De la Fuite dans les persécutions.* Si l'on en croit Tertullien, le pape lui-même aurait été un instant favorable à Montan ; mais Praxéas l'aurait bientôt ramené à d'autres sentiments. On croit que Tertullien finit par abandonner les montanistes, sans condamner cependant leurs erreurs. — Si l'hérésie de Montan fut embrassée par de nombreux partisans, elle trouva aussi de redoutables adversaires, et la vigilance de l'Eglise ne fut pas en défaut : Miltiade et Apollone combattirent les montanistes ; il ne reste de leurs ouvrages que quelques fragments. Les prophéties de Montan ayant été examinées dans un concile d'Hiéraples, vers l'an 180, furent déclarées fausses et profanes. On y réprouva son hérésie, et ses sectateurs furent chassés de l'Eglise et privés de la communion. Montan ne se soumit pas à ce jugement : il forma une société nouvelle qu'il gouverna avec l'assistance de Priscille et de Maximille. Les fondements de l'hérésie de Montan pouvaient être facilement renversés. On voit clairement par l'Evangile de saint Jean (chap. XV et XVI), reçu par cet hérésiarque, que le Saint-Esprit *a enseigné toute vérité*, et que le Paraclet n'es pas différent du

Saint-Esprit envoyé aux apôtres. L'inspiration prophétique exalte les facultés de l'âme, mais ne trouble pas la raison. Le prophète, même sous le feu de l'action divine, conserve, suivant saint Paul, la possession de soi-même. Pouvait-on reconnaître de véritables prophéties dans des extravagances et des convulsions? Le génie de Tertullien s'égara jusqu'à prétendre que le don de prophétie est une violence spirituelle qu'il qualifie de démence. Les adversaires de Montan prouvaient par les faits que ses mœurs et celles de ses disciples, bien loin d'être conformes à sa morale, témoignaient de leur cupidité, de leur avarice, de leur mollesse, de leur mondanité. Leurs prétendus martyrs avaient été condamnés pour leurs crimes. Qu'ils nous montrent, s'écriait l'évêque Astère Urbain, que Montan ou ses prophétesses, ou que quelqu'un de ceux qui ont commencé de parler après eux, aient été persécutés par les Juifs, tués par les païens ou par les impies, pour la cause de J.-C.! Ils n'en sauraient nommer un seul. — Dieu, fait observer Tillemont, laissa Montan abuser les peuples pendant quarante ans au moins, car il vivait encore, aussi bien que Maximille, sous l'empire de Caracalla. On tenait communément que l'un et l'autre se pendirent par l'instigation du malin esprit, et moururent comme Judas, non pas tous deux en même temps, mais lorsque l'heure de chacun d'eux fut venue. Il paraît que Priscille était morte avant l'an 211, et que Maximille mourut vers l'an 219.

Les disciples de Montan mettaient ses prophéties et celles de ses deux compagnes sur la même ligne que les saintes Écritures. Il ne reste de ces prophéties que quelques fragments. L'hérésie de Montan ne périt pas avec lui : pendant plus d'un siècle, elle ruina entièrement la foi catholique dans l'Église de Thyatire ; elle pénétra dans Constantinople, et se soutenait encore dans la Galatie au temps de saint Jérôme. Cette hérésie, fondée sur l'inspiration individuelle, se divisa en plusieurs sectes qui furent quelquefois odieuses ou ridicules. Proculus ou Proclus, Eschine, Quintille, en furent les principaux chefs. Eschine tomba dans le sabellianisme, en réfléchissant sur la prétendue distinction du Saint-Esprit et du Paraclet. Montan, Priscille, Quintille, donnèrent leur nom à leurs sectateurs, qui furent appelés montanistes, priscilliens, quintilliens. On les appelait aussi Phrygiens, Pépuziens, parce que c'était dans ces lieux que l'hérésie s'était principalement établie. Certains montanistes reçurent le nom d'*Artotyrites*, parce que dans leurs mystères ils offraient du pain et du fromage. D'autres furent désignés par les dénominations de *Tascodrougites*, en phrygien, et

Passalorinchites, en grec, parce qu'en faisant leur prière, ils mettaient le doigt devant leur nez pour se fermer la bouche et marquer leur application. L'ABBÉ FLOTTES.

MONTANSIER (MARGUERITE BRUNET, connue sous le nom de Mlle), naquit à Bayonne, en 1730, suivit d'abord une troupe française qui jouait dans les colonies, puis de retour en France, dirigea les théâtres du Havre, de Nantes, de Rouen. Elle obtint en 1775, la direction de tous les spectacles de Versailles. En 1789, elle s'établit au Palais-Royal, dans l'ancienne salle des marionnettes du duc de Beaujolais, théâtre qui, dès-lors, prit son nom, qu'il perdit à la Restauration, pour le reprendre après février 1848. En 1793, elle établit le *Théâtre-National*, rue de Richelieu, en face la Bibliothèque. Elle devint suspecte et fut passagèrement emprisonnée par la police impériale, ce qui entraîna la perte de sa fortune par la ruine de ses entreprises. Elle mourut en 1820.

MONTARGIS : ville de France, chef-lieu d'arrondissement du département du Loiret, et avantageusement assise à la jonction des trois canaux d'Orléans, de Briare et du Loing, à 66 kilom. E.-N.E. d'Orléans, et à 78 S. de Paris. Elle s'étend au pied d'une colline, à l'extrémité d'une plaine vaste et fertile, et s'adosse à une forêt assez étendue qui lui doit son nom. Quoiqu'elle soit de construction assez moderne, puisque l'incendie qui la consuma en 1527, força de la rebâtir tout entière, elle est d'un aspect triste, et ses maisons sont fort irrégulières. Son air, très sain autrefois, est souvent infecté aujourd'hui par les exhalaisons fiévreuses qui s'échappent des eaux dormantes des canaux. Cette ville a gardé une partie de son enceinte fortifiée, mais son château, l'un des plus vastes de France, dont la grande salle, flanquée de six tours, était la plus spacieuse et la plus magnifique qu'on eût jamais vue, a disparu entièrement de 1810 à 1837. Montargis n'offre plus rien de curieux. La Madeleine, son unique paroisse, est pourtant une assez belle église ; elle fut commencée sous le règne de Henri II et achevée seulement en 1607. Elle est remarquable par la hauteur hardie des piliers qui ceignent le chœur et soutiennent les voûtes latérales. La ville ne compte pas plus de 7,500 habitants. On y trouve quelques tanneries, des filatures de coton hydrauliques et à vapeur. Mais le commerce y est surtout actif : le cuir, la laine, les grains et principalement le safran, la cire et le miel du Gatinais, dont Montargis fut longtemps la capitale, en sont les meilleures branches. Montargis est avant tout une ville historique, non pas, comme l'ont écrit ridiculement quelques étymologistes, qu'elle remonte au berger Argus, gardien de la vache Io, non pas même que Clovis soit réellement son fondateur, comme l'avance don Morin, historien du Gatinais ; mais il est certain qu'elle existait déjà dans les premiers siècles de la monarchie sur l'emplacement d'un ancien *castrum*. Le château qui dominait la ville devint bientôt considérable : Louis-le-Gros l'agrandit et le fortifia ; Charles V le fit reconstruire et y fit placer la seconde horloge qu'on eût encore vue en France. Son enceinte fut alors assez vaste pour renfermer 6,000 hommes de garnison. A cette époque Montargis, qui, pendant le XIIᵉ siècle, avait appartenu à la famille impériale et royale de Courtenay, faisait partie du domaine de la couronne ; elle en fut détachée pour entrer dans l'apanage de la maison d'Orléans ; mais en 1419, après l'assassinat du duc Louis, elle fut de nouveau réunie au domaine royal. En 1427, elle soutint un long et rude siége contre les Anglais. La Hire et Dunois la délivrèrent, au moment où les habitants, à bout d'héroïsme, allaient céder à la famine. La ville, en récompense de sa belle défense, fut exemptée, par Charles VII, de tous impôts, sauf la gabelle. Le parlement chargé de juger le duc d'Alençon, complice des rébellions du dauphin, tint ses assises à Montargis, en 1459. Renée de France, fille de Louis XII, qui avait reçu en douaire la ville et le château, s'y retira après la mort d'Hercule d'Est, son mari, et en fit le quartier-général du calvinisme naissant. Elle y mourut, le 15 juin 1575, après avoir vu plus de 500 coreligionnaires chassés de Montargis, par l'ordre des Guises. En 1608, Henri IV séjourna quelques semaines au château avec Marie de Médicis. En 1652 le prince de Condé prit, par surprise, la ville et le château, qui tenaient pour le roi. Ed. F.

MONTAUBAN, *Mons aureolus* ou *Mons albanus :* chef-lieu du département de Tarn-et-Garonne, sur le Tarn, à 678 kil. S.-S.-O de Paris. Il compte 24,000 habitants environ, et possède un évêché, une des deux Facultés de théologie protestante de la France, un musée, une jolie bibliothèque et un théâtre. Sa cathédrale, assez remarquable et à laquelle certains auteurs ont assigné une grande antiquité, ne paraît dater néanmoins que du XVIIᵉ siècle. La ville elle-même ne fut fondée qu'en 1114, par Alphonse, comte de Toulouse. Sa position sur le Tarn qui se joint à la Garonne près de Moissac, fournit un débouché facile aux produits de ses nombreuses fabriques de cadis, de draps, de serges, etc. Montauban fait en outre un commerce assez important de grains, de farines et de volailles. Cette ville, aujourd'hui charmante avec ses belles promenades et sa ceinture de boulevarts plantés d'arbres comme ceux de Paris, était une des places les plus importantes des Calvinistes. Montluc l'assiégea vainement en 1580, et Louis XIII ne fut pas plus heureux en 1622. Richelieu la prit en 1629, et quelque temps après en fit détruire les fortifications dont il reste encore quelques débris.—L'arrondissement de Montauban a 11 cantons : Caussade, Caylus, La Française, Molières, Montclar, Montpezat, Nègrepelisse, Saint-Antonin, Villebrunier, Montauban qui compte pour deux, et 90 communes dont la population totale est d'environ 107,000 habitants.

MONTAUT (Philippe de), duc de Navailles, Né en 1619, il avait commencé par être page du cardinal de Richelieu, au service duquel il avait abjuré le protestantisme, fait toutes les campagnes d'Italie. Il combattit les Frondeurs avec Turenne et Hocquincourt, et fut ensuite nommé gouverneur de Bapaume, puis envoyé, vers 1658, comme ambassadeur en Italie, où il commandait les troupes françaises à la place du duc de Modène. Dix ans après il partait pour Candie assiégée par les Turcs, mais ne l'ayant pas secourue assez à temps, il fut exilé dans ses terres. Plus tard il aida puissamment à conquérir la Franche-Comté et reçut le bâton de maréchal de France après la bataille de Senef. La paix de Nimègue le ramena en France, et il fut fait gouverneur du duc de Chartres, depuis régent. Il mourut en 1684, ne laissant que des filles. On a de lui des Mémoires qui vont de 1635 à 1683, et ont été publiés à Paris en 1701, in-12. Ed. F.

MONTAUSIER (Charles de Ste-Maur, *duc de*). La droiture et la franchise se sont personnifiées en lui. Né en 1610 d'une très ancienne famille de Touraine, il entra en 1630 dans l'armée, se distingua en Italie, en Lorraine, obtint, à 28 ans, le grade de maréchal-de-camp, fut nommé successivement gouverneur d'Alsace, lieutenant-général, gouverneur de la Saintonge et de l'Angoumois, puis de la Normandie en 1662, duc et pair en 1664, et gouverneur du Dauphiné en 1668. Jamais obstacle ne l'empêcha d'accomplir un devoir ; quand la peste se déclara en Normandie, il résista à toutes les instances de sa famille, qui voulait l'éloigner. La crainte de blesser le roi ou les princes ne l'empêcha jamais de leur dire la vérité. Plus tard, quand il obtint la permission de se retirer tout-à-fait, il dit au jeune prince, en prenant congé de lui : « Monseigneur, si vous êtes honnête homme, vous m'aimerez ; si vous ne l'êtes pas, vous me haïrez, et je m'en consolerai. » Mon-

tausier s'était empréssé d'appeler Bossuet et
Huet auprès du jeune prince, et ce fut lui
qui donna l'idée des belles éditions des classiques latins *ad usum Delphini*, publiées pour cette
éducation. Montausier mourut en 1690; Fléchier
prononça son oraison funèbre, et Molière mo-
dela, dit-on, sur lui sa belle création du *Misanthrope*, éloge plus éloquent encore. La *Vie* de
Montausier a été écrite par Nicol Petit; son
Histoire par Puget de Saint-Pierre; son éloge,
par Gazet, a obtenu le prix de l'Académie-
Française, en 1781.—MONTAUSIER (*Julie-Lucine
d'Angennes de Rambouillet, duchesse de*), femme
du précédent, née en 1607 du marquis de
Rambouillet et de Catherine de Vivonne, fut
une des reines du fameux hôtel de Rambouillet.
Elle fit attendre douze ans le duc de Montausier avant de lui donner sa main. Nommée gouvernante des enfants de France en 1661,
elle quitta cet emploi pour celui de dame d'honneur de la reine en 1664, puis elle renonça à
ces dernières fonctions en 1669, et mourut deux
ans après. C'est pour elle que le duc de Montau-
sieur avait fait exécuter cette fameuse *guirlande
de Julie*, recueil de fleurs peintes par Robert et
de madrigaux fournis par les plus beaux esprits
du temps, et écrit par le calligraphe Jarry qui
en fit trois copies. Montausier avait fourni seize
madrigaux pour sa part, et ce ne sont pas les
meilleurs. L'original se conserve dans la famille
du duc de la Vallière. On l'a imprimé en 1784,
in-8°, p. vel., Didot; et en 1818, in-18, avec
figures coloriées. (*Voy.* RAMBOUILLET (*hôtel de*).

MONTAZET (ANTOINE DE MALVIN de), archevêque de Lyon, naquit en 1712 dans le diocèse d'Agen. Fitz-James, évêque de Soissons,
dont il devint le grand-vicaire, le fit nommer
aumônier du roi. Il fut élevé en 1748 au siége
épiscopal d'Autun, et en 1775 à l'archevêché de
Lyon. A peine parvenu à ce poste éminent, il
cassa, en se fondant sur son titre de primat des
Gaules, l'ordonnance portée par l'archevêque de
Paris contre les Sœurs hospitalières, ce qui occasionna de grandes contestations. Montazet
pour se justifier publia en 1760 une *Lettre à l'archevêque de Paris*. Il fit de Lyon la place forte
du jansénisme, et s'entoura des plus zélés appe-
lants. Il publia plusieurs ouvrages pour favoriser le triomphe de ses idées. Nous citerons :
Instructions pastorales contre Berruyer, 1763;
Instructions sur les sources de l'incrédulité, 1776;
un *Rituel*; une *Philosophie* dite de Lyon, rédigée
par le père Vallat; une *Théologie* par le même,
qui fut enseignée dans tout son diocèse. Les dernières années de son épiscopat furent signalées
par les excès des convulsionnaires à Lyon. Montazet mourut à l'âge de 76 ans. O. K.

MONTBARD : ville de France, département
de la Côte-d'Or, arrondissement et à 13 kilom.
de Semur, chef-lieu de canton, sur la Brenne et
le canal de Bourgogne : population, 2,200 habitants. Elle est bâtie en amphithéâtre, et a des
rues escarpées et irrégulières. Le canal y forme
un grand bassin et un port qui sont animés par
un commerce assez actif, surtout en bois et en
fer. Il y a un troupeau de mérinos, des tanneries, une fonderie de fonte pour mécaniciens,
des fabriques de lacets; on y vend du pain d'é-
pice et du chanvre estimés. Mais ce qui rend
cette ville surtout intéressante, c'est qu'elle a
produit l'illustre Buffon et le savant Daubenton.
On conserve, parmi les restes ou les dépendances de l'ancien château de Montbard, la tour
où est né le premier de ces naturalistes, son
cabinet d'histoire naturelle, et, sur une terrasse,
son cabinet d'étude. E. C.

MONTBARREY (ALEXANDRE-MARIE-
LÉONOR de SAINT-MAURICE, prince de), issu
d'une des plus nobles familles de la Franche-
Comté, naquit à Besançon le 20 avril 1732. A
12 ans il obtenait une compagnie dans le régiment de Lorraine, dont sa belle conduite à Fribourg, où il fut blessé, le rendit bientôt digne.
En 1749, il était fait colonel, et 8 ans après il
recevait le commandement du régiment de la
Couronne, à la tête duquel, en 1762, il enlevait
au duc de Brunswick 6 pièces de canons dont le
roi lui fit don. Promu, à la paix de 1765, au grade
de capitaine des Cent-Suisses, il devint réellement le premier officier de la maison du roi. En
1776, on l'adjoignit comme conseil à M. de St-
Germain, ministre de la guerre, qu'il remplaça
tout à fait l'année suivante. C'est pendant son
ministère que l'expédition d'Amérique fut entreprise. M. de Ségur lui succéda en 1780. Il
faillit être une des premières victimes de la révolution. Le 14 juillet 1789, le peuple le prit
pour M. de Launay, gouverneur de la Bastille;
on le traîna à la place de Grève, et il aurait été
massacré si M. de la Salle ne l'eût reconnu et
sauvé. Il émigra de bonne heure, et mourut à
Constance, le 5 mai 1796.

MONTBAZON : ville de France, département d'Indre-et-Loire, arrondissement et à 14
kil. S. de Tours, sur la rive gauche de l'Indre:
population 1,100 habitants. Elle est remarquable
par son commerce de grains, par la poudrerie et
raffinerie du Ripault, et surtout par l'ancienne
seigneurie à laquelle elle donna son nom, et qui
entra dans les domaines de la maison de Rohan
au xv° siècle, pour ensuite érigée en comté,
puis en duché en faveur de Louis VI de Rohan-Gué-
ménée, en 1588. — Parmi les personnes qui ont
porté ce nom, on connaît principalement Marie

de Rohan-Montbazon, duchesse de Chevreuse, célèbre par son esprit et sa beauté, et par son ascendant sur l'esprit de la reine Anne d'Autriche. E. C.

MONTBÉLIARD, en allemand *Mómpelgard* : ville de France, département du Doubs, chef-lieu d'arrondissement, à 85 kilom. N.-E. de Besançon, sur la Halle et la Luzine, et sur le canal du Rhône au Rhin, dans une plaine fertile, entourée de coteaux plantés de vignes, et dominée par un ancien château : population 5,000 habitants. Il y a dans cette population un assez grand nombre de protestants, et Montbéliard est le siége d'une église consistoriale luthérienne ; on y compte environ 500 mennonites ou anabaptistes. La filature et le tissage du coton ; la fabrication des cotonnades, des verquelures et autres articles de couleur, de la bonneterie de laine et soie ; les teintureries, les tanneries, les chamoiseries, la confection des cordes, des navettes en acier pour tissage mécanique, des articles d'horlogerie et des instruments aratoires en forment la principale industrie ; on y fait commerce de vins, de vinaigres, d'eaux-de-vie, de graines et farines, de fromages, de cuirs. Il y a un grand bassin de déchargement sur le canal, et cette voie de communication favorise l'expédition, pour le Midi, d'une grande quantité de planches de sapin et de chêne, de bois de construction et de merrain. C'est un centre très actif de relations commerciales avec la Suisse. La ville est généralement bien bâtie. On remarque, comme monuments, l'hôtel de ville, les halles, l'église Saint-Martin, dont le plafond n'a aucun soutien pour une longueur de 26 mètres et une largeur de 16 mètres. Il y a une bibliothèque publique de 10,000 vol.

Montbéliard est très ancienne ; on la voit désignée dans les vieilles chartes sous les noms de *Biliardæ, Biligardæ, Mons Pelicardis, Billicardus Mons*. C'était la capitale d'un comté, qui, après avoir fait partie du royaume de Bourgogne, passa avec celui-ci dans les états de Conrad II, empereur d'Allemagne ; il eut ensuite des comtes héréditaires particuliers. En 1395, Eberhard de Würtemberg l'acquit par son mariage avec Henriette, fille et héritière du comte Henri. Elle resta depuis, presque sans interruption, dans la maison de Würtemberg, dont plusieurs membres prirent le titre de princes de Montbéliard, jusqu'en 1796, qu'elle fut définitivement cédée à la France, avec son territoire. Les Français l'avaient occupée momentanément à diverses époques : en 1647, en 1674 où Louis XIV en fit raser les remparts ; de 1723 à 1748, intervalle pendant lequel le comté fut tenu en séquestre ; enfin, en 1793. Montbéliard se glorifie d'avoir donné naissance à George Cuvier et à son frère Frédéric Cuvier. E. C.

MONTBRISON (*géog.*) : petite ville située au couchant de la plaine du Forez, et assez insalubre, à cause du voisinage d'étangs. Elle a eu un certain éclat au moyen-âge : les comtes de Forez y avaient transporté leur cour vers le xiᵉ siècle. Ils y fondèrent une église collégiale, plusieurs communautés, un hôpital, un bailliage qui a produit, à diverses époques, des magistrats et des jurisconsultes célèbres, entre autres les Robertet, les Papou, les Claude Henrys. Montbrison eut beaucoup à souffrir des guerres religieuses ; le baron des Adrets y entra et y commit des atrocités ; les ligueurs s'y maintinrent, bataillant et négociant, même quand la Ligue fut dissoute à Paris. Au xviiᵉ siècle, l'Oratoire y avait un collège d'où est sorti Duguet. Mais la révolution a détruit ce qui faisait la vie et l'importance de Montbrison : cette ville n'a ni industrie, ni commerce, ni routes, ni canaux ; elle a beau être le chef-lieu du département de la Loire, avoir un préfet, des commis, une caserne, un musée, un tribunal de première instance ; tout cela ne lui rend ni l'influence, ni le mouvement, ni l'éclat qu'elle empruntait aux anciennes institutions aristocratiques, et que la centralisation lui a ôtés. C'est, du reste, une ville assez jolie et assez propre, avec des boulevarts, un théâtre, quelques monuments, entre autres l'église de *Notre-Dame*, ancienne collégiale, reste charmant du xivᵉ siècle ; mais une population qui ne dépassse guère 6,000 âmes, de l'herbe dans les rues, et un silence attristant,

MONTCALM DE St-VÉRAN (Louis-Joseph, *marquis de*), lieutenant-général, né au château de Candiac, près Nîmes, en 1712, entra dans la carrière militaire à l'âge de 14 ans. Nommé maréchal-de-camp en 1756, il reçut le commandement en chef des troupes chargées de la défense des colonies françaises, dans l'Amérique septentrionale. Ses campagnes du Canada, en 1756, 57 et 58, furent très glorieuses : une armée peu nombreuse, affaiblie par le froid, la faim et les combats continuels, il soutint la lutte avec avantage, prit des forteresses garnies de troupes nombreuses, disputa le terrain pied à pied, et le 8 juillet 1758, remporta une victoire complète sur le général Abercromby qui avait succédé à lord Loudun. Dans la campagne suivante, Montcalm sollicita vainement des renforts. Sa situation était devenue de plus en plus désespérée. Forcé à un combat inégal sous les murs de Québec, il reçut, dès le commencement de l'action, une blessure mortelle, et mourut deux jours après (14 septembre 1759). Le général Wolf, qui commandait l'armée anglaise, fut tué dans la même affaire, dont les suites furent pour la France la perte entière du Canada. Les restes du général Montcalm furent déposés dans le trou qu'avait fait une bombe ennemie, sépulture digne d'un héros. Dans la suite, le capitaine Bougainville, dans une de ses expéditions, fit placer sur sa tombe une inscription composée par l'académie des inscriptions et belles-lettres. **A. B.**

MONTDIDIER : chef-lieu d'arrondissement du département de la Somme, sur le Dom, à 35 kil. S. S.-E. d'Amiens, avec une population de près de 3,800 habitants. Montdidier qui possédait un palais royal sous les rois de la seconde race, était muni de bonnes fortifications, et fut plusieurs fois assiégé. Parmentier et Farnel y sont nés. — L'arrondissement de Montdidier a 5 cantons : Montdidier, Ailly-sur-Noise, Moreuil, Rosière, Roye, renfermant 147 communes et 69,000 habitants environ.

MONTEBELLO : village des États sardes, dans la province de Voghera, à 2 lieues de cette ville et à 9 lieues E.-N.-E d'Alexandrie. Il est situé près la rive droite du Coppo, affluent du Pô. Le 10 juin 1800, le premier consul Bonaparte y battit l'armée autrichienne commandée par les généraux Melas et Ott. C'est en mémoire de cette action : qui précéda celle de Marengo, que le général Lannes, qui s'y était fait particulièrement remarquer, reçut plus tard le titre de duc de Montebello. **Sicard.**

MONTECUCULLI (Raymond, comte de) : l'un des plus illustres capitaines du XVIIe siècle, né en 1608 dans le duché de Modène. Il fit ses premières armes sous Ernest de Montecuculli, son oncle, qui commandait l'artillerie impériale, et passa par tous les grades avant d'arriver à celui de général. Il avait déjà donné plus d'une preuve de ses talents militaires, lorsqu'il culbuta en 1644, à la tête de 2,000 chevaux, 10,000 Suédois chargés du siége de Nemessau en Silésie. L'année suivante il fut battu par le général Banier, et fait prisonnier à Tabao. Cette captivité de deux années lui fut plus utile que n'aurait pu l'être une nouvelle victoire. Elle lui permit de se livrer à l'étude de son art, et de pénétrer tous les secrets de la tactique. Un éclatant triomphe signala son retour à la liberté. Le général suédois Wrangel, après avoir vaincu les Autrichiens à Sumershausen (17 mars 1648), s'était brusquement rejeté sur la Bohême pour opérer sa jonction avec des troupes alliées ; mais Montecuculli avait prévu ce mouvement, et Wrangel, attaqué avec impétuosité, perdit en même temps la victoire et la vie. Montecuculli reçut en 1657 le titre de maréchal-de-camp-général. Envoyé au secours de Jean Casimir, roi de Pologne, qui avait été attaqué par les Transylvains et les Suédois, il défit les premiers commandés par leur prince Ragotzki, et enleva Cracovie aux seconds. La guerre ayant ensuite éclaté entre la Suède et la Nowége, Montecuculli délivra Copenhague, chassa les Suédois du Jutland, et leur enleva l'île de Fionie. Quelques années après il marcha au secours des Transylvains contre les Turcs ; n'ayant que des troupes indisciplinées et peu nombreuses à opposer aux Musulmans, il temporisa, et sans en venir à un engagement général qni aurait pu tout compromettre, il parvint par d'habiles manœuvres et une prudente lenteur à déconcerter toutes les combinaisons des généraux ennemis. Un corps de 6,000 Français lui permit enfin de porter un coup plus décisif, et le 10 août 1664 il remporta sur les Turcs la célèbre bataille de Saint-Gothard. Un traité de paix fut le résultat de ce beau fait d'armes, et Montecuculli reçut la présidence du conseil aulique. Mais l'épreuve la plus décisive manquait encore à sa gloire. Il ne s'était pas trouvé en présence de Condé et de Turenne. Une guerre nouvelle lui permit de se mesurer avec eux. En 1673, il fut chargé d'arrêter leur marche victorieuse, et de réunir ses forces à celles du prince d'Orange. Turenne passa le Rhin pour empêcher la jonction des deux armées, et Montecuculli opposant aux habiles manœuvres du général français des manœuvres non moins savantes, parvint à passer sans être obligé d'en venir aux mains. L'année suivante, le commandement lui fut cependant retiré. Mais Léopold comprit que lui seul pouvait tenir tête à Turenne, et en 1675 il reçut l'ordre de marcher sur le Rhin. Pendant quatre mois les deux rivaux toujours en présence, se suivant, s'observant sans cesse, luttant de ruse, de science et d'habileté étonnèrent l'Europe par les ressources de leur génie, donnant ainsi, dit Folard, le spectacle de la campagne la plus belle qui eût jamais été exécutée. On attendait avec anxiété l'issue d'une lutte dont rien ne pouvait faire augurer l'issue, lorsque les deux armées également harassées, manquant de vivres et de fourrages, se préparèrent enfin à la bataille. Mais Turenne fut tué par un boulet au moment où il allait reconnaître devant Salzbach l'emplacement d'une batterie qu'il voulait établir (27 juillet). Montecuculli apprit avec douleur la mort de l'illustre capitaine, qu'il appelait un homme au dessus de l'homme, et profitant du mouvement en arrière que fit alors l'armée française, il lui enleva quelques postes, et allait s'emparer de plusieurs places importantes de l'Alsace, lorsque Condé vint arrêter sa marche et le repoussa sur la rive droite du Rhin. Montecuculli était alors âgé de 66 ans. Il se retira à Vienne où il vécut dans un noble repos consacré à protéger les lettres et les arts, et mourut à Lintz en 1680. C'est à lui que l'Autriche dut l'établissement dans l'armée de la discipline qui n'y était auparavant que trop souvent méconnue. — On a de lui des Mémoires qui lui ont valu le nom de *Végèce moderne;* ils ont été traduits en français par Adam, et Turpin de Crissé en a donné, en 1759, un commentaire estimé; il a laissé en outre un *Traité de l'art de régner;* un *Mémoire* inséré dans le recueil de l'Académie des sciences de Turin.

MONTEFIASCONE, anciennement *Mons Physcon :* ville des Etats de l'Église, dans la délégation et à 22 kilom. N.-O. de Viterbe, près de la rive orientale du lac de Bolsena et siége d'un évêché; population 5,000 habitants. La cathédrale, située au sommet d'une montagne, offre un dôme d'un effet imposant. Le célèbre abbé Maury a été évêque de Montefiascone. Les environs produisent du vin muscat renommé, et l'on y remarque un lac sulfureux. E. C.

MONTELEONE, anciennement *Hipponium*, *Vibo* ou *Vibona-Valentia :* ville du royaume de Naples, dans la Calabre ultérieure 2ᵉ, à 47 kilomètres S.-O. de Catanzaro, près du golfe de Santa-Eufemia; population 10,000 habitants. Cette ville fut fondée par l'empereur Frédéric II; le tremblement de terre de 1783 la détruisit presque entièrement. — Il y a une ville du même nom dans la Capitanate. E. C.

MONTÉLIMAR : ville de France, chef-lieu d'arrondissement du département de la Drôme, sur le Robiau, à une lieue des bords du Rhône, à 10 lieues S. de Valence, et à 5 S.-E. de Privas. Suivant quelques auteurs c'est une des anciennes villes des Cavares, qui la nommaient *Accesionem Colonia.* Ce qu'il y a de constant c'est qu'elle a reçu son nom des Ad'hemar de Monteil, ses anciens seigneurs, *Montilium Ad'hemari.* Sa population est de 7,600 habitants. Montélimar, grâce à son heureuse situation, fait un commerce assez actif d'huile de noix, de miel, de cire, de soies ouvrées ou en trame, de graines fourragères, de vin. Elle possède une bibliothèque, une vieille citadelle, des fabriques de liqueurs, de toiles et d'ouvrages de vannerie, des tanneries et des maroquineries estimées ainsi que des chamoiseries, des filatures de soie; son nougat blanc a du renom. On voit dans ses environs des prairies dont le système d'irrigation mérite de fixer l'attention, des vignobles où la récolte du vin est considérable, de belles magnaneries, des fours à chaux, des tuileries, et une source minérale assez abondante.

Montélimar, au temps des guerres religieuses, eut beaucoup à souffrir; en 1567 elle tomba au pouvoir des calvinistes. Les catholiques parvinrent à les en chasser; toutefois la ville ne commença à jouir de quelque tranquillité que sous Henri IV. Is. J.

MONTEMAYOR (*Georges de*) : poète espagnol né, vers 1520, à Montemayor, village des environs de Coïmbre, en Portugal, d'une famille obscure. Il n'étudia sous aucun maître; mais son goût naturel suppléa chez lui à l'absence d'instruction. Engagé dans la milice, il prit le nom de sa ville natale, le seul sous lequel il soit connu; se fit attacher comme chanteur à la chapelle de l'infant, depuis Philippe II, voyagea à ce titre en Italie, en Allemagne et dans les Pays-Bas, et se familiarisa avec l'idiome catalan, qu'il préféra, dans ses écrits, au dialecte de sa patrie. Une passion violente et contrariée lui inspira les premiers vers de son fameux roman de *Diane*, tout imprégné des sentiments qui débordaient chez lui. Des longueurs, des invraisemblances, le vide de l'action, déparent souvent cet ouvrage; mais la passion en est vraie, le style spirituel sans cesser d'être simple, élégant sans être recherché; la poésie en est douce, colorée, souvent charmante. L'ouvrage, bien qu'inachevé, eut un retentissement immense, non seulement en Espagne, mais dans toute l'Europe, et c'est de l'imitation de la *Diane* que naquirent, dans la plupart des littératures, ces romans pastoraux qui les amollirent au commencement du XVIIᵉ siècle. La Hollande, l'Allemagne, l'Italie, traduisirent la *Diane* avec empressement. On n'en compte pas moins de six traductions françaises. Il en existe une version latine. La reine de Portugal s'empressa de rappeler à sa cour un poète qui faisait tant d'honneur à sa patrie, et lui assigna un emploi honorable. Il mourut en 1562. La dernière édition de la *Diane* est de 1795, Madrid, in-8º. Alonzo Polo et Gil Perez l'ont continuée, et Cervantès l'a imitée.

MONTENEGRO ou **MONTENERO.** C'est le nom italien d'un pays qu'on nomme en slave *Czerna-Gora*, en albanais *Mal-Isis*, en turc *Cara-Dagh*, et qu'on pourrait appeler en français *Montagne-Noire.* Cette contrée montagneuse est située dans l'O. de la Turquie d'Europe, entre la Bosnie au N., l'Albanie à l'E. et au S., et la Dalmatie à l'O. Elle a environ 1375 kilom. carrés. Les Alpes Dinariques la couvrent partout de leurs ramifications; l'aspect noirâtre des sapins dont sont revêtues ces montagnes a motivé le nom donné au pays. Le Montenegro appartient au bassin de l'Adriatique, à laquelle il envoie ses eaux par le lac de Scutari situé sur la limite S.-E. Les vallées et les coteaux sont assez fertiles, mais l'agriculture est négligée, et du reste les femmes seules sont chargées de ce travail. Le blé ne suffit pas à la consommation; on récolte d'excellents fruits, le gibier est très commun, et les petits lacs que forme le Ricovernovich, une des principales rivières du pays, abondent en *scoranze*, poisson assez semblable aux sardines, et dont il se fait des salaisons. On exporte beaucoup de moutons, des bêtes à cornes, et une quantité considérable de fromage. Le commerce se fait principalement avec Cattaro et Budua. — Les Montenegrins, au nombre d'environ 40,000 sont d'origine slave et parlent la langue serbe; ils forment une population belle, courageuse, enthousiaste de l'indépendance, mais peu civilisée, et très souvent livrée au brigandage. Du reste, leur amitié est inviolable et leur hospitalité parfaite. Ils peuvent mettre 12,000 hommes sous les armes. Ils professent la religion grecque et ont une haine implacable pour les Turcs. Quoique considéré comme renfermé dans l'empire Ottoman, le Montenegro est de fait indépendant; c'est une espèce de république théocratique, dont le gouvernement se compose d'un prince évêque (*sweti wladika*), d'un gouverneur (*wladika*) et de cinq *serdars* élus par les *knez* ou chefs de villages. Cettigne est la capitale du pays. — Le Montenegro a fait autrefois partie de l'Illyrie, puis de la Nouvelle-Epire; sous Héraclius, des populations slaves vinrent l'habiter; elles dépendirent assez longtemps de la Servie, et passèrent ensuite sous la domination des Vénitiens au xive siècle, enfin sous celle des Ottomans au xve; mais, retranchées dans leurs montagnes, elles ont toujours peu dépendu de ces divers gouvernements, et, depuis 1795 particulièrement, les Monténégrins ont réussi à expulser complétement les Turcs de leur territoire. **E. C.**

MONTENOTTE : village des États sardes, à 3 lieues N. de Savone , et 8 lieues et demi O. de Gênes, sur le versant oriental de la montagne qui porte son nom, dans les Apennins. A l'époque de la réunion du Piémont à l'empire français, Montenotte donna son nom au département dont Savone était le chef-lieu. Le 11 avril 1796, le général Bonaparte y remporta une victoire signalée sur l'armée autrichienne commandée par le général Beaulieu, et qui comptait 73,000 combattants. C'est par cette bataille que le général français préluda à sa brillante campagne d'Italie. L'ennemi y perdit 12,000 hommes et autant de prisonniers. Le général Rampon , alors chef de la 32e demi-brigade, contribua puissamment au succès de cette journée en défendant avec une rare intrépidité la redoute de Montelegio

qui avait été confiée à sa valeur. **Sicard.**

MONTE-NUOVO (*géog.*) : colline de soulèvement qui, le 30 septembre 1538, sortit avec un bruit horrible du milieu des eaux du lac Lucrin qui fut presque tout entier desséché et comblé. Le Monte-Nuovo, situé près de Pouzzoles, au N.-O. de Naples, a environ 350 mètres de hauteur, et n'est composé que de laves, de pierres brûlées et spongieuses, et de scories. Le sommet se termine par un cratère.

MONTEREAU : chef-lieu de canton du département de Seine-et-Marne, dans l'arrondissement et à 18 kil. de Fontainebleau, au confluent de la Seine et de l'Yonne. Sa population est d'environ 4,600 habitants. On y trouve des fabriques de faïence et de poterie; le commerce y est assez actif. En 1419 Jean-sans-Peur fut assassiné par Tanneguy du Châtel sur le pont de Montereau, et le 18 février 1814 Napoléon, après un combat acharné, chassa de cette petite ville les troupes alliées qui l'occupaient, et qui, pour échapper à une défaite complète, prirent la fuite en coupant les deux ponts de la ville.

MONTEREY. Plusieurs villes portent ce nom. La plus importante est le chef-lieu du département du Nouveau-Léon, au Mexique, sur le Rio del Tigre, affluent du Rio del Norte, à 730 kilom. N. de Mexico et à environ 250 kilom. du golfe du Mexique. On y exploite de l'or, de l'argent et du plomb : population, 15,000 habitants. — Un autre *Monterey*, ou *San-Carlos de Monterey*, était chef-lieu des Californies, quand cette double contrée formait une des divisions du Mexique ; aujourd'hui cette ville se trouve dans la partie de la Californie qui a été acquise par les Etats-Unis ; elle est sur la côte du Grand-Océan, à 160 kilom. S.-S.-E.de San-Francisco, par 36o 35′ 45″ de latit. N. et 124o 11′ 12″ de long. O., au bord méridional d'une baie qui porte le même nom. Cette baie fut découverte, en 1542, par Cabrillo, qui la nomma Bahia de Pinos, à cause des beaux pins dont les collines voisines sont couvertes ; on a changé son nom dans le siècle dernier, pour lui donner celui du comte de Monterey, alors vice-roi du Mexique. — On trouve en Espagne un *Monterey*, petite ville fortifiée de la Galice, province d'Orense, à 59 kilom. S.-E. de la ville de ce nom, près de la frontière du Portugal. Une belle vallée l'avoisine, et il y a sur son territoire des mines d'étain et de soufre. **E. C.**

MONTESA (Notre-Dame de): l'un des cinq grands ordres militaires d'Espagne, fondé en 1217 par Jayme Ier, roi d'Aragon, et dont le chef-lieu était Montesa, bourg du royaume de Valence, remarquable par un château aujourd'hui en ruines, et situé à 13 kil. N.-O. de San-

Felippe. Le pape Grégoire IX confirma cet ordre en 1236, et le mit sous la règle de Cîteaux; les chevaliers durent même en revêtir l'habit; mais plus tard ils en furent dispensés, à la condition de porter une croix de drap rouge sur leur poitrine. Il en avait été de même pour l'ordre de Calatrava, qui avait des statuts à peu près semblables à ceux de Montesa, et dont les chevaliers portèrent jusqu'en 1400 le capuchon et le scapulaire. Le petit ordre d'Alfama fut réuni plus tard à celui de Montesa. **Ed. F.**

MONTESPAN (Françoise-Athénaïs de Rochechouart de Mortemart, marquise de), née en 1641, et connue d'abord sous le nom de Mlle de Tonnay-Charente. Elle épousa, à 22 ans, Pardaillan de Gondrin, marquis de Montespan. Présentée à la cour par son mari, elle fut admise au nombre des dames de la reine et sut attirer les regards de Louis XIV. Pardaillan était un homme d'honneur; il fut exilé de Paris, et Mme de Montespan remplaça Mme la Vallière (1668). Elle joignait à une beauté remarquable, une finesse extrême et un esprit d'intrigue rare, même à la cour. Aussi pendant quatorze ans parvint-elle, sinon à fixer, du moins à gouverner le cœur de Louis XIV. Huit enfants, fruits de cette honteuse mais brillante liaison, lui faisaient même espérer un jour un titre plus élevé, celui de reine. Mais d'autres intrigues gravitaient autour du grand roi qui, d'ailleurs, avait à se plaindre du caractère hautain et capricieux de la marquise. Quelle que fût l'habileté de madame de Montespan, elle avait dans l'ombre une rivale devant laquelle tout son savoir faire devait échouer. C'était madame de Maintenon, une de ses protégées, la gouvernante de ses enfants (le duc du Maine, le comte de Toulouse, etc.) qui, se frayant lentement un chemin vers la faveur royale, la fit supplanter par l'inoffensive madame de Fontanges. La concubine disgraciée mourut en 1707, à Bourbon-l'Archambault, dans les pratiques de la dévotion la plus outrée. — Comme la plupart des royales courtisanes, madame de Montespan, qui aimait l'argent plus que le roi, poussa Louis XIV à des prodigalités ruineuses. Elle prenait les honneurs pour de la gloire, dit madame de Genlis, avait des desseins profonds et des motifs puérils. A la fois insatiable et frivole dans ses désirs, elle voulait dominer, non pour conduire et régner, mais seulement pour paraître.

MONTESQUIEU (Charles de Secondat, baron de la Brède et de): l'un des plus grands écrivains français du XVIIIe siècle. Il naquit au château de la Brède, près de Bordeaux, le 18 janvier 1689, d'une famille noble qui devait sa fortune à Jeanne d'Albret et à Henri IV. Il manifesta dès son enfance les dispositions heureuses dont il était doué; à l'âge de 20 ans il préparait déjà les matériaux de l'*Esprit des lois*. Reçu conseiller au parlement de Bordeaux en 1714, il devint président à mortier deux ans plus tard, en remplacement d'un oncle paternel qui lui légua sa charge. C'est en cette qualité qu'il porta la parole au nom du parlement pour présenter des remontrances contre un impôt nouveau et vexatoire qui venait d'être introduit dans la province. L'impôt fut supprimé, mais bientôt remplacé par un autre. Membre de l'Académie de Bordeaux depuis 1716, Montesquieu publia, en 1721, son premier ouvrage, les *Lettres persanes* qui eurent un succès de vogue et qui fondèrent aussitôt sa réputation. L'Académie française lui ouvrit ses portes en 1728, et bientôt il vendit sa charge pour se vouer uniquement aux lettres. Désireux de voir l'Europe et d'étudier sur leur propre sol les constitutions des divers États, il parcourut l'Allemagne, l'Italie, la Suisse, la Hollande, et séjourna pendant deux ans en Angleterre. A son retour il se retira dans ses terres de la Brède et y acheva ses *Considérations sur les causes de la grandeur des Romains et de leur decadence*, ouvrage qui parut en 1734. Ce ne fut que 14 années après, en 1748, qu'il publia le grand ouvrage auquel il avait travaillé 20 ans, et qu'il intitula : *De l'Esprit des Lois*. Montesquieu mourut le 10 février 1755, à l'âge de 66 ans, à l'apogée de sa gloire et ayant gagné l'affection universelle par la simplicité de ses manières, son commerce agréable, sa conversation spirituelle. On cite de lui des traits de bienfaisance qui l'honorent; se promenant un jour à Marseille, il remit une bourse remplie d'or à un jeune batelier dont le père était captif en Algérie; il fit plus, il paya la rançon du père et les frais de son retour, sans que ni celui-ci ni sa famille sussent à qui ils étaient redevables de ce bienfait; et plus tard, quand le hasard l'eut remis en présence de ceux qu'il avait obligés, il nia formellement l'action qu'on lui attribuait, et ce ne fut qu'après sa mort qu'on trouva dans ses papiers la preuve qu'il en était l'auteur. Outre les ouvrages dont nous avons parlé, on a de lui plusieurs discours académiques, dont quelques-uns sur des sujets tirés des sciences physiques et naturelles qu'il affectionnait, la *Défense de l'Esprit des Lois*, un essai non terminé sur le *Goût*, qu'il destinait à l'Encyclopédie, quelques opuscules littéraires, *tribut payé aux mœurs et au goût du siècle*, tels que le *Temple de Gnide, Arsace et Isménie*, enfin des pensées diverses, où il se peint lui-même, et un recueil de lettres. — Parmi les éditions de ses *Œuvres complètes* nous citerons les suivantes :

Paris, Lequien 1819. *Paris, Dalibon* 1822. *Paris, Lefèvre* 1826 et 1839. — La gloire de Montesquieu repose surtout sur son mérite, ou plutôt son génie littéraire. C'est un des grands maîtres de notre langue. Sa phrase courte, incisive, brillante, les traits dont il la sème, les mots heureux, profonds qu'il trouve à chaque instant, les métaphores hardies par lesquelles il fait comprendre les principes les plus abstraits, lui donnent une originalité que jamais l'imitation n'a pu atteindre. Personne ne saurait lui disputer le génie du penseur; mais s'il est au premier rang comme écrivain, il reste au second comme philosophe. Curieux investigateur des faits, observateur profond, habile à saisir les rapports des choses et à découvrir les causes des phénomènes, il manquait de ce don créateur qui produit des révolutions dans les sciences, il ne savait remonter aux causes premières, il ne dépassait pas les idées générales universellement admises de son temps. C'était la nature même de son esprit et de son caractère qui l'empêchait de s'élever plus haut; il acceptait volontiers l'ensemble des relations au milieu desquelles il vivait, et ne réagissait pas contre les idées que lui avaient données son éducation ou son entourage. « Quoique mon nom ne soit ni bon ni mauvais, dit-il dans ses Pensées, n'ayant guère que 250 ans de noblesse prouvée, cependant j'y suis attaché et je serais homme à faire des substitutions. » Et ailleurs : « Je suis un bon citoyen, mais dans quelque pays que je fusse né, je l'aurais été tout de même. Je suis un bon citoyen, parce que j'ai toujours été content de l'état où je suis, que j'aime le gouvernement où je suis né, sans le craindre, etc. » Si Montesquieu a réfléti dans ses écrits les sentiments de son époque, il ne partageait point l'ardeur novatrice de quelques uns de ses contemporains. C'est dans son premier ouvrage, les *Lettres persanes*, qu'il sacrifie le plus au goût et à l'esprit de son temps. Sous le couvert d'une correspondance persane, mêlée de divers incidents romanesques, il fait la satire spirituelle et animée de la société française. Les traits contre la religion chrétienne qu'on lui a reprochés ne se trouvent que dans cet ouvrage, où déjà une foule d'aperçus sérieux annonçaient le futur auteur de l'*Esprit des Lois*. Le génie de Montesquieu brille de tout son éclat dans les considérations sur les causes de la grandeur et de la décadence des Romains. C'est après le *Discours sur l'Histoire universelle* de Bossuet, le premier monument de cette histoire philosophique qui néglige le détail des faits pour s'attacher aux causes et aux résultats généraux, et qui prépare les matériaux de la philosophie de l'histoire. Mais entre l'ouvrage de Bossuet et

celui de Montesquieu se trouve toute la différence du génie de ces deux hommes. Bossuet considérait Rome, ainsi que tous les autres peuples, du point de vue élevé des vérités religieuses et dans ses rapports avec l'histoire universelle; Montesquieu étudia Rome dans Rome même; il ne rechercha que les causes prochaines des accroissements prodigieux que prit la puissance de cette cité, et celles de l'affaiblissement successif et de la chute de l'empire immense qu'elle avait conquis. Montesquieu ignorait la grande loi de l'histoire, le progrès; de plus il était privé des travaux de l'érudition moderne qui ont jeté un jour si nouveau sur diverses parties de l'histoire romaine, et quelques-unes de ses appréciations peuvent souffrir du résultat de ces investigations de la science; mais son travail n'en reste pas moins, indépendamment de son mérite littéraire, un des livres les plus vrais et les plus instructifs qu'on puisse lire sur les destinées et le génie du peuple romain. — Le grand ouvrage de Montesquieu, celui qui porte au plus haut degré son cachet propre, où se manifeste avec le plus de puissance le talent de l'écrivain et le génie de l'observateur, l'*Esprit des Lois*, à l'occasion duquel Montesquieu a pu dire de lui-même : et moi aussi je suis peintre, est peut être inférieur, sous un certain rapport, au livre sur la *Grandeur et la Décadence des Romains*. Il y manque cette unité de but et de développement que le sujet même imposait à l'historien de Rome. La définition célèbre par laquelle Montesquieu commence l'*Esprit des Lois*, indique parfaitement l'idée générale qui y domine. « Les lois, dit-il, dans la signification la plus étendue, sont les rapports nécessaires qui dérivent de la nature des choses; et dans ce sens tous les êtres ont leurs lois : la divinité a ses lois, le monde matériel a ses lois, les intelligences supérieures à l'homme ont leurs lois, les bêtes ont leurs lois, l'homme a ses lois. » Cette définition a de l'obscurité, parce qu'elle confond sous une même idée Dieu et les êtres créés; mais elle renferme un principe juste et vrai quand on ne l'applique qu'aux créatures : Dieu en effet a imposé à chaque être une nature constante et déterminée dont naissent des rapports nécessaires avec les autres êtres; et cette nature, ces rapports constituent les lois de chaque être. Or, tout en reconnaissant que les lois positives faites par les hommes n'étaient pas toujours conformes à la nature même des choses, Montesquieu les a néanmoins considérées avec raison comme en étant l'expression générale. Il a donc recherché les causes générales qui dérivent de la nature de l'homme et de la société, et de leurs rapports avec le monde extérieur, et il a trouvé dans ces causes l'*esprit* des lois positives. Son ouvrage offre ainsi un vaste recueil de faits tirés de l'histoire et de la législation de tous les peuples de l'univers, faits qui sont tous ramenés à un certain nombre de causes générales qui dérivent elles-mêmes de la nature des choses. Personne n'a contesté à Montesquieu la richesse ni la variété de l'érudition qu'il a déployée, ni son talent unique à mettre en relief tant de détails, ni l'esprit inépuisable qui donne tant d'attrait à un sujet si sérieux ; mais on lui a reproché avec justice le défaut continuel de méthode et le grand désordre qui règnent dans son livre. Nous lui ferons un reproche plus grave. Conformément aux habitudes de son esprit, il n'est pas remonté aux causes les plus générales, et attribuant tout à des causes partielles, il est tombé dans l'erreur et l'exagération. Son grand défaut est de n'avoir vu partout les hommes et les sociétés que dans ce que leur nature a de constant et d'immobile, ou du moins de n'avoir aperçu que les alternatives de développement et de corruption des peuples ; et bien plus encore que dans l'ouvrage sur les Romains, l'ignorance de la loi du progrès se fait sentir dans cette appréciation philosophique de la civilisation universelle. — Montesquieu examine les lois dans leurs rapports avec la nature du gouvernement, la force offensive et défensive, la liberté politique, la nature du climat, celle du terrain, les mœurs, le commerce, la religion des nations, etc., etc. — Considérant les lois dans leur rapport avec le gouvernement, il ramène les gouvernements à trois espèces, le républicain, le monarchique et le despotique. Dans chaque espèce il distingue la *nature* du gouvernement de son *principe ;* sa nature, c'est ce qui le constitue, ce qui le fait être tel ; son *principe,* c'est ce qui le fait agir. L'une est sa structure particulière, et l'autre les passions humaines qui le font mouvoir. Le principe de l'état populaire est la vertu ; celui de la monarchie, l'honneur ; celui de l'état despotique, la crainte. Pour qu'un état subsiste, les lois doivent être conformes en même temps à la nature et au principe de cet état. — Entre toutes les formes politiques, celle qu'il préfère, c'est la monarchie constitutionnelle telle qu'elle existe en Angleterre. Montesquieu aimait la liberté et tenait aux priviléges de la naissance ; ces sentiments expliquent sa vive sympathie pour la Constitution anglaise. L'objet direct de cette Constitution était, suivant lui, la liberté politique. Pour qu'on ne puisse abuser du pouvoir, il faut que, par la disposition des choses, le pouvoir arrête le pouvoir. De là la grande division du pouvoir en trois attributions spéciales, la puissance législative, la puissance exécutive et la puissance judiciaire. Montesquieu trace de main de maître toute la théorie de la monarchie constitutionnelle, et c'est à son influence certainement qu'est due l'autorité que cette théorie a longtemps exercée en France. — L'erreur la plus grave que Montesquieu ait commise est sa manière d'envisager l'influence du climat, et en général des circonstances physiques sur la société. Il exagère l'influence du climat jusqu'à lui attribuer l'infériorité de la civilisation orientale, et à chercher dans la nature physique des justifications de la polygamie et de l'esclavage. D'autre part, il fait une critique admirable de l'esclavage des nègres, et l'on comprend difficilement qu'il attaque aux Antilles ce qu'il défend presque en Asie. — Montesquieu partageait une partie des préjugés de ses contemporains contre la religion chrétienne ; néanmoins un si grand observateur ne pouvait méconnaître l'immense et heureuse influence que le christianisme a exercée sur la civilisation européenne. En plusieurs endroits de son livre il lui rend un éclatant hommage et trouve des paroles magnifiques pour proclamer ses bienfaits. Cependant l'*Esprit des Lois* fut vivement accusé de contenir des doctrines anti-chrétiennes, et la Sorbonne en entreprit même un examen qu'elle ne termina jamais. Ce furent ces attaques qui motivèrent la *Défense de l'Esprit des Lois.* — L'ouvrage de Montesquieu se termine par une histoire fort longue de l'origine et des développements du système féodal, histoire dans laquelle ce grand écrivain, aveuglé par ses préjugés nobiliaires, s'est laissé entraîner à de graves erreurs, et n'a pu infirmer les résultats obtenus par l'*abbé Dubos* contre lesquels elle était dirigée. — En résumé, l'*Esprit des Lois* restera toujours comme un des plus grands monuments littéraires de notre langue. Il offrira toujours aussi une lecture très instructive ; mais la science générale des lois et du droit ne l'acceptera pas comme son expression véritable. Montesquieu contribua à l'œuvre philosophique du xviiie siècle ; néanmoins il exerça une influence bien moindre que celle d'autres écrivains dont les conclusions étaient plus nettes et plus radicales. Ses doctrines politiques étaient dépassées déjà par les constitutionnels de 89, et elles ne furent appliquées momentanément en France que par la Charte de 1814. A. Ott.

MONTESQUIOU (*géog.*) : chef-lieu de canton du département du Gers, à 10 kil. N.-O. de Mirande, avec une population de plus de 2,000 habitants. La terre de Montesquiou, démembrée du Fézensac dès le xıe siècle, était jadis une des quatre baronnies de l'Armagnac; elle a donné son nom à l'ancienne famille de Montesquiou.

MONTESQUIOU - FÉZENSAC (*l'abbé* FRANÇOIS-XAVIER-MARC-ANTOINE, *duc de*), né en 1757 au château de Marsan, près d'Auch. — Agent général du clergé en 1785, député aux états-généraux par le clergé de Paris, deux fois président de l'Assemblée constituante en 1790, membre du gouvernement provisoire en avril 1814, et ministre de l'intérieur depuis le mois de juillet suivant jusqu'au retour de Bonaparte en 1815, membre de l'Académie Française, pair de France et ministre d'Etat, il se fit toujours remarquer, dans sa longue carrière, par une éloquence douce et persuasive, un esprit brillant et une grande modération de caractère. Les actes les plus saillants de sa vie politique sont : l'allocution qu'il adressa, en qualité de président de l'Assemblée-Nationale, au président de la chambre des vacations du parlement de Bretagne, mandé à la barre de l'Assemblée pour refus d'enregistrement d'un décret ; la mission qu'il remplit de la part de Louis XVIII auprès du premier consul, pour le décider à rappeler ce prince sur le trône de France ; la part qu'il prit à la charte de 1814, dont il rédigea la plus grande partie ; enfin, son rapport du 15 juillet 1814, à la chambre des députés, sur la liberté de la presse. Lors de la révolution de juillet, l'abbé de Montesquiou resta fidèle à ses antécédents : il se démit de la pairie et se retira au château de Cirey, aux environs de Troyes, où il mourut le 15 février 1832, n'ayant eu pour vivre, dans ses derniers jours, qu'une rente viagère de 3,000 fr., dernier don de son ami l'abbé de Damas.   A. B.

MONTESSON (CHARLOTTE-JEANNE BERAUD DE LA HAIE DE RIOU DE). Née en 1737 d'une famille noble de Bretagne, elle épousa fort jeune le marquis de Montesson, lieutenant-général des armées du roi, qui la laissa veuve à 32 ans. Depuis plusieurs années, le duc d'Orléans, petit-fils du régent, avait conçu pour elle une vive affection, et en 1773 il obtint de Louis XV la permission de l'épouser, à la condition que le mariage serait tenu secret « autant que faire se pourrait. » Madame de Montesson mit tant d'art et de délicatesse dans sa conduite, qu'elle ne parut déplacée nulle part, malgré la difficulté de sa position. Sa maison était une école de bon goût ; on y jouait souvent la comédie : elle possédait un talent distingué comme actrice et comme auteur dramatique. Veuve du duc d'Orléans en 1785, elle mourut à Paris en 1806. Son corps fut transporté dans l'église Seine-Port, près de Melun, et placé à côté de celui du duc, qui l'a-

vait demandé. Ses écrits, imprimés en 1782, pour ses amis, sous le titre d'*Œuvres anonymes*, composent 8 volumes grand in-8°. Une comédie de madame de Montesson, la *Comtesse de Chazelles*, tirée des *Liaisons dangereuses*, fut jouée sans succès, au Théâtre-Français, en 1782. Ses œuvres dramatiques, toutes en vers, sont au nombre de quatorze, dont deux tragédies : la *Comtesse de Bar* et *Agnès de Méranie*. On attribue à cette dame une traduction du *Ministre de Wakefield*.

MONTEVERDE (CLAUDE): célèbre compositeur italien, et l'un des principaux créateurs de la musique moderne. Né de 1565 à 1570, il commença par jouer de la viole dans la musique du duc de Mantoue, devint maître de la chapelle de ce prince, passa à celle de Saint-Marc à Venise, et mourut en 1649. Il débuta par la publication de *Madrigaux*, à trois, quatre et cinq voix, remarquables souvent par leur expression mais aussi par la naïveté de leur harmonie. Monteverde n'était pas très instruit dans la science musicale, telle qu'on l'enseignait alors. On l'en critiqua amèrement. Il étudia davantage, mais loin de rentrer dans les routes battues, au bout de quelques années il se trouva avoir substitué à la musique sans tonalité précise des maîtres du xvıe siècle, quelque chose qui se rapproche beaucoup de la musique moderne. Dans le 3e livre de ses Madrigaux, publié en 1598, la fréquence de la cadence tonale, alors évitée, l'emploi de l'harmonie naturelle de la dominante et celui de la substitution annoncent un art nouveau. Ce qu'il y a de singulier, c'est que dans cette transformation du plain-chant en notre musique, Monteverde ne semble pas avoir été conduit par des idées théoriques. Les fragments d'explication qu'il nous a laissés prouvent qu'il n'entrevoyait pas l'étendue de la révolution dont il prenait l'initiative. Monteverde est aussi l'un des créateurs de la musique dramatique. Son opéra d'*Ariane*, représenté en 1607, se fait remarquer par le pathétique et la mélodie ; c'est de l'*Orfeo* représenté l'année suivante que date le duo scénique. Les autres œuvres dramatiques de Monteverde sont le ballet *delle Ingrate*, qui contenait des innovations non moins remarquables dans la musique dansante, *Proserpina rapita* (1630), *Adone* (1639), *Il ritorno d'Ulisse* (1641), l'*Incoronazione di Poppea* (1642). Sa musique de théâtre se fait remarquer surtout par l'expression et l'accent dramatique. On a aussi de lui trois *Messes* ou recueils de morceaux religieux, un grand nombre de *Madrigali, canzonnette, scherzi*, etc., mais la plus grande partie de sa musique est restée inédite. On a publié, en 1615, un choix de ses morceaux de musique de chambre.

MONTEVIDEO, ville de l'Amérique méridionale, capitale de la république de l'Uruguay, sur la rive septentrionale et près de l'embouchure du Rio de la Plata, à 100 kilom. E. de Buenos-Ayres. Lat. S. 34° 54′ 11″. Long. O. 58° 33′ 33″. Les eaux du Rio de la Plata l'entourent de tous côtés, excepté à l'E., où se trouve la montagne fortifiée dont elle tire son nom. Il y a un bon port, exposé cependant aux vents de S.-O. ou *pamperos*. La ville est bâtie en amphithéâtre et a un bel aspect du côté du port; les rues sont droites, larges et garnies de trottoirs; les maisons, construites en pierres et en briques, et distribuées en groupes carrés très réguliers, n'ont généralement qu'un étage, et présentent presque toutes des fenêtres grillées sur la rue et des toits en terrasses (*azoteas*). Il n'y a d'autre édifice remarquable qu'une assez belle cathédrale. Le commerce de Montevideo est très actif, et a surtout acquis beaucoup d'importance pendant le long blocus qu'a souffert, il y a quelques années, Buenos-Ayres, sa rivale. C'est particulièrement un grand centre d'exportation des peaux, des suifs, des poils et autres dépouilles d'animaux de tout le bassin de la Plata. En 1840, ce port a exporté pour 52 millions 472,000 fr. de marchandises, dont 13 millions 922,100 fr. en Angleterre, 9,893,800 fr. au Brésil, 6,297,400 fr. à Cuba, 5,231,800 fr. en France, 4,073,700 fr. en Espagne, etc.; il a importé, la même année, pour 41,536,200 fr., dont 16,350,300 fr. d'Angleterre, 9,790,200 fr. du Brésil, 3,940,500 fr. de France, etc. La population de Montevideo s'est élevée un moment à 30 ou 40,000 mille âmes; mais les démêlés que cette ville a eus avec la république Argentine, les siéges qu'elle a soutenus, l'ont réduite à environ 15,000 habitants, dont un grand nombre sont des Basques français et espagnols. Elle a le désavantage de manquer d'eau douce et d'être sujette à des orages fréquents, à une température brûlante pendant l'été et à un froid assez vif pendant l'hiver, c'est-à-dire en juin, juillet et août.

Montevideo fut fondée, sous le nom de San-Felipe, par des Espagnols de Buenos-Ayres. Les Portugais, maîtres du Brésil, en convoitaient depuis longtemps la possession, lorsque les provinces espagnoles secouèrent le joug de la métropole: prétextant alors les incursions faites sur leur territoire par Artigas et d'autres chefs, ils s'emparèrent de cette ville, de toute la rive gauche du Rio de la Plata et de celle de l'Uruguay, c'est-à-dire du pays qu'on appelait alors *Banda Oriental*. Le gouvernement de Buenos-Ayres protesta, et, après un siége long et désastreux, reprit la ville en 1814. Elle retomba,

en 1821, au pouvoir des Brésiliens, qui firent ériger le territoire de Montevideo en une république nommée *Cisplatine* et liée fédérativement au Brésil. Cette détermination mécontenta la Plata, et fut cause d'une guerre entre les Argentins et le Brésil, terminée par le traité de 1828. Montevideo et son territoire furent alors déclarés république indépendante, sous le nom d'*Uruguay* ou de *république orientale de l'Uruguay*. Depuis, des discussions sanglantes se sont élevées entre ce petit État et la Plata; l'Angleterre et la France ont un instant pris parti pour lui, et ont fait le blocus de Buenos-Ayres; mais elles sont rentrées dans la neutralité. Montevideo, livrée à sa seule influence, a été déchirée par le parti de Rivera et celui d'Oribe, soutenu par Rosas: le premier a lutté quelque temps avec énergie contre le second; il a cédé enfin. Mais le calme n'est pas encore revenu dans ce pays, et les esprits paraissent conserver des haines invétérées.

La république de l'Uruguay est renfermée entre le Brésil à l'E., le Rio de la Plata et l'océan Atlantique au S., et la rivière de l'Uruguay à l'O.; elle confine de ce dernier côté à la république de la Plata. Sa superficie est de 290,000 kilom. carrés, et sa population de 200,000 habitants. Montagneuse à l'E. et au S., elle présente à l'O. de vastes plaines. Le pays est merveilleusement coupé de cours d'eau; le climat est sain et assez tempéré, et le sol très fertile. Il y a de magnifiques pâturages, où paissent d'innombrables troupeaux de bêtes à cornes; des chevaux et des ânes devenus sauvages y vivent aussi par troupes de plusieurs milliers. On y rencontre d'excellents bois de construction et de teinture, des plantes à filaments incorruptibles, des cultures de coton, de canne à sucre, etc. Outre Montevideo, la capitale, il faut remarquer les villes de Maldonado, La Colonia, Paysandu. On voit, disséminées à de longues distances, des *estancias* ou grandes fermes, autour desquelles sont groupées quelques *ranchos* ou huttes de terre couvertes de joncs, pour les familles employées à l'exploitation. A la tête du gouvernement sont un président et deux chambres. Le code français a été adopté comme base de la législation. **E. Cortembert.**

MONTEZUMA, en mexicain *Motcuczoma*. Deux empereurs du Mexique ont porté ce nom. — Montezuma Ier, surnommé *le Vieux* (Huéhué), 5e empereur du Mexique, monta sur le trône en 1455, acheva de conquérir la république de Chalci, éleva le Mexique à un haut degré de puissance, donna des lois nouvelles, et mourut en 1483. — Montezuma II, surnommé *le Jeune* (Xocojotzin), succéda en 1502 à son aïeul Ahuitzotl. C'était un prince d'un caractère orgueilleux et despotique. Son extrême rigueur et sa cruauté jetèrent parmi les Mexicains un mécontentement profond, qu'il parvint à peine à calmer par la soumission de plusieurs provinces révoltés, et la gloire de ses conquêtes. Il avait élevé l'empire au comble de la puissance lorsque Fernand Cortès vint débarquer, en 1519, sur les côtes orintales du Mexique. On verra à l'article qui a été consacré à ce navigateur, comment il parvint a se faire recevoir dans Mexico. Après l'attaque des Espagnols à Vera-Cruz par les ordres de Montezuma, Cortès irrité se rendit au palais suivi de 50 hommes, et passant tour à tour de la persuasion à la menace, amena l'empereur dans son quartier, lui fit mettre les fers aux pieds et aux mains, le força à se reconnaître publiquement vassal de Charles-Quint, à lui payer un tribut de 600,000 marcs d'or pur, et à lui livrer une quantité immense de pierreries et d'objets d'art en or et en argent. Tant de soumission ne fit point relâcher les Espagnols de leur sévérité. Indignés d'une conduite si monstrueuse, les prêtres et les nobles mexicains résolurent de délivrer leur souverain; le bruit du moins en parvint aux Espagnols. Alvarado, officier préposé à la garde de Montezuma, attaque à l'improviste les prétendus conjurés réunis dans un grand festin, et en massacre 2,000. Le peuple se soulève, une armée de 200,000 hommes assiège les Espagnols, et Montezuma, tué par les Mexicains dont il cherche à calmer la colère, tombe mortellement blessé par une pierre, déchire l'appareil qu'on a mis sur sa blessure, refuse toute nourriture et meurt dans des convulsions de rage et de honte, le 30 juin 1520. Trois de ses fils succombèrent le lendemain en combattant les étrangers; il lui en restait un autre nommé Tlacahuépan-Tohuolicahuatzin, qui embrassa le christianisme avec trois des filles du malheureux monarque. Il prit le nom de D. Pedro, et reçut de Charles-Quint le titre de comte de Montezuma. Son fils, mêlant le sang impérial du Mexique à celui de l'illustre famille espagnole de la Cueva, fut chef de la maison des comtes de Montezuma et de Tula, dont l'un fut vice-roi du Mexique vers la fin du XVIIe siècle.

MONTFAUCON (*géogr.*) : petite éminence située à quelques centaines de mètres du mur septentrional de Paris, entre La Villette et Belleville. Ce lieu, malgré son peu d'importance, est devenu tristement célèbre dans l'histoire. On prétend qu'il se nomma d'abord GIBET, par corruption du mot arabe *Gebel*, qui signifie montagne; que sur son sommet s'élevaient des fourches patibulaires auxquelles demeura par habitude le nom de gibet, quand l'éminence eut pris celui de son propriétaire qui était un seigneur appelé Falco ou Faucon; qu'enfin c'est de la persistance des Parisiens à maintenir à ces fourches la dénomination de gibet que le mot est passé dans la langue comme substantif générique. Nous sommes loin de garantir ces étymologies. Il n'y a pas plus de certitude, soit sur l'époque où le gibet de Montfaucon, qui, d'abord n'était évidemment que la fourche d'une justice seigneuriale, eut l'honneur de devenir celle de la justice royale, soit sur le personnage qui eut celui de faire de cet instrument de supplice une sorte de monument. Les uns disent que ce fut Pierre de la Brosse, successivement barbier de saint Louis, puis favori et chambellan de Philippe-le-Hardi : d'autres l'attribuent à Enguerrand de Marigny, surintendant des finances, et premier ministre de Philippe-le-Bel : d'autres enfin à Pierre Remi, trésorier de Charles-le-Bel. Il paraît que ce dernier ne fit que le réparer; ce qui est moins douteux, c'est que tous trois y furent pendus (*voy.* leurs articles), ainsi que beaucoup d'autres (*voy.* PENDAISON).—Les charges de finances pourvurent abondamment le gibet de Montfaucon de victimes illustres. Nous avons déjà parlé d'Enguerrand de Marigny et de Pierre Remy. Il faut ajouter à leurs noms ceux de Girard Guectes (1322), de Macé des Maches (1331), de René dé Siran (1333). Les hommes cupides se succédaient presque sans intervalle dans ces fonctions, et leur avidité était telle qu'elle ne leur permettait même pas d'attendre, pour s'exposer à une punition presque certaine, que le cadavre de leur prédécesseur eût été desséché par le temps. — En 1527, vient le tour de Jacques de Beaumes, seigneur de Samblançay, surintendant des finances sous le règne de François Ier, et victime d'une intrigue de cour. — D'autres crimes publics apportent aussi au funèbre lieu leur funeste contingent. Pierre, seigneur de Craon, l'assassin du connétable de Clisson, y fait planter une croix chargée de ses armes, en réparation de son crime. Jourdain de Lisle, seigneur gascon, gracié par le roi, à la considération du pape Jean XXII dont Jourdain avait épousé la nièce, de dix-huit crimes capitaux dont il avait été convaincu, est enfin pendu à Montfaucon en 1323 pour avoir tué un sergent royal.—Adam de Hourdain, conseiller au parlement, y est conduit et exécuté en 1348 pour crime de prévarication. — Jean de Montagu, déclaré criminel de lèse-majesté, et décapité en 1409 aux halles de Paris, où sa tête demeure exposée au bout d'une pique; son corps est pendu au fatal gibet.

Vers la fin du XVIe siècle le terrible monument se composait d'un massif de pierres en plate-forme, de 5 à 6 mètres de hauteur, sur le haut duquel on arrivait par une large rampe, aussi de pierre, fermée par une porte solide. Ce massif avait la figure d'un parallélogramme de 12 à 14 mètres de face et de 10 à 12 de côté, sur lequel étaient disposés seize gros piliers carrés, de 11 mètres de haut, reliés ensemble par des poutres enclavées dans leurs chaperons, et auxquels pendaient des chaînes de fer auxquelles on attachait les corps, qui demeuraient suspendus pour l'exemple jusqu'à ce qu'une grâce accordée à la famille, l'action destructive du temps, ou la nécessité de faire place à quelque nouveau condamné les en fît descendre. Leurs restes étaient alors recueillis dans un caveau ouvert au milieu de la plate-forme. Avant le dernier quart du XVIIIe siècle, l'état de ruine du monument d'Enguerrand de Marigny et de Pierre Remy, avait engagé à le détruire, et à lui en substituer, à quelque distance, un autre beaucoup plus modeste qui ne comprenait plus que quatre piliers. Etait-ce une preuve qu'il y avait moins de coupables, ou que la justice était moins sévère ou moins clairvoyante?

La révolution de 1789, en supprimant le supplice de la pendaison, a supprimé l'horrible spectacle du gibet; mais le lieu où existait celui de Montfaucon semble être demeuré maudit. Aux cadavres des suppliciés a succédé, pendant plus d'un demi-siècle, le dépôt des immondices de toutes sortes de la ville de Paris, qui vient enfin d'être transféré dans la forêt de Bondy.   S.

MONTFAUCON (DON BERNARD de) : l'un des plus illustres érudits qu'ait produits la congrégation de Saint-Maur. Né en 1655, au château de Soulage en Languedoc, d'une famille noble, il montra dès l'enfance un goût ardent pour l'étude, et il apprit seul l'italien et l'espagnol à l'aide de dictionnaires de ces deux langues. Le récit des batailles qu'il rencontra dans Plutarque et les autres historiens lui inspirèrent un bel amour pour les armes. Admis en 1672 dans le corps des cadets de Perpignan, il fit diverses campagnes en Allemagne, et il servait comme volontaire dans l'armée de Turenne lors de la bataille livrée à Montecuculli. Les conseils du marquis d'Hautpoul, son ami, le déterminèrent à retourner dans sa famille à la suite d'une blessure. Il avait déjà perdu son père; la mort de sa mère acheva de le dégoûter du monde, et il demanda aux bénédictins du monastère de la Daurade, à Toulouse, une retraite, et à l'étude une consolation, une occupation chérie. Il se prit alors à étudier le grec avec ardeur, et tout en achevant ses cours de philosophie et de théologie, il corrigeait les versions latines des auteurs

grecs de l'histoire ecclésiastique. Envoyé à Paris en 1687, il se lia avec Du Cange et Bigot, et publia quelques traductions d'opuscules grecs, et une dissertation sur l'histoire de Judith qui attira sur lui l'attention du monde érudit. Il fut chargé ensuite de travailler aux éditions des Pères grecs, et tout en préparant celle de saint Athanase, il étudiait l'hébreu, le syriaque, le samaritain, le cophte et même l'arabe, puis il parcourut l'Italie, Rome surtout, pour recueillir les matériaux de l'édition de saint Chrysostôme. Nommé, pendant ce voyage, procureur-général des Bénédictins, il s'empressa de donner sa démission et de rentrer en France après avoir fait imprimer une dissertation justificative de l'édition de saint Augustin publiée par ses confrères. Ses nombreux ouvrages se succédèrent dès lors régulièrement jusqu'à sa mort, arrivée en 1741. Il fut enterré à Saint-Germain-des-Prés, et une rue voisine de cette église porte son nom. Il était, depuis 1719, de l'Académie des inscriptions où de Boze prononça son éloge. Montfaucon avait le travail tellement facile, qu'en commençant un ouvrage il indiquait d'avance et sans erreur l'époque à laquelle il l'aurait terminé. La liste détaillée de ses œuvres se trouve dans l'*Histoire littéraire de la congrégation de Saint-Maur*. Ses principaux ouvrages sont des éditions de saint Athanase, de saint Jean-Chrysostôme et des *Hexaples* d'Origène; une traduction latine de divers opuscules grecs publiée sous le titre d'*Analecta*, etc.; la *Vérité de l'histoire de Judith* : l'auteur prouve que ce récit de la Bible n'est pas une parabole; une *notice* latine (*Diarium italicum*, etc.) sur son voyage en Italie à la recherche des manuscrits; une *Collectio nova patrum et scriptorum græcorum*, contenant les commentaires d'Eusèbe sur les psaumes, la Topographie chrétienne de Cosmas, etc.; une *Paléographie* grecque ou art de reconnaître la date des manuscrits d'après leur écriture; une traduction de l'ouvrage de Philon sur la vie contemplative, suivie d'une dissertation dans laquelle l'auteur s'efforce de prouver que les Thérapeutes étaient chrétiens; un catalogue de la bibliothèque du duc de Coislin; une liste de tous les manuscrits épars dans les diverses bibliothèques de l'Europe, ouvrage qui n'est pas exempt d'inexactitudes. Il en est de même des deux grands ouvrages de Montfaucon : l'*Antiquité expliquée*, 15 vol. in-fol., et les *Monuments de la monarchie française*, 5 vol. in-fol. L'auteur avait recueilli et fait graver un nombre considérable de monuments et de documents, et ses ouvrages sont une mine abondante d'érudition, bien que quelques parties de ses assertions soient contestables. Les *Monuments de la monarchie* contiennent l'histoire des rois de la France jusqu'à Henri IV : cet ouvrage n'est que la première partie d'un grand travail dans lequel l'auteur voulait représenter par une série de gravures les mœurs et les usages de la vie-civile, l'état militaire, etc., des Français aux diverses époques de notre histoire. **J. FLEURY.**

MONTFERRAT (*géog. et hist.*) : ancienne contrée d'Italie, bornée au N. et à l'O. par le Piémont, au S. par la république de Gênes, et à l'E. par le Milanais. Ce pays, dont le nom parait formé du latin *Mons ferax*, *Mont fertile*, ou plutôt *Mons ferratum*, *montagne de fer*, est un vaste amas de monticules occupant un espace de 44 milles de long et de 40 de large entre la Bormida, le Tanaro et le Pô jusqu'à leur confluent, près de Valenza et de Basignana. Du xe au xvie siècle ce pays porta le titre de marquisat et fut gouverné par des princes particuliers; un aventurier du nom d'*Aleram* passe pour la tige de ces petits souverains. On a dit qu'il descendait de Witikind; ce qui parait plus certain, c'est qu'il eut pour beau-père l'empereur Othon Ier. Du temps de Frédéric Ier ses descendants ne possédaient que quelques villages entre Quiers, Asti et Verceil. Guillaume III agrandit ses états par la faveur impériale; Guillaume IV, dit *le Vieux*, accompagna l'empereur Conrad III à la seconde croisade, où il fit de brillants exploits, et secourut Frédéric Barberousse contre les villes libres de l'Italie. Renier, un de ses fils, épousa une fille de Manuel Comnène, et reçut en dot le royaume de Thessalonique (1179). Guillaume V, *Longue-Épée*, fils de Renier, fut un des plus redoutables guerriers de la troisième croisade, et par son mariage avec Sibylle, sœur de Baudouin-le-Lépreux, roi de Jérusalem, devint comte de Joppé. Il mourut en 1185. Conrad, deuxième fils de Guillaume IV, défendit avec éclat Tyr attaquée par Saladin, devint seigneur de cette ville, épousa une fille d'Amaury, roi de Jérusalem, disputa le trône à Guy de Lusignan, son beau-frère, et fut assassiné, en 1192, au moment où son triomphe paraissait assuré. Boniface III, autre fils de Guillaume IV, régna à la fois (1183 à 1207) sur le Montferrat et sur le royaume de Thessalonique. Fait prisonnier à la bataille de Tibériade (1187), il fut élargi par les soins de son frère Conrad, fut choisi en 1202 pour commander la quatrième croisade, contribua beaucoup à la prise de Constantinople et fut tué en 1207 par les Sarrasins devant Satalieh, dans l'Anatolie. La maison de Montferrat batailla vaillamment contre les infidèles; mais sans autre gain que la gloire et d'illustres alliances. Guillaume IV, pour figurer dignement dans les rangs des croisés avait dû aliéner une

partie de son marquisat pour obtenir de Frédéric II 7,000 écus dont il avait besoin. Guillaume V, dit *le Grand*, aida puissamment Charles d'Anjou dans la conquête du royaume de Naples, le combattit ensuite lorsqu'il voulut asservir la Lombardie, fit le métier de *condottiere*, ajouta à ses états les villes de Verceil, d'Ivrée, etc., qu'il prit de force, et fut fait prisonnier par les habitants d'Alexandrie, qui le renfermèrent dans une cage de fer, où il mourut en 1292, après 17 mois de captivité; il régnait depuis 1254. Son fils Jean II mourut sans postérité (1305), laissant le Montferrat à sa sœur Yolande, femme d'Andronic Paléologue, empereur d'Orient, qui le transmit à son deuxième fils, Théodore Paléologue. Le nouveau marquis de Montferrat finit par régner en paix après avoir eu à disputer son héritage au marquis de Saluces et à Charles II, roi de Naples. Ses descendants furent presque toujours en guerre avec leurs voisins, et surtout avec les seigneurs de Milan. Cette famille s'éteignit enfin en 1533 avec Jean-George Paléologue, mort sans postérité, et le Montferrat passa à son neveu, Frédéric II de Gonzague, marquis de Mantoue, malgré les droits qu'y avaient les ducs de Savoie. En 1573 le Montferrat devint un duché en faveur du duc de Mantoue, qui, en 1631, en céda une partie à la Savoie, jusqu'à l'entière donation du Montferrat à cette dernière puissance par l'empereur d'Autriche (1703). — Les souverains de cette contrée résidèrent tour à tour dans les bourgs d'Occimiano, de Civasso, de Moncalvo et de Ponte Stura. Lorsque le Montferrat eut été agrandi par ses princes, on le divisa en *haut* et en *bas*. Le premier eut pour chef-lieu Acqui, et le second Casal, qui, sous Guillaume VIII, devint la capitale de tout le Montferrat. Les autres villes étaient Albe, Nice de la Paille, Asti, Trin, etc. — En 1797 le Montferrat fit partie de la république Cisalpine, et en 1805 du royaume d'Italie, et fut compris dans les départements de Marengo, de la Sesia, du Pô, de la Stura, de Montenotte et de Gênes. En 1815 il fut compris dans les états Sardes et réparti entre les divisions de Coni, de Gênes, de Novare, de Turin et d'Alexandrie. Le blé, le vin, la soie, les truffes blanches, sont les principales productions du Montferrat.

MONTFLEURY (*biog.*). Deux comédiens et auteurs dramatiques du xviie siècle, se sont fait connaître sous ce pseudonyme. Le premier, *Zacharie* JACOB, né vers 1600 d'une noble famille d'Anjou, sortit des pages du duc de Guise pour s'engager dans une troupe de comédiens. Quelque temps après il attirait la foule à l'hôtel de Bourgogne, où il jouait les grands rôles tragiques et comiques au grand préjudice de la troupe de Molière. Il mourut en 1667 pendant le cours des représentations d'*Andromaque*. Il était devenu extrêmement gros, et Cyrano de Bergerac disait de lui : Il fait le fier parce qu'on ne peut le bâtonner tout entier en un jour. Molière, dans son *Impromptu de Versailles*, raille le jeu exagéré de Montfleury. Sa tragédie d'*Asdrubal* n'est guère qu'une longue déclamation. Elle est imprimée parmi les œuvres de son fils. — MONTFLEURY (*Antoine* JACOB, dit), né en 1640, mort en 1685. Une de ses comédies, la *Femme juge et partie*, balança le succès de *Tartuffe* à l'époque de son apparition. Mais ce succès tenait plus à des allusions scandaleuses du moment qu'au mérite réel de la pièce. Elle s'est cependant maintenue longtemps au répertoire des Français, ainsi que la *Fille capitaine*, et on la joue encore quelquefois, mais non plus dans la forme licencieuse que l'auteur lui avait donnée. M. O. Leroy, en la réduisant à 3 actes, lui a un peu fait perdre de sa gaieté, mais il l'a sauvée de la proscription dont nos mœurs plus réservées n'auraient pas manqué de la frapper. La licence est le défaut de tout le théâtre de Montfleury, qui écrit mal, mais qui ne manque ni de gaieté ni d'entrain. Ses quinze ou seize comédies et tragi-comédies, réunies en 4 volumes in-12, roulent toutes sur des anecdotes contemporaines quand elles ne sont pas empruntées des drames de cape et d'épée de la littérature espagnole. . J. F.

MONTFORT (*géog.*). Deux villes de France portent ce nom 1° MONTFORT-LA-CANNE, chef-lieu d'arrondissement du département d'Ille-et-Vilaine, au confluent du Caillon et du Men, à 20 kil. O. de Rennes. Sa population est de moins de 2,000 habitants. Elle possède des remparts flanqués de plusieurs tours, et environnés d'un large fossé et d'eaux ferrugineuses. L'arrondissement de Montfort a 5 cantons : Bécherel, St-Méen, Montauban, Plélan-le-Grand et Montfort, 46 communes et près de 58,000 habitants. — 2° MONTFORT-L'AMAURY, chef-lieu de canton du département de Seine-et-Oise, dans l'arrondissement et à 5 lieues et demie de Rambouillet, avec une population de 1,800 habitants environ. Elle est dominée par un château fort bâti sous le règne de Robert, par Amalric ou Amaury, dont la ville prit le nom. Montfort fut le titre d'une baronnie puis d'un comté, qui passa dans la maison de Bretagne par le mariage de la fille unique d'Amaury, avec le comté de Dreux.

MONTFORT (*hist.*). Trois membres de cette famille ont joué un grand rôle en France et en Angleterre, dans la première moitié du XIIIᵉ siècle. — MONTFORT (*Simon IV*, comte de), au retour d'une croisade en Terre-Sainte (1199), se mit à la tête de la guerre contre les Albigeois, battit à Muret les troupes réunies du roi d'Aragon et de Raymond, comte de Toulouse, et fut mis en possession des États de ce dernier prince par les barons d'abord, puis par le pape et le concile de Latran, à la condition d'en rendre hommage à qui il était dû. Simon de Montfort rendit hommage de ces fiefs au roi de France, Philippe-Auguste, et en reçut l'investiture. Mais Nîmes ne tarda pas à se soulever, à l'instigation du fils du comte de Toulouse, nommé Raymond comme son père. Montfort vint mettre le siège devant cette ville, et y périt d'un coup de mangonneau (1218). D'atroces cruautés à l'égard des Albigeois ont terni la gloire de ce personnage, que quelques historiens ont comparé à Macchabée pour l'ardeur de sa piété et de son courage. — MONTFORT (*Amauri* de), fils aîné du précédent, continua la croisade contre les Albigeois avec l'aide du prince Louis, fils de Philippe-Auguste ; mais reconnaissant qu'il ne pouvait l'emporter sur Raymond VII, il prit le parti de céder ses droits au roi Louis VIII. Créé connétable par saint Louis, il partit pour la Terre-Sainte avec Thibaut VI de Navarre, et mourut à Otrante, en 1241, comme il se préparait à rentrer France. — MONTFORT (*Simon* de), comte de Leicester, frère puîné du précédent, fut un des fondateurs de la constitution politique de l'Angleterre. Réfugié dans ce royaume vers 1231 ou 1236, à la suite d'une discussion très vive avec la reine Blanche, il parvint à se faire rendre, par le roi Henri III, le comté de Leicester, et plusieurs autre domaines dont la famille de son aïeule maternelle avait été dépossédée par Jean-Sans-Terre. Henri III le nomma en même temps sénéchal de Gascogne, et lui fit épouser sa sœur. Mais cette faveur ne fut pas de longue durée. Les Gascons se plaignirent des exactions de leur sénéchal, et Henri, qui avait contre le comte d'autres sujets d'irritation, lui adressa d'amers reproches. Leicester lui répondit sur le même ton, et il ne voulut se démettre de ses fonctions que moyennant une somme d'argent. Le gouvernement de Henri III soulevait alors le mécontentement de toutes les classes de la nation anglaise. Le roi ayant à cette époque convoqué (1258) un parlement afin d'en obtenir des subsides pour entreprendre la conquête de la Sicile, les barons, d'accord avec Leicester, parurent en armes dans la salle des délibérations, et sommèrent le roi de convoquer une autre assemblée, devant laquelle il jurerait de nouveau la grande Charte tant de fois violée. Le parlement fut convoqué à Oxford la même année. Il ne se contenta pas d'exiger du roi un nouveau serment ; il lui imposa un conseil composé de 42 barons, sous la présidence de Simon de Montfort. Le roi, qui s'était soumis d'abord, en appela ensuite aux armes pour se soustraire à ce joug; mais son armée fut battue, et son fils Édouard fait prisonnier par Leicester. On convint de part et d'autre de s'en rapporter au jugement du roi de France, Louis IX; mais ce jugement ayant été défavorable aux barons, la guerre recommença. Leicester et les barons excommuniés par le pape se rapprochèrent du peuple. Ils convoquèrent en 1265 un parlement composé non seulement des barons, mais encore d'un certain nombre d'ecclésiastiques, de chevaliers choisis au nombre de deux par chaque comté, et de représentants des bourgs. Telle fut l'origine de la chambre des communes. Peu de temps après, quelques barons se détachèrent du parti de Leicester, et le prince Édouard parvint à s'échapper. Une armée royale vint attaquer, à Evesham, celle du comte, qui fut mise en déroute. Il périt lui-même dans le combat; son corps fut coupé en morceaux et dispersé. Certains historiens maltraitent beaucoup le comte de Leicester, mais le petit peuple anglais, oubliant ses crimes en faveur de ses bienfaits, l'a longtemps regardé comme un saint, et il fallut une bulle solennelle du pape pour arrêter la dévotion qui allait chercher des miracles sur sa tombe.

MONTFORT (LOUIS-MARIE GRIGNON de), missionnaire, né en 1673, dans la petite ville de Montfort. Après avoir prêché en différentes villes il se rendit à Rome, habillé en pèlerin, pour demander au pape Clément XI la faveur d'être employé aux missions étrangères. Mais le pape qui craignait que ses excentricités ne produisissent quelques mauvais résultats, l'engagea à rentrer en France. Montfort se prit alors à parcourir les provinces de l'Ouest, et tomba malade de fatigue dans un village du diocèse de la Rochelle, où il mourut en 1716, en odeur de sainteté. Il a fondé deux associations qui subsistent encore, l'une de missionnaires, dite *du Saint-Esprit*, et une d'hospitalières sous le nom de *Sœurs de la Sagesse*. On a de Grignon de Montfort des *Cantiques spirituels* souvent réimprimés. Sa vie a été écrite par G. Grandet, 1724, in-12.

MONTGAILLARD (*biog.*) : divers personnages ont porté ce nom. Nous citerons entre autres : MONTGAILLARD (*Bernard DE PERCIN, de*), célèbre ligueur surnommé le *petit Feuillant*. Né en 1563 au château de Montgaillard en Languedoc, il vint à Paris en 1579, entra dans l'ordre des Feuillants nouvellement fondé, et se livra à la prédication. Il embrassa le parti de la ligue, et le talent de sa parole ne contribua pas peu à prolonger cette levée de boucliers contre l'autorité royale. On possède de lui une *ré-*

ponse à Henri de Valois pour l'exhorter à la pénitence, dans laquelle la franchise du prêtre va jusqu'à la menace. Après la prise de Paris, il se réfugia à Rome, où il fut très bien accueilli par le pape Clément VIII; il se rendit ensuite à Anvers et à Bruxelles, où il devint prédicateur de l'archiduc Albert. B. de Montgaillard refusa plusieurs évêchés, et lorsque vers la fin de sa vie il accepta les abbayes de Nivelles et d'Orval, ce fut pour y introduire une réforme analogue à celle que Rancé introduisit plus tard à la Trappe, et y faire pratiquer les austérités dont il avait donné l'exemple toute sa vie. Il mourut en 1628 dans cette dernière abbaye après avoir brûlé la plupart de ses papiers afin d'effacer le souvenir de son opposition à Henri IV. Cayet l'accuse d'être entré dans un complot contre la vie de ce prince. Mais cette accusation est complétement dénuée de fondement. On a publié son panégyrique sous ce titre : *Les saintes montagnes et collines d'Orval et de Clairvaux*, etc. — MONTGAILLARD (*Pierre-Jean-François DE PERCIN, de*), parent du précédent, était fils du baron de MONTGAILLARD, décapité sous Louis XIII pour avoir rendu la place de Brenne, dans le Milanais; mais réhabilité depuis. Né en 1633, il fut successivement docteur de Sorbonne, abbé de Saint-Marcel, puis évêque de Saint-Pons en 1664. Il était modeste, zélé et charitable, mais il ne haïssait pas la dispute, si l'on en croit d'Aguesseau; et il prit une part très active à la polémique janséniste. Il fut un des prélats qui, en 1667, se déclarèrent pour les quatre évêques dans l'affaire du formulaire, et il publia trois lettres à Fénelon destinées à réfuter la doctrine de l'illustre prélat sur l'infaillibilité de l'Église. Ces lettres furent condamnées à Rome. — Un autre membre de la même famille, religieux dominicain mort à Toulouse en 1771, a publié *Monumenta Tolosani ordinis fratrum prædicatorum*, qui contient des anecdotes curieuses sur l'inquisition et l'Université de cette ville. — MONTGAILLARD (*Guillaume-Honoré ROQUES, de*), historien, né en 1772 au bourg dont il porte le nom (diocèse de Toulouse). Il embrassa l'état ecclésiastique, mais il n'eut jamais d'abbé que le nom. Venu à Paris à l'époque de la révolution, il se lia avec les principaux émigrés, et se rendit tour à tour auprès d'eux en Espagne, en Angleterre et en Allemagne. Rentré en France en 1798, il fut compromis avec ses frères aînés le chevalier et le comte de Montgaillard, dans diverses conspirations royalistes, mais les trois frères parvinrent à sortir de prison, et pendant que leurs compagnons gémissaient dans les cachots ou dans l'exil, ils surent se faire employer à diverses fonctions par le gouvernement impérial. Cette conduite les exposa à de vives accusations dont ils ne se sont jamais bien lavés. L'abbé de Montgaillard rentra dans la vie privée lors du retour des Bourbons. Il publia en 1820 une *Revue chronologique de l'Histoire de France depuis la première-convocation des notables jusqu'au départ des troupes étrangères*. Cet ouvrage fut d'abord accueilli avec faveur par les libéraux; mais il en fut tout autrement de l'*Histoire de France depuis la fin du règne de Louis XVI*, imprimée sous son nom en 1825, 9 vol. in-8°, que tous les partis ont unanimement regardée comme une œuvre de passion et de mauvaise foi. — L'abbé de Montgaillard était mort à Passy la même année, quelque temps avant la publication de son livre. Le comte de Montgaillard a vécu jusqu'en 1841.

MONTGERON (Louis-Basile Carré de), apologiste des prétendus miracles opérés au dernier siècle sur le tombeau du diacre Pâris, avait mené d'abord une vie fort dissolue. Né à Paris, en 1686, d'un maître des requêtes, il était conseiller au parlement de Paris, et affichait l'incrédulité la plus absolue lorsque la vue des convulsions dont le cimetière de Saint-Médard était le théâtre, fit subitement de lui un fanatique. Il accueillit chez lui les convulsionnaires et se fit leur historiographe. En 1737 il se rendit à Versailles avec un gros volume in-4°, orné de gravures, intitulé : *la Vérité des Miracles du diacre Pâris*, et en remit un exemplaire à Louis XV, qui le reçut sans savoir de quoi il s'agissait, au duc d'Orléans et à quelques autres grands personnages. Le roi se montra fort irrité de cette démarche et fit dès le lendemain enfermer l'auteur à la Bastille. Montgeron fut exilé ensuite à Viviers, à Villeneuve-lès-Avignon et à Valence. Mais son zèle ne se ralentit pas, et l'on vit paraître successivement un second, puis un troisième volume sur les miracles des convulsionnaires. Il avait eu d'abord des admirateurs, il lui en resta même quelques uns après la publications de ces volumes, un entre autres qui publia en 1749 les *suffrages en faveur de M. de Montgeron*; mais les hommes sages de son parti ne tardèrent pas à le désavouer. Il a cependant trouvé, en 1799, un apologiste qui a publié, en 3 vol. in-12, un abrégé de ses 3 vol. in-4°. Il était mort 45 ans auparavant, le 12 mai 1754.

MONTGLAT ou **MONGLAT** (François de Paule de Clermont, marquis de), maréchal-de-camp, grand-maître de la garderobe du roi, surnommé *Montglat-la-Bibliothèque* , à cause de l'excellence de sa mémoire qui lui permettait de raconter la multitude d'événements auxquels il avait assisté. Il mourut en 1675. On a de lui des Mémoires publiés par le P. Bou-

geant, Amsterdam, 1727, 4 vol. in-12, et renfermant les faits militaires du règne de Louis XIII, ceux de la minorité de Louis XIV, et les événements les plus remarquables de la cour. On les trouve aussi dans la 2ᵉ série des Mémoires relatifs à l'*Histoire de France* par Petitot.

MONTGOLFIER (biog.). Le nom des deux frères Montgolfier est inséparablement attaché à celle des découvertes modernes qui peut exercer l'influence la plus profonde sur les relations des hommes et des états entre eux, la navigation aérienne. Qui, d'Étienne ou de Joseph, découvrit le premier qu'il est possible à l'homme de voguer dans les airs? les biographes ne sont pas d'accord. Ce qu'il y a de certain, c'est que les premières expériences furent faites en commun. L'aîné, Joseph, né en 1740 à Vidalon-lès-Annonay, était moins instruit, mais beaucoup plus primesautier que son frère; il avait l'imagination qui invente, et Étienne, son cadet de cinq ans, possédait la science qui calcule. Ils semblaient se compléter l'un l'autre. Joseph s'enfuit du collège à l'âge de 13 ans, et jamais il ne put s'astreindre à une étude régulière; mais il se plaisait à résoudre de tête des calculs très compliqués, même avec l'emploi des méthodes de mathématiques transcendantes. Il s'était retiré à Saint-Étienne afin de se livrer à des expériences de chimie, lorsque son père le rappela pour lui donner une part dans la gérance de sa fabrique de papier. Étienne, qui exerçait la profession d'architecte à Paris, fut rappelé vers le même temps. Joseph faisait une belle part au hasard dans ses expériences, mais Étienne n'y donnait rien; et c'est à ses études que l'on doit le perfectionnement rapide qui s'opéra alors dans la fabrication du papier. Nous n'avons pas à raconter ici l'histoire de la découverte des aérostats (voy. ce mot); mais les travaux des deux frères ne se bornèrent pas là. C'est à eux qu'on doit l'invention du bélier hydraulique et de plusieurs autres machines destinées soit à remplacer les pompes à vapeur, soit à obtenir la dessiccation et la conservation des substances alimentaires par l'air mis en mouvement, et divers procédés pour améliorer la fabrication du papier. Ils s'occupaient des moyens de diriger les montgolfières; des fonds leur avaient été donnés dans ce but par le gouvernement de Louis XVI, et ils étaient déjà parvenus à quelques résultats, lorsque la révolution vint suspendre leurs travaux. Étienne fut nommé d'abord procureur syndic de son district, puis administrateur de son département. Décrété d'arrestation plus tard, il fut protégé par le dévouement de ses ouvriers, au milieu desquels il mourut en 1799. Joseph Montgolfier vécut jusqu'en 1810. Il était administrateur du Conservatoire des arts et métiers près le ministère de l'intérieur. Il a laissé trois petits ouvrages sur les ballons : *Discours sur l'aérostat ; Mémoire sur les machines aérostatiques ; les voyageurs aériens*. Delambre et de Gérando ont composé chacun un éloge de Joseph Montgolfier.

MONTGOMERY (*géog.*) : c'est le nom d'un comté et d'une ville d'Angleterre. — Le comté, situé dans le pays de Galles, entre ceux de Denbigh au N., de Radnor au S., de Shrop, à l'E., et de Mérioneth à l'O., a une longueur de 65 kil. et une largeur d'environ 45. Sa population est de 60,000 habitants. C'est un pays montagneux, très boisé, mais dont le sol est si aride que le huitième à peine est cultivé. On y trouve en revanche du plomb, de l'ardoise et du bois de construction. Ce comté produit aussi des bestiaux, et fabrique les plus belles flanelles connues. — La ville, capitale du comté et située à 280 kil. O. de Londres, ne compte que 1,000 habitants. On y voit les ruines d'un ancien château fort. — MONTGOMERY est aussi le nom d'un ancien comté de France, qui a donné son nom à la famille de Montgomery. Il était situé dans la Normandie, à l'O. de Lisieux.

MONTGOMERY : ancienne famille d'Angleterre, dont l'origine remonte à Roger de Montgomery, gentilhomme normand, qui passa en Angleterre à la suite de Guillaume-le-Conquérant. Le fils de ce Roger, Robert, ayant embrassé le parti de Robert Courtecuisse contre Henri Ier, fut obligé de se retirer en Ecosse où sa famille devint très influente. Jacques IV, roi d'Écosse, donna en 1502 à un de ses descendants le titre de comte d'Egland ou d'Eglintoun. — La famille française de Lorges se faisait gloire de descendre des Montgomery d'Écosse, et en porta le nom, après l'acquisition, par un de ses membres, du comté normand de Montgomery en 1543. — Le plus célèbre des Montgomery-Lorges est : MONTGOMERY (*Gabriel de Lorges*, comte de), capitaine de la garde écossaise de Henri II. Pendant les réjouissances qu'on fit pour le mariage de Marguerite de France avec le duc de Savoie, Henri II, frère de cette princesse, voulut jouter contre Montgomery. A la première passe sa lance se brisa contre le plastron de Henri II, qui, blessé d'un éclat à l'œil droit, tomba sans connaissance et mourut onze jours après (1559). Avant sa mort il avait ordonné de ne point inquiéter Montgomery plus malheureux que coupable. Cependant le comte crut devoir se réfugier en Angleterre, où il se fit huguenot et d'où il revint en France pendant les guerres civiles. Il signala son courage dans le parti calviniste auquel il rendit des services très importants, et

échappa par la fuite au massacre de la Saint-Barthélemy. Mais le seigneur de Matignon, depuis maréchal de France, l'ayant fait prisonnier à Domfront, fut obligé de le remettre entre les mains de Catherine de Médicis, qui fit instruire son procès. Montgomery fut dégradé de noblesse ainsi que sa postérité, et condamné à avoir la tête tranchée en place de Grève (1574). Sa mémoire fnt réhabilitée en 1576 Un de ses neveux, Louis de Courbouzon-Montgomery, a laissé plusieurs ouvrages très précieux pour l'Histoire de France.

MONTHOLON : nom d'une famille de magistrats français célèbres par leur intégrité. Nous citerons parmi ses membres : — MONTHOLON (*François* de), seigneur du Vivier et d'Aubervilliers. François Ier, charmé du talent qu'il avait déployé en soutenant dans le Parlement la célèbre cause du connétable de Bourbon contre Louise de Savoie, sa mère, le nomma avocat-général en 1538, et garde des sceaux en 1542. Ce monarque lui ayant donné 200,000 fr. auxquels avaient été condamnés les habitants rebelles de la Rochelle ; Montholon les accepta, mais les consacra à bâtir un hôpital dans cette ville. Il mourut à Villers-Cotterets en 1543. — MONTHOLON (*Jean* de), frère du précédent, mourut en 1528 dans l'abbaye de Saint-Victor, dont il était chanoine, au moment où il venait d'être promu au cardinalat. On a de lui : *Promptuarium juris divini utriusque humani*, Paris, Henri Estienne, 1520, 2 vol. in-fol. — MONTHOLON (*François* de), fils du premier, fut nommé garde des sceaux en 1588 par Henri III, à la sollicitation des Ligueurs. Il donna sa démission après l'avènement de Henri IV, de peur d'être obligé de signer quelques édits favorables aux protestants, et mourut la même année, en 1590. — MONTHOLON (*Jacques* de), fils du précédent, fut avocat au parlement de Paris, et mourut en 1622. Il a laissé un *Recueil des arrêts du Parlement* qui servirent de réglements, 1622, in-4o. Il avait publié auparavant, 1612, in-8o, un *Plaidoyer* pour les Jésuites contre Martelière qui les avait rudement attaqués.

MONTI (VINCENZO) : l'un des grands poètes de l'Italie moderne. Né en 1754 d'un cultivateur des environs de Ferrare, il étudia la jurisprudence à l'Université de cette ville. Admirateur de la *Divine Comédie*, il écrivait à ses moments perdus quelques poèmes lyriques qui, rompant avec la manière molle et efféminée des Arcades, ne tardèrent pas à être remarqués. Le cardinal Borghèse, charmé d'un de ces poèmes, la *Visione d'Ezechiello*, l'emmena avec lui à Rome, et le plaça chez un neveu du Pape, en qualité de secrétaire. Alfieri commençait à faire grand bruit par ses tragédies et ses sonnets misanthropiques ; Monti répondit aux sonnets, et opposa aux tragédies énergiques, mais un peu sèches, du poète d'Asti , ses tragédies brillantes de forme, mais pleines de paroles et vides d'action, *Aristodemo* et *Galeotto Manfredi*, et plus tard *Cajo Gracco*, qui a été traduit en français dans les *Chefs-d'œuvre du théâtre italien*. Il n'abandonnait pas pour cela ses poèmes, dans lesquels il réussissait beaucoup mieux. Tous les Italiens savent par cœur sa *Bellezza dell' Universo*. Mais celui qui l'a placé au premier rang est la *Basvigliana*, où l'auteur célèbre l'assassinat commis à Rome sur Hugues Basseville, envoyé de la République française. La poésie de cette vision dantesque est aussi magnifique et grandiose que le sujet en est odieux. Elle n'a jamais été achevée parce que les armées françaises allèrent plus vite que la plume de l'écrivain, et que leur succès eut le pouvoir de changer subitement ses convictions politiques. Il tourna alors ses imprécations contre l'Autriche, et de sa plume humide encore d'avoir tracé ses malédictions contre la République française , il écrivit un hymne contre les rois en général, et en particulier contre le « *vil Capet*, ce roi parjure , insolent et stupide, dont la France venait de délivrer le monde. » Bonaparte devint dès lors l'idole de Monti ; il eut des odes pour toutes ses victoires, des chants pour toutes ses joies de famille. Cet enthousiasme ne se démentit pas un moment tant que dura le pouvoir de Napoléon; mais, le lendemain de sa chute, Monti célébrait déjà un autre empereur, et chantait , comme le *retour d'Astrée* , la rentrée des Autrichiens à Milan. Ces conversions subites ne laissèrent pas de servir la fortune de l'écrivain. Ses poésies religieuses lui avaient valu la protection du clergé romain , ses poésies démocratiques le firent nommer secrétaire du directoire de la République cisalpine, professeur de l'Université de Pavie, où il ne fit pas de leçons, professeur de belles-lettres au collége de Milan, où il ne parut presque jamais, et enfin historiographe du royaume d'Italie, sans qu'il ait écrit un mot d'histoire. Ses poésies autrichiennes lui valurent la conservation de ses places, celle d'historiographe exceptée. On a dit que ses premières œuvres étaient de l'abbé Monti, les secondes du citoyen Monti, les dernières du chevalier Monti. Pendant son séjour à Rome, Monti avait porté le costume ecclésiastique, mais il n'était pas entré autrement dans les ordres. Il se maria même à cette époque à une fille du célèbre graveur Pikler. Le seul culte auquel Monti soit resté fidèle, est celui de la mythologie grecque, pour laquelle il combattit, en fort beaux vers, contre

Foscolo et Cesarotti. Pendant son professorat il traduisit l'*Iliade* en vers, bien qu'il ne sût pas le grec. Cette traduction fort brillante a été vivement critiquée par Foscolo comme ne reproduisant pas les couleurs de l'original, mais elle n'en jouit pas moins d'une grande réputation par delà les Alpes. On fait moins de cas de sa traduction des *Satires de Perse*, également en vers non rimés (*sciolti*). Monti avait offert ses services à l'Académie della Crusca pour une nouvelle édition de son Dictionnaire ; ne recevant point de réponse, il prit le parti de publier son travail lui-même sous ce titre : *Proposta di alcune correzione ed aggiunte al Vocabolario della Crusca*, 6 vol. in-8°. C'est un des meilleurs ouvrages écrits pour la régénération de cette langue italienne qui disparaît sous les emprunts qu'elle fait à la France. Les opéras de Monti n'ont obtenu aucun succès; mais ses *canzonnette* ou odes anacréontiques se placent au nombre de ce que l'Italie a produit de plus gracieux en ce genre. Les Œuvres choisies de Monti forment 8 vol. in-8° et in-16, Milan, 1825-28. La plupart ont été souvent réimprimées. Ses compatriotes l'ont surnommé *Dante ingentilito*, le Dante gracieux. Cette qualification, prise de bonne part, caractérise très bien l'auteur de l'apocalyptique *Basvigliana*, et de l'élégant *Cespuglio delle quatro rose*. J. FLEURY.

MONTIGNY (*biog.*). Ce nom a été porté par divers personnages. Un chevalier, GALON DE MONTIGNY, porte-étendard de France à la bataille de Bouvines, en 1214, sauva la vie à Philippe-Auguste qui , renversé de cheval, allait être foulé aux pieds. — Un autre MONTIGNY nourrit, en temps de disette, 30,000 Parisiens pauvres, et mérita le surnom de *Boulanger*, qui devint le titre honorifique de sa famille. — MONTIGNY (*François* de la GRANGE-D'ARQUIEN, sieur de), maréchal de France, se distingua à Coutras, fut fait prisonnier par Henri IV, qui le renvoya sans rançon et s'en fit un ami dévoué. Il mourut en 1617, après avoir été tour à tour gouverneur de Paris, de Metz et des Trois Évêchés. — MONTIGNY (*Jean* de), évêque de Saint-Paul-de-Léon, succéda à Gilles Boileau à l'Académie française, défendit la *Pucelle* de Chapelain contre ses détracteurs, prononça une *Oraison funèbre d'Anne d'Autriche*, et composa diverses poésies. Né en 1637, mort en 1671. — MONTIGNY (*Etienne-Mignot* de), membre de l'Académie des sciences, né à Paris en 1714, mort en 1782, occupa divers emplois dans l'administration des ponts-et-chaussées, résolut plusieurs problèmes de mécanique, s'occupa beaucoup de l'emploi des découvertes scientifiques dans les arts, et fonda, en mourant, un prix pour la meilleure application de la chimie aux arts industriels. On a de lui quelques brochures scientifiques.

MONT-JOIE : ancien cri de guerre des armées françaises. On a dit, entre autres suppositions, que cet usage venait de la dénomination de Montjoie, donnée primitivement à des monceaux de pierres entassés sur les chemins peu frayés pour indiquer la route, et appliquée ensuite à la bannière qui indiquait la marche de l'armée. Ainsi le cri *Mont-Joie-Saint-Denis*, qui était celui des rois de France, aurait signifié qu'il fallait suivre l'oriflamme ou bannière de saint Denis. — Le cri des ducs de Bourgogne de la maison de Valois était *Mont-Joie-Saint-Andrieu* (on ignore l'origine de ce dernier mot), ou *Mont-Joie-Saint-André* selon d'autres; le cri des ducs de Bourbon était *Mont-Joie-Notre-Dame.* — Le premier hérault d'armes de France portait le titre de *Mont-Joie.*

Un ORDRE de chevalerie, dit de *Mont-Joie*, fut établi à Jérusalem par le pape Alexandre III et confirmé en 1180. Les chevaliers suivaient la règle de saint Basile. Ils avaient mission de combattre les infidèles et portaient une croix rouge. Alphonse-le-Sage les introduisit en Espagne pour les opposer aux Maures, et les nomma chevaliers de *Molfrac*. Ils furent ensuite unis à l'ordre de Calatrava.

MONTLHÉRY (*géog.*), *Mons Letherici* : bourg de France, autrefois châtellenie de la vicomté de Paris, dans le département de Seine-et-Oise, à 15 kil. N.-O. de Corbeil, avec une population d'environ 1,500 habitants. Il est dominé par une tour antique, débris du château de ses seigneurs, fortifiée en 999 par Thibaud *File Étoupe*, la terreur du pays. C'est dans ses environs que se livra en juin 1465, entre Louis XI et la ligue du bien public, une bataille qui eut pour résultat le traité de Conflans.

MONTLUC (BLAISE DE LASSERAND-MASSENCOME, seigneur de) : maréchal de France, né vers 1502 au château de Montluc, en Guyenne, d'une branche de la famille d'Artagnan-Montesquiou, une des plus illustres de cette province. A l'âge de 17 ans il fit ses premières armes en Italie, tomba entre les mains des Espagnols à la bataille de Pavie, servit ensuite sous Lautrec, se distingua à Cerignolles, défendit Sienne avec éclat en 1554, et ne cessa de batailler jusqu'à la mort de Henri II. Pendant les guerres de religion il remporta plusieurs avantages sur les protestants, gagna sur eux une victoire signalée à Ver en 1562, et fut nommé lieutenant du roi en Guyenne. Malheureusement pour sa gloire il ne se contenta pas de vaincre les réformés, il les traita à peu près

comme le baron des Adrets et Guillaume de la Marck traitaient les catholiques, et mérita le surnom de *Boucher royaliste.* Ayant mis le siége devant Rabesteins en 1570, il eut les deux joues emportées par un coup d'arquebuse, et fut tellement défiguré qu'il dut se résoudre à porter un masque le reste de sa vie. Trois ans plus tard il assista au siége infructueux de la Rochelle, et reçut l'année suivante le bâton de marechal de France. Passionné pour la gloire, actif, infatigable, doué d'une présence d'esprit étonnante, Montluc réunissait toutes les qualités qui font un grand capitaine. Il avait atteint sa 75e année lorsqu'il écrivit, sous le titre de *Commentaires*, son histoire militaire. Cet ouvrage, que Henri IV appelait la Bible des soldats, est remarquable par l'incroyable naïveté avec laquelle l'auteur rapporte les actes de cruautés qui lui sont si justement reprochés. Il ne s'y ménage pas les louanges, et ne se borne pas toujours à l'exagération. Publiés pour la première fois en 1592 in-fol. par Florimond de Rémond, ces commentaires ont été compris depuis dans la *Collection des mémoires relatifs à l'Histoire de France.* — MONTLUC (*Jean* de), frère du précédent, s'était, sans vocation, fait Dominicain. Il penchait évidemment vers l'hérésie, et dut à la protection de la reine de Navarre d'être employé dans des négociations importantes en Italie, en Écosse, en Angleterre, en Allemagne et en Portugal. Il contribua beaucoup à l'élection de Henri de France, depuis Henri III, au trône de Pologne. Il fut élevé en 1553 à l'évêché de Valence, et mourut à Toulouse en 1579. Il publia des Sermons entachés de calvinisme, et qui firent néanmoins fureur pendant quelques années.

MONTLUÇON : petite ville de l'Allier, avec le titre de chef-lieu d'arrondissement, près des bords du Cher, à 60 kil. S.-O. de Moulins, et à 292 S. de Paris. Elle renferme plus de 5,000 habitants, fabrique des toiles, des serges, etc., et fait commerce de grains et de vins. Son arrondissement comprend 6 cantons : Cérilly, Huriel, Hérisson, Montmarault, Marcillat et Montluçon, divisés en 100 communes réunissant 79,000 habitants environ.

MONTMARTRE (*géog.*) : village bâti sur une colline assez élevée, dite *butte Montmartre*, contigu à l'un des faubourgs du nord de Paris, qui lui doit son nom. Le nom de cette colline vient-il d'un temple qui y était consacré à Mercure ou à Mars? dérive-t-il plutôt de *mons martyrum*, montagne des martyrs? Cette dernière opinion paraît d'autant plus probable, qu'il est certain que le martyre de saint Denis, et sans doute plusieurs autres ont eu ce lieu pour théâtre, et que dans le français du moyen-âge le mot *martre* signifiait martyr. Sous Charles-le-Chauve il y existait déjà une chapelle dédiée aux saints martyrs; mais antérieurement, c'est-à-dire vers 627, selon Frédégaire, il s'y trouvait aussi un fief royal dans lequel Clotaire II donna asile au seigneur saxon Ægine. Pendant le siège de Paris par les Normands en 886, le comte Eudes prit position sur la butte, et c'est de là qu'il s'élança pour se faire un passage à travers les bandes ennemies, et pénétrer dans la ville. En 987, l'empereur Othon, lors de son incursion sur la terre de France, vint célébrer ses succès à Montmartre, où il fit chanter un *Alleluia*, fait important, en ce qu'il prouve positivement que l'église existait, et sans doute le village. Montmartre posséda plus tard un prieuré de l'ordre de Cluny qui dura peu; il fut remplacé par le monastère de Bénédictines que Louis-le-Gros et la reine Adélaïde sa femme, y fondèrent en 1133, et qui subsista jusqu'en 1789. Ses carrières de plâtre étaient déjà exploitées au xvie siècle. Quand Henri IV fit le blocus de Paris, ce fut sur Montmartre qu'il vint camper. L'abbaye fut son quartier-général. Louis XIV fit rebâtir le monastère; en 1736, on y éleva la pyramide encore existante pour servir d'alignement à la méridienne de Paris du côté du nord; et en 1737 on y tenta des fouilles dont on fit grand bruit, et qui n'aboutirent à rien pour l'archéologie. Pendant la revolution Montmartre perdit son nom pour prendre celui de *Montmarat*. En 1814, après un assez sanglant combat, Montmartre fut occupé par les Russes, et en 1815 le général Desfourneaux y fit une belle résistance. Montmartre est aujourd'hui un gros bourg, presque une ville, peuplé de 7,000 habitants environ qui s'occupent activement de l'industrie des châles-cachemires, de l'encre, des produits chimiques et des toiles cirées. E.F.

MONTMAUR (PIERRE de). Le type des hommes de lettres et des pédants parasites au xviie siècle, né en 1576 dans le Limousin. Il alla à Rome enseigner la grammaire, revint faire l'empirique à Avignon, de là à Paris où il se mit à plaider et à faire des vers. Il excellait dans les bouts rimés, dans les anagrammes, alors fort à la mode. Ces niaiseries ne semblaient pas devoir le mener à une chaire du collége royal. C'est pourtant ce qu'il obtint à force de menées. En 1623, il fut nommé professeur de langue grecque à la place de Goulu. Jusque là il avait fait effrontément le métier de parasite dans les meilleures maisons de Paris; les 5,000 livres de rente que lui valait sa charge ne lui firent pas perdre cette honteuse habitude. Ses médisances lui firent un grand nombre d'ennemis, et il fut bientôt assailli de toutes parts. Ménage se mit à la tête de la cabale

des mauvais plaisants qui harcelèrent Montmaur. Il fit de lui une soi-disant biographie latine dans laquelle il l'appelait *Gargilius Mammurra*, et qui fut le prélude de tous les poèmes, pamphlets, épigrammes qui dès lors tombèrent comme grêle sur Montmaur. Salengre a réuni le tout en 2 volumes sous le titre de *Histoire de Montmaur*, Paris, 1715, in-8°. Le pauvre pédant ainsi bafoué ne perdit ni un coup de dent, ni un coup de langue; il continua à bien manger et à bien médire. Il mourut en 1648 ayant 74 ans. ED. F.

MONTMÉDY: chef-lieu d'arrondissement dans le département de la Meuse, sur la rivière droite de Chiers, à 250 kil. N.-E. de Paris. Cette petite ville qui, au moyen-âge, était appelée *Mons medius* ou *Mons maledictus*, faisait autrefois partie du duché de Luxembourg. Les Français s'en emparèrent en 1541 et en 1553. Elle n'a point cessé depuis 1657 d'appartenir à la France. Montmédy est fort mal bâtie et possède 2,300 habitants environ. — Son arrondissement renferme 6 cantons : Damvillers, Dun, Montfaucon, Spincourt, Stenay et Montmédy ; 132 communes et plus de 68,000 habitants.

MONTMÉLIAN, en italien *Montemigliano*: ville des États sardes, sur la frontière du Dauphiné, de la Maurienne et de la Tarentaise, à 15 kil. S. de Chambéry, avec une population de 1,300 habitants. Cette ville bâtie sur l'Isère est traversée par deux grandes routes, dont l'une conduit de l'Italie à Grenoble par la vallée d'Aoste et la Tarentaise, et l'autre à Chambéry et à Lyon par le mont Cénis et la Maurienne. Après la cession à la France du fort de Barreaux, Montmélian était la place d'armes la plus considérable de la Savoie. Elle passait pour imprenable, et l'on regarda comme le plus grand fait d'armes de Sully de s'en être emparé en 1601. Catinat la força de nouveau en 1691 et en 1705 après 15 mois de siége. Louis XIV en fit alors démolir les fortifications. Depuis lors Montmélian n'a plus d'autre titre de gloire que les vins estimés qu'on récolte dans ses environs.

MONTMIRAIL, autrefois *Montmireil* ou *Montmirel*: chef-lieu de canton du département de la Marne, dans l'arrondissement et à 4 lieues d'Épernay, et à 95 kil. de Paris, avec une population de 2,600 habitants. Cette ville située sur une eminence près de la rive droite du petit Morin, était jadis une baronnie de la Brie, puis un marquisat dans l'élection de Château-Thierry. Elle possède un beau château, ancienne propriété des Le Tellier, une fabrique de cuirs et un centre d'exploitation de meules à moulin en pierre vive et poreuse. Elle est la patrie du cardinal de Retz, et doit sa célébrité à la victoire que Napoléon remporta dans ses environs, le 11 février 1814, sur les armées russe et prussienne.   J. DE M.

MONTMORENCY ou MONTMOREN-CY-ENGHIEN : chef-lieu de canton du département de Seine-et-Oise, à 15 kil. N.-O. de Paris, sur une éminence, près de la belle forêt de Montmorency, et dans la délicieuse vallée de ce nom. — Montmorency était jadis le titre d'un domaine qui donna son nom à une des plus illustres familles de la France. D'abord simple baronnie, il fut érigé en duché-pairie (1550) en faveur du connétable Anne de Montmorency. Après l'extinction de la race de ce seigneur le duché fut rétabli sous le nom d'Enghien, et donné à Henri de Bourbon, prince de Condé. L'ancien château seigneurial de Montmorency est aujourd'hui détruit ; mais on y voit une charmante église gothique. On visite aussi dans la vallée la jolie retraite de l'Ermitage, habitée par J.-J. Rousseau et Grétry. On y récolte des fruits estimés et surtout des cerises. Montmorency, avec ses 2,000 habitants environ, doit sa prospérité aux charmes de la vallée, et à ses eaux sulfureuses (*voy.* ENGHIEN).

MONTMORENCY : nom d'une des plus anciennes et des plus illustres familles de France, que ses généalogistes font remonter au-delà de la monarchie française. La gloire de cette maison ne repose pas tant sur le titre de *premier baron chrétien* qu'elle prend de temps immémorial, sur ses alliances avec la plupart des maisons souveraines de l'Europe, et sur la possession longtemps héréditaire des premières dignités de l'État, que sur les éclatants services qu'elle a rendus à la patrie, depuis plus de neuf siècles. Déjà, vers l'an 950, sous le règne de Lothaire, Bouchard Ier, sire de Montmorency, était l'un des plus puissants feudataires du duché de France. Depuis cette époque, l'histoire de la famille de Montmorency se confond avec celle de la nation. Il n'est pas de règne où quelques-uns de ses membres n'aient joué un rôle important. Nous ne pouvons ici que jeter un rapide coup-d'œil sur les plus célèbres : MATHIEU Ier, mort en 1160, fut connétable sous Louis-le-Jeune.—MATHIEU II, dit le *grand connétable*, contribua puissamment à la victoire de Bouvines, en 1214, et obtint, en 1218, l'épée de connétable ; il commanda l'armée de Louis VIII dans la glorieuse campagne où elle conquit, sur les Anglais, le Poitou, l'Angoumois, le Périgord, le Limousin et tout le nord de l'Aquitaine. Après la mort du roi, il protégea l'enfance de son fils aîné, Louis IX, et fut le plus ferme appui de la reine Blanche, sa mère, régente du royaume. De sa seconde femme, héritière du comté de Laval, naquit le chef de

la première branche des *Montmorency-Laval*, éteinte en 1412.—MATHIEU III, petit-fils du précédent, suivit saint Louis dans sa seconde croisade, et mourut de la peste devant Tunis. Son second fils ERARD fonda la branche de *Montmorency-Conflans*, qui s'éteignit, en 1424, par la mort des deux frères ANTOINE et HUGUES, tués ensemble à la bataille de Verneuil. — CHARLES, maréchal de France, se distingua dans les funestes journées de Crécy et de Poitiers. Il fut, en 1360, l'un des négociateurs du traité de Brétigny, et l'un des ôtages du roi Jean.—Son petit-fils JACQUES fut le premier de la branche des *Montmorency-Croiselle*, qui finit en 1615. — JEAN II, dépouillé de ses domaines par le duc de Bedford, pour sa fidélité à Charles VII, rentra dans ses biens après l'expulsion des Anglais. Ses deux fils aînés ayant embrassé la cause de Charles-le-Téméraire, il les déshérita, et, avec l'autorisation de Louis XI, institua héritier son 3e fils, GUILLAUME, qui servit avec distinction sous les rois Louis XI, Charles VIII, Louis XII et François Ier, et fut le père du célèbre ANNE de Montmorency. Ses deux autres fils fondèrent les branches des seigneurs de *Nivelle*, comtes de *Horn* et des marquis de *Fosseux*.

MONTMORENCY (*Anne de*), né en 1493, fut l'un des compagnons d'enfance du duc d'Angoulême, qui régna sous le nom de François Ier. Depuis la bataille de Ravennes, où il fit ses premières armes, en 1512, jusqu'à celle de Saint-Denis, où il fut tué, 55 ans plus tard, il assista, dit Brantôme, à plus de cent batailles, et il n'en est pas une où, selon les expressions de l'historien, il n'ait été *pris*, *blessé* ou *mort*. Il reçut le bâton de maréchal de France, à l'âge de 29 ans, à la suite de la sanglante journée de la Bicoque, où il fit des prodiges de valeur. Fait prisonnier près de Santo-Lazzaro, au moment où, attiré par le bruit du canon, il accourait à la bataille de Pavie, il fut l'un des négociateurs du traité de Madrid. Il jouit longtemps de toute la faveur de François Ier, qui le nomma grand-maître de France, gouverneur du Languedoc, et lui confia le maniement de toutes les grandes affaires de l'État. Disgracié en 1541, par suite des intrigues qui divisaient la cour entre le dauphin, depuis Henri II, et le duc d'Orléans, son frère puîné, il se retira dans sa magnifique résidence de Chantilly. L'avènement de Henri II amena son retour à la tête des affaires. — Après le funeste accident qui, en 1559, coûta la vie à Henri II, au milieu d'un tournoi, il fit de vains efforts pour conserver le pouvoir. Les Guises, ses ennemis, soutenus par le crédit de la jeune reine Marie Stuart, leur nièce, s'emparèrent de l'esprit du nouveau roi, qui conseilla froidement au vieux connétable d'aller prendre du repos dans ses terres. Après la mort prématurée de François II, Catherine de Médicis s'empressa de rappeler Montmorency pour l'opposer aux Guises. Après des intrigues sans nombre, la guerre civile éclate entre les catholiques et les protestants. Montmorency, réuni alors au parti des Guises, livre au prince de Condé la bataille de Dreux, où il est fait prisonnier. Bientôt après Condé est pris à son tour. Rendus tous deux à la liberté par la paix d'Amboise, et réunis sous les mêmes drapeaux, ils enlèvent le Havre aux Anglais. Cet accord ne fut pas de longue durée : Condé et le vieux connétable se trouvèrent de nouveau en présence. La bataille se livra, le 10 novembre 1567, dans la plaine de Saint-Denis, et Montmorency, atteint à bout portant d'un coup d'arquebusade par l'Écossais Robert Stuart, fut transporté à Paris, où il mourut, le surlendemain de sa victoire, à l'âge de 74 ans. — Anne de Montmorency avait eu cinq fils, qui furent tous des hommes remarquables.

MONTMORENCY (*Henri II*, duc de), fils de HENRI Ier, le second fils d'ANNE, naquit en 1595. Il eut pour parrain Henri III, qui le fit succéder à son père dans le gouvernement du Languedoc. En 1614, il était déjà, depuis deux ans, amiral de France. En 1629, Louis XIII étant tombé malade après avoir forcé le pas de Suze, laissa l'armée à Montmorency, qui battit les Espagnols à Veillane, s'empara du marquisat de Saluces; il gagna ainsi bâton de maréchal. En 1632, il se laissa entraîner dans le parti de Marie de Médicis et de Gaston duc d'Orléans, qui avaient juré la perte de Richelieu. Après avoir levé des troupes en Languedoc, il se mit en campagne pour joindre ce prince; mais ses mesures étaient mal prises, les populations n'étaient point préparées; le parlement de Toulouse se prononça pour la cause royale et les protestants ne bougèrent pas. Gaston et Montmorency se portèrent au devant de l'armée royale, commandée par Schomberg, et furent battus près de Castelnaudary. Le maréchal, criblé de blessures, tomba sous son cheval mort, et fut pris. Traduit devant le parlement de Toulouse, et convaincu de haute trahison, Montmorency témoigna le plus vif repentir; mais il ne put échapper à une condamnation capitale. On espérait que le roi ferait grâce. Richelieu fut inflexible, et la tête du dernier rejeton de la branche aînée des Montmorency tomba sur l'échafaud, le 30 octobre 1632. Déjà cinq ans auparavant, Richelieu avait fait décapiter un autre Montmorency, seigneur de Bouteville, pour s'être battu en duel, malgré les édits royaux. Ce Bouteville laissa un fils qui fut le maréchal de Luxembourg.

MONTMORENCY (*Mathieu-J.-Félicité* LAVAL, duc de), né à Paris en 1760, était issu de la seconde branche des Montmorency-Laval. Il fit ses premières armes en Amérique, dans le régiment d'Auvergne, dont son père était colonel. De retour en France peu de temps avant la révolution, et député aux états-généraux par l'assemblée bailliagère de Montfort-l'Amaury, il ne tarda pas à manifester les idées d'indépendance qu'il avait rapportées de ses campagnes, et fut un des premiers du tiers-état. Dans la nuit du 4 août 1789, il excita le plus vif enthousiasme en proposant l'abolition des titres de noblesse et des droits féodaux, proposition qui fut adoptée par acclamation. Le 10 septembre suivant, il appuya le décret portant que le corps législatif ne se composerait que d'une seule chambre. Après la session, M. de Montmorency remplit, à l'armée du Nord, les fonctions d'aide-de-camp du général Luckner. Mais bientôt, effrayé de la marche des événements, il quitta la France, erra quelque temps en Suisse, et trouva un asile auprès de Madame de Staël, à Coppet. Il apprit dans cette retraite la mort de son frère, l'abbé de Laval, condamné par le tribunal révolutionnaire. Il fit alors un douloureux retour vers les premiers pas de cette révolution, qu'il avait rêvée généreuse et pure, et qui lui faisait expier si cruellement l'appui qu'il lui avait prêté. Rentré en France en 1795, il subit une détention de courte durée. Sous le consulat, il fut appelé à diverses fonctions publiques qu'il refusa, n'acceptant que les situations qui favorisaient l'esprit de bienfaisance dont il était animé. Son amitié pour madame de Staël finit par le rendre suspect à l'empire, et il partagea, en 1811, l'exil de cette femme célèbre. En 1814, il devint successivement aide-de-camp du comte d'Artois, maréchal-de-camp, chevalier d'honneur de madame la duchesse d'Angoulême. Dans les cent-jours, il accompagna cette princesse à Bordeaux et en Angleterre. De là il se rendit à Gand, auprès de Louis XVIII. Après la seconde restauration, il entra dans la chambre des pairs, et fut appelé, en 1821, au ministère des affaires étrangères et à la présidence du conseil. En 1822, à son retour du congrès de Vérone, il fut nommé duc, membre du conseil privé, gouverneur du duc de Bordeaux, enfin, membre de l'Académie-Française. Son discours de réception, dont le texte fut l'*Alliance des lettres et de la religion*, se fit remarquer par une rare élégance de style et une grande élévation de pensées. M. de Montmorency mourut subitement, en 1826, le vendredi saint, dans l'église de Saint-Thomas-d'Aquin, sa paroisse, au moment où il adressait à Dieu une fervente prière. Cette mort couronna une vie éminemment chrétienne. — En lui s'éteignit la descendance masculine de la seconde branche des *Montmorency-Laval*.

MONTMORENCY (*Anne-Charles-François*, duc de), chef de la branche aînée de son illustre maison, naquit à Paris le 12 juillet 1768, et fit ses premières armes en 1785, dans le régiment de Colonel-général-dragons. Trois ans après il épousa mademoiselle de Matignon. Forcé de fuir la France avec sa famille pendant les premiers orages révolutionnaires, il s'empressa d'y rentrer aussitôt que la possibilité lui en fut offerte. M. de Montmorency se montra toujours animé d'un vrai patriotisme. Vers la fin de l'année 1813, au moment où d'innombrables ennemis envahissaient notre territoire, il accepta le commandement de la garde nationale d'Eure-et-Loir, et, peu de temps après, l'Empereur l'attacha à l'état-major général de la garde nationale de Paris, en qualité d'un des quatre aides-majors généraux sous les ordres du maréchal Moncey. Il concourut avec une grande énergie aux mesures qui furent prises pour la défense de la capitale, et, dans la journée du 31 mars, le maréchal Moncey ayant été rappelé précipitamment auprès de l'Empereur, M. de Montmorency fut chargé du commandement supérieur de la garde nationale parisienne. Il remplit avec une haute distinction ces fonctions si difficiles dans la situation où l'on se trouvait, et soutint pendant une journée entière les attaques de l'armée ennemie. La capitulation signée par le maréchal de Raguse put seule lui faire céder le champ de bataille. — Le général Montmorency fut l'un des 154 premiers pairs nommés par l'ordonnance royale du 4 juin 1814. Depuis cette époque il partagea son temps, avec une ardeur infatigable, entre les affaires publiques, la direction de travaux agricoles qu'il aimait avec passion, et la protection éclairée et généreuse de toute entreprise et de toute publication qui tendait aux progrès des sciences, ou à l'amélioration du sort des hommes. Toute société formée dans un but de bienfaisance ou d'utilité publique, pouvait compter non seulement sur ses vives sympathies, mais encore sur son patronage effectif. Sa bourse et son cœur ne firent non plus jamais défaut au soulagement de l'infortune. Il mourut en 1846 lorsqu'il allait atteindre sa 78e année. — Il n'appartenait à personne plus qu'aux rédacteurs de l'*Encyclopédie du XIXe siècle* de rendre ce public hommage à la mémoire d'un homme de bien ; car cette publication se plaira toujours à compter parmi ses titres les plus honorables d'avoir eu M. de Montmorency pour un de ses principaux

fondateurs, et pour *président de son conseil de surveillance*, dont il a assidument rempli les fonctions jusqu'à sa mort.　　A. Bost.

MONTMORILLON (*Mons-Maurilionis*) : chef-lieu d'arrondissement du département de la Vienne, à 52 kil. E.-S.-E. de Poitiers, sur la Gartempe, et jadis ville forte, défendue par un château. Elle possède un monument de forme octogone, orné de bas-reliefs d'une naïveté primitive, et que l'on a prétendu à tort avoir été un temple druidique. A ce monument est joint un hôpital appelé Maison-Dieu et fondé, vers la fin du XIe siècle, par Robert du Puy, à son retour de Jérusalem, où il était allé en pèlerinage. Après avoir été consacré aux malades et aux pauvres, il passa, en 1613, entre les mains des moines Augustins, et on y établit, après la révolution, un séminaire qui existe encore. — L'arrondissement de Montmorillon se compose de 6 cantons : Chauvigny, La Trémouille, l'Isle-Jourdain, Lussac, Montmorillon, Saint-Savin, et renferme 59,678 habitants, dont 4,778 appartiennent au chef-lieu.

MONTMORIN (Saint-Hérem, A.-*Marc*, *comte de*) : né vers 1750, au château de Montmorin (Auvergne), mort sur l'échafaud révolutionnaire, à l'âge de 42 ans. Il posséda, pendant toute la durée de sa courte existence, la confiance et l'amitié de Louis XVI, dont il avait été le menin dans son enfance, et pour lequel il eut toujours lui-même un dévouement absolu. S'il fût arrivé aux affaires à une époque ordinaire, un profond savoir, une élocution remarquable, l'amour du travail, l'honnêteté des principes et la modération du caractère, eussent fait de lui un homme d'Etat distingué. Malheureusement il devint ministre à l'une de ces époques de lutte où les hommes doués d'un esprit conciliateur sont toujours broyés sous le choc des partis extrêmes. — M. de Montmorin, après avoir rempli avec distinction les fonctions d'ambassadeur de France à la cour d'Espagne, fut appelé, en 1787, à l'assemblée des Notables, et bientôt après au ministère des affaires étrangères. Lors des premiers troubles de la révolution, il s'efforça d'amortir les coups que se portaient réciproquement la Cour et la majorité de l'Assemblée. Mais, devenu suspect aux deux partis, il se retira du ministère avec Necker, en 1789. Il y rentra quelques mois après, par un de ces retours subits qui durent si peu. — Le 23 avril 1791, M. de Montmorin reçut l'ordre de communiquer à l'Assemblée la lettre par laquelle Louis XVI assurait aux puissances étrangères qu'il avait accepté la constitution, *de son plein gré et même avec bonheur*. Cette communication, qui précéda de deux mois à peine la fuite de Varennes, et les passeports qu'il avait peu de temps auparavant délivrés au roi, sous un nom supposé, inspirèrent les plus vives défiances contre Montmorin, qui ne paraît pas cependant avoir reçu, en cette double circonstance, les confidences de Louis XVI. Cette connivence aprente le perdit. Proscrit, après le 10 août, il se réfugia, dans le faubourg Saint-Antoine, chez une blanchisseuse dont il connaissait le dévouement, mais qui, par des précautions excessives, fit connaître le lieu de sa retraite. Arrêté le 21 août 1791, il fut conduit à l'Abbaye, d'où il ne tarda pas à sortir pour comparaître devant le tribunal qui l'avait condamné d'avance. A. B.

MONTMORT (P. REMOND DE), mathématicien, né à Paris en 1678, puisa le goût des sciences dans la lecture de Malebranche, devint l'ami du philosophe et publia en 1704 un *Essai d'analyse sur les Jeux de hasard* qui obtint un grand succès; il mourut en 1719. Il était membre de la société royale de Londres depuis 1715, et de l'Académie des sciences de Paris depuis 1716.

MONTOLIEU (PAULINE-ISABELLE DE POLIER, baronne de), née en 1751 à Lausanne, mariée successivement à M. de Crouzas et au baron de Montolieu. La féconde romancière est morte le 28 décembre 1832, dans sa ville natale, qu'elle n'avait jamais quittée, après avoir publié 32 ouvrages formant ensemble 105 volumes. Il en est peu qui ne soient intéressants, et tous sont écrits d'un style élégant et aimable qui leur a valu. un grand nombre d'éditions. La plupart sont des traductions de l'anglais ou de l'allemand. Auguste Lafontaine surtout en a fourni un grand nombre. On distingue entre tous : *Caroline de Lichtfield*, publié en 1781, souvent réimprimé et regardé comme le chef-d'œuvre de l'auteur; puis, *Lettres de M. Henley*, le *Mari sentimental*, *Recueil de contes*, *Emmerick*, trois séries de *Nouvelles*, le *Châlet des Hautes-Alpes*, les *Châteaux suisses*, *Histoire du comte Roderigo*, *Exaltation et piété*. Un choix de ces ouvrages a été publié en 1829. Il ne forme pas moins de 40 volumes in-12. Une longue maladie, qui attrista ses dernières années, put seule condamner à l'inaction cet infatigable écrivain.

MONTPELLIER : chef-lieu du département de l'Hérault, près de la rivière du Lez, à 8 kil. de la mer, et à 752 kil. S. de Paris. Cette ville, qui en latin du moyen-âge se trouve nommée *Mons-Puellarum* et *Mons-Pessulanus*, n'était qu'un village au IIe siècle. A mesure que Maguelone, sa voisine, perdait de son importance, Montpellier s'accroissait et s'enrichissait. Elle forma bientôt une seigneurie, et en 1204 passa par mariage aux rois d'Aragon; elle fut annexée en 1276 au royaume de Majorque; fut vendue à la France par Jean de Majorque en 1349, cédée, en 1365, par Charles V à Charles-le-Mauvais, et enfin incorporée à la France sous Charles VI. Maguelone, qui n'avait cessé de dépérir, lui céda son évêché en 1538; Montpellier à cette époque possédait déjà, depuis 1180, une université composée de quatre facultés et renommée pour l'enseignement de la médecine. Les guerres de religion vinrent troubler sa prospérité, et Louis XIII la soumit en 1622. Avant la révolution on y comptait six colléges, un séminaire de Jésuites, une commanderie de Malte, un hôtel des Monnaies, etc. Aujourd'hui Montpellier possède encore une académie de sciences et son école de médecine dont elle se glorifie toujours à juste titre. Elle a aussi conservé son évêché, et a de plus une cour royale, une école de pharmacie, trois bibliothèques renfermant en tout près de 60,000 volumes, dont plus de 15,000 appartiennent à l'école de médecine, un observatoire, un musée de tableaux légué par le peintre Favre; un magnifique jardin botanique, une société agricole, une école vétérinaire un comptoir d'escompte, etc. Nous citerons enfin son établissement de prêt sur gage sans intérêt, le seul qu'il y ait en France. On y remarque la belle promenade du Peyrou, une des plus magnifiques du monde, l'église de Saint-Pierre, l'hôtel de la préfecture, le théâtre et la bourse. Quant à la ville même elle est peu élégante, mais l'air y est en revanche d'une pureté et d'une salubrité renommées. L'industrie de Montpellier est fort active; elle consiste en esprits, eaux-de-vie, liqueurs, essences, verdet et produits chimiques qui donnent lieu à un grand commerce d'exportation, en soieries, cotonnades, mousselines, rouennerie, couvertures de laine, industrie déjà florissantes avant 1789, et aujourd'hui d'une importance extrême, draps lissés, ouvrages en paille, chapellerie, blanchisserie de cire, huileries, tanneries, raffineries, confitures, etc. L'huile d'olive, les citrons, les fruits secs et la laine, sont ensuite les principaux objets de son commerce. On doit aux négociants de Montpellier l'introduction en France de la teinture des cotons filés et l'invention de l'étoffe dite *côte pali*. Barthez, Broussonnet, Cambacérès, Cambon, Roucher, Poitevin, sont nés dans ses murs. — L'arrondissement de Montpellier comprend environ 124,000 habitants, dont 36,000 pour la ville, et 129 communes réparties en 14 cantons; Claret, Castries, Aniane, Cette, Ganges, Frontignan, Lunel-la-Ville, Mèze, Mauguio, les Matelles, Saint-Martin-de-Londres et Montpellier (3 cantons). L'arrondissement renferme près de 3,000 hectares d'olivettes et 74 moulins à huile. A. B.

MONTPENSIER (*géog.*) : village du département du Puy-de-Dôme, dans l'arrondissement et à 4 lieues de Riom, et à une demi-lieue d'Aigueperse. Il a donné son nom à deux branches de la maison de Bourbon (*voy.* BOURBON).

MONTPENSIER (ANNE-MARIE-LOUISE D'ORLÉANS, duchesse de), connue sous le nom de *Mademoiselle*. Cette princesse, qui occupe une grande place dans l'histoire de la cour de Louis XIV, naquit le 29 mai 1627, de Gaston d'Orléans, et de Marie de Bourbon, héritière de la maison de Montpensier. Elle hérita de quelques uns des défauts de son père : les caprices, le goût de l'intrigue; mais elle montra dans certaines circonstances une fermeté, une résolution dont il ne lui avait pas donné l'exemple. Mlle de Montpensier passa la première moitié de sa vie à faire des projets de mariages, et l'autre moitié à se repentir du mariage qu'elle avait contracté. On lui proposa tour à tour Louis XIV enfant, Louis de Bourbon, comte de Soissons, le cardinal infant d'Espagne, frère d'Anne d'Autriche, et gouverneur des Pays-Bas, le roi d'Espagne, Philippe IV, le prince de Galles, depuis Charles II, l'Empereur lui-même, puis l'archiduc Léopold, frère de l'empereur, le duc de Savoie, le prince de Condé, le fils de ce prince, Alphonse Henri VI, roi de Portugal, etc. Toutes ces alliances manquèrent soit par la faute de Mlle de Montpensier et sa coopération dans la Fronde, soit par la faute de Mazarin qui la haïssait. Mademoiselle vient de tuer son mari, s'écria le premier ministre, lorsqu'il apprit que la princesse avait fait tirer le 2 juillet 1652 le canon de la Bastille sur les troupes royales. Mlle de Montpensier, après quelques hésitations, avait fini en effet par se jeter avec son père dans cette guerre de boudoir et était parvenue à empêcher les troupes du roi d'entrer dans Orléans; mais quand son père apprit qu'elle avait fait tirer le canon, il la désavoua, et fit la paix avec la cour tandis qu'elle se tenait dans un exil volontaire où, pour s'occuper, elle commençait ses *Mémoires* sur les événements du temps. Elle finit cependant par s'ennuyer de cet exil et reparut à la cour, où elle fut bien accueillie, précisément à l'époque où le duc de Lauzun était en faveur auprès du roi. Elle avait alors 42 ans, mais elle retrouva pour aimer le duc toute l'ardeur de la première jeunesse. Flattée de pouvoir faire plus pour la fortune de Lauzun, que le plus puissant roi de l'Europe n'aurait pu faire, elle demanda la permission de l'épouser, et l'obtint du roi sans trop de difficulté. Mais toute la cour se récria, comme on le sait par la lettre si connue de Mme de Sévigné, à tel point

que la permission fut retirée, et que Mlle de Montpensier fut obligée de recourir à un mariage secret. Un an après Lauzun était arraché d'auprès d'elle, et jeté dans une prison où il resta 10 années. Il paraît qu'il s'était caché sous le lit de Mme de Montespan un jour que Louis XIV était auprès d'elle, afin de s'assurer si elle ne le desservait pas auprès du roi. Quoi qu'il en soit, Mlle de Montpensier finit par obtenir son élargissement moyennant le don qu'elle fit du comté d'Eu, et de la principauté de Dombes aux enfants de la favorite. Lauzun lui fut rendu, mais la joie qu'elle ressentit de son élargissement ne fut pas de longue durée; il se plaignit de ses emportements et de sa jalousie; elle se plaignit de ses insolences; on rapporte qu'un jour, en revenant de la chasse, il lui demanda de lui tirer ses bottes, et que comme elle se récriait, il fit sur elle un geste menaçant. Le lendemain elle lui ferma sa porte; elle ne le revit plus, et annula le testament qu'elle avait fait en sa faveur. Mlle de Montpensier passa ses dernières années dans la dévotion. C'est à cette époque qu'elle composa un petit volume de *Reflexions sur le Ier livre de l'Imitation*. Ses *Mémoires*, au milieu de beaucoup de minuties, contiennent quelques renseignements précieux. Ils forment les tomes 40, 41 et 42 des *Mémoires pour servir à l'Histoire de France*, publiés par Petitot. L'édition de 1746, 8 vol. in-12, et suivie de deux petits romans allégoriques beaucoup mieux écrits que les *Mémoires*, et depuis réimprimés à part (l'*Ile imaginaire*, la *Princesse de Paphlagonie*), et beaucoup de ces portraits flattés qui étaient de mode sous Louis XIV. Mlle de Montpensier mourut en 1693, après avoir fait pour 200,000 de legs pieux. Son corps fut porté à Saint-Denis, et son cœur au Val-de-Grâce. On a placé en 1849 sa statue dans le jardin du Luxembourg qui fut sa propriété. J. FLEURY.

MONTPEZAT (ANTOINE DES PREZ DE) : simple gendarme de la compagnie du maréchal de Foix, qui fut fait prisonnier à Pavie, et fut chargé par François Ier d'une mission pour sa mère. Il assista au siége de Naples, servit dans le Piémont, reçut le bâton de maréchal en 1543, et mourut en 1544. Le marquis de Villars, tué au siége de Montauban en 1621, était son petit-fils et son dernier descendant.

MONTRE (*tech.*). Si l'on ouvre une montre, deux plateaux circulaires de cuivre appelés *platines* s'offrent à la vue. Entre ces plateaux sont placés des rouages de plusieurs formes qui se meuvent les uns plus vite et les autres plus lentement. Sur la platine inférieure s'agite un cercle dont les mouvements alternatifs et précipités concordent avec les battements de la montre. Le cadran, qui s'appuie dans tout son pourtour sur la grande platine, cache plusieurs roues. Nous le supposerons donc enlevé ou transparent. Partant des aiguilles, nous voyons qu'elles sont montées sur une longue tige qui, traversant le cadran et la *grande platine* qui le supporte, vient se reposer sur la petite platine (*voy.* au mot EMBISTAGE pourquoi cette platine est plus petite). Cette longue tige porte plusieurs rouages : l'un d'entre eux, un pignon, placé à la surface inférieure de la grande platine, engrène avec une *grande roue* surmontée d'une partie conique ou *fusée* portant une chaîne rattachée a un cylindre ou *barillet* qui ne communique plus à rien. L'axe des aiguilles communique donc au barillet, simplement par l'intermédiaire de la *chaîne* et de la *roue de fusée* que l'on appelle aussi *grande roue*. Le *barillet*, contient le *grand ressort*, roulé sur lui-même autour d'un axe commun. Ce ressort n'occupe pas tout le vide intérieur et peut s'y développer dans une certaine limite. L'axe commun étant fixe, ainsi que l'extrémité du ressort qui s'y trouve attachée, ce dernier, en se développant, fait tourner le corps même du barillet auquel il est arrêté par son autre extrémité. Par suite, le barillet attirant autour de lui la chaîne enveloppée sur la fusée, l'oblige à suivre elle-même le mouvement, en le communiquant par sa grande roue au pignon qui porte et conduit la tige sur laquelle est fixée l'aiguille des minutes. Cette même tige, la plus longue de toutes celles de la montre, porte une roue cachée dans une cavité ménagée dans la grande platine. Cette roue appelée *roue à longue tige*, *roue de centre* à cause de sa position, ou *grande roue moyenne*, engrène avec un pignon, en partie noyé comme elle, dans la platine et sur l'axe duquel est fixée une roue engrenant avec le pignon de la *roue de champ*. La roue de champ est la plus en vue lorsqu'on ouvre une montre : cette circonstance, la rapidité relative de son mouvement et la position de ses dents, saillantes comme celles d'un peigne, la font parfaitement distinguer. Elle communique avec un pignon dont l'axe, placé parallèlement aux platines, porte une autre roue de champ, à dents inclinées, que l'on appelle *roue de rencontre* ou *roue d'échappement*, parce que ses dents rencontrent et laissent échapper alternativement chacune des ailes ou *palettes* que porte l'axe du *balancier*. Celui-ci est placé de l'autre côté de la petite platine, sous une cage appelée *coq*; il a un mouvement de va et vient commandé par un ressort *spiral* qui, d'une part, est fixé à l'axe, et de l'autre est arrêté sur la platine.

En allant de l'aiguille au *barillet*, nous avons vu l'origine du mouvement et comment il était communiqué; en allant de la roue de centre, portée par le même axe que l'aiguille, au *balancier*, nous venons de voir comment est réglé le mouvement. Le mobile et le régulateur agissent simultanément sur la tige qui porte les aiguilles. Cette action simultanée est indispensable; on peut varier, et on varie les moyens de l'obtenir; mais elle reste, dans tous les systèmes, le point principal de la construction d'une montre. Continuons à expliquer le système que nous avons choisi comme le plus répandu. —Nous savons que l'axe de la roue de centre porte la grande aiguille, mais comment est-il possible de faire à volonté avancer ou reculer cette aiguille pour la mettre à l'heure, sans que le système entier des engrenages avec lesquels elle est en rapport s'y oppose ou en souffre? En regardant de plus près, nous apercevons que le carré qui porte l'aiguille ne fait pas partie du grand axe, mais d'un canon monté à frottement sur cet axe qui est cylindrique. Ce canon fermé au dehors par le carré qui porte l'aiguille est appelé *chaussée;* il porte à son extrémité inférieure un pignon qui engrène avec une *roue* dite *de rencontre* ou *de minuterie*, qui, par un pignon, commande la *roue de cadran*, *roue de canon*, ou *roue des heures*, montée, elle aussi, sur un canon au travers duquel passe la chaussée, et qui porte à son extrémité cylindrique la petite aiguille ou aiguille des heures. On peut donc faire marcher les aiguilles sans influer sur le mouvement, puisque la chaussée, qui porte tout leur système, peut tourner à frottement sur l'extrémité cylindrique de l'axe central. Cette disposition, qui fait marcher les aiguilles, s'appelle *cadrature*; elle peut être combinée de différentes manières, mais elle est toujours cachée entre le cadran et la grande platine. Les aiguilles ne sont pas les seules pièces qui aient besoin d'avoir à volonté un mouvement indépendant. Lorsque le ressort, complètement développé, n'a plus aucune force et cesse de faire tourner le barillet, après avoir enveloppé autour de lui toute la chaîne, il est nécessaire de l'envelopper de nouveau autour de son axe pour lui rendre son action, cela s'appelle *remonter* la montre. Pour cela; on applique une clef à l'extrémité carrée de l'axe de la fusée. Cette extrémité est prolongée au delà d'une des platines, et le plus souvent jusqu'au cadran qu'elle traverse sans en dépasser la surface. En tournant la clef, on entraîne dans le même mouvement la fusée qui envide alors la chaîne, fait tourner, par conséquent, le barillet qui, lui-même, entraîne le ressort et le force à s'enrouler sur son arbre. La roue de fusée communiquerait ce mouvement à tous les rouages, si on n'avait pas trouvé le moyen de la sous-traire à l'action de la clef. Voici comment : cette roue est traversée par une partie cylindrique de l'axe de la fusée, et ne devient solidaire de son mouvement qu'au moyen d'un encliquetage enfermé dans une creusure de la base de la fusée et qui n'agit que dans un sens. Il se compose d'une roue à rochet, fixée à l'axe commun, et d'un cliquet poussé par un ressort et monté sur la grande roue. En remontant la montre, le cliquet glisse sur les dents de la roue à rochet et la grande roue n'est pas entraînée avec la fusée; mais lorsque celle-ci, sous l'influence du ressort, tourne en sens contraire, le cliquet, forcé de butter contre les dents du rochet, rend la grande roue à laquelle il est fixé, solidaire de la fusée. Dans l'action du remontage, il aurait pu arriver que la chaîne étant enveloppée tout entière sur la fusée, on continuât à faire effort sur la clef, et que l'on cassât la chaîne. Un petit appareil, nommé *garde-chaîne*, obvie à cet inconvénient. La fusée porte, à sa petite base, une saillie ou *crochet* qui tourne parallèlement à la petite platine et tout près d'elle. Cette même platine porte, assemblé à charnière, un bras qui n'a de jeu que pour s'éloigner ou s'approcher d'elle. Quand il s'en est approché de manière à y être appliqué dans toute sa longueur, son extrémité libre arcboute contre le crochet et empêche la fusée de tourner dans un sens. S'il était toujours dans cette position, le remontage ne pourrait jamais avoir lieu ; mais un ressort fixé à la même platine, et très visible lorsque la montre est ouverte, tend à l'éloigner constamment, et le tient appliqué sur le plat de la chaîne; lors donc qu'il s'agit de remonter, le bras repose tout près de la grande platine vers la partie de la fusée opposée au crochet, et, pendant que l'on remonte, la chaîne, en s'enroulant, s'élève vers le petit bout de la fusée, et y porte le bras, malgré son ressort, de manière à ce qu'il arrive à sa place un peu avant qu'elle-même ne soit complétement envidée.

Nous savons qu'il est possible de faire mouvoir les aiguilles pour mettre la montre à l'heure, sans agir sur le mécanisme d'une manière nuisible; il faut expliquer maintenant comment on peut faire marcher le mécanisme plus ou moins vite, le faire *avancer* ou *retarder*. Deux moyens sont ménagés pour obtenir ce résultat : l'un est réservé à l'horloger et consiste dans une vis sans fin engrenant dans la *roue de vis sans fin* fixée à l'extrémité de l'axe du barillet. Cette vis, restant immobile, maintient l'axe, mais quand on la fait agir, elle bande ou débande le ressort, et, lui donnant ainsi plus ou moins d'action, elle augmente ou diminue la vitesse de la marche. Ce système est caché sous le cadran. L'autre moyen, qui est à la disposition de chacun, consiste dans ce qu'on appelle *la rosette*. Sur la petite platine, et à côté de la cage ou coq du balancier, se trouve avec ou sans cadran une aiguille montée sur un carré saillant. L'arbre de ce carré porte un pignon qui engrène avec un arc de cercle denté, concentrique au balancier, et portant une petite portion de rayon. Le spiral du balancier traverse l'extrémité de cette portion de rayon qui se trouve ainsi le point originaire, mais mobile du mouvement. Suivant que ce point d'attache est porté d'un côté ou de l'autre, il raccourcit ou allonge le spiral qui, à son tour, précipite ou ralentit les oscillations du balancier et par suite le mouvement. L'arc de cercle denté n'est pas relié à un axe, il repose dans une rainure circulaire sur laquelle il peut glisser librement suivant qu'il est sollicité par le pignon qui engrène avec sa denture. L'action du balancier sur le mouvement est expliquée au mot Echappement auquel nous renvoyons. Celle du grand ressort et du spiral, le calcul des engrenages et de leur effet, l'exposition des réveils, sonnerie, équation, etc., s'appliquant à beaucoup d'autres pièces, se trouvent au mot Horlogerie.

On ignore à quelle époque fut faite la première montre, on sait seulement qu'en 1380; Charles VII en reçut une qui n'était pas plus grande qu'une amande, et qu'une montre sonnante fut offerte par un orfèvre italien au duc d'Urbin, en 1542. Les montres à répétition furent inventées en Angleterre vers 1676. On employa d'abord dans la construction des montres un système que l'imperfection des moyens d'exécution fit abandonner et auquel nous sommes revenus avec avantage depuis peu d'années. Le barillet portait la grande roue qui engrenait avec la roue de centre, et il n'y avait besoin ni de fusée, ni de chaîne; mais l'action du ressort était beaucoup plus grande lorsqu'il était complétement tendu, que lorsqu'il était presque entièrement développé, et l'échappement faisait aller la montre beaucoup trop vite lorsqu'elle venait d'être remontée, et d'autant plus lentement qu'elle s'éloignait plus de ce moment. La fusée fut imaginée pour remédier à cet inconvénient. Comme elle est conique et que la chaîne s'enveloppe autour de portions dont le diamètre diminue graduellement, la plus grande force du ressort agit sur le plus petit bras de levier, et sa moindre force sur le plus grand. On arrive ainsi à compenser les variations de la puissance par des variations proportionnées dans le bras du levier. Cette invention ingénieuse produisit d'abord peu d'effet, parce qu'on rattachait le barillet à la fusée par une corde à boyau dont les variations imprévues remplaçaient par de nouvelles irrégularités, celles que l'on avait voulu corriger; mais l'invention des chaînes métalliques permit d'obtenir une régularité parfaite. Cette régularité est obtenue aujourd'hui dans les montres plates, sans l'emploi de la fusée, au moyen de la plus grande force donnée au ressort et à l'échappement. Le public a toujours recherché les montres d'un petit volume, surtout celles de peu d'épaisseur. Un grand pas a été fait en France par Lépine pour arriver à ce résultat sans altérer la qualité du mouvement. Son procédé consiste à remplacer la petite platine par des *ponts* en acier qui, de la grande platine, se courbent pour recevoir les pivots des roues; l'emploi de l'échappement à cylindre qui demande moins d'épaisseur que celui à roue de rencontre et la diminution de la largeur du grand ressort, ont permis de ne donner aux montres qu'une épaisseur de six à huit millimètres sans nuire à leur justesse, et il ne paraît pas qu'il y ait lieu de désirer une plus grande diminution de volume.   E. LEFÈVRE.

MONTRE ou **MONSTRE** (*art. mil.*), dont on avait fait *monstrum* et *monstra*, abrégé de *monstratio*; c'était ce que nous appelons maintenant une *revue*. Les Latins se servaient dans le même sens du mot *ostensio*. — Les *montres* avaient en effet pour objet de passer en revue à certaines époques les bourgeois ou gentilhommes, et de vérifier non seulement s'ils étaient tous présents, mais s'ils étaient munis des armes offensives et défensives dont chacun devait se fournir, selon sa condition. — Les *montres* de chevalerie dont il reste encore des traces dans différentes archives, sont des titres précieux pour certaines familles, qui peuvent démontrer par là que leurs ancêtres ont figuré jadis dans le *ban* et l'*arrière-ban* de leur province. — On disait passer à la *montre*, pour être passé en revue. Recevoir *montre*, signifiait aussi recevoir sa paye. Le terme faire *montre* est resté proverbialement dans notre langue pour faire *étalage* de fortune, d'esprit, de connaissances, etc.

MONTRÉAL : ce nom, qui signifie *Mont-Royal*, désigne plusieurs villes. La plus considérable est une ville de l'Amérique anglaise, capitale actuelle du Çanada, à 227 kilom. S.-O. de Québec, l'ancienne capitale, dans la partie orientale d'une île que forme le Saint-Laurent, et qui se nomme aussi Montréal : latitude N. 45° 31′, longitude O. 75° 55′; population 45,000 habitants. On la divise en haute et basse ville, quoique la différence de niveau soit peu sensible. La plupart des maisons, belles, grandes et modernes, sont bâties en pierres grises, et ont

rarement plus de deux étages; les toits, les portes et les contrevents sont recouverts en lames de fer ou d'étain, ce qui leur donne un aspect un peu triste. Les principaux *édifices publics* sont : la cathédrale catholique, terminé en 1829; l'église principale anglicane, le séminaire catholique de Saint-Sulpice, le couvent des Sœurs-Grises, l'hôtel-de-Ville, la nouvelle prison, et un monument en l'honneur de Nelson. Montréal a un arsenal de la marine royale, un collége français, un collége anglais, plusieurs sociétés savantes, parmi lesquelles la société d'histoire naturelle et l'institut mécanique; de beaux établissements charitables entre lesquels on peut citer l'Hôtel-Dieu et l'Hôpital-Général; des fonderies de fer, des distilleries, des brosseries, et en général une industrie et un commerce actifs. Le port est petit, mais sûr : le fleuve rapide de Sainte-Marie, qui est un peu au-dessous, en rendait l'accès difficile, mais cet obstacle a été évité par un canal latéral au fleuve. C'est le siége de la fameuse compagnie du Nord-Ouest, réunie depuis 1821 à la compagnie de la Baie-d'Hudson, la plus riche association qui existe pour le commerce des pelleteries.

Le premier Européen qui visita la contrée où s'élève aujourd'hui Montréal, fut Jacques Cartier, qui, remontant le Saint-Laurent, y arriva en 1535. La ville ne fut fondée qu'en 1640, sous le nom de Villemarie. Elle fut prise sur les Français, en 1760, par le général anglais Amherst. En 1775, les Américains commandés par Mongomery, l'enlevèrent aux Anglais, à qui elle fut rendue peu de temps après. La langue française s'y est maintenue dans la plus grande partie de la population, malgré la domination anglaise, et l'on y conserve une grande affection pour la France, surtout pour la France de l'ancien régime : ce sont ces sentiments français qui ont fait éclater dans le Canada, à différentes époques, mais surtout en 1837 et 1838, des soulèvements terribles; des contre-manifestations anglaises y ont répondu, et l'une des plus remarquables est la réunion d'environ 7,000 amis de la Constitution, le 23 octobre 1837. C'est à la suite de ces mouvements que le haut et le bas Canada furent réunis en une seule province, et que le siége du gouvernement fut transféré à Montréal. — L'île de Montréal est entourée par le Saint-Laurent, à l'E., le lac Saint-Louis, au S., le lac des Deux-Montagnes, au S.-O., et la rivière des Prairies, à l'O. et au N.-O. Elle a 54 kilom. du N.-E. au S.-O., et 18 kilom. de largeur. Le sol en est fertile, très boisé et uni; on n'y voit que deux hauteurs, dont l'une, à 2 kilom. de Montréal, a fait donner à la ville le nom qu'elle porte. — Parmi les autres *Montréal*, on distingue une ville de France, département du Gers, dans l'arrondissement et à 14 kilom. O. de Condom, avec 3,000 habitants, et une autre du département de l'Aude, dans l'arrondissement et à 19 kilom. O. de Carcassonne, peuplée aussi d'environ 3,000 habitants. **E. C.**

MONTRÉSOR (Claude de BOURDEILLES, comte de), un des seigneurs qui secondèrent Gaston d'Orléans dans ses complots contre Richelieu. Il n'échappa à la vengeance du cardinal qu'en se retirant en Angleterre. Il revint en France à la mort de Richelieu, intrigua contre Mazarin et joua un rôle actif dans la Fronde. Il était lié avec le cardinal de Retz. Il cessa de comploter en 1553, vécut éloigné des affaires et mourut en 1663. Il a laissé des mémoires fort curieux sur les événements importants auxquels il se trouva mêlé.

MONTREUIL, chef-lieu d'arrondissement du département du Pas-de-Calais, sur la rive gauche de la Canche, à 15 kil. de son embouchure, et à 31 S. de Boulogne. Il compte moins de 4,000 habitants. Montreuil, qui fut réuni à la France avec le Ponthieu, en 1665, est une ville fort ancienne qui eut beaucoup de siéges à subir au moyen-âge ; sa vieille citadelle est encore debout. Il fabrique des toiles et possède des raffineries de sel. Son arrondissement a 6 cantons : Campagne, Étaples, Fruges, Hesdin, Hucqueliers et Montreuil, divisés en 142 communes, avec une population totale d'environ 78,000 habitants. — **Montreuil-sous-Bois** ou *Montreuil-les-Pêches*, est un bourg du département de la Seine, à 8 kil. E. de Paris, avec une population de 3,500 habitants environ. Il doit sa célébrité à la quantité immense de pêches qu'il envoie à Paris (*voy.* Pêcher).

MONTREUIL : trois hommes connus ont porté ce nom : — 1° Montreuil ou Montereau (*Pierre de*), fameux architecte français qui vivait au xiiie siècle, et qui fut employé par le roi saint Louis. Il bâtit la Sainte-Chapelle de Paris, la chapelle de Vincennes et plusieurs beaux édifices, tant à Paris qu'aux environs. Il mourut en 1266 et fut enterré dans l'abbaye Saint-Germain-des-Prés, où il était représenté une règle et un compas à la main. Quelques biographes le nomment Eudes de Montreul et le font vivre jusqu'en 1289. — 2° Montreuil (*Mathieu de*), poète ingénieux, né à Paris en 1620. Il se fit bientôt connaître par les vers qu'il avait soin d'insérer dans tous les recueils de son temps. Boileau lui reproche (satire 7) d'avoir employé ce petit moyen pour atteindre à la célébrité. Montreuil mourut à Aix en 1691, âgé de 71 ans. C'était un de ces écrivains faciles et agréables qui réussissent dans le genre médiocre ; personne n'a

tourné le madrigal avec plus d'agrément. Ses œuvres, recueillies par lui-même, contiennent une lettre pleine d'esprit et de délicatesse sur le voyage de la cour de France aux frontières d'Espagne lors du mariage de Louis XIV. — 3° Montreuil ou Montereul (*Bernardin de*), célèbre jésuite qui vivait au xviiie siècle. Il est auteur de plusieurs ouvrages estimés, parmi lesquels on remarque une excellente *Vie de J.-C.*, revue et retouchée par le père Brignon. Cette vie peut tenir lieu d'une bonne *concordance* des évangiles ; elle a souvent été réimprimée ; la meilleure édition est celle de 1741 (Paris, 3 vol. in-12). Le père de Ligny l'a mise à contribution dans son *Histoire de la vie de J.-C.*

MONTROSE : ville et port de mer d'Écosse, à l'embouchure du South-Esk, et sur la rive-nord de ce fleuve. Elle s'élève sur une langue de terre baignée à l'est par la mer du Nord et à l'ouest par le bassin de Montrose, à 60 milles au N.-N.-E. d'Édimbourg, latitude N. 56° 42' 10", longitude O. 2° 27' 15" du méridien de Greenwich. La population, qui en 1801 n'était que de 7,974 habitants, s'élève aujourd'hui à plus de 16,000. La ville est jolie, le port profond et bien abrité. Les édifices les plus remarquables sont : l'hôtel de ville, la prison, l'hospice des aliénés et l'église paroissiale. Un pont suspendu, jeté sur le South-Esk, réunit la ville au faubourg situé sur une île que forme ce fleuve. Montrose est célèbre depuis longtemps pour l'étude des langues classiques. Cette ville posséda la première chaire de grec érigée en Écosse dans le xvie siècle. Aujourd'hui encore on ne compte pas moins de 1,600 écoliers à Montrose, c'est-à-dire environ le dixième de la population. Il existe, en outre, dans cette ville plusieurs établissements pour l'enseignement des sciences, des arts mécaniques et industriels. Montrose fait un grand commerce avec plusieurs ports de l'Angleterre et de l'étranger. **VALMONT.**

MONTROSE ou **MONTROSS** (Jacques GRAHAM, comte et duc de), l'un des plus intrépides partisans de Charles Ier. Né à Édimbourg en 1602, il avait offert son épée au roi d'Angleterre avant la révolution, mais froidement accueilli, par suite des intrigues du duc d'Hamilton, alors tout puissant, il s'était jeté par dépit dans le parti du parlement ; une entrevue qu'il eut avec Charles Ier à l'occasion d'une mission dont il avait été chargé auprès de lui le conquit à la cause royaliste. Cependant il n'abandonna pas son commandement, et ce fut lui qui passa le premier la Tweed lors du second mouvement ; mais il entretenait des correspondances avec le roi ; une de ces lettres fut interceptée, et envoyée au général en chef de l'armée dans laquelle servait Montrose. Sommé de s'expliquer, le comte avoua hautement la lettre qui heureusement n'était pas fort compromettante, et dès ce moment il se mit en négociation suivie avec les royalistes. Peu de temps après il avait rassemblé une troupe de 2,000 et quelques cents hommes, moitié écossais, moitié irlandais, et en 1645 il entrait en campagne contre son ancien parti. Il battit successivement lord Elcho à Perth, lord Burleig à Aberdeen, le comte d'Argyle à Innerlochy, et ensuite Baillie et Urrey. Le parlement d'Écosse le proscrivit, l'Église puritaine l'excommunia, et Charles Ier lui-même, qui s'était remis entre les mains des Écossais, lui ordonna de désarmer. Montrose passa en France, où il fut assez mal reçu par Mazarin, puis en Allemagne où il obtint le grade de maréchal de l'empire, en récompense de ses services pendant la guerre de trente ans. Après la mort de Charles Ier, il se rendit auprès du prince de Galles, depuis Charles II, qui se trouvait à La Haye, et avec le concours du roi de Danemark, du duc de Holstein, de la reine Christine de Suède et du prince d'Orange, il partit avec une petite armée pour se porter sur les Orcades. Descendu à Caithness en avril 1650, il espérait soulever les habitants pour la cause royale. Personne ne bougea, ses soldats se débandèrent à la première rencontre, et lui-même fut obligé de chercher son salut dans un déguisement. Un de ses anciens officiers, Aston, auquel il s'était confié, le livra moyennant 2,000 livres sterling. Montrose condamné à être pendu, puis écartelé, s'écria : « Que ne me coupe-t-on en assez de morceaux pour rappeler à chaque village du royaume la fidélité qu'un sujet doit à son roi? » Il fut exécuté le 21 mai 1650. Le cardinal de Retz, qui avait connu le duc de Montrose, le compare à un héros de Plutarque. J. FLEURY.

MONTSERRAT (géog.) : c'est le nom d'une montagne d'Espagne et d'une île qui fait partie des Antilles. La montagne, en espagnol monte serrado (montagne sciée), et en latin mons Edulius ou serratus, parce que ses côtés sont dentelés en forme de scie, est située presque au centre de la Catalogne, à 40 kil. de Barcelonne, au milieu d'une vaste plaine. Elle a 20 kil. de circonférence, et 1,312 mètres de hauteur. On y voit un monastère de l'ordre de Saint-Benoît, centre d'un pélerinage célèbre, et 14 ermitages. — L'île de MONTSERRAT, ainsi nommée par les Espagnols qui la découvrirent en 1493, parce qu'ils lui trouvaient de la ressemblance avec la montagne dont nous venons de parler, est une des principales Antilles anglaises; elle est située au S.-O. d'Antigoa, et au N.-O. de la Guade-

loupe, par 64° 36' longitude O. Sa superficie est de 10 lieues carrées, et sa population de 15,000 habitants, dont 12,000 nègres émancipés. Plymouth en est la capitale; elle appartient aux Anglais depuis 1528. Ses productions sont les mêmes que celles des terres voisines (Voy. ANTILLES). A. B.

MONTUCLA (JEAN-ETIENNE) naquit à Lyon en 1725. Son père, qui était négociant, destinait son fils au commerce; il le fit entrer au collége des jésuites de cette ville. Il s'adonna à l'étude des langues et aux mathématiques avec une ardeur qui révéla sa vocation. Devenu orphelin à l'âge de seize ans, il se rendit à Toulouse, pour y faire son droit, et après avoir pris ses grades, il vint à Paris, pour y perfectionner ses études. Admis dans la société de Jombert, libraire, il s'y lia avec Leblond, Cochin, d'Alembert, et profita habilement de leurs conseils. Montucla était tourmenté, comme il le dit lui-même, de la polyglottomanie, et sans le secours d'aucun maître, il apprit l'italien, l'allemand et même le hollandais. Admis à la rédaction de la Gazette de France, ce fut à cette époque qu'il commença à rassembler les matériaux de son Histoire des mathématiques, ouvrage aussi vaste qu'important, que son érudition et ses connaissances approfondies des théories les plus élevées de cette science, le rendaient apte à accomplir. La première édition de l'Histoire des mathématiques parut en 1758. Malgré quelques défauts, on est forcé d'admirer dans ce livre l'étendue des recherches et la clarté avec laquelle sont exposées les découvertes successives opérées dans les sciences. En 1761, il fut appelé à Grenoble pour y remplir les fonctions de secrétaire de l'intendance du Dauphiné; plus tard il accompagna, comme premier secrétaire et comme astronome du roi, le chevalier Turgot, qui allait à Cayenne établir une colonie. A son retour, nommé censeur royal, les devoirs de sa charge et les études mathématiques occupèrent sa vie pendant vingt-cinq ans. La révolution le priva de son emploi, mais bientôt ses connaissances en linguistique lui valurent d'être chargé, en 1795, de l'analyse des traités déposés aux archives des affaires étrangères. La même année, il fut nommé professeur de mathématiques dans une des écoles de Paris, mais une maladie de vessie ne lui permit pas d'exercer longtemps son professorat. Retiré à Versailles, il y mourut le 18 décembre 1799. Montucla était membre de l'académie de Berlin depuis 1755, et de l'institut de France depuis sa création. Lalande, après la mort de l'auteur de l'Histoire des mathématiques, se chargea de terminer son œuvre; mais il ne fut pas aussi heureux que son devancier, et les deux derniers volumes sont bien inférieurs, sous tous les rapports, à ceux qui les avaient précédés. Montucla a laissé : Une *Traduction des voyages de Carver dans l'intérieur de l'Amrique méridionale ; Histoire des recherches sur la quadrature du cercle*, publiée en 1754. Cet ouvrage est fort rare et surtout fort intéressant, comme offrant le tableau des découvertes qu'ont fait éclore les tentatives infructueuses pour la solution de ce problème ; *Récréations mathématiques d'Ozanam*, dont il fit un livre tout neuf par ses remarques et ses additions. Le titre de cet ouvrage porte : par C. G. F., ce qui signifie *Chanla, géomètre forésien*. Chanla était le nom d'un petit domaine que les parents de Montucla avaient possédé. Ce livre fut envoyé à Montucla comme censeur royal pour les ouvrages mathématiques, et ce fut lui-même qui *s'accorda* l'autorisation nécessaire à la vente ; *Histoire des mathématiques*, rare monument d'érudition et de savoir. Ad. DE PONTÉCOULANT.

MONTYON (JEAN-BAPTISTE-ROBERT-ANGEL, baron DE), naquit à Paris le 23 décembre 1733. Son père était maître des comptes et possédait une fortune considérable. Jean-Baptiste Montyon fut successivement avocat au Châtelet, conseiller au grand conseil, maître des requêtes, intendant d'Auvergne, de Provence, de la Rochelle, conseiller d'état, chancelier du comte d'Artois, puis membre de la société royale de Londres. Dès les premiers troubles de la révolution, il émigra et se rendit en Angleterre, où il résida jusqu'en 1815. Pendant cette période, il écrivit un grand nombre d'ouvrages, parmi lesquels nous signalerons des recherches sur l'influence de l'impôt, qui ont eu une assez grande réputation. Rentré en France, il ne s'occupa plus que d'œuvres philanthropiques. En 1782, il avait fondé un *prix de vertu* et un prix pour le meilleur ouvrage qui aurait paru dans l'année, au jugement de l'Académie française. La Convention ayant supprimé ces deux fondations dues à un émigré, Montyon les rétablit à son retour, et fit, en outre, des dons considérables aux divers bureaux de charité de la capitale. M. de Montyon mourut à Paris le 29 décembre 1820, à l'âge de 87 ans. Son testament contenait les clauses suivantes : 10,000 francs seront mis en rente pour donner un prix à celui qui découvrira les moyens de rendre quelque art mécanique moins malsain, au jugement de l'Académie des sciences. — 10,000 francs seront mis en rente pour fonder un prix annuel en faveur de celui qui aura trouvé dans l'année un moyen de perfectionnement de la science médicale et de l'art chirurgical, au jugement

de la même académie. — 10,000 francs pour fonder un prix annuel en faveur d'un Français pauvre qui aurait fait dans l'année l'action la plus vertueuse. — 10,000 francs pour fonder un prix annuel en faveur du Français qui aura composé et fait paraître le livre le plus utile aux mœurs ; ces deux derniers prix sont laissés au jugement de l'Académie française. Montyon légua, en outre, 10,000 francs à chacun des hospices des divers arrondissements de Paris pour être distribués aux pauvres à leur sortie de ces établissements. Ces sommes pouvaient être augmentées, selon l'état de la fortune laissée par le testateur. Or, à l'époque du décès de M. de Montyon, sa fortune n'était pas évaluée à moins de 5 millions. Sur la proposition de M. Ch. Lacretelle, l'Académie française décida que l'éloge de M. de Montyon serait prononcé dans une de ses séances publiques. L'auteur de la proposition fut chargé de rendre cet hommage à la mémoire du célèbre philanthrope.

On a beaucoup exalté les prix Montyon ; on a vu dans cette fondation le germe d'admirables institutions sociales ; peut-être leur a-t-on fait trop d'honneur. Quelques-uns de ces prix ont sans doute une utilité réelle ; ceux qui sont accordés aux livres les plus utiles aux mœurs et aux procédés de perfectionnement des arts malsains par exemple ; mais le prix de vertu ne soulève-t-il pas d'assez graves objections ? La vertu ne trouve-t-elle pas en elle-même sa récompense, et n'est-ce pas la rabaisser que de lui proposer une rémunération matérielle ? N'est-ce pas la rétrécir aux proportions d'une *affaire*, d'un calcul dans lequel la prime offerte entre pour une part ? N'est-ce pas éveiller la cupidité sous le couvert de la vertu ? Toutefois, l'erreur de M. de Montyon a son côté respectable, et, à tout prendre, le fondateur du prix de vertu aurait pu faire un plus mauvais emploi de sa fortune. Montyon a publié : *Éloge de Michel l'Hôpital ;* discours qui a obtenu le second accessit du prix de l'Académie française en 1777, Paris, 1777, in-8o de 59 pages. *Mémoire présenté au roi* par Mgr. le comte d'Artois, le prince de Condé, le duc de Bourbon, le duc d'Enghien et le prince de Conti, Versailles, 1788, in-8o de 15 pages. Cette pièce est connue sous le nom de *Mémoire des Princes*. L'abbé Morellet en a écrit la réfutation sous ce titre : « Projet de réponse à un mémoire répandu sous le titre de : *Mémoire des Princes*. » Décembre, 1788, in-8o de 51 pages.— *Rapport fait à S. M. Louis XVIII* (sur les principes de la monarchie, contre le livre intitulé « Tableau de l'Europe » par M. de Calonne), imprimé à Constance, et réimprimé à Londres, 1796, in-8o. *Examen de la Constitution de la*

France en 1799, et comparaison avec la Constitution monarchique de cet état, Londres, 1800, in-8° de 159 pages. — *Éloge de P. Corneille*, Londres, sans date (1807), in-8° de 43 pages. Cet éloge fut envoyé au concours de l'Institut; mais la situation personnelle de M. de Montyon, qui habitait alors un pays en guerre avec la France, l'empêcha d'être admis. — *Quelle influence ont les diverses espèces d'impôts sur la moralité, l'activité et l'industrie des peuples?* Paris, 1808, in-8°. Cet ouvrage fut écrit pour un concours de la société royale de Gottingue; mais il ne fut point admis à cause de son étendue. *Exposé statistique du Tonkin, de la Cochinchine, du Camboge, etc.*, sur la relation de la Bessachère, Londres, 1811, 2 vol. in-8°. Cet ouvrage fut réimprimé l'année suivante sous ce titre: *État actuel du Tonkin*, etc. *Particularités et observations sur les ministres des finances de France les plus célèbres depuis 1660 jusqu'en 1792*, précédées d'une *Epître dédicatoire aux mânes de W. Pitt*, Londres, 1812, in-8°; ouvrage curieux qui fut réimprimé à Paris dans la même année, mais sans l'épître dédicatoire. — M. de Montyon a écrit encore en collaboration avec Moheau: *Recherches et considérations sur la population de la France*, 2 parties en 1 vol. in-8°, 1778. Enfin, M. de Montyon est auteur d'un mémoire sur cette question: *Quel Jugement doit être porté sur le XVIII° siècle?* proposée par l'Académie de Stockholm. Ce mémoire lui valut une médaille d'or. M. de Montyon a laissé aussi un grand nombre de notes et de manuscrits inachevés.   G. DE M.

MONUMENT, dérivé du grec μονύω je rappelle, je fais souvenir, d'où le *monumentum* des Latins. Ce mot, dans ses acceptions diverses, est appliqué: 1° à toutes les constructions architecturales un peu importantes d'utilité générale; 2° à tous les édifices qui consacrent la mémoire d'un personnage illustre, ou de quelque grand événement dont on veut populariser le souvenir par des signes matériels, sous des formes artistiques plus ou moins ornées, qui puissent provoquer l'attention publique, tels qu'un arc de triomphe, un tombeau, une colonne, un obélisque, une pyramide, une statue, une médaille même, etc. Nous n'avons pas à nous occuper de ces sortes de monuments dont chacun a dans l'*Encyclopédie* son article particulier. Il ne peut donc être question ici que des monuments écrits ou gravés sur la pierre et le marbre, c'est-à-dire d'œuvres historiques qui, par leur nature, leur ancienneté, leur rareté ou leur étendue, sont ou peuvent être qualifiés de ce titre, en ce sens qu'ils font connaître l'origine et le passé des peuples chez lesquels ils ont été élaborés, la marche progressive de leur civilisation, de leur puissance relative ou de leur décadence. Les plus anciens monuments de ce genre seraient sans contredit les colonnes dites de Seth (*voy.* ce mot), sur lesquelles ses descendants avaient gravé les connaissances des hommes avant le déluge. L'une d'elles, suivant Josèphe, existait encore de son temps dans le pays de *Seriad;* mais comme on ne sait où se trouve ce pays, personne n'a jamais vu cette colonne. Ainsi, à la tête des anciens monuments qui nous sont parvenus, il faut placer le plus vénérable de tous, le Pentateuque. Après les livres de Moïse, on pourrait citer, peut-être, comme anciens, les livres canoniques des Chinois et des Hindous; mais l'antiquité qu'on leur attribue n'est pas prouvée, et l'on ne peut rien établir de certain sur l'époque de leur publication. Nous avons en outre, pour les peuples de l'Asie centrale, les débris de quelques inscriptions sur les ruines de Persépolis, en caractères cunéiformes et trilingues, c'est-à-dire zend, pharsitan et assyrien; plus trente autres inscriptions en mêmes caractères, que le docteur Thomas Rawlisson, archéologue anglais, recueillit, il y a quelques années, en différents lieux de la Perse, et qu'il envoya à l'académie de Londres. Mais, dans les unes comme dans les autres, on n'a pu déchiffrer, jusqu'à présent, que les noms d'anciens rois persans ou mèdes. Il est à craindre qu'on n'obtienne pas de meilleurs résultats dans l'interprétation de celles qui sont gravées au dessous des bas-reliefs, en si grand nombre, provenant des salles du palais de Korsabad, que MM. Botta et Flandin découvrirent, en 1844, près du village de *Neiniouah* qu'on croit occuper une portion de l'emplacement de Ninive, à 16 kilomètres de Mossoul. — Sauf quelques fragments de l'historien Manéthon, nous n'avons aucun monument original des Egyptiens. Tout ce que nous savons des annales de ce peuple nous a été transmis par la Bible et surtout par les auteurs grecs, puisque la Table d'Emeraude, ainsi que les deux dialogues intitulés, *Pimander et Asclepias*, et faussement attribués à Hermès Trismégiste, sont des ouvrages composés vers le II° siècle de notre ère. Il est vrai qu'il existe un nombre immense d'inscriptions hiéroglyphiques taillées ou gravées sur les pyramides, sur les obélisques, sur les murs des temples, des tombeaux, etc.; mais on n'en a pu tirer jusqu'ici aucun avantage sérieux pour l'histoire, malgré les savants travaux de Champollion jeune, d'Young, de Goulianef, pour en faciliter l'explication. On a été plus heureux pour l'inscription dite de Rosette, taillée sur une pierre de basalte que M. Bouillaud, officier d'artillerie français, trouva (1ᵉʳ juillet 1799) en faisant opérer des fouilles autour de la citadelle de cette ville. Elle est en grec, en hiéroglyphes et en idiome démotique ou populaire des anciens Egyptiens ; M. Letronne l'a éclaircie et commentée avec une rare sagacité.— A l'égard des Phéniciens, leur histoire, qu'avait écrite Sanchoniaton, s'est perdue ; quelques fragments seuls ont été conservés : ils sont relatifs à leur système cosmogonique, par lequel l'auteur commençait son livre. Cette cosmogonie, au reste, n'était qu'une dérivation corrompue de la Genèse, ainsi qu'Eusèbe et Court de Gebelin l'ont démontré.—Pour les Grecs, on a les fameux marbres de Paros ou d'Arundel, si utiles à l'élucidation de leur histoire primitive. Quant à ceux de leur littérature et de leur philosophie, les plus importans ornent toutes nos bibliothèques, à côté de ceux des Romains. On peut également considérer comme un monument curieux de ces derniers les textes de quelques-unes des lois des Douze-Tables, vestiges de l'antique droit italique que ces lois ne firent que modifier, et qui ensuite servirent de fondement au droit romain proprement dit, jusqu'à Justinien.—Pour les peuples du Nord, les deux Eddas, quoique remplies de fables sur les origines scandinaves, méritent d'être lues, parce qu'on y retrouve des traces fréquentes des traditions patriarcales de l'Asie occidentale, berceau du genre humain et point de départ des colonies dont toutes les populations de la terre sont issues. — Le seul monument que nous ayons des Etrusques se compose d'inscriptions gravées sur sept tables de bronze découvertes en 1444, à Gubio, petite ville des Etats-Romains où on les conserve, en excavant les cryptes d'un ancien temple. Deux autres tables trouvées au même lieu et à la même époque, furent envoyées en 1505 à Venise, où elles sont restées. Cinq de ces inscriptions sont écrites dans l'ancien caractère étrusque, de droite à gauche, comme l'hébreu et les langues sémitiques en général ; les sixième et septième sont gravées en lettres latines, de gauche à droite. Sir William Bentham, de l'académie royale de Dublin, soutint, il y a quelques années, que l'ancienne langue étrusque était identique avec l'hiberno-celtique et la langue irlandaise telle qu'on la parle aujourd'hui dans son pays, et pour le prouver, il lut à cette académie non seulement des mémoires pleins d'intérêt, mais encore une traduction de deux de ces inscriptions, qui, selon lui, mentionnent la découverte des îles britanniques par les anciens Étrusques, et l'emploi de l'aiguille aimantée dans la navigation, etc. Les Tables Eugubines ont exercé l'imagination et la patience d'une foule d'archéologues dont les interprétations, à peu près conjecturales, sont loin de s'accorder. Il y a beaucoup de documents ou recueils de divers genres dignes d'être classés parmi les monuments historiques ou littéraires, à partir de la chute de l'empire romain en Occident. Nous ne citerons que les plus estimés : les lois salique, ripuaire et Gombette ; l'*Historia Francorum* de Grégoire de Tours ;—les histoires ecclésiastiques d'Eusèbe, de Socrate, de Sozomène, de Théodoret ; — les Origines d'Isidore de Séville ; — la Concordance des canons discordants, de Gratien, rectifiée et épurée par Augostino, archevêque de Tarragone ; — les Capitulaires de Charlemagne ; — les Etablissements de saint Louis ; — les Assises de Jérusalem ; — le Recueil des historiens de France, par Don Bouquet ; — l'Histoire littéraire de la France, par Dom Rivet et les bénédictins de Saint-Maur ; — la Collection des conciles, par le père Labbe ; — le *Gallia christiana* ; — les *Acta sanctorum* des bollandistes ; — l'Histoire générale des écrivains sacrés, par Dom Ceillier ; — les *Annali d'Italia* et les *Antiquitates italicæ medii œvi*, par Muratori ; — le *Glossarium ad scriptores mediæ et infimæ latinitatis*, de Ducange ; — le recueil des *Inscriptiones antiquæ*, de Gruter, etc., etc.

L'utilité de tous ces monuments, au triple point de vue, de l'histoire, de l'archéologie et de la littérature, est tellement notoire, qu'il serait superflu d'en faire l'objet d'une remarque longuement motivée, attendu que nul écrivain sérieux ne se dispense de consulter ceux d'entre eux qui se réfèrent aux matières qu'il veut traiter, soit pour y étudier les faits à leur source, soit pour s'appuyer de leur imposante autorité sur les points douteux ou controversés qu'il lui importe d'éclaircir, et sur lesquels il cherche à se former une opinion positive.   P. Tr.

MONVEL (Jacques-Marie Boutet de) : acteur et auteur dramatique, naquit à Lunéville en 1745. Il eut pour père un comédien, et monta lui-même fort jeune sur la scène. Il débuta, en 1770, sur le Théâtre-Français, et joua, avec un égal succès, la comédie et la tragédie. Forcé de quitter la France, à la suite d'un ordre de la police dont on ignore le motif, il se rendit à Stockholm, où il exerça quelque temps les emplois de lecteur et de comédien ordinaire du roi. Il revint à Paris en 1789, et fut un des fondateurs du théâtre de la République. Il embrassa avec enthousiasme les principes les plus démagogiques, et se montra en matière de religion le digne émule de Clootz et de Chaumette. Monvel avait comme auteur un talent fort remarquable. Nous citerons parmi ses pièces : l'*Amant bourru*, comédie en 3 actes et en vers libres ; les *Victimes cloîtrées* ; *Clémentine et Désormes*, drame en trois actes et en prose ; la *Jeunesse du duc de Richelieu* ou le *Lovelace français*, drame en 5 actes et en prose, qu'il fit en collaboration avec A. Duval, et qui pèche par le manque de goût et de décence ; *Blaise et Babet*, comédie en 2 actes mêlée d'ariettes, et remarquable par l'intérêt et le naturel des situations ; *Sargines*, comédie lyrique, une de ses meilleures pièces ; *Ambroise* ou *Voilà ma journée.* Monvel a écrit, en outre, un roman intitulé : *Frédégonde et Brunehaut.* Sous l'empire, il fut nommé professeur au Conservatoire et membre de l'Institut. Il mourut à Paris, le 13 février 1812, laissant au théâtre une fille qui soutint dignement sa réputation, Mademoiselle Mars.

MONZA (en latin *Modoetia* ou *Mogontia*) : ville d'Italie dans le royaume lombardo-vénitien, sur le Lambro, à 13 kil. N.-E. de Milan, avec une population de 11,000 habitants. Monza possède un superbe palais, et on y conserve, dans l'église de Saint-Jean-Baptiste, la fameuse couronne de fer des rois lombards.

MOOR (*Antoine de*). Deux peintres ont porté ce nom. — Le premier, nommé aussi MORO, naquit à Utrecht en 1512, et mourut à Anvers en 1568. Il s'est surtout distingué dans le portrait. Ses tableaux sont rares et chers. Il est aussi connu sous le nom de *Chevalier de Moor*, parce qu'il avait été décoré de ce titre. — Le second, *Charles de* MOOR, né à Leyde en 1656, peignait avec beaucoup de talent les sujets tirés de la vie privée et le portrait. Dans ce dernier genre, sa manière rappelle souvent celle de Rembrandt et quelquefois celle de Van Dyck.

MOPSUESTE (*géog. anc.*), c'est-à-dire *autel de Mopsus* : ville des plaines de la Cilicie, sur le Pyrame. Adrien l'embellit considérablement. Elle porte aujourd'hui le nom de Messis.

MOPSUS (*myth.*). On cite plusieurs personnages de ce nom : — 1° MOPSUS, un des Argonautes qui exerçait les fonctions de devin. Il est quelquefois désigné sous le nom d'Ampicides, parce qu'il était fils de Chloris et d'Ampicus. On dit qu'au retour des Argonautes, il s'établit à l'endroit où fut depuis bâtie Carthage, et acquit tant de réputation, que les habitants lui rendirent, après sa mort, les honneurs divins, et lui consacrèrent un oracle longtemps fréquenté. — 2° MOPSUS, fils de Rhacius ou plutôt d'Apollon et de Manto, fille de Tiresias. Il fut prêtre d'Apollon à Claros, se rendit aussi célèbre que son grand-père dans la divination, et fut en même temps un grand capitaine ; il signala son habileté au siège de Thèbes et à la cour d'Amphimaque, roi de Colophon en Ionie, ou selon d'autres, à Claros, ou même en Cilicie. On rapporte qu'il fit mourir

Calchas de désespoir, pour lui avoir posé des questions qu'il ne put résoudre ; par exemple : combien de figues portait un figuier, etc. On disait proverbialement, pour parler d'une chose indubitable : *Plus certain que Mopsus.* Il mourut lui-même comme Calchas, vaincu par Amphilocus. Il fut honoré comme un demi-dieu et eut à Malle, en Cilicie, un oracle renommé. Peut-être même en eut-il un à Mopsueste (*voy.* ce mot), dont on lui attribue la fondation. On peut lire dans Plutarque (*Traité des oracles qui ont cessé*) une curieuse anecdote au sujet de l'habileté de Mopsus.

MOQUETTE (*techn.*) : espèce de tapisserie qui se fabrique, soit à basse, soit à haute lisse, ou sur un métier à la Jacquart. La moquette est *façonnée*, *veloutée* ou *épinglée ;* cette dernière sorte s'appelle aussi *bouclée.* Elle diffère de celle qui est veloutée, en ce que la broche qui élève le fil est remplacée par un *tranche-fil*, outil tranchant qui, lorsqu'on le retire, coupe les boucles. La fabrication de la moquette à l'aide du métier à la Jacquart, a d'abord été exécutée par un Anglais. M. Sallandrouze l'a pratiquée le premier en France dans sa manufacture d'Aubusson. Les moquettes qui résultent de ce travail ont conservé le nom de *moquettes anglaises.* La fabrication est pareille à celle des châles, sauf que la chaîne est composée de fils de différentes couleurs qui peuvent être changés très facilement, parce que, au lieu d'être montés sur une même ensouple, ils sont ourdis sur des séries de roquetins ou bobines portées sur un bâti incliné que l'on nomme *cantre.* — Les moquettes se fabriquent en France, principalement à Abbeville, Amiens, Aubusson, Felletin, Roubaix et Tourcoing. Tournay qui fait concurrence à nos moquettes a été imité et dépassé par Felletin, quant au tissu et au dessin, mais ses prix n'ont pu être atteints. Les moquettes sont frappées d'un droit d'entrée de 250 fr. par 100 kilog. pour celles qui ont 40 carrés dans un décimètre et de 300 fr. pour les autres.

MOQUEUR (*ornith.*) (*voy.* MERLE)

MORA : division de l'armée spartiate dans laquelle on ne recevait que des hommes libres de 30 à 60 ans. Son effectif est porté, selon les divers auteurs, à 500, à 700 ou à 900 soldats, et comme Sparte n'en possédait que 6, son armée ne s'élevait qu'à 5,400 hommes en prenant la plus haute évaluation de la Mora. Il s'agit, il est vrai, du temps de Lycurgue, et l'on sait en outre que les Lacédémoniens faisaient porter les armes à leurs esclaves et à leurs tributaires.

MORABITES (*hist. turq.*), de l'arabe *morabeth*, sentinelle, cénobite. C'est le nom qui a été donné aux sectateurs de Mohaidin, petit-fils d'Ali, gendre de Mahomet, parce que les plus zélés d'entre eux embrassent la vie solitaire. — On donne aussi ce nom, en général, aux Musulmans qui font profession de science et de sainteté.

MORAILLON (*tech.*) : morceau de fer plat fixé, à charnière, à une porte ou à une pièce mobile quelconque. Il est garni à son extrémité soit d'une fente au travers de laquelle peut passer un piton ou un anneau fixé au chambranle de la porte ou à toute autre pièce fixe, soit d'une sorte de gache perpendiculaire à son plan et qui peut entrer dans le palatre d'une serrure, de manière à ce que le pêne, en s'y introduisant, puisse l'arrêter solidement. Dans le cas où le moraillon est percé d'un œil en fente, on le place de manière à ce que l'anneau passe au travers, puis on fait entrer dans cet anneau soit une simple broche, soit l'anse d'un cadenas.

MORALE (*philosophie*). Le mot *morale* peut se prendre dans deux sens. Il désigne la loi du devoir qui régit les êtres intelligents et libres, et d'après laquelle se caractérisent, dans les déterminations de la volonté, le bien et le mal, le vice et la vertu ; il désigne aussi la science qui se propose l'étude de cette loi. La science de la morale constate l'existence de la loi du devoir, recherche son origine, sa nature, son étendue, classe les devoirs divers, établit une subordination entre eux.

De la loi du devoir. L'homme a des facultés : il est sensible, intelligent et libre. Ces facultés le mettent en rapport avec d'autres êtres et avec lui-même. Ces rapports amènent des actes, des actions, qui sont formulés par des lois. Le bien, la vertu, c'est l'accomplissement libre des actes et des actions qui résultent des rapports naturels de l'homme avec les autres et avec lui-même. Le mal, le vice, c'est l'accomplissement libre des actes et des actions contraires à ces rapports. La loi du devoir commande le bien et interdit le mal. Cette loi est proclamée dans notre âme. Le juge qui l'applique est celui-là même qui l'a enfreint ou qui l'a observée. Une action conforme ou contraire à la loi du devoir est accomplie avec l'exercice de la liberté ; nous en sommes les auteurs ou les témoins. La conscience élève la voix. Elle dit : Il faut ou il ne faut pas ; fais ainsi ou ne fais point. Elle approuve ou elle condamne. L'approbation et le blâme de la conscience diffèrent de l'assentiment à une proposition vraie, et de la censure d'une erreur : ils supposent dans les auteurs de l'acte le mérite ou le démérite. Sommes-nous témoins d'une action vertueuse ? Nous éprouvons de l'estime pour celui

qui l'a faite ; nous avons pour lui de la vénération, de l'amour. Sommes-nous les auteurs de cette action ? La conscience du mérite est accompagnée de l'estime de nous-même, et nous trouvons un charme indicible dans ce sentiment qui nous élève à nos propres yeux. Au contraire, la conscience du démérite est suivie d'une vraie condamnation ; c'est le remords, ce supplice intérieur que le criminel est forcé de s'infliger à lui-même. L'approbation et le blâme s'attachent non à l'action extérieure, mais à l'intention.

La loi du devoir s'exprime dans une formule de la plus grande généralité. Ce n'est point tel ou tel crime qu'elle proscrit ; c'est le crime lui-même. Ce n'est point tel ou tel acte particulier de justice qu'elle commande ; c'est la justice en toutes choses. Cependant la loi du devoir ne se révèle pas d'abord sous une forme générale et abstraite ; elle nous est intimée dans ses applications aux faits particuliers. La loi du devoir nous apparaît sous une double forme. Elle se manifeste d'abord comme sentiment, et plus tard comme notion ; elle est sentie avant d'être perçue. La réflexion l'environne de plus de lumière sans lui donner plus d'autorité. La loi du devoir est d'une application pratique : elle doit être accessible à tous, convenir à tous les âges. Elle devait donc se produire sous la forme du sentiment. La loi du devoir est spontanée, elle précède la réflexion. Il le fallait : la réflexion est trop lente : un principe d'action doit être énergique et rapide. L'application de la loi du devoir est entièrement désintéressée. Souvent la conscience approuve une action contraire à nos intérêts et à nos passions ; souvent aussi elle défend une action qui les favorise. Rousseau a dit : « Nous ne haïssons pas seulement les méchants parce qu'ils nous nuisent, mais parce qu'ils sont méchants. Nous les haïssons lors même que leurs crimes nous seraient profitables. » Le sentiment que la loi du devoir inspire n'est pas seulement désintéressé, il est généreux. Ainsi plus le sacrifice est grand, plus l'approbation est complète et douce. Plus la résistance au bien est coupable, plus l'improbation du juge intérieur est sévère. La loi du devoir a un caractère d'universalité. Tous les hommes la trouvent dans leur conscience. Elle n'est donc pas personnelle à certains individus, elle est imposée à tous les êtres intelligents et libres.

Deux principes moraux dirigent l'âme. Le premier principe, c'est la loi du devoir proprement dite. Le second, c'est l'amour pris dans son acception la plus élevée. L'amour, ce sentiment si abondant et si délicat tout ensemble, avide de sacrifices, si désireux de la félicité d'autrui, se révèle par la sympathie, la bienfaisance, les affections de la famille, le dévouement du patriotisme, et inspire l'enthousiasme pour le vrai, le beau, le bon. Cet amour s'harmonise avec le *superflu d'âme* que Socrate appelle un *don divin*, et qui, d'après Sénèque, semble attester la présence d'un Dieu dans les profondeurs de notre nature. Cet amour, supérieur au devoir et jamais en opposition avec lui, a fait les martyrs de l'humanité, de la patrie, de la religion. Enlevez cet amour, et la vertu est plus négative que positive; elle se borne à la stricte justice.

La loi du devoir s'adresse à deux facultés; l'une, qui est du domaine de la raison, s'exerce à connaître la loi et à l'appliquer; l'autre, qui prend le caractère d'un sentiment que quelques philosophes appellent *sens moral*, subit la puissance du devoir, apprécie le mérite ou le démérite, est accompagnée de jouissances ou de peines, et a son siége dans la conscience. La loi du devoir qui s'adresse à l'intelligence et à la liberté, les respecte l'une et l'autre. Elle lie la volonté non point parce qu'elle l'enchaîne, mais parce qu'elle l'oblige. Elle est la règle de la liberté, et la mesure de notre valeur personnelle.

La loi du devoir oblige par elle-même. En effet, les obligations qu'elle impose sont le résultat de nos rapports avec les êtres. Ainsi quand les actes de notre âme sont conformes aux vrais rapports des êtres, il y a harmonie, bien-être de l'âme; quand elle les viole, il y a désordre, souffrance. Les lois morales sont donc fondées sur la nature des choses; par conséquent elles obligent par elles-mêmes, et l'homme est porté à les observer parce qu'il éprouve le besoin de chercher à vivre en paix avec lui-même et avec ses semblables. Si la loi du devoir n'avait pas une autorité qui lui est propre, si la conscience ne connaissait point par elle-même la différence qui existe entre le bien et le mal, comment la raison se ferait-elle une idée de l'Etre souverainement bon? Serait-elle autorisée à attacher les notions de la justice, de la vérité, de la sagesse à l'essence divine, si ces attributs n'étaient déjà reconnus comme des perfections réelles? De plus, les lois morales sont le fondement de notre croyance à la révélation elle-même; car la certitude d'une révélation divine dépend de la supposition que Dieu ne peut mentir. Le mensonge est donc un mal, et c'est la conscience qui le révèle à l'homme. La loi du devoir est donc obligatoire par elle-même. Mais s'il est vrai qu'elle a une autorité qui lui est propre, il est certain aussi que l'idée de Dieu la complète et la féconde.

L'idée de Dieu complète la loi du devoir. En effet, une loi réclame un législateur : ce législateur, c'est Dieu. Une loi demande une sanction. L'idée de Dieu fait pressentir la sanction qui doit avoir lieu dans une autre existence. Cette sanction complète celle qui commence, dès cette vie, dans la conscience par la paix de l'âme et par les remords. Mais les rémunérations et les châtiments dont la justice divine se réserve la distribution, ne sont pas le principe de la loi du devoir; ils en sont seulement la sanction. On n'a pas bien ou mal fait parce qu'on obtiendra une récompense ou que l'on subira un châtiment; on est récompensé ou puni parce qu'on a bien ou mal fait. Le mérite ou le démérite suppose à la fois la préexistence du devoir et celle de la liberté. C'est de la loi du devoir que se tirent les inductions les plus décisives en faveur de l'immortalité de l'âme. L'idée de Dieu féconde la loi du devoir. Avec l'idée de Dieu l'obligation morale prend un nouveau caractère. Alors la destination de l'homme est marquée; et cette destination, c'est son perfectionnement moral. Car quel autre but que la vertu pouvait assigner à l'être intelligent et libre l'être souverainement parfait?. Alors Dieu s'offre à nous comme un modèle, et cette pensée est un principe incessant de perfectionnement. « On ressemble à Dieu, dit Platon, en faisant le bien. Si on fait le mal, on s'éloigne de lui, on reste seul, et sa justice est outragée.» Alors Dieu nous apparaît comme présent à nos actions. Cette pensée est un frein qui contient; elle fait sentir la nécessité d'être honnête, et de ne pas se borner à le paraître. Sous l'influence de l'idée de Dieu modèle et témoin des actions humaines, l'âme se met en harmonie avec le régulateur du monde, et semble seconder ses vues d'ordre universel. Lorsque dans notre âme l'idée de Dieu est séparée de la morale, nous éprouvons un vide, nous sentons qu'il nous manque un appui; au contraire, lorsque ce puissant mobile est le principe de nos actions, un sentiment noble et touchant, mélange d'espérance et d'amour, se répand sur l'âme tout entière.

L'influence de l'idée de Dieu sur la morale a été contestée. On a dit : Des hommes qui ne se préoccupent point de l'idée de Dieu, qui s'efforcent même de la repousser, ne manquent ni de probité, ni de vertus sociales. Il ne faut donc pas recourir à l'idée de Dieu pour rendre efficace la loi du devoir. Accordons que certains hommes qui repoussent l'idée de Dieu sont doués de toutes les qualités estimables, et remplissent tous les devoirs sociaux; ne pourrait-on pas supposer que leur vertu n'est pas entièrement étrangère à cette idée de Dieu? L'éducation première l'a développée dans leur esprit; l'habitude, au premier âge de la vie, l'a imposée comme une règle de conduite; les mœurs, les usages se sont établis sous son influence; elle agit à notre insu; ne peut-on pas soutenir que son action salutaire et secrète conserve la vertu des hommes qui s'efforcent de rejeter cette idée de Dieu ? Bossuet a dit : « On peut les comparer à des personnes qui, renfermées dans leur cabinet, où elles s'occupent de leurs affaires, se servent de la lumière sans se mettre en peine d'où elle leur vient. » L'influence morale de l'idée de Dieu s'exerce de la même manière. Cette idée agit sur la conscience, et la soutient sans qu'elle s'en aperçoive. Il existe donc une union intime entre la morale et la religion. Le sentiment moral et le sentiment religieux sont naturellement sympathiques. Dieu est à la fois le législateur suprême, et le modèle idéal de la perfection. Aussi n'est-il pas plus possible de concevoir une morale sans religion qu'une religion sans morale.

La loi du devoir qui se révèle dans l'âme comme notion, et comme sentiment, est un fait intime, aussi clair que les faits de la sensibilité et de l'intelligence. Ce fait ne peut pas être prouvé, et n'a pas besoin de preuves. Les passions peuvent le méconnaître ou l'affaiblir; elles ne peuvent jamais l'étouffer. La notion du devoir, il est vrai, peut être négligée par l'ignorance, altérée par l'erreur. Le sentiment de devoir peut rester assoupi. Mais l'ignorance et l'erreur ne peuvent guère porter atteinte au principe même de la loi morale; elles en produisent seulement de fausses applications. Le sentiment du devoir se réveille lorsque l'homme se replie sur lui-même pour interroger sa conscience; et son action est plus vive et plus pure à mesure que nous exerçons plus d'empire sur nous-même. L'histoire l'atteste : au milieu de toutes les vicissitudes humaines, les idées morales offrent des traits inaltérables, et conservent leur nature et leur clarté.

Le principe de l'obligation morale a été l'objet de diverses erreurs produites par l'esprit de système. Nous allons les rapporter. La première de ces erreurs est une réminiscence de la philosophie stoïcienne. Kant l'a professée. D'après ce philosophe, le devoir ne se révèle que sous la forme d'une loi. Cette loi est inflexible; elle doit faire plier la volonté sans l'émouvoir. La pureté du devoir serait altérée par le sentiment. Kant mutile l'homme; sa raison tyrannique ne conserve que la lumière qui éclaire l'intelligence; elle a ravi à l'âme le feu sacré qui l'anime. Cette mutilation affaiblit la conscience. L'homme a besoin du concours de toutes ses facultés pour pratiquer la vertu. Pour contenir et diriger les passions, il faut que le raison et la volonté soient

unies : cette union ne s'opère que par le sentiment. La théorie de Kant tarit la source du dévouement, de l'héroïsme. La source de ces sentiments est dans le cœur; c'est la spontanéité qui les fait naître. Or, dans la théorie de Kant l'élan n'existe pas; la loi seule y règne. Cette théorie rend même suspects les sentiments généreux. De plus, elle favorise l'égoïsme. En plaçant le devoir uniquement dans l'observation rigoureuse de la loi, elle introduit dans l'âme cet esprit de chicane qui dispute avec la vertu, qui croit avoir tout fait quand il s'est arrêté sur la limite du mal, et qui finit par la franchir.

La théorie de Jacobi sur le principe de l'obligation morale mutile l'homme, comme celle de Kant. Mais Kant veut supprimer le cœur, et Jacobi s'efforce de jeter un voile sur la raison. La théorie du premier peut retremper les âmes. Celle du second peut servir les intérêts de l'hypocrisie et inspirer le fanatisme : en ne donnant à la morale d'autre base que le sentiment, Jacobi fournit un argument insoluble à ceux qui, en s'écartant du devoir, prétendraient qu'ils obéissent aux inspirations de leur conscience. Il serait impossible de les forcer dans ce retranchement.

D'autres erreurs sur le principe de l'obligation morale ont été professées. On se trompe lorsqu'on soutient que notre bonheur est le but de la vertu. L'idée de la vertu est immuable. L'idée du bonheur varie incessamment : la manière de le concevoir dépend nécessairement du caractère de chacun. La vertu obligatoire pour tous doit être toujours possible; le bonheur n'est pas en notre pouvoir. Le plaisir qui accompagne la pratique de la vertu ne lui ôte pas son caractère désintéressé. La vertu est souvent contraire à notre bonheur. Car le premier effet de son pouvoir, dit Kant, est de causer une noble peine par les sacrifices qu'elle exige. Mais, objecte-t-on, plus ces sacrifices sont grands plus l'âme goûte de jouissances. Ainsi l'intérêt se mêle à la vertu. Il ne faut pas confondre la vertu avec le contentement de la conscience. Ce serait confondre l'effet avec la cause. La vertu est la cause, le plaisir est l'effet. Le plaisir qui accompagne la vertu n'est pas le but, il est la récompense. D'ailleurs, n'y a-t-il pas une grande différence entre le plaisir de se sacrifier pour un autre, et celui de sacrifier un autre à soi? On n'élève pas une dispute de mots en affirmant que le premier de ces plaisirs suppose un amour désintéressé, et l'autre un amour intéressé. Kant a prétendu que l'on portait atteinte à la pureté de la morale en donnant pour but à notre activité la perspective de la vie future. C'est une erreur. L'immortalité céleste n'a nul rapport avec les peines, et les récompenses que l'on conçoit sur la terre; le sentiment qui fait aspirer à l'immortalité est aussi désintéressé que celui qui nous ferait trouver la félicité dans le dévouement au bonheur des autres; car les prémices de la félicité religieuse, c'est le sacrifice de nous-même. L'intérêt bien entendu n'est pas la base de la morale. Contredire cette vérité, c'est enlever à la vertu son noble caractère. La vertu ne serait plus qu'un calcul. L'homme vertueux aurait calculé juste, l'homme vicieux ne serait qu'un esprit faux. Alors on détruit le respect pour la vertu, on affaiblit l'indignation que le vice inspire, on ne laisse plus de place au remords. Mais s'il est certain que l'intérêt bien entendu n'est pas la base de la morale, il est prouvé par l'expérience, que, dans cette vie la pratique de la vertu est une source de bonheur pour les individus et pour la société.

On a établi une distinction entre la morale des individus et la morale des États. On a dit : la première doit toujours s'astreindre au devoir rigoureux; dans la seconde, le devoir doit être quelquefois subordonné à l'intérêt national. La sagesse antique a flétri cette distinction. Platon et Aristote s'accordent à soutenir que l'État doit nécessairement obéir au même principe que les citoyens pris individuellement, que la vertu est ce principe commun, et qu'elle est le plus ferme appui des États aussi bien que des particuliers. Substituez à cette formule : *La justice est la suprême loi*, celle-ci : *La suprême loi, c'est le salut du peuple*, il s'en suivra que dans certaines circonstances l'homme public devrait être immoral par moralité. D'ailleurs si les États qui ne sont que des collections d'individus peuvent subordonner le devoir à l'intérêt national, comment pourra-t-on persuader aux particuliers qu'ils doivent sacrifier à l'intérêt national leur intérêt privé? Les gouvernements attirent les regards de tous ; ils sont le modèle que l'on imite. La corruption inondera donc la société et coulera à pleins bords.

On a présenté la loi du devoir comme une institution purement humaine, comme le résultat de conventions générales rendues obligatoires par les souverains. Les partisans de cette erreur ne se sont point aperçus que c'est la loi du devoir qui communique son autorité à la puissance humaine, aux magistrats, aux conventions. La notion de l'autorité elle-même suppose la loi morale. Otez la notion du devoir, la puissance publique n'est plus que la force, la soumission est la servitude et non pas l'obéissance, et la loi civile, quand elle frappe, immole une victime et ne punit pas un coupable. La morale est une puissance invisible qui forme et conserve les sociétés; sans elle la société serait impossible. La morale est antérieure aux législateurs; l'éloquence de Cicéron a démontré depuis longtemps que les codes des premiers législateurs n'étaient en quelque sorte que des leçons de morale qui avaient la sanction des peines civiles. Plus tard, il est vrai, les législateurs, dans leurs codes, ont eu plutôt en vue de punir ce qui nuit à la communauté que de s'occuper de ce qui intéresse la morale en elle-même; mais ils ont toujours parlé au nom de la justice. Aristote en a fait la remarque : la justice est une nécessité sociale, le droit est la règle de l'association politique, et la décision du juge n'est que l'expression de la justice. Ajoutons avec Montesquieu : « Les êtres particuliers peuvent avoir des lois qu'ils ont faites, mais ils en ont qu'ils n'ont pas faites. Avant qu'il y eût des êtres intelligents, ils étaient possibles, ils avaient donc des rapports possibles, et par conséquent des lois possibles. Avant qu'il y eût des lois faites, il y avait des rapports de justice possibles. Dire qu'il n'y a rien de juste ni d'injuste que ce qu'ordonnent ou défendent les lois positives, c'est dire qu'avant qu'on eût tracé des cercles tous les rayons n'étaient pas égaux. Il faut donc avouer des rapports d'équité antérieurs à la loi positive qui les établit. »

L'erreur sur le principe de l'obligation morale qui donne pour base au devoir l'égoïsme sensuel que l'on a décoré de nos jours du nom d'*attraction*, dégrade l'homme en le renfermant tout entier dans les organes. Les funestes conséquences d'une pareille erreur sont manifestes. Elle est l'apologie de tous les vices et de tous les crimes qui ne nuisent pas aux organes; elle condamne toute action généreuse qui pourrait les compromettre. Ce n'est pas tout. L'homme de bien qui sacrifie sa vie à son devoir serait non seulement un insensé, mais un pervers. Hâtons-nous de le dire pour l'honneur de l'humanité : même chez les défenseurs de ces doctrines, souvent l'instinct moral l'emporte sur l'esprit de système, et les actions démentent les principes.

De la classification et de la subordination des devoirs. Nous l'avons déjà constaté, l'homme, par ses facultés, est en rapport avec lui-même et avec d'autres êtres. De ces rapports naissent des devoirs divers : devoirs envers Dieu, devoirs de l'homme envers ses semblables, devoirs envers lui-même. Les devoirs envers Dieu comprennent essentiellement toutes nos autres obligations. Cicéron ne donne pas le nom de *sagesse* à la connaissance du bien et du mal; il ne l'accorde qu'à la connaissance des choses divines et humaines qui embrassent tous les rapports entre les hommes et les dieux. Nous avons exposé à l'article Culte les devoirs envers Dieu.

Les devoirs envers nos semblables, renfermés dans ces deux vertus, la justice et la bienfaisance, sont formulés par ces deux axiomes : Ne faites pas à autrui ce que vous ne voudriez pas qu'on vous fît.—Faites aux autres ce que voudriez que l'on vous fît à vous-même. Les droits sont la conséquence des devoirs. En effet, l'homme est libre, et Dieu lui accorde cette liberté pour qu'il dirige ses facultés physiques, intellectuelles et morales sous le contrôle de la raison et les inspirations de la conscience. Cet exercice est pour lui un devoir. Supposez un homme seul ici-bas, il n'aura que des devoirs à remplir. Mais placez l'homme dans son état naturel, c'est-à-dire dans la société; alors les droits apparaissent. Les hommes avec lesquels il vit, sont comme lui doués de liberté; comme lui ils doivent s'en servir dans l'intérêt de la vie du corps, de la vie de l'intelligence, de la vie de l'âme. De ce devoir découle pour tous les hommes un droit égal, le respect pour l'exercice de leur liberté individuelle. C'est un devoir pour moi de me servir de mes facultés pour conserver mon existence, pour travailler à mon perfectionnement intellectuel et moral. J'ai le droit d'exiger que l'on ne s'oppose pas à l'accomplissement de ce devoir. Mes semblables ont le même droit. Ces droits réciproques dérivent du même principe : l'obligation imposée à tous les hommes, par la Providence, de parcourir dans leur orbite leur destinée commune. Les hommes ne sont égaux que sous un seul rapport : le droit à l'exercice de leur liberté respective. La bienfaisance n'est pas seulement un besoin de l'âme qui la remplit de douceur lorsqu'il est satisfait, c'est encore un devoir sacré. Ce devoir n'est pas comme celui de la justice qui donne des droits corrélatifs; il ne suppose pas un droit rigoureux dans celui qui en est l'objet.

Le droit de la propriété individuelle est incontestable. L'homme s'appartient à lui-même. Il a des organes, des facultés; il a la liberté pour s'en servir à son gré. Il est donc maître de sa volonté, de sa pensée, de ses membres, et il possède légitimement les fruits obtenus, et les biens acquis par ces instruments. La propriété est naturelle et individuelle comme l'activité et la liberté. Le droit de propriété est entier et complet; il doit donc être accompagné de la faculté de donner et de transmettre. Le sauvage possède ses flèches, son carquois, les fruits de sa chasse et de sa pêche. L'homme possède la terre à laquelle son industrieuse activité a appliqué le travail. Les droits ne doivent point se nuire l'un à l'autre, ils doivent se limi-

ter et se mettre en équilibre. *Il n'y a pas de droit contre le droit.*

Les devoirs envers nos semblables, considérés dans leur objet, se divisent en trois catégories : les devoirs de l'individu envers la société; les devoirs de la société envers l'individu; les devoirs des sociétés les unes envers les autres. Sous le nom de société on comprend l'échelle des communautés auxquelles l'homme appartient : la famille, la cité, la patrie, la grande association de l'humanité. La famille est l'élément et le type de la société. En effet, l'objet de la société est de favoriser la propagation du genre humain, de lui fournir les moyens de pourvoir à sa conservation, de protéger les personnes et les propriétés, enfin de développer nos facultés intellectuelles et morales. Ces trois objets de la société réclament impérieusement l'intervention de la famille. Des devoirs nombreux doivent y être remplis. Car, pour l'homme, la famille, c'est la vigilance du père et de la mère continuée toute la vie : c'est la perpétuité des leçons et des exemples. C'est dans la famille que se développent la piété filiale, l'amour maternel, la subordination, le dévouement, etc. L'amour paternel, c'est une tendresse tempérée par l'autorité; l'amour filial, une tendresse mêlée de respect. L'amour fraternel a pour base l'égalité et la justice. L'époux protège, l'épouse console. Les droits des époux sont égaux; les devoirs, divers (*voy.* Famille).

Les devoirs de l'individu envers la société se modifient suivant la situation qu'il occupe dans son sein, et selon la nature des institutions sociales.

La bienfaisance et la justice obligent la société envers ses membres, comme elles obligent les individus les uns envers les autres. Le gouvernement d'une société humaine est une personne morale, la sympathie doit l'animer comme chaque individu. Pour le gouvernement comme pour les individus, il y a obligation de réaliser cette sympathie qui suppose l'abondance d'un côté et le besoin de l'autre, et qui ordonne au fort de prêter assistance au faible. La société est la sauve-garde de notre existence physique et morale : elle appuie la justice par la force.

Le genre humain est une immense famille dont les membres doivent être unis par les liens d'une fraternité universelle. C'est le cri de la conscience et de la raison. Elles demandent que l'on abaisse les barrières que l'esprit de parti, la rivalité des nationalités et des races ont élevées entre les peuples.

Les devoirs de l'homme envers lui-même ont pour objet son corps et son âme. Il doit pourvoir à la conservation de ses organes, instruments nécessaires à l'accomplissement de sa mission sur la terre. L'âme doit commander au corps ; l'homme doit développer ses facultés intellectuelles et morales pour être utile à ses semblables, et travailler à son perfectionnement moral qui est le but de son existence.

Une subordination existe entre les devoirs moraux. La justice doit être placée avant la bienfaisance. On est plus ou moins coupable en négligeant les devoirs de la bienfaisance ; mais on est un malhonnête homme en violant ceux de la justice. Il y a aussi des degrés dans le vice depuis la négligence qui est la suite de la fragilité humaine jusqu'à la dégradation qui rend tout notre être insensible à l'ascendant moral. Il ne suffit pas d'un certain nombre de bonnes actions pour être un homme de bien. Il faut que la vertu soit complète et constante. Les circonstances qui accompagnent les actions humaines modifient le degré de mérite ou de démérite qu'elles présentent. On n'est jamais placé dans la nécessité d'opter entre deux mauvaises actions. Mais souvent on est forcé de choisir entre deux bonnes. L'erreur qui justifie les moyens par la fin, sape les fondements de la morale.

Les philosophes se sont efforcés de trouver une formule générale qui renfermât les préceptes moraux dans une règle unique et commune. La formule du *juste-milieu* fut proposée par Confutzée et Aristote. Leibnitz et Wolff ont préféré celle du perfectionnement. Kant a caractérisé le devoir par cette formule : Agis de telle sorte que la maxime de ta volonté, c'est-à-dire la règle à laquelle tu obéis, puisse revêtir la forme d'un principe de législation universelle. Ces formules systématiques ont peu servi les intérêts de la morale.

Les moralistes n'ont jamais manqué aux peuples. Dès la plus haute antiquité les législateurs consignaient dans leurs codes les préceptes moraux. Les poètes les ont rappelés dans des allégories et des apologues. Les philosophes les ont développés dans des traités. Les philosophes de l'antiquité ont été souvent les fidèles interprètes de la loi du devoir. Mais leur code de préceptes, toujours incomplet, a été déparé par de graves erreurs. Il variait suivant les écoles, car chaque système philosophique a sa morale. D'ailleurs la morale scientifique a peu d'action sur le cœur. Elle établit la loi et ne la fait pas aimer. Ses abstractions occupent l'esprit et n'ébranlent pas la volonté. L'homme qui les fait jaillir, par la réflexion, des profondeurs de son intelligence, est porté à les regarder comme son ouvrage, et se réserve en secret le droit de les interpréter à son gré. Une révélation seule ,

peut, par ses enseignements positifs, prévenir toutes les erreurs de nos jugements en morale ; elle seule peut préserver la loi du devoir du danger des interprétations individuelles en la présentant comme l'expression formelle de la volonté suprême ; elle seule peut ajouter aux inspirations de la conscience, et les élever à une plus grande hauteur par la sublimité des motifs et la perfection du modèle. Le christianisme est la révélation qui a exercé sur la morale cette heureuse influence. « Après cette première obligation d'aimer Dieu, comme notre souverain, plus que nous-même, dit Bossuet, s'ensuit le second devoir d'aimer l'homme notre prochain en esprit de société comme nous-même. Là se voit très-saintement établie, sous la protection de Dieu, la charité fraternelle, toujours sacrée et inviolable malgré les injures et les intérêts : là l'aumône, trésor de grâces : là le pardon des injures qui nous ménage celui de Dieu : là enfin la miséricorde préférée au sacrifice, et la réconciliation avec son frère irrité, préparation nécessaire pour approcher de l'autel. Là, dans une sainte distribution des offices de la charité, on apprend à qui on doit le respect, à qui l'obéissance, à qui le service, à qui la protection, à qui le secours, à qui la condescendance, à qui de charitables avertissements, et on voit qu'on doit la justice à tous, et qu'on ne doit faire injure à personne non plus qu'à soi-même. Quelle plus sainte morale ? Quelle plus belle économique, quelle politique plus juste ? Celui-là est ennemi du genre humain qui contredit de si saintes lois. » C'est en faisant des emprunts à l'Évangile, que la philosophie moderne est parvenue à perfectionner sa morale. C'est l'application de la morale chrétienne qui doit produire toutes les améliorations réservées à l'humanité (*voy.* CHRISTIANISME). L'abbé FLOTTES.

MORALÈS. Nous citerons parmi les personnages de ce nom : — 1° MORALÈS (*Louis de*), peintre espagnol de mérite, né à Badajoz au commencement du xvie siècle et mort dans la même ville en 1586. On a de lui des tableaux assez compliqués ; cependant il a peint une si grande quantité d'*Ecce Homo*, de têtes de Christ en bustes, que sa réputation s'est agrandie, surtout, par l'exécution de ces ouvrages, et on le surnomma Moralès le *divin*, non pas tant à cause de l'excellence de ses peintures que parce qu'il n'a représenté que des sujets et des personnages sacrés qui se rapportent à Dieu. Malgré les encouragements que lui donna Philippe II, il mourut pauvre. — 2° MORALÈS (*Ambrosio*), prêtre de Cordoue, historiographe de Philippe II, et professeur à l'Université d'Alcala. Il continua la *Chronique générale d'Espa-*

gne, commencée par Florian de Zamora, qu'il conduisit jusqu'à Bermude III, et qui fut poussée par Sandoval jusqu'au règne d'Alphonse VII. Moralès est aussi l'auteur des *Antiquités des villes d'Espagne* et de la *Relation littéraire d'un voyage dans diverses provinces de l'Espagne*. Il mourut en 1590, âgé de 77 ans.

MORALITÉS (*art. dram.*) : sortes de compositions dramatiques qui, au moyen-âge, tenaient lieu de ce que nous appelons aujourd'hui *tragédies* et *comédies*. Les *moralités* furent inventées par les clercs de la Bazoche, qui, formés en corps d'état régulier, s'associèrent en France et en Angleterre pour jouer la comédie. A Paris leurs représentations n'avaient lieu que trois fois par an; le jeudi après les Rois, à la plantation du *mai* dans la cour du Palais, et à la *montre* ou cavalcade où le roi de la Bazoche passait ses sujets en revue. Les clercs jouaient également quelques scènes aux entrées des princes. Les ouvrages qu'ils représentaient se rapprochaient beaucoup des mystères, à leur début; mais les confrères de la Passion en avaient déjà le privilège et les clercs imaginèrent de s'en prendre aux ridicules de l'espèce humaine ; sous le voile d'une allégorie plus ou moins diaphane, ils se mirent à prêcher la morale et à montrer la vertu récompensée triomphant de ses persécuteurs ; depuis lors leurs représentations devinrent plus fréquentes. Ils jouaient plus particulièrement aux halles qui étaient le forum de l'époque. Cependant ils n'avaient point d'endroit attitré. Le prince des sots, qui jouait des *sotties* ou farces correspondant à notre vaudeville, se plaignit qu'ils empiétaient sur ses privilèges ; une transaction intervint; mais les bazochiens ne furent pas laissés en paix pour cela. Le gouvernement se mêla de leurs représentations. Un arrêt du parlement, après la restauration de Charles VII, leur défendit de rien jouer sans une permission expresse; mais l'arrêt fut mal exécuté, et souvent on voit les acteurs contrevenants mis en prison au pain et à l'eau pour quelques jours. Ces punitions semblèrent dérisoires à Louis XI qui fit menacer, par son parlement, de la confiscation, des verges, et du bannissement, tous les clercs, tant du Palais que du Châtelet qui joueraient des moralités. Il y avait même des peines contre ceux qui demanderaient la permission d'en jouer. Louis XII leva toutes ces prohibitions. Il permit de jouer les abus qui se commettaient tant à sa cour que dans le reste de son royaume. On lui disait un jour que dans une *moralité* on le raillait lui-même de son avarice : « J'aime mieux, répondit-il, les voir rire de mon économie que pleurer de mes profusions ». Il donnait pleine liberté pourvu qu'on

respectât l'honneur des dames, et le parlement partageant la bénignité du monarque, accorda souvent à ses clercs des gratifications pour subvenir aux frais des *montres et jeux*. Mais les tracasseries recommencèrent plus violentes sous François Ier; les prières poétiques de Marot qui avait fait partie des Enfants sans souci demeurèrent sans résultat. On défendit (1516) les moralités où il serait parlé de princes et princesses de la cour ; en 1536 on ajouta la prohibition « de faire monstrations de spectacles ou écriteaux taxant ou notant quelques personnes que ce soit », sous peine de prison et de bannissement du Palais à perpétuité. Enfin, on soumit les pièces à la censure; les passages rayés par la cour devaient être omis sous peine de prison, de punition corporelle, et même de la *hart*. Les *moralités* n'en moururent pas cependant, mais elles s'amoindrirent, et le théâtre grec et latin de Jodelle et de ses imitateurs, les ayant détrônées, elles allèrent expirer obscurément au commencement du XVIIe siècle dans les folies du mardi-gras.

Les personnages des *moralités* étaient pour la plupart allégoriques; c'était le *Roman de la Rose* transporté sur la scène. Dieu, les anges et les démons y intervenaient bien quelquefois encore avec leur cortège habituel, la Charité, la Justice, la Miséricorde; on y rencontrait non seulement *Bien Advisé, Mal Advisé, Jeûne, Oraison, Honte-de-dire-ses-péchés, Désespérance-de-Pardon*; mais on y voyait aussi, en chair et en os, le *Limon de la Terre*, le *Sang d'Abel*, les *Vigiles des morts*, au nombre de quatre : *Creator omnium, Vir fortissimus, Homo natus de muliere*, et *Paucitas dierum*. Les personnages des quatre états de la vie sont énumérés dans ce vers latin :

Regnabo, Regno, Regnavi, Sum sine regno

Parmi les allégories de ce genre on distingue la *Condamnation de Banquet*, dans lequel les maladies personnifiées punissent *Friandise, Gourmandise*, et les autres excès bachiques incarnés.

Toutes les moralités n'étaient cependant pas uniquement composées d'êtres allégoriques. Ainsi nous connaissons la moralité du *Ladre* et du *Mauvais Riche*, celle de l'*Enfant prodigue*, celle de la *pauvre Villageoise, laquelle aima mieux avoir la tête coupée par son père que violée par son seigneur*, et on voit par cette dernière pièce que la *moralité* s'élevait quelquefois jusqu'au drame de genre. Les moralités ne contenaient pas ordinairement plus de douze cents vers. Il en existe cependant de beaucoup plus longues; celle de l'*Homme juste et de l'Homme mondain*, par exemple, n'en a pas moins de trente-six mille. Elle se rapproche des mystères pour l'étendue comme pour le caractère de l'action. Dans cette pièce, de même que dans le mystère de *Sainte-Barbe*, la *Terre* s'empare du corps de l'homme mondain; pendant que les diables emportent son âme en enfer, son bon ange lui sert de cicerone et lui explique, avec complaisance, tous les objets, à mesure qu'ils se présentent devant ses yeux. **J. FLEURY.**

MORAT, en allemand *Murten* : ville de Suisse, dans le canton de Fribourg, à 31 kil. N. de la ville de ce nom. Elle est située sur une hauteur qui domine le lac de Morat, et possède 1,300 âmes. Ce lac profond et poissonneux communique par un canal à celui de Neuchâtel, ce qui favorise le commerce des habitants. — La ville de Morat a soutenu trois siéges mémorables, le premier en 1032, contre l'empereur Conrad le salique; le second en 1592, contre Rodolphe de Habsbourg, et le troisième contre ·Charles-le-Téméraire, en 1476. Ce dernier siége fut terminé par la célèbre défaite du duc de Bourgogne. A un quart de lieue de la ville, on avait dressé dans une chapelle connue sous le nom d'*ossuaire de Morat*, les os des Bourguignons. Sur la porte, on lisait cette singulière inscription : *Deo Opt. Max. Caroli inclyti et fortissimi Burgundiæ ducis, exercitus Muratum obsidens, ab Helvœtiis cœsus, hoc sui monumentum reliquit anno 1476.* A la place de ce monument détruit par les Français en 1798, on voit aujourd'hui un obélisque en pierre, érigé en 1822.

MORATIN (DON LEANDRO-FERNANDEZ DÉ), auteur dramatique espagnol, naquit à Madrid le 10 mars 1760. Son père Nicolas Fernandez, auteur des poèmes de *Diane* et des *Vaisseaux de Cortez détruits*, avait déjà tenté, d'après les leçons de Thomas de Iriarte, de rompre dans la littérature dramatique avec le genre quelque peu désordonné de Lope de Véga et de Calderón de la Barca, comme le prouvent la comédie de la *Petimetra*, et ses tragédies de *Hormésinda* et de *Guzman-le-Bon*. Moratin marcha sur ses traces et ne tarda pas à le surpasser. Il s'était d'abord adonné a la peinture qu'il avait abandonnée pour la joaillerie, d'après les conseils de son père. Mais la muse vint le trouver au milieu de ses travaux manuels. L'académie espagnole couronna la *Toma de Grenada* (la prise de Grenade), dont il était l'auteur anonyme. Force fut à sa famille de le laisser donner un libre cours à sa vocation. Il composa alors la *Leccion poetica*, traité de poésie où, avec une grande maturité d'esprit, il a traduit en règles ce qui n'était qu'à l'état de tendances dans les œuvres de son père et celles d'Iriarte. Son succès fut grand; nommé secrétaire du comte de Cabarrus, il suivit ce diplomate en France, où il se familiarisa avec notre littérature. Il rentra en Espagne dès le commencement de nos commotions politiques, précédé par une ode sur l'avénement de Charles IV, qui lui valut un bénéfice dans l'archevêché de Burgos. Désormais à l'abri du besoin, il se livra au genre qui lui souriait le plus. Il donna d'abord au théâtre *el Viego y la Niña* (le vieillard et la jeune fille), qui jeta tout d'abord un certain lustre sur son nom. Sa seconde comédie, la *Comedia nueva o el Café* (la comédie nouvelle ou le café), semée de spirituelles attaques contre l'ancien système littéraire, lui fit quelques ennemis, mais obtint les applaudissements du public. Une pension sur le trésor de l'État lui fut accordée par le prince de la Paix. Il se rendit à Londres, passa ensuite en Hollande, en Flandre, en Allemagne et en Italie, où il fit un assez long séjour. Après s'être fait recevoir membre de l'académie des Arcades de Rome, il regagna Madrid, avec un portefeuille riche d'ébauches et de souvenirs. Sa pièce d'*el Baron* (le baron), dirigée contre la noblesse, signala sa rentrée en lice; mentionnons en passant les traductions qu'à son retour il fit de l'*Hamlet* de Shakespeare, du *Médecin malgré lui* et de l'*École des Maris* de Molière. Il composa ensuite la *Mogigata* (l'hypocrite), comédie vigoureusement conçue; *el si de las Niñas* (le oui des jeunes filles), petit chef-d'œuvre de grâce et de malice. Moratin jouissait en paix de ses triomphes, lorsqu'arrivèrent les événements de Bayonne; il reçut de Joseph la direction de la bibliothèque de Madrid, et partagea avec les *afrancesados* les souffrances de l'exil. Ses propriétés furent séquestrées, ses revenus saisis, ses pensions supprimées. Il erra quelque temps fugitif sur le sol de sa patrie. Ce qu'il y a de singulier, c'est qu'il refusa l'amnistie que lui fit offrir Ferdinand VII, dans la crainte mal fondée de tomber dans un piège, se retira d'abord à Bordeaux, puis à Paris, où il mourut le 21 mai 1828, après avoir publié plusieurs poésies lyriques, ses *Origines du théâtre espagnol*, précieux élément d'histoire littéraire, et après avoir édité les *OEuvres posthumes* de son père. Il repose dans le cimetière de l'Est, non loin de Molière, son inimitable modèle.

MORAVA (*géog.*) : c'est le nom de deux rivières affluents du Danube. L'une qui donne son nom à la province de Moravie prend sa source dans les monts Riesengebirge ou montagne des Géants, aux confins de la Bohême, passe à Olmutz et à Hadrisch, et se jette dans le Danube au-dessous de Presbourg après 72 lieues de cours. Elle sépare l'Autriche de la Hongrie. — La seconde sort du mont Balkhan, sur les limites de la Servie, reçoit la Tœplizza, la Nessava, l'Ibar, etc., et après un cours de 70 lieues se jette dans le Danube à Kostolacz.

MORAVES (monts). Chaîne de montagnes qui sépare la Moravie de la Bohême et de la Silésie; elle porte en allemand le nom de Gesenkergebirge (*montagnes abaissées*), et unit les monts Riesengebirge d'un côté aux Crapacks, et de l'autre aux montagnes de Mannhartzberg et de Carlsberg.

MORAVES (frères) : rameau de la fameuse secte des anabaptistes, dits aussi *Enthousiastes* (*voy.* ce mot), qui excita en Allemagne la terrible *guerre des paysans* que termina la prise de Munster en 1536. C'est alors que Huter et Gabriel entreprirent de rallier les anabaptistes dispersés, et de les constituer en colonies dans la Moravie, province de la Bohême, d'où leur vint le nom de frères moraves. A cet effet, ils achetèrent dans quelques cantons de cette province des terrains incultes assez considérables qu'ils mirent en valeur. Ces colonies fraternelles, comme ils les désignaient eux-mêmes, furent établies sous un régime de communauté administrative à peu près semblable à celui des monastères. Chaque famille avait un logement séparé et clos d'une palissade. Le travail aux champs et aux ateliers, le silence et la prière en secret étaient obligatoires. Les amusements et les plaisirs mondains en étaient bannis, et le supérieur punissait les infractions à cette discipline par des peines spirituelles, et par l'expulsion des incorrigibles. Les anabaptistes moraviens prétendaient qu'il n'était pas permis de conférer le baptême aux enfants; aussi ne l'administraient-ils qu'aux personnes d'un âge mûr, et celles qui adoptaient leurs erreurs étaient rebaptisées. Ils enseignaient en outre que le baptême n'effaçait pas la tache originelle, attendu que, dans leur opinion, il n'avait d'autre caractère que celui d'un engagement moral envers leur église, etc. Leur culte se bornait à la cérémonie de la Cène, ou *communion générale* qui avait lieu deux fois par an et consistait dans la distribution d'un morceau de pain, et d'une petite coupe de vin à chacun des assistants qui mangeaient et buvaient ainsi *en mémoire du Christ et de sa mort*. Ils s'assemblaient tous les mercredis et tous les dimanches par groupes plus ou moins nombreux, dans les salles ou réfectoires des bâtiments de la communauté, pour y assister aux sermons improvisés sur des textes quelconques de l'Ecriture, et selon les *révélations de l'Esprit saint* dont les orateurs, hommes ou femmes, se croyaient *inspirés*. Les frères moraves prospérèrent et vécurent paisibles pendant plusieurs années; mais Huter, esprit remuant, las d'un repos qui en comprimait

l'activité ambitieuse, voulut dogmatiser et faire du prosélytisme dans le sens anarchique des premiers anabaptistes; il se hasarda à parcourir les provinces voisines pour y déclamer contre l'autorité des magistrats civils et politiques, disant que la seule autorité légitime des vrais chrétiens était celle des *pasteurs* et des *anciens*. Il prêchait en même temps l'égalité absolue de tous les hommes, etc. Gabriel, plus prudent, recommandait, au contraire, la soumission aux lois des pays où ils recevaient l'hospitalité. Ce conflit entre les deux chefs de l'association mit la discorde dans ses rangs, et préluda à sa ruine. Le premier fut arrêté et condamné à être brûlé vif; l'autre mourut de misère en Pologne. Vers la fin du xvie siècle, la secte des frères moraves était presque entièrement éteinte aux lieux de son berceau. Ils se retirèrent en Transylvanie et ailleurs, et la plupart se réunirent aux Sociniens ou aux Quakers. Il en existe encore quelques débris en Angleterre et notamment au Canada, où le nombre de ces sectaires s'élève à environ 14,000, qui n'ont conservé que la partie religieuse de leurs doctrines primitives. P.T.

MORAVIE (*géog.*), en allemand *Mœrhen* : province de l'empire d'Autriche qui a pour bornes, à l'O. la Bohême, au S. et à l'E. l'archiduché d'Autriche, et au N. la Silésie. Cette contrée, qui doit son nom à la rivière appelée Morawa par les Slaves, et March par les Allemands, a 45 lieues du N. au S. et 52 du N.-E. au S.-O, et porte le titre de comté ou de margraviat. Elle est, en grande partie, couverte de montagnes, et son sol, élevé de 500 à 900 pieds au dessus du niveau de la mer, renferme des mines de fer et de plomb, d'argent, de cuivre, d'alun et de soufre, du vitriol, des topazes et autres pierres précieuses, du marbre, etc. et des gisements de houille, dont les plus importants sont ceux des environs de Blawon et de Rossitz. En général, les terrains de la Moravie se font remarquer, comme ceux de la Bohême, par l'absence des formations comprises entre le grès rouge et la craie. Son climat est assez doux, malgré son élévation. Le thermomètre, qui, dans les plus grandes chaleurs, marque jusqu'à 38°, descend quelquefois jusqu'à 22 dans les rudes hivers. La température moyenne est à Ormutz de 7° 3'. Les volailles et le poisson y sont abondants, ainsi que le bestiaux et les céréales. On y trouve des loups, des ours, des ryvows, espèce de loups-cerviers, etc. Le lin y est cultivé en grand, et l'anis, le houblon, le chanvre et le safran y sont d'un bon produit; la vigne y réussit, ainsi que les arbres fruitiers et surtout le noyer. Les manufactures y sont nombreuses; les plus importantes sont celles de draps, de toiles et de cotonnades. L'Autriche contient peu de provinces plus industrieuses ; malheureusement les moyens d'exportation ne sont pas en rapport avec l'activité commerciale des habitants. La Moravie appartient à l'Autriche depuis 1526 ; en 1783, elle fut réunie à la Silésie, et depuis lors elle forme avec cette dernière province un gouvernement divisé en huit cercles : Brünn, Olmütz, Hradisch, Prerau, Iglau, Znaïm, Troppau et Teschen, dont les deux derniers seuls appartiennent à la Silésie. Le gouvernement est administré par un gouverneur qui a le titre de *statthalter* ou de *landeshauptmann*, sous la présidence duquel se réunissent tous les ans les États, convoqués par l'empereur. Brünn est la capitale du gouvernement. Olmütz était autrefois celle de la Moravie.—Les *Quadi*, appelés *Coldui* par Strabon (liv. VII, ch. 2) et *Suevi* par Tacite (liv. II), sont un des plus anciens peuples de la Moravie. Unis aux Marcomans, leurs voisins, ils inquiétèrent souvent les Romains ; ils battirent Domitien, qui avait refusé les conditions de paix qu'ils lui avaient offertes, et forcèrent Marc-Aurèle à établir chez eux une armée d'observation de 20,000 hommes. Numérien et Valentinien les battirent ensuite tour à tour. Ils possédaient, selon Ptolémée, plusieurs villes importantes : *Rhobodunum* (Hradisch), *Philecia* (Olmütz), *Coridorgis*, à peu de distance de Brünn, *Phurgisalis* près de Znaïm, et *Mediolunum*, à l'ouest de Troppau. Au milieu du VIᵉ siècle, les Slaves s'y établirent et y fondèrent le royaume de Moravie, qui s'étendait jusqu'à Belgrade. Soumis ensuite par les Avares et les Bohêmes, ils secouèrent le joug en 805, et se mirent sous la protection de Charlemagne. Vers la fin du IXᵉ siècle, sous le règne de Zwentibold ou Swatopulk, le royaume de Moravie comprenait, outre la Moravie proprement dite, la Bohême, le Voigtland, la Misnie, la Lusace, le Brandebourg, la Poméranie, la Silésie et une partie de la Pannonie et de la Dalmatie ; à la fin du règne de Zwentibold, il fut démembré par les Francs et les Huns, et entièrement détruit par les Hongrois, vers 908, sous le règne de Suatobog. Au XIIᵉ siècle, la Moravie se joignit à la Bohême et fut érigée en margraviat. Mais au XVᵉ siècle, sous le règne de Mathias, roi de Bohême et de Hongrie, elle cessa d'avoir des margraves particuliers. Les Slaves y forment les trois quarts de la population et habitent le centre du pays. Les Allemands occupent la partie la plus montagneuse. Les premiers sont divisés en plusieurs branches : les *Hannaques*, les *Straniaques*, les *Slowaques* ou *Charwates*, les *Horaques* ou *Poohoraques*, les *Podzulaques* et les *Wallaques*, qui

tous ont des caractères particuliers. Les plus remarquables sont les wallaques, qui tirent leur nom du Waag ou Waha, dont ils habitaient les bords avant de s'établir sur le versant occidental des petits Karpathes, et parlent un dialecte bohême. — Lorsque Joseph II eut établi la liberté de conscience, la Moravie fut divisée en une foule de sectes relevant de Jean Hus, de Luther, de Calvin, etc. Les frères Moraves même, qui avaient agité le pays trois siècles auparavant, y reparurent en grand nombre.

MORBIHAN. Ce département, formé d'une partie de l'ancienne Basse-Bretagne, tire son nom d'un grand golfe situé près de Vannes, formé des eaux des hautes marées, et que les habitants du pays ont nommé, dans leur langue celtique, *Morbihan*, c'est-à-dire *petite-mer*. César, qui défit en cet endroit la flotte des Vénètes, l'appelle *mare conclusum*. Ce golfe, entouré de riants villages, renferme plusieurs îles habitées, dont les plus considérables sont l'île d'Arz et l'île aux Moines. — Les bornes du département sont : au Nord, le département des Côtes-du-Nord ; à l'Est, ceux d'Ille-et-Vilaine et de la Loire-Inférieure ; au Sud, l'Océan ; à l'Ouest, le département du Finistère. Sa superficie totale est de 699,641 hectares. Les terres cultivées qui font plus des deux tiers de cet espace, se subdivisent ainsi : terres labourables, 260,971 hectares ; prés, 69,052 ; vignes, 885 ; bois, 34,462 ; vergers, pépinières et jardins, 16,880. La surface non cultivée compte 3,118 hectares d'étangs, mares et canaux d'irrigation, 291,531 de landes et de bruyère, 3,707 de propriétés bâties, lesquelles s'élèvent au nombre de 81,153. — Après les céréales dont la production totale est insuffisante à sa consommation intérieure, les principales productions du département sont les chanvres, les lins, les pommes de terre, les châtaignes, le miel, la cire et les fourrages. Il s'y fait un grand commerce en bestiaux, beurre, sel, sardines et autres poissons. On y compte près de 1,200 bateaux pêcheurs, dont plus de 6,000 individus tirent leur existence. Le revenu foncier du département est d'environ 13 millions ; le principal de sa contribution foncière est, en 1850, de 1,471,903 fr. Le département se divise en 4 arrondissements, 27 cantons et 232 communes dont la population totale s'élève à 472,773 âmes (recensement de 1846). Il appartient à la 13ᵉ division militaire, au ressort de la Cour d'appel de Rennes, à la 25ᵉ conservation forestière, au 3ᵉ arrondissement maritime et au 3ᵉ arrondissement des mines (chef-lieu Paris). Il envoie dix représentants à l'assemblée nationale. *Vannes* est le chef-lieu du département ; ceux des trois autres arrondissements sont: *Ploërmel*, *Lorient* et *Pontivy*, qu'on appelle aussi *Napoléon-Ville*. — Le département est arrosé par un grand nombre de ruisseaux et par sept rivières, dont la longueur totale navigable est d'environ 120,000 mètres. Deux canaux de navigation, d'Hennebon à Pontivy, et de Nantes à Brest, le traversent sur un parcours total de 59,818 mètres. Sept routes nationales et treize routes départementales y font ensemble une longueur de 865,887 mètres; celle des chemins vicinaux de toute espèce est de près de 5 millions de mètres. — La température du Morbihan est en général assez douce; mais il y règne fréquemment des fièvres intermittentes causées par le grand nombre d'étangs et de marais que la nature du sol alimente. — Les principales villes du département, outre les quatre chefs-lieux déjà nommés, sont Port-Louis, Auray, Plœmeur, Josselin, Serzeau, Saint-Jean-Brévelay, Hennebon et Rohan. Ses côtes sont parsemées d'un grand nombre de ports. Les plus remarquables sont ceux de Lorient, de Port-Louis, de Vannes et d'Auray. L'industrie du Morbihan consiste principalement en fabriques de cables, de toiles, d'étoffes de laine, de porcelaines, de papiers. On y voit aussi des tanneries et des filatures de coton. On construit des vaisseaux de haut-bord à Lorient, des navires de commerce et des bateaux de pêche à Vannes, Port-Louis, Quibéron et Laroche-Bernard. L'exploitation des marais salants occupe de 3 à 4,000 paludiers ou sauniers qui produisent annuellement environ 200,000 myriagrammes de sel. — Le département du Morbihan offre des sites d'une majestésauvage, particulièrement l'immense plaine de Karnac, toute parsemée de monuments druidiques; la lande de Mi-Voye, entre Ploërmel et Pontivy, où un obélisque en granit rappelle le fameux combat des 30, et la presqu'île de Quibéron où s'est passée l'une des scènes les plus lugubres de notre histoire révolutionnaire.

MORDACHE (*tech.*) : sorte d'instrument qui tient de la tenaille et de l'étau. Il se compose de deux mâchoires réunies à leur extrémité inférieure par une charnière ou par un ressort. Pour les serrer, on les place dans les mâchoires d'un étau. Il y a des mordaches de bois que l'on emploie pour serrer les objets délicats; quelquefois on obtient le même résultat en mettant une lame épaisse de plomb sur chaque mâchoire de la mordache en fer ou de l'étau lui-même. — On donne aussi le nom de mordache à de fortes pinces qui entrent dans la garniture du foyer et qui servent à remuer les bûches trop lourdes pour les pincettes.

MORDELLONES (*voy.* Mordelle.)

MORDELLE (*insectes*) : genre de coléoptères de la famille des trachélides, formant le type du groupe des *mordellones*. Ce sont des insectes de petite taille, dont les quatre tarses antérieurs ont cinq articles, tandis que les postérieurs n'en ont que quatre. Leur tête est triangulaire et fortement inclinée; leur corps comprimé sur les côtés; leurs antennes sont en scie, quelquefois pectinées; leur abdomen est conique ou triangulaire, prolongé en pointe chez les vraies mordelles et les anaspes. Leurs mœurs ne sont guère connues, non plus que leurs métamorphoses; on les trouve quelquefois à l'état parfait dans le bois pourri qui renferme les larves. Il est probable que ce sont des insectes parasites, comme les ripiphores et les ptilophores, et la majeure partie des trachélides. A l'état parfait, ces insectes sont fort agiles, volent très rapidement et se trouvent sur les fleurs. Ils sont fort nombreux en espèces, dont l'Europe contient la majeure partie. Leurs couleurs sont peu variées; le noir y prédomine, quelquefois avec des fascies d'un gris soyeux; plus rarement les élytres sont jaunes, avec des points ou des taches noirs. — L'une des espèces les plus communes est la Mordelle a pointe (*M. aculeata*, Fab.); elle a environ 4 millim. de longueur et est entièrement noire; la pointe de l'abdomen est beaucoup plus longue que les élytres. La Mordelle a bandes (*M. fasciata*, Fab.) est noire, avec deux bandes soyeuses, jaunâtres, en travers des élytres. Ces deux espèces sont communes aux environs de Paris. Un des genres les plus intéressants du groupe des mordellones est le *ripidius blattarum*, Sundevall, qui dépose ses œufs dans le corps des blattes ou kakerlacs. Il est probable, d'après une *récente observation* faite en Andalousie, que le ptilophore de Dufour sort des chrysalides de certains papillons.   L. Fairmaire.

MOREAU (Jean-Victor) : général, né à Morlaix le 12 août 1763. Fils d'un avocat et destiné à la même carrière, il étudia le droit à Rennes, et nommé prévôt des étudiants, il soutint avec eux le parlement de Rennes dans sa lutte contre le cardinal de Brienne, et mérita d'être surnommé *le général du parlement*. Ses goûts l'entraînaient vers la carrière des armes. En 1790, la jeunesse bretonne l'élut président de la fédération de Pontivy. Plus tard il organisa à Rennes une compagnie de canonniers, et devint chef du premier bataillon des volontaires du Morbihan, avec lequel il fit sa première campagne à l'armée du Nord, sous les ordres du général Dumouriez. Avant la fin de 1793, ses brillants faits d'armes lui avaient valu le grade de général de brigade, et en avril 1794 il fut promu au grade de général de division, sur la recommandation de Pichegru. L'hiver suivant il fit cette célèbre campagne qui valut à la France la conquête de la Hollande. La République l'en récompensa en l'appelant au commandement de l'armée de Rhin-et-Moselle. Moreau franchit le Rhin près de Strasbourg, et, pendant quelque temps, marcha de triomphe en triomphe; mais l'armée du général Jourdan, qui manœuvrait sur sa gauche, ayant été forcée de se replier, après une lutte sanglante contre des forces supérieures, il se vit contraint d'abandonner ses avantages et de ramener son armée du fond de l'Allemagne. Mais cette retraite fut un nouveau triomphe; elle peut, en effet, passer pour le chef-d'œuvre de l'art militaire. Rentré en France, Moreau détacha une partie de son armée pour renforcer celle d'Italie, et se rendit à Paris pour combiner avec le Directoire les moyens de reprendre l'offensive. Au mois de février 1797, il réorganisa l'armée de Sambre-et-Meuse, dont le quartier-général était à Cologne, et qui passa bientôt après sous le commandement du général Hoche. Il revint ensuite au milieu de ses soldats de l'armée de Rhin-et-Moselle, traversa le Rhin, le 20 avril, à Guembseim, sous le feu de l'ennemi, lui prit 4,000 hommes et 20 canons, enleva le fort de Kehl, et se disposait à poursuivre sa victoire, lorsqu'il reçut la nouvelle de la paix de Léoben. Après la défaite du général Schérer à Vérone, en mai 1799, Moreau prit le commandement de l'armée d'Italie, qui se trouvait réduite à 25,000 combattants en présence de 90,000 soldats victorieux et commandés par Suwarow. Par des manœuvres habiles, il se vit bientôt en état de reprendre l'offensive, et remporta un avantage signalé sur les rives du Pô; mais son armée était trop affaiblie pour pouvoir longtemps résister. Malheureusement, au lieu de lui envoyer des renforts, le Directoire le remplaça, pour le nommer général en chef de l'armée du Rhin. Joubert, son successeur, arriva au moment où un engagement général était inévitable. Il supplia Moreau de garder le commandement en chef jusqu'après la bataille. Moreau refusa tout autre honneur que celui de combattre à côté de Joubert, en qualité de volontaire. Malgré les talents réunis et la bravoure des deux généraux, la bataille de Novi fut perdue. Joubert y mourut glorieusement. Moreau, redevenu général en chef, par suite de ce désastre, opéra la retraite avec tant d'habileté, qu'il sauva les débris de l'armée et les plaça dans une position inexpugnable. Il partit ensuite pour aller prendre le commandement de son armée du Rhin; mais en se rendant à son poste, il séjourna quelque temps à Paris, et s'y trouvait à l'époque du coup d'État du 18 brumaire. Il montra dans

cette circonstance un dévouement absolu à la fortune de Bonaparte, qui l'en récompensa par le commandement de l'armée du Danube et du Rhin. Il trouva dans ce nouveau poste l'occasion de s'illustrer encore, et termina cette campagne par la victoire de Hohenlinden. Ce dernier et brillant fait d'armes lui aurait ouvert les portes de Vienne, si la victoire de Marengo et le traité qui en avait été la suite ne l'eussent contraint de s'arrêter. Il revint à Paris, où le premier consul le reçut avec les témoignages de la plus haute distinction.

Depuis son retour à Paris, Moreau vit avec une profonde irritation que le gouvernement consulaire marchait ouvertement à la tyrannie. Bientôt son opposition ne fut plus un mystère. Il la manifesta même avec éclat, en refusant les insignes de l'ordre de la Légion-d'honneur qui venait d'être institué, et le titre de maréchal qui lui fut offert. Une telle conduite groupa naturellement autour de lui tous les mécontents, et sa maison ne fut plus appelée que le *Club-Moreau* par les familiers de la naissante *cour* des Tuileries; mais la participation de Moreau à un complot quelconque contre la vie ou la puissance de Bonaparte est restée douteuse pour l'histoire. Tout ce que l'on peut affirmer, c'est que, frappé de la perte, de jour en jour plus imminente, d'une république à laquelle il devait sa gloire, il désirait la chute de l'homme dont il avait secondé l'audace au 18 brumaire. Mais au milieu des excitations qu'il recevait de tous les côtés pour se mettre à la tête d'un mouvement, son indécision était invincible. Le premier consul, comprenant tout le danger de l'opposition d'un tel homme, n'attendait qu'une occasion pour le perdre. Elle s'offrit bientôt: il fut arrêté comme coupable d'avoir eu des entrevues secrètes avec Pichegru, dont le complot avait été découvert. Une seule chose résulta de ses aveux, c'est que des propositions coupables lui avaient été faites, et qu'il s'était contenté de les considérer comme d'*insignes folies*. Le 11 mai 1804, Moreau fut traduit en jugement avec 46 autres prévenus. Tout l'intérêt de la cause se concentra sur lui; le public et l'armée manifestaient hautement leurs sympathies en sa faveur. Une immense acclamation de joie retentit lorsqu'on sut que Moreau, *convaincu de conspiration, mais avec des circonstances atténuantes*, n'était condamné qu'à deux années d'emprisonnement. Peu de jours après, sur les sollicitations de sa femme, le général fut autorisé à voyager hors du continent de l'Europe, sous la condition de ne rentrer en France qu'avec l'autorisation du gouvernement. Il alla s'embarquer à Cadix pour les Etats-Unis, où il vécut tranquille jusqu'au moment où un émissaire de l'empereur Alexandre vint le trouver, porteur d'une lettre autographe de ce prince. Moreau revint en Europe. non plus cette fois pour repousser de nos frontières les troupes de l'Europe coalisée, mais, au contraire, pour les leur ouvrir. Il arriva le 24 juillet 1813 à Gottembourg, d'où il se rendit à Prague. L'accueil qu'il y reçut des souverains alliés enivra son orgueil. Il prit aussitôt l'engagement de diriger leurs opérations, et dressa le plan de la campagne de 1813 qui fut si funeste à la France. Le 27 août 1813, au début de la bataille de Dresde, il s'était avancé vers les murs de cette ville, avec l'empereur Alexandre et le roi de Prusse, lorsqu'un des premiers boulets partis de nos rangs lui fracassa les deux jambes en traversant le cheval qu'il montait. Moreau, après avoir subi une double amputation, expira dans la nuit du 1er au 2 septembre. Son corps, transporté en Russie, fut inhumé avec pompe dans l'église catholique de Saint-Pétersbourg.   BOST.

MOREAU. Nous citerons parmi les personnages de ce nom : — 1° MOREAU DE LA ROCHETTE (*François-Thomas*), inspecteur général des pépinières royales, né en 1720 près de Villeneuve-l'Archevêque (Aube), et mort en 1791 à la Rochette, aux portes de Melun. Moreau peut être regardé comme un des bienfaiteurs de son pays. Ayant acheté le domaine rocailleux, inculte et stérile de la Rochette, il obtint du gouvernement cent enfants trouvés, et avec leur secours, fit de la plus chétive propriété la plus florissante exploitation. En treize ans, il sortit de ses pépinières un million d'arbres de tige et 31 millions de plants forestiers, dont la majeure partie servit à repeupler les forêts nationales; il avait, en outre, formé 400 élèves, qui rendirent à la France d'éminents services. — 2° MOREAU DE SAINT-MÉRY (*Méderic-Louis-Elie*), naquit à la Martinique en 1750, passa en France à l'âge de dix-sept ans, servit dans les gendarmes du roi, se fit en même temps recevoir avocat au parlement et devint conseiller au conseil supérieur de Saint-Domingue où il fit de grandes recherches. Appelé à Paris par Louis XVI, il présida l'assemblée des électeurs de 1783, fut élu député de la Martinique à la Constituante, Arrêté le 10 août, il parvint à s'évader, et s'embarqua pour les Etats-Unis, d'où il revint en France au bout de cinq ans. En 1800, il fut appelé au conseil d'Etat par Napoléon, dont il était parent par Joséphine. L'année suivante, il fut chargé d'administrer les Etats de Parme, Plaisance et Guastalla, et reçut des pouvoirs illimités. Sa trop grande modération dans ce poste délicat déplut à Napoléon qui le rappela. Après

la chute de l'empereur, il tomba dans la détresse et mourut le 8 janvier 1819, à l'âge de 69 ans. On a de lui : *Lois et constitutions des colonies françaises de l'Amérique sous le vent*, de 1750 à 1785, Paris, 1784-1790, 9 vol. in-4° : ouvrage qui avait valu à l'auteur une juste réputation ; *Description de la partie espagnole de Saint-Domingue*, Philadelphie, 1796, 2 vol. in-18; *Description de la partie française* de la même colonie, Philadelphie, 1797-98 : ouvrage très utile à consulter; *De la danse*, Philadelphie, 1797, 2 vol. in-12, Parme, 1801, in-12 : travail extrêmement curieux où l'auteur démontre l'analogie des danses coloniales avec celles des Maures, des Africains, des Grecs. Son style est recommandable par son élégance et sa pureté. — 3° MOREAU DE LA SARTHE (*Jacques-Louis*), médecin et écrivain, né près du Mans, en 1771, et mort à Paris en 1826. On a de lui : *Essai sur la gangrène humide*, 1796 ; *Essai d'un cours d'hygiène*, 1797; *Traité de la vaccine*, 1801 ; *Histoire naturelle de la femme*, 1803, 3 vol. in-8°, et une foule d'articles dans le *Journal de médecine*. — 4° MOREAU (*Hégésippe*) : poète né à Provins en 1809. Orphelin dès son jeune âge, il fut recueilli par un prêtre, son parent, et après avoir fait une partie de ses études, il vint à Paris où il se livra avec ardeur à la poésie ; mais il tomba bientôt dans une misère profonde, et transporté à l'hôpital de la Charité, il y mourut en 1838. Trois ans avant sa mort, il avait publié, sous le titre de *Myosotis*, un volume de poésies pleines de grâce et de fraîcheur et annonçant un véritable talent.   AL. B.

MORÉE (*géog.*). C'est le nom moderne du Péloponèse. On trouvera à ce dernier mot la description géographique et historique de cette contrée dans l'antiquité, et l'origine supposée de sa moderne dénomination. Elle est située par 18° 43′, 21° 12′ long. E., et par 36° 30′, 38° 18′ lat. N., et a environ 290 kil. de long sur à peu près autant de large. Ses rivages sont, en général, escarpés, excepté au fond de ses golfes principaux où l'on voit des terrains parsemés de marais et de petits lacs. La chaîne hellénique qui y entre par l'isthme de Corinthe (*voy.* PÉLOPONÈSE) offre quelques sommets fort élevés, mais dont aucun n'atteint la limite des neiges perpétuelles. L'ardoise et le calcaire dominent dans sa formation. La Morée est généralement montagneuse. Les seules plaines qu'on y rencontre sont celles de Nisi au S.-O., de Tripolitza au centre, de Mistra au S.-E., d'Argo au N.-E. et de Corinthe au N.

Le climat de la Morée est doux, mais moins qu'autrefois, à cause de la destruction des forêts. L'été y dessèche les plaines, et les chaleurs sont intolérables dans les endroits enfoncés. L'hiver est remarquable par ses pluies torrentielles et ses ouragans terribles. On y signale beaucoup de cantons malsains, et principalement ceux des moulins, les anciens marais *de Lerne*, près d'Argo ; de Corinthe ; de l'embouchure de la Rouphia ; et surtout de Patras. Les pins, les sapins, les chênes, les châtaigniers, les hêtres et les mélèzes y forment encore de belles forêts. Dans les vallées et dans les plaines qui sont, en général, d'une grande fertilité, les orangers et les limoniers croissent spontanément ainsi que les lauriers, le myrte, la réglisse. Dans la partie maritime, les oliviers viennent admirablement et donnent des produits bien supérieurs à ceux de la France et de l'Italie même. On cultive avec succès dans les jardins le bananier et la canne à sucre; le tabac réussit dans beaucoup de localités, et le cotonier prospère à Coron, à Londari, à Nauplie, à Argo, à Gastouni. Le kermès et la gomme adragant se trouvent dans toute l'étendue du pays, et l'on y récolte en quantité l'excellente soie qui alimentait autrefois toutes les manufactures de Lyon. Les céréales sont aussi fort abondantes dans la Morée. L'Argolide et l'Achaïe sont renommées pour leur blé barbu, et leur gymnokriti ou orge sans balle. L'Arcadie fournit surtout du froment et l'Argolide du riz estimé. La vigne enfin est pour la Morée une véritable source de richesses, soit pour les vins qu'on en tire, et dont les plus renommés sont ceux de Kalamata au S. et de Monembasie ou Malvoisie au S.-E., soit par leurs raisins parmi lesquels on cite ceux de Corinthe, ceux de l'Élide et de la Messénie appelés *Philaro*, ceux de Laconie connus sous le nom d'*Asprorompala*, etc., dont on exporte tous les ans plus de 450,000 quintaux. La Morée nourrit entre autres bestiaux des bœufs de petite taille, beaucoup de moutons, des chèvres dont le poil sert à fabriquer des tissus grossiers, et des ânes d'une excellente qualité. Les animaux sauvages y sont en grande quantité : sangliers, cerfs, daims, chevreuils, chacals, lynx, loups, renards, etc. La pêche enfin y est extrêmement productive. La population du pays est d'environ 500,000 habitants presque tous Grecs. Le commerce y est encore peu actif; mais l'admirable position de la Morée, baignée de tous les côtés par la mer qui y forme une infinité de ports et de baies, et située à proximité de l'Asie et de l'Afrique donnera, sans doute un jour, un grand développement à ses relations commerciales.

Après avoir longtemps appartenu aux empereurs d'Orient, la Morée passa, en 1204, entre les mains des Vénitiens à la suite de la prise de Constantinople par les croisés. Les Turcs s'en emparèrent de 1463 à 1479; Venise la reprit en 1687, mais elle retomba en 1715 au pouvoir des Turcs auxquelles elle fut définitivement cédée par le traité de Passarowitz (1718). La Porte la partagea en deux parties, dont la principale formant le Pachalick de Tripolitza est divisée en 19 cantons gouvernés par des Vaivodes. Le Maïna, comprenant le S.-E. de l'ancienne Laconie, forma la seconde division. Mais cette contrée montagneuse, habitée par la race indomptable des Maïnotes (*voy.* ce mot), sut presque toujours conserver son indépendance. La Morée rapportait au sultan un revenu de 2 millions de piastres. La Russie, les yeux toujours fixés sur Constantinople, prit à tâche pour saper la puissance ottomane en Europe, de tenir constamment en éveil les idées de liberté qui fermentaient chez les descendants des Hellènes, et les tentatives infructueuses des patriotes amenèrent sur la Morée des réactions terribles, et tout vestige de liberté disparut dans les villes et dans la partie découverte du pays jusqu'au grand mouvement qui détacha enfin la Grèce de l'empire ottoman (*voy.* GRÈCE). En 1833, la Morée forma 5 nomes parmi les 10 dont était composé le royaume de Grèce. En 1836, cette division fut changée, et en 1838, la Grèce fut partagée en 24 gouvernements dont 13 en Morée, savoir : Argolide (chef-lieu Nauplie), Hydra (id.), Corinthe (Sicyone), Achaïe (Patras), Kynœthe (Calavitra), Elide (Pyrgos), Triphylie (Kyparissia), Messénie (Kalamata), Mantinée (Tripolitza), Gortynia (Caritena), Lacédémone (Sparte), Laconie ou Maïna (Ariopolis), Étolie (Missolonghi).

Les premiers renseignements modernes satisfaisants que nous ayons eus sur la Morée sont ceux donnés par Spon en 1724. William Gell, dans son *Itinerary of the Morea*, 1817, dans son *Argolis* (1820), et dans son *Narrative of a journey in the Morea* (1823), a fidèlement décrit ce pays. Le *Classical and topographical tour through Greece* de Dodwell est un ouvrage des plus consciencieux. Le *Voyage en Grèce* de Pouqueville et la *Relation de la commission scientifique de Morée*, présidée par Bory de Saint-Vincent, complètent tous les travaux précédents. Pouqueville donne les plus curieux détails sur les mœurs des habitants, et le travail de la commission scientifique embrasse à la fois la physique, l'architecture, l'archéologie, la numismatique, etc. Pomardi, artiste italien, qui avait accompagné Dodwell dans son voyage, en avait déjà rapporté plus de 1,000 dessins ou croquis.   AL. BONNEAU.

MORÉE, *morœa* (*bot.*) : genre de la famille des iridées, de la triandrie-monogynie dans le système de Linné. Les plantes qui le forment sont des herbes vivaces, en général indigènes du cap de Bonne-Espérance, pourvues d'un rhizome rampant ou tubéreux-raccourci, à feuilles rangées sur deux côtés opposés. Leurs fleurs sortent de spathes allongées; elles ont un périanthe corollin, à tube très court et à limbe étalé, partagé en six lobes, dont les trois intérieurs plus petits; trois étamines, un ovaire adhérent, oblong-prismatique, surmonté d'un style grêle et triangulaire que terminent trois stigmates élargis en lames pétaloïdes. On cultive dans les jardins plusieurs espèces de ce genre parmi lesquelles la plus commune est la MORÉE DE LA CHINE, *moræa sinensis* Thunb., vulgairement nommée *iris tigrée*. Cette jolie plante ressemble, en petit, à une iris pour la configuration de son rhizome et de ses feuilles; sa hampe comprimée s'élève à environ 50 ou 60 centimètres et se divise, dans le haut, en plusieurs rameaux qui portent des fleurs à fond de couleur orangée, et tachetées de rouge. On la cultive en pleine terre, dans un sol léger et frais, à une exposition chaude. Sous le climat de Paris on doit la couvrir pendant l'hiver. On la multiplie par division des pieds ou par semis des graines sur couche. — Une autre jolie espèce assez souvent cultivée est la MORÉE A GRANDES FLEURS, *moræa virgata* Jacq.; à laquelle on donne dans les jardins le nom d'*iris plumeuse*, qui lui vient de la présence sur les lobes de son périanthe d'une ligne barbue. Ses fleurs sont grandes, blanchâtres, lavées de bleu, avec une tache jaune.

MOREL. C'est le nom d'une famille d'imprimeurs établie à Paris au XVIᵉ et au XVIIᵉ siècle. Elle commença avec Frédéric Morel, dit l'Ancien, né en Champagne en 1523 et mort en 1583 à Paris, où il s'était établi de bonne heure. Il cumulait avec son titre d'imprimeur royal celui d'interprète dans les langues grecque et latine. — Son fils, *Frédéric* Morel, né en 1558, fut le plus célèbre de la famille. Son érudition et l'amitié d'Amyot lui valurent, en 1585, la place de professeur d'éloquence au collége de France. Depuis 1581, il occupait celle d'imprimeur royal. Il mourut le 27 juin 1630, à l'âge de soixante-dix-huit ans, avec le titre de doyen des imprimeurs et des professeurs du roi. Il faut citer parmi les nombreuses éditions qu'il donna, celles de Strabon, d'Aristote, de Dion Chrysostôme, de Catulle, de Tibulle, de Properce, des Sylves de Stace, d'Alexander Severus, éditions toutes enrichies de ses notes, de ses préfaces, de ses corrections, etc. Il donna des traductions en latin de Libanius, d'Hiéroclès; en français des Discours des pères Grecs, des traités de saint Basile, de Théodoret, de saint Cyrille, etc., avec des notes. — Morel (*Claude*), frère puiné du

précédent, né en 1574, était devenu son associé en 1600 et son successeur en 1617. On lui doit des éditions de Philostrate, de saint Grégoire de Naziance, d'Archimède. Il mourut en 1626. Il avait depuis 1623 le titre d'imprimeur du roi, devenu héréditaire, et qui passa à son fils aîné *Charles*. Ce dernier renonça à l'exercice de son art et acheta une charge de secrétaire du roi en 1639. Son frère *Gilles* avait fait de même, en 1646, après avoir publié la grande *Bibliothèque des Pères*, en 17 vol. in-fᵒ. — Un autre imprimeur du nom de Morel, mais qui n'appartenait pas à la famille dont nous venons de parler, se rendit aussi recommandable par ses travaux. C'est *Guillaume* MOREL, né en 1508 à Tilleul en Normandie, et, admis en 1549 dans la corporation des imprimeurs de Paris. Il reçut en 1555 le brevet d'imprimeur royal, et mourut en 1564. L'édition des institutions de Quintilien, qu'il donna en 1548, est très remarquable et l'on en peut dire autant de toutes ses éditions grecques. On a, en outre, de lui un commentaire sur le Traité de Cicéron *de Finibus* (1544), et un dictionnaire grec-latin-français, publié seulement en 1622, in-4ᵒ. ED. FOURNIER.

MORELL (André), savant numismate du XVIIᵉ siècle, naquit à Rome en 1546, et vint en 1680 à Paris où il fut fort estimé. Il devint conservateur adjoint du cabinet royal des médailles, mais comme il n'était point catholique, il ne put toutefois être titulaire de cette place et ne toucha point d'appointements. Il réclama avec vivacité et fut mis à la Bastille par ordre de Louvois. Il en sortit vers 1694 et se retira en Allemagne où le comte Thuringien de Schwartzbourg-Arnstadt le fit conservateur de son cabinet. Il occupait encore cette place quand il mourut le 11 avril 1708. On a de lui *Specimen rei nummariæ*, Leipsick, 1695, 2 vol. in-8ᵒ, et un ouvrage plus estimé encore, qu'Havercamp publia en 1734 : *Thesaurus Morellianus sive familiarum Romanarum numismata omnia.*

MORELLE (*solanum*) (bot.) : genre principal de la famille des solanées, à laquelle il donne son nom, de la pentandrie-monogynie dans le système de Linné. Dans l'état actuel de nos connaissances, il forme probablement le groupe générique le plus nombreux parmi les plantes phanérogames ; en effet, le nombre des espèces qu'il renferme paraît s'élever à près de mille, et cependant l'organisation de toutes ces plantes est tellement uniforme que les botanistes n'ont pu les subdiviser même en sous-genres naturels pour en faciliter l'étude. Les morelles sont des végétaux herbacés, sous-frutescents, frutescents ou même arborescents, répandus dans les parties chaudes et tempérées de toute la terre, les uns pourvus, les autres dépourvus d'aiguillons ou d'épines. Leurs feuilles sont simples, tantôt entières, tantôt divisées plus ou moins profondément. Leurs fleurs sont généralement blanches ou violacées, souvent portées sur des pédoncules extra-axillaires, caractérisées principalement par leurs anthères qui s'ouvrent au sommet par deux pores, pour laisser sortir leur pollen. Leur fruit est une baie à deux loges renfermant des graines nombreuses.

La plus importante des espèces de ce genre est la MORELLE TUBÉREUSE, *solanum tuberosum* Lin., ou la *pomme de terre*, qui a fourni le sujet d'un article spécial. — Une autre espèce intéressante est la MORELLE MELONGÈNE, *solanum melongena* Lin., vulgairement connue dans les jardins sous le nom d'AUBERGINE. C'est une plante potagère dont le fruit est estimé et se consomme en grande quantité dans le midi de la France et de l'Europe. Presque inconnu à Paris, à la date de quelques années, il commence à y être assez répandu sur les marchés. On indique la mélongène comme 'indigène dans les Indes, à Java, à Ceylan, à l'île de France. Sa tige herbacée, épaisse, dure à sa base, s'élève, dans les jardins, à 7 ou 8 décimètres; ses grandes feuilles sont ovales, plus ou moins sinuées, couvertes, surtout en dessus, de poils étoilés et blanchâtres; ses fleurs sont grandes, violacées, pendantes. Sous l'influence de la culture, le fruit de l'aubergine acquiert jusqu'à 2 décimètres et davantage de longueur; il est ovoïde, plus ou moins allongé, obtus, luisant; il caractérise deux variétés distinctes, dont M. Dunal fait deux espèces. Dans l'une de ces variétés, le *solanum esculentum* de M. Dunal, il est violet et volumineux; dans l'autre, il est d'un beau blanc et ressemble entièrement à un œuf de poule, d'où les noms vulgaires de *pondeuse*, de *plante à œufs*, et celui de *solanum ovigerum*, employé par M. Dunal. Cette dernière variété n'est guère cultivée que comme plante curieuse; c'est la première qui l'est en abondance dans les jardins potagers. L'aubergine se multiplie par semis. Dans nos départements méditerranéens, on la sème généralement de bonne heure sur couche ou sous châssis, et l'on repique le plant en place lorsque les gelées ne sont plus à craindre. A Paris on la sème toujours sous châssis, au mois de février, et on la repique deux ou trois fois avant de la planter à demeure. On prépare, comme aliment, son fruit de manières extrêmement variées.

La MORELLE DOUCE-AMÈRE, *solanum dulcamara* Lin., vulgairement nommée *douce-amère*, *vigne de Judée*, est une plante ligneuse et sarmenteuse, commune dans les haies. Ses feuilles sont glabres, ovales, en cœur à la base, aiguës au sommet, les supérieures distinguées par deux lobes basilaires; ses fleurs en corymbe sont violettes, avec des taches verdâtres; son fruit est ovoïde, rouge-vif. Le nom de douce-amère a été donné à cette plante parce que son écorce a un goût d'abord douceâtre, qui devient ensuite amer.

La MORELLE NOIRE, *solanum nigrum* Lin., est vulgairement nommée MORELLE, *mourelle, crève-chien*. Elle abonde dans les lieux cultivés, autour des habitations, etc. C'est une plante herbacée, haute seulement de trois ou quatre décimètres, à feuilles ovales, dentées-anguleuses; à petites fleurs blanches, presque ombellées, à fruit noir. Elle a une odeur de musc très prononcée. Dans plusieurs pays on mange ses feuilles en guise d'épinards, grâce à la faculté qu'elle a de perdre, par la cuisson, les principes nuisibles qu'elle renferme dans l'état naturel.

La MORELLE FAUX-QUINQUINA, *solanum pseudoquina* Aug. St-Hil., est une espèce indigène du Brésil, dont l'écorce jouit de propriétés éminemment fébrifuges et remplace avec succès le quinquina dans les pays où elle est abondante. Elle forme un petit arbre sans épines, à feuilles oblongues-lancéolées, étroites, aiguës, entières; à fruits globuleux, d'environ 15 millimètres de diamètre, réunis en grappes courtes, peu fournies. M. Aug. St-Hilaire, qui l'a fait connaître, n'a pu en voir les fleurs. Vauquelin, qui a fait l'analyse de l'écorce du *solanum pseudoquina*, y a trouvé un principe amer, auquel on doit probablement attribuer l'action fébrifuge, et qui s'y trouve dans la proportion d'environ 1/12°; il y a vu aussi une substance résineuse, amère, divers sels, etc.

Plusieurs espèces de Morelles sont cultivées dans les jardins comme plantes d'ornement; ce sont surtout les suivantes : la MORELLE FAUX-PIMENT, *solanum pseudo-capsicum* Lin., vulgairement nommée *cerisette*, à cause de ses fruits arrondis, semblables à de petites cerises, rouges dans une variété, jaunes dans une autre. C'est un arbuste originaire de l'île de Madère, haut d'environ 1 mètre, à feuilles persistantes, lancéolées; il est d'orangerie. On le multiplie au moyen de ses graines qu'on sème sur couche tiède. — La MORELLE DE BUÉNOS-AYRES, *solanum bonariense* Lin. est épineuse. Elle donne pendant tout l'été des fleurs blanches, ombellées, auxquelles succèdent des fruits jaunes. Elle est également d'orangerie. — La MORELLE DE MADAGASCAR, *solanum pyracanthum* Lam., est un arbuste remarquable par ses feuilles oblongues, roncinées, armées, tant en dessus qu'en dessous, de longues épines couleur de feu, qui lui ont valu son nom spécifique. Elle est de serre chaude.

On avait généralement considéré jusques à ces derniers temps la *morelle noire* comme douée d'une assez grande énergie toxique; mais il a été reconnu que cette opinion, adoptée sans examen par la plupart des auteurs, est loin d'être fondée puisqu'une assez forte quantité de baies, partie de la plante regardée comme la plus vénéneuse, ont été mangées par l'homme et par divers animaux, sans provoquer aucun dérangement dans la santé. Il est donc très probable, selon nous, que dans les cas d'empoisonnement attribués aux fruits de la morelle noire, les accidents avaient été produits par les fruits de la belladone que l'on désigne quelquefois vulgairement, du reste, sous le nom de morelle. L'analyse a cependant fait connaître dans le suc exprimé des baies mûres de la plante qui nous occupe, une substance alcaline nouvelle que l'on a proposé de nommer *solanine*, et qui, à la dose de 10 centigr. seulement, produirait chez les chiens et chez les chats de violents vomissements suivis de somnolence, et qui, sur l'homme, sous forme d'acétate, provoque de fortes nausées, à celle de 1 à 2 centigr. Il faut donc que ce principe actif ne s'y trouve qu'en faible proportion. Les expériences de M. Orfila sur l'extrait retiré du suc de la plante fraîche par évaporation au bain-marie, portent à établir que cette préparation est très peu vénéneuse, puisque ce n'est qu'au bout de 24 et même de 48 heures que les animaux auxquels on en avait fait prendre 10 et même 15 gram., en ont ressenti l'influence consistant dans la perte de la sensibilité et de la motilité, pour ne succomber qu'après un temps assez long. Dans certaines parties de la France, et même aux environs de Paris, les feuilles de morelle noire sont regardées comme si peu vénéneuses qu'on les mange en guise d'épinards, et qu'aux îles de France et de Bourbon il n'est pas pour ainsi dire de repas dont elles ne fassent partie sous le nom de *brèdes*. Les parties vertes de la morelle noire sont quelquefois employées en cataplasmes comme calmantes. — On avait également, et sans plus de raison, attribué des qualités délétères aux baies de la *douce-amère*. La seule partie de la plante dont on fasse usage en médecine, est la tige, et plus particulièrement les jeunes rameaux de l'année précédente que l'on recueille au printemps. Leur décoction, à la dose de 30 à 120 grammes dans une pinte d'eau, fournit une boisson assez fréquemment employée comme sudorifique et dont l'action est quelquefois diurétique. C'est principalement dans le traitement du rhumatisme chronique et de la syphilis ancienne que l'on en fait usage, ainsi que dans les maladies de la peau accompagnées d'une vive irritation, telles que le prurigo, le psoriasis, l'ichthyose, la lèpre vulgaire. On prépare également avec cette plante un extrait dont la dose est de 50 centigr. que l'on porte graduellement jusque à celle de 10 gram. et même plus. P. D.

MORELLET (André) : littérateur et publiciste, né à Lyon en 1727, mort à Paris en 1819. Après une vie d'homme de lettres très laborieuse, il n'a laissé aucun écrit remarquable, malgré la finesse de son esprit et la plaisanterie mordante dont il appuyait ses opinions quelquefois paradoxales. Au sortir de la Sorbonne, il se lia avec le parti philosophique, qui accueillit avec grande faveur ce transfuge du clergé; Diderot, d'Alembert, d'Holbach, le fêtèrent; Voltaire lui envoya des compliments. Un écrit satirique, la *Vision de Charles Palissot*, le fit mettre à la Bastille, mais on l'en fit sortir au bout de deux mois avec l'auréole de la persécution. Il traduisit alors, en l'améliorant pour la forme, le *Traité des délits et des peines* de Beccaria (1766), et publia sur la Compagnie des Indes divers mémoires qui firent supprimer le privilége de cette association (1769). Envoyé en Angleterre pour y étudier les questions de commerce, il contribua, de l'aveu des ministres anglais, à la conclusion de la paix avec la France. Le gouvernement l'en récompensa par une pension de 4,000 francs. Lorsque la révolution éclata, il publia diverses brochures sur les questions à l'ordre du jour et adressa à son ami de séminaire, Loménie de Brienne, des conseils qui ne furent pas suivis. Il flagella aussi dans des brochures les mesures sur les biens du clergé, et les doctrines de Brissot sur la propriété. Muet sous la terreur, il réclama, après le 9 thermidor, contre la confiscation des biens des victimes, dans une brochure intitulée le *Cri des familles*, et contre les mesures qui atteignaient les parents des émigrés, dans une autre intitulée le *Cri des Pères*. La Convention lui donna gain de cause sur les deux points. La République lui avait enlevé ses pensions et ses bénéfices, il se mit à traduire pour vivre, et en trois années, il publia plus de vingt volumes de voyages et de romans traduits de l'anglais. Membre de l'Académie française en 1784, directeur de cette société en 1792, il travailla activement au Dictionnaire, entra à l'Institut en 1803, au Corps législatif quatre ans après, et continua à publier divers ouvrages de circonstance et à composer des chansons. Une édition de ses œuvres choisies a paru en 1818 sous ce titre : *Mélanges de littérature et de philosophie du* XVIII*e siècle*, 4 vol. in-8°. Les ouvrages de cet abbé philosophe se font plutôt remarquer par la logique serrée du raisonnement que par les agréments du style ou les grâces de l'imagination. L'abbé Morellet mourut le 12 janvier 1819. **J. Fleury.**

MORELLY : écrivain philosophe, dont on ignore le lieu et l'année de la naissance et qui mourut vers la fin du xviiie siècle. Nous citerons parmi ses ouvrages propres à faire juger de ses principes, la *Basiliade*, ou *le Naufrage des îles flottantes*, poëme héroïque en prose dans lequel il a reproduit un autre de ses ouvrages intitulé : le *Prince*, ou *Traité des qualités d'un grand roi*, etc. Dans ce poëme qu'il suppose traduit de Pilpay, Messine, 1753, 2 vol. in-12, l'auteur prétend qu'un peuple ne peut être heureux qu'en suivant les lois de la nature ; il voudrait ramener les hommes à l'égalité absolue. Aux critiques qui furent faites contre cet ouvrage, Morelly répondit par le *sixième Code de la nature*, ou *le véritable esprit de ses lois de tous les temps, négligé ou méconnu*, 1755, in-12, livre qui fut attribué à Diderot par La Harpe lui-même, et où Morelly attaque, avec un redoublement d'énergie, la propriété individuelle qui produit, selon lui, tous les crimes et n'est qu'une illusion légale et non point un droit, l'inégalité des conditions qu'il appelle une barbarie. Il affirme que, pour purger la société de toutes ses souffrances et en bannir les crimes, il suffirait de mettre à profit les affections bienfaisantes de l'homme qui n'est méchant que parce que les gouvernements l'ont rendu tel, et d'établir la communauté des biens. Contemporain de Pechmeja, Morelly fut son émule, et les idées qu'il remua contribuèrent certainement au mouvement révolutionnaire qui devait bientôt éclater.

MORENA (Sierra), en latin *Marianus mons* : chaîne de montagnes du sud de l'Espagne, qui s'étend de l'E.-N.-E. à l'O.-S.-O. entre 37° 5′ et 39° 30′ de latitude nord; et 5° 10′ de longitude ouest. Elle a un développement de 130 lieues et se divise en quatre chaînons principaux. Le plus oriental va dans la direction du S.-O.; le deuxième, qui forme la Sierra Morena proprement dite, dans celle de l'O.-S.-O.; le troisième, appelé *Sierra de Constantina*, avance vers le nord ; le plus occidental, nommé *Sierra de Aroche*, court au S.-O. La constitution de la Sierra Morena est schisteuse. On trouve dans cette chaîne du gneiss, du nickel, de la pierre d'azur, de l'antimoine, du mercure, du plomb et de l'argent. Elle donne naissance à de nombreux cours d'eau qui vont grossir la Guadiana et le Guadalquivir. Ses pentes, assez douces, sont couvertes d'arbustes dont le feuillage sombre a peut-être valu à la chaîne le nom de *Sierra Morena* ou *Montagnes Noires*, quoiqu'il semble plus naturel de supposer que *Morena* est une altération populaire du nom latin *Marianus*. L'aspect de la Sierra Morena, en général triste et monotone, devient majestueux sur quelques points. L'élévation de la chaîne est médiocre, et aucun de ses sommets ne conserve de la neige pendant neuf mois de l'année. Le pic culminant est situé dans la Sierra de Aroche. On l'appelle *Cumbre de Aracena*; il est haut d'environ 1,720 mètres. Plusieurs passages coupent la Sierra Morena. Cette chaîne renferme des vallées fertiles, mais fort mal cultivées et presque désertes. **L. Dubeux.**

MORÉRI (*biog.*), Louis Moréri, auteur du premier Dictionnaire historique tenté dans la littérature moderne, débuta par la publication d'une allégorie galante et d'une collection de poésies qui n'annonçaient ni un futur homme d'église, ni un érudit, mais qui, du moins, attestaient un laborieux investigateur. Né à Bargemont (Provence), en 1643, il alla étudier la théologie à Lyon. Dans ses moments perdus, il apprenait l'espagnol et l'italien, traduisait le livre de la *Perfection chrétienne* du P. Rodriguez, et préparait les matériaux du grand Dictionnaire qui fit l'occupation principale de sa vie. La première édition de cet ouvrage parut en 1673 en 1 vol. in-fol. Moréri n'avait que trente ans. Il était entré dans les ordres sacrés. Après divers sermons de controverse, il fut choisi pour aumônier par Gaillard de Lonjumeau, évêque d'Apt, qui l'avait puissamment aidé dans la confection de son ouvrage, et vint avec lui à Paris. Là, au milieu des hommes les plus illustres dans les lettres, il recueillit de nouveaux matériaux, puis il commença la publication d'une édition corrigée et double de celle de Lyon ; mais à peine le premier volume avait-il paru (1680) qu'il mourut épuisé par l'excès du travail. Il n'avait que 37 ans. Son second volume fut publié l'année suivante par les soins d'un premier commis du ministre de Pomponne auquel Moréri avait été lui-même attaché. On reprocha à cet ouvrage des erreurs diverses, de la confusion, l'abus des généalogies, mais on n'en rendit pas moins justice au travail du laborieux écrivain, et Bayle lui-même en entreprenant son *Dictionnaire critique*, qui, au début, n'avait pour but que de relever les erreurs de Moréri ne parle de lui qu'avec beaucoup d'estime. La plupart des erreurs et des omissions ont été réparées dans les éditions subséquentes, et l'ouvrage a fini par atteindre dix volumes en 1759, grâce aux suppléments de Goujet et de Drouet, refondus dans le texte. Outre cet ouvrage destiné à populariser la science de l'histoire, Moréri a publié des *Vies* de saints, une *Relation du Levant*. Il avait rassemblé les matériaux d'un Dictionnaire historique et bibliographique des Provençaux célèbres, commencé une Histoire des Conciles, et terminé un Traité des étrennes. **J. Fleury.**

MORET (*géog.*) : chef-lieu de canton du département de Seine-et-Marne, dans l'ancien Gâtinais, sur le Loing, à 4 kil. de l'embouchure de cette rivière dans la Seine, et à 9 S.-E. de Fontainebleau. Cette ville est fort ancienne, et au VIIIe siècle, Wenilon, archevêque de Sens, y assembla un concile. Les Anglais la possédèrent de 1420 à 1430, et Charles VII la fortifia. Son château, vendu par Sully à Henri IV, fut donné par ce prince à Jacqueline de Beuil, sa maîtresse, qu'il nomma comtesse de Moret. Louis XIII y convoqua un parlement où il jugea un différend entre l'évêque de Langres et Eudes II, duc de Bourgogne. Le château et la seigneurie de Fontainebleau relevaient comme fief du comté de Moret. Cette ville possède aujourd'hui plus de 2,000 habitants, et fait un commerce médiocre en vins, blé, bois, pavés, etc.

MORET (Antoine de Bourbon, comte de), fils naturel de Henri IV et de Jacqueline de Breuil, comtesse de Bourbon-Moret, naquit à Fontainebleau en 1607 et fut légitimé l'année suivante. Destiné à la vie religieuse, il fut pourvu de plusieurs abbayes. Il se jeta, tout jeune encore, dans les intrigues de cour, et prit parti pour Gaston d'Orléans contre Richelieu. Il venait d'être déclaré, pour ce fait, criminel de lèse-majesté, quand le duc de Montmorency souleva le Midi en faveur de ce prince. En dépit de ses vœux religieux, il s'était rendu sur le théâtre de la guerre et il combattit vaillamment à la bataille de Castelnaudary, où il aurait même été tué, selon l'opinion commune, soutenue, entre autres historiens, par le président Hesnault. Son corps pourtant ne fut pas retrouvé, et de là mille versions plus ou moins romanesques. Selon les uns, pour échapper aux vengeances du cardinal, il se serait enfui en Espagne après le combat, puis en Portugal, d'où il ne serait revenu en France qu'assez tard, pour se faire capucin sous le nom de frère Jean-Baptiste. D'autres prétendent qu'il se fit ermite, et vont même jusqu'à affirmer qu'il se retira aux Gardelles, près de Saumur dans un ermitage où il serait mort en odeur de sainteté vers l'an 1691. Grandet, curé de Sainte-Croix-d'Angers, a écrit sur la vie et sur la mort pieuse du comte de Moret un livre intitulé : *Vie de frère Jean-Baptiste.*

MORETO (Augustin) : poète dramatique du XVIIe siècle. L'Espagne qui s'enorgueillit de ses œuvres ne nous a presque rien conservé sur sa personne. On conjecture qu'il était du royaume de Valence, parce que dans ce pays il y a des familles de ce nom, et d'après quelques passages de ses comédies, qu'il était fils d'une comédienne. L'an 1657 il portait l'habit ecclésiastique, obtenait le titre de recteur de l'hôpital *del Rifugio*, à Madrid, et le 23 octobre 1669, il rendait le dernier soupir, laissant un testament par lequel il demandait à être enterré dans le cimetière des pendus, ce que les uns ont attribué à un acte d'humilité chrétienne, et d'autres à une expiation que Moreto se serait imposée pour avoir assassiné un poète de Tolède, nommé Madonilla, crime dont on ne saurait prouver qu'il soit l'auteur. Parmi les drames de Moreto il en est trois qui sont placés au premier rang par les littérateurs espagnols, *el Desden con el Desden*, comédie d'analyse dont il ne faut pas juger par la *Princesse d'Elide* que Molière en a tirée ; *el Valiente Justiciero*, l'un de ces drames de cape et d'épée où Pedro-le-Cruel intervient pour venger les opprimés ; *el luido D. Diego*, amusante caricature dont le principal caractère est devenu proverbial au-delà des Pyrénées. L'idée de quelques-uns des drames de Moreto est prise de Lope ; mais chez lui l'exécution est bien supérieure aux improvisations brillantes et incorrectes de son ami. Les trois pièces que nous venons de citer font partie du *Tesoro del teatro español*.

MORFÉE (*le lou negre* de Provence) : c'est le nom qu'on donne à une maladie de l'olivier et de l'oranger, qui se révèle par une couche de matière noire dont sont recouvertes surtout la partie supérieure de la feuille et la brindille. Elle paraît provenir d'une sève dépravée par un sol trop humide. L'arbre qui en est affecté se recouvre ordinairement d'une foule d'insectes qui aggravent le mal et amènent sa stérilité. La morfée, qui dure quelquefois 10, 15 ou 20 ans, cède aux hivers rigoureux.

MORGAGNI (Jean-Baptiste) : savant anatomiste, né à Forli le 25 février 1682, et mort en 1771. Il étudia à Bologne sous Valsalva, et s'adonna surtout aux études anatomiques. Ayant été nommé, en 1712, professeur de médecine à Padoue, il forma dans cette ville une école où l'on se rendait de toutes les contrées de l'Europe. Il a laissé plusieurs ouvrages parmi lesquels nous citerons : *Adversaria anatomica sex*, Padoue, 1719, in-4º, Leyde, 1723-1740, 6 vol. in-4º avec figures ; c'est une riche collection de mémoires renfermant un cours complet d'anatomie fait avec un excellent esprit de critique ; *Novà institutionum medicarum idea* ; *Epistolæ anatomicæ*, Leyde, 1728, in-4º ; *de sedibus et causis morborum*, Padoue, 1760, in-fol., et Louvain, 1761, 2 vol. in-4º ; traduit en français par Desormeaux,

1821 : c'est l'ouvrage le plus estimé de Morgagni qui y établit la médecine sur l'anatomie et la fait par là sortir du domaine conjectural. Toutes ses œuvres ont été publiées par son disciple Larber, à Bassano, 1765, sous le titre de *Opera omnia*, 5 tomes en 2 gros vol. in-fol. Sa vie a été écrite par Fabroni et ensuite par Jos. Mossea, Naples, 1778, in-8°. Morgagni a fait d'importantes découvertes. Il était aussi fort versé dans les belles-lettres, et membre de l'Institut de Bologne ainsi que correspondant de l'Académie des sciences de Paris.

MORGAN (HENRI) : un des flibustiers anglais les plus célèbres. Il naquit dans le pays de Galles et fut pris en amitié par le vieux flibustier Mansfield qui le nomma son vice-amiral. Après la mort de son protecteur (1668), il rassembla 12 bâtiments montés de 700 hommes, rançonna une ville de l'île de Cuba, emporta d'assaut Porto-Bello, détruisit le fort de Maracaïbo, et se retira (1669) à la Jamaïque où il voulait jouir en paix de sa fortune. Mais dès l'année suivante, il se remit en mer avec 37 voiles, ravagea les côtes de l'État Nicaragua, prit et brûla Panama et Porto-Bello (1671). La paix conclue entre l'Angleterre et l'Espagne vint enfin ramener la paix, et Morgan finit tranquillement ses jours à la Jamaïque. — MORGAN (*William*), économiste anglais, mort, en 1833, à un âge fort avancé, avait d'abord étudié la médecine qu'il abandonna bientôt pour les sciences mathématiques et l'économie politique. Ses ouvrages sur le crédit public et la dette nationale obtinrent le plus grand succès; nous citerons : *Doctrine des annuités et des assurances sur la vie*, 1799; *Tableau comparatif de l'état du crédit public*, 1801.

MORGANATIQUE (MARIAGE). En Allemagne, on appelle ainsi, ou encore *mariage de la main gauche*, l'union légitime qu'un prince ou un gentilhomme veuf contracte avec une femme d'une condition inférieure, sous la condition expresse que les enfants qui pourront naître de ce mariage ne porteront ni le nom ni les armes de la famille de leur père, et n'auront pour tout droit de succession que tel bien, telle somme, ou telle rente qui formera, en outre, le douaire de leur mère. —Cette sorte de mariage était permise dans notre ancien droit féodal. On en trouve la preuve dans le Code des usages des fiefs, *liber de usibus feudorum*, imprimé à la suite du corps de droit de Justinien, et dont la rédaction remonte à une époque très reculée. On voit au tit. *de matrimonio ad morganaticam contracto*, que les enfants issus d'une union de ce genre ne succédaient point aux *alleux* de leur père, et qu'ils ne prenaient rien dans les *fiefs*, quoique les enfants du premier lit fussent décédés avant

le père commun. Mais les enfants issus d'un mariage morganatique pouvaient, suivant les dispositions du même titre, succéder à leur père pour toutes les propriétés qui ne dépendaient point des fiefs, lorsqu'il ne restait plus d'enfants du premier mariage. Du reste, il y a très longtemps que la jurisprudence française n'admet plus de tels mariages, et le Code civil, art. 1388 et 1389, les prohibe formellement.   A. B.

MORGANE : fée célèbre dans les romans de chevalerie. Elle était sœur d'Artus et élève du fameux enchanteur Merlin. Les habitants de Reggio lui attribuent les phénomènes de mirage qui apparaissent fréquemment dans le détroit de Messine.

MORGARTEN : montagne de Suisse, entre les cantons de Zug et de Schwitz. C'est près de là que 1,300 Suisses défirent, le 15 novembre 1315, 20,000 Autrichiens. Les Français y combattirent les Suisses en 1790 et les Autrichiens en 1799.

MORGELINE (*bot.*): Nom vulgaire du *stellaria media*, Vill. (*Alsine media*, Linn.), qu'on nomme aussi communément *mouron des oiseaux*.

MORGHEN (RAPHAEL) : célèbre graveur, né à Naples en 1758. Son père, allemand établi en Italie, était lui-même graveur, et enseigna les premiers éléments de son art à son fils. Morghen étudia ensuite sous la direction du fameux Volpato, et se corrigea de la manière dure et sèche que lui avait transmise son père. Son talent ne tarda pas à le rendre célèbre, et vers 1786 il fut choisi par le grand duc de Toscane, pour graver les principaux morceaux de la galerie de Florence. Ce fut alors qu'il commença à faire une brillante fortune, ce qui lui permit de satisfaire son goût naturel pour le luxe. Parmi ses meilleures gravures on remarque la *Vierge à la chaise* et la *Transfiguration*, d'après Raphael. Mais son chef-d'œuvre est la *Cène*, d'après Léonard de Vinci ; les belles épreuves de cette dernière gravure se payent fort cher. Morghen s'est certainement servi du burin avec une rare habileté, cependant les artistes lui reprochent, non sans raison, d'avoir affaibli le caractère des grandes compositions qu'il a gravées, et en particulier de la *Cène* de L. de Vinci. En 1811, Morghen vint à Paris où il fut bien reçu de Napoléon; il mourut peu de temps après.

MORGUE. On appelle ainsi, à Paris, un local destiné à recevoir, pour y être exposés, les cadavres des individus qu'on a trouvés sur la voie publique, ou retirés de la rivière, et dont on ne connaît pas le domicile, ou qu'on a quelques raisons de supposer avoir été victimes d'un assassinat. Cette exposition a pour but, dans le premier cas, d'offrir à leurs familles ou à leurs amis, les moyens de les reconnaître et de les réclamer ; et, dans le second, d'appeler sur ces cadavres les investigations de tous ceux qui pourraient donner à leur égard des renseignements utiles. On transporte aussi quelquefois à la Morgue des individus qui, à raison des circonstances de leur mort, doivent être l'objet d'un examen particulier ordonné par la justice. La Morgue est donc à la fois un lieu d'*exposition* et un lieu d'*autopsie*. Le premier est accessible au public ; dans le second ne pénètrent que les officiers de la justice, les hommes de l'art dont elle a invoqué le concours, et les prévenus qu'elle veut confronter avec les corps de ceux qu'on présume avoir été leurs victimes. Anciennement on donnait le nom de *morgue* à un second guichet pratiqué dans les prisons, et où l'on retenait, pendant quelque temps, les individus qu'on venait d'y écrouer, afin que les guichetiers pussent les examiner attentivement et les reconnaître par la suite, en cas de nouvelles arrestations. Cette manière de regarder fixement un prisonnier s'appelait *morguer*. Telle fut probablement l'origine du nom donné au local dont il s'agit ; d'autres personnes veulent la voir dans le vieux mot français *morgue*, qui, suivant le grammairien Vaugelas, signifie *visage*.

On ne trouve, avant le commencement du XVIIIᵉ siècle, aucune trace de réglement de police relatif à cette institution. On apprend seulement, par un arrêt du parlement de Paris, du 5 septembre 1712, que la justice était souvent entravée, lorsque, en vertu d'ordonnances régulières, elle voulait dresser des procès-verbaux de l'état des personnes dont la mort laissait soupçonner un crime. Les maîtres des ponts, les meuniers et les bateliers, poussés par une avidité criminelle, commençaient par dépouiller les corps que les eaux avaient poussés dans les filets des ponts, dans les vannes des moulins, ou sous les bateaux. Ils les tenaient ensuite attachés à leurs bateaux pendant plusieurs jours, pour avoir une récompense des familles qui pourraient venir les reconnaître. Dans le cas où ces morts n'étaient pas réclamés, les bateliers les enterraient eux-mêmes dans la campagne ou sur les bords de la rivière. Ces faits présentaient de graves inconvénients. Ce fut pour y mettre un terme que l'arrêt précité ordonna la visite judiciaire de tous les cadavres découverts dans la Seine ou ramassés sur la voie publique. Il est probable, mais aucun document administratif ne le constate, que ce fut alors pour la première fois qu'on déposa ces cadavres dans un local disposé à cet effet, à la basse geôle du Châtelet. C'est là que les familles qui avaient perdu l'un

des leurs se rendaient pour le reconnaître. Il est remarquable que le mot *morgue* n'est prononcé dans aucun des actes publics de cette époque. Mais ce mot énergique a fini par passer du vocabulaire du peuple dans la langue administrative et judiciaire. La Morgue du Châtelet était un réduit étroit, humide, sans air et presque sans jour, dans l'intérieur duquel le regard plongeait au moyen d'une simple ouverture pratiquée dans la porte. Les cadavres y étaient jetés plutôt que déposés, et les miasmes délétères qui s'en exhalaient faisaient tous les jours comprendre la nécessité de remédier à un état de choses aussi dangereux pour la santé publique ; et cependant il a fallu près d'un siècle pour que cette réforme pût être opérée. C'est seulement en 1804 que l'administration de la ville de Paris substitua à la hideuse basse geôle du Châtelet le bâtiment qu'on voit aujourd'hui sur les bords de la Seine, près du pont Saint-Michel.

Diverses ordonnances de police, dont la plus récente porte la date du 1ᵉʳ janvier 1836, règlent le service intérieur de la *Morgue*. Deux *garçons de salle* se partagent le service de manière à ce que l'un des deux soit toujours présent. Ils exécutent les ordres d'un *greffier-concierge*, qui ne vient à son greffe que pendant le jour, sauf les cas extraordinaires. Un *médecin-inspecteur* est chargé de la surveillance de l'établissement. Nul cadavre ou portion de cadavre ne peut être reçu sans un ordre émané du préfet de police ou d'un officier du parquet. A l'arrivée d'un corps le *greffier-concierge* vérifie si le signalement est conforme à celui qui figure dans l'ordre d'envoi, ou à l'un de ceux qui lui ont été fournis antérieurement sur des individus disparus. Ce greffier est tenu d'écrire sur un registre tous les renseignements qu'il reçoit sur l'état civil de l'individu, et d'y spécifier le genre de sa mort, le nombre et la nature des pièces qui le concernent. A défaut de nom et prénoms, il inscrit le signalement du corps, le nombre et la nature des vêtements, en un mot tous les indices qui peuvent concourir à le faire reconnaître. Les corps sont exposés sur des dalles inclinées de marbre noir, pendant 72 heures au moins. Ils sont ensuite transportés de nuit, dans une voiture close, sous la conduite d'un des garçons de service qui, à chaque voyage, doit rapporter les reçus du concierge du cimetière. Dans la prévision d'une exhumation ultérieurement ordonnée par la justice, ces corps sont enterrés dans un terrain spécial, et un numéro d'ordre est cousu à la toile qui les enveloppe. Les parents on amis d'une personne dont le corps aura été déposé à la Morgue, pourront obtenir sa translation à leur domicile ou au sien, en justifiant des moyens de le faire inhumer. Cette translation ne pourra être opérée que par l'administration des Pompes funèbres, d'après l'autorisation du préfet de police, et lorsque le permis d'inhumer aura été délivré par l'un des officiers du parquet du tribunal de première instance. Les vêtements des individus non reconnus restent exposés quinze jours encore après leur inhumation. Ils sont ensuite, aux termes d'une ordonnance royale du 23 mai 1830, conservés pendant six mois, et remis, s'il y a lieu, à l'administration des domaines comme objets vacants et sans maître. Les vêtements des corps qui ont été reconnus sont rendus aux familles si elles les réclament. — La Morgue est ouverte au public tous les jours; en été, depuis 6 heures du matin jusqu'à 8 heures du soir; en hiver, depuis 7 heures du matin jusqu'à la nuit. Il y a trois salles, une d'*exposition*, une des *morts*, où sont déposés, jusqu'à leur enterrement, les cadavres reconnus; et une salle d'*autopsie :* toutes sont ventilées au moyen d'un fourneau d'appel allumé à 5 heures du matin, et dont le feu est renouvelé deux fois par jour, en quantité proportionnelle au nombre des cadavres. Le service de nuit est fait alternativement par les garçons de salle qui, dans aucune circonstance, et sous aucun prétexte, ne peuvent demander de gratification aux personnes intéressées. Les garçons de service ne peuvent introduire dans la salle de garde ni leurs femmes, ni leurs enfants, ni aucune personne étrangère à l'établissement. Ils ne peuvent non plus, sous aucun prétexte, établir leur domicile dans l'établissement, y prendre leurs repas, ou y préparer leur nourriture. On tient à la Morgue : 1° un registre d'inscription en double, l'un pour rester dans cet établissement, l'autre pour être déposé à la préfecture de police; 2° un répertoire; 3° un registre pour recevoir les déclarations. Il est dressé, à la fin de chaque année, sous la direction du médecin-inspecteur, une statistique circonstanciée de tous les corps apportés à la Morgue. Le nombre moyen annuel, calculé de 1816 à 1822 inclusivement, en a été de 279, savoir : 223 hommes et 56 femmes. Ce même nombre moyen, calculé de 1842 à 1849 inclusivement, n'a été que de 296; la proportion du nombre des hommes à celui des femmes restant toujours d'environ 4 à 1, ce qui ne donne qu'une augmentation de 17 par année, c'est-à-dire d'un seizième, tandis que la population de Paris, de 1820 à 1849, s'est accrue de 658,000 à 1 million d'âmes, c'est-à-dire de près d'un tiers. Cette disproportion remarquable révèle à la fois une amélioration sensible dans la condition générale de la population, un progrès réel dans la sûreté de la voie publique, et une plus grande moralité dans les masses. — Des médecins et des administrateurs étrangers viennent de temps à autre visiter la Morgue de Paris, afin d'en étudier le service pour l'importer dans leur pays. Des établissements analogues existent déjà chez les principales nations de l'Europe; mais il n'en est certainement aucun qui soit mieux tenu que celui de Paris, et qui réponde mieux à sa destination.   A. Bost.

MORHOF : philologue né, en 1639, à Wismar, dans le Mecklembourg. Il professa la poésie latine à Rostock, les belles-lettres et ensuite l'histoire à Kiel, et mourut en 1691. Il est l'auteur du *Polyhistor sive notitia auctorum et rerum*, etc., Lubeck, 1688-92, 3 parties in-4°, réimprimé en 1695. C'est un ouvrage d'une érudition immense qui traite de l'histoire littéraire, du choix des livres, et où sont passés en revue les meilleurs ouvrages de grammaire, de rhétorique, de poésie, d'histoire, de philosophie et de mathématiques.

MORILLE, *Morchella* (bot.) : genre de la famille des champignons-hymenomycètes de Fries, et de la section des champignons-thécasporés dans la classification mycologique de M. Léveillé. Ces champignons croissent au printemps, sur la terre, et constituent pour la plupart un mets recherché. Ils sont caractérisés par un réceptacle charnu, fragile, arrondi, ovoïde ou conique, creux, creusé d'alvéoles polygones à sa surface que recouvre l'hymenium supporté par un pédicule charnu et creux avec lequel il se continue. Leurs moyens de reproduction consistent dans des thèques allongées, cylindriques, renfermant chacune huit spores et entremêlées d'un assez petit nombre de paraphyses filiformes. — On trouve dans nos bois, au bord des chemins, dès le mois de mars dans le midi de la France, au mois d'avril dans les environs Paris, quelques espèces de morilles, dont la plus connue et la plus recherchée est la Morille commune, *Morchella esculenta* Pers., qui présente diverses variétés de couleur, du blanc au fauve, même au violet; mais la plus commune, entre ces variétés, est celle dont le réceptacle est d'une couleur brunâtre-enfumée, de forme arrondie ou ovoïde, avec les alvéoles de son contour variables. Le parfum de ce champignon le fait rechercher avec soin. On le mange frais, ou bien on le dessèche pour le conserver et s'en servir ensuite pour parfumer des mets. Paulet a signalé une espèce de morille qu'il nomme Morille de loup ou du diable, *Morchella pleopus*, qu'il indique comme de la forêt de Fontainebleau, et qu'il dit avoir produit des accidents presque mortels. On a aussi regardé comme dangereuse la MORILLE ÉLEVÉE, *Morchella elata* Fries; mais Krombholtz assure qu'elle n'est nullement à redouter. A part ces exceptions, toutes les espèces de morilles sont bonnes à manger, et sont généralement fort estimées.

MORILLON : c'est le nom qu'on donne à deux espèces de raisins qui sont blancs ou noirs. Le *morillon* est aussi une espèce de canard d'un beau noir luisant, à reflets pourpre et verdâtre; il a du blanc au ventre, sur les épaules et sur les ailes; son bec est large et bleu, et ses pieds bleuâtres. Cet oiseau, de 15 à 16 pouces de long, ne séjourne en France que l'hiver. Sa chair est fort recherchée. — On donne aussi le nom de *morillons* aux émeraudes brutes.

MORIMOND : célèbre abbaye de l'ordre de Cîteaux, en Champagne, dans le petit pays de Bassigny, au diocèse de Langres. Elle fut fondée en 1115 par un seigneur de Choiseul et était une des *quatre filles* de l'ordre de Cîteaux. Elle avait sous sa dépendance plus de 100 monastères et les fameux ordres espagnols de Calatrava, d'Alcantara, de Montesa, d'Avis et du Christ.

MORIN. Plusieurs personnages ont porté ce nom, nous citerons : — 1° MORIN (*Pierre*). Il naquit à Paris en 1531, passa à Venise, où il fut employé dans l'imprimerie de Paul Manuce, professa à Vicence et à Ferrare, et se rendit à Rome en 1575. Grégoire XIII et Sixte V le firent travailler à l'édition des Septante de 1587, qui passe pour la plus exacte et sur laquelle fut faite celle de Paris (1628), et à celle de la Vulgate (1590). Il coopéra, en outre, à la traduction latine des Septante, Rome, 1588, in-fol.; à l'édition des décrétales jusqu'à Grégoire VII, Rome, 1591, 3 vol. in-fol., et à une collection des conciles généraux, Rome, 1608, 4 vol. Pierre Morin mourut en 1608. — 2° MORIN (*Jean-Baptiste*) naquit, en 1583, à Villefranche en Beaujolais, et se fit également connaître par son érudition et ses prédictions astrologiques. Richelieu même le consultait, dit-on, sur l'avenir, et Mazarin lui faisait une pension. Morin attaqua avec passion les systèmes de Copernic et d'Épicure, et eut, à ce sujet, des démêlés très vifs avec Gassendi. Il mourut à Paris en 1656. On a de lui une *Réfutation* extrêmement curieuse du livre des Préadamites d'Isaac La Peyrère, Paris, 1657, in-12; *Astrologia gallica*, et une foule d'autres ouvrages pleins de singularités et de bizarreries. — 3° MORIN (*Jean*) naquit à Blois, en 1591, de parents calvinistes, fit ses humanités à La Rochelle, et se rendit à Leyde, où il apprit la philosophie, les mathématiques, le droit, la théologie et les langues orientales. Etant ensuite venu à Paris, il fut converti au catholicisme par le cardinal Du Perron, et devint bientôt une sorte d'oracle pour le clergé français, tant était vaste son érudition. Jean Morin mourut à Paris en 1659, regardé comme un des plus savants hommes de son temps. Il publia, le premier, le *Pentateuque samaritain* dans la Bible *polyglotte de Lejay*. Parmi ses ouvrages, nous citerons : *Exercitationes biblicæ*, Paris, 1660, in-fol. : ouvrage où il s'élève avec force contre le texte hébreu qu'il prétend avoir été corrompu par les juifs; de *sacris ordinationibus*, in-fol., 1655; de *pænitentia*, in-fol., 1651; ces deux derniers ouvrages sont savants, mais sans méthode; une *édition estimée de la Bible des Septante* d'après celle de 1587, avec la version latine de Nobilius, et une préface contenant l'apologie de la version des jésuites, Paris, 1628-1642, 3 vol. in-fol.; *Exercitationes ecclesiasticæ Samaritanorum Pentateuchum*, Paris, 1631, in-4° : ouvrage où il réfute avec avantage la défense du texte hébreu par Hottinger, Taylour, Simeon de Muis; *Antiquitates ecclesiæ orientalis*, 1682, in-8°; *Histoire de la délivrance de l'Église par Constantin, et des progrès de la souveraineté des papes par la libéralité de nos rois*, 1629, in-fol. : ouvrage diffus et incorrect qui déplut à la cour pontificale; *Des défauts du gouvernement de l'Oratoire*, 1653, in-8° : satire dont presque tous les exemplaires furent brûlés, ce qui l'a rendue fort rare, mais dont le P. des Marets a donné un abrégé sous le titre de *La Tourelle*. — 4° MORIN (*Simon*), illuminé qui, chassé, par la misère, de la Normandie où il était né vers 1623, vint exercer à Paris le métier de copiste. La faiblesse de son cerveau le livra sans défense à l'hérésie; il fut mis en prison et bientôt relâché, épousa, bon gré mal gré, la fille d'une fruitière dont il avait abusé, se mit à catéchiser les pauvres gens qui venaient, argent comptant, prendre leurs repas chez sa belle-mère, et fut conduit pour deux ans à la Bastille. Un petit ouvrage plein d'extravagances et d'inepties, qu'il publia au sortir de sa captivité, lui fit de nouveau prendre le chemin de la Bastille. Il se rétracta, fut élargi, se vit bientôt après enfermé aux Petites-Maisons, abjura encore ses erreurs pour les prêcher le moment d'après; mais dénoncé par Desmarets de Saint-Sorlin, cet autre fanatique, il fut cette fois conduit au Châtelet et condamné à être brûlé vif avec tous ses écrits. Ce pauvre Simon, plus digne certainement des Petites-Maisons que du bûcher, croyait que Jésus-Christ s'était incorporé en lui pour le salut du genre humain. Lors de sa dernière arrestation, il était occupé à mettre au net un discours au roi, commençant par ces mots : *Le Fils de l'Homme au roi de France....* et lorsque le premier président La-moignon lui demanda, après la lecture de son jugement, s'il était dit quelque part que le nou-veau Messie dût subir le supplice du feu, Simon répondit par ce verset du psaume 61 : *Igne me examinasti, et non est inventa in me iniquitas.* Son arrêt fut exécuté le 14 mars 1663. **AL. B.**

MORINE, *Morina* (bot.) : genre de la famille des dipsacées, dans laquelle il donne son nom à la tribu des Morinées DC., de la tetrandrie-monogynie de Linné. Les plantes qui le forment sont des herbes répandues dans l'Asie-Mineure, la Syrie, la Perse et le nord de l'Inde ; à tige droite et simple ; à feuilles opposées ou verticil-lées, sinuées le plus souvent, bordées de dents épineuses ; à fleurs agrégées-verticillées dans les aisselles des feuilles supérieures, remarqua-bles surtout par leur corolle à long tube, et à limbe divisé en deux lèvres dont la supérieure est bifide, l'inférieure trifide, ainsi que par leurs quatre étamines didynames. — On cultive dans les jardins, comme plante d'ornement, la MORINE A LONGUES FEUILLES, *Morina longifolia* Wall., belle plante originaire du Népaul, dont les longues feuilles sont sinuées et bordées de dents épineuses ; dont la tige, qui s'élève jus-qu'à un mètre de hauteur, se termine par de nombreux verticilles rapprochés en longue grappe de fleurs d'un blanc lavé de rouge, et qui se succèdent pendant longtemps. Les feuilles de cette espèce exhalent, lorsqu'on les froisse en-tre les doigts, une odeur forte et pénétrante. La morine à longues feuilles est vivace, et se cultive en pleine terre, dans un terrain frais. On la multiplie par graines semées immédiatement après leur maturité.

MORINGA (*voy.* MORINGÉES).

MORINGÉES et **MORINGE**, *Moringeæ* et *Moringa* (bot.) : famille de végétaux doués d'une organisation singulière et anomale qui ne permet guère de lui assigner une place net-tement déterminée dans la série des divisions naturelles. Les moringées sont des arbres sans épines, indigènes de l'Asie tropicale, et qui ont été introduits en Afrique et en Amérique. Leurs feuilles sont deux ou trois fois pennées, à fo-lioles très caduques, accompagnées de stipules caduques. Leurs fleurs, parfaites, irrégulières, ont un calice profondément divisé en cinq lobes presque égaux ; cinq pétales insérés sur le ca-lice, oblongs-linéaires, dont les deux posté-rieurs sont un peu plus longs ; huit ou dix éta-mines à filets aplanis par la base et soudés, à partir du milieu de leur longueur, en un tube fendu d'un côté, à anthères uniloculaires, in-trorses s'ouvrant longitudinalement ; un ovaire

pédiculé, uniloculaire, à nombreux ovules por-tés sur trois placentaires pariétaux, surmonté d'un style simple et renflé au sommet. Le fruit est une capsule en forme de silique, uniloc-laire, à trois valves portant chacune, sur sa li-gne médiane, une série de graines ovoïdes-tri-gones, avec ou sans aile membraneuse, sans albumen, à deux cotylédons charnus et à radi-cule très courte, supère. — Le genre *Moringá*, Burm., est encore le seul compris dans cette fa-mille, que Endlicher place à la suite des légu-mineuses-papilionacées, uniquement à cause de la ressemblance imparfaite qui existe entre les fleurs de ces plantes et celles des papilionacées. Ce genre ne renferme encore qu'un petit nombre d'espèces parmi lesquelles la plus intéressante est la MORINGE DE CEYLAN, *Moringa zeylanica* Pers.(*hyperanthera moringa* Wild.), dont l'écorce, la racine et même les feuilles ont une odeur et une saveur analogues à celles de notre raifort sauvage. Les graines en sont très connues sous le nom de *noix de Ben* : on en extrait une huile grasse nommée *huile de Ben*, qui a la propriété précieuse de ne rancir que très difficilement, et dont on fait grand usage dans tout l'Orient pour la confection des onguents. En Europe, les hor-logers s'en servent avantageusement pour adou-cir le jeu des rouages des montres et des hor-loges, à cause de la propriété qu'elle a de n'en-crasser que fort peu. **P. D.**

MORINIE : canton de l'ancienne Gaule et de la province romaine de la seconde Belgique (*Belgica secunda*), borné au nord par la Lys et la Deule, qui séparaient les Morins des Menapiens, à l'est par les Atrebates, à l'ouest par l'Océan, et au midi par les *Ambiani* ou Amiénois. Il répond, en grande partie, aux arrondissements actuels de Boulogne-sur-Mer et de Saint-Omer. La Morinie était une contrée couverte de bois taillis et de marais où les habitants cherchèrent un refuge lorsque César envahit leur pays. Un golfe de mer s'étendait jusqu'à Sarcinum, l'emplacement de la ville actuelle de Saint-Omer. Avant la con-quête romaine on ne trouvait aucune ville dans la Morinie, les Morins n'habitant que des caba-nes éparses ; mais, sous les empereurs, on y comptait deux villes ou cités : *Teruanna* (Té-rouanne), et *Gesoriacum* ou *Bononia* (Boulogne) : les autres localités mentionnées dans les écrits de cette époque, n'étaient que de sim-ples bourgades, des villages ou des stations de poste (*mansiones, mutationes*). Terouanne, dé-truit de fond en comble par Charles-Quint, en 1553, ne s'est plus relevé de ses ruines qui se voient à 9 lieues de la ville de Boulogne, qui est peut-être le *portus Icius* où César s'em-barqua pour faire la conquête de la Grande-

Bretagne, mais que d'autres placent à Calais ou à Wisant, et qui était le principal port des Gaules pour cette île. La ville gallo-romaine n'occupait que l'emplacement de la ville haute du Boulogne de nos jours. On y admirait encore, il y a à peine deux siècles, les ruines d'un phare magnifique, construit, à ce que l'on croit, par l'empereur Caligula. C'était une haute tour octogone placée sur une falaise qui commande le port et la ville. Elle avait environ 200 pieds de circuit, et était divisée en douze étages bâtis en retraite les uns au-dessus des autres. Charlemagne avait fait réparer, en 810, ce phare appelé Tour d'ordre (du latin *turris ardens*), et qui s'écroula en 1644. — Les anciens Morins se livraient beaucoup à la pêche ; ils exploitaient les salines et élevaient de grands troupeaux de porcs, et d'autres bestiaux qu'ils transportaient jusque sur les marchés de Rome. SCHAYÈS.

MORION : sorte d'armure de tête, plus légère que le heaume et pour cela portée par le chevalier, mais seulement quand il n'était pas armé de pied en cap. C'était aussi le casque ou pot de fer qui coiffait d'ordinaire le fantassin du moyen-âge. Il s'attachait sous le menton avec des courroies et des boucles, comme le *cabasset*, la *capeline* ou la *salade*. Cette dernière était plus massive et portait une visière. Quand le morion prit aussi cet ornement, ce qui le fit ressembler davantage à une salade, on l'appela *morion salé* (Rabelais, liv. IV. ch. 29), et comme les soldats bourguignons, auxquels on donna pour cela le surnom de *bourguignons salés*, conservé dans le dicton populaire, avaient adopté de préférence le morion à visière, il en prit lui-même le nom de *bourguignotte*, qu'il portait encore au XVIIIe siècle, selon le *Dictionnaire de Trévoux*. Quant à son premier nom de *morion*, il lui venait d'un ancien casque appelé en Italie *morione*, à peu près de forme pareille et peint comme lui en noir, *couleur de More*. Lorsque, au moyen-âge, un soldat faisait quelque infraction à la discipline, on l'en punissait en lui plaçant sur la tête un gros et lourd morion, et en le forçant de marcher ainsi pesamment coiffé. C'était ce qu'on appelait *donner le morion* ou bien encore *donner une salade*, comme on disait dans les pays où cette sorte de casque était employée pour la même punition. Plus tard on changea le châtiment qui consista en quelques coups de piques ou de crosses de mousquet donnés à nu sur le bas des reins du délinquant ; mais on continua de dire *donner le morion*, comme on le dit encore proverbialement à propos de toute punition corporelle (*Ducatiana*, tome II, p. 519). — Chez les Romains on appelait *morio* du mot grec Μωρία (*folie*) une sorte de

bouffon contrefait, *fou à titre d'office*, laid, petit, bossu, à tête pointue, à longues oreilles, que les patriciens faisaient venir à leur table pour amuser les convives (*Martial*, liv. VIII, épig. 13). C'est en souvenir du *Morio* latin que Molière appela MORON le plaisant de sa princesse d'Elide.

MORISQUES. On désigna ainsi ceux des mores d'Espagne qui, après la conquête de Grenade, dernier pied-à-terre de la puissance musulmane dans la Péninsule, se résignèrent à rester sous la domination chrétienne. Isabelle leur garantit leurs propriétés et le libre exercice de leur culte, recommandant, en outre, aux autorités religieuses, civiles et militaires, de traiter ses nouveaux sujets avec la plus grande douceur. Cette politique fut suivie quelque temps avec succès, et un grand nombre de morisques, cédant à la persuasion, embrassèrent la religion chrétienne ; mais, en 1495, le fameux cardinal Ximénès, prétendit convertir les autres de force : il conçut en outre le projet d'anéantir jusqu'aux derniers vestiges de la nationalité musulmane, et, un jour, il fit brûler à Grenade, sur la place de Bibarrambla, 1,025,000 volumes de religion, de politique et de jurisprudence arabes, la plupart magnifiquement enluminés et reliés en or, en argent et en ivoire. Il ne fit grâce qu'aux livres de médecine et de botanique, dont il dota la bibliothèque de sa ville favorite, Alcala de Henarès. — Tant de vexations provoquèrent enfin une émeute parmi les morisques de Grenade. Ximénès, à la tête de ses domestiques, dut soutenir un siège en règle dans le palais qu'il habitait. En apprenant cette émeute, qui fut du reste assez promptement apaisée, les morisques disséminés dans les montagnes de l'Alpujarra, d'Alméria et de Ronda, prirent les armes à leur tour, et le roi Ferdinand dut venir en personne les réduire (1499-1500). Une nouvelle insurrection eut lieu dès l'année suivante. Cette fois les Espagnols éprouvèrent un échec assez rude, qui coûta la vie à Alonso de Aguilar et autres personnages de marque. Devant l'irritation que provoqua cet échec, les efforts de Ferdinand et d'Isabelle pour faire revenir le clergé et l'autorité civile et militaire à l'ancien système de tolérance, devinrent tout-à-fait impuissants, et différentes lois condamnèrent à la confiscation et au bannissement perpétuel tout morisque qui refuserait de se convertir. La mort de Ferdinand et d'Isabelle activa la persécution, mais la guerre des communes, sous Charles-Quint, la ralentit ; car l'empereur tenait à ménager les morisques pour s'en faire un point d'appui contre les communeros. Après lui toutes les anciennes vexations furent reprises et aggravées. Les immunités seigneuriales et ecclésiastiques dont les morisques jouissaient concurremment avec les chrétiens, entre autres le droit d'asile, leur furent retirées, ainsi que le droit de porter des armes et de posséder des esclaves noirs ; enfin, on imagina de leur interdire jusqu'à l'usage de la langue, des noms et des vêtements arabes (1567).

Ce fut le signal d'une conspiration générale : un riche teinturier de Grenade, Farag Aben-Farag, descendant des Abencerrages, et deux autres morisques influents, El-Daud et El-Zaguar, en furent les organisateurs. Selon l'usage arabe, de vieilles prophéties furent exhumées, et mises en circulation parmi la population vaincue, qui n'attendit bientôt plus qu'un signal pour se lever en masse. Le complot devait débuter le 1er janvier 1509 par le massacre des chrétiens, et éclater dans trois quartiers de Grenade à la fois, pendant qu'un quatrième corps de conjurés, qui tenait la campagne, forcerait l'entrée de la ville sur un autre point. L'apparition prématurée de ce corps fit avorter le plan; presque personne ne bougea de la ville, où l'autorité espagnole était d'ailleurs sur ses gardes, et les conjurés se jetèrent dans les gorges de l'Alpujarra. La plupart des morisques en état de porter les armes vinrent bientôt les joindre. Il y avait parmi eux un jeune homme, descendant en droite ligne des califes Ommiades, et qui, perdu de dettes, doué d'une intelligence rare et d'un courage surhumain, réunissait toutes les conditions nécessaires à un chef de parti. Les insurgés le mirent à leur tête, et le proclamèrent roi de Grenade, sous le nom d'Aben-Humeya. La guerre sainte avec tous ses héroïsmes et toutes ses horreurs, s'engagea. Les Chrétiens marchaient au combat précédés de moines qui tenaient le crucifix d'une main, et l'épée dans l'autre. De leur côté, dans toute action un peu sérieuse, les combattants morisques ne se présentaient sur le champ de bataille que couronnés de fleurs, double emblème qui répondait tout à la fois chez eux à l'idée de victoire, et à l'idée de martyre. L'activité prodigieuse d'Aben-Humeya, les recrues qu'il recevait chaque jour d'Alger, où il envoyait en échange des prisonniers chrétiens, rendirent bientôt l'insurrection si formidable, que D. Juan d'Autriche dut venir en personne la réduire ; mais avant que les deux chefs eussent eu l'occasion d'en venir aux mains, Aben-Humeya fut étranglé dans la maison d'une veuve morisque, par un rival auquel s'était joint un de ses propres lieutenants, Aben-Aboo, qui visait à la couronne, et qui, en effet, fut élu roi à son tour. Don Juan d'Autriche sema la division dans l'armée d'Aben-Aboo, en même temps qu'il enfermait l'insurrection dans un

cercle chaque jour plus rétréci. Bientôt Aben-Aboo fut assassiné lui-même par les parents de sa victime, et les troupes rebelles, privées de direction, habilement isolées l'une de l'autre, furent bientôt réduites à se rendre (décembre 1570). L'expulsion générale des morisques suivit leur défaite. Leurs propriétés immobilières furent confisquées; mais ils furent indemnisés en argent de la perte de leurs effets mobiliers. Don Juan d'Autriche mit d'ailleurs dans l'exécution de ces mesures violentes toute l'humanité et toute la modération qu'elles pouvaient comporter. Un faible débris de l'insurrection tint encore quelque temps dans les montagnes, mais sans organisation régulière, et à l'état de brigandage proprement dit. Le roi de Fez, Abd-El-Melic attira et enrôla ce qui restait de ces bandes, et gagna avec leurs concours la célèbre bataille d'Alcazar-Quivir, où périt le roi Sébastien de Portugal.

Au point d'irritation où les haines de religion, bien plus que les antipathies de race avaient poussé les esprits, l'expulsion des morisques était peut-être politiquement nécessaire; mais le travail, tant manufacturier qu'agricole, y perdit 800,000 bras, des capitaux considérables, des procédés de fabrication et de culture que l'Espagne n'a jamais retrouvés. Cette mesure dépeupla entièrement 400 bourgs, et le gouvernement n'en put repeupler, à grand' peine et à grands frais, que 270; encore une partie des nouveaux colons ne tarda-t-elle pas à échanger la bèche contre l'escopette du bandit. G. D'ALAUX.

MORLAIX (en breton *moutroules*): chef-lieu d'arrondissement dans le département du Finistère, à 2 lieues 1/4 de la mer, à 12 lieues nord-est de Brest et à 15 1/2 nord-nord-est de Quimper, avec une population de 10,000 habitants. Les Anglais s'emparèrent, en 1374, de cette ville, déjà importante : les habitants chassèrent l'ennemi ; ils se rendirent à Henri IV en 1594. Morlaix possède un port formé par la jonction du Jacot et de l'Ossen (ou du Jarbeau et du Kerlent), et qui s'étend jusqu'au centre de la ville. Dans les marées ordinaires, la mer y monte à 12 pieds, de sorte que les navires de 400 tonneaux peuvent venir opérer leur chargement à la porte même des négociants. Une rade excellente, dont l'entrée est défendue par le château du Taureau, s'étend au devant du port. Elle n'a pas moins de 2 lieues d'étendue. Morlaix possède une bourse, un tribunal de commerce, un entrepôt réel et fictif pour toute marchandise venant de l'étranger, et une école de navigation. Cette ville, le débouché le plus important des produits du Finistère et du

Morbihan, fait un commerce considérable consistant surtout en beurre qui rivalise avec celui d'Isigny, en grains et graines oléagineuses, en suif, en miel, dont le blanc est de qualité supérieure, en cire, en cuirs, en toiles de toute espèce, en fils blancs et écrus, en lin, laine, chanvre, papiers, en chevaux du pays, etc. On y voit des fabriques de toiles renommées, de papier, de chapellerie, de colle forte, etc., des tanneries, des brasseries, des raffineries et une grande manufacture de tabacs. — L'arrondissement de Morlaix comprend 10 cantons : Landivisiau, Lanmur, Plouescat, Plouigneau, Plóuzévédé, Sizun, Saint-Pol-de-Léon, Saint-Thégonec, Taulé et Morlaix, divisés en 59 communes, avec une population totale de 137,000 habitants environ.

MORLAQUIE : petit pays situé sur la mer Adriatique entre la Croatie et la Dalmatie, et qui dépend en partie du royaume d'Illyrie, et, par conséquent, de l'Autriche et en partie de la Turquie. — La Morlaquie est habitée par les *Uskoks* ou *déserteurs*, ainsi nommés, parce qu'ils émigrèrent des provinces O. de la Turquie pour cause de religion. C'est une population courageuse, mais grossière, presque sauvage, et adonnée à la rapine. Les Uskoks, appelés aussi Morlaques, portent en leur propre langue le nom de Moro-Vlassi ou Vlassi. Les lieux principaux de la Morlaquie sont Carlopago et Zengg.

MORLAS ou **MORLAAS** : chef-lieu de canton des Basses-Pyrénées, à 8 kil. N.-E. de Pau. — Après la destruction de l'ancienne *Becarnum*, la moderne Lescar, Morlas devint la résidence des vicomtes de Béarn et posséda un hôtel des monnaies. Elle est aujourd'hui sans importance et renferme 2,000 habitants.

MORLIÈRE (ADRIEN DE LA) : chanoine de l'église d'Amiens, né à Chauny, dans le dernier tiers du xvie siècle. Il a laissé : *Antiquités des choses les plus remarquables* de la ville d'Amiens, 1621, in-4°, réimprimé, en 1622, sous le titre de *Bref état des antiquités d'Amiens*, 1622, in-4°, et sous le premier titre en 1627, in-4°, et en 1644, in-fol. On aussi de lui : *Recueil de plusieurs nobles et illustres maisons du diocèse d'Amiens et des environs*, 1630, in-4°.

MORMOLYCE (ins.). Hagenbach donne ce nom à un genre de l'ordre des coléoptères, famille des carabiques, tribu des féroniens, très remarquable par sa forme qui est anormale. En effet, la tête, très allongée, étroite, déprimée, supporte les antennes qui sont filiformes, très longues et de douze articles ; le corselet est aussi très allongé et les bords sont dilatés ; les élytres sont membraneuses avec leurs bords latéraux très dilatés, et fortement échancrées en arrière, prolongées au delà du corps, enveloppant, en dessous, l'abdomen, par l'extension de la dilatation latérale ; les pattes sont longues, grèles, avec leurs fémurs et leurs tibias comprimés ; l'abdomen est ovale et sensiblement déprimé. On ne connaît qu'une seule espèce de ce genre ; elle est pourvue d'ailes et porte le nom de *mormolyce phyllodes*. Les forêts de l'île de Java sont la patrie de ce coléoptère qui resta pendant quelques années très rare et très recherché par les amateurs ; cependant, une fois découvert, les exemplaires se multiplièrent beaucoup, de sorte qu'il est maintenant assez répandu dans les collections. Aujourd'hui, on connaît les métamorphoses de cet insecte ; c'est à M. Van Ovendyk que la science en est redevable : la larve et la nymphe ont été trouvées dans un tronc du *polyporus fomentarius*. H. L.

MORMOPS (mamm.) (voy. CHÉIROPTÈRES).

MORMYRE (poiss.) : genre de malacoptérigiens abdominaux, de la famille des esoces, fondé par G. Cuvier, qui lui assigne pour caractères : corps comprimé, oblong, écailleux, tête couverte d'une peau nue, épaisse, qui enveloppe les opercules ainsi que les rayons des ouïes, et ne laisse pour leur ouverture qu'une fente verticale ; ouverture de la bouche petite ; dents menues ; queue mince à la base, renflée vers la nageoire ; estomac en sac arrondi, suivi de deux cœcums et d'un intestin long et grèle ; vessie longue, ample et simple. — On a décrit une dixaine d'espèces de ce genre, qui toutes vivent dans le Nil et sont rangées au nombre des meilleurs poissons de ce fleuve. Le type est le MORMYRE OXYRHYNQUE (*mormyrus oxyrhynchus*, Et. Geoffroy), dont la longueur peut atteindre 35 centimètres. Le poisson est bleuâtre, plus foncé sur le dos, pâle sur le ventre, et présente des points bleus foncés en dessus du corps ; la tête est rouge, principalement en dessous. Autrefois ce mormyre était, pour les Egyptiens, un objet de culte et de vénération ; on lui avait même, dit-on, élevé un temple dans la ville à laquelle il avait donné son nom ; aujourd'hui il alimente les marchés du Caire, où il est très recherché, à cause de la bonté de sa chair. E. D.

MORNAI (PHILIPPE DUPLESSIS), seigneur du Plessis-Marly, naquit à Buhy, en Normandie, en 1549, et fut élevé à Paris où il fit de brillantes études. Il se destina d'abord à l'état ecclésiastique ; mais ayant embrassé les erreurs du calvinisme dont sa mère était imbue, il abandonna ses études théologiques pour suivre une autre carrière. Il fut nommé gentilhomme de la chambre du duc d'Anjou, et s'attacha ensuite au roi de Navarre, Henri IV, qui le nomma surintendant de ses finances. Mornai servit de sa plume et de son épée la cause de ce prince, et fut l'àme de ses conseils pendant plusieurs années. Lorsque Henri IV abjura le calvinisme, ce favori lui en fit de sanglants reproches; il continua cependant de le servir avec fidélité, et contribua au succès de plusieurs négociations importantes, particulièrement en ce qui regardait la dissolution du mariage d'Henri IV avec Marguerite de Valois. Mais bientôt il quitta la cour, et publia, en 1598, un traité de l'Eucharistie, où il avait rassemblé une foule de passages des Pères pour combattre la doctrine de l'Église sur la présence réelle. Ce livre ne fut pas plutôt mis au jour que les docteurs catholiques se récrièrent contre la mauvaise foi des citations. Le célèbre Duperron, évêque d'Evreux, et depuis cardinal, se fit fort de démontrer qu'il s'y trouvait plus de cinq cents textes falsifiés ou cités à contre sens. Mornai accepta le défi et présenta une requête au roi pour obtenir à ce sujet une conférence devant des arbitres choisis dans les deux partis. Mais dès qu'il vit sa demande accueillie, il laissa voir, par les difficultés qu'il éleva sur la forme et l'objet de cette conférence, combien il se défiait du succès. Elle eut lieu à Fontainebleau, l'an 1600, en présence du roi et d'une nombreuse assemblée. Duperron, dans une première discussion qui dura près de six heures, montra clairement, par la confrontation des passages avec les ouvrages des Pères, que les uns leur étaient faussement attribués, les autres tronqués, altérés, ou interprétés à contresens, et que l'on avait même quelquefois pris des objections réfutées par les Pères pour l'expression de leurs sentiments. Mornai ne crut pas devoir continuer l'epreuve et se retira bientôt après dans son gouvernement de Saumur. On ne laissa pas de publier un écrit où les calvinistes s'attribuaient la victoire; mais les actes de la conférence, qui furent publiés par ordre du roi, et le récit qu'on en voit dans les *Mémoires* de Sully, ont fait justice de ce vain triomphe. Duplessis-Mornai voulut apparemment effacer la honte de sa défaite, par un livre qu'il publia en 1611, sous le titre de *Mystère d'iniquité*, ou *Histoire de la Papauté*, dans lequel il ramassait toutes les injures vomies par les sectaires contre le saint-siége, et s'attachait à prouver que le pape était l'antechrist. On a encore de lui plusieurs autres ouvrages, savoir: un *Traité de la vérité de la religion chrétienne*; un *Discours sur le droit prétendu par ceux de la maison de Guise*, des *Mémoires* et un certain nombre de lettres. Mornai mourut en 1623. Il avait été pendant plus de cinquante ans l'oracle de sa secte, au point qu'on le nommait *le Pape des Huguenots*. **R.**

MORNES. C'est le nom que les Français donnent dans les colonies transatlantiques aux montagnes de médiocre grandeur qui forment des caps sur les rivages ou qui s'élèvent dans l'intérieur des terres. Les plus hauts sommets reçoivent quelquefois le même nom, lorsqu'ils peuvent être aperçus de la mer.

MOROGUES (Pierre-Marie-Sébastien Bigot, baron de), pair de France, né à Orléans, en 1776, et mort dans la même ville en 1840, occupe une place distinguée dans ce petit groupe de philanthropes qui ont su joindre la pratique à la théorie, l'exemple au précepte. L'amélioration du sort des hommes par la voie du travail, et surtout du travail agricole, tel a été constamment pendant une période de près de 50 années, le but auquel il a consacré les puissantes ressources d'un esprit fécond, d'une haute position sociale et d'une fortune considérable. Il a publié de nombreux ouvrages sur l'agriculture et le paupérisme. L'un des plus remarquables est son *Cours complet d'agriculture et d'économie rurale*. D'après ses dispositions testamentaires, la mort même n'aura pas interrompu le bien qu'il a fait. Une somme de 10,000 francs, léguée à l'Académie des sciences morales et politiques, a mis cette assemblée en mesure de distribuer, alternativement tous les cinq ans, un prix de 3,000 francs: 1° au *meilleur ouvrage sur l'état du paupérisme en France et sur les moyens d'y remédier*; 2° à *l'ouvrage qui aura fait faire le plus de progrès à l'agriculture en France*. Le premier de ces prix sera décerné en 1855; le second en 1860. **A. B.**

MOROSINI, l'une des plus anciennes familles de Venise, donna quatre doges à la République. Le premier est MOROSINI (*Domenico*), que les chroniques latines appellent *Maurocenus*, et qui, élu doge en 1148, à la place de Pietro Polano, prit Corfou, Pola, soumit plusieurs villes qui s'étaient révoltées dans l'Istrie, et mourut en 1156, après avoir conclu une alliance offensive avec le roi de Sicile. Vital Micheli II fut son successeur. — MOROSINI (*Marino*), qui fut doge après Jacopo Tiepolo, de 1249 à 1252, année de sa mort, soumit Padoue à la République. — MOROSINI (*Michaele*) succéda le 10 juin 1382 au doge Contarini et mourut le 16 octobre suivant, c'est-à-dire quatre mois après son élection. Il n'avait eu que le temps de soumettre Tenedos. — MOROSINI (*François*), le plus illustre de tous, naquit à Venise en 1618, se signala dès l'âge de vingt ans dans la guerre contre les Turcs, et en 1651 fut nommé chef de la flotte qui les combattait. Il leur prit un grand nombre de villes, fut fait généralissime en 1668, se jeta dans Candie pour la défendre contre l'armée musulmane. Il y soutint un siége de vingt-huit mois, pendant lequel périrent, dit-on, 30,000 chrétiens et 108,000 Turcs, et se vit forcé de capituler le 4 juin 1669, après avoir soutenu plus de quarante assauts et fait plus de cinquante sorties. De retour à Venise, il fut arrêté par ordre du conseil des Dix; mais, bientôt justifié, il fut nommé procurateur de Saint-Marc. En 1684, quand la guerre recommença contre les Turcs, avec l'intervention de l'empereur et du roi de Pologne en faveur de Venise, Morosini fut fait, pour la troisième fois, généralissime; il prit l'île de Sainte-Maure le 6 août, puis Carnia, le château de Prevasa; il assiégea et prit d'assaut Modon en 1685, conquit ensuite Corinthe, tout le Péloponèse, Athènes, etc., remporta une victoire complète sur les Turcs en 1687, près des Dardanelles, et, pour prix de ces succès, reçut d'abord le surnom glorieux de *Peloponisiaque*, puis en 1688 fut nommé doge à la place de Guistiniani, mort le 24 mars. La nouvelle de son élection le trouva dans le golfe d'Egine, et ne lui fit pas quitter la flotte; il continua à la promener dans l'Archipel de conquête en conquête : en 1689, il mit le siége devant Malvoisie et une grave maladie put seule l'arracher à son commandement et le faire revenir à Venise. En 1693, quoique âgé de soixante-quinze ans, il accepta, pour la quatrième fois, le titre de généralissime, et se remit à la poursuite des Turcs dans l'Archipel; mais, bientôt épuisé, il mourut le 6 janvier 1694, à Napoli de Romanie. Le sénat lui fit élever un magnifique monument, et l'on voit encore à Venise, à la porte de l'Arsenal, les lions qu'il avait rapportés du Pirée comme trophée de la prise d'Athènes. — La famille des Morosini produisit encore d'autres hommes remarquables. Nous ne citerons que MOROSINI (*André*), né à Venise en 1558. Il passa d'abord par les honneurs et les plus hautes fonctions; mais tous ses goûts étaient pour l'étude. Il fut nommé trois fois réformateur de l'université de Padoue, et finit par s'en tenir aux travaux de littérature et d'histoire; il continua l'histoire de la République vénitienne commencée par Paruta, qu'il conduisit depuis l'an 1521 jusqu'à l'année 1619, qui précéda celle de sa mort. Ce travail se compose de dix-huit livres, que son frère Paul publia, pour la première fois, en 1623, in-f°, et qui furent réimprimés dans la collection des historiens de Venise, 1617-18 et suiv. [10 vol. in-4°. On a, en outre, d'André Morosini une *Histoire de la conquête de Constantinople par les Vénitiens*, un recueil ayant pour titre : *Opuscula et Epistola*. 1625, in-8°. ED. F.

MORPHÉE (*myth.*), fils du Sommeil et de la Nuit, le premier des songes et le seul qui annonçât la vérité. On lui avait donné ce nom tiré du grec μορφή *figure*, parce qu'il était le plus habile de tous les songes à prendre la ressemblance exacte des personnes qu'il faisait apparaître aux dormeurs. C'est lui qui fut chargé par son père d'aller de la part de Junon apprendre à Alcyone la mort de Ceix, son époux. On le représente sous la figure d'un vieillard barbu, portant à la tête deux petites ailes, et aux épaules deux grandes ailes de papillon. Il tient à la main la corne d'où se répandent les visions nocturnes.

MORPHINE (*chim.-médic.*) : alcaloïde dont le nom dérive des propriétés qu'il possède (μορφη, *sommeil*); c'est la matière la plus active de l'opium; la découverte en est due à Sertuerner. La morphine est composée de 34 parties de carbone, 19 d'hydrogène, 6 d'oxygène et 1 d'azote. Elle est incolore, inodore, d'une saveur amère. Elle cristallise en prismes à 4 faces et, dans ce dernier état, elle retient 2 parties d'eau ou 5, 7 pour cent, qu'elle perd à la chaleur de 120°, en même temps qu'elle devient opaque. Une température plus élevée la fond et il en résulte une masse d'apparence résineuse. Les cristaux de morphine sont inattaquables à l'air, même humide. Cette substance est en effet très peu soluble dans l'eau, qui n'en retient qu'un millième à froid, et un centième à la température de l'ébullition : cette dissolution jouit de la réaction alcaline sur les couleurs végétales. L'éther ne dissout pour ainsi dire pas la morphine. L'alcool anhydre en retient la 40e partie de son poids à la température ordinaire, et la 30e partie à celle de l'ébullition. La morphine est au contraire fort soluble dans les huiles fixes et essentielles; la potasse, la soude, l'ammoniaque et même la chaux la dissolvent aussi très bien. L'acide azotique colore la morphine en jaune et en rouge, phénomène qui se remarque également sur la brucine; mais l'acide iodique produit avec la morphine à l'état libre ou combiné, une coloration d'un rouge brun, et il se manifeste dans cette réaction une odeur prononcée d'iode; ce caractère suffit pour reconnaître la morphine dans une dissolution qui n'en contiendrait que 1/7000. Le perchlorure de fer colore en bleu la substance qui nous occupe, mais cette teinte n'est pas permanente.

On extrait la morphine de l'opium par plusieurs procédés; le plus usité est le suivant : faire macérer à plusieurs reprises l'opium dans de l'eau à 38°, ce qui lui enlève tous ses principes solubles; ces eaux de lavage sont ensuite évaporées en présence du carbonate de chaux qui sature les acides libres, et quand elles ont atteint la consistance sirupeuse, on les traite par le chlorure de calcium qui précipite le méconiate de chaux, entraînant lui-même une matière colorante, tandis que les bases de l'opium restent en dissolution dans la liqueur à l'état de chlorhydrates. La liqueur est de nouveau concentrée, ce qui lui fait déposer du méconiate de chaux, et ensuite des cristaux de chlorhydrates de codéine et de morphine que l'on purifie facilement par des cristallisations répétées, et à l'aide du charbon animal. Les deux chlorhydrates sont dissous dans l'eau et traités par l'ammoniaque qui retient la codéine en dissolution, tandis que la morphine se précipite, pour être ensuite complétement purifiée par sa cristallisation dans l'alcool.

La morphine forme, avec l'acide sulfurique, une combinaison solide, découverte par M. Arppe, à laquelle on a donné le nom de *sulfomorphide*, qui appartient à une série analogue à celle des *amides* et des *anilides*, et qui peut être représentée par 1 équivalent de sulfate de morphine, moins 2 équivalents d'eau. On ne peut toutefois séparer de nouveau la morphine de la sulfomorphide.

La morphine se combine avec les acides pour former des sels, presque tous cristallisables et d'une saveur amère. Tous sont précipités par la noix de galle, les carbonates alcalins et les alcalis caustiques ; mais si ces derniers sont en excès, ils redissolvent les précipités. Tous, comme la morphine elle-même, sont colorés en bleu par les sels neutres de peroxyde de fer, et séparent l'iode de l'acide iodique. Le sulfate, le chlorhydrate et l'acétate sont les seuls dont on fasse usage, et encore uniquement en médecine. Le premier est composé de 1 partie de base, 1 partie d'acide et 6 parties d'eau ; il contient 80 p. 100 de morphine cristallisée. Il cristallise en aiguille fasciculées et est soluble dans l'eau, ainsi que dans l'alcool. On l'obtient en faisant dissoudre la morphine dans de l'eau acidulée, et en faisant concentrer la liqueur après l'avoir décolorée par un peu de charbon animal. — Le *chlorhydrate* s'obtient de la même manière que le sulfate ; il cristallise en aiguilles et se dissout dans 16 à 20 parties d'eau froide. Il est formé de 1 partie de base, 1 partie d'acide et 6 parties d'eau ; 100 parties correspondent à 81 parties de morphine cristallisée. — L'*acétate* est composé de 1 partie de base, 1 partie d'acide et 1 partie d'eau : 100 parties de ce sel représentent 88 parties de morphine cristallisée. Il cristallise en petits prismes aiguillés, s'altère facilement en perdant de l'acide acétique et de la morphine, soit quand on abandonne sa dissolution à une évaporation spontanée, soit quand on la soumet à une chaleur ménagée. Il

est fort soluble dans l'eau et dans l'alcool. Le meilleur procédé pour l'obtenir consiste à broyer la morphine en poudre avec la moitié de son poids d'acide acétique à 8°.

La morphine jouit d'une action puissante sur l'économie humaine : c'est celle de l'opium, mais à un bien plus haut degré d'énergie. A la dose de 2 à 3 centigr., elle procure en général un sommeil calme et plus ou moins profond ou pour le moins de la somnolence qui est bientôt remplacée par de l'agitation, etc., si l'on augmente la quantité d'alcali, 5 centigrammes par exemple. Mais ce sont le plus souvent les sels de morphine que l'on emploie. L'acétate, qui était d'abord usité, est abandonné maintenant, parce qu'il varie beaucoup dans ses proportions. On lui préfère le sulfate ou l'hydrochlorate, dont la dose est de 2 à 3 centigrammes, seul ou dans un véhicule aqueux. On a aussi parlé du camphorate de morphine, mais nous ignorons quelle peut être son action spéciale sur l'économie. On a remarqué que la morphine et ses préparations laissent presque toujours un sentiment de défaillance que ne donne pas l'opium. On croit encore que la morphine et ses préparations portent beaucoup plus au vomissement que l'opium, et l'on a signalé, en outre, une démangeaison excessive, souvent une éruption spéciale, ainsi qu'une diminution sensible dans toutes les sécrétions, mais plus particulièrement dans les urines dont l'émission devient douloureuse. — Les préparations magistrales de morphine sont un sirop de chlorhydrate ou de sulfate, préparé dans la proportion de 5 centigrammes pour 120 grammes. Les solutions aqueuses ou alcooliques n'ont pas été employées en raison de la petite quantité de principe qu'elles retiennent ; la solution huileuse serait au contraire fort convenable à l'extérieur. — Suivant M. Flandin, la morphine et ses sels, qui sont si vénéneux pour l'homme, pourraient être supportés par un grand nombre d'animaux, tels que les chiens, les chats, les lapins, les oiseaux. Le même auteur a retiré jusqu'à 0,10 de l'urine d'un singe qui avait pris plus de 30 grammes de morphine en un mois.

L. DE LA C.

MORPHO (*ins.*) : genre de l'ordre des lépidoptères, famille des diurnes et tribu des nymphaliens, établi par Fabricius. Chez toutes les espèces qui composent ce genre, le corps est généralement petit ; les antennes, un peu moins longues que le corps, sont très grêles et à peine renflées vers le bout ; les palpes sont courts, dépassent peu la longueur de la tête, fortement relevés et très ciliés ; les ailes sont très grandes relativement au corps, à nervures très fortes et saillantes ; les postérieures ayant leur cellule discoïdale ouverte, leur bord abdominal très grand, en forme de gouttière et embrassant complètement l'abdomen. Les pattes sont assez allongées, avec les jambes et les tarses ciliés en dessous de petites épines très serrées. Les espèces de *morpho* sont peu nombreuses ; elles sont toutes remarquables par leur taille et les couleurs métalliques dont leurs ailes sont ornées ; elles habitent l'Amérique méridionale. Leurs chenilles sont nues ou presque rases, quelquefois terminées postérieurement par une pointe fourchue. Parmi les espèces les plus remarquables nous citerons le *M. adonis*, Fab., dont le dessous des ailes est du bleu le plus azuré et le plus brillant, avec le limbe postérieur noir ; le dessous est d'un gris lavé de brun, avec les bandes plus claires et des yeux séparés : sa patrie est le Brésil et Cayenne. Le *M. menelaus*, dont les ailes sont tout entières d'un bleu d'azur métallique, est assez commun à la Guyane. Le *M. laertes*, remarquable par ses ailes d'un beau blanc métallique légèrement bleuâtre, est assez abondamment répandu au Brésil. H.-L.

MORPHOGENIE (*voy.* FORMES).

MORRISSON. Nous citerons deux personnages de ce nom : — 1° MORRISSON (*Robert*), missionnaire protestant anglais. Il fut nommé, en 1808, interprète de la factorerie anglaise de Macao et passa ensuite à Canton, où il s'appliqua à l'étude de la littérature chinoise, pour faire passer dans la langue de ce pays, les saintes Écritures. Il publia, en 1812, les *Horæ sinicæ ;* en 1815, une *Grammaire chinoise* et un *Dictionnaire anglo-chinois* dont le premier volume parut en 1815 et le dernier en 1819. C'est à lui surtout qu'on doit la fondation (1818) du collège anglo-chinois de Malacca pour la propagation du christianisme dans le céleste empire. En 1819, il termina *sa traduction complète de la Bible* avec la collaboration de Milne. Cette importante traduction avait été commencée, en 1737, par un Chinois converti, disciple d'Hodgson. Morrisson fit, en 1823, un voyage en Europe, où il apporta plus de 10,000 volumes chinois et une foule de notes précieuses. Il retourna en Chine en 1826, travailla à composer des *notes explicatives sur la Bible chinoise*, succéda à Milne, en 1828, à la présidence du collège de Malacca, et mourut à Canton en 1834. — 2° MORRISSON (*Robert*), botaniste écossais, né à Aberdeen en 1620. Il avait profondément étudié les mathématiques, la théologie, l'hébreu et surtout la botanique. Détourné de ses travaux scientifiques par les guerres civiles qui déchiraient son pays, il combattit avec courage pour la cause de Charles Ier. Après la mort de ce prince, Gaston d'Orléans le fit venir en France,

où il fut reçu docteur en médecine et obtint la direction du jardin royal de la ville de Blois. De nombreux voyages lui permirent de recueillir une multitude de plantes. En 1660, il retourna en Angleterre, en qualité de médecin de Charles II, fut nommé professeur royal de botanique, surintendant des jardins du roi, et mourut à Londres en 1683. Nous avons de ce savant : *Hortus Blesensis* (le jardin de Blois), Paris, 1663, in-fol ; *Præludium botanicum*, 1669, in-12, ouvrage qui lui acquit une immense réputation, et lui valut la chaire de botanique à l'université d'Oxford ; *Histoire des plantes*, 2e et 3e partie, in-fol., 1680, 1699. La 1re partie n'a jamais été publiée, et on ignore ce qu'elle est devenue ; elle a été remplacée par un supplément intitulé : *Plantarum ombelliferum distributio nova*, 1712, in-fol. ; l'ouvrage, ainsi complété, a été imprimé à Oxford, 1715, en 2 vol. in-fol. avec figures. Morrisson, dans cet important travail, propose une méthode nouvelle, consistant à classer les genres de plantes d'après leurs fleurs, leurs semences et leurs fruits, méthode adoptée par Tournefort.

MORS (*hippiat.*). Le mors se compose de deux branches qui montent le long des joues, réunies par une barre transversale nommée embouchure, qui passe dans la bouche, et accompagnées d'une chaînette ou gourmette qui embrasse la lèvre inférieure. L'embouchure se subdivise en deux canons et, au milieu, un cintre appelé liberté de la langue. Les branches du mors ont des anneaux et autres ouvertures destinées, en haut à recevoir les montants, et en bas les rênes de la bride. — Une sorte de nœud coulant fait avec la corde qui servait primitivement de bride, qui en sert encore à certains nomades, et passé dans la bouche du cheval, a été la forme primitive du mors, qui a subi ensuite, selon les pays et les temps, de grandes modifications. Malheureusement, les éperonniers et les selliers, sacrifiant l'utilité au désir intéressé d'inventer des modes nouvelles, ont trop souvent donné à cet instrument des dimensions contraires au parti qu'on doit en tirer, et nuisibles au cheval. Peut-être a-t-on aussi trop cherché à modifier le mors selon le plus ou moins de saillie des barres de la bouche du cheval. Il paraît certain que l'épaisseur de la gencive laisse toujours à la partie sur laquelle le mors agit, assez de sensibilité pour que le mors le plus simple puisse produire un effet convenable. Si l'on considère en outre que c'est moins la force que l'usage bien entendu du mors, qui permet au cavalier de diriger à son gré sa monture, on sera amené à repousser en général les mors trop forts et trop compliqués. La grande qualité d'un mors est d'être *doux*, c'est-à-dire de se prêter à tous les mouvements d'une main expérimentée. Un mors ordinaire doit avoir les branches, droites, de la longueur de six pouces, à partir de l'œil du mors jusqu'à l'extrémité de ces branches. La circonférence du canon doit être de deux pouces et demi, et la liberté de la langue de la largeur de deux pouces environ dans sa partie supérieure, et d'un pouce dans la partie inférieure. Quant à la largeur, elle varie nécessairement selon la bouche des chevaux, afin d'empêcher toute vacillation et de conserver un point d'appui fixe aux parties qui en ont besoin. Cependant, lorsque le cheval porte son nez au vent, lorsqu'il est lourd à la main et lorsqu'il est sujet à s'emporter, le mors, pour ramener le nez de l'animal qui s'éloigne trop, doit avoir les branches longues, ce qui lui donne une grande force et une grande rapidité d'action. Il faudrait toutefois recourir aux moyens doux, si ces défauts provenaient d'un vice de conformation ou d'une position acquise.

MORS-DE-GRENOUILLE (*bot.*). Nom vulgaire de l'*hydrocharis morsus ranæ*, L.

MORS-DU-DIABLE (*bot.*). Voy. Scabieuse.

MORSE, *Trichechus* (*mamm.*). — Ce genre que Linné réunissait à celui des lamantins et qu'il plaçait à côté des dugongs et des stellères, dans l'ordre des cétacés, doit être rangé dans l'ordre des carnassiers, tribu des amphibies. Les morses ont beaucoup d'analogie avec les phoques, mais leur mâchoire inférieure manque de canines et d'incisives, et les canines supérieures forment d'énormes défenses dirigées inférieurement : leur système dentaire paraît spécialement destiné à briser des matières dures, car les dents, dont le nombre varie assez considérablement avec l'âge, semblent, par leur structure et leurs rapports, agir les unes sur les autres comme le pilon agit sur son mortier. Le corps est allongé, conique ; la tête est arrondie ; les narines sont dirigées en haut, disposition qui dépend de la forme de la mâchoire supérieure relevée et modifiée d'une manière remarquable à cause de la grandeur des alvéoles qui logent les défenses ; les membres sont très courts, terminés par cinq doigts réunis par une sorte de membrane, et armés d'ongles robustes. On ne connaît qu'une espèce de ce genre, le Morse du Nord (*trichechus rosmarus*, Linné), indiqué vulgairement sous les noms de *vache marine, cheval marin* et *bête à la grande dent*, qui atteint souvent près de sept mètres de longueur et dont le poids dépasse deux milliers. Ces animaux sont couverts d'un poil ras de couleur brunâtre : leurs mœurs ont été peu observées ; on sait seulement qu'ils aiment à se réunir, quelquefois en grand nombre, sur les côtes des parties les plus désertes de la mer Glaciale et qu'ils se nourrissent de fucus, de matières animales et principalement de coquilles qu'ils broyent au moyen de leurs molaires : leur graisse, leur peau et surtout l'ivoire de leurs défenses sont employés dans les arts. E. Desmarest.

MORT (*physiol.*). On définit le plus généralement la mort : la cessation de la vie ; c'est donc à ce dernier mot que nous devons renvoyer pour avoir une notion aussi exacte que possible des actions dont la cessation complète et durable donne lieu au phénomène qui nous occupe. — Mourir est pour les êtres vivants une loi inévitable ; la faculté de vivre ne leur a été donnée que pour un temps dont les bornes naturelles résultent de leur propre organisation. Notre intention n'est pas d'envisager ici la mort dans toute la série des êtres organisés ; ce que nous dirons de son mécanisme et des caractères auxquels on la reconnaît ne doit s'appliquer qu'à l'homme et aux animaux de l'ordre le plus élevé. La mort ne présente, du reste, des signes tranchés que chez les êtres dont la vie est fort intense ; dans les derniers anneaux de la chaîne des corps organisés, elle est si peu apparente, que, pour nos sens, elle diffère à peine de la vie, tant chez eux l'état organique se rapproche matériellement de l'état brut. C'est aux articles Animal, Végétal et Vie que sont complétées ces notions.

Quand la mort est naturelle, elle offre cela de particulier qu'elle s'opère pour ainsi dire en détail et successivement pour chaque ordre de fonctions. C'est par les instruments de la vie organique qu'elle commence, en marchant de la circonférence vers le centre. Ainsi, les fonctions extérieures et tous les sens s'éteignent les uns après les autres. Le tact, par exemple, devient peu distinct, parce que la peau se durcit par suite de l'oblitération d'un grand nombre de ses vaisseaux les plus déliés, ce qui entraîne en outre la mort de tous ses appendices. C'est à l'article Vieillard que l'on trouvera le tableau et la marche de cette décrépitude. — On ne peut préciser l'époque de la mort sénile : le genre de vie est ici d'une grande influence. La plupart des hommes qui sont morts dans un âge avancé avaient été continuellement livrés à des travaux pénibles. La nature du climat et celle des passions retardent ou accélèrent puissamment l'instant de la mort ; un air modérément froid paraît favoriser la longévité. Certaines races ou variétés de l'espèce humaine ont, en général, une vie plus courte : les Nègres et les Hottentots, par exemple, vivent moins longtemps que les Européens. La dépravation morale, mais surtout la puberté précoce rapprochent de beaucoup, toutes choses égales d'ailleurs, le terme de la vie. L'observation la plus étendue a prouvé que l'homme bien constitué peut vivre un temps qui dépasse de fort peu six à sept fois celui qui s'est écoulé entre sa naissance et la puberté acquise. La même règle paraît applicable à tous les animaux. L'état de vigueur ou de faiblesse des sujets à l'instant de leur naissance ne peut fournir que des probabilités sur la durée de l'existence possible pour chacun. Tel être qui semble venir au jour presque mourant, et qui traîne dans la douleur une existence débile, peut cependant ne mourir que dans un âge très avancé.

Dans la mort accidentelle la vie s'éteint du centre à la circonférence, et la mort a toujours pour point de départ l'un des trois organes principaux : le *cœur*, le *cerveau* ou les *poumons*, tellement enchaînés ensemble, que de l'instant où l'un cesse d'agir, toute fonction est interrompue dans les deux autres, et par suite dans toute l'économie. — Les morts subites qui commencent par le *cœur* comprennent les plaies faites à droite ou à gauche de cet organe, et les anévrysmes terminés par rupture; les syncopes hémorrhagiques ou nerveuses comme celles résultant de la terreur, de la colère, d'une joie excessive, ou de l'influence d'une atmosphère trop chaude, et enfin de l'entrée de l'air dans les gros vaisseaux, et d'une commotion de la poitrine. Dans tous ces cas le cœur venant à cesser d'agir, le cerveau, les poumons, et conséquemment tous les autres organes de l'économie ne reçoivent plus de sang. Mais il importe aussi de distinguer laquelle des deux moitiés du cœur a été plus particulièrement lésée. Si c'est la *droite*, par suite de l'affaiblissement de ses contractions une moins grande masse de sang arrivera aux poumons, et dès lors beaucoup moins de ce liquide se trouvera transformé en sang artériel ; par suite le cœur gauche sera moins stimulé et enverra moins de sang au cerveau, qui ne réagira que médiocrement sur les muscles inspirateurs, et ceux-ci ne donneront accès qu'à une médiocre quantité d'air dans la poitrine. Ce que nous venons de dire pour le cerveau et le poumon se produira nécessairement pour toutes les autres parties de l'économie, et la mort surviendra dans un espace de temps fort court. L'arrêt de la circulation devra s'opérer ici dans le point où son action a commencé à s'affaiblir, c'est-à-dire dans le cœur droit, et par conséquent il y aura plénitude du système veineux, mais surtout des gros troncs de cette espèce. Peu de sang se trouvera, par contre, dans le cœur gauche et le cerveau. — Si la mort

survient au contraire par le côté *gauche* du cœur, l'impulsion communiquée à la masse du sang sera moins forte, et comme le cerveau a besoin de recevoir de la part de ce fluide deux influences distinctes, l'une par la nature même du sang artériel, l'autre par la vitesse mécanique qui l'anime, il en résultera que la réaction de l'encéphale sur tous les muscles s'affaiblira, mais surtout par rapport à ceux qui concourent à l'inspiration, ce qui fait que la masse d'air qui doit être mise en contact avec le sang ne suffisant plus à l'hématisation, une cause de plus vient ici s'ajouter à l'effet direct de la lésion du cœur pour en diminuer l'action, et dès lors hâter la mort. En définitive il existe donc cette différence entre la mort par le côté droit ou le côté gauche du cœur que, dans le premier cas, les phénomènes chimiques cessent de prime abord par l'absence du sang et que la cessation des phénomènes mécaniques n'a lieu que secondairement; tandis que dans le second cas, il y a d'abord cessation de ces derniers, et ensuite seulement cessation des phénomènes chimiques, quoique le sang afflue toujours dans les poumons.

A la mort subite commençant par les *poumons*, doivent être rattachées les diverses blessures du cou qui intéressent la partie supérieure de la moelle épinière, les compressions brusques et les coups portés sur cet organe dans la même région ou sur le thorax, ou même sur les parois abdominales et dont l'effet est de suspendre les mouvements des muscles inspirateurs ; l'épanchement d'une grande quantité de fluide dans la cavité des plèvres, l'asphyxie par défaut d'air. Les premières de ces causes agissent par la cessation des phénomènes mécaniques de la respiration, les autres par celle des phénomènes chimiques. Mais l'interruption des phénomènes mécaniques de la respiration entraînant toujours inévitablement celle des phénomènes chimiques, c'est toujours en définitive par ces derniers que survient ici la mort du cœur et celle du cerveau. Une fois ces phénomènes chimiques suspendus, en effet, le cœur, qui ne reçoit plus qu'un sang veineux, perd rapidement l'énergie nécessaire à ses contractions, et ne communique plus, dès lors, à la masse liquide qu'une impulsion insuffisante, et la mort du cerveau survient bientôt comme nous l'avons dit précédemment.

Enfin, lorsque c'est sur le *cerveau* que la cause de mort agit primitivement de manière à en suspendre l'action, le premier effet est l'interruption du phénomène mécanique de la respiration, dont le résultat est la mort du cœur, absolument comme si la cause eut agi primitivement sur le poumon lui-même.

A quels signes peut-on reconnaître que la mort est réelle et non pas apparente seulement? Les personnes du monde citent *le refroidissement complet du corps.* Ce phénomène est constant, il est vrai, après un certain temps écoulé depuis la mort; mais il peut exister à un degré presque aussi prononcé dans quelques affections nerveuses, et principalement dans la dernière période de l'hystérie. *La décoloration de la peau;* mais ce phénomène n'accompagne pas toujours la mort : dans l'asphyxie par le charbon, entre autres, la peau offre souvent une teinte rosée uniforme et assez manifeste. *L'obscurcissement et l'affaissement des yeux :* les médecins savent que cet état peut fort bien exister dans plusieurs maladies, telles que l'arachnitis, les fièvres typhoïdes, et que d'ailleurs il n'est pas constant. Dans un grand nombre de cas, ces organes conservent leur éclat, ou bien, après s'être affaissés, ils reprennent leur proéminence naturelle, par l'effet des gaz que la putréfaction développe dans les organes creux. *La formation* d'une toile glaireuse très fine sur la cornée transparente; mais ce caractère peut se manifester quelques jours avant la mort, surtout dans les inflammations des enveloppes du cerveau. *Le défaut de redressement* de la mâchoire inférieure, après qu'elle a été abaissée avec force; ce caractère est mauvais sous plus d'un rapport : il peut se montrer dans la syncope, tandis que d'un autre côté la mâchoire d'une personne morte pourra se redresser par un reste de contractilité des tissus; beaucoup de sujets restent aussi la bouche ouverte après avoir rendu le dernier soupir. *L'absence complète de la respiration et de la circulation;* mais tous les médecins savent par expérience que ce caractère est des plus trompeurs, et que ces deux fonctions ont paru, dans un nombre de cas assez grand, complètement abolies chez des sujets qui ont recouvré la plénitude de leurs facultés. Enfin, *les incisions pratiquées à la plante des pieds et l'action d'un fer chauffé au rouge,* appliqué à la même région ou sur toute autre partie du corps : l'expérience n'a que trop souvent prouvé l'inefficacité de ce moyen.

Il n'existe en réalité que trois signes certains de mort : 1° la rigidité cadavérique; 2° l'absence de toute contractilité musculaire sous l'influence des stimulants et principalement de l'action électrique ou galvanique; 3° la putréfaction : nous devons en parler avec quelques détails, en raison de leur haute importance.

La *rigidité cadavérique* est beaucoup plus prononcée que celle pouvant résulter de la contraction vitale la plus énergique. Elle peut être telle que si l'on enlève un cadavre par les pieds et la tête en même temps, il ne se manifeste aucun mouvement de flexion. Son siége est uniquement dans les muscles, ce que prouve sa permanence après l'enlèvement de toutes les autres parties molles qui environnent une articulation. Sa cause paraît être un reste de contractilité musculaire sous l'influence de la vie, et qui, agissant à la fois sur tous les muscles, contrebalance leurs diverses actions antagonistes. C'est par ce fait que l'on peut concevoir pourquoi les cadavres conservent la position qu'ils avaient à l'instant même de la mort, et pourquoi leur physionomie exprime la dernière impression reçue pendant la vie. Cette rigidité se développe à une époque assez rapprochée de la mort, et commence, dans certains cas, même avant la diminution sensible de la chaleur naturelle. Son apparition est d'autant plus tardive que le système musculaire est plus développé et qu'il a subi moins d'altération par le fait de la maladie. Ainsi, elle sera lente à se manifester à la suite des morts subites ou rapides, comme dans les cas d'empoisonnement ou de blessures, d'hémorrhagies, d'asphyxie par le charbon, etc., tandis qu'elle sera fort rapide dans toutes les maladies chroniques, dans les fièvres adynamiques et ataxiques, dans le scorbut, etc.; en général, elle persistera d'autant plus longtemps qu'elle sera survenue plus tardivement.

L'atmosphère dans laquelle le cadavre se trouve placé influe puissamment encore sur cette durée; l'air froid et sec entretient la rigidité cadavérique, tandis qu'elle persiste peu dans l'air chaud et humide. Sa durée moyenne est chez l'homme de 24 à 36 heures. On l'a vue persister, il est vrai, pendant 7 jours dans un cas d'asphyxie par le charbon; mais elle n'avait ici commencé que 16 heures après la mort. La paralysie des muscles n'est pas un obstacle à son développement. Quelques physiologistes en ont pendant longtemps nié la constance. Mais le fait est aujourd'hui mis hors de doute, non seulement chez l'homme, mais aussi chez tous les animaux. On distinguera facilement la rigueur cadavérique de l'état convulsif, en ce qu'une fois vaincue par une force quelconque la première ne se reproduit plus et laisse une entière souplesse au jeu des articulations, tandis que dans l'état convulsif la contraction musculaire reprend toute son énergie dès l'instant où la puissance qui l'a vaincue cesse de s'exercer. Il n'est pas encore possible de la confondre avec la congélation qui, consistant dans l'accumulation de petits glaçons dans les aréoles du tissu cellulaire, fait entendre par la flexion un bruit analogue au cri de l'étain, tandis que rien de semblable n'a lieu dans la rigueur cadavérique.

La *putréfaction* se reconnaît à la coloration bleuâtre, verdâtre ou brunâtre des tissus, à leur ramollissement et à une odeur particulière. Elle pourrait être, il est vrai, confondue, au premier abord, avec une contusion violente suivie d'ecchymose, ou bien avec un état gangréneux; mais on la distinguera toujours des contusions en ce que dans celles-ci il n'y a pas d'odeur putride. La gangrène s'accompagne, il est vrai, d'une odeur forte avec ramollissement quelquefois plus ou moins prononcé des tissus; mais cette odeur n'a aucune analogie avec celle de la putréfaction. D'un autre côté la gangrène est le plus souvent circonscrite, tandis que la putréfaction n'a pas de limites bien tranchées. Ajoutons que le plus souvent encore la putréfaction se développe primitivement, et, dans les cas les plus ordinaires, sur des parties où il est rare de rencontrer la gangrène.

Quant à *la contractilité musculaire*, elle persiste, il est vrai, quelque temps après la mort, mais ce temps est toujours fort court; elle cesse constamment de l'instant où se développe la rigidité cadavérique.

Les maladies qui peuvent le mieux simuler la mort sont : l'apoplexie, l'hystérie, mais surtout les lipothymies : ici en effet, absence complète de respiration, de circulation, de coloration de la peau et de chaleur, et cet état peut néanmoins se prolonger pendant un temps fort long (*voy.* LIPOTHYMIE).   L. DE LA C.

MORT (hist.). La mort a de tout temps fait une profonde impression sur l'esprit des hommes. Devant la certitude d'une séparation éternelle, l'homme n'a plus d'autre consolation que l'espérance; il se persuade qu'il reverra celui qu'il a aimé, il tremble de retrouver celui qu'il a persécuté. Cette révélation instinctive de l'immortalité de l'âme a exercé une grande influence sur les idées religieuses de tous les peuples, et c'est pour cette raison que dans l'antiquité païenne un certain culte s'était établi pour les morts. Chez les Hébreux, lorsqu'un homme mourait soit dans une maison, soit sous une tente, les personnes qui s'y trouvaient, aussi bien que tous les meubles, contractaient une souillure de sept jours (Nomb. XIX, 14, 15). Tous ceux qui à la campagne touchaient le corps d'un mort, ses os, ou même son sépulcre, étaient également impurs pendant sept jours. Cette souillure ou cette impureté se lavait, avant la destruction du Temple, en prenant de la cendre de la vache rousse que l'on jetait dans un vase plein d'eau, et un homme exempt de souillure trempant un bouquet d'hy-

sope dans cette eau en arrosait les meubles, etc. Il fallait ensuite que celui qui avait contracté cette souillure se baignât le corps et lavât ses habits le septième jour. Selon les rabbins, le corps mort d'un Israélite seulement souillait, car, pour ceux des gentils, ils souillent, pendant leur vie, disaient-ils, ceux qui les approchent, mais, après leur mort, leur corps n'imprime aucune impureté. Les Israélites au contraire exhalent une odeur de pureté pendant leur vie; mais, après leur mort, leur âme les ayant quittés, ils répandent l'infection et la souillure (Nicolaï, *De sepulchr. Hebr.*). Depuis qu'on ne fait plus le sacrifice de la vache rousse, ces règles ne s'observent plus, et les Juifs ne se tiennent plus pour souillés par le contact d'un mort.

Outre certaines coutumes pratiquées par les habitants de l'Égypte, ce peuple avait établi des lois pénales que l'on faisait subir à la mémoire des morts; la privation de sépulture était considérée comme la peine la plus infamante. Dans ce pays, personne ne pouvait se flatter d'être enseveli qu'en vertu d'un décret public et solennel. Le tribunal d'où émanaient ces arrêts redoutables était composé de quarante juges. Dès qu'un homme était mort, on allait leur annoncer le temps où on comptait pouvoir lui rendre les honneurs funèbres. Le jour marqué, les juges se réunissaient et la loi permettait à tout le monde de venir porter ses plaintes contre le mort. S'il était convaincu d'avoir mal vécu, on lui refusait la sépulture; si, au contraire, il n'y avait aucun reproche contre sa mémoire, on l'ensevelissait honorablement. Ce qu'il y avait de plus étonnant et de plus admirable dans cette enquête publique, c'est que le trône n'en mettait pas les rois à couvert. Tant qu'ils vivaient, ils étaient profondément respectés, mais, une fois morts, ils étaient, comme le citoyen le plus obscur, soumis au jugement du tribunal. Les Hébreux adoptèrent probablement cet usage, car nous voyons dans les Paralipomènes que les rois dont la conduite avait été mauvaise n'étaient point ensevelis dans les tombeaux de leurs ancêtres. Josèphe nous apprend qu'il en était encore de même du temps des Asmonéens.

En Grèce, le mort était exposé dans sa demeure, et ne pouvait être enterré que le lendemain de son exposition. Une femme de moins de soixante ans ne pouvait entrer dans la maison mortuaire. A la mort de tout individu on payait à la prêtresse de Minerve, résidant dans la citadelle, un *chœnix* d'orge, un de froment et une obole. Il était interdit de mal parler d'un mort, lors même qu'on aurait été insulté par ses enfants. — Les Romains brûlaient les morts, se persuadant qu'il importait à l'âme que son corps fût promptement détruit. (*Voir* BUCHER, DEUIL, FUNÉRAILLES.) AD. DE P.

MORT (*myth.*). Les Grecs ne représentaient point comme nous la mort par un hideux squelette, mais comme un frère jumeau du sommeil. Sur le coffre de Cypselus, placé dans le temple de Junon à Élis, on voyait la nuit tenant sur ses bras deux enfants endormis et les jambes croisées; l'un blanc était le sommeil; l'autre noir, la mort. On la retrouve sous cette même forme sur un grand nombre de tombeaux. Elle tenait ordinairement une torche renversée. Horace la dépeint avec des ailes noires. Dans les épitaphes, elle était invoquée par ces mots : *au sommeil éternel*. On retrouve cependant sur plusieurs monuments anciens la tête de mort symbolique. Cette divinité n'avait ni temples ni autels. On lui sacrifiait le coq comme à la nuit sa mère. Les seuls habitants de Cadix, selon Eustathe et Denys Périégète lui avaient élevé un autel. Une tradition, conservée par Phérécide, nous montre la Mort enchaînée par Sisyphe qui, pour expier cet attentat, fut condamné par Pluton à rouler sans fin un rocher.

MORT et **MORT CIVILE** (*jurisp.*). C'est la mort qui fixe définitivement l'état des biens et des dettes d'une personne ; c'est à sa mort que s'ouvrent tous les droits subordonnés à son décès. La loi distingue la *mort naturelle* et la *mort civile*, nous ne nous occuperons ici que de la seconde, renvoyant pour l'autre aux mots DÉCÈS, SUCCESSION, PEINE de *mort*.

La mort civile est une fiction de la loi, dont le principe remonte à la jurisprudence romaine, et par laquelle un homme vivant est réputé mort quant aux droits civils. Elle n'est point une peine en elle-même, mais la conséquence de certaines condamnations qui la produisent, sans même la prononcer ; telles sont les condamnations à la peine capitale, aux travaux forcés à perpétuité, à la déportation. Un instant, la mort civile fut établie en France comme peine principale contre les Français naturalisés en pays étrangers et qui n'obéissaient pas à l'ordre de rappel ; mais en 1814 fut abrogé le décret de 1809 qui n'avait édicté cette peine que sous la préoccupation de raisons politiques. Le point de départ de la mort civile varie selon qu'il s'agit de *condamnations contradictoires* ou *par contumace*. A l'égard des premières, elle est encourue du jour et seulement du moment même de l'exécution. A l'égard des secondes prononcées hors la présence de l'accusé, elle ne commence à produire ses effets qu'après les cinq années qui suivent l'exécution par effigie, c'est-à-dire l'exposition publique au carcan, d'une pancarte clouée au poteau à la place du condamné absent, et portant en gros caractères ses noms et l'objet de sa condamnation ; ce mode d'exécution subsista jusqu'en 1849, bien que l'exposition de la personne du condamné eût été révolutionnairement abolie en 1848. En 1850, au moment où il s'agissait d'exposer en effigie de nouveaux condamnés politiques, l'Assemblée législative décréta l'abolition de ce mode d'exécution le déclarant contraire à nos mœurs actuelles, et le remplaça, pour faire courir les délais en faveur du contumax, par l'affichage et la notification de l'arrêt au dernier domicile du condamné. Si, pendant cette période de cinq années, le condamné vient à mourir, après s'être présenté ou après avoir été arrêté, mais avant le jugement contradictoire, la mort civile ne l'atteint pas, il meurt dans l'intégrité de ses droits. Si, au contraire, il ne se représente qu'après les cinq années de faveur, les effets produits par la mort civile subsistent pour tout le temps qui s'est écoulé depuis l'expiration des cinq ans jusqu'au jour de sa comparution en justice. Enfin, après 20 ans, la mort civile est irrévocablement encourue, le condamné ne peut prétendre être réintégré dans ses droits que pour l'avenir.

Les effets de la mort civile sont de priver le condamné de tous les droits civils, même de ceux qui ne lui ont pas été nominativement interdits par la loi. Le condamné perd la propriété de tous les droits qu'il possédait ; sa succession est ouverte au profit de ses héritiers auxquels ses biens sont dévolus de la même manière que s'il était mort naturellement et sans testament, il perd aussi tous ses droits d'usufruit et d'usage ; il cesse d'être associé ou mandataire ; il ne peut ni recueillir par succession, ni recevoir entre-vifs ou par testament, si ce n'est pour cause d'aliments. La mort civile rompt également tous les liens de parenté civile, fait perdre la puissance paternelle et la puissance maritale, rend incapable d'adopter ou de contracter un mariage qui produise aucun effet civil. La mort civile emporte la dégradation civique, exclut de toutes fonctions, emplois ou offices publics, prive du droit de vote, d'élection, d'éligibilité, du droit de port d'armes, de celui de servir dans les armées françaises, de tenir école, d'enseigner ou d'être employé dans aucun établissement d'instruction, d'être juré, expert, arbitre, témoin dans les actes ou en justice, à moins que ce ne soit pour y donner de simples renseignements ; du droit de faire partie d'aucun conseil de famille, d'être tuteur, curateur, subrogé-tuteur ou conseil judiciaire, même de ses propres enfants. Le mort civilement ne peut procéder en justice que sous le nom et par le ministère d'un curateur spécial ; mais il conserve tous les droits qui dérivent du droit naturel et du droit des gens : ainsi il a la faculté d'acquérir, de posséder, de faire le commerce, seulement les biens qu'il peut acquérir appartiennent à l'État par droit de déshérence. — La mort civile cesse 1º par la restitution légale, soit qu'une nouvelle disposition légale la fasse cesser à l'égard de certaines personnes atteintes par la loi antérieure, soit que le condamné contumax se constitue prisonnier ; 2º par la grâce, soit qu'elle fasse remise entière de la condamnation, soit qu'elle la commue en une autre peine n'emportant pas mort civile. AD. ROCHER.

MORTS (FÊTE OU COMMÉMORATION DES). Tous les peuples de l'antiquité admettaient un lieu de purification pour les âmes qui n'avaient pas expié leurs fautes en ce monde, et les païens, pour hâter la délivrance de ces âmes, adressaient des supplications à leurs dieux, leur offraient des oblations et des sacrifices. Cette pratique pieuse était aussi observée par les juifs, et Judas Machabée (chap. XII), après une longue suite de victoires, envoya douze mille drachmes d'argent à Jérusalem, afin qu'on fît des sacrifices pour les péchés de ceux qui étaient morts. L'Évangile parle d'une prison dans l'autre vie, d'où l'on ne sortira qu'autant qu'on aura payé jusqu'à la dernière obole. Or, cette prison, l'Église l'appelle le purgatoire (*voy.* ce mot). Le divin fondateur du christianisme a fait un devoir du culte des morts, car ce devoir sacré découle nécessairement du grand précepte de charité, qui résume toute l'économie de notre religion. Aussi, depuis les apôtres jusqu'à nous, la prière pour les morts a toujours été considérée comme un acte de charité éminemment chrétien et un point capital de la doctrine. Tous les Pères et les docteurs les plus voisins des temps apostoliques sont unanimes sur ce point. Nous en trouvons un exemple touchant dans l'oraison funèbre prononcée par saint Ambroise sur la mort de l'empereur Valentinien. Saint Césaire, évêque d'Arles, dit dans une de ses homélies, que pour les péchés légers que nous n'avons pas expiés dans cette vie par la pénitence, nous en serons purifiés dans l'autre vie, par le feu dont parle saint Paul (épît. I aux Corinth.) qui *mettra à l'épreuve l'ouvrage de chacun.* C'est conformément à ces principes, fondés, comme on voit, sur l'Écriture - Sainte , que les *constitutions apostoliques,* attribuées à saint Clément, ordonnent de chanter des psaumes en conduisant les corps des morts au tombeau, de célébrer leur anniversaire par les mêmes chants, par des lectures pieuses, par des aumônes, etc. C'est pour-

quoi ces anniversaires ou commémorations générales étaient devenus un usage répandu dans toutes les églises à des époques que chacune d'elles déterminait, tant en Orient qu'en Occident. Ce fait explique pourquoi le pape Grégoire III qui occupait le trône pontifical au VIIIe siècle, dans une épitre adressée à saint Boniface, apôtre de l'Allemagne, ordonna que le sacrifice de la messe serait offert pour tous ceux qui, nouvellement convertis, mouraient avec des sentiments de foi, et c'est de cette circonstance que naquit l'institution légale de la fête générale des morts, autrefois nommée avec plus d'exactitude, *fête des âmes.* Dans le siècle suivant, saint Odilon, abbé de Cluny, établit en 998 la commémoration solennelle de tous les trépassés dans son abbaye et dans tous les monastères de sa filiation. Il fixa cette solennité au deuxième jour de novembre, et prescrivit qu'on ferait un office spécial pour le repos des âmes des fidèles et que toutes les messes seraient célébrées à cette fin, etc. Peu après, toute l'Église d'Occident adopta la fête générale des âmes, et le concile d'Oxford, tenu en 1222, la déclara de seconde classe ; il permit en effet qu'on pût vaquer à certains travaux nécessaires. Les Grecs-unis aussi bien que les Grecs schismatiques, les Coptes, les Éthiopiens, les Jacobites, les Nestoriens, font aussi mémoire des morts, dans la messe de leur rit. En un mot, il n'existe aucune liturgie, quelque ancienne qu'elle soit, où la commémoration générale pour les morts n'occupe une place distincte. Quant à l'Église catholique, cette mère pleine de sollicitude pour ses enfants, elle ne cesse d'invoquer pour eux les miséricordes divines. Dans toutes ses messes, il y a un *memento* pour les morts et aux messes à leur intention propre, du rit solennel majeur, outre le *canon,* l'introït, la collecte, le graduel, le trait, l'offertoire, la secrète, la préface, la post-communion, sont encore des prières pour les morts.

MORTAGNE : ville de France, chef-lieu d'arrondissement dans le département de l'Orne, à 36 kil. E. d'Alençon et à 148 S.-O. de Paris, avec une population de plus de 5,000 habitants. Elle doit son origine à un château-fort dont Yves de Bellesme était seigneur en 968 ; Robert Ier, roi de France, s'en empara en 987. Henri IV y livra, en 1590, un combat sanglant aux Ligueurs. Mortagne, qui a toujours ambitionné le titre de capitale du Perche, s'est fait gloire d'avoir vu naître Catinat. Elle possède un hôpital fondé en 1523 par Marguerite de Lorraine, et un grand nombre de fabriques de toiles de toutes sortes, surtout pour les colonies et pour l'entoilage des draps ; elle en livre annuellement au commerce 12,000 pièces de 80 à 100 aunes. On y trouve, en outre, des fabriques de calicot, de faïence et des tanneries; il s'y fait un commerce fort actif en chanvre et en chevaux. — *L'arrondissement* de Mortagne renferme 11 cantons, Mortagne, Bazoche, Bellesme, l'Aigle, Longny, Moulins-la-Marche, Nocé, Pervenchères, Remalard, le Theil, Tourouvre, subdivisés en 170 communes avec une population totale d'environ 127,000 habitants.

MORTAILLABLES. On appelait ainsi dans l'ancien droit coutumier une sorte de serfs tellement attachés à la glèbe qu'ils ne pouvaient abandonner les terres qu'ils tenaient des seigneurs pour les cultiver, sans le consentement de celui de qui ils avaient reçu cet héritage. En plusieurs endroits, ils étaient *taillables* envers leur seigneur pendant leur vie, de taille abonnée ou à plaisir (*voy.* TAILLE) et à volonté. Même après leur décès, ils étaient encore taillables, dans quelques coutumes, quand ils décédaient sans enfants légitimes et de leur condition, c'est-à-dire que le seigneur, haut justicier, prenait tous leurs biens et excluait les autres proches parents. Ils étaient donc *mortaillables*, mot énergique, parce qu'ils dépendaient de leur seigneur et lui étaient assujettis jusqu'à la mort. Ils n'avaient pas la liberté de disposer de leurs biens à son préjudice, et s'ils commettaient un crime capital, ou emportant confiscation de biens, le seigneur avait cette confiscation, à l'exclusion même du roi, excepté pour le crime de lèse-majesté. — On appelait *mortaille* le droit qu'avait le seigneur de succéder à son serf décédé sans parents connus. Les coutumes de Bourgogne, de Berry, d'Auvergne, du Nivernois et de Chaumont en Bassigny contenaient surtout plus ou moins ces dispositions rigoureuses.

MORTAIN : ville du département de la Manche, chef-lieu d'arrondissement, sur la Cance, à 31 kilom. E. d'Avranches, avec une population de 2,500 habitants environ. Cette ville très ancienne avait autrefois le titre de comté et figurait avantageusement comme place forte. Elle possède une source d'eau minérale. — *L'arrondissement* de Mortain est divisée en huit cantons, Barenton, Isigny, Juvigny, Saint-Hilaire-du-Harcouet, Saint-Pois, Sourdeval-de-la-Barre, le Teilleul, comprenant dans 73 communes une population de 75,000 habitants environ.

MORTAISE (*techn.*) : cavité pratiquée dans le bois, dans le fer, dans la pierre, à l'aide de ciseaux, de tarières, de forets ou de trépans. En général, les mortaises sont disposées pour recevoir des tenons, parties saillantes de dimensions correspondantes et qui y sont retenues par des chevilles traversant en même temps les deux joues ou grands côtés : elles sont le plus souvent à quatre côtés parallèles, et plus longues que larges; cependant on les fait quelquefois, comme dans le charronnage, en demi-cercle à leurs deux extrémités.

MORTALITÉ (*statistique*). Du point de vue où nous allons envisager ce mot, nous le définirons en disant que c'est l'expression de la quantité relative d'individus qui, sur une population donnée, cessent de participer aux phénomènes de la vie, après une certaine durée de temps. L'homme peut par ses passions et ses folies hâter l'instant de sa mort, car, l'observation l'a établi d'une manière irrécusable, et les faits que nous produirons le démontreront, ce n'est pas la mort naturelle qui fait le plus de victimes; tout au contraire elle est relativement très rare, et cette rareté, remarquons-le dès à présent, est en raison directe du degré de civilisation auquel les individus comme les populations sont parvenus. Les maladies, qu'on pourrait en quelque sorte nommer artificielles, c'est-à-dire celles nées de l'abus des facultés et des sens que l'homme a reçus de Dieu, et parmi lesquelles il faut placer les maladies du système nerveux, des organes de la respiration, de la circulation et de la génération, sont celles qui moissonnent avant l'âge le plus d'existences. Une plus sage modération dans les désirs, une économie de la vie mieux entendue, des travaux moins excessifs, une hygiène publique et privée mieux combinée, une alimentation meilleure, une plus grande tempérance, telles sont la plupart des conditions, d'une réalisation facile d'ailleurs, au moyen desquelles les individus et les gouvernements peuvent parvenir à rendre plus favorables les chances de vie que Dieu a accordées à l'homme. L'observation des causes directes qui agissent sur la mortalité des populations est donc une étude tout à la fois pleine d'intérêt et d'enseignements profitables. Cependant il en est peu qui aient été l'objet de moins de recherches sérieuses, et en ce moment encore, malgré d'utiles et consciencieux travaux entrepris depuis plusieurs années dans les diverses contrées de l'Europe et de l'Amérique, il faut avouer qu'une partie des observations recueillies manquent encore de la précision et de l'exactitude qu'on peut raisonnablement espérer d'obtenir. Quoi qu'i en soit nous allons exposer rapidement les faits principaux qui ont été recueillis et qui méritent le plus de confiance.

FRANCE. Le dernier recensement officiel opéré, en exécution de l'ordonnance du 30 janvier 1847, a constaté que le chiffre total de la population était, en 1846, de 35,401,761. En prenant le relevé des décès de chacune des dix dernières années on trouve les résultats suivants :

	Décès masc.	Décès fémin.	TOTAL.
1838	426,899	419,300	846,199
1839	391,765	388,335	780,600
1840	410,853	405,633	816,486
1841	409,128	395,634	804,762
1842	422,999	413,153	836,152
1843	406,432	405,003	811,435
1844	388,913	387,613	776,526
1845	377,055	377,646	754,701
1846	416,656	414,842	831,498
1847	429,062	426,964	856,026
Moyenne. .	467,976	403,462	814,438

ce qui donne sur 100 individus vivants 2,32 décès masculins, 2,25 décès féminins, et 2,27 pour la moyenne des décès des deux sexes, ou 1 décès par chaque groupe de 43 hommes vivants, et de 44 femmes. La mortalité des hommes excède donc constamment celle qui atteint l'autre sexe. C'est un fait que confirment toutes les observations recueillies dans les diverses contrées de l'Europe. Un autre fait attesté par une longue expérience, mais dont on ne trouve pas la preuve dans nos publications officielles, c'est l'excès de la mortalité de la population des villes sur celle des campagnes. Dans les pays où les investigations de l'administration se sont portées sur l'étude de ce fait, on a établi d'une manière irrécusable que la mortalité est en raison directe et progressive du plus ou moins de densité des populations; mais en même temps, et ceci doit rassurer les habitants de nos grandes villes, il a été constaté que l'influence de l'agglomération de la population peut être victorieusement combattue par une hygiène publique bien entendue, par des soins continus de propreté, par une alimentation substantielle, par l'établissement dans les villes de vastes places et de jardins; enfin par un bon système de voirie sévèrement maintenu. L'Angleterre et d'autres pays de l'Europe nous fourniront quelques chiffres qui ne laisseront aucun doute à cet égard. — Un autre point sur lequel les publications officielles sont demeurées muettes jusqu'ici, c'est la connaissance du rapport entre elles des diverses catégories de maladies suivies de mort. On ne connaît que les chiffres fournis par la population de la ville de Paris, et suivant une division pathologique sur laquelle il pourrait y avoir beaucoup à dire. Ces chiffres apprennent que les maladies qui ont fait le plus de ravages sont celles que la nomenclature officielle désigne sous le titre vague d'inflammations, et qui comprennent pêle-mêle les affections les plus diverses, depuis le furoncle jusqu'au catarrhe pulmonaire, la va-

riole et la goutte. Cette catégorie a enlevé, dans une période de six ans, 6,519 individus en moyenne. Après les inflammations viennent les lésions organiques qui, durant la même période, ont fait chaque année, en moyenne, 2,835 victimes; puis les névroses qui ont enlevé 2,771 malades; les morts subites et spontanées et les affections gangréneuses, qui comptent pour 1,230 décès dans le chiffre total de la mortalité. Les autres maladies présentent dans chacune de leurs divisions des nombres trop peu considérables pour qu'il nous paraisse utile de les rapporter. Les décès constatés dans les hospices ou les hôpitaux, et parmi les enfants trouvés, pendant la période décennale de 1826 à 1835, donnent pour les hospices une moyenne de 10,50 sur 100 pensionnaires, pour les hôpitaux 7,60 sur 100 malades, et pour les enfants trouvés 24,90 sur 100. Il convient de remarquer, toutefois, que ces chiffres, qui tendaient dès cette époque à diminuer, ont depuis continué leur marche décroissante. Les individus détenus dans les maisons centrales ont subi une mortalité moyenne d'environ 7 p. % de leur population totale; et ceux des bagnes de 4,72 p. %. Il est très regrettable que toutes les observations soient d'une date déjà ancienne. L'administration qui, en 1837, a publié le volume de statistique dont nous avons extrait les chiffres qui précèdent, n'a pas cru devoir encore donner suite à cette publication. Nous savons que le ministère de l'intérieur se propose de faire imprimer quelques uns des résultats obtenus par M. Legoyt, chef au bureau de la statistique générale. Il est extrêmement désirable que ces travaux soient prochainement livrés à la publicité.

GRANDE-BRETAGNE. — Aux termes de l'acte 6 et 7 Will. IV, cap. 86, adopté en 1836, il a été créé une administration chargée spécialement de recevoir et de conserver les actes de l'état civil passés en Angleterre et dans le pays de Galles. L'Irlande et l'Écosse ont conservé le bénéfice de leurs constitutions particulières. Cette administration est dirigée par un fonctionnaire qui prend le titre de *Registrar general of Births, Deaths and Marriages.* Il a sous ses ordres des agents placés aux chefs-lieux des comtés et dans les districts. Les observations déduites des faits recueillis chaque année ont été consignées dans une série de dix rapports, accompagnés d'annexes dont l'étude est pleine d'intérêt. Nous allons résumer très sommairement les principaux de ces faits. — La population totale du Royaume-Uni s'élevait, en 1841, à 27,019,000 âmes. Pour l'Angleterre seule et le pays de Galles, elle atteignait, à l'époque du 30 juin de cette même année, plus de 15,900,000 âmes.

L'accroissement annuel est exprimé par la quantité de 1,335 p. %. Sur cette population on a compté :

En 1838　342,760 décès ou 2,240 p. %
　1839　338,984　　　　　2,188 id.
　1840　359,687　　　　　2,290 id.
　1841　343,847　　　　　2,161 id.
　1842　349,519　　　　　2,167 id.
　1843　346,445　　　　　2,120 id.
　1844　356,933　　　　　2,155 id.
　1845　349,366　　　　　2,082 id.
　1846　390,316　　　　　2,296 id.

Moyen. an. 353,082　　　2,189 p. % ou 1 sur 46

Mais il convient de distinguer la proportion pour 100 des décès de chaque sexe. Voici cette distinction pour chacune des années de 1838 à 1846.

	1838	1839	1840	1841	1842	1843	1844	1845	1846
Homm.	2,340	2,279	2,375	2,238	2,239	2,198	2,236	2,163	2,370
Femm.	2,140	2,096	2,205	2,083	2,095	2,041	2,074	2,001	2,210

Ce fait constant de la supériorité des décès masculins sur les décès féminins est conforme à ce que nous avons observé plus haut pour la France. Un point sur lequel le *Registrar general* porte dans chacune de ses publications une attention soutenue, c'est la connaissance des causes qui ont amené les décès constatés. Le tableau suivant fera connaître, d'une part, le nombre d'individus enlevés par chacune des grandes catégories de maladies, et d'autre part, la proportion des morts aux vivants.

CAUSES DES DÉCÈS.	TOTAL DES DÉCÈS ANNUELS.					NOMBRE DE DÉCÈS SUR 1 MILLION DE VIVANTS.				
	1838.	1839.	1840.	1841.	1842.	1838.	1839.	1840.	1841.	1842.
Montant total des décès..............	342,529	338,979	359,561	343,847	349,519	22,380	21,856	22,878	21,589	21,654
Causes de décès connues.............	330,559	330,497	351,757	336,664	342,774	»	»	»	»	»
Maladies épidém., endém. et contagieuses.	67,877	65,343	76,064	63,148	64,295	4,526	4,321	4,947	4,049	4,062
MALADIES SPORADIQUES :										
— des organes de la respiration.........	90,825	90,565	92,907	92,183	99,994	6,149	8,989	6,043	5,911	5,875
— du système nerveux...............	49,704	49,215	50,768	49,593	50,625	3,365	3,235	3,302	3,180	3,198
— dont le siège est incertain ou variable.	44,232	46,362	48,396	48,083	49,216	2,995	3,066	3,148	3,082	3,109
— Vieillesse......................	35,564	35,063	36,793	37,253	37,819	2,408	2,319	2,393	2,389	2,389
— des voies digestives...............	19,306	20,767	22,525	22,398	23,587	1,307	1,373	1,465	1,436	1,490
— Causes extérieures (asphyxie, empoisonnements, blessures)............	12,055	11,890	11,922	11,468	11,338	816	783	775	735	716
— des organes de la circulation........	3,592	3,788	4,370	4,546	4,925	241	250	284	292	311
— des organes de la génération........	3,263	3,412	3,625	3,535	3,340	221	226	236	228	211
— des organes de la locomotion........	2,102	2,020	2,167	2,289	2,272	142	134	141	147	144
— des voies urinaires...............	1,651	1,534	1,697	1,630	1,866	112	101	110	106	118
— du système tégumentaire...........	420	448	525	528	497	28	30	34	34	31

Ce tableau n'a pas besoin d'explication ; ses chiffres sont suffisamment éloquents ; ils montrent, par exemple, quels déplorables effets le climat anglais produit sur les organes de la respiration, en enlevant chaque année, par les seules maladies de ces organes, plus de 6 individus sur 1,000 vivants. Un autre point encore que le chef de l'état civil en Angleterre ne cesse de recommander à l'attention publique, en faisant remarquer avec insistance que les faits qu'il signale ne sont point le résultat d'une loi fatale et inévitable, mais qu'ils peuvent être notablement améliorés, c'est l'énorme disproportion qui existe entre les villes manufacturières et les localités agricoles. Dans son 5e rapport il entre dans de longs et intéressants développements sur ce sujet, et prenant pour types opposés la ville de Manchester, et la partie de Surrey qui n'est pas comprise dans la métropole, il montre que sur 100,000 enfants naissant le même jour dans chacune de ces localités, il n'en reste plus à l'âge de 10 ans que 48,211 à Manchester, que 40,349 à 30 ans, que 25,878 à 50 ans, et que 8,373 à 70 ans, tandis qu'aux mêmes âges Surrey compte encore 75,423, 65,559, 52,060 et 28,038 individus. —Quant à l'influence relative des saisons sur la santé publique, toutes les observations démontrent que c'est en hiver que la mortalité est la plus élevée ; le printemps vient ensuite, puis l'automne et enfin l'été. C'est certainement aux souffrances et aux privations que l'hiver impose aux classes pauvres qu'il faut attribuer la supériorité fatale de cette saison. Voici la moyenne des décès relevés dans les saisons de chacune des quatre années 1838 à 1841 : hiver 96,441 ; printemps 88,812 ; automne 84,666 ; été 76,333.

Irlande. On ne possède sur ce pays que de très incomplets renseignements. Aucune disposition législative n'ordonne la tenue de registres de l'état civil pour la constatation des naissances et des décès ; en sorte que tout ce que l'on sait d'une manière certaine, c'est qu'en 1841 la population de l'île était de 8,175,124 habitants, et qu'elle paraissait s'accroître avec une grande

AGES.	Breslaw. Table de Halley.	Londres. Table de Smart rectifiée par Simpson.	Annuitaires de Hollande. Table de Kerseboom.	Tontiniers de France. Table de Deparcieux.	Suède. Table de Wargentin.	Vienne. Table de Sussmich	Berlin. Table de Sussmich	Brandebourg. Table de Sussmich	PARIS et Banlieue. Table de Buffon rectifiée par St-Cyran	CANTON de Vaud. Table de Muret.	Northampton. Table de Price.	France. Table de Duvillard.
0	»	1,200	1,400	»	1,000	1,495	1,427	1,000	23,994	1,000	11,650	10,000
1	1,000	870	1,125	»	780	843	903	775	17,540	811	8,650	7,675
2	855	700	1,075	»	730	706	752	748	15,452	765	7,283	6,718
3	798	635	1,030	1,000	693	645	691	687	14,177	755	6,781	6,247
4	760	600	993	970	674	599	618	664	13,477	715	6,446	5,987
5	732	580	964	948	656	566	575	642	12,968	701	6,249	5,832
6	710	564	947	950	644	536	552	632	12,562	688	6,055	5,730
7	692	551	930	915	634	516	536	607	12,255	677	5,925	5,653
8	680	541	913	902	625	505	523	595	12,015	667	5,815	5,602
9	670	532	904	890	618	496	514	585	11,878	659	5,735	5,555
10	661	524	895	880	611	489	507	577	11,766	653	5,675	5,511
11	653	517	886	872	608	483	502	570	11,662	648	5,625	5,469
12	646	510	878	866	602	478	498	564	11,586	643	5,575	5,426
13	640	504	870	860	597	473	494	559	11,478	643	5,573	5,385
14	634	498	863	854	594	467	490	554	11,390	639	5,525	5,357
15	628	492	856	848	590	461	486	549	11,305	634	5,475	5,290
16	622	486	849	842	586	455	482	544	11,216	626	5,375	5,240
17	616	480	842	835	582	448	477	539	11,129	622	5,320	5,189
18	610	474	835	828	578	442	472	535	11,093	618	5,262	5,155
19	604	468	826	821	574	436	467	531	10,909	614	5,199	5,079
20	598	462	817	814	570	430	461	527	10,786	610	5,132	5,022
21	592	455	808	806	565	425	455	522	10,654	606	5,060	4,963
22	586	448	800	798	560	420	449	517	10,514	602	4,985	4,905
23	580	441	792	790	555	415	443	512	10,370	597	4,910	4,841
24	574	432	783	782	551	409	436	507	10,226	592	4,835	4,777
25	567	425	772	774	546	403	428	502	10,081	587	4,760	4,714
26	560	418	760	766	541	397	421	493	9,986	582	4,685	4,649
27	553	410	747	758	535	391	413	485	9,794	577	4,610	4,585
28	546	402	735	750	530	384	405	476	9,642	572	4,535	4,519
29	539	394	723	742	525	377	394	469	9,460	567	4,460	4,449
30	531	385	711	734	519	370	385	463	9,344	563	4,385	4,382
31	523	376	699	726	513	364	376	452	9,195	558	4,310	4,314
32	515	367	687	718	507	358	368	477	9,045	555	4,235	4,246
33	507	358	675	710	501	353	361	461	8,872	548	4,160	4,177
34	495	349	665	702	495	347	354	467	8,698	544	4,083	4,109
35	490	340	655	694	488	340	347	462	8,524	539	4,010	4,040
36	481	331	645	686	482	332	339	456	8,350	533	3,935	3,971
37	472	322	635	678	477	324	330	450	8,176	527	3,860	3,902
38	463	313	625	671	471	316	320	444	7,962	520	3,785	3,833
39	454	304	615	664	465	307	310	438	7,807	513	3,710	3,764
40	445	294	605	657	459	298	300	432	7,692	506	3,635	3,694
41	436	284	596	650	453	290	290	427	7,437	500	3,559	3,624
42	427	274	587	643	445	283	281	422	7,252	494	3,482	3,554
43	417	264	578	636	437	277	274	417	7,071	488	3,404	3,483
44	407	255	569	629	430	271	266	412	6,894	482	3,326	3,412
45	397	246	560	622	422	264	259	407	6,721	476	3,248	3,341
46	387	237	550	615	414	256	252	400	6,552	469	3,170	3,268
47	377	228	540	607	407	247	245	394	6,387	461	3,092	3,195
48	367	220	530	599	400	238	238	388	6,230	451	3,014	3,121
49	357	212	518	590	393	230	231	381	6,037	441	2,936	3,047
50	346	204	507	582	385	220	224	374	5,897	431	2,857	2,971
51	335	196	495	571	376	210	217	367	5,740	422	2,776	2,894
52	324	188	482	560	367	205	210	359	5,586	414	2,694	2,815
53	313	180	470	549	358	198	203	351	5,436	406	2,612	2,737
54	302	172	458	538	349	191	195	343	5,286	397	2,550	2,654
55	292	165	446	526	340	184	187	334	5,136	388	2,448	2,572
56	282	158	434	514	331	176	179	324	4,986	377	2,336	2,488
57	272	151	421	502	322	168	171	314	4,836	364	2,284	2,402
58	262	144	408	489	312	159	163	304	4,624	348	2,202	2,315
59	252	137	395	476	303	151	154	293	4,411	331	2,120	2,216
60	242	130	382	463	293	143	145	282	4,198	314	2,038	2,136
61	232	123	369	450	282	136	137	271	3,985	299	1,956	2,044
62	222	117	356	437	271	129	130	250	3,772	286	1,874	1,950
63	212	111	343	423	259	123	124	248	3,554	274	1,793	1,855
64	202	105	329	409	247	116	118	236	3,339	262	1,712	1,760
65	192	99	315	395	235	109	112	224	3,197	250	1,652	1,664
66	182	93	301	380	223	101	106	213	2,992	236	1,552	1,566
67	172	87	287	364	212	95	99	190	2,721	209	1,472	1,469
68	162	81	273	347	200	85	92	160	2,591	209	1,392	1,371
69	152	75	259	329	187	78	86	178	2,392	184	1,312	1,273
70	142	69	245	310	175	71	80	166	2,134	168	1,232	1,176
71	131	64	231	291	162	65	74	153	1,935	153	1,152	1,080
72	120	59	217	271	149	60	68	138	1,784	140	1,072	986
73	109	54	203	251	135	55	62	122	1,630	129	992	894
74	98	49	189	231	121	51	57	107	1,476	119	912	810
75	88	44	175	211	108	47	52	93	1,322	109	832	717
76	78	41	160	192	93	42	47	80	1,168	98	752	634
77	68	38	145	173	84	37	42	68	1,015	85	675	535
78	58	35	130	154	75	32	37	59	866	71	602	480
79	49	32	115	136	63	27	32	51	726	55	534	411
80	41	29	100	118	55	23	28	44	609	38	469	347
81	34	»	87	101	47	20	24	38	500	36	408	289
82	28	»	75	85	38	18	21	32	420	29	348	237
83	23	»	64	71	31	16	19	25	349	24	289	191
84	20	»	55	59	24	14	17	21	287	20	234	152
85	»	»	45	48	19	12	15	15	234	17	186	119
86	»	»	36	38	14	10	13	11	191	14	145	92
87	»	»	28	29	11	8	11	8	159	11	111	72
88	»	»	21	22	8	6	9	6	131	9	83	57
89	»	»	15	16	6	4	7	4	107	9	62	47
90	»	»	10	11	5	3	6	3	86	4	48	39
91	»	»	7	7	3	2	5	2	69	4	34	31
92	»	»	5	4	1	1	4	1	54	5	24	25
93	»	»	3	2	1	»	3	»	45	2	16	19
94	»	»	2	1	»	»	2	»	36	1	»	15
95	»	»	1	»	»	»	1	»	29	1	»	11
96	»	»	»	»	»	»	»	»	22	»	»	8
97	»	»	»	»	»	»	»	»	16	»	»	6
98	»	»	»	»	»	»	»	»	11	»	»	4
99	»	»	»	»	»	»	»	»	8	»	»	3
100	»	»	»	»	»	»	»	»	5	»	»	2
101	»	»	»	»	»	»	»	»	4	»	»	1
102	»	»	»	»	»	»	»	»	3	»	»	»
103	»	»	»	»	»	»	»	»	2	»	»	»
104	»	»	»	»	»	»	»	»	1	»	»	»
105	»	»	»	»	»	»	»	»	»	»	»	»

AGES.	Carlisle. Table de Milne.	Tontines anglaises. TABLES de M. Finlaison.		France. TABLE de M. de Monferrand.		TABLE dite Anglaise, de W. Farr.	North-ampton, Table de W. Farr.	Manchester Table de W. Farr.	Surrey. Table de W. Farr.	Liverpoo'. Table de M. Farr.	Londres. Table de M. Farr.	Belgique. Table de Quételet.
		Hommes.	Femmes.	Hommes.	Femmes.							
0	1,000	1,000	1,000	10,000	10,000	100,000	10,000	100,000	100,000	100,000	100,000	100,000
1	846	981	981	8,256	8,473	85,389	8,295	75,118	87,771	74,709	83,734	79,448
2	778	965	967	7,706	7,952	80,102	7,463	61,632	84,072	69,951	75,770	71,228
3	725	949	955	7,413	7,662	77,392	7,090	56,952	81,882	57,851	72,140	67,121
4	700	937	945	7,220	7,469	75,559	6,905	53,716	80,443	54,635	69,854	64,564
5	680	927	935	7,073	7,331	74,201	6,763	51,449	79,199	52,199	68,529	62,845
6	668	919	926	6,962	7,221	73,154	6,658	49,910	»	»	»	61,687
7	650	912	919	6,872	7,113	72,320	6,572	48,910	»	»	»	60,568
8	654	905	913	6,796	7,055	71,644	6,500	48,289	»	»	»	59,702
9	649	901	908	6,731	6,993	71,081	6,438	47,904	»	»	»	58,914
10	646	896	903	6,676	6,940	70,612	6,408	47,618	75,423	48,192	64,924	58,220
11	643	891	899	6,631	6,893	69,886	6,379	47,314	»	»	»	57,684
12	640	886	895	6,589	6,857	69,505	6,349	47,090	»	»	»	57,150
13	637	881	892	6,545	6,815	69,090	6,318	46,787	»	»	»	56,616
14	634	876	887	6,511	6,787	69,000	6,286	46,459	»	»	»	56,082
15	630	872	883	6,475	6,743	68,627	6,252	46,131	73,934	48,554	63,540	55,548
16	626	866	876	6,438	6,700	68,150	6,217	45,751	»	»	»	54,948
17	622	860	870	6,393	6,655	67,623	6,182	45,390	»	»	»	54,513
18	618	854	863	6,347	6,611	67,109	6,145	44,962	»	»	»	53,657
19	613	846	856	6,299	6,565	66,588	6,108	44,554	»	»	»	52,965
20	609	837	848	6,245	6,518	66,059	6,069	44,140	70,885	41,797	61,684	52,254
21	605	827	841	6,188	6,467	65,522	6,030	43,716	»	»	»	51,528
22	601	816	834	6,087	6,409	64,977	5,970	43,284	»	»	»	50,747
23	596	804	827	6,015	6,352	64,425	5,949	42,843	»	»	»	49,948
24	592	793	822	5,941	6,295	63,864	5,907	42,393	»	»	»	49,150
25	588	782	815	5,867	6,236	63,295	5,865	41,955	68,269	42,700	59,534	48,439
26	584	771	805	5,800	6,179	62,719	5,821	41,466	»	»	»	47,820
27	579	761	798	5,744	6,123	62,134	5,777	40,987	»	»	»	47,204
28	575	751	791	5,692	6,058	61,542	5,732	40,499	»	»	»	46,506
29	570	742	784	5,646	6,012	60,941	5,686	39,998	»	»	»	45,990
30	564	732	777	5,597	5,956	60,352	5,638	39,482	65,360	40,337	58,668	45,538
31	559	723	770	5,549	5,900	59,715	5,590	38,936	»	»	»	44,796
32	553	714	763	5,501	5,839	59,091	5,540	38,431	»	»	»	44,200
33	547	705	755	5,454	5,781	58,459	5,490	37,884	»	»	»	44,002
34	542	696	748	5,406	5,722	57,820	5,438	37,323	»	»	»	43,003
35	536	687	740	5,358	5,663	57,172	5,385	36,749	62,881	37,586	53,795	42,404
36	531	679	732	5,290	5,603	56,548	5,334	36,160	»	»	»	41,811
37	525	670	724	5,242	5,543	55,815	5,275	35,558	»	»	»	41,207
38	519	663	716	5,195	5,482	55,166	5,217	34,940	»	»	»	40,588
39	514	655	708	5,147	5,422	54,510	5,188	34,308	»	»	»	39,958
40	508	644	700	5,097	5,360	53,825	5,098	33,659	59,415	33,738	49,852	39,317
41	501	636	693	5,047	5,297	53,134	5,036	32,995	»	»	»	38,655
42	499	627	685	4,996	5,234	52,436	4,972	32,314	»	»	»	37,980
43	487	619	677	4,940	5,170	51,731	4,906	31,618	»	»	»	37,295
44	480	610	669	4,881	5,104	51,020	4,838	30,905	»	»	»	36,605
45	475	602	661	4,820	5,038	50,301	4,768	30,177	56,480	30,647	46,312	35,919
46	466	594	654	4,758	4,971	49,577	4,696	29,434	»	»	»	35,236
47	459	586	648	4,694	4,905	48,847	4,623	28,674	»	»	»	34,667
48	452	578	638	4,630	4,835	48,110	4,547	27,900	»	»	»	34,082
49	445	570	631	4,564	4,763	47,369	4,469	27,112	»	»	»	33,498
50	440	561	623	4,492	4,691	46,621	4,388	26,310	52,060	25,865	41,509	32,977
51	434	552	616	4,426	4,618	45,868	4,306	25,495	»	»	»	32,235
52	428	542	608	4,352	4,544	45,111	4,221	24,668	»	»	»	31,582
53	421	531	601	4,269	4,460	44,347	4,135	23,831	»	»	»	30,944
54	414	520	593	4,186	4,370	43,581	4,046	23,004	»	»	»	30,533
55	407	508	585	4,101	4,276	42,796	3,955	22,153	48,386	22,209	36,669	29,720
56	400	495	576	4,015	4,180	41,497	3,863	21,293	»	»	»	29,040
57	392	482	568	3,926	4,085	41,038	3,775	20,424	»	»	»	28,339
58	384	468	559	3,838	3,982	40,077	3,682	19,547	»	»	»	27,615
59	375	454	549	3,745	3,879	39,094	3,587	18,664	»	»	»	26,896
60	364	440	539	3,646	3,764	37,996	3,491	17,769	42,634	17,451	29,839	26,160
61	352	426	529	3,535	3,645	36,874	3,391	16,871	»	»	»	25,352
62	340	413	519	3,407	3,511	35,698	3,243	15,987	»	»	»	24,471
63	327	399	508	3,274	3,373	34,468	3,083	15,056	»	»	»	23,543
64	314	385	496	3,140	3,229	33,185	2,920	14,141	»	»	»	22,601
65	302	370	484	3,002	3,083	31,852	2,751	13,223	36,697	13,383	23,793	21,625
66	289	355	471	2,864	2,934	30,459	2,578	12,309	»	»	»	20,630
67	277	339	457	2,723	2,784	29,042	2,404	11,402	»	»	»	19,624
68	263	322	443	2,582	2,633	27,572	2,231	10,507	»	»	»	18,601
69	251	305	428	2,439	2,481	26,087	2,061	9,629	»	»	»	17,578
70	240	288	412	2,295	2,325	24,531	1,895	8,773	28,038	8,344	16,544	16,529
71	228	270	395	2,142	2,169	22,971	1,735	7,944	»	»	»	15,437
72	214	263	377	1,981	2,002	21,396	1,584	7,148	»	»	»	14,325
73	200	235	358	1,815	1,832	19,814	1,435	6,389	»	»	»	13,210
74	184	215	339	1,664	1,656	18,233	1,297	5,671	»	»	»	12,091
75	168	208	319	1,477	1,482	16,664	1,167	4,997	20,033	5,238	10,487	10,976
76	152	185	298	1,304	1,316	15,120	1,045	4,371	»	»	»	9,888
77	136	171	277	1,150	1,161	13,609	933	3,792	»	»	»	8,822
78	121	156	255	1,011	1,018	12,146	829	3,265	»	»	»	7,764
79	108	141	233	880	890	10,759	734	2,788	»	»	»	6,851
80	95	125	210	760	772	9,398	648	2,360	11,244	2,180	4,052	5,985
81	84	110	189	651	660	8,136	570	1,979	»	»	»	5,152
82	73	95	168	548	552	6,963	499	1,646	»	»	»	4,365
83	61	81	149	446	451	5,881	435	1,356	»	»	»	3,648
84	55	68	132	358	364	4,900	379	1,106	»	»	»	3,005
85	45	56	117	283	273	4,021	325	895	4,446	839	1,805	2,424
86	37	44	103	225	231	3,247	267	715	»	»	»	1,902
87	30	34	89	178	182	2,577	211	565	»	»	»	1,473
88	23	24	76	138	142	2,006	155	443	»	»	»	1,134
89	18	18	64	108	109	1,529	108	344	»	»	»	892
90	14	11	52	84	84	1,140	72	263	792	264	360	685
91	10	7	41	64	64	829	45	199	»	»	»	518
92	8	4	30	49	49	597	26	150	»	»	»	391
93	5	3	21	35	36	405	14	111	»	»	»	276
94	3	1	8	27	27	270	7	81	100	74	67	195
95	3	»	8	19	19	174	3	59	»	»	»	131
96	2	»	»	13	13	110	1	42	»	»	»	88
97	2	»	»	8	8	68	»	29	»	»	»	62
98	1	»	»	4	4	42	»	21	»	»	»	40
99	1	»	»	2	2	25	»	14	»	»	»	25
100	»	»	»	1	1	16	»	9	15	23	9	12
101	»	»	»	»	»	10	»	6	»	»	»	8
102	»	»	»	»	»	6	»	4	»	»	»	5
103	»	»	»	»	»	4	»	3	»	»	»	2
104	»	»	»	»	»	2	»	2	»	»	»	2
105	»	»	»	»	»	1	»	1	»	»	»	1

rapidité. — *Ecosse.* Les renseignements manquent également pour cette partie du royaume-uni. L'absence de toute disposition législative laisse l'état civil dans le désordre le plus complet. On ne connaît avec quelque certitude que le chiffre de la population totale qui s'élevait en 1841 à 2,620,184. Elle paraît s'accroître avec une rapidité moins grande que celle de l'Angleterre et de l'Irlande.

SUÈDE. C'est à ce pays, et grâce à l'ordre remarquable introduit depuis une époque déjà ancienne dans la tenue des registres de son état civil, que l'on doit les meilleurs travaux dont la vie et la mortalité humaine aient été l'objet. En 1835, sa population totale s'élevait à 3,025,439 habitants, divisés en 1,461,577 individus du sexe masculin, et 1,563,862 du sexe féminin. Les décès ont été en moyenne annuelle :

	hommes.	femmes.	en total.
de 1796 à 1805 :	29,545	29,321	58,867
de 1816 à 1825 :	30,827	29,796	60,623
de 1826 à 1835 :	35,548	33,963	69,511

ce qui donne pour la première période 2,504 décès sur 100 vivants; pour la seconde période 2,316 %, et pour la troisième 2,398 %. La différence signalée en Angleterre entre la mortalité des campagnes et celle des villes se retrouve en Suède. Ainsi, tandis que dans les localités agricoles le rapport des décès aux vivants est exprimé pour les hommes par la quantité 1,859 %, et pour les femmes par celle 1,690, ce rapport se trouve être à Stockholm pour les hommes 3,756 et pour les femmes 2,566, et dans les autres villes du royaume 2,476 et 2,216. Quant à l'influence des saisons sur la mortalité, elle diffère un peu de celle remarquée en Angleterre. C'est en Suède le printemps qui cause le plus de décès; l'hiver vient ensuite, puis l'automne et enfin l'été. Voici les chiffres moyens annuels pour la période quinquennale de 1831 à 1835 : printemps, 16,027; hiver, 14,339; automne, 12,765; été, 12,407.

DANEMARCK. Les renseignements relatifs à ce royaume sont peu nombreux. Au mois de février 1840, la population s'élevait à 2,131,988 individus. On compte 1 décès sur 46 vivants. C'est en mars et en avril que le chiffre de la mortalité est le plus considérable, et en septembre qu'il est le plus faible.

RUSSIE. Sa population s'élevait en 1842 à 49,525,420 individus. Les décès constatés pendant la même année ont été de 1,856,183, divisés en 931,635 décès masculins, et 924,548 décès féminins. Le rapport des décès est pour les hommes de 3,793 p. %, pour les femmes 3,703, et pour les deux sexes 3,748. Mais il y a lieu de faire une correction pour les mort-

nés, ce qui ramène ce dernier chiffre à 3,590 %.

AUTRICHE. Sa population s'élevait en 1840 à 36,950,401 individus, comprenant 18,202,631 hommes, et 18,747,770 femmes. Sur ces nombres il meurt chaque année environ 3,182 % individus du sexe masculin, et 2,999 du sexe féminin, ou, en moyenne, pour les deux sexes 3,090 %. Mais ces derniers chiffres ne s'appliquent qu'à l'Autriche proprement dite, et à la Bohême. La Hongrie, la Transylvanie et les provinces militaires des frontières n'ont été depuis longtemps l'objet d'aucunes recherches positives.

PRUSSE. Le dernier recensement de la population de ce royaume porte à 14,928,501 le nombre des individus vivants en 1840. La moyenne annuelle des décès survenus dans la période de 1838 à 1841, a été de 392,349 ou 2,658 %. —

SAXE. On comptait dans cet État, à l'époque du 31 décembre 1840, 1,706,276 habitants. De 1832 à 1838, il est mort en moyenne chaque année 25,180 hommes et 23,448 femmes, ensemble 48,627 individus. L'ordre des saisons, quant à leur influence sur la mortalité, est le même qu'en Suède : le printemps a donné en moyenne 13,773 décès; l'hiver 12,541; l'automne 11,132, et l'été 10,177.

BAVIÈRE. La population de ce royaume était au 31 décembre 1840 de 4,308,751 individus des deux sexes. Les décès de l'année 1838-1839 se sont élevés à 122,416, c'est-à-dire à 2,841 %.

Il nous reste maintenant pour compléter ces recherches à présenter le résumé des travaux qui ont été faits à diverses époques dans le but d'établir, d'après les observations, des *Tables* dites *de mortalité.* Indépendamment de l'intérêt théorique ou scientifique que ces tables peuvent présenter, elles sont d'un usage continuel dans les transactions publiques et privées. C'est au moyen des données qu'elles fournissent qu'on calcule la valeur des rentes viagères, des assurances et des tontines. Nous avons réuni la plupart de celles qui ont été publiées jusqu'à ce jour. C'est au mathématicien Halley que l'on doit la plus ancienne table de mortalité aujourd'hui connue. Elle date de 1693, et est basée sur le dépouillement des registres mortuaires de Breslau en Silésie. En 1742, Simpson publia une table dressée par Smart, et à laquelle il avait fait subir quelques corrections; cette table a eu pour éléments les registres mortuaires de la ville de Londres. En 1746, Deparcieux fit imprimer son remarquable *Essai sur les probabilités de la vie humaine* et donna en même temps la table qui porte son nom et qu'il avait déduite des observations faites sur les décès des intéressés dans les tontines françaises instituées en 1689,

1706, 1709 et 1734. Vers la même époque Wargentin publia le résultat de ses recherches sur la mortalité en Suède, et construisit une table de mortalité qui jouit encore d'une certaine estime. Eu même temps un prussien, Susslmich, donnait un ouvrage intitulé *Gottlich Ordnung*, dont nous extrayons les trois tables de Vienne, de Berlin et de Brandebourg. En 1767, Buffon, utilisant de très longues recherches faites par Dupré de St-Maur sur la mortalité de trois paroisses de Paris, et de 12 paroisses de la banlieue, construisit une table de mortalité que l'on consulte rarement. Cette table a été rectifiée par St-Cyran. Vers 1776, Muret publia une table basée sur le dépouillement des décès de 43 paroisses du pays de Vaud. En 1783, le célèbre mathématicien Price publia la table dite de Northampton, dont l'exactitude a été depuis justement contestée. Vers la fin du siècle dernier, Duvillard donna dans son livre sur l'*Influence de la petite vérole* la table qui porte son nom. Elle est à peu près sans valeur aujourd'hui, et devrait être abandonnée complètement. En 1815, M. Milne construisit la table dite de Carlisle, d'après les recensements faits en 1779 et en 1787 de la population de cette ville. En 1819, M. Finlaison fut chargé par le gouvernement anglais de dresser une table qui pût servir au calcul des annuités à émettre par le trésor. On lui donna pour éléments de travail les registres des tontines instituées en 1693, 1745, 1773, 1175, 1778 et 1789. M. Finlaison a rendu compte du résultat de ses recherches en 1829. En 1837, M. de Montferrand envoya au concours de statistique ouvert par l'Académie des sciences de France plusieurs tables de mortalité par lui déduites du nombre le plus considérable d'observations qui aient jamais été recueillies sur la matière, puisqu'il n'a pas opéré sur moins de 11,793,289 décès. Ce fut à cette époque, ainsi que nous l'avons dit plus haut, que fut établie en Angleterre la nouvelle administration de l'état civil. Les renseignements que cette administration a réunis ont été utilisés par M. William Farr, qui en a déduit plusieurs tables. D'abord une table générale, puis quatre autres pour Manchester, Londres, Liverpool et la portion du comté de Surrey située hors de la métropole, et enfin une nouvelle table de Northampton destinée à remplacer celle de Price. Les recensements opérés en Belgique pendant les années 1841 et 1845 ont fourni à M. Quetelet les éléments de tables distinctes pour chaque sexe, et pour la population urbaine et agricole. VUHRER.

MORTE (Mer) : lac de la Palestine, au S.-E. de Jérusalem, à quatre heures de marche de Jéricho. Cet amas d'eau, nommé *mer de sel* et *mer de la plaine* dans le Pentateuque, *mer orientale* dans Joël, Ezéchiel et Zacharie, *lac asphaltite* par les Grecs et les Romains, n'a reçu que plus tard le nom de *mer morte*, qu'on retrouve déjà toutefois dans Eusèbe et dans saint Jérôme. Les Arabes l'appellent *bahr el Loud*, mer de Loth, *bahret Loud*, lac de Loth, ou *bahr el mouth*, mer de la mort, et les Turcs, *eulu dén yzi*, qui signifie aussi mer de la mort. Sur l'emplacement du lac Asphalite s'étendait autrefois la vallée fertile de *Siddim* ou *des Bois*, couverte de cités florissantes (*voy*. GOMORRHE, PENTAPOLE, SODOME). Mais Dieu, dit l'Ecriture, fit pleuvoir du feu et du soufre sur ces villes corrompues, et les détruisit, ainsi que toute la plaine, d'où s'échappait pendant cette grande subversion une fumée semblable à celle d'une fournaise (*Genèse*, ch. XIV et XIX). Des incrédules n'ont voulu voir dans la mer Morte que le cratère d'un ancien volcan ; mais si l'on tient à rechercher les causes de cette terrible catastrophe, on peut, sans blesser la religion, supposer avec Michaelis, Busching, Châteaubriand, etc., que Dieu se servit de la foudre pour allumer les nombreux puits de bitume dont la vallée de Siddim était remplie (*Genèse*, XIV, 10) ; un incendie immense aurait alors dévoré les villes coupables, bâties peut-être en pierres de bitume, le sol lui-même aurait été consumé, la vallée tout entière se serait abîmée dans ses carrières de soufre, et le Jourdain, au lieu de continuer sa marche vers le golfe Arabique, se serait engouffré tout à coup dans ce vaste effondrement. L'ancien lit du Jourdain, que plusieurs voyageurs, et entre autres M. de Laborde, ont parfaitement reconnu au sud de la mer Morte, et la profonde dépression de son niveau, situé bien au dessous de celui de la mer Rouge et à 600 pieds au dessous de celui de la Méditerranée, selon MM. Moore et Berton, donneraient à cette explication beaucoup de probabilité. — La Genèse ne cite parmi les villes détruites que Sodome et Gomorrhe, mais le Deutéronome y ajoute Adama et Tseboïm ; le Livre de la Sagesse paraît en compter cinq ; Etienne de Byzance en mentionne huit, et Strabon, rapportant les traditions arabes à ce sujet, en porte le nombre à treize, qui, dit-il, avaient été détruites par un volcan. Il prétend même que de son temps on voyait encore, sous les flots limpides du lac, les restes de Sodome, dont il évalue le périmètre à 60 stades. Tacite parle également de ces ruines, ainsi que l'historien Josèphe et des voyageurs modernes, Troïlo, d'Arvieux, Nau et Maundrell, prétendent eux-mêmes les avoir vues. Il est certain, du moins, que les ruines sont nombreuses sur les rivages orientaux de la mer Morte.

Les bords de cette mer sont plats en général à l'E. et à l'O., du moins dans la partie septentrionale. Elle est encadrée par les montagnes nues et sauvages de l'Arabie et de la Judée, et sa vallée, dit Châteaubriand, offre un sol semblable au fond d'une mer depuis longtemps retirée, des plages de sel, une vase desséchée, des sables mouvants et comme sillonnés par les flots; ses eaux limpides et brillantes, mais lourdes comme du plomb fondu, ne présentent point, suivant Lamartine, cet aspect de tristesse qu'on leur attribue vulgairement. L'air qu'on respire sur les rivages est malsain et imprégné d'une odeur désagréable qui porte à la tête et produit dans tout le corps une sorte de malaise fébrile. Des brouillards épais s'élèvent sans cesse au dessus du lac et, retombant dans les environs, recouvrent tout d'une épaisse croûte saline, jusqu'à trois ou quatre lieues de distance. Les feuilles des arbres mêmes ont un goût de sel amer, et leur écorce une odeur de fumée très prononcée. Sur les côtes orientales le sel se dépose en couches d'un pied d'épaisseur; les objets qui tombent dans le lac se recouvrent d'une couche de ce minéral, et les Arabes, si l'on en croit Strabon, avaient bâti des villes avec des pierres de sel. Les sources chaudes sont aussi fort communes dans les environs, ainsi que le soufre, et la contrée, évidemment agitée par le feu souterrain, est sujette à des tremblements si épouvantables, que des villes entières ont été plusieurs fois détruites; de nouvelles crevasses se forment souvent aux alentours du lac. Le nom de mer Morte lui vient, comme le dit saint Jérôme (*In Ezechiel*, XLVII, 9), de ce qu'il ne nourrit aucun animal vivant. Hasselquits et Maundrell ont vu néanmoins des coquillages sur le rivage, et Seetzen y a rencontré des escargots; mais il n'est point encore prouvé qu'il y existe des poissons, malgré les affirmations des Arabes riverains. On y rencontre aussi des oiseaux aquatiques, et les hirondelles rasent souvent la surface de ses eaux immobiles. De misérables arbustes croissent avec peine sur le sol environnant. On a beaucoup parlé des pommes de Sodome renfermant, sous une écorce charmante, une cendre stérile. Tacite en fait mention dans son livre v, ainsi que Flavius Josèphe, et on pense que Moïse même avait désigné, sous le nom de *vigne de Sodome*, le végétal qui les produit. Hasselquist avait cru retrouver cette plante dans le *solanum melongena* de Linné; mais Châteaubriand, avec plus de vraisemblance, attribue ce fruit curieux à un arbuste épineux, à feuilles grêles et menues, dont la pomme, de la couleur et de la grosseur d'un petit limon d'Égypte, renferme, à sa maturité,

une semence noirâtre qui ressemble à de la cendre et dont le goût est analogue à celui du poivre amer.

La pesanteur des eaux de la mer Morte est telle, qu'un homme y flotte sans pouvoir s'y enfoncer, fait rapporté par Tacite (liv. v, 6) et confirmé par les voyageurs modernes. D'après les expériences de Lavoisier, Macquer et Sage, en 1778, on trouve dans un quintal d'eau du lac asphaltite 6 livres 4 onces de sel marin et 38 livres 2 onces de sel à base terreuse; la pesanteur spécifique de ces eaux est de 1,211. L'asphalte qui se forme au fond du lac et qui monte à la surface, précédé ou suivi de trombons de fumée, y est tellement abondant, qu'il forme quelquefois de véritables ilots. Lorsque le vent est assez violent, ce bitume est rejeté sur les bords; dans les temps calmes, on se servait pour le recueillir, selon Strabon, Pline et Diodore, de radeaux faits avec des nattes de jonc. Ce produit était fort recherché par les Égyptiens pour la momification des cadavres. Le soufre y est aussi fort abondant; mais le principal revenu de la mer Morte était le sel: elle en fournit encore une immense quantité, d'une qualité excellente et d'une blancheur éclatante. Au S.-O. on signale des mines de sel gemme.

On s'est longtemps demandé ce que devenaient les eaux versées dans la mer Morte par le Jourdain (6,090,000 tonnes par jour, selon Shaw), par l'Arnon et par sept autres torrents. Plusieurs auteurs, et entre autres Reland et Sandy, croyaient pouvoir résoudre le problème en supposant des communications souterraines entre le lac Asphaltite et la Méditerranée; mais la différence énorme de niveau, dont nous avons parlé, suffit pour démontrer le peu de fondement de cette assertion; il est prouvé, en outre, que l'évaporation suffit pour expliquer la déperdition des eaux, évaporation telle sous ce climat brûlant, qu'on a calculé qu'elle pouvait s'élever à 9 millions de tonnes par jour.

Nous n'avons aucune notion qu'on puisse regarder comme certaine sur l'étendue de la mer Morte, car il n'est point de voyageur qui ait pu en parcourir le périmètre, à cause du danger des explorations au milieu des tribus défiantes et avides du pays. On sait que dans la partie la plus méridionale, la mer est comme divisée en deux, et qu'on peut, à certains endroits, la traverser n'ayant de l'eau qu'à mi-jambes. Au delà de ce gué, la mer se termine par un petit lac de forme ovale, entouré de plaines et de montagnes de sel. Quant à son étendue, les anciens, même les Grecs et les Romains, paraissent avoir été beaucoup mieux renseignés que nous, et l'autorité de Josèphe est surtout d'un grand poids, quoique son évaluation soit plus élevée que celles données en général par les modernes. Selon cet auteur, la mer de Sodome a 580 stades de long sur une largeur de 150 (*Guerres*, IV, 28), ce qui, en évaluant le stade juif, ou égyptien à 222 mètres environ, fait 129 kil. sur 33,300. — On peut consulter : BUSCHING, *Mémoire sur la mer Morte*; le *Compterendu de l'académie des sciences*, 1838, 2e semestre, p. 798. — le *Bulletin de la société de géographie*, 2e série, tome XI, p. 328.   AL. BONNEAU.

MORTEMART : village de la Haute-Vienne, dans l'arrondissement et à 16 kil. environ de Bellac. C'est une localité sans importance, mais qui autrefois était une baronnie appartenant à la maison de Rochechouart. Elle fut érigée en marquisat en faveur de Gaspard de Rochechouart, mort en 1643, et devint en 1650 duché-pairie en faveur de Gabriel de Rochechouart, comte de Maure, et prince de Tonnay-Charente.

MORTIER (*techn.*) : matière pâteuse de composition variable, susceptible de se durcir avec le temps, et destinée à lier entre eux les matériaux des murailles, et à constituer des couches continues ou des enduits. Le mortier le plus simple se compose de terre plus ou moins argileuse réduite à l'état de pâte; on l'emploie pour les bâtisses les plus communes. En y ajoutant du gros foin, il sert à former l'aire des greniers pour lesquels on ne veut faire qu'une faible dépense. Si on ajoute à la terre argileuse de la chaux grasse et de la bourre, on obtient le blanc en bourre avec lequel on peut faire des plafonds et des corniches. Le pisé (*voy.* ce mot) n'est qu'un mortier de terre dont on fait des maisons tout d'une pièce. La boue qui se produit sur les chaussées macadamisées fait un mortier qui devient plus dur que le précédent. Certaines craies sableuses et argileuses assez friables se prêtent au même emploi, mais ces mortiers ajoutent peu à la solidité des murs. La terre dite *à four* est seule employée pour lier les briques des fours qui ont à supporter l'action du feu. Nous nous occuperons particulièrement du mortier composé avec des chaux grasses ou maigres : il a été question de ceux faits avec la chaux hydraulique au mot BÉTON.—Le meilleur mortier serait celui qui, adhérant parfaitement à lui-même et aux matériaux, acquerrait une dureté et une force de résistance peu différentes des leurs. Cette perfection est atteinte naturellement dans certains pouddingues.

DE LA CHAUX. La chaux peut être grasse, maigre, et hydraulique à différents degrés. Pour opérer son mélange avec les matières qui doivent constituer le mortier, il faut la réduire à un état suffisant de division. La méthode ordinaire consiste à mettre la chaux grasse dans le volume d'eau qu'elle devra absorber, à aider sa combinaison et son mélange par l'action du rabot, et à la faire couler dans un réservoir où elle attendra l'emploi. Ainsi préparée, la chaux est dite *amortie*, *fondue* ou *coulée*. On peut aussi, après avoir immergé la chaux, la retirer avant qu'elle ne soit fondue et la laisser se déliter à l'air soit spontanément, soit en ajoutant aussitôt une nouvelle quantité d'eau pour aider la désagrégation des nombreux fragments qui pourraient résister. Enfin la simple exposition à l'air suffit, avec un espace de temps plus ou moins long, pour faire fuser les pierres de chaux qui se réduisent en une poudre impalpable. Dans le premier cas la chaux peut augmenter de volume dans la proportion de 1 à 3, et retenir jusqu'à 3,57 d'eau en poids pour une partie. Dans le second, 100 parties en poids ne retiennent plus que 18 parties d'eau, et 100 volumes fournissent 150 à 170 volumes de poussière non tassée. Dans le dernier cas, il y a, de plus, absorption de 40 pour 100 d'eau, et le volume devient 2 et demi pour 1. Les mêmes procédés appliqués à la chaux hydraulique donnent, pour le dernier, une augmentation de volume de 1,75 à 2 pour 1, et de 112,5 pour 100 en poids; pour le second, 180 à 218 pour 100 en volume, et 120 à 135 pour 100 en poids. Le premier procédé qui est aussi le plus ordinairement employé pour la chaux hydraulique, se borne à la placer dans un bassin, par lits successifs que l'on recouvre d'eau, en ayant soin de ne pas laisser de parties à sec; on perce, lorsque cela est nécessaire, des trous dans la masse, pour faire pénétrer l'eau dans les parties qui n'en auraient pas d'abord absorbé suffisamment, mais on ne la remue pas et on ne la coule pas. L'extinction doit avoir lieu au moment de l'emploi, car il serait très mauvais de se servir de chaux hydraulique ramollie après qu'elle aurait pris corps. Ce procédé donne à peine 1 volume et demi pour 1, et la chaux retient de 1,18 à 2,46 d'eau en poids.

En employant l'un ou l'autre de ces trois procédés, on peut obtenir de la même quantité d'une même chaux, des pâtes de la même consistance avec des proportions d'eau très différentes; la différence d'augmentation de volume et l'eau absorbée, tiennent au degré de division de la chaux. Une circonstance bien digne de remarque, c'est qu'il faut que chaque molécule ainsi désagrégée acquière la propriété de rester sous l'eau sans s'y développer; cela résulte de la différence de volume des pâtes, car si les molécules n'avaient pas perdu la faculté de se développer, l'eau ajoutée à la chaux réduite en poudre par l'immersion simple ou la fusion à l'air, devrait lui faire prendre le même volume que par la méthode ordinaire. Le même effet se produit lorsqu'en opérant par le procédé ordinaire on laisse manquer certaines parties d'eau ; on dit alors que la chaux brûle ; elle devient grumeleuse. On comprend qu'on doive éviter de laisser brûler la chaux, puisqu'on cesserait d'obtenir la qualité qu'à tort ou à raison on recherche, c'est-à-dire la division et le fusionnement les plus parfaits, et que le dosage devrait être changé. La quantité d'eau employée à l'extinction influe considérablement sur le degré de dureté que peut acquérir la chaux amortie. Certaines chaux très grasses peuvent former par le seul concours de l'eau, des corps aussi durs que beaucoup de pierres calcaires, surtout lorsqu'on emploie le procédé ordinaire d'extinction, et que rien ne s'oppose au retrait; mais les chaux hydrauliques ne donnent, par le seul concours de l'eau, que des corps légers et tendres. Dans les cas les plus favorables la résistance du meilleur hydrate de chaux n'est guère que de la moitié aux trois cinquièmes de celle des bonnes briques, et de plus l'eau attaque et dissout tous les hydrates de chaux grasse; ceux de chaux hydrauliques sont seuls inattaquables par elle.

DES SABLES ET DES POUZZOLANES NATURELLES OU ARTIFICIELLES. Le prix de la chaux, le grand retrait qu'elle éprouve, rendent impossible son emploi à l'état de pureté; on y incorpore donc toujours différentes matières, des sables plus ou moins gros, plus ou moins limonneux, vierges, fossiles, de rivières, ou bien des pouzzolanes, soit naturelles soit artificielles. Les sables les plus généralement employés et les meilleurs sont siliceux. La supériorité appartient pour les chaux grasses, aux gros sables, puis aux sables mêlés ou moyens, et, en dernier lieu, aux sables fins. Cet ordre est exactement inverse pour les chaux éminemment hydrauliques. La plus grande différence produite dans la dureté des mortiers par la différence de grosseur du sable, ne s'élève guère qu'au cinquième pour les chaux grasses, tandis qu'elle peut aller à plus du tiers pour les chaux hydrauliques. Les pouzzolanes ont la propriété de produire avec les chaux grasses des mortiers qui prennent corps sous l'eau (voy. BÉTON). La différence d'action des pouzzolanes et des sables sur la chaux grasse paraît tenir à l'état de la silice. Cette substance acquiert, lorsqu'elle est soumise à l'action de la chaleur, en présence de l'alumine, la propriété de se combiner à froid avec la chaux et de déterminer la combinaison d'une autre partie de silice. La chaux hydraulique provenant de pierres naturelles ou factices, contient de l'argile qui est un mélange d'alumine et de silice; elle porte

donc en elle-même la silice dans un état convenable, et peut faire, avec le sable, des mortiers qui se solidifient sous l'eau. Mais la chaux grasse, qui n'est pas dans le même cas, est presque sans action sur les sables siliceux qui refusent de se combiner solidement à elle si ce n'est par un contact fort longtemps prolongé. L'emploi des pouzzolanes, substances qui ont toutes subi l'action du feu, naturellement ou artificiellement, devient donc indispensable pour obtenir des mortiers promptement solidifiables, et dans lesquels la chaux soit combinée de manière à ne pouvoir plus être enlevée par l'eau. Quant aux différentes matières que l'on a l'habitude de mêler à la chaux, les sables sont généralement inertes; les arènes, les psammites et les argiles sont peu énergiques et même encore rarement; les pouzzolanes peuvent être peu énergiques, énergiques ou très énergiques. Les meilleures sont poreuses et hapent à la langue. Pour toutes ces substances, lorsqu'un long usage n'en a pas permis une appréciation suffisante, il faut avoir recours à l'épreuve de l'eau de chaux. Leur influence sur les chaux hydrauliques est du reste dans un ordre inverse de celle qui se trouve fixée pour la chaux grasse.

CONFECTION DU MORTIER. Il faut ici considérer le dosage et la manipulation. Une chaux grasse ordinaire donne avec un sable granitique le mortier le plus résistant, lorsque pour 100 parties de chaux on met 60 parties de sable. La résistance décroît à mesure que la quantité de sable augmente : avec 290 elle n'est plus que du tiers. Si la chaux était éteinte par immersion, le maximum de résistance correspondrait à 260 ou 270 volumes de sable pour 100 de chaux, et si elle avait été fusée à l'air, ce maximum serait à 270 volumes. Ce mode d'extinction donne constamment une résistance plus considérable que les deux autres. Ces résultats s'appliquent à des mortiers enfouis dans une terre humide; si le mortier devait être à couvert et à sec, le volume de sable serait de 90 pour 100 avec le premier mode d'extinction, de 130 avec le second, et de 80 avec le troisième. Pour un mortier exposé aux intempéries de l'air, 240 volumes de sable pour 100 de chaux éteinte par le premier procédé; 220 pour celle provenant du second et du troisième, ont donné les meilleurs résultats à M. Vicat. Si la chaux grasse éteinte par immersion et mesurée en poudre, est employée avec des pouzzolanes, par exemple, avec 200 volumes de ciment de brique rouge, le terme moyen le plus convenable sera 100 de chaux; si le ciment est mélangé de sable par moitié, ce terme sera encore le même. Il ne varie pas lorsqu'au lieu de chaux grasse on enploie une chaux hydraulique moyenne. Les 100 volumes de chaux en poudre ne produisent guère que 60 de pâte. M. Vicat a fait de nombreuses expériences sur le degré de dureté et de résistance que peuvent acquérir les mortiers; mais dans la pratique, il s'agit d'obtenir, non pas le mortier le plus dur et le plus résistant possible, mais celui qui étant suffisamment résistant coûte le moins. Les observations ont uniquement porté sur des mélanges de chaux éteinte d'une façon déterminée, avec les différentes espèces de sables ou de pouzzolanes. Cependant il existe un procédé dont la découverte a fait beaucoup de bruit à la fin du XVIIIe siècle. Ce procédé dû à Loriot, célèbre mécanicien, consiste à ajouter à un mortier composé de chaux amortie et de sable, une certaine proportion de chaux vive réduite en poussière impalpable. La difficulté et le danger du broyage de la chaux vive ont fait chercher et trouver par M. de Morveau un moyen plus facile et sans danger, qui consiste à laisser fuser la chaux à l'air et à la faire recuire jusqu'à ce qu'elle soit revenue au même poids. L'addition de cette chaux vive en poudre peut se faire pendant que l'on fait le mortier, ou bien par addition aux matières sèches qu'il suffit alors de gâcher comme le plâtre et les autres mortiers naturels, pour obtenir une prise aussi subite que celle du plâtre. Un volume de brique pilée, mêlé à deux volumes de sable fin, et un volume de poussière de chaux vive, ont été recommandés comme les proportions les plus convenables. La chaux amortie doit être suffisamment humectée pour suffire à saturer complétement la chaux vive. Il est plus ordinaire de voir employer, lorsqu'on désire un mortier dont la prise soit prompte, la chaux vive dans laquelle on jette le sable ou le ciment presqu'en même temps que l'eau.

Le mortier se confectionne le plus souvent à la main et à l'aide d'un rabot en bois ou d'une houe en fer : l'ouvrier fait un bassin avec le sable, dépose au milieu la chaux nécessaire, y ajoute la quantité d'eau suffisante pour l'humecter à point, et, par portions successives, le sable qu'il mêle exactement à l'aide de son rabot, tandis que le tout est en même temps remué à la pelle. Dans les grands chantiers on trouve deux avantages principaux à employer des moyens mécaniques : le mortier est mieux confectionné et la façon coûte moins cher. Pour le mortier à chaux grasse, on dispose sur un terre-plein élevé, une auge circulaire dans laquelle on fait marcher une roue de voiture à l'aide d'un manége. Le sable et la chaux étant déposés dans cette auge, la roue les corroye; un rateau qui la suit les divise de nouveau, et une sorte d'oreille de charrue les ramène constamment sous le passage de la roue, et, à la fin, expulse le mortier après qu'on a ouvert une vanne disposée dans le fond de l'auge. On emploie aussi des tonneaux cylindriques ou coniques, au centre desquels est placé un axe vertical portant des bras horizontaux garnis de couteaux.

Les mortiers peuvent être employés à un état plus liquide ou plus épais, avec des matériaux secs ou humides, et de manière à être desséchés plus ou moins vite. La dessiccation rapide est contraire à toutes les espèces; il faut donc éviter, lorsqu'on bâtit pendant les grandes chaleurs de l'été, d'employer des matériaux secs et de laisser le mortier exposé a l'air ; la dessiccation ordinaire, c'est-à-dire celle qui a lieu à l'ombre et en plein air, est particulièrement favorable aux mortiers de chaux grasse, et la dessiccation lente qui a lieu dans les fondations et les caves, est tout à fait nécessaire aux mortiers hydrauliques. Sans être contraire aux autres mortiers, elle les maintient longtemps dans leur état de mollesse première, et ce n'est qu'à l'aide du temps qu'ils parviennent alors à se solidifier. Toute circonstance qui permet à l'air d'être en contact avec le mortier, augmente sa dureté en aidant la chaux à reprendre de l'acide carbonique : les surfaces lissées profitent moins de cet avantage que celles qui sont rugueuses.

On appelle *mortiers naturels* les substances qui n'ont besoin que d'une simple mixtion avec l'eau pour constituer un mortier. Tels sont le plâtre et les différentes matières connues sous le nom de ciments (*v.* ces mots). La chaux grasse soumise à une cuisson prolongée fournit aussi un bon mortier naturel.   E. LEFÈVRE.

MORTIER (*costumes*). Jusqu'au XIVe siècle, c'est-à-dire avant l'invention des chapeaux, ce fut la coiffure en usage pour les chevaliers. Les seigneurs la portaient avec leur costume de ville ou même tout armés, lorsqu'ils voulaient soulager leur front de la pesanteur du heaume. — Le mortier, sorte de bonnet évasé à fond plat, resta, comme marque de dignité et de justice souveraine, au chancelier de France et aux présidents du parlement. Ils portaient d'abord le *mortier* sur la tête; mais, après l'adoption des perruques au XVIIe siècle, et de la poudre au XVIIIe, ils le tinrent seulement à la main. Le mortier du chancelier était de toile d'or, bordé et rehaussé d'hermines. Le dernier chancelier de France, président de la chambre des Pairs, s'est encore fait représenter avec cette même coiffure auprès de lui. Le mortier des présidents au parlement était de velours noir. Celui du premier président était bordé de deux galons d'or, celui des autres n'avait qu'un seul galon. Ces présidents tiraient leur désignation de leur coiffure. On les appela présidents *au mortier*, puis *à mortier*.—Les toques que portent aujourd'hui les juges, les conseillers, les présidents et les officiers du ministère public rappellent assez la forme des mortiers; seulement elles sont plus hautes et à côtes de melon. Les galons d'argent pour les juges de paix et les magistrats de première instance, et d'or pour les magistrats supérieurs, sont aussi disposés comme ceux des *mortiers* d'autrefois.   DE M.

MORTIER (*Ed.-Ad.-Casimir-Joseph*), duc de Trévise, pair et maréchal de France, naquit au Cateau-Cambrésis, le 13 février 1768. Il était fils de Charles Mortier, député du Cambrésis aux Etats-Généraux. En 1791, il obtint une sous-lieutenance dans un régiment de carabiniers, et peu de temps après une compagnie dans le 1er bataillon des volontaires du département du Nord. Il fit ses premières armes à Quiévrain, se distingua aux batailles de Jemmapes, de Nerwinde et de Pellemberg, au siége du château de Namur, aux combats de Mons, de Bruxelles et de Louvain. A la suite de la bataille de Honscoot, il reçut le grade d'adjudant-général. Grièvement blessé au déblocus de Maubeuge, il fut cité avec de grands éloges lors de la bataille de Fleurus et du passage de la Roër. En 1794, il participa, en qualité de chef d'état-major, à l'attaque de Maëstricht, sous les ordres du général Kléber, et contribua à faire capituler le fort Saint-Pierre. Le général Richepanse, commandant la cavalerie, ayant été blessé au combat d'Hirschaïd, Mortier le remplaça et mérita d'être mentionné avec éloge dans un rapport du général Kléber. Après le traité de Campo-Formio, le grade de général de brigade fut offert à Mortier, qui préféra le commandement du 23e régiment de cavalerie. Promu au grade de général de brigade en 1799 et envoyé à l'armée du Danube, il se distingua durant tout le cours de cette campagne, et passa bientôt après à l'armée d'Helvétie où il continua à se faire remarquer, particulièrement à la bataille de Zurich. Il fut nommé ensuite général de division à l'armée du Danube, et appelé, en 1800, par le premier consul, au commandement de la division de Paris. Après la rupture de la paix d'Amiens, il reçut l'ordre de s'emparer de l'électorat de Hanôvre, remplit cette mission avec la plus grande rapidité, et reçut à son retour l'un des quatre commandements de la garde consulaire. Elevé, en 1804, aux honneurs du maréchalat, Mortier prit une part des plus actives aux batailles d'Austerlitz, et de Friedland. A la paix de Tilsitt, fruit de cette dernière victoire, il fut nommé gouver-

neur général de la Silésie. Passé en Espagne en 1808, il prit Sarragosse avec le maréchal duc de Montebello, après la plus vigoureuse défense. Rappelé d'Espagne, il partit pour la Russie, prit part à toutes les batailles qui précédèrent l'entrée des Français à Moscou, fut chargé d'y rester après le départ de l'empereur, et de faire sauter le Kremlin. Pendant la désastreuse retraite de Russie, la conduite du maréchal Mortier fut au dessus de tout éloge. En 1813, il organisa la jeune garde, dont il eut le commandement; combattit à Lutzen, à Bautzen, à Dresde, à Wachau, à Leipsig, et contribua partout à retarder le triomphe des ennemis. Pendant la mémorable campagne de 1814, il continua de commander la jeune garde, prit part à toutes les affaires, et dans la journée du 30 mars, sous les murs de Paris, il ne cessa de combattre que lorsque toute résistance fut devenue impossible. Après le retour de Louis XVIII, le maréchal Mortier fut nommé pair de France. Il était à Lille lors du passage du roi qui se rendait à Gand. Sa conduite, dans cette circonstance, fut pleine de loyauté. Maintenu dans la chambre des pairs par Napoléon, il en fut exclu au retour du roi, qui, toutefois, ne tarda pas à lui rendre sa confiance en le nommant, le 10 janvier 1816, gouverneur de la 15e division. Elu député du Nord dans le cours de la même année, il fut, en 1817, rappelé à la chambre des pairs. Après la révolution de juillet, le maréchal Mortier fut successivement grand chancelier de la Légion-d'Honneur, ambassadeur à la cour de Russie, enfin ministre de la guerre et président du conseil, depuis le 18 novembre 1834 jusqu'au 12 mars 1835. Le 28 juillet de cette dernière année, il fut l'une des victimes de l'attentat Fieschi. Le département du Nord lui a érigé une statue en bronze sur la place du Cateau, en face même de la maison où il était né.   A. BOST.

MORTIFICATION. Nous entendons ici par *mortification* l'action de réprimer les appétits sensuels et les désirs de l'âme. Réprimer les appétits, c'est s'imposer la privation des plaisirs des sens, ou faire subir au corps la souffrance. Réprimer les désirs, c'est les contenir ou les contrarier. Les livres saints prescrivent la mortification. J.-C. proclame heureux ceux qui pleurent. Il annonce à ses disciples qu'ils jeûneront quand ils seront privés de sa présence. Il déclare que si quelqu'un veut venir avec lui, il doit se renoncer lui-même et porter sa croix. Saint Paul exhorte les chrétiens à se montrer les dignes serviteurs de Dieu par la patience, par les souffrances, par le travail, par les veilles, par les jeûnes, et par la chasteté. J.-C. et les apôtres ont pratiqué la mortification. J.-C., qui a loué la vie austère de saint Jean-Baptiste, a jeûné pendant 40 jours et 40 nuits, et il a dit de lui-même qu'il n'avait pas où reposer sa tête. Saint Paul nous apprend qu'il châtie son corps et le réduit en servitude, dans la crainte d'être lui-même réprouvé après avoir prêché la mortification aux autres. Tous les saints docteurs reproduisent les enseignements des livres saints sur cette pratique, et dans tous les temps les vrais chrétiens les ont mis en pratique avec une fidélité plus ou moins scrupuleuse. L'Évangile commande la mortification pour faire atteindre un double but moral. C'est à cause des combats de la concupiscence et de nos péchés, fait remarquer Bossuet, que la mortification est nécessaire en tous les états, pour les expier et pour les prévenir. D'après le Concile de Trente, la pénitence continuelle a pour but de réparer les péchés que l'on commet tous les jours, et d'empêcher que l'âme n'en devienne si chargée, qu'elle n'en soit submergée comme un vaisseau peut être submergé par l'amas des gouttes d'eau qui entre par des fentes imperceptibles, selon la comparaison des pères.

L'influence morale de la mortification est une conséquence des lois de notre nature : l'expérience l'atteste, le sensualisme est la ruine de tout ce qu'il y a de grandeur et de noblesse dans le cœur de l'homme. La recherche trop ardente du bien-être affaiblit le sens moral, amoindrit la liberté, assujettit l'esprit à la honteuse tyrannie du corps, et donne naissance à ce malaise qui flétrit les âmes et pousse au suicide. La mortification, au contraire, place le corps dans la dépendance de l'âme, fortifie la volonté contre la séduction des sens, provoque la vigilance, permet à l'esprit de se replier sur lui-même, facilite l'exercice des facultés intellectuelles, devient la source des plus nobles vertus, et nous rend la mort familière *en dénouant ou rompant les liens les plus délicats qui nous attachent au corps.* La philosophie n'a point méconnu l'influence morale de la mortification. Saint Clément d'Alexandrie cite la sentence d'un philosophe qui donne la faim, c'est-à-dire l'abstinence et le jeûne, pour le vrai remède de la sensualité. Pythagore, Platon, etc., recommandaient l'abstinence, et reconnaissaient la nécessité de dompter les appétits sensuels. Les nouveaux platoniciens professaient la même doctrine. Ammonius ordonnait aux sages d'affaiblir par la faim, la soif et autres mortifications, leur corps, dont la pesanteur naturelle arrêtait l'activité, et enchaînait la liberté de leur esprit immortel. Suivant Porphyre, les hommes seraient moins avides, moins injustes, moins mécontents de leur sort, moins tourmentés par des besoins factices, s'ils étaient plus sobres et plus mortifiés.

La mortification ne se borne pas à exercer une influence morale. Renfermée dans certaines limites elle contribue à la santé en fortifiant le corps, l'histoire et l'expérience de tous les jours en font foi. Les hommes voués aux austérités de la pénitence parviennent le plus souvent à une vieillesse avancée. La science médicale au contraire constate les funestes conséquences de la passion qui fait poursuivre le plaisir comme un but. En effet, plus les sensations agréables sont répétées, plus elles s'affaiblissent, et le besoin de les reproduire renaît toujours plus impérieux, à tel point que la sensibilité s'émousse ou se déprave. Alors l'économie du corps est troublée et la force vitale décroît avec rapidité.

Si l'on en croit Mosheim, c'est de l'Égypte et des pays où règne le climat qui favorise la mélancolie, que sont venues les pénitences et les mortifications de toute espèce. Mosheim et les protestants qui le suivent se sont trompés. La pratique des mortifications n'est point particulière à un climat. On la trouve partout, dans la Chine, aux Indes, dans le fond du Nord. Pythagore, partisan si prononcé des mortifications, était né dans la Grèce, et passa la plus grande partie de sa vie en Italie où il réunit de nombreux disciples. Ce n'est donc point dans le climat qu'il faut chercher l'origine de la pratique des mortifications. Elle dérive de l'étude de notre nature, de l'inspiration de la conscience, des enseignements d'une révélation primitive.

La pratique de la mortification n'a pas toujours été exempte d'erreurs superstitieuses, et souvent elle a donné lieu à de graves excès. Les stoïciens niaient la douleur ; ils aspiraient à une impassibilité qui révolte la nature, et traitaient le corps comme un *étranger.* Des hérétiques l'ont regardé comme la production d'un mauvais principe. Les fakirs des Indes torturent leurs sens par des austérités qui sont de véritables supplices, et les soumettent à des épreuves qui sont des outrages à la pudeur. Le christianisme seul a donné à la mortification un caractère éminemment moral. Il interdit rigoureusement toutes les macérations qui pourraient détruire la santé, et il veut que l'on ne perde jamais de vue, que la mortification, que l'on s'impose comme une expiation, doit aussi avoir toujours pour but de prévenir les fautes et de faciliter la pratique des vertus. Fénelon était pénétré de l'esprit de la mortification chrétienne lorsqu'il écrivait à une personne du monde : « Rien n'est plus faux et plus indiscret que de vouloir toujours choisir ce qui nous mortifie en toutes choses. Par cette règle on ruinerait bientôt sa santé, ses affaires, sa réputation, son commerce avec ses parents et ses amis, enfin toutes les bonnes œuvres dont la providence nous charge ».

La pratique de la mortification suppose l'énergie de la volonté et l'empire de l'âme sur le corps; elle a excité l'admiration, et les hommes voués aux austérités de la pénitence ont été l'objet de la vénération publique. Il ne faut pas s'en étonner. Montesquieu en a fait la remarque. Par la nature de l'entendement humain, dit-il, nous aimons, en fait de religion, tout ce qui suppose un effort; comme en matière de morale nous aimons spéculativement tout ce qui porte le caractère de la sévérité. Le respect dont la pratique de la mortification a été environnée a été un écueil pour la vanité humaine. Les austérités orgueilleuses ont eu des martyrs. J.-C. les a réprouvées en ces termes : « Lorsque vous jeûnez, ne prenez pas un air triste, comme les hypocrites ; car ils se font un visage pâle et défait, afin que les hommes s'aperçoivent qu'ils jeûnent. Je vous le dis en vérité; ils ont reçu leur récompense; mais vous, lorsque vous jeûnez, parfumez-vous la tête et lavez-vous le visage, afin qu'il ne paraisse pas aux hommes que vous jeûnez, mais à votre père qui est dans le secret; et votre père qui voit tout ce qu'il y a de plus secret, vous en récompensera ». (Saint Matthieu, ch. 6.)

Nicole appliquait cet enseignement du divin maître en proclamant la plus utile des mortifications, celle qui *supprime nos inclinations, en aplanit les inégalités, et ne fait paraître dans chaque action que les mouvements que la raison nous inspire.* En effet, une telle mortification est secrète; personne ne s'en aperçoit. Elle est continuelle; car nos inclinations se mêlent par tout et nous détournent sans cesse de l'ordre de Dieu, soit dans le monde, soit dans la solitude. Elle ne donne sujet de plainte à personne. Les médecins spirituels ou corporels ne nous l'interdisent jamais. Elle permet même de *couvrir la mortification spirituelle sous des soulagements corporels, lorsque la raison nous ordonne de nous y soumettre; et elle en retranche certaines façons qui servent souvent à se conserver la gloire de la mortification lorsqu'on cesse de la pratiquer.* FLOTTES.

MORTIMER. Nous citerons, parmi les personnages de ce nom : — 1° MORTIMER (*Roger*, comte de), puissant baron anglais, né dans le pays de Galles en 1287. Il fut compagnon d'armes du prince de Galles, Edouard, reçut en même temps que lui les éperons de chevalier en 1306, le suivit dans les guerres d'Écosse, d'Irlande et de Gascogne, que ce prince entreprit quand il fut devenu roi sous le nom d'Edouard II, et qui oc-

cupèrent les quatorze premières années de son règne ; il fut même investi du titre de lieutenant du roi en Irlande. La faveur qu'Édouard II accordait aux Spencers lui porta ombrage; il tenta de les renverser, fit cause commune avec les barons que cette faveur indignait comme lui, et entra en rebellion ouverte. Il fut pris et mis à la tour de Londres. Mais étant parvenu à s'échapper, il chercha un refuge en France, gagna le cœur de la reine Isabelle qui y était aussi retirée, et, la même haine les poussant contre les Spencers, il tenta, en 1326, de concert avec elle et grâce aux secours du comte de Hainaut, une descente sur la côte de Soffolk, qui eut un plein succès. L'année suivante Édouard II était déposé, puis assassiné dans la prison, et son fils Édouard III devenait roi de nom, tandis que Mortimer était roi de fait. La manière dont il usa du pouvoir lui attira bientôt la haine du peuple. L'insuccès de la guerre d'Écosse, l'exécution du comte de Kent, l'emprisonnement du comte de Lancastre, oncles du roi, qui s'étaient déclarés contre lui, comblèrent la mesure. Edouard III, qui venait d'atteindre l'âge de régner, fit arrêter et juger son ministre. Le parlement instruisit le procès et, sans enquête, sans interrogatoire, sans défense, d'après la simple notoriété des faits, prononça la condamnation de Mortimer. On l'avait surpris à Nottingham, et il fut pendu à Smithfield, le 29 novembre 1330. Le titre de duc de Mortimer passa à son fils EDMOND, qui épousa Philippine de Clarence, fille de Lionel, second fils d'Édouard III, et qui mourut en 1381. Il était né de ce mariage un fils, Roger de Mortimer, qui fut déclaré, en 1385, héritier de la couronne, mais qui mourut en 1399, quelques années avant Richard II, dont il était le successeur désigné. Sa fille, *Anne* MORTIMER, épousa Richard d'Yorck, petit-fils de Jean de Gand, quatrième fils d'Édouard III. De cette union, qui réunissait deux branches de la fille d'Édouard III, naquit un fils, Richard d'Yorck, tige de la maison de la Rose Blanche, qui soutint une lutte si fameuse contre la maison de Lancastre et tous les champions de la rose rouge. — 2° MORTIMER (*Thomas*), biographe et compilateur anglais, né en 1729, consacra la plus grande partie de sa vie à son grand ouvrage intitulé le *Plutarque anglais*, en 12 vol. in-8°. On lui doit aussi un dictionnaire de commerce en 2 vol. in-f°, qui, bien qu'assez estimé, a été de beaucoup surpassé par celui de Mac-Culoch. Les emprunts que Thomas Mortimer avait faits, pour composer ce livre, au *dictionnaire* de Savary, étaient d'ailleurs trop fréquents et mal dissimulés. Il mourut en 1809. ED. F.

MORTON. Nous mentionnerons parmi les

personnages de ce nom : — 1º MORTON (*Jean*), cardinal-archevêque de Cantorbéry, grand chancelier d'Angleterre, né en 1410 dans le comté de Dorset. Il commença par être professeur de droit civil, puis il occupa la place de principal de Peckwater's inn, et obtint en 1473 la charge de maître des rôles. Quand éclata la guerre des deux Roses, il prit parti pour la maison de Lancastre, et ne fit qu'assez tard sa soumission à Édouard IV, qui, en 1477, le fit évêque d'Ely, et conseiller privé. La confiance de ce roi pour Morton alla si loin qu'il le fit l'un de ses exécuteurs testamentaires. Pendant l'usurpation de Glocester, Morton voulut diviser Buckingham et le roi, mais il fut victime de la discorde qu'il avait semée, et fut obligé de fuir sur le continent. Il ne reparut en Angleterre qu'à l'avènement de la maison de Tudor. Henri VII, le nouveau roi, le fit son conseiller intime. Cette fois il usa sagement de la faveur. Il négocia avec adresse et succès le mariage d'Henri VII avec la fille d'Édouard IV, et, réunissant ainsi les deux partis, il mit fin à la guerre des deux Roses. C'est après cet éminent service qu'il fut nommé premier ministre en 1486, grand chancelier l'année suivante, et cardinal en 1493. Il mourut en 1500. — 2º MORTON (*Jacques*), le quatrième des comtes de Douglas, était né à Dalkeith en 1530, et avait étudié à Paris au moment où les semences du calvinisme y fermentaient. Revenu en Écosse, il y propagea les erreurs dont il était imbu, et en 1557, il se trouvait le chef d'une ligue formidable de presbytériens, soulevée contre la régente Marie de Lorraine. Marie Stuart, que son influence effrayait, voulut se le concilier à tout prix, et le fit grand chancelier du royaume; mais il se mit du parti de Darnley contre la reine, et fut l'un des auteurs du meurtre de Rizzio en 1566. La crainte des vengeances dont Marie le menaçait le força de fuir en Angleterre. Il obtint sa grâce et revint en Écosse. Alors, quoiqu'on l'ait accusé plus tard d'avoir trempé dans l'assassinat de Henri Darnley, il est certain qu'il prit parti contre Bothwel, véritable meurtrier du malheureux prince, et qu'il fut l'un de ceux qui firent retenir Marie Stuart prisonnière à Lochleven. Quand Murray, alors régent, eut été assassiné à son tour, Morton, soutenu par Élisabeth, chercha à tromper les deux partis ennemis pour arriver au pouvoir; mais après avoir pris et fortifié Leeth, il fut bientôt saisi lui-même en 1571, et ne dut sa liberté qu'à la générosité du comte de Mar, successeur de Murray, auquel, pour prix de ce bienfait, Morton disputa sourdement la régence, et qu'il finit même par faire mourir de désespoir. La régence lui échut alors par l'influence d'Élisa-

beth. Il conclut le traité de Pesth et pendant deux ans l'Écosse fut tranquille. Mais les exactions et l'arrogance de Morton y soulevèrent de nouveaux mécontentements qui, devenus formidables, le contraignirent de se démettre de son pouvoir en 1578. Il le ressaisit, cependant, mais pour le reperdre bientôt. Après cette seconde chute, il fut mis en accusation; on réveilla contre lui le souvenir du meurtre de Darnley, dont on le déclara complice, et après une procédure envenimée et violente, il fut condamné à être décapité comme coupable de haute trahison. Élisabeth intervint vainement en sa faveur; il fut exécuté à Édimbourg en 1580. — 3º MORTON (*Jacques* DOUGLAS, comte de), l'un des descendants du précédent, au XVIIIe siècle, se distingua par son amour des sciences et des lettres. Il fut surintendant des archives d'Écosse, membre de l'académie des sciences de Paris, et fonda l'académie d'Édimbourg en 1733. Il était né en 1707 et il mourut en 1768.

MORUE (*Ichthyologie*). On distingue sous ce nom un groupe de poissons malacaptérygiens subbrachiens, qui rentre dans le genre des GADES, *Gadus* de Linné, dont il se distingue particulièrement par trois nageoires dorsales, deux anales, et par un barbillon au bout de la mâchoire inférieure. — L'espèce la plus connue est la MORUE PROPREMENT DITE ou CABELIAU, *Gadus morrhua*, Linné, qui a le corps allongé, légèrement comprimé, souvent long de près de 1 mètre, et revêtu d'écailles plus grandes que celles qui recouvrent les autres gades. Les mâchoires sont d'inégale longueur, la supérieure plus avancée que l'inférieure, et armées toutes deux de plusieurs rangées de dents fortes et aiguës. La morue est d'un gris cendré, tachetée de jaunâtre sur le dos, avec les parties inférieures du corps blanchâtres : les nageoires pectorales sont jaunâtres, les jugulaires ainsi que la seconde anale grisâtre; toutes les autres présentent des taches jaunâtres. Ce poisson est très vorace, et se nourrit de petits animaux marins. On le trouve dans la partie septentrionale de l'Atlantique, depuis nos côtes jusque vers celles de l'Amérique, surtout aux atterages de la grande île de Terre-Neuve, ou on le rencontre surtout en immense quantité. On ne le voit jamais dans les rivières ou dans les fleuves, et, dans la mer, il ne descend pas au-dessous du 40e degré de latitude nord, et ne remonte que jusqu'au 70e. C'est en automne, dans les mers d'Europe, et au printemps dans celle d'Amérique que la ponte de la morue a lieu. Ce fut vers le XIVe siècle que les Anglais et les Hollandais commencèrent à armer pour la pêche de la morue; les Français n'y suivirent leurs voisins que vers le XVIe siècle. Cette pêche, que font principalement aujourd'hui les Hollandais, les Hambourgeois, les Français, les Espagnols et surtout les Anglais, occupe annuellement jusqu'à 20,000 matelots chez ces derniers. Les morues ne se pêchent guère qu'à la ligne. Ce poisson frais est recherché par son goût agréable. On sait que l'on sale les morues, et qu'elles fournissent un des aliments les plus en usage par suite de son bas prix. Les pêcheurs emploient les entrailles et les débris de ces poissons comme appât, car les morues sont tellement voraces qu'elles se mangent les unes les autres. On obtient de leur vessie natatoire une colle aussi bonne que celle qui provient des esturgeons. Les vertèbres, les arêtes et les têtes ne sont pas sans utilité : on en nourrit les chiens que les Kamtschadales attachent à leurs traîneaux, et mêlées avec le goëmon, les Norvégiens en nourrissent de même leur bétail, au lait duquel ce singulier aliment donne, assure-t-on, une qualité supérieure. Les œufs fournissent une sorte de caviar appelé *ragues* ou *raves*. — Une autre espèce du même groupe est la MORUE ÉGLEFIN, *Gadus eglefinus*, Linné, qui diffère du cabeliau par sa forme plus allongée, par une ligne latérale noire et par une tache noirâtre sur chaque flanc, derrière la nageoire pectorale. Cette espèce, presque aussi nombreuse que la morue proprement dite, n'est pas tout à fait aussi agréable au goût, parce que sa chair est plus mate et moins blanche; cependant on en fait de nombreuses salaisons. C'est un poisson très commun sur les côtes de Saint-Malo et de Bretagne, et pendant la guerre continentale on avait fait à l'Ile Dieu d'assez grandes pêcheries. E. D.

MORUS (THOMAS) : Lord-chancelier d'Angleterre, fils d'un des juges du ban du roi, naquit à Londres en 1480. Au sortir de l'université d'Oxford où il avait fait de brillantes études, il suivit avec distinction la carrière du barreau, et dès qu'il eut atteint l'âge fixé par la loi, il fut envoyé au parlement où il débuta en faisant refuser un subside onéreux demandé par Henri VII. Présenté plus tard à Henri VIII par le cardinal Wolsey, il devint le favori de ce monarque qui le nomma conseiller privé, trésorier de l'Echiquier, et le chargea d'importantes missions diplomatiques. Morus se signala surtout dans les négociations qui, en 1526, amenèrent la paix de Cambrai, et reçut les sceaux en 1529 après la disgrâce de Wolsey. Le chancelier, à son entrée dans le monde, avait montré une certaine mobilité d'idées comme s'il eût lui-même, sans s'en rendre compte, plié sous le souffle pénétrant de la réforme; mais il était depuis longtemps arrivé à cette rigidité de convictions qui,

aux époques de doute et de désorganisation morale, environne de tant d'éclat les âmes fortement trempées. L'hérésie à ses yeux était à la fois une impiété et une rebellion, et à ce dernier point de vue, Érasme, en défendant Morus, exprimait parfaitement sa pensée lorsqu'il disait que si le chancelier n'eût pris des mesures contre les faux évangélistes, quiconque eût possédé quelque chose eût certainement été regardé comme papiste. Morus croyait donc avoir à sauvegarder la religion et la société. Sentant que toute concession était une défaite, il soutenait avec une égale ardeur les dogmes et les cérémonies du catholicisme, il approuvait les dénonciations, et regardait comme juste, légal et nécessaire le brûlement des hérétiques. Tel était Morus la plume à la main; mais cette théorie, la fit-il passer dans la pratique? Les réformés furent-ils par ses ordres fustigés, torturés, supplicés et brûlés? C'est l'opinion de Burnet, de Hume, de Mackintosh, etc., qui citent à l'appui cette épitaphe que Morus s'était composée lui-même : « *Il fut fâcheux aux voleurs, aux homicides et aux hérétiques.* » Mais le chancelier dans son *Apologie* repousse avec énergie toute imputation de ce genre, et déclare n'avoir jamais fait couler une goutte de sang hérétique. Erasme, dans sa correspondance, soutient en outre que tant que les sceaux furent entre les mains de Morus, nul en Angleterre ne perdit la vie pour les nouvelles croyances, malgré l'exemple donné par la France et l'Allemagne.

Jamais du reste chancelier n'avait montré plus d'intégrité et de désintéressement. On dut surtout s'en apercevoir après l'administration de Wolsey. « Je suis fils de Thémis, et aveugle comme ma mère, » répondait Morus à un de ses gendres qui se plaignait d'avoir perdu un procès. Un tel homme à une telle époque ne pouvait longtemps garder les sceaux; il s'en démit en 1531 lors de la rupture de Henri VIII avec l'église romaine. Bien loin de s'être enrichi aux affaires, comme l'en accusaient ses ennemis, il n'avait en se retirant que 100 livres de revenu. Le roi tenta tous les moyens de persuasion pour lui arracher le serment de suprématie. Ce fut peine perdue. Henri voulut essayer de la violence et le fit jeter dans la tour de Londres. Morus demeura inflexible. En vain ses amis lui objectaient-ils qu'il était de son devoir de se ranger à l'avis du parlement : si j'étais seul contre cette assemblée, répondit-il, je me défierais de moi-même, mais n'ai-je pas pour moi toute l'Église catholique, ce grand parlement des chrétiens? Henri voyant tous ses efforts échouer devant l'admirable fermeté de son ancien favori, et sentant que sa vie, même étouffée sous les murs épais d'un cachot, était une protestation dangereuse, eut recours au bourreau. Morus eut la tête tranchée le 6 juillet 1535, sur la plate-forme de la tour. Il avait conservé jusqu'au moment suprême cette gaieté presque bouffonne dont il avait toute sa vie assaisonné les affaires les plus sérieuses. Sa tête exposée pendant quatre jours sur le pont de Londres, fut enterrée à Saint-Dunstan de Canterbury, et son corps dans l'église de Chelséa.

Morus a laissé en latin ou en anglais plusieurs ouvrages remarquables par la pureté et l'élégance du style. Le plus célèbre est : *De optimo reipublicæ statu deque nova insula Utopia*, ouvrage allégorique dans le goût de la république de Platon, mais inférieur sous tous les rapports à celui du philosophe grec. On y trouve des diatribes contre les mœurs contemporaines, la critique de certains abus, et un voyage à l'île fictive d'*Utopie*, dont l'auteur décrit les villes, les usages, les institutions qu'il propose pour modèles. Mais on est à juste titre étonné d'y voir le grand défenseur du catholicisme autoriser les personnes atteintes de maladies incurables à se laisser mourir de faim ou à s'empoisonner, et prêcher nous ne savons quel partage égal des biens et des maux entre tous les citoyens. L'*Utopie* a été traduite en français par Gueudeville, 1715, et par Th. Rousseau, 1780. Nous avons aussi de Morus les *Vies de Richard III* et d'*Edouard V ;* un dialogue intitulé : *Quod mors pro fide fugienda non sit*, etc. Ses œuvres ont été recueillies en 2 vol. in-fol., Londres, 1559, et Louvain, 1566. Son gendre Roper, son petit-fils Thomas Morus et Stapleton ont écrit sa vie. AL. BONNEAU.

MORUSI : famille grecque célèbre qui continua d'habiter Constantinople après la prise de cette ville par Mahomet II. Les Morusi, quoique de la race vaincue, se maintinrent toujours dans les hauts emplois. Dès 1669, nous en voyons quelques-uns au nombre des officiers supérieurs de l'armée turque. En 1710, profitant de ce que le gouvernement turc, pour mettre fin aux révoltes continuelles de la Valachie, avait ôté aux boyards moldaves et valaques le droit de choisir eux-mêmes leurs hospodars, pour se réserver exclusivement la faculté de nommer ces gouvernants, ils se firent investir de ces hautes fonctions qui restèrent, pour ainsi dire, dans la famille jusqu'à la fin du XVIIIe siècle. En 1800, c'est encore un Morusi, nommé Démétrius, qui était hospodar de Valachie. Accusé d'intelligences secrètes avec la Russie, il fut destitué, et réintégré en 1802. Toutefois les soupçons planaient toujours sur lui, et, en 1812, il fut assassiné par les gardes que lui avait donnés le grand-vizir, au moment où il accompagnait Khaleb Effendi, en qualité de drogman au congrès de Bukharest. ED. F.

MORVAN : petite contrée comprise dans les anciennes provinces de Bourgogne et de Nivernais, et aujourd'hui dans le S.-O. du département de la Côte-d'Or, dans le N.-O. de celui de Saône-et-Loire et dans l'E. de celui de la Nièvre. Château-Chinon en était la ville principale. Ce pays a donné son nom à la chaîne de montagnes qui, partant des sources de l'Arroux, se termine vers celles de l'Yonne, et sépare les bassins de la Seine et de la Loire.

MORVE : La morve et le farcin des solipèdes sont deux maladies connues depuis la plus haute antiquité. La première a été considérée de tout temps comme une des plus graves affections qui puissent atteindre les chevaux, les ânes et les mulets. C'est qu'en effet dans l'immense majorité des cas, pour ne pas dire dans tous, elle est incurable ; souvent sporadique, quelquefois enzootique, très rarement épizootique, elle cause annuellement, parmi les chevaux de toute classe, dans tous les climats et dans toutes les saisons, de déplorables mortalités. Les auteurs sont partagés sur le siége et sur la nature de la morve et du farcin, qui ne sont que deux formes d'une seule et même affection. Quant à nous, nous pensons que ces maladies sont dues à une altération générale plus ou moins rapide et progressive du sang et de la lymphe, altération suivie d'un état purulent spécifique et virulent, dont les effets se manifestent d'une manière générale ou locale dans l'organisme et particulièrement dans le système lymphatique des voies respiratoires, de la peau et du tissu cellulaire sous-cutané. La morve se présente sous deux types : l'un *aigu*, l'autre *chronique*.

La MORVE AIGUE attaque plus particulièrement les chevaux nobles ou de race distinguée, les ânes et les mulets, et en général tous les solipèdes doués d'un tempérament sanguin et d'une bonne constitution. Elle est commune dans les climats chauds et s'annonce par une fièvre générale, le refus des aliments, la tristesse, l'accablement et une grande faiblesse musculaire. Les conjonctives sont rouges, jaunâtres et infiltrées ; la membrane du nez ou de schneider est rouge, safranée et quelquefois ecchymosée. La respiration est fréquente et l'air expiré, chaud. Souvent les animaux toussent, parfois les bourses et les extrémités inférieures des membres sont engorgées. Un amaigrissement rapide accompagne ces symptômes. La durée de cette fièvre générale est terme moyen de quatre, cinq, six, sept et huit jours, dans la morve soit spontanée, soit inoculée. — Bientôt s'écoule des cavités nasales une sérosité d'un blanc-jaunâtre, et la peau se couvre de pustules plus ou moins nombreuses, les unes petites, arrondies et miliaires, les autres lenticulaires, blanchâtres, à bords circonscrits; à surface déprimée ou aplatie, et souvent encadrées d'une aréole rougeâtre. Cette éruption nasale manque rarement. Dans ce cas, il est peu commun de ne pas rencontrer de semblables pustules autour des naseaux, à la face et au fourreau, quelquefois aussi dans diverses régions du corps et des membres. Quelques jours après l'apparition de ces premiers symptômes, les ailes du nez s'infiltrent et rétrécissent l'orifice des naseaux, ce qui rend la respiration difficile, ronflante et souvent très pénible. Les animaux gras ou d'un embonpoint notable maigrissent à vue d'œil. Le sang retiré de la jugulaire et examiné au microscope fait voir une grande quantité de globules de lymphe; analysé, il renferme le double, et quelquefois le triple de la fibrine qu'il charrie à l'état normal. Après cette période, qui dure de cinq à dix jours, de larges et profondes ulcérations succèdent aux pustules nasales, détruisent la pituitaire, attaquent enfin et perforent souvent la cloison cartilagineuse. Le jetage nasal est très abondant, tantôt acide, tantôt alcalin, souvent strié par du sang; mais il conserve constamment sa couleur jaunâtre, et constamment aussi il adhère aux ailes du nez en se desséchant.—La morve aiguë se termine, dans la plupart des cas, par la mort des animaux, qui survient après le dixième, le quinzième ou le vingtième jour. Cette forme ne présente pas toujours cependant l'ensemble de symptômes que nous venons de signaler; quelquefois elle existe sans aucune trace d'éruption cutanée; dans d'autres cas, elle n'occupe que l'une des deux cavités nasales; quelquefois même les lésions de cette partie sont très faibles, tandis que le poumon est le siége principal de la maladie. Souvent enfin la morve aiguë passe à l'état chronique, ou bien, comme cela a lieu chez les chevaux usés, mal nourris ou affectés de maladies anciennes, elle se complique d'une altération septique du sang. C'est à cette grave complication que M. le docteur Rayer a donné le nom de *Morve hémorrhagique et ecchymotique*, et à laquelle les vétérinaires avaient depuis longtemps donné celui de *Morve gangréneuse*. — Il n'existe aucune maladie dans les solidèpes, excepté un herpès phlycténoïde affectant la muqueuse nasale et les lèvres, qui offre quelque ressemblance avec la morve aiguë. L'existence de celle-ci est donc toujours facile à constater.

La membrane muqueuse qui tapisse les cavités nasales, présente successivement :

1° Des lignes saillantes ou mieux des cordons droits, tortueux, ou disposés en zig-zag, dessinés plus ou moins en relief sur la surface de la muqueuse : ces cordons sont formés par des vaisseaux lymphatiques malades et renfermant de la lymphe altérée; 2° des élevures ou pustules à divers degrés de développement, et dont le siége se montre dans l'épaisseur du réseau lymphatique superficiel de la membrane; 3° des ulcérations superficielles ou profondes, isolées ou groupées, offrant toujours des bords irréguliers, dentelés, souvent taillés à pic, saillants et dont le fond inégal, blanchâtre ou rougeâtre, est baigné par une matière mucoso-purulente filante et jaunâtre. Les sinus du crâne et de la face renferment, dans presque tous les cas, une matière jaunâtre ou roussâtre, légèrement filante ou glaireuse, dont la quantité est variable. La muqueuse fine et déliée qui tapisse ces cavités est rouge et épaissie. Le larynx, dans son intérieur, la trachée plus particulièrement à sa face postérieure, montrent des pustules et des ulcérations ressemblant généralement à celles des cavités nasales. Les poumons offrent, ici de petites ecchymoses brunes, là une pneumonie circonscrite, naissante, et ailleurs des nodosités arrondies, du volume d'une tête d'épingle, d'un petit pois, d'une lentille, et même parfois d'une noisette; toutes ont un point central blanchâtre, dur ou ramolli. A une époque plus avancée, ces pneumonies lobulaires constituent autant de foyers purulents, circonscrits par des parois lisses, rougeâtres et entourées par du tissu pulmonaire, rouge, friable et très injecté. — Les ganglions lymphatiques inter-maxillaires sont gros, rouges, accolés les uns aux autres, et offrent une surface mamelonnée ou bosselée. Leur tissu est rouge, blanchâtre, et renferme de petits dépôts jaunâtres de la grosseur d'un grain de millet à un grain de chenevis. Ces dépôts, qui sont formés de globules de lymphe altérée et de globules purulents, se montrent principalement à la circonférence du ganglion, et sont enchatonnés dans son tissu propre. Les ganglions de l'entrée de la poitrine et des bronches, et beaucoup plus rarement ceux des autres parties du corps présentent de semblables lésions. Quant au tube intestinal, il n'offre, ainsi que ses annexes, aucune altération notable. — Les pustules cutanées, disséquées pendant leurs diverses périodes de formation, de sécrétion purulente et d'ulcération paraissent être le résulat d'une inflammation établie dans le réseau lymphatique et sanguin qui fait partie constituante de la peau. Les articulations parfois gonflées et douloureuses pendant la vie, renferment après la mort de la synovie altérée et purulente. Le tissu musculaire ne présente aucune lésion notable. Les collections purulentes qui ont été quelquefois rencontrées dans l'épaisseur des muscles appartiennent plutôt au farcin qu'à la morve. Les organes cérébro-spinaux n'offrent aucune altération.

La Morve chronique affecte les solipèdes de tout âge, de toute race et vivant sous tous les climats; cependant les chevaux élevés dans les lieux tempérés, froids et humides, d'un tempérament lymphatique et de race abâtardie ou commune, en sont plus particulièrement atteints. Elle s'annonce par des symptômes qualifiés à tort, selon nous, de prodromes, puisqu'ils caractérisent le premier degré de la maladie; le cheval qui les présente doit être considéré comme suspect de morve. Il importe beaucoup de faire connaître ces symptômes, car ce n'est que pendant leur manifestation, souvent vague, obscure et parfois intermittente, qu'il est possible d'arrêter les progrès de l'affection. L'engorgement intermittent des épididymes; une toux petite et sèche, quelquefois persistante, mais plus rarement intermittente, s'accompagnant de faiblesse, d'amaigrissement, d'engorgement des régions inférieures des membres et de l'état terne des poils; la tuméfaction lente et passagère des ganglions lymphatiques sous-glossiens, réunie surtout à une pareille tuméfaction des ganglions de l'entrée de la poitrine, du fourreau, de l'aîne et des flancs; l'apparition d'un écoulement nasal, blanchâtre ou jaunâtre, glaireux, se desséchant et adhérent aux poils des naseaux, souvent intermittent et reparaissant particulièrement après un travail ou une course un peu pénible; l'écoulement périodique et sans cause connue d'un sang clair, non mousseux, soit par une seule, soit par les deux cavités nasales; l'existence de claudications, sans siége apparent, disparaissant par un temps doux et reparaissant par les temps humides et froids; la séparation, en dix à douze minutes du caillot noir du sang, lorsque ce fluide a été recueilli dans une éprouvette; l'augmentation de la proportion normale de fibrine du sang, la diminution du nombre de ses globules et l'augmentation de son eau : tels sont les phénomènes morbides dont l'existence isolée ou simultanée, et surtout la persistance annoncent l'invasion spontanée de la morve chronique ou le *premier degré* de la maladie. Plus tard le jetage nasal persiste, et la matière qui le constitue est filante, inodore, souvent légèrement verdâtre, toujours plus abondante pendant l'exercice, mais constamment glutineuse et adhérente aux ailes du nez : ces caractères sont constants. Les ganglions intermaxillaires se tuméfient et res-

tent indolents; la pituitaire se montre pâle, lisse et comme glacée, d'autrefois chagrinée, soit par de petites élevures miliaires et jaunâtres, soit par de petits cordons mous ou renflés, affectant des lignes droites, courbes ou irrégulièrement disposées en zig-zag. Ces lésions se dessinent sur la nasale, sur l'appendice des cornets, et souvent sous les ailes du nez. C'est cette phase morbide que beaucoup d'auteurs ont nommée *deuxième degré de la morve*. Sa durée peut être d'un, deux, trois et quatre mois. Pendant cette période l'animal tousse et maigrit. C'est alors qu'à l'endroit des élevures et des cordons apparaissent des ulcérations, et c'est alors aussi que, sur beaucoup de chevaux, se manifestent les hémorrhagies nasales, que la table externe des os concourant à former les parois inférieures du crâne et de la face se boursoufflle et rend un son mat lorsqu'on la frappe, et que le jetage devient très abondant pendant l'exercice. Si à cette période du mal qui caractérise la morve confirmée et incurable on conserve les chevaux, ces animaux maigrissent et tombent dans le marasme.

Pendant le cours de la morve chronique il se manifeste quelquefois dans les symptômes une exaspération qui donne tout à coup à la maladie une expression d'acuité fort remarquable. Cette recrudescence a été improprement désignée sous les dénominations de morve aiguë greffée sur la morve chronique, de terminaison typhoïde gangreneuse, etc. Nous lui avons donné, en 1846, le nom de *morve aiguë ultime*. Cette grave complication est généralement déterminée par des travaux fatigants auxquels on soumet les chevaux affectés de morve chronique, par le séjour de ces animaux dans des lieux insalubres, par une fièvre de réaction déterminée par une phlegmasie aiguë intérieure, par des violences extérieures, par une opération douloureuse quelconque, mais surtout par la castration pratiquée en vue de remédier à l'engorgement des organes spéciaux. Cette période est caractérisée par une fièvre générale, pendant le cours de laquelle se manifestent avec rapidité toutes les lésions de la morve aiguë, auxquelles se rattache une altération subite du sang qui se traduit par des pétéchies sur les muqueuses, et des infiltrations sanguino-œdémateuses dans la peau et le tissu cellulaire sous-cutané. La durée de cette recrudescence morbide est de huit à dix jours. La mort prompte des animaux en est généralement la suite.

Les lésions morbides de la morve chronique sont très nombreuses, dans la première période de l'affection, la muqueuse nasale offre à sa surface les lignes saillantes irrégulièrement festonnées, ainsi que les petits points blanchâtres et miliaires dont nous avons parlé en traitant des symptômes, et il est facile de se convaincre que ces lignes saillantes sont formées par des vaisseaux lymphatiques gorgés de lymphe altérée et coagulée. Les replis des cornets contiennent toujours une matière blanche jaunâtre et remarquable par son épaisseur. Les sinus frontaux, lacrymaux, zygomatiques et maxillaires renferment presque toujours une matière semblable à celle existant dans les volutes des cornets. La muqueuse de ces cavités est blanchâtre, souvent très épaissie, mais fort rarement ulcérée. Les ganglions lymphatiques sous-lingaux sont gros, durs, blanchâtres, et très souvent inégalement malades. Les poumons présentent des altérations d'autant plus nombreuses et remarquables, que la morve est plus ancienne. Dans la première période se montrent çà et là, au sein du tissu propre du poumon, de petits corps jaunâtres, arrondis, miliaires, plus rarement pisiformes. Ces corps, que Dupuy a désignés sous le nom impropre de *tubercules crus*, sont enveloppés dans un kyste récent formé d'une enveloppe très mince. La matière morbide qui forme ces corps, vue avec le microscope, n'offre aucun des caractères de la matière tuberculeuse. Ce sont ces produits qui, grossissant par l'addition de nouvelles matières morbides, constituent des dépôts pisiformes arrondis, quelquefois durs, et alors pénétrés de beaucoup de sels calcaires, ou bien ramollis en une matière pultacée, jaunâtre, contenant alors des globules purulents qui ont encore été désignés improprement par les noms de *tubercules calcaires* et de *tubercules ramollis*. Ces produits morbides enkystés doivent être bien distingués, dans le 2ᵉ et dans le 3ᵉ degré de la morve chronique, des autres dépôts arrondis, du volume d'un petit pois et même d'une noisette, et entourés de tissu pulmonaire rouge et infiltré. Ces dernières altérations sont le résultat de pneumonies lobulaires chroniques. — Le larynx, la trachée et les grosses divisions bronchiques sont le plus souvent intacts. Le canal intestinal et ses annexes n'offrent jamais d'altération. — Dans le cas de morve aiguë ultime, les cavités nasales, le larynx, la trachée, les poumons, les ganglions lymphatiques, offrent tout à la fois les lésions qui caractérisent la morve chronique et la morve aiguë. Souvent à ces deux lésions se réunissent des dépôts sanguins dans l'épaisseur de la muqueuse nasale et dans le tissu pulmonaire, lesquels s'altèrent par le contact de l'air et déterminent une gangrène septique

partielle des divers tissus qui en sont le siège.

Les travaux excessifs, une alimentation insuffisante, un arrêt dans la transpiration occasionné par un courant d'air froid et humide, des écuries mal saines, des douleurs continues causées par la fourbure chronique, les déformations du sabot, la mauvaise ferrure, une constitution faible, un tempérament lymphatique, enfin les résorptions purulentes et les violences extérieures portées sur les cavités nasales : telles sont les causes nombreuses et fort ordinaires, susceptibles de faire naître la morve aiguë ou chronique. La maladie développée sous l'influence de ces causes peut-elle ensuite se transmettre par contagion ? Les vétérinaires s'accordent aujourd'hui à dire que la morve aiguë est une maladie contagieuse par virus fixe et par virus volatil. En effet, les annales de la science contiennent un grand nombre de faits bien positifs de contagion sur des chevaux, des ânes ou des mulets bien portants, soit par le séjour de ces animaux dans les mêmes écuries, ou dans les mêmes lieux que des chevaux affectés de morve, soit par l'inoculation d'une petite quantité de la matière du jetage nasal, des pustules cutanées, des ulcérations, de la matière collectée dans les divers sinus, soit enfin par la transfusion du sang.

Quant à la contagion de la morve chronique, la plus grande dissidence règne encore à cet égard parmi les vétérinaires. Dans le but d'élucider cette grave question, nous avons passé en revue et pesé la valeur des faits de contagion rapportés par les auteurs. Il résulte de nos recherches que sur 239 chevaux de tout âge propres à différents services, qui ont mangé, cohabité, travaillé avec des chevaux atteints de morve chronique, ou ont reçu le virus de cette maladie par la voie de l'inoculation, 41 seulement ont contracté la morve, ce qui établit la proportion comme 1 sur 5. Quant à nous, nous nous sommes livré à un assez grand nombre de tentatives de transmission, soit par l'inoculation directe, soit par communication volatile, et toujours après avoir constaté rigoureusement soit pendant la vie, soit après la mort, que c'était bien la morve chronique dont les animaux étaient affectés ; nos expériences ont toujours été infructueuses. M. Renault, directeur de l'école d'Alfort, a fait de semblables essais, et toujours sans succès. Mais nonobstant nos résultats négatifs, et attendu que la morve chronique peut passer rapidement à l'état de morve aiguë ultime, nous croyons qu'au point de vue de l'hygiène pratique cette forme de la maladie doit être considérée comme contagieuse. — L'incubation est, d'après nos relevés, pour le virus fixe, de 3 à 8 jours, et pour le virus volatil de 1 à 30 jours, en moyenne de 8 à 10 jours. Les maladies qui se développent à la suite des inoculations, ou des transmissions volatiles des deux formes de la morve donnent naissance soit au type aigu, soit au type chronique. La transmission de la morve à l'espèce humaine ne saurait plus être révoquée en doute. Sur 67 personnes affectées de morve ou de farcin communiqué par contagion, toutes, excepté deux d'entre elles, avaient eu des rapports avec des chevaux morveux ou farcineux. C'étaient des vétérinaires qui avaient traité des animaux morveux, des palefreniers qui les avaient pansés ou touchés, ou qui avaient couché dans les écuries. Sur 61 faits, la contagion a eu lieu, 53 fois par des chevaux vivants, et 8 par des manipulations faites sur des cadavres. Dans ces transmissions un fait bien remarquable a été constaté, c'est que les solipèdes atteints soit de morve aiguë, soit de morve chronique, peuvent communiquer indistinctement à l'homme l'une ou l'autre de ces deux formes morbides. Le simple contact du virus morveux sur la peau peut suffire à la contagion. Sur 13 cas d'inoculation directe dans des plaies, la moyenne du temps d'incubation a été de 6 jours; cette moyenne a été de 32 jours pour la communication à distance. — Jusqu'à ce jour les annales de la science ne renferment qu'un seul exemple authentique de transmission de la morve de l'homme à l'homme. On en a cité d'autres, mais leur exactitude est loin d'être bien démontrée.

Des moutons, des chèvres, des chiens ont été inoculés avec le virus de la morve aiguë, et ont contracté cette affection. Mais ces animaux, aussi bien que des vaches, ont séjourné pendant plusieurs mois dans des lieux renfermant des chevaux morveux sans être atteints. Jusqu'à ce jour la morve du cheval n'aurait donc pu se communiquer aux animaux herbivores et carnivores domestiques que par l'inoculation directe.

Les *moyens préservatifs* de la morve consistent à ménager les chevaux sur le travail, à leur fournir une nourriture saine et variée, à prévenir les arrêts de transpiration, et, en général, à éviter les causes que nous avons signalées comme susceptibles de produire cette affection. Les propriétaires de chevaux devront, de plus, séparer et isoler immédiatement les animaux suspectés ou atteints de cette maladie, et faire aussitôt à l'autorité la déclaration, exigée par la loi, de l'existence de la morve (art. 1er de l'arrêt du conseil d'Etat du roi, du 16 juillet 1784, et art. 459 du Code pénal). Si l'expert-vétérinaire nommé par l'autorité pour visi-

ter l'animal, déclare dans son rapport qu'il peut être traité avec quelque espoir de guérison, il sera isolé dans un local aéré et sain, ou placé dans une infirmerie vétérinaire. Il ne pourra toutefois être conduit sur la voie publique avec des chevaux bien portants (art. 2, 3, 4 et 7 de l'arrêt ci-dessus, et art. 460 du Code pénal). Dans le cas où le cheval sera jugé incurable, ce qui arrive dans l'immense majorité des cas, il sera marqué et livré à l'équarrisseur, ou bien assommé chez les propriétaires et enfoui avec sa peau dans une fosse de 2 mètres de profondeur (art. 5, 6 et 8 de l'arrêt cité ci-dessus). — L'écurie ou l'endroit où le cheval morveux aura séjourné sera désinfectée (art. 6 même arrêt). Cette désinfection peut être opérée ainsi qu'il suit : les murs seront grattés avec une raclette s'ils sont récrépis en plâtre ou en mortier, autrement ils seraient lavés avec de l'eau bouillante dans laquelle on aurait fait dissoudre 500 grammes de potasse du commerce pour 15 à 20 litres d'eau, et nettoyés à l'aide de balais, de brosses, de bouchons de paille. Les auges, les rateliers, les barres, les traverses de séparation en planches subiront le même lavage; les plafonds, les fenêtres seront débarrassés des toiles d'araignées ; les pavés, s'il en existe, seront frottés et lavés à l'eau bouillante avec des balais, et dans le cas où l'écurie ne serait point pavée, et si le sol n'avait point été renouvelé depuis longtemps, il sera bon de le remplacer par de la terre neuve bien battue. L'air de l'écurie sera ensuite désinfecté ainsi que nous l'avons indiqué à l'art. épizootie. Les objets qui auront servi aux animaux, et exposés à être souillés par de la matière morveuse, seront détruits s'ils sont mauvais, ou bien nettoyés convenablement avec de l'eau de potasse, puis séchés, huilés ou cirés (art. 6 de l'arrêt ci-dessus cité). Les palefreniers, les cochers, les conducteurs ne devront point coucher dans les écuries des chevaux atteints ou même seulement suspectés de morve ou de farcin. On en éloignera ceux qui auraient des crevasses aux mains ou au bras. Le nettoyage des naseaux se fera avec une éponge, et à grande eau. Les piqûres ou les écorchures faites pendant le pansement, seront immédiatement cautérisées avec le fer rouge, la pierre infernale ou le beurre d'antimoine.

La nature seule est peut-être plus puissante que les remèdes pour guérir la morve. En effet, on a vu guérir trois chevaux atteints de cette affection, alors qu'ils avaient été abandonnés comme incurables; nous ajouterons deux faits qui nous sont personnels. Nous ne voulons cependant pas dire que les moyens de traitement qui ont été conseillés n'aient pas procuré des

34

guérisons. Nous pourrions citer nous-même celle d'une violente morve aiguë, obtenue sur un magnifique cheval arabe à l'aide de la cautérisation des pustules nasales avec le nitrate d'argent, et la solution de ce caustique en injection dans les cavités nasales. La morve aiguë aussi bien que la morve chronique ne sont donc guérissables que par exception, et dans les cas seulement où la maladie paraît plus particulièrement localisée dans les cavités nasales ou les sinus frontaux; la forme aiguë offre plus de chances. Une bonne nourriture, l'abandon du cheval en liberté dans un pâturage, un enclos ou un paddocks; un léger travail à un manége, à une machine à battre, etc., réunis à l'injection dans les naseaux de préparations détersives et astringentes; la trépanation des os du crâne et de la face peuvent, dans quelques cas, faire obtenir des guérisons. L'administration alternée des sulfures d'antimoine et de mercure réunis aux oxydes de fer, à petite dose et associés à l'avoine, l'application de préparations fondantes sur les ganglions engorgés, puis leur extirpation lorsque le jettage nasal a disparu : tels sont les moyens simples et peu dispendieux que nous conseillons et que nous faisons continuer, comme essai, pendant longtemps. Mais encore ces soins sont-ils infructueux dans l'immense majorité des cas. Aussi conseillons-nous toujours l'abattage des chevaux morveux plutôt que leur traitement; et en cela nous croyons éviter des dépenses inutiles, et prévenir des accidents redoutables pour les personnes chargées des soins à donner à ces animaux.　　O. DELAFOND.

MORVEN : montagne de l'Écosse, dans le comté de Caïthness. Elle est célèbre dans les poèmes d'Ossian qui en font le théâtre des exploits du guerrier Fingal.

MORVILLIERS. Deux personnages dignes d'être cités ont porté ce nom : — MORVILLIERS (JEAN DE), l'un des hommes d'État les plus célèbres du XVIᵉ siècle, naquit à Blois, en 1507. Il s'était fait ecclésiastique, et fut doyen de la cathédrale de cette ville, puis membre du grand conseil, où il fut l'un des juges du chancelier Poyet; enfin maître des requêtes et ambassadeur à Venise. De retour en 1552, il fut nommé évêque d'Orléans : c'est à ce titre qu'il assista aux conférences d'Ardres et au concile de Trente, dont il fut l'une des lumières. Le traité de 1563 entre Charles IX et la reine Elisabeth fut conclu par son entremise. Trois ans après, il se demettait de son évêché; il fut ensuite élevé à la dignité de chancellier, mais il ne garda les sceaux que deux ans et les remit en 1571 pour se retirer dans son abbaye de Saint-Pierre-de-Melun. Il mourut à Tours le 23 octobre 1577, à l'âge de 70 ans. Le recueil de ses *Lettres* et de ses *Négociations* se trouve en manuscrit à la Bibliothèque nationale.

MORVILLIERS (*Pierre*), magistrat du XVᵉ siècle, mais d'une autre famille que le précédent, fut, avec le titre de chancelier, l'un des ministres les plus rigoureux de la politique haineuse de Louis XI. Il était fils de Philippe de Morvilliers, premier président au parlement de Paris; il reçut les sceaux en 1461. C'est par lui que Louis XI fit signifier au duc de Bretagne de n'avoir plus à frapper monnaie; c'est lui encore qui fut envoyé pour réclamer les agents du roi que le duc de Charolais avait fait arrêter dans son camp. Mais, dans cette mission, Morvilliers poussa si loin l'arrogance, que Louis XI fut contraint de le désavouer, et même de le destituer pour donner pleine satisfaction au comte. Morvilliers survécut onze ans à cette disgrâce. Il mourut en 1476.　　ED. F.

MORVILLIERS ou LIFFOL et LIFFOULE-GRAND : bourg de France dans le département des Vosges, à 8 kil. S.-O. de Neuchâteau, avec une population de 1,500 habit. Morvilliers est l'ancienne ville de Latosao, Lucofao ou Leucosao, très importante sous les rois mérovingiens. Frédegonde y battit Brunehaut en 596, et Ebroïn y défit, en 680, Pépin d'Héristal et Martin, chefs des Austrasiens. Du Hallier, enfin, y fut vaincu, en 1641, par Charles IV, duc de Lorraine.

MOSAIQUE (*art et antiq.*) : mot français dérivé de l'italien *mosaico*, qui lui-même provient soit du grec μουσεῖον, soit du latin *opus musivum*, équivalent dans ce cas, à : ouvrages fait pour les Muses, ou sous l'inspiration des Muses. Il semble qu'en effet le travail du mosaïqueur ait eu pour objet, principalement dans l'antiquité, la décoration des sanctuaires consacrés aux neuf sœurs.— La mosaïque est une sorte de peinture exécutée sur une surface verticale ou horizontale, telle que celle d'un mur, d'un pavé, même d'un plafond, non avec des couleurs liquides ou en pâte, étendues au pinceau, mais par l'arrangement de petits cubes de marbres, de pierre, de verre, d'émail, de bois, colorés naturellement ou artificiellement, juxtaposés sur un fond solide et fixés par un mastic. La combinaison habile de ces cubes qui n'ont pas plus d'un centimètre de face pour les ouvrages les plus grossiers, qui fort souvent ont moins d'un millimètre pour les ouvrages les plus délicats, et dont l'art de l'ouvrier sait parfaitement, au besoin, dégrader les nuances, lui donne les moyens suffisants de représenter avec leur modelé apparent, c'est-à-dire avec leurs clairs et leurs ombres, presque tous les objets qui semblent être du domaine exclusif de la peinture ordinaire; les plantes, les animaux, les édifices et jusqu'à la figure humaine. Toutefois on comprend que, forcé par la nature et la forme des éléments qu'il emploie, de procéder par lignes d'une même nuance, il ne peut jamais parvenir à fondre ses tons sans transition apparente, que son travail n'est qu'une suite de teintes plates, et ressemble assez, sous ce rapport, au papier de tenture sur lequel on a imprimé des sujets ou des ornements. Il a donc besoin d'être vu à quelque distance tant pour opérer la fusion de ces teintes, que pour atténuer l'effet peu agréable produit par les joints des cubes, si peu sensibles qu'ils soient dans une mosaïque exécutée avec soin. — La nécessité de faire suivre à ces lignes les contours des objets ou des sous-détails, détermine dans le travail une multitude de petites courbes, ce qui lui a fait donner le nom d'œuvre vermiculée (*opus vermiculatum*), indépendamment de son nom générique *opus tessellatum* qui signifie : fait de parties rapportées. — Avec le temps on inventa une autre sorte de mosaïque où la combinaison lente et méticuleuse des petites pièces cubiques était remplacée par l'emploi de morceaux de marbre ou de verre découpés, selon la forme de l'objet ou de la partie de l'objet à reproduire. Ce nouveau genre auquel l'adjectif *tessellatum* pouvait tout aussi bien convenir qu'à l'autre, reçut cependant des Grecs celui de λιθόστρωτον, et des Latins celui de *sectile*.

On ne sait si la mosaïque fut enfantée par l'art grec, ou si elle était déjà répandue dans l'Orient, dont elle semble avoir eu d'abord pour objet d'imiter les riches tapis non moins recherchés par le luxe antique que par le luxe moderne. Jusqu'à présent on n'a fait sur ce sujet que de vagues conjectures. Mais il est certain que, chez les Grecs du moins, l'art était poussé à une telle perfection que, d'un point de vue convenable, leurs mosaïques ont toute l'apparence de véritables peintures d'une exécution un peu archaïque si l'on veut. Les Romains qui ont fait tant d'emprunts à la Grèce, ne pouvaient manquer d'y joindre celui de la mosaïque. Déjà de beaux pavés ravis aux villes grecques dont ils s'étaient rendus maîtres en avaient introduit le goût, lorsque Sylla fit exécuter dans le temple de la Fortune, à Préneste, celui qui subsiste *encore* en grande partie. Non seulement, dès lors, on se mit à répandre cette riche ornementation sur le pavé, les murs et même sur les plafonds voûtés des édifices, mais on en fit pour l'usage des empereurs et des généraux, des planchers portatifs qu'on posait sur le sol de leurs tentes afin de *les préserver de l'humidité*. Jules

César avait cette habitude, à ce qu'il paraît, d'après les récits de Suétone. On peut supposer qu'elles n'étaient faites que de bois, si même on ne doit point entendre que c'étaient de simples marqueteries (*voy.* ce mot), objet déjà assez somptueux pour les descendants des Cincinnatus et des Dentatus. On est fondé à croire, d'après l'habitude des Romains qui ne se faisaient nulle faute de jeter par terre les débris du repas, que c'est là ce qui donna lieu à une autre espèce de mosaïque représentant ces débris tombés pêle-mêle, et appelée pour cette raison ἀσάρωτον (mal net, mal balayé). Ce nom grec donne lieu de conjecturer que les Grecs eux-mêmes, ces modèles de la politesse antique, n'étaient pas plus délicats à cet égard que leurs grossiers imitateurs.

L'art de la mosaïque sut se conserver à Constantinople, pendant que les barbares désolaient l'Italie. Ce fut alors qu'il fit une conquête qui eut pour avantage de rendre la chose plus riche, si elle ne la rendit pas plus belle, artistiquement parlant. A côté des splendides marbres de couleur auxquels on était parvenu à prêter des tons que la nature leur avait refusés, à côté des dentelles ciselées sur leur surface ou sur leurs profils par la main des sculpteurs byzantins, à côté des coupoles dorées, l'ancienne mosaïque ne pouvait manquer de paraître bien froide. On ajouta à ses éléments primitifs les perles sciées et les pierres précieuses pour l'ornement des autels, des sanctuaires, et des meubles d'église. Chez nous un autre genre de mosaïque sans nom et d'un faire à peu près inexplicable, se manifeste par la représentation de la figure de la reine Frédégonde, qu'on voit encore sur son tombeau dans les cryptes de St-Denys. Il paraît probable, d'après les descriptions des anciennes églises qu'on trouve dans Grégoire de Tours et chez d'autres chroniqueurs qui ont écrit sous les deux premières races, que la splendeur de ces églises était due en grande partie à l'emploi d'une espèce quelconque de mosaïque. Du moins est-il certain que cet art, après avoir été oublié de l'Italie, y avait refleuri durant cette période, pour l'ornementation de l'intérieur des basiliques chrétiennes, et même de leur extérieur où des mosaïques représentaient des baies de portes et de fenêtres, et dessinaient sur les murs des façades, sous les portiques des *atria*, les personnages et les histoires du Nouveau-Testament ou du martyrologe. Les fonds de plusieurs étaient d'or ou imitaient l'or, ce qui faisait donner aux églises l'épithète d'églises dorées. Peut-être les plus riches n'étaient-elles que de simples applications de plaques de verres colorés comme on en a retrouvé sur quelques extérieurs, et par le moyen desquelles on dessinait facilement des ornements géométriques polychromes de toutes formes.

L'époque romane, fille rude de l'art bizantin dont les pèlerins du Saint-Sépulcre et les croisés rapportèrent le goût dans l'Occident, n'emprunta que rarement toutefois ce luxe à l'Italie, si ce n'est dans nos provinces méridionales où il se reflète, avec une indigence marquée, dans les incrustations bicolores dont se décore assez volontiers l'extérieur des églises. Alors on voit les architectes substituer aux moulures des entablements et des chambranles, et aux sculptures des frontons, des bordures, des panneaux, des pignons entiers composés d'ajustements de figures polygonales, d'étoiles, de quadrilatères, de triangles, de zig-zags assujetis aux combinaisons les plus variées. Tel fut probablement partout le premier âge de la mosaïque. Les architectes romans se contentaient, pour composer ces décorations qui ne manquent d'ailleurs ni d'originalité ni même quelquefois de charme, des matériaux vulgaires qu'ils avaient sous leurs mains; c'étaient le tuffeau blanc, le grès jaunâtre, la brique au rouge terreux, le granit ou le marbre commun d'un gris foncé, la lave noirâtre. Ils ne se faisaient aucun scrupule d'échantillonner, pour ainsi dire, un nombre quelconque de dessins différents sur une même surface, les posant les uns à côté ou au-dessus des autres, sans même prendre la peine de les ajuster avec quelque symétrie. Certains pignons rappellent ainsi des écus héraldiques surchargés d'un nombre indéfini de quartiers s'entremêlant ou brochant les uns sur les autres. On peut considérer comme des mosaïques de cet ordre les premières verrières colorées qui éclairèrent les basiliques romanes, et qui n'étaient peut-être pas étrangères à la décoration de celles de l'époque précédente; on a de fortes raisons de le croire. Ces verrières mosaïques furent aussi, pendant la fin du XIIe siècle et sous le XIIIe, les seules connues par les artistes de l'époque dite gothique, quoique les progrès de l'art eussent substitué la représentation des personnages aux ornements géométriques. En effet, ces figures humaines ne se construisaient que de pièces de rapport, ayant chacune sa couleur locale à l'instar de l'ancien *opus sectile*; et bien que peu à peu l'usage se soit introduit de tracer au pinceau, sur la teinte plate, quelques traits ou quelques hachures pour indiquer quelques formes ou quelques ombres, cette modification ne détruit pas le caractère générique de l'objet, mais l'art gothique repoussa, s'il ne l'oublia pas, les décorations mosaïques des murailles romanes.

Quant à la mosaïque proprement dite, l'*opus tesselatum*, les souvenirs s'en étaient tellement effacés dans l'Occident, qu'on avait été obligé d'appeler de Constantinople à Venise un artiste grec pour décorer la fameuse église de St-Marc. Ce fut de ce grec nommé Apollonius, que l'italien Andrea Tafi réapprit l'art qu'il eut l'honneur de renaturaliser dans sa patrie, où il fit de rapides progrès. Déjà, non seulement de riches pavés, mais encore de curieuses pages reproduisant des sujets empruntés à la peinture ornaient plusieurs églises d'Italie, lorsqu'à la fin du XVIe siècle le pape Clément VIII donna une nouvelle impulsion à cet art, en l'appelant à concourir à la décoration de la coupole de Saint-Pierre de Rome. Rozetti et Zucchi se distinguèrent parmi ceux qui firent ces travaux. Calandra, inventeur d'un mastic perfectionné (*voy.* MASTICS), exécuta dans la même coupole les figures des quatre Pères de l'église, d'après les tableaux du Lanfranc, du Pellegrin, de Sacchi et de Romanelli. Au commencement du XVIIIe siècle Paolo da Christophoris forma à Rome une école de mosaïstes, dénomination que prennent les faiseurs de mosaïques qui s'attachent à la reproduction des œuvres de la peinture, comme les artistes que nous venons de citer. De cette école sortirent plusieurs élèves distingués. Ce fut, grâce à ces progrès successifs, que l'on put voir sous les pontificats de Clément VIII et de ses successeurs, se multiplier par la mosaïque les copies presque indestructibles de plusieurs des chefs-d'œuvre de Raphaël, du Dominicain, du Guerchin, et d'autres artistes illustres de cette brillante époque.

Il est inutile de faire observer quels soins, quelle patience, quel temps et quelle dépense devaient exiger de telles œuvres. On n'en aura qu'une faible idée lorsqu'on saura qu'un auteur qui a examiné minutieusement les mosaïques de St-Pierre de Rome, n'y a pas compté moins de dix mille nuances, et qu'une seule mosaïque du palais Borghèse représentant Orphée charmant les animaux par les sons de sa lyre, se compose de neuf à dix mille petits cubes. Ce furent sans doutes ces causes qui firent abandonner un genre de décoration infiniment préférable, pour la durée, aux peintures à la fresque, à l'huile et même à la cire, surtout aux tableaux sur toile qui se détériorent promptement dans un édifice où règne l'humidité, sans parler des autres inconvénients qu'ils offrent (*voy.* POINT DE VUE). Nous ne pouvions espérer que ce luxe se maintînt chez nous, lorsque s'y répandit et se perpétua durant deux siècles cette épidémie du badigeonnage, qui fit périr tant de peintures précieuses pour le mérite ou la curiosité. La mosaïque s'est donc depuis, restreinte à la décoration des parements et à la bijouterie. Pour cette dernière, elle a été portée en Italie à un point de délicatesse surprenante, et l'on voit des médaillons représentant des monuments et autres objets de nature morte, que l'on pourrait aisément prendre pour des fixés. Cet extrême fini n'était point ignoré des anciens. Winckelmann cite une mosaïque de deux palmes de haut trouvée en 1763 près de Pompeï, dont le travail est d'une telle finesse que le secours d'une loupe est nécessaire pour le découvrir.

Le grand mouvement qui s'est opéré chez nous lors de la création de notre magnifique Musée, et cet autre mouvement qui, un demi-siècle plus tard, a fait justice enfin du vandalisme des badigeonneurs, n'ont point suffi pour ranimer l'art de la mosaïque. L'Empire avait fondé dans les anciens Cordeliers, sous la direction d'un italien nommé Belloni, une école spéciale, d'où il n'est sorti de remarquable que le beau pavé qui orne la salle de la grande Melpomène au Musée des antiques. Depuis, un autre pavé d'un beau travail a été fait pour l'ornement de la rotonde qui précède la galerie d'Apollon, mais nulle tentative, dont nous ayons entendu parler, n'a été essayée pour la résurrection des mosaïstes, la reproduction des tableaux des maîtres anciens ou modernes sur les murailles de nos églises ou de nos palais. La restauration de St-Denis, de l'église de l'abbaye de Saint-Germain, la construction de la Madeleine et de Saint-Vincent-de-Paul, l'achèvement du Louvre surtout, offraient pourtant de belles occasions qu'on a eu le tort de négliger. — Tandis que la mosaïque cubique étalait ses progrès à Rome, Florence reprenait la mosaïque à découpures qu'elle employait aussi à la reproduction des œuvres de la peinture, mais sur une plus petite échelle. On conçoit en effet que ce genre, employant des pièces d'une plus grande surface, offre par cela même moins de ressources pour la dégradation des couleurs et des tons. Ce genre n'a pénétré en France, de même que l'autre, que pour les pavés riches, parmi lesquels on peut citer, comme un des plus remarquables, celui qui décorait le dôme des Invalides, et qui a été détruit en majeure partie pour faire place au tombeau de Napoléon. Mais à cette décoration en succédera une autre, faite suivant le même système, sauf cette différence qu'au lieu d'être composée avec des marbres, elle le sera avec des verres colorés, ce qui donne la facilité d'obtenir beaucoup plus certainement les couleurs et les teintes que le sujet exige sans rien laisser à désirer du côté de la solidité.

Nous ignorons complétement les procédés employés par les anciens pour la construction d'une mosaïque. Ils n'ont pas dû sans doute différer essentiellement de ceux mis en usage par les modernes, et dont nous devons dire quelques mots. Le fond du travail est une pierre plate bien dressée, et enveloppée dans tout son contour d'une bande de fer formant une saillie égale à la hauteur des cubes, ou autres pièces qui doivent former la mosaïque. Cette pierre comprend le sujet entier s'il est d'une faible étendue; dans le cas contraire on le divise par panneaux réguliers ou irréguliers, selon la nature et la disposition du dessin, lesquels seront rapprochés ensuite, ainsi que fait le vitrier pour les diverses parties d'une verrière. La surface de la pierre est recouverte d'un mastic qui acquiert par la dessiccation la consistance de la pierre même. Dans ce mastic s'implantent les cubes ou autres pièces, suivant les dispositions calculées d'avance au moyen de cartons, dont les profils sont tracés sur le mastic. Ces préparations ressemblent beaucoup à celles de la fresque. Préalablement l'artiste a dû s'occuper: 1° de la coloration, de la taille et de l'assortiment de ses cubes d'après les couleurs, les teintes, demi-teintes ou quarts de teinte qui lui sont données par son modèle; 2° de leur distribution dans des cases rangées à peu près comme celles des compositeurs d'imprimerie. Lorsque l'ensemble a acquis une consistance suffisante pour mettre le travail en état de subir l'épreuve du frottement, on le polit comme un travail de marbrerie, en évitant cependant de lui donner un brillant qui nuirait à l'effet du tableau, et blesserait la vue par des reflets trop vifs. C'est un défaut qu'on reproche à une des belles mosaïques exécutées par Calandra, celle qui représente l'archange saint Michel, d'après un tableau de Joseph Césari. — L'extrême cherté des mosaïques a fait concevoir l'idée de réduire la dépense en les sciant dans leur épaisseur, afin d'avoir d'un seul coup deux panneaux et même deux tableaux pour un. Nous ne savons si ce moyen ingénieux, inventé vers le commencement du siècle par un nommé Pompéo Savini, a eu tout le succès qu'il s'en promettait; mais nous osons dire que s'il devait s'appliquer à des mosaïques antiques, ou seulement anciennes et de quelque valeur, ce serait une œuvre funeste capable d'accélérer la ruine de beaucoup de morceaux précieux.

Parmi les mosaïques que l'antiquité nous a léguées, nous citerons: la mosaïque dite *des quatre colombes* ou *du capitole*, trouvée dans une chambre de la villa Hadriani, et placée au capitole par le pape Clément XIII, qui la paya 13,000 scudi. — La mosaïque du temple de *Pre-*

neste, représentant le voyage d'Hadrien en Egypte ; une autre trouvée dans les ruines du même temple représentant l'enlèvement d'Europe. Ces deux mosaïques ont été transportées dans le palais Barberini. — Une mosaïque découverte dans le territoire d'Urbino, placée depuis dans la villa Albani, et dont le sujet est une école de philosophes.— Une autre au même lieu ayant pour sujet la délivrance d'Hésione par Hercule. — Au musée Pio-Clémentin, une grande mosaïque offrant plusieurs sujets dans ses compartíments. — Rome, plusieurs villes d'Italie, du midi de la France, de l'Espagne, en offrent d'assez nombreuses et de toutes dimensions, plus ou moins bien conservées. Les ouvrages de Winckelman, de Ciampini, de Furieti, d'Alexandre de Laborde, de Sereul d'Agincourt, donnent beaucoup de descriptions et de dessins devenus fort incomplets depuis les nouvelles découvertes qui se sont succédé. Le petit séminaire d'Autun, par exemple, possède un beau pavé d'une dimension assez considérable qui n'offrait que quelques lacunes peu importantes. En ce moment, est exposé à Paris un autre pavé de 80 à 90 mètres de superficie parfaitement conservé, dont le sujet, entouré de panneaux diversifiés, est Persée montant Pégase et combattant la Chimère. — La mosaïque byzantine a été imitée dans deux magnifiques tables qui ont fait, de 1807 à 1815, un des principaux ornements de la galerie d'Apollon. Elles représentent des colliers de grosses perles, des papillons, des coquillages exécutés avec une telle perfection, que l'idée d'imitation s'efface absolument pour faire place à celle de la réalité. La victoire nous a repris ces chefs-d'œuvre avec tant d'autres qu'elle nous avait prêtés. S.

MOSASAURE (*rept.*). On désigne sous ce nom un genre de sauriens comprenant l'animal fossile décrit sous la dénomination de *crocodile de Maëstricht*, long de huit mètres, et qui, par l'ensemble de ses caractères, doit être placé entre les iguanes et les monitors. Il provient des terrains secondaires, principalement des couches de la craie. A côté de cette espèce, nommée *mosasaurus Hoffmanni* par M. Conybeare, viennent s'en placer plusieurs autres, dont la plus connue est le *M. Maximiliani* Goldfus, qui repose sur des débris fossiles trouvés dans les couches de grès vert de l'Amérique septentrionale.

MOSCATELLE (*bot.*). Nom français d'une petite plante qui croît abondamment dans la plupart des bois des environs de Paris, et en diverses parties de l'Europe, et qui forme le type du genre *Adoxa* Lin. Cette plante est l'*Adoxa moschatellina* Linn., dont le nom spécifique est tiré de la légère odeur musquée qu'elle exhale. L'organisation de la moscatelle est assez singulière pour que les botanistes soient peu d'accord sur la place qu'elle doit occuper dans le règne végétal. Endlicher l'a rangée parmi les araliacées. Les fleurs de cette petite plante présentent ce fait rare dans le règne végétal que, dans le même capitule, celle du sommet est tétramère, ou possède des verticilles à quatre parties, tandis que les latérales sont pentamères, ou formées de verticilles à cinq parties. La moscatelle est remarquable par la délicatesse de son tissu. C'est une de nos espèces les plus printanières.

MOSCHOPULOS. C'est le nom de deux grammairiens grecs.— Le premier, né dans l'île de Crète, vivait vers la fin du XIVe siècle, sous l'empereur Manuel Paléologue. Il est l'auteur d'une *grammaire* publiée, en 1540, à Bâle, et de *scholies* sur Hésiode, qui se trouvent dans l'édition de ce pòete par Heinsius. Titze a donné à Prague, en 1822, ses opuscules grammaticaux d'après un nouveau manuscrit et une dissertation sur les deux Moschopulos. — Le second, né à Constantinople, se retira en Italie, après la prise de cette ville. On a de lui *un choix de mots attiques*, Venise, 1524, Paris, 1532 On lui attribue aussi le Traité de grammaire élémentaire, d'orthographe et de prononciation connu sous le nom de *Perischedón*, dont Robert Estienne a donné, en 1545, une très belle édition, réimprimée à Vienne en 1773 et en 1807.

MOSCHUS (*biog.*), un des plus gracieux poètes grecs de la seconde époque. Il vécut à Syracuse vers l'an 180 avant Jésus-Christ, entre Bion, de Smyrne, son maître en poésie, et Aristarque, le célèbre critique. On ne sait rien autre chose sur sa vie. Environ 700 vers sont tout ce qui nous reste de lui ; mais ces vers sont exquis pour la plupart. Ce sont des idylles ou petits tableaux champêtres entremêlés de réflexions. La plus longue et la plus gracieuse est un tableau de l'enlèvement d'Europe ; la plus brillante est une élégie à refrain sur la mort de Bion. Parmi les autres, on distingue encore l'*Amour fugitif*, imité par le Tasse, et l'*Amour laboureur*, traduit en vers dans toutes les langues. Aussi gracieux que Bion, Moschus est plus simple, plus attendri, plus sympathique. Son vers, en dialecte dorique, surpasse ceux d'Anacréon pour la mollesse et la mélodie. On joint ordinairement ses poésies à celles de Bion et même à celles de Théocrite, avec lesquelles cependant elles ont assez peu de rapport. Publiées pour la première fois, en 1565, elles ont été souvent reproduites. Longepierre, Poinsinet de Sivry, Moutonnet-Clairfonds, Gail, MM. Grégoire et

Collombet les ont traduites; les deux premiers en vers, l'un platement, l'autre ridiculement, et les derniers en prose française. Nous croyons inutile de mentionner les versions dans les autres langues.

MOSCOU, ancienne capitale de la Russie, chef-lieu du gouvernement de Moscou, siége d'une section du sénat et du saint synode, d'un gouverneur-général militaire et d'un métropolitain. Elle est située au 55° 45′ 4″ de latit. sept., et au 55° 12′ 5″ de longit. orientale, sur les petites rivières la Moskwa et la Néglinnaia, dans un site très agréable et pittoresque, au centre du grand plateau de la Russie centrale, et à 728 werstes (environ 180 lieues) de Saint-Péterbourg. — Les opinions varient sur l'origine de cette vaste cité, l'une des plus grandes du globe. La plus vraisemblable paraît être celle qui en attribue la fondation, en 1147, au grand duc Youri II, ou *Georges*, surnommé Dolgorouky, fils de Vladimir-Monomakh. Brûlé à deux reprises différentes par les Tartares dans le courant du XIIIᵉ siècle, ce ne fut qu'après le second de ces désastres, sous le grand-duc Danilo-Alexandrewitch que Moscou devint une ville considérable et la résidence des souverains de la Russie. Vers la fin du XVᵉ siècle cette ville égalait en beauté, en grandeur et en population, la fameuse Novogrod elle-même. Sous le faux Démétrius ou Dmitri, au commencement du XVIIᵉ siècle, les Polonais y commirent d'horribles ravages. En 1703, époque de la fondation de Saint-Pétersbourg, Moscou cessa d'être la résidence des souverains de la Russie. Son érection en chef-lieu du gouvernement de son nom date de 1719.

Moscou a un périmètre de 40 werstes (ou 10 lieues), mais sa population ne s'élève en hiver qu'à environ 400,000 âmes, et en été seulement à 250,000. Elle est divisée en 4 quartiers et en 36 faubourgs, qui comptent ensemble au-delà de 650 rues, 15,000 maisons et palais, plus de 300 égliges et 24 couvents. Depuis le fameux incendie de 1812, Moscou s'est considérablement embelli, et reproduit aujourd'hui dans plusieurs de ses quartiers l'aspect des plus brillantes capitales de l'Europe. Le premier quartier et le plus ancien, celui du Kreml ou Kremlin, occupe le centre de la ville. Entouré d'une enceinte de murailles flanquée de tours épaisses et fort hautes, et percée de cinq portes, il se compose presque entièrement de monuments publics. On y voit l'ancien palais des czars, et celui bâti par Ivan Wassilewitch en 1533, le superbe palais que l'empereur Nicolas vient de faire construire dans l'ancien style russo-bysantin, et dont la décoration est de la plus grande ri-

chesse, le nouveau bâtiment du musée des antiquités nationales et du trésor du Kreml, le magnifique palais du sénat et celui de l'archevêque, élevés par ordre de Catherine II, enfin l'arsenal construit par Pierre-le-Grand, et devant lequel sont placés des milliers de canons et de mortiers pris dans la campagne de 1812, et sur les Turcs. On y trouve aussi plus de 30 églises, dont les nombreux clochers de la forme la plus variée et souvent la plus étrange, et couverts en cuivre doré, produisent de loin le coup d'œil le plus pittoresque. Les plus remarquables de ces églises sont les trois principales cathédrales de Moscou : les églises de l'Assomption, de l'Annonciation et de l'Archange-Michel. C'est dans la première, fondée en 1325 et rebâtie en 1479, que se fait ordinairement le couronnement des empereurs. Elle est extrêmement riche en vases, candélabres, croix, etc., des matières les plus précieuses; on y remarque surtout une couronne d'argent massif accompagnée de quarante-huit chandeliers; le tout d'une seule pièce et pesant 2,800 livres. Derrière cette cathédrale existe encore l'ancien palais patriarchal dans lequel se tiennent aujourd'hui les assemblées du Saint-Synode, et où se trouve une bibliothèque renfermant un grand nombre de manuscrits grecs et russes. Dans l'église de St-Michel ont été enterrés presque tous les souverains de la Russie, depuis Ivan Danilovitch jusqu'à l'empereur Pierre-le-Grand. Près des cathédrales s'élève la tour appelée Ivan Veliki, la plus haute de Moscou, et contenant jusqu'à 50 cloches, parmi lesquelles figurent la fameuse (*voy.* CLOCHES) Anna Iwanowno, la plus grande de l'Europe. — Le second quartier appelé Kitaigorod, est également entouré de murs fort élevés, flanqués de tours et percés de cinq portes. Il confine au Kreml vers l'orient, et a la forme d'un polygone irrégulier. C'est dans ce quartier que l'on trouve la célèbre église de Wassilii-Blashenoi, la plus extraordinaire de toutes les églises de l'Europe entière. Bâtie en 1554, elle se compose en quelque sorte d'un groupe de 20 églises différentes couronnées de 16 couples, et dont l'architecture est un mélange des plus bizarres de toutes espèces de styles architectoniques. Ce quartier contient 20 autres églises, 4 couvents, l'imprimerie du synode, bâtie en 1645, l'hôtel des Monnaies, tous les tribunaux de la ville, l'hôtel de la police, l'hôtel-de-ville, la bourse qui sert en même temps d'entrepôt, le grand théâtre, monument nouveau aussi remarquable par la beauté de son architecture que par ses vastes dimensions, la place du marché, dite la Belle-Place, et le Góstinoi-Dwor ou grand Bazar, superbe bâtiment dans le genre du Palais-Royal de Paris, mais beaucoup plus vaste et contenant plus de 6,000 boutiques. Entre cet édifice et le Kreml s'élève le beau monument que l'empereur Alexandre fit ériger en l'honneur du boucher patriote Minine qui, au xviie siècle, délivra Moscou du joug des Polonais. — Le troisième quartier reçut le nom de Belloi-Gorod, ou ville Blanche, à cause des murs en pierre crayeuse dont il fut entouré en 1586, et qui ont été démolis sous Catherine II pour faire place à de superbes boulevards. Il entoure les deux premiers quartiers, et renferme 72 églises russes et une arménienne, 5 couvents, quantité de beaux palais et d'autres édifices remarquables, tels que l'université, l'académie de médecine et de chirurgie, la maison des enfants-trouvés, le comptoir de la banque, la fonderie de canons, l'hôtel de la poste, les archives du collège des affaires étrangères, l'hôtel des gouverneurs-généraux, la maison du club de la noblesse, etc. — Le quatrième quartier, Zemlianoi-Gorod, ville entourée de remparts de terre, est bâtie autour des trois autres et contient 103 églises, 2 couvents, la chancellerie de la police, un parc d'artillerie, un magasin de vivres, les marchés au bois, etc.

Les faubourgs présentent également un grand nombre d'édifices et d'établissements remarquables. On y compte plus de 60 églises paroissiales et 8 couvents, entourés de murs, flanqués de tours; un palais impérial, celui de feu le grand-duc Constantin, le superbe palais Golovin, appartenant à l'université, l'hôpital impérial militaire, le premier établissement de cette espèce fondé en Russie : il date de 1706; les prisons de la ville, vastes, bien aérées et présentant l'apparence de forts flanqués de tours. Tous les faubourgs sont circonscrits par un fossé. — Aucune capitale de l'Europe ne possède de plus belles promenades que Moscou. Outre les boulevards plantés d'arbres, et qui dans une étendue de 23 werstes, séparent en trois sections les quartiers du Kreml, de Kitaigorod et de Beloigorod des faubourgs, on y admire la large rue des jardins (*Sadawoja-Uliza*), qui, dans une longueur de 5 werstes, présente de chaque côté une suite non interrompue de magnifiques palais et de charmants jardins; puis la superbe promenade de Presneski-Prady, le beau jardin du club allemand, le jardin des Plantes et l'admirable jardin des Fleurs, planté dans les fossés du Kreml. — Moscou possède également tous les établissements scientifiques que l'on trouve dans les capitales des pays les plus anciennement civilisés; ils sont organisés généralement sur l'échelle la plus vaste et la plus grandiose. S.

Moscou est le plus grand entrepôt du commerce intérieur de la Russie; ses relations commerciales embrassent le N.-O. de l'Amérique, la Chine, la Perse, la Bouckharie, et s'étendent jusqu'à Leipsic, Vienne, Hambourg, Paris, Bordeaux, Marseille et Londres. Dès le xive siècle cette ville fournissait les produits de l'Allemagne aux Mongols, qui lui apportaient en échange ceux de l'Asie. Les marchands y formèrent de bonne heure sous le nom de *gost*, une classe privilégiée. Au xve et au xvie siècle le commerce y était très florissant, surtout avec la Pologne. Le corps des marchands reçut de Catherine II de grands priviléges; il avait ses tribunaux et son administration particulière, il était exempt de peines corporelles, etc. Les marchands sont divisés aujourd'hui en trois *ghildes* ou classes, selon les capitaux qu'ils annoncent. Ceux de la première classe doivent justifier d'un capital de 500,000 roubles, et ont le droit d'importer, d'exporter et d'établir des fabriques; ceux de seconde classe déclarent un capital de 20,000 roubles, et ne peuvent commercer qu'à l'intérieur; ceux de troisième classe possédant un capital de 8,000 roubles, ne peuvent trafiquer que dans la ville et le district. Tout étranger doit se faire naturaliser pour exercer le commerce à Moscou. Depuis Pierre-le-Grand le nombre des fabriques y a continuellement augmenté. On y comptait, en 1831, 4,381 ateliers, parmi lesquels 484 fabriques proprement dites, employant 19,000 ouvriers des deux sexes, et près de 2,000 apprentis. En 1822 il n'y avait à Moscou que 2 machines à vapeur; on en signalait 100 en 1832. La fabrication des soieries y a pris surtout de vastes développements depuis 1823, époque de l'introduction des métiers à la Jacquart, et cette industrie moscovite ne le cède en rien à celle de la France pour les couleurs foncées. Mais la fabrication des soieries unies y est moins avancée que celle des tissus façonnés. Celle des mousselines ne s'y est introduite qu'en 1828 sous la direction d'un sujet anglais. On a aussi établi à Moscou, des manufactures de nankin qu'on écoule avec avantage dans l'Amérique et dans la Perse. L'amélioration des laines a beaucoup préoccupé le gouvernement, qui, en 1829, a autorisé à Moscou : la création d'un bureau consultatif des bergeries, sous la direction d'un anglais; d'un dépôt de laines russes assorties et triées d'après la méthode de Leipsick; d'une bergerie modèle. Une subvention de 128,000 roubles a été accordée au dépôt des laines, où les propriétaires riches peuvent envoyer leurs gens pour se perfectionner dans le tissage. Depuis 1829 une exposition des produits de l'industrie a lieu alternativement à Saint-Pétersbourg et à Moscou. Une grande partie des importations de cette dernière ville se fait par la Moskowa.

Le Gouvernement de Moscou, qui faisait partie de l'ancien duché de ce nom, est borné au N. par celui de Tver, au S. par ceux de Kalouga et de Toula, à l'O. par celui de Smolensk, à l'E. par ceux de Riazan et de Wladimir. Il a 235 kil. sur 215, et 25,000 kil. carrés, avec une population d'environ 1,500,000 habitants. Il est arrosé par un grand nombre de rivières dont les principales sont : l'Oka, la Moskowa, la Kliarzma, etc. On y compte jusqu'à 109 lacs. L'agriculture y a fait de très grands progrès, quoique le sol y soit d'une qualité médiocre. On y récolte des grains, du lin, du chanvre, du houblon, etc. Le gouvernement de Moscou est le plus industrieux de tout l'empire. Dans les campagnes il n'est pour ainsi dire pas de cabane où l'on ne rencontre un métier à tisser ; en 1830, sur 3,450 fabriques disséminées dans la Russie, 842, c'est-à-dire à peu près un septième, appartenaient à ce gouvernement. Les objets principaux de la fabrication sont surtout les cotonnades, les soieries, les étoffes de laine, les draps, etc. Schayès.

MOSCOUADE : nom qu'on donne au sucre brut de la qualité la plus inférieure. Un usage, à peu près abandonné aujourd'hui dans nos Antilles aussi bien que dans les Antilles anglaises, était de *terrer* le sucre, procédé qui consiste à remplir de sucre de grandes caisses percées de trous à leur partie inférieure pour faciliter l'égouttement. Ces caisses pleines, on les recouvre d'une toile, sur laquelle on étend une couche d'argile que l'on mouille de temps en temps, afin de laver et de précipiter les sirops dont le sucre doit être purgé. Les couches de sucre, qu'on enlève successivement après cette opération, donnent les nuances diverses de *terré blanc* et de *terré blond* plus ou moins foncé. La dernière couche qui retient le plus de sirop reste grasse et brune, et entre dans le commerce sous le nom de *moscouade*. A. P.

MOSCOVIE. C'est le nom que l'on donnait autrefois à la Russie et particulièrement au grand duché de Moscou, noyau de l'empire des Czars (*voy.* Russie).

MOSKOWA (*géog.*) : rivière de la Russie qui prend sa source dans le gouvernement de Smolensk, coule à l'E., arrose une partie du gouvernement de Moscou, passe à Mojaïsk, Zvenigorod, Moscou, et, se dirigeant au S.-E., se jette dans l'Oka près de Kolomna, après un cours de 300 kil. C'est sur ses bords, près du village de Borodino, que les Français remportèrent en 1812 (7 septembre) une victoire sanglante qui leur ouvrit les portes de Moscou. La belle conduite de Ney dans cette occasion lui valut le titre de *prince de la Moskowa*.

MOSELLE : nom d'une rivière et d'un département de France. — La Rivière de la Moselle, appelée par les Latins *Mosella*, prend sa source au mont des Faucilles (Vosges). Elle traverse, en France, en se dirigeant de l'Ouest à l'Est, les départements des Vosges, de la Meurthe, de la Moselle ; puis elle fait limite entre la Belgique et la Prusse-Rhénane, et se perd dans le Rhin auprès de Coblentz. Les principaux lieux qu'elle arrose sont Remiremont, Epinal, Charmes, Toul, Pont-à-Mousson, Metz, Thionville, Sierck, Trèves, Bern-Castel, Coblentz. Dans toute sa partie française, la Moselle coule dans une vallée pittoresque et remarquable par sa fertilité. Ses rives, riches en toutes sortes de productions agricoles, sont parsemées de riants villages et de ruines féodales ; mais, depuis Trèves jusqu'à Coblentz, elles se resserrent de plus en plus entre des montagnes escarpées, généralement couvertes de vignes ou de bois-taillis. La Moselle est très poissonneuse. Depuis Frouart, point de sa jonction avec la Meurthe, elle est navigable jusqu'à son embouchure, sur un parcours de 90 lieues. Cette ligne de navigation est d'une haute importance ; car la Moselle est le seul affluent du Rhin qui pénètre dans nos frontières, et mette nos départements du nord-est en communication avec Coblentz, Cologne, le Hanôvre et la Prusse-Rhénane, en même temps qu'avec Paris, Lyon et Marseille par la voie du Havre.

Le Département de la Moselle, formé d'une partie de l'ancienne province de Lorraine, est borné, au Nord, par le grand-duché de Luxembourg, la Prusse et la Bavière-Rhénane ; au Midi, par les départements du Bas-Rhin et de la Meurthe ; à l'Ouest, par celui de la Meuse. Sa superficie totale est de 532,796 hectares. Il se divise en quatre arrondissements, dont les chefs-lieux sont : Metz, Thionville, Sarreguemines et Briey, renfermant 27 cantons et 605 communes. Sa population, d'après le dernier recensement, publié en 1846, est de 448,000 habitants. Il envoie 9 représentants à l'Assemblée nationale. Il fait partie de la 3e division militaire : chef-lieu Metz. Son revenu territorial était, en 1846, de 17 millions. Le principal de sa contribution foncière est, en 1850, de 1,704,437 francs. Ses communes sont propriétaires de biens immobiliers dont le revenu total est évalué à la somme de 493,645 fr. Les principales rivières qui l'arrosent sont la Moselle, la Seille, la Carmer, la Sarre, la Nied, le Chiers, la Crune et l'Othain. Parmi ces rivières, deux seulement, la Moselle et la Sarre, sont navigables sur un parcours total de 115,000 mètres. La culture du sol se divise ainsi : terres labourables 303,914 hectares, qui produisent, en céréales, de quoi suffire à la consommation totale du département, et une grande abondance de graines oléagineuses, de plantes textiles et tinctoriales, de houblon et de légumes de toute espèce. Prairies, 45,000 hectares; vignes, 5,291 hectares, dont le produit annuel s'élève, en moyenne, à 260,000 hectolitres de vin d'une qualité médiocre, et qui se consomme presque entièrement dans le pays; cultures diverses, telles que jardins, vergers, pommes de terre, betteraves, etc., 12,000; bois de l'État, des communes ou des particuliers, 136,000 hectares. La totalité du domaine agricole s'élève ainsi à 513,000 hectares, c'est-à-dire à plus des 19/20 du département, et on y compte à peine 6,000 hectares de terres sans culture, le reste de la surface étant occupé par les propriétés bâties, les routes, les rivières et les chemins. — On y fabrique des tricots noirs très fins et très légers, des soieries, des draps, des tabatières en carton dont il se fait un grand commerce; des eaux-de-vie de grains, de fruits, de raisin et de pommes de terre, des confitures de mirabelles et de framboises blanches très recherchées; des faïences, des cristaux et verreries, des papiers peints, etc. Le minerai de fer y est très abondant. On y compte 13 hauts-fourneaux, 14 fours d'affinerie à la houille et 40 forges qui alimentent un très grand nombre de manufactures de taillanderie, de quincaillerie, de clouterie et d'objets de fer de toute espèce. Les villes les plus remarquables sont, outre celles que nous avons déjà citées, St-Avold, Bitche, Forbach, Boulai, Longwy, Bouzonville, Sierck, Gorze et Sarralbe. — Le climat, assez doux aux environs de Metz et dans la vallée de la Moselle, est froid et humide dans le voisinage des Vosges et des Ardennes. — Le département de la Moselle a vu naître les maréchaux Fabert, Ney, Molitor; les généraux Houchard, de Mercy, Lassalle, Richepanse et Custine; le chroniqueur Philippe de Vigneulle, le graveur Sébastien Leclerc, etc., etc. Les fortifications de Bitche, de Longwy, de Thionville, et surtout de Metz, occupent un rang important dans cette ceinture de places fortes qui entoure la France du côté du nord.

A. BOST.

MOSER. Nous citerons deux personnages de ce nom : — 1° MOSER (*Jean-Jacques*), publiciste né à Stuttgard en 1701, et mort dans cette ville en 1785. Il fut professeur à l'université de Tubingen, puis à Francfort-sur-l'Oder, où il devint directeur de l'université; mais il ne put rester nulle part par suite de son humeur acariâtre. Il fut plus tard avocat consultant des États de Wurtemberg. Cette assemblée ayant eu des démêlés avec le souverain, Moser, accusé d'être l'auteur du mémoire qu'elle lui avait adressé, fut emprisonné pendant cinq ans. Il s'appliqua

surtout à fixer le droit positif de l'Europe. Le nombre de ses ouvrages, d'après la liste de Meusel, s'élève à 484, formant un total de 702 volumes, dont 71 in-fol. 17 sont restés inédits. Nous citerons : *Ancien droit public de l'Allemagne*, 1727; *Plan de la constitution moderne de l'Allemagne*, 1731; *Principes du droit des nations européennes en temps de guerre*, 1752; le *Plutarque anglais*, 1762, 12 vol. in-8°, traduit en français par la baronne de Vasse, Paris, 12 vol. in-8°; le *Directeur universel*, guide des sciences et des beaux-arts, 1763, in-8°; *Dictionnaire du commerce*, 1766, 2 vol. in-fol. — 2° MOSER (*Frédéric-Charles*), fils du précédent, naquit à Stuttgard en 1713, fut successivement conseiller aulique de Hesse-Hombourg, député des Deux-Hesses au cercle du Bas-Rhin, conseiller aulique impérial, administrateur du comté impérial de Falkenstein, premier ministre et chancelier à Darmstadt en 1770. Nous citerons parmi ses nombreux ouvrages : *Recueil des vues du saint Empire romain*, 1747, 3 vol. in-4°; *Essai d'une grammaire politique*, Francfort, 1749, in-8°; *Commentarium de titulo domini*, Leipsick, 1751; *Opuscules pour servir à l'explication du droit public et des nations*, etc., Francfort et Leipsick, 12 vol. in-8°; *Amusements diplomatiques et historiques*, 7 vol. in-8°; *Archives patriotiques pour l'Allemagne*, 12 vol. in-8°.

MOSHEIM (J. LAURENT DE) : littérateur, théologien et prédicateur luthérien, né à Lubeck en 1694 et mort en 1775. Il professa la théologie à l'université de Helmstædt, et ensuite à Gœttingue, avec le titre de chancelier de l'université. Mosheim, par son éloquence et la pureté de son style, contribua beaucoup à la réforme qui s'est opérée dans la littérature allemande. Il possédait une immense érudition répandue à pleines mains dans ses écrits, parmi lesquels nous mentionnerons : *Abrégé d'histoire ecclésiastique*, en latin, 1726, 1755, sous le titre *Institutiones historiæ ecclesiasticæ*, traduit en français en 6 vol. in-8°: on ne saurait nier plusieurs qualités à cet ouvrage, mais la vérité y est à chaque instant dénaturée par les préjugés de secte de l'auteur. Bergier, dans son Dictionnaire théologique, a solidement réfuté les calomnies de Mosheim contre les catholiques; *Des Sermons*, Hambourg, 1747, qui méritent à juste titre à Mosheim le surnom de *Bourdaloue de l'Allemagne*; *Morale de l'Écriture*, dont une cinquième édition en 9 vol. in-8° parut en 1773; traduction latine de l'*Intellectual system* de l'Anglais Cudworth, 1738-1773, avec d'importantes additions, une foule de dissertations particulières sur divers points de l'histoire ecclésiastique et notamment sur les rapports du platonisme

avec le christianisme. Le mérite de ces dissertations est malheureusement affaibli par un
mélange continuel de préjugés et d'opinions
téméraires dictés par l'esprit de secte.

MOSQUÉE, de l'arabe mesdjid, *lieu d'adoration*. Cette expression, qui se retrouve dans
presque toutes les langues de l'Europe, sous
une forme plus ou moins altérée, désigne parmi
nous un temple mahométan quelconque. Il en
était de même autrefois parmi les Musulmans,
et les mosquées de la Mecque et de Médine considérées comme les deux sanctuaires les plus
vénérables de l'islamisme, conservent encore
l'une et l'autre le nom de *mesdjid schérif* ou *mosquée illustre* qu'ils portaient dans l'origine, du
temps de Mahomet; mais c'est là une exception,
et depuis longtemps le mot *mesdjid* ne s'applique
plus qu'à des chapelles où l'on ne célèbre pas
toutes les cérémonies de la religion musulmane.
C'est seulement dans les grands temples appelés
djamis, c'est-à-dire *lieu de réunion*, que l'on peut
célébrer l'office solennel du vendredi et les fêtes des deux baïram. Les Ottomans ont aujour-
d'hui trois sortes de temples : les *Djevami-i-se-
latin*, c'est-à-dire *mosquées impériales*, ou *basiliques;* les simples *djamis* et les *mesdjids*. Les
mosquées impériales sont des temples du premier ordre, élevés par des princes ou des princesses du sang. Elles se distinguent par leur
grandeur, la beauté de leur architecture, et par
certaines prérogatives spirituelles et tempo-
relles. On n'en voit que dans les villes les plus
importantes de l'empire, telles que Constantinople, Damas, le Caire, etc. Ces édifices sont
presque tous magnifiques. — Il serait difficile de
donner une idée exacte et complète des temples
mahométans, car ils ne sont pas tous bâtis sur
le même plan. Les gravures qui accompagnent
plusieurs voyages en Turquie, en Égypte, en
Arabie, en Syrie et en Perse, donneront une notion bien plus exacte de ces édifices que nous ne
pourrions le faire ici. Il est cependant certains
caractères généraux qui appartiennent à toutes
les mosquées, et que nous indiquerons. Ces
temples, ceux du moins qui appartiennent au
premier et au second ordre, se distinguent en
général par un dôme, des toits couverts de
plomb, et par plusieurs minarets ou tourelles
élancées qui se détachent de l'édifice et le dominent. Ces tourelles, ordinairement octogones,
ont à différentes hauteurs des galeries ou bal-
cons sur lesquels les muezins se placent pour
appeler le peuple à la prière. Les minarets se
terminent en pointe, et sont pour l'ordinaire
surmontés d'un croissant. La plupart des mosquées forment un ensemble de constructions
carré, et sont entourées de murs. On trouve sou-

vent devant ces temples une grande cour plantée d'arbres, et ornée d'une fontaine. Les *mesdjids* ou chapelles sont d'une architecture infiniment plus simple que les *djamis;* on n'y voit
qu'un seul minaret qui souvent même est de
bois.

A l'intérieur, les murs des temples musulmans n'offrent ni peintures, ni sculptures, ni
représentations de la nature vivante, sévèrement défendues par la loi de Mahomet; mais on
y lit des versets du Coran, le nom de Dieu, celui de Mahomet, etc., écrits avec élégance.
Malgré la simplicité de leur décoration intérieure, les djamis étonnent l'œil par la hauteur
des voûtes, et la beauté de colonnes de marbre
ou de porphyre. Les objets les plus dignes d'attention qu'on voit dans les temples mahométans
sont : le *mihrab*, sorte de niche ou de cavité
haute de 6 ou 8 pieds, pratiquée dans le mur
au fond de la mosquée, et qui sert à indiquer la
position géographique de la Mecque, vers laquelle les Musulmans doivent se tourner lorsqu'ils récitent leurs prières; la tribune des
muezins placée à gauche du mihrab; la chaire
des schéikhs prédicateurs, appelée *cursi*, élevée
de deux ou trois marches et placée à la droite
du mihrab. Dans les grandes mosquées qui ont
le droit de célébrer la *khoutbé*, prière dans laquelle se trouve le nom du sultan régnant, il
existe une seconde chaire appelée *minber*, et
destinée au ministre qui célèbre cette partie de
l'office. Le pavé des mosquées est couvert de
beaux tapis, et les Musulmans sont dans l'usage
de quitter leurs chaussures avant de pénétrer
dans ces temples. En général, les mosquées restent ouvertes pendant la journée; l'entrée devrait en être permise à toutes les personnes
étrangères à l'islamisme, c'est du moins l'opinion de plusieurs docteurs musulmans; et cette
persuasion se fonde sur l'exemple même de
Mahomet; cependant l'iman Schaféi, dont la doctrine s'accorde mieux avec les habitudes d'into-
lérance du peuple, ne veut souffrir la présence
des infidèles dans aucun lieu consacré à la prière.
Aussi les Européens jugent-ils prudent de ne
visiter les mosquées que munis d'une permission de l'autorité compétente. — Il y a pour l'ordinaire plusieurs établissements d'utilité publique qui dépendent des mosquées. Ce sont des
hôtelleries où l'on distribue des vivres à des
étudiants et à des pauvres, des hôpitaux pour
les malades et pour les fous, des écoles, des
colléges, des bibliothèques et quelquefois des
chapelles sépulcrales pour les souverains, les
princes et les princesses du sang.   L. DUBEUX.

MOSQUITOS: tribu indienne de l'Amérique du Nord sur la côte orientale de la répu-

blique de Guatemala, sur les bords du golfe du Mexique. Les Mosquitos ont donné leur nom au littoral qui s'étend depuis la rivière de San-Juan jusqu'au cap Honduras, sur une étendue de 180 lieues environ.

MOSSOUL : ville e la Turquie d'Asie, dans le pachalik de Bagdad, sur la rive occidentale du Tigre que l'on passe sur un pont de bateaux et sur un pont de pierre, à 80 lieues au N.-N.-O. de Bagdad, latit. N. 36° 21' : longitude E. 43° 11' du méridien de Greenwich. Sa population n'est plus, suivant Kinneir, que de 35,000 âmes dont environ 9,000 chrétiens et 1,500 juifs; le reste se compose d'Arabes, de Turcs et de Curdes. La ville s'élève si peu au-dessus du niveau du fleuve que les eaux remplissent souvent les rues. Comme plusieurs autres villes célèbres de la Turquie et de la Perse, celle-ci est aujourd'hui dans un état de décadence complète. Les débris des murailles qui l'entouraient autrefois jonchent le sol, et les plus beaux édifices tombent en ruines. Mossoul a sept portes ; elle était défendue par un château, maintenant détruit, qui s'élevait sur une île artificielle du Tigre. Ses rues étroites et irrégulières sont bordées de maisons bâties de pierres et de briques. On y remarque plusieurs belles mosquées, des cafés, des khans, des bains et des bazars bien entretenus. Les marchés sont fournis de toutes les denrées du Curdistan. Les monuments les plus remarquables de la ville sont le collége, le tombeau du scheïkh Abdul-Cassim, et les ruines d'une superbe mosquée dont le minaret fut construit par Noureddin, sultan de Damas. La partie occidentale de la ville, entourée d'un grand cimetière et de campagnes incultes, est d'un aspect triste et mélancolique. — Mossoul a pour gouverneur un pacha à deux queues. Cette ville faisait autrefois un grand commerce avec toutes les parties de l'Asie. Ajourd'hui ses relations se bornent à l'Asie-Mineure et à Bagdad. Des radeaux qui descendent le Tigre portent dans cette dernière ville des noix de galle et du cuivre du Curdistan ou de l'Arménie, en échange desquels ils reçoivent des marchandises de l'Inde, qui sont expédiées dans le Diarbekir et en Syrie. On fabrique à Mossoul des étoffes grossières de coton, teintes en bleu, et dont se vêtent les gens pauvres. Le climat est sain ; mais au printemps, lorsque le Tigre déborde, il règne quelques maladies épidémiques peu dangereuses. — Il existe aux environs de la ville plusieurs sources d'eaux sulfureuses excellentes pour la guérison des maladies cutanées. C'est de Mossoul que sont venues en Europe les premières *mousselines* de l'Inde. **L. Dubeux.**

MOSTAGANEM : ville de l'Algérie, sur la Méditerranée, près de l'embouchure du Chélif, dans la province d'Oran, à 25 lieues de cette ville et à 48 d'Alger, par 1° 55' long. O., 36° 5' latit. N. Mostaganem, l'ancienne *Cartenna* ou *Murustoga*, possède une mosquée, un château-fort et un port excellent. Sa population est de 4,000 habitants. C'est près de cette ville que se trouve le fameux fort de Mazagran, ou 123 Français vainquirent, en 1840, une armée de 12,000 Arabes.

MOSTANDJED-BILLAH (Abou-l-Modhaffer-Yousouf-al-), 32° calife Abbasside, fut inauguré l'an de l'hégire 555 (1160 de J.-C.). Peu de temps après, la mère d'un de ses frères, voulant placer ce dernier sur le trône, attaqua Mostandjed dans le palais, à la tête des gens qu'elle avait corrompus par des présents, et des femmes du harem impérial auxquelles elle avait remis des armes. Le calife, prévenu à temps, lutta avec succès contre les conjurés, et fit noyer plusieurs femmes qui s'étaient montrées les plus animées contre sa personne. L'an 558 de l'hégire, Mostandjed attaqua et vainquit les chefs arabes des bords de l'Euphrate qui excitaient de grands troubles, et se livraient à d'affreux brigandages dans les contrées environnantes. Il mourut suffoqué dans un bain trop chaud, où l'avait fait mettre, de force, un courtisan dont il voulait se défaire, à l'âge d'environ 56 ans, l'an 566 de l'hégire (1170 de J.-C.).

MOSTAR : ville de la Turquie d'Europe, en Bosnie, chef-lieu de l'Herzegovine, à 77 kil. S.-O. de Bosna-Seraï, et à 80 kil. N.-O. de Trébigné, sur la Narenta, avec une population de 10,000 habitants. Il s'y fabrique des armes à feu et des armes blanches qui jouissent d'une grande renommée, et on y fait un commerce assez étendu de grains, bétail et vin. La seule antiquité qu'on remarque dans cette ville est un pont romain.

MOT (*linguist.*) : expression qui viendrait du latin *muttum*, selon Mesnage, dont les Italiens auraient fait aussi *motto*. *Muttum* était vraisemblablement fait du grec μύω, qui signifie la même chose. Tous ces mots, plus ou moins synonymes de parole, ont pour racine l'une des premières syllabes qu'articulent les enfants, d'où en parlant d'un muet volontaire Scalager dit : *Mutire est ne mu quidem audere facere.*

MOTADHED BILLAH (Abou-l-Abbas-Ahmed III, al-), 16° calife Abbasside, succéda à son oncle Motamed l'an de l'hégire 279 (892 de J.-C.). Son règne fut d'abord troublé par la révolte de Hamdan, prince arabe, qui régnait sur une partie de la Mésopotamie. Motadhed le vainquit, et, quoique d'un caractère enclin à la cruauté, il épargna les enfants du rebelle. Sous son califat, les Carmathes commencèrent à étendre par les armes les principes de leur secte dangereuse. Motadhed les combattit avec des succès divers. Cette guerre est sans contredit l'évènement le plus considérable de son règne. Motadhed était doué de grandes qualités, il rétablit les lois, fit revivre la discipline militaire, diminua les impôts et se montra le protecteur éclairé des lettres. Il mourut l'an de l'hégire 289 (902 de J.-C.), à l'âge d'environ 48 ans.

MOTAMED-BILLAH (Abou-l-Abbas-Ahmed II, al-), 15e calife Abbasside, fut inauguré l'an de l'hégire 256 (870 de J.-C.). Ce prince faible et livré aux plaisirs aurait été incapable de défendre le califat contre les révoltes et les guerres qui éclataient de toutes parts, si son frère Abou-Ahmed-Telhah n'eût gouverné à sa place, comprimant l'insolence des milices et faisant la guerre aux ennemis du dehors. Cependant Motamed finit par supporter avec impatience l'autorité que son frère avait acquise sur lui. Il quitta Bagdad pour s'enfuir en Egypte, mais arrêté en route il se vit obligé de reprendre le chemin de la capitale. Son frère étant mort, Motamed, toujours hors d'état de gouverner par lui-même, laissa passer l'autorité entre les mains de Motadhed, fils de ce prince, et fit une fin digne de lui en mourant d'indigestion à la suite de grands excès de table, l'an de l'hégire 279 (892 de J.-C.). Il était âgé de près de 51 ans.

MOTASSEM - BILLAH (Abou - Ishak-Mohammed el) (*hist. arab.*), 8e calife Abbasside, était fils de Haroun-Errachyd et d'une esclave affranchie. Il succéda à El-Mamoun, son frère, et fut proclamé calife à Tarsous (Tarse), le 18 radjab 218 de l'hég. (9 août 833). Ce prince d'un extérieur avantageux, doué d'une force musculaire prodigieuse, était d'une valeur à toute épreuve, et avait un amour excessif pour les combats. Il fut le premier calife qui ajouta le nom d'*Allah* (Dieu) au sien (Motassem-Billah, *celui qui est secouru de Dieu*); ses successeurs imitèrent son exemple. Ce prince fut surnommé *El-Mouthamman*, le huitainier ou octénaire, à cause de plusieurs singulières coïncidences : il était le huitième enfant d'Abbas, et le 8e calife Abbasside; il était né en chabân, 8e mois de l'année; il monta sur le trône en 218, à l'âge de 38 ans et 8 mois; il régna 8 ans et 8 mois; il livra 8 batailles; il eut huit garçons et huit filles; il laissa après sa mort 8 millions de dinârs (environ 120,000,000 fr.), et 80 mille dirhem (environ 1,200,000 fr.). Dès que Motassem fut sur le trône il eut a soutenir une guerre contre les habitants de l'Irâk; il envoya des troupes à Ispahan et à Hamadân pour châtier les séditieux. L'empereur Théophile profita des troubles inté-

rieurs des États musulmans pour saccager Zibatra (*Sozopebra*). A cette nouvelle Motassem fit faire des préparatifs formidables de guerre. Quand tout fut disposé pour le départ, le calife convoqua les kadis et des témoins, et fit le serment qu'il partageait son bien en trois parties égales; il consacrait la première à Dieu, la seconde à ses enfants et à ses proches, et la troisième à ses affranchis; ensuite il se mit en marche. Ayant appris d'un prisonnier grec que Amourya (*Amorima*) était la ville la plus considérable, la plus importante des possessions de l'empereur grec, Motassem marcha de ce côté, assiégea et emporta d'assaut la ville, en ramadan 223 (838). Ce calife s'était formé une garde magnifique avec les prisonniers qu'il avait ramenés de l'Irâk. Cette milice était très nombreuse, et devint tellement turbulente que Motassem eut des craintes sérieuses pour la sûreté de sa personne. En 221 il fit jeter sur la rive droite du Tigre les fondements de Samarra ou Sourraman-Raâ, pour se mettre à l'abri des désordres suscités par la soldatesque de Bagdad. El-Motassem mourut le 18 rabi Ier 227 (5 janvier 842) à l'âge de 48 ans. Ce prince était d'une profonde ignorance, à peine pouvait-il lire, et il ne savait pas écrire; il était dénué de toute espèce de qualités intellectuelles, et cependant il s'occupait de questions théologiques; il fit une guerre acharnée à ceux qui soutenaient que le Koran était créé, et de là la haine qu'il vouait à l'Imâm Hanbal.   A. CLERC.

MOTET (*mus.*): nom générique donné à tous les morceaux de musique religieuse composés sur des paroles latines, rhythmées ou non, pour une ou plusieurs voix, avec ou sans accompagnement de piano ou d'orchestre. Le motet est ordinairement court, ainsi que son nom l'indique (petit mot); mais il est traité généralement avec toutes les ressources de la science musicale, et orné de toutes les richesses de la fugue, de l'imitation et les plus savants artifices du contrepoint. La musique d'église compte de nombreux motets d'une expression profonde et d'une grande beauté. Les œuvres de Cherubini en contiennent beaucoup de ce genre. L'*Ave verum corpus*, de Mozart, est une des plus belles compositions musicales que l'on connaisse. L'*O salutaris* de Gossec, qui n'a qu'une page, est aussi un chef-d'œuvre dans son genre. Haendel et la plupart des grands compositeurs qui avaient le sentiment religieux, ont laissé d'admirables exemples des richesses harmoniques qu'on peut faire jaillir de quelques paroles de l'Écriture. Mais malheureusement tel n'a pas toujours été l'avis des compositeurs pour l'église. Pendant la plus grande partie du xvie siècle et même au commencement du XVIIᵉ, les motets, bien que composés sur des paroles religieuses, étaient purement profanes. Le compositeur s'emparait d'un refrain populaire le plus souvent égrillard, il y appliquait sérieusement toutes les pédantesques fantaisies de la fugue et du contrepoint, et en confectionnait un motet ou une messe. Ainsi l'on possède encore un *motetus ad imitationem modulorum : Videz vos flacons*. Le scandale devint tel que les papes fulminèrent. La messe du pape Marcel, par Palestrina, parvint à conjurer l'orage; mais les compositeurs ne s'amendèrent pas, et à l'époque où Louis XIII composait ses motets, généralement d'un bon caractère religieux, on voyait encore un *Kyrie eleison* (de Persuin) sur l'air : *Allons à Candie*, et des psaumes chantés sur des airs de vaudeville, à l'Oratoire de Paris. Les oratoriens étaient, à cause de cela, surnommés les *Pères au beau chant*.

MOTEUR. On appelle ainsi, en mécanique, tout appareil destiné à transmettre le mouvement à une machine quelconque. Cet appareil est tantôt une machine à vapeur, tantôt un moulin à vent, un moulin à eau, un manège, un tour, un levier, une roue, une vis, une pompe, etc. Cependant ces appareils sont eux-mêmes par d'autres agents naturels ou artificiels dont le nombre est beaucoup plus restreint, et qui sont, à proprement parler, les *véritables moteurs*. Ces agents ne peuvent être que l'homme ou les animaux qui jouissent de mouvements volontaires; l'air comprimé, dilaté ou agité naturellement; l'eau, les gaz, les ressorts, les combinaisons chimiques et les agents physiques, tels que la pesanteur, la chaleur, l'électricité, le magnétisme. On peut voir aux articles ÉLECTRICITÉ, MOULIN, POUDRE, VAPEUR, etc., etc., les applications de ces moteurs aux diverses machines. Comme on le voit ces machines ne sont que des intermédiaires entre le moteur véritable et l'objet à mouvoir. Par leur inertie et par leurs frottements elles absorbent toujours une partie plus ou moins grande de la force du moteur. Aussi le but principal du mécanicien doit-il être de combattre autant que possible ces deux causes de perte, afin de mettre à profit la plus grande quantité possible de la force produite. **D. JACQUET.**

MOTHE-HOUDANCOURT (*Philippe de la*), duc de Cardonne, maréchal de France, né en 1605, mort en 1667. A 17 ans il prenait part au combat naval qui enleva l'île de Ré aux protestants. Il fut ensuite dépêché dans le Piémont, et sa conduite au siège de Turin lui valut d'être envoyé dans la Catalogne qui, révoltée contre l'Espagne, venait de se donner à la France, par suite de son impuissance à se constituer en répu-

blique, comme elle l'avait espéré d'abord. La Mothe-Houdancourt défit les Espagnols à Tarragone et à Villefranche; mais il fut battu devant Lérida et obligé de lever le siége de Tarragone. Il fut rappelé en France, emprisonné à Pierre-Encise, et traduit devant plusieurs tribunaux. On lui reprochait entre autres choses de n'avoir pas profité de l'occasion pour s'emparer du roi d'Espagne pendant qu'il était à la chasse. Acquitté par le Parlement de Grenoble après quatre années d'emprisonnement préventif, il se jeta dans la Fronde; mais il fut tenu en médiocre estime par les chefs du parti. Le cardinal de Retz le représente comme un capitaine de seconde classe, ayant peu de sens et beaucoup de cœur. A la fin de cette guerre d'ambitieux, le maréchal fut envoyé de nouveau en Catalogne en qualité de vice-roi; il défendit Barcelone pendant cinq mois contre les meilleures troupes de l'Espagne, et ne revint à Paris que pour mourir à l'âge de 52 ans. Il eut trois filles que Bussy-Rabutin n'a pas épargnées dans sa scandaleuse et peu véridique *Histoire amoureuse des Gaules*.

MOTHE-LE-VAYER (*François de la*): érudit et philosophe sceptique du XVIIᵉ siècle, né à Paris en 1588. Il fut quelque temps substitut du procureur général au Parlement, mais ne tarda pas à remettre cet office à son père qui le lui avait donné, afin de se livrer avec plus d'ardeur à la culture des lettres. Mˡˡᵉ de Gournay lui transmit la tradition de Montaigne; il vécut dans l'intimité de Naudé, de Ménage, de Chevreau, pléiade d'érudits qui se rattachaient encore à tant d'égards au XVIᵉ siècle, et ne publia guère ses premiers ouvrages qu'à cinquante ans, bien qu'il n'eût pas cessé un moment d'étudier depuis qu'il était en possession de sa raison. Ce qui l'avait le plus frappé dans ses études, c'était la grande diversité d'opinions qui se rencontrent dans les livres, et, faute de pouvoir les accorder, il avait pris le parti de douter de toutes. Ses livres sont bourrés d'érudition. Cependant, malgré ce luxe de citations fondues dans le texte et le sans-façon du style, ses écrits sont d'une lecture fort attrayante. Richelieu, satisfait de son Traité sur l'éducation d'un prince (1640), le proposa en mourant pour précepteur du dauphin, depuis Louis XIV. Anne d'Autriche, qui ne l'aimait pas, ne voulut lui confier d'abord que l'éducation du duc d'Orléans, et ce fut seulement en 1652 qu'il fut appelé à terminer l'éducation du roi. La Mothe-le-Vayer se maria à 78 ans et mourut à 85, en 1672, sans que la vieillesse eût ralenti son ardeur de science. Plusieurs de ses ouvrages ont été publiés sous le nom d'Orasius Tubero ou Tubertus Ocella, traduction latine et grecque de son nom légèrement transformé.

A part les ouvrages d'éducation, la Géographie, la Rhétorique, la Morale, l'Economie, la Politique, la Logique et la Physique d'un prince, composés pour ses élèves, La Mothe-le-Vayer n'a guère écrit que des ouvrages d'érudition philosophique et sceptique, entremêlés de grivoiseries. Arnauld refuta son traité de la *Vertu des Païens*. Le libraire se plaignait que l'ouvrage ne se vendait pas; La Mothe engagea l'autorité à le défendre, et l'édition fut enlevée aussitôt. On distingue encore dans la volumineuse collection de ses œuvres (Dresde, 1756-59, 14 vol. in-8) : *Discours de la contrariété d'humeurs qui se trouve entre certaines nations* (1636); *Considérations sur l'éloquence française* (1638); *Jugement sur les principaux historiens grecs et latins* (1646); *Petits traités en forme de Lettres* (1659), où beaucoup ont puisé sans en rien dire; *Du peu d'exactitude de l'histoire* (1688); *Hexaméron rustique*, ou les Six journées passées à la campagne (1670); *Dialogues faits à l'imitation des anciens* (1673-98). Ces deux derniers ouvrages se trouvent pas dans les éditions antérieures à celles de Dresde. Montlinot en 1763, et Alletz en 1783, ont publié chacun un recueil d'extraits intitulés *Esprit de La Mothe-le-Vayer*. — Un autre La Mothe-le-Vayer, de Boutigny, mort en 1685, a publié divers traités sur l'autorité des rois, et un roman moral longtemps estimé : *Tharsis et Zélie*. J. F.

MOTHE-SAINT-HERAY (LA) : chef-lieu de canton de l'arrondissement de Melle (Deux-Sèvres), à 29 kil. de Niort, et à 391 kil. de Paris, sur la Sèvre, dans une vallée charmante couverte de prairies fertiles. Cette ville dont la population ne s'élève pas à 3,000 âmes, est cependant une des plus importantes du département. Elle fait un grand commerce de céréales, de graines fourragères, de minots, et surtout de bestiaux et de mules. Elle possède des tanneries, des fabriques d'étoffes communes, et un grand nombre de moulins à farine. D'après les savantes recherches du docteur Sauzé, La Mothe-Saint-Heray, qu'on trouve aussi appelée La Mote-Saint-Eroy ou Saint-Eloy, doit son origine à une église fondée au vie siècle par St-Aredius, chancelier du roi Théodebert. Pendant les guerres de religion, elle fut prise tour à tour par les Protestants et les Catholiques. On y voyait naguère encore un des plus beaux et des plus curieux châteaux de France, qui a été néanmoins vendu par l'administration des domaines, et démoli en 1844. — Nous devons signaler à La Mothe-Saint-Héray le couronnement annuel et le mariage avec dot de trois rosières choisies parmi les filles les plus

sages de a classe ouvrière. **AL. BONNEAU.**

MOTIF (*mus.*). On donne ce nom à l'idée principale d'un morceau de musique, considérée sous le rapport de la mélodie, du rhythme et de l'harmonie. Le motif se compose ordinairement de plusieurs phrases musicales qui s'enchaînent et se répondent, passent d'un instrument à l'autre, disparaissent et reparaissent tour à tour. Un motif suffit à un morceau de musique tant que le mouvement reste le même; mais chaque nouveau mouvement exige ordinairement un motif particulier. Rossini abonde en motifs heureux. Meyerbeer trouve moins bien, mais il tire un meilleur parti de ce qu'il a trouvé.

MOTTE (*Antoine* HOUDAR *de la*) : critique et poète de transition entre le XVIIe et le XVIIIe siècle. Né à Paris en 1672, il étudia chez les Jésuites, essaya du barreau qu'il abandonna bientôt, voulut entrer à la Trappe à la suite d'une comédie tombée au théâtre Italien, et finit par rester homme de lettres. Comme critique, ses travaux furent fort remarquables : il prit corps à corps la théorie des unités dramatiques de temps et de lieu, les confidents, l'absence du spectacle dans une tragédie, les adorateurs superstitieux de l'antiquité, et même la versification tragique. Il défendit ses opinions avec une sagesse, une vigueur de raisonnement, une politesse tout à fait remarquables. Par malheur l'application qu'il prétendit faire de ces théories fut bien moins victorieuse. Ses préfaces sont franches et hardies, ses tragédies sont timides et d'une mortelle froideur, si l'on en excepte *Inès de Castro*; encore cette pièce n'est-elle touchante que par les situations, et les accents venus du cœur n'y sont-ils que fort rares; mais l'effet de l'émotion vraie est si puissant qu'*Inès* obtint un succès inouï dans les fastes de la Comédie Française, si l'on en excepte celui du *Cid*. La traduction abrégée d'Homère, publiée par La Motte, n'est remarquable que par la sécheresse, et son *Œdipe* en prose est d'un style tout aussi gonflé de dignité fausse, tout aussi éloigné de la nature que son *Œdipe* en vers. Ses *dissertations* sur l'ode, sur l'églogue, sur la fable, sont également préférables aux ouvrages dont elles sont la préface. La sécheresse dépare tous les vers de La Motte, il n'y a d'exception que pour quelques fables et quelques odes anacréontiques, ingénieuses et bien tournées. On faisait aussi, au dernier siècle, grand cas de ses opéras que l'on plaçait immédiatement au-dessous de ceux de Quinault. Notre siècle est peu compétent en semblable question; mais on ne peut disconvenir qu'il y ait de l'esprit et de l'élégance dans l'*Europe galante*, *Issé*, etc.

Dans ces écrits, comme dans les autres, on sent que l'auteur n'a pas pensé en vers, il a pensé en prose, puis il a traduit. Des nombreuses comédies de La Motte, on n'a guère conservé au répertoire que le *Magnifique*, pièce fort jolie; mais celles que l'on oublie ne sont pas toutes à dédaigner : nous citerons entre autres l'*Amour difficile*, qui plaisait tant à l'auteur qu'après l'avoir fait jouer en prose, il la mit en vers, comme faisait l'Arioste en son temps; mais elle ne gagna rien à ce perfectionnement. Madame Dacier, Lafaye, Voltaire et beaucoup d'autres prirent parti contre La Motte dans les théories soulevées par lui; mais, malgré l'acrimonie des attaques, il ne s'écarta jamais, dans sa polémique, du plus strict respect des convenances, et l'on ne saurait vraiment citer de lui un seul trait de satire contre qui que ce soit. Il eût eu cependant à invoquer en faveur de sa mauvaise humeur une excuse que n'ont pas beaucoup d'autres : à quarante ans, il était devenu aveugle et perclus. Il mourut en 1751, sans avoir été marié. Ses œuvres ont été recueillies en 10 volumes in-8. On y trouve, outre les ouvrages mentionnés, beaucoup de poésies sacrées et un plan de preuves de la religion. On a publié un choix de ces œuvres (2 vol. in-18, Didot). L'éditeur s'est montré trop facile pour les vers de La Motte, trop sévère pour sa prose.   J. FLEURY.

MOTTE-PIQUET (*Toussaint-Guillaume-Pi-QUET, comte de la* MOTTE), un des officiers les plus distingués de la marine française, né à Rennes en 1720, entra au service en 1735. De 1737 à 1783, il fit 28 campagnes. Les plus remarquables furent celle d'Amérique (1778), au commencement de laquelle il fut nommé chef d'escadre; celle de 1779, signalée par le combat du Fort-Royal (Martinique), où il soutint avec trois vaisseaux le feu de dix navires anglais, et leur arracha un convoi français qu'ils étaient sur le point de capturer; enfin celle de 1781 qui coûta de 6 à 700,000 livres sterl. au commerce britannique. Né sans fortune, il recevait, depuis 1775, une pension de 800 livres qui fut portée à 3,000 en 1781; mais il n'eut guère le temps d'en jouir. Usé par son infatigable activité, criblé de blessures, il mourut à Brest en 1791, après 56 ans de services, environné de l'estime de ses concitoyens, craint et respecté des ennemis de la France.

MOTTE (*accept. div.*). Dans le droit féodal on donnait ce nom à une butte de terre que l'on élevait près des châteaux comme insigne de la puissance seigneuriale basée sur la jouissance exclusive du sol. C'était au pied de la motte que le seigneur rendait la justice. C'est dans cet ancien usage qu'il faut rechercher l'origine d'une foule de localités qui portent le nom de *La Motte*, *La Mothe* ou *La Mothe*. Par extension on a donné le nom de motte à toute élévation de terrain formant une petite colline isolée. — *Motte ferme* se dit d'un terrain voisin d'un courant d'eau et qui n'est jamais inondé. — En termes de jardinage, un arbre *planté en motte* est celui planté avec la masse de terre dans laquelle s'étendaient ses racines dans le sol d'où il a été arraché. — *Motte* à brûler, *voy.* TAN.

MOTTEUX (*ornith.*) : espèce du genre *traquet* (*voy.* BEC-FIN).

MOTTEVILLE (FRANÇOISE BERTAUT, dame de) naquit en 1621, comme le prouve un passage de ses Mémoires longtemps altéré et rétabli sur le manuscrit de l'Arsenal. Elle était d'une famille sans fortune, mais titrée et bien en cour. Son père était gentilhomme ordinaire de la chambre du roi; elle avait pour oncle Bertaut, évêque de Scez, et sa mère était de la très noble famille des Saldaña d'Espagne. Elle fut de bonne heure attachée à Anne d'Autriche qui lui fit une pension de 600 livres, portée plus tard à 2,000, quand Richelieu eut exigé, on ne sait sous quel prétexte, qu'elle quittât la cour avec sa mère. C'est pendant cet exil, passé en Normandie, que Françoise Bertaut épousa, en 1639, Nicolas Langlois, seigneur de Motteville, président de la chambre des comptes de la province, qui, déjà vieux, la laissa veuve au bout de deux ans. Après la mort de Louis XIII, Anne d'Autriche la rappela, mais sans lui donner de charge. Ne se mêlant point aux intrigues politiques et galantes qui s'agitaient autour d'elle, elle devint la conseillère sérieuse de la reine, et ne l'abandonna point pendant les mauvais jours. Lorsque reparurent des temps plus heureux, elle ne put vivre longtemps au milieu de la jeune cour dissolue et s'éloigna. Anne d'Autriche la rappela, mais elle ne revint que pour entourer de ses soins l'agonie de sa bienfaitrice qui mourut le 20 janvier 1666. Elle lui survécut quatorze ans, tout-à-fait retirée de la cour, donnant ses journées à la religion, à quelques amies ou à la rédaction de ses *Mémoires;* tantôt au couvent des religieuses de Chaillot, tantôt au château de Fresnes, mais plus souvent encore à Paris, où elle écrit ce livre curieux et sincère dans lequel elle a peint son époque avec tous ses brillants désordres, et à chaque page duquel elle s'est représentée elle-même avec ce bon sens parfait et cette droiture d'âme qui la suivit partout. Elle mourut le 29 décembre 1689. Ses *Mémoires pour servir à l'histoire d'Anne d'Autriche* parurent pour la première fois à Amsterdam (1723, 6 vol. in-12), mais sur une copie incomplète et altérée dont on a redressé les innombrables erreurs d'après le manuscrit de l'Arsenal (n° 902, in-fol.), dans l'édition qui fait partie de la *Collection Petitot* (2ᵉ série, tomes 36, etc.), et dans celle de la collection *Michaud et Poujoulat*, 2ᵉ série, tome X. Il a paru, en outre, dans le *Recueil de pièces nouvelles et galantes*, Cologne, 1667, 2ᵉ partie, 21-26, deux lettres de Mᵐᵉ de Motteville à Mˡˡᵉ de Montpensier.   ED. F.

MOTTRA (*géog.*), en anglais *Mathura* : ville de l'Inde anglaise, dans la présidence de Calcutta, à 48 kil. N.-O. d'Agrah sur la Djemnah. Les Indous la regardent comme une ville sainte, et y font naître Krichna. Elle était jadis grande et riche et possédait des temples nombreux. Elle fut saccagée en 1756 par Ahmed-Chah, et, depuis, elle ne s'est pas relevée.

MOUCHE (*ins.*) : genre d'insectes diptères, de la division des dichœtes, famille des athéricères, tribu des muscides. Ses caractères sont : épistôme à peine saillant, antennes atteignant presque l'épistôme, 3ᵉ article triple du 2ᵉ, soie plumeuse ; première cellule postérieure des ailes atteignant le bord près de l'extrémité ; cuillerons grands, balanciers très petits. Ce genre renferme les espèces de diptères les plus communes dans nos habitations, surtout à la campagne, et les plus fatigantes par leurs perpétuelles attaques pendant les chaleurs de l'été. Elles se précipitent sur l'homme, et sur les animaux, pour sucer la sueur et la sanie des plaies, sur les mets liquides et sucrés. Les moyens indiqués jusqu'à présent pour se préserver de leurs attaques échouent devant la masse sans cesse renouvelée de ces adversaires incommodes dont le bourdonnement incessant est des plus désagréables. Leurs larves vivent et se développent dans le fumier et les immondices ; elles sont blanches, atténuées en arrière ; leur tête est armée de deux cornes charnues ; les nymphes sont rougeâtres, courtes, cylindriques, et arrondies aux deux extrémités. Parmi les mouches proprement dites, nous citerons : la MOUCHE DOMESTIQUE, *musca domestica*, Linné, de couleur cendrée, avec des lignes noirâtres sur le corselet ; l'abdomen est d'un blanc-jaunâtre en dessous, et jaunâtre transparent sur les côtés : les pattes sont noires ; les ailes transparentes et un peu jaunâtres à la base ; cette espèce est répandue sur presque toute la surface de la terre. — La MOUCHE BOVINE, *musca bovina*, Rob. Desv., ressemble beaucoup à la précédente, mais n'a pas de jaune sur les côtés de l'abdomen. Elle se jette sur les narines et les yeux des bestiaux. — La MUSCA CARNIFEX, Rob. Desv., d'un vert métallique obscur, recouvert d'une pubescence grise, attaque surtout

les bœufs. — On a séparé de ce genre, sous le nom de *Lucilia*, les mouches, d'un vert doré ou cuivreux et métallique, que Linné appelait *musca cœsar*, et qu'on rencontre sur toutes les substances végétales ou animales en putréfaction. Les grosses mouches d'un bleu d'acier, qu'on appelle vulgairement mouches à viande, sont réunies dans le genre *ralliphox* et la plus commune, celle qui dépose ses œufs sur la viande, est la *C. vomitoria*, Linné. Enfin la *musca carnaria* de Linné est le type du genre *sarcophaga*.

MOUCHE est aussi une dénomination qui sert à désigner un grand nombre d'insectes d'ordres très différents. La mouche bourdon est un diptère du genre volucelle (*voy*. SYRPHIDES). La mouche d'Espagne est tantôt la cantharide, tantôt l'hippobosque. Les lampyres ou vers-luisants, les fulgores, les taupins lumineux du genre *pyrophorus*, portent en France et aux colonies les noms de mouches à feu, de mouches luisantes, de mouches lumineuses. La mouche à miel est l'abeille. Les mouches à tarière sont les sirex ou urocères, et presque tous les hyménoptères de la famille des térébrans. Les *bibio* sont appelées mouches de Saint-Marc. La mouche de l'olivier est un diptère du genre *dacus*, qui cause beaucoup de dégâts dans le midi de la France. La mouche du fromage, et celle du jambon sont deux diptères du genre *piophila*. La mouche du nez des moutons est un œstre. On appelle mouche d'automne le *stomoxus calcitrans*, diptère qui ressemble beaucoup à la mouche domestique, et dont la trompe saillante et horizontale perce la peau des bestiaux pendant la fin de l'été et l'automne. Dans quelques localités, on appelle *mouches à diable*, les frêlons. Les asiles qui font leur proie des autres insectes sont appelées *mouches-loups*. Enfin les panorpes portent aussi le nom de mouches-scorpions, et presque tous les *sphynx* sont appelés mouches perpétuelles.   L. FAIRMAIRE.

MOUCHE (*astr.*) : Deux constellations portent ce nom : celle de l'hémisphère australe est nommée communément MOUCHE INDIENNE ; elle est invisible en Europe. La mouche australe est entourée des constellations de l'Oiseau de Paradis, le Triangle austral, le Compas, le Centaure, la Croix et le Caméléon. La Voie lactée passe sur son extrémité opposée au pôle austral. Cette constellation met environ une heure cinquante-cinq minutes à traverser le méridien, et s'étend depuis le 62° 5' jusqu'au 77° 5' de déclinaison australe. La partie la plus voisine du pôle Sud en est éloignée de 12° 5'. La Mouche australe contient à peu près une centaine d'étoiles : α, β, γ et δ sont de quatrième grandeur ; parmi les autres on en compte environ vingt-deux de

35

sixième grandeur, trente-sept de septième, trente de huitième. Les autres sont très petites.

La Mouche boréale est une petite constellatoin formée par les astronomes modernes aux dépens de celle du Bélier. On la trouve citée pour la première fois dans le *planisphærium stellatum* de Bartschius, publié en 1624. Bayer même n'en avait pas encore fait mention dans son *Uranometria*, en 1603. Cette constellation renferme trente à quarante étoiles, mais il y en a très peu de remarquables ; une seule, *c*, est de troisième grandeur, *a* et *b* sont de quatrième, *d* est comprise entre la cinquième et la sixième ; les autres sont toutes de dimensions inférieures. La Mouche boréale est entourée par les constellations du Bélier, du petit Triangle, de la Tête de Méduse, de Persée et de la partie du Taureau que l'on nomme plus particulièrement les *Pléïades*. L'étoile *e*, qui, dans quelques catalogues, est nommée la quarante-unième du Bélier, se distingue très bien à la simple vue et par conséquent sert à reconnaître dans le ciel la position de la Mouche. La distance de cette étoile *e* aux Pléïades est d'environ 13°, à *a* du Bélier de 10° 5', à *a* du grand Triangle de 13°, enfin à *algol* ou 6 de Persée, située dans la Tête de Méduse, de 14°. On aura une idée de cette distance dans le ciel en se rappelant que l'intervalle entre les deux étoiles α et β de la grande Ourse est d'environ 4° 5'. Nous indiquons ces étoiles de la grande Ourse comme points de repère, parce qu'elles sont toujours visibles à Paris et peu éloignées du pôle Nord. La constellation de la *Mouche boréale* met environ cinquante cinq minutes à traverser le méridien et s'étend du 22° jusqu'au 31° de déclinaison boréale. Lorsque l'étoile *c* est au méridien, elle a une hauteur de 67° 8' au-dessus de l'horizon Sud. Voici les heures auxquelles elle passe au méridien de Paris le premier de chaque mois de l'année.

Janvier	8h 00 m soir.	Juillet	8h 03 m matin.
Février	5 55	Août	6 00
Mars	4 05	Septembre	4 00
Avril	2 00	Octobre	2 00
Mai	0 05	Novembre	0 00
Juin	10 00 matin.	Décembre	10 00 soir.

MOUCHE (*accept. div.*) : au XVIIe et au XVIIIe siècle, on donnait ce nom à un petit morceau de taffetas noir, de la forme et de la grandeur d'une mouche, que les dames se mettaient sur le visage pour relever la blancheur de leur teint. On voyait même des hommes du bel air pousser jusque-là l'imitation des habitudes féminines. Les mouches taillées en long étaient appelées *assassins*. — L'Ordre de la *mouche à miel* était un ordre honorifique fondé à Sceaux par la duchesse du Maine, qui en était la *dictatrice*. — En termes de marine, la *mouche* est un petit bâtiment, brick, goëlette ou cutter lancé pour observer les mouvement de l'ennemi, et qui remplit les fonctions d'aide-de-champ de l'amiral. La *Mouche* est aussi le nom d'un jeu de cartes et d'un jeu d'écoliers.

MOUCHEROLLE (*ois.*) : genre de passereaux de la division des dentirostres admis par G. Cuvier, et ne formant pour Vieillot qu'une subdivision des gobe-mouches. Les moucherolles ont pour caractères : bec long, très déprimé, deux fois plus large que haut ; mandibule supérieure recouvrant l'inférieure ; narines placées à la base du bec ; pieds faibles, médiocres ou courts ; quatre doigts ; ailes offrant peu de développement. Ces oiseaux sont de petite taille ; leur plumage présente les plus belles et les plus vives couleurs ; la queue est souvent terminée par de longues plumes, et la tête est, dans le plus grand nombre, ornée de huppes brillantes. Ils se rencontrent dans toutes les parties du monde, excepté en Europe : les Indes principalement en renferment un assez grand nombre. L'espèce type est le ROI DES GOBE-MOUCHES (*todus regius*, Latham), dont la taille ne dépasse guère 20 cent. Une huppe d'un beau rouge-bai, terminée de noir, couronne son front ; les parties supérieures du corps, de même que les couvertures alaires sont d'un brun foncé ; les pennes des ailes et l'abdomen sont roux ; la poitrine est blanche, maculée de brun ; la gorge jaunâtre. L'élégance de ces couleurs est encore relevée par un collier noir et des sourcils blanchâtres ; enfin le bec et les pattes sont noirs. Cet oiseau, le plus grand de toutes les espèces du genre, habite l'Amérique méridionale. E. D.

MOUCHERON (*ins.*). Ce nom vulgaire est donné à une foule de petits insectes de différents ordres : ce sont ordinairement de petits diptères de la famille des tipulaires qui voltigent en troupes nombreuses pendant les soirées chaudes. Plusieurs petits brachélytres du genre *oxytelus*, des petits ichneumonides, des pucerons ou aphides sont aussi compris sous la même dénomination qui, scientifiquement, n'appartient à aucun groupe. L. F.

MOUCHOIR : — Un auteur cité pour ses recherches sur l'antiquité a prétendu que les anciens ne connaissaient pas l'usage du mouchoir, du moins pour l'emploi auquel il doit son nom. Les idées de décence et de propreté, dit-il, étaient tout autres qu'aujourd'hui. Une dame romaine qui se serait servie d'un mouchoir, même pour s'essuyer le visage, eût singulièrement blessé la délicatesse. Cracher ou se moucher dans les théâtres ou dans les temples aurait passé pour un acte d'irrévérence et de grossièreté. Selon lui, les bains journaliers d'eau et de vapeur dont les hommes et les femmes faisaient usage, l'abondante transpiration qui en résultait, jointe à l'emploi continuel des parfums, des onctions balsamiques et des fleurs, produisaient une constitution sèche qui rendait superflu le secours des mouchoirs. Toutefois Millin reconnaît que les hommes portaient ce qu'on appelait le *sudarium*, pièce de toile, qui, ainsi que l'indique son nom, servait à essuyer la sueur. Ils portaient aussi l'*orarium*, espèce de serviette fine qui se plaçait sur le col, retombait en avant, de chaque côté des épaules, et était exclusivement consacrée au service de la bouche et du visage. Cet oraire (*voy.* ce mot) est encore aujourd'hui une des parties du costume ecclésiastique, l'Église étant restée, dans la plupart de ses usages, fidèle aux traditions comme au langage du monde romain. Cependant, et quoi qu'en dise Millin, les anciens n'étaient pas absolument exempts de l'infirmité à laquelle nous remédions avec le mouchoir. Le nom suppose nécessairement la chose, et nous trouvons chez les auteurs latins une foule de passages qui expriment cette action, tant au propre qu'au figuré. C'était même une qualité appréciée que d'être bien mouché, et l'on appelait figurément *vir naribus emunctis* un homme fin et habile. Depuis lors, en tout cas, le mouchoir a obtenu une réhabilitation incontestable. Il est devenu non seulement un meuble très usuel, mais il a été, à diverses époques, l'objet d'un très grand luxe. L'Orient fut renommé de tout temps pour l'emploi galant et la richesse du mouchoir. Moins scrupuleuses que les dames romaines, les femmes élégantes de l'Occident ont fait souvent parade de mouchoirs d'une recherche fabuleuse. On les portait, au XVIe et au XVIIe siècle, ornés de glands et garnis de dentelles. On en voit encore de nos jours dont la seule broderie s'élève à plusieurs centaines de francs. — L'usage du tabac a introduit celui des mouchoirs de couleur, et, par suite, des foulards qui aujourd'hui tendent à devenir d'un usage universel. — La fabrication des mouchoirs se renferme à peu près exclusivement dans deux villes en France. Cholet (Maine-et-Loire) s'est acquis dans ce genre une réputation qui date de loin. Elle fait les mouchoirs les plus estimés, tant en fil qu'en fil et coton et tout coton, de couleurs diverses, blancs, bleus, bruns, rayés, à carreaux, à bordures, etc. Le lin qui se récolte dans ses environs leur donne un grain particulier qui les rend faciles à reconnaître par sa beauté et son brillant. Mayenne (même département) ne fait que des mouchoirs blancs. — On a donné aussi, par extension, le nom de *mouchoir* à des pièces d'étoffe dont les femmes se servaient et se servent encore pour se couvrir le cou et la poitrine. On les a faits, suivant les temps, les lieux et les personnes, en toile, en batiste, en mousseline ou dentelle, en point de Venise ou en soie. Dans plusieurs provinces, on appelle encore *mouchoir de cou* le fichu pour les femmes, la cravate pour les hommes.   A. PÉRÉMÉ.

MOUCHY. Nous citerons deux personnages de ce nom : — 1º MOUCHY (*Antoine de*), surnommé *Democharès*, naquit à Ressions, dans le diocèse de Beauvais, et devint docteur en Sorbonne. Son zèle à poursuivre les réformés lui valut le titre d'inquisiteur de la foi. Il avait à ses ordres un grand nombre d'agents qu'il employait à surveiller les calvinistes qui, du nom de l'inquisiteur, les appelèrent, dit-on, *mouches* ou *mouchards*. Mouchy fut ensuite nommé chanoine et pénitencier de Noyon. Il fut l'un des juges d'Anne du Bourg, et se distingua au colloque de Poissy et aux conciles de Trente et de Reims. Il mourut à Paris, en 1574, à l'âge de 80 ans. Il avait publié de nombreux ouvrages aujourd'hui sans intérêt. — 2º MOUCHY (*Philippe* DE NOAILLES, *duc de*), maréchal de France, naquit à Paris en 1715, fut chargé de plusieurs commandements importants et se trouvait gouverneur de Versailles au moment où éclata la révolution. Attaché de cœur au trône et aux Bourbons, il montra à Louis XVI, malgré son grand âge, le plus courageux dévouement. La journée du 20 juin 1792 fit surtout éclater son courage et sa fidélité. Le 27 juin 1794, sa tête tomba sous la hache révolutionnaire.

MOUDANIA (*géog.*), l'ancienne Myrlée ou Apamée de Bithynie : ville de la Turquie d'Asie, chef-lieu d'un Livah, à 31 kil. N.-O. de Brousse, sur un golfe auquel elle donne son nom et qui portait dans l'antiquité le nom de golfe de Cionte. Moudania compte 20,000 habitants. Elle possède un petit fort ; ses environs sont délicieux.

MOUETTE, *Larus* (*ois.*) : genre de l'ordre des palmipèdes, créé par Linné, et ayant pour caractères : bec de médiocre longueur, lisse, tranchant, et comprimé latéralement : mandibule supérieure recourbée vers le bout ; et mandibule inférieure renflée en formant un angle saillant près de sa pointe ; narines latérales placées au milieu du bec et percées à jour ; langue un peu fendue, aiguë à l'extrémité ; tarse long et nu au dessus du genou ; les trois doigts antérieurs entièrement palmés et les latéraux bordés seulement d'une petite membrane ; doigt de derrière très petit ; ongles forts ; ailes d'une grande ampleur et dépassant la queue. — Ce genre qui a aussi reçu vulgairement le nom de *mame*, comprend non seulement les *mouettes ordinaires*, qui sont de petite taille, mais encore les *goelands* dont la taille égale parfois celle du canard. Ces oiseaux ont la tête grosse, le cou court, le plumage serré et épais. Ils nagent bien, volent continuellement et peuvent braver les plus fortes tempêtes. On les rencontre sur les écueils et les rochers, principalement sur les bords de la mer, où ils recherchent avec avidité les poissons vivants ou putréfiés, les matières animales en décomposition, les vers, les mollusques et autres petits animaux dont ils font leur nourriture. Quelques espèces au contraire fréquentent les eaux douces, et on en voit même, pendant la mauvaise saison, des troupes s'avancer assez loin dans les terres. Les mouettes sont répandues dans toutes les parties du globe, mais en plus grand nombre dans les pays du nord, où les cadavres des baleines, et ceux d'autres gros poissons leur offrent une pâture plus abondante; c'est dans les îles désertes des zônes polaires qu'elles préfèrent nicher. Malgré leurs habitudes repoussantes, malgré la dureté, le mauvais goût et l'odeur désagréable de leur chair, les mouettes sont recherchées comme aliment par les Groënlandais. Arrivées à tout leur développement, elles ont un plumage épais, qui leur permet de supporter aisément le froid. Leur couleur est un mélange de blanc, de cendré-bleuâtre, de gris-noirâtre, de gris, de noir, de brun, distribués d'une manière tellement variable, suivant l'âge, le sexe et l'époque de l'année, que l'on a été amené à multiplier d'une manière beaucoup trop considérable le nombre des espèces. Comme types, nous indiquerons seulement : le GOELAND A MANTEAU NOIR (*Larus marinus*, Linné), dont la taille atteint près de 70 cent., très abondant vers le nord, auprès des îles Orcades et Hébrides, et qui se montre dans un double passage annuel sur les côtes de France, de Hollande et d'Angleterre. Il fait sur les rochers, dans les régions du cercle polaire, un nid dans lequel la femelle pond trois ou quatre œufs d'un vert-olivâtre très foncé, avec quelques taches brun-noirâtre plus ou moins grandes; la MOUETTE A PIEDS BLEUS (*Larus canus*, Linné), dont la taille est de 45 cent. Elle habite les bords de la mer et se répand en troupes dans les terres à l'approche des ouragans. Cette espèce est commune en été dans les régions du cercle arctique, et en hiver sur les côtes de France, d'Angleterre et de Hollande. Parfois elle remonte les grands fleuves, et l'on a pu en voir jusqu'à Paris. Elle fait son nid dans les herbes, sur les bords de la mer;

ses œufs, au nombre de trois, sont d'une couleur blanchâtre-ocracée, et marqués irrégulièrement de taches cendrées et noirâtres. E. DESMAREST.

MOUFETTE, *Mephitis* (*mamm.*) : genre de carnassiers digitigrades indiqué par Buffon et adopté par tous les zoologistes. Ce sont des animaux à tête courte, à museau terminé par un muffle qui s'étend inférieurement jusqu'à la partie externe des narines; à oreilles arrondies et assez petites; à langue lisse, douce, et à système dentaire qui les rapproche beaucoup des martes et cependant les caractérise. Leurs membres sont pentadactyles et leurs doigts terminés par des ongles arrondis, robustes et propres à fouir : leur queue, assez courte, couverte de longs poils, se relève en panache sur le dos. Leur pelage très fourni et fort long, se compose de poils soyeux et de poils laineux : la robe présente du blanc et du brun-noir, diversement distribués selon les espèces, ou plutôt selon les variétés. Ces mammifères vivent dans des terriers, se nourrissent de petits animaux, d'œufs, de miel et pénètrent assez souvent dans les basses-cours où ils causent de grands ravages. Le nom de moufette, et ceux de *bêtes puantes*, *d'enfants du diable*, etc., leur ont été appliqués à cause de l'odeur infecte qu'ils répandent, surtout quand ils sont irrités et qu'ils veulent éloigner leurs ennemis; ces animaux sont nocturnes et habitent tous l'Amérique. La détermination et la distinction de leurs espèces sont excessivement difficiles, parce que chacune semble présenter un très grand nombre de variétés. Le type est le CHINCHE, Buffon (*Mephitis americanus*, A. G. Desm.), dont la taille est à peu près semblable à celle de notre chat domestique : sa tête, ses épaules, les côtés du corps, ainsi que les parties inférieures et postérieures, les membres et une ligne qui va depuis les épaules, jusqu'à la queue, sont noirs; le blanc commence entre les deux yeux, s'élargit sur le sommet de la tête, continue à s'étendre sur les côtés du corps, et vient finir à la queue, où il se mêle avec beaucoup de poils noirs : on voit, en outre, deux taches blanches, l'une sur les membres de devant et l'autre sur les cuisses. Mais la distribution de ces diverses teintes varie considérablement, et l'on a pu former, en se basant sur les caractères qu'elles donnent, dix-sept variétés distinctes. Le chinche se rencontre dans toute l'Amérique, depuis le centre des États-Unis jusqu'au Paraguay. E. DESMAREST.

MOUFLE (*accept. div.*) : on a donné successivement ce nom à des objets de nature bien différente. Il était, dans le principe, synonyme de *muffle*, signifiant un visage gros et plein, et se prenait en mauvaise part. — On a ensuite appelé *moufles* de gros gants ou mitaines sans division de doigts, sauf le pouce, qu'on mettait dans les occasions où l'on était exposé à s'écorcher les mains, et qui sont encore dans plusieurs de nos provinces à l'usage des habitants de la campagne. — En mécanique, la *moufle* est un assemblage de plusieurs poulies qui se meuvent séparément dans une pièce de bois, de fer ou de cuivre dite *écharpe*, et dont la combinaison produit une économie de forces proportionnées au nombre des poulies. Au moyen de ce système, un homme seul, un enfant même peut remuer et soulever les fardeaux les plus considérables. On s'en sert pour charger les navires, pour y monter les pièces d'artillerie (*voy.* POULIE). En chimie on appelle *moufle* le couvercle qui se met sur la coupelle pour garantir le métal en fusion de la chute des charbons. — Les émailleurs et les peintres sur porcelaine appellent *moufle* l'espèce de petit four en argile où ils font recuire les objets de leur travail après l'apposition du décor, pour que la couleur et la dorure se parfondent avec l'émail. Ce sont deux espèces de niches placées l'une dans l'autre, et entre la double paroi desquelles la chaleur du feu allumé par dessous, doit circuler de manière à ce que les objets enfournés soient préservés du contact de la flamme et de la fumée.   A. P.

MOUFLETTES (*techn.*) : manche de bois creusé, ou séparé en deux parties égales dans le sens de sa longueur, et à l'aide duquel on saisit les tiges de fer trop chaudes pour être tenues dans la main, lorsqu'on a besoin de les manœuvrer d'une façon que rendrait tout-à-fait impossible l'usage des pinces ou de tenailles.

MOUFLON (*mamm.*). *Voy.* MOUTON.

MOUILLAGE (*mar.*). On nomme ainsi le lieu où un bâtiment peut être retenu à l'ancre, à l'abri des grands vents et de la grosse mer. Pour qu'un mouillage soit bon, il faut qu'il ait une profondeur en rapport avec la grandeur du navire, et un fond non vaseux, afin que l'ancre puisse s'y fixer.

MOUILLAGE. On appelle ainsi une opération qui consiste à ramener l'alcool ou les eaux-de-vie du commerce à un titre inférieur déterminé, en les mêlant à l'eau ou à une autre liqueur alcoolique plus faible. Supposons, par exemple, qu'on veuille ramener à 50° de l'alcoolomètre de Gay-Lussac 1,000 litres d'un esprit à 86°; l'expérience montre qu'il faudra ajouter 761 litres d'eau. Cette quantité d'eau à ajouter est plus grande que celle que donnerait le calcul, car on amènerait l'eau-de-vie à 1° en la faisant 86 fois plus faible; ou en ajoutant de l'eau de manière à avoir 86 fois plus de litres,

c'est-à-dire 1000 $\times$ 86 litres, et l'on ramènerait celle-ci à 50° en en faisant 50 fois moins de litres, ou $\dfrac{1000 \times 86}{50} = 1720$ litres. Il suit donc de là qu'il devrait suffire d'ajouter 720 litres, tandis que l'expérience donne 761 litres. C'est que par l'affinité des deux liquides, les particules se sont plus rapprochées qu'elles ne l'étaient par leur cohésion primitive, et que, par conséquent, il y a eu condensation de $\dfrac{1761 - 1720}{1761}$, ou environ $\dfrac{1}{43}$.

La formule précédente montre que le nombre de litres obtenus n'est que les $\dfrac{86}{50}$ du nombre de litres à transformer. On peut partir de là pour résoudre toutes les questions semblables. Ainsi soit à transformer 535 litres de 86 en eau-de-vie de 50. Le nombre de litres que l'on obtiendra sera les $\dfrac{86}{50}$ de 535, ou $\dfrac{535 \times 86}{50} = 920$ litres.

Si l'on veut connaître le nombre de litres d'eau qu'il faudra ajouter pour avoir ces 920 litres, on dira : Si 1000 litres de mélange exigent 761 litres d'eau, 535 litres exigeront x; d'où 1000 : 761 :: 535 : $x =$ 407 litres 135. S'il n'y avait pas eu condensation, il n'aurait fallu ajouter que 385 litres. — En général, l'opération consistera à chercher par l'expérience, ou dans des tables toutes faites que donnent les ouvrages spéciaux, le nombre de litres nécessaire pour le mélange de 1000 litres du même esprit, à multiplier par ce nombre celui des litres de l'esprit donné, et à diviser le résultat par 1000.

Supposons maintenant qu'avec du 86, on veuille faire 500 litres de 45, on dira : 500 litres à 45° contiennent autant d'alcool que 45 fois 500 litres à 1°. Mais l'alcool donné est à 86°; donc il en faudra 86 fois moins, ou $\dfrac{500 \times 45}{86} = 261,6$. L'expérience ou les tables donneront encore le nombre de litres qu'il faut ajouter à 1000 litres de 86 pour le ramener à 45, et l'on trouve 957. On a donc : 1000 : 957 :: 261,6 : $x =$ 250^l 35. — Nous avons supposé les liqueurs à la température ordinaire, c'est-à-dire à 15°. Si elles étaient à des températures différentes, il faudrait commencer par les y ramener.   D. JACQ.

MOUKDEN : ville de l'empire chinois, capitale de la Mandchourie et de la province de Ching-King. Elle porte en chinois les noms de Foung-Thian et de Ching-Yan, et est située à 136 lieues de Pékin, près d'une petite rivière qui se jette dans le golfe de Lia-Tong; elle renferme environ 10,000 habitants. Elle est célèbre par le magnifique tombeau de Chun-Tchi, conquérant de la Chine, dont la dynastie règne encore sur ce vaste empire, et par les louanges que lui donne l'empereur Khian-Loung dans son poème intitulé l'éloge de *Moukden*, dont nous avons une traduction française.

MOULAGE (*techn.*) : opération qui a pour but de reproduire la forme d'un objet à l'aide de matières plastiques. Il y a dans cette opération deux aspects différents. En effet, un objet, une statue, par exemple, étant donnée, on peut se proposer d'en obtenir un moule au moyen duquel il soit facile de faire des épreuves semblables à cette statue; ou bien, possédant un moule, on peut vouloir obtenir une épreuve qui reproduise le modèle. Ces deux opérations portent l'une et l'autre le nom de moulage, et, le plus souvent, elles sont faites par la même personne; mais les procédés employés sont différents suivant la matière qui doit servir à la reproduction. Il ne sera question ici que du moulage en plâtre, le moulage à l'aide de métaux en fusion ayant été expliqué aux mots Canons, Fondeur, Cloche, celui des argiles aux mots Brique, Faïence, Porcelaine, Poterie, et celui des Verres et des Cristaux à ces deux mots.

Un objet étant pris pour modèle, il faut considérer, pour en tirer un moule, s'il présente une ou plusieurs faces. S'il n'en a qu'une, comme lorsqu'il s'agit d'une médaille, l'opération est fort simple. On se procure du plâtre très fin, on le délaye clair et on le verse sur la médaille préalablement huilée et entourée d'un cercle saillant. Lorsque le plâtre est solidifié, on retire la médaille sans difficulté. L'opération répétée sur le moule reproduit le modèle. Il peut se faire que des objets plus simples en apparence que des médailles offrent plus de difficulté pour le moulage; cela arrive lorsqu'ils présentent des cavités plus larges au fond que dans la partie supérieure, ou des lignes saillantes inclinées sur le plan général de manière à retenir le moule quand on veut l'enlever. C'est là ce qu'on appelle des difficultés de dépouille. Le principe général pour surmonter cet obstacle, consiste à disposer isolément une partie spéciale du moule, dont le dégagement puisse s'opérer en la tirant dans une autre direction que le reste. Pour cela, on commence par remplir séparément chacune des parties qui ne sont pas de dépouille, de manière à pouvoir sortir la pièce, puis on en taille les côtés de telle sorte qu'ils fassent une saillie qui soit de dépouille; alors on les considère comme faisant partie du modèle et on les comprend dans le moule général. Si l'objet a deux faces, comme serait, par exemple, une sphère ou un cylindre, on le moule en deux parties qui, en s'écartant, dégagent le modèle.

L'objet le plus compliqué, une statue avec des draperies, un groupe, se moulent d'après les mêmes principes, c'est-à-dire que l'on commence toujours par remplir les parties les plus creuses et qu'on taille les côtés de chaque pièce particulière de telle sorte qu'elle puisse être en contact parfait avec les pièces voisines, et qu'on y ménage des épaulements ou tenons qui, par leur entrée dans les mortaises correspondantes des autres morceaux, maintiennent le tout en place dans une chemise générale ou chape qui, elle-même, n'est qu'une pièce dans l'ensemble du moule. On pourrait, à l'aide de ces précautions, faire pour les objets les plus compliqués, un moule unique bien que formé d'une multitude de pièces, mais on serait entraîné à des détails immenses, et toutes les fois que cela est possible, on préfère détacher du modèle les parties les plus saillantes et les plus faciles à rajuster après le moulage. C'est ainsi que, dans une statue, on détache la tête, les bras, les jambes, en faisant sur chaque face de la coupure des repères qui facilitent le montage. — A mesure que l'on a enveloppé de plâtre chaque objet, et avant que cette matière ne soit durcie, on fait avec une lame mince des coupures qui, atteignant la surface du modèle, permettent de le dépouiller du moule. Ces coupures peuvent encore se faire en disposant d'avance sur le modèle des fils cirés qu'il suffit de tirer à soi pour séparer le plâtre encore frais. Dans un moule qui nécessite beaucoup de pièces, on a soin de mettre des anneaux ou annelets de fil de fer aux plus saillantes, autant pour qu'elles soient plus faciles à retirer lorsqu'on voudra défaire le moule, que pour rendre l'ensemble plus solide, et afin de pouvoir. lorsqu'il y a lieu, le remuer plus facilement. Avant de couvrir un objet quelconque de plâtre, il faut l'enduire avec une matière grasse ou avec de l'eau fortement chargée de savon, lorsqu'il s'agit de marbres que l'huile tacherait. Les moules ou creux doivent être eux-mêmes imprégnés d'huile grasse pour acquérir de la dureté.

Lorsque l'on possède un moule et que l'on se propose de reproduire en plâtre le modèle, faut distinguer si le moule est facile à remuer ou non. Dans le premier cas, le moule étant monté, bien frotté d'huile et solidement ficelé pour maintenir à leurs places toutes les pièces qui, dans ce cas, doivent être reliées intérieurement par des annelets ou des tenons, on y verse une petite quantité de plâtre clair que l'on fait pénétrer partout en roulant le creux; aussitôt que le plâtre commence à prendre, on verse la partie superflue, puis on en introduit de nouveau et on recommence la même opération autant de fois qu'il est nécessaire pour donner à l'objet que l'on veut reproduire l'épaisseur désirée. Enfin l'objet étant pris, on démoule pièce à pièce, on laisse sécher, on monte les parties qui peuvent avoir été moulées à part, et on répare en enlevant les coutures avec délicatesse. Si la pièce est d'un trop grand volume, le moule est disposé par assises horizontales qui, elles-mêmes, s'ouvrent en deux parties, contenues dans deux chapes : on détrempe du plâtre fort clair pour en imprimer le creux avec des brosses douces à long poil, afin d'en remplir exactement toutes les concavités : cette première couche est renforcée d'une autre de plus gros plâtre; on rassemble fort exactement les deux chapes l'une sur l'autre, et on remplit au dedans les joints pour que le tout ne fasse qu'un seul corps. On continue ainsi d'assise en assise en ayant soin d'attacher toutes les parties du moule avec des cordages pour que l'effort du plâtre ne les fasse pas disjoindre. Il va sans dire que l'on dispose des pièces de fer dans l'intérieur des objets moulés d'une grande dimension ou portant à faux.

Lorsque le moulage s'applique à un objet déjà moulé lui-même, on l'appelle surmoulage; cette opération a souvent lieu pour reproduire, par contrefaçon, les œuvres d'un auteur sans son consentement; on s'est efforcé d'y apporter un obstacle en mettant dans les objets qui doivent être pris comme modèles, des parties métalliques disposés de manière à rendre les coupures des bras, de la tête, etc., impossibles ou pour le moins très difficiles.   E. LEFÈVBE.

MOULE (techn.). Ce mot a plusieurs sens Il s'entend, en général, d'une cavité ou d'un vase quelconque dans lesquels on verse, on étend, on comprime une matière qui devra y prendre une certaine forme qu'elle gardera. Tels sont les moules des statues et de tous les objets moulés. Mais quelquefois on applique la même dénomination à des formes sur lesquelles on doit disposer soit à demeure, soit momentanément, des tissus, des fils ou autres choses molles ou flexibles. C'est ainsi qu'un petit disque en bois et percé au centre est appelé moule de bouton par le boutonnier qui le recouvre de fils de soie, d'or, d'argent, etc., et par le tailleur qui le recouvre d'étoffe. Les filets se font à l'aide d'un moule qui n'est autre chose qu'une petite broche cylindrique, ou, lorsque les mailles doivent être grandes, une règle dont les angles sont arrondis; l'un et l'autre de ces moules donne aux mailles une dimension égale, parce qu'on les y enveloppe toutes successivement. Une foule d'objets de passementerie, de cartonnerie, etc., se font sur des calibres ou des formes qui portent le

nom de moules et dont la description particulière serait ici sans intérêt.

MOULE, *mytillus* (*moll.*) : genre de mollusques conchifères dimyaires, famille des mytilacés, créé par Linné, et dont les naturalistes ont distrait dans ces derniers temps quelques groupes particuliers, tels que ceux des *huîtres*, des *avicules*, des *mulettes*, des *modioles*, etc. Ainsi réduit, le genre moule a pour caractères : animal à corps ovale, allongé, avec les bords du manteau simples ou frangés, et réunis postérieurement en un seul point pour former un siphon anal; bouche grande, munie de deux paires de palpes labiaux triangulaires; pied grêle, cylindracé, sécrétant un byssus grossier; branchies divisées en quatre feuillets presque égaux; muscle adducteur postérieur grand, arrondi, tandis que l'antérieur est beaucoup plus petit, et accompagné par deux parties longitudinales qui servent au mouvement du pied; coquille équivalve et régulière; charnière ordinairement sans dents; ligament marginal intérieur très long. La coquille des moules est souvent nacrée intérieurement, mais la couche extérieure, beaucoup plus épaisse que la nacre, est formée de fibres perpendiculaires à la surface et lui donnant une dureté plus grande; cette face est en outre revêtue d'un épiderme corné et bleuâtre, sous lequel se montrent des couleurs souvent très vives, nuancées de pourpre et de violet, ou formant des bandes divergentes à partir du sommet. — L'homme recherche les moules pour en faire sa nourriture; beaucoup d'oiseaux de mer les détachent en brisant la coquille et s'en nourrissent également; enfin, plusieurs espèces de mollusques céphalés, entre autres le *turbo littoralis* percent la coquille avec leur trompe pour sucer les parties molles de l'animal. Les moules vivent dans presque toutes les mers, et sont très nombreuses sous toutes les zones; mais les plus grandes espèces sont propres aux climats chauds. — La difficulté que l'on éprouve à donner aux diverses espèces des caractères rigoureusement distinctifs, est cause que le nombre n'en est pas parfaitement connu, et qu'il est probable que l'on devra restreindre de beaucoup les soixante espèces admises par de Lamarck. On les divise en deux sections : 1° celles à coquille sillonnée ou striée longitudinalement, telle que la MOULE DE MAGELLAN (*mytilus magellanicus,* Linné), longue de 130 millim., et qui, après avoir été débarrassée de son épiderme et après avoir été polie, est d'une belle couleur pourpre teinté de violet; 2° celles chez lesquelles la coquille est lisse ou sans sillons, et dont le type est la MOULE COMESTIBLE (*mytilus edulis,* de Lamarck). La coquille de cette espèce, de taille médiocre, est blanche en dedans, excepté le limbe ét l'impression musculaire qui sont violets; en dehors d'un violet obscur avec des rayons d'une teinte plus pâle, quoique de la même couleur. Ce mollusque est très abondant dans toutes les mers d'Europe, et se trouve en quantité considérable, fixé aux rochers des côtes de Bretagne et de Normandie, où on va le chercher quand la mer est basse; il choisit de préférence les stations peu profondes ou même découvertes pendant une partie du jour, dans l'intervalle des grandes marées. Sur les côtes de l'Océan on parque les moules à la manière des huîtres, et on est parvenu à donner de meilleures qualités à leur chair, en les mettant dans les lieux où la salure de l'eau de mer est tempérée par de l'eau de rivière. Malgré la destruction énorme qu'en fait l'homme, leur multiplication est si considérable, que le nombre n'en paraît pas diminuer. — Une espèce du même genre, le *mytilus polymorphus*, Pal., qui a donné lieu, dans ces derniers temps, à la création d'un genre particulier, se trouve dans les eaux peu salées de la mer Caspienne, de la mer Noire, de la Baltique, et dans les principaux fleuves de l'Allemagne ou de la Russie. Cette circonstance peut expliquer la présence de certaines moules fossiles trouvées avec des coquilles d'eau douce, dans divers terrains lacustres; mais c'est principalement dans les terrains marins, secondaires et tertiaires, que l'on a rencontré le plus grand nombre d'espèces fossiles de ce genre. E. D.

Les moules produisent quelquefois tous les symptômes d'un empoisonnement. Plus ou moins longtemps après leur ingestion, il survient du malaise et un étouffement suivis d'épigastralgie et d'un sentiment de constriction violente à la gorge, d'ardeur et de gonflement dans toute la tête et plus spécialement aux yeux, d'une soif inextinguible, de nausées et de vomissements. Lorsque ce dernier phénomène n'a pas lieu, les autres symptômes augmentent rapidement, et il s'y joint une tuméfaction de la langue qui rend la parole difficile. En même temps le visage et parfois tout le corps deviennent le siége d'une éruption érythémateuse ou urticée, accompagnée de vives démangaisons, d'inquiétudes générales, et même de délire avec suffocation, raideur cataleptique des membres, convulsions, spasmes et douleurs. Le pouls est petit, fréquent et serré; le corps est inondé d'une sueur froide, et la mort peut même, dit-on, survenir au bout de trois ou quatre jours. — Ces accidents ont été attribuées à diverses causes, tantôt à une altération morbide de la chair de la moule qui la disposerait à une

prompte putréfaction, tantôt à la présence d'un petit crustacé du genre pinnathère, ou au frai de la moule elle-même si abondant pendant les mois de juin, juillet et août, ou bien encore à la présence du mancenilier, et à certains fucus d'une grande énergie narcotique, au frai des méduses, à l'influence de bancs de cuivre placés au fond des mers. Mais sans nier que certaines qualités des moules puissent déterminer des accidents par elles-mêmes, il est plus probable que ceux-ci tiennent, dans le plus grand nombre des cas, à une disposition particulière de l'estomac, à certaines idiosyncrasies, puisque parmi plusieurs personnes qui auront mangé des mêmes moules, quelques unes seulement seront atteintes, souvent plusieurs fois de suite, et pour n'avoir ingéré qu'un bien petit nombre de ces mollusques.—Mais quelle que soit la cause de ces accidents, heureusement que les symptômes quelqu'effrayants qu'ils soient pour les personnes du monde, sont généralement peu graves. On les guérit le plus souvent dans l'espace de quelques heures en favorisant les vomissements à l'aide de l'eau tiède ou de la titillation de la luette, et en administrant d'assez fortes doses d'éther et, à son défaut, d'eau-de-vie, de rhum, et en faisant prendre une boisson acidulée avec du vinaigre. On assure même que les moules assaisonnées de vinaigre et de poivre ne sont jamais nuisibles. L. X.

MOULIN (*techn.*) : mécanisme plus ou moins simple, plus ou moins composé, propre à battre, écraser, diviser, écorcer, concasser, déchirer, broyer, triturer, pulvériser certaines substances de qualités physiques très différentes. Nous considérerons les moulins sous deux points de vue principaux : d'abord en eux-mêmes, c'est-à-dire eu égard à leur système d'action, et ensuite par rapport à leur influence dans la société ainsi qu'au point de vue des lois qui les régissent.

§ I. DES MOULINS SUIVANT LEUR SYSTÈME D'ACTION. Nous faisons complètement abstraction de la force motrice, soit qu'on emploie l'énergie musculaire des hommes ou des animaux, l'impulsion du vent, le poids ou le choc de l'eau, ou l'action de la vapeur, et nous renvoyons sous ce rapport aux mots FORCE, HYDRAULIQUE, VAPEUR, VENT. — L'action peut être : 1° ALTERNATIVE; 2° CIRCULAIRE. La première classe fournit très peu d'espèces; les principales sont : les *moulins à pilons* dont les uns, comme ceux à tan, sont disposés verticalement, et les autres horizontalement, comme les moulins à foulon, ceux à débiter les bois (*voy.* SCIERIE), et le moulin portatif à farine de M. Cagnard-Latour. Ce dernier est composé d'une rape en acier de 40 centim. de long et 6 de large sur 1 d'épaisseur, qui se meut verticalement entre deux autres limes de 10 centimètres de long, fixées latéralement, et un peu évasées par en haut pour laisser entrer le grain.—La deuxième classe est bien plus variée : nous y distinguerons particulièrement les moulins qui agissent au moyen de *cylindres*, de *noix*, de *cloches* ou de *cônes*, et, ceux qui ont des *meules plates* ou légèrement coniques. On emploie des *cylindres* montés par paires, et lisses ou cannelés, pour écraser et déchirer soit des matières minérales, et particulièrement les matières colorantes, soit des grains, soit des fruits. Les cylindres marchent par un mouvement contraire, qui peut être égal ou différentiel, c'est-à-dire plus grand pour l'un que pour l'autre. Cette dernière disposition est particulièrement employée pour broyer l'orge, l'avoine, la drèche : ces deux mouvements sont habituellement l'un à l'autre comme 2 est à 3. Les moulins de cette espèce, que l'on destine à écraser des fruits, ont des cannelures plus larges et plus profondes qui engrènent les unes dans les autres. On monte quelquefois un cylindre seul pour le faire tourner dans un gîte concentrique; c'est le cas du moulin à farine de M. Nodler. Le cylindre a très peu de longueur relativement à son diamètre, et peut être pris pour une meule, si ce n'est qu'il travaille par une surface courbe. Cette meule et son gîte sont en pierre. Le gîte repose sur deux excentriques à l'aide desquels on l'approche ou on l'éloigne à volonté. Un pareil cylindre-meule est la pièce principale des moulins à huile et à cidre, mais la marche et l'action sont tout à fait différentes. La meule dressée verticalement est fixée par un axe horizontal à un arbre principal imprimant le mouvement. La meule roule dans une auge circulaire, comme le ferait une roue de voiture, et écrase par son poids les fruits ou les graines que l'on place dans l'auge. — Les *noix*, les *cônes* ou les *cloches* sont toujours cannelés à leur surface, et tournent très près d'une surface semblable et immobile. On les dispose verticalement ou horizontalement. Tout le monde connaît les *moulins à café* : ils se composent d'une noix sphéroïdale, sillonnée de cannelures inclinées à l'axe qui est vertical, et tournant dans un gîte cannelé en sens contraire, et immobile. Une trémie, sorte de cône sans fond, reçoit le grain qui descend dans le moulin à mesure qu'on le fait agir. — Des *cloches* en fonte et recouvertes de filets saillants, également inclinés à l'axe, et tournant dans une chemise de même forme, de même matière, et pareillement garnie de filets saillants, et contrairement inclinés, sont employées à déchirer l'écorce de chêne préalablement coupée par petites longueurs, et à la réduire à l'état de

tan. L'axe de ce moulin est vertical et la cloche a sa base tournée vers le sol.—Les Romains employaient pour moudre le grain, des meules en pierre, dont la forme était très voisine de celle des cloches; mais la meule courante embrassait la meule gisante. Le petit nombre d'échantillons qui se trouvent conservés présentent une complication singulière et tout à fait inutile. La meule supérieure est d'une seule pièce et creusée de manière à présenter deux entonnoirs opposés par leur petite base. L'entonnoir supérieur sert de trémie, de sorte que ce réservoir et le grain qu'il contient tournent avec la meule dont ils font partie. Un axe vertical, partant du centre de la meule inférieure et fixé au plafond, supporte la meule supérieure qui était mise en mouvement à l'aide de deux leviers, entrant vis-à-vis l'un de l'autre, dans des mortaises percées dans la pierre. — Le système des moulins à noix fut employé par le duc de Raguse dans la guerre d'Espagne, en 1808, pour obvier à la disette de farines résultant de la destruction des moulins à eau. Ces appareils, qui pesaient 4 à 5 kilog., se fixaient par des griffes à vis; leur axe était horizontal, la noix fixe et le boisseau tournant. Ils furent perfectionnés par M. Molard à l'époque de la campagne de Russie; la noix et le boisseau perdirent presque toute leur hauteur, et devinrent deux meules presque plates, en fonte dure, et cannelées dans un sens oblique au rayon. On leur donna 25 centimètres de diamètre sur 7 d'épaisseur. Le blé était distribué par un petit cylindre à trois gorges; un homme produisait 10 kilogr. de mouture par heure. Le moins coûteux des moulins de cette espèce est le *moulin américain*. Il se compose de deux petites meules de fonte dure et légèrement coniques, ayant 10 à 11 centimètres de diamètre. La meule extérieure est fixée sur un plateau de bois et traversée au centre par l'axe à manivelle qui porte et conduit la meule intérieure qui est mobile. Celle-ci est supportée intérieurement par un pivot central qui traverse le plateau le long duquel il se recourbe à angle droit pour s'y appuyer par son extrémité : ce pivot peut être écarté ou rapproché par une vis qui règle ainsi la distance nécessaire pour la mouture. Le blé versé dans une trémie s'introduit par une ouverture pratiquée dans la meule extérieure; la mouture sort par un jour creusé dans le plateau. Cet appareil peut être établi pour 12 à 15 fr., et un homme produit très aisément 3 à 4 kil. de mouture à l'heure. Tous ces systèmes exigent, pour éviter les engrenages et pour être mieux adaptés à la force humaine, que l'axe soit horizontal et les meules verticales. Mais quel que soit le **degré de perfection relative** qu'on parvienne à leur donner, ils sont condamnés à n'atteindre jamais la perfection désirée dans la mouture des grains.

Moulins à action circulaire continue et à meules plates ou horizontales. L'idée-mère de ces moulins est si ancienne qu'elle se perd dans la nuit des temps. Une pierre, suffisamment aplanie et horizontale, porte à son centre un axe vertical sur lequel se pose une autre pierre plate et circulaire, ayant à son centre une ouverture suffisante pour l'entrée du grain. Vers le pourtour est fixée une broche saillante, à l'aide de laquelle on peut imprimer un mouvement de rotation, ou plutôt, à la place de cette broche, est une cavité propre à recevoir l'extrémité d'une perche qui traverse le plancher supérieur, avec le jeu suffisant qui permet de se servir de ce simple engin pour faciliter et amplifier l'action imprimée par le bras de l'homme. Le grain engagé entre les meules est entraîné par le mouvement de rotation, écrasé, déchiré, et la force centrifuge le projette au dehors, sous forme de mouture. Ce moulin est encore usité, à cet état rudimentaire, pour broyer les couleurs ; mais pour la mouture des grains, l'intelligence humaine l'a transformé en de magnifiques usines qui, une fois saisies du blé, ne le rendent plus que transformé en la plus belle farine. L'homme, débarrassé dès lors des fonctions les plus fatigantes, se borne presque exclusivement à commander aux forces et aux organes mécaniques. Voyons par quels degrés nous sommes arrivés à l'état actuel. L'application d'un moteur plus puissant, présentée à la force des animaux ou à celles de l'eau, du vent et de la vapeur, a permis d'augmenter la surface et le poids de la meule tout en lui donnant plus de vitesse. Le grain déposé dans la trémie reposant réellement sur la meule, entravait le mouvement ; pour le distribuer avec mesure, on inventa l'auget, fond mobile ajouté à la trémie. L'auget avait d'abord assez peu d'inclinaison pour que le blé ne descendît que par suite du mouvement de trépidation imprimé par un appendice fixé verticalement au fer de la meule, et qui, au moyen de 4 ailettes, frappait à chaque tour quatre coups dont chacun faisait glisser une suffisante quantité de blé. Ou ajouta à l'invention de l'auget celle d'un petit mécanisme avertissant que la trémie va bientôt être vide. C'est dans cet état que sont longtemps restés les moulins. Ce mécanisme consiste dans un morceau de planche assez épaisse au milieu et amincie vers ses extrémités, traversée dans sa hauteur par un axe le long duquel elle peut s'élever d'une faible quantité. Cette planche est suspendue, par une ficelle, à un contre-poids. Celui-ci est retenu au milieu du blé de la trémie,

tant qu'il y en a, mais il s'échappe avec lui, et laisse retomber la planche qui alors est atteinte par une cheville fixée à la partie supérieure du gros fer, et par son mouvement agite une sonnette. — La mouture ou boulange qui sort des meules est un mélange de farine, de gruau et de son de différentes grosseurs. Il fallait confectionner le pain avec cette boulange ou la séparer en différentes qualités par des tamisages ou des blutages faits à la main. On demanda au moulin d'exécuter ces opérations. Les meules furent alors renfermées dans une arche ou boîte circulaire. A une place du vide annulaire qui reste entre les bords de l'arche et ceux des meules, on pratiqua un trou, une anche, par laquelle la boulange descend à l'étage inférieur dans un coffre en bois appelé huche. On plaça dans cette huche une espèce de sac ouvert par les deux bouts, un bluteau. Ce bluteau en étamine fut placé dans une position légèrement inclinée. Son extrémité supérieure embrassa l'anche par un appendice, et fut attachée à une planche rectangulaire très allongée que deux fortes courroies retiennent à une paroi de la huche. A la paroi opposée, un cerceau retient l'extrémité inférieure du bluteau qui se trouve ainsi maintenue ouverte. Une courroie attachée au bluteau vers sa partie moyenne, sort de la huche et se rattache à un levier horizontal monté sur un axe vertical qui porte à la hauteur convenable un autre levier également horizontal, mais perpendiculaire au premier. Ce levier est frappé par un croisillon à quatre bras monté sur le gros fer de la meule, et transmet au bluteau une suite de secousses qui tamisent la farine et font descendre au dehors les parties les moins fines. Un autre bluteau appelé *dodinage*, placé dans un compartiment inférieur de la même huche, mais avec une pente inverse, reçoit habituellement ce qui sort du premier, et rejette définitivement le plus gros son en séparant les gruaux mélangés du son le plus fin. Le système de levier coudé qui secoue le bluteau, s'appelle *babillard;* c'est lui qui produit le bruit sec et régulier que l'on appelle tic-tac du moulin.

Une fois entré dans cette voie, le meunier ne s'arrêta plus, il inventa des mécanismes pour nettoyer ses grains et pour monter les sacs de blé et de farine aux différents étages. Il était alors arrivé non pas à la perfection de son art, mais à avoir l'idée de toutes ses ressources mécaniques. Il se tourna dès lors vers l'étude des différents systèmes de mouture, et subordonna la construction des mécanismes aux procédés qu'il regarda successivement comme les meilleurs. Il remarqua d'abord que tout en disposant d'une force plus considérable que la force humaine, il ne pouvait pas augmenter indéfiniment le poids, la surface, ni la vitesse de sa meule, et qu'il y avait un moment où il fallait augmenter le nombre des paires de meules plutôt que leur dimension ou leur vitesse. Le XVIIIe siècle adopta la mouture économique, et donna aux meules deux mètres de diamètre, et une vitesse de 60 à 72 tours par minute. Une paire de meules pouvait, avec la force de quatre chevaux, écraser 150 kilog. de blé par heure. Depuis une vingtaine d'années, la mouture américaine, dite anglaise, prévaut, et on adopte les meules de 1 mètre 30 centimètres de diamètre, qui font 120 tours à la minute; avec la force de trois chevaux seulement, elles écrasent autant de blé que les grandes meules avec celle de quatre chevaux. Depuis cette époque aussi, le progrès qui s'est opéré dans les ateliers de constructions mécaniques, a permis d'obtenir, pour les engrenages, une perfection qui n'avait pas encore été atteinte. Le fer et la fonte ont remplacé le bois, et l'on est arrivé à faire exécuter par le moteur principal toutes les opérations exigées dans le système de mouture que l'on préfère. Le bruyant tic-tac a fait silence; l'eau ne se précipite plus écumante et sonore sur la roue plaintive; à l'intérieur, le mouvement de trépidation qui secouait l'édifice, la folle farine qui le recouvrait uniformément, les lourdes poutres du béfroi, les massifs rouages de bois tournant avec peine, ont fait place à la propreté, au calme, à l'élégance. Des colonnes en fer poli soutiennent toutes les parties d'un mécanisme qui roule silencieusement et sans effort.—Nous ne chercherons pas à décrire l'ensemble d'un moulin actuel; nous dirons seulement qu'il doit suffire à monter les sacs de blé dans les étages supérieurs, à faire mouvoir un système complet de nettoyage auquel on ajoute quelquefois des moyens de mouillage, à écraser le blé, à conduire la boulange aux étages supérieurs à mesure qu'elle sort des meules, à opérer son refroidissement, à faire mouvoir un système de bluterie qui sépare les différentes qualités de farine et de son. Nous nous bornerons à indiquer de ce mécanisme quelques parties dont la description ne trouverait pas sa place ailleurs. — La vitesse imprimée aux meules doit être maintenue dans de certaines limites indiquées par un modérateur à force centrifuge, et mis en rapport avec l'arbre qui commande toutes les meules. Ce modérateur se compose d'un losange articulé, monté sur un axe vertical, et porte deux boules de plomb. Ces boules s'écartent d'autant plus que le mouvement est plus vif. L'angle inférieur se trouvant élevé ou abaissé, agite des sonnettes de timbres différents, suivant la

force de la vitesse, ce qui fait connaître qu'il y a lieu de la diminuer ou de l'augmenter. Il pourrait même agir directement sur la force motrice pour modérer ou augmenter son action. La trémie et son auget, qui embarrassaient le dessus des meules, sont remplacés par un engreneur. Celui-ci est composé d'un tuyau en cuivre, mince et enflé à son extrémité supérieure dans laquelle le grain est versé par un tube qui se termine au-dessus d'une petite cuvette portée sur l'extrémité supérieure du gros fer. L'engreneur est supporté par une traverse mobile qui permet d'approcher ou d'éloigner plus ou moins de la cuvette son extrémité ouverte; plus on l'en approche, moins il coule de blé, et réciproquement. — Pour mener la boulange au refroidisseur, il faut lui faire parcourir une certaine distance, en partie horizontale et en partie verticale. Dans le premier cas, on emploie des systèmes de palettes montées sur une corde sans fin, et glissant dans un tuyau, ou bien des palettes disposées en forme d'hélice sur un axe horizontal, et constituant une sorte de vis d'Archimède. Dans l'autre cas, on se sert de chaînes à godets, qui sont de véritables norias. On emploie quelquefois un simple tuyau dans lequel on détermine un mouvement d'aspiration à l'aide d'un ventilateur ou bien en le faisant communiquer avec l'air d'une cave. Le refroidissement s'opère à l'aide d'un rateau horizontal, qui a pour dents des palettes inclinées de façon à amener la boulange de l'extrémité du cercle au centre d'où elle descend, par une ouverture, dans les bluteries. — Nous avons dit que la force nécessaire pour faire tourner une paire de meules de deux mètres de diamètre, était de quatre chevaux, et de trois pour les meules de 1 mètre 30 cent.; nous devons faire observer ici que, si l'on emploie une chute d'eau, il faut ne compter sa force que pour la quantité utile qu'elle produit suivant le système de roue hydraulique employé.

§ II. INFLUENCE SOCIALE DES MOULINS, LÉGISLATION. Toute invention qui permet à l'homme de se soustraire aux travaux purement matériels est une conquête précieuse. A ce point de vue, l'établissement des moulins mécaniques mérite la reconnaissance publique. On peut évaluer à la force de cent mille hommes celle nécessaire pour réduire en farine les 13 millions de kilogrammes de blé que la France consomme par jour, et dans le cas où la mouture aurait continué à se faire exclusivement à la main, on peut admettre qu'il faudrait employer à ce service abrutissant autant de bras que l'armée en enlève déjà. Les moulins permettent donc à une masse considérable de citoyens d'employer leur activité à des travaux d'un ordre plus élevé, plus dignes et plus profitables. — D'un autre côté, leur établissement a été une occasion de placer, au milieu des rivières, une foule de barrages qui en ont exhaussé le fond, ont occasionné des inondations périodiques et quelquefois permanentes, et par suite influé d'une manière fâcheuse sur la salubrité. D'abord aucun ordre n'a été mis dans les opérations, et même aujourd'hui que l'État seul a le domaine des cours d'eau navigables ou flottables, il n'existe pas de travail d'ensemble qui permette d'apprécier l'effet des moulins établis d'ancienne date ou concédés actuellement, pas plus au point de vue de la santé publique qu'à celui des besoins de l'agriculture. — Aujourd'hui nul moulin ne peut être établi que d'après une autorisatsion de l'autorité, administrative accordée à la suite d'une demande motivée adressée au préfet. Cette autorisation fait titre pour celui qui l'obtient; elle ne peut être modifiée que pour l'avantage du service public. Une fois que la concession est devenue définitive, faute d'opposition en temps utile, elle constitue une servitude légale pour les riverains. Lorsqu'on augmente la retenue d'eau d'un moulin, lorsqu'on omet d'en lever les vannes pendant les grandes eaux, lorsqu'on lance celles-ci par éclusées soudaines, ceux qui sont inondés peuvent se faire dédommager, dans le cas même où le fait aurait été involontaire. Seulement, dans ce cas, le délit disparaît, et il n'y a plus que l'action civile en vertu de l'art. 1382 du Code civil. Si la surélévation des eaux ne causait pas de dommage actuel, les riverains pourraient encore se pourvoir devant les tribunaux pour faire réduire les barrages à la hauteur fixée par la concession, car tout riverain a intérêt à empêcher que la servitude qui grève sa propriété, ne devienne plus grave. Cette dernière circonstance se présente rarement dans les pays où il existe des réglements d'eau, car les gardes-rivières surveillent et constatent l'élévation de l'eau au-dessus des repères. Il y a alors une simple contravention qui est réprimée suivant l'art. 15 du Code rural. Em. LEFÈVRE.

MOULIN (PIERRE DU): théologien protestant, fils de Joachim Du Moulin, seigneur de Lorme-Grenier, naqui ten 1568 à Buhy, dans le Vexin (Seine-et-Oise). Il enseigna la philosophie à Leyde, fut ensuite ministre à Charenton, devint (1609) aumônier de la princesse de Navarre, sœur de Henri IV, et passa en 1615 en Angleterre, où il dressa un plan de réunion des églises protestantes. De retour en France, il assista en 1620 au synode d'Alais, et mourut en 1658 à Sedan, où le duc de Bouillon l'avait nommé professeur en théologie. Du Moulin avait

l'esprit caustique et emporté. Il publia un grand nombre d'ouvrages de controverse, pleins de traits mordants, et chaleureusement écrits : nous citerons : *Nouveauté du papisme*, 1633, in-4°, compendium de tout ce qu'on pouvait attendre d'un protestant sur un pareil sujet ; *De monarchia temporali pontificis romani*, Leyde, 1614, in-8° ; le *Bouclier de la foi* ou *défense des églises réformées*, ouvrage dirigé contre le P. Arnoux, jésuite, et dont la dernière édition est de 1846, in-12. — Son fils *Pierre* et ses petits-fils *Louis* et *Cyrus*, se firent aussi remarquer dans la controverse. On peut dire du premier qu'il hérita du talent de son père ; il fut chapelain de Charles II, roi d'Angleterre, et chanoine de Cantorbéry, où il mourut en 1684, à l'âge de 84 ans. Il est l'auteur du livre intitulé : *La paix de l'âme*, fort estimé parmi les protestants ; du *Clamor regii sanguinis*, que Milton attribuait à *Alexandre Morus*, et d'une *défense* (en anglais) *de la religion protestante*. — DU MOULIN (*Louis*), attaqua avec une incroyable violence le gouvernement ecclésiastique anglican dans sa *Parænesis ad ædificatores imperii*, in-4°, dédiée à Cromwell ; dans son *Papa ultrajectinus*, et enfin dans le *Patronus bonæ fidei*. Il mourut en 1680 à l'âge de 77 ans.

MOULINS (*géog.*) : nous citerons parmi les villes de ce nom : — 1° MOULINS-SUR-ALLIER, chef-lieu du département de l'Allier, sur la rive droite de la rivière de ce nom, à 288 kil. S.-E. de Paris, 182 N.-O. de Lyon, 94 N. de Clermont-Ferrand, par 0° 59′ 59″ long., et 46° 34′ 4″ latit. Cette ville s'élève, dit-on, sur l'emplacement de l'ancienne *Boia Gergovia Boiorum Celicorum*; mais rien ne prouve la vérité de cette supposition. Quoi qu'il en soit, la ville actuelle ne paraît pas remonter au-delà du xe siècle. Au xiiie, elle avait déjà assez d'importance. Robert, fils de saint Louis, y fonda un hôpital en 1269, et depuis 1368 elle devint la résidence des ducs de Bourbon, auxquels elle fut redevable de sa prospérité. Le 20 octobre 1548, on y célébra le mariage d'Antoine de Bourbon, roi de Navarre, avec Jeanne d'Albret ; Catherine de Médicis y tint en 1566 l'assemblée dans laquelle fut rendue la fameuse ordonnance dite de *Moulins*. Cette ville ne se rendit jamais à l'ennemi, mais si la guerre ne la dévasta pas, elle eut énormément à souffrir de la peste en 1547, et de l'incendie de 1755. C'est dans ce dernier sinistre que fut consumé, en grande partie, le château de Bourbon, un des édifices les plus remarquables de la France, dont il ne reste plus que la tour, et un petit corps-de-logis élevé par Catherine de Médicis. Nous citerons parmi les autres monuments : l'église de Notre-Dame dont la construction remonte à l'année 1386, et qui n'est pas encore achevée; dans son caveau reposent les cendres de Jeanne de France, fille de Charles VII, de Jeanne d'Armagnac, fille du duc de Nemours, de Jean II et de Pierre II; le collége qui occupe le bâtiment de l'ancien couvent de la Visitation, bâti par la princesse des Ursins, et où l'on voit le mausolée que cette princesse fit élever au duc de Montmorency, son époux, décapité à Toulouse en 1632 : ce monument magnifique est en grande partie l'œuvre de François Anguier, de la ville d'Eu; la tour de l'horloge, qui est sans doute antérieure au XIVᵉ siècle, et qui possède une ancienne horloge sur laquelle les heures et les demi-heures sont frappées par quatre statues colossales. Moulins, enfin, possède un pont fort remarquable qui date de 1754, de belles casernes, un hôpital, un château d'eau, une bibliothèque publique de 15 à 16,000 volumes, où l'on conserve des manuscrits précieux, entre autres une Bible du XIIᵉ siècle. Cette ville, agréablement située dans une plaine fertile, est bâtie en briques, et assez riante quoique ses rues soient en général étroites et irrégulières. L'allée principale de la promenade de Berci, longue de 1,000 mètres, est une des plus belles de France. Moulins a donné naissance aux maréchaux du Villars et de Berwick, au sculpteur Renaudin, au médecin Aubry, etc. Son industrie consiste en fabriques de coutellerie estimée, de bonnetterie en soie et en coton, de cordes de boyaux, de couvertures de laine et de coton, d'ébénisterie et filatures, tanneries, corderies, et son commerce en grains, vins, fers, bois, houille, charbon, sels, bestiaux, porcs, etc. Il y a une chambre consultative des manufactures et des sociétés d'économie rurale; on y compte plus de 15,000 habitants. — L'*arrondissement* de Moulins comprend 9 cantons : Bourbon-l'Archambault, Chevagnes, Dompierre, Lurcy-le-Sauvage, Montet, Moulins (2 cantons), Neuilly-le-Réal, Souvigny, divisés en 93 communes et possédant plus de 90,000 habitants. A 2 kil. de Moulins on visite l'église gothique d'Yzeure. — 2ᵒ MOULINS-EN-GILBERT, petite ville et chef-lieu de canton du département de la Nièvre, à 15 kil. et dans l'arrondissement de Château-Chinon, avec une population de plus de 3,000 habitants. Située au confluent des ruisseaux de Gaza et Guignon, au pied des montagnes du Morvan, elle possède une école secondaire ecclésiastique, et une belle église paroissiale. On y fabrique de gros draps, des serges, des toiles, des étamines, etc., et l'on y fait le commerce des grains, bois, cuirs, bestiaux. Sur le sommet d'une colline dominant la ville on visite le lac Lieutemer, qui paraît occu-

per le cratère d'un ancien volcan. Il y a dans les environs des mines de fer, des carrières et de belles forêts. Cette ville eut jadis des seigneurs particuliers. Elle fut prise en 1474 par Charles-le-Téméraire, et en 1475 par le duc de Bourbon. — 3ᵒ MOULINS-LA-MARCHE, petite ville du département de l'Orne, chef-lieu de canton dans l'arrondissement et à 20 kil. de Mortagne-sur-Huine, avec une population d'un millier d'habitants. Moulins-la-Marche possédait autrefois un château fort qui fut pris par les Français en 1502, par les Normands en 1503. Le roi d'Angleterre le réunit en 1116 au duché de Normandie; Philippe-Auguste, après la conquête de la Normandie, le donna en 1204 au comte du Perche; puis il en prit lui-même possession en 1217. La ville fut ensuite réunie au duché d'Alençon, dont elle a depuis suivi les vicissitudes.   AL. B.

MOULINAGE (*techn.*). C'est la préparation au moyen de laquelle on rend la soie propre aux divers besoins de la fabrication. Suivant le nombre de brins réunis au tirage des cocons, suivant le nombre de tours donnés au moulin, on obtient les qualités de fil propres au tissage des étoffes, le fil qui sert à former la chaîne, l'organsin, la trame, etc. Les ateliers où se fait le moulinage de la soie, en premier et en second apprêt, se nomment *filatures*. La soie sort de là pour aller à la teinture. — Le premier moulinage fut établi en France, à Neuville, près de Lyon, par un italien de Bologne nommé Lauri, en vertu d'un arrêt du conseil du 29 septembre 1670, qui lui octroya divers priviléges et franchises. En 1684, Pierre Benay fonda à Virieux un grand atelier de moulinage, à l'aide d'une chute d'eau qui lui fut concédé gratuitement par Claude de l'Etang de Grollier. Bientôt le même Benay en établit d'autres à Aubenas et à Privas, et aujourd'hui il en existe un grand nombre dans les départements du Rhône, de la Loire, de l'Ardèche et de la Drôme. (*Voy.* SOIE.)   A. P.

MOULOUIA ou **MOULVIA** : rivière de l'empire du Maroc (Fez) qui sort de l'Atlas par 31ᵒ 54′ lat. N., coule au N.-E. et tombe dans la Méditerranée au S.-E. de Melilla, après un cours de 460 kil. C'est la *Malva* ou *Malvana* des Romains.

MOULTAN : ville du Pendjab, capitale de la province de ce nom, près de la rive gauche du Tchenab (l'ancien Acesinès). Elle répond, à ce que l'on suppose, à la ville des Malliens des historiens d'Alexandre : latit. N. 30ᵒ 9′; long. E. 71ᵒ 7′ du méridien de Greenwich, à 115 lieues S.-S.-E. de Caboul, 100 E.-S.-E. de Candahar, 63 S.-O. de Lahore. La population de Moultan est d'environ 60,000 âmes, dont un tiers appartenant à la race indoue, et le reste composé de musulmans. A l'époque de leur domination les Seiks y entretenaient une garnison d'environ 500 hommes. Cette ville est entourée de murailles, et a plus d'une lieue de circuit. Elle est commandée au nord par une citadelle. Les vieux débris que l'on trouve dans le sol démontrent qu'elle s'est élevée sur les ruines d'une autre cité plus ancienne. Les maisons sont en briques cuites, à toits plats, et hautes de trois, quatre ou même six étages. Cette élévation rend obscures et tristes les rues d'ailleurs extrêmement étroites. La citadelle forme un hexagone irrégulier. Dans l'intérieur se trouvent des maisons qui tombent en ruines, plusieurs mosquées et un temple Indou fort ancien. On voit à Moultan plusieurs tombeaux magnifiques dans lesquels sont déposés les corps de quelques personnages célèbres, chez les indous, par leur sainteté. La plupart des habitants s'occupent de la fabrication d'étoffes de coton et de soie : une grande quantité de ces articles sont exportés dans les pays voisins. Moultan était autrefois un lieu de pèlerinage fort célèbre ; les Arabes s'en rendirent maîtres dans l'année 712 de notre ère, et y trouvèrent un butin considérable. Elle fut prise ensuite par Mahmoud le Gaznevide l'an 1010 de J.-C., par Timur ou Tamerlan en 1398, et enfin par Randjit-Singh en 1818. Depuis cette époque elle a continué d'appartenir au royaume de Lahore. Vers le mois de juillet 1848 le gouverneur de la province de Moultan, Diwan-Moulradj, fit assassiner deux officiers anglais avec leur suite, et se prépara à la guerre. Le gouvernement du Bengale envoya contre lui environ 7,000 hommes, force bien insuffisante, mais, qui bientôt augmentée, s'empara de la place à la suite d'un triple assaut, et d'une lutte terrible, le 2 janvier 1849. Les Seiks se retirèrent dans la citadelle qui avait une triple enceinte de fortifications à l'européenne, avec des bastions et des redoutes garnies d'une nombreuse artillerie de gros calibre, servie, avec beaucoup d'intelligence, par des canonniers élevés à l'école des officiers français au service de Randjit-Singh ; mais au bout de vingt jours Diwan-Moulradj fut obligé de se rendre. Les Anglais prirent possession de la citadelle le 22 janvier 1849. La chute de cette place importante, regardée par les Seiks comme imprenable, découragea complétement les révoltés, et arrêta peut-être d'autres mouvements qui se préparaient dans le Pendjab.   L. DUBEUX.

MOULURE (tech.). On nomme ainsi toute partie saillante servant d'ornement dans l'architecture. Il y en a de rondes, de carrées, de droites, de courbes, d'inclinées, etc. On les divise en grandes et petites. Parmi les grandes, on range les oves, les gorges, les doucines, les talons, les tores, les scoties. Les petites sont celles qui ont moins d'importance et servent, en quelque sorte, d'accessoire ou de complément aux autres, telles que les filets, les astragales, les congés, etc. On appelle moulures *lisses* celles dont le contour est uni et ne brille que par sa grâce, moulures *ornées* celles dont le contour est sculpté en creux ou en relief, et moulures *couronnées* celles qui sont accompagnées d'un filet. Les corniches, les lambris, les impostes, les bases des colonnes et des pilastres sont formés ou enrichis de moulures, dont la réunion forme ce qu'on nomme le profil. Par la combinaison des moulures, on peut inventer et varier toutes sortes de profils ; la beauté, l'harmonie du profil fait tout le mérite de cette espèce d'ornement. Aujourd'hui qu'on a perfectionné tous les procédés d'exécution, le travail des moulures est devenu purement mécanique. Au moyen d'instruments qui représentent le contour des profils, on pousse les moulures sans aucune peine et d'un seul coup.   A. P.

MOUNIER (JEAN-JOSEPH), député aux Etats-Généraux, à l'Assemblée nationale, etc., naquit à Grenoble en 1758. Il suivit d'abord la carrière du barreau, et embrassa les principes de la révolution. Lorsque ce grand mouvement vint à éclater, il se trouvait secrétaire des Etats provinciaux du Dauphiné où il jouissait de l'estime publique. En 1789, il fut nommé député aux Etats-Généraux, fut un des provocateurs de la séance et du serment du Jeu-de-Paume, et développa l'un des premiers le projet d'une déclaration des droits de l'homme. Le but de Mounier, but qu'il poursuivait toujours, était l'établissement en France d'une constitution monarchique mitigée, c'est-à-dire d'un gouvernement constitutionnel. C'est ce qui explique comment il paraissait incliner tantôt vers la cour, tantôt vers le peuple. Il occupait la présidence dans les journées des 5 et 6 octobre, et fit preuve, dans cette circonstance, de beaucoup de fermeté et de courage en cherchant à arrêter, au péril même de sa vie, la foule qui envahissait le palais de Versailles. Sous l'impression de ces événements, il se retira en Dauphiné, d'où il envoya sa démission (21 novembre) ; il publia en même temps un *exposé de sa conduite*. Bientôt après, il passa à Genève, puis en Angleterre et de là à Weimar, où il établit une maison d'éducation destinée à préparer les jeunes gens aux carrières publiques. Rentré en France après le 18 brumaire (9 novembre 1799), il devint, en 1802, préfet du département d'Ille-et-Vilaine, entra au conseil d'État en 1805, et mourut en

1806. Outre les discours et les rapports souvent fort remarquables qu'on trouve dans les recueils de nos assemblées, Mounier publia un grand nombre d'ouvrages parmi lesquels nous citerons : *Considérations sur les gouvernements et principalement sur celui qui convient à la France*, 1789, in-8°; *Recherches sur les causes qui ont empêché les Français de devenir libres et sur les moyens qui leur restent pour acquérir la liberté*. Paris 1792; *De l'influence attribuée aux philosophes, aux francs-maçons, aux illuminés sur la révolution de France*. Tubingen, 1801, in-8°. Ce dernier ouvrage est une réfutation du *Mémoire pour servir à l'histoire du Jacobinisme*, par l'abbé Barruel. **AL. B.**

MOUNIN-VOLCANIQUE : archipel de la Polynésie qui se compose de quatre groupes nommés *Mounin-sima*, *Mounin-volcanique*, *Mounin oriental* et *Mounin occidental*. Le premier de ces groupes, composé de 89 îles ou îlots habités par des Japonais, est situé selon les Chinois par 139° long. E. et 27° lat. N.; mais il est probable qu'ils se trompent sur la longitude. Le second, exploré par Beechey, renferme les îles de Soufre, de Saint-Alexandre, de Saint-Augustin, et le groupe de Peel. Dans le troisième, on remarque les îles de Guadalupa, Malagrida, Lobos, etc. Le quatrième comprend entre autres îles celles de Kendrick, de Dolores, de Borodino. La plus grande partie de cet archipel répond à l'*archipel de Magellan* de quelques cartes modernes.

MOUNTASSIR-BILLAH (**ABOU-DJAFAR-MOHAMMED**, *fils d'El-Moutawakkel-el*), 11e calife Abbasside, monta sur le trône le 4 chawâl 247 de l'hég. (11 déc. 861), le lendemain du jour de l'assassinat de son père. Certains auteurs arabes rapportent qu'un des principaux motifs qui portèrent Mountassir à ce parricide, fut la haine que son père avait vouée à la famille d'Aly. Aussi, à peine Mountassir fut-il monté sur le trône qu'il donna l'ordre de reconstruire le tombeau de Hosseïn fils d'Aly (*voy.* MOUTAWAKKEL), et de permettre aux partisans d'Aly d'y aller en pèlerinage. Moutawakkel, qui haïssait son fils et qui connaissait l'aversion que celui-ci ressentait pour lui, l'avait surnommé *Mountazer*, c'est-à-dire *celui qui attend*, car Moutawakkel avait désigné El-Motaz comme héritier du califat. On raconte que quelques jours après que Mountassir fut calife, son garde-meuble lui présenta un superbe tapis orné d'une magnifique inscription persane. Il demanda à ses courtisans si quelqu'un d'eux comprenait le sens de l'inscription; mais aucun n'en étant capable, ou ne voulant satisfaire son désir, il fit venir un Persan, qui d'abord refusa de traduire cette inscription, mais qui, pressé par le calife, la tra-

duisit ainsi : « Je suis Chirouyeh (Siroës), j'ai fait assassiner mon père Kesra (Kosroës), et je n'ai joui de la couronne que six mois. » Cette aventure fit tant d'impression sur Mountassir, que quelque temps après il mourut de mélancolie. Plusieurs auteurs arabes s'accordent à dire qu'il succomba à une esquinancie, le samedi 3 rabi-el-akhir 248 (5 juin 862), à l'âge de 24 ans et demi; il n'avait été calife que six mois. **ALFRED CLERC.**

MOURAD ou **MURAD-BEY**, naquit en Circassie vers le milieu du XVIIIe siècle. Transporté en Égypte et vendu comme esclave à un chef appelé Mohammed-Abou-Dhahab, il sut par son courage, son activité et son intelligence, devenir un des gouverneurs de ce pays. Mohammed-Abou-Dhahab étant mort à Acre en 1776, Murad, qui se trouvait alors auprès de sa personne, se hâta de retourner en Égypte pour disputer à Ibrahim-Bey la possession du Caire; mais au lieu d'en venir aux mains, les deux rivaux se partagèrent l'autorité. Quelques autres chefs, parmi lesquels il y en avait un du nom d'Ismaïl-Bey, se liguèrent contre eux, et les contraignirent de se retirer dans le Saïd ou Haute-Égypte. Bientôt Murad et Ibrahim reprirent l'offensive, et contraignirent Ismaïl à quitter l'Égypte. Peu de temps après, celui-ci reparut dans le Saïd, et sut se rendre redoutable à ses deux compétiteurs. En 1783, Murad marcha contre lui, et le vainquit. La désunion se mit ensuite entre Murad et Ibrahim. Ces deux chefs, tour à tour liés ou désunis, se partageaient la souveraineté de l'Égypte, lorsqu'en 1786 Hassan-Pacha arriva dans ce pays pour y rétablir l'autorité de la Porte-Ottomane. Hassan-Pacha ayant été battu, quitta l'Égypte en 1787. Murad et Ibrahim surent conserver le pouvoir. Malgré les talents de ces deux beys, surtout du premier, leur domination doit être considérée comme un malheur pour l'Égypte. — En 1793, une famine désola le pays tandis que les magasins des Beys étaient remplis de grains; plusieurs révoltes s'ensuivirent. En 1798, les Français débarquèrent en Égypte, Murad-Bey leur opposa la plus vive résistance, et quoique toujours vaincu, il ne cessa de combattre ou de harceler nos troupes dont il gêna les mouvements. Kléber ayant su apprécier les grandes qualités de ce chef, le nomma, après la bataille d'Héliopolis (20 février 1800), gouverneur de la Haute-Égypte pour les Français. Murad montra dans ce poste de la capacité et une fidélité qui ne se démentit pas un seul instant. Après l'assassinat de Kléber, Menou ne tint aucun compte des avis de ce chef, dont l'expérience et les talents auraient pu lui être utiles. Accablé de fatigues et de chagrins, attaqué de la peste, Murad-Bey succomba à Benisouef, le 22 avril 1801, à l'âge d'environ 50 ans. Il était, comme la plupart des Circassiens, beau de figure et d'une taille assez élevée; ses traits avaient une grande expression de courage et de noblesse, et il réunissait dans sa personne les qualités extérieures qui agissent si puissamment sur l'esprit des orientaux. Quant à sa capacité et à sa bravoure, il suffira de dire, pour les apprécier avec justice, que pendant près de 25 ans Murad-Bey sut *gouverner* l'Égypte, et se défendre avec succès contre les attaques et les complots de ses adversaires. L. D.

MOURADGEA D'HOSSON : diplomate né à Constantinople en 1740 et mort à Paris en 1807. Il était originaire d'Arménie et possédait les principales langues de l'orient et de l'occident. Longtemps interprète de l'ambassade de Suède, il devint en 1782 chargé d'affaires et ensuite ministre de cette nation près de la Sublime-Porte. Il vint se fixer à Paris pour publier un grand ouvrage qu'il préparait depuis longtemps sur la civilisation turque. La première partie parut à Paris en 2 vol. in-f°, 1787-1790, sous ce titre : *Tableau général de l'empire ottoman;* la deuxième partie, intitulée *Tableau historique de l'Orient*, ne fut publiée qu'en 1804, en 2 vol. in-8°. Cet ouvrage, utile à consulter, a été augmenté, en 1821, d'un troisième volume par le fils de Mouradgea.

MOURAVIEF (MICHEL-NIKITITSCH) : poète, historien et philosophe russe, naquit à Smolensk en 1757, devint officier supérieur dans la garde impériale, et instituteur des enfants de Catherine II. Il composa pour ses élèves : *Les lettres d'Emile; Des dialogues des morts; Des essais de morale, d'histoire et de littérature*, et une excellente *Géographie de la Russie*. Il fut nommé, par le czar Alexandre, sénateur, conseiller privé et adjoint au ministre de l'instruction publique. Mouravief mourut en 1807.

MOURINE, *myliobatis* (poiss.) : Genre de chondropterygiens à branchies fixes, famille des sélaciens, créé par M. C. Duméril aux dépens des raies, et ayant pour caractères : tête saillante, mâchoires garnies de larges dents plates, assemblées comme les carreaux d'un pavé, et de proportions différentes; queue très grêle, longue, terminée en pointe, armée d'un fort aiguillon dentelé en scie des deux côtés, et garnie vers la base, en avant de l'aiguillon, d'une petite nageoire dorsale; nageoires pectorales plus larges transversalement que dans les raies ordinaires. — On a décrit un assez grand nombre de mourines propres à presque toutes les mers : l'une des plus connues est la MOURINE RATEPENADE, *raia aquila*, Linné, qui a le museau allongé, pa-

rabolique, et se fait remarquer par sa grande taille; elle habite l'Océan et la Méditerranée. — D'autres espèces qui, comme le *myliobatis marginata*, Et. Geoffroy, présentent le museau divisé en deux lobes courts, bien visibles, ont reçu de Kuhl le nom générique de *rhinoptera*. E. D.

MOURON, *anagallis* (bot.) : genre de la famille des primulacées, tribu des anagallidées, à laquelle il donne son nom, de la pentandrie monogynie dans le système de Linné. Il comprend des plantes herbacées vivaces, indigènes de l'Europe, des parties moyennes de l'Asie et de l'Afrique méditerranéenne, à fleurs rosées, rouges ou bleu d'azur, caractérisées principalement par leur corolle rotacée ou presque en entonnoir, à limbe quinqueparti, et par leur capsule globuleuse, s'ouvrant à sa maturité par une coupure transversale qui en détache la moitié supérieure en manière de couvercle. On trouve communément dans les terres cultivées le MOURON DES CHAMPS, *anagallis arvensis*, Linné, dont les tiges herbacées, un peu couchées, portent des feuilles opposées ou verticillées par trois, ovales, sessiles, un peu aiguës, et à l'aisselle desquelles naissent des pédoncules allongés, terminés par de jolies fleurs, tantôt d'un beau bleu, tantôt d'un rouge vif de minium. Cette différence de coloration, concordant avec quelques petites différences dans celle des feuilles, du calice et de la corolle, et qui se conserve, en outre, par les semis, a déterminé Lamark, De Candolle et quelques autres botanistes, à partager cette espèce en deux : le MOURON BLEU, *anagallis cærulea*, Lam., et le MOURON ROUGE, *anagallis phœnicea*, Lam. — On cultive dans les jardins, comme plantes d'ornement, le MOURON EN ARBRE, *anagallis collina*, Schousb., espèce ligneuse, indigène du Maroc, qui forme un charmant petit arbuste à feuilles verticillées par trois ou quatre, lancéolées-aiguës, persistantes; à fleurs rouges, grandes, et se succédant pendant toute l'année. On en possède une variété à fleurs doubles. C'est une plante de serre tempérée, qui demande une terre légère, beaucoup d'eau pendant l'été et très peu pendant l'hiver. On la multiplie par boutures faites sur couche. Le MOURON A FEUILLES DE LIN, *A. linifolia*, Linné, est une plante du midi de l'Europe, herbacée, vivace, à tige droite, divisée en nombreux rameaux grêles, à feuilles opposées dans le bas, verticillées dans le haut, à jolies fleurs bleues passant au rouge. Il est aussi de serre tempérée. On le multiplie soit par semis, soit par boutures sur couche. — On nomme vulgairement MOURON et MOURON DES OISEAUX, MOURON BLANC, le *stellaria media*, Vill.; *alsine media*, Linn., ou la *morgeline*, plante très commune dans les lieux cultivés, le long des murs, etc., qui fleurit et fructifie à peu près toute l'année, et dont on fait dans les villes un petit commerce, à cause de l'habitude où l'on est d'en donner des pieds frais aux oiseaux en cage. — Le MOURON D'EAU est le *samolus valerandi*, Lin.; le MOURON DE FONTAINE le *montia fontana*, Lin.; le MOURON VIOLET le *linaria cymbalaria*.

MOURRE : jeu dans lequel deux partenaires levant en même temps un certain nombre de doigts d'une main ou des deux à la fois, doivent dire simultanément et à la première vue, combien l'adversaire en a levé. Celui qui a deviné juste a gagné la partie. Ce jeu fut, dit-on, inventé par la belle Hélène, qui, selon Hephestion dans Photius, y vainquit Pàris. Les femmes de Lacédémone y jouaient beaucoup dans le but de rechercher laquelle était ou serait là plus heureuse en amour. La Grèce entière adopta ce jeu qui passa ensuite chez les Romains. Ces derniers lui donnaient le nom de *Micatio*, du verbe *micare*, *paraitre*, en sous-entendant *digitis*, par allusion au rôle des doigts dans ce jeu. La *Micatio* était pour les Romains ce qu'a été longtemps chez nous la courte-paille. Elle servait à régler une foule de petites contestations difficiles à résoudre. Aujourd'hui la micatio est encore en usage, sous le nom de mourre, dans les pays méridionaux de l'Europe, et le petit peuple, en Hollande, en fait usage comme les Lacédémoniennes dans les divertissements galants.

MOURSCHEDABAD : grande ville de l'Inde britannique, présidence et province du Bengale, sur le bras du Gange appelé Bhagirathi ou Cossimbazar, à 38 lieues au nord de Calcutta, par 24º 11 de latit. N., et 88º 15 de long. E. du méridien de Greenwich. Population environ 165,000 âmes. Cette place quoique riche et importante est laide et mal bâtie, et sous le rapport architectural elle ne saurait soutenir aucune espèce de comparaison avec les autres grandes villes du Bengale. La majeure partie des maisons sont construites avec de la terre et de la paille, et à toits plats. La ville s'étend le long des deux rives du fleuve, sur un espace d'environ deux lieues et demie. Un nombre considérable de petites mosquées s'élèvent dans tous les quartiers. Il n'existe à Mourschedabad qu'un seul édifice digne de fixer l'attention, c'est le palais bâti par le gouvernement britannique pour le Nabab du Bengale. Le séjour de cette ville est malsain à cause du mauvais état des égouts, de la malpropreté des rues et des *djangles* ou terrains humides couverts d'herbes et de hautes plantes, qui entourent une grande partie des maisons et des cabanes. Les maladies pestilentielles y sévissent quelquefois avec violence. La ville est exposée aux attaques des brigands et des maraudeurs. Mourschedabad est le siége de plusieurs tribunaux, et la résidence de différents fonctionnaires de la compagnie des Indes. Les Anglais y ont fondé en 1826 un collége qui jouit d'un revenu de 16,500 roupies par an (environ 41,250 fr.). Cette ville fut la capitale du Bengale depuis 1704 jusqu'en 1756. Son nom signifie en persan *séjour* ou *résidence de Moursched*, et lui fut donné par un prince de ce nom. **L. DEBEUX.**

MOURZOUK (*géog.*) : capitale du Fezzân. Cette ville, dont le nom véritable est Marzik, est aussi appelée Mourzoug dans le langage vulgaire de toute l'Afrique septentrionale; les géographes européens écrivent Morzouq. Sa population sédentaire est d'environ 25,000 habitants. Le nombre des étrangers y est toujours considérable, car c'est le plus grand marché, le rendez-vous habituel et presque nécessaire des caravanes qui, de tous les états, de toutes les provinces ou régences barbaresques, se rendent au Soudan, et réciproquement.

Mourzouk est située entre le 26º et le 27º de latitude N., et vers le 12º de longitude E. C'est la seule localité un peu considérable du Fezzân. Le mur d'enceinte de la ville est bâti en torchis ou en terre, ainsi que toutes les habitations; il a quinze pieds de hauteur, huit d'épaisseur, et sept portes. Il ne doit sa solidité qu'à l'absence presque absolue de pluies dans le Fezzân. Comme dans tous les pays des climats très chauds, les rues de la ville sont très étroites. — La demeure ou château du gouverneur a 80 ou 90 pieds de haut; ses murs sont en forme de talus et comme coupés en biseau jusqu'au sommet, de sorte que l'intérieur ne présente qu'un espace très rétréci comparativement à la circonférence extérieure. — L'aspect de cette cité est triste et misérable. Les habitants sont un amalgame de noirs de l'Afnau et du Barnau (Bournou), de blancs et de bronzés, qui tous sont venus de la régence de Tripoli, de Djâlau, d'Audjalah, de Dirna. Mourzouk, située sur un terrain salé et friable, est isolée et éloignée de tout lieu habité, d'environ un jour et demi de marche, à peu près 7 à 8 lieues, et même, dans certaines directions, de près de trois jours. — La nourriture ordinaire de la presque totalité des habitants, est du pain d'orge et des dattes. Dans le Soudan occidental et au Barnau, Mourzouk est toujours appelée du nom de Zeylah ou Zouylah, l'ancienne Syla ou Sila, la Cillala de Pline, qui, au xe siècle, était encore la capitale du Fezzân. **PERRON.**

MOUSA ou **MOUSSA**, c'est-à-dire *Moïse* en arabe. Plusieurs personnages célèbres ont porté ce nom. Nous citerons: — 1º Mousa, fils de

Djafar-Sadik , septième iman des Schiites ou sectateurs d'Ali. Il naquit entre la Mecque et Médine l'an 128 ou 129 de l'hégire (745 à 747 de J.-C.). Le calife Haroun-Raschid ayant été faire le pèlerinage de la Mecque, et se trouvant à Médine, fit arrêter dans cette dernière ville, et conduire à Bagdad, Mousa qu'il redoutait comme un compétiteur dangereux. En effet, beaucoup de gens le regardaient comme l'iman ou le calife légitime, et lui payaient le quint de leurs propriétés. Bientôt Haroun donna ordre de le faire mourir secrètement, et joignant la fourberie à la cruauté, il fit appeler des notaires pour leur montrer le corps, feignant que la mort avait été naturelle. Cet évènement eut lieu l'an 183 de l'hégire (799-800 de J.-C.). Mousa est célèbre parmi les musulmans par sa résignation, sa douceur et sa piété. Son tombeau existe encore non loin de Bagdad. On peut consulter sur sa vie l'historien Fakhr-Eddin-Razi dans la Chrestomathie arabe de M. Silvestre de Sacy, t. I, pag. 6 et 7 de la 2e édition. — 2° MOUSA-BEN-BAYÉZID-KHAN , 3e fils du sultan ottoman Bajazet Ier, régna sur les provinces européennes de l'empire turc après la mort de son frère Soliman. A peine arrivé au pouvoir il ravagea la Servie, et massacra avec cruauté les garnisons de plusieurs forteresses. Après cette expédition il défit en bataille rangée Sigismond, roi de Hongrie; mais il fut moins heureux dans la lutte qu'il soutint contre son frère Mohammed. Abandonné successivement par tous ses officiers et par ses janissaires, il prit la fuite et tomba au pouvoir de quelques cavaliers envoyés à sa poursuite. On le conduisit devant son frère Mohammed qui le fit étrangler aussitôt, l'an de l'hégire 816 (1413 de J.-C.). Mousa avait régné trois ans et quelques mois. Sa mort fit cesser la cause principale de la guerre civile qui désolait l'empire ottoman. — 3° MOUSA, fils de Noséïr, fut envoyé comme gouverneur en Afrique par ordre du calife ommiade Walid, vers l'an 89 de l'hégire (707-708 de J.-C.). Il étendit ses conquêtes sur une grande partie de cette contrée. L'an 92 de l'hégire (710 de J.-C.), il envoya en Espagne une armée considérable sous la conduite de Tarik, fils de Ziyad, son affranchi. Ce général obtint de grands succès qui engagèrent Mousa à passer lui-même dans ce pays. Il réduisit toute la Péninsule, et les îles voisines sous l'obéissance du calife, et, traversant les Pyrénées, il pénétra jusqu'à Carcassonne. Appelé à Damas pour rendre compte de plusieurs injustices dont on l'accusait, et de violents démêlés qu'il avait eus avec Tarik, il fut battu de verges, condamné à payer 200,000 dinars (environ deux millions de francs), et envoyé en exil à la Mecque, où il mourut. Mousa devint bientôt célèbre parmi les musulmans, et ses exploits dans des contrées alors peu connues des Arabes, donnèrent naissance à plusieurs relations fabuleuses. DUBEUX.

MOUSKES (PHILIPPE) .Ce chroniqueur, nommé quelquefois aussi *Philippus à Gandavo*, Philippe de Gand, naquit, dans cette ville au xiiie siècle, selon Gilles le Muisis (p. 17). En 1242, il était chanoine et chancelier de la cathédrale de Tournai, titre qu'il portait encore en 1272, selon un diplôme du cartulaire de Saint-Bavon, mais qu'il quitta deux ans après pour celui d'évêque de la même ville. Il fut en relation avec le roi de France Philippe le Hardi, auquel il aurait même, selon l'historien Cousin, accordé pour quatre ans « *licence de forger à Tournai de la grosse monnaie d'argent.* » Philippe Mouskes, malgré son faste un peu trop princier, administra sagement son diocèse pendant huit années, et mourut le 24 février 1282. On a de lui une chronique métrique contenant l'*Histoire de France et de Flandre*, depuis Priam jusqu'à l'année 1242, ce qui fait croire qu'il la termina avant d'être évêque. On n'en possède qu'un manuscrit conservé à la Bibliothèque nationale, n° 9634, souvent mis à contribution par Du Cange, pour les citations qui enrichissent son glossaire, et pour les notes de ses éditions de Joinville et de Villehardouin, souvent cité aussi par André du Chesne, Borel, Sainte-Palaye, etc.; et enfin publié à Bruxelles en 2 volumes in-4° par M. de Reiffenberg, en 1846. Du Cange a fort judicieusement apprécié la valeur de la Chronique de Moukes : « Cette histoire, dit-il, est rare et remplie de grand nombre de belles remarques et non communes, quoiqu'il n'y ait pas oublié les fables de l'archevêque Turpin. » (Villehardouin, p. 209.) M. Paulin Paris a de même fort sagement dit de lui : « Philippe Mouskes est fort mauvais poète, mais historien très candide. »   ED. F.

MOUSQUET (*voy.* ARMES).

MOUSQUETAIRES. La première compagnie de mousquetaires fut instituée par Louis XIII, en 1622, après la réduction de Montauban, prit son nom du mousquet qu'elle reçut en place de carabine. Après avoir eu successivement pour chefs trois officiers portant le titre de capitaine, elle eut le roi lui-même en 1634, et le commandant réel n'eut plus que le titre de lieutenant. Le nombre de ces gardes avait été d'abord de cent. Il fut porté jusqu'à 130, mais il n'était plus que de 100, lorsqu'en 1646, la compagnie fut cassée au nom du roi, mais de fait par le cardinal Mazarin, qui avait voulu, sans succès, obtenir la démission du commandant Tréville, pour donner la charge à un de ses neveux. En 1657, lé roi réalisa ce projet en rétablissant la compagnie, et en faisant capitaine-lieutenant le duc de Nevers, neveu de Mazarin. La deuxième compagnie était à ce ministre qui donna, en 1660, *ses mousquetaires au roi*. Elle fut alors instituée, mais ne fut montée qu'en 1663, pour l'expédition de Lorraine. Plus tard le roi s'en fit encore capitaine, comme il l'était de la première. — D'abord le service des mousquetaires était borné à la garde du roi ; quand il sortait, ils allaient à cheval deux à deux devant tous les autres gardes. A l'armée ils combattaient soit à pied, soit à cheval, et allaient en détachement avec les autres troupes de la maison du roi. Quand le roi y était lui-même, les deux compagnies portées chacune à 300 hommes, en 1665, nombre réduit à 250 après la conquête de la Franche-Comté, campaient dans son quartier, le plus près possible de son logis dont la première compagnie tenait la droite et la deuxième la gauche. Quand le monarque voulait se promener ils l'accompagnaient, soit par détachement, soit tous en escadron. Quand les gardes du corps ne le suivaient pas, les mousquetaires montaient la garde à pied auprès de sa personne.

Ce corps, composé de gentilshommes qui y faisaient l'apprentissage du métier des armes, se distingua surtout à la bataille de Cassel et au siége de Valenciennes. Néanmoins il éprouva, en 1775, le sort des autres compagnies rouges de la maison du roi, sur lesquelles fit main basse le comte de Saint-Germain, ministre de la guerre.— Après s'être servis d'abord exclusivement de mousquets, les mousquetaires avaient fini par être armés d'un fusil, d'une épée et de deux pistolets. Leur casaque, espèce de cotte d'armes, était d'abord l'unique uniforme qui les distinguât. Mais après l'institution de la deuxième compagnie, chacune eut, outre la casaque, un uniforme particulier. Enfin, après le siége de Maestricht, en 1673, le roi ordonna que les deux compagnies auraient le même uniforme, excepté que la première porterait le galon d'or, et la deuxième ce même galon mêlé d'argent. En 1677 les habits furent de couleur écarlate et ont toujours été ainsi depuis, même en 1815, où ils furent décorés de revers et de parements de velours noir. C'était sans doute en mémoire de ce que Louis XIV, dans une circonstance extraordinaire, avait fait habiller ces deux compagnies tout en velours noir. Quoique les casaques fussent fort courtes, puisqu'elles tombaient seulement sur la croupe du cheval, elles paraissaient tellement incommodes que depuis quelques années on les quit-

tait pour faire l'exercice devant le roi. Alors Louis XIV ordonna les soubrevestes. C'était une espèce de justaucorps sans manches, bleu et galonné, ayant une croix devant et une derrière, en velours blanc, bordée d'un galon d'argent avec des fleurs de lis de même aux quatre angles. Ces soubrevestes s'accrochaient au côté par des agrafes. En 1815, on en donna aux mousquetaires qui étaient gris de fer, avec la croix fleurdelisée comme les anciennes. Au lieu d'un chapeau, ils eurent des casques ornés de leurs devises respectives. Leurs drapeaux étaient à fond blanc, ainsi que leurs étendards. Ceux de la première compagnie avaient pour devise une bombe en l'air, tombant sur une ville, avec ces mots : *Quò ruit it lethum*. La devise de l'étendart et du drapeau de la deuxième compagnie était un faisceau de douze dards empennés la pointe en bas, avec ces mots : *Alterius Jovis altera tela*. Ces drapeaux et ces devises, après avoir disparu en 1789, ne reparurent qu'en 1815. On les revit, pour la dernière fois, à la rentrée du roi, le 8 juillet, mais la garde royale une fois créée, on ne conserva que les gardes du corps ; les mousquetaires, avec les chevau-légers, les gendarmes, les gardes de la prévôté, furent supprimés.   DE MARTONNE.

MOUSQUETERIE (*art mil.*). Le mousquet et la carabine ayant succédé à l'arquebuse, en 1621, on désigna sous le nom de mousqueterie ou de fusillade, l'action d'un feu soutenu de mousqueton, de fusil ou de toute autre arme à feu portative, comme on avait précédemment donné, dans le même sens, les noms d'arquebuser et d'arquebusade au tir de l'arquebuse. Ainsi les mots fusillade ou mousqueterie signifient qu'un feu très vif et continu s'est engagé entre deux troupes combattant l'une contre l'autre. On dit par opposition que le résultat d'une victoire est dû à la canonnade, pour indiquer que l'artillerie a produit plus de ravage dans les rangs ennemis que la fusillade ou la mousqueterie.   SICARD.

MOUSQUETON (*voy.* ARMES).

MOUSSE (*mar.*). On donne ce nom à un jeune matelot admis, en bas-âge, sur les vaisseaux de l'Etat ou sur les bâtiments marchands, pour le service des équipages. C'est le rude apprentissage du métier de marin. Les mousses sont diversement employés, selon les dispositions ou l'intelligence qu'ils manifestent. Les uns sont destinés au service des gabiers ou des maîtres; les autres sont placés auprès des aspirants et prennent le titre de *mousses du poste*. Naturellement gai, espiègle et rusé, le mousse est presque toujours sous la sujétion du matelot qui ne lui épargne pas les mauvais traitements. Indépendamment de leur condition de domesticité, les mousses sont assujétis aux exercices du mousquet et du canon ; ils apprennent à grimper avec rapidité sur les cordages, à manœuvrer sur les vergues, à dégréer les mâts, à serrer les voiles légères, etc., etc. On leur enseigne, dans les écoles, la lecture, l'écriture et le calcul. Dans certains jours de la semaine, ils reçoivent, en outre, une éducation élémentaire sur les vaisseaux. Lorsque leur éducation maritime est complétée, et qu'ils ont passé par les écoles supérieures, ils peuvent devenir sous-officiers, et même parvenir aux grades les plus élevés de la marine. SICARD.

MOUSSES, *musci* (*bot.*) : groupe naturel et considérable de plantes acotylédones, compris dans la cryptogamie du système de Linné,considéré par les uns comme une famille naturelle subdivisée en plusieurs tribus, par les autres comme une classe qui se partage en plusieurs familles.Les mousses sont de petites plantes, le plus souvent vivaces, formées uniquement de tissu cellulaire, mais dans la structure desquelles entrent non seulement des cellules ordinaires, mais encore des cellules allongées, groupées en nervures ou en faisceaux, et constituant ainsi un degré supérieur d'organisation parmi les plantes cellulaires. Ces plantes ont toutes des racines, les unes primordiales ou naissant en même temps qu'elles, les autres secondaires ou adventives, se développant plus tard en divers points de la tige déjà formée. Cette tige est rarement simple, plus souvent rameuse à deux ou trois degrés; ces divers modes de ramification fournissent de bons caractères pour la classification. Elle est régulièrement cylindrique, ou de même grosseur dans toute son étendue; les cellules allongées qui la constituent diminuent de grandeur vers son centre. Les feuilles de ces plantes sont toujours simples, de configuration variable, mais généralement entières, ou tout au plus dentées, jamais laciniées, et généralement partagées, par une nervure médiane, en deux moitiés symétriques. Leur direction, leur insertion sur la tige et les rameaux, présentent de nombreuses variations. Leur structure est fort simple et se réduit à une seule couche de cellules; rarement y en observe-t-on deux.

Les organes reproducteurs ou regardés comme tels dans les mousses, sont de deux sortes, ce qui y fait admettre, par beaucoup de botanistes de nos jours, des fleurs mâles et des fleurs femelles. Les organes regardés comme mâles ont reçu le nom d'*anthéridies;* ceux que l'on considère comme semblables à l'organe femelle des plantes supérieures sont appelés *pistils* ou *archégones.* Les anthéridies sont entourées d'un

involucre de feuilles dont l'ensemble a reçu le nom de *périgone*, feuilles ordinairement différentes, par leur configuration et par leurs proportions, des feuilles ordinaires de la plante, et distinguées par la dénomination de *feuilles périgoniales.* Souvent le périgone manque, et alors l'anthéridie est simplement situé à l'aisselle d'une feuille ordinaire. L'anthéridie elle-même est une sorte de petit sac celluleux, allongé, plus ou moins longuement pédiculé, rempli d'un tissu cellulaire très mou, qui en sort en se dissociant, et dont chaque cellule laisse sortir alors un singulier petit corps, en forme de fil spiral, un peu renflé à l'une de ses extrémités et qui semble doué de mouvement. Ces petits corps, dont le rôle est inconnu, ont été d'abord regardés comme analogues aux spermatozoaires des animaux, et l'on a supposé qu'ils avaient la même destination que ceux-ci; mais les observations récentes faites sur les fougères ne semblent guère permettre de conserver cette opinion.

Les paraphyses sont des filaments articulés qui accompagnent, en général, non seulement les anthéridies, mais encore les pistils des mousses. La situation de la fleur femelle de ces plantes est tantôt terminale, tantôt latérale, c'est-à-dire que, dans le premier cas, elle se termine la tige, et que, dans le second, elle se trouve à l'aisselle d'une feuille. Dans le premier cas, elle caractérise les mousses dites *acrocarpes;* dans le second, les mousses dites *pleurocarpes.* Cette fleur femelle, comme l'appellent les bryologistes modernes, est composée : 1o d'un involucre de feuilles généralement plus grandes que les feuilles ordinaires, surtout à une époque avancée, et auquel on a donné le nom de *périchèze;* 2o d'un nombre variable de pistils ou archégones; 3o de paraphyses analogues à celles dont nous avons parlé plus haut. Le pistil des mousses a d'abord la forme d'un corps cylindrique tronqué et court; mais bientôt il se renfle dans le bas, et alors il présente un renflement ovarien, un rétrécissement stylaire, et une extrémité comparable au stigmate. C'est à ce pistil que succède le fruit des mousses, auquel on donne les noms de *capsule,d'urne.* Lorsque ce fruit commence à se développer, la paroi du pistil se rompt transversalement vers sa base, ne laissant au-dessous de la rupture qu'une sorte de petit anneau nommé *vaginule.* Tout le reste du pistil commence dès lors à être soulevé par le développement progressif d'un pédoncule, qui finit souvent par devenir très long, et dont la présence est générale. Ce pédoncule porte aussi le nom de *soie.* Quant à la portion supérieure de la paroi pistillaire, elle est destinée à coiffer en quelque sorte la capsule elle-même, ou à devenir la coiffe (*calyptra*), sorte de chapeau plus ou moins conique, qui se rompt ou se fend de diverses manières, pour tomber ordinairement à la maturité du fruit. Celui-ci ou la capsule, l'urne, termine le pédoncule qu'il semble continuer. Sa forme varie beaucoup; mais le plus souvent elle est ovoïde. Quelquefois il présente à sa base un renflement, qui peut même devenir considérable, et qu'on a nommé son *apophyse*. Ses parois sont formées de plusieurs couches de cellules superposées ; son axe est occupé par une sorte de colonne solide, longitudinale, régnant dans toute sa longueur, et qu'on nomme la *columelle*. Le vide circulaire qui existe entre la columelle et les parois, est rempli par les corps reproducteurs de la plante ou les spores. Enfin son orifice est fermé par une sorte de couvercle, généralement convexe ou conique, qui le plus souvent se détache à la maturité, pour laisser sortir les spores, et qu'on nomme l'*opercule*. Lorsque cet opercule se détache, il laisse à découvert l'orifice (*stoma*) de l'urne, rarement nu et sans productions particulières, généralement pourvu d'une ou de deux rangées d'appendices ou de dents, dont l'ensemble constitue le péristome. Ce péristome est simple lorsqu'il est formé d'une seule rangée de dents; il est double, s'il en a deux. Dans chaque rangée, le nombre des dents présente ce fait singulier qu'il est toujours de 4 ou d'un multiple de 4. Le nombre, la forme et la disposition des dents du péristome fournissent les principaux caractères pour la distinction des différents genres. Les petites graines des mousses ou leurs spores (*sporæ*), se sont développées dans les cellules d'un tissu qui remplissait d'abord l'espace entre la columelle et les parois de l'urne. Il s'est formé quatre spores dans chacune de ces cellules; celles-ci ayant fini par être résorbées et disparaître, les spores sont enfin restées libres, mode de formation analogue à celui du pollen des plantes supérieures. Entièrement développées, ces spores sont de petits corps arrondis, lisses ou aréolés, hérissées, etc., composés d'une membrane extérieure, et d'un noyau granuleux. Lorsqu'elles germent, leur membrane extérieure se rompt, et on en voit sortir des filaments très déliés, formés de cellules placées les unes au bout des autres, qui se montrent d'abord simples, et, se ramifiant ensuite, forment une sorte de lacis ou de réseau qu'on a nommé *proembryon* ou *pseudocotylédon*. C'est sur ce proembrion que se développe plus tard la jeune plante qui finit d'ordinaire par rester seule, tandis que, dans quelques cas, elle demeure toujours accompagnée de son proembryon.—Les mousses sont répandues en grand nombre sur toute la surface du globe, dans les lieux frais, humides ou même aquatiques. La plupart d'entre elles habitent les contrées tempérées ou froides. Néanmoins on trouve aussi un grand nombre d'espèces de mousses dans les contrées les plus chaudes du globe, soit sur les montagnes, soit à l'ombre des forêts. Dans l'ordre de la nature, ces petites plantes jouent un rôle important. Elles commencent la formation de l'humus nécessaire à la végétation des plantes d'un ordre plus élevé, et contribuent ainsi à la formation du tapis végétal dans des lieux qui, sans elles, seraient restés complétement dénudés.

Les travaux des bryologistes (botanistes s'occupant des mousses) modernes ont considérablement élevé le chiffre des mousses. Linné n'en avait signalé que 111. Aujourd'hui M. C. Montagne (*Diction.* d'Orbigny) évalue le nombre de celles déjà décrites à 2,353. Quant à la classification de ces plantes, elle varie assez dans les ouvrages des différents auteurs qui s'en sont occupés pour qu'il nous soit impossible d'entrer ici dans les détails. P. DUCHARTRE.

MOUSSE DE CORSE. On donne généralement ce nom, dans les pharmacies, à un mélange de plantes marines, à des polypiers flexibles et articulés, que l'on recueille sur les rochers des bords de la mer, et plus particulièrement sur ceux de l'île de Corse. On avait longtemps considéré cette substance comme presque entièrement formée par le *fucus helminthocorton* ou *gigartina helminthocorton;* mais un examen attentif est venu prouver que ce végétal n'en forme qu'un tiers seulement, le reste étant fourni par d'autres espèces de fucus, telles que les fucus *plumosus* et *purpureus,* des ulves, des ceramium, des conferves, et même des productions animales, telles que des coralines et des sertulaires. L'expérience directe a prouvé toutefois que le fucus helminthocorton en est la partie la plus active. Telle que le commerce nous la livre, la mousse de Corse se présente sous forme de petits filaments bifurqués au sommet, d'une couleur grise brunâtre (F. *helminthocorton*), ou irrégulièrement rameux et d'un brun-rougeâtre (*ceramium*), de lames irrégulières (*ulva*), ou enfin de petites tiges blanchâtres et articulées (*coralina officinalis*), souvent mélangées de graviers, de petits coquillages et d'autres matières étrangères. Son odeur est désagréable, et ressemble beaucoup à celle des éponges; sa saveur est amère et nauséeuse. — La mousse de Corse est composée, sur 1,000 parties, de gélatine, 602; fibres végétales, 110; sulfate de chaux, 112; chlorhydrate de soude, 92; carbonate de chaux, 75; fer, silice, magnésie et phosphate de chaux, 17. — La mousse de Corse est un des médicaments le plus fréquemment employés pour combattre les vers intestinaux chez les enfants. La dose est, en infusion, de une pincée pour 125 à 200 gr. d'eau que l'on fait prendre en deux ou trois fois; en poudre, de 1 à 2 grammes, délayés dans une petite tasse d'eau rougie et sucrée, ou sous forme de bols. On en compose encore, par décoction, une gelée que l'on donne aux enfants par cuillerée à café, après en avoir masqué la saveur désagréable par le sucre et la cannelle : on prépare également, avec la mousse de Corse, un sirop, des biscuits et du pain d'épice.

MOUSSELINE. Tissu de coton léger, fin et délié, dont le principal mérite est dans la transparence unie à la solidité. Les premières mousselines nous sont venues de l'Inde, qui fournit encore, malgré les perfectionnements de l'industrie européenne, les plus beaux produits de ce genre. Le nom de cette étoffe vient sans doute de celui de Mossul ou Moussoul, ville de l'Asie-Mineure, qui fut longtemps l'un des points de transit et d'entrepôt du commerce de l'Inde avec l'Occident. La mousseline était autrefois un objet rare et de grand luxe, et pourtant elle n'avait pas les mêmes qualités que de nos jours. La France est restée longtemps en arrière de la Suisse et de l'Angleterre pour la fabrication de ce tissu; mais aujourd'hui les efforts de notre industrie ont été couronnés de si brillants succès que non seulement la Suisse ne produit rien de plus parfait que nos mousselines; mais que l'Inde elle-même a, pour ainsi dire, renoncé à nous en envoyer. Plusieurs localités en France fabriquent des mousselines. Alençon fit pendant longtemps les seules qui fussent propres à l'ameublement; les villes de Picardie, et surtout Saint-Quentin, qui les apprête et les blanchit, en font également; mais le principal lieu de production de cet article est Tarare, d'où sortent des produits qui rivalisent avec ce qui se fait aujourd'hui de plus parfait dans le monde entier, et qui tend à monopoliser cette industrie. La consommation de la mousseline a pris une extension de plus en plus considérable, par suite de l'emploi qu'on en a fait pour la broderie, pour le brochage et l'impression, pour vêtements de femme et pour meubles. Ces branches de fabrication accessoires fournissent un aliment important à nos villes manufacturières du N.-E., telles que Mulhouse et Nancy. Paris se distingue pour les broderies soit en couleur soit ombrées, et pour les broderies riches avec addition de soie et d'or. — On a donné par extension le nom de MOUSSELINE DE LAINE, à un tissu de laine très souple, exclusivement employé pour vêtements de femme. Cet article se fabrique principalement à Reims et en Picardie. La production en est énorme. Ces deux espèces de mousseline entrent pour un chiffre très élevé dans nos exportations.   A. P.

MOUSSON (*voy.* VENT).

MOUSTACHE. Ce mot vient du grec Μύσταξ, qui signifie la lèvre supérieure, et dont les Latins ont fait celui de *mystax* pour indiquer la barbe qui recouvre cette partie du visage, les Italiens *mustacchio*, et les Espagnols *mostacho*, dans ce dernier sens. Les Grecs et les Romains eurent alternativement la barbe entière ou le visage complètement rasé. Les médailles portant des figures à moustaches sont excessivement rares et ne peuvent être attribuées qu'à des peuples barbares. Le guerrier blessé, connu sous le nom de *Gladiateur mourant*, est la seule statue antique qui porte une moustache, et l'on s'accorde à la considérer comme représentant un soldat étranger, probablement un Gaulois, qui servait à orner quelque monument triomphal. Toutefois l'usage des moustaches paraît remonter aux temps les plus reculés. Quelques auteurs, d'après certains passages de la Bible, pensent que les Arabes sont les premiers peuples qui aient porté la moustache que les Sarrasins ont longtemps conservée longue et pendante. Plutarque, dans la Vie de Thésée, en attribue la priorité aux Abantes, peuplade guerrière qui habitait primitivement l'île d'Eubée. Mais il ne faut pas oublier que les Tartares et les Chinois, dont les usages sont demeurés invariables depuis un temps immémorial, ont toujours été renommés pour la longueur de leurs moustaches, quoique leur tête et leur visage fussent rasés. César nous apprend que les Bretons se rasaient la barbe et ne conservaient que la moustache. Les Francs qui envahirent la Gaule étaient, ainsi que les Goths, remarquables par leurs moustaches qui les distinguaient des Romains et qu'ils portèrent jusqu'au temps de Chilpéric, époque à laquelle revint l'usage de la barbe entière. Les moustaches reprirent faveur et devinrent formidables sous Charlemagne et ses successeurs jusqu'au xe siècle. Après des phases diverses, la barbe fit place, sous Louis XIII, à la simple moustache, avec ou sans accompagnement d'une petite touffe au menton, appelée *royale*, qui gagna toutes les classes de la société jusqu'aux magistrats et aux ecclésiastiques. La moustache fut facultative sous Louis XIV, et, sur la fin de ce règne, elle devint l'apanage des militaires et des *raffinés* qui la portaient en *garde de poignard*. Les grands crocs de la moustache espagnole étaient passés en proverbe. Abandonnée par les citadins, sous Louis XV, la moustache fut dès lors exclusivement réservée à l'armée, sous ce règne et le suivant, sous la République, sous l'Empire et même sous la Restauration, privilége dont l'uniforme se montra tellement jaloux, pendant cette longue phase, qu'un bourgeois ne l'eût pas usurpé impunément. Depuis 1830, la moustache est rentrée dans le domaine de tous les citoyens (*voy.* BARBE). **A. P.**

MOUSTACHES (*zool.*) : ce nom désigne, en mammalogie, un pinceau de poils beaucoup plus gros que les autres, longs et raides, peu flexibles, quelquefois tordus et variant pour la coloration. Les moustaches sont implantées sous le derme et occupent l'extrémité postérieure de la commissure des lèvres; elles sont susceptibles d'être redressées par l'action des muscles sous-cutanés; leurs bulbes sont plus gros que ceux des poils ordinaires. Le nerf qui s'y rend est très développé, ainsi que l'artère et la veine qui l'accompagnent : aussi ces organes sont-ils d'une sensibilité excessive. Les chats et les phoques en ont de très développées; les ours et les mangoustes, au contraire, n'en présentent plus même de traces.

MOUSTACIM-BILLAH (ABD-ALLAH-IBN-EL-MOUSTANSIR... EL), trente-septième et dernier calife Abbasside de Bagdad, succéda à son père El-Moustansir-Billah, en 640 de l'hégire (1242). Ce calife, que l'on compte comme le trente-septième, n'était pourtant que le vingt-quatrième ou le vingt-cinquième descendant en ligne directe de la postérité d'Abbas; plusieurs collatéraux de cette famille avaient joui du califat. Il fut unanimement reconnu comme le seul et unique calife ou vicaire de Mahomet et souverain pontife de tous les musulmans, car El-Aded, onzième et dernier calife Fatimite d'Égypte, était mort en 567 (1171 de J.-C.). Moustacim ne possédait aucune des qualités de son père; il était d'un caractère indolent, sans énergie, et manquait d'aptitude pour les choses sérieuses. Sous son règne, il s'éleva des rixes entre les *chiites* (sectateurs d'Aly) et les *sunnites* (traditionnaires). Enfin ce fut sous le règne de ce malheureux prince que Holagou, frère de l'empereur des Tatares, s'empara de Bagdad. Holagou, qui avait le dessein de conquérir une partie de l'Occident, se dirigea d'abord du côté de l'Irâk babylonien. De 654 à 656 (1256-1258), il fit un grand nombre de marches et de contre-marches qui n'étaient que des feintes pour tromper l'indolent calife. Moustacim avait alors pour premier vizir Mouäyed-Eddin, homme d'un caractère perfide et que l'esprit de parti rendit traître. Celui-ci, ayant appris par des émis-saires quelles étaient les intentions des Tatares, promit à Holagou de l'aider dans son entre-

prise; il flatta les mauvais penchants et l'avarice du calife, et lui persuada qu'il n'avait nullement besoin d'une armée de 70,000 hommes. L'armée fut donc licenciée et les chefs se trouvèrent dispersés et éloignés de Bagdad par l'ordre du vizir, qui informa aussitôt le chef des Tatares que la ville était sans défense. Incontinent Holagou s'achemina vers Bagdad. Alors quelques fidèles courtisans représentèrent au calife qu'il était indispensable de songer à la défense de la ville; mais le premier vizir lui ayant persuadé qu'il n'y avait aucun danger, le calife se replongea dans la débauche et ne songea à se défendre que quand il vit les ennemis sous les murs de Bagdad. Il envoya alors contre eux une armée de 10,000 hommes. La rencontre eut lieu près d'un bras du Tigre que les Arabes nomment Digelah. Les deux armées se livrèrent un combat acharné, sans avantage pour l'un ou pour l'autre parti; mais, pendant la nuit, les Tatares brisèrent une digue de l'Euphrate et l'armée arabe fut presque toute submergée; ce qui échappa à ce désastre fut massacré. Holagou vint mettre le siége devant Bagdad, et deux mois après emporta la ville de vive force, le 29 moharram 656 (5 février 1258). Selon les auteurs arabes, les massacres les plus épouvantables ensanglantèrent Bagdad pendant quarante jours. Quelques jours après, le chef des Tatares fit amener Moustacim en présence de l'armée, le fit mettre dans un sac de cuir et ensuite fouler aux pieds. Ce malheureux prince était âgé de 46 ans; il avait régné seize ans. — Avec lui finit la famille des Abbassides qui avait tenu le califat pendant 524 ans. Il est à remarquer que, par une singulière coïncidence, le premier et le dernier calife abbasside se nommaient Abd-Allah. **ALF. CLERC.**

MOUSTAG ou **MUSTAGH** : grande chaîne de montagnes qui sépare le petit Thibet du Turkestan chinois. Elle s'étend sur une longueur d'environ 1,200 kil. depuis 69° 30' jusqu'à 78° 10' long. E.

MOUSTANSIR-BILLAH. Nous citerons deux personnages de ce nom : — 1° MOUSTANSIR-BILLAH (*Abou-Temîm-Maadel*), 5e calife fatimite d'Egypte, succéda à son père Dâher le 15 chabân 427 de l'hég. (1036 de J.-C.) à l'âge de 7 ans. Ce fut sous son règne que la Syrie se vit soumise à l'Egypte. L'Yémen se mit sous sa protection. En 448 (1056), Moustansir soumit l'Irâk. Dans la suite, il se laissa aller à l'indolence et à l'oisiveté. L'Egypte dépérissait, par suite des intrigues de sa mère. Cette femme protégeait les noirs qui étaient perpétuellement en hostilité avec les Turks, et il y eut plusieurs rixes entre les deux partis; les noirs furent battus par

les Turks qui résolurent de s'emparer du gou·
vernement de l'Egypte, et mirent à leur tête
Nassr-el-Daulah. Une grande partie du pays
tomba en leur pouvoir, et Moùstansir fut obligé
de se retirer, en 457 (1064), dans une retraite
obscure où il vécut dans la misère. Enfin le
calife se réveilla de son apathie et appela
à son secours Badr-el-Djemâli, alors gouverneur de la Syrie, auquel il confia toute l'autorité civile et militaire. Ce vizir vainquit
tous les ennemis de Moustansir, fit son entrée au Caire dans le mois de djémâdi 1er 467
(1074), et remit au calife les rênes du gouvernement. Nassr-el-Djemâli resta vizir tant
que vécut Moustansir qui mourut le 8 zil-heg-
geh 487 (21 déc. 1094), à l'âge de 67 ans; il
avait régné 60 ans. C'est le plus long règne
mentionné dans les annales des califes fatimites, et peut-être aussi le plus fertile en événements. Moustansir était d'un caractère mou et
indolent, mais d'un bon naturel. Quelques
historiens rapportent qu'il était bon poète. —
2o MOUSTANSIR-BILLAH (*Abou-Djafar-el-Man-
sour-el*), 36e calife Abbasside, succéda à son père
Zâher en 623 de l'hég. (1226). Tous les historiens conviennent que ce calife surpassa en
générosité et en urbanité tous ses prédécesseurs;
Il fonda la fameuse université (*Madrassa*)
connue sous le nom de *Moustansérieh*. Ce fut
sous son règne que les Tatares firent irruption
dans l'Irâk et en Mésopotamie. En 635 (1238)
il opposa aux Mogols une vigoureuse résistance; les ennemis furent battus à Samara (*voy.*
MOTASSEM). Plus tard les Mogols ayant eu le
dessus, s'avancèrent jusque sous les murs de
Bagdad; mais grâce aux sages prévisions de
Moustansir, ils furent obligés de se retirer. Ce
prince mourut en décembre 1242, à l'âge de
51 ans et 4 mois, après un règne de 16 ans et
11 mois; il eut pour successeur El-Moustacim-
Billah (*voy.* ce nom). A. CLERC.

MOUSTIERS (*géog.*) : ce mot, dérivé du
latin *monasterium*, est devenu le nom de plusieurs villes ou bourgs qui doivent leur existence à la fondation d'un monastère. Nous citerons : —1o MOUSTIERS (*monasterium*), chef-lieu de
canton du département des Basses-Alpes, dans
l'arrondissement et à 44 kil. S. de Digne. Cette
petite ville, qui compte 1,700 habitants, doit
son origine à un prieuré fondé par les moines
de Lérins. Elle est située au pied de rochers
escarpés et possède des fabriques d'étoffes de
laine, des manufactures de porcelaine et de
faïence, des tanneries et des papeteries. —
2o MOUTIERS-EN-TARANTAISE (*monasterium in
Tarantasia*) : ville des Etats Sardes, à 66 kil.
S.-E. de Chambéry, sur l'Isère, et ancienne rési-

dence des archevêques de Tarantaise, qui habitaient le monastère auquel elle doit son nom.
Elle renferme 1,900 habitants, un collége et une
école théorique et pratique de mineurs. Il existe
aux environs de cette ville, qui sont bordés de
torrents et de précipices, des sources d'eaux
thermales et de belles salines.

MOUSTIQUE (*entom.*) : mot dérivé de l'espagnol *mosquito*, qui signifie petite mouche.
Dans le midi de la France et aux colonies, on
donne ce nom et celui de maringouin à plusieurs espèces de *culex* ou cousins et de quelques
genres voisins. Scientifiquement le nom de
moustique a été réservé pour le *culex mosquito*,
Rob. Devs., qui se trouve à la Havane, où il est
très incommode pendant les mois pluvieux de
l'année. Ces insectes pullulent par myriades
dans les contrées humides et chaudes, et s'attaquent de préférence aux voyageurs et aux étrangers; mais on les rencontre aussi, en grande
abondance, dans le nord de l'Europe, en Laponie, en Russie, où, pendant deux ou trois mois
de l'été, ils sont aussi cruels que ceux de la
zône torride. Parmi les moustiques, quelques
uns sont d'assez grande taille, comme le *megar-
trina ferox* du Brésil, qui est d'un beau vert
métallique, avec le milieu des tarses blanc;
mais les plus dangereux sont les petites espèces,
qui se glissent par les plus petits intervalles des
moustiquaires, et dont la blessure est très douloureuse. Il faut, du reste, remarquer que chez
les cousins comme chez les taons, ce sont les
femelles seules qui sucent le sang des animaux :
à défaut de ce fluide elles se nourrissent comme
les mâles, du suc des fleurs. Leurs larves sont
aquatiques, et on les voit par milliers, dans les
petites flaques d'eau stagnante, monter continuellement à la surface en s'agitant comme des
serpents, afin de respirer. Elles pompent l'air au
moyen d'un tube qui correspond à un stigmate
situé à l'extrémité du corps. A côté de ce tube
on voit quatre lames ovales, ciliées, au moyen
desquelles la larve peut nager. Ces larves se
transforment rapidement en nymphes et en
insectes parfaits : aussi leur multiplication
serait-elle plus effrayante si les poissons et les
oiseaux n'en détruisaient pas un grand nombre.

MOUTARDE, *sinapis* (*bot.*) : genre de la
famille des crucifères, tribu des brassicées, de
la tétradynamie-siliqueuse de Linné, dont la
circonscription a subi de la part des divers auteurs des modifications nombreuses. En le considérant, comme le fait Endlicher dans son *Genera*, il renferme des plantes herbacées, disséminées dans presque tous les pays, mais plus
abondantes dans la région méditerranéenne, bisannuelles, à feuilles diversement dentées ou in-

cisées, à fleurs jaunes et en grappes terminales. Ses principaux caractères consistent dans un calice à quatre sépales étalés, égaux à leur base et dans une silique allongée, cylindracée, et à deux valves pourvues de 3-5 nervures égales, renfermant des graines nombreuses, pendantes, unisériées et surmontées d'un bec cylindrique ou comprimée. Quelques espèces de ce genre ont de l'intérêt à divers titres. — La MOUTARDE NOIRE, *sinapis nigra*, Linn., plante commune dans les champs de presque toute l'Europe, s'élève à environ un mètre. Sa tige est rameuse, un peu velue ; ses feuilles inférieures sont lyrées ou sinuées avec quelques poils espacés ; ses siliques glabres, lisses, un peu tétragones, redressées, renferment des graines noirâtres à leur maturité, lisses, et très finement pointillées. Cette graine est employée pour la confection des qualités inférieures de moutarde de table.— La MOUTARDE BLANCHE, *sinapis alba*, Lin., croît dans la plus grande partie du centre et du midi de l'Europe, parmi les moissons, dans les lieux incultes et pierreux. Sa tige est peu rameuse et s'élève à 5 ou 6 décimètres ; ses feuilles sont généralement glabres, pennatipartites avec le lobe terminal plus grand que les autres qui sont oblongs ; sa silique est chargée de poils raides et étalés. Elle porte un bec plus long qu'elle, et au moins aussi large. Ses graines sont jaunâtres ou blanchâtres, à peu près deux fois plus grosses que celles de l'espèce précédente, lisses et luisantes, remarquables par une couche mucilagineuse soluble dans l'eau et qui forme environ le cinquième de leur poids. C'est ce mucilage qui rend très visqueuse l'eau dans laquelle on laisse pendant vingt-quatre heures ces graines préalablement concassées. La graine de moutarde blanche possède des propriétés analogues à celles de l'espèce précédente. En agriculture, la plante a de l'importance comme fourrage destiné à nourrir les vaches vers la fin de l'été : les animaux qu'on en alimente donnent un lait de très bonne qualité. On la sème en général immédiatement après la moisson, à la suite d'un léger labour ou seulement après un bon hersage sur les terres légères. Elle se développe rapidement, et peut fournir du fourrage jusqu'aux froids. — La MOUTARDE DES PYRÉNÉES, *sinapis pyrenaica*, DC., peut aussi donner un bon fourrage vert, très utile par sa précocité et son abondance. — On trouve trop communément dans les terres cultivées, la MOUTARDE DES CHAMPS, *sinapis arvensis*, Lin., mauvaise herbe très abondante et des plus nuisibles à la culture. Sa tige est rameuse et dure, haute de 5 ou 6 décimètres ; ses feuilles sont presque glabres, tantôt dentées, tantôt lobées ; ses siliques sont glabres,

bosselées, surmontées d'un bec subulé qui a le tiers de leur longueur. Sa graine noirâtre est presque toujours mélangée, soit naturellement, soit par fraude, à celle de la moutarde noire dont elle altère la qualité. P. D.

La graine de moutarde est la seule partie de la plante employée en médecine ; celle de la moutarde noire, réduite en poudre, constitue la base de tous les sinapismes. Son contact avec les parties vivantes les irrite non moins vivement que les substances vésicantes elles-mêmes, et avec plus de rapidité lorsqu'on l'a préalablement délayée dans l'eau. Ces graines contiennent de la matière grasse noire, de l'albumine, du sucre, de la gomme, un acide libre, des matières colorantes verte et jaune, des sels et surtout une huile fixe qui en forme la 5e partie environ et que l'on obtient par la pression. Cette huile, appelée *sinapisine*, est inodore et d'une saveur amère. Ce n'est point en elle que résident les vertus actives de la substance, mais uniquement dans un produit accidentel qui ne préexiste pas dans la semence de moutarde, et qui semble être le résultat de la réaction mutuelle des produits qu'elle contient, réaction analogue à celle qui donne naissance à l'huile d'amande amère. C'est une huile volatile blanche ou citrine, et excessivement âcre. On peut se la procurer en distillant la farine de moutarde. — La composition des semences de moutarde blanche est celle de la moutarde noire, à l'exception d'une beaucoup plus grande proportion de sinapisine, ce qui, lorsqu'on les met en contact avec l'eau, rend le mélange comme mucilagineux. Elles ne donnent pas non plus naissance à de l'huile essentielle sous l'influence du même liquide. Cette espèce de moutarde vantée par les médecins anglais, n'est employée qu'entière et non réduite en poudre. Elle a été préconisée comme un bon laxatif. Il résulte d'expériences multipliées, que c'est un moyen peu actif et très innocent d'ailleurs. Les grains sont rendus dans leur intégrité, ce qui prouve qu'ils n'agissent que comme moyen mécanique. La dose en est de 15 à 30 grammes, pris le plus souvent à jeun, peu de temps avant le repas, ou le soir au moment de se coucher. Leur plus grand avantage est de ne provoquer généralement aucunes coliques. L. X.

MOUTARDE (*ind.*, *comm.*). On prépare avec les farines des diverses espèces de moutarde un condiment dont l'usage est devenu vulgaire chez tous les peuples civilisés. Son emploi remonte à une haute antiquité. La *moutarde commune* est tout simplement de la farine de moutarde noire délayée avec le vinaigre. On fait aussi diverses espèces de moutardes fines et aromatiques en y ajoutant du sucre, du miel, de l'ail, de l'estragon, des clous de girofle et d'autres ingrédients du même genre. La farine de moutarde blanche est encore fort souvent substituée à celle de moutarde noire, comme moins âcre. Les Provençaux préparent une moutarde fort estimée dans laquelle ils font entrer des anchois. Dans nos départements méridionaux on en prépare une sorte fort délicate, en remplaçant le vinaigre par du mout de raisin réduit des deux tiers au moyen de l'ébullition; ici la combinaison d'un principe sucré avec le principe piquant du *synapis*, donne un mélange qui impressionne agréablement le palais. Parmi nos moutardes françaises, celle de *Dijon* jouit, comme on sait, d'une réputation européenne; celles de *Châlons* et de *Turenne* (Corrèze), sont aussi très renommées. La moutarde au mout de raisin la plus estimée, est celle de *Brives-la-Gaillarde*. On fabrique encore à Paris une quantité considérable de moutarde dont il se fait de grandes exportations, mais beaucoup de personnes lui reprochent d'être trop faible en goût. Quelques amateurs préfèrent la graine de moutarde fraîchement pulvérisée à sec, et réduite en pâte à l'instant de l'employer. Les Anglais préparent ainsi une sorte de moutarde en poudre qu'ils expédient dans les grandes Indes, et généralement dans toutes les colonies. En Angleterre la moutarde de Durham jouit d'une grande célébrité depuis l'année 1720. Jusque là ce condiment était préparé, dans le royaume-uni, avec de la graine simplement concassée dans un mortier. A partir de cette époque, une personne en prépara, au moyen de la mouture au moulin, une espèce beaucoup plus fine, et fort appréciée du roi Georges Ier, qui la mit en vogue. Ce procédé, quoique fort simple, n'en resta pas moins assez longtemps caché. Aujourd'hui la moutarde vendue sous le nom de *Durham mustard*, se prépare presque toute à York. — L'Autriche et la Moravie sont pour l'Allemagne les contrées qui fournissent le plus de moutarde. Celle de Krems est la plus renommée, et le dispute en réputation à celle de Dijon et de Châlons; celle de Francfort-sur-l'Oder est également estimée, et nous vient en petits flacons. — Toutes les moutardes, prises en petite quantité, ne produisent aucun effet nuisible quand l'estomac est sain; elles sont même avantageuses pour stimuler les estomacs paresseux, et réveiller, au besoin, l'appétit et les forces digestives languissantes. Mais l'abus de ce condiment irrite la muqueuse gastro-intestinale d'une manière aiguë ou chronique, suivant les susceptibilités individuelles. La moutarde ne convient ni aux enfants ni aux sujets nerveux. L. X.

MOUTAWAKKEL (Aboul-Fadl-Djafar-el), fils de Motassem, dixième calife Abbasside, succéda à son frère El-Ouacik, l'an 232 de l'hég. (août 847). Il fut un ennemi juré des descendants d'Aly et fit abattre le tombeau d'El-Hossaïn (fils d'Aly) objet d'un pélérinage célèbre dans la plaine de Kerbela. Les chrétiens et les juifs eurent aussi beaucoup à souffrir de sa tyrannie; il les exclut de toute charge administrative, et entre autres édits vexatoires, il en publia un par lequel il leur était enjoint de porter une ceinture de cuir appelée en arabe *Zounnar*, afin de les distinguer des musulmans. En 238 (853), les Grecs firent une descente à Damiette, prirent la ville, la brûlèrent et emmenèrent un grand nombre de prisonniers. Pour mettre désormais cette ville à l'abri d'une pareille attaque, Moutawakkel la fit fortifier d'une double enceinte du côté des terres et d'une triple enceinte du côté de la mer. De 237 à 241 (851 à 855), il fit plusieurs expéditions dans l'intérieur de l'Arménie dont les habitants s'étaient révoltés, prit et saccagea Teflis, et emmena un grand nombre de prisonniers. En 243 (858), Moutawakkel quitta Samarra, ville fondée par Motassem, pour venir s'établir à Damas où il voulait transporter le siège du califat, sans doute pour surveiller de plus près les Grecs; mais les désordres de la turbulente soldatesque turque de Damas le forcèrent d'abandonner sa nouvelle résidence. Il revint à Samarra où il fit construire le magnifique palais de *Kasr-el-Djafarieh*. — Moutawakkel, ainsi que beaucoup de princes musulmans, avait le défaut d'aimer la débauche. Pendant ses honteuses orgies il faisait lâcher dans la salle du festin des lions, des tigres, ou jeter des serpents au milieu des convives, et briser des pots pleins de scorpions; il était défendu à qui que ce fût de bouger de place, et lorsque quelqu'un des assistants était mordu ou piqué, le calife le faisait traiter avec une sorte de thériaque dont la recette a été perdue depuis. — Moutawakkel avait désigné l'un de ses fils, El-Motaz, pour lui succéder au califat. Celui-ci était le cadet de Mountassir que Moutawakkel détestait et méprisait. — Les vexations du calife devinrent tellement insupportables à un grand nombre d'émirs, qu'ils conçurent le dessein de l'assassiner. Pendant une de ses orgies les conjurés entrèrent à l'improviste dans la salle du festin; on dit même que Mountassir était à leur tête. Le calife fut massacré avec son vizir, l'an 861, à l'âge de 41 ans, après un règne de 14 ans et 7 mois. A.C.

MOUTIER (*voy.* Moustiers).

MOUTON (Gabriel): savant astronome et mathématicien, naquit en 1618 à Lyon, devint vicaire perpétuel de l'église de Saint-Paul, et mourut le 28 septembre 1694. Dès 1661, il avait déterminé, avec la plus rigoureuse exactitude, le diamètre du soleil dans son apogée, sans autre secours que la force de son esprit, puisqu'alors les instruments manquaient encore à la science. Il exécuta en outre une pendule astronomique d'une extrême précision. On conserve à la bibliothèque de l'Académie des sciences un ouvrage manuscrit de Mouton, dans lequel il calcule les logarithmes avec dix décimales des sinus et des tangentes pour chaque seconde des quatre premiers degrés. On trouve dans les tables de Garnier (Avignon, 1770, in-fol), ces logarithmes réduits à 7 décimales. On possède en outre de ce savant : *Observationes diametrorum solis et lunæ apparentium meridianarumque aliquot altitudinum, cum tabula declinationum solis ; dissertatio de dierum inæqualitate*, etc., Lyon, 1670, in-4°, ouvrage dont Lalande fait un grand éloge, et dans lequel on trouve le projet d'une mesure universelle tirée du pendule.

MOUTON (*hist. nat. et agric.*). Le mouton appartient aux mammifères ruminants pourvus de cornes creuses, persistantes, anguleuses, ridées en travers, contournées latéralement en spirales, et se développant sur un axe osseux et celluleux. Ses dents sont au nombre de 32 dont 8 incisives inférieures et 24 molaires. Museau sans mufle terminé par des narines de forme allongée et oblique. Point de barbe au menton. Corps couvert de poils, jambes grêles ; deux mamelles inguinales ; queue plus ou moins longue, mais toujours tombante. Les naturalistes et les agriculteurs pensent généralement que le mouton domestique provient du mouton sauvage. Les moutons de l'Asie, peut-être ceux de l'Amérique du nord, descendraient de l'*Argali*, tandis que les races diverses de l'Afrique et de l'Europe appartiendraient au *Mouflon*.

L'ARGALI OU MOUTON SAUVAGE DE L'ASIE (*Ovis ammon*, Linné et Pallas), habite les montagnes élevées de toute l'Asie septentrionale, depuis le Caucase jusqu'à l'Océan ; on le rencontre également dans les immenses steppes de la Sibérie, depuis le fleuve Yrtyche et l'Obi, jusqu'au Kamtchatka. Il est grand comme un daim. Le mâle porte des cornes grosses, longues, triangulaires et implantées sur le sommet de la tête de manière à se toucher presque à leur racine, et à se diriger ensuite obliquement en haut et en dehors : le poids de ces cornes est de 15 à 20 kil. L'animal est pourvu d'une rude fourrure extérieure abritant une faible quantité de laine douce et blanche ; son pelage brun l'été devient d'un gris-roussâtre pendant l'hiver. L'argali porte sur le dos une raie de couleur de peau de

bufle, et une large tache de couleur semblable, mais un peu plus claire, sur le haut des hanches, autour de la queue, à la gorge et au nez. La femelle est plus petite que le mâle. Cette espèce porte deux fois l'année. Chaque portée est d'un ou de deux petits. Sa chair et sa graisse sont très recherchées par les habitants de l'Asie septentrionale. — L'ARGALI DE L'AMÉRIQUE DU NORD, encore nommé *bélier de montagne* (*ovis montana*, Geoff.St.-Hil.) ; *mouflon d'Amérique* (Cuvier) ; *mouton des montagnes rocheuses* (David Low.) ; *mouton de Californie* (des auteurs espagnols), est de la taille du cerf, et par conséquent plus grand que le précédent, il habite les chaînes les plus élevées de l'Amérique du nord, et principalement les montagnes rocheuses voisines de la nouvelle Californie. Il se rapproche beaucoup, par les formes et le pelage, de l'argali d'Asie ; seulement ses cornes sont moins longues et moins grosses. Cuvier pense que cet animal est l'argali d'Asie qui a pu franchir, sur la glace, la mer de Behring ou le détroit de ce nom, pour aller s'établir en Amérique. Les argalis de l'Asie et de l'Amérique peuvent s'apprivoiser lorsqu'ils sont jeunes.

Le MOUFLON (*ovis aries fera*), encore connu sous les noms de *musione de Sardaigne*, *muffole de Corse*, ne paraît différer de l'argali, d'après Cuvier, que parce qu'il ne devient pas aussi grand, et que sa femelle n'a que très rarement des cornes, encore sont-elles alors fort petites. Sa fourrure consiste en un poil roussâtre cachant une laine courte, fine et grise qui couvre tout le corps. Cet animal habite les îles de Corse et de Sardaigne ; on le rencontre aussi sur les montagnes occidentales de la Turquie européenne, dans les îles de Chypre, de Candie et dans les montagnes de la Grèce. D'après David Low, il abondait autrefois en Espagne. Le même auteur assure même que, de nos jours, on le rencontre encore dans les montagnes de Murcie. — Le MOUFLON D'AFRIQUE (*ovis tragelaphus*, Cuvier), qui habite les contrées rocailleuses et escarpées de toute la Barbarie, et que M. Geoff.-St-Hilaire a observé en Egypte, paraît se rattacher au mouflon d'Europe. — Il résulte des détails zoologiques dans lesquels nous venons d'entrer, que l'argali est un mammifère ruminant fort robuste et très agile, habitant le nord de l'Asie et de l'Amérique septentrionale, tandis que le mouflon, moins fort et moins vif, appartient aux régions méridionales de l'Europe et de l'Asie. Le mouflon se soumet très difficilement à la domesticité. Le petit nombre de ceux qui ont été retenus en captivité au Muséum d'histoire naturelle de Paris, ne montrèrent jamais, dit F. Cuvier, aucune confiance, aucune affection, aucune docilité, aucune mémoire, aucune intelligence.

La domesticité du mouton remonte aux temps les plus reculés. L'Ecriture sainte rappelle son existence en même temps que celle des premiers habitants de la terre. Cette longue domesticité a incontestablement modifié la rusticité, l'humeur farouche et l'intelligence de l'argali et du mouflon. En effet, les races perfectionnées par la main de l'homme, sont familières, dociles, affectueuses et reconnaissantes. Les moutons étaient fort estimés des Grecs. Leur introduction en Italie n'eut lieu qu'à une époque plus reculée. Les moutons d'Espagne sont renommés depuis la plus haute antiquité, mais on ignore encore si ces animaux y ont été importés de l'Afrique ou de l'Orient. On pense généralement que ce ne fut qu'à des époques moins éloignées que des troupeaux ont pu être introduits dans les autres parties de l'Europe ; alors très boisées et fort humides, et où l'éducation du bœuf devait être préférée. Après la découverte du Nouveau-Monde les Espagnols introduisirent, dit-on, le mouton domestique en Amérique, et ce n'est qu'à une époque encore peu éloignée que les mérinos furent importés en grand nombre dans l'Australie. Bien que l'éducation des bêtes à laine ait été fort perfectionnée dans un grand nombre de contrées de l'Europe, on voit encore en Perse, au voisinage de la mer Caspienne et dans certaines parties de l'Indoustan, lieux peu favorables, il est vrai, à la perfection des formes et à l'affinage de la laine, des moutons se rapprochant jusqu'à un certain point de l'état de nature.—Notre intention n'est pas d'étudier avec détails toutes les races de l'espèce ovine ; nous signalerons seulement celles qui méritent une attention particulière, au point de vue de l'économie domestique et agricole.

Parmi ces nombreuses races, trois grandes divisions doivent être établies :— 1° La *race à grosse queue* (*ovis aries laticaudata*). Elle a la taille des races communes françaises : chanfrein très arqué, oreilles pendantes, cornes n'existant pas ou présentant des formes variées, laine longue et à mèches grosses et épaisses, queue descendant jusqu'aux jarrets, grosse, large et très renflée par l'accumulation d'une grande quantité de graisse de nature douce, oléagineuse et employée dans certaines contrées à la place du beurre et de l'huile ; graisse accumulée quelquefois aussi en grosse masse, à l'origine de la queue. Cette race habite l'Afrique, l'Asie et la partie de l'Europe voisine de cette dernière. En Afrique elle se trouve particulièrement dans les Etats barbaresques, l'Ethiopie, l'Egypte, l'Abyssinie et le Cap. On la rencontre aussi dans toute l'Asie-Mineure, dans la

Géorgie, la Circassie, la Syrie, l'Arabie, la Perse et une partie de l'Inde ; enfin au nord du Caucase jusque dans les steppes de la Russie méridionale sur les bords de la mer Noire et de la mer Caspienne. A cette division se rattachent les moutons d'*Astrakan*. Ce sont les agneaux nouveaunés de cette race, ou pris encore dans le sein de leur mère, qui donnent ces fourrures frisées, douces, noires ou grisâtres, dont la Russie fait un commerce considérable. — 2° La *race à longue queue* (*ovis aries dolichura*) : taille ordinaire, tête noire, cornes de grosseur moyenne et contournées en spirale sur les côtés de la tête ; queue très longue traînant quelquefois à terre, mais sans aucune tendance à l'élargissement par de la graisse ; laine longue, grosse, quelquefois ondulée. Cette race habite la Russie méridionale et principalement les bords du Danube et du Dniester, la Moldavie, la Bessarabie, la Valachie, la Transylvanie, la Hongrie, et vers l'ouest jusqu'à Vienne. Elle a été très modifiée par la main de l'homme. Elle disparaît graduellement de la Hongrie et de l'Autriche par l'introduction des races à laine fine.—3° La *race à longues jambes* (*ovis aries longipes*) : grande taille ; forme efflanquée ; corps très allongé, jambes très hautes ; tête prolongée et fortement arquée, se rapprochant de celle du mouflon ; oreilles grandes et pendantes ; cornes de longueur moyenne ; queue longue. Quelques espèces ont au-dessous du cou une longue laine formant un épais fanon ; d'autres portent une espèce de crinière qui se prolonge jusque sur les épaules, à poil court, raide, et n'ayant rien de laineux. Cette race est originaire d'Afrique, et particulièrement de la côte de Guinée et du cap de Bonne-Espérance. On dit qu'elle est élevée en Barbarie. D'après Foucher-d'Obsomville, elle serait très répandue dans l'Inde. Les Hollandais l'auraient, dit-on, transportée des côtes de la Guinée et de l'Inde dans l'île Texel. De ce lieu elle aurait été introduite dans la Frise, la Flandre orientale, le Holstein, le Schlewig, le pays de Marsk, la partie orientale du nord de l'Angleterre et enfin dans le nord de la France, où elle aurait donné naissance à une race à long corps, à tête plus ou moins busquée et sans cornes, à hautes jambes et à longue laine plus ou moins fine, connue aujourd'hui sous les noms de race du Texel, de races hollandaise, anglaise, frisonne, allemande, flandrine ou flamande, artésienne, cauchoise et picarde.

Nous citerons parmi les *races européennes*, et comme les plus importantes à connaître, les suivantes :

RACES ITALIENNES. L'Italie, lors de son ancienne splendeur, a possédé des moutons dont la laine était fine et très recherchée. Les plus beaux provenaient de l'Apulie, du Brutium, aujourd'hui la Pouille et la Calabre, de la Sicile et des provinces arrosées par le Pô. Le peuple-roi de l'Italie ne portant que des vêtements de laine, prenait des soins minutieux pour le perfectionnement des races qui procuraient les toisons les plus fines et les plus blanches. Ces races disparurent à l'époque de l'invasion des Barbares. On trouve cependant encore aujourd'hui en Italie des moutons à laine fine, mais déformés, grêles, et défectueux, dont l'amélioration a été abandonnée.

RACES ESPAGNOLES. D'après D. Low, les moutons d'*Espagne* ont dû être améliorés par les diverses races amenées de l'Asie par les premières colonies phéniciennes ; de l'Afrique par les Carthaginois, pendant leur courte possession de l'Hispanie ; de l'Italie par les Romains, durant les 600 ans de domination qu'ils exercèrent dans la Péninsule ; et enfin, une dernière fois, de l'Afrique par les Maures. Il est donc très probable que ces derniers n'ont point apporté d'Afrique, ainsi que quelques personnes l'ont pensé, la race *mérinos* ou *mérine*, mais qu'ils ont seulement contribué à perfectionner les races qu'ils ont trouvées dans le pays. — La race *merinos* est aujourd'hui la plus renommée du royaume d'Espagne. Sa taille est moyenne, son corps ramassé et arrondi, sa poitrine spacieuse ; dos plat et large ; croupe fournie et courte, tête grosse, large, plate ou légèrement arquée au chanfrein ; cornes volumineuses, contournées en spirale, et pourvues de nombreux et profonds sillons ; jambes courtes, peau très mince et d'un beau rose chez les animaux en bonne santé ; laine fine, douce, plus ou moins ondulée, élastique, assez courte, tassée, fortement chargée de suint, recouvrant la tête jusqu'au bout du nez, et formant à son sommet, dans les animaux sans cornes surtout, un toupet marqué. Les agneaux et les antenais ont les jambes recouvertes de laine jusqu'aux extrémités. Dans quelques animaux, dits *mérinos plissés*, la peau présente un fanon marqué, et forme au cou, aux épaules et aux fesses de nombreux plis qui augmentent considérablement son étendue ; mais la laine qui les recouvre est moins fine que chez les mérinos non plissés. Le mâle porte des cornes épaisses, larges, contournées en spirale, et d'une grande étendue. Quelques-uns n'en sont pas pourvus, ce qui est un jeu de la nature. A l'âge de 18 mois à 2 ans, le bélier est prolifique. A 2 ans, la brebis est féconde, mais elle n'est pas très bonne nourrice. Les bêtes à laine mérinos d'Espagne constituent deux *types* seulement, et non deux races ou sous-races, comme certains auteurs l'ont

avancé : le type *voyageur* ou *transhumant*, et le type *sédentaire*, stationnaire ou *estant*. — Le premier comprend deux espèces : 1o les *mérinos léonès*, du royaume de Léon. Les plus recherchés à cause de leur belle conformation et de la finesse de leur laine, sont ceux de *Negrete*, de *Montarco*, de *Péralès*, de l'*Infantado*, de *Turbietta*, etc. ; 2o les *mérinos sorians*, élevés dans les environs des villes de Soria et de Ségovie. Ils habitent, l'hiver, les confins de l'Estramadure, de l'Andalousie, et l'été les montagnes de la Soria, les pâturages de la Navarre et des Pyrénées. Le nombre de ces deux types de moutons voyageurs, s'élève, dit-on, à plus de 10,000,000. — Les *mérinos sédentaires* appartiennent particulièrement aux bêtes *sorianes ;* ils séjournent constamment, hiver et été, dans les environs de Ségovie, et sur les deux revers des gorges de la Guadarrama, et du Somo-Sierra. Ils sont, en général, moins estimés que les autres. Le prix de leur laine est toujours d'un quart ou d'un tiers au-dessous de celui des laines léonèses. Aussi est-ce parmi les troupeaux voyageurs, placés sous la protection toute spéciale du gouvernement espagnol, qu'ont été choisis les types mérinos de Rambouillet et de Perpignan, dont nous parlerons plus loin. — Les mérinos, à cause de la beauté de leurs formes, et surtout du poids et de la finesse de leur toison, ont été importés en Suède, en Saxe, en France, en Prusse, en Autriche, en Hongrie, en Angleterre, en Amérique, au Cap de Bonne-Espérance, et dans l'Australie. Partout, si ce n'est en Angleterre, ces animaux ont prospéré, et sont devenus la source d'une grande richesse agricole. Aujourd'hui l'Australie rivalise, en quelque sorte, pour la beauté de ses laines, avec les plus belles productions de l'Europe.

RACES ALLEMANDES. L'Allemagne a importé, bien plus que la France, les mérinos léonès provenant de Péralès, de l'Infantado et de Negrette. Aujourd'hui la Bavière, la Saxe, la Bohême, le Hanovre, la Prusse, l'Autriche, la Hongrie, la Russie et les petits états d'Allemagne possèdent des troupeaux mérinos très recherchés et donnant une grande quantité de laines superfines. Mais parmi tous ces troupeaux, les mérinos dits de *race électorale de Saxe* sont les plus renommés. La race dite *de Mark ou de Frise*, habite les contrées les plus fertiles de l'Allemagne, du Hanovre, du Holstein et du Schleswig ; elle appartient à la grande famille des moutons hollandais. Elle est grosse, longue et haute sur jambes, avec la tête légèrement busquée et les oreilles pendantes. Le poids de la bête vivante est de 50, 60 et 65 kilog. ; sa laine est longue, droite et lisse. Les brebis sont très fécondes et donnent beaucoup de lait.—Les moutons allemands s'engraissent avec facilié; mais seulement dans de gras pâturages, ou lorsqu'on leur fournit, à la bergerie, une alimentation succulente et abondante. Amenés des bords du Rhin, ils alimentent les marchés de Sceaux et de Poissy. La chair en est assez estimée. — La race dite *des bruyères*, dont nous n'avons trouvé les caractères dans aucun auteur, est, dit-on, très rustique, s'entretient en bon état, et s'engraisse même dans les pâturages médiocres. Elle fournit une viande très recherchée; mais sa laine est courte, grise ou jaunâtre, et très rude.

RACES ANGLAISES. Quelques unes sont fort remarquables sous le rapport de leur conformation, de la nature, de la précocité et de la beauté de la laine longue et propre au peigne qu'elles fournissent. Elles ont été introduites en France à diverses époques; elles sont très vantées depuis une quinzaine d'années, et entretenues aujourd'hui dans nos bergeries nationales. Il importe donc beaucoup de les faire connaître.—Parmi les races à longue laine ou *longwods*, nous citerons celle dite *Dishley*, *New-Leicester* ou de *Bakewell* qui offre les caractères suivants : taille moyenne, corps rond, poitrine longue et très ouverte, flanc court, cou, garrot et croupe formant une ligne droite; épaules fortes, reins larges et plats, croupe fournie et descendue, tête petite, front large, oreilles petites, cou bref, yeux gros et doux, point de cornes, lèvres larges et épaisses; système osseux en général peu développé; laine assez fine, blanche et brillante, pouvant acquérir jusqu'à 15, 20 et 25 centimètres de longueur, et formant de longues mèches souvent pointues; toison pesant de 3 à 4 kilog. lavée à dos, lorsque l'animal a 2 à 3 ans. Cette laine est propre au peigne. Le poids de la bête vivante est de 75, 80 à 00 kil. au plus. Cette race paraît descendre de la souche primitive des Longwods, existant depuis un temps immémorial dans les comtés du centre de l'Angleterre. On s'accorde généralement à penser que le grand perfectionnement auquel Bakewell l'a portée, résulte d'un choix habile parmi les plus beaux individus du comté de Leicester. La nature, la fixité de la race, l'influence puissante du mâle ou de la femelle sur les produits métis, démontrent d'ailleurs une antique origine qui doit être hautement appréciée par les éleveurs. Ce n'est ni dans le volume, ni dans le poids de son corps et de sa toison, ni dans la longueur, la finesse et le brillant du brin de la laine que consiste son mérite principal et réel. Sa valeur et sa supériorité incontestables sur les autres races à longue laine de l'Angleterre, résultent de sa conformation parfaite, de sa nature excellente, de son extrême précocité ou de la

haute faculté qu'elle possède de bien approprier la matière alimentaire, et de la convertir, dès le très jeune âge, en chair et en graisse. En effet, les dishleys peuvent, dans l'économie ordinaire d'une ferme bien cultivée, être engaissés et vendus pour la boucherie, dès l'âge de 15 mois à 2 ans. Indépendamment de ces inestimables qualités, le bélier Dishley est très prolifique, et peut couvrir, dit-on, 40, 50 et même 100 brebis. Les femelles sont fécondes et ont fréquemment des portées doubles. Cette race prospère plus que toute autre dans les bons pâturages et se trouve bien moins souvent atteinte de la pourriture. A côté de ces avantages, nous devons placer les inconvénients; le Dishley redoute les grandes chaleurs et les grands froids, il lui faut un climat doux, une température égale, et une alimentation succulente et constamment abondante, surtout dans sa jeunesse. La graisse des moutons Dishley s'accumule principalement à l'extérieur, sur la base de la queue, la croupe, les épaules et fort peu a l'intérieur, surtout à l'âge de 1 à 3 ans : aussi trompent-ils sous le rapport du rendement en suif. Leur chair n'est pas estimée; la fibre en est plus grosse, plus lâche et moins délicate que celle de beaucoup d'autres races anglaises et même du plus grand nombre de nos races indigènes. En Angleterre cette viande est classée bien au-dessous de celle des races des dunes et des montagnes. Les Dishley ont été introduits en France; mais ces animaux d'élite comme producteurs de viande à bon marché, ne conviennent qu'à nos départements du Nord, de l'Ouest, et à quelques bonnes exploitations du centre. — La race *Romney-Marsh*, fort ancienne en Angleterre, est originaire des plaines d'alluvion ou des marais situés sur la côte méridionale du comté de Kent. Le vieux type avait une grosse tête portant un fort toupet de laine, l'encolure allongée et forte, les jambes, longues et grosses, l'abdomen et le flanc très développés. Ces animaux étaient rustiques et lestes, supportaient parfaitement les rigueurs des fortes rafales de la mer qui baigne les côtes des marais, et l'humidité des herbages; mais elle engraissait lentement et consommait beaucoup. Quelques sujets ont été importés en France où ils ont été engraissés et mangés. Vers le commencement du XVIIIe siècle, le bélier Dishley a été introduit dans le Romney-Marsh pour y modifier la conformation et améliorer la précocité de cette race ancienne à type fixe. Les résultats des croisements furent heureux, et bientôt, par leur succession, fut formée la race métisse qui s'est répandue dans tout le comté de Kent, et qui porte le nom de *New-Kent*. Cette race est donc, pour nous, encore de nouvelle formation. — Les *new-kent*, envisagés dans leur ensemble, offrent généralement les formes des Dishley. Mais lorsqu'on les examine en détail, on reconnaît que ces animaux ont conservé quelques uns des caractères de l'ancienne race Romney-Marsh. Ils ont généralement la tête plus longue, le cou plus fort, la poitrine moins vaste, le flanc et les reins plus longs, le ventre plus étendu, les jambes un peu plus hautes, un peu plus fortes, et l'ongle plus gros que les Dishley ; mais le poids de la chair est à peu près égal dans les deux races. La laine, quant à sa longueur et à son brillant, offre peu de différence ; elle est seulement plus fine. Le poids de la toison lavée à dos ne va guère au-delà de 3 kilog.

Parmi les éleveurs français, les uns préfèrent le Dishley pur, les autres le Romney-Marsh, amélioré par le Dishley ou le New-Kent. Pour les uns, le New-Kent est rustique ; il se contente d'une nourriture grossière, résiste aux variations atmosphériques subites du climat de la France, marche bien et supporte la fatigue ; enfin sa patrie étant peu éloignée des côtes de France, il s'acclimate facilement, qualités qui n'existent pas à un si haut degré chez le Dishley. Pour les autres, celui-ci, en raison de son antique origine, imprime, plus que le New-Kent, les caractères de la race à ses descendants. Sa bonne conformation, son excellente nature, sa grande précocité, doivent, en effet, le faire préférer à ce dernier. Comme on le voit, les raisons sont fondées des deux côtés. Ajoutons, en outre, que les descendants métis, soit du Dishley, soit du New-Kent, ont donné jusqu'à présent de bons, de beaux et de précoces animaux. Le climat, la situation des lieux, le mode d'entretien du troupeau, la nature et la valeur de l'alimentation, l'éloignement ou le rapprochement des grands centres de consommation, sont, pensons-nous, les raisons majeures sur lesquelles doit être fondée la préférence entre les deux races. Quoi qu'il en soit, nous donnons, toutes choses étant égales d'ailleurs, la préférence au Dishley sur le New-Kent à cause de l'ancienneté, de la fixité, de la pureté et de la précocité de la race.

La race *Cotswold* tire son nom d'une contrées emée de petites collines calcaires et située à l'est du comté de Gloucester. Sa taille est un peu plus élevée que celle des Dishley : tête triangulaire, chanfrein légèrement busqué chez les béliers ; point de cornes ; oreilles petites et droites, corps bien fait, poitrine ample et ronde, reins larges, bassin ample, jambes un peu plus longues et un peu plus fortes que dans le Dishley ; laine tassée, mèche de 15 à 20 cent. de longueur, d'un brillant argentin, et d'une

nature assez douce ; toison pesant de 3 à 4 kilog. lavée à dos. Ces animaux sont rustiques et d'une constitution parfaite. Les femelles sont prolifiques et bonnes nourrices ; les agneaux couverts d'une toison bien tassée. Comme conformation et précocité, cette race est encore inférieure à la race de Dishley ; mais les améliorations obtenues par les fermiers anglais sur les béliers de souche indigène, font qu'aujourd'hui elle le dispute à cette dernière. Croisée avec les mérinos, la race Cotswold a donné en Suisse, près du lac de Genève, d'excellents métis. Elle a aussi fourni des produits fort estimés dans quelques fermes du Midi de la France. Elle mérite donc une attention toute particulière, en ce qu'elle est assurément la plus rustique des Longwods de la Grande-Bretagne. Elle pourrait être acclimatée, au centre, au midi et à l'est de la France, si tant est que l'introduction des laines longues fût une bonne spéculation dans nos contrées.

Parmi les *races à laine courte*, nous citerons : celle qui, dite *South-down*, habite les petites collines calcaires formant les dunes méridionales du comté de Sussex. Sa face noire est encadrée par de la laine blanche formant une espèce de toupet sur le front ; jambes noires ou d'un gris noirâtre, corps trapu, tête courte et assez forte, yeux vifs, oreilles petites, cou court, épaules fournies ; poitrine vaste, reins larges et plats ; croupe arrondie, épaisse et bien descendue ; membres grèles ; sabot petit et très dur ; toison bien tassée, pesant environ 1 à 2 kilog. lavée à dos ; longueur de la mèche de 6 à 10 cent. ; laine fine, un peu rude, jamais bien blanche, mais cependant supérieure à celle de nos races indigènes et d'ailleurs excellente pour la fabrication des draps forts résistant à la pluie. Cette race, d'une souche primitive fort ancienne, et possédant beaucoup de fixité, a été améliorée par elle-même. Elle donne une viande qui a constamment joui d'une grande réputation en Angleterre. Les moutons sont ordinairement engraissés à l'âge de 15 mois à 2 ans. Le poids vivant des bêtes fortes est de 40 à 50 et même 55 kilog. Cette race est douée d'une constitution vigoureuse ; sa grande rusticité lui permet de vivre sur un maigre pâturage ; sa toison tassée la fait résister aux plus brusques variations de température ; elle possède, en outre, la faculté de supporter facilement les changements de sol et de climat. Quoique très vive, elle a un caractère docile, et supporte parfaitement le parc, soit pendant la chaleur du jour, soit pendant les longues et froides nuits de l'automne. — Les South-down ont été introduits en France, et tout fait espérer que, seuls ou croisés avec quelques unes de nos races, ils donneront des résultats satisfaisants.—La *race Cheviot* est originaire d'un district du nord du Northumberland, situé dans les montagnes nommées *Cheviot*, généralement couvertes jusqu'à une grande hauteur de graminées, de fougères, de serpolet, et autres plantes analogues, et entrecoupé de vallées profondes et fertiles : tête et pattes brunes ou noires, absence de cornes, aussi bien dans les mâles que dans les femelles, caractère qui distingue les Cheviots de la race des bruyères qui en est très voisine; corps plus ou moins long, mais bien conformé; cou et épaules légers dans la race peu améliorée; épaules fournies, au contraire, dans les animaux perfectionnés; membres minces; toison épaisse pesant de 1 kilog 500 gr. à 2 kilog. lavée à dos; laine assez fine pour la fabrication de certains draps. Après la deuxième tonte, lorsque les animaux sont gras, ils peuvent peser 25, 30 et 45 kilog., poids vivant. Leur chair est très bonne, quoique cependant inférieure en qualité à celle des South-down. Les Cheviots sont extrêmement rustiques, et s'accommodent des pâturages les plus grossiers. Ils ont été transportés avec avantage dans tous les pays de montagnes de l'Angleterre. Cette race, convient donc chez nous, et surtout dans nos pays de montagnes, telles que les Pyrénées, les Alpes et autres endroits accidentés, où elle remplacerait avantageusement les races mal conformées qu'on y élève. — La race du *pays de Galles* et celles dite des *bruyères*, à tête noire et avec cornes, qui vivent dans la chaîne de montagnes qui séparent l'Angleterre de l'Ecosse, et dont la chair est très estimée des gourmets, sont encore précieuses pour les pays qu'elles habitent, mais elles ne pourraient être d'aucune utilité en France.

RACES FRANÇAISES. Nous y distinguerons, en les envisageant au point de vue de leur éducation, trois types principaux.

1º Les *grandes races à longue laine*, comprenant les races françaises flandrine, cauchoise et du Rouergue, ainsi que les races anglaises introduites et acclimatées en France. — La *race flandrine ou flamande* a le corps long, les jambes hautes, la tête petite, légèrement busquée et sans cornes, les oreilles horizontales, la poitrine ronde, le flanc généralement allongé, les reins très longs et larges, la croupe assez fournie, la queue longue, les ongles forts et très durs; sa marche est dégagée. Les mâles sont très prolifiques; les femelles très fécondes et bonnes nourrices. La laine est longue de 20 à 25 cent., douce, brillante, nerveuse et disposée par mèches pendantes et pointues. La toison pèse de 4 à 5 kil. en suint. Les moutons maigres, du poids de 20 à 25 kil.,

atteignent facilement 45, 50 et même 70 kilog., poids vivant, après un engraissement de 3 mois à 3 mois 1/2 à la bergerie. La chair en est estimée. Cette race appartient à la grande famille de moutons à longue laine de la Hollande, de l'Angleterre, des bords du Danemarck, de la Belgique orientale (Flandres et Brabant), et des provinces Rhénanes. Elle se rencontre aussi dans les pâturages un peu humides des départements de la Vendée et de la Charente-Inférieure, mais elle y est fort négligée. Elle serait cependant susceptible d'une grande amélioration dans ces contrées. On la trouve également dans le département du Nord ou dans la Flandre française. Elle exige une nourriture abondante et substantielle. Son éducation n'est pas réalisable dans les lieux où l'agriculture ne pourrait fournir une nourriture aussi abondante l'hiver que l'été. — La *race artésienne* qui n'est qu'une variété de la précédente, est seulement un peu plus ramassée et plus corsée. Sa laine est de belle qualité. Elle habite le Pas-de-Calais ou l'ancien Artois. On la rencontre surtout dans les environs d'Arras, de Doullens, de Saint-Pol et de Montreuil. Sa laine se rapproche de celle des bêtes flamandes; mais le poids des toisons est un peu moins fort. Le poids vivant des moutons gras peut s'élever jusqu'à 35, 40, 45 et 50 kil., La chair en est fort estimée. — La *race picarde* est un peu moins élevée et moins lourde que la précédente; tête grosse, oreilles larges et contournées, poitrine courte, ventre gros, flanc long; laine grasse, moins longue que celle des deux races précédentes, et se rapprochant des laines à carder. Le poids vivant est de 30 à 40 kil. La chair en est moins estimée que celle des moutons artésiens. Ces deux variétés de la race flamande exigent, comme la souche primitive, une nourriture abondante et succulente. Elles résistent bien aux vents d'O. et N.-O., aux brusques variations de température et aux terrains généralement froids. La longueur de leurs jambes, et la rapidité de leur marche, les rendent précieuses pour aller chercher au loin leur nourriture dans les vastes parcours de ces contrées. Elles ne sont pas plus sujettes que d'autres races aux maladies, telles que la pourriture, le tournis, la gale et le piétin; mais elles sont d'un difficile et dispendieux engrais. Leur laine, longue et propre au peigne, alimente les fabriques de Turcoing, de Roubaix, de Lille, d'Amiens, d'Abbeville, etc. Ces races ont été croisées avec avantage, dans ces derniers temps, avec les béliers Dishley et de New-Kent. — La *race cauchoise* est de taille assez élevée; sa tête est longue et assez grosse, son corps long, mais rond et ample; reins larges, poitrine assez bien faite, ventre peu volumineux ; toison disposée en mèches droites et pointues, laine assez longue, douce et brillante. La toison pèse de 2 à 3 kil., lavée à dos. Le poids vivant des moutons cauchois est de 50 à 55 kil.; leur chair est bonne; ils sont excellents marcheurs. Leur pays originaire est compris entre Rouen, le Hâvre, Dieppe et Neuchâtel, plaine très légèrement ondulée, parfaitement cultivée, et donnant une nourriture substantielle et abondante. Ceux de ces animaux qui sont engraissés dans les prés salés des environs de Dieppe, ont une chair très estimée. Cette race, et les précédentes, ont été croisées avec de grands avantages par les béliers Dishley et New-Kent. — La race du Rouergue ou du Causse : taille élevée, corps long, tête busquée et sans cornes, front recouvert d'un toupet, oreilles grandes; laine longue très commune, pouvant être peignée, mais laissant beaucoup de déchet. Le mouton du Causse est très robuste, sa viande est très bonne, mais la quantité n'en est pas en rapport avec la taille des animaux. Cette race a été importée dans le département de Saône-el-Loire où elle a réussi. — Plusieurs races anglaises de forte taille et à laine longue, ont été introduites et acclimatées en France; nous citerons principalement celles de Lincoln, de Dishley et de New-Kent. Depuis plus de seize années, les deux premières ont été croisées avec les races flandrine, artésienne, picarde, mérinos et les petites races indigènes solognote et berrichonne. Ces croisements ont donné des métis d'une bonne conformation, d'une maturité hâtive, portant une laine longue et brillante, propre au peigne, très recherchée par les manufacturiers des grandes villes du nord; mais ces grosses races pures ou métisses, à toison longue et épaisse, ne peuvent prospérer avec avantage que dans les contrées où le sol est fertile, la culture avancée, et où le climat se rapproche de celui de l'Angleterre. Pour se bien entretenir et conserver une bonne santé, elles veulent être logées dans des bergeries peu closes ou sous des hangars, et exigent toute l'année une nourriture constamment abondante, succulente et rafraîchissante. Elles nécessitent donc dans les assolements, l'introduction de la culture du turneps, de la carotte, de la betterave, des navets, etc. En France, beaucoup d'années s'écouleront encore sans doute avant que les cultivateurs s'adonnent avec profit à l'éducation des races pures anglaises à longue laine; mais ces races sont appelées, par suite de leur croisement avec nos races indigènes et principalement avec celles du Nord, de l'Ouest et la race mérinos, à donner des métis qui, par la précocité, la longueur et le poids de leur toison augmenteront les produits de l'agriculture, alimenteront nos fabriques du Nord et produiront une plus grande quantité de viande de boucherie.

2º Races étrangères de moyenne taille et à laine fine, introduites et acclimatées en France. D'après quelques auteurs la race mérinos aurait été importée chez nous en 1750 par M. d'Etigny, intendant de Béarn. Daubenton qui, de 1766 à 1776, s'occupait, aux environs de Montbard, de l'amélioration des laines françaises par le croisement de béliers provenant du Roussillon, de la Flandre, de la Normandie et du Maroc avec la race de l'Auxois, obtint, vers l'année 1776, une importation de béliers et de brebis d'Espagne. A l'aide des croisements opérés par ces mérinos, il parvint à avoir des laines aussi belles et aussi fines que celles d'Espagne. Mais après la mort de Daubenton, le petit troupeau métis qu'il avait mis tant de soins à créer, fut dispersé et bientôt abatardi faute de type régénérateur. Au commencement de 1786, le roi Louis XVI fit venir pour sa ferme de Rambouillet un troupeau de mérinos choisis parmi les troupeaux transhumants les plus distingués. Pendant les premières années, les béliers espagnols furent dédaignés par les cultivateurs. Quoique placés depuis 42 ans sur un terrain qui n'est certes pas très convenable pour l'éducation des bêtes à laine, les mérinos de Rambouillet ont acquis de la taille, du corps et une toison plus pesante que celle des mérinos primitifs. Aujourd'hui ces animaux sont gros, trapus, couverts d'une toison pesant en suint de 8 à 9 kil. La laine en est longue, homogène, tassée et aussi fine que celle des mérinos d'Espagne. Cette race n'a donc point dégénéré chez nous. L'augmentation de la taille et du poids de l'animal, jointe à la conservation de la finesse de sa toison, est un fait remarquable, dû peut-être à la nature des herbages, mais surtout au choix intelligent des béliers reproducteurs portant les toisons les plus fines et les plus lourdes; mais cette conservation de la finesse de la laine n'a pu être atteinte qu'à Rambouillet. Placés dans de bonnes conditions hygiéniques et alimentaires dans la Beauce, le nord et le centre de la France, les mérinos ont pris un très grand développement, beaucoup plus de poids et une bien plus grande facilité à l'engraissement; mais leur laine a perdu un certain degré de finesse. Ce résultat n'a point arrêté les éleveurs qui ont persisté à augmenter l'ampleur des formes et le poids de la chair; en agissant ainsi ils ont réalisé de plus forts bénéfices.—Les animaux de même race, de la bergerie nationale de Perpignan, sont d'une taille moins élevée. Leur laine est très fine, un peu plus longue, mais moins tassée. Ce type provient d'une introduction faite en 1801, et a servi à améliorer la race déjà très fine du Roussillon et d'une grande partie du Languedoc. — Les mérinos de *Naz* ont été introduits vers l'année 1796 dans la ferme de ce nom, arrondissement de Gex (Ain) : taille petite, corps assez bien fait, cou dépourvu de fanon ; tête fine, peu garnie de laine et portant chez les mâles des cornes grosses, longues, très contournées et très ridées ; toison des béliers de 3 kil. en suint ; celle des brebis, de 2 kilogrammes 500 grammes : laine douce ondulée, égale, très élastique, nerveuse et d'une finesse surpassant celle des laines d'Espagne, de Perpignan et de Rambouillet. La toison a cela de remarquable qu'elle est très suivie en laine extra-fine. Le rendement en premier choix est de 34 % après le dégraissage, tandis que les laines ordinaires ne fournissent que 14 p. %. Aussi cette laine est-elle vendue jusqu'à 50 p. % au dessus du prix courant de celle des autres troupeaux, même assez rapprochés de celui-ci Les mérinos de Naz peuvent donc être considérés comme donnant la laine la plus fine et la toison la mieux suivie que nous ayons en France. Le poids vivant des béliers est de 30 à 40 kilog., et celui des brebis de 20 à 25 kilog. Ces mérinos ont acquis une célébrité européenne bien méritée. Aussi beaucoup d'états de l'Allemagne, la Russie même, font-ils acheter des béliers et des brebis de ce troupeau. Les éleveurs de Naz n'ont pas d'abord cherché à grandir et à grossir leur race. Tous leurs efforts se sont concentrés, en sacrifiant les formes et l'engraissement, à la production de la laine. Plus tard, ils ont cherché à augmenter le poids des animaux et celui des toisons sans diminuer, autant que possible, la finesse de la laine. Pour arriver à ce résultat ils ont employé l'accouplement du petit bélier superfin avec la grosse brebis de Rambouillet, à toison très tassée, mais fine. Par un premier croisement, la taille n'a pas diminué, le poids de la toison s'est un peu amoindri ; par des croisements répétés, le poids des bêtes et celui de la toison ont toujours baissé ; mais le poids des toisons proportionnellement plus que celui des bêtes. Il est résulté que les animaux ont été d'autant moins garnis de laine qu'ils ont reçu une plus grande proportion du sang de Naz. L'amélioration de la laine, amélioration incontestable, n'ayant pas suffisamment compensé ce défaut dans les conditions les plus générales de la production et de la vente des laines, les cultivateurs des environs de Paris, et en général du nord de la France, ont refusé d'employer les béliers se rapprochant du type de Naz. Ces expériences ont donc appris que les mérinos de Naz ne peuvent être introduits avec avantage que dans des pâturages élevés, secs, pauvres même, où les herbes sont fines et succulentes, là où on ne fait pas parquer les moutons et où l'on tient peu compte de la production de la viande. — Quant au *mérinos de Mauchamps*, la création de ce nouveau type accidentel remonte à l'année 1828, et est due aux efforts persévérants, soutenus pendant vingt années dans la ferme dont il porte le nom, située près Berry-au-Bac, département de l'Aisne. Déjà on avait remarqué, en 1818 ou 1819, que parmi les troupeaux de mérinos purs, un agneau était né avec une laine longue, peu ondulée, très douce et très soyeuse. On avait cherché à propager ces mérinos pendant quelques années, et on avait obtenu des laines tout-à-fait analogues à celles des mérinos Mauchamps ; mais on abandonna ces expériences, car à cette époque, on tenait beaucoup plus aux laines mérinos ordinaires qu'aux laines longues lisses et même soyeuses. En 1828, le même accident s'étant reproduit sur un agneau mâle on eut l'idée d'en former un nouveau type mérinos à laine longue et soyeuse. Très défectueux d'abord par les formes, il a été étonnamment amélioré sous le rapport de la conformation, de la production de la viande, et de la disposition à l'engraissement. Aujourd'hui sa taille est celle des mérinos ordinaires : tête assez forte, très légèrement busquée et sans cornes ; cou encore un peu long ; poitrine assez ronde et ample, mais très étroite et peu élevée du côté du garrot ; reins larges, ventre peu volumineux ; jambes assez courtes, laine plus longue que la laine mérinos, d'un blanc argentin, très douce, et réunie par mèches encore un peu trop pointues. La toison des animaux antenais, lavée à dos, est inférieure, en poids, de 14 p. % à celle des antenais mérinos, et de 27 p. % à celle des brebis nourrices. Mais son prix, de 25 p. % supérieur à celui de la laine mérinos, vient compenser la différence. Cette laine peut être peignée, et donne de 56 à 60 p. % de déchet et 24 p. % de dégraissage. Elle a été utilisée pour la confection de châles. Avec du temps et de la patience on peut espérer obtenir des mérinos de Mauchamps des toisons aussi lourdes que celles des mérinos, des mèches composées de brins égaux en longueur, lisses, droites, ou ne présentant que de légères ondulations ; ces toisons seront alors d'un prix supérieur à celles des mérinos les plus recherchés. Quoi qu'il en soit il reste encore beaucoup à faire pour la bonne conformation de cette race. Le mérinos de Mauchamps a été croisé avec la brebis Dishley. Ces croisements, tout en donnant aux métis une bien meilleure conformation, ont produit une laine longue et soyeuse, acquérant sur la laine mérinos une plus value de 12 1/2 p.°/o. Les quatre types mérinos naturalisés en France de même que les mérinos espagnols constituent une race particulièrement propre à la production de la laine. Comme animaux économiques, ils sont inférieurs à beaucoup d'autres races exotiques et indigènes. Leur entretien nécessite de bons pâturages d'été n'étant ni trop humides ni trop secs, et à la bergerie des provisions d'hiver abondantes et variées. Ces animaux ayant une assez forte ossature et n'utilisant pas parfaitement les aliments dans leur jeunesse, n'engraissent bien qu'à l'âge de 3 à 4 ans. La graisse s'accumule particulièrement dans l'abdomen, circonstance qui les fait rechercher par les bouchers, mais qui n'augmente pas les bénéfices de l'engraisseur. Leur chair n'est pas considérée comme de première qualité. On a aussi reconnu que ces animaux étaient plus exposés que beaucoup d'autres races au piétin, à la gale, à la cachexie aqueuse, au tournis et à une maladie nerveuse, connue sous le nom de mal de nerfs ou de *tremblante*. Mais à part ces inconvénients, les mérinos sont peu délicats; ils se contentent d'une herbe grossière et de fourrages médiocres. — A diverses époques quelques bêtes *South-down* avaient été introduites en petit nombre en France; ces importations n'avaient eu aucun résultat. Mais dans la pensée que cette race rustique et précoce, dont la toison est fournie et la chair excellente, pourrait être utilisée avec quelque avantage, on a fait plus récemment une importation de béliers et de brebis Southdown. Ces animaux sont aujourd'hui reproduits à l'état de pureté à la ferme de Montcavrel, où, ainsi qu'à l'école d'Alfort, une vente en est faite annuellement. Cette bonne race a déjà pu être croisée avec succès dans la Nièvre, le Berry, la Sologne et le Gatinais.

Races françaises à laine fine. — Race du Roussillon : taille un peu moins élevée que celle du mérinos; corps moins trapu, poitrail moins large; cou sans fanon; cornes contournées en spirale et existant dans les deux sexes; laine fine plus ou moins ondulée, élastique et très nerveuse; mais moins imprégnée de suint, et moins tassée que la laine mérinos. Toison pesant en suint de 1 à 2 kilog. au plus. Poids vivant, de 30 kilog. environ; chair estimée. — *Race du Berry* : très renommée autrefois comme produisant une laine fine; elle occupe encore aujourd'hui les plaines calcaires du Haut-Berry, situées entre Bourges, Vierzon, Issoudun et Châteauroux; mais c'est particulièrement dans l'arrondissement d'Issoudun (Indre), et notamment dans le canton de Levroux, que l'on rencontre plus particulièrement la race berrichonne,

petite et bien faite. Elle est connue dans les foires sous le nom de *Brione*, d'une commune appelée Brion, dépendante du canton de Levroux : taille petite; corps rond et parfaitement bien fait; poitrine vaste; flanc court; ventre non pendant; dos et reins larges; croupe et cuisses bien fournies; tête petite, légèrement busquée, sans cornes; face encadrée de laine; nez fin; lèvres minces; membres assez courts, grêles, droits et dépourvus de laine; ongle d'acier. La race pure est toute blanche, caractère qui la distingue de la race solognote, sa voisine, qui a la tête et les jambes rousses. Laine égale, fine, douce, tassée, légèrement frisée; toison pesant de 1 à 2 kilog. en suint. Cette petite race est alerte, se nourrit parfaitement, et utilise économiquement la nourriture. Elle pèse de 20 à 25 kilog au plus, poids vivant; sa chair est excellente. — La *Race du Larzac* est aussi fort ancienne, et mérite une mention toute particulière parmi les bonnes races dignes d'être précieusement conservées dans toute leur pureté. Elle habite l'Aveyron et se rencontre dans les arrondissements de Saint-Affrique, de Milhau, et principalement sur le vaste plateau calcaire nommé le *Larzac*. Par suite des progrès faits dans la culture, cette race a fait disparaître la race plus ancienne des terres à seigle, connue du nom de race *ségalas* ou *ségaline*. Les bêtes à laine du Larzac, que l'on devrait plutôt nommer *bêtes à lait*, présentent les caractères suivants : taille petite; corps bien fait; poitrine ample; reins larges; croupe bien fournie; tête droite, petite ou légèrement busquée; queue courte; bassin large, et mamelles très développées chez les femelles; membres grêles; ongles durs; ossature petite; laine blanche, fine, frisée et très onctueuse, se rapprochant de celle du Roussillon; toison pesant 2 kilog. 500 grammes en suint; chair très estimée. Poids vivant, de 15 à 20 kilog. au plus. Cette race est fort rustique, d'une bonne nature, d'une grande finesse, et excellente laitière. On a tenté d'en améliorer la toison en la croisant avec la race mérinos; mais ces essais ayant eu la conséquence funeste de diminuer la quantité de lait, les cultivateurs sont promptement revenus à la race pure. Aussi est-elle aujourd'hui plus que jamais conservée et reproduite par elle-même dans toute sa pureté. 96,000 brebis du Larzac se rencontrent dans les arrondissements de Saint-Affrique et de Milhau. Elles donnent le lait servant à la fabrication de l'excellent fromage de Roquefort, dont le commerce est considérable. On estime que chaque brebis rapporte en lait transformé en fromage, la somme de 12 fr. Or, s'il en est ainsi, les 96,000 brebis du Larzac rapporteraient, en fromage seulement, la somme de 1,152,000 fr.

3° *Races française à laine commune.* Elles sont très° nombreuses et répandues sur beaucoup de points de notre territoire. Nous ne citerons que les principales parmi les races pures qui sont généralement renommées pour la boucherie. — Dans les départements de la Vienne et des Deux-Sèvres, existe une race sobre et rustique, qui, élevée et entretenue principalement sur des plaines presque incultes, nommées *gati-nes,* est connue dans le commerce sous le nom de moutons *gatins,* qu'il ne faut pas confondre avec les moutons vendéens, nantais, marchais et gatinais : taille moyenne; corps long, mais bien fait; reins larges; poitrine ample, peu de flanc; tête petite, droite et dépourvue de cornes; lèvres minces et très mobiles; jambes assez grandes, mais minces; ossature grêle; tête, ventre et jambes dépourvues de laine; toison assez longue, mais commune et ne dépassant guère le poids de 2 kilog. 500 grammes en suint; chair très estimée, ayant un goût exquis; poids vivant de 40 à 50 kilog. — La *race solognote,* encore pure, habite l'ancienne Sologne, comprise aujourd'hui dans les départements du Loiret, du Cher et de Loir-et-Cher, ou dans le territoire circonscrit par Romorantin, Bourges, Orléans et Gien : taille petite ou moyenne; membres roux non garnis de laine; tête petite, droite, et le plus souvent sans cornes; lèvres peu épaisses; cou mince et allongé; épaules très grêles; dos bien fait; croupe assez fournie; toison du poids de 1 à 2 kil. en suint, composée d'une laine très commune. Dans les environs de Romorantin, d'Orléans, d'Aubigny, et surtout le long des rives fertiles de la Loire, connues sous le nom de *Val,* lieux où le sol est riche et bien cultivé, la race solognote se montre trapue, et ronde, avec les épaules fournies, les reins larges, plats, et les cuisses rondes et descendues. Son poids est de 20 et quelques kil. Cette bonne race n'est jamais engraissée dans la Sologne; Elle est en faveur parmi les engraisseurs du Val de la Loire, du Berry, de la Beauce, du Gatinais et des environs de Paris. C'est qu'en effet, si elle est mise dans de bons pâturages ou à l'étable, aucune race peut-être ne paye mieux que celle-ci la nourriture qu'elle dépense. — La *race de la Provence* a pour caractères : taille petite; corps bien fait; jambes peu élevées; ossature grêle; toison pesant de 1 à 2 kilog. 500 gr., composée d'une laine commune, notement chez les moutons de la plaine de la Crau. Poids vivant, de 12 à 15 et 16 kilog; chair fine et très estimée. Cette race est fort répandue dans les départements des Bouches-du-Rhône, du Var et

de Vaucluse. On compte que ces trois départements possèdent plus d'un million de bêtes à laine, toutes nourries dans le pays pendant l'hiver. Mais depuis le printemps jusqu'aux premiers jours du mois de novembre, elles sont conduites au nombre de plus de 800,000 dans les montagnes de la Drôme, de l'Isère, des Hautes et des Basses-Alpes. — Les *Ardennes* possèdent une excellente petite race, à tête et jambes rousses, se rapprochant par la forme, la toison et la qualité de la chair, des races du Berry et de la Sologne, et justement renommée par l'excellente qualité de la viande qu'elle fournit. Ces bêtes engraissent facilement; elles ont du nerf, de la vivacité, et s'entretiennent bien dans les plus maigres pâturages. Il est difficile d'en trouver qui soient plus robustes. — La Champagne possédait autrefois une bonne race à laine, généralement très estimée. Mais elle a disparu en grande partie par l'introduction du bélier mérinos, d'où sont issus de beaux et précieux métis devenus aujourd'hui la source d'une grande richesse — La *basse Normandie,* le *pays de Cholet,* l'*Anjou,* le *Perche,* etc., possèdent encore quelques races pures, mais généralement peu estimées, et peu dignes d'être connues.

Avant de faire choix d'une race de moutons, il faut considérer le climat, l'état de la culture, la proximité ou l'éloignement, soit des grands centres de consommation de la chair, soit des villes manufacturières qui utilisent plus particulièrement telle ou telle espèce de laine. Les grandes, grosses et lourdes races au corps ample, long et trapu, aux lèvres larges et épaisses, avec les jambes courtes ou longues, selon la nature et la valeur des parcours, mais portant une laine longue, tassée et brillante, supportant bien l'humidité de l'atmosphère et des herbages; elles mangent beaucoup, mais peu délicates sur le choix des aliments, elles seront généralement élevées et engraissées avec succès, et dépouillées de leur laine avec profit dans les départements du centre de la France et voisins de la capitale, telles sont la Brie, la Beauce, la Picardie, le Soissonnais, la Champagne, etc., et même dans les provinces plus éloignées, mais ayant des communications faciles avec les grandes lignes de chemins de fer ou avec de bonnes routes. Dans les pays de montagnes, de même que dans les plaines où les localités plus ou moins accidentées, mais offrant un sol sec, granitique, calcaire ou sablonneux, couvert de landes, de friches, et généralement peu cultivable et peu productif, les petites races bien faites, de bonne nature, précoces, alertes, à lèvres minces, à ongles d'acier, pouvant chercher au loin leur nourriture, et dont la toison est fine ou commune, mais engraissant vite, soit au pâturage, soit à la bergerie, seront toujours préférables; telles sont les races berrichonne, solognote, ardennaise, gatine, du Larzac et de la Provence. Nous devons dire aussi que certaines industries agricoles réclament plutôt l'élevage d'une race de moutons que de toute autre. C'est ainsi, par exemple, que dans le pays de Roquefort, où il se fabrique pour plus d'un million de fromages de lait de brebis, il ne serait pas possible d'utiliser aussi fructueusement toute autre race que celle du Larzac. Quelle que soit, du reste, la race que l'on désire, il sera toujours de la plus haute importance de faire un choix judicieux des mâles et des femelles destinés à la reproduction. C'est là un fait capital. Le mâle qui porte la toison la plus fine, la plus fournie de laine de première qualité, et la plus lourde, doit être préféré, si, toutefois, il réunit à ces avantages une bonne santé et une constitution solide. L'âge de 15 mois à 4 ans, la colonne vertébrale droite, depuis la tête jusqu'à la queue, le corps long et rond, la poitrine vaste, les côtes bien cerclées et très séparées les unes des autres, le poitrail ouvert, la tête petite, le cou court et sans fanon, les épaules fortes, le flanc court, le ventre arrondi, le garrot droit, le dos et les reins larges et plats, la croupe forte, les fesses fournies et descendues, les membres courts, droits, mais toujours grêles aux canons : tels sont les caractères qui font reconnaître une belle organisation et une solide constitution. Une queue mince, des membres grêles, une ossature ou un squelette léger, seront les indices certains d'une grande aptitude à l'engraissement et par conséquent à la précocité. Une peau rose et fine, une laine tassée et résistante, d'un brin uni et égal, et formant une mèche carrée, promettent une fine et lourde toison. De la vivacité dans les yeux, de l'agilité dans les mouvements, une grande résistance musculaire, un ventre peu volumineux et souple, un dos large, l'existence de chaque côté de la queue d'une petite pelotte de graisse ferme, dénoteront une bonne santé. Quelle que soit d'ailleurs la race à laquelle appartiendra le bélier qui présentera le plus grand nombre de ces caractères, l'éleveur sera certain d'avoir choisi un beau et bon type reproducteur.— Indépendamment des caractères rattachant à la conformation, à la précocité, à la santé, à la vigueur, à l'utilisation des aliments, etc., l'âge de 2 à 4 ans comme pour le bélier, des reins larges, une croupe développée, un ventre ample, des mamelles grosses, douces et sans dureté dans leur intérieur : tels sont les caractères indiquant une belle et bonne brebis.

Certaines personnes s'attachent à la taille, au volume, au poids des animaux : c'est en général une grande erreur. Ce ne sont point les animaux les plus grands et les plus gros qui payent le mieux au cultivateur les aliments qu'ils consomment, mais bien les bêtes dont la maturité est hâtive, et qu'il peut livrer à la boucherie le plus tôt possible.

Faut-il améliorer nos propres races de bêtes à laine par elles-mêmes, ou bien les croiser avec des races supérieures? L'expérience paraît avoir suffisamment démontré que la possession d'une bonne race ne peut être obtenue que par deux moyens; 1° l'amélioration de la race par elle-même; 2° l'importation d'une race faite, et possédant des qualités supérieures. Dans le premier cas, on recherchera dans les sujets reproducteurs des qualités individuelles exagérées, dans le but de modifier les plus grands défauts de la race. C'est ainsi, par exemple, que pour corriger le défaut d'une poitrine basse et étroite, flanquée de deux épaules maigres et surmontée d'un garrot bas, il faudra s'efforcer de faire choix d'un mâle, à la poitrine large, ronde, haute, et aux épaules amplement fournies. C'est en mettant ces règles en pratique que les meilleures et les plus belles races ont été créées en Europe, et particulièrement en Angleterre. Les mérinos d'Espagne n'ont acquis leur réputation de bêtes à laine superfine que par le choix constant et scrupuleux des béliers les mieux faits et portant la laine la plus fine. Les mérinos français de Rambouillet, de Perpignan, de Naz, n'ont été conservés purs jusqu'à ce jour, qu'en suivant le même principe. Le croisement des races ovines françaises avec des races étrangères, n'a jamais jusqu'à ce jour, que nous sachions du moins, produit une race type fixe non susceptible d'abâtardissement. Loin de nous, toutefois, l'idée de blâmer ces croisements. Nous proclamons, au contraire, que les métis qui en résultent, donnent lieu à des opérations fort utiles à l'agriculture et au pays tout entier; mais nous sommes convaincus que l'amélioration des races par elles-mêmes est un moyen puissant de favoriser l'obtention de beaux et bons produits. C'est qu'en effet, pour avoir des métis d'une grande valeur économique, il faut, avant d'allier les deux races pures, d'abord s'occuper de faire acquérir à chacune d'elles le plus de perfection possible; c'est en principe d'élevage un point capital. Le croisement des femelles avec le mâle pur sang, a pour effet l'amélioration constante et progressive de la race inférieure ou commune vers la race supérieure ou pur sang; mais si on se sert d'un métis demi-sang ou d'un premier croisement avec une brebis inférieure ou commune, l'influence de la mère se fait alors sentir en sens inverse, et le produit ne possède plus qu'un tiers de sang. Si ce descendant mâle est lui-même accouplé avec une brebis commune, il ne donnera qu'un produit ne possédant plus qu'un quart de sang. D'où il suit que l'emploi d'un métis avec des brebis d'une race inférieure, ne peut donner aucune amélioration à cette race, qui bientôt retournera infailliblement à son type primitif.

La plus grande incertitude règne sur le nombre d'années nécessaire pour obtenir la fixité de la race. Les uns assignent la cinquième ou la sixième génération ; d'autres veulent que le croisement soit poussé jusqu'à la douzième ou même la quatorzième. Notre opinion est que, dans l'immense majorité des cas, pour ne pas dire dans tous, on s'est fait illusion sur la fixité d'une nouvelle race créée par un seul homme, ce résultat ne pouvant être obtenu que par un temps excessivement long, et très difficile à fixer, même approximativement. Quelques personnes pensent même que le métissage, à quelque point qu'il soit porté, n'est jamais qu'une amélioration incertaine et passagère, toujours prête à reculer du moment où cesse le concours des étalons vraiment purs. En 1795, on tenta en Piémont de croiser les races ovines de Naples, de Padoue et de la Romagne. A la quatrième génération l'espèce se trouvait avoir atteint sa perfection; mais il était indispensable de n'avoir que des étalons de race pure, parce que la race croisée produisait une espèce qui, loin de s'améliorer, revenait toujours à sa première origine. Mais est-ce à dire que nous voulions repousser les croisements de nos races indigènes avec des races étrangères qui leur sont supérieures? Loin de nous cette pensée. Nous n'avons voulu que combattre cette idée malheureusement trop répandue, que nos races ovines peuvent être améliorées par le croisement, ou seulement par l'emploi d'étalons métis. — Le métissage, considéré, au contraire, comme moyen de produire vite de la laine, de la chair et de concourir au progrès de l'agriculture, est une opération du plus haut intérêt, tant parce que cela donne toujours une amélioration présente de la race, que pour obtenir des types intermédiaires pouvant profiter là ou les types primitifs ne le pourraient pas. Nous citerons parmi ces métissages celui du bélier mérinos avec plusieurs de nos races indigènes, dans le but d'obtenir de plus belles laines. Le métissage de nos races avec les béliers anglais Dishley et New-Kent, donnant des produits plus forts, et supportant mieux la chaleur et la fatigue de la marche. Le bélier Dishley, croisé avec les belles brebis flamandes, arté-

siennes, cauchoises et picardes, donne des métis de première génération bien préférables aux deux races croisées. Ces métis sont moins hauts, moins longs que la race pure; mais ils sont plus corsés, et ont le poitrail plus ouvert, le cou moins long, le dos plus large et plus plat. Quoique plus petits que les moutons purs flamands, artésiens et picards, ces métis mis dans la balance, en raison de leurs formes plus amples et plus régulières, pèsent plus que des moutons beaucoup plus grand qu'eux. La toison de ces métis est aussi lourde que celles des races indigènes; elle est, en outre, plus fine, plus longue et plus brillante. Dans le but d'obtenir une laine fine et longue propre au peigne, les Anglais ont introduit le bélier mérinos parmi les brebis New-Leicester. Les résultats ont été heureux, mais les métis ressemblent plus au père qu'à la mère. Ils sont tous vendus pour la boucherie. En France, les béliers Dishley et New-Kent, au contraire, ont été croisés avec les plus grosses brebis mérinos. Les premiers essais ont été tentés à Alfort, par M. Ivart, et sont continués avec les béliers Dishley et la grosse brebis mérinos de Rambouillet. Comme on le voit les métis anglo-mérinos, envisagés au double point de vue de la production d'une laine longue, fine, douce, brillante, propre au peigne, et de la chair produite au meilleur marché possible, dans le moins de temps possible, sont donc appelés à devenir la source d'une nouvelle richesse agricole pour la France.

Il est fort important, dans l'élevage des bêtes à laine, que toutes les brebis soient fécondées à la même époque. Pour atteindre ce but il est nécessaire de les préparer 10 à 15 jours avant celui de la lutte en leur distribuant une nourriture choisie et confortable. On est dans l'habitude de les conduire en juillet sur de bons pacages, ou de leur servir à la bergerie des grains ou des provendes auxquelles on ajoute 3 à 4 gr. de sel marin par bête. — Les béliers sont généralement toujours disposés; mais il est cependant fort nécessaire de les préparer à l'avance, d'autant plus qu'ils mangent fort peu lorsqu'ils sont à l'époque des amours. Ils seront donc toujours séparés des brebis dans les troupeaux nombreux. 15 jours ou 3 semaines avant la monte, ils recevront une ration d'aliments succulents et toniques. Les provendes de grains d'avoine, d'orge, de pois, de féverolle concassées sont généralement préférables. L'âge du bélier n'est pas indifférent. Dans les pays où l'on tient au poids et à la précocité des moutons, beaucoup plus qu'à leur rusticité, on doit choisir un bélier de l'âge de 1 an à 18 mois au plus. Ces jeunes étalons, l'expérience l'a fait constater, donnent toujours des agneaux plus gros et plus précoces que les vieux mâles, qui, il faut le reconnaître aussi, donnent des descendants plus rustiques. La lutte se fait à diverses époques, selon les ressources de l'agriculture et le climat. Dans les bons pays de culture où, pendant l'hiver, les mères et les agneaux peuvent être bien alimentés, elle doit avoir lieu en juillet ou août; la brebis portant 5 mois les agneaux naîtront alors en novembre et en décembre. Dans le Nord où les hivers sont longs et souvent rigoureux, la monte doit être plus tardive. Dans les lieux où l'agriculture est pastorale et où les animaux sont mal nourris pendant l'hiver, il est préférable qu'elle n'ait lieu que dans le courant de décembre; les agneaux naîtront vers la fin d'avril, époque où les mères trouvent dans les pâturages une alimentation suffisante. Il faut, si l'on désire, avoir de gros et beaux agneaux, satisfaire la brebis dès la première chaleur. Les agneaux qui proviennent de la seconde et surtout de la troisième, et que l'on désigne sous le nom de *tardillons*, restent généralement petits et chétifs. Le meilleur moyen pour assurer la réussite de la lutte, consiste à diviser le parc ou la bergerie en autant de compartiments que l'on a de paires de béliers. Chacun de ces compartiments doit pouvoir contenir 40 à 50 brebis. On place alternativement chaque jour avec elles l'un ou l'autre des béliers. Ces deux animaux introduits tour à tour seulement se reposent, et conservent leur énergie. On ne doit pas donner, même dans le cas de disette de béliers, plus de 60 à 70 brebis à un étalon. Si l'on dépasse ce nombre la santé de celui-ci peut s'altérer, et souvent les brebis n'engendrent pas, ou les agneaux sont petits et chétifs.

Pendant le temps de la gestation le berger devra redoubler de soins, et s'efforcer surtout de conduire les mères avec douceur. Les courses rapides déterminées par les chiens, les froissements du ventre en entrant dans la bergerie et en en sortant peuvent occasionner des avortements. La perte de l'agneau ou du produit de l'année, les inflammations violentes dont peuvent ainsi être frappés l'utérus et les mamelles, les récidives pour les années suivantes, enfin la stérilité, telles sont les conséquences fâcheuses qui souvent sont le résultat de l'avortement. L'excès de nourriture comme la parcimonie des aliments sont deux inconvénients qu'il faut également éviter pendant toute la durée de la gestation.—L'agneau nouveau-né doit être placé près de sa mère, afin qu'elle puisse le lécher. Si la mise bas a eu lieu dans les champs, l'agneau sera essuyé, placé également près de sa mère, et l'un et l'autre seront conduits le plus promp-tement possible à la bergerie. Dans le cas où un agneau viendrait à perdre sa mère, il est utile de le donner à une autre s'il est possible; alors quelques précautions sont à prendre. En général, la brebis refuse le jeune animal qui ne lui appartient pas. Pour le faire adopter, les bergers ont l'habitude de frotter le nourisson avec la peau de l'agneau mort, ou bien de tromper la brebis en lui présentant dans l'obscurité l'animal étranger qu'elle doit allaiter. Ces deux moyens réussissent généralement. Si une brebis nourrice ne peut être donnée à l'agneau, il faut alors l'élever avec le lait d'une autre femelle domestique. Certaines personnes assurent que la chèvre adopte volontiers le jeune agneau qu'on lui présente: on pourrait donc avoir recours à ce moyen. Mais généralement on se sert de lait de vache coupé d'une plus ou moins grande proportion d'eau. Il est important dans cet allaitement artificiel de faire prendre le lait à la température de celui qui sort de la mamelle de la vache ou de la brebis. Si on néglige cette précaution le jeune animal contracte une diarrhée qui l'épuise, et le fait promptement périr. Il est fort utile pendant les premiers mois qui suivent la naissance des agneaux de les tenir dans des bergeries où la température soit chaude. Il faut aussi avoir la précaution de les isoler des mères dans l'intervalle de l'allaitement. Certains agneaux contractent la mauvaise habitude de tirailler la laine du pis de leur mère, ou les mèches qui pendent au flanc et aux fesses, qu'ils mâchonnent et finissent par avaler. Arrivée dans l'estomac, cette laine se feutre, et donne naissance à une petite pelotte du volume d'une noix, que les bergers désignent sous le nom de gobbe, et les vétérinaires sous celui d'œgagropile. Ces corps étrangers occasionnent des indigestions qui font souvent périr les jeunes agneaux. Pour éviter ces inconvénients, les bergers délayent dans un peu d'eau les excréments d'un chien, et en barbouillent les mèches de laine que les agneaux ont habitude de tirailler. Ce moyen dégoûtant pourrait être remplacé par de l'huile empyreumatique qui produirait les mêmes effets. — Huit à dix jours après le part, on peut faire sortir les mères pour les conduire au pâturage. Pendant ce temps les agneaux doivent être tenus à la bergerie. Ceux qui ne sont point destinés à la reproduction devront être affranchis le plus tôt possible. C'est le moyen d'avoir de magnifiques moutons. — Le sevrage se fait à l'âge de 4 mois à 4 mois et demi au plus. Avant cette mesure il est fort important de donner deux fois par jour une ration convenable aux jeunes agneaux. C'est en suivant cette hygiène que l'on prévient les maladies, telles que les indigestions, les diarrhées, les arthrites, les aphthes ou muguet qui les attaquent, retardent leur accroissement, et les font souvent périr.

L'entretien en bonne santé des bêtes à laine dépend de certaines conditions hygiéniques. *Tant vaut le berger, tant vaut le troupeau*, a-t-on dit, avec beaucoup de raison. C'est qu'en effet la conservation des troupeaux dépend particulièrement du choix de l'homme qui les gouverne. Il n'est point, en effet, d'animal domestique qui ressente aussi vivement que le mouton l'influence du climat, du sol, de l'alimentation et de la stabulation. Le froid excessif aussi bien que les grandes chaleurs lui sont nuisibles. Il faut donc abriter les animaux (*voy.* BERGERIE). Sous le climat de la France les bêtes à laine doivent être logées dans des lieux où elles puissent respirer un air pur, sec et tonique. L'accumulation d'un très grand nombre d'animaux dans les bergeries dont les plafonds sont bas et les fenêtres peu nombreuses, détermine des maladies putrides et charbonneuses. L'amoncèlement des fumiers, en diminuant la distance du sol au plafond, contribue surtout à l'impureté de l'air. Mais ce n'est pas tout. Si le berger n'a pas l'attention de recouvrir constamment le fumier d'une couche de litière fraîche, l'ongle des animaux s'échauffe et bientôt se manifestent les maladies connues sous les noms de *piétin* et de *fourchet*. D'un autre côté, le séjour du fumier donne naissance à des émanations ammoniacales et putrides qui altèrent la qualité de la laine. — Le parcage fait à propos est, dans beaucoup de localités, généralement favorable à la santé des moutons. C'est depuis le mois de juin jusqu'à la mi-novembre, et, lorsque le temps est beau, jusqu'à la fin de ce mois, qu'on le pratique. Le séjour au parc aussitôt après la tonte, surtout pendant les chaleurs de la fin de juin et des mois de juillet et d'août, suscite, lorsque les animaux sont exposés aux rayons brûlants du soleil et à la poussière apportée par le vent qui souffle sur les guérets, des érysipèles gangréneux, le charbon et le sang de rate. Pour prévenir ces accidents redoutables il faut ne conduire les animaux au parc qu'à l'époque où la peau se trouve déjà abritée par la nouvelle laine, ou bien les rentrer à la bergerie ou les abriter sous des hangars pendant les grandes chaleurs de la moitié du jour. — On a calculé qu'un mouton de taille moyenne mange par jour environ 4 kil. d'herbe fraîche de prairies naturelles, et on s'est assuré que cette herbe desséchée se réduit à 1 kil. de foin. On estime, en général, que la ration d'entretien doit s'élever à 35 ou 40 grammes de luzerne sèche pour chaque kil. du poids de

l'animal pesé vivant. C'est donc sur ce poids de fourrage, ou sur celui d'autres aliments équivalents en matière nutritive, que doit être réglée la ration alimentaire des moutons. Dans l'intérêt de l'hygiène, il est utile de faire entrer dans le régime des troupeaux, durant l'hivernage, les racines et les tubercules à peu près pour moitié. Cette attention est surtout indispensable lorsque la ration comprend des graines succulentes, telles que les pois, les vesces, les gesces, l'avoine, l'orge, le seigle, le sarazin, etc. C'est qu'en effet ces aliments nourrissants donnent beaucoup de sang, et provoquent le développement de congestions sanguines actives, connues sous les noms d'hémorrhagies intestinales, de sang de rate, etc., Certains cultivateurs associent le sel marin comme condiment à cette nourriture succulente dans le but de favoriser la digestion et d'exciter les animaux à boire davantage ; mais nous pensons que le sel est inutile, si même il n'est pas nuisible, dans l'emploi de ce régime. Cette substance échauffe les animaux, irrite leur canal intestinal et les prédispose aux maladies inflammatoires. Une chose fort importante est d'éviter de faire paître les troupeaux sur les chaumes de blé, d'orge et d'avoine, où les animaux glanent les épis. Le grain que mange alors la bête l'échauffe, lui donne beaucoup de sang et la fait bientôt périr du sang de rate. Les moutons qui font ainsi usage de grain dans les chaumes sont souvent fort altérés, et les cultivateurs s'empressent alors de leur donner de l'eau salée pour les exciter à boire, pensant ainsi les mieux désaltérer. Ce n'est point le sel marin qu'il faut donner dans ce cas, mais bien le sel de Glauber, à la dose de 5 à 10 grammes par tête. Certains aliments verts, tels que la luzerne, et surtout le trèfle, lorsqu'ils sont pris encore recouverts d'humidité et notamment en trop grande abondance, occasionnent des météorisations souvent redoutables et mortelles. C'est surtout lorsque l'air est chaud et humide et la végétation active, que ces sortes d'accidents sont à redouter. On les préviendra en ne conduisant les troupeaux sur les prairies artificielles que durant les beaux jours et en ne les y laissant pâturer que pendant fort peu de temps chaque fois.

La bête à laine qui fait usage d'aliments verts boit en général très peu ; mais, lorsqu'elle est nourrie à la bergerie avec des aliments secs, et surtout lorsqu'elle se trouve soumise au régime de l'engraissement, on doit la conduire une ou deux fois par jour à l'abreuvoir, ou lui servir à boire dans des baquets. C'est dans cette eau que l'on fait dissoudre le sel marin, lorsqu'il est utile d'en donner. On doit aussi avoir la bonne habitude de jeter des morceaux de fer rouillé dans cette eau pour constituer une boisson tonique fort utile pour prévenir les maladies résultant de l'appauvrissement du sang. — Après la tonte il faut laisser les troupeaux à la bergerie pendant sept à huit jours, et même beaucoup plus longtemps dans certains cas. Les rayons brûlants du soleil déterminent de graves érysipèles ; l'humidité et le froid provoquent des congestions sanguines intérieures, souvent mortelles, et des affections catarrhales très rebelles. **DELAFOND.**

MOUTON : billot ou masse de fer ou de bois garni de fer, qu'on élève au moyen d'une machine à coulisses appelée sonnette, et qu'on laisse retomber sur la tête des pieux qu'on veut enfoncer pour les constructions sur pilotis. Le poids du mouton est proportionné à la grosseur des pilots et à la nature plus ou moins ferme du terrain ; il varie de 4 à 12 quintaux et la force pour le mettre en action est calculée sur quatre hommes par quintal. — Les anciens, ainsi que le constate Vitruve en traitant des fondations, ont connu le mouton dont le nom est analogue à celui de bélier, machine de même genre, mais qui se mouvait horizontalement. On croit que c'est à l'aide du mouton qu'ils frappaient les monnaies et les médailles d'un certain volume. Cet instrument fut employé au même usage dans nos hôtels de monnaies, depuis le règne de François Ier jusqu'à celui de Louis XIV, époque où fut inventé le balancier.

MOUTON (*numism.*) : c'est le nom qui fut donné par le peuple aux pièces de monnaie nommées plus généralement agnels (*v.* ce mot).

MOUTOUCHIE, *moutouchia* (bot.) : genre de la famille des légumineuses papilionacées, de la diadelphie-décandrie dans le système de Linné, formé par Aublet pour les espèces comprises dans les ptérocarpes. Les principaux traits sur lesquels est fondée la séparation de ce genre consistent dans un ovaire à court pédicule, renfermant des ovules nombreux et devenant plus tard une gousse indéhiscente, à une seule graine, presque arrondie, comprimée, peu courbée du côté de son axe, et dont la suture qui regardait la carène dans la fleur est seule dilatée en une aile *membraneuse-coriace*. Les moutouchies sont des arbres de l'Amérique tropicale, à feuilles coriaces, pennées avec foliole impaire et à fleurs en grappes paniculées. — L'espèce la plus importante est la MOUTOUCHIE SANG-DRAGON, *moutouchia draco*, qui produit l'une des substances résineuses connues dans le commerce et employées dans les pharmacies sous le nom commun de *sang-dragon* (*voy.* ce mot).

MOUTURE (*voy.* FARINE).

MOUVANCE, terme de jurisprudence féodale, exprimant la dépendance d'un fief par rapport à un autre fief ou au suzerain dont il relevait directement. Certains fiefs étaient mouvants de la couronne en droite ligne, ou, comme on disait, en plein fief. Mais la plupart relevaient des grands vassaux qui devaient seulement foi et hommage au roi comme suzerain. On évaluait l'importance d'un comté, en raison du nombre de fiefs qu'il avait dans sa mouvance. (*Voy.* FÉODALITÉ, FIEF).

MOUVEMENT (*phys.*). On désigne ainsi l'état d'un corps dont la distance à un point fixe varie d'une manière continue. La cause quelconque qui produit le mouvement s'appelle *force*. La *quantité de mouvement* d'un corps doué d'une vitesse quelconque est égale au produit de sa masse par sa vitesse. Par *masse* d'un corps, on entend la somme des particules matérielles dont il est composé. Lorsqu'une force imprime le mouvement à un corps, toutes les particules de ce corps reçoivent en même temps la même vitesse. On peut donc considérer la force qui les anime comme partagée en autant de petites forces égales qu'il y a de particules à mouvoir, et concevoir chacune de ces petites forces exerçant son action sur une de ces particules. Donc, la quantité de mouvement du corps pourra être représentée par la vitesse V d'une particule, multipliée par le nombre M de ces particules, ou par MV. Ces quantités de mouvement servent à la mesure des forces. Car on a évidemment, pour la force précédente, $f = $ MV. Mais on aurait de même pour une autre force quelconque $f' = $ M'V'. Donc, $f : f' :: $ MV : M'V' ; c'est-à-dire que les forces sont entre elles comme les quantités de mouvement qu'elles produisent.

Le mouvement est *simple* et *rectiligne*, s'il est produit par une seule force, ou par plusieurs agissant dans le même sens ; il est *composé*, s'il résulte de plusieurs forces agissant dans des sens différents. Dans ce dernier cas, le mouvement est encore *rectiligne*, si pendant toute sa durée, les forces conservent entre elles le même rapport, et alors il s'effectue suivant la diagonale du parallélogramme construit sur des segments de droites proportionnels à ces forces, et pris sur leurs directions ; mais il est *curviligne* ou en ligne courbe, si le rapport des deux forces vient à varier. Soient, par exemple, les deux forces P et Q que nous supposerons dans le même rapport que les deux droites AB, AC. Le corps se portera évidemment suivant AD. Mais ici, supposons, de plus, que la force Q restant représentée par

DF = AC, la force P le soit par DE > AB, le corps sera dévié et se portera suivant DG. On aura donc une ligne brisée. Donc, en supposant que la force P change à chaque instant, le mouvement produit sera en ligne courbe.

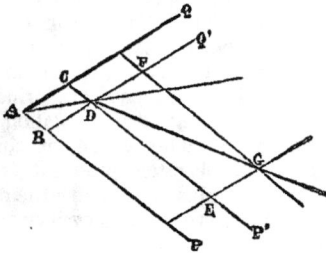

On appelle *uniforme* le mouvement d'un corps qui parcourt des espaces égaux dans des temps égaux. Si ce mouvement est rectiligne, il est produit par une force instantanée, agissant sur un corps par une seule impulsion. Tel serait dans le vide, et abstraction faite de la pesanteur, le mouvement communiqué à un boulet par l'explosion de la poudre. En appelant *e* l'espace parcouru, *t* le nombre de secondes pendant lequel le corps a été en mouvement, et *v* la vitesse, ou le nombre de mètres parcourus dans chaque seconde, on aura $e = vt$; c'est-à-dire que *l'espace total parcouru est égal à la vitesse multipliée par le temps.* La même formule donne $v = \frac{e}{t}$, $t = \frac{e}{v}$; égalités qui font connaître la vitesse, quand l'espace et le temps sont connus; ou bien le temps, quand on connaît l'espace et la vitesse. — Le mouvement est dit *varié*, lorsque les espaces parcourus dans des temps égaux sont différents. Il est alors *accéléré* ou *retardé*, suivant que les espaces vont en croissant ou en diminuant. Il est de plus *uniformément* ou *inuniformément varié*, selon que les accroissements ou que les diminutions de vitesse restent à tout instant les mêmes, ou diffèrent. Les lois de ce mouvement ont été exposées au mot *Accélératrice.*

Le *mouvement absolu* est celui d'un système de corps, abstraction faite des objets étrangers à ce système. Tous les corps qui font partie du système jouissent du même mouvement, sans que ce mouvement commun altère en rien les autres mouvements que chacun de ces corps peut posséder ; une balle qu'on abandonne à elle-même du haut du mât d'un vaisseau qui navigue, et par conséquent animée du mouvement commun, vient tomber juste au pied de ce mât, sur la même verticale. — Le *mouvement relatif* est celui d'un corps qui change de distance par rapport aux autres corps du même système. Un homme qui marche est dans un mouvement relatif par rapport aux objets dont il s'éloigne ou se rapproche. Toute la nature se meut, et, à proprement parler, nous n'avons jamais à observer que des mouvements relatifs. Aussi n'est-ce que par abstraction que nous avons pu concevoir précédemment un mouvement absolu.

Le *mouvement circulaire* est celui d'un corps assujetti à tourner autour d'un centre, en restant toujours à une égale distance de ce point unique. Ce mouvement suppose deux forces : 1° une force initiale, instantanée, qui communique au corps un mouvement rectiligne; 2° une force *centrale* ou *centripète*, continue qui tend à porter le corps vers le centre, et transforme le mouvement rectiligne en mouvement circulaire. Aussi ce dernier mouvement n'est-il qu'un cas particulier du mouvement curviligne. Le *mouvement de rotation* est celui d'un corps qui tourne autour d'une ligne droite fixe appelée *axe*. Ce mouvement est produit par un *couple*, c'est-à-dire par deux forces égales et contraires, agissant parallèlement aux extrémités d'un même diamètre. Si la rotation est accompagnée d'un *mouvement de translation*, elle est produite par une force d'impulsion qui n'a pas passé par le centre de gravité. Supposons, en effet, une force P appliquée en A.

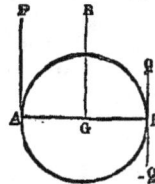

Le mouvement ne sera pas changé si l'on applique en B deux forces contraires Q, — Q', et égales chacune à $\frac{1}{2}$ P. Or Q, avec la moitié de P, aura une résultante R égale à P et appliquée au centre de gravité *g*. Cette résultante produira le mouvement de translation, et — Q avec l'autre moitié de P formera un couple qui déterminera le mouvement de rotation du corps. C'est ainsi que les deux mouvements de rotation et de translation de la terre ont dû être déterminés par une seule impulsion initiale qui, suivant Laplace, a dû passer à une distance du centre égale à la 160° partie du rayon, ou à environ 9 lieues. — Divers instruments servent à transmettre les mouvements, à changer leur direction ou à les régulariser (*voy.* ECHAPPEMENT, ENGRENAGE, EXCENTRIQUE, POULIE). — On désigne sous le nom de *mouvement perpétuel* un mouvement qui se perpétuerait indéfiniment, sans le secours d'aucune action nouvelle qui vînt le ranimer. Il est évident qu'un pareil mouvement ne saurait exister, parce qu'il n'est aucune machine qu'on puisse soustraire complètement au frottement. **D. Jacquet.**

MOUVEMENT (ast.). Ce mot se dit particulièrement du cours régulier des corps célestes. Le mouvement est de plusieurs espèces.

Le Mouvement diurne est celui par lequel tous les corps célestes paraissent tourner chaque jour autour de la terre, d'Orient en Occident; il est occasionné par le mouvement de rotation de la terre sur son axe, d'Occident en Orient. Chaque point de la surface de la terre décrit en 24 h. un cercle dont le rayon est la distance de ce point à l'axe terrestre. Les pôles restent en repos et la vitesse s'accroît en approchant de l'équateur dont le rayon est de 6,377,107 mèt. 018 et le périmètre de 38,262, 642 mèt. 108 ; il en résulte que chaque point de l'équateur parcourt environ 464 mèt. par seconde. Cette vitesse considérable ne peut être appréciée par nos organes, parce que l'atmosphère qui nous entoure est assujettie au même mouvement. La vue seule, en comparant un point de la surface terrestre aux étoiles, calcule ce mouvement, et le retour de ces deux termes au même plan constitue ce que l'on nomme *révolution sidérale*. Quant aux preuves physiques du mouvement *diurne*, on les trouve dans l'observation des planètes, de la lune et même du soleil.

Le Mouvement propre ou annuel est celui par lequel une planète avance chaque jour d'une certaine quantité, d'Occident en Orient. Pour notre globe, l'apparence nous porte à considérer le soleil comme fixe dans l'espace, tandis que la terre parcourt dans un an l'écliptique céleste, tout en accomplissant 365 1/4 révolutions sur son axe, dont la position ne reste pas rigoureusement parallèle à lui-même. Décrivant autour du soleil un cercle à 24096 rayons terrestres de distance de son centre, et parcourant chaque jour dans l'espace un peu moins de 1°, le calcul prouve que notre globe fait environ 410 lieues en 1' de temps ou 6 3/4 lieues par seconde. Cette vitesse assez grande ne paraît excessive, que parce que l'on est sans cesse porté à juger par des organes faibles, qui nous montrent tout en repos sur la surface de la terre; mais en réfléchissant que l'atmosphère nous accompagne sans cesse et ne saurait produire sur nos sens l'effet d'une agitation d'air, semblable à celle que l'on éprouve par le mouvement; en considérant l'analogie existant entre notre planète et Vénus, Mars, etc., enfin en étudiant les phénomènes de l'aberration de la lumière, on est porté à admettre une marche uniforme dans les mouvements planétaires. Quelque considérable que soit le mouvement de la terre, Vénus, sous un volume à peu près égal, a une vitesse beaucoup plus grande, puisqu'elle décrit 485 lieues par seconde. Le mouvement annuel de la terre devient presque nul lorsqu'on le compare à celui de Jupiter, dont le volume est 1,500 fois plus considérable, ou à celui de Saturne qui est 900 fois plus gros que notre globe. Le mouvement de translation, qui existe dans la terre et les autres planètes, est la conséquence des principes de mécanique qui ont engendré la rotation. Les démonstrations mathématiques que l'on tire de l'attraction et de l'aberration prouvent également qu'il existe la plus parfaite identité entre les phénomènes observés et le mouvement composé de la terre.

Mouvement planétaire. La révolution que la terre accomplit en un an autour du soleil conduit à considérer celle que les autres planètes font dans le même sens, autour de cet astre, et dans des temps proportionnels aux carrés de leurs distances. Les anciens n'avaient pour expliquer les mouvements apparents, directs et rétrogrades des planètes que l'hypothèse des épicycles. La découverte du télescope en a fait juger plus sainement aux astronomes modernes, et toutes les apparences se trouvent expliquées en admettant les révolutions autour du soleil, en même temps que la terre accomplit une semblable révolution. On est donc conduit, par les apparences des mouvements et des phases, à conclure que toutes les planètes se meuvent autour du soleil qui, dans sa révolution apparente, paraît emporter les foyers de leurs orbites, ou plutôt à croire que tous ces astres se meuvent autour du soleil fixe, en même temps que notre globe fait sa révolution, ce qui les fait paraître tantôt directs, tantôt rétrogrades, suivant sa position écliptique. Si les planètes n'obéissaient qu'à l'action du soleil, elles décriraient autour de lui des cercles elliptiques; mais elles agissent les unes sur les autres en même temps que sur le soleil, et de ces attractions diverses, il résulte dans leurs mouvements elliptiques des perturbations que les observations font entrevoir et qu'il faut déterminer pour avoir les tables exactes des mouvements planétaires.

Mouvement horaire. Le ciel effectuant sa révolution apparente de 360° en 24 h., d'un mouvement uniforme, un arc de 15° se trouve décrit en 1 h., 1° en 4' de temps, 1' en 4 secondes de temps; il est donc facile de trouver quel est l'arc parcouru en un temps donné et réciproquement.

Mouvement des étoiles. On a observé des mouvements particuliers dans plusieurs étoiles doubles, c'est-à-dire dans celles qui sont extrêmement rapprochées et qui paraissent n'en former qu'une dans les lunettes dont le grossissement est peu considérable.

MOUVEMENT APPARENT DU SOLEIL. Le mouvement de cet astre, par rapport aux planètes, n'est réellement qu'apparent, mais il a trompé presque tous les astronomes jusqu'aux temps des Copernic et des Galilée. C'est à la planète seule que nous habitons que nous devons cette illusion. Par rapport à lui-même, l'observation des taches du soleil a démontré que cet astre a un mouvement de rotation qu'il effectue en 25 j. 16′ 48″, mais, en raison de l'arc de l'écliptique que la terre décrit dans le même sens, pendant cet espace de temps, la durée de la rotation paraît être d'un peu plus de 27 jours. Les astronomes ayant rapporté tous les plans à l'orbite terrestre, ont trouvé que l'inclinaison de l'axe de rotation solaire sur cette orbite est de 7°,323. — Quant au mouvement de translation du soleil, et, par conséquent, de tout le système solaire, on pense, d'après l'accroissement successif de quelques étoiles d'Hercule, que notre système tend vers cette constellation; mais il faudra des milliers de siècles d'observations pour pouvoir réduire ce mouvement aux principes du calcul.

MOUVEMENT DE LA LUNE. Le mouvement propre de ce corps céleste est le plus prompt et le plus remarquable de tous ceux que l'on observe. On ne peut déterminer les mouvements précis de cet astre qu'après l'avoir observé avec soin, après avoir reconnu les nombreuses inégalités de son cours et en avoir composé des tables, c'est-à-dire en soumettant les résultats à l'analyse, et en observant les excursions de ce satellite, sa parallaxe, son diamètre, etc. Les apparences sont pour nous les mêmes que, si la terre restant fixe, la lune décrivait son orbe autour de nous en 27 j. 321583, pendant que le soleil parcourait une autre orbite 400 fois plus éloignée en 365 j. 242257. Pendant que la terre fait sa révolution journalière, la lune se meut dans son orbe, d'Occident en Orient, et décrit un arc de grandeur variable qui, vu de la terre est estimé, dans le ciel, à une valeur moyenne de 13° 10′ 35″, c'est-à-dire 13 fois plus grand que l'arc de 1° décrit par le soleil apparent. Cette variation de déclinaison explique les changements des levers, des couchers et des hauteurs méridiennes de ces astres.—En supposant la terre fixe, la vitesse de la lune est autour d'elle de 14 lieues par minute; cette vitesse doit réellement se composer avec celle de la terre, puisque celle-ci entraîne la lune avec elle. La vitesse absolue du centre de la lune se trouve être de 396 à 424 lieues par minute selon sa position. — De nombreuses comparaisons faites des observations des mouvements lunaires indiquent un mouvement séculaire sidéral de la lune, et une anomalie dans le moyen mouvement de ce satellite, d'où suit la nécessité de retoucher sans cesse aux époques des tables, jusqu'à ce que l'on parvienne à déterminer la cause ou la loi de cette anomalie singulière; il paraîtrait qu'elle tient à plusieurs inégalités inconnues, à longues périodes.

MOUVEMENT DES NŒUDS DE LA LUNE. La durée d'une révolution sidérale des nœuds de la lune était, au commencement de ce siècle, de 6793 j., 39081 jours et la distance moyenne du nœud ascendant, à l'équinoxe du printemps, était 13° 91839; mais le mouvement des nœuds se ralentit de siècle en siècle; il est assujetti à plusieurs inégalités, dont la plus grande est proportionnelle au sinus du double de la distance de la lune au soleil, et s'élève à 1° 6292 dans son maximum.

MOUVEMENT DES SATELLITES. Outre ce que nous avons dit ci-dessus pour le mouvement de la lune, les distances, les durées des révolutions, les durées des éclipses, etc..., des satellites de Jupiter ont été indiqués au mot SATELLITES. Ce que les mouvements de ces satellites ont offert de particulier, c'est que les durées de leurs révolutions synodiques peuvent facilement se conclure des durées de leurs révolutions sidérales et de celle de la révolution de Jupiter. En comparant leurs moyennes distances aux durées de leurs révolutions, on observe entre ces quantités le rapport qui existe entre les durées des révolutions des planètes et leurs moyennes distances au soleil, c'est-à-dire que les carrés des temps des révolutions sidérales des satellites sont entre eux comme les cubes de leurs moyennes distances au centre de Jupiter. A. DE P.

MOUVEMENT (*art. mil.*) : ce mot signifie le passage d'une position à une autre, ou, en d'autres termes, l'art de faire mouvoir les troupes sur un terrain plus ou moins étendu. A l'armée, un mouvement fait à propos et intelligence assure presque toujours le succès d'une bataille et quelquefois sans combattre celui d'une campagne. C'est par l'habileté de ses mouvements que César vainquit Afranius en Espagne sans lancer une flèche; Turenne battit Condé et Montécuculli par la supériorité et l'à-propos de ses mouvements; le général Bonaparte dut à son coup d'œil d'aigle et à ses savantes manœuvres la gloire d'avoir battu dans les plaines d'Italie, avec moins de 40,000 hommes, trois armées de 100,000 combattants. Les mouvements stratégiques ou grands mouvements sont ceux qui se combinent entre plusieurs armées, ou qui se préparent à des distances éloignées du champ de bataille. SICARD.

MOUVEMENT (*mus.*). Ce mot, comme beaucoup d'autres expressions de la langue musicale, comporte jusqu'à cinq significations différentes.

Il désigne le sentiment général de calme ou d'agitation qui règne dans un morceau quelconque. La musique est mouvementée quand elle a des sauts brusques, des entrées inattendues, des modulations nombreuses, et généralement quand il y règne une très grande variété. Il y a au contraire peu de mouvement dans un morceau, quand les diverses parties qui le composent suivent leurs lignes sans effort, lorsque la mélodie repose constamment sur les cordes principales de la gamme, lorsque l'harmonie se compose principalement d'intervalles doux et moelleux, comme la tierce et la sixte, etc. L'emploi de ces deux procédés est déterminé par le sujet : l'un représente l'agitation des âmes, le choc des passions contraires ; il appartient surtout à la musique dramatique : l'autre exprime le calme des esprits, la douce rêverie, la prière sereine du juste ; il convient plus spécialement à la musique d'Eglise.

Le mot *mouvement* s'emploie, et c'est le cas le plus général, pour désigner le degré de lenteur ou de rapidité avec lequel un morceau de musique doit être exécuté. L'expression de la musique dépend beaucoup moins de l'intonation ou succession des sons que du rhythme et du mouvement. Pressez ou ralentissez le mouvement de tel ou tel air, vous lui donnerez une physionomie toute différente. Il existe une variété infinie de nuances dans le degré de vitesse avec lequel un morceau doit s'exécuter. On a cependant divisé ces mouvements en trois classes : les mouvements lents, les mouvements modérés et les mouvements vifs. Longtemps on s'est contenté, pour les désigner, de paroles italiennes qui les déterminent plus ou moins vaguement. Les mots *largo*, *lento*, *adagio*, *larghetto*, *andantino*, indiquent les nuances du mouvement lent. Les mots *andante*, *moderato*, *tempo giusto*, *allegretto* désignent les degrés du mouvement modéré. Le mouvement rapide s'indique par les mots *allegro*, *vivace*, *presto*, *prestissimo*. Mais ces indications sont loin d'avoir la même valeur pour les divers compositeurs ; le mouvement *allegro*, par exemple, peut être pour l'un un *presto*, tandis qu'il sera pour l'autre un *allegretto*. Le mot *tempo di minuetto*, qui désignait dans l'origine la danse lente et solennelle des Français connue sous le nom de menuet, a fini par indiquer dans Beethoven un mouvement à trois temps si preste qu'on est obligé de battre la mesure à un seul temps. On était donc réduit, pour savoir le mouvement d'un morceau, à le deviner, ce qui occasionnait une foule d'erreurs et de pertes de temps, ou à consulter la tradition, ce qui n'était possible que dans un petit nombre de cas. L'invention du métronome (*voy.* ce mot) et l'habitude qu'ont prise les compositeurs d'indiquer en fractions métronomiques le mouvement dans lequel leurs œuvres doivent être exécutées, ont mis un terme à ces tâtonnements et à ces erreurs. Les signes du mouvement ne sont plus conservés que comme signes d'expression. — Le mouvement d'un morceau n'est pas constamment le même. Quelquefois, il faut, dans l'intérêt de l'expression, presser la mesure ou la ralentir ; c'est ce qu'on appelle le *premendo* et le *calando*. On ne doit employer qu'avec sobriété ces moyens d'expression dont il a été souvent abusé. Quelquefois le mot mouvement ne s'entend pas de la rapidité de l'exécution, mais de la force avec laquelle le son est émis. Le *crescendo* si souvent employé par Rossini est un mouvement progressif de l'orchestre sur une marche de basse uniforme, qui finit par un formidable *fortissimo* des instruments les plus bruyants, après avoir débuté par les sons les plus doux. Le *crescendo* a été inventé par un musicien milanais nommé Molza ; mais c'est Rossini qui en a révélé toute la puissance.

Le mouvement est encore la marche de la mélodie. Lorsque celle-ci procède suivant la gamme, en montant ou en descendant, on dit qu'elle marche par *mouvement conjoint*. Elle s'avance par *mouvement disjoint* quand elle franchit des intervalles plus grands que la seconde. Mouvement *conjoint* : *Sol, la, si, la, sol, fa, mi, ré, ut.* Mouvement *disjoint* : *Sol, si, fa, la, mi, ut.*

Le mot mouvement s'entend en harmonie de la disposition des parties entre elles. Quand les parties qui composent l'harmonie montent ou descendent à la fois, le *mouvement* est dit *semblable* ; quand une ou plusieurs montent tandis que les autres restent en place, le *mouvement* est dit *oblique* ; enfin les parties procèdent par *mouvement contraire* quand les unes montent en même temps que les autres descendent. Quelques théoriciens ajoutent un quatrième mouvement, le *mouvement parallèle*, dans lequel les parties continuent d'avancer en restant dans la même position respective ; mais ce prétendu mouvement est un véritable repos de l'harmonie et il nous semble inutile de nous en préoccuper. De ces trois mouvements le mouvement semblable est celui qui réclame le plus de précautions de la part de l'harmoniste. Le plus facile à suivre pour l'oreille est le mouvement oblique, qui, tout en ne fournissant un accord nouveau à chaque note, et par conséquent déjà très riche d'harmonie, n'amène cependant chaque fois qu'une note nouvelle; mais le plus riche en mélodie et en harmonie, est le mouvement contraire, un peu plus difficile à suivre que le mouvement oblique, puisque les parties se déplacent à la fois, mais, en revanche, beaucoup plus varié et laissant ainsi que lui, sur le choix et la succession des accords, une liberté dont le mouvement semblable ne s'accommoderait pas. On trouvera au mot *Harmonie* les lois auxquelles sont soumis les compositeurs lorsqu'ils emploient chacun de ces mouvements. **J. FLEURY.**

MOUZAIA (*géog.*) : montagne de l'Algérie, dépendant de la première chaîne de l'Atlas, entre Blidah et Médéah. Elle s'élève à 1,560 mètres de hauteur. Au pied de la Mouzaïa se trouve le *teniah de Mouzaïa*, défilé dangereux, devenu célèbre dans nos annales par les combats qui s'y sont livrés entre les Arabes et les Français.

MOXA (*méd.*) : mot dérivé du portugais *mechio*, mèche. Il sert à désigner à la fois le mode particulier d'ustion qu'on pratique à l'aide d'un cone ou d'un cylindre de matière très combustible, enflammé et mis en contact avec la peau ainsi que ce cone lui-même. Cette pratique paraît avoir été importée en Europe par les Portugais qui l'avaient prise des Chinois et des Japonais. Les Chinois se servent pour la confection de leurs moxas d'un duvet qu'ils obtiennent en pilant les feuilles et les sommités de plusieurs espèces d'armoises, qu'ils tordent comme de la corde, ou qu'ils roulent en forme de cylindre. Le chanvre, le lin, le coton cru ou bouilli, soit dans l'eau, soit dans une forte solution de nitrate de potasse, l'amadou, les mèches d'artillerie préparées avec le chanvre et le nitrate de potasse, ou encore avec le coton imprégné d'acétate de plomb, la moelle de plusieurs joncs, les mousses desséchées, enfin les tiges très moelleuses de l'*helianthus annuus* peuvent fournir d'excellents moxas. Les substances animales, telles que la soie dont se servent les Indiens, la laine de mouton, le poil de chèvre, la bourre du chameau employée par les Arabes et les Tartares, ont l'inconvénient de brûler avec trop de lenteur et de répandre une odeur désagréable. On emploie le plus généralement en Europe des cylindres de coton ou de coton roulés dans un morceau de linge, et plus ou moins serrés par des liens circulaires, suivant la densité que l'on veut leur donner.—Plus les moxas sont serrés, plus la brûlure qu'ils produisent est profonde et se rapproche de celle du charbon; ceux d'un tissu lâche comme la moelle de l'élianthus ne déterminent qu'une brûlure légère qui leur a valu le nom de *moxas de velours*. La dimension que l'on donne aux cylindres est de 8, 12 ou 15 lignes de diamètre sur 1 pouce de hauteur

au plus. Pour les appliquer on enflamme la partie supérieure, et l'on active plus ou moins la combustion à l'aide d'un chalumeau ou d'un soufflet, de sorte qu'à l'instant où elle se trouve atteindre la couche en contact avec la peau, celle-ci est déjà pour ainsi dire accoutumée progressivement à sa température élevée, ce qui diminue de beaucoup la douleur néanmoins toujours assez vive. Il faut avoir soin de garantir les parties voisines de l'atteinte des étincelles par l'application de plusieurs doubles de linge humide ou d'un carton humecté d'eau, dans le milieu desquels on a pratiqué une ouverture du diamètre du moxa.—On peut appliquer le moxa sur toutes les parties du corps, à l'exception cependant des endroits où la peau est mince, et recouvre presque immédiatement des tendons, des cartilages ou des os, comme sur la partie inférieure de l'avant-bras, les phalanges, le nez et les oreilles.

Les effets immédiats du moxa sont d'abord une douce chaleur qui s'accroît par degrés, puis une douleur très aiguë qui s'étend à une certaine distance; il détermine enfin une brûlure plus ou moins profonde, suivant la densité et le volume de la mèche. Vers la fin de la combustion on entend quelquefois de petites explosions qui résultent de la rupture brusque de l'épiderme ou de la surface du derme, sous lesquels sont retenus des liquides que le calorique fait passer à l'état de vapeur. La partie sur laquelle a porté le moxa est entourée d'une auréole rouge qui disparaît bientôt; la peau atteinte par la combustion est dure, desséchée, raccornie, jaunâtre, et reste plusieurs jours dans cet état avant de se détacher. Les effets secondaires sont une inflammation provoquée par la chute de l'escarre, puis une suppuration plus ou moins abondante. C'est à cette suppuration ou plutôt à l'irritation qui la provoque et l'entretient que le moxa doit tous ses effets thérapeutiques. Ce n'est en définitive qu'un exutoire plus ou moins profond, toujours assez étendu et pour cela d'une grande énergie (*voy.* EXUTOIRE).

MOXOS, peuple indigène de l'Amérique du sud, dans la Bolivie et dans le département de Santa-Cruz de la Sierra. Ce peuple qui donna son nom à un département du haut Pérou, habite les vallées des Andes, par 12° 18' lat. S., et 63° 71' long. O.

MOYEN, MOYENNE. On appelle *moyens* le second et le troisième terme d'une proportion, et *moyenne* la quantité unique qui les forme dans une proportion continue. La moyenne est dite *moyenne différentielle* ou *arithmétique*, si elle appartient à une équidifférence ou proportion arithmétique, et *moyenne géométrique* ou *proportionnelle* , si elle appartient à une proportion géométrique (*voy.* PROPORTION). On nomme aussi *moyens arithmétiques* ou *géométriques* les termes insérés entre deux termes quelconques d'une progression arithmétique ou géométrique, et constituant avec ces derniers une progression.

Dans toute *proportion arithmétique* la somme des moyens est égale à la somme des extrêmes. En effet, soit l'équidifférence $a . b : c . d$, et appelons r la raison, nous aurons d'abord, d'après la définition , $a = b \pm r$, $c = d \pm r$ Puis en ajoutant d aux deux membres de la première égalité, et b aux deux membres de la seconde, il vient respectivement $a + d = b + d \pm r$, $b + c = b + d \pm r$, d'où $b + c = a + d$. De là on tire $b = a + d - c$, c'est-à-dire que l'on aura un moyen en ajoutant les extrêmes, et retranchant de la somme le moyen connu.

Soit maintenant l'équidifférence continue $a . x : x . b$; x sera la *moyenne arithmétique* entre a et b, et l'on aura, par ce qui précède : $2 x = a + b$. Donc $x = \dfrac{a + b}{2}$. La moyenne arithmétique entre deux quantités est donc égale à leur demi-somme. Ces moyennes sont d'un fréquent usage. Dans un trapèze, la parallèle menée à égale distance des deux bases est une moyenne arithmétique entre ces bases. Tout carré est moyen différentiel entre les carrés faits sur le diamètre , et sur le rayon du cercle circonscrit, etc. Par analogie on appelle *moyenne arithmétique de* n *nombres* une quantité telle que mise à la place de chacun d'eux, elle produise la même somme. Il est évident qu'on obtiendra cette moyenne en faisant la somme des quantités données, et divisant cette somme par n. C'est ainsi, par exemple, qu'en observant le baromètre d'heure en heure, en ajoutant les 24 observations d'un jour, et en divisant par 24, on a la hauteur moyenne du jour. De même , en ajoutant les 30 moyennes d'un mois, et divisant par 30, on a la hauteur moyenne du mois, et ainsi de suite.

Dans toute *proportion géométrique* le produit des moyens est égal au produit des extrêmes. Soit la proportion $a : b :: c : d$, et appelons q la raison. Nous aurons par définition $a = b q$, $c = d q$. Donc en multipliant les deux termes de la première égalité par d pour avoir le produit des extrêmes , et les deux termes de la seconde par b pour avoir le produit des moyens , il vient : $a d = b d q$, $b c = b d q$, ou $b c = a d$.

De là on tire $b = \dfrac{a d}{c}$, c'est-à-dire que l'on aura un moyen en faisant le produit des extrêmes , et divisant par le moyen connu.

Dans une proportion continue telle que $a :$ $x :: x : d$, x sera la moyenne géométrique entre a et d, et par ce qui précède on aura $x^2 = a \times d$, d'où $x = \sqrt{a d}$. La moyenne géométrique entre deux quantités est donc égale à la racine carrée du produit de ces deux quantités. La géométrie nous présente une foule d'applications de ce rapport. Par exemple , l'aire du cylindre équilatéral inscrit dans une sphère est proportionnelle entre l'aire de la sphère et celle du cone équilatéral inscrit. Il en est de même des volumes de ces corps. Le même rapport existe encore pour les surfaces et les volumes des mêmes figures circonscrites. On a souvent à construire la moyenne géométrique entre deux droites , par exemple , des droites A et B (fig. 1). Voici plusieurs procédés :

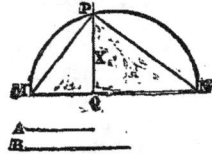

1° Traçons M Q $=$ A , et à la suite Q N $=$ B. Sur M N décrivons une demi-circonférence , et au point Q élevons la perpendiculaire P Q. Cette perpendiculaire que nous appelons x sera la moyenne cherchée. En effet, le triangle M N P est rectangle en P comme inscrit dans le demi-cercle (*voy.* RECTANGLE), et la perpendiculaire abaissée du sommet du triangle-rectangle sur l'hypoténuse est moyenne proportionnelle entre les deux segments M Q , Q N.

2° On peut prendre M N $=$ B , M Q $=$ A , élever au point Q une perpendiculaire , et décrire la demi-circonférence sur M N. Alors en joignant M P, on aura la moyenne cherchée. Car cette droite M P est moyenne proportionnelle entre l'hypoténuse M N $=$ B , et le segment adjacent M Q $=$ A.

3° Menons M Q $=$ B (fig. 2), prenons sur cette ligne Q N $=$ A, décrivons sur M N comme diamètre une circonférence, et par le point Q menons la tangente P Q. Cette tangente est la moyenne cherchée, car elle est moyenne proportionnelle entre la sécante entière M Q $=$ B, et sa partie extérieure Q N $=$ A.

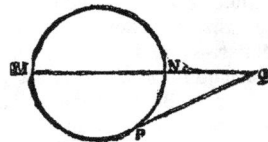

Dans une *proportion arithmétique* on peut avoir à insérer entre deux termes a et l, par exemple, un nombre m de moyens arithmétiques. Pour cela il suffit de connaître la raison $r = \dfrac{l-a}{m+1}$ (voy.

PROGRESSION). En l'ajoutant au premier terme a, on a le second terme ou le premier moyen ; en l'ajoutant au second terme obtenu, on a le troisième et ainsi de suite. La raison étant la même entre tous ces termes, on voit qu'ils forment encore une progression. Mais on peut avoir à insérer entre deux termes a et c un nombre x de moyens arithmétiques, tels que un certain nombre donné b soit un de ces moyens. Pour cela, supposons que y soit le rang occupé par b dans la progression, nous aurons par la formule précédente $c-a = r(x+1)$, $b-a = r(y-1)$, d'où $\dfrac{c-a}{b-a} = \dfrac{x+1}{y-1}$. En ramenant le premier membre à sa plus simple expression, l'équation précédente sera de la forme $\dfrac{\alpha}{\beta} = \dfrac{\alpha t}{\beta t}$.
Donc on a : $\alpha t = x+1$, $\beta t = y-1$, ou
$$x = \alpha t - 1, \quad y = \beta t + 1.$$
or, en faisant successivement $t = 1, 2, 3 \ldots$ on aura :
$$x = \alpha - 1, \ 2\alpha - 1, \ 3\alpha - 1. \ldots$$
$$y = \beta + 1, \ 2\beta + 1, \ 3\beta + 1. \ldots$$
valeurs qui expriment qu'en insérant $\alpha - 1$ moyens entre a et c, b sera le $\beta + 1^{me}$ terme ; qu'avec $2\alpha - 1$ moyens, b sera le $2\beta + 1^{me}$ terme, et ainsi des autres.

Dans une *progression géométrique* on peut avoir également à insérer entre deux nombres a et l, un nombre m de moyens géométriques. Pour cela encore il suffit de connaître la raison $q = \sqrt[m+1]{\dfrac{l}{a}}$.

Car en multipliant le premier terme par q, on aura le second terme aq. On aura de même les autres moyens aq^2, $aq^3 \ldots$, et l'on voit qu'il y aura progression entre ces termes, puisque la raison sera partout la même.

Moyen terme (voy. SYLLOGISME) ; *temps moyen* (voy JOUR).　　　　　　D. JACQUET.

MOYEN (ast.). Ce terme s'applique à toutes les quantités qui sont également différentes ou qui tiennent le milieu entre les plus grandes et les plus petites valeurs dont sont susceptibles les mêmes objets ; ainsi on dit le lieu *moyen*, la parallaxe *moyenne*. — Le *moyen mouvement du soleil* est l'arc moyen décrit par cet astre qui, changeant chaque jour de place dans l'écliptique, ne décrit l'ellipse entière qu'en une année tropique, après avoir tantôt accéléré, tantôt retardé sa marche apparente ; cet arc est de 59′,13883. — Le *moyen mouvement de la lune* est par jour de 13°,176396 en longitude et celui du nœud ascendant de 3′,17731.

MOYNE (*biog.*). Nous citerons, parmi les personnages de ce nom :

1° MOYNE (*Jean-Baptiste* le), sculpteur du XVIIIe siècle, né à Paris, en 1704, mort en 1778, dans la même ville. Il fut le principal représentant de cette école qui cherchait l'effet dans l'exagération des poses théâtrales, et non dans l'observation de la nature. Il étudia d'abord sous son père, Jean-Louis le Moyne, auteur de statues et de portraits estimés, et à vingt ans, il gagna le grand-prix de sculpture pour un bas-relief représentant le sacrifice de Polyxène. Ce prix lui donnait le droit d'aller à Rome étudier les modèles antiques ; mais son père s'y opposa par un excès de tendresse. Cinq ans après, J.-B. le Moyne avait achevé un groupe de saint Jean baptisant Jésus, commencé par son oncle pour l'église de Saint-Jean en Grève. Il fut ensuite chargé de la statue en bronze élevée à Louis XV par la ville de Bordeaux, et du monument commandé par les États de Bretagne, pour conserver le souvenir de la convalescence du roi. On a encore de lui le mausolée du cardinal de Fleury, les statues de saint Grégoire et de sainte Thérèse aux Invalides, le tombeau de Mignard, qu'on voyait à l'église des Jacobins de la rue Saint-Honoré ; le tombeau de Crébillon, que le curé de Saint-Gervais refusa d'admettre, à cause d'une figure de Melpomène. Ces deux monuments ont été transportés au Musée des monuments français, ainsi que quelques autres statues, bustes et allégories du même artiste. Toutes ces œuvres ont les défauts et les qualités de l'auteur ; toutes sont gâtées par un style maniéré et guindé, par des poses tourmentées et symétriques, par cette horreur de la simplicité, qui caractérisent l'art du XVIIIe siècle ; mais il serait injuste de n'y pas reconnaître un mérite d'élégance, de distinction et de grâce, dont l'école de David a fait trop bon marché depuis.

2° MOYNE (*Jean-Baptiste*), compositeur dramatique, plus connu sous le nom de Lemoyne, né à Eymet, en Périgord, en 1751. Il alla, à quatorze ans, étudier les maîtres d'Allemagne, et débuta par un Chant d'Orage qui, chanté à Berlin dans un ancien opéra, lui valut la protection toute spéciale de la famille royale de Prusse. Peu de temps après, il faisait jouer, à Varsovie, le *Bouquet de Colette*, en un acte, pour les débuts de Mme Saint-Huberti, dont il entreprit l'éducation musicale. Il revint avec elle en France, et fit jouer, en 1782, une *Electre*, qu'il prétendait dans le style de Gluck ; mais Moyne n'avait copié de son modèle que les placages d'accords, et l'absence de mélodie, sans rien prendre de l'expression puissante du grand compositeur. Il étudia alors la musique italienne, et donna les *Prétendus*, 1789. C'était l'idéal du style poudré, brodé, galonné, mascarillisé, un tissu de ponts-neufs prétentieux, sans aucune valeur de mélodie ni d'expression; mais le goût du public était loin d'être formé : La musique sévère de Gluck et de Spontini semblait un peu solennelle; le sujet des *Prétendus* était amusant et bouffon, aussi l'ouvrage obtint-il un succès colossal. Les autres opéras de Lemoyne eurent peu de succès, excepté *Nephté*. Il mourut en 1796, à Paris. — Son fils, Gabriel Moyne, né à Berlin, en 1792, a publié de nombreux morceaux pour le piano, et un opéra comique, l'*Entresol*. Il est mort en 1815.

MOZAMBIQUE (*géog.*) : partie de l'Afrique orientale, qui comprend les possessions portugaises. Aujourd'hui la Mozambique s'étend depuis le cap del Gado (l'ancien *Basum promontorium*), au N. jusqu'à la baie de Lorenzo-Marquez au S., c'est-à-dire de 10° 15' à 25° 15' lat. S., et comprend les riches contrées de Sofala, de Quiloa, de Mombaça et de Melinde. Lorsque les Portugais abordèrent dans ce pays, il était encore sous la domination des Cheykhs maures; Vasco de Gama le trouva très florissant à l'époque de son premier voyage (1498). Ce navigateur, appréciant parfaitement les avantages qu'on pouvait retirer d'un établissement à Mozambique, avait voulu le sonder; mais l'attitude hostile des Maures l'avait forcé à prendre la fuite. Il fit part de ses observations au gouvernement, et celui-ci, après de longues négociations, obtint la permission d'y faire bâtir une factorerie (1508), qui fut le fondement de la puissance portugaise sur le canal de Mozambique. Il serait difficile de préciser à l'O. les limites de la Mozambique. La côte seule appartient véritablement aux Portugais; elle est arrosée par le Zambèse ou Cuama, gonflé d'un grand nombre d'affluents, par le Sofala et l'Inhambane, qui tombent dans le canal de Mozambique, et par le Sorenzo-Marquez, Manica ou rivière du Saint-Esprit, qui se jette dans la baie de Lorenzo-Marquez. Cette vaste étendue de côtes forme la capitainerie générale de la Mozambique, divisée en sept capitaineries, savoir : Querembo ou Porto-Delyado, dont le chef-lieu est Fort-Ibo; Mozambique, chef-lieu Mozambique; Quelimane ou Guillemane, chef-lieu Saint-Martin-de-Guillemane; Seva ou Senna, chef-lieu Tette; Sofala et Inhambane, dont les chefs-lieux portent le même nom, et enfin Bahia de Lorenzo-Marquez, chef-lieu Preside de Lorenzo-Marquez. — La ville de Mozambique, capitale de la capitainerie générale, est la seule importante. Elle est avantageusement située au milieu de petites îles de son nom, à l'entrée d'une baie

commode. Elle était autrefois protégée par de bonnes fortifications; sa population, selon Salt, est de 2,800 habitants, dont 500 portugais, 800 arabes, 1,500 nègres. Elle est bâtie en pierres de corail, et possède quelques édifices élégants, une église, un couvent, un hôpital et un grand arsenal de marine, mais parfaitement fourni. Son port, vaste et sûr, est défendu par deux forteresses construites sur deux îlots voisins. Les vaisseaux portugais qui naviguent vers les Indes orientales relâchent à Mozambique pour y faire leurs provisions. Malheureusement l'air y est très insalubre, et la chaleur y monte jusqu'à 89 degrés Fahrenheit, ce qui, pendant la saison vaporeuse, fait refluer la plus grande partie des habitants à Mesoril, au fond de la baie. Le gouverneur ou capitaine-général est assisté par un conseil de régence composé de l'évêque de Mozambique, suffragant de l'archevêque de Goa, d'un ministre-président de la junte, et de l'officier qui commande les troupes. La capitainerie-générale de la Mozambique, malgré son étendue immense, ne contient pas 300,000 habitants. Le pays dans l'intérieur est rude et montagneux, et sur les côtes plat et souvent marécageux. Le sol en général y est d'une fertilité extrême, riche en céréales, et en fruits succulents. On y trouve des forêts de figuiers des Indes, d'orangers, de citronniers, de palmiers, de cafiers, etc., peuplées de différents animaux, et entre autres d'éléphants. Les mines d'or y sont fort nombreuses et surtout à Zumbo. Le commerce le plus actif de la Mozambique consiste en dents d'éléphants, écaille, piment, baume, ambre gris, gomme, peaux de tigres, etc.

MOZARABES. On désigne ainsi les chrétiens espagnols qui, dans certaines provinces, et notamment dans le Midi, acceptèrent les lois du conquérant Muza, et qui, en échange de leur soumission, furent maintenus dans leurs propriétés et dans le libre exercice de leur culte. Quoique soumis à la police commune, les mozarabes avaient des tribunaux spéciaux, dont les membres étaient recrutés parmi eux, et où ils étaient jugés selon la loi visigothe. Ils étaient, en outre, représentés auprès des califes de Cordoue par un comte chrétien. Cet accord ne pouvait longtemps durer en face de la guerre d'extermination que se faisaient les deux peuples dans le reste de l'Espagne. La populace more affectait, vis-à-vis des mozarabes, l'insolence du vainqueur, et ceux-ci, dont la soumission avait été sollicitée et volontaire, ne pouvaient se résigner au rôle de vaincus. Les haines de religion s'ajoutaient aux haines de race, et de là naissaient des désordres fréquents qu'une circonstance vint aggraver. Les muzlites (en arabe *munalad*, d'où est venu l'espagnol *mulato*, et probablement le français *mulâtre*) issus du croisement d'arabes avec les rénégats juifs et chrétiens, et qui, pour s'assimiler aux vieux Musulmans, tourmentaient cruellement les mozarabes, formaient, dès le milieu du IXe siècle, une caste très nombreuse et très influente. A force d'intrigues, ils firent nommer à l'évêché de Malaga un certain Hoctogésis, et à l'évêché d'Elvira un certain Samuel, hommes d'une moralité plus que suspecte, qui, non contents de souiller l'épiscopat par leurs déprédations et leurs débauches, et d'encourager, qui plus est, les persécutions fiscales dirigées contre les chrétiens, lancèrent des propositions essentiellement hérétiques sur les attributs de Dieu et de la vierge Marie. Les mozarabes se plaignirent de ces scandales, et, par ordre du roi Mohamed Ier, le cas fut soumis à un concile convoqué à Cordoue. L'abbé Samson, de cette dernière ville, combattit les opinions d'Hoctogésis, mais le concile, cédant à la menace, les approuva. Samson résista, fut exilé et publia une apologie qui surexcita l'indignation des fidèles contre Hoctogésis et ses protecteurs musulmans. Trois chrétiens, Fandila de Guadix, Rogelio de Parapanda, Amador de Martos, osèrent prêcher en pleine Mosquée contre la religion de Mahomet et souffrirent avec enthousiasme le dernier supplice. Ces exemples trouvaient tant d'imitateurs que le gouvernement de Cordoue convoqua un synode d'évêques andalous pour faire déclarer que les mozarabes qui encourraient volontairement la peine de mort ne seraient pas réputés martyrs.

Sur ces entrefaites les muzlites, peu à peu devenus l'élément dominant de la population, se soulevèrent contre l'influence des Arabes de race pure qui s'obstinaient à les traiter en caste inférieure. En 887, un chef muzlite, Aben Hafsum, se proclamait roi de Tolède et s'emparait de la Castille et de l'Aragon. Les muzlites et quelques Arabes mécontents d'Andalousie se révoltèrent à leur tour, et les chrétiens mozarabes, sacrifiant leurs rancunes accidentelles contre les muzlites, à la haine de la domination musulmane, se joignirent à l'insurrection. Maîtres des Alpujarras, de Grenade et de Jaën, ils tuèrent, dès la première bataille rangée, 7,000 hommes au roi de Cordoue (889); mais, dès l'année suivante, ils en laissèrent à leur tour 12,000 sur le champ de bataille d'Elvira. Un nouveau soulèvement éclata en 918 avec moins de succès encore. Vient ensuite une longue période de paix pendant laquelle les mozarabes, qui avaient déjà adopté le costume more, perdent jusqu'à l'usage de leur langue nationale

mais la haine du nom musulman survit chez eux à cette apparente fusion. Spectateurs indifférents des guerres civiles du XIe siècle, ils engagèrent, au commencement du XIIe, l'empereur d'Aragon, Alphonse-le-Batailleur, à fondre sur les provinces du Midi (1125), lui promettant d'armer en sa faveur 12,000 volontaires. Alphonse vint, en effet, ravager le territoire de Valence et de Grenade; mais sans s'emparer d'une seule place forte. Faute de vivres il dut bientôt abandonner son éphémère conquête. 10,000 mozarabes suivirent Alphonse, qui, après avoir pris l'avis des prélats aragonais, leur distribua des terres, les créa tous gentilshommes et leur accorda des priviléges spéciaux. En vertu d'un de ces priviléges, les amendes dont étaient punis, selon la loi du temps, tout vol et tout meurtre commis par les hommes libres, étaient réduites au cinquième quand le voleur ou le meurtrier était Mozarabe, et, au cas où la victime était un More ou un Juif, le Mozarabe jouissait d'une impunité absolue. C'était une politique habile. Séduits par l'appât de ces immunités, les Mozarabes disséminés dans les villes mores du nord et du centre furent d'actifs auxiliaires pour la réaction chrétienne. Quant à ceux des mozarabes d'Andalousie qui ne s'étaient pas décidés à suivre l'empereur Alphonse, ils payèrent cher leur confiance. Le cadi Aben-Bolut se rendit tout exprès dans le Maroc pour conseiller au calife Ali d'en finir avec ces perpétuels complices de l'ennemi. Ali, sur l'avis des docteurs de la loi, fit périr les mozarabes les plus compromis dans la conspiration qui avait appelé l'invasion aragonaise. Les autres, traqués par les troupes barbaresques dans les Alpujarras, furent transportés sur les plages d'Afrique, où la plupart périrent de faim ou de maladie. Quelques familles survivantes se fixèrent à Salé et à Méquinez, où leurs descendants devaient voir venir, quelques siècles plus tard, d'autres proscrits expulsés comme elles des gorges des Alpujarras, mais expulsés cette fois par les chrétiens. Les mozarabes suivaient le rituel visigoth ou tolédan, qui finit par prendre leur nom, et fut longtemps en vigueur dans toute l'Espagne chrétienne. Les mariages de Sanche d'Aragon et d'Alphonse VI de Castille avec des princesses d'Aquitaine et de Bourgogne, amenèrent en Espagne vers la fin du XIe siècle, un grand nombre de moines français, qui obtinrent les meilleurs évêchés et prieurés, et firent substituer au rituel mozarabe le rituel romain, adopté en France, substitution qui ne s'accomplit pas sans difficulté.   G. D'A.

MOZART (*biog.*) : musicien célèbre, qui n'a s eu d'égal, qui n'en aura peut-être jamais.

Né en 1756, d'un maître de chapelle de l'évêque de Salzbourg, auteur d'une méthode de violon, traduite en français, Wolfgang Amédée Mozart débuta par être un enfant célèbre. A trois ans, il apprenait le clavecin seul à voir jouer sa sœur. A six ans, il composait de petits morceaux de piano, qui ont été publiés et qui sont charmants. On le voit, à sept ans, et sans avoir reçu de leçons, faire une partie de second violon à première vue. Conduit par ses parents à Vienne, à Versailles, à Londres, il est protégé par tous les souverains, caressé par toutes les princesses, fêté par les grandes dames des cours d'Allemagne, de France, d'Angleterre et de Hollande, laissant sur son passage tomber de sa plume féconde une multitude de compositions instrumentales qui suffiraient à la gloire de beaucoup d'autres. Revenu à douze ans de ses pérégrinations, riche de gloire et léger d'argent, il compose un opéra buffa, par l'ordre de Joseph II; le théâtre de Milan lui demande, deux ans après, un opéra séria qui va aux nues. A Rome, il note de mémoire un *Miserere* d'Allegri, dont il était défendu de donner copie, et le joue dans un concert; puis compose une antienne à quatre parties, digne de Palestrina. Le pape Clément XIV veut le voir, la cour de Naples ne lui témoigne pas moins d'empressement; les Milanais crient : *Evviva il maestrino!* sur son passage. Il se lie avec Gluck, Haydn, reçoit les conseils du P. Martini ; et à dix-neuf ans, il se trouve avoir composé un opéra allemand, trois opéras italiens, un oratorio, deux messes, un *Stabat*, une Passion, une multitude d'offertoires, de messes de morts, de pièces instrumentales. L'évêque de Salzbourg l attache alors à sa musique moyennant 12 florins, et la force de manger avec ses cuisiniers. Mozart s'adresse à la cour de Munich ; il offre quatre opéras par an, sans compter la menue musique, si l'on veut lui donner un traitement de 500 florins (1,050 fr.). On le repousse et on l'engage à voyager en Italie. De désespoir, il revient à Paris; mais Paris n'était pas mûr pour sa musique; il reçoit de nouveaux compliments, mais on le laisse dépérir de misère. L'injustice des Parisiens envers Gluck fait renoncer Mozart à écrire un opéra sur des paroles françaises. La mort de sa mère, qui l'accompagnait, achève de lui rendre Paris odieux. Il retourne à Vienne, compose un de ses chefs-d'œuvre, *Idoménée* (1781), puis l'*Enlèvement du Sérail* (1782). Joseph II le félicite, mais il trouve qu'il y a trop de notes; il se décide cependant à lui assigner une pension de 800 florins (1,680 fr.). Mozart n'en demanda pas davantage pour vouer un cordial attachement à l'empereur. Pour suppléer à l'insuffisance de cette pension, il com-

posa des valses qui se jouaient dans les bals publics, et se mit à écrire, à ses heures de loisir, ces chefs-d'œuvre qu'on sait par cœur et dont on ne se lasse jamais. Le roi de Prusse lui fit alors proposer une pension de 3,000 ducats (11,250 fr.); il avait le nécessaire, il refusa.

Idoménée marque une transformation dans la manière du compositeur. Il n'y a là rien de commun avec les anciennes musiques de l'Allemagne, de l'Italie, ni même de la France, après les modifications de Gluck. C'était un art tout nouveau, le point de départ de la révolution musicale qui s'est accomplie depuis. En 1783, Mozart fait *Davidde penitente*, sorte de cantate développée, contenant, entre autres, ce magnifique trio pour deux soprani et un ténor, et qui est dans la mémoire de tous les amateurs. 1786 voit apparaître à la fois un petit acte, *le Directeur de spectacle* et le *Nozze di Figaro*. Malgré son originalité profonde, *Figaro* alla aux nues dès la première représentation. Il y a dans cet ouvrage, dit un biographe, plus de créations et d'idées nouvelles que dans tous les opéras publiés sur toutes les scènes du monde, dans les cinquante années qui avaient précédé son apparition. Les airs, les duos, les morceaux d'ensemble, tout en est d'une richesse de mélodie, de science harmonique et d'instrumentation dont rien n'avait pu donner l'idée. Les finales du deuxième et du quatrième acte sont à eux seuls des opéras complets. Les *Nozze* ont été représentées avec un égal succès dans tous les pays du monde où l'on s'occupe de musique, et l'opéra moderne de demi-caractère date de cet ouvrage, comme la grande tragédie lyrique date d'*Idoménée*, comme le grand drame fantastique date de *Don Giovanni*. Le mois d'octobre 1787 suffit à Mozart pour écrire ce dernier opéra. Cette œuvre colossale fut d'abord moins bien comprise que les précédentes, parce qu'elle s'éloignait encore davantage des formes reçues; mais le succès n'en a été que plus éclatant depuis. C'est en la composant que Mozart ressentit les premières atteintes du mal de poitrine qui devait l'emporter. Depuis lors, il se livre à une activité fiévreuse, persuadé qu'il n'a pas fait assez pour sa gloire, et souvent on est obligé de l'arracher mourant de son travail qu'il ne veut pas quitter. En 1788, il mit au jour ses trois dernières symphonies et son charmant opéra : *Cosi fan tutte*. La *Flûte enchantée*, dont la composition fut souvent interrompue par la maladie, révéla un nouveau côté du talent de Mozart; il y a dans ce chef-d'œuvre une fraîcheur, une grâce, une suavité, un doux coloris qu'on était certes peu en droit d'attendre d'un malade tourmenté par l'idée de la mort. On le joua en 1791; l'ouvrage eut 120 représentations de suite, et fut traduit immédiatement en français, sous ce titre absurde : les *Mystères d'Isis*, et n'en fut pas moins bien accueilli. Un inconnu vint, à cette époque, demander à Mozart une messe de *Requiem*; il se mit à l'ouvrage avec ardeur sur un sujet si bien en rapport avec ses pensées habituelles, et ne l'interrompit plus que pour mettre en musique, sur la demande de la cour, la *Clemenza di Tito*, de Métastase, qu'il réduisit à deux actes, et dont il fit écrire le récitatif par ses élèves. Malgré la précipitation qu'il lui fallut mettre à ce travail, les airs, les duos, le final du premier acte, le trio du second, n'en sont pas moins d'admirables morceaux. Il se remit ensuite à son *Requiem*. Ce travail hâta sa mort, qui arriva le 5 décembre 1791. Il n'avait que 36 ans. Sa messe inachevée, terminée par un de ses élèves, Süssmayer, fut exécutée pour ses funérailles.

Quelques musiciens ont égalé Mozart dans certaines parties de l'art, mais aucun n'a été aussi complet, aucun n'a été comme lui parfait dans tous les genres. On trouve chez lui toutes les espèces de mérite; la suavité des chants, l'énergie de l'expression, une originalité profonde, une incroyable variété de tons telle, qu'on croirait souvent ses ouvrages de mains différentes. L'art de faire chanter des mélodies faciles au milieu des plus grandes complications harmoniques, toutes les richesses de la modulation du rhythme, les plus piquantes combinaisons d'instruments : tout cela était chez lui le produit d'un heureux naturel, et non d'un savant calcul. C'est en l'étudiant que Rossini a appris à transformer la musique italienne; c'est en l'étudiant que Meyerbeer a appris à exprimer si puissamment les grandes situations dramatiques. Le premier dans l'opéra, Mozart conserve un des plus beaux rangs dans la musique instrumentale; ses symphonies en *sol* mineur et en *la*, les quatuors des œuvres 10 et 18, les quintetti en *ut* mineur, en *ré*, en *mi bémol* et en *sol* mineur, sont comparables à ce qu'Haydn et Beethowen ont écrit de plus beau. Seul, entre les musiciens contemporains, il comprit la véritable musique d'église, grave, solennelle, religieuse. Parmi ses compositions de ce genre, nous citerons son grand *Kyrie*, ses messes 2, 4 à 5, son *Misericordias Domini*, et son magnifique *Ave verum*. Ce qui le distingue dans toutes ses œuvres, c'est la majesté calme, la pureté, la précision au milieu de la passion la plus ardente. C'est aussi ce qui caractérisait son jeu sur le piano; car il fut l'un des plus grands pianistes de son temps, et c'est de lui que l'école des pianistes modernes est issue. Mozart aimait beau-

coup la musique de Haendel, et il refit l'instrumentation de plusieurs ouvrages de l'illustre musicien pour les adapter au goût moderne. L'élévation de son talent n'eut d'égale que sa fécondité. Le nombre d'ouvrages de lui que l'on a publiés est prodigieux, et l'on possède de nombreux manuscrits d'œuvres inédites. Nous renvoyons, pour les indications, aux traités spéciaux. Les principaux opéras de Mozart ont été publiés en divers pays en partitions, et réduits pour le piano, ainsi qu'un choix de ses œuvres instrumentales. Sa Vie a souvent été écrite en allemand et en français.　　　**J. Fl.**

MOZETTE ou **MOSETTE** : mot emprunté à la langue italienne pour désigner un vêtement de chœur que les ecclésiastiques de tous les ordres portaient en hiver sur le surplis. — Dans l'origine ce n'était qu'un capuchon tissu de mailles serrées, auquel on donna le nom de *cap de maille* dont on fit, par contraction, *capmail*, puis *camail*. Ce capuchon, plus tard agrandi, couvrit les épaules et enfin tout le corps; il eut alors la forme d'une espèce de chape qui ne doit pas être confondue avec la chape de cérémonie dite *pluvial*. A la longue cette chape ou manteau devint un signe distinctif réservé aux évêques et aux chanoines, soit titulaires, soit honoraires. Il était d'une étoffe violette pour les premiers, et noire pour les seconds. L'incommodité du camail pendant les chaleurs d'été lui fit subir une nouvelle modification ; on le raccourcit de manière à ce qu'il ne descendit qu'au-dessous des épaules, et cette circonstance lui fit attribuer la dénomination de mozette; ce vêtement resta violet pour les prélats, et noir doublé de rouge pour les chanoines. Ainsi, anciennement le camail et la mozette étaient une seule et même chose. Aujourd'hui, dans les diocèses où l'usage du camail, en tant que vêtement de chœur en hiver, a été conservé, tous les ecclésiastiques le portent; mais la mozette est exclusivement portée en toute saison par les évêques et les chanoines, particulièrement en France.　　　**P. T.**

MOZZI (*Louis*), naquit à Bergame en 1746, et mourut en 1813 près de Milan. Il entra à l'âge de dix-sept ans chez les jésuites de la province de Milan, enseigna de bonne heure les belles-lettres au collége des nobles de cette ville, se retira à Bergame en 1773 après la suppression de son ordre, devint chanoine et archi-prêtre de son diocèse, et fut nommé ensuite examinateur des candidats pour le sacerdoce. Mozzi combattit avec une égale ardeur les attaques dirigées contre la papauté et les doctrines du jansénisme qui se répandaient en Italie. Pie VII, en récompense de ses services, l'appela à Rome et le nomma missionnaire apostolique de l'oratoire du père Gravina. Il fut souvent consulté dans les débats qui s'élevèrent entre Napoléon et le saint-siége. Il était de l'académie des Arcades et de plusieurs autres. Il publia de nombreux ouvrages, la plupart contre le jansénisme, ou du genre ascétique. Nous citerons : *Histoire du schisme de la nouvelle église d'Utrecht*, Ferrare, 1785, in-8°; *Abrégé historique et chronologique des plus importants jugements du saint-siége sur le baïanisme, le jansénisme et le quenellisme.* C'est à tort qu'on lui attribue le *Mois de Marie*, qui est du père Sormanni, jésuite.

MUANCES (*mus.*). Il est souvent question de *muances* ou *mutations* dans la musique des Grecs; mais les définitions qu'ils donnent de ce mot sont fort obscures, et, à moins de supposer qu'il s'agit de ce qu'on appelle aujourd'hui modulation, il est impossible d'y rien comprendre. Quant aux muances des modernes, elles sont un legs de l'époque où la musique n'avait que six notes et manquait de la *si*; on nommait alors *mi fa* tout intervalle d'une seconde mineure ou demi-ton, quelle que fût d'ailleurs sa place dans la gamme. Les Italiens ont conservé longtemps cette manière difficile de chanter la gamme; elle n'est pas encore complétement bannie du plain-chant, où l'on appelle quelquefois du nom de *fa* toute note affectée d'un bémol, bien que cette note soit toujours un *si*.

MUCÉDINÉES, *Mucedineæ* (*bot.*). M. Fries a formé, sous ce nom, une division dans le vaste groupe des champignons, ou plus exactement, un sous-ordre dans la famille des hyphomycètes, dans lequel sont compris de très petits végétaux qui se développent principalement sur des plantes ou sur des corps quelconques en voie de décomposition. Les principaux d'entre les genres de Mucédinées sont les *oidium* Link, les *botrytis* Micheli, les *penicillium* Link, etc.

MUCIA (*hist. rom.*) : une des maisons plébéiennes les plus illustres de l'ancienne Rome, dont les membres portèrent le surnom de *Scœvola* (*voy.* ce mot). La ligne directe de la famille Mucia paraît s'être éteinte sous les empereurs. Elle produisit d'habiles jurisconsultes, parmi lesquels nous citerons Quintus Mucius, Quintus et Publius, fils du précédent; Quintus Mucius Augur, son petit-fils, qui fut un habile général et le maître de Cicéron dans l'art oratoire; et enfin Quintus Mucius, beau-père de Pompée et cousin du précédent, qui fut consul en 95 et fut assassiné pendant son proconsulat en Asie. Un de ses membres, fils naturel de Publius Mucius, adopté par Crassus le Riche, changea son nom en celui de Mucianus, et devint la tige de la branche des Crassus Mucianus, qui produisit

Mucien, général de Vespasien. — C'est un des Mucius (Mucius Quintus) qui, l'an de Rome 667, fit passer, avec Licinius Crassus, son collègue au consulat, la fameuse loi *Mucia* ou *Licinia*, en vertu de laquelle tous les habitants de l'Italie furent inscrits sur les listes des citoyens romains.

MUCIEN ou **MUCIANUS** (Marcus Licinius Crassus), général romain, descendant des Scœvola (*voy.* Mucia). Il obtint les honneurs du consulat en 52 après J.-C., et se ruina par son amour des plaisirs et du luxe. Exilé en Orient, par Claude, avec un commandement subalterne, il se lia avec Vespasien, le détermina à se faire nommer empereur et l'aida dans cette entreprise. Il jouit toute sa vie des faveurs de ce prince, et mourut avant lui, après avoir exercé deux autres fois le consulat l'an 70 et l'an 74 après J.-C.

MUCILAGE : liquide épais et visqueux formé par la solution ou la division dans l'eau d'un principe gommeux. Il est à remarquer que les gommes entièrement solubles dans l'eau, comme la gomme arabique, forment un mucilage beaucoup moins épais que celles qui ne font que s'y diviser comme la gomme adragante et le principe gommeux des semences de coing et de lin. — Les mucilages participent de la qualité adoucissante des substances qui servent à les former. Préparés avec une grande quantité d'eau et dès lors entièrement liquides, ils sont fréquemment employés en lavements, fomentations, collires, etc. Plus concentrés et par conséquent de consistance épaisse, ils peuvent servir de cataplasmes. On les emploie encore en pharmacie comme intermède pour lier les masses des pastilles et pour suspendre dans l'eau des huiles ou des résines naturellement insolubles dans ce liquide, ce qui fait une sorte d'émulsion.

MUCIQUE (ACIDE), **MUCATE**, **PYRO-MUCIQUE** (ACIDE). L'acide mucique découvert par Schéele en 1780, n'existe ni libre ni combiné dans la nature. On ne peut l'obtenir qu'en traitant certaines substances par l'acide azotique, savoir : la gomme, la manne grasse, le sucre de lait, la pectine et l'acide pectique. Ce fut avec le sucre de lait que Schéele l'obtint pour la première fois, ce qui lui fit d'abord donner les noms de *acide pecto-lactique* ou *sacchalactique*. On suit encore aujourd'hui le même procédé, qui consiste à mettre quatre parties d'acide azotique et une partie de sucre de lait dans une cornue dont la capacité est double du volume du mélange. Après avoir adapté un récipient tubulé pour recevoir l'acide qui échappe à la décomposition, le tout est placé sur un fourneau, et l'on chauffe modérément. La réaction est vive; il en résulte tous les produits auxquels donne, en général, naissance l'action de l'acide azotique sur les matières végétales, et de plus une certaine quantité d'acide mucique qui se précipite sous forme de poudre blanche. Lorsqu'il ne se dégage presque plus de gaz ou qu'il n'y a pour ainsi dire plus d'effervescence, il ne reste qu'à laver à grande eau l'acide obtenu pour le séparer des acides avec lesquels il peut être mêlé, et à le dessécher ensuite à une douce chaleur. — Celui qu'on prépare avec la gomme est toujours mêlé d'oxalate ou de mucate de chaux, à moins qu'on ne le fasse digérer avec de l'acide azotique faible qui finit par dissoudre ces deux sels. La chaux est ici fournie par la gomme.

L'acide mucique obtenu pur se présente sous forme de poudre blanche qui craque sous les dents, d'une saveur légèrement acide, rougissant faiblement la teinture de tournesol. Soumis dans une cornue à l'action de la chaleur, il se gonfle, noircit, fond, se décompose en donnant naissance à tous les produits qui résultent de la distillation des matières végétales, et à de l'acide pyro-mucique qui se sublime et se dissout en grande partie dans un liquide brun qui se forme en même temps que lui. — L'air est sans action sur l'acide mucique; l'eau bouillante en dissout 1/60 de son poids pour en laisser déposer par le refroidissement une petite quantité sous forme de cristaux. La dissolution saturée et évaporée rapidement jusqu'à siccité, donne, suivant Berzélius, une masse visqueuse, brunjaunâtre, qui n'est ni de l'acide mucique, ni de l'acide malique, ni de l'acide tartarique, et dont on ignore encore la nature. — Il paraît que l'acide mucique est tout à fait insoluble dans l'alcool. Versé dans les eaux de chaux, de baryte, de strontiane, il les précipite tout à coup, mais un excès d'acide redissout le précipité. Il trouble également les azotates d'argent et de mercure, ainsi que les acétate, azotate et chlorure de plomb; mais il n'agit nullement sur les sels de magnésie et d'alumine, sur les chlorures d'étain et de mercure, ainsi que sur les sulfates de fer, de cuivre, de zinc et de manganèse. — L'acide mucique produit de l'acide oxalique par l'action de la potasse, à la température d'environ 200°, comme le font, du reste, un grand nombre de matières organiques. Il est composé de 34,72 de carbone; 5,72 d'hydrogène, et 60,56 d'oxygène. Ce qui, d'après sa capacité de saturation, donne pour formule atomique du nombre proportionnel $C^{12}H^{10}O^8$.

L'acide mucique est un oxyde bi-basique. De tous les sels (MUCATES) qu'il forme avec les bases, il paraît qu'il n'en est que très peu qui soient solubles dans l'eau, savoir : ceux de potasse, de soude et d'ammoniaque. Plusieurs le sont dans un excès de leur acide; tous le deviennent dans les acides forts, capables de former des sels solubles avec leurs bases. Tous aussi sont décomposés par le feu; celui d'ammoniaque présente une sorte d'anomalie provenant du dégagement presque complet de l'ammoniaque qui s'opère tout d'abord, de sorte que le résidu se comporte à peu près alors comme l'acide mucique lui-même. La plupart des acides ont la propriété de décomposer les mucates de potasse, de soude et d'ammoniaque, d'où résultent de nouveaux sels solubles; dans tous les cas, pourvu que la dissolution soit concentrée, l'acide mucique se trouve précipité sous forme de poudre blanche. Les eaux de chaux, de baryte et de strontiane décomposent également les mucates solubles en s'emparant de leur acide pour former de nouveaux sels qui se précipitent en flocons blancs. — Aucun mucate n'existant dans la nature, on prépare directement les sels de cette espèce solubles dans l'eau; les autres peuvent s'obtenir par la voie de double décomposition. Tous sont à peu près également sans usages. Ici la quantité de l'oxygène de l'acide est à celle de l'oxygène de la base comme 1 est à 8, et à celle de l'oxyde lui-même comme 1 est à 13,2102.

L'acide PYRO-MUCIQUE entrevu par Schéele, mais découvert en 1818 seulement par M. Houton-Labillardière, est un des produits de l'acide mucique. Il est incolore, très sapide et sans action sur l'air. L'eau à 15° en dissout 1/26 de son poids; à la température de l'ébullition elle en dissout une quantité beaucoup plus grande, dont elle abandonne une partie par le refroidissement, sous forme de petites lames oblongues. L'alcool le dissout au moins aussi bien que l'eau. — Il ne trouble ni les eaux de baryte, de strontiane ou de chaux, ni la plupart des dissolutions salines; il s'unit à celles d'azotate de protoxyde et de bi-oxyde de mercure et de sous-acétate de plomb, dans lesquelles il forme des précipités blancs qu'un excès de sel redissout. Il colore seulement en vert sale la dissolution de bioxyde de cuivre. Il se distingue de l'acide pyrotartarique, avec lequel il offre beaucoup d'analogie, par son action sur les azotates de mercure. L'acide pyro-mucique est susceptible de se combiner avec les bases pour former des sels sans nul intérêt d'ailleurs. Sa composition est, d'après M. Pelouze : carbone, 54,07; hydrogène, 3,53; oxygène, 42,40 : ce qui donne la formule $C^{10}H^4O^5$, c'est-à-dire absolument la même que celle des acides pyro-citrique et pyroméconique avec lesquels il serait alors isomérique. Toutefois, en partant de la capacité de saturation déterminée par M. Labillardière, il faudrait doubler ce nombre pour avoir le poids de l'équivalent de l'acide, et la formule deviendrait alors : $C^{20}H^8O^6$. Mais M. Labillardière n'aurait-il pas employé de l'acide hydraté qui abandonnerait son eau en se combinant avec les bases?

MUCOR et **MUCOSITÉS** (bot.), voy. Moisissure et Mucédinées.

MUCUNA (bot.) : genre de la famille des légumineuses, division des papilionacées érytrinées, créé par Adanson et adopté par les naturalistes modernes. Les caractères des mucuna sont : calice campanulé, bilabié, à lèvre inférieure large, entière ou échancrée, et à lèvre supérieure présentant trois lobes, dont celui du milieu est le plus long ; étendard cordiforme, à ailes linéaires et conniventes, à carène droite à la base, courbé en faux au sommet et se terminant en un rostre aigu ; dix étamines diadelphes ; cinq anthères linéaires et cinq autres de forme ovale ; ovaire sessile, à plusieurs loges ; style long, mince, glabre au sommet, barbu inférieurement ; stigmate petit ; fruit constituant un légume indéhiscent ou quelquefois bivalve, allongé ou oblong, et divisé à l'intérieur en plusieurs loges séparées entre elles par de petites cloisons transversales. Les plantes de ce genre habitent particulièrement l'Amérique et l'Asie ; ce sont des abrisseaux grimpants, à feuilles pinnées-trifoliées ; à folioles stipellées, opposées, avec la terminale éloignée, et à fleurs disposées en grappes axillaires longues et courtes, et en forme d'ombelles. — On connaît une quinzaine d'espèces de mucuna, réparties en quatre sections, et dont la principale est le mucuna pruriens, plante atteignant une grande hauteur, et se faisant remarquer par l'aspect de ses fleurs à étendard couleur de chair, à ailes pourpres et à carène verte. Cette espèce porte vulgairement le nom de poil à gratter, parce que ses graines sont hérissées extérieurement de poils, qui, en pénétrant dans la peau, excitent de vives démangeaisons.

MUCUS. Ce produit animal a été connu de tout temps par les médecins ; mais l'étude chimique en a été faite pour la première fois par Fourcroy et Vauquelin, et ensuite par Berzélius. Il n'est renfermé dans aucun organe, dans aucun vaisseau, dans aucun réservoir spécial. Il se forme sans cesse à la surface de toutes les membranes muqueuses qu'il paraît destiné à lubréfier et à défendre du contact trop immédiat des corps étrangers. On le trouve constamment dans les fosses nasales, la bouche, l'arrière-bouche, l'œsophage, l'estomac, les intestins, la bile, etc. C'est encore lui qui en se desséchant à la surface de la peau, y forme les petites écailles que l'on détache par le frottement, les durillons et les couches épaisses de la plante des pieds ; les ongles, les parties cornées en sont pour ainsi dire formés ; les cheveux, les poils, la laine, les écailles des poissons en renferment une grande proportion. Fourcroy et Vauquelin l'ont considéré comme un corps toujours identique et doué des propriétés suivantes. Uni naturellement à l'eau, tel qu'on le trouve dans les fosses nasales, il est transparent visqueux, filant, sans odeur et sans saveur. Exposé à une douce chaleur, il perd peu à peu l'eau qu'il contient, diminue beaucoup de volume et se transforme en une masse demi-transparente et cassante qui se fond sur les charbons ardents, s'y boursoufle et brûle en répandant l'odeur de la corne. On en retire par la distillation une assez grande quantité de carbonate d'ammoniaque. Il se comporte, par l'action de l'air, absolument comme à une douce chaleur longtemps continuée. L'eau n'en dissout qu'une faible quantité. Ses véritables dissolvants sont les acides. A l'état sec, il est entièrement insoluble dans l'eau ; à chaud, le même liquide ne fait que le ramollir après l'avoir gonflé. — Berzélius, loin de considérer le mucus comme un corps toujours identique, y voit une substance dont les propriétés chimiques varient suivant les fonctions qu'elle doit remplir. Ainsi le mucus des fosses nasales et des bronches, dont le but est de protéger contre l'action de l'air les membranes qui le sécrètent, est formé sur 1,000 parties, de 933,9 d'eau ; 53,33 de matière muqueuse ; 5,6 de chlorure de potassium et de sodium ; 3 de lactate de soude uni à une substance animale ; 0,9 de soude combinée avec le mucus proprement dit ; 3,5 de phosphate de soude, d'albumine et d'une matière animale insoluble dans l'alcool, mais soluble dans l'eau. Du reste, Berzélius lui attribue à peu près les mêmes propriétés que Fourcroy et Vauquelin à leur mucus unique. — Le mucus de la vésicule du fiel est plus transparent, il a toujours une teinte jaune provenant de la bile. Desséché, il se ramollit de nouveau dans l'eau, mais en perdant une partie de ses propriétés. Il est très soluble dans les alcalis dont le séparent les acides ; l'alcool le coagule en une masse grenue et jaunâtre qui ne peut reprendre les propriétés du mucus. — Lorsque le mucus des intestins est desséché, l'eau ne saurait lui rendre ses propriétés muqueuses que lui restituent les alcalis, sans toutefois le rendre transparent. — Celui des conduits excréteurs de l'urine, beaucoup plus rare, est précipité du liquide excrémentitiel par une infusion de noix de galle, sous forme de flocons blancs. — L'étude microscopique du mucus a démontré que ses globules sont semblables à ceux du pus, mais comme ils sont compressibles et conséquemment variables dans leurs formes, ceux qui nagent dans un fluide sont souvent déformés.

MUE, du latin *mutare*, changer. On appelle ainsi la chute et la reproduction, ordinairement périodique, de certaines parties des animaux, appartenant le plus souvent au système épidermique. Il existe un autre phénomène auquel on a donné le nom de métamorphose et qui présente avec la mue une grande analogie ; mais d'une manière générale on peut dire que la mue diffère de la métamorphose, en ce que la première n'est qu'un changement superficiel, tandis qu'au contraire la seconde est une véritable transformation de l'animal. Pour mettre en opposition les deux phénomènes dans leur différence la plus tranchée, nous pouvons citer le *bombyx du mûrier*, qui, à l'état de ver à soie, nous montre un exemple de mue dans ses divers changements de peau, et plus tard un exemple de métamorphose en passant de l'état de chenille à l'état de chrysalide, et de celui-ci à l'état d'insecte parfait. — Les mues sont de deux sortes; ou elles s'effectuent au passage d'un âge à l'autre, de l'individu jeune à l'individu adulte, ou elles ont lieu d'une saison à une autre. La mue, dans les différentes classes d'animaux, présente dans ses causes et son but des particularités remarquables. Dans l'espèce humaine elle ne se manifeste sensiblement que par le changement des dents et la desquamation épidermique qui succède à certaines affections exanthémateuses, comme la scarlatine et la rougeole. Chez les mammifères de nos climats, elle paraît destinée à établir une conformité entre leur pelage et les saisons; aussi leur fourrure d'hiver est-elle toujours la plus belle et la plus recherchée. Ceux qui habitent les climats très chauds ou très froids muent également, mais leur pelage reste le même avant et après la mue. Chez quelques uns, comme l'hermine, il devient blanc dans la saison froide. On a donné de ce fait une explication tirée des lois du rayonnement, et de l'absorption du calorique, en disant que la couleur blanche étant la plus défavorable à son rayonnement, était la plus convenable pour conserver la chaleur intérieure des animaux pendant la saison froide, et que cette même couleur blanche étant en même temps la plus défavorable à l'absorption des rayons calorifiques, rendait plus supportable une très haute température, et convenait ainsi également aux animaux des pays chauds. Malheureusement cette explication est plus spécieuse que réelle; car pour qu'elle fût convaincante, il faudrait que l'on rencontrât autant d'animaux blancs sous les tropiques qu'aux pôles : ce qui n'est pas. De plus, il est constant que des espèces d'animaux fort voisines les unes des autres, et soumises à des actions extérieures semblables offrent souvent les contrastes les plus frappants dans leur coloration. C'est au printemps et à l'automne que muent les animaux sauvages; les espèces domestiques n'ont point d'époque de mue bien marquée. — Les modifications que l'âge apporte dans la robe des animaux doivent être soigneusement étudiées par les naturalistes; car c'est faute d'en avoir su tenir compte qu'une foule d'espèces nominales ont été indûment établies. Chez les mammifères, dit M. Isidore-Geoffroy, les jeunes des deux sexes ressemblent dans certains cas au mâle adulte, comme cela a lieu dans le maki-vari; et d'une autre part la livrée du premier âge est le plus souvent un ornement que l'animal perd avec l'âge, pour prendre des couleurs plus simples et plus uniformes; c'est ainsi que les faons de presque toutes les espèces de cerfs, les lionceaux, les jeunes sangliers et les jeunes tapirs ont le pelage varié de deux couleurs disposées de la manière la plus agréable à l'œil et la plus gracieuse, tandis que les adultes de leurs espèces sont unicolores. La castration paraît avoir une influence notable sur la mue; les jeunes cerfs qui ont subi cette mutilation ne poussent ordinairement pas de bois, et les vieux ne changent point le leur. — Tous les oiseaux muent au moins une fois par année, surtout à la fin de l'été. La mue du printemps est toutefois incomplète, puisqu'à l'exception des plumes du milieu de la queue, toutes celles de cette partie ainsi que les plumes des ailes ne tombent qu'en automne. Parvenu à l'âge parfait, le plumage, chez le plus grand nombre, est invariable et ne change qu'accidentellement par quelque vicissitude individuelle; on voit cependant plusieurs oiseaux, tant indigène qu'exotiques, chez lesquels une double mue change annuellement deux fois les couleurs du plumage, et détruit toute ressemblance entre des individus de la même espèce considérés à diverses époques de l'année. La livrée de printemps ou des noces est constamment plus bigarrée et plus belle que celle d'hiver. Chez quelques espèces le mâle seul change son vêtement, et prend en hiver le plumage modeste de sa compagne; c'est ce qui se voit dans les cotingas, les tangaras, les manaquins, les guits-guits, les gobemouches, etc. Chez quelques oiseaux la livrée de noces se complique d'ornements extraordinaires : les plumes longues et subulées, qui forment des panaches ou des huppes, sont les dernières à paraître au printemps, et sont également les premières qui tombent, souvent même avant que la mue d'automne commence; tels sont quelques gros-becs, tétras, outardes, cormorans, pluviers, vanneaux, chevaliers, etc. Chez quelques espèces qui ne muent qu'une seule fois dans l'année, on observe un phénomène d'une autre nature; à une certaine époque fixe de l'âge, tous les individus se couvrent d'un plumage nouveau, dont la couleur diffère totalement de celle qui a existé l'année précédente, et de celle qui sera leur partage durant le reste de leur vie; c'est ce qui arrive chez les becs-croisés. Dans certaines espèces erratiques, quoique la mue soit simple et ait lieu en automne, on est surpris de voir, à leur retour au printemps, un plumage dont les couleurs ont pris un plus grand éclat; ce phénomène résulte de l'action de l'air, du jour, et des frottements qu'éprouve le plumage dans les différents mouvements de l'oiseau. Des couleurs le plus souvent ternes ou sombres bordent extérieurement les plumes et cachent en automne les teintes brillantes ou claires de la partie supérieure de leurs barbes, dont le bout, en s'usant, fait reparaître au printemps ces couleurs dans toute leur pureté. Cuvier a posé en principe que, lorsque les adultes mâles et femelles sont de même couleur, les petits qui en résultent ont une livrée qui leur est propre; et, qu'au contraire, lorsque la femelle diffère du mâle, les jeunes des deux sexes, avant leur première mue, ressemblent à la femelle, ainsi que cela se voit chez les moineaux et les linots. De nombreuses observations recueillies sur les faisans, les pigeons, les canards, montrent que, dans ces espèces et beaucoup d'autres, les vieilles femelles devenues stériles arrivent peu à peu à revêtir complétement la livrée des mâles. Les chapons ne muent pas.

Le mécanisme de la mue est le même dans la classe des mammifères et dans celle des oiseaux. Quand un poil a atteint son entier développement, il cesse de se nourrir, se dessèche et tombe pour faire place à un nouveau. Le bulbe de l'ancien poil pâlit, et il se forme à côté de lui un globule noir qui se convertit en un nouveau cylindre pileux. C'est un fait fort intéressant que la matrice du nouveau poil soit en quelque sorte une excroissance du sol productif du follicule, et non l'ancien germe. La même chose a lieu pour les plumes. Ces observations confirment l'opinion de M. Isid.-Geoffroy, qui enseigne que la mue est le résultat d'une métastase, détournant momentanément une partie des éléments nutritifs de la peau au pro-

fit d'autres organes. Dans la classe des reptiles, suivant M. Duméril, l'épiderme se renouvelle plusieurs fois dans l'année, le plus souvent en totalité et en une seule pièce : c'est une sorte d'exfoliation des lames cornées. A chaque mue les couleurs, qui semblaient avoir été ternies par cet étui, paraissent en ce moment plus vives et plus brillantes. Chez les batraciens la totalité de l'épiderme muqueux paraît se renouveler fort souvent; mais on a peu d'occasions de l'observer, parce que l'animal lui-même, ou ceux de son espèce avec lesquels il se trouve plongé dans l'eau, avalent avec une sorte d'avidité cette matière muqueuse. On ne sait que fort peu de chose sur la mue des poissons, mais l'analogie démontre qu'elle doit avoir lieu chez tous. La mue a lieu dans les animaux articulés toutes les fois que le corps a acquis plus de volume que ne le comporte l'enveloppe extérieure; celle-ci alors se déchire, est rejetée, et au-dessous d'elle apparaît une nouvelle peau molle, sensible et même vasculaire, mais qui ne tarde pas à s'endurcir par l'effet d'un dépôt de mollécules de carbonate calcaire. Au temps de la mue, des concrétions pierreuses, improprement appelées yeux d'écrevisse, se produisent aux deux côtés de l'estomac, dont l'épiderme se renouvelle aussi; ces concrétions disparaissent dès que le nouveau test durcit. La mue est surtout sensible chez les insectes, mais elle n'a lieu que dans leur premier âge, et depuis l'instant de leur naissance jusqu'à celui où ils subissent leur métamorphose : c'est donc particulièrement à l'état de larve qu'on l'observe. On rattache à la mue, comme un phénomène du même ordre, la force régénératrice dont sont doués certains animaux et qui a été particulièrement étudiée dans la salamandre. S.

MUET (*accept. div.*) : A Constantinople, on donne ce nom à des gardiens du sérail qui ne sont pas toujours muets, mais qui affectent de ne s'exprimer que par signes. Ils remplissent le rôle d'exécuteur des volontés et des arrêts de mort du grand seigneur. — En termes de jurisprudence, on appelle *muet volontaire* l'accusé qui, pouvant répondre, refuse de le faire. — En grammaire, on nomme *muettes* les consonnes qui ne peuvent se faire entendre qu'accompagnées d'une voyelle et qui ne figurent point au nombre des liquides, des nasales, des sifflantes et des doubles. En grec on compte neuf *muettes*, trois labiales ε, π, φ, trois gutturales γ, $\varkappa$, χ, et trois dentales δ, θ, τ. — Le nom de *muette* a aussi été donné à des pavillons isolés, ou même à des édifices assez considérables servant de rendez-vous de chasse, et qui pendant la minorité de Louis XV étaient pour la cour de véritables lieux de débauche.

On ignore l'origine de ce nom. Quelques-uns pensent que ces bâtiments n'étaient, dans l'origine, que des cabanes destinées à garder les *mues* des cerfs, ou à renfermer des oiseaux de fauconnerie au moment de la mue.

MUET (*Pierre Le*) : habile architecte, né à Dijon en 1591. Il reçut de Richelieu la direction des fortifications de plusieurs villes de la Picardie, et fut choisi par Anne d'Autriche pour terminer l'église du Val-de-Grâce. Il est auteur de plusieurs ouvrages estimés : *Les cinq ordres d'architecture dont se sont servis les anciens*, 1771, in-8°; *Les règles des cinq ordres d'architecture de Vignole*, 1700, in-8°; *La manière de bien bâtir*, 1681, in-f°. Le Muet mourut à Paris en 1669.

MUFLE (*mamm.*). On désigne sous ce nom une partie nue et musculeuse qui termine le museau de certains mammifères, particulièrement des carnassiers et des rongeurs, mais plus spécialement encore de la plupart des ruminants. Cette partie est plus ou moins étendue selon les espèces, ce qui a fait distinguer des mufles entiers et des demi-mufles.

MUFLIER, *antirrhinum* (*bot.*) : genre de la famille des scrophularinées, de la didynamie-angiospermie. Tel que les botanistes le considèrent aujourd'hui, il ne correspond plus qu'à une portion du groupe générique qui avait été formé sous ce nom par Linné, les linaires en ayant été séparées. Les mufliers sont des plantes herbacées, qui croissent dans le midi de l'Europe et dans la région méditerranéenne, d'où certaines d'entre elles ont passé sur d'autres points du globe. Leurs fleurs présentent : un calice oblique, à cinq lobes profondément séparés; une corolle personnée, à tube large, dilaté en sac à la base, à palais proéminent et barbu, fermant la gorge; quatre étamines didynames, insérées sur le tube de la corolle, et accompagnées ou non du rudiment d'une cinquième étamine; un ovaire à deux loges multiovulées, surmonté d'un style simple, que termine un stigmate à deux lobes inégaux et courts. Le fruit est une capsule souvent oblique à sa base, dont les deux loges s'ouvrent par deux pores. On cultive partout dans les jardins le MUFLIER MAJEUR, *antirrhinum majus*, Lin., vulgairement nommé *mufle de veau, gueule de lion*. Cette espèce est spontanée dans le midi de l'Europe; elle s'est, en outre, naturalisée sur les murs et sur les rochers, bien au-delà de ses limites naturelles. C'est une plante bisannuelle, haute de six à dix décimètres, dont la tige, glabre dans le bas, porte un duvet court dans le haut; dont les feuilles sont lancéolées, alternes sur la tige, mais opposées sur les rameaux; dont les grandes fleurs en grappes terminales ont leur calice revêtu d'un duvet

glanduleux, Dans l'état spontané, ces fleurs sont purpurines; mais la culture en a obtenu par boutures, des variétés beaucoup plus belles, notamment : la variété bicolore à tube de la corolle, blanc, avec le limbe pourpre; une variété à fleurs d'un beau pourpre, une autre à fleurs d'un rouge de feu, une à fleurs doubles, etc. On trouve assez communément dans les champs le MUFLIER TÊTE DE MORT, *antirrhinum orontium*, Linné.

MUFTI ou **MUPHTI** : les mahométans appellent ainsi un docteur ou ministre de leur religion, établi dans chaque ville importante et dont les fonctions consistent surtout et presque exclusivement à donner par écrit, aux personnes qui les lui demandent, des décisions sur des points de droit religieux, civil et criminel. Ces décisions sont appelées en arabe *fetvas*, c'est-à-dire *sentences*, *réponses légales*, d'où vient le nom de mufti, c'est-à-dire celui duquel émanent des fetvas. Il existe un assez grand nombre de collections de fetvas rédigées en turc. Elles contiennent des développements et des explications de la loi musulmane dans toutes les applications qu'on peut en faire. Les sujets y sont traités par demandes et par réponses. Chaque tribunal possède deux ou trois de ces collections, et principalement celle du mufti Behdjeh-Abdoullah-Efendi. Le mufti, qui réside dans la capitale auprès du souverain, est considéré comme ayant un rang supérieur à celui de ses confrères des provinces. Autrefois, dans l'empire ottoman, les muftis, malgré l'importance de leurs fonctions, étaient placés au-dessous des cadis ou juges ordinaires. Cet ordre hiérarchique n'a été modifié que pour le mufti de Constantinople, à l'époque de la conquête de cette ville, en 1453, Mahomet II réunit les fonctions de cadi et de mufti de sa nouvelle capitale, et les confia à Djélal-Zadeh-Khidir Bey Tchélébi, auquel il décerna le titre de *schéikh-ul-islam*, c'est-à-dire *ancien* ou *senieur de l'islamisme*, dénomination qui, depuis lors, est la seule par laquelle les Ottomans désignent leur grand mufti. Mahomet II accorda à Djélal-Zadeh un pouvoir assez étendu sur les autres muftis des provinces. En 1585, Soliman Ier plaça le schéikh-ul-islam à la tête du corps des *ulémas*. Ce dernier mot, qui signifie en arabe *docteurs, savants* ou *lettrés*, comprend, dans l'empire turc, les ministres de la religion, appelés *imans;* les docteurs de la loi ou muftis, et les ministres de la justice ou cadis, avec les fonctionnaires placés sous leurs ordres. Quoique le schéikh-ul-islam soit le premier ministre de la religion, il n'exerce les fonctions sacerdotales que dans un petit nombre de circonstances, au couronnement et à la mort des souverains. Les fonctions de ce docteur se bornent presque exclusivement, comme celles des autres muftis, à donner des consultations sur tous les points de la loi musulmane. Ces attributions avaient autrefois une haute importance religieuse et politique. Les chefs de l'administration et le sultan lui-même faisaient consulter le schéikh-ul-islam sur les affaires publiques importantes. Sélim I et Mourad IV ne tinrent que peu de compte de l'opinion et de l'autorité du grand mufti. Depuis la *destruction des janissaires*, et l'adoption de l'ensemble de mesures que l'on appelle les *réformes du sultan Mahmoud*, c'est-à-dire depuis plus de vingt ans, le schéikh-ul-islam a été dépouillé de toute influence politique, et ne s'occupe plus que de délivrer des fetvas aux sujets du Grand Seigneur. Lorsqu'un particulier veut obtenir une de ces décisions touchant à quelque point de dogme, de culte, de morale, de jurisprudence civile ou criminelle, il la fait demander au schéikh-ul-islam. Dans les procès, les parties, presque toujours, se procurent un fetva, et les juges engagent les plaideurs à recourir à ces sortes de sentences, qui suffisent quelquefois pour empêcher une affaire d'avoir des suites. Lorsque la question porte sur un point nouveau et sans analogue dans la loi mahométane, le schéikh-ul-islam ne se prononce point, et déclare qu'il n'existe dans les livres canoniques aucune réponse à cette question. Si cependant on insiste pour obtenir un fetva, le schéik-ul-islam consulte les membres les plus considérables du corps des ulémas et l'affaire se décide à la pluralité des voix. Ce fut de cette manière que l'on décida l'établissement de l'imprimerie à Constantinople, et que l'on permit, comme légitime, l'usage du café, du tabac et de l'opium. Un nombre considérable de fetvas émanent chaque jour du schéikh-ul-islam. Ce docteur ne peut suffire à donner une opinion sur toutes les questions qui lui sont soumises ; aussi a-t-il dans son hôtel un grand nombre de fonctionnaires, qui, sous ses ordres, travaillent à l'expédition des affaires. On paye pour chaque fetva une rétribution insignifiante. Les schéikh-ul-islam sont inamovibles ; mais à l'époque où leurs fonctions étaient en partie politiques, les sultans les envoyèrent souvent en exil. Louis Dubeux.

MUGE, *Mugil* (*poiss.*) : genre de l'ordre des acanthoptérygiens, famille des mugiloïdes, créé par Linné, et présentant pour caractères : corps presque cylindrique et couvert de grandes écailles ; tête légèrement déprimée et garnie de plaques polygonales ; museau très court ; bouche transversale ; dents très déliées ; nageoires dorsales séparées : la première n'a que quatre rayons épineux : les ventrales sont attachées un peu en arrière des pectorales ; six rayons aux ouïes ; ces rayons sont très développés au pharynx et donnent à l'entrée de l'œsophage une forme anguleuse comme celle de l'ouverture de la bouche. — Les muges étaient connues des anciens, et Pline a célébré les grandes pêches que l'on en faisait de son temps. Des pêches semblables ont encore lieu à l'embouchure des étangs de la côte du Languedoc. Ces poissons, dont on a décrit plus de cinquante espèces, sont répandus dans presque toutes les mers, en Amérique, en Afrique, dans les Indes et en Europe. On en prend peu dans l'Océan et dans la Méditerranée, mais c'est principalement dans les parcs, les pêcheries et les étangs qu'on en fait les plus grandes captures, surtout pendant la saison du frai. Ils remontent souvent dans la Garonne, la Loire, la Seine, la Somme, le Rhône, le Tibre et le Pô. Lorsque le temps est orageux et la mer houleuse, des feux allumés sur la proue des navires les attirent, dit-on, si fortement, qu'ils se laissent percer avec le trident. Les muges n'ont pour se soustraire aux embûches qu'on leur tend, qu'un seul moyen qui consiste à s'élancer verticalement hors de l'eau ; on les voit parfois même sauter par dessus les bateaux. Presque toutes les espèces de muges sont généralement recherchées. Leur chair est tendre, grasse, d'un goût agréable et peut se conserver pendant plusieurs mois, séchée ou salée. Les œufs, comprimés, et également séchés ou salés, donnent une espèce de cavian qu'on nomme *botargue*, très recherché en Provence, en Corse et en Italie. — L'espèce type est le MUGE A LARGE TÊTE ou CABOT, *Mugil cephalus*, Linné, que l'on trouve communément en Europe. Ce poisson, qui atteint près de 70 centimètres de longueur, et pèse jusqu'à 9 kilog., se distingue des autres espèces d'Europe, par ses yeux à demi couverts par deux voiles adipeux qui adhèrent au bord antérieur et au bord postérieur de l'orbite, par l'os maxillaire qui se cache entièrement sous le sous-orbitaire, lorsque la bouche est fermée, et par la présence d'une écaille longue et carénée qui surmonte la base de la nageoire pectorale. Il est d'un gris plombé sur le dos, plus clair sur les flancs ; le ventre et toutes les parties inférieures sont d'un blanc argenté mat ; les opercules et les côtés de la tête brillent de beaux reflets dorés et argentés ; le long des flancs, il y a six ou sept lignes longitudinales et parallèles, grises, à reflets un peu dorés, formées par une teinte plus brune sur le milieu de chaque écaille ; sur les écailles des flancs se remarquent aussi de petits points bruns ou gris. Les nageoires dorsales, ainsi que les caudales, sont d'un gris foncé : l'anale est plus pâle, avec une teinte noire en travers sur sa base, et une bande un peu noirâtre vers son bord terminal. les ventrales sont blanches. — Une autre espèce, la **MUGE A GROSSES LÈVRES**, *mugil provensalis*, Risso, qui habite la Méditerranée, est surtout remarquable par ses brillantes couleurs, ainsi que par ses lèvres très grosses charnues, dont les bords sont ciliés par des dents très fines qui pénètrent dans leur épaisseur comme autant de cheveux. **E. DESMAREST.**

MUGILOIDES (*poiss.*) : famille de poissons de l'ordre des acanthoptérygiens, créé par MM. G. Cuvier et Valenciennes, et présentant pour caractères : corps allongé, comprimé, couvert de grandes écailles; deux nageoires dorsales, courtes, écartées, et dont la première a quatre épines fortes et pointues; lèvres charnues et crénelées; dents excessivement fines et manquant même parfois. Les mugiloïdes, dont on rencontre plusieurs espèces dans les mers d'Europe, sont partagés en cinq genres : ceux des *tetrayonure*, *nestis*, *dajao*, *cestre* et *muge*. **E. D.**

MUGNOZ. Parmi les personnes de ce nom nous citerons : 1° MUGNOZ (*Gilles de*). Il était chanoine de Barcelone, lorsque les cardinaux dissidents réunis à Penixola, en 1424, le choisirent pour succéder à l'anti-pape Benoît XIII, et le proclamèrent pontife sous le nom de Clément VIII. Quand le pape Martin V se fut réconcilié avec Alphonse V, roi d'Aragon, Mugnoz, sur l'invitation de ce dernier prince, se démit avec joie de sa vaine puissance, en 1429, et reçut en compensation l'évêché de Majorque, dont il était encore investi quand il mourut en 1457. Ce fut cette abdication de Mugnoz qui termina le schisme qui désolait l'Eglise depuis 51 ans.

2° MUGNOZ (*Sébastien*), peintre espagnol né en 1654 à Naval-Carnera, fut le meilleur élève de Coéllo, que sa manière rappelle souvent. On lui a toutefois avec raison reproché de n'être pas resté fidèle à cette façon de peindre grave et ferme, et d'avoir introduit dans l'école espagnole le goût du dessin tourmenté et du coloris faux qui avaient fait dégénérer l'art en Italie. Charles II le nomma son peintre ordinaire. Il mourut en 1690 d'une chute qu'il fit en réparant une voûte peinte pour le grand Herrera. On a de lui le *Martyre de Saint Eloi* qui passe pour être son chef-d'œuvre; *Psyché et l'Amour;* et les huit tableaux de la vie de saint Eloi.

3° MUGNOZ (*Don Thomas*), lieutenant-général espagnol et ingénieur célèbre, né en 1743. On lui doit, entre autres magnifiques travaux, l'achèvement de la *Muraille du Sud*, longue de 2,683 pieds, et la plage artificielle qui protègent Cadix contre les coups de mer. Il construisit encore la plus grande partie de l'arsenal et des

chantiers de l'Ile de Caraca, et découvrit le moyen le plus simple et le plus ingénieux pour le radoubage des navires. Obligé de quitter l'Espagne pour se soustraire aux persécutions dont il était l'objet, il se retira à Paris, où il écrivit son *Traité des Fortifications*, qui achève de le placer au premier rang des ingénieurs contemporains. Il refusa toutes les offres de service que lui fit Napoléon, et alla mourir à Madrid presque octogénaire, le 28 novembre 1823.

MUGUET (*méd.*). On donne ce nom à une maladie des membranes muqueuses des organes de la digestion, mais attaquant plus particulièrement celles de la bouche, et caractérisée surtout par une exsudation blanche d'où lui est encore venu le nom vulgaire de *blanchet*. Cette affection est tout à fait distincte des véritables aphthes (*voy.* ce mot), et n'offre d'analogie avec elles que leur siége commun. Elle n'est constituée ni par des papules, ni par des vésicules, ni par des pustules; mais par une sécrétion inflammatoire donnant lieu à une fausse membrane analogue à celle du coriza pseudo-membraneux des nouveaux nés ou à celle de la diphthérite. — Le muguet peut affecter tous les âges, depuis l'enfance jusqu'à la vieillesse, mais il est beaucoup plus fréquent chez les enfants à la mamelle, et même dans les deux premiers mois de la vie qu'à toute autre époque; on l'observe rarement chez les adultes, et beaucoup plus rarement encore dans un âge avancé. On pourrait peut-être même dire que lorsqu'il se rencontre au-delà de l'enfance, c'est comme accessoire d'une autre affection plus ou moins grave, et surtout de la scarlatine et de la phthisie pulmonaire parvenue à son dernier période. Sa cause la plus directe réside dans une disposition spéciale et cachée des organes qui en sont atteints. Il sévit plus particulièrement toutefois sur les enfants d'une faible constitution. La saison et la température ne paraissent pas exercer une grande influence sous ce rapport. Le muguet règne souvent d'une manière épidémique dans les hôpitaux d'orphelins où l'air est en général très vicié par les émanations que répandent les couches imprégnées de matières fécales; mais il ne paraît pas contagieux. Il débute à la bouche, tantôt par un gonflement de l'extrémité et du bord de la langue, tantôt par une rougeur plus ou moins étendue, d'abord légère et bornée au bout de l'organe; ensuite vive et générale avec développement des papilles qui deviennent saillantes et rouges comme dans la scarlatine. La bouche est sèche et quelquefois brûlante, la succion devient très douloureuse et souvent même impossible pour l'enfant à la mamelle; la déglutition est souvent aussi fort difficile, ce qui dénote que le mal s'étend dans le pharynx et l'œsophage. Après ces prodromes, qui durent de un à trois jours au plus, il apparaît sur les parties latérales du frein de la langue, ou vers l'extrémité et le milieu de cet organe, ainsi qu'à la partie interne de la lèvre inférieure, de petits points demi-transparents d'abord, mais qui deviennent promptement d'un blanc mat et luisant. Ces points se multiplient, se réunissent et forment des plaques irrégulières et allongées, d'une blancheur plus ou moins éclatante assez analogue à celle du lait. Cette exsudation s'étend ordinairement sur la paroi interne des joues, sur les gencives, les parties latérales de la langue, sur la voûte palatine, le voile du palais et la luette, en adhérant souvent en grande quantité au devant des piliers antérieurs et dans l'angle des commissures des mâchoires; on la retrouve même encore sur les amygdales et la paroi postérieure du pharynx. En avant, elle s'arrête à l'endroit où l'épithélium commence à prendre la consistance de l'épiderme. Le muguet prend quelquefois, vers la fin de la maladie, une teinte jaune et beaucoup plus rarement encore grise ou même brune. — Le muguet peut être plus ou moins intense; à l'état *discret* ce ne sont que des pointes, des linéaments ou des plaques minces, disséminées dans l'intérieur de la bouche, et la muqueuse paraît alors comme hérissée de papilles rouges dans l'intervalle. A l'état *confluent* l'exsudation, beaucoup plus abondante, forme des plaques épaisses sur la langue et les parois des joues, sans laisser la membrane muqueuse à nu sur aucun point. Il existe alors une gêne considérable que le sujet manifeste en tirant fréquemment la langue hors de la bouche, et en mâchonnant sans cesse comme pour se débarrasser d'un corps étranger.

Le muguet buccal existe parfois sans fièvre et sans aucune autre affection; mais le plus souvent le pouls devient dur et fréquent; la diarrhée, qui d'ordinaire a précédé de quelques jours son apparition, prend alors une teinte verte; il y a très fréquemment météorisme, coliques et douleurs dans tout le ventre, mais plus prononcées à la fosse iliaque droite et à l'épigastre; assez souvent il se manifeste des vomissements verts ou incolores. Si le muguet gagne l'arrière-bouche, les cris de l'enfant deviennent rauques et étouffés; lorsque la maladie se propage dans le canal intestinal, il y a somnolence plus ou moins profonde et troublée par des gémissements et des cris; la soif est vive, la bouche sèche; l'amaigrissement est rapide chez l'enfant, la figure se ride comme celle d'un vieillard, ses yeux sont caves et cernés; les ex-

trémités se refroidissent, et le plus souvent les sujets succombent dans un état complet de prostration. A ce haut degré d'intensité la maladie se complique le plus ordinairement, tantôt d'une gastro-entérite ou d'une entéro-colite, tantôt d'un ramollissement de la muqueuse gastro-intestinale, et beaucoup plus rarement de bronchite, de pneumonie et de pleuropneumonie avec épanchement. Notons encore la tendance de la peau à l'ulcération.

Dans tous ces cas de complication, la maladie marche souvent avec rapidité vers une issue funeste qui arrive en cinq ou six jours au plus. Lorsqu'au contraire le muguet est simple et discret et n'affecte que les portions susdiaphragmatiques de la muqueuse, c'est une maladie légère et purement locale; l'exsudation se détache peu à peu en laissant la muqueuse saine, et le malade n'éprouve qu'une gêne passagère qui ne trouble pas ses fonctions. Quelquefois enfin le muguet affecte une marche chronique, ou disparaît passagèrement pour revenir bientôt, et cela plusieurs fois de suite. Cette forme n'a rien d'inquiétant par elle-même. — L'exsudation du muguet offre ordinairement peu de consistance, son adhérence est faible, et il est impossible d'apercevoir le moindre filet qui la réunisse à la muqueuse; elle ne s'organise jamais. On ne trouve au-dessous d'elle ni érosion ni ulcération des parties qu'elle recouvre seulement un peu plus sèches et un peu plus rouges que dans l'état de santé. Si chez la plupart des sujets qui, dans les hôpitaux, succombent au muguet, l'on remarque des lésions notables de la muqueuse gastro-intestinale, ces lésions sont indépendantes de la maladie qui n'affecte pas même le corps muqueux, et doivent être rapportées à plusieurs des complications que nous avons signalées. — Quant à la nature propre du muguet, cette affection est pour nous le résultat d'une inflammation superficielle de la muqueuse du tube digestif, et l'exsudation qui la caractérise l'effet d'une phlegmasie spéciale, si l'on veut; mais nous ne saurions y reconnaître nécessairement le résultat d'une affection générale, surtout en considérant la maladie sur les sujets isolément frappés qu'offre la pratique particulière.

Dans le cas de muguet simple, il suffira d'un traitement local, c'est-à-dire exclusivement appliqué à la bouche et au pharynx d'un côté, et au gros intestin de l'autre. Il devra consister, durant la période inflammatoire, en infusions et décoctions mucilagineuses de mauve, de guimauve, de graine de lin, de pepins de coings, etc., seules ou coupées avec le lait et portées dans la bouche avec une seringue à injection pour les enfants, sous forme de gargarismes et de collutoires pour les grandes personnes. Nous croyons qu'il faut alors en bannir le miel rosat et le sirop de mures, qui sont assez généralement conseillés, mais dont l'effet inévitable est d'échauffer et de dessécher la bouche. Ensuite lorsque les croûtes sont épaisses, sèches et tapissent tout l'intérieur de la bouche, il est très utile de les humecter souvent avec une décoction mucilagineuse quelconque aiguisée par un quart de liqueur de Labarraque ou de jus de citron. Ce liquide nous paraît bien préférable aux solutions de sous-borate de soude ou de sulfate de zinc si vantées. Il nous paraît également préférable pour les lavements, à l'eau de chaux qui irrite toujours. En cas de diarrhée les lavements devront être seulement mucilagineux. Il faut dans tous les cas se garder d'arracher violemment les fausses membranes, opération douloureuse et toujours inutile, puisque l'exsudation se renouvelle avec une rapidité extrême. — Dans la seconde période, lorsque l'irritation locale a beaucoup diminué, on se trouve généralement bien des collutoires dans lesquels entrent les acides végétaux, le vinaigre, le suc d'orange, de groseilles, de grenades, plus ou moins étendus d'eau. On se trouve encore généralement bien alors de la solution de sulfate d'alumine. On a vanté le calomel associé au sucre en poudre, et mis dans la bouche à la dose de 2 à 3 centig. trois à quatre fois par jour. Les boissons devront être adoucissantes et émollientes. — Dans le muguet plus intense il est évident que les moyens généraux devront varier suivant les circonstances. La maladie s'étend-elle dans le gros intestin avec fièvre et diarrhée, les lavements amylacés, les cataplasmes ou les fomentations émollientes sur le ventre devront être les premiers moyens à combiner avec les précédents; quelques sangsues pourront même être réclamées par l'intensité de la fièvre, soit au siége, soit sur le trajet du colon, ou enfin à la région épigastrique si les vomissements et la sécheresse de la langue l'indiquent. Les complications vers la poitrine réclameront impérieusement des moyens spéciaux énergiques. Dans la troisième période, lorsqu'il y a affaiblissement et adynamie profonde des sujets, les toniques sont indiqués; malheureusement le secours de l'art demeure alors trop souvent sans effet.

MUGUET (bot.) (voy. CONVALLAIRE).

MUHL (géog.) : c'est le nom d'une rivière et d'un cercle de l'archiduché d'Autriche. — La rivière prend sa source sur les frontières de la Bavière et de la Bohême, et, après un cours de 60 kil., va se jeter dans le Danube près de Neuhaus. — Le cercle est situé entre la Bohême au N., le Manhartsberg supérieur à l'E., le Danube au S., la Bavière à l'O. Il a pour chef-lieu Freystadt; son étendue est de 100 kil. sur 32, et sa population de 200,000 habitants.

MUHLBERG (géog.), ville des États prussiens, dans la Saxe, à 15 kil. S.-O. de Liebenwerda. Elle a des murailles, un château et environ 3,000 habitants. Elle fait le commerce des grains, du houblon, etc., possède des fabriques de draps, de toiles, de bonneterie et de ganterie. A quelque distance de Muhlberg l'électeur de Saxe, Jean-Frédéric, chef du parti de la réforme, fut battu en 1547 par Charles-Quint.

MUHLENBACH (géog.), en hongrois szaszsebes : ville de la Hongrie, dans la Transylvanie, à 20 kil. S. de Karlsburg. Elle compte plus de 4,000 habitants, et possède des fabriques de drap.

MUHR : rivière de l'empire d'Autriche, qui prend sa source dans le versant septentrional des Alpes noriques, arrose la Styrie et la Hongrie, et, après un cours de 400 kil., va près de Léograd se jeter dans la Drave.

MUID (en latin, modius, modium) : ancienne mesure de capacité et la plus grande unité, tant pour les matières sèches que pour les liquides, mais surtout pour ces dernières. C'était, plus particulièrement, le nom de la futaille usitée à Paris et dans quelques provinces. Le muid de vin de Paris, fixé à 300 pintes par les ordonnances de Henri IV, n'en avait plus que 280 sous Louis XIII, et fut ramené plus tard à 288, soit 36 setiers de 8 pintes chacun. Toutes les autres mesures de capacité étaient pour la perception des droits d'octroi, rapportées au muid. Suivant le rapport établi par la conversion des mesures anciennes en mesures métriques, le muid, pour les liquides, est égal à 268 litres 22. — Pour les matières sèches, le muid n'était qu'une mesure de compte et changeait de volume suivant les lieux et la nature des substances. Ainsi le muid d'avoine en valait deux de blé. Le muid de blé était, à Paris, de 12 setiers, et, en Berri, seulement de 21 boisseaux de 16 au setier. Le muid de charbon était de 10 setiers; le muid de plâtre, de 36 sacs de 2 boisseaux et demi chacun, etc. Le muid de Paris se divisait en 12 setiers, le setier en 2 mines, la mine en 2 minots, le minot en 3 boisseaux, le boisseau en 4 quarts, le quart en 4 litrons. Ces subdivisions variaient dans la même proportion que l'unité principale, suivant la nature des marchandises. Dans les mesures nouvelles, le muid vaut, pour les grains, 18 hectolitres; pour le sel, 24; pour le son et l'avoine, 36; pour le charbon, 40.   A. P.

MULATRE (*phys.*), du latin *mulus*, mulet. Ce nom désigne dans l'espèce humaine les individus provenant de l'union d'un sujet de la variéte blanche ou européenne avec un sujet de la variété nègre. Les mulâtres sont encore désignés sous les noms d'*hommes de couleur* ou *petits blancs*. — Dans les mélanges successifs des variétés humaines on peut établir quatre degrés. Le premier est celui des mélanges simples, par exemple d'un blanc européen avec une négresse, ce qui donne le mulâtre véritable tenant également des deux variétés pour la couleur, la conformation, les cheveux demi-crépus, la bouche un peu avancée en museau, etc., et par l'état moral aussi bien que par les modifications physiques. Si ces mulâtres se marient entre eux, ils engendrent des individus semblables ou formant souche; on les nomme *casques*. — Les blancs avec les Indiens asiatiques produisent aux Indes-Orientales des individus mixtes qu'on nomme plus particulièrement *métis*. Avec les Américains originels, les blancs produisent des *mestices* ou *mest-indiens*. Le Nègre donne avec l'Américain Caraïbe des individus d'un brun noir-cuivreux, appelés *zambi* ou *lobos*. Tous ces mélanges simples peuvent se perpétuer soit entre eux, soit avec d'autres variétés, et former une caste. — La deuxième génération comprend les produits des mélanges précédents combinés avec une variété plus ancienne. Ainsi donc, dans ces secondes lignées, un sang concourra pour deux tiers et l'autre pour un tiers seulement, ce qui fera varier le produit suivant cette proportion. Un blanc uni à une mulâtresse donne des *tercerons* ou *morisques;* avec un métis le blanc produira un *castisse* indien asiatique; avec un mestice américain, un *quatralvi* ou *castisse*. Si un Nègre se marie avec une mulâtresse, il produira des *griffes* ou *cabres;* si c'est un caraïbe avec une zambi, il en résultera des *zambaïgi;* si l'Américain naturel s'unit avec une mestice, il produit le *tresalvi*. Avec les mulâtres le Caraïbe donnera des *mulâtres foncés*. — Dans la troisième génération, les produits se rapprochent davantage de l'une des variétés anciennes, puisqu'il y a trois quarts d'un sang contre un quart seulement de l'autre. Le blanc avec le terceron donne le *quarteron*, nommé quelquefois, mais à tort, *albinos;* avec le mestice indien un *pastisse;* avec le quatralvi un *octavon*. Tous ces mélanges se compliquent encore davantage quand ces castes si diverses s'unissent encore entre elles. Ainsi terceron et mulâtre donneront ce que l'on appelle un *saltatras;* un mestice et un quarteron, un *coyote;* un griffe et un zambi, un *giveros;* un mulâtre et un zambaïgi, un *cambujo*. Dans cette seconde division de la troisième lignée, les produits tiennent au moins de sept à huit sangs différents, et à mesure que ces complications se multiplient, tous les caractères des tiges primordiales s'effacent, se modifient les unes les autres, de telle sorte que les produits ne retiennent aucun de leurs traits bien marqués. Les tercerons et les quarterons, mélanges du mulâtre et du blanc, ont une peau plus ou moins basanée; les femmes ont les lèvres violettes, etc. — Enfin vient une quatrième génération. La race blanche, unie au quarteron, forme un *quintron;* avec un octavon caraïbe, un *puchuélas;* avec un coyote, un *harnizos*. Le mulâtre avec un cambujo donne un *albarassados*. Avec ce dernier le blanc produit un *barsinos*.

On n'a pas décrit tous les autres mélanges qui se peuvent opérer, sans doute parce qu'ils sont moins remarquables ou moins communs; mais il est évident que ces variétés peuvent se multiplier en progression géométrique et produire une multitude de modifications, chacune d'entre elles conservant plus ou moins ses traits originels en raison des différentes affinités qu'elle aura avec sa tige primitive. S'il faut en croire quelques observateurs, ces mélanges se perpétuant chacun dans sa propre caste, retourneraient dès la troisième génération à leur variété primitive, les sangs étrangers disparaissant ou s'épurant successivement d'eux-mêmes. — Ces diverses castes mélangées qu'on rencontre en abondance dans presque toutes les colonies y sont généralement regardées comme la lie du genre humain par la plupart des blancs qui ne voient en eux que les fruits d'unions furtives et coupables. Les Nègres eux-mêmes les méprisent et les haïssent comme voulant usurper sur eux l'autorité des blancs qu'ils ne veulent pas leur accorder. Cependant les individus qui en proviennent sont en général robustes et bien conformés, souples, agiles et nerveux, ce qui viendrait confirmer ce principe que le croisement des races perfectionne les individus; ceux-ci n'ont pas toutefois l'intelligence supérieure des Européens. — Les dénominations imposées à ces divers mélanges des variétés de l'espèce humaine, si souvent confondues ensemble et sans ordre dans les auteurs et même dans la plupart des voyageurs, appartiennent aux langues espagnole et portugaise, parce que c'est d'abord dans les colonies de ces deux nations que se sont produits ces mélanges. L. DE LA C.

MULET, *Mulus* (*zool.*). Le nom de *mulet*, ainsi que celui de *métis*, est appliqué d'une manière générale aux individus qui naissent de l'union de deux espèces animales différentes. La même dénomination est également donnée à des insectes privés de sexes, ou plutôt à des femelles avortées, qui, dans les associations de certains groupes d'hyménoptères et de névroptères sont chargés de la construction des habitations, et du soin de procurer la nourriture nécessaire à tous; tels sont les *mulets* ou *neutres* chez les abeilles et les fourmis ; les *soldats* chez les termès. — On désigne aussi sous ce nom et sous celui de *mule* le produit de l'accouplement de l'âne et de la jument. Le mulet a la tête plus grosse et plus courte que le cheval; ses oreilles sont presque aussi longues que celles de l'âne; comme ce dernier, il a les jambes sèches et la queue presque nue; mais il tient davantage de la jument par la grandeur et la grosseur du corps, par l'encolure, par l'arrondissement des côtes, par la croupe, la hanche, etc. Cet animal est très estimé : presque aussi fort que le cheval; il est aussi adroit que l'âne et bronche rarement ; aussi l'emploie-t-on avec beaucoup d'avantages dans les pays montueux, en Espagne, en Italie, et en général dans presque tous les pays méridionaux de l'Europe, où l'on s'en sert comme bête de somme. Il remplace très bien le cheval dans le service des routes.

Le mulet est un de nos animaux domestiques les plus précieux. Ses qualités ont été reconnues dès les siècles les plus reculés. Les mulets, selon quelques traducteurs (Genèse, xxxvi, 24), furent trouvés au désert par Hana, un des descendants d'Esaü. La plupart des orientaux en faisaient et en font encore usage. En France, du temps de Molière, les magistrats et les médecins n'avaient point encore d'autre monture; on les attelait ornés d'énormes panaches à la tête aux carrosses les plus brillants. — Le mulet est en France l'objet d'un grand commerce. 40 départements environ l'élèvent ou l'emploient, soit pour le transport des marchandises, soit pour la culture de la terre. Il en existe plusieurs races, mais deux seulement méritent une mention spéciale, la *Gasconne* et la *Poitevine*. La première, élevée entre la Garonne et les Pyrénées, produite par des ânes à poils ras, hauts sur jambes et d'une taille de 4 pieds 8 à 10 pouces, est surtout employée au service de la selle et des attelages de luxe. Elle a la tête haute et fine, le corps allongé, les membres grêles, l'épaule plate, l'avant-bras long, le jarret large. La race *Poitevine*, beaucoup plus précieuse et plus estimée, provient d'un baudet particulier au Poitou, moins grand que celui de la Gascogne, mais plus étoffé, dont le poil atteint dans le jeune âge jusqu'à un demi pied de longueur, et qui, parvenu à l'âge de 4 ans, se vend comme étalon jusqu'à 7 ou 8,000 fr. On élève ces ânes dans 6 cantons de la Vendée, 5 de la Vienne, 2 de la Charente, 2 de la Charente-Inférieure, et 25 du département des Deux-Sèvres. L'arrondissement de Melle de ce dernier département est le centre le plus important de cette production. Le croisement a lieu au moyen de juments bretonnes ou maraîchères aux formes à la fois épaisses et musculeuses. Les principaux caractères du mulet poitevin sont une encolure courte et forte, le corps épais, le dos et les reins larges et un peu bombés; les membres forts et parallèles, le jarret bien développé, le canon gros, égal, sain et net, le fanon saillant, le pâturon moyen, le sabot arrondi en pince et ouvert aux talons. Environ 20,000 juments mulassières sont chaque année employées au croisement dans le seul département des Deux-Sèvres. En 1836 le nombre des mules et des mulets sortant du Poitou, s'est élevé à plus de 16,000 mules ou mulets, dont 7,350 pour l'Espagne, 1,500 pour le Piémont et l'Italie, 1,500 pour le Dauphiné, 3,500 pour la Provence et le Languedoc, 2,500 pour l'Auvergne et les pays montagneux environnants. La seule consommation espagnole apporte au Poitou un revenu de 7,350,000 francs, ou 1,000 francs par tête de bétail, tandis que les mulets gascons ne se vendent que 600 francs environ. Cette importante industrie a beaucoup langui par suite des crises intérieures de la Péninsule ibérique et de l'Italie; mais il est à croire qu'elle prendra un jour de plus vastes développements. A l'Espagne et à l'Italie il faut ajouter comme débouchés les Etats-Unis, l'Angleterre, la Belgique, la Suisse, l'Algérie et les colonies, où la cessation de la traite et de l'esclavage force les planteurs à substituer des bêtes de somme aux hommes de couleur. Nantes est le principal entrepôt de ce commerce transatlantique. Les foires les plus importantes pour l'achat des mules et des mulets sont dans le Poitou : la Mothe-Sainte-Heraye, Melle, Champdeniers, Saint-Maixent, Augé, Saint-Sauveur, Niort, Fontenay, Saint-Néomaye, etc. Les bêtes de 6 à 7 mois portent le nom de *Jetonnes*, celles de 2 ans à 2 ans et demi celui de *Doublonnes*, celles de 5 à 6 ans celui de *Bêtes de marque*.

MULETTE, *unio* (*moll.*) : genre de mollusques, créé par Bruguière, faisant partie de la famille des mytilacés de G. Cuvier, et constituant avec les genres *hyrie*, *anodonte* et *castalie*, qui en sont au moins très voisins, s'ils ne doivent pas même y être réunis, et ceux plus distincts des *éthéries* et des *iridines*, la famille des *naïades* de M. Lamarck. — Les *mulettes* aussi connues sous la dénomination de *moules d'eau douce*, ont pour caractères : animal plus ou moins ovale et assez épais ; manteau à bords libres, épais, le plus souvent simples, quelquefois ciliés, ouvert dans toute son étendue sans former une ouverture particulière pour l'anus : partie postérieure des lobes du manteau épaissie, frangée et imitant le syphon branchial des mollusques syphonifères ; coquille transverse, équivalve, inéquilatérale, libre, à crochets écorchés et presque constamment rongés au sommet ; quatre impressions musculaires, deux grandes pour les muscles adducteurs : et deux petites pour les muscles rétracteurs du pied ; charnière à deux dents sur chaque valve, l'une verticale, courte, irrégulière, simple ou divisée en deux, substriée ; l'autre allongée, comprimée, latérale ; ligament extérieur. — Les mulettes se trouvent abondamment répandues dans les rivières de l'ancien et du nouveau monde ; toutes présentent à l'intérieur une nacre, le plus habituellement argentine, ayant quelquefois les couleurs les plus belles et les plus brillantes en pourpre et en rosé plus ou moins foncés. A l'extérieur ces coquilles sont presque toujours noirâtres, et parfois d'une teinte brune et cuivreuse. On en connaît un très grand nombre d'espèces, aussi a-t-on cherché à les subdiviser en plusieurs groupes sous-génériques ; mais jusqu'ici aucune bonne classification n'a été proposée. En effet, il est fort difficile de distinguer entre elles les diverses espèces. Les transitions insensibles par lesquelles on passe de l'une à l'autre, feraient presque croire à une espèce unique, mais variant à l'infini, selon les climats et les localités. Un passage pareil existe entre les mulettes et les anodontes par des nuances également insensibles. Depuis les mulettes qui ont la coquille la plus épaisse et la charnière la mieux prononcée, jusqu'à celles qui deviennent minces, et offrent à peine quelques traces rudimentaires de la charnière, on arrive ainsi aux anodontes qui n'en ont plus. L'identité de l'animal des deux genres devait faire prévoir ce résultat, qui tend à réunir ces deux genres en un seul. Les espèces qui méritent d'être citées sont : — la MULETTE SINUÉE, *unio sinuata*, de Lamarck (*mya margaritifera*, Linné) remarquable par sa grande taille, et qui se trouve dans les rivières d'Europe. La nacre de sa coquille est assez belle pour être employée à la parure comme des perles. Aussi ce mollusque est-il assez recherché. La MULETTE DES PEINTRES, *unio pictorum*, de Lamarck, espèce assez petite, oblongue, mince, à nacre argentée, brillante, et se rencontrant communément dans la Seine et dans la plupart des rivières de France.   E. DESMAREST.

MULEY : plusieurs souverains de Fez, de Maroc et de Tunis, ont porté ce nom. Nous cite-

rons — : 1º MULEY-ABD-EL-MELEK, roi de Fez et de Maroc, de la dynastie des chérifs. Craignant de devenir victime de la jalousie de son neveu, Muley-Mohammed, il le renversa en 1576. Le prince détrôné chercha un refuge auprès du roi de Portugal, don Sébastien, qui débarqua sur les côtes d'Afrique avec une armée de 20,000 hommes. L'usurpateur, quoique gravement malade, vint présenter la bataille aux Espagnols, et remporta sur eux la célèbre victoire d'Alcaçar-Quivir, dans laquelle périt don Sébastien. Muley-abd-el-Malek, épuisé par ses efforts, mourut lui-même à la fin de la bataille (1578). — 2º MULEY-AHMED, frère et successeur du précédent, régna paisiblement pendant vingt-cinq ans. — 3º MULEY-ISMAEL, empereur du Maroc, de la même dynastie que les précédents, monta sur le trône en 1672, enleva Tanger aux Anglais en 1680, et prit aux Espagnols plusieurs places importantes, entre autres Larache (1679), mais assiégea vainement Ceuta pendant vingt-six ans. Il fit un traité de commerce avec Louis XIV, et échoua, en 1690, dans une expédition contre Alger. Sa vieillesse fut affligée par la révolte de plusieurs de ses fils. Il mourut en 1727, à l'âge de 81 ans. — 4º MULEY-HAÇAN, roi de Tunis en 1533, de la dynastie des Hafsides. Ayant été chassé de sa capitale par le célèbre Barberousse, il implora le secours de Charles-Quint, qui battit Barberousse et lui rendit le trône (1533). Ses sujets se révoltèrent ensuite ; son propre fils, Muley-Homaïdah, marcha contre lui, le vainquit, le jeta dans une prison et lui fit crever les yeux. Le malheureux prince, délivré par les Espagnols, passa en Italie où il mourut vers 1545. Muley-Homaïdah fut lui-même chassé de Tunis par les Turcs en 1573. Avec lui, la famille des Hafsides cessa d'occuper le trône.

MULGRAVE : famille ancienne et célèbre d'Angleterre. Nous citerons parmi ses membres : MULGRAVE (*Constantin-John-Phips*, lord), navigateur né en 1734 et mort en 1794. Ayant reçu en 1773 la mission de rechercher un passage au nord de l'Amérique, il partit avec deux bombardes, s'avança au-delà de 80º lat. N. et revint, après cette dangereuse expédition, sans avoir obtenu de résultat. Il fut nommé membre de la chambre des communes en 1775, commissaire de l'amirauté en 1777 et devint pair en 1783, par la mort de son père. Il avait publié en 1774, sous ce titre : *Voyage au pôle boréal, entrepris par ordre du roi*, la relation de son expédition, dont nous avons une traduction française.

MULGRAVES (*îles*) : groupe d'îles aussi appelées *îles de Marshall* et *îles de Gilbert* ; on a proposé de les comprendre toutes sous celui d'*archipel central*. On les divise ordinairement en cinq ou six groupes : Browne, Radak, Mulgrave, Ralik, Scarborough et Kingsmill. Les Mulgraves s'étendent vers le centre de la Polynésie, au S.-O. des Mariannes. Petites et basses, en général, elles sont peuplées d'hommes cuivrés ou noirs, qui végètent misérablement.

MULHAUSEN (*géog.*) : ville des États prussiens, dans la Saxe, sur l'Unstrutt, à 46 kil. N.-O. d'Erfurt. Après avoir joui longtemps des priviléges de ville libre, elle fut cédée à la Prusse en 1802. Elle compte 10,000 habitants et fournit au commerce des étamines, des draps de ras, des chapeaux, des cuirs, de la bière et de l'eau-de-vie de grains. — Une ville de France porte aussi ce nom en allemand (*voy.* MULHOUSE).

MULHOUSE, en allemand *Mulhausen* : ville de France, chef-lieu d'un canton du département du Haut-Rhin, dans l'arrondissement d'Altkirch, sur l'Ill et sur le canal du Rhône au Rhin, à 16 kil. de ce fleuve, à 30 de Bâle, à 40 de Colmar et à 463 de Paris. Quelques auteurs ont prétendu qu'à l'époque de l'invasion des Francs dans la Gaule, Mulhouse existait déjà sous le nom d'*Arialbanum* ; mais la première preuve écrite de son existence se trouve dans un acte de donation fait, au VIIIe siècle, par un duc d'Alsace, où elle figure en qualité de fief d'un couvent de Strasbourg, sous le nom de *Muhlenhusen*. Au XIIe siècle, le landvogt Wolfell la fit entourer de murs et de fossés, et elle devint la résidence de toute la noblesse de cette partie de la Haute-Alsace. Les évêques de Strasbourg en disputèrent longtemps la possession aux empereurs allemands ; mais, en 1221, les habitants reconnurent la suzeraineté de Frédéric II. En 1260, Rodolphe de Habsbourg déclara Mulhouse ville libre et impériale, et en 1293, Adolphe de Nassau lui octroya une charte, qui devint pour la cité un code véritable, dont une clause remarquable établissait la plus rigoureuse inviolabilité du domicile. Mulhouse, sous l'empire de cette loi, devint un asile pour une foule de criminels étrangers. En 1338, elle entra dans la longue ligue des villes libres de l'Alsace contre la noblesse. En 1444, elle força à la retraite le margrave de Bade, la noblesse d'Alsace et les Armagnacs qui l'assiégeaient, et en profita pour chasser de son sein les nobles qui l'habitaient encore. De 1522 à 1524, Mulhouse embrassa la réforme, et après le traité de Westphalie (1648), qui livrait à la France les possessions autrichiennes, elle resta indépendante et attachée à la confédération helvétique. A partir de cette époque, cette ville, épuisée par des luttes presque continuelles, commença à s'adonner aux travaux industriels, et se livra avec assez de succès à la fabrication de draps ordinaires, à la tannerie et à la maroquinerie. En 1746, Samuel Kœchlin, J.-J. Smaltzer et J.-Henri Dollfus y établirent une fabrique de toiles peintes, industrie alors à peine connue en Europe. En 1770, on en comptait onze nouvelles. La population eut bientôt triplé : Mulhouse devint un vaste atelier ; mais la ville libre, dont la France avait bien voulu d'abord recevoir les produits, se trouva bientôt sans débouchés. Un édit royal de 1785 défendait l'entrée en France des toiles de coton brutes ou imprimées. En vain envoya-t-on des députés à Paris pour faire excepter Mulhouse de la proscription. Il fut répondu que la ville devait se donner à la France, si elle tenait à écouler ses produits. On lui accorda néanmoins un droit d'importation de 40,000 pièces, mais, en 1789, toutes les toiles imprimées furent frappées d'un droit de 95 p. 0/0, et après différentes négociations, Mulhouse consentit enfin, en 1798, à se laisser incorporer à la France avec la commune d'Illzach et son annexe Modenheim, qui faisaient partie de son territoire.

Mulhouse, depuis lors, a rapidement marché. Sa population s'est accrue dans des proportions immenses ; elle était, en 1798, de 8 ou 9,000 âmes ; elle s'élève aujourd'hui à 30,000 environ, sans compter les 12 ou 15,000 ouvriers qui y viennent travailler chaque jour, mais se retirent le soir dans les villages environnants. Pour se rendre compte des étonnants perfectionnements qui se sont opérés dans l'industrie de cette ville, il faut voir la collection qu'on y conserve des échantillons d'étoffes imprimées qui y ont été fabriquées depuis 1746. La chimie et la mécanique y ont fait, en même temps, de remarquables progrès, et Mulhouse est devenue, depuis une trentaine d'années, un centre, une école, où les fabricants de tous les pays, de l'Angleterre même et de la Russie, viennent se perfectionner dans la science industrielle et d'où ils tirent leurs meilleurs chimistes, dessinateurs, graveurs, contre-maîtres et imprimeurs. Mulhouse, qui a si puissamment accéléré en Europe le grand mouvement de l'industrie cotonnière, a su se maintenir à la tête. Mais c'est dans la fabrication des toiles peintes qu'elle excelle surtout. Ces toiles, aussi remarquables sous le rapport du goût que sous celui de l'exécution, luttent avec avantage sur tous les marchés avec celles de l'Angleterre, de la Suisse, de l'Allemagne, etc. A côté de ses manufactures d'indiennes se sont naturellement élevés, comme annexes, d'importants établissements de construction de machines, des filatures, des tissages, des graveurs sur rouleaux. C'est aussi près de Mulhouse que se trouve l'importante manufacture de papiers peints de Rixheim, qui, année moyenne, livre au commerce environ 200,000 rouleaux, et a contribué beaucoup à l'amélioration des procédés. Cette ville possède aussi plusieurs fabriques de draps destinés aux fabriques d'impression. Mulhouse, enfin, peut être considérée comme le berceau de la lithographie. Pour assurer l'écoulement de ses produits, il était nécessaire qu'elle pût les vendre à bas prix, afin de lutter contre la concurrence étrangère. Elle y est parvenue. Les principaux débouchés de son commerce sont Paris, l'intérieur de la France, l'Allemagne, la Hollande, la Belgique, la Suisse, le Piémont et l'Angleterre même pour les mousselines. Des exportations considérables ont lieu également dans les deux Amériques, dans la Perse et jusque dans l'Inde. Le voisinage du Rhin ne favorise que médiocrement le commerce de Mulhouse, car l'avidité fiscale des pays riverains entrave d'une manière déplorable la navigation de ce fleuve. L'achèvement du canal du Rhône au Rhin facilite, en revanche, ses relations avec Lyon et Marseille, et lui permet de recevoir en abondance la houille de Saint-Etienne et de Rive-de-Gier, au lieu de la demander, comme autrefois, aux mines prussiennes de Sarrebruck. La jonction de la Saône au canal de Bourgogne par le canal du Centre, permet, en outre, à Mulhouse de recevoir les denrées de l'intérieur de la France et de Paris, et d'écouler par cette voie une partie de ses produits.

Elle possede, enfin, deux chemins de fer, l'un de 20 kil. seulement, qui la met en rapport avec Than, et l'autre qui, passant par Strasbourg et Colmar, la fait communiquer, d'un côté, avec Carlsruhe et l'Allemagne, de l'autre avec Bâle et la Suisse. Les immenses lignes ferrées, projetées ou commencées sur toute l'étendue de la France et qui relieront aux ports de l'Océan et de la Méditerranée la laborieuse Alsace, développeront sans doute dans de vastes proportions l'activité industrielle et commerciale de cette province concentrée à Mulhouse.

Mulhouse est divisée en deux quartiers bien distincts. La vieille ville, sur la rive gauche de l'Ill, a conservé ses rues étroites et tortueuses et son antique physionomie. La ville neuve, entre l'Ill et le canal, qui y forme une admirable bassin, livré au commerce depuis 1830, est percée de rues bien alignées et bordées d'habitations élégantes, et ce qu'on appelle le quartier neuf, est un grand triangle de maisons à colonnades et à arcades, de l'aspect le plus gracieux. C'est dans un de ces bâtiments que s'élève le Palais de l'Industrie, et que se trouvent la Bourse et la Chambre de commerce. Au point de vue artistique, Mulhouse n'offre rien de remarqua-

ble, à moins qu'on ne veuille citer son Hôtel-de-Ville, du XVIᵉ siècle, et l'église protestante de Saint-Étienne, qui date du XIIIᵉ. Mais elle possède des fabriques qu'on pourrait comparer à des palais, des hôtels pour les voyageurs d'une construction véritablement monumentale, et une gare magnifique, presque aussi grande que celle du chemin de fer de Paris à Saint-Germain. Cette ville, enfin, possède un musée, une caisse d'épargnes, une bourse, une société industrielle, fondée en 1825 et dont l'influence a produit les plus excellents résultats; une école gratuite de dessin linéaire, une académie de peinture et des institutions philanthropiques. AL. BONNEAU.

MULLE, *Mullus* (poiss.) : genre de poissons de l'ordre des acanthoptérygiens, famille des percoïdes, créé par Linné, et présentant pour caractères : corps oblong, peu comprimé; nageoires de médiocre étendue : les deux dorsales séparées l'une de l'autre par les écailles larges et peu adhérentes qui garnissent la tête et le corps; deux barbillons attachés sous la symphyse de la mâchoire inférieure et se retirant sous les branchies dans l'état de repos; sousorbitaire haut et étroit, ne couvrant pas la joue; bouche petite, garnie d'un petit nombre de dents; ligne latérale parallèle au dos; système de coloration d'un rouge plus ou moins vif. —MM. G. Cuvier et Valenciennes ont établi deux sections dans ce genre :

La première, qui conserve le nom de *Mullus*, et vulgairement ceux de *rouget* et de *rouget-barbet*, renferme deux espèces propres à nos mers d'Europe, se distinguant par trois rayons à leurs branchies, par leur vomer à deux larges plaques de petites dents à pavé, et par l'absence d'épine à l'opercule, de vessie natatoire et de dents à la mâchoire supérieure. Ces poissons, appelés τριγλη par les Grecs, d'où le nom de *trigles*, sont, sans contredit, les plus célébrés dans les ouvrages des anciens, pour l'excellence de leur goût et la beauté de leurs couleurs. Pour se les procurer, les Romains ne reculaient devant aucunes dépenses; Asinus Celer, au rapport de Pline, en acheta un 8,000 sesterces (plus de 1,500 francs). Suétone parle de trois rougets de grande taille qui furent payés 30,000 sesterces (près de 5,000 fr.). Aujourd'hui, ils sont encore mis, avec raison, au nombre des meilleurs comme des plus beaux poissons de mer. Ceux de Provence, surtout, sont particulièrement recherchés; leur chair est blanche, ferme, friable, agréable au goût, et se digère aisément, parce qu'elle n'est pas grasse. — Les deux espèces principales de cette section, sont : le SURMULET, GRAND MULLE RAYÉ DE JAUNE, OU BARBEAU, *mullus surmuletus*, Linné, dont la couleur générale est, sur le dos et les flancs, d'un beau rouge de minium ou de vermillon clair, avec trois lignes jaunes dorées; la gorge, la poitrine, le ventre et le dessous de la queue sont blancs, légèrement teintés de rose; les nageoires ont des rayons rougeâtres. Ce poisson, dont la longueur ordinaire est de 30 à 40 centimètres, se trouve communément dans la Méditerranée et dans l'Océan. Il se nourrit de jeunes crustacés, de mollusques, et aussi de cadavres d'animaux. Dès le commencement du printemps, les surmulets vont par troupes dans les profondeurs de la mer, où ils font leur ponte auprès des embouchures des rivières. On les pêche avec des filets, des louves, des nasses, et surtout à l'hameçon; mais leur chair est moins estimée que celle de l'espèce suivante. — Le VRAI ROUGET ou ROUGET BARBET, *mullus barbatus*, Linné, plus petit que le surmulet, est d'une couleur plus uniforme et d'un rouge plus foncé, avec les plus beaux reflets irisés, mais sans lignes jaunes; le dessous du corps est argenté et les nageoires sont jaunes. Il habite principalement la Méditerranée; on l'y prend le plus ordinairement sur les fonds limoneux. Il est assez rare sur les côtes de l'Océan, et surtout dans la Manche. Il vient principalement sur nos marchés pendant les mois d'avril et de mai.

La seconde section du genre mulle porte la dénomination d'*upereus*, et se distingue particulièrement par ses branchies à quatre rayons, par une épine peu développée à l'opercule, une vessie natatoire et des dents aux deux mâchoires. Ces poissons, dont on a décrit plus de vingt espèces, proviennent tous des mers des pays chauds, particulièrement de celles des Indes. L'espèce type est l'UPÉREUS RAYÉ, *mullus vittatus*, Forskal, dont le dos est brunâtre et un peu vineux. Les flancs et le ventre sont argentés, avec des reflets dorés; deux lignes plus argentées parcourent longitudinalement le brun du dos, et une troisième, plus dorée, le sépare de l'argenté du flanc. Ses nageoires dorsale et caudale sont noires, tandis que les autres sont blanches. Cet *upereus* se rencontre en abondance, pendant toute l'année, dans la rade de Pondichéry. E.D.

MULLER : ce nom est celui de plusieurs personnages connus à divers titres : — MULLER (GERHARD-FRÉDÉRIC), voyageur et historien, né en 1705 à Herfort, en Westphalie, alla s'établir en Russie sous le règne de Catherine Ire, pour y enseigner l'histoire et la géographie. Il y gagna la faveur de l'impératrice, qui le fit son historiographe, et fut reçu membre de l'Académie de Saint-Pétersbourg. Sous le règne de l'impératrice Anne, il fut désigné pour accompagner Delisle et Gmelin dans ce long voyage en Sibérie qui dura dix ans et eut de si importants résultats pour la science géographique. Il n'en revint qu'en 1743. Élisabeth régnait alors; elle le fit conseiller d'État et garde des archives de Moscou. Catherine II le chargea officiellement de réunir les traités diplomatiques de la Russie, dont il avait de lui-même commencé le recueil, et plus tard, elle lui acheta ses immenses matériaux au prix de 50,000 l. sterling (1,225,000 fr.). Elle le décora de l'ordre de Saint-Wladimir, et quand il mourut, en 1783, son fils fut anobli et sa veuve richement pensionnée. On distingue parmi ses nombreux ouvrages : *Recueil pour l'Histoire de Russie*, 9 vol. in-8°; *Origines gentis et nominis Russorum* (Saint-Pétersbourg, 1749); *Voyages et découvertes des Russes*, 1766, etc. — MULLER (OTHON-FRÉDÉRIC), naturaliste danois, né à Copenhague en 1730, fut l'un des hommes du XVIIIe siècle qui apportèrent dans l'étude des sciences la plus habile observation. Ayant vingt ans à peine, il obtint l'emploi de précepteur du jeune comte de Schuliz, fils d'un ancien ministre d'État, et publia son premier livre sur les insectes et les plantes. Il se démit, en 1772, de toutes les fonctions publiques qui lui avaient été accordées, afin de se livrer exclusivement à ses études. Il ne garda pas même sa place d'archiviste à la chambre de Norwége. Ses travaux se sont portés sur les insectes, les entomostracés ou monocols, les hydrachnes ou araignées aquatiques, mais surtout sur les infusoires, population innombrable et invisible qu'il a révélée à la science. Il mourut en 1784. On a de lui : *Flora Friedrichsdaliana*, 1764; *Traité sur certains vers de l'eau douce et de l'eau salée*, 1771, in-4°; *Vermium terrestrium et fluvialium succincta historia*, 1773-74, in-4°; *Hydrachnæ*, 1781, in-4°; *Entomostraca*, etc. 1785, in-4°; *Animalcula infusoria fluviatilia et marina*, etc. 1786, in-4°. C'est encore lui qui acheva la *Flora danica*, commencée en 1761 par OEder; il avait aussi, quand il mourut, mené fort loin l'ébauche d'une *Zoologia danica*, qui fut publiée incomplète de 1788 à 1806. — MULLER (JEAN DE), historien de la Suisse, né à Schaffhouse, en 1752, publia, n'ayant que vingt ans et au sortir de ses études à Gœttingue, une savante *Histoire de la guerre des Cimbres*, enseigna le grec à Schaffhouse, l'histoire à Genève et à Rome, et en 1780 commença la publication de son *Histoire de la Confédération helvétique*, livre excellent qui devait faire sa réputation. En 1782, il se rendit à la cour de Frédéric, et refit à Cassel le cours d'histoire qu'il avait fait en Suisse. De retour dans sa patrie, il ne tarda pas à être appelé auprès de l'électeur de Mayence, qui se l'attacha comme conseiller intime et secrétaire de cabinet. Quand Mayence eut été prise par les Français, Muller se retira à Vienne, où l'empereur Léopold le fit conseiller de la chancellerie d'État, bibliothécaire, et lui conféra des titres de noblesse. Vienne lui plaisant peu, malgré ces honneurs, il partit pour la Prusse où l'attendait une place à l'Académie de Berlin. Napoléon, maître de ce royaume, se concilia promptement le zèle de Muller et l'envoya en Westphalie, avec le titre de secrétaire d'État et de directeur de l'instruction publique dans cette monarchie naissante. Il mourut peu de temps après, le 29 mai 1809. Muller, qu'on a justement appelé le *Thucydide de la Suisse*, a fait école, non seulement en Allemagne, mais dans toute l'Europe. C'est de lui que date cette manière si intelligente de traiter l'histoire, qui consiste à puiser, non dans les livres, mais aux sources originales, et à donner aux récits la couleur vraie, sans les hérisser de réflexions oiseuses et systématiques. Mme de Stael, dans son livre sur l'Allemagne, a fait de lui le plus juste éloge. Voici les principaux ouvrages laissés par Jean Muller, dont les œuvres complètes, publiées à Tubingen par son frère, de 1810 à 1829, ne comprennent pas moins de 28 volumes in-8° : *Histoire de la Confédération helvétique*, commencée en 1780, mais complètement refondue et continuée de 1786 à 1795, et dont la traduction française, faite par Labaume et donnée à Lausanne de 1794 à 1803, forme 12 volumes in-8° ; *Cours d'histoire naturelle*, ouvrage posthume, publié en allemand en 1810, et traduit en français par J.-G. Hesse, 1814-1817, 4 vol. in-8° : une seconde édition parut en 1826 ; *Correspondance*, traduite en français par M. de Steck, 1810 et 1812, in-8°. — MULLER (JEAN-GODARD DE), l'un des graveurs les plus distingués qu'ait produits l'Allemagne, né en 1747, à Bernhausen, dans le Wurtemberg près de Stuttgard, vint de bonne heure à Paris où il eut pour maître le célèbre graveur prussien Wille, naturalisé chez nous par le succès. Il remporta plusieurs prix à l'Académie royale de Paris et ne repartit pour Stuttgard, où on le rappelait, qu'après avoir été reçu lui-même au nombre des académiciens, en 1776. Il fonda dans sa patrie une école de gravure sur le modèle de celle de Paris, et dont il fut le professeur. Il mourut en 1831, chevalier de l'ordre de la couronne de Wurtemberg et membre des académies des arts de Berlin, de Munich, de Vienne et de Copenhague. Il excellait dans la gravure du portrait ; les meilleurs que l'on ait de lui, sont ceux de Louis XVI et de Jérôme Bonaparte. — Son fils, MULLER (JEAN-FRÉDÉRIC-GUILLAUME), né à Stuttgard en 1782, fut aussi un excellent graveur. Il s'appliqua surtout aux travaux les plus difficiles de son art,

c'est-à-dire à faire revivre sous le burin les plus belles œuvres de la statuaire antique, ce qui lui réussit à merveille dans ses gravures de la *Vénus d'Arles* et de la statue de la *Jeunesse*, puis à reproduire, comme l'avait fait son père, les plus beaux tableaux de Raphael. C'est ainsi qu'on lui doit la *Madonna di Santo Sisto*, et plusieurs études d'après Michel-Ange, Dominiquin, etc. Il mourut jeune encore le 3 mai 1816. Il était membre de l'Académie des Beaux-Arts de Dresde depuis 1814.   ED. F.

MULLER (JEAN) (*voy.* REGIOMONTANUS).

MULLINGAR : ville d'Irlande, sur la Foyle, à 70 kil. N.-O. de Dublin. Sa population est de 3,000 habitants ; c'est la capitale du comté de West-Meath ; elle est bien bâtie et fait un commerce assez actif.

MULOT (*mamm.*). Ce nom, qui sert à désigner une espèce du genre rat, a été aussi parfois étendu aux espèces du groupe des campagnols.

MULTINOME (*voy.* POLYNOME).

MULTIPLE. — Un nombre qui est exactement divisible par un autre est dit *multiple* de ce dernier : celui-ci est *sous-multiple* du premier. Ainsi 12 est multiple de 3 ; 5 est sous-multiple de 15. — Un *point multiple*, en géométrie, est celui où plusieurs branches d'une même courbe se réunissent. Il est *double* lorsqu'il se trouve à l'intersection de deux branches, *triple* lorsqu'il est à l'intersection de trois branches, etc.

MULTIPLICANDE. Nom que l'on donne, en mathématique, à l'un des facteurs de la multiplication : c'est celui qui est considéré comme devant être multiplié par l'autre.

MULTIPLICATEUR.. — Nombre par lequel on doit multiplier le multiplicande. — *Voy.* MULTIPLICATION.

MULTIPLICATION. — Appliquée aux nombres entiers, cette opération n'est qu'un cas particulier de l'addition : c'est un procédé de calcul qui a pour but d'ajouter un nombre plusieurs fois à lui-même, d'une manière plus prompte que par l'addition ordinaire. — Appliquée aux nombres fractionnaires, la multiplication a pour objet de prendre une certaine partie d'un nombre donné : on voit donc que ce mot ne doit pas toujours présenter à l'esprit une idée d'augmentation. — Pour réunir dans une seule définition les deux cas que nous venons de mentionner, nous dirons que multiplier un nombre, quel qu'il soit, par un autre, c'est former un troisième nombre qui soit composé avec le premier, comme le second est composé avec l'unité. — Le résultat de la multiplication se nomme *produit* ; le multiplicande et le multiplicateur portent conjointement le nom de *facteurs* du produit.

Le procédé abrégé d'addition qui constitue la multiplication repose sur la connaissance des produits simples, résultant de la multiplication d'un nombre d'un seul chiffre par un nombre également d'un seul chiffre. Ces produits simples, que l'on doit nécessairement se fixer dans la mémoire, sont présentés dans la table suivante, dont l'invention est attribuée à Pythagore. Un exemple suffira pour faire comprendre

1	2	3	4	5	6	7	8	9
2	4	6	8	10	12	14	16	18
3	6	9	12	15	18	21	24	27
4	8	12	16	20	24	28	32	36
5	10	15	20	25	30	35	40	45
6	12	18	24	30	36	42	48	54
7	14	21	28	35	42	49	56	63
8	16	24	32	40	48	56	64	72
9	18	27	36	45	54	63	72	81

la construction et l'usage de cette table. Veut-on trouver le produit de 6 par 7? on commencera par chercher 6 dans la 1re colonne horizontale, et l'on descendra verticalement jusqu'à la 7e colonne horizontale : le nombre 42, auquel on arrive ainsi, est le produit cherché. On aurait obtenu le même résultat en cherchant d'abord 7 dans la 1re colonne horizontale, et descendant ensuite jusqu'à la 6e : on voit donc que le produit de deux nombres reste le même, quel que soit celui que l'on choisisse pour multiplicande ou pour multiplicateur.

Proposons-nous maintenant de multiplier un nombre de plusieurs chiffres par un nombre d'un seul chiffre; soit 459 par 7. Décomposons d'abord le multiplicande en 4 centaines, plus 5 dizaines, plus 9 unités, et multiplions successivement par 7 chacune de ces parties : la somme des produits partiels formera évidemment le produit total. On aura donc :

9 unités   × 7 = 63 unités;   1er produit partiel =   63
5 dizaines   × 7 = 35 dizaines;   2e   »   »   =   350
4 centaines   × 7 = 28 centaines; 3e   »   »   =   2800

Somme des produits partiels. — Produit total....... 3213

Cette méthode est déjà beaucoup plus courte que l'addition ordinaire consistant à ajouter 459 sept fois à lui-même : mais on aurait pu arriver plus rapidement encore au résultat, en effectuant mentalement quelques-uns des calculs que nous venons de transcrire, et en disant : 7 fois 9 unités font 63 unités, ou 6 dizaines et

3 unités; je pose 3 unités et je retiens 6 dizaines. — 7 fois 5 dizaines font 35 dizaines, et 6 que j'ai retenues font 41 dizaines, ou 1 dizaine et 4 centaines; je pose 1 dans la colonne des dizaines (immédiatement à gauche des trois unités déjà posées), et je retiens 4 centaines. — 7 fois 4 centaines font 28 centaines, et 4 que j'ai retenues font 32 centaines, ou 2 centaines et 3 mille, que je pose dans leurs colonnes respectives.

Par ce procédé, l'opération est rendue aussi simple que possible, et se dispose ainsi :

$$459$$
$$7$$
$$\overline{3213}$$

Enfin passons au cas où le multiplicande et le multiplicateur sont tous deux composés de plusieurs chiffres, et soit à multiplier 459 par 677.

L'opération revient ici à multiplier 459 par 6 centaines + 7 dizaines + 7 unités, et à ajouter entre eux les trois produits partiels.

Le produit de 459 par 7 unités a déjà été obtenu dans l'exemple précédent.

Mais comment multiplier 459 par 7 dizaines? Pour cela, remarquons que, si l'on multipliait 459 par 7 unités (ou par un nombre 10 fois trop petit), le produit serait lui-même 10 fois trop petit : pour le corriger, il suffirait donc de le rendre 10 fois plus grand, ou de le multiplier par 10, ce que l'on fait en écrivant un zéro à sa droite. Le second produit partiel se composera donc des mêmes chiffres que le premier, mais chacun d'eux sera reculé d'un rang vers la gauche.

Continuant à raisonner de la même manière, nous multiplierons 459 par 600 en effectuant la multiplication par 6, et en reculant de deux rangs vers la gauche tous les chiffres de ce troisième produit partiel.

Les opérations que nous venons d'indiquer se traduisent numériquement de la manière suivante :

$$459$$
$$677$$
$$\overline{3213}$$
$$32130$$
$$275400$$
$$\overline{310743}$$

Voici donc, en langage ordinaire, la *règle générale* pour multiplier un nombre de plusieurs chiffres par un nombre de plusieurs chiffres.

1° Écrire le multiplicateur sous le multiplicande, en choisissant pour multiplicateur celui des deux facteurs qui a le moins de chiffres afin de simplifier l'opération.

2º Multiplier tout le multiplicande, successivement par chacun des chiffres du multiplicateur, considéré comme unité simple.

3º Écrire ces différents produits partiels les uns au dessous des autres, de manière que chacun soit reculé d'un rang par rapport au précédent.

4º Additionner tous les produits partiels : la somme sera le *produit total* demandé.

Dans la formation de chaque produit partiel, on est obligé de commencer par la *droite du multiplicande*, à cause des reports à effectuer, de chacun des ordres inférieurs, à l'ordre immédiatement supérieur ; mais pour *le multiplicateur* rien ne force à commencer par la droite plutôt que par la gauche. Il y aurait même avantage à modifier l'ancienne habitude, et à commencer la multiplication par le chiffre de l'ordre le plus élevé du multiplicateur. En effet, cette manière d'opérer justifie complètement la marche suivie dans la division ; elle fait connaître d'abord les unités de l'ordre le plus élevé du produit, en sorte que, si l'on veut négliger les unités des ordres inférieurs, il suffit de ne pas effectuer les derniers produits partiels, relatifs aux ordres d'unités à négliger ; enfin, lorsqu'on a une longue multiplication à faire, les erreurs se commettent ordinairement vers la fin de l'opération, alors que la tête commence à se fatiguer : il vaut donc mieux commencer par les unités supérieures, et terminer par les unités inférieures du multiplicateur. Celles-ci, en effet, ne peuvent donner lieu qu'à des erreurs relativement peu considérables.

Pour la multiplication des fractions, *voy.* FRACTIONS ; pour celle des nombres complexes, *voy.* COMPLEXES.

Dans la *multiplication algébrique*, il peut arriver : 1º que chacun des deux facteurs se compose d'un terme unique ; 2º que l'un seulement des deux facteurs soit formé d'un terme unique ; 3º que tous les deux soient composés de plusieurs termes.

1er Cas. — Soit $4a^3b^2c$ à multiplier par $5a^2bd$. Le produit peut d'abord s'écrire ainsi : $4a^3b^2c \times 5a^2bd$; ou bien en intervertissant l'ordre des facteurs, et ayant égard à la signification des symboles algébriques, $4 \times 5 \times aaaaabbbcd$; expression qui peut enfin se mettre sous la forme $20a^5b^3cd$ (*voy.* EXPOSANT, COEFFICIENT). Ainsi pour multiplier l'un par l'autre deux termes algébriques, il faut multiplier les coefficients entre eux et ajouter les exposants d'une même lettre. Quand une lettre n'entre que dans l'un des facteurs, on l'écrit simplement au produit, avec l'exposant dont elle est affectée dans ce facteur.

2e Cas. — Le multiplicande étant supposé renfermer des termes additifs et des termes soustractifs, représentons par a la somme des premiers, par b celle des autres, et proposons-nous de multiplier $(a - b)$ par c. L'opération revenant à multiplier c par $(a - b)$, effectuons d'abord la multiplication par a, ou par un nombre trop grand de b : le produit ac sera trop grand de b fois la quantité c, ou de bc ; le résultat final sera donc $ac - bc$.

3e Cas. — Enfin supposons que le multiplicateur renferme aussi plusieurs termes, et représentons par c la somme de ses termes additifs, par d celle de ses termes soustractifs. Multiplier $(a - b)$ par $(c - d)$ revient évidemment à prendre $(a - b)$ autant de fois qu'il y a d'unités dans c, *moins* autant de fois qu'il y a d'unités dans d ; ou bien à multiplier $(a - b)$ par c, et à retrancher du produit celui de $(a - b)$ par d. Or, nous venons de voir que le produit de $(a - b)$ par c est $ac - bc$; celui de $(a - b)$ par d serait de même $ad - bd$, et comme ce dernier doit être retranché du précédent, il faut changer les signes de $ad - bd$ (*voy.* SOUSTRACTION ALGÉBRIQUE) et écrire ces deux termes à la suite des deux premiers, ce qui donne enfin $(a - b) \times (c - d) = ac - bc - ad + bd$.

On voit donc que toutes les fois que deux termes du multiplicande et du multiplicateur sont affectés du *même* signe, le produit partiel correspondant est affecté du signe + : lorsque les deux termes sont affectés de signes *contraires*, le produit est affecté du signe —. Pour la multiplication individuelle de chaque terme du multiplicande par chaque terme du multiplicateur, on suit les règles énoncées à l'occasion du 1er cas.   J. LIAGRE.

MULTIVALVES (*moll.*) : On désignait anciennement sous ce nom une grande classe de mollusques comprenant tous ceux dont la coquille était composée de plus de deux valves.

MUMMIA (*hist. rom.*) : famille plébéienne de l'ancienne Rome, dont le plus ancien membre, mentionné dans l'histoire, est MOMMIUS (*Quintus*), qui exerça les fonctions de tribun l'an de Rome 565. Le membre le plus illustre de la famille est Mummius, le destructeur de Corinthe.

MUMMIUS (*hist. rom.*) : consul romain, célèbre par la destruction de Corinthe. Il se trouvait en Grèce (146 av. J.-C.) au moment où Metellus venait de vaincre l'armée ennemie. La résistance était devenue impossible ; Metellus marchait déjà sur Corinthe ; Mummius, en sa qualité de consul, prit la direction d'une guerre qu'on pouvait regarder comme terminée, s'empara de la ville après avoir battu les débris de la Ligue à Leucopétra, fit impitoyablement égorger les hommes, livra aux marchands d'esclaves les femmes et les enfants, fit transporter à Rome les objets d'art les plus précieux dont il savait si peu apprécier la haute valeur, qu'il menaça les entrepreneurs du transport de remplacer à leurs frais les chefs-d'œuvre de la Grèce, s'ils venaient à les égarer. Il démolit ensuite les fortifications de Thèbes et de plusieurs autres villes, et vint recevoir à Rome le titre d'*Achaïque* et les honneurs du triomphe.

MUMMOL (Ennius), l'un des plus grands hommes de guerre du VIe siècle, était fils de Pæonius, comte d'Auxerre et patrice des troupes de Gontran, roi d'Orléans et de Bourgogne. En 561, il obtint de succéder à son père dans les mêmes offices. Les armées de Gontran furent constamment victorieuses sous ses ordres. Il enleva à Chilpéric, roi de Soissons, et rendit à Sigebert II, à qui elles avaient été enlevées, les deux provinces du Poitou et de la Touraine. Ensuite, revenu dans la Bourgogne envahie par les troupes lombardes, il vainquit celles-ci près d'Embrun, en 572, et l'année suivante, il délivra les Etats de Gontran d'une invasion saxonne par une victoire remportée près de Riez. En 576, il battit également Didier, duc de Toulouse. Mais ses succès le rendirent ambitieux et, par suite, rebelle. Il voulut détrôner Gontran, dont la ferme prudence le gênait, et mettre à sa place un certain Gondbald, qui se disait frère légitime de ce roi, et n'était qu'un fils adultérin de Clotaire Ier. Il le fit même proclamer à Brives-la-Gaillarde; mais l'approche de Gontran et de son armée le força de rétrograder. Poursuivi dans les provinces méridionales et acculé dans la forteresse de Comminges, il résista vainement pendant quinze jours; il fut contraint de livrer le prétendant pour lequel il combattait, et, pris lui-même, il fut mis à mort par ordre de Gontran, ou, selon quelques historiens, il se donna lui-même la mort.　　　Ed. F.

MUNATIUS-PLANCUS, général romain qui servit tour à tour le parti de César, de Pompée, d'Antoine et enfin celui d'Octave, auquel le sénat accorda à sa sollicitation le titre d'Auguste. Il fut consul en 42 avant J.-C., et censeur 20 ans après. Il avait exercé des commandements importants dans la Gaule et dans l'Asie. Il fonda *Lugdunum* (Lyon) pendant qu'il était préteur dans la Gaule (43 av. J.-C.). C'est à lui qu'Horace a adressé l'ode : *Laudabunt alii claram Rhodon.*

MUNCER (Thomas), un des chefs des Anabaptistes (*voy.* ce mot).

MUNDEN ou Minden, ville du royaume de Hanovre, dans le gouvernement d'Hildesheim, à 20 kil. de Cassel et à 26 kil. S.-O. de Gœttin-

gue, au confluent de la Werra et de la Fulde. Elle fut prise et pillée par Tilly, en 1626, et occupée par les Français en 1756 et 1805; elle a des murailles flanquées de tours, compte 6,000 habitants, se livre au commerce de transit, et produit du tabac, du savon, de la faïence, etc.

MUNDINUS : Milanais qui, au XVIe siècle, voulut perfectionner la médecine en développant les études anatomiques. On peut dire qué le *corps d'anatomie* qu'il publia en 1515, ressuscita cette science. On rencontre quelques observations et quelques découvertes nouvelles dans cet important ouvrage, que la célèbre Université de Padoue prenait pour règle unique.

MUNGO-PARK (*voy.* Park).

MUNICH : ville capitale de la Bavière, chef-lieu du cercle de l'Isar, archevêché et siège de toutes les autorités supérieures du royaume. Elle est située au 48° 2′ 30″ de latitude, et au 29° de 13′ 20″ de longitude, dans une vaste plaine peu fertile, et sur un des plateaux les plus élevés de l'Europe.

Munich n'apparaît dans les documents écrits qu'au Xe siècle, et comme simple village du nom de *Munichen*. Il fut élevé au rang de ville et de résidence des ducs de Bavière dans la première moitié du XIIIe siècle. L'empereur Louis de Bavière l'entoura de murs entre les années 1301 et 1313, et fit rebâtir le château ducal brûlé en 1327. Munich fut fortifié de nouveau pendant la guerre de Trente ans par ordre de l'électeur Maximilien Ier. Ce prince et ses successeurs firent beaucoup pour l'embellissement de leur capitale, mais ce n'est que depuis le commencement de ce siècle, sous les deux premiers rois de Bavière, Maximilien Joseph et Louis, que Munich est devenu une des villes les plus importantes et les plus belles de l'Allemagne. Dans cet espace de temps cette capitale s'est agrandie de nouveaux quartiers construits avec autant de régularité que de magnificence, et elle a vu doubler sa population qui actuellement s'élève à plus de 100,000 âmes. C'est sous le roi Louis qu'elle devint le centre des arts, et qu'elle s'enrichit de cette foule de monuments splendides, construits dans tous les styles, et qui font de Munich une des villes les plus remarquables de l'Europe.

Parmi les nombreuses églises de Munich on distingue la cathédrale, vaste et noble basilique d'architecture ogivale, élevée entre les années 1468 et 1488, et entièrement construite en briques. Les tours jumelles de sa façade ont une élévation de 333 pieds de Bavière. On y admire principalement le superbe mausolée en marbre et en bronze de l'empereur Louis de Bavière, érigé en 1622.—L'église de Saint-Michel, autrefois des Jésuites, un des plus beaux édifices religieux de l'Allemagne et dont la construction date de 1583, renferme le tombeau du prince Eugène, exécuté par Thorwaldsen.—L'église des Théatins, de style italien, avec une belle coupole et deux tours, sert de sépulture à la famille royale. — L'église de Saint-Louis, construite en style romano-italien en 1829 sur les plans de Gartner. Sa belle façade en pierre de taille est cantonnée de deux tours hautes de 220 pieds. L'intérieur est entièrement peint à fresque par Cornélius. — L'église évangélique, belle rotonde commencée en 1827, et achevée en 1833. — L'église de tous les Saints ou nouvelle chapelle de la cour, bâtie en 1838 dans le style bysantin le plus pur et le plus orné. Les murs en sont revêtus de marbres précieux, et les voûtes peintes à fresque sur fond d'or par Hess et ses élèves. — L'église paroissiale du faubourg d'Au, érigée en 1830 sur les plans d'Ohlmuller, et construite en style ogival fleuri. Sa façade est surmontée d'une tour en pierre, haute de 270 pieds et entièrement découpée à jour. Les sept fenêtres du chœur sont ornées de magnifiques verrières peintes par Schaudolf, Fischer et Ruben; elles ont coûté plus de 133,000 florins. —La basilique de Saint-Boniface, la plus grande et la plus magnifique de toutes les églises de Munich, a été construite par l'architecte Klenze sur le modèle de la basilique de Saint-Paul, près de Rome; elle a 520 pieds de longueur, et est divisée en cinq nefs par 72 colonnes monolithes de marbre du Tyrol, qui portent un plafond en bois peint et orné d'étoiles dorées. Les murs des nefs ont été peints à fresque par Hess. La magnificence des nouveaux bâtiments de l'abbaye de Bénédictins, dont dépend cette église, répond à celle de la basilique.

Le palais du roi, une des plus vastes et des plus splendides résidences princières de l'Europe, se divise en trois parties, le vieux château et les bâtiments nouveaux désignés sous les noms de *Kœnigsbau* (bâtisse du roi), et de *Festsaalbau* (salle des fêtes). Le vieux château, reconstruit sous l'électeur Maximilien Ier, et agrandi à diverses époques, est d'une grande étendue, mais ne forme pas d'ensemble régulier. On y remarque entre autres la chapelle dite la *riche chapelle*, à cause de la richesse extraordinaire de son ornementation où brillent partout les pierres précieuses, l'or et l'argent; la salle du trésor qui contient les insignes et joyaux de la couronne, et un grand nombre de vases et d'autres objets aussi précieux par la beauté du travail que par la richesse de la matière : on en estime la valeur à douze millions de florins; l'An-

tiquarium ou salle des antiquités égyptiennes, grecques, étrusques, romaines, etc. Elle a 336 pieds de longueur sur 45 de largeur, et offre l'aspect le plus imposant. Les appartements dits de l'empereur parce qu'ils servirent de demeure à Charles VII, sont décorés avec un luxe tel que l'on estime à huit cent mille florins la valeur de l'or seul qui est entré dans les broderies du lit de parade. Le *Kœnisgbau*, élevé entre les années 1826 et 1835, sur le modèle du palais Pitti à Florence, contient un grand nombre de salles magnifiques, dont les murs et les plafonds sont couverts de peintures à fresque exécutées par les principaux peintres de l'école allemande moderne, et parmi lesquelles on distingue particulièrement les grandes compositions de Schwarz, représentant les scènes des *Niebelungen*. La troisième division du palais, le *Festsaalbau*, destiné, comme l'indique son nom, aux grandes fêtes de la cour, présente une immense façade dont le centre est décoré d'un avant-corps formé de dix colonnes ioniques que couronne un attique portant huit statues colossales. Des deux côtés de la salle du trône s'élèvent douze autres statues colossales en bronze doré des princes de la maison de Wittelsbach. D'autres salles sont ornées de magnifiques peintures à fresque de Schwarz. Toutes ces constructions nouvelles ont été exécutées sur les plans du célèbre Klenze. — Le jardin de la cour qui touche au palais n'est qu'une grande place carrée, plantée d'arbres, ornée de cinq fontaines et entourée d'un immense portique sur les murs duquel Schorn, Kaulbach, Förster, Ruben, etc., etc., ont peint à fresque les principaux événements de l'histoire de la Bavière, et des paysages italiens.

Les autres édifices et monuments les plus remarquables de Munich, sont : la Pinacothèque, ou nouvelle galerie de tableaux, bâtie en 1836. La longue colonnade qui décore la façade de 530 pieds d'étendue est couronnée de vingt-cinq statues colossales de peintres célèbres. La collection se compose d'environ 1,600 tableaux choisis parmi les 9,000 qui appartiennent à l'État. Ils sont distribués par écoles dans neuf grandes salles et vingt-trois chambres. Le cabinet de gravures contient au-delà de 300,000 planches, dont 10,000 portraits.—La glyptothèque, ou musée de sculpture, construite de 1816 à 1830, pour la précieuse collection de sculptures grecques acquise par le roi Louis lorsqu'il n'était encore que prince royal, et parmi lesquelles figurent les bas-reliefs de la frise du temple de Jupiter-Panhellenien dans l'île d'Egine, regardés comme le type de la première époque de l'art grec. — Le local des expositions publiques des arts et métiers, placé en face de la glyptothèque, et bâti sur le même plan. — Le nouveau bâtiment des Archives et de la Bibliothèque royale, immense trapèze de 520 pieds de front, et construit en 1832 dans le style florentin du xvᵉ siècle sur les plans de Gartner. Le nombre des volumes de la Bibliothèque s'élève à plus de 800,000, et celui des manuscrits à 1,600. — Le théâtre de la cour, bâti en 1825; il a 340 pieds de longueur, 190 de largeur, et est orné d'un superbe péristyle de huit colonnes corinthiennes. —L'Odéon ou salle des concerts sur la place du même nom, où se trouvent aussi le bazar et une magnifique fontaine en bronze. — L'Hôtel de l'administration des mines et salines que Gartner tenait pour son chef-d'œuvre.— L'Institut des aveugles construit sur les plans du même architecte. — Le nouveau palais de l'Université et le nouveau Séminaire y attenant. — Le Ministère de la guerre, de style florentin. — Le palais du duc Maximilien, construit sur le modèle des grands palais de Rome. — L'Hôtel de l'administration générale des postes.— La porte de l'Isar, ornée de grandes fresques de Néher, représentant l'entrée publique de l'empereur Louis de Bavière à Munich. — Le grand pont en pierre sur l'Isar. — Le Manège de la cour, long de 300 pieds et large de 85, bâti par Klenze en 1822. — Le nouvel Hôpital général, bâti en 1813.—Le Jardin botanique, créé en 1812, avec des serres chaudes de 462 pieds de longueur. — Le Campo-Santo, un des plus beaux cimetières de l'Allemagne, et décoré d'un très grand nombre de tombeaux remarquables.

La plus belle rue de Munich est la rue Louis, presque entièrement bordée d'édifices publics de création récente, et terminée d'un côté par un grand portique imité de la loggia dei Lanzi à Florence, et à l'autre extrémité par un superbe arc de triomphe que surmonte un char en bronze traîné par des lions, et dans lequel est assise la statue emblématique de la Bavière. Les plus belles places sont celles de l'Odéon; du marché de la vieille ville, décorée de la colonne de la Vierge, monument en marbre et en bronze érigé par l'électeur Maximilien Iᵉʳ, en mémoire de la bataille de Prague qu'il gagna en 1620; la place de Wittelsbach avec la statue équestre en bronze de Maximilien Iᵉʳ, par Thorwaldsen; la superbe place de Maximilien-Joseph, ornée de la statue en bronze et assise de ce roi, par Rauch; la place Caroline au centre de laquelle s'élance, à la hauteur de 100 pieds, un obélisque en bronze élevé à la mémoire de 30,000 Bavarois qui périrent dans la guerre de Russie en 1812; la place Royale, ornée de plantations, et sur laquelle se trouvent la glyptothèque, le bâtiment des expositions publiques et la basilique de Saint-Boni-

face. Le jardin public, dit jardin anglais, situé aux abords de la ville, mérite aussi une mention spéciale. Créé en 1792 sur les plans du célèbre philanthrope Howard, il occupe un espace de près de deux lieues de longueur. C'est, sans contredit, une des plus belles promenades publiques de l'Europe.

Munich ne le cède à aucune capitale en établissements scientifiques, littéraires et artistiques. Outre son université, transférée de Landshut en 1826, elle compte une académie royale des sciences et belles-lettres, une école polytechnique, une académie des beaux-arts, une académie militaire, une école vétérinaire, une école forestière, une école des mines, une école de topographie, etc., etc., et des collections scientifiques et artistiques de toute nature. Les brasseries de cette bière de Bavière si renommée dans toute l'Allemagne; des fabriques d'instruments de mathématiques et d'optique et une grande fonderie de bronze, sont les principales et presque les seules branches d'industrie de Munich. Dans les environs de la ville on remarque particulièrement l'immense château royal de Nymphenbourg et son parc d'une lieue et demie d'étendue; la fabrique royale de porcelaine et de verres peints; le château royal de Schlesheim, et sa nombreuse collection de tableaux, l'observatoire, la Therensienwiese, grande plaine destinée aux fêtes populaires, et dans laquelle s'élèvera bientôt la Rumeshalle, ou temple de la gloire, consacré aux hommes illustres de la Bavière et le colosse en bronze de la Bavaria, haut de 45 pieds non compris le piédestal.   SCHAYÈS.

MUNICH ou MUNNICH (CHRISTOPHE BURCHARD, comte de), naquit en 1683 dans le comté d'Oldenbourg, se distingua d'abord comme ingénieur, et fit sous le prince Eugène, dans la guerre de succession, les campagnes d'Italie et de France. Fait prisonnier à Denain, il recouvra la liberté à la paix de 1713, passa au service de la Pologne, et fut nommé général-major des gardes du roi. Poussé à bout par les vexations du comte Flemming, il se rendit en Russie, où Pierre-le-Grand lui confia l'exécution du canal de Ladoga. Après avoir terminé avec succès cette grande entreprise, il fut comblé d'honneur par l'impératrice Anne Iwanowa, et devint feld-maréchal et conseiller privé. Le commandement de l'armée lui fut ensuite confié. Il battit les Polonais en 1736, remporta de grands avantages sur les Tartares de la Crimée, vainquit les Turcs en 1739, près de Chokzin, s'empara de cette ville et de Jassi, capitale de la Moldavie, et parvint à la dignité de premier ministre d'Ivan VI. Biren, duc de Courlande, voyant avec jalousie les faveurs dont Munich était comblé, chercha le moyen de le perdre; mais le ministre le fit exiler en Sibérie (*voy.* BIREN). L'année suivante (1742) une intrigue de cour l'envoya lui-même prendre la place de Biren. Après plus de vingt années de séjour en Sibérie, il fut rappelé par Pierre III, qui lui rendit ses titres et ses honneurs. Catherine II le nomma ensuite directeur-général des ports de la Baltique. Munich mourut en 1767. L'orgueil était son vice dominant; dévoré d'ambition il sacrifiait tout pour la satisfaire.

MUNICIPALITÉS. Ce mot, célèbre dans l'histoire de notre première révolution, désignait l'administration collective qui, aux termes du décret des 14-18 décembre 1789, remplaça les autorités subsistant en chaque ville, bourg, paroisse ou communauté, sous le titre d'hôtels-de-ville, mairies, échevinats, consulats ou sous toute autre dénomination. On donnait aussi le nom de *municipalité* au local où siégeait l'administration municipale; mais ce mot n'a pas été reproduit dans les dernières lois qui ont réglé l'organisation et les attributions des corps municipaux. On désigne aujourd'hui par cette dernière expression les assemblées électives chargées, sous la surveillance de l'autorité des préfets, de tout ce qui concerne l'administration des communes et la défense de leurs intérêts collectifs. Le corps municipal se compose de deux parties distinctes : le *conseil municipal,* auquel est confiée la partie délibérative de l'administration communale, et le maire, qui, secondé de un ou deux adjoints, est chargé de la partie exécutive. Suivant le décret de l'Assemblée constituante, l'administration municipale, élue par les habitants de la commune, fut divisée en deux parties : l'une d'elles constitua un corps délibérant, sous le nom de conseil général de la commune; l'autre, sous la présidence d'un maire, fut chargée de l'autorité exécutive. Mais ces municipalités, au lieu de se restreindre, comme les anciennes, à la gestion des intérêts locaux, « devaient joindre aux fonctions propres au pouvoir municipal, des fonctions propres à l'administration générale de l'Etat, et qui lui seraient déléguées par elle. » Ces principes furent, en 1790, la base de différentes lois qui fixèrent les limites et réglèrent l'exercice de la police municipale. La constitution de 1791 consacra de nouveau cet ordre de choses par des dispositions expresses; mais la constitution du 5 fructidor an III (22 août 1795), tout en conservant la division du territoire français, établie par le décret du 11 août 1789 et la constitution de 1791, n'accorda une administration municipale qu'aux villes ayant plus de 5,000

habitants. Toutes les communes n'ayant qu'une population inférieure à ce chiffre, furent englobées dans une administration cantonale. Chacune des communes du canton élisait un agent principal. Ces agents réunis composaient la municipalité, auprès de laquelle était placé un commissaire du Directoire. Ce système ne dura que jusqu'à la loi du 28 pluviôse an VIII (17 février 1800), qui rendit à la commune son individualité, en confiant son administration à un maire, assisté d'un conseil municipal. Mais cette loi, par une réaction assez ordinaire à la suite des troubles politiques, supprima le principe d'élection, et attribua au chef de l'Etat la nomination des maires, adjoints et conseillers municipaux. Sous l'empire de la charte de 1814, les conseillers municipaux continuèrent à être choisis par le souverain. Conformément à une promesse contenue dans la charte de 1830, la loi du 21 mai 1831 basa l'organisation des conseils municipaux sur le système électif, qui, toutefois, fut très restreint. Les électeurs municipaux furent divisés en deux catégories : la première comprenait un certain nombre d'électeurs censitaires, en proportion variable avec la population de la commune; dans la seconde figuraient les citoyens auxquels la loi conférait le droit électoral, en considération des garanties de capacité et d'attachement à la localité qu'offraient leurs services, leur caractère ou leur position sociale. La loi du 18 juillet 1837 compléta ce système en fixant les attributions des conseils municipaux et des maires sur des bases en harmonie avec les institutions fondées par la révolution de juillet. Cette dernière loi n'a point encore été modifiée; mais le conseil d'Etat s'occupe en ce moment de l'élaboration d'un projet sur cette importante matière, comprise, par la constitution de 1848, au nombre de celles qui doivent être l'objet d'une loi *organique* spéciale. Quant à celle du 21 mars 1831, le gouvernement provisoire l'a remplacée par un décret du 3 juillet 1848, qui attribue au suffrage universel l'élection des conseils municipaux, et porte, en outre, que, sauf dans les chefs-lieux d'arrondissement et de département et dans les communes au dessus de 6,000 âmes, les maires et adjoints sont choisis par les conseils municipaux et pris dans leur sein. —Quant aux attributions des conseils municipaux, elles sont toujours telles que les a fixées la loi du 18 juillet 1837, et se divisent en trois catégories distinctes : 1° les objets que ces conseils ont le droit de régler directement, sous la simple surveillance de l'autorité supérieure, et sauf réformation par les tribunaux civils ou administratifs; 2° les objets sur lesquels ils ont l'initiative de la délibération, sans toutefois que leurs décisions soient valables avant d'avoir reçu l'approbation du préfet; 3° enfin les objets sur lesquels ils ne sont appelés qu'à donner leur avis. En d'autres termes et pour nous servir de formules abbréviatives consacrées, leurs délibérations sont *réglementaires*, *délibératives* ou *consultatives*.

Les conseils municipaux *règlent* par leurs délibérations : le mode d'administration des biens communaux, les conditions des baux à ferme ou à loyer dont la durée n'excède pas dix-huit ans pour les biens ruraux et neuf ans pour les autres biens ; le mode de jouissance et la répartition des pâturages et fruits communaux autres que ces biens, ainsi que ces conditions à imposer aux parties prenantes ; les affouages, en se conformant aux lois forestières. Les conseils municipaux *délibèrent* sur le budget de la commune et, en général, sur toutes les recettes et dépenses soit ordinaires, soit extraordinaires ; sur les tarifs et réglements de perception de tous les revenus communaux ; sur les acquisitions, aliénations et échanges des propriétés communales ; sur leur affectation aux différents services publics et, en général, sur tout ce qui intéresse leur conservation et leur amélioration ; sur la délimitation ou le partage des biens indivis entre deux ou plusieurs communes ou sections de communes ; sur les conditions des baux à ferme ou à loyer dont la durée excède dix-huit ans pour les biens ruraux et neuf ans pour les autres biens, ainsi que sur celle des baux des biens pris à loyer par la commune, quelle qu'en soit la durée ; sur les projets de constructions, de grosses réparations et de démolitions, et, en général, sur tous les travaux à entreprendre; sur l'ouverture des rues et places, et sur les projets d'alignement de voirie muicipale; sur le parcours et la vaine pâture ; sur l'acceptation des dons et legs faits à la commune et aux établissements communaux, et enfin sur les actions judiciaires et les transactions. Ils sont toujours appelés à donner leur avis sur les circonscriptions relatives au culte, sur les circonscriptions relatives à la distribution des secours publics, sur les projets d'alignement de grande voirie dans l'intérieur des villes, bourgs et villages; sur l'acceptation des dons et legs faits aux établissements de charité et de bienfaisance; sur les autorisations d'emprunter, d'acquérir, d'échanger, d'aliéner, de plaider et de transiger, demandées par les mêmes établissements, et par les fabriques des églises et autres administrations préposées à l'entretien des cultes dont les ministres sont salariés par l'Etat; sur les budgets et les comptes des établissements de cha-

rité et de bienfaisance; sur les budgets et les comptes des fabriques et autres administrations préposées à l'entretien des cultes, lorsqu'elles reçoivent des secours sur les fonds communaux. Les conseils municipaux réclament, s'il y a lieu, contre le contingent assigné à leur commune dans l'établissement des impôts de répartition ; ils *délibèrent* sur les comptes présentés annuellement par le maire; ils entendent, débattent et arrêtent les comptes de deniers des receveurs, sauf réglement définitif; enfin, ils expriment leur vœu sur tous les objets d'intérêt local.

Les conseils municipaux se réunissent quatre fois l'année : au commencement des mois de février, mai, août et novembre. Chaque session peut durer dix jours. Le préfet ou le sous-préfet prescrit leur convocation extraordinaire ou l'autorise, sur la demande du maire, toutes les fois que les intérêts de la commune l'exigent. Dans les sessions ordinaires, le conseil municipal peut s'occuper de toutes les matières qui rentrent dans ses attributions. En cas de réunion extraordinaire, il ne peut s'occuper que des objets pour lesquels il a été spécialement convoqué. Sa convocation pourra également être autorisée, sur la demande du tiers des membres du conseil municipal, adressée directement au préfet, qui ne pourra la refuser que par un arrêté motivé, notifié aux réclamants, et dont ils pourront appeler devant le conseil d'État. Le maire préside le conseil municipal ; les fonctions de secrétaire sont remplies par un des membres, nommé au scrutin et à la majorité à l'ouverture de chaque session. Le préfet, sur la demande du maire, peut déclarer démissionnaire tout membre qui aura manqué à trois convocations consécutives sans motifs reconnus légitimes par le conseil. Lorsque la dissolution d'un conseil municipal sera prononcée, le même décret fixera l'époque de la réélection dans un délai qui ne pourra excéder trois mois. Les conseils municipaux ne peuvent publier aucune protestation, ni proclamation ou adresse, ni se mettre en communication avec un ou plusieurs autres conseils. Toute délibération prise hors d'une réunion légale, ou portant sur des objets étrangers aux attributions, est nulle de plein droit. Les délibérations se prennent à la majorité des voix des membres en exercice et présents à la délibération. Toutefois, lorsqu'après deux convocations successives, faites par le maire à huit jours d'intervalle et dûment constatées, les membres du conseil ne se sont pas réunis en nombre suffisant, la délibération prise après la troisième convocation est valable, quel que soit le nombre des membres présents. En cas de partage, la voix du président est prépondérante. Toutes les fois que trois des membres présents le réclament, il est voté au scrutin secret. Les délibérations sont inscrites, par ordre de date, sur un registre coté et paraphé par le sous-préfet; elles sont signées par tous les membres présents à la séance, ou mention est faite des motifs qui les ont empêchés de signer. Les séances des conseils municipaux ne sont pas publiques, et leurs débats ne peuvent être publiés officiellement qu'avec l'approbation de l'autorité supérieure ; mais tout contribuable de la commune a le droit de prendre communication, sans déplacement du registre, des délibérations qu'il veut connaître.

Le décret du 24 messidor an XII porte que, dans les cérémonies publiques, le *corps municipal* sera placé immédiatement après les membres des tribunaux de première instance, et avant les membres du tribunal de commerce, les juges de paix et les commissaires de police. Les conseillers municipaux n'ont pas de costume particulier. Ils ne sont pas non plus considérés comme fonctionnaires, et ne jouissent pas, à ce titre, de la garantie constitutionnelle portée par la loi du 22 frimaire an VIII. Ils sont donc passibles de poursuites sans l'autorisation préalable du conseil d'État.   A. BOST.

MUNICIPES (*voy.* CITÉ, COMMUNE.)

MUNITION, MUNITIONNAIRE. Le mot *munition*, provenant de *munire*, pourvoir, ne s'emploie aujourd'hui qu'au pluriel, et signifie en général, les approvisionnements de guerre et de bouche, destinées aux armées ou aux places fortes. La fabrication, l'achat ou la garde des objets qui composent ces divers approvisionnements, sont confiés à l'administration de la guerre. Les munitions de guerre proprement dites, telles que les poudres, salpêtres et projectiles de toutes sortes, rentrent dans les attributions de la direction de l'artillerie. La fourniture, la conservation, le transport et la manutention des munitions de bouche, sont placés sous la direction de l'intendance générale.

On a longtemps donné le nom de *munitionnaires* aux fournisseurs des vivres de nos armées. Avant que les règles d'une sévère et savante comptabilité eussent été établies dans toutes les parties de cet important service, et particulièrement au milieu des désordres et du relâchement moral qui marquèrent l'époque du Directoire, plusieurs munitionnaires étalèrent une scandaleuse opulence, fruit de leurs rapines sur le nécessaire de nos malheureux soldats. Plus d'une fois, la colère de Bonaparte s'exhala contre eux en termes violents, et aussitôt que la puissance répondit à sa volonté, leur avidité fut

contenue par des lois sévères. Aujourd'hui, la fourniture des grains et des farines, des liquides et des fourrages, doit toujours être mise en adjudication avec concurrence. Les fournisseurs de ces divers objets ne sont donc plus que des entrepreneurs ordinaires, soumis pour tout ce qui concerne l'exécution de leurs traités à la juridiction des tribunaux administratifs. Le cahier des charges étant, en tout marché, la loi des parties, on doit toujours stipuler avec précision : 1° la nature, la qualité et la quantité des objets à livrer ; le lieu et les époques de livraison ; 2° l'obligation de les fournir suivant les échantillons acceptés ; 3° les époques et le mode des paiements ; 4° la nature et la quotité du cautionnement à fournir, pour assurer la complète exécution du marché ; 5° l'énonciation que dans le cas où l'adjudicataire ne remplirait pas toutes ses obligations, il serait pourvu, à ses risques et périls, aux nécessités du service ; 6° l'obligation formelle de la part du traitant de se soumettre à toutes les dispositions des réglements en vigueur. Toutefois, par suite d'événements imprévus, particulièrement en cas de guerre, il peut arriver que l'administration soit obligée de se pourvoir des objets qui lui sont nécessaires par voie de *réquisitions*. Dans ces cas, elle délivre des bons ou mandats de paiement en échange des marchandises qu'on lui fournit. L'administration qui passe un marché se réserve quelquefois le droit de s'en désister avant qu'il ait reçu son exécution, en tout ou en partie. Si l'administration use de cette faculté, elle doit indemniser le fournisseur de ses frais et avances, même dans le cas où le marché n'aurait pas encore reçu un commencement de livraison, lorsqu'il est justifié que le fournisseur devait se mettre à l'avance en mesure d'exécuter le marché et qu'il l'a fait ; mais il ne lui est rien dû pour le bénéfice dont il peut être privé, s'il n'est rien stipulé à cet égard (Ord. c. d'État, 13 août 1823). Si l'administration se désiste d'un marché sans s'en être réservé le droit, on doit apprécier, selon les circonstances, le tort qui en résultera pour l'adjudicataire. Si un marché ne reçoit pas son exécution, l'administration doit pourvoir aux nécessités du service par de nouveaux traités, appelés *marchés d'urgence*. Ces marchés n'ont pas besoin de publicité comme ceux auxquels ils suppléent. Il n'est pas même nécessaire qu'on mette en demeure le fournisseur ; il suffit qu'il n'ait pas fait sa livraison à l'instant indiqué (C. d'État, 17 nov. 1824). Le marché d'urgence ne relève pas l'adjudicataire primitif de ses obligations. La différence qui existe entre les deux marchés reste entièrement à sa charge.

Les *tribunaux administratifs ne doivent con-*

naître que des contestations dans lesquelles l'administration est partie. Les tribunaux ordinaires sont compétents lorsqu'il s'agit de différends survenus entre des particuliers auxquels elle est étrangère. Il peut arriver ainsi qu'une contestation, par suite de fournitures, soit, à la fois, de la compétence de l'autorité administrative et de l'autorité judiciaire : de la première, pour les engagements directs de fournisseurs avec le gouvernement, ou même pour marchés d'urgence faits dans quelques parties du service ; et de la seconde, pour marchés faits par le fournisseur ou ses délégués avec des sous-traitants, ou pour réglements de comptes entre eux. Le conseil d'État, par un arrêt du 4 mai 1819, a statué dans ce sens. Suivant l'art. 11 de la loi du 31 janvier 1833, portant réglement définitif des comptes de 1829, il doit être fourni chaque année aux deux chambres (maintenant à la chambre unique) un état sommaire de tous les marchés de 50,000 fr. et au dessus, passés dans le courant de l'année échue; ledit état doit indiquer le nom et le domicile des parties contractantes, la durée, la nature et les principales dispositions du contrat. A. BOST.

MUNOZ (*voy.* MUGNOZ).

MUNSTER : mot allemand qui signifie *monastère* et qui, dans les pays allemands est devenu le nom de plusieurs villes et provinces comme chez nous *moustier*, qui a la même signification. Nous citerons : — MUNSTER, ville considérable de la Prusse, ancienne capitale de la principauté épiscopale de ce nom, aujourd'hui chef-lieu de la province de Westphalie et du cercle de Munster, siège d'un évêché et d'un tribunal d'appel. Elle est située sur l'Elbe, au 51e degré 58 m. de latitude, et au 25e degré 16 m. de longitude, et compte une population de 25,000 âmes. C'est une ville industrieuse, bien bâtie et ornée de plusieurs édifices remarquables ; parmi lesquels nous citerons : la cathédrale, monument du XIIIe siècle ; l'église de St-Lambert, à la tour de laquelle est encore attachée la cage en fer dans laquelle on suspendit les cadavres des fameux anabaptistes Jean de Leiden, Knipperdoling et Vrechting. A l'extérieur de l'hôtel-de-ville, beau monument ogival du XIVe siècle, on voit aussi les pinces avec lesquelles on tenailla avant leur supplice, C'est dans la grande salle de cet édifice, appelée salle de la Paix, que fut signé en 1648 le fameux traité de paix qui termina la guerre de trente ans; elle est décorée des portraits de tous les députés et princes qui assistèrent aux délibérations. Le château, ancienne résidence des évêques, a de fort beaux jardins. Les anciens remparts ont été convertis en promenades

très agréables. — Munster possède une faculté de théologie et de philosophie catholique, connue sous le nom d'*Académia Maximiliana-Fredericiana*, un séminaire épiscopal, une école normale judaïque, une école vétérinaire, une école des arts et métiers, un jardin botanique et une belle bibliothèque publique. Munster avait jadis une Université qui, en 1818, fut tranférée à Bonn. La ville passa en 1806 au pouvoir des Français, fut comprise en 1809 dans le grand duché de Berg, devint l'année suivante chef-lieu du département français de la Lippe, et fut donnée à la Prusse en 1815. L'évêché de Munster dont elle était autrefois la capitale, se composait de quatre quartiers divisés en treize bailliages, et avait pour villes principales Ahlen, Werne, Ahaus, Borcheim, Kœsfeld et Meppen. Cette province fut sécularisée en 1802, et après diverses vicissitudes passa à la Prusse en 1815, sauf quelques parties qui furent adjugées au Hanovre et au grand duché d'Oldenbourg. La régence actuelle de Munster; bornée au N. par les Pays-Bas, à l'E. par la régence de Minden, au S. par celle d'Arensberg, et au S.-O. par la province rhénane, a 133 kil. sur 95, et compte 380,000 habitants environ.

MUNSTER, chef-lieu de canton dans le département du Haut-Rhin, à 17 kilomètres, S.-O. de Colmar, sur la Fecht, dans la vallée de Saint-Grégoire, une des plus belles de la France. Cette ville doit son origine à un monastère célèbre, fondé d'abord sous l'invocation de saint Grégoire-le-Grand, et réuni plus tard à la congrégation des Bénédictins de Saint-Vannes. Munster devint ensuite ville impériale. Louis XIV la prit et la démantela. C'est aujourd'hui une ville de 4,000 habitants, fort industrieuse, et renfermant de belles papeteries et une grande manufacture de toiles peintes. — 3o MUNSTER ou MOMONIE, la plus méridionale des quatre grandes divisions de l'Irlande. Elle a pour limites au N. le Connaught, à l'E. le Leinster, au S. et à l'O, l'Océan atlantique. Elle se divise en six comtés : Clarke, Cork, Kerry, Limerick, Tipperary et Watterford. La superficie du Munster est de 1,156 lieues carrées, et sa population de 1,268,000 habitants. C'est un pays montagneux et couvert de forêts, surtout vers le S. Il produit beaucoup de céréales et les meilleurs bestiaux de l'Irlande.

MUNSTER (SÉBASTIEN) : cordelier qui embrassa les opinions de Luther, après avoir jeté bas le froc comme son maître. Il naquit à Ingelheim, en 1489, fut appelé, en 1529, à Bâle où il enseigna l'hébreu et la théologie, et mourut en 1552. Il était un des plus savants hébraïsants de son époque. On a de lui un grand nombre d'ouvrages, parmi lesquels nous citerons ses traductions d'*Elias Levite*,, de *Jossiphon*, de *Ptolemée*, et surtout sa *Bible hébraïque*, avec les commentaires rabbiniques. Bâle, 1534-35, 2 vol. in-fol.

· **MUNTER** (Frédéric), évêque de Zélande, naquit à Gotha le 14 octobre 1760, et mourut le 9 avril 1830. Il avait étudié à fond la littérature des anciens Coptes, et mérita un rang honorable parmi les meilleurs antiquaires. Il a publié en latin, en danois et en allemand de nombreux ouvrages parmi lesquels nous citerons : *Recherches sur les anciennes inscriptions grecques et latines qui éclaircissent l'histoire du Christianisme, et jettent un nouveau jour sur l'authenticité des livres saints; Dissertations et recherches sur les inscriptions antiques de Babylone et des Etrusques; Recherches sur l'introduction du Christianisme dans le nord; Primordia ecclesiæ africanæ*, 1 vol. in-4°.

MUNYCHIE : un des trois ports anciens de la ville d'Athènes, et formant, avec la presqu'île à l'isthme de laquelle il était situé, un des dèmes ou bourgades de l'Attique. Ce port, appelé aujourd'hui Shatiothi, formait un bassin rond, avec une ouverture très étroite. Le port et la presqu'île de Munychie, autour de laquelle se prolongeaient les longs murs construits par Thémistocle, figurent souvent dans l'histoire ancienne de la Grèce comme des positions militaires fort importantes. On y remarque encore de nombreux vestiges des anciennes fortifications, notamment de l'Acropole, et des restes du théâtre mentionné par Thucydide, ainsi que la cella d'un petit temple que l'on présume avoir été celui de Diane, bâti par le roi Munichios, fils de Sentaclis. Ce temple jouissait d'une grande renommée, et on célébrait annuellement à Athènes une fête en l'honneur de la Diane munichienne. On y trouve aussi un grand nombre de ces réduits souterrains creusés dans le roc dont parle Strabon.　　　　Schayès.

MUNYCHION (*calend.*), en grec μουνυχιων : un des mois de l'année athénienne, ainsi nommé, parce que, pendant sa durée, on célébrait, en l'honneur de Diane, les fêtes appelées *munychies*. Jusqu'à l'an 430 avant J.-C. munychion fut le quatrième mois de l'année, mais, à partir de cette époque, il devint le dixième, par suite de la réforme du calendrier. Il correspondait, selon Potter et Giraldi, à la fin de mars et au commencement d'avril.

MUPHTI (*voy.* Mufti).

MUQUEUSE (Fièvre). Le nom de *fièvre muqueuse* était naguère encore d'un emploi assez fréquent dans le langage médicinal. Mais si l'on vient à comparer les caractères donnés par les meilleurs auteurs à l'affection qu'ils baptisaient ainsi, l'on est loin d'y reconnaître les traits identiques nécessaires pour établir une individualité morbide, un type pathologique, distinct et précis. Souvent même les diverses descriptions d'un même auteur sont loin d'être assez précises pour y faire toujours reconnaître un même élément morbide. Une observation plus exacte et une appréciation plus rigoureuse des faits ont fait voir, en effet, que l'état décrit sous le nom de fièvre muqueuse se rapporte à la fièvre typhoïde, affection complexe elle-même, dont il n'est qu'une forme, une variété, développée dans certaines conditions individuelles ou locales (*voy.* Typhoïde).

MUQUEUSES (*membranes*). Considérées dans leur ensemble, les membranes muqueuses forment un tégument interne, beaucoup plus étendu que la peau avec laquelle elles se continuent d'une manière si intime et si insensible aux différentes ouvertures naturelles, à l'exception du bord libre des paupières et des lèvres où la différence de texture est peu tranchée, qu'on les regarde généralement comme ne faisant avec elle qu'un seul et même système, offrant seulement quelques différences légères en rapport avec les fonctions spéciales dont chaque partie est chargée, ce qui a fait nommer l'ensemble des membranes muqueuses *peau interne*, par opposition à la peau proprement dite qui enveloppe l'extérieur du corps. La membrane muqueuse revet l'appareil gastro-intestinal, depuis la bouche jusqu'à l'anus, en fournissant des prolongements dans un grand nombre d'organes; c'est ainsi qu'elle pénètre dans les cavités nasales et leurs sinus, dans les conduits auditifs et la caisse du tympan, dans les cellules mastoïdiennes, dans les conduits excréteurs des glandes, en général, et qu'elle recouvre la surface du globe de l'œil et constitue les membranes pulmonaire et génito-urinaire. Considérée d'abord isolément dans ses différentes parties, on lui a donné des noms particuliers pour chacune, parce qu'on regardait chaque portion comme une membrane spéciale, et l'on eut alors les membranes *pituitaire, villeuse, fongueuse, pulpeuse, folliculeuse, glanduleuse*, etc.

La membrane muqueuse présente, comme la peau, deux surfaces, l'une externe et adhérente, l'autre interne et libre. La première est recouverte par une couche de tissu cellulaire assez dense, correspondant au chorium de la peau, que beaucoup d'anatomistes ont appelé *tunique nerveuse*, mais qui n'est que du tissu cellulaire dans lequel se distribue un grand nombre de ramifications nerveuses et vasculaires. Bichat lui a donné le nom de *tissu sous-muqueux*. Cette couche cellulo-fibreuse est recouverte elle-même, du moins dans le canal alimentaire, d'une autre couche musculaire; elle est doublée par un tissu élastique dans les poumons, et par un tissu ligamenteux ou fibreux, à la voûte palatine, aux bords alvéolaires, dans les fosses nasales et dans leurs sinus, etc. La surface interne ou libre de la membrane muqueuse n'est pas lisse comme celle de l'enveloppe cutanée; elle offre des valvules, des plis, des rides, des dépressions et des saillies villeuses ou papillaires. Il ne faut pas confondre ces enfoncements avec ceux des criptes ou follicules qui se trouvent dans l'épaisseur même de la membrane, et qui sécrètent une partie du mucus qui enduit la surface qui nous occupe. — La structure anatomique de la membrane muqueuse, qui présente d'ailleurs des différences prononcées dans les divers points de son étendue, consiste généralement en un tissu spongieux, plus ou moins mou, et dont l'épaisseur décroit successivement depuis les gencives, la voûte palatine, les fosses nasales, l'intestin grèle et le gros intestin, la vésicule biliaire et la vessie, jusqu'aux sinus et aux ramifications capillaires des conduits excréteurs. On n'y trouve pas de trace d'un réseau muqueux distinct, à moins que l'on ne considère comme tel la couche de liquide coagulable qui sépare l'épiderme de la langue de ses papilles, ainsi que la matière gélatiniforme de ses villosités. Quant à un épiderme, l'existence en est manifeste : il est désigné sous le nom d'*épithélium* (*voy.* ce mot).

Les vaisseaux lymphatiques sont moins multipliés dans les membranes muqueuses que les vaisseaux sanguins; on n'a point encore de notions précises sur leur mode d'origine à la surface de ces membranes. Les nerfs viennent généralement du grand sympathique et du pneumogastrique, tandis que ceux qui existent à toutes les ouvertures naturelles proviennent de la moelle épinière. Le plus souvent la présence de ces organes n'y est indiquée que par la sensibilité, sans que l'on puisse y suivre distinctement leurs filets. La couleur de la muqueuse dans l'état sain présente des différences d'aspect bien tranchées; elle est d'un blanc laiteux dans le premier âge; blanche ou d'un blanc cendré chez l'adulte; légèrement rosée pendant le travail de la digestion; cette dernière couleur est due, en général, au sang qui circule dans son intérieur. Dans l'asphyxie où sa teinte est violacée, tandis qu'elle offre au contraire une décoloration complète dans la syncope, sa consistance est mollasse, comme fongueuse, et sa ténacité médiocre. — Un caractère chimique de la membrane muqueuse serait, d'après M. Berzélius, de ne pas se dissoudre dans l'eau bouillante, et, toujours suivant le même auteur, de s'altérer plus promptement que tout autre tissu organique, à l'exception toutefois de la matière cérébrale. — La membrane muqueuse est peu irritable, sa sensibilité est vague et obscure, même pendant l'inflammation, dans les régions éloignées des orifices naturels. Dans ces derniers points la sensibilité est au contraire fort prononcée et jouit d'une activité spéciale, comme on le voit dans les fosses nasales, la bouche, l'œil, le larynx, etc. L'impressionnabilité des diverses parties de la membrane qui nous occupe, au contact de tel ou tel corps, est bien différente dans chaque organe : ainsi quelques gouttes de sang irriteront énergiquement la vessie; le moindre corps étranger introduit dans les bronches produira la plus vive irritation, tandis que la muqueuse de la vésicule biliaire ne sera point irritée par la présence du sang, comme l'est celle de la vessie sous la même influence. Toutefois, les pincements, les piqûres déterminent de la douleur sur toutes les muqueuses.

La membrane muqueuse est le siége d'une absorption très active effectuée principalement par les villosités, et le siége d'une sécrétion perspiratoire et folliculaire dont le produit constitue le mucus et les mucosités. Elle jouit aussi d'une force de contractilité tonique, augmentée, dans certaines régions, par le tissu élastique et par le tissu cellulaire qui les doublent; mais un des phénomènes les plus curieux de cette membrane, et que le microscope seul peut nous dévoiler, c'est l'agitation vibratile que présente sa surface libre, consistant en un mouvement très prononcé, produit par des cils qui s'agitent vivement de droite à gauche et de gauche à droite, en repoussant avec énergie tous les corpuscules étrangers qui nagent dans leur voisinage : ce mouvement n'existe du reste que chez les animaux des quatre classes des vertébrés. — La muqueuse chez l'homme est plus épaisse que dans les mammifères carnivores, et plus mince que chez les herbivores. — C'est aussi dans la membrane muqueuse que résident certaines sensations générales ou spéciales qui constituent les sentiments des besoins et des appétits. Les fonctions organiques y sont du reste très intimement liées avec celles des autres parties, mais plus spécialement avec les fonctions de la peau et du système nerveux, et avec la circulation du sang. Ses effets sympathiques sont surtout remarquables dans l'état de maladie. — La muqueuse est sujette à des altérations nombreuses et très variées. Ses vices de conformation coïncident presque toujours avec ceux des organes qu'elle tapisse : tels sont les interruptions dans sa continuité, des prolongements digités, des renversements, des rétractions. Elle se déplace quelquefois à travers le tissu sous-muqueux éraillé, et forme ainsi de *faux diverticules*. D'autres fois ce sont de simples prolongements intérieurs, comme des valvules, tendus dans le canal intestinal, des excroissances polypeuses : quelques déplacements dépendent de la laxité du tissu sous-muqueux, comme l'allongement de la luette, les chutes du rectum, etc. — Quelques *polypes* semblent résulter d'une hypertrophie de la même membrane et du tissu qui lui est sous-jacent. — La muqueuse se reproduit promptement quand elle a été détruite, et présente dans cette nouvelle formation les caractères du tissu naturel; ses solutions de continuité se consolident rapidement.

L'inflammation affecte fréquemment les muqueuses, et s'y montre sous toutes les formes. Bornée aux follicules seuls, elle constitue une phlegmasie pustuleuse. Elle n'occasionne point généralement la séparation de l'épithélium, comme cela se voit à la peau pour l'épiderme; ce phénomène ne s'observe qu'aux régions où le tégument externe se continue directement avec l'interne, là où l'organisation de la muqueuse diffère à peine de celle de la peau. — La sécrétion du mucus est généralement augmentée dans les affections morbides de la membrane qui nous occupe, et assez communément ces affections se terminent par une sécrétion muqueuse plus abondante que dans l'état naturel. Cette même sécrétion présente quelquefois une forme toute spéciale, comme dans le croup. — On observe aussi parfois à la surface de la muqueuse, des poils et des productions cornées; cette membrane peut encore contenir de la mélanose. Il n'est pas rare, non plus, de trouver des kystes séreux et des tumeurs graisseuses dans le tissu cellulaire sous-muqueux. La membrane muqueuse devient entièrement analogue à la peau quand elle est longtemps exposée au dehors, et, comme celleci, elle est souvent le siége du *cancer*. Elle acquiert parfois aussi l'apparence des cartilages et même celle des os, soit par transformation, soit par suite de productions accidentelles dans l'épaisseur de son tissu. — Quand une cavité muqueuse se trouve obstruée et devient, par suite, le siége d'une certaine accumulation de liquide, par exemple la vésicule biliaire à la suite de l'oblitération du canal cystique, la membrane qui la tapisse prend l'aspect des séreuses, comme aussi l'on voit se développer dans certains kystes une membrane offrant l'aspect de la muqueuse.

MUR, *Muraille* (*archit.-archéol.*): Corps de maçonnerie d'une certaine épaisseur à deux surfaces opposées parallèles, droites ou courbes, construit, soit en pierres, soit en moellons, soit en briques, soit même en mortier, en terre ou en cailloux et dans la composition duquel la charpente entre aussi quelquefois.

La surface d'un mur est ordinairement lisse, soit par l'effet du parement uni des pierres ou moellons et de leur jointoyement exact, soit par celui du crépissage ou enduit qui la recouvre. Il est toutefois des systèmes de construction qui repoussent ces surfaces lisses, tels sont : le *petit appareil* fort en usage chez les Romains, et à l'époque dite gallo-romaine, où le ciment des larges joints formant saillie couvrait la muraille d'une sorte de treillage en relief; le *bossage* commun surtout dans les monuments de la Renaissance où les joints ou refends sont au contraire taillés en creux. Dans les plus anciennes constructions connues, les murs, surtout ceux des villes, sont formés de blocs de pierres brutes, de colossales dimensions, superposées presque au hasard (*voy.* CYCLOPÉENNES (*Constructions*). — L'*opus incertum* est évidemment le fils du mur cyclopéen. Les blocs y sont moins gros et convertis en pierres de toutes dimensions, taillées en figures encore irrégulières entre elles, à trois, quatre, six côtés, disposées de même à peu près au hasard, et dont les interstices sont également remplis par d'autres pierres plus petites; le tout est relié et consolidé par un ciment qu'on ne trouve pas dans les constructions cyclopéennes. L'*opus incertum* forme communément la base des anciens murs de fortification bâtis par les Romains. — Dans les anciennes constructions du temps de la République, ainsi que dans les constructions grecques, on voit des murs bâtis par assises où les pierres, dressées sur toutes leurs surfaces, affectent la disposition alterne perpendiculaire, c'est-à-dire que dans chaque assise, après chaque pierre posée en boutisse ou formant parpaing, il s'en trouve deux autres se présentant dans le sens de leur longueur (I=I=I). Les Romains employaient pour leurs murs trois autres sortes d'appareils, d'un usage plus habituel. — Le *grand appareil* en pierres de 64 centim. à 1 m. 60, posées horizontalement par assises égales, reliées intérieurement l'une à l'autre, soit par des crampons de fer ou de bronze, soit par de simples queues d'arondes (ou d'hironde) faites de bois ou d'airain, auxquelles même se trouvent subtitués des os de bœuf ou de mouton. La construction ainsi reliée est appelée *revinctum* dans le langage archéologique. — Le *moyen appareil* qui ne diffère du grand que par les moindres dimensions de pierres. — Le *petit appareil* formé de petits moellons cubiques de 8 à 10, ou de 10 à 13 centim. posés par assises sur une épaisse couche de mortier, tantôt par files verticales, tantôt par recouvrement, c'est-à-dire à joints alternants ⊞⊞ Plus tard, au moyen âge, durant la période appelée romane, les moellons, au lieu d'être des cubes parfaits, s'allongent comme des briques ou prennent la forme de coins s'engageant dans la maçonnerie par la pointe, contre toutes les règles de la stabilité.

Le petit appareil est ordinairement divisé horizontalement par des zones composées de deux ou de quatre rangées de briques posées à plat, ou disposées en arêtes de poissons (> > >). Quelquefois encore de semblables bandes figurent sur les grandes divisions des zigs-zags, des rhombes ou d'autres figures géométriques rectilignes. Le moyen âge (époque gallo-romaine et époque romane), en imitant cet appareil a souvent substitué à la brique dans la construction de ses murailles le granit, la lave, l'ardoise ou le marbre noir. — L'opus reticulatum est une autre application du petit appareil. Il consiste dans l'emploi des petits moellons cubiques, de manière que les joints soient obliques au lieu d'être verticaux, ce qui s'obtient en posant le carré sur l'angle. Vitruve fait connaître que de son temps, ce genre de construction était le plus ordinaire. Les Grecs l'employaient aussi et lui donnaient le nom de dictyotheton. Le reticulatum se fait encore par l'ajustement de moellons taillés en forme de prisme à six côtés. Les joints, dans l'un ou l'autre système, imitent par l'entrelacement ou la combinaison de leurs lignes les mailles d'un rêt ou d'un filet. Ces dernières sortes d'appareils ont surtout pour objet la décoration du mur. — L'appareil en épi ou en arête de poissons, opus spicatum, qui se manifeste sur les murailles de plusieurs églises des xie et xiie siècles, est formé, soit de briques comme chez les Romains, soit de galets ou cailloux roulés, non pas seulement en simples zones, mais même sur des pans entiers. Le moyen-âge a encore emprunté à l'antiquité le genre de construction appelé par les Grecs emplecton, et qui consiste à établir, soit avec des pierres, soit avec des moellons reliés par des assises de briques, une sorte d'encaissement formant les deux faces du mur qu'on voulait bâtir, et à remplir le vide avec des blocages noyés dans du ciment. Ce genre de construction est très bon, presque aussi solide que la pierre, quand le ciment est de parfaite qualité, sinon il est très dangereux; car rien n'indiquant au dehors le travail progressif de décomposition qui s'opère lentement à l'intérieur, il arrive que lorsque le mal vient à se manifester à la vue, le premier coup de mar-

teau détermine la chute de la masse. — Quelquefois ce système de joints contrariés se répand sur toute la surface, au lieu de se borner à former de simples zones, et est le produit de la taille des pierres en forme de rhomboïdes alternes. On obtient ainsi l'appareil lézardé. — On appelle enfin isodomum l'appareil ordinaire en pierres longues, écarries et rangées par assises de hauteur égale sur toute la ligne, et pseudisodomum l'appareil composé d'assises de moellons inégaux.

La hauteur et l'épaisseur d'une muraille doivent être déterminées non seulement par l'usage et la destination de l'édifice, mais encore par les causes extérieures qui peuvent agir sur elle, et par la qualité ou la nature des matériaux dont l'architecte peut disposer. Les Grecs, avec l'excellente qualité de leurs matériaux et le soin qu'ils apportaient à les appareiller, les Romains, avec leur ciment plus durable que la pierre, pouvaient, sous des climats infiniment moins destructeurs que le nôtre, se contenter sans danger d'une faible épaisseur. Le style de leurs ordres d'architecture n'exigeait point que leurs murs s'élevassent à de grandes hauteurs. N'ayant point d'ailleurs à lutter, en raison de l'extrême inclinaison des combles de leurs temples, contre une grande force d'écartement, ils pouvaient trouver dans leurs pilastres et dans leurs antes des points de résistance suffisants contre la poussée des fermes; mais toutes ces conditions favorables de l'architectonique changèrent quand, sous l'influence du christianisme, s'élevèrent nos hautes et vastes basiliques. Pour résister aux dangers de leur propre hauteur et à l'action puissante des combles aigus, il fallut appuyer les murs de robustes contreforts (voy. ce mot), ou par des éperons. Au moyen de cet expédient les murs des églises purent être maintenus à une faible épaisseur relative, même après que le développement du génie gothique eut presque entièrement remplacé la muraille d'enceinte par la vaste verrière.

A moins que les matériaux manquent absolument, le constructeur a toujours soin de donner à son mur, quel que soit son genre de construction, une base solide en pierre de taille, ou du moins en fort moellon bien appareillé. La surface extérieure d'un mur de bâtiment ou ses deux surfaces si le mur est isolé, s'élèvent en formant une retraite plus ou moins sensible qu'on appelle fruit. Cette retraite est couronnée dans la plus simple bicoque aussi bien que dans le plus somptueux monument, par un entablement tout au moins par une corniche, et si elle est isolée, par un recouvrement ou chaperon qui la protége contre la pluie (voy. CHAPERON, MITOYENʀᴇᴛᴇ). — On n'élève guère une muraille de briques ou de simples moellons sans la fortifier par des angles ou même par des chaînes ou piles de pierre de taille, bâties de distance en distance et de toute l'épaisseur du mur.

Le mur est un vaste champ préparé pour la décoration, et partout, comme dans tous les temps, l'art et le goût s'en sont emparés. L'appareil semblerait devoir être la décoration naturelle, et nous avons indiqué plus haut tout le parti que les architectes ont su tirer de la variété de ses combinaisons, mais à d'autres époques l'art a affecté de cacher l'artifice de la construction sous des enduits, des crépissages, des revêtements de toutes sortes. Le crépissage le plus ordinaire est fait de plâtre ou de mortier. Le plus luxueux est fait de stuc. Les anciens appliquaient d'abord trois couches minces de mortier fin de chaux, et par dessus trois autres couches de mortier de marbre. Chacune de ces couches qui, toutes ensemble n'excédaient pas l'épaisseur d'un pouce, était polie avant d'en recevoir une autre. Ces riches crépissages s'appliquaient même sur des pans de charpente, et pour prévenir les gerçures due devait produire la dessiccation du bois, on commençait par poser deux couches d'argile sur chacune desquelles on fixait, à l'aide de clous, des lames de roseaux, ou des joncs diagonalement refendus, celles de là couche supérieure formant recouvrement en treillis sur celles de la couche inférieure.

L'enduit appella la mosaïque, la fresque, la peinture encaustique. Le mur se recouvrit encore dans les intérieurs, suivant la destination du lieu, la richesse ou le goût du propriétaire, de marbre, de porcelaine, de verre en placage, de nattes de roseaux plus ou moins ouvragées, de tapisseries historiées, de cuirs damasquinés d'or et d'argent, qu'on appelait aussi or et argent bazané; de boiseries, de riches étoffes, de papier. D'autres fois on le couvre de bas-reliefs, de cartouches; le moyen âge nous en fait voir dont la surface est taillée en écailles, en tuiles, découpée ou ciselée en entrelacs capricieux. Nous en avons donné plusieurs spécimens dans l'atlas de notre Manuel de l'architecture des monuments religieux.

Quand un mur est destiné à maintenir un sol en contre-haut d'un côté, le constructeur paralyse cet effort en le divisant au moyen d'un empâtement plus ou moins considérable donné au mur du côté du terrain supérieur; et pour empêcher, si ce sol est découvert, que l'infiltration des eaux pluviales, et l'humidité qui en résulterait, ne dégradent et pourrissent la construction, il ménage de distance en distance, dans la maçonnerie, des barbacanes dites aussi chantepleures qui permet-

tent à l'humidité de s'évaporer. Il est convenable d'ailleurs de bien s'assurer avant de construire le mur, de la qualité ou composition du terrain qu'il doit retenir, surtout si ce sol doit être formé de remplissage (voy. Fondations, Poussée).

On appelle murs de face d'un bâtiment ceux qui se développent extérieurement : murs de refend ceux qui sont pratiqués dans l'intérieur pour établir des divisions : il ne faut pas les confondre avec les simples cloisons; mur d'échiffre, un mur rampant par le haut ou taillé en gradins formant le côté d'un escalier, et qui porte les marches. On donne aussi quelquefois le nom de mur-pignon au mur qui termine une maison par un reste de l'ancienne habitude de terminer ce mur par un sommet angulaire, ou manière de fronton qui était proprement le pignon (voy. ce mot).   J.-P. Schmit.

MURAILLES (ɢʀᴀɴᴅᴇs). Remparts d'une longueur souvent prodigieuse, destinés à couvrir les frontières de certains pays contre les invasions étrangères. Cette coutume de fortifier des provinces comme on fortifie des villes, paraît avoir pris naissance au milieu des sociétés primitives de l'Asie méridionale, au dessus desquelles bourdonnaient sans cesse les hordes inquiètes et affamées de la Tartarie. Aussi vit-on une ligne immense de retranchements et de murailles contruits à différentes époques, traverser de l'Orient à l'Occident, depuis la mer du Japon jusqu'à la mer Noire, tout le continent asiatique, pour servir aux contrées fertiles du midi, de boulevarts contre les invasions du nord. Il serait impossible, faute de documents, de suivre l'ordre chronologique dans l'énumération de ce genre de fortifications sur le sol asiatique; nous les ferons connaître en allant de l'est à l'ouest.

Nous trouvons d'abord la *grande muraille de la Corée*, au nord de la presqu'île de ce nom qu'elle devait protéger contre les Tartares mantchoux devant lesquels elle s'écroula. Vient ensuite la *grande palissade* de là province de Koanton, contiguë à la Corée, travail plus faible en apparence, et qui pourtant opposa plus de résistance aux peuples envahisseurs. Au sortir du Koanton, commence le fameux boulevart de la Chine, le *van-ly-Czin*, ou *muraille de 10,000 lys*, c'est-à-dire de mille lieues, qui n'offre en réalité qu'un développement de 600, en y comprenant même les levées en terre depuis longtemps détruites (voy. Chine); sa longueur en rendait la défense impossible. Les empereurs modernes, instruits par l'expérience, ont cessé depuis longtemps de le réparer. Vers 48° lat. N., et 90° long. E., selon

D'Anville (Académ, des inscr., tom. XXXI), se trouvaient les fameux remparts de Gog et de Magog, que les traditions font remonter à une antiquité reculée, et qui existaient encore en 842, si l'on doit toutefois regarder comme authentique l'expédition scientifique que Vathek, neuvième calife de la race des Abassides, envoya, dit-on, à cette époque pour les visiter (voy. DJINNS). Plus bas, vers le S.-O., de vastés murailles enveloppèrent, à une époque plus rapprochée, le territoire des villes de Samarkand et de Boukhara. A l'est de la mer d'Aral, entre le mont Shabaley et la vallée d'Alshush, s'éleva, au XIVe siècle, *le grand mur de l'Ilek*, de 20 lieues au moins de longueur, destiné à protéger la ville de Tunkat. Entre la Bactriane et la Parthiène, Antiochus, fils de Séleucus Nicator, avait fait construire *la muraille de la Margiane*, qui n'avait pas moins de 45 lieues de longueur (STRABON, *Geog.*, lib. XI).— A l'ouest de la Caspienne, entre les cours supérieurs du Tigre et de l'Euphrate, s'étendait, sur un espace de 20 parasanges (60 milles), *la muraille de Médie* (XÉNOPHON, *Retraite des Dix mille*, liv. II), que les Grecs attribuaient à Sémiramis, comme tous les grands ouvrages qu'ils voyaient dans ces contrées. Elle devait servir à la Babylonie de boulevart contre les invasions des Scythes. Aujourd'hui, il n'en reste plus de trace, quelque prodigieuses qu'en fussent les dimensions. Elle avait, en effet, 100 pieds grecs de hauteur, et 20 d'épaisseur. Mais, construite en pierres reliées avec du bitume, elle pouvait être facilement détruite par le feu; danger auquel Artaxerxès avait cru remédier en faisant creuser en avant un large fossé que remplissaient les eaux amenées du Tigre. Au sud-ouest et à l'ouest de la mer Caspienne, au milieu des montagnes, avaient été pratiquées, dans *les gorges étroites*, des fortifications du même genre, si célèbres encore, quoique moins étendues. C'étaient les *pylæ*, ou *portes caspiennes*, *albaniennes* et *caucasiennes*, ainsi nommées parce que les défilés qu'elles protégeaient servaient véritablement de portes entre les pays séparés par ces hautes chaînes. Un peu plus haut, vers le nord, sur les bords orientaux du Pont-Euxin, on construisit, pour arrêter les invasions des Awchaszi dans la Colchide, entrepôt du commerce des Indes, la plus forte de toutes les murailles connues, le *validus murus*, le *mur fort*, qui fut contourné par les barbares. On bâtit alors, du nord à l'est, sur une longueur de plus de 60 lieues, une nouvelle muraille, aussi forte que l'ancienne, hérissée de tours formidables, les Awchaszi passèrent encore. — L'isthme de la Chersonèse taurique fut jadis coupé par un fossé profond,

remplacé dans la suite par une muraille. En descendant vers le sud de l'Asie, on rencontre les débris d'un ouvrage plus imposant, ceux de la muraille qui enveloppait la Pamphylie tout entière et une partie de la Pisidie. Les historiens anciens n'ont point parlé de ce système de fortifications, qui date sans doute de la décadence de l'empire, et qui dut avoir pour but de mettre un terme aux ravages des pillards de l'Isaurie, nommés par l'antiquité les voleurs par excellence. C'est seulement vers la fin du XVIIe siècle que les ruines de cette grande muraille furent découvertes par des voyageurs européens (SPON, *Miscell. erudit. antiquitat.*, sect. VI). — Dans la basse Asie, des travaux du même genre avaient été exécutés. Une muraille prodigieusement fortifiée fermait la vallée qui s'étend entre les chaînes du Liban et de l'Anti-Liban. Elle n'existait plus déjà du temps de Pline, qui n'en parle que par tradition (liv. V, ch. 20); mais on en trouve dans Diodore de Sicile (liv. XIV, ch. 23), une description assez détaillée. — Les juifs, sous le règne de leur roi Alexandre, avaient aussi construit, depuis Joppé jusqu'à Antipatris-Carpasabé, une muraille protégée par des retranchements et des forteresses en bois. Alexandre espérait pouvoir ainsi résister à Antiochus-Denys; mais le retranchement fut emporté d'emblée (JOSÈPHE, *Antiq.*, liv. XIII, ch. 23).

L'Egypte, après les invasions des Pasteurs, crut aussi pouvoir mettre son territoire à l'abri, en élevant, d'Héliopolis à l'orient du Nil, jusqu'à Péluse sur la Méditerranée, un long rempart qui, traversant une partie de l'isthme de Suez, venait se relier aux chaînes montagneuses qui s'étendent entre le fleuve et le golfe Arabique. On attribuait à Rhamsès-le-Grand la construction de ce boulevart, qui n'arrêta point Cambyse, et qui fut rasé sans doute à l'époque de la domination persane. Nectanèbe fit bâtir, dans la suite, une autre muraille, tout le long de la branche du Nil, dite Pélusiaque; et Chabrias, général des Grecs auxiliaires, couvrit tous les abords de la ville même de Péluse par la muraille appelée de son nom, *Charax Chabriæ* (CORN. NEPOS, *Vie de Chabrias.* — STRABON, liv. XVII).

L'Europe devait avoir aussi ses *grandes murailles*, moins gigantesques, il est vrai, mais peut-être aussi nombreuses que celles de l'Asie. Hérodote (liv. VI) et Pline (liv. IV, ch. XI) nous parlent du μαχρον τειχος, ou *grand mur*, construit dans la Chersonèse de Thrace par les colonies que Miltiade y avait conduites; il s'étendait depuis Pactye jusqu'à Cardie, sur une longueur de 40 stades, d'après le periple de Scylax. Il ne demeura pas longtemps intact, et on fut obligé d'y ajouter deux prolongements, dont il ne reste aucune trace. — Plus au sud, une muraille très forte ferma, sous l'empereur Justinien, le fameux détroit des Thermopyles, qu'aux beaux jours de la Grèce 300 Spartiates avaient suffi pour défendre contre les armées les plus prodigieuses des rois de Perse. — On se détermina plus tard à fortifier aussi l'isthme de Corinthe, qui sépare le Péloponèse du reste de la Grèce. L'empereur Manuel Paléologue s'occupa surtout de ce grand travail, et le rempart énorme qu'il y fit bâtir (1413) paraissait imprenable. Il commençait au port de Léchée, à 16 stades de Corinthe, et finissait au port Cenchrée; sa longueur était de 6 milles (2 lieues), ce qui lui avait fait donner le nom d'*Examilion*. Dès 1424, il fut démoli par Amurat II. 30,000 ouvriers, protégés par une armée vénitienne, le rétablirent en quinze jours (1463). Peu de temps après, il était rasé de nouveau par les Musulmans. Aux jours de décadence de l'empire d'Orient, Anastase fit construire, de la Propontide au Pont-Euxin, un mur d'environ 420 stades (20 lieues), qui commençait un peu au delà d'Héraclée, pour aboutir à Dercon, comme on en peut encore juger par ses débris. Il n'existait plus lorsque les Turcs vinrent assiéger Constantinople.

Plus anciennement encore, sous le règne de Valens les gorges du mont Hæmus avaient été fermées; mais à l'époque d'Anastase, ce boulevart était détruit. — Dans la Bulgarie, aux environs de la ville de *Drysta*, s'élevait une autre muraille, plus grande que celle d'Anastase, dont on ignore absolument l'origine, mais qui, selon toute probabilité, avait été construite par un des empereurs byzantins. — A Pfeurring, dans le territoire de Ratisbonne, aboutissait la plus longue de toutes les grandes murailles de l'Europe; passant par Weissembourg, Eichstadt, Hall en Souabe, le comté de Holach, la forêt d'Odenwald et le comté de Solms, elle allait rejoindre le Rhin vis-à-vis de Bengen. L'empereur Adrien paraît avoir commencé ce boulevart, protégé par des tours et des citadelles, et qui fut continué par ses successeurs jusqu'à Probus, auquel on en attribue le prolongement jusqu'au Danube. — César lui-même, dans son expédition des Gaules, avait cru pouvoir arrêter, par des retranchements, les invasions des Helvétiens à la province romaine, et avait fait construire, entre le lac Leman et le mont Jura, une muraille de 19 milles de longueur, qui, selon D'Anville, dont l'opinion paraît la mieux fondée, longeait les bords du Rhône et s'arrêtait au mont de Vache, dans la gorge commandée aujourd'hui par le fort de la Cluse. — On retrouve encore dans le Valais les restes d'une autre muraille, sur laquelle l'histoire ne fournit aucuns documents. — Vers le nord de l'Europe, dans la Juthie, Waldmar-le-Grand bâtit, sur la chaussée élevée primitivement par les Danois, une longue muraille, qui subsiste encore en partie. Nous retrouverons jusque dans la Russie ce genre de constructions. Après l'incendie de Moscou par les Tartares, Boritz Goudenow, tuteur de Fédor Ianowitch, couvrit les frontières de la Moscovie par des retranchements et des fossés transformés dans la suite en une vaste muraille qui, de Toula, dans la province de Moscou, se rendait, après un développement d'environ 145 lieues, à Sibirski, dans le royaume de Kasan.

Passons enfin dans la Grande-Bretagne. — Pour arrêter les invasions des Pictes, l'empereur Adrien fit construire, depuis la baie de Solway, sur la côte occidentale de l'île, jusqu'à l'embouchure de la Tyne sur la côte orientale, c'est-à-dire sur une étendue de plus de soixante milles, un rempart formé de pieux et de terre gazonnée. Cette grande redoute, protégée par un fossé et dont on peut voir encore le développement depuis Burgh jusqu'à Newcastle, en suivant les détours des vallées, fut bientôt forcée. — Antonin en fit faire une autre, qui éprouva le même sort, et qui s'étendait depuis Caer-Riden sur la Forth jusqu'à Alchuid sur la Clyde (plus de 36 milles). — L'empereur Sévère voulant en finir avec les barbares, leur opposa une muraille véritable, épaisse de 8 pieds et haute de 12. Ce rempart gigantesque s'élevait à quelque distance au N. des fortifications d'Adrien; mais au lieu de suivre, comme ces dernières, les sinuosités des vallées, il passait sur les hauteurs et dominait les gorges des montagnes. 10,000 hommes, partagés en dix-huit postes, étaient chargés de le défendre. Il contint pendant quelque temps l'ennemi, mais il fut ensuite renversé dans toute son étendue, et l'on n'en retrouve plus que de rares débris dans le Cumberland et le Northumberland. AL. BONNEAU.

MURAL (*astr.*). Nom donné à un instrument d'astronomie servant à observer les hauteurs méridiennes des astres. Le mural se compose d'un cercle exactement divisé, dont la direction coïncide avec le plan du méridien. Il porte à son centre une lunette qui, en tournant, décrit le même plan et est munie d'un réticule dans son intérieur. On ramène l'étoile qui passe au méridien, derrière le point où se croisent les fils du réticule, et on lit sur la division du cercle l'angle que donne l'instrument. Le mural est fixé contre un gros mur, appuyé sur de solides fondements, d'où lui est venu son nom. Tycho est le premier qui employa cet instrumen, dans ses observations; Flamstead et Lahire s'en servirent également. Maintenant il est presque hors d'usage.

MURAT (*géog.*), chef-lieu d'arrondissement du département du Cantal, à 39 kil. N.-O. d'Aurillac. Murat, qui possède aujourd'hui 2,500 habitants, est une ville ancienne et mal bâtie, titre jadis d'une vicomté qui appartenait d'abord à l'ancienne famille de Murat. Le connétable Bernard d'Armagnac la fit par confiscation enlever à Regnaud, vicomte de Murat. Elle passa ensuite à la maison de Bourbon, et enfin à la couronne, après la défection du connétable de Bourbon.—On fabrique à Murat des dentelles, de gros draps et de la cordonnerie; les habitants se livrent, en outre, au commerce des chevaux, des bœufs, etc. L'arrondissement comprenant 36,000 habitants environ, et 31 communes, est divisé en 3 cantons : Allanche, Marcenat et Murat. — MURAT est aussi le nom d'un chef-lieu de canton du département du Tarn, à 46 kil. E. de Castres. Sa population, de 2,800 habitants, se livre à la fabrique des étoffes de laine et au commerce des bestiaux.

MURAT (JOACHIM), né le 25 mars 1767, à Labastide-Fortunière, près Cahors (Lot), dans une pauvre auberge tenue par son père. Après une enfance des plus obscures au sein d'une famille qui avait rêvé pour lui, comme suprême élévation, les modestes honneurs d'une cure de village, Joachim Murat fit d'excellentes études au collège de Cahors, et fut ensuite envoyé à Toulouse pour y étudier le droit canon; mais la fougue de son caractère, et la disposition naturelle de son esprit ne tardèrent pas à le jeter dans la carrière des armes. Il s'enrôla, comme chasseur, dans le régiment des Ardennes qui traversait Toulouse. Renvoyé de ce corps pour un acte d'insubordination, il entra bientôt après, avec son compatriote et ami Bessières (depuis maréchal de l'Empire et duc d'Istrie), dans la garde constitutionnelle de Louis XVI. Lors de la suppression de cette garde, il fut incorporé dans le 12e régiment de chasseurs à cheval, et y obtint, le 30 mai 1791, le grade de lieutenant. Devenu, en moins de trois ans, colonel du même régiment, il fut après le 9 thermidor, destitué comme terroriste. Dans la journée du 13 vendémiaire an IV, il se joignit à l'officier d'artillerie Bonaparte, pour défendre la Convention attaquée par les sections de Paris. Réintégré dans son grade, il partit pour l'armée d'Italie dont il était un des plus brillants officiers supérieurs lorsque Bonaparte, en 1796, vint en prendre le commandement. Nommé aide-de-camp du général en chef dans le cours de cette première campagne, il reçut la mission de remettre au Directoire vingt-un dra-

peaux autrichiens, et revint à l'armée d'Italie avec le titre de général de brigade.

Le 19 mai 1798, Murat partit avec Bonaparte pour la campagne d'Egypte, et prit une part très active aux batailles d'Alexandrie et des Pyramides. Les blessures qu'il y reçut ne l'empêchèrent pas de continuer à se battre avec la plus grande ardeur. Il obtint bientôt après le grade de général de division. — Au mois de février 1799, il fit, avec le général en chef, l'expédition de Syrie à la tête d'un corps de 900 chevaux, et se distingua particulièrement dans toutes les affaires qui en firent une des plus mémorables de l'histoire. Revenu d'Egypte avec Bonaparte, Murat fut l'un de ses principaux auxiliaires dans le coup d'état du 18 brumaire, et en fut récompensé par la main de Caroline Bonaparte, ainsi que par le commandement de la garde consulaire. Dès ce moment, la destinée de Murat se confond en quelque sorte avec celle de Napoléon, et il n'est peut-être pas une grande bataille de cette époque célèbre, où il n'ait joué un rôle brillant, et dans laquelle il n'ait puissamment contribué à la victoire.

Il a été dit, dans plusieurs biographies, que Murat fut l'un des membres de la commission militaire qui, le 20 mars 1804, prononça la peine de mort contre le duc d'Enghien. Cette assertion est complétement erronée. La seule part qu'il prit à cette funeste affaire, fut de désigner, en qualité de gouverneur de Paris, les membres du conseil de guerre qui, sous la présidence du colonel Hullin, devaient juger le malheureux prince. Tout semble même indiquer qu'il dut faire de grands efforts pour prévenir la catastrophe, car il conseilla toujours à son beau-frère d'inaugurer son règne par des actes de clémence; et tout le monde sait qu'il sollicita, entre autres, et avec les plus vives instances, la grâce de Georges Cadoudal. — Nommé, le 2 décembre 1806, grand-duc de Berg et de Clèves, Murat sut mériter, par une administration toute paternelle, la reconnaissance et l'amour des habitants de ce pays. — Après la paix de Tilsitt, en mars 1808, Napoléon appela son beau-frère à Paris, et lui confia le commandement de l'armée secrètement destinée à faire la conquête de l'Espagne.

Le 1er août 1808, Murat fut appelé au trône de Naples. Ce pays, comme le grand duché de Berg, avait eu beaucoup à souffrir des maux de la guerre —L'armée comptait à peine 16,000 hommes mal disciplinés et mal vêtus, et le plus grand désordre régnait dans toutes les parties du service public. Secondé par un de ses anciens camarades de collège, qu'il avait fait son ministre (Michel Agar, comte de

Mosbourg), il parvint, en peu d'années, à porter le royaume de Naples au plus haut degré de prospérité. — Au mois de juin 1809, une flotte anglo-sicilienne se présenta devant Naples, où elle tenta d'opérer des soulèvements; puis s'empara des îles d'Ischia et de Procida qu'elle ne put garder. Cette expédition irrita profondément Joachim et lui inspira le projet de s'emparer de la Sicile. Il réunit, à la vue de cette île, et sous le feu des batteries anglo-siciliennes, une flottille nombreuse portant des troupes de débarquement; mais une seule division, sous les ordres du général Cavaignac, parvint à débarquer de l'autre côté du phare. On ignore les motifs de l'inertie que gardèrent alors les autres divisions. Murat y soupçonna la politique ombrageuse de son beau-frère, et ne put dissimuler son mécontentement. Il alla bientôt plus loin, et demanda l'éloignement des troupes françaises. Il rendit en même temps un décret obligeant les étrangers employés dans son royaume à se faire déclarer Napolitains, ou à renoncer à leurs places; mais Napoléon répondit à cet ordre par le décret suivant : « Considérant que le royaume de Naples fait partie du grand Empire, que le prince qui règne dans ce pays est sorti des rangs de l'armée française, qu'il a été élevé sur le trône par les efforts et le sang des Français; les citoyens Français sont de droit citoyens du royaume des Deux-Siciles. »

Au mois d'avril 1812, le commencement des hostilités contre la Russie, opéra un rapprochement entre les deux beaux-frères. Murat fit bientôt de nouveaux prodiges de valeur à Ostrowno, à Smolensk, à la Moskowa. Pendant la désastreuse retraite, il commanda en chef le groupe d'officiers qui, sous le nom de *bataillon sacré*, formait la garde de Napoléon. — L'empereur, en quittant l'armée, à la fin de décembre 1812, en remit le commandement au roi de Naples; mais celui-ci, effrayé des conséquences que les désastres de Napoléon pouvaient avoir pour sa propre position, ne tarda pas à s'en démettre entre les mains du prince Eugène Beauharnais, et partit précipitamment pour Naples. — A l'ouverture de la campagne de 1813, et après quelque hésitation, Murat prit le commandement de la cavalerie et se conduisit avec la plus grande bravoure aux batailles de Dresde, de Wachau et de Leipsick; mais quatre jours après la perte de cette dernière bataille, sous prétexte d'aller en Italie lever des troupes pour venir à son secours, il prit congé de l'empereur et rentra dans ses états.

Les 6 et 11 janvier 1814, il conclut avec l'Angleterre et l'Autriche, deux traités qui lui garantissaient la conservation de sa couronne, et par lesquels il s'engageait, en retour, à fournir aux alliés un corps de 30,000 hommes. Mais avant d'entrer dans cette alliance, Murat écrivit à Napoléon, qu'il avait retrouvé la Péninsule fort agitée, que les Italiens réclamaient leur indépendance nationale, que si elle ne leur était pas rendue, il était à craindre qu'ils ne se joignissent à la coalition de l'Europe, et n'augmentassent ainsi les dangers de la France. Il suppliait Napoléon de faire la paix, seul moyen de conserver un empire si puissant et si beau. Que si Bonaparte refusait de l'écouter, lui Murat, abandonné à l'extrémité de l'Italie, se verrait forcé de quitter son royaume ou d'embrasser les intérêts de la liberté italienne. Cette lettre resta plusieurs mois sans réponse.

Après la chute de Napoléon, Murat ne tarda pas à reconnaître que la sainte alliance était disposée à lui faire subir le même sort, et qu'on en cherchait l'occasion. Il voulut la prévenir, et chercha secrètement à renouer des relations avec le prisonnier de l'île d'Elbe. Quand celui-ci débarqua au golfe Juan, il partit lui-même de Naples, après avoir nommé la reine Caroline régente et décrété la création des gardes nationales. Le 30 mars 1815, il commença les hostilités contre les Autrichiens, et, par une proclamation datée de Rimini, il appela les peuples Italiens à l'indépendance. Après de brillants avantages qui excitèrent en Italie un vif enthousiasme et alarmèrent quelque temps la coalition, Joachim apprit que les divisions Pignatelli et Lionou avaient été battues et forcées de se replier. Il se vit lui-même contraint d'opérer sa retraite, évacua Bologne, le 15 avril, et prit la route de Naples par la Marche d'Ancône. Le récit de tous les combats qu'il soutint dans cette suprême épreuve de sa fortune, nous mènerait trop loin. Qu'il nous suffise de dire qu'il y montra toute sa supériorité militaire, mais qu'accablée par le nombre, son armée fut enfin complètement mise en déroute, et qu'il rentra dans Naples à peine escorté de quelques cavaliers, pour quitter bientôt cette ville pour toujours. La ville était encore tranquille, mais le désastre de l'armée, faisait craindre des troubles populaires. Murat crut pouvoir conjurer l'orage en promettant une constitution. Il comprit bientôt l'impuissance de cette concession, et, désespérant de se maintenir à Naples, il forma le projet de se renfermer dans la place de Gaëte où la reine avait envoyé ses enfants. Il s'embarqua de nuit, le 20 mai, avec une suite peu nombreuse; mais une croisière anglaise l'ayant empêché d'aborder, il se fit débarquer dans l'île d'Ischia. C'est de là, qu'après des incidents sans nombre, Joachim débarqua, le 25 mai, sur la plage de Cannes. Il écrivit aussitôt à Napoléon qu'il se mettait à ses ordres. Ne recevant pas de réponse il avait pris le parti d'aller s'établir dans les environs de Lyon, lorsqu'on lui annonça le désastre de Waterloo. Il erra pendant quelque temps dans les environs de Toulon, obligé de se cacher pour éviter les poignards des assassins. Il parvint enfin à débarquer en Corse, le 25 août, après une traversée dont il fit la plus grande partie sur une frêle embarcation que la tempête engloutit sous ses yeux, lorsqu'il venait à peine d'être recueilli lui-même à bord de *la Balancelle*, paquebot de poste entre Toulon et Bastia. Après de nombreuses et poignantes déceptions, le malheureux Joachim fut arrêté sur la côte de Calabre où il était descendu avec une trentaine d'hommes. Conduit au château de Pizzo, le 11 octobre 1815, il fut, trois jours après, condamné à mort par une commission militaire. Son corps fut enterré sans pompe dans l'église même de Pizzo où il repose encore.   A. Bost.

MURAT (JULIE de CASTELNAU, comtesse de), naquit à Brest en 1670, et épousa, à l'âge de 16 ans, le comte de Murat. Mme de Maintenon la fit exiler à Loches, comme coupable d'avoir coopéré à un libelle contre la cour. Le duc d'Orléans fit cesser son exil en 1715. Ce fut pendant sa retraite qu'elle composa ses romans d'un goût charmant et d'une grâce remarquable ; nous citerons : *Mémoires de ma Vie*, Paris, 1697 ; *Nouveaux Contes de Fées*, 1698 ; le *Voyage de Campagne*, 1699 ; *Histoires sublimes et allégoriques*, 1699 ; les *Lutins du château de Kernosy*, 1710.

MURATORI (*biogr.*), érudit célèbre du XVIIe siècle. Né en 1672 à Vignola, dans le Modenais, il apprit du P. Bacchini, bibliothécaire du duc de Modène, le goût des études historiques et la science des manuscrits. Appelé à Milan en 1694, par le comte Borroméo, pour remplir une des places de conservateur de la bibliothèque ambrosienne, il publia un choix des pièces historiques dont le soin lui était confié, en les éclaircissant par des notes et des dissertations. Le duc de Modène s'était repenti de l'avoir laissé partir ; Bacchini étant venu à mourir, il lui offrit sa place, que Muratori accepta, et depuis lors il ne sortit plus de Modène que pour visiter les dépôts publics des principales villes d'Italie. Outre ses publications d'érudit, tous les recueils scientifiques de la Péninsule s'enrichirent pendant un demi-siècle de ses curieuses productions. Ses œuvres, recueillies après sa mort, ne forment pas moins de 36 vol. in-4° (éd. d'Arezzo, 1767-80), ou 48 vol. in-8° (éd. de Venise, 1790-1810). Il mourut en 1750 à l'âge de 77 ans, sans que les médecins eussent pu obtenir de lui que, même dans ses dernières années, il modérât ses travaux. Il était entré dans les ordres pendant son séjour à Milan ; ses ennemis le dénoncèrent à Benoît XIV pour ses opinions sur la juridiction temporelle ; mais ce pape lui écrivit qu'il n'avait jamais eu l'intention de le faire censurer, et ne voulait pas le chagriner, parce qu'il avait erré sur des matières qui n'intéressent ni le dogme ni la discipline. Ses grands ouvrages ne s'élèvent pas à moins de 64. On distingue dans le nombre : *Anecdota*, ou pièces curieuses extraites de la bibliothèque de Milan (1697-98), 4 tom. en 2 vol. in-4° — *Anecdota Græca*, etc. (Padoue, 1709, in-4°) qui en forment la suite. — *Delle antichità italiane ed estensi*, 2 vol. in-4° — *Rerum italicarum scriptores precipui ab anno 500 ad 1500*, etc. Milan 1723-51, 28 ou 29 vol. in-folio : magnifique collection qui coûta à l'auteur près de trente années de travaux, car la plupart de ces écrivains étaient publiés pour la première fois. On joint à cette collection deux nouveaux volumes publiés à Florence par Tartini, en 1748-70 et les *Accessiones* de Mittarelli, qui contiennent les historiens de Faenza. Ce vaste répertoire fut publié aux frais d'une société de nobles Milanais qui prit le nom de Société Palatine, du collège où elle se réunissait. — Muratori compléta cet ouvrage par ses *Antiquitates italicæ medii ævi*, etc., Milan, 1738-43, 6 vol. in-folio, Recueil de diplomes, lettres, chroniques, etc., inédits pour la plupart, et ses *Annali d'Italia dall' era volgare sino all'anno 1749*, Milan (Venise) 1744-49, 12 vol. in-4°, traduites en allemand et réimprimées un grand nombre de fois avec des *continuations*. L'édition la plus complète est celle de l'abbé Oggeri, 5 v. in-8°, qui va jusqu'en 1786. On a relevé dans ces ouvrages quelques erreurs et critiqué un style trop familier, mais ils n'en sont pas moins d'un immense intérêt. Muratori a encore publié un *Thesaurus inscriptionum*, 6 vol. in-8° ; divers ouvrages de philosophie et de théologie ; sur la force de l'esprit humain (réponse à Huet), sur la critique des choses religieuses, sur le Paradis et l'état des morts, sur l'Immaculée Conception, sur la liturgie romaine ; une *Relation des missions du Paraguay* dont la première partie a été traduite en français, etc. Son traité *Della perfetta Poesia italiana*, 1706, 2 vol. in-4°, lui attira beaucoup de critiques, parce qu'il s'élevait contre les imitateurs maladroits de Pétrarque qui avaient singulièrement affadi la langue italienne. — Une érudition profonde, des faits exposés avec clarté et simplicité, mais sans beaucoup d'éclat, tel est le caractère des ouvrages de Muratori, dont les principales productions sont considérées comme classiques au-delà des Alpes. Un grand nombre de biographies de cet écrivain remarquable ont été publiées en Italie, en France et en Allemagne.

MURCIE, province d'Espagne, qui, avant la division décrétée par les Cortès en 1822, avait le titre de royaume. Elle est bornée, au nord, par la province de Cuenca ; à l'est, par celle de Valence ; au sud, par la Méditerranée ; au sud-ouest, par la province de Grenade ; à l'ouest, par la province de la Manche. Elle a environ 50 lieues de longueur du nord au sud, 45 dans sa plus grande largeur, et à peu près 1000 lieues carrées de superficie. Elle s'étend entre 37° 18′, et 39° 18′ de latitude nord, et 3° et 5° 26′ de longitude ouest. — La province de Murcie se partage en neuf districts, qui ont pour chefs-lieux les villes de Murcie , Carthagène, Lorca, Chinchilla, Villena, Cieza, Hellin, Albacete et Segura de la Sierra. Elle est traversée, dans la partie septentrionale, par la chaîne des monts Ibériens. La partie du sud-ouest forme une vaste plaine ; sur la côte on trouve le cap de Palos et la baie de Carthagène. La province de Murcie appartient presque entièrement au bassin de la Méditerranée. Elle est arrosée, de l'ouest à l'est, par le fleuve Segura qui a pour affluents le Mundo et la Sangonera. On y trouve quelques lacs peu importants, des sources minérales, un nombre considérable de marais salants et des mines de plomb, de soufre et d'alun. Les parties de la province où l'eau arrive, sont fertiles; partout ailleurs le sol est d'une stérilité complète. Le climat y est chaud en été, doux en automne et en hiver. Des vents impétueux soufflent quelquefois au printemps. L'air est en général salubre, excepté sur quelques points de la côte où règnent en automne des fièvres malignes. — Les produits du sol se composent de céréales, de soie, d'huile, de vin, de chanvre, de lin, de riz, de soude, de légumes et de fruits, particulièrement de citrons, d'oranges et de grenades. La côte fournit d'excellent poisson, et le gibier est assez commun dans les montagnes, où l'on trouve aussi des loups, des renards et des ours. On fabrique, dans la province de Murcie, quelques étoffes de soie d'une qualité inférieure, des toiles communes, des nattes et d'autres objets de sparterie ; de la coutellerie et de la poterie. La population était, en 1833, de 474,000 habitants. Cette province souffrit beaucoup des tremblements de terre de 1829. On assure que plus de 3,500 maisons furent englouties ou renversées. — Le pays de Murcie fut la première conquête des Carthaginois en Espagne. Ils y fondèrent *Carthago-Nova*, aujourd'hui Carthagène , l'an 202 avant J.-C. Cette province resta sous la domination du calife de Cordoue, jusqu'en 1144 ; elle fit partie du royaume de Grenade jusqu'en 1266, époque à laquelle Alfonse X de Castille s'en empara.

La ville de Murcie, capitale de la province, siége d'un évêché suffragant de Tolède, à 75 lieues sud-est de Madrid, est située dans une plaine fertile sur la rive gauche de la Segura qu'on traverse sur un pont de pierre qui sépare la ville du faubourg. Ses rues sont étroites, mal alignées, et la plupart de ses maisons bâties sans élégance. Les édifices les plus remarquables sont la cathédrale, le palais épiscopal et l'hôtel-de-ville. — On fabrique à Murcie quelques étoffes de soie, un grand nombre d'ouvrages de sparterie, des draps grossiers, des cuirs et du savon. Il y a, en outre, une grande verrerie dans la banlieue. Population, environ 36,000 habitants.   Dubeux.

MURE (Jean-Marie de la), docteur en théologie, et chanoine de Montbrison. Il publia, en 1671, l'*Histoire ecclésiastique de Lyon*, in-4°, et celle du *Forez*, in-4°, ouvrages pleins de recherches savantes, et qui sont consultés avec fruit. Mure est mort vers la fin du XVIIe siècle.

MURENA : surnom donné à plusieurs membres des familles Licinia et Terentia , à cause de la passion qu'ils avaient, dit-on, pour les Lamproies (en latin *murena*). Nous citerons deux personnages de ce nom; appartenant à la première de ces familles. — 1° *L. Licinius Murena* était versé dans les études historiques et s'adonna à l'art oratoire dans lequel il ne brilla que médiocrement. Il parvint au tribunat, en 92 avant J.-C., et en 87 il contribua au gain de la célèbre bataille de Chéronée, dans laquelle il commandait l'aile gauche de l'armée romaine. Il fut, en l'absence de Sylla, chargé de la seconde guerre contre Mithridate (82 av. J.-C.), et s'empara de Comane; mais il éprouva ensuite plusieurs échecs et fut obligé de se retirer. — 2° *Murena*, fils du précédent, servit avec distinction sous Lucullus dans la troisième guerre contre Mithridate. En 61 il exerça les fonctions de consul et contribua beaucoup à faire repousser la proposition de César, tendant à faire rappeler Pompée de l'Asie pour anéantir le parti aristocratique dirigé par Cicéron. L'année précédente, le grand orateur, dans un plaidoyer célèbre, avait fait absoudre Murena, accusé par Caton et Servius Sulpicius Rufus, d'avoir employé la brigue pour arriver au consulat.

MURÈNE, *Murena* (poiss.) (*voy.* Anguille).

MURET (*géog.*) : chef-lieu d'arrondissement de la Haute-Garonne, à 17 kil. S.-O. de Toulouse, sur la Garonne, avec une population d'environ 4,000 habitants. Simon de Montfort y remporta, en 1213, une victoire célèbre sur les Albigeois et Pierre II, roi d'Aragon, qui y perdit la vie. On y fabrique de la faïence blanche et des draps communs. L'arrondissement de Muret comprend dix cantons (Auterive, Carbonne, Cazères, Cintegabelle, Fousseret, Montesquieu, Rieumes, Rieux, Saint-Lys, Muret), 132 communes, et compte environ 90,000 habitants.

MURET (MARC-ANTOINE), l'un des littérateurs les plus célèbres du xvie siècle, naquit en 1526, au bourg de Muret, près Limoges. Il apprit seul le grec et le latin, et fut chargé, à 18 ans, de faire au collége d'Auch des leçons sur Cicéron et sur Térence. Il professa ensuite à Poitiers, à Bordeaux, où il compta Montaigne parmi ses élèves, et à Paris, au collége du Cardinal-Lemoine. Son cours de droit civil lui fit dans cette ville une réputation prodigieuse. Il fut ensuite renfermé au Châtelet sous prévention d'hérésie et d'habitudes dépravées aussi contraires à la nature qu'à la morale. On le relâcha cependant; mais il se retira à Toulouse, que des accusations du même genre le forcèrent à quitter. Il passa alors en Italie et se rendit à Rome, où il reçut les ordres, fut pourvu de riches bénéfices et professa avec éclat la philosophie, le droit civil et la théologie. Muret mourut en 1585, à l'âge de 59 ans. Ses ouvrages ont été recueillis à Véronne, en 5 vol. in-8o (1727-1730), et à Leyde, par Ruhnkenius (1789), 4 vol. in-8o; nous citerons : d'excellentes *notes* sur *Térence, Horace, Catule, Tacite, Cicéron, Salluste, Aristote, Xénophon*, etc.; *variæ lectiones; poemata; hymni sacri; orationes; disputationes in libr.* 1. *Pandectarum; de origine juris, de legibus et senatusconsulto; de constitutionibus principum et de officio ejus cui mandata est Jurisdictio; Juvenilia*, etc. — En général ces ouvrages sont remarquables par l'élégance du style, l'abondance de la période et le choix des expressions. Mais la pensée en est presque toujours absente. La verve qui distinguait le professeur dans sa chaire, l'abandonnait lorsqu'il se recueillait pour écrire; ses odes sont froides, ses élégies fades, ses satyres et ses épigrammes sans mordant. Muret n'était qu'un humaniste et qu'un érudit, et son plus beau titre de gloire est attaché à ses *variæ lectiones*, recueil utile qui a beaucoup contribué à l'épuration des textes des auteurs de l'antiquité. AL. BONNEAU.

MURFREESBOROUGH : ville des États-Unis de l'Amérique, dans l'État de Tennessée. Elle est le siége du gouvernement de cet état, et se trouve à 50 kilomètres S.-E. de Nashville, qui en est la capitale. Sa population est d'environ 2,000 habitants.

MURG (*géogr.*) : rivière du grand duché de Bade. Elle prend sa source dans la forêt Noire, près de Freudenstallt, et, après 60 kil. de cours, se verse dans le Rhin, au dessous de Steinmauren. Elle donne son nom au cercle de Murg et Ffinz, un des six du grand-duché de Bade.

MURIATE (*voy.* HYDRO-CHLORATE).

MURIATIQUE (*acide*), (*voy.* HYDRO-CHLO-RIQUE).

MURIER, *Morus* (*bot.*) : Genre devenu de nos jours, pour la plupart des botanistes, le type de la petite famille des morées, et rangé par quelques autres parmi les artocarpées, de la monœcie tétrandrie. Il est formé d'arbres et d'arbrisseaux à suc laiteux, spontanés dans toutes les contrées chaudes, à feuilles alternes, entières ou lobées et pourvues de stipules, à petites fleurs disposées en épis axillaires, unisexuelles, dont les mâles sont oblongues ou cylindriques, tandis que les femelles sont ovoïdes. Les fleurs mâles ont un périanthe à quatre lobes ovales devant lesquels sont placées quatre étamines à filet élastique et ridé transversalement; à leur centre se montre un rudiment de pistil. Les fleurs femelles sont formées : d'un périanthe à quatre folioles ovales et concaves, dont deux sont extérieures et plus grandes; d'un ovaire ovoïde, à deux loges inégales, d'après plusieurs auteurs, constamment à une seule loge biovulée, d'après M. Spach, surmonté de deux styles terminaux, libres ou cohérents à leur base, allongés et très grêles, chargés de papilles stigmatiques à leur côté interne. Le périanthe persistant entoure le fruit auquel il forme une enveloppe généralement charnue, et qui renferme lui-même une seule graine pendante et crochue.

Le MURIER NOIR, *M. nigra*, Lin., a été introduit en Europe dès la plus haute antiquité. On ignore même quelle est sa véritable patrie. On pense généralement qu'il doit être venu de la Perse, où il croît spontanément; néanmoins quelques auteurs présument que la Perse elle-même l'a reçu de la Chine. C'est un arbre d'environ 8 mètres, à tête arrondie, très rameux, à écorce épaisse et raboteuse. Ses feuilles sont en cœur, inégalement dentées en scie à leur bord, ou plus ou moins profondément quinquelobées, fermes et non luisantes, rudes au toucher en dessus, légèrement hérissées en dessous, portées sur un pétiole arrondi et non canaliculé en dessus, accompagnées de stipules oblongues, obtuses et ciliées. Son fruit agrégé, vulgairement nommé *Mûre*, est ovoïde, d'un rouge noir à sa maturité, long de 2 ou 3 centimètres, de saveur douce et agréable. C'est surtout pour son fruit que le mûrier noir est aujourd'hui cultivé, car sa feuille n'est plus guère employée à la nourriture des vers à soie que dans les pays où cette industrie a fait peu de progrès. L'arbre en produit, du reste, une assez faible quantité. Le bois du mûrier noir, quoique d'un grain grossier et d'un tissu un peu spongieux, est estimé pour certains usages, surtout pour la confection des futailles à vin. Son cœur est brun et son aubier jaune clair. Il est un peu moins dense que celui du mûrier blanc, auquel il ressemble beaucoup. Le fruit se mange, et sert à certains usages en médecine; il est surtout employé à la préparation d'un sirop fort estimé comme astringent. La volaille le mange avec avidité. Cet arbre croît lentement. On le multiplie par graines, par boutures et par marcottes. Il réussit dans toutes sortes de sols.

Le MURIER BLANC, *M. alba*, Lin., n'a été trouvé sauvage qu'en Chine, mais il s'est naturalisé dans l'Asie-Mineure, et sur quelques points du midi de l'Europe. Sa taille et son port rappellent l'espèce précédente; néanmoins il donne des jets plus nombreux, plus grêles et plus droits; son écorce est moins brune, ses feuilles sont plus minces et plus molles, lisses, glabres et lustrées en dessus, pourvues en dessous de duvet à l'aisselle des nervures, d'un vert gai, généralement en cœur et dentées en scie, quelquefois lobées, ordinairement acuminées au sommet, portées sur un pétiole légèrement caniculé en dessus, accompagnées de stipules verdâtres, lancéolées et glabres; son fruit est blanchâtre ou rosé, de saveur douceâtre et fade. — Les soins des cultivateurs ont donné lieu à la production de plusieurs variétés de mûrier blanc, parmi lesquelles plusieurs sont des améliorations importantes du type. Tels sont surtout : le *Mûrier moretti*, ainsi nommé du nom du professeur Moretti, de Pavie, remarquable par l'abondance et la grandeur de ses feuilles; le *Mûrier grosse-reine* de M. Audibert, à grandes feuilles un peu plissées; le *Mûrier romain* et le *Mûrier feuille rose* du même horticulteur; la *Colombasse verte*, la *Colombassette*, l'*admirable* des habitants des Cévennes, etc. — Bien que le bois du mûrier blanc soit avantageusement employé par les menuisiers, les charrons et les tonneliers, la grande importance de cet arbre réside dans sa feuille (*voy.* VERS A SOIE). A ce dernier égard on a reconnu que la feuille des arbres plantés dans des fonds légers, dans des lieux élevés, secs et exposés au vent, donnent à la soie plus de nerf et de finesse que celle des arbres qui végètent dans des terres basses, humides ou fortement argileuses.

Le MURIER MULTICAULE, *M. multicaulis*, Perrot. (*M. tatarica*, Desf.; *cucullata*, Bonaf.), a été introduit par M. Perrottet, en 1821, de Manille à l'île Bourbon, de là à Cayenne, ensuite en France. Il forme un grand arbrisseau traçant, à plusieurs tiges rameuses dès la base, minces et flexibles;

à très grandes feuilles d'un vert clair, arrondies ou cordiformes à la base, un peu acuminées au sommet, bordées de dents irrégulières, flasques, minces et tendres, glabres des deux côtés, bullées ou comme crépues, portées sur un pétiole assez allongé, un peu comprimé et comme triangulaire à sa base, accompagnées de stipules lancéolées, blanchâtres et scarieuses. Son fruit est petit, oblong ou turbiné, de saveur acidule agréable, d'abord blanc, ensuite rouge et enfin noir. — Cette espèce est indigène de la Chine, d'où elle a passé dans les îles de l'Asie, et en Europe. Sa feuille a été reconnue très avantageuse par son abondance, sa grandeur, la mollesse de son tissu, et par la bonne qualité de la soie que donnent les vers nourris avec elle. Mais la grandeur même et la délicatesse de son tissu la rendent fort sujette à être déchirée par les vents. Cet inconvénient est, du reste, bien racheté par l'extrême facilité avec laquelle on multiplie le mûrier, par la vigueur et la rapidité de sa végétation, par son peu de sensibilité au froid, etc.

Le MURIER INTERMÉDIAIRE, *M. intermedia*, Perrot., a été rapporté des Philippines en France par M. Perrottet. Il est employé dans ces îles et en Chine à nourrir les vers à soie; mais sa culture n'a encore pris en France que peu d'extension. Il diffère du mûrier multicaule principalement par ses feuilles longuement acuminées, dentées en scie, ou entières ou lobées, par ses fruits ovoïdes rouges, peu succulents et non comestibles.

Le MURIER DE CONSTANTINOPLE, *M. Constantinopolitana*, Poir., est un petit arbre à rameaux courts et épais, chargés de feuilles en cœur, très luisantes, fort rapprochées, très bonnes pour la nourriture du ver à soie; mais trop peu abondantes pour que la culture de l'arbre puisse être entreprise avec avantage.

Les détails qu'on trouve dans un grand nombre d'ouvrages sur la culture des mûriers, bien que pouvant s'appliquer à peu près à tous, se rapportent principalement au mûrier blanc. La multiplication se fait par graines, par boutures et par marcottes; mais ces deux derniers moyens donnent des sujets moins vigoureux que le premier; aussi n'en fait-on guère usage aujourd'hui. La graine doit être prise sur les arbres vigoureux arrivés à peu près à leur entier développement, et qui n'aient pas été effeuillés dans l'année. Dans les pays chauds la graine semée vers la fin du mois de juin lève la même année, assez tôt pour que le jeune plant ait acquis avant l'hiver la force nécessaire pour résister au froid. Plus au nord, on sème seulement au printemps suivant. Dans tous les cas, le semis se fait à la volée, après avoir mélangé les semences d'un peu de terre ou de sable, à cause de leur petitesse. On choisit pour recevoir les semis une terre un peu légère, profondément défoncée, soigneusement ameublie et disposée par planches étroites, de manière à permettre les sarclages. On couvre légèrement la semence qu'il est bon d'espacer quelque peu. Le jeune plant qui provient de ces semis est nommé *Pourrette*. Après un an de végétation, c'est-à-dire lorsque sa hauteur est d'environ 3 ou 4 décimètres, on l'arrache pour le planter en pépinière, dans un sol bien préparé, en espaçant les jeunes pieds d'environ 5 ou 6 décimètres. On règle ensuite leur pousse, soit en les récépant rez terre et ne conservant à chacun qu'un seul jet, soit en supprimant les pousses latérales pour favoriser le développement du jet central : en un mot, de manière à obtenir une tige droite et unie. — Bien que les avantages de la greffe aient été contestées, on est cependant dans l'usage de pratiquer cette opération. La greffe ordinairement adoptée est celle en flûte ou en sifflet. Lorsqu'elle est bien faite, elle donne des résultats surprenants pour la rapidité et la force du développement des jets. Cette opération doit toujours être pratiquée par un beau temps ; aussi, lorsque l'atmosphère est à la pluie a-t-on soin de coiffer l'extrémité de branche qui a reçu la greffe, avec une coquille de limaçon qui empêche l'eau de s'y insinuer entre le bois et l'écorce. Une greffe de mûrier bien réussie est soudée en moins de vingt-quatre heures, et peu de jours suffisent pour qu'elle développe des jets avec plusieurs feuilles. Cette greffe peut être pratiquée pendant tout le temps où l'écorce se détache facilement du bois. Dans le midi de la France où toutes les circonstances favorables à la végétation peuvent être réunies, on voit quelquefois se produire, l'année même de la greffe, des jets de 2 ou 3 mètres de longueur. L'année suivante le jeune arbre est coupé à 2 mètres de hauteur ; ensuite on ne lui conserve, à ce niveau où il doit former sa tête, que trois ou quatre pousses destinées à devenir ses maîtresses branches. Généralement, à la fin de cette année, on le plante à demeure après l'avoir arraché de la pépinière avec beaucoup de soin, et de manière à lui conserver autant de racines qu'il est possible. L'espacement des arbres varie suivant la nature et la culture des terres qui les reçoivent. Les cultivateurs prudents ne commencent à recueillir la feuille que la quatrième ou la cinquième année après leur transplantation. A partir de ce moment la taille se fait immédiatement après la cueillette, et l'on a soin de la diriger de telle sorte qu'il en résulte une tête vide en dedans

et bien garnie en dehors. Cette opération a pour effet d'augmenter la production des feuilles et de diminuer celle des fruits. Des labours au pied conservé toujours nu et dégarni d'autres cultures, une fumure tous les trois ou quatre ans, sont, outre la taille, les soins qu'exigent les plantations de mûriers pour être entretenues en bon rapport.

Quant au mûrier multicaule, on le multiplie par boutures avec une extrême facilité ; on le plante en quinconce en espaçant les pieds d'environ 2 mètres en tous sens, et tous les ans, après la cueillette des feuilles, on le rabat à 4 ou 5 décimètres au-dessus du sol.   P. DUCHARTRE.

MURILLO (ETIENNE - BARTHOLOMÉ) : peintre célèbre, né à Séville, en janvier 1618. La précocité de ses dispositions détermina son père à le confier à l'un de ses parents, Juan de Castillo, artiste renommé, pour lui enseigner les principes du dessin et de la peinture. J. de Castillo ayant été appelé à Cadix pour exécuter quelques tableaux, son jeune élève l'y suivit. Dans cette ville, Murillo, tout en continuant ses études, sentit cependant le besoin de tirer parti de son talent, et se mit à peindre une quantité de petits tableaux de dévotion qu'il exposait aux foires. Ce genre d'ouvrages était alors l'objet d'un assez grand commerce ; et les marchands qui le faisaient, ayant été frappés de la suavité du coloris des tableaux de Murillo, les achetèrent de préférence à ceux de ses inhabiles concurrents. Alors, certain de vivre de son pinceau, et commençant d'ailleurs à sentir sa force, Murillo résolut, à l'âge de vingt-deux ans, de retourner dans sa ville natale. Là, à Séville, il fit connaissance avec le peintre Pierre de Moya qui, revenant d'Angleterre, et encore tout émerveillé du talent et des ouvrages de Van-Dick, lui parla de cet artiste comme du seul dont on dût rechercher les conseils. A ce moment, Murillo méditait le projet d'aller en Italie ; mais ce que lui avait dit Moya du célèbre peintre d'Angleterre, mit de l'indécision dans son esprit. Une raison qui d'ailleurs dominait toutes les autres, le défaut d'argent, ne lui permettait pas d'entreprendre des voyages aussi dispendieux que ceux d'Angleterre ou d'Italie. Murillo renonça donc à ses projets, et ce ne fut qu'en 1643, qu'il put aller s'établir à Madrid pour étudier son art. Il y fut reçu avec bonté par son compatriote, le fameux peintre D. Diégo Vélasquez, qui lui facilita tous les moyens de faire à l'Escurial et dans d'autres lieux, la copie des tableaux de Rubens, de Titien, de Van-Dick, de Ribera et de ses propres ouvrages. Revenu à Séville en 1645, Murillo peignit pour le couvent de Saint-François une suite de tableaux qui le placèrent au nombre des peintres de premier mérite ; et à partir de cette époque, il n'a pas cessé, jusqu'en 1680, de produire cette suite de beaux ouvrages qui sont connus et recherchés aujourd'hui dans toute l'Europe. Ayant été demandé vers 1681, à Cadix, pour peindre le tableau du maître-autel de l'eglise des Capucins, il tomba de l'échafaud sur lequel il travaillait, ce qui le fit retourner à Séville, où après avoir vécu encore quelque temps dans un état de langueur, il mourut le 3 avril 1682, à l'âge de 62 ans. — Les *vierges* de Murillo, pleines de charme, font placer communément cet artiste au nombre des peintres essentiellement gracieux. On peut ajouter que beaucoup de ses compositions, celles de *Moïse frappant le rocher* et *l'Enfant prodigue* entre autres, sont conçues et exécutées avec autant de grandeur que d'énergie. Coloriste très original et cependant toujours vrai, Murillo a donné à ses ouvrages un charme inexprimable, auquel on ne peut se soustraire, même après avoir reconnu que son style ne s'élève pas ordinairement à la hauteur des sujets qu'il a traités. Ses portraits ne le cèdent à ceux d'aucun de ses contemporains, et quelques rares paysages échappés de son pinceau, indiquent avec quelle supériorité il aurait pu l'employer dans ce genre. **DELÉCLUZE.**

MURINS (*mamm.*) : Ce nom a été appliqué par Seliger pour désigner une famille de rongeurs comprenant principalement le grand genre rat (*voy.* ce mot) qui, en latin, porte la dénomination de *mus*. Des espèces des genres loir et vespertilion ont également reçu cette dénomination.

MURPHY. — Deux Irlandais, qui méritent d'être cités, ont porté ce nom. — 1° MURPHY (Arthur), né en 1727 à Clooniquin, fut tour à tour commerçant, journaliste, acteur, avocat, auteur dramatique, et occupa, dans les dernières années de sa vie, un emploi important à la Banque de Londres. C'est surtout à ses œuvres dramatiques qu'il doit sa réputation. Son style manque en général de force et d'énergie ; mais il est recommandable par son élégante simplicité. Aussi Murphy a-t-il réussi plus particulièrement dans la comédie. Nous citerons parmi ses tragédies : *Arminius ; Alzuma*, dont l'*Alzire* de Voltaire paraît lui avoir inspiré l'idée ; *Zénobie*, où l'auteur emprunte beaucoup au *Rhadamiste* de Crébillon ; et parmi ses comédies, qui presque toutes sont restées jusqu'à ce jour au répertoire : *Connaissez-vous vous-même*, l'*École des Tuteurs*, *Tout le monde a tort*, le *Choix*, l'*Ennemi de lui-même*, le *Bourgeois*, le *Mariage clandestin*, d'où a été tiré le *Matrimonio secreto*, de Cimarosa. Murphy a publié en outre une Tra-

duction de *Tacite*, dont les notes seules sont estimées, etc. Il mourut le 18 juin 1805. — 2° MURPHY (Jacques Cavanals), architecte et voyageur, mort à Londres en 1816. Le premier il fit connaître dans le reste de l'Europe les richesses artistiques du Portugal, que jusqu'alors on avait à peine soupçonnées. Ses observations, consciencieuses et généralement exactes, sont consignées dans son livre intitulé : *Voyage en Portugal, contenant des observations sur les mœurs, les usages, le commerce, les édifices, les arts, les antiquités de ce royaume*, Londres, 1795, 1 vol. in-4°. On lui doit aussi : *Antiquités des Arabes en Espagne*, Londres, 1816, 1 vol. grand in-fol., ouvrage magnifique renfermant 100 gravures dessinées sur les lieux par l'auteur lui-même et exécutées par les plus habiles artistes. Murphy mourut au moment où l'on faisait cette publication.

MURRAY (*géog.*) (*voy.* ELGIN).

MURRAY (*Jacques, comte de*) : fils naturel de Jacques V, roi d'Écosse, et de Marguerite de Douglas, et frère de Marie Stuart. Murray était né vers 1531 ; il s'était mis à la tête du parti protestant en Écosse, et Marie trouva en lui un adversaire passionné et sans doute ambitieux. Murray, comme toute la noblesse écossaise, protesta contre le mariage de la reine avec Darnley ; et après son union avec Hepburn, comte de Bothwell, assassin de Darnley, il dirigea le mouvement populaire qu'avait provoqué la honteuse conduite de Marie, qu'il fit enfermer, de concert avec les seigneurs écossais, dans le château de Lochlevin où elle se vit bientôt forcée d'abdiquer en faveur de son fils et de donner la régence à Murray lui-même. Après la fuite de Marie en Angleterre, il se porta son accusateur, dénonça sa complicité dans l'assassinat de Darnley, et plus tard fit échouer les projets du duc de Norfolk pour la délivrance de l'illustre captive. Murray fut tué en 1570, dans les rues de Linlihtgow, d'un coup de pistolet par un gentilhomme dont il avait confisqué les biens (*voy.* MARIE STUART).

MURRHINS (*vases*). — Les anciens nommaient ainsi certains vases précieux qui leur venaient d'Orient et dont ils faisaient usage dans leurs festins. C'est Pompée qui le premier en donna le goût aux Romains en faisant exposer ses vases de cette espèce parmi les richesses de son triomphe de l'an 693. On ne sait pourquoi on les appelait *murrhins* ou *myrrhins* ; peut-être était-ce parce qu'ils ne servaient qu'à boire les vins recherchés et parfumés avec la myrrhe orientale. On ignore aussi de quelle matière étaient ces vases que les Romains préféraient aux vases d'or pour le prix et la rareté. Quelques auteurs, entre autres Scaliger et Jérôme Cardan, ont pensé qu'ils étaient de porcelaine chinoise, et que l'immense distance qui séparait Rome du pays des Sères, d'où, suivant cette hypothèse, ils auraient été apportés, en faisait seule tout le prix. A les croire, les murrhins, que quelques auteurs décrivent comme formés d'une matière vitreuse et brillante, n'auraient été qu'une contrefaçon des premiers. Suivant d'autres, et M. de Clarac, dans sa *Description des Antiques* du Louvre, p. 403, est de ce nombre, les murrhins auraient été des vases de sardoine, ce qui n'est pas probable, puisque cette matière était commune au temps des Romains qui la tiraient en abondance des mines de Sardaigne pour en faire des cachets et autres objets sans grande valeur. Enfin quelques savants ont cru retrouver la matière murrhine dans cette sorte de minéral à texture lamellaire et cristalline qu'on appelle *fluorine* ou *spath fluor*. ED. F.

MURSA *major (géog. anc.)* : ville de la Basse-Pannonie, sur la Drave, un peu au-dessus de la jonction de cette rivière avec le Danube. Adrien y envoya une colonie. Ingenuus y fut défait par l'empereur Gallien, et Magnence par Constantin. C'est la moderne Eszek.

MURVIEDRO (*géog.*) : c'est-à-dire *vieux murs* (*muri veteres*) : ville d'Espagne dans la province de Valence, à 26 kilom. de cette ville, sur la Palencia, et à 1 kilom. de l'embouchure de cette rivière. Elle possède un vieux château fort. Sa population est de plus de 6,000 habitants. Aux environs on voit des ruines romaines et mauresques, et à 8 kil. environ on visite l'emplacement de Sagonte.

MUSA (*Antonius*) : célèbre médecin du temps d'Auguste. On ignore son origine. On croit, en général, qu'il était affranchi. Il avait reçu une éducation distinguée, et ce fut lui qui guérit Auguste d'une maladie de foie. On avait placé sa statue dans le temple d'Esculape, et, à sa considération, les médecins avaient été déclarés exempts d'impôts à perpétuité. Il était ami d'Horace et de Virgile, et un évêque de Rochester, Atterbury, a publié à Londres, en 1740, une curieuse dissertation pour prouver qu'il est le Iapis du VIe livre de l'Énéide. Musa avait laissé des observations sur les propriétés médicinales de quelques plantes, du cloporte et de la vipère (Pline XXIX, 6). Quelques auteurs lui attribuent le *Traité de la Bétoine*, que d'autres disent d'Apulée. On le croit, en outre, l'auteur de l'*Instructio ad Mœcenatem suum de bona valetudine conservanda*, publié à Nuremberg, 1538. Les fragments qui nous restent de lui ont été donnés par Floriano Caldani, Bassano, 1800, in-8°. On trouve sur Musa un chapitre fort intéressant dans l'*Histoire de la médecine* de Leclère, et G. Ackermann a publié sur lui, à Altdorf, 1786, in-4°, une dissertation remarquable : *De Ant. Musa et libris qui illi adscribuntur.*

MUSACÉES, *musaceæ* (*bot.*). (*Voy.* BANANIER.)

MUSARAIGNE, *sorex* (*mamm.*). — Genre de l'ordre des carnassiers, famille des insectivores, fondé par Linné, adopté par tous les zoologistes, et qui, aujourd'hui, est partagé en plusieurs sous-genres distincts. Aristote désignait ces mammifères sous le nom de *mygale*; Pline leur appliquait la dénomination de *musaraneus*. Un assez grand nombre d'auteurs anciens ou du moyen-âge s'en sont occupés, et parmi les modernes, on doit principalement citer Daubenton et Buffon (*Histoire naturelle, générale et particulière, 1760*) qui en ont donné l'un l'histoire anatomique, l'autre l'histoire zoologique; Hermann et Pallas qui augmentèrent le nombre des espèces; MM. Savi, Say, Selys-Longchamps, Ch. Coquerel, etc., qui suivirent la même voie. Nous avons aussi des travaux anatomiques importants, monographiques ou de révision par Et. Geoffroy de Saint-Hilaire (*Mémoires du muséum*), de Blainville (*Annales d'anatomie et de physiologie,1838,et Ostéographie,1843*), et par MM. Wagler (*Classification des mammifères, 1830 et 1833*), Duvernoy (*Société du muséum d'histoire naturelle de Strasbourg, 1834, et Mémoires de l'Académie des sciences, 1842*), Jennys (*Magazin of zoology and botany, 1837*), Nathusius (*Archives de Wiegmann, 1838*), Is. Geoffroy Saint-Hilaire (*Dictionnaire classique, 1830*), etc.

Les anciens naturalistes plaçaient les Musaraignes avec les rats, et la dénomination de ces animaux provient du nom de l'espèce type appelée en latin *mus araneus*. En effet, ces mammifères ressemblent beaucoup, soit par leurs formes extérieures, soit par leur nature et la couleur de leur pelage, soit même, et à plusieurs égards, par leur organisation intérieure, aux petites espèces du genre rat, quoiqu'on les en distingue facilement par la forme plus allongée de la tête, par leur trompe très petite, et par tous les caractères qui différencient un insectivore d'un rongeur. — Leurs caractères principaux sont : système dentaire le plus généralement composé de trente dents, dix-huit supérieures et douze inférieures : incisives supérieures présentant un double crochet et un fort éperon à leur talon, et inférieures allongées, sortant droites de l'alvéole, pour ne se recourber qu'à l'extrémité : fausses canines beaucoup plus petites que les incisives : molaires à couronne large hérissée de pointes : les supérieures plus grandes que les inférieures et à tranchant oblique; corps allongé; tête très effilée; nez prolongé et mobile; oreilles assez grandes, larges, arrondies; yeux très petits; pieds à cinq doigts, faibles, séparés, munis d'ongles crochus non propres à fouir la terre; plante des pieds et paume des mains garnies de six tubercules; queue plus ou moins longue, tantôt tétragone, tantôt comprimée dans une partie de sa longueur; mamelles pectorales et ventrales, au nombre de six ou de huit; pélage d'un gris pur ou moins brunâtre, composé de poils doux, épais et à peu près de même longueur sur toutes les parties du corps moustaches longues et assez faibles.

Les musaraignes sont toutes de très petits animaux, et le plus petit mammifère connu est le *sorex etruscus*, l'une des espèces de ce groupe, qui n'atteint pas plus de 3 centim. du bout du museau à l'origine de la queue, celle-ci ayant 5 ou 6 centim. de longueur. Elles sont presque aveugles, vivent d'insectes, de vers, de petits animaux et habitent solitaires des trous dans la terre et dans les murailles, d'où elles ne sortent guère que la nuit. On les trouve quelquefois près des habitations, et certaines espèces se rencontrent même dans nos greniers. Plusieurs vivent dans les lieux secs; d'autres se plaisent, au contraire, dans les prairies humides, sur le bord des fontaines où on les voit plonger dans l'eau pour s'emparer de leur proie. La plupart répandent une odeur qui, dans quelques unes, approche beaucoup de celle du musc, et provient de glandes sébacées placées sur les flancs et garnies de soies raides et serrées. Ces animaux se trouvent dans toutes les parties du monde, excepté en Océanie, sous presque tous les climats, et, d'après les naturalistes américains, on doit même admettre que quelques espèces sont communes aux deux continents; mais c'est principalement en Europe, surtout en France et en Allemagne, qu'on en a découvert un plus grand nombre d'espèces.

La difficulté de se procurer ces animaux, leur petite taille, leur pélage, dont les couleurs varient parfois dans la même espèce suivant les âges, les saisons et les sexes, ont rendu la caractéristique spécifique très difficile. Aussi les naturalistes sont-ils loin d'être d'accord sur le nombre d'espèces que l'on doit placer dans ce groupe; les uns n'en reconnaissent qu'un très petit nombre, et d'autres, au contraire, en admettent probablement beaucoup trop. Dans notre travail sur les musaraignes, publié en 1847 dans le *Dictionnaire universel*, nous avons donné la description de vingt-deux espèces qui semblent les mieux caractérisées quoique toutes ne le soient pas d'une manière suffisante. Trois

seulement doivent être citées : — 1º La MUSARAIGNE COMMUNE OU MUSETTE, *sorex araneus*, Schreber, type du sous-genre *sorex*, Duvernoy, et appartenant au genre *crocidura*, Selys, est grise en dessus, cendrée en dessous; la queue est longue, grêle, comme effilée à son extrémité et couverte de poils courts. Cette espèce habite l'Europe centrale et méridionale; elle se rencontre ordinairement dans les bois et l'hiver elle se rapproche des habitations. — 2º La MUSARAIGNE D'EAU, *sorex fodiens*, Pallas, type du sous-genre, *hydrosorex*, Duvernoy, et se rapportant au genre *crossopus*, Wagler : elle est d'un brun-noirâtre en dessus et d'un blanc légèrement gris-roussâtre en dessous; mais variant beaucoup dans sa coloration. On la trouve dans presque toute l'Europe; elle vit dans les ruisseaux tranquilles, et n'est pas rare auprès de Paris. — 3º La MUSARAIGNE CARRELET, *sorex tetragonus*, Hermann, type du sous-genre *amphisorex*, Duvernoy, et rentrant dans le genre *corsica*, Gray. Son pélage est en dessus noirâtre et brun-cendré en dessous : sa queue est carrée et ressemble à l'aiguille nommée *carrelet*, d'où vient le nom appliqué à cette espèce qu'on n'a encore signalée qu'aux environs de Strasbourg.

Quelques musaraignes conservées à l'état de momie ont été trouvées dans les nécropoles des Égyptiens, et la raison qui semble avoir déterminé à placer cet insectivore au nombre des animaux sacrés, c'est que, suivant Liberalis, Isis avait pris la forme d'une musaraigne pour échapper aux poursuites de Typhon. Ces momies ne constituent pas une espèce particulière comme on l'avait cru; mais, d'après les observations de de Blainville et de M. Ehrenberg, elles se rapportent au *sorex flavescens*, grande espèce d'Afrique qu'on rencontre encore assez communément en Égypte. — Ces animaux ont également été signalés à l'état fossile : G. Cuvier en a le premier, dans une brèche osseuse provenant de Sardaigne, indiqué des débris que l'on rapporte au *sorex fodiens*. M. Schmerling a décrit des crânes fossiles de *sorex araneus*, et de Blainville a fait connaître des fossiles du même groupe trouvés dans les dépôts de Sansans et d'Auvergne. — Des espèces anciennement placées avec les musaraignes forment actuellement des genres distincts : tels sont ceux des *Condylure*, *Chrysochlore*, *Desman* et *Scalope*. E. DESM.

MUSC (*mamm.*) (*voy.* CHEVROTAIN).

MUSC (*hist. nat. méd.*) : substance odorante fournie par un animal du genre des chevrotains, le *moschus moschiferus*, qui habite la Sibérie, la Chine et le Thibet. Cette substance est renfermée dans un follicule volumineux, espèce de poche que le mâle porte sous le ventre et que l'on s'accorde à considérer comme une dépendance du canal de l'urètre. Elle est garnie dans son intérieur d'un grand nombre de replis irréguliers formant comme des sortes cloisons incomplètes. C'est dans ces espèces de loges que se trouve, chez l'animal adulte et surtout à l'époque de l'année où il jouìt de la plus grande énergie des forces vitales, le produit connu sous le nom de *musc*. Demi-fluide dans l'animal vivant, il prend une consistance solide aussitôt après la mort. Tel qu'il se trouve dans le commerce, il est onctueux, graveleux, d'un brun noirâtre, d'une saveur âcre et légèrement amère, d'une odeur forte et extrêmement diffusible, au point qu'il suffit d'une quantité fort minime de substance pour la communiquer à des corps d'un volume considérable. Le fragment de musc qui communique son odeur ne perd pas lui-même sensiblement de son poids, quoiqu'il en ait fortement imprégné et pendant longtemps imprégné une foule d'objets. D'après l'analyse de Guibourt, cette substance renferme un grand nombre de principes différents : de l'eau, de l'ammoniaque, de la stéarine, de l'élaïne, de la cholesterine, de l'huile acide combinée à de l'ammoniaque, de l'huile volatile, des chlorhydrates d'ammoniaque, de potasse et de chaux, un acide indéterminé en partie saturé par les mêmes bases, de la gélatine, de l'albumine, de la fibrine, une matière très carbonée soluble dans l'eau, un sel calcaire soluble à acide combustible, du carbonate et du phosphate de chaux, enfin des poils et du sable. La science n'a pas, jusqu'ici, donné le moyen d'isoler le principe aromatique, et, par conséquent, de reconnaître méthodiquement la qualité du musc; de nouvelles recherches, à ce point de vue, seraient nécessaires. Le musc le plus estimé nous vient de Tonquin et du Thibet. On en distingue trois espèces dans le commerce :

1° Le MUSC DE CHINE ou DE TONQUIN, qui, lui-même, se subdivise en trois variétés, dont la première, dite *musc de la chasse royale*, est en vessies plates, tantôt ovales et arrondies, tantôt allongées, sèches, minces et douces au toucher, du poids de 4 à 32 grammes. La partie supérieure de chacune de ces vessies, qui sont percées d'un petit trou vers le milieu, est recouverte de poils longs et de couleur rousse, plus épais sur les bords que sur le milieu, et décrivant une circonférence. La partie inférieure n'est point recouverte de poils et porte, à son milieu, une marque rouge, provenant d'un cachet dont elle a été marquée; son aspect est d'un gris blanchâtre. Le musc contenu dans cette enveloppe est brun foncé, visqueux et graveleux au toucher, d'une odeur subtile et pénétrante, qui ne doit offrir, en s'affaiblissant, rien d'ammo-

niacal ou d'empyreumatique. Cette sorte est très rare dans le commerce. Elle nous arrive dans des boîtes de plomb ou d'étain du poids de 500 à 625 grammes. Chacune des vessies qu'elle contient est enveloppée d'un papier de Chine qui porte un cachet et le nom de la province d'où le produit a été tiré. A cette première enveloppe en succède une autre, également de papier de Chine, mais vernie et recouverte d'une couche de goudron. — La seconde sorte de musc Tonquin jouit à peu près des mêmes propriétés que la première; son odeur est, toutefois, moins pure, avec quelque chose d'ammoniacal et d'animalisé. Elle est expédiée tantôt en vessies intactes, portant souvent un cachet analogue à celui des précédentes, tantôt en vessies qui ont été ouvertes et sans empreintes de cachet. L'emballage est, du reste, le même. — La troisième sorte est renfermée dans des vessies de formes variées. Le poil qui les recouvre est moins abondant sur les côtés. Elles sont humides, plus épaisses que les autres et toujours recousues. Le produit qu'elles contiennent est plus pesant, s'écrase et se dessèche plus facilement que celui des variétés précédentes; d'abord d'une odeur fétide ammoniacale, ce n'est qu'au bout de quelque temps que se développe l'odeur franche de musc; son parfum est moins fin et moins délicat. Ce musc est expédié en boîtes de plomb ou d'étain du poids de 2 à 3 kilogrammes.

2° Le MUSC DE BENGALE se rapproche de celui de Tonquin pour l'apparence, mais son odeur est moins fine et a quelque chose d'ammoniacal. Les vessies qui le renferment sont, en général, moins bien fermées, souvent recousues et humides; le poil qui en recouvre la peau est moins long, touffu et mêlé; les vessies ne présentent point de trou à leur partie supérieure et leur peau est plus épaisse. Cette espèce est expédiée dans des boîtes de plomb ou d'étain du poids de 600 grammes à 3 kilogrammes.

3° Le MUSC KABARDIN ou de TARTARIE, se trouve dans des vessies plates, allongées, sèches, et de 25 à 55 millimètres de longueur. Leur peau est épaisse et recouverte, à la partie supérieure, de poils d'un gris blanchâtre; son aspect, à la partie inférieure, est gris sale. Le produit est compacte et d'une consistance comme fibreuse, d'une odeur peu pénétrante et ammoniacale qui se dissipe facilement. Nous le recevons par la voie d'Angleterre et en boîtes de plomb, ou par celle de la Russie et en boîtes de bois ou de ferblanc du poids de 3 à 9 kilogr.

Le musc, en raison de son prix élevé, est souvent falsifié, non seulement dans les pays où on l'importe, mais dans ceux-mêmes d'où il nous vient. On substitue souvent au musc du Tonquin les sortes les plus inférieures ; on mélange encore celles-ci avec du sang desséché, avec diverses membranes et de la fiente d'oiseaux, avec des poils, de l'asphalte, du benjoin, du styrax, du sable, de la limaille de fer, de l'extrait d'urine putréfiée ; on a été jusqu'à insinuer dans les vessies des fragments de plomb et des cailloux. Ces fraudes sont reconnaissables à l'odeur faible du musc, à sa couleur, à son défaut d'homogénéité, à ce qu'il n'est qu'imparfaitement fusible et à ce qu'il brûle mal. — On connaît, en Allemagne, une résine jaune exhalant l'odeur du musc et qui, dit-on, est obtenue en traitant : 1 partie d'huile de succin rectifiée, par 4 parties d'acide nitrique pur ajouté par petites portions. Au bout d'un repos de quelques jours, il y a précipitation d'une matière qui, lavée avec de l'eau chaude, donne le produit appelé *musc artificiel*. Ce produit est très recherché par les paysans polonais. — On a donné le nom de *musc indigène* à la fiente de vache séchée au soleil et qui, dans cet état, exhale effectivement une odeur sensible du musc.

Les émanations mêmes les plus légères du musc suffisent, chez certaines personnes nerveuses fort impressionnables par les odeurs, pour provoquer de la céphalalgie, une anxiété précordiale fort pénible, quelquefois une véritable syncope et des mouvements convulsifs. Cette substance, comme toutes celles qui exerce une action spéciale sur l'innervation, offre, du reste, une assez grande différence dans ses effets. A la dose de quelques grains, elle reste souvent sans aucune action, tandis qu'une quantité moindre produira des effets très énergiques. Elle porte d'abord son action puissamment excitante sur le canal intestinal, et particulièrement sur le cerveau : éructations, pesanteurs d'estomac, tantôt diminution et tantôt augmentation de l'appétit, sécheresse de l'œsophage, pesanteur de tête, vertiges et douleurs gravatives vers l'encéphale ; viennent ensuite des bâillements fréquents et de la somnolence, un abattement et un sentiment de pesanteur dans tout le corps ; enfin un sommeil profond et assez prolongé. Une plus forte dose provoque souvent des tremblements dans les membres et même des convulsions. La circulation est sensiblement activée. D'autres auteurs ont signalé une stimulation de l'estomac, sans irritation et sans embarras, l'accroissement sympathique des forces et l'excitation de tout l'organisme dont les principales fonctions se trouvent activées. Il paraîtrait que l'odeur qui suit son ingestion proviendrait uniquement des éructations et de l'exhalation qui se fait par la bouche, et ne se transmettrait nullement par les sueurs, les urines et les excréments, con-

trairement à l'opinion reçue pendant longtemps.

Le musc est rangé, comme le castoréum, le camphre, la valériane et l'assa-fœtida, parmi les antispasmodiques et les excitants diffusibles. C'est pour cette raison qu'il a surtout été préconisé contre l'hystérie et l'épilepsie ; mais s'il agit puissamment contre les accès convulsifs de ces affections spasmodiques, il faut confesser qu'il demeure impuissant contre la maladie elle-même. Il a encore été donné avec succès, seul ou associé à l'oxyde de zinc, dans les convulsions des enfants, contre la toux convulsive de la coqueluche, et, associé avec l'assa-fœtida, contre l'insomnie des hypochondriaques. On s'est aussi quelquefois bien trouvé du musc dans les affections typhoïdes, dans la forme de pneumonie avec délire dite maligne, et dans tous les cas appelés autrefois fièvres ataxiques ou ataxo-adynamiques, et que nous savons aujourd'hui tirer leur caractère de l'affection des centres nerveux. — Le musc s'administre en poudre, en pilules et délayé dans une potion ou dans un lavement, à la dose de 30 centigrammes à 1 gramme et demi par jour. Les médecins russes et allemands le portent jusqu'à 4 grammes. Le musc fait partie d'une foule de préparations officinales. Sa teinture contient une partie de substance sur quatre d'alcool à 31°, d'après le Codex. L. DE LA C.

MUSCADIER, *myristica* et **MUSCADE** (*bot.*). — *Muscadier* est le nom d'un genre de la petite famille des myristicées, dont il forme le type, de la diœcie-monadelphie dans le système de Linné. Il est formé d'arbres et d'arbrisseaux qui croissent naturellement dans les parties chaudes de l'Amérique, mais surtout dans les îles de l'Asie tropicale. Ces végétaux ont le port et l'aspect des lauriers ; leurs feuilles sont alternes, entières, brièvement pétiolées ; leurs fleurs petites, unisexuelles, dioïques, les femelles généralement solitaires, les mâles groupées en des sortes de panicules ou de corymbes pauciflores. Chacune est accompagnée d'une petite bractée en forme de demi-cupule. Elles ont un périanthe simple, coloré, urcéolé ou cylindrique, et trifide. Les mâles ont leurs étamines, au nombre de 6-15, entièrement soudées en une colonne cylindracée ; les femelles ne présentent, en dedans de leur périanthe, qu'un pistil dont l'ovaire uniloculaire renferme un ou rarement deux ovules dressés, et porte sur son sommet un stigmate sessile, échancré et presque bilobé. Le fruit des muscadiers présente, sous un épais péricarpe charnu, une seule graine à test osseux recouvert d'une enveloppe accessoire et incomplète, en forme de réseau charnu et coloré. La plupart des botanistes ont regardé cette enveloppe accessoire de la graine comme un arille, tandis que M. Plan-chon n'y voit qu'une expansion des bords de l'exostome, et, par conséquent, qu'un faux arille.

L'espèce qui donne à ce genre son plus grand intérêt est le MUSCADIER AROMATIQUE, *myristica fragrans*, Houtt. (*M. officinalis*, Lin. fil. ; *M. aromatica*, Lam.). Cet arbre ne croît naturellement que dans la partie S.-E. de l'archipel des Molu-ques, et sur un côté de l'île de Céram; mais la culture l'a répandu peu à peu dans toutes ces îles. Il s'élève de 10 à 12 mètres. Ses branches épaisses, et très subdivisées, forment une belle cime obtuse. L'écorce qui couvre son tronc est peu épaisse, noi-râtre, légèrement pointillée à l'extérieur, rou-geâtre à l'intérieur, peu aromatique. Ses feuil-les sont alternes, pétiolées, oblongues, acumi-nées au sommet, aiguës à la base, pâles en dessous, glabres, presque coriaces; ses fleurs blanchâtres, inodores, longues d'environ un centimètre et ovoïdes, à périanthe épais, charnu et duveté; son fruit est de la grosseur d'une petite pêche, pendant, ovoïde et rétréci vers sa base en un court pédicule, marqué sur chaque côté d'un sillon longitudinal; à sa maturité, il s'ou-vre en deux valves, du sommet vers sa base, laissant ainsi visible la graine, si connue sous le nom de *noix-muscade*, revêtue de son arille nommé vulgairement *macis*. A l'état frais, ce macis est charnu, flexible, luisant, coloré en rouge vif; en séchant, il devient fragile, comme corné et de couleur orangée. Quant à la graine elle-même, elle est ovoïde, marquée à sa surface de sillons correspondants aux ramifications du macis, et revêtue d'un test dur, fragile et brun-marron.

La culture du muscadier est renfermée dans trois des îles qui appartiennent à la préfec-ture de Bandan, savoir : Lonthor, Bandan-Neyra et Way, placées autour du volcan Gunung-Apie. C'est là que ses produits atteignent toute leur perfection, tandis qu'ils perdent de leur qualité à mesure que les pays d'où ils proviennent sont plus éloignés de ces parages. Malgré cette infé-riorité des produits en dehors des Moluques, la culture du muscadier a été tentée en divers pays, d'abord à l'Ile-de-France et à Cayenne, ensuite à Sumatra et au Bengale. Mais nulle part elle n'a pris une extension qui puisse porter ombrage aux Hollandais. Dans les îles de Bandan, les muscadiers sont plantés en quinconces, avec des rangées de grands arbres intercalées pour les protéger contre les vents de mer et contre la trop forte ardeur du soleil. On a la précaution d'enlever à ces arbres, qui sont le plus sou-vent des *canarium*, toutes les branches infé-rieures, dans le but de laisser circuler l'air plus librement. Le muscadier commence à porter fruit à l'âge de cinq ou six ans; mais il n'est en plein

rapport que quatre ou cinq ans plus tard. Alors il donne annuellement par pied femelle, envi-ron cinq kilogrammes de noix muscades et un demi-kilogramme de macis. Cet arbre porte presque continuellement des fleurs et des fruits. Ceux-ci mûrissent en neuf mois; on en fait cha-que année trois récoltes, dont la première et la plus abondante a lieu vers la fin de juillet ou au commencement d'août; la seconde en no-vembre; la troisième à la fin de mars ou au commencement d'avril. — On reconnaît que les fruits sont mûrs lorsqu'ils prennent une cou-leur roussâtre, et qu'ils s'entr'ouvrent. Aussitôt on les cueille et on les jette à terre; d'autres ouvriers les ouvrent sur-le-champ et en retirent la graine. On détache de celle-ci le macis qu'on expose pendant quelques jours au soleil pour le faire sécher. Après cette dessiccation, on le mouille d'eau de mer pour lui donner une cer-taine flexibilité et empêcher qu'il ne se réduise en morceaux. On l'emballe ensuite dans des sacs dans lesquels on le comprime fortement.—Quant aux noix muscades qui ont été dépouillées de leur macis, on les expose au soleil pendant trois jours, en les enfermant la nuit, et on achève, à la fumée, leur dessiccation qui dure trois ou quatre semaines. On casse leur tégument; on re-tire leur amande, et on la plonge dans de l'eau de chaux, pour l'empêcher de pourrir. Enfin on l'en-ferme dans des tonneaux blanchis intérieurement à la chaux. C'est dans cet état que les muscades sont livrées au commerce. M. Hooker évalue à 250,000 livres la quantité de ces graines qui se vendent annuellement en Europe. Leur prix, reste à peu près constant, grâce à la précau-tion qu'a le gouvernement hollandais de n'en livrer chaque année au commerce que la quan-tité nécessaire pour fournir aux besoins de la consommation. Lorsque la récolte a été très abon-dante l'excédant est brûlé.

Les deux principales variétés de muscades sont la *royale* et la *verte*. La première est plus grosse, dépassée au sommet par le macis, tandis que ce-lui de la seconde n'atteint pas l'extrémité de la graine. Les bonnes muscades sont grosses, ar-rondies, pesantes, finement marbrées, d'un gris clair; on les nomme vulgairement *muscades femelles*. Celles de qualité inférieure, nom-mées *muscades mâles* ou *sauvages*, sont plus allongées, plus légères et de couleur plus fon-cée. — Dans la muscade et le macis on trouve deux huiles différentes : l'une fixe jaune, à odeur agréable, en consistance de suif, connue sous le nom impropre d'*huile de ma-cis*, et sous ceux de *baume* ou *beurre de muscade*; on l'obtient par expression; l'au-tre est une huile volatile, peu abondante, qu'on extrait par distillation, et qu'on nomme *huile de muscade*. C'est à la présence de ces deux huiles, en fortes proportions, que le macis doit d'être plus aromatique que la muscade elle-même. La saveur de celle-ci est aromatique, chaude et comme poivrée, mis dans la bouche, ses fragments se fondent en laissant une impression très persistante; le macis au contraire, s'y ramollit seulement sans se fondre. — La muscade est un des condiments les plus recherchés dans les climats chauds, où on la mêle à presque tous les aliments. Elle est aussi d'un usage fréquent en Angleterre, en Hollande, en Allemagne. Elle est moins usitée dans les autres parties de l'Europe. Ses propriétés toniques excitantes la font quelquefois employer en médecine; mais, sous ce rapport, son usage est assez restreint.

Quelques autres espèces de muscadiers donnent une graine et un macis aromatiques, particulièrement les *myristica tubiflora*, et *lepidota*, Blume, de la Nouvelle-Guinée et des îles voisines. Mais la graine de ces espèces est déjà sensiblement inférieure à celle du muscadier aromatique. Quant aux autres espèces, leur parfum est si peu prononcé qu'on ne peut guère en tirer parti. P. DUCHARTRE.

MUSCARDIN (*mamm.*) : Espèce du genre LOIR (*voy.* ce mot) dont M. Kamp fait, sous la dénomination de *muscardinus*, un petit groupe particulier.

MUSCARDINE. On donne généralement ce nom à une maladie qui attaque le ver à soie; les Italiens et les Piémontais l'ont appelée *calcino, mal del segno*, etc. Elle consiste dans le développement d'un végétal microscopique de la famille des champignons, qui a reçu le nom de *botritis bassiana*. Ses premiers germes se forment dans le sang et s'y développent en altérant de plus en plus les qualités de ce fluide nourricier jusqu'au moment où l'animal est tué subitement par le végétal parasite interne qui continue de croître et lance au dehors de nombreux rameaux qui se couvrent bientôt de corps reproducteurs, de graines ou sporules. Les désastres que la muscardine fait éprouver à la sériciculture, depuis moins d'un demi-siècle, se sont montrés d'autant plus terribles que l'éducation des vers à soie a fait plus de progrès. Elle a envahi d'abord les localités où les éducations sont le plus nombreuses, et a déjà commencé à se montrer dans celles où l'on n'opère que sur une échelle restreinte. Suivant les calculs les plus modérés, elle enlève au moins vingt-cinq pour cent en France, et comme on sait que le produit de nos soies s'élève au moins à 150 millions de francs par an, on voit qu'elle nous fait perdre annuellement pour plus de 35 millions de francs.

La muscardine se développe tantôt de la manière la plus insidieuse, tantôt de la façon la plus rapide et la plus violente. Quelquefois l'animal, atteint tardivement par ce fléau, laisse son œuvre incomplète, ou donne encore un produit d'une qualité fort inférieure. Le plus grand inconvénient est celui que provient de l'infection de l'atelier pour les années suivantes, infection qui ne cesse de s'accroître et qui, au bout de quelques saisons, a acquis une telle intensité que toute éducation de vers à soie y devient à peu près impossible. — Au moment de la mort des vers, l'œil le plus exercé a beaucoup de peine à les distinguer des sujets vivants. Leur coloration est tout à fait la même, ainsi que leur forme. Ils conservent l'apparence de la santé la plus brillante. La mort est si subite que l'on a vu souvent des vers montant sur la feuille que l'on venait de leur donner à manger, s'arrêter tout à coup et cesser de vivre sans avoir donné le moindre signe de souffrance. Les sujets morts de la muscardine sont d'abord mous et contiennent encore tout leur fluide. Ils ne commencent à durcir et à prendre une couleur rougeâtre qu'au bout de dix-huit à vingt-quatre heures, suivant la température. Quand la mort date de quarante à quarante-huit heures, on voit apparaître, par toutes les ouvertures du corps et même par les articulations, une légère efflorescence blanche, composée des jeunes rameaux du végétal qui s'est développé à l'intérieur du ver; c'est la muscardine *en herbe*. De la cinquantième à la soixantième heure, ces rameaux ont grandi et couvrent entièrement le cadavre alors blanc comme la neige. On commence à voir des globules ou sporules groupés deux à deux, trois à trois, etc., à l'extrémité des petits rameaux; c'est là ce qui constitue la muscardine *en fleur*. Enfin de la soixantième à la centième heure après la mort, ces rameaux sont devenus des grappes couvertes de myriades de milliers de sporules d'une petitesse extrême, car il en faut cinq en largeur pour occuper un centième de millimètre. Ces sporules se détachent en blanchissant les doigts qui ont touché les vers morts, s'enlèvent dans l'air au moindre souffle, et peuvent porter la mort chez d'autres vers, soit que ces graines tombent sur leur corps, soit qu'on les introduise dans son intérieur par inoculation.

La muscardine peut être spontanée et apparaître dans les éducations sans le concours de l'ensemencement de ses sporules, mais elle ne cesse pas pour cela d'être contagieuse, puisqu'on la détermine à tous les âges du ver à soie, en le touchant avec les sporules du végétal, ou seulement en les soufflant dans les lieux où on l'élève. Des expériences, répétées depuis quatre ans, ont démontré que la muscardine dite en *herbe* ne communiquait pas la maladie à d'autres vers par simple contact. Dans cet état, le végétal ou quelques-uns de ses fragments ne peuvent produire la muscardine que lorsqu'ils sont introduits dans le corps du ver par inoculation. Alors cette espèce de bouture se développe en peu de temps, et la mort a lieu beaucoup plus rapidement que lorsqu'on procède par simple ensemencement des sporules sur le corps des vers.—Beaucoup de savants pensaient que l'état maladif des vers, provoqué par de mauvais soins ou par d'autres circonstances, était une cause prédisposante de la muscardine. Diverses expériences ont démontré le contraire ; la plupart des maladies qui assiègent les vers à soie s'opposent au développement du cryptogame.

On a reconnu que la graine de la muscardine est surtout conservée dans les ateliers infectés, même dans ceux qui sont le mieux tenus, par les vers morts après la montée et sur le corps desquels le cryptogame a eu, lors du décoconage, le temps d'arriver à toute sa maturité. Quand on arrache les cocons des bruyères, les vers muscardins, fortement secoués, répandent des nuages de poussière composée des sporules qui vont se déposer dans toutes les parties de l'atelier et y conservent le principe du mal pour l'année suivante. On peut attribuer à une cause analogue l'infection de villages et de contrées tout entières. Comme chacun, en général, jette sans précautions l 3 bruyères ou les balayages des ateliers infectés, il en répand dans l'atmosphère la poussière composée en grande partie de sporules; celles qui sont portées par les vents peuvent transporter la maladie à de grandes distances.

Dans les vers sains, les globules du sang sont presque sphériques et contiennent des corpuscules animés qui leur donnent une sorte de vie; ces corpuscules servent à reproduire les globules. Dans les vers atteints de maladies autres que la muscardine, ces corpuscules intérieurs des globules en sortent sans pouvoir former d'autres globules semblables à leurs parents; ils nagent dans le liquide séreux en tournant sur eux-mêmes par des mouvements qui ressemblent à une véritable vie. Quand les globules du sang se sont ainsi vidés de tous ces corpuscules animés, le ver ne peut plus vivre; il s'affaiblit successivement et meurt. Si le ver a reçu quelques semences de la muscardine, il se produit un phénomène plus remarquable encore : les globules de son sang laissent aussi sortir leurs globules vivants; mais ceux-ci ne tardent pas à s'arrêter,

à prendre une forme plus ou moins allongée, et à devenir les rudiments des tiges ou thalles du cryptogame muscardinique qui change les qualités chimiques du sang, et fait par là subitement périr le ver. Jusqu'à ce jour on n'avait observé ces phénomènes que dans les vers à soie et d'autres chenilles seulement ; cette année, on les a constatés dans les papillons eux-mêmes, évidemment sujets à cette même maladie. On a vu que tous les papillons qui ont pondu leurs œufs et qui n'ont pas été atteints d'autres maladies présentent dans leur sang les caractères de la muscardine, et M. Guérin-Meneville, auquel nous devons tous ces détails, pense qu'on peut en conclure que la muscardine est l'état normal des vers à soie et peut-être de tous les papillons qui ont terminé leur carrière, le caractère de leur vieillesse, de leur caducité. Il croit que cette maladie, quand elle a atteint des vers à soie, des larves, est le résultat de modifications anticipées dans leur fluide nourricier, ce qui les place trop tôt dans la condition destructive des insectes parfaits et caducs qui ont parcouru toutes les phases de leur existence. — Les causes qui amènent cette altération du sang des vers à soie constituant la métamorphose des hœmétoroïdes ou rudiments végétaux, sont encore inconnues; mais, comme l'apparition spontanée de la maladie est rare et que le plus souvent c'est par contagion qu'elle se produit, il est important de chercher à empêcher cette contagion en détruisant les semences des années précédentes demeurées dans les magnaneries. Un grand nombre de tentatives ont été faites mais jusqu'ici sans succès. On avait un moment espéré que l'essence de térébenthine pourrait, en collant les sporules aux murs et agrès des magnaneries, empêcher le germe de tomber sur les vers à soie; mais des expériences ultérieures ont démontré l'insuffisance de ce procédé. De nouveaux essais ont été tentés par MM. Guérin, Meneville et Eug. Robert. Tout jusqu'ici paraît être en faveur de leur efficacité, mais la sanction de l'expérience n'est pas encore assez complète. Ce nouveau procédé, consigné dans un paquet cacheté, adressé à l'Académie des Sciences, le 27 mai 1850, n'a pas été rendu public par ses auteurs. H. Lucas.

MUSCARI, *muscari* (bot.) : genre de la famille des liliacées, de l'hexandrie monogynie dans le système de Linné. Etabli par Tournefort, il avait été réuni par Linné au genre hyacinthe, duquel il a été séparé de nouveau dans ces derniers temps. Il comprend des plantes bulbeuses, spontanées dans l'Europe moyenne, et dans les pays qui bordent la Méditerranée, à fleurs en grappe terminale parfois surmontée d'une sorte de houppe composée de fleurs stériles et déformées. Les caractères de ce genre consistent dans : un périanthe coloré, globuleux ou oblong, dont le limbe est très court et a six lobes ; dans six étamines incluses ; dans un ovaire à trois loges pauciovulées, surmonté d'un style court et droit que terminent un ou trois stigmates. Le fruit des muscaris est une capsule membraneuse, à trois angles et à trois loges renfermant chacune deux graines arrondies et couvertes d'un tégument crustacé noir.

Dans ce genre rentrent quelques espèces indigènes, fort communes dans les champs de toute la France. — Le MUSCARI A TOUPET, *muscari comosum*, Mill (*Bellevalia comosa*, Kunth), vulgairement nommé *vaciet*, se trouve très fréquemment dans les champs et les vignes. Son bulbe est très enfoncé en terre et rougeâtre ; ses feuilles sont allongées, étroites, ployées en gouttière ; sa tige s'élève de trois à cinq décimètres, et se termine par une grappe de fleurs de deux sortes : les inférieures fertiles, cylindracées, à six angles et espacées, de couleur brun-verdâtre, violacées au sommet ; les supérieures stériles, petites, longuement pédiculées, de manière à former une houppe terminale et colorées en bleu de même que leurs pédoncules. On cultive comme plante d'ornement cette espèce, et surtout sa variété à fleurs nombreuses, toutes stériles, monstrueuses, réduites à de simples lanières pétaloïdes, bleues et comme crispées. Cette jolie monstruosité croît spontanément dans les champs en Italie ; on la trouve dans certains de nos départements méridionaux, notamment dans le Lot-et-Garonne. Dans les jardins, elle est connue des horticulteurs sous les noms de *muscari monstrueux, faux muscari, lilas de terre, jacinthe de Sienne*. — Une autre espèce commune dans les champs, mais moins que la précédente, est le MUSCARI A GRAPPES. *museari racemosum*, Mill. (*Botryanthus odorus*, Kunth), petite plante dont la hampe est terminée par une petite grappe de fleurs d'un beau bleu, odorantes, ovoïdes et toutes égales. On cultive aussi ce muscari dans les jardins, en pleine terre, comme le précédent et le suivant. Il produit surtout de l'effet lorsqu'il forme des touffes épaisses. — Le MUSCARI ODORANT, *muscari ambrosiaceum*, Mœnch (*Hyacinthus muscari*, Lin.), est originaire du Levant ; on le cultive dans les jardins sous le nom de *jacinthe musquée*. Son bulbe est petit, ses feuilles sont presque linéaires, allongées et en gouttière ; ses fleurs jaunes-brunâtres, à odeur de musc, ovoïdes et toutes égales, épaissies et placées au sommet d'une sorte de callosité qui forme une hexagone, sont ramassées en grappe courte. Cette plante se cultive en pleine terre légère ;

on la plante quelquefois en bordure. On la multiplie, soit par graines, soit par caïeux. **P. D.**

MUSCAT. Ce nom a été donné à plusieurs sortes de fruits, en raison de leur saveur agréable : — 1º à une espèce de *raisin* d'un très bon goût. On en distingue plusieurs variétés dont les plus remarquables sont le *muscat blanc*, le *muscat rouge*, le *muscat violet* et le *muscat d'Alexandrie ;* le grain de ce dernier est fort gros et ovale. On appelle *vin muscat* celui qui provient de ces raisins. Les meilleurs crûs sont ceux de Rivezaltes, de Grenache, de Collioure (Pyrénées orientales), de Frontignan , de Lunel (Hérault), et de Die. — 2º On donne aussi le nom de muscat à six sortes de poires : le *petit muscat* ou sept-en-gueule, petit fruit hatif ; le *muscat fleuri*, petite poire d'été, ronde, lisse, vert jaunâtre et roussâtre ; le *muscat royal*, poire d'été, lisse et d'un vert jaunâtre ; le *muscat d'Allemagne*, grosse poire d'automne, conique, mi-partie cendrée et rouge ; le *muscat vert* ou *cassolette*, petite poire d'été d'un rouge terne, un peu jaunâtre ; le *muscat Robert*, poire d'été lisse et d'un vert jaunâtre.

MUSCHELHORN (*géog.*) : montagne de la Suisse, dans le canton des Grisons, entre les vallées de Blegno, de Calanca, de Missex et de Rienwald. Elle fait partie de la chaîne des Alpes des Grisons, et s'élève à 10,680 pieds.

MUSCHELKALT : mot allemand dont le sens est *calcaire coquiller*, et employé en géologie pour désigner une série de couches tantôt calcaires et tantôt marneuses. Au point de vue minéralogique, c'est un calcaire compacte, le plus souvent d'un gris de fumée, quelquefois jaunâtre et même rougeâtre, qui contient une assez grande quantité de corps organisés et surtout des coquilles.

MUSCHENBROEK (PIERRE-VAN) : physicien, né à Leyde en 1692. Après avoir fait ses humanités sous la direction de Perizonius et de Gronovius, il étudia la philosophie, la chimie, les mathématiques, la médecine, et se fit recevoir docteur en 1718, après avoir soutenu sous ce titre : *De aeris præsentia in humoribus animalium*, une thèse inaugurale remplie d'expériences intéressantes. Ses travaux le firent nommer professeur de philosophie et de mathématiques, et professeur extraordinaire de médecine à l'Université de Duisbourg. En 1723, il passa à l'Université d'Utrecht, où on lui avait offert la chaire de philosophie et de mathématiques, qu'il inaugura par un beau discours : *De certa methodo philosophiæ experimentalis*, digne encore aujourd'hui de fixer l'attention des savants. En 1732 il obtint à la même Université la chaire d'astronomie. En 1739 il passa à l'Université de

Leyde, sa ville natale, où il eut s'Gravesande pour collègue, et où, malgré les offres avantageuses des souverains de la Prusse, de l'Espagne et de la Russie, il resta jusqu'à sa mort, arrivée le 19 septembre 1761. — Muschenbroek contribua beaucoup à porter dans son pays le coup de grâce au cartésianisme, et à y faire prévaloir les idées de Newton et la physique expérimentale, gloire qu'il partagea, du reste, avec s'Gravesande. Il fit faire de grands progrès à la physique qu'il enrichit de précieuses découvertes. On ne saurait trop louer ses études sur la cohérence des corps; ses expériences sur les propriétés de l'aimant, qui firent faire un grand pas à cette branche de la physique, et fournirent à Krafft l'occasion de publier sa démonstration de la loi des attractions magnétiques, et à Bernouilli les données nécessaires pour appuyer sa remarquable théorie sur les aiguilles d'inclinaison. On lui doit l'invention du pyromètre et des expériences sur la dilatation des corps par la chaleur dont il donna le premier des notions exactes. C'est dans les notes savantes qu'il joignit à sa traduction des *Saggi di naturali esperienze fatte nell' academia del Cimento*, qu'il consigna ces découvertes et des expériences nombreuses sur la chaleur produite par le mélange de différents fluides, sur les effervescences, les dissolutions des corps, etc. Outre les ouvrages que nous avons cités on doit encore à ce savant : *Dissertationes physicæ experimentalis et geometricæ*, 1729, in-4°, dont les parties les plus intéressantes sont les dissertations sur l'aimant, sur les tubes capillaires, sur la cohérence et la force des corps; une *dissertation sur la nature d'un degré du méridien par Snellius*, ouvrage très remarquable pour l'époque; *de methodo instituendi experimenta physices*, discours d'un haut intérêt, prononcé en 1730; *Introductio ad philosophiam naturalem*, traduit en français par Sigaud de Lafond : recueil de toutes les connaissances qu'on avait acquises jusqu'alors dans le vaste domaine de la physique, et où l'on trouve une foule de recherches d'un haut intérêt, particulières à l'auteur. Cet important ouvrage considérablement perfectionné ne fut publié sous ce titre qu'après sa mort. La première édition en avait paru en 1726. Muschenbroek avait écrit le recueil complet de ses observations formant un gros volume in-fol. Cet ouvrage n'est pas encore livré à l'impression.

MUSCIDA (*ast.*) : nom d'une étoile placée sur la bouche de Pégase, et marquée *E* dans les catalogues.

MUSCIDES (*entom.*): famille d'insectes diptères, de la division des dichœtes. Ses caractères sont : antennes à stylet dorsal; abdomen de quatre à cinq segments distincts; ailes à une seule cellule sous marginale, trois postérieures, et anale courte. Cette famille immense comprend à peu près la moitié inférieure de l'ordre des diptères. Elle est innombrable en espèces, infinie en individus, et anime de sa présence la terre, les airs, les fleurs, le feuillage. Elle dévaste nos fruits, infeste nos bestiaux, s'abat sur tout ce qui vit et a cessé de vivre. L'infériorité de l'organisme et particulièrement de la trompe, relativement aux familles supérieures, lui donne généralement moins de puissance individuelle; mais elle rachète souvent ce désavantage par le nombre des individus. Sous le rapport organique, elle forme une série graduelle extrêmement étendue, une suite non interrompue de tribus qui, du point culminant, voisin des derniers tétrachœtes, descendent par des degrés nombreux dans un état extrême d'infériorité et de faiblesse. — Cette série se divise en deux grandes sections dont la première se distingue par des cuillerons sous les ailes et par la nervure externo-médiaire de ces ailes, coudée vers l'extrémité ; la dernière ne présente ni l'un ni l'autre de ces caractères. La première comprend les tachinaires à stylet des antennes épais à la base et nu, à l'abdomen muni de soies; les phasiaires à la tête large, à l'abdomen déprimé; les dexiaires à la face carénée; les sarcophagaires au stylet nu à l'extrémité; les muscaires au stylet plumeux, à l'abdomen dépourvu de soies; les anthomyzèdes au front étroit dans les mâles, à la nervure externo-médiaire des ailes sans coude. — La section des muscides privées de cuillerons se compose de tribus beaucoup plus nombreuses, dans lesquelles l'organisation continue à décroître, ainsi que la grandeur, la force et même les couleurs du corps. C'est ainsi que le dernier article des antennes, qui conserve longtemps la forme allongée ou ovale, finit par se contracter en la forme sphérique; que les nervures transversales des ailes se rapprochent peu à peu de la base et enfin disparaissent, et que les médiastines, qui avaient toujours été distinctes et séparées, se réunissent en une seule. Des nombreuses tribus de cette section, nous ne mentionnerons que les scatomyzides aux jambes épineuses, les sciomyzides aux jambes mutiques, les ortalides aux ailes vibrantes, les oscinides à l'épistome nu, les agromyzides à l'épistome pourvu de moustache, les hypocérides aux antennes insérées à l'ouverture de la bouche.

À l'extrême diversité des modifications organiques répond celle des habitudes et des instincts, tant dans l'état ailé que dans celui de larves. A peine sorties de leurs coques de nymphes, les muscides prennent l'essor et s'occupent de leur subsistance, de leurs amours et du berceau de leur famille. Les unes vont humer le suc des fleurs et des fruits; d'autres la miellée répandue sur le feuillage. Il y en a qui recherchent la chaleur et l'éclat du grand jour; d'autres qui se tiennent sous l'ombrage des bois; des espèces volent en troupes innombrables, à l'instar des tipulaires, et se livrent à des évolutions aériennes, préludes de leurs unions. Pour déposer leurs œufs, les femelles, éclairées par la prévision instinctive des besoins de leurs larves, choisissent le lieu le mieux approprié à ces besoins, chacune selon sa nature et avec une diversité proportionnée aux modifications des organes. Les tachines placent leurs œufs sur les chenilles comme les ichneumons, et leurs larves vivent de même, en parasites, de la substance de leurs victimes; les mouches, sur les cadavres ou sur les matières végétales en décomposition; les téphrites, sur les fleurs ou les graines où elles déterminent la formation de productions galliformes dans lesquelles les larves se développent; les hélomyzes choisissent les champignons pour berceau de leur progéniture; les chlorops, la tige des céréales; les phytomyzes, la mince épaisseur des feuilles où les larves vivent en mineuses; les tétanocères, les eaux et les lenticules qui leur servent de nourriture.

Quelle que soit cette diversité de séjour pour les larves, elles en présentent assez peu dans leur conformation qui est semblable à celle des autres diptères. Elles sont également oblongues, apodes, à tête molle, peu distincte et armée de deux dents écailleuses. Elles diffèrent cependant entre elles par de légères modifications dans ces parties, par la présence ou l'absence sur les segments du corps, de spinules à l'aide desquelles une légère locomotion leur est possible; enfin par la disposition des stigmates aérifères. — La transformation des larves n'offre également que de légères modifications : leur peau se durcit, se raccourcit et sert de coque aux nymphes, comme dans tous les diptères.

Les muscides, par l'extrême diversité de leurs races, par leurs générations sans cesse renaissantes, ainsi que par leur fécondité excessive, participent grandement à l'importance de la destination qui a été attribuée aux diptères (voy ce mot). Elles ont surtout reçu la mission de hâter la dissolution de toutes les dépouilles mortelles et de contribuer ainsi à entretenir la salubrité de l'air. A la vérité, elles sont quelquefois nuisibles : les stomones, les mouches harcèlent nos bestiaux, les chlorops dévastent parfois nos céréales. Mais les tachines travaillent effi-

cacement avec les ichneumons à restreindre le nombre des chenilles qui, sans elles, dévoreraient toute végétation, et coopèrent ainsi à la conservation de l'équilibre dans l'économie de la nature. J. MACQUART.

MUSCLE (anat. méd.), du grec μυειν, mouvoir. Les muscles sont les organes actifs du mouvement dans l'organisme animal. Ils sont constitués par des fibres contractiles fasciculées, dont l'élément essentiel est la fibrine. — Aucun système organique n'approche du système musculaire pour la masse et le volume. Ses fibres, unies entre elles par du tissu cellulaire séreux pour former les muscles, et fixées immédiatement par l'intermédiaire soit des aponévroses soit des tendons aux parties molles ou solides, existent partout où il doit se produire un mouvement sensible. Elles sont cylindriques ou moniliformes, et composées elles-mêmes d'une multitude de fibrilles dont le nombre et la forme ne sont pas encore parfaitement connus. — Quand un muscle se contracte, ses deux extrémités se rapprochent par le fait d'un plissement en zigzag, visible à l'œil nu, suivant la longueur de ses fibres; d'où résulte qu'il suffit de connaître ses attaches, sa direction et son point fixe pour déterminer son action. On appelle point fixe du muscle, celle de ses extrémités qui reste immobile pendant sa contraction. — L'évaluation de la force des muscles, fort compliquée, se déduit surtout du nombre de fibres qui les composent, de leur longueur et de la disposition du levier sur lequel elles agissent. Ceux qui concourent au même mouvement sont appelés congénères; ceux qui font exécuter des mouvements opposés sont dits antagonistes. La puissance motrice d'un organe dépend entièrement des muscles qui en font partie, et leur développement comparatif dans une région est toujours subordonné à la destination biologique de l'animal. Aussi voit-on, par exemple, les muscles qui meuvent les mâchoires, plus développés chez les carnassiers que chez les ruminants; dans une même espèce, comme le kanguroo, la gerboise ou même le lièvre dont le mode de progression habituelle est une suite de sauts. Une disproportion pareille se remarque entre les membres antérieurs et les membres postérieurs. — La contraction n'a qu'une durée variable après laquelle les fibres musculaires reviennent à l'état de relâchement ou de repos avant d'être susceptibles de se contracter de nouveau. Elle est produite par un agent inconnu dans son essence, mais que l'on peut comparer à l'électricité avec laquelle il a beaucoup d'analogie. Il est admis généralement que cet agent est transmis par les nerfs.

On distingue deux ordres de muscles; les uns se contractant par la volonté, ceux des membres, par exemple; les autres complètement soustraits à son influence, comme le cœur et les muscles des intestins. La sensibilité des muscles pour les impressions du dehors est assez faible; une épingle qui a traversé la peau peut être enfoncée profondément dans leur tissu sans causer de douleur; le cœur lui-même, mis à découvert, ne témoigne qu'un faible degré de sensibilité.

Les muscles sont d'un rouge plus ou moins foncé et même blancs, suivant les espèces et les parties animales dans lesquelles on les examine. Leur couleur, indépendante du sang contenu dans leurs vaisseaux, va jusqu'à un certain point en diminuant d'intensité à mesure qu'on l'observe chez des animaux moins élevés dans l'échelle zoologique. Sous ce rapport, les muscles des organes nutritifs diffèrent toujours des autres par leur moindre coloration, à l'exception du cœur, cependant, qui est coloré chez tous les vertébrés et beaucoup d'autres animaux. Ce n'est point seulement la couleur et l'action de la volonté qui différencient les fibres musculaires locomotrices et nutritives : les premières, examinées au microscope, présentent encore des rides transversales et des renflements variqueux qu'on n'aperçoit point dans les secondes.

On n'est point d'accord sur le nombre des muscles, même en anatomie humaine. Cela tient à ce que, en l'absence de principes de délimitation, des anatomistes ont décrit comme muscles distincts ce que d'autres n'ont considéré que comme de simples faisceaux dépendants d'un autre muscle. Néanmoins on peut porter à 400 environ le nombre de ceux du corps humain. Leur nomenclature n'a point de base fixe; ils tirent leurs noms principalement : 1° de leur situation : muscles *radiaux*, *cubitaux*, etc.; 2° de leur volume : *grand pectoral*, *petit pectoral*, etc.; 3° de leur direction : muscle *droit de l'abdomen*; 4° de leur figure : muscle *trapèze;* 5° de leur usage : muscles *fléchisseurs*, *extenseurs;* 6° et surtout de leur insertion aux os : *coraco-brachial*, *intercostaux*, etc. L. SÉNÉCHAL.

La contractilité naturelle des muscles fait que la solution de continuité de leurs fibres s'accompagne de la rétraction de chaque fragment, et de l'écartement des bouts divisés; de là, l'indication du repos le plus absolu, d'une position et d'appareils propres à combattre l'effet de cette rétraction en s'efforçant d'affronter les extrémités divisées (*voy.* PLAIES). Le tissu musculaire ne se reproduit pas; il se dépose seulement entre les surfaces de la division, une lymphe coagulable qui s'organise peu à peu, se change en

tissu cellulaire qui s'unit à celui remplissant les interstices des faisceaux charnus, et forme ainsi une cicatrice analogue aux intersections du muscle droit de l'abdomen (*voy.* CICATRISATION). — La *contusion* des muscles peut être suivie de l'inflammation de leur tissu; mais une circonstance assez remarquable, c'est qu'elle détermine souvent une paralysie qui persiste longtemps. — La *rupture* des muscles, que l'on avait cru pendant longtemps ne pouvoir survenir que dans la partie tendineuse, peut également affecter les fibres charnues. Cet accident résulte bien moins d'efforts violents que des mouvements automatiques, brusques et inattendus, comme pour prévenir une chute, éviter un choc. Les muscles qui y sont le plus exposés, sont ceux du mollet, le droit antérieur de la cuisse, le droit antérieur de l'abdomen, le psoas et le deltoïde. L'instant précis de la rupture est signalé par une douleur aiguë et instantanée, par la cessation de la tension des fibres et par l'impossibilité du mouvement. Fort souvent elle est accompagnée d'un certain bruit que l'on a comparé au claquement d'un fouet. Lorsqu'une masse considérable de fibres musculaires ont été déchirées, ou que le muscle se trouve rompu dans toute son épaisseur, il se produit, au niveau de la lésion, une dépression proportionnée, qui augmente ou diminue suivant que la position provoque le relâchement ou l'extension du muscle blessé; mais ce phénomène n'est généralement appréciable que dans les premiers temps qui suivent l'accident, ou longtemps après, par suite du gonflement et de l'épanchement, souvent assez considérables, qui résultent de la rupture des vaisseaux, et qui viennent masquer cette dépression. Abandonnée à elle-même, la rupture des muscles est un temps fort long, souvent plusieurs mois, avant d'arriver à la guérison complète, qui se fait ici comme dans les plaies. L'accident n'a pas ordinairement de suites graves, à moins que le désordre ne soit très considérable ou n'affecte un muscle profond. Le traitement consistera dans le repos, la situation et quelquefois aussi dans un bandage convenable.

Les muscles peuvent-ils se *luxer* sans la déchirure préalable de leur gaine aponévrotique? On le croyait autrefois, mais le contraire a été démontré; et dans le cas de luxation traumatique, il faut quelquefois inciser la peau et débrider sur l'aponévrose pour opérer la réduction. — L'*inflammation* des muscles a reçu le nom de *myosite*, et quelquefois une dénomination plus spéciale, tirée de l'organe même qui en est le siège (*voy.* MYOSITE, CARDITE, GLOSSITE, PSOITE.) — La *suppuration* des muscles survient rarement à la suite de l'inflammation ordinaire, mais se montre souvent dans certains cas généraux bien connus, tels que les résorptions purulentes et la morve (*voy.* SUPPURATION.) — L'*ulcération* des muscles ne survient guère qu'à la suite de cancers rongeants, et encore est-elle souvent alors arrêtée par les gaines aponévrotiques qui lui opposent une longue résistance. — La *gangrène* n'offre ici rien de remarquable. — L'*induration* peut être la suite de phlegmasies légères souvent répétées (*voy.* MYOSITE).—La *rétraction* des muscles est un phénomène des plus fréquents, généralement suivi d'infirmités par suite de la gêne des mouvements et des changements de rapport qu'il entraîne dans les parties; c'est aux mots PIED-BOT, TORTICOLIS et ORTHOPÉDIE que nous renvoyons à cet égard. — On a désigné sous le nom d'*apoplexie musculaire* les congestions passives qui se produisent sous l'influence d'un état spécial de l'économie, le scorbut par exemple, et de certaines épidémies de fièvre jaune, congestions suivies de rupture et d'épanchement dans le tissu de l'organe qui en est le siège. — Le *Ramollissement* ou *myomalaxie* et la *fragilité* des muscles tiennent de bien près à l'état précédent, qui n'en est, en quelque sorte, que l'exagération ou la conséquence. On rencontre ces deux états à peu près dans les mêmes affections, accompagnés d'une altération profonde des fluides. D'autres fois ils sont une conséquence de l'action de la foudre qui, comme on le sait, détruit rapidement les propriétés vitales. Ce sont principalement, dit-on, les muscles psoas, pectiné et adducteurs de la cuisse, qui sont les plus exposés au ramollissement. — Les muscles sont-ils susceptibles de subir une véritable *dégénérescence?* Les auteurs diffèrent seulement sur la cause du phénomène, tout en s'accordant sur la réalité; mais observons que le plus souvent les produits accidentels se forment dans le tissu cellulaire interstitiel en atrophiant, par leur développement, les fibres charnues qu'ils finissent par faire disparaître presque complètement. Toutes les formes de dégénérescence sont ici possibles : transformations graisseuse, cellulaire, fibreuse et cartilagineuse, osseuse, lardacée, squirrheuse, cancéreuse, tuberculeuse.—L'*hypertrophie*, si l'on ne voulait désigner sous ce nom que la simple augmentation du volume d'un muscle, sous la seule influence de l'exercice, serait un état très commun. Mais il ne faut, selon nous, appliquer cette dénomination qu'aux cas où la nutrition est exagérée, et où l'organe prend un volume anormal, fort incommode pour le mouvement; cet état, véritablement morbide, est beaucoup plus rare. Il ne faut pas confondre non plus l'hyper-

trophie véritable avec l'augmentation considérable de volume, résultant de l'organisation d'une lymphe plastique déposée dans les interstices des fibres, ainsi que nous l'avons dit à l'article MYOSITE. Ainsi circonscrite, l'hypertrophie ne se rencontre plus guère que dans les muscles de la vie organique : aussi renvoyons-nous, à cet égard, aux articles CŒUR, VESSIE, etc. — L'*atrophie* est beaucoup plus commune; elle s'observe principalement dans les cas d'inactivité prolongée, lorsque les fibres musculaires ont été comprimées ou distendues par le développement d'une tumeur. Quelquefois alors le tissu musculaire, proprement dit, disparaît complétement et n'est remplacé que par quelques filaments fibreux ou celluleux. — La *décoloration* coïncide ordinairement avec l'atrophie occasionnée par un défaut de mouvement. On la rencontre surtout chez les vieillards, chez certains enfants grêles, dans quelques cas d'hydropisie, et aussi chez les individus qui succombent aux scrofules et à la syphilis. On a vu, au contraire, les muscles plus rouges chez les personnes qui ont fait pendant longtemps usage de préparations martiales. L'ictère leur communique une teinte jaunâtre.—Il n'est pas excessivement rare de rencontrer des *vers*, des *kystes* et des *hydatides*, dans le tissu des muscles.—Ces organes peuvent enfin être le siége de divers phénomènes pathologiques; telles sont les douleurs violentes désignées sous le nom de *myodinie*, qui se rattachent à l'histoire du rhumatisme; l'*atonie* et le *relâchement* qui dépendent d'affections particulières dont ils ne sont que des symptômes. Nous en dirons autant de la *paralysie*, des *convulsions*, des *crampes*, du *tétanos*.   L. DE LA C.

MUSCULE ou **MUSCULUS** (*art milit. anc.*): machine de guerre employée par les anciens, ou du moins par les Romains lorsqu'ils assiégeaient une ville. César (*de Bello civil.*, lib. II) décrit un musculus qu'il fit construire par ses soldats pendant le siége de Marseille, pour aller à couvert jusqu'au pied de la muraille, afin de la saper sans avoir à redouter les projectiles des ennemis. C'était une espèce de hangar en charpente, couvert de terre, de tuiles, de peaux crues. Végèce (liv. IV, 16) décrit la même machine, qui, dit-il, servait aux soldats qui, pour frayer le chemin aux tours roulantes, portaient en avant des pierres et de la terre, afin de combler les dépressions du terrain. Le musculus avançait au moyen de roulettes. Le chevalier Folard dit que c'était une espèce de mantelet ou gabion fait en demi-cercle, et c'est avec raison qu'il s'est moqué de Stwcchius, qui le prenait pour une boîte carrée renfermant un ressort qu'on faisait jouer pour miner les fortifications de la place assiégée. On donnait aux soldats manœuvrant cette machine, le nom de *muscularii*.

MUSEAU (*zool.*) : nom donné au prolongement plus ou moins considérable des mâchoires chez les animaux en général, mais plus particulièrement chez les mammifères. — De la configuration du museau dans diverses espèces, on a appelé *museau de brochet*, une espèce de caïman; *museau allongé*, les chelmons; *museau pointu*, une raie, etc.

MUSÉE (*biog.*), cinq poëtes grecs ont porté ce nom.—Le plus ancien est MUSÉE L'ATHÉNIEN, fils d'Orphée ou de Linus, suivant les uns, du second Eumolpe, suivant les autres, qui vivait 13 ou 1,400 ans avant J.-C. Virgile le place dans les Champs-Elysées à la tête des poëtes qui ont fait de leur talent un usage digne d'Apollon. Diogène de Laërte rapporte une épigraphe portant qu'il reçut la sépulture à Phalère, mais Pausanias le fait enterrer dans le Muséum d'Athenes. Sa parenté avec Orphée semble avoir été purement morale et supposée parce que ses ouvrages, dont les titres seuls ont été conservés, paraissent se rapprocher des doctrines orphiques. On cite entre autres une *Théogonie*, une *Titanographie*, des poëmes sur la *Sphère*, les *Mystères* ou purifications, etc. — Le plus célèbre après lui est l'auteur du petit poëme de *Héro et Léandre*. Jules-César Scaliger a même cherché à le confondre avec le fils prétendu d'Orphée; mais cette supposition ne résiste pas au plus superficiel examen du poëme. Les *concetti* qui l'émaillent çà et là, en font une œuvre de la décadence, et justifient le titre de *grammairien* que tous les manuscrits attribuent à l'auteur. Mais il est également impossible d'admettre que cet écrivain soit né au XIIIe ou au XIVe siècle après J.-C., comme quelques-uns l'ont soutenu. La grâce, la simplicité, la pudeur même, qui le caractérisent, ne permettent pas de placer la composition de ce poëme postérieurement à la seconde moitié du Ve siècle, époque à laquelle nous trouvons, en effet, un poëte de ce nom correspondant de Procope de Gaza. Quoi qu'il en soit, l'ouvrage a été imprimé dès 1494 parmi les premières publications des Aldes, et depuis il en a été fait un nombre considérable d'éditions, de traductions et d'imitations en toutes les langues, en prose et en vers. La meilleure édition est celle de Hanovre, 1793, petit in-8°; la meilleure traduction celle de Girolamo Pompej, en vers italiens, ravissants de charme et de mollesse. Marot et Mollevaut, Cournand, Girodet et M. Denne-Baron, ont, les trois premiers traduit, et les deux derniers imité en vers le poëme de Musée. Moutonnet-Clairfonds, Laporte du Theil,

Gail, MM. Grégoire et Collembet, l'ont traduit en prose, et un grand nombre d'écrivains de toutes les langues en ont composé des drames. — Les autres Musée sont moins connus. L'un, né à Thèbes aurait vécu longtemps avant la guerre de Troie; un autre, né à Ephèse, avait rhythmé une *Perséide*; un troisième, enfin, contemporain de Domitien, composa des vers dont l'obscénité faisait rougir Martial lui-même.

MUSÉE (*beaux-arts*). De nos jours ce mot n'est plus guère employé que pour désigner les lieux, les édifices destinés à rassembler les monuments des beaux-arts. A leur origine ces établissements avaient une destination beaucoup plus complexe, et la célèbre institution scientifique, fondée à Alexandrie 288 ans avant notre ère, par le premier des Lagides, sous le titre de *Museum*, peut donner une idée de la portée encyclopédique du mot. Dans ce vaste établissement les savants trouvaient, dit-on, outre les choses indispensables pour la vie, tout ce qui peut favoriser la culture de l'esprit et l'étude approfondie des sciences. Quant aux *musées*, comme ils existent aujourd'hui, on en trouve le rudiment chez toutes les nations civilisées; seulement ils étaient institués sous d'autres auspices, dans des intentions et pour des besoins différents de ceux qui nous les font multiplier. Chez les Grecs et les Romains, en effet, on avait coutume de renfermer dans l'opistodome des temples, outre le trésor proprement dit, tous les objets précieux par la matière et le travail, et offerts aux dieux pour consacrer des vœux, des victoires et des actions de grâces. Depuis l'établissement du christianisme cet usage s'est continué. Dans les églises, les abbayes et les monastères, il y avait ordinairement un *trésor* que l'on offrait, à certains jours, à la pieuse curiosité des fidèles. A ces musées essentiellement pieux, on en vit succéder d'autres chez les anciens et chez les modernes. Dans la Rome impériale, la disposition générale des bains ou thermes peut certainement faire ranger ces vastes établissements au nombre des véritables musées, mais où les livres, les statues et les peintures n'étaient rassemblés que pour distraire et récréer agréablement l'esprit et l'imagination des hommes des hautes classes qui les fréquentaient.

Pour retrouver chez les modernes des musées analogues à ceux que présentaient ces thermes des Romains, il faut les chercher dans les palais ou châteaux de quelques grands princes chrétiens, à Fontainebleau par exemple, où François Ier avait rassemblé en livres, statues, tableaux et curiosités, tout ce qu'il avait fait venir d'Italie pour le joindre aux richesses du même genre déjà recueillies par ses ancêtres; à l'Escurial, où Charles-Quint amoncela également ce qu'il possédait de précieux ; à Londres et à Windsor, où Charles Ier, amateur éclairé des lettres et des arts, laissa une collection de tableaux, de gravures et de camées, des plus précieuses. Mais de tous ces essais de *musée*, le plus remarquable est le château de Versailles, dans les appartements et la galerie duquel Louis XIV rassembla les statues antiques, les tableaux de maîtres, les médailles, camées et curiosités précieuses appartenant déjà à la couronne, et auxquelles il ajouta ses nombreuses acquisitions en ce genre. On peut donc comparer ces châteaux avec les thermes, surtout à cause de la destination des choses précieuses qui, dans les uns comme dans les autres, était de faire prendre des distractions agréables aux spectateurs, plutôt que de fixer fortement leur attention et de leur donner de graves enseignements. Si, remontant au modèle et au plus complet des musées, à celui d'Alexandrie, on cherche quels sont les établissements modernes qui, non seulement lui ressemblent, mais lui sont supérieurs à beaucoup d'égards, c'est à la galerie de Florence et au Vatican qu'on peut les trouver. Côme l'ancien, par la fondation de la bibliothèque dite depuis *Médiceo-Laurentienne*, et Laurent le magnifique, lorsqu'il rassembla dans ses jardins, près Saint-Marc, les antiquités précieuses qui servirent de fond à la riche *galerie de Florence*, etaient poussés par un amour des sciences et des arts qui leur a fait faire de grands efforts pour en faciliter l'étude à leurs concitoyens. Dès l'an 1433, Côme avait mis sa riche bibliothèque à la disposition du public, et cinquante ans après, parmi les artistes admis à venir étudier les statues et les camées antiques chez Laurent, se trouvait le jeune Michel-Ange. En aucun pays, l'enseignement public n'a été plus largement favorisé qu'à Florence, par les premiers Médicis.

Quant à cet assemblage de musées qui se fondent en une si admirable unité dans la vaste enceinte du Vatican, rien ne peut lui être comparé. A l'ombre de la basilique de Saint-Pierre, et par les soins des pontifes qui ont régné pendant dix-neuf siècles, s'est successivement élevé cet établissement où se trouve aujourd'hui réuni tout ce qu'il a été possible de recueillir des productions de l'intelligence humaine : livres, manuscrits et imprimés dans toutes les langues, inscriptions, médailles, camées et antiquités de tous les pays tant païens que chrétiens, tout est là. Puis on y trouve encore ces chapelles peintes par Michel-Ange ; ces chambres, ces loges ornées par le pinceau de Raphaël, formant, non pas une galerie vul-

gaire de tableaux incohérents, mais une suite de peintures adhérentes aux murs, composés exprès pour les lieux, et ne devant conserver leur véritable sens que tant qu'elles orneront la demeure des successeurs de saint Pierre. — Depuis Nicolas V (1447) jusqu'à Pie VII (1817), les papes n'ont pas cessé d'agrandir et d'enrichir le Vatican. Mais c'est à compter du règne de Clément XII (1692) que le goût pour la statuaire antique, déjà très répandu, détermina ce pontife à fonder le *musée capitolin*. Cette précieuse collection ayant encore augmenté l'ardeur des antiquaires et des artistes, on multiplia les fouilles dont les résultats furent si abondants, qu'ils firent sentir le besoin de construire de nouvelles salles dans le Vatican pour y placer les richesses que l'on venait d'acquérir. De 1708 à 1780 les papes Clément XIII, Clément XIV et Pie VI firent construire, en effet, la galerie qui porte le nom de *Musée Pio-Clémentin*. Cette fondation coïncide avec la grande révolution qui s'est opérée dans le goût chez les nations de l'Europe, révolution qui fut déterminée par la savante critique littéraire de Heyne, et surtout par les travaux archéologiques et esthétiques de Winckelmann, auxquels s'associèrent le chevalier Hamilton, Mengs, Dagincourt et Milizia. Or, c'est de cette époque que datent précisément la récrudescence du goût et du culte du beau, la passion pour la statuaire antique, et enfin l'établissement des *musées* exclusivement destinés à recevoir des objets d'art, tels que ceux de Portici et de Naples, dont les principales richesses se composent des statues, des vases, des médailles et curiosités trouvés vers 1754 à Herculanum et à Pompéi.

Après ces musées, l'un des plus remarquables est le *Muséum britannique*, à Londres. On doit son origine à Hans-Sloane, qui légua à la nation anglaise sa collection évaluée à la somme de 20,000 livres sterling. Ce testament fut validé par un acte du Parlement, en 1753, et depuis, on n'a pas cessé d'enrichir ce muséum, aujourd'hui l'un des plus beaux de l'Europe. Au premier fond, on a successivement ajouté les bibliothèques Cottonienne et Harléienne, la riche collection des vases grecs d'Hamilton, des marbres grecs avec inscriptions, les antiquités d'Athènes de lord Elgin, de riches bibliothèques données par les rois George II et George III, etc., sans parler d'une foule de curiosités de tous genres, que les habitudes voyageuses des Anglais leur ont fait recueillir sur tous les points du globe. Une singularité caractérise cependant ce muséum, c'est qu'il ne renferme aucune peinture. Les tableaux des grands maîtres de toutes les écoles, fort nombreux en Angleterre, ne se trouvent que dans les galeries de la reine, des princes, des grands et des riches particuliers.

En 1789, la France était donc en retard, relativement à Rome, à Florence, à l'Angleterre et à Naples, sous le rapport des *musées*, dont elle n'avait pas un seul, bien qu'elle possédât les éléments nécessaires pour en former un très beau. Un événement terrible, la chute du trône après la journée du 10 août 1792, fut l'occasion qui fit enlever les tableaux, les statues, les bronzes et les autres objets précieux ornant les appartements de Versailles et des Tuileries, pour les placer dans la grande galerie du Louvre comme propriété nationale. Telle fut en effet l'origine du *Museum national*. Pendant quelque temps cette galerie ne fut qu'un riche garde-meuble dont l'entrée était cependant publique. Les tableaux apportés en France, à la suite des conquêtes de la Belgique et de la Hollande, et bientôt après les riches monuments des arts que Bonaparte, vainqueur, envoya d'Italie, augmentèrent l'importance du Muséum de Paris, en sorte que l'on commença à classer les tableaux par école. — Bonaparte étant devenu empereur, au titre de Muséum national substitua celui de *Musée Napoléon*. Il fallut ranger de nouveau les monuments de sculpture pour lesquels on augmenta le nombre des salles. De nouvelles victoires amenèrent à Paris un grand nombre de tableaux de l'école allemande, ce qui donna l'idée de classer plus strictement les peintures chronologiquement et par école. Mais la chute de l'empire, l'invasion étrangère et la rentrée des Bourbons, arrêtèrent ces projets, et la restitution des objets d'art apportés des pays étrangers, laissa de grands vides dans le musée devenu *royal*. Pendant la restauration, Louis XVIII fit l'acquisition d'une des plus belles statues grecques, la *Vénus de Milo*, et Charles X a laissé son nom au *musée* qu'il a fait construire pour placer une belle collection de vases grecs et les antiquités egyptiennes. — Après 1830, Louis-Philippe a ajouté aux galeries du Louvre celle où sont les tableaux de l'école espagnole acquis par lui. Il a fondé, en outre, le *musée de marine*, le *musée Assyrien*, etc., etc. En réunissant, par la pensée, tous les monuments des arts qui sont au Louvre, aux richesses littéraires, aux médailles, aux gravures et aux cartes géographiques qui se trouvent dans les divers départements de la bibliothèque aujourd'hui *nationale,* on peut assurer que ce *musée* français doit être considéré comme un des plus complets et des plus riches de l'Europe. — Il y a eu le temps des *trésors,* puis celui des *châteaux;* c'est maintenant celui des *musées,* et il n'y a si pe-

tite ville de province qui ne veuille avoir le sien. De tous les musées remarquables formés de nos jours, ceux de Munich sont de beaucoup les plus importants. Mais leur histoire se lie si étroitement à celle de cette ville que nous n'en traiterons pas ici (*voy*. MUNICH). DELÉCLUZE.

MUSES (*myth.*) : déesses des sciences et des arts, filles de Jupiter et de Mnémosyne, ou selon des auteurs plus anciens, filles du ciel et sœurs jumelles de Saturne. Hésiode dit que jadis elles vivaient avec les dieux, dans le palais céleste où elles faisaient retentir leurs voix harmonieuses. Elles connaissaient le passé, le présent et l'avenir. Selon Pausanias, elles n'étaient d'abord que trois, et leur culte fut introduit dans la Grèce par Otus et Ephialtes, les deux plus redoutables des géants, qui leur donnèrent les noms de Mélète (méditation), Mnémé (mémoire) et Œdé (chant). Dans la suite, le nombre en fut porté jusqu'à 9. Varron explique ce dernier nombre, en disant que les habitants de Sicyone, voulant consacrer dans le temple d'Apollon les statues des trois déesses, établirent un concours entre trois sculpteurs qui produisirent chacun trois chefs-d'œuvre, entre lesquels le choix était impossible. On plaça en conséquence les 9 statues dans le temple du dieu. Diodore fait remonter l'origine des 9 divinités à 9 chanteuses qui charmaient les loisirs du roi Osiris. Mais il faut chercher les motifs qui engagèrent les anciens poëtes à former de 9 muses le chœur des nymphes savantes, dans la vertu secrète de ce nombre, multiple de 3, et qui passait pour présider à la génération des êtres. D'autres auteurs n'ont compté que 2, 4, 5 ou 7 muses. On peut consulter sur toutes les questions qui se rattachent à ces divinités, le savant traité de Grégorius Gyraldus (*De musis libellus*). Quoi qu'il en soit de toutes ces origines, dès le temps d'Hésiode, les muses étaient adorées au nombre de 9. Bien qu'elles ne fussent que de simple nymphes, on les honorait du nom de déesses, et elles jouissaient de tous les priviléges de la divinité : temples, autels, sacrifices. Rome leur avait élevé trois temples dans la 1re région. Le mont Hélicon, en Béotie, leur était particulièrement consacré, et l'on y célébrait tous les ans une fête dans laquelle les prix étaient décernés aux meilleurs musiciens. Le plus souvent les muses étaient adorées dans le même temple que les grâces, leurs compagnes inséparables. Elles passaient pour être demeurées toujours vierges, et l'épithète de *chastes* est une de celles qui leur sont le plus fréquemment appliquées, quoique différents auteurs aient attribué des enfants à la plupart d'entre elles. Elles présidaient à la musique, à la poésie, à la danse, à l'astronomie.

Leurs surnoms les plus connus étaient : *Aganippides*, du nom de la fontaine Aganippe ou Hippocrène ; *Aonides*, des montagnes de l'Aonie où elles étaient vénérées ; *Castalides*, de la fontaine de Castalie sur le Parnasse ; *Héliconides*, de l'Hélicon ; *Méonides*, de la Méonie ; *Permessides*, du fleuve Permesse ; *Olympiades*, du mont Olympe ; *Piérides*, du mont Piérus, dont le séjour leur était cher, ou parce qu'elles avaient changé en pies les filles de Piérus qui leur disputaient le prix du chant ; *Thespiades*, de la ville de Thespie, où elles étaient spécialement honorées ; *Pégasides*, du cheval Pégase qui donna naissance à l'Hippocrène. Elles habitaient sur l'Hélicon, le Piérius, le Pinde et le Parnasse, et avaient à leur tête Apollon *Musagète* (*conducteur des muses*). Le palmier et le laurier leur étaient consacrés. On trouvera à leurs articles particuliers, ce qui a rapport à chacune d'entre elles, et les formes sous lesquelles elles étaient représentées, etc. Faisons seulement remarquer qu'elles se distinguent facilement des autres nymphes par les longues tuniques dont elles sont vêtues, par les plumes droites qu'elles portent souvent dans leur chevelure, et par le diadème dont leur front est quelquefois orné. Leur nom que l'on fait venir du grec μυειν *instruire des choses secrètes*, fait allusion au rôle de la poésie dans les religions antiques (*voy.* les noms des neuf muses CALLIOPE, CLIO, ERATO, EUTERPE, MELPOMÈNE, POLYMNIE, TERPSICHORE, THALIE et URANIE.)

MUSETTE : instrument de musique à anches et à vent. L'*utricularium* ou *tibia utricularis* des Romains, la cornemuse des Ecossais, le bignou des Bretons, la musette tant employée vers le milieu du xviiie siècle, ne sont que le même instrument, avec des perfectionnements divers. On en attribue la création aux Lydiens. La fable cite, parmi les inventeurs, Pan, Marsyas, Faune ; tandis que Diodore de Sicile revendique cet honneur pour un de ses compatriotes, le berger poète Daphnis. Le mécanisme de la musette est le même que celui de l'orgue ; mais le soufflet n'y est figuré que par une outre de peau de mouton remplie d'air que presse le bras de l'exécutant. Un ou deux tubes percés de trous que l'on ferme avec les doigts ou au moyen de clefs mobiles, tiennent lieu des tuyaux multipliés de l'orgue ; le son est produit à l'aide d'anches qui vibrent à l'entrée des tuyaux. Les trous sont ordinairement au nombre de onze ou douze. La musette ne diffère de la cornemuse, dont le son est plus âpre, que par le bourdon qui joue la partie de basse. Le bourdon n'a que cinq trous, que l'on ouvre et que l'on ferme avec des morceaux de bois, d'ivoire ou d'autre matière, et nommés *layettes*. Le bourdon sonne ordinairement la dominante pendant toute la durée d'un morceau ; cependant, on pourrait lui faire rendre les autres notes de l'accord parfait. Les Italiens ont une sorte de musette nommée *sourdeline* ou *zampogna*. — On donnait aussi le nom de musettes aux airs composés pour cet instrument, ou du moins destinés à le rappeler. Ces airs étaient ordinairement à 6/8, d'un mouvement assez lent, avec une basse en pédale soutenue. Tous les livres élémentaires de musique contiennent une musette de la *Nina* de Dalayrac. On dessinait sur cette musique des danses qui portaient aussi le nom de musettes. Ces sortes d'airs ne sont plus guère en usage. Bourgeon a publié, en 1672, un *Traité de la musette.* J. F.

MUSÉUM. On donne généralement ce nom aux collections publiques d'histoire naturelle. Les plus célèbres à l'étranger sont celles de Londres, Madrid, Vienne, Berlin, Leyde, Neufchâtel, Bâle, Berne, Parme, Florence, etc. En France, il n'est guère de villes importantes qui n'en possèdent, ou qui n'aient au moins des jardins botaniques. Parmi les plus remarquables sous ce rapport on cite Bordeaux, riche en ornithologie et en minéralogie ; Lyon, Strasbourg, Nantes où l'on remarque une belle collection de tous les minéraux connus du département ; le Havre, et surtout Paris, dont aucune n'approche à beaucoup près. Le Muséum d'histoire naturelle de Paris, d'abord nommé Jardin des Plantes, et plus tard Jardin du Roi, occupe une partie du territoire des anciens religieux de Sainte-Geneviève et du fief de Copeaux. Il fut créé, en 1635, par Louis XIII, à la sollicitation de ses médecins, Hérouard, et surtout Guy de la Brosse, pour former une sorte d'école de pharmacie et des collections d'histoire naturelle. Gui de la Brosse, son premier intendant, en fit les premières dispositions, et y rassembla, en fort peu de temps, une riche collection de plantes vivantes de tous les pays. Trois professeurs, choisis suivant la volonté du roi parmi les membres de la Faculté de médecine, furent chargés de l'enseignement que comportait la destination primitive de cet établissement. Les premiers désignés par Louis XIII, qui leur conféra le titre de démonstrateurs pharmaceutiques, avec 1,500 liv. d'appointements, furent : Jacques Cousinot, Urbain Boudineau et Marie-Cureau de la Chambre. Ces professeurs étaient aidés dans leurs cours par des sous-démonstrateurs, ordinairement pris dans la classe des pharmaciens, et chargés des expériences chimiques et pharmaceutiques. L'utilité du Jardin des plantes fut bientôt reconnue à l'affluence des élèves qui suivaient ses cours. La plupart de ses professeurs contribuèrent avec le plus grand zèle à son embellissement et à son importance. Sur la demande de Vaillant, élève et successeur de Tournefort, il fut construit, en 1714 et 1717, deux premières serres-chaudes dont les tuyaux de chaleur circulaient sous terre, suivant la méthode nouvelle déjà pratiquée en Hollande, et on put alors cultiver avec succès un plus grand nombre de plantes des pays voisins de l'équateur. Duverney, qui enseigna le premier l'anatomie au Jardin des Plantes, s'était formé une collection anatomique très précieuse qu'il légua, en 1730, à l'Académie des Sciences pour être ajoutée à celle que cette compagnie possédait déjà. Cette collection, déposée et restée au Muséum, forma la base de celle que l'on y admire aujourd'hui. De 1718 à 1732, cet établissement eut malheureusement à subir la direction de Chirac, qui paralysa l'essor de son développement par tous les moyens possibles et déroba une partie des fonds destinés à son entretien. Le célèbre Antoine de Jussieu se vit forcé, à cette époque, pendant quatre années de suite, de faire de ses propres deniers la dépense des engrais et des instruments de culture, qui ne lui fut jamais remboursée. En 1739, Buffon fut appelé à occuper la place d'intendant du Jardin du Roi. Déjà connu par plusieurs mémoires de mathématiques, de physique et d'économie rurale, qui lui avaient ouvert l'entrée de l'Académie des Sciences, il se voua entièrement depuis lors à l'étude de l'histoire naturelle, et comme les progrès de cette science tenaient à la prospérité de l'établissement qui lui était consacré, il mit sa gloire à le rendre en tout digne de sa destination. Lorsqu'il prit possession de sa place, le cabinet ne consistait qu'en deux petites salles, les squelettes et l'herbier n'étant point exposés aux yeux du public. Buffon donna d'abord ses premiers soins à l'agrandissement du local destiné à recevoir les collections et à l'embellissement du jardin, qui offrait encore des endroits vagues où l'on ne voyait ni allées ni plantations régulières. Il eut recours à tous les voyageurs, à tous les naturalistes, pour enrichir les collections. Le marquis d'Angevilliers offrit la sienne; le roi de Pologne fit don des plus beaux minéraux; Bougainville rapporta de son voyage autour du monde tout ce qu'il crut pouvoir être utile au Jardin du Roi; les Missionnaires de la Chine lui envoyèrent beaucoup d'objets précieux. Buffon, ne pouvant seul suffire à la tâche qu'il s'était proposée, fit venir à Paris et s'adjoignit Daubenton, son compatriote, auquel il procura, en 1745, la place de garde et de démonstrateur du cabinet

dont il lui confia l'arrangement. Buffon mourut en 1789, après avoir réalisé, dans le Jardin des Plantes, les plus heureuses améliorations et les plus splendides projets. Daubenton avait été nommé en 1778 à la chaire de zoologie, la première qui jusqu'alors eût été établie en France. On voit dans le grand labyrinthe une colonne élevée à la mémoire de ce savant.

Bernardin de Saint-Pierre succéda à Buffon. Il y avait alors au château de Versailles une ménagerie que Louis XVI fit, au commencement de la Révolution, transporter au Jardin des Plantes. Pendant la Révolution même la collection fut augmentée, le jardin agrandi, et l'organisation intérieure sagement réglementée. L'établissement prit alors le nom de Muséum, et douze cours y furent institués. En 1795, la chaire d'anatomie comparée fut confiée à Cuvier. C'est à son zèle inépuisable et à ses sacrifices que la France doit le cabinet d'anatomie comparée. Cependant, au milieu même de cette prospérité, le Muséum eut de rudes moments à passer; ce fut à ce point que l'on rapporte qu'en 1800 on se vit obligé de faire dévorer aux plus beaux lions des lions d'une moindre valeur, faute d'aliments à leur donner. Napoléon prit le plus grand intérêt au Muséum; beaucoup de richesses lui parvinrent par ses soins pendant la campagne d'Égypte. L'invasion étrangère ne fut point funeste au Jardin des Plantes. Mais c'est depuis 1830 surtout qu'il a pris une extension considérable par l'acquisition de nouveaux terrains. Sa façade sur le quai a été prolongée jusqu'à l'entrepôt des vins. Des galeries monumentales, d'admirables serres, le palais des singes, de nouveaux amphithéâtres ont été successivement construits. La ménagerie s'est notablement améliorée. L'élégance et l'hygiène distinguent partout les modifications ou les nouveaux travaux qui y ont été exécutés. La collection des reptiles vivants, création presque récente, est particulièrement remarquable. — Le corps enseignant et administratif du Muséum se compose actuellement de quinze professeurs faisant chacun un cours par année. Cet enseignement comprend : la physique appliquée, la chimie inorganique appliquée, la chimie organique appliquée, la minéralogie, la géologie, la botanique et la physique végétale, la botanique dans la campagne, la culture, l'anatomie et l'histoire naturelle de l'homme, l'anatomie comparée, la physiologie comparée, l'histoire naturelle des mammifères et des oiseaux, celle des reptiles et des poissons, des crustacées, des arachnides et des insectes, et celle des annélides, des mollusques et des zoophytes. Il y a en outre deux maîtres de dessin appliqué à l'histoire naturelle. SÉNÉCHAL.

MUSIQUE (*histoire de la*). Ecrire l'histoire de l'art musical, c'est écrire aussi celle du genre humain. La mélodie, image de l'individualité, et l'harmonie, image de la société, sœurs divines qui, avec la poésie, forment la véritable triade des grâces idéales, ont dû apparaître dans le monde dès que deux cœurs ont aimé, souffert, espéré!..... L'enfant se console au chant de sa nourrice; l'adolescent donne le change aux vagues désirs qui l'obsèdent, en chantant la mélodie préférée par celle qu'il aime sans le savoir; le guerrier vole au combat aux sons d'une musique belliqueuse : l'esclave brise ses fers avec un chant de liberté, et, lorsque l'homme rend à la terre sa dépouille mortelle, c'est encore la musique qui, par ses accents douloureux, aide aux larmes d'enfants, de parents, d'amis penchés sur le bord d'un tombeau. — La musique, par la diversité de ses genres, par l'application si variée que l'on en peut faire, embrasse le monde entier. Elle est la langue universelle; c'est l'idiome du cœur et sans doute l'écho affaibli du langage des hommes avant la confusion des langues : c'est l'accent des âmes non corrompues par l'orgueil. — De tout temps, les esprits supérieurs, les philosophes, les historiens, et avant eux tous, les poètes ont célébré le pouvoir et les merveilles de l'art musical : le bruit mélodieux que font les chênes; en avril, les chants si variés, si cadencés du rossignol; celui plus contenu des fauvettes; les cris, les gloussements, les clapissements des différents animaux volatiles ou quadrupèdes; les roseaux pliant sous le vent; la vague qui bat les rochers et retombe en pluie de perles blondes; la grande voix du tonnerre et les bruits stridents de la grêle ou les sifflements de la bise... tout ce qui végète, vit, ou n'a que le mouvement, contribue au grand concert que la nature entière adresse au Créateur !

La musique, par ses différents rhythmes, est aussi l'image des différentes locomotions des êtres vivants qui peuplent l'air, la terre et l'eau ; par la multiplication des sons, elle rappelle, en les réglant, en les précisant, les différentes voix de ces mêmes êtres, et les lois qui régissent le système solaire ont plus d'une analogie avec celles qui régissent l'harmonie des sons.

Cet art qui, pour la plupart des modernes, n'est qu'un agréable délassement, était, dans l'antiquité, l'objet d'études profondes de la part des philosophes, ainsi que des hommes les plus opulents. Mais alors l'étude de cet art ne se bornait pas à la science purement musicale et à son application à une pratique habile; cette étude, remarquons-le bien, comprenait la danse, le geste ou la pantomime, la poésie et même la collection de toutes les connaissances humaines. Le philosophe Hermès définissait la musique la connaissance de l'ordre de toutes choses. L'école de Pythagore et celle de Platon enseignaient également que tout dans l'univers était MUSIQUE. Hesychius avance que les Grecs donnaient le même nom à tous les arts.

Il est hors de doute que la musique vocale soit antérieure à la musique instrumentale et même, tout porte à le croire, les anciens n'avaient pas de musique purement instrumentale. Les instruments à vent ont dû être inventés les premiers, et la flûte de Pan, formée avec des tuyaux coupés d'inégale longueur, est le premier instrument qui soit sorti de la main des hommes. Diodore de Sicile attribue son invention aux sifflements du vent dans les roseaux des étangs. Lucrèce est du même sentiment, témoin ces beaux vers du poète antique :

At liquidas avium voces imitarier ore
Ante fuit multo, quàm levia carmina cantu,
Concelebrare homines possint, aurisque juvare;
Et zephyri cava per clamorum sibila primùm
Agresteis docuéré cavas inflare cicutas.

Un arc fut sans doute le premier instrument à cordes, et la carapace de la tortue de Mercure forma la première lyre. Quant aux instruments de percussion, tels que les cymbales, tymbales, sistres, etc., le choc de deux feuilles de métal, et le bruit sourd que rendent les corps creux quand on les frappe, durent en donner l'idée.

Rien n'est plus difficile que la constatation de l'origine de la musique ; mais cependant la tradition, cette mère nourrice de l'histoire, nous apprend que les Grecs en attribuaient l'invention à Cadmus. Plutarque, dans son beau dialogue sur la musique, fait dire à Lysias, que c'est Amphyon qui en est l'inventeur. Dans un autre dialogue, Sotérique l'attribue à Apollon, et enfin, dans un troisième dialogue, Plutarque en donne l'honneur à Olympe. A ces noms, tant soit peu fabuleux, on doit ajouter ceux de Chiron, Demodocus, Hermès, Orphée, puis Phœmius. Terpandre, contemporain de Lycurgue, est le premier qui donna des règles à la musique. Enfin, à Phœmius, l'inventeur des *modes* en musique, il faut ajouter Thalès et Thamiris auquel l'invention de la musique instrumentale est attribuée.

Ce fut Lasus qui, dans l'antiquité, écrivit le premier sur l'art musical. Cet auteur vivait du temps de Darius Hystaspes. Epigonius inventa un instrument à quatre cordes, et Simmius inventa également un instrument du même genre, mais enrichi de trente et une cordes de plus. Diodore ajouta de nouveaux trous à la flûte. Les anciens attribuent à la musique un pouvoir dont notre art moderne ne peut faire soupçonner la puissance ! Liée intimement à une poésie grandiose, secondée par un idiôme qui est déjà presque une mélodie, tant il a tout à la fois de douceur et d'énergie, nous comprenons jusqu'à un certain point les éloges extraordinaires et les récits surprenants que les auteurs de l'antiquité font de la musique.

De tous les peuples modernes, le peuple chinois est celui qui offre le plus de rapports avec les anciens Egyptiens. En parcourant l'ouvrage de Lyhoang-Ty, on croirait lire le système de Pythagore, c'est-à-dire des Egyptiens sur la musique ; même origine, mêmes usages, mêmes procédés, même étendue, mêmes prodiges, mêmes éloges. Les Egyptiens avaient cherché et prétendaient avoir trouvé l'*harmonie universelle*, ou la proportion exacte que toutes les choses ont entre elles. Les Chinois attribuent la même découverte à leurs ancêtres. Ce fut dans les nombres, qu'à l'exemple des Egyptiens, Pythagore puisa l'art de former les tons; c'est des nombres que les Chinois tirèrent la méthode et les règles de leur musique. « Le pouvoir de cet art, disent les anciens historiens du Céleste-Empire, n'agit pas seulement sur les hommes vivants, les morts eux-mêmes le ressentent ; les esprits du ciel et ceux de la terre se rendent au son des voix et des instruments ; nous ne les voyons pas des yeux du corps ; mais la secrète horreur dont nous sommes pénétrés dans ces circonstances, suffit pour nous convaincre qu'ils sont présents et qu'ils nous écoutent ! » — Les Grecs, d'après les Egyptiens, avaient affecté à chaque espèce de cérémonie, de culte et d'exercice, différents modes, différents airs, différentes sortes de musique. Les Chinois agissent encore de même. Pythagore et tous ses disciples se préparaient à la contemplation et à l'exercice par la musique. C'est au son du kin (instrument en bois de la plus haute antiquité), dit un des historiens de la Chine, que *Chun*, un des plus grands empereurs, se préparait à traiter les affaires de l'état. De même que les pythagoriciens, les Chinois assurent que le principal objet de la musique est de calmer les passions, d'éclairer l'entendement et d'inspirer l'amour de toutes les vertus. O Grecs, s'écrie presqu'à chaque instant Platon, prenez garde à votre musique; si vous la changez, c'en est fait de vos mœurs ! Confucius, et tous les auteurs chinois les plus graves, ont attribué les révolutions de leur patrie aux changements et aux révolutions qu'a subis leur musique. Platon, dans le livre *des Lois*, dit encore à propos des Egyptiens : « Chez ce peuple, toutes les sortes de chant et de danse sont consacrées aux divinités. Ils ont institué dans certains temps de l'année, des fêtes et des solennités en l'honneur des dieux, des enfants des dieux, des génies. Ils ont réglé et prescrit les différents sacrifices qui conviennent aux différentes divinités ; ils ont caractérisé les chants et les danses qui devaient être employés dans chaque sacrifice ; et ils défendent de confondre jamais ces danses et ces chants, sous peine d'être éloigné pour toujours des mystères sacrés ! » Ce que l'immortel Platon dit des Egyptiens peut encore, de notre temps, s'appliquer aux Chinois, car ce peuple a, pour chaque cérémonie, chaque acte public, chaque époque de la vie politique civile et religieuse, une musique spéciale. — Mais cette musique, par sa simplicité, semble une preuve de plus en faveur de la plupart des écrivains qui prétendent que les Grecs et les Romains ne connurent jamais l'*harmonie*. Les Chinois chantent ou exécutent encore de nos jours à l'unisson, mais cet unisson est varié suivant la nature et la portée de chaque instrument. Ils ne distinguent ni basse, ni taille, ni dessus, dans la formation du chœur vocal. — L'unisson, le colossal mais décoloré unisson, accorde ou nivelle toutes les voix.

Les Grecs, qui recueillirent les traditions égyptiennes, avaient trois espèces de musique, la vocale, l'instrumentale, et l'une et l'autre réunie.

Comme nous, les anciens connaissaient et pratiquaient l'art de noter leur musique. Athénée donne à cet art le nom de *Semeïosique*, et prétend que Pythagore en fut l'inventeur.

Les Grecs avaient, ainsi que nous, des *batteurs de mesures* appelés *coryphée*, parce qu'ils étaient placés au milieu du chœur des musiciens et dans une situation élevée pour être entendus plus facilement de toute la troupe. C'était avec le pied que les chefs d'orchestre antiques battaient la mesure. La grande dimention des scènes grecques explique et justifie cet usage barbare ; certains théâtres, trop spacieux, exigeaient que les *pedicularii* garnissent leurs pieds de sandales en bois et même en fer, afin que la percussion de la mesure fût plus éclatante. — A Rome, d'autres chefs de musique battaient la mesure de la main droite dans la main gauche, ce qui leur fit donner le nom de *manuductorii*. Des écailles d'huitres, des ossements d'animaux frappés l'un contre l'autre comme nous faisons des castagnettes, étaient également employés par les anciens pour indiquer la mesure ; car, dans toute l'antiquité, la mesure ou le rhythme était regardée comme l'âme de la musique. Les Romains n'accordèrent une véritable estime à ceux qui professaient l'art musical que sous le règne d'Auguste. Avant cet empereur, les maîtres du monde étaient loin d'avoir pour la musique le même amour que les Égyptiens, et après eux les Grecs, ces antiques sentinelles avancées de tout progrès, de toute civilisation.

La *musique militaire* dut précéder nécessairement la musique symphonique ou formée d'instruments à cordes ou à archet, car elle est la fille de la guerre, et tour à tour elle excite aux combats et chante la victoire. Dès la plus haute antiquité, la trompette a été employée dans les armées. La Bible exalte les trompettes qui firent tomber les murs de Jéricho. Cet instrument, le type de tous les instruments de cuivre, était aussi fort en honneur chez les Grecs et chez les Romains. Ils en avaient de deux sortes, les unes droites et les autres courbées, à peu près comme les nôtres, dont l'extrémité était fort évasée. Les premières étaient en usage pour sonner la charge et la retraite; les autres pour donner le signal du combat. Les Romains avaient encore des cornets qui n'étaient que des cornes de bœuf sauvage, garnies d'argent, que l'on sonnait pour faire entendre le commandement aux enseignes, parce que le son en était fort et portait très loin. On se servait aussi de la trompette dans les sacrifices, dans les pompes funèbres et dans les jeux pour en annoncer le commencement et la fin.

Et tuba commissos medio canit aggere ludos.

ÆNÉID., 5, v. 114.

Les autres instruments des anciens étaient les suivants : lyra, psalterium, trigonium, sambuca, cithara, pectis, magas, épanderon. On les touchait avec les doigts ou avec le plectrum, espèce d'archet. A ces instruments à cordes on joignait les instruments à vent appelés tibia, fistula, tuba, cornu et lituus.—Les instruments de percussion étaient ceux que les anciens nommaient tympanum, cymbalun, cressitaculum, tintinnabulum et crotalum. Mais la plupart n'avaient qu'un seul son très indéterminé. Comme ceux de même genre que nous avons conservés, ces instruments étaient destinés à déterminer les rhythmes, et fort rarement on les faisait entendre seuls. — Ce n'était que dans les camps que les anciens employaient les instruments à vent et ceux de cuivre; la trompette particulièrement avait seule le privilége d'y figurer en première ligne. Les instruments à cordes accompagnaient les coryphées et les chœurs dans les tragédies antiques. Afin de donner plus de splendeur aux cérémonies religieuses, les prêtres du paganisme faisaient usage des instruments de percussion, tels que le tympanum, le cymbalum et le tintinnabulum, qu'on peut,

à juste titre, considérer comme le *tam-tam* des anciens.

Les barbares, après avoir envahi l'empire romain, s'emparèrent des instruments guerriers de leurs ennemis, et la trompette fut une de leurs conquêtes. Pendant le moyen-âge quelques instruments à cordes virent le jour. Guy d'Arrezzo, auquel la notation et l'appellation des notes de la musique doivent tant, inventa la vielle; Colin Muset fut l'auteur de la musette, et le rebec, espèce de violon informe, nous fut apporté d'Orient par les Croisés. L'orgue, cet instrument-orchestre, est également une invention orientale. La musique de chambre fut longtemps circonscrite entre un petit nombre d'instruments. Le rebec, la guitare, l'épinette, autre invention de Guy d'Arrezzo, le théorbe et le tympanon servaient aux espèces de concerts donnés par les dilettanti du moyen-âge et de la renaissance. Le violon, la viole, la violette, la basse de viole virent bientôt apparaître le violoncelle, et l'Italie fut le berceau de la plupart de nos instruments à archet. La contrebasse, qui existait dès 1590, ne fut importée en France que vers 1710 par le célèbre Mondonville qui, le premier, en joua à l'orchestre de l'Académie royale de musique. Lully y avait introduit, quarante ans auparavant, les cors de chasse, les timbales, les trompettes, les violes et les basses de viole. Gluck y introduisit les trombones, et Grétry, dans son opéra de *Zémire et Azor*, fit entendre, pour la première fois, à l'orchestre de la Comédie Italienne, deux clarinettes. La flûte, et surtout les hautbois étaient, depuis plus d'un siècle, employés avec succès dans tous les orchestres lyriques de l'Europe musicale. De nos jours l'instrumentation, grâce aux tentatives de Cherubini, Mehul, Le Sueur, Spontini, Rossini, Meyerbeer, Auber, Hector Berlioz, a atteint les limites du possible, et la France, par son admirable école de violon, a doté tous les orchestres de notre pays d'artistes du premier mérite. Ce ne fut que sous Louis XIV que les régiments, soumis à l'uniformité d'un costume particulier, eurent des musiques militaires. Les fifres, les trompettes, le hautbois et les tambours en faisaient toujours invariablement le fond.

Sous Louis XV les cors d'harmonie et les bassons leur furent adjoints. Le règne de Louis XVI fut nul sous le rapport du progrès musical dans les armées du roi. Mais sous la Convention, la création du Conservatoire fit surgir tout à coup d'excellentes musiques militaires qui, à la tête des quatorze armées de la république française, sillonnèrent l'Europe en tous sens. L'Empire augmenta le nombre des musiciens de ses brillantes cohortes, et multiplia surtout les différents instruments, tels que la clarinette et les bugles, espèces de trompettes dont le timbre et le système de clefs offrent de grandes ressources aux compositeurs. La restauration était fière des musiques de la plupart des régiments de la garde royale, et les gardes-du-corps du roi avaient la première musique militaire de l'Europe. Le règne de Louis-Philippe n'a pas été hostile à la musique militaire. Grâce à la venue en France de l'habile et ingénieux facteur belge Adolphe Sax, nos régiments de cavalerie possèdent enfin un système complet d'orchestre en cuivre qui, avec les progrès que le temps et l'expérience lui apporteront ne laissera plus rien à désirer sous le rapport de la variété, de la beauté et de la justesse des timbres. — Les théâtres lyriques lombards ont été les premiers, depuis l'occupation autrichienne, à faire usage de *bandes militaires* qui, placées sur la scène, contribuent à donner beaucoup de pompe aux représentations des opéras des maîtres contemporains. Cet usage, que Spontini a le premier introduit à Paris, dans son bel opéra d'*Olympie*, a été suivi depuis l'illustre auteur de la *Vestale*, par MM. Rossini, Meyerbeer et Halevy. — Il serait certainement trop long d'essayer de détailler tous les instruments de musique en usage de nos jours.

. La déclamation notée des anciens devait être naturellement privée de tous les ornements qui embellissent notre récitatif d'opéra ; mais leurs chœurs et leurs rhythmes devaient se rapprocher davantage de la véritable musique, de la haute musique, suivant l'énergique expression de l'abbé Arnaud ; la danse, privée du concours de sons cadencés, mélodieux et rhythmés, n'est plus qu'une action bizarre, presque folle et même effrayante si on n'y adjoint la pantomime. Aussi, lorsqu'en 1777 Rousseau a écrit dans son *dictionnaire* spécial, que le musicien de génie *fait parler le silence même*, il a donné une nouvelle preuve de sa profonde aptitude pour un art qui lui dut une partie de ses progrès pendant la dernière moitié du XVIIIe siècle. — L'antiquité qui a légué à l'admiration des générations tant de chefs-d'œuvre de poésie, d'architecture et de sculpture, n'a laissé, en fait de monuments musicaux, que quelques traités didactiques, mais peu ou point d'œuvres purement musicales.

C'est donc surtout à la tradition qu'il faut avoir recours pour reconstituer le passé musical des Grecs et des Romains leurs imitateurs. — La primitive église, en empruntant au paganisme sa richesse de costumes et à l'hébraïsme ses psaumes sublimes, s'appropria également des lambeaux de mélopées qui, à travers la poussière des temps, sont parvenus jusqu'à nous. L'*O filii* et plusieurs autres proses de la liturgie catholique, sont d'antiques mélopées grecques. Mais on ne saurait trop le répéter : l'obscurité la plus complète règne sur l'état de l'art musical antique. Il est cependant bien difficile d'admettre que des peuples chez lesquels la culture des arts du dessin qui, par la pureté des lignes, le disputait avec la poésie homérique et virgilienne, aient été privés d'une musique digne de la civilisation et du goût le plus raffiné !

Ne pouvant explorer l'art pratique musical des anciens, parce que ce n'est que par ce qu'ont écrit les historiens et les prosateurs que nous en connaissons les effets, nous en sommes réduits à consulter les traités de l'art théorique musical qu'ils nous ont laissés. C'est donc dans un ouvrage de ce genre que nous allons examiner le système adopté par les musiciens d'Athènes et de Rome. Puis nous jetterons un coup d'œil sur l'état de la musique lors des premiers temps de l'Église, le moyen-âge, la renaissance et les XVIe, XVIIe, XVIIIe et XIXe siècles.

Le seul Traité complet de musique antique est, sans contredit, celui d'Aristide Quintilien, auteur grec qui vivait du temps d'Antoine, et enseigna à Smyrne.

Ce didacticien divise la musique en *contemplative* et en *active*. La musique contemplative comprenait : la *naturelle*, subdivisée en générale et en arithmétique ; et l'*artificielle* ou harmonique comprenant : les sons, les intervalles, le système, les genres, les tons, les mutations et la mélopée. L'*artificielle* avait encore une grande subdivision comprenant : la musique rhythmique et la musique métrique. La musique *active* avait pour principales divisions : l'*usuelle*, subdivisée en mélopée, rhythmopée et poésie, et l'*énonciative* subdivisée en organique, odique et hypocritique. Tout ce qui a rapport à la *musique contemplative* était du domaine de la théorie ; et par contre, tout ce qui ressortait de la *musique active* avait trait à la pratique de l'art. L'organique était la musique instrumentale, l'odique celle de l'ode ou de la poésie élevée, et enfin l'hypocritique était consacrée à la danse et la mimique.

Les anciens connaissaient nos trois genres : diatonique, chromatique, hypocritique. Ils divisaient leur gamme en deux TÉTRACORDES (*voy.* ce mot), mais comme ils n'avaient pas une tonalité précise, unitaire, et que les deux modes, le majeur et le mineur, n'étaient pas scindés par eux dans les proportions mathématiques, et tout à la fois spiritualistes des modernes, ils comptaient autant de modes que de notes. C'est ce qui explique le vague et le décousu des tons du PLAIN-CHANT (*voy.* ce mot), qui, de nos jours encore, est le plus constant reflet de l'art antique. — Tout se rapportait à la mélopée chez les anciens, car ce que nous appelons l'*harmonie* ou le produit de la combinaison simultanée de sons différents, paraît leur avoir été inconnu. Ils chantaient et exécutaient à l'unisson ou à l'octave, et très souvent ils réunissaient ces deux intervalles, qui ne diffèrent l'un de l'autre que comme l'ombre diffère d'un corps dont il reproduit la forme en la grandissant.

La primitive Église qui devait être en quelque sorte l'écho de l'art musical antique, en nous en conservant de précieux débris mélodiques, contribua néanmoins à la décadence de l'art par l'emploi d'une poésie barbare. Les valeurs musicales étant alors celles qui correspondaient au mètre d'une poésie par trop dégénérée, il en résultait forcément que les compositions purement vocales de la liturgie catholique n'avaient presque point de rhythme. De plus, l'état de persécution auquel furent soumis les premiers chrétiens, obligea les successeurs des apôtres d'ajuster sur des mélodies païennes presque toute la prose plus religieuse que poétique, qu'ils faisaient chanter aux adeptes de leur divine religion. Saint Ambroise, archevêque de Milan, vers la fin du IVᵉ siècle, reconstitua la mélopée ecclésiastique, et donna au monde catholique le sublime chant du TE DEUM. Mais il' était réservé au pape saint Grégoire de régénérer le chant religieux. Il substitua nos lettres A, B, C, D, E, F, G, aux lettres grecques qui, jusqu'alors, avaient servi à la notation musicale, et il fonda une école où l'art régénéré était enseigné à de jeunes orphelins, chargés d'en répandre un jour les préceptes et la pratique. C'est ainsi que la religion catholique, apostolique et romaine a toujours su fertiliser ses plus belles institutions par les eaux vives de la charité.

Ce n'est que vers le commencement du XIᵉ siècle, après un sommeil que la barbarie avait trop longtemps prolongé, que l'échelle musicale fut à peu près constituée telle que nous la connaissons. Ce fut le bénédictin Guy-d'Arrezzo qui adapta aux six premiers sons de la gamme, la première des syllabes de chacuns des vers d'un hymne à saint Jean (*voy.* GAMME).

L'introduction de l'orgue en France vers l'an 757, y avait jeté les semences du contrepoint, ou l'art d'écrire des sons *contre* d'autres sons. Guy-d'Arrezzo, non content d'avoir réformé la gamme, donna aux notes dont il était le parrain, une forme précise, distincte, en rempla-

çant avec un avantage merveilleux les lettres-notes qu'il était si facile de confondre avec celles du texte poétique ou religieux qu'elles surmontaient. Ces notes, dont on se sert encore pour écrire le plain-chant, furent d'abord représentées par de simples points écrits sur quatre lignes horizontales, et de là le nom générique de *contrepoint* donné à toute combinaison harmonique mettant simultanément en œuvre différents intervalles musicaux.

C'est à Franco de Cologne, d'autres disent de Paris, qui vivait en 1066, que l'on doit de connaître les doctrines musicales et les règles alors peu nombreuses, d'un art sur lequel il écrivit le premier traité systématique. Ce livre intitulé : *Franconis musica et cantus mensurabilis*, peut se lire en entier dans le précieux recueil de Gerbert (*voy.* ce nom). Franco, en donnant les règles posées par ses devanciers, en agrandit la sphère, et rendit d'immenses services à la propagation de l'étude de la musique. Ce n'est qu'à la fin du XIVᵉ siècle que les pieds rhythmiques de la poésie eurent leurs correspondants en figures de notes, dont l'emploi fut nécessité par la création des différentes mesures usitées encore de nos jours, mais alors plus longues du double eu égard à la forme de ces figures, en les comparant aux nôtres.

Voici leur nomenclature : maxime longue, semi-brève, maxime semi-mineure, majeure et mineure. Des silences correspondaient à chacune de ces figures de notes. — C'est de cette époque que le progrès musical va toujours en croissant. A Franco et à Jean de Muris qui contribua si efficacement aux perfectionnements de l'harmonie, succéda Jean Tinctor, puis Gafforio (1484), auteur de la *Pratica musica*.

Tandis que des musiciens érudits constataient ou posaient les règles de l'art, d'autres musiciens, qui avaient le génie créateur, produisaient des compositions remarquables par l'invention et le charme mélodique. Dunstable (1453), Binchois, Dufay, Brasart, sont les précurseurs dans la carrière de Josquin de Prez, d'Orlando-Lassus, etc. Ces deux derniers maîtres, la gloire de l'École flamande, eurent pour disciples, en France, Pierre de la Rue, et l'immortel Palestrina en Italie. Ockenheim, leur devancier, avait déjà formé à Paris Antoine Bromel, Jean Mouton, Arcadet, Verdelot, l'Héritier et le fameux Goudimel. Ce n'est que l'an 1600 que l'usage des barres de mesure fut généralement introduit dans la musique écrite dès 1540, sur cinq lignes horizontales armées des trois clés, celles de *sol*, d'*ut* et de *fa*. Les différents genres de musique se dessinèrent alors. L'Église eut le genre *da-capella*, et le salon le genre *madrigalesque*.

C'est à Claude Monteverde, maître de l'École milanaise qui florissait en 1590, que le monde musical est redevable de la fixation immuable de la tonalité; car avant lui l'emploi des tons du système des Grecs, jetait un vague insaisissable dans toutes les compositions. Il n'est personne, dit avec justesse le savant Choron dans son admirable discours sur l'*Histoire de la musique*, qui n'ait observé que toute espèce de musique tend à se terminer sur une certaine note ou sur un certain son. Cette tonalité dont parle l'illustre didacticien, vers laquelle tous les sons d'un morceau de musique semblent converger, remplit, après le rhythme, une des conditions les plus essentielles à toute constitution musicale, et sa découverte a immortalisé Claude Monteverde. Il distingua les deux modes, leur assigna à chacun le rôle important qu'ils remplissent dans l'économie musicale, découvrit enfin la dissonnance de septième sur la dominante (*voy.* ce mot), et, par ce merveilleux accord, il ouvrit un champ immense au génie musical. Grâce à sa découverte, la *tonique*, la *sous-dominante*, la *dominante* et la *sensible*, à laquelle, vers la fin du xviie siècle, le musicien français Lemaire devait donner le nom de Si (*voy.* le mot Muance), occupèrent chacune dans l'échelle majeure et mineure la place immuable que leur assigne la nature; et la création de l'opéra qui suivit de très près la découverte de Monteverde, en fut en quelque sorte la conséquence nécessaire. — L'élément passionné, humain, étant trouvé par le phénomène de la dissonnance *produite* et *sauvée*, il était naturel que les compositeurs essayassent de peindre les différents sentiments que l'homme est susceptible d'éprouver.

Notre but, en traçant cette esquisse, n'étant pas de faire l'histoire particulière des différents genres de musique, nous n'en parlerons que sommairement en signalant avec soin tous les perfectionnements que l'art musical a reçus depuis le xviie siècle jusqu'à nos jours. — Le style musical fut très languissant pendant toute la durée du xviie siècle. La gravité des mœurs influait même d'une manière sensible sur les compositions du genre le plus léger. Un abus excessif du mode mineur contribua à cet état de torpeur, et l'emploi des formes de la fugue et des imitations dont elle procède (*voy* Fugue et Imitation), fut une des causes qui mirent si fort en honneur le genre scolastique. — Quant à l'union de la musique instrumentale avec la vocale, elle avait été antérieure à la création de l'opéra. Mais les instruments étaient alors si peu perfectionnés et les virtuoses si rares, que

ce ne fut que vers le commencement du xviiie siècle que des instrumentistes d'une véritable valeur émancipèrent, qui le violon, qui le hautbois, qui le violoncelle.

L'Italie, formée aux leçons de nos maîtres lors de la Renaissance, nous envoya à son tour et des chanteurs et des instrumentistes. A ces missionnaires de l'art on doit ajouter les didacticiens les plus instruits qui firent marcher la science spéculative de l'harmonie : Zarlin, Galilée, Bevardi, Tartini et Durante, en Italie; en France, Rameau; Marburg et Knecht en Allemagne, préparèrent les voies au père Martini, et plus tard, à Catel, le célèbre auteur d'un traité d'harmonie, qui, depuis plus d'un demi-siècle, a contribué à former la plupart des excellents harmonistes français.

Ce qui établit la supériorité de l'art musical moderne sur celui des anciens, du moyen-âge et de la Renaissance, ce qui, depuis près de deux siècles, a le plus contribué à l'amener à l'état d'art complet, c'est, outre la *tonalité fixe*, l'invention des rhythmes, l'emploi des différentes mesures simples et composées; c'est surtout la classification des différentes *notes de passage*, ces véritables consonnes du *mot mélodique* dont les *notes réelles* sont les véritables voyelles. Quant à l'harmonie, elle a ressenti les heureux effets de la *césure mélodique*, c'est-à-dire que le discours musical a sa ponctuation tout aussi exacte que celle du discours littéraire. Si nous ajoutons à tous ces éléments puissants les immenses progrès de l'instrumentation, cette riche palette où le génie du compositeur choisit et mélange les différentes couleurs, nous aurons prouvé surabondamment la suprématie de notre musique sur la musique antique. Le xixe siècle si riche en compositeurs distingués, peut citer parmi les théoriciens les noms des Reicha, Fétis, S. Sterne, Galin, Paris, Emile Chevé, et de plusieurs jeunes émules de ces savants contrepointistes. Mais le règne de la véritable science musicale fut, sans contredit, la fin du xviiie siècle. Si Haendel, en Angleterre, créa l'oratorio, Haydn, en Allemagne, fit surgir la symphonie, cette sœur de la musique vocale. L'Italie avait été le berceau de l'opéra, la France le perfectionna, et même elle créa un genre charmant celui de l'opéra-comique, ce petit-fils bien grandi, de notre vaudeville national.

Si notre pays ne put opposer à l'Allemagne des symphonistes dignes de Haydn et de Mozart, la scène lyrique française eut en revanche des maîtres justement renommés à la tête desquels la postérité a placé Monsigny, Duni, Philidor et l'immortel Grétry. A l'Église, nos compositeurs de musique sacrée se montrèrent dignes de chanter dans le sanctuaire. Aux Delalande, aux Bernier, succédèrent les abbé Rose, les Le Sueur et les Cherubini. Quant au style de chambre, il fit également de très grands progrès pendant la dernière partie du dernier siècle. Mais il était reservé au nôtre qui, maintenant, possède des symphonistes dignes de lutter avec les Allemands, de réunir toutes les merveilles de l'art musical. En les concentrant en un seul genre, le lyrique, l'opéra-comique et le grand-opéra ont absorbé toutes les découvertes faites dans le domaine de l'art musical; mais cette espèce de monopole sera peut-être une des causes les plus puissantes de la décadence de l'art lui-même. Nos temples sont veufs d'une musique digne de célébrer la gloire de Dieu, tandis que l'opéra offre impudemment le spectacle d'une cathédrale gothique, dont les voûtes frémissent aux accords mystiques de l'orgue. Nous n'avons que quelques rares symphonies exécutées à grands frais dans de plus rares concerts, mais l'opéra fait entendre d'admirable musique de ballet, où la symphonie, de principale qu'elle devrait être, n'est plus qu'accessoire. La musique de chambre, connue sous le nom de *quatuor*, *quintette*, s'exécute à peine dans deux ou trois réunions d'amateurs fervents; mais les arrangements sur des motifs d'opéra forment le fond de la majeure partie du programme musical de la moindre fête de famille. De sorte que dans une même soirée on peut, non seulement entendre au théâtre un opéra, mais assister en rentrant chez soi à son arrangement industriel, et même danser sur ses motifs favoris pour peu que l'on ait la velléité d'aller au bal.

Si l'art lyrique, cette espèce de minotaure musical, pouvait, s'affranchissant de la routine, subir l'épreuve de la décentralisation, notre voix ne déplorerait pas avec tant d'amertume les effets désastreux du monopole qu'il exerce. N'est-il pas triste de songer qu'à notre époque, en plein XIXᵉ siècle, les grands genres de l'art ne peuvent se produire dans toute la plénitude de leur force, et que, bon gré mal gré, la plupart de nos compositeurs, quelle que soit leur vocation, doivent tenter l'épreuve du théâtre lyrique sous peine de végéter sans fortune et sans gloire!

Nous n'avons point à parler ici de la *notation* à laquelle un article particulier est consacré. On y a apprécié le système de J.-J. Rousseau, perfectionné par Galin, Pàris et Chevé. Nous dirons seulement que les nouveaux procédés sont destinés à populariser un jour la musique, en la simplifiant et en mettant à la portée de toutes les

bourses les chefs-d'œuvre de nos compositeurs, et que la notation en chiffres sera à la gravure sur étain du XVᵉ siècle, ce que fut l'imprimerie à la *copisterie* au XVᵉ siècle. — La musique, telle que Beethoven et C.-M. Weber, en Allemagne, Rossini et Donizetti, en Italie, Spontini, Meyerbeer, Auber et Halévy, en France, l'ont fait progresser, est-elle arrivée à son apogée? Telle est la question que se font les artistes-philosophes. Témoin des tendances de l'art, tendances qui *dramatisent* tout ce qu'il produit, depuis le léger quadrille jusqu'à l'ode-symphonie, cet opéra sans décors et sans costumes, nous ne pouvons que répéter une dernière fois que la concentration de toutes les idées musicales vers le seul but dramatique indique assez que l'art ne rayonne plus de nos jours dans un cercle aussi large qu'il le faisait dans le siècle précédent. Il y a longtemps qu'un écrivain, homme d'esprit et bon observateur, M. Beyle, a écrit sous le pseudonyme de Stendall dans la *Vie de Rossini*, Paris, 1824, « qu'il n'y aurait désormais de succès possibles dans l'art musical que pour le compositeur qui réunirait la simplicité à la nouveauté naïve des idées. » Bellini semblait devoir réaliser cette prédiction si juste; mais la mort arrêta avant le temps ce ravissant compositeur, dont la mélodie rêveuse et tendre semblait être un écho de celle du divin Pergolèse. Espérons que le XIXᵉ siècle résoudra enfin le problème musical le plus difficile : celui de l'alliance indissoluble de la mélodie qui vivifie, et de l'harmonie qui colore.

Cette union est le rêve, le but constant des efforts de tous les musiciens supérieurs qui se sont succédé en Europe depuis que Monteverde, en découvrant la dissonance, a sapé sans retour l'ancien système musical, pour le remplacer par la tonalité fixe, unitaire, qui, par ses deux seuls modes, le majeur et le mineur, est l'image la plus touchante de la dualité humaine.   A. ELWART.

MUSIQUE (*Théorie de la*). La musique est l'art d'émouvoir par la combinaison des sons. C'est le moins matériel des arts, et celui dont l'action a le plus de puissance. On peut dire que cette action s'étend à tous les êtres sensibles. Beaucoup d'animaux font de la musique; un plus grand nombre sont affectés par elle. Impuissante à peindre le monde extérieur (*voy.* EXPRESSION), la musique donne un corps à l'émotion abstraite; elle exprime des joies et des larmes que la parole ne saurait rendre, mais elle ne les rattache à aucun objet précis. Pour restreindre le vague qui lui est naturel, on l'accompagne souvent de paroles destinées à guider la pensée vers un fait ou une situation déterminée, mais il ne faut pas se tromper sur ce rôle de la poésie associée à la musique. La poésie n'est qu'une simple indication. Si elle aspire à dominer, si la musique, au lieu de peindre le sentiment, s'attache à traduire les mots du texte, les deux arts s'entravent et se paralysent mutuellement. C'est faute d'avoir compris cette importante vérité, que la musique était restée en arrière des autres arts. On l'a longtemps subordonnée aux idiômes, sans s'apercevoir qu'elle est une langue elle-même, une langue universelle, la langue du sentiment.

La musique se compose de trois parties principales : la mélodie qui est la succession agréable de sons entendus isolément, l'harmonie qui est l'heureux accord des sons entendus simultanément, et le rhythme, qui est le retour régulier des sons forts et faibles disposés dans un certain ordre. La mélodie peut se passer d'harmonie, c'est le cas de la plupart des airs populaires ; l'harmonie peut quelquefois se passer de mélodie, c'est le cas de divers morceaux en accords plaqués que l'on rencontre surtout dans la musique religieuse ; le rhythme peut se passer de mélodie et d'harmonie : le tambour, les castagnettes, le triangle, n'ont que du rhythme; mais l'absence de rhythme dans la mélodie ou l'harmonie produit toujours une sensation très pénible. Le rhythme est donc la partie la plus essentielle de l'art musical ; mais la musique n'acquiert réellement toute sa puissance que par la combinaison de ces trois moyens d'expression.

La mélodie et l'harmonie résultent de la combinaison, suivant des lois déterminées, d'une succession de sons appelés GAMME. Les sons de toutes les gammes connues sont au nombre de sept, séparés par des intervalles de différentes grandeurs (voy. OCTAVE). Les plus étendus prennent le nom de tons ou secondes majeures, les plus petits sont les demi-tons ou secondes mineures. Les Persans, les Arabes, les Turcs, divisent le ton en trois parties égales, tandis que les Européens et les Chinois le divisent en deux parties quelque peu inégales. Mais parmi ceux qui divisent le ton en deux parties, tous ne sont pas d'accord sur l'ordre de succession de tons et de demi-tons qui composent l'octave : les Chinois, les Indiens, les Irlandais, les Écossais, placent le premier demi-ton entre le 4e et le 5e degré, tandis que nous le plaçons entre le 3e et le 4e. En outre, la gamme de l'Écosse et de l'Irlande n'a pas de note sensible. Ces deux différences suffisent pour constituer une musique complétement différente de la nôtre.

Cet ordre de succession des intervalles dans la gamme établit le mode; l'emploi exclusif d'une gamme commençant à un certain degré de l'échelle musicale constitue le ton (voy. ces mots). C'est sur ce degré que se font les repos et que se termine la phrase musicale. Lorsque ces repos ne sont pas bien marqués et ne se font pas sur la même note, on dit que la tonalité est vague; c'est ce qui arrive pour le plain-chant. Dans ce cas il y a autant de modes ou de gammes différentes qu'il y a de degrés dans l'échelle musicale.

Dans la musique des peuples de l'Europe, il n'existe que deux modes diatoniques : le mode majeur dans lequel on suit la série naturelle des sons ut ré mi fa sol la si ut. Et le mode mineur dans lequel deux demi-tons sont changés de place ut ré mi♭ fa sol la♭ si ut, et dans laquelle apparaît un intervalle la♭ si plus grand qu'aucun de ceux qu'on a rencontrés dans la gamme majeure.

Ces légères différences dans la succession des notes en constituent de considérables dans l'expression. Le mode majeur est fort et énergique; le mode mineur est plaintif et doux. Cette diversité de caractère, très sensible dans la mélodie, l'est encore plus dans l'harmonie. Ces deux modes sont fondées sur la succession régulière des sons ut, ré, mi, etc.; il en existe deux autres fondés sur la succession d'intervalles plus petits, le mode chromatique et le mode enharmonique, mais ils ne s'emploient que par fragments très courts et principalement pour faciliter le passage d'un ton ou d'un mode à un autre. (voy. ENHARMONIQUE et MODE.)

L'harmonie repose sur la nature et la succession des accords. Il y a accord toutes les fois que deux ou plusieurs sons se font entendre simultanément. Les accords employés dans l'harmonie sont de deux sortes, les accords suspensifs et les accords résolutifs. L'accord résolutif se compose de la tonique, de la tierce et de la quinte; on lui donne le nom d'accord parfait, parce que c'est le seul qui satisfasse complétement l'oreille, tandis que les accords suspensifs appellent nécessairement un complément, une résolution.

Ces accords se forment et se succèdent suivant des lois compliquées, de manière à former des phrases (voy. ACCORD). Les phrases mélodiques et harmoniques se composent d'un petit nombre de mesures, et sont assujetties à des lois analogues à celles qui régissent les phrases du langage articulé (voy. MÉLODIE). Mais il y a cette différence entre la phrase musicale et la phrase parlée, que celle-ci déplaît si elle est répétée, tandis que la phrase musicale, si elle ne l'est pas, n'est pas sentie. Le talent et la science du compositeur sont dans l'art de disposer heureusement, d'enchaîner ces répétitions, en les variant de parties, de ton, de mode ou d'expression. Nul ne les a possédés à un plus haut point qu'Haydn. Le génie dû compositeur consiste à les trouver. Quand les phrases musicales sont répétées avec obstination, elles deviennent, suivant les conditions particulières dans lesquelles elles sont placées, des *canons*, des *imitations*, des *fugues* (*voy.* ces mots).

Il est rare qu'un morceau de musique se tienne long-temps dans le même ton ; le langage vulgaire en explique la raison par le sens qu'il attribue à l'expression de *monotone*. La phrase musicale fait en haut et en bas, à droite ou à gauche, des excursions qui sont assujetties à des règles assez sévères. On les comprend sous le nom général de *modulations*, soit qu'elles affectent le ton, le mode, ou l'un et l'autre à la fois (*voy.* MODULATION).

Ces lois multipliées sont les conséquences de la constitution de notre gamme. Cette gamme est-elle la meilleure, ou bien faut-il voir dans le plaisir qu'elle nous procure le résultat de notre éducation ? On ne saurait nier l'influence de cette dernière cause. Notre harmonie, qui est une conséquence de la constitution de nos gammes, semble fort choquante aux Indiens et aux Chinois, et les hommes totalement privés d'éducation musicale lui préfèrent l'unisson. Les expériences des physiciens sur la génération des sons ne semblent pas en parfaite conformité avec nos deux modes, au moins pour les détails. Il est vrai qu'un corps sonore mis en vibration fait entendre à une oreille exercée, outre la tonique et son octave, la double octave de sa quinte et la triple octave de sa tierce. Cette tierce est majeure dans la plupart des corps. Elle est mineure dans certaines cloches. Ce fait légitime notre accord parfait majeur *ut mi sol ut*, et notre accord parfait mineur *ut mi♭ sol ut*. Mais ce n'est pas sur les notes essentielles que notre gamme diffère de celles des Irlandais et des Chinois ; elle en diffère sur les rapports de la sous-dominante et de la sensible avec la tonique, sur les accords suspensifs. La science n'a rien découvert à cet égard de tellement probant que nous soyons autorisés à condamner absolument les tonalités différentes de la nôtre. Il n'est guère probable cependant que les fondements d'un art qui produit de si merveilleux effets sur tous les êtres organisés ne se trouvent pas en complète conformité avec les lois de l'acoustique.

La musique ne considère pas seulement la succession et la simultanéité des sons, elle s'occupe encore de leur intensité et de leur timbre.

C'est du degré de douceur ou de force des sons, et de l'heureuse combinaison de ces deux choses que résulte l'*expression* de la musique. Le *timbre* dépend des organes ou instruments producteurs des sons. — Les instruments se divisent en famille comme les voix. Ceux de chaque série comprennent ordinairement presque toute l'échelle des sons agréables à l'oreille, depuis le plus aigu jusqu'au plus grave. La première de ces familles est, sans contredit, celle des instruments à archet, violon, viole et violoncelle. Les instruments à vent composent deux et même trois familles, les cuivres, les instruments à anche et les instruments à embouchure. Les instruments à cordes pincées qui ont prédominé autrefois, ont presque tous disparu de la musique, si l'on en excepte la harpe. Les instruments à clavier sont les plus complets, et composent à eux seuls tout un petit orchestre.

Les pièces de musique, soit *vocale*, soit *instrumentale*, se divisent en trois genres principaux : — 1° *La musique sacrée.* C'est celle qui se chante dans les églises, les temples, les concerts spirituels. Le mouvement en est presque toujours lent et solennel, le caractère large et majestueux comme les cérémonies qu'elle est destinée à embellir. Quelquefois elle ne reçoit pour accompagnement que les jeux doux de l'orgue, comme dans le plain-chant, les choraux, les cantiques, etc.; quelquefois, au contraire, elle emploie toutes les ressources de la science musicale. Palestrina est le roi de la musique rêveuse et céleste de la première espèce. Dans la musique moderne, on distingue les *messes solennelles*, dans lesquelles toutes les parties de l'office divin sont savamment développées, les *messes brèves*, qui se composent d'un moindre nombre de morceaux, moins développés, les vêpres, les *Magnificat*, les *Te Deum*, les *Stabat*, etc. Mozart, Chérubini, Beethoven ont composé d'admirables pièces de musique religieuse, mais dans un système tout autre que celui des maîtres du XVIᵉ siècle. Ils ont fait du drame là où Palestrina n'avait placé que les élans du sentiment religieux. En Allemagne et en Italie, l'oratorio fait partie du service divin, mais il est resté en France dans le domaine du concert spirituel. Haydn, dans sa *Création* ; Haendel et Beethoven, dans leurs oratorios, ont su unir ce que la musique sacrée a de plus grandiose à ce que la musique dramatique a de plus expressif.

2° *La musique dramatique* qui comprend l'opéra, l'opéra-comique et le ballet. Dans les deux premiers genres elle s'associe au chant ; dans le troisième, à la danse. Dans tous les trois, elle est liée à la représentation d'une action dont elle exprime les péripéties. Elle admet tous les tons, depuis la gracieuse fantaisie jusqu'aux plus hautes harmonies religieuses.—Dans la musique dramatique on distingue : le *récitatif* qui n'est qu'une déclamation semée d'accords, l'*air* composé le plus souvent de deux et même de trois parties de mouvements divers; la *cavatine*; air plus court et d'un mouvement plus lent; le *duo*, le *trio*, le *quatuor*, etc., le morceau d'*ensemble*, dialogues à deux, trois, quatre, ou un plus grand nombre de voix chantant tour à tour ensemble ou isolément sur des rhythmes variés; le *chœur*, chant régulier à deux, trois, quatre parties. Un chœur commence ordinairement les actes, un morceau d'ensemble les termine; ce morceau qui est souvent fort long et qui change plusieurs fois de rhythme, a reçu le nom de *finale*. Dans la musique dramatique l'orchestre et les voix chantent tour à tour, et quelquefois simultanément. L'opéra est ordinairement précédé d'une *ouverture* purement instrumentale, qui a pour but, non pas comme on l'a dit souvent, de faire pressentir les principales phrases musicales qui apparaîtront dans l'ouvrage, mais de préparer l'auditeur aux émotions qu'on veut lui faire éprouver (*voy.* tous ces mots).

3° *La musique de concert et de chambre.* — Au premier rang de la musique de concert se place la *symphonie*, ce moule admirable où Haydn, Mozart, Beethoven ont jeté toutes les émotions de leurs âmes, toutes les richesses de leur fantaisie: viennent ensuite les *quintuor*, *quintetti*, etc., pour divers instruments; la *sonate*, qui n'en emploie qu'un ou deux, symphonie réduite qu'affectionnait Beethoven en ses heures de douces inspirations; le *concerto*, destiné à faire briller un instrument dont les chants sont interrompus par les *tutti* de l'orchestre; l'*air varié*, dont on a trop abusé: la *fantaisie*, le *caprice*, dont les formes arrêtées et monotones ne justifient que trop rarement le nom qu'ils reçurent de leurs premiers inventeurs; puis, pour la musique vocale, la *cantate*, sorte d'opéra restreint à quelques scènes; le *nocturne*, romance à deux voix; la *romance* plaintive et langoureuse; la *chanson* vive et gaie; le *couplet* où les paroles se dédommagent de la subordination que leur impose ordinairement la musique, en rejetant à leur tour la musique sur le second rang; l'*air populaire*, qui tire quelquefois une partie de sa grâce de l'audace avec laquelle il brave les règles de l'art, etc.

Bien que la musique s'intitule une science, et qu'elle en soit une, en effet, sa théorie est encore fort incomplète. Elle a produit des œuvres admirables, mais elles sont l'ouvrage de l'instinct beaucoup plus que celui de la connaissance des véritables lois de la production et de la distribution des sons. Il n'est pas d'art dont le côté scientifique se présente avec ce caractère de complication; il n'en est pas sur lequel on ait écrit si peu de bons livres.   J. FLEURY.

MUSONIUS (CAÏUS-RUFUS) : un des philosophes pythagoriciens les plus célèbres du IIe siècle de notre ère. Il naquit à Volsinium, en Etrurie, sous le règne de Tibère; ouvrit à Rome une école très fréquentée, et fut emprisonné par Néron auquel il avait osé dire la vérité. Quelques auteurs ont cru, mais à tort, qu'il était mort dans son cachot; Néron l'envoya, en 62, dans l'île de Gyare. Galba le rappela de l'exil. Il fut le seul des philosophes auquel Vespasien permit le séjour de Rome.

MUSSÆNDE, *Mussænda* (*bot.*): Genre de la famille des rubiacées, sous-ordre des cinchoracées, tribu des gardéniées, formé de petits arbres et d'arbrisseaux indigènes des régions intertropicales de l'ancien continent, croissant rarement en Amérique. Les feuilles de ces végétaux sont opposées, pétiolées, ovales, accompagnées, pour chaque paire et de chaque côté, de deux stipules acuminées. Leurs fleurs forment des corymbes terminaux et sont extrêmement remarquables par leur calice à tube adhérent, dont le limbe supère a l'un de ses lobes extrêmement développé, au point de former une grande feuille pétiolée, colorée, marquée d'un réseau de nervures et de veines; leur corolle est en entonnoir, velue à la gorge, à limbe quinquéparti; leur ovaire adhérent, à deux loges multiovulées, devient une baie presque globuleuse, nue au sommet, à deux loges polyspermes. Le singulier effet produit par le calice des mussændes en fait cultiver aujourd'hui quelques unes comme espèces d'ornement; mais elles sont encore peu répandues. Ce sont des plantes de serre.

MUSSATO (ALBERTINO), historien et poète italien, naquit à Padoue en 1261, fut chargé de plusieurs négociations auprès de l'empereur Henri VII, reçut le commandement des troupes de Padoue dans les guerres contre l'empire et contre Vicence, et mourut exilé en 1329. Il avait été déclaré poète lauréat dans sa patrie. Nous citerons parmi ses ouvrages : *De gestis Henrici VII imperatoris*; *de gestis Italorum post Henricum*. Ses œuvres ont été publiées à Venise en 1636, in-fol.

MUSTELA (*mamm.*). Linné désignait sous ce nom un genre de carnassiers qui, très nombreux en espèces, est devenu pour les naturalistes modernes, et principalement pour de Blainville, une famille distincte partagée elle-même en plusieurs groupes génériques, tels que ceux des *Moufettes*, *Ratel*, *Glouton*, *Mélogale*,

Zorilles, Grison, Putois, Marte, Loutre, Bassaride, etc. — Les mustela sont des carnassiers de petite taille, à corps allongé plus ou moins vermiforme, à membres ordinairement peu élevés, assez distants, plantigrades ou subdigitigrades, et dont les pieds sont pourvus de cinq doigts à tous les membres. La tête est plus ou moins allongée; constamment déprimée à la région du crâne; les oreilles sont courtes et arrondies. Le système dentaire commence à être plus carnassier que celui des petits ours, surtout par le nombre moins considérable de molaires. Le système de coloration est toujours uniforme, quoique souvent de couleurs différentes et tranchées en dessus et en dessous. — C'est au genre MARTE (voy. ce mot) que l'on a laissé plus spécialement la dénomination latine de Mustela.

MUSTAPHA, ou selon la prononciation des Arabes, des Persans et des Turcs mouslafa : mot arabe qui signifie élu, choisi. Mahomet ayant été surnommé moustafa, c'est-à-dire celui qui a été spécialement choisi de Dieu, l'élu de Dieu, ce mot est devenu un nom propre assez commun chez tous les peuples Musulmans. Nous citerons parmi les personnages qui l'ont porté :

1° MUSTAPHA Ier, proclamé empereur des Ottomans, l'an 1026 de l'Hégire (1617 de J.-C.) après la mort d'Achmet, Ahmet ou Ahmed Ier, son frère, montra bientôt combien il était incapable et indigne d'occuper le rang auquel l'avait élevé la volonté d'Achmet, soutenue par le crédit de quelques hauts fonctionnaires de l'Empire. La sultane Validé, ou sultane mère, se réunit à quelques personnages considérables pour le faire déposer. Il fut enfermé dans le sérail après avoir régné quatre mois. L'an 1031 de l'Hégire (1622), il fut remis sur le trône par les Janissaires; mais il donna bientôt des signes non équivoques d'une démence furieuse, et fut déposé de nouveau et enfermé dans le sérail jusqu'à l'année 1639 de notre ère, où son neveu et successeur Amurath IV le fit étrangler. Il était alors âgé de 54 ans.

2° MUSTAPHA II, empereur des Ottomans, monta sur le trône l'an de l'Hégire 1106 (1695), à l'âge de 32 ans. Il signala le commencement de son règne par quelques succès remportés sur les Vénitiens et les Impériaux. Mais en 1697 de notre ère, vaincu par le prince Eugène à la bataille de Zenta, il se vit obligé de battre en retraite. En 1699, il signa le traité de paix de Carlowitz, par lequel il cédait la Transylvanie aux Impériaux, et la Morée aux Vénitiens. De retour à Constantinople, il devint l'objet de la haine des Janissaires et du peuple. En 1703, une révolution éclata, et les révoltés le déposèrent. Il fut enfermé dans le sérail, où il mourut bientôt

d'hydropisie, à l'âge de 40 ans, après en avoir régné huit. Si ce prince ne justifia pas les espérances qu'on avait conçues de lui, on doit surtout en accuser les circonstances difficiles où se trouvait alors l'Empire ottoman. Il a mérité les éloges de la postérité par sa justice et sa douceur, par la protection qu'il accorda aux lettres et à ceux qui les cultivaient.

3° MUSTAPHA III monta sur le trône de Constantinople en l'an 1171 de l'Hégire (1757). Il comprit que l'état de décadence où se trouvait l'Empire ottoman exigeait un grand nombre de réformes, et s'appliqua avec courage à diminuer le luxe de son palais, et à supprimer les emplois et les dépenses inutiles. En 1182 (1769), il entreprit contre les Russes une campagne qui fut malheureuse. En 1184 (1770) eut lieu la désastreuse bataille navale de Tcheschmeh, près de l'île de Chio. La flotte turque y fut complétement détruite par le feu, et l'Empire ottoman perdit la Bessarabie, plusieurs îles de l'Archipel, ainsi que la Crimée. Mustapha III, décidé à réparer ces grands revers, voulait, après avoir reconnu l'incapacité de ses généraux, se mettre lui-même à la tête de l'armée; mais ses forces déclinaient, et il mourut le 20 de zilkadé 1187 (21 janvier 1774), à l'âge de 58 ans. Placé dans des circonstances moins difficiles, ce prince aurait passé pour grand.

4° MUSTAPHA IV, empereur des Ottomans, succéda, le 29 mai 1807, à son cousin germain, Sélim III. Le règne très court de ce monarque frivole et cruel, ne fut signalé par aucun événement remarquable. Après s'être souillé du meurtre de Sélim III, il fut déposé le 28 juillet 1808, et étranglé avec sa mère, le 15 novembre de la même année.

5° MUSTAPHA, fils aîné de Soliman Ier, empereur des Ottomans, et son héritier présomptif, était gouverneur d'Amasie. Sa valeur, ses talents et l'affection de l'armée et du peuple, semblaient lui présager un règne heureux, lorsque la haine de Roxelane, d'abord favorite, et ensuite épouse de son père, causa sa perte. Cette femme persuada à Soliman que Mustapha aspirait au trône, et Soliman le fit étrangler dans la tente impériale, tandis que, caché derrière un rideau de soie, il contemplait son agonie. Cet événement se passa l'an de l'Hégire 960 (1553). La mort de Mustapha a fourni le sujet de plusieurs tragédies. Belin fit jouer, en 1705, Mustapha et Zeangir; Champfort composa sous le même titre une autre tragédie qui obtint quelques succès en 1777. Maisonneuve traita le même sujet en 1785. Sa pièce est intitulée Roxelane et Mustapha.

6° MUSTAPHA (Jean-Armand), voyageur maho

métan, vint en France où il embrassa le christianisme, et devint interprète du cardinal de Richelieu pour les langues orientales. Il publia une relation intéressante des deux voyages qu'il fit à la côte du Maroc; cet ouvrage fut imprimé à Paris, 1632, 1 vol. in-12. **L. DUBEUX.**

MUSSCHENBROEK (*voy.*MUSCHENBROEK).

MUSULMAN : expression empruntée aux Turcs et qui vient de l'arabe *moslim*, qui signifie *fidèle, orthodoxe, qui suit la véritable religion.* En y joignant la terminaison du pluriel persan *an*, *Moslim* a fait *mosliman*, dont la prononciation s'est ensuite modifiée, et l'on a dit *musulman.* Ce mot n'a pas seulement perdu quelque chose de sa prononciation primitive et régulière, il a de plus modifié son acception, car il signifie, chez les Persans et chez les Turcs, comme chez nous, non pas *les fidèles, les orthodoxes*, ainsi qu'on pourrait le supposer; mais un *Mahométan*, un sectateur de la religion de Mahomet. *Musulman* est aussi adjectif, et s'applique particulièrement à ce qui a rapport à la religion des Mahométans. Ainsi on dit les rites musulmans, la religion *musulmane.*

MUSURUS (MARC), un des savants qui, à la fin du XVe et au commencement du XVIe siècle, contribuèrent le plus à répandre en Europe le goût de la littérature grecque. Il naquit vers 1470 à Retimo, dans l'île de Candie, et vint de bonne heure en Italie où il devint l'ami de J. Lascaris, d'Alde Manuce, etc. Il professa les lettres grecques avec un grand éclat à l'Université de Padoue et fut nommé en 1516, par Léon X, archevêque de Malvoisie. On lui doit la première édition d'*Aristophane*, Alde, 1498; celles de *Platon*, Alde, 1513; d'Athénée et de l'*Etymologicum magnum*, 1499, ouvrage dont l'importance est reconnue, et dont quelques auteurs le regardent même comme l'auteur. Musurus s'adonnait aussi avec succès à la poésie. On a de lui des *épigrammes grecques* et un *poème grec* de 200 vers à la louange de Platon, qu'on trouve dans l'édition de ce philosophe que nous avons citée. Musurus mourut en 1517.

MUTA (*myth.*), du latin *mutus, muet.* Déesse du silence adorée par les Romains. On célébrait sa fête le 12 des calendes de mars. Sauf peut-être quelques traits difficiles à bien saisir, elle paraît être la même qu'*Agerone* ou *Angerone.*

MUTATION (*jurispr.*). Ce mot exprime la transmission des biens d'une personne à une autre. Ainsi il y a mutation par vente, par échange, par donation, par succession. A chaque transmission de propriété, de jouissance ou d'usufruit, l'État perçoit un droit proportionnel qui varie suivant la nature des actes qui opèrent cette transmission, et suivant la qualité des personnes qui consentent ces actes. Les droits des donations entre vifs sont exigibles au moment même du contrat; celui des mutations dont l'effet est suspendu pendant la vie de l'instituant, n'est dû qu'au jour du décès; la dotation en avancement d'hoirie, quoique sujette à rapport ou susceptible de réduction, est soumise immédiatement au droit de mutation, parce qu'elle confère un droit actuel. Lorsqu'au contraire il s'agit d'un droit subordonné à une convention de survie, l'État ne peut exiger une perception immédiate. Les transmissions de propriété et celles d'usufruit sont, quant à la perception du droit, placées sur la même ligne et soumises l'une et l'autre au droit proportionnel de 4 p. 0/0 (loi du 22 frim. an VII), auquel il faut ajouter 1 1/2 p. 0/0 pour droit de transcription (loi du 28 avril 1816). Les concessions de servitudes à titre gratuit ou onéreux sont également soumises au droit de mutation. La dation d'un immeuble en antichrèse n'opérant pas une mutation (Cod. civ., art. 2088) ne donne lieu qu'à un droit proportionnel de 2 p. 0/0. La promesse de vente est passible des mêmes droits que la vente, à moins qu'elle ne contienne quelque condition suspensive ou résolutoire. L'adjudication sur folle enchère n'est susceptible des droits de mutation que sur ce qui excède le prix de la précédente adjudication. L'héritier bénéficiaire qui se rend adjudicataire des immeubles de la succession ne doit aucun droit de mutation, ce droit ayant déjà été acquitté.

Pour les mutations par décès, le droit ne devient exigible que par l'ouverture de la succession; ce n'est même qu'à ce moment que les gains de survie stipulés par les époux dans leur contrat de mariage, ainsi que les donations faites entre eux peuvent être l'objet d'une perception (Cass., 26 mai 1807). La confusion qui se fait au profit de la communauté de tout le mobilier apporté par les époux ne peut donner lieu à aucun droit de mutation par décès, pour tout ce que le survivant recueille, par l'effet du partage, des biens apportés par l'autre époux (déc. min. 17 juillet 1826). Les mutations par décès sont enregistrées sur une déclaration détaillée que les héritiers donataires ou légataires, leurs tuteurs ou curateurs sont tenus de signer; les délais, pour l'acquittement des droits, sont, à peine du double droit, de trois mois à compter du décès pour les testaments déposés chez les notaires, de six mois pour les déclarations de successions.

Quant au tarif des droits de mutation, il est fixé tel que l'ont déterminé les lois des 28 avril 1816 et 21 avril 1832. Dans ces derniers temps, l'Assemblée constituante (séances des 30 janvier et 1er février) discuta une réforme de ce tarif par suite de laquelle tous les droits de mutation subissaient une notable augmentation; mais, après deux jours de discussion publique, et par suite d'un dissentiment entre la commission et le ministère, le projet fut retiré et la délibération indéfiniment ajournée. Le décime de guerre, de 10 p. 0/0, continue à être ajouté à chaque droit.

ÉCHELLE DES DROITS PROPORTIONNELS DE MUTATION.

§ I. — ENTRE-VIFS.
A TITRE GRATUIT OU ONÉREUX.

1° *Biens meubles.*

Mutation par suite de :

Partage entre vifs en ligne directe.	» 25
(Loi du 28 av. 1816, art. 50.)	
Vente publique par courtier ou comm.-priseur sur autorisation judiciaire	» 50
Donation en ligne directe	1 25
Donation entre époux	1 50
Aliénation par ventes sous seing privé ou autres	2 »
Donation entre grands-oncles et petits-neveux, cousins-germains	4 »
— Entre frères et sœurs, oncles	2 75
— Entre parents du 4e au 12e degré	5 »
— Entre étrangers	6 »

2° *Biens immeubles.*

Partage en ligne directe	1 »
Donation par contrat de mariage	2 75
— Entre époux	4 50
— Entre frères et sœurs	6 50
— Entre grands-oncles et petits-neveux, cousins-germains	7 »
— Entre parents du 4e au 12e degré, par contrat	8 »
— Entre personnes non parentes	9 »
Vente à titre onéreux	5 50

§ II. — PAR DÉCÈS
A TITRE LÉGAL OU LIBÉRAL.)

1° *Biens meubles.*

Mutation par transmission :

— En ligne directe (Loi de 1816.)	» 25
— Entre époux	1 50
Entre collatéraux : (Loi du 21 avril 1832 art. 33). { frères et sœurs, oncles et tantes.	3 «
{ grands-oncles et grandes-tantes, cousins-germains..	4 »
Entre personnes non parentes ou parentes au degré non successible	6 »

2° *Biens immeubles.*

En ligne directe (Loi du 28 avril 1816)	1 »
— Entre époux	2 »

NOTA. — Si l'époux survivant est appelé à la succession, à défaut de parents au degré successible, il est considéré comme personne non parente et passible (v. infra) du droit du 9 p. 100.

Entre collatéraux : { frères et sœurs, oncles et tantes, neveux et nièces..	6 50
{ grands oncles et petits-neveux, cousins-germains ..	7 »
{ parents du 4e au 12e degré...	8 »
Entre parents non successibles et personnes non parentes	9 »

Les donations entre vifs, qui viennent d'être détaillées, supportent un droit moindre de moitié ou du tiers, selon les cas, si elles sont faites par contrat de mariage; ainsi, au lieu de 1 fr. 50 c., elles ne sont assujetties qu'au droit de 75 c., si les époux stipulent avant le mariage; au lieu du droit de 6 francs, elles ne supportent plus que celui de 4 francs, s'il s'agit de donation entre étrangers.

En dehors de ces droits proportionnels, sont assujettis au droit fixe de 5 francs (loi du 28 avril 1816, art. 45) les testaments et tous autres actes de libéralité qui ne contiennent que des dispositions soumises à l'événement du décès et les dispositions de même nature qui sont faites, par contrat de mariage, entre les futurs ou par d'autres personnes. Il est à remarquer toutefois que, si un testament contient un legs à charge de restitution, il doit être assujetti au droit de transcription d'un et demi pour cent (C. c. art. 1069).

Sont exemptés de tous droits de mutation les inscriptions sur le grand-livre de la dette publique, leurs transferts et mutations, les quittances des intérêts qui en sont payés, et tous les effets de la dette publique inscrits ou à inscrire définitivement. Les biens situés hors de France ou dans nos possessions d'outre-mer, où le droit d'enregistrement n'est pas établi, ne sont soumis à aucun droit de mutation par décès, lors même qu'ils sont recueillis par un Français habitant le continent, à moins que la succession ainsi ouverte dans une colonie ou à l'étranger ne présente dans son actif des créances hypothéquées sur des biens français, ou seulement payables en France. Dans ce cas, et en vertu de ce principe que la loi de l'impôt est un statut réel, les droits de mutation sont dus sur ces créances, si le recouvrement en est poursuivi en France. AD. ROCHER.

MUTEL (*moll.*). Adanson désigne sous cette dénomination une coquille que l'on rapporte au genre IRIDINE (*voy.* ce mot).

MUTILATION : Privation d'une partie du corps. La mutilation, comme pénalité, est une peine fort anciennement établie, car dans la vieille Égypte on enlevait le nez à la femme adultère. La loi qui punissait ainsi ce crime fut établie par Hélios, fils de Vulcain. Diodore nous apprend que l'on enlevait la langue à ceux qui découvraient aux ennemis quelques secrets de l'État, qu'on coupait les deux mains à ceux qui avaient contrefait le sceau de l'Etat ou ceux des particuliers, ainsi qu'aux faux monnayeurs, et que l'on condamnait à la même peine ceux qui usaient de faux poids et de fausses mesures. Les écrivains publics qui avaient supposé de fausses pièces, inséré ou supprimé quelques articles dans les actes copiés par eux, étaient punis de la même manière. Le viol était aussi puni par la mutilation. En Grèce nous ne voyons la mutilation exercée que pour le crime d'adultère ; c'étaient les yeux que l'on arrachait aux coupables. Les Locriens devaient cet usage à leur législateur Zaleucus qui, ayant à exercer cette loi contre son fils, s'arracha lui-même un œil pour en conserver un au coupable. — La perte des yeux, des oreilles, du nez, des membres, toutes les mutilations enfin furent au moyen-âge un supplice très fréquemment infligé. L'histoire byzantine et l'histoire carlovingienne fournissent surtout de nombreux exemples du supplice de l'aveuglement. Henri, un des familiers de Louis V, ayant conspiré contre ce prince, fut, dit Suger dans la vie de Louis-le-Gros, par un excès d'indulgence, condamné à perdre les yeux, etc., etc. Les tribunaux ecclésiastiques infligeaient souvent la mutilation. Plusieurs conciles durent même proscrire ce supplice. Ainsi le 15e canon du concile tenu à Mérida, en 666, ôte aux évêques et aux prêtres le droit de mutiler les serfs de l'Eglise. Le 6e canon du concile de Tolède, en 675, en défendant aux évêques de juger par eux-mêmes les causes emportant la peine capitale, leur interdisait d'ordonner la mutilation des membres, même pour les serfs de leur église. Le 18e canon du concile de Francfort-sur-le-Mein, en 794, défendait aux abbés de faire aveugler ou mutiler les moines, quelques fautes que ceux-ci eussent pu commettre. L'art. 67 des lois de Guillaume-le-Bâtard, est ainsi conçu : « Nous défendons de tuer ou pendre le criminel quel qu'il soit, mais on lui arrachera les yeux, on lui coupera les pieds ou les mains, etc., afin qu'il ne reste plus de lui qu'un tronc vivant en mémoire de son crime. » — D'après la coutume d'Avignon, le faux témoin était condamné à perdre le nez, et la lèvre jusqu'aux dents : en Suisse, le même supplice frappait le blasphémateur. En France, la mutilation avait également lieu pour crime d'adultère. Philippe et Gautier-d'Aunay ayant séduit les belles-filles de Philippe-le-Bel, on exécuta sur leurs corps diverses mutilations avant de leur donner la mort. Quant à la mutilation pratiquée dans le but de faire des eunuques (voy. ce mot). — La mutilation est punie en France comme blessure grave. Lorsqu'elle a eu lieu pour se faire exempter du service militaire,

la peine est plus sévère, et le mutilé n'en fait pas moins son temps, non plus sous les drapeaux, mais dans une compagnie de pionniers. Chez les anciens la mutilation, qui consistait dans l'enlèvement du pouce, ce qui empêchait de tirer de l'arc, était punie ignominieusement, et c'est même de là qu'est venu le mot poltron : *Pollex-truncatus.* AD. D. P.

MUTILLAIRES (*insectes*). Ce groupe d'hyménoptères appartient à la famille de fouisseurs hétérogynes, et se compose de six à sept genres, dont le plus important est celui des *Mutilles.* L'un des sexes est constamment privé d'ailes, ce qui donne à ces insectes une certaine analogie avec les formicaires ; mais ils vivent solitaires, n'ont pas de neutres, et ce sont les femelles qui sont aptères ; les mâles sont ailés et diffèrent en outre des femelles par la forme de l'abdomen, dont les premiers segments sont allongés et minces, comme chez les eumènes ; quelquefois même les couleurs sont différentes. Le corps est couvert de poils assez raides, couchés, souvent soyeux, et offre un mélange de couleurs noires et rouges, avec des taches ou des bandes argentées ou orangées, qui rendent les mutilles un des groupes les plus élégants parmi les hyménoptères. Leurs mœurs ne sont pas bien connues ; on trouve les femelles sur les terrains sablonneux et arides, courant avec rapidité en agitant leurs antennes, descendant dans les trous creusés par d'autres hyménoptères ; c'est ce qui a fait penser qu'elles étaient parasites ; nous croyons plutôt que les mutilles sont fouisseuses et ravisseuses à la fois, d'après la conformation de leur corps qui les rapproche beaucoup des scoliètes, surtout des *typhia :* mais nous n'avons pu observer aucun fait qui vienne appuyer directement cette opinion. Les femelles sont armées d'un long aiguillon qui pique cruellement : les mâles sont inermes et se trouvent sur les fleurs.—Les mutilles, peu communes et petites en Europe, sont très multipliées et de grande taille dans les régions intertropicales. L'une des plus belles est la MUTILLE ÉCARLATE, *Mutilla coccinea*, Fabricius, de l'Amérique boréale : elle a 20 millim. de longueur ; sa couleur est d'un beau rouge écarlate, avec les pattes noires et une bande transverse de même couleur sur l'abdomen.

MUTIS (don JOSÉ-CELESTINO), astronome et botaniste célèbre, naquit à Cadix, le 6 avril 1732. Voué d'abord à la médecine, il obtint, à Madrid, la place de professeur d'anatomie. Mais la correspondance active qu'il entretenait alors avec Linné développa en lui le goût de la botanique, à laquelle il finit par se livrer exclusivement. Le vice-roi don Pedro Mesia de la Cerda l'emmena, en 1750, à la Nouvelle-Grenade, en qualité de médecin. Mutis y fit d'intéressantes études sur les plantes de la contrée, et y découvrit le chincona ou quinquina qui n'était pas connu auparavant. A Santa Fé de Bogota, où il fut nommé professeur de mathématiques au collége de *Nuestra señora del Rosario*, il fit connaître à ses élèves le système de Copernic et faillit, pour cela, encourir la persécution des Dominicains. La protection du vice-roi put seule l'en garantir. De 1777 à 1782, il fit une excursion dans la partie méridionale de la Nouvelle-Grenade, pour les besoins de la *flore* de cette contrée, grand ouvrage auquel il travailla quarante ans. Il envoyait successivement à Linné toutes les espèces rares qu'il découvrait; mais celui-ci, par une erreur singulière, les rangea toutes, dans son *Mantissa* et dans son *Species plantarum*, parmi les plantes du Mexique. Mutis ne s'en tint pas à ces précieuses découvertes; il fit plusieurs observations astronomiques d'un grand intérêt, et fit connaître le premier la riche mine de mercure de Hague Vieja, entre le Nevado de Tolima et le Rio Saldana. En 1790, il obtint, par l'entremise de l'archevêque don Antonio Gangores, alors vice-roi, de fonder à Santa Fé un établissement de botanique sous le nom de *Expedicion real botanica*. En 1802, il fit élever à ses frais, dans son jardin à Santa Fé, un observatoire muni des meilleurs instruments. Il avait alors 77 ans, et l'âge n'avait nullement ralenti en lui l'ardeur de la science. Il mourut le 11 septembre 1808, peu de temps avant le soulèvement de l'Amérique espagnole. Il avait embrassé l'état ecclésiastique en 1772, et quand il mourut, il était chanoine de la cathédrale de Santa Fé. Linné qui l'avait en grande estime, l'avait fait recevoir membre des académies d'Upsal et de Stockholm, avait donné en son honneur le nom de *Mutisia* à un genre de plantes, et en 1769, avait fait publier, dans les *Mémoires de l'Académie royale de Stockholm*, plusieurs de ses écrits, ceux qui sont restés le plus connus. On peut, sur Mutis et ses travaux nombreux, consulter le supplément de Linné, dans les ouvrages de Cavanilles et de Humboldt, et le *Seminario del Nuevo Reino de Grenada* (1808-1809), rédigé par M. Caldas, directeur de l'observatoire de Santa Fé de Bogota.   Ed. F.

MUTISIACÉES et **MUTISIE**, *Mutisiaceæ* et *Mutisia* (bot.). Lessing a formé, dans la vaste famille des composées, une tribu à laquelle il a donné le nom de mutisiacées, emprunté au principal d'entre les genres qu'elle comprend. Cette tribu est composée de plantes qui croissent en général en Amérique, au delà de l'équateur, plus habituellement même au delà du tropique, et dont un fort petit nombre seulement se trouvent dans les parties de l'Amérique en deçà de l'équateur, au cap de Bonne-Espérance et au nord de l'Inde. Les principaux caractères de ces plantes consistent : dans leurs corolles plus ou moins épaisses, non translucides, celles du bord des capitules à deux lèvres ou en languettes, celles du centre presque toujours à deux lèvres, avec les divisions longues et divergentes; dans des anthères généralement à queue; dans un style cylindracé ou un peu noueux, terminé par des stigmates le plus souvent obtus ou tronqués, dont la face inférieure est très convexe, tandis que la supérieure est revêtue d'un duvet court et uniforme.

Le genre *mutisie* est remarquable parmi les composées, parce que les plantes qu'il comprend sont, pour la plupart, des arbustes grimpants, qui s'accrochent aux corps au moyen de vrilles formées par le prolongement de la côte médiane des feuilles. Ces plantes sont propres à l'Amérique méridionale, particulièrement au Pérou et au Chili. Leurs feuilles, alternes, sont en général profondément pinnatiséquées, et parfois réduites à n'avoir presque plus que la côte médiane garnie des deux côtés d'une étroite bordure formée par le limbe. Leurs fleurs sont rosées ou purpurines, plus rarement jaunes. Dans chaque capitule, celles du disque sont hermaphrodites, et celles de la circonférence, femelles, toutes avec la corolle à deux lèvres, dont l'extérieure est tridentée et l'intérieure divisée en deux lobes linéaires profondément séparés. Dans les fleurs de la circonférence, la lèvre extérieure est proportionnellement beaucoup plus grande, ce qui fait paraître le capitule à peu près rayonné. L'involucre présente plusieurs rangées de folioles; le réceptacle est nu. Le fruit est allongé, muni de côtes longitudinales, et surmonté d'une aigrette à longues paillettes plumeuses, égales et soudées en anneau à leur base. — La Mutisie élégante, *Mutisia graciosa* Hook., espèce du Brésil, est cultivée en serre comme plante d'ornement. C'est un arbuste grimpant, à tige marquée de cinq angles, à feuilles divisées profondément en cinq segments distants, oblongs, aigus, rétrécis à la base et terminés par une vrille trifide. Ses fleurs sont d'une belle couleur rouge pourpre. On multiplie cette plante par boutures et par marcottes.   D.

MUTISME ou **MUTITÉ**, de μύω, je me ferme (sous-entendu τὸ στόμα, la bouche), je me tais. On appelle ainsi la privation complète de la parole. Le mutisme peut être congénial ou accidentel. Dans le premier cas, il est presque toujours une conséquence de la surdité, soit congéniale, soit survenue peu de temps après la naissance. En effet, la voix ne saurait reproduire des sons que l'oreille n'a point entendus. L'affection, dans ce cas, est la *surdi-mutité*. On peut, au contraire, être muet de naissance sans être sourd, et, dans ce cas, le mutisme est appelé *mutisme congénial simple*.

La surdi-mutité peut reconnaître une foule de causes. Nous placerons en première ligne l'obstruction de la trompe d'Eustache ou de la cavité du tympan. Viennent ensuite des végétations ou concrétions développées dans la caisse du tympan, quelquefois la dessiccation du liquide acoustique, l'obstruction du limaçon et du conduit auditif interne, l'atrophie ou l'absence du nerf acoustique, un état anormal des lobes antérieurs du cerveau ou de la portion inférieure et latérale de la protubérance cérébrale d'où naissent les nerfs de la septième paire, causes irrémédiables et qui, pour la plupart, échappent à nos recherches ; enfin, quoique plus rarement, l'obstruction du conduit auditif externe, la destruction de la chaîne des osselets, et la perforation de la membrane du tympan qui, le plus souvent, nuisent plus ou moins à l'audition, sans la détruire d'une manière absolue. Dans tous les cas, le mutisme est en rapport avec le degré de surdité plus ou moins complète. La surdi-mutité provenant de l'oreille interne est presque toujours incurable. Quant à celle qui provient de l'oreille moyenne, on a des exemples assez fréquents de guérison pour qu'il soit permis de tenter d'y remédier. La trompe d'Eustache pourra être obstruée par le gonflement des amygdales ou par un obstacle quelconque dans le conduit. Dans le premier cas, il suffira d'exciser les amygdales, et dans le second, d'ouvrir la trompe au moyen de la sonde. Si l'air porté dans la cavité tympanique par la sonde, y pénètre avec gargouillement, on reconnaîtra que cette cavité est remplie de pus ou de mucus, et alors on en opérera l'épuisement, et l'on tentera la guérison par les dérivatifs tels que les purgatifs répétés, les injections dans le conduit auditif externe, les vésicatoires sur la tête, les cautères ou les moxas sur la région mastoïdienne. Les injections d'air par la trompe, ou la perforation de la membrane du tympan seront employées pour vider la caisse. Ce dernier moyen employé seul a réussi une fois à Cooper. Lorsque tous ces moyens ont été mis en usage avec plus ou moins de succès, il reste à soumettre l'oreille à une éducation spéciale, d'après le système de M. Itard, en commençant par lui faire entendre des sons d'abord très forts, puis de moins en moins intenses, jusqu'au ton ordinaire de la voix. Enfin, si toutes les tentatives ont échoué, le malheureux sourd-muet pourra encore, grâce au célèbre abbé de l'Epée, trouver dans la langue des signes une dernière consolation (*voy.* Sourds-Muets).

Le mutisme congénial simple provient ordinairement de la paralysie ou de l'altération plus ou moins complète des nerfs de l'organe vocal, c'est-à-dire du nerf spinal, du nerf pneumogastrique, et particulièrement du nerf laryngé inférieur ou récurrent. D'après C. Bernard, la lésion du nerf spinal seul, qui suivant lui est le nerf spécial de la voix, peut donner lieu au mutisme complet. Gallien a vu la lésion du nerf laryngé récurrent, produire dans un cas le mutisme complet et dans un autre, un demi-mutisme. Suivant M. Bouillaud, la lésion du lobule antérieur du cerveau peut aussi entraîner la mutité. Dans ces différents cas, le mutisme est presque toujours incurable, et constitue une infirmité plutôt qu'une maladie. Lorsqu'il est dû à la lésion du lobule antérieur du cerveau, il s'accompagne ordinairement d'idiotisme. Quant à la privation de la langue, elle n'est pas toujours une cause de mutisme, et bien des observations prouvent que des personnes ont pu parler, jusqu'à un certain point, quoique privées en partie de cet organe. Dans ce cas, toute la cavité buccale se resserre considérablement pour suppléer au défaut de l'organe. Lorsque le mutisme provient d'une paralysie plus ou moins complète de la langue ou des autres organes de la voix, il peut quelquefois se guérir, et même cesser subitement, soit après une émotion vive, soit même sans cause appréciable. On sait l'histoire du fils de Crésus, qui, à la bataille de Thymbrée, voyant un soldat près de frapper son père, s'écria tout-à-coup, quoique muet de naissance : Soldat ! ne tue point Crésus ! On peut d'ailleurs tenter contre ce mutisme toute la série des moyens employés contre les névroses, et surtout l'usage de l'électricité galvanique qui compte quelques succès.

Le mutisme accidentel peut être occasionné par une foule de causes. Il ne doit pas d'ailleurs être confondu avec l'aphonie qui suit ou accompagne un grand nombre de maladies. La paralysie de la langue qui survient, dans l'apoplexie, dans l'ivresse, dans l'hystérie et dans le narcotisme, peut produire un mutisme plus ou moins persistant. On sait que des voleurs ont fait boire à leurs victimes du vin mélangé avec la semence de stramoine pour les empêcher de crier, et le mutisme produit se prolongeait pendant plusieurs jours. On sait aussi que le mutisme a été provoqué par l'opium employé pour calmer des douleurs d'oreille ; or ces substances agissent en déterminant une congestion dans les hémisphères cérébraux. Toutes les affections qui porteront, de même, leur action sur l'encéphale, pourront être causes du mutisme. C'est ce qui explique aussi le mutisme dans les hémorrhagies de cerveau, dans les fièvres adynamiques et ataxiques, etc. Le mutisme accidentel peut aussi provenir d'une altération des organes de la phonation, de nature à empêcher la production des sons ou seulement leur articulation. Tel serait le cas d'une ulcération qui aurait détruit les cordes vocales ou la glotte, ou le voile du palais ou tout autre organe de l'appareil vocal.

Le traitement du mutisme accidentel varie avec la cause qui l'a produit, et c'est dès lors dans la nature de cette dernière qu'il faut en chercher les règles. On peut consulter sur le mutisme les *Recherches expérimentales* sur les fonctions du nerf spinal, de C. Bernard, dans les *Arch. gén. de Méd. 1844, 4e sér., t. 4 et 5*, et les *recherches cliniques* de J.-B. Bouillaud, *Arch. gén. de Méd. 1845, t. 8.*

MUTUEL (Enseignement). Système d'enseignement dont l'idée paraît avoir été empruntée aux Indiens. Il fut, dit-on, apporté en Europe (1747), par l'instituteur français Hrebault, et l'ecclésiastique Cherrier. Vers 1780, le chevalier Gaulet fit en France l'application de cette méthode, que Bell et Lancastre perfectionnèrent, et qui, sous la Restauration, fut adoptée dans un grand nombre d'écoles primaires.

MUTULE. C'est en architecture un modillon carré, dans la corniche de l'ordre dorique.

MUTUNUS ou MUTINUS (myth.) : divinité infâme adorée par les Romains, et correspondant au Priape des Grecs. Elle avait un temple à Rome, dans le quartier des Véliens, et une statue d'une obscénité révoltante. C'est dans ce temple que l'on conduisait en grande pompe les jeunes mariées la veille de leurs noces, pour détourner les enchantements qui auraient pu les rendre stériles. Arnobe (liv. IV) et Lactance (liv. I), se sont élevés contre ces usages honteux. Le nom de Mutunus venait du mot grec μυστός, qui, dans le dialecte éolien, désignait le sexe féminin.

MUTZIG, ville de France dans le département du Bas-Rhin, à 3 kil. O. de Molshein. Elle possède 3,500 habitants environ, et une belle manufacture d'armes à feu.

MUY (Louis-Nicolas-Victor Félix, comte de), maréchal de France, né à Marseille, en 1711, fut d'abord chevalier de Malte de la langue de Provence, servit sous Berwick et Coigny, dans la guerre de 1732, entreprise pour maintenir Stanislas sur le trône de Pologne, et, de retour en France, obtint, en 1735, un brevet de ménin du Dauphin, père de Louis XVI. Il se conduisit bravement à Fontenoy, et fut fait lieutenant général en 1748. Aux trois batailles qui signalèrent successivement les trois années 1757, 1758 et 1759, à Hastenbeck, à Crevelt, à Minden, il se fit remarquer par son courage et ses talents militaires. Il en fut récompensé par le commandement d'un corps considérable qui lui fut confié pendant toute la campagne de 1760, par le titre de chevalier des ordres du roi, et par le gouvernement militaire de la Flandre, qui lui fut donné en 1762. Ses talents lui firent souvent proposer le ministère de la guerre, qu'il refusa tant que vécut Louis XV, mais qu'il accepta à la première offre que lui en fit Louis XVI, l'année même de son avènement, en 1774. Il fut aussi compris dans la première promotion de maréchaux, qui eut lieu à l'occasion du nouveau règne. Il ne jouit qu'une année de ces hautes dignités et mourut en 1775, laissant sur l'art de la guerre, et principalement sur son administration, des mémoires manuscrits remplis des plus sages observations, et remarquables par les vues les plus saines et les plus étendues. Le Tourneur écrivit, en 1778, sur le maréchal de Muy, un *éloge* éclatant, mais juste, qui fut couronné par l'Académie de Marseille. ED. F.

MUZIANO ou LE MUTIEN (Girolamo) : peintre italien, naquit en 1528, à Acqua Fredda, dans le Bressan. Il était venu de bonne heure à Rome, et s'était d'abord adonné avec succès à l'étude du paysage qu'il abandonna bientôt pour la grande peinture historique. Son maître fut Girolamo Romanina; mais sa longue étude des tableaux du Titien contribua surtout à donner la force et l'éclat à son talent. Il avait trouvé dans les cardinaux d'Est et Farnèse, et dans le pape Grégoire XIII, de généreux protecteurs. Ce fut surtout pour eux qu'il travailla. Il fit le meilleur usage de son crédit près du Saint-Père, et s'en servit en particulier pour l'établissement à Rome de l'Académie de Saint-Luc, dont il fut le chef, et que Sixte V confirma par un bref. Ses tableaux, dont la plupart ornent les églises de Rome, se font remarquer par la vigueur sévère du dessin, et par l'éclat un peu sombre du coloris. Il excelle, comme quelques peintres de l'école espagnole, dans l'expression des physionomies austères, et de ces figures de pénitents exténués par l'ascétisme et l'abstinence. Ses *Anachorètes* de l'église des Chartreux, à Rome, sont surtout dans ce caractère et passent pour être son chef-d'œuvre. On retrouve les qualités de cette peinture forte d'effets, savante d'anatomie, mais un peu cadavéreuse, dans les deux tableaux que le Louvre possède de lui : l'*Incrédulité de saint Thomas*, et la *Résurrection de Lazare*. Comme chef de l'académie de Saint-

Luc, Muziano avait donné une heureuse impulsion à toutes les parties de l'art, et, notamment, fait faire de grands progrès à la mosaïque. Ed. F.

MYAGRUS, du grec μυϊα, *mouche*, et αγρα *capture:* divinité adorée par les Grecs pour se débarrasser des mouches, cousins, etc. On lui faisait de temps en temps des sacrifices lors des jeux solennels d'Olympie, pour délivrer les spectateurs de l'incommodité de ces insectes. Les Romains donnaient à la même divinité le nom de *Myiodes*. Celui *d'apomyius* (*qui chasse les mouches*), se trouve appliqué tantôt à Jupiter, tantôt à Hercule. Ce dernier recevait des Trachiniens l'épithète de *kônôpiôn* (κωνωψ, *mouche*). Les Cananéens rendaient pour le même motif les honneurs divins au *seigneur des mouches* (*Voyez* Béelzébuth).

MYCALE : montagne fameuse située au sud de l'Ionie, entre Panonium et Prœne, en face de l'île de Samos. Elle forme, en s'avançant dans la mer, le promontoire de Trogilum, à la hauteur duquel les vaisseaux grecs, commandés par l'athénien Xantippe et le spartiate Leothychidès, vainquirent, en l'an 479 avant notre ère, la flotte des Perses, qui ne portait pas moins de cent mille hommes. Par cette victoire navale, arrivée le jour même où Pausanias triomphait des Perses à Platée, l'indépendance hellénique fut assurée pour longtemps. *Samsoun* est le nom moderne du Mycale. — Une ville de Carie s'appelait comme cette montagne. — Mycale était aussi le nom d'une fameuse enchanteresse et empoisonneuse Thessallienne, mère des Lapithes Brontée et Orios, et dont Ovide parle au XIIe livre de ses Métamorphoses. Ed. F.

MYCELIUM, *Mycelium* (*bot.*). On donne ce nom au corps même de la plante dans les champignons. En effet, on distingue dans ces végétaux, deux parties différentes de nature et de destination : l'une formée de filaments très déliés, nombreux, entrecroisés et entrelacés de diverses manières, qui reste généralement cachée dans la terre ou qui s'étale sur les corps ; l'autre qui forme en apparence tout le champignon, la seule qu'on mange dans les espèces comestibles, et dont on connaît la rapidité de développement chez les grandes espèces. C'est la première qui constitue la plante elle-même et qu'on nomme le mycelium du champignon. Pour le champignon de couche, ce mycelium n'est autre chose que ce qu'on nomme le blanc. C'est encore la même partie d'un champignon qui forme ces sortes de barbes blanches qu'on observe souvent dans les caves, sur les bois à moitié pourris. On peut voir le mycelium des champignons comestibles, si, au lieu de les arracher brusquement, on découvre leur base en écartant la terre avec soin, car il se présente alors sous l'apparence de sortes de racines très déliées et entrecroisées en tout sens.

MYCÈNES : ville considérable de l'ancienne Grèce, dans l'Argolide, à environ 16 kil. N.-E. d'Argos, non loin de Carvathi. Elle avait été fondée, selon les uns, par Mycènes, fille d'Inachus, et selon d'autres, par Persée. Dans une vallée voisine, on voyait le fameux temple *Hérœum*, consacré à Junon, et où l'on célébrait les jeux *héréens*. Papinius la nomme *Inachias*, parce qu'elle était située sur le fleuve Inachus ; Pléthon l'appelle *Polyphygon*, et Sophianus, *Agios Adrianos*. Cette ville rivalisa longtemps avec Argos, à laquelle elle disputait la suprématie de l'Argolide. Les rois qui la gouvernèrent furent, après Persée, Mastor, Electryon, Sténélus, Eurysthée, qui régna en même temps sur Argos, ainsi que ses successeurs Astrée et Thyeste, Agamemnon, Egysthe, Oreste, Pentis ou Pentillus, et enfin Tissamène et Comète, qui furent chassés du Péloponèse par les Héraclides. Nous devons ajouter que cette succession, que nous donnons d'après Castor, Eusèbe et Tatien, diffère considérablement de celle de Pausanias, d'Apollodore et d'Hygin. Quant à la durée de ces différents règnes, il serait impossible de la préciser. Champollion-Figeac place, dans l'année 1458, le commencement de celui de Persée, et fixe à 1202 le retour des Héraclides dans le Péloponèse. Nous avons peu de renseignements sur la suite de l'histoire de Mycènes. Nous savons cependant qu'après les guerres médiques, elle fut prise d'assaut par les Argiens, qui en égorgèrent les habitants. Il ne reste plus aujourd'hui de Mycènes, qui possédait un nombre considérable de beaux monuments, que quelques débris de constructions cyclopéennes ; Strabon nous apprend qu'il en était à peu près de même de son temps. — Agamemnon, selon Velleius Paterculus, avait fondé dans l'île de Crète une autre ville du même nom. Al. B.

MYCÉTOLOGIE et **MYCOLOGIE** (*bot.*). On donne indifféremment l'un ou l'autre de ces noms à la partie de la botanique cryptogamique qui s'occupe spécialement des champignons. Cette vaste famille naturelle, regardée par beaucoup de botanistes comme une classe, a pris une extension si considérable qu'on voit aujourd'hui des hommes d'un grand mérite en faire l'objet principal ou même unique de leurs études, et y trouver matière à une ample moisson de découvertes intéressantes. On nomme *mycologistes* ou *mycétologistes* les botanistes qui s'occupent de cette branche particulière de la science.

MYCERINUS : roi d'Egypte, fils de Chéops,

selon Hérodote, et de Chemnis, selon Diodore. Il rouvrit les temples que Chéops avait fait fermer, rétablit le culte et fit fleurir la justice. Il ne régna que sept ans. On lui attribue la construction d'une des trois grandes pyramides.

MYCÉTOPHAGES (*insect.*). On désigne sous ce nom, et sous celui de *mycétophagites*, une tribu de coléoptères, rentrant dans la famille des xylophages, et ayant pour caractères : antennes de onze articles, guère plus longues que la tête, insérées sous les bords de cet organe, et terminées en une massue perfoliée, composée de trois articles. — Ces insectes, dont on ne connaît que des espèces européennes, sont de petite taille, et se rencontrent, soit dans l'intérieur des bolets ou autres champignons, soit sous les écorces des arbres. Les métamorphoses de plusieurs espèces ont été décrites tout récemment par M. Ed. Perris. — Parmi les dix genres placés dans cette tribu, nous citerons seulement celui du *mycetophagus*, qui comprend des espèces propres à l'Europe, et d'autres particulières à l'Amérique; son type est le *M. quadrimaculatus*, Fabricius, que l'on rencontre communément aux environs de Paris. E. D.

MYCÉTOPHILIDES (*entom.*) : tribu d'insectes diptères dans la division des némocères, et de la subdivision des tipulaires. Ses caractères sont : trompe peu saillante; antennes filiformes, rarement sétacées; thorax fort convexe et sans suture; hanches allongées; ailes sans cellule discoïdale : quatre postérieures. Cette tribu, dont le nom est tiré du genre le plus considérable qu'elle comprend, présente une grande uniformité dans ses caractères essentiels, unie à une plus grande diversité dans les secondaires. Chaque organe offre des modifications qui ont donné lieu à la formation de genres nombreux : la tête se prolonge en rostre dans les gnoristes, les asindules, les macrorhynques; les antennes, le plus souvent filiformes, sont sétacées dans les macrocères et les bolitophiles, comprimées dans les céroplates, les platyures et les ditomyies; les yeux, ordinairement ronds ou ovales, sont réniformes dans les mycétobies, les macronèvres et les sciures; les trois ocelles se réduisent à deux dans les mycétophiles; ils disparaissent entièrement dans les cordyles et les chénésies; les jambes, terminées par de longs ergots dans les uns, tels que les sciophiles, les tétragoneures, n'en ont pas, ou n'en ont que de courts dans les macrocères, les balitophiles et les campylomyzes. Enfin, les nervures des ailes présentent dans chacun de ces genres une modification particulière du caractère essentiel.

Ces tipulaires vivent généralement dans les ieux ombragés, humides et favorables à la pro-duction des champignons sur lesquels elles déposent leurs œufs et où se passe leur jeune âge dans l'état de larves et de nymphes. Ces larves, comme celles de toutes les némocères, ont une tête distincte et se caractérisent par huit paires de stigmates. Leurs autres caractères sont aussi variables que ceux des insectes parvenus à l'état ailé. Ainsi, les larves des macrocères ont des antennes, les autres n'en ont pas; celles des mycétophiles ont des yeux, beaucoup d'autres en sont privées; la forme du corps est tantôt ovalaire, tantôt filiforme, tantôt renflée et arrondie à l'extrémité. La plupart des larves se filent des cocons avant de passer à l'état de nymphes; celles des macrocères restent nues. La même diversité règne dans la manière de vivre de ces larves : les unes sont isolées, d'autres, telles que les bolitophiles, vivent en société; la plupart se tiennent à découvert dans les champignons; celles des céroplates se dérobent aux regards : munies d'une filière à la bouche, elles ont l'instinct de revêtir d'une couche de soie le plan sur lequel elles se posent; en marchant, elles tapissent l'espace qu'elles ont à parcourir. Lorsqu'elles se fixent, elles tissent un pavillon qui les recouvre entièrement, et, au moment de se transformer en nymphes, elles se filent une coque sans quitter l'agaric dont elles ont dévoré une partie.

Quoique les larves de ces tipulaires vivent généralement dans les champignons, et que les espèces observées l'aient été particulièrement dans l'*agaricum sulphureum*, l'*A. roseo-rubrum*, le *dædolœa suaveolens*, le *fistulina hepatica*, le *boletus pinctorum*, le *B. edulis*, le *B. imbricatus*, plusieurs exceptions à cette règle ont été signalées. Nous avons trouvé des larves de mycétobies dans les ulcères des ormes; une observation plus singulière encore a été faite récemment par M. Perris : il a découvert des larves d'une mycétophile sur la surface inférieure d'une pièce de bois couchée sur une pelouse. Ces larves, qui paraissent se nourrir de moisissures et de byssus, présentent une particularité fort remarquable : elles se couvrent le corps d'une matière excrémentielle, comme celles des criocères du lys et des cassides, à l'aide du dernier segment de l'abdomen et d'une sorte de carapace qui protège leur dos. C'est par cet instinct qu'elles viennent au secours de leur nudité, de leur extrême mollesse, et qu'elles se défendent contre les dangers extérieurs.—Lorsque le moment de passer à l'état de nymphes est arrivé, les larves donnent à leurs coques la forme d'urnes fermées d'un couvercle, et les tapissent à l'intérieur d'une pellicule gommeuse. M.

MYCONE ou MYCONOS : île de la mer Égée, l'une des Cyclades, entre Tenos au nord,

Paros et Naxos au sud, et, à l'ouest, Delos dont elle n'est distante que de 15 kil. Elle n'a guère que 12 lieues de circonférence. Ovide et Virgile, qui en parlent, la nomment l'un (METAM, *liv.* 7) *humilem Myconem*, l'autre (ÉNÉIDE, *liv.* 3) *celsam Myconem*. Par là, comme le remarque Furgault, il paraît qu'Ovide la connaissait mieux que Virgile. Mycone, en effet, mérite peu l'épithète de *celsa*, mais en tout point celle d'*humilis*. A peine en effet si elle était habitable à cause de sa stérilité et de ses tremblements de terre dont parle Strabon. Le même auteur nous dit qu'on montrait à Mycone le tombeau des Centaures vaincus par Hercule. Selon lui les Myconiotes passaient pour très avares, et par une singularité encore remarquée de nos jours, devenaient tous chauves de très bonne heure. Cette île, qu'on appelle aujourd'hui *Myconi* ou *Mycouli*, est toujours fort aride. On y recueille, toutefois, assez d'orge pour nourrir les habitants, beaucoup de figues, mais peu d'olives. La population groupée presque tout entière à l'intérieur et aux environs du bourg principal, nommé Myconi, s'élève à peu près à 6,000 habitants. ED. F.

MYDASIENS (*entom.*) : tribu d'insectes diptères de la division des tétrachœtes. Ses caractères sont : sommet de la tête concave; face à moustache; trompe à lèvres terminales ordinairement épaisses; antennes de cinq articles distincts, et sans style; point d'ocelles; ailes à cellules sous marginales fermées : trois ou quatre postérieures, la plupart également fermées. — Cette petite tribu, voisine de celle des asiliques, est très remarquable par la grandeur des principales espèces, par la conformation des antennes, et par la disposition des nervures alaires. Les cinq articles distincts des antennes constitueraient une grande anomalie dans cette division, si les deux derniers ne représentaient pas le style biarticulé qui termine les antennes des asiliques. Les nervures des ailes semblent, au premier abord, s'éloigner également du type normal; mais un examen attentif en fait reconnaître le nombre et la position ordinaires aux asiliques, et elles ne s'en distinguent réellement que par leur direction vers le bord extérieur, et par les anastomoses plus nombreuses entre elles. Cette tribu se compose des genres mydas, rhopalie, dolichogastre et céphalocère. — A l'exception d'une seule espèce de l'Europe méridionale, toutes sont exotiques et appartiennent, la plupart, à l'Amérique et à l'Afrique. Leurs mœurs n'ont pas encore été observées; mais d'après leur analogie avec les asiliques, il est probable que ces petits animaux font la guerre à d'autres dont ils font leur proie. MACQUART.

MYDAUS (*mamm.*). Genre de carnassiers plantigrades, composé d'une seule espèce que l'on avait réunie aux moufettes, et dont **Fr.** Cuvier a fait une division générique distincte. Le système dentaire des *mydaus* est presque semblable à celui des *mephitis;* toutefois, les molaires sont beaucoup plus écartées, et les incisives, au lieu d'être sur une ligne droite, sont sur un arc de cercle très petit; la tête rappelle, par sa forme, celle des blaireaux : les oreilles sont presque tout-à-fait dépourvues de conque externe; les narines s'avancent fort au delà des mâchoires, et sont environnées par un mufle; les pieds ont cinq doigts armés d'ongles fouisseurs; la queue est rudimentaire; le pelage est peu fourni; presque tous les poils sont soyeux. — L'espèce principale de ce genre est le TÉLAGON, *Mydaus meliceps,* **Fr.** Cuvier, anciennement connu sous les noms de *mephitis meliceps* et *javanicus.* La peau est de couleur de chair, et presque tous les poils sont d'un brun marron très foncé; toutefois, une ligne blanchâtre, qui du sommet de la tête se prolonge le long du dos jusqu'à l'extrémité de la queue, vient se dessiner sur ce pelage unicolore. Le télagon, qui n'est pas rare à Java, et qui se trouve également à Sumatra, répand, comme les moufettes, une odeur extrêmement fétide, et c'est à cette particularité que se rapporte la dénomination générique de *mydaus,* provenant du mot grec μύδος, mauvaise odeur. — De Blainville désigne, sous le nom de *mydaus de Meudon,* une espèce de mustelien fossile, trouvée aux environs de Paris, et qui doit être rapportée à ce genre. E. D.

MYDRIASE (*méd.*): état permanent de dilatation de la pupille. Cette affection n'est pas rare et attaque ordinairement les deux yeux. Elle est quelquefois congéniale; dans le cas contraire, elle reconnaît pour cause un long séjour dans l'obscurité, une action spécifique comme celle des narcotiques, mais surtout de la belladone et de la jusquiame. Dans le plus grand nombre des cas, ce n'est qu'un état purement symptomatique de l'affection d'une partie constituante de l'œil, ou même d'un organe plus éloigné. C'est ainsi que nous la signalerons dans beaucoup d'amauroses, dans quelques adhérences de l'iris avec la capsule du cristallin, dans quelques hydrophthalmies, dans les hydropisies encéphaliques et en général dans tous les cas de compression du centre cérébral, dans quelques hystéries, dans quelques hypochondries, et dans les affections vermineuses. — La mydriase symptomatique cède ordinairement à l'affection qui l'a fait naître, et n'a donc ni traitement ni pronostic propres. Celle qui est idiopathique, quel qu'en soit la cause, est en général rebelle, et il est le plus souvent impossible d'en reconnaître la cause. Lorsqu'elle persiste, alors même que cette paralysie de l'iris ne s'étendrait pas à la rétine, elle peut avoir des suites fâcheuses pour la vision ; la lumière pénétrant en trop grande abondance jusque sur la rétine, produit une sorte d'éblouissement continuel, et la vision ne devient plus précise que vers le soir, ce qui produit une espèce de nyctalopie. Il y a quelquefois photophobie, et par suite de ambliopie amaurotique. Enfin, il peut se manifester, par suite de l'état mydriatique, une inflammation de la rétine trop vivement simulée par un excès de lumière. — Le traitement doit varier ici comme la cause. L'affection est-elle symptomatique, il faut, avant tout, faire cesser la maladie primitive par les moyens appropriés. Contre la mydriase simple, les vésicatoires volants sur les régions surciliaire et frontale, les collyres stimulants et astringents, les toniques de diverses sortes et quelquefois les antispasmodiques, seront les moyens rationnels à mettre en usage. Lorsque tous ces moyens demeurent inutiles, il reste encore à pallier les conséquences de l'affection par l'emploi de lunettes dont les verres, perlucides à leur centre seulement, ne laissent pénétrer jusqu'à l'œil qu'une petite quantité de rayons lumineux. On a aussi fait construire dans le même but des lunettes dites à tube, parce que les verres sont surmontés par des cones creux, noircis à leur intérieur, et dont la base vient s'appuyer sur le pourtour des orbites, de manière à ne permettre l'entrée de la lumière que par les verres placés à leur sommet. L. DE LA C.

MYE (mollusq.) : genre de mollusques conchifères dimyaires, créé par Linné pour un assez grand nombre d'animaux dont on a fait plusieurs groupes distincts, tels que ceux des anodontes, des agatines, des glycimères, des vulselles, des lutraires, des panopées, et qui, aujourd'hui, ne renferme qu'un très petit nombre d'espèces. — Les myes sont des mollusques incomplètement recouverts par une coquille bivalve, bâillante aux deux extrémités et revêtue d'un épiderme coriace sur toute la partie non embrassée par le test ; le manteau est presque entièrement fermé. Les palpes labiaux sont longs, pointus et assez épais ; les branchies se prolongent en arrière, et restent flottantes dans la cavité du manteau jusqu'à l'orifice interne des siphons. La coquille est transverse, ovale, presque équilatérale, bâillante aux deux bouts ; la valve gauche porte une grande dent cardinale comprimée, dressée presque verticalement ; l'autre valve présente une facette correspondante d'où part le ligament qui s'attache à la dent de la valve gauche. Ces mollusques se tiennent toujours enfouis dans le sa-

ble, de manière à présenter l'orifice de leurs siphons à la surface ; ils paraissent peu susceptibles de changer de place. — On en connait deux espèces qui vivent sur les côtes de l'Océan d'Europe ; ce sont : la MYE TRONQUÉE, Mya truncata, Lamarck, dont la coquille, longue de près de 8 centimètres, épaisse, presque ovale, est comme tronquée en arrière ; et la MYE DES SABLES, Mya arenaria, Lamarck, qui en diffère par sa coquille régulièrement ovale, non tronquée, moins épaisse et moins inéquilatérale. — Le genre mye et celui des corbules, forment une petite famille distincte, celle des MYAIRES, principalement caractérisée par la forme de la coquille bâillante, avec une dent cardinale et un ligament interne. E. D.

MYÉLITE (méd.), du grec μυελος, moelle épinière. C'est le nom par lequel on désigne l'inflammation de la moelle épinière, aussi appelée rachialgie et spinite. Les causes les plus fréquentes de cette affection sont les efforts, les chutes, les coups violents sur le rachis, les affections des vertèbres, l'insolation, la suppression d'une hémorrhagie habituelle, la disparition trop rapide d'un érysipèle, d'une dartre ou d'une phlegmasie articulaire, enfin l'extension d'une inflammation de l'arachnoïde ou du cerveau. — Le symptôme le plus constant paraît être une douleur profonde et excessivement aiguë, accompagnée d'un sentiment de chaleur acre dans la longueur du rachis, que les mouvements, le décubitus sur le dos, mais plus particulièrement sur un lit moelleux et chaud, exaspèrent, et dont l'intensité n'est pas accrue par la pression. A cette douleur, plus ou moins circonscrite, viennent se joindre de la stupeur et des fourmillements dans les membres abdominaux, l'excrétion involontaire des matières fécales et des urines, ou leur rétention. La paralysie gagne quelquefois, et successivement de proche en proche, la partie supérieure du tronc, les membres supérieurs, et finit même par déterminer la cessation de la respiration et la mort par asphyxie. Ce n'est que beaucoup plus rarement qu'on voit les symptômes marcher de haut en bas. Le plus souvent, la paralysie se manifeste d'abord que d'un seul côté et se communique ensuite à l'autre ; tantôt il n'y a d'aboli que la sensibilité ou le mouvement. Quelquefois des convulsions précèdent la paralysie ; d'autres fois, ce ne sont que des contractions permanentes et douloureuses ; parfois, enfin, les muscles sont flasques et dépourvus de contractilité. Cette différence provient évidemment de ce que, dans le premier cas, l'inflammation s'étend aux membranes de la moelle, tandis que, dans le second, elle reste bornée à la pulpe nerveuse. Les facultés intellectuelles ne sont pas troublées comme dans la phlegmasie du cerveau ou de ses membranes. On n'observe jamais la perte de l'ouïe ou de la vue, s'il n'existe pas une inflammation cérébrale concomitante. La colonne vertébrale n'éprouve ni raideur ni courbure, comme dans l'arachnoïdite rachidienne. Le pouls est ordinairement fréquent et irrégulier. — Cet ensemble de symptômes doit nécessairement recevoir quelques modifications du siége de l'inflammation et de son étendue plus ou moins grande le long du cordon rachidien. Est-ce la région supérieure qui se trouve atteinte? Les sens seront troublés et il y aura du délire, parce que l'irritation s'étendra à l'encéphale. On observera, en outre, du trismus avec grincements de dents; la langue sera rouge et sèche, la déglutition difficile, les mouvements de la respiration pressés et tumultueux. La paralysie générale et la mort par asphyxie surviendront rapidement; quelquefois même il y aura des symptômes d'hydrophobie. L'inflammation occupe-t-elle la portion cervicale? Ce sera dans les muscles du cou et des membres abdominaux que se manifesteront la rigidité, les convulsions ou la paralysie. La respiration sera laborieuse, pénible et ne s'exécutera plus que par le diaphragme. Quand l'inflammation siége dans la région dorsale, entre les deux renflements, on observe plus particulièrement des secousses convulsives ou une rigidité continue du tronc, auxquelles les membres ne participent pas. Il y a des palpitations; les battements du cœur sont irréguliers. Enfin, quand c'est la portion lombaire, ou plutôt le renflement inférieur qui se trouve atteint, la paralysie porte sur les membres inférieurs, les organes de la défécation et de l'excrétion urinaire. On remarque quelquefois aussi du satyriasis, mais cela plus particulièrement à la suite d'un coup ou d'une chute. — Les symptômes de la myélite chronique sont presque toujours obscurs. Le plus souvent, elle n'est accompagnée d'aucune douleur; la paralysie graduelle des membres et le trouble des fonctions de la vessie et du rectum peuvent seuls la faire soupçonner; dans quelques cas très rares, la moelle se désorganise, même sans produire de paralysie. La myélite est une affection des plus graves et dont la guérison est fort rare. Sa marche, à l'état aigu, est des plus rapides. Parfois les malades succombent en trois ou quatre jours; rarement ils atteignent le vingtième. A l'état chronique, la durée en est indéfinie. — Il faut à la myélite aiguë opposer le traitement antiphlogistique le plus énergique : saignées générales, larges applications de sangsues sur la partie atteinte, ventouses scarifiées, bains tièdes et prolongés dans les-

quels on évitera toute secousse; les boissons delayantes et la diète la plus sévère. On a aussi proposé des topiques froids. Nous n'avons pas connaissance que ce moyen ait été suffisamment expérimenté; mais s'il faut juger de son efficacité par celle de la glace dans les affections cérébrales aiguës, il serait d'un grand secours; il faut observer toutefois qu'ici l'organe atteint se trouve beaucoup plus isolé que l'encéphale. — Dans l'inflammation chronique, il faudra recourir, comme moyen dérivatif, aux topiques irritants, aux fomentations aromatiques, aux douches légèrement salines et chaudes, ainsi qu'aux frictions sèches, aux vésicatoires, aux cautères, aux moxas. Le repos est indispensable. **L. DE LA C.**

MYGALE (*insect.*). Ce genre d'arachnides, ordre des pulmonaires, famille des aranéides, créé par M. Walckenaër, renferme les araignées les plus grosses et les plus hideuses. Leur corps est épais, fortement velu, presque toujours d'un brun foncé; le corselet grand, l'abdomen ovale; les pattes sont robustes, assez courtes, hérissées de poils ou de piquants, terminées par des griffes rétractiles; les mandibules sont grosses, robustes, horizontales, courbées et fléchies en dessous à l'extrémité, souvent armées d'épines. Les mygales sont répandues dans toutes les parties du monde, excepté dans les pays froids. Elles sont surtout nombreuses aux Antilles et dans l'Amérique méridionale. Toutes sont nocturnes et ne sortent guère que pour faire la chasse, quelquefois à des animaux plus gros qu'elles. Quelques-unes atteignent et dépassent même la longueur de deux pouces. — Parmi celles-ci, nous citerons la MYGALE CANCROÏDE (*M. Cancerides*, Latreille) ou araignée crabe des Antilles, assez commune à la Martinique et à Saint-Domingue. Elle niche dans les trous et les fentes des rochers volcaniques. Elle attaque les fourmis, les gros insectes, et même les petits des colibris et des sucriers. Elle répand, par la bouche, une liqueur lactescente, très abondante, regardée comme vénéneuse et fort redoutée dans les Antilles. — La M. AVICULAIRE (*M. avicularia*, Linné), ou araignée des oiseaux, de Degéer, se trouve au Brésil et à la Guyane. Elle construit son nid dans les trous des arbres, dans les fentes du terrain, et jusque dans les maisons. Le sac qu'elle fait pour renfermer ses œufs est gros comme une noix; elle ne le transporte pas, tandis que la M. cancroïde ne le quitte que lorsqu'elle combat avec acharnement. Ces araignées pondent une immense quantité d'œufs, et seraient extrêmement nombreuses si les fourmis rouges ne dévoraient les œufs avec avidité. — Le midi de la France nous offre une espèce de mygale for intéressante, c'est la M. MAÇONNE (*M. cementaria*, Latreille) : elle n'a que 16 ou 17 millimètres de longueur; sa couleur est d'un brun fauve avec les bords et les pattes plus pâles. Elle creuse dans les terrains compacts et en pente, privés d'herbe et de grosses pierres, de longs trous cylindriques, ayant quelquefois plus d'un demimètre de profondeur ; les parois de ce tuyau sont tapissées d'un tissu soyeux qui les maintient et empêche les éboulements. L'ouverture est légèrement évasée au niveau du sol et se ferme par un couvercle composé de morceaux de terre réunis par plusieurs couches de fil ; le dessus est plane, raboteux et ne se distingue en rien du sol environnant ; il recouvre exactement l'orifice du tube souterrain ; mais le dessous est convexe, recouvert d'un tissu très fort, qui, en se prolongeant sur un des côtés, unit l'opercule aux parois et forme ainsi une espèce de charnière solide et élastique, au moyen de laquelle le couvercle se referme rapidement, lorsqu'après l'avoir levé on l'abandonne à lui-même. Quand on essaie de le soulever, l'araignée monte rapidement, et, en s'accrochant au couvercle et aux parois, elle résiste avec force; mais si on la retire de son habitation, elle semble avoir perdu son énergie et fait à peine quelques pas ; la lumière du jour paraît la blesser. Cette mygale se rencontre principalement aux environs de Montpellier et de Bordeaux.—On trouve en Corse la M. PIONNIÈRE ou des Sauvages (*M. Sauvagesii*, Rossi), dont les mœurs analogues à celles de la précédente ont fourni à Audouin le sujet d'un mémoire intéressant. Elle est beaucoup plus grande, d'un brun foncé et luisant. Les tuyaux qu'elle creuse au lieu d'être droits sont obliques et légèrement courbés dans la partie inférieure; l'opercule, semblable pour la forme à celui de la Mygale maçonne, est criblé de petits trous du côté opposé à la charnière, ce qui donne à l'araignée plus de facilité pour le retenir au moyen de ses mandibules, pendant qu'elle se cramponne aux parois avec ses pattes. L. FERMAIRE.

MYGDONIE : province septentrionale de la Macédoine sur les confins de la Thrace. Elle était bornée au N. par la Sintique et l'Amolpie, au S. par l'Amphaxitide, à l'O. par l'Axius, qui la séparait de l'Estrie et de l'Emathie, à l'E. par le Strymon qui lui servait de limite avec le pays des Besaltes. Outre ces fleuves qui arrosaient ses confins, la Mygdonie était traversée par le fleuve Echédore. On y trouvait quelques villes assez importantes : Antigonie, Leté, Stobi, Europe, Psyca et surtout Anthemus, qui en était la capitale. Selon Horace (liv. II, ode 12), c'était un pays gras et fertile ; le marbre y abondait, au dire d'Ovide et de Pline (liv. IV, ch. 10).

Dans un temps fort reculé, une colonie de Mygdoniens était allée s'établir dans l'Asie-Mineure et y avait donné le nom de sa première patrie à une contrée de la Bithynie orientale, tout près du mont Olympe. — Il se trouvait dans la haute Asie, sur les deux rives du haut Mygdonius, entre les Chaboras et le Tigre, et les provinces actuelles de la Gauzanide au S. et de la Zaibdicène au N., une contrée importante appelée aussi Mygdonie. Elle devait son nom, selon quelques-uns, à une colonie de Mygdoniens d'Europe, qu'Alexandre y aurait laissée à son passage dans ce pays. On la comprit souvent dans la Mésopotamie, surtout au IVe siècle, où elle forma la majeure partie de la province romaine de Mésopotamie, du diocèse d'Orient, dont le chef-lieu était Amid. ED. F.

MYDORGE (CLAUDE): géomètre né à Paris en 1585 et mort en 1647. D'abord conseiller au Châtelet, il fut ensuite trésorier de la généralité d'Amiens. Il était l'ami intime de Descartes. Il ne reculait devant aucun sacrifice pour l'avancement de la science, et il consacra près de 300,000 livres à diverses expériences et surtout, pour faire fabriquer des verres de lunettes et des miroirs ardents. Il a composé : *Examen des Récréations mathématiques*, du P. Leurechon, Paris, 1630, in-8o ; *Prodomi catoptricorum et diaptricorum sive conicorum*, Paris, 1639, in-folio.

MYIOTHÈRES, *Myiotherœ* (*ois.*). Vieillot a donné ce nom à une famille d'oiseaux comprenant les genres *platyrhynque*, *rollier*, *conophage*, *gallite*, *moucherolle*, *tyran*, *becarde*, *pythis* et *ramphocène*. Plus récemment que Vieillot, M. Ménétries a également appliqué les mêmes dénominations à une autre famille ornithologique correspondant à l'ancien genre *fourmilier* (*voy*. ce mot), qu'il partage en sept groupes génériques particuliers. E. D.

MYLABRE (*ins.*). — Genre d'insectes coléoptères appartenant au même groupe que la cantharide officinale — Ces insectes ont, comme cette dernière, des téguments peu solides, la tête attachée au thorax par un col étroit, et des tarses de cinq articles aux quatre pattes antérieures, de quatre seulement aux postérieures. Mais ils s'en distinguent au premier coup d'œil par leurs antennes en forme de massue arquée et par leurs couleurs.Tous sont noirs, plus ou moins velus, avec les élytres jaunes et rougeâtres, ornées de bandes, de taches ou de points de la couleur du corps : ce dessin, qui est excessivement sujet à varier, rend la détermination des espèces très difficile. — Les habitudes de ces insectes sont également identiques avec celles de la cantharide officinale. Comme elle ils vivent en sociétés nombreuses sur les plantes, sont peu agiles, simulent la mort quand on les saisit et exhalent une odeur particulière; ils possèdent la même propriété épispastique. Les anciens, comme on le voit par quelques passages de Dioscorides, n'ignoraient pas cette dernière particularité, et ils employaient les mylabres à l'usage que nous faisons de la cantharide commune. Aujourd'hui encore les Mylabres remplacent celle-ci dans l'Orient, en Chine et dans quelques contrées de l'Europe méridionale. Toutefois, il paraît, d'après des recherches récentes sur les coléoptères vésicants en général, que toutes les espèces du genre ne possèdent pas la propriété épispastique. Une des plus grandes, par exemple, le *mylabris sinæ*, qu'on dit être principalement employée par les Chinois, en serait complètement dépourvue. Cette exception est d'autant plus remarquable, que dans toutes les espèces analysées on prétend avoir trouvé le principe vésicant développé au plus haut degré. — Les mylabres sont exclusivement propres à l'ancien continent; ils abondent dans toutes les parties chaudes de l'Afrique et surtout de l'Asie. Le midi de l'Europe en possède aussi quelques espèces, parmi lesquelles une, le *mylabre de la chicorée*, étend son habitation jusqu'aux environs de Paris, où on le rencontre quelquefois dans les endroits arides, sur la plante dont il porte le nom. Au delà de cette latitude, on n'en voit plus. TH. LACORDAIRE.

MYLASSA ou **MYLASA** (*géog. anc.*) : ville de la Carie, à 80 stades de la mer, selon Pausanias. Elle était située au milieu d'une campagne fertile et passait pour une des trois villes principales de la province. Elle était ornée d'une foule de temples, de portiques et d'autres édifices publics. Son temple de Jupiter était surtout célèbre. On y voyait la statue du dieu, tenant à la main la hache des Amazones, apportée par Hercule de son expédition contre ces femmes guerrières. Pline (liv. v, ch. xxix) nous apprend que les Romains laissèrent la liberté aux citoyens de Mylasa.

MYLITTA (*Mith.*) : divinité adorée sur le bord de l'Euphrate. Elle avait à Babylone un temple célèbre par les abominations qui s'y pratiquaient. Tous les ans, à l'époque de la fête, les femmes envahissaient les rues voisines du temple, faisaient des feux de paille, et environnées de cordes, attendaient qu'un passant vînt les délier et leur offrir, pour prix de leur prostitution, une pièce d'argent qu'elles déposaient dans le temple de la déesse. Chaque femme, une fois en sa vie, devait se soumettre à cette dégradante cérémonie (Baruc, vi. — Hérodot, liv. xii, ch. 199. — Strabon). Les Assyriens avaient une solennité qui peut servir peut-être à expliquer

cet usage. A certaine époque de l'année, ils réunissaient toutes les filles à marier, les mettaient à l'encan, et employaient l'argent qu'on retirait de cette vente à doter les femmes disgraciées par la nature et trop pauvres pour trouver à se marier. Quelques auteurs ont pensé que cette fête avait lieu en l'honneur d'Anaïtis; mais ces deux divinités ne différaient, en réalité, que de nom. Elles représentaient l'une et l'autre Vénus ou Diane, ou plutôt la mère universelle, la nature, représentee par l'Alilat des Arabes, qu'Hérodote identifie avec Mylittha (Liv. i, ch. 131).

MYODAIRES, *Myodariæ* (*insect.*). M. le docteur Robineau-Desvoidy a établi sous ce nom un ordre particulier d'insectes démembré de celui des diptères, formé exclusivement aux dépens du grand genre MOUCHE, *Musca*, de Linné, et correspondant à la famille des MUSCIDES (*voy.* ce mot), de Latreille, en en retranchant néanmoins les genres *diopsis, scenopina* et *achias*. — Les myodaires, dont on connaît plus de 4,000 especes, presque toutes exclusivement d'Europe, sont partagés en huit familles particulières et en un très grand nombre de genres. E. D.

MYODINIE. Nom par lequel on désigne des douleurs vives dans les membres, se rattachant le plus ordinairement à d'autres affections dont elles ne sont qu'un effet, au rhumatisme surtout.

MYOLOGIE : C'est la partie de l'anatomie qui traite des muscles.

MYOMALAXIE. C'est le ramollissement des *muscles* (*voy.* ce mot).

MYOMANCIE (*divin.*), du grec μυς, *souris*, et μαντεια, *divination* : divination par les souris. Quelques auteurs regardent la myomancie comme un des plus anciens moyens employés pour prédire l'avenir, en se fondant sur Isaïe, ch. xvi, v. 17, passage qui n'est nullement concluant. Les Romains tiraient de nombreux présages du cri et de la voracité de ces animaux. Il suffit du cri aigu d'une souris pour déterminer Fabius Maximus à se démettre de la dictature (Elien, liv. i). Cassius Flaminius, selon Varron, abdiqua, pour un semblable motif, la charge de général de la cavalerie, et Plutarque (*Vie de Marcellus*) rapporte que les rats ayant rongé l'or de Jupiter, on en conclut que la dernière campagne de Marcellus serait funeste.

MYOPA (*insect.*) : genre de diptères de la famille des athéricères, tribu des myopaires, établi par Fabricius aux dépens des *conops*, et adopté par tous les entomologistes qui, dans ces derniers temps, ont restreint considérablement cette coupe générique. Les *myopa* ont pour caractères : trompe bicaudée; palpes peu allongées, quelquefois renflées; antennes à troisième article ovalaire; style court; abdomen obtus; ongles et pelotes des tarses, grands. Ces insectes habitent les prés et les endroits un peu humides; on les rencontre assez fréquemment sur les fleurs. On n'en a encore trouvé qu'en Europe, principalement en France et en Allemagne. On en connaît une vingtaine d'espèces. Le type est la *Myopa ferruginea* Fabricius, qui a une teinte générale d'un roux ferrugineux, avec le front fauve et le thorax présentant trois larges bandes noires. On la rencontre fréquemment auprès de Paris. E.D.

MYOPAIRES (*entom.*): tribu d'insectes diptères de la division des dichœtes. Ses caractères sont : tête vésiculeuse, trompe allongée, filiforme, coudée à la base et au milieu, quelquefois à la base seulement; antennes un peu *moins* longues que la tête; style dorsal; abdomen recourbé en dessous, et de cinq ou six articles ; cuillerons petits; ailes couchées; première cellule postérieure ordinairement ouverte, anale allongée. Cette petite tribu, voisine, mais très distincte des conopsaires, se fait remarquer surtout par la trompe bicoudée; elle se compose des genres myope, stachynie, stylogastre et zodion. Ces diptères se nourrissent du suc des fleurs. Les femelles déposent leurs œufs sur d'autres insectes; les larves pénètrent à l'intérieur et y vivent en parasites. MACQUART.

MYOPIE (*méd.*): état de ceux qui ont la vue courte, c'est-à-dire qui ne voient distinctement que les objets placés à une petite distance. On reconnaît ordinairement les myopes au clignement des paupières qui, comme nous le verrons plus loin, est jusqu'à un certain point avantageux à la disposition de leur organe visuel. Du reste, le mot myopie, dérivé du grec, exprime ce phénomène; il veut dire *cligner* ou fermer à moitié les paupières. A ce signe de la myopie, on pourrait en ajouter deux autres : la convexité ou saillie du globe oculaire et la dilatation plus grande de la pupille, mais ce sont là des circonstances bien moins constantes que la première véritablement *instinctive*.

On admet le plus généralement que la myopie tient à une organisation particulière du globe de l'œil et à un état déterminé des humeurs qui entrent dans sa composition. Par exemple, si la cornée ou le cristallin a trop de convexité ou de densité, si les humeurs de l'œil sont trop abondantes ou trop denses, les rayons lumineux qui traverseront ces diverses parties subiront une réfraction d'autant plus prononcée, et cette réfraction, dont le résultat est de rapprocher les rayons lumineux de la perpendiculaire, fera que l'objet se dessinera en avant de la rétine au lieu d'arriver sur cette membrane, condition défavorable à la vision et

qui en définitive constitue la myopie. On a aussi attribué la vue basse à une altération soit de la rétine, soit des nerfs ganglionnaires, ou à ces deux causes réunies (Itard, Réveillé-Parise), ou bien à l'exagération du diamètre antéro-postérieur de l'œil, à la mauvaise habitude de regarder les objets de trop près, à certaines professions qui obligent à un travail assidu sur des corps brillants ou très petits; elle peut également dépendre d'une trop grande distance entre le cristallin et la rétine, et, suivant M. Forbes, d'une déformation momentanée de la lentille cristalline par suite de l'action des muscles de l'orbite sur le globe oculaire, dans l'adaptation de cet organe à la vision. Everard Home n'admet pourtant pas cette manière de voir, ses expériences lui ayant démontré que le bombement de la cornée, poussée en avant par l'action des quatre muscles droits de l'œil, est la véritable cause de la myopie. Ce qui semble corroborer ces faits, ce sont les résultats obtenus à la suite de l'opération du strabisme. En effet, M. Philipps avait déjà remarqué, en 1840, que les yeux déviés par le grand oblique étaient myopes, et qu'aussitôt après l'opération la vue devenait longue : l'espèce d'écrasement médian auquel l'œil serait soumis par la rétraction des muscles obliques, ferait saillir en avant la cornée, et de là la myopie. Le déplacement du cristallin, par la même cause, aurait aussi, d'après cet auteur, le même résultat sur la vision. M. Carron du Villards a également écrit (1841), en parlant de la myotomie oculaire, que la seule théorie raisonnable, pour rendre compte des modifications survenues dans la vision chez les myopes, est celle qui s'appuie sur les changements que subit la cornée à la suite de la section des muscles. Enfin M. Jules Guérin, a établi avec justesse, en 1841 : 1° qu'il existe deux espèces de myopie, une *mécanique* ou musculaire, et l'autre *optique* ou oculaire; 2° que la myopie mécanique résulte de la brièveté primitive ou de la rétraction active des muscles de l'œil ; 3° que les caractères de cette myopie sont fournis par la forme du globe oculaire et par les mouvements des yeux; 4° que la connaissance de la cause immédiate de la myopie mécanique tend à démontrer que l'œil s'adapte, en s'allongeant ou se raccourcissant alternativement au moyen de la contraction primitive des muscles droits, à la distance des objets qu'il regarde; 5° enfin, que le cristallin ne change pas de forme pour s'adapter à la vue, suivant les distances, mais qu'il change seulement de rapports avec la rétine et la cornée transparente, dont il s'éloigne et se rapproche alternativement. Que si l'on se demande ensuite dans quelles proportions se trouvent la myopie optique et la myopie mécanique, il est évident que la première l'emporte de beaucoup sur la seconde. Les cas de strabisme avec la vue courte, sont, en effet, l'exception ; la règle est dans le nombre considérable des myopes sans déviation des yeux. Mais pour ces derniers doit-on l'attribuer plutôt à un état particulier de la rétine qu'aux autres causes signalées plus haut, la rétraction musculaire excepté? Nous ne le pensons pas, et nous croyons que de nouvelles recherches sont encore nécessaires pour qu'il soit possible d'établir d'une manière rigoureuse, d'abord si la myopie tient à l'innervation, et ensuite quand elle est due soit à un vice de conformation de l'œil, soit à un état particulier des parties qui entrent dans la composition de cet organe. Quoi qu'il en soit, nous ajouterons ici que la myopie optique affecte presque toujours les deux yeux à la fois. Cependant, on cite de nombreux exemples qui font exception à cette règle, un entre autres rapporté par M. Fodéra : c'est celui d'un homme affecté de presbytie d'un côté, et de myopie de l'autre ; la myopie, dans ce cas, était survenue à la suite d'une inflammation assez vive de l'œil. On a encore vu parfois la myopie être remplacée par la presbytie, soit des deux côtés à la fois, soit sur un seul œil. On a aussi remarqué que la myopie est plus fréquente à droite qu'à gauche, et que, dans ce cas, la vue est viciée par suite de la mauvaise habitude qu'ont certaines personnes de présenter sans cesse à l'œil droit un morceau de verre carré, à surfaces plus ou moins planes. Enfin, la myopie serait beaucoup plus fréquente chez le citadin que chez l'homme des champs, parce que le premier contracterait l'habitude de ne voir que des objets rapprochés, tandis que le second voit constamment, au contraire, des objets éloignés de lui. Pour nous, toutefois, la myopie est moins l'effet de l'habitude qu'une disposition particulière de la constitution et de la conformation de l'œil.

Quelle que soit la cause qui détermine la myopie, on voit toujours que les personnes qui en sont affectées se rapprochent plus ou moins des objets, afin de les apercevoir distinctement. Quand la distance qui sépare l'œil de la partie que l'on observe est convenable, les myopes voient avec une grande facilité les corps les plus déliés, et lisent sans fatigue les livres dont les caractères sont très fins. Ils distinguent plus facilement aussi les objets qui sont placés dans un lieu très sombre, et cette facilité tiendrait à ce que leur pupille est plus dilatée. Cependant, il est d'observation que cet état du voile iridien n'est pas constant chez les personnes dont la vue est courte. Quand cela a lieu,

du reste, ce même état de la pupille devient un obstacle de plus pour la netteté de la vision, si l'on cherche à distinguer un objet situé à une certaine distance et bien éclairé. Alors la trop grande quantité de rayons qui traverse la lentille cristalline et qui subit une inégale réfraction, nuit à la perfection de la vue. Les myopes corrigent un peu cette défectuosité de la vue en clignant les paupières, et mieux encore en regardant les objets d'un œil, à travers le poing fermé de manière à ménager une petite ouverture. Par ce dernier moyen surtout, on peut lire à huit ou dix centimètres plus loin. On trouve l'explication de ce fait, dans la non confusion des rayons qui arrivent ainsi à la rétine. En effet, la lumière qui traverse l'espèce de tube, ne laisse arriver sur le cristallin qu'un petit nombre de rayons, et ceux-ci traversent la lentille en se rapprochant de son axe. Dans ce cas, l'angle de réfraction étant très ouvert et le sommet du cône qu'il forme au fond de l'œil étant unique et le plus rapproché possible de la rétine, la vision est plus complète. Malgré les avantages que le myope trouve à diminuer ainsi le nombre des rayons lumineux qui doivent reproduire l'image sur la rétine, toujours est-il que c'est par un effort, par la mise en jeu des muscles de l'œil et des paupières, que la vision s'effectue; aussi la rétine alors ne paraît pas être impressionnée d'une manière instantanée. Tous les myopes, du reste, sont dans ce cas, et c'est pour cela qu'ils ont beaucoup de peine à lire en marchant ou quand ils sont en voiture, et même à lire très couramment dans un livre dont les caractères ne s'adaptent pas convenablement à leur vue.

Le traitement de la myopie doit varier suivant les cas. Est-elle due à la rétraction des muscles de l'orbite, à une compression du globe de l'œil? Il faut évidemment faire la section de ces muscles, ou enlever la partie qui comprime le globe oculaire : c'est là le seul traitement rationnel de la myopie *mécanique*. Mais quand on a affaire à la myopie *optique*, il est, avant tout, nécessaire d'en rechercher les causes. Si la seule habitude de voir de trop près les objets ou d'en voir de très petits, a pu la faire naître, il est clair qu'il faudra mettre fin à cette habitude. Mais cette myopie acquise est fort rare, à notre avis, et tout au plus possible au premier âge de la vie, lorsque l'œil fait son éducation visuelle, si l'on peut parler ainsi. Dans ce cas, elle disparaît le plus ordinairement vers l'âge de la puberté. Lorsque, au contraire, on s'aperçoit que les enfants, devenus pubères, ont la vue courte et que la myopie s'accroît jusqu'à l'âge de vingt à vingt-un ans, il devient très probable

.qu'elle est due à la conformation particulière de l'œil ; le plus souvent elle est alors héréditaire. Nous connaissons dans une famille des enfants dont les trois garçons, qui ressemblent beaucoup au père, sont myopes comme lui et l'ont de tout temps été, tandis que les filles ont, comme la mère, la vue très longue. Dans ces circonstances, doit-on abandonner la myopie à elle-même, ou bien doit-on chercher à y remédier? Cette double question ne se trouve pas résolue de la même manière par les divers auteurs. Les uns pensent qu'on ne saurait trop tôt porter remède à la myopie, en se servant de verres concaves ; les autres, au contraire, regardent comme nuisible l'usage des bésicles. Pour nous et d'après notre propre expérience, le myope qui se passe de lunettes a plus de chance de conserver la vue que celui qui en fait usage, mais cela à la condition de ne pas chercher à voir les objets placés au-delà de sa portée visuelle; alors l'œil, par les progrès de l'âge, se modifie, quoi qu'on en ait dit, et la vue devient un peu plus longue. Si, au contraire, on se sert de verres concaves il en résultera que l'organe visuel, impressionné autrement qu'il ne doit l'être, eu égard à sa constitution, se fatiguera au bout d'un certain temps, d'où la nécessité de recourir à de nouveaux verres de plus en plus concaves, qui émousseront la sensibilité de la rétine, au point que lorsque le cristallin et le globe de l'œil auront, à une certaine époque de la vie, perdu de leur convexité, la vue du myope ne sera pas modifiée. Enfin, lorsqu'on est forcé d'avoir recours aux verres concaves, il faut avoir des lunettes de forces différentes : une paire servira pour lire et écrire à une distance convenable; l'autre, à verres plus concaves, ne sera employée que pour distinguer des objets situés à une plus grande distance. Dans les deux cas, il est préférable d'avoir des verres légèrement bleus ou verts. M.S.A.

MYOPORINÉES, *Myoporineœ*, et **MYOPORE**, *Myoporum* (*bot.*) : famille de plantes dicotylédones établie par M. Rob. Brown, et adoptée par tous les botanistes. Elle renferme des arbustes généralement glabres, à feuilles le plus souvent alternes, simples, entières ou dentées en scie, dépourvues de stipules; à fleurs parfaites, irrégulières, solitaires dans l'aisselle des feuilles et pourvues de l'organisation suivante : leur calice est libre, quinqueparti, persistant, susceptible de grandir autour du fruit; leur corolle est monopétale, en coupe, tantôt presque régulière, tantôt, et plus généralement, à deux lèvres; leurs étamines sont au nombre de quatre, insérées sur le tube de la corolle, didynames, quelquefois accompagnées du rudiment d'une cinquième; leur pistil est à deux car-

pelles, tantôt à deux loges, tantôt entièrements ou presque entièrement, divisé en quatre loges par une cloison secondaire qui s'étend dans chacune des deux loges normales, de l'axe vers la périphérie : dans le premier cas, chaque loge renferme deux ovules collatéraux et suspendu, au haut de l'angle central, dans le second, chacun de ces ovules se trouve dans une des quatre logettes; le style est simple, terminal, surmonté d'un stigmate indivis et échancré ou très rarement bifide. Le fruit des myoporinées est une drupe charnue ou sèche, dont le noyau reproduit l'organisation de l'ovaire, et renferme quatre graines renversées dans lesquelles un embryon, à cotylédons demi-cylindriques et à radicule supère, occupe l'axe d'un albumen charnu peu abondant. — La famille des myoporinées est voisine de celle des verbénacées, dont elle se distingue surtout par la direction de ses ovules et de ses graines, ainsi que par la présence constante d'un albumen. A l'exception du genre *Bontia*, Blum., qui croît dans les Antilles, elle appartient tout entière à la Nouvelle-Hollande et à l'Océanie. Les plantes qu'elle renferme sont sans usages.

Le principal genre de cette famille est celui des MYOPORES, *Myoporum*, Bank et Solan., qui rentre dans la didynamie-angiospermie du système linnéen. Il est formé d'arbustes indigènes en majeure partie de la Nouvelle-Hollande, à feuilles ordinairement alternes, entières ou dentées en scie, souvent marquées de ponctuations translucides; à fleurs blanches ou purpurines, portant à la gorge des poils épars et solitaires, distinguées surtout par leur calice qui s'accroît fort peu ou même pas du tout après la floraison, par sa corolle presque régulière, par son ovaire à deux ou quatre loges, qui devient une drupe molle et charnue. — On cultive assez communément comme plante d'ornement le MYOPORE A PETITES FEUILLES, *Myoporum parvifolium*, Rob. Br., arbuste rameux et diffus de la Nouvelle-Hollande, qui s'élève de six à dix décimètres, dont les feuilles sont nombreuses, linéaires, spatulées, un peu épaisses et chargées, de même que les rameaux, de ponctuations glanduleuses. De l'aisselle de ces feuilles sortent, pendant tout l'été, des fleurs nombreuses blanches, assez petites, et inodores. On cultive cette espèce en serre tempérée pendant l'hiver. P. D.

MYOPOTAME, *Myopotamus* (*mamm.*) : genre de rongeurs créé par Et. Geoffroy-Saint-Hilaire, pour une espèce américaine que l'on rapproche assez généralement des castors et des rats. Chez les myopotames il y a, à chacune des deux mâchoires, quatre molaires de même forme que celles des castors, c'est-à-dire composées d'un ruban osseux replié sur lui-même ; les incisives sont fortes et teintes en jaune. Les pieds sont longs et à cinq doigts : ceux de devant libres tandis que ceux de derrière sont palmés ; les ongles sont gros, obtus, peu arqués. La queue est ronde et allongée. — L'espèce unique est le MYOPOTAME, Commerson, COYPOU ou COYPU, Molina, *Myopotamus coypus*, Et. Geoffroy, dont la longueur totale est de près d'un mètre, y compris la queue qui a plus de 33 centim. La teinte générale est, sur le dos, d'un brun marron, qui s'éclaircit sur les flancs pour passer au roux plus ou moins vif : comme chez tous les animaux qui vont souvent à l'eau, les poils de la queue sont rares, courts, roides et d'un roux sale. Cet animal a un caractère assez doux ; aussi peut-on le réduire facilement en domesticité. A l'état de nature il habite le bord des rivières, dans des terriers qu'il se creuse ; il nage avec une très grande facilité. Il est commun dans les provinces du Chili, de Buénos-Ayres et du Tuculman, et ne se rencontre que plus rarement au Paraguay et au Brésil. Le coypou fournit des pelleteries ; il est principalement employé dans la chapellerie ; aussi pendant longtemps, et bien avant que l'on eût des détails zoologiques sur cet animal, en importait-on, en Europe, les peaux par milliers ; aujourd'hui cette branche de commerce est presque entièrement détruite. — M. Lund a signalé, dans les cavernes du Brésil, des débris fossiles d'une espèce qu'il rapporte à ce genre sous le nom de *Myopotamus antiquus*.   E. D.

MYOS-HORMOS (*géogr. anc.*), c'est-à-dire le Port de la Souris : ville d'Egypte nommée plus tard *Aphroditès Portus* ou *Port de Vénus*. Elle était située par moins de 25° lat. N. sur la mer Rouge, à 40 lieues N.-E. de Thèbes. Elle servit d'abord au transport des éléphants qu'on allait chercher dans l'Ethiopie pour le service des armées, et devint ensuite un des principaux entrepôts de commerce de l'Egypte avec l'Inde et la Péninsule arabique. Une belle route, qui allait aboutir à Coptos, la mettait, ainsi que Bérénice, en communication avec la vallée du Nil. Vis-à-vis de Myos-Hormos, on voyait plusieurs petites îles nommées *îles de Vénus*.

MYOSIS (*méd.*), de μύω, *je resserre*. C'est le resserrement extrême et permanent de la pupille. Cet état est quelquefois congénial, mais le plus souvent symptômatique d'une autre affection. C'est ainsi qu'on le voit accompagner les inflammations internes de l'œil, telles que l'iritis, la rétinite. Il dépend encore parfois d'une adhérence intime de la pupille avec la capsule cristalline. Enfin, il résulte souvent de la contemplation prolongée d'objets petits et brillants, et de l'usage prolongé de la loupe.—Les effets de la myosis sont un affai-

blissement de la vue, par suite de l'obstacle que les rayons lumineux éprouvent à pénétrer au fond de l'œil, affaiblissement qui devient plus prononcé le soir. De toutes les espèces de myosis, celle qui dépend de l'adhérence de la pupille à la capsule du cristallin est la plus difficile à guérir ; la chirurgie n'a pas encore essayé de rompre matériellement ces adhérences. — Le traitement de l'affection variera, du reste, suivant les causes qui l'auront provoquée : le repos et l'habitation dans un appartement obscur, ou l'usage de verres, soit de couleur, soit surmontés de tubes noircis à l'intérieur lorsque la maladie dépend de l'application trop prolongée de l'organe ; combattre au besoin l'inflammation primitive , et dans tous les cas, joindre l'emploi de la belladone, soit instillée entre les paupières, soit donnée à l'intérieur. Ce dernier moyen est le seul que l'on puisse empiriquement employer, quand la cause est inconnue.

MYOSITE, MYOSITIS (*méd.*), de μυον, *muscle*. On désigne par ces noms l'inflammation des muscles. Plusieurs auteurs contestent à ces organes la faculté de s'enflammer, et prétendent que si l'on rencontre des traces de phlegmasie dans le système musculaire, elles sont propres au tissu cellulaire interfibrillaire, et non aux fibres proprement dites des muscles. C'est évidemment une erreur. Les muscles s'enflamment rarement, il est vrai ; mais les cardites, les glossites, les psoïtes, etc., nous fournissent la preuve de ce fait, d'autant plus irrécusable que le cœur et la langue sont à peu près dépourvus de tissu cellulaire. On a quelquefois, d'ailleurs, trouvé des muscles entièrement convertis en pus au milieu de l'aponévrose qui les enveloppait. — Les causes de cette affection sont : tantôt une suppression brusque de la transpiration par l'action du froid ; tantôt, et le plus souvent, une secousse violente, des efforts répétés, une contusion, etc., en un mot, une violence mécanique quelconque. — Les premiers désordres matériels que l'on puisse observer ici sont une injection marquée du tissu cellulaire interfibrillaire, souvent même une infiltration de sérosité plus ou moins épaisse, trouble ou sanguinolente et quelquefois comme gélatineuse. Il n'est pas rare de voir, à la suite de la maladie longtemps prolongée, la lymphe épanchée se coaguler et revêtir un aspect fibreux et comme lardacé. Quand la phlogose a été très intense, le muscle est changé en une pulpe d'un rouge lie de vin infiltrée de sang. — Les symptômes à l'aide desquels on pourra reconnaître la myosite, sont d'abord le gonflement et la douleur dont l'organe atteint devient le siège ; de plus, les contractions étant empêchées par la douleur, il y aura impossibilité de faire mouvoir la partie dans laquelle le muscle est situé. — Quelques auteurs ont voulu confondre la myosite avec le rhumatisme musculaire; mais dans ce dernier cas la douleur nous semble bien plutôt une véritable névralgie, ou provenir de l'inflammation des aponévroses. L'existence antérieure d'un rhumatisme, la mobilité capricieuse de cette affection, qui passe souvent d'une région à une autre sans cause appréciable, le défaut de gonflement, et enfin cette circonstance que le rhumatisme ne se termine jamais par suppuration, suffisent pour établir une différence essentielle entre les deux affections. — La myosite peut devenir une maladie grave. Quand la phlegmasie est très intense et qu'une suppuration vague se développe sans se réunir en collections limitées, la résorption du pus a lieu avec tout son cortège de symptômes, et le sujet succombe (voy. Suppuration). — Le traitement sera celui de toutes les phlegmasies aiguës : émissions sanguines locales ou générales, et même la réunion de ces deux moyens, suivant les indications, les bains généraux ou partiels et les topiques émollients, en seront la base.

MYOSOTE, *Myosotis* (*bot.*) : genre de la famille des borraginées ou aspérifoliées, de la pentandrie-monogynie dans le système de Linné. Bien qu'il ait été fort réduit dans ces derniers temps, comparativement à ce qu'il était dans les écrits de Linné, il est encore riche en espèces; il en comprend environ 40 ou 45. Ces espèces sont des herbes généralement de petite taille, qui croissent pour la plupart dans l'ancien continent. Elles sont couvertes de poils; leurs petites fleurs sont d'un très joli bleu d'azur, roses ou blanches, assez souvent colorées à la gorge de jaune vif et disposées en cymes scorpioïdes. Elles présentent l'organisation suivante : un calice à cinq divisions égales; une corolle en entonnoir ou en coupe, à cinq lobes obtus, et dont la gorge offre généralement cinq renflements courts et obtus; cinq étamines incluses; un pistil à stigmate obtus, presque bilobé. Le fruit de ces plantes est formé de quatre nucules elliptiques, comprimées, lisses et glabres, enfermées dans le calice persistant. — Parmi nos espèces indigènes nous citerons le Myosote des marais, *Myosotis palustris*. With., qui croît dans les prairies et dans les endroits humides de l'Europe et de l'Asie moyenne. Il est connu vulgairement en France sous les noms de *Ne m'oubliez pas*, *Gremillet*. C'est le *vergissmeinnicht* des Allemands. Sa tige s'élève à 2 ou 3 décimètres, et porte des feuilles oblongues-lancéolées, un peu aiguës. Son calice à cinq dents est hérissé de poils opprimés et non crochus à l'extrémité, comme ils le sont chez nos autres espèces : il

s'étale autour du fruit. Le limbe de la corolle est plan. Cette charmante plante produit une grande quantité de fleurs très délicates, de couleur bleu d'azur avec la gorge jaune; son élégance la fait cultiver communément. C'est la plante favorite des Allemands. Dans les jardins, sa floraison dure depuis le mois d'avril jusque vers la fin de l'été. On la cultive dans une terre humide; on la multiplie par graines, par boutures et par division des pieds. **P. D.**

MYOSURE, *Myosurus* (*bot.*) : genre de la famille des renonculacées, tribu des anémonées, rangé par Linné dans la pentandrie-polygynie. Les plantes qui le forment sont de très petites herbes annuelles, qui croissent parmi les moissons en Europe et dans l'Amérique septentrionale, dont les feuilles sont radicales, linéaires, entières, dont les fleurs sont petites, solitaires à l'extrémité d'une tige nue, et se font remarquer principalement par le grand nombre de leurs pistils portés sur un réceptacle saillant, qui s'allonge beaucoup après la floraison, de manière à finir par former une sorte d'épi cylindrique tout chargé de fruits. C'est de cette particularité qu'ont été tirés, soit le nom latin de ce genre, soit le nom français de *ratoncule* qu'on lui donne quelquefois. Le type est le Myosure nain, *Myosurus minimus*, Lin., qu'on rencontre assez communément parmi les moissons, en divers points de la France, surtout dans les terres qui ont été inondées pendant l'hiver. **P. D.**

MYRIAPODES (*entom.*); du grec μυριοι, dix mille; πους, pied. Animaux articulés vulgairement appelés *mille-pieds* ou *cent-pieds*, et dont Latreille a fait, sous le nom de myria, une classe distincte. Pour se faire une idée exacte de l'organisation externe de ces animaux, il faut les comparer aux trois autres classes, les insectes, les arachnides et les crustacés, qui constituent avec eux l'embranchement des articulés. Or, chez les *insectes*, le corps, qui ne compte jamais au delà de treize segments, est toujours divisé en trois régions : la tête, le thorax portant trois paires de pattes et souvent des ailes, et l'abdomen. Chez les *arachnides*, on ne trouve plus, en général, que deux régions : l'une, le céphalothorax formé par la réunion de la tête avec le thorax et muni de quatre paires de pattes; l'autre, ou l'abdomen rarement formé d'anneaux distincts. Enfin, dans les *crustacés*, la constance qui existe chez les deux classes précédentes, sous le rapport des divisions du corps et du nombre des membres, fait place à la plus grande irrégularité : le nombre des segments du corps n'a plus, en effet, rien de fixe, et tous sont susceptibles de porter des appendices ou membres, sujets à leur tour à une multitude de modifications concernant leur forme et leur usage. Chez les *myriapodes*, le corps est formé d'une suite de segments dont le nombre varie selon les espèces, et selon l'âge dans la même espèce, segments tous semblables, sauf le premier, qui constitue la tête, et le dernier, plus développé que les autres; chacun est pourvu d'une ou deux paires de pattes. Il en résulte qu'au point de vue dont il s'agit en ce moment, ces articulés sont plus voisins des crustacés que des insectes et des arachnides; aussi, dans ces derniers temps, quelques naturalistes dont l'autorité est d'un grand poids, tels qu'Erichson et M. de Siebold, n'ont-ils fait aucune difficulté de les placer dans la première de ces classes. Mais, d'un autre côté, ils se rapprochent plus des insectes par leur structure interne. On peut donc conclure de cette ambiguité de caractères que ces animaux doivent former une classe à part; telle est aussi l'opinion de la majeure partie des zoologistes de notre époque.

Leur organisation interne peut se résumer en peu de mots. Le canal intestinal est très simple, et, comme chez les larves des insectes, parcourt le corps en ligne droite sans former de circonvolutions. La respiration a lieu à l'aide de trachées dont les stigmates s'ouvrent soit sur les côtés (chilopodes), soit à la partie inférieure du corps (chilognathes). Le cœur consiste en un vaisseau dorsal analogue à celui des insectes; mais qui, ainsi que l'a fait connaître M. Newport, est accompagné d'un système assez compliqué de vaisseaux artériels qui manquent dans cette dernière classe. Le système nerveux central consiste en une chaîne abdominale comptant autant de paires de ganglions qu'il y a de segments. Enfin, les organes de la reproduction aboutissent tantôt (chilopodes) à l'extrémité du corps, tantôt (chilognathes) au niveau du troisième ou du huitième segment antérieur, et en dessous. Ce dernier cas rapproche les espèces, chez lesquelles il existe, des crustacés et des arachnides.

Il est rare que le corps des myriapodes soit ovale ou oblong; chez presque tous il est très allongé et cylindrique ou déprimé. Les pattes qui le supportent ne sont très longues que chez les scutigères : partout ailleurs elles sont plus ou moins courtes. Cette brièveté des organes locomoteurs, réunie à la longueur et à la flexibilité du corps, fait que la marche de ces animaux ressemble assez à la reptation des serpents. Il en est qui, au repos ou lorsque quelque danger les effraie, contractent leur corps en boule; telles sont les glomeris; d'autres, les iules, l'enroulent en spirale dans un même plan. La plupart, quand on les inquiète, exhalent une odeur désagréable, analogue à celle du chlore, et produite par un fluide volatil qu'ils émettent par des orifices situés sur les côtés du corps. Une sécrétion plus remarquable est celle d'un fluide vénéneux qui a lieu chez quelques espèces, notamment chez les scolopendres. Les organes qui lui servent d'issue consistent en deux forts crochets très aigus, percés d'un orifice à leur extrémité et qui accompagnent la bouche en dessous. Les piqûres qu'ils font peuvent déterminer chez l'homme des symptômes très douloureux quoique non mortels. Aussi les grandes espèces de ce genre sont-elles très redoutées dans les pays où elles existent. — Un des traits les plus curieux de l'histoire de ces animaux est le mode d'après lequel s'opère leur accroissement. Ce mode, qui leur est propre, consiste en ce qu'au sortir de l'œuf ils ne possèdent qu'une faible partie des segments et des pattes qu'ils auront plus tard; telle espèce qui, adulte, doit avoir soixante paires de ces derniers organes et au delà, n'en présente que trois ou quatre, quelquefois même aucun, à cette époque de la vie : ce n'est que peu après, et à mesure que se forment de nouveaux segments, que les pattes apparaissent. Un changement analogue a lieu aux antennes, qui acquièrent quelques articles de plus qu'elles n'en avaient primitivement. Ce mode d'accroissement, qu'il serait peu convenable de comparer à la métamorphose incomplète que subissent beaucoup d'insectes, n'a d'analogues réels que chez quelques annélides et certains vers. — Les myriapodes fuient pour la plupart la lumière. Un certain nombre d'entre eux, les polydesmes, les blaniules, les cryptops, etc., sont même complétement dépourvus d'yeux. Les autres n'ont jamais que des yeux simples ou stemmates, organes peu propres à une vision nette. Presque tous ont également besoin d'humidité pour vivre; c'est, par conséquent, sous les mousses, les écorces des arbres, les endroits obscurs et frais des habitations, et autres lieux analogues, qu'il faut les chercher. Quant à leur nourriture, les uns, tels que les iules, les glomeris, les géophiles, etc., vivent de substances végétales; les autres, tels que les scolopendres, sont carnassiers.

Latreille a divisé cette classe en deux ordres universellement admis par les zoologistes; ce sont ceux des Chilognathes et des Chilopodes. MM. Gervais, en France; Brandt, en Russie; Newport, en Angleterre, sont les auteurs qui ont le plus contribué à enrichir la science de faits relatifs aux myriapodes. Th. Lacordaire.

MYRICACÉES et **MYRICA**, *Myricaceæ* et *Myrica* (bot.). La famille des myricacées a été formée par L. C. Richard et adoptée ensuite par tous les botanistes. Elle est composée de végétaux ligneux, arbrisseaux et petis arbres, dont les feuilles sont alternes, simples, entières, généralement dentées en scie ou incisées, marquées d'un réseau de petites veines et parsemées de points résineux, dépourvues de stipules ou seulement accompagnées de stipules fugaces. Les fleurs sont monoïques ou dioïques, réunies en chatons généralement simples, dont les uns sont mâles, les autres femelles. Les fleurs mâles ont, outre leur bractée, deux bractéoles latérales; elles manquent de périanthe et présentent deux, quatre, six, très rarement huit étamines, dont les anthères sont extrorses et biloculaires. Les fleurs femelles n'ont pas de bractéoles, mais elles présentent, autour de leur pistil, de deux à six petites écailles hypogynes, adhérentes à la base de l'ovaire. Celui-ci est sessile, comprimé ou presque globuleux; il renferme, dans sa loge unique, un seul ovule fixé à la base de la loge, et il porte un style très court surmonté de deux, longs stigmates subulés ou lancéolés, papilleux. Le fruit des myricacées est indéhiscent, tantôt sec, tantôt recouvert d'écailles charnues, et drupacé. Sa graine unique est dressée, à tégument très mince, enveloppant immédiatement un embryon sans albumen, dont les cotylédons sont charnus et la radicule supère. — Les myricées sont disséminées sur une grande portion de la surface de la terre, sans abonder nulle part. La plupart d'entre elles se trouvent dans l'Amérique du Nord, au cap de Bonne-Espérance, etc. — Elles ne forment que le genre MYRICA, *Myrica*, comprenant les espèces suivantes: le MYRICA GALE (*myrica gale* Linné), la seule espèce du genre qui croisse en Europe; il se trouve dans les lieux humides et marécageux du nord et du centre de l'Europe, du nord de l'Asie et de l'Amérique. Il porte les noms vulgaires de *piment royal*, *piment aquatique*. Cet arbuste s'élève à 1 mètre environ; son écorce, roussâtre, est parsemée de ponctuations blanches qui ne sont pas autre chose que des lenticelles; ses feuilles sont presque coriaces, oblongues, rétrécies à la base, dentées en scie, à points résineux jaunâtres qui leur donnent une odeur prononcée, surtout lorsqu'on les froisse. Ces mêmes ponctuations résineuses se montrent aussi sur son fruit, qui est petit et odorant. C'est à cause de l'odeur pénétrante de cette espèce qu'on en met des branches parmi le linge pour le parfumer et en éloigner les insectes. En Suède, on emploie le gale pour la teinture en jaune et pour le tannage des peaux. L'amertume de ses feuilles les fait quelquefois substituer frauduleusement au houblon dans la fabrication de la bière. Leur infusion était assez usitée en Europe avant l'introduction du thé. — Le MYRICA CIRIER (*myrica cerifera* Linné), vulgairement nommé *cirier de la Louisiane*, *arbre à cire*, croît abondamment dans les lieux humides et marécageux de la Virginie, de la Louisiane, de la Caroline, etc. Il s'élève à 3 ou 4 mètres, et est surtout remarquable par la couche de cire qui couvre son petit fruit globuleux. On extrait cette matière pour l'employer aux usages domestiques, en jetant les fruits du cirier dans de l'eau bouillante. La cire fondue vient nager à la surface du liquide : elle est alors de couleur verdâtre; mais il est facile de l'épurer et de la décolorer. Après son extraction, la cire du myrica est très cassante, mais une forte pression la rend flexible et ductile. Elle brûle lentement et en dégageant une odeur aromatique. Des tentatives ont été faites pour naturaliser cet arbuste en Europe ; mais, bien qu'il végète sans difficulté dans nos départements méridionaux, il n'y a pas été propagé au point de permettre l'exploitation de sa cire. Sous le climat de Paris, il souffre des grands froids de l'hiver et doit être couvert ou enfermé dans l'orangerie. On le cultive dans une terre légère et mélangée de terre de bruyère. On le multiplie par graines, par marcottes ou par rejetons. — Le MYRICA DE PENSYLVANIE (*myrica pensylvanica*), a également ses fruits revêtus d'une couche de cire analogue à celle de l'espèce précédente et qu'on emploie de la même manière. Il est plus rustique que le cirier et demande une terre humide. — On cultive, dans les jardins, à cause de son joli feuillage, le MYRICA A FEUILLES DE CETERAC (*myrica aspleniifolia* Blum. *Comptonia aspleniifolia*, Bank.), joli arbuste de l'Amérique septentrionale, dont les feuilles, allongées-étroites et parsemées de points résineux, sont découpées sur leurs deux bords en festons obtus et égaux entre eux. P. DUCHARTRE.

MYRICAIRE, *myricaria* (bot.) : genre de la famille des tamariscinées, qui rentre dans la monadelphie-décandrie de Linné. Il a été formé par M. Desvaux pour des espèces comprises jusqu'alors dans le genre *tamarix*. Ce sont des plantes herbacées ou frutescentes, qui croissent naturellement en Europe et dans l'Asie moyenne, dont les feuilles sont petites, alternes et linéaires-lancéolées ; dont les fleurs forment, à l'extrémité des branches, des grappes serrées, simples ou composées, et se distinguent par un calice quinqueparti, par cinq pétales, mais surtout par dix étamines alternativement longues et courtes, dont les filets sont réunis en tube à leur partie inférieure, et par un pistil dont l'ovaire uniloculaire, à trois placentaires pariétaux et basilaires, porte trois styles réunis en un seul corps et autant de stigmates presque confondus en une petite tête. Le fruit de ces plantes est une capsule uniloculaire, qui renferme de nombreuses graines surmontées d'une aigrette. — Le type de ce genre est la MYRICAIRE D'ALLEMAGNE (*myricaria germanica*, Desv. *Tamarix germanica*, Lin.), jolie espèce glabre et glauque, qui croît naturellement dans les sables inondés, sur le bord des cours d'eau de nos départements du midi, du centre, de l'est et du nord. Il a un port différent de celui des tamarix, grâce à ses longs rameaux grêles et dressés, terminés par de jolies grappes serrées de fleurs violacées. C'est un charmant arbuste que l'on cultive dans les jardins comme espèce d'ornement en le plantant le long des eaux. Pour le faire fleurir pendant plus longtemps, on a le soin de le tondre. On regardait autrefois cette myricaire comme tonique et diurétique; mais de nos jours elle est entièrement abandonnée en médecine.

MYRICINE (*chim.*) : substance neutre de nature grasse, insaponifiable et inaltérable par les alcalis. Elle entre pour 20 à 30 centièmes dans la composition de la cire, et constitue le résidu que l'on obtient en brûlant celle-ci à plusieurs reprises par l'alcool. Elle est d'un blanc grisâtre, fusible à 65°, insoluble à toute température dans l'eau de potasse concentrée, soluble dans 200 parties de son poids d'alcool, pour s'en précipiter, par le refroidissement, sous forme de petits flocons blancs, et susceptible de se vaporiser presque entièrement sans altération (*Journal de Pharmacie*, XIII, 42).

MYRIOPHYLLE, *Myriophyllum* (*bot.*) : genre de la famille des haloragées, de la monœcie polyandrie dans le système de Linné. Il est formé de plantes herbacées, submergées, répandues dans les eaux douces de presque toute la terre, et dont les feuilles, opposées ou verticillées, sont partagées en lanières filiformes. Les fleurs, seule partie de la plante qui s'élève au-dessus de la surface de l'eau, sont petites, solitaires à l'aisselle de feuilles parfois rudimentaires, de manière à former par leur réunion, un épi terminal, dans lequel les fleurs supérieures sont mâles, et les inférieures femelles. Ces fleurs sont formées : d'un calice dont le tube adhère à l'ovaire et dont le limbe est à quatre lobes; de quatre pétales qui restent rudimentaires ou qui avortent même dans les fleurs femelles; d'étamines généralement au nombre de huit. Le pistil des fleurs femelles a son ovaire adhérent, creusé de quatre loges contenant chacune un ovule suspendu, et surmonté de quatre styles fort courts, terminés par autant de stigmates épais. Le fruit des myriophylles est formé le plus souvent de quatre

coques dures, indéhiscentes et surmontées chacune d'un style persistant. — On trouve communément dans nos eaux douces, stagnantes ou faiblement courantes, le MYRIOPHYLLE A ÉPI, *myriophyllum spicatum*, Lin., et le MYRIOPHYLLE VERTICILLÉ, *myriophyllum verticillatum*, Lin..

MYRIPRISTIS (*poiss.*) : genre de l'ordre des acanthoptérygiens, famille des percoïdes, créé par G. Cuvier, et renfermant des espèces qui ont l'éclat, les formes et les écailles des holocentres, mais dont le préopercule a un double rebord dentelé et manque d'épine à son angle. En outre, ces poissons sont remarquables par les dentelures qui garnissent leurs joues, leur opercules et leurs écailles : leur nom (du grec, μυριος, dix mille, et πριων, scie, dentelure), a été tiré de cette particularité. — On connaît une dixaine d'espèces de *Myripristis* qui habitent principalement les mers de l'Asie, mais dont une se trouve dans les mers d'Amérique, surtout aux environs de la Martinique. Cette dernière espèce est le *M. Jacobus*, Cuvier et Valenciennes, vulgairement nommé *frère Jacques*. Elle n'atteint guère que 20 centimètres de longueur, et égale en éclat la dorade de la Chine la plus rouge et la plus brillante : les côtés du corps sont d'un rouge cerise glacé sur un fond argenté, qui, vers le dos, tire au vermillon ; les bouts des écailles jettent un vif éclat doré ; la tête tire aussi au vermillon; la teinte argentée se montre un peu davantage sur les opercules : enfin les nageoires sont peintes de blanc, de jaune, d'orangé et de noir. E. D.

MYRISTICÉES ou **MYRISTICACÉES**, *Myristiceæ, Myristicaceæ* (*bot.*) : famille de plantes dicotylédones formée par M. Robert Brown, sous le premier de ces noms que M. Lindley a modifié pour en former le second. Cette famille est composée de végétaux tous ligneux, les uns simples arbrisseaux, les autres arbres offrant parfois de fortes proportions, et renfermant généralement un suc styptique. Ces végétaux ont leurs rameaux couverts d'une écorce généralement réticulée et revêtue, dans leur jeunesse, d'un duvet farineux; leurs feuilles sont alternes, presque distiques, coriaces, simples, entières et sans stipules; leurs fleurs dioïques et disposées en grappes, en panicules, ou en glomérules sur des pédoncules généralement axillaires ou latéraux; chacune d'elles est d'ordinaire accompagnée d'une bractée en capuchon ; elles sont petites et sans éclat, blanches ou jaunâtres, ou recouvertes en dehors de poils cotonneux rougeâtres; leur périanthe est simple, coriace, un peu épais, tubuleux, urcéolé ou presque campanulé, le plus souvent à trois lobes; les fleurs mâles ont de 3 à 15 étamines monadelphes, dont les filets sont soudés en une colonne solide, un peu élargie au sommet qui porte de petites dents, et dont les anthères sont extrorses, à deux loges s'ouvrant longitudinalement; les fleurs femelles ont un pistil dont l'ovaire libre renferme, dans sa loge unique, un seul ovule dressé, et porte au sommet un stigmate, soit sessile, soit terminant un style très court. Le fruit des myristicacées est une baie qui, à sa maturité, s'ouvre en deux valves indivises ou parfois bifides, et contient dans sa loge une seule graine dressée, embrassée par un arille charnu et comme déchiré en nombreux filaments irréguliers; cette graine présente un tégument externe résistant, un tegument interne membraneux et à rides transversales irrégulières qui s'enfoncent dans des sillons de l'albumen; celui-ci est volumineux, et, à sa base, est logé un très petit embryon à cotylédons presque foliacés, plans ou plissés, et à radicule très courte et infère. —Les myristicacées appartiennent toutes aux contrées les plus chaudes du globe; la plupart d'entre elles proviennent de l'Asie, principalement de ses îles. Aucune espèce n'a été trouvée sur le continent africain. — Ces plantes sont remarquables par les principes aromatiques qui existent dans toutes leurs parties, et par leur suc styptique qui rougit à l'air, grâce à une matière colorante très persistante. Chez la plupart de leurs espèces, l'écorce et le péricarpe renferment des principes âcres et astringents. Leurs graines contiennent des huiles grasses et volatiles mêlées en proportions diverses selon les espèces, et qui font de certaines d'entre elles des aromates d'une haute valeur. Celles qui se distinguent le plus sous ce rapport sont les Muscadiers, *Myristica*, Linn.(*voy.* Muscadier). Une espèce d'un autre genre, le*Pyrrhosatingens*, Blum, qui croît à Amboine, est remarquable par l'arille de ses graines qui, pétri entre les doigts, les teint d'un rouge très vif. Les femmes indigènes de ces îles le mêlent à de la chaux, et en font ainsi une matière avec laquelle elles teignent leurs dents en rouge. P. D.

MYRMÉCOBIE, *Myrmecobius* (*mamm.*) : M. Waterhousse a décrit sous cette dénomination un genre de mammifères qu'il rapporte avec doute à la sous-classe des didelphes, tandis que M. P. Gervais en fait un groupe de carnassiers insectivores, voisin des *tupaia*. Ce genre a pour principaux caractères : huit incisives à la mâchoire supérieure et six à l'inférieure; pas de canines inférieurement; molaires au nombre de huit de chaque côté et à chaque mâchoire; tête allongée; oreilles médiocres et droites; pieds de devant à cinq doigts, ceux de derrière n'en ayant que quatre; queue médiocre. — On ne connaît que deux espèces du genre Myrmécobie; elles sont propres à l'Australasie. Le type est le *Myrmecobius fasciatus* dont la longueur totale est de plus de 40 centimètres, sur lesquels la queue en mesure au moins 15. Le pelage est en dessus d'une couleur d'ocre entremêlé de blanc, le dos orné de bandes transversales, alternativement blanches et noires : les parties inférieures du corps, ainsi que les pattes, sont d'un blanc jaunâtre; enfin la queue est composée de poils mélangés de blanc, de noir et d'ocre. Cet animal, qui se nourrit presque exclusivement de fourmis, ainsi que l'indique son nom générique provenant du grec μυρμεξ, fourmi, ϭιω, je vis, habite la Nouvelle-Hollande, et principalement les environs de la rivière des Cygnes. E. D.

MYRMÉDONIE (*insectes*) : genre de coléoptères de la famille des staphyliniens ou brachélytres. Ces insectes, d'une couleur ordinairement sombre, nuancée parfois de rougeâtre, ont les élytres très courtes, les antennes assez épaisses et le corselet presque canaliculé au milieu. Lorsqu'on les touche, ils font le mort et relèvent leur abdomen de manière à ce que son extrémité touche presque les élytres. Les myrmédonies se trouvent toujours aux environs des fourmilières; mais on ne saurait dire au juste quel est le genre d'association qui existe entre elles et les fourmis; il est probable, à en juger par les habitudes carnassières de ces staphyliniens entre eux, qu'ils dévorent ces hyménoptères. Leur couleur et l'odeur qu'ils exhalent leur permettent de se mêler impunément parmi les hôtes qu'ils déciment. Cependant, d'après une observation faite en Allemagne, il y a quelques années, sur la *Dinarda dentata*, la présence des myrmécophiles au milieu des fourmis serait expliquée par le plaisir qu'éprouvent ces dernières à lécher une liqueur secretée par ces staphyliniens : c'est à un motif semblable que l'on attribue le séjour des clavigères dans certaines fourmilières. Malgré toutes nos recherches, nous n'avons encore pu nous trouver à même de vérifier ce fait curieux, et toutes les fois que nous avons enfermé des myrmédonies avec des fourmis, nous avons vu ces dernières mises en pièces et dévorées. C'est surtout près des fourmilières construites par la grosse fourmi rousse (*formica rufa*), et de celles creusées par la fourmi noire (*formica fuliginosa*), soit dans la terre, soit au pied des arbres, que les myrmédonies se trouvent spécialement. Une seule espèce (*M. canaliculata*, Fab.) se rencontre ordinairement sous les amas de détritus végétaux, sous les pierres, et rarement avec les fourmis.

MYRMÉLÉON (*insect.*) : nom scientifique du genre Fourmilion (*voy.* ce mot).

MYRMÉLÉONIENS (*insect.*) : tribu de

l'ordre des névroptères, créée par M. E. Blanchard, et offrant pour caractères : ailes planes, presque toutes quatre d'égale grandeur; appendices buccaux de consistance solide; tarses de cinq articles; antennes filiformes et multiarticulées. — Cette tribu est partagée en quatre familles : celles des Myrméléonides, des Némoptérides, des Hémérobiides et des Panorpides, correspondant elles-mêmes aux anciens genres *Fourmilion*, *Némoptère*, *Hémérobe* et *Panorpe* (*voy.* ces mots). E. D.

MYRMIDONS, du grec μυρμηξ ou μυρμος fourmi : nom qu'on a donné aux habitants de l'île d'Egine, parce qu'ils étaient fort laborieux et enfouissaient dans la terre les grains qu'ils récoltaient; ou, selon d'autres, parce qu'ils vivaient dans des demeures souterraines. La fable rapporte autrement l'origine de ce nom. Eaque, disent les poètes, gouvernait l'île d'Eleuthère, lorsqu'une peste terrible vint la désoler. Il pria les dieux de mettre un terme à ce fléau, et de repeupler ses Etats. Pendant la nuit il vit en songe une multitude innombrable de fourmis qui sortaient du creux d'un chêne, et au même instant se changeaient en hommes. A son réveil la peste avait cessé et l'île possédait plus d'habitants qu'auparavant.—Les Thessaliens, qui habitaient sur les bords du Pénée, et qui suivirent Achille au siége de Troie portaient aussi le nom de Myrmidons, parce que Pélée, fils d'Eaque, avait amené parmi eux une colonie d'Eginètes. Philostrate dit que le nom de Myrmidons s'appliquait à tous les Thessaliens.

MYRMILLONS (*hist. rom.*) : classe de gladiateurs de l'ancienne Rome. On les nommait aussi *Murmuliones*. Turnèbe prétend à tort que ce mot vient du grec *Myrmidon*. On le fait dériver avec plus de vraisemblance de μυρμυρος, espèce de poisson de mer tacheté de plusieurs couleurs, et dont les gladiateurs portaient sans doute l'image sur leur casque. On est d'autant plus autorisé à le croire, que les *Rétiaires*, adversaires des Myrmillons dont ils cherchaient à embarrasser la tête dans un filet, chantaient en marchant contre eux : « *Quid me fugis, Galle, non te peto, piscem peto.* Pourquoi me fuis-tu, Gaulois, ce n'est pas à toi que j'en veux, mais à ton poisson. » Ces paroles nous apprennent en outre que les Myrmillons étaient ou gaulois ou armés à la gauloise. Ils portaient un casque, un bouclier et une épée. On les trouve en outre sur d'anciens monuments représentés avec la *fusuna*, fourche à deux pointes, au lieu d'épée. Les Myrmillons, selon Suétone, furent supprimés par Domitien. On les nommait aussi *Scutores*.

MYROBALAN (*bot.*). Ce nom a été appli-

qué, en pharmacologie, aux fruits de diverses espèces de *Terminalia* (*voy.* Myrobalanées).

MYROBALANÉES, *Myrobalaneæ* (*bot.*) : A.-L. de Jussieu forme sous ce nom une famille de plantes dicotylédones-périgynes que les botanistes modernes regardent comme une tribu de la famille des combrétacées, et qu'ils désignent généralement avec De Candolle sous la dénomination de *Terminaliées*. Les myrobalanées, qui se rencontrent principalement dans les Indes, ne présentent pas de corolle, et leurs cotylédons sont presque généralement foliacés et convolutés. On place dans cette division une quinzaine de genres. Le principal est celui des Terminaliées, *Terminalia*, Linné, quelquefois nommé *Myrobalana* (*voy.* Badamier).

MYRON (*biog.*). Un des sculpteurs les plus célèbres de l'ancienne Grèce, dont on retrouve souvent l'éloge dans les poètes. Il naquit à Eleuthère dans le ve siècle avant J.-C., et étudia avec Polyclète dont il fut le rival. Il excellait surtout dans la représentation des animaux. Son chef-d'œuvre était une génisse si admirablement exécutée qu'elle paraissait vivante.

MYRON : c'est le nom d'une huile sacrée dont se servent les chrétiens d'Orient pour le baptême, et diverses autres cérémonies religieuses.

MYRONIDE : général athénien qui, en 458 avant J.-C., marcha contre les Thébains qui avaient embrassé le parti des Spartiates, battit leur armée jointe à celle des Lacédémoniens, s'empara de Tanagre et de toutes les autres villes de la Béotie, à l'exception de Thèbes, soumit les Locriens Opuntiens et les Phocéens, et pénétra jusque dans la Thessalie. Myronide préluda par cette belle campagne à la glorieuse administration de Périclès.

MYROSPERME, *Myrospermum* (*bot.*) : genre de la famille des légumineuses-papilionacées, de la décandrie-monogynie dans le système de Linné. Considéré avec la circonscription que lui assignent la plupart des botanistes modernes, il comprend des arbres et des arbrisseaux indigènes des parties chaudes de l'Amérique, célèbres par les baumes qu'ils produisent. Les feuilles de ces végétaux sont pennées avec foliole impaire, marquées de ponctuations et de lignes translucides; leurs fleurs sont blanches ou rosées, disposées en grappes axillaires et terminales, et caractérisées de la manière suivante : calice largement campanulé, à bord à peu près tronqué ou marqué de cinq dents fort peu saillantes; corolle papillonacée, dont l'étendard est large et presque arrondi, dont les ailes et la carène forment quatre pétales distincts, linéaires lancéolés, un peu plus courts que l'étendard;

dix étamines libres ; ovaire stipité, oblong, devenant un légume largement ailé d'un côté à sa partie supérieure, indéhiscent, renfermant une ou deux graines plongées dans une matière pulpeuse balsamique. — Le MYROSPERME BAUME DU PÉROU , *Myrospermum peruiferum* DC, croît naturellement dans le Pérou, la Nouvelle-Grenade, la Colombie. C'est un arbre à rameaux cylindriques, verruqueux et glabres, à feuilles composées d'au moins onze folioles égales, oblongues, obtuses et échancrées au sommet, arrondies à la base qui est parfois en cœur, entières, marquées de ponctuations translucides, arrondies ou allongées, de consistance coriace, glabres, luisantes en dessus, un peu pâles en dessous. Ses grappes de fleurs blanches sont longues d'environ deux décimètres. Son légume est presque coriace, long de plus d'un décimètre, pédicule compris ; c'est de cet arbre que l'on retire le beaume du Pérou (*voy.* BAUME).

Le MYROSPERME BAUME DE TOLU, *Myrospermum toluiferum*, A. Rich., abonde dans les hautes savanes de Tolu, près de Corozol ; on le retrouve beaucoup plus rarement dans les montagnes de Turbaco, et sur les bords de la Madelaine. D'après M.A. Richard, il forme un grand et bel arbre dont le bois, rouge vers le centre, a une odeur de rose, dont les rameaux cylindriques, verruqueux et glabres, portent des feuilles de sept folioles ovales-oblongues, décroissant à partir de la terminale, minces, acuminées au sommet, entières, un peu ondulées, glabres, également vertes aux deux faces, marquées de ponctuations et de petites lignes translucides. C'est cette espèce qui fournit le *baume de Tolu.* P. D.

MYROXILE , *Myroxilon* (*bot.*). Mutis indique sous ce nom un genre qui rentre dans celui des Myrospermes (*voy.* ce mot).

MYRRHA ou **MOR** (*myth.*) : belle-fille de Cynnor ou Cyniras, roi de Chypre, femme d'Ammon et mère d'Adonis. Son beau-père , après s'être enivré, s'étant endormi dans une posture indécente, Myrrha et Adonis l'aperçurent ; Myrrha courut avertir Ammon pour lui donner à rire aux dépens du vieillard. Cynnor à son réveil apprit ce qui s'était passé, chassa en les maudissant son fils, son petit-fils et sa bru. Myrrha et Adonis se retirèrent en Arabie, et Ammon en Egypte. — Cette fable porte un cachet qu'on ne saurait méconnaître. C'est l'ivresse de Noé et la malédiction de Cham et de Chanaan à peine déguisées. D'autres ont fait de Myrrha la fille même de Cyniras , qu'elle enivra pour satisfaire la passion brutale qu'elle avait conçue pour lui. Ovide (Métam. 10) rapporte que Myrrha, honteuse des désirs impurs qui la tourmentaient, avait l'intention de se pendre lorsque sa

nourrice vint lui proposer les moyens de satisfaire sa passion, et l'introduisit dans la couche paternelle. Son père s'étant bientôt aperçu de cette coupable supercherie, voulut tuer sa fille. Myrrha s'échappa et se sauva en Arabie, où elle fut changée par les dieux en l'arbre résineux qui porte son nom, et qui pleure toujours le crime qu'elle avait commis. Au bout de neuf mois son écorce s'entr'ouvrit pour laisser sortir Adonis, le fruit de son inceste.

MYRRHE : gomme-résine qui nous vient de l'Arabie et de l'Abyssinie, sans que l'on connaisse positivement l'arbre qui la produit. On pense assez généralement qu'elle découle d'une espèce d'amyris ou balsamodendron, genre de la famille des térébinthacées, auquel on doit déjà la résine élemi. Selon Théophraste et Pline, en effet, l'arbre qui fournit la myrrhe est résineux avec des feuilles ressemblant assez à celles de l'olivier ; or, le dernier de ces caractères convient évidemment beaucoup mieux à un balsamodendron qu'à une espèce de mimosa , genre auquel Farskhal l'avait attribuée. De plus , MM. Ehrenberg et Hempsich qui ont récolté la myrrhe sur l'arbre même qui la produit, rangent ce végétal dans le premier de ces genres sous la dénomination de *balsamodendron myrrha.* Toutefois, une sorte de myrrhe qui nous vient de l'Inde, a été attribuée par divers botanistes à une ou plusieurs espèces de *laurus.* L'origine botanique de ce produit est donc un point qui réclame encore des recherches. — La myrrhe se rencontre dans le commerce en morceaux volumineux ou en larmes irrégulières, pesantes, rougeâtres, demi-transparentes, fragiles et couvertes extérieurement d'une efflorescence blanchâtre. Sa cassure est fibreuse et brillante, et assez souvent les morceaux les plus gros présentent des stries semi-circulaires que l'on a comparées à des coups d'ongles, d'où le nom de *myrrhe onguiculée.* Ces stries paraissent provenir d'un accident dans la dessiccation de la substance d'abord fluide lorsqu'elle exsude de l'arbre. La saveur de la myrrhe est amère et résineuse, son odeur fortement aromatique et assez agréable ; elle est soluble dans l'alcool. Elle serait composée, d'après Pelletier, de 34 parties de résine contenant un peu d'huile essentielle, et de 66 parties de gomme. Braconnot y admet 23 p.°/. de résine, et 77 d'une gomme à laquelle il attribue des propriétés particulières. La myrrhe recueillie par MM. Ehrenberg et Hempsich a donné à Brendes : huile éthérée, 2,6 ; résine molle, 22,2 ; sous-résine , 5,4 ; tragacanthine, 9,2 ; gomme avec des traces d'acides benzoïque et malique, phosphate et autres sels de chaux , 54,2 ; enfin quelques atomes d'une matière azotée et de substances étrangères. — La myrrhe est un des médicaments les plus anciennement connus. Elle est, comme toutes les gommes-résines, douée de propriétés irritantes ; son usage est presque abandonné de nos jours. Elle peut s'administrer, soit en substance et sous forme de poudre, soit en teinture alcoolique. Les anciens la faisaient entrer dans un grand nombre de leurs préparations officinales, telles que la thériaque, le mithridate, l'orviétan, la confection d'hyacinthe, le baume de Fioraventi, les pilules de cynoglosses. — Les habitants de l'Arabie et de l'Égypte sont dans l'habitude de mâcher continuellement de la myrrhe, comme les Turcs et les peuples de l'archipel de la Grèce mâchent du mastic. L. DE LA C.

MYRRHÉ (VIN), *Myrrhinum vinum*. Les Romains, d'après Ætius (Tetrab. 4, serm. 41), composaient en y joignant de la myrrhe, un vin fort estimé, et qui passait pour se conserver longtemps. Pline (liv. XIV) fait remonter très haut cet usage, et les lois mêmes des XII tables défendaient d'en répandre sur les morts. — C'est aussi du *vin myrrhé* que l'on fit boire à Jésus-Christ (Évang. de saint Marc), sur la croix, selon l'habitude des Juifs, qui, pour amortir la douleur, avaient coutume de donner aux suppliciés une potion assoupissante. Saint Matthieu dit, il est vrai, que c'était du vin mêlé de fiel ; mais la contradiction n'est qu'apparente, car la myrrhe ajoutée en quantité suffisante rendait amère la liqueur à laquelle on la mêlait. On peut consulter Th. Bartholin (*de vino myrrhato*), qui donne de grands détails à ce sujet.

MYRSILE : historien grec contemporain de Solon, dont il ne reste que des fragments qui accompagnent souvent ceux de Bérose et de Manethon. — Myrsile est aussi le nom d'un roi de Lydie, plus connu sous celui de Candaule. Il était le dernier souverain de la race des Héraclides dans ce pays, et il fut tué en 708 av. J.-C. par Gygès, son favori (*voy.* ce mot).

MYRSINÉES, *Myrsineæ* (bot.) : famille de plantes dicotylédones monopétales, créée par M. Rob. Brown, et universellement adoptée depuis. Elle est formée de végétaux ligneux, arbres ou arbrisseaux, à feuilles généralement alternes, simples, entières ou dentelées, coriaces, souvent marquées de ponctuations glanduleuses, et sans stipules. Les fleurs des myrsinées sont régulières, généralement petites, groupées en inflorescences de diverses sortes, et présentent l'organisation suivante : un calice presque toujours libre, à quatre ou cinq divisions plus ou moins profondes, à préfloraison imbriquée ; une corolle monopétale, tubuleuse, presque campanulée ou rotacée, à quatre ou cinq divisions alternes à celles du calice ; des étamines en nombre égal à celui des divisions de la corolle auxquelles elles sont opposées, quelquefois alternant avec autant d'étamines stériles et devenues pétaloïdes ; un ovaire libre, adhérent seulement dans la tribu des mœsées, renfermant dans sa loge unique des ovules en nombre variable, très rarement solitaires, portés sur un placentaire central libre, globuleux et souvent creusé de fossettes pour les recevoir ; un style simple, court, terminé par un stigmate indivis et rarement lobé. Le fruit de ces plantes est charnu, le plus souvent réduit par un avortement, à une seule graine, dans laquelle un albumen dense ou presque corné enveloppe un embryon généralement arqué ou flexueux et transversal par rapport au hile central. — La famille des myrsinées se rapproche beaucoup de celle des primulacées par la plupart de ses caractères, notamment par ses étamines opposées aux pétales, par son placentaire central, libre, et par son embryon transversal ; mais elle s'en distingue par la consistance ligneuse des végétaux qui la forment, et par la nature charnue de leur fruit le plus souvent monosperme. — Les myrsinées appartiennent en grande majorité aux parties tropicales de l'Asie et de l'Amérique ; on en trouve aussi quelques unes au cap de Bonne-Espérance, dans la Nouvelle-Hollande, au Japon et aux Canaries. Quelques-unes donnent des fruits comestibles (*Ardisia*) ; les graines écrasées du *Theophrasta Jussieui*, Lindl., servent à faire du pain ; d'autres espèces sont usitées comme médicinales dans leur pays, sans qu'aucune d'elles acquière néanmoins une grande importance sous ce rapport. Cette famille se divise en trois tribus qui empruntent toutes leur nom à l'un des genres qu'elles renferment. Ce sont : — 1° les ARDISIÉES, sans étamines stériles, à anthères introrses, à ovaire libre, à fruit monosperme. Ici rentrent les genres *Myrsine*, Lin.; *Ardisia*, Swartz; *Embelia*, Juss., etc.; — 2° les MŒSÉES, sans étamines stériles, à anthères introrses, mais à ovaire adhérent et à fruit polysperme. Cette tribu ne renferme que le genre *Mœsa*, Forsk ; — 3° les THÉOPHRASTÉES, à étamines stériles alternant avec les fertiles, à anthères extrorses, à ovaire libre et à fruit polysperme. Les genres de cette tribu, que quelques auteurs élèvent au rang de famille, sont les suivants : *Jacquinia*, Lin.; *Theophrasta*, Juss.; *Clavija*, Ruiz et Pav.

MYRTACÉES, *myrtaceæ* (bot.) : belle et nombreuse famille établie d'abord par A. L. de Jussieu, dans son *Genera plantarum*, sous le nom de *myrti*, et qui ensuite a reçu successivement du même botaniste le nom de myrtées, de De Candolle celui de myrtinées, de M. Rob. Brown celui de myrtacées. Elle est formée de végétaux toujours ligneux, mais parmi lesquels on trouve à peu près tous les termes possibles de grandeur, depuis certaines chamælauciées qui n'ont qu'un ou deux décimètres de hauteur, jusqu'aux gigantesques *eucalyptus* de la Nouvelle-Hollande, qui sont peut-être les plus grands arbres connus. Leurs feuilles sont simples, généralement opposées, entières ou seulement denticulées, d'un tissu raide et consistant, parfois même épaissies et à section plus ou moins cylindrique, parsemées, dans la grande majorité des cas, de petits réservoirs glanduleux qui offrent l'apparence de ponctuations translucides; presque toujours ces feuilles manquent de stipules; dans quelques chamælauciées et lécythidées, seulement elles sont accompagnées de très petites stipules caduques. Les fleurs des myrtacées sont parfaites, régulières, rarement avec un commencement d'irrégularité dû à leurs étamines, disposées en inflorescences diverses; leur calice adhère à l'ovaire dans une longueur variable de son tube, et son limbe est divisé en quatre ou cinq lobes en estivation valvaire : quelquefois (*eucalyptus*, etc.) il se soude en une sorte de coiffe qui se détache tout entière au moment de l'épanouissement de la fleur; chez les *verticordia*, chacun de ses lobes se divise en plusieurs filaments très élégamment frangés et plumeux, dont l'ensemble donne à ces fleurs un aspect tout particulier et beaucoup d'élégance. L'intérieur du tube du calice est tapissé par un disque épaissi et terminé à la gorge en un anneau qui porte la corolle et les étamines. Les pétales sont en même nombre que les lobes du calice, quelquefois petits, ou même nuls. Les étamines sont généralement nombreuses, plus rarement en nombre double de celui des pétales, à anthères intorses, biloculaires, assez souvent entremêlées d'étamines stériles plus ou moins modifiées. Le pistil a l'ovaire adhérent, soit en entier, soit à moitié, d'organisation assez variable, selon les tribus, avec un style et un stigmate toujours uniques et indivis. Le fruit est généralement couronné par le limbe du calice persistant, à une, deux ou plusieurs loges, tantôt sec, tantôt charnu : sa consistance se trouve en relation assez exacte avec la subdivision générale de la famille. Les graines n'ont pas d'albumen, et renferment un embryon droit ou courbé, à cotylédons souvent courts, parfois soudés en une seule masse.

La famille des myrtacées a beaucoup d'intérêt, non seulement par le nombre et la beauté des végétaux qui la composent, mais encore par l'utilité directe de plusieurs d'entre eux. Les propriétés médicinales qui distinguent quelques uns, sont dues à l'existence, dans leurs diverses parties, d'une huile essentielle abondante et du tannin. Suivant les proportions relatives de l'une et de l'autre de ces deux substances, les plantes deviennent les unes aromatiques stimulantes, les autres stimulantes toniques, d'autres enfin simplement astringentes. L'abondance de l'huile essentielle dans certaines myrtacées les fait employer comme condiment, comme épices; tel est surtout le géroflier, *caryophyllus aromaticus*, Linné, arbre des Moluques, qui est remplacé au Brésil par le *calyptranthes aromaticus*, A. S. Hil.; tel est encore l'*eugenia pimenta*, D. C., aux Antilles. Plusieurs myrtacées donnent des fruits comestibles, fort estimés même, dans les régions chaudes; tels sont les *psidium* ou goyaviers, les jambosiers, *jambosa*, plusieurs *eugenia*, *jossinia*, *campomanesia*. Les graines de plusieurs *lecythis*, celles du *bertholletia excelsa*, Humb. et Bonp., sont huileuses, très bonnes à manger et aussi délicates que nos amandes douces. On porte celles de ce dernier arbre en Europe, où elles sont connues sous le nom de *châtaignes du Brésil*, mais où elles n'arrivent qu'après avoir ranci pendant le voyage. On retire de quelques espèces de myrtacées des huiles et des résines usitées à des titres divers; les plus importantes de ces substances sont l'*huile de Cajéput*, qu'on extrait des feuilles et des fruits du *melaleuca cajeputi*, Roxb., des Moluques, et les résines des *eucalyptus* de l'Australie, particulièrement celle de l'*eucalyptus resinifera*, Smith, qui porte dans le commerce le nom de *gomme-kino-australe*. Enfin le bois des grandes myrtacées possède des qualités précieuses, et rend des services signalés dans les pays où ces arbres croissent.

La vaste famille des myrtacées se subdivise en cinq sous-ordres; — 1° les CHAMÆLAUCÉES, arbustes de petite taille, analogues d'aspect et de port à des bruyères, à ovaire uniloculaire, contenant un petit nombre d'ovules portés sur un placentaire central, à fruit sec et monosperme. Tous ces arbustes croissent à la Nouvelle-Hollande, et la plus grande partie vers la portion S.-O. de ce continent. Les principaux genres sont : *genetyllis*, D. C., *chamælaucium*, Desf. *verticordia*. D. C., *calycothrix*, Labillar, etc.; — 2° les LEPTOSPERMÉES arbrisseaux et arbres cantonnés également pour la plupart dans l'Australie, à étamines nombreuses, à ovaire creusé de deux ou de plusieurs loges pluriovulées, et donnant un fruit sec. Leurs genres sont nombreux, et plusieurs sont cultivés dans les jardins, les *beaufortia*, R. Br., *melaleuca*, Lin., *callistemon*, R. Br., *eucalyptus*, L'Hérit., *leptospermum*, Forst., etc.; — 3° les MYRTÉES, à étamines nombreuses, libres, à ovaire creusé de deux ou plusieurs loges multiovulées et qui devient un fruit charnu. Elles sont disséminées dans tous les pays chauds; leurs principaux genres sont : *myrtus*, Tourn, *myrcia*, D. C., *eugenia*, Miche., *psidium*, Lin., *jambosa*, Rumph., etc.; — 4°les BARRINGTONIÉES, arbres de l'Asie et de l'Amérique tropicales, à feuilles non ponctuées comme celles des trois premiers sous-ordres, à étamines très nombreuses et monadelphes à leur base; tels sont les genres : *barringtonia*, Forst, *careya*, Roxb., *gustavia*, Lin., etc.; — 5°les LÉCYTHIDÉES, arbres d'Amérique, à feuilles alternes, non ponctuées, à enveloppes florales hexamères, avec un très grand nombre d'étamines soudées en un seul corps qui s'avance d'un côté en une sorte de languette épaisse, et recourbée en voûte; *lecythis*, Loefl., vulgairement *marmite de singe*, *couratari*, Aubl., *bertholletia*, Humb. et Bonpl. Divers botanistes considèrent certains de ces sous-ordres comme des familles distinctes. — Les portions du globe où les myrtacées croissent le plus abondamment sont l'Amérique tropicale et la Nouvelle-Hollande, la première pour les myrtées, les lécythidées et les barringtoniées : la seconde pour les chamælauciées et les leptospermées. On ne trouve qu'un assez petit nombre de plantes de cette famille dans l'Asie et l'Afrique équinoxiales; enfin quelques-unes seulement arrivent dans l'Europe méridionale, l'Amérique septentrionale et antarctique.   P. DUCHARTRE.

MYRTE, *myrtus* (bot.) : genre de la famille des myrtacées, de l'icosandrie-monogynie dans le système de Linné. Bien que circonscrit, depuis De Candolle, entre des limites beaucoup plus précises et aussi beaucoup plus restreintes qu'auparavant, il renferme encore environ 60 espèces. Ce sont des arbrisseaux et des arbres qui croissent spontanément dans l'Amérique tropicale, plus rarement dans l'Asie équatoriale, le midi de l'Europe et les îles tempérées de l'hémisphère austral. Les feuilles de ces végétaux sont opposées, entières, ponctuées de réservoirs glanduleux et translucides. Leurs fleurs, généralement blanches, sont portées sur des pédoncules axillaires, uniflores, et accompagnées de deux bractéoles. Elles se distinguent par les caractères suivants : un calice à tube adhérent, et à limbe divisé en quatre ou cinq lobes; quatre ou cinq pétales insérés à la gorge du calice; des étamines nombreuses; un ovaire adhérent, à deux, trois, rarement quatre loges pluriovulées. Le fruit est une baie noire ou rouge, couronnée par le limbe du calice, généralement polysperme.

L'espèce la plus intéressante de ce genre est le MYRTE COMMUN, *myrtus communis*, Lin., qui croît abondamment dans tout le bassin de la Méditerranée, principalement sur les côtes et dans les îles, dans les lieux pierreux et sur les rochers abrités. Sa tige est très rameuse; ses feuilles, petites et nombreuses, sont persistantes, un peu coriaces, ovales ou lancéolées, aiguës; ses fleurs sont blanches, assez petites, solitaires à l'extrémité de pédoncules qui égalent à peu près les feuilles en longueur. Le port élégant de cet arbuste, son odeur agréable, l'ont toujours fait rechercher. De nos jours on le cultive très communément, et la culture en a obtenu beaucoup de variétés remarquables à divers titres. Toutes rentrent dans la sous-espèce à fruit petit et noir et non comestible. Une autre sous-espèce, qui se trouve dans les îles Baléares et en Grèce, produit, au contraire, un fruit assez gros, blanc et bon à manger. — Les variétés de myrte les plus communes dans les jardins, sont : le *myrte romain*, à feuilles ovales, et à fleurs longuement pédonculées; le *myrte d'Italie*, à feuilles ovales-lancéolées, et aiguës, à branches sensiblement dressées; le *myrte de Portugal*, à feuilles lancéolées-ovales, aiguës, à fleurs et fruits très petits; le *myrte de Belgique*, *myrte moyen*, à petites feuilles lancéolées, acuminées et rapprochées, ayant la côte rouge en dessous, etc. — Le parfum du myrte était fort estimé des anciens; ils aromatisaient leurs vins avec des branches et des fruits de cet arbuste; ils en mettaient des feuilles dans l'eau des bains; son fruit leur servait pour aromatiser les mets; enfin ils employaient la plante tout entière en médecine. Ses feuilles et son écorce étaient usitées en décoction, comme aromatiques, astringentes et toniques, en lotions et en bains; ses feuilles et ses fleurs servaient encore à la préparation d'une eau distillée fort renommée, qu'on appelait *eau d'ange*. Aujourd'hui le myrte ne mérite presque plus de figurer dans la liste des végétaux usuels; à peine si l'on utilise ses feuilles, en Italie et en Grèce, pour le tannage des peaux, et ses fruits, en Toscane, en guise de poivre. Mais, comme arbuste d'agrément, il est généralement cultivé, en pleine terre et en buisson ou en haies dans le Midi de l'Europe, en pots et en caisses dans les climats plus froids, de manière à pouvoir être mis en orangerie pendant l'hiver. Il demande une terre légère. On le multiplie sans peine et par tous les procédés. — Le MYRTE UGNI, *myrtus ugni*, Moli, du Chili, est une espèce remarquable, parce que son fruit sert à la préparation d'une liqueur qu'on dit comparable aux meilleurs vins muscats. — On cultive dans nos jardins, en serre tempérée pendant l'hiver, le MYRTE COTONNEUX, *myrtus tomentosa*, Ait., jolie espèce de l'Inde, à feuilles cotonneuses en dessous, et à fleurs assez grandes, d'un rose délicat.

Le myrte était une des plantes les plus célèbres dans la symbolique des Grecs. Il était spécialement consacré à Vénus, qui, surprise au sortir du bain par des Satyres, avait évité leur poursuite en se réfugiant sous des arbrisseaux de cette espèce (Ovide, *Fastes*, liv. IV). En commémoration de cet événement, les dames devaient se couronner de myrte dans le bain. A Athènes, les suppliants en ornaient leur tête ainsi que les magistrats. La couronne de myrte était le prix de la victoire remportée aux jeux Isthmiques. A Rome, les gens pauvres en couronnaient les dieux Lares (Horace, l. III, *Ode* 23). Il ceignait le front de ceux qui s'asseyaient dans les festins ou qui parcouraient la ville sur le char triomphal (Pline, 15, 29). En revanche, cette plante était en horreur à la bonne déesse *Fatua*, femme du dieu Faune, qui, s'étant prise de vin, fut fouettée par son époux avec des verges de myrte. Mais ce n'est pas là le véritable motif de la proscription du myrte par Fatua : cette divinité en effet, étant le symbole de la foi conjugale, ne pouvait avoir rien de commun avec Vénus. P. DUCHARTRE.

MYRTILE (*myth.*), du grec μυρτος *myrte;* fils de Mercure et cocher d'OEnomaüs, roi de Pise. Il trahit son maître en faveur de Pélops et fut ensuite précipité dans la mer par celui dont il avait assuré le triomphe (*Voy.* PÉLOPS et OENOMAÜS). Son corps, rejeté par les flots, fut recueilli par les Phénéates qui l'ensevelirent derrière le temple de Mercure et célébrèrent ensuite tous les ans, pendant une nuit entière, une fête en son honneur.

MYRTIS : célèbre poétesse née à Anthédon, en Béotie, vers l'an 500 avant J.-C. Corinne et Pindare reçurent ses leçons. Une statue de bronze lui fut élevée par Boïrcus. Il ne nous reste rien de ses poésies encore célèbres du temps de Plutarque.

MYRTOS : petite île de la mer Egée, située au S. de l'Eubée, vis-à-vis de Gereste et tout près du promontoire de Cépharée. C'est de son nom qu'on appela mer de Myrtos, *Myrtoum mare*, cette partie de la mer Egée qui, selon Strabon, s'étendait depuis le promontoire de Sunium jusqu'au bas du Péloponèse, entre l'Eubée, l'Attique et les Cyclades. Pline (liv. IV, ch. 11) lui donne encore une plus grande étendue, et soutient l'opinion commune qui lui fait tenir son nom de l'île de Myrtos. Les poètes ont cherché l'origine de ce nom dans la Fable, et ont dit qu'il venait de celui de Myrtile que Pelops avait fait précipiter dans les flots de cette mer ; d'autres y ont retrouvé le nom de l'amazone Myrto, amante de Mercure et mère de Myrtile. Cette partie de la mer Egée passait pour fort dangereuse à cause des rochers qui en hérissaient les bas-fonds. ED. F.

MYSIE : une des contrées les plus célèbres de l'antiquité, dans l'Asie-Mineure. Les auteurs anciens ne sont pas d'accord sur son étendue, sa division et ses limites; tous cependant reconnaissent deux Mysies. La première, appelée par Strabon la *Mysie olympienne*, et par Ptolémée la *petite Mysie*,- longeait l'Hellespont, depuis l'embouchure de l'Asopus jusqu'à la Bithynie et au mont Olympe; la seconde, que Strabon désigne sous le nom de *Mysie Pergamene* et Ptolémée sous celui de *grande Mysie*, comprenait la Troade, l'Eolide, le territoire de Lampsaque, les environs du mont Didyme et les rives sud-est de l'Asopus. La Mysie avait donc pour bornes, au nord, la Propontide, à l'ouest, la mer Egée, à l'est, la Bithynie, et au midi, la Lydie. Sous les Romains la plus grande partie de la Mysie forma la province de l'Hellespont.

Le sol de la Mysie était généralement montagneux, très boisé et rempli de lacs et de marais. Ses montagnes principales étaient le mont Ida et le mont Temnos, branche occidentale de la chaîne du Taurus. On y comptait neuf fleuves et rivières, mais dont la plupart n'étaient en réalité que des torrents : l'Asopus, l'Audrius, le Rhodius, le Simoïs, le Scamandre, le Practius, le Percotes, le Granique et le Caïcus. Le nombre des villes, dans cette contrée peu étendue, était très considérable. On en comptait plus de soixante dont les plus importantes étaient, dans la petite Mysie : Abydos sur l'Hellespont, en face de Sestos, Lampsaque, Priapus, Parmis, colonie milesienne et romaine, et la forte et magnifique ville de Cyzique; et dans la grande Mysie : Troie, Alexandria-Troas, fondée par Alexandre-le-Grand, Pergame, résidence des rois Eumène et Attalus, et célèbre par sa bibliothèque de 200,000 volumes et par l'invention du parchemin (*Pergamena*); Adramyttium qui donna son nom au vaste golfe situé en face de l'île de Mitylène, Antandras, Gargara, Assus, Colonæ, Appollonia ad Rhyndacum, Miletopolis, et parmi celles de la ligue éolienne qui étaient au nombre de neuf : Cumes, Temnos, Larisse, Myrina, la Sebastopolis des Romains, Élée et Pitana. SCHAYÈS.

MYSIES (*myth.*) : fêtes singulières qu'on célébrait tous les ans, dans le Péloponèse, en l'honneur de Cérès. Le troisième jour, les femmes chassaient du temple les hommes et les chiens, et s'y tenaient renfermées tout le jour avec les chiennes. Le lendemain elles rappelaient les hommes, et la fête se terminait par de joyeux festins. Ces fêtes étaient ainsi appelées, selon Pausanias, d'un certain Mysius, chez lequel Cérès avait logé, et qui avait donné son nom à une petite contrée du Péloponèse où un temple célèbre avait été élevé à la déesse.

MYSON : pauvre laboureur de Chen, l'un des bourgs qui composaient Sparte, fut réputé l'un des hommes les plus honnêtes et les plus sensés de la Grèce, et mérita même de prendre place parmi les sept Sages. Quand Anacharsis interrogea la Pythie pour savoir quel était le plus sage des Grecs, elle répondit : « Celui qui à cette heure laboure son champ. » On chercha et il se trouva que cet homme était Myson.

MYSORINE : minéral trouvé dans le pays de Mysore ou Maïssour, et composé d'environ 17 parties d'acide carbonique, 61 de deutoxyde de cuivre, 19 à 20 de peroxyde de fer, et 2 de silice. La mysorine est de couleur brun-noirâtre, ordinairement très foncé et sali de vert, de rouge, de brun, et tendre et facile à couper au couteau.

MYSTAGOGUE, du grec αγω, *conduire*, et μυστης, *myste*. On nommait ainsi celui qui était chargé d'initier les adeptes à la connaissance des mystères. Cicéron donne le même nom à la personne chargée de montrer aux visiteurs les curiosités des temples.

MYSTÈRES. Ce mot sert à désigner, en général, une chose cachée et plus spécialement une cérémonie secrète ou une vérité incompréhensible. On doit juger par cette définition que l'homme est condamné à rencontrer partout des mystères, parce que toutes les sciences ont leurs secrets impénétrables et des profondeurs qui se dérobent aux lumières de notre intelligence. La dernière démarche de la raison, dit Pascal, c'est de connaître qu'il y a une infinité de choses qui la surpassent ; elle est bien faible si elle ne va jusque-là. Les choses même les plus familières offrent à l'homme des obscurités et des mystères où la raison se perd. Il ne saurait comprendre ni l'espace, ni le temps, ni la matière, ni le mouvement, ni la vie ; il ne sait pas même expliquer parfaitement la pensée, le sentiment, la mémoire, ni les autres facultés de l'âme. Il est aisé de reconnaître à quoi tient cette impuissance de l'esprit humain. L'homme ne peut comprendre qu'à la condition d'embrasser complètement et de pénétrer, pour ainsi dire, la nature des objets qui se présentent à son intelligence, d'en connaître tous les éléments, toutes les propriétés, toutes les dépendances, de remonter à leur origine et à leur cause, en un mot, d'en saisir exactement tous les rapports ; dès qu'un seul lui échappe, il n'a plus qu'une notion incomplète, et comme tout se tient dans l'univers et se rattache nécessairement à une cause première et infinie sans laquelle rien ne peut exister ni se concevoir ; comme toutes les vérités sont enchaînées par une suite de rapports indissolubles et dépendent d'un principe inexplicable qui les renferme et

les domine toutes ; il s'ensuit que la raison ne comprend rien parfaitement, parce que, selon l'expression de Montaigne, elle ne voit le tout de rien. De là vient que l'esprit humain peut trouver des difficultés partout, et des objections quelquefois insolubles contre les données les plus incontestables du sens commun, parce qu'il ne saurait voir et comprendre tous les rapports par lesquels ces vérités fondamentales s'enchaînent et se concilient avec toutes les autres ; de là vient qu'un examen approfondi des questions les plus simples et les plus claires en apparence, n'a souvent d'autre résultat que de les obscurcir et de faire tourner la tête aux philosophes ; de là vient enfin que les principes et la base même de nos connaissances ne peuvent échapper aux objections du scepticisme, et que les objets les plus vulgaires offrent de tous côtés des abîmes impénétrables qui suffisent pour déconcerter la raison, et, comme dit Pascal, pour la jeter hors des gonds.

Cependant comme il est possible à l'homme de faire abstraction des rapports qui existent entre toutes les vérités et qui rattachent toutes choses les unes aux autres, quand ces rapports sont éloignés ; comme il ne saurait même en considérer qu'un petit nombre à la fois, parce que la portée de son attention ne va pas même si loin que ses lumières, on peut dire en un sens qu'il comprend certains objets, parce qu'il est capable d'en saisir exactement la nature et les rapports immédiats. C'est ainsi qu'il parvient à expliquer jusqu'à un certain point toutes les idées dont il connaît l'origine et les éléments, ou à rendre compte des phénomènes dont il a constaté les lois par la découverte de leur cause, de leur fin et des conditions essentielles à leur production. Il comprend alors les objets ou les vérités dont il s'agit, parce qu'il voit tout ce qui s'y rattache immédiatement et tout ce qu'il peut voir simultanément ; il saisit et embrasse tous les rapports qui viennent s'offrir en même temps à sa pensée ; ceux qu'il ne pourrait concevoir se dérobent à son attention par leur éloignement. Il peut donc définir ou expliquer certaines choses et déterminer les caractères qui leur sont communs avec d'autres du même genre, et les différences spécifiques qui les en séparent, il peut en avoir ainsi une notion précise, claire et distincte ; de sorte qu'il les comprend, ou croit du moins les comprendre, parce qu'il ne voit rien d'obscur autour d'elles dans l'horizon qu'embrasse actuellement sa pensée. Mais dès qu'il veut étendre sa vue plus loin et chercher les anneaux qui rattachent ces notions particulières à la chaîne immense des vérités générales dont elles dépendent, les obscurités qu'il n'avait pas aperçues se montrent bientôt, et le forcent de reconnaître que des ténèbres profondes et des mystères incompréhensibles enveloppent de toutes parts l'horizon plus ou moins étroit où s'arrête la portée de son intelligence.

Il ne faut donc pas s'étonner que la religion surtout renferme des mystères qu'il n'est pas donné à l'homme de comprendre. La raison humaine, en effet, a nécessairement des bornes, parce qu'elle est finie comme tout ce qui est créé; et l'on conçoit, par conséquent, qu'elle est incapable d'embrasser l'infini et de comprendre tout ce qui s'y rapporte; on conçoit que la nature divine et ses perfections infinies, la création de la matière et l'action de la Providence sur tout ce qui existe, dépassent les lumières et les conceptions toujours limitées de l'esprit humain; on doit concevoir enfin que, si l'homme n'est pas en état de comprendre les mystères que la religion lui révèle ou de les concilier avec ses idées ordinaires, ce n'est pas un motif pour les rejeter comme incroyables ou pour les juger contraires à la raison; car l'homme est forcé par sa nature d'admettre une foule de vérités qu'il ne peut expliquer ni concilier avec les lois ordinaires de ses conceptions. Il est facile d'en comprendre la raison. On doit, en effet, distinguer dans l'esprit humain deux sortes de connaissances, qui diffèrent tout à la fois par leur objet, par leur origine et par leurs caractères; les unes ont leur source dans le développement naturel et spontané de l'intelligence, elles sont les bases nécessaires de la raison et du sens commun; elles ont pour objet des vérités nécessaires, immuables, absolues, et par cela même, elles s'imposent à l'esprit humain comme les fondements de toute conception et la règle nécessaire de tout jugement. Les autres dérivent de l'observation et de l'expérience; elles ont pour objet des vérités relatives et contingentes; elles sont la mesure de ce qui est dans l'ordre actuel de la nature, mais non pas de ce qui peut être dans un ordre différent ou dans une autre sphère; elles n'ont, par conséquent, de valeur que dans le cercle toujours limité de l'expérience qui en est la source et le fondement. Tout ce qui est manifestement contraire aux notions absolues renferme une absurdité qui, par elle-même, révolte le sens commun; il serait impossible de l'admettre sans abjurer la raison. Mais on conçoit bien qu'il n'en est pas de même quand il s'agit des vérités fondées sur l'expérience. Qu'on dise, par exemple, à un aveugle né qu'on peut l'apercevoir où il n'est pas, ou bien à un homme du peuple qu'on peut entretenir dans l'eau une flamme vive et éclatante, tout cela sera certainement contraire aux

idées que l'un et l'autre ont pu se former d'après leur expérience personnelle; est-ce pour eux un motif suffisant pour ne pas y croire, et devront-ils rejeter ces vérités incontestables, sous prétexte qu'ils ne peuvent les comprendre ni les concilier avec leurs idées? Un aveugle né ne peut juger des qualités premières des corps, de leur figure et de leur dimension, que par le toucher; un corps figuré et en quelque sorte saillant sur une surface plane, un arbre ou une montagne représenté sur une toile ou dans un miroir, un corps infiniment plus gros que la terre réduit à un pouce ou un pied de dimension, tous ces faits d'optique peuvent lui paraître des absurdités, parce qu'ils contredisent ses jugements habituels; et cependant il ne peut ni en douter, ni encore moins les rejeter quand tout le monde les lui atteste. Il est donc manifeste et incontestable que ce qui surpasse nos conceptions, ce qui semble même quelquefois les contredire, n'est pas toujours contraire à la raison.

En partant de ces observations générales, et en les appliquant aux mystères de la religion, il n'est pas difficile de montrer qu'ils n'ont rien de contraire à la raison, et que s'ils sont au dessus de nos conceptions, s'ils paraissent en opposition avec les données de l'expérience, il ne s'ensuit pas que la raison soit en droit de les rejeter, ni encore moins qu'elle puisse les combattre par des principes incontestables. Il est clair, en effet, que les mystères n'offrent pas une contradiction manifeste et évidente avec les vérités absolues et nécessaires du sens commun; s'il en était ainsi, l'esprit humain n'aurait jamais pu les admettre, et l'incrédulité n'aurait pas besoin de recourir à des raisonnements pour les combattre; il suffirait de leur opposer les vérités contradictoires et d'invoquer l'autorité irrécusable de l'évidence. Or, il est certain que cela ne suffit pas, et que si l'on affirme, par exemple, contre le mystère de la trinité, qu'il n'y a pas trois personnes en Dieu, cette proposition ne paraîtra pas une de ces vérités nécessaires qui subjuguent à l'instant par leur évidence et dont le sens commun ne permet pas de douter. S'il en était ainsi, encore une fois, jamais l'esprit humain n'aurait pu croire ou admettre ce mystère. Il faut donc nécessairement recourir au raisonnement et chercher d'autres principes pour le combattre; il faut définir, expliquer, analyser, les différentes idées qu'il renferme pour essayer d'y reconnaître et d'y faire voir des éléments contradictoires ou incompatibles; il faut chercher par cette analyse ou ce développement à faire ressortir une opposition qui ne se révèle pas évidemment par le seul énoncé des termes; il faudrait enfin pouvoir expliquer nettement les idées de personnalité et de substance, en déterminer rigoureusement tous les rapports, et montrer en quoi elles diffèrent ou se confondent, pour en conclure avec certitude que l'unité de substance est incompatible avec la trinité de personnes. Ce n'est que par ce moyen qu'on pourrait parvenir à dégager de la formule contenant l'énoncé du mystère, et à montrer dans l'obscurité des termes qu'elle renferme une contradiction qui ne se manifeste pas d'une manière claire et évidente. Or, on conçoit d'abord que si les termes de cette formule pouvaient être développés nettement par l'analyse, le mystère cesserait d'être incompréhensible. C'est précisément parce qu'elle contient des termes ou des idées qui dépassent la portée de l'esprit humain qu'elle présente un mystère. S'il était possible de comprendre ces termes, d'en démêler par l'analyse tous les éléments et d'en saisir tous les rapports, l'obscurité du mystère s'évanouirait; il rentrerait dans la catégorie de nos conceptions naturelles. On peut aisément, d'ailleurs, en essayant d'analyser ces termes ou ces idées, reconnaître qu'il est impossible de les comprendre ou de les expliquer parfaitement, ni d'en déduire aucun principe absolu qui embrasse l'ensemble de leurs rapports. Les notions de personnalité et de substance ne se présentent point à l'esprit avec ce caractère de clarté et de précision qui fait naître l'évidence. Elles ne sont que des notions incomplètes et relatives où la raison trouve des obscurités qu'elle chercherait vainement à pénétrer. Nous ne percevons pas la substance d'une manière immédiate; nous n'y arrivons que par une induction naturelle qui nous force de la supposer partout où nous remarquons des qualités. Elle n'est pour nous que le sujet qui renferme et supporte ces qualités réunies; nous n'en connaissons rien de plus, et par cela même que nous ne la concevons pas immédiatement et complètement, quelques philosophes ont été jusqu'à prétendre que nous ne saurions en avoir aucune idée. Nous ne connaissons la personnalité que par ce qui se passe en nous, et comme cette notion se réduit à un simple fait, qu'elle résulte uniquement de l'expérience, nous ne pouvons rien en conclure à l'égard de ce qui est possible dans une autre sphère. L'idée que nous avons se borne à ce qui constitue notre personnalité propre; elle ne suffit point pour porter un jugement absolu. Les rapports qui existent entre la personnalité et la substance échappent à nos lumières; nous ne pouvons les concevoir ni les déterminer rigoureusement; mais nous savons qu'ils n'impliquent pas du moins une identité absolue, puisque nous concevons des substances qui n'ont point de personnalité, et que dans l'homme même nous ne voyons qu'une seule personne avec deux substances différentes. Comment donc pourrions-nous juger sûrement qu'il ne saurait y avoir trois personnes distinctes dans une seule substance, quand la nature et les rapports de ces deux idées ne nous sont connus que d'une manière si obscure et si incomplète?

On doit dire la même chose des idées que renferme le mystère de la présence réelle dans l'Eucharistie. Nous n'avons pas une notion claire et précise de la nature des corps. Nous ne connaissons guère que les qualités extérieures qui frappent nos sens et que nous voyons se modifier de mille manières et à chaque instant. La substance qui les réunit et qui ne change point nous échappe toujours. La raison ne peut en comprendre ni la nature ni les éléments, parce qu'elle ne trouve jamais de terme à la division des molécules, et qu'ainsi elle ne peut arriver à l'unité qui forme la base de toute substance comme de toute idée. Il en est de même pour la notion de l'espace, qui est l'objet de tant de systèmes et d'interminables disputes. Qu'on essaie tant que l'on voudra d'analyser et d'expliquer ces notions, jamais on ne dissipera les obscurités qui les entourent; jamais on n'en fera des notions claires et compréhensibles. Comment donc prononcer avec certitude sur les rapports établis entre elles dans l'énoncé d'un mystère, quand nous ne pouvons connaître parfaitement ni l'essence des corps, ni les conditions de leur existence dans l'espace, ni ce qui constitue essentiellement leur identité? La nature elle-même ne nous offre à cet égard que des mystères. Nous voyons le même corps se transformer perpétuellement, se dilater ou se condenser sans que nous puissions assigner des limites à ces effets; toutes ces variations augmentent et se multiplient par des illusions des sens ou selon la perfection de nos instruments: de sorte que les phénomènes extérieurs changent pour nous par le seul effet de nos dispositions, et que la matière devient perceptible ou cesse de l'être, par des circonstances tout-à-fait étrangères à sa nature; enfin, nous ne savons pas même si elle est simple ou divisible dans ses éléments, ni ce qui forme l'unité de substance dans un sujet composé. Quel moyen donc de trouver, dans ces notions imparfaites et confuses, un principe clair et absolu pour l'opposer aux mystères de la religion. Nous pouvons bien affirmer que les idées contenues dans la formule de ces mystères ne s'accordent point avec les observations de l'expérience dans l'ordre naturel; mais nous n'avons pas le droit d'affirmer qu'elles dépassent les bornes de ce qui est possible dans un ordre différent. Ce serait donner à nos jugements, fondés sur l'observation, un caractère absolu qu'ils ne peuvent pas avoir. Ce serait supposer que les corps ne peuvent jamais exister dans des conditions différentes de celles que nous voyons. Ce serait enfin imiter l'aveugle né qui refuserait de croire qu'un corps plus gros que la terre peut nous paraître plus petit qu'un grain de sable, ou le villageois qui refuserait de croire aux antipodes, sous prétexte qu'on ne peut se tenir et marcher la tête en bas. Mais l'homme est ainsi disposé qu'il fait presque toujours de ses idées même les plus obscures et les plus incomplètes, la mesure de ce qui est vrai ou possible ; et c'est là, comme on le sait par l'histoire de toutes les sciences, une source féconde d'erreurs et de préjugés.   R.

MYSTÈRES (*antiq.*) : cérémonies secrètes des religions païennes. De toutes les étymologies qu'ont données de ce mot les auteurs anciens et modernes, la plus probable est celle qui le fait venir du grec μυειν, *fermer,* d'où μυστηριον (*mystère*), *chose tenue cachée,* et μυστης (*myste*), *qui a la boucle close.*

Les anciens possédaient un grand nombre de livres rituels des mystères, publiés sous les noms d'Orphée et de Musée (PLATON, *Rep.,* liv. II). Suidas, au mot Eumolpe, nous apprend que ce poète avait composé 3,000 vers sur les mystères. On avait, sur le même sujet, des ouvrages de Mélanthius, de Ménandre, d'Hicésius, de Démétrius Scepsius ; ceux de Cérès avaient donné lieu à un traité de la pythagoricienne Arignote (CLÉMENT D'ALEX., *Strom.,* liv. IV). Stésimbrote et Néanthe avaient recueilli les rites initiatoires. Ces livres auraient jeté sans doute une grande lumière sur les mystères, quoiqu'ils fussent écrits en une espèce de jargon que les initiés seuls pouvaient comprendre (GALIEN, *De la vertu des simples,* liv. VII), et ne fissent connaître que la partie des mystères que les initiés pouvaient révéler sans crime (SÉNÈQUE, lettre XCV). Malheureusement, aucun d'entre eux ne nous est parvenu. La critique moderne, s'appuyant sur les passages obscurs et pleins de réticences des auteurs dont nous possédons les ouvrages, a fait des efforts prodigieux pour arriver à la connaissance de l'objet des mystères ; mais elle n'est parvenue, malgré toute son habileté d'investigation, qu'à formuler des hypothèses plus ou moins ingénieuses. Elle nous laisse ignorer, en effet, quel était le but véritable de l'initiation ; si le sanctuaire possédait, comme on l'a si souvent répété, un corps de doctrine théogonique et morale, et dans ce cas même, sur quels principes reposait l'enseignement ésotérique. — L'origine des mystères nous est également inconnue. Si cependant on veut examiner, sans idée préconçue, les mythes fondamentaux autour desquels se groupaient les formules variables de l'enseignement sacerdotal, on verra que, dans tous les pays, ils furent originairement les mêmes. Partout, en effet, on représentait dans les cérémonies sacrées, la mort ou la disparition du Dieu-Soleil, c'est-à-dire son arrivée au point du ciel où il mesure à la terre les jours les plus courts et les plus tristes. En Égypte, c'était Osiris massacré par Typhon ; en Syrie, Adonis déchiré à la chasse par un sanglier ; dans d'autres contrées de l'Asie, Atys se mutilant de ses propres mains ; en Crète, c'était Jasion, et en Grèce, l'Iacchus zagrée (*chasseur*) des Eleusinies mis à mort par les Titans ; catastrophe lugubre, célébrée par des cérémonies de deuil suivies de fêtes joyeuses destinées à représenter la résurrection du soleil. Partout aussi, nous retrouvons ce dieu, principe mâle, actif et créateur, en rapport avec une divinité femelle : Isis, Cérès, Vénus, la Grande Déesse, la Grande Mère, principe passif et générateur, représentant l'élément humide, la terre, la matière ! Dans tous les mystères enfin, figure le Phallus, symbole de la génération universelle, ou le Ctéis, qui répondait au Phallus, comme Isis à Osiris, Cérès à Iacchus, Vénus à Adonis. Nous ne saurions donc, avec Clément d'Alexandrie (*Strom.,* liv. V), assigner pour origine aux mystères les lustrations établies dans le but de purifier les coupables ; ni croire, avec Pluche, qu'ils fussent uniquement destinés à représenter l'état primitif de l'humanité, ou à perpétuer, comme d'autres l'ont pensé, le souvenir des grandes catastrophes du globe terrestre.

Les mystères, comme on peut le conclure de ce qui précède, durent leur origine aux premières observations astronomiques, rattachées à la plus antique idolâtrie, celle du soleil ; mais leur but n'était pas seulement d'enseigner aux initiés quelques unes des lois générales de la physique. Au milieu du chaos du polythéisme ancien, les prêtres égyptiens, qui formaient une caste riche et puissante, étaient parvenus de bonne heure à une sorte de philosophie théologique physique, et morale, supérieure aux idées vulgaires. Mais jaloux de conserver leurs priviléges et leur autorité, ils ne firent participer à la lumière du sanctuaire que de rares adeptes, qui n'étaient initiés eux-mêmes qu'après de longues et pénibles épreuves.

Les grandes commotions qui agitèrent l'Égypte aux temps historiques les plus reculés, occasionnèrent des émigrations nombreuses, et les mystères égyptiens furent établis sur la terre des Pelasges et des Hellènes. Dans la Grèce même, l'initiation fut longtemps réservée aux personnages éminents. Nous en avons une preuve bien remarquable dans Homère, qui nous montre une sédition apaisée par Agamemnon, au moyen de la ceinture couleur de pourpre qu'il avait reçue à l'initiation cabirique. Les hiérophantes grecs devinrent peu à peu moins exclusifs. Ils comprirent qu'à l'aide des mystères, ils pouvaient moraliser le peuple sans le détacher des dieux qu'il adorait. Mais le sanctuaire ne s'ouvrait que pour les personnes de mœurs irréprochables; l'accès en était rigoureusement interdit aux criminels. On devait se préparer à l'initiation par la chasteté, la continence, les purifications, et une foule d'épreuves, quelquefois très longues, comme en Égypte, et destinées à dégager l'âme de la matière, et à faire naître l'homme à une vie nouvelle et plus parfaite, rites adoptés par Pythagore lui-même, le seul peut-être, de tous les philosophes grecs, devant lequel se soient ouvertes les portes du sanctuaire égyptien. Pour mieux s'assurer de la moralité des adeptes on avait institué les petits mystères dont il fallait franchir les degrés avant d'arriver à l'initiation véritable. Lorsqu'enfin, après avoir surmonté tous ces obstacles, l'aspirant était jugé digne de participer à la *lumière nouvelle*, on lui représentait les premiers progrès de l'humanité; on lui montrait l'homme couvert de peaux de bêtes, se nourrissant des fruits des arbres, inventant l'agriculture et les arts utiles, et s'élevant, de perfectionnements en perfectionnements, jusqu'au plus haut degré de la civilisation. Suivant les idées généralement reçues des rapports de l'ordre moral et de l'ordre physique de l'univers, on faisait passer devant ses yeux, en tableaux magnifiques, pour frapper plus fortement son imagination, les merveilles du monde et l'harmonie des sphères célestes, et, pour prix de ses efforts, on lui promettait la paix de l'âme dans ce monde, et un avenir meilleur dans l'autre, où il devait vivre au sein même de la divinité (PLATON, *Phœdon*). Le but moral des mystères a été reconnu par la critique impartiale, et Cicéron, que l'on ne peut suspecter quand il s'agit d'une religion qu'il a si souvent frondée, dit que les initiations ont été la source de grands biens pour les hommes (*De legibus*, liv. II, ch. 14), et que partout où les Athéniens avaient porté la connaissance des mystères, l'esprit d'union et d'humanité s'était introduit.

Quant à la doctrine secrète, l'histoire des mystères, surtout dans la Grèce, se divise en deux périodes bien distinctes. Dans la première, lorsque le collège sacerdotal déployait pour les admissions une sévérité rigoureuse, on y enseigna peut-être l'unité de Dieu, qui était un des dogmes ésotériques des Égyptiens. Mais chez les Grecs, où toutes les institutions tendaient à se démocratiser, la science secrète marcha de front avec la philosophie; elle emprunta aux spéculations des métaphysiciens une partie de leurs systèmes. C'est ce qui explique comment les critiques, s'arrêtant chacun au trait qui les avait le plus vivement frappés, ont pu, en s'appuyant sur certains passages des auteurs anciens, émettre tant d'opinions différentes sur la doctrine ésotérique qui a dû changer plusieurs fois. Les écrivains ecclésiastiques, qui ont certainement connu les dogmes enseignés de leur temps par l'hiérophante, s'accordent à dire qu'ils n'étaient autre chose que le panthéisme. Telle dut être, en effet, la dernière lueur qui s'échappa du sanctuaire. Mais on ne saurait admettre, avec Cicéron, quoique l'évhémérisme eût fait, à son époque, des progrès immenses, que les prêtres dévoilassent aux initiés l'origine purement humaine de tous les dieux de l'Olympe, système entaché, d'ailleurs, d'une fausseté radicale. Comment croire que les prêtres eussent consenti à saper eux-mêmes leur propre autorité?

Les mystères, après avoir accordé droit d'asile à la philosophie, en subirent nécessairement les vicissitudes, et lorsque les sophistes vinrent, argutiant sur tout, jeter le ridicule sur les systèmes de toutes les écoles, l'initiation perdit du même coup le reste de son prestige, et les mystères, qui avaient exercé sur les peuples une si heureuse influence, devinrent une institution sans but et sans utilité. Les cérémonies sacrées dégénérèrent en abus incroyables. Le collège d'Éleusis vendit à poids d'or le droit d'initiation; le sanctuaire ouvrit ses portes aux malfaiteurs et aux courtisanes; il n'était point de crime dont on n'obtint l'absolution après quelques jours de jeûne réel ou apparent. On vit des charlatans, se faisant passer pour des prêtres égyptiens, parcourir la Grèce et l'Italie, dresser leurs tréteaux sur les places et dans les carrefours, et initier les badauds argent comptant; les cérémonies nocturnes devinrent de honteuses orgies, et le phallus un objet de dérision ou l'étendard de la débauche. Rome qui, deux siècles avant notre ère, avait proscrit les mystères, avait fini par les adopter tous, et s'était jetée dans des débordements à faire rougir la Grèce elle-même. Nos langues modernes se refusent à rendre le tableau tracé par Juvénal de la conduite des matrones romaines dans les mystères de la Bonne Déesse. Le sanctuaire égyptien lui-même, qui avait été profané déjà sous les Ptolémées, dégénéra tout-à-fait sous les empereurs ; et comme pour mettre le sceau à tant de dépravation, on vit Adrien établir des mystères en l'honneur d'Antinoüs, le honteux instrument de ses plaisirs! Les empereurs chrétiens ne pouvaient tolérer tant de désordres. Constantin et Gratien défendirent les réunions nocturnes ; une seule exception eut lieu en faveur d'Éleusis. Sous Théodose, les mystères furent enfin proscrits sans retour. AL. BONNEAU.

MYSTÈRES (*art dramat.*) : drames pieux du moyen âge. On leur donna ce nom, parce que les premiers n'étaient que la mise en action des principaux mystères du christianisme, la chute de l'homme, l'incarnation du Fils de Dieu, la rédemption du monde. — Assigner une date aux premiers mystères serait difficile. Au ive siècle , nous voyons saint Grégoire de Nazianze composer des drames sacrés, calqués, il est vrai, sur les drames de la Grèce, tandis que les mystères ne furent que la *représentation* par *personnaiges* et l'amplification d'un récit. Mais, aux époques de barbarie, la forme poétique importe peu, c'est au fond que l'on s'attache. Ainsi les mystères ont très bien pu naître des tragédies sophocléennes de saint Grégoire. Le savant docteur avait fait le *Christus patiens*, que nous possédons. On imagina de ne pas s'en tenir à cet acte de l'existence de Jésus. Ou dialogua toute sa vie terrestre; un second y ajouta les autres événements de l'Evangile ; un troisième l'histoire des Apôtres, si bien qu'on en vint à ne plus faire qu'un seul drame-épopée de l'histoire du genre humain.

Les mystères se divisent en trois classes : 1° Le mystère de la Rédemption, immense épopée commençant à la création de l'homme et finissant au jugement dernier : le plus souvent on ne prenait qu'une partie de ce grand drame, le vieux Testament, par exemple, les récits évangéliques, les Actes des Apôtres, ou même des fragments de ces livres; 2° Les mystères de Notre-Dame et des saints , légendes , miracles, histoires romanesques, mais pieuses, prises dans les légendes et les conteurs; 3° Les drames qui roulent sur des sujets profanes, tels que l'*Histoire de Troie la grant*, le mystère de Grisélidis. Ces derniers drames sont postérieurs, et n'apparaissent que lorsque les mystères eurent cessé d'être représentés dans les églises, c'est-à-dire à l'époque de la décadence de ces compositions. Le procédé des auteurs est, du reste, constamment le même. Ils découpent dans un livre ou dans une chronique le récit qu'ils y trouvent, chapitre par chapitre, et les dialoguent, fort platement pour l'ordinaire, en donnant à leurs personnages les habitudes et

les allures grossières de leurs contemporains. L'action est continue, seulement lorsqu'il y a une lacune dans l'histoire, on fait une pause, ou bien on laisse parler le Paradis ou l'Enfer. Le ciel était au haut du théâtre, figuré par un trône sur lequel était assis le Père éternel entouré de la Paix, de la Miséricorde, de la Justice, de la Vérité et des neuf chœurs d'Anges rangés par étages. L'enfer, situé dans la partie inférieure, était figuré par une grande gueule de dragon qui s'ouvrait à l'occasion ; le purgatoire était au-dessus, construit en *manière de chartre*, et un peu plus haut encore, une grosse tour carrée, percée à jour, laissait au besoin apercevoir les âmes des justes soupirant dans les limbes. La terre se trouvait au milieu, comme au rez-de-chaussée, et les divers lieux et villes par où les divers personnages devaient passer étaient figurés par des échafaudages sur lesquels le nom du lieu était inscrit, etc. Pour de telles dispositions un espace immense était nécessaire. Aussi, après qu'on eut cessé de représenter ces pièces dans les cathédrales où l'architecture gothique, les statues, les vitraux colorés , l'orgue et les chants sacrés formaient un encadrement si heureusement approprié à ces œuvres de foi, les théâtres furent établis en place publique, aux frais des villes ou par souscriptions volontaires dont on se dédommageait par le plaisir du spectacle et l'immense affluence d'étrangers qu'attiraient ces sortes de réjouissances. Ce fut beaucoup plus tard que l'on commença à faire payer aux spectateurs une somme qui ne pouvait jamais d'ailleurs équivaloir aux dépenses.

Les mystères, quelque longs qu'ils soient, ne sont pas ordinairement subdivisés ; c'était aux acteurs à voir ce qu'ils en pouvaient jouer en un jour. On cite telle représentation des Actes des Apôtres, à Bourges en 1536, qui n'aurait pas duré moins de quarante jours; mais peut-être faut-il déduire de ce nombre le temps employé à élever l'échafaudage. Quoi qu'il en soit, la représentation commençait dans la matinée, une pause permettait d'aller dîner, puis on recommençait jusqu'au soir pour continuer le lendemain. Quand les mystères étaient joués dans les églises entre deux sermons, émaillés des hymnes et des proses de l'Office divin, le drame était ordinairement écrit par des membres du clergé, quelquefois mi-parti de latin et de roman ; les sommités même de l'Eglise ne dédaignaient pas de prendre part à la représentation : on cite tel évêque qui représentait Jésus ; les chanoines et les curés faisaient le rôle des Apôtres. Ces rôles n'étaient pas toujours sans péril. Ainsi à Metz, en 1437, un curé, qui faisait Jésus crucifié, allait mourir pour tout de bon si l'on ne se fût empressé de le descendre de la croix. — Dans la première époque, la représentation des mystères était tenue pour œuvre pieuse, et l'on prétend même, quoique sans preuve bien positive, qu'il y eut quelquefois des indulgences accordées à ceux qui assisteraient à ces spectacles édifiants. Les représentations dégénérèrent-elles, ou bien l'esprit des spectateurs trouva-t-il malice à des détails qui d'abord n'étaient que pure naïveté; ce dernier fait est le plus probable en présence des pièces que nous possédons. Toujours est-il qu'elles finirent par être proscrites par l'autorité royale, sur la demande du clergé. — L'époque la plus brillante des mystères fut celle où, vers la fin du xive siècle, sortant de l'église devenue trop étroite pour le développement qu'ils avaient pris, ils passèrent entre les mains de confréries séculières. En 1398, nous voyons des bourgeois de Paris, maîtres maçons, menuisiers, serruriers, maréchaux ferrants et autres gens de piété aller représenter, les jours de fête, les mystères de la Passion et de la Résurrection dans le village de St-Maur, près de Paris. Après diverses tracasseries de l'autorité ils obtinrent, en 1404, des lettres patentes du roi Charles VI et s'installèrent dans l'hôtel de la Trinité, près de la Porte St-Denis. La vogue de ces spectacles ne dura guère qu'un siècle. En 1548, un arrêt du Parlement de Paris interdisait la représentation des mystères; leur gloire était d'ailleurs éclipsée depuis longtemps. Sur les réclamations du clergé et du Parlement on avait, en 1539, ôté aux confrères l'hôpital de la Trinité; en 1541 le Parlement leur défendait de jouer à certains jours de fête solennelle; en 1553, on démolit l'hôtel de Flandre où ils s'étaient réfugiés, et lorsqu'en 1548 on accorda aux confrères l'autorisation de jouer à l'hôtel de Bourgogne, ce fut à la condition qu'ils ne représenteraient plus que de sujets profanes.

Les mystères disparurent donc de Paris, mais non pas du reste de la France; seulement les représentations en devinrent de plus en plus rares, et finirent par descendre sur théâtres de marionnettes. Le mystère du Commencement et de la Fin du Monde était cependant encore représenté en 1834 en Bretagne, non par des marionnettes, mais par une centaine de Bas-Bretons; une représentation à laquelle M. Emile Morin a assisté (V. *Essai sur la mise en scène depuis les mystères jusqu'au Cid*, in-12, 1836), n'a pas duré moins de huit jours.

Un grand nombre des mystères du moyen-âge ont été imprimés. Quelques uns des éditeurs trouvent du mérite poétique à ces compositions. Elles nous semblent, pour notre part, fort inférieures aux contes en vers et surtout en prose que nous ont légués les mêmes époques. La grandeur, l'intérêt qu'on y aperçoit par éclairs, sont dus uniquement aux sujets mis en scène et aux livres d'où ils sont tirés; le style en est d'une extrême platitude, et, si l'on y trouve du naturel, c'est un naturel trivial qui a pu séduire les contemporains, parce qu'il avait le mérite de rapprocher d'eux les objets de leur respect et de leur dévotion, mais qui, pour nous, a tout l'air d'une indécente parodie. — La représentation des mystères était quelquefois semée d'intermèdes comiques. Ces intermèdes sont indiqués dans les manuscrits par ces mots : *Hic stultus loquitur*. Les intermèdes du *stultus* s'appelaient des *sotties* (*voy.* ce mot).

Les confrères de la Passion, qui jouaient les mystères, se trouvèrent un instant en lutte avec les clercs de la Bazoche, qui jouaient des *Moralités*. Comme les genres étaient fort différents, on ne tarda pas à s'entendre, et la rivalité se termina par un compromis.   J. Fleury.

MYSTES (du grec μυεω, taire, tenir secret). C'est le nom qu'on donnait à ceux qui étaient initiés aux petits mystères de Cerès, épreuve nécessaire pour parvenir aux grands mystères (*voy.* Éleusinies).

MYSTICISME. On a donné le nom de mysticisme à une doctrine qui a pour but d'élever l'âme au-dessus des sens et de la réflexion pour la mettre en communication immédiate avec la vérité infinie et lui donner ainsi le moyen de la découvrir par une sorte d'intuition. Le mysticisme comme la philosophie tend à la recherche de l'inconnu. Mais la philosophie procède à l'aide du raisonnement; le mysticisme, au contraire, le repousse, parce qu'il n'en a que faire, et qu'il le gênerait dans son essor vers la sphère des chimériques illusions. Le mysticisme philosophique, qu'il ne faut pas confondre avec la doctrine des révélations divines, a pour caractère particulier de s'imaginer qu'il peut se mettre de sa propre autorité, et quand bon lui semble, en rapport avec les êtres spirituels et avec Dieu lui-même. — Le mystique offre, sans contredit, le phénomène le plus extraordinaire des aberrations de l'esprit humain. Sa folie ne souffre point de réfutation. Ce qu'il croit voir des yeux de l'esprit et souvent des yeux du corps, lui prouverez-vous qu'il ne le voit point? Il vous répondra que si vous ne jouissez pas comme lui du privilège d'être en communication avec le monde des intelligences, c'est que vous n'avez pas su dégager votre âme de la matière qui vous ferme les yeux et vous bouche les oreilles, que vous ne voyez ni n'entendez, parce que vous êtes trop imparfait pour voir ou pour entendre.

Le mysticisme est de toutes les époques; il se rencontre dans toutes les sectes, parce qu'il n'appartient à aucune, et ne peut, à proprement parler, en former aucune. Ne vivant que d'abstractions, il se trouve dans l'idéalisme le plus ancien et le plus moderne, et souvent même il se développe au fond du panthéisme qui aboutit au matérialisme le plus grossier. Mais les époques qu'il passionne surtout de ses inexplicables aberrations, sont celles des sociétés qui commencent, s'éteignent, ou se transforment. Le myticisme paraît avoir pris naissance sur les bords du Gange et de l'Indus, où nous le voyons répandu dès la plus haute antiquité. Le vieux livre de l'*Outtara* va jusqu'à nier le monde sensible; les deux écoles *Sankhya* recherchent le moyen d'arriver à la souveraine félicité en dégageant l'âme de tous les obstacles qu'élève autour d'elle le monde extérieur; le Bouddhisme lui-même, s'il n'ose tout à fait nier l'existence de la matière, la met du moins en doute; d'où il suit que l'homme cherchant toujours à se dégager de la *maïa* ou illusion, doit replier sa pensée sur elle-même, se plonger dans la contemplation et dans l'extase pour parvenir au dernier degré du bonheur qui est à la fois l'anéantissement et l'absorption de l'âme en Dieu.

L'Egypte, qui offre avec l'Inde tant de rapports de tout genre, dut aussi connaître le mysticisme, et nous en aurions une preuve dans le Pimander attribué à Hermes Trismégiste, si nous étions bien certains que Champollion ne s'est pas trompé lorsqu'il a cru y reconnaître l'esprit de l'ancienne philosophie égyptienne.— Quoique la Grèce eût emprunté à l'Orient les principaux éléments de sa philosophie, le mysticisme ne fit point fortune chez les Hellènes, voués au culte de la beauté physique. Athènes, qui remplissait la Grèce du rayonnement de sa pensée, était trop spirituelle, trop railleuse, trop voluptueuse pour accorder droit de cité à cet enfant de l'Asie dévote et ascétique. La doctrine de Pythagore, avec ses spéculations théosophiques et numérales, tomba toutefois dans le mysticisme, et l'idéalisme de Platon ouvrit plus tard la voie qui devait y conduire la philosophie d'Alexandrie. A l'époque de la grande décadence du polythéisme, les Orphiques s'y rattachèrent comme à une ancre de salut. L'école d'Alexandrie inaugurait en même temps la philosophie mystique, composé bizarre des doctrines persannes, indiennes, égyptiennes et juives, combinées avec le pythagoréisme et le platonisme et cousues ensemble avec la logique péripatéticienne. On peut aussi, jusqu'à certain point, compter au nombre des mystiques, Philon le juif avec son système allégorique poussé jusqu'à l'extravagance, la secte contemplative des Esséniens, et plus particulièrement les Thérapeutes qui s'abandonnaient exclusivement à la vie contemplative. Au Xe siècle, la cabale jeta son plus vif éclat, et bientôt le mysticisme renouvelé et systématisé chez les maures Espagnols par El-Gazali et Thofaïl, y fit des progrès rapides. Un peu plus tard, il prit une extension remarquable dans la Perse où les néoplatoniciens, chassés par Justinien, l'avaient depuis longtemps introduit. Les Grecs dégénérés de Constantinople, voués à des querelles théologiques interminables et souvent futiles, ne pouvaient échapper au mysticisme. Il enfanta parmi eux plusieurs sectes parmi lesquelles nous citerons celle qui parut après la mort d'Andronic III, et dont les membres nommés *omphalopsymaques* (qui ont l'âme au nombril), s'abandonnaient à la méditation, et attendaient, la tête penchée sur la poitrine et les yeux fixés sur leur nombril, qu'il s'en échappât un jet lumineux qu'ils prenaient pour un rayon de la lumière qui environnait Jésus-Christ lors de sa transfiguration. — Au XVIe siècle, parurent en Allemagne les *anabaptistes* qui, prêchant la venue prochaine du Messie, ne reconnaissaient aucune autorité temporelle et spirituelle, et les frères Moraves, appelés plus tard *Hernhutters*, qui prétendent arriver à la perfection par la lumière intérieure, et ont une liturgie hérissée de termes mystiques. — La première moitié du XVIIe siècle vit naître en Angleterre les indépendants, partagés en différentes sectes illuminées, qui renouvelèrent le fanatisme et les prétentions des anabaptistes. Au milieu du même siècle, Fox fonda la secte singulière des *quakers* ou *confesseurs de la lumière*, qui enseignent que tout homme, même le plus ignorant, peut recevoir comme les prophètes et les apôtres les communications de l'Esprit divin. Dans ce même siècle, parurent encore en Allemagne (1689) les *piétistes, séparatistes* ou *spénériens* qui offrent de grandes analogies avec les quakers, et les *méthodistes* anglais qui leur sont postérieurs d'une trentaine d'années. L'Espagne et la France eurent aussi leur mystiques, les *quiétistes*, qui ne causèrent d'agitation que dans le monde philosophique et religieux, et dont les représentants les plus fameux sont Molinos, qui ne se donna pas la peine de voiler l'immoralité de sa doctrine, madame Guyon, qui l'environna d'une auréole de sentiment, et Fénelon qui croyait avoir réussi à la concilier avec les principes de l'Evangile.

A une époque plus rapprochée, des hommes d'un esprit éminent, crurent pouvoir mettre d'accord le mysticisme et la raison philosophique. Kant paraît avoir tenté cet effort. Schelling, un de ses disciples, aborda plus hardiment le mysticisme, et l'on a vu quelques uns de ses disciples, rejetant le protestantisme trop rigide par sa nature et par sa forme, fonder, sous l'invocation de Marie, avec Spinosa pour prophète, une sorte d'église mystique et invisible.

Le XIXᵉ siècle, qui semble destiné à voir s'accomplir une nouvelle évolution de l'humanité, est profondément travaillé par le mysticisme, et a déjà produit une foule de systèmes religieux et sociaux, tombés bientôt dans le mépris et qu'il est inutile de rappeler. AL. B.

MYSTIQUE : Ce mot exprime ce qui se rapporte au mysticisme, et par cela même il n'est guère susceptible d'une explication précise et rigoureuse. Le mysticisme se présente sous des formes nombreuses difficiles à définir, et qui peuvent comprendre également les opérations intérieures de la grâce et les aberrations de l'esprit humain, les mystères surnaturels de l'extase contemplative et les extravagances du fanatisme ou de l'imagination exaltée. Il y a donc différentes sortes de mysticisme, et par conséquent des distinctions à établir dans tout ce qui s'y rapporte. Il peut y avoir une doctrine mystique véritable, comme il y en a de fausses ou d'exagérées ; il y a des mystiques qui restent dans les bornes de la sagesse et de la vérité, comme il y en a d'autres qui se jettent ou se perdent dans le délire de l'exaltation, et dans les erreurs du quiétisme. Le caractère du mysticisme, en général, c'est de se soustraire autant que possible au monde extérieur et aux impressions des sens, de concentrer dans la conscience toutes les facultés de l'âme, et de les absorber dans une contemplation qui a pour but, soit de découvrir la vérité, soit de s'unir à Dieu plus intimement par le détachement des créatures. On comprend que le mysticisme ainsi entendu n'a rien qui ne puisse être approuvé par la raison et le sens commun. Il est même une des règles de la sagesse, puisqu'il n'est au fond que l'application des facultés de l'âme à la recherche de la vérité, ou à l'amour du souverain bien : s'il va jusqu'à suspendre la réflexion dans le but et l'espoir de découvrir la vérité par une sorte d'intuition spontanée, ou s'il a pour objet d'anéantir en quelque sorte toutes les puissances de l'âme, et de supprimer tous les actes et toutes les opérations, sous prétexte de la livrer plus complétement dans le repos d'une contemplation passive à l'action mystérieuse de l'esprit divin, il dégénère alors en fanatisme et en extravagance. Entre ces deux points extrêmes du mysticisme, on conçoit qu'il y a une multitude de nuances qu'il n'est pas facile de caractériser, car plusieurs causes diverses peuvent conduire aux exagérations du mysticisme, et quand les esprits s'égarent dans cette voie, on ne peut pas s'attendre qu'ils suivent longtemps la même direction, ni qu'ils s'arrêtent au même point. Le mysticisme suppose toujours une grande activité d'imagination, et quand elle s'exalte jusqu'à prédominer sur la raison, comment essayer de marquer par des traits caractéristiques, la diversité de ses écarts?

La plupart des auteurs chrétiens qui ont traité de la science mystique, la représentent, en général, comme une science qui ne s'acquiert point par l'étude, mais par l'expérience, et qui, par conséquent, ne repose pas sur des principes invariables et nettement définis, mais sur des faits dont la nature varie indéfiniment, et dont il n'est guère possible de juger sans les avoir éprouvés. C'est une connaissance expérimentale que Dieu communique à l'âme dans la prière et la contemplation par les lumières extraordinaires dont il la favorise, et par les affections et les mouvements surnaturels qu'il imprime à toutes nos facultés, dégagées en quelque sorte de toute activité propre et soumises à la seule direction de l'esprit divin. Il en résulte un état d'extase où l'âme est absorbée complétement dans la contemplation des perfections divines, et dans une ardente effusion du plus pur amour. Il faut bien reconnaître que cet état est possible, car on peut lui trouver des analogies même dans l'ordre naturel ; mais il faut avouer aussi qu'il ne peut être qu'une faveur singulière, extraordinaire, et que si l'on réduisait la science mystique à ces opérations merveilleuses de la grâce, par cela même qu'elle n'aurait plus d'autres règles que des expériences personnelles, il serait facile de tomber dans l'illusion et presque impossible d'en retirer ceux qui se persuaderaient faussement qu'ils sont parvenus à cet état mystérieux. Aussi, quoique les opérations de l'esprit divin sur les âmes contemplatives soient infiniment variées, et qu'on ne puisse les réduire à certaines catégories, ni par conséquent caractériser toutes les formes de la contemplation, il n'en est pas moins vrai que la science mystique repose sur des principes fixes, et qu'elle a des règles absolues invariables, qui ne sont autres que les règles de la perfection chrétienne. Quelle que soit la diversité des faits, il est toujours possible de les apprécier et de les juger d'après ces règles immuables. Le but de la contemplation même la plus sublime et la plus extraordinaire, ne peut jamais être que l'exercice le plus parfait des vertus chrétiennes, et dès qu'elle tend à en sacrifier quelques unes, elle ne peut être qu'une illusion. — Il est évident que la contemplation des perfections divines, la méditation des vérités évangéliques, la mortification des sens, la prière fréquente et toutes les autres pratiques de piété, contribuent puissamment à réprimer les passions, à fortifier la vertu, à faire sacrifier l'intérêt ou le plaisir au devoir, et de là vient que toutes ces pratiques sont recommandées si souvent dans l'Écriture-Sainte, et dans les écrits des Pères de l'Église. C'est là le fondement de la science mystique, et c'est là aussi le fond des ouvrages mystiques les plus célèbres. On peut citer parmi les principaux ouvrages de ce genre la théologie mystique attribuée à saint Denis l'aréopagite, plusieurs traités de saint Bernard, de saint Thomas et de saint Bonaventure, les Œuvres de sainte Thérèse, le petit livre intitulé : le *Combat spirituel*, et surtout le livre admirable de l'*Imitation de J.-C.* Plusieurs écrivains du moyen âge s'appliquèrent principalement à écrire sur la science mystique, et jouirent pendant longtemps d'une grande réputation. Nous citerons comme les plus célèbres Rusbrock, Taulère et Harphius. Mais on doit bien supposer qu'une époque où le mauvais goût régnait partout, n'était guère favorable pour écrire d'une manière satisfaisante, et avec toute la précision désirable sur des matières difficiles et plus ou moins obscures. Aussi leurs écrits sont aujourd'hui oubliés.   R.

MYSTRE. Ce mot, dérivé du grec μυστρος, cuiller, désignait chez les Grecs l'une des plus petites mesures de capacité pour les liquides. Il équivalait à environ un centilitre et demi, et était la 3456e partie du *métrétès* ou *kéramion*, valant lui-même 2 amphores, c'est-à-dire à peu près 35 de nos pintes, selon Paucton.

MYSIENS et **MYSIS** (*crustacés*).— M.Milne-Edwards désigne sous la dénomination de *Mysiens* une tribu de l'ordre des stomapodes, famille des caridioïdes. Ces crustacés, qui ressemblent beaucoup aux salicoques, avec lesquels ils étaient anciennement confondus, ont une carapace qui s'étend jusqu'à la base des pédoncules oculaires et qui présente, au milieu du front, un rostre rudimentaire ; la bouche se compose essentiellement d'une lèvre supérieure, d'une paire de mandibules garnies d'une tige palpiforme, d'une lèvre inférieure et de deux mâchoires lamelleuses ; les pattes présentent chacune deux hanches très développées, portées sur un article basilaire très court ; enfin l'abdomen est de longueur médiocre. Trois genres seulement entrent dans cette tribu. — Le plus important de tous est celui des MYSIS, fondé par Latreille, et composé de petits crustacés, qui, par la forme générale de leur corps, ressemblent entièrement aux salicoques, et ont été rangés, d'après cette analogie, parmi les décapodes, quoique

l'absence complète de branchies et la conformation des membres doivent les rapprocher davantage des amphions et autres stomapodes. Les œufs des mysis éclosent dans une espèce de poche située sous le thorax de la femelle, et les jeunes crustacés y demeurent pendant les premiers temps de leur vie; leur forme diffère beaucoup de celle des adultes. Ces animaux habitent l'Océan et la Méditerranée ; ils nagent dans la mer réunis en troupes nombreuses, et paraissent surtout abonder dans les mers du nord; aussi, quelques naturalistes pensent-ils que ces petits crustacés constituent l'aliment principal des baleines qui habitent les mêmes mers. Le type est le MYSIS SPINULEUX (*Mysis spinulosus*, Leach), qui se trouve en abondance dans la Manche.   E. DESMAREST.

MYTHOLOGIE, MYTHE. La mythologie, du grec μῦθος, *fable*, et λόγος, *discours*, peut se définir la science et la connaissance des *mythes*, mot emprunté depuis quelques années par notre langue au vocabulaire de la docte Allemagne, pour remplacer l'expression trop élastique de *fables*, sous laquelle on comprenait les récits de la mythologie, comme on disait, au singulier, la *fable*, pour la *mythologie* elle-même.

Le mot grec μῦθος, qui, dans l'origine, avait un sens aussi étendu que le mot latin *fabula*, signifiait primitivement toute énonciation quelconque de la pensée par la parole, transmissible par la tradition orale, sans distinction de vérité ou de fausseté, de réalité ou de fiction; mais par suropposition à l'autre mot grec λόγος, il se trouva bientôt restreint à ne plus exprimer que les anciennes traditions librement traitées par les poètes. Les μῦθοι, ou mythes, ne furent plus alors que les traditions poétiques suspectes de fiction; tandis que par λόγοι on entendit les traditions historiques ou supposées telles. De là, la dénomination de *mythographes*, appliquée aux écrivains dont la plume s'est exercée sur les récits *mythiques*; et celle de *logographes*, aux premiers historiens de la Grèce, qui, tels qu'Acusilaüs d'Argos, coordonnèrent, abrégèrent et dépouillèrent de leurs ornements poétiques, mais non de leur merveilleux, les traditions quelconques déjà recueillies et embellies par l'épopée.

Ce ne fut qu'entre Pindare et Platon que les Grecs commencèrent à avoir l'idée, sinon distincte, du moins le sentiment de la chose. Mieux défini, le mot λόγος ne fut plus que l'expression directe, simple et nue, d'une vérité soit de fait, soit de raison; et le mot μῦθος, l'expression indirecte, voilée, ornée, de la fiction et du merveilleux. Plus tard, ils rattachèrent la notion du mythe aux notions plus générales de symbole et d'allégorie ; et le mythe, reconnu par eux comme l'une des formes principales du langage intuitif et figuré propre à la haute antiquité, leur parut surtout consacré à l'énonciation, à la tradition des vérités ou des faits de l'ordre religieux.

Le caractère le plus frappant de la mythologie, c'est-à-dire de l'ensemble des mythes chez les Grecs, est en effet d'appartenir, du moins par l'origine, à ces temps dits eux-mêmes mythiques ou héroïques, parce que les mythes en étaient la seule histoire, et que cette histoire avait pour acteurs uniques les héros pareils aux dieux et les dieux dont ils descendaient. Même aux époques philosophiques, ils ne parvinrent jamais à en pénétrer le secret tout entier. Cette indéchiffrable énigme ne trouva point chez eux son Œdipe. Leur mythologie resta pour eux le domaine, à peu près exclusif, de la poésie et de l'art dont l'essence est de tout idéaliser, dont la fiction est l'ordinaire et meilleur aliment. Plus heureux, les modernes, après avoir, riches d'érudition, mais pauvres d'esprit de critique, dogmatiquement erré pendant des siècles, de faux pas en faux pas, dans cet obscur et profond dédale ; plus heureux, disons-nous, les modernes, grâce aux lumineuses clartés répandues dans cette nuit si sombre par les découvertes de ces trente dernières années, sont enfin parvenus à trouver l'issue toujours demeurée cachée à l'œil si pénétrant pourtant de l'antiquité grecque et latine.

La mythologie, dit le savant M. Guigniaut, de l'Académie des inscriptions et belles-lettres, le meilleur guide que nous puissions choisir pour nous engager à notre tour dans cet inextricable labyrinthe, leur est enfin apparue, non plus comme un phénomène isolé, particulier à l'antiquité hellénique et romaine, comme un tissu accidentel ou prémédité, soit de récits ou de fables poétiques, soit de fictions sacerdotales et savantes, mais comme un fait général, spontané, nécessaire, qui a ses analogues à toutes les époques correspondantes du développement de l'esprit humain et qui ne saurait s'expliquer que par son histoire. De ce point de vue, continue le même écrivain, la mythologie, considérée dans son principe, est la forme même de l'esprit humain et de ses produits quelconques aux époques dont il s'agit ; considérée dans ses éléments, dans les matériaux qui la composent, elle embrasse à la fois l'histoire, la religion et même la philosophie et l'art de ces époques. La poésie, sa fille aînée, en est d'ordinaire l'organe et le véhicule ; mais la tradition populaire, cette poésie orale qui se confond par son origine avec la mythologie elle-même, est son premier inter-

prète. Dans le mythe, le fond peut être une idée, une croyance, un sentiment, ou une conception de l'esprit ou un fait, un phénomène du monde physique ou du monde moral, un événement de la nature ou de l'histoire. La forme en est invariablement la même, celle du récit ; les sujets du mythe sont toujours des acteurs agissant comme des êtres humains. Dans le mythe, le fait se corporifie avec la forme, l'idée avec le fait : c'est en quoi il tient du symbole ; c'est en quoi il diffère de l'allégorie, où l'idée et la forme, conçues à part l'une de l'autre, s'unissent par des rapports plus ou moins artificiels ou arbitraires. Le mythe se rapproche d'autant plus du symbole, qu'il est plus ancien ; s'éloigne d'autant moins de l'allégorie, qu'il appartient à une époque plus récente, et conséquemment à un développement plus mûr de l'esprit.

M. Creuzer est, de tous les érudits modernes, celui qui a jeté la plus vive lumière sur l'origine du mythe. Sa belle théorie du mythe fait généralement loi aujourd'hui dans le monde savant. M. Creuzer s'attache à prouver et prouve que, dans l'enfance et dans la première jeunesse de tous les peuples, se retrouve un mode de conception et même de croyance d'après lequel l'homme, considéré comme centre de la création, se réfléchit en quelque sorte dans toute la nature comme dans un miroir où il ne voit que son image ; d'où vient que pour lui toute force est une personne, tout être est soumis à ses propres lois ; de là le sexe et toutes ses conséquences transportées aux objets quelconques de sa pensée, la génération et l'enfantement, l'amour et la haine, toutes les passions et les phénomènes de la vie et cet autre grand phénomène de la mort, appliqués indifféremment au monde intérieur et au monde extérieur, qui sont confondus dans une même intuition.

Cette personnification générale est donc la loi fondamentale de la mythologie, puisqu'elle est la loi même de l'esprit humain, la forme spontanée de ses conceptions, comme de ses produits aux époques appelées mythiques. L'imagination et la foi, compagnes inséparables, sont les deux muses de ces époques où la poésie, par le fait de l'anthropomorphisme, est aussi une religion. Les mythes des dieux et des héros, liés en généalogies, revêtent l'aspect d'une histoire primitive où l'élément religieux prime l'élément historique, et dans laquelle s'interposent d'autres mythes d'un caractère plus spéculatif, qui, sous le voile des théogonies, cachent de véritables cosmogonies. Ces mythes, aussi bien chez les Hindous que chez les Grecs, vont de la religion à la philosophie. Entre ces deux classes de mythes, nés sous l'inspiration de la natûre, du souffle créateur du peuple ou des sages, se place un troisième ordre de légendes également religieuses, ouvrage des prêtres, auxquelles il faut rapporter celles que les Grecs nommaient ἱεροί λόγοι, ou traditions sacrées. Celles-là vont de la religion à l'histoire. Serrant de plus près l'histoire elles la ravissent, pour ainsi dire, dans la sphère de l'idéal, sous les mythes spécialement consacrés aux héros, bien que ces héros, personnifications ou physiques ou morales, en rapport originaire avec les hommes, ne doivent être regardés, pour la plupart, ainsi que les dieux eux-mêmes, que comme des types divins de l'humanité, comme des modèles proposés à l'imitation des mortels. Ces mythes constituent ce qu'on appelle les temps héroïques, temps sans généalogies certaines et sans chronologie suivie, dont la tradition n'arrive qu'après avoir subi bien des altérations successives, à servir de thème à l'épopée. L'œuvre ébauchée par la tradition orale et la fantaisie populaire, modifiée par les variables influences de la mémoire, de l'imagination, des circonstances historiques et autres, a d'abord pour expression le chant d'où jaillit dans la suite, au grand détriment du fond, au grand perfectionnement de la forme, la poésie, cette fille de la nature, cette petite-fille de Dieu, comme la nomme l'Homère du moyen-âge, le sublime Dante Alighieri. Cette poésie, disciplinée par l'art éclos du même souffle qu'elle, revêt pour premier vêtement l'épopée plus divine et plus humaine, héroïque et didactique, l'épopée dans laquelle l'élément religieux, dégagé de son sens symbolique, triomphe toujours par le génie de l'anthropomorphisme. Les représentants de cette poésie dans son plus haut essor, sont, chez les Grecs, Homère et Hésiode, les créateurs de la théogonie (plastique), selon Hérodote; et chez les Hindous, Valmiki et Vyasa, auteurs du *Ramayana* et du *Mahabharata*. Bientôt se forment autour de tel Dieu, de tel héros, de tel événement traditionnel, les cycles épiques, dont l'enchaînement et l'ensemble constituent le corps complet de la mythologie nationale. Ces cycles sont plus ou moins historiques, plus ou moins allégoriques ou symboliques, selon le caractère propre aux époques dans lesquelles ils se produisent.

Les Grecs n'eurent d'autre muse que le génie mythique jusqu'au VIᵉ siècle avant l'ère chrétienne, époque où la philosophie et l'histoire, rompant avec la tradition et la poésie, trouvèrent dans la prose leur expression tracée. La forme mythique ne fut cependant pas tout-à-fait abandonnée encore. Les prêtres et certains sectaires, tels que les *orphiques*, continuèrent à l'employer, et quelques philosophes eux-mêmes

la conservèrent, comme Platon pour les pressentiments sublimes de sa morale et les spéculations transcendantes de sa métaphysique; comme les *alexandrins* qui l'appliquèrent systématiquement à la représentation des phénomènes célestes. La théocratie souveraine chez les Hindous et autres peuples de l'Orient, ne leur permit jamais d'affranchir leur philosophie et leur histoire du joug de cette forme consacrée parmi eux par la tradition religieuse.

Amoureux de leurs mythes, quand déjà la foi était morte ou à peu près morte en eux, frappée au cœur par le scalpel de la philosophie, les Grecs, dans les divers genres de poésie issus tour à tour de l'épopée, se plurent à les parer de tous les charmes de leur imagination, dé toutes les séductions de leur génie, sans se faire faute toutefois de les modifier selon leur caprice et d'*accommoder*, comme le disait si bien Eschyle, *au goût des Athéniens*, *les reliefs des festins* d'Homère. Tels furent le doux Stésichore, le sublime Pindare, l'énergique Eschyle, l'incomparable Sophocle et l'ingénieux et pathétique Euripide, ce disciple des sophistes, ce missionnaire sur la scène des lumières de son siècle, si cher, à ce titre, à Socrate, et si odieux, au même titre, à Aristophane, l'ingénieux et implacable défenseur d'un passé qui ne pouvait plus renaître. Sur leurs traces marchèrent, mais d'un pas beaucoup plus dégagé, les poètes très peu révérentieux d'Alexandrie et de Rome, qui ne virent plus dans les mythes qu'un ornement obligé et tout-à-fait arbitraire de leurs élégantes, érudites et abstraites compositions.

L'art, de son côté, s'inspirant des types divins et héroïques, ébauchés par le génie mythique et achevés par celui de l'épopée, l'art sous le prestigeux ciseau des Leucippe, des Praxitèle et des Phidias, parvint à révéler dans la forme humaine, épurée jusqu'à l'idéal, la divinité et ses attributs. Au VIᵉ siècle avant notre ère, la philosophie et l'histoire, nous l'avons dit, se séparèrent pour toujours de la mythologie, leur mère commune. Ce fut vers cette époque que parurent les premiers logographes qui, moins dignes de ce nom que de celui de *mythographes*, se bornèrent comme Acusilaüs d'Argos, à dépoétiser, pour ainsi dire, l'œuvre surchargée d'ornements des *Cycliques*, sans apporter aucun esprit de critique dans ce grossier remaniement des vieilles légendes héroïques et divines. De ces véritables chroniqueurs en prose, se détache avec éclat par la puissance de son génie critique, l'illustre Hécatée de Milet, qui fut le précurseur d'Hérodote. L'œuvre des *logographes* fut de vérifier et de contrôler les généalogies épiques, et d'achever de réduire les mythes, soit

45

divins, soit héroïques, de plus en plus assimilés à l'histoire, en un système que reproduisirent en les amplifiant les *mythographes* postérieurs.

Deux historiens de profession, Théopompe et Ephore, se méprenant complètement sur la nature du mythe, crurent très sérieusement extraire de ses fabuleux récits la véritable histoire, en faisant des héros, et des dieux eux-mêmes quelquefois, non des personnifications physiques ou morales, mais des êtres faits à notre image et vivant de la même vie que nous. Ils furent suivis et même dépassés dans cette voie romanesque par Evhémère, Denys de Samos dit le Cyclographe, et plus tard par le crédule Diodore de Sicile. Les principaux adeptes de cette école chez les modernes furent l'abbé Bochart, l'abbé Banier en France, James Bryant en Angleterre, et en Allemagne Hulmann et le célèbre archéologue Boettiger. Seulement ces écrivains, regardant la tradition biblique comme la seule véritable histoire du genre humain, ne voulurent voir dans les événements et les personnages de la mythologie que les personnages et les événements de l'Ancien-Testament. Par un excès contraire, les philosophes de l'antiquité grecque méconnurent absolument, sans plus de raison, la part du fait dans la forme mythique, qui ne fut pour eux qu'une pure forme, produit exclusif de l'idée et de la réflexion. Les uns, et parmi eux Xénophane, Héraclite et Pythagore, proscrivirent les fables symboliques d'Homère et d'Hésiode comme attentatoires à la morale et à la majesté des dieux; les autres, les Ioniens par exemple, et avec eux Phérécide, Empédocle, Parménide, ne jugèrent ces fables, dont le sens symbolique leur échappait, propres qu'à étayer le branlant échafaudage de leurs hypothèses sur l'origine et le gouvernement de ce monde. Les stoïciens ne cherchèrent et soutinrent n'avoir trouvé dans Homère qu'un ensemble d'allégories physiques; d'autres sages qu'un ensemble d'allégories morales. Les néo-Pythagoriciens et les néo-Platoniciens y puisèrent leurs théories métaphysiques. De ces deux manières si tranchées d'interpréter les légendes des vieux âges, prirent origine deux sectes fameuses, digne pendant l'une de l'autre, celle des *evhéméristes* qui matérialisèrent absolument la fable, et celle des *allégoristes* qui la spiritualisèrent avec une persistance systématique non moins rigoureuse.

Chez les anciens, les écrivains les plus utiles à consulter pour la connaissance et aussi pour l'intelligence de la mythologie, sont, sans contredit, les mythographes proprement dits, tels qu'Appollodore, de la *bibliothèque mythologique* duquel il nous reste un très précieux extrait,

Conon, Hygin et le célèbre voyageur Pausanias qui, aux époques Alexandrine et Romaine, compilait les mythes d'après les poètes de tout ordre et de tout âge, les *logographes* et les historiens; et surtout les savants commentateurs et les grands critiques d'Alexandrie, à la tête desquels nous plaçons Aristarque et Didyme.

Les systèmes auxquels l'interprétation si difficile des mythes a donné lieu chez les modernes, sont nombreux. Nous allons les passer sommairement en revue. Nous avons déjà parlé du système des *Evhéméristes* adopté par Bochart, l'abbé Banier, etc., etc., qui veulent retrouver la mythologie tout entière, événements et personnages, dans l'Ancien-Testament. Le système des *Allégoristes*, qui, pour expliquer le sens caché des mythes, n'ont rien imaginé de mieux que de renouveler, chacun à son point de vue particulier, les systèmes d'interprétations ou physiques ou morales des anciens, a pour chefs : Noël Conti, pour qui les mythes furent surtout moraux; le grand Bacon qui y chercha les maximes de la sagesse antique ; le hollandais Jacob Tollius qui rapporte à la chimie naissante l'histoire fabuleuse tout entière; et pour adeptes les alchimistes qui prétendirent expliquer la mythologie par leur vaine science en même temps qu'ils lui en demandaient la clef. Le système *astronomique*, accueilli avec une faveur marquée par l'esprit de scepticisme et d'incrédulité qui soufflait en France vers le XVIIIe siècle, et développé avec tant d'éclat par l'ingénieux abbé Pluche, le savant Dupuis et Volney, essaya de montrer dans les symboles et les rites des cultes anciens, dans les légendes et les récits mythologiques de tous les peuples, l'histoire de la nature et celle du ciel. Disciple de cette école essentiellement matérialiste, dont les inadmissibles hypothèses, s'appuyent sur le souverain mépris des dates, l'allemand Domedden a entrepris d'expliquer par le calendrier la mythologie et l'art de la Grèce qu'il fait dériver de l'Égypte; non moins téméraire, un écrivain de nos jours, allemand aussi, M. Schweigger a gratifié la mythologie des découvertes les plus belles de la physique moderne, telles que celles du magnétisme par exemple et de la polarité. Le système *théologique* qui fut celui de Bossuet, du savant évêque d'Avranches, Huet, et en partie de Samuel Bochart, eut pour créateur le grand philologue Gérard-Jean Vossius dans son livre *de theologia gentili et physiologia christiana, seu de origine idolatriæ ad veterum gesta et rerum naturam reducta, deque naturæ mirandis, quibus homo adducitur ad Deum. Lib.* IX. *Amst.* 1642, 1646. Gérard-Jean Vossius fit de la mythologie, où il découvrit des faits et des idées rapportés à un centre commun, la religion, la théologie du polythéisme qu'il tire tout entier des flancs du monothéisme des Juifs, seul vrai culte avant le Christianisme.

L'école philologique qui se recommande des noms si considérables dans la science de Heyne et de Jean-Henri Voss, alliant l'esprit philosophique à l'érudition historique et littéraire se proposa pour mission d'éclairer cette question toujours si confuse et si obscure de la mythologie, en l'étudiant dans sa nature elle-même, en disséminant, mieux qu'on ne l'avait encore fait, son rapport plus ou moins nécessaire soit avec le polythéisme, soit avec la religion en général. Les travaux de cette savante et sagace école donnèrent naissance au système *hellénique* qu'ont développé, quoique dans des vues opposées, MM. Welcker et O. Müller qui s'attachèrent à faire ressortir l'élément religieux qui, selon eux, pénètre la mythologie tout entière; et M. Lobeck qui, refusant à la mythologie toute signification élevée et sérieuse, suit judaïquement, mais scientifiquement la lettre, sans faire acception de l'esprit. Dans cette route difficile, les suivit, pour l'élargir et en agrandir les voies, le spirituel philologue Buttmann qui sépara nettement le mythe de la tradition historique et des élaborations poétiques même les plus anciennes; et qui croyant retrouver dans l'Orient l'origine d'un certain nombre de mythes grecs, se jeta hors du système purement hellénique de Heyne et de Voss, pour recommander la comparaison des traditions orientales et des *Sagas* du Nord, avec la mythologie des hellènes.

Il nous reste à parler du système ou plutôt de l'école *mythique* ou *symbolique* dont M. Creuser, auteur de la *Symbolique* et *Mythologie*, publiée pour la première fois de 1810 à 1812, est avec raison reconnu comme le chef. La critique serait peut-être en droit, dans l'état actuel des connaissances historiques, philologiques et archéologiques, de reprocher à ce savant illustre d'avoir donné l'hospitalité dans sa belle théorie au système hellénique de MM. Welcker et O. Müller, au système théologique de Vossius, transformé en oriental, et enfin au système allégorique ou philosophique représenté de nos jours par le célèbre M. God. Harmann; mais, pour être juste, il faut néanmoins reconnaître que M. Creuser s'est fait de la mythologie un riche domaine où il règne en souverain aujourd'hui, attendant son héritier, qui ne peut manquer de bientôt naître, car la science est bien loin encore d'avoir dit son dernier mot sur le mythe, car bien des voiles sont encore sur le sanctuaire où sont déjà venus s'agenouiller tant d'hommes de savoir et de génie. Disons pour terminer que le cercle mythique des Grecs (κυκλος μυθικος) commence à l'union de l'*Ouranus* ou du ciel avec la terre, et finit au retour d'Ulysse à Ithaque. PH. CHASLES.

MYTILACÉS (*moll.*). Famille de mollusques conchifères, dimyaires, créée par G. Cuvier, et ayant pour caractères : coquille équivalve, inéquilatérale; charnière sans dents; manteau à lobes presque entièrement désunis; pied linguiforme sécrétant un byssus filiforme; ligament externe occupant tout le bord dorsal de la charnière. — Deux genres principaux, ceux des MOULES et des PINES (*voy.* ces mots), entrent dans cette famille.

MYTISTRATE (*géo. anc.*) : place forte de Sicile, à l'E. et à peu de distance de Syracuse. Son nom latin est *Mitistratum;* Polybe la désigne sous celui de *Mutistratum;* Diodore de Sicile lui donne celui de *Mustraton;* Etienne, le géographe l'appelle *Amestratos.* — Atilius, consul romain, investit, 258 ans avant l'ère chrétienne, cette ville occupée par les Carthaginois. Après une longue et vigoureuse résistance, la garnison, manquant de munitions et de vivres, abandonna la place pendant une nuit obscure. Les habitants furent forcés bientôt à se rendre à discrétion. Les soldats massacrèrent sans pitié hommes, femmes, enfants et vieillards, pillèrent la ville et la détruisirent de fond en comble.

MYXINE (*voy.* GASTROBRANCHE).

N

N. La quatorzième lettre, et la onzième des consonnes dans l'Alphabet des langues néo-latines et germaniques. Autrefois on la prononçait *enne*, et alors elle était du genre féminin; maintenant on la prononce *en*, et elle est du genre masculin. Dans notre langue, elle n'est jamais surmontée d'un accent; mais, dans l'espagnol, on lui superpose souvent un signe nommé *tilde* (ñ), qui en fait un *n* mouillé rappelant par son articulation celle de notre *gn* dans *ignorance*. Quelques noms propres d'hommes et quelques mots tirés de l'espagnol conservent le *tilde*. Dans les manuscrits et dans les anciennes éditions latines, parfois même dans l'écriture courante, on remplaçait le *n* par un trait mis sur la voyelle précédente. Ainsi on écrivait *amas* pour amans, *aisemēt* pour aisément. Dans les manuscrits et sur les monuments latins, *N* est l'abréviation de certains mots : *Natus*, *nepos*, *niger*, *nobilis*, et des noms propres : *Neptunus*, *Nonnius* et *Numesius* (voy. ABRÉVIATIONS). Surmonté d'une ligne horizontale dans les inscriptions, il signifie *nautœ*, *nostrœ*, *natione*, *nostri*, *numero*, *numerus*. Dans les calendriers romains il s'emploie pour *nonas* ou *nonis*; ainsi IV N veut dire : *Quarto die ante nonas*, le quatrième jour avant les nones; P N, *pridie nonas*, la veille des nones; N. *nonis*, le jour des nones. Il signifie encore *nefastus dies*, jour néfaste : N P, *nefastus prima parte diei*, voulait dire qu'on ne pouvait rendre la justice pendant la première partie du jour. N L était l'abréviation des mots *non liquet*, cela n'est pas clair, et les juges écrivaient ce sigle sur leurs tablettes pour annoncer qu'après avoir entendu le plaidoyer des deux parties ils ne pouvaient pas prononcer le jugement, l'affaire leur semblant encore douteuse. N, chez les Romains, était une lettre numérale qui seule valait 900. Avec une ligne au-dessus ($\overline{\text{N}}$), il se prenait pour 90,000 et même 900,000, et non pas 9,000, comme le dit le *Dict. de Trévoux*. Le N des Grecs, avec l'accent aigu au-dessus, valait 50; avec le même accent, au-dessous, 50,000. Dans les récits et dans les actes, quand on veut désigner quelqu'un sans le nommer, on se sert du N, ce qui vient, selon Borel, Du Cange, le Père Ménard et Mabillon, d'un usage déjà en vigueur au xᵉ siècle et répandu encore en Languedoc au xviiiᵉ, consistant à mettre *en* devant les noms d'homme et *na* devant les noms de femme. En météorologie, N se prend pour le Nord; N-E, Nord-Est; N-O, Nord-Ouest; N-N-E, Nord-Nord-Est, etc. Comme signe d'ordre, il signifie le quatorzième objet d'une série. C'était enfin la marque de l'ancienne monnaie de Montpellier. ED. F.

NAAMAN (*hist. hébr.*) : général de l'armée de Ben-Hadad, roi de Syrie, et le libérateur de son pays, qu'il avait délivré de la servitude étrangère. Ayant été guéri de la lèpre par Elisée (*voy.* ce mot), il vint le remercier, et, émerveillé de sa puissance, lui promit de ne plus sacrifier dorénavant à d'autres dieux qu'à Jéhovah, et lui demanda la permission d'emporter de la terre d'Israël la charge de deux mulets, dans le but sans doute d'en construire un autel.

NAARDEN (*géog.*) : ville de Hollande, appelée aussi *Nieuw-Naarden*, à 19 kil. S-E d'Amsterdam, sur le Zuyderzée. Fondée par Guillaume III, cette ville éprouva de nombreuses vicissitudes. En 1572, elle fut prise et saccagée par les Espagnols; en 1772, les Français s'en em-

parèrent. Elle fut en 1813 fortifiée suivant le système du baron de Cohorn, et, l'année suivante, défendue pendant cinq mois par les Français contre les Alliés. Cette ville, importante comme position militaire, ne possède pas 2,000 habitants. Son nom de Nieuw-Naarden lui fut donné par opposition à l'ancienne Naarden, située plus près de la côte et submergée au xiiᵉ siècle.

NAHAR MALCHA (*géog. anc.*), c'est-à-dire *fleuve royal* : l'un des deux grands canaux que Nabuchodonosor fit percer au-dessus de Babylone, entre le Tigre et l'Euphrate, pour faire couler dans le dernier de ces fleuves le trop plein du second, qui, à l'époque du débordement, causait de grands dommages à Babylone. Le Nahar-Malcha arrivait au Tigre à peu de distance de Ctésiphon ; il était si large et si profond, qu'il pouvait porter les plus grands vaisseaux. La direction de ce grand ouvrage avait été confiée au gouverneur Gobaris. Pline donne à ce canal le nom d'Armalchar, qui, peut-être, était une abréviation usitée dans le pays. Dion rapporte que Trajan voulut aussi établir un canal de jonction entre le Tigre et l'Euphrate, mais il paraît assez probable que cet empereur romain voulut seulement rétablir le Nahar Malcha, qui, depuis longtemps sans doute, avait cessé d'être entretenu et qui devait se trouver, en partie, comblé. Sévère acheva l'entreprise de Trajan et parvint à rendre le canal navigable. Du temps de Julien, il était si complètement comblé, qu'on n'en distinguait plus les traces. Ce prince, qui avait absolument besoin de faire passer dans le Tigre, au-dessus de Babylone, sa flotte réunie dans l'Euphrate, finit, en consultant un vieillard, par reconnaître l'ancien lit du Nahar Malcha qu'il fit déblayer. (Ammien-Marcellin, liv. vi.) Ce canal se trouve aussi désigné par le nom de *fossa regia* (fosse royale) et de *basilicus fluvius* (fleuve royal). AL. B.

NABAB, en indien *délégué*, *remplaçant* (*locum tenens*). C'était le titre donné, aux Indes, à certains gouverneurs de provinces qui se nommaient originairement phousdars. Chaque grande division ou *subah* avait à sa tête un subahdar, sorte de vice-roi, délégué immédiat et représentant de l'empereur. Le phousdar ou nabab, à son tour, était le représentant du subahdar et relevait de lui. Il devait l'accompagner dans toutes ses expéditions militaires, mais seulement jusqu'à la frontière de sa province. Plus récemment le titre de nabab a acquis dans l'Indostan une signification plus relevée encore, et est devenu synonyme de subahdar ou de vice-roi. Peu après, les nababs se rendirent indépendants, à commencer par les plus éloignés du centre de l'empire; ils n'envoyèrent plus à Delhi qu'une faible partie des revenus de leur province et finirent même par ne rien donner. Ils en vinrent jusqu'à nommer eux-mêmes leurs successeurs, tandis qu'auparavant cette nomination appartenait aux subahdars et devait être revêtue de la sanction du grand Mogol. — En Angleterre, le nom de *nabab* est assez ordinairement appliqué à tous ceux qui reviennent des Indes avec de grandes fortunes et s'environnent d'un faste oriental; il s'y joint alors un sentiment de mépris. **J.-B. P.**

NABAL (*hist. hébr.*). Nom qui, en hébreu, signifie *fou*, *insensé*; c'était celui d'un homme de la tribu de Juda, qui habitait la ville de Maon, à l'ouest du lac Asphaltite. Il possédait des troupeaux nombreux qui paissaient sur le Carmel. David, poursuivi par Saül, ayant appris qu'il allait, selon la coutume, célébrer par un grand festin, la tonte de ses brebis, lui envoya demander des vivres. Nabal, moins riche encore qu'avare et brutal, traita avec hauteur les messagers de David, qu'il renvoya les mains vides. Le fils d'Isaï marcha contre lui à la tête de 400 hommes; mais Abigaïl, femme de Nabal, accourut à sa rencontre, et parvint à fléchir sa colère. Nabal, qui était ivre n'apprit que le lendemain ce qui s'était passé, et fut si vivement frappé du danger qu'il avait couru, qu'il en mourut dix jours après.

NABARZANE : général de Darius III qui, à la bataille d'Issus, commandait la cavalerie et les archers. Il se joignit à Bessus, satrape de la Bactriane, pour assassiner Darius après la défaite d'Arbelles; mais, tandis que son complice était poursuivi par Alexandre, il eut l'habileté de se faire bien venir de ce prince et de se faire pardonner son crime en déposant de magnifiques présents aux pieds du vainqueur de Darius Codoman.

NABATHÉENS (*géog. anc.*) : peuple de l'Arabie-Pétrée, descendant de Nabath ou Nébajoth, fils aîné d'Ismaël. Les Nabathéens occupaient, selon Diodore de Sicile (lib. xi, cap. 48), entre la Syrie et l'Egypte, un pays désert où l'eau manquait, et dont une seule contrée était fertile. Leurs limites s'étendaient au S. jusqu'au golfe Elanitique; ils avaient pour capitale la ville importante de *Petra* (STRABON, lib. xvi ; PLINE, lib. vi). Les Nabathéens tenaient le premier rang parmi les tribus ismaélites; leur vie était celle des nomades; mais ils ne se contentaient pas d'être pasteurs; ils étaient en outre voleurs et pillards. D'abord alliés des Juifs sous les Asmonéens, ils sortirent ensuite de cette alliance et furent battus, mais non soumis, par Jonathas. Athénée, général d'Antigone, parvint à s'emparer de leur capitale, et il se retirait chargé de butin lorsque les Nabathéens, tombant à l'improviste sur son armée, là battirent et tuèrent le général lui-même. Démétrius, fils d'Antigone, voulut venger cet échec, mais n'obtint aucun résultat. Une expédition romaine, sous le règne d'Auguste, ne fut pas plus heureuse. Sous Trajan la Nabathée fut cependant conquise et fit partie de la *Palestine troisième* ou *salutaris*. Le questeur romain avait établi sa résidence dans Pétra.

NABIS (*Hist. anc.*) : tyran de Sparte, qui, l'an 305 avant J.-C., succéda à Machanidas. Son avarice étant égale à son ambition, il bannissait sous de vains prétextes les plus riches citoyens pour s'emparer de leurs biens, et faisait, dit-on, piller par des voleurs à gages les voyageurs qui traversaient ses Etats. On lui attribue l'invention d'un automate représentant sa femme, Arpéga, qui cachait sous de splendides vêtements de longues pointes de fer : le tyran livrait à ses embrassements ceux dont il ne pouvait extorquer l'argent, et qui périssaient dans les étreintes de l'affreuse machine. Ayant pris contre les Romains le parti de Philippe, roi de Macédoine, qui lui avait confié Argos, il se déclara bientôt pour eux dans l'espoir de conserver cette ville. Mais, après la guerre de Macédoine, Flaminius la lui enleva et lui imposa un tribut onéreux. Après le départ de ce général, Nabis entra en lutte avec la Ligue Achéenne, battit d'abord Philopœmen sur mer, mais fut battu à son tour et poursuivi jusqu'à Sparte. Il implora alors le secours des Etoliens et reçut d'eux en effet 1,000 hommes commandés par Aleximène qui le fit tuer, l'an 292 avant Jésus-Christ.

NABLOUS (*voy.* NAPLOUS).

NABO (*voy.* NÉBO).

NABONASSAR (*hist. anc.*) : roi de Babylone, dont le nom paraît composé de ceux de deux divinités chaldéennes, *Nabo* et *Asar* ou *Atsar*. Il était aussi appelé Bélésis Merodach. Quelques auteurs pensent qu'il ne diffère point du Baladan de l'Ecriture, qui envoya des ambassadeurs à Ezéchias pour le féliciter sur sa miraculeuse convalescence (Isaïe, xxxix ; IV Rois, xx, 12). Nicolas de Damas le nomme Nanibrus. On croit qu'il était gouverneur de la Babylonie. Il renversa, de concert avec Tiglath Phalasar, le voluptueux Sardanapale, et, dans le partage de l'empire, obtint Babylone, la Chaldée, l'Arabie et les autres provinces méridionales et occidentales de la monarchie assyrienne. Conformément aux observations astronomiques rapportées par Ptolémée, on fait remonter cet événement à l'an 747 avant Jésus-Christ, date d'une très grande importance, puisque c'est de cette époque que partent les observations astronomiques les plus authentiques des Chaldéens, et que Ptolémée et les autres astronomes anciens y rapportent toutes leurs observations.

NABONID, dernier roi de Babylone (*Voyez* BABYLONE, BALTHASAR, CYRUS, NITOCRIS).

NABOPOLASSAR (*hist. anc.*) : roi de Babylone, dont le nom semble composé de celui de trois divinités, *Nabo, Pul* et *Asar*. Il était général de l'efféminé Cinaladan ou Sarac, qui régnait à la fois sur Ninive et Babylone, lorsqu'il résolut, enhardi par le mécontentement du peuple et le mépris dans lequel était tombé son maître, de lui enlever la Babylonie. Il réussit dans cette entreprise (628 avant J.-C.), et quelque temps après (625, selon le canon de Ptolémée), s'unit à Cyaxare, roi des Mèdes, dont il avait fait épouser la petite fille à son fils Nabuchodonosor. Il marcha sur Ninive, s'en empara, et, à l'instigation des Mèdes, la ruina de fond en comble. L'empire assyro-chaldéen, réuni tout entier entre ses mains, faisait trembler toute l'Asie occidentale. L'Egypte était, en particulier, menacée dans ses plus chers intérêts, et Nechos, qui la gouvernait, ne voulant pas laisser à Nabopolassar le temps d'affermir sa puissance, entra en campagne contre lui. On trouvera à l'article NECHAO le résultat de cette guerre et les motifs qui l'avaient suscitée. Nabopolassar s'associa sur la fin de ses jours, son fils Nabuchodonosor, et mourut deux ans plus tard, dans une grande vieillesse, en 604, selon le canon de Ptolémée, et après 21 ans de règne.

NABOTH, juif habitant de Jesrahel, possédait près du palais d'Achab une vigne que ce dernier voulut acheter. Naboth refusa et fut lapidé par ordre de Jézabel, femme d'Achab. Le roi prit possession de la vigne qu'il convoitait ; mais sa famille tout entière porta la peine de ce crime (*Voy.* ELIE).

NABUCHODONOSOR. Deux rois ont porté ce nom. — NABUCHODONOSOR Ier. Le livre de Judith est le seul qui parle de ce prince, et comme il est difficile de fixer l'époque des événements qui y sont rapportés, on a pris tour à tour Nabuchodonosor pour Nabopolassar, Artaxerxes-Ochus et pour le Saôsduchin du canon de Ptolémée, qui succéda à Asar-Haddor, roi de Ninive et de Babylone. Cette dernière opinion est la plus généralement adoptée. Le livre de Judith nous apprend que Nabuchodonosor défit dans les plaines de Ragau Arphaxad, roi des Mèdes, dont l'identité avec les rois que nous fait connaître l'histoire profane, est aussi difficile à déterminer que celle de Nabuchodonosor. Le monarque assyrien pénétra ensuite dans la Médie, s'empara d'Ecba-

tane qu'il saccaga, et fit périr Arphaxad. Après cette expédition il envoya contre les peuples tributaires de l'Asie occidentale qui avaient refusé de lui prêter le secours de leurs armes, Holopherne, un de ses généraux, auquel Judith coupa la tête devant Béthulie. S'il était vrai, comme l'ont prétendu quelques auteurs, entre autres le célèbre Grotius, que l'histoire de Judith ne fût qu'une pure allégorie, le règne de Nabuchodonosor serait également fictif; mais à l'article JUDITH on a démontré l'authenticité du livre de ce nom, et la réalité des événements qu'il contient.

NABUCHODONOSOR, surnommé le *Grand*, roi de Babylone, succéda à Nabopolassar, son père, l'an 623 avant Jésus-Christ. Ce prince, étant encore jeune, mais déjà associé à l'empire, se rendit maître de la ville de Carchemise, sur l'Euphrate, que Néchao, roi d'Egypte, avait conquise quelques années auparavant. Il soumit ensuite la Phénicie et le royaume de Juda. Joakim, souverain de ce dernier pays, fut pris et chargé de chaînes pour être conduit à Babylone; mais Nabuchodonosor, ayant ensuite changé de résolution, le laissa à Jérusalem en l'obligeant à payer un tribut considérable. C'est de cette manière que les plus habiles commentateurs ont concilié Daniel, Jérémie, le IVe livre des Rois et les Paralipomènes. Pendant qu'il poursuivait ses conquêtes, Nabuchodonosor, informé de la mort de son père, retourna à Babylone pour prendre possession du trône. Il s'occupa alors de partager en colonies les captifs qu'il avait pris dans ses expéditions, et déposa dans le temple de Bel les dépouilles des nations qu'il avait vaincues. Joakim, roi de Juda, s'étant ensuite soulevé, fut pris et mis à mort.

La seconde année de son règne, Nabuchodonosor eut à Babylone un songe extraordinaire. Il vit une statue dont la tête était d'or, la poitrine d'argent, le ventre et les cuisses d'airain, les jambes de fer, les pieds moitié de fer et moitié d'argile. Une petite pierre, détachée d'une montagne, toucha la statue, la réduisit en poudre et devint une montagne qui couvrit toute la terre. Nabuchodonosor, quoique fort inquiet de ce songe, perdit cependant le souvenir de ce qu'il avait vu. Il appela ses devins, et leur demanda de leur rappeler sa vision, mais aucun d'eux ne put le faire. Ce prince, irrité, voulait faire périr tous les sages de son empire, lorsque Daniel, inspiré par Dieu, lui rappela le songe, puis il ajouta : « Vous êtes le roi des rois et le souverain le plus puissant du monde. C'est vous qui êtes la tête d'or de la statue. Il s'élèvera après vous un royaume moindre que le vôtre, qui sera d'argent; ensuite un troisième qui sera d'airain et qui commandera à toute la terre. Le quatrième royaume sera de fer : il réduira tout en poudre; mais, comme les pieds de la statue étaient en partie de fer, et en partie d'argile, ce royaume sera fort et faible tout à la fois. La pierre détachée de la montagne annonce un royaume qui détruira tous les autres et subsistera éternellement. Nabuchodonosor, ayant entendu cette explication, se prosterna la face contre terre et reconnut que le Dieu de Daniel était le seigneur des rois.

Joachin ou Jéchonias, roi de Juda, s'étant révolté, Nabuchodonosor l'assiégea dans Jérusalem et l'emmena captif à Babylone avec toute sa famille et un nombre considérable de ses sujets. Il enleva aussi les vases et les objets les plus précieux qui se trouvaient dans le temple et dans le trésor, puis il établit sur le trône Mathanias, oncle paternel de Jéchonias, et lui donna le nom de *Sédécias*. Celui-ci resta fidèle à Nabuchodonosor pendant neuf ans; mais ensuite il se souleva. Alors le roi de Babylone entra en Judée à la tête d'une armée nombreuse, soumit le pays et assiégea Jérusalem; mais bientôt il quitta le siège pour marcher à la rencontre des Egyptiens qui accouraient au secours de Sédécias. Il les défit et retourna devant Jérusalem dont il parvint à se rendre maître à la suite d'un long siège. Les fils de Sédécias furent mis à mort en présence de leur père, et celui-ci, chargé de chaînes, fut conduit à Babylone après avoir eu les yeux crevés. Les Chaldéens pillèrent et incendièrent la ville et le temple de Jérusalem et emmenèrent la tribu de Juda en captivité. Après avoir terminé cette guerre, Nabuchodonosor soumit en peu de temps la Phénicie et les contrées voisines, y compris l'Egypte; mais le siège de Tyr lui coûta treize ans.

Nabuchodonosor, riche des dépouilles de tant de peuples, retourna à Babylone, suivi d'un nombre considérable de captifs. On suppose que ce fut vers cette époque qu'il vit en songe un grand arbre chargé de fruits. Tout à coup un ange, descendu du ciel, ordonna qu'on abattît l'arbre par le pied, laissant en terre la racine. « Qu'on lui ôte, ajouta l'ange, le cœur d'un homme, qu'on lui donne un cœur de bête, et que sept ans passent sur lui (Daniel, iv, 13). » Le roi, inquiet de ce songe, le fit expliquer par Daniel. « C'est vous, lui dit le prophète, qui êtes le grand arbre. Vous serez chassé de la compagnie des hommes, et, après avoir été sept ans dans cet état, lorsque vous aurez reconnu que toute puissance vient du Ciel, vous serez rétabli dans votre première condition. C'est pourquoi, rachetez vos péchés par des aumônes, afin que le Seigneur vous pardonne.

Un an après, comme Nabuchodonosor se promenait dans son palais, il commença à dire : N'est-ce pas là cette grande Babylone dont j'ai fait le siège de mon empire, que j'ai bâtie dans la grandeur de ma puissance et dans l'éclat de ma gloire? A peine avait-il achevé ces paroles qu'une voix du ciel prononça son arrêt, et lui annonça que son royaume passerait en d'autres mains et qu'il serait relégué parmi les bêtes. Cette parole reçut son accomplissement à l'heure même. Nabuchodonosor, chassé de la compagnie des hommes, mangea du foin comme un bœuf, et, ajoute l'Ecriture (Daniel, iv, 30), ses cheveux poussèrent comme les plumes d'un aigle et ses ongles devinrent comme des griffes d'oiseau. Saint Jérome croit que Nabuchodonosor perdit seulement l'intelligence, mais non la forme humaine : cette opinion est admise par les théologiens. — Après avoir vécu pendant sept ans comme les bêtes, Nabuchodonosor recouvra le jugement. Il reconnut la dépendance dans laquelle il était à l'égard de Dieu, et continua de régner avec gloire. Ce fut, selon toute apparence, après son rétablissement qu'il fit faire une statue d'or, haute de soixante coudées, qu'il ordonna à tous ses sujets d'adorer, sous peine d'être jetés dans une fournaise ardente. Les trois compagnons de Daniel, Sidrach, Misach et Abdenago, n'adorèrent point la statue. Nabuchodonosor les fit jeter dans la fournaise; mais, par la permission de Dieu, les flammes épargnèrent ces trois jeunes hommes. Nabuchodonosor, témoin de ce miracle, rendit gloire au Dieu des Juifs et ordonna que quiconque blasphémerait son nom serait mis à mort. Ce prince mourut peu après l'événement dont nous parlons, (l'an 580 avant J.-C., suivant le calcul de Larcher). — Gesenius a proposé plusieurs explications du nom de Nabuchodonosor; mais aucune n'est complétement satisfaisante. Les Septante appellent ce prince Ναβουχοδονοσορ ; en hébreu on lit parfois encore *Nevoukadnetzar* ou Neboukadnetzar, suivant la prononciation des Juifs portugais. L. DUBEUX.

NACHOR. On trouve dans l'Écriture deux personnages de ce nom. Le premier père de Tharé, aïeul d'Abraham, naquit l'an 2151 avant J.-C., et mourut à l'âge de cent quarante huit ans. Son nom se trouve au 51e chapitre de la Genèse, et dans la généalogie de Jésus-Christ, au 3e chapitre de l'Évangile de saint Luc. Le second, petit-fils du précédent, fils de Tharé, frère d'Abraham et d'Aran, épousa Melcha, fille de ce dernier, qui lui donna plusieurs enfants, savoir : Hus, Buz, Camuel, père des Syriens, Cazed, Azan, Pheldas, Jedlaph, et Bathuel, père de Rebecca. Il avait fixé sa demeure à Haaran, en Mésopotamie. L'année de sa naissance et celle de sa mort sont complètement inconnues. J.-B-P.

NACRE (*mollusques*). Le nom de *nacre* a été donné à une substance animalisée, blanche, éclatante, et résultant d'une disposition particulière des molécules calcaires qui revêtent la partie interne d'un assez grand nombre de coquilles.Cette matière est dure, argentée ; elle brille des plus riches couleurs, reflète avec le plus vif éclat la pourpre et l'azur, et n'est composée que de carbonate de chaux pur, mêlé seulement d'un peu de matière animale. La nacre est généralement sécrétée par le bord du manteau d'un assez grand nombre de mollusques : mais on ne voit jamais les coquilles nacrées dépasser certaines familles ou certains genres. Les mulettes et les anodontes fournissent surtout la plus belle, et en même temps donnent naissance aux *perles* (*voy.* ce mot) dont la nature chimique est à peu près analogue. Un grand nombre d'autres coquilles fournissent également la nacre : ainsi l'on peut citer parmi les univalves plusieurs espèces du genre patelle, et d'autres mollusques marins, comme plusieurs turbots, diverses espèces d'haliotides. Presque toutes les coquilles terrestres et fluviatiles sont, au contraire, entièrement dépourvues de matière nacrée.

La nacre de perles est fort employée dans les arts, mais plus particulièrement dans la marquetterie, la tabletterie et l'ébénisterie de luxe. Les Chinois lui donnent dans le travail un fini que les ouvriers européens n'ont encore pu atteindre. Les coquilles destinées pour les marchés d'Europe, sont généralement celles du plus bel éclat, épaisses, unies, exemptes de taches et de la plus grande dimension. Les excroissances que l'on remarque parfois à leur surface en diminuent considérablement la valeur. La nacre nous vient de la mer des Indes, des côtes de Ceylan, du Japon, du golfe Persique, de la mer du Mexique, des côtes du Chili et du Pérou. Les sortes dans lesquelles on la classe le plus communément dans le commerce, sont dans leur ordre de mérite, les suivantes :—1° NACRE FRANCHE. La coquille dont on la tire est aplatie et très légèrement concave ; son intérieur reflète toutes les couleurs de l'arc-en-ciel ; le fond de sa couleur est un blanc éclatant. Le bord de la partie nacrée est arrêté par une ligne bleuâtre, que précède immédiatement une seconde ligne jaune-verdâtre et un peu plus large. La croûte extérieure qui déborde en dedans la partie nacrée, est composée, comme tout le reste, de feuilles minces et faciles à séparer, d'un jaune brun très sale, paraissant polies et bronzées. Cette espèce se tire plus particulièrement de l'Inde, de Ceylan et du Japon. Les écailles de nacre franche qui viennent du Levant, sont beaucoup plus petites.—2° NACRE BATARDE BLANCHE.La coquille qui la fournit est à l'extérieur jaune-rougeâtre, grossière et formée de couches superposées, interrompues et disposées comme les ardoises sur les toits ; son intérieur est solide et d'un blanc bleuâtre ; son extérieur d'un jaune quelquefois verdâtre ; sa forme est concave. Son iris, qui n'est remarquable que vers les bords, ne se compose que de rouge et de vert, elle nous vient du Levant. On tire encore du même pays, et sous le même nom, une coquille peu différente de celle-ci, mais qui pourtant n'est pas la même ; l'intérieur en est blanc et la croûte extérieure verdâtre. — 3° NACRE BATARDE NOIRE. Elle provient d'une coquille formée, comme la précédente, d'une substance calcaire, placée par couches superposées et interrompues à l'extérieur, et à l'intérieur d'une partie solide, brillante, d'un bleu clair ou noirâtre, très remarquable, surtout vers les bords ; son iris, qui ne s'aperçoit bien que vers cette dernière partie, se compose de rouge, de bleu et d'un peu de vert. Cette sorte nous vient du Levant, ainsi qu'une autre variété désignée sous le même nom, et dont l'intérieur, de couleur verdâtre, est recouvert d'une croûte vert de mer. — On tire encore de la nacre de la coquille de l'*oreille de mer* ou *haliotide*. La coquille nacrée, nommée communément *burgau*, est très recherchée pour la variété et l'éclat de ses couleurs. — Le commerce de la nacre de perles est assez étendu ; il en a été importé en France, dans la seule année 1836, plus de 230,000 kil., représentant une valeur d'au moins un million de francs.

NADAB, lévite, fils d'Aaron qui fut consumé avec Abiu son frère, pour avoir offert au Seigneur un feu et un encens étrangers. — Un autre Nadab, roi d'Israël, fils de Jéroboam, succéda à son père l'an 343 avant J.-C., régna deux ans, continua à adorer les faux dieux, et fut tué par Baasa qui, à la suite de ce meurtre, prit sa place sur le trône de Samarie.

NADASTI, ou plutôt NADAZD, ancienne et illustre famille hongroise, dont des membres méritent surtout d'être cités : — 1° NADASTI (*Thomas*), général habile qui se distingua dans la guerre contre les Turcs. Il commandait en 1529 la place importante de Bude, et se disposait à la défendre vigoureusement contre Soliman II, lorsqu'il fut livré à ce prince par les habitants de la ville et les soldats même de la garnison. Soliman, pour punir ces derniers de leur trahison, les fit passer au fil de l'épée, et rendit la liberté à Nadasti, qui mit plus tard au service de Charles-Quint son expérience et ses talents militaires. Il passait pour avoir appris l'art de la guerre au fameux duc d'Albe; — 2° NADASTI (*François*), comte de Forgatsch, petit-fils de Thomas, président du conseil souverain de Hongrie. Les Madgyars supportaient avec peine la domination autrichienne; ils regrettaient leur ancienne indépendance anéantie par la maison d'Autriche; l'empereur Léopold n'avait pas d'enfants; l'occasion parut favorable aux patriotes hongrois pour réconquérir leur liberté; une conspiration se forma, et Nadasti en fut un des membres les plus actifs. On a dit qu'il n'y avait été poussé que parce qu'il n'avait pu obtenir de l'Empereur la dignité de palatin de Hongrie qu'il sollicitait, et qu'il chercha à faire assassiner ou empoisonner Léopold. Mais ces faits ne paraissent pas suffisamment prouvés. Des papiers qui tombèrent en 1671 entre les mains de l'autorité, firent découvrir la conspiration ainsi que les noms de ceux qui en faisaient partie. Nadasti fut condamné à avoir le poing droit coupé, et la tête tranchée; il subit sa peine le 30 avril 1671 dans l'hôtel-de-ville de Vienne. Ses biens furent confisqués, et ses enfants forcés de quitter le nom de leur père pour prendre celui de *Cruzemberg.* Cet évènement fut suivi de sanglantes représailles du gouvernement impérial contre la Hongrie, et donna bientôt naissance à ce terrible soulèvement de Teleki, qui, en 1583, amena les Turcs sous les murs de Vienne. Nous avons de François Nadasti deux ouvrages : 1° *Mausoleum regni... Hungarici regum et ducum,* Nuremberg, 1664, in-fol. ; 2° *Cynosura juristorum,* 1668. A.B.

NADIR (ast.), mot arabe s'appliquant à ce qui est directement opposé au *zenith* ou point vertical. Le nadir et le zenith sont les deux pôles de l'horizon. Ces deux points en sont éloignés de 9C°; et se trouvent toujours dans le méridien. Le zénith étant le point placé perpendiculairement sur nos têtes, et indiqué dans le ciel par la direction d'un fil à plomb, le nadir sera le point indiqué par le prolongement de ce fil à plomb à travers la surface que nous foulons aux pieds, en passant par le centre de la terre pour aller se fixer dans l'autre moitié du ciel qui est sous nous. Notre zénith est donc le nadir de ceux qui habitent l'hémisphère opposé au nôtre.

NADIR-CHAH, *voyez* **TAMAS KOULIKHAN.**

NADJAH : fondateur de la dynastie des *Nadjahides,* dans l'Yemen. Il fut d'abord esclave de Mardja. Caïs, un esclave comme lui, s'étant emparé de l'Yemen, Nadjah leva une armée composée d'arabes et de noirs, tua Caïs qui gouvernait avec une incroyable férocité, et s'empara du pouvoir (1021).

NÆFELS (*geog.*). Bourg de la Suisse du canton de Glaris, près de la Linth, à 8 kil. N. de la ville du même nom. Næfels n'a qu'une population de 1,300 habitants. Nous citons ce lieu parce qu'il est célèbre par la bataille remportée, en 1388, par les Suisses sur Léopold duc d'Autriche.

NÆVIUS (*biog.*), *Cneius* NÆVIUS, fut un des pères de la littérature romaine. Né dans la Campanie et soldat de la première guerre punique, il chanta ses exploits comme Camoëns. Pendant la paix il enrichit Rome d'autres conquêtes en traduisant et en imitant les œuvres tragiques et comiques de la Grèce, encore inconnues à ses compatriotes. Tous ses écrits sont perdus, et c'est à peine s'il nous reste le titre de quelques unes de ses tragédies. Il ne se borna pas à imiter, il traita aussi des sujets nationaux et plaça sur la scène Remus et Romulus allaités par la louve. Ses ouvrages obtinrent un grand succès, bien que Varron les compare aux statues de Myron, qui n'étaient pas précisément vraies d'expression, mais ne laissaient pas d'être belles. Nævius avait cru pouvoir, dans ses comédies, imiter, de loin, la liberté satirique d'Aristophane, mais les nobles Romains auxquels il s'attaqua furent moins patients que les citoyens d'Athènes; ils le firent chasser de Rome, et forcèrent d'aller mourir sur la terre étrangère de l'Afrique celui qui les avait initiés aux jouissances de l'art et de la poésie. Cicéron trouvait Nævius supérieur, à plus d'un titre, à Ennius qui écrivit un peu après lui. Il fixe à l'an 550 de Rome la mort du poète campanien, mais Varron le fait mourir quelques années plus tard.

NÆVUS MATERNUS (*méd.*). On désigne sous ce nom, et plus communément sous ceux *d'envies, de taches de naissance, de signes,* etc., des taches cutanées que les enfants apportent en naissant, et qui persistent pendant toute la vie. Plusieurs auteurs ont confondu cette disposition avec les tumeurs érectiles, les anévrysmes variqueux ou les tumeurs fongueuses; mais elle en diffère essentiellement en ce que sur les nævus, la tache, quoique bien circonscrite, ne s'élève pas sensiblement au-dessus de la peau, et présente une surface assez égale, avec une teinte qui varie peu sous l'influence des émotions de l'âme, et des modifications de la circulation ou de la respiration, tandis que le contraire a lieu pour les autres affections dans lesquelles les vaisseaux sanguins, enlacés les uns avec les autres et plus ou moins variqueux, forment des élévations et des granulations que l'on a comparées, suivant leur couleur et leur volume, à des grappes de cassis ou de groseilles, à des mûres, à des fraises, à des framboises, etc. — Les nævus peuvent être très étendus ou bien lenticulaires et circonscrits; leur couleur varie depuis la teinte café au lait jusqu'à celle du bistre, du brun foncé ou même du noir. La teinte pâle ne peut être mieux comparée qu'à celle des éphélides lenticulaires et hépathiques. — La cause de ces taches est encore inconnue; des dissections récentes portent à croire qu'elles ont leur siége dans le corps muqueux et dans l'humeur de Malpighi. Les anciens les attribuaient à l'influence de l'imagination de la mère; mais sans nier cette influence sur le fœtus, nous croyons devoir repousser cette explication en attribuant bien plutôt les nævus à une organisation primitive ou à une altération morbide de la peau. — Assez ordinairement ces taches ne font pas de progrès, si ce n'est, et tout au plus, pour la couleur et l'étendue. Non susceptibles de dégénérescence, et ne causant aucune douleur, elles ne réclament aucun traitement, puisque la cicatrice qui résulterait de leur ablation par le bistouri, serait assurément d'un aspect plus désagréable que le leur. L. DE LA C.

NAGA (*myth. hind.*). C'est le nom qu'on donne à une race de demi-dieux représentés avec un visage humain et une queue de serpent. Ils naquirent de Casyapa et de sa femme Cadrou, pour peupler le Patala, ou région inférieure du monde. Les Nagas, plusieurs fois vaincus par l'oiseau Garouda qui sert de monture à Vichnou, finirent par périr tous dans un sacrifice fait par Djanamedjaya dont le père avait été mordu par un Naga.

NAGEOIRE (*zoologie*), en latin *pinna*. Organes de la progression chez les poissons, ceux qui leur tiennent véritablement lieu de membres. Les poissons seuls nous présentent de véritables nageoires; mais cependant un certain nombre d'animaux, par la nature du milieu dans lequel ils vivent, ont dû posséder également des appendices pinniformes, des espèces de nageoires. — Le plus habituellement les nageoires des poissons sont des membranes soutenues par des rayons plus ou moins nombreux, qui semblent représenter grossièrement les doigts des mains et des pieds, et sont susceptibles de se resserrer ou de s'épanouir à la manière des baguettes d'un éventail. Les nageoires qui correspondent aux membres antérieurs des autres animaux sont nommées *nageoires pectorales* : elles ne manquent que très rarement, sont toujours paires, occupent les environs de l'ouverture des branchies, sont solitairement implantées de chaque côté du corps dans la grande majorité des cas, très longues ou, au contraire, très courtes, de formes variables et quelquefois transformées en des espèces d'ailes. Les nageoires répondant aux membres postérieurs sont ap-

pellées *nageoires ventrales* : elles manquent dans tous les apodes, sont placées sous la gorge dans les jugulaires, attachées au thorax et au-dessous des pectorales dans les thoraciques, et enfin sont implantées sous l'abdomen dans les abdominaux : elles sont en outre plus ou moins éloignées l'une de l'autre, et parfois surmontées d'appendices cirrhiformes. Des rayons placés aux extrémités des apophyses épineuses soutiennent d'autres nageoires qu'en raison de leur position, on a désignées sous la dénomination de *dorsales*; elles peuvent manquer dans quelques poissons, être simples, doubles, triples, régner tout le long du dos, n'occuper que le milieu de cette région du corps, être triangulaires, basses, très hautes, charnues, squameuses, etc. Une autre nageoire nommée *caudale* est formée par d'autres rayons placés au bout de la queue : elle est aussi parfois arrondie, fourchue, lancéolée, lobée, etc., et peut manquer dans quelques cas. Enfin il existe auprès de l'anus et sur la ligne médiane du corps une nageoire à laquelle on donne le nom d'*anale*, et qui peut ne pas exister, être double, ou se réunir à celle de la queue.—On donne aussi le nom de nageoires aux appendices locomoteurs d'un grand nombre d'animaux qui vivent constamment ou accidentellement dans l'eau. Certains mammifères, les cétacés par exemple, ont leurs membres en tout ou en partie transformés en nageoires. Les oiseaux aquatiques ont des pieds palmés, destinés exclusivement à faire l'office de nageoires : dans le manchot les ailes mêmes sont disposées en organes de natation. Presque tous les amphibiens et certains reptiles ont une queue munie d'une nageoire comparable à celle des poissons. Les portunes, dans la grande division des crustacés, ont des pattes dilatées en forme de nageoires. Plusieurs insectes sont aussi pourvus de ces organes, soit à leur état parfait, soit plutôt sous celui de larves, et parfois aussi de nymphes. Enfin les mollusques offrent beaucoup d'espèces munies d'appendices pinniformes. E. D.

NAGPOUR (en sanscrit *Nagapoura*, c'est-à-dire la *ville des serpents*) : ville considérable de l'Hindoustan, province de Gandouanah, capitale des domaines du radja de Bérar, situé par 21° 8' 30" de latitude N. et 76° 50' 45" de longitude E. La population de cette ville, y compris les faubourgs, était estimée, en 1825, à 115,000 âmes. Nagpour est située dans un terrain bas qui devient humide à l'époque des pluies. Les rues principales sont, à l'exception d'une seule, étroites, sales et pleines de boue. Le grand nombre d'arbres qui séparent les maisons et les cabanes, donnent à cette ville, lorsqu'on l'aperçoit de loin, l'aspect d'un grand bois. On n'y voit aucun monument d'architecture, et le palais du souverain, quoique assez vaste, n'a rien de remarquable. Quelques riches négociants habitent des maisons faites de briques et de mortier, à toit plat, mais la plupart sont vieilles et mal entretenues.

Le pays de Bérar, que l'on appelle aussi pays de Nagpour, s'étend entre 17° 30' et 23° de latitude N., et 76° et 81° de longitude E. Il est borné au N. et à l'E. par la présidence du Bengale, au sud par celle de Madras, au S.-E. et à l'O. par les domaines du Nizam. On estime que ce pays a environ 130 lieues de longueur du N. au S., 100 de largeur de l'E. à l'O., et 9000 lieues carrées de surface. La population s'élève à près de 3,000,000 âmes. Le sol est en général montagneux et boisé, coupé dans quelques parties par des terres en culture. — Les principales rivières du Nagpour sont le Wardah, le Wyneganga. Le pays produit du blé, du riz, du coton, du sucre, du tabac, de la soie, du fer et de la chaux, ainsi que des bois de construction. Plusieurs de ces produits sont transportés à Bombay et échangés contre des articles des manufactures d'Angleterre. Le pays de Nagpour entretient des relations commerciales assez suivies avec Pounah, Bénarès et Mirzapour. La population se compose presque exclusivement d'Hindous. Ils sont, en général, fort ignorants, et les castes élevées s'occupent seules de faire donner quelque éducation à leurs enfants. Les revenus du souverain s'élèvent à 42 laks de roupies environ, (11,000,000 fr.).

NAHASSON, fils d'Aminadab, que l'Evangile place dans la généalogie de J.-C., était chef de la tribu de Juda, lors de la sortie d'Egypte, quand Moïse fit le dénombrement des Israélites et désigna l'ordre que chaque tribu d'Israël devait observer dans les campements et les marches. C'est en cette qualité que le livre des Nombres le nomme le premier parmi les princes qui vinrent apporter leurs offrandes au tabernacle. Ce fut encore lui qui conduisit le camp et la tribu de Juda, quand les Israélites quittèrent le désert de Sinaï pour se rendre dans la terre promise. **J. B. P.**

NAHUM, le septième des douze petits prophètes, était né à Elcésaï, village de la Galilée, déjà en ruines du temps de saint Jérôme, et dont on ne connaît même plus aujourd'hui la position. Nous ne savons aucune particularité de la vie de ce prophète, et nous ignorons même à quelle époque il a vécu. L'opinion la plus probable est qu'il florissait vers le milieu du règne d'Ezéchias, roi de Juda, qui occupa le trône depuis l'an 726 jusqu'à l'an 697 avant J.-C. La prophétie de Nahum contre Ninive est fort courte et empreinte du sublime le plus terrible.

NAIADES (*mytholog.*), du grec, ναειν, *couler* : nymphes qui présidaient aux fontaines et aux rivières. On les divisait en *potamides*, ou nymphes des fleuves; *lymnades*, nymphes des étangs et des marais; *crenées* ou *pégées*, nymphes des fontaines. On les représentait couronnées de roseaux, avec une coquille et quelquefois des perles à la main et versant de l'eau d'un vase, ou appuyées sur une urne. On en trouve aussi se tenant par la main, comme les Grâces. Hercule et Pan, ou les Dioscures se trouvent souvent à côté d'elles. On mettait à leurs pieds, lorsqu'elles présidaient à des sources thermales, un serpent, symbole de la santé.

NAIADÉES, *naïadeæ* (*bot.*). La famille que Jussieu avait établie sous ce nom, dans son *Genera plantarum*, était certainement la plus hétérogène et la moins naturelle de toutes celles caractérisées pour la première fois dans ce remarquable ouvrage. Elle comprenait, en effet, outre les naïadées proprement dites, un mélange de plantes aquatiques, réparties aujourd'hui dans les familles des characées, des lemnacées, des haloragées, des cératophyllées, des saururées et des callitrichinées, familles qui, comme on le sait, occupent des places extrêmement distantes les unes des autres dans la méthode naturelle telle que l'ont faite les travaux des botanistes de notre époque. Ventenat réforma ce groupe de Jussieu en le scindant, et conserva en une seule famille, qu'il nomma *fluviales*, les plantes que la plupart des auteurs y laissent encore aujourd'hui. C'est ce groupe, modifié par Ventenat, auquel beaucoup de botanistes conservent le nom de famille des naïadées, à l'exemple de M. A. Richard. Cette famille ainsi définie est formée d'herbes aquatiques, entièrement submergées ou venant seulement épanouir leurs fleurs à la surface de l'eau; la plupart se trouvent dans les eaux douces; d'autres, et ce sont les seules plantes phanérogames qui soient dans ce cas, vivent dans l'eau salée. Leur tige noueuse est généralement rampante, leurs feuilles, presque toujours alternes, sont planes, embrassantes ou engaînantes à la base, accompagnées de stipules intrapétiolaires, membraneuses et embrassantes. Leurs fleurs sont le plus souvent monoïques, quelquefois dioïques, et les femelles se trouvent situées sur la plante plus haut que les mâles, fait inverse de celui qu'on observe en général chez les plantes aériennes. Ces fleurs ont, en manière de périanthe, des enveloppes diverses de forme et d'aspect, tantôt en espèce de coiffes qui se déchirent, tantôt en cupule, tantôt enfin tellement semblables à des enveloppes florales ordinaires, qu'il n'est guère possible de leur en refuser le nom. Leurs étamines varient surtout pour le nombre des loges, qui est d'une, deux ou quatre, et, dans les zostérées, elles renferment un pollen extrêmement remarquable, en forme de fils simples, quelquefois même hifurqués. Leurs pistils sont solitaires ou groupés par deux ou quatre, à ovaire uniloculaire, uniovulé, surmonté d'un style simple, que termine un stigmate large et pellé. Le fruit est généralement sec et renferme une graine sans albumen, dont l'embryon se distingue par une grosse tigelle (embryon macropode, L.-C. Rich.) et par un cotylédon grêle.

Les plantes qui composent les naïadées sont disséminées dans les eaux de toute la terre. Elles ont été subdivisées en six tribus, dont quelques unes ont même été regardées, par certains botanistes, comme des familles distinctes et séparées. Voici les noms de ces tribus : 1° NAÏADÉES proprement dites (*naïas* et *caulinia*); 2° ZOSTÉRÉES (*zostera* et *cymodocea*); 3° POSIDONIÉES (*thalassia, posidonia*); 4° RUPPIÉES (*ruppia*); 5° ZANNICHELLIÉES (*zannichellia, althenia*); 6° POTAMÉES (*potamogeton*).   P. DUCHARTRE.

NAIGEON (JACQUES-ANDRÉ), que Chénier appelait l'*athée inquisiteur*, et que l'on a surnommé, à juste titre, le *singe* de d'Holbach et de Diderot, fut un de ces hommes sans talent réel, mais surtout sans conscience, qui se mirent à la suite des novateurs pour leur servir de trompette, exagérer leurs principes, et se faire une petite réputation à l'abri de leurs noms. Les ouvrages de Naigeon sont oubliés, mais on saura toujours qu'il fut l'ami de Diderot, et l'éditeur de la plupart des écrits clandestins du baron d'Holbach, imprimés en Hollande par ses soins. C'est chez ce dernier que Naigeon connut Lagrange, le traducteur de Lucrèce et de Sénèque. On prétend qu'il travailla à la première de ces traductions; quant à la seconde que Lagrange avait laissée imparfaite, Naigeon la corrigea, l'annota et la publia avec cette fameuse *Vie de Sénèque* par Diderot, que La Harpe a si prolixement réfutée. Il traduisit aussi le *Manuel d'Epictète* pour la collection des *moralistes*, publiée par Didot, et composa les éloges de La Fontaine et de Racine, pour la collection des *classiques* du même imprimeur. Chargé de l'*Histoire de la philosophie ancienne et moderne* dans l'*Encyclopédie méthodique*, il se trouva heureux d'en pouvoir faire, disait-il, un arsenal d'athéisme. Dans ses préfaces, il maltraite fort ses devanciers, ce qui ne l'a pas empêché de se contenter presque partout des travaux de Diderot dans la première *Encyclopédie*, entremêlés par lui à des ouvrages déjà publiés par divers auteurs. Naigeon donna une édition de Montaigne sur un manuscrit que l'auteur avait condamné à l'oubli. Il laissa, en mourant, des *mémoires* inédits sur Diderot, qui n'ont été imprimés qu'en 1823, et n'ont pas répondu à l'attente du public. Né à Paris en 1738, Naigeon mourut dans la même ville en 1810.   F. FLEURY.

NAILLAC (PHILIBERT DE), 33° grand maître de l'ordre de Saint-Jean de Jérusalem, dont le siège était alors à Rhodes, succéda, en 1396, à Ferdinand d'Hérédia. Sigismond, roi de Hongrie, ayant été attaqué par Bajazet, Naillac vint à son secours, et subit avec lui la grande défaite de Nicopolis. Tamerlan s'étant, vers la même époque, emparé des côtes de la Carie, Naillac y descendit secrètement à la tête d'une flottille, chassa la garnison ennemie, et construisit sur les bords de la mer le château de Saint-Pierre. Sa sagesse dans les conseils n'était pas moins en honneur que sa valeur militaire. Il fut choisi en 1403 comme arbitre entre Gênes et l'île de Chypre, et pacifia les deux pays. Il conclut avec le sultan d'Egypte un traité favorable aux pieux visiteurs des saints lieux. Il assista en 1409 au concile assemblé dans la ville de Pise pour mettre un terme au schisme de la double élection de Benoît XIII et de Grégoire XII, et à celui de Constance où Jean XXIII fut déposé. A Rhodes il convoqua un chapitre général, rédigea les statuts de son ordre et les envoya au pape qui les confirma.   P. V.

NAIN. On réserve ce mot pour désigner les individus qui demeurent dans leur croissance fort au dessous de la taille moyenne de leur espèce. Parmi les animaux soumis à l'empire de l'homme, notre influence s'est exercée, les circonstances aidant, d'une manière assez puissante pour qu'il y ait des races de nains; certains chevaux, des chiens surtout présentent ce fait à un degré fort extraordinaire : chez eux l'extrême petitesse se propage par la génération.

Il n'existe nulle part des races d'hommes nains non plus que des races de géants. Entre un Lapon et l'habitant de la Patagonie, la différence est grande sans doute, mais l'un et l'autre se rattachent de très près à la moyenne générale de la taille; le Lapon ne demeure pas très au dessous de 5 pieds ou 1 mètre 60 centimètres, et le Patagon atteint rarement la mesure exacte de 2 mètres ou 6 pieds, ce qui donne une différence de 40 centimètres seulement. L'existence misérable des Pécherais de l'Amérique australe, des Esquimaux, des Samoïèdes et des Lapons des régions boréales, celle du Boshemen et l'extrême pauvreté de l'habitant de la Nouvelle-Hollande ont amoindri sans doute la taille de ces peuples, et ont contribué du moins à leur donner quelque chose de très chétif, mais elles n'en ont pas fait des nains, et les nains eux-mêmes quand ils en ont engendré d'autres, ce qui est très rare, n'ont pas fait race. Reste donc pour notre espèce le seul fait d'individus isolés, dont la croissance s'arrête fort au dessous de la moyenne. Le célèbre nain du roi Stanislas, Nicolas Ferry, plus connu sous le nom de Bébé, n'avait que 2 pieds 10 pouces de hauteur totale (son squelette, qui fait partie de la collection du Museum, porte quelques lignes de moins). Joseph Borwilaski, gentilhomme polonais, contemporain du précédent, n'avait à 22 ans que 28 pouces ; Tom Pouce n'atteignait à 11 ans, quand il est venu à Paris, que 71 centimètres ; l'amiral Trompe n'a que quelques millimètres de plus (0m,728). Les nains dont nous rappelons ici le souvenir appartiennent à la seule catégorie de ces êtres qui méritent en ce moment notre attention, car il ne peut être question de ces individus malades, plus ou moins difformes, qu'un vice de constitution, le rachitisme ou le crétinisme, retiennent dans un état de rabougrissement. Dans les exemples cités et dans un grand nombre d'autres, toutes les formes de l'homme bien constitué se trouvaient plus ou moins conservées. Les dimensions seules étaient extraordinaires; c'étaient celles de la première enfance, avec les contours d'un âge plus avancé. A cinq ans, Bébé était formé comme un jeune homme. La plupart de ces nains étaient, quoique nés à terme, d'une extrême petitesse à leur naissance; quelques uns seulement offraient à ce moment le volume ordinaire des nouveaux nés. Bébé, Borwilaski, se trouvaient dans le premier cas. Ce dernier, ainsi que sa sœur et un de ses frères, offrirent même quelque difformité au moment où ils virent le jour, ce qui n'empêcha pas que tous trois ne devinssent ensuite bien proportionnés et d'une figure agréable.

En général, les nains ont un naturel vif, pétulent, impressionnable ; ils s'irritent facilement; ils exagèrent, sous ce rapport, un trait de caractère qui semble être beaucoup plus commun chez les hommes de petite taille que chez ceux de haute stature. Assez souvent leurs facultés semblent partager le défaut de développement de leur corps. On prétend que l'intelligence de Bébé ne s'éleva jamais beaucoup au dessus de celle d'un chien. Objet de beaucoup de soins de la part de plusieurs dames, il ne parvint pas à apprendre à lire; après quinze jours de séparation, il revit sa mère sans paraître la distinguer des autres personnes qui l'entouraient. Et cependant il connaissait des sentiments passionnés; la jalousie, la colère, l'animaient souvent d'une manière extraordinaire. Borwilaski avait, au contraire, tout le développement intellectuel qui

manquait à son contemporain; il apprit rapidement à lire et à écrire, il parlait plusieurs langues, il était ingénieux, raisonnait bien, avait d'heureuses réparties, se montrait, en un mot, homme plus qu'ordinaire. Il se maria, et parvint à un âge avancé, tandis que Bébé, arrivé à la crise de la puberté, commença à présenter les signes d'une vieillesse précoce, et mourut décrépit et un peu difforme, à 22 ans et demi. On avait cependant eu la singulière fantaisie de marier cet homme manqué sous tous les rapports à une naine de son pays, Thérèse Souvray, plus jeune que lui de quelques années. Les fiançailles eurent lieu en 1761, mais le mariage ne put être célébré. Thérèse Souvray survécut longtemps à Bébé, car il n'y a pas 30 ans qu'elle se faisait encore voir en public, âgée alors de 73 ans. Elle était vive, gaie et dansait avec une de ses sœurs un peu plus grande qu'elle. Un dernier trait de la caractéristique générale des nains, c'est qu'il est extrêmement rare qu'ils puissent engendrer. Les facultés de reproduction participent chez presque tous à la faiblesse du développement physique. A peine cite-t-on quelques exemples de nains qui aient eu des enfants, et l'on a élevé des soupçons sur la légitimité de ceux que Borwilaski eut de sa femme. Cependant d'autres exemples, moins suspects peut-être, rendent ce fait exceptionnel très vraisemblable et nous montrent des hommes d'une taille de pygmée ayant donné le jour à des fils qui ont pris le développement ordinaire. A défaut de fécondité, les nains n'ont que trop souvent les passions extrêmes de la volupté. Ils s'épuisent et hâtent leur vieillesse en s'y livrant.

Les circonstances dans lesquelles se produit ordinairement le nanisme n'ont rien qui explique cette anomalie. En général, les nains viennent au monde à terme; ils naissent de parents de toute taille; on n'en compte pas plus chez les peuples renommés pour leur petite stature que chez les autres, pas plus dans un sexe que dans l'autre. Tout porte ici le cachet d'une prédisposition individuelle, et celle-ci se montre le plus souvent dès l'âge fœtal, quelquefois seulement à partir de la naissance. Jean Coan, que l'on montrait en Angleterre, vers le milieu du siècle dernier, n'avait rien offert d'extraordinaire jusqu'à la fin de sa première année; à ce moment, sa croissance se ralentit prodigieusement. La plupart des nains naissent à neuf mois avec la taille des fœtus de six, sept ou huit mois, c'est-à-dire avec une longueur au dessous de 13 pouces, terme inférieur de la taille ordinaire des nouveaux nés; Bébé n'avait à terme que 7 ou 8 pouces. Ainsi, tantôt le nanisme remonte à la vie intra-utérine, et reconnaît des causes qu'il faudrait chercher dans le développement embryonaire lui-même, et d'autres fois il est postérieur à la naissance. Dans ce dernier cas, il est rare que l'arrêt de développement ait des résultats aussi extraordinaires que dans le premier. Mais, dans celui-ci, dans le cas d'une petitesse de première origine, il arrive parfois que le nain, parvenu à l'époque de la puberté, prend tout à coup une croissance inattendue et atteint même une taille plus ou moins voisine de la moyenne. M. Virey cite un nain qui, à quinze ans, grandit rapidement et arriva à la taille de 5 pieds. Quelquefois même cet accroissement arrive plus tard, mais, dans ce cas, il est moins complet. Ainsi Jeffery Hudson passa, à l'âge de trente ans, de sa stature pygméenne de 18 pouces anglais à celle de 3 pieds 9 pouces. On raconte que Borwilaski, arrivé déjà à un âge avancé, grandit en peu de temps d'une manière surprenante.

Quant aux causes prochaines du genre d'anomalie qui vient de nous occuper, nous ne trouvons guère chez les anciens que des hypothèses gratuites ou ridicules, et chez les observateurs modernes que des explications générales qui ne font que reculer la question. Dire qu'il y a prédisposition, maladie, arrêt de nutrition, c'est dire tout simplement que le sujet n'est pas dans de bonnes conditions de développement, c'est poser le problème et non le résoudre; car enfin en quoi consistent les bonnes conditions de la nutrition, pour ce qui concerne la constitution de l'embryon lui-même et pour sa mère? Toutes les mères chétives et appauvries ne font pas des nains. Mieux vaut donc avouer que les circonstances du fait nous sont encore inconnues. Il y a là quelque chose qui touche de près au rachitisme. Mais encore qu'est-ce que ce rachitisme pris dans ses causes prochaines? Une nouvelle série de travaux sur les tissus malades est nécessaire pour répondre à cette dernière question comme à la première. H H.

NAIN (*hist. et myth.*). Les Romains, qui s'arrêtaient volontiers à la contemplation des monstruosités de la nature, aimaient voir des nains dans leurs maisons, comme nous aimons les perroquets et les singes. La nature ne suffisant pas dans toute l'étendue de l'empire pour fournir à ce caprice, l'art s'empressa de venir à son aide. On renfermait dans des coffres des enfants qu'on emmaillotait étroitement, et qu'on nourrissait à peine, pour arrêter en eux les progrès de la nature. (Longin, sect. 39). Julia, petite-fille d'Auguste, avait, pour lui servir de divertissement, une de ces malheureuses créatures, dont la taille n'excédait

pas vingt-quatre pouces. La plupart de ces nains venaient de la Syrie et d'Egypte. Les dames romaines en raffolaient; elles les laissaient ordinairement tout nus, et les paraient de leurs ornements les plus précieux. On vit un empereur romain, Domitius, par un raffinement de plaisir qu'on croirait à peine possible, transformer en gladiateurs des nains d'une difformité effrayante, qu'il faisait combattre contre des femmes d'une éblouissante beauté. Il suffirait d'un trait pareil pour montrer combien dès lors l'empire romain était près de sa chute. — Les Turcs, sans pousser aussi loin ces goûts dépravés, font encore aujourd'hui leurs délices des nains. Les plus recherchés sont ceux que la nature a faits tout à la fois sourds-muets et eunuques.

Les nains jouent un grand rôle dans notre ancienne poésie et dans les romans de chevalerie. Il n'en pouvait être autrement, puisqu'à cette époque reculée on avait non-seulement la tradition romaine, mais encore les récits mythologiques des peuples du Nord. Les Scandinaves les faisaient naître de vermisseaux formés du corps du géant Ymer. Ils représentaient leurs génies sous forme de nains (*voyez* ELFES) et Puki, Puke, dont le nom s'est peut-être conservé dans le Petit-Poucet immortalisé par Perrault, était célèbre chez les Suédois, les Irlandais et les Anglais. Les nains passaient pour fabriquer d'excellentes armures, ce qui vient sans doute d'une opinion populaire en Allemagne, qui leur donne pour séjour les excavations des mines. Ainsi que les griffons des anciens, ils sont regardés comme les gardiens de trésors immenses placés dans le sein de la terre. La croyance en ces génies, quoique bien affaiblie, existe encore en Belgique, en Flandre et en Hollande, où l'on raconte que, sur leurs apparitions, les histoires les plus merveilleuses, et où ils reçoivent les noms de Halvermannekens (*demi-hommes*) *de Jean qui n'est pas né, de Georges aux échasses,* etc. A Liége et à Namur, ils sont appelés *Sotai* et *Nutons.* — Au moyen âge, ils étaient extrêmement recherchés, et il n'était si mince hobereau qui n'en voulût avoir pour lui servir de pages; les chevaliers en faisaient leurs messagers d'amour. Ils furent longtemps en singulière affection auprès des rois de France, dont ils partageaient les bonnes grâces avec les fous. Le grand roi, qui avait créé les merveilles de Versailles, ne pouvait partager la passion de ses prédécesseurs pour ces avortons de la nature; aussi voyons-nous supprimer la charge de nain du roi. — L'Italie, digne héritière de Rome, aimait les nains avec frénésie. Blaise de Vigénère rapporte qu'en 1556, il assista à un banquet donné par un cardinal, où les convives furent servis par trente-quatre nains aussi petits que difformes. — Plusieurs nains sont arrivés à la célébrité. Tel fut *Corneille de Lithuanie*, le nain de Charles-Quint, qui, en 1545, obtint le second prix au tournoi de Bruxelles, pour s'être mis le premier sur les rangs, et avoir surpassé en galanterie tous les chevaliers appelés à cette solennité. C'est celui dont on remarque, au Louvre, le portrait en pied, peint par François Torbido. Tel fut encore *sir Geoffrey* ou *Jefferey Hudson* qui, en 1627, à l'âge de huit ans, fut présenté dans un pâté à la femme de Charles Ier, par la duchesse de Buckingham. A trente ans, il n'avait que dix-sept pouces de haut. Un Allemand, appelé Crofts, s'étant permis des plaisanteries sur son compte, Jeffery le provoqua en duel. Crofts arriva sur le champ de bataille armé d'une seringue; mais Jeffery voulait un combat sérieux qui eut lieu à cheval et au pistolet, et Crofts fut tué du premier coup de feu. Jeffery mourut en 1682, dans les prisons de Westminster, où il avait été jeté à la suite de ses menées politiques. — La Lorraine, en 1741, produisit un autre nain non moins connu, Nicolas Ferry, surnommé *Bébé*, qui fut présenté au baptême dans une assiette garnie d'étoupes, et eut un sabot rembourré pour berceau. Il pesait, à l'âge de cinq ans, neuf livres sept onces. AL. B.

NAIN (DE TILLEMONT LOUIS-SÉBASTIEN LE), naquit à Paris en 1637, étudia à Port-Royal, et compta parmi ses maîtres le célèbre Nicole. Il se fit ordonner prêtre, en 1676, par les conseils de de Sacy; il prit parti pour les jansénistes, et après la dispersion des savants solitaires de Port-Royal, se retira à Tillemont, entre Montreuil et Vincennes. Il fut, pour différentes publications, le collaborateur d'Arnauld, d'Hermant et de plusieurs autres jansénistes célèbres. Il composa en outre : l'*Histoire des Empereurs et des autres princes qui ont régné pendant les 6 premiers siècles de l'Eglise*, 6 vol. in-4°, 1692-1738 ; 2° *des Mémoires pour servir à l'histoire des six premiers siècles*, qui ne vont que jusqu'à l'an 513, 16 vol. in-4°, 1693-1712 ; ils laissent à désirer sous le rapport du style, mais ils sont pleins d'érudition et d'exactitude. Le Nain mourut à Paris en 1698. Il avait laissé, en manuscrit, une *Histoire des rois de Sicile* de la maison d'Anjou, et quelques autres ouvrages. Sa vie a été écrite par l'abbé Tronchai, chanoine de Laval, 1 vol. in-12, 1711. Nous devons mentionner aussi NAIN (DOM PIERRE LE), frère du précédent, né à Paris, en 1640. Il entra d'abord à Saint-Victor, à Paris, et ensuite à la Trappe, où il offrit un modèle de toutes les vertus monastiques. Il mourut, en 1713, dans ce dernier monastère. On a de lui plusieurs ouvrages, parmi lesquels nous cite-

rons : 1° *Essai de l'histoire de l'ordre de Citeaux*, 9 vol. in-12, livre plein d'onction, mais qui manque de style et surtout de critique; 2° *Traduction française des œuvres de saint Dorothée, père de l'Eglise grecque*, 1 vol. in-8° ; — 3° *Vie de M. de Rancé*, 2 vol. in-12; cette vie revue et corrigée par Bossuet, a été imprimée, mais non pas telle qu'elle était sortie des mains de l'évêque de Meaux. J. FLEURY.

NAIRN (*géog.*) : Ville d'Ecosse, chef-lieu du comté du même nom, à 267 kil. N. d'Edimbourg, à l'embouchure de la Nairn, dans le golfe de Moray. Elle a un petit port de pêche. La saison des bains attire dans son sein un grand nombre d'étrangers. Sa population s'élève à 2,600 habitants environ. — Le comté de *Nairn*, sur le golfe de Moray, est borné à l'est et au sud par le comté de Murray et à l'ouest par celui d'Inverness. Son étendue est de 35 kil. sur 13, et sa population de 10,000 habitants. Il compte sept paroisses et nomme un député de compte à demi avec le comté d'Elgin.

NAÏS (*annélides*). Genre d'animaux articulés, créé par Müller, placé par G. Cuvier dans la classe des annélides, que de Lamarck fait entrer dans sa division des vers, et que de Blainville range dans sa classe des Chétopodes. Les *naïs*, que l'on a aussi désignés sous les noms de *naïdes* et de *nayades*, ont pour caractères : corps plus ou moins allongé, filiforme, aplati, articulé ; chaque articulation pourvue d'une paire d'appendices sétacés, simples ou fasciculés ; bouche et anus terminaux, la première sans tentacules, mais quelquefois avec des points oculaires. — Ces animaux ont beaucoup de rapport avec certaines espèces de néréides et surtout de lombrics, et c'est principalement par leur anatomie que cette ressemblance est la plus manifeste. Ils vivent presque constamment dans les eaux douces, courantes ou stagnantes, dans la vase et la terre molle qui bordent les marais, rarement à découvert. Leur nourriture consiste en petits infusoires qu'ils avalent probablement tout entiers. Ils se reproduisent par oviparité, mais ils peuvent également être multipliés artificiellement en coupant transversalement leur corps en plusieurs tronçons qui, au bout d'un certain temps, deviennent chacun un individu semblable à celui dont il provient. Leurs œufs sont ronds, blancs et contenus dans une capsule ovale qui présente à chaque bout une petite éminence; la capsule est transparente et laisse voir dans son intérieur ces œufs qui, au moment de la ponte, semblent composés d'une seule substance granuleuse et à grains égaux. Lors de l'éclosion, les petits brisent leur œuf avant que la capsule s'ouvre. Ils sont mous, sans yeux, avec un tubercule ventral. — Plusieurs groupes génériques ont été formés aux dépens du genre *naïs* ; mais, comme on ne connaît qu'un assez petit nombre d'espèces de ces animaux, ces divisions ne nous semblent pas d'une bien grande utilité scientifique. Les groupes les plus généralement admis sont ceux des *œolosoma, chœtogaster, blanonaïs, opsonaïs, pristina, stylina, dexo, ophidonaïs*. — L'espèce type des *naïs*, qui entre dans la subdivision des *blanonaïs*, est le *naïs filiformis* de Blainville. Il a le corps très allongé, filiforme, d'une longueur de 8 à 10 centimètres ; il présente une trompe en avant, et offre à chaque articulation une paire de soies longues et grêles. Il se trouve dans les ruisseaux de Normandie et a été pris également en Belgique. E. DESMAREST.

NAJA (*reptiles*). Genre de reptiles de l'ordre des ophidiens, créé par Laurenti en 1768, adopté par G. Cuvier et ayant pour caractères, d'après M. C. Duméril : des crochets à venin implantés dans les os maxillaires supérieurs, et cachés, au moment du repos, dans un repli de la gencive ; mâchoires très dilatables ; langue fort extensible ; tête élargie en arrière, couverte de grandes plaques ; partie du corps la plus voisine de la tête dilatée en disque par le redressement des côtes qui la soutiennent ; queue munie, en dessous, d'une double rangée de plaques et à extrémité arrondie. — Il n'est pas d'ophidiens dont la morsure soit plus terrible que celle des najas ; il n'en est pas non plus contre laquelle les ressources de l'art doivent être employées avec plus de promptitude et de soin ; aussi la médecine a-t-elle de tout temps préconisé un grand nombre de remèdes pour en neutraliser l'effet ; mais dans le plus grand nombre des cas, ils demeurent impuissants. — Deux espèces seulement composent aujourd'hui ce genre ; la première est le *naja proprement dit*, ou *vipère à lunette* (*coluber naja* Linné), dont la couleur générale est jaunâtre avec des reflets bleus, et présente au-dessus du cou un trait noir qui offre avec plus ou moins d'exactitude l'aspect d'une lunette ; les parties inférieures sont blanches, relevées de taches rousses en nombre variable. Cette espèce a plus d'un mètre de longueur totale ; sa gueule est armée de dents petites, aiguës, habituellement recourbées, et de crochets venimeux dont la longueur est double de celle des dents. Le naja habite la côte de Coromandel. — La seconde est l'*aspic* ou *haje* (*coluber haje* Linné), dont la longueur est de 65 centimètres, et la coloration générale verdâtre, marquée de taches brunes. L'aspic se trouve assez communément en Egypte, et les jongleurs du Caire ont, au rapport de E. Geof-

froy Saint-Hilaire, le secret, en pressant la nuque de ce naja, de le plonger dans une espèce de catalepsie qui le retient debout. E. D.

NAJERA (*géog.*) : ville d'Espagne, dans l'intendance de Burgos, sur la Nagérilla, petit affluent de l'Ebre, et à 24 kil. E. de Logrono. Najera fut jadis la résidence des rois de Navarre. Henri de Transtamare y fut défait en 1367 par Pierre-le-Cruel, ou plutôt par le Prince Noir que celui-ci avait appelé à son secours. Dugues-clin y fut fait prisonnier.

NAKHCHIVAN (Naxuana) : ville de la Russie d'Asie, en Arménie, située à 30 lieues au S.-S.-O. d'Erivan et à la même distance au N.-O de Tauris, sur une rivière appelée aussi Nakhchivan : latitude Nord 38° 59′ 20″, longitude Est 43° 21′ 10″. — Cette ville appartenait autrefois à la Perse. Elle était très florissante lorsque Abbas I⁻ᵉʳ obligea les habitants à s'aller établir dans une autre partie de son empire. Aujourd'hui Nakhchivan n'est plus guère qu'un monceau de ruines du milieu desquelles s'élèvent un millier de maisons, quelques boutiques et un misérable bazar.

NAKHITCHEVAN : ville de la Russie d'Europe, sur le Don, située à environ 9 lieues de l'embouchure de ce fleuve dans la mer d'Azoff. Les habitants, au nombre de plus de 10,000, sont en majeure partie Arméniens. Cette ville est très commerçante.

NAMAQUOIS, NIMIQUAS ou **NAMAQUAS** : peuple d'Afrique de la famille Hottentote. Le fleuve Orange le divise en deux groupes désignés sous les noms de *grands* et *petits namaquois*. Les premiers, qui vécurent quelque temps sous l'autorité patriarcale du missionnaire Anderson, ont remonté l'Orange en marchant au N.-E. Les seconds demeurent au S. de ce fleuve. — Les Namaquois sont peu avancés en civilisation. Des peaux de marmotes et de chacals leur servent de vêtements ; la gomme des mimosas forme leur nourriture principale.

NAMUR, en flamand *Namen* : ville de Belgique, située entre deux montagnes, au confluent de la Meuse et de la Sambre, à 52 kil. N.-O. de Bruxelles, et chef-lieu d'une province qui porte son nom. — La *ville de Namur* fut construite sur l'emplacement de la forteresse appelée par César *Oppidum Attuaticorum*. L'anonyme de Ravennes est le premier historien qui en ait parlé, il lui donne le nom de *Namon*, qui diffère peu de *Namen*. C'est donc au VIIᵉ siècle qu'il faut reporter la date authentique de la naissance de cette ville. La chronique de Sighbert l'appelle *Namucum*, ce qui, en langue celtique, signifie *coupé dans le roc*, dénomination justifiée par sa situation,

Elle ne reçut son nom actuel qu'au xiiᵉ siècle. Au xᵉ le territoire dont elle était le chef-lieu avait été érigé en état indépendant. La souveraineté de ses comtes eut pour fondateur Ghérard, puissant seigneur de Lotharingie, qui mourut vers l'an 899 et auquel succéda Bérenger. Ce dernier passe pour avoir été le premier comte héréditaire de Namur. Les comtes Albert Iᵉʳ et Albert II contribuèrent beaucoup à son agrandissement; Guillaume II, en 1415, lui donna le développement qu'elle a aujourd'hui. Namur fut prise par Louis XIV, en 1692, après un long siége, et reconquise, en 1695, par le roi d'Angleterre, Guillaume, après trois assauts dans une seule journée. Elle fut bombardée en 1704, par les Hollandais, passa, en 1713, sous la domination de la maison d'Autriche, fut mise, en 1715, sous la tutèle des Hollandais, et, après être retombée, en 1746, au pouvoir des Français, elle retourna à la maison d'Autriche, en 1748, conformément à une clause du traité d'Aix-la-Chapelle. Quarante-quatre ans après, les Français la reprirent et la conservèrent jusqu'en 1793. Dans cette année les Autrichiens la leur enlevèrent de nouveau, mais pour la laisser retomber encore dans nos mains en 1794; elle devint alors le chef-lieu du département de Sambre-et-Meuse qui subsista jusqu'en 1814. Les Prussiens et les Français, en juin 1815, s'y livrèrent un combat des plus acharnés. — Namur a souvent été décimée par la peste, notamment en 1455, en 1522 et en 1554; elle possédait autrefois une population considérable, car elle perdit, en 1455, 2,500 habitants. Elle a aussi été la proie de terribles inondations; on cite surtout celles des années 1147, 1175 et 1410.— Cette ville est très industrielle : la tannerie y a été portée à un haut degré de perfection; autrefois ses cuirs tannés étaient recherchés par la France et les autres pays. Sa coutellerie était également renommée; mais elle a beaucoup diminué d'importance. Ses maisons sont construites en pierres bleues coupées de veines tantôt rouges, tantôt noires; ses rues sont d'une belle largeur et d'une grande propreté. Les édifices qu'on y remarque sont la cathédrale, les églises de Saint-Loup et de Notre-Dame, et l'hôtel-de-ville, élevé récemment sur le plan de l'architecte Blanpain. Elle possède un institut de sourds-muets, un théâtre, une bibliothèque et des cabinets de minéralogie et de physique. Elle est la patrie du peintre J.-B. Juppin, qui y mourut en 1719. L'arrondissement dont Namur est le chef-lieu se divise en six cantons : Andenne, Dhuy, Fosse, Gembloux et Namur.

La *province de Namur* est une des divisions de la Belgique. Elle se trouve bornée au N. par

le Brabant méridional, au N.-E. par la province de Liège, au S.-E. par celle de Luxembourg, au S. par le département français des Ardennes, et à l'O. par le Hainaut. Elle a 86 kil. de long sur 65 de large, et se divise en deux arrondissements, Dinant et Namur, qui sont subdivisés en treize cantons. Sa population s'élève environ à 200,000 habitants. Son territoire est arrosé par la Meuse, la Sambre, la Lesse et le Boucq; il est très accidenté et très fertile, surtout dans l'arrondissement de Namur. Son industrie est des plus actives et se compose de forges, de fonderies, de fabriques de coutellerie, de verreries, de faïenceries, de papeteries, de tanneries, d'amidonneries, de moulins à huile, de brasseries, etc. La grande richesse de son sol, où abondent des mines de fer, de plomb, de cuivre et de houille, ainsi que des carrières de marbres variés, et de pierres de diverses couleurs, fournit au commerce de cette contrée un aliment considérable.

Le *comté de Namur* était une des dix-sept provinces des Pays-Bas depuis l'année 1481, et appartenait presque entièrement à l'Autriche à la fin du siècle dernier. La paix de Lunéville (9 février 1801) le remit entre les mains de la France, qui le posséda jusqu'en 1814. Il fut alors incorporé au royaume des Pays-Bas, dont il s'est séparé, en 1830, avec les autres provinces belges. Le comté de Namur était borné de tous côtés par l'évêché de Liège et le duché de Brabant, à l'exception de son territoire qui était contigu au Hainaut. Outre Namur, son chef-lieu, il renfermait les villes de Charleroi, Bouvines, Fleurus, Moutiers, etc. Ce comté, après l'extinction de la maison de Namur, en 1429, devint une dépendance de la succession de Bourgogne. En 1679 (paix de Nimègue) Charlemont, Givet et plusieurs villages en furent détachés au profit de la France. LAURENT.

NANCY : grande et belle ville de France, chef-lieu du département de la Meurthe (Lorraine), sur la rive gauche de la rivière de ce nom, à 330 kil. E. de Paris. Elle compte 38,569 habitants. L'arrondissement qui en dépend comprend huit cantons : Haroué, Nomeny, Pont-à-Mousson, Saint-Nicolas-de-Port, Vezelize, et Nancy qui compte pour trois; il renferme 189 communes et 144,526 habitants.— La ville de Nancy est ancienne; pourtant les chroniques n'en font mention qu'à partir du xiᵉ siècle. Au xiiiᵉ elle était déjà la capitale de la Lorraine, quoiqu'elle ne fût encore composée que d'un palais ceint d'une forteresse. Son étendue et sa population allèrent toujours en augmentant. Nancy a souvent été le théâtre de la guerre. Charles-le-Téméraire s'en rendit maître en 1475; il trouva la mort en 1477 sous les murs de cette ville, dans un marais où se donna la bataille dite de Nancy. Louis XIII et Richelieu s'en emparèrent en 1633 ; en 1661 Louis XIV fit raser ses fortifications, à l'exception de la citadelle qui existe toujours. Elle fut complétement transformée durant le règne de Louis XV, par les soins de l'ex-roi de Pologne, Stanislas, qui résidait alternativement à Lunéville et à Nancy, où il mourut en 1766. — Les étrangers admirent dans Nancy l'hôtel-de-ville, la préfecture, des places spacieuses, entre autres la place Stanislas où une statue colossale a été élevée à ce prince ; une magnifique promenade appelée la Pépinière se trouve presque au cœur de la ville. Nancy se divise en *ville vieille* et *ville neuve*. Celle-ci est d'une régularité et d'une symétrie peu communes ; ses rues sont droites et larges, ses monuments remarquables, mais d'une beauté rappelant un peu trop l'époque de Louis XV. Quant à la vieille ville, elle renferme d'antiques et somptueux hôtels, mais ses rues sont étroites, irrégulières et sales. C'est là que l'on remarque des vestiges de l'ancien palais des ducs de Lorraine, occupé aujourd'hui par la gendarmerie ; un peu plus loin se trouve la chapelle ducale, dite *chapelle ronde*, où sont renfermés, dans de splendides tombeaux en marbre, les restes des princes Lorrains. Nancy a une cour d'appel, une école secondaire de médecine, des écoles forestière et de sourds-muets, une société nationale des sciences, lettres et arts, une bibliothèque qui renferme 25,000 volumes, un musée de tableaux, un jardin botanique, et un cabinet d'histoire naturelle. — Les broderies de Nancy sont fort renommées : c'est le principal commerce de cette ville. Elle est la patrie de Bassompierre, de Jacques Calot, du P. Maimbourg, de Saint-Lambert, de Palissot, de Dom Calmet et de Mathieu de Dombasle, le savant agronome.   LAURENT.

NANDINE, *Nandina* (bot.). — Genre de la famille des berbéridées, de l'hexandrie-monogynie dans le système de Linné. L'espèce qui lui sert de type est un arbrisseau, spontané dans la Chine, le Japon, et assez répandu, à l'état de culture, dans ces mêmes pays ainsi que dans l'Inde. Ses feuilles, alternes et décomposées-ternées, ont leur pétiole engaînant à la base et renflé aux points où il se ramifie et où il est articulé ; leurs folioles sont ovales-lancéolées, entières, glabres. Ses fleurs blanches forment des panicules terminales et dressées ; chacune d'elles est composée : d'un calice à sépales nombreux, imbriqués sur six rangs et tombants ; de six pétales oblongs, concaves, crénelés à la base, plus longs que le calice ; de six étamines opposées aux pétales, à filet court, à anthère dressée, biloculaire et aiguë ; d'un ovaire uniloculaire,

biovulé, avec un style court, persistant et un stigmate obtus. Le fruit est une baie à une ou deux graines. — L'arbuste dont nous venons d'indiquer les caractères est la NANDINE DOMESTIQUE, *Nandina domestica*, Thumb. On le cultive dans nos jardins comme espèce d'ornement, à cause de ses grandes panicules de fleurs blanches. On le plante en terre de bruyère, et généralement on le tient pendant l'hiver en serre tempérée. Sa multiplication s'opère par marcottes et par rejets, mais toujours avec assez de difficulté. P.D.

NANDOU (*Oiseaux*). Le NANDOU ou AUTRUCHE D'AMÉRIQUE (*Rhea Americana* Latham) est devenu, pour Brisson et les ornithologistes modernes, le type d'un genre distinct de celui des autruches dont il ne diffère que parce que les pattes de l'espèce qu'il renferme présentent toujours trois doigts en avant, tandis que chez les autruches il n'y en a que deux placés de la même manière. Le nandou est aussi plus petit que l'autruche, et ne dépasse guère la hauteur de un mètre et demi. Le dessus de son corps est d'un gris cendré bleuâtre, le sommet et le derrière de sa tête sont noirs : une bande de cette dernière couleur et commençant à la nuque, descend sur la partie postérieure du cou, qu'elle entoure en s'élargissant vers les épaules ; les plumes des ailes sont cendrées : en dessous la coloration est blanchâtre ; le bec et les pattes sont gris-rougeâtre. — On rencontre cet oiseau dans les plaines découvertes : il est quelquefois en troupes assez nombreuses ; mais le plus souvent par paire. Quand il est tranquille sa démarche est grave ; il s'avance alors le cou élevé et le dos arrondi ; mais quand il fuit il étend les ailes, ce qui lui procure une progression plus rapide aidée par un vol imparfait ; il fait en outre des crochets pour éviter son ennemi, et lance de fortes ruades quand on l'approche de trop près. Il peut nager quoiqu'il ne semble pas rechercher l'eau, et qu'il ne boive presque jamais. Sa nourriture se compose de graines et d'herbes. Les nids des nandous consistent en un creux large, mais peu profond, pratiqué en terre, et dans lequel ils apportent souvent un peu de paille. La ponte commence à la fin d'avril ; les femelles déposent, dit-on, chaque œuf à trois jours d'intervalle, et le nombre peut en être porté de 16 à 17. Les nandous, qui se rencontrent à l'état sauvage dans les vallées les plus froides du Brésil, du Chili, du Pérou et de Magellan, peuvent être amenés facilement à l'état domestique : mais leur esprit de domination dans les basses-cours, et surtout le peu de saveur de leur chair, principalement chez les adultes, ne les font pas rechercher. Les jeunes que l'on nourrit dans les maisons ne tardent pas à devenir familiers : ils entrent dans les divers appartements, et marquent beaucoup de curiosité; ils se promènent aussi dans les rues, et quoique parfois ils s'éloignent beaucoup dans la campagne, ils savent retourner au logis. Les Américains dépouillent le cou et une partie de la poitrine de ces animaux, et après avoir assoupli et cousu cette peau, ils en font des bourses. Ils envoient en Europe les pennes des ailes dont les barbes sont préparées pour faire des panaches et des houssoirs. Les tuyaux sont teints en incarnat ou en bleu, puis coupés en petites bandelettes dont on fait des sortes de fouets. E. DESMAREST.

NANÉE (*myth.*). La même sans doute qu'Anaïtis, déesse qui avait un temple magnifique à Elymaïs, en Perse. Appien croit qu'elle ne différait point de Vénus. D'autres lui trouvent plus de rapport avec Cybèle, et d'autres enfin avec Diane. L'auteur du second livre des Machabées (chap. Ier), rapporte qu'Antiochus (le grand), étant en Perse avec une puissante armée, voulut piller le temple de Nanée. Il se présenta avec les seigneurs de sa cour pour habiter, disait-il, avec la déesse et se faire, en conséquence, donner une dot par ses prêtres. Ceux-ci feignirent d'accéder à son désir, le laissèrent entrer dans le temple avec sa suite, fermèrent les issues, le lapidèrent avec ceux qui l'accompagnaient, et jetèrent leurs têtes hors du temple. Antiochus-Epiphane voulut aussi piller le temple d'Elymaïs ; mais il fut honteusement chassé par les habitants (2 Machab., IX).

NANEK, fondateur de la religion des Seikhs ou *nanékisme*, naquit vers 1469 à Talwendy, dans le Lahore, suivit pendant quelque temps la carrière des emplois publics, et l'abandonna pour se livrer à la méditation et aux austérités. Il fit ensuite le pélerinage de la Mecke, et voulant faire cesser les querelles des Hindous et des Musulmans, il se mit à parcourir les différentes contrées de l'Inde, et à prêcher sa religion nouvelle, fusion du brahmanisme et du mahométisme, qu'il reliait ensemble par le théisme. Il mourut en 1539, à Kartipour-Dehra et laissa à ses nombreux disciples un code appelé l'*Adi-Granth*, qui conserva toute son autorité jusqu'au pontificat de Govind, le second *Gourou* (*maître, instituteur*) des Seikhs, et le fondateur de leur puissance temporelle.

NANFIO. *Namphio, Nanfi, Anfia, Anufia* des Turcs : petite île du groupe des Cyclades, dans l'Archipel, à 32 kil. E. de Santorin, 44 S.-O. de Hampalu, et qui dépend de l'éparque de Naxos. Elle a 5 lieues de circuit, 800 habitants, de belles sources, et beaucoup de montagnes. Elle est assez fertile en orge, en vins et en fruits pour suffire à sa consommation, et abonde en

ognons dont les habitants font un objet de commerce. Les perdrix rouges y sont en si grand nombre que l'on fait rechercher, à Pâques, jusqu'à 10 ou 12,000 œufs pour arrêter leur multiplication. Au S., sur une petite colline, on voit les ruines d'un temple d'Apollon. La long. E. de Nanfio est de 23°26'54", et sa lat. N. de 36°22'21".

NANGASAKI ou **NAGASAKI.** Une des cinq villes impériales de l'empire japonais. Elle est située par 127° 31' long. E., 32° 45' lat. N. à l'extrémité S.-O. de l'île de Ximo, nommée aussi Saïkof ou Kiu-siu. Elle possède sur la baie de Kiu-siu un port qui du N.-E au S.-O. a environ 2 lieues et demie de longueur sur trois quarts de lieue de large et où les navires sont à l'abri de tous les vents. La population est de plus de 30,000 habitants; on la trouve même évaluée à 60,000. On y compte 36 ponts sur plusieurs petites rivières, plus de 60 temples, des palais, etc. C'est la seule ville du Japon qui soit ouverte aux étrangers, ou pour parler plus exactement, aux Chinois et aux Hollandais; encore ces derniers sont-ils obligés de se tenir dans l'îlot artificiel de Desinia où ils sont rigoureusement surveillés, et où une forte palissade leur interdit toute relation avec la ville à laquelle l'îlot communique par un pont fermé. Le gouvernement ne se contente pas de ces précautions; à peine un navire hollandais est-il entré dans le port, qu'on lui prend son gouvernail, qu'on démonte ses canons et qu'on enlève toutes les armes. Le débarquement même de la cargaison ne s'opère que par des mains japonaises et en présence d'officiers chargés de la surveillance. Les Chinois, un peu moins suspects, sont relégués dans un quartier au S.-O. de la ville. Les articles importés par la Chine sont du sucre brut, des peaux de vaches et de buffles, des satins, du damas, du bois d'aigle et de sandal, du zinc, de l'étain, du plomb. Les Chinois en exportent du camphre, des lames de sabres, des perles, du papier, des poteries élégantes et originales, du cuivre dont la quantité, depuis 1710, est limitée à 900 tonneaux pour les Chinois et les Hollandais. Ces derniers s'y rendent exclusivement de Batavia; deux navires seulement sont admis; ils portent des objets manufacturés. L'exportation de l'argent est aujourd'hui prohibée; auparavant, les Hollandais en tiraient des quantités considérables. Dans la seule année 1626, ils en avaient chargé pour près de 18,000,000 de francs. Les deux navires qui exploitèrent, en 1825, le commerce de Nangasaki, y déchargèrent une cargaison de 373,853 florins, qu'ils remplacèrent par des marchandises japonaises d'une valeur de 868,482 florins. AL. B.

NANGIS : chef-lieu de canton du département de Seine-et-Marne, à 22 kil. O. de Provins, et à 24 kil. E. de Melun, dans une plaine fertile. Jadis élevée à l'état de marquisat, cette ville possède encore aujourd'hui, comme signe de son ancienne grandeur, un château en ruine, entouré d'un fort beau parc. Ce fut François Ier qui l'érigea en ville, en 1544. Elle est la patrie du mathématicien Carré. Il se livra, sous ses murs, le 17 février 1814, un combat assez sanglant entre les Français et les Autrichiens. Nangis contient une population de 2,185 âmes. Elle fait partie de l'arrondissement de Provins; dix-huit communes composent le canton dont elle est le chef-lieu. LAURENT.

NANGIS (GUILLAUME DE) : l'un des historiens des Croisades et le plus célèbre de ceux qui nous ont raconté les expéditions outre-mer de saint Louis. Nous ne savons rien sur lui, sinon qu'il était moine à l'abbaye de Saint-Denis en France, ainsi que nous l'apprend cette phrase de sa préface : « *Ego frater Guillemus de Nangis ecclesiæ sancti Dyonisii in Francia indignus* ». Il vivait sous Philippe-le-Bel à qui il présenta ses livres des *Gestes de saint Louis* et de *Philippe-le-Hardi*, et sur le règne duquel il écrivit une très curieuse chronique allant jusqu'à l'an 1301 (*Collect. Guizot*, tom. XIII). Dans son livre des Gestes de saint Louis, Guillaume de Nangis ne nous raconte réellement que les deux croisades du saint roi, en s'aidant des récits écrits avant le sien, « car il n'était pas savant, dit-il, mais seulement un pauvre mendiant de la science » (*pauper et mendicus in scientiâ litterarum*). Dans sa préface il prend l'engagement d'être clair et simple, mais il ne le tient pas toujours : ses récits sont trop souvent resserrés, confus, quelques-uns inintelligibles, selon M. Michaud. Il s'arrête à la mort de saint Louis devant Tunis, et finit par les récits des miracles arrivés sur le tombeau du saint roi. Les *Gestes de saint Louis* et ceux *de Philippe-le-Hardi*, ont été traduits dans les chroniques de saint Louis, et, selon sainte Palaye, Guillaume de Nangis aurait été son propre traducteur. La version, du resté, n'est pas toujours très conforme au texte latin. On y ajoute de nouvelles circonstances, de nouveaux faits, quelques parties ont pris plus d'étendue, et quelques autres plus de clarté. On trouve dans le spicilège de D'Achery une continuation à la chronique de Nangis, fort curieuse et souvent citée. ED. F.

NANI (JEAN-BAPTISTE-FÉLIX-GASPARD), né à Venise, en 1616. Son père, ambassadeur de Venise à Rome, le fit admettre au collège des Sénateurs. Il fut nommé, en 1641, ambassadeur en France. Rappelé à Venise, il devint sur-intendant de la guerre et des finances, fut envoyé, en 1654, comme ambassadeur en Autriche, repassa en France en 1660, et rentré dans sa patrie, accepta la charge de procureur de Saint-Marc. Il mourut en 1678, à l'âge de 62 ans. On a de lui une *Histoire de la République vénitienne*, depuis 1613 jusqu'en 1671, Venise, 2 vol. in-4°; histoire assez partiale et dont le style manque de lucidité. Il avait, de plus, projeté de rassembler en un recueil toutes les lois de la république. Ce dessein fut exécuté après sa mort, par Marino Angeli, 1678, in-4°. Son histoire de Venise a été traduite en français par Tallemant, Paris, 1679, 4 vol. in-12; et par Masclary, Amsterdam, 1702, 2 vol. in-12. P. VÉRY.

NANKIN : ville capitale de la province du Kiang-sou, et chef-lieu du district de Kiangning-fou, sur les bords du grand fleuve Bleu, ou Yang-tze-Kiang. Les auteurs européens qui ont écrit sur la Chine attribuent tous la fondation de Nankin à un roi de Tsou, nommé Wéi, contemporain de Confucius : il nous paraît démontré, cependant, qu'on doit l'attribuer à l'empereur Tsin-che-hoang-ti, le destructeur des livres, lequel a vécu deux siècles avant J.-C. Cette opinion est établie sur des faits irrécusables par le Tang-Yan-Ki, ouvrage spécial de géographie pour la province du Kiang-nan. — Dès les temps les plus reculés, le pays de Nankin a particulièrement fixé l'attention des Chinois, parce que, d'après leurs théories superstitieuses, il s'en exhale sans cesse un *air impérial*. Frappé de cette conviction, et craignant un compétiteur à l'empire, l'empereur Tsin-che-Hoang-ti chercha à comprimer l'air impérial dans sa source, en enterrant, sur plusieurs points du pays, de l'or, du jade et des pierres précieuses; c'est pourquoi la ville s'appelait anciennement Kin-ling, *colline d'or*, ce qui n'empêcha pas Nankin de passer successivement sous la domination de différents souverains, dont quelques-uns, à commencer par les rois d'Ou, y fixèrent leur cour, et lui donnèrent des noms différents, tels que Mo-ling, Kin-nié, Tan-Yang, etc. Le nom de *Nankin*, qui signifie *Cour du Midi*, par opposition à celui de *Pékin*, qui signifie *Cour du Nord*, n'a jamais été et n'est même pas aujourd'hui le nom propre de la ville. Sous la dynastie des Ming, lorsque l'Europe entendit, pour la première fois, parler de Nankin, la ville impériale s'appelait Ing-tien-fou. Les Tartares lui rendirent le nom de Kiang-ning-fou, qu'elle portait sous la dynastie des Tang, et qui de nos jours est son nom officiel. — Si la ville de Nankin a rapidement acquis une grande importance, et a joué un rôle marquant dans l'histoire de la Chine, elle le doit, comme les autres grandes villes du monde, aux avantages de sa position géographique : elle est située non loin de la mer, sur une de. ces deux grandes artères, qui portent dans les provinces les plus intérieures de l'empire, la fécondité, les approvisionnements, le commerce et la vie. Le climat y est également exempt, par l'effet de la latitude, et des rigueurs excessives de l'hiver, et des chaleurs brûlantes de l'été : en conséquence, le sol est d'une extrême fertilité, et se couvre des produits des deux zônes, fournissant ainsi, tout à la fois, le riz et le blé, le murier et la canne à sucre, le chanvre et le bananier, la pomme et l'ananas, le li-tchi et le raisin. — C'est sur la rive gauche du Yang-tze-Kiang, et à environ 30 lieues de son embouchure, qu'est située la ville de Nankin, proprement dite, dans une plaine de trois lieues, agréablement accidentée, et bornée presque circulairement à l'horizon par une chaîne de collines qui donnent au paysage l'aspect le plus pittoresque. La muraille extérieure devant servir de fortification à la ville, peut bien avoir 8 lieues de circuit, et forme presque un triangle rectangle qui a sa base adossée au banc méridional du fleuve dont elle n'est, sur quelques points, éloignée que de 5 à 600 pas. Elle a, dans toute son étendue, environ 12 mètres de hauteur sur 5 d'épaisseur, et est construite en pierres de chaux carbonatée, qui résistent assez bien à l'action du temps. On compte 13 portes dans toute sa circonférence. Deux autres murailles entrecoupées de fossés inondés ou de mares stagnantes, existent à l'intérieur de celle-ci ; mais elles ne font pas entièrement le tour de la ville, et ne forment, pour ainsi dire, que de longues redoutes destinées à défendre les points les plus attaquables. Il s'en faut de beaucoup que tout l'espace renfermé dans les murailles soit habité. Quand on entre par la porte Chouéi-si-men qui fait face au fleuve, on a encore une bonne heure de chemin pour arriver à la ville habitée. On ne voit par-ci par-là sur le passage que des hameaux ou des maisons de campagne, entourés de bosquets de bambous d'un aspect charmant. Aucune ruine, aucuns matériaux épars n'annoncent que Nankin ait jamais été plus vaste qu'aujourd'hui ; impossible, par conséquent, de l'assimiler à ces grandes villes de l'antiquité, telles que Rome, Alexandrie et autres, dont la vaste enceinte renferme partout des preuves d'habitation primitive. Telle qu'elle est, cette ville ne compte pas moins d'un million d'habitants, chez lesquels l'activité industrielle et commerciale a développé un bien-être général qu'on ne remarque pas dans la plupart des autres grandes cités de l'empire. Sans être d'un style différent, les maisons y paraissent généra-

lement plus commodes qu'à Canton ; les rues sont plus larges, et surtout beaucoup mieux entretenues sous le rapport de la propreté. Le milieu de la rue est pavé en larges dalles ; c'est le chemin des porteurs de chaises : les bas côtés sont cailloutés ; c'est le passage des piétons. Quatre rues principales traversent la ville dans toute sa longueur, et sont coupées à angle droit par une infinité de rues secondaires. Plusieurs canaux artificiels et une petite rivière, nommée Tsiu-wei-ho, mettent aussi la ville en communication directe avec le Yang-tse-Kiang, et offrent aux bateaux d'approvisionnement la facilité de venir décharger leurs cargaisons au milieu même de Nankin. Une large et belle route sert également de communication avec la rive du fleuve Bleu, où sont obligés de s'arrêter les navires d'un fort tirant d'eau.

Lorsque la cour des Ming habitait Nankin, elle y avait un palais impérial d'une grande magnificence. Les Tartares le démolirent en s'emparant du trône, ne voulant pas qu'il pût venir à un de leurs empereurs l'idée de quitter Pékin. Ils profanèrent aussi les sépultures impériales qui se trouvaient près de la Pagode Paoling-che sur un monticule entouré d'une belle forêt de pins à une petite distance de la ville. Les inscriptions furent brisées, les tombeaux ouverts, les cendres jetées au vent, et sans quelques restaurations faites dans ces derniers temps, c'est à peine si l'on pourrait reconnaître l'ancienne destination de ce lieu sacré. En dehors de la ville, du côté de l'est, s'élève la fameuse tour de porcelaine, qu'on regarde à juste titre comme une des merveilles de la Chine. Elle a été construite au commencement du XVᵉ siècle par l'empereur Tching-tsou-wen-ti de la dynastie des Ming, qui y dépensa en l'honneur du Dieu Fo la somme de 400 mille onces d'argent, ou plus de 3 millions de francs. Dans la religion Bouddhique, les tours de ce genre sont un complément de certaines pagodes, et renferment ordinairement quelque relique précieuse. La tour de Nankin, nous voulons parler de la plus grande, car il y en a plusieurs autres moins élevées qui ne méritent aucune mention spéciale, est le complément magnifique de la pagode Paongan-se. Elle est de forme octogone, et n'a pas moins de 70 mètres de hauteur. De loin elle paraît entièrement blanche : vue de près on remarque des variétés de couleur et des dorures dans les ornements dont elle est recouverte. Un large stilobate en marbre brut sert de base au monument et forme tout autour un large perron auquel on arrive par une dixaine de marches. La grande salle servant de temple au rez-de-chaussée peut avoir de 12 à 15 mètres de profondeur, et environ 8 mètres de hauteur. Au-dessus de cette pièce s'élèvent successivement, de 7 en 7 mètres, neuf étages, séparés chacun par un toit ou corniche de 1 mètre de saillie, présentant ces angles relevés si communs dans l'architecture chinoise. Un escalier peu commode conduit intérieurement jusqu'au haut de la tour, et à chaque étage on trouve une salle dont le diamètre va en diminuant à mesure qu'on monte. La masse du monument est en brique ordinaire, et a 4 mètres d'épaisseur à la base, 2 mètres 1/2 au sommet. Tout l'extérieur des murs est revêtu de plaques de porcelaine blanche assez commune, joignant parfaitement. Dans les étages inférieurs la porcelaine n'offre que des modelés peu profonds dans la pâte; dans les étages supérieurs on voit une foule de niches où sont casées des statuettes et des idoles qui paraissent dorées. Au milieu de la salle de chaque étage est un autel dédié à Bouddha. La flèche qui surmonte la tour a 10 mètres d'élévation. Elle se compose d'une forte tige autour de laquelle monte un large spirale en fer, et qui se termine par un globe volumineux que l'on dit être en or massif. La hauteur et l'éclat tout particulier de cette tour en porcelaine font reconnaître Nankin à une grande distance, et ont servi de point de repère aux premiers navires de guerre anglais qui ont remonté le Yang-tze-Kiang.

Dans la dernière guerre des Anglais contre la Chine, Nankin a joué un grand rôle, car c'est du haut de ses murs qu'a flotté le pavillon blanc qui demandait trève, et dans ses eaux qu'a été signé, le 29 août 1842, le traité qui accorda Hongkong à l'Angleterre et ouvrit les portes de la Chine au commerce étranger. Les principaux. acteurs de ce grand drame étaient, du côté des Anglais, sir Henry Pottinger, sir Hughes Gough, et sir William Parker; et du côté des Chinois, Ki-ing, I-li-pou et Niu-Kièn. Depuis lors, Nankin est retombé dans l'obscurité et le silence d'une ville de province dont les autorités ne peuvent avoir aucune initiative politique. Mais à mesure que le commerce européen se développera sur les côtes, l'ancienne capitale de l'empire reprendra de l'essor, et si jamais une nouvelle guerre éclate avec les Anglais, nul doute qu'elle ne redevienne, par sa position, un des points stratégiques les plus importants. Nankin possédait autrefois un observatoire remarquable dont la position a été déterminée : Latitude nord, 32° 4'. Longitude est, 116° 27'. CALLERY.

NANKIN (techn. et com.). Toile de coton de couleur jaunâtre plus ou moins foncée, fabriquée autrefois exclusivement en Chine, dans la ville dont elle a tiré son nom, et fort bien imitée depuis en Europe. Le nankin de la Chine, improprement appelé nankin des Indes, est moyennement fin, serré, solide et très bon teint. A tous ces titres, il est très recherché, surtout en Amérique. Cette toile ne peut entrer en France que lorsqu'elle est importée en droiture par navires français, et alors même elle est encore frappée d'un droit de 5 fr. par kilogramme, ce qui fait environ les trois cinquièmes de sa valeur officielle. L'importation est très peu importante aujourd'hui. La Chine expédie ce produit en caisses contenant ordinairement 100 pièces par paquets de 10. La longueur de chacune varie de 5 mètres 40 centimètres à 6 mètres, et la largeur de 40 à 45 centimètres. C'est la quantité qui convient pour faire un pantalon. On a cru pendant longtemps que la solidité de la couleur tenait à ce que les Chinois employaient un coton auquel cette nuance était naturelle. On pense aujourd'hui que le fil est soumis à la teinture avant le tissage. C'est le procédé que l'on a adopté en France. On commence par décreuser le fil de coton, que l'on a choisi du n° 30 à 32, et médiocrement tordu pour la chaîne, et de deux numéros au-dessous et encore moins tordus pour la trame. Cette opération se fait à l'eau pure. On reconnaît qu'elle est finie, lorsque le fil s'étant complètement imbibé d'eau, est tombé au fond de la chaudière. On procède ensuite à l'alunage. Il faut de l'alun parfaitement exempt de fer ou autres matières étrangères; on en met environ 1 kilogramme pour 30 kilogrammes de fil; la dissolution doit marquer un degré à l'aréomètre. Les trois cinquièmes environ de ce sel servent à faire un premier bain; le reste est pour le bain d'engallage, qui se fait en plongeant dans l'eau pure, du tan ou écorce de chêne pulvérisée, comme l'emploient les tanneurs, et dans la proportion de 2 kilogrammes de tan pour 5 de coton. On fait bouillir le tan environ un quart d'heure; mais il n'est pas complètement épuisé, et, d'habitude, on l'emploie une seconde fois, en en doublant la quantité. Après avoir plongé le coton dans ce bain, on le retire, et pendant qu'il s'égoutte, on jette dans le bain environ 1 hectogramme d'alun par 2 kilogrammes de tan employé; il se forme un précipité brun très abondant. On replonge le coton pendant un quart d'heure, puis on le laisse égoutter, on le tord et on lui fait prendre l'air. On fait ensuite un bain de chaux vive à raison de 1 kilogramme de chaux pour 5 de coton. Ce bain peut servir trois fois, et alors il suffit de le raviver chaque fois avec un quart de la quantité de chaux primitivement employée. Ce bain élève rapidement la nuance jusqu'au carmélite. Enfin la teinte est abaissée jusqu'à la nuance qu'on désire, par l'action d'un bain dans lequel on verse une dissolution de muriate d'étain en quantité suffisante pour que l'eau paraisse laiteuse. Em. LEFÈVRE.

NANNING (Pierre), en latin *Nannus*, né à Alcmaer, en 1500, mort le 21 juillet 1557, à Louvain, où il professa longtemps les humanités. Les principaux ouvrages qu'il a laissés sont : des *Commentaires* sur diverses harangues de Cicéron; des *Dialogues*, 1541, in-4', traduits en français par Jean Millet; des *traductions* de morceaux choisis dans les auteurs grecs et les pères de l'Église; une traduction de saint Athanase, bien inférieure à celle du P. Montfaucon, etc. P. VÉRY.

NANNI (Giovanni) : peintre, né à Udine, en Frioul, en 1494, et mort à Rome en 1564. Il étudia successivement sous Giorgione et sous Raphaël, et excella dans la peinture des animaux, des oiseaux, des fruits, des fleurs et des ornements. C'est Nanni qui, dans le grand tableau de sainte Cécile, peignit l'orgue et les instruments de musique.

NANTERRE , *Nannetodurum* ou *Neptodurum*. Chef-lieu de canton du département de la Seine, dans l'arrondissement de Saint-Denis, à 11 kil. N.-O. de Paris, au pied du mont Valérien. La population de ce bourg est de 2,500 habitants. C'est la patrie de Sainte-Geneviève, la patronne de Paris. Thor, une des principales divinités des Gaulois, y avait un temple qu'on voyait encore au v⁰ siècle après J.-C. Nanterre a été pillé et brûlé par les Anglais, en 1346, et ses habitants furent presque tous massacrés ou noyés, en 1441, par les Anglais et les Armagnacs.

NANTES : chef-lieu du département de la Loire-Inférieure, sur la Loire, au confluent de ce fleuve avec l'Erdre et la Sèvre nantaise, à 391 kilom. de Paris, et à 55 de la mer. Avant la conquête de la Gaule par Jules César, cette ville était la capitale des Namnètes. Elle portait alors un nom qui, latinisé, se trouve dans Ptolémée sous la forme *Condivincum*. Plus tard elle reçut, comme une foule d'autres cités, le nom même du peuple qui l'habitait, et qu'elle porte encore aujourd'hui. On dit que Saint-Clair fut le premier évêque vers l'an 277; mais il n'est point parlé de ses successeurs avant Nonnechius qui, en 468, assista au concile de Vannes. Nantes soutint en 445 un siége de deux mois contre les Huns; en 843 elle fut prise d'assaut par les Normands, qui passèrent au fil de l'épée l'évêque, tout le clergé et une grande partie des habitants. Ces barbares s'en emparèrent encore en 853; en 897 ils la ruinèrent de fond en comble. Alain Barbe-Torte les en chassa et la reconstruisit. En 1118 un accident la réduisit presque entièrement

en cendre. En 1213 Pierre de Dreux repoussa Jean-Sans-Terre qui voulait s'en emparer, y fixa sa résidence, l'agrandit, fit creuser deux ports sur la Loire et rétrécit le canal de l'Erdre à son embouchure. En 1342, Jean de Montfort y fut pris par le duc de Normandie; en 1373 Duguesclin la fit capituler; en 1380 Olivier de Clisson mit en fuite les Anglais qui l'assiégeaient depuis soixante-quatre jours. En 1491 elle tomba par trahison entre les mains du sire d'Albret, qui la vendit à Charles VIII au prix de 1,100 écus d'or. Le 30 avril 1598 Henri IV y rendit le fameux édit de Nantes. Le 29 juin 1793 Nantes fut attaquée par 50,000 Vendéens sous les ordres de Cathelineau, Bonchamps, etc., et après une bataille sanglante dans laquelle le premier fut mortellement blessé, l'armée royaliste fut forcée à la retraite. Carrier, envoyé plus tard par la Convention pour assurer dans la Bretagne le triomphe de la République, exerça sur la population de Nantes des proscriptions terribles qu'il nous suffit ici d'indiquer (*voy.* CARRIER, NOYADES).

Nantes mérite l'épithète de *jolie* qu'on lui a donnée. Elle est en général bien bâtie et bien percée, et possède des places publiques d'une régularité remarquable. L'île Feydeau, le quartier Graslin et la place Royale rivalisent avec les plus beaux quartiers de Paris. Les quais sont magnifiques et surtout celui de la Fosse qui n'a pas moins de 2 kil. de longueur. Nantes est bâtie à l'extrémité de prairies immenses sur la rive droite de la Loire, qui s'y divise en plusieurs bras. On y compte plus de 16 ponts. Parmi les monuments nous citerons : le château, masse énorme et irrégulière flanquée de tours rondes, bâti en 938 par Alain Barbe-Torte, et dont la chapelle sert de magasin à poudre; le château du Bouffay construit vers la fin du x⁰ siècle avec une tour polygone très élevée qui date de 1662; la cathédrale de Saint-Pierre remontant à l'année 1434, et qui bien qu'inachevée est un fort bel édifice. On admire surtout son portail composé de trois entrées, et décoré d'une multitude de figurines en pierre d'un admirable effet. C'est dans cette église qu'on voit le magnifique tombeau de François II, dernier duc de Bretagne, chef-d'œuvre de Michel Columb. Nous devons mentionner aussi l'hôtel de la préfecture, qui passe pour le plus bel édifice de la ville, la Bourse, la salle de spectacle, le muséum d'histoire naturelle renfermant de riches collections, le musée de peinture remarquable par le nombre et le choix des tableaux qu'il possède, dont beaucoup appartiennent aux maîtres les plus estimés, et la bibliothèque publique qui, indépendamment de ses 30,000 volumes, est riche en manuscrits précieux.

Parmi les promenades nous citërons le cours Saint-Pierre, le cours Henri IV et le cours du Peuple.

La population de Nantes était en 1700 de 42,000 habitants, en 1780 de 54,000, en 1827 de 71,739, et en 1847 de 94,194. Son industrie consiste surtout dans la fabrication de biscuit de mer fort renommé, de couvertures de laine, de serge, de flanelle, de toiles peintes, de feutres pour le doublage des navires, de chapeaux en feutre verni, de cordages pour la marine. On y trouve, en outre, des filatures de coton, de nombreuses raffineries de sucre, des chantiers de construction pour des navires ne dépassant pas 1,000 tonneaux. On y fait des armements considérables pour la pêche de la morue et de la baleine. Du temps des ducs de Bretagne, selon l'historien Guépin, Nantes avait déjà d'actives relations avec l'Angleterre, les Etats du nord, l'Espagne, le Portugal, la Savoie, le Levant et la côte occidentale d'Afrique. En 1461 elle fit alliance avec les villes hanséatiques. Elle souffrit beaucoup des guerres de religion, et recouvra une partie de son activité sous le règne de Louis XIV qui, par lettres patentes du 30 janvier 1646, y autorisa la formation d'une compagnie de commerce et de navigation dans laquelle la noblesse pouvait se faire admettre sans déroger. En 1764 le mouvement du port fut de 122,804 tonneaux pour le long cours, et de 35,742 pour le cabotage. La révolution française réduisit de beaucoup ces chiffres ; mais en 1814 le port de Nantes reprit son essor, et aujourd'hui il est le centre du commerce extrêmement étendu, quoique les gros vaisseaux ne remontent la Loire que jusqu'à Paimbœuf. —L'arrondissement de Nantes comprend 17 cantons : Aigrefeuille, Bonnaye, Carquefou, Clisson, Lachapelle-sur-Erdre, Légé, le Loroux-Bottereau, Machecoul, Nantes (6 cantons), St-Philibert, Valet, Vertou. AL. B.

NANTES (*édit de*). L'édit de Nantes fut accordé par Henri IV au mois d'avril 1598, à ses sujets de la religion réformée. Il régla les droits et les devoirs des calvinistes, posa des bornes dans l'exercice de leur religion, et fut pour ainsi dire le titre de leur émancipation légale. Les prédécesseurs de Henri de Bourbon avaient bien déjà signé plusieurs édits de tolérance en faveur des réformés; mais ces concessions arrachées à la faiblesse du pouvoir royal par les succès des calvinistes armés pour le triomphe de leur cause, étaient retirées dès que l'autorité se croyait assez forte pour imposer à tous l'unité de culte que l'on considérait alors comme nécessaire à la sûreté du royaume. L'esprit de la vieille société protestait encore contre toute tendance qui aurait eu pour résultat de briser le lien intime qui unissait le trône à l'autel. La religion était dans la politique comme l'âme est dans le corps; l'unité politique avait dans l'unité religieuse sa base la plus sûre. Ces deux forces se prêtaient un mutuel appui, et il ne paraissait pas possible d'en affaiblir une sans altérer l'autre; le peuple s'était habitué à confondre dans le même respect l'autorité royale et l'autorité religieuse, ses seigneurs et ses prêtres, le pape et le roi : c'était l'obéissance absolue dans l'ordre temporel comme dans l'ordre spirituel. Le principe du libre examen affranchissant les consciences devait bientôt émanciper les intelligences. La réforme ne pouvait être que la première étape de l'esprit humain dans cette voie dont la révolution devait être le but. La liberté de conscience semblait donc incompatible avec la sûreté de l'État. Le pouvoir tenta vainement d'arrêter, par les rigueurs d'abord, par les concessions plus tard, les progrès du calvinisme. On ne réussit qu'à donner au schisme qu'on voulait proscrire le prestige de la persécution, et à multiplier ainsi les églises réformées. Il fallut bien alors tolérer ce qu'on avait vainement combattu, et les concessions devinrent aussi inutiles que les rigueurs.

Nous n'avons pas à faire ici le récit des luttes par lesquelles les protestants conquirent en France la puissance qui devait bientôt se traduire pour eux par le droit de l'exercice légal de leur culte. Henri IV fut le premier qui tenta sincèrement d'établir comme un principe inviolable la liberté religieuse; élevé à l'école du malheur, connaissant mieux que personne les besoins de ses sujets, il avait compris la nécessité d'éteindre les haines et de rapprocher les deux partis qui, au nom de la religion, épuisaient la France dans des luttes fratricides. Mais il sentit aussi toutes les difficultés qu'il lui faudrait surmonter pour triompher des vieux préjugés qui enfermaient la conscience du peuple dans le cercle de fer de l'unité politique. Il mit tout en œuvre pour amener les prétentions contraires, les exigences rivales à une transaction sincère, qui ne fût pas, comme les anciens traités, un moment de répit accordé à chaque parti pour guérir ses blessures et se combattre ensuite avec plus d'acharnement. Il ne fallut pas moins de trois ans de négociations et de discussions, qui souvent faillirent dégénérer en de nouvelles luttes, pour que l'on parvînt à s'entendre sur tous les points, et le 13 avril 1598, Henri IV signa l'édit de Nantes, espérant asseoir par là sur des bases solides la paix intérieure de son royaume. — L'édit comprenait quatre-vingt-douze articles généraux, et cinquante-six particuliers. La plupart n'étaient qu'une seconde édition des avantages accordés précédemment aux réformés par les traités de 1577 et de Nérac. Mais un édit nouveau leur donnait plus de force en les présentant comme venant de l'initiative du roi. Voici quelles en étaient les principales dispositions : le culte de la religion catholique était rétabli partout où les protestants l'avaient interdit; les biens ecclésiastiques dont ils s'étaient emparés étaient restitués; la liberté de conscience était proclamée dans tout le royaume; l'exercice public du culte réformé était accordé, mais seulement dans certains lieux : 1° dans tous ceux où l'autorisait déjà l'édit de 1577; 2° dans tous ceux où, par le fait même des succès des calvinistes, il était établi depuis deux ans; 3° enfin dans tous les lieux où l'exercice du culte résultait du droit personnel des seigneurs, fondé sur la nature de leurs fiefs. Les réformés furent déclarés admissibles à toutes les charges, dignités et emplois du royaume. Ils pouvaient par là posséder certaines fonctions uniques dans les villes, devenir, par exemple, maires, échevins, consuls; les hérétiques ne pouvaient posséder ces dignités, et les protestants échappaient ainsi à cette qualification qui leur était odieuse. — Pour assurer à tous une libre distribution de la justice, des chambres, miparties de conseillers catholiques et protestants étaient établies dans les parlements de Bordeaux, de Toulouse, de Castres et de Grenoble. A Paris, une chambre, appelée *Chambre de l'édit*, et composée d'un président et de seize conseillers, fut spécialement destinée à juger les affaires des calvinistes. Les réformés de n'importe quelle province avaient le droit de faire porter leurs causes devant les parlements où existaient des chambres miparties. Les réformés pouvaient être professeurs dans les universités; leurs enfants y étaient admis aux mêmes titres que les enfants catholiques. — Les protestants demandaient l'exécution de la promesse faite autrefois par Henri III, de solder leurs ministres. Il était juste, disaient-ils, puisqu'on prélevait sur leurs biens la dîme pour les prêtres catholiques, de ne pas leur imposer une double charge en laissant à leurs frais l'entretien de leurs pasteurs. Il fut convenu qu'ils continueraient à payer la dîme; mais le roi s'engagea, par un acte particulier, à donner une somme de 45,000 écus, *pour être employés*, dit le brevet, *en affaires secrètes qui concernent les protestants, et que sa majesté ne veut être ni sacrifiées, ni déclarées*. Un deuxième brevet avait rapport aux places de sûreté que les religionnaires avaient formellement exigées comme garanties de leurs droits. Le roi accordait

180,000 écus pour l'entretien des garnisons; il abandonnait pendant huit ans aux réformés toutes les places alors en leur pouvoir, au nombre de cent vingt et une. Les gouverneurs, pris parmi eux, devaient être nommés par le roi.

Certains usages, non consacrés par l'édit, mais acceptés par Henri IV, complétaient cette organisation des églises réformées. Tous les trois ans, les différentes provinces envoyaient, dans un lieu désigné par le roi, des députés choisis parmi la noblesse, les ministres et le tiers-état. Ces assemblées désignaient six candidats au roi, qui nommait deux d'entre eux députés généraux résidant à la cour pour y représenter leurs coreligionnaires. Cette élection était la seule chose dont devaient s'occuper ces assemblées; cependant, avant de se séparer, elles dressaient des cahiers contenant les griefs des réformés et leurs réclamations; un commissaire du roi assistait à leurs délibérations. Il y avait encore dans chaque province des réunions de députés des trois ordres, nommés par les églises ou paroisses, alors au nombre de sept cent soixante-dix, dans tout le royaume. Ces assemblées provinciales s'occupaient à la fois des questions religieuses et politiques. Tout ce qui avait rapport uniquement au dogme protestant, à la théorie religieuse, se traitait dans *les consistoires*, *les synodes et les colloques*. Chaque province avait son synode, chaque ville son consistoire; les colloques étaient des assemblées mixtes entre les deux premières. Tous les deux ans, le roi autorisait des synodes nationaux.

Telles furent les principales dispositions de Henri IV pour assimiler les protestants au reste de la nation. C'était, dit Voltaire, attacher deux ennemis ensemble; et ces deux ennemis, depuis si longtemps en présence, n'acceptèrent cette transaction qu'avec une extrême répugnance. C'est surtout de la part des catholiques que vinrent les embarras du roi. Les parlements, les universités, certaines corporations et surtout le clergé, le fatiguèrent de leurs observations. Il lui fallut en quelque sorte faire violence au parlement de Paris pour obtenir l'enregistrement de son édit; cette formalité ne fut remplie qu'au mois de février 1599. D'autres parlements, celui de Rouen par exemple, modifièrent certaines clauses de l'édit, et ces changements devinrent plus tard de nouveaux prétextes d'agitation.

Henri IV, cependant, avait tout fait pour sauvegarder, dans ce nouveau code religieux et politique, les droits et la suprématie du catholicisme. Tandis que le culte catholique était partout rétabli, la religion protestante ne pouvait se célébrer que dans certains lieux, à peu près les mêmes que ceux précédemment désignés.

Le libre exercice du culte réformé n'est pas du reste regardé dans l'édit de Nantes comme un droit ; c'est une concession toute volontaire du souverain qui croit devoir, dans l'intérêt de son peuple, tolérer la manifestation publique de la *religion prétendue réformée*, comme on l'appelle ; mais l'espérance de voir un jour l'unité religieuse rétablie se manifesta hautement dans la pensée et dans les paroles même du législateur. — On a interprété de mille façons diverses les motifs qui décidèrent Henri IV à lutter au profit des réformés contre l'opinion générale de ses contemporains. Les uns ont voulu voir dans l'édit de Nantes les restes d'une vieille sympathie pour une religion dans laquelle il était né, et dont il avait toujours, malgré son abjuration, aimé les doctrines ; d'autres n'y ont vu qu'une concession forcée ; d'autres, enfin, en ont fait le premier échelon d'un vaste système de confédération européenne, appuyé sur la tolérance religieuse. C'est assurément l'un des plus grands mérites de Henri IV, de s'être élevé au dessus des préjugés de son siècle. Son esprit supérieur et juste comprit, jusqu'à un certain point, que nul pouvoir terrestre n'a reçu de Dieu le droit de peser sur la conscience d'un peuple pour lui imposer une religion ; mais nous ne pensons pas que l'édit de Nante ait uniquement ce caractère élevé dans les raisons qui l'ont dicté à la sagesse du roi ; Henri IV avait surtout voulu conjurer un danger, et pacifier par la tolérance son royaume, si longtemps troublé par la persécution et la guerre civile.

La tranquillité donnée à la France par Henri IV ne devait pas exister longtemps après lui. Les embarras d'une minorité et la lutte du parti des princes contre la régence devaient, sous Louis XIII, amener de nouveaux désordres, et pousser les réformés à reprendre les armes. Mais il faut le remarquer, pendant cette nouvelle période des guerres de religion, le caractère du parti protestant change complètement ; il devient un parti politique ; la religion n'est plus que le prétexte de la lutte ; le but véritable c'est la satisfaction des intérêts positifs, l'augmentation de la puissance territoriale. Nous voyons même apparaître la pensée de constituer une partie de la France en État fédératif des provinces réformées. L'assemblée de La Rochelle, en 1620, avait organisé les églises en véritable république calviniste au milieu du royaume. Six fois, en moins de douze ans, les protestants tentèrent des efforts impuissants pour le succès de leurs projets ambitieux ; ils n'aboutirent qu'à la ruine complète de leur puissance matérielle. Richelieu leur enleva tout ce qui faisait leur force et les rendait dangereux

pour la sûreté de l'État. Réduits à n'avoir pour toute garantie de leurs droits religieux, les seuls qu'on leur laissât, que la bonne volonté du roi et l'autorité de l'édit de grâces, en 1629, ils renoncèrent à jouer un rôle politique et se fondirent de plus en plus dans la grande famille nationale. — Ce n'est pas à Louis XIV seul qu'il faut attribuer la pensée de profiter de la chute politique des réformés pour déchirer la dernière page du traité de paix qu'avait signé son aïeul. L'espérance de ramener la nation tout entière à l'unité de culte, n'avait jamais été abandonnée. Dès Richelieu, tout avait été mis en pratique pour saper peu à peu les bases de la religion condamnée. Nous ne voyons plus, il est vrai, après l'édit de grâces, ni guerres ni persécutions ; les mœurs se modifiaient chaque jour, et au lieu de luttes sanglantes où toutes les mauvaises passions se faisaient jour au nom de la conscience violée, nous ne trouvons plus que ces gros volumes où les hommes les plus distingués de chaque religion s'efforçaient de faire du prosélytisme par la discussion. Il n'y avait là aucun danger pour l'État ; cependant l'action administrative vint seconder la propagande religieuse. On espérait, par l'emploi simultané de la persuasion et d'une compression gouvernementale assez forte, sans être tyrannique, hâter le moment si désiré où le catholicisme retrouverait tous ces enfants prodigues éclairés sur leurs erreurs. Cette nouvelle croisade contre les réformés se composa d'une série de mesures, dont chacune effaçait une ligne dans la charte fondamentale, œuvre du génie conciliateur de Henri IV. Comme contre-partie des rigueurs dont le poids retombait sur les protestants opiniâtres, les avantages et les faveurs devenaient la récompense des conversions au catholicisme. Effrayés par les mesures oppressives et tentés par la satisfaction des intérêts matériels, un grand nombre de réformés abjurèrent. Ces premiers succès furent considérés comme la justification complète de la ligne adoptée ; on redoubla de rigueurs contre les obstinés et on prodigua les caresses aux nouveaux catholiques. Il faudrait, pour bien apprécier toute la sévérité de la législation contre les réformés, rapporter ici toutes les ordonnances du roi et de son conseil. Les chambres de l'édit partout supprimées ; le bannissement prononcé contre les catholiques qui embrassaient la religion réformée ou épousaient des protestantes ; le droit accordé aux enfants d'abjurer dès l'âge de sept ans ; l'impossibilité pour les calvinistes de devenir avocats, médecins, imprimeurs, d'occuper aucun emploi ni charge du gouvernement, donnent une idée des moyens de compression successivement mis en pratique. Une des mesures qu'on employa le plus souvent, fut de loger chez les protestants opiniâtres des troupes qui restaient là, entretenues à leurs frais, jusqu'au moment de leur conversion. Ces missionnaires d'un nouveau genre commirent souvent des excès contre les propriétés et même contre les personnes; c'est ce qu'on appela les *dragonades*. En fait, l'édit de Nantes n'existait déjà plus; les nombreuses conversions que la crainte, la séduction, et aussi, il faut bien le croire, la lumière apportée dans les provinces calvinistes par les missionnaires, avaient opérées, persuadèrent au roi que le protestantisme n'avait plus aucune racine en France; il crut que ceux qui refusaient encore de revenir à la foi catholique ne le faisaient que par une sorte de pudeur, et ne demandaient qu'un prétexte pour abjurer en masse. La révocation définitive de l'édit de Nantes, approuvée à l'unanimité dans le conseil du roi, fut signée par Louis XIV le 18 octobre 1685.

L'édit de révocation contenait douze articles. En voici les dispositions : suppression de tous les avantages précédemment accordés aux réformés; interdiction formelle de l'exercice du culte; démolition immédiate de tous les temples; ordre à tous les ministres qui ne voudraient pas se convertir de quitter le royaume sous quinze jours. Des récompenses étaient au contraire promises à ceux qui embrasseraient le catholicisme. Défense de tenir des écoles et d'élever les enfants dans la religion protestante. Des peines sévères contre les calvinistes qui chercheraient à sortir de France; le roi engageait ceux qui avaient fui à rentrer dans leur pays, promettant amnistie complète et restitution de leurs biens à ceux qui reviendraient avant quatre mois; ceux qui n'étaient pas encore convertis recevaient l'assurance de ne pas être inquiétés pour leurs affaires de conscience, pourvu qu'ils observassent fidèlement les prescriptions du nouvel édit, *jusqu'au jour où il plairait à Dieu de les éclairer comme les autres.*

Si Louis XIV, en révoquant l'édit de Nantes, croyait donner un nouvel élan aux conversions des calvinistes, il vit bientôt qu'il s'était étrangement trompé. Le mouvement catholique s'arrêta tout à coup. Les réformés retrouvèrent l'exaltation que donne la force brutale employée à combattre une idée, et prirent en haine plus que jamais la religion qui voulait s'imposer à eux par la violence. Trop faibles pour tenter une défense impossible, ils courbèrent la tête et se soumirent à la loi, en s'abstenant de l'exercice de leur culte; mais ils cessèrent aussi de donner à leurs ennemis la joie de leurs conversions; ce n'était pas là le but de Louis XIV. Entré dans

une voie où l'autorité royale se trouvait aux prises avec la liberté individuelle et l'indépendance de la pensée, il ne pouvait pas reculer, et les rigueurs firent des protestants de véritables parias. Les réformés, effrayés et irrités, se précipitèrent en masse hors de France, et malgré les édits contre les émigrations, malgré les troupes qui gardaient les frontières, un très grand nombre parvint à fuir. Cette émigration fut une des conséquences désastreuses de la révocation de l'édit de Nantes. A cette époque, le commerce de la France commençait à prendre sur celui des autres nations une suprématie méritée, qui ajoutait à la gloire et à la prospérité du royaume. Les réformés, obligés depuis longtemps de vivre en dehors du mouvement politique, avaient tourné vers l'industrie leur activité et leurs fortunes. Leur fuite priva la France de ses plus habiles ouvriers et de ses plus riches industriels. Une autre conséquence de l'édit de révocation, dont les suites ont été moins palpables pour l'histoire, mais qui ont apporté dans certaines familles d'énormes embarras, c'est l'impossibilité pour les protestants restés fidèles à leur foi, de faire inscrire leurs actes à l'état civil. L'édit de Nantes avait accordé aux ministres protestants, pour ceux de leur religion, le même droit qu'aux prêtres catholiques : ils étaient dépositaires des registres de l'état civil. Forcés de quitter la France, ils laissèrent leurs administrés dans l'obligation de se convertir pour faire enregistrer par les prêtres catholiques leurs actes de naissance, de mariage ou de décès. Le pouvoir ne vit là qu'un moyen de plus pour faire des conversions. On comprend facilement les suites déplorables d'une semblable irrégularité pour ceux qui refusèrent d'abjurer leurs erreurs. C'est de là qu'on a donné le nom de *mariages au désert* à ces unions contractées mystérieusement devant un ministre caché dans les montagnes, et accomplies sans aucune formalité légale.

Ainsi la France ne trouva dans la révocation de l'édit de Nantes, au lieu de l'union de toutes les consciences dans le même dogme, que l'émigration forcée d'une partie de ses enfants, l'affaiblissement de son commerce, la disparition de son numéraire, et la malédiction des nations protestantes, qui devaient bientôt apporter dans les guerres avec nous les haines implacables que la persécution avait fait germer. L'ordre intérieur ne fut même pas assuré par la révocation de l'édit de Nantes. Le sanglant épisode de la guerre des Camisards (*voy.* ce mot), que Louis XIV ne put terminer que par un traité de paix, livra, peu de temps après, le royaume à de nouveaux troubles et à de nouveaux malheurs.

Les circonstances politiques et l'esprit de son siècle ont dicté les mesures prises par Louis XIV contre les protestants de son royaume; mais à notre époque, dégagés de tout préjugé, nous pouvons prononcer un jugement plus impartial. La politique du grand roi envers les religionnaires reste comme une tache qui ternit l'éclat de son règne; la justice la réprouve, et la raison la condamne. CH. DE LA GUÉRONNIÈRE.

NANTEUIL (ROBERT) : peintre au pastel fort distingué, et l'un de nos plus célèbres graveurs, né à Reims, en 1630, et mort à Paris, le 18 décembre 1678. Comme graveur, il mérite d'être placé au premier rang parmi nos artistes. Peut-être même sa réputation serait-elle plus éclatante, si au lieu de n'exécuter que des bustes ou des têtes isolées, il avait abordé le paysage et l'histoire. Sans avoir la douceur de Poilly, ni la verve et le *faire* spirituel de Sylvestre ou de Callot, il leur fut peut-être supérieur par un talent plus logique, plus sage, plus complet. Cependant, mis à côté de ceux que les Bolswert, les Wosterman et les Pierre de Jode ont gravés d'après Van Dyck, ses portraits semblent un peu froids, un peu maniérés; mais ils se recommandent par leur fini et surtout par la variété du travail qui se modifiait et se combinait admirablement avec les sujets. Nanteuil traitait chaque détail avec des procédés particuliers. Ses ouvrages lui appartenaient entièrement et n'étaient pas des copies d'originaux en peinture ou en sculpture. Il les faisait d'après ses dessins au crayon noir, ou ses peintures au pastel. — Le premier, Nanteuil a rendu, avec le blanc uniforme du papier et le noir monotone de l'encre, toutes les couleurs dont se compose un portrait. Enfin, il possédait le secret d'exprimer harmonieusement la valeur des tons et la dégradation des teintes, qu'avant lui la peinture seule avait eu le privilége de rendre. La fécondité de Nanteuil était vraiment prodigieuse; son recueil actuel, qui n'est pas complet, contient plus de 240 estampes. Ses études, à cause du médiocre cas qu'en faisait l'auteur et du peu de soin qu'on a mis à les conserver, sont devenues très rares. E. DE B.

NANTISSEMENT (*jurisp.*) Le nantissement a pour but d'assurer l'exécution d'une obligation; il constitue un contrat, sinon synallagmatique, au moins intéressé de part et d'autre, par lequel le débiteur remet une chose à son créancier pour sûreté de sa dette; le créancier, en la recevant, s'engage à la restituer après paiement. Il est de l'essence de cette convention de conférer au créancier un droit *réel* sur la chose donnée en gage, et par suite le droit de se faire payer par privilége sur son prix. Il n'existe

rien de pareil dans l'*antichrèse* qu'on a souvent voulu assimiler au nantissement d'une chose immobilière; dans ce cas, en effet, le débiteur ne donne à son créancier que le droit de percevoir les fruits d'un immeuble par imputation sur sa créance. En matière commerciale le nantissement n'est usité que pour des effets mobiliers, et alors on appelle *gage* la valeur livrée au créancier. On a relevé à cet égard une contradiction entre l'art. 1084 du Code civil, qui déclare que les dispositions relatives au gage ne s'appliqueront pas aux matières de commerce, et l'art. 95 du Code de commerce qui renvoie au contraire aux dispositions du Code civil pour les prêts sur gages ou nantissements. Il suffit, pour expliquer cette contradiction, de rappeler que ces deux Codes ont été rédigés à de longs intervalles (19 mars 1084-10 septembre 1807); le premier croyait devoir renvoyer à l'autre pour l'examen des questions commerciales à résoudre; le second les a trouvées suffisamment résolues. Le nantissement ne doit pas être confondu avec la *commission;* le premier a lieu quand le gage ne change pas de place. — Le privilége, conféré au créancier de se faire payer par préférence à tous autres sur la chose qui est l'objet du nantissement, n'existe qu'autant qu'il y a un acte enregistré contenant déclaration de la somme due, ainsi qu'un état annexé des choses remises en nantissement. Le droit d'enregistrement n'est dans ce cas qu'un droit fixe de un franc, tandis que l'autre convention, qui a pour objet de garantir une caution de son engagement, donne lieu au droit de 50 c. pour 100. — Le créancier auquel une chose a été remise en nantissement, contracte l'obligation de veiller sur cette chose sous peine de dommages-intérêts en cas de négligence. Lorsque l'exigibilité légale de la dette arrive, le créancier a le droit, à défaut de paiement, non pas de disposer du gage, mais de faire ordonner en justice que ce gage lui demeurera en paiement jusqu'à due concurrence, d'après estimation, ou qu'il sera vendu aux enchères. Toute clause par laquelle le créancier se ferait autoriser à s'approprier la chose ou à en disposer sans ces formalités serait nulle (art. 2078 Code civ.). A l'égard des choses incorporelles, telles que créances, une notification officielle au débiteur est également de rigueur; si ces créances portent intérêts, le créancier les perçoit par imputation sur ceux qui lui sont dus ou sur le capital. — L'obligation de la personne qui a confié le gage est de payer les frais de conservation, plus les intérêts et le capital; ce n'est qu'après cet entier paiement qu'elle peut réclamer la restitution de la chose engagée. Si cette chose consiste en titres sur les fonds publics, et que par suite de variations dans les cours elle augmente ou diminue de valeur, c'est l'emprunteur, c'est-à-dire le propriétaire, qui court seul les chances heureuses ou malheureuses.   AD. ROCHER.

NANTISSEMENT(PAYS DE). Sous l'ancienne législation il y avait dans les provinces septentrionales de la France, et aussi dans la Picardie, le Vermandois, la Belgique, la Hollande, une sorte de nantissement qui, tirant son origine de la féodalité, était une voie indispensable pour acquérir des droits réels sur les biens dont on était acheteur ou donataire : il consistait dans certaines formalités qui figuraient une mise en possession réelle de l'héritage aliéné ou hypothéqué. L'édit de juin 1771 abrogeait l'usage des saisies et nantissements, et dans une déclaration interprétative il est ajouté que les formalités de nantissement et de *mise de fait* ne seront plus nécessaires pour acquérir hypothèque, et qu'il suffirait désormais d'un acte devant notaire ou d'un jugement.   AD. R.

NANTUA : chef-lieu d'arrondissement du département de l'Ain, à 31 kil. E. de Bourg, et à 36 kil. O. de Genève, dans une vallée étroite, à l'extrémité orientale du petit lac du même nom, qui a 2 kil. de long de l'E. à l'O., sur un kil. de large, dans sa partie la plus étendue. Cette ville a eu pour origine le monastère de ce nom, qui appartenait à l'ordre des Bénédictins, et où fut enterré Charles-le-Chauve. Elle possède une bibliothèque de 3 à 4,000 volumes. Son industrie se compose de filatures de coton, de moulinages hydrauliques de soie, de fabriques de papier, de peignes de corne, de sciage de bois, de tanneries et chamoiseries, de corroieries, de chapelleries et de briqueteries. L'arrondissement de Nantua a 6 cantons : Brenod, Châtillon-de-Michaille, Izernore, Oyonnax, Poncin et Nantua; 73 communes. Sa population s'élève à 53,300 habitants, dont plus de 3,700 appartiennent à la ville.   LAURENT.

NANTUCKET : ville et port des États-Unis, dans le Massachusetts, sur la côte N. d'une île du même nom, à 157 kil. S. S. E. de Boston. Les habitants excellent dans la pêche de la baleine, à laquelle ils emploient environ 50 bâtiments. Population, 10,000 âmes. — L'île de Nantucket a 22 kil. de longueur; elle est généralement sablonneuse et aride.   E. C.

NAPÉES (*myth.*), du grec νάπος ου νάπη, *vallée, bocage, lieu ombragé :* nymphes qui présidaient aux bocages, aux forêts, aux vallées, aux collines. (*Voy.* NYMPHES.)

NAPEL (*voy.* ACONIT).

NAPHTALINE et **PARA - NAPHTALINE** (*chimie*). La naphtaline a été découverte par M. Kidd (*Ann. de chim. et de phys.*, XIX, 273), et examinée successivement par MM. Faraday (*Id.*, XXXIV, 164), Wöhler, Liebig (*Id.*, XLIX, 27), Reichenbach (*Id.*, XLIX, 36), Oppermann (*Id.*, XLIX, 41), Laurent (*Id.*, XLIX, 214 — LII, 275 — LIV, 395), Dumas (*Id.*, L, 182), Péligot (*Id.*, LVI, 64). C'est un carbure d'hydrogène. La naphtaline est solide à la température ordinaire, très blanche, un peu plus dense que l'eau, d'une saveur piquante et d'une odeur légèrement aromatique fort pénétrante, se rapprochant assez de celle du narcisse. Une légère chaleur la volatilise avant de la faire entrer en fusion, et elle cristallise ensuite en feuilles si minces que 3 à 4 grammes suffisent pour remplir la capacité d'un litre. Projetée dans un creuset incandescent, elle se vaporise tout à coup et apparaît dans l'air sous forme de paillettes neigeuses d'un éclat argentin superbe. Elle entre en fusion à 75°, mais ne bout qu'à 212. Elle brûle rapidement, lorsqu'on l'enflamme, en répandant une fumée très abondante et très dense. — L'*eau* ne la dissout pas à froid, très peu à chaud, mais assez, toutefois, pour que le liquide prenne une apparence laiteuse par le refroidissement. — L'*alcool* et l'*éther* la dissolvent à chaud pour la laisser déposer, par le refroidissement, sous forme de belles lames nacrées rhomboïdales. — Les *huiles* essentielles et fixes la dissolvent en diverses proportions.

Le *chlore* gazeux attaque vivement la naphtaline à la température ordinaire en donnant lieu à un dégagement de chaleur et de gaz chlorhydrique, ainsi qu'à une masse qui, d'abord liquide, s'épaissit peu à peu jusqu'à la consistance d'huile d'olives figée, composée elle-même de deux chlorures : l'un solide blanc et grenu, doué d'une forte odeur, insoluble dans l'eau, presque insoluble dans l'alcool, même bouillant, et dans l'éther froid, inattaquable à la température ordinaire par les alcalis; l'autre huileux et légèrement jaunâtre, doué d'une odeur forte, insoluble dans l'eau, très soluble dans l'alcool, et en toutes proportions dans l'éther. Dans cette réaction, une partie de la naphtaline s'unit au chlore, tandis que l'autre lui cède, d'un autre côté, un quart de son hydrogène, etc. On sépare ces deux chlorures par l'éther froid, qui s'empare du second, tandis qu'il attaque à peine le chlorure solide. Mais quoi qu'on fasse, une partie de ce dernier reste toujours en mélange avec l'autre produit. — Le *brome* agit énergiquement sur la naphtaline en donnant lieu à des produits analogues. — L'*iode*, au contraire, est sans action, ainsi que le *phosphore*, le *soufre*, le *chlorure de soufre* et le *potassium*, du moins au degré de chaleur auquel ce dernier entre en fusion. —

Les *acides acétique, oxalique, chlorhydrique*, dissolvent la naphtaline sans l'altérer, en prenant toutefois une couleur d'œillet pourpre. L'acide *azotique* bouillant la décompose en se décomposant lui-même et laisse déposer, à mesure qu'il se refroidit, une grande quantité de petits cristaux jaunâtres, aciculaires, en graines étoilées. — L'acide *sulfurique* concentré donne lieu à un produit qui sera décrit plus tard.

La naphtaline existe dans le goudron de houille, unie à une huile dont il est difficile de la séparer immédiatement. Mais est-elle toute formée dans la houille?... On l'a encore rencontrée en petite quantité dans l'huile provenant de la distillation des bois, et dans les produits résultant de la distillation du benzoate de chaux. — On se la procure en distillant le goudron de la houille, jusqu'à ce qu'on en ait extrait un peu moins de la moitié de son volume d'huile; puis on fait passer du chlore gazeux à travers celle-ci, qui se fonce peu à peu en couleur au point de devenir aussi noire que le goudron lui-même, ce qui n'a lieu, toutefois, que dans l'espace de quatre jours environ. Alors, on agite la matière oléagineuse avec de l'eau, pour dissoudre la plus grande partie possible de l'acide chlorhydrique formé; après quoi, l'huile elle-même est soumise à une nouvelle distillation, et le produit obtenu à une froid de 10°, sous l'influence duquel la naphtaline se dépose abondamment sous forme de lames qui, égouttées, comprimées dans un linge fin, agitées avec de l'alcool pur, pour les débarrasser d'un peu d'huile adhérente, n'ont plus besoin, pour être purifiées, que d'être dissoutes dans de l'alcool bouillant, qui, par le refroidissement, les laissera déposer en beaux cristaux lamelleux et nacrés. — Dans cette opération, le chlore a pour objet de décomposer l'huile qui, par son hydrogène, le change en acide chlorhydrique. Il suffirait, à la vérité, de faire refroidir l'huile de goudron pour obtenir de la naphtaline; mais on n'en retirerait qu'une très petite quantité par ce moyen. — La naphtaline est composée de carbone, 93, 95, et hydrogène, 6, 05. La formule de son nombre proportionnel est $C^{20} H^8$.

Nous avons signalé le produit spécial résultant de l'action de l'acide sulfurique sur la naphtaline; on l'a désigne sous le nom d'*acide sulfonaphtalique* et de *bi-sulfate de naphtaline*. Il se forme lorsqu'on fait un mélange de parties égales de naphtaline et d'acide sulfurique concentré, qu'on laisse ensuite exposé à l'action d'une douce chaleur pendant 30 minutes environ : il suffit alors de soumettre la liqueur à une évaporation ménagée, pour que l'acide sulfo-naphtalique s'en sépare sous forme d'une masse solide très déliquescente, à laquelle on enlève l'acide sulfurique qu'elle pourrait retenir en la dissolvant dans l'eau, pour y ajouter ensuite de l'eau de baryte, jusqu'à ce qu'il ne se produise plus de précipité. On fera évaporer de nouveau, ou mieux on concentrera dans le vide au moyen de l'acide sulfurique, ce qui donnera un produit dur, fragile et incolore, d'une saveur tout à la fois acide et amère, fusible au dessous de 100°, et se prenant par le refroidissement en une masse, au milieu de laquelle on distingue des centres de cristallisation. Chauffé plus fortement, il devient brun, donne de la naphtaline, de l'acide sulfurique et un résidu charbonneux. Cet acide forme des sels neutres avec beaucoup de bases, surtout avec les alcalis.

On rencontre dans l'huile de goudron de houille, conjointement avec la naphtaline, une substance qui présente la même composition qu'elle et, par conséquent, lui est isomérique, mais qui en diffère sous plusieurs rapports; on l'a nommée *para-naphtaline*. Ainsi, elle n'entre en fusion qu'à 180°, elle ne bout qu'à une température au dessus de 300°; cependant elle ne peut être distillée sans altération. La partie demeurée intacte se condense en cristaux contournés sous forme indéterminable. Elle est insoluble dans l'eau, très peu soluble dans l'alcool, même bouillant, dont elle se sépare sous forme de flocons. L'éther agit comme l'alcool; son meilleur dissolvant est l'essence de térébenthine. L'*acide sulfurique* la dissout en se colorant en vert sale. L'*acide azotique* l'attaque en dégageant d'abondantes vapeurs nitreuses et laissant un résidu qui se sublime, en partie du moins, sous forme d'aiguilles irrégulièrement contournées. — La densité de la vapeur de la para-naphtaline est de 6, 741, d'où il suit que deux de ses volumes en représentent trois de naphtaline, et qu'elle a pour formule $C^{15} H^6$.

On se procure la para-naphtaline en faisant refroidir le produit de la seconde partie de la distillation du goudron à 10° au dessous de 0, ce qui fait déposer le corps que l'on désire obtenir, en grains cristallins, que l'on dissoudra ensuite dans l'alcool, qui s'emparera de la matière huileuse adhérente, ainsi que de la naphtaline, en abandonnant au contraire la para-naphtaline, qui sera soumise ensuite à deux ou trois distillations pour être obtenue pure. **L. DE LA C.**

NAPHTE (*chim.*). Le naphte est un carbure d'hydrogène naturel que l'on rencontre en grande quantité dans les bitumes liquides. C'est en soumettant ces substances à trois distillations successives pour ne recueillir chaque fois que la première moitié du produit, qu'on l'obtient parfaitement pur. Dans cet état il est liquide, transparent, incolore, aussi fluide que l'alcool, presque insipide, d'une odeur faible et fugace. Il entre en ébullition à 85,50 centig. et se vaporise. Le *calorique*, en vase clos, le décompose en donnant lieu à un dépôt de charbon très dense et d'un éclat métallique, à du gaz hydrogène carboné et à de l'huile brune empyreumatique mêlée de naphte et de charbon très divisé. Cette huile soumise à une chaleur d'environ 35°, laisse sublimer un quart de son poids de cristaux sans couleur, en lames rhomboïdales, minces, transparentes, éclatantes et souvent tronquées à leurs angles aigus, inflammables, insolubles dans l'eau, inaltérables à l'air, douées d'une forte odeur d'empyreume et de benjoin, et, en général, des propriétés d'une substance cristalline que l'on obtient en décomposant de la même manière l'éther sulfurique, l'alcool et les huiles essentielles. — Le naphte, par l'approche d'un corps en ignition, prend feu à la façon de ces dernières, et brûle avec une flamme blanche mêlée de beaucoup de suie. Il est du reste inaltérable à *l'air et à la lumière*. — Le *chlore* attire le naphte en donnant naissance à de l'acide chlorhydrique, et à une huile un peu moins volatile que le naphte lui-même. — Les *acides minéraux* n'ont que très peu d'action sur lui; nous en dirons autant de la *potasse* et de la *soude*. Il est, du reste, insoluble dans l'*eau*, mais soluble en toutes proportions dans l'*alcool absolu*, l'*éther sulfurique*, le *pétrole* et les *huiles grasses essentielles*. Il dissout, à son tour, la douzième partie de son poids de soufre à la température de l'ébullition, mais pour le laisser déposer par le refroidissement; environ 1/15 de phosphore, 1/8 d'iode, une très grande quantité de camphre et encore plus de brôme; à peine 1/100 de laque en écaille et de copal brut; une certaine quantité de caoutchouc qui, à froid, n'y est que très peu soluble, mais par son influence se gonfle au point d'acquérir un volume trente-deux fois plus considérable. Le succin, la gomme et l'amidon n'y sont nullement solubles. — La composition du naphte est : carbone, 87,60, et hydrogène, 12,40. Or, comme la densité de sa vapeur est de 2,833, il s'ensuit que sa formule est de C^5H^6.　　　　　L. DE LA C.

NAPIER (JEAN), nommé également NÉPER et NÉPAIR, naquit en Ecosse, en 1550; on a fort peu de détails biographiques sur ce géomètre, qui, dédaignant les avantages d'une naissance distinguée et d'une grande fortune, passa sa vie dans la retraite, pour la consacrer tout entière à l'étude. Après avoir fait ses classes à l'université de Saint-André, le jeune Napier voyagea en Europe, et s'occupa beaucoup de questions théologiques; ce ne fut que plus

tard qu'il se livra aux recherches qui le conduisirent à la découverte ou plutôt à l'invention des logarithmes. La manière dont il envisagea d'abord ces fonctions importantes, présente quelque analogie avec celle dont Newton considéra la génération des fluxions; car il les déduisit de la comparaison des espaces décrits par deux points qui se meuvent sur des droites indéfinies, l'un avec une vitesse constante, l'autre avec une vitesse accélérée. Après s'être formé cette idée des logarithmes, et avoir compris toute la portée qu'on pouvait tirer de tels nombres pour abréger les calculs, il les détermina. — Napier publia sa découverte en 1614, à Edimbourg, dans un ouvrage intitulé : *Logarithmorum canonis descriptio*, etc. Sa méthode de construction n'y était point décrite, il promettait seulement de la donner plus tard. Mais il mourut le 31 août 1617, avant d'avoir rempli sa promesse. Ce fut son fils qui y fit honneur en publiant l'ouvrage posthume de son père, sous le titre de : *Mirifici logarithmorum canonis constructio*, dans lequel on trouve non-seulement le développement de la méthode employée par Napier pour trouver les logarithmes, mais encore l'indication des changements que des réflexions ultérieures l'avaient porté à faire à cette méthode. — On doit encore à ce mathématicien deux formules générales pour la solution des triangles sphériques rectangles, et les analogies qui portent son nom. Napier a laissé, outre les deux livres que nous venons d'indiquer, un ouvrage de mathématique, imprimé à Londres, l'année même de sa mort, et intitulé : *Rabdologiæ, seu numerationis per vergules libri duo.*　　A. DE P.

NAPLES, en italien *Napoli* : chef-lieu de la province de Naples et capitale de tout le royaume, à 205 kil. au S.-E. de Rome, et à 1783 kil. au S.-E. de Paris; c'est la plus grande ville d'Italie, et la ville la plus peuplée de l'Europe, après Londres, Paris et Constantinople. Elle s'élève en amphithéâtre à une hauteur de 50 toises, dans une situation magnifique, à la droite de la petite rivière Sabeto, entre le mont Vésuve, à l'E. et le mont Pausilippe à l'O., au fond du golfe, si riant et si beau qui porte son nom. Son origine remonte à une époque fort reculée. Elle s'appela d'abord Parthénope ou la *Virginale*, en mémoire de la Sirène Parthénope dont le monument funéraire se voyait sur l'emplacement où elle fut bâtie. Elle prit ensuite le nom de *Vieille-Ville*, et enfin celui de *Nouvelle-Ville* (*Neapolis*) des Cuméens, dont une colonie vint se fixer dans son enceinte, qui fut considérablement agrandie. Longtemps alliée et non sujette des Romains, Naples ne devint colonie romaine que sous les empereurs. Jusque-là, elle conserva les mœurs, les usages et la langue des Grecs. La loi *Julia* la mit en possession du droit de bourgeoisie. Elle remplaça, comme capitale de la Campanie, Capoue la voluptueuse, dont les délices perdirent Annibal, succession à laquelle elle avait tous les droits possibles par la suave beauté de son ciel, la luxuriante fertilité de son sol, et le mol abandon de ses mœurs. L'empereur Adrien l'augmenta en 130, et Constantin en 308. Sous le règne d'Auguste, ses environs couverts d'agrestes et charmantes villas, devinrent le lieu de plaisance de l'aristocratie romaine qui venait s'y reposer, dans un doux *far niente*, des agitations du forum et des tracas des affaires. La philosophie, la poésie, les lettres, y étaient en grand honneur. Cicéron et Sénèque la nomment la *mère des études*. Virgile, dont aujourd'hui encore elle montre avec orgueil le tombeau aux étrangers, y écrivit plusieurs chants de son immortelle et classique épopée. Le port Libyen, dont on lit l'éloge et la description dans le premier livre de l'*Enéide*, n'est, à bien examiner, que la baie de Naples vue et peinte par un poëte. Cette superbe baie est souvent désignée dans les auteurs anciens, à cause de sa forme circulaire, sous le nom de *Cratère*.

L'histoire des révolutions subies par Naples serait trop longue à raconter en détail; bornonsnous à en rappeler sommairement les principales phases.— Alaric, roi des Goths, après avoir rançonné et saccagé Rome, dont il était maître pour la troisième fois, l'an 409 de l'ère chrétienne, sous le règne du faible et perfide Honorius, qui, suivant l'expression de Montesquieu, ne savait faire ni la paix ni la guerre, porta ses armes dans la Calabre, et s'empara de Naples qu'il respecta. Un demi-siècle plus tard, Genseric, roi des Vandales d'Espagne, « ce corsaire consommé, qui, après avoir fait la guerre aux hommes, fit la guerre à Dieu, » (Paul Diacre), y passa comme un torrent. L'an 475 après J.-C., le jeune Augustule, détrôné par Odoacre, roi des Hérules, se retira dans un des châteaux de Naples, avec un revenu de 6,000 livres d'or que lui accorda ce prince qui se fit proclamer roi d'Italie, et mit ainsi fin à l'empire d'Occident. Théodoric Ier, roi des Goths en Italie, chassa de cette ville Odoacre qu'il dépouilla de toutes ses conquêtes, et qu'il fit mourir. Bélisaire, général des armées de l'empereur Justinien, la prit sur les Goths en 536, et la livra au pillage. Les Goths, sous la conduite de leur roi Totila, la reprirent en 541, et s'y maintinrent jusqu'en 552. Alors l'épée victorieuse de Narsès, digne héritier de Bélisaire, la fit rentrer sous le pouvoir des empereurs d'Orient qui parvinrent à la conserver après que les Lombards eurent soumis l'Ita-

lie. Naples alors forma avec les autres villes grecques environnantes, le *duché de Naples*, qui confinait au N.-O. au duché de Rome, au duché de Calabre à l'E. et au S.-E. Devenue peu après une république presque souveraine, cette vaste cité resta, du IXe au XIe siècle, florissante et tranquille sous des ducs héréditaires. Roger II, duc de Sicile, se rendit maître en 1139 de la Pouille, de la Calabre, de Naples, et contraignit le pape Innocent III à lui en donner l'investiture. En 1194, Constance, fille posthume de ce prince, porta cette riche succession à l'empereur Henri VI. A la mort de Frédéric II (1250), Naples s'étant déclarée pour le pape Innocent IV contre les Hohenstauffen, Conrad et Mainfroy, ses fils, en rasèrent les murs. Tuteur du jeune Conradin, son neveu, Mainfroy, que le pape Urbain IV avait excommunié, fut battu et tué, en 1266, dans les plaines de Bénévent, par le frère de saint Louis, Charles d'Anjou et de Provence, qui, après sa victoire, reçut des mains du pape Clément VI, l'investiture du royaume de Naples. Excommunié par le pape IV, comme son père l'avait été par Clément IV, le jeune Conradin leva une armée pour arracher à Charles l'héritage de ses aïeux. Il fut fait prisonnier au Champ-de-Lys, près du lac Fucino, le 23 août 1268, après avoir perdu une bataille, et décapité de la main du bourreau, le 29 octobre de la même année, sur la place du marché de Naples. Cette exécution d'un héros de seize ans ternit le règne de Charles, et fut vengée par l'égorgement de 8,000 Français à Palerme, le jour de Pâques de l'année 1282 (*Vêpres siciliennes*). Ce prince qui mourut en 1285, laissant le trône à Charles *le Boiteux*, l'aîné de ses fils, avait embelli Naples. Les *Vêpres siciliennes*, dont Pierre Ier, roi d'Aragon, gendre de Mainfroy, avait été l'instigateur, furent l'origine des fameuses querelles des maisons d'Aragon et d'Anjou, si bien racontées par l'historien napolitain Giannone.

Louis-le-Grand, roi de Hongrie, et plus tard de Cologne, occupa, en 1347, Naples où il était venu venger l'assassinat du roi André son frère. Mais dès l'année suivante, Jeanne, qu'il en avait chassée, y rentra aux acclamations de ses sujets fatigués de la domination hongroise, et avec l'aide du pape Clément IV qui la déclara solennellement innocente du meurtre de son mari. Louis, régent du royaume de France pendant l'orageuse minorité de Charles VI son neveu, se rendit en Italie avec des trésors immenses, en 1382, pour faire valoir ses prétentions à la couronne de Naples que Jeanne, morte sans enfants, quoique quatre fois mariée, lui avait léguée par son testament, en 1380; il trouva le trône occupé par Charles de Duras, parent de la reine qui l'avait adopté comme son héritier, et qui, victime de sa noire ingratitude, avait, par son ordre, péri en 1382, étouffée entre deux matelas. Trahi par Pierre de Craon qu'il avait renvoyé en France faire de nouvelles levées, et qui dissipa à Venise avec des courtisanes tout l'argent qui lui avait été confié, il fut bientôt contraint, après s'être emparé de Naples, de battre en retraite devant son compétiteur, et revint mourir de chagrin à Paris, le 20 septembre 1384. Jeanne II, fille et héritière de Charles de Duras, remplit pendant vingt années Naples de ses déportements. Elle avait adopté en 1420 Alfonse V, roi d'Aragon et de Sicile; mais ce prince lui étant devenu odieux, elle transféra, à la prière de Jacques Sforce, connétable du royaume, son adoption à Louis III d'Anjou, puis, celui-ci étant mort, à René d'Anjou, son frère. La mort de cette reine sans mœurs, mais non sans génie, mit les armes aux mains des deux prétendants. Leur guerre finit en 1442 par la conquête de Naples, qu'Alfonse d'Aragon emporta d'assaut, et où il se fit reconnaître souverain. En 1495, Charles VIII, roi de France, après une marche triomphale en Italie, où il fut investi du royaume de Naples, et couronné empereur de Constantinople par le pape Alexandre VI, entra en conquérant dans la capitale de son nouveau royaume qu'il perdit en aussi peu de temps qu'il lui en avait fallu pour le conquérir. Louis XII, son successeur, s'unit avec Ferdinand-le-Catholique, roi d'Aragon et de Castille, en 1504, pour s'emparer du royaume de Naples qui tomba tout entier en leur pouvoir en moins de quatre mois. Frédéric, détrôné par leurs armes, se remit entre les mains de Louis XII qui l'envoya en France avec une pension de 120,000 livres de notre monnaie d'aujourd'hui. Mais le perfide Ferdinand se ligua aussitôt avec le pape Alexandre VI, pour enlever à son allié de la veille sa part de conquête; les batailles de Séminare et de Cérignole, gagnées sur les Français par Gonzalve de Cordoue, le rendirent, en 1505, maître de tout le royaume. Pendant la seconde guerre, entre François Ier et Charles-Quint, Lautrec et Doria mirent inutilement le siége devant Naples en 1528. La célèbre insurrection de Mazaniello, en 1647, fit de Naples une république dont Henri de Lorraine, duc de Guise, petit-fils du Balafré, fut proclamé le généralissime et le chef; dès le mois d'avril de l'année suivante, le comte d'Ognate en chassa ce héros mythologique dont la vie fut semée de tant de duels, de tant de folies, de tant d'aventures, l'emmena prisonnier en Espagne, et rétablit à Naples l'autorité de la cour de Madrid. En 1707, Naples fut prise d'assaut et saccagée

par le général Daun, au service de Charles III, compétiteur de Philippe V, et empereur sous le nom de Charles VI. En 1734, elle se soumit à l'Infant don Carlos, duc de Parme, et en 1736, par le traité de Vienne, l'empereur renonça solennellement à tout droit sur Naples et la Sicile. Le 23 janvier 1799, Naples ouvrit ses portes au général Championnet, et devint capitale de la république parthénopéenne, pauvre république qui vécut quatre mois et périt noyée dans des flots de sang par l'implacable cardinal Ruffo et les Anglais. En 1820, une révolution qui y éclata produisit une constitution presque aussitôt déchirée par le général autrichien Frimont.

Naples, archevêché et résidence royale, a seize kilomètres de tour, et est divisée en six faubourgs et douze quartiers. Quoique riche en monuments de toutes sortes, elle ne saurait, sous ce rapport, rivaliser avec les autres grandes villes d'Italie. Ses places sont en général petites et d'un dessin irrégulier; ses rues étroites, obscures, montueuses à quelques exceptions près, rachètent ce défaut par l'état de propreté dans lequel les maintient leur dallage en lave noire. Cette ville possède un grand nombre d'établissements philanthropiques, artistiques, scientifiques et littéraires. Ses monuments, pour la plupart, se recommandent moins par les dimensions et l'architecture que par la décoration intérieure.

Les palais de Naples sont : le *Palais Royal*, résidence actuelle de la cour, remarquable par ses vastes proportions, la beauté de son frontispice, la magnificence de son escalier, la somptueuse élégance de ses appartements. Ce palais a vue d'un côté sur la mer, de l'autre sur une grande place irrégulière, que décorent les deux statues équestres en bronzes de Charles III et de Ferdinand Ier. Le *palais des princes de Salerne*, dont les jardins sont immenses; le *palais des étrangers* où le roi reçoit les hôtes illustres qui viennent le visiter; le *palais de Capo-di-Monte* qui domine la ville, et auquel aboutit le nouveau chemin de Capo-di-Monte, par un superbe pont hardiment jeté par dessus les maisons du faubourg Sanita; tout près est une *Casina* où l'on forme une flore très riche sur le modèle de celle que le dernier roi a créée à Bocca-di-Falio près de Palerme; enfin le petit *palais Chiatamone*, dans une délicieuse situation, si coquettement gracieuse sous l'odorant diadème de verdure et de fleurs dont la couronne est un jardin suspendu. Quelques résidences d'un aspect moins royal ou moins féérique, dignes cependant de fixer les regards à plus d'un titre, sollicitent un souvenir; ce sont les palais particuliers de Bidignani et Orsini ou Gravina, Colonna ou Stigliano, Impriali ou Francavilla, Fernandina, Fil.marino ou Della-Torre, Doria ou San Bruno, Della Rocca et de Tarsia.

Les églises nombreuses à Naples, sont d'un style moderne. La cathédrale, placée sous l'invocation de saint Janvier, patron du royaume, fut bâtie en 1299, d'après les dessins du célèbre Nicolas de Pise. Elle est du plus mauvais gothique, et décorée intérieurement avec une profusion plus somptueuse qu'habilement entendue, et qui ne permet au regard moins charmé qu'ébloui de se reposer sur aucun des splendides ornements qu'y a accumulés la piété superstitieuse des Napolitains. Constatons en passant que ces derniers sont presque aussi amoureux que les peuples sauvages de tout ce qui reluit et brille aux rayons du soleil ou aux mille clartés des cierges. Au sein d'une petite chapelle revêtue de marbre blanc repose, sous une châsse magnifiquement ouvragée et enrichie de pierreries, le corps du trois fois vénéré saint Janvier. Derrière le maître-autel est pratiquée une niche fermée par une porte d'argent massif, où sont religieusement conservées deux fioles ou ampoules, contenant le précieux sang du saint qui se liquéfie miraculeusement deux fois par an aux yeux émerveillés des assistants, le 19 septembre, jour de sa fête, et le 6 mai, anniversaire du jour où il fut reconnu comme patron du royaume. L'église de *Gesu Novo*, presque aussi riche, est d'une assez belle architecture. Celle du couvent de Sainte-Claire, qui, à l'extérieur, n'a rien de recommandable sous le rapport de l'art, ressemble intérieurement plutôt à une salle de bal qu'à un temple consacré au vrai Dieu. Les voûtes en ont été peintes par Sébastien Coma. La famille royale y a son caveau funèbre. Sur la façade de *Saint-Paul-Majeur*, on reconnaît les restes d'un ancien temple de Castor et Pollux. *Santa-Maria-del-Porto* renferme le monument du poète Arcadien-Sannazar. L'église *del Carmine* et sa place gardent le souvenir de la mort du jeune et malheureux Conradin de Souabe. La plus belle église peut-être de Naples est celle du palais des princes de Salerne, palais acheté en 1583 par la Société de Jésus, qui en fit sa maison professe. Cette église est en forme de croix grecque. La grande coupole, peinte par Lanfranco, fut détruite en 1680 par un tremblement de terre. Elle a été restaurée depuis par un artiste d'un goût moins sûr, d'une palette moins brillante. Il ne reste aujourd'hui de l'œuvre de Lanfranco que les quatre évangélistes des pendentifs. Mentionnons encore les églises de *Saint-Philippe-de-Néri*, qui appartient aux pères de l'oratoire dits hiéronimites, parce qu'ils suivent la règle de saint Jérôme; de saint Dominique et de *san Severo*. Toutes ces églises sont ornées de beaux morceaux de Polimène, de Guerchin, de l'Espagnolet, de Lanfranco, de Raphaël, d'Annibal-Carrache, de P. Véronèse et du Guide.

Naples possède plusieurs couvents très vastes et très riches. Nous citerons celui de Sainte-Claire, exclusivement réservé à la noblesse; à la fin du xviiie siècle, il comptait plus de trois cent cinquante religieuses : bien déchu aujourd'hui, il n'en compte plus qu'environ cent cinquante; ceux de Sainte-Marie-des-Carmes, de la Trinité, de Saint-Dominique-le-Grand, et enfin le monastère des Théatins, construit sur l'emplacement d'un ancien amphithéâtre romain, celui où l'empereur Néron chanta des vers de sa composition.

Naples n'a rien à envier aux autres capitales de l'Europe, en fait d'établissements consacrés à la charité, aux arts, aux sciences et aux lettres. Ces établissements sont : un mont-de-piété dont la fondation est très ancienne et qui prêtait autrefois, sans intérêt, jusqu'à concurrence de 43 livres, monnaie de France, pour deux ans; et, qui pour une somme supérieure et un temps plus long, n'exigeait que l'intérêt légal. Nous ne saurions dire si cette charitable tradition s'est conservée jusqu'à nos jours. L'Hôtel royal des Pauvres (*Real albergo de Poveri*), où près de 6,000 enfants apprennent tous les arts et les métiers, et qui coûte près de 500,000 fr. à l'État; le *Reclusorio* ou Hôpital des Pauvres, l'Hôpital de l'*Annunziata*, auquel est annexée la riche maison des Enfants-Trouvés, et dans lequel sont reçus sans recommandation les orphelins, les filles repenties, les femmes qui vivent mal avec leurs maris; l'Hospice des Invalides, établi dans l'ancien couvent des Chartreux, immense bâtiment somptueusement décoré, dans une position admirable sous le fort Saint-Elme, du haut de laquelle on découvre toute la ville et les deux golfes et d'où, par un remarquable effet d'acoustique, on entend distinctement le bruit des voitures et jusqu'au bourdonnement des voix dans les rues. C'est dans la chambre du prieur de ce monastère que se voyait le fameux Christ de Michel Ange, dont les traits étaient empreints d'une douleur si effrayamment vraie, qu'on ne craignit pas d'accuser le sublime artiste d'avoir crucifié un homme et de l'avoir choisi pour modèle.

L'Université, fondée en 1224; le grand édifice des *Studii* où se trouvent la fameuse Bibliothèque *Borbonica*, l'Institut de Peinture et de Sculpture et les musées; le Lycée du Sauveur, quatre écoles primaires, cinquante-cinq écoles secondaires, le Collège et l'École militaire, l'Académie de Marine et deux écoles de musique, l'École vétérinaire, le cabinet de minéralogie, celui d'histoire naturelle, le bureau topographique, l'Académie *borbonique*, divisée en trois sections : antiques, sciences et arts ; trois bibliothèques moins considérables que la *Borbonica*, où en 1795 le célèbre astronome Cassella a tracé une grande méridienne, mais très riches aussi en livres et en manuscrits ; le jardin botanique, le musée des antiques, formé des précieux morceaux découverts à Herculanum, Pompéia, Stabia, et avec des collections de la maison Farnèse à Rome, du Musée Borghia et Vivenzio et autres monuments dispersés de l'art classique des Grecs et des Romains. Ce musée est le plus riche qui existe dans le monde surtout en tableaux ; deux observatoires pourvus d'instruments de Reichenbach et d'Herschel ; l'École de paléographie attachée aux archives générales du royaume ; l'*Officina de papiri*, où s'enseigne l'art de dérouler et déchiffrer les manuscrits ; enfin dix théâtres, dont deux, celui de Saint-Ferdinand et celui de Saint-Charles, qui a dix rangs de loges, l'emportent en magnificence et en grandeur, celui de la *Scala* à Milan excepté, sur tous les théâtres de l'Europe. Parmi les autres monuments publics dont Naples peut, à bon droit, se faire honneur, nous assignerons la première place à la *Vicaria*, ancien *castel Capuano*, autrefois résidence des souverains, aujourd'hui Palais-de-Justice ; au palais des archives du royaume, dont une partie a été convertie en prison ; à l'arsenal et au palais des ministères royaux (*reali ministeri*) ou des finances, achevé en 1826, et remarquable par son caractère architectural et ses vastes proportions.

Les trois plus belles places de Naples sont celles du Palais-Royal, de *Gli Studii* et de *Spiritu Santo* ; les plus grandes, celles de *Castello*, de *Fontana Medina*, de *Monte Calvario*, de *San Lorenzo*, de la *Carità* et du *Mercato* où marché.

Il y a à Naples trois principaux centres de circulation : la rue de Tolède, la *Chiaja* et le Môle. La rue de Tolède, longue d'un mille sur une largeur de trente mètres, pavée de grandes dalles de lave noire, et décorée de beaux édifices garnis d'étalages en plein air, de comestibles et de boissons rafraîchissantes, est ruisselante à toute heure, dans tout son parcours, d'une foule bariolée, au langage criard, aux gestes expressifs et passionnés, sillonnée d'une multitude de *Curricoli* aux couleurs gaies et aux cochers bavards, et jonchée sur les bas-côtés de *lazzaroni* à demi-nus, s'enivrant au soleil des délices peu coûteuses de ce voluptueux *far niente*, dont Naples, grâce à la fertilité du sol et à la douceur du ciel, semble avoir reçu le monopole. La *Chiaja* (rue ou quai de Chiaja), longue de mille toises, l'une des plus belles promenades du monde, est

plantée de trois rangées d'arbres formant berceau, défendus par des parapets et des grilles, et ornée de fontaines, de treillages, de gazons, de parterres et d'orangers. On y a bâti des terrassements, des casinos, des cafés. Il s'y tient tous les ans, au mois de juillet, une foire renommée dans tout le royaume. Tout à côté est la *Villa Reale* (Jardin du roi), considérablement embellie dans ces derniers temps, et où l'on admire, depuis 1825, le fameux bassin de granit oriental d'une seule pièce, quoique ayant 66 palmes de circonférence, dans l'emplacement autrefois occupé par le non moins fameux groupe du taureau Farnèse, qui a été transporté au musée. La *Chiaja* est la promenade favorite de l'aristocratie napolitaine, qui vient, la chaleur du jour tombée, y respirer les senteurs balsamiques d'une opulente végétation et les brises fraîches de la mer.

Le *Môle*, auquel la tour dite de la Lanterne et une superbe fontaine servent de décoration, est presque exclusivement fréquenté par le peuple. C'est sur le Môle que trône *monsignor Pulcinella*, c'est sur le Môle que les improvisateurs, les chanteurs, les danseurs de corde et autres baladins donnent ces représentations en plein vent dont les basses classes de la population napolitaine ont toujours été et sont encore aujourd'hui si friandes.

Les fortifications de Naples sont sans importance sous le rapport militaire. Elles consistent en cinq forts, dont les principaux sont : le fort Saint-Elme, construit par Charles *le Boiteux*, fils de Charles d'Anjou, agrandi et restauré par Charles-Quint, qui domine toute la villa et semble bâti plutôt pour en contenir au-dedans la population en cas de révolte, que pour la défendre au-dehors contre l'étranger ; le château de l'Œuf, qui s'élève sur un rocher au milieu de la nue et qui est très célèbre dans l'histoire du royaume, et le château *Neuf*, érigé en 1170, augmenté par Charles d'Anjou, et remarquable par son arc-de-triomphe et le grand nombre d'objets curieux qu'il renferme.

Le port de Naples forme un carré d'environ 150 toises sur toutes ses faces ; il est fermé par un grand môle figurant un L à l'E. et au S. et par un môle plus petit au N., défendus l'un et l'autre par un petit fort. Sa rade, assez bonne, est sous la protection du château de l'Œuf et du château Neuf. La baie de Naples, de forme presque circulaire et d'un diamètre d'environ 30 milles, est profondément encaissée entre des collines couronnées d'arbres séculaires. Le haut du promontoire de Sorrente la sépare de la baie de Salerne. Entre l'extrémité de ce promontoire et l'île de Caprée, la mer se fait jour par un détroit de 3 milles d'étendue. Cette île, déshonorée dans l'histoire par le séjour prolongé qu'y fit Tibère, est comme un vaste môle bâti par la nature pour rompre la violence des vagues qui entrent dans le golfe. Elle est à peu près parallèle à Naples. La hauteur excessive de ses rochers lui sert d'abri contre les vents. Au nord de Naples, à une grande profondeur, s'étendent des catacombes plus vastes que celles de Rome et de Syracuse, qui servaient de lieu de sépulture dans les premiers temps de l'Église. On y pénètre par trois entrées. La plus accessible est située dans l'église de *San Severo*.

Naples est une ville ouverte comme Paris. On y entre à toute heure par de faibles barrières. Sa population est de 360,000 habitants. A ce chiffre, il faut ajouter celui de la population flottante, qui est très élevé. Ses environs sont délicieux et plus peuplés relativement que ceux de Londres et de Paris même. — Le caractère des Napolitains est tout en surface. Ils sont spirituels sans effort comme leur sol est fécond sans culture. Vantards sans courage, irascibles sans méchanceté, très portés à la superstition, paresseux avec volupté, ils sont admirablement organisés pour cette poésie plus riche de mots que d'idées, dont les stances chantent si doucement à l'oreille sans aller jusqu'au cœur, et surtout merveilleusement doués, plus merveilleusement doués peut-être qu'aucun autre peuple pour la musique.

Les Napolitains font un grand commerce de tissus d'or et d'argent, de soieries, de velours, de draps, de linge de table, de grosses toiles de coton, de coraux, de rubans, de cordes d'instruments à musique, d'instrumens de musique, de passementeries, de porcelaines, de faïences, de bougies, de jaune de Naples, de savons de senteur, de fleurs artificielles, d'essences, de confitures et sucreries, de macaroni, etc., etc. La Banque de Saint-Charles est renommée dans toute l'Europe. L'abolition du droit d'asile pour les églises ne date que de l'année 1783. — Naples a donné le jour à plusieurs hommes illustres dans les arts, les sciences et les lettres, parmi lesquels nous citerons, dans l'antiquité : Velleius Paterculus, vaillant capitaine et écrivain de génie, dont nous avons, avec un fragment de l'histoire grecque, une histoire romaine depuis la défaite de Persée jusqu'à la troisième année du règne de Tibère, où il peint à larges traits, avec une rare éloquence et une grande profondeur, dans la belle langue du siècle d'Auguste, les hommes et les choses, surtout les hommes; Stace, poète plus renommé de son temps (il vivait sous Domitien) qu'estimé du nôtre, improvisateur d'une imagination forte et déréglée,

qui prit souvent l'emphase pour le sublime, et ne suivit que de loin, comme il le dit lui-même, les traces de son maître Virgile. Et dans les temps modernes : Marini (Jean-Baptiste), auteur d'un joli poème d'Adonis, mort en 1625; Borelli, mathématicien, auteur des deux traités *De motu animalium et de vi percussionis*, mort en 1669; Gravina, jurisconsulte, auteur d'un traité fort connu sur les origines du droit : *Originum juris libri tres*, mort en 1718. Porta (Jean-Baptiste), physicien et poète, mort en 1515; les grands peintres, Solimène, mort en 1747; Luc Jordans, mort en 1705; Salvator Rosa, mort en 1673; le célèbre cavalier Bernin, sculpteur, architecte et peintre, mort en 1680; le poète Arcadien Sannazar, mort en 1530; le grand et infortuné Torquato Tasso, immortel auteur de la *Jérusalem délivrée* et de l'*Aminte*, mort la veille du jour de son couronnement au Capitole, le 15 avril 1595, à l'âge de 51 ans; et enfin le divin Pergolèse, surnommé par les Italiens le *Dominiquin* de la musique, mort à l'âge de 22 ans, en 1737, après avoir composé la *Serva Padrona* et *Il maestro di musica*, intermèdes : un *Salve regina*, du plus grand style, et le *Stabat Mater*, regardé universellement comme le chef-d'œuvre de ce sublime et mélancolique artiste, et comme l'une des plus suaves et des plus touchantes créations du génie musical chez tous les peuples. — Tout le monde connaît le dicton italien, dicton dont l'hyperbolique est si bien justifiée, du reste, par la sereine splendeur du ciel de Naples : *Vedi Napoli, e puoi muori :* « Vois Naples, et meurs ! »   Ph. Chasles.

Naples présente, ainsi que ses environs, un grand nombre de sources minérales qui furent employées des anciens Romains. La plupart, telles que celles de Baïes, de Castellamare, de Pouzzoles, etc., sont aujourd'hui altérées ou mal entretenues. Le territoire de Naples, presque tout volcanique, offre en outre un grand nombre d'étuves naturelles formées par le gaz hydrosulfureux. Les eaux qui sont encore employées de nos jours sont les suivantes, sur la composition chimique desquelles nous ne possédons malheureusement que des détails peu précis : — 1° Eau de Santa Lucia. Cette source est dans Naples même, au quartier dont elle a pris ce nom, sur le bord de la mer. Elle est froide et contient un quart son volume de gaz sulfhydrique et deux volumes de gaz acide carbonique, ce qui la rend aigrelette. Quelques auteurs ont cru y reconnaître la présence du fer. Cette eau est employée dans le traitement des maladies cutanées et de diverses affections chroniques des voies digestives. On l'imite en ajoutant aux deux gaz que nous avons mentionnés 50 centigr. de carbonate de soude et 30 de carbonate de magnésie, pour 525 grammes d'eau ; — 2° EAU DU MONT ECHIA. La source coule au pied du mont dont elle tire son nom, à Naples, près du rivage de la mer. Elle contient, outre du fer, beaucoup d'acide carbonique et différents sels, entre autres du carbonate de soude. On prétend y avoir reconnu la présence de l'iod. Elle est usitée principalement dans les faiblesses d'estomac, les engorgements abdominaux, les scrofules et la chlorose ; — 3° EAU D'ISCHIA. L'île à laquelle cette eau doit son nom se trouve à l'entrée du golfe de Naples ; elle renferme en outre plusieurs étuves naturelles de vapeur d'eau pure. Les quatre sources les plus remarquables sont celles de Gurgitello, dont la température est de 60 à 61° du thermomètre de Réaumur ; d'Olmitello, de Capoue et de Citera. La première prend naissance à un demi-mille de Casa-Micciola, où elle offre, dit-on, jusque à une température de 64° : elle est ensuite recueillie à Gurgitello, ville dans laquelle se trouve un établissement de bains. L'analyse chimique y a fait reconnaître, par livre : acide carbonique libre 2 grains, 195 ; carbonates de chaux, de magnésie et de fer, 0,500 ; carbonate de soude, 13,631 ; sulfate de chaux, 0,375 ; sulfate de soude, 3,549 ; chlorhydrate de soude, 45,425 ; silice, 0,375, et une quantité indéterminée de principe extractif végétal. L'eau artificielle que l'on prépare en France, d'après une autre analyse, est loin de se rapporter à cette composition ; elle contient, outre trois à quatre fois son volume de gaz acide carbonique, 50 grains de carbonate de soude, 10 de chlorhydrate de même base, 40 de carbonate de chaux et 30 de magnésie, pour la même quantité de liquide. Sa composition doit donc la rendre plus énergique que l'eau naturelle. Celle-ci est employée en boisson, en bains et en douches, dans le traitement de la néphrite calculeuse, de la sciatique, des ulcères et des prolapsus de différents organes. Ses bains sont efficaces, dit-on, contre les exostoses et les tumeurs froides ; — 4° EAU DE PISCIORELLI. Elle sourd en quatre endroits : à Monte-Secco, entre le lac d'Aguano et la Solfatare, au milieu de roches et de crevasses d'où s'élèvent des vapeurs chaudes de nature sulfureuse. Elle offre, à son origine, une température de 60° Réaumur ; mais dans les bassins où elle est recueillie, elle n'a que 30°. Sa couleur est opaque, sa saveur aigre, styptique, et son odeur légèrement sulfureuse. Elle bouillonne par suite d'un dégagement abondant d'acide carbonique, et paraît contenir une quantité considérable de sulfate acide d'alumine et de sulfate de fer, avec un peu de sulfate de chaux. On l'em-

ploie à faible dose et mêlée à du lait dans les cas de leucorrhée, de blénorrhée, d'incontinence d'urine, d'hémorrhagies passives, de diarrhée chronique ; elle est encore regardée comme spécifique contre le diabète et la gale ; — 5° EAU DE POUZZOLES. Elle est située dans la ville de ce nom, à trois lieues de Naples, et fournie par cinq sources : 1° l'Aqua della Pietra, à 26° degrés Réaumur ; 2° l'Aqua dei Calvacanti, à 30° ; 3° l'Aqua dei subveni uomini, à 31° ; 4° l'Aqua del Cantarello, à 24 et 25° ; 5° l'Aqua del tempio di Serapide. On croit que ces deux dernières proviennent primitivement de la même source. Une livre d'eau de Serapis a donné par l'analyse : acide carbonique libre, 3 gr. 737, carbonate de chaux, de magnésie, d'alumine et de fer, 2,690, carbonate de soude, 11,225, chlorhydrate de soude, 20,567, sulfate de chaux, 0,255, silice, 0,060. Elle est d'un goût légèrement salé et d'une odeur un peu sulfureuse, mais qui se développe davantage par son exposition à l'air. Elle fournit un établissement de bains. Les eaux de Pouzzoles sont employées dans les différentes maladies de nature atonique, dans les catarrhes, la phthisie, les anévroses et les névralgies ; — 6° EAU DE CASTELLAMARE. Au port de ce nom, à 6 lieues de Naples, sur la rive opposée du golfe, existent plusieurs sources minérales froides : 1° L'Eau acidule, qui contient beaucoup d'acide carbonique et un peu de sulfate de chaux ; 2° l'Eau de Speziera, acidule et ferrugineuse ; 3° l'Eau moyenne, située tout à fait au bord de la mer et qui contient de l'acide carbonique, des chlorhydrates de chaux et de magnésie, et une petite quantité de chlorhydrate de soude ; elle est légèrement purgative ; 4° l'Eau de Maraglione, analogue à la précédente, mais contenant une proportion plus grande de chlorhydrate de soude, ce qui la rend en outre purgative.　　　　L. DE LA C.

NAPLOUS (l'ancien *Sichem* ou *Mabartha*, plus tard *Neapolis*), ville de la Turquie d'Asie, en Syrie, à 56 kil. N. de Jérusalem, sur la pente orientale du mont Garizim, dans une vallée très fertile et très agréable. Elle est assez bien bâtie, compte environ 10,000 habitants, et fait un commerce actif avec Damas, l'Égypte et les ports de la Méditerranée. Elle exporte beaucoup de savon et de tissus de coton. On remarque, parmi la population de Naplous, un certain nombre de familles juives appartenant à la secte des Samaritains. — Sichem fut fondée par les Hévéens, avant le temps d'Abraham ; Josué en fit une ville lévitique et de refuge ; elle fut quelque temps capitale du royaume d'Israël, et, après la destruction de Samarie par Salmanasar, la capitale des Samaritains. En 1799, un corps de

Naplousiens fut exterminé par l'ordre de Bonaparte à Jaffa, pour avoir repris les armes au mépris de la parole jurée. — A l'entrée de la vallée de Naplous, est le fameux puits de Jacob, près duquel Jésus-Christ conversa avec la Samaritaine; dans le roc du mont Garizim sont creusés les tombeaux de Joseph et de Josué, que les Juifs viennent visiter avec vénération.　　　E. C.

NAPO (*géog.*). Grande rivière de l'Amérique dans la Nouvelle-Grenade. Elle prend sa source vers la montagne de Cotopaxi, dans la Cordilière des Andes, coule à l'E., puis au S.-E., et se jette, après un cours de plus de 1,100 kilom., dans le fleuve des Amazones, par 3° 34′ lat. S. Ses principaux affluents sont le Curaray, le Guarico, le Coca, etc.

NAPOLÉON-VENDÉE, ci-devant BOURBON-VENDÉE, ville de France, chef-lieu du département de la Vendée, à 428 kil. O. S. O. de Paris, sur l'Yon, affluent du Lay. Latit. N. 46° 40′ 17″. Long. O. 3° 45′ 46″. Population, 6,000 habitants. Elle a des rues droites et larges, presque partout de construction récente; un lycée et une école normale. Elle fait commerce de grains, de bestiaux, mais offre encore un aspect peu animé. Ce n'était qu'une très petite ville nommée *la Roche-sur-Yon*, lorsque Napoléon lui accorda des sommes considérables pour divers édifices publics, et lui donna son nom, qu'elle changea sous la restauration pour celui de *Bourbon-Vendée;* elle a repris celui de Napoléon-Vendée en 1848. On l'a aussi appelée quelquefois *Napoléonville*, nom qu'on a donné également à Pontivy. — L'arrondissement de Napoléon-Vendée contient 136,000 habitants.　　E. C.

NAPOLÉON BONAPARTE. Ce nom, le plus grand et le plus éclatant de tous les noms contemporains, rayonne au commencement du XIXᵉ siècle, et couvre de sa lumière la première moitié de cette époque. C'est un nom patronymique Italo-Grec, qui, par sa forme, où les deux voyelles *o* et *u* (*Buonaparte, Bonaparte*) confondent leurs sons selon la prononciation du sud, indique une race exclusivement méridionale. Le nom de baptême, *Napoléon*, inconnu dans les pays du nord, vient aussi de la grande Grèce. Dans le moyen-âge et dans les temps postérieurs, on ne trouve de traces de la famille Bonaparte et de ses diverses branches, que dans le midi de l'Europe, dans l'île Majorque, à Gênes, à Rome et en Corse. Suivant une opinion répandue chez quelques membres de la famille Bonaparte, une famille grecque, celle des *Kalomeros*, réfugiée en Italie après la prise de Constantinople, et qui subsiste aujourd'hui au Fanar, serait la souche véritable des *Bonaparte*. En effet, le dernier de ces noms (Καλομερος)

est la traduction exacte de l'autre (*Buonaparte*). Quoi qu'il en soit, par une prédestination singulière, c'est Napoléon Bonaparte qui a clos définitivement la phase historique née du moyen-âge, phase où les races méridionales ont brillé de tout leur éclat. Il passe auprès des uns pour le promoteur de la liberté, auprès des autres pour un conquérant sanguinaire. Il est mieux et autre chose que tout cela : il est le Charlemagne de la décadence européenne.

Napoléon, né le 15 août 1769, était le second fils de Charles Bonaparte et de Lætitia Ramolino (*voy.* BONAPARTE). Il avait 10 ans quand il fut conduit en France, pour entrer à l'École militaire de Brienne. Le marquis de Marbeuf se chargea de présenter les preuves de noblesse nécessaires à cette admission. La portée naturelle de son esprit se manifesta bientôt. Les sciences exactes charmaient cet esprit ardent, prompt à concevoir et à embrasser tous les rapports entre les calculs, les formes et les objets; apte à se rappeler les causes éloignées et à en déduire les plus extrêmes conséquences. C'est mon premier mathématicien, disait le vieil oratorien Patrault, chargé de cet enseignement. Dur à lui-même comme un montagnard, d'une nature fine, élastique et robuste dans sa taille déliée, il était naturellement sobre en homme du midi, impétueux par la pensée et acharné dans la volonté. Quand M. de Keraglio vint inspecter l'école, il remarqua ce maigre et noir adolescent à la tête calme et antique. Aussi spécifia-t-il dans son rapport que le jeune Bonaparte avait toutes les qualités d'un bon marin. Ainsi recommandé, l'enfant fut admis à l'école d'artillerie, arme qui s'accordait à la fois avec ses prédispositions guerrières et les tendances de son esprit. C'était un jeune homme régulier, sévère, aimant les exercices du corps, craint plutôt qu'aimé de ses camarades, mais avec qui l'on comptait dès lors et à qui personne n'eût osé se jouer. — L'école était soumise à une régularité disciplinaire et à des souvenirs de rigidité traditionnelle qui ne laissaient point pénétrer dans ses murs les nouvelles influences dont la plupart des esprits étaient alors pénétrés. Paris et Ferney, M. de Voltaire et l'abbé Nonotte, les fermiers généraux et leurs débauches, le cardinal de Rohan et ses folies, y étaient choses de l'autre monde. Il fallait travailler, étudier l'algèbre, la géométrie et la statique; peu de latin, aucunes distractions, et pour le jeune Napoléon surtout, point de famille qui lui communiquât le vague désir de voluptés étourdies, de dépenses effrénées, de chimères à réaliser. Seulement le souvenir d'un pays sauvage, d'un ciel rude, d'une enfance forte et d'une famille aimée. Elevé par le XVIIIe siècle, Napoléon n'en avait ni les corruptions ni les vices ; s'il est devenu maître de son époque, c'est parce qu'il ne lui ressemblait en rien.

A seize ans, il sortit de l'école avec les épaulettes d'officier et alla tenir garnison à Valence. N'ayant pas d'ambition alors, quoi qu'on en dise, pour lui, le dernier terme du succès était de commander quelque jour un régiment ; mais il sentait bouillonner dans son esprit les rêves, les espérances, les méditations confuses d'un homme de génie qui ne s'était encore ni consulté, ni analysé, ni compris. C'était en 1785. Les théories de Raynal, l'archaïsme de l'abbé Mably et de l'abbé Barthélemy commençaient à remplacer dans les esprits la pétulante ironie voltairienne et la sentimentalité de Jean-Jacques. Les souvenirs de l'éducation universitaire s'y mêlaient ; un renouvellement de paganisme se faisait sentir dans les classes bien élevées, et les plus spirituels commençaient à imaginer que rien n'était plus facile à des Français de 1785 que d'être Scipion et Brutus sous la chlamyde de Platon ou la cuirasse de Thémistocle. Une autre folie, la religion d'Ossian, avec ses rêves nuageux et ses héros sauvages, était venue saisir ce monde ennuyé. Voilà les influences diverses qui vinrent trouver à Valence le jeune officier d'artillerie et qui, dans ses loisirs de garnison, le pénétrèrent de leur action la plus sérieuse et la plus passionnée. Toutes ses affinités de races et de naissance, son penchant inné pour la grandeur antique du monde méridional, grec et romain, s'éveillèrent violemment ; il écrivit beaucoup, imprima quelques pamphlets, lut infiniment, médita davantage. De cette fournaise bouillonnante d'une jeunesse dévorée de sa propre ardeur et de son avenir ignoré, rien de complet, d'achevé, même au point de vue de l'art, ne pouvait sortir ; rien que des étincelles brûlantes mêlées de fumée, jets curieux témoins de la multiplicité de ses tendances, de la hardiesse de sa curiosité et de l'incertitude véhémente de sa pensée. Dans le cercle restreint qu'il visitait à Valence, il n'apparaissait encore que comme un silencieux et jeune rêveur, de difficile abord, plein de tact et de finesse quand il daignait s'humaniser ; pâle et enthousiaste figure, réservée plutôt que modeste ; Napoléon était philosophe plutôt qu'homme de garnison, et poussait jusqu'à l'exagération les nouvelles idées de son siècle.

De toutes les qualités ou de toutes les acquisitions qui donnent l'influence, richesse, amis, race connue, illustration d'un talent éprouvé, le jeune officier semblait n'en avoir aucune, et l'isolement même de son caractère brisait jusqu'à un certain point ces liens de sympathie qui nous donnent prise sur les hommes. Ce fut précisément cette absence complète d'analogie avec des âmes énervées et des esprits perdus de sophismes ; ce fut cette sévérité primitive, maîtresse de l'estime et conquérant l'admiration, qui firent de ce jeune homme le maître involontaire de toutes les volontés. On l'aimait peut-être moins qu'un autre ; mais on l'écoutait et l'on suivait l'impulsion donnée par ce regard électrique et par cette voix vibrante. L'autorité était dans la superiorité morale. La Révolution se précipitait sur sa pente fatale ; Napoléon avait toutes espèces de motifs pour la défendre et la propager ; il était pauvre, fier, et il voulait arriver ; les humiliations secrètes n'avaient pas manqué à son enfance et à sa jeunesse. Tous les autres officiers de son régiment voulaient émigrer ; ce fut lui, le plus jeune, qui les retint. Paris, toujours centre brûlant de la roue révolutionnaire, allait faire son 10 août. Le jeune officier accourut, observa, parcourut les places publiques et les rues tumultueuses, se perdit dans cette foule confuse, vit tomber les Tuileries sous la main du peuple, ne parut pas, ne se mêla à rien, et sentit que c'était là de la destruction seulement, et que le jour de l'organisation n'était pas venu. La Corse s'insurgeait à son tour ; Napoléon qui avait vingt-trois ans, demanda du service à Pascal Paoli, vieux chef de guérillas, qui nomma lieutenant-colonel, à grand'peine, cet officier si maigre, si fluet et si mince, disent les contemporains, qu'il ne paraissait pas avoir quinze ans ; il en fallait vingt-cinq pour obtenir ce grade. Napoléon ne se découragea pas d'un premier refus, insista, lutta, l'emporta, et une fois en Corse, commandant de la garde nationale d'Ajaccio, il résista ouvertement à Paoli lui-même. Paoli voulait que l'île fût anglaise ; Bonaparte tenait à la France par mille liens, et sa haine instinctive contre les hommes du Nord, haine qui ne s'est jamais effacée, éclata dès ce moment. Bien qu'il ne fût pas électeur, il dirigea quelque temps les opérations de l'assemblée de Corté et selon la coûtume Corse, toute sa famille marcha de concert avec lui. Les Corses avaient en général moins de répugnance pour la protection lointaine des Anglais que pour celle de la France. Deux mille paysans s'armèrent, on courut sus aux partisans des Français ; la maison des Bonaparte et leurs fermes furent brûlées, et après s'être réfugiés à Calvi, montant à bord des vaisseaux Français, ils partirent pour Marseille, frappés d'excommunication par un décret de la consulte de Corté (27 mai 1793), conçu dans les termes les plus injurieux.

Entre 1794 et 1797, dans un petit village des environs de Marseille, nommé le Beaucet, il y avait une famille de réfugiés Corses tellement pauvres, que la mère et ses trois filles vivaient de pain et de cerises, et portaient des robes de toile grossière et usées qui ne leur permettaient pas de sortir; elles attendaient avec inquiétude les faibles secours que la Convention distribuait aux exilés. Le frère était à Paris en disponibilité, sans ressources; de temps à autre il montrait ses cheveux gras et plats, son uniforme usé et sa chaussure délabrée chez madame dePernon, mère de madame d'Abrantès, qui n'avait pas grande estime pour ce jeune homme sombre et sans avenir. Quand le dîner manquait, il se promenait aux Tuileries, où Talma, qu'il avait connu chez cette madame de Pernon, Corse et d'origine grecque elle-même, le rencontrait quelquefois et l'invitait à partager son repas. Robespierre, dont l'austérité métaphysique régnait alors, avait un frère dévoué, Robespierre *le jeune*, qui recrutait partout des séides pour lui; frappé de l'austérité du jeune Napoléon, il recommanda au tout-puissant Maximilien la fortune du jeune Corse. Le comité du Salut public avait déjà l'œil sur ce dernier, et tenait son nom en réserve comme celui d'un homme d'action, de résolution et de dévoûment. Toulon venait d'être livré aux Anglais, Napoléon reçut le commandement de l'artillerie. Placé au milieu d'une armée improvisée, sans discipline, sans direction, et par conséquent sans force, il reconnut au premier coup d'œil ce qu'il y avait à faire, exigea l'obéissance, démontra la certitude d'un succès par une attaque rapide et concentrée sur un point donné, trouva des résistances, offrit sa démission, l'emporta, et reprit Toulon, le 19 décembre 1793.

Tant de sûreté dans les vues, tant de décision et de netteté, une action si calculée et si prompte, annonçaient l'homme tout entier. Le nom du jeune officier retentit, et Robespierre qui sentait décroître sa puissance réelle à mesure que sa renommée s'élevait, fit demander au vainqueur de Toulon s'il voulait s'attacher à sa fortune. Bonaparte, qui en avait reconnu la fragilité, refusa, et prépara dans le silence un grand plan d'invasion de l'Italie, c'est-à-dire de son pays originaire. — L'apôtre de l'évangile de Jean-Jacques, Robespierre, étant tombé au 9 thermidor, par l'effet et le triomphe des doctrines mêmes dont il avait été le symbole acharné, tous ceux qu'il avait protégés devinrent suspects, entre autres Bonaparte. Il redemanda de l'emploi; on voulut l'envoyer en Vendée. Il réclama; sa sagacité et sa prudence lui disaient que ce commandement qui lui était offert dans l'infanterie serait le tombeau de sa fortune. On le craignait déjà; les bureaux s'obstinant dans leur refus, il persista dans ses réclamations, ne put réussir à vaincre les préjugés contraires, et donna sa démission. La république qui avait dévoré ses enfants, compromise par les fautes des uns et la haine des autres, se précipitait vers sa ruine; des masses populaires mises en mouvement par le parti modéré, menaçaient la Convention. Bonaparte, qui, privé d'emploi, fréquentait les bureaux, et utilisait pour le comité des opérations militaires ses connaissances théoriques, sembla à Barras l'homme d'action qui devait terminer la lutte, et écraser d'un coup les ennemis de la Convention. Barras avait raison; mais dès que ces deux hommes se trouvèrent en présence, le plus fort se fit le maître. Bonaparte hésita quelque temps et prit enfin son parti. Il choisit son moment, porta un seul coup, mitrailla du haut des marches de Saint-Roch les bataillons de la garde nationale, frappa de terreur le parti qui avait cru pouvoir, par cette insurrection contre la république, renverser l'ordre de choses alors existant, et s'élança hardiment dans la nouvelle voie qui lui était ouverte vers l'autorité centralisée et l'unité du pouvoir. — Tous les yeux se portaient déjà sur lui; ses traits fins, tranchés et nets, son attitude souveraine, sa simplicité corse, son sourire doux et profond, son œil noir qui étincelait dans des orbites caves, sa voix vibrante, et quand il le voulait, moelleuse dans son accent du midi; la brève originalité d'un langage coloré seulement de la flamme de son émotion et de sa volonté, tout en lui ébranlait les esprits et frappait l'attention. C'était un type étrange et sauvage, inconnu à cette génération de philosophes, d'utopistes, de marquis réformateurs, de rhéteurs élégants, qui avaient fait la révolution française.

Les salons de Barras étaient ouverts au jeune vainqueur de Toulon et de Saint-Roch. Là, au milieu de ces débris de l'aristocratie, de ces spéculateurs voluptueux, de ces Alcibiades en cadenettes et de ces Laïs financières qui formaient un si étrange assemblage, on apercevait dans un coin des boudoirs, et dans une embrasure des croisées ornées de fleurs, l'homme immobile et taciturne qui allait mettre la main sur ce monde insensé et hériter de ces ruines. Pour y parvenir, il lui manquait un ressort indispensable à l'ambition dans les temps de décadence : il était pauvre.

Commandant de Paris en 1795, et nommé par Barras à cette place, Bonaparte vit arriver un jour chez lui un jeune homme qui devait lui plaire, simple et fier, d'une noblesse naturelle,

-et qui lui dit : « Mon père, ancien noble, qui a péri sur l'échafaud en 1794, s'était servi de son épée avec honneur ; je viens vous redemander cette épée qui, par suite du désarmement, a été déposée dans les magasins de la place. » Sa demande lui fut accordée, et Bonaparte reçut les remerciements de sa mère, Joséphine Tascher de la Pagerie, créole qui avait épousé le marquis de Beauharnais. Comme elle ne ressemblait en rien au jeune Bonaparte, il se mit à l'aimer passionnément. Barras, dans les salons duquel, introduite par madame Tallien son amie, Joséphine avait joué un rôle brillant, lui demanda si elle voulait épouser le jeune général, moins âgé qu'elle, et sans autre fortune que son épée. Elle hésita. L'austérité de ce jeune homme l'effrayait. Son consentement définitif ne fut donné que lorsque Barras eut fait nommer Bonaparte général en chef de l'armée d'Italie, et l'eut chargé d'exécuter les plans de conquête républicaine conçus par lui, et sur lesquels depuis cinq ans il n'avait pas cessé d'attirer l'attention. Promu à cette haute situation le 23 février 1796, il épousa Joséphine le 9 mars suivant. Leur union, célébrée à la mairie du 2e arrondissement, fut, selon l'habitude de l'époque, privée de consécration religieuse.

Le jeune général partit à la tête de 36,000 hommes aguerris par les guerres de la révolution, mais sans chaussures, presque sans pain, mal disciplinés et qui allaient faire face à plus de 70,000 Allemands et Russes. Les vieux généraux républicains qu'il allait commander virent d'un œil jaloux et étonné ce personnage grêle, à la volonté duquel personne ne résistait. Il avait conçu dès lors la méthode unique et simple qui lui valut tous ses triomphes, le renversement de la vieille tactique des peuples civilisés qui avaient fait de la guerre une science. Abréger les délais, supprimer les lenteurs, diviser l'ennemi, concentrer sur un point des forces considérables et toujours sacrifier le présent à l'avenir, un petit succès à une grande victoire ; voilà le résumé de sa méthode. A cette innovation qui consistait à frapper l'ennemi comme la foudre, se joignait l'art non moins nouveau de passionner les massés guerrières et d'unir à l'ordre disciplinaire, sans lequel les masses sont impuissantes, l'énergie morale qui les ébranle et les précipite. Enfin, soignant les préparatifs autant que l'action, et voyant toujours l'avenir dans le présent, nul ne sut mieux que lui disposer à l'avance cette partie matérielle de l'armée ; munitions, vivres, habillements, tout ce qui laisse à l'énergie morale du soldat, son action libre et sa force entière. Dans l'état de son armée, la rapidité du succès était son pre-

mier moyen. Il porta les premiers coups à Montenotte le 11 avril, s'ouvrit ainsi l'Appennin, sépara les armées ennemies à Millésimo le 14, et par la bataille de Mondovi réduisit la Sardaigne à demander la paix. Le Piémont était soumis ; en vain l'Autriche envoya-t-elle trois armées successives pour le repousser. Le jeune général franchit rapidement le Pô, manœuvra entre les fleuves, atteignit les Autrichiens à Lodi, et les rejeta dans le Tyrol. Aussitôt il se porta sur Milan, frappa les princes voisins de contributions, se servit de toutes les ressources de sa conquête pour réparer le matériel de son armée, organisa républicainement les municipalités, monta sa cavalerie et attendit l'Autriche qui restait maîtresse de Mantoue, la clef de l'Italie. Wurmser se présente à son tour ; il est écrasé à Lonato et à Castiglione ; Bonaparte concentrant toujours rapidement ses forces, écrase, l'une après l'autre, les troupes isolées de son ennemi. Beaulieu renforce Wurmser ; Bonaparte remonte l'Adige, coupe Wurmser, le terrasse à Bassano, et l'enfonce dans Mantoue. Une troisième armée descend du Tyrol, armée formidable qui rejette Bonaparte dans des marais impraticables et l'y tient bloqué. Celui-ci est au désespoir et va succomber ; mais il découvre deux lignes qui débouchent sur les flancs de l'ennemi, s'y précipite et le foudroie à Arcole. Les Autrichiens se rallient et reviennent à la fois par le bas Adige et par les Montagnes. Bonaparte voit que les colonnes ennemies circulant dans des sentiers montagneux ne peuvent se réunir qu'au plateau de Rivoli. Il s'élance à leur poursuite, les y écrase, redescend le bas Adige va livrer de nouvelles batailles dans les Alpes tyroliennes, et signe avec l'ennemi anéanti et humilié le traité le plus glorieux pour la France dont notre histoire se souvienne. C'était l'œuvre de dix mois ; il avait nourri ses troupes, trouvé toutes ses ressources en lui-même, détruit la république de Venise qui avait osé prendre parti contre la France, envoyé près de cinquante millions au Directoire en lui prescrivant l'emploi de ce subside, administré et réglementé l'Italie, et parlé en maître non seulement à l'ennemi, mais à son gouvernement.

Après cette succession de prodiges accomplis en moins d'une année, que restait-il à faire ? Tant de puissance et de grandeur effrayait le Directoire, et l'élément républicain n'était qu'assoupi. Le plan de la conquête de l'Égypte, qui datait de l'ancienne monarchie, et dont Leibnitz avait jeté les bases, avait occupé longtemps Bonaparte et séduit son imagination orientale. Dans ses dépêches au Directoire, il en avait déjà parlé ; il renouvela cette proposition favorable à ses intérêts, dangereuse pour les maîtres qui l'acceptèrent avec empressement, heureux qu'ils étaient sans doute de se débarrasser d'un vainqueur si incommode et d'un génie si habile et si hardi.

Il y avait imprudence et iniquité à déclarer la guerre à la Porte ottomane, seule puissance que la République française n'eût pas pour ennemie; c'était une tentative au moins hasardée que d'aller frapper la puissance anglaise dans l'Inde en traversant l'Égypte. Il était d'ailleurs facile de prévoir que le triomphateur, si l'Égypte succombait, ne trouverait en France ni résistance, ni rivalité. Soit que le Directoire spéculât sur la ruine probable du jeune conquérant, ou que toute autre considération s'effaçât devant les terreurs présentes, il permit à Napoléon de s'embarquer avec son armée. Jamais coup de dé plus audacieux ne fut jeté. Vainqueur à Chèbreys et aux Pyramides, l'Égypte est à lui; traversant le désert, il va combattre les Anglais en Syrie, se rend maître de diverses places, mais se trouve arrêté devant Saint-Jean d'Acre. L'artillerie de siège lui manque, la flotte française est détruite à Aboukir; d'un coup d'œil il voit sa perte, prend des dispositions rapides, monte à bord du premier bâtiment, traverse les croisières anglaises et revient en France.

Ici l'on voit poindre à l'horizon les deux germes destructeurs que la fortune et le génie de ce grand homme recélaient dans leur sein; d'une part, l'impuissance à s'arrêter devant le succès et à borner la conquête; de l'autre, sa haine instinctive contre les races du nord représentées dans leur puissance politique et dans l'organisation libre de leurs vieilles institutions, par l'Angleterre. D'un côté, cette fougue orientale, à la fois profonde et indomptable, calculée et irrésistible, le porte à se précipiter sur la pente de son triomphe sans tenir compte des obstacles; d'un autre, armé des forces les plus vives du monde méridional qu'il ressuscite et régénère, il commence sa guerre à mort contre les Anglais; lutte à laquelle il a prélude par la part qu'il a prise aux guerres civiles de la Corse, et qui ne finira qu'avec sa vie. Spectacle magnifique! une race et un homme. Il oubliait que les races ne sont elles-mêmes que des instruments du progrès universel sous la main de la Providence, que le plus puissant génie n'enraye pas le cours de la destinée, et que ce peuple même, dont il essayait de refouler la puissance, père de l'Amérique septentrionale imprégnée du même esprit, était le conservateur et le propagateur de toutes les institutions libres, hors desquelles il n'y a point de progrès pour l'humanité.

Bonaparte débarqua près de Fréjus, le 9 septem-

bre 1799, et trouva le Directoire avili, les armées désorganisées, la France fatiguée, la République expirante. Ses amis l'avaient mis au courant de ce qui se passait; les ressorts de son complot étaient préparés; il avait pour complices, non seulement ceux qui s'attachaient à sa fortune, mais l'admiration pour son génie, l'enthousiasme excité par ses victoires, le mépris où le gouvernement était tombé, et la lassitude universelle. Il prépara sans mystère le renversement de ce faible pouvoir, s'attendant à voir disparaître, comme au souffle du vent, les fantômes des législateurs.

Il avait mal calculé la résistance; les corps organisés ne se laissent pas si aisément détruire; et il n'en vint à bout, comme l'avait fait Cromwell, que par un coup de main militaire. Maître du pouvoir au milieu de la France étonnée, le créateur de la Constitution de l'an VIII, grand concentrateur devenu consul, rallia toutes les forces de l'État, et au sein d'une République nominale, créa le gouvernement le plus unitaire qui fût jamais. L'absorption de l'autorité dans la main d'un seul, légèrement déguisée par la nomination d'un second et d'un troisième consul réduits à l'impuissance, se manifesta sans réserve quand Bonaparte vint occuper les Tuileries, où une cour improvisée l'entoura. L'organisation des départements et des communes, centres d'activité locale, reliés au centre commun, fit marcher sous une même impulsion une masse de 35 millions d'hommes qui se croyaient en république, masse devenue compacte et qui obéissait à la voix d'un seul homme. Cependant les partis s'effaçaient et se confondaient, la prospérité reparaissait, les finances renaissaient, l'espoir était partout, l'administration, renouvelée par le dictateur, le servait aveuglément, et des flots de solliciteurs encombrant les antichambres et les bureaux, faisaient quelquefois sourire le chef de cette prétendue République.

Il fallait justifier et affermir le Consulat par des victoires nouvelles; elles ne se firent pas attendre. Le premier consul se remit à la tête de son armée d'Italie, franchit hardiment les Alpes comme Annibal, et tomba au milieu de la Lombardie, pendant que Mélas l'attendait dans les Alpes de Savoie. Coupé et surpris par cette marche audacieuse suivie de combinaisons rapides, l'ennemi fut définitivement battu et écrasé à Marengo. L'Autriche, qui avait menacé à la fois la Provence et la ligne du Rhin, et recouvré toute l'Italie, s'avoua vaincue. L'Angleterre elle-même consentit à la paix, et le traité de Lunéville signé en 1800 fut ratifié par l'Europe frappée de stupeur.

Les idées, les rêves, les désirs, les secrètes aspirations du jeune officier en garnison à Valence, se réalisèrent alors et prirent une forme ardente et définitive. Une jeunesse sans plaisirs, sans caprices et sans excès, n'avait laissé place, dans cette intelligence nette et ferme, dans cette vie héroïque, qu'au devoir accompli, au travail de la pensée, aux combinaisons puissantes, aux périls affrontés, au profond sentiment de la moralité sans laquelle il n'y a ni grands peuples ni grands hommes. Maître du pouvoir, Bonaparte pétrit la France à son image ; il renforça le côté méridional et despotique de ce pays placé par la nature entre les deux zônes du nord et du midi, y reconstitua le culte catholique, y fit renaître la discipline romaine, et repoussant dans l'ombre les traces gothiques et franques du moyen-âge, institua un code nouveau, fondé sur les Pandectes et le Digeste, admirable monument de ce génie si bien d'accord avec lui-même. Partout il organisait la force et revenait à l'unité ; partout il détruisait la variété et repoussait la liberté. L'exercice de la pensée, surtout l'indépendance de la presse, lui étaient naturellement odieux. Les assemblées délibérantes, critique éternelle du pouvoir et se critiquant elles-mêmes, le fatiguaient et le blessaient autant que le jury, autre institution du nord qui supplée à la magistrature collective par la magistrature individuelle, et transforme en juges de l'équité commune tous les membres de la famille sociale. De tous côtés, l'Italo-Grec, le héros du vieux monde romain, apparaissait debout, armé du génie ardent des civilisations antiques et méridionales, génie de l'unité et de la concentration, et refoulant celui des sociétés septentrionales et nouvelles, génie de la variété et de la liberté. La France s'y prêtait avec bonheur ; jamais elle n'avait pratiqué la liberté ; elle était née de l'unité. Toutes les prospérités se développèrent comme par enchantement. La science aidant l'industrie, les relations sociales rétablies faisant reparaître le commerce et rassurant le crédit, marquèrent chacun des pas du dictateur, qui bientôt, épouvantant l'Europe, incorpora le Piémont à la France, dicta sa volonté à la Suisse et à l'Italie, rétablit l'équilibre du traité de Westphalie, et forma autour de nous une ceinture protectrice d'états alliés ou amis. L'unité administrative détruisait dans les provinces, dont la Constituante avait fait des départements, les dernières traces de la variété de coutumes introduites par les Francs et la conquête germanique. Rome elle-même allait renaître ; la Légion-d'Honneur préludait à un patriciat nouveau ; le Tribunat disparut sous un coup d'état ;

Bonaparte fit un roi d'Étrurie comme Scipion et Manlius avaient fait ou défait des trônes ; le Sénat devint une machine à décrets ; machine muette et active, au moyen de laquelle le dictateur déplaçait les lois comme avec un levier, et changeait à son gré les constitutions. Il en créa trois en quatre ans : l'une par laquelle il se fait réélire pour dix ans, après la première période décennale, les autres qui le créent consul à vie et lui confèrent une souveraineté complète, nominalement partagée par deux consuls dont il dispose.

Une ascension si rapide et si puissante, ménagée si habilement, exécutée si audacieusement, fit naître des conspirations. La police était sous la main de Bonaparte. Averti de tout, surveillant les événements et les partis, ne croyant pas au hasard, n'abandonnant rien à la fortune, il écrasa tout. Quelques désespérés placèrent sur son passage un baril de poudre dont l'explosion faillit le tuer. La déportation de 150 personnes, l'exécution de plusieurs autres, l'institution de tribunaux spéciaux répondirent à cette attaque. Un complot royaliste bien plus sérieux, celui de Pichegru et de Georges Cadoudal, fut étouffé avec la même rapidité foudroyante et la même vigueur implacable. Un prince du sang de France, le duc d'Enghien, ayant imprudemment choisi sa résidence sur les bords du Rhin, fut enlevé par des soldats, conduit à Vincennes et fusillé. Tout était prêt ; les municipalités consultées donnèrent trois millions de voix à la résurrection de la monarchie sous la forme d'Empire héréditaire, et le sous-officier d'artillerie corse monta sur le plus beau trône de l'Europe, à trente-six ans, au milieu de l'admiration universelle, armé d'un pouvoir immense, le 18 mai 1804.

Le consulat fut l'époque héroïque de ce grand homme, diplomate, guerrier, organisateur, administrateur, législateur à la fois ; toujours maître de sa volonté, de sa pensée et de son action. Rien ne troubla pendant cette période magnifique la splendeur de cette vie prodigieuse. Joséphine, dont il avait adoré la grâce infinie, dont la touchante douceur le charmait encore et dont il avait pardonné les fragilités, gagnait les cœurs pendant qu'il gagnait les batailles. Autour d'elle se groupaient les débris élégants de la monarchie, les rudes et singulières figures échappées aux guerres civiles ; et un état de mœurs brillantes, hardies, luxueuses, guerrières, polies cependant, se préparait à naître ; l'austérité du maître forçait les habitudes de licence et les doctrines immorales à se couvrir d'un voile ; enfin le sentiment exquis des convenances dont Joséphine était douée à un si haut degré, adoucissait l'âpreté des vieux révolutionnaires et la rudesse des guerriers.

Toute l'Europe était frappée de ces changements rapides. Bientôt l'aigle des Césars arborée sur le drapeau de l'empire, le Code romain restitué, le ton de maître que l'on prenait avec elle, l'avertirent de son péril. La portion septentrionale et germanique de l'Europe se sentait menacée, et la lutte qui allait commencer se dessinait. D'un côté tous les éléments réveillés du monde méridional et romain se réunissant sous la main d'un homme de génie, et lui obéissant en esclaves; d'un autre toutes les forces vives du monde teutonique, mais éparses, sans direction et sans but. L'Italie, le Piémont, la France, la Gaule Belgique, se groupaient autour de Napoléon. L'Angleterre l'attaquait de front; l'Allemagne et la Scandinavie suivaient l'Angleterre. La Hollande et la Suisse réduites à l'impuissance par leur situation géographique, l'Espagne à demi-gothique, mais ruinée, ne prenaient à la lutte qu'une part secondaire. Napoléon avait incorporé le Piémont et Gênes, occupé Naples et placé sur sa tête la couronne d'Italie; il était intervenu en Hollande et en Suisse, et n'avait pu réussir à comprimer ces pays. Ces empiétements de vive force annonçaient la suprématie qu'allait s'arroger la France, ou plutôt la résurrection de l'empire sous la main d'un nouveau Charlemagne. Maîtresse des mers, colonisatrice, commerçante et navigatrice avant tout, l'Angleterre comprit qu'il y allait de sa vie. Depuis que Napoléon existait, elle l'avait toujours rencontré sur son passage. Fidèle à ses traditions politiques et allant résolument au fond même de la situation, elle étouffa aussitôt ses dissentiments intérieurs, rassembla ses forces et ouvrit le combat avec une perfidie et une violence dont on a peu d'exemples dans l'histoire. Refusant de restituer Malte et se considérant comme en guerre par le fait seul des usurpations de la France, elle captura par un coup de main tout notre commerce maritime, c'est-à-dire 200 millions. A ce vol gigantesque qui révélait assez tout le sérieux et toute la profondeur de la lutte, le génie de Bonaparte, surpris cette fois, répondit aussitôt : 1,800 bâtiments et une armée de 120,000 hommes se préparèrent à envahir l'Angleterre, et à renouveler peut-être la fortune de Guillaume-le-Conquérant.

Alors tous les peuples du Nord, éveillés, excités et soldés par l'Angleterre se levèrent à la fois. A la Suède, à l'Autriche, à la Russie coalisées contre nous, Naples se joignit par rancune et par faiblesse. Attaquer l'Angleterre dans ses foyers et corps à corps devenait impossible. Pendant qu'elle pillait les mers, sept corps d'armées

franchirent le Rhin. Napoléon, suivant le système inauguré avec tant de succès dans les campagnes d'Italie, divisa les ennemis, les prit à revers et les foudroya l'un après l'autre par la rapidité et la surprise de son mouvement. 85,000 hommes mirent bas les armes. « L'Empereur a battu l'ennemi avec nos jambes », disaient les soldats. Les Russes et les Autrichiens se concentrèrent en Moravie. Après avoir déployé ses troupes sur les deux rives du Danube, Napoléon se porta sur Austerlitz, attira l'ennemi par ses marches sur un champ d'opérations calculées d'avance, et le détruisit avec une précision mathématique. Jamais capitaine n'avait opéré sur une échelle aussi vaste. L'Autriche, réduite à la discrétion du vainqueur, signa la paix de Presbourg.

Aussitôt l'empire de Charlemagne reparaît à la voix de Napoléon; les fiefs sont distribués à ses capitaines, et les royautés à ceux de son sang; nulle part les droits de l'individualité humaine, le jury, la liberté de la presse, l'autonomie des peuples, ne sont ménagés ou respectés; le code romain et l'unité de commandement sont partout introduits. L'Angleterre seule, garde le dépôt de ses institutions libres, et se replie sur elle-même pour résister par l'audace, la ruse et la violence à un géant qui a juré de l'anéantir. En vain le parti libéral anglais dirigé par Fox essaya-t-il de s'entendre avec le nouveau César. Celui-ci voulait toujours la domination; l'Angleterre voulait toujours la liberté. La terrible bataille de Trafalgar ruina de nouveau notre marine régénérée, et notre aigle chassée des mers pressa le continent d'une étreinte plus forte et plus puissante. L'Angleterre ne se reposait pas; voyant l'Autriche battue, elle entraîna la Prusse dont elle négocia l'alliance avec la Russie; bientôt on vit les vieux généraux tacticiens du grand Frédéric s'avancer contre le vainqueur de l'Italie triomphateur de l'Autriche. A leur stratégie savante, à leurs lenteurs approuvées par l'art de la guerre, Napoléon opposa de nouveau sa témérité calculée, ses marches audacieuses et la rapidité écrasante de ses masses si bien préparées, munies de tout, disciplinées, enthousiastes, éprises de leur chef et pleines de l'inspiration guerrière. Secondé par des lieutenants qu'il avait formés à son image, il déborda encore l'ennemi, coupa ses communications et sa retraite, et lui imposa ses conditions à Iéna. Rien ne bougeait plus, excepté l'Angleterre, cantonnée dans son île, souveraine de la mer, active et implacable.

Il fallait la réduire par la disette ou par l'anéantissement du commerce qui est sa vie; de là l'invention gigantesque du blocus continental, prohibition de tout rapport commercial entre le continent et l'ennemi commun, immense attentat à la liberté sociale des peuples, frappés dans les sources mêmes de leur bien-être et de leur industrie; levier despotique des machines de guerre qu'un seul homme faisait mouvoir à son gré. La Russie, qui avait pris parti, imprudemment peut-être quant à sa politique personnelle, pour la nation germanique, déjà vaincue à Eylau, fut complétement battue à Friedland, et le czar Alexandre, après une entrevue à Tilsitt, signa un nouveau traité de paix empreint d'un génie plus romain, plus conquérant, plus dominateur que les précédents. Tout pliait; le génie slave représenté par Alexandre semblait accepter le joug avec admiration et enthousiasme. Cependant Alexandre, vrai symbole de ce Slavisme si souple et si fugitif, tout en protestant de son attachement sans bornes pour le maître, dépêchait à Londres un envoyé secret. L'Autriche humiliée se taisait; la Prusse frémissante, démembrée, écrasée, ressentait de profonds désirs de vengeance, et l'Angleterre continuait son travail d'instigation, de propagande et d'excitation universelle.

Elle n'aurait pas réussi à soulever l'Europe en faveur de ses intérêts, si quelque chose de plus puissant que l'or, de plus habile que la diplomatie, de plus actif que l'intérêt, de plus énergique que les armées conquérantes, ne s'était remué au fond des populations germaniques. Partout le vieux teutonisme renaissait en Allemagne; le professeur dans sa chaire, la jeune femme dans son ménage, le vieux pasteur protestant dans son temple, le poète dans ses vers, l'homme de cour lui-même sous son costume de chambellan ou de conseiller aulique, tout réchauffait la vieille colère des peuples libres qui s'insurgeait contre tant d'humiliations et de défaites, contre cette civilisation du Midi qui s'imposait à coups de canon, contre cette épée impériale plus pesante qu'un sceptre. Toutes les races éparses que les incidents de l'histoire avaient divisées, reconnurent le lien primitif qui les unissait. Il y eut un terrible et sourd écho qui parcourut toutes les races du Nord longtemps comprimées, écho grandissant toujours et d'une intensité formidable, qui ne s'arrêta pas même aux portes de la France, car Mᵐᵉ de Staël et ses amis en étaient les organes admirés, et telle fut, disons-le en passant, la cause réelle des persécutions subies par cette femme célèbre. Tout ce mouvement germanique, si fécond et si ardent bien que secret, recevait une force et une impulsion extraordinaires du mouvement intellectuel qui se manifestait en Angleterre, et qui se rattachait lui-même à la grande impulsion philosophique et

métaphysique de l'Allemagne pendant le vıı° siècle. Toute une génération d'hommes de talent ou de génie, les Walter-Scott, les Coleridge, les Wordsworth, marchaient ensemble contre Rome ressuscitée; Gœthe et Byron eux-mêmes, l'un par ses ballades populaires, l'autre par ses anathèmes misanthropiques concouraient à ce réveil et à cette expansion des forces morales et intellectuelles du Nord. On avait vu le vieux philosophe Fichte saisir son mousquet d'une main débile pour aller se battre contre les Français, et le jeune Kœrmer mourir sur le champ de bataille en répétant son hymne patriotique, une des plus belles inspirations de la muse lyrique allemande. Il ne faut pas croire que Napoléon méconnut le sentiment teutonique, sa révolte et sa puissance; il le comprit et voulut l'écraser. Le blocus continental s'étendit aux deux tiers de l'Europe. La Pologne même fut négligée. Pour lui rendre une indépendance conforme aux nécessités du temps, il aurait fallu consentir à l'organiser d'une manière constitutionnelle, et faire ainsi une large concession aux idées et aux faits de l'indépendance germanique.

Non seulement le héros du Midi ne voulait pas cette indépendance; mais dès que l'Europe fut soumise, il alla en poursuivre les débris en Espagne chez une population méridionale et gothique, qui, sous la forme de la monarchie unitaire et sous l'abri d'un catholicisme exalté, avait conservé vivantes beaucoup de traces de la liberté personnelle. Napoléon lui-même s'est condamné, quant à cette expédition, avec une grandeur et une simplicité dans la confession qui n'appartenaient qu'à un tel homme : « J'ai été immoral, inique, et j'ai commis un attentat. » Il ajoute qu'il « embarqua mal cette affaire », et s'accuse de la « hideuse et cynique nudité » avec laquelle il accomplit son usurpation. Mais le grand homme dont le sentiment moral se révolte ainsi contre les résultats de sa politique, ne dit pas qu'il avait pour but d'effacer de l'Europe continentale, municipalités gothiques, indépendance fractionnaire des communes, droit de discussion, vote libre, fractionnement des intérêts concentrés sur eux-mêmes, groupes locaux, fueros, tous les droits particuliers émanés du moyen-âge germain, pour y substituer la grande unité réglementaire, splendide et longtemps féconde, émanée de la civilisation romaine. Il était logique quand il disait : « L'Espagne fait tache dans l'Europe. »

Cette tache tombait d'une source qu'il n'était donné à personne de tarir ou de refouler. En Espagne comme en Allemagne, mais avec une énergie bien plus sauvage et la farouche résolution d'âmes qui n'avaient subi ni le joug hiérarchique de mille petites principautés subdivisées, ni l'action énervante de la métaphysique, tout un peuple furieux, femmes, petits enfants, muletiers, paysans, sortirent du creux des montagnes, du fond des bois, des villes habitées, des bourgades désertes, et tuant nos soldats en détail, les attirant dans des piéges, les massacrant dans les gorges des rochers, les décimant dans les villes, arrêtèrent d'un coup la fortune du conquérant. Désorienté un moment, mais non déconcerté, par la défaite de Baylen (le premier échec de ses armes et qui lui venait du peuple), il pressentit le danger, se hâta de voir l'empereur Alexandre à Erfurt, abandonna la Suède et la Turquie à l'ambition du chef des Slaves, et couronna par une seconde iniquité celle dont nous l'avons entendu s'accuser tout à l'heure. Après avoir proposé au czar le partage du monde, c'est-à-dire après lui avoir offert de comprimer et d'étouffer entre le slavisme de la Russie et la civilisation romano-impériale de la France, ce génie germanique qui l'épouvantait, il partit pour l'Espagne, négligea la guerre d'escarmouches, frappa l'ennemi de coups redoublés, le battit à Burgos, Espinosa et Tudela, s'empara de Madrid et resta maître des villes, non des hommes. A peine avait-il placé dans sa famille la couronne nominale de l'Espagne, il apprit que l'Allemagne se réveillait, et que l'Autriche, après avoir réparé ses forces, payée et stimulée par l'Angleterre, reprenait les armes. Il s'élance de Madrid, laisse en Espagne les vieilles troupes d'Austerlitz, concentre ses troupes fraîches, la plupart conscrits ou soldats allemands, les discipline, coupe de nouveau les corps ennemis, remporte les batailles d'Abensberg, d'Eckmühl, et lutte non plus seulement contre de vieilles armées, mais contre l'inexpérience de ses propres soldats et contre les flots du Danube, qui trois fois emportent ses ponts reconstruits par des travaux prodigieux. Le 6 juillet 1809, Wagram, terrible victoire, rétablit le prestige de son nom, et bientôt le bombardement de Vienne met de nouveau la monarchie autrichienne à ses pieds.

Cependant le czar, au lieu d'attendre le partage du monde, achevait paisiblement l'usurpation de la Finlande et de la Valachie, et le génie du César italien et de son aigle, à chaque essor conquérant, à chaque victoire nouvelle, redoublait l'intensité de haine et l'ardeur de vengeance qui depuis 1804 fermentait dans les entrailles du monde germain. Napoléon, qu'on le sache bien, n'est tombé ni sous la trahison des hommes, ni sous les imperfections de son propre génie, encore moins sous les accidents du hasard. Il a succombé sous le poids d'un monde que son héroïsme a provoqué, soulevé, et dont la léthargie apparente a trompé cet esprit rapide et éclatant. Un poignard dans la main d'un étudiant nommé Stafs vint le lui apprendre à Schœnbrünn, le 13 octobre 1809. C'était un enfant blond, membre obscur d'une de ces sociétés germaniques qui couvraient le pays. Quand on le fusilla il ne regretta que d'avoir manqué son œuvre, et tomba sous les balles en criant : *Vive la Germanie! vive la liberté!* C'était l'accent même de la nationalité germaine qui sortait de la poitrine de cet enfant. Partout en effet, l'esprit national renaissait, les ministres Hardenberg et Stein non seulement le fomentaient, mais activaient les réformes en faisant des concessions opportunes. La solidarité renaissait entre le paysan et le noble, entre le gouvernant et les gouvernés. Décidément du côté de Napoléon étaient le génie, l'autorité, la splendeur et la force; du côté de ses ennemis, le droit naturel, la résistance contre l'oppression, la sainte liberté.

Ici commence le mouvement d'affaissement de ce grand pouvoir que des ressorts si extraordinaires ont porté à son point suprême. Le rénovateur passager de l'empire des Césars, conséquent avec lui-même, épouse, comme aurait pu le faire Dioclétien ou Aurélien, la plus noble des filles germaines, comptant ainsi, espoir chimérique, rallier les populations teutoniques qui se taisent, ou du moins apaiser leurs ressentiments. Pour cela il répudie la femme créole, premier auteur de sa fortune. Joséphine va languir dans une solitude désolée, sultane répudiée de cet empereur oriental, et une magnificence sans égale environne les noces du maître de l'Europe romaine avec l'archiduchesse d'Autriche. Les populations, étonnées, applaudissent du fond de leur stupeur. C'est quelque chose, en effet, de colossal comme un rêve que l'Empire créé par la main de cet homme, tel qu'il existait entre 1810 et 1812. Ses deux bras enveloppent l'Allemagne et menacent, d'un côté, l'Orient et la Turquie; de l'autre, le nord de l'Europe. Cinquante millions d'âmes, depuis les Pyrénées jusqu'au Jutland, depuis Naples jusqu'à la mer Baltique, reconnaissent le même chef et se soumettent aux mêmes lois; les embouchures de l'Escaut, du Rhin et de l'Elbe, sont à lui. L'Espagne, Naples et une partie de la Scandinavie, dépendent de sa volonté. Il compte au nombre de ses villes, Rome, Hambourg et Amsterdam, et le quart de l'empire français ne parle pas notre langue. Les États romains, la Hollande, les villes anséatiques, la Westphalie, le Valais, le grand-duché de Berg, Gênes et la

Toscane nous sont incorporés. Un mouvement d'industrie prodigieux se manifeste dans ce grand corps, dont les parties les plus lointaines et les moins civilisées recevaient l'impulsion générale. Le Code Napoléon soumet cent trente départements à l'uniforme législation romaine; l'Université, dirigée par un grand-maître, continue cette unité d'impulsion. Un système de canaux et de grands chemins devant relier toutes les parties de l'empire, est ébauché, mais non achevé; une hiérarchie de fonctionnaires, tous dépendants de la volonté centrale, administre les départements subdivisés en arrondissements et en communes, et tous sont nommés par le maître, jusqu'aux maires et aux conseils municipaux.

Les moindres vestiges de l'indépendance germanique étant une fois bannis, il restait à instituer des simulacres de pouvoirs intermédiaires, à l'exemple de Byzance et de l'Empire dans ses derniers temps; un grand-électeur, un archi-chancelier de l'Empire, un archi-trésorier, un grand-connétable, un grand-amiral. Des fonctionnaires publics, choisis par l'Empereur, présidèrent les collèges électoraux chargés de nommer les candidats au Sénat et au Corps Législatif; le maître eut le droit de dissoudre les collèges et de refuser tous les candidats. Les sénateurs siégèrent à vie; les membres du Corps Législatif pour cinq ans. On s'était débarrassé peu à peu du tribunat qui devait discuter les lois, et de quelques débris de formes constitutionnelles. La liberté d'opinion s'était réfugiée dans un seul corps, le Conseil d'État, qui s'assemblait aux Tuileries, n'émanait que de l'Empereur et fonctionnait sous sa main. Là, entouré d'hommes pratiques, la plupart estimables par le caractère et le talent, mais domptés par son génie et sa présence, il développait les plans, discutait les idées, et fécondait tout par son application infatigable et son insatiable curiosité. Cette fièvre d'activité qui le dévorait, et qui du sein des batailles, au feu des bivouacs, lui dictait des notes et lui faisait donner des ordres sur tous les sujets, depuis les moindres détails d'administration jusqu'aux plus vastes entreprises, se répandait sur ce qui l'approchait et animait le travail des bureaux. La conscription fut maintenue et jeta dans les armées toute la portion adulte de la population. D'immenses richesses tirées des conquêtes circulaient dans l'Empire. Elles ne suffisaient pas cependant à soutenir des entreprises qui semblaient toucher aux bornes du possible. Le budget de l'intérieur était de 150 millions; celui de la guerre atteignit en 1814 la somme de 740 millions; enfin l'accumulation des dettes contractées par l'Empire fut portée,

s'il faut en croire un rapport de l'abbé de Montesquiou, à 1,645,469,000 fr.

Mais la fragilité du colossal édifice n'était pas là. Elevé sur des bases mathématiques et matérialisé pour ainsi dire en lignes géométriques, par l'esprit le plus puissant qui fût jamais dans l'art des grands calculs, le colosse devait crouler par la faiblesse de ses bases morales. Sa gigantesque unité était plutôt visible que réelle, plutôt abstraite comme un problème, que réalisée comme un fait : le lien moral manquait partout; la vie politique de l'avenir était partout étouffée; l'âme était absente de cette organisation splendide qui semblait satisfaire à toutes les conditions abstraites de la rigueur mathématique. Quand Napoléon s'arrêtait devant son œuvre pour la contempler, il lui arrivait de s'en effrayer lui-même. « J'aperçois bien, disait-il, un gouvernement, une armée, des corps constitués, mais le reste de la nation, qu'est-ce? des grains de sable. » Et il ajoutait tristement, en plein Conseil-d'État : « Tout ceci durera autant que moi; mais après moi, mon fils s'estimera heureux peut-être s'il a quarante mille francs de rente. »

En effet, un fils lui était né, et il le nomma Roi de Rome. L'Angleterre se taisait, l'Europe courbait la tête. Le czar seul, mécontent, dont Napoléon n'avait point écouté les conseils à Tilsitt, à qui l'alliance de la France et de l'Autriche portait ombrage, qui se sentait gêné par le blocus continental; et que l'éloignement protégeait, se montra froid d'abord dans ses relations, puis sourdement hostile; et enfin, levant le voile, il s'allia à l'Angleterre. C'était la conséquence logique du passé. Napoléon ne s'en étonna pas.

L'inspiration guerrière, flamme qui avait créé l'Empire, pouvait seule soutenir ce phénomène ou le dévorer. Il accepta plutôt avec joie qu'avec surprise cette conséquence de son système et de sa fortune, rallia une armée formidable, 450,000 hommes, chiffre que nulle armée européenne n'avait encore atteint, et marcha sur Moscou. Il n'atteignit cette ville, à demi asiatique, et placée sur la route de l'Orient qui avait toujours charmé sa pensée, qu'après de prodigieux efforts, une longue route dans des pays dévastés et trois victoires sanglantes : Smolensk, la Valontina et la Moskowa. La colère populaire qu'il avait déjà rencontrée si terrible en Espagne, apparut ici plus sauvage et plus redoutable. Après avoir brûlé plusieurs villes sur la ligne d'opération du conquérant, les Russes incendièrent Moscou, et lui apprirent ainsi quelle différence se trouve entre l'obéissance sous la discipline, et la passion invincible d'une nationalité qui se défend. Plusieurs fautes, dont les plus grands hommes ne sont pas exempts quand la fortune où le génie les a portés à ce dernier sommet où la vue se trouble, vinrent précipiter son désastre. Il avait mal calculé le retour des hivers en Russie, et laissé sur ses ailes, comme il l'avoue lui-même, deux cabinets dont il n'était pas le maître. Il fallut battre en retraite devant les éléments conjurés, et se replier pour lutter contre des ennemis humiliés et furieux. Enveloppé par trois armées, ayant devant lui les glaçons flottants et les ponts coupés de la Bérésina, ne commandant plus qu'une longue traînée de spectres en haillons, sans armes, les pieds couverts de vieux linges, affaiblis par la misère et la faim, sous un froid mortel, et sans vivres, il se fraya un passage, ne laissant à l'ennemi que 2,000 traîneurs prisonniers et trois canons. Mais que de morts et quelles pertes! A travers ces glaces qui déchiraient le poitrail des chevaux ou qui s'affaissaient sous le poids d'une masse confuse d'hommes, de charrois et de chevaux, le glas mortuaire avait sonné pour l'Empire, et tout le reste de la vie de Napoléon ne sera désormais qu'une lutte impuissante et sublime.

Les événements dominés, les tendances des races domptées, le cours des destinées européennes suspendu, la force des choses et la variété des faits soumis à une seule volonté; tout ce que Napoléon avait fait ne disparut pas en un instant. Il résista pendant des années à la fatalité qui le pressait, et protesta jusqu'à sa mort. Tout annonçait le détraquement de cette unité souveraine qu'il avait organisée, machine admirable, mais dont une main hardie peut s'emparer par un seul effort. Un conspirateur obscur, Mallet, rien qu'en répandant la nouvelle de la mort du maître, pendant la retraite de Moscou, avait été sur le point de saisir le grand ressort de l'Etat. La Prusse armait, l'Angleterre payait ses alliés et couvrait les mers de ses vaisseaux, l'Allemagne attendait frémissante et prête à se venger, la France elle-même obéissait plutôt par habitude que par enthousiasme. Napoléon arrive à Paris, organise en deux mois sa jeune armée, et triomphe à Lutzen, le 2 mai 1813, à Bautzen le 20 mai suivant. Les populations allemandes grondaient autour de lui, les bataillons teutoniques enrégimentés dans les armées de l'Empire, étaient prêts à tourner leurs armes contre les Français. La Prusse, la Suède, la Russie, plusieurs princes allemands marchaient d'accord. L'Autriche, toujours humiliée malgré son alliance, voulait tirer parti de la situation, et demandait quelques provinces que Napoléon lui refusa, fidèle à sa hauteur habituelle. Pendant que l'irritation germanique s'accroissait, et que, malgré

le blocus continental, les institutions libres de l'Angleterre en développaient la prospérité, l'unité despotique et orientale dont Napoléon était le symbole et l'organisateur portait des fruits contraires. La France, habituée à se laisser mener, attendait tout du maître, et ses généraux devenus riches et puissants, perdaient l'énergie des batailles et la sûreté du coup d'œil. « Le feu sacré s'éteint autour de moi, disait le grand homme. » Il oubliait que le propre de la régularité unitaire à laquelle il avait voulu soumettre le monde est d'étouffer cette flamme née de la variété libre. Tous ces éléments de ruine, énervement des capitaines, jeunesse des soldats, hostilité des populations, se réunirent à Leipsig le 16 octobre 1813, et forcèrent Napoléon, en dépit des efforts désespérés de son génie, de se replier sur le Rhin, laissant toutes ses garnisons semées dans les places d'Allemagne, et la Germanie aux mains de ses ennemis.

Un dernier et brillant succès, obtenu sur les Bavarois dans les défilés de Hanau, ramène à Paris le grand homme dont l'étoile pâlit, et qui rencontre de nouveaux obstacles à l'intérieur. Cette unité splendide, la passion de sa vie, commence à se briser même au centre de son œuvre. Le ferment de la révolution se réveille; on recommence à désirer la liberté. La gloire, dont on est rassasié, ne semble plus une compensation suffisante pour tant de sang versé. Le corps législatif, longtemps muet, retrouve la parole, demande des garanties, et met des conditions à son concours; c'était un peu tard. Il arrive trop souvent à la France, enivrée d'enthousiasme pour ceux qui la séduisent, d'exalter et d'accroître leurs défauts par son admiration même, et de précipiter ainsi leur ruine, sauf à leur faire payer plus tard l'excès de son amour par un excès d'ingratitude. Napoléon, courroucé, congédia l'assemblée, régla seul le budget, et accrut ainsi l'irritation publique, envenimée par la douleur des mères.

La France, muette, attendait le résultat, pendant que l'Europe du nord tout entière, longtemps vaincue et foulée aux pieds, se précipitait sur notre pays avec un essor terrible et une inexprimable fureur. Ce n'était plus la cause des rois qu'elle défendait contre une révolution populaire, c'étaient toutes les variétés des races teutoniques alliées aux bataillons slaves qui s'essayaient à la vengeance et venaient heurter de leur masse la grande monarchie impériale du midi. Le créateur de cette organisation merveilleuse et passagère ne pouvait réveiller et appeler à son secours, sans contradiction ou sans danger, l'esprit qui lui était le plus hostile, celui de la révolution dont il était né. Seul il devait défendre son système, avec son armée longtemps conquérante et ses généraux fatigués. Les libéraux de France donnaient, sans le vouloir, la main aux étrangers que soutenaient bien plus ouvertement les partisans de l'ancienne monarchie.

Ce fut un spectacle sublime que cette première campagne de France, où le chef militaire, dépouillé du premier prestige de la jeunesse et de la gloire naissante, à la tête d'un reste d'armée, sans appui solide dans le pays, repoussa des forces triples encouragées par le succès. Il les presse de toutes parts, se montre partout à la fois, les frappe sur tous les points, les subdivise, et ne pouvant les étreindre de ses forces insuffisantes, les enveloppe par la rapidité du mouvement qui les foudroie. Les combats de Brienne, de Montmirail, de Montereau (janvier et février 1814), ceux de Laon, de la Fère-Champenoise, de Paris, et de Saint-Dizier (mars 1814), égalent ce que la première campagne d'Italie offre de plus grand. Mais le mouvement intérieur de destruction n'avait pas cessé de grandir, et au moment même où, par la bataille de Saint-Dizier, l'Empereur coupait la ligne de retraite de l'ennemi, des intelligences secrètes de Paris avec nos envahisseurs les appelaient sous les murs de cette ville qui capitulait. Le lion traqué ne se découragea pas ; Napoléon rallia son armée, couvrit Fontainebleau, et s'apprêtait à donner une dernière bataille, quand les positions du général Marmont, livrées à l'ennemi, le frappèrent du dernier coup.

On lui avait offert de se restreindre dans les limites de l'ancienne monarchie : il avait refusé par un sentiment juste de ce qu'il avait fait, de ce qu'il avait osé, sentiment plus grand que l'orgueil. En vain offrit-il son abdication en faveur de son fils : le maître de l'Europe méridionale fut déclaré déchu, et l'hérédité abolie dans sa famille. On lui abandonna l'île d'Elbe, rocher de fer et de granit aux portes de l'Italie et de la France, en face de ces Alpes qui rayonnaient encore de la gloire de ses premiers combats. Le chef militaire, qui n'avait été si fidèle que sous l'armée, prit congé d'elle avec larmes, laissa dans les cœurs de ses vieux guerriers un ineffaçable souvenir de ses adieux, et partit pour son exil.

Cependant les Bourbons s'asseyaient de nouveau sur ce vieux trône miné depuis des siècles par les fautes et les excès même de la monarchie, trône que l'on espéra en vain raffermir au moyen de formules constitutionnelles empruntées maladroitement à l'Angleterre. Le pays, démoralisé par de longs troubles, épuisé de son sang, incertain de ses croyances, trompé dans

ses enthousiasmes, déçu par la sublime chimère d'une République et l'éclatante illusion d'un Empire, se laissait aller au souffle des événements, qu'il ne songeait plus à maîtriser, et des partis, qui s'agitaient pour le dominer. Ce fut un de ces tristes moments de la vie des peuples, une de ces époques que Tacite seul aurait pu reproduire et flétrir; une de celles où les illusions perdues détruisent la moralité sociale, où l'idole hier adorée est traînée dans la fange du mépris et de l'outrage, où l'on se venge sans pudeur d'une servitude. longtemps subie, par de lâches insultes et de tardives fureurs. A peine le cynisme de ce premier remords eut-il épuisé sa colère, qu'on revit surgir en face l'un de l'autre l'élément vital de la Révolution française que quatorze années de silence et d'oppression n'avaient pas annulé, et l'élément plus faible, mais plein d'espoir, de l'ancienne monarchie qui se préparait à tout reconquérir. L'issue du combat ne pouvait être douteuse. Le mécontentement se répandait dans les masses et allait jusqu'à l'irritation, lorsque le prisonnier de l'île d'Elbe, saisissant le moment favorable avec cette promptitude de coup d'œil qui ne l'a jamais trompé, s'embarqua avec une petite troupe, aborda en Provence, entraîna sur son passage toutes les troupes qu'il rencontra, et, après avoir fait « voler son aigle, comme il le dit lui-même, de clocher en clocher », reprit le trône et la capitale (20 mars 1815) et refit son armée en quelques mois.

L'héritier des Bourbons avait fui devant lui. La France se taisait encore. Mais Napoléon se trouvait de nouveau en face du redoutable problème dont il avait rendu la solution impossible. Un seul moyen de succès lui était offert : réveiller les forces morales assoupies de la France, faire jaillir de nouveau du sein de ce grand corps, les éléments de la vie libre, de la variété et de l'indépendance; armer toutes les communes, toutes les villes, tous les districts, toutes les fractions du pays contre les envahisseurs. Mais lui, l'organisateur de l'unité la plus puissante qui se fût jamais imaginée, brisera-t-il son propre système, le but, la passion et la gloire de son génie? Quelques hommes, entre autres le loyal Carnot, l'y invitèrent. « N'enchaînez pas, leur répondit-il, en une phrase orientale, le vieux bras de l'Empereur; ne me poussez pas dans une voie qui n'est pas la mienne. »

Il suivit donc le sillon de sa pensée et de sa vie; et après avoir donné à la liberté populaire, sous le titre d'*acte additionnel*, quelques gages apparents plutôt que réels, il rentra en campagne, se jeta sur la Belgique, prévint la jonction des ennemis qui s'y concentraient, les battit à **Fleurus** et à **Ligny**, et vint trouver, le 18 juin 1815, à Waterloo, le tombeau de son empire. Tout avait conspiré sa perte; dépêches livrées par des transfuges, erreurs de certains lieutenants, inertie ou inhabileté de quelques autres, « qui avaient compris leurs ordres, dit-il lui-même, comme un soldat sa feuille de route.»

C'en était fait. L'abandon qui avait signalé sa première chute dévint plus amer et plus complet. On força l'ancien maître du monde de quitter son armée et de s'éloigner jusqu'à Rochefort, d'où il espérait passer en Amérique. Une croisière anglaise l'en empêcha. Il chercha asile à bord d'un vaisseau britannique, invoqua vainement, dans une lettre éloquente et plutôt ossianique que conforme aux habitudes des temps modernes, l'hospitalité anglaise, fut déclaré prisonnier de guerre par ce vieil ennemi qui l'avait terrassé avec tant de peine, et enfin jeté sur un rocher des tropiques au milieu de la mer, à Sainte-Hélène, où pendant cinq ans et demi, ce géant du xixᵉ siècle européen habita l'humble maison de Longwood immortalisée par lui. Quelques fidèles courtisans de son désastre, adoucirent un peu les tortures de cette captivité cruelle; et ce ne fut pas un des moindres prodiges de sa vie que cette dernière époque, pendant laquelle la France, longtemps ingrate, reportait vers lui ses souvenirs et sa sympathie, tandis que lui - même ne cessait d'attacher sur elle ses regards et sa pensée. Devenu écrivain, pendant cette dernière phase de repos homicide et forcé, comme il l'avait été pendant le stage et les loisirs de son adolescence inactive, Napoléon a jeté confusément dans les dictées et les entretiens que ses compagnons d'exil ont recueillis, tous les aperçus, résultats d'expérience, paradoxes, mouvements hardis ou nouveaux de la pensée que lui suggéraient ou le souvenir de ses entreprises, ou le besoin d'expliquer sa conduite, ou la flamme infatigable et ardente de son esprit. C'est là surtout que se manifeste et éclate la sève méridionale de cette intelligence enthousiaste dans ses calculs, gigantesque dans sa précision, et pour ainsi dire fabuleuse dans sa splendeur héroïque. Puissant dans l'analyse abstraite des formes et des nombres, logicien et calculateur profond, l'observation philosophique des causes morales lui échappe presque toujours. Il se fait illusion sur lui-même et sur sa vie; athlète de l'unité, il croit avoir combattu pour la liberté; promoteur de la civilisation matérielle, il ne voit pas que c'est le progrès de la civilisation morale qui l'a tué. Plein de haine pour la moitié septentrionale de l'Europe, il ne s'aperçoit pas qu'il a succombé sous l'expansion inévitable du génie libre de ces peuples, et non sous la force de leurs armés. Enfin, César jusqu'à la fin de sa vie, il s'indigne d'être appelé général; il veut rester Empereur et meurt, comme Charlemagne, dans une chapelle ardente, le 5 mai 1821, après quarante-cinq jours de souffrance et une longue maladie du foie.

Il avait désiré, avant de mourir, que ses restes fussent ensevelis *sur les bords de la Seine*. Ce ne fut qu'en 1840, que le roi Louis-Philippe ayant obtenu du gouvernement anglais, pressé par M. Thiers, la permission d'enlever les restes de l'Empereur déposés à Sainte-Hélène, y envoya son fils, le prince de Joinville, qui rendit à la France, le 15 décembre de la même année, ces dépouilles glorieuses et lugubres destinées à être placées dans l'Hôtel des Invalides. Un froid intense, qui fit périr plusieurs personnes, signala cette solennité singulière, à laquelle assistèrent toute la population parisienne et tous ceux qui avaient survécu de l'ancien empire. Il semblait, en rendant les derniers devoirs au César renouvelé, qu'on saluât par un dernier adieu, la vaste unité méridionale qu'il avait un moment fait triompher. L'avénement définitif des races du Nord, leurs idées de liberté réalisées dans toute leur étendue par les États-Unis, leur théorie de pondération et d'équilibre social résumée par la prospérité inouïe de l'Angleterre, ont seuls vaincu ce grand homme, qui restera dans l'histoire, non comme un accident, mais comme un Symbole magnifique du monde croulant qu'il a voulu relever.

En effet, de quelque côté qu'on le juge et l'examine; celui qui a rêvé l'empire d'Orient dans sa jeunesse, et pris l'Égypte comme prélude; Grec et Italien dans son éloquence comme dans ses finesses; souple et subtil dans ses fureurs, souvent calculées; splendide plutôt que théâtral dans les accessoires de sa grandeur; habile à ébranler l'imagination chez les autres et à combiner les effets de l'imagination émue; sublime dans la passion et prodigieux par la rapidité du mouvement; concentrant tout d'ailleurs dans une personnalité colossale qui faisait de lui un demi-dieu; celui-là n'était autre que le dernier athlète de la civilisation du midi, menacée sur sa fin et son déclin. PHILARÈTE CHASLES.

NAPOLÉONÉES et **NAPOLÉONE**, *napoleoneæ* et *napoleona* (bot.). Palisot de Beauvois, dans la Flore d'Oware, avait fait connaître un arbuste de cette partie de l'Afrique, aussi remarquable par la beauté que par la singularité de ses fleurs et qu'il avait dédié à Napoléon sous le nom de *napoleona*. Tout en enregistrant ce nouveau genre dans leurs catalogues, plusieurs botanistes avaient fait remarquer combien l'or·

ganisation que lui assignait son auteur, différait de tout ce que l'on connaissait encore, et quelques-uns même avaient semblé accuser Palisot d'avoir créé un être de raison pour en faire hommage à l'empereur. Mais, dans ces derniers temps, plusieurs voyageurs ont pleinement justifié ce botaniste, en fournissant non seulement de nouveaux échantillons de l'espèce qu'il avait décrite, mais encore en apportant en Europe deux nouvelles espèces du même genre. M. A. de Jussieu a, de son côté, écrit sur ces plantes un mémoire qui a fait parfaitement connaître leur organisation, et dès-lors toute incertitude a disparu à ce sujet. Endlicher a fait du genre *napoleona* de Palisot, le type d'une petite famille qu'il range à la suite des ébénacées et des styracées, ou plus exactement à laquelle il n'assigne aucune place précise. Il y a compris deux genres : *napoleona* (Palis.), *asteranthos* (Def.). — Ce petit groupe naturel est formé d'arbustes de l'Afrique tropicale, à feuilles alternes, sans stipules, entières ou marquées au sommet de deux ou trois dents inégales. Les fleurs de ces végétaux sont parfaites, régulières, solitaires sur des pédoncules axillaires qui portent plusieurs bractées distiques. Elles ont un calice adhérent à l'ovaire, persistant et à cinq divisions; une corolle monopétale, simple dans l'*asteranthos*, mais triple dans les *napoleona* : l'extérieure, qui est la vraie corolle, rotacée, à cinq lobes; la moyenne déchirée en filaments semblables à des cils; l'intérieure en coupe, déchirée seulement à son bord; cinq étamines périgynes, dont les filets très larges et pétaloïdes sont soudés en tube dans le bas et portent chacun à leur extrémité supérieure, deux anthères uniloculaires; un ovaire adhérent, surmonté d'un disque, creusé de cinq loges, qui renferment chacune quatre ovules suspendus; un style court, à cinq angles, terminé par un grand stigmate pelté, également à cinq angles. Le fruit est une baie couronnée par les lobes du calice, dans lequel se trouvent des graines nombreuses, sans albumen, et dont les cloisons ne se distinguent pour ainsi dire plus au milieu de la pulpe qui le remplit. — L'espèce de napoléone décrite par Palisot de Beauvois avait été nommée par lui *napoleona imperialis* ; elle a la fleur d'un beau bleu d'azur, avec les étamines rougeâtres. M. A. de Jussieu en a décrit une seconde espèce sous le nom de *napoleona Heudelotii*; elle a la fleur pourpre. Enfin, M. Lindley avait rapporté à tort au *napoleona imperialis* (Palis.) une troisième espèce à fleur orangée, pour laquelle M. Lemaire a proposé le nom de *napoleona Withfieldii*. Les noms spécifiques de ces deux dernières plantes sont tirés de ceux des voyageurs qui les ont apportées en Europe.

NAPOLI (*géog.*). C'est le nom de deux villes de la Morée. — 1° NAPOLI DE MALVOISIE, appelée en grec moderne *monembasia*, près de l'ancienne Epidaure, est bâtie sur la mer, à 53 kil. S.-E. de Misitra, dans la petite île de Minoa réunie au continent par un pont, au pied d'un rocher dominé par une forteresse. Son port est assez actif et sa population s'élève à plus de 6,000 habitants. Elle est la résidence d'un évêque. On récolte dans ses environs l'excellent vin qui porte son nom. Napoli devint le titre d'une principauté lors de la création de l'empire Latin. Michel Paléologue s'en empara; elle tomba ensuite entre les mains des Vénitiens; les Turcs, qui la prirent en 1540 et en 1690, la gardèrent jusqu'en 1715. — 2° NAPOLI DE ROMANIE, l'ancien port d'Argos, est située à 40 kil. E. de Corinthe, au fond du golfe de Napoli et adossée au mont Palamède. Son port est excellent. Elle possède une citadelle et de fortes murailles; elle est le siége d'un archevêché. Les Grecs la prirent aux Turcs en 1823. Depuis cette époque jusqu'en 1833, elle a été le siége du gouvernement grec qui, l'année suivante fut transféré à Athènes par le roi Othon. Napoli de Romanie compte 12,000 habitants. Elle commerce en blé, huile, vin, soie, coton, miel, tabac, etc.

NAPPE (*accept. div.*): pièce de linge dont on couvre une table avant d'y placer le couvert. Nos ancêtres ont d'abord dit une *mappe*, en francisant le mot latin *mappa*, qui, suivant Quintilien, avait été emprunté à la langue punique. Les Romains se servaient de la nappe pour essuyer leurs mains; les empereurs faisaient jeter leur nappe par la fenêtre pour indiquer la fin de leur repas et donner ainsi la permission de commencer les jeux du cirque. Une nappe déployée équivalait à l'annonce de jeux publics. Cette coutume existait du temps de Néron, et un auteur en attribue l'établissement au roi Tarquin. En France, la nappe a été une marque d'honneur et de considération pour les convives devant lesquels elle était placée. On *tranchait la nappe* devant ceux que l'on voulait noter d'infamie. Cette cérémonie eut lieu à la table de Charles VI, pour le comte de Hainaut, qui n'avait pas vengé la mort de son grand oncle, tué par les Frisons. — Le mot *nappe* s'est appliqué, suivant les temps, à plusieurs sortes de couvertures et même d'habillements. Les *nappes d'autel* sont des linges souvent brodés et garnis de dentelles, et qui recouvrent l'autel. Avant le IIIe siècle, on ne couvrait ordinairement l'autel que d'une nappe; à présent, on en met trois ou au moins deux; l'une d'elles est alors pliée en double. La *nappe de communion* est un linge qu'on met pour les communiants autour de la balustrade de l'autel. — On appelle nappe un grand filet plat, ou la partie la plus fine placée au centre d'un filet.— En terme de vénerie, la *nappe* est la peau du cerf étendue par terre et sur laquelle on donne la curée aux chiens.— On applique en général le nom de nappe à toute étendue plate ou légèrement ondulée : un lac présente une belle nappe d'eau. La *nappe hydraulique* est la partie d'une cascade où l'eau tombe en couche entière ou peu interrompue. Pour établir une nappe, on dispose un bassin en plomb, ou dont le pourtour est garni de ce métal et dans lequel l'eau se calme avant d'arriver à la partie par dessus laquelle elle tombèra. Cette partie, plus basse que le reste du pourtour, a besoin d'être parfaitement nivelée et de présenter une ligne parfaitement droite, à moins que, par exception, on ne veuille produire une nappe déchirée. Cet effet peut être recherché pour deux raisons différentes, d'abord parce que la lumière produit plus d'effet vers les endroits où la nappe est interrompue ; et ensuite parce que si on manque d'eau relativement à la surface que l'on veut donner à la cascade, les interruptions la ménagent d'autant. Les nappes ont besoin d'être bien garnies pour faire un bon effet, et elles ne peuvent tomber de très haut sans risquer d'être rompues par la résistance de l'air. Un courant qui débite 80 litres par minute et par mètre de longueur, peut fournir une nappe de 30 à 40 centimètres de large et de 3 ou 4 centimètres d'épaisseur.

NARBONNAISE (*géog. anc.*). C'est le nom que les Romains donnèrent à la partie de la Gaule qu'ils possédaient avant la conquête de César, et dont la capitale était Narbonne. Ils l'avaient d'abord appelée *Gallia Braccata* à cause de la large culotte, *bracca*, de ses habitants, et *provincia romana* (la province romaine), ou tout simplement *provincia*, là province par excellence, nom qui est resté jusqu'à présent à la portion orientale de cette belle contrée (*voy.* PROVENCE). Les Romains, en effet, l'estimaient singulièrement ; elle était riche, bien cultivée, et Pline dit qu'il fallait plutôt la considérer comme l'Italie même que comme une province. On y comptait 19 colonies, c'est-à-dire autant que dans tout le reste de la Gaule, et du temps de Jules-César, plusieurs de ses habitants avaient été admis à l'honneur de siéger dans le sénat. Les Romains s'y étaient établis de bonne heure, afin d'avoir un passage toujours libre dans l'Espagne. La formation de la province date de l'an 120 avant J.-C., après la victoire de Fabius-Maximus et de Cnéius-Domitius sur Bétultus, roi des Auvergnats, ou après la grande bataille livrée au confluent de l'Isère et du Rhône. Ce grand fleuve lui servit d'abord de délimitations depuis sa sortie du lac Leman jusqu'à son embouchure dans la Méditerranée. Mais peu à peu la province s'agrandit ; elle en globa à l'O. le territoire des *Helvii* (Ardèche), et des *Volkes arecomites* (capitale Nimes). Cépion y réunit à l'époque de l'invasion des Cimbres *Tolosa* (Toulouse), capitale des *Tectosages* et toutes ses dépendances. Deux colonies puissantes, *Narbo martius* (Narbonne) et *Aquæ sextiæ* (Aix), furent chargées de contenir les pays environnants. Outre les peuples que nous avons nommés, la Narbonnaise comprenait encore les possessions des *Bebryces* ou *Sardones*, tout le long des Pyrénées et jusqu'à Narbonne, des *Allobroges* entre le Rhône et l'Isère, des *Cavares* entre le Rhône et la Durance, des *Salyes*, *Salluvii* ou *Salici* au S. de Verdon et de la Durance, des *Massaliotes* et d'une foule d'autres peuplades moins importantes. — Telle était la Narbonnaise 64 ans avant J.-C. Constantin la divisa en cinq provinces : 1º la *Narbonnaise première*, formée de la partie occidentale de la Gaule narbonnaise, avec *Narbonne* pour capitale ; cette subdivision embrassait presque tout l'ancien Languedoc, le Roussillon, le pays de Foix, et répondait en grande partie à nos départements de la Haute-Garonne, de l'Ariége, de l'Aude, des Pyrénées-Orientales, de l'Hérault et du Gard ; —2º la *Narbonnaise seconde*, qui correspondait à la Provence, au S.-O. du Dauphiné, et à une partie de nos départements du Var, des Hautes-Alpes et des Basses-Alpes, capitale *Aquæ sextiæ* ; — 3º les *Alpes maritimes*, capitale *Eburodunum* (Embrun); — 4º *Provencia Viennensis*, capitale *Vienne* ; — 5º *Alpæ Graiæ*, la moderne Savoie, dont la capitale était *Darantasia*, aujourd'hui *Centros* dans le val Tarentaise. Nous devons ajouter toutefois que selon quelques auteurs la formation de la Narbonnaise seconde est d'une date postérieure à Constantin.

NARBONNE (*géog.*) : chef-lieu de sous-préfecture du département de l'Aude, sur la Robine d'Aude, le fleuve Attagus ou Atax des anciens, à 48 kil. E. de Carcassonne, et à 856 S. de Paris. On ignore son origine. Pythéas de Marseille, qui vivait trois siècles avant J.-C., dit, dans Polybe, qu'elle était de son temps une des villes les plus florissantes de la Gaule, et fait remonter sa fondation à une époque très reculée. Elle rivalisait avec Marseille, et sa position sur l'étang de la Robine (*Lacus Rubrosus* ou *Rubrensis*) qui la faisait communiquer avec la mer et lui servait de port, favorisait son commerce. Strabon en parle comme de l'entrepôt de toute la Gaule méridionale. Elle fut d'abord capitale des Bebryces et ensuite des Volkes Arécomiques et des Tectosages.

Le consul Quintus-Martius y conduisit, en 121 avant J.-C., une colonie romaine, et les Romains depuis lors l'appelèrent *Narbo Martius*, *Julia Paterna*, et *colonia Atacinorum*, c'est-à-dire colonie des habitants des bords du fleuve Atax. Narbonne devint dès lors, comme le dit Cicéron, le boulevart du peuple romain dans les Gaules. Les proconsuls et les préfets y établirent leur résidence ; Jules-César l'érigea en cité. Sous Tibère elle devint un foyer de lumière, et son école marcha de pair avec celle de Rome. Sous le règne d'Antonin elle fut la proie des flammes ; mais ce prince la fit rebâtir avec plus de régularité et l'orna d'édifices magnifiques. Constantin en fit la capitale de la Narbonnaise, et en 396 son préfet en avait sept autres sous ses ordres. Elle possédait comme Rome un capitole, un forum, un théâtre, des arcs de triomphe, des portiques, des aqueducs, et sa ressemblance avec la capitale du monde la faisait appeler le *miroir de Rome*. Elle fut une des premières villes des Gaules qui se convertit au christianisme, et saint Serge-Paul, qui avait reçu le baptême de saint Paul lui-même, y vint élever une église. Les Vandales s'en emparèrent ; elle tomba ensuite, sous le règne de Valentinien III, au pouvoir des Visigoths, et fut prise en 719 par Zama, général des Sarrasins. Charles Martel échoua deux fois devant ses murs, et Pépin-le-Bref, son fils, ne parvint à la prendre qu'après trois ans de siége. Au XIII° siècle elle était encore riche et puissante, puisqu'elle conclut des traités de commerce avec Nice, Pise, Gênes, et qu'elle se faisait redouter même par cette dernière ville. Mais cette prospérité touchait à son terme. Dès lors en effet de vastes atterrissements commençaient à combler son port ; au siècle suivant le mal était déjà bien grand ; il augmenta sans cesse, et au lieu de port, Narbonne n'eut plus que des marécages dont les émanations délétères vicièrent longtemps son climat jadis si salubre.

Après la division de la Provence en Narbonnaise première et Narbonnaise seconde, les évêques de Narbonne s'intitulèrent archevêques métropolitains et primats du premier siége. Ils présidaient en outre les États de la province, et avant la révolution française leurs revenus s'élevaient à près de 100,000 livres. A ces titres, ils joignirent à partir de 759, par suite de la donation faite à l'évêque de la moitié de la ville dite *cité*, le titre de *seigneur de Narbonne*; en 1212 ils prirent celui de *duc* qui, longtemps oublié dans la suite, fut renouvelé et confirmé en leur faveur par Louis XIV. — Au point de vue militaire, Narbonne a toujours joui d'une grande importance ; on la regardait comme la clef de l'Espagne. Dès l'an 802 elle eut des vicomtes ou vidames amovibles nommés par le roi de France. Aymeri Ier s'arrogea l'hérédité en 1080. Son successeur Aymeri II étant mort sans enfants, Jourdain, comte de Toulouse, s'empara de Narbonne qu'il rendit en 1143 à Ermangarde, sœur d'Aymeri. Cette princesse ayant épousé un seigneur espagnol qui la laissa veuve, donna Narbonne à un autre espagnol son neveu, Aymeri de Lara, de la maison de Manrique. La vicomté appartint à l'Espagne jusqu'à ce que Gaston IV, comte de Foix, l'eut achetée avec ses dépendances à Pierre de Tinières (1447). Gaston IV eut pour successeurs Jean son fils et Gaston V, qui s'intitulèrent rois de Navarre. Ce dernier céda en 1507 la vicomté de Narbonne à Louis XII, roi de France, qui en échange l'investit du duché de Nemours. Louis XII et ses successeurs firent réparer les fortifications de Narbonne, François Ier y mit la dernière main, et l'ingénieur auquel il avait confié ces travaux, eut la singulière idée d'insérer à la partie supérieure des remparts les bas-reliefs et les fragments antiques qu'il put découvrir, de sorte que les murailles de Narbonne sont un musée aussi original que curieux. — Narbonne fut une des premières villes de France qui se constitua en communauté. Elle en obtint l'autorisation en 1148 de la vicomtesse Ermangarde et du roi Louis-le-Jeune ; les deux quartiers que forme en la traversant le canal de la Robine, furent gouvernés chacun par des consuls particuliers. Son hôtel-de-ville actuel date de 1523 ; sa cathédrale bâtie en 1271 est le seul édifice remarquable qu'on y voie. — Il ne reste plus rien à Narbonne de son ancienne prospérité. C'est aujourd'hui une petite ville de 11,000 habitants environ, mal bâtie et sans agréments. Son commerce consiste en sel qu'elle retire de ses marais, en grains, huiles, vins, soie et cire. Son miel est particulièrement estimé. Ses produits industriels sont le vert-de-gris, les cuirs, la bonnetterie et les toiles de fil. — Sous la période romaine, Narbonne a donné naissance à l'orateur Montanus et à l'empereur Aurélius-Carus. L'arrondissement de Narbonne a 6 cantons : Narbonne, Coursan, Durban, Ginestas, Lesignan et Sijean, 70 communes et environ 58,000 habitants.

NARBONNE (*biogr.*). Deux personnages connus sous ce nom méritent d'être cités : — 1° NARBONNE (*Bymery*, vicomte de), qui appartenait par les femmes à l'ancienne famille des vicomtes de Narbonne. Il fut amiral de France et tomba entre les mains des Anglais à la bataille de Poitiers. Il fut chargé de conduire Blanche de Bourbon à Pierre le Cruel, et mourut en 1382. Le titre de vicomte de Narbonne passa, après lui, dans la maison de Lara. — 2° NARBONNE-LARA (*Louis*, comte de), naquit en 1755, à Colomo, dans le duché de Parme, où sa mère avait accompagné, comme dame d'honneur, Elisabeth de France, fille de Louis XV, mariée au duc de Parme. Il vint en France en 1769, embrassa de bonne heure la carrière militaire et se livra à l'étude de la diplomatie. En 1789, il était colonel du régiment de Piémont. Dans la société de Mme Necker, qu'il fréquentait, il avait pris quelques-unes des idées nouvelles qu'il conciliait tant bien que mal avec les préjugés de l'aristocratie; aussi passait-il pour un patriote aux yeux des royalistes purs, ce qui ne l'empêchait pas d'être regardé comme un aristocrate parmi les jacobins. Partisan de la constitution, il ne voyait qu'en elle le salut de la royauté. Le 6 décembre 1791, il fut appelé au ministère de la guerre, et conserva son portefeuille jusqu'au 10 mars 1792. Mis hors la loi par la commune de Paris, il se réfugia en Angleterre, où il écrivit en faveur de Louis XVI un mémoire qu'il adressa à la Convention. Il avait auparavant vainement essayé de déterminer les anciens ministres, réfugiés avec lui sur la terre étrangère, à se rendre à la barre de la Convention, pour y réclamer, pendant le procès du roi, la responsabilité dont ils avaient été chargés dans les actes de leur ministère. Il passa ensuite en Suisse, revint à Paris en 1800, rentra au service en 1809, en qualité de général de division, et suivit en Russie Napoléon, qui l'avait nommé son aide-de-camp. En 1813, il fut ambassadeur à Vienne, assista au congrès de Prague, et mourut le 17 novembre de la même année d'une chute de cheval à Torgau, dans la Saxe.　　　　AL. BONNEAU.

NARCISSE (*myth.*), fils du fleuve Céphise et de la nymphe Liriope. Il était doué d'une beauté extrême, et les poètes rapportent qu'il méprisait toutes les femmes; son indifférence même fit dessécher de douleur et d'ennui la malheureuse Echo (*voy.* ce mot). Les Dieux, pour le punir, lui inspirèrent une passion sans bornes pour lui-même. Il se tenait sans cesse penché sur les eaux des fontaines pour y voir son image : désespéré de ne pouvoir saisir la mobile ressemblance, il fut atteint d'une mélancolie telle que les Dieux touchés de son sort, le métamorphosèrent en la fleur qui porte son nom. — Une tradition recueillie par Pausanias, dit que Narcisse n'était point épris de lui-même, mais d'une sœur qui lui ressemblait d'une manière extraordinaire. Il eut le malheur de la perdre, et pour adoucir son chagrin, il ne trouvait rien de plus doux que de se contempler lui-même dans le cristal des eaux. — Le nom de Narcisse qui vient sans doute de ναρκη, assoupissement,

semblerait prouver que cette histoire n'est qu'une allégorie morale du degré d'abrutissement auquel l'homme est entraîné par une admiration stupide de soi-même. La fleur qui porte le nom de Narcisse était chère à Pluton, aux Parques, à Cérès, à Proserpine et à Bacchus.

NARCISSE, *Narcissus* (*bot.*), beau genre de la famille des amaryllidées, de l'hexandrie-monogynie dans le système de Linné. Les espèces nombreuses qui le composent croissent presque uniquement dans le bassin de la Méditerranée. Ce sont des plantes bulbeuses, dont le bulbe à tuniques émet des feuilles plus ou moins étroites, et une hampe terminée par les fleurs. Celles-ci sont blanches ou jaunes et renfermées pendant leur jeunesse dans une spathe monophylle. Elles sont composées : d'un périanthe pétaloïde, adhérent à l'ovaire par sa base, à tube droit et presque cylindrique, à limbe divisé profondément en six lobes égaux et muni à la gorge d'un appendice pétaloïde en forme de coupe, ou d'une couronne généralement assez courte, mais quelquefois aussi très développée; de 6 étamines courtes, insérées sur deux rangées au haut du tube du périanthe; d'un pistil à ovaire adhérent et triloculaire, qui devient une capsule à trois angles obtus, s'ouvrant, à la maturité, par déhiscence loculicide pour laisser sortir des graines noires et rugueuses.

La France ne possède pas moins de vingt espèces de narcisses, parmi lesquelles plusieurs sont généralement cultivées dans les jardins comme plantes d'ornement. Nous ne nous arrêterons que sur les plus répandues d'entre elles. — Le NARCISSE JONQUILLE, *narcissus junquilla* Lin, croît spontanément dans les lieux incultes de nos départements méditerranéens. De son petit bulbe s'élèvent des feuilles grêles, subulées, demi-cylindriques, et une hampe cylindrique terminée par 2-6 fleurs d'un beau jaune, à couronne courte, largement évasée et entière. Ces fleurs ont une odeur suave, bien connue de tout le monde, et fournissent un arome très fréquemment employé dans la parfumerie. Dans les jardins, on cultive principalement la variété à fleurs doubles de cette plante. On la tient en pleine terre, dans un sol léger. Elle fleurit de bonne heure. — Le NARCISSE DES POÈTES, *narcissus poeticus*, Lin., vulgairement appelé *œillet-de-mai*, se trouve dans les prairies de presque toute la France, et s'y multiplie quelquefois en grande abondance. De son bulbe assez volumineux, ovoïde-allongé, s'élèvent des feuilles presque planes, un peu glauques, linéaires-larges, obtuses, et une hampe haute de 3 ou 4 décimètres, striée, à deux angles peu prononcés, que termine une seule fleur. Celle-ci est grande, d'un beau blanc; sa couronne, courte et rotacée, a le bord crénelé et rouge-pourpre; son odeur est agréable. Par la culture, la fleur de ce narcisse double facilement, et alors perd sa couronne. On cultive cette espèce tout aussi facilement et de même que la précédente. Le bulbe du narcisse des poètes était fort estimé des anciens médecins à cause de ses propriétés émétiques. Ils l'administraient en nature, après l'avoir fait cuire; ils faisaient encore boire l'eau dans laquelle il avait bouilli. Des propriétés analogues distinguent les bulbes de quelques autres espèces de narcisses. Il en est même qui, d'après Loiseleur-Delongchamps, les possèdent à un degré plus prononcé que celui de l'espèce qui nous occupe. — Le NARCISSE FAUX-NARCISSE, *narcissus pseudo-narcissus*, Lin., vulgairement nommé *narcisse des prés, fleur de coucou, aïault*, est la plus commune de nos espèces indigènes. On la trouve dans les bois et les prairies de presque toute la France; c'est la seule qu'on rencontre assez abondamment aux environs de Paris. Elle est facile à reconnaître à sa fleur jaune, terminant une hampe striée, un peu comprimée, haute de 3 décimètres, dans laquelle la couronne est très grande, en cloche étalée et ondulée à son bord et de même longueur que les divisions du périanthe. La variété à fleurs doubles de cette plante est très répandue dans les jardins où elle se fait remarquer par sa beauté. La vertu émétique dont certains médecins ont cru cette espèce douée tant dans son bulbe que dans ses fleurs, et qui l'a fait proposer, pendant le blocus continental, comme succédanée de l'ipecacuanha, ne semble pas aussi prononcée chez elle que chez quelques-unes de ses congénères, notamment que chez le narcisse odorant. On a aussi vanté les fleurs du narcisse faux-narcisse comme anti-spasmodiques. — Le NARCISSE ODORANT, *narcissus odorus*, Lin., croît naturellement dans les prairies de nos départements occidentaux et méridionaux; on le cultive fréquemment sous le nom de *grosse jonquille*, soit en pleine terre, avec couverture pendant l'hiver, soit en pots, soit même sur des carafes, à cause de ses grandes fleurs jaunes, d'une odeur suave. — Le NARCISSE TAZETTE, *narcissus tazetta*, Lin., vulgairement nommé *narcisse à bouquets*, croît abondamment dans les prairies des départements méditerranéens, et a donné par la culture plusieurs variétés à fleurs simples et doubles, parmi lesquelles une porte le nom de *narcisse de Constantinople*. Ces deux dernières espèces, ainsi que plusieurs autres du même genre, sont cultivées dans les jardins. P. D.

NARCISSE, affranchi et secrétaire de Claude, profita de la faveur dont il jouissait pour se créer une immense fortune par les moyens les plus vils et les plus odieux; il faisait périr ceux dont il enviait les richesses, et confisquait leurs dépouilles. On prétend qu'il ne possédait pas moins de 50 millions de rentes. Il donnait des fêtes qui ne le cédaient pas en dépenses à celles de l'empereur. L'impératrice Messaline essaya de renverser sa puissance; elle y succomba. Mais Agrippine pressentant en montant sur le trône que cet orgueilleux favori gênerait ses desseins ambitieux, le fit exiler; il mit fin à ses jours l'an 54 de Jésus-Christ. Néron le regretta : c'était pour lui un confident, un serviteur complaisant de ses vices, même les plus honteux et les plus infâmes.

NARCISSÉES, *voy.* AMARYLLIDÉES.

NARCOTINE (*chim. méd.*). Principe actif découvert dans l'opium, en 1803, par Derosne, qui lui donna le nom de sel d'opium (*Ann. de chim.*, XLV, 247). Il s'y trouve à l'état libre et non combiné, comme la morphine, avec l'acide méconique. Plusieurs chimistes ne rangent pas la narcotine parmi les bases salifiables, parce qu'elle n'exerce aucune réaction alcaline sur les couleurs végétales, parce qu'elle ne neutralise pas les acides et parce qu'elle se précipite de sa dissolution dans l'acide acétique lorsqu'on la fait évaporer; mais comme, d'un autre côté, elle forme des combinaisons stables et définies avec les acides puissants, et comme son chlorhydrate et son sulfate sont même susceptibles de cristallisation, elle se rapproche beaucoup plus des bases proprement dites que de toute autre espèce de corps. C'est une base faible, il est vrai, mais analogue dans ses affinités, à plusieurs oxydes métalliques. Elle est composée, en proportions, de 48 carbone, 24 hydrogène, 15 oxygène, 1 azote; elle contient, en outre, 3 à 4 proportions d'eau. Pure elle est blanche, inodore et insipide, cristallisable en petits prismes droits à base rhomboïdale, souvent réunis en petites houpes. Chauffée dans une cornue, les produits qu'elle fournit sont ceux que donnent les matières azotées en général. Projetée sur les charbons ardents, elle brûle avec flamme. Elle entre en fusion à 170° centigrades, et se solidifie à 130°. — L'eau ne la dissout pas à froid, mais à la chaleur de l'ébullition, elle en retient un quatre-centième de son poids. — L'alcool, à la température ordinaire, en dissout un centième, et à la température de son ébullition 1/24. L'éther et les huiles volatiles la dissolvent très bien à chaud. — Il ne se produit aucune réaction avec les sels de fer peroxydés. — La narcotine ne décompose pas l'acide iodique; l'acide nitrique ne la colore pas en rouge; l'acide hyponitrique exerce, au contraire, sur elle une action des plus vives, et si la quantité de matière sur laquelle on opère est peu considérable, elle s'enflamme bientôt.

La narcotine se combine avec les acides en donnant des sels qui, tous, sont amers et acides, en général, solubles dans l'eau, et décomposables par les alcalis et la magnésie qui en précipitent la narcotine. L'infusion de noix de galle les trouble. — Le *sulfate* et le *chlorhydrate* sont extrêmement solubles et ont été obtenus sous forme de cristaux. Il est impossible d'obtenir l'*acétate* sous cet état. Il est vrai pourtant que l'acide acétique dissout cette base à froid, mais elle se dépose aussitôt que la dissolution est soumise à l'évaporation. — La narcotine s'obtient en faisant bouillir avec de l'acide acétique faible le marc d'opium épuisé par l'eau dans la préparation de morphine (*voy*. ce mot). On passe et l'on précipite la liqueur par l'ammoniaque; la narcotine précipitée est ensuite dissoute à chaud par de l'alcool fort, auquel on ajoute du charbon animal; on filtre à la température de l'ébullition et la narcotine se précipite par le refroidissement.

On n'est pas encore aujourd'hui fixé sur la manière dont la narcotine agit sur l'économie animale. Suivant quelques auteurs, il en faudrait des doses énormes pour produire des vertiges et des nausées; d'autres lui accordent, au contraire, une propriété excitante sur le système cérébro-spinal. Mais cette divergence d'opinion semble provenir de l'espèce animale sur laquelle les expériences ont été faites et du véhicule employé. Ainsi la solution huileuse ne fait périr les chiens qu'à la dose de 2 grammes, tandis qu'elle produit des effets manifestes sur l'homme à celle de 50 centigrammes; d'un autre côté, l'hydrochlorate demeure complètement inactif sur lui à la même dose. Quoi qu'il en soit, la narcotine est loin de jouir de l'énergie de la morphine et même de celle de l'opium.

NARCOTIQUES, NARCOTISME (*méd*.).

Par le mot *narcotique*, dérivé du grec ναρκη, *assoupissement*, on désigne en médecine tout médicament de nature à provoquer un certain degré d'engourdissement, de stupeur et de somnolence avec ou sans vertiges et hallucinations, ensemble d'effets auquel on a donné le nom de NARCOTISME, et pour l'étude duquel nous renvoyons au mot OPIUM. Mais nous devons dire que les narcotiques produisent parfois une tout autre action sur l'économie vivante dans laquelle, par suite d'une stimulation directe du système nerveux, ils font naître de l'agitation et du délire, tout aussi bien que les diffusibles alcooliques pour l'état d'ivresse. Ces résultats si contradic-

toires en apparence, s'expliquent très bien néanmoins par le mode d'action même des narcotiques. Ainsi l'effet direct de ces agents sur le cerveau est un mouvement congestionnaire qui, le plus souvent, provoque de l'assoupissement, l'engourdissement de l'économie tout entière par un moyen physiologique analogue à celui que la nature met en usage pour le sommeil. Mais supposons que, par suite d'un concours de circonstances quelconques, d'une disposition spéciale du sujet, de la dose à laquelle la substance aura été ingérée dans l'économie, l'action des narcotiques, au lieu de se borner à un simple effet congestionnaire produisant une sorte de compression douce du cerveau, y développe, au contraire, un surcroît de vitalité, une surexcitation des fonctions normales, comme cela se voit généralement pour les autres organes, il n'y aura plus alors assoupissement, mais bien agitation et délire. C'est par un mode d'action physiologique analogue que les diffusibles alcooliques produiront à leur tour, non plus l'ivresse, mais un véritable narcotisme.

Les narcotiques sont tous fournis par le règne végétal. Les plantes qui les renferment offrent, en général, une odeur vireuse. On partage les narcotiques en deux groupes distincts : 1° les *narcotiques opiacés* parmi lesquels figurent en première ligne les pavots, l'opium et ses divers principes actifs, la morphine, la codéine et la narcotine, etc.; tous les agents de cette classe exercent une action, sinon parfaitement identique, au moins très analogue sur les mêmes individus; 2° les *narcotiques non opiacés*, tels que l'acide cyanhydrique, la jusquiame, le stramonium, l'aconit, la belladone, la morelle, le tabac, la laitue, etc., qui tous jouissent de propriétés plus ou moins narcotiques; mais qui, en raison des principes différents qu'ils renferment, produisent des effets trop distincts sur l'économie pour être compris dans un même ordre de symptômes. L'acide cyanhydrique, par exemple, stupéfie, mais ne porte pas à la somnolence comme la jusquiame; la ciguë cause plus ordinairement des vertiges que du sommeil, et, d'un autre côté, n'agit pas sur le système respiratoire comme l'acide cyanhydrique; le suc de laitue, donné à haute dose, provoquera le sommeil, mais sans produire d'hallucinations et de l'agitation; en un mot, chacun de ces narcotiques a sa manière propre d'agir. — Les narcotiques ont aussi été divisés, au point de vue toxicologique, en *narcotiques proprement dits* et en *narcotico-acres;* mais nous n'avons pas à les considérer ici sous ce point de vue pour lequel nous renvoyons aux articles POISON et EMPOISONNEMENT. L. DE LA C.

NARDOSMIE, *nardosmia* (*bot.*) : genre de la famille des composées, formé par Cassini pour quelques plantes regardées avant lui comme des Tussilages. Ces plantes sont des herbes vivaces qui croissent naturellement dans l'Europe méridionale, en Asie et dans l'Amérique du nord, dont les feuilles, ramassées dans le bas de la tige, laissent celle-ci découverte et pourvue seulement de sortes d'écailles foliacées; leurs fleurs, purpurines ou blanchâtres, forment plusieurs capitules multiflores, groupés en forme de corymbe et presque dioïques, ceux qui renferment les fleurs mâles n'ayant à leur périphérie qu'une seule rangée de fleurs femelles, et ceux qui renferment les fleurs femelles étant mélangés seulement d'une à cinq fleurs mâles à leur centre. Les corolles des fleurs à étamines sont tubulées et à cinq dents; celle des fleurs à pistil, en languettes et très étroite. L'aigrette de ces plantes est pileuse. — On cultive communément dans les jardins la NARDOSMIE DENTICULÉE, *nardosmia denticulata*, Cass. (*Tussilago fragrans*, Vill.), sous le nom vulgaire d'*héliotrope d'hiver*. C'est une plante haute d'environ trois décimètres, dont les feuilles, presque arrondies en cœur à leur base, bordées de petites dents égales, sont pubescentes à leur face inférieure, et dont les fleurs, de couleur blanche, très légèrement purpurine, ont une odeur fort agréable qui rappelle celle de l'héliotrope. Elle a l'avantage de fleurir en hiver et d'être facile à cultiver. Elle demande une terre légère et une exposition fraîche. On la multiplie facilement par division des pieds. **P. DUCHARTRE.**

NARD, *Nardus* (*bot.*). — On désigne sous ce nom un petit genre de la famille des graminées, de la triandrie monogynie dans le système de Linné, composé de petites plantes gazonnantes qui croissent dans les parties montueuses du centre et du midi de l'Europe, ainsi que dans le Caucase. Les principaux caractères de ce genre consistent dans des épillets uniflores, réunis en épis simples et unilatéraux, dans lesquels la fleur unique qui les compose manque de glume et de glumellule, n'a qu'un style simple terminé par un long stigmate pubescent, et possède deux glumelles ou paillettes, dont l'inférieure est plus longue que la supérieure, lancéolée, carénée, à trois nervures, et subulée-aristée au sommet. — Le NARD SERRÉ, *nardus stricta* (Lin.), croît communément dans les lieux arides et montagneux de presque toute la France.

Ce même nom de nard avait autrefois été donné à des racines aromatiques dont les anciens faisaient parfois usage en médecine, mais qu'ils employaient beaucoup plus fréquemment comme parfum. Le plus célèbre était le *nard indien*, qui portait dans les officines le nom de *spica-nardi*, d'où a été tiré celui de *spica nard*. Les botanistes ne sont pas d'accord sur la plante qui le produit; la plupart croient que c'est l'*andropogon nardus* de Linné, tandis que quelques autres ont pensé que c'était la *valeriana jatamensis* de Roxbur. Quoi qu'il en soit, ce nard n'est que les fragments d'un rhizome. Il est formé d'un corps central entouré de tuniques concentriques à fibres réticulées, évidemment les restes de la base de feuilles engaînantes. Cette substance a une forte odeur aromatique et une saveur amère. — Quelques autres sortes de nards étaient fournies par diverses espèces de valérianes : le *nard celtique* par le *valeriana celtica* et le *valeriana saliunca*; le *nard agreste* par le *valeriana phu*; le *nard de la montagne* par le *valeriana tuberosa* et, selon d'autres auteurs, par le *valeriana asarifalia*. On qualifiait encore de nard des plantes de diverses familles; ainsi le *nard d'Italie* ou le *faux nard*, était la *lavandula spica*, le *nard sauvage*, l'*asurum europæum*, etc. **P. D.**

NARINES (*anat.*). On désigne sous ce nom les ouvertures irrégulières ovalaires qui, chez les animaux supérieurs, occupent la base du nez (*voy.* ce mot), et constituent les orifices antérieurs des fosses nasales. Chez les oiseaux, ces ouvertures sont susceptibles de beaucoup de variations, soit dans la place qu'elles occupent, soit dans leur forme, leur grandeur, etc.; elles sont devenues pour les zoologistes des parties dont la considération sert à l'établissement des genres. En effet, tantôt les narines sont nues (torcol); tantôt elles sont recouvertes en partie par une membrane dure et sèche (glaucope), ou bien par de longues soies (barbu), par des plumes rudes, couchées et partant du front (corbeau, geai), ou par des poils divergents (oiseaux insectivores). **E. D.**

NARNI (*géogr.*). Ville des Etats-Romains, à 16 lieues N.-E. de Rome. C'est la même que celle citée par Tite-Live sous le nom de *Nequinum*. Les Romains après s'en être emparés y envoyèrent une colonie pour tenir en respect les Ombriens. Elle prit alors le nom de *Narnia*, de celui de la rivière Nar, aujourd'hui la Néva, qui coule au pied de la montagne sur laquelle Narni est bâtie. En 1527, les troupes vénitiennes auxiliaires de l'empereur Charles V contre le pape Clément VII, la détruisirent de fond en comble, après y avoir commis les plus horribles cruautés; aussi n'y trouve-t-on plus rien d'intéressant, si ce n'est les restes d'un magnifique pont, construit, dit-on, par Auguste sur la Néva. L'empereur Nerva était né dans cette ville. Elle compte 5,000 habitants, qui font le commerce des soies, de draps grossiers et du blé. Narni est la résidence d'un évêque. **E. C.**

NARRAGANSETT. Baie de la côte orientale des Etats-Unis, état de Rhode-Island. Elle est spacieuse, renferme plusieurs ports commodes, et contient diverses îles, dont la principale est Rhode-Island. Elle tire son nom des Narragansetts, tribu indienne qui a embrassé la religion chrétienne et vit encore dans l'Etat. **E. C.**

NARSÈS. Nous citerons deux personnages de ce nom :

1° NARSÈS, VIIe roi Sassanide de Perse, surnommé Nakh-Djirkan, fils de Varannes II, succéda en 296 à son frère Bahram III. Il battit Maximilien, en 301, lui enleva la Mésopotamie, fut obligé de rendre ses conquêtes après avoir été vaincu lui-même, en 302, fit avec les Romains, une paix qui dura 40 ans, et mourut en 302, laissant le trône à son fils Hormisdas II.

2° NARSÈS, eunuque persan que le sort des armes fit tomber entre les mains des troupes impériales. Conduit à Constantinople, il fut d'abord chargé dans le palais de fonctions peu relevées. Rien ne prévenait en sa faveur. Il était maigre, petit de taille, sans apparence et sans instruction. Mais la nature l'avait doué d'un génie actif et entreprenant, et il se sentait animé de l'ambition des grandes choses. Il parvint successivement à la garde des archives, au poste éminent de grand chambellan et à celui de trésorier. Narsès était devenu riche, mais la fortune n'avait apporté aucun changement à ses habitudes sobres et frugales. Il employait ses richesses à bâtir des églises et des monastères, et à soulager les pauvres. Mais les lauriers de Bélisaire l'empêchaient de dormir; il lui enviait le commandement militaire de l'Italie. En 540 il avait été chargé d'aller le seconder ou plutôt le surveiller dans la guerre contre les Goths. Il avait, il est vrai, contribué à faire débloquer Rimini, mais il avait causé la perte de Milan en se séparant du général en chef: somme toute, il n'avait montré que des talents médiocres. Cependant lorsque Bélisaire, en 551, demanda des renforts à Justinien, Narsès profita de la circonstance; et sans se mettre en avant, sans afficher la moindre prétention, il fit naître dans l'esprit de l'empereur la pensée que lui seul était capable de tenir tête aux barbares. Bélisaire fut rappelé, et Narsès qui paraissait n'accepter que par dévouement l'héritage du grand homme, se trouva par ce fait même en droit d'exiger toutes les troupes et toutes les munitions qu'il croyait nécessaires pour l'exécution de ses projets. Il passe alors en Italie, remporte sur les Goths plusieurs avantages, et les écrase bientôt (552) à la bataille de Nocera. Leur roi Totila périt dans la déroute. Narsès marche sur Rome qu'il emporte, et

s'avance au devant de Teïa, successeur de Totila, qu'il bat au pied du Vésuve après une lutte acharnée qui dura deux jours entiers, et dans laquelle Teïa lui-même perdit la vie. La résistance était devenue impossible pour les Goths. Ils obtinrent de Narsès la permission de sortir de l'Italie, à condition toutefois de ne porter jamais les armes contre l'empire. Bientôt de nouveaux flots de barbares font irruption. Les Francs et les Allemands, sous les ordres de Rucelin et de Leutharis, saccagent l'Apulie et la Calabre. Narsès les taille en pièces et les rejette hors de ces provinces. Retranché dans Ravenne, il ne pensa plus qu'à reparer dans la Péninsule les désastres causés par la guerre; il réorganisa le pays; releva les villes à moitié ruinées, et fit tous ses efforts pour rendre à Rome un peu de la splendeur qu'elle avait perdue. Malheureusement il s'aliéna l'esprit des habitants par ses mesures fiscales.—Justinien mourut en 566, laissant le trône à Justin II son neveu. Alboin, roi des Lombards, menaçait l'Italie, et n'attendait qu'une occasion favorable pour s'y précipiter; Narsès, quoiqu'âgé de 94 ans, pouvait l'arrêter encore. Mais Sophie, la nouvelle impératrice, qui le haïssait, parvint à le rendre suspect à Justin qui désigna Longin pour le remplacer. L'impératrice alors envoya au vieux général une quenouille et un fuseau pour faire allusion à son état d'eunuque, et poussa l'ingratitude et l'ironie jusqu'à lui offrir la surintendance des ouvrages de ses femmes. Va dire à ta maîtresse, répondit au messager Narsès irrité, que je lui prépare une fusée qu'elle ne dévidera jamais, et quittant Rome sur le champ, il se rend à Naples et fait inviter Alboin à passer en Italie. Il mourut la même année (568), inconsolable d'avoir déshonoré ses derniers jours en cédant à un mouvement de colère et de vengeance. **AL. B.**

NARTHEX, ou PRONAOS. Vestibule intérieur de l'église, partie séparée et placée au commencement de la nef dont elle fait partie. C'était dans le *Narthex* ou *férule* que se tenaient les catéchumènes et les pénitents du second degré, nommés *auditeurs*, qui ne pouvaient encore prendre place parmi les fidèles. *Auditio*, dit saint Grégoire le thaumaturge, *est intrà portam, in loco quem* ναρθεκα *vocant, in ferula*. Nous ignorons les rapports ou l'analogie qui peuvent exister entre la plante qu'on nomme *férule*, et cette partie de l'église, si ce n'est que la première est assez dure pour servir à infliger des corrections corporelles. En tout cas, ce mot, tombé en désuétude, a été rajeuni, et de nos jours est communément employé dans le langage de l'archéologie. **A. P.**

NARUSZEWICZ (Adam-Stanislas), né en 1733 dans la Lithuanie, fut d'abord jésuite, et, après la suppression de cet ordre, promu graduellement par Stanislas-Auguste, aux plus hautes dignités de l'Etat et de l'Eglise. Il occupa tour à tour les siéges épiscopaux de Smolensk, de Luck, etc., et fut ministre, ce qui ne l'empêcha point de s'élever au premier rang des poètes polonais. — S'il pèche quelquefois contre le goût, si dans ses odes principalement on peut lui reprocher de l'enflure et une recherche de mots inusités, il a en revanche une force, une vigueur d'idées et d'expressions peu communes. Littérateur érudit et laborieux, il composa un grand nombre d'ouvrages, dont les principaux sont : 1° *Une histoire de Pologne* (6 vol. in-8°), accompagnée de notes fort étendues, où il cite un nombre prodigieux d'auteurs ayant écrit avant lui sur le même sujet : elle finit à l'an 1386, et n'embrasse que les règnes de la famille des Piast. Le premier volume qui devait contenir les origines de la nation polonaise et ses temps fabuleux, n'a point été publié; le tome II, imprimé en 1780, commence à l'an 965, époque de l'établissement du christianisme en Pologne ; le 7° volume parut en 1786. Une traduction française de cet ouvrage par M. Gley, existe en manuscrit à la bibliothèque de l'Institut; 2° *Vie de Charles Chodkiewics Hetman* (grand général) *de Lithuanie*, vainqueur des Suédois, des Russes et des Turcs (Varsovie, 1805, 2 vol. in-8°); 3° *Poésies diverses et originales*, comprenant des *odes*, des *satires*, des *églogues*, des *épîtres*, etc., d'un grand mérite (4 vol. in-8°); 4° *Poésies érotiques* dont le seul tort grave est dans le choix du sujet. Les autres ouvrages de Naruszewicz se composent de *voyages* et de *traductions* d'auteurs latins et grecs. — Il mourut dans son diocèse de Luck, le 6 juillet 1796, à l'âge de 63 ans. E. DE B.

NARVA (*géogr.*). Nom d'une ville de la Russie d'Europe, sur la Narva, à 35 kil. O. d'Iambourg, et à 140 S.-O. de Saint-Pétersbourg. Cette place forte est célèbre par la victoire que Charles XII remporta sous ses murs en 1700 : avec 8,000 Suédois il battit 80,000 Russes. Narva fut deux fois la proie des flammes, en 1659 et en 1773. Elle renferme 3,000 habitants. — Un fleuve de ce nom, affluent du golfe de Finlande, et prenant sa source au lac Peipus, est navigable sur tout son cours qui comprend 100 kil. environ.

NARVAL (*mammif.*). Genre de cétacés de la famille des souffleurs, division des delphiniens, créé par Brisson et offrant pour principal caractère de n'avoir pas de dents coniques, mais une ou deux grandes défenses dirigées parallèlement au corps et partant de la mâchoire inférieure. Les *narvals* ressemblent aux *marsouins* par la forme de leurs corps et par leur tête sphérique; mais, ainsi que le *beluga*, ils manquent de nageoire dorsale. Ce qui les caractérise d'une manière parfaite, en les distinguant complètement des *dauphins*, ce sont leurs défenses qui atteignent parfois plus de trois mètres de longueur. Il est très rare que les deux se développent en même temps; le plus ordinairement l'une reste rudimentaire et cachée dans l'alvéole ; c'est le plus souvent la défense gauche qui s'allonge et se termine en pointe émoussée; elle est communément sillonnée en spirale. — On a dit que cette arme servait au narval pour attaquer la baleine et la tuer; mais aujourd'hui on doit entièrement rejeter cette opinion. M. Boitard en a émis une autre qui semble un peu plus probable; il pense que les défenses du narval lui servent à détacher des rochers et du fond de la mer les huîtres et autres mollusques à coquilles, dont, avec des crustacés et des poissons, il fait sa nourriture.

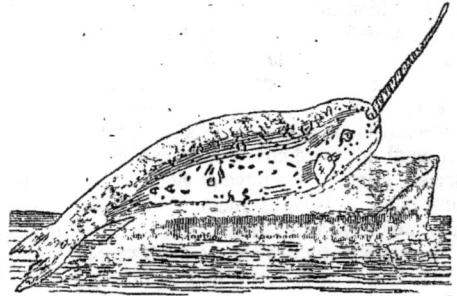

On ne connaît qu'une espèce de ce genre, le *monodon narvalus* ou *monodon monoceros* de Linné, qui atteint une longueur totale de six à sept mètres, et dont les défenses ont environ la moitié de cette dimension. La peau de son dos forme une très légère saillie qui ressemble assez au premier rudiment d'une nageoire dorsale ; la bouche, assez petite, a la mâchoire inférieure un peu plus courte que la supérieure; l'œil est très petit; l'évent, légèrement saillant, simple et en croissant, est placé verticalement au dessus de l'œil; la langue est arrondie; la peau nue, lisse, brillante, et recouvre une épaisse couche de lard. Dans la jeunesse, les parties supérieures du corps sont d'un gris noirâtre marqueté de taches plus noires, très nombreuses et souvent confondues; les flancs, marqués de taches moins nombreuses, sont blancs, ainsi que le dessous du corps. Dans la vieillesse, les parties supérieures sont d'un blanc jaunâtre et les taches beaucoup plus prononcées. Les nageoires sont grises et bordées de noir. — Ces animaux habitent les mers polaires, où ils vivent en troupes plus ou moins considérables, surtout autour du Groënland et du Spitzberg. Ils ont des mouvements pleins de vivacité et nagent avec une incroyable vitesse. Les Islandais ne mangent pas la chair du narval, par superstition et parce qu'ils croient à tort qu'il se nourrit de cadavres ; mais il n'en est pas de même des Groënlandais, qui la regardent comme excellente à manger. On prétend que son huile est préférable à celle de baleine. Les Norwégiens et les Danois, qui les premiers ont observé ce cétacé, en exportèrent un assez grand nombre de défenses, qu'ils mettaient dans le commerce sous le nom de *licorne*, et qu'ils vendaient un prix exorbitant à cause des propriétés médicales que la crédulité publique attribuait à cette substance ; ce n'est guère que dans le xviie siècle que l'on est revenu de cette erreur et que les dents de narval ont passé de l'officine des pharmaciens dans les cabinets d'histoire naturelle, alors seulement on a eu des notions plus justes sur l'animal qui les produit.　　　E. D.

NASAMONES (*géog. anc.*). Peuple de l'Afrique qui habitait la Syrte, selon Hérodote (liv. II, chap. 32), et la partie septentrionale de la Marmarique, selon Pline et Ptolémée ; il fut soumis par les Romains et se révolta sous Dioclétien. Hérodote, qui donne de longs détails sur les Nasamones, les prend pour les Atlantes, et dit qu'ils se vantaient de connaître la grandeur de la terre, qu'ils s'adonnaient à la piraterie, et se nourrissaient de sauterelles mêlées avec du lait. Il ajoute qu'ils étaient polygames, et que la première nuit des noces, la nouvelle mariée s'abandonnait à tous les convives de chacun desquels elle recevait ensuite un présent. Philostrate place les Nasamones dans l'Ethiopie. Mais s'il est vrai, comme le dit Pline, que leur nom ne soit qu'une corruption de celui de *Mésammonès* (*environnés de sable*), que leur donnèrent primitivement les Grecs, on conçoit très bien qu'il ait pu être appliqué à des peuplades éloignées les unes des autres dans l'Afrique parsemée de déserts stériles.

NASCIO ou **NATIO** (*myth.*), du latin *nasci, naître*. Déesse qui présidait à la naissance des enfants. Elle était adorée par les Romains, et son temple le plus célèbre était à Ardée, dans le Latium, où on célébrait tous les ans en son honneur un sacrifice solennel. La cérémonie principale de la fête était une processsion.

NASEAUX (*mamm.*). Nom par lequel on désigne l'ouverture des narines des grands mammifères herbivores (*voy.* Nez).

NASEBY. Petite ville d'Angleterre dans le comté et à cinq lieues de Northampton ; elle es célèbre par la bataille qui s'y livra, le 14 juin 1645, entre l'armée de Charles Ier et les troupes du Parlement.

NASHVILLE, ville des États-Unis, chef-lieu de l'État de Tennessee, à 900 kil. O.-S.-O. de Washington, sur un rocher escarpé qui domine le cours du Cumberland. Par cette rivière, affluent du Tennessee et, conséquemment, tributaire du Mississipi, elle expédie beaucoup des productions de son fertile territoire à la Nouvelle-Orléans. On y remarque le collége Cumberland, et un pénitentiaire sur le plan de celui d'Auburn. Population : 6,000 habitants.　　E. C.

NASI (*hist. hébr.*), c'est-à-dire *élevé, élu*, et par extension *prince*. C'est le nom que les Hébreux donnaient aux chefs des tribus. Munk croit, malgré l'opinion commune, que dans la constitution de Moïse, les nasis ne devaient pas être héréditaires, et il cherche à le prouver en comparant le nom des nasis mentionnés dans le livre des Nombres, chap. ii et viii, avec ceux des tables généalogiques conservées par les Paralipomènes. Michaelis a cru que les *nasis* ne différaient point des *anciens*. Le chef de la tribu est appelé dans un passage des Nombres (iii, 32) *nasi des nasis*, par allusion sans doute à sa supériorité sur les chefs des familles qui recevaient aussi le titre de *nasi*. Le chef du sénat établi après la captivité sous le nom de Sanhedrin, était aussi appelé *nasi*.　　　B.

NASICA (*hist. rom.*). Branche de la famille des Scipion. Le premier qui porta ce surnom fut Publius Cornelius Scipion, fils de Cneius Cornelius Scipion Calvus, et cousin de l'Africain. Il était aussi savant dans le droit qu'habile à la guerre. Il vainquit les Boïens en 191 avant J.-C., et reçut les honneurs du triomphe. Il fut successivement édile, propréteur et prince du Sénat. — Son fils, Publius Cornelius Scipion Nasica, surnommé *Corculum*, se distingua, comme Paul Emile, dans la troisième guerre de Macédoine ; vainquit les Dalmates en 155, s'opposa à la destruction de Carthage, et mérita, par l'austérité de ses mœurs, d'être nommé censeur en 159. — Le fils du précédent, P. C. Scipion Nasica Serapion, fut consul en 138 et en 133, et se mit à la tête des patriciens qui massacrèrent Tiberius Gracchus. Le Sénat, pour le dérober à la vengeance du peuple, l'envoya en Asie, où il mourut.

NASIQUE (*mammif.*). Longtemps confondu avec les guénons ou cercopithèques, le nasique en a été séparé génériquement par Et. Geoffroy-Saint-Hilaire, sous la dénomination de *Nasalis*. En effet, ce singe se distingue d'une manière bien notable des guénons par son nez très saillant et démesurément allongé. — Le nasique, que

Buffon nommait GUENON A LONG NEZ, et Aubebert KABAN (*Nasalis larvatus*, Et. Geoffroy), a plus d'un mètre de haut; il est roux avec la queue blanchâtre, et une tache de la même couleur sur la croupe. Son nez, long de plus de 11 centimètres, est divisé en deux lobes dans sa moitié inférieure très élargie par un sillon qui règne en dessus; les narines sont percées en dessous, mais leur contour postérieur n'est pas adossé à la moustache, qui en est séparée par une portion du plan inférieur du nez; l'animal peut seulement élargir et renfler ses narines, mais non mouvoir le nez en totalité. Le visage et les oreilles sont de couleur jaunâtre; le front et le sommet de la tête d'un roux foncé; une barbe d'un roux clair garnit le menton, en se recourbant en haut. La poitrine et le ventre sont légèrement teints de gris, avec une ligne transversale plus claire sur les mamelles; les bras sont d'un roux vif, les avant-bras, les jambes et les quatre mains d'un gris jaunâtre. Les nasiques vivent en troupes plus ou moins considérables dans les vastes forêts de Bornéo et de la Cochinchine, mais l'on ne connaît pas leurs mœurs d'une manière complète.   E. DESMAREST.

NASSAU (*géog.*), ville d'Allemagne, dans le duché du même nom, à 35 kil. N.-E. de Wiesbaden, sur la Lahn. Sa population n'est que d'un millier d'habitants. On voit à peu de distance les ruines du vieux château de Nassauberg (*montagne de Nassau*), berceau de la célèbre famille de Nassau. — Nous citerons, parmi les autres villes de ce nom, le chef-lieu de la Nouvelle-Providence, une des îles de l'Archipel Bahama ou des Lucayes, qui possède plus de 6,000 habitants, un port et une société d'agriculture. — Nous mentionnerons aussi l'île de Nassau, située dans l'Océan indien, à 82 kil. O. de Sumatra. Elle est fertile et riante, et a plus de 100 kil. de circonférence.

Le DUCHÉ DE NASSAU, un des états de la Confédération germanique, est borné au N. par les provinces prussiennes de Westphalie et de Clèves-Berg; à l'O. par cette dernière, au S. par le grand duché de Hesse-Darmstadt, et à l'E. par le territoire de Francfort, la Hesse-Hambourg, la Hesse-Darmstadt. Il a 105 kil. du N. au S., et 75 de l'E. à l'O., avec une population de moins de 400,000 habitants. C'est un pays boisé et assez montagneux, dont les points culminants sont formés au N. par la chaîne du Westerwald. Il est arrosé par la Lahn, le Mein, le Sieg et le Rhin. Wiesbaden est depuis 1815 sa capitale. Le gouvernement de ce duché est monarchique, constitutionnel et héréditaire de mâle en mâle. Le souverain professe la religion dite *évangélique*. Ce petit état fournit à la Confédé-

ration un contingent de 3,028 hommes. Son territoire est fertile; on en exporte des bestiaux, et particulièrement des chevaux entiers, de la laine, des cuirs, des fruits, etc.; il produit en outre d'excellents vins, parmi lesquels nous citerons ceux de Johannisberg. On y trouve des mines d'argent, de cuivre, de fer, de mercure, de vitriol et de charbon; des carrières de pierre de taille et à chaux, et des eaux minérales dont les plus célèbres sont celles de Wiesbaden et d'Ems.

Autrefois le duché de Nassau était divisé en deux parties: NASSAU-USINGEN et NASSAU-WIELBOURG, mais une grande partie de ces deux circonscriptions a été donnée à la Prusse en 1815. Le reste forme le duché actuel, divisé en 28 bailliages. Ses anciens habitants portaient le nom de Cattes.

NASSAU (Guillaume de) Voy. ORANGE.

NASSAU (Frédéric-Henri), Voy. ORANGE.

NASSAU (*ducs de*). Cette maison, une des plus anciennes de l'Europe, occupe dans l'histoire une place plus honorable encore que dans l'héraldique. Les rois d'armes la font sortir d'un chef des Suèves appelé *Nasua* par César; mais, avant le XIIe siècle, toutes les origines qu'on lui assigne sont incertaines, y compris celle que le savant Kremer fixe au temps de Dagobert Ier. Les documents authentiques commencent en 1124, à Robert et Arnoul, comtes de *Laurenburg et de Nassau*. Le premier épousa Béatrice, fille de Waleran, duc de Limbourg. *Waleran et Othon*, descendants de Robert, se partagèrent en 1225 les Etats de Nassau. Othon fut le fondateur de la branche de Dillenbourg, qui régna en Hollande. De la branche formée par Waleran est issu Guillaume-Georges-Auguste-Henri-Belgique, duc actuel de Nassau. Jean III, de la branche othonienne, laissa deux fils, Henri et Guillaume, surnommé le *Vieil*. Le premier eut en partage les terres situées dans les Pays-Bas: le comté de Vianden, le vicomté d'Anvers et la baronie de Bréda. Au second échurent les terres d'Allemagne: les comtés de Nassau, de Dillenbourg, de Berstein et de Dietz. Henri épousa Claude de Châlons, princesse d'Orange, et en eut un fils nommé Réné, que son oncle Philibert, dernier prince d'Orange de la troisième race, institua héritier de toutes ses possessions. Réné est donc la tige des princes d'Orange-Nassau. Ce fut lui qui prit pour devise : *Je maintiendrai*. Anne de Lorraine, sa femme, ne lui ayant pas donné d'enfants, il choisit pour héritier son cousin Guillaume de Nassau, fils aîné de Guillaume le *Vieil*. Ce prince est le fameux *Guillaume-le-Taciturne*, fondateur des Provinces-Unies. Deux grands hommes d'un genre différent, Maurice et Frédéric-Henri, lui durent le jour. Guillaume II, fils du dernier, épousa Henriette-Marie d'Angleterre, fille de Charles Ier. De cette union sortit un fils posthume, Guillaume-Henri, qui devint roi d'Angleterre, et qui à sa mort, en 1702, reconnut pour héritier Jean-Guillaume Frison, prince de Nassau-Dietz, de la branche othonienne. Celui-ci régna en Hollande et en Angleterre sous le nom de Guillaume III. Jean-Guillaume IV est le bisaïeul du dernier roi mort des Pays-Bas, qui, né le 24 août 1772 et marié le 1er octobre 1791 à Frédérique-Wilhelmine de Prusse, avait été inauguré à Bruxelles le 21 septembre 1815.

L'empereur Adolphe de Nassau était fils de Waleran, chef de la branche de Wiesbade et d'Idtstein et frère d'Othon; par conséquent il avait pour aïeul Henri-le-Riche. Quant aux comtes de Gueldre du sang de Nassau, ils descendaient d'Othon que l'on croit fils de Waleran, le quinte-aïeul de Henri-le-Riche. Quoi qu'il en soit, leur branche finit à Renaud III, duc de Gueldre, qui de Marie, fille de Jean III, duc de Brabant, ne laissa point de postérité. — Ceux des personnages de cette famille qui méritent un article spécial sont : 1° NASSAU (Engelbert, comte de), né dans le xve siècle, gouverneur du Brabant, chevalier de la Toison-d'Or, etc. Il fut très utile à Charles-le-Téméraire, dernier duc de Bourgogne, surtout dans la guerre contre les Gantois révoltés. Fait prisonnier devant Nancy, il paya sa rançon et alla offrir son épée à la jeune héritière de Bourgogne qui depuis épousa l'empereur Maximilien. Il se signala dans une foule de batailles, notamment à celle de Guinegate (1479), rendit de grands services à Maximilien et mourut en 1504 à Bréda, où l'on voit encore son magnifique tombeau, en partie l'œuvre de Michel-Ange. — 2° NASSAU (Maurice de), l'un des plus grands capitaines modernes, était second fils de Guillaume de Nassau, prince d'Orange, fondateur de la république de Hollande. Il naquit en 1567 au château de Dillenbourg et il achevait ses études à Leyde quand son père fut assassiné. Le grand-pensionnaire Olden-Barneveldt le fit nommer stathouder. Maurice gagna l'affection de l'armée, rétablit la discipline et releva le courage des soldats par quelques succès dus uniquement à son habileté. Profitant de l'éloignement du duc de Parme, il tomba à l'improviste sur les Espagnols et leur enleva plusieurs places importantes. En 1590 il s'empara de Bréda au milieu de l'hiver par un stratagème. L'année suivante il prit Zutphen, Deventer, Hulst, Nimègue; en 1592 il se rendit maître de Groningue et mit le comble à sa réputation par la belle défense d'Ostende. En

1600 il attaqua devant Nieuport l'archiduc Albert, dont il mit l'armée en déroute. Les campagnes suivantes de Maurice furent une chaîne non interrompue de succès. Les Espagnols demandèrent la paix, et, malgré l'opposition du stathouder, obtinrent une trève de douze ans par l'influence d'Olden-Barneveldt. Maurice se vengea de ce dernier en le faisant traîner sur l'échafaud pour opinion religieuse. Après l'expiration de la trève, il força Spinola de lever le siége de Bergopzoom, mais ne put empêcher la prise de Bréda, ni s'emparer de la citadelle d'Anvers. Ce double échec acheva de ruiner sa santé, et il mourut à La Haye le 23 avril 1625. Il avait remporté trois victoires en bataille rangée, pris trente-huit villes fortes, quarante-cinq châteaux, et fait lever douze siéges. Il s'était livré à l'étude des mathématiques et de l'art des fortifications; il inventa un pont pour le passage des rivières et divers moyens pour hâter la réduction des places assiégées. Enfin il encouragea les sciences, les lettres et les arts. — 3° NASSAU-SIEGEN (Jean-Maurice, prince de), l'un des plus habiles généraux de son temps, était petit-fils de Jean-le-Vieil, comte de Nassau, chef de la branche de Dillenbourg, et naquit en 1604. Il fut nommé en 1636 par le prince d'Orange capitaine général des possessions hollandaises dans le Brésil, et, à peine débarqué, tomba inopinément sur les Portugais auxquels il enleva plusieurs places importantes. Ensuite il envoya un détachement ruiner leurs établissements sur la côte d'Afrique, et continua, avec l'aide des naturels, à étendre ses conquêtes. Cependant il fut obligé de lever le siége de San-Salvador, après avoir perdu ses meilleurs officiers. Mais bientôt après, ayant reçu des renforts, il poursuivit ses avantages et s'empara de presque tout le pays. Il fit ensuite une incursion dans le Chili et visita le Brésil pour en étudier les productions naturelles. En 1664, ayant réglé toutes les affaires du Brésil, il repassa en Hollande, chargé de richesses immenses. En récompense de ses services il fut nommé gouverneur de Wesel, général en chef de la cavalerie hollandaise, puis grand maître de l'ordre Teutonique, gouverneur du duché de Clèves, etc. Il mourut le 20 décembre 1679. On conserve à la Bibliothèque nationale un ouvrage de ce prince, en 2 vol. in-fol, qui contient les animaux les plus remarquables de l'Amérique méridionale dessinés et enluminés de sa main, avec de courtes descriptions. — 4° NASSAU-SIEGEN (Charles Henri-Nicolas-Othon, prince de), célèbre par sa vie aventureuse, appartenait à la branche catholique de Siegen et naquit le 5 janvier 1745. Bien que reconnue par le Parlement de Paris, sa légitimité fut contestée, et le conseil Aulique donna à un autre tous ses biens situés en Allemagne. Il dut probablement à cette injustice la haute réputation à laquelle il parvint. Volontaire à quinze ans, capitaine de dragons à vingt, il suivit Bougainville dans son voyage autour du monde et explora les déserts de l'Afrique. A son retour en Europe il servit la France comme colonel d'infanterie et essaya vainement de surprendre l'île de Jersey. Au siége de Gibraltar, monté sur une batterie flottante, il rendit des services éminents au roi d'Espagne, qui lui donna en récompense trois millions avec le brevet de major général et reconnut ses droits à la grandesse de 1re classe. Peu après, Catherine II lui confia le commandement d'une escadre contre les Turcs. En 1788 il attaqua sur la mer Noire avec des galères et des bateaux plats la flotte bien supérieure du capitan-pacha, s'empara de quelques vaisseaux, mit le feu aux autres, et, dans deux ou trois autres combats, détruisit entièrement les forces navales de la Porte. Plus tard, envoyé en ambassade par l'impératrice près des cours de Vienne, de Versailles et de Madrid, il leur dévoila les projets d'invasion de Frédéric-Guillaume sur Thorn et sur d'autres points de cette république. En mars 1790, il battit la flotte suédoise sur les côtes de la Finlande et l'enferma dans le golfe de Viborg; mais, par une attaque inopinée de Gustave III, il vit sa ligne forcée, ses galères coulées à fond, et perdit quarante-quatre bâtiments. Cet échec le dégoûta de l'art militaire, et il ne s'occupa plus que de voyages jusqu'à sa mort arrivée dans les premières années du règne de Napoléon.   E. DE BÉLENET.

NASSAUVIACÉES, *Nassauviaceæ* (bot.). Lessing a formé, sous ce nom, une tribu de la vaste famille des composées, caractérisée principalement par des corolles d'un tissu délicat, au point d'être translucides, divisées en deux lèvres roulées en dehors au sommet, et dont l'extérieure, beaucoup plus grande que l'autre, est en forme de languette à trois dents, quelquefois profondément séparées, tandis que l'intérieure est terminée par deux dents ou profondément partagée. Les espèces que comprend cette tribu sont toutes propres à l'Amérique. Un très petit nombre seulement d'entre elles croissent dans les parties de la zône intertropicale situées en deçà de l'équateur; tandis que la très grande majorité se trouve dans les parties de l'Amérique du Sud situées au delà du tropique. La tribu des Nassauviacées est subdivisée en trois sous-tribus. Son nom est tiré du celui de son principal genre *Nassavia* Commerson.

NASSE (*techn.*), engin de pêche consistant en un assemblage de baguettes et généralement de brins d'osier, disposés en cônes emboîtés l'un dans l'autre; ceux de l'intérieur permettent aux baguettes de s'écarter vers l'extrémité du cône pour laisser entrer le poisson, et se referment pour s'opposer à sa sortie. On monte à l'extérieur d'un cerceau des baguettes qui, arrêtées à leur extrémité opposée, forment un cône à jour et assez allongé; sur le même cercle, on monte encore, mais intérieurement, des baguettes plus courtes, dont les extrémités libres sont rapprochées l'une vers l'autre, et qui n'étant pas liées, peuvent, en vertu de leur élasticité, être écartées par un léger effort et se resserrer ensuite les unes contre les autres. Ces deux cônes laissent entre eux une certaine capacité dans laquelle le poisson s'engage facilement, mais dont il lui est impossible de sortir. Les baguettes qui forment le cône extérieur sont réunies par un lien que l'on détache pour retirer le produit de la pêche. Quelquefois, l'extrémité des brins extérieurs se rattache à un second cercle plus petit que le premier, et qui sert de base à une seconde paire de cônes, de sorte que la nasse présente deux capacités distinctes. — Les nasses se placent au fond de l'eau, chargées de pierres, ou liées aux ouvertures des pertuis. L'ordonnance du 15 novembre 1830 prohibe les nasses dont les verges seraient écartées de moins de 30 millimètres; son article 2 autorise néanmoins, pour la pêche des goujons, ablettes, loches, vérons, vandoises et autres poissons de petite espèce, les nasses d'osier dont les tiges ne sont écartées que de 15 millimètres. L'ordonnance du 28 février 1842 permet, pour la pêche des ablettes, que l'écartement des brins puisse être réduit à 8 millimètres.

NASSER-LEDIN-ILLAH (ABOU'L ABBAS-AHMED VI), 34e calife Abbasside, succéda à Mostady, son père, l'an 575 de l'Hégire, 1180 de l'ère chrétienne. Il sut maintenir la paix dans ses états, et fonda un grand nombre de mosquées, de colléges, d'hôpitaux, de bibliothèques, etc.; et établit à Bagdad une excellente police. Sur la fin de son règne, Mohammed, sultan Sedjoucide, qui régnait sur la Perse, le Kharizm et l'Irak, prince ambitieux et entreprenant, lui suscita un compétiteur nommé Alaëddin, qu'il appuyait d'une armée de 300,000 hommes. Mais les neiges détruisirent une partie de ses troupes dans les montagnes de Hamadan, et il fut contraint de retourner dans ses états. Nasser en veillissant avait perdu la vue et la raison, et une femme de son sérail, contrefaisant sa signature, gouverna quelque temps en son nom, de concert avec un eunuque. La fraude venait d'être découverte, lorsque Nasser mourut à l'âge de 69 ans, et dans la 47e année de son règne. On l'accusa d'avarice, et il laissa en effet d'immenses richesses, malgré les dépenses excessives qu'il avait faites pour l'embellissement de Bagdad.

NASSÉRIDES ou BÉNOU-NASSER, c'est-à-dire *descendants de Nasser*. Nom par lequel on désigne les princes qui régnèrent à Grenade depuis la fondation de ce royaume vers l'an 635 de l'Hégire (1237 et 1238 de J.-C.), jusqu'à sa destruction par Ferdinand-le-Catholique et Isabelle de Castille, en 1492, après une durée de deux siècles et demi. Le chef de cette dynastie fut Mohammed, fils d'Alhamar, fils de Nasser, prince auquel les auteurs espagnols et arabes s'accordent également à reconnaître les plus hautes qualités. Mais à l'époque même de sa fondation, il était facile de prévoir que le royaume de Grenade, seule puissance musulmane qui existât encore en Espagne, devait succomber sous les efforts des chrétiens, dans un terme plus ou moins éloigné. Les dissensions intérieures hâtèrent peut-être de quelques années la chute de cette monarchie.

NATAL. Ce nom désigne plusieurs points géographiques importants : — 1° une ville du Brésil, chef-lieu de la province de Rio-Grande do Norte, à 2,100 kil. N.-N.-E. de Rio-de-Janeiro, avec un port formé par l'embouchure du Potengy ; elle fut fondée en 1500, le jour de *Noël*, et de là son nom ; elle a 1,000 habitants ; — 2° un port de la côte de Cafrerie, vers 29° 55' de latitude S., découvert le jour de Noël, 1498, par Vasco de Gama, réuni aujourd'hui aux possessions anglaises du Cap, mais qui a été, de 1840 à 1843, le siége d'une colonie républicaine de paysans hollandais ou *Boers*, sortis du gouvernement du Cap pour se soustraire au joug de l'Angleterre. Le pays voisin s'appelle *Terre de Natal* et fournit au commerce des dents renommées d'éléphant et d'hippopotame. — 3° Une ville populeuse de la côte occidentale de l'île de Sumatra, par 0° 33' de latitude N., connue par ses exportations d'or et de camphre, et cédée à la Hollande par l'Angleterre en 1815.   E. C.

NATANGEN (*géog.*), cercle du royaume de Prusse, dans l'ancienne division de ce pays. Il contenait quatre provinces, celles de Natangen proprement dite, de Bartenland, de Sudavie, et de Galindie. Brandebourg en était la capitale.

NATATION, art de se maintenir sur l'eau, de s'y diriger par les mouvements des bras et des jambes et d'y plonger. — L'homme seul apprend à nager ; cette faculté est pour lui le résultat de combinaisons d'idées. Les animaux au contraire nagent par instinct. La natation était tellement en usage chez les Grecs, que pour désigner un homme ignorant, on disait qu'il ne savait *ni lire ni nager*. Chez les Athéniens, il était ordonné

de la manière la plus expresse de faire apprendre cet art à tous les enfants. Il en était de même à Rome où la natation faisait partie de l'éducation de la jeunesse. Caton l'Ancien enseignait à son fils à passer à la nage les rivières les plus profondes et les plus rapides ; Auguste initiait lui-même ses petits-fils à l'art de nager. Cet art est malheureusement trop négligé chez nous. Un fait même très remarquable, c'est que, parmi les marins employés sur les bâtiments de l'Etat ou du commerce, ceux qui ne savent pas nager sont en majorité. — Evrard Degbi, Nicolas Vinmann et Alphonse Borelli ont rédigé des préceptes de natation ; Thévenot a publié sur cet art un livre fort curieux, dans lequel il avance que les hommes nageraient naturellement comme tous les animaux, s'ils n'en étaient empêchés par la crainte qui grossit le danger ; mais l'expérience a montré toute la fausseté de ce raisonnement. Plusieurs causes s'opposent d'ailleurs à ce que l'homme puisse nager naturellement ; la principale est due à la densité : si le poids de l'homme est plus grand que celui du volume d'eau qu'il déplace, il gagnera le fond ; s'il est égal, il restera indéfiniment à la place où une force étrangère l'aura fait pénétrer ; s'il est plus léger, une partie de son corps restera hors de l'eau.

La pesanteur spécifique n'est pas également répartie dans toutes les régions du corps ; les jambes et les cuisses sont généralement plus lourdes que le volume d'eau qu'elles déplacent, tandis que la tête, soutenue par la cavité de la poitrine, est beaucoup plus légère. Il en résulte donc que le corps entier est abandonné à lui-même sur l'eau ; il se place de manière à ce que la poitrine occupe toujours la partie supérieure. Il est en outre de loi générale que tous les corps allongés qui flottent, se mettent en équilibre suivant leur plus grande dimension. Le corps du nageur, subissant cette loi, sera incessamment sollicité à prendre la position horizontale, et la charpente osseuse qui occupe la face postérieure étant plus lourde que celle de la face antérieure, le nageur se trouvera naturellement sur le dos, la tête renversée en arrière pour mieux respirer. — Le centre de gravité du corps du nageur est situé au dessous du creux de l'estomac vers la partie postérieure. C'est à cet endroit, si le corps était suspendu horizontalement, qu'il se tiendrait en équilibre ; mais la tête, que l'on tient habituellement hors de l'eau, offre, comparativement aux autres parties du corps qui y sont plongées, et qui, pour cette raison, ont perdu de leur pesanteur, un poids énorme d'autant plus grand qu'elle agit à l'extrémité du levier. Elle sert ainsi au nageur à déranger le centre de gravité et à rétablir l'équilibre général, en se portant en avant ou en arrière. Les nageurs ont soin de diminuer leur densité spécifique en dilatant leur poitrine, en étendant les membres, en tenant la tête le plus rapproché que possible de l'eau, et en produisant plusieurs mouvements contraires à celui de la pesanteur. Cette habitude d'équilibrer le corps leur permet de prendre et de conserver dans l'eau toutes les positions. Par exemple l'aspiration qui gonfle la poitrine lui fait acquérir plus de volume, et le corps s'élève en proportion ; en chassant l'air des poumons, le contraire a lieu. C'est au nageur à combiner toutes ces actions selon ses besoins.

Supposons le nageur immobile dans l'eau, les deux bras étendus le long du corps, on conçoit, d'après ce que nous venons d'indiquer, que la pesanteur spécifique le fera flotter la tête au dessus de l'eau, la poitrine à la partie supérieure, et le nageur, ainsi couché sur le dos, sentira ses pieds aller plus ou moins vers le fond. En portant la tête en arrière autant que possible, mais de manière à ce que les voies aériennes restent toujours libres, le corps fera un mouvement de bascule et les pieds arriveront à la surface. Si dans cette position on porte la tête comme pour regarder les pieds, ceux-ci s'enfonceront ; de sorte qu'en faisant un plus grand effort pour se relever, on reprendra naturellement la position verticale. On peut encore dépasser cette verticale pour se mettre sur le ventre ; mais alors le centre de gravité, occupant la partie supérieure du corps, sollicite celui-ci à se retourner, à moins qu'on ne forme balancier avec les bras pour opposer un contrepoids suivant l'occurrence, ou bien encore à moins que l'on ait recours aux mouvements de natation. Le balancement du corps vers les parties latérales, à droite et à gauche, se fait également d'après les mêmes principes d'équilibre, principes qui régissent les corps flottants, et dont semblent cependant fort peu s'inquiéter la plupart des nageurs.

L'art de nager consiste dans l'heureuse application des principes suivants : 1° repousser l'eau pour y trouver un point d'appui qui sera d'autant plus résistant, que l'action sera plus vive et qu'on opposera une plus grande surface ; 2° détruire le moins possible l'effet produit, en dissimulant les surfaces qui se trouvent opposées à l'eau, et en ne brusquant pas les mouvements de retour nécessaires pour recommencer l'action. — Il y a plusieurs manières de nager, la plus simple est la *brasse*. C'est de toutes les combinaisons de mouvements, la plus importante et la mieux entendue pour obtenir une progression de longue durée. *Point de départ :*

mains jointes et rapprochées du corps, jarrets ployés, talons réunis et pointe du pied haute. *Impulsion :* allonger les bras mollement en avant en donnant le coup de jarret bien écarté ; rapprocher vivement les jambes, les jarrets étant tendus et les talons sur la même ligne. Ecarter ensuite les bras en sentant obliquement de haut en bas la résistance de l'eau avec le plat de la main, et replier en même temps les jarrets. Sentir encore là résistance de l'eau en enfonçant les mains d'avant en arrière pour les ramener sous la poitrine et près du corps. On profitera de cette double action des mains pour renouveler l'air de la poitrine.

Tous ces mouvements sont fort simples, et l'on ne tarde pas à les pratiquer machinalement sans y songer et sans jamais les oublier ; mais on les trouve difficiles dans le commencement. Des trois mouvements des pieds, le second pousse le corps en avant ; c'est le plus naturel, on ne le manque jamais. L'allongement des bras a pour objet de rassembler le corps et les membres dans une ligne allongée propre à fendre l'eau, et à profiter de l'impulsion donnée. Il ne faut même pas craindre de plonger son visage dans l'eau, entre les bras tendus, parce qu'on avance davantage en offrant moins de surface au liquide. Les cercles que l'on décrit avec la paume des mains en les appuyant légèrement sur l'eau soutiennent la partie antérieure et permettent de relever la tête. C'est alors qu'on respire. Ces cercles s'exécutent précisément lorsqu'on plie les jarrets ; or, cette flexion nécessaire pour donner le coup de talon est nuisible à la progression, car lorsque les jarrets plient, les cuisses offrent à l'eau une résistance exercée en sens inverse du mouvement que l'on veut produire, mais on ne peut l'éviter. — Lorsqu'on commence à nager, on croit qu'en précipitant les mouvements, on doit mieux réussir ; c'est le contraire qui arrive, car, si le coup de talon une fois donné, on se presse d'en donner un autre, on ne profite pas de l'impulsion, puisqu'en pliant les cuisses, on détruira en partie ce que l'on aura fait. Ainsi donc, donner le mouvement d'impulsion, rapprocher les jambes tendues et les laisser ainsi jusqu'à ce qu'on sente que l'impulsion est épuisée, et demeurer en même temps les bras tendus et rapprochés en avant ; voilà le secret de la natation : le tout se réduit à bien marquer le temps de repos des quatre membres. Il est bon également de plier les pieds à l'articulation de la cheville, de manière à présenter la plante développée en entier lorsque l'on frappe l'eau, et au contraire à abaisser la pointe des pieds pendant le reste des mouvements. — La peur empêche souvent les commençants de se bien étendre sur l'eau ; ils présentaient ainsi une moins grande base de sustantation, et ont dès lors de la peine à s'y mouvoir et à s'y soutenir.

On nage aussi sur le dos, c'est *faire la planche*. Il suffit pour cela d'exécuter avec les jambes les mouvements en trois temps que nous avons indiqués. On peut, dans cette attitude, se dispenser de se servir des mains : on étend alors les bras en les collant le long du corps, les mains posées sur les cuisses. Cependant on s'aide communément en même temps des bras comme de rames ; mais dans la *planche raide*, les mains agissent seules en pressant l'eau avec la paume : les jambes sont alors serrées l'une contre l'autre, allongées et immobiles. — Dans la *coupe*, le nageur est couché sur le ventre comme pour la brasse, et les jambes manœuvrent de la même façon, mais le jeu des bras est tout différent, car chacun sort à son tour de l'eau pour se porter de l'arrière à l'avant et y rentrer. L'une des mains chassant l'eau se dirige vers les côtés et sort de l'eau en arrière, pendant que les jambes se rapprochent tendues ; puis le même bras allongé rase la surface du liquide sans le toucher, se porte en avant et rentre dans l'eau. C'est à cet instant que les jarrets plient et qu'on donne le coup de talon, en restant le bras étendu en avant. Alors l'autre bras exécute son mouvement pour chasser l'eau en arrière ; et ainsi de suite. Il faut que cette manœuvre soit faite sans éclabousser ou barboter, et aussi sans tourner la tête de côté et d'autre. La coupe est le procédé le plus difficile, le plus fatigant, mais en récompense celui qui donne le plus de vitesse. — Dans la *marinière*, les jambes exécutent encore les trois temps, mais le corps couché sur le côté droit ou gauche a le bras de ce même côté constamment allongé et immobile, tandis que l'autre contribue à chaque impulsion en poussant avec la paume l'eau vers les pieds, comme le ferait une rame. — Pour faire la *demoiselle*, on conserve la position verticale ; les bras font l'office de balancier pour maintenir l'équilibre, soulever et diriger le corps pendant que les jambes agissent comme de coutume. On peut même les faire agir l'une après l'autre, en ayant soin de réserver les mouvements vifs pour les impulsions de haut en bas.

Le nageur a aussi besoin de *plonger* au fond de l'eau ; mais comme son poids spécifique est peu différent de celui du liquide déplacé, il n'atteint le fond s'il ne se précipite pas d'une certaine hauteur, qu'en nageant vers ce fond précisément comme il l'a fait pour flotter ; c'est-à-dire qu'il doit tourner la tête en bas, les pieds relevés

vers le ciel et manœuvrer comme pour la brasse, après avoir approvisionné par une longue inspiration ses poumons de l'air nécessaire. Si l'on ne veut que *sonder* la profondeur de l'eau, il faut s'élever autant que possible par de vigoureux coups de jarrets les bras étant en l'air : le corps mis ainsi à découvert imprime une vitesse de descente qui suffit pour le faire pénétrer à une assez grande profondeur. — Quand on se précipite, il faut que le corps soit absolument raide, sans aucune flexion des bras ou des genoux, de manière à présenter au choc immédiat de l'eau la plus petite étendue possible, car, outre qu'en offrant une grande surface à la résistance on amortirait le mouvement imprimé par la chute du corps, le choc à la surface serait douloureux. Les *plats-dos*, les *plats-ventres* sont des coups qu'il faut éviter, parce qu'on peut en être très douloureusement affecté. — On dit *donner une tête* ou *piquer une tête* pour exprimer qu'on se lance dans l'eau la tête la première. On se place pour cela sur un bord plus ou moins élevé, puis, se tenant dressé sur les jambes, les bras étendus verticalement en l'air, on plie les jarrets pour s'élancer en faisant une culbute, et entrer dans l'eau le plus près possible de la perpendiculaire. — Le temps pendant lequel un homme peut rester sous l'eau dépend de son tempérament et de l'habitude qu'il a pu en contracter dès son enfance (*voy.* PLONGEUR). — Pour éviter la sensation désagréable de la fraîcheur de l'eau, il faut s'immerger subitement.

Parmi les embarras qui peuvent venir compliquer la natation, nous citerons principalement les herbes et les tourbillons. Le seul moyen d'éviter les premières, est de faire la planche : alors on glissera sur ces obstacles, sans voir les mouvements embarrassés. Si on était entraîné malgré soi dans un tourbillon, il faudrait d'abord se laisser aller à l'impulsion de l'eau, puis s'aider de quelques mouvements de brasse au moment où le courant lui-même, après vous avoir attiré vers le fond, vous reporte plus loin à la surface. — L'art de la natation exige de l'adresse, de la souplesse dans les membres et de la force. Cet exercice est salutaire en ce qu'il réunit les avantages combinés du bain et de l'action musculaire ; il donne de la force, de l'agilité aux membres et procure, après quelques fatigues, une sorte de bien-être général. — Aucune loi ne régit spécialement la natation ; chaque année des arrêtés municipaux l'interdisent seulement sur certains emplacements où elle serait dangereuse et dans certains autres comme contraire à la décence et à la pudeur. AD.P...T.

NATCHEZ. Ce nom, qu'a immortalisé parmi nous une des plus délicieuses productions de Chateaubriand, ne désigne aujourd'hui qu'une petite ville des Etats-Unis, dans l'état de Mississipi, sur un côteau de la rive gauche du fleuve de ce nom, à environ 200 kil. au dessus de la Nouvelle-Orléans. On y récolte beaucoup de beau coton et de bons fruits. Le climat y est agréable; cependant la fièvre jaune l'a quelquefois visitée, et un ouragan terrible l'a dévastée en 1840. Elle renferme environ 4,000 habitants.—Autrefois le peuple indien des Natchez habitait cette partie de l'Amérique; il fit assez longtemps une guerre acharnée aux premiers colons français qui vinrent s'établir dans la Louisiane; on le punit rigoureusement de ses attaques, et il fut presque entièrement anéanti en 1730. E. C.

NATHAN. Nous citerons deux personnages de ce nom.—Le premier est ce prophète qui réprimanda courageusement David d'avoir fait mourir Urie pour posséder sa femme Bethsabée, lui fit comprendre l'injustice et la gravité d'une pareille action à l'aide du bel apologue de l'homme riche en troupeaux qui enlève au pauvre l'unique brebis qu'il possède (ii Rois, 2), et lui annonça que l'Eternel le punirait par la mort de l'enfant qu'il avait eu de Bethsabée, punition qui se réalisa sept jours après. Il annonça plus tard à David que Dieu ne lui permettrait pas de bâtir le temple dont il avait rassemblé les matériaux, mais que cet honneur était réservé à Salomon. Il ajouta même que cette gloire était refusée à David parce qu'il avait répandu trop de sang, comme semble le prouver le chap. xx du 1er liv. des *Paralipomènes*. Lorsque la vieillesse eut affaibli l'esprit de David, Adonija, un de ses fils, voulut se faire nommer roi pour lui succéder sans obstacle; mais Nathan renversa cet ambitieux projet, et assura la couronne à Salomon (iii Rois, 1). — Le second Nathan est un rabbin du xv* siècle, célèbre pour sa *Concordance hébraïque* à laquelle il avait travaillé dix ans, et qui fut depuis perfectionnée par le savant Buxtorf, et imprimée à Bâle (1632) in-fol. Il paraît certain que la *Concordance* d'Adot, général des Cordeliers, avait servi de modèle à Nathan. On trouve aussi ce rabbin désigné sous les noms d'Isaac et de Mardochée.

NATHINÉENS (hist. héb.). — Nom donné aux Gabaonites (*voy.* ce mot) condamnés à servir d'esclaves aux Hébreux (Josué, IX, 23), et spécialement à aller chercher le bois et l'eau pour le service religieux. David et Salomon leur adjoignirent d'autres malheureux choisis parmi les peuples vaincus, et tous ensemble furent désignés sous le nom général de Nathinéens (*donnés, consacrés*). Ils partagèrent le sort de leurs maîtres, et furent comme eux transportés par Nabuchodonosor au-delà de l'Eu-

phrate. Esdras et Néhémie en ramenèrent 600 environ.

NATICE (*mollusques*), genre de mollusques gastéropodes pectinibranches de la famille des néritaces créé par Adanson, et que M. Deshaye range dans une famille particulière, celle des naticoïdes, composée de ce genre et de celui des sigarets. — Leur coquille est presque globuleuse, ombiliquée : l'ouverture en est entière et en demi-cercle; le bord gauche oblique et non denté comme celui des nérites, est recouvert par une callosité qui modifie l'ombilic et quelquefois le cache en partie : le bord droit est tranchant et toujours lisse à l'intérieur. Le pied des natices est mince et entièrement dilaté, il égale au moins quatre à cinq fois la longueur de la coquille dans laquelle il ne peut rentrer que difficilement. Il forme d'ailleurs un bourrelet charnu circulaire dans lequel la coquille est presque entièrement cachée. L'opercule corné ou pierreux est porté par le pied, et se trouve également caché par la disposition de l'animal dans l'état d'extension; le manteau, qui ne présente pas de siphon, est replié sur la partie antérieure de la coquille. Entre ce repli du manteau et le pied s'avance la tête, courte, très large, et terminée par deux lèvres entre lesquelles sort la trompe de nature rétractile. — Les espèces actuellement existantes, toutes marines, et se nourrissant de proie vivante, sont nombreuses et remarquables par le poli, et souvent aussi par la coloration de leur surface; les plus grandes sont larges de plus 8 centimètres, et les plus petites n'en ont que 2 : les *Natica mamilla* de Lamarck et *N. glauca* Humboldt. On en connaît aussi beaucoup de fossiles dans les terrains tertiaires, plusieurs même se trouvent à la fois vivantes dans les mers d'Europe, et fossiles dans les étages supérieurs des terrains tertiaires.

NATION, NATIONALITÉ (*Voy.* ETHNOGRAPHIE).

NATIONS DE L'UNIVERSITÉ. Quand le goût de l'instruction se fut répandu au milieu des peuples modernes, de toutes les parties de l'Europe on se donnait rendez-vous aux écoles de Paris. Le nombre des écoliers devint si grand, qu'ils sentirent la nécessité de se grouper selon les pays dont ils étaient originaires, en divers corps qui prirent le nom de Nations. Quelques uns font remonter ces associations jusqu'au ix* siècle. Ce qu'il y a de certain, c'est qu'elles existaient au xii* au nombre de quatre, divisées chacune en provinces. La nation de *France* comprenait toutes les Gaules, à l'exception de la Normandie et de la Picardie, et de plus, comme le dit Boulay dans son histoire latine de l'Université, s'y rattachaient les écoliers de l'Espagne, du

Portugal, de l'Italie, de la Grèce, des îles de la Méditerranée et des pays de l'Orient. La nation *Picarde* n'embrassait que la Picardie; la nation *Normande* était composée des écoliers de la Normandie, du Maine et de l'Anjou, et la nation *Allemande* de ceux de l'Allemagne, de l'Angleterre, de la Saxe, de la Pologne, de la Suède et de la Norwége.—Les priviléges des quatre nations étaient les mêmes. Chacune d'elles était régie par un procureur, et c'était à ces quatre magistrats qu'appartenait le droit d'élire le recteur. On leur adjoignait quatre électeurs choisis parmi les maîtres lorsqu'ils n'étaient pas d'accord pour cette élection. Chaque nation avait en outre un receveur des deniers ou trésorier appelé questeur, payé par la nation à laquelle il appartenait, et chargé de prélever sur tous ses membres, pour l'Université qui n'avait pas d'autre ressource, les taxes nécessaires à son entretien. Vers la fin du XIIIe siècle, lorsque l'Université de Paris fut définitivement composée, sous le nom collectif de *Faculté des arts*, des Facultés de théologie, de droit et de médecine qui ne comprenaient que des docteurs, et des quatre nations de l'Université, le recteur était toujours choisi par ces dernières.—Des querelles s'élevèrent souvent entre les nations et les Facultés, et entre les nations elles-mêmes. Plus tard, les quatre nations, excepté celle de Normandie, se divisèrent en tribus. La nation de France en comptait cinq, dont chacune portait le nom d'un archevéché : Paris, Sens, Reims, Tours et Bourges. Il y en avait quatre dans la nation Flamande : Beauvais, Amiens, Laon, Térouanne. Celle d'Allemagne n'en reconnaissait que deux : le continent et les îles. Chacune d'elles avait un chef électif ou doyen, que la nation de France choisissait ordinairement parmi les conseillers du parlement. Les statuts des nations, homologués en parlement, avaient force de loi pour tout ce qui concernait la police de ces différents corps, les élections, les honoraires, etc. Dans les actes publics et les harangues solennelles chacune avait son titre caractéristique : la nation de France s'appelait *Honoranda Gallorum natio;* celle de Picardie, *Fidelissima ;* celle de Normandie, *Veneranda,* et celle d'Allemagne, *Constantissima (voy.* ÉCOLIERS, UNIVERSITÉ). — Dans les priviléges accordés en 1384 à l'Académie de Vienne par Albert III, duc d'Autriche, l'Université de cette ville fut comme celle de Paris, divisée en quatre nations : des *Autrichiens,* des *Rhénans,* des *Hongrois* et des *Saxons.* AL. BONNEAU.

NATIVITÉ (fête de la). Nom contractivement dérivé de l'expression latine *Dies natalis.* Ce jour de la naissance, dans le sens qu'y attachent les anciens auteurs ecclésiastiques, les martyrologes et les livres de liturgie, signifie la commémoration de la mort des saints martyrs et des confesseurs. La raison en est que cette mort temporelle les a fait naître à la véritable vie, à la vie de béatitude éternelle; et que ceux auxquels cet honneur a été déféré n'ont mérité et obtenu la grâce sanctifiante que dans la suite de leur âge. L'Église cependant n'a pas dû appliquer cette règle à la naissance de N.-S. Jésus-Christ selon l'ordre de la nature, parce que cette naissance a été essentiellement miraculeuse et divine dans toutes ses circonstances. Elle a cru devoir aussi étendre cette exception, parfaitement logique, à la naissance de la sainte Vierge et à celle de saint Jean-Baptiste, attendu que la sainte Vierge, selon la remarque des Pères, a été pure de la tache originelle, et que saint Jean-Baptiste fut sanctifié dans le sein de sa mère. La nativité du Sauveur, spécialement nommée *Christi natalis dies,* et vulgairement *fête de Noël,* étant traitée à part, nous n'avons à nous occuper que des deux autres.

La fête de la Nativité de la mère de Dieu, fixée au 8 septembre, paraît remonter à la fin du IVe siècle. Cette opinion est fondée sur l'autorité de documents très anciens, entre autres sur le *sacramentaire,* réglé par Sergius Ier, en 688. D'un autre côté, il est de notoriété historique que cette fête a toujours été célébrée par les Coptes, dont le schisme date de la condamnation de leurs erreurs par le concile de Chalcédoine, tenu en 451. Quant à la fête de la Nativité de saint Jean-Baptiste, son antiquité est également incontestable. Baillet cite deux sermons de saint Augustin qui prouvent d'une manière irréfragable que son institution était considérée, dans l'Église d'Afrique, au temps de ce grand docteur, comme une tradition des anciens. Le concile d'Agde, de l'an 506, la classe (Can. 21) immédiatement après les grandes fêtes de Pâques, de Noël, de l'Epiphanie, de l'Ascension et de la Pentecôte. Sa célébration au 24 juin, eut pour motif de précéder de six mois la naissance du Messie, afin qu'elle répondît au caractère de précurseur dont ce saint est revêtu. — Les deux fêtes de la Nativité ont été supprimées en France, par le concordat de 1801. P. T.

NATROCHALCITE (*min.*), mot synonyme d'otolithe ou chaux carbonatée.

NATROLITHE (*min.*), nom donné à une variété de *mésotype,* en masses fibreuses et globuleuses, d'un jaune brunâtre, que l'on trouve en Souabe, engagée dans un phoccalithe casphyrique (*voy.* MÉSOTYPE).

NATRON (*min.*). Le *nitrum* ou *natrum* des anciens; cette expression est synonyme de *soude carbonatée (voy.* SOUDE).

NATRON (LACS DE). On a donné ce nom à des lacs dont on retire une grande quantité de sel. Ils sont situés en Égypte, à l'O. du Delta, dans le désert de Saint-Macaire ou de Chaïat, dans le *Nitriotes Nomos*, appelé par nos voyageurs *Vallée du Natron*. Ils ont près de six lieues de long et un quart de lieue de large. Le sol en est solide et pierreux; ils restent à sec pendant les neuf mois les plus chauds de l'année; mais en hiver, il transsude de la terre une eau d'un rouge violet, qui remplit le lac à 5 ou 6 pieds de hauteur pour s'évaporer au retour de la chaleur. Le fond du lac se trouve après cette évaporation, recouvert d'une couche de sel épaisse de 2 pieds qu'on détache à coups de barres de fer. La quantité qu'on en retire s'élève jusqu'à 36,000 quintaux par an (Volney, *Voyage en Égypte*, ch. 1.) Ces lacs produisent en outre une très grande quantité de roseaux dont on se sert pour faire des nattes.

NATTE (*techn.*). Entrelacement de brins flexibles qui se distingue du tissu, en ce que celui-ci est formé de brins croisés perpendiculairement, tandis que ceux de la natte se croisent sous un angle très aigu, et de manière à les conduire tous également vers l'extrémité. Les nattes sont d'un usage très fréquent, dans la coiffure, dans la passementerie, et dans la fabrication de tapis, ou de certaines étoffes pour lesquelles on emploie des substances impossibles ou trop difficiles à tisser. Ces étoffes prennent souvent elles-mêmes le nom de nattes; elles se prêtent à beaucoup d'usages. La fabrication des nattes remonte à la plus haute antiquité. Les populations barbares ou sauvages savent natter les filaments flexibles qui sont à leur disposition, et excellent d'autant plus dans ce genre de travail, qu'elles sont moins avancées dans l'art de tisser. Les nattes remplacent, en grande partie pour eux le linge et le drap. Les nattes ont été d'un très grand usage en France jusque vers le milieu du xviie siècle. On en couvrait le sol et les murailles des appartements. Alors celles de Pontoise étaient les plus estimées, et Paris comptait plus de cent maîtres de la communauté des nattiers. En 1776, cette communauté était tellement déchue, qu'elle fut supprimée par l'édit du 23 août. — La natte la plus simple exige au moins trois brins. Après les avoir arrêtés l'un à l'autre, on les fixe à un point solide; puis, les tenant à plat et à côté l'un de l'autre, dans la main gauche, on fait passer le brin de droite par-dessus celui du milieu que l'on ramène à la place et dans la direction du premier, de manière que ces deux fils soient également et inversement inclinés l'un sur l'autre; alors on passe, avec la même précaution, le fil de gauche sur celui qui était ori-

ginairement à droite et on fait passer sur ce fil, qui occupe alors le rang du milieu, l'ancien fil du milieu qui alors est à droite, et on ramène par-dessus lui l'ancien fil de droite qui tient alors la gauche et vient au milieu. En continuant cette marche, on obtient une tresse aussi large ou plus large que les trois brins placés l'un à côté de l'autre, et dans laquelle chacun est alternativement couvert par l'un des deux autres, de sorte que si on lie solidement l'extrémité de la tresse, aucun brin ne peut s'échapper à quelque point de la longueur que ce soit. On comprend qu'en suivant la même marche, on puisse faire une natte composée de quatre, cinq, ou d'un plus grand nombre de brins; on en peut même faire d'une largeur considérable. Dans ce cas, il est nécessaire de considérer la natte totale comme une réunion de nattes à trois, quatre ou cinq brins, et alors le dernier brin de chacune de ces nattes sert de premier brin à la suivante, mais sans la dépasser jamais. Sans cette précaution, le travail pourrait devenir inexécutable, et dans tous les cas les brins feraient des angles trop obtus. Chaque brin peut être, et est le plus souvent composé de plusieurs fils suivant l'épaisseur que l'on veut donner à la natte. Cette multiplicité de fils rend d'autant plus facile l'allongement du brin en permettant d'y introduire successivement de nouveaux éléments sans que cette addition devienne sensible. Les brins d'une natte peuvent être chacun d'une couleur ou d'une matière différente, et la couleur de chaque brin peut encore être changée suivant l'effet qu'on désire obtenir. — Lorsqu'on veut former une certaine largeur avec une natte à peu de brins, on coud plusieurs longueurs de cette natte à côté les unes des autres. Em. LEFÈVRE.

NATURALISATION (*droit public*). C'est l'acte par lequel un étranger devient membre ou sujet d'un État autre que celui auquel il appartient. Cette sorte d'adoption politique n'a pas été comprise et pratiquée de la même manière dans tous les temps, et par toutes les nations. La naturalisation ayant pour effet général d'assimiler l'étranger à l'indigène, de lui imposer les mêmes devoirs en lui concédant les mêmes droits, suppose d'abord que celui qui en est l'objet a pu cesser régulièrement de faire partie de l'État dont il était primitivement membre. Or, est-ce des lois de chaque pays que dépend la liberté que le citoyen peut avoir de se retirer ailleurs, ou bien cette liberté n'est-elle pas, comme l'ont soutenu certains philosophes et pratiqué certains peuples, antérieure et supérieure aux constitutions particulières de chaque nation? Socrate se considérait comme *citoyen du monde*, et Platon dit en effet dans son *Criton*, qu'à Athènes, il était permis à chaque particulier, après avoir examiné les lois et coutumes de la république, de se retirer ailleurs, où bon lui semblait, avec son bien. Quand il s'agissait d'autoriser la naturalisation d'un étranger, la loi de Solon était plus sévère : il fallait que celui-ci vînt se fixer à Athènes avec toute sa famille, pour y exercer un métier ou y établir une manufacture. Le titre de citoyen d'Athènes pouvait aussi, exceptionnellement, être le prix de services rendus : on vit des rois briguer ce titre comme un honneur. A Argos, la loi défendait, sous peine de la vie, de quitter le pays (Ovide, liv. XV). A Sparte, il était permis aux ilotes, mais dans le seul cas de services éclatants rendus à la république, d'être naturalisés Spartiates; cette faveur ne pouvait toutefois être accordée que par le peuple seul. Les Romains pratiquèrent la même politique, avec plus d'ampleur : ils recevaient chez eux tous ceux qui venaient d'ailleurs, et ne forçaient personne d'y rester, disposition à laquelle Cicéron applaudit énergiquement et qu'il appelle le fondement le plus ferme de la liberté. Romulus fonde Rome en faisant de ses ennemis en un même jour autant de citoyens romains. Plus tard, il est vrai, et à mesure que Rome s'agrandit, la naturalisation par la guerre devint moins facile : on était bien reçu, Latin ou Italien (*jus quiritium*); mais le titre de citoyen romain (*jus civitatis*) ne fut plus que la récompense de services signalés. Tacite, dans ses *Annales* (liv. XII), vante la politique romaine, qui, dans l'origine, s'assimilait des populations entières en les naturalisant.

En Angleterre, de grands débats s'engagèrent au siècle dernier, sur la question de savoir s'il était profitable à la nation de faciliter les naturalisations; jusqu'alors, la naturalisation ne pouvait être octroyée que par un bill spécial du Parlement, fort onéreux à obtenir. Aujourd'hui encore, la naturalisation proprement dite ne peut être accordée que de cette manière, et encore celui qui en est l'objet ne peut-il être membre ni du Conseil privé, ni du Parlement, ni exercer des offices de confiance, ni recevoir des concessions; toutefois, les étrangers qui habitent le royaume-uni, peuvent obtenir *ex donatione regis* des lettres patentes qui les assimilent en partie aux sujets anglais; c'est ce qui s'appelle la *denization*, situation intermédiaire entre la qualité d'étranger et celle de sujet anglais. Les enfants des étrangers, nés en Angleterre, sont anglais de plein droit.

En France, sous l'ancienne législation, c'était au roi seul qu'appartenait le droit d'octroyer les *lettres de naturalité* qui devaient, en outre, être délivrées en grande chancellerie, et enre-

gistrées par les cours souveraines. On distinguait alors les *lettres de naturalité*, qui donnaient à un étranger la qualité de Français, des *lettres de déclaration*, qui rendaient cette qualité à un Français qui l'avait perdue ou à ses enfants. Ces lettres de déclaration avaient alors un effet rétroactif, c'est-à-dire que celui qui les obtenait était considéré comme n'ayant jamais quitté le territoire, et revenait, comme s'il eût été présent, sur tous les partages faits en son absence. Cette disposition supprimée comme abusive en l'an VIII a été rétablie par avis du Conseil-d'État, du 17 mai 1823.

La Constitution du 3 septembre 1791, enleva le droit de naturalisation au pouvoir exécutif, pour le placer dans les attributions du pouvoir législatif : « Ceux qui, nés hors du royaume, de parents étrangers, résident en France, deviennent citoyens français après cinq années de domicile continu dans le royaume, s'ils ont, en outre, acquis des immeubles, épousé une Française, ou formé un établissement d'agriculture ou de commerce, et s'ils ont prêté le serment civique (titre II, art. 3). » C'est ainsi qu'à cette époque furent naturalisés François Thomas Payne, Jérémie Bentham, Georges Washington, Henri Campe, Klopstock, Thadée Kosciusko, Cloots, Hamilton, etc. — Sous la Constitution inappliquée de 1793, la condition du domicile fut réduite à une année, et il suffisait d'avoir adopté un enfant, nourri un vieillard, ou même d'être jugé par la Convention avoir bien mérité de l'humanité, pour être naturalisé. — La Constitution du 5 fructidor an III, quoique faite par la même Assemblée, modifia essentiellement les conditions de la naturalisation; elle exigeait de la part de l'étranger qui voulait devenir Français, sept années consécutives de résidence, et en outre, ou le paiement d'une contribution directe, ou la possession d'un établissement soit industriel soit agricole, ou son mariage avec une Française. Enfin, la Constitution du 22 frimaire an VIII (art. 3), qui nous régit actuellement, se borne à exiger de l'étranger, pour unique condition, une résidence de dix années et la déclaration que son intention est de se fixer en France. Par des raisons politiques faciles à apprécier, il fut temporairement dérogé à cette disposition par le sénatus-consulte du 21 vendémiaire an XI, en faveur d'étrangers qui auraient rendu des services importants à la République, ou qui auraient apporté dans son sein des talents, des inventions ou une industrie utile. Ces étrangers pouvaient, après une année de domicile et certaines déclarations obligatoires, être admis à jouir du droit de citoyen français; la naturalisation ne pouvait, dans ce cas, être accordée que par un décret spécial rendu sur le rapport d'un ministre, le Conseil-d'État entendu. — La naturalisation confère à l'étranger la jouissance des mêmes droits que les citoyens français; cependant, il ne peut siéger dans les chambres législatives sans avoir obtenu de nouvelles lettres de naturalisation qui, aux termes de l'ordonnance du 4 juin 1814, devaient être vérifiées par les deux chambres; c'est ce qu'on nomme la *grande naturalisation*. L'étranger qui a rendu de grands services à l'État peut seul y prétendre.

La naturalisation est un droit purement personnel et non transmissible par succession. Ainsi, l'enfant né en pays étranger d'un père étranger, ne cesse pas d'être étranger par cela seul que son père se fait plus tard naturaliser Français. La naturalisation d'une étrangère s'opère de plein droit par son mariage avec un Français, la femme suivant toujours la condition de son mari (C. civ., 12). Une loi du 14 octobre 1814 a réglé les formalités à remplir par les habitants des pays anciennement réunis à la France, et qui ont désiré conserver la qualité de Français, quoique leurs pays aient été rendus à leurs anciens souverains. Ils ont été assujettis à solliciter du roi (dans le délai de trois mois, à dater de cette loi) des *lettres déclaratives de naturalité*.

Un décret du 26 août 1811, a réglé les droits des Français naturalisés en pays étrangers avec l'autorisation du chef du gouvernement, autorisation qui doit être insérée au bulletin des lois : les Français ainsi naturalisés jouissent du droit de posséder, de transmettre des propriétés et de succéder, quand même les sujets des pays où ils sont naturalisés ne jouiraient pas de ces mêmes droits en France (art. 3). Tout Français, au contraire, naturalisé à l'étranger sans autorisation, encourt la perte de ses biens; il n'a plus le droit de succéder, et toutes les successions qui viennent à lui échoir passent à la personne appelée après lui à les recueillir, pourvu qu'elle soit régnicole. Le Français naturalisé à l'étranger, même avec autorisation, et qui porte les armes contre la France, est puni de mort. L'acceptation sans autorisation d'un titre héréditaire émanant d'une puissance étrangère, a, pour le Français les conséquences de la naturalisation à l'étranger sans autorisation. La Constitution française de 1848 n'a rien changé aux lois antérieures qui règlent la naturalisation, soit des étrangers en France, soit des Français à l'étranger. AD. R.

NATURE. Ce mot, par son équivalent grec φυσις, comme par son étymologie latine *natus*, désigna d'abord le premier état et les qualités natives d'un corps ou d'un être. C'est ainsi qu'on dit la *nature de l'oiseau*, pour indiquer les quali-

tés propres à cette classe de vertébrés ovipares. Cette expression renferme donc l'idée que tout ce qui se voit a un commencement; puis elle implique une opposition ou une comparaison entre les caractères de première origine et ceux qui ont été acquis. Mais peu à peu la signification du mot *nature* a pris plus d'extension et a varié. Ici, la nature est l'univers ou l'ensemble des choses créées, et plus particulièrement notre monde; nous le divisons alors en trois règnes, que nous appelons les trois règnes de la nature. Là, ce même terme est transporté de nouveau de la chose à ses caractères; mais cette fois, en généralisant ceux-ci, qui deviennent les lois régulatrices de tous les phénomènes. Dans ce cas, la nature est l'expression abstraite de l'activité universelle, et bientôt, par une véritable amphibologie, on nous parle de sa sagesse, de son économie, de sa bonté, comme on le ferait en parlant d'une personne intelligente et morale, comme on ne devrait le faire qu'en parlant de Dieu. Jusqu'ici, cependant, ce n'est pas pour nier Dieu qu'on met le mot nature à la place de son nom; un peu d'indifférence aidant, on se laisse aller à cet abus de langage; par cela seul qu'on s'occupe de la recherche des causes naturelles des phénomènes, de l'ordre qui s'y manifeste, et Georges Cuvier croyait même devoir à son respect pour le créateur de ne pas abuser de son nom en parlant de ses œuvres. Mais ce qu'un déisme inconséquent croit n'être qu'une innocente substitution de mots, plus d'une école en a fait un dogme, plus d'une école a attribué à l'univers l'activité dont il est le théâtre. Les uns l'ont fait avec une certaine réserve, comme Buffon; d'autres y ont mis plus de hardiesse et quelques uns du cynisme. Pour nous, la *nature* c'est le monde que nous avons sous les yeux et dont nous faisons maintenant partie, c'est ce système de corps et d'êtres qui composent les trois règnes, et c'est tout cela, non pas seulement au repos, mais en action, mais dans l'ensemble des caractères, de l'activité et des relations mutuelles de ces éléments divers d'un même système.

Les premiers regards de la philosophie furent pour la nature. Les premières écoles grecques, les écoles d'Ionie, oublièrent presque l'homme pour s'occuper du monde, de son origine, de son principe. L'esprit humain se sentait à ce moment comme écrasé sous l'immensité de l'univers et sous la puissance prodigieuse qui s'y révèle. Pour l'une de ces écoles, tous les êtres sont issus d'une même substance dont ils ne sont que des modalités. Cette substance infinie, quoique matérielle, était l'eau pour Thalès, l'air pour Anaximène, en un mot, un de ces fluides qui jouent un si grand rôle dans ce qu'on peut appeler la vie du monde physique. Ne serait-il pas permis de voir ici un souvenir des premières traditions, de celles qu'ont sanctionnées nos livres sacrés, et qui nous disent que le monde est sorti de l'eau, ou, ce qui rend la même pensée sous une forme plus générale et en se rattachant de plus près encore à sa première phase, qu'il fut fluide avant de passer à sa solidité actuelle, comme nous l'enseignent la géologie et la physique modernes. Thalès et Anaximène furent ce qu'on a nommé des *dynamistes;* ils placèrent dans un premier principe la cause et la substance de l'univers, qui, selon eux, sont identiques, en sorte qu'à leurs yeux, l'univers est un véritable organisme, un être qui s'est produit de l'infini dans le fini ; les écoles que fondèrent ces philosophes furent des écoles *panthéistes.* D'autres Ioniens, les *mécaniciens*, considéraient le monde comme formé d'une multitude de matériaux divers ou semences des choses. Ces matériaux, d'abord à l'état de confusion, composaient le chaos. En se combinant de diverses manières, ils formèrent des corps et des êtres distincts. Ici, point d'unité primitive, mais pluralité et diversité éternelles des éléments et de leurs propriétés. Une cause extérieure, inintelligente selon les uns, raisonnable selon d'autres, opère les déplacements, les associations de matériaux, mais ne peut rien sur la nature des éléments euxmêmes. C'est un système de *chimie mécanique* avec une matière éternelle et une cause distincte de celle-ci ; ce n'est déjà plus du panthéisme, et, en effet, Anaxagore, que nous trouvons à la tête de cette philosophie, est un des chefs des écoles *théistes.*

La philosophie socratique, en faisant ressortir la personnalité humaine, l'être intelligent et libre, ne pouvait envisager la nature comme un fait fatal. Elle devient, cette fois, une création où tout est combiné, prévu et préordonné pour des fins déterminées par une sagesse parfaite et une volonté souveraine. Ce n'est pas que Socrate ait formulé lui-même une cosmogonie; mais il en a fourni le principe à ses disciples, qui l'appliquèrent du reste assez librement. Platon semble admettre encore l'éternité de la matière; mais Dieu, intelligence souveraine et parfaite, tire de celle-ci le monde, qu'il crée sur le modèle de l'*idée* qui est en lui, archétype divin dont l'univers est la manifestation. Le monde, à son tour, est un être doué de vie et de puissance, où nous voyons des demidieux, créés de l'élément le plus pur, le feu, produire les créatures inférieures, l'homme à leur tête, qui, formé pur, démérite bientôt, tombe et descend jusque dans les formes inférieures de l'animalité d'où il se relèvera. Aristote, plus savant, plus observateur et logicien plus sévère que Platon, mais d'un esprit moins sublime, ne s'élève pas du premier élan jusqu'à Dieu. L'induction et la généralisation lui montrent la nature comme un ensemble gradué de créations, qui progressent dans la direction de l'homme : la spéculation lui fait imaginer que la nature est une puissance qui, émanée, il est vrai, de plus haut, de Dieu, tend d'elle-même à s'élever, par une suite d'êtres qui ne sont que des ébauches, jusqu'à la personne humaine, but de ses efforts et réalisation de ses plans.

L'école épicurienne mérite à peine d'être mentionnée; elle ne fut pas savante. Epicure ne voyait dans l'univers qu'un fait nécessaire sans cause et sans autre raison d'être que son existence même. Selon lui, des rencontres d'atomes élémentaires produisent au hasard les divers corps. Ce n'est pas là une conception, c'est une négation pure et simple de la science.

L'élan des théories cosmogoniques fut nécessairement modéré et plus ou moins arrêté par le christianisme. Le mouvement moderne de la philosophie, surtout à partir de Descartes, remit cette grande question à l'ordre du jour; mais ce n'est guère qu'avec Buffon que la spéculation reprend une marche décidément indépendante de l'enseignement religieux. Encore Buffon se montra-t-il très réservé dans l'expression et le développement de ses idées générales; il ne voulut pas compromettre un repos qui lui était cher et que les susceptibilités de la Sorbonne avaient déjà menacé après la publication du premier volume de l'*Histoire naturelle*. Nous aimons à croire qu'il fut encore contenu par l'influence de sa première éducation, et par un reste de croyances qui modéraient l'impulsion de son siècle et de son propre génie vers le culte de la nature. Toutefois, ce grand écrivain plaça sans contredit la science qu'il a illustrée sur la pente qui mène au panthéisme *naturiste*. Il nia les causes finales, leur fit une guerre déclarée, et se mit évidemment par là en hostilité contre la notion d'un monde créé et harmonisé dans toutes ses parties par la sagesse de Dieu. Pour Buffon, la nature était bien une création, mais une création qui, une fois sortie d'un acte de la puissance suprême, se gouvernait par ellemême et portait en elle un principe impérissable de vie. Aussi, dans ses célèbres *Époques de la nature*, comme dans sa *Théorie de la terre*, notre grand naturaliste cherche-t-il moins à déchiffrer un plan qu'à remonter aux premières causes de la constitution de notre planète. Et néanmoins quelque répugnance théorique qu'il éprouve pour une théorie de finalité, vous surprendrez sans cesse Buffon parlant de la sagesse et des plans de la nature, tant il lui est impossible d'échapper à l'évidence qui nous montre partout dans les détails de la création un but et des moyens dirigés vers ce but, par conséquent l'œuvre d'une puissance intelligente et personnelle. — Ce que Buffon ne fit qu'avec mesure, Robinet, de Maillet, Lamark, l'entreprirent sans scrupule; les premiers, dans un but systématiquement hostile à la révélation; le dernier, sans mauvaise intention à cet égard, et avec une parfaite bonne foi. Lamark seul, en effet, fut un naturaliste sérieux; il le fut avec science et souvent avec quelque génie. Ce ne fut pas toutefois dans la partie la plus spéculative de ses œuvres qu'il en montra. Là, il n'est que le disciple conséquent et enthousiaste de Buffon. Lamark transporta décidément à la nature la puissance créatrice elle-même, et l'auteur suprême de toutes choses, dont le nom revient encore sous sa plume, n'a plus en réalité le moindre rôle dans l'œuvre universelle. L'idée la plus séduisante de cet écrivain, idée qui n'est pas sans grandeur, fut de ramener l'empire inorganique et l'empire des êtres vivants à l'unité d'une même loi générale et d'une même force initiale. Lamark, au reste, s'occupa beaucoup moins de prouver cette unité que d'en décrire les conséquences telles qu'il les concevait. La force physique générale produit une première matière organisée; la pénètre, la transforme, et avec le concours des circonstances extérieures lui fait parcourir tous les degrés d'organisation que présentent les deux règnes de l'empire organique, et toutes les formes que nous considérons comme préordonnées en vue des différences spéciales de séjour, de locomotion terrestre, aquatique ou aérienne, etc. Ici, point d'espèces permanentes, mais une modification incessante et indéfinie de ce que nous nommons des espèces, lesquelles ne seraient que des formes temporaires de l'être vivant, formes séculaires, il est vrai, et qui traversent un très grand nombre de générations. On le voit, c'est une pure hypothèse, qui n'a pas même pour elle une seule expérience à opposer à la doctrine de la fixité des espèces.

Tandis que Lamark spéculait sur la nature en physicien facile à se satisfaire, une autre école essayait, en Allemagne, de trouver la raison d'être et le vrai caractère de la nature dans une formule de logique idéaliste et transcendantale. Cette formule est celle de la première philosophie de Schelling. Tout dérive d'un premier principe d'identité absolue, qui se manifeste comme idée et comme réalité; l'idéal et le réel s'équivalent, et il en est de même de toutes

leurs manifestations, qui ne sont que des modes d'une même identité. Ainsi, le monde et son principe sont identiques; l'un n'est que le côté phénoménal de l'autre; les êtres particuliers procèdent de l'être universel, et celui-ci se retrouve dans ceux-là. Ici, point de personne divine, point de liberté; tout être, tout phénomène est une manifestation nécessaire et fatale d'un principe inconscient; seulement, la loi de cette manifestation involontaire est celle d'un développement qui aboutit à l'humanité, et c'est dans l'humanité que l'être universel prend conscience de lui-même; dernière conséquence déduite surtout par Hegel comme principe de la philosophie de l'histoire. Ce système de panthéisme, ce *naturisme*, comme on l'a nommé dans les écoles allemandes, part de plus haut que celui de Lamark; il compte parmi ses partisans des noms illustres, celui d'Oken, entre autres, celui même de Gœthe, qui l'a plutôt rencontré que reçu; ceux de Carus, de Burdach, etc. Ce système, enfin, appartient sans contredit à l'un des plus grands efforts de la philosophie, pour trouver le vrai par la seule force de la logique et par la voie des conceptions purement rationnelles. Mais ce n'en est pas moins un système sans base, également inacceptable par la science qui procède de l'observation, et par le dogme chrétien, dogme d'un caractère essentiellement moral, qui repousse toute doctrine hostile à la personnalité de Dieu et à sa liberté, comme la négation même de la divinité. Mais à côté des hardiesses malheureuses de la spéculation, la vraie science, marchant de progrès en progrès, tend à nous donner à son tour une philosophie de la nature conforme à nos croyances.

Ce fut l'astronomie qui parla la première le langage positif d'une science réelle. Elle nous montre dans l'espace des groupes de corps distribués autour de centres d'attraction qui, eux-mêmes, se rattachent à des systèmes plus généraux. Nous avons ici sous les yeux, dans les limites qui nous sont accessibles, un ensemble de globes obéissant à des forces mécaniques avec une parfaite régularité, et donnant pour résultats une certaine distribution de lumière et de chaleur, en un mot, des conditions générales de vie pour les êtres qui les habitent. C'est une machine à rouages calculés, mais non pas un organisme dans le sens que les panthéistes voudraient conserver à ce mot en l'appliquant à l'univers. Rien de commun entre les mouvements simples du système astronomique et la vie du plus humble des êtres organisés. — La physique, étudiant à son tour les phénomènes et les propriétés générales des corps, arrive sans doute à rattacher tous ces phénomènes de cohésion, d'attraction, de lumière, de chaleur, d'électricité, de magnétisme, à une même loi indiquant une même force; mais plus elle étudie cette force, moins elle en voit procéder les faits tout spéciaux qui caractérisent les êtres vivants, mieux elle constate que c'est une force de conservation et de modification, non de création et d'initiative. Les chimistes sont-ils jamais parvenus à créer des principes immédiats, tels que l'albumine, la fibrine, l'amidon, le sucre, bien qu'ils en connaissent la composition et même les formules de transformation? Evidemment l'affinité générale ne suffit plus pour cela. Et quant à l'hypothèse des prétendues générations spontanées, elle perd tous les jours quelqu'une des premières apparences qui en donnèrent l'idée, et jamais ses partisans n'ont pu fournir les preuves réclamées par une méthode un peu sérieuse. — La géologie ne nous dit-elle pas que les êtres vivants ont une date, qu'il fut un temps où la partie inorganique de notre planète existait seule, que ces êtres se sont succédé dans un certain ordre, indiquant une vue toute providentielle, et que l'homme est arrivé le dernier lorsque son séjour fut prêt à le recevoir, à fournir aux sociétés humaines leurs conditions géographiques de développement, par la distribution des terres en continents spéciaux et caractérisés? Tout cela ne montre-t-il pas clairement une création successive composée de moments distincts, destinés, non point à former des suites d'ébauches comme celles qui sortiraient des efforts spontanés d'une nature productive, mais à compléter un système, une véritable construction dont l'architecte est placé plus haut.

Cette construction n'est pas l'échelle des êtres telle que l'ont conçue quelques philosophes religieux, Bonnet, entre autres, qui voyait dans la nature une suite de chaînons commençant par la pierre et aboutissant à l'ange. Pour nous renfermer sagement dans le cercle des créatures que nous connaissons, nous ferons remarquer que cette suite non interrompue est démentie par les faits. Il n'y a ni gradation, ni chaîne dans le règne minéral; rien ne rattache ce règne à la plante la plus élémentaire, car, entre l'organisation et l'agrégat, entre la vie et l'inertie, il n'y a pas de transition imaginable. Puis les deux règnes organiques ne se succèdent pas en mettant en série la plante la plus élevée et l'animal le plus simple, car ces règnes forment deux séries distinctes, commençant l'une et l'autre par des espèces simples. Enfin, dans chacun d'eux, le progrès se fait non d'espèce à espèce, mais de type en type.

La nature ne peut mieux être comparée qu'à une construction à quatre étages représentés par les quatre règnes, construction où se révèle partout un plan providentiel nous montrant dans les assises inférieures des conditions d'existence préparées pour les étages supérieurs. A la base de l'édifice est le *monde minéral*, fond commun de toute la nature, amas de matériaux livrés aux forces les plus générales, se composant de particules diversement combinées et agrégées, de corps sans naissance, sans carrière, sans génération, d'autant plus durables qu'ils sont plus isolés, et constituant, par leur ensemble, un sol, un liquide général, une atmosphère gazeuse, dans des rapports calculés en vue de fonctions à remplir dans l'intérêt des autres règnes.

Le règne végétal représente l'organisation et la vie dans leurs conditions nécessaires. C'est un ensemble, non plus de corps seulement, mais d'êtres vivants à formes spéciales, issus de corps semblables à eux, se nourrissant, s'accroissant, se modifiant, pendant un temps variable mais déterminé pour chaque espèce, périssant ensuite. Ce règne se répand sur le sol, dans les eaux, y puise, ainsi que dans l'air, la matière élémentaire, et la convertit en matière organique pour la transmettre aux règnes supérieurs.

Le règne animal, c'est l'être vivant qui sent, qui agit, qui jouit d'une certaine spontanéité, qui se transporte, plus ou moins, sur le domaine qui lui est assigné. Il n'a plus ses racines dans le sol pour y puiser des matériaux nutritifs, car il ne reçoit qu'une nourriture déjà empreinte du sceau de l'organisation. Les espèces sont plus nombreuses, plus diversifiées, et parcourent une échelle de progression plus vaste que parmi les végétaux.

Enfin le règne humain est le sommet de la pyramide; aussi ce qui domine ici c'est l'unité; il n'y a qu'une espèce et la variété ne se réalise que dans la limite de ce qu'on nomme les *races*. Empruntant à l'animalité les données les plus élevées de son organisation, l'homme se les assimile et fait d'un organisme de mammifère, sous une forme perfectionnée, l'instrument d'une âme créée à l'image de Dieu, consciente d'elle-même, libre, appelée à régner sur la nature, qui dépasse par ses vœux les choses présentes et visibles, mais qui...., arrêtons-nous; la condition actuelle de l'homme, telle que l'ont faite la chute et la rédemption, appartient à un autre domaine que celui de la création terrestre. H. H.

NATURE (*théol.*). Ce mot, dans le langage philosophique ou théologique, est quelquefois synonyme de substance ou d'être. C'est ainsi qu'on dit la nature divine ou la nature humaine, pour désigner l'essence de la divinité ou l'ensemble des attributs qui constituent et caractérisent l'humanité. De même on dit qu'il n'y a en Dieu qu'une seule et même nature ou une seule substance dans la trinité des personnes, et qu'en J. C. il y a deux natures : la nature divine et la nature humaine réunies dans une seule personne, comme il n'y a en nous qu'une seule personne formée de la réunion de l'âme et du corps. Quand on l'applique à Dieu, le mot nature exprime des attributs nécessaires, parce que Dieu existe nécessairement tel qu'il est, ou, en d'autres termes, parce qu'il ne peut exister et qu'on ne peut le concevoir sans des perfections immuables et infinies. Mais pour les êtres créés, leur nature n'est autre chose que l'ensemble des attributs et des lois déterminées par la volonté du Créateur. Ces attributs sont différents selon la diversité des êtres, et c'est pour cela même qu'on distingue dans la création des êtres de plusieurs espèces et de différente nature. Chaque espèce est caractérisée par un attribut fondamental ou principal, auquel tous les autres se rapportent, et dont ils ne sont, pour ainsi dire, que des conséquences. Tout être qui offre l'ensemble des conditions et des lois qui résultent de cet attribut caractéristique ou principal est dans son état naturel. Quand, par l'effet d'une cause quelconque, le développement de ces conditions est arrêté ou désordonné, il en résulte une monstruosité. L'être qui subit ces accidents n'est plus dans l'état de sa nature; toutefois, cet événement n'est pas surnaturel, parce qu'il est toujours l'effet des lois générales, et que, selon le cours de la nature, il peut arriver des accidents à tous les êtres par la prédominance des lois générales sur les lois particulières. Ce qui est surnaturel, c'est ce qui est produit par une force étrangère à la nature, c'est-à-dire par une intervention spéciale de la divinité; c'est ce qui n'est le résultat ni des lois particulières ni des lois générales.

La nature de l'homme est d'être composé d'un corps organisé et d'une âme intelligente et libre. C'est là le caractère distinctif de l'humanité, c'est la condition que Dieu lui a faite. Toutes les lois qui résultent de cette condition caractéristique, tout ce qui en est la suite nécessaire, rentre dans la nature de l'homme. Le corps est soumis, pour quelques uns de ses mouvements, à l'empire de la volonté; les autres n'en dépendent point et suivent les lois générales établies par Dieu pour tous les corps, ou les lois particulières établies pour les corps organisés. Dieu a donné au corps un certain degré de force ou d'énergie qui varie selon les individus, et dont on ne saurait fixer exactement les limites; mais le sens commun nous fait juger avec une en-

tière certitude qu'elle ne peut pas s'étendre au delà d'une certaine mesure. Tout ce qui la dépasse ne peut être que l'effet d'une force surnaturelle et miraculeuse. Il en est de même pour l'âme. Elle a un certain degré de lumière et de force ou d'empire sur elle-même et sur son corps; l'intelligence et l'activité libre sont des facultés naturelles de l'âme; les résultats ou les produits de ces facultés sont également naturels dans les limites déterminées par notre condition; tout ce qui s'étend au-delà ne peut être que l'effet d'un secours surnaturel. Il est l'effet de la RÉVÉLATION ou de la GRACE (voy. ces mots). Dieu avait, dès l'origine, élevé l'homme au dessus de sa nature, c'est-à-dire qu'il l'avait affranchi des lois qui résultent de sa condition propre, et lui avait donné des grâces qui n'étaient pas dues à sa nature; l'homme est déchu de cet état surnaturel par le péché (voy. ORIGINEL), et il a besoin de secours ou de grâces pour réparer les effets de cette chute. Dieu pouvait ne pas accorder à l'homme les priviléges et les faveurs surnaturelles attachées à son état primitif; il pouvait le créer sujet à la mort, aux maladies, à la concupiscence, et le destiner à un bonheur purement naturel. C'est ce que les théologiens ont nommé l'état de nature (voy. GRACE, LOI NATURELLE).
R.

NAUCLÉE, *Nauclea* (bot.), genre de plantes de la famille des rubiacées, de la pentandrie monogynie dans le système de Linné. Il est formé d'arbres et d'arbrisseaux grimpants, répandus dans toutes les contrées intertropicales; à feuilles simples, opposées ou verticillées; à fleurs disposées en capitules globuleux. Ces fleurs présentent : un calice à limbe court, tronqué ou quinquéparti; une corolle en entonnoir, à tube grêle et à limbe quinquéfide; cinq étamines insérées à la gorge de la corolle; un ovaire adhérent, à deux loges contenant chacune des ovules plus ou moins nombreux, avec un style grêle, saillant et un stigmate renflé et entier. Pour fruits des capsules distinctes ou soudées entre elles, se séparant à leur maturité sous la forme de deux coques suspendues à un axe filiforme. Dans ce genre ainsi caractérisé rentrent les *uncaria* Schreb., arbrisseaux singuliers chez lesquels les pédoncules stériles et ceux des vieilles inflorescences dégénèrent en fortes épines crochues. C'est parmi ces *uncaria*, devenu un simple sous-genre, que se trouve une espèce intéressante, le NAUCLÉE GAMBIR, *nauclea gambir* Hunter (*uncaria gambir* Roxb.), arbrisseau spontané à Pulo-Pinang, dans la presqu'île de Malacca, et dans l'île de Sumatra, duquel les Malais retirent une des substances connues dans le commerce sous le nom de *gomme-kino*. Cette matière est désignée plus particulièrement sous le nom de *gutta-gambeer* ou *gambir*. Les auteurs de matière médicale sont restés longtemps mal fixés sur son origine; mais les observations de Hunter ont fait disparaître toute incertitude à cet égard. D'après cet auteur, on la prépare avec les feuilles de la plante qui nous occupe, par deux procédés différents. Dans l'un, on fait bouillir les feuilles du gambir dans un grand pot, pendant une heure et demie, en remplaçant l'eau à mesure qu'elle se vaporise, jusqu'à ce que le liquide prenne la consistance de sirop. On enlève alors du feu. La matière se sôlidifie par le refroidissement. On n'a plus qu'à la diviser en petits carrés ou trochisques qu'on fait sécher au soleil. Le gambir, obtenu par ce procédé, est toujours brun, tandis qu'il en vient de quelques points de la côte de la Malaisie et de Suma-tra, qui a la forme de petits pains ronds et presque incolores. Ceux-ci ont été obtenus en faisant infuser dans l'eau, pendant quelques heures, les feuilles et les jeunes branches du nauclée gambir, coupées en morceaux. Au fond de l'eau se dépose une matière qu'on fait sécher au soleil, et qui n'est autre que cette seconde sorte de gomme-gambir. Celle-ci est abondamment employée dans les Indes comme masticatoire, mélangée à des feuilles de bétel. Sa saveur est astringente et amère; mais elle laisse un arrière-goût douceâtre très persistant. Quant à la première sorte obtenue par ébullition, elle a toujours une saveur forte et âpre. On l'exporte principalement en Chine et à Batavia, où par suite des fortes proportions de tannin qu'elle contient, elle est employée avantageusement au tannage des peaux et pour la teinture. — La gomme-gambir a encore des usages médicinaux. On l'administre, à l'intérieur, contre les aphthes, l'angine, la diarrhée, etc.; les Malais l'appliquent aussi extérieurement, mélangée de chaux, sur les coupures, les brûlures, etc.—Dans l'Inde, on cultive le nauclée gambir, principalement sur la pente des côteaux, dans des terres rouges et riches. On le multiplie par graines. Dès l'âge d'un an, le jeune plant commence à donner une récolte de feuilles; il est dans tout son développement après deux ans.   **P. D.**

NAUCLERUS (JEAN), célèbre chroniqueur allemand, né vers 1430. Selon l'usage du temps, il avait substitué à son nom qui, en allemand, signifie *nautonnier*, le synonyme grec du même mot. Il fut prévôt de l'église de Tubingen et professa le droit dans l'université de cette ville. Sa mort est postérieure à l'an 1501. On lui doit une *chronique* latine depuis Adam jusqu'au commencement du xvie siècle. Elle est préférable, au point de vue de l'exactitude des docu-

ments, à toutes les compilations antérieures. La partie la plus estimée est celle qui embrasse le xve siècle. Elle fut imprimée à Cologne, 1564-1579. Baselius en donna la continuation jusqu'en 1514 et Surius jusqu'en 1566.

NAUCORE (*insectes*), genre d'insectes de l'ordre des hémiptères, section des hétéroptères, famille des hydrocorises, créé par Geoffroy, en 1762, et restreint dans ces derniers temps à un petit nombre d'espèces ayant pour caractères communs : corps acuminé en avant; tarses antérieurs munis de deux petits crochets; labre grand, triangulaire, et recouvrant la base du bec. — Le type de ce genre est le *naucoris cimicoides*, Linné, que l'on trouve très communément dans les marais des environs de Paris. Il est d'un jaune verdâtre sur tout le corps, et marqué de quelques points bruns sur la tête et le corselet, avec des ailes blanches, transparentes et des élytres à partie membraneuse presque aussi grande que la partie coriace. Cette espèce nage avec beaucoup de vitesse, et sort souvent de l'eau, pendant la nuit, pour voler dans la campagne, et aller à la recherche d'une nouvelle mare : elle est très vorace et se nourrit de toutes sortes de petits animaux aquatiques qu'elle attrape à la nage, attaquant avec beaucoup de courage tous les insectes, soit à l'état de larves, soit à l'état parfait. Ses œufs sont oblongs, cylindriqués et un peu courbés, blanchâtres, très lisses, et obliquement tronqués à leur bout antérieur. Cette troncature est circonscrite par un filet saillant, ce qui lui donne une certaine ressemblance avec l'ouverture de ces petites coquilles nommées *pupes*. Les œufs, d'une autre espèce (*naucoris maculata*), sont ovales-obtus, nullement tronqués; la texture de leur coque paraît réticulée avec des mailles arrondies et traversées de raies ou lignes parallèles, tandis que la coque de ceux des *naucoris cimicoides* n'offre aucun aspect de réticulation. C'est vers la fin d'avril que les femelles pondent. Plusieurs points importants de l'organisation intérieure de diverses espèces de ce genre ont été étudiés par M. L. Dufour.   **E. D.**

NAUCRATES (*hist. anc.*), du grec ναυς, vaisseau, et χρατης, *puissance*, magistrats athéniens nommés aussi *nauclares*, et placés à la tête de l'administration dans les bourgs et les villes maritimes. Ils étaient chargés de fournir, à la réquisition de l'autorité supérieure, deux cavaliers et un bâtiment plus ou moins grand, selon l'importance de la localité. — Hesychius dit que chaque tribu comptait douze nauclares chargés de lever l'impôt. Quelques auteurs prétendent que ces magistrats ne différaient en rien des *démarques* (δημος, peuple, et αρχης, commandant),

qui commandaient chacune des divisions terri-
toriales appelées *démarchies*.

NAUCRATIS, ville de l'Égypte inférieure
sur la rive droite de la branche canopique du
Nil. Son fondateur est Psamméticus qui la donna
aux Grecs en récompense des secours qu'ils lui
avaient prêtés pour monter sur le trône. Ils y élevèrent un temple magnifique aux frais communs
des neufs principales villes de l'Asie-Mineure.
Le port de Naucratis fut longtemps le plus florissant de l'Égypte. C'était le seul, sous les Pharaons, où les navires étrangers eussent le droit
d'aborder et de faire du commerce. Sous les Romains, il resta l'entrepôt des marchandises qui
descendaient ou remontaient le Nil. Aujourd'hui
Naucratis se nomme *Fouah*, et n'a plus la moindre importance commerciale. Rosette qui s'en
trouve à 25 kilomètres sud-ouest est en possession de tous ses avantages. Julius Pollux, auteur
de l'*Onomasticon* et Athénée sont nés à Naucratis.

NAUDÉ (GABRIEL), savant distingué du
XVIIᵉ siècle, et l'un de nos plus célèbres bibliographes, naquit à Paris en 1600. Après avoir
achevé avec éclat ses humanités et sa philosophie, il étudia la médecine sous le célèbre René
Moreau, dirigea quelque temps la bibliothèque
du président de Mesmes, qui avait su apprécier
son érudition et l'étendue de sa science comme
bibliophile, renonça bientôt à cet emploi pour
se livrer tout entier à ses études médicales, se
rendit à Rome en 1631, en qualité de bibliothécaire du cardinal de Bagni, reçut en 1633 le
brevet de médecin ordinaire de Louis XIII, et alla
se faire nommer docteur à l'université de Padoue. Ce fut pendant son séjour à Rome qu'il découvrit ou crut découvrir que le nom de Gersen,
qui figurait sur les manuscrits de l'Imitation
de Jésus-Christ, conservés dans la bibliothèque
des bénédictins de Rome, était supposé. Les
bénédictins, outrés, l'accusèrent de s'être vendu à
leurs adversaires au prix d'une abbaye. Le monde
savant tout entier prit part à la querelle, et ce
fut en 1652 seulement, qu'un arrêt du Parlement vint mettre fin aux débats, en éliminant
J. Gersen et les bénédictins. Après la mort du
cardinal de Bagni, Naudé resta quelque temps
attaché au cardinal Barberini, et revint prendre, en 1642, la direction de la bibliothèque de
Richelieu. Le ministre mourut la même année,
et bientôt Naudé, chargé par Mazarin de lui
composer une bibliothèque, parcourut dans ce
but la France, l'Italie, l'Allemagne, et parvint,
dans l'espace de dix ans, à réunir 40,000 volumes et un grand nombre de manuscrits précieux,
formant une admirable collection. A la mort du
cardinal, cette bibliothèque si laborieusement
formée, fut mise en vente. Naudé, désespéré,

s'efforça en vain, dans son *Avis à nosseigneurs du
Parlement*, de conjurer le coup fatal; la bibliothèque fut vendue en 1652. Naudé consacra
3,500 francs à racheter les ouvrages de médecine, sacrifice énorme pour lui. Christine, reine
de Suède, l'appela alors à Stockholm pour organiser sa bibliothèque. Il partit, mais le climat
acheva de ruiner sa santé délabrée, et il mourut
en 1553 à Abbeville au moment où il rentrait en
France.

Naudé était doux, frugal et de mœurs irréprochables. Esprit supérieur à son siècle, il en combattit les préjugés avec une érudition aussi
profonde que variée. C'est à tort qu'on a sus-
pecté ses principes religieux. Les accusations
qu'on a portées contre lui à ce sujet sont dé-
nuées de fondement, et Sylvain Maréchal n'a
pas fait preuve de jugement en le faisant figurer
dans son dictionnaire des athées. Au point de
vue politique, Naudé est loin d'avoir la valeur
qu'on lui a souvent attribuée, à cause de *ses
Considérations politiques sur les coups d'état*. Ce
livre fameux, publié à Rome en 1639, in-4°,
mais non point au nombre de douze exemplaires seulement comme le porte la préface, fut
réimprimé en Hollande en 1667 ou 1679, in-12.
Dumay en a donné une édition in-12 sous ce
titre : *Science des Princes*, avec des réflexions
où se trouvent réfutés plusieurs paradoxes de
Naudé. C'est ce même ouvrage que l'on
trouve encore, moins la préface, la conclusion
et certains passages trop prolixes, sous le titre : *Réflexions historiques et politiques sur les
moyens dont les plus grands princes et habiles ministres se sont servis pour gouverner et augmenter
leurs états*. Leyde, 1739, in-12. — On doit aussi à
Naudé : *Instruction à la France sur la vérité de
l'histoire des frères de la Rose-Croix*, 1623, in-8°
et in-4°, ouvrage rare et curieux. *Apologie pour
les grands hommes faussement accusés de magie*,
1625, in-8°, livre dont le titre indique assez clairement le but, mais qui manque souvent d'exactitude; il a eu néanmoins plusieurs éditions,
dont la plus recherchée est celle d'Amsterdam, 1712, in-8°. *Avis pour dresser une bibliothèque*, Paris, 1627, in-8°, travail dans lequel les
bibliographes peuvent trouver encore d'utiles
enseignements; *Additions à l'histoire de Louis XI*,
Paris, 1630, in-8°; *Bibliographia politica*, Venise, 1633, in-12, ouvrage composé à la prière
de Jacques Gaffarel, et contenant la liste des
principaux auteurs qui se sont occupés de politique, et un jugement sur leurs écrits; *De studio
militari syntagma*, Rome, 1637, in-4°; *Jugement
de tout ce qui a été imprimé contre le cardinal de
Mazarin*, depuis le 6 janvier jusqu'au 1ᵉʳ avril
1649 ; c'est une apologie pleine d'anecdotes

curieuses, dont la seconde édition est fort recherchée. — On a publié sous le titre de *Naudiana* un recueil d'anecdotes et de bons mots attribués à Naudé, Paris, 1701, in-12, et dont la seconde édition publiée par Bayle, Amsterdam, 1703, in-12, avec des remarques critiques de Lancelot, est préférable à la première. AL. B.

NAULAGE. *Voy.* FRÊT.

NAULE. Par ce mot dérivé du grec ναυλον qui vient lui-même de ναυς, vaisseau, on entendait chez les anciens le prix d'un passage sur un navire; mais c'était surtout le nom de la pièce de monnaie qu'on mettait dans la bouche des morts pour payer à Caron le passage du Styx. « Je suis prêt de payer à Caron pour nous deux la naule de sa barque » dit Rabelais (liv. V, ch. 15). Les gens de la populace ne recevaient qu'une obole dans leur bouche, mais les gens de la noblesse, les magistrats d'Athènes surtout, en recevaient jusqu'à trois. — De ce mot *naule* on fit *naulée*, signifiant cargaison au moyen-âge, et *nauliser*, louer ou fréter un vaisseau, que, dans l'orthographe moderne, on écrit *noliser*.

NAUMACHIE, du grec ναυς, *vaisseau*, et μαχη, *combat*, c'est le nom que l'on donnait à Rome à des combats de vaisseaux, au lieu même où se livraient ces combats. De tous les spectacles de l'antiquité, c'était le plus imposant, le plus coûteux et aussi le plus dangereux, puisqu'on y voyait quelquefois des galères coulées à fond. Jules-César fit creuser la première naumachie au-delà du Tibre, et près des bords de ce fleuve, dans un endroit appelé Codetas. On y vit combattre des vaisseaux tyriens et phéniciens, et la solennité, annoncée à l'avance, avait attiré à Rome, de toutes les parties de l'empire, un nombre si considérable d'étrangers qu'il fallut les loger sous des tentes. Un second combat naval fut organisé par Lollius, en l'honneur d'Auguste, et pour célébrer le triomphe d'Actium. Les Romains prirent goût aux naumachies; les empereurs leur donnèrent souvent ce spectacle, et plusieurs bassins furent creusés dans la ville, ce qui n'empêchait pas de consacrer quelquefois à ces jeux l'amphithéâtre et le grand cirque, qu'il était facile, au moyen de canaux, d'inonder et de dessécher ensuite. Claude fit mieux : il convertit en naumachie le lac Fucin (auj. Célano, dans l'Abruzze) : on y vit douze vaisseaux, sous pavillon rhodien se heurter contre douze autres portant pavillon tyrien. — Le lac Fucin fut témoin d'une fête plus splendide encore sous le règne de Néron : dix-neuf mille combattants montaient les flottes qui en vinrent aux mains, et l'on vit apparaître sur les eaux toutes sortes de monstres marins. Une autre naumachie, non moins célèbre, est celle qui eut lieu par les ordres de

Domitien. On n'y vit figurer, il est vrai, que trois mille combattants, mais l'empereur avait fait élever autour du bassin où luttaient les Syracusains contre les Athéniens, des portiques magnifiques, et d'une grandeur prodigieuse, dont on peut voir la description dans Suétone (vie de Domitien, ch. II), et la représentation dans une des planches jointes par Fischer, à son essai historique de l'architecture. AL. B.

NAUMANN (JEAN-AMÉDÉE), né à Blasewitz, près Dresde, en 1745. Il partit jeune encore pour l'Italie, en compagnie d'un musicien Suédois, et quitta Padoue après dix-huit ans de séjour pour se rendre auprès de l'électeur de Saxe, qui l'avait nommé son maître de chapelle. En 1792, il revint en Italie, et se mit à travailler pour les théâtres de Naples et de Venise. Gustave III écrivit à son intention le poëme de Gustave Wasa, et l'attira à Stockholm. Naumann, de retour à Dresde, se consacra entièrement à la musique religieuse, et mourut le 27 mai 1801. Il a laissé de nombreux travaux tous empreints de la légèreté suave des Italiens; on remarque surtout la *Passion* et le *Joseph reconnu*, quelques romances pour clavecin, violon, flûte et basse, et des sonates pour l'harmonie. P. VÉRY.

NAUMBOURG, ville des états Prussiens, dans la Régence, et à six lieues et demie S.-S.-O. de Mersebourg. Elle est située sur la rive droite de la Saale, à huit lieues N.-O. de Weimar, et se divise en trois parties; la ville proprement dite environnée de murs, possédant un Palais-Royal, un très bel hôtel-de-ville, la spacieuse église de Saint-Stanislas, un hôpital, un hospice d'orphelins, etc. La partie appelée les *Libertés* est séparée de la ville proprement dite par un mur et des fossés; elle renferme les magasins d'artillerie, plusieurs églises et la cathédrale, bel édifice gothique qui date de 1027. Les faubourgs sont bâtis avec moins de régularité que les deux autres parties : on n'y trouve de remarquable que quelques hôpitaux. — Naumbourg a des fabriques considérables et renommées de bas, de bonnets, de gants de laine, de savon, d'amadou, mais surtout de souliers, qu'on expédie aux foires de Leipsick. Elle possède aussi des tanneries importantes, et une fabrique de poudre à canon. Presque tous ses produits s'exportent en Russie, en Espagne et en Italie. Il y a tous les ans à Naumbourg une foire et une procession de jeunes gens, connue sous le nom de *Kirchfest*, et qui fut instituée en l'honneur des enfants dont les prières fléchirent Procope, général des Hussites, et sauvèrent ainsi la ville en 1492. Près de Naumbourg est le célèbre collège de *Sforte* ou *Schulforte*. La population de la ville est, selon Stein, de 800 habitants, et le cercle dont elle est le chef-lieu, en compte 16,463 ; il n'a pas plus de huit lieues carrées.

NAUPACTE (*géog.*), ville de la Grèce, sur le golfe de Corinthe, à l'embouchure de l'Evenus, dans le pays des Locriens-Ozoles, dont elle était la capitale. Elle dut son nom, qui, selon Strabon, signifie *lieu où les vaisseaux ont été construits*, à la flotte qu'y firent construire les Héraclides pour rentrer dans le Péloponèse. Les Athéniens s'en emparèrent dans la suite, et en donnèrent les possessions aux Messéniens, chassés du Péloponèse par les Lacédémoniens. Elle tomba au pouvoir de Sparte après la défaite des Athéniens à Egos-Potamos. Les Locriens y furent rétablis, et la conservèrent jusqu'au temps de Philippe, qui la donna aux Etoliens, dont elle fut la ville la plus importante au dire de Polybe et de Tite-Live. Elle fut prise par les Romains en 191 avant J.-C., après un siége acharné. Elle possédait entre autres édifices un temple magnifique consacré à Diane. Elle porte aujourd'hui le nom de *Lépante*.

NAUPLIE. *Voy.* NAPOLI.

NAUPLIUS (*myth.*) du grec ναυς, *navire*, et πλειν, *naviguer*. Ceux qui veulent rapporter à l'histoire toute la mythologie ont distingué trois personnages de ce nom, tous originaires de l'Eubée. Le premier, selon eux, était fils de Neptune et d'Amyone ; il s'adonna à la navigation, fonda la ville de Nauplie, et périt dans une tempête causée par les dieux, auquel il avait reproché de faire mourir les hommes dans les flots. Le second fut un des Argonautes. Il guida le premier les navires par le cours des astres, et fit connaître aux Grecs la grande Ourse. A la mort de Tiphys, le pilote, il brigua, dit-on, son emploi, qui fut accordé à Ancée. Le troisième, le plus célèbre, passa toute sa jeunesse dans des expéditions maritimes. Il épousa Climène, fille de Catrée, qui le rendit père de Palamède, Æax et Nausimédon. Palamède ayant suivi les Grecs au siége de Troie, périt victime des artifices du roi d'Ithaque. Nauplius résolut de le venger, et lorsque la flotte victorieuse regagnait la Grèce, il alluma de grands feux sur les rochers du cap Capharée (auj. *cap d'Oro*) pour attirer les vaisseaux grecs qui vinrent en effet se briser sur les écueils. Ulysse échappa, et Nauplius, si l'on en croit Hygin, se précipita de désespoir dans la mer. Ses fils héritèrent de sa haine contre les chefs de l'expédition grecque, s'unirent à Egisthe contre Agamemnon, le secoururent quand il fut attaqué par Oreste, et furent mis à mort par Pylade. D'autres pensent qu'il n'exista qu'un seul Nauplius. Nauplius était le héros de deux tragédies de Sophocle, intitulées, l'une *les Navigations*, et l'autre *le Phare de Nauplius*.

NAUROUZ (*chron. pers.*). Premier jour de l'année solaire des Persans, qui commençait à l'équinoxe du printemps.

NAUTES. Dans les Gaules, pays tout couvert de forêts et dont les fleuves étaient les seules voies de communication commodes, il s'était formé, sous les Romains, de nombreuses associations de mariniers marchands ou *nautes*, exploitant pour leur compte cette navigation fluviale. On avait ainsi à Lyon les *nautæ rhodonici*, et ailleurs ceux de la Saône, qui formaient une corporation ou *consortium*, dont il est parlé dans le Code théodosien (tit. v, liv. xiii, xiv). Chaque confrérie de nautes avait des titres honorifiques ; elle se faisait appeler *Splendidissimum corpus nautorum*, selon quelques inscriptions reproduites par Gruter (p. 425, *inscrip.* 10 ; p. 428, *inscrip.* 7, et p. 466). Ces confréries comptaient dans leur sein des décurions, des édiles, des chevaliers romains, même des sénateurs. Les nautes jouissaient de grands priviléges et d'importantes exemptions. Outre leur droit de commerce, ils avaient celui de lever des dîmes sur les marchandises qu'ils vendaient (Code théod., liv. xiii, tit. v).

On ignora longtemps que Paris avait eu aussi ses nautes. On savait bien que, sous les Romains, cette ville faisait déjà sur la Seine un important commerce ; on savait même, par la *Notice de l'empire*, que, sous Honorius, le chef de la flotte des Andérétins, y avait sa demeure, mais rien ne prouvait que ces marchands eussent été assez nombreux pour former dès cette époque une *hanse* ou *corporation maritime*. On l'apprit par des inscriptions trouvées le 11 mars 1711, dans les fouilles exécutées à Notre-Dame, et montrant sans réplique que, sous Tibère, il se trouvait à Lutèce une association de nautes, qui avait entre autres administrateurs ses *seviri* ou six inspecteurs de navigation. L'une de ces inscriptions ainsi conçue : *Tib. Cæsari, Aug., Jovi, Opt. Max., nautæ Parisiani pos.* constatait que, sous le même règne, les nautes parisiens avaient élevé un autel à Jupiter au lieu même où s'éleva plus tard la sainte Basilique. Lutèce, par une allusion naturelle à cette corporation nautique formée dans ses murs, avait déjà pour emblème le navire que la ville de Paris a gardé dans ses armes. On en a retrouvé l'image sur une petite pièce de métal circulaire découverte sous le pavé d'un bassin antique qui fut déterré en 1781 dans le jardin du Palais-Royal (*Esprit des journaux*, juillet 1789, p. 268). La corporation des *nautes parisiens* devint plus tard la corporation de la marchandise de l'eau, puis la prévôté des marchands. ED. F.

NAUTILE, *nautilus* (*moll.*). Ce nom avait

été donné par les anciens naturalistes, principalement par Aristote et par Pline, à une coquille qui, chez les modernes, porte celui d'*argonaute* (*Voy.* ce mot). Brègue, le premier, appliqua la dénomination de *nautile* aux coquilles qui vont nous occuper. Linné adopta d'abord le genre de Brègue, qui était assez bien caractérisé, et donna le nom d'argonaute au nautile des anciens. Bruguière adopta aussi ce groupe, mais il y comprit toutes les coquilles à cloisons simples, traversées par un siphon. G. Cuvier rétablit le genre nautile tel qu'il doit être conservé, et le plaça, avec raison, dans l'ordre des céphalopodes à quatre branchies. Rumphius de son côté avait donné antérieurement des observations incomplètes sur l'animal de ce genre, mais ce n'est que dans ces derniers temps et grâce aux travaux de MM. Owen, Valenciennes et L. Kiener, qu'il a été parfaitement connu. — Ce genre présente une coquille cloisonnée, à cloisons simples enroulées en spirale dans un même plan, et dont les tours de spire sont contigus, le dernier enveloppant les autres; un siphon médian traverse toutes les cloisons. La coquille, comme chez les autres mollusques, est sécrétée par le manteau; sa partie interne produit la nacre qui tapisse toutes les loges et constitue les cloisons; le bord épaissi du manteau sécrète une portion plus épaisse du test formé de lames divergentes, et enfin son bord libre produit également une couche extérieure très mince, non nacrée, à laquelle appartiennent les larges taches rouges et irrégulières qui ont fait donner à une espèce du genre le nom de nautile flambé. L'animal diffère de tous les céphalopodes à deux branchies par ses tentacules souvent au nombre de huit, contenus dans des gaînes charnues d'où ils sortent plus ou moins, et garnis de lamelles au côté interne. Ces tentacules embrassent la tête, sont un peu analogues aux bras des poulpes, et entourés par une sorte d'enveloppe charnue, prolongée supérieurement en manière de capuchon pour protéger l'animal lorsqu'il se contracte dans la dernière loge de la coquille, qui peut le contenir tout entier. La tête porte deux grands yeux très saillants; la bouche est armée de mandibules en bec de perroquet, et, en partie, calcaires. Le cœur est formé uniquement d'un ventricule et d'une seule oreillette, et contenu dans un péricarde grand et qui constitue en partie la cloison séparant l'abdomen de la cavité branchiale. L'animal est placé dans sa coquille de telle manière, que son côté ventral correspond au côté extérieur de celle-ci. Deux grands faisceaux musculaires partent de la tête, viennent se fixer latéralement dans la dernière loge de la co-

quille, où ils produisent des impressions bien marquées.

Les nautiles habitent l'océan des Grandes-Indes et des Moluques. D'après Rumphius, quand ce mollusque veut vaguer, il sort la tête, tous les appendices tentaculaires, et les étend avec sa membrane de derrière; souvent il se traîne avec le corps en haut, les tentacules en bas, et le plus souvent encore il est à terre ou dans quelque cavité bourbeuse, où se retire le poisson. Pendant le beau temps, il reste peu sur l'eau. On trouve très souvent sur la mer un grand nombre de coquilles vides de nautiles. Faut-il en conclure, avec Rumphius, que cela provient de ce que l'animal tient fort peu à son habitation? Nous aimons mieux croire, avec de Blainville, que l'animal, étant sans couverture et sans défense, est aisément mangé par les crustacés voraces, ce qui paraît prouvé, puisque beaucoup des coquilles vides sont endommagées sur les bords. — La chair des nautiles n'est pas très recherchée pour la table, probablement parce qu'elle est fort dure; mais leur coquille sert à faire des vases à boire. Les sauvages en fabriquent des cuillères qu'ils nomment *papeda*; et en Orient, ainsi que dans nos pays civilisés, on s'en sert pour fabriquer des objets d'art qui présentent, outre une grande légèreté, de brillantes couleurs argentées : ce que l'on conçoit facilement, puisqu'il suffit de faire dissoudre les couches extérieures de la coquille pour que la nacre paraisse en dehors.

Deux espèces entrent dans ce genre. La première est le NAUTILE FLAMBÉ ou CHAMBRÉ (*nautilus pompilius*, Linné), dont la coquille suborbiculaire, à peu près lisse, à ombilic très petit dans le jeune âge, consolidée dans l'âge adulte, flambée transversalement de roux dans sa partie postérieure et toute blanche en avant, atteint un diamètre de deux décimètres. Cette coquille est, à une certaine époque de l'année, portée par les courants en si grande quantité sur les côtes des îles Nicobar, que, dit-on, les habitants fument ou boucanent sa chair, et en font des provisions.

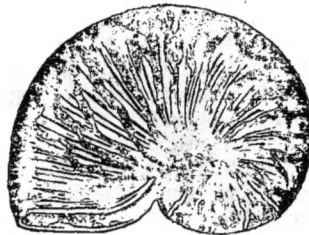

La seconde espèce est le NAUTILE OMBILIQUÉ

(*nautilus umbilicatus*, de Lamarck), dont la coquille, plus petite que celle de l'espèce précédente, est orbiculaire, épaisse, largement ombiliquée de chaque côté, avec les stries d'accroissements assez rugueuses, et l'ouverture courte et arrondie. Cette espèce a la même coloration que la précédente; elle est plus orbiculaire, offre moins d'allongement dans son ouverture, et son ombilic, beaucoup plus grand, laisse voir dans son intérieur le bord interne des tours de spire; elle habite, comme la précédente, les mers des Indes. — Pendant longtemps, on avait supposé que ces deux espèces se trouvaient aussi à l'état fossile, mais il est aujourd'hui démontré que les espèces fossiles, découvertes dans presque tous les terrains marins des divers étages de l'écorce du globe, diffèrent spécifiquement des espèces vivantes. E. DESMAREST.

NAUTODICES (antiq.), du grec ναυτης, matelot, et δικη, justice. C'est le nom qu'on donnait, à Athènes, à des magistrats subalternes chargés de régler les contestations qui s'élevaient entre les marchands, les marins et les étrangers, relativement aux affaires du commerce maritime. Ils tenaient une audience générale le dernier jour de chaque mois.

NAVARETTA ou **NAVARETTE** (FERDINAND), dominicain espagnol, se signala par ses talents pour la chaire et par son zèle évangélique. En 1659, il alla porter la foi à la Chine, où il eut de vifs démêlés avec les autres missionnaires, notamment avec les Jésuites, à l'occasion des cérémonies chinoises. A son retour en Europe (1672), le roi d'Espagne, Charles II, l'éleva à l'archevêché de Saint-Domingue, en Amérique, où il mourut en 1689. Il s'était réconcilié avec les Jésuites, et avait fondé pour eux un collège et une chaire de théologie. On a de lui : un *Traité historique, politique et moral de la monarchie de la Chine*, dont le premier volume parut à Madrid en espagnol (in-fol., 1676). Des deux autres que devait avoir l'ouvrage, l'un a été supprimé par l'Inquisition, et l'autre n'a jamais vu le jour : *Relations des quatre voyages entrepris par Christophe Colomb.* — On ne doit pas confondre cet auteur avec le Père Navaretta (Balthasar), du même ordre, dont on a : *Controversiæ in D. Thomæ ejusdemque scholæ defensores* (3 vol. in-fol.).

NAVARETTE, petite ville d'Espagne, dans la province de Burgos, à 11 kil. O. de Logrono, au pied d'une montagne. Elle renferme 2,200 habitants; son industrie consiste surtout dans la fabrication de l'eau-de-vie. Elle possède un couvent, un hôpital et un château. C'est dans cette ville que Duguesclin fut fait prisonnier (1367), après la défaite éprouvée par Henri de

Transtamare, dont il avait épousé la cause, et qui disputait à Pierre-le-Cruel le trône de Castille.

NAVARIN ou **NÉOCASTRON**, ville de Grèce, sur la côte occidentale de la Morée, chef-lieu du sous-gouvernement de Pylia, à 40 kil. S. d'Arcadia, au bord S.-E. d'un port vaste et sûr, protégé à l'O. par l'île Sphagie. Elle correspond à l'ancien *Coryphasium*, dont on voit peu de traces aujourd'hui; elle fut longtemps occupée par les Vénitiens, qui ne l'ont abandonnée aux Turcs qu'en 1715. Les Grecs y vainquirent l'armée turco-égyptienne commandée par Ibrahim-Pacha en 1825; mais ce qui la rendra à jamais célèbre, c'est la grande bataille navale que les flottes de la France, de l'Angleterre et de la Russie y gagnèrent sur la flotte turco-égyptienne en 1827, victoire qui amena l'affranchissement définitif de la Grèce. Navarin a environ 2,000 habitants. — Près et au N.-O. de son port, est le village du *Vieux-Navarin*, sur l'emplacement de l'ancienne *Pylos*. E. C.

NAVARRE. Contrée de très médiocre étendue, dont la portion la plus considérable, connue géographiquement sous le nom de *Haute-Navarre*, appartient à l'Espagne, tandis que la moindre, la *Basse-Navarre*, fait, depuis plus de deux siècles, partie de la France. — La Haute-Navarre, bornée au nord par les provinces basques, au sud par l'Aragon, à l'est par les Pyrénées et la France, à l'ouest par la Vieille-Castille, comprend un territoire de 312 lieues carrées, de 30 lieues de long sur 24 de large. Couverte de montagnes, arrosée par plusieurs rivières, telles que l'Arga, l'Èbre, le Salazar, elle présente un aspect sauvage et pittoresque. L'air y est sain et tempéré. Elle renferme beaucoup de pâturages et assez peu de terres labourables. Cependant, elle produit du blé, du maïs, de l'orge, de l'avoine, des châtaignes, des haricots, des fruits excellents, et particulièrement des raisins muscats, des poires et des pêches. On y trouve des mines d'argent, de fer, de cuivre, de plomb, de vitriol, de soufre; on y rencontre aussi des carrières de marbre, d'agate et de granit. Les chevaux y sont de bonne qualité. Les ours, les loups, les daims, les chamois, les chevreuils, les sangliers, les chats sauvages, les oiseaux de proie, y abondent. Dans les lacs, qui se rencontrent en très grand nombre sur le sommet des montagnes, on pêche d'excellentes truites.

L'industrie de la Navarre consiste principalement en fabriques de draps, de toiles, d'étoffes de laine, de papiers, de savon et de liqueurs. Pampelune est la capitale de cette province : Estella, Tudela, Olite, Sangüesa, en sont, après

Pampelune, les principales villes. C'étaient les chefs-lieux des cinq *Merindades*, ou districts entre lesquels elle était autrefois divisée. Sa population s'élève à un peu plus de 200,000 âmes.

La *Basse-Navarre*, ou la Navarre française, séparée de l'Espagne par les Pyrénées, est bornée à l'est par la Haute-Navarre, à l'ouest par le Béarn, au sud par le petit pays, qu'on appelait le pays de Soule; au nord par le Labour. Son étendue n'est pas de plus de 50 lieues carrées, sur 8 de long et 5 de large. Sa population ne dépasse pas 50,000 âmes. Sa physionomie et ses productions sont à peu près les mêmes que celles de la Navarre espagnole. On y fait un grand commerce de bestiaux. Lorsqu'elle était réunie en un seul état avec la Haute-Navarre, elle formait une des six *merindades* de ce petit royaume, et Saint-Jean-Pied-de-Port en était la capitale. Aujourd'hui, elle fait partie du département des Basses-Pyrénées.

Les Navarrais, par leur origine, par leur langage comme par leurs mœurs, appartiennent à la race basque. Ils sont généralement de grande taille, bien faits, robustes, vifs et braves. C'est un peuple spirituel et laborieux, propre aux sciences et aux affaires, ami de l'indépendance et fortement attaché à ses traditions.

La Navarre, si elle a jamais subi le joug des Arabes contre lesquels ses montagnes ont pu la protéger comme les Asturies, ne tarda pas à le secouer et à former un État séparé. Rien de plus confus, de plus contradictoire que les récits des historiens sur la fondation de cet État. Pour ne parler que des principales versions, les uns veulent que Charlemagne s'étant emparé de cette contrée dans l'expédition qu'a rendue si fameuse le combat de Roncevaux, son fils, Louis-le-Débonnaire, en ait, en 806, confié le gouvernement à un comte Aznar qui, quelques années après, se serait déclaré indépendant, et dont le second successeur aurait pris le titre de roi. Suivant les autres, la Navarre aurait d'abord fait partie du royaume des Asturies; mais après plusieurs rébellions, le roi Alfonse-le-Chaste, pour y mettre fin, se serait décidé, en 873, à la céder, à titre de fief, à un seigneur français du voisinage, Inigo Arista, comte de Bigorre, qui avait appuyé les Navarrais dans leurs soulèvements. Douze ans après, Garcia Sanchez, fils d'Inigo, se serait rendu indépendant et aurait pris le titre de roi. Sancho Garcès Abarca, fils de Garcia Sanchez, à qui il succéda en 905, étendit sa domination dans la Basse-Navarre, en Castille, en Aragon, et remporta sur les Maures une grande victoire auprès de Pampelune. Le petit-fils du précédent, Sanche II, dit le Grand, dont le règne commença en 970 et se prolongea pen-

dant soixante-cinq années, porta au plus haut point la puissance de la Navarre, tant par son mariage avec l'héritière du comte de Castille que par ses conquêtes dans le royaume de Léon, dans la Biscaye et dans l'Aragon. La Navarre semblait appelée à réunir en un seul État les diverses parties de la Péninsule successivement arrachées au joug des Musulmans; mais la mort de Sanche-le-Grand, survenue en 1035, la fit bientôt déchoir de cette haute fortune dont elle ne devait plus retrouver les chances. Conformément à un usage alors fréquemment suivi, ce prince avait partagé ses États entre ses trois fils, laissant la Navarre à Garcia, la Castille à Ferdinand qui ne tarda pas à y réunir, par mariage, le royaume de Léon, et l'Aragon à Ramire. La guerre éclata entre ces princes issus du même sang, et se prolongea entre leurs successeurs. Nous n'en raconterons pas les vicissitudes. Il nous suffira de dire qu'en 1076, le roi de Navarre, Sanche III, fils de Garcia, ayant été assassiné par ses frères, le roi d'Aragon en profita pour s'emparer de la presque totalité du pays, tandis que le roi de Castille en occupait quelques districts, sous prétexte de protéger les enfants du roi assassiné. La Navarre perdit ainsi son existence individuelle. Il est vrai que soixante ans après, en 1134, elle reprit son indépendance et se donna pour roi Garcia Ramirez; mais, à partir de ce moment, elle ne devait plus jouer dans le monde politique qu'un rôle tout-à-fait subalterne. L'Aragon, la Castille, grandissaient de jour en jour par leurs conquêtes sur les Arabes. Resserrée entre ces deux royaumes et la grande monarchie française, la Navarre se trouvait désormais dans l'impossibilité d'étendre son territoire. Le résultat des guerres continuelles qu'elle eut à soutenir contre ses voisins plus puissants, fut même de lui enlever une partie de ce qu'elle avait jadis possédé. Les provinces basques, la Rivja, ses anciennes dépendances, restèrent définitivement à la Castille. Une autre circonstance contribua encore à hâter la décadence, à préparer la ruine définitive de ce petit État désormais trop faible pour figurer au nombre des royaumes. Là, comme dans le reste de l'Espagne, les femmes étaient aptes à succéder au trône, et par conséquent, il y avait des chances nombreuses pour le changement de la dynastie régnante, mais nulle part ces chances ne se réalisèrent aussi souvent qu'en Navarre. En 1234, un mariage fit passer la couronne à Thibaut, comte de Champagne, le célèbre poète. La petite-fille de Thibaut épousa Philippe-le-Bel, roi de France, dont les trois fils, Louis-Hutin, Philippe-le-Long et Charles-le-Bel, portèrent, l'un après l'autre, et réunirent, pour la première fois, les titres de rois de France et de Navarre. Aucun d'eux n'ayant laissé d'enfants mâles, tandis que la royauté française devenait, après leur mort, le partage de leur cousin germain, le comte de Valois, la fille de Louis-Hutin hérita de la Navarre. Elle était femme du comte d'Évreux issu d'une autre branche de la famille des Capets. De cette alliance naquit le trop fameux Charles-le-Mauvais qui, presque uniquement occupé à troubler et à bouleverser la France, donna peu d'attention aux affaires de son petit royaume dont il était presque toujours absent. Après la mort de son fils et successeur Charles-le-Noble, en 1425, trois mariages firent successivement passer, en moins de soixante ans, la couronne de Navarre dans la maison d'Aragon, puis dans celle des comtes de Foix, puis dans celle des sires d'Albret, seigneurs du Béarn. A travers ces rapides changements de dynastie, la Navarre cessa, on peut le dire, d'avoir une existence politique distincte. Son histoire, à cette époque, se confond avec celle des Etats voisins, la Castille, l'Aragon, la France; les guerres civiles qui la désolent ne sont que l'effet des influences extérieures qui, pour s'y disputer la domination, s'appuyent sur la rivalité permanente des deux plus puissantes familles du pays, les Beaumont et les Gramont. En 1512, la Navarre, où régnait alors Catherine de Foix avec son mari Jean d'Albret, ayant embrassé la cause du roi de France, Louis XII, contre le roi d'Aragon Ferdinand-le-Catholique, qui gouvernait la Castille pendant la minorité de son petit-fils Charles-Quint, Ferdinand s'empara de la Haute-Navarre. Elle est depuis lors restée réunie à la couronne de Castille, et malgré tous les efforts de Jean d'Albret et de ses premiers successeurs pour la recouvrer, soit par les armes, soit par les négociations, leur domination se trouva resserrée dans les étroites limites de la Basse-Navarre. Il est vrai qu'ils possédaient en France, à d'autres titres, le comté de Foix et le Béarn. Henri, fils de Jean d'Albret et de Catherine de Foix, ayant donné sa fille à Antoine de Bourbon, duc de Vendôme, chef de la branche des Bourbons, le titre de roi de Navarre rentra ainsi dans la maison de France. On sait qu'Henri IV, fils d'Antoine, porta longtemps ce titre, avant que le crime de Jacques-Clément et l'extinction de la branche des Valois ne l'eût appelé à un plus grand rôle. Louis XIII, en 1622, incorpora formellement à la monarchie française la portion de la Navarre dont il avait la possession, et jusqu'aux révolutions de 1789 et de 1830, la qualification de roi de France et de Navarre a été celle de ses successeurs.

Quant à la *Haute-Navarre*, réunie à la Castille en 1512, elle n'a pas cessé de faire partie intégrante de la grande monarchie espagnole fondée sous Charles-Quint, par la réunion définitive de la Castille et de l'Aragon. Seulement, tandis que les autres provinces de ce vaste empire perdaient successivement les libertés et les formes d'organisation qui en avaient fait jadis autant d'États distincts, la Navarre, comme les provinces basques, bien que moins complétement, était maintenue dans ses anciens priviléges. Ses Cortès, composées de trois ordres, se réunissaient, non pas tous les trois ans, comme la loi l'avait exigé, mais assez fréquemment encore pour voter les impôts et porter certaines lois. Son gouverneur, au lieu de s'appeler capitaine général, ainsi que cela avait lieu dans les autres provinces, conservait l'antique dénomination de vice-roi. Dans les guerres civiles qui ont désolé l'Espagne sous Ferdinand VII, et au commencement du règne d'Isabelle II, les Navarrais, comme les Basques, avec qui ils ont tant de rapports, se sont généralement prononcés pour la cause de l'ancien régime contre celle de la liberté constitutionnelle, pour la cause de D. Carlos contre celle d'Isabelle, et leurs montagnes ont été un des principaux foyers de l'insurrection, un de ceux où elle s'est le plus longtemps maintenue. Mais le résultat de cette insurrection n'a pas été le même pour les deux peuples : les Basques, lorsqu'ils ont fini par faire leur soumission, ont pu obtenir la conservation de leurs priviléges, sauf les modifications nécessaires sur lesquelles, d'ailleurs, on ne s'est pas encore mis d'accord; les Navarrais qui, à vrai dire, n'avaient gardé de leurs anciennes lois que quelques débris insignifiants, ont dû accepter purement et simplement l'empire de la Constitution qui régit aujourd'hui toute l'Espagne. L. DE VIEL-CASTEL.

NAVARRE. Deux personnages de ce nom méritent d'être cités : 1° NAVARRE (*Pierre*), habile capitaine espagnol du XVIᵉ siècle. Il naquit en Biscaye d'une famille plébéienne, prit du service dans la marine après avoir été valet de pied du cardinal d'Aragon, et fut employé en qualité de capitaine, dans la guerre de Naples, par Gonzalve de Cordoue, qui avait apprécié son mérite. Il s'était appliqué surtout à perfectionner les procédés de la mine, et c'est par ce moyen qu'il contribua si puissamment, en 1503, à la prise de Naples, en emportant le fameux château de l'Œuf. Il reçut en récompense le titre de comte d'Alvelto, auquel on ajouta plus tard le nom de son pays, la Navarre. Chargé, sous la direction de Ximenès, d'une expédition navale contre les Maures d'Afrique, il obtint d'abord de brillants succès, mais finit par perdre une partie de son armée, à la suite des chaleurs et des attaques de la cavalerie ennemie. Fait prisonnier en 1512, à la bataille de Ravenne, il fut amené en France, et, au bout de deux ans de captivité, piqué de l'oubli dans lequel paraissait le laisser la cour d'Espagne, il passa au service de François Ier, leva pour ce prince une compagnie de Gascons et de Biscayens, se couvrit de gloire en Italie, où il se distingua surtout aux batailles de Marignan et de la Bicoque, tomba entre les mains des impériaux et fut renfermé pendant trois ans à Naples, dans le château de l'Œuf. Le traité de Madrid vint lui rendre la liberté (1526); mais, ayant été pris en 1528 à la retraite d'Aversa, il fut jeté de nouveau dans le château de l'Œuf, où il mourut de maladie, selon les uns, étranglé dans son lit, selon les autres. Sa vie a été écrite par Paul Jove et Philippe Tomasini. — 2° NAVARRE (*Martin*), surnommé *Azpilcueta*, un des jurisconsultes les plus distingués du XVIe siècle, professa successivement le droit à Toulouse, à Salamanque et à Coïmbre. Sa réputation était immense. S'étant rendu à Rome, pour défendre Barthélemy Carranza, archevêque de Tolède, son ami, accusé d'hérésie, il se vit combler d'honneurs par le pape et les cardinaux et fut nommé assesseur du cardinal Alciat, vice-pénitencier. Il mourut à Rome en 1586, à l'âge de quatre-vingt-douze ans. On a de lui un Manuel de droit canonique fort estimé. **AL. B.**

NAVARREINS. — Jolie et forte ville de France, dans le département des Basses-Pyrénées, dont elle est un chef-lieu de canton. Elle est située dans une plaine fertile sur la droite du gave d'Oloron, au confluent des ruisseaux de l'Anglade et de Larroder, dans l'arrondissement à 4 lieues S. d'Orthez. Elle est entourée de murs flanqués de bastions, et rangée dans la 4e classe de nos placés de guerre. Elle est assez bien bâtie, possède une prison, quelques casernes, des tisseranderies assez actives et 7,500 habitants. Elle a deux foires par an. C'est une ville assez moderne, qui fut bâtie en 1529 par l'aïeul maternel de Henri IV (Henri d'Albert), et dès 1569 elle eut à soutenir un assez long siège contre l'un des chefs du parti catholique, qui ne put la prendre. **ED. F.**

NAVET (*Bot.*). Espèce du genre chou, le chou-navet, *Brassica napus*, Linn. (*voy.* CHOU).

NAVETTE. (*Bot. cult.*). — Les agriculteurs donnent le nom de navette à une race de navets, qui porte dans la science le nom de *Brassica napus oleifera* DC. On cultive la navette comme fourrage, mais principalement comme plante oléifère, sa graine donnant une huile qui sert à des usages importants et analogues à ceux de l'huile de colza. L'huile de navette ressemble, du reste, tellement à cette dernière qu'on ne l'en distingue pas dans le commerce. — La navette est moins productive que le colza; mais elle a sur celui-ci l'avantage de réussir sur des terres où il ne saurait venir, et de ne pas exiger une culture aussi attentive. — Les agriculteurs distinguent la *navette d'hiver* ou navette ordinaire qui se sème depuis la fin de juillet jusque dans la première quinzaine de septembre, et dont la maturité arrive vers la fin de juin ou en juillet de l'année suivante, et la *navette de printemps* qu'on ne sème qu'au printemps pour en récolter la graine la même année. Celle-ci produit généralement moins que la première, et, en outre, manque souvent; mais elle a l'avantage de fournir un bon moyen pour tirer parti d'une terre sur laquelle l'hiver a détruit les autres cultures. Dans l'état jeune, la navette est exposée aux ravages de l'altise, et lorsqu'elle monte en graine à ceux des oiseaux. On évalue à 16 hectolitres le produit en graine d'un hectare de navette d'hiver, et seulement à 12 hectolitres celui de la même surface pour la navette de printemps. **P. DUCHARTRE.**

NAVETTE (*techn.*). Instrument qui, chargé d'une grande longueur de fil, en facilite le passage, soit à travers la chaîne d'un tissu, soit au milieu d'un entrelacement quelconque de fils. L'aiguille ne peut jamais conduire qu'une très petite longueur de fil, la navette peut, au contraire, être chargée d'une longueur considérable, ce qui permet de continuer beaucoup plus longtemps le travail sans avoir besoin de la recharger.

La navette employée pour le *tissage* est un parallélipipède en bois sec et dur, de 22 à 25 centimètres de long, sur 3 d'épaisseur et 5 de largeur. Ses deux extrémités sont terminées en pointes arrondies et légèrement relevées, de façon à représenter une sorte de nacelle, comme l'indique son nom. Une cavité d'environ 10 à 12 centimètres de long sur 31 de large appelée *chase*, est disposée pour recevoir la *canette* ou bobine à une seule tête, montée sur un axe mobile à charnière, et qui toute chargée de fil ne doit pas dépasser les parois de la navette. Le fil passé d'abord dans un crochet ou barbin en cuivre placé vis-à-vis la pointe de l'axe, sort par un trou appelé *duite*, percé sur le bord de la navette, et garni d'un grain de cuivre ou de verre. — On emploie quelquefois et surtout pour les matières délicates une autre espèce de bobine qu'on appelle *canette à dérouler*, et dont l'axe qui est fixe porte deux petites branches ou ressorts en baleine qui pressent sur le fil à mesure qu'il se déroule. L'axe et ses ressorts portent le nom de *pointizelle*. Pour faciliter la course de la navette en évitant les frottements, on garnit quelquefois sa partie inférieure de deux baguettes métalliques bien polies et incrustées à demi dans le sens de la longueur. Ces baguettes ont une légère courbure dont la concavité est tournée vers le tisseur pour que l'instrument tende toujours à se rapprocher, et jamais à s'écarter de l'ouvrier. Quelquefois au lieu de ces baguettes on place deux petits rouleaux très peu saillants, et tournant sur des axes légèrement inclinés l'un vers l'autre. Lorsque la navette, au lieu d'être chassée alternativement par chacune des mains du tisserand, est fixée à une petite corde et poussée par des taquets, elle prend le nom de *Navette volante*. Cette disposition due à un Anglais nommé Kay, date de 1790; elle a diminué de moitié la fatigue de l'ouvrier, tout en doublant la besogne qu'il peut effectuer dans un même espace de temps. La navette du *rubanier* forme une lunette demi-circulaire en buis, percée d'une ouverture de même forme, et dans laquelle est placée une petite bobine dont le fil se dévide perpendiculairement à l'axe, au lieu de le faire en long comme dans la navette de tisserand. Quant à la passementerie et au spoulinage des cachemires, ils se font à l'aide d'une navette différente. Celle-ci est une tige plate dont l'extrémité postérieure porte une entaille qui la fait ressembler à une queue d'hirondelle. La partie antérieure se termine en pointe, et se trouve évidée de manière à ne laisser dans le milieu de sa largeur qu'une tige mince, et non rattachée à la pointe de l'instrument. C'est en attachant le fil à cette tige ou aiguille qui occupe le milieu de la longueur du vide ménagé vers la tête de l'instrument, et en le faisant passer alternativement et autant de fois qu'il est nécessaire dans le cran inférieur et autour de cette aiguille qu'on charge la navette. Une navette très rapprochée de celle-ci et bien plus simple, se compose d'une aiguille fendue à ses deux extrémités, en deux branches courbées, et pouvant se rapprocher l'une de l'autre. Ces deux instruments servent aussi à faire du filet. — Une autre navette se compose d'un morceau plat d'ivoire ou de buis en forme d'amande aplatie, et sur le champ duquel on a creusé une gorge très profonde. C'est dans la profondeur de cette gorge et sur le noyau intérieur que l'on enveloppe le fil.   E. L.

NAVICELLE (*mollusques*), genre des mollusques gastéropodes pectinibranches, de la famille des néritacés, dont la position dans la série zoologique n'a pas été pendant longtemps déterminée d'une manière bien positive. En effet, de Lamarck, qui le créa sous le nom de *nacelle*, le plaça à côté des néritines, tandis que G. Cuvier, en changeant sa dénomination en celle de *navicelle*, l'adopta et le rangea avec les crépidules et les calyptrées; mais il ne reste plus aujourd'hui aucun doute sur ses véritables rapports, et l'analogie de ses espèces avec les néritines est surtout confirmée si l'on observe des coquilles jeunes, car on voit alors que le sommet forme presque un tour de spire et s'incline à droite. La coquille est elliptique, ou oblongue convexe, avec le sommet abaissé comme cela : le bord gauche, correspondant à la columelle, est aplati, tranchant, étroit, presque en demi-cloison et sans dents. L'opercule est calcaire, mince, aplati, quadrangulaire, avec une dent subulée latérale; il est caché entre le pied et la masse des viscères. Le pied est large, soudé à la masse viscérale par son extrémité. La tête est très large, terminée par une espèce de voile charnu, auriculé, surmontant la bouche, et porte deux grands tentacules ou pédoncules terminés par les yeux. — On ne compte encore dans ce genre qu'un très petit nombre d'espèces : toutes de l'archipel de l'Inde, et se rencontrant dans les ruisseaux et les rivières, où elles vivent en grand nombre. Le type est la NAVICELLE ELLIPTIQUE (*navicella elliptica*, de Lamarck ; *patella porcellana*, Linné), longue de deux à trois centimètres, d'une coloration brun-verdâtre, presque noire comme les néritines. Elle se trouve très communément aux îles de France, de Mascareigne et aux Moluques, dans les ravines qui ne tarissent jamais. E. D.

NAVICULE (*infusoires? algues?*). — C'est à Bory de Saint-Vincent que l'on doit l'établissement de ce genre placé par lui dans sa famille des bacillariées qui fait partie de son règne des psychodiaires, intermédiaire entre les animaux et les végétaux. Depuis cette époque un grand nombre de naturalistes, et particulièrement MM. Gaillon, Turpin, Agardh, de Candolle, Duby, Kutzing, Brébisson, Ehrenberg, Dujardin, etc., ont publié des observations sur les navicules. Malgré toutes ces recherches importantes, on ne sait pas encore d'une manière positive s'il faut ranger ces êtres dans le règne animal ou dans le règne végétal. Quoi qu'il en soit, les navicules constituent un genre d'êtres vivants microscopiques, habitant les eaux douces ou marines, et doués de mouvements spontanés, ce qui tend surtout à les faire ranger parmi les infusoires. Les plus grandes espèces n'ont guère que deux ou trois dixièmes de millimètre de longueur sur une largeur cinq ou six fois moindre. Les plus petites n'offrent pas un cinquantième de millimètre : elles ont la forme d'un coffret oblong à quatre faces, dont deux opposées, presque planes, et les deux autres convexes ou diversement infléchies; quelques-unes n'ont qu'une seule face convexe, et paraissent avoir été primitivement soudées par la face plane opposée. De là résulte que la plupart, vues de côté, ont une forme rectangulaire, presque linéaire, et que, vues en dessus, elles présentent la forme d'une petite barque ou d'une navette de tisserand. La plupart ont leur axe rectiligne; mais il en est aussi dont l'axe est courbé en arc de cercle. L'enveloppe externe est un test siliceux, transparent, dur et cassant, souvent strié ou sillonné en long ou en travers, ou même dans les deux directions à la fois, et présentant l'aspect d'une ciselure très délicate; l'intérieur est occupé par une substance mucilagineuse et limpide, dans laquelle se trouvent une ou plusieurs masses arrondies ou irrégulières, d'une substance brune ou verte, comparable à la chlorophylle des végétaux et contenant également des globules comme de la fécule et de l'huile.

On n'a pu jusqu'à présent découvrir aucun organe interne ou externe chez les navicules, et cependant elles ont la faculté de se mouvoir spontanément. On les voit quelquefois demeurer longtemps en repos; mais souvent aussi elles s'avancent d'un mouvement uniforme dans le sens de leur axe, puis elles reviennent, comme une navette, en suivant le même chemin, à moins qu'elles ne se soient heurtées contre quelque obstacle qui a changé leur direction ; elles recommencent indéfiniment ce mouvement automatique sans qu'on y puisse voir la moindre trace d'un instinct si simple qu'il soit, tandis que les vrais infusoires savent coordonner leurs mouvements à leurs besoins de respiration ou de manducation. On ignore encore le mode de reproduction des navicules, et l'on doit difficilement comprendre leur mode d'accroissement, car leur test, dur et siliceux, s'étend sur toute sa périphérie et présente des stries de plus en plus nombreuses, tandis que sa cavité intérieure s'augmente comme s'il y avait résorption à l'intérieur. — Ces êtres, qui sont communs partout, se développent quelquefois en quantité prodigieuse dans les eaux stagnantes et forment sur le limon une couche bien reconnaissable à sa couleur ordinairement brune ; c'est ce qu'on voit surtout dans les bassins de certains ports de mer. Les tests siliceux de ces innombrables générations de navicules restent sans altération après la décomposition de la matière vivante, et s'accumulent au fond des eaux, de manière à former des couches d'une épaisseur considérable; c'est ainsi que se sont formées pendant les périodes antédiluviennes des amas qu'on a faussement décrits comme constitués par des infusoires fossiles, et dont plusieurs sont connus sous le nom de *tripoli* et de *farine fossile*. On comprend que ces tests siliceux ainsi réduits en petits fragments anguleux, larges de quelques millièmes ou de quelques centièmes de millimètre, sont capables d'user la surface des métaux d'une dureté moyenne. — Comme espèce typique, nous citerons la NAVICULE A DEUX POINTS (*navicula bipunctata*; Bory), excessivement petite, légèrement jaunâtre, transparente, et marquée de deux points, dont aucun n'occupe le centre ; elle est l'une des plus communes dans nos marais, et peut se développer quand on garde de l'eau, soit douce, soit marine, contenant un certain nombre de conferves.   E. DESMAREST.

NAVIGATEURS (*Ile des*), archipel considérable du grand Océan équinoxial, au N.-E. des Iles des Amis, entre 13° et 15° de latitude S. et 178° et 175° de longitude O. On compte à peu près dix îles disposées sur une étendue de cent dix lieues environ, de l'O.-N.-O. à l'E.-S.-E. Les plus importantes sont *Ojalava*, *Maouna*, *Opoun* et *Rose*, mais surtout *Pola*, nommée aussi *Otawhy*, la plus occidentale et la plus grande, qui a 14 lieues de longueur sur 7 de largeur. S'il faut en croire les calculs de La Pérouse, ce groupe d'îles serait le plus important qu'on ait découvert encore dans ces parages. C'est Bougainville qui le vit le premier en 1768 et lui donna le nom qu'il porte encore, à cause du grand nombre de pirogues qui entourèrent tout à coup son navire. Quelques auteurs pensent toutefois que, dès 1722, Roggewein avait aperçu ces îles et les avait signalées sous le nom d'Iles Bauman. La Pérouse, de qui l'on tient les plus curieux détails sur elles, visita les plus considérables en 1781 : Maouna, où furent massacrés par les naturels le capitaine Lamanon, le naturaliste Langle et neuf marins; Oyolava, qui lui sembla au moins égale à Otaïti pour l'étendue, la fertilité et la population. Les habitants de ces îles, quoique féroces, lui semblèrent fort industrieux; non seulement ils polissaient habilement le bois avec de grossiers outils de basalte, mais ils savaient faire des étoffes avec l'écorce des arbres et surtout avec une sorte de filasse tirée d'un lin semblable à celui de la Nouvelle-Zélande. Leurs canots étaient d'une forme assez gracieuse, mais petits et ne pouvant guère contenir que cinq à six personnes. Ils s'emplissent facilement d'eau, mais ceux qui les montent, fort habiles nageurs, se jettent alors à la mer et les vident en les soulevant sur leurs épaules. Quelques passages étroits, qui se trouvent entre des récifs de corail, dont toutes ces îles sont bordées, servent de refuge à ces flottilles de pirogues. Le sol est fertile, quoique reposant sur un fond de basalte et de lave qui a fait croire que ces îles étaient d'origine volcanique. La partie des plaines qui va du rivage aux montagnes du centre est principalement fertile : les cocotiers, les orangers, les bananiers, les arbres à pain y abondent; les villages s'y abritent au milieu de riches vergers sans culture.   ED. FOURNIER.

NAVIGATION. Les écrivains ne s'accordent point sur l'origine et les premiers progrès de la navigation. Si l'on ajoutait foi au récit de Platon sur les Atlantes, des flottes nombreuses auraient sillonné les mers plus de dix mille ans avant Jésus-Christ, et les Athéniens, à cette fabuleuse époque, auraient tenu le trident de Neptune. Ces traditions n'ont pas manqué de défenseurs; des savants même ont fait voguer les vaisseaux des Atlantes sur les plaines du Sahara qui alors, disent-ils, formaient une Méditerranée immense au milieu du continent africain. Des catastrophes terribles auraient ensuite étendu sur l'humanité les ténèbres de l'ignorance et de la barbarie. Beaucoup d'auteurs se contentent de faire remonter à Noé l'art de la navigation, qui par conséquent aurait été enseigné aux hommes par Dieu même. Huet ajoute qu'il fallut nécessairement des navires aux descendants de Noé, pour aller peupler les îles, peu de temps après le déluge. Il est certain néanmoins que les navigateurs les plus anciens dont l'histoire nous ait transmis le souvenir, ne commencèrent à parcourir les côtes qu'à l'aide de radeaux, et ensuite de bateaux qui peu à peu s'agrandirent, se perfectionnèrent et offrirent les moyens d'accomplir des voyages plus importants.

Nous ne savons que peu de chose sur la navigation primitive des Chinois et des Indiens. Dans le monde occidental les Égyptiens et les Phéniciens paraissent s'être les premiers aventurés sur les flots, et comme ces deux peuples habitaient dans le principe les bords du golfe Arabique, c'est sur cette partie de la mer que la navigation dut faire ses premiers essais. Mais les progrès de cet art ne pouvaient être rapides sur des rivages où l'on ne se procurait qu'à grand'peine des bois de construction. De grandes révolutions physiques (voy. OANNÈS) forcèrent les Phéniciens à chercher une autre patrie; ils vinrent s'établir sur les bords orientaux de la Méditerranée, au pied des montagnes du Liban si renommées par leurs cèdres et leurs sapins. La nature et l'industrie se donnèrent la main, les perfectionnements furent rapides, et

du temps de Jacob, Sidon était déjà un port de mer important, puisque le patriarche en parle dans sa bénédiction (1837 environ avant J.-C.), et que Sémiramis avait fait venir de la Phénicie des pilotes et des marins pour établir une flotte sur la mer des Indes. On peut même affirmer que dès cette époque la navigation avait atteint, dans ces contrées, un développement remarquable, puisque l'invasion des pasteurs, antérieure de plus d'un demi-siècle à Sémiramis, avait déterminé dans la Grèce des émigrations égyptiennes qui ne purent s'accomplir que par mer. Les Pélasges, cette nation vagabonde dont les tribus parcouraient alors la Péninsule hellénique, s'adonnaient aussi à la navigation. Pirates intrépides, ils écumaient le littoral du pays et les îles de l'Archipel, et bientôt on les vit (1790) sous la conduite d'Ænotrus, traverser la mer pour aller se fixer en Italie, où, grâce à leur marine quelque imparfaite qu'elle put être, même comparée à celle des Phéniciens, ils s'élevèrent à un haut degré de prospérité. Dès cette époque, peut-être, les Phéniciens avaient établi des colonies au nord de l'Afrique, et 1600 ans environ avant J.-C., ils transportèrent jusques dans la Tingintane les Cananéens refoulés par Josué (voy NUMIDIE).

Sésostris ou Rhamsès (le grand), qui paraît être monté sur le trône vers 1473, équipa, dit-on, sur la Méditerranée, une flotte qui soumit les Cyclades et les côtes de la Phénicie et en fit aussi construire une de 400 voiles dans la mer Rouge. — Ce que nous savons de la fameuse expédition des Argonautes, sent trop la fable pour mériter de nous occuper; nous courrions risque, en effet, de prendre un mythe pour une expédition réelle, et dans tous les cas ce navire Argo tant célébré que les compagnons de Jason portaient, au besoin, sur leurs épaules, nous donnerait de la navigation des Grecs une idée peu avantageuse. L'expédition de Troie (1290 environ) nous apprend combien de difficultés ils éprouvaient pour se diriger sur les flots. Il nous suffira de rappeler que pour retourner de Troie à Ithaque, Ulysse, balotté par les vents qu'il ne savait utiliser, employa 10 années entières, et que le retour de la plupart des autres chefs fut signalé par des obstacles du même genre. Chez eux l'art touchait encore à son berceau, tandis que les Phéniciens parcourant la Méditerranée dans tous les sens, laissaient partout des comptoirs et des colonies, et franchissaient les colonnes d'Hercule pour pénétrer dans l'Océan. En 1137 ils fondaient Carthage, qui dut à la navigation son accroissement et sa puissance, et dont les navires sillonnaient toutes les mers. La route des îles Fortunées leur était certainement familière (voy. ELISA [îles]), et peut-être, comme l'ont pensé de graves et savants auteurs, envoyèrent-ils des colonies jusque dans l'Amérique, dont ils cachaient la position afin de s'y réfugier, au besoin, si leur empire venait à s'écrouler un jour. Vers le milieu du xᵉ siècle, un roi de Tyr, de concert avec Salomon auquel il avait fait parvenir, par voie de terre, des navires et des matelots, envoyait d'Asiongaber, à la pointe la plus orientale de la mer Rouge, ses flottes, d'un côté jusque dans le golfe Persique (*voy.* OPHIR), où les jonques indiennes et chinoises apportaient les denrées précieuses de l'Asie orientale, et de l'autre jusque Zanguebar, où elles faisaient provision de dents d'éléphant, de plumes d'autruche, etc. Vers 800, Hannon parcourait avec des navires carthaginois les côtes occidentales de l'Afrique; il paraît s'être avancé au delà des îles du Cap-Vert, et il aurait poussé plus loin ses explorations si les provisions ne lui avaient pas manqué. Par l'ordre de Néchos, roi d'Égypte, qui régnait de 616 à 600, des navigateurs phéniciens accomplirent, dit-on, le grand périple de l'Afrique, qui, au rapport de Pline, fut encore exécuté dans la suite par Caïus César, fils d'Agrippa, et selon Cornélius Népos par un autre romain nommé Eudoxus. En 340 le carthaginois Himilcon s'avança sur les côtes occidentales de l'Europe, jusqu'à la hauteur des îles Cassitérides, et 10 années plus tard Pythéas, de Marseille, visitait la rigoureuse Islande. Alexandre-le-Grand soumettait alors les peuples de l'Inde, et cet homme de génie voulant doter Alexandrie de ce lucratif commerce des Indes qui aujourd'hui contribue si puissamment à la prospérité de l'Angleterre, se préparait à faire reconnaître les côtes de l'Asie méridionale depuis l'Indus jusqu'au golfe Persique (*voy.* NÉARQUE). C'était une mine d'or que le conquérant offrait à l'Europe. Ptolomée-Philadelphe renouvela ce commerce important qui, abandonné de nouveau, fut relevé par les Romains auxquels il procura des richesses immenses. Strabon nous apprend que de son temps (Iᵉʳ siècle) une flotte de 120 voiles partant d'Alexandrie remonta le Nil, entra par des canaux dans le golfe Arabique, et se rendit dans la mer des Indes. Du temps de Pline ce voyage s'accomplissait chaque année, et les navigateurs profitaient pour l'exécuter du souffle régulier des moussons, exemple qui, dit-on, fut donné pour la première fois sous le règne de Claude par l'Arabe Hippalus, qui ne fit tout au plus que communiquer une observation faite bien des siècles auparavant par les Chinois et les Indiens, qui apportaient les produits de leur sol et de leur industrie sur les côtes orientales et méridionales de l'Arabie, où

pendant longtemps sans doute les Européens et les Égyptiens, comme les flottes de Hiram et de Salomon, vinrent les prendre sans penser à naviguer plus loin vers l'Orient.—Il résulte donc de ce que nous venons de dire que les anciens avaient, plusieurs siècles avant notre ère, exécuté les expéditions maritimes les plus périlleuses, et doublé ce fameux cap de Bonne-Espérance que l'Europe moderne se vante encore d'avoir découvert. Beaucoup d'écrivains n'ont pas craint de refuser cette gloire aux marins de l'antiquité : mais pourquoi révoquer en doute le témoignage des auteurs anciens les plus justement estimés? De quel droit nierions-nous ce qui était admis sans difficulté par les Grecs, les Romains, les Égyptiens, etc.? Les navigateurs anciens, a-t-on objecté, ne pouvaient avec leur connaissances bornées accomplir des voyages aussi difficiles? Mais ne sait-on pas les progrès faits dans l'astronomie par les Égyptiens et les peuples de l'Asie? Pourrait-on même affirmer qu'ils ne connaissaient pas l'usage de la boussole, puisqu'il est prouvé qu'ils avaient découvert les propriétés de l'aiguille aimantée? Il faut l'avouer, nous sommes peut-être tout à la fois, et trop orgueilleux et trop sceptiques.

L'histoire se tait sur l'époque où le vent a été utilisé pour mouvoir les bâtiments. La plupart des écrits des anciens, qui ne parlent principalement, il est vrai, que des bâtiments de guerre, donnent de ces bâtiments, tout en mentionnant quelquefois les voiles, une définition qui fait supposer que le principal moteur était, dans ces temps reculés, des rames établies sur plusieurs rangs (*voy.* TRIRÈMES *et* GALÈRES). On se servait principalement alors d'avirons pour mouvoir les navires, surtout dans la mer Méditerranée où les calmes sont plus fréquents et où la mer est moins grosse que dans l'Océan. Ce mode de propulsion, mais avec un seul rang de rames, a subsisté jusqu'après le milieu du siècle dernier, et sous Louis XIV, les galères formaient encore une partie importante de la force maritime du royaume, elles étaient un auxiliaire utile de la marine à voiles. C'est à elles que sont dus plusieurs des plus brillants faits d'armes des XVIᵉ et XVIIᵉ siècles.

Une des principales causes qui rendaient l'emploi des rames, à côté de l'usage des voiles, plus indispensable dans les premiers siècles, était l'ignorance où semblent alors avoir été les navigateurs, de ce que les marins appellent le *louvoyage*, opération par laquelle un bâtiment à voiles peut aller d'un point à un autre, bien que le vent lui soit contraire dans cette direction. Quand le vent était *debout*, ils se contentaient d'attendre qu'il devînt favorable; lorsqu'ils n'étaient pas munis de rames, ou lorsque le vent et la mer étaient trop forts, ils ne pouvaient les vaincre à l'aide des avirons. Dans ces circonstances, ils devaient souvent perdre une bonne partie du terrain qu'ils avaient gagné lors du vent favorable.

Pendant que la Méditerranée était le théâtre des premières entreprises maritimes, les peuples du nord sortaient à peine de l'état sauvage. Ce n'est qu'au temps des invasions des barbares que l'audace infatigable des envahisseurs, et le besoin de la défense, engendrèrent parmi ces peuples une marine qui a peut-être fait des prodiges, mais qui, par malheur, n'avait, pour la chanter, ni des Homères ni des Virgiles. La Méditerranée conserva donc longtemps le monopole du progrès maritime. Le climat, la moindre durée des tempêtes, le rapprochement des terres, l'absence presque absolue de courants, facilitaient la navigation qui trouvait au contraire dans les pays septentrionaux des difficultés de toutes sortes, entre autres l'état si souvent brumeux de l'atmosphère qui ne permettait pas de distinguer les astres, et ne laissait apercevoir la terre qu'à de moindres distances; les courants rapides et irréguliers produits par les marées, le froid, les longues nuits, les tempêtes, etc. A part les hardies explorations des Normands, la période qui suivit la décadence de l'empire romain fut peu brillante pour la navigation ; mais si la Phénicie avait ouvert cet art difficile, il fut donné à l'Italie de le renouveler. Dès avant les croisades, les Vénitiens, les Génois, les Pisans, avaient tout d'un coup étendu leur commerce, et le défendaient contre toute entreprise, avec des bâtiments bien armés pour le temps. Une invention, ou plutôt une découverte importante, permit bientôt à cet art de prendre un nouvel essor. Flavio Gioja, en perfectionnant la boussole, dont il vulgarisa dans la Méditerranée l'usage déjà reçu, tout porte à le croire, par des peuples du nord, rendit un service aussi grand que celui rendu plus tard par Fulton en introduisant l'usage de la vapeur. Dès lors on dut pressentir toute l'extension dont était susceptible la navigation qui désormais n'avait plus de limites. C'est ce pressentiment qui fit surgir les Béthancourt, les Colomb, les Gama, les Cabot, deux siècles après, il est vrai; mais en se reportant à cette époque éloignée, on comprend combien il a fallu de temps pour que les inventions qui furent la conséquence nécessaire de l'emploi de la boussole, se répandissent dans le monde où les communications de peuple à peuple étaient encore si rares. Les Normands paraissent avoir été, vers cette époque, les premiers à tenter dans l'Océan la na-

vigation hauturière, navigation que la boussole perfectionnée rendait désormais plus facile. Vers cette même époque, les Basques poursuivaient déjà les baleines à de grandes distances, et tiraient de cette pêche qui devait disparaître de nos mers, de fort grands profits. Bientôt les Espagnols, les Portugais, les Hollandais, imitèrent les Normands, et ces peuples accomplirent sur l'Océan des prodiges de hardiesse qui ne le cèdent en rien aux expéditions plus brillantes peut-être, mais infiniment plus faciles, sous le rapport de la navigation, des Vénitiens alors tout-puissants dans la Méditerranée d'où ils paraissent n'être que très rarement sortis; leurs campagnes se bornaient le plus ordinairement aux échelles du Levant.

C'est alors qu'une nouvelle ère s'ouvrit à la navigation. L'Amérique fut découverte presque en même temps que le passage dans l'Inde par le cap de Bonne-Espérance. Les puissantes sources de richesses qui s'offrirent alors à l'avidité de l'homme, furent le plus actif stimulant des progrès de la navigation. Des armements importants se succédèrent sans intervalle à destination des Deux Indes, et on peut s'étonner de la rapidité avec laquelle cette navigation si éloignée devint familière à ceux qui l'entreprirent. Colomb, en poursuivant si opiniâtrement sa route vers l'ouest, n'avait pour soutenir son courage que le stimulant de richesses bien douteuses. Quelle témérité n'y avait-il pas à poursuivre avec une telle persévérance une route où le vent alisé, toujours favorable pour aller, devait nécessairement présenter, pour le retour, des obstacles justifiant jusqu'à un certain point la révolte de ses équipages? C'est vers cette même époque, le XIIIe siècle, que l'astronomie vint prêter son concours à la navigation ; les tables de déclinaison du soleil furent calculées, et dès lors la position en latitude put être obtenue. Les Italiens continuèrent les études astronomiques des Arabes ; c'était le temps où toutes les sciences, où toutes les découvertes, où tous les arts semblaient s'être donné rendez-vous dans cette contrée si féconde en événements. La navigation s'empara avidement de ces découvertes, et dès lors des campagnes de toute nature purent être entreprises sur mer.

Il restait un grand pas à faire : le tour du monde. Un Portugais, au service de l'Espagne, Magelhaens, plus connu sous le nom défiguré de Magellan, l'entreprit. Il se mit à la tête d'une expédition qui doubla le cap de Horn, et revint en Europe par le cap de Bonne-Espérance. L'ère des découvertes fut alors terminée. Il ne restait plus à la navigation qu'à chercher sur les mers dont on connaissait les limites, quelques îles, des terres, peut-être aussi des continents épars; il n'y avait plus qu'à glaner les restes de Colomb, de Gama et de Magellan. Les Anglais revendiquent pour Drake l'honneur d'avoir fait le premier le tour du monde. Il y a mauvaise foi et injustice dans cette prétention. Magellan, il est vrai, n'accomplit pas, de sa personne, le tour du monde, car il mourut en route aux Philippines; mais l'un des bâtiments de son escadre, *la Victoire*, commandée par Sébastien Cano,.revint en Espagne, à la suite de mille dangers, et après avoir atteint le but de l'expédition, le tour du monde, dont l'itinéraire avait été tracé et les moyens d'exécution préparés par Magellan. Ce fut en 1519 que cette expédition partit d'Espagne, tandis que celle dé Drake ne quitta l'Angleterre qu'en 1577.

Le xviie siècle apporta peu de progrès dans la navigation sous le rapport des découvertes. Les Espagnols et les Portugais qui avaient ouvert, pour ainsi dire, cette voie, s'endormaient dans l'assouvissement de leur avidité, que satisfaisaient les richesses de l'Inde et du Nouveau-Monde. Les guerres qui remplirent une partie de ce siècle, mirent d'ailleurs obstacle à ces grandes entreprises. L'*observation de la neutralité pour les voyages scientifiques* n'était point encore passée dans le droit des nations. Par compensation, les guerres perfectionnèrent la construction des bâtiments et les moyens de destruction qu'ils portaient. La marine militaire et son administration furent organisées; mais l'art de la navigation, sous le rapport scientifique, fut médiocrement enrichi. Cependant, sous le grand monarque qui, tout en régnant sur la France seule, réglait les destinées des nations, et qui, en élargissant les relations des peuples, absorbait au profit de son royaume la puissance commerciale des Génois et des Vénitiens dans la Méditerranée, la navigation marchande prit, sous l'impulsion d'un ministre habile, un rapide essor, que favorisait la protection assidue que lui accordait la marine militaire. Vers la même époque, la navigation prit tout d'un coup chez les Anglais, sous l'empire du fameux *acte de navigation*, ce développement immense qui n'a cessé de s'accroître, et qui, en faisant de l'Angleterre la première nation maritime du monde, lui a permis de proclamer récemment, par l'abolition de cet *acte de navigation*, qu'il n'y avait plus pour elle de concurrence à redouter.

— Le xviiie siècle a vu d'heureux progrès s'introduire dans la navigation. La guerre y a encore contribué; mais elle n'a point été un obstacle à l'esprit de découverte qui s'était ralenti dans le siècle précédent. Les rôles, toutefois, étaient changés; les Espagnols étaient énervés, les Hol-

landais continuaient, avec une moindre persévérance, leurs voyages dans l'Inde, les riches produits commerciaux qu'ils tiraient de Batavia produisant sur ce peuple l'effet de l'or de l'Amérique et des perles de l'Inde sur les Espagnols et les Portugais. Les Anglais, au contraire, venaient de naître à la navigation. Anson d'abord, Wallis, Carteret, Cook ensuite, firent des découvertes importantes. La France, de son côté, ne demeura pas en arrière, et Bougainville, La Pérouse, immortalisaient la marine, à l'égal d'Anson et de Cook, en même temps que Borda enrichissait la science de la navigation des découvertes d'astronomie nautique les plus utiles.

Le voyage, si fécond en catastrophes, de l'amiral Anson, parti en 1740, est un des épisodes les plus curieux et les plus saisissants des vicissitudes de la navigation, en même temps qu'il fait honneur à la persévérance de l'illustre marin. Tout en assignant pour cause à cette persévérance le désir de s'emparer des fameux galions espagnols, on ne peut s'empêcher d'admirer quelle fécondité de ressources un navigateur hardi, expérimenté, sûr de lui-même, et poursuivant un but fixe, peut trouver dans la confiance de son équipage, dans la discipline qu'il y introduit et dans son propre génie. Après une guerre mémorable, où la partie militaire de l'art de la navigation a progressé à l'école des Suffren, des d'Estaing, des de Grasse, et il faut bien le dire aussi, à l'école de quelques revers, cet art, si fécond en résultats heureux pour les peuples, avait, après la paix de Versailles, repris son essor. Organisée par un ministre habile, pratiquée par les officiers les plus instruits du monde, parmi lesquels des savants de premier ordre, la navigation militaire de la France, et, à sa suite, la navigation de commerce, promettaient un avenir des plus brillants. La Pérouse venait de partir muni de ces mémorables instructions qui sont une des gloires de celui qui les a rédigées, et qui augmentent les regrets pour ceux à qui il n'a pas été donné de les accomplir jusqu'au bout.

Mais ce n'était point seulement en France que ces progrès s'annonçaient. L'Angleterre préludait depuis près d'un siècle à la domination des mers, la Hollande semblait secouer son apathie, la Russie, riche de ressources alors inconnues, avait enfin créé une marine qui menaçait de devenir formidable; l'Espagne, le Portugal, avaient encore des flottes puissantes, et les richesses du Nouveau-Monde entretenaient chez ces peuples le besoin de la navigation. Les Turcs eux-mêmes, malgré leurs défaites, continuaient avec hardiesse et persévérance, leurs excursions maritimes, moins légales, mais très productives. Les Américains du nord avaient déjà un nombre immense de bâtiments de commerce, dont la navigation, hardie jusqu'à l'imprudence, s'étendait dès-lors sur toutes les parties du globe. Tous les peuples enfin allaient tendre aux progrès de la navigation, lorsque la Révolution française éclata. Chose singulière, le nombre des vaisseaux de guerre augmenta, mais ils ne se perfectionnèrent point en proportion de la nécessité d'inventer des moyens plus sûrs et plus prompts de nuire à l'ennemi. La tactique navale seule fit peut-être quelques progrès, bien que l'application de ses règles ait rarement réussi et que l'observation de ses principes soit restée trop souvent impuissante devant le mode de combattre des ennemis.

C'est dans l'Amérique du Nord, chez cette nation, la seule, pour ainsi dire, qui se tint alors en dehors de la conflagration générale, que prit naissance une découverte qui devait modifier profondément la science maritime, découverte dont on est loin de connaître encore tous les secrets. L'application de la vapeur à la navigation sembla un tel prodige, que l'esprit incontestablement le plus éclairé et le plus pratique du siècle, Napoléon, la traita tout d'abord d'utopie, et ne vécut pas assez pour prévoir la révolution savante et industrielle que renfermait cette utopie, et pour regretter de l'avoir dédaignée.

Passons sous silence la lutte désastreuse de la France et de l'Angleterre. Avec la paix, la navigation et toutes les sciences qui s'y rattachent reprirent leur essor, et bientôt des expéditions de découvertes furent envoyées sur plusieurs points du globe. Chaque nation semblait rivaliser de zèle dans ces entreprises. Les tentatives des Anglais, pour trouver le passage au N.-O. de l'Amérique, sous Ross, sous Franklin; celles des Français, sous Dumont-d'Urville, pour la découverte des terres Australes, témoignent de la sollicitude des gouvernements pour la navigation, du courage de ceux qui ont tenté ces découvertes, et des progrès de la science qui a fourni les moyens de les entreprendre.

Pendant cette longue période de calme politique presque universel qui a régné dans ces derniers temps, toutes les branches de la navigation se sont successivement améliorées. L'usage de la vapeur s'étendant, la navigation, telle que nous l'avaient léguée nos pères, c'est-à-dire à l'aide de la voile comme principal propulseur, a subi et subit encore chaque jour de grandes modifications. Nous sommes à une époque de transition. Le problème à résoudre est aujourd'hui de simplifier les appareils qui produisent le mouvement, et d'inventer un mode plus économique et moins encombrant de produire de la vapeur. On y parviendra sans doute, comme plus tard on parviendra peut-être à trouver une autre puissance que la vapeur elle-même. La tactique navale, inventée par le génois Doria, dès le XVIe siècle, si minutieusement régularisée dans les siècles suivants, ne peut plus être un élément de succès. C'est une science à créer de nouveau, et ses bases ne sauraient être déduites de simples conjectures; l'expérience seule peut les établir; cette expérience, c'est la guerre.

Après avoir décrit rapidement les progrès de l'art de la navigation, il nous reste maintenant à décrire ce qu'est la navigation en elle-même, telle qu'elle est pratiquée aujourd'hui; quels sont les moyens ingénieux à l'aide desquels l'homme est parvenu à vaincre les obstacles que présente cette science dangereuse, quels sont enfin ceux qui lui restent encore à surmonter.

— Chez tous les peuples européens ou qui dérivent d'une origine européenne, les progrès de la navigation sont parvenus sensiblement au même niveau, les mêmes méthodes sont à peu près généralement adoptées. Décrire la navigation française, c'est donc décrire la navigation de ces peuples. Chez les sauvages et chez les nations qui ne se sont pas assimilées aux Européens, les Chinois par exemple, les systèmes sont différents, mais tous également arriérés. Quelques uns cependant tendent à se rapprocher des nôtres; mais ils en sont encore bien loin. Le résultat le plus complet auquel soit parvenue de nos jours la science de la navigation, est le grand bâtiment de guerre, marchant également à la voile et à la vapeur. Toutefois, ce bâtiment n'est pas encore complètement expérimenté; il est plus juste de considérer à part le vaisseau de guerre à voiles, et le bâtiment de guerre à vapeur, en mentionnant ce qui leur est commun. La navigation pour ces deux sortes de bâtiments n'est pas essentiellement différente, car tous deux font usage de voiles, dirigent pareillement leur route, ont des moyens semblables de combat, rendent enfin des services analogues. Le bâtiment à vapeur a seulement l'avantage de la vitesse, tant qu'il est approvisionné de combustible. Mais aussi il est plus vulnérable par l'ennemi, il est plus exposé aux avaries, et une fois désemparé, il ne peut rendre que de très faibles services. Il est la cavalerie de la marine dont les navires à voiles sont l'infanterie. Le bâtiment à vapeur naviguant avec le bâtiment à voiles complète ce dernier en le remorquant au besoin. En échange, il est défendu par les moyens de combat plus puissants que possède le bâtiment à voiles. Le problème que l'on cherche à résoudre aujourd'hui, consiste à réunir sur un seul bâtiment ces deux éléments :

la puissance de combat et la puissance de vitesse. D'heureux essais ont préludé à la solution de ce problème, et tout l'intérêt des navigateurs se concentre aujourd'hui sur l'essai qui en est fait en grand sur le vaisseau de 90 canons le *Napoléon*, lancé tout récemment des chantiers de Toulon.

Trois modes de propulsion sont mis en usage par la navigation : le vent qui produit son effort sur les voiles, les avirons qui sont mis en mouvement par la force humaine, les roues à aubes et l'hélice, qui produisent le mouvement en vertu du même principe que les avirons, mais qui sont mus par la vapeur. La combinaison ou l'emploi de ces divers modes de propulsion, suivant les circonstances, est une partie importante de la science de la navigation. Une autre partie non moins intéressante de cette science, est celle qui sert à diriger le bâtiment vers le point déterminé. Il n'entre pas dans le cadre de cet article de traiter de la construction du navire, des formes que l'on donne de préférence à sa carène, des avantages de l'hélice sur les roues à aubes. Nous supposerons donc le bâtiment construit, gréé, armé, approvisionné, prêt enfin à une longue navigation. Il s'agit de le mettre en mouvement et de le diriger

L'*appareillage*, c'est-à-dire la mise en mouvement du navire, est une des manœuvres délicates de la navigation, parce que le plus souvent le bâtiment doit se mouvoir dans un espace resserré par le voisinage de la terre, par celui d'autres bâtiments, par celui de bas-fonds. Ordinairement on ne déploie pas toutes les voiles pour cette opération, afin de ne pas avoir une trop grande vitesse ; ce n'est que quand le mouvement est assuré, lorsque les dangers sont moins rapprochés, lorsque les ancres qui retenaient le bâtiment au mouillage sont fixées à bord, que l'on met dehors toutes les voiles que comporte la force du vent. Alors on *fait route*. On a eu soin préalablement de tout *saisir* à bord, c'est-à-dire d'attacher ou de fixer tous les objets que les mouvements de roulis et de tangage pourraient renverser ou déranger. Un vaisseau de guerre bien discipliné peut appareiller en 30 ou 35 minutes. Un bâtiment à vapeur ne peut pas être aussi prompt s'il se sert de sa vapeur. Il ne faut pas moins de une heure et demie à un bâtiment de 450 chevaux pour produire de la vapeur, qu'on appelle de la *pression*. De plus, il ne peut pas se servir de cette vapeur immédiatement après qu'elle est produite ; il faut, pour éviter les avaries, qu'on laisse la machine s'échauffer, ce qui se fait en introduisant de légers jets de vapeur dans plusieurs de ses parties principales ; car si on introduisait de suite une grande quantité de

vapeur dans toutes les parties de la machine, dans celles surtout où le cuivre et le fer sont rapprochés, il se produirait, par l'effet de la grande chaleur, une dilatation inégalement rapide qui pourrait causer des avaries. Il faut donc laisser la machine s'échauffer peu à peu. Ce n'est qu'au bout de deux heures qu'on peut enfin espérer qu'un grand bâtiment à vapeur puisse *faire route* sans danger.

Une fois en pleine mer le bâtiment à voiles, comme celui à vapeur, cherche à tirer le plus de parti possible pour augmenter sa vitesse des divers moyens de propulsion dont il dispose ; il évite de faire des avaries soit en présentant trop de voiles au vent, soit en fatiguant trop le bâtiment par une grande vitesse lorsque la mer est grosse et le frappe de l'avant ; il prend garde d'aborder d'autres bâtiments ; enfin il ne navigue près de la terre ou dans des parages dangereux qu'avec précaution, afin d'éviter que sa carène ne touche le fond de l'eau, ce qui pourrait la briser. Une des principales conditions de la sécurité de la navigation, c'est de *bien veiller*, c'est-à-dire de regarder avec une attention continue les objets qui peuvent être en vue. On conçoit que, la nuit surtout, il importe de regarder très attentivement si on ne coupe pas la route à d'autres bâtiments. On peut se figurer la violence du choc de deux corps qui se rencontrent, qui s'*abordent*, ayant quelquefois chacun une vitesse de 18 à 20 kilomètres à l'heure, choc dans lequel le plus petit des deux bâtiments coule presque inévitablement. Ces accidents sont heureusement rares. Cependant depuis que la navigation a pris une grande extension, et surtout depuis l'usage des bâtiments à vapeur, ces événements, malgré la plus grande vigilance, ne se reproduisent que trop souvent. On peut encore, soit par suite d'une erreur dans la connaissance du point où est le bâtiment, soit qu'on navigue dans des mers inconnues ou imparfaitement explorées, se trouver trop près d'une terre, d'un danger, et risquer de passer dans des endroits où il n'y a pas suffisamment d'eau. Il faut donc veiller attentivement la terre, et tout ce qui peut se voir sur l'eau. Dans beaucoup de parages on ne s'aperçoit de la proximité d'un danger que par un changement dans la couleur de la mer. C'est une excellente indication du voisinage de la terre. La sonde est, du reste, le mode le plus certain d'en reconnaître les approches, et c'est faute d'avoir voulu perdre un peu de temps pour sonder que beaucoup de sinistres ont eu lieu. Pendant la nuit, comme il est impossible de voir à une aussi grande distance que dans le jour, il faut souvent, lorsqu'on est dans des parages inconnus ou lorsqu'étant près de terre on doute de sa position, *mettre en panne*, c'est-à-dire disposer les voiles ou arrêter la machine de manière à ne pas faire de chemin. On agit de même lorsqu'on s'approche d'un port dans lequel on veut entrer, mais dont les abords sont difficiles à reconnaître pendant la nuit.

Une grande difficulté de la navigation consiste à résister à la grosse mer. Si, comme cela a lieu dans les passes étroites, dans les rades ou le long des côtes lorsque la brise vient de terre, la mer ne se soulevait pas quand le vent devient fort, il suffirait de diminuer ou d'augmenter de voiles selon la force du vent, de manière à aller le plus vite possible sans briser la mâture. Mais il n'en est point ainsi : en pleine mer et le long des côtes, lorsque la brise vient du large, la mer grossit à mesure que le vent augmente. Il arrive rarement, et surtout au large, que le vent prenne soudainement une grande intensité. Ce n'est que successivement qu'il acquiert une force dont, à terre, dans nos climats tempérés, on ne peut se figurer la violence. Presque toujours il s'annonce par des signes météorologiques qui ne trompent pas l'expérience et la perspicacité des marins. Ces signes varient suivant les pays et les saisons. Leur observation demande une attention soutenue de la part du navigateur, qui, quand ils se manifestent, fait ses dispositions en conséquence. A mesure que le vent augmente, on diminue la voilure en serrant certaines voiles, en diminuant la surface de certaines autres, ce qui s'appelle *prendre des ris*. On ne garde souvent alors qu'une ou deux voiles, et on reste ainsi *à la cape*, en travers au vent et à la lame. Si le vent et la lame deviennent trop forts, on doit cesser de rester en travers, et on se dirige vent arrière. C'est ce qu'on appelle *fuir devant le temps*. Il faut alors mettre dehors le plus de voiles qu'on peut, jusqu'à risquer qu'elles soient emportées par la force du vent, afin de marcher presque aussi vite que les lames qui suivent la direction du vent; car si on marchait lentement les lames frapperaient avec violence sur l'arrière du bâtiment, qui en est la partie la moins solide, et pourraient y causer de bien dangereuses avaries. Les lames prennent successivement, sous la pression du vent, un développement tel qu'elles s'élèvent quelquefois bien audessus de la hauteur du plus grand vaisseau. On comprend alors quels mouvements le bâtiment éprouve lorsqu'il est alternativement sur chacune des déclivités de ces lames, et quelles secousses une aussi grosse masse doit éprouver de leur choc. Cependant sur ce plancher si mobile, qui alors ne reste jamais dans une position fixe, dont les inclinaisons varient quelquefois, en 4 ou 5 secondes de 20 à 25 degrés; sur ce plancher

où l'on ne peut marcher sans se cramponner, il faut exécuter les manœuvres. Dans cette mâture qui décrit si rapidement dans l'air de si vastes arcs de cercles, les matelots doivent monter pour serrer les voiles ou diminuer leur surface, les remplacer quand elles ont été emportées, réparer les avaries qui ont pu survenir dans les mâts ou les cordes. Il faut alors qu'ils se tiennent d'une main dans ce gréement qui peut, à chaque coup de roulis, les lancer comme une fronde lance une pierre, et qu'ils travaillent de l'autre main. Quelquefois ils se tiennent ou travaillent avec les dents. Les officiers du bâtiment dans certaines circonstances graves donnent eux-mêmes l'exemple, et montent au sommet des mâts pour y diriger les manœuvres, et coopérer à ces dangereux travaux. Lorsqu'on est en pleine mer ces tempêtes présentent un grand danger. Mais un autre danger bien autrement grave vient s'y joindre, lorsqu'elles surviennent dans le voisinage des terres, et lorsqu'on y est porté par la direction du vent qui alors est dit venir *du large*. Le temps étant presque toujours dans ces circonstances très couvert, il est impossible de voir la terre de loin, d'y distinguer l'entrée d'un port assez d'avance pour pouvoir s'y diriger, et il arrive souvent qu'il ne se trouve pas de mouillage à portée. Il faut donc rester à la mer. Mais on conçoit que, lorsque le vent et les lames sont aussi forts, le bâtiment ne peut rester à la même place, que nécessairement le vent et la mer doivent l'entraîner dans leur direction, quand même il n'aurait pas de voiles. Il *dérive* alors, et si la tempête dure longtemps, il peut être ainsi porté jusque sur la terre qui est *sous le vent*, c'est-à-dire dans la direction vers laquelle le vent souffle, et y être inévitablement brisé. Si, avant ces moments extrêmes, *la brise mollit ou tourne, et si la mer tombe un peu*, c'est-à-dire si le vent est moins fort ou s'il change de direction, et si la mer devient moins grosse, le bâtiment augmente de voiles jusqu'à l'imprudence pour s'éloigner de la côte toujours son plus dangereux ennemi, celui dont il doit le plus se défier. Lorsque la tempête, le *coup de vent* finit, lorsqu'il n'y a plus même aucune brise, la mer reste, surtout dans l'Océan, longtemps *houleuse*, c'est-à-dire couverte de longues lames assez plates, qui impriment au bâtiment les mouvements les plus fatigants.

Pendant les tempêtes, les mêmes circonstances se produisent à bord des bâtiments à vapeur et à bord des bâtiments à voiles. Il arrive un moment où le vent et la mer, ayant considérablement augmenté, ne permettent plus au bateau à vapeur de leur résister, et de marcher contre eux; le navire est alors obligé de se *tenir en travers*, et se trouve ainsi dans la même condition que le bâtiment à voiles ; seulement en faisant alors marcher sa machine, il *dérive* moins, en sorte qu'il se rapproche plus lentement de la terre. C'est un grand avantage des bateaux à vapeur, augmenté par la facilité, lorsque le vent et la mer ont suffisamment diminué, de pouvoir s'éloigner en ligne directe de la côte.

Une des principales opérations de la navigation, et qui mérite d'être décrite en particulier, est celle du *louvoyage*. *Louvoyer*, c'est manœuvrer un bâtiment à voiles de manière à ce qu'il puisse, au moyen de certaines combinaisons, remonter contre le vent. On a observé qu'il n'était pas nécessaire que celui-ci fût toujours de l'arrière pour faire marcher un bâtiment à voiles. En essayant les angles que pouvait faire la quille du bâtiment avec la direction du vent on a vu que non seulement celui-ci pouvait agir sur les voiles, en suivant une direction perpendiculaire à la quille, mais qu'il pouvait même venir de l'avant de cette direction, et néanmoins agir encore sur les voiles de manière à donner une certaine vitesse. Une figure expliquera cette manœuvre. Soit MN la direction du

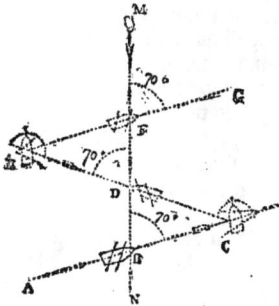

vent. Le bâtiment suit la ligne ABC qui fait un angle de 70° degrés avec la ligne MN ; arrivé au point C, il vire de bord en faisant une nouvelle ligne CDE, offrant encore un angle de 70° avec la direction du vent MN. Passant au point D on voit déjà qu'il a gagné contre le vent toute la quantité DB. Au point E, il vire de bord de nouveau, et fait la nouvelle ligne EFG, faisant toujours avec MN un angle de 70° ; en passant en F, il a déjà gagné depuis le départ la distance BF. Il continue cette manœuvre, et gagne une certaine quantité de chemin contre le vent après chaque virement de bord, à chaque *bordée*. C'est ainsi qu'un bon navire, avec un vent à lui faire faire 7 ou 8 *nœuds*, c'est-à-dire 10 à 12 kilomètres à l'heure, peut gagner 15 à 20 lieues par jour dans la direction du vent, pourvu que la mer ne soit pas grosse.

L'angle de 70° est l'angle moyen que peuvent

faire les grands bâtiments à voiles carrées; quelques-uns vont jusqu'à 60°. Mais certains bâtiments à voiles triangulaires, d'autres à voiles *auriques*, c'est-à-dire trapézoïdales, peuvent réduire cet angle à 50 degrés. Les tartanes, les goélettes, les cutters, obtiennent ce résultat, et quelques embarcations légères gouvernent même à 45°. Il est facile de s'apercevoir que plus l'angle fait avec la direction du vent est petit, plus on gagne de chemin à chaque bordée. Avec ce mode de naviguer que l'on nomme l'*allure du plus près du vent*, les bâtiments éprouvent, surtout lorsque la mer est grosse, de la *dérive*, c'est-à-dire qu'ils ne suivent pas la ligne droite vers laquelle est dirigé leur avant; ils sont, en même temps, transportés par le vent et la mer parallèlement à leur longueur, ce qui fait qu'ils ne gagnent pas réellement les distances DB, FD, mais des distances un peu moindres. Lorsque le vent est très fort et la mer grosse, ces quantités diminuent en proportion.

Le navigateur qui s'approche d'un port on d'une rade où il a l'intention d'aller, redouble de surveillance. Lorsqu'il est près de l'entrée de la rade, s'il n'en connaît pas bien les *passes* ou s'il n'en a pas la carte, il appelle un pilote de la localité, au moyen d'un signal connu. Il diminue généralement de voiles, afin de réduire sa vitesse et de pouvoir manœuvrer plus facilement, et lorsqu'il est arrivé à une place qui lui semble avantageuse, il *mouille*, c'est-à-dire qu'il laisse tomber l'ancre, qui, au moyen d'une chaîne qui y est attachée, retient le bâtiment à un endroit fixe. Si, étant au mouillage, il survient un coup de vent, il mouille d'autres ancres, et file une grande longueur des chaînes qui le retiennent aux ancres; il *cale* ses mâts supérieurs, c'est-à-dire qu'il lesabaisse, afin qu'ils offrent moins de prise au vent. Si, comme cela peut avoir lieu dans une rade *foraine*, c'est-à-dire qui n'est pas entourée de terre de plusieurs côtés, la mer devient très grosse, il court le risque de *sombrer sous ses amarres*, c'est-à-dire que les lames qui le frappent de l'avant le couvrent et l'engloutissent. Il arrive souvent que, par un grand vent et une grosse mer, les ancres chassent, c'est-à-dire labourent le fond, par l'effet de la traction que les chaînes produisent sur elles; on mouille d'autres ancres, et on *file des chaînes*. Dans d'autres circonstances, on tente d'appareiller, parce qu'il vaut quelquefois mieux essuyer un coup de vent en pleine mer que d'avoir à le supporter sur une rade.

Le navigateur n'a pas seulement pour mission de tenter de se soustraire aux dangers de toute sorte que présentent les chances du vent et de la mer; il ne lui suffit pas de savoir manœuvrer son bâtiment; il faut encore qu'il sache le conduire, le diriger. Dans ce but, il faut qu'il connaisse à chaque instant le point du globe où il est, et qu'il l'indique sur la carte pour savoir quelle direction il doit suivre, à *quel aire de vent il doit gouverner.* Dans ce but *il fait son point.* Les progrès de l'astronomie nautique ont apporté de grands perfectionnements dans le mode de déterminer la position. C'est à Borda que l'on est redevable de la plupart des progrès qui ont été faits dans le siècle dernier, et il y a loin des méthodes actuelles de diriger sa route à ces oiseaux auxquels, suivant Pline, on donnait, de temps en temps, la liberté à bord pour voir vers quel point ils se dirigeaient, cette direction étant toujours celle de la terre qu'ils quittaient ou de la côte la plus rapprochée. Il y a deux sortes de point, *le point estimé* et *le point observé.* Le premier se déduit du chemin que l'on estime avoir fait de telle heure à telle heure, par exemple d'un midi au midi suivant. Cette estimation se tire de la direction que l'on a suivie d'après la *boussole,* le *compas,* et de la vitesse qu'a eue le bâtiment, observée toutes les demi-heures au moyen du *loch.* On conçoit qu'avec ces deux éléments, la direction et la vitesse, on puisse savoir la position où l'on est relativement au point de départ. Mais cette position ne peut être obtenue qu'approximativement, car les éléments dont on la déduit ne sont eux-mêmes qu'approximatifs, et il en est d'autres qu'on ne peut estimer, parce qu'on ne les connaît pas toujours, les courants par exemple, et qui influent sur la position du bâtiment. Les erreurs de l'estime pouvant s'augmenter l'une de l'autre, il en résulterait qu'après une longue traversée, le *point d'estime* serait loin d'indiquer la véritable position du bâtiment, et que de là proviendraient inévitablement des méprises fatales. Pour obvier à ces incertitudes, on a le *point observé.* Ce point s'obtient de deux manières principales : la première, par l'observation de la position du bâtiment relativement à divers points connus d'une terre qui est en vue, points indiqués sur les cartes : cette observation s'appelle *un relèvement;* la seconde, par l'observation des positions absolues ou relatives du soleil, de la lune, des étoiles ou des planètes. Les premières observations se font au moyen d'une boussole qui s'appelle alors *compas de relèvement,* les secondes au moyen d'instruments à réflexion, *octants, sextants* ou *cercles de réflexion.* — Les *montres marines* sont d'une grande utilité pour déterminer la longitude, en conservant toujours l'heure exacte de Paris. Car, la longitude d'un lieu étant la différence entre l'heure de ce lieu et celle qu'il est à Paris au même moment, si l'on obtient, au moyen de certaines observations, l'heure de ce lieu, en faisant la différence de cette heure avec celle qu'indique la montre au même instant, on a la longitude en heure ou *en temps.* Pour l'avoir en degrés, on compte 15 degrés pour chaque heure; c'est l'arc que décrit la terre dans son mouvement rotatoire pendant une heure. Connaissant la latitude et la longitude du point où on est, on l'indique sur la carte, et on se dirige suivant cette indication. Il arrive quelquefois, souvent même dans les climats froids, que l'on reste plusieurs jours sans apercevoir un seul astre. On se dirige alors sur le point estimé que l'on corrige dès que l'on peut avoir des éléments d'observation. Certains indices d'ailleurs signalent aux navigateurs expérimentés l'approche des terres : la couleur de la mer, la forme et l'amplitude des lames, la présence ou l'absence de certains oiseaux, de certains poissons, de certaines herbes, et bien d'autres signes encore. Du jour où le navigateur quitte le port, c'est sur ce sujet que doit porter son attention continuelle. A peine est-il en mer qu'il prend son *point de départ* en observant les relèvements de divers points de la terre qu'il vient de quitter, dans la prévision où il n'aurait pas de point observé. Il indique sur la carte le point que lui donnent ces relèvements, et il prend note de l'heure où ils ont été faits. Quand il est en pleine mer, loin de toute terre, il n'observe le plus souvent la latitude et la longitude qu'une fois par jour; lorsqu'il est près des côtes, il renouvelle plus fréquemment ces observations, et dès qu'il aperçoit la terre et qu'il la reconnaît, il prend des relèvements aussi fréquemment que possible, pour bien connaître la distance où il en est; ce n'est que quand son bâtiment est mouillé dans une rade sûre qu'il peut se reposer des fatigues réitérées que comportent ses devoirs.   C. D. L. R. LE NOURY.

NAVIRE (*astr.*), constellation australe fort ancienne, située à l'orient du Grand-Chien, près de la Boussole. Trois étoiles tertiaires, R, ξ, ι, indiquent une partie du corps; plus loin, à gauche, on en aperçoit trois autres qui forment la mâture; l'horizon nous cache le reste, et particulièrement α, Canopus, la plus belle des étoiles après Sirius. Les étoiles de cette constellation ont reçu des noms par lesquels elles sont indiquées dans les anciens ouvrages tels que Naos, Turcis, Asmidiske. *Canopus* a 95° d'ascension droite et 52° 36′ 5″ 8 de déclinaison. Le Navire est composé, selon Postellus, de 45 étoiles; Bayerus lui en assigne 63; mais d'après les travaux les plus récents, on lui en reconnaît 117, dont 1 de première grandeur, 7 de seconde, 6 de troisième, 24 de quatrième, etc. A la poupe du Navire se trouve l'étoile de première grandeur, *Canopus*. Cette étoile, invisible en Europe, est fort belle et fort brillante. On la découvre dans cette partie de l'Arabie méridionale qui se trouve sous la latitude de l'Yémen ; elle ne s'élève en Egypte qu'à une très petite hauteur, ce qui lui a fait donner par Bayerus les épithètes de terrestre et de pesante, parce qu'elle rase pour ainsi dire la terre. Cette étoile était honorée par la tribu Taï, chez les Arabes, auxquels elle servait comme d'étoile polaire et qui en avaient fait le génie tutélaire de leur nation. On lui attribuait les influences les plus heureuses sur la végétation, et Hyde a donné, avec de très grands détails, toutes ses propriétés diverses.—Columelle, dans ses écrits, marque à la veille des ides de mars le lever du Navire, accompagné fort souvent de vents assez violents, lesquels séchaient la terre ; aussi faisait-on, à cette époque, des courses de chevaux sur les bords desséchés du Tibre. Le même auteur fixe au 10 des calendes d'octobre le coucher du Navire, avec indication de tempête et quelquefois de pluie. — La constellation du navire est, dit-on, l'image du vaisseau Argo, qui porta Jason à Colchos. On prétend que Minerve en traça le plan, et qu'elle le fabriqua elle-même pour rendre la mer praticable aux mortels. D'autres auteurs rapportent sur cette constellation une tradition différente : ils prétendent que ce navire est la représentation de celui construit par Danaüs pour échapper avec ses filles à son frère Egyptus. Les Egyptiens appelaient cette constellation le *Vaisseau d'Isis*, et les anciens Germains honoraient cette déesse, ainsi que l'affirme Tacite, sous le symbole d'un navire. Chez les Romains, c'était le *Vaisseau de Janus*, dont l'effigie était marquée sur la monnaie. Plutarque veut que cette constellation soit le *Vaisseau d'Osiris*. Sur quelques sphères antiques, le Navire est désigné comme représentation de l'*Arche de Noé*.   A. DE P.

NAVIRE SACRÉ. C'est le nom que les anciens donnaient à des navires dédiés aux dieux, et placés dans leurs temples. Porphyre, s'appuyant sur Numénius, nous apprend que le navire était le symbole de la divinité et de l'apothéose, parce que les dieux voguent dans l'éther céleste comme les vaisseaux sur les ondes. Les Égyptiens, conformément à cette croyance, peignaient souvent leurs dieux montés sur des navires, comme on le voit sur un vase de la bibliothèque du Vatican, représentant le soleil et la lune montés sur un char traîné par quatre chevaux et placé lui-même dans une grande barque.

La remarque de Porphyre nous fait aussi comprendre pourquoi les Égyptiens, avant de conduire au temple de Vulcain le fameux bœuf Apis, symbole du soleil, le nourrissaient pendant 40 jours sur le Nil, dans un vaisseau sacré destiné à cet usage. On saisira facilement l'analogie de ce navire mystérieux, avec le coffre célèbre où Typhon avait renfermé les membres d'Osiris mutilé, et tous ces autres navires si célèbres dans l'antiquité, que l'on conservait dans différents temples de la Grèce et des autres pays. Un d'eux mérite une mention particulière. C'est celui de Minerve qui figurait à Athènes dans les Panathénées, et qui marchait sur la terre à voiles et à rames au moyen de ressorts placés dans la calc, comme le fait supposer la description de Pausanias. Les Athéniens avaient d'autres navires sacrés qui faisaient partie de leur flotte, et dont la consécration remontait à certains événements heureux. On leur donnait le nom de *théories* ou *theorides* (θεωρειν *envoyer*), ou d'Ieragogoi (de ιερα *sacrifices*, et αγειν *conduire*). Les plus renommés étaient la *galère Paralienne* et le *Salaminien*. La paralienne devait, dit-on, son nom au héros Paralus, frère d'armes de Thésée. Les matelots qui la montaient recevaient une paie supérieure. Elle servait à ramener les généraux déposés, et c'est en ce sens que Pitholaüs l'appelait la *massue du peuple*. Le Salaminien qui devait, selon les uns, son nom au triomphe national de Salamine, et, selon les autres, à Nausithéus de Salamine, son premier pilote, passait pour avoir servi à Thésée à aller combattre le Minotaure. Sa destination était la même que celle de la galère Paralienne ; il portait en outre chaque année, à Délos, les offrandes que la république offrait à Apollon depuis le vœu fait par Thésée pour le succès de son expédition en Crète. Les Athéniens le conservèrent jusqu'au règne de Ptolémée Philadelphe.   AL. B.

NAVIRE (ORDRE DU). Ordre de chevalerie nommé ordre d'*outremer* ou du *double croissant*. Il fut établi en 1269 par saint Louis, afin d'encourager par cette marque de distinction les seigneurs à le suivre dans sa seconde expédition contre les infidèles. Le collier de l'ordre était formé de coquilles d'or et de doubles croissants d'argent ; au bas pendait, dans un ovale, un navire armé et frété d'argent dans un champ de gueules. Cet ordre ne subsista que peu de temps en France. Mais il fut introduit par le comte d'Anjou, dans les royaumes de Naples et de Sicile. René d'Anjou le rétablit en 1448 sous le nom d'ordre du *croissant*.

FIN DU TOME SEIZIÈME.